U0117214

近代漢語詞典

三

主编 白维国
副主编 江蓝生 汪维辉

上海教育出版社

qī

【七】 qī 人死后每七日一祭，共祭七次，俗称七。元萧德祥《小孙屠》一四出："你若家里死后，便累～追享，不免请几个僧人。"明《醒世恒言》卷三五："～终之后，即安葬于新坟傍边。"清《红楼梦》一一三回："灵前另请五十众高僧，五十众高道，对坛按～作好事。"

【七八】 qī bā ❶ 七八成。表示大部分或接近顶点。唐张途《祁门县新修阊门溪记》："山多而田少，水清而地沃。山且植茗，高下无遗土。千里之内，业于茶者～矣。"《元曲选·赵礼让肥》一折："现如今心似油煤，肉似钩搭，死是～，那个提拔？"明《拍案惊奇》卷一三："六老此时为这儿子面上，家事已弄得～了。" ❷ 表示大略的估计。差不多；大概。《元曲选外编·符金锭》三折："伺候着，～丢下绣球儿来也。"明《平妖传》五回："次第去游玩访寻一番，就是东京也～近了。"清《野叟曝言》四七回："各位爷们～要完了，师爷还没半个字哩。"

【七八分】 qī bā fēn ❶ 犹"七八❶"。宋《朱子语类》卷二〇："百谷之熟，方及～，若斩断其根，则生者丧矣，其谷亦只得～；若生者不丧，须及十分。"明《西洋记》三七回："张狼牙看见，心上早已明白了～，晓得这些女将却都是王神姑撮弄之法。"清《红楼梦》一回："雨村此时已有～酒意，狂兴不禁。" ❷ 犹"七八❷"。元明《水浒传》二五回："他～来了，你只在左近处伺候。"清《歧路灯》二九回："天～也将明。"

【七八下里】 qī bā xià lǐ 四处；各个方面。元宋方壶《一枝花·妓女》："打发了这壁，安排下那壁，～郎君都应付得喜。"石君宝《紫云庭》一折："俺家里～窝弓陷坑，你便有七步才无钱也不许行。"《元曲选·望江亭》二折："谁着你收拾下两妇三妻？你常好是～不伶俐。"

【七寸】 qī cùn 蛇的要害处，在头之下，腹之上。明郎瑛《七修续稿》卷四："今人又以鹤食蛇，以足踏蛇～，待其尾绕鹤腿，然后嘴铲断蛇，段段食之。"《拍案惊奇》卷三："一跳有一丈来高，便搭住在大蛇～内，用那铁钩也似一对钳来钳住了。"清《飞龙全传》二〇回："乘势将棍一搅，不端不正，正中在～之间，那蛇痛极，已是半死。"

【七打八】 qī dǎ bā 犹"七八❶"。明《西洋记》二三回："只凭着这一杆枪，团团转转，就象一面藤牌。那九口飞刀，他就架一个～，只有末后一口刀独下得迟，他只说是飞刀尽了，不曾支持，却就吃了这一苦。"《醋葫芦》一二回："一班儿朝朝饮酒，夜夜宿娼，把银子土块相似，只怕那些产业，卖得～哩。"清《何典》二回："活鬼虽说是个财主，前日造庙时已将现银子用来～。"

【七大八】 qī dà bā "七大八小"的歇后，歇"小"字。❶ 指妾。明徐翙《春波影》三出："我眼里见了多少人家～，不似这个真是能诗能画。"《醋葫芦》一回："那些娶两头大、～、一妻一妾，莫说成员外，便是小子也开不得口了。"清《醒世姻缘传》二回："就是你那～，象个豆姑娘儿似的，你降他象锺馗降小鬼的一般。" ❷ 指年小。清《姑妄言》一回："说我金童玉，青天白，又甚么～的。恁个嚼舌根的囚，烂了嘴的龟子。"

【七单】 qī dān 记载死者殓葬时辰及"七七"期内神煞冲犯的单子。清《儒林外史》四回："次日，请将阴阳徐先生来写了～。老太太是犯三七，到期该请僧人追荐。"

【七个八个】 qī gè bā gè ❶ 指有不清不白的关系。明《金瓶梅词话》二八回："明知道和来旺媳妇子～，你还调戏他。"清《姑妄言》二四回："他是引汉子的班头，恐怕后来同你家嬴爷～的，你不要抱怨我。" ❷ 胡乱牵扯。清《儒林外史》五四回："走到尊寓，只有那房主人董老太出来回。他一个堂客家，我怎好同他～的？"《快心编》三集一〇回："希懋先只被一问，嘴里便～，支吾了一回。" ❸ 象声词。拟马蹄声。清《生绡剪》一三回："只听得脚下～之声，耳边轻风飒飒。"《缀白裘》三集卷三《白兔记》："一骑骑得上去，个烧愿心个好奔吓，～，～，田东头奔到田西头。"

【七家村】 qī jiā cūn 犹"三家村"。《五灯会元》卷一八《荐福道英禅师》："递相教习，如～里传口令相似，有甚交涉？"

【七件】 qī jiàn ❶ 指日常生活必做的七件事。a) 指购备柴米油盐酱醋茶。元周德清《蟾宫曲·别友》："～儿全无，做甚么人家！柴似灵芝，油如甘露，米若丹砂，酱瓮儿恰才梦撒，盐瓶儿又告消乏，茶也无多，醋也无多。"明徐复祚《投梭记》三出："贫穷怎消遣？我与你两口，朝夕里～将何办？"清仲振履《新水令·羊城候补曲》："三顿怎除消，～开门少。"b) 指供消遣的茶药琴棋酒画书。元吴仁卿《金字经·道情》："道人为活计，～儿为伴侣：茶药琴棋酒画书。" ❷ 犹"七事❷"。明何乔新《为隐匿贼情谋陷城池等事奏》："有张淮买得各色碎宝石～犀带三条，并孔雀药饵。回家交与杨爱，令人辨得宝石犀带有假。"

【七件事】 qī jiàn shì 即"七件❶a)"。《元曲选·度柳翠》楔子："教你当家不当家，及至当家乱如麻。早晨起来～：柴米油盐酱醋茶。"明《警世通言》卷三二："开了大门，～般般都在老身心上。"清《野叟曝言》三三回："那开门～儿，谁肯放松一点，你叫我怎生挨得？"

【七扣】 qī kòu 七折；按整价七成折算数目。清《儒林外史》五二回："攒凑盘程，一时不得应手，情愿～的短票，借一千两银子。"

【七七】 qī qī ❶ 人死后每隔七天祭奠一次，至七七四十九日止，合称七七。明《情史·情豪·凌廷年》："美之假母死，……～作佛事，费数千金。"《醒世恒言》卷三："殡殓成服，～做了些好事。"清《绿野仙踪》四二回："到了头七，如玉备了猪羊并各色祭品，请了学中几个朋友做礼生，也不请僧道念经，止是～家祭。"❷特指第七个祭奠日。明《醋葫芦》一七回："原来那时正是～之期，该当发引。"清《两肉缘》一二回："～出了灵柩，柳氏把内外男女都加恩惠。"

【七七八八】 qī qī bā bā ❶七八成；差不多。元佚名《归来乐》："眼底事抛却了万万千千，杯中物直饮到～，欢百岁谁似咱。"清《醒世姻缘传》八七回："说那寄姐的不贤良处，也就跟的素姐～的了。"《何典》八回："那消一年半载，便将鬼谷先生周身本事，都学得～。" ❷或七或八。形容不齐整或不单纯。清《醒世姻缘传》二一回："亲眷们都吃完了酒，坐轿的，坐车的，骑头口的，前前后后，～，都告辞了家去。"《后红楼梦》四回："心里头～的，还防着宝钗、湘云，谁知他们倒也各不相干。"

【七七做，八八敲】 qī qī zuò bā bā qiāo 泛指人死后按期做法事。明《型世言》二回："不若叫他从重断送，～，再处些银子养赡你母子。"《韩湘子》二三回："窦氏唤韩清在家中立竿招魂，设座安灵，～，随时遇节，一些礼文不缺。"《僧尼孽海·柳州寺僧》："其母请僧招魂，埋葬已毕，循城中旧例，～，常延缁流诵经，超度其夫。"

【七青八黄】 qī qīng bā huáng ❶金品成色，七分青，八分黄，九分紫，十足赤（见明曹昭《格古要论》）。借指金银、钱财。《元曲选外编·西厢记》一本二折："量着穷秀才人情只是纸半张，又没甚～。"明《梼杌闲评》三四回："他是个穷秀才的人情，没甚么～的，看咱面上将就些收了罢。" ❷借指杂七杂八的成分或关系。《元曲选外编·博望烧屯》三折："他家中也有那一爷二娘，三兄四弟，五子六妹，～，九紫十赤。"明《隋史遗文》二二回："只是那宇文惠及平日纵欲宣淫，门下养有～的方术道人，争送春方。"清佚名《珍珠塔》一回："都是那些～远族分。" ❸指青黄颜色。明梁辰鱼《浣纱记》一七出："并无病症，越有精神。略不见一些～，反增出许多千娇百媚。" ❹指纷杂的语言。清《绿野仙踪》四二回："若说半个不字，我数念你个～。"

【七杀】 qī shā 同"七煞"。五代何光远《鉴诫录》卷九："梁朝彭城王刘中令制置同州日，因筑营墙掘得一物，重八十餘斤，状若油囊。召宾幕诸将问之，或曰地囊，或曰飞廉，或曰金神～。"《元曲选·桃花女》三折："又犯着金神～上路，又犯着太岁。遭这般凶神恶煞，必然板僵身死了也。"清胡煦《卜法详考》卷五："鹁鸽驼铃在庚辛，……占病，有金神～为祸。"

【七煞】 qī shā 传统术数所谓的七种恶煞。宋徐子平《珞琭子三命消息赋注》："又有巳酉丑金神～，若人生日月时遇之，多官灾。"洪迈《夷坚志》支庚卷六："最所畏者金神～之类，各视其名数以禳之，……予叔父中造牛栏于空园，术士董猷见之，曰：'栏之一角犯九梁煞，当急解之。'呼巫焚纸钱埋桃符以谢。"明张四维《双烈记》四出："子平云：煞不离印，印不离煞，煞印相生，功名显达。又云：～逢羊刃，英雄镇万人；煞逢寅地合，富贵极人臣。"

【七十三八十四】 qī shí sān bā shí sì ❶指命绝之年或残年。据说孔子卒年七十三，孟子卒年八十四，故俗言"七十三八十四，阎王不接自己去"。《元曲选·儿女团圆》二折："至如我～，〔带云〕哎，贼丑生每也，〔唱〕惯的您来千自由百自在。" ❷形容说话琐碎无忌惮。元明《水浒传》二一回："那婆子坐在横头桌子边，口里～只顾嘈。"明《醒世恒言》卷一三："只管南天北地，～说开了去。"清《醒世姻缘传》四八回："打了四五十鞭子，打的那素姐～无般不骂。"

【七事】 qī shì ❶五品以上武官佩在腰带上的七件佩物。本为游牧民族为便于迁徙而随身佩带的小件生活用具。武将骑马行军，亦须随身佩带，遂成五品以上武官服佩定制。唐张九龄《敕契丹都督泥礼书》："今赐卿锦衣一副，并细腰带～，至宜领取。"《旧唐书·舆服志》："武官五品已上佩鞊鞢～。七谓佩刀、刀子、砺石、契苾真、哕厥、针筒、火石袋等也。"《辽史·仪卫志二》："武官鞊鞢～：佩刀、刀子、磨石、契苾真、哕厥、针筒、火石袋。" ❷一种由小物件组成的妇女随身佩饰，由鞊鞢七事变化而来。参见"三事❷"。明顾起元《客座赘语》卷四："以金珠玉杂治为百物形，上有山云题、若花题，下长索贯诸器物，系而垂之，或在胸曰坠领，或系于裾之要曰～。"清《醒世姻缘传》四四回："穿着大红装花吉服、官绿装花绣裙，环佩～，恍如仙女临凡。"《歧路灯》七八回："第三对桌子，一张是五凤冠，珍珠排子，～荷包，一围玉带；一张是霞帔全袭，绣裙全幅。" ❸七件；七块。指把人的躯体割裂。元郑光祖《周公摄政》四折："把这两个～儿分开，转送交普天之下号令明白。"《元曲选·青衫泪》一折："若信着俺当家老奶奶，把惜花心～儿分开。"又《赵礼让肥》三折："由你将我身躯～子开，由你将我心肝一件件摘，我道来除死呵无大灾。" ❹犹"七件❶a)"。明徐复祚《投梭记》三出："自从你父亲亡后，家中十分艰窘。开门～，那一件不在做娘的身上？"

【七事家】 qī shì jia 即"七事❸"。家，助词。《元曲选·还牢末》四折："毕竟是行短的天教败，少不得将你心肝百叶做～分开。"

【七事件】 qī shì jiàn ❶即"七事❶"。宋《四明续志》卷四："～衣装一副，每副该三十贯五十五文。"吴自牧《梦粱录》卷一八："如三司招军补额之时，每刺一卒，官给关会一二封，衣装～。" ❷即"七事❸"。元明《水浒传》四六回："杨雄又将这妇人～分开了，却将头面衣服都拴在包裹里了。"

【七条】 qī tiáo 七条衣。僧衣的一种，由七条布组成。唐慧琳《一切经音义》卷一五："郁多罗伽，梵语，僧衣名也，即～袈裟。"元明《水浒传》六回："你可解了戒刀，取出～、坐具、信香来，礼拜长老使得。"清钱谦益《长干送松影上人楚游》之一："四钵尚擎殷粟米，～还整汉威仪。"

【七星板】 qī xīng bǎn 停尸床及棺木内放置的木板，上凿七孔，有槽相连，象征七星。明《金瓶梅词话》六三回："安放如故，放下一～，阁上紫盖，仵作四面用长命丁一起钉起来。"清徐乾学《读礼通考》卷四一："～，用板一片，其长广棺中可容，凿为七孔。"

【七星版】 qī xīng bǎn 同"七星板"。《通典》卷八五："至时，司空引梓宫升自西阶，置于大行皇帝西，南首。加～于梓宫内，其合施于版下者，并先置之，乃加席褥于版上。"明汤显祖《牡丹亭》三六出："～，三星照，两星排。"《大清通礼》卷五〇："三日大敛，执事者以棺入，承以两凳，内奠～，藉茵褥，施绵衾，垂其裔于四外。届时，奉尸入棺。"

【七星灯】 qī xīng dēng 按北斗七星方位布设的或按北斗七星方位布设灯头的灯，祭祀用。清《红楼梦》八一回："炕背后空屋子里挂着一盏～，灯下有几个草人。"袁枚《续子不语》卷六："僧遂下山建坛，竖～。"

【七星冠】 qī xīng guān 道士行法事时戴的一种帽子，上有七星图案。《大宋宣和遗事》前集："忽值一人，松形鹤体，头顶～，脚著云根履。"明邵璨《香囊记》三九出："贫道身微贱，出家三第院。不戴～，头插一枝簪。"清《红楼梦》一〇二回："法师们佩戴上～，披上九宫八卦的法衣。"

【妻儿】 qī ér 指妻。唐王梵志《世间何物重》："～嫁与鬼，你向谁边告。教你别取妻，不须苦烦恼。"元萧德祥《小孙屠》八出："自今一家要和气，改日与你娶房～。"清《野叟曝言》二回："你既要惜女人的廉耻，就不该放～出来卖俏！莫说大家身上都穿着衣服，就是光着身子，你也怪不得别人。"

【妻房】 qī fáng 妻子。明张四维《双烈记》一一出："〔旦〕官人娶妻未曾？〔生〕家贫未娶～。"清《飞龙全传》四四回："匡胤别了～，又往堂上重辞父母。"

【妻夫】 qī fū 夫妻。金《董解元西厢记》卷四："如今待欲去又关了门户，不如咱两个权做～。"元高文秀《遇上皇》二折："倚官强拆散俺～，真乃是马牛襟裾。"明汤显祖《邯郸记》三出："你道是对面君臣，一胞儿女，帖肉～。则那一口气不遂了心，来从何处来？去从何处去？"

【妻宫】 qī gōng ❶ 妻妾宫。星相术指主示妻妾命运的干支配合或面相、手相情况。五代杜光庭《周常侍序周天醮词》："又今年五鬼在于～，天符入于财位。小运则丙禄值墓，大运则子水向衰。"明汪廷讷《狮吼记》二一出："果然是胭脂虎天赋威风壮。受灾殃，也是你～注定。"清《十二楼·拂云楼》四回："只要夫星略透几分，没有刑伤损克，与～无碍的，就等我许他罢了。" ❷ 指妻子。明《金瓶梅词话》二九回："神仙道：'你行如摆柳，必主伤妻，……～克过方可。'西门庆道：'已刑过了。'"清《醒世姻缘传》六一回："那外方的术士，必定有些意思的人，算出他～这些恶状，我们当面听了，甚么好看？"《飞龙全传》四一回："所嫌椿萱早背，年幼当权；喜得～贤淑，偕老遗芳。"

【妻舅】 qī jiù 妻子的弟兄。宋范仲淹《与朱氏书》："为～聂升十口日有沟壑之忧，且逐急处行也。"明崔时佩、李日华《西厢记》一〇出："〔众〕请先生上香。倘老夫人问及，认了顽徒的亲。〔净〕认了我～。〔末〕难道和尚有妻？还是认做母舅。"清《说岳全传》三五回："汤、孟二人遂拜辞了岳父母，与小姐、～作别了，出庄回营。"

【妻男】 qī nán 妻儿；妻子儿女。《敦煌变文校注》卷二《韩擒虎话本》："来入自宅内，委嘱～合宅良贱：'且辞去也！'"元尚仲贤《三夺槊》三折："俺沙场上经岁受辛勤，撇～数载无音信。"清屈大均《广东新语》卷二四："有饶贵者，与～四人暮归，盗杀之。"

【妻室】 qī shì 犹"妻房"。唐牛僧孺《奏黄州录事参军张绍弃妻状》："嬖惑女奴，蔑侮～，非特衣服饮食，贵贱浑同，兼亦待遇等威，衽席颠倒。"元高明《琵琶记》一二出："知我的父母安否如何？知我的～如何看待我的父母？"清《醒世姻缘传》六二回："我一贫如洗，尚无～，且说那纳妾的话？"

【妻小】 qī xiǎo ❶ 妻子。《元曲选·潇湘雨》二折："他若果然是前时～，倒不如你也去一搭里当夫。"明《西洋记》九五回："你是甚么人？假充我的形境，调戏我的～。"清《水浒后传》二三回："如今既随我去，将来在我身上还你一房～便了。" ❷ 妻子和儿女。元明《水浒传》三四回："只是害得我忒毒些个，断送了我～一家人口。"明佚名《鸣凤记》一二出："不意我老爷被奸臣严嵩，诬陷典刑，～俱流广西。"清《水浒后传》七回："把沙龙～尽行杀死。"

【凄哀】 qī āi 凄切悲哀。金元好问《十三日度岳岭》："川路渐分犹暗淡，湍声已远更～。"明童轩《哀都宪张先生》："松风日夕起涧壑，助我於邑～弦。"清《说岳全传》六九回："孤舟凌喷薄，长笛引～。欲作枚乘赋，先挥张翰杯。"

【凄黯】 qī àn ❶ 悲伤沮丧。唐李观《代李图南上苏州韦使君论戴察书》："图南昨就相省，杖而能起，神绪～，绝无话言。"宋杨无咎《解蹀躞》："迤逦韶华将半，桃杏匀于染。又还撩拨、春心倍～。"董嗣杲《畏风》："南峰山庐在，窗户掩高树。猿鹤想～，应笑我出误。" ❷ 凄凉惨淡。宋李光《与姜山嗣老书》："适连日天寒，云色～。"明高濂《遵生八笺》卷五："秋来风雨怜人，独芦中声最～。"高启《次韵杨孟载早春见寄》："朝来风雨况～，雨湿城头旗不展。" ❸ 消减暗淡。宋居简《次韵杨孟载早春见寄》："殷肌兮～，丹脸兮消减。"

【凄悲】 qī bēi 哀伤；使人感伤。唐柳宗元《为李京兆祭杨凝郎中文》："遣车就引，哀挽先路。迅风～，颓景幽暮。"宋石正伦《绮寮怨·宫人斜吊古》："绿野春浓停骑，暖风飘醉襟。渐触目、景物～，花无语、曲径沈沈。"明金幼孜《过将台追忆先皇》："一自鼎湖仙去后，几回过此重～。"

【凄淡】 qī dàn ❶ 凄凉惨淡。宋刘筠《初秋属疾》："秋阳～隔重城，一亩居仍近禁营。"金刘祁《归潜志》卷一二："传曰'人定亦能胜天，天定亦能胜人'，余尝疑之。试以严冬在大厦中独立，～万态，不能久居。然忽有外人共笑，则殊暖燠，盖人气胜也。"元王璠《题鲁斋书院》："拜罢荒坟回首处，秋容～夕阳斜。" ❷ 清凉疏淡。宋赵汝回《游列真观刘道士拉上潮际观鱼》："秋高气～，清极思超敞。"明范景文《冬夜同岳尔律泛湖》："～正自佳，幽意具一段。"

【凄皇】 qī huáng ❶ 惶恐震撼。唐王勃《益州绵竹县武都山净慧寺碑》："丰隆晓震，次复溜而～；列缺晨奔，望崇轩而眙愕。" ❷ 同"凄惶❸"。唐王绩《游仙》之四："为向天仙道，～君讵知？"明王世贞《甘草子》："百计～为他稳，屐齿铺妆粉。" ❸ 同"凄惶❶"。明徐熥《潞河别曹能始》："昔年同献赋，此日尚沉沦。我有～泪，君怜弃置身。"

【凄惶】 qī huáng ❶ 伤感；悲伤惶恐。唐卢照邻《宴梓州南亭诗序》："百年之欢不再，千里之会何常？下客～，暂停归辔；高人赏玩，岂辍斯文。咸请赋诗，以纪盛集。"元明《水浒传》二六回："武松放声大哭，哭得那两边邻舍无不～。"清《赛花铃》九回："似此孤身客邸，料想没人搭救的了。一夜～，不消细说。" ❷ 困苦窘迫。唐李白《上安州李长史书》："白孤剑谁托，悲歌自怜，迫于～，席不暇暖。"清《隋唐演义》一〇回："吾兄在潞州地方，受如此～，单雄信不能为地主，羞见天下豪杰朋友。"《万花楼》四七回："岂知近二三载，饥馑并至，家家户户，日见～，米价如珠，每升售至三十文。" ❸ 奔波劳顿。唐王勃《春日桑泉别王少府序》："他乡握手，自伤关塞之春；异县分襟，意切～之路。"罗隐《谢湖南于常侍启》："随贡部以～，将帖十上。看时人之颜色，岂止一朝。"《太平广记》卷三三九引《续博物志》："小娘子何忽独步～如此？" ❹ 孤凄寂寞。元曾瑞《蝶恋花·闺怨》："顿不开眉上连环贯，续不上腹内柔肠断。～业债，风流婿魂梦中少团圆。"明《挂枝儿·夜坐》："欲眠灯渐灭，影子也抛奴，孤枕的无眠也，～杀了我。"清《姑妄言》二二回："又想起前日在营中吃着酒肉，同众妇女欢笑，何等兴头？今夜在此受这～，好生难过。" ❺ 凄凉；凄惨。清《霓裳续谱·暮秋九月》："翠竹萧萧被风摆动，空街雨打甚～。相思此际真惨切，怎能彀解得这凄凉。"《二度梅》二〇回："又见阴风惨惨，杀气飘飘，观见此景，不觉一阵心酸，……又想道：'若在中原，怎能观此～之境？'"

【凄寂】 qī jì 凄凉孤寂。唐李群玉《卧疾寄寿樊》："秋归旧窗轩，永夜一～。"宋陈允平《过秦楼》："对半床灯，虚堂～，近书思遍。"清《聊斋志异》自序："门庭之～，则冷淡如僧；笔墨之耕耘，则萧条似钵。"

【凄绝】 qī jué 谓极度凄凉或伤心。宋赵令畤《好事近》："酒醒香冷梦回时，虫声正～。"明孙仁孺《东郭记》二二出："骨缘金气老，恨向楚天赊，对景～，倍教人壮心烈。”清《东周列国志》八〇回：“每深夜长歌，闻者～。”

【凄冷】 qī lěng ❶凄清寒冷。明《型世言》一八回：“庙中～，坐立不住。”清厉鹗《二月一日泛舟西溪》：“孤游避妍晴，入艇极～。” ❷孤凄冷清。明《醒世恒言》卷二三：“老爷常常不在家，夫人独自一个，颇是～。”《型世言》四回：“一到三年，恩爱渐渐忘记，～渐渐难堪，家中没个男子，自然支持不来。”清洪昇《长生殿》二九出：“对这伤情处，转自忆荒茔。白杨萧瑟雨纵横，此际孤魂～。”

【凄零】 qī líng 稀疏零落。宋洪迈《夷坚志》丁卷一五：“宿其冢次，方寒雨～，松风答响，皆起怖悸意。”元袁桷《煮茶图》：“黄粱初炊梦未古，旧事～谁复纪？”

【凄迷】 qī mí ❶忧伤迷惘。唐宋璟《梅花赋》：“江仆射之孤灯向寂，不怨～；陶彭泽之三径长闭，曾无惜结。”宋王安中《江神子·韦城道中寄李祖武》：“一扇香风摇不尽，人念远，意～。”明王錂《春芜记》二四出：“他那里宦海沉沦，我这里愁城遥远。泪双悬～心折，梦遥魂断。” ❷凄凉迷茫。宋苏轼《浣溪沙》：“废沼夜来秋水满，茂林深处晚莺啼。行人肠断草～。”明王玉峰《焚香记》二七出：“惨雾～，举步难移。”清《绿野仙踪》二四回：“四下一望，见白杨秋草，远近～；碧水重山，高下如故。”

【凄悯】 qī mǐn 哀伤怜悯。唐陆贽《论叙迁幸之由状》：“有乞假以给资装，有破产以营卒乘，道路～，部曲感伤。”庾承宣《魏博节度使田布碑》：“天子壮其节而哀其死，为之废朝。公卿洎百执事，咨嗟～，久而不绝。”许尧佐《柳氏传》：“柳氏捧金呜咽，左右～。”

【凄酸】 qī suān 哀痛辛酸。唐权德舆《祭房州崔使君文》：“永谢昭代。哀以慈结，情逾礼外。对兹～，心骨如碎。”宋汪梦斗《摸鱼儿·过东平有感》：“滴尽英雄老泪，～非是儿女。”清《聊斋志异·成仙》：“成入狱，相顾～。”

【凄疼】 qī téng 疼痛。明《金瓶梅词话》七五回：“人这里～的了不得，且吃饭，你要吃你自家吃去！”

【凄痛】 qī tòng ❶哀痛；悲伤。唐陆龟蒙《寒泉子对秦惠王》：“齐魂为燕氛，赵骨化魏土。～之声，入金石，出弦匏，闻之者悄戚酸屑，泣不自禁。”宋吕本中《三月一日泊舟宿州城外》：“娉婷北门柳，别泪作～。”明范景文《与甥王中之书》：“前闻甥媳变故，不胜～。” ❷疼痛。明范景文《请告四呈》：“职一夜～，增病十分。”

【凄咽】 qī yè ❶悲伤哽咽。唐柳宗元《唐故中散大夫张公墓志铭》：“位厄元侯，年亏大耋。邦人号呼，夷裔～。”明汤显祖《紫钗记》二五出：“忽听御沟残漏，迸一声～。”清《荡寇志》一二二回：“众人送行，尽皆～无色。” ❷声音悲凉呜咽。唐常衮《故开府仪同三司上柱国信王墓志铭》：“百官会送，五校启行。鼓吹～，郊原凄凉。”明孟称舜《娇红记》四八出：“暮云断处望苍梧，雁声～楚天孤。”清纪昀《阅微草堂笔记》卷五：“吹管时，其声～，往往误引鬼物至。”

【萋迷】 qī mí ❶草木掩蔽貌。宋周必大《渔父四时歌》之一：“芳草从教天样远，都无闲恨可～。”明汤显祖《紫钗记》三〇出：“草～遮不断长途，大打围领着番土鲁，绕札定黄花谷。”清《绿野仙踪》五九回：“只见新堆三尺，故土一抔；衰草黄花，～左右。” ❷凄凉迷蒙貌。宋王安中《绿头鸭·大名岳宫作》：“碧草～，丹毫冷落，圜扉铃索镇长闲。”《元曲选外编·西厢记》四本三折：“下西风黄叶纷飞，染寒烟衰草～。”明李梦阳《去妇词》：“宛转流苏夜月前，～宝瑟烟花里。” ❸模糊。元许有壬《登台纵目》：“老眼常疑万象低，凭高远景更～。”明陆深《舟去速遂罢入寺》：“一曲吴歌犹欸乃，千年禹迹半～。”汤显祖《紫箫记》一一出：“旅思欲～，梦远春迢递。”

【萋歃】 qī shà 小声说话议论。清《醒世姻缘传》七八回：“长班既在那里～，管家们岂有不知道的？”

【栖】 qī ❶贮；存。唐杨炯《和崔司空伤姬》：“粉匣～餘泪，熏炉减旧烟。”宋周紫芝《送秦德久守安丰》：“但令南亩～餘粮，尽驱流冗归故乡。”清雍正十二年《山西通志》卷一七：“山势极峻险，盛暑犹～餘雪。” ❷托付。宋强至《贺金华著作状》：“审即便时，已临剧邑。方～餘庇，窃抃丹悰。”明盛时泰《拟古诗·杜员外甫述贬》：“君王恩未酬，交结得朋友。于以～餘龄，没齿亦何咎。” ❸（用栖竿）探取。明《古今小说》卷二一：“我爹在乡里砍柴，听得树上说话，却是这畜生。将栖竿～得来，是天生会话的。”《笑府》卷五：“媒说一人善～麻雀，父私念亦可日进分文，因约为婿。” ❹探进；插入。明《古今小说》卷二八：“用绵纸条～入鼻中，要打喷嚏。”汤显祖《紫钗记》五二出：“钗儿燕不住你头上～，那钗脚儿在俺心头刺。”

【栖泊】 qī bó 驻留；停泊；寄居。唐李荃《大唐博陵郡北岳恒山封安天王铭》：“压旄头，柱王国，蔽亏日月，～雷电。”明《二刻拍案惊奇》卷七：“有同行驻泊一船，也是一个官人在内，……～相并，两边彼此动问。”清袁枚《子不语》卷三：“余为李氏，～城中。曾至某家，祟其女于瓜棚下。”也指寄居之所。宋洪迈《夷坚志》补卷一一：“今一身孤单，茫无～。汝既有嘉偶，吾得备侧室，竟此餘生。”

【栖尘】 qī chén ❶染尘。比喻被世俗牵绊或束缚。唐孟郊《赠建业契公》：“师住青山寺，清华常绕身。虽然到城郭，衣上不～。”宋道潜《陶宣德逸老堂》之一：“溢浦城南旧隐沦，一堂无地可～。”清王式丹《和秋日邀诸同人过圣安崇效二寺》之六：“东涂西抹为谁妍，肠腹～不可湔。” ❷委尘。借指人死亡。多与“草”或“弱草”连用。唐郑符、段成式《哭小小写真连句》：“如生小小真，犹自未～。”宋刘攽《挽卢通议》：“薤晞无复露，草弱漫～。”清王士禛《忆公𫷷吏部》：“弱草～漫为惊，知君解脱万缘轻。” ❸栖居尘世。或借作任职的婉词。宋曹勋《念奴娇》：“胸次扶摇，壶中光景，肯与人同趣。～功就，浩然俱待飞去。”明佚名《四贤记》九出：“玩世敢求勾漏令，～空慕岳阳楼。”清王式丹《奉诏增修皇舆表院中即事》：“～帘阁喜新除，秘册骈罗几席虚。” ❹积土；堆尘。明王绅《奉四哥书》：“虽积金如山，业连阡陌，不过如～如浮云耳。”宋濂《阳翟新声同朱定甫赋》之一：“网轩～远凝纸，青鸟不来红树死。”清汪琬《渊明》：“雅琴寂寂每挂壁，破瓢黯黯惟～。”

【栖处】 qī chǔ 另见 qī chù。留止；寄居；生活居住。唐马吉甫《蝉赋》：“任朝夕之～，极天地之翱翔。”《元曲选外编·猿听经》一折：“贫僧就于此处结庐，～在此，常是参明心地，念佛看经。”清《红楼梦》三七回：“娣虽不才，窃同叨～于泉石之间。”

【栖处】 qī chù 另见 qī chǔ。犹“栖所”。唐章孝标《归燕词辞工部侍郎》：“连云大厦无～，更望谁家门户飞。”宋张炎《瑶台聚八仙·为焦云隐赋》：“问余～，只在缥缈山中。”明王恭《舟次镡津》：“月色～寒，霜花坐来白。”

【栖竿】 qī gān 即“粘竿”。明《古今小说》卷二一：“我爹在乡里砍柴，听得树上说话，却是这畜生。将～栖得来，是天生会话的。”

【栖居】 qī jū ❶寄居；居住。唐佚名《唐故清漳令刘君墓志铭》：“君属隋皇失统，避地～。”宋吴曾《能改斋漫录》卷一八：“径入武夷山，～遐想，日俟仙去。”明解缙《潜斋记》：“至～一斋，方广不逾丈寻。” ❷ 居所；房舍。宋程公许《过金堂迁路登李八百仙人道场》：“～规制古，殿壁丹青暗。”明吴国琦《兵部集跋》：“夜值雷雨大作，无可趋避，见茂林有～甚近，就之。”杨荣《题邵宪使凝秀楼》：“～何幽深，础石发光辉。”

【栖列】 qī liè 陈列；摆放。宋曾巩《繁昌县兴造记》：“至听讼于庑下，案牍簿书，～无所，往往散乱不可省。”曾肇《重修御史台记》：“案牍簿书，～有序。”陆游《邵武县兴造记》：“诏敕法令，图志符檄，护藏不严，～无所。”

【栖旅】 qī lǚ ❶ 寄住；客居；造访。唐符载《邓州刺史厅壁记》：“其餘饰传遽之舍，作～之馆，储什器之用，盖餘力也。”《太平广记》卷一九引《神仙拾遗》：“汩没风尘间二十年，～困馁，所向拘碍，几为磕仆。”宋刘辰翁《印州记》：“君～踵门，日急如争地待券证。” ❷ 指旅居之所或旅居之人。唐韦应物《答杨奉礼》：“烟波见～，景物具昭陈。”元耶律铸《对月吟拟诸公体》：“踪踪各无聊，乾坤两～。”明徐祯卿《怀归赋》：“叹途穷之～，长淹留以何须？”

【栖所】 qī suǒ 居所；栖息之处。唐陆龟蒙《三宿神景宫》：“回头问～，稍下杉萝径。岩居更幽绝，洞户相隐映。”

【栖投】 qī tóu 投奔寄居。宋夏竦《贺枢密尚书启》：“冕旒注意以非常，圭组倾心而久待。某～有素，欣幸最深。”王之望《通楼枢密启》：“士虽居穷约之中，身亦择～之地。”明佚名《四贤记》三七出：“想吾身尚有～，怕离人更无倚靠。”

【栖偃】 qī yǎn ❶ 隐居；栖居；退居。唐张文琮《咏水》：“独有蒙园吏，～玩濠梁。”元倪瓒《宿王耕云山居》：“风吹翔河汾，鹤巢来～。”明陶安《送学录吴仲进序》：“若无所务，～空室，为况寒淡。” ❷ 堆积。五代李昉《济州刺史任公屏盗碑》：“惟夫年号丰稔，时无札瘥。滞穗餘粮，～于千亩；京仓坻庾，阜衍于九年。”

【栖依】 qī yī ❶ 休息凭靠；歇息。宋王十朋《某辛巳秋归自武林省先陇》之三：“丘木森森已十围，满林清荫可～。”元徐瑞《双飞燕词》：“人间茅茨与华屋，年年任尔相～。”明廖道南《寒江芦雁图》：“翔禽飞鸟自求侣，宿雁～戢其羽。” ❷ 居住；寄居依赖。元王礼《遂初堂记》：“今乃有于强暴，使祖宗魂魄伥伥无所～，庸非为子孙之责乎？”清黄宗羲《文渊阁大学士文靖朱公墓志铭》：“元胤屡败之餘，众不满千，～海滨。其不足恃，明矣。”《绣球缘》九回：“雪途逢侠士，芸馆得～。”

【栖倚】 qī yǐ ❶ 投身依靠。宋夏竦《问候尚书启》：“衔旧恩而莫报，怀深颂以徒增。～之诚，倍百常品。”范浚《回许丞启》：“仰庆云之结庇，～方深；念爱木之留思，攀依曷既。”清《杏花天》一二回：“在妹子连爱梅家～，不是常法。” ❷ 居住；寄居。也指驻留。宋张詠《归越东旧隐留别秦中知己》：“烟萝庭户重～，渔浦人家旧往还。”元郝经《冠军楼赋》：“予乃断羁思，振氛翳，藏天倪，肆～，将超超乎迈往而沛沛乎凌厉。”明钦叔阳《夕虫》：“～雕阑之宇，潜跃文础之宫。”

【栖寓】 qī yù 寄寓；借居。也指客居在外。唐李商隐《祭裴氏姊文》：“檀山荥水，实惟我家。灵其永归，无或～。”宋洪迈《夷坚志》支甲卷一：“适不意迷涂，敢求～一夕之地。”明高启《同杜二进士晚登潘氏楼》：“维榜渔石边，寻我～俦。”

【栖蛰】 qī zhé 栖藏；栖身隐伏。五代黄滔《福州雪峰山故真觉大师碑铭》：“怪石古松，～龟鹤。”明刘璟《双燕》：“奋翅起高翔，南山且～。”

【栖止】 qī zhǐ ❶ 犹“栖居❶”。唐苏师道《司空山记》：“又去三十五里有隐真崖，是司空炼药时～之地。”元高明《琵琶记》二七出：“见乌鹊缥缈惊飞，～不定。”清《绿野仙踪》六一回：“此地系洋子江上流，舟船来往者甚多，从无妖物～。” ❷ 犹“栖居❷”。唐沈既济《任氏传》：“郑子许与谋～，任氏曰：‘从此而东，大树出于栋间者，门巷幽静，可税以居。’”宋秦观《泊吴兴西观音院》：“金刹负城闉，阒然美～。”清《后西游记》七回：“贫僧从潮州远来，尚无～，欲借宝庵一蒲团地为挂衲之所。” ❸ 择居；停留。唐李骘《为江陵镇李石贺崔铉笺》：“思贤方咏于嘉鱼，～实惭于威凤。”

【栖滞】 qī zhì 留滞；停滞。宋佚名《异闻总录》卷四：“我为汝呼僧徒诵经荐拔，无为～于此。”明董传策《初抵朗宁》：“我戍靡归聘，黯然销襟期。飞篷且～，还观漫郁伊。”

【栖置】 qī zhì ❶ 置身；（建筑物）置于。唐严挺之《大智禅师碑铭》：“游于终南化感寺，～法堂，滨际林水，外示离俗，内得安神。”明靳学颜《建青村坪馆记》：“自是～夷旷，开阖容与，坐有几，息有榻，眺有轼。” ❷ 搁置。宋曾肇《故降授太子少保文彦博追复潞国公制》：“朕嗣任三月，三下恩书。徽缠桁杨，～弗用。”吕祖谦《张监镇墓志铭》：“某再拜兴受，退而于役于仕于丧于疾，～笔砚，未克具稿。”潜说友《咸淳临安志》卷六：“狴犴空虚，桁杨～。”

【栖住】 qī zhù 犹“栖居❶”。明罗黄裳《迎仙阁记》：“昔有异人～炼丹，丹成羽化而去。”梁辰鱼《浣纱记》一二出：“问世上谁人～稳？人间何处着身牢？”清《补红楼梦》三回：“后来葫芦庙失火，延烧家产，我与你母亲投奔你外祖家～。”

【栖踪】 qī zōng ❶ 隐迹；藏身。唐张蠙《费征君旧居》：“浮世抛身外，～入九华。”五代徐夤《避世金马门赋》：“且避世者在乎远其祸，～者在乎求其道。”清《醒名花》五回：“兄为何在此～？岳父岳母在家中恁样念兄。” ❷ 置身；安身。宋胡宿《正阳门赋》：“下臣委质盛期，～禁陌。睇闻阖之华峻，干青冥而烜赫。”张纲《贺都统刘太尉年启》：“某～蓬巷，矫首辕门。”方大琮《新居设醮》：“缘祖庐之团聚无所～，奉父命以经营。” ❸ 息足；停留。宋范纯仁《到河中谢雍帅刘龙图》：“某受命云初，～有幸。尚祈葆辅，式副倾瞻。”清玄烨《七询》：“跋陀～于少林，难提摹影于洛邑，此则法雨之东被而禅风之西入也。”

【栖足】 qī zú 置足；置身。宋陈耆卿《通廖提干》：“～雷封，恐不惯勾稽之冗；举头星幕，尚能陪谈笑之餘。”明《古今小说》卷二：“颓墙漏瓦权～，只怕雨来；旧椅破床便当柴，也少火力。”王世贞《豫章行》：“上摩千仞霄，下荫百顷田。飞羽无窥地，～莫睹天。”

【戚惨】 qī cǎn 伤感；悲伤。宋强至《闻杭饥》：“坐使四海富，宁患食不糁？胡为所谋狭，而复自～。”明沈鲤《与元辅议处楚宗书》：“当其行刑之时，祖宗在天之灵，岂独无～哀矜之意乎？”清《红楼梦》二九回：“贾母听了，也由不得有些～。”

【戚草】 qī cǎo 仓促。唐杜牧《赴京初入汴口晓景即事》：“因怀京洛间，宦游何～。”

【戚促】 qī cù ❶ 犹“蹙促”。唐李白《空城雀》：“嗷嗷空城雀，身计何～。”宋朱熹《辞免江东提刑奏状三》：“与其他日拘挛～而失身于仇人之手，不若今日再三辞避而得罪于陛下之前。”清弘历《微雨》：“恐践清明占，为是心～。” ❷ 短促；短暂。唐舒元舆《桥山怀古》：“神仙天下亦如此，况我～同蜉蝣。”宋范成大《春前十日作》：“终期～成何事，今古纷纷一窖尘。”元宋褧《宇文子诚出掾河南行省》：“人生百年贵适意，～何须羡金紫。” ❸ 急促。明朱橚《普济方》卷四：“（脉象）麻促之状，应指如麻子之～散乱纷杂，殊无匀和之意。”

【戚党】 qī dǎng 亲近党羽；亲族。唐苏颋《御史大夫程行谋神道碑》：“景龙六年，鸣牝肆孽，分宰京邑，先屠～。”明徐渭《赠徐某保州幕序》：“予戚徐君之以名法序官而得卫幕也，诸～析予言以赠君行。”清《聊斋志异·婴宁》：“而爱花成癖，物色遍～。”

【戚故】 qī gù 亲戚故旧。宋陈著《代斗门王定榆林陈札》：“犹思曩日，～琴剑，逗遛平湖。俾诸子侄，执经受业，得所矜式。”明王世贞《为民御史传》：“又数数为～醒冤滞，宽徭役。”清《绣戈袍》一九回：“系云卿～无知包庇，示到日，只宜自行出首，将功赎罪。”

【戚好】 qī hǎo 亲戚好友。明夏良胜《贺银溪黄君廷贡六十寿叙》：“余知苟非情也，虽肺腑～，不以一字假也。”清《平定台湾纪略》卷五八：“遇有抢夺等事，即便互相帮助。虽抢其～之家，不能不随同前往。”《聊斋志异·庚娘》：“王坐舡头上，与橹人倾语，似甚熟识～。”又《鸽异》：“积二年，育雌雄各三。虽～求之，不得也。”

【戚欢】 qī huān 忧喜；悲欢。宋吕南公《偶游仙都道先以长句见寄》：“方为此日游，忽计后～。”清弘历《山雨》：“清吟别有关心处，万虑何能一～。”

【戚嗟】 qī jiē 忧伤感叹。宋苏颂《祭王参政》：“士伦～，相顾陨涕。凡我尝僚，举同反袂。”元王逢《赠鲁道原县尹》：“由来鄜州月，照人生～。”明王鏊《去思赋》：“三山林侯利瞻知吴郡，甫二年，擢分省滇南，阖郡之民咸～。”

【戚眷】 qī juàn 亲眷。清《八旗通志》卷八九：“当此时，或比邻，或～，以整理祭品之家已封闭锅灶，各备饭肴送往。”《聊斋志异·辛十四娘》：“君被逮时，妾奔走～间，并无一人代一谋者。”陈端生《再生缘》五二回：“徐氏亲人随柩去，熊门～送丧齐。”

【戚客】 qī kè 亲戚客人。清《绣戈袍》二三回：“是日，又值满堂～到贺新贵，张豹少不得留饭。”

【戚里】 qī lǐ 亲戚邻里。也指自己所居乡里。明袁中道《寿裕吾邹公偕元配张孺人七十序》：“值弧帨之辰，蔼蔼然称觞于下。～艳之，共携尊罍往祝。”谭元春《寿陶太母八秩》：“瑞哉吾～，频见大耋人。”清袁枚《子不语》卷四：“次日将午，其门内绝无人声，～疑之，打门入，则产妇死于床。”

【戚联】 qī lián 犹“戚姻”。元吴景奎《寄唐公弼》：“～尽是千金子，谈笑还轻万户侯。”清《九云记》二〇回：“巨子妇女，非～则不可无端召接，况闺中之女乎？”又三〇回：“魏国公六子，俱是玉琢金雕，系是皇家～。”

【戚念】 qī niàn 忧思；伤感。明徐有贞《徐氏袭庆庵重修记》：“薪其树而货其田，曾无～于中。”清弘历《山东巡抚惠龄报雨》：“慰中饶～，元气岂还民？”

【戚朋】 qī péng 亲戚朋友。清《聊斋志异·阿英》：“而访察近村，殊少此姓；广托～，并无确耗。”

【戚疏】 qī shū 亲疏；关系亲密或疏远（的人）。唐韩愈《示儿》：“主妇治北堂，膳服适～。”宋苏辙《祭忠献韩公文》：“辙等游公之门，迹有～。长育成材，公志不殊。”清汪琬《朱翁墓志铭》：“翁赴人之急，不以在亡为解，亦不以远迩～为厚薄。”

【戚惕】 qī tì 忧虑警惕；小心谨慎。唐李忱《收复河湟制》：“朕猥荷丕图，思宏景业，忧勤～，四载于兹。”宋王令《答束孝先》：“忆昨西来初，～侍客坐。”

【戚畹】 qī wǎn ❶外戚家的园圃，指外戚居处。畹，面积单位，三十亩为一畹，也借称园圃。宋胡宿《李求可内殿崇班李可内殿承制制》：“尔等～贵种，仙李真枝。”明汤显祖《南柯记》一三出：“号金枝旧种灵根，倚玉树新连～。”清黄宗羲《书神宗皇后事》：“今南黄之族来叙其始末，且以家谱证之，而～之楔绰亦在上黄，始知为鹤山府君之子孙也。” ❷借指外戚。宋郭应祥《虞美人·送周监税》：“休斟别酒惨离裾。～如今、个个有新除。”《元曲选外编·延安府》二折：“犯不道愆缧，受～行凶吃禄。”清钱谦益《赠锦衣吴公进秩一品序》：“牟斌掌诏狱，正色直词，枝柱～。”

【戚喜】 qī xǐ 犹“戚欢”。宋李石《祭简姐文》：“自吾以布衣立门户，汝则同其～。”明高启《赠漫客》：“人生本漫寄，何事纷～？与子作漫交，逍遥论兹理。”清弘历《喜晴》：“庆时雨即庆时旸，总以民生为～。”

【戚忻】 qī xīn 犹“戚欢”。宋苏辙《祭亡嫂王氏文》：“贫富～，观者尽惊。嫂居其间，不改色声。”明梁储《祭昌国张公文》：“储等职忝近臣，于公存殁，义存～。”

【戚欣】 qī xīn 同“戚忻”。宋苏洵《苏氏族谱》：“数世之后，不知何人。彼死而生，不为～。”明王守仁《狱中诗·不寐》：“我心良匪石，讵为～动。”清弘历《喜晴》：“自觉～失涵养，缘关稼穑太殷勤。”

【戚休】 qī xiū 忧乐；祸福。唐吕温《祭陆给事文》：“吕氏陆氏，～惟均，魂而有知，歆之听之。”宋朱熹《壬午应诏封事》：“斯民有～，四海有利病。”明陆采《怀香记》三二出：“临时候枯荣～，任逆来须顺受。”

【戚谊】 qī yí 亲戚情谊。明胡直《封宜人罗母萧氏墓志铭》：“予内子闻之，嗷嗷然泣也，退而曰：‘宜人之令模不可睹，翔翔然思也。’其～感动若此，其它可知。”清《歧路灯》七二回：“有诗单言这打抽丰之可笑，诗云：劝君且莫去投官，何苦叫人两作难？纵然赠金全礼仪，朋情～不相干。”《绣戈袍》一三回：“兵丁引他进见了莫是强，两家说了一番～离别的话。”

【戚裔】 qī yì 帝戚后裔，也泛指亲戚的后裔。唐李翰《难进论》：“复有养交钓名之徒，勋餘～之位，历元阙，排朱门。燕翼凤翔，乞言邹枚之口；虎皮羊质，假论崔马之谭。”清《聊斋志异·小二》：“儿时三岁，养为己出，使从姓丁，名之承祧。于是里中人渐知为白莲教～。”

【戚姻】 qī yīn 姻亲；因婚姻而结成的亲戚。宋王安石《答林中舍启》：“幸邻封畛，叨缀～。仰风诚勤，奉问顾缺。”明宋濂《送邓贯道还云阳序》：“父子乎西东，～乎北南，其别离之思，盖有不忍言者。”清陈廷敬《麟昭张公墓志铭》：“人之生有，～所自。出为最亲，我母之弟。”

【戚忧】 qī yōu 忧伤；悲苦。五代徐铉《大唐故中散大夫贾宣公墓志铭》：“虚左交辟，三府驰名。俄丁内艰，～如礼。”明王直《后乐堂记》：“夫同类之民推其是心也，则民之～其有不关于己者乎？”清弘历《久闻》：“尔时南望增～，未识金堤何以护。”

【戚友】 qī yǒu 犹“戚朋”。宋宋祁《故大理评事张公墓志铭》：“彼～兮义弗违，奉輤柩兮来归穴。”明徐渭《寿张滦州朱宜人序》：“朱宜人则倾其所归奁以给斧爨，上奉翁妪，中备～，下饱暖其臧获。”清《歧路灯》七七回：“小侄母亲年过望六，～置屏相贺。”

【戚愉】 qī yú 犹“戚欢”。元吴澄《如斋诗》：“浩劫变成只须臾，百年何事分～。”明林环《白云樵唱集序》：“其叙人事，则兴废得丧，～悲乐，无不委曲尽其情。”李梦阳《广狱成还南昌候了》之八：“～繄为谁，喟然想千年。”

【期程】 qī chéng ❶时间与路程；期限与程途。唐孙狄《天宝三载亲祭九宫坛大赦天下制》：“或～之间，迟速非便，并委所司与朝集使商量，取便稳处置奏闻。”宋张载《横渠易说·上经》：“天行何尝有息？正以静，有何～？此动是静中之动，静中之动，动而不穷。”明汤显祖《牡丹亭》一六出：“俺为官公事有～。夫人，好看惜女儿身命。” ❷时间，指一段时间。《元曲选·王粲登楼》一折：“小生到此萧条旅馆，个月～，不蒙故参。”明《二刻拍案惊奇》卷三八：“况且徐德在衙门里走动，常有个月～不在家里。”清《醒世姻缘传》六一回："这六十日不过两个月～，怎么倒不容易？" ❸ 时候；日期。《元曲选外编·七里滩》三折："建武十三年八月～，王新室有百万兵，困你在昆阳阵。"明汤显祖《南柯记》六出："便道你能奋发有～，则半盏河清，拚了滴珠槽浸死刘伶，道的个百无成。"

【期高】 qī gāo 同"其高"。《元曲选外编·衣袄车》二折："违了限半月～。俺元帅杀斩权谋，你这件事非同一个草草。"

【期集】 qī jí ❶ 约期集合；定期集会。《唐会要》卷八二："（左右金吾）昼日并不得离本仗，纵有公事～，当直人亦不得去。"清宫鸿历《和前韵》："趣闻长者召，～恰亭午。" ❷ 特指进士及第后例行的聚集游宴。五代王定保《唐摭言》卷三："谢恩后，方诣期集院。大凡敕下已前，每日～，两度诣主司之门；然三日后，主司坚请已，即止。"宋苏轼《与范子丰书》："即日想已唱第，必在高等。～之暇，起居佳胜。"明史鉴《次进士马中锡吴淑游京师西山》："同年～凤城西，尽日吟游信马蹄。"

【期冀】 qī jì 期望。明葛昕《与任养宏寅丈书》："顷者酬劳，吾丈不以为获报之薄，而顾为弟他有～，且感且恧耳。"邓元锡《愚斋傅先生墓志铭》："世贤智之士希慕～以为不可必得者，而先生介然无所动于中。"清《平定两金川方略》卷一〇四："臣等揆度贼情，不过暂为安顿之计，且仍～侥幸完事。"

【期克】 qī kè ❶ 同"期刻❶"。唐袁皓《寄岳阳严使君》："万恨只凭～手，寸心唯系别离肠。"元刘诜《赠刘斗祥祈雨》："勿云事邂逅，～乃足敬。"明李东阳《岳州府新筑永济堤记》："且其费必公出，工必佣致。虑定而事动，～而功集。" ❷ 同"期刻❷"。《唐开元占经》卷九一："凡候风，须筑高二十四尺，于上设竿，令其四达无隐，则远近皆知，～不爽矣。"

【期刻】 qī kè ❶ 克期；规定期限。唐李山甫《代孔明哭先主》："酌量诸夏须平取，～群雄待遍锄。"五代徐夤《春末送陈先辈之清源》："归日捧持明月宝，去时～刺桐花。"宋陆佃《依韵和毅夫即事》之一："依稀黄鸟浑相识，～青山卒未休。" ❷ 约定或规定的期限。元杨维桢《吴君见心墓铭》："生无伪言行，与人约，虽千里外，不失～。"

【期历】 qī lì 同"期励"。明李东阳《送翰林编修丁君归省诗序》："出虽以王事，然犹以职业相～如恐不及，而况乎以亲去者哉！"又《送顾天锡序》："诗皆感慨～，无愁苦嗟叹之态者。"

【期励】 qī lì 期望勉励。元袁桷《告处州府君祝文》："靖惟义方之教，～甚远，种德殖义，奏身以淑。"明李东阳《送广西按察副使林君诗序》："故其交也，亦必以德业勋业相～，非苟为慕悦而已。"

【期望】 qī wàng 期盼；指望。五代彭晓《参同契通真义后序》："昼夜无怠，方可～；或不如是，则虚劳勤尔。"明谢谠《四喜记》二〇出："垂柳下暂系群骊，还～宴琼林宵衣锦。"清《雪月梅》一二回："只恐小侄菲劣陋质，不能仰副老叔的～。"

【期信】 qī xìn ❶ 信义；履约的准确性。唐李筌《太白阴经》卷三："野狐鬓，无～。羖羊须，多狐疑。"宋张先《浣溪沙》："楼倚春江百尺高，烟中还未见归桡。几时～似江潮。"黄庭坚《晓起临汝》："缺月欲峥嵘，鸡鸣有～。" ❷ 约定；约定的日期。唐骆宾王《代女道士王灵妃赠道士李荣》："只言柱下留～，好欲将心学松蕣。"宋周邦彦《诉衷情》："～杳，别离长，远情伤。"明杨柔胜《玉环记》八出："休教愁老莺花也，燕子来时～传。" ❸ 定准。宋黄庶《次韵元伯西轩桃李》："春风春雨难～，便是无言做落花。"

【期许】 qī xǔ ❶ 期待并称许。宋张载《张天祺墓志铭》："立朝莅官，才德美厚，未试百一，而天下耸闻乐从，莫不以公辅～。"金元好问《寄庵先生墓碑》："问无不言，言无不尽，开示～，皆非愚幼不肖所当得者。"清《野叟曝言》八回："只恐奴性痴愚，不能领略历算中精蕴，有负相公～耳。" ❷ 计划；打算。明徐渭《蒋扶沟公诗并序》："既而先生鸿迹远旷，再渡钱塘。～后来意得执鞭长侍，岂谓造物苛猛，未更寒暄，伯已化为异物。"

【期愿】 qī yuàn 期望。明杨荣《敬轩记》："则不惟不负驸马公～之意，诚足嗣承徽美，无忝厥先。"王直《赠按察使原公诗序》："故为序其诗以俟，而～之意寓焉。"清李厚庵《赠陈梦雷》："平生所～，忠孝等无尤。"

【期约】 qī yuē ❶ 所约定的共同信守的事项。唐李世民《缓力役诏》："朝夕左右，尚乖～。远方劳役，何以克堪？"明《醒世恒言》卷三七："原来子春牢记那老者～在心，刚到三年，便把家事一齐交付与妻子韦氏。"清《警寤钟》一五回："有量反感激他厚情，即刻又同到船上与显瑞定个～，当面招会过。" ❷ 约定的会晤。五代毛熙震《浣溪沙》："暗想欢娱何计好，岂堪～有时乖。"金《董解元西厢记》卷四："夜深更漏悄，张生赴莺～。"明《拍案惊奇》卷一七："又恐怕失了知观～，使他空返，彷徨不宁，那里得睡？" ❸ 相约；约定会晤。宋元《古今小说》卷三："向蒙～，妾倚门凝望，不见降临。"明沈受先《三元记》一七出："我有一个乡里，～在此相会，故此等他。"《浪史》四回："适读佳翰，惊喜相半，～在后日十三夜，与君把臂谈心。"

【欺】 qī ❶ 欺凌；欺侮。唐王梵志《养儿从少打》："养儿从少打，莫道怜不答。长大～父母，后悔定无疑。"明李梅实《精忠旗》一一出："连朝屡败被他～，刀戟无锋气力疲。"清《万花楼》一五回："马啊，你真乃～善畏恶了，偏会使刁作难的，将本藩～着。" ❷ 藐视；大意地以为。《敦煌变文校注》卷一《李陵变文》："嗟呼叹息乃长吟，只为～胡苦入深。"宋苏轼《菩萨蛮·回文冬闺怨》："～雪任单衣，衣单任雪欺。"清《隋唐演义》四一回："他心里明白与宇文述有隙，却～他未必得知。" ❸ 怜；同情；感伤。唐张鷟《游仙窟》："忽闻内里调筝之声，仆因咏曰：自隐多姿则，～他独自眠。故故将纤手，时时弄小弦。"宋刘子翚《寄题黄应亨东明斋》："惭愧野人～我懒，相招炙背坐松根。"清吴伟业《祭李幼基文》："握手生平，告余衷曲。容有勿尽，尚～骨肉。" ❹ 遮蔽；束缚；笼罩。唐赵嘏《昔昔盐·彩凤逐帷低》："巧绣双飞凤，朝朝伴下帷。春花那见照，暮色已频～。"明袁中道《放歌赠人》："竹皮冠在能～发，犊鼻裈亡不耐寒。"清《镜花缘》五七回："谁知近来忽又时出一道奇光，蒙微垣被他这光～住，不能十分透露。" ❺ 充溢；占据。唐白居易《喜刘苏州恩赐金紫遥想贺宴》："贺宾喜色～杯酒，醉妓欢声遏管弦。"司空图《新岁对写真》："生情暗结千重恨，寒势常～一半春。"元任昱《庆东原》："愁～酒怀，羞临镜台，泪湿香腮。" ❻ 抵御；敌挡。唐秦韬玉《紫骝马》："膘大宜悬银压銙，力浑～却玉衔头。"朱庆馀《镜湖西岛言事》："偶因药酒～梅雨，却著寒衣过麦秋。"宋陆游《题庵壁》："地炉封火～寒雨，纸阁油窗见细书。" ❼ 度过；超过。宋苏轼《徐大正闲轩》："早眠不见灯，晚食或～午。"岳珂《予以谬作数种并总所奏藁遗参赞高紫微》："新凉颇复～长夏，旧事何妨阅短檠。" ❽ 压倒；胜过。唐曹松《南海陪郑司空游荔园》："叶中新火～寒食，树上丹砂胜锦州。"《太平广记》卷五〇引《传奇》："睹一女子，露裛琼英，春融雪彩，脸～腻玉，鬓若浓云。"元王伯成《哨遍·赠长春宫雪庵学士》："身～古柏衰中旺，味胜青瓜苦后甘。"清《情梦柝》一八回："夫人才～谢女，慧轶班姬，正宜夫唱妇随，何须过逊？" ❾ 助；增。唐温庭筠《寄渚宫遗民弘里生》："波月～华烛，汀云润故琴。"宋晁元礼《喜迁莺》："润拂炉烟，寒～酒力，低压管弦声沸。"元佚名《寄生草·冬》："彤云布，瑞雪飞。乱飘僧舍茶烟湿，寒～酒价增添贵，衰安紧把柴门闭。” ⑩ 扰;惊。唐杜审言《和韦承庆过义阳公主山池》之五:“地静鱼偏逸,人闲鸟欲～。”宋王寂《纳凉萧寺》:“燕泥吹落～人睡,无赖薰风也世情。”明徐渭《蝇声》:“午曲故繁～蝎睡,夜朝直误与鸡兴。” ⑪ 凌;冲;破。唐刘商《秋夜听严绅巴童唱竹枝歌》:“身骑吴牛不畏虎,手提蓑笠～风雨。”宋赵佶《声声慢·梅》:“～寒冲暖,占早争春,江梅已破南枝。”明郑若庸《玉玦记》二〇出:“吴儿十岁能～浪,应为金多视死轻。” ⑫ 侵;袭。宋杨无咎《水龙吟》:“幽斋无寐,寒～衾布,明吞窗纸。”明《梼杌闲评》三四回:“我只为病～了身子,故此要去将息些时。”清《醒世姻缘传》八五回:“怕冷炕～了师傅的骚屄,成驴白炭,整车的木柴,往惜薪司上纳钱粮的一般,轮流两家供备。” ⑬ 低;凹;洼。唐沈佺期《伤王学士》:“宠儒名可尚,论秩官犹～。”《元曲选外编·霍光鬼谏》一折:“眼～缩腮模样,面黄肌瘦形相。” ⑭ 凭借;依仗;利用。宋杨万里《岁暮归自城中一病垂死》:“浇愁幸残尊,照睡～短炬。”清钱谦益《读梅村艳体诗有感书后》之二:“江长海阔～鱼素,地老天荒信鸩媒。”《后红楼梦》二七回:“讲你从前～着琏二婶子死了,要卖他的巧姐儿给人作妾,该死不该死?”

【欺谤】 qī bàng 欺蒙毁谤。明《封神演义》一九回:“纣王静听琴内之音,俱是忠心爱国之意,并无半点～之言。”《明史·夏言传》:“言官不一言,徒～君上,致神鬼怒,雨甚伤禾。”清《东周列国志》四二回:“卫候也自信得过了。怎奈献犬谗毁在前,恐临时不合,反获～之罪。”

【欺暴】 qī bào 欺侮凌暴。元王恽《题黠鼠赋后》:“鼠喻雄深过柳州,窃时～果谁忧?”清《醒世姻缘传》一二回:“兼那势宦强梁,～孤弱,那善良也甚是难过的紧。”

【欺弊】 qī bì 欺诈舞弊。唐元稹《弹奏山南西道两税外草状》:“如闻或未遵行,尚有～,永言奉法,事理当然,申敕长吏,明加禁断。”《元曲选·勘头巾》四折:“莫非有些～,瞒着老夫么?”明王樵《与长男启疆书》:“万一署印,则钱粮之出纳必清,下人之～必察。”

【欺打】 qī dǎ 欺负殴打。明何乔新《题为裨补治道事奏》:“有等丁多财富,挟众行凶,～良善,把持官府。”章潢《图书编》卷八八:“又相结党告讦,～旗甲。”《拍案惊奇》卷一一:“常见大人家强梁僮仆,每每借着势力,动不动～小民。”

【欺盗】 qī dào 欺骗偷盗。《新唐书·食货志五》:“使百官就请于县,然县吏～盖多,而闲司有不能自直者。”宋苏辙《论雇河夫不便札子》:“臣今仍乞令河北转运提刑司,同共相度,如何处置关防所支雇夫钱,以免～之弊。”清《八洞天》卷八:“这佛若当在呼延府中,已经籍没入官,不可追究。今只拿吉福来,问他个～之罪便了。”

【欺敌】 qī dí ❶ 轻敌;藐视敌手。《祖堂集》卷一六《南泉和尚》:“后有人举似长庆,长庆代云:‘～者亡。’”明《西游记》六回:“昭惠二郎神,齐天孙大圣。这个心高～美猴王,那个面生压伏真梁栋。”清《绣戈袍》二回:“鸡主恃胜,扬言高叫曰:‘如有再敢决雌雄,愿赌三百金。’……公子见他～太甚,即答言:‘某愿赌。’” ❷ 抵敌;对抗。宋沈括《梦溪笔谈》卷一三:“大都军中诈谋,未必皆奇策,但当时偶能～,而成奇功。”元关汉卿《西蜀梦》一折:“关将军但相持,无一个敢～。”《三遂平妖传》一六回:“刘彦威在阵前施逞枪法～左黜,被左黜用剑尖一指,门旗开处,冲出一队虎豹来。” ❸ 钳制或战胜敌人。宋许洞《虎钤经》卷四:“审探敌事,因而为之,以中敌情,使敌不知为我所觉,得以～,是谓事机。”

【欺讹】 qī é 欺骗讹误;讹误。宋沈遘《蓬莱山中送徐仲微赴蓬莱令》:“胡然古荒王,甘心事～?”清查慎行《荆州护国寺古鼎歌》:“简书右半方涂改,泮水左耳全～。”

【欺贰】 qī èr 欺蒙不一。唐元结《寄源休》:“时多尚矫诈,进退多～。”

【欺伏】 qī fú 同“欺负❶”。明《西游记》四二回:“菩萨,你好～我罢了。那妖精再三问你,你怎么推聋装哑,不敢做声。”

【欺负】 qī fù ❶ 欺凌;欺侮。《五灯会元》卷一九《大随元静禅师》:“行年七十老躘踵,眼目精明耳不聋。忽地有人～我,一拳打倒过关东。”《元曲选·汉宫秋》一折:“俺官职颇高如村社长,这宅院刚大似县官衙。谢天地可怜穷女婿,再谁敢～俺丈人家。”清《飞龙全传》一八回:“欲要动手,又恐被人知道,说我～年老之人,只得把气忍了下去。” ❷ 轻视;小看。《元曲选外编·渑池会》楔子:“元帅怕有去路道我无回路,他将我厮小觑忒～。”元明《水浒传》八七回:“休～他辽兵,这等阵图皆得传授。”明《西洋记》一七回:“你这狗娘养的,你～咱不读书,咱岂不知‘苗而不秀者有矣夫’?”

【欺盖】 qī gài 欺骗掩盖。明《禅真逸史》一三回:“今日之事,并无～。一则一,二则二,守与战,任凭尊裁。”

【欺害】 qī hài 欺凌侵害;欺骗伤害。明沈受先《三元记》九出:“这聘财将去完官库藏来,免得鞭笞刑禁又受人～。”《西游记》三七回:“他被那全真～,推在御花园八角琉璃井内。”清冯班《钝吟杂录》卷一:“君子不可不知医,不知则为庸医所～。”

【欺哄】 qī hǒng 欺蒙哄骗。明戚继光《纪效新书》卷首:“夫主将固以司旗鼓调度为职,然不身履前行,则贼垒之势不可得,众人之气不肯坚,前行之士得以～避难而逆诳莫可辩。”清《豆棚闲话》一二则:“故信神奉佛的妇女被僧道奸徒～,以为此身一客房耳,极不要紧。”《镜花缘》九九回:“也有怒目横眉在那里恐吓的,也有花言巧语在那里～的。”

【欺谎】 qī huǎng 欺骗;谎骗。明蔡清《寄萧三嫂》:“今附来细丝银叁两备用,切不可被人～,妄费分毫。”清《平定两金川方略》卷九六:“绿营～之习实堪痛恨,不可不严行惩创。”《绿野仙踪》七四回:“若是～你家元帅,不诈败归海,和这折断的箭是般。”

【欺贱】 qī jiàn 欺凌作贱。清《醒世姻缘传》三回:“只因前世你是他的妻子,他是你的丈夫。只因你不疼爱他,尝将他～,所以转世他来报你。”

【欺赖】 qī lài 欺诈诬赖。明车任远《蕉鹿梦》五折:“你昨日问我时节,已认得我了,假托做梦来～我。这鹿是我自打的,你自去寻那梦中打的。”

【欺滥】 qī làn 伪劣(的人或物)。唐元稹《钱货议状》:“每更守尹,则必有用钱不得加除之榜。然而铜器备列于公私,钱帛不兼于卖鬻,积钱不出于墙垣,～遍行于市井。”宋苏籀《改秩笺谢资政》:“窃以铨管千条之密,钩考五仕之严,抑～与侥浮,慎裁量而澄汰。”

【欺凌】 qī líng 欺压凌辱。唐易静《兵要望江南·占委任》:“统兵帅,刚暴自残兵。有勇有劳无赏罚,却将傲慢事行刑。彼将定～。”《元曲选·朱砂担》一折:“亲见个妖精,待把我～。”清《醒世姻缘传》三回:“但他只有～丈夫这件不好,除此别的都也还是好人。”

【欺陵】 qī líng 同“欺凌”。敦煌词《十二时·劝学》:“世人不敢苦～,都为文章有纲纪。”《明史·云南土司传三》:“乞命以职,赐冠服、印章,庶免～。”《大清律例》卷一七:“凡公差人员在外,不循礼法,～守御官及知府知州知县者,杖六十。”

【欺漏】 qī lòu ❶ 欺瞒遗漏。宋孙应时《宣义郎赵公行状》:“初公巡稼,已周知其户口贫富多寡,及当受粟,无～者。”明金幼孜《祭兵部尚书张本文》："整饬兵政，惩滥冒之失；清理钱谷，革～之弊。"清孙奇逢《中州人物考》卷二："至于钩校～，剜剟豪黠，又不为一切恩贷。" ❷"欺屋漏"之省，指隐秘的欺骗。古谚：屋漏在上，知之在下。明沈受先《三元记》一三出："伊家夫主能瞒否？皇天后土难～，怎做得襟裾一马牛。"

【欺落】 qī luò 欺负奚落。明王玉峰《焚香记》二四出："我说他必定是个贵人，你只管～他，今日如何？"清《快心编》三集二回："老亡八把那等奇丑丫头竟来～我。"

【欺骂】 qī mà 欺负辱骂。明杨爵《家书》："若人有横逆～者，一意忍耐，不要使心上火气起来。"《禅真逸史》一〇回："叵耐主人无理，常常～，我不如趁这机会往县里首告。"

【欺瞒】 qī mán ❶欺骗隐瞒。宋洪迈《夷坚志》三壬卷三："但尘凡中有～取赢餘者，我则阴摄之。此去市户董七者，好舞秤权，用十四两作斤，故即而掠取。"《元曲选·㑳梅香》四折："讲财礼两下～，落花红我则凭白赖。"清《警寤钟》七回："外边人没个不晓得犯人的贱名，不敢～爷爷。" ❷欺负；欺凌。明《醒世恒言》卷三："或因官司逼迫，或因强横～，又或因债负太多，将来赔偿不起，㔶口气，不论好歹，得嫁便嫁，买静求安。"清吴伟业《秣陵春》二三出："〔净〕苦难挨遍体伤痕，伤痕。〔小丑哭介〕你们这样～我，待我归去对大爷说。" ❸藐视；看不起。明《山歌·歪缠》："你没要～钓鱼汉，钓鱼蜘里出贤良。"

【欺冒】 qī mào ❶欺凌冒犯；欺骗冒犯。唐李忱《受尊号赦文》："并故杀人者，虽已伤未死，已死更生；～老小，以取财物者；意欲杀伤，偶得免者：并以杀人法处分，不在赦原之限。"宋宋祁《让翰林学士状》："但念臣因病自言，蒙恩辄止，不惟～朝听，必恐滋致人言。"明归有光《河南策问对二道》："人臣之于君，于其得言之时，亦莫不有言，而尝失之是三者。猖狂叫号，以自试于万乘之前而不自度，且以售其～之奸。" ❷欺骗冒充。宋刘才邵《周辉降官制》："有司之职，当出纳惟谨，傥涉～，罪安所逃！"明朱国祯《涌幢小品》卷一一："清在宝应，筑土石二堤，支河工银四万餘两，锱铢磨算，上下皆不得～。"清《九云记》一〇回："翰林如梦初醒，起身拜谢道：'岳丈如是原眷，周京这般～，极为大骇呢。'十三道：'弟非～，自在～之发踪指示者也。'"

【欺蒙】 qī méng 隐瞒蒙骗。宋蔡襄《黼扆箴书》："至于小人，以利相合，～险诐，残害忠良。"明文秉《烈皇小识》卷三："上以其屈法徇私朋比～也，故有此重谴。"清《荡寇志》一三二回："因共陈六人劣迹，天子叹道：'朕为此辈～久矣。'"

【欺藐】 qī miǎo 欺负藐视。明《封神演义》五二回："姜尚欺吾太甚！此处埋伏着不堪小辈，～天朝大臣。"《明史·杨涟传》："即两宫圣母如在，夫死亦当从子。选侍何人，敢～如此！"清《万花楼》五四回："当今万岁加恩宠眷，你不该胆大将咱～！"

【欺灭】 qī miè 欺负蔑视。明夏言《明封爵以惩挟诈以杜纷扰疏》："此情不过郄贤主谋，擅夺宗室权柄，归伊一手，任其舞弄，～沈府。"《西洋记》八五回："你那黄风仙为了这几百万银子，连我们元帅就都～起来。"清《平山冷燕》一八回："你是一个白丁公子，怎敢～圣上，竟不下拜。"

【欺匿】 qī nì 犹"欺瞒❶"。宋郑侠《谢太守答诗莱州》："人人怀～，比周相引荐。"明张四维《双烈记》三六出："奴家若隐而不奏，虽则伉俪之情全，～之罪大矣。"清毛奇龄《温节妇墓状》："而土豪趸集无赖子弟，坌坌兴，谓～官物。"

【欺虐】 qī nüè 欺负凌虐。元佚名《庙学典礼》卷三："蔑视行省行台，～官民良善，致使业主无所告诉。"明《西游记》二回："近来被一妖魔在此～，强要占我们水帘洞府。"《杨家将演义》二七回："先帝敬我杨府，建设第宅相待。今被谢金吾～，奏毁天波楼。"

【欺殴】 qī ōu 犹"欺打"。明韩邦奇《恶逆攒害尊长等事奏议》："听信仪宾，宿娼酗酒，率领群贼，～尊长。"沈鲸《双珠记》三〇出："今被王嗣宗恁般～，其实难忍。"

【欺骗】 qī piàn ❶欺负蒙骗。宋真德秀《政经》："非法之事莫妄作，如豪强凶横，吞谋贫弱，奸狡诈伪，～良善。"《元曲选·金线池》四折："想当初罗帐里般般逞遍，今日个纸褙子又将咱～。受了你万千作贱，那些儿体面？"清《歧路灯》一五回："昨日我与盛公子说明，约你两个。若不约他，显的是兄弟有了～。" ❷欺凌；欺侮。元明《水浒传》五一回："径到县衙内告雷横'殴打父亲，搅散勾栏，意在～奴家'。"

【欺侵】 qī qīn ❶欺凌侵夺。唐白居易《丘中有一士》之一："乡人化其风，熏如兰在林。智愚与强弱，不忍相～。"刘允章《直谏书》："伏见蛮寇～，神道诳惑。我国家作亡命之渠魁，为逋逃之窟穴。"吐火罗叶护支汗那《请助讨大食表》："应彻天聪颂奉天可汗进旨云：'大食～，我即与你气力。'奴身今被大食重税，欺苦实深。" ❷欺骗侵吞。宋张方平《平戎十策·丰财》："诸不急之务，无益之作，浮冗之费，～之弊，精为节度，以集大事。"《元曲选·货郎旦》四折："这两个名下，～窝脱银一百多两。"明《二刻拍案惊奇》卷二〇："陈定托他掌管家事，他内外揽权，百般～，巴不得姐夫有事，就好科派用度，落来肥家。"

【欺屈】 qī qū 欺负冤枉；欺压屈辱。唐王梵志《百姓被欺屈》："百姓被～，三官须为申。"《敦煌变文校注》卷四《降魔变文》："不忿～，忽然化出毒龙。口吐烟云，昏天翳日。"又卷五《佛说阿弥陀经讲经文（二）》："虫蛆金翅鸟等，受化生身。无有刀兵，无有奴婢，无有～，无有饥馑。"

【欺辱】 qī rǔ 欺负侮辱。宋刘斧《青琐高议》前集卷四："纵小吏～壮士，其罪三也。"明《西游记》七二回："你把我母亲～了，还敢无知，打上我门。"清《绿野仙踪》六〇回："你快出去，我不是受人上门～的。"

【欺生】 qī shēng 欺负或欺骗新来的人。明王錂《寻亲记》一八出："我这里人最～。你如此打扮，认你是别处人，就要欺你。"清《十二楼·归正楼》二回："为商做客最怕人～，越要认得的多，方才立得脚住。"《飞龙全传》二三回："你这泼妇，既是告饶，俺便放你。后次再若～，定当打死。"

【欺饰】 qī shì 欺骗掩饰。明朱衮《禁处海塘奸弊疏》："前工之价未偿，后修之料复估。岁耗钱粮，展转～，盖非一朝一夕之故矣。"何腾蛟《逆闯伏诛疏》："回奏委无一毫～，可胜惶悚待命之至。"清《歧路灯》一〇六回："至于交代盘查，案件未结止者，催科未完缴者，国项未完足者，旧令无一毫～。"

【欺说】 qī shuō 谎说；骗人说。宋刘弇《井田肉刑议》："且前代有披元积方田图，慨然叹息，以为治天下先急，诚不出此。则岂～也哉！"明《醋葫芦》一一回："不敢～，如今的热帮闲不是当年的人了。"清洪昇《四婵娟·卫茂漪》："不敢～，小时《大学》《中庸》也曾读过。"

【欺玩】 qī wán 欺罔玩忽。宋汪应辰《应诏陈言兵食事宜》："朝廷有所陈令，率以诏旨行下。或阴为迁延，或公肆～，或直抗执而不行。"明《金瓶梅词话》九五回："你这狗官可恶！多大官职？这等～法度，抗违上司。"清《十二楼·鹤归楼》三回："常例补足之后，又说他蒙蔽朝廷，～邻国。"

【欺嫌】 qī xián 欺侮嫌恶。《祖堂集》卷六《洞山和尚》："初投村院院主处出家，其院主不任持，师并无～之心。"明沈采《千金记》五出："想洛阳季子，曾受颠连。黑貂裘敝，回来骨肉～。"清《鸳鸯针》二卷一回："那姨夫是市井之人，他富我贫，时常～我。"

【欺降】 qī xiáng 欺压降伏。清《歧路灯》五四回："那赵大儿一个粗笨女人，心里不省的，自然听的不入耳，瞌睡虫便要～上眼皮，早已梦入南柯。"又六〇回："从来小人们遇人敬时，便自高尊大，一切银钱物件只借不还，又添上～凌侮之意。"又八五回："女婿想着～，叫族间几个小舅子，抬起来打这东西。"

【欺笑】 qī xiào 欺侮嘲笑。宋黄庭坚《次韵奉送公定》："语阱发～，诗锋犯嘲讥。"明何良臣《阵纪》卷四："学兵之士，当究其事之可否难易，幸勿为豪杰所～焉。"

【欺心】 qī xīn ❶ 亏心；昧心。唐韩愈《通解》："今之人行不出乎中人，而耻乎力一行为独行，且曰：'我通同如圣人。'彼其～邪？吾不知矣。"《元曲选外编·裴度还带》楔子："小生是读书人，岂可～！"清《万花楼》三六回："岂敢在元帅台前，～谎语。"❷ 指亏心的人或事。金《董解元西厢记》卷三："不堤防夫人情性㤼，捋下脸儿来不害羞，～丛里，做得个魁首。"《元曲选·青衫泪》三折："〔净诗云〕我刘一郎何曾捣鬼，小老婆多应失水。〔地方诗云〕这里面定有～，送官去敲折大腿。"明《二刻拍案惊奇》卷一六："～又遇狠心人，贼偷落得还贼没。" ❸ 打定主意；图谋。明《西洋记》一二回："我们出家人，也不支架子，也不真痴，也不～灭那一教。是法平等，无有高低。但不知你有何能，～灭我佛教？"《二刻拍案惊奇》卷四："那张贡生只为要～小兄弟的人家，弄得身子冤死他乡。"《型世言》一九回："里边有个管家看他女人生得甚好，～占他的，串了巫婆，吓要送官。" ❹ 起坏心；动坏念头。明柯丹邱《荆钗记》一七出："雄鹤见了雌鹤，就～起来，一飞飞起来，站在雌鹤身上，牢牢立定而不滚也。"《西游记》一一回："朕骑着马，正行至渭水河边，见双头鱼戏，被朱太尉～，将朕推下马来。"清《醒世姻缘传》三七回："狄希陈说：'你猜我这心里待怎么？'那闺女说：'我猜你待要～，又没那胆，是呀不是？'" ❺ 坏心思；恶念。明徐霖《绣襦记》一一出："〔净〕我如今再把～使，〔末〕还有甚么欺心的？〔净〕我把令正娘子脸上打一个图书，印了图书是我妻。"《古今小说》卷二："只怕金孝要他出赏钱，又怕众人乔主张他平分，反使～，赖着金孝。"清《飞龙全传》二四回："强住在此衙门之内，吓唬平人。不道～不足，又上太行山去，坐了第三把交椅。"

【欺压】 qī yā 欺负压迫。宋葛立方《满庭芳·探梅》："狂吹鸣篱，祥霙剪水，分明～寒梅。"《元曲选·鲁斋郎》楔子："他为臣不守法，将官府敢～，将妻女敢夺拿。"清《醒世姻缘传》四回："计氏虽然平素恃娇挟宠，～丈夫，其外也无甚大恶。"

【欺诱】 qī yòu 欺哄诱骗。唐李治《放宫人诏》："所在官府，存心安置，勿使轻薄之徒，辄行～。"明郑若庸《玉玦记》三一出："口是心非，侮慢明神，～良善，罪恶盈满。"清《八旗通志》卷一二四："时廷议水田未便开垦，苗人不可～。"

【欺占】 qī zhàn 欺凌霸占。明叶春及《屯田论》："久之，佃为主，卒为客，问之田所在，不能道。移易～，所由起也。"《西游记》三七回："我母被水贼～，经三个月，分娩了我。"清《粉妆楼》五三回："专一在外行凶打劫，～乡邻房屋田产。"

【欺赚】 qī zhuàn 欺骗。清吴伟业《秣陵春》三六出："非是俺，相～；非是咱，虚㦬欠。"田雯《酒》："陵州胡为攫美名，事无定评多～。"

【欺嘴】 qī zuǐ 骗嘴；扯谎。明《西洋记》一七回："倒也不敢～说，小人碗也会钉，钵也会钉。"又五六回："不敢～说，我兄弟二人一手招他一个，两手招他一双，三手就招三个。"

【攲侧】 qī cè ❶ 歪斜；倾斜。唐顾况《攲松漪》："湛湛碧涟漪，老松～卧。"明张四维《双烈记》四二出："寻兰沚，过藕川，葛巾～未回船。"清刘大櫆《浮山记》："峭壁倚天，古藤盘结；石楠女贞，相与～被之。" ❷ 偏；歪；不正。唐危全讽《州衙宅堂记》："以其宅僻倚西隅，而甚～，乃易其旧址，迁此新基。"明尹直《謇斋琐缀录》卷二："太宗皇帝晚年欲立赵府为储，谕意于东杨。东杨即对以赵府面鼻～，不宜正位。"徐光启《新法算书》卷二三："临测时，务使纸与镜直对平行，毋少～。" ❸ 侧身；斜傍着。唐柳宗元《永州崔中丞万石亭记》："临于荒野丛翳之隙，见怪石特出，度其下必有殊胜。步自西门，以求其墟。伐竹披奥，～以入。"清屈大均《广东新语》卷三："一巨石塞峡，沿石角～过之，一岩张其口，若吸舟状。"施闰章《自浦城至建宁书事》："剑棱～过，眉睫死生分。" ❹ 歪倒摇晃；辗转反侧。唐杜甫《阆水歌》："巴童荡桨～过，水鸡衔鱼来去飞。"宋陈师道《次韵夜雨》："声到江干尽，风回叶上听。更长那得晓，～想仪型。"清《野叟曝言》七六回："将小姐发髻解开，紧紧扯住，不可使头～。" ❺ 崎岖艰险。宋苏辙《同王适曹焕游清居院步还所居》："投荒分岑寂，～吾自取。"唐庚《家提仓生日》："世路方～，心田自坦夷。"明蒋山卿《送林以乘赴任江西佥宪》："世路多～，斯文有卷舒。" ❻ 偏邪；不正派。明李东阳《送四川按察副使彭君序》："平生忠节自与，无～骫骳之行。" ❼ 变乱；崩溃。清黄宗羲《顾玉书墓志铭》："往见子丑之际，持局者过于矜愎，流为～，一往不返，激成横流。"

【攲垂】 qī chuí 倾斜下垂。唐陆龟蒙《战秋辞》："揭编茅而逞力，断纬萧而作势，不过约弱～，戕残废替，可谓弃其本而趋其末，舍其大而从其细也。"明周履靖《锦笺记》二〇出："神昏意懒，似柔条着雨～。"清玄烨《几暇格物论·倒吊果》："北人方言以～为'打拉'，是'答遝'名果，或因其下垂也。"

【攲倒】 qī dǎo 歪倒；倾斜翻倒。唐杜甫《遣闷奉呈严公》："平地专～，分曹失异同。"明《西游记》四三回："菩萨念动真言，把净瓶～，将那一海水依然收去。"清厉鹗《永兴寺二雪堂晓起看绿萼梅》："傲兀根倚石，～枝映泉。"

【攲堕】 qī duò 倾斜掉落。宋李弥逊《永遇乐·用前韵呈张仲宗》："提壶人至，竹根同卧，醉帽尽从～。"元白樸《水龙吟·予始赋睡词诸公赓和》："蓬鬓刁骚，角巾～，枕书聊睡。"

【攲扶】 qī fú 依靠扶持。攲，通"倚"。宋韩维《答崔象之见谢之作》："即看春风撼芽甲，定见红紫相～。"清王士禛《米海岳研山歌》："翠峦玉笋左右列，雁尻股脚相～。"

【攲坏】 qī huài 倾斜颓坏。唐韩愈《雨中寄孟刑部几道联句》："德符仙山岸，永立难～。"杜牧《上宰相求湖州第二启》："奔走困苦无所容，归死于延福私庙，支拄～而处之。"宋张方平《刍荛论》："坚凿契以抵～，平衡石而均重轻。"

【攲眠】 qī mián 斜卧；侧卧。唐韩愈《祭河南张员外文》："枕臂～，加余以股。仆来告言，虎入厩处。"宋曾纡《菩萨蛮》："卧对白蘋洲，～数钓舟。"清查慎行《僧房多鼠戏次青丘集中乞猫诗韵》："聊复忍斯须，～发长噫。"

【攲偏】 qī piān ❶ 犹"攲侧❷"。元王惟一《西江月》："神归气伏不～，刻刻打成一片。"明刘凤《优笑赋》："头儿抢地，尻竦于肩。仰面蛊悦，肘胁～。"清孙尔思《终南春望》："潨流方隐见，复岫自～。" ❷ 犹"攲侧❻"。元明《水浒传》九〇回："堪羡公明志操坚，矢心忠鲠少～。"

【攲仆】 qī pū 倾倒；跌倒。宋李新《跋郭子固廉使诗后》："石有～，羌人亦必护念支撑之。"明杨一清《为再乞天恩辞免新命事奏》："步履非人搀扶，动欲～。"清叶封《嵩阳石刻集记·纪遗》："与徐浩书大证禅师碑并～荒坡中，强半剥落。"

【攲倾】qī qīng ❶犹“攲侧❼”。唐柳宗元《韦道安》：“君侯既即世，麾下相～。”明吾邱瑞《运甓记》二三出：“豺狼横，狐鼠纷，奈食寡兵微虑～。”《西湖二集》卷三一：“泰山压卵问罪征，滇南不日要～。” ❷犹“攲侧❹”。宋谢薖《过金山下作》：“扬子江中风浪生，小舟如叶任～。”元魏初《沁园春·留别张周卿韵》：“从教长路～。拚一醉、都浇磊磈平。”清赵执信《晚望飞来寺》：“佛灯忽闪光青荧，殿角暗与船～。” ❸犹“攲侧❺”。元张之翰《唐多令》：“世路自～，湖天方晦明。也休将、文字争鸣。”明祝允明《和陶渊明饮酒》之八：“吾生四十年，强半居～。”清赵执信《微雨山行》：“我从世中来措足，转觉坦易无～。” ❹犹“攲侧❻”。宋蔡襄《四贤一不肖诗·高若讷》：“诚明所钟皆贤杰，从容中道无～。”明程敏政《海阳周司训教政遗思卷》：“治教炳前烈，同道无～。” ❺折挫；折磨。宋王安石《次韵唐彦猷华亭十咏·昆山》：“悲哉世所珍，一出受～。不如鹤与猿，栖息尚全生。”

【攲曲】qī qū ❶倾斜弯曲；曲折。唐元结《水乐说》：“不至南礀，即悬庭前之水，取～窦缺之石，高下承之，水声少似，听之亦便。”元魏初《三径纳凉》：“阑干～护群芳，空似陶家欲就荒。”明《徐霞客游记》卷五下：“崖隙～，泉如从云叶间堕出，或隐或现。” ❷邪僻；不正派。唐元稹《翰林承旨学士厅壁记》：“以若之不俊不明，而又使欲恶～攻于内，且决事于冥冥之中，无暴扬报效之虑，遂忿行私，易也。” ❸崎岖。明林俊《山水图为山斋题》：“林居有奇胜，连马经溪桥。～岂不念，猿鸟时见招。”

【攲缺】qī quē 残缺；倾倒缺损。唐卢照邻《五悲文·悲穷道》：“骸骨半死，血气中绝。四支萎堕，五官～。”元李孝光《同靳从矩县尹宿雁山天柱院》：“古帝省下土，东维或～。”清毛奇龄《重修笑隐庵募簿序》：“见殿堂水阁，四顾轩豁，颇足栖息，而窗户脱落，栏楯～。”

【攲损】qī sǔn 犹“攲坏”。宋胡刚中《重修学记》：“凡梁楹之～者，咸栉治之；甍檐之缺漏者，咸鳞比之。”明《金瓶梅词话》九六回：“垣墙～，台榭歪斜。两边画壁长青苔，满地花砖生碧草。”

【攲颓】qī tuí 犹“攲倒”。宋陈著《弟藋饮至醉》：“圣俞小饮亦百杯，高叉两手无～。”明黄卿《星石赋》：“履古墉之沙隈，有孤石之～。形落落其怪漏，质泐解如将隳。”《二刻拍案惊奇》卷三七：“～墙角，堆零星几块煤烟；坍塌地垆，摆缺绽一行瓶罐。”

【攲歪】qī wāi 倾斜；歪倒。明《西游记》三八回：“彩画雕栏狼狈，宝妆亭阁～。”

【攲危】qī wēi ❶倾斜危险。唐刘禹锡《山南西道新修驿路记》：“人风邑屋与山水，俱一都之会，自为善部矣。惟驿遽之途，～隘束。”宋苏辙《次韵子瞻赋雪》之一：“来时瞬息平吞野，积久～欲败檐。”清查慎行《泥口枕上闻雁》：“我帆十二幅，取用常半之。何以不用全，波涛怕～。” ❷指倾斜危险之处。唐元杰《涢阳果业寺开东岭洞谷铭》：“凿石通道兮援木枝，仰攀洞口兮践～。”明苏伯衡《梁道士传》：“贞即尽心殚力，支～，补罅漏。”清陈廷敬《医巫闾山登览》：“灵风生面，扶轂凌～。” ❸歪倒；倾斜摇晃。唐李邕《辞官归滑州表》：“光阴荏苒，行止～。就木之时，不知几日。”罗隐《冬暮城西晚眺》：“～长抱疾，衰老不禁寒。”明吴与弼《雁塘道中》：“笋舆傲兀长须困，蓑笠～度野塘。” ❹歪斜不规整或不成材。唐柳宗元《辩伏神文》：“处身很大兮，善植圩卑；受气顽昏兮，阴僻～。”宋苏洵《颜书四十韵》：“骨严体端重，安置无～。”王质《代回晁知郡启》：“某衰谢穷途，～小器。双凫乘雁，本何系于沧溟；错贝文羁，偶复加于病颡。” ❺艰险危难。唐杜甫《赠崔十三评事公辅》：“官联辞冗长，行路洗～。”宋郑刚中《与康才老书》：“仅得一见之后，非但顿挫无聊，而世故～，变态百出。”清郑燮《淮安舟中寄舍弟墨》：“囊中得数千金，随手散尽，爱人故也。至于缺厄～之处，亦往往得人之力。” ❻曲折；曲折不平。唐陆龟蒙《江南曲》之四：“鱼戏莲叶南，～舞烟叠。”宋欧阳修《和丁宝臣游甘泉寺》：“～一径穿林樾，盘石苍苔留客歇。”陆游《初秋》：“小彴～度，邻园曲折通。” ❼突兀；高耸。唐李商隐《深树见一颗樱桃尚在》：“倭堕绿云髻，～红玉簪。”宋苏辙《河冰》：“汇流忽腾蹙，曲岸相撑抵。～起丘山，汗漫接洲沚。”金君卿《书简寂观》：“～烟霭间，覆压山岳半。” ❽高度；高处。唐韩彻《燕昭王筑黄金台赋》：“尔乃经营是设，积思方成。～既差于九仞，委弃自多于一篑。”宋彭汝砺《和执中游山》：“楼阁守岧峣，～贴星斗。”

【攲卧】qī wò 犹“攲眠”。唐孙思邈《备急千金要方》卷二〇：“以苇筒盛，如枣核大，火炙令少热，～倾耳灌之。”五代杜光庭《虬髯客传》：“投革囊于炉前，取枕～，看张氏梳头。”清陆求可《金蕉叶·冬夜不寐》：“密掩窗纱，晓来怕有霜风过，且自和衣～。”

【攲午】qī wǔ 过了中午。犹俗言晌午歪。唐司空图《与李生论诗书》：“又‘殷勤元旦日，～又明年’，上句云‘甲子今重数，生涯只自怜’，皆不拘于一概也。”宋王之道《和因老游水寨府治东轩》：“我来与公偕，椠礴日～。”吕惠卿《答逢原》：“相仍宾客过，～仅朝餐。”

【攲邪】qī xié ❶偏；歪斜。唐王孝通《上缉古算经表》：“致使今代之人，不违深理，就平正之间，同～之用，斯乃圆孔方枘，如何可安？”明倪元璐《倪文贞讲编》卷三：“譬如木理，不是生成便得端正，惟依着大匠的绳墨，则可以削其～而归于端正矣。”清吴伟业《赠家园次湖州守》：“琐屑陈篇蠹，～醉墨蝇。非云聊以报，舍此亦何能？” ❷歪倒；倾斜。唐刘仁赡《袁州厅壁记》：“公才临理所，历览区中。公署则颇极～，巷陌而仍多燥湿。”宋文同《崇寿禅师塔铭》：“其所止悉荒落不治，但腐椽破壁，～罅漏，陈屋数间而已。” ❸邪僻；不正派。宋范纯仁《和耿宪见赠》：“恩戴邱山宜尽瘁，言关社稷敢～。”

【攲偃】qī yǎn ❶犹“攲倒”。《太平广记》卷三六九引《宣室志》：“以皂巾蒙其首，缓步而来，～若其醉者。”宋叶梦得《避暑录话》卷上：“虽三伏必具三衣，而坐自旦至暮，未尝～。” ❷蒙蔽。宋黄震《读诸子·抱朴子》：“而徒使天下后世之愚不肖者，用其导引之术，以～道旁流落乞丐。”

【攲倚】qī yǐ 歪斜倚靠，也指歪斜须撑持的事物。唐裴延翰《樊川文集后序》：“窃观仲舅之文，高骋敻厉，……涤濯滓窳，支立～。”明方良永《寿林西坡七十序》：“齿犹固，面犹渥丹，坐立无～。”清纪昀《阅微草堂笔记》卷一六：“突抽壁上短剑，自刺其臂，血如涌泉，～呻吟。”

【攲仄】qī zè ❶犹“攲侧❶”。唐白居易《陕府王大夫相迎偶赠》：“纶巾发少浑～，篮舆肩齐甚平稳。”宋洪迈《夷坚志》三已卷七：“黄衣仓卒复掣去，连称：‘差了也。’凶器即～，若倾倒之状。”清纪昀《阅微草堂笔记》卷一三：“舟至波心，风浪陡作，舵师失措，已～欲沉。” ❷犹“攲侧❸”。宋陆游《饭后登东山》：“盘纡穿翠谷，～下危磴。”元牟巘《水村图》：“碕岸疏疏柳，茅檐短短篱。小舟～过，便是少陵诗。”明文徵明《玉女潭山居记》：“壁尽处有穴，劣可容舟，～以入。” ❸犹“攲侧❹”。明李梦阳《豫章遇锺子送赠》：“中流艓子独何意，～犹摇双桨人。”清汪琬《翼日渡河过骆马湖》：“落日漾轻飘，～了不碍。” ❹犹“攲侧❺”。宋居简《长兴元保光砌路疏》：“道非墙外，何须泣歧；车出门前，便应合辙。此外别无～，是他自作艰难。”元李存《三老材甫桂君墓志铭》：“所居当巨石之麓，道有～，早莫行者蹶伤。”明王廷陈《赋空山赠陈子纪》:“岩洞晚～,言归当勿迟。” ❺ 倾斜狭窄。清《平定两金川方略》卷一一九:“成德等已于林箐丛密崖磡～之间,步步攀越而行。”又卷一三〇:“而山坳尚有一线～之径,可以绕出朗阿古之后。”

【攲坠】 qī zhuì 犹“攲堕”。宋黄庭坚《千秋岁》:“欢极娇无力,玉软花～。”明王錂《春芜记》二四出:“他料不想孤鸾哀雁,笑伊家空自翠钿～,带罗消减。”

【攲醉】 qī zuì 醉倒。宋刘一止《西河》:“小欢细酌任～。扑流萤、应卜心事,谁记天涯憔悴。”明朱鼎《玉镜台记》八出:“看交杯酬劝,～扶归。”

【攲邪】 qī xié 同“攲邪❶”。清钱谦益《渡淮闻何三季穆之讣》:“山妻书一纸,颇问平安不。楮尾一二行,～字难剖。似言旬月间,失我平生友。”

【缉】 qī 另见 jī。❶ 用相连的针脚密密地缝。明沈鲸《双珠记》三出:“羡桥梓同荣,断应～续破应圆。”《警世通言》卷五:“盘问他搭膊模样,是个深蓝青布的,一头有白线～一个陈字。”清《醒世姻缘传》一九回:“起先小鸦儿倒也常常查考来的东西。他说晁嫂子与李嫂子央他做鞋～底,又央他厨房助忙,所以送与他的。” ❷ 向下倾;凹陷。清《聊斋俚曲·翻魇殃》:“谁想他～头夜猫,已是成了下流。”《醒世姻缘传》八五回:“七八百里地,那船～着头往下下,这叫是三峡。”又九五回:“你就是他的老婆,可已是长过天疱顽癣,～瞎了眼,蚀吊了鼻子。”

【缉补】 qī bǔ 缝补。清《醒世姻缘传》七二回:“操持井臼,～衣裳。”

【缉理】 qī lǐ 缝补打理。明王玉峰《焚香记》一四出:“今日不免～些寒衣,一同附便送去,以慰他旅邸,多少是好。〔旦缝衣介〕”

【漆黑】 qī hēi ❶ 极暗无亮光。《太平广记》卷一五七引《河东记》:“须臾到一处,天地～。张岸曰:‘二郎珍重。’”明《英烈传》一七回:“伯温乘着高兴,只顾走进洞中,～难行。”清《歧路灯》一五回:“～了,还不上灯么?” ❷ 颜色极黑。唐韩愈《殿中少监马君墓志铭》:“眉眼如画,发～,肌肉玉雪可念。”宋洪迈《夷坚志》甲卷八:“昌龄妻梦二童子,色～,仓卒怖悸,疾走而去。”清《红楼梦》八回:“先就看见薛宝钗坐在炕上作针线,头上挽着～油光的鬟儿。”

【漆墨】 qī mò ❶ 原料中含漆的墨。宋曾慥《高斋漫录》:“用索系树,蹑之上下,神色不动,以～濡笔,大书石壁上曰‘章惇苏轼来游’。”元郑元祐《桐华烟为吴国良赋》:“墨成飞上通明天,红云一朵捧宫砚,试之～劳磨研。” ❷ 形容颜色极黑。宋韩维《绍隆院池上》之二:“蜻蜓～蝶金黄,上下波间有底忙?”元马祖常《息氓传》:“背如负箕,腹下垂如斗,目黑白不分,色～。”明庄𬉼《寿六合郑暗庵六十序》:“耳聪目明,发～,齿牙无一摇脱。” ❸ 形容黑暗无光。明唐桂芳《哭秋江黄处士》:“松根著处士,～长须眉。”清《霓裳续谱·盼郎不归》:“纱窗儿外,～儿黑,无心绪强入罗帏,似睡不睡。”

【漆水】 qī shuǐ 油漆。元孔齐《至正直记》卷四:“暑月着衣畏汗湿,则用细生苎布,以薄金～刷过,干而后著,则便且凉也。”明《西游记》二〇回:“那少年又拿一张有窟窿无～的旧桌,端两条破头折脚的凳子,放在天井中。”清《笑林广记》卷四:“好个盒子,只可惜～未干。”

【蹊跷】 qī qiāo ❶ 隐私;隐情。宋《朱子语类》卷二六:“仁者之过,只是理会事错了,无甚～,故易说;不仁之过是有私意,故难说。”明沈受先《三元记》一七出:“你说第二日就行,赶家去过年。如今连住了五六日,你必有～,可说与我知道。”清《荡寇志》八〇回:“那蔡京往往陷害平人,这节事必有～。”也指有隐情。明《二刻拍案惊奇》卷二〇:“必是碍人眼目的,出不得手,所以如此。况且平日不曾见他这等的,必然～。” ❷ 异样;古怪。宋元《醒世恒言》卷三三:“小娘子与那后生看见赶得～,都立住了脚。”明《挂枝儿·心虚》:“远远的望见我冤家到,见他的动静有些～,使奴家心里突突跳。不合我做了亏心事,被他瞧破怎么好。”清《娱目醒心编》六卷一回:“这老王为人有些～,未必容易。” ❸ 奇怪;可疑。《元曲选·忍字记》一折:“兄弟也,可怎生揩了一手巾忍字也?〔刘均佑云〕真个～。〔正末云〕好是奇怪也。”明《醒世恒言》卷二七:“捉空就走去说长问短,把几句风话撩拨。玉英是聪明女子,见话儿说得～,已明白是个不良之人。”清《霓裳续谱·阎婆惜的魂灵》:“急开门,慌忙点灯照,四顾无人,好不～,想必是县里的朋友来取笑。” ❹ 疑惑;怀疑。《元曲选·忍字记》二折:“我恰来壁衣里拿奸夫,不想是师父,好～人也。”清《玉蜻蜓·显魂》:“申贵升闻听好心焦,我听着游魂两字甚～。难道我身已死在庵堂内,撇却尘缘把人世抛?” ❺ 出奇;不寻常;不一般。明李梅实《精忠旗》九出:“计成衣黑～,～;管教扰乱窠巢,窠巢。”《封神演义》三六回:“这一个钢刀起去似寒冰;那一个棒举虹飞惊紫电。自来恶战果～,二虎相争心胆颤。”清《说岳全传》七五回:“长枪铁棍乱相交,雁翎双锤闪耀。这场恶战果～,莫作寻常闲闹。” ❻ 玄虚;花样;手脚。明湛然《鱼儿佛》三出:“这才是葛藤中斤斗弄～,正待要跋象车拽倒,猛狮铃解落。”《拍案惊奇》卷一七:“吴氏心里也晓得知观必定是托故,有此～,把甜言美语稳住儿子,又寻好些果子与了他,把丫鬟同他反关住在房里了。”清李渔《奈何天》二〇出:“怕他临去弄～,准备着毛拳叫他吃顿饱。” ❼ 弯曲;不平。明《挂枝儿·送别》:“那砖儿自块块方正平实得好,那瓦儿一片片反覆又～。”叶宪祖《素梅玉蟾》二折:“几番辞别去、不相饶,到的归来也、东方将晓。〔急走闪介〕待疾忙奔去路～,园林隔云峤。”汤显祖《牡丹亭》二二出:“虚嚣,尽枯杨命一条;～,滑喇沙跌一交。〔跌介〕” ❽ 不好。《元曲选·刘行首》二折:“〔正末唱〕你道我不着坟墓风魔汉,小鬼头我寻你个未入玄门花月妖。〔旦云〕缠杀人也。〔正末唱〕我便缠杀人有甚～?”明汤显祖《牡丹亭》四四出:“〔生〕恰正在奏龙楼,开凤榜,～。……〔旦〕怎生～?〔生〕你不知大金家兵起,杀过淮扬来了。” ❾ 煎熬;麻烦;懊恼。明孙柚《琴心记》二三出:“说甚么貌娉婷,尽受著半路～,和那个九死恹煎病。”《西洋记》五八回:“洪公公道:‘喜得不是个毛道长,若是个胡子道长,还有些～哩!’侯公公道:‘只是上胡子道长还可得,若是下胡子道长,还有些～哩!’王公公道:‘怎见得下胡子道长,又还有些～?’侯公公道:‘你不记有个口号儿?’王公公道:‘甚么口号?’侯公公道:‘一个娇娇,两腿跷跷,三更四点,蜡烛倒浇。这却不是下胡子道长又跷蹊哩。’”清吴伟业《通天台》二出:“唠叨,是这等苦支喳闲厮叫;～,倒为著酸黄齑冷气淘。”

qí

【齐】 qí ❶ 取齐;使相平或相并。宋柳永《金蕉叶》:“金蕉叶泛金波～,未更阑、已尽狂醉。”明《山歌·船艄婆》:“船艄里打铺船舱里～,船艄婆一夜忒顽皮。”清朱彝尊《南乡子》:“正门前,春水初～。” ❷ 纠合;集结。明《二刻拍案惊奇》卷一三:“里正就～了一班地方人,张家孝子扶从了扛尸的。”清《聊斋俚曲·磨难曲》:“咱如今不要松撒,亲家你快去～人。”《醒世姻缘传》五八回:“俺城中～了一道怕老婆的会,得十个人。” ❸ 收取。清《醒世姻缘传》七三回:“这说不的,咱明日就～分子,后日就吃。” ❹ 从。清《醒世姻缘传》一五回:“我～明日不许已你们饭吃,我就看着你们吃那天理合那良心!”又八七回:“你～这里住下船,写休书给我,差人送的我家去就罢了。” ❺ 连。清《醒世姻缘传》一一回:“再说珍哥打扮的神仙一般,指望那孔家大大小小不知怎么相待,却已了个～胡子雌了一头灰。”

【齐班】 qí bān ❶ 齐国的朝班(行列)。唐皇甫琼《对词标文苑科策》:“并建明扬之躅,式广旁求之义。故康衢扣角,授相越于～;海上牧羊,封侯超于汉秩。” ❷ 排列朝班或在朝班中排列,也指上朝排班奏事。唐赵居贞《新修春申君庙记》:“春申君正阳而坐,朱英配享其侧。假君西厢视事,上客东室～。”《元史·祭祀志五》:“点视毕,曰:‘请就次。’初献官释公服,司钟者击钟,初献以下各服其服,～于幕次。”明汤显祖《牡丹亭》五五出:“〔内唱礼介〕奏事官～。〔外、生同进叩头介〕〔外〕臣杜宝见。〔生〕臣柳梦梅见。” ❸ 位次在同一朝班(的行列)。五代杜光庭《谢恩奉宣每遇朝贺不随二教独引对表》:“伏蒙圣慈,以臣每有起居称贺,皆与道众僧人～,特降宣旨,令臣自今以后,独入引对,不随众列者。”《旧唐书·职官志》:“据令乃与公卿～,论实在于胥吏之下,盖以其猥多,又出自兵卒,所以然也。”宋苏轼《次韵蒋颖叔钱穆父从驾景灵宫》之二:“玉殿～容小语,霜廷稽首泫微温。” ❹ 参加朝奏的官员班次已齐。宋周必大《二老堂诗话》卷上:“及(朝官)在廷排立既定,驾将御殿。阁门持牙牌,刻‘～’二字。候～,小黄门接入。上先坐后幄,黄门复出扬声云:‘人齐未?’行门当头者应云:‘人齐。’上即出。” ❺ 地位并列。明杨慎《党籍碑》:“而孔子可与少正卯同列,孟子可与仪秦～乎?”

【齐备】 qí bèi ❶ 齐全完备。多指事物准备得完全齐备。唐卢肇《宣州新兴寺碑铭》:“大昭肇启,法不～。圣人继作,代天为工。”明汤显祖《牡丹亭》八出:“昨已分付该县置买花酒,待本府亲自劝农,想已～。”清《绿野仙踪》七七回:“衣甲、旗帜不～些,尚在其次;战船不坚固,误人性命非浅。” ❷ 齐集;聚齐。元明《三国志通俗演义》卷二二:“蜀兵大队在后不来救者,为羌胡之兵来迟也。若羌胡兵～到来,必径取雍州也。”又卷二四:“瞻～了人马,乃唤诸将曰:‘谁敢为先锋耶?’”

【齐楚】 qí chǔ ❶ 整齐美观。明《平妖传》五回:“芙蓉为面雪为肤,看他衣衫上下皆～。”清《聊斋志异·念秧》:“一人系马坐烟肆,裘服～。”《霓裳续谱·半万贼兵》:“衣冠～庞儿俊,可知道引动俺家小姐莺莺。” ❷ 齐全完备。明陆采《明珠记》二四出:“见今敕使公公到了,你却说这般话,快去餔饠,务要如法～。”清《儒林外史》四九回:“看见做戏的场口已经铺设的～。”《幻中游》三回:“官衙内有鬼,历来的老爷,俱住民宅。小的来时,早已雇赁停当,修理～。无烦老爷再为经心。”

【齐攒】 qí cuán ❶ 攒聚;齐聚。元明《水浒传》七六回:“雀画弓,铁胎弓,宝雕弓,对插飞鱼袋内;射虎箭,狼牙箭,柳叶箭,～狮子壶中。”明《封神演义》四四回:“若人仙进此阵,风火交作,万刃～,四肢立成齑粉。”清《歧路灯》九二回:“这养娘爨妇门边站的,墙阴立的,无不注目。过去远了,～在一处咕哝道:‘哎哟!出奇的很。’” ❷ 众人一齐(做某事)。《元曲选·冻苏秦》二折:“那苏秦不得官羞归故里,怎当的一家儿～聒噪。”明《金瓶梅词话》一六回:“诸兄弟要与我贺喜,唤唱的,做东道,又～的帮衬,灌上我几杯。” ❸ 纠缠;搅扰。《元曲选外编·西厢记》四本四折:“瞒过俺能拘管的夫人,稳住俺厮～的侍妾。”明佚名《锁白猿》二折:“我仗着剑连忙捉鬼,不想被那邪魔一伙～。”

【齐打伙】 qí dǎ huǒ 众人一齐(做某事)。清《红楼梦》九二回:“年年老太太那里必是个老规矩,要办消寒会,～儿坐下喝酒说笑。”又一〇三回:“恐怕周瑞家的吃亏,～的上去半劝半喝。”《绮楼重梦》九回:“岸上有个村子,大家～儿上去打劫。”

【齐割扎】 qí gē zhā 形容很齐的样子。清《醒世姻缘传》六六回:“果不其然,不消十日,～的把个头来烂吊一边。”

【齐骨柮】 qí gǔ duò 一下子;一齐。明《西洋记》九六回:“猛可的歌姬舞女～跌翻在地上,瞬目不能言。”

【齐行】 qí háng ❶ 位于同一行列;排行或行辈相同。《唐会要》卷四九:“至天授二年四月二日敕:释教宜在道教之上,僧尼处道士之前。至景云二年四月八日诏:自今已后,僧尼、道士女冠,并宜～并集。”明高兆《过少谷先生南湖故宅》:“回首当时此游宴,诗名吾祖忝～。”清弘历《率题》:“～昆弟早云尽,后辈曾元日以滋。” ❷ 干某种行业的人一齐(做某事)。清雍正四年十二月十八日杨文乾奏文朱批:“设负贩小人辈探知尔意欲求平粜,但～长价,数日即可遂其愿矣。”《豆棚闲话》一〇则:“他就拉了十餘个老白赏朋友,～的相似,都到虎丘千人石上挨次坐了,创起一个论来。”《镜花缘》二〇回:“所以布店同裁缝铺至今还在那里祷告,但愿长人再做一件长衫,他们又好～了。”

【齐集】 qí jí ❶ 聚集;汇集到一起。《敦煌变文校注》卷四《太子成道经》:“召其合国人民,有在室女者,尽令于彩云楼下～。当令太子,自拣婚对。”宋苏辙《论诸路役法候齐足施行状》:“欲乞指挥本所,候诸路所申文字,稍稍～,见得诸处役法,不至大段相远,然后行下。”清《红楼梦》一六回:“一日正是贾政的生辰,宁荣二处人丁都～庆贺。” ❷ 齐全完备。《太平广记》卷九四引《原化记》:“每日堂食,和尚严整,瓶钵必须～。”明汤显祖《牡丹亭》一九出:“待俺兵粮～,一举渡江,灭了赵宋。那时还封俺为帝哩。”清《红楼梦》九九回:“吹鼓亭的鼓手只有一个打鼓,一个吹号筒。贾政便也生气说:‘往常还好,怎么今儿不～至此。’” ❸ 备齐。明《于少保萃忠全传》一六传:“又令工部～物料,内外局厂,昼夜并工,造成攻战器具。”

【齐肩】 qí jiān ❶ 并肩,比喻生活状态、年寿、身分地位等相当。也指这样的状态。《敦煌变文校注》卷一《张淮深变文》:“又见甘凉瓜肃,雉堞彫(凋)残,居人与蕃丑～,衣着岂忘于左衽。”《元曲选·忍字记》一折:“我与哥哥递一杯,则愿的哥哥福寿绵绵,松柏～者。”清陈端生《再生缘》一七回:“奴合你,同处同归不异端。慢道闺房分嫡庶,自当姐妹作～。” ❷ 肩挨着肩;并肩。元明《水浒传》八二回:“解珍、解宝仗钢叉相对而行;孔明、孔亮执兵器～而过。”清陈端生《再生缘》一二回:“江妈扶出高厅上,姑嫂～见礼成。” ❸ 头发刚到肩膀,指年幼。明黄逵《卓烈妇》:“白发夫长姑,黄口夫诸弟。小姑两～,掌珠抱者是。”

【齐皆】 qí jiē 全部。明《醒世恒言》卷三九:“须臾之间,百餘和尚～斩讫,犹如乱滚西瓜。”清《说唐后传》五〇回:“底下总兵们～妆束停当,候元帅提戟,同上东城。”

【齐截】 qí jié ❶ 切直;整齐取直。《续资治通鉴长编》卷四三九:“诸城边面～去处,于城外打量二十里,照直为界。”清弘历《陈书山官读易图》:“帧中下半忽～,易理无穷寓此乎?” ❷ 整齐划一。元郑元祐《孙高士像赞》:“手钞书数百篇,皆小楷～。”清阎咏《尚书古文书证》卷八:“至于二十五篇,清浅～,自是三代以下韶秀之姿,语多浮响,意不切题。” ❸ 齐备;齐全。明郑若曾《江南经略》卷三上:“贼人远来,不过夺船深入而已,船之轻捷不如也;不过驱土民撑驾而已,人之～不如也。”又卷三下:“自是将官兢兢焉,常哨海中,望风帆辄疑公至,整搠～不敢懈。”清《红楼梦》一一〇回："我上头挨了好些说，为的是你们不～，叫人笑话。"

【齐口】 qí kǒu 牛的乳齿脱落后，更换的门齿等六颗牙齿长满并一样高。此时牛正在壮年期。清《醒世姻缘传》七九回："牛群里有个才～的犍牛，突然跑到杨司徒轿前，跪着不起。"

【齐理】 qí lǐ 划一管理。元王恽《故云中高君墓碣铭》："至君承父兄餘业，益光大于后，内则～严肃，以身率先。"明刘若愚《酌中志》卷一八："既无多学博洽之官综核～，又无簿籍数目可考以凭销算。"

【齐眉】 qí méi ❶"举案齐眉"之省。形容夫妻互敬互爱。唐司空图《蒲帅燕国太夫人石氏墓志铭》："夫人恭勤，自始辅佐。必伸柔以济刚，俭能周给，表～之敬。"宋王炎《木兰花慢》："念镜里琴中，离鸾有恨，别鹄无情。～处同笑语，但有时、梦见似平生。"清《醒世姻缘传》一〇〇回："从幼结褵，长而合卺，素乏～之敬，惟恣反目之凶。" ❷指婚姻或婚配。唐白居易《得乙女将嫁于丁既纳币而乙悔判》："人币之仪，既从五两，御轮之礼，未及三周。遂违在耳之言，欲阻～之请。"明沈自徵《簪花髻》："〔净〕释教呢？〔末〕他道：夫坐儿坐，……他道是～了夫婿，方好去列坐着娇儿。"清《赛花铃》三回："虽获幸拾青衿，而负郭无田，～无妇。" ❸指夫妻。宋元《醒世恒言》卷三三："与同浑家王氏，年少～。后因没有子嗣，娶下一个小娘子。"明柯丹邱《荆钗记》一二出："一对新人请上花毯，～并立。" ❹指夫妻白首偕老。明陈士元《俚言解》卷一："夫妻偕老曰～，……《诗·七月》篇'以介眉寿'，齐眉犹言同寿。"宋苏轼《正辅既见和复次前韵慰鼓盆劝学佛》："宁餐堕齿堇，勿忆～羞。何时遂纵壑，归路同首丘。"明袁宏道《寿毕侍御两尊人》："花外红绡白雪垂，豸袍如火映春卮。皋桥只有～伴，彭泽唯闻历齿儿。"清《儒林外史》二五回："鲍文卿惊道：'……请问老爹几位相公？老太太可是～？'倪老爹道：'老妻还在。'" ❺发初齐眉(覆额)，指少女时期。明陆采《明珠记》三一出："～盟约，垂髫嬿婉，一旦芳期中断。重重金屋，无端锁住婵娟。"汤显祖《紫钗记》一一出："一搦女儿身，～作妇人。" ❻二人眉毛相齐，指地位相当。清陈端生《再生缘》五五回："如若果非真正室，算一个，～姊妹礼还偏。"

【齐全】 qí quán ❶完备；应有尽有，一点不缺。宋佚名《满庭芳》："若论风流，无过圆社，拐肷蹬蹑搭～。"明《梼杌闲评》九回："次日置酒与他饯行，又做了些寒衣，行李置备～。"清《红楼梦》一〇八回："你看这些人好儿时没有聚在一处，今儿～。" ❷周到；妥帖。清《红楼梦》五七回："连他自己尚未照管～，如何能照管到他身上？"陈端生《再生缘》七九回："些须事，何庸你我费心田。明日去，叫他兄长来吩咐，外间尽可办～。"袁枚《续子不语》卷六："华遣长随张荣备办公馆。张固干仆，料理～。" ❸足额；足数；全部无缺少。清雍正八年十二月初八日尹继善奏文："又蒙皇恩轸念，寒冬加赈一月。现在仓粮拨运～。"陈端生《再生缘》七四回："大小长方圆鼓凳，中间多用细胜穿。五色锦垫～有，脚凳长方录乱般。"《镜花缘》六六回："大约同我们一样，也在那里掐著指头数哩，只等四十五炮～，他才跳出哩。" ❹彻头彻尾；完完全全。清《红楼复梦》四三回："我常听见人说，我活像贾府的宝二爷。天下像的也多，那里就是我像的这样～呢？" ❺齐整；相貌端庄。清《红楼梦》六九回："贾母瞧毕，摘下眼镜来，笑说道：'更是个～孩子，我看比你俊些。'" ❻团圆。清陈端生《再生缘》六回："自来出镇云南地，好女佳儿膝下依。自想～堪指望，偏逢新主又登基。一封王诏为元帅，乡里流连别发妻。"

【齐体】 qí tǐ ❶并卧，指结成夫妻关系。唐元行冲《父在为母及舅姨嫂叔服议》："生则～，死则同穴，比阴阳而配合，同两仪之化成。"元《通制条格》卷四："夫妇乃人之大伦，故妻在有～之称，夫亡无再醮之礼。"清陈端生《再生缘》二九回："他若冰清和玉洁，何妨～在风宸？" ❷指妻子。唐杜正伦《弹将军李子和文》："共被同车之欢，遂隔今古；抚存悼亡之痛，有伤心目。而可譬孔怀于行路，忽～于泉壤，对凶筵而奏艳妓，悦新宠而忘旧哀。"《太平广记》卷一四五引《玉堂闲话》："旬日愤懑不已，虽～亦不敢有所发问。"明归有光《曾氏家庆序》："翁亦有三庆：高堂白发，～谐老，一庆也。"

【齐体人】 qí tǐ rén 指妻子。宋梅尧臣《秋夜感怀》："独宿不成寐，起坐心屏营，哀哉～，魂气今何征？"

【齐同】 qí tóng 一齐；共同。宋苏轼《奏为法外刺配罪人待罪状》："臣知此数百人，必非～发意，当有凶奸之人，为首纠率。"明《西游记》五六回："都到草堂上，～唱了个喏坐定。"

【齐头】 qí tóu ❶平行；平衡对齐。唐李靖《卫公兵法》辑本卷中："诸道狭不可并行者，即第一战锋队为首，其次右战队次之，……若道平川阔，可得并行者，宜作统行法，……若更堪～行者，每统五队，横列齐行。"宋许洞《虎钤经》卷九："左右校角，各去中校角一十步，计二十步在内。左右校第一阵、第二阵，与中校～。"清布颜图《画学心法问答》："发干固当左繁则右简，右繁则左简，不可排对而出；生枝亦须左密则右疏，右密则左疏，不可～而列。" ❷一同；一齐。唐王梵志《生时不共作荣华》："生时不共作荣华，死后随车强叫唤。～送到墓门回，分你钱财各头散。"元魏初《至元二十三年十二月十一日御史行台奏议》："这刑部里笔且～儿。毕主事小名底人，再一个做县令来底和九思小名底人，这两根前笔且～儿交做都事去。"清《平定金川方略》卷二九："蠢蠢番酋，～而拜。" ❸达到某一整数，或就某一整数取齐。唐孙思邈《备急千金要方》卷一五："取槐木枝如马鞭大，长二尺～。"明汤显祖《邯郸记》四出："试青紫，当年如拾毛。到如今呵，俺三十算～，尚走这田间道。"清《醒世姻缘传》五〇回："狄员外道：'八十一文何如？'汪朝奉佯佯不理，竟自坐在柜内。狄员外道：'八十个～罢。'" ❹整整；足足。多置于整数词前。宋郭应祥《南歌子》："生世逢端午，～五十番，一番须作一般看。"明孙仁孺《东郭记》四四出："俺二人也不愿你多，只愿你～活一百岁罢了。"清《无声戏》八回："一五一十数完了一箱，～是二百锭，共银一千两。" ❺同时。宋《朱子语类》卷一一七："知与行须是～做，方能互相发。"陈淳《答陈伯藻书》："二者皆当～著力并做，不是截然为二事，先致知了然后力行。" ❻牡丹品种名。宋欧阳修《谢观文王尚书举正惠西京牡丹》："姚黄魏紫腰带鞓，泼墨～藏绿叶。鹤翎添色又其次，此外虽妍犹婢妾。"刘才邵《和彭德源秋开紫牡丹》："浅于泼墨轻匀露，小似～只类杯。"原注："～，似深碗而平。" ❼齐头白，稻米品种名。宋范成大《劳畬耕》："长腰瓠犀瘦，～珠颗圆。"原注："齐头白，圆净如珠。"又《冬舂行》："～圆洁箭子长，隔箩耀日雪生光。" ❽平头；器物顶部取平，没有花纹装饰。元《通制条格》卷九："帐幕用纱绢，不得赭黄。车舆黑油，～平顶，皂幔。"《明史·舆服志一》："庶民车及轿，并用黑油，～平顶，皂幔，禁用云头。"清李斗《扬州画舫录》卷一七："亮铁槽活什件为：大二门钹云头，裹叶、拴环、搭钮、槅板云头，合扇支窗云头、葵花、～诸合扇、……支窗云头、～里叶。" ❾当头；(时间)在先。宋苏洞《足虞叟兄句》："六月还当月尽休，今年节令却～。萧萧不待听梧叶，一见银河识得秋。"清《醒世姻缘传》三二回："我～里不是为这个忖着，我怕他么？" ❿劈头；迎头。清《醒世姻缘传》四八回："拿着根鞭子，象打春牛的一般，～子的鞭打。"《疗妒缘》五回："陈氏也吓慌了，伸出头来一望，～与儿子照面。" ⓫从头。清《醒世姻缘传》三七回："县官把他的卷子～看了一遍，笑道：'你今年儿岁了?’” ⓬ 个头齐平,比喻程度相当。清弘历《过泰山十依皇祖诗韵》:“六十一年君道焕,高如泰岱孰～?”

【齐云】 qí yún 指蹴气球,也指齐云社。宋佚名《西江月》:“今年神首赛～,别是一般风韵。……香金留下仿花人,必定气球取胜。”元萨都剌《一枝花·妓女蹴鞠》:“毕罢了歌舞花前宴,习学成～天下圆。”明沈璟《义侠记》三五出:“你只好～称社伙,却想蔽日擅朝堂,怎怪得傍人论讲?”

【齐云会】 qí yún huì 即“齐云社”。宋佚名《鹧鸪天》:“抛却功名弃却诗,从教身染气球泥。侵晨打楦～,际暮演筹落魄归。”

【齐云社】 qí yún shè 蹋气球的会社名称。宋周密《武林旧事》卷三:“二月八日为桐川张王生辰,霍山行宫,朝拜极盛,百戏竞集,如绯绿社(杂剧)、～(蹴球)。”元明《水浒传》二回:“这是～,名为‘天下圆’,但踢何伤。”明《西湖二集》卷一二:“～翻踢斗巧,角觝社跌扑争奇,雄辩社喊叫喳呼,云机社般弄躲闪。”

【齐匀】 qí yún 匀称;均匀。唐司空图《成均讽》:“瑶钗递纷,粉镜～。”宋曹勋《德寿春帖子》之二:“弄黄宫柳未～,便觉风和淑景新。”明杨慎《石刻》:“皆汉刻,然皆篆籀八分,笔画～,无绾牵折搭。”

【齐整】 qí zhěng ❶ 备办;整治;整理。《太平广记》卷三五七引《河东记》:“尝及初秋,将备盂兰会,洒扫堂殿,～佛事。”宋欧阳修《与张秀才第二书》:“寻足下之意,岂非闵世病俗,究古明道,欲援今以复之古,而翦剥～凡今之纷淆驳冗者欤?”明程汉《塘上杂诗》之四:“晚食秋来那可供,稚儿～豆花棚。” ❷ 完整;齐全完备。唐权德舆《中岳宗元先生吴尊师集序》:“请度为道士,宅于嵩邱,乃就冯尊师～受正一之法。”《元曲选·曲江池》二折:“今日有个大人家出殡,摆设明器,好生～。”清《儒林外史》一二回:“船家见他行李～,人物雅致,请在中舱里坐。” ❸ 端正漂亮。《元曲选·误入桃源》一折:“我看你二位生得～,像个出仕的人。”明《古今小说》卷一:“蒋兴哥人才本自～,又娶得这房美色的浑家,分明是一对玉人。”清方成培《雷峰塔》一九出:“〔旦〕青儿,你看我官人打扮起来,好似潘安再世,宋玉重生。果然好～也。〔贴〕正是。若是官人容貌差些,你怎肯与他。” ❹ 工整;合规矩。宋欧阳修《与梅龙图》:“唱和诗编次得成三卷,共一百七十三首,亦有三两首不～者,且删去。”《元曲选·桃花女》三折:“你每捧财礼的,捧的～着。”明袁宗道《北游稿小序》:“此书原系信意信手写出,极欠～,而淑正却誊得如此齐齐整整,遂不成模样矣。” ❺ 准备好;备妥。《元曲选·连环计》三折:“〔董卓云〕我昨日分付你每安排筵席,可～了么?〔李儒云〕齐备多时了。”明《西洋记》二三回:“三公子姜儘牙说道:‘杀过阵去,可曾预备着宝贝儿么?’姜老星一边的厮杀,一边的答应道:‘～,～。’”

【岐路】 qí lù 即“路岐❸”。明朱有燉《半夜朝元》一折:“便休将财物逞,则俺这泼～恩情似画饼。”清洪昇《长生殿》三八出:“不堤防餘年值乱离,逼拶得～遭穷败。受奔波风尘颜面黑,叹衰残霜雪鬓须白。”

【岐婆】 qí pó 外族妇女。宋代用称女真族妇女。宋元《古今小说》卷二四:“小番鬓边挑大蒜,～头上带生葱。”

【歧差】 qí chā ❶ 欠缺;不足。清《歧路灯》五回:“前日睢州有宗候选文书,把里头分赀稍的～,文书就驳回去了。” ❷ 差错;差误。清《歧路灯》五回:“我看二位也老成的紧,怕走错了门路,不说花费的多,怕有～。”

【歧路】 qí lù 跟“良家”相对,指妓女生涯。明《拍案惊奇》卷二:“一样良家走～,又同～转良家。面庞怪道能相似,相法看来也不差。”

【歧误】 qí wù 差错;失误。清《平定准噶尔方略》正编卷八五:“若稍有附会,或拘泥办理,必至～。”《八旗通志》卷一九四:“与各营汛将弁,相机策应,使任专而事无～。”

【其程】 qí chéng 同“期程❷”。《元曲选·金线池》三折:“东关里犹自不曾经,到如今整整半载～。”又《百花亭》二折:“自从与贺家姐姐作伴半载～,钱物使尽。”又《竹坞听琴》二折:“自从秦修然侄儿在衙舍中,一月～,老夫事忙,不曾与他闲坐攀话。”

【其高】 qí gāo 表示达到或超过某一数量。金《董解元西厢记》卷二:“掂详了,纵六千来不到,半万来～。”《元曲选·燕青博鱼》四折:“行不到半里～,则听的脑背后喊声闹。”明佚名《娶小乔》二折:“遇贤人国祚兴王道,立殷商六百～。”

【其间】 qí jiān ❶ 表示某一时间或某一段时间,相当于“……的时候”。除元代直译体文字外,多跟指示代词“这”“那”连用。《元典章·台纲二》:“昨日皇太子根底启事的～,特奉令旨。”明《朴通事谚解》卷下:“这般过当的～里,一个挟仇的人却点馈那官人,这两日官司里告了。”清《红楼梦》三七回:“这～,你们有高兴的,你们只管另择日子补开。” ❷ 表示空间距离,犹云“之间”。元《通制条格》卷一七:“除大都上都～自备首思站赤,并边远出征军人外,不以是何人等,与民一体均当者。” ❸ 表示人员范围或人际关系,犹云“之中”“之间”。金《董解元西厢记》卷二:“众僧～只有你做虎豹,叨叨地把爷凌虐。”元《延祐元年周至重阳万寿宫圣旨碑》:“更先生每自～里有相争的勾当呵,孙真人委付来的头目体例归断者。”《元典章·刑部十九》:“军民～里有归断的勾当呵,管民官与管军官一处听了断者。” ❹ 表示程度。元周德清《斗鹌鹑·双陆》:“散三似敬德赶秦王不相离,有叔宝后跟随。百一局似关云长独赴单刀会,败到这～有几?”

【其那】 qí nà 另见 qí nuó。远指代词,那。指示词“其”“那”同义连用。元沈禧《一枝花·七月初六日为施以和寿》:“这其间绮筵开香爇黄金兽,翠袖捧醅斟碧玉瓯。则～西池姥来献蟠桃,南极老重添遐算,东海翁再下仙筹。”清《醒世姻缘传》四一回:“魏氏手里的东西,～细软的物件都陆续与那戴氏带了回家,～狼康的物件日逐都与魏运运了家去。”

【其奈】 qí nài 怎奈;无奈。奈,“奈……何”之省。唐杜甫《赠苏四徯》:“为郎未为贱,～疾病攻。”明《醒世恒言》卷七:“我已辞之再四,～高老不从。”清方成培《雷峰塔》三二出:“下官已经具疏奏闻,请拆毁雷峰塔,～圣主未允。”

【其那】 qí nuó 另见 qí nà。犹“其奈”。那,“奈何”的合音。唐李子卿《听秋虫赋》:“不语朝纺,含颦夜织。～空闺,悲鸣乳逼。”《敦煌变文校注》卷五《维摩诘经讲经文(六)》:“敕命遣看居士,便合副尊(遵)圣意,～自愧荒孱。”明王世贞《有所闻作》:“虚云展氏曾三黜,～王尊仅一身。”

【其如】 qí rú 犹“其奈”。如,“如……何”之省。唐储光羲《题陆山人楼》:“不惜朝光满,～千里游。”明《古今小说》卷二二:“郑虎臣的主意,只教贾似道受辱不过,自寻死路,～似道贪恋余生。”清方成培《雷峰塔》三二出:“虽是金鳌独占,际会身荣,～穷鸟依人,伶仃辛苦。”

【其实】 qí shí ❶ 着实;实在;的确。唐元结《举处士张季秀状》:“臣州僻在岭隅,～边裔。土风贪于货贿,旧俗多习吏事。”元蒲察善长《新水令》:“自别情人,雁儿,我～捱不过衾寒枕冷,相思病积渐成。”清《续金瓶梅》三〇回:“肚里肠子乱叫起来,好象蚯蚓之声,～难捱。” ❷ 无论怎样(也);绝对。元关汉卿《普天乐·崔张十六事·母亲变卦》:“我这里软摊做一垛,咫尺间如同间阔,～都伸不起我这肩窝。”《元曲选·金安寿》二折:“便那女娘行心思十分巧，～的刺不成绣不到；丹青手虽然百倍高，也画不出这重叠周遭。”清《水浒后传》一七回：“若是金朝人倒还可恕，说是百姓，～难容。” ❸ 表示假设的让步。即使；就算。《元曲选·竹坞听琴》三折：“～我便说不得也波哥，我便说不得也波哥，则我外相儿怕不道多清正。”清《醒世姻缘传》五回：“这样小事，～你们合部里说说罢了，也问我要帖儿。”《红楼梦》六四回：“～给他看也倒没什么，但只我嫌他是不是的写了给人看去。” ❹ 表示已然的条件。既然。清《醒世姻缘传》六回：“那晁大官人～有了这顶好头巾戴上，倒也该罢了；他却辜负了晁住的一片好心，又要另戴一顶什么上舍头巾。”又三五回：“～家里有了钱钞，身子又没了工夫，把误赚人家子弟的这件阴骘勾当不干，也自罢了。他却贪得者无厌。” ❺ 表示假设。倘若。清《醒世姻缘传》一二回：“这样一个知县，～教他进两衙门里边，断然是替朝廷兴得利，除得害。” ❻ 表示对事实的认可或对其合理性的解说。清《醒世姻缘传》四一回：“看师娘这光景也是不肯守的，～这们一个小献宝，可也守不的。”又四四回：“～与他做了妾也可，或是嫁了他出去也可，又不与他，又不嫁他，无休无歇的对了他打那丫头。”又五一回：“～张瑞风家把程谟的老婆叫将出来，众人见了这个蓝缕丑鬼的模样，自然罢了。谁知合该有事，天意巧于弄人。”

【其细】 qí xì 详情；底细。明《醒世恒言》卷四：“虞公单老接着秋公，问知～，乃道：‘有这等冤枉的事。’”袁于令《双莺传》六折：“〔二旦〕怎么甚知～？〔二生〕也是到了贵处，访得此信。”清《隋唐演义》三七回：“兄住在这里，不知～。外边不成个世界了。”

【其先】 qí xiān 起先；原先。明《西洋记》五一回：“有默伽国，～是个旷野之地，……（司麻烟）就把只脚照地上一顿。一顿不至紧，就涌出一般清泉来。”《妖狐艳史》一一回：“忙取掀橛锁铙之物，等时间将元宝拿出。～是白面书生，如今成了胡汗敬德。”清《歧路灯》三六回：“～说弃产不好看，后来想着弃产时，却又不够了。”

【棋炒】 qí chǎo 一种棋子块样的干粮。明沈榜《宛署杂记》卷二〇：“户部行二县领太仓银叁千，散给各烧饼铺户，每两上～一石。其法：用白面少和香油、芝麻为薄饼，断为棋子块样炒熟。”《隋史遗文》三七回：“来总管正待叫军士吃些干粮～，以备打城。”《型世言》三四回：“他也不管馒头卷蒸，干粮～，收来吃个罄尽。”

【棋鼓】 qí gǔ 气拍；惊堂木。清《野叟曝言》一八回：“任知县把～一拍，合堂差役齐声一喝。”又三六回：“于是立刻坐堂，带长卿主仆上去，把～乱敲。”

【棋局】 qí jú ❶ 棋的局势或着法。宋张耒《明道杂志》：“（沈存中）尝著书论棋法，谓连书万字五十二而尽～之变。”元高明《琵琶记》三八出：“纹犀欲下意沉吟，～频看仔细寻。犹恐中间差一着，教人错用满枰心。”明《禅真逸史》二四回：“唱得几句清曲，晓得几着～，凭着利口便舌，随机应变。” ❷ 借指人生或社会的形势。明锺惺《与熊极峰书》：“弟丙辰出京之后，长安～之变，不见不闻。”徐阳辉《有情痴》：“则这世情冷暖多翻覆，要一会赢输～。东家笑罢到西家哭，昨宵趋奉今朝辱。”清钱谦益《大育头陀诗序》：“头陀既誓愿往生于此世界中，百年～，犹未能舍然若是。”

【棋路】 qí lù ❶ 行棋的线路与着法。唐张祜《江南杂题》之一二：“酒肠婴女笑，～老僧谙。”宋张方平《新定道中寄桐庐关太守》之二：“煮茶论药经，挑灯数～。”王洋《和秀实别寄》之二：“常喜春锄行佚老，每嫌～尚争先。” ❷ 棋盘线路似的道路。宋刘辰翁《永寿寺记》：“乃至元丁丑之毁，邑无灵光，～草青。”明董纪《早归》：“斓斑藓石侵～，伊轧茅檐响布机。” ❸ 棋盘上刻画的供棋子循行的线路。明袁宏道《卫叔卿博台》：“云中转转试钩梯，～分明似芥畦。”《挂枝儿·围棋》：“三百六，～儿，分皂白。先下着，慢下着，便见高低。”

【棋盘】 qí pán ❶ 下棋时供着子用的盘，上面画有线路。唐韦应物《假中枉卢二十二书示》：“花里～憎鸟污，枕边书卷讶风开。”清《飞龙全传》一七回：“台上摆着一个白玉石的～，上面列着三十二个白玉石的棋子。” ❷ 指棋盘样式。元《农桑辑要》卷二：“栽时成行作区，方围少离一尺五寸。每区卧栽二三根，～相对。”明《西游记》四七回：“身上穿一件红闪黄的纻丝袄，上套着一件官绿缎子～领的披风。”清李斗《扬州画舫录》卷一一：“每着蓝藕布衫，反纫钩边，缺其衽，谓之琵琶衿。裤缝错，伍取窄，谓之～裆。”

【棋头】 qí tóu ❶ 指下围棋时着子的方向。宋吴泳《上西平·送陈舍人》：“～已动，也须高著局心筹。莫将一片广长舌，博取封侯。” ❷ 围棋中被对方棋子断开而单独成活的一块棋。古代围棋计输赢，棋头多的一方，每块棋要贴给对方一个子，称找棋头或还棋头。明《金瓶梅词话》五四回：“白来创看了五块～，常时节只得两块。白来创又该找还常时节三个棋子。”清《红楼梦》九二回：“做起棋来，詹光还了～，输了七个子儿。”

【棋子】 qí zǐ ❶ 一种面食，可能是菱形薄面片。宋孟元老《东京梦华录》卷四：“大凡食店，大者谓之分茶，则有头羹、……冷淘、～、寄炉面饭之类。”吴自牧《梦粱录》卷一六：“更有面食名件：……三鲜～、虾鳔～、虾鱼～、丝鸡～、七宝～。” ❷ 犹“棋炒”。明《金瓶梅词话》七一回：“西门庆行囊中带得干鸡、腊肉、果饼、～之类，晚夕与何千户胡乱食得一顿。”清《聊斋俚曲·富贵神仙》：“便回房来，炖了一壶茶，盛了一碗～，送来说道：‘我儿，略歇歇再念。’”《醒世姻缘传》三八回：“连春元叫人送了吃用之物：腊肉、响皮肉、羊羔酒、米、面，炒的～、焦饼。” ❸ 犹“棋鼓”。清《十二楼·夺锦楼》一回：“刑尊把～一拍，大怒起来。”

【旗榜】 qí bǎng 作为身分证明并晓谕事务的旗号与榜文。宋《三朝北盟会编》卷一一五：“时两河忠义闻风响应，受～者约数十万人。”王明清《挥麈后录》卷九：“至是，又遣沂州进士刘偲，自郓挟两黥兵持～，诱立降。”明王守仁《行右江道招回新民牌》：“即便选委的当官员，带同上林县知因晓事之人，将一十八村搬移上山者，通行招回复业，给与良民～，使各安村寨。”

【旗纛】 qí dào ❶ 军中大旗。唐柳宗元《曹溪第六祖赐谥大鉴禅师碑》：“受～节戟，来莅南海。”明邵璨《香囊记》一四出：“马上～明，塞外阵云黑。”清《女仙外史》一五回：“即斩二人头，以祭～。” ❷ 比喻权威或威势。清钱谦益《京口观棋》之二：“八岁童牙上弈坛，白头～许谁干？年来覆尽揪枰谱，局后方知审势难。”又《赠别胡静夫序》：“今之称诗者，掉鞅曲踊，号呼叫嚣，丹铅横飞，～竿立。”《红楼梦》七九回：“那金桂见丈夫～渐倒，婆婆良善，也就渐渐的持戈试马起来。”

【旗丁】 qí dīng ❶ 军中掌旗的兵丁。明戚继光《练兵实纪》卷一：“百总每名下旗丁马军一名，……每一百总～一名。”清《隋唐演义》五三回：“中军右哨～陈龙，忽然披发跣足，若狂若痴。” ❷ 清代八旗属下的丁口或兵丁。清于成龙《兴利除弊条约》：“驻防满兵皆系禁旅大臣统帅，戍守纪律自是严明，断无纵容～盘债虐民之事。”《皇朝文献通考》卷二二：“顺永保河四府，旗民杂处，……应将各屯庄～同民户共编保甲，令屯拨什户与保正乡长互相稽查。”《大清会典》卷九：“凡编～，每户书某氏某官。未仕者曰闲散某。” ❸ 清代负责漕运的兵丁，各船有一定的旗号。清赵慎畛《榆巢杂识》卷上：“故（明代）凡属卫军，皆有屯田，是以谓之屯军，又谓之军丁。军代民劳，著令挽漕，即今之～也。"纪昀《阅微草堂笔记》卷二三："问此子，知尚有一叔，为粮艘～掌书算。"《儒林外史》四〇回："那日，便问运丁道：'你们可晓的这里有一个姓武名书号正字的，是个甚么人？'～道：'小的却不知道。'"

【旗番】 qí fān 明代东厂或锦衣卫属下掌缉捕的差役。明刘若愚《酌中志》卷一六："逆贤大怒，遂猝布～，即于初三日晚捉得夜行内官陈乌眼等十餘人。"崇祯十一年六月上谕："今后凡有首报事件～，只许拘人。或尔亲审，叮咛刑官，虚公查质。"清李玉《清忠谱》一六折："在京和尚出京官，天大威风到处钻。不想西方为佛子，偏投东厂作～。"

【旗鼓】 qí gǔ ❶ 枪术或棍术的架式。宋元《清平山堂话本·杨温传》："员外道：'要使～。'那官人道：'好，使～。'员外道：'使旗来！'杨官人使了一个～。"元明《水浒传》九回："把棒来尽心使个～，吐个门户，唤做把火烧天势。"清《说岳全传》七回："岳飞却不慌不忙，取过沥泉枪，轻轻的吐个～，叫做丹凤朝天势。" ❷ 比喻手段、本领、威势等。明沈自徵《霸亭秋》："文不君骄，武不臣嘲。～双高，半不相饶。"清《飞龙全传》五三回："二人同上牙床，整备～。郑恩身在壮年，初近大色，势如枯渴；三春年已及笄，望雨已久，并不推辞。"《野叟曝言》一五回："大真人不知可是那起六壬数的道士？或另有其人？能与番僧各建～，本领必将胜于超凡。" ❸ 比喻助兴。清《平山冷燕》一〇回："二兄既有兴分韵较胜，小弟愿司～。" ❹ 同"棋鼓"。清《玉楼春》二三回："忽然主帅唤人，去将～在案一拍，道：'你这玩命的奴才，既承将令，尚敢徘徊顾盼！'"《野叟曝言》五六回："说罢，将～一击。阶下众役，齐齐吆喝一声。"

【旗号】 qí hào ❶ 标有名号的或作为信号的旗子。唐奚敬元《唐左羽林军大将军史公神道碑》："会贼将领徒千人，草创营垒～，日兴桥栅。"明汤显祖《邯郸记》一四出："各路的货郎儿分～，白粮船到了，有那番舶上回回跳。"清《儒林外史》四三回："望见这边船上打着'贵州总镇都督府'的～，知道是汤大爷的船。" ❷ 比喻某种名义。清《续金瓶梅》三六回："也有说这个老狐狸迷惑了朝廷，把宋朝江山都灭了，他还打着～养汉。"《聊斋志异·念秧》："时赌禁甚严，各大惶恐。佟大声吓王，王亦以太史～相抵。"《醒世姻缘传》七〇回："一来这老陈公的本钱不重，落得好用；二来好扯了老陈公的～，没人敢来欺负。"

【旗花】 qí huā 烟花、炮仗一类的引火物。清《荡寇志》八四回："只先带三五十人近城门边，就对着敌楼往半天里放～。"又九五回："你二人乘黑夜，带五百人去拆了钟楼，就放起～来报信。"

【旗脚】 qí jiǎo 旗帜的底部或尾部。多用于指示风向。《续资治通鉴长编》卷三三七："其旗帜与本州军正兵旗身同色，～以间色为别。"明刘溥《送驾北征》："北风转～，猎猎不停舞。"清《醒名花》一四回："便拈弓搭箭，望着旗头飕的一声，那箭恰射断旗索，～便倒。"

【旗牌】 qí pái ❶ 作为官员身分或行事凭证的旗和牌。宋《建炎以来繫年要录》卷三七："会哲擅离所部，将士望尘起，惊遁，军遂大溃。哲～未及卷。"明徐渭《韩信破赵用背水阵策》："幕府命将，则假以～，授之生杀。"清《儒林外史》四三回："臧四同几个小厮搬行李上船，门枪～，十分热闹。" ❷ 旗牌官的简称，指执旗牌传发号令的军吏。明王守仁《奏报田州思恩平复疏》："每一调发，～之官十餘往反，而彼犹骜然不出。"沈采《千金记》三八出："今有～来报，说主公出驾来观阵势。"清《飞龙全传》三回："遂分付～，往馆驿中请赵公子进来。"

【旗枪】 qí qiāng ❶ 旗和枪。军械，亦为官员仪仗。唐易静《兵要望江南·占风角》："营下毕，风卒似雷声。吹倒～飘帐幕，须防敌骑欲奔营。"明张四维《双烈记》一九出："你与我点齐队伍，整率～，在东门外候我到即行。"清《女仙外史》一七回："燕军便撇了束囊，丢了～，落荒奔逃。" ❷ 堪舆学所称的一种阴宅风水格局。唐杨筠松《疑龙经》上篇："凡有好山为干去，枝龙尽处有～。～也是星峰作，圆净尖方高更卓。"曾文辿《青囊序》："子午卯酉号衙厅，神坛寺观亦能兴。内有～红门水，雷公馆位使人惊。"明吾邱瑞《运甓记》一三出："山形果秀圆，屈曲周回水更湾；黄牛香底眠，笔鼓～堂局完。" ❸ 茶叶初萌的一种形态。二芽，一芽已展开曰旗，一芽攒簇尚未展开曰枪。宋王质《蓦山溪·咏茶》："因何嫩茁，舞动小～，梅花后，杏花前，色味香三绝。"明《山歌·茶》："我嫩蕊经汤把～儿来放倒，罗知你年年弃旧又尝新。"清陈端生《再生缘》七三回："金杯银托将茶献，龙井上好一～。" ❹ 称一芽已展似旗，一芽未展似枪的嫩茶，也作为这种嫩茶的名称。宋《五代史平话·汉上》："玉蕊～真绝品，僧家造化极工夫。"明文徵明《新夏》："客有相过同一笑，竹炉吹火试～。"清吴伟业《孙孝维赠言序》："开茶寮，石鼎松风，～碗具，皆有才以使之。" ❺ 指旗杆。《元曲选·窦娥冤》三折："又要丈二白练，挂在～上。"又："我不要半星热血红尘洒，都只在八尺～素练悬。" ❻ 比喻人的尊严或威风。元赵彦晖《一枝花》："我且纳佯书诈会低微，卷～佯推会羞惨，退残兵假妆会痴憨。"明《西游记》四一回："这呆子虽然在这里面受闷气，却还不倒了～。"《西湖二集》卷二九："有的始初老实，见色不好。后来放倒～，竟至无色不好，就象讲道学先生相似。" ❼ 比喻手段、本事。多指情色方面的。明孟称舜《死里逃生》三出："锦营花阵～怎当？酒蛇腹剑机关怎防？"《拍案惊奇》卷二六："老和尚羞惭无地，不敢则声。寂寂向了里床，让他两个再整～，恣意交战。"清《野叟曝言》二八回："公子抱至床中，重整～，用神龟舐穴之法，舐得春红痒不可当。"

【旗手】 qí shǒu 军队或仪仗中掌旗的人。《金史·强伸传》："帅奔阵，率步卒数百夺桥，伸军一～独出拒之。"明戚继光《练兵实纪》卷四："凡杂流武艺，……五方～比磨旗，并用旗号令。号带～比磨号带，并用号旗号令。金鼓～比旗号令。门～比旗号令。坐纛～比旗号令。认～比旗号令。角～比旗号令。"单本《蕉帕记》一八出："〔众～复引外上〕扫腥膻，除烟瘴。"

【旗亭】 qí tíng 酒楼。悬旗为酒招。唐李贺《开愁歌》："～下马解秋衣，请贳宜阳一壶酒。"明孟称舜《娇红记》二一出："涉水登山日渐晚，摇曳～酒望悬。"清《儒林外史》一七回："何不到～小饮三杯？"

【旗头】 qí tóu ❶ 旗帜(杆)的顶部。唐易静《兵要望江南·占鸟》："军营内，白鸟立～。相聚数枚人总见，将军迁位作公侯。"明戚继光《纪效新书》卷一六："带用五色，自下相生而上，长旗身有半。～用雉尾缨络。"丘云霄《端阳日天津》："云生海上潮初落，风满～雨欲昏。" ❷ 指作为指挥引导的旗帜之所指示。唐李山甫《兵后寻边》之二："～指处见黄埃，万马横驰鹘翅回。"明戚继光《练兵实纪》卷三："贼远，则～向上磨之；贼来近，则～平低磨之；贼近百步来，则旗低垂向下磨之。"《古今小说》卷二一："看见城中已有准备，自己后军无继，孤掌难鸣，只得拨转～，重回旧路。" ❸ 军队中掌旗指挥的人。唐李靖《卫公兵法》辑本卷上："布阵旗乱，吏士惊惶，罪在～，斩之。"宋《三朝北盟会编》卷二三九："～，本执持大旗麾众当先者也。"明佚名《草庐经略》卷四："而遣腹心为～，引诸军，军随～而行。" ❹ 兵卒以队列为单位的小头目。宋《三朝北盟会编》卷九八："每队一十五人，以一人为～，二人为角，三人为从，四人为副，五人为缴。"《续资治通鉴长编》卷二五七："又选壮勇善枪者一人为～，令自择如己艺心相得者二人为左右傔，次选勇悍者一人为引战；又选军校一人，执刀在后为拥队。”清《绣戈袍》二五回：“公子说犹未了，忽见山中一～气喘喘跪在堂来，报道：‘请大王等下山退敌。’”

【旗仗】 qí zhàng 仪仗用的旗、扇、仗等。《旧唐书·职官志三》：“若御坐正殿，则为黄～，分立于两阶之次。”明《拍案惊奇》卷三一：“赛儿就把符咒、纸人马、～打点齐备了，两个自去宿歇。”清孔尚任《桃花扇》一三出：“杂扮军校～鼓吹引导，小生扮左良玉戎装上。”

【旗子】 qí zi 旗；旗帜。《太平广记》卷三一四引《玉堂闲话》：“见州民及军营妇女填咽于道路，皆执错彩小～插于陂中。”宋曾公亮等《武经总要》前集卷五：“一人执小绯～，于本队外傍行，去队十步以为望。”清《绿野仙踪》三九回：“于各乡城市镇并山居穷谷之中，按日前所插～名数，分别大小口给散。”

【粸子】 qí zǐ ❶ 同“棋子❶”。明《朴通事谚解》卷下：“又吃几盏酒之后，吃稍麦粉汤，却吃～，或是淡粥，后头摆茶饭。”❷ 同“棋子❷”。清蒲松龄《日用俗字》：“包子冷上箅子馏，～炒焦就水餐。”

【奇标】 qí biāo ❶ 出众的仪表。《太平广记》卷四五五引《三水小牍》：“秀才轩裳令胄，金玉～，既富春秋，又洁操履。”明陈汝元《金莲记》三二出：“英豪，粹质～，克振名家，堪供清庙。”清陈端生《再生缘》五三回：“目朗眉清真贵相，腰圆厚背有～。”❷ 稀奇；少见。五代徐铉《方竹杖赞》：“彼美者竹，确乎贞坚。……所不足者，其形乃圆。谁谓～，产于巴僰。削成廉稜，挺然端直。”《元曲选外编·符金锭》四折：“则听的聒耳笙歌闹炒，珍羞端的～。” ❸ 高耸；高悬。宋史浩《念奴娇·次韵商筑叟秋香》：“好是月窟～，东堂幽韵，不管西风恶。” ❹ 高标；高耸特立之物。宋刘才邵《堆胜楼》：“崛起凌空何壮哉，岁久剥蚀霾风埃。高情一见为叹息，因循恐致～摧。”明张吉《金山图赋》：“若有峰其天琢兮，绝横流而兀撑；～配乎砥碣兮，职供奉于岛瀛。” ❺ 比喻高标准、高声望。宋刘才邵《回贺郎官启》：“学有渊源，发经邦之妙旨；文推赡丽，揭艺苑之～。”明刘继文《祭海刚翁先生文》：“濬淞溥泽，锄强植懦，猰貐魂消，豺狼气挫，斯抚镇之～哉。”吾邱瑞《运甓记》一出：“蚶鲊嗔封，牛眠指葬，范逵特荐显东朝。群英会，新亭洒泣，鏖战树～。”

【奇诧】 qí chà ❶ 奇特罕异，令人惊诧。明《二刻拍案惊奇》卷一七：“而今说着一家子的事，委曲～，最是好听。”清李玉《清忠谱》一一折：“逋逃没影真～，空察院止堪养马。”弘历《习字》：“缮性归平易，变体祛～。” ❷ 惊奇诧异。清《女仙外史》五八回：“景金都拆开一看，却是幅素纸，大为～。”

【奇诡】 qí guǐ ❶ 奇特；奇异。唐宋之问《陆浑南桃花汤》：“氛氲桃花汤，去都三百里。远峰益稠沓，具物尽～。”明袁宏道《天目二》：“米南宫所谓秀瘦皱透，大约其体石之变幻～者也。”清徐夔《夜光木歌》：“初疑唐居士，剪纸贴壁弄～；又疑佛图澄，败絮塞孔照耀同明灯。” ❷ 出乎意料。也指这样的行为。唐陆贽《论缘边守备事宜状》：“故事有便宜，而不拘常制；谋有～，而不徇众情。”明徐渭《陶宅战归序》：“而君又多驰射剑槊、占星校阅之技，数出～之计。”周履靖《锦笺记》二七出：“搜山洗路防奸细，衔枚卷旆行～。管教半渡击龙且，看歼灭无遗。” ❸ 怪异不经。唐袁司直《崔处士集序》：“或雕刻雪月以趣佻巧，或侈炫～以新闻见。”明陆深《海日先生行状》：“先生于异道外术一切～之说，廓然皆无所入。”清《红楼梦》七五回：“其脾味中不好务正也与宝玉一样，故每常也好看些诗词，专好～仙鬼一格。”

【奇贵】 qí guì ❶ 稀奇珍贵。《法苑珠林》卷六：“此物～，非我所须。”明张翥《开济乡先茔表》：“吾尝浮海至辽，得遗钗于路，～可宝。”清《红楼梦》一回：“若说你性灵，却又如此质蠢，并更无～之处。” ❷ 清奇尊贵。宋蒋思恭《水调歌头》：“人间争识～，妙贴焕名章。莫羡碧幢金印，换取玉堂清琐，翰墨看淋浪。”清《幻中游》二回：“相士道：‘好个出奇的贵相！’蕙郎道：‘小生陋貌俗态，有何～？’” ❸ 堪舆或星命学所称能给人带来尊贵地位的地理或星命格局。唐曾文辿《青囊序》：“～贪狼并禄马，三合联珠贵无价。”宋昙莹《珞琭子赋注》：“或五行休囚死绝，又背禄马贵神，徒有祟宝～，将星扶德，天乙加临，亦不免于行藏汩没也。”明《禅真逸史》三一回：“杜伏威委查讷同甄教至朔州郊外观看风水，……前临涧水，后靠高风，青龙白虎有情，秀岭奇峰朝拱，果然好一个去处。有诗为证：～贪狼并禄马，三合联珠真厚价。”

【奇巧】 qí qiǎo ❶ 机敏灵巧；心思或技艺巧妙，非常人所及。唐苏鹗《杜阳杂编》卷中：“宪宗皇帝嘉其聪慧而～，遂赐金凤环以束其腕。”五代严子休《桂苑丛谈》：“乃遗一金针，长寸餘，缀于纸上，置裙带中，令：‘三日勿语，汝当～。不尔，化成男子。’”清《荡寇志》八七回：“善攻者敌不知其所守，总是我不会攻他。那刘广的女儿果然～。” ❷ 荒诞；奇怪。宋《朱子语类》卷八〇：“尝见蔡行之举陈君举说《春秋》云：‘须先看圣人所不书处，方见所书之义。’见成所书者更自理会不得，却又取不书者来理会，少间只是说得～。”清《绿野仙踪》二五回：“只因你情性儿太急，好做人不做的事，家里就弄出～故典来。” ❸ 巧妙；机窍。宋朱熹《答廖子晦》：“此又可验凡事皆然，别无～，只是久而习熟。”沈作喆《寓简》卷一〇：“吾自高曾世传种花，但栽培及时，无他～。” ❹ 新奇美妙。明汤式《赛鸿秋》：“琵琶拨擅板轻敲，锦筝捣指法偏高。抚冰弦分轻清重浊，和新词美音～。”清《霓裳续谱·树叶儿娇》：“忽听门外吆喝了一声酸枣儿糕，吆喝的好不～。”《白雪遗音·春景》之一：“深林中，远远近近黄鹂叫，声儿～。” ❺ 凑巧；巧合。清《雪月梅》三一回：“你却不知有这样～的事，原来你何家表妹当日却正卖在他家。”《荡寇志》一〇六回：“这边小婿另有个～机缘，路上撞着，正欲与泰山商议。”

【奇突】 qí tū ❶ 陡然突起。明徐渭《竹》：“一斗醉来将落日，胸中～有千尺。急索吴笺何太忙，兔起鹘落迟不得。”王昊《日本双刀歌为子存叔赋》：“男儿意气自～，试脱儒衫舞回鹘。莫借他人去报仇，尊前且伴封侯骨。” ❷ 奇特；奇怪。清马曰琯《焦山看月同作分得月字》：“广寒八万四千户，要与江山助～。”《豆棚闲话》一一则：“乃知世间尽多～之事，人自作井底蛙耳。得此叙述精详，一开世人聋瞽耳目。”

【奇稀】 qí xī ❶ 即“稀奇”。唐张鷟《游仙窟》：“真成物外～物，实是人间断绝人。”明《西游记》五九回：“老者见三藏丰姿标致，八戒、沙僧相貌～，又惊又喜。” ❷ 难得。明罗洪先《答陈明水》：“玄潭之聚，众宾群集，而执事又越疆遥临，尤为～。”

【骑】 qí ❶ 跨；架在上面。宋王迈《祭丁元辉给事文》：“至嘉熙之变局，正党论之交驰。摸床棱者无可无否，～门限者半黠半痴。”明《金瓶梅词话》七八回：“西门庆让大舅房内坐的，～火盆安放卓儿，摆上春盛果盒。”清《醒世姻缘传》六三回：“这明吾～了孟指挥的大门，一片声的村骂。” ❷ 量词。匹。用于被骑乘的马。唐李靖《卫公兵法》辑本卷中：“每夜面别置四人，各领五～马，于营四面，去营十里外游弈，以备非常。”《元曲选·气英布》四折：“则被他一～马一筲枪，冲突将来。”清《儒林外史》一回：“只见十几～马，竟投他村里来。”

【骑缝】 qí fèng ❶ 跨着中缝两边。元危亦林《世医得效方》卷一一：“以物缚两手作一处，以艾～灸。”明《拍案惊奇》卷一：“将两纸凑着，写了～一行，两边各半，乃是‘合同议约’四字。”清雍正四年王世琛奏文：“再于流水簿外设日收簿，每本百页～用府印。”❷ 中缝，多指两纸交合或订合处的中缝。元王恽《乌台笔补牒呈》：“即令大程官于刷尾～近下，先用刷讫铜墨印，然后盖以监察御史朱印。”清《医宗金鉴》卷八六：“两手大指相并缚，穴在四处之～。”《大清会典则例》卷五〇：“契尾编刻字号，于～处钤盖印信。”

【骑夫】 qí fū 马夫；用马匹供人乘骑以取酬的人。明《徐霞客游记》卷五下：“而此峰独方顶，迥出如屏。问～：‘江西坡即此峰否？’对曰：‘尚在南。’”又卷一二下：“又一里而止于～家，下午热甚，竟宿不行。二十一日平明，饭而行，～命其子担而随。”

【骑虎】 qí hǔ 骑在虎身上。比喻为形势所困，做不得又停不了。唐朱敬则《隋高祖论》：“始以后父之尊，遂受托孤之寄。～不下，犄角是因。”明杨基《方氏园居》之五：“往事真～，中年得纵鹰。”清《飞龙全传》三二回：“那苏逢吉在前面见了郭兵如此势大，心中其实害怕，无奈势成～，只得勉强前去厮杀。”

【骑箕】 qí jī “骑箕尾”之省，语本《庄子·大宗师》：“傅说得之，以相武丁，奄有天下。乘东维，骑箕尾，比于列星。”箕尾，箕星和尾星，傅说星位在二星之间。❶ 指升仙。唐江旻《唐国师升真先生王法主真人立观碑》：“入岁招缺，～引傅。蔽亏日月，杳冥云雾。”五代杜光庭《墉城集仙录序》：“神仙得道之踪，或品升上圣，或秩豫高真，或统御诸天，或主司列岳，或～浮汉，或隐月奔晨。”明皇甫汸《明文林郎张公墓志铭》：“赤城遥缅，～鞭霆，餐霞吸瀣，安知委形。” ❷ 指贵人降生或担任要职。宋洪适《临江仙·传丈生日》：“瑞光腾踊杂非烟。～瞻鼻祖，孕昴控胎仙。”刘辰翁《金缕曲·代贺丞相》：“一自～承帝赉，千载君臣鱼水。端不负、当年弧矢。”明郑若庸《玉玦记》九出：“安得～贤相佐殷宗，转祸为祺羡景公。” ❸ 讳指死亡。宋宋庠《赠太傅中书令张文节公挽词》之三：“平日开黄阁，兹辰奠素旗。留侯尝辟谷，岩说遂～。”清冒襄《忆友》：“赋鹏嗟何遽，～恨莫留。”《野叟曝言》一一回：“到了三更多天，时公已是～而去。”

【骑跨】 qí kuà ❶ 跨坐。宋曹勋《径山罗汉记》：“～仪形，升降神变，道韵清穆，凝表晬澹。” ❷ 跨上去骑乘。明李梅实《精忠旗》二二出：“取蹇驴与我～，随我往湖上游去。”《禅真后史》一〇回：“我若调了半句谎，折罚我变驴变马，把人～。”清《白雪遗音·无梯楼儿》：“画儿上的马，有鞍有辔难～。”

【骑拉】 qí la 骑上去蹭。清《醒世姻缘传》一九回：“那邪皮子货，就住到四不居邻的去处，他望着块石头也～～。”

【骑墙】 qí qiáng 比喻立场不明确，游移于两者之间。《古尊宿语录》卷三九《智门祚禅师语录》：“若有作者，但请对众施呈。忽有～察辨，呈中藏锋，忽棒忽喝，或施圆相。”宋晁元礼《鹊桥仙》：“你莫搁就，假随人便，却～两下。”清《绮楼重梦》一二回：“这先生倒也说得直截，并没一些江湖上的两～的话头。”

【骑行】 qí xíng 乘坐行进。唐杜甫《寄张十二山人彪》：“存想青龙秘，～白鹿驯。”明杨慎《兰亭会》：“〔生〕牵马过来。〔～科〕”清屈大均《广东新语》卷二一：“西宁之怀乡，产小马，高仅三尺，可～树下。”

【骑猪】 qí zhū “夹屎”的讳语，指逃跑。猪，又称豕，跟“屎”谐音。唐张鷟《朝野佥载》卷四：“河内王武懿宗为元帅，引兵至赵州，闻贼骆务整从北数千骑来，王乃弃兵甲，南走邢州，……元一于御前嘲懿宗曰：‘长弓短度箭，蜀马临阶骗。去贼七百里，隈墙独自战。甲仗纵抛却，～正南蹿。’上曰：‘懿宗有马，何因骑猪？’对曰：‘～，夹豕走也。’”宋刘一止《和云门行持长老十二时辰歌》：“诸贤巧思生棘猴，碧鸡谈辨不肯休。烦师放出索湖狗，～南窜声喧啾。”清《姑妄言》二二回：“史奇被国守一枪，几乎丧命。魂梦皆惊，真果是～而窜。”

【骑坐】 qí zuò ❶ 乘坐（马匹等）。元王恽《弹漕运司差委官非理骚扰事状》：“于今年正月间，～铺马三匹，前至武清县北洪济镇。”《元曲选·老生儿》楔子：“那驴子我养活着他，与我耕田耙垅，与我碾麦子拽磨，驼粮食驼草，还与我～。”清《醒世姻缘传》一回：“又用了三百两买了六头走骡，进出～。” ❷ 跨坐；蹲坐。明孙一奎《赤水元珠》卷一〇：“时至，即系合虎穴，令～空窍凳上，不可欹侧倒卧。”清《杏花天》七回：“闻言将身一跃，跨开两股，～悦生身上。”李玉《清忠谱》一七折：“杂急起揪小生倒地，～前场介。”

【忝】 qí 参差；不合（节拍）。清洪昇《长生殿》一二出：“一字字要调停如法，一段段须融和入化。这几声尚欠调匀，拍～怎下？”

【忝板】 qí bǎn 不合板眼。明沈德符《万历野获编》卷二五：“且笛管稍长短其声，便可就板。弦索若多一弹，少一弹，即～矣。”

【忝拍】 qí pāi ❶ 不合节拍。明王骥德《曲律》卷二：“其板先于曲者，病曰促板；板后于曲者，病曰滞板。古皆谓之～，言不中拍也。” ❷ 比喻弄错意思。《元曲选外编·西厢记》三本三折：“猜诗谜的社家，～了‘迎风户半开’，山障了‘隔墙花影动’，绿惨了‘待月西厢下’。”

qǐ

【乞】 qǐ ❶ 表被动。被；让。宋元《清平山堂话本·花灯轿》：“那和尚猛可地～他捽住，连忙应他：‘只有佛殿上灯最明。’”明高濂《玉簪记》二一出：“正到半路，～我那狠心的姑娘走将来叫我。”《金瓶梅词话》一九回：“～那厮局骗了。” ❷ 表承受。受；挨。宋元《清平山堂话本·错认尸》：“你若白赖不与我，我就去本府首告，叫你～一场人命官司。”元明《水浒传》二一回：“黑三郎那厮～嚯不尽，忘了鸾带在这里。”明《金瓶梅词话》二回：“你宅上大娘子得知，老婆子这脸上怎～得那等刮子？” ❸ 表原委。因此。明《金瓶梅词话》二六回：“听见他在屋里哭着，就不听的动静儿。～我慌了，推门推不开。” ❹ 吃。是“吃”字的方言读法的记音字。明《金瓶梅词话》八六回：“还起动你领他出去，或聘嫁，或打发，教他～自在饭去罢。”

【乞病】 qǐ bìng 告病；因病请辞。宋章定《名贤氏族言行类稿》引《蜀志》：“杜微字国辅，诸葛亮选为主簿，～求归。”明袁宏道《詹大家圹记铭》：“既事竣，余遂～，杜门侍姑。”清袁枚《子不语》卷一五：“舍二百金修圣庙，祭奠周关两将军。～归里，至今小康。”

【乞才】 qǐ cái 詈词。乞丐坯。明徐晒《杀狗记》一三出：“〔生〕这～不道理。”

【乞告】 qǐ gào ❶ 指官员告假或告退（辞官）。唐权德舆《韦宾客宅宴集诗序》：“乃领内府，又宾东朝。拜章～，优诏得请。致仕就第，燕闲自颐。”宋苏轼《与滕达道书》：“李婴长官～改葬，过府欲求防护数人，乞不阻。”清汪琬《特进光禄大夫李公墓志铭》：“公任陕西八年而～以归。” ❷ 求告；请告诉。《太平广记》卷三五〇引《纂异记》：“令见名，～使者曰：‘修短有限，谁敢惜死。但某方强仕，不为死备。’”明归有光《与沈敬甫书》：“《外舅志》送子敬所。见，～明盉即付来，勿示人也。”梁辰鱼《浣纱记》二出：“敢冀少停旬月，即当奉遣冰人。～严亲，万勿他适。” ❸ 乞讨。

六十种曲本《琵琶记》二九出："〔末〕你背的是甚么画？〔旦〕是奴公婆的真容，待将路上去，藉手～些盘缠。"

【乞化】 qǐ huà ❶ 募化；僧道化缘。金李俊民《无名老人天游集序》："服勤三年，祖师曰：'此非是汝修行事，汝自修行去。'于是浩然长往，随方～。"《元曲选·岳阳楼》二折："你这郭上灶吃人赞，则俺～先生左右难。"清《绿牡丹》四七回："贫僧出家人以好生为念，在诸檀越前～此二人，放他过去吧。" ❷ 乞讨。《元典章·刑部四》："因为王聚欺父郭喜眼昏，与母阿赵通奸不绝，遣赶父郭喜出外～。"《元曲选·曲江池》四折："到今日穷身泼命怎收科，舒着那手掌儿道'～钱一个'。"明《拍案惊奇》卷三五："流落在他方十来年，～回家。"

【乞俭】 qǐ jiǎn 寒酸。元董君瑞《哨遍·硬谒》："扫除～分开吝，倚阁酸寒打破悭。"郑廷玉《看钱奴》一折："他子好酸寒～，怎消得富贵荣华。"《元曲选·谇范叔》三折："才出的相府仪门，他骂我做叫化头，～身。"

【乞借】 qǐ jiè ❶ 求告；告借。宋吕南公《请见张太守书》："今也饥寒相迫，资文学以～于人。"明《杜骗新书·强抢骗》："拼死赶他不上，懊恨冲天。只得在会同馆，～盘缠回家。"清《荡寇志》八七回："谢德道：'此计大妙，但只是粮草不敷。'永清道：'我已差人赍信去沂州府～。'" ❷ 请求对方允许租借或取出一见的婉词。明崔时佩、李日华《西厢记》五出："有空闲房屋，～半间，早晚温习经史。"沈鲸《双珠记》一九出："既蒙见允，～令郎一看。"清《说岳全传》一〇回："我们非买别物，若有刀或好剑，～一观。"

【乞紧】 qǐ jǐn 即"吃紧❹"。元纪君祥《赵氏孤儿》二折："怎不交我忿气填胸，～君王在小儿彀中？"

【乞惊】 qǐ jīng 吃惊。元明《水浒传》容与堂本二六回："高邻休怪，不必～。武松虽是粗卤汉子，便死也不怕，还省得'有冤报冤，有仇报仇'，并不伤犯众位。"明《金瓶梅词话》四七回："平生不作亏心事，夜半敲门不～。"

【乞力】 qǐ lì 吃力。明柯丹邱《荆钗记》二出："那大鹏在远方之外飞来，不想飞得羽垂翅折，在半空中停翅而想，说道：'我有些～了，莫不要调下去？'"

【乞良】 qǐ liáng 凄凉；悲愁。元郑廷玉《看钱奴》二折："我不怕烦恼杀他爷爷，我则怕～煞他奶奶。"明刘兑《娇红记》卷上："空对着冷清清烛灭香残，兀的不～煞我九曲柔肠双泪眼。"佚名《新水令·间阻》："若是他来时节再休想相陪奉，难比那似从前放松。～的面皮儿羞，再休想被窝里宠。"

【乞两】 qǐ liǎng 同"乞良"。《元曲选·黄粱梦》二折："不争夫人死呵，枉～的两个小冤家不快，那凄凉日月索耽捱。"

【乞觅】 qǐ mì ❶ 讨要；索取。唐李偘《南郊赦文》："近日方镇与乐官人事转多，别有迁除，例皆～，喧呼门户，拥塞阶庭。"宋孟元老《东京梦华录》卷五："迎客先回至儿家门，从人及儿家人～利市钱物花红等，谓之拦门。"明《包龙图判百家公案》卷五："适李吉入见黄氏，称说自东京起，缺少路费，冒进尊府，～盘缠。" ❷ 化募；乞讨。金王喆《望蓬莱·纸旗上书》："边境静，～得便宜。战鼓复为韶乐鼓，征旗还作化缘旗。"又《七言绝句诗藏头赠会首徐守道》："来～意何如？口言公善事舒。"刘处玄《马姑到东莱州近二载》："弗思美膳，～餘剩。贫里藏真，他年朝圣。"

【乞婆】 qǐ pó 行乞妇女。多用作詈词。宋洪迈《夷坚志》丁卷九："泽夫妇颇厌其至，屡出恶言。郭僧者亦相与骂侮，以～目之。"六十种曲本《琵琶记》六出："今日这媒，倒吃你老～做去了。"清《绿牡丹》三五回："但不知是谁家的个死～，今日也要我濮天鹏磕头。"

【乞取】 qǐ qǔ ❶ 勒索。《唐律疏议》卷一一："～者加一等，谓非财主自与，而官人从乞者，加受所监临罪一等。以威若力强～者，准枉法论。"宋李纲《建炎时政记》卷中："通限不施行者必罚，受赂～者，依军法，许人告。"《元史·刘秉忠传》："加以军马调发，使臣烦扰，官吏～，民不能当，是以逃窜。" ❷ 申请得到；求得。唐李翱《与翰林李舍人书》："且不知餘年几何，意愿～残年，以修所知之道。"明杨珽《龙膏记》八出："金丹别后知谁得，～刀圭救病身。"清郁植《观灯行》："～蟠螭玉九枝，携来遍照流亡屋。" ❸ 听取；听从（指示）。敦煌词《喜秋天》："今晨连天暮，一心待织女。忽若今夜降凡间，～一教言。"元明《三国志通俗演义》卷八："宁遂召数百人，渡江来投主公，～钧鉴。"清《女仙外史》三〇回："一名翔风，是寡妇；一名回雪，是处女。流落在此，愿来投附，～进止。" ❹ 请求给予；讨要。宋欧阳修《与梅圣俞书》："颇愿吾兄以他意别作一篇，庶几高出群类，然非老笔不可。亦闻有与如晦一篇甚佳，皆～。"清纪昀《阅微草堂笔记》卷一三："妇女血枯血闭诸证，服之多验。亲串家递相～，久而遂尽。"《驻春园》一八回："云娥乃～纸笔，自写亲供。" ❺ 企盼；祈求。宋张先《相思儿令》："愿教清影长相见，更～长圆。"明单本《蕉帕记》八出："只得出深闺，爇名香，～神天佑也。"

【乞讨】 qǐ tǎo ❶ 求乞；讨要（金钱、饭食等）。《元曲选·勘头巾》三折："我待打起那狗叫呵，员外定然去来，～些钱钞。"清《绿野仙踪》三九回："见人民携男抱女，沿途～，多鸠形鹄面之流。" ❷ 索取；申请得到。明罗洪先《夏游记》："世人言修养，多是向人～，全没了自己。"张永明《乞处补禄粮疏》："臣接管卷，查先准户部咨为可怜极贫宗室～累年禄银急救多命事。"《明会典》卷一〇六："其餘外夷～官封，俱临时奏请定夺。"

【乞头】 qǐ tóu 向赢钱赌徒索取头钱。参见"头钱❷"。唐李肇《国史补》卷下："假借分画谓之囊家，囊家什一而取，谓之～。"宋苏轼《东坡志林》卷二："都下有道人坐相国寺卖诸禁方，缄题其一曰'卖赌钱不输方'。少年有博者，以千金得之。归，发视其方，曰'但止～'。"清《聊斋志异·丁前溪》："走伻招诸博徒，使杨坐而～，终夜得百金。"

【乞望】 qǐ wàng （强烈地）期盼；希望。宋强至《上北京王尚书书》："俯惟单庸，～成就。"明孟称舜《娇红记》三一出："何事如此疑我，～明言。"清《飞龙全传》三七回："小弟方才多有得罪，～宽容。"

【乞闲】 qǐ xián 请求闲职，或作为申请退职的婉词。《唐会要》卷六七："臣伏以朝廷致禄，本为职劳，衰病～。"宋苏辙《谢启》："方～而自便，遽躐等以叨荣。"清《女仙外史》五四回："自知星四人出使后，冯傕已经捐馆，辅臣李希颜亦以老病～。"

【乞相】 qǐ xiàng 乞丐相；穷酸相。明汤显祖《牡丹亭》六出："虽然～寒儒，却是仙风道风。"《古今小说》卷五："分明～寒儒，忽作朝家贵客。"清《续金瓶梅》一八回："高坐无贫婆之～，举止有大家之威仪。"

【乞养】 qǐ yǎng ❶ 领养；过继他人的子女。宋欧阳修《濮议》卷一："但习见闾阎俚俗养过房子及异姓～义男之类，畏人知者，皆讳其所生父母。"《元曲选·救孝子》一折："我想这大的个小厮，必然是你～过房螟蛉之子，不着疼热。"清《白圭志》一〇回："道士曰：'君非人～之子耶？'建章闻言暗思：'自己原是江中救起的，人皆不知，今到被他道着。'" ❷ 请求退职奉养双亲。《元史·有尚传》："擢有尚国子祭酒，阶奉议大夫。二十六年，～归。"明《梼杌闲评》四三回："袁崇焕便上疏～。"清袁枚《随园诗话补遗》卷三："公出将入相，以忠勋爵至上公，而余～还山，卖文为活。”

【讫徆】　qǐ liǎng　同“乞良”。元郑光祖《周公摄政》二折：“听言绝擗踊一声险气倒。然如此，省艰难，怕～的成病了。”

【岂敢】　qǐ gǎn　表示不敢领受的客套话。明梁辰鱼《浣纱记》七出：“〔丑〕文大人，仓卒有慢，多罪。〔末〕～，～。”清《红楼梦》一六回：“（凤姐）笑道：‘……略预备了一杯水酒掸尘，不知赐光谬领否？’贾琏笑道：‘～，～。’”《白雪遗音·新春元旦》：“临明时，来来往往把礼还。这个说‘恭喜’，那个说‘～’。”

【启禀】　qǐ bǐng　❶启呈禀告。宋朱熹《与长子受之书》：“初到问先生，有合见者见之；不令见，则不必往。人来相见亦～，然后往报之。”清陈端生《再生缘》二六回：“四员健将齐齐跪，～喧哗事一宗。”《荡寇志》九八回：“不知这耳朵不消割得，一扯便落。喽啰持着笑道：‘～头领：这耳朵是假的。’”　❷呈禀的文书。元苏天爵《元明臣事略》卷九：“凡有～，必以王恂与闻。”清《隋唐演义》六一回：“昭仪上前朝见过，就把线娘～呈上。”

【启拆】　qǐ chāi　❶开拆。《元史·百官志一》：“管勾一员，正八品，掌出纳四方文移缄縢～之事。”　❷拆解；拆卸。清乾隆二十九年四月十三日高晋奏文：“将清口东西坝预为～，大加展宽。”又乾隆四十二年六月十四日萨载奏文：“南岸头架木龙迤上，仰垂图示，添札木龙一架。臣等奏请，将应行～之第三架旧木龙移建。”

【启程】　qǐ chéng　上路；出发。宋洪迈《夷坚志》三已卷四：“暨大喜，留与共宿。未晓，促～。”明吾邱瑞《运甓记》三出：“且待王青州与王司马兄弟到来，商议～便了。”清《万花楼》四六回：“又吩咐众排军役夫，一概将息，五更天即要～。”

【启齿】　qǐ chǐ　❶张嘴；开口。宋葛胜仲《硖石寺闻系猪明不能食》：“夜闻刺豕声，哀号欲趋死。黎明肉入馔，念之难～。”明《西湖二集》卷二二：“茶罢，美人开唇露汉署之香，～出昆山之玉。”清《白雪遗音·柳迎春》：“～开言，口尊贤嫂，人渴马干，借饮清泉。”　❷开言；开口说。多指有所请求。宋洪迈《夷坚志》支丁卷五：“明日再至，但俯首拱敬，而不～。守大怒，出府帖取问，令分析。”明汤显祖《牡丹亭》四四出：“〔旦〕奴有一言，未忍～。〔生〕但说不妨。”清《红楼梦》五七回：“薛姑妈有件事求老祖宗，只是不好～的。”

【启攒】　qǐ cuán　出殡。停放棺木暂时不葬谓攒。唐张九龄《惠庄太子哀册文》：“粤闰十二月二十七日壬午，将陪葬于桥林之柏城。黼幕宵布，羽纛宿设。西序～，南首成列。”明归有光《唐孺人墓志铭》：“先是，嘉靖某年月日权厝君于周溪，……于是兆作周溪茔，～与孺人合窆焉。”清毛奇龄《主客辞二》：“至于～之夕，攀匶哀号。”

【启碇】　qǐ dìng　犹“起锚”。碇，系船石。清《平定台湾纪略》卷一一：“常青于二月初六～放洋，不过初十内外业抵台湾。”《野叟曝言》一三四回：“文龙听禀之后，传令各船即时～。”

【启动】　qǐ dòng　❶搬运；掀动；搬动。唐李商隐《祭裴氏姊文》：“荣养之志才通，～之期有渐。而天神降罚，艰棘再丁。”按，此指运柩归葬。明胡直《答赵太洲先生》：“曾子疾革时，令人～手足。此病者常事。”清《雪月梅》一四回：“令尊棺木虽无伤损，但水陆长途，常须～，倘于路有失，反为不美。”　❷烦劳；有劳。多用作请人做事的客套话。元明《水浒传》七二回：“主人再三上覆妈妈，～了花魁娘子。……教小人先送黄金一百两，与娘子打些头面器皿。”又四九回：“吴学究道：‘～戴院长，到山寨里走一遭。’”明沈受先《三元记》三四出：“〔生〕多～了。〔丑〕不敢。”　❸发动；起行。清《蕉叶帕》一五回：“龙状元道：‘把前军～。’众军道：‘得令。’那长春子身穿白衣，手执小白旗，暗引众军前往。”

【启发】　qǐ fā　❶触动引发；触发。唐李靖《卫公兵法》辑本卷下：“其所穴之孔，于城内深门为坑，坑上安转关板桥。若敌人来，得三五十人后，～机关，自然先毙。”明孙一奎《赤水元珠》卷八：“此必先有所感，而邪气潜伏，今为新伤所～也。”　❷开启发露；打开。唐张读《宣室志》卷六：“此地有宝气，而今莫得之，其～将自有时耳。”《太平广记》卷三七五引《通幽记》：“全素丁母忧，护丧归卫，将合葬。既至，～，其尸俨然如生。”清《女仙外史》一八回：“昔高皇帝升天时曾言：刘基进一秘箧，到国有大难，方可～。”❸张开。金张从正《儒门事亲》卷二：“然不若以药发之，使一毛一窍无不～之为速也。”　❹启程；出发。明于谦《兵部为边务事奏》：“至二月中旬以后，天气渐和，～前去。”清李光地《丁酉还朝临发告祖文》：“畏此简书，义不敢缓。黾勉假装，即以今日～。”❺启动；开始进行。清姚元之《竹叶亭杂记》卷二：“至于衙役以讼事入乡，先到原告家需索银两，谓之～礼。”　❻想法索要。清《水浒后传》六回：“那太守的口气，象是要～我们的东西。”

【启烦】　qǐ fán　犹“启动❷”。元明《水浒传》五〇回：“话说当时军师吴用～戴宗道：‘贤弟可与我回山寨去。’”

【启复】　qǐ fù　禀告；上报答复。宋李新《回人贺转官启》：“感佩之私，叙述难既。谨具～，不宣。”按，此例犹存“具启回复”之意。明韩邦奇《恶逆攒害尊长等事奏议》：“明知捏诬，不行～。及至检举，又增虚词。”清《女仙外史》七三回：“常通又亟回本营，～连黛。”

【启覆】　qǐ fù　❶揭去覆盖物，也比喻启发愚蒙。宋胡寅《祭孙判监奇文》：“予兄弟乃幸参候，闻前言与往行，常发蒙而～。”清《聊斋志异·酒友》：“半夜，狐欠伸，生笑曰：‘美哉睡乎！’～视之，儒冠之俊人也。”　❷同“启复”。宋佚名《张协状元》一出：“忽一日，堂前～爹妈：‘今年大比之年，你儿欲待上朝应举。’”元刘敏中《奉使宣抚回奏疏》：“使郎吏～于喧杂之中，执政可否于厮役之后。不惟泄漏政事，实为亏损尊严。”清《痴娇丽》九回：“锦作书令奇姐招之。琼复书曰：劣表妹李琼琼敛衽～四表姊妆次。”

【启卦】　qǐ guà　同“起卦”。明《二刻拍案惊奇》卷二四：“～的说，卦上已绝生气，莫不这人死了，所以不来？”

【启护】　qǐ hù　启圹护送棺舆迁葬。唐符载《犀浦县令杨府君墓志铭》：“以贞元十五年十月某日，～于成都，以十六年春二月某日，归葬于凤翔之陈仓某乡某原。”五代王定保《唐摭言》卷四：“李北海年十七，携三百缣就纳国色，偶遇人～，倾囊救之。”《太平广记》卷一五六引《感定录》：“舒元舆自侍御史辞归东都迁奉。太尉言：‘近有僧自东来，云有一地，葬之必至极位，何妨取此？’元舆辞以家贫，不办别觅，遂归～。”

【启开】　qǐ kāi　❶开启；生发。唐吕温《代文武百寮谢宣示元和观象历表》：“爰诏日官，厎定历法，～元气，节宣群生。”❷开启；打开。宋佚名《靖康要录》卷一五：“诸郡皆土门，多至百餘日，民坐困。韐独纵民樵汲，～如平时。”明《拍案惊奇》卷一八：“便就亲手～鼎炉一看。”清洪昇《长生殿》四三出：“墓已～，却是空穴。”　❸撬开；使张开。清《医宗金鉴》卷八八：“急以凉水蘸发，～牙关，以酒调八厘散灌之。”《续金瓶梅》五一回：“先使箸把牙关～，用鸡翎探入喉中，吐出粘涎。”　❹挪开；移开。清《红楼复梦》八回：“贾琏道：‘我也不怕你不依，这会儿且饶了你。’说着，将身子～坐在炕上。”

【启口】　qǐ kǒu　❶犹“启齿❶”。《太平广记》卷一〇五引《广异记》：“至吏局，吏令～，以一丸药掷口中。”明《型世言》一一回：“乍～，清香满座；半含羞，秀色撩人。”清钱谦益《郑氏清言叙》：

"譬之聋者之学歌也,视人之～,而岂知其音节之若何也哉?" ❷ 犹"启齿❷"。《祖堂集》卷一三《报慈和尚》:"古人教向未～已前会取。今日报慈同于古人,为复不同于古人?"六十种曲本《琵琶记》二一出:"张公护救,我媳妇实难～。"清《万花楼》六六回:"又觉对面难于～,故未发言。" ❸ 指所说的话。《元曲选·单鞭夺槊》四折:"两阵相当分胜败,尽在来人～中。兀那探子,单雄信与唐元帅怎生交锋? 你喘息定了,慢慢的说一遍咱。"又《柳毅传书》二折:"两阵相持分胜败,尽在来神～中。……电母,你可喘息定了,慢慢的说一遍咱。"又《气英布》四折:"两家赌战分成败,只在来人～中。"

【启露】 qǐ lù ❶ 表露;显露。唐[朝]崔致远《与前左省卫增常侍书》:"悬德而被云尚阻,怀诚而～未期。"宋林希逸《续诗续书如何》:"文字之机,千餘年之所紬绎～。王政熄而声诗亡,气将熄矣,则诗也者岂容有不删耶。"《续资治通鉴长编》卷六五:"若早暮接纳,虑机务因兹滞留;如或延见艰难,亦利官无由～。" ❷ 开启暴露。明沈德符《万历野获编》补遗卷一:"奉藏体魄已二十载,～风尘,摇撼远道,朕心不宁。"

【启媒】 qǐ méi 婚仪之一,请人到女家正式提亲。明柯丹邱《荆钗记》五出标目"～",演钱贡元启请许文通前往王家做媒事。清《歧路灯》二八回:"这王氏既有彩币,便打算～,请娄潜斋、程嵩淑。投了请启,……到午刻上座时节,娄潜斋、程嵩淑俱是专席正座。绍闻行～大礼,起叩四拜。"

【启迁】 qǐ qiān 挖出并迁移(坟墓)。明许相卿《先孺人迁葬志》:"唐湾～,相卿痛惫而仆。"尹直《謇斋琐缀录》卷六:"十二年,以营墓弗利,～。"清《歧路灯》六一回:"我明天在你大爷哩地里,送你一块平安地。你～～。"

【启示】 qǐ shì ❶ 启发指示,使有所领悟。宋刘宰《和李果州同游茅山赠》:"锦机神所秘,～不吾悭。"元邓文原《瓶城轩铭》:"故《曲礼》'安定辞'而先之以'毋不敬'者,所以～学者入德之次也欤?"明张宇初《还真集序》:"抑亦非师之秘玄蕴奥,不妄～,而学之者不累功积行之实,徒饰虚文伪,与驰声扬耀者无异,尚何足语道哉。" ❷ 启事;告示。清《醒世姻缘传》八八回:"择了吉日,一般也出了张条红纸到任的～,升堂画卯。"

【启首】 qǐ shǒu ❶ 古时叩头至地的跪拜礼。《敦煌变文校注》卷五《维摩诘经讲经文(一)》:"更有诸天人众,向大觉以归心;八部龙神,望金仙而～。"辽佚名《佛顶尊胜陀罗尼幢文》:"～千叶莲花座,摩尼殿上尊胜王。"明王衡《郁轮袍》七折:"居士,贫僧～了也。" ❷ 顶礼启建。明《清平山堂话本·戒指儿记》:"涓选四月初八日我佛诞辰,～道场,开佛光明。"

【启帖】 qǐ tiě 陈告事情的帖子。清《红楼梦》一四回:"又有迎春染病,每日请医服药,看医生～、症源、药案等事,亦难尽述。"《歧路灯》六二回:"王象荩遵命,将礼匣内～取出,奉与程嵩淑。"《绮楼重梦》四三回:"只得发个～,遍请在京王公大人子弟未曾联姻的,自十四岁以上十八岁以下,都来会文。"

【启围】 qǐ wéi 婚仪之一。掀起嫁娘轿围,请新人下轿。清《雪月梅》三二回:"彩舆到门,抬进中堂,烦严太太～,岑夫人接宝。"

【启问】 qǐ wèn 请问;动问。《祖堂集》卷四《药山和尚》:"某甲有一段事,欲问多时,未得其便。今日有幸,～师兄,还得也无?"明《西游记》二四回:"二童子又上前道:'～老师,可是大唐往西天取经的唐三藏?'"清《红楼梦》二回:"却说封肃因听见公差传唤,忙出来陪笑～。"

【启言】 qǐ yán ❶ 发言;发表意见。唐闾邱允《寒山子诗集序》:"沈而思之,隐况道情。凡所～,洞该元默。"李观《贻睦州纠曹王仲连书》:"观兼有拙书致于专城,论朱生之事。便投公狂简,惊遽～。不毕志,志亦可见。" ❷ 禀告;向……说。《敦煌变文校注》卷一《伍子胥变文》:"大夫魏陵～王曰:'臣闻秦穆公之女,年登二八,美丽过人。'"又卷二《韩擒虎话本》:"韩擒虎越班便出,'～将军:擒虎去得。'" ❸ 开口(说)。《敦煌变文校注》卷二《秋胡变文》:"心中凄怆,语里含悲,～道:'郎君! 儿生非是家人,死非家鬼。'"五代黄滔《丈六金身碑》:"彩云罅裂,大佛中座。岳岳以觐止,熙熙而～,曰:'断子一臂,卫之一方。'"宋洪迈《夷坚志》支癸卷九:"须臾,沈～:'某当磨勘。'"清《白雪遗音·男梦遗》:"为想多娇难～,相思常挂在胸前。"《万花楼》一回:"狄小姐未及～,泪浮粉面。"

【启颜】 qǐ yán 笑;发笑。唐卢仝《走笔追王内丘》:"自识夫子面,便获夫子心。夫子一～,义重千黄金。"宋洪迈《夷坚志》支景卷四:"但天资滑稽,遇可～一笑,冲口辄嘲之。"清《东周列国志》五六回:"即闾巷中有可笑之事,亦必形容称述,博其一～也。"

【启诱】 qǐ yòu 启发诱导。宋杨简《先圣大训》卷四:"知者之所乐,孔子不能言之,将以～学者,不得已,惟曰'水'。"元吴师道《节录何王二先生行实》:"四方来学者,随其浅深～之。"清魏裔介《蔡洨滨先生语录序》:"既而优游林下,孜孜然著书立说,～不倦。"

【启札】 qǐ zhá 书启信札。宋黄震《申陈提举到任求利便札状》:"某昨循旧比,僭具～,迎候前茅。"明顾起纶《国雅品》:"张尝与～神交,词多敦素,亦是恬雅人。"清钱谦益《跋方言》:"纸背是南宋枢府诸公交承～,翰墨灿然。"

【起】 qǐ ❶ 振作;显扬。唐李翱《仲尼不历聘解》:"盖仲尼伤礼乐不～,是以学《韶》于齐,求师于周。"明汤显祖《与宜伶罗章二》:"我平生只为认真,所以做官做家都不～耳。"清《隋唐演义》四回:"虽有些本领,却好高自大,把些手段压伏人,人又笑他是鲁莽,不肯敬服他,所以名就不～。" ❷ 薄切(肉);揭取。宋王谠《唐语林》卷五:"时豪家食次,～羊肉一斤,层布于巨胡饼,隔中以椒豉,润以酥。"明《古今谭概·汰侈部·厨娘》:"(厨娘)据坐胡床,徐～、切、抹、批脔。"清《醒世姻缘传》四五回:"你快着来开门。我明日不～你的皮!" ❸ 驱赶;追赶。宋孟珙《蒙鞑备录》:"金虏大定间,燕京及契丹地有谣言云:'鞑靼来,鞑靼去,～得官家没去处。'"明《西游记》四三回:"鲸鳌吞赤鲤,鲠鲌～黄鲿。" ❹ 起获;搜取(赃物)。宋元《古今小说》卷三六:"若～得这五万贯赃物,便赔偿钱大王也还有餘。"清《绮楼重梦》三一回:"一面说,一面进里房去取了出来,交给红雨道:'这是原赃,～了去罢,免得报失窃打官司。'" ❺ 起发;用不正当手段获取(钱财)。宋元《醒世恒言》卷三三:"不上半年,连～了几主大财,家间也丰富了。"元明《水浒传》一六回:"哥每日～了大钱大物,那里去了?"明《二刻拍案惊奇》卷二八:"我每不如将计就计哄他,与了他些甜头,便～他一主大银子,也不难了。" ❻ 把隐藏或嵌入的东西弄出来。抠;挖。元明《水浒传》四八回:"虽然砍伐了树,如何～得根尽?也须有树根在彼。"明《山歌·睃》:"丝网捉鱼尽在眼上～,千丈绫罗梭里来。"清袁枚《子不语》卷四:"家园内有种荷花缸,年久不～,陈命扛起,阅其款识。" ❼ 开办;组织。宋元《古今小说》卷三九:"此处若～个铁冶,炭又方便,足可擅一方之利。"清《儒林外史》二四回:"鲍文卿虽则因这些事看不上眼,自己却还要寻几个孩子～个小班子。"《绿野仙踪》七九回:"随烦朋友们牵引本县生童,～了个文会,每一月会文六次。" ❽ 引起;触发。宋元《清平山堂话本·错认尸》:"只因此～,有分交高氏一家死于非命。"明杨珽《龙膏记》五出："我若不去，反～他疑心了。"清《醒世姻缘传》八六回："我是一个道士，怎好领着个堂客往尼姑庵去？岂不～人的议论？" ❾ 取（名字）。宋元《古今小说》卷三六："人见他一文不使，～他一异名，唤做禁魂张员外。"《元曲选·玉壶春》二折："乡里老的每见我有这人才模样，与我～了个表德，唤我做甚黑子。"清《儒林外史》二回："这名字是你替他～的？" ❿ 办理（凭证）。明《警世通言》卷二四："公子谢了主考，辞了提学，坟前祭扫了，～了文书。"清《儒林外史》二九回："季恬逸这三个人在寺门口聚升楼～了一个经折，每日赊米买菜和酒吃。"《红楼梦》一三回："回来送与户部堂官老赵，说我拜上他～一张五品龙禁尉的票。" ⓫ 运送；搬取。明《金瓶梅词话》七七回："比及～了货来狮子街卸下，就是下旬时分。"清《儒林外史》五〇回："凤四老爹又叫万中书，亲自到承恩寺～了行李来。"《蜃楼志》一〇回："差役们一拥而进，把霍武的包裹、铺盖、箱子都～到堂上。" ⓬ 表示被追究的事情的起因，相当于"（怎么）发生（的）"。明《西游记》七六回："且是请他出来好了，你却教我咬他。他倒不曾咬着，却迸得我牙龈疼痛，这是怎么～的！"又九七回："刑房吏遂将唐僧四众，推进监门。八戒、沙僧将自己行李担进随身。三藏道：'徒弟，这是怎么～的？'"《二刻拍案惊奇》卷四："公人道：'不错，见有小票在此。'便拿出朱笔的小票来看。史应、魏能假意吃惊道：'古怪，这是怎么～的？'" ⓭ 迈；跨。明《西洋记》八二回："圆石子儿分外光滑，怎么～得步去？" ⓮ 指皇帝召见。明高濂《玉簪记》二五出："你看那午门外办事的，跻跻跄跄，纷纷杂杂，滚将来一派苍蝇声，唤～处三度天鸡唱。" ⓯（狗）发情。明《石点头》卷四："却有几个儿童叫道：'看狗～，看狗～。'"清《一片情》一〇回："我想这狗子～了，缠得如式。倘人生也要等～才动手，一年快活得几遭呢？"《生绡剪》一七回："他做这张肉夜壶不着，逢人便好，弄得自己屋里就是雌狗～的一般。" ⓰ 岂。怎么；哪能。唐杜甫《九日》之一："重阳独酌杯中酒，抱病～登江上台？"敦煌词《浣溪沙》："幽境不曾凡客到，～寻常？"《敦煌变文校注》卷三《燕子赋（二）》："空闲石（拾）得坐，雀儿～（岂）自专。" ⓱ 启。张开；解开。明《清平山堂话本·戒指儿记》："～一点朱唇，露两行碎玉，暗暗的唤梅香过来。"《警世通言》卷二八："那妇人同丫环下船，见了许宣，～一点朱唇，露两行碎玉。"清《白雪遗音·掩绣户》："摘去了我那翡翠钏，束胸慢～，身入罗帏。" ⓲ 介词。a）引进时间的起始点。唐李隆基《进蔬食并断都城屠宰敕》："～今日后至来年正月上旬以来，并进蔬食，所司准式。"宋欧阳修《乞条制催纲司奏》："欲乞～今年已后，打造到三百料粮船，每二十只为一纲，同用一字为号，并造年月，刻于船梁额上。"清《霓裳续谱·何曾何曾我何曾》："何曾何曾我何曾，过耳之言，～今日再也要要听。"b）引进比较的对象。清《品花宝鉴》二一回："那一片寒光冷到肌骨，比～那春三秋八月的月，又好看又不冷，自然就不如了。"《后西游记》二八回："五丁是五个力士，怎比～钉耙之钉来。"《白雪遗音·人人劝我》："他一开口，句句说的是离把的话，比～你，岂肯轻易来丢下。" ⓳ 助词。a）表示动作自下而上。《祖堂集》卷二《惠能和尚》："六祖见僧，竖～拂子云：'还见摩？'"元杜仁杰《集贤宾·七夕》："纱笼罩仕女随，灯影下人扶～，尚留恋懒心回。"清《红楼梦》四〇回："紫鹃打～湘帘。"b）表示分开或张开。《敦煌变文校注》卷二《韩擒虎话本》："任蛮奴不分，册～头稍：'合负大王万死，乞载（再）请军，与隋驾（家）兵士交战。'陈王闻语，念见名将即（积）大（代）功训（勋），处分左右，放～头稍。蛮奴拜舞谢恩。"宋元《清平山堂话本·杨温传》："即时杨达睁～眼来，将部下一二百人小喽罗赶上。"元《三遂平妖传》一三回："妇人道：'无甚空地，卖不得，若有个空地才好卖。'那人与他赶～了吹的扑的，道：'这里好。'"c）表示动作发生或启始。五代孙光宪《望梅花》："见雪萼、红跗相映，引～谁人边塞情。"明《西游记》六回："大圣不恋战，只情跑～。"清《红楼梦》七四回："先从别人箱子搜～，皆无别物。"d）表示动作结果或状态继续。唐刘禹锡《浪淘沙》："须臾却入海门去，卷～沙堆似雪堆。"元古本《老乞大》："你这店西约二十里来地，有一坐桥塌了来，如今修起来那不曾？早修～了也。"明《梼杌闲评》二〇回："校尉动手将周家庆等捆～。"清《醒世姻缘传》五回："只是见了那一沙坛酒，即如晁大舍见珍哥好～病的一般。"e）表示动作涉及某人某事或某物。宋赵汝茪《谒金门》："羞说～，嚼破白桃花蕊。人在夕阳深巷里，燕见来也未？"《元曲选·范张鸡黍》一折："若问～孔仲山的万言策呵，我可怎生支对？"清《歧路灯》八回："不得已，引～董氏逃走省城。"f）表示有无某种可能或够得上某一标准。多跟"不""得"连用。《祖堂集》卷六《洞山和尚》："因雪峰般柴次，师问：'重多少？'对曰：'尽大地人提不～。'"明《挂枝儿·陪笑》："莫说打你，就骂也骂不～。"清《红楼梦》四八回："我虽不通，大略也还教得～你。"g）用在另一助词"将"的后面，表示开始或持续。宋蒋捷《燕归梁·凤莲》："忽然急鼓催将～，似彩凤、乱惊飞。"元王实甫《四块玉》："顿忘了神前设下千千拜，顿忘了表记香罗红绣鞋，说将～傍人见了珠泪盈腮。"清《白雪遗音·一口一口》："恨将～，提着小名骂几句。"h）表示可能或将发生的状态。元刘时中《新水令·代马诉冤》："再不敢鞭骏骑向街头闹～，则索扭蛮腰将足下殃及。"明《挂枝儿·妓馆》："再来若晓得你另搭好个新人也，我也另结识个新人～。"i）表示相当。清《醒世姻缘传》二〇回："把这数万家财，看～与晁夫人是绝不相干的，倒都看成他们的囊中之物了。"j）表示比较的程度。清《醒世姻缘传》八九回："我合狄大哥父来子往，我长～狄大哥好几岁。"《聊斋俚曲·禳妒咒》："看着模样不大精致，俺这心里还俏～别人。" ⓴ 量词。a）拨；群；伙。用于人。元明《水浒传》八三回："宋江传令诸军，便与军师吴用计议，将军马分作二～进程。"明王守仁《攻治盗贼二策疏》："本年正月十六日，一～八百餘徒出劫乐昌县，虏捉知县韩宗尧，劫库劫狱；又一～七百餘徒，打劫生员谭明浩家；一～六百餘徒，从老虎等峒出劫；一～五百餘徒，从兴宁等县出劫。"清《醒世姻缘传》二〇回："既蒙老爷打过了他的男人，望老爷饶恕了这～妇女。"b）件；次。用于事或物。《元曲选·窦娥冤》四折："我将这文卷看几宗咱，一～犯人窦娥将毒药致死公公。"清《红楼梦》三九回："这是头一～摘下来的，并没敢卖呢。"《白雪遗音·打扛子》："二百棒棰一夹棍，招出了，三～人命，两～路案。"c）层。清《醒世姻缘传》六一回："恰好庄间狄员外大兴土木，创起两座三～高楼。"

【起岸】 qǐ àn ❶ 筑堤岸。五代钱镠《建广润龙王庙碑》："唐咸通中，刺史崔彦曾重修，凿石为门，蒸沙～。" ❷ 登岸；从船上上到岸上。明王樵《与仲男肯堂书》："一则河路未通，二则收拾不及，虽养冲亦未免于中途～也。"《醒世恒言》卷二八："待到了荆州，多将些银两与你，趁～时人从分纭，从闹中脱身。"清陈端生《再生缘》三三回："行船人杂仍无续，～匆匆出德州。"

【起办】 qǐ bàn ❶ 操办；筹措。清《歧路灯》四二回："二两银子，叫我今日可真难～。"又五九回："且这宗银子，无处～。" ❷ 办法。清《歧路灯》四〇回："惠观民当此青黄不接之时，麦苗方绿，菜根未肥，毫无～，只得又向城中来寻胞弟。"

【起本】 qǐ běn ❶ 张本；为事态发展预先作出安排或留下伏笔。宋朱熹《答汪尚书书》："若据经所记，即驩兜之罪正坐此，《尧典》所记，皆为后事～。"元杨维桢《梧溪诗集序》："予读其诗悼家难、悯国难，采摭贞操，访求死节，网罗俗谣与民讴，……皆为他日国史～。"清汪由敦《跋手录春秋名号归一图》："适读纳兰成氏所刻《经解》，得冯继先《春秋名号归一图》，与余意颇合，但间有舛漏，因录置巾笥，以为他日～。” ❷ 起头；起始。金元好问《陀罗峰》之二：“留诗便与香泉约，～西游第一篇。”元王祯《农书》卷一“蚕事～”：“然黄帝始置宫室，后妃乃得育蚕。是为（蚕事）～。”张养浩《诏五十以上未第者赐出身有差》：“比屋可封今～，欢餘不觉泪横斜。” ❸ 上奏本，也指向皇帝报告。明《拍案惊奇》卷三一：“这山东巡按金御史，因失了青州府，杀了温知府，～到朝廷。”清《绿野仙踪》六七回：“至次日，一边～，一边领人马杀奔槐阴国。”《续金瓶梅》一〇回：“当日，大家应允了，回李师师的话。不知他怎么～，不在话下。”

【起笔】 qǐ bǐ ❶ 动笔。唐郑素卿《西林寺水阁院律大德齐朗和尚碑》：“藉门弟子大德道建、如达、冲契、宗一等，虔请碑铭于荥阳郑氏子素卿。辞不能免，乃强～应之。”宋元《古今小说》卷一一：“不知楼上何人坠下此扇，偶然插于学生破蓝衫袖上，就去王丞相家作松诗，～因书于扇上。”元陶宗仪《辍耕录》卷一九：“以纸一番，从后端～，书帝起居，旋书旋卷。至暮，封付史馆。” ❷ 书法指笔锋始与纸接触，也指落墨的第一笔。元盛熙明《法书考》卷五：“峰峦起伏，谓～蹙衄如峰峦之状，杀笔须存结。”明费瀛《大书长语》：“客问：‘川字三笔皆纵，书法将无同乎？’余曰：‘～忌作蒸饼状，须衄挫，近里作掠势出梢。第二笔略按微行，至强半即转折笔锋。’” ❸ 指作品的开头。清蔡世远《古文雅正》卷八评唐韩愈《平淮西碑》：“～从《尚书·周官》脱来。”许昂霄《词综偶评》：“临江仙（晁补之），结语绝妙，惜～稍率。”

【起病】 qǐ bìng ❶ 病中奋起；带病支持。唐李翰《进张巡中丞传表》：“孤城粮尽，外救不至，犹奋羸～，摧锋陷坚。”余知古《渚宫旧事》卷五：“顾恺之为殷仲堪参军，属病疾在廨。桓遣信，请顾～，令射取虎探。” ❷ 病愈，特指因病去官后病愈复职。唐白居易《林下闲步寄皇甫庶子》：“扶杖～初，策马力未任。”明《醒世恒言》卷二九：“那知县一来是新～的人，元神未复；二来连日沉酣糟粕。”清袁枚《随园诗话》卷五：“余～补官，年未四十。” ❸ 发病；生病。唐孙思邈《备急千金要方》卷三七：“肠胃之积，寒温不次，邪气稍止。至其蓄积留止大聚，乃～。”明《禅真逸史》六回：“必须对医人说明了～根由，方好服药。”清《二度梅》三〇回：“你因何～，莫不是今早少穿了衣服，受了风寒？” ❹ 诊病；治病。宋杨士瀛《仁斋直指》卷三：“腑脏表里，冷热虚实，各有受病之处。用药之法，必究其源，而后可以～。”元明《三国志通俗演义》卷五：“操坐定曰：‘国舅近知吉平乎？’承曰：‘不知。’操冷笑曰：‘国舅如何不知？’唤左右：‘牵来与国舅～。’”明叶宪祖《丹桂钿合》五折：“～从来须妙药，合婚必定用良媒。” ❺ 设宴或馈赠以祝贺人病愈。元明《水浒传》六四回：“这里却说梁中书在城中，正与索超～饮酒。”明《型世言》三三回：“阮敬老好了，我们三分一个与他～。”清《白雪遗音·梦多情》：“就在奴的手内吃上几盅，头一盅与你接风，第二盅与奴～。”

【起波】 qǐ bō 兴起风波；寻衅生事。清《水浒后传》一七回：“那兴讼构非，诬诳词状，唆人～的事，一时记不起许多。”

【起拨】 qǐ bō ❶ 起用调拨。明王守仁《设立茶寮隘所疏》：“完日具数，及～官兵数目，一并回报查考。”《石点头》卷三：“向军门讨个马牌与来使，一路驿递～夫马相送。” ❷ 同“起驳”。明倪谦《乡试策》：“设或水浅舟胶，则有～之费。”清姚鼐《中宪大夫保定清河道朱公墓表》：“值漕船～，运丁有多夺小船以病众者。”《儒林外史》四三回：“盐船搁浅了，我们快帮他去～。”

【起驳】 qǐ bó 用驳船把货物从大船运至岸上。清叶梦珠《阅世编》卷六：“立法之始，布解北运有贴解银，有雇船水脚银，有～车脚银。”《蜃楼志》六回：“因水浅，到不得南雄，要换船～。”

【起步】 qǐ bù ❶ 起身步行。唐白居易《村居卧病》：“新秋久病客，～村南道。”明周履靖《锦笺记》五出：“〔末送净酒介，众饮介。净不饮，～介〕风月陶情，琴樽聚欢。”清沈复《浮生六记》卷三：“至元宵，仅隔两旬而芸渐能～。” ❷ 迈步；跨步。宋华岳《翠微先生北征录》卷八：“盖今日诸军之靴皆用牯牛皮制造，故皮性太硬，未著则不能穿足入脚；袜凹太深，既著则不能抬足～。”明《西洋记》一四回：“把他的两脚朝天，却不是踏着云，蹑着雾，轮动就是天堂？若是两脚朝地，～就蹉了地狱。”清《野叟曝言》七一回：“那武士负着素臣高低跳跃，～如飞。” ❸ 动身；起身。宋吴自牧《梦粱录》卷二〇：“既已登车，擎檐从人未肯～，仍念诗词，求利市钱酒毕，方行起檐作乐，迎至男家门首。”元施惠《幽闺记》七出：“降身临凡世，～到天宫。”清《荡寇志》一〇八回：“等了好歇，宋江、李应去了，真大义方～走到辅梁门首。” ❹ 发足；启动脚步。清袁枚《续子不语》卷五：“能踏竹纸不破，便可踏水矣。但～须在二十步之外，一鼓作气，即作虎势腾空如飞。” ❺（诗文）开头；起始。清沈德潜《清诗别裁集》卷六评闵麟嗣《空水阁》：“～得此，下信手写去，无不入妙。”又《说诗晬语》卷上：“歌行～，宜高唱而入，有黄河落天走东海之势。”毛先舒《诗辩坻》卷四：“初作诗，须从实地～，当试先作近调小诗。”

【起材】 qǐ cái 犹“起棺❶”。清《西湖佳话》卷九：“念罢，众人～，直抬到方家峪才歇下，请济颠下火。”《红楼复梦》六八回：“初五一早发引，辰刻～，那执事、幡伞、香亭、诰敕由大门口一直摆出城外。”

【起菜】 qǐ cài 收获蔬菜。明《金瓶梅词话》六二回：“昨日俺庄子上～，拔两三畦与你也勾了。”

【起差】 qǐ chāi ❶ 征派；调发。《宋史·食货志上六》：“虽因边事～夫丁，须以应差雇实数上之朝廷，未得辄差。”元明《水浒传》六三回：“北京城内，着仰大名府～民夫上城，同心协助，守护城池。” ❷ 起征差役。明葛昕《与李振亭父母书》：“闻近邑奸民有告以地～者，……敝县地原多沙碱，甚至不毛。穷民恶产无所售者，已不免以人养地。若如奸计，更复～，是真率地食人矣。”清钱谦益《与蒋明府论优免事宜》：“杂流承舍，吏员儒士，此等蝇附多人，狐假莫辨，本是过海活切之流，又多子虚亡是之辈，不如一切抹杀，论田～。”

【起场】 qǐ chǎng 赌场在赌局终了时清结赌账。清《歧路灯》五四回：“这夏逢若一时财运亨通，正是小人也有得意时，～时又现赢了八十两。”

【起车】 qǐ chē ❶ 把货物装到车上运走。明王恕《同南京吏部陈言奏状》：“拨船装载，沿途拽运劳人；干浅去处，又行～装载劳人。”《金瓶梅词话》八六回：“那王婆自从他儿子王潮儿跟淮上客人，拐了～的一百两银子来家，得其发迹，也不卖茶了。”《大清会典则例》卷三九：“由石坝里河五牐，驳运至大通桥，转交车户～。” ❷ 由水路乘船改陆路乘车。明陆深《奉东隐叔父书》：“四月廿二日，自河西务～，抵暮入城。”清《雪月梅》四一回：“那去处是个水陆码头八方聚集之所。大凡从南往北者，在这里～；从北至南者，在这里雇船。” ❸ 征派车辆。清朱彝尊《日下旧闻考》卷三四：“今工部～五千辆，一时不得集。”

【起程】 qǐ chéng 同“启程”。五代郭威《宣谕晋绛慈隰诸州军民敕》：“自澶州～，北去辎重，相次先行。”明《夹竹桃·何用浮名》：“三年取士，秋闱又春。书箱琴剑，匆匆～。”清《歧路灯》三三回：“我今日是回拜先祖一个门生，不料到店时，他～走了。”

【起齿】 qǐ chǐ ❶ 同“启齿❶”。宋陈言《三因极一病证方论》卷七:“通治诸感客忤,或口噤撮口不开,～下汤入口。”明朱国祯《涌幢小品》卷二九:“餘像皆如故,而老君独～,若改削成者。”❷同“启齿❷”。清《平山冷燕》一三回:“山小姐十分着急,急欲与父亲说知,却又不便～。”

【起初】 qǐ chū ❶初起;刚起来;刚发生。唐白居易《新秋晓兴》:“睡足景犹早,～风乍凉。”元王氏《粉蝶儿·寄情人》:“他正是冯魁酒正浓,苏卿愁～,下船来行到无人处。”明锺惺《王以明居士访予江夏》:“客里朋来病～,足音遥听宿疴除。” ❷刚开始;刚接触。宋朱熹《答吴伯丰》:“至于正,则不过曰‘其处之也正’,又曰‘正者,贞之体也’。智之义固在其中,然～学者读之犹未能分明。”元宋方壶《一枝花·妓女》:“有一等强风情迷魂子弟,初出帐笋嫩勤儿,～儿待要成欢会。教那厮一合儿昏撒,半霎儿著迷。典房卖舍,弃子休妻。”明陈铎《一枝花·嘲王孟启赌奕不胜》:“～儿雄赳赳指下如神,即渐的花碌碌眼前见鬼,末稍儿黑魆魆脸上生灰。” ❸当初;先前。宋李光《与程伯寓书》:“今日为腹心之患者,独一王居正。盖～受知于宗尹,宗尹党稍稍在当路耳。”元贯云石《塞鸿秋·代人作》:“～儿相见十分忺,心肝儿般敬重将他占。”清《红楼梦》六回:“周瑞家的先将刘姥姥～来历说明,又说:‘今日大远的特来请安。’” ❹起头;着手(做)。宋毕仲游《耀州理会赈济奏状》:“准拟夏秋灾伤,减价出粜。～须且开谕,准备及当时万数,即临时庶免败事。”清《醒世姻缘传》一九回:“一日,因～割麦,煮肉、蒸馍馍,犒劳那些佃户。”《姑妄言》五回:“～抱他上肚子时,吓得几乎哭起来。亏那司富循循善诱……做过两三次也就领了些。” ❺本初;原本。金王喆《喜迁莺·赠道友》:“认取～真性,捉住根源方便。本来面,看怎生模样,须令呈现。” ❻刚才;刚刚。明王錂《寻亲记》三三出:“我～饶了你,怎么转来又捱我一捱?你来讨死。”《醒世恒言》卷三:“那两个小厮手中,一个抱着琴囊,一个捧着几个手卷,腕上挂碧玉箫一枝,跟着～的女娘出来。”《石点头》卷五:“莲房因～小解了,走过来净手。”

【起处】 qǐ chǔ 起居;动止。唐高適《请入奏表》:“救弊扶伤,事资安辑。臣夙夜陈力,～不遑。”宋苏轼《与文玉帖》:“尔后行役无定,遂缺驰问。比日不审～何如?”清王晫《新世说·言语》:“毛稚黄负才善病,六载～,不离床榻。”

【起船】 qǐ chuán ❶掀动船。唐李频《辞夏口崔尚书》:“城晚风高角,江春浪～。”明陆深《悠然序》:“澄鲜一色月转汉,泼剌数声风～。” ❷开船。宋佚名《宋季三朝政要》卷四:“各船置火枪火炮,炽炭巨斧,夜漏下三刻,～出江。” ❸征发、征用船只。宋《四明续志》卷五:“岁～三百餘只,前来定海把隘。”明杨士奇《训升侄》:“缘路凡过～处,便点检收拾～勘合。”《明会典》卷一三〇:“凡盗制书及起马御宝圣旨、～符验者,皆斩。” ❹下船;离船上岸。明《欢喜冤家》二三回:“大清晨早,雨大晴了。王年～,发了行李。”清《风流悟》一回:“两个丫环扶着欲～来,见岸上人太多,道:‘不要上岸了,等人散一散再处。’”《野叟曝言》三三回:“石氏暗算:且到～之时,也似前番一样,乘其不备便了。”

【起床】 qǐ chuáng ❶离开床,指下地活动。《太平广记》卷四九引《仙传拾遗》:“遥止众僧曰:‘……吾疾愈矣,但要新衣一两事耳。’跳身～,势若飞跃。”明《拍案惊奇》卷三二:“不觉身子淘出病来,～不得,眠卧在家。”清《醒世姻缘传》一〇回:“打得伤重,至今不曾～。” ❷清晨从床上起来。元明《三国志通俗演义》卷二三:“天明风定,使者来请孙琳赴会。孙琳方～,平地如人推倒。”明《醋葫芦》四回:“每日～,请你令尊出来,头上给一颗印,到晚要原封缴还。”清《锦香亭》一回:“一等天明,就～来穿戴衣巾,到母亲房里去问安。” ❸指病后身体复原,能照常活动。明王肯堂《证治准绳》卷八七:“服三十餘贴而安。安后,发皆落,月餘方～。”清《醒世姻缘传》三五回:“小人受了这口怨气,即时害了夹气伤寒,三个月才～。”

【起炊】 qǐ chuī 生火做饭。明《徐霞客游记》卷一一下:“平明,乃呼童～,晨餐后行。”清袁枚《子不语》卷四:“自后,陈不～。中馈之事,妇主之。”

【起攒】 qǐ cuán 同“启攒”。宋周密《癸辛杂识》前集:“太史选用来年正月二十三日～,二月初三日发引,三月十三日掩攒。”《宋史·韦贤妃传》:“初,金人许还三梓宫。太后恐其反覆,呼役者毕集,然后～。”

【起爨】 qǐ cuàn 犹“起炊”。宋熊禾《跋林氏兄弟遗事后》:“清晨～,深夜独宿。茕茕一身,旁无童仆。”清《龙图耳录》五一回:“偏偏的庙内吃素,赵虎他却耐不得,向庙内借了碗盏锅灶,自己～。”

【起存】 qǐ cún “起运存留”的简称,为明清两代征收的中央和地方税名目。明沈榜《宛署杂记》卷六:“赋分二等:曰正赋,即起运存留正供,……姑记万历贰拾年者,正赋中通共～银叁千陆百陆拾捌两。”清顺治十四年十月丙子上谕:“将直省每年额定征收～实数,编撰成帙。”《醒世姻缘传》一二回:“但是那京边～的钱粮,明白每两要三分火耗。”

【起寸】 qǐ cùn 积起一寸高。明《古今小说》卷一四:“有个樵夫在山下刬草,见山凹里一个尸骸,尘埃～。”清吴伟业《谢封翁传》:“修业吴越间,足茧～,业遂稍起。”

【起单】 qǐ dān ❶僧人离寺。参见“挂单”。宋《密庵和尚语录》:“应庵一日喝恭上座云:‘尔常在此作什么!’恭烦恼,打并～。”元柳贯《龙华寺记》:“秋江湛方自华顶～,憩婺城北圆觉庵。”明阮大铖《双金榜》四出:“把这头陀就安在伽蓝殿里,那班人支在十方堂安下。过了这雪天,叫他～也不迟。” ❷泛指离任或离乡。宋刘克庄《送赵阜主簿》:“力薄难推毂,身轻易～。”李昴英《建宁解归寄雪峰因大梦》:“行脚今朝又～,欣然归去得安闲。”杨至质《辞岳曹》:“某维其久负郭二顷田,不自乐陋巷一箪食,故～于千里,遂传食于诸侯门外。”

【起倒】 qǐ dǎo ❶起来与躺倒或坐下,泛指行动。《祖堂集》卷八《曹山和尚》:“‘如何是被衣?’师云:‘去离不得。’僧曰:‘是个什摩衣去离不得?’师云:‘人人尽有底衣即是。’僧云:‘既是人人尽有底,用被作什摩?’师云:‘岂不见道:～相随,处处得活。’”元方回《午困》:“行年过七十,焉用强自勖。～不由人,曷不返空谷。”清《野叟曝言》四二回:“休说作揖～,有许多不便,只那一步路儿,才是难走。” ❷爬起跌倒。禅宗暗用第四祖优波纺多“若因地倒,还因地起”语意。《祖堂集》卷九《九峰和尚》:“‘如何是真心?’师云:‘不杂食。’‘如何是妄心?’师云:‘攀缘～是。’”《五灯会元》卷一〇《天台德韶国师》:“明乃至师方丈,悲泣曰:‘愿和尚慈悲,许某忏悔。’师曰:‘如人倒地,因地而起。不曾教汝～。’”清《绿野仙踪》七三回:“觉得眼皮外金光一闪,又听得‘唧’的一声,自己的身子便～了几下。” ❸起落;立起与放倒。宋黄庭坚《跋欧阳率更书》:“欧阳率更鄱阳帖,用笔妙于～。”沈括《梦溪笔谈》卷二四:“桅旧植船木上,不可动。工人为之造转轴,教其～之法。” ❹(或)起(或)伏,指附和事态而作为。宋叶適《习学记言》卷一〇:“国之兴衰,全在人言及一二贤智合德之臣,其餘只是随大势～。”明李日华《六研斋笔记》卷四:“人人有一撇不下担子,断不能雇倩与人。其他可搅可推任情～者,皆世界中非我事也。”庄㫤《平斋为南昌刘司训作》:“莫笑老生随～,我家秤却是无星。” ❺始终;整个过程。《古尊宿语录》卷九《石门山慈照禅师》："问答须教～全，龙头蛇尾自欺瞒。如王秉剑由王意，似镜当台要绝观。"明黄道周《榕坛问业》卷九："天下有亨屯，人身有出处。两者如风雨晦明，～相逐。" ❻ 颠倒图谋。宋黄榦《陈如椿论弟妇不应立异姓子为嗣判》："陈如椿自称挟术为生，则其为人乃破落把持，～刘氏钱物而不得，遂扶陈敏学论诉。"明周是脩《保国直言》下篇："要他改过做好人，不许在王面前～生事。" ❼ 纠缠；反复折腾。此为连绵起伏的引申义。宋李之仪《请亘老再住天宁疏》："诸法各有因缘，常情强自～。"明汤显祖《牡丹亭》一六出："老身年将半百，单生一女丽娘，因何一病，～半年。"清《豆棚闲话》四则："后来子孙必然悠久蕃盛，没有～番覆。" ❽ 分寸；好歹；轻重。元佚名《一枝花·盼望》："晓行藏知～翻身跳出鸳鸯社，能进退识高低大步冲开狼虎穴。"明《封神演义》三三回："黄天禄年纪虽幼，原是将门之子，传授精妙，枪法如神，不分～，一勇而进。"清《说岳全传》七七回："你这不识～的毛贼，那里晓得小爷的厉害。" ❾ 主意；决定。明《二刻拍案惊奇》卷六："正在没些～之际，只见一个管门的老苍头出来问道：'你这秀才，有甚么事干？'"又卷二一："访得影响，我们回复相公，方有些～。"

【起点】 qǐ diǎn ❶ 检点数目出动或出发。元明《水浒传》五八回："桃花山李忠、周通得了消息，便带本山人马，尽数～，只留三五十个小喽啰看守寨栅。"明谢谠《四喜记》一四出："渐更筹数彻，～行装，忙随去辙。" ❷ 开始击点报更。点，供击打按点数报时或报事的响器。明汤显祖《紫钗记》三四出："刁斗韵悠扬，画角声悲壮。锦盘花袍袖生凉，才～报星霜。" ❸ 起始的地方。清江永《数学》卷一："其～有在轮底，有在轮顶；其行度有平有倍。"

【起店】 qǐ diàn 开设商店。唐张鷟《朝野佥载》卷三："每于驿边～停商，专以袭胡为业，赀财巨万。"段成式《酉阳杂俎》前集卷三："有百姓～十餘间，义师忽运斤坏其檐。"

【起调】 qǐ diào ❶ 征发调派。宋李曾伯《回宣谕奏》："融州计六千二百餘人，宜州计七千三百餘人，委守臣更加精选，于内抽摘，以备秋防～。"明王守仁《开豁军前用过钱粮疏》："整备粮饷，～军兵，约会进剿。"张国维《吴中水利全书》卷一二："议处钱粮，～人夫。泾港湮塞者设法开浚，圩岸低薄者著实修筑。" ❷（官员）起用调任。金元好问《显武将军吴君阡表》："君不得已，～得监方城税。"明曹端《四书评说序》："暨端终制，～蒲州学。"邹元标《文江证道记》："予起家，公适～丰城，往返江上，得接公教。" ❸ 乐曲定调起音。宋朱熹《答杨子顺》："其特悬者，器大而声宏，杂奏于八音之间，则丝竹之声皆为所掩而不可听。故但于～毕曲之时，击其本律之悬，以为作止之节。"明袁于令《西楼记》六出："今日是会讲曲子，不是大红帖子请来相骂，还不先～。"清李玉《清忠谱》二二折："〔净〕列位朋友，我们做一只骂魏贼的曲子。唱一句，打一声号子，才有气力。〔众〕有理，有理。大哥～，我等接应便了。" ❹ 指诗词的起句。本有调，调失而仍称之。明王世贞《艺苑卮言》卷一："歌行有三难，～一也，转节二也，收结三也。惟收为尤难。"清沈德潜《说诗晬语》卷上："陈思极工～，如'惊风飘白日，忽然归西山'，如'明月照高楼，流光正徘徊'，如'高台多悲风，朝日照北林'，皆高唱也。" ❺ 说不三不四的话；提非分的要求。清《白雪遗音·养汉老婆》："似你这土条子媳妇，竟敢望爷们来～。难道说，不要钱白叫爷们闹。"《红楼复梦》七一回："衙门里再使上几个钱，怕不是个发官卖，叫孟思美买了回去，又省了他日后～。"《绮楼重梦》三五回："向来原是斯斯文文的，自从来了个跑解的狗淫妇，传了些什么房七房八，就起了调儿了。"

【起碇】 qǐ dìng 同"启碇"。宋赵鼎《建炎笔录》卷一："每闻御舟笛响，即诸舟～而发。"明戚继光《纪效新书》卷一八："如有警，掌行号已毕，而未到，船已～而方来，俱系畏避。"清《野叟曝言》一三四回："因即辞别回船，同时～。"

【起动】 qǐ dòng ❶ 发动；生发。唐李淳风《乙巳占》卷一〇："凡风～，相生则和，相克必凶。"清黄宗羲《明儒学案》卷二八："博闻约礼不是两段工夫，总于念才～而未形处，惟精惟一，则二者一齐俱致矣。"弘历《丰泽园演耕耤礼》："脉膏方～，节序过清明。" ❷ 敲诈；榨取。宋苏辙《论衙前及诸役人不便札子》："然每有一阙，县吏得以～人户。虽空闲未及三年，非贿不免；虽已及三年，得赂或止。"陈次升《上徽宗乞为河西软堰状》："切虑水官不以民事为意，公人缘此～骚扰。"《宋会要·食货一》："诸色公人如敢缘此～人户，乞觅钱物，并从违制科罪。" ❸ 同"启动❷"。《五灯会元》卷一二《灵山本言禅师》："僧问：'如何是佛？'师曰：'谁教汝恁么问？'曰：'今日～和尚也。'"金《董解元西厢记》卷五："不得着言相讽，今夜劳合重。你也有投奔人时，姐姐煞～。"清《儒林外史》一回："却是～头翁，上覆县主老爷，说王冕乃一介农夫，不敢求见。" ❹ 打发；指使。《元曲选·东堂老》楔子："〔赵国器云〕我着你去。〔扬州奴云〕着我去，则隔的一重壁，直～我走这遭儿。"《元曲选外编·陈母教子》一折："〔大末云〕可该你去了。〔三末云〕怎么直～我去？" ❺ 动用；征派。《元曲选外编·博望烧屯》四折："则今日收军罢战，再不许～刀兵。"明王恕《救林俊张黻奏状》："～数千人夫，只拽一根到于水次。" ❻ 开启移动。清《雪月梅》一三回："这～了的，仍然与他掩好，做个羹饭，烧些纸锞。"

【起斗】 qǐ dòu 挑起争斗；启动博戏。元周德清《斗鹌鹑·双陆》："席上风前，花间树底。～刚，各论智。"明宋濂《赠刘俊民先辈》："围棋与握槊，赌胜欲～。"

【起端】 qǐ duān 开端；起始。唐陆贽《驾幸梁州论进献瓜果人拟官状》："器坏则人将不重，柄失则国无所恃。～虽微，流弊必大。"明张介宾《类经图翼》卷三："小肠兮～于少泽，维肩后上络乎听宫。"清李光地《象数拾遗》："一常为岁积之～，故曰一生二，二生三，三生万物。"

【起夺】 qǐ duó ❶ 起用因丧病离职的官员。参见"夺情"。宋夏竦《宣徽使乞换文资表》："旋由～入备论思，力抗强臣，独持公议。"明林钎《明南京礼部郎中郑少谷先生墓碑》："正德十三年，有司劝驾，～其疾，改礼部祠祭清吏司主事。" ❷ 犹"起倒❼"。明《西游记》六九回："八百八味，每味三斤，只用此二两，诚为～人了。"

【起发】 qǐ fā ❶ 生发；产生；发生。唐李师政《内德论》："春种嘉谷，方赖夏雨以繁滋；宿值良因，乃藉今缘而～。"清《女仙外史》六六回："俞如海领步兵五百，各负草束，分烧五座浮桥。火一～，即回身砍入敌人前营之背。" ❷ 起始；发端。唐蔡希综《法书论》："必须举措合则，～相承，轻浓似云雾往来，舒卷如林花间吐。"《敦煌变文校注》卷二《庐山远公话》："欲行千里之人，～因他道路。众生发心修道，先须读诵经文。" ❸ 开发；开创。唐王焘《外台秘要方》卷一七："此药能补十二经脉，～阴阳，通内制外。"宋胡宿《真州水阁记》："奉辟命掌临岸局，槃结必剖，精干有餘。将划革于旧方，特～于新意。" ❹ 突起发动。唐李靖《卫公兵法》辑本卷中："每入山谷林木蒙密之处，并渡水、狭路，及下营战处，百里以来，总须搜踏清静。不然，兵引过半，临战下营，伏兵～，致损军旅。" ❺ 起身离开；启程；出发。《祖堂集》卷一六《南泉和尚》："师小时归，见僧睡。师向他身边伴睡，其僧便～去。"《元曲选外编·西厢记》二本楔子："人尽衔枚，马皆勒口。星夜

～，直至河中府普救寺。” ❻ 发达；出息。五代钱镠《天柱观记》：“观其尊殿基势，全无～之由，致道流困穷。”清《续金瓶梅》四一回：“到了官宦人家，要有缘法，生下一男半女，还有个～的日子。” ❼（痘）浆饱满成熟或使浆饱满成熟。宋杨士瀛《仁斋直指》卷二二：“治痈疽阳证，头平向内，……荞麦面能～，可煮食之。”明李时珍《本草纲目》卷五二：“痘疮陷伏灰平不长，烦躁气急。用天灵盖烧研，酒服三分，其疮自然～。”清《医宗金鉴》卷五六：“起胀肉肿痘不肿，根血散乱顶平塌。”注：“谓痘顶不～也。” ❽ 起棺发丧。宋范仲淹《再奏雪张亢》：“大立寺丞刘袭礼丁父忧，家贫，～不得。” ❾ 征发；征调。宋欧阳修《乞许转运司差兵士捉贼奏》：“盖为大段～兵马，须候部署司勾抽。”苏辙《言张颉第五状》：“元丰四年，内臣綦元亨差往广西，～韶惠州钱。”清《飞龙全传》五三回：“即日带领军马，～民夫，至李晏口地方筑立城池。” ❿ 遣发；押解发送。元明《三国志通俗演义》卷一：“一面驱人～董后，一面点三千禁军，围绕骠骑将军董重府宅。”《明会典》卷一三九：“段匹入官，机户及抄花、挽花工匠同罪，连当房家小～赴京籍充局匠。”清《隋唐演义》一二回：“问了一个幽州总管下充军，金解～。” ⓫ 运送；发送。明戚继光《练兵实纪》杂纪卷六：“军火器具，如临时～，则运送不前；如收贮墙上，则无可藏处。”清《醒名花》五回：“当下还足船钱，～行李上岸。” ⓬ 起获（赃物）；搜检（窝藏）。明《拍案惊奇》卷一九：“此时小娥恐人多抢散了赃物，先已把平日收贮之处安顿好了，锁闭着。明请地方加封，告官～。” ⓭ 诈骗；赚取。明徐霖《绣襦记》一一出：“他要生心～一主大钱儿，方使这设盟苦肉烧香计。”《二刻拍案惊奇》卷三一：“这样富家，一条人命，好歹也～他几百两生意。”清《后水浒传》三五回：“一日正在府前，耍了一回枪弹，～人的喝采钱。” ⓮ 开启发掘。《大清会典则例》卷一二九：“偷采人参之人，未经～拿获者，出财之主并为首之人，各枷一月鞭一百。”《雪月梅》一三回：“只得叫这几个雇来的土工一齐动手，先将下冢～。不到四尺来深，早见棺木。” ⓯ 打发；驱逐。清陈端生《再生缘》一九回：“方才舅母谈何事，故意的，～孩儿到后边。”《八洞天》八回：“强氏却要把这盗佛的罪名坐在宜男身上，好～他出去。”

【起烦】 qǐ fán 同“启烦”。明谢谠《四喜记》四〇出：“此间是辕门了，～通报。”《古今小说》卷三八：“我若走了，连累高邻吃官司，如今～和你们同去出首。”

【起飞】 qǐ fēi 飞起。唐韦应物《往富平伤怀》：“飘风忽截野，嘹唳雁～。”宋梅尧臣《雪后资政侍郎西湖宴集》：“潭心不冻处，雁鹜自相依。积雪正无际，因风忽～。”元虞集《三茅山四十五代宗师赞·三十四代宗师》：“白鹤～，遂超太清。”

【起风】 qǐ fēng 比喻生事端。明《拍案惊奇》卷一：“只是便宜了这回回，文先生还该起个风，要他些不敷才是。”《二刻拍案惊奇》卷三六：“他起了风，少不得要下些雨。既没有镜子，须得送些甚么与他，才熄得这火。”

【起夫】 qǐ fū 征派或调用役夫。宋苏轼《乞相度开石门河状》：“赐钱十万贯、米十万石，～九万二千人，以开龟山河。”明《欢喜冤家》一七回：“江公穿城过了，竟到浙江驿～进发。”清叶梦珠《阅世编》卷一：“塘长久废，乃仿开浚吴淞之例，按甲～，并令甲户自给工食。”

【起服】 qǐ fú 官员在服丧期中或服丧期满被起用。宋苏轼《赐皇伯祖宗晟辞免起复宣》：“卿哀慕未衰，恳辞弥切，既寒暑之一变，宜忠孝之两全。勉从朕言，～乃事。”六十种曲本《琵琶记》四二出：“旌表大人一门孝义，加官进职，～到京。”《红楼复梦》五七回：“我在家这几年，刚完结了我家老爷、太太的葬事，正要进京～。”

【起复】 qǐ fù ❶ 指官员服丧期满或革职后重被起用。唐李显《起复上官氏为婕妤制》：“今依表奏，以宪图史。可～婕妤，主者施行。”明《古今小说》卷四〇：“冯主事三年孝满，为有沈公子在家，也不去～做官。”清李玉《清忠谱》八折：“我周顺昌向欲锄击魏贼，只为削职在家，不能遂志。且喜皇上将我～原官，仍居京邸。” ❷ 重新开始。宋萧挺之《西江月》：“若遇一阳～，便堪进火无迟。” ❸ 反复发作。明朱橚《普济方》卷二九一：“日积月累，风毒热气聚焉，于是肿湿开疮，～无已。” ❹ 恢复（健康）。清《红楼梦》五五回：“谁知一直服药调养到八九月间，才渐渐的～过来。”

【起盖】 qǐ gài ❶ 建造。宋赵抃《奏状论置水道铺不便》：“沿汴～营房，招集兵士数万。”元明《三国志通俗演义》卷一五：“遂引百官回成都，差官～宫庭。”清《儒林外史》四〇回：“在城门外公同～了一所先农祠，中间供着先农神位。” ❷ 揭开盖子。明《西游记》三四回：“等我撒泡溺罢。他若摇得响时，一定揭帖～。我乘空走他娘罢。”

【起稿】 qǐ gǎo 打草稿；草拟文稿。唐冯贽《云仙杂记》卷七：“江总为文次，至吟咏得意，则～于窗上；不堪示，则投置溷中。”《宋史·蔡元定传》：“熹疏释《四书》及为《易》《诗》传、《通鉴纲目》，皆与元定往复参订；《启蒙》一书，则属元定～。”清孔尚任《桃花扇》三一出：“还要一道檄文，借重仲霖～罢。”

【起根】 qǐ gēn ❶ 连根起出（移栽）。明高濂《遵生八笺》卷一六：“亦须每年～分种则旺。”又：“以八月～去土，以竹刀剖开，勿伤细根。” ❷ 发端；起始。明罗洪先《与谢子贞书》：“此处宽与紧，即系各人受福大小。从此～，日后不患不敛实得也。”清黄宗羲《明儒学案》卷三五：“检查欲念从何～，扫而去之。”李光地《榕村语录》卷一九：“精粗本末无彼此也。粗中有精，末之～便是本，有何彼此？” ❸ 起因；根由。明《型世言》二九回：“～都只为一个圆静奸了田有获的妾，做了火种；又加妙智、法明拐妇人做了衅端，平白里把一个好房头至于如此。”《醋葫芦》一五回：“问其～，只闻说‘翠苔’二字。”清《快心编》三集一回：“后来老爷回家，必晓得事体～下落。” ❹ 引发端头；引起头绪。清《说唐后传》三五回：“黑夜中被尉迟恭吓了这一惊，路上又冒些风寒，借端～，病在前营。”

【起根发脚】 qǐ gēn fā jiǎo 事情的起因根由。清《两交婚》一八回：“甘探花与辛知县交结婚姻，谢亲做朝，只管尽兴而行，不期～一一都被江邦打听得详详细细在肚。”《金云翘》一一回：“束生听了，愈加惊讶，定要问他～。”

【起根发由】 qǐ gēn fā yóu 从起因根由上。清《镜花缘》六九回：“今日既要细谈，必须～说起，诸位姐姐才明白。”

【起根立地】 qǐ gēn lì dì 从根本上。明《金瓶梅词话》三四回：“夏大人他出身行伍，～上没有。他不挝些儿，拿甚过日？”

【起更】 qǐ gēng 更次开始。一夜分五更，戌时（晚七点到九点）开始计更，称起更。元景元启《上小楼·客情》：“听山城，又～。角声幽韵，想他绣帏中和我一般孤另。”明刘若愚《酌中志》卷一六：“每夜五名，轮流上元武门楼打更，自～三点起，至五更三点止。”清《红楼梦》二四回：“后日～以后你来讨信儿。”

【起功局】 qǐ gōng jú 清点房产。《元曲选·东堂老》一折：“如今便卖这房子，也要个～、立帐子的人。”

【起鼓】 qǐ gǔ ❶ 开始敲鼓，以鼓声传布号令。明俞汝楫《礼部志稿》卷一三：“填写黄榜讫，尚宝司官用宝完备，～，执事官整束黄榜，翰林院官捧出皇极殿伺候。”许自昌《水浒记》三二出：

“〔杂〕禀老爷，午时三刻到了。〔末〕这等～。〔杂将～。外、小生、净、丑、小旦同杀上〕”清《绿野仙踪》七四回：“他手执令旗，命中军船上～。须臾，各船鼓声如雷。” ❷ 特指晚间开始击鼓报更，也借指起更时分。明《西游记》九七回：“渐渐天晚，听得楼头～，火甲巡更。”清雍正十三年《陕西通志》卷一〇〇：“有女得疾，每～后如魅魇状，至五更方苏。”《醒世姻缘传》四七回：“魏三说：‘天有～了。’” ❸ 敲击鼓谱中作为开头的那一套鼓曲。清雍正十一年《广西通志》卷四〇“律吕宫谱”：“其击法，首以两椎连双击鼙者二，而鼓一击；又两再作如前，凡三作；但末作鼓两击以别之。三次共四击，此～之例。此后不必击鼓，但以椎于鼓上先后二击者三；三次共六击，此为第一通，……第二通，……第三通。”

【起痼】 qǐ gù 犹“起病❹”。也比喻解决社会问题。宋叶適《实谋》：“更之则慰民心，苏民力，解缠～，兴滞补弊，则二三年之间，可以抗首北出。”元刘仁本《难经本义序》：“(滑伯仁)精于胗而审于剂者也，愈疴～，活人居多。”清陈世祥《念奴娇·同范汝受旅病戏遣》：“谁者中黄真～，一匕不劳参茯。”

【起卦】 qǐ guà 算卦；以卦象占卜。宋《朱子语类》卷六六：“卜易卦以钱掷，以甲子～，始于京房。”《元曲选·桃花女》楔子：“今日清早起开铺，就算着这一卦，好不顺当。我也不～了，彭祖，与我关上铺门。”清《聊斋志异·妖术》：“卜者～，愕然曰：‘君三日当死。’”

【起官】 qǐ guān 犹“起复❶”。《太平广记》卷一三五引《国史纂异》：“既而诛韦氏，定天位。因此行也，凝礼～至五品。”明李梅实《精忠旗》六出：“那张俊闲了在家，思量要～。”清《醒世姻缘传》三六回：“闻得公爷有～的喜讯，特地做了一套吉服，特来贺寿。”

【起棺】 qǐ guān ❶ 丧仪之一，请僧道人诵祝文发棺起行。元谢应芳《活套～文》。明谢肇淛《滇略》卷一〇：“诏如言，请小沈～。将至化骨之所，起棺视之。”《金瓶梅词话》六五回：“先是请了报恩寺朗僧官来～。刚转过大街口望南走，那两边观看的人山人海。”清沈嘉辙《南宋杂事诗》之七五：“袈裟偏袒醉醺醺，多少仙灵奉事殷。不引红妆看花棒，风流传得～文。” ❷ 发掘或开启棺材。《大清律例》卷二五：“如有纠众发冢～索财取赎者，比依强盗得财律，不分首从，皆斩。”袁枚《子不语》卷八：“主人掘地，木棺宛然，乃为文祭之，～迁葬。” ❸ 把棺材从船上启运上岸。清《雪月梅》二二回：“且待搭起了棚厂，再请母亲同嫂嫂们往船上～，一同送到厂中祭奠。”

【起馆】 qǐ guǎn 塾师或幕宾到馆开始授课或办公。明佚名《时尚笑谈》：“昔一先生新出教书，一人荐之于东家。～日，东家款之。”清《豆棚闲话》一一则：“即便留茶，称赞了许多，道舍下少一位幕宾相公。立刻备了齐整聘礼，即日～。”

【起冠】 qǐ guàn 博取科举推荐或考试的第一名。宋范仲淹《鄠郊友人王君墓表》：“天圣四年秋，～京兆之荐。”綦崇礼《上尚书李左丞启》：“发策决科，～英雄之彀；簪毫持橐，偏宜侍从之班。”清姚鼐《题赵瓯北重赴鹿鸣图》之一：“而今～嘉宾会，何意工歌又共闻。”

【起旱】 qǐ hàn 走旱路。多指从水路上岸陆行。明《古今小说》卷四〇：“过了扬子江，到徐州～。”清袁枚《子不语》卷二一：“从某湖过某地，行舟则近而速，～则远而迟。”《粉妆楼》六一回：“起先都是水路，到了此地，却要～登程。”

【起花】 qǐ huā ❶ 显现或形成花纹。唐陆龟蒙《阶》：“年年直为秋霖苦，滴陷青珉隐～。”宋邵雍《美酒饮教微醉后》：“瓮头喷液处，盏面～时。”明刘玉《回龙驿》：“日出云生叶，风回浪～。” ❷ 移花栽种。元刘秉忠《新春城外》：“为问名园～手，可将桃李强栽培？” ❸ 一种使织物或器物表面显现突起花纹的工艺，也指以这样工艺形成的花纹。明萧洵《故宫遗录》：“殿楹四向皆方柱，大可五六尺，饰以～金龙云。”《西洋记》五三回：“若是天地可怜见，挣了一条～金带在腰里，就是指挥使。”清《红楼梦》三回：“束着五彩丝攒花结长穗宫绦，外罩石青～八团倭缎排穗褂。”

【起讳】 qǐ huì 取名字。清《英云梦》九回：“王云命文郎参拜了圣人，作了先生揖，然后与他～，唤作吴珍。”

【起会】 qǐ huì 发起组织会社。清雍正二年六月十二日李维钧奏文：“昔年同入中岩寨，托称修行，持斋～，倡为顺天教名色。”《醒世姻缘传》三五回：“凡有人家～，都要插在里边。既是有会友，就多了交际。”

【起火】 qǐ huǒ ❶ 失火；发生火灾。明《清平山堂话本·羊角哀》：“庙中忽然～，烧做白地。”《大清会典则例》卷五五：“民间～之家，扑救不力之地方官，照例处分。”陈端生《再生缘》四回：“不好了，我家后花园～了。” ❷ 犹“起炊”。元王冕《猛虎行》：“天明～无粒粟，那更打门苛政酷。”清《幻中游》六回：“我给你闲房一座住着，各自～。早晚不过替我扫扫殿，烧烧香。”《绿牡丹》二九回：“借了他后边三间厢楼住歇，吃食尽都在外边馆内包送，又不～，和尚道人甚是欢喜。” ❸ 一种带有长杆的烟火，点燃后能升得很高。明唐顺之《武编》前集卷二：“各敌台各备～流星一二十枚。某台事急不能堵，当急燃～，则本面游兵应之。”《金瓶梅词话》六五回：“名旌招飐，大书九尺红罗；～轩天，中散半空黄雾。”《大清会典则例》卷一七九：“～原系禁止之物，城外空地无人之所尚无妨碍，今街道间即溷行点放。” ❹ 冒火；生气。明崔时佩、李日华《西厢记》一三出：“听得传呼，不觉心头～。”清《醒世姻缘传》引起：“别人说话不肯依，老婆解劝偏肯信。挑一挑固能～，按一按亦自冰消。”《红楼梦》六一回：“莲花儿赌气回来，便添了一篇话，告诉了司棋。司棋听了，不免心头～。” ❺ 发泄怒火，挑起事端。清《警寤钟》一五回：“我昨日在他家那人面前偶然戏言，今日必然是来～。”又：“我开他进来，看他是怎么样的～。” ❻ 产生强烈欲望。清《续金瓶梅》三五回：“休说这小人的眼孔原是浅的，就是豪杰到此也要眼里～。”

【起货】 qǐ huò ❶ 卸货。明张燮《东西洋考》卷七：“又虑间有藏匿，禁船商无先～。以铺商接买货物应税之数，给号票令就船完饷，而后听其转运焉。”清雍正十三年二月辛亥上谕：“及至三汛抢工，则称装运紧急物料，百般需索，甚至将重载之客船，勒令中途～。” ❷ 发运货物。清《歧路灯》七四回：“如今有信来，说苏州～，前五日要到汴梁。”

【起获】 qǐ huò 搜查获取。清《平定台湾纪略》卷五〇：“游击叶有光～火药六桶，都司田智～子炮二个。”《野叟曝言》一二七回：“文案已在地藏庵～，仰将发到人犯讯详。”

【起疾】 qǐ jí ❶ 犹“起痼”。唐李纾《故中书舍人吴郡朱府君神道碑》：“每立新评，必度常均，将欲含坚超长，针肓～矣。”宋洪迈《夷坚志》甲卷九：“师能咒水～，数百里间，来者络绎。”明高启《赠刘医师》：“～多传妙，惭予才自疏。” ❷ 犹“起病❷”。宋叶適《宋故中散大夫张公行状》：“平旦盥洗，索当食。食既，视瞻炯然。家人抃叫曰：‘～矣。’” ❸ 犹“起病❺”。清厉鹗《冬日同友人集倬云禅师方丈》：“故林初～，谢寺复相逢。”

【起集】 qǐ jí 征发；调集。宋李曾伯《回奏置游击军创方田指挥》：“～义勇丁夫，措置修筑。”明王守仁《参失事官员疏》：“仍调安远县知县刘瑀，星夜～水元、大石等保民兵一千，横接龙南。”清《西湖佳话》卷八：“再～附近民夫，更替沿河漕运官军。”

【起家】 qǐ jiā ❶弃家；离开家。唐裴休《圭峰禅师碑铭》："凡士俗有舍其家与妻子同入其法分寺而居者，有变活业绝血食持戒法～为近住者。"清陈端生《再生缘》五二回："探花宝眷多欢乐，打点下，七月初头就～。" ❷创立家业资产。宋洪迈《夷坚志》支癸卷五："抚州民陈泰，以贩布～。"明袁中道《游居柿录》卷九："家世丰厚，又自能经营，～巨万。"清《何典》二回："活鬼是个百万贯财主，土地老爷要想在他身上～发福的。"

【起价】 qǐ jià ❶（货物）涨价。唐李宗闵《故丞相王公神道碑铭》："京师饥，谷～。京西诸侯，相率闭粟。"清《杏花天》一〇回："自去年重九别后，已至湖广。药料工值～，幸得利数倍。"雍正九年三月十九赵国麟奏文："因去岁运苏之糖堆积未消，惟俟三四月间北船回台，可以～。" ❷（名声）上涨。宋欧阳修《上胥学士启》："某闻在昔筑黄金之馆，首北路以争趋；附青云之名，使西山而～。"葛胜仲《西江月·次韵林茂南博士杞泛溪》："肯嗟流落在天涯，云水从今～。"

【起驾】 qǐ jià ❶车驾起离。元代以后，多指帝王后妃等动身。元明《水浒传》一〇一回："当被蔡京等巧言宛奏天子，不即加罪，～还宫。"明汤显祖《邯郸记》一四出："寡人唐玄宗皇帝是也。车驾东巡洛阳，驻跸潼关之外。今已早膳，高力士传旨～。"清孙旭《平吴录》："国治又问：'以何日～，用某官作头站？'桂答曰：'缓商。'" ❷泛指动身。清毛奇龄《留别》之三："前途方～，风伯为我追。努力事揽辔，蹙蹙毋相违。"陈端生《再生缘》二一回："柔娘德姐心欢喜，著叠衣箱候起身。一到行期齐～，叮咛嘱咐总休云。"

【起肩】 qǐ jiān （重物）上肩抬起。宋杨时《蕲州早起》："倚杖～风正惨，紫薇缭绕俯三台。"清叶梦珠《阅世编》卷九："工取木干及巨絙数根，遍缚壁上，众属干上，齐声～，殿随而转。"

【起见】 qǐ jiàn ❶产生看法、意见。明沈德符《万历野获编》卷九："即富平、新建，贸首相仇，亦从司农公～，其祸蔓延至今。"又卷二四："独宦游此地者别无他隙，因山人争搆～，两败俱伤。" ❷跟"由、以、凭、从、为、因"等搭配，表示行为的出发点或事发的原因，相当于"着眼""着想"。明夏允彝《幸存录》卷下："当温之秉政，台省攻之者后先相继，皆以门户异同，其言非尽由国家～也。"《型世言》一四回："不知豪侠汉子，不以亲疏～，偏要在困穷中留意。"清黄宗羲《吏部左侍郎章格庵先生行状》："苟能不与中官作缘，不凭恩怨～，不以宠利居成功，不以爵禄私亲昵，自起皇上敬信矣。"《十二楼·闻过楼》三回："这一部小说的楼名，俱从本人～，独此一楼不属顾而属殷，议之者以为旁出。"《女仙外史》八〇回："童子见渔翁哭得甚苦，道是因他～，倒住了声。" ❸犹"起倒❽"。清《女开科传》七回："那一起能干的都鸟飞兔走了，偏我丈夫是个老实头，不识～，单单把他一个拿住。" ❹犹言起意。清《醉醒石》三回："这样光景，要晓得不是一时～的了。如今不难据老妪的口词做张状子，当官告出汤小春。"

【起建】 qǐ jiàn ❶立起；建立。唐令狐楚《奏太原府资望及官吏选数状》："伏以太原府龙兴盛业，天启雄藩，有义旗～之堂，为仙驾留游之地。" ❷开始建造；始建。五代刘崇远《新开宴石山记》："以乾和十五年丁巳岁八月二十三日～，迄于大宝元年戊午岁十二月二十七日毕功。建置道场，设斋庆赞。"明《金瓶梅词话》五七回："话说那山东东平府地方，向来有个永福禅寺，～自梁武帝普通二年，开山是那万回老祖。" ❸犹"起盖❶"。《唐会要》卷四八："亦任因依旧基，却置兰若，并须是有力人自发心营造，不得令奸党因此遂抑敛乡闾。此外更不得辄有～。"《元曲选·抱妆盒》四折："寇承御与他～坟墓，封为忠烈夫人，置守冢三十家。"清《五色石》卷一："陶公性爱情幽，于住宅之后，～园亭一所。" ❹开设；举办。宋司马光《乞罢将官状》："向者先帝违豫，敕西京留守亲诣嵩山，～道场。"《元曲选·马陵道》二折："我教郑安平代做监斩官，～法场，杀坏孙膑。"清《雪月梅》五〇回："我因言及点石禅师道高德重，一到东省便当敦请出山，～水陆，普施超度。"

【起脚】 qǐ jiǎo ❶迈步；启行。元史伯璿《管窥外编》卷上："从今日子时并肩～同行，行至明日子时，皆适一周。"明陈献章《遗言湛民泽书》："譬之适千里者，～不差，将来必有至处。" ❷始发。明曹学佺《蜀中广记》卷三一："且于江灌～之地即为查验，米未就送而复归家矣。"倪元璐《申请封典疏》："该臣看得兑货一议，起于侍郎王鳌永，其意本欲自南～处所为之。" ❸打底。明徐渭《灯谜·田字》："四山纵横，两日绸缪，富是他～，累是他起头。" ❹开始；发端。明锺惺《与袁沧孺论楚中盐贵书》："二十餘年，所历盐价自八九分起，至一钱二三分止，则历年间有之。然此自去省城三百里者言也。若如乡绅所云，省城盐价自一钱～，则似亦不平矣。"清钱谦益《湖广提刑按察司佥事管公行状》："从心宗～，而不印合于应世之仪象者，皆狂也；从儒门立脚，而不究极于出世之因果者，皆伪也。"《鸳鸯针》一卷二回："这事若是从徐家～，原何本省御史监场倒管不得他，偌远走到南京来告状？" ❺由脚行把货物从船上装到车上运输。明《金瓶梅词话》五八回："见今直抵临清钞关，缺少税钞银两。方才纳税～，装载进城。"又八一回："在新河口～装车，往清河县城里来。"

【起轿】 qǐ jiào 发轿；轿子起行。明高濂《玉簪记》三二出："〔贴〕妹妹，请上舆罢。从教分手处，有梦托南柯。〔下，众〕禀夫人～。"清陈端生《再生缘》三九回："重门大启彩球飘，～迎亲奏凤箫。"《雪月梅》五〇回："郑、严两位夫人料理新人事毕，先～回来。"

【起结】 qǐ jié ❶（乐章、诗文）开头和结尾。宋陈埴《木钟集》卷二："孔子～处皆是大乐，故可以条理言；三子只是单声～，皆无条理了。"明谢榛《四溟诗话》卷二："诗以两联为主，～辅之，浑然一气。"清孔尚任《桃花扇》八出："〔生〕依小弟愚见，不如即景联句，更觉畅怀。〔末〕妙，妙！〔问介〕我三人谁起谁结？〔生〕自然让定生兄～了。" ❷开始和收场。指事情的发生和了结或整个过程。清《绿野仙踪》五〇回："后日还有多少事在他身上～，也须见他一面。"又七〇回："你这三十餘年的～，我天天和看着一般。你若不信，我与你详细说说。" ❸征发集结。清《绿野仙踪》七四回："赶办至第二日午时，即～了八十餘万两，还不肯罢休。"

【起解】 qǐ jiè ❶解送钱粮。宋朱熹《乞减移用钱额札子》："只如本军，见今拖欠使司移用钱四个月，无以～。"元刘时中《端正好·上高监司》："逐张儿背印拘钤住，即时支料还原主。本日交昏入库府，另有细说直至～时才方取。"清《隋唐演义》二〇回："着每省府、每州县出银三千两，催征～，赴洛阳协济。" ❷押解犯人。宋元《古今小说》卷三九："郭择性命已偿过了，如何又生事扰害？那典史与他～，好不晓事。"明陈洪谟《治世餘闻》下篇卷四："遂差强徒十数人押舜宾～，仍搜捕其子姪，置之狱。"清《醒世姻缘传》八四回："后来刑部上本将郭大将军定了四川成都卫军，拘佥～。" ❸起动；外出。明《金瓶梅词话》九〇回："～行三坐五，坐着大轿子，许多跟随。" ❹起色；前途。明《金瓶梅词话》一八回："你嫁别人，我也不恼，如何嫁那矮王八，他有甚么～？"又一九回："那矮忘八有甚么～，你把他倒踏进门去，拿本钱与他开铺子。"

【起经】 qǐ jīng 拜忏、许愿、做法事等开始诵经，也指法事开始。明《金瓶梅》五三回："月娘便道：'今日央你做好事，保护官哥，你几时起经头？'王姑子道：'来日黄道吉日，就我庵里～。'”清《红楼梦》一二回：“当下，代儒料理丧事，各处去报丧。三日～，七日发引，寄灵于铁槛寺。”《红楼复梦》四回：“我今日来没有别的缘故，是要给凤二奶奶同尤二奶奶做几天道场功德。明日就要～。”

【起敬】 qǐ jìng ❶ 产生敬意；尊敬；推重。唐张昔《御注孝经台赋》：“金字累累以条贯，银钩历历而交暎。故响之者修睦，就之者～。”明《二刻拍案惊奇》卷一二：“狱官见他词色凛然，十分～。”清《后水浒传》二〇回：“多智多谋，为人～。” ❷ 礼敬；致敬。《太平广记》卷一〇五引《广异记》：“修千人斋供，一日便办。时人呼为三刀师，谓是～菩萨。”元明《三国志通俗演义》卷三：“曹操避席～曰：'闻公大名久矣。'”清《聊斋志异·崔猛》：“崔新受母戒，闻之，～曰：'某亦自知。'” ❸ 尊贵崇敬。明沈受先《三元记》三六出：“门径，断人迹铺地草青。感车驾亲临，几多荣华～。”

【起居】 qǐ jū ❶ 问候；请安。《敦煌变文校注》卷一《李陵变文》：“～我北堂慈母，再拜吾南面天子。”明徐复祚《投梭记》二一出：“劣婿家贫路远，久失～。”清《女仙外史》一五回：“昺与贵方向前～，燕王遽将瓜片劈面掷去。” ❷ 指担任起居注的官职或官员，如起居郎、起居舍人等。唐张楚《与达奚侍郎书》：“公迁侍御，仆忝～，执法记言，连行供奉。”五代孙光宪《北梦琐言》卷五：“俄而宾主即席坐定，中尉白诸相曰：'某与～，清浊异流。'”明孙柚《琴心记》一三出：“你常立案傍，身近～，一日用下许多纸？” ❸ 指五代、宋时每五日群臣入见皇帝议事。《新五代史·李琪传》：“明宗初即位，乃诏群臣，五日一随宰相入见内殿，谓之～。”宋洪迈《夷坚志》支丁卷一：“时藩镇庭参之仪久废，唯初到日聊一讲。韩令五日一为之，僚使厌苦。一旦得小诗于屏上，其词曰：'五日一庭趋，全如大～。相公南面坐，只是欠山呼。'”《宋史·真宗纪》：“辛未，诏自今群臣五日于长春殿～，餘只日视朝于承明殿。”

【起局】 qǐ jú ❶ 下棋开局。明沈德符《万历野获编》卷二三：“能画者不过兰竹数枝，能弈者不过～数着。” ❷ 设骗局。明《型世言》二七回：“陈副使便问：'洪三十六在那边？'两人答应不出。沈云峦道：'这等，你二人仔么～？'” ❸ 诗文的开头。清《唐宋诗醇》卷三二《入峡》诗评：“首二句虚笼以作～，'长江'六句又作总挈。”又卷三九《次韵范纯父涵星砚》诗评：“～得势，后乃舒缓其气以副之。”

【起开】 qǐ kāi ❶ 同“启开❷”。明李梅实《精忠旗》三七出：“老爷身尸，当初是狱卒隗顺负出，埋在九曲蘩祠北山之下，……～面貌如生。”清《红楼复梦》三七回：“宝钗道：'他们有一个绝好的主儿，要给你说亲。'珍珠笑道：'～狗口出象牙。'” ❷ 走开；离开。多用于命令式。清《红楼复梦》二三回：“姐妹们听了，忍不住'噗嗤'的一声笑道：'你快～，别叫我们笑的喝不下茶去。'”

【起疴】 qǐ kē 犹“起病❹”。明罗洪先《别殷市隐》之一：“中道逢市仙，饵我丹霞精。云此能～，腾化餘空名。”清嵇永仁《索药书》：“即在祸患餘，～亦不少。”

【起课】 qǐ kè ❶ 算卦；算命。宋《朱子语类》卷七〇：“如今人用火珠林～者，但用其爻而不用其辞。”《元曲选·桃花女》楔子：“我到周公卦铺里～来。”清《歧路灯》三七回：“走到娘娘庙街上，只见一个～先生在那里卖卜。” ❷ 起身督促。元刘敏中《中乐堂记》：“余但～僮隶作息，间作歌诗，衔杯鼓琴以自乐。”许有孚《睡起偶成》之一：“～山童笑多事，饲鱼跟藕摘莲房。” ❸ 征税。元冯福京等《昌国州图志·酒课》：“以民苗之多寡为～支赢缩，其无田而沽卖者，亦在其数。”明孙传庭《清屯第三疏》：“至原兑各军未～之地，应纳丁条草马等银共四千五百八十一两零。”清《八旗通志》卷一六九：“请敕部酌，照准淮盐川盐，设引～。”

【起骒】 qǐ kè 驴马发情。清《醒世姻缘传》三六回：“心里边即与那打圈的猪，走草的狗，～的驴马一样，口里说着那王道的假言，不管甚么丈夫的门风，与他挣一顶绿头巾的封赠。”

【起叩】 qǐ kòu 最恭敬的大礼。恭立，跪下，叩头；立起，再跪，再叩，如此重复数次。也泛指顶礼叩拜。元吴莱《戒珠寺后谒王右军遗像》：“～故墨池，长鲸战风雨。”清《歧路灯》一四回：“娄朴穿了襕衫，诣灵前～四拜。”

【起来】 qǐ lái ❶ 站起身；起立。《祖堂集》卷四《石头和尚》：“石头又强为不得，～迎接，相看一切了。”金《董解元西厢记》卷三：“郑氏～方劝酒，张生急起，避席祗候。”清《红楼梦》五四回：“快去罢，不用进来，才坐好了又都～。” ❷ 起床。唐王涯《宫词》之一：“新睡～思旧梦，见人忘却道胜常。”明汤显祖《牡丹亭》一二出：“一夜小姐焦躁，～促水朝妆。”清《醒世姻缘传》二回：“及至十五日侵早，计氏方才～，正在床上缠脚。” ❸ 特指病后能起床活动；病愈。五代齐己《病起》：“一卧四十日，～秋气深。”明汤显祖《牡丹亭》一八出：“你因为后花园汤风冒日，感下这疾，……似这般样，几时能够～读书？”清《红楼梦》四九回：“林丫头刚～了，二姐姐又病了。” ❹ 飞起；浮起；升起。唐怀素《寄衡阳僧》：“五月衲衣犹近火，～白鹤冷青松。”明《西游记》四六回：“正洗浴，打个水花，淬在油锅底上，变作个枣核钉儿，再也不～了。”清洪昇《长生殿》三九出：“一片黑云～，要下雨哩。” ❺ 起身动作；起身前来或前往。唐薛能《舞者》：“慢鞁轻裾行欲近，待调诸曲～迟。”宋欧阳修《与大寺丞书》：“吾十九日已入却致仕文字，若近例，一削便允，则旦暮间便有命，尤要汝归。故更遣急足去，如人到，尚未～，即速且归。”《元朝秘史》卷一：“听得不儿罕山野物广有，全家～，投奔不儿罕山的主人名哂赤伯颜。” ❻ 奋起；挺身而出。唐李白《梁园吟》：“东山高卧时～，欲济苍生未应晚。”宋熊禾《观洛行》：“～蒿目视八荒，斯文一缕千钧悬。”《朱子语类》卷一三四：“秦汉而下，自是弊坏。得个光武～，整得略略地，后又不好了；又得个唐太宗～，整得略略地，后又不好了。” ❼ 发生；引发。唐司空图《白菊》：“莫惜西风又～，犹能婀娜傍池台。”明徐畛《杀狗记》一四出：“〔丑〕上东厕也都要骑马？〔净〕你不晓得，倘或六月间痢疾病～，奔得快。”清《姑妄言》三回：“知县先问暴利这事如何～，暴利将他二人通奸的话说了。” ❽ 凸起；凸出。宋佚名《银海精微》卷上：“其翳～，或如小香菰之状，不宜针。”元《三遂平妖传》三回：“永儿心慌，不曾念得解咒，米突突地～。”明王骥德《男王后》三折：“〔小旦〕嫂嫂，你胸前怎么再不见些那话儿垒块～？〔旦〕我还不曾成人，没有～哩。” ❾ 指活转、复生。宋艾性《题陈抟蛰壁图》：“睡蛇未死惊～，风吹野服冠崔嵬。”明汤显祖《牡丹亭》三三出：“〔净〕秀才，既是你妻，鼓盆歌、庐墓三年礼。〔生〕还要请他～。〔净〕你直恁神通，敢阎罗是你？” ❿ 出来；突然出现。元明《水浒传》五七回：“正欲分兵之际，只见西边又是四路人马～，呼延灼心慌。”清《续金瓶梅》八回：“原来自金兵抢过，路上行商稀少，有一伙土贼～抢了村坊。”袁枚《子不语》卷二一：“海水黑色如漆，时复开裂，则有夜叉怪兽～攫人。” ⓫ 搜取；起挖出来。元吴澄《大元故御史中丞刘忠宪公行状》：“又将随路平准库金银尽数～，大都以要功能，是以大失民信。”清《三侠五义》九七回：“叫方公派人将赃银～。” ⓬ 兴盛；发达。元许衡《语录》：“春秋大一统，在天下尊王，在国尊君，在家尊父。这三件～便治，这三处失位便乱。”清《红楼梦》一一九回：“宁荣两府复了官，赏还抄的家产，如今府里又要～了。”《歧路灯》九五回：“看看人家已是败讫了，如今父子两个又都进了学，又像～光景。” ⓭ 从……开始；发端。可用于时、空两个方面。宋《朱子语类》卷八一：“周之兴与元魏相似，初自极北～，渐渐强大，到得后来中原无主，遂被他取了。”又卷一一七：“某在漳州，有讼田者契数十本，自崇宁～，事甚难考。” ⓮ 用在动词、形容词或动词短语、形容词短语之后。a）表示动作由下而上。《祖堂集》卷一四《百丈和尚》：“自起来拨开，见一星火，夹～云：‘这个不是火是什摩？’”明《西游记》四四回：“悄悄的爬～，穿了衣服，跳在空中观看。”清《聊斋俚曲·翻魇殃》：“那床上一个碗盆子，拾～分头就打。”在动词和“起来”之间插入助词“将”“子”等，使语气舒缓。宋元《清平山堂话本·三怪记》：“烧过了，吹将～，移时之间，就坛前起一阵大风。”明魏校《复余子积论性书》：“天地之心正要你来赞化育，连不好的气运也要变将～。”清方成培《雷峰塔》九出：“〔末〕桌凳东倒西歪，〔丑〕拿子～就是哉。〔末〕连酒标也不撑～，〔丑〕撑子～就是哉。”b）表示动作开始或情状发生并持续着。宋《朱子语类》卷九：“六经说‘学’字，自傅说方说～。”明《拍案惊奇》卷三：“那举子的马在火光里看见了死虎，惊跳不住～。”清《红楼梦》五七回：“更觉两个眼珠儿直直的～。”c）表示动作完成或达到目的。宋《朱子语类》卷八：“若识得些路头，须是莫断了。若断了，便不成。待得再新整顿～，费多少力。”元古本《老乞大》：“你这店西约二十里来地，有一坐桥塌了来，如今修～那不曾？”清《聊斋俚曲·禳妒咒》：“俺去把春香扎挂～的。”d）表示动作由远及近或由近及远。元明《水浒传》九一回：“见个白头婆婆，从灶边走～。张顺道：‘婆婆，你家为甚不开门？’”明《拍案惊奇》卷一七：“知观走～，轻轻拽了太素的手道：‘吴大娘叫你。’”清《红楼梦》九六回：“这时刚到沁芳桥畔，却又不知不觉的顺着堤往回里走～。”e）表示出现某种情态，多用于虚拟态。宋朱熹《答李孝述继善问目》：“盖操持容有懈时，若不测地猛省～，则其懈时之放自不得远去。”明陆采《明珠记》三五出：“刘家女儿贪吃酒，醉死了方才透。若还煮～，好似糟猪肉。”清《红楼梦》三四回：“要这样～，连平安都不能了。”f）用在考虑、估计类动词后面，表示其所涉及的内容。宋元《清平山堂话本·瑞仙亭》：“老夫想～，男昏女嫁，人之大伦。”明王錂《寻亲记》二一出：“我寻思～，曾闻烈女有断臂劓目，以守贞节，奴家岂惜一貌？”清《红楼梦》二回：“若论～，寒族人丁却不少。”g）用在助词“得”或否定词“不”之后，表示有（无）某种行为的能力或者能（否）产生某种结果。宋《朱子语类》卷九四：“黄帝曰：‘地有凭乎？’岐伯曰：‘火气乘之。’是说那气浮得那地～。”六十种曲本《琵琶记》一〇出：“我前日三场，也都是别人的文章，尚自中了。如何一首别人的诗，倒使不得～？”清《红楼梦》四回：“却十分面善得紧，只是一时想不～。”

【起浪】 qǐ làng 比喻生事端。元姬翼《月中仙》：“百般呈伎俩，尽分外、无风～。”明《型世言》二八回：“你当日见有一张疑心，该留住银子，问颖如要真的，怎胡乱收了，等他又～？”清钱谦益《题沈石天颂庄》：“三家门庭，从此无风～，葛藤不断。”

【起离】 qǐ lí ❶ 脱离。唐李观《上陆相公书》：“而观特为推择，～暧昧，居置昭晰，翕乎下游，以下时而思也，无异起白骨出黄泉之惠。” ❷ 动身离开。五代刘知远《幸澶魏御札》：“取今月二十九日车驾～阙下，暂幸澶魏已来。”元《三国志平话》卷中：“二人传圣旨于皇叔、关、张三人，选日～。”△清《青楼梦》一一回：“已遣妒花风雨二将贬妾远置扬州，限定明日～故土。” ❸ 遣发；驱逐；强使离开。五代郭威《答高绍基请捕录李怀义敕》：“李怀义、怀贞、景韬等并放，宜令向训并诸房骨肉奴仆，津置～，量差兵士防援，并于汝州安置。”宋洪迈《夷坚志》三辛卷二：“彭师者，以庆元元年病疫死，所居在中棚巷。后二年，其妻招民杨二共居，……每夫妇夜寝时，必为彭扯拽下地，责骂言：‘汝那得～我老幼，占我房宇。’” ❹ 开启挪离。明朱元璋《皇伯考起攒祝文》：“特择地以改葬之，选于今日～旧茔。”

【起利】 qǐ lì ❶ 生利；生息。宋应俊辑《琴堂谕俗编》卷上：“有邻人与之交易，利中～，刻薄至多。”明《警世通言》卷三一：“利上～，过了一年十个月，只倒换一张文书，并不催取。” ❷（按某一标准）起计利息。明《型世言》七回：“四月放蚕帐，熟米一石，冬天还银一两，还要五分钱～。”清《八洞天》卷五：“当初盛舍亲相托之意，本欲仰仗大力，多生些利息。若只一分～，太觉少些。”《豆棚闲话》九则：“只得将月粮指名揭了六钱银子与他，按日加一～，不两日间月粮属之乌有。”

【起例】 qǐ lì ❶ 创建凡例；定出体例。《唐会要》卷六三：“（贞观）二十年，诏令修史所更撰《晋书》，……凡～皆播独创焉。”宋项安世《周易玩辞》卷二：“此爻以逋明逋，所以发凡～，使人知六十四卦皆复、姤十二卦之所变也。”清钱谦益《列朝诗集序》：“乃以其间，论次昭代之文章，搜讨朝家之史乘，州次部居，发凡～，头白汗青，庶几有日。” ❷ 作为条例；作出定则。《旧五代史·唐书·明宗纪二》：“准往例，除将相外，并不赐官告，即因梁氏～，凡宣授官，并特恩赐。”明李东阳《应诏陈言奏钦奉敕谕》：“国门之税，曩因户部委官张鉴过于侵剥，……陛下洞见其情，降旨切责，然后贸迁不滞，天下归心。但其～太重，今虽渐减，犹未甚轻。”清《快心编》初集四回：“每家要米五斗一石，也是看人家丰俭～。”

【起灵】 qǐ líng ❶ 起运灵柩（下葬、回乡或到停柩之所）。宋欧阳修《故赠濮王允让十月十八日～祭文》。明《古今小说》卷二八：“唤几个僧人，做个～功德，抬了黄老实的灵柩下船。”清《歧路灯》六三回：“此时孝幔已撤，惟有一具棺材，麻索遍捆，单候那九泉路上，……后边孝眷听的～，一拥儿哭上前厅来。” ❷ 服丧期满，把供着的亡者灵位移倒祠堂或焚化。明《古今小说》卷一：“却说平氏送了丈夫灵柩入土，祭奠毕了，大哭一场，免不得～除孝。”《警世通言》卷三一：“不觉三年服满。春儿备了三牲祭礼，香烛纸钱，到曹氏坟堂拜奠；又将钱三串，把与可成做～功德。”

【起令】 qǐ lìng 开始行酒令。明梅孝已《洒雪堂》一三出：“〔小净〕请相公～。〔生〕闭门修私书。”清《说岳全传》九回：“王贵道：‘这样吃得不高兴，须要行个令来吃方妙。’汤怀道：‘不错，就是你～。’”《镜花缘》八二回：“就将刚才所用牙签写一令签，每人各掣一枝，掣著令签之家，饮怀令酒，就从本人～。”

【起炉】 qǐ lú ❶ 建起熔炉（熔铸）。元《三国志平话》卷下：“五十处～，或铜或铁，铸长柱百条。”明刘宗周《修陈钱法疏》：“臣非不知随产～，取息饶而裕国便。要之，国家当权大体，不当较小利。”清《聊斋志异·张老相公》：“便招铁工，～山半，冶赤铁。” ❷ 熔炼结束，开启熔炉。明《杜骗新书·假银骗》：“以银七钱铜三钱五分，熔将～时，以前信石七分入银内。”

【起陆】 qǐ lù ❶ 从地倏起。唐李筌《阴符经》：“天发杀机，龙蛇～；人发杀机，天地反覆。”宋魏了翁《寺观祈雪》：“朋阳～，正宿麦之方兴；常燠爽中，顾祈年之敢后。”元虞集《题先天观》：“山挟风声雷～，水涵天影日当池。” ❷ 比喻世事或人事突变奋起。《太平广记》卷一九三引《虬髯客传》：“圣贤～之渐，际会如期，虎啸风生，龙腾云萃，固当然也。”元白樸《沁园春·夜枕无梦感子陵太白事》：“龙蛇～曾嗟，且放我狂歌醉饮些。”清钱谦益《奉赠太傅崇明侯弢武杜公诗》之一：“～龙蛇争浑沌，握奇鱼鸟叶神灵。” ❸ 犹“起旱”。明顾起元《客座赘语》卷二：“繇下江而至者其路五：陆从云阳走句曲而抵淳化镇，一也；京口～过龙潭而抵朝阳关，二也。”《警世通言》卷二二：“只见轿马纷纷伺候范知县～。”清《雪月梅》三三回：“择定十一月初三日起程，雇下两号大船，由水路至台庄～。”

【起路】 qǐ lù 上路;登程。明《醒世恒言》卷三五:“次日起个五更,打发阿寄～。”清陈端生《再生缘》七回:“老仆吕忠车后走,忙忙～出江陵。”

【起落】 qǐ luò ❶ 起伏;涨落。宋韩琦《休逸台》:“太行之下不可数,万峰～如翻波。”何薳《春渚纪闻》卷四:“自都城离乱以来,米麦～初无定价,因袭至此,某不能违众独减,使贱市也。”元吴亨寿《答高起岩论潮书》:“生魄之潮则自十一始长,历望至十八而盛;自十九始杀,历下弦二十五而衰。其～大小之信亦如之。” ❷ 升起降落。宋吴泳《论大阅疏》:“坐作进退,～旗枪,皆应规矩。”清《醒世姻缘传》五四回:“一个相知的朋友乘着那桔槔～的身势,两个无所不为。”《绿野仙踪》七三回:“你今日为蟒头妇人所困,皆因不会架云故耳。我此刻即传你～催停之法。” ❸ 抬起落下。明陶辅《桑榆漫志》:“后因偶在内府库中得见筑地大石,鹅面径二尺许,中开七窍,皆透大如酒杯。意使～平正,不致风鼓倾侧。”清《霓裳续谱·太君有命》:“凭着俺抖威风把棍～,管教他心胆战,魂魄消。”《平山冷燕》八回:“但见运腕如风,洒墨如雨,纵横～,写得笺纸琅琅有声。” ❹(技法、手法)收放;跌宕变化。明锺惺《断香铭》:“稍稍为诗,精神～,常出人外。”《醋葫芦》一一回:“那知张煊换了肚肠,放出辣手,～之间,眼挫里换下一付药色。”清周济《宋四家词选目录序论》:“子野清出处,生脆处,味极隽永。只是偏才,无大～。” ❺ 升迁与贬降;发达与衰落。明林俊《寿州六子字说》:“夫～通塞有数焉,存心养性尽之,我以事天也。”谭元春《寄商孟和》:“存耻依田舍,生儿悦老亲。飞潜俱听世,～不随人。”李梦阳《事势篇》:“士日嬉矣,官日营矣,其代速矣,消长～促促矣。” ❻ 偏指起用升职。明林俊《辞免起用第四疏》:“臣待尽邱樊,误承～,有工部尚书之召。”又《召命纪怀》:“已分闲居还家息,忽逢～是尧臣。”夏良胜《别五溪职方》:“往年连疏时,初服得返同。～拜赐环,郎署钧显融。” ❼ 始末。明《西游记》三九回:“他的一节儿～根本,我尽知之。” ❽ 起坐;上下。清《平山冷燕》一〇回:“谁耐烦～,索性题完了吃酒吧。”《雪月梅》三五回:“水路虽然安逸,一者恐怕冻河耽搁时日,二来要往会蒋公,～不便,因欲从此由水路到台庄登陆。”

【起马】 qǐ mǎ ❶ 动身上路。宋元《古今小说》卷三九:“昨晚果然在庙安歇,今日五更～,不知去向。”明钱德洪《征宸濠反间遗事》:“宸濠谋定六月十七日出兵,自己于二十二日在江西～,径趋南京。”清吴伟业《临春阁》四折:“昨日衙门～,今夜宿越王台下。” ❷ 征用驿站马匹。元王恽《中堂事记》中:“如是寻常公事,止令人递转发。除降去～札子外,本司更不得别给～札子。”明于谦《兵部为边务事奏》:“遇有紧急事情,必须差人奏报。缘无～符验,若候行移万全都司差人,不无展转迟误。”

【起马牌】 qǐ mǎ pái 巡行官员发出的告知传牌,以便有关方面做相应准备。明佚名《鸣凤记》三九出:“方才～来,巡江林老爷就到。”《大清会典则例》卷七〇:“学政出巡,半月前行巡视学校牌,三日前行～,……府提调教官遇～到,将应考生童数目开揭送核。”《说岳全传》六七回:“牛皋又发～,传檄所过地方发给粮草。”

【起锚】 qǐ máo 把锚拔起,准备开航。也指开船。明《西洋记》二一回:“长老慢慢的问声道:‘各船上起的锚何如?’当有钦差校尉回报道:‘各船上～已毕。’”清《镜花缘》二七回:“转眼间到了船上,驼夫收翅落下。三人下来,开发脚钱,～扬帆。”《绿牡丹》三八回:“船家见老爹过江,那个还敢怠慢,～的～,扳掉的扳掉,将船撑开。”

【起媒】 qǐ méi ❶ 同“启媒”。明《型世言》一九回:“支佩德听了,心花也开,第二日安排个东道,请他～。”清雍正十三年《陕西通志》卷四五:“媒妁言允后,男家肃简拜谢,或用酒币谢允,～,接媒,会亲,纳币,丰约不等。”《醉醒石》四回:“平日交结得一个老乡绅姓王,……徐家特去请来～,用四表里、银台盏、十二两折席。” ❷ 指请人撮合男女私情。清《姑妄言》:“阮大铖大喜,被他说上兴来,同他弄了一度,以当～。”

【起灭】 qǐ miè ❶ 出现与隐没。唐权德舆《暮春闲居示同志》:“静看云～,闲望鸟飞翻。”宋晁说之《比日风雨甚异》:“西峰掩映东峰明,倏忽～令人惊。”清吴伟业《王石谷赠行诗序》:“以视夫川岩之险易,烟云之～,草木之开落而荣悴,人事变异,物情颠倒,皆是理也。” ❷ 兴衰;兴起与灭亡或消失。宋周必大《敷文阁学士李文简公神道碑》:“进《四系录》,记女真、契丹～。”明陆采《明珠记》一二出:“烽烟～,刀兵又布列。举目相看,举目相看,凄凉此别。”清黄叔璥《台海使槎录》卷二:“海寇～,不系洋禁开闭。” ❸ 捏造与抹除(词讼、是非等)。《元典章·吏部六》:“～词讼,久占衙门,败坏官事,残害良民。”明高攀龙《申严宪约责成州县疏》:“讼师教唆～,破民家,坏民俗。”清于成龙《弭盗条约》:“其餘游手赌饮、撒泼凶恶、结党刁讼、～是非者,八家不肯互结。”

【起末】 qǐ mò ❶ 始末;开头与结尾。也指事情自始至终的过程。《云笈七籤》卷一〇六:“弟子预在曲室,尝侍帷侧,亦具闻诸仙～得道之言。”宋元《古今小说》卷一五:“符令公问了～,喝左右取长枷枷了。”明朱载堉《黄钟历议》:“新法所推中星月食更点,悉依古制,但未知近日挈壶所掌更漏～迟速何如耳。” ❷ 戏曲、歌曲开唱。也泛指开言、开腔。元燕南芝庵《唱论》:“凡歌一声,声有四节,曰～,曰过度,曰揾簪,曰攧落。”石君宝《紫云庭》一折:“你觑波比及撺断那唱叫,先索打拍那精神。～得便热闹,团掿得更滑熟。”明颜俊彦《度曲须知序》:“后被谗失意,间作一二小曲送愁。从弟君明以能歌擅场,才落纸随付红牙,极尽～、过度、揾簪、攧落之妙。”

【起纳】 qǐ nà ❶ 征纳(税赋)。宋欧阳修《倚阁忻代州和籴米奏状》:“分配才毕,已是麦熟,夏税～,民间岂复更有白米输官?”苏轼《与程正辅书》:“岭南钱荒久矣,今年又～役钱,见今质库皆闭。” ❷ 起运上缴。元王恽《弹东安州官员克落状》:“至元四年,每石四钱五分,除～就支喂马驼外,至元三年见在粟二千六百九十二石。”《通制条格》卷七:“议得弓兵之设,本以巡警贼盗。其各处～诸物,不分贵细粗重,一概差拨官兵护送,实妨巡捕。”清傅泽洪《行水金鉴》卷一二九引《明神宗实录》:“餘核造船以资挽运,修潞河以济～,严法令以利漕政。”

【起念】 qǐ niàn ❶ 动念头。唐白居易《苏州重元寺法华院石壁经碑文》:“无论垢与净,一切勿～。”明《二刻拍案惊奇》卷三七:“才一～,只见满地多是锦裀铺衬。”清陈端生《再生缘》四六回:“自从受了程途累,他便时时出怨声。一到路门寒素甚,丫环～遂偷行。” ❷ 留心;在意。宋洪迈《夷坚志》丙卷五:“大理司直陈棣幼嗜鳖,所居青田山邑艰得之,随得则食,初未尝～。绍兴壬戌岁,梦适通衢,见鳖二十餘出水中,行甚遽,且将啮己,……自是不复食。” ❸ 着眼;着想。明戚继光《练兵实纪》卷九:“无问文武分涂,展布难易,一心从保安民社上～。”清汤斌《与鲁敬侯书》:“兴学立教,变化风俗,是第一要务,但要实从立德明道～,勿存声气名誉私见。”

【起弄】 qǐ nòng 煽起鼓弄。清《醒世姻缘传》二〇回:“本县不与你验一个明白,做个明府,他们后日就要～风波,布散蜚语。”

【起牌】 qǐ pái ❶ 领取牌证。《明会典》卷一四七:“令各处上工人匠,俱照旧印绶监～上工,不许擅自拨取。” ❷ 摸牌;抓牌。清《红楼梦》四七回:“铺下红毡,洗牌告幺,五人～,斗了一回。"《镜花缘》七四回："第三次下家还未～，他又多起一张，又做一回老相公。"

【起派】 qǐ pài ❶征派。明杨一清《为经理要害边防事奏》："原拟人夫九万餘名，若一并～上工，诚恐督工官员照顾不周。"❷大家族以同一字或同部首之字来命名，以表示辈分的区别。清《歧路灯》九五回："此侄名篑初，是学册已有注名，不必更改。这二侄就该以'用'字～，以下就是'心'字。"

【起篷】 qǐ péng 扯起船帆，准备开船。也指开船。篷，船帆。元方回《孔端卿东征集序》："～自去尔为乐，忍闻孤屿哭咿喔。"明戚继光《纪效新书》卷一八："吹第二荡叭啰响，各船～；第三荡叭啰，依次开船。"《石点头》卷八："吾爱陶躲在舱中，只叫快些～。那知关下拥塞的船又多，急切不能快行。"

【起票】 qǐ piào ❶领取票证。清《康熙起居注·康熙五十六年》："朕曾遣人往五台、武当等处，皆于兵部～驰驿前往。"《大清会典则例》卷一一四："有自京城往盛京、黑龙江等处者，仍照例～，至山海关令总管验票。" ❷比喻作为起始的基数。清《荡寇志》一〇六回："他那时与先君吃酒，总是一坛～的。"△《海上尘天影》九回："要是不打，打起来几十记～。"

【起迁】 qǐ qiān ❶动身。明谭元春《茂之席上逢范漫翁》："秋色星河事，华林鱼鸟乡。～常就月，亦觉月彷徨。" ❷同"启迁"。清梁恭辰《北东园笔录》初编卷四："卒即葬于城外官山。地势低洼，每春夏月，必为水潦所浸。家本贫，不能～。"《歧路灯》六一回："先生看的不错。但他家如今因不发科，有～之意。"

【起签】 qǐ qiān 发出签牌（指令下属按签行事）。明《醒世恒言》卷一六："～差四个皂隶，速拿张荩来审。"又卷二〇："连忙～，差原捕杨洪等，押着两名强盗作眼，同去擒拿张权。"

【起前】 qǐ qián 起先；先前。明汤显祖《牡丹亭》三六出："～说精神旺相，则瞒着秀才。"《型世言》六回："～拨置，只说妇人怕事，惊他来从。如今当了真，若贵梅说出真情，如何是好？"

【起钱】 qǐ qián 用手段生发钱财。明《型世言》七回："积年餘，他虽不～，人自肯厚赠他。"清《醉醒石》一三回："起初鸨儿还钳束他。不肯接客，逼他接客；不会～，教他～。"

【起遣】 qǐ qiǎn ❶搬家；迁居。宋陈傅良《缴奏饶州奏勘程廷倚断案状》："又辱骂其骨肉，迫逐～。" ❷遣发；遣送。宋文莹《玉壶清话》卷七："朝廷遣考功郎范旻知杭州，至则（钱俶）悉以山川土籍管钥庾廪数敬授于旻，遂～兵民投阙。"元《通制条格》卷二八："使臣须要于馆驿内停歇，皆不得持势强将新附官员、士庶第宅夺占。违者，仰行省行台～究治。"明胡宗宪《筹海图编》卷五："信国公经略海上，～其民尽入内地。"

【起纤】 qǐ qiàn 犹"起倒❽"。纤，疑应作"欠"，欠身。明《醋葫芦》七回："所恨的正是翠苔，这不识～的又来替他讨饶，岂不反增其恨。"

【起寝】 qǐ qǐn 早起夜寝，指日常行动作息。宋阮阅《诗话总龟》前集卷四六引《青琐集》："后归华阴，令王睦令饮之，～于溪岩。"史尧弼《与李久善参议书》："又复累月居僻左之地，不能问～状，不胜依依。"明王世贞《凌大夫原配包宜人墓志铭》："有子璘奇呱呱而泣，弗视也，而孺人之～，恒先后大夫手汤粥浆酒荐之。"

【起请】 qǐ qǐng ❶起身邀请、请求或致意。唐李商隐《齐鲁二生·程骧》："后少良老，前所置食，有大脔连骨，以牙齿稍脱落，不能食。其妻辄～党中少年曰：'公子与此老父椎埋剽夺十数年，竟不计天下有活人。今其尚不能食，况能在公子叔行耶？'"元陶宗仪《辍耕录》卷四："酒且酣，少年～曰：'君儒者，若是，将何为焉？'"明单本《蕉帕记》三三出："〔（净）～介〕王母娘娘请了。"也泛指请求（起有尊敬意）。明程敏政《寿吴孺人序》："余不及识吴君而独重其孝，则～孺人之为人。" ❷奏请；上奏章请示。《唐会要》卷五七："尚书省诸司有敕后～，及敕付所司商量事，并录所请及商量状，送门下及中书省，各连于元敕后，所申仍于元敕年月前云～及商量如后。"宋欧阳修《论京西贼事札子》："其州县置兵事件，富弼已有～，伏乞决于宸意。"魏泰《东轩笔录》卷六："王荆公秉政，多主谔言，故凡司农～，往往中书即自施行，不由中覆。"❸指中央机构奏请获准后发布的相关文件。唐元稹《中书省议举县令状》："明诏既行，～寻下。有司再议厘革，何以取信于人？"王泠然《论荐书》："去年赦书云：'草泽卑位之间，恐遗贤俊，宜令兵部即作牒目，征名奏闻。'而吏部～云：'试日等第全下者，举主量加贬削。'"李柷《允朱全忠请注拟准旧式处分诏》："兼缘已及深冬，所司未有～，若或稽滞，必缓程期。" ❹召请；提请。元明《水浒传》三九回："晁盖听罢大惊，便要～众头领点了人马，下山去打江州。"又五一回："且说晁盖、宋江四至大寨聚义厅上，～军师吴学究定议山寨取事。"

【起去】 qǐ qù ❶弃掉；除去；去掉。宋《朱子语类》卷一三一："秦桧初罢相，出在某处。与客握手，夜语庭中。客偶说及富公事，秦忽掉手入内，……扣问，乃答云：'处相位，元来是不当～。'"《圣济总录纂要》卷一七："津液涩少，睑眦皮急，致睫拳倒，刺隐瞳仁。治法当～毛睫，又刺太阳经令出血。"李玉《清忠谱》四折："〔内扮铺兵，执事、喝道、腰锣、……〕……〔小生〕执事～。〔内卸执事介〕" ❷起运前去；征派前去。宋华镇《湖南转运司申明茶事札子》："至四月间，虽却准省部指挥令科本色茶货。本司为已过采造时月，遂再具京库有备及本路绫～茶数，因依申省。"元明《水浒传》一〇〇回："哥哥这里楚州军马尽点起来，并这百姓都尽数～，并气力招军买马，杀将去。"明于谦《兵部为军务事奏》："其延、绥、岷、洮等处官军，俱各不必～宁夏，令起自守地方。"❸犹"起来❷"。明《醒世恒言》卷一四："却才狗子大叫一声便不叫了，莫不有贼？你不～，我自～看一看。"《元曲选·城南柳》三折："我～摇橹，借你蓑衣披着。"清《醒世姻缘传》四八回："狄宾梁从睡梦中被一人推醒，说道：'快～看火！'" ❹犹"起来❹"。宋元《警世通言》卷三九："就地上踏一片云，～赶那黄衣女子。"元郑元祐《吴江甘泉祠祷雨记》："符才入而雷殷殷自水～，云四垂，雨即随至。"清《绿野仙踪》七〇回："一日未曾修炼，～时毫不费力，竟与我们一般。" ❺走过；走过去。元《武王伐纣平话》卷中："纣王便～屏风去，去取下十两黄金并平天冠、御衣，却转过屏风来。"《元曲选外编·东墙记》一折："这花必定是董府尹后园里飞过来的，我～望咱。" ❻挖起除去或移走。明潘季驯《河防一览》卷六："今放干河水，～河面浮土萍草，则河底板石露出。"海瑞《何耀宗争坟地参语》："断二家各承一穴，就迁王氏、何民彦于其内。何玄辅等阵岭浮殡尸棺，尽令～。" ❼命令语，让对方起立或离开。明梁辰鱼《浣纱记》四出："〔众〕众将官叩头。〔净〕～。〔众应科〕"《西游记》一〇回："判官喝令'～'，上前引着太宗，从金桥而过。"清《醒世姻缘传》三九回："～，我批到县里去查。"❽犹"起来❸"。清《醒世姻缘传》三回："今日是上灯的日子，我扎挣着～，叫他们挂上灯。"《歧路灯》一九回："吃过两三剂药，通不能～。" ❾犹"起来⓬"。清《姑妄言》一七回："果然中了意，我这官，眼见得腾腾的就～了。" ❿犹"起来⓮"。a）犹"起来⓮a）"。元《秦并六国平话》卷上："邹阔亦取套索撇～，套住郑安成。"元明《水浒传》二八回："提将起来，望空只一掷，掷～。"清《野叟曝言》二二回："又李微笑，抬头～，见一个大匾额。"在动词和"起去"之间插入助词"将"等，使语气舒缓。宋元《古今小说》卷三五："去衣架上取下一条绦来，把妮子缚了两只手，掉过屋梁去，直下打一抽，吊将妮子～。”元明《水浒传》九七回：“那火炮飞将～，震的天崩地动。”明《西游记》四六回：“要一百张桌子，五十张作一禅台，一张一张叠将～。”b）犹“起来⓮b）”。宋《朱子语类》卷一三九：“韩不用科段，直便说～，至终篇自然纯粹成体，无破绽。”清《歧路灯》五回：“预先打点明白，学里文书申～，只要顺手推舟，毫不费力。”c）犹“起来⓮c）”。宋楼钥《北行日录》：“旧时见说厮杀都欢喜，而今只怕签～。彼此休厮杀也好。”明《梼杌闲评》四四回：“赵祥果然也不看，收～。”清《歧路灯》一〇回：“况弟即做官，未必能升擢。万一做～了，遇见大事，若知而不言，不惟负君，亦负了先父命名忠弼之意。”d）犹“起来⓮d）”。宋《朱子语类》卷六五：“《先天图》今所写者，是以一岁之运言之，若大而古今十二万九千六百年，亦只是这圈子，小而一日一时，亦只是这圈子，都从《复》上推～。”宋元《古今小说》卷三六：“宋四公恰待说，被赵正拖～，教宋四公‘未要说我姓名’。”明郑若庸《玉玦记》二九出：“走～，有客进来了。”e）犹“起来⓮g）”。明《西洋记》五七回：“胡爷道：‘再着几个人架起他去。’又添了七八个跟轿的，又架不～。”清《红楼梦》七〇回：“都放起来，独有宝玉的美人放不～。” ⓫ 用在动词后，表示动作的趋向。清《野叟曝言》一九回：“一部红须，从嘴直至鬓发，根根倒卷～。”

【起任】 qǐ rèn ❶ 重新任用已退职或黜免的官员。宋蔡襄《服阙人辛若渝可分司南京制》：“通丧之礼，称于人情。惟天道之行，日月已究。～生者之事，是臣子之节。”明《醒世恒言》卷三〇：“恰好王铁坐事下狱，凡被劾罢官，尽皆～。”清《二度梅》二三回：“圣上大怒，将老夫与敝同年一同削职归农。今蒙圣天子洪恩，又复～。” ❷ 起行赴任；前往任所。明《古今小说》卷二七：“喜得临安到无为军，是一水之地。莫稽领了妻子，登舟～。”清《驻春园》一三回：“恰逢周尚书有门生～经过，请尚书父子一齐赴席。”

【起散】 qǐ sàn ❶ 分别；区分。唐谢观《王言如丝赋》：“且夫谓至密而已著，将未闻而已闻。遂意淫绎，随声纠纷。无类而洪纤～，有条而派脉别分。” ❷ 解散；起身离开。明《金瓶梅词话》二一回：“玳安悉把在常家会茶，～的早，邀应二爹和谢爹同到李家。”清袁枚《子不语》卷四：“有旋风自上而下，即拱揖入门，延之入座，勤为劝酬，视日影逾午，则～。”《大清会典则例》卷五六：“如有越次私语或互相背坐及先自～者，指名题参。”

【起色】 qǐ sè ❶ 动颜色；露出赞叹或欢悦的表情。宋陈师道《寇参军集序》：“方其展纸濡笔，立下疾行，倏忽数十百韵。衣冠在傍，合手～，骇叹不暇。”《四明续志》卷六：“命下不两日，点集遣发，军容整肃，……见者莫不～。”清方朝《田父行》：“筑场桑树边，儿曹皆～。” ❷ 好转、复苏、振兴的样子。宋吴泳《答吴毅夫书》：“以病痎疟数月，入冬方有～。”明袁宏道《穹窿》：“乃为减其正额，每年课税，征十之五，漕兑不及焉，民稍稍有～矣。”清《蜃楼志》二〇回：“有此一场大雨，早稻还有三分～。” ❸ 起病；病愈。暗用汉枚乘《七发》叙登景夷台、观广陵潮等景象以愈楚太子病的典故。明莫是龙《得顾茂俭书怅然有作》：“绿鬓伤春卧薜萝，青山～近如何。”王世贞《上刘司马朝宗》之二：“剩有丹衷悬魏阙，将因～上吴台。”王衡《再生缘》一出：“我这病症呵，算将来针砭难及，汤熨难攻，药饵难投。怎做得观涛～。” ❹ 复苏；好转；振兴。清于成龙《直属被灾州县请停征疏》：“惟冀雨旸时，若春秋俱熟，庶几可望～。”张英《恭谢特擢翰林学士表》：“春到江南，枯蠹沐琼膏而～。”《后水浒传》二二回：“只因这一报，有分教：落魄英雄重～，垂危杰士救星来。”

【起社】 qǐ shè 犹“起会”。明《醒世恒言》卷三一：“如今这几位小员外，学前辈做作，约十个朋友～。”清《豆棚闲话》四则：“清明时节，南庄该我～。你们上下内外人等，乘着车子，骑着驴马，来看乡会。”《红楼梦》七〇回：“说起诗社，大家议定：明日乃三月初二日，就～，便改‘海棠社’为‘桃花社’，林黛玉就为社主。”

【起身】 qǐ shēn ❶ 出身；获得进身之阶。唐韩愈《符读书城南》：“不见公与相，～自犁锄。”金元好问《龙虎卫上将军术虎公神道碑》：“北方维强，间气维雄。以宗～，而以名起宗。”明李梅实《精忠旗》五出：“我～行伍，屡立战功。” ❷ 抬起身；站起身。《古尊宿语录》卷三六《投子和尚语录》：“雪峰一日哭人庵，师便～立。峰伫思，被师推出。”明陆采《怀香记》二二出：“〔旦〕春英，你可请他～讲话。〔贴〕小姐有命发放，起来站着。”清《万花楼》四〇回：“尹氏夫人一见丈夫进来，～呼道：‘相公请坐。’” ❸ 起床；从床上坐起或下地。宋陈自明《妇人大全良方》卷二四：“如夜间喂奶，须奶母～坐地，抱儿喂之。”明孙柚《琴心记》一四出：“料得此时小姐也应～，我且进去煮汤则个。”清《红楼梦》五二回：“宝玉已醒了，忙～披衣。” ❹ 指身体康复。宋杨士瀛《仁斋直指》卷九：“病可之后，旋合十珍丸服之。此为收功～之妙用也。” ❺ 挺身；出来担任。宋《三朝北盟会编》卷一四九：“尔之顾诸将曰：‘敢有～告赵横者，与赵横偕死。’”明方孝孺《重刻逊志斋集序》：“其时去关、洛渐远，学无所从受，先生独奋然～任之。” ❻ 起行；动身上路或离开。宋元《清平山堂话本・错认尸》：“我明日～去后，多只两月便回。”明《朴通事谚解》卷上：“哥哥，你几时～？这月二十头～。”清方成培《雷峰塔》一四出：“不上一月，货物尽已卖完，打发客商～。” ❼ 婉指再嫁。明《金瓶梅词话》九六回：“你爹在日，将他带来那张八步床赔了大姐在陈家，落后他～，却把你娘这张床赔了他嫁人去了。”《拍案惊奇》卷一〇：“赶得那七老八十的都～嫁人去了。”又卷一三：“此非小人所有，乃是亲眷人家寡妇房氏之物。他～再醮，权寄在此，岂是盗赃？”

【起蜃】 qǐ shèn ❶ 起雾；产生蜃景。蜃，大蛤，传说能吐气布雾，引发洪水。宋苏轼《物类相感志》：“梓木为舟，～。”明倪岳《西湖图卷为宣府范元博题》：“水面楼台朝～，桥边村落夜闻鸡。”清汪由敦《恭和御制吴山大观歌》：“红霞百道市～，彩虹千尺梁架鼍。” ❷ 发洪水。明《禅真后史》三回：“瘦者笑道：‘汝在庙中避雨，眼见得命在须臾。这殿角头有一孽畜作怪，应在今日申时～。’……只见一股黑水骨都都倒滚上来，倏忽之间，平地水高数丈。”

【起升】 qǐ shēng ❶ 飞升，特指羽化升天。五代孙忌《佛窟寺碑》：“又问曰：‘我师迦叶在否？’对曰：‘入涅槃矣。’良久，～虚空。”元《七国春秋平话》卷下：“咱每都是出家人，今为徒弟持名在世，误了～。” ❷ 提升；晋升。宋袁燮《辞免升兼同修国史实录院同修撰状》：“怜五技之已穷，叹三长之蔑有。日虞显黜，敢觊～。”明朱国祯《涌幢小品》卷八：“霍渭涯以兵部主事养病家居，～少詹事兼侍讲学士。”清《后红楼梦》一六回：“圣情十分宠眷，就从修撰上～了翰林院侍读学士之职。”

【起始】 qǐ shǐ 开头；开始。明《西湖二集》卷七：“杨后～也还不肯，史弥远遂把贵和写在桌上之事一一说知，杨皇后大怒。”又卷一三：“～还出小注，那些赌友道：‘你一向生性慷慨，怎生今日发迹了，倒恁般悭吝起来？’”△清《青楼梦》二三回：“我看他是从去年～，心里万分不乐。”

【起誓】 qǐ shì 发誓；赌誓。清《霞笺记》六回：“瑟长说：‘是我，定遭瘟病。’鸨儿说：‘不要～。’”《霓裳续谱・两意情投》：“仗着不害羞，空～，尽都是牙疼咒。”《红楼梦》二八回：“你说有呢就有，没有就没有，起什么誓呢。”

【起手】 qǐ shǒu ❶ 开头；起始。唐李德裕《续得高文端贼中事宜四状》:“更筑鹿项夹城,但从一面～,围绕泽州。”明高濂《遵生八笺》卷一七:“各为细末,共和一处,以大磁盘盛贮。从夏至日～,每日加人乳一碗。”清《女仙外史》八回:“至习炼秘诀,次第而来,先从遣神召将～。” ❷ 开工;着手做。唐裴铏《天威径新凿海派碑》:“自咸通九年四月五日～,操持锹锸,丰备资粮,锐斧刚錾,刊山琢石。”明宋濂《新注楞伽经后序》:“～于又明年夏五月,至冬十一月讫功。”清李玉《清忠谱》四折:“如今匠作从那方～,上梁定在几时?” ❸ 出手;动手。宋王禹偁《瑞莲歌》:“瑞莲信美产兹土,～谩作闲歌辞。”明《挂枝儿·风箱》:“～时热得狠,住手时冷似灰。”清《野叟曝言》二二回:“女子让元彪～,元彪掣起棍,使一个金刚探海势。” ❹ 抬手;举手。元王玠《沁园春·牧》:“真消息,有世人问我,～擎拳。”明《西洋记》五五回:“天师～一指,那毛头鬼飕地里一声响,把个青龙神一扯两半边。”清《醒世姻缘传》一回:“开口就骂,～即打。” ❺ 开头;起初;最先阶段。《元曲选·玉镜台》二折:“你便温柔～里须当硬,我呆想望迎头儿撇会清。”明陆采《明珠记》五出:“〔净〕金吾,你～是甚么官?〔末〕小官金吾卫小校。”清《镜花缘》七四回:“况双陆～儿掷虽不要大点,到了后来要冤时,全仗大点方能出得来。” ❻ 古时叩头至地的跪拜礼。宋觉范《禅林僧宝传》卷三〇《宝峰英禅师》:“汝问讯、我～。若言是说,说个什么;若言不说,龙潭何以便悟?”明汤显祖《邯郸记》三〇出:“〔何姑上〕……〔众仙～介〕”《西游记》七〇回:“迎着小妖打个～道:‘长官,那里去?’” ❼ 起规矩;作样板。也指样板、规矩。元明《水浒传》三七回:“却先问兄弟讨起,教他假意不肯还我。我便把他来～,一手揪住他头,一手提定腰胯,扑通地撺下江里。”清《绿野仙踪》一六回:“今日偷空去一游,就从那边采访人间疾苦,做个积功德的～。” ❽ 起事;举义。明《古今小说》卷六:“他原是芒砀山中同朱温～做事的,后来朱温受了唐禅,做了大梁皇帝。”《平妖传》一八回:“从此去一十五年,真人方出,先生乃第一～之人。”清蓝鼎元《复制军台疆经理书》:“槟榔林为杜君英～之处,郎娇为极边藏奸之所,房屋人民皆当烧毁驱逐。” ❾ 弈棋时下第一手棋。明佚名《草庐经略》卷三:“大将之部分诸将,欲得其势。即如弈者之～下著,必须先得其势,以成胜局。”清钱谦益《后秋兴》之四:“～曾论一着棋,明明空局黯生悲。”《飞龙全传》一七回:“匡胤～先上士,那边老者就出车。” ❿ 打头;领头。明《拍案惊奇》卷三四:“少不得先是庵主～快乐一宵,此后这两个你争我夺轮番伴宿。”

【起首】 qǐ shǒu ❶ 抬头。唐戴孚《广异记·蒲州人》:“初一声,蛇乃～,须臾悉动。”清《聊斋志异·瑞云》:“贺闻而过之,见蓬首厨下,丑状类鬼。～见生,面壁自隐。” ❷ 同“起手❶”。唐佚名《炀帝开河记》:“欲乞陛下广集兵夫,于大梁～开掘。西自河阴引孟津水入,东至淮口放孟津水出。”宋欧阳修《乞罢刘白草札子》:“自八月二日～,至十月三日住止,元差兵士一千三十八人,至放散日逃亡一百三十六人。”清《蜃楼志》一八回:“从遁庵、冯刚～,一个个轮流请酒。” ❸ 同“起手❷”。唐元楷《陀罗尼集经翻译序》:“便请法师于慧日寺宣译梵本,……四年三月十四日～,至永徽五年岁次甲寅四月十五日毕。”五代钱镠《新建风山灵德王庙记》:“丙戌年八月二十四日～,至其年十一月毕功。”明方孝孺《与王修德书》:“诸人传分忠义、孝友、笃行、贞节四品,皆～矣。有可入者,须示及。” ❹ 同“起手❺”。宋元《清平山堂话本·董永遇仙》:“二人拜见长者,具言同妻织绢之事。长者大喜,便问:‘要多少丝?’仙女道:‘～要十斤,一日织十匹。’”明《醒世恒言》卷三二:“那人便是～说维扬市上相遇,请那玉马坠的老翁。”清吴伟业《通天台》二出:“则问你这重关～谁家造?没眼敲材,盘问根苗。” ❺ 同“起手❻”。明《西游记》二六回:“孙行者腼面相迎,叫声:‘帝君,～了。’” ❻ 同“起手❽”。清《红楼梦》二九回:“贾母问:‘《白蛇记》是什么故事?’贾珍道:‘是汉高祖斩蛇方～的故事。’” ❼ 同“起手❿”。明《平妖传》一三回:“一夜塑成三个浑身,极其相似,……蛋子和尚一见,不胜之喜,便道:‘是我塑下的像,我先磕个头儿～。’”清储大文《望京朱君传》:“端居简出,唯邑有利济惠赈公务,则蹶然～,占捐赀籍。”《红楼梦》五〇回:“说着,便令众人拈阄为序。～恰是李氏,然后按次各各开出。”也指带头人。明徐一夔《重建智果院记》:“祥闻之,亦欣然为～,捐衣钵为之倡。” ❽ 开创;创建。清《儒林外史》二〇回:“还有洪武年间～的班子,一班十几个人,每班立一座石碑在老郎庵里。” ❾ 肇事。清《续金瓶梅》三回:“却说薛姑子,因那年为他寺里引奸～,犯了人命。”

【起数】 qǐ shù ❶ 开始计数;作为计数之始。唐陈佑《平权衡赋》:“四时行令,必因其阴阳;一德奉天,谅贞夫日夜。是知分寸相生成乎象,盈虚有准观夫文。因黄钟以～,应元鸟之司分。”宋佚名《咸淳遗事》卷下:“自一～,天之元也;因天之历,元之则也。” ❷ 指次序。唐杜甫《朝献太清宫赋》:“今王巨唐,帝之苗裔,坤之纪纲。土配君服,宫尊臣商;～得统,特立中央。” ❸ 计数;计算数目、距离、面积等。宋赵彦卫《云麓漫钞》卷九:“据前项兵籍,四邑为邱,邱十六井。今云十井为通,促零就整,以十～耳。”明沈榜《宛署杂记》卷一五:“押解皂隶解子六十名,每名工食银六钱,押解吏书盘缠车价共二两,临时～,增减不等。”唐顺之《武编》前集卷四:“其出以五十步为节,离而不绝,却而不散,皆由方圆度量而～。” ❹ 犹“起课❶”。宋《朱子语类》卷六七:“凡～,静则推不得,须动方推得起。”明《西洋记》九七回:“老猴会～,起一数,说道小的日后有条金带之分。”清《品花宝鉴》三二回:“有个起梅花数的为我～,得泰卦五爻。” ❺ 案件;事件。元王恽《弹兵马司擅自鞫断事状》:“今后有无,止令兵马司据应获盗贼略行取问,即便解府归结施行外,据本盗～,已获者赏,未获者罚。”明陆深《玉堂漫笔》:“臣获随午朝,窃念日奏寻常～,于事无补。”《古今小说》卷二:“老年伯请宽坐,容小侄出堂,问这～与老年伯看,释此不决之疑。” ❻ 指批数、批次、额数等。元《通制条格》卷一九:“诸行院到任,取会所管地分见有草贼～,相其事宜,严谕诸处军官、各使镇守有法招捕得宜,期于盗息而已。仍将见有～,先行报院,今后每季具已未招捕～,并有无续生贼人,咨院呈省。”清《平定台湾纪略》卷一五:“此次密派官兵,俱已酌定～,预为妥备。”《醒世姻缘传》四八回:“典史因为拿私盐不够～,蒙盐院戒饬了十板。”

【起水】 qǐ shuǐ ❶ 离水;从水面飞起或从水中捞起。唐元稹《遣行》之六:“犬吠穿篱出,鸥眠～惊。”清《野叟曝言》四回:“料他自落水至～,已是半日。惊忧悲恐,一时攒集。” ❷ 水涨起;水位上升。唐孙思邈《备急千金要方》卷六四:“(水病)身体稍肿,腹中尽胀,按之随手～,为已成,犹可治也。”清雍正九年六月初二日高其倬奏文:“惟最高山坡之田尚未～,仍须大雨。” ❸ 涨潮。宋吴自牧《梦粱录》卷一二:“若以每月初五、二十日,此四日则下岸,其潮自此日则渐渐小矣。以初十、二十五日,其潮交泽～,则潮渐渐大矣。”元刘一清《钱塘遗事》卷一:“陆有三位小娘子,皆绿袍方巾,列坐两旁。一主护岸,一主～,一主交泽。”明《警世通言》卷二三:“有人做下《临江仙》一只,单嘲那看潮的:……下浦桥边,一似奈何池畔,裸体披头似鬼。入城里,烘好衣裳,犹问几时～?” ❹ 提水;用器械或垄坝使水升高。元王祯《农书》卷三:“若下灌及平浇之田为最,或用车～者次之。”清张伯行《居济一得》卷二:“每筑隔～,昼夜不息。” ❺ 比喻交好运,兆发达。明汤显祖《邯郸记》二五出:“小子崖州司户,真当海外天子。长梦做个高官,忽然半夜～。好笑,好笑,一个司户官儿,怎能巴到尚书阁老地位?”

❻ 比喻寻事端。明《型世言》一回："又常常将这些丫头～，叫骂道：'贱丫头！贱淫妇！我教坊里守甚节？'"

【起税】 qǐ shuì 收税或纳税。宋苏轼《乞降度牒修定州禁军营房状》："军城寨人户采斫禁山，开耕为田，公然～，住坐者一百八十餘家。"明《石点头》卷八："吾爱陶喝道：'这是漏税的，拿过来。'铺家禀说：'贩小猪的，原不～。'"清《水浒后传》一〇回："要领他字号水牌，平分鱼利，私自～。"

【起送】 qǐ sòng ❶ 起身相送；送行。元明《水浒传》八二回："宋江便要～各家老小还乡。"明袁中道《李大将军宴上听胡乐有述》："鸣大鼓，发清吹，将军～金屈卮。"清陈端生《再生缘》三三回："才能进喜匆匆别，称谢连声出小堂。在坐之人齐～，大家举手各分行。" ❷ 荐送；荐举前去。明《古今小说》卷三一："八岁纵笔成文，本郡举他应神童，～东京。"王守仁《牌行灵山县延师设教》："该县诸生应该赴试者，临期～；不该赴试者，如常朝夕听讲。"沈鲸《双珠记》一二出："你家甥女王慧姬已报在官，即日要～赴京了。"清《醒世姻缘传》九〇回："果然吏部咨行抚院，着～晁梁赴京授官。" ❸ 挖掘运送。清《姑妄言》二一回："汝有麦不敢食，不敢卖，埋之何为？我为汝～城头，活官府郡王，其功甚大。"

【起头】 qǐ tóu ❶ (疖痘)凸起；冒出尖头。唐孙思邈《备急千金要方》卷六五："一曰麻子丁，其状肉上～，大如黍米。"明徐谦《仁端录》卷三："蚊迹蚤斑痘，点虽见而不～。此三阴经所发逆候也。" ❷ 从头开始(做)；发端。宋陆九渊《象山语录》卷四："论对第一札，读太宗～处，上曰：'君臣之间，须当如此。'"明《山歌·隔》："结识私情难～，起子头来难罢休。"清《歧路灯》六四回："事才～儿，诸事匆匆，尚未就局。" ❸ 开端；开始部分。宋林希逸《庄子口义》卷一〇："盖著书虽与作文异，亦自各有体制。～结尾，皆是其用意处。"明《拍案惊奇》卷四〇："先听小子说几件科场中事体做个～。"清《飞龙全传》一六回："那柬帖卜的言语，～两句，说的枯井铺、枯水井，毕竟是那地名不好。" ❹ 最先；起初。元贯云石《寿阳曲》："悠悠画船东去也，这思量～儿一夜。"明《金瓶梅词话》七五回："想着～儿一来时，该知我今日多少气，背地打伙儿嚼说我。"清《红楼梦》二四回："早知这样，我竟一～求婶子，这会子也早完了。" ❺ (时间或次序)起始；开始。《元曲选·㑳梅香》一折："从今日～，那有心弹琴讲书？只索每日晨参暮礼，将此香囊供养者。"元明《水浒传》三四回："宋江却把自离郓城县～，直至刘知寨拷打的事故，从头对秦明说了一遍。"清《歧路灯》八四回："夏鼎道：'这是几年～？'绍闻道：'有七八年的，也有三四年的。'" ❻ 抬头；仰起头；探出头。元虞集《春云》："行过御沟成久立，～枝上有流莺。"明《西洋记》三六回："咬海干伸手不见掌，～不见人，那晓得个东西。"清《续金瓶梅》三九回："癞头鼋下水，缩头容易～难。" ❼ 领头；带头。明《肉蒲团》一五回："你方才做定规矩，自长而幼，自大而小，不消说是你～。"清《醒世姻缘传》三一回："但这一个～开簿的也难，如今就是治生写起，自己量力，多亦不能。"《红楼梦》三〇回："我是个～儿的人，不论事大事小事好事歹，自然也该从我起。" ❽ 挑头儿；闹出头绪。清《红楼梦》九二回："麝月道：'……依我说落得歇一天。就是老太太忘记了，咱们这里就不消寒了么？咱们也闹个会儿不好么。'袭人道：'都是你～儿，二爷更不肯去了。'" ❾ 用于动词或形容词后，表示动作或情况开始(并持续)。明单本《蕉帕记》一七出："梅子开花就捻酸～，你好没家数。"《二刻拍案惊奇》卷一八："才弄～，小人为何先药死他？"清《醒世姻缘传》六五回："他既是从莲花庵回家就发作～，这事白姑子一定晓的就里的始末。"

【起突】 qǐ tū (花纹)凸起。《敦煌变文集补录·维摩碎金》："纤毫之卯串枝柯，细旎之～花样。"《敦煌变文校注》卷五《双恩记》："镂花之叠摞何穷，～之舡连莫数。"宋李诫《营造法式》卷三："其雕镌制度有四等：一曰剔地～，二曰压地隐起华，三曰减地平钑，四曰素平。"

【起为头】 qǐ wéi tóu 起初；开头儿。清《醒世姻缘传》二二回："雍山的十六顷是咱～置庄子买的，把这个放着。"又九六回："你要～立不住纲纪，倒底就不怎么的。"

【起文】 qǐ wén 呈报、递发文书。宋王安礼《论河东将校功赏第一札子》："至如都钤辖、通事舍人，乃是朝廷谨选之官。今来只用宣抚司札子并已除授，宣抚司指挥本司令限札子到，便～请受称呼。"明《醒世恒言》卷三四："料得尸首已是腐烂，大大送个东道与婺源县该房，～关解。"清《镜花缘》六二回："此时离部试之期甚近，其家远在剑南，何能～行查？"

【起问】 qǐ wèn 同"启问"。《祖堂集》卷一一《保福和尚》："招庆举南泉玩月次，时有僧问：'何时得似这个月？'泉云：'王老僧二十年前亦曾与摩来。'招庆续～：'如今作摩生？'"宋辛弃疾《江神子·和李能伯韵呈赵晋臣》："长夜笙歌还～，谁放月，又西沈。"清朱彝尊《沈詹尹崔少詹招同饮》："相期偶值趋朝暇，～冬冬鼓未曾？"

【起息】 qǐ xī ❶ 动静；作息。宋文天祥《贺吴提举西林》："然我之缓急，往往视敌之～为之，则定帖者未可保也。"明张宁《谢朱孟德医效序》："再进，疾去其九；三进，～如常。"王世贞《安东平》之四："奉郎坐卧，偕郎～。懊憹微躯，生不如席。" ❷ 生灭；兴衰。元吴师道《寄李坦之》："人生未遇休惨戚，浮荣无根易～。"明林俊《少子迁圹志》："人虽短，不谓非世。吾家～，汝其一占矣。" ❸ 生利息；计利息。明锺惺《家传》："镐病且死，屏妻子，以百金属祖：子母～，为身后妻子地。"陆深《春雨堂随笔》："予得旨遂署印，稽考钱粮，其实空虚，典簿厅至～揭债。"清《八洞天》卷五："康三老接那帐目看时，却是销算前番所付三百两银子。上面逐项开着，只算得一分～。"

【起席】 qǐ xí ❶ 从席子上坐起或起身。唐李绅《墨诏持经大德神异碑铭》："师至，命乳母洗涤焚香，乃朗念《法华》，至《功德品》，遂～而坐，拱而开目。"明宗泐《登灵鹫山》："山中数招提，窗户散烟雾。胜流不～，钟鼓自朝暮。"清《驻春园》一三回："入房问病，见云娥伏枕恹恹，不能～而坐。" ❷ 离开宴席或座位。宋《建炎以来繫年要录》卷二九："酒三行，千秋叱彦～，数其与仲通书之罪。"清《醒世姻缘传》四七回："邢侍郎要～上船，晁夫人又自己出来再三致谢。"《红楼梦》二六回："只见冯紫英一路说笑已进来了，众人忙～让坐。" ❸ 散席。清《续金瓶梅》二三回："众客欢闹不休，师师出来送了大杯，方才～。"《歧路灯》二回："真正酒逢知己，千杯不多。日已西沉，大家～。"

【起先】 qǐ xiān ❶ 起早；起身早于(某一时刻)。宋王安石《赠张康》："今逢又坎坷，令子驰风尘。颠倒车马间，～冰雪晨。"明朱潮《送郑于藩春试》："避暑～红日出，问程望入彩云横。" ❷ 原先；先前。明《山歌·陈妈妈》："小阿奴奴名头虽然人尽晓得，只弗知我～个族谱相传。我出身元是湖州个大细，当初跟随子织女天仙。"《二刻拍案惊奇》卷九："风生拾起来，却不是～拿去的了，晓得是龙香要他。"清《红楼梦》八九回："只有晴雯～住的那一间，因一向无人，还干净。" ❸ 起初；开头。明《封神演义》七〇回："杨戬见～照不见他的本像，及至厮杀，又不见取胜，心下十分焦躁。"《平妖传》四回："那婆子～还直僵僵的躺在地下，得了这个消息，……一跳跳将起来。"清洪昇《四婵娟·李易安》："此种夫妻，～不无间阻，毕竟终成美满。" ❹ 刚才。明《醒世恒言》卷二〇:"徐氏也哭道:'～我恁样说了,如何又生此短见?'玉姐哭道:'儿如此薄命,总生于世,也是徒然。'"《二刻拍案惊奇》卷三:"～师父说有头亲事要与小生为媒,是那一家?" ❺ 首先;放在第一位或最先发生。明《肉蒲团》三回:"他～要亲眼相亲,就是重色不重德的人了。"清《醒世姻缘传》二〇回:"豺狗阵一般赶将出去,晓得晁夫人已进城去了,～也已了一个嘴谷都。"《豆棚闲话》一一则:"那些手下兵丁似虎如狼的一哄,就～把本县知县杀了。" ❻ 原本;本来。明《西洋记》五九回:"他～不合助桀为虐,怎么说天师枉刀杀他?"《醒世恒言》卷七:"颜俊这厮费了许多事,却被别人夺了头筹,也怪不得发恼。只是～设心哄骗的不是。"清李玉《清忠谱》二折:"我们～还道他是个好汉,却元来是怕老婆的都头。这样人采他怎么。"

【起现】 qǐ xiàn 显现;出现。唐易静《兵要望江南·占云》:"云～,片片或舒长。"清沈复《浮生六记》卷四:"此处～神灯神火,不久又将涨出沙田矣。"

【起限】 qǐ xiàn ❶ 订立限期,或指起计限期。唐王涯《准敕详度诸司制度条件奏》:"应诸常参官,限敕下后两月日改革;餘非常参官,并许五月日改革;外州府以敕到日～。"清《平定两金川方略》卷七七:"俱令于奉文之日～,务须限内扫数交清。"《大清律例》卷三五:"委员接审者,准其展限一个月完结,不许又另～。" ❷ 计算限度,也指限度的起算。限,此指规定的区域或期间。《宋史·律历志一》:"前后五度为限,初限十二,每限减半,终九限减尽。距二立之宿,减一度少强,又从尽～,每限增半,九限终于十二。"明万民英《星学大成》卷七:"其人小寒节过十二日生,可作夜生人～。"清黄宗羲《易学象数论》卷六:"本卦既毕,动爻变为之卦,从变爻～,一如本卦。"

【起线】 qǐ xiàn 使织物或器物表面呈线状凸起或凹下的一种工艺。宋吴自牧《梦粱录》卷一八:"杜缝又名～、鹿胎次名透背,皆花纹特起,色样织造不一。"明《朴通事谚解》卷上:"你打时怎么打?～花梨木鞘儿,鹿角口子,驼骨底子,梁儿束儿打的轻妙着。"清李斗《扬州画舫录》卷四:"若宝座、宝床、……～雕做分心花、番草叶。"

【起卸】 qǐ xiè ❶ 起落。元姚燧《送郭肃政安道序》:"(书法)纵横出入,顿挫～,挥霍研拂,极其放而惟吾意之所至焉。" ❷ 从车船上搬运下来。清雍正三年五月二十六日田文镜奏文:"有年羹尧所雇骡车一十九辆,……闻系载至直隶保定府～。"《八旗通志》卷一六〇:"水次兑粮,向有样米。船到～,迥不相符。"

【起心】 qǐ xīn ❶ 心意动摇;动念。敦煌本《坛经》:"菩提本清净,～即是妄。"《祖堂集》卷二〇《瑞云寺和尚》:"凡夫对境～,不识前境后境作业,即是现行;智者对境～,知境虚幻,不滞前境习气。"明袁宗道《读中庸》:"不睹不闻,此性体也,即天命也。你～拟戒慎恐惧,便是睹闻,便违却本体。" ❷ 立意;居心。唐孙思邈《备急千金要方》卷一:"好事者可贮药藏用,以备不虞。所谓～虽微,所救惟广。"明《封神演义》四六回:"尔等虽是截教,总是出家人,为何～不良,摆此恶阵?" ❸ 动心思;起意(多指坏的)。《法苑珠林》卷一〇八:"若佛子信心出家,受佛禁戒,故～毁犯圣戒者,不得受一切檀越供养。"明《拍案惊奇》卷二〇:"那一干囚犯,初时见狱中宽纵,已自～越牢。"清《水浒后传》一一回:"他两个带这许多银子回来,烧了神福,陆祥便～,没得分给他。" ❹ 心思;想法。宋陈言《三因极一病证方论》卷一〇:"口中好言未然祸福,及至其时毫发不失。人有～,已知其肇。" ❺ 图谋。清《荡寇志》一二〇回:"那班无赖子弟弄得嫖赌精空,～此图,想赚去卖了,陶成几个嫖赌本钱。" ❻ 从心里;发自内心。清《醒世姻缘传》六五回:"路见不平,旁人许蹹。弟子～不平,今日要来偷他的回去。"

【起衅】 qǐ xìn ❶ 借端生事,引起冲突。唐李旦《赠裴炎益州大都督制》:"文明之际,王室多虞,保乂朕躬,实著诚节。而危疑～,仓卒罹灾,岁月屡迁,丘封莫树。"《元曲选·救孝子》二折:"为甚来行凶,为甚来～。是那个主谋,是那个见人?"清《儒林外史》四三回:"捉回冯君瑞,交与地方官,究出～情由,再行治罪。" ❷ 挑唆;挑拨离间。清《醒世姻缘传》四七回:"似此以真符假,～族人,离间母子,斩人血祀,绝鬼蒸尝。"

【起行】 qǐ xíng ❶ 出行;动身。唐贾至《授赵良弼司库员外郎制》:"元戎～,师出以律,……可行司库员外郎,充朔方行军司马。"明《西游记》八八回:"他四众收拾行李,欲进府谢斋,辞王～。"清《霓裳续谱·青云路通》:"梅香进来报一声,说是车轿人夫伺候～。" ❷ 着手实行。唐义净《大唐西域求法高僧传》卷下《贞固律师》:"布萨轨仪,已绍纲目。又每叹曰:'前不遭释父,后未遇慈尊。末代时中,如何～?'"《敦煌变文校注》卷五《金刚般若波罗蜜经讲经文》:"所为本心颠倒,遂即依心～修福,福亦颠倒。"清弘历《长春书屋》:"潜毓当年悦有素,～今日惧违初。"

【起兴】 qǐ xìng ❶ 寄物以咏怀的表现手法。宋朱熹《答潘恭叔》:"'小序'固不足信,然谓江沱之间,则未有以见其不然。盖或因其所见山川以～也。"明汤显祖《邯郸记》一三出:"劳你打个歌儿,将月儿～,歌出船上事体。"清钱谦益《跋朱水部诰命墨刻》:"其文仿《大招》《招魂》,而其缠绵恻怆,～于朋友,而托谕于君臣之间。" ❷ 引发兴致。宋杨简《和陈大著追九日之集》:"～家山翠作围,紫宸垂旨未容归。"清《驻春园》八回:"且无论自家花草色色可人,即是邻园万卉缤纷,耐观如许。我一人在家玩赏,倍觉适情～,吾弟不必多心。" ❸ 引起性欲。明《肉蒲团》二回:"譬如自家的妻女生得丑陋,夜间与他交媾不十分～。"清《姑妄言》二二回:"虽接了夏锦儿、罗春儿两个妓女,嫖了两夜,总不～,怅怅起身。"

【起性】 qǐ xìng 指阴茎勃起。清《品花宝鉴》四七回:"起先松松的,到～时,便扎得紧紧的。"又五八回:"从此春蚕如死,再不～了。"

【起眼】 qǐ yǎn ❶ 抬眼(看)。宋邵雍《垂柳长吟》:"～出墙树,拂头当路枝。"明《西洋记》七回:"～一瞧,并没有一些儿动静。" ❷ 醒目;(引起人)注意。宋张炎《乐府指迷》:"字面亦词中～处,不可不留意也。"明范景文《与甥王申之书》:"且新提学眼力极高,文字须要光芒方能～也。"清《后水浒传》一九回:"你且收了,莫使人～。" ❸ 立刻;瞬间。明《西洋记》七一回:"你今番前去,须索是当个百万雄兵,千员猛将,～成功,抬头喝采,才不枉了我和你相呼厮唤这一生。"又七八回:"王明应声而去,做起法来,好不去得快也,～就是一个国。"

【起阳】 qǐ yáng ❶ 壮阳;增强男子性机能。宋唐慎微《证类本草》卷一一:"鹿药味甘温无毒,主风血,去诸冷,益老～。"明李时珍《本草纲目》卷三九:"(枸杞虫)炙黄,和地黄末为丸。服之,大～益精。" ❷ 犹"起性"。清《续金瓶梅》四〇回:"砍聚了腿上筋,就把阴囊缩了,如阉割的内官一样,全不能～。"《品花宝鉴》六回:"红而光,腊尽春回狗～。"

【起样】 qǐ yàng ❶ 设计并制出例样,供别人仿制或照样制作。唐王建《织绵曲》:"长头～呈作官,闻道官家中苦难。"张彦远《历代名画记》卷三:"讲堂内大宝帐,开元三年史小净～,随隐等是张阿轨,生铜作并蜡样是李正、王兼亮。"又卷九:"僧金刚三藏,狮子国人。善西域佛像,运笔持重,非常画可拟。东京广福寺木塔下素像，皆三藏～。” ❷ 兴起新样。唐孙棨《题北里妓人壁》之二：“更怜～裙腰阔，剩蹙黄金线几条。”方干《赠进士章碣》：“织锦虽云用旧机，抽梭～更新奇。”清厉鹗《清平乐》：“春衫～休宽，偷描一一轻弯。”

【起夜】 qǐ yè 夜间起来排尿。清《红楼梦》五一回：“麝月听说，回手便把宝玉披着～的一件貂颏满襟暖袄披上。”《龙图耳录》五回：“我上了年纪，夜来时常爱～。”

【起移】 qǐ yí ❶ 迁徙；离开。五代李亶《许客户于坊市修营屋宇敕》：“如人户已盖造屋舍居止，不在～之限，便任永远为主。”宋董煟《救荒活民书》卷下：“如有已得历子流民～，仰居停主人画时，令流民将元给历子于监散官员处毁抹。”《元朝秘史》卷三：“帖木真在不儿吉岸行住，知得王罕大军从此经过，～了。” ❷ 改变；变动。宋苏轼《申省论八丈沟利害状》之二：“惟古陂塘顷亩不少，见今皆为民田，或已～为永业。”

【起疑】 qǐ yí 产生怀疑。宋《朱子语类》卷二〇：“今一看文字，便就上百端生事，谓之～。”明柯丹邱《荆钗记》四〇出：“女言道改书中句，只为字迹相同亦～。”清《歧路灯》四五回：“王中听到这里，心中更加～。”

【起因】 qǐ yīn 事情发生的原因；引发事端的由头。宋廖刚《投富枢密札子》：“盖察其～，多非得已。虽是为盗，要之初无叛逆意。”明《山歌·歪缠》：“后生无些样当，弗见更个面光。欲要回言两声，无点～发角。”清《万花楼》四三回：“原来法律重在～，殴辱钦差原由却为失征衣而起，故先问征衣失否。”

【起营】 qǐ yíng 拔营；军队开拔。《资治通鉴》卷四三：“邛谷王任贵恐尚既定南边，威法必行，已不得自放纵，即聚兵～，多酿毒酒，欲先劳军，因袭击尚。”《元曲选外编·五侯宴》三折：“点就十万雄兵，则今日拔寨～。”清《说岳全传》六七回：“岳雷催兵～，望尽南关而来。”

【起狱】 qǐ yù 兴起狱讼。宋苏轼《代吕申公上初即位论治道》：“祸莫逆于好用兵，怨莫大于好～。”明王世贞《江阴黄氏祠记》：“尚书果欲悉卷翁餘资，不得，～以窘翁而夺其牒。”清罗安《珥笔民》：“一部律例烂胸中，兴讼～巧罗织。”

【起运】 qǐ yùn ❶ 按生时干支推算大运的起始。星命学认为人十年交一大运，一年行一小运（又称流年）。宋张行成《易通变》卷一一：“～法，四爻直一运，……假令尧即位在日甲、月巳、星癸辰，未至庚申，而当世首之甲辰年起大运。”明《醒世恒言》卷一七：“朱信扳指头一岁～，细说怎地勤劳，如何辛苦，方挣得这等家事。” ❷ 指运数发生好的改变。宋张嵲《功德疏》：“受命膺符，天既佑于一德；中兴～，帝方恢于夏家。”元郝经《秋风赋》：“鲸鬣揞山，鹏背阏日。乘化～，扶摇发迹。”明沈鲤《典礼疏》：“恭惟我国家，中天～，比迹陶唐。” ❸ 指税赋中上缴的部分，也指上缴税赋。宋黄震《回申总领所照应那拨义米状》：“令本州径自申提举司，令那拨所～义米一万石，应副本州救荒。”明《石点头》卷三：“假如江南苏松嘉湖等府粮重，这徭役丁银等项便轻。其他粮少之地，徭役丁银稍重。至于北直隶北陕等省粮少，又不～，徭役丁银等项最重。”清魏裔介《详陈救荒之政疏》：“除～粮银难以轻动外，其存留银两，暂以借用。” ❹ 发运；运货车船启行。宋李曾伯《回奏庚递宣谕》：“特赐科拨十餘万石，趁此夏潦，～入广。”元明《水浒传》八八回：“催攒人夫军马，～车仗，出东京望陈桥驿进发。”清《万花楼》二一回：“征衣已经赶制完成，定本月十五日～。” ❺ 提升运送。明邓玉函《奇器图说》卷三：“假如作屋作墙，～砖石泥土之物，……一人转起辘轳，曳动大轮之索，则双辘轳自转，诸物俱运上矣。”

【起早】 qǐ zǎo ❶ 很早起床或动身。唐杜甫《奉赠萧二十使君》：“～鸣先路，乘槎动要津。”明王守仁《示徐曰仁应试》：“盖寻常不曾～得惯，忽然当之，其日必精神恍惚。”清孔尚任《桃花扇》二七出：“扯起篷来，早赶一程；明日要～哩。” ❷ 清晨；一大早。宋元《清平山堂话本·错认尸》：“次日～，去搬货物行李回家。”元《三遂平妖传》八回：“那道士交小人们就庵里歇睡了一夜，今日～开眼打一看时，却是个山神庙的纸钱堆里。”清《西湖佳话》卷三三：“这房做事，那房并不知道，况且～，谁疑心有这件事来？” ❸ 指富户。宋邵博《邵氏闻见后录》卷二六：“浙人谓富家为～，盖言钱多则事多，不能晏眠也。”

【起蚤】 qǐ zǎo ❶ 同“起早❶”。元倪瓒《贺甘白先生乐圃林居》之一：“闻道秋来偏～，一帘晨露引高桐。”《元曲选·东坡梦》二折：“一个儿待惜花春～，一个儿待爱月夜眠迟。” ❷ 同“起早❷”。宋元《古今小说》卷三：“吴山～告父母道：‘孩儿一向不到铺中。喜得今日好了，去走一遭。’”

【起灶】 qǐ zào ❶ 砌筑炉灶。宋苏轼《书潘衡墨》：“金华潘衡初来儋耳，～作墨，得烟甚丰。”元佚名《保越录》：“时造军器数多，木炭殆尽。公命伐木于城中烧造，又～烧石灰。” ❷ 指起炊；开火做饭。元洪希文《送莆田原道公赴漕司经历》：“白草青烟知～，红莲渌水听鸣琴。”清《龙图耳录》五一回：“偏偏的庙内和尚俱各吃素，赵虎他却耐不得，向庙内借了碗盏家伙，自己～。”

【起寨】 qǐ zhài ❶ 建立营寨。宋欧阳修《乞令边臣辨明地界》：“虽有勾当事人，并不能先诇探得～事端；及已立了寨栅，又不能预防侵界之患。”《三朝北盟会编》卷一四三：“粘罕初围太原，有保正石竧～于西山，保聚村民人甚众。”△清《薛刚反唐》一回：“我们住的黄草山万不及此，若得此山～，便是兴龙之地。” ❷ 犹“起营”。寨，营垒。宋《三朝北盟会编》卷二〇七：“彦舟认是牛皋、徐庆等兵至，遂不战～而走。”《元曲选外编·五侯宴》三折：“收军锣行营～，贺凯歌得胜旗摇。”元明《水浒传》八八回：“次日，便依卢俊义之言，收拾～，前至阵前。”

【起住】 qǐ zhù ❶ 聘请住持。明宋濂《蒲庵禅师画像赞》：“浙省左丞相达公九成慕师精进，～苏之虎丘。辞不赴。” ❷ 起止；开始和终止。明《西游记》四一回：“我虽司雨，不敢擅专。须得玉帝旨意，吩咐在那地方，要几尺几寸，甚么时辰～。” ❸ 起居；作息。清《红楼梦》七二回：“原来那司棋因从小儿和他姑表兄弟在一处顽笑～时，小儿戏言，便都订下将来不娶不嫁。”

【起咨】 qǐ zī 启禀；禀告。《大唐三藏取经诗话》一〇则：“～和尚，此是女人之国，都无丈夫。”

【起奏】 qǐ zòu ❶ 起身禀告。唐张鷟《朝野佥载》卷四：“周则天内宴甚乐，河内王懿宗忽然～曰：‘臣急告君。’”宋周密《武林旧事》卷七：“后苑进沆瀣浆，雪浸白酒。上～曰：‘此物恐不宜多吃。’太上曰：‘不妨。’”清《聊斋志异·绛妃》：“余屡请命，乃言：‘……烦君属檄草耳。’余惶然～：‘臣学陋不文，恐负重托。’” ❷ 启奏；向皇帝报告。宋欧阳修《与梅圣俞书》：“如晦所欲已～，难于更奏，蔡州亦应须得。”明《拍案惊奇》卷三一：“再欲～，另自添遣兵将。”清《二度梅》二回：“我一进京到任之后，就要～卢杞、黄嵩这一班奸贼。”

【起坐】 qǐ zuò ❶ 起居；日常居止作息。唐智闲《出家颂》：“从来求出家，未详出家称。～只寻常，更无小殊胜。”明袁宗道《看华严经》：“六时～疏钞里，剥啄由他不启扃。”清《红楼梦》三四回：“虽说是姐妹们，到底是男女之分，日夜一处～不方便。” ❷ 动止；起行与停止或休息。唐李郢《赠罗道士》：“五岳真官随～，百年风烛笑荣华。”韩愈《元和圣德诗》：“四方节度，整兵顿马。

上章请讨，俟命～。皇帝曰嘻，无汝烦苦。"元《三国志平话》卷中："又不闻曹公～常有一十万军、百员将，常得胜利，图名于后。" ❸ 离开座位；从座位上站起身。唐韩愈《示爽》："念汝欲别我，解装具盘筵。日昏不能散，～相引牵。"宋欧阳修《醉翁亭记》："觥筹交错，～而喧哗者，众宾欢也。"清陈端生《再生缘》二六回："征东元帅喜非常，～殷勤递一觞。" ❹ 个人积蓄；私房钱。金《董解元西厢记》卷六："几文～，被你个措大倒得囊空。"又："常住钱不敢私贷。贫僧积下几文～，尽数分付足下。" ❺ 歇息；临时坐卧。清《儒林外史》四回："僧官因有田在左近，所以常在这庵里～。"《红楼梦》五五回："只不过略略的铺陈了，便可他二人～。"《镜花缘》六八回："卞滨每逢做戏筵宴，就在此地～，取其宽阔敞亮。" ❻ 指供起坐休息的房间；起居室。清《野叟曝言》三八回："将第三进上房五间，东边做水夫人卧房，西边做田氏卧房，中一间，空作～。"《蜃楼志》六回："原来河泊所衙署狭窄，这归氏母女同住着三间房子，中间一个小小～。" ❼ 举止；举措。清《聊斋志异·阿纤》："以足床来置地上，促客坐；又携一短足几至，往来蹀躞。山～不自安，曳令暂息。"《歧路灯》四三回："白兴吾只得把茶斟满，三个盘儿奉着，献与谭绍闻。绍闻～不安，只得接了一盅。" ❽ 特指跟身分相关的礼仪举止，或者讲究这样的礼仪。清《儒林外史》五三回："只是那王孙公子们来，他却不敢和他～，只许垂手相见。"《红楼复梦》八〇回："此时芙蓉已奉老太太之命，与珍珠、惜春一样～，不在执事姑娘之列。"

【起座】 qǐ zuò ❶ 同"起坐❸"。明陈谟《乡饮酒读法诗序》："有充然饱德之实，无～喧哗之失。"清《红楼梦》六二回："香菱近日学了诗，又天天学写字，见了笔砚便巴不得，连忙～说：'我写。'"《歧路灯》九回："席完～，女婢捧出茶来。" ❷ 同"起坐❺"。清袁枚《子不语》卷四："景榻于楼之外间，王榻于楼之内间，让中一间为～所。"

qì

【气】 qì ❶ 气焰；权势。唐柳宗元《送娄图南秀才游淮将人道序》："相贸为资，相易为名，有不诺者，以～排之。"宋王安石《主客郎中知兴元王公墓志铭》："府帅王嗣宗恃～侮折其属为不法，以故久之莫敢为通判者。"清吴伟业《中宪大夫王公畹仲墓志铭》："蜀府宗人以～渔食乡里，市人叫噪，操白梃逐之。" ❷ 生气；发怒。唐韩愈《刘统军碑》："德宗之始，为曲环起。奋笔为檄，强寇～死。"《元曲选·窦娥冤》二折："这言语听也难听，我可是～也不～。"清《歧路灯》七八回："回到家中，整整～了一天。" ❸ 生气的情绪。金《董解元西厢记》卷二："不惟眼辨与身轻，那更马疾手妙，盘得两个～一似撺掇。"明《醋葫芦》一四回："定要摆布得他个一佛不出世，二佛不升天，才出我这口～哩。"清《红楼梦》五九回："你再略煞一煞～儿。" ❹ 使生气。明《醋葫芦》一四回："倒被他贴了面花，做了哑巴子，～死我也！"清吴伟业《秣陵春》二四出："就把黄展娘名字报上，活活～～那个老驴。"《红楼梦》八〇回："请医疗治不效，众人都说是香菱～的。" ❺ 量词。用于动作，表示一次呼吸或一个动程所完成的动作量。《元曲选·张生煮海》三折："小僧一～走到二百里，拾了一个性命。"明《西游记》五九回："那罗刹渴极，接过茶，两三～都喝了。"清《飞龙全传》二三回："匡胤接过手来就是一口，做几～一连吃个干净。"

【气岸】 qì àn ❶ 气概；气势。唐刘宪《大唐故右武卫将军乙速孤府君碑铭》："～环杰，志力雄武。持军以礼，阴德有征。"明无心子《金雀记》二〇出："阃外提师号令齐，炎威～横千里。"清《豆棚闲话》三则："雄纠纠难束缚的～，分明戏海神龙；意悠悠没投奔的精神，逼肖失林饿虎。" ❷ 意气昂扬或雄豪高傲；威风凛凛。宋黄庭坚《定风波·次高左藏使君韵》："莫笑老翁犹～，君看，几人黄菊上华颠？"金李俊民《杜门》："恶客就中多～，时时下马系堂阶。"明徐渭《四声猿·女状元》三出："督邮虽～，要见何妨见。"

【气傲】 qì ào 犹"气岸❷"。《元曲选外编·降桑椹》一折："他每便语话言谈，气势偏高，腆着脯向人前～。"明叶宪祖《团花凤》一折："白秀才寒酸～，老身懒得到他家去。"《西游记》六三回："眼多闪灼幌金光，～不同凡鸟类。"

【气不分】 qì bù fèn 同"气不忿"。明《二刻拍案惊奇》卷二："妙观见说到对局，肚子里又怯将起来，想着说到这话，又有些～。"

【气不忿】 qì bù fèn 气愤难平；气愤得不能再气愤。明《西游记》二七回："怎禁八戒～，在旁漏八分儿唆嘴。"《梼杌闲评》八回："就是他同伙中也有～的，老爷多请几位计议。"清《红楼梦》三一回："你们～，我明儿偏抬举他。"

【气不愤】 qì bù fèn 同"气不忿"。明《金瓶梅词话》一二回："这个都是人～俺娘儿们，作做出这样事来。"《型世言》九回："是晚间咱丈夫～的，去骂他。"清《野叟曝言》六三回："众船户中原有有良心的，却怕这秃子，不敢说公道话儿。被难之人都～。"

【气不伏】 qì bù fú 不伏气；不甘心情愿。明《二刻拍案惊奇》卷七："随来的家人也尽有不平的，却见主母已随顺了，吕使君又是个官宦，谁人敢与他争得？只有～不情愿的，当下四散而去。"△清《海上花列传》一四回："朴斋见来意不善，虽是～，却是惹不得。"

【气不干】 qì bù gān 犹"气不伏"。明《拍案惊奇》卷三八："况且自己兄弟，还情愿的；让与引孙，实是～。"《二刻拍案惊奇》卷一九："我们眼前没个传家的人，别处平白地寻将来，要承当家事，我们也～。"

【气不过】 qì bù guò 气愤得不能容忍。明杨继盛《赴义前一夕遗属》："不可因他是官宦人家女，便～，生猜忌之心。"屠隆《彩毫记》二三出："我好～，不免等他升殿坐朝时，赶出去殿上羞他一场。"清《水浒后传》二回："我辛苦了几年，挣得这个前程，被你们送了，实是～。"

【气不平】 qì bù píng ❶ 意气壮盛，难以抑制。唐卢照邻《刘生》："刘生～，抱剑欲专征。"张籍《赠赵将军》："当年胆略已纵横，每见妖星～。"明佘翔《酬许希旦赠别之作》："河梁别酒见交情，倚剑当年～。" ❷ 气愤难平；感到气愤难平。《五灯会元》卷七《德山宣鉴禅师》："后闻南方禅席颇盛，师～。"清《霓裳续谱·郭巨埋儿》："风波亭屈死了忠良将，人人听说～。"

【气不上】 qì bù shàng 犹"气不过"。清《醒世姻缘传》三四回："你得了这点子东西，白日黑夜的谨慎。如今咱这里人都极眼浅，不知有多少～的哩。"

【气不舍】 qì bù shě 怒气难以平息。明《金瓶梅词话》九回："武二又～，奔下楼，见那人已跌得半死。"又八四回："后面殷天锡～，率领二三十闲汉，各执腰刀短棍，赶下山来。"

【气长】 qì cháng 气壮；有气概；有光彩。《元曲选外编·遇上皇》一折："当官休了，我也～，那其间好嫁别人。"明汤显祖《邯郸记》六出："少他呵，紫阁金门路渺茫；上天梯，有了他～。"清《歧路灯》七一回："后来晚生下辈，会说清白吏子孙，到人前～些。"

【气窗】 qì chuāng ❶ 通气的窗。宋李复《乞置弓箭手堡》："盖各潜于穴，不能相救。贼前厄其门，寻～灌浸熏燎。" ❷ 借指蠹虫蛀的穴孔，俗称虫眼。宋欧阳修《洛阳牡丹记》："其旁又有小穴如针孔，乃虫所藏处，花工谓之～。"

【气凑】 qì còu 呼吸急促。清《杏花天》一三回："汗淋～，堕下征鞍。"《红楼梦》二九回："一行啼哭，一行～；一行是泪，一行是汗。"

【气得过】 qì dé guò 气愤程度可以忍耐。《元曲选·丽春堂》一折："我为副将军，一连三箭无一箭中的，将锦袍玉带都着四丞相赢将去了，怎么～。"明《拍案惊奇》卷三八："讨得这番发恼不打紧，连家私也夺去与引孙掌把了。这如何～。"清《醒世姻缘传》三三回："你待几日，我也～。刚才昨日上了学，今日就妆病。"

【气度】 qì dù ❶气质风度。五代和凝《吴越文穆王钱元瓘碑铭》："耸风姿而岳立，蕴～以川渟。"明无心子《金雀记》三〇出："三贞九烈堪钦讶，从容～真幽雅。"清《绿野仙踪》四七回："如玉见何公子丰神潇洒，～端详，像个文雅人儿。" ❷胸襟气魄。宋周羽翀《三楚新录》卷一："麾下将丁思觐，雄杰之士，以希范～不广，乃上书。"元辛文房《唐才子传》卷五《孟郊》："当时议者亦见其～窘促，卒漂沦薄宦。"明《西洋记》一二回："却说这个万岁爷终是个皇王～，天地无私。" ❸习气；意气。宋王谠《唐语林》卷一："性本倔强，与济不叶，危急归命，河朔～尚在。"魏了翁《水调歌头·范靖州良辅生日》："收拾五湖～，卷束蟠胸兵甲，春意满人间。" ❹指诗文书画的气韵。《宋高僧传》卷六《唐处州法华寺智威传》："天与多能，富有辞藻。著桃岩寺碑，与头陀寺碑～相表。"明方孝孺《题宋仲珩草书自作诗》："文敏妙在其行，奕奕得晋人～，所乏者格力不展。" ❺气派；体面。元明《水浒传》七五回："杀得他人亡马倒，梦里也怕。那时方受招安，才有～些。"明《醒世恒言》卷二二："飞将剑去斩了黄龙，教人说俺有～；若不斩他，回去见师父如何答应？"

【气短】 qì duǎn ❶呼吸短促；气力不足。宋朱熹《与黄枢密书》："顾衰病之餘，～辞拙，不能言利害之实。"明王思任《屠田叔笑词序》："日居月诸，堆堆积积，不觉胸中五岳坟起。欲叹则～，欲骂则恶声有限，欲哭则为其近于妇人，于是破涕为笑。"清陈端生《再生缘》七三回："多只为，忧思郁结病魔侵，以致于，～神虚睡不宁。" ❷气度小；魄力低。宋《二程遗书》卷二上："天祺自然有德气，似个贵人气象，只是却有～处。规规太以事为重，伤于周至，却是气局小。" ❸气不平；豪情或气愤难以抑制。明徐复祚《投梭记》二六出："指日江东应纳款，且将阵势排鹅鹳。〔笑介〕笑谢鲲见短，好教人～。"袁宏道《齐云》："徽人好题，亦是一僻。仕其土者，薰习成风，朱书白榜，卷石皆遍。令人～。"清《说岳全传》二三回："真中必有情弊。倘若有冒功等事，岂不使英雄～，谁肯替国家出力。" ❹志气沮丧；情绪低落。清《歧路灯》三九回："城内死了一个益友，又走了一个益友，竟是少了半个天，好不令人～。"

【气分】 qì fèn ❶气息；风气。宋苏轼《法云寺礼拜石记》："闻我佛修道时，刍泥巢顶，沾佛～，后皆受报。"明锺惺《寄答王半庵中丞》："今之～愈俗，而职务日以废坠，世日以乱。" ❷缘分。《元曲选·风光好》三折："你可休'一春鱼雁无音信'，却教我'千里关山劳梦魂'。我和你两情调两意肯，这谐合有～。"明袁中道《游居柹录》卷七："予最粗疏，然阅此殊有深解，岂前生于般若稍有～耶？" ❸身分；气概；体面。元关汉卿《调风月》二折："待争来怎地争？待悔来怎地悔？再怎补得我这有～全身体？"明汤显祖《紫箫记》七出："堪笑，月华姬、丛台女，空教～销。"清《醒世姻缘传》一〇回："要早发书搭救，恐怕输了官司，折了～。"

【气忿】 qì fèn ❶同"气分❸"。《元曲选外编·哭存孝》二折："着俺把各自姓排头儿问，则俺这叫爹娘的无～。今日个嫌俺辱末你家门，当初你将俺真心厮认。" ❷生气；愤怒。元施惠《幽闺记》三九出："老夫一时～，不曾问得详细。"明何乔新《为隐匿贼情谋陷城池等事奏》："自因伊妾秀真在家炒闹，要得责打。本妇～，在于茶房内自缢身亡。"清《歧路灯》五一回："看见这个光景，心下好不～。" ❸恨；怨恨。明《西湖二集》卷一七："后来达识帖木尔～杨完者不过，遂与张士诚同谋，以其精兵，出其不意，围杨完者于德胜堰。"清《万花楼》一二回："这贼狄青如此狠恶，不独太师爷动恼，小人等也～于他。"又三五回："实在～他不过。" ❹怒气；怒火。明沈璟《义侠记》二五出："直恁痴愚惹祸灾，教人～如何耐？"《二刻拍案惊奇》卷一六："陈祈是～在胸之人，虽是幽暗阴森之地，并无一些畏怯。"清《品花宝鉴》一九回："潘三见蕙芳殷勤委宛，便把从前的～消了一半。" ❺愤怒和怨恨。清陈端生《再生缘》六〇回："只等得，神思困倦双眸合；只等得，～交加两黛攒。"《品花宝鉴》三六回："琴言此时～交加，又不便发作。"

【气愤】 qì fèn ❶同"气忿❷"。唐韩愈《处士卢君墓志铭》："念河南势弗可败，～弗食，欧血卒。"《元曲选·举案齐眉》二折："人都道孟德耀有议论，梁秀才甚～。"清《说岳全传》六八回："家父回家，～身亡。" ❷同"气忿❹"。明《禅真后史》二三回："兄弟本因一时路见不平，放箭射伤那人，以消～。"清《绿野仙踪》六〇回："温如玉鼓着一肚子～，走入州衙。"

【气概】 qì gài ❶气节；高贵品质。唐张说《赠户部尚书河东公杨君神道碑》："事因感激，～生焉；时逢屯难，勋业成焉。"明徐渭《赠族兄序》："大其门户，美其衣食，高者以明经为生员，次亦以～雄视一乡。"《醒世恒言》卷二九："若是这种人，是不肖者所为，有～的未必如此。" ❷气度；气质神态。五代贯休《寄杜使君》："有时作章句，～还鲜逸。"元马致远《青杏子·悟迷》："～自来诗酒客，风流平昔富豪家。"清《儒林外史》四一回："沈琼枝看见两人～不同，连忙接着，拜了万福。" ❸气派；体面。唐符载《甘子堂各赋一物诗序》："兹堂一构，官舍增～。"《元曲选·荐福碑》三折："再休题三封书与我添些儿～，怎知道救不得我月值年灾。"清《十二楼·归正楼》二回："毕竟要去走走，替朝廷长些～。" ❹有气派；有体面。宋刘一止《临江仙·饯别王景源赴临江军》："大江旁畔老诸侯。举觞仍～，觅句更风流。"明《金瓶梅词话》一回："看相应的典上他两间住，却也～些，免受人欺负。"清《续金瓶梅》四六回："门首吹吹打打、烈烈轰轰，好不～。" ❺威势；气焰。《元曲选·谢金吾》一折："元来你倚着丈人行的～，就待欺负咱年华高迈。"明徐复祚《红梨记》九出："我王黼平日～，天子不怕，不意见了金丞相，软做一堆。"清《红楼梦》七九回："一月之中，二人～都还相平；至两月之后，便觉薛蟠的～渐次的低矮了下去。" ❻景象；样态。明《西游记》七八回："在街市上行彀多时，看不尽繁华～。"《封神演义》八三回："又言四位道人出来，身穿大白衣，体态凶顽，各有妖氛～。"清《十二楼·生我楼》一回："到底是丰衣足食，莫说别样，就是所住的房产，也另是一种～。" ❼本事；出息。明《金瓶梅词话》五二回："王家那小厮有甚大～。几年儿了，脑子还未变全，养老婆还不勾俺每那咱撒下的。"

【气敢】 qì gǎn 气壮敢为。唐权德舆《大唐四镇北庭行军兼泾原等州节度刘公纪功碑铭》："是拜居秦之北地，汉之回中，俗修武备，而尚～。"又《唐故义武军节度使张公墓志铭》："以雄略～，从渔阳之师，每建奇功。"沈亚之《旌故平卢军节士文》："航本莱人，常以～闻于平卢军。"

【气高】 qì gāo 犹"气岸❷"。元王嘉甫《八声甘州》："待等些～，难禁脚拗，不由人又走了两三遭。"明汤显祖《牡丹亭》四四出："俺满意儿待驷马过门，和你离魂女同归～。"清《豆棚闲话》五则："那些亲戚，只晓得他傲物～，不想到别处干这生涯。"

【气格】 qì gé ❶气度品格。唐裴度《寄李翱书》："故文人之异，在～之高下，思致之浅深，不在其磔裂章句，隳废声韵也。"《元曲选·救孝子》二折："媳妇儿也，你心性儿淳，～儿温，比着那望夫石不差分寸。"清《野叟曝言》五回："他这面貌虽是艳丽，却也十分端重，妩媚之中，带些幽贞～。" ❷指诗文书画的格调。唐窦泉《述书赋》："（嵇康书法）精光照人，～凌云。力举巨石，芳逾众芬。"明袁中道《阮集之诗序》："国朝有功于风雅者，莫如历下。其意以～高华为主。"清吴伟业《且朴斋诗稿序》："大抵映薇之诗，首尚～，次矜精采。"

【气骨】 qì gǔ ❶诗文的气势骨力。唐吴融《禅月集序》："国朝为能歌诗者不少，独李太白为称首。盖～高举，不失颂咏风刺之道。"明袁中道《长孺斋中有述》："丘生为家何落魄，丘生为诗好～。"清《续金瓶梅》四六回："六朝多用词藻，元魏还有～，故此说南人不及北人。" ❷气概；骨气。唐骆宾王《上齐州张司马启》："风情疏朗，霜明月湛之资；～端严，雪白水清之概。"明孙仁孺《东郭记》一一出："我看他倜傥风神，昂藏～，善为谈笑，巧于滑稽，当是不羁之士。"清《红楼梦》八〇回："如今习惯成自然，反使金桂越发长了威风，薛蟠越发软了～。" ❸天生的气韵骨格；由这种气韵骨格所决定的命运。明袁中道《重修寂光寺碑记》："吾观真权，～不凡，宛有大人之相。"《西湖二集》卷三："晓得命运不济，终是山林～，次日遂坚辞了左春坊、左谕德之命。"清《绿野仙踪》一五回："于冰哈哈大笑，都叫到面前，看了看～，向逢春道：'那孙儿皆进士眉目也。'"

【气蛊】 qì gǔ ❶腹部鼓胀的病症。宋洪迈《夷坚志》三壬卷二："病腹下～，病块如覆盆。"明李时珍《本草纲目》卷三："莱菔子，气胀～，取汁浸缩砂，炒七次，为末服。"清《续金瓶梅》二八回："弄出一件怪病来，象是～，又象是酒胀，其腹彭彭虚胀起来。" ❷气愤；恼怒。元高明《琵琶记》九出："也不索～。既受托了苹蘩，有甚推辞。"明《二刻拍案惊奇》卷一六："心中～，染了牢瘟，病将起来。"《禅真后史》一〇回："我也思量夫妻之情，虽有些～，只索含忍。"

【气吼】 qì hǒu ❶喘息；气喘。明袁于令《西楼记》三四出："甫能够送将穆氏帝京游，又寻叔夜江南走。可这千里马儿不容～，紫丝缰何尝轻放手？"清朱素臣《翡翠园》七出："奔得～，眼睛糊糊涂涂。" ❷气急吼叫。清洪昇《长生殿》一五出："请罢休，免～，不如把这匹瘦马同骑一路走。"

【气候】 qì hòu ❶生命征象；先天形成的生命特性。唐薛曜《服乳石号性论》："年岁迟暮，～衰竭，食饮失宜。此石气胜人，无不发动。"李光弼《辞疾让官表》："忽此危亟，～奄然，将冥没圣代，长辞白日。"明汤显祖《南柯记》四四出：〔生〕我的妻呵。〔旦〕人天～不同，靠远些儿也。" ❷比喻成果、规模、局面。明贾仲明《凌波仙·吊狄君厚》："延祐至治承平世，养人才，编传奇，一时～云集。"清纪昀《阅微草堂笔记》卷一一："僧寮无宁宇，始施咒术。而～已成，党羽已众，竟不可禁制矣。"《飞龙全传》三四回："虽然郭威登了皇位，日月一新，然不过应运兴基，～不久。" ❸指形成成果、规模的条件或时机。明《拍案惊奇》卷一："故此是天然蜕下，～俱到，肋节俱完的，与生擒活捉、寿数未满的不同。"《型世言》三九回："这妖蛟，他～便将成龙，只该静守，怎贪这蚌珠，累行争夺，竟招杀身之祸。"清《绿野仙踪》三七回："至于法术两字，不过藉他防身，或救人患难，～到了，我自然以次相传。" ❹（数量、能力等）达到的程度。明《型世言》三五回："这和尚是来印经，身边倒有百来两～。他是个孤身和尚，我意欲弄了他的，如何？"清《醒世姻缘传》八二回："这刘振白的长夫人，一个混帐老婆而已，能有多大～，禁不起几场屈气，也就跟了周都督往阴司去了。" ❺指运气、命运。明李实《北使录》："大明皇帝与我是大仇，自领军马与我厮杀。天的～落在我手里。"又："亦非我每勇力，乃天的～。"

【气局】 qì jú 气度格局。宋《二程遗书》卷二上："天祺自然有德气，望之有贵人之象，只是～小，太规规于事为重也。"明《型世言》一八回："正喜有提醒激发处，能令丈夫的不为安逸困苦中丧了～，不得做功名中人。"清《歧路灯》一四回："我家大相公，自从俺大爷不在之后，～不胜以前。"

【气苦】 qì kǔ ❶生气恼怒。元明《水浒传》二六回："我说与你，你却不要～。"清于成龙《严禁赌博谕》："还有互相争竞被人殴死者，亦有叠输～杀死人命者。"《飞龙全传》一三回："你也不必～了，这财帛是人挣下的。" ❷痛苦委屈；痛苦烦恼。清《红楼梦》八〇回："秋菱虽未受过这～，既到此时，也说不得了，只好自悲自怨。"《绿野仙踪》二五回："再说朱文魁被大盗劫去家财妻子，自已头上又撞下个大窟，满心里凄凉，一肚子～。"《品花宝鉴》五一回："他的～无门可诉，只好在外面逢人便说。"

【气块】 qì kuài ❶气郁形成的肿块。宋洪迈《夷坚志》支庚卷七："李肋下生一～，挼之不痛，药之不损。"元王好古《汤液本草》卷下："（北庭砂）补水脏，暖子宫，消冷癖瘀血、宿食、～、痃癖。"清《医宗金鉴》卷八五："内关穴，主治～上攻心胸，胁肋疼痛。" ❷指气愤或愁闷。清《野叟曝言》一二七回："已立誓不嫁他的了，如今又先娶有奶娘之女，添一～，怎还肯嫁他？"

【气力】 qì lì ❶指回报、帮助。五代何光远《鉴诫录》卷三："僧临去，谓侯母曰：'女弟子当九九后福，合得儿子～。'"元明《水浒传》三五回："你兄弟宋清未回时，多得朱仝、雷横的～。"明张凤翼《红拂记》一七出："我早知如此，悔不把这妮子赠与李靖，也得他些～。" ❷财力；钱物。宋佚名《昭忠录》："宣唤不觑面皮正当底人谢枋得，就交魏天佑上大都。来的时分就省里索～，一同带将来者行省委官。"元《通制条格》卷七："每年放军还家，置备鞍马、军需、～。"清吴伟业《冒辟疆五十寿序》："有皖人者，流寓南中，故奄党也，通宾客，畜声伎，欲以～倾东南。" ❸效力；能量。元明《水浒传》二三回："武松拿起碗，一饮而尽，叫道：'这酒好生有～。'"

【气量】 qì liàng 胸怀度量。唐李程《河东节度使李光颜神道碑》："尔有～，终当光大。"明徐复祚《一文钱》二出："自来不曾见这样财主，家私铜斗般，～芝麻大。"清《醒世姻缘传》九八回："这周相公真是个好人，要是个小人～的，想着那尿屎浇头，等不得有这一声。"

【气楼】 qì lóu 流通空气用的楼式建筑。《续资治通鉴长编》卷四八五："诸狱皆置～凉窗，设浆饮荐席。"辽佚名《洪福寺碑铭》："谓厨堂则～迤逦，炼甫恢弘。烹乳酪之珍馐，造醍醐之上味。"明《封神演义》四〇回："启丞相：三济仓连～上都淌出米来。"

【气脉】 qì mài ❶堪舆家称山水走向中的气运运行情况。唐杨筠松《葬法倒杖》："脉急中冲用逆杖，以旁求龙之倚穴，如龙势雄强，～急硬，饶减转跌。"明汤显祖《南柯记》三六出："俺曾看见国东十里外蟠龙冈，～甚好，何不请葬此地？"清袁枚《子不语》卷三："若葬此，子孙虽贵，但～大迟，恐在六七世后耳。" ❷植物营养运行的脉络，也指其营养运行情况。唐佚名《灌畦暇语》："始萌其根株，又发其颜色，始毓其躯干，又流其～。其眷眷至于如此，则茨之积也安得而不厚？"明朱橚《救荒本草》卷一："（夏枯草叶）背白，上多～纹路。”清《红楼梦》三一回：“花草也是同人一样，～充足，长的就好。” ❸ 书画诗文的气势脉络。唐张彦远《历代名画记》卷二：“一笔而成，～通连，隔行不断。”明《警世通言》卷一八：“本县拔得个首卷，其文大有吴越中～。”清毛先舒《诗辩坻》卷三：“《古柏行》，起六句莽莽疏直，故以‘云来气接巫峡长’二微语承之。或云～不属，宜有讹，已可笑。” ❹ 山川来势走向。宋苏轼《黄河》：“活活何人见混茫，昆仑～本来黄。”元熊梦祥《析津志辑佚》：“燕代之山，嬗婉西来。～趋海，折而东回。”清屈大均《广东新语》卷四：“盖会城沙水～，起伏周环，有情有势，真天地造设之奇。” ❺ 水利、交通的运转。宋魏岘《四明它山水利备览》卷上：“堨与池虽无与于堰，而水源皆出于它山，实关一郡之～，故并及之。”明王鏊《安平镇治水功完碑铭》：“都下会通河实国家～，而张秋又南北之咽喉。”清法式善《陶庐杂录》卷五：“军需为荡寇之先资，驿站通国家之～。” ❻ 气运，多指山川地理所显示的国家或家族的气运。宋俞厚《祭吕东来先生》：“三四年间，～顿薄。海内师友，相继陨落。”明王士性《广志绎》卷二：“长安，勋戚伯、恩泽侯、金吾、驸马、玉带无岁无之，……盖京师大～，官家得以餘勇贾人。”清玄烨《金太祖世宗陵碑文》：“故明惑形家之说，谓我朝发祥渤海，～相关。天启元年，罢金陵祭祀。二年，拆毁山陵，劚断地脉。” ❼ 往来联络的信息、通道或格局。宋薛季宣《朝辞札子二》：“盖地分则人自为守势，连则～相通。”明唐顺之《送邑令李龙冈擢户部主事序》：“余以为其自同者始于～之相贯，其自异者始于～之相壅。是以长、正与司徒～恒相通，惟司牧焉是赖。”清《平定两金川方略》卷五六：“若能攻得，则官兵渐逼向西，局势更展，与额森特现驻之一带卡栅，～络绎，可成犄角之势。” ❽ 直系亲属相承的关系；血缘。宋陈著《霓裳中序第一·寿王之朝》：“华胄银青～，仙风斑白须眉。”明陆容《菽园杂记》卷一三：“夫朝廷恩典，既因支子而追及其先世，则祖宗之～，自与支子相为流通矣。”清《姑妄言》二〇回：“我若收了你去，又有你本夫些～。我清白人家，怎肯养个杂种？” ❾ 也指人际关系的中枢或学术流派的沿承。宋魏了翁《水调歌头·刘左史光祖生日庆八十》：“学宗师，人～，国精神。不应闲处袖手，试与人经纶。”洪咨夔《水调歌头·送曹侍郎归永嘉》：“～中庸大学，体统采薇天保，几疏柘袍红。”明乌斯道《送阐禅师往庐山》：“东汉风声靡，西来～长。” ❿ 财税或生活的负担，或指承受这种负担的能力。宋李曾伯《乞贴科四川制总司秋籴本钱奏》：“蜀民当此大兵之后，稍苏今年之～。”明范景文《革大户行召募疏》：“中人之产，～几何。役一著肩，家便立倾。”胡应麟《贺张侯考绩荣封序》：“顾黎元～日铲削而月枯槁。” ⓫ 气力；生命力。明《金瓶梅词话》八七回：“那妇人能有多大～，被这汉子隔桌子轻轻提将过来。”清《龙图耳录》七六回：“一个老头子有多大～，连吓带累，准死无疑。”

【气闷】 qì mèn ❶ 气血运行郁结或呼吸不畅；憋闷。唐孙思邈《备急千金要方》卷五：“亦名破积乌头丸，主心腹积聚、～胀疝。”清魏之琇《续名医类案》卷一九：“舍弟登山，为雨所博，一夕～，几不救。”《醒世姻缘传》四回：“却说珍哥这一夜胀得肚如鼓大，～得紧。” ❷ 心情郁闷，没有趣味。《景德传灯录》卷一〇《茱萸山和尚》：“只恁么白立，无个说处，一场～。”明吴中情奴《相思谱》七折：“敢问相公，可是要湖上耍子，在此～？”清《镜花缘》二六回：“他们满口唧唧呱呱，小弟一字也不懂，好不令人～。” ❸ 使人郁闷、烦恼或琢磨不透。宋《朱子语类》卷七八：“或言：‘赵岐《孟子序》却自好。’曰：‘文字絮，～人。’”清《霓裳续谱·乡里亲家》：“你这泼妇，咳，～人，把人～。”《荡寇志》八九回：“他同我爹爹一般脾气，惯做～事，别人再没处摸头脑。” ❹ 烦恼；恼怒。宋元《古今小说》卷三六：“你休要～，到明日闲暇时，大家和你查访这金丝罐。”明《醒世恒言》卷三四：“可笑长儿把这钱不看做倘来之物，反认作自己东西，重复输去，好不～。”清《飞龙全传》二五回：“我一时～，回到山寨调兵，指望前去捉他报仇。” ❺ 因空气不畅或环境压抑而憋闷。元明《水浒传》二五回：“这妇人便去脚后扯过两床被来，匹脸只顾盖。武大叫道：‘我也～。’”明屠隆《昙花记》三六出：“被罚做个癞黑蟆，终日只躲在泥坑里，好生～。”清《风流悟》六回：“见了钻头不进的草屋，不是牛屎臭，定是猪粪香，房里又～，出门又濠野。” ❻ 怒气。清《歧路灯》六二回：“心里萦记家事，半夜少眠，又生些～，眼中有了攀睛之症。”

【气命】 qì mìng 气息性命。唐宋伯宜《对泉货策》：“然则养群黎之～，为万姓之衣被，苟异农桑，义难丰渥。”宋元《古今小说》卷三六：“他那卖酸馅架儿上一个大金丝罐，是定州中山府窑变了烧出来的，他惜似～。”明朱有燉《香囊怨》二折：“我将这一篇词珠玉般牢收定，攻心肝～儿般看承。”

【气恼】 qì nǎo ❶ 气愤烦恼。宋杨士瀛《仁斋直指》卷六：“若人性多～，夹气伤食，气滞不通，加川芎。”明柯丹邱《荆钗记》一〇出：“听他道，越～，无知贱人不听教。”清《绿野仙踪》五六回：“我养出这样子女来。到不如他死了，我还少～些。” ❷ 指气愤烦恼的折磨或引发气愤烦恼的事端。《元曲选·渔樵记》二折：“你看我似粪土之墙朽木材。断然是捱不彻饥寒，禁不过～。”明《西洋记》七四回：“我如今甚么要紧，不去受用他，反去受他的～？”清《红楼梦》六回：“狗儿未免心中烦虑，吃了几杯闷酒，在家闲寻～。” ❸ 指气愤烦恼的情绪。明杨爵《家书》：“便告我何害，我亦不生～。”《醒世恒言》卷三七：“杜子春这一肚子～，正莫发脱处。”清方成培《雷峰塔》二五出：“急得我满胸中～，怎把俺恩爱儿夫来蔽着。” ❹ 使……恼怒；对……恼怒。明张四维《双烈记》三出：“须是甜言美语，见景生情，不可～了他。”《欢喜冤家》一七回：“且说于时去年～良宗不过，一心要将红鞋儿做成个红老鼠，使他坐馆不成。”

【气闹】 qì nào 因生气而吵闹。明《灯草和尚》一〇回：“他与女儿几句～，次日出去，就写休书来。”清《飞龙全传》八回：“只为不见了一个卖油的梆子，乐子在此～。”

【气馁】 qì něi ❶ 身体中气不足，呼吸乏力。宋陆游《九月一日夜读诗稿有感》：“力孱～心自知，妄取虚名有惭色。”明方孝孺《沈约论》：“方其年壮气盛，犹可以自胜；及乎年迈而衰，～而病。”王玉峰《焚香记》一六出：“喘吁吁～形消，未卜死生何兆。” ❷ 志气或胆气不足；怯懦。宋朱熹《答汪尚书》：“徒使人抱不决之疑，志分～，虚度岁月而依依耳。”明《西洋记》六二回：“张狼牙看见他有些～，抡起狼牙棒来，劈头就打。”清《绿野仙踪》二三回：“乔武举越赢越气壮，文魁越输越～，顷刻将三百银子输了个干净。”

【气怒】 qì nù 犹“气恼❶”。元明《三国志通俗演义》卷一五：“王上不可因一时之～，使百万生灵屈死于锋刃。”明宋濂《广辞季昶对张柬之语》：“季昶见柬之不能听其言，～甚，目光如炬。”清《飞龙全传》一三回：“你也不必～，快来动手。”

【气拍】 qì pāi ❶ 气性刚硬。拍，拍塞，充斥、充满之义。本字为“畐”，义为“满”，见《说文解字》。《祖堂集》卷一一《禾山和尚》：“若不直下当荷得，也须三十二十年丛林淹浸～汉始得。” ❷ 说书人用的醒木；官府用的惊堂木。明《平妖传》一五回：“瞿瞎子当下打扫喉咙，将～向桌上一拍，念了四句悟头诗句，说入正传。”《醒世恒言》卷三四：“卜才见大尹像道士打灵牌一般，把～一片声乱拍乱喊，将魂魄都惊落了。”《拍案惊奇》卷一七：“（府尹）敲着～问道：‘你娘告你不孝，是何理说？’”

【气派】 qì pài ❶气质;气势派头。清《红楼梦》三回:"这通身的~竟不像老祖宗的外孙女儿,竟是个嫡亲的孙女。"《绿野仙踪》六八回:"锦堂宏敞,规模较官殿无殊;廊房参差,~与朝班何异。"《补红楼梦》四五回:"下写着《调寄捣练子》:'花在眼,月当头,……'李纨道:'~雄丽,将来要成老手的。'" ❷有气势;气魄大。清《红楼梦》一七至一八回:"莫若直书'曲径通出处'这句旧诗在上,到还大方~。"

【气魄】 qì pò ❶人的精气与魂魄。《太平广记》卷二三二引《松囱录》:"渔人取视之,历历尽见五脏六腑,血萦脉动,竦骇~,因腕战而坠。"明《封神演义》四四回:"又过十四五日,姚天君将子牙精魂~,又拜去了二魂四魄。"清《野叟曝言》七七回:"他受屈身死,~强厉。小神又辨不出这段冤情,只得任他放肆了。" ❷指形成自然界基础的精气。宋张行成《皇极经世观物外篇衍义》卷六:"阳精之宗为日,天之神魂也;阴精之宗为月,天之~也。"明《西洋记》二回:"自地辟于丑,那一股的重厚~都融结在这块石头上。" ❸(自然界或诗文等的)力道;气势。唐李山甫《代张孜幻梦李白歌》:"华山秀作英雄骨,黄河泻作纵横才。巍峨宛似神仙客,一段风雷扶~。"明沈周《图琴川钱氏沁雪石》:"亭前峙奇石,兀可当一障。沁此万古雪,亘地~壮。"清张英《怀贤诗》:"为文尚~,汗漫常自喜。" ❹人的气概胆识;魄力。唐殷璠《河岳英灵集·薛据》:"据为人骨鲠有~,其文亦尔。"明孙仁孺《东郭记》二二出:"你看他凭人推拽,好是没~也。"清《儒林外史》四九回:"高老先生还未曾高发,那一段非凡~,小弟便知道,后来必是朝廷的柱石。" ❺人的气质;作派。明康海《粉蝶儿·贺登科》:"~如南阳卧龙,精神似渭水飞熊。"清《绿野仙踪》二二回:"衣履像个乞儿,举动又带些诗文~。"

【气怯】 qì qiè ❶身体元气不足。宋《太平惠民合剂局方》卷一〇:"禀受~小儿,可每日一服,最妙。"明袁于令《西楼记》八出:"但恐俚鄙之词,有污香颊。且吾卿病虚~,只是莫歌罢。"清曹庭栋《养生随笔》卷四:"于客岁病余,以此为消遣。时~体羸,加意作调养法。" ❷胆气不足;胆怯;气魄不够。宋《朱子语类》卷五二:"有一样人,非不知道理,但为~,更帖衬义理不起。"明《英烈传》二一回:"今日他挥兵杀来,我们便鸣金收兵,他必信我们~。"清《绮楼重梦》八回:"宝钗道:'碧箫的结句也还大方,可算第五。'李纨笑道:'"也擅"二字,便有些~词馁的光景了。'"

【气嗓】 qì sǎng 气管;喉管。清《醒世姻缘传》九二回:"剪刀不当不正,刚刚的戳在~之中,流了一床鲜血,四肢挺在床中。"

【气嗓头】 qì sǎng tóu 喉头。清《聊斋俚曲·姑妇曲》:"看了看,幸得刚搽着那~边儿。"

【气顙】 qì sǎng 同"气嗓"。明周瑛《内象说》:"人喉中有食、气二顙。~在前,食顙在后。~刚,乃气所出入;食顙柔,乃食所自入。"冯惟敏《耍孩儿·十自由》:"这些时打迭起闲声嗽,一任他淘干了~,叫破了咽喉。"

【气色】 qì sè 气势;气派。明《二刻拍案惊奇》卷一七:"从此参将与官府往来,添了个帮手,有好些~。"清吴伟业《秣陵春》三一出:"今日徐次乐传胪,轮该唱榜,在俺同乡也添些~。"钱谦益《贺任文升侍御考满帐词》:"伏以青蒲白简,凛横椈之威名;金钟大镛,壮本朝之~。"

【气识】 qì shí 气量胆识。唐常衮《授周若冰光禄少卿制》:"~沈和,风仪端伟。"明袁中道《申维烈时艺序》:"则予之不及维烈,岂独文字之技乎?~大不如也。"清《绣戈袍》三〇回:"少师真个因事处宜,因人器使,不愧宰臣~。"

【气丝】 qì sī 呼吸微弱,也指微弱的呼吸。明汤显祖《牡丹亭》一八出:"春睡何曾睡,~儿怎度的长天日。"清厉鹗《悼亡姬》之五:"几度~先诀别,泪痕兼雨洒芭蕉。"蒋士铨《香祖楼》三一出:"记得,傍肩窝细问卿;记得,~儿不能支病。"

【气叹】 qì tàn ❶叹息;喘息。宋项世安《项氏家说》卷三:"天理、人情、愤悱,相会于声嗟~之间,而成王之心已豁然而大悟矣。"明袁宗道《杂说》:"此翁无不如意者,而数数~何也?兄试谓我仕宦至为宰相,临终时有~否?"清《荡寇志》一〇四回:"众人急忙唤醒,宋江一口~转来。" ❷唉声叹气,形容焦急而又无奈。明《醒世恒言》卷一六:"陆五汉冷眼看母亲恁般着急,由他寻个~,方才来问道:'不见了什么东西?'"《拍案惊奇》卷三三:"再说刘安住等得~口渴,鬼影也不见一个,又不好走得进去。"《鼓掌绝尘》一七回:"正等得个~,意欲走进庄门。" ❸气息不足;泄劲。明《西洋记》八一回:"骂到日西,百夫人也骂得~,意思要去。"又:"百夫人一则是日西~之时;二则是猛空里走近前去,出其不意,吃他一惊。"

【气头】 qì tóu ❶正生气发怒。后多接方位词"上",表示在这个当口。明《挂枝儿·自悔》:"~上说了他几句生疏话。"《金瓶梅》二六回:"若出去,爹在~里,小的就是死罢了。"清《醒世姻缘传》八九回:"你~子上棱两棒槌,万一棱杀了,你与他偿命,我与他偿命?" ❷仓米最上面与空气接触的那一层。清雍正七年五月初十日葛森奏文:"但此项谷石贮仓将及两载,不无~廒底未免略有折耗。"《大清会典则例》卷四〇:"于年终盘察时,照存贮一年例,每石开报~谷三合,廒底谷一合。"

【气味】 qì wèi ❶景况;境遇。唐白居易《忆微之》:"三年隔阔音尘断,两地飘零~同。"宋苏辙《次韵王适东轩即事》之一:"三年~长如此,归计迟迟也自嘉。"清《都是幻·梅魂幻》二回:"如今便考了案首,做了秀才,~也只有限。" ❷神态;意态。宋洪迈《夷坚志》支乙卷三:"余察行步容止语言~,为男子无疑。"元乔吉《折桂令·赠张氏天香善填曲》:"胜浅浅兰烟、霏霏花雾、淡淡梅魂。这~温柔可人,那风流旖旎生春。"明朱国祯《涌幢小品》卷一四:"既为桧狎客,乃天下下流至不肖者,岂能复作此等忠义出格事?而桧老奸,岂有与其人久处而不能觉眉宇~,儿入其手?" ❸本色;习气;作派。明周晖《金陵琐事》卷一:"玉泉偶露布裤,与槐笑之曰:'穷相乃尔。'因出裤视之,与槐是绒,秋渠乃绫。玉泉曰:'也要存穷秀才~。'"《禅真后史》四八回:"诚笃之氓,并无一毫市井~,可敬可敬。"清《歧路灯》三七回:"儿子中了乡试,也成了门户人家,也就该阔大起来。谁知道改不尽庄农~,还是拘拘挛挛的。"

【气息】 qì xī ❶气味。唐元稹《人道短》:"天能种百草,莸得十年有~。"《元朝秘史》卷八:"那达达百姓歹~,衣服黑暗,取将来要做甚么?"清《红楼梦》八〇回:"我们爷不吃你的茶,连这屋里坐着还嫌膏药~呢。" ❷意味。引申指潜在的气质。《祖堂集》卷四《药山和尚》:"师曰:'此沙弥有些子~。'吾曰:'村里男女有什摩~?未得草草,更须勘过始得。'"宋觉范《禅林僧宝传》卷二五《隆庆闲禅师》:"南公喝曰:'许多时行脚,无点~。'对曰:'百千诸佛,亦乃如是。'"《古尊宿语录》卷四《镇州临济慧照禅师语录》:"大丈夫汉,不作丈夫~。自家屋里物不肯信,败么向外觅。" ❸消息;信息。宋黄庭坚《欧阳从道许寄金橘以诗督之》:"禅客入秋无~,想依红袖醉毯毬。"明夏良胜《别梓溪太史》:"~通万里,莫隔为天涯。"清《醒世姻缘传》一六回:"我们是怎样的相处,连一个~也不透些与我们。" ❹元气;活气。宋蔡襄《惠圣方后序》:"太宗皇帝一平宇内,极所覆之广,又时其~而大苏之。"《朱子语类》卷一:"非积乱之甚五六十年,即定~未苏了,是大可忧也。"元耶律楚材《寄岳君索玉博山》:"古庙多年无～,直消一炷返魂香。"明魏学洢《长水怨》:"小姑家海滨,闻之亦来依。虽非久居计,～聊得舒。" ❺ 精神;气度。宋李新《上孙运使书》:"至如摧坚擒敌处则～振然,往往失声攘袂而起。"明李日华《六研斋笔记》卷三:"鲁沐玄,风格高亮,～深稳。" ❻ 气性;声气。《元曲选·救风尘》一折:"也是你歹姐姐把衷肠话劝妹妹,我怕你受不过男儿～。"又《杀狗劝夫》二折:"不寻思当街上正是哥哥睡,直背的到家来不得口好～,倒吃顿泼拳搥。"清李斗《扬州画舫录》卷九:"揣摩一时亡命小家妇女口吻～,闻者欢咍嗢噱。" ❼ 境况。《元曲选·举案齐眉》三折:"我嫁你也不为别。则为你书剑功能,因此上甘受这糟糠～。" ❽ 传统;风气;习惯。明王世贞《读书后》:"了元虽诗僧,尚有葱岭～。洪觉范则一削发苦吟措大耳。"明袁中道《游居柿录》卷三:"(雪浪)有江左支郎风韵,扫地焚香,看帖烹茶,天下开士～为之一变。"清钱谦益《嘉议大夫太傅公神道碑》:"公内纻心宗,外修儒行,重规叠矩,不染狂禅～。" ❾ 指诗文书画的风格、规矩。清汪由敦《赵云菘瓯北初集序》:"尝见其阅前人集,一过辄不复省视。然其中真～真境地,已无不洞烛底蕴。"阮元《与友人论古文书》:"是故两汉文章,着于班范。体制和正,～渊雅,不为激音,不为客气。"《歧路灯》七七回:"前二十年就不会作,即令作出,必带时文气。如今又老又惹气,只怕连时文～也不能够有哩。" ❿ 物质变坏散发不好的气味,也指这样的气味。明金幼孜《北征录》:"水多咸,炊饭色皆变黄,作～,食不下咽。"清《醒世姻缘传》四回:"被底下又～,那砍头的又怪铺腾酒气,差一点儿就鳖杀我了。"《后水浒传》四〇回:"如今天气已热,此时肴菜必是～。还是到家买来整治,吃得放心。"

【气习】 qì xí ❶ 风土人情;世风习俗。唐刘禹锡《汴州刺史厅壁记》:"地为四战,故其俗右武;人具五都,故其～豪。"明徐霖《绣襦记》二出:"〔外〕此间学中有科举的秀才,待我请一位与孩儿同去。〔贴〕恐此间秀才,与荥阳～不同,不相契合。"清蓝鼎元《河清颂序》:"～之染,物欲之蔽,虽或有时决堤防而不分泾渭,然平旦清明之气未尝不存。" ❷ 犹"气息❽"。宋黄庭坚《跋武德帖》:"武德中省曹符移字画,犹有锺元常笔法。盖承周、隋之～,全学元常耳。"明徐渭《四声猿·女状元》二出:"我如今要一洗这头巾的～,只摘蜀中美谈雅事为题。"清《绿野仙踪》四四回:"小弟昔时或有富贵～待朋友处,如今备尝甘苦。" ❸ 气质;禀性。宋张载《张子语录》下:"性犹有气之恶者为病,气又有习以害之。此所以要鞭辟至于齐,强学以胜其～。"朱熹《戊申封事》:"然人心难保,～易污。习于正则正,习于邪则邪。"明海瑞《赠高指挥升指挥使序》:"一血脉之亲,而又～风声之近。子不似父,千百之一。" ❹ 意气;志气。宋吴潜《满江红·齐山绣春台》:"老去渐消狂～,重来依旧佳风景。"清黄宗羲《诸硕庵六十寿序》:"坊社名士,标榜～,至为细故。使今日而缚腰扎脚,重将卷轴与后进争名,岂可复得?"《九云记》一九回:"副总何长他人之～,灭自己之威风。" ❺ 犹"气息❾"。明陆深《书辑》卷下:"唐人以书判取士,故士大夫字画均整齐密,类有科举～。"项穆《书法雅言》:"考诸永淳以前,规模大都清雅。暨夫开元以后,～渐务威严。"

【气象】 qì xiàng ❶ 天象、地势所预示的盛衰征兆。唐段文昌《菩提寺置立记》:"地形含秀而高坦,木色贯时而鲜泽。以～言之,不有金刹梵宇,孰能主其胜势乎?"宋洪迈《夷坚志》甲卷六:"由果山甚浅隘,～索然,非神仙所居也。"清《歧路灯》六一回:"这个龙虎沙也就雄壮的了不成,环围包聚,一层不了又一层,是个发达～。" ❷ 特指显现兴盛或预示发达的征象。唐高适《信安王府幕诗》:"庶物随交泰,苍生解倒悬。四郊增～,万里绝风烟。"《元曲选·儿女团圆》三折:"敢则是天生的聪俊,待改家门～儿全别。"明《醒世恒言》卷三〇:"倘若有些～时,据着个山寨,称孤道寡,也繇得你。" ❸ 指事物的情状和态势。唐鲍溶《古鉴》:"古鉴含灵～和,蛟龙盘鼻护金波。"宋陆游《老学庵笔记》卷五:"石犀一足不备,以他石续之,～甚古。" ❹ 指诗文字画的气韵和风格。唐张彦远《历代名画记》卷一〇:"恬好为顽石,～深险,能为云,而～蓊裕。"明叶宪祖《鸾鎞记》一九出:"这诗颇有台阁～,不似山野人之作。"清周济《介存斋论词杂著》:"花间极有浑厚～,如飞卿则神理超越,不复可以迹象求矣。" ❺ 景象;景色。唐谢偃《明河赋》:"～万殊,缅星河而尽列;光辉一道,罗银汉之灵长。"元高明《琵琶记》三出:"珠翠丛中长大,倒欣着淡雅梳妆;绮罗阵里生来,却厌他繁华～。"清《情梦柝》八回:"金风飒飒,衰柳凄凄,已是深秋～。" ❻ 气度;精神;气质。唐陈子昂《临邛县令封君遗爱碑》:"冲和诞命,光大含章。实公侯之子孙,有山河之～。"宋洪迈《夷坚志》支丁卷五:"公廨中人声四喧,此鬼始舍去。明日,赵～索然,无复向来豪态。"清黄宗羲《汪魏美先生墓志铭》:"相遇好友,饮酒一斗不醉。～萧洒,尘事了不关怀。" ❼ 神色;态度。宋洪迈《夷坚志》甲卷八:"见红光中一大神,与房上下等,背门而立,～甚怒。"清《绿野仙踪》五六回:"能有几贯浮财,便以大老官～待我们。"《绣戈袍》一二回:"我主缘何早回,且有一种惊慌～?" ❽ 迹象;征象。宋朱弁《曲洧旧闻》卷五:"我决不为海外人,近日颇觉有还中州～。"《元曲选·气英布》一折:"所居之处,常有五色祥云笼罩于上。小官想来,这个是帝王～。"清《十二楼·奉先楼》二回:"觉得冰冷的身子渐渐地暖热起来,知道是还魂的～,就把眼目一睁。" ❾ 形象;模样。元明《水浒传》一三回:"怎见的朱仝～?但见:义胆忠肝豪杰,胸中武艺精通,超群出众果英雄。"明《型世言》二〇回:"还有一班衙役,更好～:门子须如戟,皂隶背似弓。"《山歌·烧香娘娘》:"好个风流～,看不肥不瘦,不短不长,端端正正坐船舱。" ❿ 气势;气魄。《元曲选外编·存孝打虎》二折:"恨不的莽拳头打挫牙关,八面威～全无,十石力身躯软瘫。"元明《水浒传》八三回:"鲍旭却在后面纳喊,虽是一千餘人,却有万餘人的～。"清《蜃楼志》一四回:"老乌因他令尊兼署了盈库,～大,不似从前。" ⓫ 有气势;有气魄。明汤显祖《牡丹亭》六出:"立封他做个关内侯,那一日好不～。"邵璨《香囊记》八出:"〔生〕男儿立大节,不武便为文。〔净〕好,好,且是～。"清《续金瓶梅》三五回:"却说吴惠望见李铭来得～,与往日大不相同,也就不敢提起那旧日行藏。" ⓬ 举动;举止。明汤显祖《牡丹亭》六出:"小弟看兄～言谈,似有无聊之叹。"《石点头》卷九:"韦家哥见送酒去,分外欢喜,只是～略狂荡了些,比不得旧时老成了。"清《八洞天》卷七:"我看姐姐倒全无女子～,如今不要叫你姐姐,竟叫了你哥哥罢。"

【气像】 qì xiàng ❶ 同"气象❶"。《法苑珠林》卷五三:"番州灵鹫寺立塔,坑内有神仙现腾云～。"五代徐铉《抚州永安禅院记》:"夫经像之所居,苾馨之所荐,必将据郡国之形胜,袭川原之～。" ❷ 同"气象❷"。宋文彦博《过汜水关》:"济世安民主,擒充执窦归。山川遗～,史册动光辉。" ❸ 同"气象❼"。元张伯淳《题孝经首章图》:"圣贤问答～,隐然见眉睫间。" ❹ 同"气象❹"。明王世贞《艺苑卮言》附录四:"～萧疏,烟林清旷,毫锋颖脱,墨法精微者,营丘之制也。" ❺ 同"气象❺"。明袁中道《游居柿录》卷一一:"有稻田水磨,～仿佛江南。" ❻ 同"气象❻"。明《封神演义》四七回:"燃灯遂与众道友排班而出,见公明威风凛凛,眼露凶光,非道者～。"清《儒林外史》一回:"孤是一个粗卤汉子,今得见先生儒者～,不觉功利之见顿消。"

【气歇】 qì xiē ❶ 气味或热气消散。唐孙思邈《备急千金要方》卷一五:"著药干,又以鱼胆和好,覆药器头,勿令～。"王焘《外台秘要方》卷四:"塞不密,则～,不中用。"明卢之颐《本草乘雅半偈》卷一:"蒸透取出,摊令～,拌酒再蒸。" ❷ 歇气;歇息。元《七国春秋平话》卷下:"毅曰:'你敢再出战么?'石丙曰:'暂～。'"《三国志平话》卷上:"柳阴下卸甲,于壕中澡洗,马于树下～。"《元曲选外编·五侯宴》二折:"我与你往前行无～。"

【气心风】 qì xīn fēng 因生气而精神失常的病症。明《西游记》四〇回:"师兄是寻不着师父,恼出～来了。"又八一回:"师兄着了恼,寻不着师父,弄做个～了。"

【气性】 qì xìng ❶ 性质;功能。明李时珍《本草纲目》卷三七:"(寄生)须自采或连桑采者乃可用。世俗多以杂树上者充之,～不同,恐反有害也。"清《野叟曝言》二〇回:"如今将小便引经,使大黄甘草～直走小肠,岂不神速?" ❷ 气质禀性;脾气性格。唐符载《上西川韦令公书》:"某～野直,寡俦少合。"元明《水浒传》四九回:"更兼一身好武艺,～高强,不肯容人。"清孔尚任《桃花扇》七出:"香君～,忒也刚烈。" ❸ 偏指刚强易激动的性情。宋欧阳修《归田录》卷一:"杨亿不通商量,真有～。"元仇州判《阳春曲·和酸斋金莲》:"凤帏中触抹着把人蹬,狠～,蹬杀我也不嫌疼。"清《醒世姻缘传》四八回:"他姓龙的长,姓龙的短,难说叫那孩子没点～?" ❹ 使性子;发脾气。清《歧路灯》八五回:"谁家小两口子没有个言差语错,你就这般～,公然不要女婿,说这绝情的话。"《品花宝鉴》四九回:"这华公子是一时～,写了那封恶札。过了两日,使有些自悔了。"

【气眼】 qì yǎn ❶ 气孔;通气的孔道。宋李诫《营造法式》卷二五:"透空～:方砖每一口,神子一功七分;龙凤华盆,一功三分。"明唐顺之《武编》前集卷一:"鼓腔四尺二寸,阔五尺五寸,乃是挑鼓,以腔中使人潜。于中,以板攀阁充饥药三丸,留出～。"邓玉函《奇器图说》卷三:"(水铳)共四个～。入水处两个,弯管出入处两个。" ❷ 陶瓷等器物在烧制过程中留下的小气泡。明曹昭《格古要论》卷中:"雪白罐子玉,系北方用药于罐子内烧成者。若无～者,与真玉相似。"又:"(蜡子)假造用药烧成者,内有～。"

【气焰】 qì yàn ❶ 光焰;光芒;色彩。唐刘禹锡《唐故相国赠司空令狐公集序》:"归全之夕,有大星陨于正寝之上,光烛于庭。天意若曰:既禀之而生,亦有涯而落。其文章贵寿之～欤?"宋苏轼《观湖》之二:"升霞影色敧残火,及物～明纤埃。"元明《水浒传》四七回:"马额下红缨如血染,宝镫边～似云霞。" ❷ 气象;自然界的盛衰征兆。唐独孤及《直谏表》:"寒暑气候,错缪颠倒,沴莫大焉。岂下凌上替,怨讟之～以取之耶?" ❸ 威势;权势。唐颜真卿《金紫光禄大夫李公神道碑铭》:"公虚中自牧,接下愈恭,与物尽推诚之心,正身无～之忌。"明孙仁孺《东郭记》二出:"吾闻规小节者,不能成荣名;恶小耻者,不能立大功。惟去西山之面皮,乃有东陵之～耳。"清《荡寇志》七二回:"因我又看得高俅那厮的～也不久了,不过四五年之间,必然倒马。" ❹ 逞威势;侵凌欺压。唐权德舆《兵部郎中杨君集序》:"其帅既殁,军司马代之,诏未下,兵火～,杀人以逞。"五代王定保《唐摭言》卷八:"顾非熊,况之子,滑稽好辩,陵轹～子弟,为众所怒。" ❺ 气势;声势。宋文莹《玉壶清话》卷九:"举目顾视,电日随转。公卿满廷为～所射,尽夺其色。"范镇《东斋记事》卷四:"前此或限升斗以粜,或抑市井价直,适足以增其～,而终不能平其价。"清《荡寇志》一二七回:"宋江登高一望,只见官军营里旌旗严肃,队伍整齐,足有十万人马～。" ❻ 文采,指言语、诗文的气势和力量。宋沈作喆《寓简》卷五:"咏轻近之物则托兴雅重,命词峻整;述朴素之事则立言遒丽,析理明白。其或～飞动而语无孟浪,藻绘交错而体不卑弱。"朱熹《答蔡季通》:"年来精力衰退,文字重滞,无～。"元杨维桢《亡兄双溪书院山长墓志铭》:"郡守韩公墉素闻其人,一见即器重,称其文议论高古有～。" ❼ 气派;有气势;有光彩。明《梼杌闲评》八回:"由水路而来,摆列得十分～。但见他:行开旗帜,坐拥楼船。"又一四回:"他是个有时运的秀才,好不～哩。"清《野叟曝言》一三五回:"接着八月初一日,文谨娶回未洪儒之女。豪华～,富贵门楣,也不减四月间热闹。"

【气业】 qì yè 气节功业。唐符载《五福楼记》:"公涯岸～,杰出无侣,神用迅密,参乎化机。"宋沈辽《复作过商翁墓》:"平生～许谁知,官制应崇九尺碑。"明文徵明《送周君振之宰高安叙》:"其所恃以自见于世者,在志,在～,在文章行义,而非以进士也。"

【气义】 qì yì 气节道义。唐李峤《与夏县崔少府书》:"以为天下襟期,四海兄弟,款平生于千载,感～于一言。"明王祎《五月余还至渭南适克正博士为丞》:"曩余客南京,结交尽名友。文采竞联翩,～互缠纠。"清汪琬《朱翁墓志铭》:"为人倜傥不群,敦尚～。"

【气谊】 qì yì ❶ 义气交谊。宋卫泾《故安康郡夫人章氏行状》:"初侍郎处穷约而轻财尚～,家无餘资。"元许有壬《沁园春·寿同馆虎贲百夫长邓仁甫》:"湖海情怀,金兰～,莫惜琼杯到手空。"清《女仙外史》五八回:"偶遇着盛异,～相投,同在钞关左右开个赌场。" ❷ 指友人。明谭元春《沙市寻袁述之》:"微凉几夜客怀生,～无多复此行。莫为友朋伤脆弱,且邀神鬼听和平。"

【气宇】 qì yǔ ❶ 气度;气质。唐卢虔《御史中丞晋州刺史高公神道碑》:"素知其为人名节清峻,～冲邈。临终之日,托以后事。"宋《朱子语类》卷一二九:"称停到第四五等人,～厌厌,布列台谏,如何得事成。"清《醒世姻缘传》四四回:"女婿虽是～殊欠沉潜,文理也大欠通顺,但也年纪还小,尽有变化的时候。" ❷ 气概;气势。《敦煌变文校注》卷五《维摩诘经讲经文(一)》:"无限迦楼众,雄雄～长。毒龙由(犹)被吃,猛兽等闲伤。"明张景《飞丸记》一七出:"那时节秦关赵壁,拔帜先驰。～压太华山低,笔阵回峡水流西。"清《品花宝鉴》二五回:"是园中主楼,四面开窗,～宏敞。" ❸ 天空;天气。五代宋齐邱《投姚洞天书》:"胸中之万仞青山,压低～;头上之一轮红日,烧尽风云。"宋梅尧臣《春阴》:"浓淡云无定,凄微～寒。"明《韩湘子》一〇回:"这一日虽值天时炎热,～觉得清朗,龟儿恰好浮在水面上。" ❹ 维系人体器官正常运行的机制;生命力。宋韩琦《乙卯夏乞致政疏》:"彦博～康强,众所共知。起居饮食,壮者或不能及。"陈自明《妇人大全良方》卷二二:"又有产后～不顺而下痢赤白,谓之气痢。"张杲《医说》卷六:"取一方用鹿茸者服之。逾旬痛减,仍觉～和畅。" ❺ 气色。宋陈自明《妇人大全良方》卷一〇:"今观妇人有两胎者,其精神～略无小异。"洪迈《夷坚志》补卷六:"颜屡促之曰:'汝若不来,吾骨无人收矣。'……既至见颜,则～悦泽,精神开朗。" ❻ 呼吸。元危亦林《世医得效方》卷六:"四柱散,治脾胃虚惫,腹胀如绷鼓,～喘促,食后愈甚。" ❼ 气氛;风格。宋陈思《书苑菁华》卷二引唐欧阳询书论:"斜正如人,上称下载,东映西带,～融和,精神洒落。"明张宁《易通判所藏画卷辩》:"其间水陆人物态度不伦,大似都会游观之地,非方外萧爽冥寂～,恐别是一种摸搨文渊。"

【气运】 qì yùn 诗文书画的气质。唐张彦远《历代名画记》卷七:"遂使委巷逐末,皆类效颦。至于～精灵,未穷生动之致;笔路纤弱,不副雅壮之怀。"五代欧阳炯《蜀八卦殿壁画奇异记》:"有～而无形似,则质胜于文;有形似而无～,则华而不实。"明冯少洲《汉魏诗纪序》:"三四言短,六七言长,磅礴清浊,～自然。"

【气韵】 qì yùn ❶ 指人的神采风度。唐符载《祭外舅房州李使君文》:"～孤高,鸳鸿翱翔。高行端简,秉心直方。"明陆采

《怀香记》八出："奴家前日在青琐中窥见韩生，……才华泽物，～芬如。"清《九云记》六回："贤侄～风雅，动止典重，真乃克家大器。" ❷ 风味；气味或味道。宋吕本中《西江月》："酒罢悠扬醉兴，茶烹唤起醒魂。却嫌仙剂点甘辛，冲破龙团～。"明袁宗道《上方山二》："独不解饮茶，点黄芩芽代，～亦佳。"△清王韬生《海陬冶游录》卷上："近日所行玫瑰洋皂，亦能滑肤，微嫌其～不能入时。"

【气质】 qì zhì ❶ 指构成自然界意态和实质的成分。唐姚合《买太湖石》："或云此天生，嵌空亦非他。～偶不合，如地生江河。"清黄宗羲《先师蕺山先生文集序》："夫盈天地间，止有～之性，更无义理之性。"《荡寇志》八五回："我这宝镜，乃先天虚灵之体，不落后天～。" ❷ 指诗文的精神和骨力。唐李善《进文选表》："虚元流正始之音，～驰建安之体。"宋沈作喆《寓简》卷八："为文当存～，～浑圆意到辞达，便是天下之至文。若华靡淫艳，～凋丧，虽工不足尚矣。"明宋濂《诸子辩》："(孔丛子)～萎弱，不类西京以前文字，其伪妄昭然可见。" ❸ 人的禀性素质。唐陆贽《崔纵东都留守制》："庆之所钟，继有才哲，～淳茂，识度淹通。"明孟称舜《娇红记》四五出："但郎～孱弱，自来多病，身躯薄劣。"清《儒林外史》四四回："你长成人了，怎么学出这般一个下流～。" ❹ 风气；风俗。宋朱熹《答吕伯恭》："极知其间～不无偏驳，然亦未尝不痛箴警之，庶几不负友朋之责。"明费信《星槎胜览》卷一："幽然三岛国，花木茂常春。～尤宜朴，裳衣不解纫。" ❺ 气度；风度。金秦略《拳秀峰》："磊丑石之秀，其秀在丑中。正如古丈夫，貌寝～雄。"明《挂枝儿·子弟》："道袍儿大袖子，河豚鞋浅后根。一个个忒起那天庭也，～难得紧。"清《歧路灯》七二回："所以德喜来时，尚是书童的～。" ❻ 品格；风味。元杨维桢《芝兰室志》："今之所谓兰花，虽仅香叶，乃无～，又脆弱，岂古君子之可刈而佩者乎？"清陆廷灿《续茶经》卷下一："予携茶具共访得三十九处，其最下者亦无硬冽～。" ❼ 性子；意气；脾气。明《醒世恒言》卷二九："你如今是个在官人犯了，这样公子～，且请收起，用不着了。"清纪昀《阅微草堂笔记》卷二〇："惜知过而不知补过，～用事，一往莫收。"《豆棚闲话》九则："始初年纪不多，不过在家使些～，逞些公子威风。" ❽ 神色；态度；架势。明《拍案惊奇》卷二六："广明见房门失锁，已自心惊；又见郑生有些仓惶～，面上颜色红紫。"《二刻拍案惊奇》卷二六："大凡穷家穷计，有了一二两银子，便就做出十来两银子的～出来。"清《豆棚闲话》二则："西子未免妆妖做势，逞吴国娘娘旧时～，笼络着他。"

【弃罢】 qì bà 废除。明丘濬《大学衍义补》卷三六："自王安石～《仪礼》，独存《礼记》之科，弃经任传，不过习为虚文以供应举。"

【弃背】 qì bèi ❶ 抛弃；离弃背叛。唐白居易《太行路》："古称色衰相～，当时美人犹怨悔。"宋《朱子语类》卷一一六："其父身死，其妻辄～与人私通，而败其家业。"明方孝孺《张孟兼传》："若见人失官则～不一视，及复官乃更谬为卑让贺我。若真细人，吾何以礼？" ❷ 离去；弃家出走。《敦煌变文校注》卷一《伍子胥变文》："仆是～帝乡宾，今被平王见寻讨。"又《董永变文》："所有庄田不将货，～今辰事阿郎。"又卷五《父母恩重经讲经文(一)》："容易抛离不肯归，等闲～他乡土。"

【弃摈】 qì bìn 摈弃；摈除抛弃。宋李石《教授厅坚白堂记》："方念所以流转～以即死，得为此惠者，乃天也。"明张宁《复刘都宪书》："不肖年已向衰，……宜为名达通显者之所～。"刘黄裳《轻举篇》："行至天穷云尽处，天薄云脆不能去。此时浮云亦～，上天下天只神御。"

【弃播】 qì bō ❶ 播种。传说尧舜时，弃(即后稷)播百谷。引申指繁殖。宋王安石《和王乐道烘虱》："欲殴百恶死焦灼，肯贷一凶生～。" ❷ 抛弃流离。宋吕南公《寄济道》："殷勤怀我友，契阔似～。"元袁桷《司天管勾焦君墓志铭》："金将亡，国势蹙偾日，挈都南徙。达官重族，～不自保。"

【弃朝】 qì cháo 帝王死亡的婉词。明高启《咏三良》："穆公临～，要此三臣从。"

【弃斥】 qì chì ❶ 斥逐；排斥否定。唐刘洎《请收叙废黜宫僚表》："窃见废宫官僚，五品以上，除名～，颇历温寒。"宋文莹《玉壶清话》卷七："司谏、知诰、群臣封事，悉付公并薛公映详定可否，多所～。"清施闰章《时有抗疏辩冤赎父出狱一事》："当涂～何足憾，白璧蒙尘不可言。" ❷ 去除；剔除。元杨维桢《竹夫人传》："铅华丝枲弗之御，虽荆钗棘簪之微，一皆～。"清厉鹗《樊榭山房集序》："二十年来所作，随手～，存箧中者仅十之二三。"

【弃吊】 qì diào 抛弃；放弃。清《醒世姻缘传》一回："收用了一个丫头，过了两日，嫌不好，～了。"又二六回："有一二老成不狂肆的，叫是怪物，扭腔支架子，～了不来理的，这就唤是便宜。"又七七回："你京中买了房子，另娶了家小，接了调羹同住，～了俺的女儿。"

【弃掉】 qì diào 舍弃；丢掉。清《醒世姻缘传》一〇〇回："将泰山圣姆名下听差的仙狐不应用箭射死，又剥了他的皮张，～了他的骸骨。"《红楼复梦》七四回："那里知道太太拿定主意，～了荣宅并大观园，回到金陵，重整家园，再兴故业。"《荡寇志》九〇回："他说识得此垩，可烧磁器，～可惜。"

【弃割】 qì gē ❶ 用割颈、割腕等方式自尽。唐佚名《迷楼记》："性命诚所重，～良可伤。悬帛朱栋上，肝肠如沸汤。"明孙柚《琴心记》三九出："性命诚所重，～怜自戕。" ❷ 割除放弃。《新唐书·李德裕传》："此三臣者，当全盛时，尚欲～以肥中国，况久没甚远之地乎？"宋毕仲游《上欧阳文忠公书》："是以饮食梦寐不快者累月，迟疑叹息，未忍～而忘之也。"《宋名臣言行录》别集下卷一："祖宗之地不可～之。"

【弃馆】 qì guǎn ❶ 放弃幕馆、学馆的职位或工作。宋洪迈《夷坚志》丙卷一六："即日～而行，不复有意于进取。"清《聊斋志异·细侯》："生即～南游，至则令已免官。"《春柳莺》六回："彼时石兄细细探期消息，知令妹在淮，即～来淮。" ❷ 即"弃馆舍"。宋熊子复《荐母设醮青词》："伏念臣妣某～捐生，不觉迁延岁月。"明石珤《风泉亭记》："今公殁且十年，先大夫亦～。"

【弃馆舍】 qì guǎn shè 死亡的婉词。宋王安石《上凌屯田书》："先大父～于前，而先人从之。两世之柩，窭而不能葬也。"明王洪《张母孺人吴氏墓碣铭》："我先君子安理先生，以大将军掾蚤～。"

【弃忽】 qì hū 忽略；轻视。《新五代史·王彦章传》："陛下～臣言，臣身不用，不如死。"宋强至《代人上李兵部书》："才空迹疏，宜左右之所～。"清魏裔介《畿辅人物志序》："义正，则是非取舍无不正，无爱憎之偏颇，无贤愚之颠倒，无事迹之损益，无远近之～。"

【弃毁】 qì huǐ 损毁遗弃。《唐律疏议》卷六："～符节印及门钥者，准盗论。"明王守仁《收复九江南康参失事官员疏》："将官厅烧毁三间，六房文卷俱被～。"清《醒世姻缘传》一〇〇回："他反拔出箭来照肋一箭，登时射死；又将皮张剥去，将骸骨～。"

【弃间】 qì jiàn 抛弃疏远。明王玉峰《焚香记》四〇出："纵然萍水遇，也念几年间，莫道非亲忍～。"

【弃贱】 qì jiàn ❶ 抛弃贱业(多指妓业)或身分贫贱的人。

唐李隆基《申严铜禁制》："然丝布财谷，人民为本。若本贱末贵，则人～而务贵。"《元曲选·谢天香》二折："怎生勾除籍不做娼，～得为良。"明王玉峰《焚香记》四〇出："窃附姻娅，重羞阀阅。不蒙～，乃辱垂情。" ❷ 轻视抛弃。《云笈七籤》卷一一三："食气成者，心神常自畅悦，情高思逸，～人间也。"宋觉范《送元上人还桂阳建转轮藏》："争贵纸上容，活者反～。" ❸ 没价值而遗弃。宋马永卿《元城语录》卷中："若胜焉，则所得者皆微细～之物，不足为富人财用多寡。"

【弃卷】 qì juàn ❶ 废弃不取的试卷。明王世贞《瞿文懿公传》："而侍读无锡华先生拔公自～，置前列。"清《四库总目提要·芳谷集》："（徐明善）又历主江、浙、湖广三省考试，拔黄溍于～中。" ❷ 谓辍学。清《聊斋志异·细柳》："怙最钝，读数年不能记姓名。母令～而农。"

【弃离】 qì lí ❶ 舍弃分离；抛弃离开。唐于邵《为崔仆射谢许弟宽宣慰表》："臣在剑门，强逾二纪。形影相吊，未尝～。"明王守仁《禁约榷商官吏》："然其终岁～家室，辛苦道途，以营什一之利，良亦可悯。"佚名《白兔记》一〇出："养膳妻子不活，情愿～妻子前去，并无亲人逼勒。" ❷ 舍弃；抛掉。唐灵祐《警策文》："受用殷繁，施利浓厚。动经年载，不拟～。"明刘世教《荒箸略》："至于缁黄者流，业已～一切，何复拥厚赀以自污？"田汝成《西湖游览志餘》卷一四："念念不休息，念念不～。参之究之，决之择之。"

【弃礼】 qì lǐ 无礼；失礼。《元曲选·风光好》三折："李主托疾不见，不以我为朝使相待，～多矣。"

【弃撂】 qì liào 抛弃。清《醒世姻缘传》三一回："凡是道路上有～的孩子，都拾了送与那局内的妇人收养。"

【弃禄】 qì lù 弃官；离职。唐李翰《三名臣论》："赵王问以图燕之策，乐生流涕而对曰：'……千秋万岁之后，尚不敢侵其仆隶，而况谋子孙乎！'因～宵遁。"宋郭祥正《喜经父制策第一》："当时～嫌民掾，此日登科胜状元。"清《东周列国志》八三回："遂～，筑圃灌园终其身。"

【弃埋】 qì mái 抛弃掩埋。《资治通鉴》卷一八〇："多者一州至百轝，极水陆珍奇。后宫厌饫，将发之际多～之。"《续资治通鉴长编》卷四九九："止有四百餘级在会宁以里～，定验有实；餘皆在界外～，难以定验。"明《醒世恒言》卷二七："前计不成，仍将臣弟毒药身死，支解～。"

【弃卖】 qì mài 舍弃出卖。宋郑獬《论安州差役状》："虽重难了当，又无酬奖，以至全家破坏，～田业。"明汤显祖《紫钗记》四六出："教你妻子扮作鲍四娘之姊鲍三娘来献此钗，说他前妻有了别人，将此～。"清《后水浒传》八回："郤元一时听见，叫他～月仙，不觉毛发俱竖。"

【弃命】 qì mìng ❶ 捐生；死亡。唐佚名《大周故泉州龙溪县令郭君墓志铭》："以大周长寿二年岁次癸巳二月辛酉朔廿四日甲寅～于鸡泽之官舍。"元明《三国志通俗演义》卷二三："人谁不死？正恐不得死所耳。以此～，何恨之有？" ❷ 亡命；不要命。元明《水浒传》二九回："小弟一者倚仗随身本事，二者捉着营里有八九个～囚徒，去那里开着一个酒肉店。"明《于少保萃忠全传》三五传："曹铉兵亦大败，只得～杀出，不知往投何处。"

【弃抛】 qì pāo 抛弃；舍弃不顾。宋张伯端《悟真篇》："人人本有长生药，自是迷途枉～。"明徐渭《葡萄》之三："自从初夏到今朝，百事无心总～。"清《绿野仙踪》一九回："大相公此番～父尸和胞弟，不消说，他这件大善事，也是两县通知的。"

【弃撇】 qì piē ❶ 抛撒；丢弃。《元曲选·百花亭》一折："我将明珠一斛亲～。"明梁辰鱼《红线女》二折："收下也真堪小打叠，拿到也还须随～。" ❷ 犹"弃抛"。元明《水浒传》三六回："休要为我来江州来，～父亲无人看顾。"明柯丹邱《荆钗记》二四出："你一心嫁寒儒，缘何～汝？"《二刻拍案惊奇》卷七："下官一路感蒙令公不弃，通家往来，正要久远相处，岂知一旦～。"

【弃取】 qì qǔ ❶ 取舍；择取（优劣）。元陈高《种橦花》："豪家植花卉，纷纷被垣墙。于世竟何补，争先玩芬芳。～何相异，感物增惋伤。"明锺惺《二十一史撮奇序》："人见以为二十一史中之事与辞，而不知一经心石～，则李氏之书，而非诸史氏之书也。"清沈复《浮生六记》卷一："余曰：'卿既知诗，亦当知赋之～。'芸曰：'楚辞为赋之祖，妾学浅费解。就汉、晋人中调高语炼，似觉相如为最。'" ❷ 偏指嫌弃。元萧德祥《小孙屠》八出："奴自小良人女，谢君家提携到这里。不～甘为箕箒，只愿尽老连理。"

【弃却】 qì què 扔掉；舍弃；抛弃。《祖堂集》卷四《药山和尚》："师因唤沙弥。道吾曰：'用沙弥童行作什摩？'师曰：'为有这个。'吾曰：'何不～？'"明徐复祚《一文钱》六出："世间无智愚人，～真金担草。"清《二度梅》三四回："家中已有荆妻，岂因慕相府之富贵，而去～布衣之贫贱？"

【弃散】 qì sàn ❶ 舍弃不积蓄。《广弘明集》卷二七上："七珍是人所吝惜而能舍离，钱帛是人所蓄积而能～。"元周南老《元处士云林先生墓志铭》："晚益务恬退，～无所积。" ❷ 凌乱；散乱。宋王令《夏日平居奉寄崔伯易》："纷翻诗书帙，～懒收整。" ❸ 抛撒；抛弃使消散。宋张端义《贵耳集》卷下："士大夫不以天物加意，虽沟渠污秽中～五谷。"元李存《于君孟高墓志铭》："他日有焚其亲之骨窃瘗附椁者，事泄君踪而得。人意其必～也，而君则择地埋之。"明《于少保萃忠全传》一五传："往来巡哨，但见我国遭伤军兵，即令收抚，不可～。"

【弃闪】 qì shǎn 抛闪；抛弃使失去依靠。元佚名《集贤宾·忆佳人》："微利驱人成～，走天涯旅邸顿淹。"

【弃逝】 qì shì 去世；死亡。元刘诜《故年夜坐有感》之一："诸兄～有乔木，病妻死别今空帷。"《元曲选外编·陈母教子》四折："他父曾为前朝相国，早年～。"明张宁《寄王用诚书》："仆自老妻～，继以先父背养。"

【弃死】 qì sǐ ❶ 舍命；拼死地。唐韩愈《送侯参谋赴河中幕》："鄙夫诚怯弱，受恩愧徒弘。犹思脱儒冠，～取先登。"明李东阳《夜过仲家浅闸》："民船～争赴闸，楫倒樯摧动交碎。"《于少保萃忠全传》一八传："这将官辈平日受朝廷若大俸禄，不肯～向前救护。若肯一齐舍命救援，不致陷君于蒙尘矣。" ❷ 遗弃使丧生；丧命。宋黄庭坚《朝奉郎致仕王君墓志铭》："讨乞弟师还，以瘴疠不能随师者万人，且～夷地矣。"叶梦得《又与秦相公书》："不但牛而已，虽虎豹獐鹿猿猱野兽等，～山林原野，所在皆有。"杨万里《中散大夫彭公行状》："捐俸以棺敛而藁葬之俗易，辟囿以居丘墓而～之憾除。"

【弃投】 qì tóu ❶ 抛弃；扔掉。宋黄庶《元伯示清水泊之什》："儿牵女婴走尘土，百年一半如～。"觉范《题万富楼》："此诗如橄榄，初嚼须～。" ❷ 抛弃投放。明徐渭《拟宋以包拯为枢密副使辞表》："伏望圣慈收回成命，即不忍～于散地，亦不宜滥处于要津。"

【弃唾】 qì tuò ❶ 唾沫。也用于比喻轻贱之物。宋王令《甲午雪》："诸神敛避不敢望，～堕落成珠玑。"秦观《送刘承议解职归养》："登山尚记飞云处，罢吏端如～轻。"李若水《谢高少卿启》："窃以浮云富贵，～功名，虽有道者可轻，亦涉世之不免。" ❷ 吐唾沫，表示鄙弃或不看重。元戴表元《拟晋山房记》："千载之下，望其遗迹将～不暇，又岂置齿牙哉。"明林俊《木兰烟水记》："有遗者，往往为好事取去，若～无问。” ❸ 誉称别人的言语或诗文作品。元李继本《代跋萧参政与郑伯兴书后》：“雨后秋气满襟，颇有清趣，乃掇作者～，题其楮尾如此。”

【弃亡】 qì wáng ❶ 遗弃使灭亡。《敦煌变文校注》卷四《八相变(一)》：“太子本是妖精鬼魅，请王须与～。若也存立人间，必定破家灭国。” ❷ 遗弃散失。宋游九言《原谱》：“至于唐衰，谱学～尽矣。”《文献通考》卷一六一：“阙，犹除也。弓弩、矢箙～者除之，计今见在者。”

【弃委】 qì wěi 遗弃，也指遗弃之物。宋张耒《次韵钱大尹公庭种菊》：“栽培岂无情，收拾自～。”明刘球《上田旧业记》：“其山水景物之趣，为樵童牧监所狎视而～者，今皆效奇于窗户之下。”王守仁《乞宽免税粮急救民困以弭灾变疏》：“贫民老弱流离～沟壑，狡健者逃窜山泽。”

【弃恶】 qì wù 嫌弃厌恶。《法苑珠林》卷一〇九：“贫穷下贱，人所～。”《元典章·户部四》：“民间婚姻词讼繁多，盖缘侥幸之徒不守节义，妄生嫌疑，～夫家，故违原约。”清《红楼梦》七五回：“贾珍深知他与邢夫人不睦，每遭邢夫人～，扳出怨言。”

【弃闲】 qì xián ❶ 闲置。宋胡寅《答沅州王守东卿启》：“吾徒忝窃，深惭子厚之旁观；公等～，当诮臧文之窃位。”清弘历《初春含经堂》：“绮灯酬节罢，绨几～宜。” ❷ 休闲。清弘历《自万泉堤至圣化寺》：“行漏泠泠未临午，～耐可到溪堂？”又《新赏室》：“～领佳会，五字挨清吟。”

【弃嫌】 qì xián 嫌弃。唐姚合《寄王度居士》：“～官似梦，珍重酒如师。”六十种曲本《琵琶记》一七出：“你休恁推，莫～，且将回，权做两厨饭。”清《儒林外史》二一回：“你若不～，就把与你做个孙媳妇。”

【弃斜】 qì xié 犹“刺斜”。元《三国志平话》卷上：“云长横刀向前，张表更不敢迎敌，～便走。”

【弃厌】 qì yàn 犹“弃嫌”。宋《九朝编年备要》卷一六：“若待筋力不支，人主～，然后去，斯不得已尔。”清《红楼梦》六回：“知道的呢，说你们～我们，不肯常来。”又三六回：“从来未经过这番被人～，自己便讪讪的红了脸，只得出来了。”

【弃养】 qì yǎng 父母或亲长去世的婉词。唐穆员《画元始天尊释迦牟尼佛赞》：“我王母太原郡夫人～之辰，我公霜露永怀，发是上愿。”金元好问《朝散大夫胡公神道碑》：“先人～将三十年。”清《荡寇志》一〇七回：“老母～，一切殡葬，深蒙师父照应。”

【弃遗】 qì yí ❶ 遗弃；撇下。唐萧仿《与浙东郑商绰大夫雪门生薛扶状》：“临纸写诚，含毫增叹。特垂鉴宥，无轻～。”明宋濂《毛公神道碑铭》：“先公以至正辛丑正月朔日～诸孤，某月某日遂毕窀穸之礼。”清汪琬《敕封杨母吴太孺人墓志铭》：“疾病者救疗之，婴孺～者收育之。” ❷ 离开。唐陈诩《唐洪州百丈山故怀海禅师塔铭》：“怨亲两忘，故～旧里；贤愚一贯，故普授来学。”

【弃殒】 qì yǔn 殒身；丧命。明无心子《金雀记》一九出：“突遭危乱丧吾身，苦难禁，深崖～。”

【弃掷】 qì zhì 抛弃；撇下。唐孙虔礼《书谱》：“非训非经，宜从～。”清洪昇《长生殿》八出：“～何偏甚，长门隔，永巷深。”

【契爱】 qì ài ❶ 关爱；友爱；亲爱。宋吕陶《宋秦漕归淮南》：“光辉自可夸僚友，～犹能及子孙。”明叶宪祖《夭桃纨扇》一折：“一向刘令公请我在此，与他令郎相伴读书，十分～。”清《隋唐演义》六〇回：“杨义臣生时，父皇实为～。” ❷ 指关系亲密的人。宋袁采《世范》卷中：“人有过失，非父兄孰肯诲责，非克～孰肯谏谕。”

【契本】 qì běn ❶ 契约文本。《太平广记》卷二三一引《博异志》：“前至立德坊一宅中，其大小价数，一如清化者。其牙人云：‘价值～，一无遗缺。’并交割讫。”元胡祗遹《小民词讼奸吏因以作弊条画》：“诸交关典卖文契，自有公据问账正契，然后赴务投税，～契尾印押，方为完备。”明李东阳《与韩方伯书》：“茶陵寒族诸兄弟共出田百亩，以给官中之费，具告本州，请给印信～，送京备照。” ❷ 指政府颁行的格式化契约。《明会典》卷三二：“凡买卖田宅头匹赴务投税，除正课外，每～一纸，纳工本铜钱四十文。”又卷一五七：“凡每岁印造茶盐引由～、盐粮勘合等项，合用纸札，着令有司抄解其合用之数。”

【契弟】 qì dì ❶ 结拜的兄弟。元刘岳申《祭龙麟州文》：“越九月二十有二日，里～刘某至自武昌。”明宋濂《题宋儒遗墨后》：“书中云‘望门墙数舍’，又称‘～’，必先生乡里人。”佚名《鸣凤记》一九出：“莆田通家～林润顿首拜启，大恩家兰谷长兄先生大人侍下。” ❷ 以同性恋为目的结拜兄弟。明沈德符《万历野获编》补遗卷三：“闽人酷重男色，无论贵贱妍媸，各以其类相结，长者为契兄，少者为～。其兄入弟家，弟之父母抚爱之如婿；弟后日生计及娶妻诸费，俱取办于契兄。”《石点头》卷一四：“这班朋友答拜，虽则正经道理，其实个个都怀了一个契兄～念头。”清《野叟曝言》六五回：“此邦酷好男风，有契哥～之说。”

【契分】 qì fèn ❶ 交谊；情分。唐赵璘《因话录》卷二：“与璘先君同在浙西使府，居处相接，慕先君家行及诗韵，～最深。”明《醒世恒言》卷二六：“枉做了这几时同僚，一些儿～安在？”清吴伟业《通议大夫张公神道碑铭》：“初伟业之识淮安君于浙也，……友道敦笃，～特深。” ❷ 缘分。五代王定保《唐摭言》卷四：“李挚以大宏词振名，与李敏同姓，同年，同登第，又同甲子，又同门。挚尝答行敏诗曰：‘因缘三纪异，～四般同。’”

【契孚】 qì fú 犹“契合❷”。孚，合。明沈鲸《双珠记》八出：“听得夫妻蹜蹜，想他心与吾～。”

【契哥】 qì gē 以同性恋为目的而结拜的兄长。参见“契弟❷”。清《野叟曝言》六七回：“他们这里，当着是家常茶饭。小厮们老没有～，便是弃物。”

【契好】 qì hǎo ❶ 交好；友好。宋欧阳修《皇帝回契丹皇帝告哀书》：“载惟～，久睦仁邻。闻此讣音，但增感怆。”《三朝北盟会编》卷六：“若非念自来邻国～，即分兵数道，整阵齐入。”清《红楼梦》九九回：“金陵～，桑梓情深。昨岁供职来都，窃喜常依座右。” ❷ 交谊；世交或友情。宋洪迈《夷坚志》乙卷二：“主君死于南方，一子绝幼，不能归。赖平江王侍郎有～，使人致其柩。”明潘希曾《赠进士陈君正之授浏阳令》：“而余于正之，学同业，仕同时，～厚矣。”清《绿野仙踪》八七回：“但是我与亲家是何等～，诸事任凭家主裁。” ❸ 指好友。宋杨简《回曾熠书》：“简咨定远～：长书细楷，远以见示，备著深情。”明倪谦《巳山先生张公哀辞》：“谦，先生郡人也，与御史君同年～。”沈錬《同冯比部集贤膳部草堂得心字》：“～过逢数，欢娱燕笑深。”

【契合】 qì hé ❶ 符契相合。契，用作证明的印信或文书等，双方各执其一，以相合为证。唐崔明允《大唐平阳郡龙角山庆唐观金箓斋颂》：“缥缈烟景，徘徊元空，求之希微，宛如～。”明《拍案惊奇》卷二九：“罗女生同月日，曾与共塾而非书生；幼谦～金兰，匪仅逾墙而搂处子。” ❷ 符合；顺应。《敦煌变文校注》卷五《长兴四年中兴殿应圣节讲经文》：“所以兢兢在位，惕惕忧民。操持～于天心，淡素恭修于王道。”宋王安石《谢雨文》：“神阴也，阴阳～，若影响然。”清《女仙外史》九七回：“燧人氏钻木，冬取槐檀之火，则知檀为阳木，与阴火适相～。” ❸ 意气相投；投合。唐魏徵《论治道疏》：“夫以一介愚夫，结为交友，以身相许，死且不渝，况君臣～,实同鱼水。”明徐元《八义记》二四出:“我有个结义兄弟唤名程婴,十分～。”清《红楼梦》二回:“故二人说话投机,最相～。” ❹ 领悟契机,体会真谛。《祖堂集》卷一四《马祖》:“还闻道黄三郎投马祖出家,才蒙指示便～。”清吴绮《张铁桥顾云臣合画像册题诗》:“盖～在形神之表,故点染居笔墨之先。”《续金瓶梅》四六回:“分题疏义,析奥合符。彼揣摩而不得,我～以安如。” ❺ 结姻;结拜。唐戴孚《广异记·刘长史女》:“幽明～,千载未有。方当永同枕席,何乐如之。”《元朝秘史》卷二:“在前俺的父也速该皇帝与客列亦惕种姓的王罕(中)～,便是父一般。”明《禅真逸史》三五回:“军师妙算果通神,变幻风云计画深。少女不因成～,老夫应亦被人擒。”

【契厚】 qì hòu 感情投合而深厚。宋吕陶《送交代茹安礼》之一:“谆诲有闻知～,纵谈无间觉情亲。”《元曲选·东堂老》楔子:“居士与老夫最是～,请猜猜我这病症咱。”清《绿野仙踪》二〇回:“郭氏便大憾怒在心,知不换与城璧～,总一字不题。”

【契会】 qì huì ❶ 相会;结合;结盟。唐王棨《手署三剑赐名臣赋》:“故得光王环佩,荣冠簪裾。见鱼水相逢之际,是云龙～之初。”张读《宣室志》卷一〇:“幸托～,得侍巾栉,然幽明理隔,不遂如何?”五代黄滔《周以龙兴赋》:“遂使盟津～,此时莫愧于云从;羑里栖迟,昔日何伤于鱼服。” ❷ 巧合;符合。唐齐推《灵飞散传信录》:“有是行也,实天借心谋,亦将旁利同志。不然,何～如此?”白敏中《滑州明福寺新修浮图记》:“记物故之日,及生之年,略无差焉。噫!灵验应兆既如彼,存没～又如此。”明李东阳《题姚少师所书刘太保诗》:“两翁虽遭际不同,迹颇相类。观姚书刘作,有～之意焉。” ❸ 领悟;体会。《祖堂集》卷一六《沩山和尚》:“和尚在此间住,有什摩学禅～底人?”明倪元璐《黄石斋史公宦稿序》:“自吾与石斋交,每语移日,欣惬～,少所击难。”清钱谦益《憨山大师曹溪肉身塔院碑》:“有能谒大师塔院,顶礼慈容,～先后。” ❹ 谓关系融洽。明陆深《溪山餘话》:“祖宗时君臣之间～如此,孝庙有意修复,真圣政也。”

【契家】 qì jiā 通好之家。宋陈世崇《随隐漫录》卷五:“钱唐游手数万,以骗局为业。初愿纳交,或称～,言乡里族属吻合。”明宋濂《刘母贤行诗集序》:“未尝轻于笑语,～子姓见之,辄敬畏下拜。”清钱谦益《题徐季白诗卷后》:“二李且置勿论,弇州则吾先世之～也。”

【契价】 qì jià 契约上标明的价钱。明沈榜《宛署杂记》卷一二:“候有投契者,粘连印给,查照～应税银数,即时填入尾纸。”清《平定台湾纪略》卷六二:“如有私行典卖者,照律治罪,追赔～充公。”《野叟曝言》八五回:“一千八百～,只交五十两银子便全执你产业,那有此情理。”

【契交】 qì jiāo ❶ 交往亲密的朋友。宋李之彦《东谷随笔》:“及其见利则逝,见便则夺,惟恐或后于人。虽骨肉亦疏绝,～反眼不相识。”明蒋一葵《尧山堂外纪》卷八八:“吾常王文肃公为祭酒,雅重之,每致引试,二人遂为～。”清《隋唐演义》三七回:“兄既是单二哥的～,就与小弟一体了。” ❷ 交好;交往密切。《元曲选·马陵道》一折:“这都是兄弟的不是了,只愿哥哥想咱旧日～朋友。”又《赚蒯通》三折:“此人与韩信最是～,必须一并杀坏。”明刘若愚《酌中志》卷二一:“赵公楫,京师人也,久与税监高淮～。” ❸ 犹“契合❺”。《元朝秘史》卷六:“初,王罕(中)与成吉思父～,所以呼为父。”又卷七:“因你与我父～的上头,我差人迎接你来我营内。”明佚名《霞笺记》二八出:“如此良缘,下官实出不知,是公主究出根苗,成就了百年～。”

【契结】 qì jié ❶ 结契;交换契盟结拜。宋文天祥《宴交代宁国孟知府致语》:“及时受代,子孙永好。非徒～金兰,宾主相欢。”明张凤翼《红拂记》一二出:“何期相遇,片言～同袍。”清《醒世姻缘传》四二回:“即是娼妇,子弟暂嫖两夜,往往有那心意相投,死生～的。” ❷ 团结;交好。明朱鼎《玉镜台记》一二出:“只愿江左群寮,心乎～。徇国忘家,忠肝似铁。”祝允明《朱氏家藏手札记》:“而与中丞及先公～特厚,餘光逸响,辉映三晋。”

【契旧】 qì jiù 旧交;老友。宋苏轼《与圣用弟书》:“刘漕行父,叔与之～。因见,但道此意。”洪迈《夷坚志》三壬卷二:“初,南昌李大异伯珍与梦高为～。”元《三国志平话》卷上:“二人把盏相劝,言语相投,有如～。”

【契据】 qì jù 契约凭据。宋王炎《上孙漕书》:“或有～不明界至交互之人,或有虽纳税赋并无～之人。”《金史·食货志二》:“时人户有执～指坟垅为验者,亦拘在官。”△清《海上花列传》五八回:“恰好罗子富回来,手中拿的一包抵借～,令翠凤将去收藏。”

【契勘】 qì kān ❶ 宋元公文用语,犹言查、按。宋范纯仁《奏乞不许蕃官私自改姓》:“臣～本路蕃官,自来有因归顺或立战功,朝廷特赐姓名以示旌宠。”元王恽《侵夺民利不便等事奏》:“～课程自四十年前,天下正额止万有餘锭。”《通制条格》卷三:“礼部呈:～人伦之道,婚姻为大。” ❷ 查核;对证;考证。宋洪迈《夷坚志》丁卷五:“公惠顾时,吾适赴庵山宴集。夫人不～,误发三阴筊。”《大宋宣和遗事》后集:“若五七日闻知盖天大王,共你～这一场公事。”清顾炎武《日知录》卷二六:“作史者知张骞为武帝时人,姓名久著,故删去之,独言秦景。而前后失于～,故或以为哀帝,或以为明帝耳。” ❸ 计量。宋陈自明《妇人大全良方》卷一:“所煮膏子,须～多少,勿令剩却。” ❹ 指查证用的文书。宋范祖禹《奏乞罢泸州梓夔路钤辖司》:“所有移泸州钤辖司归遂州,见别具～施行。”明宋濂《喀喇公神道碑铭》:“公为立～,以定其数。小大百司,依数致膳。”

【契买】 qì mǎi 订立契约买入(土地、人口等)。清雍正五年正月十九日宪德奏文:“柑子园、鱼翅滩等处系土舍,用价一百八十两～汉土。”《大清律例》卷二八:“～婢女,务照价买家人例,旗人将文契呈明该管佐领。”《野叟曝言》九〇回:“因问松纹:‘是家生?还是～?’素臣答:‘系朋友所送。’”

【契密】 qì mì 密切;亲密。宋葛长庚《满江红·别鹤林》:“七八年中相～,三千里外来将息。”明祝允明《守斋处士汤君文守生圹志》:“余少君一年,髫髦共笔研,……率亲故～无过君。”清《十二楼·闻过楼》一回:“少年时节与殷太史同做诸生,最相～。”

【契面】 qì miàn 契约页面,实指页面所载之文本。宋陈淳《上胡寺丞论重纽侵河钱札》:“或交关明载～而恃顽不纳者,或交关故不入～而谓祖无此额者。”徐经孙《上丞相贾似道言限田札》:“又不知官所给价将决于官牙耶,亦只据其～旧田之好恶将听人户所申耶?”

【契末】 qì mò ❶ 位在结契之末,谦称自己和对方的姻亲、友人关系。宋苏轼《与章子平书》:“某接～非一日,岂复以人上浮言为事。”明解缙《送端木员外郎归溧阳序》:“而缙忝附丝萝之～,相与最久。”清纪昀《阅微草堂笔记》卷一四:“托在～,已早为经纪,但至否未可知,故先不奉告。” ❷ 对友人谦称自己。明王洪《与孙季约书》:“～洪顿首季约贤契足下。人来,询动止安好,甚慰。” ❸ 契约末尾。元胡祗遹《小民词讼奸吏因以作弊条画》:“四五经税无契本,～印押多使木印,篆文难辨,明见作伪。”

【契慕】 qì mù 爱慕。也指爱慕之情。明朱国祯《涌幢小品》卷三:“李九我阁学非私税者,却循声一口,牢不可破。惟叶台山少师雅所～。”《禅真逸史》一一回：“为人刚直，武艺高强，人人～。”清吴伟业《与冒辟疆书》：“深为念之贤主人，弟不便通启，并道～也。”

【契洽】 qì qià ❶投合融洽。元赵汸《周易文诠》卷一：“是其推诚任贤，孚信之极，足以固结臣民之心，而使之交相～，为厥孚交如之象。”明梅鼎祚《玉合记》九出：“只是小生与李郎，礼周宾主，～弟昆，极欲揽子之袪，无奈据人之席，这事也多难了。”清《醉醒石》一三回：“还有纨绔郎、守钱房，也不是他心里～的。”❷交际；交往。明袁中道《答杜总戎书》：“英雄豪杰，相期许自出格外，必拘拘于世套何为者？岂己不能操～之权，而必待天作之合也哉。”

【契入】 qì rù 犹“契会❸”。唐窦泉《述书赋》：“魏之仲将，奋藻独步，或迸泉涌溢，或错玉班赋，迹遗情忘，～神悟。”《五灯会元》卷二〇《给事冯楫居士》：“一日，同远经行法堂，偶童子趋庭，吟曰：‘万象之中独露身。’远拊公背曰：‘好聻？’公于是～。”清陆世仪《思辨录辑要》卷二七：“于朱子论万物之一原则理同而气异，论万物之异体则气犹相近而理绝不同二语，大有～。”

【契书】 qì shū ❶书契，指文字。唐刘蜕《太古无为论》：“夫庖牺氏之用～也，始代结绳。”《五灯会元》卷六《东山云顶禅师》：“儒门画八卦，造～，不救六道轮回。” ❷契据；契约文书。唐沈亚之《与李给事荐士书》：“宗颜贫无以事丧，乃与其兄东下至汴，出操～，奴装自卖。”明《古今小说》卷二二：“王小四在村中央个教授来，写了卖妻文契，落了十字花押，一面将银子兑过。王小四收了银子，贾涉收了～。”清《女仙外史》八五回：“拿这～去时，正合着《西厢》上一句曲儿：‘嗤，扯做了纸条儿。’”

【契帖】 qì tiě 犹“契书❷”。宋陶穀《清异录》卷下：“葬家听术士说，例用朱书铁券，若人家～，标四界及主名，意谓亡者居室之执守。”司马光《涑水纪闻》卷一二：“臣取得人户雇脚～，每搬随军草一束、粮一斗，不以远近日数，计钱一贯文省。”《大清会典》卷一七：“税契之法，布政使司作～，钤以司印，颁之州县。民之卖买田宅者，领～于官，征其税。”

【契托】 qì tuō 密友间的托付。唐杜甫《奉赠卢五丈参谋琚》：“老矣逢迎拙，相于～饶。”明顾璘《祭王南原文》：“君弗鄙我，～弥深。善必加砺，过必加箴。”清汤右曾《题悔餘芦塘放鸭图》：“君家兄弟深～，岂比恒情称款洽。”

【契尾】 qì wěi 官府发给业主的契税凭证。元胡祗遹《小民词讼奸吏因以作弊条画》：“诸交关典卖文契，自有公据问账正契，然后赴务投税，契本～印押，方为完备。”明沈榜《宛署杂记》卷一二：“其税契规则，照本府印发编号～，填为银数、年月，仍用本县印信钤盖，发买主收执，……县置号簿一扇，并～每次二百张，申之本府用印合钤，半在尾纸，半在号簿，发县收贮。候有投契者，粘连印给。”《大清律例》卷九：“令业户亲自赍契投税，该州县即粘司印～，给发收执，……倘州县官不粘司印～，侵税入己，照例参追。”

【契文】 qì wén ❶契约文字，指契约内容。唐齐光乂《陈公神庙碑》：“或饮食有讼，或～不明。凡百无良，深衷莫辨。”明王錂《寻亲记》五出：“你这里虚飘飘填写～，他那里实丕丕担着战兢。”❷敬语。用称对方的来文，或在书信中借称对方。宋曹彦约《与黄帅管札子》：“当间不容发之时，而～欲过醴水送史丈，似未稳便。”周必大《与刘共父枢密札子》：“某窃以饯腊迎春，雪餘寒劲，共惟宫使侍读阁学侍郎～。”杨万里《答朱晦庵书》：“某伏以即日，初冬犹暖，恭惟宫使侍讲待制～。”

【契悟】 qì wù 犹“契会❸”。唐陆希声《仰山通智大师塔铭》：“遇仰山大师于洪州石亭观音院，洗心求道，言下～元旨。”明《西洋记》一二回：“或三三而参同～，或两两以话古谭今。”清钱谦益《家塾论举业杂说》：“动静俨如成人，不屑于章句，而大旨大端默有～。”

【契兄】 qì xiōng ❶结拜的兄长。多用作对对方表亲密的敬称。宋朱熹《答吕伯恭》：“十一月七日，熹顿首再拜上启伯恭冲谟直阁大著～侍史。”《元曲选外编·西厢记》二本楔子：“珙顿首再拜大元帅将军～纛下。”明《西游记》一〇回：“辱爱弟魏徵，顿首书拜大都案～崔老先生台下。” ❷犹“契哥”。明《石点头》卷一四：“这班朋友答拜，虽则正经道理，其实个个都怀了一个～契弟念头。”

【契要】 qì yāo 另见 qì yào。❶约定；相约。敦煌本《搜神记》：“本情～至重，以缘父母忆逼，为(谓)君永世不来，遂适与刘氏为妻。” ❷契据；契约。宋苏轼《上韩丞相论灾伤手实书》：“若析户则均分役钱，典卖则著所割役钱于～，使其子孙与买者各以其名附旧户供官。”文同《梓州中江县乐闲堂记》：“昧者不能，故有人情狡诡不可谕、～深滥不可辨之说。”

【契要】 qì yào 另见 qì yāo。关键；重要处。唐常衮《授贾耽太原少尹制》：“论兵～，先务于止戈；馈运惟艰，且闻于足食。”《新唐书·杜佑传》：“元甫有疑狱不能决，试讯佑。佑为辨处，～无不尽。”元杨维桢《清如许记》：“某也学朱氏学，先治其源，则清如许之～盖得之矣。”

【契义】 qì yì 交情；情义。宋程颐《祭席仁叟文》：“敦～之如是，岂浅薄之所存。”元萨都剌《蛾眉云谢照磨李伯贞遗白石》：“古人～重金石，此物岁寒冰雪心。”明罗玘《刘母太孺人王氏行状》：“翰林之父南雄府君，初与某同为庠舍生，有～，自托昏，故孺人竟归翰林。”

【契谊】 qì yì ❶交情；友谊。宋吕颐浩《感旧书怀》：“赖有乡人端～，相逢时慰寂寥情。”明宋濂《宋颍川郡王郡马冯公传》：“叠山谢先生时初入仕，与公～尤洽。”清汪由敦《跋吴云岩殿撰所藏赵子齐书》：“时方掌教万松殿，以诸生执经，～最笃。” ❷交情深厚。明《于少保萃忠全传》一八传：“闻得小弟们与公～，特来见小弟们，肯出三千金，一人乞饶一死。”清《飞花艳想》一八回：“雪莲馨又与杨连城的妹子结为婚姻，亲上加亲，一发～。”

【契姻】 qì yīn ❶婚姻。明沈受先《三元记》三二出：“赖尊颜沐宠恩，蒙俯就～。”孟称舜《娇红记》四九出：“不得即世里谐秦晋，则待向来生结～。” ❷指姻戚。明张介宾《景岳全书》卷七：“适一～，向以中年过劳，因患劳倦发热。”

【契友】 qì yǒu ❶结交；交好。《法苑珠林》卷四五：“河东沙门道逊，高德名僧，素是同学，祖习心道，～金兰。”宋陈著《挽王开叔》：“最是与梅相～，翛然易箦了平生。”清储大文《拟唐命殷仲容摹延陵十字碑表》：“博物推于五总，比年价定贺韦；～坚于八人，此日望高萧李。” ❷情意相投的朋友。也用于称呼对方。宋孙应时《与史开叔书》：“某顿首再拜，启开叔府判直阁～。”金刘志渊《擒昌陋庵》之一：“夜月晓风为～，纡青拖紫不相攀。”清《醒世姻缘传》六三回：“恰好素姐不因不由的也到庵中，因是紧邻之女，又是～之妻，都认识的熟。” ❸指同性恋的朋友。明《金瓶梅词话》九〇回：“亏了北京李大郎，养我在家为～。”

【契缘】 qì yuán ❶(与佛、法)结缘。唐郑谷《宜春再访芳公》：“顷为弟子曾同社，今忝星郎更～。”《祖堂集》卷四《招提和尚》：“师遂依言而返，造石头，果应大寂之言，～悟达。”宋苏轼《与开元明师书》：“今吾师远来相别，岂此罗汉～在彼乎？” ❷姻缘。明孟称舜《娇红记》四二出：“论他家威镇西川，怕没甚豪门成

～。只俺大爷呵，贪求淑女，意厚情坚。”徐渭《四声猿·雌木兰》二出：“甫能个小团圞，谁承望结～，乍相逢怎不教羞生汗。”

【契约】 qì yuē 记录约定内容用作凭证的文书。《唐律疏议》卷一三：“为婚之法，必有行媒。男女、嫡庶、长幼，当时理有～。”宋洪迈《夷坚志》丙卷八：“去年买汝时，汝本无夫，有～牙侩可验。”清《品花宝鉴》五一回：“那人与他请了一个人，讲定了八十两银子，写了～。”

【契丈】 qì zhàng 对有亲密关系而又年长于己的人的尊称。宋朱熹《祭潘左司文》：“二十有八日庚辰，具位朱熹谨致奠于近故太平显谟左司使君～潘公之灵。”清魏裔介《与耿又朴翰林书》：“～暂假归里，读书论世。”《醒名花》九回：“辱弟陶宗潜，谨致书于应翁～台下。”

【契证】 qì zhèng 犹“契会❸”。唐柳宣《檄译经僧众书》：“假铨明有，终未离于有为；息言明道，方～于凝寂。”《五灯会元》卷一九《虎丘绍隆禅师》：“举拳曰：‘还见么？’师曰：‘见。’悟曰：‘头上安头。’师闻脱然～。”明袁宏道《题碧空禅人诵法华经引》：“夫此《法华经》，诸佛以此开示悟人。首山舍经而去，乃得～，其故何也？”

【契纸】 qì zhǐ ❶ 即“契书❷”。特指官府发给业主的契税文书。宋俞文豹《吹剑录外集》：“大率买产百千，输官者十千有畸，而买～赂吏案之费不与焉。”《宋史·食货志上二》：“初令诸州通判印卖田宅～，自今民间争田，执白契者勿用。”清《品花宝鉴》三二回：“这张～是假的，前年大傻已将房子抵押于我。” ❷ 用作凭据证明的文书。《金史·仆散端传》：“以左丞相兼都元帅行省陕西，……赐～勘同曰：‘缓急有事，以此召卿。’”

【契重】 qì zhòng ❶ 友情深重。唐王千石《议沙门不应拜俗状》：“窃惟君臣～，忠孝之义本隆；父子恩深，爱敬之情攸切。”穆员《相国义阳郡王李公墓志铭》：“公以奇谋正义，间说成德。成德与滔，～婚姻，事同艰阻。”元王沂《寿胡琴所并酬春日见寄》之一：“绝俗调高闻白雪，结交～见金兰。” ❷ 器重；看重。清《聊斋志异·小谢》：“有婢夜奔，生坚拒不乱，部郎以是～之。”《荡寇志》一〇六回：“当日见辅梁到来，知辅梁是李应～之人。”《品花宝鉴》一五回：“子玉见了素兰也是幽闲贞静一派，心里就～他。”

【契字】 qì zì 犹“契书❷”。宋朱熹《看定文案申状式》：“一、某年月日，某人状。一、某人执到某年月日～，或分开干照。”黄榦《陈西点帅文先争田判》：“钱当没官，业当还主，～追上毁抹。”明杨士奇《训东城诸侄》：“父所遗下田土～及生借文约，若父在时未有发落，则只于汝老母处收贮。”

【砌】 qì 另见 qiè。❶ 累积；堆叠。宋秦观《踏莎行》：“驿寄梅花，鱼传尺素，～成离恨无数。”明朱国祯《涌幢小品》卷二：“正统年间，凡遇祭祀并筵宴茶饭等项，茶食果品俱系散撮。天顺年间，始用粘～，加添数倍。”清邹一桂《小山画谱》卷上：“（石榴）其子如松子大，色如其花，～小碟甚佳。” ❷ 拼缀；攒聚。宋尤袤《全唐诗话》卷五：“归氏子以姓嘲（皮）日休云：‘八片尖斜～作球，火中焊了水中揉。’”元徐再思《寿阳曲·春情》：“剔春纤碎榴花瓣儿，就窗纱～成愁字。”清邹一桂《小山画谱》卷上：“（老少年）叶尖长，独梗，花细～叶间，子细黑。” ❸ 镶嵌；编织。金《董解元西厢记》卷二：“红彪彪地戴一顶纱巾，密～着珍珠。”明《西湖二集》卷八：“到开宝八年坐化而去，那舍利子如鱼鳞一般～在身上。”清洪昇《长生殿》三六出：“只见线迹针痕，都～就伤心怨。” ❹ 环绕；笼罩。明梁辰鱼《浣纱记》三五出：“重重四下干戈～，团团八面虎狼威。”清《姑妄言》二二回：“衣间惹一种幽香，非兰非麝；脸际～十分春色，疑玉疑香。” ❺ 刷抹；涂写。明戚继光《练兵实纪》卷四：“右仍另刻板一片，用时不拘，刷～几百张，以书兵名足为数。”清笪重光《画筌》：“今人作画，胸中了无主见，信笔填～，纵令成图，神气索然。” ❻ 装订。清《醒世姻缘传》三一回：“～了一本缘簿，里边使了连四白纸，上面都排列了红签。”又三三回：“～了一本仿，叫大学生起个影格，丢把与你，凭他倒下画，竖下画。”

【砌搬】 qì bān 指搬砖砌墙的活计。明孙仁孺《东郭记》四〇出：“〔扮泥水上〕学生善～，傅岩徒弟，石块常抟。”

【砌除】 qì chú 台阶。除，台阶。清钱谦益《文三启美次余除夕元旦诗韵见寄》之二：“信美芝兰接～，依然布褐共闲居。”弘历《游香山》：“鸟语入窗牖，岚烟起～。”

【砌叠】 qì dié ❶ 上下交叠组合或垒砌。宋邓椿《画继》卷一〇：“倭扇，以松板两指许～，亦如摺叠扇者。”元刘壎《观雨赋》：“俄而，风威渐劲，云气弥黑，浓淡～，如冈峦之横出。”明汤式《湘妃引·闻嘲》：“陷人坑土窖似暗开掘，迷魂洞囚牢似巧～，验尸场屠铺似明排列。” ❷ 拼凑构陷。宋戴溪《续吕氏家塾读诗记》卷一：“夫谗人者，非直致其情一日而遂也，必架造～而后成，故积之也有渐。” ❸ 堆砌；罗列。元方回《瀛奎律髓》卷一：“如许浑《登凌歊台》‘湘潭云净莫山出，巴蜀雪消春水来’，不过～形模，而晚唐家以为句法。”

【砌括】 qì guā 垒砌刮抹。明孙仁孺《东郭记》四〇出：“小子泥水是也。齐人老爷旧宅造作衙院，墙壁都是学生～。”

【砌阶】 qì jiē 犹“砌除”。唐罗隐《扇上画牡丹》：“为爱红芳满～，教人扇上画将来。”《敦煌变文校注》卷五《父母恩重经讲经文(一)》：“渐离怀抱作婴孩，匍匐初行傍～。”清弘历《夜雨》：“夜雨隔窗响，檐声滴～。”

【砌垒】 qì lěi ❶ 堆叠砌筑。宋李诫《营造法式》卷一五：“如殿阶作须弥坐～者，其出入并依角石柱制度。”明汤式《赛鸿秋》：“再将楚阳台～的牢，重盖一座袄神庙。”清《绿牡丹》六三回：“炮已请到，差人上山～炮台。” ❷ 比喻资历的积累。元尚仲贤《三夺槊》一折：“比及武官～个元戎将，文官挣揣个头厅相。知他是几个死，知他是几处伤。”

【砌累】 qì lěi ❶ 同“砌垒❶”。宋程颐《伊川易传》卷四：“甃，～也，谓修治也。”明于谦《兵部为安边事奏》：“有他杂谷家～碉房城子，差人守把。” ❷ 犹“砌叠❷”。宋苏轼《乞外补回避贾易札子》：“只有法外刺配颜章、颜益一事，必欲收拾～，以成臣罪。”

【砌嵌】 qì qiàn 堆砌镶嵌。元《三遂平妖传》七回：“中间一条行路，都是鹅卵石～的。”

【砌造】 qì zào 垒砌建造。宋李曾伯《拟泰寿泗三郡筑城记》：“东门南以北泊门之外堡，～羊马墙。”明张内蕴、周大韶《三吴水考》卷一三：“如三年内倒塌，仍令～。”清《野叟曝言》一四五回：“寺是木头砖瓦～起来的大房屋，经忏是佛造下来的。”

【砌筑】 qì zhù 垒砌修筑。明宋应星《天工开物·燔石》：“炉外～土墙圈围，炉巅空一圆孔如茶碗口大，透炎直上。”《僧尼孽海·水云寺僧》：“四壁砖石～坚固，只开大门二扇，餘无一点罅隙。”清《红楼复梦》一〇〇回：“吩咐土工好生装殓，将坟堆～十分坚固。”

【葺构】 qì gòu 构建。唐王璲《大唐会稽郡餘姚县真法师行业赞》：“～廊宇，缮修佛像。垦尔田畴，蓄尔仓廪。”明孙承恩《祭杨季玉文》：“近者～园亭甫成，而子已病，无缘与子啸傲于其间。”清弘历《孟秋万寿山集景杂咏》之三：“缀景经营逮十年，楼台～次将全。”

【葺理】 qì lǐ ❶治理;经营。唐李柷《禁论认洛阳田宅敕》:"洛城坊曲内,上有朝臣诸司宅舍,经乱荒榛。张全义～已来,皆已耕垦。既供军赋,即系公田。"五代李存勖《南郊赦文》:"公行贿赂,蔑顾典章。到官唯务于追求,在任莫思于～。"宋元《古今小说》卷三九:"此间武强山广有隙地,风水尽好,我先与你～葬事。"❷修治;整理。五代杜光庭《谢恩赐阳平山吕延昌紫衣表》:"吕延昌久处烟萝,深精药饵,方专心于～,敢企望于宠荣。"明袁中道《游居柿录》卷八:"～书籍,颇有不全者,甚不快。"清《十二楼·萃雅楼》二回:"我闻得你提琴箫管样样都精,又会～花木,收拾古董。" ❸修建;修理。《太平广记》卷三三三引《通幽记》:"博陵崔咸,少习静,家于相州,居常～园林。"元杨维桢《海盐州重修学宫记》:"于是与校官吏议其所当～者,捐俸金为之。"清《后水浒传》三一回:"早见前后门户倾颓,左右墙垣塌损。杨幺见了不胜暗暗点头道:'老年人在家悬念,愁苦不了,那有心绪～?'"

【葺缮】 qì shàn ❶维护修补(时局)。唐杨承和《邠国公功德铭》:"小子蓬茨劣人,迹度卑浅,……若使陈～,具德美,愚人不敢当。" ❷维修;修缮。宋高斯得《钱塘南山开化寺记》:"复以馀财,～法宇。周阿竣严,列楹齐同。"清《皇朝通典》卷五六:"朕等车驾所经,惟桥梁道路～扫除,为地方有司所宜。"

【葺饰】 qì shì 维修装饰。唐沈亚之《解县令厅壁记》:"至于公堂便馆,～者凡十餘。"宋洪迈《夷坚志》支戊卷四:"乃辍其役,但移门它向,并～像设而祭之。"明祝允明《兴宁县城隍庙碑记》:"每谒祠,见颇有未～处,稍以私钱整之。"

【葺修】 qì xiū ❶修葺;修缮。唐李昂《听诸司营造曲江亭馆敕》:"承平已前,亭馆接连,近年废毁,思俾～。"辽李万《韩椅墓志铭》:"～宫掖,仰期饮镐;崇饰祠寺,企望问峒。"清施闰章《修葺水西书院记》:"书院之兴替如此,前后～者,则陈公大绶,李公邦华。" ❷维护;整治。唐陆贽《论裴延龄奸蠹书》:"延龄苟逞近效,不务远图,废其～,减其刍秣,车破畜耗,略无孑遗。"明孙承恩《集义亭记》:"踊跃有声,击刺如法。武备～,声振旁邑。"

【葺养】 qì yǎng 管理养护;管理饲养。唐李晔《改元天祐赦文》:"如贪堕不理,害及于人者,速使停替。务加～,称朕意焉。"宋李复《原州后圃厅壁题记》:"仅得马三千匹,从赤岸泽徙之陇右,命太仆卿张万岁～焉。"

【葺整】 qì zhěng ❶修整;修缮。宋李光《双泉诗》:"苏公经行地,亭宇稍～。"明周如砥《本朝立国规模纲目论》:"虽风雨之或侵,扃钥之偶失,苟一～而缄固之,又奚损于室之巨丽乎。"❷修补整理。明程敏政诗题:"八月六日至南山,怅然兴怀,因就～书册赋此。"

【葺治】 qì zhì ❶修缮;维修。唐戴孚《广异记·狄仁杰》:"杰曰:'刺史不舍本宅,何别舍乎?'命去封锁～,居之不疑。"宋华岳《翠微先生北征录》卷一二:"惟能～水道,川陆俱运。坦夷则车推毂载,马驼驴负;险阻则舟行缆解,风送水流。"清《隋唐演义》九二回:"臣等已使魏少游、卢简金,在彼～宫室,整备资粮。"❷治理;管理。敦煌词《菩萨蛮》:"奉国何曾睡,～无人醉。克日却回归,愿天涯总□。"宋岳飞《收复唐邓信阳差官奏》:"收复随、郢等州军了当,先差过知、通等～事务。" ❸整治;整备。宋苏洵《衡论下》:"(井田)唐虞启之,至于夏商,稍稍～,至周而大备。"员兴宗《议国马疏》:"盖五代之末,监牧多废,官市多阙,国马遂不蕃庶。自我国家之兴,遂大～,每岁遣使,多方命官。"李纲《建炎时政记》卷下:"外则经营措置河北、河东两路以为藩篱,～军马,讨平盗贼。" ❹惩治。宋苏轼《乞降度牒修定州禁军营房状》:"臣既目睹偷弊,理合～犯法之人。" ❺治备;置办。宋程珌《丙子轮对札子》:"又明年丙寅始出师,一出涂地,不可收拾。百年教养之兵一日而溃,百年～之器一日而失。"△朱彭寿《安乐康平室随笔》卷四:"因奉命交余三百金,～三公棺椁。"

【葺筑】 qì zhù 修筑;修建。宋苏轼《与程辅提刑书》:"意欲买此陂,属百姓见说数十千可得。稍加～,作一放生池。"明祝允明《方承学墓志铭》:"出由苎山徙石阑,买居～之。"清弘历《方圆庵》:"方圆庵是辨才迹,～曾经闻启祥。"

【葺缀】 qì zhuì 修补连缀。唐张彦远《论鉴识收藏购求阅玩》:"每获一卷,遇一幅,必孜孜～,竟日宝玩。"清《四库全书总目》卷一七四:"(曾)丰集元无完本,近始采永乐大典所载,～成帙。"

【憩顿】 qì dùn 停留休息。明沈德符《万历野获编》卷一二:"南北各设一城,以为发运收运之区。中道再筑一城,为运夫～之所。"王士崧《法王寺》:"沾濡意已困,～聊所遣。"清乾隆三十二年二月二十五日上谕:"经过陆路水程,该地方预备座落数处,以供～。"

【憩迹】 qì jì 停步,指逗留。唐李白《上安州裴长史书》:"而许相公家见招,妻以孙女,便～于此。"宋赵蕃《晨起闻徐应卿诵季益诗》:"诗工于我贫相似,～招提亦尔同。"元刘诜《尘外流芳集序》:"或放怀于水竹之间,～于禅寂之外。"

【憩驾】 qì jià ❶帝王车驾驻留。唐玄奘《大唐西域记》卷六:"毗卢择迦王欲就舅氏请益受业,至此城南,见新讲堂,即中～。"李治《万年宫碑铭》:"～离宫,淹留禁苑。"清弘历《憩承光殿作》:"返跸圆明园,～承光殿。" ❷泛指旅途休息或驻留。唐张读《宣室志》卷七:"(百丈泓)槐柳环拥,烟影如束。途出于此者,乃为～之所。"宋张詠《缉书斋》:"我来～吟青春,呼奴啸匠连挥斤。"

【憩脚】 qì jiǎo 歇脚。清曹寅《舟中望惠山举酒调培山》:"蒋家酒楼堪～,十日醉倒青芙蓉。"

【憩留】 qì liú 停留;驻留。唐文贞《善化寺记》:"大德以唐宣宗大中十二年春来燕,选名寺以～,向德者盈途。"明赵完璧《春游回文诗》:"狂咏客亭春把酒,～僧寺晚烹茶。"清张英《步西郊》:"步屧农家小～,便堪俯仰狎沧州。"

【憩宿】 qì sù 住宿。《太平广记》卷三四引《原化记》:"因是往来～于裴舍,积数年而无倦色。"宋洪迈《夷坚志》支景卷八:"建炎初自京师挈家东下,抵泗州北城,于驿邸～。"清乾隆二十七年三月十九日上谕:"但须扫除洁净以供～足矣,固无取乎靡丽饰观也。"

【憩卧】 qì wò 躺卧休息。宋洪迈《夷坚志》支甲卷二:"自晨至午,启凿及于埏中,棺椁皆露。众疲困～。"明李贤《狸奴说》:"由是益横,凡枕席几案书史图籍,俱为游戏～之所。"《徐霞客游记》卷二下:"余时倦甚,遂～,一觉去羲皇真不远。"

【憩息】 qì xī 休息;歇息。唐谢偃《高松赋》:"纷羽翼而上腾,排紫虚而高扇。起九垓而～,周四海而顾盼。"明《杜骗新书·脱剥骗》:"一日,通与仆往杭贸易,经过浦城,～于亭。"清《聊斋志异·田七郎》:"武展姓氏,且托途中不快,借庐～。"

【憩锡】 qì xī 犹"挂锡"。唐[朝]崔仁滚《新罗国故两朝国师朗空大师塔碑铭》:"初～于朔州之建子岩,才修茅舍,始启山门,来者如云。"《五灯会元》卷三《南泉普愿禅师》:"贞元十一年～于池阳,自建禅斋。"明倪谦《天马山幽谷庵玉乳泉铭》:"遍游名山,参礼耆宿,尝～大报恩寺。"

【憩歇】 qì xiē 犹"憩息"。《敦煌变文校注》卷二《韩擒虎话本》:"～才定,使君忽思量得法华和尚委嘱。"宋张耒《淮阴大宁山主崇岳逮与予诸父游》："道人已老见我喜，静扫高堂容～。"元沙克什《河防通议》卷下："夏至后至立秋，自巳正至未正两时，放役夫～。"

【憩休】 qì xiū 犹"憩息"。宋梅尧臣《希深惠书言与师鲁游嵩》："盘石暂～，泓泉助吞漱。"明尹台《衡岳二贤祠记》："乃并天柱下南台，～方广之寺。"清方苞《游丰台记》："久之，始得圃者宅后小亭而～焉。"

【憩偃】 qì yǎn 坐卧休息，也借指隐居。宋李复《首夏端居》："虚堂面清池，文簟舒藜床。～神意适，形骸亦相忘。"张端义《贵耳集》卷下："碑铭皆数千言，屈吴傅朋书之。大光立于碑侧，不数字，必请傅朋～。"元方回《书隐斋铭》："避逃廊肆，～郊墟。"

【憩游】 qì yóu ❶ 息游；驻留。也借指人殡葬。宋王珪《中元节起居诸帝陵表》："戎衣清难，定业当年。羽仗宾空，～何所?"明汪廷讷《种玉记》一六出："程途望望同奔走，正树杪夕阳时候，且向蘧庐暂～。" ❷ 休息游览。明卢柟《读谢明滨明水寺诗》："～明水作，臭比芝兰芬。"清弘历《清舒山馆》："狮林一水隔山馆，好趁几餘试～。"

【憩足】 qì zú 犹"憩脚"。也指逗留。唐王勃《梓州郪县兜率寺浮图碑》："我辞秦陇，来游巴蜀。胜地归心，名都～。"宋吴自牧《梦粱录》卷一九："御前宫观，俱在内苑，以备车驾幸临～之处。"清周亮工《闽小记》卷一："闽中桥梁最为巨丽，桥上架屋……第以闽地多雨，欲便于～者。"

【憩坐】 qì zuò 停坐；坐下休息。《太平广记》卷七〇引《墉城集仙录》："元君～良久，示以黄庭澄神存修之旨。"明朱国祯《涌幢小品》卷二五："兄妹皆长丈三尺，日饫斗餘。行倦则倚市檐～，如堵墙。"清《聊斋志异·长治女子》："自觉奔波殆极，就榻～。"

qiā

【掐】 qiā ❶ 一种嵌入珍珠或金银线的工艺或刺绣技法。五代贯休《山居诗》之二四："香焚蓍蔔诸峰晓，珠～金刚万境空。"明《金瓶梅词话》五二回："我昨日见李桂姐穿的那五色线～羊皮金挑的油鹅黄银条纱裙子，倒好看。"清《白雪遗音·两双金莲》："穿一双红缎子花鞋，上面插的是栀子茉莉江西腊，金线把手～。" ❷ 用拇指尖拨动数珠或按点其他指的指节等进行计算。唐张鷟《朝野佥载》卷二："道逢一道人，着衲帽弊衣，～数珠。"元王氏《粉蝶儿·寄情人》："见一个僧人念经～着数珠。"清《醒世姻缘传》四七回："任直～着指头算了一算，说道：'景泰三年生的。'" ❸ 用拇指按住其他指做出一定姿势以禳咒。唐戴孚《广异记·李氏》："明日是十四兄王相之日，必当来此，大相恼乱。可且令女～无名指第一节以禳之。"清洪昇《长生殿》四六出："蠢朱符不住烧，歹剑诀空～遍，枉念杀波没准的真言。" ❹ 指按调作诗、谱曲或调弦。宋吴文英《莺啼序·荷和赵修全韵》："记琅玕、新诗细～，早陈迹、香痕纤指。"张炎《甘州》："听惺忪语笑，香寻古字，谱～新声。"明汤显祖《七夕醉答君东》："玉茗堂开春翠屏，新词传唱牡丹亭。伤心拍遍无人会，自～檀痕教小伶。" ❺ 握；抓；揪。宋汪元量《瑶花》："树已倾覆，攀条～干，细嗅来、尚有微微清馥。"《元曲选外编·黄花峪》二折："一只手揪住那厮衣领，一只手～住脚腕，滴溜扑摔个一字交。"清《醒世姻缘传》二七回："把那跟的人～了脖子往外一颡，足足的颡了够二十步远。" ❻ 掐算。引申指琢磨。元张可久《满庭芳·金华道中》："数前程～得个归藏卦，梦到山家，柳下纶竿钓槎，水边篱落梅花。"明单本《蕉帕记》一七出："〔中净〕你怎么就晓得正月半生儿子了？〔丑〕我是一掌金～过了。"汤显祖《牡丹亭》二八出："则是礼拜他便了。〔拈香拜介〕奚幸杀，对他脸晕眉痕心上～，有情人不在天涯。" ❼ 攫取；夺占。清《醒世姻缘传》五七回："两个利他的家产，不许他过继侄儿，将他的庄田房舍都叫晁无晏～了个精光。" ❽ 量词。拇指与其他指圈合所握的量。元佚名《一锭银过大德乐·咏时贵》："居民百姓夸，私心无半～。"清《霓裳续谱·好一个乡村女娇娃》："面似过芙蓉，腰儿一～。"

【掐巴】 qiā ba 同"掐把"。清《醒世姻缘传》九回："不己个样子，都叫人家～杀了罢。"

【掐把】 qiā ba 用力捏拧，比喻束缚钳制或折磨欺凌。清《醒世姻缘传》九回："说他该下木头根，二百银三百两～着，要连他的夫人合七八岁的个孩子、管家，都是呈子呈着。"又一五回："我生平是这么个性子，该受人～的去处，咱就受人的～。"又五八回："好汉子，你出来么！我没的似俺哥，你～我？"

【掐撮】 qiā cuō 掐捏，引申指折磨。宋周邦彦《大有》："却更被温存后。都忘了、当时僝僽。便～、九百身心，依前待有。"明王肯堂《证治准绳》卷六〇："大效琥珀散，治妇人心胸迷闷，腑脏～疼痛。"

【掐尖】 qiā jiān 摘去花木顶端。❶ 比喻克扣经手的钱财。《元曲选·老生儿》楔子："与我一百两钞，着我那姐夫张郎与我。他从来有些～落钞，我数一数，……则八十两钞。" ❷ 比喻抢先占便宜或出风头。明《金瓶梅词话》二〇回："你这小淫妇儿，单管爱小便益儿，随处也掐个尖儿。"清《红楼梦》七四回："在人跟前能说惯道，～要强。"

【掐金】 qiā jīn 一种刺绣法，在缝里嵌入金线。清《红楼梦》四九回："黛玉换上～挖云红香羊皮小靴。"《霓裳续谱·奇怪奇怪》："满帮子的花儿～挂线，是那绿线锁口。"

【掐救】 qiā jiù 用掐人中等方法抢救。清《野叟曝言》七七回："洪氏忙叫丫鬟们～，须臾醒转。"又一一二回："如天雷劈脑，叫声哎哟，跌倒在地。家仆一面～，一面飞报进去。"

【掐诀】 qiā jué 犹"捏诀"。《太平广记》卷一一二引《纪闻》："公有刀子甚善，授公以神咒，见中丞时，但俯伏～。言带犀角刀子，掐手诀，乃可以诵咒。其诀：左手中指第三节横文，以大指爪掐之。"《元曲选·桃花女》三折："正旦接水，用手～念咒云：天啉啉，地啉啉，魔啉啉，唵啉啉，吾奉九天玄女，急急如律令摄。"清《绿野仙踪》九七回："翠黛左手～，右手用剑一指，那水便波开浪裂，分为两股。"

【掐捺】 qiā nà 掐捏按压。清《歧路灯》七一回："不然者，归班就选，到一行做吏时，少不了目睹死尸，还要用手～。"

【掐捏】 qiā niē 掐并捏。明《金瓶梅词话》五二回："西门庆大喜，篦了头，又交他取耳，～身上。"清《野叟曝言》七〇回："姊妹们轮流替他摩胸揉肚，～人中。"

【掐拧】 qiā nǐng 又掐又拧。明《金瓶梅词话》三二回："刘公公还好，那薛公公惯顽，把人～的魂也没了。"

【掐纽】 qiā niǔ 犹"掐拧"。纽，通"扭"。《元曲选·金线池》三折："最不爱打揉人七八道猫煞爪，～的三十驮鬼捏青。"

【掐数】 qiā shǔ 另见 qiā shù。掐着指头一项一项数说。明王世贞《淮阴侯不反辨》："而王自～其功于汉，观数子何啻百倍。"

【掐数】 qiā shù 另见 qiā shǔ。即"掐算"。数，一种占卜方式。明吴之鲸《武林梵志》卷五："端趺西坐，两手高擎，十指作～状。"清《野叟曝言》一〇三回："老婢昨～，应先见大喜，后见大惊。”又一四六回：“随氏忧疑，素臣～道：‘应在即刻了。’”

【掐算】 qiā suàn 拇指按点其他指指节推算。多指占卜。元王晔《桃花女》楔子：“你且省烦恼，说你那小大哥的生年月日来，等我与他～者。”元明《水浒传》八七回：“用手～，当日属火。”清《野叟曝言》八四回：“每日轮指～，眼巴巴望着圣旨早到一日早出监一日。”《醒世姻缘传》六一回：“邓蒲风～了一会，说道：‘你二人俱是金命。’”

【掐骰】 qiā tóu 掷骰赌博中一种弄巧作弊的手法。清《镜花缘》七四回：“即如两个骰子下盆，手略轻些，不过微微一滚，旋即不动；至于三个骰子一齐下盆，内中多了一个，彼此旋转乱碰，就让善能～也不灵了。”

【掐五】 qiā wǔ 掷骰能掷出五点的作弊手法。清《歧路灯》二一回：“谁的戏是打里火、打外火，谁的赌是能～、能坐六。”

【掐先儿】 qiā xiān er 犹“掐尖❷”。明《金瓶梅词话》二七回：“贼小淫妇儿，这上头也掐个先儿。”

【掐牙】 qiā yá 在衣服绲边上再镶一道极细的绲条，作装饰用。清《红楼梦》三回：“茶未吃了，只见一个穿红绫袄青缎～背心的丫鬟走来。”又四六回：“只见他穿着半新的藕色绫袄，青缎～坎肩儿。”

【掐印】 qiā yìn 犹“掐诀”。印，一种呈持印状的捏诀手势。宋洪迈《夷坚志》三己卷二：“遂袖手～，诵《楞严咒》，大声咄叱以威之。”

【掐指】 qiā zhǐ 犹“掐算”。《元曲选·桃花女》楔子：“正旦做～科，云：嗨，周公能算也。”明《封神演义》二一回：“道人觉而有警，～一算，早知凶吉。”清《红楼梦》六三回：“～算来，至早也得半月的工夫，贾珍方能来到。”

qià

【恰】 qià ❶ 相称；相合；恰当。五代张泌《思越人》：“燕双飞，莺百啭，越波堤下长桥。斗钿花筐金匣～，舞衣罗薄纤腰。”明汤显祖《紫钗记》三九出：“只怪得定双飞钗燕插，便和那引同梦的花灯～。”清《红楼梦》三七回：“‘居士’‘主人’到底不～，且又瘰赘。” ❷ 和谐；融洽。恰，通“洽”。元王冕《潇洒》：“老吾情不～，漫读古人书。”明袁于令《双莺传》二折：“〔旦〕情方～，泪已垂。〔小旦〕忍教欢笑遂分离。” ❸ 副词。a）只；仅。唐杜甫《南邻》：“秋色才深四五尺，野航～受两三人。”清袁枚《子不语》卷八：“陈氏～一粗婢耳，毫无姿色。”b）最；极；绝对。唐张鷟《朝野佥载》卷四：“今年选数～相当，都由座主无文章。”明柯丹邱《荆钗记》四八出：“〔净〕这就不该了，你我是年家顽惯，祖父母在此，焉敢放肆？〔外、生〕这个不必谦。〔净〕～不当。”单本《蕉帕记》二〇出：“到座主房中用些方略，颠倒文书、惹起科场闹。那时节才得个名姓高标，指点他一路前程～非小。”c）还；尚；仍。唐王梵志《闻道须鬼兵》：“长命得八十，～同寄住客。暂在主人家，不久自分擘。”《太平广记》卷三五三引《北梦琐言》：“彦翛问大王何以此来，～未对，倏而不见。”《元曲选外编·西厢记》一本三折：“～寻归路，伫立空庭，竹梢风摆，斗柄云横。”d）刚刚。《敦煌变文校注》卷一《李陵变文》：“左右闻语，当即星分。～至天明，胡兵即至。”元王和卿《拨不断·自叹》：“～春朝，又秋宵，春花秋月何时了。”明《金瓶梅词话》八二回：“这陈经济三不知，～进角门就叫：‘可意人在家不在？’”e）才。表示事情发生得晚。元卢挚《沉醉东风·适兴》：“沉醉也更深～到家，不记的谁扶上马。”张国宾《薛仁贵》二折：“你从二十二上投军去，可怎三十三上～到来？”f）随即；就。宋李之仪《南乡子》：“步懒～寻床，卧看游丝到地长。”元佚名《错立身》四出：“孩儿与老都管先去，我收拾砌末～来。”清《歧路灯》七七回：“口说看望，实希帮助，所以门上方请，～到门首。”g）已；已经。宋洪迈《夷坚志》甲卷六：“史丞相登科时，年～四十矣。未策名之时，清贫特甚。”明徐翙《春波影》一出：“～早三更也，我们回去咱。”h）却；反而；但是。《敦煌变文校注》卷五《妙法莲华经讲经文(三)》：“或归乡井心中喜，或梦他乡客思游。～被晓钟惊觉后，梦中行处一时休。”明徐阳辉《脱囊颖》一折：“燕雀那知鸿鹄志，蛟龙～被鱼虾戏。”清袁枚《子不语》卷一〇：“忽见殿前速报司神奔下擒他，方惧而逃，～已为其所获。”i）岂；难道。用于反诘。《元曲选外编·风云会》二折：“我一发都杀了，～不伶俐！”明《韩湘子》一四回：“厅后坐着那两个穿红袍的，～不是狼？”j）并。用在否定词前加强否定语气。宋李之仪《与友人往还书》：“自青山到敝庄亦不远，一相见了入城，～不甚迂。”明王玉峰《焚香记》一三出：“学生前日一时苟且了，去偷人家的瓜，被看瓜的人撞见了。自觉没意思，只说道我这里纳履，～不是偷瓜。”清袁枚《子不语》卷三：“忽从朱门之内，坠于万丈深潭，～无痛楚；只觉身子短小。” ❹ 同“掐❽”。金《董解元西厢记》卷四：“咱供养不曾亏了半～，枉可惜了俺从前香共花。”又卷五：“自来不曾，亏伊半～。”元佚名《风入松》：“俺看他歹处无纤～，他于人情分寡。”

【恰便】 qià biàn ❶ 便；就。a）表示在某种条件下自然怎样。《元曲选·东堂老》一折：“但他两个说的，合着我的心，趁着我的意，～经也似听他。”六十种曲本《琵琶记》二三出：“论来汤药，须索是子先尝，方进与父母。公公，莫不是为无子先尝，～寻思苦？”明王骥德《男王后》一折：“我不惯紫茸甲重重披挂，～惊闪杀一捻小香娃。”b）表示强调。《元曲选·刘行首》三折：“你～发凡心，施乖劣。〔带云〕你成道呵，〔唱〕比乘风的未似，比立雪的争些。”又《抱妆盒》三折：“刘皇后你可也不心慈，不弱似吕太后当时，～待鸩了如意彘了戚氏。” ❷ 表示假设的让步。就算；即便。清吴伟业《琴河感旧》之二：“油壁迎来是旧游，尊前不出背花愁。缘知薄幸逢应恨，～多情唤却羞。”

【恰便是】 qià biàn shì ❶ 就是；正是。加强语气的强调。六十种曲本《琵琶记》三九出：“你今日既无父母，又丧公姑，～我的女孩儿一般。”明《醒世恒言》卷三〇：“房德举目看时，～那个义士，打扮得如天神一般。” ❷ 即“恰便似”。《元曲选·救风尘》一折：“怎知他手拍着胸脯悔后迟，寻前程，觅下梢，～黑海也似难寻觅。”又《冤家债主》二折：“三十年一梦庄周。我～俞阳般服药酒，恰便似庄子叹骷髅。”明汤显祖《牡丹亭》一二出：“睡荼蘼抓住裙衩线，～花似人心好处牵。”

【恰便似】 qià biàn sì 恰如；正好像。元许衡《大学直解》：“如今尹氏做着太师，其名分势位赫赫的显盛，～那高山一般。”关汉卿《普天乐·崔张十六事·莺花配偶》：“尽老今生同欢爱，～刘阮天台。”清《红楼梦》二八回：“可喜你天生百媚娇，～活神仙离碧霄。”

【恰不道】 qià bu dào 岂不知；却不道。用在熟语之前，犹言常言道。元关汉卿《一枝花·不伏老》：“～‘人到中年万事休’，我怎肯虚度了春秋。”《元曲选外编·替杀妻》二折：“～‘壁间还有耳，窗外岂无人’，你待要怎生？”元明《水浒传》二四回：“你既是聪明伶俐，～‘长嫂为母’？”

【恰不是】 qià bu shì 岂不是；正是。明孙柚《琴心记》一四出：“倘伊知觉，中起风波，～：蓦地里悲欢难论，须臾凤折鸾分？”《韩湘子》二七回：“三位老人家这般会快活，我到了这年老，反在山中做樵夫。～：老来勤紧夜来忙，一点精诚靠上苍。”

【恰才】 qià cái ❶刚才；不久前。表示时间。宋洪迈《夷坚志》补卷一：“～与人春米回家，方倦卧在床。”明《金瓶梅词话》八八回：“～这杀死妇人是我丈人的小潘氏。”清洪昇《长生殿》八出：“奴婢～复旨，万岁爷细问娘娘回府光景，似有悔心。” ❷刚刚；刚一开始。表示动程。宋张杲《医说》卷七：“明年又因旧会赵宅，～执杯，又见小蛇。”元张养浩《沉醉东风》：“昨日颜如渥丹，今朝鬓发斑斑。～桃李春，又早桑榆晚。”清《八洞天》卷八：“谁想思复身子～好些，又撞出两件烦恼的事来，重复增病。” ❸表示在某种条件下然后怎样。才；这才。宋毛滂《浣溪沙·寒食初晴》：“魏紫姚黄欲占春，不教桃杏见清明，残红吹尽～晴。”《元曲选·谢天香》三折：“我伏事的都人罗帏，我～舒铺盖，似孤鬼，少不的蹬跐寝睡。”清《九云记》一七回：“女娘拜毕，坐下对面绣墩上。元帅～敢抬头。” ❹刚好；正当(某一时刻或阶段)。宋吴儆《念奴娇·寿陈尚书母夫人》：“婺女星躔，金华福地，聊驻千千岁。～八十，百分未及一二。”元明《三国志通俗演义》卷三：“吕布到城下时，～四更。”清《补红楼梦》四八回：“头里我有一把扇子送你，说是：‘记取四十年多福满，好来聚首在蓉城。’这会子，～一半，还有二十年洪福。” ❺正……。表示正处在某一状态中。元贯云石《一枝花·离闷》：“杨花满院东风散，～这微雨过燕莺闲，罗帏寂寞空长叹。”元明《水浒传》五〇回：“且说扑天雕李应，～将息得箭疮平复，闭门在庄上不出。”清弘历《雨》：“入夕听倾盆，无眠静倚轩。～心地沃，不厌耳根喧。” ❻刚巧；巧合。清弘历《春雨轩》：“文轩号春雨，雨后～来。”《品花宝鉴》三三回：“我想他是常在外边的，忽然不高兴起来，所以转回，～遇见瑶卿。”

【恰才的】 qià cái de ❶即“恰才❶”。元施惠《幽闺记》三二出：“～乱掩胡遮，事到如今漏泄。”清洪昇《长生殿》一一出：“～追凉后，雨困云淹。畅好是酣眠处，粉腻黄黏。” ❷即“恰才❷”。元丘士元《落梅风·江上闻笛》：“江天晚，起暮云，～夜凉人静。”明佚名《霞笺记》一二出：“～梦里相逢，谁承望伊家来到。”

【恰才个】 qià cái ge ❶即“恰才❶”。《元曲选·鲁斋郎》一折：“～马头边附耳低言，一句话似亲蒙帝王宣。”明孟称舜《花舫缘》三出：“～梦中相见了好多时。一回羞脸藏无计，一回笑靥偏多媚。正盘桓忘别去，猛跳醒又分离。”王田《醉花阴·仕女围棋》：“～意气娇，语声高。原来是一时间得胜夸神妙。” ❷即“恰才❷”。元佚名《寄生草·情叙》：“～读书罢，窗儿外谁唤咱？”明许潮《写风情》：“～雨散云收睡起迟，可又早燕唤莺呼催得疾。”

【恰才家】 qià cái jie 即“恰才❷”。《元曲选·汉宫秋》一折：“～辇路儿熟滑，怎下的真个长门再不踏？”

【恰称】 qià chèn 适宜；正合适。宋高观国《御街行·赋轿》：“更不把、窗儿闭。红红白白簇花枝，～得、寻春芳意。”明《徐霞客游记》卷八下：“四顾山势，重重回合，丛林净室，处处中悬，无不～，独此处欠一塔，为山中缺陷。”清《说岳全传》三五回：“连环铠甲束红裙，绣带柳腰～。”

【恰待】 qià dài ❶刚要；正准备。《大宋宣和遗事》前集：“～呼青鸾欲离天阙，忽值一人，……迎头而来。”《元曲选·梧桐雨》一折：“我～行，打个吃挣。”清《绿野仙踪》四三回：“玉磐儿～回言，苗秃道：‘玉姐，你不必和他较论。’” ❷犹“恰才❷”。元马致远《清江引·野兴》：“西村日长人事少，一个新蝉噪。～葵花开，又早蜂儿闹。” ❸犹“恰才❺”。明汤显祖《紫箫记》二七出：“少女少郎，相乐不忘。～好处，又早撇下。”乌斯道《题画》之一：“青春不负骑驴客，～鸟啼花乱开。”清弘历《月夜泛舟杂咏》之一：“雨过河源爽气鲜，游龙～液池边。” ❹犹“恰才❹”。清张英《挽陕西提督陈忠愍公》：“方看小丑投戈日，～游魂入釜时。”

【恰待要】 qià dài yào 即“恰待❶”。宋元《清平山堂话本·简帖和尚》：“看着金水银堤汴河，～跳将下去。”《元曲选·薛仁贵》二折：“到我根前～拜，则听的道：‘住者。’”清《说岳全传》三〇回：“～自刎，忽听得前边河内叫道：‘杨将军，你令堂在此。’”

【恰当】 qià dāng 另见qià dàng。❶正当(dāng)；正处在。用于空间。唐王焘《外台秘要方》卷一三：“翻绳向后，取中屈处，～喉骨。”明《徐霞客游记》：“有圆岩三晕，～其首，如二龙戏珠，故旧名‘玩珠’。”清厉鹗《五月二十五日艮山门外晚眺》：“半虹忽堕横一桥，～高处风刁骚。” ❷适逢；正赶上。用于时间。五代张义方《奉和圣制元日大雪登楼》：“～岁日纷纷落，天宝瑶花助物华。”明《型世言》一一回：“苒荏三年，～大比，陆仲含遗才进场。”清《女仙外史》五三回：“当日大司寇魏公讳泽者谪为临海典史，～搜捕正学家属之日，因而藏匿其孤。” ❸适宜；合适。宋陈藻《丙子秋作》：“今年时雨即时旸，用向田园每～。”明李贽《寒灯小话》：“禽兽畜生强盗奴狗既不足以骂人，则当以何者骂人乃为～？”清朱鹤龄《蜡梅》：“流黄机上光零乱，金雀钗头佩～。” ❹相当于；合于。宋刘克庄《乳燕飞·寿干官》：“风流八十，……从今十倍，～彭祖八百。”游文仲《千秋岁·侄庆侍郎致政》：“算得年时，～尚父，入相周西伯。”明胡居仁《理历法》：“盈缩之数～一月朔望之数，则置闰焉。” ❺正适于。宋杨万里《秋日书怀》：“灯花吾会得，村酒～筥。”

【恰当】 qià dàng 另见qià dāng。妥帖合适；正确妥当。明海瑞《谕老人》：“刑赏不差，政事～，是尔等能称斯任也。”清《平定两金川方略》卷二八：“桂林毫无定见，一切事宜恐不能措置～。”《红楼梦》三七回：“你的号早有了，‘无事忙’三字～的很。”

【恰的】 qià de 刚好；刚巧。明汤显祖《紫箫记》一二出：“多才人地，配红楼～相宜。”

【恰得】 qià de ❶同“恰的”。《法苑珠林》卷五一：“其舍利形状如上指初骨，长可二寸，……以指内孔，～受指。”明《拍案惊奇》卷一九：“李公佐问道：‘今如何～在此处相会？’小娥道：‘……今年四月始受其戒于泗州开元寺，所以到此。’”清纪昀《阅微草堂笔记》卷五：“朱元亭一子病瘵，绵惙时吟，自语曰：‘是尚欠我十九金。’俄医者投以人参，煎成未饮而逝，其价～十九金。” ❷刚刚。宋黄庭坚《鼓笛令》：“眼厮打、过如拳踢。～尝些香甜底。苦杀人、遭谁调戏。”

【恰方】 qià fāng ❶犹“恰才❶”。宋《朱子语类》卷二一：“问：‘何谓发己自尽？’曰：‘且如某今病得七分，对人说只道两三分，这便是发于己者不能尽。’‘何谓循物无违？’曰：‘正如～说病相似。’” ❷犹“恰才❷”。宋杨万里《五月一日过贵溪舟中苦热》：“入却船来那得出，～日午几时斜？”赵汝镃《题及之后山新筑茅舍》：“诗僧～去，俗客不曾来。”洪迈《夷坚志》三辛卷二：“娘子一夜扰扰，～得睡，不可唤起。” ❸犹“恰才❸”。《元曲选外编·西厢记》一本一折：“未语人前先腼腆，樱桃红绽，玉粳白露，半晌～言。”

【恰甫】 qià fǔ 刚刚。清弘历《至静寄山庄驻跸即事》：“～三朝过上巳，那堪十载忆庚寅。”

【恰付能】 qià fù néng 刚刚。明王田《斗鹌鹑·香闺理发》：“～挽起绿云堆，暎对着菱花看了一回。”

【恰刚】 qià gāng 刚好；刚巧。明《金瓶梅词话》四回：“看见他一对小脚，穿着老鸦段子鞋儿，～半扠。”又二八回：“把在掌中，～三寸，就知是金莲脚上之物。”清杜诏《万首长春词·上林春》：“湛恩汪濊如春，～逢畅春时候。”

【恰好】 qià hǎo ❶ 正好；正适宜。《敦煌变文校注》卷五《维摩诘讲经文(一)》："徐行～骋威仪，蓦地维摩染病羸。"宋苏轼《与文与可书》："有药玉船两只献上，～吻酌，不通客矣。"清《后水浒传》二六回："这只船来得～。我多给他银两，叫他渡上焦山，免得一夜煎熬。" ❷ 最好；绝佳。《敦煌变文校注》卷七《解座文汇抄》："但知稳自用身心，衣食自然长～。"五代孙光宪《生查子》："眷方深，怜～，唯恐相逢少。似这一般情，肯信春光老。"宋丘密《西江月》："～轻篷短棹，绝胜锦缆牙樯。" ❸ 刚好；恰恰。宋程大昌《万年欢·丙午生日》："行年数、六十四。把一年一卦，～相拟。"元明《水浒传》三五回："觑着豹尾绒绦较亲处，飕的一箭，～正把绒绦射断。"清《野叟曝言》一二八回："如今这神童名蛟，不～应那梦吗？" ❹ 恰逢；正赶上(某一时刻或时机)。宋程垓《菩萨蛮》："去年～双星节，鹊桥未渡人离别。"明汤显祖《邯郸记》三〇出："〔何见介〕洞宾先生，引的这痴答汉来了？〔吕〕仙姑，～蟠桃宴时节哩。"《古今小说》卷二一："两个步出城门，～日落西山，天色渐暝。" ❺ 恰当；合适。宋朱熹《与袁寺丞书》："但恐前所陈者忽有一事不～，则诸公虽欲曲相维持，亦无所用其力耳。"《元曲选外编·黄花峪》二折："你便似那烟熏的子路，墨洒的金刚。休道是白日里，夜晚间扑着你，也不是～的人。"又："揣模着你兄弟也不是～的人，我更改了这衣服，打扮个货郎儿去。" ❻ 整整；足足。元高道宽《挂金索》："万万餘车，白面一和。调饼圆成，仿似天来大。混沌蒸热，～则一个。"元明《水浒传》二九回："算来卖酒的人家，也有十二三家。若要每店吃三碗时，～有三十五六碗酒。"明《西洋记》七回："那猛汉听知道说他矮，他就把个腰儿拱一拱，手儿伸一伸，～就有几十丈高。" ❼ 巧合；凑巧。元明《水浒传》二一回："这阎婆无钱津送，停尸在家，没做道理处，央及老身做媒。我道这般时节，那里有这等～。"明张凤翼《红拂记》一三出："我和你正要认李公子，～他的故人刘文静在李公子处。"清《歧路灯》二七回："挨至二更天，赵大儿生了一个女儿。事要～，话要凑巧。冰梅也腹痛起来。" ❽ 表示情况不同一般、结果出乎意料或不如人意。偏；却。明张凤翔《宫词》之二："昨日有人曾赐死，阿娇～近君前。"《金瓶梅词话》二七回："我去了这半日，你做甚么，～还没曾梳头洗脸哩。"清《醒世姻缘传》一七回："若带了晁住来，也还干得来，～又都不在。" ❾ 表示情况符合情理或意料。果真；确实。明《西洋记》九〇回："王爷这儿句话，似轻而实重，却是敲着这些将官出不得身，干不得事。～激石乃有火，激水可在山。道犹未了，早已有个将官，……高叫道：'元帅在上，末将不才，愿前去体探一番。'"清《醒世姻缘传》一六回："那包裹～是一根天蓝鸾带井字捆得牢牢的，晁夫人方才信得是真。"又二〇回："差人把床上的被合那些衣裳底下掀了一掀，～躲在里面。" ❿ 强调对事实的确认或判断。完全；彻头彻尾地。明《西洋记》二〇回："只见四个小猴儿蜂拥而来，拿衫儿的递了衫儿，拿罗裙的递了罗裙，……一会儿撮撮弄弄，～是一个妇人。"又二六回："无底洞越加心慌意乱，安身不住，走到玉栏杆外清水里面去照一照，～全不是自家的模样了。" ⓫ 表示对情况的顺应。顺势；趁便。明《西洋记》七回："却只见山上有一群五色的小雀儿共飞共舞，他两个又摇身一变，～变做个五色的小雀儿，也自共飞共舞。"又三七回："假饶真是一个天神，也打得他一天霁色，万顷茫然。莫说都是王神姑撮弄得邪术，怎么熬得张狼牙这一棒？～打得云收雾卷，红日当天。" ⓬ 只有；仅够。明汤显祖《牡丹亭》二三出："～九分态，你要做十分颜色。"

【恰好的】 qià hǎo de ❶ 即"恰好❼"。《元曲选·东堂老》三折："我正寻那两个兄弟，～在这里。"六十种曲本《琵琶记》一八出："这里便是状元贵馆。呀，～状元出来了。"清《后红楼梦》一〇回："黛玉便回到潇湘馆来，～良玉带了王元已在那里，彼此喜欢道贺。" ❷ 即"恰好❾"。元石君宝《紫云庭》一折："俺这里别是个三街市井，另置下二连等秤，～教恁一分银买一分情。"明《西洋记》二三回："这些南军看见个事势不谐，各人奔命，各自逃生，那里又管个甚么老星忽剌。～'猫儿踏破油瓶盖，一场快活一场空'。"又四三回："国师道：'水虽大，幸喜得海口上那一座山还高，其实的抵挡得住。'……～蓝旗官报道：'海口上立地时刻长出一座山来。'" ❸ 即"恰好❶"。明汤显祖《紫钗记》二四出："～凤鸾箫双吹向汉宫阙，怎教他旗影里把笔阵扫龙蛇。" ❹ 即"恰好❸"。明《西洋记》七五回："唐状元拈弓搭箭，扑通的一声响，一枝箭～射在木头喜鹊的头上。"清《隋唐演义》三回："'木子'二字，合来正是个'李'字。今李家儿子的小名，～洪水的'洪'字，更合我之所梦。"《后红楼梦》八回："也就合了这边的年庚，～明日最妥。" ❺ 即"恰好❻"。明《西洋记》一六回："投参时原有二千四百餘员。及至考校已毕，把个纪录簿儿来总一查，～去了一千七百餘员，止得七百员。" ❻ 即"恰好❽"。明许自昌《水浒记》三一出："你只道那重泉路阴，把幽魄沉沦，那里晓得鸳鸯性打熬未瞑，花柳情摧颓犹剩。～向夜台潜转一灵，似云华魂还长寝，似倩女魂离鬼门。"《西洋记》八回："一会儿这些妖精要转来了，～不得转来了。你也吆喝着'我的手哩'，我也吆喝着'我的脚哩'。"又五六回："刚刚的拿着个七星旗还不曾磨动，～和、合二圣就在半天云里把手招。这一招，招早了些，旗到不曾招得上去，却被磨旗的看见了。" ❼ 即"恰好⓫"。明《西洋记》一九回："飕地里一阵响风，刮得个风篷乱转，把捉不来。～船稍上篷脚索打一拽，拽将两个军人下水去了。"又三七回："王神姑还不曾哼得出嘴，张狼牙的钉先已打了头上。任你是个甚么天神，怎么就会晓得？怎么就会下来？～把个王神姑打得满口金牙摇碧落，脑浆裂出片花飞。"清《后红楼梦》二二回："黛玉就月明之下，摆了琴桌，抚琴起来。顺手和一和，～和了宫调。"

【恰好似】 qià hǎo sì 犹"恰似"。明李梅实《精忠旗》一五出："～燕归原宅，忍夺取依栖画栋雕梁。"《金瓶梅》四五回："你仔细瞧，～蹲着个镇宅狮子一般。"清《霓裳续谱·掩绣户》："佳人半含羞，一扶身子说是奴好困，～那酒醉的杨妃。"

【恰恨】 qià hèn ❶ 偏偏。表示不如意、不如愿。宋洪迈《夷坚志》补卷一六："我身鬼也，～后来乳母亦是鬼也，怕山童漏泄，百端摭拾欲陷害。"赵师侠《洞仙歌·丁巳元夕大雨》："换鞋儿、添头面，只等黄昏。～有、些子无情风雨。"元明《水浒传》七二回："～我女儿没缘，不快在床，出来相见不得。" ❷ 恰恰。如意、如愿的反语。宋胡仔《苕溪渔隐词话》卷二："是时有街市词曰〔侍香金童〕方盛行，举人因其词加改十五字，作怀挟词云：'喜叶叶地，手把怀儿摸，甚～出题厮撞着。内臣过得不住脚，忙里只是，看得斑驳。'"石孝友《柳梢青》："秋光已著黄花，又～、尊前见他。越样风流，恼人情意，真个冤家。"韩淲《菩萨蛮·酒半戏成》："秋林只共秋风老，秋山却笑秋吟少。～有秋香，青岩秋夜凉。" ❸ 怎奈；无奈。宋史浩《青玉案·为戴昌言歌姬作》："年来减却风情大，百样收心待不作。～仙翁停画舸，雪中把酒，美人频为，浅破樱桃颗。"冯时行《醉落魄》："被花惹起愁难说。～西窗，酒醒乌啼月。" ❹ 不凑巧，正赶上。宋石孝友《清平乐》："春风满揉腰肢，阶前小立多时。～一番雨过，想应湿透鞋儿。"宋元《古今小说》卷三三："公公道：'百药煎能消酒面，善润咽喉，要买几文？'韦义方道：'回三钱。'公公道：'～卖尽。'"元明《水浒传》三九回："径去府里探望蔡九知府，～撞着府里公宴，不敢进去。"

【恰可】 qià kě ❶ 犹"恰好❸"。宋仲并《送泉州周尚书》："别公今夜月，～一庭方。"明锺惺《飞来峰》："随方所止原无择，有地谁除～容。”清杜臻《粤闽巡视纪略》卷五：“顶有穴泉，随所至人数，～给饮。” ❷ 犹“恰好❹”。明《鼓掌绝尘》三回：“两人别了许叔清，遂起身走进城来，～皓月东升，正是上灯时候。”

【恰来】 qià lái ❶ 犹“恰才❶”。宋《三朝北盟会编》卷一一：“～皇帝有朝旨，如使人隔阑，恐已下燕，不令过关。”《大宋宣和遗事》前集：“果有新欢，断料必～去者。”元《七国春秋平话》卷下：“～师父将书，言吾当有百日之灾，却不信。” ❷ 犹“恰才❻”。宋欧阳修《与梅圣俞书》：“蒙索乱道，～尽，呵呵。” ❸ 犹“恰才❷”。清范承谟《泉公亭僧舍题壁》：“三月春光澹碧山，～花发又花残。”

【恰莫】 qià mò 且莫；千万不要。唐陆龟蒙《黄金》：“～持千万，明明买祸胎。”宋李弥逊《浣溪沙》：“得雨疏梅肥欲展，人家次第有芳菲。惜花～探春迟。”

【恰恰】 qià qià ❶ 用心貌。唐玄应《一切经音义》卷二〇：“～，用心也。”《景德传灯录》卷四《法融禅师》：“问曰：‘～用心时，若为安隐好。’师曰：‘～用心时，恰恰无心用。’”《五灯会元》卷一五《香林澄远禅师》：“问：‘如何是学人时中事？’师曰：‘～。’” ❷ 融和貌。唐王绩《初春》：“年光～来，满瓮营春酒。”宋刘挚《重送文与可》：“想及下车春～，汀洲烟雨白苹时。”清查慎行《迈陂塘》：“檀桥西岸清无暑，迎面香来～春。” ❸ 交错貌；密集貌。唐白居易《游悟真寺》：“栾栌与户牖，～金碧繁。”《敦煌变文校注》卷四《降魔变文》：“峻岭高岑总安致（置），～遍布不容针。”明李流芳《小葺檀园初成伯氏有作》之一：“风回水叶翻翻白，雨压檐枝～斜。” ❹ 频繁貌。宋黄庶《题人移牡丹》：“林上春来～忙，安排颜色与春光。”刘挚《立春后泰祠东郊呈器资》之一：“年华～催吟醉，从此朝回日典衣。”清厉鹗《皋亭雨泊》：“萧萧破梦三更后，～欺花二月初。” ❺ 娇慵貌；纤弱貌。宋向子諲《采桑子》：“最怜～新眠起，云雨初收。斜倚琼楼。叶叶眉心一样愁。”元刘时中《红绣鞋·鞋杯》：“帮儿瘦弓弓地娇小，底儿尖～地妖娆。”明孟称舜《娇红记》二〇出：“堪夸，灯儿下娇娇～，似相逢梦里巫峡。” ❻ 犹“恰好❶”。唐郑损《星精石》：“孤岩～容堂构，可爱江南释子园。” ❼ 犹“恰好❸”。宋郭应祥《卜算子》小序：“客有惠牡丹者，其六深红，其六浅红，……人簪其一，～无欠餘。”明《拍案惊奇》卷三〇：“密地访问王士真的年纪，～正是二十六岁。方知太行山少年被杀之年，士真已生于王家了。”清《水浒后传》二四回：“忽结起一团火，飞上九霄，须臾落下来，不端不正，～落在国主肩上。” ❽ 犹“恰好❼”。宋元《警世通言》卷一二：“谁知今日一双两对，～相逢，真个天缘凑巧。”明乌斯道《惠墨歌》：“我方蠖屈守蓬蒿，侯正骞腾走南北。浮云万事果何如，～遭逢董溪侧。” ❾ 将将。表示勉强达到某种程度。清《荡寇志》一二七回：“幸刘唐闪避得快，那口刀直向刘唐顶门上～挥过。刘唐吃了一惊，跑回本阵去了。” ❿ 象声词。像鸟鸣、划破、马蹄等声。唐杜甫《江畔独步寻花》之六：“留连戏蝶时时舞，自在娇莺～啼。”元陶宗仪《辍耕录》卷二四：“闻头上～有声，仰视之，流光中陨一鱼。”明朱国祯《涌幢小品》卷四：“余过西华门，马足～有声，俯视，见石骨黑，南北可数十丈。” ⓫ 用作形容词词缀。明汤显祖《牡丹亭》二八出：“牡丹亭，娇～；湖山畔，羞答答。”清《醒世姻缘传》九三回：“虽然小～的规模，那胡无翳久在禅门，又兼原是苏州人氏，所以做得事事在行，件件合款。”《绿野仙踪》四五回：“那年少妇女听了，方才眉舒柳叶。唇绽樱桃，喜～的笑将起来。”

【恰恰地】 qià qià de 同“恰恰的❶”。宋《朱子语类》卷一〇四：“自今夏来觉见得，才是圣人说话，也不少一个字，也不多一个字，～好。”

【恰恰的】 qià qià de ❶ 即“恰恰❼”。清《东周列国志》五八回：“这枝箭不上不下，不左不右，～将潘党那一枝箭，兜底送出布鹄那边去了。”《红楼梦》三八回：“平儿使空了，往前一撞，正～抹在凤姐儿腮上。”《粉妆楼》一九回：“他不走大路，却从小路回去，～一头撞见奴家在松林下。” ❷ 即“恰恰❽”。清《雪月梅》四〇回：“当日你结识了他，他～就救了你令兄。” ❸ 即“恰恰❾”。清《荡寇志》一三三回：“呼延灼只一闪，那面铜刘却直向呼延灼的面门，～劈过。”又一三四回：“辛从忠急将缰绳一兜，那马凭空一跃，石子往马腹底下～过去。” ❹ 犹“恰好❽”。清《歧路灯》六七回：“你是新补廪生，指望将来发达，就不该把旁枝叶儿移到别处么？～把一个正身儿送的远远的。” ❺ 犹“恰才❷”。清《粉妆楼》三一回：“当下众人分头一搜，～搜到后门草堆，搜出一个包袱来。”

【恰恰乎】 qià qià hū 即“恰恰❻”。清《红楼梦》一七至一八回：“贾政道：‘诸公题以何名？’众人道：‘再不必拟了，～是“武陵源”三个字。’”《红楼梦影》八回：“说到游金山，贾兰道：‘你们二位倒暗合了杜审言的一句诗。’湘莲问：‘那一句？’贾兰说：‘～是“梅柳渡江春”。’”

【恰恰里】 qià qià li 即“恰恰的❶”。明《醒世恒言》卷四：“这酒若翻在别个身上，却又罢了，～尽泼在阿措身上。”又卷二七：“如何不前不后，～到家便死，不信有恁般凑巧。”

【恰巧】 qià qiǎo 正巧；凑巧。明《英烈传》三三回：“（贺仁德）且战且走，～为马所蹶，被军士活捉了过来。”清《后水浒传》二二回：“忽见骠背上挂有弓箭，忙一手捞来射去，～打灭了一行，不胜快活。”《万花楼》六回：“酒保正在心头着急，～胡伦到了。”

【恰然】 qià rán 刚好；恰好。明李梦阳《送右辖王子遏除赴嵩山之役》：“遽有嵩山役，～逢此春。”《金瓶梅词话》八八回：“这经济慌的奔走不迭，～走到石桥下酒楼边。”

【恰如】 qià rú 正如；好像。《敦煌变文校注》卷五《妙法莲华经讲经文(三)》：“若说殑伽河里，沙细人间莫比。～粉面一般，和水浑流不止。”明孟称舜《花舫缘》一出：“烟笼好似俺春愁重，花浓～咱醉脸红。”清《女仙外史》六五回：“由基的三箭，～个品字，正正攒在红心中间。”

【恰赛】 qià sài 犹“恰如”。清《白雪遗音·闹腮胡》：“到晚来，他与奴家同床睡，～水墨锺馗图。”

【恰是】 qià shì ❶ 正是；就是。《祖堂集》卷一七《岑和尚》：“有人问：‘如何是第二月？’师云：‘正月第二月。’又云：‘～。’”明孟称舜《娇红记》三二出：“前面牡丹丛畔，伫视凝睇的，～小姐哩。”清钱谦益《跋宋版左传》：“今年贾人以残阙本五册来售，～原本失去者。” ❷ 犹“恰如”。唐易静《兵要望江南·占怪》：“军邑内，天上忽闻声。～雷声还不是，多应土地见英灵，不久战兵行。”明《禅真后史》六回：“与君～面善，不知甚处会来？”清《醒名花》八回：“那些人～有谁引路的，一径先到不染庵来。” ❸ 犹“恰好❹”。宋杜安世《鹤冲天》：“盆池小，新荷蔽。～逍遥际。”明《欢喜冤家》一六回：“眠思梦想，无计可施。～凤城东又到，冯吉把心事与他商议。”清《红楼梦》九七回：“～明日就是起程的吉日，略歇了一歇，众人贺喜送行。” ❹ 犹“恰好❽”。宋张继先《苏幕遮·用伍先生韵和元规》：“道有真诠，谛听当时受。～迷天迷望斗，只恐微躯，薄幸随枯朽。”明孟称舜《桃花人面》五出：“崔郎，你今日不来，昨日不来，～那日来呵。”《金瓶梅》二一回：“他踹在泥里，把人绊了一交，他还说人踹泥了他的鞋。～那一个儿，就没些嘴抹儿。” ❺ 却是。宋史达祖《风流子》：“相逢南溪上，桃花嫩、娇样浅淡罗衣。～怨深腮赤，愁重声迟。”明康海《中山狼》二折：“本待往中山去进取功名，～俺命儿里颓气，撞着这中山狼。"《醒世恒言》卷二五："适来音调虽妙，但宾主正欢，歌恁样凄清之曲，～不称。" ❻ 乃是；原来是。宋元《清平山堂话本·简帖和尚》："则见后面一个人把小娘子衣裳一捽捽住，回转头来看时，～一个婆婆。"清《醒世姻缘传》七七回："惊醒转来，～一梦。"《品花宝鉴》二〇回："先进那阁里来，～正正三间，细铜丝穿成的帘子，水磨楠木雕阑。" ❼ 是(用于选择问)；究竟是。明沈采《千金记》二九出："带那成安君这厮过来，问他～愿降愿斩？"徐复祚《红梨记》二二出："〔外〕起来。我问你：赵解元与谢素秋～怎么？〔老旦〕老爷，不要说起，果是才子佳人。" ❽ 犹"恰好❸"。清《说岳全传》三九回："两个说话之间，两马～交肩而过。牛皋轻轻把剑在小番颈上一割，头已落地。"《后水浒传》四二回："我只向山下采了这几朵灵芝，回观等候，不期～遇着。"

【恰适】 qià shì ❶ 犹"恰好❶"。明《徐霞客游记》卷三上："柱左又有龛一圆，上有圆顶，下有平座，结跏而坐，四体～。"清弘历《夏至斋居》："自因雨泽足，～夏朝长。"《钦定周官义疏》卷四四："工拙则弓既不精而物料反多费，故不足，以不能～也。" ❷ 犹"恰好❹"。清《隋唐演义》二〇回："这日～炀帝退朝进宫，萧后便扯住嚷道：'好个皇帝，才做得几日，便背弃正妻。'"

【恰似】 qià sì 犹"恰如"。唐韦绚《刘宾客嘉话录》："延龄乃念藻赋头曰：'是冲仙人。'黄门顾苗给事曰：'记有此否？'苗曰：'～无。'"元张养浩《普天乐·闲居》："一片闲云无拘系，说神仙～真的。"清《红楼梦》一四回："那眼泪～断线之珠滚将下来。"

【恰限】 qià xiàn ❶ 犹"恰好❹"。宋吕胜己《鹧鸪天》："等闲屈指数归期，门前～行人至，喜鹊如何圣得知？"金王若虚《论语辨惑》："设使颜子有时而违仁，亦必因事而发，如所谓日月至焉者。岂有～三月辄一次违之之理。"元明《水浒传》一一四回："贤弟此行必成大功矣。～燕青到来也，是吉兆。" ❷ 只；仅。宋《朱子语类》卷四〇："何不说尧舜之心，～说事业，盖'富有之谓大业'。"又卷九〇："何不胡乱将三个来立？如何～取祖甲太戊高宗为之？"《大宋宣和遗事》前集："～今日专等天子来，那里敢接别人。"

【恰象】 qià xiàng 犹"恰如"。六十种曲本《琵琶记》二七出："我未曾葬时节，也还～相亲傍的一般；如今葬了啊，穷泉一闭无日晓。"明吕坤《呻吟语摘》卷上："心中有九分，外面做得～十分。"清《醒世姻缘传》七六回："只是一见了他，～与他有素仇一般，恨不能吞他下肚里去。"

【恰象似】 qià xiàng sì 犹"恰似"。清陈端生《再生缘》二一回："素华小姐同谈叙，～，真正夫妻恩爱深。"《醒世姻缘传》八回："～进得进门，就把他汉子哄诱去了一般。"

【恰像】 qià xiàng 同"恰象"。《元曲选·合汗衫》一折："那眼脑～个贼也似的。"明《醒世恒言》卷四："这班子弟各自回家，～检得性命一般，抱头鼠窜而去。"清《霓裳续谱·玉美人在绣楼》："清晨懒怠梳洗，乌云～丝窝。"

【恰像似】 qià xiàng sì 同"恰象似"。《元曲选·昊天塔》四折："哦，～有人哭哩。"明《韩湘子》二回："那孩儿闻言，～快活的一般，就不哭了。"

【恰要】 qià yào 犹"恰待❶"。《太平广记》卷二四一引《王氏闻见录》："朕～亲看相杀，又何患乎？"明柯丹邱《荆钗记》四八出："这盗无理，公祖大人～惩治他。"清《绿野仙踪》四八回："苗秃子～骂，金锺儿又唱道：……"

【恰意】 qià yì 惬意；适意。明李玮《宿隐学岭刘安宇宅》："寻梅短杖从人健，剪烛深杯～倾。"清《醒世姻缘传》九九回："素姐是不消说起，恨不得一步跨到家中，干他那遂心～的勾当。"

【恰又来】 qià yòu lái 果然如此；原来如此。表示发现了原先未知的情况，或表示情理显然。明佚名《白兔记》九出："〔末〕你敢少了他经钱，故此叫你七郎主。〔净〕前日念十部大经，与他三分低银。〔末〕～。"《封神演义》六三回："道人笑曰：'我问你，纣王是你甚么人？'殷郊答曰：'是吾父王。'道人曰：'～，世间那有子助外人而伐父之理。'"清《后西游记》三五回："小行者道：'也无甚深意，不过是叫人把自家身心善恶，捡点捡点。'老和尚道：'～，你三位师父的身心善恶，可曾捡点捡点？'"

【恰欲】 qià yù 犹"恰待❶"。唐张鷟《游仙窟》："闻名腹肚已猖狂，见面精神更迷惑。心肝～摧，踊跃不能裁。"元明《三国志通俗演义》卷三："闻曹操迁帝于许都，～令人前去庆贺，忽报天使至。"清汪琬《期与昭兹出游近村会风雨不果》："暮年十事九败意，～杖藜风雨生。"

【恰欲待】 qià yù dài 犹"恰待❶"。元商衢《风入松》："言不尽受过无限苦，～欢娱。"

【恰则】 qià zé ❶ 犹"恰才❶"。宋毛滂《渔家傲》："～小庵贪睡著，不知风撼梅花落。"元《武王伐纣平话》卷中："～西伯侯恶谤陛下，我王听之不言。" ❷ 犹"恰才❷"。宋毛滂《惜分飞》："～心头托托地，放下了日多萦系。"张孝祥《菩萨蛮》："～春来春又去，凭谁说与春教住？"元程文海《临江仙·寿崔中丞四月十日》："～五龙同浴佛，崧高又报生贤。" ❸ 犹"恰好❸"。宋赵长卿《声声慢·府判生辰》："细屈指，到小春时候，～三日。"冯取洽《沁园春·二月二日寿玉林》："逢三春仲月，方才破二，百年大齐，～平分。"赵必𤩪《答文文溪书》："某丙子之夏，奔走铃斋下尘，～一月。"

【恰则待】 qià zé dài 犹"恰待❶"。明汤式《一枝花·同前意》："这壁急攘攘莺招燕请，那厢闹烘烘蝶趁蜂逐。～热心肠相和相酬，也合想业身躯无了无休。"

【恰正】 qià zhèng ❶ 犹"恰才❺"。宋佚名《踏青游·游崔念四妓馆》："识个人人，～二年欢会。似赌赛、六只浑四。"金《董解元西厢记》卷七："～心头闷，见红娘通报，有人唤门。"明陆采《明珠记》三七出："～无聊，猛相看，愁心顿减。" ❷ 犹"恰好❹"。宋邓剡《八声甘州·寿胡存齐》："笑钗符、～带宜男，还将寿花簪。"《元曲选·救风尘》三折："抬举的个丈夫俊上添俊，年纪儿～青春。"明《鼓掌绝尘》四回："方才到得府中，～午后光景。" ❸ 犹"恰好❸"。明《醒世恒言》卷三四："口里一头骂，一头便扯再旺来打。～抓住了兜肚，凿下两个栗暴。"清《隋唐演义》八七回："亏得有一个执拂的宫女，将拂子尽力的拂，～拂着了鹞儿的眼，方才回身展翅，飞落楼下。" ❹ 犹"恰好❽"。明汤显祖《紫钗记》四二出："早难道俺独馆孤眠惯。雁儿呵，～恁时寻伴，好愁烦。"

【恰值】 qià zhí 犹"恰当(qià dāng)❷"。《敦煌变文校注》卷二《舜子变》："舜叫声上报，～一老母取水，应云：'井中是甚人乎？'"元沈禧《一枝花·七月初六日为施以和寿》："庆生辰～新秋候。"清《红楼梦》五七回："这日宝钗因来瞧黛玉，～岫烟也来瞧黛玉，二人在半路相遇。"

qiān

【千把】 qiān bǎ ❶ 一千左右。明《醒世恒言》卷三："若不帮他几年，趁过～银子，怎肯放你出门？"清《醒世姻缘传》六五回：

“扭开第一个抽斗，里面止有～散钱。”《歧路灯》四八回：“昨日弃了一宗薄产，得了～卖价。” ❷ 千总、把总两种低级武职的合称。明范景文《奉旨再奏疏》：“～等官，慎遴选，严甄别。”清《聊斋志异·续黄粱》：“某为宰相时，推张年丈作南抚，家中表为参、游，我家老苍头亦得小～。”《绿野仙踪》一二回：“泰安守备同吏目、～总领兵丁捕役约五百餘人赶来。”

【千兵】 qiān bīng 即“千户”。明董穀《碧里杂存》卷上：“后十餘年运粮至淮安板闸，堕水死焉。本所～陶简松告余者。”《金瓶梅词话》七四回：“此是主人西门大人，见在本处作～。”《警世通言》卷二五：“此事吾所熟为，吴中许万户、卫～都是我替他干的。”

【千次】 qiān cì 同“迁次❺”。《敦煌变文校注》卷一《李陵变文》：“将军今日何～，岂容独领五千人，战敌凶(匈)奴十万骑。”

【千定】 qiān dìng ❶ 必定；有准。宋赵以夫《二郎神·次陈唯道》：“曾倩，雁传鹊报，心期～。奈柳絮浮云，桃花流水，长是参差不并。” ❷ 千万；务必。明汪廷讷《种玉记》八出：“你踪迹～要密些，休惹傍人讲是非。”《型世言》二六回：“我们明日老等你，～要来。”清《后红楼梦》二七回：“一面叫焙茗告诉蒋涵，一面叫蔡良家的同着素芳、香雪，两辆车一同出去，～的拉了他上来。”

【千垓】 qiān gāi 极言数量之多。垓，计数单位，一万万。《敦煌变文校注》卷六《目连缘起》：“同姓同名有～，煞鬼交错枉追来。”

【千古】 qiān gǔ ❶ 永别；永垂不朽。用作死亡的婉词。唐刘禹锡《祭福建桂尚书文》：“言念昔游，忽成～。哀哉孝嗣，率礼无违。”明沈璟《义侠记》一八出：“堪怜独自成～，但见依然旧四邻。”清黄宗羲《姚江春社赋》：“言犹在耳，忠介已为～人物。” ❷ 指通贯古今的学识。唐李廷晖《对卒史有文学判》：“傥其诵过万言，加以通识～，与能从事，可不务乎?”明《警世通言》卷六：“胸中万卷，笔头～，方信儒冠多误。”清《聊斋志异·仙人岛》：“王初以才名自诩，目中实无～。” ❸ 指久远存在或具有久远存在的价值。《元曲选·丽春堂》三折：“想天公也有安排我处，可不道吕望、严陵自～。”明钟惺《与谭友夏书》：“岱游自可～，记若诗亦如之。”清《野叟曝言》四〇回：“惟守此贞心，便足～。”

【千户】 qiān hù 武职名。本为女真人职官，元、明两代沿用，为千户所的长官。也指领千户衔的官员。宋《三朝北盟会编》卷三：“(女真)其职曰：忒母(万户，忒母改作图们)萌报(～，萌报改作明安)毛可(百人长，毛可改作穆昆)蒲里偃(牌子头，蒲里偃改作富埒晖)。”元关汉卿《调风月》一折：“夫人言语，道有小～到来，教燕燕伏侍去。”明《金瓶梅词话》三〇回：“安你主人在你那山东提刑所做个理刑副～，顶补～贺金的员缺。”

【千急】 qiān jí 犹“千定❷”。清《红楼复梦》三回：“二爷同宝妹妹、袭妹妹～记着，回去对太太说明，将此物取出交还太太收着。”又一九回：“你明儿～别管闲事。”又二六回：“这是碰也碰不得的，你～管住他。”

【千金】 qiān jīn 对女孩的尊称。清陈端生《再生缘》二回：“年方二八青春日，未配门当户对姻。久慕潭衙闺范重，故来说合贵～。”《红楼梦》二九回：“众位～都出来了，法官不敢擅入。”《玉蜻蜓·戏芳》：“已曾聘下本郡张吏部～为室，今据星家择选，行娶不利。”

【千肯】 qiān kěn 极愿意。清《荡寇志》七三回：“我看他已是～，只不好自己开口。”又：“他已～，只要父亲一说便成了。”

【千恳】 qiān kěn 极力谋求或请求。宋龙衮《江南野史》卷四：“齐丘昔尝著启云：‘至于～万端，只为饥寒两字。’人见其死，谓之自谶。”李纲《与张相公第一书》：“颙望之情，以日为岁，不胜～之至。”

【千里镜】 qiān lǐ jìng 望远镜。明郑仲夔《耳新》卷八：“番僧利玛窦有～，能烛见千里之外，如在目前。”清《水浒后传》二七回：“他把～照看，见外面兵退，自然开洞。”袁枚《续子不语》卷三：“后广西布政司奇公过其地，用～测之，的是木匣。”

【千里眼】 qiān lǐ yǎn ❶ 神话中的目神，能看得极远。《元曲选外编·西游记》三本一二出：“～离娄疾，顺风耳师旷休迟。”明《朴通事谚解》卷下：“行者教～、顺风耳等两个鬼，油锅两边看着。”清《红楼梦》二九回：“贾母在轿内因看见有守门大帅并～、顺风耳、当方土地、本境城隍各位泥胎圣像，便命住轿。” ❷ 犹“千里镜”。清玄烨《戏题～》：“虽依双镜力，独用一瞳功。”《十二楼·夏宜楼》二回：“以读书登眺为名，终日去试～，望见许多院落。”

【千年调】 qiān nián diào 千年之计，指长久的打算。唐王梵志《富者办棺木》：“有钱但著用，莫作～。”明徐复祚《一文钱》三出：“不是我痴心妄想～，只恐怕昔富今贫众口嘲。”清《醒世姻缘传》九二回：“我知道你做了～，永世用不着儿孙。”

【千乞】 qiān qǐ ❶ 犹“千恳”。宋秦观《与鲜于学士书》：“自供职以来，～营缮，殆无须臾之闲。” ❷ 万望；务求。元明《三国志通俗演义》卷一八：“老丈有何高见，～教之。”明许潮《武陵春》：“书已写毕，～传示刘阮，珍重人间。”清《醒名花》五回：“到京有甚机会，～带挈小可则个。”

【千祈】 qiān qí ❶ 同“千乞❶”。《敦煌变文校注》卷三《燕子赋(一)》：“乾言强语，～万求：‘通容放到明日，还有些些束羞。’” ❷ 同“千乞❷”。明范景文《复管驷卿书》：“至劳金老之用情无已，～致谢。”清陈端生《再生缘》七八回：“～勿赐贤公主，求太后，宽恩发放去修行。”《歧路灯》五一回：“胆敢率尔造谒，～原宥。”

【千秋】 qiān qiū 敬词。称人的寿辰。唐孙逖《为宰相请不停千秋宴会表》：“臣等伏以～令节，万寿良辰，上以答皇天启圣之休，下以展苍生务农之望。”明屠隆《昙花记》一八出：“老爷华诞，特具薄礼，祝贺～。”清《绿野仙踪》四四回：“昨日是大爷～，我相交不过年餘，实不知道。”

【千秋幡】 qiān qiū fān 死人停床时盖在尸身或悬在灵前的白幡。元明《水浒传》二六回：“小人去到大郎家里，揭起～，只见七窍内有淤血。”明《金瓶梅词话》六三回：“这韩先生用手揭起～，用五轮八宝玩着两点神水，打一观看。”

【千岁】 qiān suì 对王公、太子、皇后等的尊称。本为祝颂长寿之词，转称被颂之人。明汤显祖《南柯记》三五出：“听的宫门外人说，公主病重，～与大小近侍哭泣喧天。”清李玉《清忠谱》六折：“用心看守外边栅门，不许闲人闯入。～见了，要恼哩。”《红楼梦》一三回：“原系义忠亲王老～要的，因他坏了事，就不曾拿去。”

【千万】 qiān wàn ❶ 务必。《敦煌变文校注》卷二《秋胡变文》：“学问得达一朝，～早须归舍。”金《董解元西厢记》卷六：“～担饶我女呵，子母肠肚终须热。”清《醒世姻缘传》六三回：“我与你同父一母所生，你～寻法救我。” ❷ 用于祈使，表示祈求、劝慰、祝福等意。唐于邵《送家令祁丞序》：“既先见我，又何载焉? 送君都门，举手～。”戴孚《广异记·韦延之》：“晋客称善数四，欲有传语。吏拘而去，意不得言，但累回顾云：‘舅氏～。’”清《野叟曝言》四六回：“诸所未尽，统惟神照。秋风珍练，～～。”

【千张】 qiān zhāng ❶ 一种成沓的纸钱，祭祀用。《元曲选·㑳梅香》四折：“豫备香花果品，纸烛～，坛斗弓箭，五谷寸草，这早晚亲状元敢待来也。”明陈铎《要孩儿·嘲巫人》：“弄的那末成婚的女子抱着个～走，半条命的婆儿托着根拐棒来。”清《三侠五义》九〇回：“再搭上四零五落的一挂元宝，还配着滴溜搭拉的几片～。” ❷ 一种薄片豆腐干。明《山歌·烧香娘娘》：“买停当子纸马牙香，蜡烛要介两对；还要介一块～，籴子三升白米，明朝煮饭；一箍松箍，今夜烧子个浴汤。”清吴炽昌《续客窗闲话》卷一：“香油煎鲞鱼，豆油炒～。二语不甚佳乎？”

【千总】 qiān zǒng 明清两代统兵千人左右的武职名。《明史·职官志五》：“监枪号头官一，中军官十一，随征～四，随营～二十，选锋把总八，把总一百三十八。已上俱营推。”佚名《赠书记》二〇出：“因此将些银子，纳个指挥。如今选在滇南做个～。”清《万花楼》八回：“但想这林贵不过是个～官儿，有什么希罕，有什么提拔得出来？”

【阡表】 qiān biǎo 墓表；墓碑。也指墓碑上所刻的铭文。宋洪迈《容斋续笔》卷一六：“其父崇公葬于其里之泷冈，公自为～，纪其平生。”元杨维桢《高节先生墓铭》：“又访台南谢奇士冢，余为奇士立～。”清姚鼐《赠中宪大夫孟公墓表》：“鼐与公曾孙生蕙为同年友，生蕙遗书令为～。”

【阡塍】 qiān chéng 田埂；田界。明《徐霞客游记》卷一〇下：“其下盘而为坪，当北山之东，山界颇开，中无～，但丰草芃芃。”倪元璐《通政大夫邹公行状》：“令乃裹粮持襆，戴星从之，循量～，若数计然。”又《郡侯王公筑塘通江生祠碑记》：“当此之时，疆隧～，可得而辨。”

【阡陇】 qiān lǒng ❶ 田埂；田间高地。泛指田地。宋郑獬《戒谕天下广储蓄诏》：“今夫刺地而耕者遍于～，岁或大收，则未尝盖蓄。”清戴名世《张翁家传》：“忽夜梦见父携游郭外，指一～言：‘此吾葬处也。’” ❷ 墓地。宋《三朝北盟会编》卷一三三：“覆此灵骨至于今千五百年。樵丁牧子，咸再拜于～；牛羊践履，不敢入于疃畦。”范成大《骖鸾录》：“旧亦人家～，故多古木修篁。”清陈廷敬《慈泉铭》：“影月流天，漪风肃然。相我～，于千亿年。”

【阡铭】 qiān míng 墓碑上所刻的铭文。宋苏颂《挽王子直》之二：“集纪论才备，～叙事长。”明杨慎《大理梁将军阡铭》：“镇也从予久，嘉其孝思，作梁将军～。”清丁澎《题曾青藜尊人传后》：“予为此歌君莫悲，聊作～表其墓。”

【阡亩】 qiān mǔ 田陇；田地。也借指乡间。元刘诜《荷花庄独步》：“徘徊～间，感会独在己。”明张羽《叔父故飞熊卫指挥公墓志铭》：“繄飞熊公，克绳前武。拟食素封，韬迹～。”清弘历《夏至斋居》：“廑意依～，斋居守禁寮。”

【阡术】 qiān shù 道路。术，城邑中的道路。明刘基《早发建宁至兴田驿》：“牛羊散原野，鹅鸭满～。”王宠《月夜登上方绝顶》之二：“虱然御风行，天路非～。”清王士禛《自白鹿洞至三峡涧》：“溪行少～，沿洄屡迷津。”

【阡原】 qiān yuán ❶ 墓地。宋游酢《宣义胡公墓志铭》：“既归，表识～，补植松槚，徘徊顾瞻，一恸而去。”元刘壎《谢庙堂给假启》：“方将披荆榛而营冢隧，植松槚以蔽～。”清顾炎武《陈生芳绩两尊人先后即世》：“～处处关心苦，几杖年年入梦亲。” ❷ 指田园以外的土地。明王慎中《双寿寓祝序》：“方且课童治耕，训婢执枲，登其田亩～之所纳，以供朝夕。” ❸ 指墓地所在界域。清朱彝尊《李氏族谱序》：“坟墓之～，宗庶之继嗣，妻妾之外氏，适女之出处，莫不一一详书之。”

【阡张】 qiān zhāng 同“千张❶”。明王应遴《逍遥游》：“依你说这许多，～锡箔铺都不消开了。”《警世通言》卷二二：“当下忙忙的办下些香烛纸马、～定段，打叠包裹。”清毛奇龄《辨定祭礼通俗谱》卷三：“～纸，即古刀布形，故其镵刻文有如⺆如冂者，卷纸而束之，即帛也。”

【阡兆】 qiān zhào 墓园。兆，墓地的界域。唐裴次元《奏准诏令子弟主办迁奉事状》：“荷朝廷之寄深，望～而心陨。”明何景明《上亡兄墓》：“～还经岁，音容不可追。”

【阡冢】 qiān zhǒng 坟墓。明陈棐《拱辰楼赋》：“北望则石岭之外，九原之冈，～累累，晋臣之良。”陈子龙《修立义冢序》：“而吾郡则郡守方公、邑宰张公推广德意，修～，事掩埋。”

【迁拔】 qiān bá ❶ 超拔；超度拔救。唐武则天《三藏圣教序》：“拂石年穷，树经无泯。宏济覃于百亿，～被于恒沙。”宋唐庚《生日祈祷设醮道场青词》：“先世光灵，尽蒙～；此生愆咎，咸赐荡除。”《云笈七籤》卷一二一：“赖黄箓之功，为其～。” ❷ 越级提拔。明何乔新《太保朱公神道碑铭》：“又～偏裨，授以阃职。”

【迁避】 qiān bì ❶ 迁转职务，不愿接受或有意避让。《唐大诏令集》卷一〇一：“脂膏之地，须因有贿而升；～之官，即是孤寒所受。”宋郑侠《代谢仆射相公》：“治效鲜传，每求～。圣恩未报，难便清闲。” ❷ 迁移躲避。宋洪迈《夷坚志》支庚卷六：“如居舍修营，或于比近改作，必尽室～。”明蒋一葵《尧山堂外纪》卷七七：“方氏据浙东，深忌色目人。鹤年畏祸，～无常居。”清《珍珠舶》一三回：“不料流贼攻陷归安，消息甚近。满城士庶，咸思～他方。” ❸ 避开；避让。宋葛胜仲《舅氏续千字文序》：“又尝以巧意，～兴嗣所用字，别制千言，贯穿经传，词义粲然。”庄绰《鸡肋编》卷上：“或谓唐之节度使与刺史，凡有兵者，初至当犒设，而此三月禁屠，故～。”许月卿《百官箴》卷二：“欲乞应犯圣朝庙讳不可～者，依太常博士王晳所进《春秋解》例。” ❹ 推诿；推卸逃避（责任）。清雍正五年四月二十六日上谕：“或稍徇情面，或依违～，使积水不能畅出。”

【迁贬】 qiān biǎn 贬职。唐苏颋《授苏徵太子右赞善大夫制》：“往从～，不诎奸邪。遂使扬历官次，滞遗年序。”宋罗从彦《遵尧录》卷七：“臣之一身～荣辱，何足道哉。”明吕甍《题陈贤良祠》：“力诋言利臣贪饕，执政发怒～遭。”

【迁超】 qiān chāo 提拔（官职）。宋赵彦卫《云麓漫钞》卷八：“昨者玺书慰勉，兰省～。虽上意欲壮于军威，在外臣转深于官谤。”清孙奇逢《中州人物考》卷二：“（李钺）持宪严明，狱无停滞。未几，～右佥都巡抚山西。”

【迁宠】 qiān chǒng 荣升（官职）。宋刘攽《宣政使刘有方可遥郡团练使制》：“岁月之久，始终如一。第其优最，宜有～。”范祖禹《辞礼部侍郎状》：“未从谴斥，尚荷兼容。敢谓眷知，复加～。”洪迈《夷坚志》丁卷一〇：“国朝故事，翰林学士草宰相制，或次补执政，谓之带入。大观三年六月八日，何清源登庸，四年六月八日，张无尽登庸，皆张台卿草麻，竟无～。”

【迁黜】 qiān chù ❶（官职）升降。唐常衮《授韦贾万年县令等制》：“俾尔化神皋之俗，分司隶之路，考其能否，当有～。”元姚燧《有元故少中大夫高公神道碑铭》：“诏许凡官关中者，职不职，听其承制～。”清赵翼《陔餘丛考》卷一〇：“穆宗以后竟似腐烂朝报，凡内而拾遗、补阙，外而刺史、观察，其～生卒，亦一一书之。” ❷ 偏指降职。唐李恒《命元稹守同州刺史制》：“顷在宪台，尝推举职。比及～，亦以直闻。”《明史·周用传》：“（周用）谏迎佛乌斯藏及以中旨～尚书、都给事中等官，且请治镇守江西中官黎安罪。”

【迁次】 qiān cì ❶ 颠沛；奔波。唐罗隐《旅梦》：“旅梦无～，穷愁有叹嗟。”宋黄庭坚《彭城叔母祭文》：“～十年，客非吾土。”元张光祖《言行龟鉴》卷四：“虽乱离～，衣食或不给，而奉先未尝缺。” ❷ 简陋粗率。唐杜甫《入宅》之一：“客居愧～，春酒渐多添。”宋范成大《定兴》：“新城～少人烟，桑柘中间井径寒。”明黄淳耀《张贞白有离世之志》之三：“老语疏脱应恕醉，浊醪～不嫌真。” ❸ 尴尬；进退两难。唐孟棨《本事诗》：“今日何～，新官对旧官。笑啼俱不敢，方验作人难。”明梅鼎祚《玉合记》一一出：“今朝～也笑啼难，一曲离鸿杂引鸾。”清吴伟业《宋玉叔诗文集序》：“当夫履幽忧，乘亭障，羁累憔悴、浮沉～之感，一假诗文以发之。” ❹ 变化；改换。唐韩愈《赠徐州族侄》：“岁时易～，身命多厄穷。”明于慎行《长歌行》：“寒暑相～，日月忽匿藏。”清智朴《题朗然僧塔》：“誓愿见弥陀，昼夜无～。” ❺ 指变化仓促、短暂。宋宋祁《岁云秋赋》：“欢期变以～兮，涕泣焉其流缨。”明汤显祖《紫箫记》三一出：“当日里春林啭鸟何～，今日后秋寺闻蝉止益悲。”清陈廷敬《北墅》之一：“风景何～，无心物自平。” ❻ 次序；规矩。宋朱熹《禘祫议》：“且一昭穆也，既有上世之次，又有今世之次，则所以序其子孙者无乃更易不定，而徒为纷纷乎？曰：然则庙之～如图可以见矣。”明谭元春《挽谢通明》：“足自出郊坰，起坐失～。”清施闰章《济南望叔父不至书怀》：“一岁再寄书，家人迟不至。摄衣临高台，引领无～。” ❼ 怠慢；慌遽。《元曲选·风光好》四折：“妾身向筵前过盏无～，他面皮上刮下冰澌。”明凌濛初《宋公明闹元宵》二折：“〔小生〕听宣示，从容祇对无～。〔旦拜介〕妾当万死。”

【迁达】 qiān dá 发迹显达。《敦煌变文校注》卷一《伍子胥变文》：“傥值明主得～，施展英雄一片心。”

【迁奠】 qiān diàn ❶ 帝王灵柩迁入地宫时行的祭礼。唐贾公彦疏《周礼·春官》“凡丧事，设苇席”：“殡后则有朝夕奠，朔月奠，大夫已上兼有月半奠，并有荐新奠。葬时又有～、祖奠、大遣奠。”《明史·礼志十二》：“执事官奉梓宫入，皇太子、亲王由左门入，安奉讫，行安神礼。皇太子四拜，兴；奠酒，读祝。俯伏，兴；四拜，举哀。亲王以下陪拜，如常仪。遣官祀告后土并天寿山，设～礼，如上仪。” ❷ 搬移安置。清陈确《先世遗事纪略》：“独吾父在家，携老抱幼，～衣米，撩收器物。”

【迁调】 qiān diào （官员）迁转调动。宋邹浩《代钱济明谢苏内翰启》：“久于～，固分所宜。”元《通制条格》卷六：“中间恐有不实，因而壅塞，腹里窠缺，不能～。”清《后水浒传》七回：“他父亲不肯谋为，被人～到玉门关去镇守。”

【迁夺】 qiān duó ❶ 夺走。讳指人死亡。唐玄奘《答中印度僧智光书》：“可谓苦海舟沈，天人眼灭，～之痛，何期速欤。” ❷ 脱离；摆脱。唐王绩《重答杜使君书》：“正服缞，三升而已；至于义服，加其半焉。岂非义有离合之理，情无～之法？”宋刘弇《上蔡内翰元长书》：“行二十年不～于寒暑燥湿。元丰初，适天幸，仅脱白丁。” ❸ 谪降削职。唐刘餗《隋唐嘉话》卷上：“太宗之为秦王，府僚多被～，深患之。” ❹ 侵夺；剥夺。宋陈襄《礼记讲义》：“人能循是五常之性而行，不为情欲之所～，则其道常存。”程颢《故户部侍郎致仕彭公行状》：“至其持守刚劲，不可毫发～。”清方苞《鹿忠节公祠堂记》：“盖匪是则无以自治其身心，而～于外物。” ❺ 迁移夺占。明孙继皋《例札授千户心田高公墓志铭》：“奉禁～古冢，毋得占城市。”

【迁放】 qiān fàng 迁转流放。唐张鷟《朝野佥载》卷一：“自后庐陵徙均州，则‘子母相去离’也；‘连台拗倒’者，则天被废诸武～之兆。”明王廷陈《行路难》之四：“骨肉天亲尚有疑，他人岂得无～。”顾璘《连陪诸公柳山春游》：“异代风流成昨日，几人～得沧洲。”

【迁复】 qiān fù ❶ 变换；更替。唐李华《衢州刺史厅壁记》：“国朝不以州领郡，郡与州更相为号，～从宜，事之当也。”清弘历《游灵谷寺》：“孝陵卜幽宫，灵谷迁古寺。～阅岁古，瓦兽荆榛坠。” ❷ 还原；恢复旧貌或回归旧址。唐李阳冰《上李大夫论古篆书》：“蔡中郎以豐同豊，李丞相将束作柬。鱼鲁一惑，泾渭同流。学者相承，靡所～。”明蒋冕《灌阳县学记》：“学宫既居城外，蛮来辄恣意践躏，……杨君必进行部至灌，祗谒先圣毕，周览嘅叹，倡议～。”清《八旗通志》卷二〇二：“在昔荒逃甫复，故止就欠粮议调。今～日久，不患民赋逋欠，而患盗贼未弭。” ❸ 往复；循环。宋《太医局诸科程文格》卷七：“五运循环，六气～，自匪先立其年，则何自而推明矣。” ❹ 还归；迁回。宋王安礼《祠部员外郎刘瑾可朝奉郎制》：“坐事左降，望实不隳。～近班，乃时异数。”明周孟中《陆川县学记》：“学近民居，隘陋殊甚。～旧所，便余躬临。”

【迁改】 qiān gǎi ❶ 搬迁；迁移。特指迁葬。唐戴孚《广异记·宇文觌》：“立冢近马坊，恒苦粪秽，欲求～。”明《型世言》一九回：“后边一个又来破发，道是不好，复行～，把个父母搬来搬去，骨殖也不得安闲。”清王士禛《登文游台》：“人民城郭半～，此台屹立当湖滨。” ❷ 变更；变易。唐傅仁均《对王孝通驳历法议》：“今孝通不达宿度之差移，未晓黄道之～，乃执南斗为冬至之恒星，东井为夏至之常宿。”宋魏了翁《鹤山笔录》：“此书比其他地志颇为有益于学者，上焉纪三国南北朝～稍详，下焉接乎本朝郡县之制不甚相远。”清吴伟业《宋子建诗序》：“余两人则固已老矣，况以兵火频仍，万事～。” ❸ 官职升迁。唐郑处诲《明皇杂录》卷上：“因致暄于上第，既而为户部侍郎。珣才自礼部侍郎转吏部侍郎，与同列。暄话于所亲，尚叹己之淹徊，而谓珣～疾速。”《宋史·仁宗纪一》：“诏举官已～而贪污者，举主以状闻，闻而不以实者坐之。”清阮葵生《茶餘客话》卷七：“凡官员入朝皆佩牙牌，其官职镌牙牌上。拜官则于尚宝司领出，出京及～则缴还。” ❹ “迁善改过”之省，指改过向善。宋《朱子语类》卷九四：“通书曰‘乾乾不息’者，‘惩忿窒欲，迁善改过’不息是也，……若要不息，须著去忿欲而有所～。”明《醒世恒言》卷一七：“幸喜彼亦自觉前非，怨艾日深，幡然～。”清《八旗通志》卷一七七：“彻底清查，固属当然。但王士俊尚属有用之员，当严加训饬，令其～。”

【迁更】 qiān gēng ❶ 犹“迁改❶”。元吴存《自燕南还金陵采石》之三：“万古文章无泯灭，百年陵谷有～。” ❷ 犹“迁改❷”。明祝允明《和陶渊明饮酒》之一六：“五岳屹常居，四序乃～。”都卬《观钱塘潮》：“更与明月同亏盈，天地至信无～。”

【迁骨】 qiān gǔ 移葬骸骨。宋刘跂《祭贾政之文》：“～于郑，公则不亡。神其来下，歆此一觞。”宋元《古今小说》卷二四：“说罢，又哭一次。婆婆劝道：‘休哭，且理会～之事。’”明《二刻拍案惊奇》卷六：“骨肉已逢，足慰相思之苦。若～之命，断不敢从。”

【迁换】 qiān huàn ❶ 犹“迁改❷”。唐吴兢《乐府古题要解·燕歌行》：“言时序～而行役不归。”明谢谠《四喜记》三四出：“与他话别秦楼，岁华～。”清彭孙遹《除夜感事》：“不知人事多～，但觉年华转寂寥。” ❷ 犹“迁改❶”。明袁宗道《江上游记》：“见此～之城郭，与夫代谢之流水，忧得无少瘳与？”

【迁悔】 qiān huǐ 改悔。唐李豫《许田承嗣自新诏》：“犹示含容，薄令降黜，冀其～，全彼平人。”宋张浚《紫岩易传》卷五：“文王处四位而心不忘顺纣，眷然日望其～。”明杨士奇《平安南诗序》：“皇上闵焉弗宁，发诏使谕，使～。”

【迁讳】 qiān huì 逃避掩饰。清吴伟业《圣王修身立政之本论》：“天下有弊人，无弊法。言者议法而不及人，以法无所畏沮，而人多所～也。”

【迁贿】 qiān huì 本指搬运嫁资，后泛指搬运财物。语出《诗经·卫风·氓》：“以尔车来，以我贿迁。”元刘玉汝《诗缵绪》卷五：

“衣锦而欲人以车迎，其以《卫·氓》‘车来～’之意乎？”清纪昀《阅微草堂笔记》卷三：“私诱居停主人少妇归，比至家，其妻先已偕人逃，……人计其妻～之期，正当此妇乘垣后日。”△胡思敬《国闻备乘》卷四：“藉此为寄孥～之所，奸人自为计则得之矣。”

【迁寂】 qiān jì 讳指僧人死亡。《古尊宿语录》卷二《筠州黄檗断际禅师》：“师至南昌，大师已～。”宋守端《吊明教嵩禅师引》：“禅师～，在于熙宁五年之夏。”

【迁加】 qiān jiā ❶升职加官。宋曾巩《隆平集》卷一八：“(王)中正累～，致仕积官至右神武大将军。”元《三国志平话》卷中：“皇叔封荆王，边事康宁，招授～。”明柯丹邱《荆钗记》三二出：“待三年任满期瓜，诏书来早晚～。” ❷用作书信问候语。元《三国志平话》卷上：“辱弟吕布顿首拜上徐州牧玄德公将军麾下：即辰孟夏清和，梅雨初晴，伏维台侯动止～。”又：“辱识刘备顿首拜上丞相麾下：即辰仲秋，伏维台辅动止～。”

【迁军】 qiān jūn 同“佥军”。《元曲选·救孝子》四折：“王脩然大人亲来～，勾到俺同居共户。”

【迁开】 qiān kāi 搬走。清方成培《雷峰塔》二〇出：“你寓在我家，与老汉甚相契合，后来虽是～，往还如亲戚一般。”

【迁客】 qiān kè 遭放逐之人。唐刘禹锡《浪淘沙》：“莫道谗言如浪深，莫言～似沙沉。”明屠隆《彩毫记》四〇出：“值此大雪，天寒地冻，想蛮荒～，凄冷怎捱？”清《续金瓶梅》五八回：“今日单表宋朝一个忠臣，却是和金国的使臣，遭流离的～。”

【迁离】 qiān lí 搬走；离去。宋刘跂《谢先公复官表》：“岭表数岁，门中十丧，举室～。”元薛昂夫《朝天曲》：“孟母，丧夫，教子～墓。”清雍正六年十月十一日赵城奏文：“及至上司～，多收之项，不便过问，惟有那新掩旧。”

【迁灭】 qiān miè ❶变迁；生灭变化。《法苑珠林》卷八：“一切皆～，寿命亦如是。”宋曹勋《人生不长好》：“陵谷尚～，况乃期促龄。”清吴伟业《香山白马寺巨冶禅师塔铭》：“世相～不常，十餘年来，得法上首六人示寂。” ❷犹“迁寂”。唐独孤及《舒州山谷寺璨大师塔铭》：“大师～，将二百年，心法次第，天下宗仰。”李顾行《开善寺修志公和尚堂石柱记》：“初志公之未～也，梁武帝命工人审像而刻之，相好无遗，俨然若对。”《宋高僧传》卷一二《唐洋州苏溪元安传》：“以昭宗光化元年戊午十二月～，享寿六十五。” ❸灭亡。宋苏洵《六国论》：“齐人未尝赂秦，终继五国～，何哉？”明康海《雍录序》：“若夫周秦两世，自初兴以至～，屡东屡西，不常厥邑。”

【迁命】 qiān mìng 升迁任命。唐韦绚《戎幕闲谈》：“之后有～，神必先报，颇与神交焉。”刘崇望《授侯蕴赞善大夫制》：“亲奉禁营，始陪辇路，不有～，将何劝人。”明王世贞《艺苑卮言》卷六：“高太史辞～，归教授诸生。”

【迁挪】 qiān nuó ❶迁移。清《红楼梦》七七回：“今年不宜～，暂且挨过今年，明年一并给我仍旧搬出去心净。” ❷挪用。清《红楼梦》七四回：“叫我不管哪里先～一百银子，做八月十五日节间使用。”昭梿《啸亭续录》卷四：“桢升擢两淮运使去，库有亏帑，曾允至淮～。”

【迁人】 qiān rén 犹“迁客”。唐李白《送别得书字》：“～发佳兴，吾子访闲居。”明顾大典《青衫记》二〇出：“惟司马为～冷署，得以自由。”清《野叟曝言》四六回：“计自十六日宿通州，此～由都适戍之第一程也。”

【迁荣】 qiān róng 荣升(官职)。唐杨炯《后周明威将军梁公神道碑铭》：“勤劳夙著，体望允归。拜职～，实符佥议。”李显《授韦嗣立黄门侍郎制》：“俾～于皂盖，宜袭宠于黄枢。”宋王安礼《贺文太师启》：“荐抗囊封，力辞藩政。安居遂请，懋典～。”

【迁舍】 qiān shè 搬家。宋家铉翁《水调歌头·题旅舍壁》：“六年里，五～，得此邻。”洪迈《夷坚志》丁卷三：“陆以尝坐此谪，殊不信，乃～避之。”

【迁升】 qiān shēng 升任(官职)。唐康骈《剧谈录》卷上：“李司徒尝于左广效职，久未～。”《元曲选·魔合罗》四折：“奉圣旨赐赏～，张孔目执掌刑名。”清《绣戈袍》二一回：“那时圣上或念他解犯有功，～加级，亦未可知。”

【迁腾】 qiān téng ❶官职骤升。唐韩愈《奉酬振武胡十二丈大夫》：“倾朝共羡宠光频，半岁～作虎臣。”《太平广记》卷四〇二引《纪闻列异》：“自此财货日增，家转蕃衍，有求必遂，名位～。”宋王谠《唐语林》补遗四：“～倏忽，坐致郎省。” ❷升腾；腾起。宋王洋《八月道宫闻莺》：“得路共～，此事不草草。”韦骧《和宇文侍郎观潮》：“冲涉唯惊兀舟楫，～那复论鹏鲲。”

【迁替】 qiān tì 更替(职务)。《通典》卷三三：“敦实兄敦颐复为瀛州刺史，朝廷以其兄弟廉谨，许令同州，竟不～。”明杨柔胜《玉环记》二五出：“今喜岳翁显任皋～，昼锦荣归世所稀。”清朱彝尊《曲阜设官议》：“有司择子弟之通晓文义者，贡之朝，俾知曲阜县事，秩满得～。”

【迁推】 qiān tuī ❶推荐升迁。宋彭龟年《三辞免中书舍人札子》：“潜邸讲读官五人，并蒙～。”明《金瓶梅词话》三二回：“延揽宦途陪激引，夤缘权要人～。” ❷推移变化。元陶宗仪《次姚宪佥原礼韵》：“乾坤容隐逸，寒暑互～。”明袁凯《荒园》：“卑不可抗，高其能摧。贵贱贤愚，孰能～。”清弘历《借秋楼》：“俯首忆代谢，迅矣其～。”

【迁委】 qiān wěi 调动委任(官职)。清《红楼梦》四九回：“谁知保龄侯史鼐又～了外省大员，不日要带了家眷去上任。”

【迁寓】 qiān yù 犹“迁舍”。宋苏辙《凤翔府告迁太宗神御祝文》：“属当图新，敢告～。少祈安妥，旋复故常。”明徐霖《绣襦记》一九出：“他新～，尚书府过戟门西。”清《玉楼春》五回：“明日即便～，到了邵兄处去。”

【迁运】 qiān yùn ❶运转变化。《云笈七籤》卷三三：“但守愚情，保持秽质。四时～，形委色衰。”宋佚名《周礼集说》卷五：“日有明晦，月有盈虚，变动无常也，而天下之妖祥、祸福之～于下者，实随之矣。”明彭大翼《山堂肆考》卷二三二：“此言人生于世，自以为固，而四时～，不可留止。” ❷搬运；运送。宋胡宿《太傅致仕邓国公张公行状》：“诏徙棣州，以避水害。城中粮饷滞积，议者难于～。”王质《去思楼记》：“伐削之工，覆筑之工，建冶之工，～之工，举不在其间。”

【迁谪】 qiān zhé 降职放逐。唐钟辂《前定录》：“如能赤诚向国，即可以免～。”明汪廷讷《狮吼记》一〇出：“～都忘逆旅愁，琴樽此外复何求。”清《野叟曝言》三七回：“又得了素臣拟斩及～辽东之信，小女病中着此一惊，症愈加重。”

【迁住】 qiān zhù ❶僧人前往主持寺院。宋觉范《禅林僧宝传》卷二五《大沩真如禅师》：“俄～大沩，众二千指，无所约束，人人自律。”《五灯会元》卷一九《龙牙智才禅师》：“～云溪，经四稔。绍兴戊午八月望，俄集众付寺事。”明徐一夔《平山禅师塔铭》：“后至元庚辰，～中天竺禅寺。” ❷迁居；移居。元王恽《宝鸭歌》：“天雨新晴秋气肃，秘书～城西曲。”明吾邱瑞《运甓记》一四出：“吾已差陶旺到庐江地方，僦房～。”清《野叟曝言》一二〇回：“即当奏闻，撤牌换额，改去间架，方敢～。”

【扦】 qiān ❶开凿(墓穴)。也指下葬。唐杨筠松《葬法倒杖》：“对杖，上刚下柔，就刚柔交接处对脉中～，故曰对。”元刘则章《葬书注释》:“横岗无脉,中央四隤,无穴可～,葬之则男女不利。”明顾起元《客座赘语》卷三:“其孙诸生应鼎,常梦一金甲人,谓之曰:‘亟改～而祖,吾为而祖所压且百年。’……掘其下果有砖甃,为古冢,不知何人之墓。且当何公葬时,岂不知是前人冢而～之?” ❷ 用扦探查(基址)。宋汪应辰《申许浦水军坐下省札》:“今据所差委官申水军统制司先差到将官等,～定合立寨基。”清乾隆四十五年八月十九日王亶望奏文:“据海防道王燧间段开槽～试,可以下桩。”傅泽洪《行水金鉴》卷一二二:“前题匡家庄地委高峻,难于施工,改～黄阜岭。” ❸ 扦插;扦植。宋葛天民《即事》:“倒～杨柳活,斜倚桔槔闲。”周密《癸辛杂识》续集卷下:“(白蜡)树叶类茱萸叶,生水傍可～而活。”清屈大均《广东新语》卷二五:“种至两岁,乌榄秧长八九尺,必～之乃子。” ❹ 叉放;插入(使固定)。元方回《过秀州城东》:“晴日茅檐横晒布,水田竹架倒～禾。”明高濂《遵生八笺》卷一二:“用箬四五重盖之,竹片廿字～定。”清《南巡盛典》卷八六:“沙性涩汕,桩木难施。忽有老翁言:以大竹～定沙窝,同时齐下梅花桩,必无动摇。” ❺ 扦子;扦架。元陈椿《熬波图》卷下:“先束小柴把,塞满缝内,以小竹～穿定。”王祯《乔扦》:“江乡新霁稻初收,缚竹为～可寄留。”按,乔扦,晾晒禾稻的农具。用三竹竿,一端于近端处扎束在一起,禾把叉放其上,远端插入田中成三角支撑。 ❻ 戳;刺。a) 引申指刺激、触动。明《西洋记》一七回:“这一席话儿不至紧,说得他又恼又笑。况兼说个会钉锚,又～到他的心坎儿上。”清《粉妆楼》三一回:“侯登听了这些话,句句骂得～心。”b) 引申指试探证实。明《西洋记》六一回:“全真道:‘王母宴上可曾少了那位神将么?’髡头就～他一句,说道:‘只有玉帝查点五方神将,少了几个。’”清《野叟曝言》四七回:“素臣暗吃一惊:怎这年庚,竟是奚囊的八字?问明又是男命,因～他一句道:‘你说得明,我指引得明。’” ❼ 削;斜切。清《缀白裘》二集卷二《儿孙福》:“春里卖卖～光荸荠、打水段甘蔗。”

【扦插】 qiān chā 截取植物的根、茎插栽。明徐光启《农政全书》卷三七:“凡～花木,先于肥地熟斸细土成畦。”清于成龙《再饬植树浚井檄》:“凡榆柳之类,莫不有利,并作俗语通贴。目今民皆～。”

【扦江】 qiān jiāng 江湖切口,指用言语讹诈以探听对方底细。清《野叟曝言》四七回:“素臣按着江湖之诀,已往的一味～,未来的一味海奉,加以八面风、六角钻、两头峦、圆图子、定时辰、问刑克,许多的条例。”

【扦量】 qiān liáng 勘察考量。宋陈著《申两浙转运司状》:“所有魏彭契书牒,发下钱粮官厅,据官籍～入学。”黄震《安抚显谟少卿孙公行状》:“使官民户各置册,自疏计田若干,就以其册参都保～册。”袁甫《奏便民五事状》:“经界～之事固未易言,结集义役之图不妨渐举。”

【扦实】 qiān shí 证实;指实。明《西洋记》三〇回:“长老道:‘元始天尊不是你的师父?’仙人看见～了他,老大的没趣。”又四五回:“我南朝有这等一个通神的元帅,把我心肝尖儿上的事都～了。”又五三回:“王明只见～了他,连忙的跪着磕上两个头,才不敢说谎。”

【扦剔】 qiān tī 扦插修剪(花木)。明袁宏道《瓶史引》:“京师人家所有名卉,一旦遂为余案头物。无～浇顿之苦,而有味赏之乐。”又《策第一问》:“不见植花者乎?由芽茁而蓓蕾,由蓓蕾而英萼,浇灌～,无所不至。”

【扦穴】 qiān xuè 勘定墓穴。唐杨筠松《葬法倒杖》:“龙虎面前迫逼～可要上穿龙虎腰,下取交合水,横抱如人抱儿之状也。”元刘则章《葬书注释》:“善葬者必原其起以观势,乘其止以～。”明胡翰《雪心赋句解序》:“其为人～,率有证佐,非出于揣摩臆度之为。”

【扦择】 qiān zé 勘察选择(墓穴)。清雍正十三年《山西通志》卷一六一:“(丘延翰)遇异人授《玉经》,即《海角经》也。洞晓阴阳,依法～,罔有不吉。”

【扦种】 qiān zhòng 扦插栽种。宋周密《癸辛杂识》别集卷上:“壬日～。芒种后壬日入梅。壬日所种花草,虽至难活者亦皆活。”明高濂《遵生八笺》卷一六:“黄蔷薇,色蜜花大,亦奇种也,剪条～。”

【佥】 qiān ❶ 题写;签写。宋周密《齐东野语》卷一三:“胥辈请～文书,参军怒曰:‘我方听觱栗,可少缓。’”又《武林旧事》卷八:“用黄罗装背大册,面～云‘太学某斋生臣’。”明佚名《精忠记》三三出:“〔净〕既然完备,待我佥押。〔手战介〕～不得了。” ❷ 签点征发。金张师颜《南迁录》:“十一月,～河南兵一十七万。”明张四维《双烈记》二出:“因善骑射,本州～为弓箭户。”清《隋唐演义》三七回:“他死了妻子,剩下这小厮。自己又被～去开河,央及我管顾他。” ❸ 签发指派。明李梅实《精忠旗》三六出:“且受用这青山一点,莫使地府阎君把票～。”《型世言》三〇回:“一日,～着一张人命牌,对张继良道:‘这差使是好差,你去。那个要的,你要他五两银子,～与他。’” ❹ 同“扦❼”。明《山歌·姐儿生得》:“好似橄榄～皮舍弗得个青肉去,海狮缩缩再亲亲。” ❺ 放翻。指宰杀。明《金瓶梅》七五回:“到明日,咱～一口猪,一坛酒,送胡府尹就是了。” ❻ 指佥书一类吏员。清《荡寇志》九七回:“此人在县里最为响当,里面门～线索,外面差役公人,呼应极为灵验。” ❼ 令签。清《白圭志》五回:“知县大怒,将～一抛,责打四十。”

【佥报】 qiān bào ❶ 签点上报。明沈榜《宛署杂记》卷一三:“其～收头,须择殷实之家。”《石点头》卷三:“自此富贵大家尽思规避,百计脱免;那下中户无能营为的,却～充当。”清黄宗羲《王讷如使君传》:“以富民充马户,走死者即令其偿,故～之时,多以贿免。” ❷ 签发上报的文书。明顾宪成《长治县改建学宫记》:“爰定规制,请于当道。当道～曰‘可’。”邹元标《弋阳县新建文庙并修儒学记》:“诸生请于守道汪公,中丞夏公直指冯公～曰‘可’。”清雍正七年十二月初八日范时绎奏文:“通属～:节次得雪,溥遍均沾。”

【佥兵】 qiān bīng 征调军兵。宋辛弃疾《窃愤续录》:“今日见人说高丽兵侵界,郎主今～刷马前去。”金张师颜《南迁录》:“陕西～十五万,上京路～五万。”清《东周列国志》九五回:“乃奔莒州,～城守,以拒燕军。”

【佥拨】 qiān bō 签点拨派。《元史·兵志三》:“重庆路民屯,世祖至元十一年置,累于江津、巴县、泸州、忠州等处,～编民二千三百八十七户。”明余继登《皇明典故纪闻》卷一一:“在外司府州县官员跟用皂隶,合照在京官员品职额数～。”清《醒世姻缘传》五三回:“通同了里老书手,与他增上钱粮,～马户,审派收头。”

【佥补】 qiān bǔ ❶ 签发派补(空缺)。元《三遂平妖传》一九回:“文招讨大喜,赏李鱼羹、李遂各人衣服一套,就～李鱼羹为帐前虞侯。”清《锦香亭》五回:“铨部迎逢李林甫,寻个极险极苦的地方来～,将锺景期降陕西州石泉堡司户。” ❷ 征调补充(缺额)。明沈榜《宛署杂记》卷一三:“蒙本府题免,铺行下三则并不时～女轿夫,悉行优免。”

【佥差】 qiān chāi 征发差役;签点差遣。明倪元璐《与钱大鹤书》:“自先君子起而更张之,改～为雇役。”清《平定准噶尔方略》续编卷一〇:“如每次起解人数太多,～既恐纷繁,且沿途食宿壅积。”《大清律例》卷三五:“其地属州县者,行文州县～擒捕。”

【佥点】 qiān diǎn 指派。明杨士奇《论荒政》:“其中又有近仓之处,～大户看守。”王守仁《行吉安府踏勘灾伤疏》:“各属调发官军,～民壮,保障城池。”清《蜃楼志》二回:“开除洋行经纪姓名,另行～,俾得赴部候铨。”

【佥都】 qiān dū ❶ 佥都御史的省称。佥都御史,明代监察机构督察院的官职,位在都御史、副都御史之下。清代沿袭。明杨循吉《苏谈》:“吴祯有小才,文庄爱之,遂举同治戎事。吴由此得骤为～。”《型世言》三一回:“来到甘州,此时徐～已到任半年了。”清孔尚任《桃花扇》二九出:“请老爷停轿,与～越老爷投帖。” ❷ 以佥都御史的职衔或身分出任。明宋濂《叶治中历官记》:“行中书论功,承制升侯浙东道宣慰副使,～元帅府事。”清钱谦益《三良诗序》:“平仲以御史巡方乘城,击却之,上特命以～抚豫。”

【佥发】 qiān fā ❶ 签署命令调派。《元史·兵志三》:“世祖至元八年正月,～已未年随州、鄂州投降人民一千一百七户,往中兴居住。”明《石点头》卷九:“但是岳丈恕然而去,子婿心上也是不安,怎好强留,便当～夫马相送。” ❷ 特指遣发被判流刑的犯人或犯人家属。《明史·刘丙传》:“流戍～,必经兵部,多淹延致死。”清雍正九年六月十一日张广泗奏文:“嗣后解犯,务照定例名数,分起～。”《大清会典》卷六九:“凡军流遣犯妻妾,如强窃盗及情重律应缘坐者,皆～。” ❸ 签署发出(文书)。《大清会典则例》卷三六:“解部钱粮批文册籍,各官当堂定限～。”

【佥管】 qiān guǎn 签押掌管。明《二刻拍案惊奇》卷一三:“照帐目交收了物事,将文契查了田房,一一踏实～了。”

【佥拣】 qiān jiǎn 签点挑选。宋《三朝北盟会编》卷三:“诸路～强人壮马充军,遂有铁骑十万餘。”《元史·兵志一》:“十二年三月,遣官往辽东,～蒙古达鲁花赤、千户、百户等官子弟出军。”

【佥解】 qiān jiè 签点押解。明朱国祯《涌幢小品》卷九:“穆、思孝杖毕,加镣锁,且禁狱,迟三日始～发戍。”清魏裔介《兴利除弊之大疏》:“民间供应兵马,征粮运草,驿递夫马,城池道路,～物料,马价钱粮,里甲现役,一切杂泛差徭,繁难百倍于军。”《隋唐演义》一二回:“问了一个幽州总管下充军,～起发。”

【佥军】 qiān jūn 犹“佥兵”。宋刘克庄《转调二郎神》:“何幸。行人来密,～抽省。但进有都俞,退无科琐,不用依时出省。”元《通制条格》卷二:“在先～时,已前倚阁并磨问时未补逃亡事故等,军册内空有名头,委无军,今次开除。”《大清会典则例》卷四二:“漕船出运,每船～一名,……如有滥充以致侵欠者,将～不慎之官题参。”

【佥令】 qiān lìng 指派。宋《三朝北盟会编》卷三六:“自金人犯边,～大臣议,密图周方。”明曹学佺《蜀中广记》卷三一:“请发米脚价银下县,～殷实,买米雇脚,赴仓完纳。”陈九川《诗丐传》:“董侍御时望未第时,在乡会中,丐适至,～献董诗。丐首肯,须臾就。”

【佥名】 qiān míng ❶ 签名;署名。宋《朱子语类》卷一一六:“某向在浙东,吏人押安抚司牒,既～押字;至绍兴府牒,吏亦请～,某当时只押字去。”明《西游记》七四回:“十阎王～画字,教我饶他打。” ❷ 具名;列名。明郑晓《今言》卷二:“洪武三十一年六月,武官选簿齐泰由兵部左侍郎进尚书;至建文元年十一月二十三日附选,齐公已不～。” ❸ 题名。明吴宽《葑门塘改造二桥记》:“以弘治十年二月始造梅里泾桥。桥成,里人～曰‘通济’。” ❹ 抽取名字;指名。明黄佐《泰泉乡礼》卷六:“壮丁上牌,人惧～,辗转为军。”《明史·张问达传》:“故事,令商人办内府器物,～以进,谓之佥商。”清吴伟业《琵琶行》:“先皇驾幸玉熙宫,凤纸～唤乐工。”

【佥谋】 qiān móu 众议;聚议。唐王勃《常州刺史平原郡开国公行状》:“被庐讲将,实赖宏图;今日～,先应时望。”明姜清《姜氏秘史》卷三:“高皇帝弃群臣,诸藩不靖。兵部尚书齐泰等会议军事,度与～。”清蔡世远《征修漳州府志启》:“尝与父老～,莫不踊跃而襄盛举。”

【佥幕】 qiān mù 出任幕府僚属,也指担任这样职务的人员。宋叶绍翁《四朝闻见录》卷一:“策中力陈添差赘员之弊,上敕授添差州～。”岳珂《桯史》卷三:“赵之未召,实为东川～。”陈郁《藏一话腴》乙集卷下:“范文正公曰:‘～须得可为我师者为之。’正孟子之意也。”

【佥拟】 qiān nǐ 拟议方案;拟定(意见)。宋陈郁《藏一话腴》甲集卷下:“今人秉～之笔,专鞫勘之权,长史不审而判照即行也。”《明史纪事本末》卷七五:“～洪承畴,因陕西三边所恃,未可轻易。”清魏之琇《续名医类案》卷三:“座皆医也,～白虎承气汤以养荣。”

【佥牌】 qiān pái 签发令牌。明《二刻拍案惊奇》卷四:“即忙唤兵房～出去,调取一卫兵来。”《型世言》二二回:“张知县即刻～,两处捉拿。”清《醒名花》四回:“不意强盗越牢走了,如今把禁子家属监候,～广捕。”

【佥派】 qiān pài ❶ 即“佥❷”。明周起元《题为匠役自有定籍疏》:“～匠役,本监牌行该厅转行局官,查明申报。”俞汝楫《礼部志稿》卷九九:“又起膳、乳等房,～厨役,造办酥油等物。”清于成龙《上偏院韩抚台用兵事宜》:“此示若分派州县,必开～里下之端。” ❷ 即“佥❸”。《大清律例》卷一二:“如有～匪人侵蚀漕粮者,书吏照监守自盗律治罪。”

【佥判】 qiān pàn ❶ 宋代各州分管判牍的职官。宋苏轼《再荐宗室令畤札子》:“臣前任颍州日,曾论荐本州～承议郎赵令畤。”《元曲选·范张鸡黍》一折:“有我泰山与众官见了甚喜,就除我杭州～。”明丘濬《定兴忠烈王平定交南录》:“是日,有伪三带州～邓原、南策州人莫邃等来降。” ❷ 指担任佥判官职。宋杨万里《宋故尚书左仆射叶公行状》:“元浚终官宣教郎,～惠州。”明王玉峰《焚香记》二〇出:“下官幸登高选,～徐州。”汪廷讷《狮吼记》三出:“下官～凤翔三年,蒙恩召直史馆。” ❸ 分管。《金史·百官志三》:“节度判官一员,正七品,掌纪纲节镇众务、～兵马之事,兼判兵、刑、工案事;观察判官一员,正七品,掌纪纲观察众务,～吏、户、礼案事。” ❹ 签判(案牍)。明袁宏道《与倪嵩山书》:“大约手疲于～,眼疲于簿领。”沈榜《宛署杂记》卷一五:“碗红纸五张,价一钱;～笔四枝,价六分。”清雍正十年五月十八日王士俊奏文:“若部行奉旨事件,则有君命在焉,临文讵可不加敬谨。今一概朱标～,实非臣子所敢安。”

【佥配】 qiān pèi 被判流刑的犯人家属随犯人一起发配。清乾隆二十二年二月十一日刑部奏文:“有在别省犯案递回原籍追赃～人犯,计其犯事在恩旨以前。”《皇朝文献通考》卷二〇五:“嗣后一应军流遣犯,均毋庸～。”《大清律例》卷四:“凡罪应缘坐,……等项犯属照例佥发外,其餘一应军流遣犯家属,均毋庸～。”

【佥批】 qiān pī 签发批文。明王世贞《中官考》:“厂卫赍驾帖提人,必由刑科～。”清《蜃楼志》七回:“即奉差催,于本年二月廿八日攒办齐集,廿九日在陆丰县～起解。”

【佥票】 qiān piào ❶ 签发作为传事凭证的文书。明《古今小说》卷二:“知县当时～,差人提田氏到官。” ❷ 指官府签发的催办公事或传人到案的文书。清黄六鸿《福惠全书·刑名》:“～入手,勾连伙党,如捕盗贼,使被告不知就里,魂飞胆裂。”

【佥妻】 qiān qī　被判流刑的犯人妻子随犯人一起遣发。明《型世言》三一回:“若没有提控,这时～起解。”《梼杌闲评》三七回:“说他代熊廷弼钻刺说事,问了个罪,……少不得要～,一时尚未发遣。”《大清会典则例》卷一二五:“旗民发遣人犯内,系奉旨佥遣及例应～者,其妻子解至遣所。”

【佥起】 qiān qǐ　签点起征。宋《三朝北盟会编》卷二三四:“内为金国～从军之人,务在优恤其家,毋令重扰。”

【佥遣】 qiān qiǎn　❶ 派遣。宋觉范《祭云庵和尚文》:“昔师既化,品坐对啼。～本明,远乞铭诗。” ❷ 遣送;流放。《大清律例》卷四:“若非特旨～及例应～之家属,原系随往遣所,则本非罪犯。各该衙门于起解文内,务将‘随往’字样注明。”《皇朝文献通考》卷一九八:“劫盗未经伤人之首犯,于罪未发而自首者,佥发充军;闻拿自首者,照‘情有可原’例～。”

【佥取】 qiān qǔ　指派调取。明韩邦奇《钦遵敕谕因时变势奏》:“所益之兵,听臣等召募,或于民壮中户大者～。”清《女仙外史》三八回:“其河兵一半多系空粮,即现在者亦不做工,惟～民夫力役。”《大清会典则例》卷四五:“擅科土官财物,～兵夫,征价入已。”

【佥商】 qiān shāng　指派商家承办。明毕自严《易佥商为官买说》:“每一～,辄而买名捏报。”《明史·张问达传》:“故事,令商人办内府器物,佥名以进,谓之～。”清雍正五年九月初二日高其倬奏文:“各处盐法,如两淮、两浙、河东、长芦、两广,皆系发引～。”

【佥省】 qiān shěng　元代行省的佐官职名,位在参知政事之下。宋周密《癸辛杂识》续集卷下:“王国用～云:‘五岳惟华岳极峻。’”元蒋正子《山房随笔》:“有一宠姬在焦～处,此姬启～云:‘赵四知府今日已死矣。’”《元史·百官志七》:“行中书省,……参政之下,有～、有同佥之属,后罢不置。”

【佥书】 qiān shū　即佥署。避宋英宗赵曙名讳而改“佥署”为“佥书”。❶ 一种职务,表示具有与主官共同签署公文的权力。宋王安石《秘书丞谢师宰墓志铭》:“既而中进士第,～崇信军节度判官厅公事。”丁特起《靖康纪闻》:“孙传知枢密院事,曹辅～。”明宋濂《胡越公新庙碑》:“王师取婺州,升公～行枢密院事。” ❷ 指具有与主官共同签署公文权力的职官。宋曾敏行《独醒杂志》卷五:“伦时以～出使,其家人仍在府第。”明沈鲸《双珠记》四二出:“只因陈、王二将军俱升枢密院～,元帅老爷差我赍文书禀报。”清《醒世姻缘传》九九回:“免成放还,遇缺推用,特旨起了原官中府～。” ❸ 签署。指签署文件或署名具保。宋朱熹《与黄商伯书》:“彼中幕府～满纸,此等事不能觉其缪,甚可笑也。”宋元《熊龙峰刊小说·章台柳》:“在任词清讼简,每日～公座,并无事务发落。”明余继登《皇明典故纪闻》卷一二:“如有扶捏诈冒不实者,巡按御史、按察司将本人并保送～官吏一体治罪。”

【佥枢】 qiān shū　❶ “佥枢密院事”之省,表示所任职务具有与枢密院主官共同签署公文的权力。也指这样的职位或担任这样职务的官员。宋周必大《宋宰相洪文惠公神道碑铭》:“公自～,旬月入相。”刘克庄《端平江阃题名壁记》:“命～魏公了翁督视江淮京湖军马。”周密《齐东野语》卷一八:“陈公以知院帅长沙,遂再相。郑忠定清之、王伯大、吴潜,并为～。” ❷ 指担任佥枢一类职务。明吕毖《明朝小史》卷二:“尔自幼提兵,～金华,开省严陵。”

【佥署】 qiān shǔ　❶ 同“佥书❶”。宋司马光《涑水纪闻》卷九:“大理寺丞～保大军节度判官事种世衡建言:‘州东北二百里有故宽州城,修之。’”周敦颐《吉州彭推官诗序》:“敦实自南昌知县,就移～巴川郡判官厅公事。”《宋史·太宗纪一》:“癸巳,置～枢密院事,以石熙载为之。” ❷ 同“佥书❷”。宋苏轼《凤翔到任谢执政启》:“所任～一局,兼掌五曹文书。” ❸ 同“佥书❸”。明何乔新《为乞恩致仕事奏》:“眼目昏花,～不便。”余继登《皇明典故纪闻》卷一〇:“进士于各衙门观政,不～文案。”《型世言》二八回:“秀才的势,怎行得动?须要假一个大官衔～封条牒文,方行得去。”

【佥刷】 qiān shuā　即“佥❷”。宋卫泾《奉使回奏札子》:“河北河东,累行～。”王明清《挥麈三录》卷三:“即谋大举～,以北人为兵,欲以百万南攻。”叶绍翁《四朝闻见录》卷五:“至于强敌频年～,皆吾中原赤子。”

【佥送】 qiān sòng　签点解送。明陈铨《为分辨小过以全大臣名节事奏》:“凡遇府州县～农民到司,假以区罚纸价为由,每名或罚银一两,或罚银五两。”《大清通典》卷八七:“该巡检署无监狱,令原解押至饭店。次日查点～,因而脱逃。”《大清会典则例》卷一五五:“各坛庙坛户、庙户、库夫、所夫,均由太常寺咨府饬各州县,～农民充役。”

【佥厅】 qiān tīng　❶ “佥书(署)判官厅公事”之省,本指掌判案牍的职务,转指这一办事机构。宋赵与时《宾退录》卷一:“欲将本军都厅以～为名,从之,且命诸路依此。此～得名之始也。”洪迈《夷坚志》支景卷一:“既入郡,郡守李寿卿侍郎使至～供状。” ❷ 指担任掌判案牍职务的官员。宋李昴英《革榷酤弊判》:“今专请涂通判集两司～商议,取所陈切当者次第之。”元孔齐《至正直记》卷一:“～无礼而不能正其家,故有失妻之祸。”

【佥席】 qiān xí　侧席。清《野叟曝言》一一七回:“定素臣南面,中席;天生西南,～;飞娘东南面,～;春燕、秋鸿旁席。”又一二五回:“因白夫人新亲,定坐南面首席,翠云～。”

【佥宪】 qiān xiàn　❶ 尊称按察、兵备、粮运等具有巡察职能机构的佥事。宪,风宪,指监察、法纪部门。元黄雪蓑《青楼集·金莺儿》:“贾伯坚任山东～,一见属意焉,与之甚昵。”明归有光《赠熊兵宪进秩序》:“稍迁为吴郡别驾,寻升太仓兵备～。”清《醒世姻缘传》一二回:“却不肯把学道与他,偏与他一个巡道;五年的部俸,连个少参也不肯把与,单单与了～。” ❷ 指担任监察佥事之职。《元史·自当传》:“文宗悉召江南行台监察御史,俾皆入为监察御史,而欲黜亦乞剌台。自当谏曰:‘……今无罪而黜之,非所以示天下。’乃除亦乞剌台～湖南。”明袁宗道《外大母赵太夫人行状》:“方伯公～江西时,长宪者喜敲扑,公庭号楚声不绝。”

【佥选】 qiān xuǎn　选拔。唐苏颋《授杜元逞殿中少监制》:“宜膺宠命,式副～,可殿中少监。”明王守仁《调取吉水县八九等都民兵牌》:“各备锋利器械,编成行伍,～百长总小甲管领。”清雍正六年十月十五日赵弘恩奏文:“今应每县～诸苗慎服者一二名,立为苗长。”

【佥押】 qiān yā　❶ 批阅签署(公文)。宋《朱子语类》卷一一六:“许多赋税出入之簿,逐日点对～,以免吏人作弊。”《元曲选·还牢末》楔子:“有该～的文案,将来小官发落。”清《醒世姻缘传》九一回:“回了本厅,坐堂～投文领文已完,待了成都县的知县的茶,送了出去。” ❷ 签字画押。明《警世通言》卷三:“看水手将下峡水满满的汲一瓮,用柔皮纸封固,亲手～。”清《醒世姻缘传》六〇回:“和尚们请孝子去榜上～,佛前参见。”

【佥役】 qiān yì　征发役夫。明徐师曾《均役论》:“凡遇～,专视田之多寡以为差殊。”清于成龙《对金抚台问地方事宜》：“是～土著，苦无其人；召募流役，苦无其资。”张玉书《秦海翁墓志铭》：“邑有胥吏以～累先生，事觉坐杖。”

【佥院】 qiān yuàn “佥书(署)院事”之省，指在枢密院、宣徽院、都察院等机构担任具有签署公文资格的官职，也指担任这种官职的人员。元《通制条格》卷八：“徽政院里～忽都小名的人，皇帝根底拜了之后，大殿里穿着公服。”明宋濂《大明浦江翼右副元帅蒋公墓志铭》：“大将枢密院～胡公荐之，俾逐突寇常昌军于义乌。”王世贞《大都督府左右都督同知佥事表序》：“大都督府因枢密院而改建之者也。……功臣宿将得序迁为同知、～、同佥、判官。”

【佥赞】 qiān zàn 赞助；辅佐。元袁桷《奉化州开河碑》：“凡大工役，必资僚属。长官某，同知某，判官某，吏目某，实～之。”李干臣《重修昭惠灵显王庙记》：“谋之僚佐，交口～，因各输己俸为之劝。”明柯丹邱《荆钗记》四八出：“〔生〕将吾拘系，奏官里，一时改调蛮烟地。〔外〕为何改调？〔生〕要陷我身躯，同临任所，五载不能～。”

【佥择】 qiān zé 铨选；选择。唐孙逖《授张均兵部侍郎制》：“宜允副于～，俾增修于旧政。”宋文莹《玉壶清话》卷一：“太宗诏宰臣：‘为朕选端方纯明、有德学、无过阙臣僚二人为王友。’～累日，惟得崔遵度、张士逊尔。”明宋濂《元赠开府仪同三司星吉公神道碑铭》：“淮西江北道肃政廉访使告阙，～其良，以公为之。”

【佥瞩】 qiān zhǔ 众望。唐张说《让兵部尚书平章事表》：“臣所以廷让彰言，不陈密启，伏愿圣恩听与而举，俾谐～。”顾云《上池州卫郎中启》：“池鱼官犊，既济于公私；纶阁琐闱，已形于～。”宋方岳《与赵同知启》：“思所以副～者，亦良不易。”

【佥字】 qiān zì 签字；署名。宋方勺《泊宅编》卷中：“俟九人皆～，然后及我。”《元曲选·勘头巾》二折：“请新官题判时，先呈与个押解牒文，后押上个拘头～。”明《金瓶梅词话》八回：“和尚请斋主拈香～，证盟礼佛。”

【佥坐】 qiān zuò 侧身坐。明沈德符《万历野获编》卷一七：“是年鸾出行边，惟督臣与雁行，即巡抚亦～，不敢具宾主。”《金瓶梅词话》九八回：“经济上坐，韩道国主位，陆秉义、谢胖子打横，王六儿与爱姐旁边～。”清《野叟曝言》七二回：“玉麟西边朝上～，洪氏与飞娘东边～。”

【签】 qiān ❶ 刺；扎。唐张鷟《朝野佥载》卷二：“每讯囚，必铺棘卧体，削竹～指。”明汤显祖《牡丹亭》七出：“这招风嘴，把香头来绰疤；招花眼，把绣针儿～瞎。”清《荡寇志》一一五回：“用力戳进去，矛锋从下面透过，～入地内。” ❷ 同“佥❹”。《五灯会元》卷七《太原孚上座》：“保福～瓜次，师至。福曰：‘道得与汝瓜吃。’师曰：‘把将来。’福度与一片。”元孔文卿《东窗事犯》一折：“待将我～头号令市曹中。”清《醒世姻缘传》二四回：“才交过七月来，～稠秫，割黍稷，拾棉花。”按，此例特指用一种套在拇指上的小镰刀切割(谷物的穗)。 ❸ 遵循；继续履行。唐杨炯《大周明威将军梁公神道碑》：“践仲宁之餘躅，奸邪敛手；～孝仁之远踪，群胡革面。” ❹ 一头尖锐的细长杆状物。唐李筌《太白阴经》卷四：“陷马坑，坑长五尺，阔一尺，深三尺，坑中埋鹿角竹～。”明《拍案惊奇》卷二：“看见桌上有点灯铁～，捉起来望喉间就刺。”清《镜花缘》四九回：“用剑削了几枝竹～进来，将蕉叶放在几上，手执竹～，写了数字。” ❺ 上面写或刻有文字、符号的纸片、细长小竹、木片等，用作凭证，或用于占卜、赌赛等。唐张读《宣室志》卷一〇：“因视垣南堕下之物，即一囊而结者。解，其中有数百～，皆林甫及家僮名氏也。”明《醒世恒言》卷一三：“拜罢，连讨了三个～，都是上上大吉。”清《儒林外史》二三回：“到部就掣了一个贵州知州的～，匆匆束装赴任去了。”《歧路灯》四三回：“共输了四根大～，九根小～，三根一两的～，共四百九十三两。” ❻ 指签判。宋苏轼《与程正辅书》：“近得柳仲远书，报妹子小二娘四月十九日有事于定州。柳见作定～也。”范镇《东斋记事》卷三：“马涓巨济亦以状元及第，为秦～，亦呼状元。秦帅吕晋伯曰：‘……既为判官，不可曰状元。’” ❼ 引；导引。《续资治通鉴长编》卷二四六：“白沟濉河～直至淮八百里，乞分二年兴修。”《宋史·河渠志一》：“今二股河门变移，请迎河港进约，～入河身，以纾四州水患。” ❽ 一种卷裹馅料制如签筒样的食品。宋孟元老《东京梦华录》卷二：“羊头～，鹅鸭～，鸡～。”周密《武林旧事》卷九：“下酒十五盏，……第二盏，奶房～，三脆羹。第三盏，羊舌～。”《元曲选·度柳翠》二折：“茶博士，造个酥～来。” ❾ 同“佥❶”。《元曲选外编·西厢记》五本二折：“这上面若～个押字，使个令史，差个勾使，则是一张忙不及印赴期的咨示。”明《型世言》二回：“一位与屠爱泉去～田写租契，一位与魏趋之去帮扶王小官人落材烧化，然后交付银产。”清洪昇《长生殿》一一出：“儿家月中侍儿，名唤寒簧，则俺的名在瑶宫月殿～。” ❿ 同“佥❷”。元《通制条格》卷二：“虽已未年漏报程暗住姓名，止是漏丁，终是元～正军程玉亲男。”明王守仁《巡抚南赣钦奉敕谕通行各属》：“选委廉能属官密切体访，及～所在大户并被害之家有智力人丁，多方追袭。”清《十二楼·闻过楼》三回：“原来不是别个，就是去年～着里役、知县差他下乡唤呆叟去递认状的。” ⓫ 同“佥❸”。金元好问《朝列大夫张公墓表》：“起复都转运副使，改～南京路按察司事。”明李梅实《精忠旗》三〇出：“还有四个儿子，又要徙往岭南去，～两名押解。”清《一片情》七回：“这是我新收的徒弟，因勾人忙，崔判爷～与我做帮手的。” ⓬ 同“扦❻a)”。《元曲选·萧淑兰》一折：“恐梅香冷句儿劖，怕奶娘闲话儿～，我则索强支吾陪笑脸。”明徐复祚《投梭记》二八出：“记得投梭事、风流曾占，他归来常把话儿～。”《型世言》二〇回：“这会巡按也有个难为秦凤仪光景，因‘害人媚人’一句～了他心，倒避嫌不难为他。” ⓭ 折磨；难为。元曾瑞《行香子·叹世》：“名利相～，祸福相兼，使得人白发苍髯。”又《斗鹌鹑·风情》：“强做科撒坫，硬热恋白沾。相～。抢的柄铜锹分外里险，撅坑撅堑。” ⓮ 捆扎；穿插使固定。清《歧路灯》七七回：“到明日扎彩台子，院里～棚，张灯挂彩，都是你老满的事。” ⓯ 江湖用语，指用语言试探的测字、算命等术。参见“签刚”。清《儒林外史》五四回：“那些测字的话，是我们‘～火七占通’的。你要动身，拣个日子走就是了，何必测字？” ⓰ 量词。用于签状物。《元曲选·货郎旦》四折：“将这一～儿肉出去，你两个吃了时，可来服侍我。”明徐渭《二叔父知宝应时郑本者画菊竹》：“玉一～，锦三尺，此物今归大兄宅。”

【签榜】 qiān bǎng 上面标写着物品名称的纸或帛片。唐薛渔思《河东记·李敏求》：“满屋唯是大书架，置黄白纸书簿，各题～，行列不知纪极。”

【签报】 qiān bào 同“佥报❶”。明陈子龙《皇明殉节光禄大夫徐公行状》：“马户者，非素封之民，则高赀之商，有司所～者也。”李中馥《原李耳载·粮征本色》：“至车辆必从乡中～，乡至县计羁迟五日，县至府计羁迟十日。”清汤斌《封中宪大夫先考府君行实》：“郡守屡欲修筑，而卫中有欲～大户借名科敛者。”

【签本】 qiān běn 录有签语以供抽签人核对的簿册。清《镜花缘》六五回：“求了一签，把～展开，大家一看，却是‘中平’签。”

【签兵】 qiān bīng ❶ 同“佥兵”。宋王之望《乞以亲王为江淮元帅奏议》：“金人～聚粮，蓄力大举。”楼钥《北行日录》：“闻有天使往山东～，人不肯从。” ❷ 签发兵士。清《荡寇志》七七回：“本帅～往辑，该犯情急，胆敢拒捕。”

【签卜】 qiān bǔ 用抽签的方式占卜。宋苏轼《东坡志林》卷三：“恐此志未遂，敢以～，得吴真君第三签。”

【签补】 qiān bǔ 同“佥补❷”。《金史·章宗纪二》：“壬寅，遣官分诣上京、东京、北京、咸平、临潢、西京等路招募汉军，不足则～之。”《元史·食货志五》：“后因水旱疫疠，流移死亡，止存七千有餘，即今未蒙～。”明张伦《救荒弭患疏》：“陕西司府州县，官隶银免征，以赃罚银物减半支给，以苏民困，待丰年～。”

【签簿】 qiān bù ❶ 在簿书上签字表示认可。宋吴曾《能改斋漫录》卷一三：“滕宗谅知湖州，兴学，费民钱数千万，役未毕而去。或言钱出入不明者，通判以下不肯～。” ❷ 签名簿。明叶子奇《草木子》自序：“圄中独坐，闲而无事，见有旧～烂碎，遂以瓦研墨，遇有所得即书之。” ❸ 即“签本”。明《梼杌闲评》一回：“朱公看时，乃是八十一签‘中吉’。道士捧过～，查出签来。”清《红楼梦》一〇一回：“筒中撺出一支签来，于是叩头拾起一看，只见写着‘第三十三签，上上大吉’。大了忙查～看时，只见上面写着‘王熙凤衣锦还乡’。”

【签差】 qiān chāi ❶ 同“佥差”。宋《三朝北盟会编》卷二四四：“虏人用兵专尚骑，间有步者，乃～汉儿，悉非正军。”清《皇朝通典》卷八五：“～妥役，将犯人移解临邑。”《聊斋志异·织成》：“一吏捧簿进白：‘溺籍告成矣。’问：‘人数几何？’曰：‘一百二十八人。’问：‘～何人矣？’答云：‘毛、南二尉。’” ❷ 指被差遣的役员。清《十二楼·夺锦楼》一回：“还亏得～禀了一声，说‘某人的女儿拿到’，方才晓得是茅茨里面开出来的异花。”

【签掣】 qiān chè 掣签；抽签（决定）。明李中馥《原李耳载·理夺巡方》：“讲书～，公当讲。公前请曰：‘大宗师命讲某部？’”清雍正三年十一月二十二日王朝恩奏文：“但部中不分紧要，一律～。”《大清会典》卷九二：“笔帖式员阙，行内务府～送补。”

【签筹】 qiān chóu 用作信号或筹码的签子。唐李贺《崇义里滞雨》：“南宫古帘暗，湿景传～。”元《通制条格》卷二九：“撰造～阡万枚，托散权豪势力之家，转行俵卖，招诱新附徒众，约日大聚。”

【签词】 qiān cí 签上注明的断语。元陶宗仪《辍耕录》卷一〇：“每年必祈一签于烈帝庙，以卜休咎。一岁，～有曰：‘开沟凿井，当得古鼎。’”明《醒世恒言》卷九：“遂将城隍庙～，说与浑家道：‘福寿天成，神明嘿定。’”

【签次】 qiān cì 同“迁次❷”。元王仲元《普天乐·妓家》：“买雨赊云无～，干遇仙枉废神思。如无钞使，休凭浪子强做勤儿。”

【签刺】 qiān cì ❶ 尖刺物。《敦煌变文校注》卷五《双恩记》：“尔时善友太子被刺两目，干竹～，无人为拔。”宋陈规《守城机要》：“又于欲来路上，多设～，使能登城，亦不能入城。”李孝美《墨谱法式》卷上：“采松之肥润者，截作小枝，削去～。” ❷ 即“签❶”。宋洪迈《夷坚志》支景卷四：“擒猫掷于积薪之上，适有木叉与腹值，～洞肠胃流出。”明李时珍《本草纲目》卷二二：“竹木～用前膏贴之，二夜，刺出在药内也。”清《野叟曝言》一〇一回：“复畏毛竹～，若刺入鳞缝中，便流脓血。” ❸ 签点并刺字（以注明身分）。宋王之望《乞遣重臣入蜀镇抚奏札》：“而关外四州尤剧困敝，重以～敢勇，人心离怨，往往逃窜山谷。”

【签单】 qiān dān 写有签语的纸片。清《野叟曝言》三七回：“求出一签，庙祝捧上～，只见上写着：遍历天涯也不难，只须涉水与登山。”

【签堤】 qiān dī 导流堤。宋毕仲游《耀州开河祭诸庙文》：“别为～，以杀水之怒，庶几餘堤得存。”《续资治通鉴长编》卷四四二：“自去年沙河直堤抹岸，刷成口子，水势湍紧，～横堤，大段危急。”《宋史·河渠志三》：“此由黄河北岸生滩，水趋南岸。今雨止，河必减落已下，水官与洛口官同行按视，为～及去北岸嫩滩，令河顺直，则无患矣。”

【签点】 qiān diǎn 同“佥点”。清叶梦珠《阅世编》卷六：“春办上白粳糯米一万三千餘石，雇船起运，至京交与光禄寺禄米，供用诸仓，必～极富大户充之。”《儒林外史》五〇回：“又拨了四名长解皂差，听本官～。”

【签钉】 qiān dìng 钉；敲击使插入。《元曲选·碧桃花》四折：“若不是萨真人显出神通大，则我这墓顶上～远乡牌。”清康熙四十四年闰四月二十一日上谕：“至～救生桩木，全活人命，甚有裨益。”《八旗通志》卷一四三：“购桩～湖边，以广救济。”

【签发】 qiān fā ❶ 同“佥发❶”。宋周麟之《封事》：“敌中～人丁，其下莫肯听命。”《三朝北盟会编》卷二三〇：“行贿赂者皆免，贫者虽单丁亦皆～。”《重订大金国志》卷六：“将山东百姓，六十以下二十以上，皆～为兵。” ❷ 遣配。《大清通典》卷八五：“即如豫省之开封府属犯应流三千里者，～浙江台州府属安置。” ❸ 同“佥发❸”。《明史·刘济传》：“厂卫有所逮，必取原奏情事送刑科～驾帖。”清吴伟业《临春阁》一出：“一面～告示，各处张挂。”《荡寇志》九三回：“明日我便当厅～，将这干人与你管押了。”

【签房】 qiān fáng ❶ 供查看签帖的房间。明《西洋记》三回：“进了～，见了道士，施了礼，递了一个纸包儿。道士拿出五十三签签诗来，递与员外。” ❷ 签押房；衙署中签署案牍的办事房。也指其中管事的吏员。清《说唐后传》五五回：“自己来到～，看见投帖子甚多，不来细查，茂生就将帖子混在当中。～送与中军，中军递与里面去了。”

【签符】 qiān fú 由主管机构签发的任职凭证。唐卢徵《请赴任官以到任日起支课料奏》：“其附甲官有给脚依前勒留直诸司者，待附甲后～到州为上日，支给课料。”《五代会要》卷二一：“官员上任日，只凭告赤～；罢任之时，即藉解由历子。”《续资治通鉴长编》卷一〇一：“如或全无本资不愿折资者，即许指射季阙上簿归乡。其告身～等，铨司至时入递给付。”

【签刚】 qiān gāng 即“扦江”。清《玉蜻蜓·问卜》：“也罢，让吾把点江湖口气，～～。吓，芳姑娘，个人居来过哉。”

【签告】 qiān gào 犹“签符”。告，告身，授官文凭。唐李翱《唐故金紫光禄大夫杨公墓志铭》：“又于南曹更置别历，以相检覆，奉令选人纳直，为出～以给之。”五代李亶《令选人先纳三代亲族状敕》：“候得判印状，即许所司给付新～。”

【签卦】 qiān guà 卜卦用的签。明汤显祖《紫钗记》四四出：“既蒙神香下降，奴家敬求～，少效虔诚。”

【签河】 qiān hé 引河；导流水道。《续资治通鉴长编》卷二八六：“议者欲自夏津县东开～入董固，护旧河。”《宋史·河渠志二》：“请于南乐大名埽开直河并～，分引水势入孙村口，以解北京向下水患。”

【签记】 qiān jì 题签记录，也指这样的签。唐李匡乂《资暇集》卷下：“赵公因命书吏，凡有尺题，各令～以送。”元耶律楚材《再用前韵》：“～长安五陵子，马似游龙车如水。”清《四库总目提要·毛诗正义》：“然则康成特因毛传而表识其傍，如今人之～，积而成帙，故谓之笺。”

【签拣】 qiān jiǎn 同“佥拣”。宋宋敏求《文庄集序》：“公以兼备之材，～素定，拥旄推毂。”金佚名《大金吊伐录》卷一：“即目～到旧辽、契丹、奚、汉、渤海军众不少，其本国大军未足称数，且当司一路。”清雍正十二年《山西通志》卷一二一：“七年正月奏，～河南府州防城军。”

【签解】 qiān jiè 同“佥解”。《元史·世祖纪一》：“罢阿蓝带儿所～盐户军百人。”明《拍案惊奇》卷二：“那姚乙定了卫所，发去充军，拘妻～。”清《皇朝通典》卷八一：“～原应改发新疆今仍改发内地人犯之兵役，如有疏虞，与疏纵新疆遣犯一例办理。”

【签经】 qiān jīng ❶犹“签本”。明《禅真后史》二二回：“这一班少年和尚手里执着缘簿～，捱捱擦擦往来窥看。” ❷犹“签词”。清《红楼梦》一〇一回：“一面说，一面抄了个～交与丫头。凤姐也半疑半信的。”《绮楼重梦》一九回：“拿一个小小牙筒递给他道：‘这～是我编的，按着六十四卦，很有些灵验。’”

【签敬】 qiān jìng 求签的酬金。清《绣鞋记》一二回：“你们能把黄成通拦截，将他衣服撕烂，殴打一番，每人谢银二钱以为～。”

【签拘】 qiān jū 出签拘捕。清《聊斋志异·曾友于》：“仁代具词讼官，诉其不为庶母行服。官～孝、忠、信，而令友于陈状。”

【签句】 qiān jù 犹“签词”。明《禅真后史》一八回：“聂氏急取看时，乃一‘中平’之兆，～道：得失皆前定，何须苦用心。”清《红楼复梦》六回：“忙命芙蓉取签帖来看，是第八签‘大吉’。那～是：今日喜相逢，谁知事尚空。”

【签诀】 qiān jué 犹“签词”。明吕毖《明朝小史》卷一：“至今，关帝～皆石固神原本也。”沈自徵《霸亭秋》：“如今是小道改塑一个泥神，被我造些～，哄人来祈求。”清《女仙外史》五二回：“抽得二十七签云：……要知西竺来时路，龙马曾随彭祖飞，……知星忽想着～上‘彭祖’一语，慨然应道：‘小子就是姓程。’”

【签军】 qiān jūn ❶同“佥军”。宋洪迈《夷坚志》甲卷八：“遂令相从数日，度其脱也，乃遣去。丁生盖河北民为金人～者。”金刘祁《归潜志》卷七：“每有征伐或边衅，动下令～，州县骚动。”《元典章·户部三》：“甲寅乙卯年间～时，有管民官司令全等顶替逃户訾德、王仲元充军。” ❷特指金朝征发的由被其征服的汉人所组成的军队，或指这种军队的士兵。宋汪藻《论淮南屯田奏》：“不过留～数万人而已耳，盖可驱而去也。”周必大《亲征录》：“而亮自率精锐及～号数十万，由淮东西两道入。”李纲《奉诏条具边防利害奏状》：“近者得诸路～，皆不杀而优恤之。”

【签课】 qiān kè 求签卜卦。清《野叟曝言》五〇回：“小女染病，医祷无效，～俱凶。”《镜花缘》六五回：“我们何不再起一课，～合参，岂不更妙。”

【签名】 qiān míng ❶同“佥名❶”。宋王谠《唐语林》补遗二：“验其～，则次公署之也。”明汤显祖《南柯记》七出：“那香案之上有报名疏簿，我们不免焚香拜了～。”清叶梦珠《阅世编》卷八：“其守制者，无论喜庆红帖，则俱写制字，而以浅色纸～实帖，不书稽颡拜。” ❷同“佥名❷”。清和珅等《大清一统志告成表》：“五帝未通之国，括籍来庭；三皇不享之臣，～捍圉。”刘纶《恭和御制射元韵》：“～行殿引材官，御射先容列侍看。”

【签谋】 qiān móu 协助谋划。宋赵恒《曹玮签书枢密院事制》：“畴咨俊杰之材，俾居切近之地。～枢府，兼赞国徽。”

【签幕】 qiān mù 同“佥幕”。宋洪迈《夷坚志》乙卷一〇：“元明新调汉阳～，乡贯、官氏皆同，深恶之。”朱熹《与周丞相书》：“曾有文字干投丞相，乞以归正恩例改差一厘务添倅或～之属。”元牟巘《跋周卿所藏坡帖》：“此东坡公凤翔～时，与其从叔书也。”

【签拟】 qiān nǐ 同“佥拟”。宋李纲《建炎进退志》卷一：“应士民上封事陈献利害，候降出，并付看详官～，可施行者，将上取旨。”《宋史全文》卷二七下：“是日进呈何澹封事，说及省吏改易都司～文字。”清《国朝宫史》卷五：“传胪前一日辰刻以前，列十本，～名次，缄封进呈御览。”

【签牌】 qiān pái ❶标签；标牌。唐陆龟蒙《奉和袭美二游诗》：“插架几万轴，森森若戈铤。风吹～声，满室铿锵然。”《太平广记》卷一五八引《玉堂闲话》：“吏既出，生潜目架上有～曰：‘人间食料簿’。”宋调露子《角力记》：“尝有掌箧库者，手握匙牡，因有索取开销，了不可得。主者责之，以匙错误，视其～，又是此人。方悟向观角力，不觉手握匙曲戾耳。” ❷同“佥牌”。明《欢喜冤家》一五回：“太爷～捉获，又移文与钱塘县正堂。”清吴伟业《秣陵春》三六出：“只是这两日～出票，弄得眼花手酸。”《万花楼》四六回：“你且在家中候着，待吾请了大人～，再来找你。”

【签派】 qiān pài ❶同“佥派❶”。清《皇朝通典》卷六八：“凡隶乎旗者，皆可以为兵，非如历代有～、召募、充补之烦。”《八旗通志》卷二三六：“往时夫役，不是～里民。”《十二楼·闻过楼》二回：“县中～里役，竟把他的名字开做一名柜头。” ❷同“佥派❷”。清《平定台湾纪略》卷六二：“但此等通事积年充役，系地方官～，本非番人同类。”

【签判】 qiān pàn ❶同“佥判❶”。宋苏轼《与程正辅书》：“选一健干吏令来权～，专了此事。”洪迈《夷坚志》甲卷五：“绍兴十三年为台州～，往宁海县决狱。”《宋史·职官志七》：“凡诸州减罢通判处，则升判官为～以兼之。” ❷同“佥判❷”。宋吴曾《能改斋漫录》卷一一：“少有重名。元祐间，～瀛州。”元陈栎《通守陈公传》：“公尝～是州，去思在人。”明汤显祖《南柯记》三四出：“廿载府堂～，奉旨超阶正转。” ❸同“佥判❸”。《宋史·边光范传》：“时张昭为吏部尚书，朝议以其耆老，令光范～选事。”《金史·百官志二》：“签事一员，从六品，掌～阁门事。”又《百官志三》：“判官一员，正八品。掌～州事，专掌通检推排簿籍。” ❹同“佥判❹”。明温纯《久病旷职赐允归籍疏》：“不得已，于臣寓闭目勉强～公移，往往失格。” ❺指担任佥判的人。宋曹彦约《应诏举廉状》：“既而～物故，次当摄事。”张师正《括异志》卷四：“梦一女子至，自言为王所害，已诉于天，俾我取偿，俟与～同去尔。” ❻掣签决定(职务)。清毛奇龄《范母钱夫人挽歌词》：“于归帝里舒彩函，尊章～来淮南。”

【签配】 qiān pèi 判处发配。《大清通典》卷八五：“安徽颍州府属原犯流三千里人犯，应编发福建福宁府安置。今以脱逃改发，转得～较近。”

【签批】 qiān pī ❶同“佥批”。《大清会典则例》卷三六：“直省钱粮，州县～解府。府但挂号，不必转批。” ❷指批文。清《儒林外史》五〇回：“随在～上朱笔添了一行：‘本犯万里，年貌与来文相符。’”

【签票】 qiān piào ❶同“佥票❶”。清叶梦珠《阅世编》卷六：“苟或完不如法，则～添差，络绎四出。”《二度梅》二六回：“本院不及～，着你等四人到北关船上，将江魁与众恶仆一并拿来。”《玉楼春》六回：“遂～出去，说本府要往焦山进香，速备大船两只。” ❷同“佥票❷”。明冯惟敏《不伏老》一折：“我将这一通文卷，交在至公堂上。领了～出场去来。”《二刻拍案惊奇》卷二一：“李信承了～，竟到庵中来拿。”清孔尚任《桃花扇》续四〇出：“今奉本官～，访拿山林隐逸。” ❸犹“签单”。明《型世言》一〇回：“摸了个钱，去讨～时，那里六七个和尚是熟落，一头扯，一头念道：‘春日暖融融，鸳鸯落水中。’”《醋葫芦》四回：“员外素手清香，并不带些香货，单只适才递这～儿与我看，说若要生子，除是娶妾。" ❹ 题签;标写名称的纸片。清《四库总目提要·姑苏志》:"循吉方栉沐,不暇抽看,但顾～云:'不通,不通。'"

【签妻】 qiān qī 同"佥妻"。《大清通典》卷八一:"发新疆改遣内地人犯,毋庸～。"

【签起】 qiān qǐ 同"佥起"。宋李璧《中兴战功录》:"大汉军,～上等户也,皆富豪子弟。"元胡祗遹《又三贫难消乏之弊状》:"造册籍,仍细注元～时属何属,再拨属何属,目今属何属。"

【签取】 qiān qǔ 同"佥取"。《金史·兵志》:"凡汉军,有事则～于民,事已则或亦放免。"元王恽《上世祖皇帝论政事书》:"且自攻围襄阳以来,～军役,盖四举矣。"

【签商】 qiān shāng ❶ 同"佥商"。清弘历《河南巡抚奏盐课改归地丁诗按语》:"如河东盐务,近年～加价,拟议纷纭。"《大清通典》卷一二:"严禁大小衙门,凡～掣盐纳饷,藉公费额外私派。" ❷ 签帖商议。清《八旬万寿盛典》卷一一:"倘有核其情节尚可缓至明年者,不妨切实指出～。"《大清通典》卷八三:"副都御史窦光鼐,以陈父悔殴伤邓亚弄,实非有心致死。～纷驳。"

【签省】 qiān shěng 同"佥省"。元王恽《游鼓山诗序》:"由石门入白云寺,适～乐公亦供佛来此。"杨维桢《送王茂实慈利州同知序》:"昆阳王公茂实,～斋公之孙也。"

【签诗】 qiān shī 犹"签词"。明郑仲夔《耳新》卷四:"内弟方立之直前曰:'宜质之灵前以定。'因焚香拜祝,拈得壬丙。始悟～'方寸好修为'。方寸者,为方十一也。盖内弟行十一,藉其一言以决。"屠隆《昙花记》三七出:"闻得都城宜春门外大悲禅寺,观音菩萨屡著肸蠁,～极灵。"清《万花楼》五回:"其签上有绝句诗道:古木连年花未开,至今长出嫩枝来,……和尚接着～看罢,问道:'你寻访之人,未知是亲戚还是朋友?'"

【签示】 qiān shì 标写签帖指示。宋王巩《闻见近录》:"陈和叔尝问四家之诗,乘闲～和叔。"朱熹《与方伯谟书》:"《韩考》已领,今早遣去者,更烦详阅～。"清李光地《与孝感熊先生书》:"如有未当,亦祈一一～,以便改正。"

【签书】 qiān shū ❶ 同"佥书❶"。宋欧阳修《国子博士薛君墓志铭》:"其后～通利军判官公事,与其军守争事,坐停官。"张师正《括异志》卷三:"(王俊民)登第释褐廷尉评,～徐州节度判官。"明高叔嗣《赠山西王都司朴守中都留守司序》:"山西都指挥王君朴,始用武举科～是司。" ❷ 同"佥书❷"。宋苏轼《赵德麟字说》:"予自禁林出守汝南,始与越王之孙、华原公之子～君令畤游。"明刘若愚《酌中志》卷一五:"丁绍吕者,昌平州人也,亦辛丑年选入,自盔甲厂～升内官监管理。" ❸ 同"佥书❸"。宋苏轼《乞罢详定役法札子》:"所系利害至重,非止是役法中一事。臣既不同,决难随众～。"洪迈《夷坚志》三壬卷九:"至于乞三年、一年,其语亦然。仍作色曰:'与你七日限,便来。'于是～押字。" ❹ 即"签本"。清《红楼梦》八七回:"求了签,翻开～看时,是触犯了西南角上的阴人。"

【签枢】 qiān shū 同"佥枢❶"。宋孙觌《宋故左朝请大夫张公墓志铭》:"建炎绍兴间被遇今天子,由～参大政。"吴曾《能改斋漫录》卷一一:"李汉老建炎末自～迁右辖,未几迁知院。"

【签署】 qiān shǔ ❶ 同"佥署❶"。宋司马光《涑水纪闻》卷七:"真宗时,马知节、韩崇训皆以检校官～枢密院事。"宋祁《北岳谢雨文》:"谨遣光禄寺丞、～节度判官厅公事夏倚,以清酌庶羞之奠,致祭于北岳安天元圣帝。"《宋史·太宗纪二》:"户部郎中田锡、通判殿中丞郭渭坐稽留刑狱,并责州团练副使,不～州事。" ❷ 同"佥署❷"。《续资治通鉴长编》卷九五:"乙丑,以华州观察使曹玮为宣徽北院使镇国军留后、签署枢密院事。～兼领藩镇,自玮始也。"宋王楙《野客丛书》卷九:"(唐)代宗讳'豫',以豫章为锺陵,苏预改名源明,以薯蓣为薯药,至本朝避英宗讳'曙'曰山药,～曰签书。" ❸ 同"佥署❸"。《五代会要》卷一七:"天成四年九月敕诸司、寺、监,凡有文簿施行奏覆,司长须与逐司官员同～申发。"宋王柏《宋金华令苏公墓志铭》:"筦库虽猥琐,～文书外无餘事也。"《金史·百官志三》:"都监二员,正八品,掌～文簿、检视酝造。" ❹ 指出任签署这样的职官。宋郑獬《枢密直学士何公行状》:"再迁殿中丞,～邓州。"叶適《故枢密参政汪公墓志铭》:"始废序迁之制,甫～或参知,已逐去。"

【签刷】 qiān shuā 同"佥刷"。宋辛弃疾《窃愤续录》:"训练益急,～愈烦,欲南征矣。"《三朝北盟会编》卷二四三:"奈何自修燕京及大梁,～人夫工匠三百餘万。"

【签送】 qiān sòng 同"佥送"。明沈榜《宛署杂记》卷一五:"酒户三百三十名,铺户内～,工食无。"

【签提】 qiān tí 出签票提审。明文秉《烈皇小识》卷七:"乃～戴氏家人追比,而恃顽如故,即提戴子亲身赴比。"清《情梦柝》一二回:"初二夜,统枭劫人涂舟,系抢犯官沈长卿闺女,一斩;谋奸不从杀死,二斩;抛尸灭迹,三斩。请法～。"

【签题】 qiān tí 封面的题签。唐张读《宣室志》卷四:"解而视之,得缗十五千,～云'归汝鱼直'。"明《警世通言》卷三:"任意抽书一本,未见～,揭开居中,随口念一句道:'如意君安乐否?'"清《聊斋志异·成仙》:"见案头有函书,缄封甚固,～'仲氏启'。"

【签贴】 qiān tiē ❶ 粘贴标签。宋周必大《与孙彦抟书》:"仍令小史牢固～,恐有遗失也。" ❷ 加标签注明。宋苏辙《论黄河东流札子》:"近因访问习知河事之人,颇得其实,采画成图,随事～,指掌可见。"朱熹《答蔡伯静》:"～处已改补矣。"清乾隆二十三年六月十五日上谕:"其令内廷诸臣悉心校阅,分拟应存应删,～进呈。" ❸ 指签贴上注明的意见。宋朱熹《答蔡季通》:"《通鉴》～甚精密。" ❹ 标签;题签。宋郭若虚《图画见闻志》卷六:"～多用黄经纸,背后多书监装背人姓名及所较品第。"熊克《中兴小记》卷二五:"至再修《神宗实录》,抢攘劈其间,略无忌惮。浚败,乃焚毁～。"

【签帖】 qiān tiě ❶ 同"签贴❷"。宋司马光《乞省览农民封事札子》:"臣伏睹近降农民诉疾苦实封奏状王啬等一百五十十道,除所诉重复外,俱已～进入。"苏轼《与王定国书》:"张公《行状》,读之感慨,内有数处,须至商量,～持去,乞细予批鉴。" ❷ 同"签贴❸"。《宋史·职官志一》:"诸房各具～,先都事自点检,次郎官押讫,赴宰丞请笔行下。" ❸ 同"签贴❹"。明杨士奇《跋朱子语略》:"先宜人见之,泣指所题～语不肖曰:'小子敬之,此汝父手笔也。'" ❹ 犹"签单"。清《红楼梦》一〇一回:"宝钗把～念了一回,又道:'家中人人都说好的。'"《幻中游》一〇回:"程夫人又在佛前讨得一签。其占云:玉麟成双非无缘,如意一支暗引前。……程夫人把这～拿给程翰林看。"《红楼复梦》六回:"芙蓉见是第八十五签,向墙上照着,取下～送与太太。"

【签厅】 qiān tīng 同"佥厅❶"。宋洪迈《夷坚志》甲卷一八:"是岁四月某日,靖在～,有纲船挽卒醉相殴。"

【签桶】 qiān tǒng 同"签筒"。明沈榜《宛署杂记》卷一五:"大小～八个,竹签二千六百一十根。"清《镜花缘》六五回:"因命丫环摆了香案,著人借了～,登时齐备。"

【签筒】 qiān tǒng 装签的筒。元刘一清《钱塘遗事》卷一:"其第四百四十二位阿湿毗尊者独设一龛,用黄罗幕之,旁置～。"明《挂枝儿·送别》:"情人儿在心上转,～儿在手内摇。"清《二度梅》三回:"左右两旁摆下全堂交椅,中间设了公座笔砚,刑杖～,

一概俱全。”

【签宪】 qiān xiàn ❶同“佥宪❶”。元刘将孙《王深道字说》：“王深道分教杭州，遇～上党张公由闽使江。” ❷同“佥宪❷”。元洪焱祖《胡主簿传》：“既任～郡幕，录五县囚人，称平允。”

【签选】 qiān xuǎn 掣签选用(官员)。《大清会典》卷五：“月选知县，于～人员外以其次应选者，按班备拟，班各一人，一同验看考试，同～官引见，遇有扣除，即以备拟人员简用。”

【签押】 qiān yā ❶同“佥押❶”。宋欧阳修《乞条制都作院奏》：“都作院逐作工课，欲乞依本州作院起置工课文历，监官与本州知州、通判、都监依例～及旬呈。”明汤显祖《邯郸记》一九出：“我已草下奏稿在此。只为近日萧嵩同平章事，本上要连他～，恐有异同。”清《醒世姻缘传》九四回：“每日三梆上堂，排衙升座，放告投文，看稿～。” ❷同“佥押❷”。明汤显祖《紫箫记》一〇出：“那人当真新结纳，又肯在京城顿插，摩可浓恁般挑达，便摆下担头，早些～。”《西洋记》一二回：“万岁爷龙眼看时，只见是成国公朱某，愿保天师，书名用印，～关防，退本班而去。” ❸指主管签押的办事房或其办事人员。清《红楼梦》九九回：“一日，贾政无事，在书房中看书，～上呈进一封书子。”《红楼复梦》六〇回：“听见叫水仙姑娘取家人名册，就有～上吴顺的媳妇赶着来见彩芝，要求个情儿。”

【签役】 qiān yì 同“佥役”。明范景文《吴桥县条鞭役法议记》：“见夫重累而思欲去者，莫如～，乃为条奏厘清之。”清叶梦珠《阅世编》卷三：“海寇入犯，因而～建筑，并于浦之近邑入郡一面，约计数里，择要害处，筑台拨兵防守。”《聊斋志异·邵临淄》：“邑宰邵公准其词，～立勾。”

【签语】 qiān yǔ 犹“签词”。明《警世通言》卷一一：“自己拜祷求签，～云：陆地安然水面凶，一林秋叶遇狂风。”《醒世恒言》卷九：“自己径到城隍庙里去抽签。～云：时运未通亨，年来祸害侵。”《禅真后史》一八回：“～不上不下，是令我坐观成败。”

【签院】 qiān yuàn 同“佥院”。宋文天祥《纪年录》：“院官者，博啰丞相、张平章，有所谓院判、～等，不能识也。”《金史·百官志一》：“遂定京府尹牧、留守、知州、县令、详稳、群牧为长官，同知、～、副使、少尹、通判、丞曰佐贰官。”明王世贞《皇明异典述》卷七：“枢密院为大都督府，……为都督同知，从一品；～，从二品。”

【签治】 qiān zhì 签署处理。唐冯贽《云仙杂记》卷四：“魏博田承嗣，～文案如流水。”

【签帙】 qiān zhì 标签和书套，也借指书籍。唐陆龟蒙《袭美先辈以龟蒙所献五百言见和》：“抽书乱～，酌茗烦瓯牺。”宋程俱《麟台故事拾遗》卷上：“且令杜镐、陈彭年因其时编整～，区别真伪，仍令宋绶、晏殊参之。”清朱彝尊《曹先生挽诗》：“～无由惜，人琴自此捨。”

【签资】 qiān zī 犹“签敬”。清《万花楼》五回：“正要走出，僧人上前与公子讨～。”

【签子】 qiān zi ❶标签；题签。宋王大成《野老纪闻》：“宰相与庶官书启，具衔，前名后押字，外封全写衔，封皮上头乘～云‘书上某官’。”清《红楼梦》二八回：“昨儿拿出来，都是一份一份的写着～，怎么就错了？”《品花宝鉴》四回：“忽见俊儿拿了一封书信来，～上写着‘梅少爷手展’。” ❷细长的杆状物，用于卜算、计量、挑取等。宋《朱子语类》卷一〇六：“先生至岳麓书院，抽～，请两士人讲《大学》。”明《醒世恒言》卷三：“有心扶持他，只拣窨清的上好净油与他，～上又明让他些。”清《品花宝鉴》一八回：“将这烟挑了一～，在火上四面的一烧，那条烟就挂得有五寸长。”

【牵】 qiān ❶磨；摩擦。明《山歌·陈妈妈》：“有介骚离离掀格腊个样寡妇，时常捉我挨挨；又有个极妖娆最风趣个样尼姑，尽捉我来～～。”又《久别》：“你好像浮麦～来难见面，厚纸糊窗弗透风。”清《风流悟》二回：“～豆腐度日。” ❷量词。用于牛、羊等。明佚名《黄莺儿·馋妓》：“肥猪吃得半边，肥羊吃得一～。”《金瓶梅词话》六五回：“十坛酒、两～羊。”清《续金瓶梅》四一回：“许他五十两银子、两对尺头、两～羊、两担酒。”

【牵绊】 qiān bàn ❶流连；挽留；相伴。五代尹鹗《菩萨蛮》：“少年狂荡惯，花曲长～。”明刘效祖《满庭芳》：“心肠走滚难～，那里贪欢。”《挂枝儿·比方》：“比你做水花儿聚了还散，比你做蜘蛛网到处去衔，比你做锦揽儿与你暂时～。” ❷牵拉绊扯；受牵制或束缚。宋《朱子语类》卷一三三：“官军出山，争趋田中，既为结縺～，又陷泥淖。”明陈与郊《袁氏义犬》一出：“我见如今的九卿，舌头～，便是扒不动的大虫；阁老肚里酸咸，正是说不出的哑子。”清《何典》九回：“只觉得周身～，开眼看时，方知满身绳捆跌弗撒。” ❸纠葛；牵累。宋《朱子语类》卷六：“义如利刀相似，人杰录云：‘似一柄快刀相似。’都割断了许多～。”元高明《琵琶记》一四出：“想他每就里，有些儿～，怕恩多成怨。”清《水浒后传》五回：“况且妻子久亡，身无～，早已见机，逃出在外。” ❹纠缠。宋陆九渊《竹林精舍录后序》：“不要与他～，我却会斡旋运用得他，方始是自己胸襟。” ❺牵挂；牵念。宋贺铸《减字木兰花》：“深闭重门，～刘郎别后魂。”

【牵比】 qiān bǐ ❶引类比较；连带类比。明顾宪成《与李养愚中丞书》：“无论清浊殊方，敏拙异轨，即德均才敌，亦应人一己百，人十己千，始堪～耳。”夏良胜《中庸衍义》卷一五：“臣叙田赋而～及于迁都者，贡法甸服皆以王畿为中，……故牵连书之。”清周亮工《陈桐雨诗引》：“～而来者多诗人，七千道路，缘情触景，不能无所作。” ❷牵强比附。明王世贞《上太师徐公书》：“己未之役，失事甚轻。言官附会风旨，法司上摄天怒，律既～，情复径庭。”沈周《谢吴匏庵序拙稿》：“～及桓宁作我，借推于谥信因人。”清郑方坤《全闽诗话》卷八：“评者谓其裁错揉合，匠意经营，若八金在炉，五丝就轴，无～析凑之状。”

【牵补】 qiān bǔ ❶牵来补充。宋华岳《翠微先生北征录》卷一：“今诸州将帅子弟取押归军，遇有欠折，有碍推赏，则择系官入队毛色之相同者，即与～。” ❷修补。语本唐杜甫《佳人》诗“牵萝补茅屋”句。元唐元《分司聂公令赋冬日田家》之七：“诛茅～先防雨，植栢包缠不待春。”刘将孙《水调歌头·败荷》：“寂寞六郎秋扇，～灵均破屋，风露半襟寒。” ❸引申指挪凑应付、勉强支应。宋度正《重庆府到任条奏便民五事》：“重庆虽名潜藩上流钜镇，而实管三县，又皆破落颓敝，～过日。”元王义山《除架阁谢平章贾秋壑》：“负村肤浅，凡事皆～而为；处世迂疏，此辈当高束以俟。”清孙承泽《春明梦餘录》卷三五：“每岁完不缺额，庶合民赋，～边计，犹少二十餘万。” ❹牵强弥补。宋朱熹《答杨元范》：“字画音韵是经中浅事，故先儒得其大者多不留意。然不知此等处不理会，却枉费了无限辞说～，而卒不得其本义。”元吴师道《请传习许益之先生点书公文》：“不知此等处不理会，枉费词说～，不得其本义，亦甚害事也。”

【牵缠】 qiān chán ❶扯拽(不动)；牵拉使不能灵活行动。唐易静《兵要望江南·占怪》：“临阵次，马匹忽然惊。欲悚欲谦多退缩，～不动自迟情。回首免军惊。”明朱橚《普济方》卷一八三：“覆杯汤，疗上气呼吸～肩胁。”清《医宗金鉴》卷七九：“齿痛耳聋咽肿证，游风搔痒筋～。” ❷绊；拦挡。明无心子《金雀记》七出：“〔净撞丑头介，丑踢净脚介〕〔丑〕是那个头头撞着？〔净〕是那个脚手～?” ❸ 交织;交互扭结或缠束。清纪昀《阅微草堂笔记》卷一五:“互结朋党,蒙蔽主人,久而枝蔓～,根柢胶固,成牢不可破之局。”陈端生《再生缘》七六回:“红丝～难违拗,成就了,希奇意外巧姻缘。”《豆棚闲话》一则:“那豆藤在地上长将起来,弯弯曲曲依傍竹木随着棚子～满了。”

【牵长】 qiān cháng ❶ 加长;呈长形。明李诩《戒庵老人漫笔》卷五:“鹤卵略～,有一点红。”王偁《赋得边城雪送行人》:“群峰屏遍列,一水镜～。”清李斗《扬州画舫录》卷一七:“石桥做法:以金门由身雁翅宽高折料计工。雁翅迎水,顶底～,下分水顶底,用石陡砌。” ❷ 拖延;延续。明《型世言》二八回:“这科不停当,再求那科,越好～去。” ❸ 拖长;延长。清《驻春园》五回:“一日,正当长至,……绣线～添别恨,分题联句续姻缘。” ❹ 经常;总是。清《白圭志》二回:“儿在家中,美玉～缠扰,儿实不耐烦。”又六回:“我这花园～闭锁,此生纵然复来,又如何得进花园?”

【牵肠】 qiān cháng ❶ 引惹情怀。五代毛熙震《南歌子》:“惹恨还添恨,～即断肠。”明谭元春《别鲍男卿寄怀刘同人》:“野庵立东风,柳色～去。”徐霖《绣襦记》三六出:“今永别,怕～,收泪眼。” ❷ 思念;挂念。宋王洋《和春雨韵》二折:“吟君春雨句,萦拂为～。”清陈端生《再生缘》一八回:“如若母亲言使得,女儿也免暗～。” ❸ 形容情怀深切。清《野叟曝言》九回:“则因其妻之故而致其妹于死,既无以见祖宗于地下;而官司相验,道路流传,积念烦冤,～怨悔,亦难腼颜人世。”

【牵常】 qiān cháng ❶ 拘泥常例。宋赵彦若《上神宗乞立宗子课试法》:“而～抱俗,取过目前,则素餐窃位,于何塞责?”清喻昌《医门法律》卷一二:“诚有一无二之圣法,第～者不能用耳。” ❷ 同“牵长❷”。明《型世言》三三回:“这～的病已费调理,不期阮胜因母亲病,心焦了,又在田中辛苦,感冒了风寒。”

【牵扯】 qiān chě ❶ 牵拉;扯拽。明朱橚《普济方》卷一六九:“两人～布袋,去尽班猫屑。”王世贞《皇明异典述》卷八:“至于～背肩痛,当以祛风顺气之剂间服之。”清《荡寇志》一二三回:“原来猪婆龙的前两爪,深据沙中,最为有力,所以任凭～,只是不动。” ❷ 牵引;引导。明王守仁《传习录》卷中:“如新本先去穷格事物之理,即茫茫荡荡,都无着落处;须用添个‘敬’字,方才～得向身心上来。” ❸ 勾结;勾连。明林俊《正违禁番货夤缘给主疏》:“货已入官,罪何能免? 明有买嘱通同,～掩饰。”《西洋记》八九回:“初次为人,你就奴群狗党,饮酒输钱,～不断。”清《歧路灯》三六回:“我如今同着大爷的灵柩只说改志,永不被这伙人再～。” ❹ 牵连;牵累。明刘若愚《酌中志》卷二:“盖之桢欲借曒生光,～多人主使,为一网打尽之计也。”清《醒世姻缘传》四四回:“况且又不光止打骂那妾,毕竟也还把自己丈夫～在里头。”《歧路灯》六四回:“保正怕事干自己,因此扭禀,却不料因此～出一宗窝赌大案来。” ❺ 牵涉;涉及。明王守仁《禁省词讼告谕》:“看得中间多系户婚田土等事,虽有一二地方重情,又多繁琐～,不干己事。”李乐《见闻杂记》卷八:“天下哭死皆真,唯嘉湖二三百里失真,何也?～生人事多,而哀痛绝少也。”清《姑妄言》二三回:“你家穷是谁带累你穷的么? 你骂富呀富的,～着你妹子做甚么?” ❻ 拼凑。明陆深《与郁直斋书》:“昔宋时,有优人诮馆阁者衣破碎之服,扬言于众曰:‘我李义山也,为三馆诸公牵扯至此。’今日文选杜诗,亦可谓～尽矣。”顾起元《客座赘语》卷二:“彼自计所亏之粮可补,则徼幸～那凑以抵。” ❼ 攀扯;胡乱联系。清《野叟曝言》九回:“我读史书,最恼汉儒～‘行权’二字。”又一二九回:“龙儿拍案怒喝,不许指攀。那奸妇才不敢～。”《飞龙全传》一六回:“说书的不得不历举名色,略为指陈,虽非妄凭臆见,～荒唐,然从古相沿,亦非无据。” ❽ 纠缠;搅缠。清《品花宝鉴》三七回:“将现成人家方才对过的,你又拣了来,这么就～不清了。你先罚一杯。”

【牵搭】 qiān dā ❶ 平均;截长补短(计算)。明海瑞《开白茆河疏》:“因旧河道广狭浅深不一,通融～计,该用人夫一百六十四万九千五百三十六工。”清雍正七年三月初八日徐鼎奏文:“就其多寡,～合算,约须银十万餘两。” ❷ 把文句割裂混搭(作为试题)。清《皇朝文献通考》卷五一:“(康熙)四十年,禁乡试题不得割裂～。”

【牵带】 qiān dài ❶ 犹“牵扯❹”。《元曲选·还牢末》四折:“有这两个业种,被他～不便。不如在这旷野里,你将他勒死了罢。”明《西游记》二回:“那里甚么恩义? 你只不惹祸不～我就罢了。”清《隋唐演义》四六回:“我们两个兄弟,又没有家眷～,光着两个身子,有好的所在,走他娘。” ❷ 犹“牵扯❺”。元史伯璿《四书管窥》卷五:“此节性即是指理言,则命字专指气无疑。考证强欲～下面性字之理,上来说此命字。”明王樵《与仲男肯堂书》:“羽国献书,指摘何事,因而及汝,～何由?” ❸ 牵挂。明《古今小说》卷二二:“自此母子团圆,永无～。” ❹ 拖带。明《浪史》三三回:“浪子将牝户一搂,却有些淫水～。”清王澍《淳化秘阁法帖考正》卷八:“此承之字,疾笔～,故不可卒辨耳。”《品花宝鉴》一四回:“便接弹第二段,是剔七弦托七弦,起头吟操绰注,便多了来往～,指法入细,有激昂慷慨之态出来。”

【牵儿】 qiān er 犹“牵头❸”。明《金瓶梅词话》六八回:“文嫂儿单管与他做～,只说好风月。”

【牵顾】 qiān gù ❶ 牵连照顾;牵扯顾忌。宋欧阳修《论台谏官唐介等宜早牵复札子》:“夫～私恩,人之常情尔,断恩以义,非知义之士不能也。”明杨寅秋《上太宰李对泉书》:“若此,纵不得其死力,亦可免于～。”清《荡寇志》一〇一回:“近闻那厮又复东图蒙阴,高俅统天兵东下曹州,那厮两边～,真所谓罢于奔命也。” ❷ 牵挂;挂念。明孙柚《琴心记》三一出:“我这里秋天暮,他那里长夜徂,肯信道两下里成～。”

【牵挂】 qiān guà ❶ 挂念;想念。明《醒世恒言》卷一四:“原来那女儿一心～着范二郎,见爷的骂娘,斗别气死了。”叶春及《乞归请》:“况职初遣妻子,本图即归。至今匏系,彼此～。”清方成培《雷峰塔》二七出:“不知在彼安否若何,使我好生～。” ❷ 牵累;拖累。元字罗御史《一枝花·辞官》:“尽燕雀喧檐聒耳,任豺狼当道磨牙。无官守无言责相～。”明李乐《见闻杂记》卷八:“主文在衙,焉保其不生事。吾心先为所～,这官何以做得畅?”清《说岳全传》三五回:“连年跟着岳元帅南征北讨,也不曾娶得妻室,倒也无甚～。” ❸ 拉扯;勾连扯拽。《元曲选·蝴蝶梦》二折:“一壁厢大哥行～着娘肠肚,一壁厢二哥行关连着痛肺腑。”明朱国祯《涌幢小品》卷一七:“遇豪仆舟,舟～其尾篷。仆怒甚,挟牵夫,以砖石击先生舟。”陆采《明珠记》一〇出:“无端割舍,好似蚕蛾扴丝～。” ❹ 使牵挂。明屠隆《昙花记》二〇出:“只是相公云游无信,孩儿寻访未回,好生～人。”袁于令《西楼记》八出:“闻得他十分相慕,好生～人也。” ❺ 挂碍;担心;有妨害。清《野叟曝言》一〇回:“释氏一心～,空自葛藤;斩草除根,终无生意。”《万花楼》二六回:“狄青一心～着征衣,又恐防张、李二弟找寻不着。”《镜花缘》三六回:“虽觉扫兴气恼,因河道一事,究竟～,不敢把他奈何。”

【牵害】 qiān hài 使牵连受害。明曹于汴《复冯慕冈书》:“刁民之诬告也,明知其不能直,特欲～耳。”《古今小说》卷四〇:“杨总督看见获解到来,一者也算他上任一功,二者要借这个题目,～沈炼,如何不喜?”清李玉《清忠谱》一四折:“黑眚飞空,正类东林，一网～。”

【牵合】 qiān hé ❶牵强凑合。唐李商隐《李贺小传》：“每旦日出，与诸公游，未尝得题然后为诗，如他人思量～以及程限为意。”宋《朱子语类》卷一八：“若宛转之说，则是理本非己有，乃强委曲～使入来尔。”清《醒世姻缘传》凡例：“本传间有事不同时，人相异地，第欲与于扢扬，不必病其～。” ❷附会；迎合。唐陈贞节《驳孙平子请祔孝和皇帝议》：“斯乃妄引淫雨，证成咎徵，～灾祥，推于宗庙。”清钱谦益《湖广提刑按察司佥事管公行状》：“以末流事例为纲纪，而不究法之所从来；以～世情为中庸，而不虞弊之所底止。” ❸牵拉使结合。明朱橚《普济方》卷三〇九：“若膝骨跌出臼，～不可太直，不可太曲。”清袁枚《随园食单·须知单》：“俗名豆粉为纤者，即拉船用纤也，须顾名思义。因治肉者要作团而不能合，要作羹而不能腻，故用粉以～之。” ❹牵线说合；撮合（关系）。明孙柚《琴心记》一七出：“如何哄小姐呵，蓦地里阴谐秦晋？～以来，到今又与秋相近。”《拍案惊奇》卷二九：“就做不成媒，还好私下～他两个，赚主大钱。”清《十二楼·拂云楼》一回：“梅传春信，香惹游蜂。春信在内，游蜂在外，若不是她向里向外～拢来，如何得在一处？”

【牵红】 qiān hóng ❶牵红丝，指择姻或缔婚。语本五代《开元天宝遗事》记唐代张嘉贞择婿，命五女于幔后各持红丝线，被牵者中选。元高明《琵琶记》一八出：“喜书中今日，有女如玉。堪观处丝幕～，恰正是荷衣穿绿。”明《封神演义》五六回：“言邓元帅曾有～之约，乞我少缓须臾之死。”清《玉楼春》一四回：“因你才貌双全，难于择婿，未卜东床，我今不及见你～绣幕，奈何。” ❷婚仪之一，男女各执红绸的一头，男牵女随进入洞房。明孟称舜《娇红记》四四出：“这番～进房了。两下高堂拜毕，喜孜孜，共牵红锦入罗帏。”张岱《陶庵梦忆》卷五：“归未抵寓，而鼓乐盘担、红绿羊酒在其门久矣。不一刻，而礼币、糕果俱齐……撒帐～、小唱弦索之类，又毕备矣。”清《醒世姻缘传》七六回：“迎娶到寓，拜天地，吃交巡酒，撒帐～，都有李奶奶合骆校尉娘子照管。”

【牵怀】 qiān huái 牵念；挂念。唐顾云《代新及第人谢盐铁使启》：“虽冰盘冻箸，素所～；而长笛短箫，亦尝关虑。”宋毕仲游《留别损之大士》：“～从此远，聚首在何年？”清朱彝尊《题侯凤阿山房图》之三：“练江风物最～，药布筠筒市满街。”

【牵混】 qiān hùn 牵缠混杂；与……牵缠混杂。明方以智《通雅》卷四三：“柽杨近水生，须近赤者也。元恪言‘柽叶似松’，沈炯赋‘柽似柏而香’，则～丝杉矣。”清于成龙《申饬招格檄》：“口供铺叙冗长，～葛藤，赃无实指。”《平定两金川方略》卷四〇：“嗣后遇有议叙时，务须各归各案，毋稍～。”

【牵记】 qiān jì 牵念；记挂。清朱素臣《翡翠园》一一出：“胡老爷为子你，前程才送忒哉。你还要～渠做啥？”《风流悟》二回：“你去好好做人家，不必～我。”

【牵巾】 qiān jīn ❶犹“牵红❷”。宋吴自牧《梦粱录》卷二〇：“其礼官请两新人出房，诣中堂参堂。男执槐简，挂红绿彩，绾双同心结，倒行；女挂于手，面相向而行，谓之～。”清《雪月梅》三二回：“岑公子儒巾公服，挂红簪花，拜过天地，行交拜礼毕，～进来。” ❷此种仪式用的彩巾。宋孟元老《东京梦华录》卷五：“婿于床前请新妇出，二家各出彩段，绾一同心，谓之～。”清陈端生《再生缘》七九回：“参天地，拜神明，～双挽结同心。”

【牵襟】 qiān jīn 婚仪之一，坐帐时新郎把衣襟牵起压在新娘衣襟上。借指结姻。明佚名《鸣凤记》一六出：“～结发今朝断，肠裂空山哀月猿。”

【牵拉】 qiān lā ❶犹“牵扯❷”。清乾隆四十四年十一月初七日永瑺奏文：“～骆驼兵丁，亦令酌量足用派出。”袁枚《子不语》卷二一：“其父遇于荐桥大街，则替人抬轿而行。父大惊，～还家。”《野叟曝言》一二〇回：“天子道：‘……至于黄马，朕非其力，断无生理。不特素父欲践前言，朕亦当拜谢其劳。’因命内侍速往镇国府召来。素臣命金砚随去～。” ❷犹“牵扯❻”。清《歧路灯》一〇六回：“那前令是个积惯猾吏，看新令是个书愚初任，一凡经手钱粮仓库诸有亏欠之处，但糊涂～，搭配找补。”

【牵累】 qiān lěi ❶牵扯拖累。唐杜甫《祭外祖祖母文》：“顷物将～，事未遂欲，使泪流顿尽，血下相续者矣。”明杨寅秋《与李参戎书》：“有牛马辎重之类在身～，可伏路承其归邀击之。”清《绿野仙踪》六三回：“只我独自走罢，你又有家口～。” ❷牵涉连累；牵连累及。唐令狐楚《谢春衣并端午衣物表》：“臣以昧于知人，交通元载，合从～，伏待刑章。”明李梅实《精忠旗》三七出：“凡害我家奸佞的，重加追削；凡为我家～的，都荷褒扬。”清《玉楼春》四回：“票是我亲眼看见，写‘失节妇人张氏’，又写‘与丈夫无涉，不必～’。”

【牵连】 qiān lián ❶连接；接连。唐孟郊《去妇》：“妾心藕中丝，虽断犹～。”明李时珍《本草纲目》卷一三：“茅叶如矛，故谓之茅；其根～，故谓之茹。”清《白雪遗音·二十个字》：“梦字儿不能与你长陪伴，痛字凄凉苦，泪字儿～流不断。” ❷牵扯连带；累及。唐徐成《王良百一歌·筋骨》：“小胯骨若痛，～雁翅疼。”宋欧阳修《与吴正肃公书》：“左眼睑上生一疮，疼痛～右目。”清魏之琇《续名医类案》卷一七：“右臂亦遭此患，～上下手腕及指，将成偏痹。” ❸迁延；拖延。唐杜牧《雪中抒怀》：“北虏坏亭障，闻屯千里师。～久不解，他盗恐旁窥。”宋袁寀《世范》卷中：“大抵人之所讼，互有所短长，各言其长而掩其短，有司不明则～不决。”清《杏花天》一〇回：“此事非比那占殴吞骗，谋命劫杀，非同小可，必～岁月，经官见府。” ❹流连；牵挂；思念。唐韩愈《刘统军碑》：“故吏文武士门人送客讫事，会哭将退，咸顾恋～。”清《红楼梦》五回：“从今分两地，各自保平安。奴去也，莫～。”《霓裳续谱·书离怀寄情词》：“猛想起幽欢，叙一段～，写一段～。” ❺犹“牵累❷”。唐韩琬《上睿宗论时政疏》：“夫流亡之人，非爱羁旅忘桑梓也。敛重役亟，家产已空，邻伍～，遂为游人。”《元曲选·鲁斋郎》一折：“则俺这令史当权，案房里面关文卷，但有半点儿～，那刁蹬无良善。”清《绿野仙踪》二九回：“一则对文魁好看，二则遮盖他的丑行，三则免受逆党～之祸。” ❻拖拽；牵拉。宋《三朝北盟会编》卷一一五：“遂至二圣北狩，诸亲骨肉，皆为劫持，～道路。”元王祯《绳车》：“车头絍缕各～，纠索初因匠手传。”明陈应芳《议湖工疏》：“牌票追呼之扰，遍于闾阎；锁项～之众，满于街衢。” ❼混淆；牵强征引。宋《朱子语类》卷七九：“‘惟天聪明’至‘惟干戈省厥躬’，八句各一义，不可～。”清朱彝尊《日下旧闻考》卷二九：“此二条似是指上京之长春宫而言，非南京也。原书以宫名本同，～误引耳。”赵翼《廿二史札记》卷二三：“是豫之废因其进不能取，且屡请兵也。今乃以归功于张浚、岳飞之两封蜡书，真所谓～附会者也。” ❽连带；兼及。宋《朱子语类》卷一六：“所以前后学者多说差了，盖为～下文‘小人闲居为不善’一段看了，所以差也。”清吴伟业《太傅吕忠节公神道碑铭》：“武昌之变，楚王委国储百万以资贼，与睢阳事相类，故～书之。”《野叟曝言》八〇回：“先把你这亲事说成，就可～而来。” ❾犹“牵累❶”。《元曲选·渔樵记》二折：“我又无儿女厮～，那里不嫁个大官员？”明《二刻拍案惊奇》卷二四：“但道途阻塞，人口～，行动不得。”清《绿野仙踪》七〇回：“若不是有家室～，也就跟于冰出家了。” ❿联翩；结伴相随。元朱孟翁《春日田园杂兴》：“牧儿懒散骑牛过，游子～信马行。”明唐润之《广右战功》：“贼收众奔山顶，而空隘以通百户兵，公兵与百户兵～行至城。"清黄宗羲《轮庵禅师语录序》:"余与宣城沈眉生、芜湖沈昆铜、江右刘孝则～而往,入室,讲《论语》《周易》。" ⓫ 束缚;约束。元王伯成《哨遍·赠长春宫雪庵学士》:"寝食玉锁紧～,行坐金枷自披担。" ⓬ 蔓延;扩大。明《梼杌闲评》一回:"淮河水溢,～淮济,势甚汹涌。"清《野叟曝言》七九回:"这村上因有一家,与贵省人连姻所娶之妇,是生神和病的,把五通建起庙来。后来就～至合村,几于家家生病,家家建庙。" ⓭ 纠合;聚结。明《西洋记》二七回:"谁不道我龙虎山龙虎衙龙虎真人,统领着貔貅百万;却笑你小西洋羊角山羊角洞羊角草仙,～的麂獐一班。" ⓮ 呼应关照。明陈全之《蓬窗日录》卷一:"夫四镇所领各堡亦有精壮,苟足其粮饷,守备等官勤加巡哨,为之～援救,自足以各守地方。"清《野叟曝言》八〇回:"若一时没处下手,便须助他成功。一来去了一处外患;二来也分他些功;三来也不失大家～的局面。" ⓯ 牵涉;涉及。清黄宗羲《明骠骑将军万公墓表》:"有明大事,如北征,如逊国,如征交趾,如东南倭乱,如救朝鲜,皆～万氏。"又《明夷待访录·取士下》:"若事实不详,或～他事而于本事反略者,皆不中格。"

【牵联】 qiān lián ❶ 同"牵连❶"。唐卢照邻《五悲文·悲人生》:"三界九地,往返周旋;四生六道,出没～。"宋袁说友《重闽广奏状》:"盖地土～团簇,又诸郡相望,别无险隘。"清《河源纪略》卷一〇:"特两山尽处,山根交互～。" ❷ 同"牵连❷"。宋周必大《与徐子宜书》:"连日痰眩,～头目,昏痛不可言。"明胡俨《归休赋》:"臂～而痿痹兮,足蹒跚而不任。" ❸ 同"牵连❸"。宋陈著《嵊县上元醮青词》:"～岁月,倘万事之相安;补报乾坤,尚一心之自计。" ❹ 同"牵连❺"。唐张廷珪《论别宅妇女入宫表》:"密旨增峻,制狱益严,事相～,重有追掩。"宋《朱子语类》卷一三一:"既加以反逆,则～甚众,见说有三十餘家皆当坐。"明唐之淳《王克仁记》:"然而～数十人,或死于狱,或死于术。" ❺ 同"牵连❻"。唐白居易《府西亭纳凉归》:"～缧绁囚,奔走尘埃吏。"元王祯《絮车》:"下上轮绳滑,～瓮茧烹。"明陆深《题郑侠流民图》:"骨肉～老兼稚,衣裳褴褛面目紫。" ❻ 同"牵连❼"。宋朱熹《答黄道夫》:"言者非一人,记者非一笔,而其说之同,如合符契,非能～配合而强使之齐也。"陈淳《答廖师字晦》:"今若不紬绎此脉络,而必欲与后段～配合为一例以求之,则有不通者矣。"明何良俊《四友斋丛说》卷三六:"而野记误以凯为刑部郎,不言其是松江人,却以别处人事剿入松江某御史下。盖因袁凯事相类,遂～误书耳。" ❼ 同"牵连❽"。唐韩愈《答元侍御书》:"善人得其所,其功实大,足下与济父子俱宜～得书。"明黄省曾《西洋朝贡典录》卷中:"西洋诸国,永乐间初来朝贡者四十有二。其阿鲁虽琐细岛夷,因中使临顾其地,故得～而载之。"清吴伟业《敕赠大中大夫卢公神道碑铭》:"余不揣固陋,采摭遗芳,～书之。" ❽ 同"牵连❾"。宋孙觌《代黄箓青词》:"货财留恋,骨肉～,沦溺爱河,备尝诸苦。"陈著《答汪文卿遗馈书》:"为三两日留,此初心也。而弟侄辈～,谓离家日稍久,必欲且归。"明顾清《除夕谕病齿》:"尔职在咀嚼,兹事久已废。～两不忍,无乃并为累。" ❾ 同"牵连❿"。宋吕陶《圣兴寺僧文爽寿塔记》:"世之妄人～驰突于利欲之坠,哀恶贮过,以自封殖。"王洋《万席仰之许酒以诗戏之》:"朱陈缱绻论前契,子婿～本一宗。"元唐元《送杜希圣检校江西省》:"台端寿俊真知己,早晚～上玉堂。" ❿ 同"牵连⓫"。宋朱熹《跋黄仲本朋友说》:"而夫妇、君臣之际,又有杂出于情物事势而不能自已者,以故虽或不尽其道,犹得以相～比合,而不至于尽坏。"元刘将孙《过新淦遇萧高风宋梅洞》:"～解后得同游,有约何能似此酬。" ⓫ 同"牵连⓬"。宋程珌《进故事》:"否则藩篱既撤,内动～,财匮力殚,孰知底止。" ⓬ 同"牵连⓭"。元许有壬《风宪十事·荐举官员》:"今后拟合令单名荐举,果有同识其贤,亦合别具荐状,庶革～之弊。" ⓭ 同"牵连⓮"。元郝经《上宋主请区处书》:"际风飙之会,起云霄之志,相与～,共为飘扬。" ⓮ 提携;关照。宋陆游《送子虡赴金坛丞》:"汝虽登门晚,世好亦～。顾于赏罚间,其肯为汝偏?"元牟巘《回南省诸乡人登第请札》:"猥见～,俾陪容与。荷眷私之甚厚,岂谫陋之敢当?" ⓯ 缔姻;缔结(婚姻)。宋陈著《答长女许竺氏启》:"欲～于世盟,以缱绻于母党。"又《深问名黄氏札》:"由是而舍侄若获在门墙下列,而又以舍侄孙某～焉。其为夤缘,亦岂朝而至此。"又《瀹问名竺氏札》:"～姻盟,定于片语。某当何如其幸。"

【牵恋】 qiān liàn 牵挂留恋。宋洪迈《夷坚志》补卷一三:"慕容夫人在城内,遣招之,以帝姬～为解。"明《清平山堂话本·戒指儿记》:"因是夙缘未断,今生乍会之时,两情～。"清吴伟业《与子暻书》:"世运既更,分宜不仕,而～骨肉,逡巡失身。"

【牵拢】 qiān lǒng 牵拉(牲畜)使不放纵。五代、宋、金时设牵拢官或牵拢军,职司仪仗马匹牵拢。五代后晋天福二年十月详定院进苑恕策奏:"近日州使多差～散从承符步探官等下县追督公事。"宋丁谓《丁晋公谈录》:"太宗即位后,未数年,旧为朱邸～仆驭者皆位至节帅。"王明清《挥麈后录》卷五:"万马虽有,然本国乏人～。"

【牵笼】 qiān lǒng 同"牵拢"。宋元《清平山堂话本·李翠莲》:"才向西来又向东,休将新妇便～。转来转去无定相,恼得心头火气冲。"

【牵路】 qiān lù ❶ 纤夫牵船的路。《太平广记》卷三七四引《录异记》:"江岸险绝,～不通。截江而渡,船势抵岸。"宋苏轼《申三省起请开湖六条状》:"今方二十餘年,而两岸人户复侵占～,盖屋数千间,却于屋外别作～,以致河道日就浅窄。"明袁中道《行路难》:"江水大发,～尽没。" ❷ 为盲人牵引道路。清《续金瓶梅》四九回:"生母有病死了,把个～的狗也被人打杀了。"

【牵挛】 qiān luán ❶ 犹"牵连❻"。唐郭谦光《大唐□部将军功德记》:"出入坎窞,～茎蔓,再休再呬,乃詹夫净域焉。"仲子陵《辘轳赋》:"无忘乎～,盖存乎汲引。" ❷ 犹"牵连❾"。唐白居易《与元微之书》:"进不得相合,退不能相忘。～乖隔,各欲白首。"宋郭祥正《次韵和弟发越州》:"薄宦～不得已,此心何以报春晖?"韦骧《再和颜长道见寄》:"行役～好思慳,诗筒旬浃未能还。" ❸ 犹"牵连⓫"。唐权德舆《送道依阇黎归婺州序》:"如仆者,方～世教,未得与师为方外之游。"宋阳枋《辨惑》:"终日被世俗常情～迷惑,所以去圣贤之心愈远。"明薛蕙《叙归》:"冥寂资神理,～防世难。" ❹ 犹"牵连❺"。宋郑獬《赠太尉勤惠张公墓志铭》:"言者犹指前事～及宰相,天子为之斥言者。"元王恽《中统神武颂》:"并取同恶,～就诛;林林部曲,面缚俟死。" ❺ 犹"牵连⓭"。宋程颐《伊川易传》卷一:"有孚挛如,盖其邻类皆～而从之。"

【牵马】 qiān mǎ 为男女私情牵线撮合。明《西游记》二三回:"(行者)先见唐僧道:'师父,悟能～来了。'长老道:'马若不牵,恐怕撒欢走了。'行者笑将起来,把那妇人与八戒说的勾当,从头说了一遍。"阮大铖《燕子笺》一七出:"如今在两边～的,全是那驼背医婆。"清《绿牡丹》九回:"贺世赖这个忘八乌龟与妹子～,王伦同贺氏他两个人搗得好不热闹。"

【牵漫】 qiān màn 缠连满布。宋程大昌《演繁露》卷四:"既餐苗叶,又能吐丝～稻顶。"明《西游记》二七回:"道旁荆棘～,岭上松楠秀丽。"

【牵蔓】 qiān màn ❶ (植物)伸出茎蔓。宋梅尧臣《醉中和王平甫》："王瓜未赤方～，李子才青已近尊。"吕祖谦《吕氏家塾读诗记》卷一四："猗傩，其枝柔弱～，盖如人之多欲者矣。"清允祕《春波泛艇》："烟柳舒条垂短岸，新萍～漾芳洲。" ❷ 犹"牵连❺"。《续资治通鉴长编》卷一一一："颇称其能戢下，然苛忍，所至～满狱。" ❸ 牵强拉扯；胡乱涉及。明祝允明《送万寿恩住持碛砂》："苾刍不碍旁～，薝葡能开到处花。"王世贞《书王文成集后》："乃至尽引经语，以证吾合吾伸吾是，而彼之所谓是者亦出矣；吾证吾合，而诸～而不能悉合者亦出矣。"又《答王明辅方伯》："吾曹为文义～，故不能了了如此人。"

【牵忙】 qiān máng 繁忙。宋欧阳修《与王懿敏公书》："合宫礼近，日益～，不胜勉强也。"赵孟坚《追咏西湖行乐寄傅清叔》："意多收不尽，事鄙每～。"

【牵蒙】 qiān méng 牵攀遮盖。明《西游记》六二回："塔心里，佛座上，香烟尽绝；窗棂外，神面前，蛛网～。"

【牵绵】 qiān mián 扯棉絮。❶ 比喻事物牵延连续，接连不断。唐元稹《酬乐天江楼夜吟稹诗》："铃因风断续，珠与调～。"孙樵《梓潼移江记》："群疑～，民心荡摇。" ❷ 比喻柳絮飘飞。元王晔《新水令・闺情》："春意犹昏，杨柳青～正滚。" ❸ 比喻饮酒暖身，俗称饮酒体热为"里牵绵"。明王世贞《补题冬日村居》之一："自有～新酿在，不烦机妇授寒衣。"又《与张助甫书》："精镠油玉成二卮二斗，又损秦中二复陶，谚所谓内外俱～矣。"按，精镠油，酒；复陶，羽衣。

【牵拿】 qiān ná ❶ 提携。宋韩维《景仁次道斋礼院》："鸾仪与鸿举，其势固自殊。胡为枉嘉藻，似欲相～。" ❷ 牵扯；拼凑。宋《朱子语类》卷一二八："问：'何故起居郎却大，属门下省？起居舍人却小，属中书省？'曰：'不知当初何故，只是胡乱～得来底便是。'" ❸ 束缚。元李祁《题水竹居图》："嗟予困尘土，举足遭～。"清朱彝尊《过龚御史田居留饮》："试观褦襶子，有若穷相驴。团圞日旋磨，进退皆～。" ❹ 拖拽；牵拉。清朱彝尊《陈君緘寄普光王寺二碑》："焉用万斛舟，闸口纷～。"

【牵念】 qiān niàn 牵挂思念。唐白居易《与元微之书》："顷所～者，今悉置在目前，得同寒暖饥饱。"明周履靖《锦笺记》九出："知他安否何如？使我晨昏～。"清《红楼梦》五回："寿夭多因毁谤生，多情公子空～。"

【牵扭】 qiān niǔ ❶ 揪扭拉扯。明《二刻拍案惊奇》卷二一："五个人互相～，信步行去。"清袁枚《子不语》卷一六："县役知之，思分其赃，相与～到县。" ❷ 牵强扭合。清李琳《桐乡官署问乐书》："且天地定数，不烦～。"又《周易传注》卷五："五行生克，始于邹衍，而成于汉刘向、班固。然《五行志》等书皆～可笑。"

【牵弄】 qiān nòng ❶ 牵引耍弄。明《醋葫芦》一七回："依律变猴，仍为丐者，斩尾～。"清吴伟业《江城子・风鸢》："凭谁～再飞鸣，御风轻，几人惊。" ❷ 操纵耍弄。明卓尔康《春秋辩义》卷二四："公子比一妄庸人，为人～。"

【牵扳】 qiān pān ❶ 扳扯挽留。宋欧阳修《感春杂言》："却思年少忆前事，虽有驵骏难追还。奈何来日尚可乐，曾不勉强相～。"曾巩《东轩小饮呈坐中》："功名难合若捕影，日月遽易如循环。不如饮酒不知厌，欲罢更起相～。" ❷ 牵拉扯拽。清杜濬《寓园即事》："～萝葛上，势欲蘸芙蕖。" ❸ 被拿来谈论；讥讽。明《古今小说》卷二："莫说是假的，就是真的，也使不得，枉做了一世～的话柄。"《山歌・歪缠》："我若听你扯破子个面皮，你就要从头至尾捉我来～。"清《后红楼梦》一七回："唯独晴雯，仇也深，嘴也利，性也刚，只好三零四碎受他的～便了。" ❹ 牵连攀扯。明倪元璐《与左巡按光先书》："及事露穷追，～四出。"清《赛红丝》三回："宋兄今虽遭众盗～，苦打成招，然从来罪案必无一审而即定罪之理。"《万花楼》五七回："又有不贤马氏，深恨丈夫何故没一些夫妻之情，～于他。" ❺ 蔓延累及。清《后红楼梦》一一回："这血症儿原也千奇百怪，到了～着心肝两经，总不好治的。"

【牵攀】 qiān pān ❶ 同"牵扳❶"。唐李白《去妇词》："餘生欲何寄，谁肯相～？"明高启《送家兄西迁》："～不能留，恸哭野水侧。" ❷ 牵拉攀登。唐韩愈《题炭谷湫祠堂》："石级皆险滑，颠跻莫～。"明钟惺《降自孔子崖循黄华洞止焉》："萝石相磴栈，屈曲自纠蟠。虽无人上下，其势若～。"清周金然《度九龙山》："侧身～不可上，上者股栗神惝恍。" ❸ 同"牵扳❷"。《资治通鉴》卷七七："侍中近臣及乳母共～止之，不得出。"明谭元春《见谭讷庵欲往诗》："七十何其老，时时思上山。虽堪为伴侣，恐反致～。"《西游记》九回："女萝干葛乱～，折取收绳杀担。" ❹ 牵扯纠缠。宋方岳《山行》之七："住世间须出世间，世情何事苦～。"明刘基《旅兴》之七："人生百岁间，苦乐相～。"钟惺《家传》："是岁父补毗陵司训，惺在南都。父子相近，～不得归。" ❺ 同"牵扳❹"。明何孟春《治贪疏》："盗贼缉拿似有功，而～之利无算。"

【牵迫】 qiān pò ❶ 紧迫；仓促。唐李绅《望鹤林寺诗序》："仍岁往来～，皆不得住。"宋陈渊《打陆伯任》："文词～，非可以一言而足。"清厉鹗《过苏耕餘教授斋赋赠》："苇蔬趣留饮，～辞举觞。" ❷ 牵累迫使；被牵累迫使。唐李峤《自叙表》："徒以～贱事，卒卒无须臾之闲。"《宋史・邵雍传》："熙宁行新法，吏～不可为，或投劾去。"清姜宸英《祭凌氏姊文》："世网～，不久又当别去矣。"

【牵纤】 qiān qiàn 拉纤绳(拖船)。宋方岳《拔滩》："并船欲上～牢，浪头卷过船头高。"明《挂枝儿・墨斗》："我有一只船，一人摇一橹一人牵，去时～去，来时摇橹还。"

【牵强】 qiān qiǎng ❶ 刻意追求。唐白居易《序洛诗序》："在洛凡五周岁，作诗四百三十二首，……苦词无一字，忧叹无一声，岂～所能致耶，盖亦发中而形外耳。" ❷ 勉力；尽力之所能。唐李商隐《上李舍人状》："紫极刊铭，合归才彦。猥存荒薄，盖出恩私。～以成，尤累非少。"宋欧阳修《与苏丞相书》："～攀和盛篇，已不能如韵，实愧于诗老也。"范成大《醉落魄・元夕》："老来～随时节，无人知道心情别。" ❸ 强行拉扯或撮合。《资治通鉴》卷一三五："太祖了无动意。敬则索衣被太祖，乃～登舆。太祖不得已至东宫。"明《禅真后史》一一回："儿娶这泼妇人时，相公何等拦阻？是我～成了。" ❹ 勉励支撑；勉强作为。宋韩琦《丁未秋乞罢相第二表》："况臣充位殊久，宰政不修，故疾婴缠，日难～。"欧阳修《与吴给事书》："前承要墓碣，久稽应命。近因病目在告，始得～。"明李贽《答周柳塘书》："乃知真药非假金石，疾病多因～。则到处从众携手听歌，自是吾自取适，极乐真机，无一毫虚假掩覆之病，故假病自瘳耳。" ❺ 勉励；强迫。宋欧阳修《与章伯镇书》："《偃虹堤记》，滕侯～。不意敢烦餘暇，特与挥翰。"刘攽《赵济可降一官差唐州酒税制》："耽恣博戏，～僚佐。自处必胜，众莫敢校。"元戴表元《讲义・子曰先进》："表元穷乡远士，迫于诸公～，而为此来。" ❻ 敷衍；应付。宋苏辙《以蜜酒送柳真公次韵柳见答》："桂酒无人寄豫章，羁愁牢落遣谁当。烹煎崖蜜真～，惭愧山蜂久蓄藏。"清《后红楼梦》八回："末后就将要与黛玉联姻的意思露出，料想贾政听闻一说便妥的。谁知贾政支吾～，左避右掩的。" ❼ 生拉硬扯，勉强拼凑。宋朱熹《答张敬夫》："又随问遽答，若与之争先较捷者，此其间岂无～草略处。"明陈宏绪《寒夜录》卷上："朱注以托孤寄命为才，临大节为节，殊属～。"清《镜花缘》七六回："假如耕烟姐姐说了'铃儿草'，有人对了'鼓子花'，字面合式，并无～。” ❽（筋肉）牵拉强直不灵活。明朱橚《普济方》卷二二九：“三顺丸，治虚劳，风气攻作，大肠秘涩，下部疼痛，脊膂～。”薛已《薛氏医案》卷一：“一男子舌下～，手大指次指不仁。”清魏之琇《续名医类案》卷一七：“足跗之大筋得热而短，是以～，不便于行也。”

【牵情】 qiān qíng ❶牵扰情怀；牵动感情。唐温庭筠《晓仙谣》：“雾盖狂尘亿兆家，世人犹作～梦。”明孟称舜《死里逃生》二出：“只为差了那点念头，到此问卦。今日呵，做了个～柳絮随风摆，薄命桃花到处开。”清李玉《清忠谱》五折：“我想魏兄生平狷介，视死如归。既无世俗～，必定片帆长往。” ❷牵挂；思念。明许潮《武陵春》：“仙姑既～刘阮，此人可以传书。”清《驻春园》一二回：“何不致书一封，命爱月潜往一看，或得一面，俾知吾姐之～。”

【牵劝】 qiān quàn 引导规劝。唐福琳《唐湖州杼山皎然传》：“京师则公相敦重，诸郡则邦伯所钦，莫非始以诗句～，令入佛智。”清吴伟业《保御郑三山墓表》：“医独出入儒与禅之间，其地位可以权巧，其交游可以～。”钱谦益《陶仲璞遁园集序》：“稚圭文多应世酬物之语，而仲璞多谭学问，逗露盱江、泰州宗指，顾犹沾沾于三峰入裸国而解衣，其亦有随缘～之思乎？”

【牵扰】 qiān rǎo ❶牵缠搅扰。宋《朱子语类》卷六九：“‘忠信进德’便是意诚处，至‘如恶恶臭，如好好色’，然后有地可据，而无私累～之患。”《元曲选·谇范叔》一折：“日月煎熬，利名～，人空老。”清汪琬《金刚经注序》：“宗指太密，则其解易支；往复太繁，则其文易晦。非不能探索幽微阐发理事，而犹未免乎～纷纠之患也。” ❷牵扯；牵涉。明《山歌·汤婆子竹夫人相骂》：“竹夫人听得子气膨膨，出口就骂老惜春：你是冬来我是夏，缘何～阿娘身。” ❸牵连搅扰。清雍正十年闰五月初十日上谕：“是以严治贪婪，清厘帑项，概不得免，而追呼～，亦有所不恤。”

【牵绕】 qiān rào ❶牵连缠绕。明《西游记》六四回：“那岭上荆棘丫叉，薜萝～。” ❷缠绕束缚，排解不开。明文震孟《跋赵孟頫书中峰上人怀净土诗卷》：“诚悯众生，尘劳障碍。葛藤～，牢不可破。”杨基《齐天乐·客中寿婉素》：“杨柳东风，梨花淡月，几度梦魂～。”张凤翼《灌园记》一六出：“无端邂逅情～，没来由心旌动摇。” ❸牵强纠缠。明陈第《尚书疏衍》卷三：“其功而命之，似～而凿矣，无亦泥《尔雅·释言》之文而过乎？” ❹比喻陪伴。清洪昇《长生殿》一九出：“有、有、有、有梅枝儿曾占先春，又、又、又、又何用绿杨～。”按，梅枝儿，暗指梅妃；绿杨，唐玄宗妃子杨玉环自喻。

【牵惹】 qiān rě ❶牵拉；拉扯。五代尹鹗《临江仙》：“昔年于此伴萧娘。相偎伫立，～叙衷肠。”《元曲选外编·西厢记》一本一折：“东风摇曳垂杨线，游丝～桃花片。”清孔尚任《桃花扇》二出：“长板桥头垂杨细，丝丝～游人骑。” ❷招致；引动。宋《朱子语类》卷三二：“如今人不静时，只为一事至，便～得千方百种思虑。”明孙柚《琴心记》九出：“全凭三寸舌，～一枝花。”清《赛花铃》二回：“不料那一日偶然撞见，顿觉芳情～，一时按纳不下。” ❸牵连；连累。宋舒璘《论保长》：“窃闻近来益惮应役，无所解纷，乃～众户，共应官司。”刘克庄《汉宫春·三和秘书弟家赏红梅》：“乌台旧案累汝，～随司。” ❹牵挂；挂念。宋杜安世《凤衔杯》：“多少旧欢往事、一潸然。空～，病缠绵。”清黄宗羲《读上蔡语录》：“娇儿阿寿恐吾伤，乞得滑砚强吾写。吾为阿寿勉强笑，握笔终然多～。”《后红楼梦》六回：“我心里别无～，只有惜春妹妹同心合意，彼此立志相同，因此越谈心越觉得知己。” ❺招惹；撩逗。《元曲选·刘行首》三折：“他不风，你自呆。休来～，端的是他心凉你心干热。” ❻拖逗；留恋。明无心子《金雀记》七出：“凤凰寻着他，两个情～。生下一堆儿，闹吵吵，拉的拉，扯的扯。”清蒋士铨《四弦秋》一出：“一任俺恁搬～，亏了你下得抛撇。”

【牵涉】 qiān shè ❶牵拉跋涉。明凌义渠《两同乡拉步禹陵》：“藉草穿莎总不妨，同人～上层冈。” ❷牵扯涉及。明周宗建《论语商》卷上：“夫子本意全在语气之外，正如今人所说掉语也，似不必将名字～。”清秦蕙田《五礼通考》卷一〇九：“支子不祭，明宗法也，与庙制无涉。注疏多～以释祭礼，总不知庙数有定而宗法自有常耳。”《隋唐演义》八一回：“他却略不谢过，反出言不逊，又～着梅妃的旧事，不觉勃然大怒。” ❸牵连；连累。清纪昀《阅微草堂笔记》卷二四：“南士惊怖瑟缩，莫措一词，遽噭然仆地。余虑或～，未晓即行。”《剿捕临清逆匪纪略》卷一五：“辄以谋反重情诬控伊子，～多人。”《野叟曝言》三八回：“但恐即避远方，而家乡亲友仍不免稽查～之累耳。”

【牵束】 qiān shù ❶牵拉约束。唐吕温《傅岩铭》：“若制非其人，服非其车，志权奇，务～，挫盛气，顿逸足，使遵乎循常之躅，则终岁疾驱，望驽骀而不及矣。” ❷约束；受约束。唐李华《御史中丞厅壁记》：“各行其志，无所～。行止与大臣绝位，指顾则周行振耸。”宋张方平《刍荛论》：“在上可行者，务暇逸而从苟且；在下乐行者，或～而不得专。”清施闰章《官湖西二载矣感而有作》：“十羊乃九牧，～一何多。”

【牵帅】 qiān shuài ❶拖引；诱惑或强迫使前往。宋李曾伯《水调歌头·丁亥重阳登益昌二郎庙楼》：“刚被西风断送，又为黄花～，草创作斯游。”舒岳祥《和用之题剡雪》：“谁遣戴公山上住，两回～子猷来。”清袁枚《子不语》卷一〇：“问：‘黑白二气何来？’供称：‘吴园中物，被猴～而至者。’” ❷牵缠；不能果断抉择或断然区分。宋周必大《与程泰之侍郎书》：“是间可作门客之人，往往自有书会，兼畏牒试邻路，～不前。”又《仲并文集序》：“造意深则辞或龃龉，次韵多则句或～。”清吴伟业《赠愿云师序》：“甲申闻变，尝相约入山，予～不果，而师已悟道。” ❸迷蒙不清楚。宋王之道《用子蔺韵赋九日小酌》：“明早写出醉中语，～不知谁唱首。” ❹连累；使劳累。宋文天祥《与杨县尉如圭书》：“寒泉白骨，蒙赖方新，惟～从者，重愧重愧。”

【牵丝】 qiān sī ❶犹“牵红❶”。明陆采《明珠记》一〇出：“辛苦上京华，为娇羞凤世冤家。一心指望，～中选窗纱。”《禅真后史》五〇回：“二令爱尚未～，何得托辞见拒。”清《野叟曝言》二〇回：“倘误配匪人，固情难苟活；即～俗子，亦赍志半生。” ❷犹“牵红❷”。清《绮楼重梦》四八回：“同拜过了天地神明，一个个～入房，逐一饮了合卺杯。” ❸指做媒。清《赛花铃》一六回：“他为你～，我亦为他作伐便了。”

【牵算】 qiān suàn 折算；平均核算。明庞尚鹏《清理山西三关屯田疏》：“通将原额新增，彼此～，每亩该粮三升五合有奇。”清《野叟曝言》一四回：“这银子～，足有九二下垆，交易作九三，是极公道的。”《品花宝鉴》二三回：“一年～起来，三四千吊钱是长有的。”

【牵头】 qiān tóu ❶牵夫头目，也指牵夫所得的报酬。宋王师愈《论潭州贴雇纲船之弊疏》：“诸县畏其责罚，欲应期限，不得不徇～、船户之需，酬以高价。”袁说友《江舟牵夫有唱湖州歌者》：“今朝～上，忽作吴歌唱。”秦九韶《数学九章》卷九下：“每石牙钱三十文，籴场量米折支牙人所得；每石出牵钱八百，牙人量米四石六斗八合，折与～。欲知米数、石价、牙钱、牙米、牵钱各几何，……以米数乘牙钱三十，得三千六百贯为牙钱；以石价二十五贯除牙钱三千六百贯文，得一百四十四石为籴场量米折牙钱；以牵钱八百乘牙米一百四十四石，得一百一十五贯二百文为～。”❷仪仗中领队的头目。《宋史·仪卫志一》：“(黄麾半仗)统制官二人，……将官二人，……～一十人，素帽，紫绸衫，缬衫，黄勒帛，执铜仗子。金铜甲二人。”又：“(黄麾小半仗)统制官、将官、～、金铜甲，皆与前半仗同。” ❸从中撮合的人，多指为男女私情撮合的人。元曾瑞《红绣鞋·风情》：“由你乂秧儿栽个强证，草本儿指个～，见如今他共我有。”明蒋一葵《尧山堂外纪》卷九五：“(杨慎)所至携娼伶，通良家妇女，皆大理董秀才为杨罗致之，呼为董～。”清《蜃楼志》一五回：“老时倒还有个女儿，你替老苏做～罢。”❹诱饵；媒介。明顾宪成《答友人》：“我要为善，这个却出来做对头，不愁你不屈伏；我不肯为恶，这个却出来做～，不愁你不依顺。”《拍案惊奇》卷三四：“元来他日常要做些不公不法的事，全要那儿个后生标致徒弟做个～，引得人动。”清《十二楼·奉先楼》一回：“做男子的还打点布袜芒鞋，希图走脱；妇人女子都有一双小脚，替流贼做了～，钩住身子，不放她转动。” ❺带头；出头。明《石点头》卷一〇：“刘赛～赌钱，丁奇却是久掷药骰的，周玄初出小伙子，那堪几掷，身边所有，尽都折倒。” ❻烧菜起锅时加的用水粉调制的浇头。明韩奕《易牙遗意》卷上：“临熟，火向一边烧，令汁浮油滚在一边，然后撤之，汁清为度，又下～。”

【牵拖】 qiān tuō ❶拖动(身体)。五代齐己《示诸侄》：“形容浑瘦削，行止强～。”《景德传灯录》卷二五《金陵清凉法灯禅师泰钦》：“老僧卧疾。强～与汝相见。” ❷牵拉；拖拽。金王喆《带马行》：“亘初独许能骑坐，这骏驷从～。”元王冕《吹箫出峡图》：“我昔放舟从此出，～失势气欲折。”清《八段锦》一段：“造凤舰龙舟，使宫女两岸～。” ❸犹“牵拿❷”。宋《朱子语类》卷一二八：“只缘改官制时，初无斩新排到理会底说。故如此～旧职，不成伦序。”

【牵系】 qiān xì ❶牵拉束缚。宋张风子《满庭芳》：“咄哉牛儿，心壮力壮，几人能可～。”明《韩湘子》八回：“见十殿阎君森坐室中，～百十罪囚，跪于庭际。”清徐大椿《兰台轨范》卷八：“肝有风则目连札，得心热则发搐，或筋脉～而直视。” ❷牵缠；约束。宋范仲淹《剔银灯·与欧阳公席上分题》：“只有中间，些子少年，忍把浮名～。”《朱子语类》卷一六：“如今人要做好事，都自无力。其所以无力是如何？只为他有个为恶底意思在里面～。”清《隋唐演义》四回：“一进公门，身子便有些～，不敢胡为。” ❸拖累；摆脱不开。宋朱熹《答许顺之》：“深欲去相聚，以此间事绪～，动不得。”明顾璘《与陈鹤论诗书》：“与足下一见即出郊居，野人岁计～，不能不然。” ❹牵念萦系；记挂。宋欧阳修《解仙佩》：“有个人人～，泪成痕、滴尽罗衣。”明柯丹邱《荆钗记》二一出：“拜覆我爹娘，休把儿～。”清《隋唐演义》二一回：“虽是醉中，一心～着这一锭银子，把破衣裳的袖儿很命捏紧。” ❺牵引结合。明《封神演义》六七回：“正是：天缘月合非容易，自有红丝～来。”

【牵线】 qiān xiàn 从中联络撮合。明《二刻拍案惊奇》卷三五：“不怕隔垣听，喜的是房门静闭；何须～合，妙在那觌面成交。”清《雪月梅》六回：“与那些风月子弟～带马，着紧时还与他应急。”

【牵陷】 qiān xiàn ❶牵连而陷入或使陷入。唐史苌《上李中丞书》：“此盖命之～，一至于此，实非常情之所料也。”宋叶適《与黄岩林元秀书》：“及其有志，则又以考之不详，资之不深，随其所论，～于寡浅缺废之地。”元明《水浒传》二五回：“虎有伥兮鸟有媒，暗中～恣施为。” ❷萎缩凹陷。宋《圣济总录纂要》卷一七：“槐实丸方，治坠睛失明，眼睛～。”明朱橚《普济方》卷八二：“犀角散，治坠睛眼失明，眼睛～。”

【牵携】 qiān xié ❶牵拉扯拽。元大䜣《梁楷田乐图》：“～影参差，歌吹非有曲。”明王慎中《儒林郎易愧虚先生行状》：“人闻旧邑公乞还，老稚不戒而集，～数舍，迎舟于河侧。”王守仁《江施二生与医官陶野冒雨登山》：“三人冒雨陟冈背，即仆复起相～。” ❷提携；提拔。宋苏颂《和农师四和前韵》：“初见鱼龙起腾跃，从陪鸩鹭见～。”

【牵心】 qiān xīn ❶牵动心绪。唐韩偓《村居》：“前欢入望盈千恨，胜景～非一途。”明徐祯卿《代炀帝寄内人曲》：“藕丝一尺自言长，情人怀情那可量。愿得～渡淮水，勿畏风波作小伤。”《型世言》一一回：“况遇着偏是一个奇妙女，娇吟巧咏，入耳～；媚脸妖姿，刺目挂胆。” ❷牵挂；挂念。唐李中《送黄秀才》：“蟾宫须展志，渔艇莫～。”清《隋唐演义》五四回：“吾欲背唐而行，只虑汝～，不忍相弃。”

【牵延】 qiān yán ❶延请；聘请。宋刘一止《宋故敦武郎杨公墓碑铭》：“相杨辟邑，～乡先生教授邑子。” ❷迁延；拖延。《元史·崔彧传》：“自桑哥持国，受赇者不赴宪台宪司，而诣诸司首，故尔反覆～，事久不竟。”明吾邱瑞《运甓记》一〇出：“沙淋败，白带遗，若再～恐难愈。”清《荡寇志》一一七回：“恐～时日，彼军得利。” ❸迟疑不决。明归有光《与傅体元书》：“仆思归之心甚切，中秘有书数万卷，欲读一过，为此～未能决也。”梁辰鱼《浣纱记》三一出：“若如今只管～呵，可不干费了数载勤劳，枉捱过半世光阴。” ❹延续；接续。明王肯堂《证治准绳》卷四三：“是皆亡血，阳微阴弱，不能胜冷胜热，非是盛夏～至盛冬也。”

【牵忆】 qiān yì 牵念惦记。明袁于令《西楼记》三六出：“休～，传闻恐不的。修尺素，差人往京国探真耗。”

【牵役】 qiān yì 牵念；挂虑。五代顾夐《献衷心·绣鸳鸯帐暖》：“被娇娥～，魂梦如痴。”宋蔡伸《忆秦娥·西湖》：“长相忆，一生怀抱，为君～。”明高攀龙《马母林孺人六十序》：“是非斗之于内，物交阴之于外。依违两可，～万端。”

【牵引】 qiān yǐn ❶勾引；引诱。明《型世言》二二回：“在家有不贤妻子琐聒，在外有不肖朋友～，也便做出事来。” ❷犹“牵线”。明《金瓶梅词话》五七回：“又有那些不长进要偷汉子的妇人，叫他～和尚进门。”清《绿野仙踪》五九回：“玉失志朱门，路经卿闾，缘萧姓～，得近芝兰。”《歧路灯》二七回：“那是兔儿丝的～，把他的钱替输了。” ❸犹“牵头❸”。清《醒风流》九回：“那人乃是嫖赌中的班头，花柳中的～，所以程慕安一见如故。” ❹缝合；用针线连缀。清《绿野仙踪》五五回：“凡新鲜些的衣服，尽铺绪在被褥内，又各用针线～的稳稳当当。”

【牵萦】 qiān yíng ❶牵扯萦系。宋周邦彦《长相思》：“游丝荡絮，任轻狂、相逐～。”清赵执信《风人诗》之二：“缫得新丝絮，～几许长。” ❷牵挂；思念。宋柳永《归朝欢》：“一望乡关烟水隔。转觉归心生羽翼。愁云恨雨两～，新春残腊相催逼。”元高明《琵琶记》三八出：“宽心等，何须苦～？”清《隋唐演义》九九回：“妃今舍余而去兮，身似梅而飘零；余今舍妃而寂处兮，心如结以～。” ❸拖累；作为累赘。宋苏泂《次韵颍叟弟耕堂杂兴》之四：“莫怪庞公不入城，都缘无事可～。”明《西游记》五回：“只知日食三餐，夜眠一榻，无事～，自由自在。”清雍正七年九月初八日徐鼎奏文：“若定限一年一换，伊等小人，或有内顾～，则办公恐有贻误。” ❹羁绊；纠缠不得摆脱。元方回《清湖小酌得生字》：“肥遁夙果决，羁旅犹～。”明胡直《衡岳感怀》：“秉宪涉湘沅，吏道兹～。”清陈廷敬《赠日者》：“我何落世网，婚宦相～。” ❺牵动(情怀)；招惹。元舒逊《和曹从善见寄》：“幸有青青门外柳，～诗思自多情。”清赵执信《清明登云门山》：“连峰西去浮落日，归心远目相～。”《赛花铃》五回：“相思无奈到残更，悔杀当初，两下莫～。”

【牵忧】 qiān yōu 担忧。明袁于令《西楼记》三八出:“折开素纸,只疑哑谜,回头～。”

【牵诱】 qiān yòu 纠缠诱惑。宋赵汝楳《周易辑闻》卷四:“圣人惧其～于小人,或变其好尚,故兼举君子小人以为戒。”明孙柚《琴心记》一〇出:“正出凝香阁,被飞霞撞见,竟到老相公根前,首我～小姐为非。”清《歧路灯》五六回:“或妄念起时,即以此语自省;或有人～时,即以此语相杜。”

【牵照】 qiān zhào 对照核实。元《通制条格》卷一四:“仍令当该库官壹员轮番提调,照依写定收支名件一项项仔细～,别无重错争差,于月申解内明白称说,行移某官～收支凭验相同,保结申部。”《明史·职官志一》:“户部五科,每科设尚书、侍郎各一人,……内会总科主事六人,外～科主事二人。”

【牵窒】 qiān zhì 同“牵滞❷”。宋《朱子语类》卷一一:“看文字不可相妨,须各自逐一著地头看他指意。若～著,则件件相碍矣。”

【牵滞】 qiān zhì ❶ 羁绊滞留。唐符载《上襄阳楚大夫书》:“一昨～事故,不觉淹久。囊橐之资日竭,高厉之气日消。”明王守仁《上晋溪司马书》:“诚以祖母鞠育之恩,思一面为诀。后竟～兵戈,不及一见。”王世贞《答慎侍御书》:“仆自接方袍,～公案者二十年。” ❷ 牵制束缚;拘泥局限。宋《二程粹言》卷二:“不为后世驳杂之政所～,不为流俗因循之论所迁改。”明王守仁《答方叔贤书》:“近幸同志如甘泉、如吾兄者,相与切磋讲求,颇有端绪。而吾兄忽复～文义若此,吾又将谁望乎?”清汤斌《答姚岳生书》:“学者必求得于心,证其所谓千圣同源者,勿～于文义训诂之末。” ❸ 拖延耽搁。明王守仁《三省夹剿捷音疏》:“军门遥远,不必一一呈禀,反成～。”韩邦奇《恶逆攒害尊长等事奏议》:“已经勘明,～不结。”清《平定两金川方略》卷一一八:“其西路之米,仍由梭洛、柏古直运萨尔赤,不致～。”

【牵拽】 qiān zhuài ❶ 牵拉;拖拽。唐刘悚《隋唐嘉话》卷下:“良嗣大怒,使左右～,搭面数十。”元明《水浒传》八三回:“止着三五人撑驾摇橹,岸上着两人～。”清陈端生《再生缘》七回:“尹氏良贞和小姐,悠悠顶上走芳魂。不容～亲移步,直到高厅见众官。” ❷ 牵连影响。宋《圣济总录纂要》卷一七:“风寒气随眼带～睛瞳向下,名曰坠睛也。”李纲《乞在外宫观札子》:“臣素有少肠气疾,近因冒暑发作,痛楚～腰腹。”明王肯堂《证治准绳》卷一六:“盖气搏激不定,筋脉振惕,缓急无常,被其～而为害。” ❸ 呼应牵制。宋司马光《涑水纪闻》卷一二:“各部领兵马入贼界驻泊,～策应。”陈师道《后山谈丛》卷一:“令在彼将帅会合,及令魏能、……等渐那向东傍城寨,～如此,则契丹必有后顾之忧。”明林俊《二忠录序》:“孤城独守,犹足做平原～之儿。大之成一旅中兴之业,次之亦不失鼎足偏安之势。” ❹ 人为干预;操纵。宋朱熹《答吕子约》:“且平心看他文义向甚处去,都不要将道理向前～他,待他文义有归著去处、稳帖分明后,却有个自然底道理出来。”金长筌子《解愁》:“可惜天真逐爱欲,似傀儡、被他～。” ❺ 筹措应付。宋郑刚中《与楼枢密书》:“官岁计尚～不合,其所裁减,皆本司所用度也。”

【牵缀】 qiān zhuì ❶ 犹“牵滞❶”。唐张九龄《别乡人南还》:“～从浮事,迟回谢所钦。” ❷ 搜罗连缀(材料或文词以叙述或创作)。唐张说《与魏安州书》:“尊豫州府君德业高远,名言路绝,岂说常词,所堪碑纪?比重奉来旨,力为～,亦不敢假称虚善,附丽其迹。”颜真卿《朝议大夫颜君神道碑铭》:“真卿追痛,衔恤靡怙。～铭功,恨非醲缕。”宋陈亮《与章德茂侍郎书》:“都倒在匣床,犹欲～小词,以舒祈祝。” ❸ 牵强拼凑或使符合。宋陈亮《欧阳先生文粹跋》:“学者又习于当时之所谓经义者,剥裂～,气以日卑。”明宋濂《题金诸儒手帖后》:“予以史君嗜好之笃,随其次第序之,不复分其先后,直书其事,亦不复～文法而或有所遗。”清钱谦益《说文长笺序》:“如余之固陋～旧闻者,何足道哉。” ❹ 犹“牵拽❸”。宋倪朴《拟上高宗皇帝书》:“吾于此拥江淮之师,～贼势于淮南。”清《平定两金川方略》卷三〇:“于二十一日丑刻分取各寨,～贼人,使其不能往救。” ❺ 连缀。明罗洪先《有感》之二:“一样根株一样花,不须～斗纷华。”朱浻《塔山志》:“有杂树数株,古藤罗络,～上下。” ❻ 联络。明罗洪先《东川先生行状》:“是时弟子员拘制业,咸有门户～,试日穷年,不得休息。”

【牵坐】 qiān zuò 牵连定罪。清李玉《清忠谱》一五折:“不想魏贼～别案,矫旨飞提,士民义愤。”

【悭】 qiān ❶ 缺乏;短少;不足。唐李琪《咏石砚》:“乍琢文犹涩,新磨墨尚～。不能濡大笔,何要别秋山。”元顾德润《醉高歌过摊破喜春来·旅中》:“篱边黄菊经霜暗,囊底青蚨逐日～。”清《隋唐演义》二八回:“非妃子不遇朕,是朕生来的缘～。” ❷ 弱;差;不强。唐王贞白《度关山》:“石响铃声远,天寒弓力～。”五代贯休《题某公宅》:“宅成天下借图看,始笑平生眼力～。”金李俊民《一字百题示商君祥·菊》:“色笑秋光淡,香嫌酒力～。” ❸ 纤小;细巧。也指纤小之物。唐韩愈《题炭谷湫祠堂》:“巨灵高其捧,保此一掬～。”宋苏轼《南都妙峰亭》:“均为拳石小,配此一掬～。”元乔吉《小桃红·指镯》:“紫金铢钿巧镯儿,～称无名指。” ❹ 阻滞;行动不前或不便。唐杜甫《铜官渚守风》:“早泊云物晦,逆行波浪～。”黄台《问政山》:“手疏俗礼慵非傲,肘护灵方臂不～。” ❺ 闲;冷落。宋陈瓘《满庭芳》:“分携处,相期痛饮,莫放酒杯～。”金姚孝锡《春日溪桥》:“老去益怜诗思涩,欢来聊破酒肠～。”元关汉卿《沉醉东风》:“伴夜月银筝凤闲,暖东风绣被常～。” ❻ 粗劣;不佳。宋欧阳修《石篆诗》:“辞～语鄙不足记,封题远寄苏与梅。”罗大经《鹤林玉露》卷九:“今江湖间俗语,谓钱之薄恶者曰～钱。”明佚名《精忠记》二一出:“你当初身为主帅,便是御馔也何希罕。今在患难间,休嫌品物～。” ❼ 狭窄;变狭窄。宋苏洵《忆山送人》:“左山右绝涧,中如一绳～。”苏轼《凌虚台》:“青山虽云远,似亦识公颜。崩腾赴幽赏,披豁露天～。”元曾瑞《愿成双·赠老妓》:“得扶侍容颜越伶俐,旧风流不减动些儿,一个鞋样儿到～了多半指。” ❽ 厌恶;不喜欢。金刘从益《正大初时春旱有雨》:“酒行不计觞,花底玉山倒。从来～混嘲,盖为俗子道。”明袁宏道《和锺君威花字》:“自来～饮者,咽酒亦如茶。瓮瓶高累累,腹磬卧平沙。” ❾ 乖违;不顺。元贯云石《一枝花·离闷》:“常言道好事多～,陡恁的千难万难。”明高濂《玉簪记》二三出:“莫不是锦堂欢、缘分浅?莫不是蓝桥满、时运～?”清《荡寇志》八七回:“我本欲报效朝廷,不意都把祸患兜揽在自己身上,我直如此命～。” ❿ 折磨。元关汉卿《青杏子·离情》:“常言道好事天～,美姻缘他娘间阻,生拆散鸾交凤友。”明汤显祖《紫箫记》二〇出:“你休要把郎拽住乔作～,娇嗔要得人饶惯。”孟称舜《娇红记》四五出:“恨杀天边孤雁,带愁～。” ⓫ 严密。元孔文卿《一枝花·禄山谋反》:“把六宫心事分明的慢,将半纸音书党闭的～,教千里途程阻隔的难。” ⓬ 精明;尖巧。元戴善夫《风光好》一折:“饶你便会使～,彻骨奸,则俺这女娘每寄信的鸳鸯简,便是招子弟的引魂幡。”

【悭鄙】 qiān bǐ 吝啬愚蠢。唐薛用弱《集异记·陈导》:“导以～为性,托以他事未办所许钱,使者怒。”宋姜如晦《金绳院五百罗汉记》:“发满足心,化～人。”明罗洪先《明故野塘张公墓志铭》:“至公之身而偃蹇更甚,为～者所笑。”

【悭薄】 qiān bó 薄弱;不足。明袁中道《寄祈年书》:“骨肉受命～，惟尽捐嗜欲，可望延年。”

【慳妒】 qiān dù 吝啬忌妒。《法苑珠林》卷六一：“乐听讲法，能舍～。”《敦煌变文校注》卷六《大目乾连冥间救母变文》：“娘娘昔日行～，不具来生业报因。”

【慳刻】 qiān kè 吝啬刻薄。明《拍案惊奇》卷三五：“周秀才道：‘好一个～的人。’”

【慳滥】 qiān làn 伪劣无度。明顾起元《客座赘语》卷四：“正嘉中，民间用古钱。其后～之极，至剪铁叶、锡片伪为之。”

【慳囊】 qiān náng 钱袋。多指其中储钱不多的。宋程俱《九月四日戏赠之作》：“～不瘦空四壁，只有黄花如散金。”明何乔新《播州行台偶书》：“宾朋试解～看，只有新诗十数章。”清李渔《闲情偶寄》卷五：“未尝于有螃蟹无监州处作郡，出俸钱以供大嚼；仅以～易汝，即使日购百筐，除供客外，与五十口家人分食，然则入予腹者有几何哉？”

【慳钱】 qiān qián 小钱。指数量不多的钱。清《野叟曝言》一八回：“况这事情重大，只怕有碍功名。此时若不破费几个～，将来悔便迟了。”

【慳涩】 qiān sè ❶ 吝啬；舍不得。《法苑珠林》卷一九：“具告十业：……四、～多贪。”宋朱淑贞《雨中写怀》：“东风吹雨苦生寒，～春光不放宽。”明朱诚泳《感寓》之四〇：“剥削尽锱铢，～及饘粥。” ❷（文思）匮乏；（文义）艰涩。宋彭汝砺《和美叔学士》：“酬诗自笑才～，不似清微长养风。”觉范《次韵太学茂千之》：“投毫欲和先噪吻，诗源～劳披搜。”明李开先《江峰集序》：“七子所长，果是不可及，但任失之靡丽，熊失之～，唐失之软弱。” ❸ 阻塞；不通畅。宋苏轼《与徐得之书》：“来日离此，水甚～，不知趁得十五日上否。”《朱子语类》卷一一七：“见面前只是理，觉如水到船浮，不至有甚～。”

【慳啬】 qiān sè ❶ 同“慳涩❶”。唐薛用弱《集异记·陈导》：“是夕无损他室，惟烧导家。弁亦不见。盖以导～，负前约而致之也。”清纪昀《阅微草堂笔记》卷五：“盖孙财乃辛苦所得，狐怪其～，特戏之而已。”《醒世姻缘传》六八回：“那样～不肯布施的，不惟来世就不如人，今世且要转贵为贱，转富为贫。” ❷ 量不足。宋苏轼《次韵曹子方真觉院瑞香花》：“置酒要妍暖，养花须晏阴。及此阴晴间，恐致～霖。” ❸ 贫困。清龙启瑞《复唐子实书》：“瘠苦～之区，所得几何，竭其力，仅足以制器械耳。”

【慳惜】 qiān xī ❶ 吝惜；吝啬。唐王梵志《布施生生富》：“若人苦～，却却受辛勤。”《祖堂集》卷八《云居和尚》：“问：‘欲采宝珠时如何？’师云：‘漂入罗刹鬼国。’僧曰：‘大～生。’”明汪廷讷《狮吼记》二三出：“此是王衍之妻，～已物，但贪他有。” ❷ 珍惜；看重。唐唐彦谦《见炀帝宝帐》：“汉文穷相作前王，～明珠不斗量。”宋姚勉《回郑持正书》：“敛影韬芒，～咳唾，自今亦谨同命矣。”清田雯《林处士铭跋》：“儒者数行墨，有时珍重～，虽重货不与易，强威不能夺。”

【慳滞】 qiān zhì 吝惜，舍不得。《敦煌变文校注》卷四《祇园因由记》：“人乞与之，终无～。”

【谦洽】 qiān qià ❶ 谦恭和气，合于礼数。宋陈郁《藏一话腴》乙集卷下：“威仪端閟，动作祥雅，酬应温恪，接纳～。”元郑廷玉《看钱奴》一折：“耸着肩胛，迸着鼻凹，更无些和气～。”清洪昇《四婵娟·卫茂漪》：“言语温恭，举止安详，礼数～。” ❷ 融洽。明崔时佩、李日华《西厢记》二三出：“为你两下里情～，张先生，将指头儿告了消乏。”

【嗛】 qiān 鸟用喙啄。明《梼杌闲评》三回：“我们逐年打雁，今年倒被小雁儿～了眼睛。”清《续金瓶梅》二五回：“教他终日打雀儿，被老鸦～了眼。”

【鹐】 qiān ❶ 同“嗛”。唐元稹《送崔侍御之岭南》：“菌须虫已蠹，果重鸟先～。”明《西游记》六一回：“逐年家打雁，今却被小雁儿～了眼睛。”清查慎行《武英殿后老桑》：“辜负江乡蚕老候，鸟～餘椹滴阶红。” ❷ 同“签⑫”。元曾瑞《骂玉郎过感皇恩采茶歌·风情》：“冷句儿詀，好话儿～，踏科儿钐。”明康海《一枝花·秋兴》：“荆州介竖信谗，钱塘诗人亦暗。悲歌慷慨匪～，坐起从容宜监。”

qián

【前半】 qián bàn ❶ 空间位置或物体从开头到一半的那一部分。a) 单用。清《野叟曝言》四六回：“山门后半已摧，～初着。”《姑妄言》六回：“一间隔做两截，～做客位，后半做厨房。”b) 后接“间、节、截”等词语。元明《水浒传》二一回：“原来是一间六椽楼屋。～间安一副春台卓凳，后半间铺着卧房。”明唐顺之《武编》前集卷五：“以左手中指缝中夹牌下短绳上木橄榄，仍以五指挽枪～节，右手执枪后半节。” ❷ 文字或事务的前半部分。a) 单用。明谭元春《官子时文稿序》：“夫时文中有多数句者，而先辈常少数句；有重后半者，而先辈常重～。”清《飞龙全传》一八回：“匡胤将柬帖反复看了数遍，只明白～之言，后半不解其意。”《品花宝鉴》二二回：“遂即忙研墨伸纸，～写的是感激的话，后半写的是必到的话。”b) 后接“板、截、段、本、篇”等词语。宋《朱子语类》卷一〇：“读书不可贪多，且要精熟。如今日看得一板，且看半板，将那精力来更看～板。”清《十二楼·夏宜楼》三回：“就写一封密札，叫媒婆送与吉人，～段是怨恨之词，后半段是永诀之意。”《歧路灯》八七回：“却见～本是半篇的，后半本是整篇的，看了～篇。” ❸ 后接“世、年、月、日”等时间词，表示一段时间的前半部分或表示在这一段时间之前。宋周必大《大兄奏札》：“其当番之人，～年告报，不得出外。”清《荡寇志》一三三回：“～世服侍了高二，吃些军犯魔头；后半世归依了宋江，落个强徒名望。”

【前辈】 qián bèi ❶ 前人；前边的人（与辈分无关）。唐戴孚《广异记·陈利宾》：“宾与其徒二十餘船同发，乘风挂帆。须臾，天色昧暗，风势益壮，至界石窦上，水拥阏众流而下，波涛冲击，势不得泊。其～二十餘舟，皆至窦口而败。”五代严子休《桂苑丛谈》：“乃立从召兜子数乘，命关连僧入对事。咸遣蔽帘子毕，令门不相对，命取黄泥，各令模前后交付下次金样，以凭证据。僧既不知形段，竟模不成。公怒令劾～，皆一一伏罪。”王定保《唐摭言》卷一三：“元和中长安有沙门，善病人文章，尤能捉语意相合处。张水部颇恚之，冥搜愈切，因得句曰‘长因送人处，忆得别家时’。径往夸扬，乃曰：‘比应不合～意也。’僧微笑曰：‘此有人道了也。’籍曰：‘向有何人？’僧乃吟曰：‘见他桃李树，思忆后园春’。” ❷ 上一辈。《太平广记》卷一六四引《王氏见闻》：“棕绳者，吾子孙之名也。盖～连宗字，后辈连承字为名。” ❸ 唐代称进士及第者为前辈，后因尊称先于自己科举及第的人。明徐渭《四声猿·女状元》五出：“今才识下月嫦娥，还误认上科～。”清袁枚《子不语》卷一四：“葛寅亮，于谊为乡亲，于科名为～。”清《玉楼春》一八回：“若据此作，像是发过的～，不是青衿的。” ❹ 尊称才艺声望高于自己的人。元赵明道《斗鹌鹑·名姬》：“乐府梨园，先贤老郎，上殿伶伦，～色长，承应俳优，后进教坊，有伎俩，尽夸张。”杨立斋《哨遍》：“俺学唱咱，学说咱，谁敢和～争高下？赵真真先占了头名榜，杨玉蛾权充个第二家。”

【前边】 qián biān ❶ 空间位置靠前的一边。宋朱熹《君臣服议》："用布一方幅，前两角缀两大带，后两角缀两小带，覆顶四垂，因以～抹额而系大带于脑后，复收后角而系小带于髻前。"明徐复祚《投梭记》六出："～有座茅屋，不知可是谢家。"清《醒世姻缘传》一四回："我姊妹两人不往～送人了，改日等你回来与你接风罢。" ❷ 顺序、名次在前。明徐复祚《投梭记》一六出："〔众喝闭关介〕禀爷，船放尽了，缴花名册子。〔生取看介〕～都是差使马快官船，后边却是民船。"《拍案惊奇》卷一一："～说的人命是将真作假的了，如今再说一个将假作真的。"清《醒世姻缘传》三三回："或遇观风，或遇岁考，或遇类试，都可以仗他的力量，考在～。" ❸ 特指家居建筑靠前的部分，是对外接待或下人居住之所。明吾邱瑞《运甓记》三九出："我在里边收拾，你可着陶旺打扫～，就去迎接父亲。"清《绿野仙踪》四八回："少刻，～请吃饭，大家齐到庭上。" ❹ 指在此之前的某一段时间。以前；从前；之前。明王玉峰《焚香记》二出："你～这几年，诸事欠顺。"《型世言》二三回："要赌，像朱家有爷闸在～，身边落落动，拿得出来去赌。你有甚家计，也要学样?"清《醒世姻缘传》三一回："～五个月靠了杨按台的养活，幸而存济；如今骤然止了，难道别处又有饭吃不成?" ❺ 指从前存在现已解除的人际关系方面。明温璜《温氏母训》："丧偶事小，正为续弦费处。～儿女先将古来许多晚娘恶件填在胸坎，这边新妇父母保婢唆教自立马头。"《二刻拍案惊奇》卷二二："公子接了，想一想，这日正是～妻子的生辰。"清《歧路灯》一三回："他～男人，不知听了谁的话，上堂去告，还想要这个女人。老爷问他一个盗卖发妻的罪。" ❻ 用在表示位置、时间的词语之后，表示靠近这一位置、时间。明《拍案惊奇》卷一："年月～空行中间，将两纸凑着，写了骑缝一行。"清《醒世姻缘传》一六回："头你们出来的两日～，把我与晁凤叫到跟前。"《品花宝鉴》二五回："捧着牙笏，走到席～朝上叩了一个头。"

【前场】 qián chǎng ❶ 指科举三场考试的第一场，或不同场次考试次序在前的那一场。参见"后场❶"。唐高锴《先进五人诗赋奏》："进士李肱《霓裳羽衣曲》诗一首，最为迥出，更无其比。词韵既好，人才俱美。～吟咏近三五十遍，虽使何逊复生，亦不能过。"宋李廌《上礼部范侍郎论广文馆生书》："彼无耻之士，或易数名，治数经。州试毕而复试于天府，已试于～而复试于后场。"明沈受先《三元记》二七出："你的～俱不可取，后场可观。当今缺少人才之际，姑取第二名亚魁。" ❷ 前场院；屋前的平场。宋刘翼《题心游楼》："～岁计禾麻麦，后圃年深竹荔松。"明孙继皋《观稻》："自从东作齐，不悭水与浆。车床卧东壁，车斗闲～。"清张英《赐金园赋》："迤北而北轩在焉，～后圃，左冈右池。" ❸ 前台；舞台供观众观看的部分。明单本《蕉帕记》一七出："〔小生上〕报报报！为紧急军情事，请老爷看报。〔外出～，小生送报，外接看读介〕"清李玉《清忠谱》一七折："小生翻推倒杂，又抢上，杂急起揪小生倒地，骑坐～介。"

【前尘】 qián chén ❶ 佛教谓蒙蔽真性、产生虚妄的色香味触诸世尘。唐[印]般剌蜜帝译《楞严经》卷一："阿难矍然避座，合掌起立，白佛：'此非我心，当名何等?'佛告阿难：'此是～，虚妄相想，惑汝真性，由汝无始，至于今生，认贼为子，失汝元常。'"明徐复祚《一文钱》六出："种种形像，皆出～；分别留碍，谁是我体?"清钱谦益《西湖杂感》之二："油壁轻车来北里，梨园小部奏西厢。而今纵会空王法，知是～也断肠。" ❷ 前迹；往事；旧业。宋苏轼《和饮酒》之二〇："三杯洗战国，一斗销强秦。寂寥千载后，阳公嗣～。"葛长庚《八六子·戏改秦少游词》："奈昨梦～，渐随流水。风箫歌杳，水长天远，那堪片片飞霞弄晚，丝丝细雨笼晴。"清黄宗羲《黄复仲墓表》："犹冀其兄清伯丹成，复理～，亡何而清伯死矣，复仲即甚困乎。" ❸ 人马奔走在前路扬起的灰尘，也借指人的行踪。宋司马光《依前韵奉送才元和甫使北》："析木带天津，华星随去人。扬旍逾绝漠，负弩候～。"苏轼《与蔡景繁书》："知爱之深，辄以布闻。何日少获，瞻望～。"清洪昇《长生殿》五出："且赶上前去，饱看一回。望～，馋眼迷奚，不免挥策频频。"

【前程】 qián chéng ❶ 向前行进。唐左牢《蝉蜕赋》："渐呀然而甲折，俄豁尔而形殊。～而远寄园林，如矜得路；下视而若遗枯朽，孰肯守株。" ❷ 前路；前面的路程。唐戴孚《广异记·黎阳客》："转至黎阳，日已暮，而～尚遥。"明徐元《八义记》三一出："方才离府门，被军卒赶紧，两两奔～，竟不知个音信。"清《后西游记》一九回："央你进去催催我们老师父出来吧，只管耽搁，恐怕误了～。" ❸ 指前面路程所需的费用。《敦煌变文校注》卷二《叶净能诗》："但当赴任，将绢以充～。" ❹ 结局；下场；出路。唐周贺《留别南徐故人》："三年蒙见待，此夕是～。"元徐琰《蟾宫曲·青楼十咏》之八："同生同死，同坐同行。休似那短恩情没下梢王魁桂英，要比那好姻缘有～双渐苏卿。"明屠隆《彩毫记》三四出："想君王年来鬓星，在人间无多暮龄，受何限风流欢庆? 好回首办～。" ❺ 未来的际遇；发展的机会。唐李涉《寄峡州韦郎中》："年过五十鬓如丝，不必～更问师。"元明《水浒传》八回："娘子在家，小人心去不稳，诚恐高衙内威逼这头亲事，况兼青春年少，休为林冲误了～。"清方成培《雷峰塔》一四出："今日乃纯阳祖师寿诞，因此备下香烛，前去礼拜，并问～则个。" ❻ 指功名职位。五代黄滔《祭陈侍御》："初命就门，见东周之三语；～不日，候西汉之七迁。"《元曲选·生金阁》一折："小生只博个小～来帝里，便也好将名分人乡间。"清《醒世姻缘传》七回："那时梁生、胡旦也都做了～，在各部里当差。" ❼ 未来；来日。宋佚名《沁园春·寿长齐友人》："这平生积善，三千功行；～享福，八百椿龄。"明叶宪祖《鸾鎞记》一二出："姓字难教题甲榜，声名甚日满皇都? 空怀楚玉，浪泣鲛珠。～渐迫，后事难摹。" ❽ 远见；见识。宋佚名《张协状元》四一出："缘何一向便生嗔，你门直是没～。"元宋方壶《醉花阴·走苏卿》："俏苏卿摔碎粉面筝，村冯魁硬对菱花镜，则俺狠毒娘有甚～。"明佚名《白兔记》一六出："哥哥嫂嫂没～，苦逼奴家再嫁人。" ❾ 指家业、财产。《元曲选·朱砂担》一折："多则为这两匙儿羹粥，干忙了那一世，落的这～。"又《东堂老》二折："他将那城中宅子庄前地，都做了风里杨花水上萍。哎，可惜也锦片的这～。" ❿ 指情爱、婚姻、姻缘。元佚名《集贤宾》："感承他会佳期预先花下等，成就了片霎儿～。"元明《三国志通俗演义》卷一一："昔日吴侯与周瑜同谋，将夫人招嫁刘备，实非为夫人～，乃欲幽困刘备而夺荆州也。"明汤显祖《牡丹亭》二七出："俺记着这花亭水亭，趁的这风清月清。则这鬼宿～，盼得上三星四星?" ⓫ 责任；义务。明《平妖传》一〇回："蛋子和尚切记着本等～，预先买就一百张洁净纯绵大纸，带归云梦山下草棚中来。"清《醒世姻缘传》六五回："佛家戒的是酒、色、财、气。如今我既得了财，吃了酒，有了财酒，便可以不消生气，所少的是色，……何不将那小尼姑冰轮幸他一幸，完了这四件的～。" ⓬ 有前途；有出息。清《歧路灯》三九回："那时东乡里有个主，比我大一岁，只出十六两。我贪恋你是个～人，情愿抬身到咱家。"

【前次】 qián cì 上次；前一回。唐柳宗元《与李翰林建书》："州传递至，得足下书；又于梦得处得足下～一书，意皆勤厚。"元明《水浒传》三三回："～连连奉书去，拜问兄长，不见回音。"清《白雪遗音·独占》："况且～又辜负了你一宵，今晚一定要住在这里，与小女叙叙吓。"

【前刀儿】 qián dāo er 裙子的前幅。金《董解元西厢记》卷一："簌簌的裙儿～短。"

【前的】 qián de 犹"前次"。明《金瓶梅词话》五三回："他～

下顾，因欲赴胡大尹酒席，倒坐不多时。”

【前敌】 qián dí ❶ 前驱；前锋。唐于邵《九日陪廉使卢端公宴东楼序》：“千里之地，遂无外虞；三军之士，皆务～。”《云笈七籤》卷一〇〇：“以大将谓之抚军大元帅，为王～；张若、力牧为行军左右别乘，以容光为大司马。”明丘濬《定兴忠烈王平定交南录》：“贼伏巨象数十，以为～，列人马于后。” ❷ 临敌；对敌。唐易静《兵要望江南·占兽》：“军营内，兔走在其中。虽有雄兵终不战，都缘～欲和同，不在苦邀功。”宋晁补之《策问》：“一人荷戈～，一人持糒从后，亦足矣。”元袁桷《资德大夫谥忠宣郑公行状》：“明年，从驾北征，愿～效击。” ❸ 敌手；对手。唐玄奘《大唐西域记》卷一：“赭羯之人，其性勇烈，视死如归，战无～。”宋刘攽《次韵和通判库部会棋》：“已居胜势谁～，独暗机先误必争。”清弘历《书光武大破莽兵于昆阳事》：“军先自乱，其尚能威慑～乎？” ❹ 前线；敌前。清《平定两金川方略》卷四〇：“据达乌～将弁报称，小金川送出川兵邓文焕带有贼禀到营。”《平定台湾纪略》卷五〇：“臣等自诸罗进兵，恒瑞屡在～打仗杀贼。”《红楼复梦》八三回：“一面整顿营垒，令桂堂、冯富、佩金为～先锋，领义民在山口安营。”

【前底】 qián dǐ 前头；之前。宋《朱子语类》卷九七：“改文字自是难。有时意思或不好，便把来改；待得再看，又反不如～。”元李道纯《满江红·赠孙居士》：“照破洪濛～事，分开蟾窟中间穴。”明蔡清《四书蒙引》卷七：“彼盖自以势做到此，不容自收退。若收退来，连～都坏了。”

【前定】 qián dìng 命分注定。唐白居易《和思归乐》：“穷达有～，忧喜无交争。”明高濂《玉簪记》三〇出：“虽是你两下夫妻～，若是在我这里成亲，恐坏我的山门。”清《儒林外史》四五回：“今日有三处酒吃，一处也吃不成。可见一饮一啄，莫非～。”

【前度】 qián dù 犹“前次”。唐曹唐《刘阮再到天台》：“草树总非～色，烟霞不似昔年春。”明汤式《夜行船·赠凤台春王姬》：“～相别，今番相见，还喜玉人无恙。”清《驻春园》七回：“～之来，不期被风雪所阻，恰逢今夜天上月圆。”

【前额】 qián é ❶ 人头前部眉毛与头发之间的部位。《太平广记》卷三四四引《乾𦠆子》：“但自项及脊彻尻，有痕如刀伤，～及鼻，贯胸腹亦然。”宋黄震《读礼记》：“免者，以布绕颈交～而哭者。”清《医宗金鉴》卷六三：“（额疽）此证生～正中者，属督脉经；或生左右额角者，属膀胱经。” ❷ 器物、建筑类似于前额的部位。宋孟元老《东京梦华录》卷一〇：“宰执亲王加貂蝉笼巾九梁，从官七梁，餘六梁至二梁有差。台谏增廌角也。所谓梁者，谓冠～梁上排金铜叶也。”《元史·舆服志一》：“辂之～，玉行龙二，奉一水精珠，后额如之。”清厉鹗《东城杂记》卷下：“辟室为游息之所，树兰，其～曰兰芳轩。” ❸ 之前的额定数目。元曹鉴《大元故资善大夫曹公神道碑铭》：“滑商峡场吏赢加有半，由是～亏悬，灶丁不胜楚毒。”清陆陇其《编审人丁议》：“有司务博户口加增之名，不顾民之疾痛，必求溢于～。”

【前儿】 qián ér 另见 qián er。前妻留下的孩儿。宋黄榦《挽潘孺人》：“谁知旧室如新室，解抚～似后儿。”《元曲选·蝴蝶梦》四折：“王婆婆贤德抚～，包待制三勘蝴蝶梦。”清《歧路灯》九一回：“从来后娘折割～，是最毒的。”

【前儿】 qián er 另见 qián ér。❶ 前天；前几天。清《红楼梦》一九回：“有今日记得的，～夜里的芭蕉诗就该记得。”《绮楼重梦》六回：“蓉大哥配往四川，不许归家。就是～下午起解去了。” ❷ 先前；从前。清《红楼梦》三七回：“要起诗社，我自举我掌坛，～春天我原有这个意思的。”《补红楼梦》五回：“～跟老太太的鲍二嫂子来了。你们问问他，就知道老太太了。”

【前儿个】 qián er ge 即“前儿(qián er)❶”。清《绮楼重梦》二四回：“～苦苦哀求，无奈史妹妹硬着心肠竟不允许。”△《七侠五义》八〇回：“连～，我吃了你两三个乌涂的了。”

【前番】 qián fān 犹“前次”。宋程珌《满江红·龚抚干示闰中秋》：“恐今宵、未必似～，天应惜。”明《拍案惊奇》卷二九：“不可在外边痴等，似～的样子，枉吃了辛苦。”清《霓裳续谱·倚纱窗听玉漏》：“欲向人言又害羞，只落得暗暗的点头，今番更比～瘦。”

【前房】 qián fáng ❶ 先娶的一房（相对后娶而言）。《元曲选·蝴蝶梦》二折：“眼前放着个～后继。这两个小厮，必是你亲生的；这一个小厮，必是你乞养来的螟蛉之子。”清《歧路灯》四〇回：“滑玉道：‘如今有几个外甥儿？’滑氏道：‘连～这个，共有他弟兄三个。’” ❷ 群房中靠前面的房屋。明《古今小说》卷四：“带转了侧门，走出～，喘息未定。”《欢喜冤家》一四回：“了然一见，满面堆下笑来，引进～。”清《春柳莺》三回：“石生喜不自胜，随到～，向毕监生施礼毕，各分宾主而坐。”

【前行】 qián háng 官名。唐宋时尚书省六部分前、中、后三个行次，有前行郎中等官名。后用作对吏员的尊称。《唐六典》卷二：“凡未入仕而吏京司者，……其在吏部、兵部、考功、都省、御史台、中书、门下，是为～要望，目为七司，其餘则曰后行闲司。”宋江休复《醴泉笔录》卷下：“李兵部作陕西转运使，尝至一州，军伶白语：‘但某叨居兵部，谬忝～。’”宋元《古今小说》卷三五：“钱大尹看罢，即时教押下一个所属去处，叫将山～山定来。”

【前后】 qián hòu ❶ 偏指以前、从前。《敦煌变文校注》卷一《汉将王陵变》：“～送书，万无一回。”又卷二《舜子变》：“娘子～见我来归，得甚能欢能喜；今日见我归家，床上卧地不起。”明李梅实《精忠旗》三七出：“所没田产屋宇等俱令江州给还，～被受御笔手诏并精忠旗一面，令左藏南库搜拣给还，以彰世守。” ❷ 指某一特定时间早些至晚些的一段时间。唐佚名《大唐传载》：“岁时雨降，即泛溢自满，蒲鱼之利，人实赖焉。至白露应即～，一夕即一空如扫焉。”明汤显祖《南柯记》一〇出：“我淳于棼人才本领，不让于人。到今三十～，名不成，婚不就。”清《红楼梦》六四回：“至次日吃饭～，果见贾母王夫人等到来。” ❸ 总是；终归。唐段成式《庐陵官下记》：“李廓在颍州获光火贼七人，～杀人必食其肉。”明李梅实《精忠旗》三〇出：“我～不免是死了。这路傍一个深潭，不免跳下去寻个自尽罢。”《浪史》八回：“吾儿做了妇人，～有一日的，从了罢。” ❹ 附近；一带。明李梅实《精忠旗》二九出：“可将琵琶觱篥，携着羊酒，一路打围，往阴山～去。”《禅真逸史》二五回：“却又在乡村～百姓人家，抢劫些钱米布帛、柴薪酒肉锅灶之类，下船安顿了。”清《好逑传》四回：“领着了众家丁躲在南庄～，等她去祭扫完了，转回家时，竟打发轿夫抬着便走。” ❺ 餘地；地步。明《挂枝儿·负心》：“凡事留～，劝你自斟酌。”

【前后手】 qián hòu shǒu 指付给差人以应付目前及以后的费用。明《欢喜冤家》一五回：“讲下了盘子，送出～来一百多两纹银，方才宽他面分上做事情，了结公案。”清《醉醒石》四回：“差人讲六十钱，不然还要令爱出官。程翁也没法，～直打发到二十钱。”

【前话】 qián huà ❶ 前面的对话或说过的话。《祖堂集》卷七《雪峰和尚》：“其僧却归雪峰，举似～。峰云：‘者老汉。’”明孙柚《琴心记》四四出：“～果是虚传，就请相见罢了。”清《醒世姻缘传》七七回：“相主事娘子被他缠绕不过，只得替他在相主事面前说了～。” ❷ 指前面发生的事。元明《水浒传》一五回：“吴用把～说了。晁盖大喜，便叫庄客宰杀猪羊，安排烧纸。”明《禅真后史》三四回："荀氏即提起花楼见鬼情节。瞿琰道：'～我已知道，但只讲今日为甚啼哭？'"清《隋唐演义》一一回："叔宝道：'为盘缠不曾带得，担搁出无数事来。'雄信道：'～慢题，且请进去。'" ❸ 话本小说指前面讲述过的故事或情节。明《拍案惊奇》卷一二："而今更有一段话文，只因一句戏言，致得两边错认，得了一个老婆，全始全终，比～更为完美。"《西湖二集》卷一三："你道世间有这般凑巧的事。再接～，话说王立这厮因赌输了棉被，无计可施，要做那贝戎之事。"清《说岳全传》七〇回："～休提，且说秦桧夫妻那日来到灵隐寺中进香。"

【前欢】 qián huān ❶ 旧欢；昔日的欢会。唐韦应物《再游龙门怀旧侣》："良时忽已过，独往念～。"五代冯延巳《清平乐》："往事总堪惆怅，～休更思量。"清方成培《雷峰塔》二六出："〔旦〕此行休似东君泄漏柳条青，〔生〕还学并蒂芙蓉交映，〔合〕再话～续旧盟。" ❷ 旧好；昔日情人。五代冯延巳《鹊踏枝》："此夕相逢，却胜当时见。低语～频转面，双眉敛恨春山远。"元王仲元《普天乐·离情》："归期限满，难凭后约，孤负～。"

【前回】 qián huí ❶ 犹"前次"。唐元稹《酬乐天醉别》："～一去五年别，此别又知何日回。"宋洪迈《夷坚志》三辛卷一〇："此间不可住。～九月内庐陵县市心一客亦姓李，系辛酉生，只一宿于斯，便遭魇死。"清《说岳全传》三四回："我～在青龙山中，中了这番奴调虎离山之计，放走了粘罕。" ❷ 章回小说的上一回。清《女仙外史》三三回："～书说吕军师的人马已到济南，此处要接着如何相杀了。"《绿野仙踪》一三回："～言冷于冰在玉屋洞修炼，这话不表，且说连城璧。"《品花宝鉴》一二回："～书中，萧次贤说有两封情书的灯谜被人打去了。"

【前婚】 qián hūn 在前的婚姻；先前的婚姻（相对后婚而言）。《太平广记》卷三七五引《芝田录》："有崔生者，～萧氏，育一儿卒，后娶郑氏。"元胡尊生《送君进周公》："人言远归胜～，稚子牵衣妇携手。"《元曲选·窦娥冤》二折："劝普天下～后嫁婆娘每，都看取我这般傍州例。"清陈端生《再生缘》五五回："孤家又不负～，守义三年人所闻，……后来迎娶刘家女，却都是，父母高堂作主分。"《续金瓶梅》四〇回："只要夫妻两口儿结着缘法，那怕他是～后娶，谁是小，谁是大？"

【前家】 qián jiā ❶ 再嫁女子的前夫家。《通典》卷九四："有妇人再嫁为人继母而亡，～子取母柩，父与之去，继子之服如何？"《唐律疏议》卷二六："若妻前夫之女，谓妻～所生者，各徒三年。" ❷ 犹"前房❶"。《敦煌变文校注》卷二《舜子变》："～男女不孝，见妾后园摘桃，树下多埋恶刺。"《元曲选·蝴蝶梦》二折："～儿着一个偿命，留着你亲生孩儿养活你，可不好那。"又《酷寒亭》三折："这里有个郑孔目，娶了一个小妇，折倒他～一双儿女。"

【前脚】 qián jiǎo 脚步刚一离开（随即产生下一步的行动）。元明《水浒传》四二回："哥哥～下得山来，晁头领与吴军师放心不下，便叫戴院长随即下来探听哥哥下落。"明《金瓶梅词话》一三回："到明日你～儿但过那边去了，后脚我这边就嘤喝起来。"清《醒世姻缘传》四五回："素姐等他～出去，就跑下床来，自己把房门闩上。"

【前截】 qián jié 事物靠前的一截。元杜仁杰《耍孩儿·庄家不识构阑》："说道～儿院本《调风月》，背后幺末敷演《刘耍和》。"明王肯堂《证治准绳》卷六八："取路傍破草鞋～连鼻烧灰。"清《歧路灯》三六回："昨日考了个三等～儿五十一名，你就上落起我老张来。"

【前襟】 qián jīn ❶ 上衣、袍子前面的部分。宋徐竞《宣和奉使高丽图经》卷一二："龙虎上超军，服青布窄衣，文罗头巾，～与背皆有团号。"《元曲选外编·西厢记》三本一折："多管是和衣儿睡起，罗衫上～褶衽。"清《儒林外史》五二回："凤四老爹把～提起，露出裤子来。" ❷ 处在衣服前襟那样的位置。元刘因《经古城》："易水开～，飞狐连右肩。"杨维桢《朱氏德厚庵记》："其里曰大兴，有林麓魁然秀，北带乎九山，～泰川。"明郑若曾《江南经略》卷四上："其地后殿九峰，～黄浦。"

【前进】 qián jìn ❶ 先进；功名、学业进步在先的人。宋曾巩《上王转运书》："每临而见之，未尝不优为之礼，非今御官之于贱士、～之于后辈所常行者。"金翟升《群贤登第诗》："不才鲁钝甘隐居，但庆诸公膺器使。为报后来为学人，～已达教犹存。"明宋濂《南涧子包公碣》："当酣适之际，岸巾独坐，高歌八韵律赋，抑扬高下，音节极可听。闻者犹能识～风致。" ❷ 向前发展；进步。明汤显祖《牡丹亭》六出："依小弟说，不如干谒些须，可图～。"清《幻中游》七回："晚生非不有志～，无奈遭际不幸。"《醒世姻缘传》三五回："万一会试再有～，这一发是先生的玉成。" ❸ 改嫁的婉词。明《金瓶梅词话》九一回："止是他大娘子守寡正大，有儿子，房中搅不过这许多人来，都交各人～来。"

【前局】 qián jú ❶ 刚下过的棋局。宋蔡襄《西斋秋暑》："仙棋覆～，女布便轻衣。" ❷ 以往的局面、事业。宋刘克庄《答王侍郎和紫极宫诗》："共谈端平事，～尚堪覆。"明李天经《遵旨恭进历书并奏缴钱粮疏》："然恭承明命，曷敢不勉结～，……臣所谓～者，辅臣徐光启未竟之绪也。"清《野叟曝言》一五二回："当于孙曾中各选一人，为异日论交之地，俾言志、贺志、考志，亦如吾辈～，岂非千秋佳话？" ❸ 前部。明戚继光《练兵实纪》卷六："各兵前行至城外空所，～第一旗总报云'已到某处城外了'，个个旗总挨传回来。中军传云如何扎营，仍挨传到～第一旗总。"

【前孔】 qián kǒng 隐指女阴（相对肛门而言）。清《姑妄言》七回："若有旧情勾搭上了，强似把自己的后窍只管与别人弄，我也弄弄他的～何妨？"

【前口儿】 qián kǒu er 马嚼子。元马致远《耍孩儿·借马》："怕坐的困尻包儿款款移，勤觑着鞍和辔，牢踏着宝镫，～休提。"

【前里】 qián li 前面。明《金瓶梅词话》三八回："寻常只在门～走，又被开路先锋把住了。"清《说唐后传》一〇回："炮声一起，营门大开，～二十四对大红旗左右平分。"△《小五义》五三回："大肚子往～一摊，正靠着柜往那过瞧。"

【前料】 qián liào 预料。宋夏竦《答杜侍郎书》："旋闻贼骑遁去，皆如明识之所～也。"明李存《题王氏笑闲亭》："倚栏皆可乐，百事弗～。"清施闰章《江浦留别王白虹明府》："中原方沸争，万事罕～。"

【前路】 qián lù ❶ 未来的境地；发展的前途或方向。唐刘长卿《对雨赠济阴马少府》："吾兄即时彦，～良未测。"《元曲选·东堂老》三折："这厮便早识的些～，想着他那破瓦窑中受苦。"清钱谦益《赠别方子玄进士序》："子玄年富力强，抗志古昔，而又得损仲之言以异其～，知其于余言必有合也。" ❷ 指沿途负责传递、转运的机构。宋《三朝北盟会编》卷六八："札付开封府关牒～，火急施行。"元《通制条格》卷一三："今后毋得擅便督勒沿江河路府州县，行移～文字，准备差拨人夫。"明汤显祖《南柯记》三四出："太爷行到五十里之程，～飞报，公主不幸了。" ❸ 军队在前开路的。明戚继光《练兵实纪》卷五："一路行营，左部当先为～，中军继之中部为中路，右部为后路。"《西游记》二〇回："吾党不是别人，乃是黄风大王部下的～先锋。"清《粉妆楼》七四回："只听得三声炮响，早有～先锋罗灿、秦环、胡奎、李定，又有二路先锋罗焜等，八位英雄一齐出营。" ❹ 前面；前头。明汤显祖《邯郸记》八出："来做新进士琼林宴席，～是半实半空案果，后面是带熟带生品食。"清《红楼梦》八九回："～是平韵，到末了儿忽转了仄韵。"

【前门】 qián mén 犹"前孔"。明《浪史》二七回："后门比着～小几分，你的比着别的大几分，一大一小，相形之下，可不弄坏了。"《别有香》五回："你不知～风味，大胜后庭。"

【前面】 qián miàn ❶ 犹"前边❶"。唐易静《兵要望江南·占云》："戊己日，～有云青。忽止忽行权且住，军人讹语审详听。"明梁辰鱼《浣纱记》一四出："〔净〕此去～是那里？〔众〕～是锦帆泾百花洲。"清《风流悟》八回："只见～一个婆婆，捉着一壶酒，冒雪而来。" ❷ 面对。宋洪迈《夷坚志》甲卷一四："师所居，～葛仙峰，后枕仙姑坛。" ❸ 面前；跟前。金《董解元西厢记》卷一："气扑扑走得掇肩的喘，胜到莺莺～，把一天来好事都惊散。"《元曲选·谇范叔》二折："只见一条沉铁索当～，两束粗荆棍在边厢。"清《绿野仙踪》二七回："人若没个榜样摆在～，自己一人做去，或者还有疑虑。" ❹ 正面；正脸。《元曲选·看钱奴》三折："画喜神时不要画～，则画背身儿。"清《绿野仙踪》七九回："周琏在庭房内，总看的是此女～，此刻才看见后面。" ❺ 犹"前边❷"。宋元《古今小说》卷二四："所说事体，～与哥哥一同。也说道哥哥复还旧职。"《元曲选·曲江池》一折："～两句尽有些气概，后面两句也还不见怎的。"清《儒林外史》三〇回："那取在～的，就是相与大老官，也多相与出几个钱来。他们听见这话，那一个不滚来做戏。" ❻ 犹"前边❸"。清《醒世姻缘传》一回："一觉直睡到申时方起，～借宿的朋友也都去了。"《儒林外史》四〇回："你去～向那新娘说：'老爷今日不在，新娘权且进房去。'"《红楼梦》一回："雨村打听得～留饭，不可久待。" ❼ 时间靠前的部分。a) 指过去、先前。宋元《古今小说》卷三三："那文女把那～的来历，对着韦义方从头说一遍。"元张养浩《朱履曲》："～有千古远，后头有万年多，量半炊时成得甚么。"明《西洋记》四回："自今以后，毋得再象～那九岁的事体。"b) 指将来、以后。宋程大昌《韵令·硕人生日》："颜红步武轻。定知～，大有年龄。" ❽ 犹"前边❺"。清《十二楼·拂云楼》二回："裴翁因～的媳妇娶得不妥，大伤儿子之心，这番续弦，但凭他自家做主。"《儒林外史》二八回："姑爷，你～的姑奶奶，不曾听见怎的，你怎么又做这件事？" ❾ 犹"前边❻"。宋元《警世通言》卷八："至晚回家，来到钱塘门里车桥～。"清《白雪遗音·世界上》之三："泪珠儿，点点落在胸～，湿透了罗衫。" ❿ 隐指女阴。明《浪史》三三回："当时浪子在后面干了这回，终不比～爽利。当下进了牝户，便愈加施威。"清《警寤钟》二回："羽冲道：'……况且将男作女，一旦事露，岂不连累于我。'孙婆道：'怎的连累你，虽无有～的，却有后面的，也折得过。'"《姑妄言》六回："谁知此梦不应在妇人之～，而应在自己之后面。"

【前娘】 qián niáng 子女称父亲的前妻。明吕天成《齐东绝倒》一折："～生下舜一个，后娘生下我与妹颗手两人。"徐畛《杀狗记》一七出："王祥是～之子，王览是后母之儿。"清《雪月梅》七回："女儿是～生的，叫做雪姐。"

【前配】 qián pèi 犹"前婚"。也指前妻。宋晁补之《罗氏墓志铭》："李君～苗氏，有男女八人。"元郝经《遗山先生墓铭》："～太原张氏，再配临清毛氏。子男三人。"清陈端生《再生缘》四四回："他今并未忘～，汝亦还该续旧缘。"

【前窍】 qián qiào 犹"前孔"。明江瓘《名医类案》卷一一："嗜酒，痛饮不醉，忽糟粕出～，尿溺出后窍。"清《绮楼重梦》三九回："上了炕就叫那新来的丫头陪睡。谁知摸了一摸，竟是没有～的。"

【前情】 qián qíng ❶ 以前的情况或情节。唐牛僧孺《玄怪录》卷一："有老人来诉逐，告以～，遂去。"元明《水浒传》三六回："今蒙缉捕到官，取勘～，所供甘罪无词。"清《荡寇志》一三〇回："林冲～后节想了一回，又想到今日之事。" ❷ 旧情；昔日感情。《元曲选·桃花女》四折："因此上噀法水不惜救童蒙，到底个想～尚觉伤心痛。"元明《三国志通俗演义》卷一七："送归夫人，上表求和，再会～，共图灭魏。"清《白雪遗音·一见情人》："你若忘～，那才称了傍人愿，叫人笑话咱。"

【前去】 qián qù 犹"前进❸"。明《金瓶梅词话》九回："大娘子度日不过，他娘教他～，嫁了外京客人去了。"

【前却】 qián què ❶ 迟疑。唐封演《封氏闻见记》卷九："其人初致～，见曜有必取之色，虑不免，遂许之。" ❷ 拖延。《吐鲁番出土文书》卷二："若二人～不偿，听曳二人家财，平为[钱直]。"又卷六："若左须钱之日，张即子本具还；～不还，任掣家资，平为钱直。"宋朱熹《回申转运司乞候冬季打量状》："德意所加，至深至厚，岂可不亟奉行，更有～？"

【前日】 qián rì ❶ 昨天的前一天。唐白居易《赠梦得》："～君家饮，昨日王家宴。今日过我庐，三日三会面。"元张可久《点绛唇·翻归去来辞》："昨日方知～错，今朝便觉夜来非。"清《红楼梦》五四回："他妈～没了，因有热孝，不便前头来。" ❷ 前一天；昨天。《太平广记》卷一二一引《纪闻》："未死之～，李之命其家造数人馔，仍言曰：'吾与客三人至蜀郡，录王悦，食毕当行。'明日而悦死。"宋洪迈《夷坚志》丙卷六："风作之～，指泥像语人曰：'身躯空许大，只恐明日倒了。'去弗宿。"清《儒林外史》二〇回："思量要回他说已经娶过的，～却说过不曾；但要允他，又恐理上有碍。"

【前日个】 qián rì ge 即"前日❶"。明吕天成《齐东绝倒》四折："～恁奔波，今日个休悲悼，说起也教人闷倒。"《西洋记》五三回："他～晚上蓦进了我的宝藏库来，杀了我五十名军士。"清《红楼复梦》六三回："～媳妇回家去说上的这宅里，谁知就是荣国府的贾太太。"

【前哨】 qián shào ❶ 军中位置在前担任巡哨的部队。《元曲选外编·五侯宴》三折："某今领三千人马，军行～，擒拿王彦章去。"明戚继光《纪效新书》卷八："前营正兵即大鸳鸯阵平平一字列开，以～为第一层，后哨为第二层，左哨为左翼，右哨为右翼。"清《东周列国志》九八回："廉颇闻～有失，传谕各垒用心把守。" ❷ 向前放哨侦察。清《女仙外史》二八回："董翥四将次第回来禀道：'～二十餘里，登高瞭望，并无伏兵。'"

【前失】 qián shī 马在奔跑中前足失陷。元古本《老乞大》："眼生马，撒蹶的马，～的马。"明《封神演义》七四回："那马打了个～，把丘引跌下马来。"清《隋唐演义》五七回："秦王的坐骑一个～，把秦王掀将下来。"

【前拾】 qián shí 瞌睡时头不由自主下垂的动作。明冯惟敏《锁南枝·盹妓》："强打精神扎挣不的，怀抱着琵琶打了个～。"

【前手】 qián shǒu ❶ 位置或动作次序在前的手。《法苑珠林》卷一一三："用水不得使～著后手。"清《镜花缘》七九回："因他(弓)开的满，～也稳，所以才中了两箭。" ❷ 指时代在前手段更高的人。宋陈造《次韵盛教授》："修月无～，凌云得此心。" ❸ 在前经手的；前任。宋吴泳《奏宽民五事状》："比之省价，每两尚争二三百钱，故～漕计，见谓从容。"清吴伟业《临春阁》三出："如今朝中臣宰，左班挤轧右班，后手挨帮～。" ❹ 指次序在前的动作。明戚继光《纪效新书》卷一二："今之欲用力打人者，惟恐棍起不高、打不重，盖只是有～之力，无后手之功故耳。"清《醒世姻缘传》八〇回："你只～接了银子，我后手告着你。"

【前首】 qián shǒu 前边；前面。明《金瓶梅词话》五九回：“大红销金棺舆，幡幢云盖玉梅雪柳围随，～大红铭旌题着‘西门冢男之柩’。”清陈端生《再生缘》七三回：“家人～先通报，孟府司阍进内行。”《野叟曝言》三一回：“一部《好逑传》，板清纸白，～绣像，十分工致。”

【前数】 qián shù 前定的运数。明无心子《金雀记》九出：“金雀已占～。百岁良缘，愿取唱随同步。”佚名《鸣凤记》二七出：“人生祸福，皆由～。”清《红楼复梦》五四回：“休违～。我有偈言四句，你可谨记。”

【前天】 qián tiān 犹“前日❶”。清《万花楼》三三回：“～卑职父子同在汛岸巡查，已是二更天时候。”《荡寇志》九七回：“那戴春有个哥子名叫戴全，就是～毛和尚案里的要犯。”《品花宝鉴》二六回：“怪不得他～如此高兴，总赏了一百多金子。”

【前头】 qián tou ❶ 物体靠前的一头。唐王焘《外台秘要方》卷一三：“取一细绳，令于脚下紧踏。其绳～使与大拇指端齐，后头令当脚跟后。”元王祯《农书》卷一五：“故制木板以为履，～及两边高起如箕。”明徐启光《农政全书》卷一八：“一如常碓之制，但～减细，后稍深阔。” ❷ 犹“前面❶”。唐白居易《杪秋独夜》：“～更有萧条物，老菊衰兰三两丛。”元明《水浒传》六七回：“待我～去寻得些买卖，却把来还你。”清《白雪遗音·乌纱帽》：“爱只爱，黄罗伞罩八抬轿，旗帜～飘。” ❸ 犹“前面❸”。唐张鷟《朝野佥载》卷一：“遇病卧平壤城下，褰幕看兵士攻城。有一卒直来～背坐，叱之不去。”《敦煌变文校注》卷一《汉将王陵变》：“老母如何对臣～骂詈楚主！”明王澹《樱桃园》四折：“怕～鹦鹉传言，恐隔墙有耳声低晚。” ❹ 犹“前面❺”。《祖堂集》卷七《雪峰和尚》：“师举似长庆，长庆云：‘～两则也有道理，后头无主在。’”清《醒世姻缘传》三三回：“会了第二句，叫那带了～那一句读，谁知～那句已是忘了。”《雪月梅》二九回：“谁知进场去恰恰出了这个题目，他反取在五名～。” ❺ 犹“前面❻”。明《金瓶梅词话》二六回：“金莲叫小厮：‘你往～干你那营生去，不要理他。’”清《醒世姻缘传》一〇回：“这一个槽上也拴的两个叫驴么？珍哥在～住，计氏在后院住。”《蜃楼志》二回：“你到～去，看太太顽完牌我再去罢。” ❻ 犹“前面❼”。a）指过去；先前。《敦煌变文校注》卷一《李陵变文》：“～有将名苏武，早向胡庭自索强。直为高心欺我国，长交(教)北海牧羝(羝)羊。”清方成培《雷峰塔》三二出：“甫巴得今朝一见，便时时侍奉周旋，也难补～慕怨。”《品花宝鉴》三九回：“将脸上擦了两擦，微有一点油，不像～落色了。”b）指将来；以后。唐白居易《对酒劝令公开春游宴》：“～更有忘忧日，向上应无快活人。”《敦煌变文校注》卷二《庐山远公话》：“阿郎但不用来，～好恶有贱奴身在。”金尹志平《西江月·寄京师道友》：“词寄燕山道众，听予至嘱休疑。外缘虽干内忘机，免却～懊悔。” ❼ 犹“前面❽”。清《儒林外史》二四回：“自然是石老鼠这老奴才，把卜家的～娘子贾氏撮弄的来闹了。”《歧路灯》三九回：“你那～媳妇子，是怎死哩?”《姑妄言》二〇回：“这是我～先嫂生的，名字叫做曾嘉才。” ❽ 犹“前面❾”。唐章孝标《蜀中赠广上人》：“曾持麈尾引金根，万乘～草五言。”元明《水浒传》三四回：“正来到那山嘴边～，寨兵指道：‘林子里有人窥望。’”清《荡寇志》一二九回：“不多几日～，吃我打了一掌。”

【前途】 qián tú ❶ 登程；前行。唐杜甫《哭台州郑司户苏少监》：“存亡不重见，丧乱独～。”元高明《琵琶记》四出：“试期逼矣，早办行装～去。”明袁中道《行路难》：“天剧暑，河扬尘，缆夫数十人，欲纵之则难～，止之皆无食。” ❷ 已走过的前一段路途。宋佚名《鬼董·沈翁》：“一人衣青褐衣投宿，曰：‘吾～值盗，囊资皆罄尽。’”清陈端生《再生缘》九回：“含笑上前呼贵客，～可见我家君?”《万花楼》二五回：“又问狄青道：‘你在～可曾遇有刺客否?’狄爷道：‘我～并未逢什么刺客。’”

【前窝】 qián wō 指前妻生的孩子。《元曲选·对玉梳》二折：“指头上单养的我一个，须不是过房的买到～。”清《聊斋俚曲·慈悲曲》：“俺如今有了～并后窝，哎，寻老婆，原是我当初错。”《歧路灯》四〇回：“你哥就把你那～子儿，上下看了两眼。”

【前夕】 qián xī 前一天晚上。唐郎士元《酬萧二十七侍郎初秋言情》：“胜赏睽～，新诗报远情。”明汤显祖《牡丹亭》三六出：“～鬼也，今日人也。鬼可虚情，人须实礼。”清《歧路灯》一〇五回：“盛希瑗于绍闻临行～，备了一桌酒饯行。”

【前嫌】 qián xián 从前的嫌疑或嫌隙。唐许嵩《建康实录》卷三：“丹阳太守李衡以～自拘，有司表列罪失。”《宋史·贾易传》：“苏辙为中丞，易引～求避，改度支员外郎。”清《绿野仙踪》六七回：“永为兄弟之国，各立盟书，尽释～。”

【前向】 qián xiàng ❶ 前方；前面。宋苏舜钦《处州照水堂记》：“～南明山，盖王平之旧隐也。”元吴师道《金华北山游记》：“闻～途稍绝，乃还。”清查慎行《望岱》：“渐觉所历事，纵眼快～。” ❷ 以前；前次。清《醒世姻缘传》二一回：“你～提了大爷的头出来，我倒正在这门口看见。”又六四回：“～同张大嫂来庵里与菩萨烧香，好个活动的人。”

【前项】 qián xiàng ❶ 前面的项目、条款。唐李漼《平徐州推恩制》：“回戈之后，如有不愿食粮，听从其便，亦准～除两税外，放三年杂役。”明佚名《民抄董宦事实》：“而且降之，而且黜之，而且杖之，假令诸生果犯～，又将何以加之乎?”汪廷讷《狮吼记》二三出：“这庾氏之罪较～颇轻，如何也入此等重狱?” ❷ 同“前向❷”。宋元《清平山堂话本·三塔记》：“老妈把～事说一遍。”《元曲选·赵氏孤儿》二折：“那～的事，老宰辅都已知道，不必说了。”清《女仙外史》五〇回：“当下两剑仙一径回到帝师宫内，将～事情备细说了。” ❸ 指前面提到过的。明佚名《鸣凤记》四出：“～礼物并羹果，昨已差人送过。”《西游记》六九回：“三人回至厅上，把～药饵搅和一处，搓了三个大丸子。” ❹ 指前面的事情或情况。明《西游记》附录：“却说玄奘回寺，见法明长老，把～说了一遍。”清《绣戈袍》三一回：“那学院亦见吴翰带着王安、月娟回来，将～的首尾一一详说。” ❺ 特指此前的一笔或以前的某一笔款项。清《儒林外史》三三回：“～已完，叫王胡子又去卖了一分田来。”《歧路灯》七四回：“想了一晚，只得上盛希侨处讨取～，并可把夏鼎求助之意转达一番。”

【前心】 qián xīn 胸前相当于心脏的地方。元《三遂平妖传》一六回：“我把你～一枪，后心透出头来。”《元曲选·小尉迟》三折：“骤马横枪觉甚的，我攒搠丢打不曾离，不曾离～两肋。”清《醒世姻缘传》七六回：“用新针七枚钉了～，又用七枚钉了后心，又用十四枚分钉了左右眼睛。”

【前夜】 qián yè 前一天或前几天的夜晚。唐崔橹《梅花》：“强半瘦因～雪，数枝愁向晚天来。”元明《三国志通俗演义》卷二二：“吾～丙寅日，见那星落于此处，今夜壬申日应矣。”清方成培《雷峰塔》一〇出：“不意～库中封锁不动，失去帑银四十锭。”

【前约】 qián yuē 以前的盟约。唐张九龄《敕突厥登利可汗书》：“欲达其情，必重其使，以将厚意，更敦～。”明孟称舜《娇红记》一四出：“～无凭，后期难订，叹红颜何事多薄命。”清《镜花缘》六回：“当年我原有言在先，如爽～，教我堕落红尘。”

【前站】 qián zhàn ❶ 行军或因公出行时将要到达的下一处站点。站，站赤，蒙古语指负责沿途接待、转运的机构，后省称

“站”。也泛指行路的下一个停留地。元陶宗仪《辍耕录》卷一〇：“既而各上马，比曙，抵～。”清洪昇《长生殿》一五出：“赶路要紧，我原骑了那马，～换去。”《品花宝鉴》一五回：“人倒不少，庚香、剑潭送到～宿店去了，要明日才回。” ❷ 打前站；到前方安排食宿等事。明《禅真后史》二五回：“到得林外，天已昏黑，果然有一大寺，～军健先入寺中通报。”《隋史遗文》三回：“只有道宗与建成赶着几个～家丁，先行有一二里多路。”清《隋唐演义》二一回：“二十名长箭手赶到，见卢方落马，各举标枪叫道：‘～卢爷被响马伤了。’” ❸ 指打前站的人。清李玉《清忠谱》二折：“只见镇守三山口汛地将官，差飞骑来报：‘广阳王～已到三山口了。’”《歧路灯》四六回：“程公～回到署衙，说老爷已到朱仙镇。”《荡寇志》一一一回：“小人们因大人～范老爷早已吩咐过，不敢应许。”

【钤闭】 qián bì 锁闭；封闭。唐陈山甫《禹凿龙门赋》：“始也设以规模，不资～。云横结驷之状，浪走高车之势。”

【钤锤】 qián chuí ❶ 钤和锤，锻打工具。钤，锻打时钳夹炉铁的工具。《古尊宿语录》卷二三《广教省禅师语录》：“问：‘三灾竞起如何救之？’师云：‘广教不问你，来日吃～。’”金元好问《赋粹中师竹拂子》：“谁知拂月披风意，已具～未落前。”明《西游记》一九回：“(这钯)老君自己动～，荧惑亲身添炭屑。” ❷ 钤和搐锤，焙制茶叶的工具。钤，炙茶铁器。宋吴则礼《同李汉臣赋陈道人茶匕》：“心知二叟操～，种种幻出真瑰奇。” ❸ 比喻启发教育或启发教育的手段。宋马防《临济禅师语录序》：“夺人夺境，陶铸仙陀；三要三玄，～衲子。”朱熹《答王子合》：“又见渠长上，不欲痛下～。后来自觉如此含胡，恐误朋友，方著力催攒功夫。”

【钤封】 qián fēng ❶ 封裹并加盖封章的珍秘物品。明李东阳《代石留别用前韵》：“如闻翰苑将移篆，愿与～一处收。” ❷ 把封口封好并在上加盖印章。清袁枚《子不语》卷九：“请王命牌，油纸裹缚贫道背上，用河道总督印～，大人手书姓名加封之。”《野叟曝言》九九回：“当堂令吏典清出供单，过朱加谳，叠成案卷，用印～。”《照世杯·七松园》：“自家取了一张红叶笺，杜撰几句偷情话儿，用上一颗鲜红的小图印，～好了。”

【钤缝】 qián fèng 在重要文书骑缝处钤盖印章以防作伪。元陶宗仪《辍耕录》卷六：“兰亭一百一十七刻，装褫作十册，乃宋理宗内府所藏。每版有内府图书～玉池上。”明《禅真后史》三八回：“暗暗打开看时，是～印信簿子一个，书柬几束。”清赵翼《陔餘丛考》卷三三：“然则虽有～之法，尚不能防弊，宜时俗伪契之纷纷不止也。”

【钤符】 qián fú ❶ 古代兵书《玉钤篇》和《太公阴符钤录》合称之省，泛指兵书或兵法。唐许敬宗《唐并州都督鄂国公尉迟恭碑》：“加以～元秘，剑术精微。偃月疏管，右泽左陵之势；浮云定阵，鹅张鹤列之奇。”封敖《授王宰高承恭田牟三道节度使制》：“文该礼义之源，武服～之奥。”清蒋溥《圣驾南苑大阅恭记》：“将识～谙御防，兵娴纪律荷龙光。” ❷ 借指兵权。宋文天祥《乾会节钤司贺皇帝表》：“臣还领～，恪共官次。”

【钤盖】 qián gài 盖(印章)。明沈鲤《学政条陈疏》：“除造册外，仍明开卷面，用印～。”沈榜《宛署杂记》卷一二：“照本府印发编号契尾，填为银数、年月，仍用本县印信～，发买主收执。”清《醒世姻缘传》八二回：“勒他写了文契，使了本司的方印～，差人交与指挥。”

【钤阁】 qián gé 放置官印的小房间，借指衙署。唐常衮《华州刺史李公墓志铭》：“竹符兼剖，～长闲。百城歌之，政有经矣。”宋赵抃《次韵程给事见寄》：“羡公～绝纤尘，顾我何尝德被人。”明韩雍《春日与一二知己小酌》：“赏节已开～燕，怀人休棹剡溪船。”

【钤管】 qián guǎn 约束管理。唐李商隐《为兴元裴从事贺封尚书加官启》：“仰惟殊渥，允谓简劳。当从～之荣，便执陶钧之柄。”明《韩湘子》九回：“第二面金牌，～四海龙王。”清黄叔璥《台海使槎录》卷八：“当官既经缴费，到社任意攫夺，岂复能～约束。”

【钤匮】 qián guì 犹“钤符❶”。匮，《太公金匮》，古兵书名。唐李忱《授郑涯义武军节度使制》：“雅量溟广，贞标岳孤。通～之奇书，负圭璋之雅器。”五代郭威《答宰臣王峻诏》：“朕生长军戎，勤劳南北，虽用心于～，且无暇于诗书。”

【钤记】 qián jì ❶ 印章。特指一种官府用的长方形印章(有别于正方形的官印)。明张大复《梅花草堂笔谈》卷一三：“其仆云，忆有匙系麻裙带下，又线蹊～。刘漫唯唯。越十二日，江人来告，已得裙匙印记矣。”清《荡寇志》八〇回：“一面自具禀单，盖了～，叫人飞奔到郓城县去报官。”《蜃楼志》一五回：“即分付收了盈库的～，委南海县抄袭他两处的家私入库。” ❷ 加盖印章。明王守仁《批右江道移置南丹卫事宜呈》：“置立支销文簿，该道用印～，各付一本收执。”清《醒世姻缘传》一〇回：“该房叠成了一宗文卷，使印～了，安在架上。” ❸ 加盖在物品上的印章痕迹。明陈洪谟《治世餘闻》下篇卷二：“挂轴若山水名翰，俱多晋、唐、宋物，元氏不暇论矣。皆神品之物，前后题识～具多。”清厉鹗《赵饮谷买得乐安长公主小玉印》：“刻成小印柔荑抚，～居然宝绘堂。”方成培《雷峰塔》八出：“你看这元宝上，现有字号～，正是那赃银。” ❹ 标志；记号。明王祎《章氏义阡记》：“在昔堪舆家尝留～，谓兹实吉壤，葬得其穴者后出显贵。”郑若庸《玉玦记》三一出：“地理由来玄妙，时人肉眼凡庸，……～时常偷做，克应偶尔遭逢。”《西洋记》五回：“碧峰道：‘……你既有锦囊，那锦囊里面有甚～？’弟子道：‘锦囊之中止有三个字儿。’”

【钤键】 qián jiàn ❶ 锁钥，比喻屏障或保障。唐张彧《赵郡南石桥铭》：“谓之～，撮我宇宙；谓之关梁，扼我戎寇。”宋黄公度《送汪内相移镇宣城》：“新亭空涕泪，神汴失～。” ❷ 比喻事物的核心、关键。唐李程《汉章帝观诸儒讲五经赋》：“释～之枢奥，赜精微而讨论。疑之者风散冰释，学之者理顺义存。”明徐渭《上提学副使张公书》：“以明公为人物之橐钥，文章之～。足登龙门，声逾珠玉。”清钱谦益《顾仲恭传》：“长益肆力于学问，六经诸史百家内典之书，靡不乱其津涉，启其～。” ❸ 束缚；约束管制。唐孙愐《唐韵序》：“遁禄岩岭，吐纳自然。抗志～，栖神梵宇。”宋朱熹《直显谟阁潘公墓志铭》：“戒州县毋得除舍馆、饰供张，～吏卒，所过肃然。”清黄宗羲《吏部左侍郎章格庵先生行状》：“忠勇可任，观望不前，速宜分别，以就～。” ❹ 封锁；锁闭。宋林朝光《策问》：“姓历铨簿，～周密，是可以久而无弊乎。”清钱谦益《工部主事金元嘉授承德郎敕》：“司库藏而～惟严，管出内而棼丝必理。” ❺ 愚蒙。宋余靖《禘郊论》：“先儒之所以解经者，盖欲导前圣之渊源，启后学之～也。”清黄宗羲《读苏子美哭师鲁诗次其韵》：“予时未知书，～待君抽。” ❻ 启发愚蒙；启悟。《五灯会元》卷一九《保宁仁勇禅师》：“闻杨歧移云盖，能～学者，直造其室。” ❼ 综合归纳。清钱谦益《洪武正韵笺序》：“吴有君子曰杨去奢氏，服膺《正韵》，以为不独～韵学，实皇明之制书也。”又《伤寒捷径书序》：“乃撮取其候体治法切近明了者，作《伤寒捷径书》，用以～昔人，津梁后学。”

【钤勒】 qián lè 犹“钤管”。宋洪迈《夷坚志》丙卷一四：“大王不能～部曲。吾来舍钱，而小鬼无礼如是。”《建炎以来繫年要录》卷二七：“又不～其众，动则溃，溃则盗。”

【钤束】 qián shù ❶ 犹“钤管”。宋司马光《言阶级札子》：“是致军校大率不敢～长行，甘言悦色，曲加煦妪。”明陆采《怀香记》一五出："只我自家主张家事，奴婢秋香冬秀等辈，俱属～之下。"清《红楼梦》一三回："家人豪纵，有脸者不服～，无脸者不能上进。" ❷ 归置钤藏。宋苏颂《请增葺尚书省稍复南宫故事奏》："振举纲维，～官物，不致损失。"

【钤司】 qián sī 钤辖司的省称。掌管军旅屯戍、营防守御的政令。宋李石《李晋寿诗序》："晋寿名乔年，时为～属官。"魏了翁《朝请大夫虞公墓志铭》："公在～，遇事敢言，曲畅军民之情。"姚宽《西溪丛语》卷下："藩郡带～酝酒不限数，惟会稽则不然。"

【钤韬】 qián tāo 犹"钤符❶"。韬，《太公六韬》，古兵书名。宋吕南公《道先贤良寄示长篇》："作为文章世不用，似对妇女论～。"明阮汉闻《渝关望海楼》："～逐整居，头屑寓深旨。"谭元春《与谭梁生邻寓诗》："～与图书，常若马处厩。"

【钤辖】 qián xiá ❶ 犹"钤管"。唐元稹《授裴武司农卿制》："～豪右，衣食茕嫠。严而不残，仁而有制。"明何良俊《四友斋丛说》卷七："当时政体互相～，事权常分，使门下尚书二省坚持官守，不相阿纵。"清钱谦益《直隶河间府宗万化授奉直大夫制》："顷者盗贼生发，探丸椎埋者交迹国门，思得健吏以～之。" ❷ 宋代武职。参见"钤司"。宋王林《燕翼诒谋录》卷五："嘉祐四年五月丁巳，始诏扬、庐、江宁、洪、潭、越、福七路兼本路军马～，……其后二广经略、京东西路安抚、江东西路安抚，皆因事令守臣兼领，而加以～之名。"洪迈《夷坚志》甲卷一七："承宣使孙渥以～摄帅事，为文祭之。"明《石点头》卷六："这赌客是何等样人？乃是～葛玥之子，小名尊哥。" ❸ 指管辖的机构或手段。明张宁《明故乐义处士王公墓表》："素大家，盛田宅，适长赋税，出入～中而能周旋回远，卒以保全致今日。"倪元璐《河南安阳县知县巩焴敕》："其法以德礼为鞭棰，以明清为～。纲纪自立，民用以和。" ❹ 锁和辖(车轮销钉)，比喻地理要隘及其功能或责任。清钱谦益《遵化县知县顾天宠授文林郎敕》："遵西接渝关，东连潞水，～京边之际。"又《直隶顺天府张国纲授文林郎敕》："内附辇毂，外傍陵关。虽蕞尔一隅，～非小。"储大文《原势》："北则乌江，南则铁索。江乃左右江源，而关暨桥乃其～也。"

【钤下】 qián xià ❶ 管辖权限之下。唐王维《京兆尹张公德政碑》："公命吏缚之，立死～，于是人入暗室，若遇大宾焉。"宋晁公遡《嘉州知郡札子》："此距～不远，日闻休声。"明孙继皋《与林侍御书》："老公祖将报命，令虽内擢，计未离～。愿不爱显荐，以拄谗谤者之口。" ❷ 属下；部下。五代和凝《疑狱集》卷二："又问～曰：'外有疑吾与死人共语者否？'"明袁宏道《乞改稿》："痰嗽转盛，参曹～，见者无不凄惶。"

【钤压】 qián yā ❶ 约束压制。元胡祗遹《大元故怀远大将军神道碑铭》："郡县之守令，例以归义效顺者就为之，仍选蒙古人一员～其上，谓之达噜噶齐。"清《红楼梦》七九回："须要拿出这威风来，才～得住人。" ❷ (用重物)封闭镇压。清乾隆元年《浙江通志》卷六三引明万历《上虞县志》："上复以侧石～之，内填以碎石。"

【钤印】 qián yìn ❶ 犹"钤记❷"。明郑晓《今言》卷四："但遇三品以上大臣举用方面等官，每置二簿，～备书举主与被升者。一封进司礼监便御览，一送翰林院备顾问。"清纪昀《阅微草堂笔记》卷二一："为书一符，～其上，使持归焚于拾麦处。"《聊斋志异·长治女子》："适将～公牒，女未及避，而印已出匣。" ❷ 犹"钤记❸"。明《禅真后史》三五回："瞿琰看时，却是四个小小笼子，外面用黄布包裹，重叠～封固。"清《歧路灯》五回："你说这几套印结，不是一道衙门的，却又有～骑压纸缝。"

【钤制】 qián zhì 限制约束。唐李忱《禁岭南货卖男女敕》："各于界内设法～，不得容奸依前贩市。"明王守仁《移置驿传疏》："奈小溪人民俱各包当该驿夫役，积年射利得惯，官吏被其～，往往告称移驿不便。"清《姑妄言》二一回："可行可止，都在你们，如何又听地方官的～？"

【钤子】 qián zi 钳子。《太平广记》卷二二〇引《玉堂闲话》："医工秉小～于傍，……令开口，钳出一蛇子。"宋王衮《博济方》卷四："赤烧称锤或小～，淬过后调下。"

【虔】 qián 狡黠；贼。用作詈词。金《董解元西厢记》卷四："怎敢如此，打脊风魔～妮子。"明徐畛《杀狗记》一〇出："我只道是谁叫，原来是阿娘老～。"

【虔婆】 qián pó 贼婆。多指妓院鸨母。用作詈词。金《董解元西厢记》卷四："做个夫人做不过，做得个积世～，教两下里受这般不快活。"明《金瓶梅》八〇回："那日院中李家～，听见西门庆死了。"清《醒世姻缘传》三三回："我把你这个老～，我就合你对了！"

【虔娃】 qián wá 犹"虔婆"。清李渔《蜃中楼》一二出："我问你这老～，淫风倡何人始，莫不是教法传来自母家？"

【钱包】 qián bāo 装钱的包裹。明《拍案惊奇》卷一："取些水来内外洗一洗净，抹干了，却把自己～行李都塞在龟壳里面。"

【钱宝】 qián bǎo 钱币。币上有"通宝"字样。《法苑珠林》卷六："阎浮提人所有市易，或以～，或以谷帛，或以众宝。"宋洪迈《夷坚志》补卷二五："别一处仓廪甚多，主人启廒使视，或米粟、或麦豆、或布帛、或～。"元《三遂平妖传》一五回："到知州宅里，搬出金银～，绫罗段匹，在阶下堆积如山。"

【钱本】 qián běn 本钱。宋《三朝北盟会编》卷二九："人家有～，多是停塌解质，舟船往来兴贩，岂肯闲着钱买金在家顿放？"元《三遂平妖传》八回："小人原有些～，为吃官司时，不知谁人连车子都推了去。"清《隋唐演义》四回："有几员官上来禀谢道：'小人蒙老爷抬举，也有金带前程。'有几个道：'小人领老爷～房屋。'"

【钱卜】 qián bǔ 以铜钱作卜具的占卜法。明倪元璐《儿易外仪》卷一〇："右即今之～，非揲法也。"清纪昀《阅微草堂笔记》卷一七："疑其法如火珠林～也。是与蓍龟虽不同，然以骨取象者，龟之变；以物取数者，蓍之变。"

【钱场】 qián chǎng 赌博场。明《金瓶梅词话》九三回："～里信着人钻狗洞，也曾黄金美玉当场赌。"清《续金瓶梅》一一回："那张一是个光棍，久在～赌博，岂有金子的理？"

【钱钞】 qián chāo ❶ 钱和钞。泛指钱。钞，向官府缴纳钱物后获得的可贩运相应数量盐、硝等国家统榷物资的凭证，可流通，后作为纸质货币。宋刘安止《再论蔡京弹词》："～本自流通，京乃朝行夕改，商贩不行。"《元曲选·蝴蝶梦》一折："只是咱家没有～，使些甚么？"清《醒世姻缘传》三五回："只因手里有了～，不止于管家，且添了放利。" ❷ 指钱币。元明《水浒传》一二回："只有祖上留下这口宝刀，从来跟着洒家，如今事急无措，只得拿去街上货卖得千百贯～。"明袁中道《心律》："镇日营营，如欠人千万贯～，不得偿；肩荷千百斤重担，不得休。"清《飞龙全传》二三回："遂向腰间取了二十文～，用一根草儿穿了。"

【钱串】 qián chuàn ❶ 成串的铜钱。泛指银钱。《元曲选外编·蓝采和》三折："你将我拍板来夺，我则怕～儿脱，争些把绿蓝拙破。"明《禅真逸史》二〇回："又有数十个军士，肩驮～，跟随车后。"清《歧路灯》六五回："就是差役明知在咱家，只要与些银包儿，～儿，也无进门强搜之理。" ❷ 用于穿钱成串的绳索。以穿束百枚铜钱为标准长度。明《隋史遗文》六回："又见青布条捻成

～，穿着三百文皮钱。”清雍正四年十二月初七日积善奏文：“锺巨承于十一月初三日，自用缚腰～缢死监内。”《野叟曝言》一九回：“穿一条青布破裤，两根～系着一双半白半黑的破靴。”

【钱褡】 qián dā 装钱的褡裢。参见“褡裢”。清《歧路灯》五四回：“～内掏出一对赤金镯儿，光灿耀目。”△《儿女英雄传》三四回：“摸着裤带上那个～儿，掏出一把钱来。”

【钱袋】 qián dài 装钱的口袋。宋杨士瀛《仁斋直指》卷一七：“又换童尿浸一日夜，次以生布～牵擦去皮，于臼中捣细。”明《二刻拍案惊奇》卷三五：“程老儿便伸手腰间，～内摸出一块银子来。”清《绿野仙踪》二四回：“又～一个，绒毡一条，雨单两大块。”

【钱堆】 qián duī ❶ 铜钱堆。唐戴孚《广异记·隰州佐史》：“胡在床上卧，胡儿在～上坐，未得取钱。”宋元《古今小说》卷三六：“赶上捉笊篱的，打一夺，把他一笊篱钱都倾在～里。”明《二刻拍案惊奇》卷二七：“富翁家里有一个～，高与屋齐，强盗算计拿他不去。” ❷ 比喻富裕的生活条件。元王氏《粉蝶儿·寄情人》：“你在～受用，撇我在水面上遭徒。”明沈璟《义侠记》一二出：“说不得许多败坏风俗，只要去～里面做马百六，银河稳把牛郎渡。”汤显祖《紫钗记》四七出：“他～里过好日，俺钗断处惜华年。” ❸ 指贪钱的人。明《型世言》一六回：“这吏员官是个～，除活切头、黑虎跳、飞过海，这些都是个白丁。”

【钱垛】 qián duò 成串地堆在一起的纸钱，祭祀用。元明《水浒传》二六回：“灵床子前点一盏琉璃灯，里面贴上些经幡，～、金银锭、采缯之属。”明《警世通言》卷二八：“次日早起买了纸马、蜡烛、经幡、～一应等项。”

【钱柜】 qián guì ❶ 钱铺；钱庄。明《警世通言》卷一五：“(大锭元宝)放在～上零支钱，少不得也露人眼目。”清《歧路灯》五八回：“貂鼠皮只得拿着元宝，到郭家～上押了十串钱。” ❷ 存放银钱的柜子。清纪昀《阅微草堂笔记》卷五：“临期觅铳不可得，次日，乃见在～中。”《玉楼春》二回：“随伸手去那～内，将平日所得之银，尽数取出。”《品花宝鉴》二九回：“聘才先叫四儿将银包拿进房去，放在～内锁好。”

【钱会】 qián huì ❶ 即会子，宋代发行的一种纸币。宋朱熹《乞借拨官会给降度牒状》：“又蒙圣慈赐以～三十万贯，以给一路赈粜赈济。”梅应发、刘锡同《宝庆四明志》卷四：“户长役钱，夏秋两料，每料九千四百四十三贯六百八十二文～。”吴自牧《梦粱录》卷一八：“富家沿门亲察其孤苦艰难，遇夜以碎金银或～插于门缝，以周其苦。” ❷ 一种民间醵钱互助的临时组织。清钱谦益《朱府君墓志铭》：“副使闻状大怒，命君出其所有，谒亲知，为率～，期一日尽偿长子宿负。”

【钱孔】 qián kǒng ❶ 铜钱中央的方孔，供穿钱缗用。宋洪迈《夷坚志》支庚卷一〇：“韩使虞候持筵上金钱立垛前，一发中～心。”清《女仙外史》一六回：“挽弓曾射杨枝，一箭直穿～。” ❷ 像钱孔那样的。明朱国祯《涌幢小品》卷一九：“每睡欲合眼，则背蓬蓬然动，始如斗大，渐缩至背心，仅如～。” ❸ 代指金钱或对金钱的追求。明李攀龙《答许右史》：“黄须芃芃田舍翁，倾身坐向～中。”王世贞《夏日偶成》之六：“不至终身～，似胜天下辙环。”清钱谦益《顾象垣墓志铭》：“嗤鄙夫，发种种。削两肩，入～。”

【钱痨】 qián láo 贪财狂。痨，结核病，难于治愈。明《古今谭概·贪秽部·钱痨》：“严相嵩父子聚贿，满百万，辄置酒一高会。凡五高会矣，而渔猎犹不止。京师名之曰～。”清《蜃楼志》一六回：“这南海县有名的～，番禺县又与苏家相好，不要被他弄了手脚。”《姑妄言》一回：“祖孙父子在生时，人都称他为～。今叫他去做个龟子，名叫钱为命。”

【钱粮】 qián liáng ❶ 银钱和粮谷，指财税、军费、田赋等。唐李纯《平刘辟诏》：“其东川元和三年上供～并放，留州留使钱委观察使量事矜减。”宋欧阳修《再乞减配银状》：“臣寻体量得河东诸州军～各有准备，见今不至阙乏。”清《儒林外史》五回：“因去年九月上县来交～，一时短少，央中向严乡绅借二十两银子。” ❷ 国家付给服兵役、劳役人员的报酬。特指清代付给旗人的固定生活补贴。元《通制条格》卷二：“诸色户计各已占籍，其有妄投各枝儿怯薛歹等名色，规避差役冒请～者，并行禁止。”明《欢喜冤家》二一回：“竟往军营来寻伍云。众行伍道：‘他告退～已五日矣。’”清《白雪遗音·酒鬼》：“有一个酒鬼，好饮琼浆。家道贫寒，吃着分～。” ❸ 国家付给承包商的工料钱。明《金瓶梅词话》七九回：“这宗～他家已是不做了，把这批文难得掣出来，咱投张二官那里去罢。”清《红楼梦》四回：“且家中有百万之富，现领着内帑～，采办杂料。”也指这种承包上缴的产品。明《金瓶梅词话》四五回：“进～之时，香里头多上些木头，蜡里头多搀些柏油，那里查帐去。” ❹ 泛指收入、资产、款项等。明汤显祖《邯郸记》二三出：“小官知事，只是外机坊～有限，无可孝敬公公。”《朴通事谚解》卷上：“那官人是今年十九岁，好文章，诸般才艺，无计算的～。”清《红楼梦》五六回：“那一片稻地交给我，一年这些顽的大小雀鸟的粮食不必动官中～，我还可以交些～。” ❺ 指开支、花费、费用。明沈榜《宛署杂记》卷一二：“上自内府各监局，大而阁部寺院科道等衙门，诸凡～，皆取给于税契铺行。”汤显祖《邯郸记》一三出：“扈从文武，俱有公馆。帐房人役～，也有东京七十四州县津分帖济。”清《醒世姻缘传》九四回：“还要饮杯酒儿，打斤肉吃，这宗～，都是派在薛素姐名下催征。” ❻ 指衙门中掌管税赋的机构、吏员或地方上负责征收税赋的差事。明沈榜《宛署杂记》卷一三：“其铺行卷册，如遇官吏更代，即同～交簿交盘。”清《醒世姻缘传》五三回：“通同了里老书手，与他增上～，佥拨马户，审派收头。”《荡寇志》九〇回：“小人曾充汛地上铺兵，也考过几次～。” ❼ 指冥钱；纸钱。清顾禄《清嘉录·二月》：“庙中设柜，收纳阡张元宝，俗呼～。”《红楼梦》二九回：“贾珍退了下来，至外边预备着申表，焚～，开戏。”

【钱龙】 qián lóng ❶ 指善于敛财或能带来钱财的人。唐段成式《酉阳杂俎》前集卷一三：“马仆射既立勋业，颇自矜伐，常有陶侃之意，故呼田悦为～。”《元曲选·金线池》一折：“我这门户人家，巴不得接着子弟，就是～入门，百般奉承他。”明朱有燉《香囊怨》三折：“判子弟，不公论，直待～活现身，才得他喜色津津。” ❷ 传说中一种可携钱来去的龙。宋洪迈《夷坚志》支景卷三：“见一青物自东北乘风飞过，状若籧篨，坠下散钱如雨，……俗所谓～者，疑此是也。”元钱霖《哨遍》：“待垒做钱山儿，倩军士喝号提铃守；怕化作～儿，请法官行罡布气留。”明陈铎《一枝花·邻家兄弟分岁》：“一个祭～朝着井捻诀，一个打顿驴搦着棍通说。” ❸ 用铜钱结成的龙形，祈禳用。清《红楼复梦》七三回：“红丝百尺结～。结～，买春日。”

【钱虏】 qián lǔ 詈称被聚敛钱财所累的人。宋戴栩《书怀》：“固知抱书癖，未肯学～。”明徐复祚《一文钱》五出：“看纷纷合掌颂功德，信～无益。”清《粉妆楼》二九回：“那总督是沈太师的侄子，名唤沈廷华，也是个～。”

【钱驴】 qián lǘ 驮钱的驴。詈称为聚敛钱财所累的人。元明《水浒传》五六回：“神物窃来如拾芥，前身只恐是～。”

【钱马】 qián mǎ ❶ 银钱马匹。泛指钱财。《太平广记》卷二二四引《定命录》：“自此倍加恭谨，～所须，无敢惜者。”宋赵蕃

《周江州有灵壁石》:"愧彼～癖,寄我山林盟。"又《娱山亭》:"箪瓢乐吾道,～昧真痴。" ❷焚化用的纸钱纸马。宋欧阳修《与大寺丞书》:"前次仁宗山陵发引时,……祭食味数、赠作～数目,并令一一问取今体例来。"元明《水浒传》八三回:"一面叫宰杀猪羊牲口,香烛～,祭献晁天王。"明《警世通言》卷二八:"次日早起买了纸马、蜡烛、经幡、钱垛一应等项,吃了饭,换了新鞋袜衣服,把篭子～使条袱子包了,径到官巷口李将仕家来。"

【钱缗】 qián mín ❶犹"钱串❷"。《新唐书·滕王元婴传》:"滕叔、蒋弟不须赐,给麻二车,助为～。"宋张扩《读李长吉集诗》:"此身岂患财不足,安用盈车载～。" ❷犹"钱串❶"。宋韩琦《答章望之求古瓦砚》:"巧工近岁知众宝,杂以假伪窥～。"清汤右曾《庚子十月二十八日卢光禄六十寿》:"名卿重清节,岂曰算～。"

【钱陌】 qián mò 一百文的钱串。陌,百。后成为钱的计量单位,名为一陌而实文数目在一百以下高差不等。也泛指钱币。宋吴自牧《梦粱录》卷一三:"元都市～用七十七陌,近来民间减作五十陌行市通使。"元陆文圭《流民贪吏盐钞法四弊》:"盖～轻微百物腾踊之害小,而工贾得志兼并伤农之害大。"

【钱囊】 qián náng 犹"钱袋"。唐王棨《一赋》:"许子之瓢既弃,陈公之榻犹悬。或有～讥世,刍束称贤。"宋洪迈《夷坚志》支戊卷五:"昨夕梦人持～相遗者,受而数之,得五十三钱。"明唐寅《和石田先生落花诗》之六:"漏刻已随香篆了,～甘为酒杯空。"

【钱奴】 qián nú 犹"钱虏"。明袁宏道《瓶史》:"若真有所癖,将沉湎酣溺,性命死生以之,何暇及～宦贾之事。"清钱谦益《内阁小识序》:"顷者史乘阙遗,奸伪错出。谝言壬人,人自为史;～纤儿,家自为史。"王士禛《勾龙爽蜡屐图》:"晋人故多癖,此癖复自佳。～身障簏,优劣何有哉。"

【钱票】 qián piào 一种可以兑换钱币的票证,也可以作为钱币流通。宋吴渊《济民药局记》:"家至户到,悉给以药。窭而无力者则予～,疾不可为者复予周身之具。"清钱泳《履园丛话》卷二二:"偶在路旁捡得小纸一张,乃～,适五千也。"《品花宝鉴》一三回:"向套裤里摸出一个皮帐夹,有一搭～。十吊八吊的凑起来,凑了二百吊京钱。"

【钱平】 qián píng 犹"库平"。清《儒林外史》三二回:"他这银子是九五兑九七色的,又是市平,比～小一钱三分半。"

【钱铺】 qián pù 经营兑换银钱等业务的铺子。也指开这样铺子的人。明《挂枝儿·鸨妓问答》:"老鸨儿拿银子在～上换,换钱的说道是一块铅。"清《绿野仙踪》一八回:"通行加算,你还该找我五十二两五钱,方得完结,还得同到～中秤兑。"袁枚《续子不语》卷八:"～叶姓,十九岁,病廿餘日。"

【钱镪】 qián qiǎng 钱。镪,成串的钱。宋周南《代监司乞行下浙西广籴札子》:"给降度牒,取拨～,行下浙西产米州郡置场广籴。"元袁桷《书胡评事梦昱印纸》:"由是戒兵士善护,复密以～相遗赠。"清袁枚《子不语》卷三:"鬼婢冒我姓名,来诈～,辱没煞人。"

【钱券】 qián quàn 犹"钱票"。宋苏轼《书潘谷墨》:"一日,忽取欠墨～焚之,饮酒三日,发狂浪走。"《宋史·蔡京传》:"拔故吏魏伯刍领榷货,造料次～百万缗进入。"元王开玄《先祖宜山公远居士墓志》:"进甘旨,候安否,无一日懈,岁租得～,必以奉。"

【钱市】 qián shì 经营钱币买卖的市场。明崇祯十六年十一月十七日上谕:"其京城所有钱桌～,著厂卫五城衙门严行禁饬巡缉。"

【钱树】 qián shù ❶摇钱树;传说中能生钱的树。元睢景臣《六国朝·收心》:"觅见银山无采取,寻着～不揪捋,典卖尽妆奁。"明徐渭《菊花》:"篱香伴酒经三主,～涂银散五铢。"清《醒世姻缘传》八五回:"听见素姐要往四川随任,两人愁的就如倒了～一般。" ❷喻称善敛财或能生发钱财的人。元胡祗遹《题娄参议诗树》:"正如富人号～,乱落分飞空琐屑。"清《绣戈袍》一〇回:"买了这个孽障回来,指望有了～,一生衣食吃不尽的。" ❸铸好后尚未分开的一组铜钱。铸钱大模内各小钱模之间有细隙相通,供铜液流动。刚铸好的铜钱之间尚有隙铜相连接,其状若树。清《歧路灯》七六回:"冰梅却早见梳匣内放了一枝～,取来向明处一看,甚为可疑。钱儿甚新,且联在一处。"

【钱树子】 qián shù zi 即"钱树❷"。也借指妓女。唐段安节《乐府杂录·歌》:"内人有许和子者,本吉州永新县乐家女也,……及卒,谓其母曰:'阿母～倒矣。'"明朱鼎《玉镜台记》六出:"人人嘲我守钱奴,豪富冠神都。营营～子,孳孳盗跖徒。"清《聊斋志异·鸦头》:"鸦头言于母曰:'母日责我不作～,今请得如母所愿。'"

【钱肆】 qián sì 犹"钱铺"。明《情史·情疑·洞箫美人》:"解库中失金首饰,美人指令于黄牛坊～中寻之。"清纪昀《阅微草堂笔记》卷一三:"牛过一～,忽向门屈两膝跪,泪涔涔下。～悯之,问知价八千,如数乞赎。"

【钱筒】 qián tǒng 盛钱的竹筒。上开小口入钱,筒内钱不易取出。《唐诗纪事》卷三七引元稹诗:"芽笋～束,鳊鱼箭羽訾。"清《续金瓶梅》三二回:"～里有卖酒的钱,尽力一倒,还有七八百文。"

【钱文】 qián wén 铜钱。文,计钱的量词,用作词素,犹纸张、枪支中的"张""支"。《敦煌变文校注》卷二《庐山远公话》:"远公进步向前启相公曰:'若要贱卖奴身,只要相公五百贯～。'相公曰:'身上有何伎艺,消得五百贯钱?'"明《石点头》卷六:"一升米值不得好些～。"清《野叟曝言》二一回:"忙把顺袋翻转,倒出家中带的盘费,～药物以外,约有八九两银子。"

【钱席】 qián xí 佐助处理钱谷事务的幕宾。席,席位。清钱泳《履园丛话》卷二二:"蕴辉少读书不成,遂出门习钱谷,游幕湖南。有辰州府泸溪县知县黄炳奎,延为～。"

【钱眼】 qián yǎn ❶犹"钱孔❶"。宋欧阳修《转笔在熟说》:"乃取一胡卢设于地,上置一钱,以杓酌油沥～中入胡卢,钱不湿。"元《三国志平话》卷上:"我发一箭,可射戟上～。若射中,两家各罢战。"元邹铉《寿亲养老新书》卷三:"二件薄切作方片,如～子大。"清《野叟曝言》一一七回:"令奚奇等十二将各发一矢,亦俱中～。" ❷犹"钱孔❷"。宋仲仁《梅谱·口诀》:"花分～,须是虎髯。" ❸犹"钱孔❸"。《元曲选·陈州粜米》四折:"你只待～里狠差排,今日个刀口上送尸骸。"明《金瓶梅词话》一五回:"常言道:好子弟不嫖一个粉头,粉头不接一个孤老。天下～儿都一样。"清《品花宝鉴》二八回:"在～里过日子,要和他商量,除非多许他钱。"

【钱引】 qián yǐn 宋代发行的一种可以运营钱币的证券。引,允许运营的凭证。宋陆游《老学庵笔记》卷六:"常委仆权钱,得～五千缗,皆伪也。"岳珂《桯史》卷一〇:"兴元一军,支拨过～二十八万道,银绢二千四两。"明陆容《菽园杂记》卷八:"宋有交子、会子、关子、～、度牒、公据等名,皆所以权变钱货,以趋省便。"

【钱纸】 qián zhǐ ❶犹"钱票"。宋欧阳守道《辞鹭洲月送书》:"以某备员,宾于鹭洲书院,赐之～,名曰月送。" ❷指焚化用的纸钱。宋孟元老《东京梦华录》卷一〇:"二十四日交年,都人至夜请僧道看经,备酒果送神,烧合家替代～,帖灶马于灶上。"

《元曲选・潇湘雨》楔子:"祭礼要三牲,金银～烧了神符。"清《聊斋志异・章阿端》:"女请以～十提,焚南堂杏树下,持贿押生者。"

【钱注】 qián zhù 做赌注的钱。清《聊斋志异・任秀》:"至邻舟,则见两人对赌,～丰美。"

【钱庄】 qián zhuāng 犹"钱铺"。清雍正八年四月十二日王溯维奏文:"续又搜获各承私簿,查出弊侵清书、数书、区差、里保、里耆、甲首、歇家、递册、～、银匠。"袁枚《续子不语》卷四:"阳湖令潘本智之太翁用夫开～,忽失银千金。"《说唐后传》五四回:"上前见一～,问一声道:'店官,借问一声。'"

【钱桌】 qián zhuō 经营小规模钱币兑换业务的摊铺。明崇祯十六年十一月十七日上谕:"其京城所有～钱市,著厂卫五城衙门严行禁饬巡缉。"清《歧路灯》五九回:"我如今上老郭～上,讲那宗饷银换钱的事。"《姑妄言》三回:"到一个～子上,腰中取出那包儿,打开一看,掂掂约有二钱重。"

【钳掣】 qián chè 挟持牵制。《新唐书・后妃传下》:"又是时后廷多嬖艳,恐后得尊位,～不得肆,故章报闻罢。"元纳新《赠张直言南归》:"愚策十有六,历历甚详切。倘蒙录一二,亦足解～。"

【钳椎】 qián chuí 同"钤锤❸"。宋觉范《昭默禅师语录序》:"至于授法,～锻炼,则学者如於菟视水车然,莫知罅隙。"明敖敬《心丧记》:"余以卤莽灭裂之才,受此～,作千万人笑端。"清傅山《石壁同白居实赋》:"醉塞幽回贪一觉,～久寂又惺憁。"

【钳锤】 qián chuí ❶ 同"钤锤❶"。《太平广记》卷一四〇引《集异记》:"励即加～,极力开拆。石柜既启,有铜釜。"宋胡仲弓《次黄瑞玉石镜韵》:"世间更有磨砖者,欲借～与五丁。"明刘若愚《酌中志序》:"重农功者修耒耜,操炉鞴者惜～。" ❷ 用钳锤锻打,也泛指冶炼锻造。宋仲殊《南歌子》:"红炉片雪上～,打就金毛狮子、也堪疑。"苏轼《东坡志林》卷三:"牛马销于铅汞,室庐尽于～,券土田,质妻子,萧条褴褛,而其效不进。"明王守仁《与王纯甫》:"譬之金之在冶,经烈焰,受～。" ❸ 指钳锤等刑具或施以钳锤惩戒。钳,束颈具。宋王柏《答何子恭书》:"今若遽然四面责备,束缚太紧,～太酷。彼将疑为君子如此之难,皤然退安于旧穴。"元佚名《红绣鞋》:"也不索便问事,也不索下～,对我吃半碗带冰凌的凉酪水。"明《石点头》卷六:"倘然一着有差池,祸患从此做起。大则～到颈,小则竹木敲皮。" ❹ 同"钤锤❸"。宋苏瞩《云门匡真禅师广录序》:"今参考刊正,一新镂板,以永流播。益使本分～金声而玉振,峥嵘世界瓦解而冰消。"明《西游记》六四回:"访真了元始～,悟实了牟尼手段。"清吴伟业《圣恩剖石和尚语录序》:"其从游者皆人才英特,语机迅利,而犹尽力～,未肯轻相印可。"

【钳撮】 qián cuō 挟持纠集。宋苏轼《奏为法外刺配罪人待罪状》:"其颜章又不合与兄颜益商量,若或拣退,即须～专拣,扇摇众户,叫啖投州,吓胁官吏。"又:"章等既见众户亦有似此轻疏短绢,多被拣退,寻～翁诚叫屈。"

【钳封】 qián fēng ❶ 钳制蒙蔽。明《梼杌闲评》四八回:"动辄传旨,～百僚,几如赵高之指鹿为马。" ❷ 同"钤封❷"。清《隋唐演义》五八回:"贾爷处文书礼仪,门户～,人影俱无,只得持回。"

【钳缚】 qián fù 钳束绳缚。指刑罚。宋曾巩《八月二十九日小饮》:"嚣音灭蛙蚓,劲意动雕鹗。蝇蚊自不容,虽有类～。"明魏学洢《拟治安策》:"今夫主之诃其仆也,询之不敢对,挞之则解体受笞。岂真力不敌哉,岂真计官府～将有后患哉!"

【钳梏】 qián gù 用钳梏(束手具)束缚。《法苑珠林》卷三六:"徽以兄子系于郡狱,铁木竟体,～甚严。"唐柳宗元《童区寄传》:"不足,则盗取他室,束缚～之。"宋《建炎以来繫年要录》卷一七九:"道遇强壮少年,束缚～之。"

【钳键】 qián jiàn ❶ 同"钤键❷"。唐慧立《玄奘三藏法师论》:"并三藏四含之涅槃,大小两宗之～,先贤之所不决,今哲之所共疑。" ❷ 同"钤键❼"。唐成玄英《南华真经疏序》:"(庄子)～九流,括囊百氏,谅区中之至教,实象外之微言者也。" ❸ 筹划设计。《新唐书・李敬玄传》:"仁祎为造姓历、状式、铨簿,～周密,病心太劳死。"宋真德秀《大学衍义》卷二三:"谗邪之徒,巧为～以固主意,预设机阱以待人言。" ❹ 同"钤键❸"。宋耿南仲《周易新讲义》卷三:"以龟之相顾、鸠之相视而化,则圣人之于为天下,固可使观而化也;将使之观而化,则何俟乎～而驱率之哉!"文天祥《题玄潭观云浪阁》:"～长潭铁柱立,摩挲穹石宝剑湿。" ❺ 蒙蔽。宋许翰《哀词》:"嗟仁圣兮本心,岂翳谏兮纵非;当～兮挈挈,使宝慈兮倾移。" ❻ 同"钤键❹"。明倪元璐《资政大夫刘公墓志铭》:"值上励精无私制治,不欲使天下揣疑秘旨,以为天子～言路。"

【钳脚】 qián jiǎo 螯;虾蟹等钳状的第一对脚。明《西游记》五五回:"他那三股叉是生成的两只～,扎人痛者是尾上一个钩子。"《禅真后史》二三回:"这玉蟹果是天生成的灵物,见猴子逼近身来,忙收～,蹲做一团。"清《绮楼重梦》二九回:"丫头们送上螃蟹,果然很大,但是没有～的。"

【钳劫】 qián jié 挟持胁迫。元黄溍《故处士金华王君墓志铭》:"居无何,又构诬府君,倚官势而～之。"明宋濂《进贤朱府君碣》:"闾右作威福～细民,不敢少吐气。"陈谟《书章贡城陷本末》:"又长于弓马,间力扼虎射命中,亦非今人所及,故能～其民,坚死以守。"

【钳结】 qián jié ❶ 钳口结舌不敢言。唐钱珝《代史馆相公让官第一表》:"圣泽才流,谤言未至。纵朝行为臣～,顾寰海必自沸腾。"宋文同《和提刑度支王店鸡诗》:"此鸡但～,直伺太阳耀。虽然谓失旦,似得保身要。"清朱鹤龄《史弱翁诗集序》:"谈及门户～、盗贼披猖之故,未尝不太息欷歔。"雍正元年七月十一日上谕:"以～为老成,以退诿为谨慎,非朕所望于尔等之意。" ❷ 封锁(口舌);扼制(言论)。宋叶绍翁《四朝闻见录》卷五:"背负国恩,缔结亲党,凶愎自用,～人言。"明梅鷟《尚书考异》卷五:"顾无三字之影响,而乃挟以自是,～后人之颊舌。" ❸ 使钳口结舌不敢言。元杨维桢《故忠勇西夏侯迈公墓铭》:"又有省府千夫长,与群摄师者根株为奸利,抱苗长文告,～束徒大姓家。"明沈德符《万历野获编》卷一二:"是时严仅为大宗伯,而威焰已能～上下如此。"

【钳噤】 qián jìn ❶ 闭口不言。《新唐书・吴凑传》:"顾左右～自安耳。若反复启寤,幸一听之,则民受赐为不少。" ❷ 使闭口不言。明徐世溥《江变纪略》卷一:"然声桓为人阴狠,能～不泄。"

【钳默】 qián mò 闭口沉默。唐卢藏用《陈子蔼灭传》:"子昂知不合,因～下列,但兼掌书记而已。"宋苏辙《自齐州回论时事书》:"但以朝廷所行,言其是则有功,言其非则有罪,是以畏避～,不敢正言。"清《姑妄言》一六回:"明知此害,保爵固位,～不言。"

【钳拿】 qián ná 束缚局促。明康海《粉蝶儿・代友人宦邸书怀》:"少年时豪气天来大,动不动要做个英雄俊雅。到如今行步紧～,是多少海样波查。"

【钳束】 qián shù ❶ 同"钤束❶"。宋苏轼《乞赈济浙西七州状》:"～私酒漏税之类,必倍于平日。"明《杨家府》八回:"你缘何～不严,纵子为恶。"清《醒世姻缘传》二〇回:"城里边容这样恶人横行，自己不能～，又不报县。” ❷ 捆绑或夹持使固定。明宋濂《病疟新起》：“初疑筋骸稍～，引臂嘘呵绝驰骋。”清陈订《宁盐二邑修塘议》：“至于柜外，则用长木桩密钉入地，～其柜。”

【钳锁】 qián suǒ 用于束颈、束身或束手脚的刑具。《法苑珠林》卷九六：“欲至门首，便见周武帝在门东房内，颈著三重～。”《太平广记》卷一一〇引《冥祥记》：“妻即惊起，～桎梏俱解。”明佚名《皇明本纪》：“于晦窟中得见滁阳，钳足系顶，肌肤被棰打而浮虚。令人负归，去～。”

【钳网】 qián wǎng 陷人以刑罚的罗网。明倪元璐《原任吏部员外郎周顺昌赠太常寺卿制》：“来周罗吉，～四张；乔固膺滂，梏钛相结。”清钱谦益《微臣荷恩谊重恋主情深疏》：“奸胥既倚势而飞章，宵人又承风而造狱。～独萃于一身，萋菲共成其贝锦。”魏裔介《寄杨犹龙书》：“一麾赴晋臬，宛滞察其几。阴德销～，质成忘是非。”

【钳压】 qián yā 同“钤压❶”。清《清夜钟》二回：“他傍着丈夫势，要～我婆婆。”

【钳制】 qián zhì 同“钤制”。宋《朱子语类》卷八〇：“他却须结齐国之援，有以～祭仲之徒，决不至于失国也。”明《醒世恒言》卷八九：“你擅入我的衙门，～乡约，这等大胆。”清《聊斋志异·鸦头》：“乐斗好杀，王亦不能～之。”

【掮】 qián ❶ 用肩扛、顶。明《山歌·同眠》：“小阿奴奴做子深水里蚂蝗只捉腰来扭，情哥郎好似边江船阁浅只捉后艄～。”《醒世恒言》卷一六：“～了一张梯子，直到潘家楼下。”清《儒林外史》一二回：“恰好有个乡里人在城里卖完了柴出来，肩头上横～着一根尖扁担。” ❷ 提；举。明《西洋记》五四回：“两只手～着一张刀，照着个象只是砍。”《二刻拍案惊奇》卷二七：“顷刻到了岸边，～了硬牌上岸。”《韩湘子》二四回：“如今你～了花篮，我驮了葫芦，一齐出家去。”

【掮牌】 qián pái 仪仗中由人举着的标明仪仗身分的牌子。清《野叟曝言》一二七回：“现在～都是钦定的，限初三日驰驿赴任哩。”《飞龙全传》五二回：“前面打着‘汝南王奉旨迎亲’的～，排列着花簇簇的半朝銮驾。”

【乾道】 qián dào 阳道。肛门的讳语。清《五色石》卷六：“解愠尚南风，干事用～。”

【乾坤】 qián kūn ❶ 手段。明《金瓶梅词话》五一回：“你还不知他弄的～儿哩。他把陈参政家小姐，七月十五日吊在地藏庵儿里，和一个小伙阮三偷奸。”《西洋记》八二回：“这两个人好没来历，何故小视于我？他说我不如，我偏然要做个大～来他们看着。”清《儒林外史》二三回：“你弄的好～哩。” ❷ 事情。清陈端生《再生缘》七〇回：“你两个，小小女娃多胆量，做出那样大～。”又七九回：“晋义低微小出身，焉能干这大～。”

【乾造】 qián zào 男子或男方的生辰八字。清《歧路灯》一〇七回：“～天乙贵人，坤造紫微红鸾。”《飞龙全传》四一回：“陶龙便将两个八字写来，递与光义。光义把来排在桌上，先排四柱，后看五星，远推一世之荣枯，近决流年之凶吉。查了半晌，对二人说道：‘～二位，足羡埙篪。’”《玉蟾记》三〇回：“洪昆看帖说：‘妙极，妙极。小生生辰也是一样。’因取笔写～在上首：～男宫十七岁，三月初三日子时建生。”

【潜道】 qián dào 暗道；地道。宋佚名《李师师外传》：“若于此处为～，帝驾往还殊便。”

【潜等】 qián děng 暗地等候。宋佚名《张协状元》八出：“林浪里假装做猛兽，山径上～着客人。”明《封神演义》八七回：“张奎先到夹龙山，到个崖畔，～土行孙。”清陈维崧《金盏子·咏灯》：“曾偎璧带流苏，剔银釭，～红裯冷。”

【潜地】 qián dì 暗暗地；秘密地。宋元《古今小说》卷三六：“将禁魂张员外家土库中赃物，预教王秀～埋藏两家床头屋檐等处。”明钱德洪《征宸濠反间遗事》：“分遣雷济、萧禹、龙光、王佐等分役经行贼垒，～将告示黏贴。”清《荡寇志》一二六回：“凌兄作寓其家，～行计，因得成事。”

【潜地里】 qián dì li 即“潜地”。里，助词。六十种曲本《琵琶记》二〇出：“等他自吃时节，我和你～去探一探，便知端的。”明王玉峰《焚香记》二四出：“你员外这般为富不仁，～与我妈妈财物，待要取我为妻。”

【潜躲】 qián duǒ 隐蔽；躲藏。明戚继光《纪效新书》卷八：“或林木人家、或街巷湾曲可以～身形之处，偃旗敛迹衔枚，充为伏兵。”车任远《蕉鹿梦》三折：“垂香饵，修鳞～。”孙柚《琴心记》七出：“且～在此，听他怎么说。”

【潜火】 qián huǒ ❶ 暗火；隐燃的火。唐柳宗元《湘源二妃庙碑》：“～煽孽，炖于融风。神用播迁，时罔克龚。” ❷ 灭火；防火。宋袁甫《知徽州奏便民五事状》：“置～军卒，则籍定姓名，每旬番上。”赵万年《襄阳守城录》：“仍取市井～水桶，上以防火箭。”《建炎以来繫年要录》卷一八四：“～兵共五千人，可减五百人。” ❸ 暗地放火。明杨慎《滇载记》卷五：“红巾屯古田寺，段氏夕～其寺，红巾军乱。”

【潜迹】 qián jì ❶ 藏身；隐匿。唐苑咸《谢兄除补阙表》：“臣兄比因寇孽，～江湖；臣侍奉皇舆，委身巴蜀。”明吾邱瑞《运甓记》二六出：“更蛟龙～，浪滚无影。”清《玉楼春》七回：“他庵中皆是女尼，不唯我十州不能托足的，他怎么肯容我一个男子在此～。” ❷ 暗中；秘密地。唐元载《故相国杜鸿渐神道碑》：“为上从容论天下事甚众，～密启，明可否者非一。”清《儒林外史》一三回：“查本犯未曾发觉之先，已自～逃往贯治。” ❸ 失踪；逃亡。清《飞龙全传》四回：“我想女乐被杀，畜生～，同为昨夜之事，莫非又是他干的不成？”

【潜目】 qián mù 偷看。唐郑还古《博异志》：“李～车中，因见白衣之姝，绰约有绝代之色。”五代王仁裕《玉堂闲话》卷一：“生～架上有签牌曰‘人间食料簿’。”

【潜珍】 qián zhēn ❶ 藏珍；潜藏珍贵的品质或本领等。唐李德裕《惠泉》：“明玑难秘彩，美玉讵～。”元宋褧《送魏通甫南归》：“岂不愿君留，～俟须臾。”明杨荣《处士杨用恕墓志铭》：“绳绳继继，世以善称。爰至处士，韫玉～。” ❷ 指潜藏的具有珍贵品质的人或物。宋苏轼《叶待制求先坟永慕亭诗》：“灵区有异产，化国无～。”元袁桷《赠昌上人》之二：“～閟幽匮，群弄夸殊音。”清汪由敦《恭和御制采珠行元韵》：“长源星汉波涏沦，天宝所萃多～。” ❸ 指龙。宋苏轼《送程之邵签判赴阙》：“林深伏猛在，岸改～移。”赵蕃《子进示怀玉诗卷》：“望压大江东，兹峰独著雄。～伏其下，神画隐于中。”许纶《次韵薛奉常清凉山灵潭》之二：“田家要雨随即雨，岂识～在中止。”

【潜住】 qián zhù 不事声张地居住；藏身于某处。明王守仁《追捕逋贼檄》：“又访得铁坑、那埋二堡贼，村界连迁江、洛春、高径、大潘、思卢、北三、向北夷僮村分，今皆逃往～。”汪廷讷《狮吼记》一八出：“奴家～在他隔壁，相公虽日日偷走过来，犹恐知觉。”清《平山冷燕》一九回：“我们原要～，既惊动府县，如何住得安稳。”

【潜踪】 qián zōng ❶ 犹“潜迹❶”。唐薛泚《常州澄清观钟铭》：“庶长空于鬼狱，魔屏迹而～。”明张凤翼《红拂记》一八出：“张兄举止异常，他～于此，必有缘故。”清《玉楼春》一〇回：“但不知你在何处～，可晓得奴在此想你之意否？” ❷ 蹑足；放轻脚步。元成庭珪《寒舍为偷儿见顾》：“～深夜开重穴，竟造中堂启四关。”明孟称舜《娇红记》三二出：“我和你～悄悄穿芳径。”清《情梦柝》七回：“走去摸后门，却不曾上栓，～而进。”

qiǎn

【浅薄】 qiǎn bó ❶ 浅；不深。唐王焘《外台秘要方》卷一九：“其分度～，灸之不欲过多。”明郑仲夔《耳新》卷五：“初至开山，水源～，不足供山中用。” ❷ 又浅又薄。五代贯休《砚瓦》：“～虽顽朴，其如近笔端。”按，指注水浅，砚体薄。明宋濂《赵氏族葬兆域碑铭》：“盖大江以南，拘泥于堪舆家，谓其水土～，无有族葬之者。”按，指水位浅，土层薄。 ❸ 薄；不厚。宋朱熹《山陵议状》：“然赵彦逾固谓旧定神穴土肉～，开深五尺，下有水石。”元滑寿《难经本义》卷下：“诸井者，肌肉～气少，不足使也，刺之奈何。” ❹ 淡；不浓。宋吴文英《丁香结·秋日海棠》：“～朱唇，娇羞艳色，自伤时背。”周去非《岭外代答》卷七：“钦香，味犹～。” ❺ 欠缺；不足。宋苏辙《服茯苓赋》：“然皆受命～，与时变迁，朝菌无日，蟪蛄无年。”元明《水浒传》九〇回：“想我生来八字～，年命蹇滞。”清《红楼复梦》一三回：“三生之缘，谁知如此～。” ❻（气质或出身）低微。宋曾巩《山茶花》：“为怜劲意似松柏，欲搴更惜长依依。山榴～岂足比，五月雾雨空芳霏。”明杨柔胜《玉环记》一二出：“只因根脚～，逢人便通三代：公公曾做编修，伯伯人头放债。”《封神演义》三五回：“两边大小众将听晁雷骂子牙之短，众将暗笑子牙出身～。” ❼ 寡薄无情。宋吴文英《三姝媚》：“离苑幽芳深闭。恨～东风，褪花销腻。”周密《解语花》：“～东风，莫因循、轻把杏钿狼藉。” ❽ 萧条；贫乏或不兴旺。明《金瓶梅词话》五七回：“在广成寺前居住，卖蒸饼儿生理，不料生意～。”《二刻拍案惊奇》卷三六：“虽是生意～，不多大事，没有一日不舍两文的。”清《珍珠舶》一〇回：“闻得宾又家事～，所以接他到任，思欲寻事眷顾。” ❾ 不厚重；不牢固。明吾邱瑞《运甓记》二五出：“况兼前后无邻，门户～，我一向有他的心，不曾动手。”《杜骗新书·买学骗》：“这门壁～，若夜间统人来劫，可要提防。” ❿ 鄙薄；简慢。明《二刻拍案惊奇》卷一八：“又兼说道弄死了在地上，不管好歹，且自躲过，是个无情不晓事的女子，心里～了好些。”

【浅促】 qiǎn cù ❶ 浮浅急躁。唐张鷟《朝野佥载》卷二：“袁守一性行～，时人号为‘料斗凫翁鸡’。”明魏校《皇极讲义》：“后世人主无圣人广大胸襟，而欲仿真言语设教。意味～，岂能触发人心之天机也。” ❷ 指这样的人。《敦煌变文校注》卷五《维摩诘经讲经文（五）》：“莫使凡情惊怪，莫教～疑猜。道吾禅定不坚，道我修行退败。” ❸ 短促；紧迫。唐张籍《送远曲》：“殷勤振衣两相嘱，世事近来还～。愿君看取吴门山，带雪经春依旧绿。”明陈铎《粉蝶儿·佛诉冤》：“没来由死后号为佛，独行独坐怎支吾。年程～，风景萧疏。”孙柚《琴心记》三一出：“肯知道命也难扶，生年～，薄福自苦。” ❹ 狭隘拘谨；不大气。宋李昭玘《燕游十友序》：“孰无好，子独琐陋～，非磊落人也。”朱熹《答陈同甫》：“越中山水，气象终是～，意思不能深远也。”明王世贞《淳化阁帖十跋》：“惟殷生帖，法既～，又是从合晋人臾语，为不得真耳。” ❺ 狭小局促；不宽阔。宋李之仪《与金马部简》：“此距京西才数十里，界候最为～。”明陈昂《贵忘》：“野桥亦～，朝徙水云乡。”清《野叟曝言》六六回：“这里屋宇～，我在此恐有不便。”

【浅蹙】 qiǎn cù 同“浅促❹”。元刘壎《隐居通议》卷二四：“南唐偏方狭境，政体柔弱，故其书亦～，无以激发人英特壮伟之气。”明魏校《与余子积书》：“今礼坏乐崩，而三百篇固在。学者只玩其文，所得～。若……和以琴瑟笙箫，则感触天机。”清黄宗羲《乐府广序序》：“今学者只玩其文，所得～，诗虽存而实亡。”

【浅淡】 qiǎn dàn ❶ 颜色不浓艳。唐陈陶《西川座上听金五云唱歌》：“旧样钗篦～衣，元和梳洗青黛眉。”元萧德润《夜行船·秋怀》：“犹忆樽前得见初，～妆梳。”清《后西游记》五回：“梁色恹残，再加彩画；佛金～，复为装裹。” ❷ 萧瑟；冷落。唐崔峒《送苏修游上饶》：“芦花～处，江月奈人何。”宋王千秋《忆秦娥》：“云叶舞，寒林～围烟雨。”明杨慎《兰亭会》：“谢却红英园～，舒开绿叶院幽沉。” ❸ 消退；变得暗淡。宋徐鹿卿《送大庾黎丞》：“万缘俱～，一字不遗馀。”清洪昇《长生殿》四出：“早则～粉容，消褪唇朱，掠削鬓儿欹矬。”《品花宝鉴》四八回：“子玉见琴仙面似梨花，朱唇～，眼睛哭得微肿。” ❹ 平和；舒缓。宋陈睦《沁园春》：“～精神，温柔情性，记我疏狂应痛怜。”蔡伸《踏莎行·题团扇》：“落日归云，寒空断雁。吴波～山平远。”清叶方蔼《中秋对月独坐》之一：“远雾参差卷，明河～流。” ❺ 平淡；意味不深刻或欲望不强烈。宋林希逸《林君合诗四六跋》：“江湖诸友，人人有序有跋若美矣。或以其～，则曰‘玄酒太羹’；或以其虚泛，则曰‘行云流水’。”元刘将孙《可懒堂记》：“初意～，诚急流勇退；终以富贵絷维，爵禄终始。”清陈廷敬《放歌再用坡公韵》：“得句～取押韵，哦诗漫浪非和苏。”

【浅弱】 qiǎn ruò ❶ 薄弱；基础浅而力量弱。宋张方平《刍荛论》：“才不试展，而乃忍死待赋，托孤寄命。本根～，龟鼎速迁。”元明《三国志通俗演义》卷一四：“夫龙之在渊，不过一井之底；虎之悲啸，不过百步之中。形气～，所通者近，何能兴云而驰东风？”清雍正十三年六月初二日嵇曾筠奏文：“今洪泽湖、淮水尚未盛长，诚恐水势～。” ❷（气息、风格）纤细柔弱。宋文同《南阳集跋》：“同自学诗，尝患唐人风格历五代遂～无意绪。”明唐顺之《与莫子良主事书》：“但随其资性之所近为之，故其语多～而乏精炼之思。”清庞垲《诗义固说》卷下：“王、李争于气格，其失也肤阔；锺、谭矫以幽澹，其失也～。”

【浅视】 qiǎn shì 轻视；小看。宋欧阳守道《胡彦和事海序》：“其为诗与启者，尤好用僻经以为奇，使读者莫得其引援之所出，则相与惮之而不敢～。”明袁中道《祭汉寿亭侯文》：“谁～公，但云公武。猗欤我公，实兼三教。”清朱鹤龄《读货殖传》：“或谓子长身陷极刑，家贫不能自赎，故感愤而作此。何其～子长也。”

【浅率】 qiǎn shuài 浅显粗率；浅近率直。元李存《答李耐轩》：“疾病相扶持，古之道也，况宗党乎。使其有效，犹不当有所取受，况其～窥度不中天渊之殊如冰炭之异乎。”明锺惺《与谭友夏书》：“曹能始，清深之才也。惜其居心稍杂，根不甚刚净，是以近日诗文有～之病。”清纪昀《阅微草堂笔记》卷四：“余扶乩，则诗敏捷而书潦草。坦居扶乩，则书清整而诗～。”

【浅土】 qiǎn tǔ 指浮厝，即暂时掩埋以待改葬。也泛指埋葬。五代何光远《鉴诫录》卷五：“武素本家贫，父亡，尚在～，欲将父骨迁葬是山。”明《型世言》一九回：“学生家徒四壁，亡亲尚未得归～。”清黄宗羲《紫环姜公墓表》：“倪文正～三十年，过者但挥泪而去，公买地葬之。”

【浅下】 qiǎn xià 低下。唐柳宗元《寿州安丰县孝门铭》：“兴匹庶贱陋，循习～。性非文字所导，生与耨耒为业。”宋《朱子语类》卷五五：“且如许行之术至～，且延之，举此可见。”明王世贞《艺苑卮言》卷三：“馀篇未免割裂，且佻浮～，建业江陵之难，故不虚也。”

【浅显】 qiǎn xiǎn 浅易明白。明王世贞《读陆子》：“所撰十二篇皆～，无甚俶傥之见。”陈士元《明疑》卷三：“汉帝名字，取义～。惠帝盈字满，文帝恒字常。”清《玉蟾记》二七回：“通元子作四箴诗，语意～，只要唤醒世人。”

【浅小】　qiǎn xiǎo　❶ 深度浅、容量小。唐韩愈《盆池》之四：“泥盆～讵成池，夜半青蛙圣得知。”宋苏辙《乞给还京西水柜所占民田状》：“顷年宋用臣引洛水为清汴，水源～，行运不足。”清《飞龙全传》一三回：“不想那柴荣食量～，多吃了这两个饼，肚中就作祸起来。”　❷（面积）狭小。宋赵时庚《金漳兰谱》卷下：“其它近城百里～去处，亦有数品可取，何必求诸深山穷谷。”清《警寤钟》八回：“还到我家住下，只是房屋～，恐藏躲不稳。”　❸（见识）短浅，（气魄）狭小。宋王令《答刘公著微之书》：“假令得此名而悦，乃～人，曷足以辱足下交。”明陈子龙《江南父老难北方子弟》：“田畴之制不修，而艰苦之事不习。计虑～，而俗不重农也。”清《歧路灯》九八回：“若是气量～的人，在路上拾条手巾，道边拾几文钱，尚不免喜形于色。”　❹ 程度轻。明徐谦《仁端录》卷一五：“毒～者，用小柴胡汤。”

【浅易】　qiǎn yì　❶ 浅显平易。宋苏轼《与谢民师推官书》：“扬雄好为艰深之词，以文～之说。”明袁宏道《游惠山记》：“尽日惟以读书为事，然书～者，既不足观，艰深者观之复不快人。”清《野叟曝言》六一回：“数是算出来，但不该这等～，怕还有甚诀窍藏着。”　❷ 平常；普通。明宋濂《赠郑院判序》：“扁鹊华佗，天下固不常有也。使有之，而值～之疾，遇难语之人，上之不足展吾术，次之不能从吾所欲为。”孙承恩《良医说》：“是故～之疾则张大之以为功。”张介宾《景岳全书》卷四〇：“且见其表里俱剧，大喘垂危，又岂～之剂所能挽回。”　❸ 使浅显平易。明王守仁《答甘泉》：“且语意务为简古，比之本文反更深晦，……莫若明白～其词，略指路径，使人自思得之，更觉意味深长也。”

【浅躁】　qiǎn zào　轻浮急躁。宋程俱《寄李丞相札子》：“若夫使沾沾自喜、截截谝言、倾险～、利口嗜进之人为之，又不若无之为愈也。”明宋濂《答郡守聘五经师书》：“濂以轻浮～之资，习懒成癖。”清《醒名花》一四回：“若如今轻浮～的人，才去救那这一个人，不知救得救不得，见了那人便满口居功，满面矜骄。”

【浅窄】　qiǎn zhǎi　❶ 深度浅、宽度窄。宋苏轼《申三省起请开湖六条状》：“而两岸人户复侵占牵路，盖屋数千间，却于屋外别作牵路，以致河道日就～。”清《平定台湾纪略》卷三〇：“江西五福一带，溪河～，竹筏撑运迟缓。”　❷ 犹“浅小❸”。宋洪迈《夷坚志》支庚卷一〇：“陈起贪志，窃其瓢。道人睡觉，怆然曰：‘不谓君无义若此，然亦几何？分量可谓～。’”明《禅真后史》九回：“惟恐器度～，但知量柴头、数米粒。”清雍正八年十一月十五日李卫奏文：“许大学汉仗弓马俱好，而识见～，办事疏略。”　❸（容量）小。元施惠《幽闺记》二一出：“〔小生〕寒色告少饮半杯。〔旦〕非诈伪，量～，休央及。”　❹ 犹“浅小❷”。清《兰州纪略》卷一二：“现在贼人所占不过一华林寺，势更～，几无容身之地。”《飞龙全传》三五回：“草舍柴门，里面～。”《野叟曝言》八回：“房屋～，毕竟有许多不便。”

【浅拙】　qiǎn zhuō　❶ 浅薄笨拙。唐段安节《乐府杂录序》：“自念～，且直书，以俟博闻者之补兹漏焉。”宋王安石《辞免平章事监修国史表》：“如臣区区，孤陋～。”明孙承恩《克斋箴》：“予愧～，诚不能追逐高明之见也。”　❷ 谦指自己的见识、资性。宋陆游《福建到任谢表》：“敷陈～，应对参差。”陈淳《答郑节夫》：“抑大贤固无可不可，非～所能识也。”明皇甫涍《奉寄东郭邹太史先生简》：“此固世好之笃谊，亦谅洪雅，不遗～。”

【遣】　qiǎn　❶ 使；令；让。唐刘长卿《留辞》：“春风已～归心促，纵复芳菲不可留。”元萧德祥《小孙屠》四出：“～我朝夕恁忧煎，望得孩儿眼穿。”清《绮楼重梦》三〇回：“密誓要如金石永，春光休～蝶蜂知。”　❷ 被。《敦煌变文校注》卷三《燕子赋（一）》：“阿你逋逃落籍，不曾见你膺王役。终～官人棒脊，流向担（儋）崖象白。”　❸ 用。引进使用对象。元马谦斋《快活三过朝天子四边静·冬》：“相对红炉，笑～金钗剪画烛。”明柯丹邱《荆钗记》一五出：“老身贫乏，无一丝为聘，～荆钗言之可羞。”

【遣差】　qiǎn chāi　❶ 差遣；差使。《五代会要》卷二四：“今后凡有除移，准宣诏～外，其餘须候人到彼点检，交割军州公事了日，即可发离本处。”明《警世通言》卷三：“小的奉老爷～，往太医院取药。”清陈端生《再生缘》六一回：“皇媳若然心要紧，此刻就，～内侍去宣将。”　❷ 派人；派遣差人。宋王禹偁《单州谢上表》：“近闻馆殿亦有～频发家书，另求外任。”明杨寅秋《绥交记》：“而督抚两公～檄余就道，接踵余舍。”

【遣除】　qiǎn chú　排除；驱逐。《祖堂集》卷六《石霜和尚》：“～烦恼重增病，趣向真如亦是邪。”明曹学佺《洪涯游稿序》：“游山泽，观鱼鸟，至乐事也，比之游仙焉。夫能～万虑，任情独往。”清《绿野仙踪》二三回：“等的各项归结，另想妙法～他出门。”

【遣答】　qiǎn dá　酬答；通书信或派专人回复。明李梦阳《送仝仪宾朝天歌》：“甥婿当朝礼觐同，往来～犹亲面。”高濂《玉簪记》二出：“数年前陈旺曾来问候，我们一向无人～，深惭报称。”

【遣递】　qiǎn dì　派人递送。宋黄庭坚《与知郡朝散书》：“今有一皮角并卫都曹别纸呈上，告指挥丁宁～。”李曾伯《回奏宣谕安南事》：“臣十八日午方具奏～。”元施惠《幽闺记》三五出：“蒙圣旨着俺招赘文武状元为婿，不免请夫人女孩儿出来，一同～丝鞭便了。”

【遣调】　qiǎn diào　❶ 调遣；派遣调动。宋李曾伯《手奏回谢御札戒谕荆阃事宜》：“因闻敌有窥襄之意，今～数百人先入为主。”元明《水浒传》一〇七回：“随即～军马，向山南平坦处排下循环八卦阵势。”清《平定三逆方略》卷二：“如汉中必须守卫，或令科尔昆之兵驻镇，或另行～。”　❷ 推求格调。清吴伟业《龚芝麓诗序》：“今以吾龚先生选词之缛丽，使事之精切，～之隽逸，取意之超诣，其诗之工固已。”毛先舒《诗辩坻》卷一：“高手～，唯恐过于甘口，卑手反之。”贺裳《载酒园诗话》卷一引黄生评语：“宋人尽多伤时悯俗之作，无如力疲不能布格，手重不能～。”

【遣订】　qiǎn dìng　敲定；确定。元李存《与舒易斋书》：“遄归者，以六日媒者至，七日～多多姻盟故也。”明孟称舜《娇红记》四二出：“一双两美，合配文鸳。因此上，把鸾书～，祈谐仙眷。”

【遣动】　qiǎn dòng　派遣调动。明《西洋记》四三回：“却说国师老爷坐在千叶莲台之上，一阵信风所过，早已知道祖师～水母的情由。”《西游补》三回：“如今～天兵，又恐生出事来。”清《圣祖仁皇帝亲征朔漠方略》卷一九：“朕已令于察哈尔左翼驻扎，毋庸～。”

【遣发】　qiǎn fā　❶ 启程；出发。唐李亨《命郭子仪充诸道兵马都统诏》：“兵马既众，恐路次难为供应，仍备六十程粮驮～。”宋杨时《钱忠定公墓志铭》：“一日下令～，诸将愕眙不知所为。公曰：‘亟往即事。’”　❷ 遣送；发配。唐魏徵《论处突厥所宜疏》：“陛下以其为降，不能诛灭，即宜～河北，居其旧土。”明宋濂《敕赐淮安侯华君神道碑铭》：“凡旧仕于元者，悉～江南，毋使为民患害。”清《歧路灯》一〇〇回：“只得按律究拟，私造赌具，～极边四千里。”　❸ 调动；派遣；指挥。宋秦观《进策·盗贼》：“省～之兵，罢捕逐之吏。”明何良臣《阵纪》卷三：“～哨探，密布埋伏，务得虚实远近众寡之情。”清《女仙外史》八七回：“且说姚少师大胜之后，赏劳了将士，～战船仍回鄱阳操演。” ❹ 递送；发送（文书）。宋毕仲游《代人谢李检正启》：“荷推保任之公，已出侥逾之望。而况中朝～之大命，天子临策之信臣。”明柯丹邱《荆钗记》三二出：“这书剑令人～，管成就鸾孤凤寡。”清《绿野仙踪》七四回：“且说赵文华参本系军前～，不过四五日即到了都中。” ❺ 发付；打发。明《禅真逸史》二一回：“那神将见没人回答，又喝道：‘法师既无差使，召我何为？快快～我去也。’”清《隋唐演义》八〇回：“适因春游，被一童子误引入潭府，望夫人恕罪，速赐～。”《赛花铃》四回：“你也说得有理，只是一时不好～他。” ❻ 处理；处置。明刘宗周《再申请告疏》：“臣犹日勉强对吏书，～诸案，而精神恍惚，管摄难周。”祁麟佳《错转轮》楔子：“大王因你罪恶，～变猪。”清《聊斋志异·胡四娘》：“俄而四娘遣价候李夫人，唤入。仆陈金币，言：‘夫人为二舅事～甚急，未遑字覆。聊寄微仪，以代函信。’”

【遣放】 qiǎn fàng ❶ 遣送打发。《法苑珠林》卷一四：“乞垂哀悯，～女来我家，产讫即遣送还。”明于谦《兵部为边务事奏》：“哈密既欲将人口送回，则当随进贡之人遣送前来，何必要求文书然后～。”清《玉蟾记》三回：“前日通元子批下众鬼魂配定姻缘十二，命俺～回阳。” ❷ 犹“遣发❻”。宋欧阳修《七交·河南府张推官》：“平明坐大府，官事盈案几。高谈～纷，外物不能累。”胡仲弓《晚梅次韵》：“春风可是无分别，～夭桃相并生。”清《隋唐演义》八一回：“妾罪该当万死，蒙圣上的洪恩，从宽～，未即就戮。” ❸ 舍弃；放弃。宋李石《携子孙到四明洞节叙有感》：“我非济时才，香火三～。”明陈子龙《自慨》之二：“风云江左轻浮体，金石邯郸绝妙辞。各有耽情难～，壮夫何用日相规。”清吴伟业《嘉议大夫按察司使江公墓志铭》：“公自以旦暮人地，手自料简下里诸物，可谓达生知命矣。生平嗜好，聊用～。” ❹ 放纵；不加约束。明《欢喜冤家》一六回：“若是审过，不知怎样吃苦，那里～你坐在此间。”清朱鹤龄《秋日述怀》：“阮疏天～，嵇懒众从嗤。”毛奇龄《吴静及诗序》：“静及力趋大雅，不为时好所逐，即偶然～，亦复去故就新，归于正则。”

【遣过】 qiǎn guò 即“过遣❶”。明《金瓶梅词话》八九回：“今丢下铜斗儿家缘，孩儿又小，撇的俺子母孤孀，怎生～。”

【遣怀】 qiǎn huái 开释或抒发情怀。唐李峤《楚望赋》：“达节宏人，且犹轸念；苦心志士，其能～？”《元曲选·青衫泪》三折：“妾身思想无奈，对月弹一曲琵琶～，不想得见相公。”清《蜃楼志》二回：“公事之暇，诗酒～，署中高朋满座。”

【遣嫁】 qiǎn jià 发送出嫁。宋袁寀《世范》卷中：“至于养女，亦当早为储蓄衣衾妆奁之具，及至～，乃不费力。”明陈与郊《昭君出塞》：“娘娘自恃天香国色，不送黄金，因此乔点画图，故淹珠玉。今日官家按图～，耽误了娘娘也。”清《锦香亭》一六回：“小女～范阳，李兄原是媒人，敢烦一行。”

【遣决】 qiǎn jué 处理断决（公事）。唐李颀《送马录事赴永阳》：“手持三尺令，～如流泉。”金刘迎《题刘德文戏彩堂》：“先生～谈笑间，退食归来奉慈母。”元赵汸《黟令周侯政绩记》：“临政明辨而～刚毅。”

【遣客】 qiǎn kè 逐客；送客。旧俗，迎客点茶，逐客点汤（一种饮料）。《元曲选·王粲登楼》二折：“〔正末醒科，云〕大王安在？〔蒯越云〕点汤。〔正末云〕点汤，呼～。某只索回去。”

【遣离】 qiǎn lí ❶ 离别。宋贺铸《小重山》：“艳歌重记～情。缠绵处，翻是断肠声。”元庾吉甫《定风波·思情》：“自别来愁万感，～情不堪回首。” ❷ 使离开；使离别。明凌濛初《宋公明闹元宵》四折：“思量，直恁不相应，便早～神京。”《二刻拍案惊奇》卷三二：“有母将雏横～，谁知万里遇还时。”

【遣命】 qiǎn mìng 派遣命令。宋曾公亮等《武经总要》后集卷一三：“其夏，晋师度自东莞。超～其左军段晖等，步骑五万，进据临朐。”明沈采《千金记》一五出：“俺沛公不胜杯酌，又不能辞，以此～张良和樊哙将白璧一双，送与大王麾下。”清陈廷敬《北征大捷功成振旅凯歌》：“圣心独断，决策亲征。群臣震悚，表请～将士，毋烦车驾远行。”

【遣排】 qiǎn pái 排遣；排解；消遣。宋朱翌《至后饭客》：“～百念有时尽，邂逅一尊无限欢。”元刘仁本《说叟叙》：“乐善不倦，见义必为。虽横逆之来，～以理。”明孙承恩《杂志》：“居士性迂且拙，无他艺能可～时日。”

【遣派】 qiǎn pài 派遣。清《平定准噶尔方略》前编卷四七：“托尔辉地方每年～二三十人，前往查阅。”《野叟曝言》一三八回：“那年闻得五印度行起中国圣人之教来，咱就～两个亲信到印度访问规模。”

【遣聘】 qiǎn pìn ❶ 遣使礼聘；派人求取。唐智昇《开元释教录》卷六：“送扶南献使返国，仍～中天竺摩伽陀国，请明德三藏，并求大乘诸论。”宋刘克庄《贺制置李尚书》：“～屡通于大漠，闭关不纳于流民。凡此数端，言之短气。”明文徵明《乞猫》：“～自将盐裹箬，策勋莫道食无鱼。” ❷ 特指派人下聘礼成婚。明孟称舜《娇红记》四二出：“所虑申生已有婚姻之约，他令还未曾～。”王錂《春芜记》二九出：“赐婚季府，数日前～去了，拟定今日黄道吉日成亲。”《禅真逸史》三一回：“忠臣之女，作配俊杰，门户相当，况传琴之意，夙缘有在，即当～成婚。”

【遣弃】 qiǎn qì 舍弃；放弃。唐庞蕴《诗偈》：“心王若解依真智，一切有无俱～。”明王守仁《象山文集序》：“佛老之空虚，～其人伦事物之常，以求明其所谓吾心者。”文徵明《袁正卿墓志铭》：“吾平生万事皆可～，惟积书种菊，不能忘情。”

【遣妾】 qiǎn qiè ❶ 陪嫁的侍妾。《敦煌变文校注》卷一《王昭君变文》：“侍从寂寞，如同丧孝之家；～攒蚖，伏（复）似败兵之将。” ❷ 弃妇；被丈夫遗弃的妇女。明王恭《去妇词》：“浮云上天花落树，君心一失无回悟。明知～何所归，饮泪行寻出门路。”胡奎《焦仲卿妇辞》：“～移所天，出门无少停。”

【遣驱】 qiǎn qū 驱遣；驱逐。清张英《山居幽事》之一九：“酬答花时酒盏，～愁绪诗瓢。”

【遣适】 qiǎn shì ❶ 使出嫁；出嫁。唐戴孚《广异记·六合县丞》：“尝许为妾，身不由己，父母～他人。”宋郑侠《太孺人王氏志铭》：“训诸女以丝枲内馈，为妇之德容，而～皆得乡邦之俊。”明徐畛《杀狗记》四出：“正笄年～豪门，已奉苹蘩，喜遂于飞愿。” ❷ 排遣；消遣。五代孙光宪《北梦琐言》卷二〇：“中令寂寞，无以～。”宋李昭玘《上孙莘老》：“遇事感激，聊复自赋，虽组织非工，要随意～。”清《歧路灯》一〇回：“潜斋也问了些各省保举曾否齐集，引见在于何日，守候日久作何～的话。”

【遣释】 qiǎn shì ❶ 遣发释放。《续资治通鉴长编》卷六：“生擒七百人，斩其受贼署者百餘辈，餘皆～。”金可恭《宋俘记》：“入寨后丧逸二千人，～二千人，仅行万四千人。” ❷ 犹“遣适❷”。宋李裥《与教授公书》：“赖有经史中古人心迹可以探赜，虽粗能～朝夕，然离群索居，不自知其过者亦多矣。”元刘履《风雅翼》卷一：“是则虽有爱君忧国之忠诚而莫之致，卒乃付之无可奈何，但自～焉耳。”清唐孙华《题蒙泉涓亭图》：“谈笑把杯铛，～赖文字。”

【遣送】 qiǎn sòng 以法术驱逐。明《禅真逸史》一三回：“前者在城之日，何日不烧符念咒～，并没一些灵验。”

【遣岁】 qiǎn suì （除夕）度岁；过年。明无心子《金雀记》三出："桃符～，爆竹传声，诗联献吉，颂句新清。"

【遣退】 qiǎn tuì 回避；使退下。宋《朱子语类》卷一一八："大凡一等事固不可避，避事不是工夫。又有一等人情底事，得～时且～，无时是了，不要搂揽。"明《西游记》五一回："水德星君闻言，即将查点四海五湖、八河四渎、三江九派并各处龙王俱～，整冠束带，接出宫门。"清陈端生《再生缘》六三回："明堂独坐清风阁，～了，大众宫官静静描。"

【遣兴】 qiǎn xìng 为引发情趣而消遣。唐杜甫《至后》："愁极本凭诗～，诗成吟咏转凄凉。"《元曲选·金钱记》三折："这些时～不成诗，每日间消愁只对酒。"清《醒世姻缘传》八七回："只因～陶情以后，彼此怒气潜消，不止狄希陈与寄姐和好如初，权奶奶与戴奶奶也暂时歇气。"

【遣用】 qiǎn yòng 指令使用；调遣使用。《唐律疏议》卷七："宿卫人常执兵仗，得带刀子。若在御所者，非敕～，不得辄拔刀子。"明《西游记》八七回："我虽能行雨，乃上天～之辈。上天不差，岂敢擅自来此行雨？"清《平定金川方略》卷九："择其少壮勇健者演习云梯，以备～。"

【遣召】 qiǎn zhào 派人或用法术召唤。《法苑珠林》卷一五："如是大师，堪教太子。王即～。"明孟称舜《娇红记》三八出："今蒙舅氏～，特地前来。"清《女仙外史》八回："第一卷是追日逐月，换斗移星，～雷霆神将之法。"

【遣谪】 qiǎn zhé 贬谪。明《型世言》一回："他先时将铁尚书伏法与子女、父母～，报与铁小公子。"清吴绮《送卢菽浦之戍所序》："以无妄之灾，蒙明夷之难，～于晋之太原。"

【谴斥】 qiǎn chì 谴责斥逐。唐常衮《谢兄授秘书省著作郎表》："在忧惕之际，特授宠荣；当～之时，忽承迁转。"明《西洋记》六一回："四个人请他来拆一个字，拆得他目下有灾，日后多～。"清雍正五年十一月初十日福敏奏文："今蒙皇恩，不即～。臣跪读谕旨，不胜惶悚汗流。"

【谴累】 qiǎn lèi 受牵累而遭谪降。唐陆贽《平朱泚后车驾还京大赦制》："其黜免人等，有素著行能，旁遭～，特加录用。"《宋史·陈次升传》："今若考一言之失，致于～，则前之诏令适所以误天下，后之敕榜适所以诳天下，非所以示大信也。"明王直《送训导欧阳时峻序》："汲汲于簿书期会之末，以效其尺寸，一有不至，则～随之。"

【谴戮】 qiǎn lù 贬降处死。唐柳涣《请还葬伯祖奭表》："臣堂伯祖奭，去显庆三年，与褚遂良等五家同被～。"宋王之望《温州遗火乞赐降黜奏札》："伏望圣慈但将守臣重作行遣，臣甘从～。"邹浩《送宋司理赴吏部》："季文每三思，石庆惧～。"

【谴戍】 qiǎn shù 贬降戍边。明姚士粦《见只编》卷中："已为事发～，因以能六壬，求见戚少保。"卓子任《所闻》："执法罪当诛，～遭殊遇。"清《野叟曝言》一三六回："马负图当素臣～之日，引为知己。"

【谴讶】 qiǎn yà 怪罪。宋晁补之《即事次韵祝朝奉十一丈》："扪虱与人言，岂不逢～。"陈著《深再请期黄氏得吉札》："兹有溽渎，亦不敢烦赘，以取～。"又《谢暖热会》："第兰交之义重，又瓜代之盟新，不敢避辞，恐贻～。"

【谴尤】 qiǎn yóu 过失；罪责。宋司马光《为文相公谢赐神道碑文表》："虽资性甚愚，曾无肖似，而义方未坠，少逭～。"欧阳修《怀嵩楼晚饮示徐无党无逸》："曰予非此侬，又不负～。自非世不容，安事此为囚？"王安石《辞免平章事监修国史表》："伏望皇帝陛下量能赋任，使无～，追还误恩，以协公议。"

【谴谪】 qiǎn zhé 同"遣谪"。唐戎昱《送辰州郑使君》："谁人不～，君去独堪伤。"

【谴逐】 qiǎn zhú 贬谪放逐。唐柳宗元《寄许京兆孟容书》："自～来，消息存亡不一至乡闾。"明许自昌《水浒记》二一出："莲花幕下风流客，试与温存～情。"清吴伟业《张敉庵黄门五十序》："虽以此～，之后仍被急征。"

【谴罪】 qiǎn zuì ❶ 犹"谴尤"。《唐会要》卷四一："应流贬之人，皆负～。如闻在路多作逗遛，郡县阿容，许其停滞。"《太平广记》卷二三引《逸史》："仙翁曰：'不得淹留，～极大。'"明《杜骗新书·僧道骗》："贫僧牵往山庵，日采草煮粥喂养。待其～完满，天年数终，贫僧当收埋。" ❷ 责怪；怪罪。宋何薳《春渚纪闻》卷三："况以遗骸淬秽佛界之地，得不大～，而姑役使之，亦幸矣。"清雍正二年五月二十八日黄国材奏文："今臣子奉职无状，不能有益地方，乃蒙皇上不加～，特颁谕旨，调补内阁学士。"

qiàn

【欠】 qiàn ❶ 缺少；不够。唐钱起《江行无题》："怪来吟未足，秋物～红蕖。"明孟称舜《娇红记》七出："奈他口儿～稳，有甚心情，难与轻言。"清《红楼梦》一二八回："扯你娘的臊，又～你老子捶你了。" ❷ 亏负；借了未还或该给未给。唐孟郊《悼幼子》："负我十年恩，～尔千行泪。"明王錂《寻亲记》五出："西庄上那个～银子的，可锁在水牢里。"清《红楼梦》四八回："拿他到衙门里去，说所～官银，变卖家产赔补。" ❸ 指所欠的钱物或感情；债负。唐冯贽《云仙杂记》卷一〇："其仆徐甲，约日直百钱，自随二百年，计欠七百二十万钱。甲诣关令索所～。"明陆采《怀香记》二五出："〔旦〕今夜相会，整备着携云握雨遍巫山。〔生〕小姐不消分付，小生自当着意。〔旦〕须仗你了却相思～。"清《歧路灯》八回："后来酒铺内也有酒债，赌博场中也有赌～。" ❹ 不似。唐施肩吾《大堤新咏》："行路少年知不知，襄阳全～旧来时。" ❺ 未；不曾。唐姚鹄《旱鱼词上苗相公》："似龙鳞已足，唯是～登门。"宋张孝祥《水调歌头·泛湘江》："吴山楚泽行遍，只～到潇湘。"陈著《答权察使第二札》："府司尚～契勘，遽以闻听。" ❻ 不。宋陆游《谢池春》："朱桥翠径，不许京尘飞到。挂朝衣、东归～早。"明《韩湘子》一六回："便从此撒手，回头犹～早，莫等到席冷筵残人散了。" ❼ 欠挂；惦记。宋李流谦《踏莎行·灵泉重阳作》："灯前点检～谁人，惟有断鸿知此意。"明《警世通言》卷二四："大娘～你，送辣面与你吃。" ❽ 身体一部分略抬起或移动。金《刘知远诸宫调》一二："知远闻言，～起身来，骇然惊恐。"明谭元春《游玄岳记》："右见五龙，已如舟中望岸上，送者～立未去。"清《醒世姻缘传》二八回："仰天跷脚的坐在上面，见真君出入，身子从来不晓得～一～。" ❾ 疯癫；行为不正常。参见"风欠❶"。金《董解元西厢记》卷六："君瑞真个～。我道你，佯小心，妆大胆。"元曾瑞《行香子·叹世》："君休～，何故苦厌厌。月满还亏，杯盈自滟。"明崔时佩、李日华《西厢记》一七出："来回顾影，文魔秀士～酸丁。" ❿ 风流；风光。元乔吉《水仙子·嘲少年》："纸糊锹轻吉列枉折尖，肉膘胶干支刺有甚粘，醋葫芦嘴古邦佯装～。"彭寿之《八声甘州》："知音幸遇，不由人重上～排场。花朝月夜，酒肆茶坊。"明汤式《一枝花·赠玉马杓》："想像观瞻，雀尾样其实～，鸲鹆名空自慊。有十分资质温柔，无半点尘埃涴染。" ⓫ 忧；不安。元曾瑞《行香子·叹世》："六印多你尚贪，一瓢足咱无～。"明孙承恩《故园修竹日在目中》："愁闻岁晚冰霜厉，尚～春深雨泽多。"沈德符《万历野获编》卷五："遗子幼冲，暂回去，久未归，朕心有～。"

【欠安】 qiàn ān 生病的婉词。明贺钦《医闾漫记》:"万一太后果~,不几陷吾君于不孝乎?"沈受先《三元记》二四出:"房下身子~,与种杏先生求一方。"清《红楼梦》四二回:"因贾母~,众人都过来请安,出去传请大夫。"

【欠背】 qiàn bèi 曲背;躬腰。明《封神演义》三回:"崇应彪马上亦~称谢:'叔父,有劳远涉。'"又二〇回:"文王急忙下马,站立道傍,~打躬。"清《飞龙全传》五五回:"陶妃举目一看,~躬身,把手一拱。"

【欠逋】 qiàn bū 拖欠。唐李豫《南郊赦文》:"其宝应元年十二月三十日已前,诸色~在百姓腹内者并放免。"明归有光《长兴县编审告示》:"及豪民与奸吏为市,许之免以取其贿,而阴为认保侵收,而~之数,仍注其人名下。"清宋荦《酌议经征接征处分疏》:"新粮自必设法多完,旧~亦可徐图清理。"

【欠处】 qiàn chù 短处;缺点。宋《朱子语类》卷一三四:"唐鉴~多,看底辨得出时好。"杨万里《明发荆溪馆下》:"莫教物色有~,剩与新诗三五句。"明《型世言》六回:"只是这寡妇有些~,……渐渐习熟,也便科牙撩嘴。"

【欠额】 qiàn é 亏欠或拖欠的额定数目。明方日乾《为抚恤屯田官军事奏》:"每粮一石,折银五钱,准补~粮米三千四十石。"《西湖二集》卷一三:"~尚且还钱,杀人怎不偿命?"清王玑《为请免河工旧欠以清尘案奏》:"故河臣赵世显有开例补还~之请,业奉圣祖仁皇帝俞旨允行。"

【欠负】 qiàn fù ❶ 亏欠(租税钱物等);被亏欠。也指所亏欠的钱物。唐寒山《我见世间人》:"~他人钱,蹄穿始惆怅。"明《梼杌闲评》一一回:"年下是~的都来催讨,一夜也睡不着。"清蔡世远《壬子九月寄示长儿》:"汝在家治丧,~未清,亦甚艰。" ❷ 亏负(感情或情理);对不住。宋林希逸《丙寅回生日启》:"双缄之华,三舍其远。某思候迎之一失,有~之百惭。"曹泾《与贵池县尉胡同年书》:"所许屡和高作,一蹉过后,终是鼓舞不起。~,~。"元刘因《和读山海经》之九:"水物自一隅,亦复具飞走。乃知造化工,错综无~。"

【欠恭】 qiàn gōng 缺礼;失敬。明杨爵《与胡知府书》:"困惫昏惑,笔札~。高明知我,必不深罪。"崔时佩、李日华《西厢记》二〇出:"伏乞速慰好音,庶救残喘。造次~,幸惟恕罪。"《金瓶梅词话》六五回:"学生一向~,今又承老先生枉吊,兼辱厚仪,不胜感激。"

【欠躬】 qiàn gōng 躬身。清陈端生《再生缘》三九回:"明堂一见忙回礼,~开言带笑容。"

【欠挂】 qiàn guà 挂念;记挂。明李贽《读若无母寄书》:"若无云:'近处住,一毫也不曾替得母亲。'母云:'三病两痛自是方便。我自不~你,你也安心,亦不~我。两不~,彼此俱安。'"《警世通言》卷二四:"我心上也~着玉姐,所以急急而来。"又卷三一:"这些东西左右是你的,如今都交与你,省得~。"

【欠好】 qiàn hǎo ❶ 不佳;不好。《元曲选·留鞋记》一折:"你这几日情怀~,饮食少进。"明汤显祖《牡丹亭》九出:"方才取过历书选看,说明日不佳,后日~,除大后日,是个小游神吉期。"清《无声戏》四回:"万一尊容~,须要千方百计弄出些阴骘纹来,富贵自然不求而至了。" ❷ 犹"欠安"。明孟称舜《娇红记》四六出:"〔末〕小姐病体怎生了?〔贴〕十分~。"又《桃花人面》五出:"〔父〕你病怎样了?〔女〕爹爹,~。"

【欠呵】 qiàn hē 呵欠。宋黄大受《读四皓传》:"~千年橘中棋,华阴堕驴者为谁?"元王恽《睡魔和韵》:"~舒挽速如神,不是愁萦即思梦。"明《金瓶梅词话》三九回:"杨姑娘也打起~来。"

【欠和】 qiàn hé 犹"欠安"。明魏校《答方时举》:"伻来,知尊体常~,失于问候。"清《蝴蝶缘》一回:"小弟不知老伯母贵体~,有失问候。"

【欠籍】 qiàn jí 记录欠负的簿籍。宋苏轼《论积欠六事并乞行下状》:"三路之民皆为积欠所压,日就穷蹙,死亡过半,而~不除。"元程文海《江南诸色课程多虚额奏》:"其实利则大概入己,虚额则长挂~。"清于成龙《请豁民欠漕项疏》:"今遗此旧项~,通盘合计,不过尾数。"

【欠家】 qiàn jiā 欠债的人。清《都是幻·梅魂幻》一回:"有一主债,~已卖男儿还我。"

【欠宁】 qiàn níng 犹"欠安"。明郑纪《修明祀典疏》:"夫何未越两月,圣躬~?"沈受先《三元记》二五出:"娇娃体~,花容瘦损。"清陈端生《再生缘》二〇回:"如今补了难消下,自是娘娘体~。"

【欠陪】 qiàn péi 失陪。清《二度梅》三四回:"不料天子又有宣诏,老夫只得~了。"《绣球缘》七回:"臧获辈俱是老拙下人,倘有索需,不妨呼唤。老拙有事~了。"

【欠票】 qiàn piào 欠别人钱物所立的字据。明《梼杌闲评》一一回:"你输了是现的,你赢了就将田产准折,还管田产归他们,只写张空~哄你。"清《情梦柝》七回:"履安利上加利,估了他米二石,猪一口,又勒他写了五钱~。"

【欠契】 qiàn qì 即"欠票"。明《禅真后史》四回:"濮员外出名,将自己住屋做戤头,倒提年月写一纸百十两~与皮廿九。"清《红楼梦》一二回:"贾蔷作好作歹,也写了一张五十两~才罢。"

【欠强】 qiàn qiáng 犹"欠安"。清陈端生《再生缘》六三回:"闻得贤卿体~,十天假满进朝纲。"

【欠情】 qiàn qíng ❶ 亏欠恩情。明《警世通言》卷一八:"下官因风吹火,小效区区,止可少酬老师乡试提拔之德,尚~多多也。" ❷ 亏欠情分;礼节不周。明《金瓶梅词话》三五回:"白来抢却举手道:'一向~,没来望的哥。'"《梼杌闲评》三四回:"若愚道:'……咱与你相好,怎么收你的礼?快收回去。'文焕道:'小侄一向~,少申鄙敬。'"清《春柳莺》九回:"二人正在闲谈,见怀伊人走到殿上,忙与李穆如施礼道:'恭喜李兄,弟尚~。'"

【欠缺】 qiàn quē ❶ 缺少;不足。唐李德裕《请市蕃马状》:"如市收得后旋送楼烦监收管,诸道若有~,即量赐与。"明邵璨《香囊记》一九出:"苦饥寒在途,~粮米,逢人只得长拜跪。"清《十二楼·鹤归楼》三回:"凡有~,都寄信转来,我自然替你赔补。" ❷ 不周到;不完满。也指不周到、不完满之处。宋魏了翁《木兰花慢·许侍郎奕生日》:"好官到头做彻,些儿~便徒然。"明李乐《见闻杂记》卷三:"予师唐先生曰:'尽其道而死者为正命。'颜子三十二而卒,却是正命。曹公尚有~处。"清《野叟曝言》二回:"使我佛稍有~,此教便应久灭,何以万古长存?"

【欠阙】 qiàn quē ❶ 同"欠缺❶"。唐陆贽《论度支令京兆府折税市草事状》:"诸场和市所得又少,所以每至秋夏,常有~。"宋赵抃《乞罢天下均税奏状》:"均税官员将逐县版簿上诸色~,诡名夏秋税钱,一并增起编户。"朱熹《奏衢州官吏擅支常平义仓米状》:"或念其委实~军粮,即乞朝廷别行应副。" ❷ 同"欠缺❷"。宋《朱子语类》卷七:"只据而今当地头立定脚做去,补填前日~,栽种后来合做底。"明王守仁《传习录》卷下:"初犹疑只依他恐有不足,精细看,无些小~。"清李光地《榕村语录》卷一:"以前看《十翼》,似还可多说几句,近才觉得全无~。"

【欠少】 qiàn shǎo ❶ 犹"欠❷"。《大宋宣和遗事》前集:"我国家~商贾钱债,久不偿还。"明《老乞大谚解》卷下:"两言议定，时值价钱白银十二两。其银立契之日一并交足，外没～。”清《珍珠舶》一回：“怎知宦家的帐目，岂肯容你～分毫。” ❷犹“欠缺❶”。《元曲选·来生债》楔子：“只因本钱～，问本处庞居士借了两个银子做买卖。”清《后水浒传》一八回：“许蕙娘出房检点家中什物，并不～。”

【欠折】 qiàn shé 短少；亏损。唐刘肃《大唐新语》卷七：“数州行纳，与刘侍御同行，亦必无～。”宋朱熹《与漕司札子》：“又官盐在仓日久，亦有走卤～之数。”明沈受先《三元记》一〇出：“只因纲运他方，～官粮一半。”

【欠身】 qiàn shēn ❶抬起身体。《元曲选·勘头巾》三折：“为头儿对府尹说详细，只教他～的立起银交椅。”明《情史·情灵·速哥失里》：“于马上～望之，正见秋千竞就，欢哄方浓。”清《红楼梦》五二回：“晴雯便冷不防～一把将他的手抓住，向枕边取了一丈青向他手上乱戳。” ❷以此动作表示对人恭敬。金《董解元西厢记》卷八：“君瑞闻言，～避席。”明《西游记》四五回：“那虎力大仙，～拱手，辞了国王，径下楼来。”清《红楼梦》七回：“二人忙住了棋，都～道谢。”

【欠失】 qiàn shī ❶缺少；损失。唐李纯《处分诸司食利钱敕》：“见在本钱据额更不得破用，如有～，即便勒主掌官典所繇等据数填备。”宋《建炎以来繫年要录》卷一八〇：“大小使臣，一万石一千里以上无～，减四年磨勘。”《宋史·食货志上三》：“自是纲运～虽责偿于官吏，然以其山川逾远，非一人所能究，亦时寓于蠲放焉。” ❷不足。清弘历《署山西巡抚奏秋收八分有餘》：“八分餘获稔之中，迄北春膏～丰。”

【欠事】 qiàn shì 不完美的事；憾事。宋欧阳守道《李瑞卿诗序》：“然则予所不能者，今人诗也。不能今人诗，定非～。”明《醒世恒言》卷三五：“只有大官人二官人不曾面别，终是～。”清黄宗羲《海盐鹰窠顶观日月并升记》：“始以不得见为～，闻先生之论，固胜于一见也。”

【欠体】 qiàn tǐ 犹“欠身❷”。清陈端生《再生缘》六一回：“皇爷～称声是，随即把龙椅拉拉摆列横。”

【欠嚏】 qiàn tì 呵欠喷嚏。唐薛渔思《河东记·韦浦》：“至则以琵琶迎神，～良久，曰：‘三郎至矣。’”元李杲《兰室秘藏》卷中：“温卫补血汤治，……头痛～。”明王肯堂《证治准绳》卷一二：“肾主～。经云‘肾为欠为嚏’是也。”

【欠调】 qiàn tiáo ❶失调。明罗洪先《与王以珍书》：“病体因饮食～，如是反覆者数旬。”清《后水浒传》四一回：“不究病源，妄用君臣，以致毒火流行，身心向背，内外～。” ❷犹“欠安”。清《后水浒传》四一回：“御体～，各医院看遍，并无奏功。”

【欠帖】 qiàn tiě 即“欠票”。明《梼杌闲评》一一回：“天祐到写个～与进忠，两下收了。”清《绿野仙踪》三七回：“下餘九百两，两个月内交还，与你立一张～。”

【欠头】 qiàn tou 指所欠的钱物。清《歧路灯》二四回：“这也怪不的他，只是这些～，该怎的？”

【欠项】 qiàn xiàng 所欠的款项。清《平定准噶尔方略》续编卷二四：“凉州庄浪兵丁～，请以节省车价弥补。”《歧路灯》八四回：“今日奉屈舍下把前日那个～清白清白。”《荡寇志》一〇六回：“又有意假描图记，捏称～，寻杜头领贵亲的衅。”

【欠约】 qiàn yuē 即“欠票”。清雍正元年三月初二日杨琳奏文：“二十阿哥差人持谕赏物并执有合同～。”袁枚《续子不语》卷一〇：“屈慨然，即将前客所赠为之代偿，取归某之～而散。”《绿野仙踪》四三回：“住了三四天，得了三两多银子，一千多钱，将一张三十两～，让那伙计抽去。”

【欠悦】 qiàn yuè 不高兴。清陈端生《再生缘》七三回：“君王细把中宫看，十分～皱眉梢。”又七四回：“郡主着意留神看，襟怀～二三分。”

【欠债】 qiàn zhài ❶亏欠别人钱物。也指所亏欠的钱物。《敦煌变文校注》卷二《庐山远公话》：“劝门徒弟子，～直须还他。”《元曲选·忍字记》一折：“则这～的有百十家，上解有三十号。”清《绮楼重梦》二回：“刚才夏太监领了许多无赖光棍问我讨～，我问是什么债？他说：‘你儿子赌输的借债。’” ❷比喻情感或情理上的亏欠。清《续金瓶梅》二〇回：“不料郑玉卿前世里积下～，该有此一段风流缘法。”又二九回：“我今在上帝告了冤状，把他问成凌迟处死。我还了你的～，托生了男子去了。”

【欠帐】 qiàn zhàng ❶犹“欠债❶”。明《古今小说》卷一八：“八老为讨～，行至州前，只见挂下榜文。” ❷犹“欠债❷”。清《十二楼·拂云楼》六回：“先到小姐房中假宿一会，等她催逼几次，然后过来，名为尽情，其实是还她～。” ❸指记载欠账的账本。清《儒林外史》二一回：“把帐盘一盘，见～上人欠的也有限了，每日卖不上几十文钱。”

【欠账】 qiàn zhàng ❶犹“欠债❶”。明《梼杌闲评》一一回：“进忠道：‘昨日多扰，特来完～。’就把送礼的元宝取出四锭，叫他小厮送进去。”清雍正五年四月二十六日陈时夏奏文：“羲二包造花园，玉珩短少工价。羲二以各行～催迫缢死。”《品花宝鉴》五八回：“我若省俭些，非但不～，而且还有餘。” ❷犹“欠债❷”。明《肉蒲团》三回：“玉香正有得趣之时，忽然听得丈夫要去，就像小孩子要断乳一般，那里苦得过？连出门以后的～都要预支了去。”清《姑妄言》一〇回：“都是别久了的，少不得竭力大做一番，不但要补以前之～，还要预支后来的亏空。”

【欠主】 qiàn zhǔ 犹“欠家”。清《都是幻·梅魂幻》五回：“南斌邀二人到酒肆中坐下，各请教姓名，原来～是姓危名安。”

【欠字】 qiàn zì 即“欠票”。清《野叟曝言》八五回：“查契载一平交兑，又未另立～，尚敢以白占刁控。”又：“监生要立～，原中说：‘日子迟要立～，三日内何必立字？’”

【歉】 qiàn ❶遗憾；不满足。唐常衮《册谥承天皇帝文》：“必备王者之仪，用极送哀之礼。庶荣厚穸，有～于怀。”明徐渭《四声猿·渔阳弄》：“下官虽从鞫问时左证得闻一二，终以未曾亲睹为～。”清《平山冷燕》一九回：“回说二兄已命驾矣，正以不能一面为～。今忽蒙再顾，实出望外。” ❷惭愧；不安。唐颜真卿《和政公主神道碑》：“《易》崇积善，《诗》贵起予。不以忠孝数事迭相告勖者，则心有～焉。”金刘祁《归潜志》卷一二：“士君子则于饥寒、患难、死亡无所畏，使道义充于中，虽明日饥而死，无～于天地。”清洪昇《长生殿》一一出：“枉自许舞娇歌艳，比着这钧天雅奏多是～。” ❸恶；坏。明李梅实《精忠旗》三五出：“明有～，幽暗歼。我丞相夫呵，人人趋势焰，惟有阎罗不谄。”《醒世恒言》卷三五：“恁样不知好～的人，跟他有何出息？”清《野叟曝言》九回：“奴家虚弱，常是三好两～，原怕误了嗣息。” ❹担忧；忧虑。清纪昀《阅微草堂笔记》卷八：“此君恒恐误杀人，惴惴然如有所～，故缘心造象耳。”又卷一二：“妇利多金，怂恿柳伺隙杀狐。柳以负心为～。妇谇曰：‘彼能媚某家女，不能媚汝女耶？’”

【歉薄】 qiàn bó 收成微薄。明归有光《论三区赋役水利书》：“前王公已定耗法，均摊之田，三斗三升五合；～之田，二斗二升。”清《绿野仙踪》六八回：“遇年岁～，即发他内府的粟粮赈济。”《女仙外史》七七回：“淮南江北，秋收～。”

【歉旱】 qiàn hàn 因旱成灾。唐刘禹锡《谢恩赐粟麦表》：“伏奉今月一日制书，以臣当州连年～，特放开成元年夏青苗钱。”

宋文同《为乞差京朝官知井研县事奏》："万一或恐遭罹～，民下艰食。"

【歉荒】 qiàn huāng 歉收成荒。宋苏轼《祈晴祝文》："神食此土，民命系焉。无俾～，以作神羞。"明彭韶《陈文耀方伯公墓志铭》："岁连～，甚命有司发廪盈十万以赈之。"清《剿捕临清逆匪纪略》卷一四："况今山左并未～，小民具有天良，亦何敢藉词倡乱。"

【歉悔】 qiàn huǐ 惭愧后悔。宋《二程粹言》卷一："子曰：有过必改，罪己是也，改而已矣。常有～之意，则反为心害。"明李贤《改过铭》："于以徙义，于以崇德。～不存，我心则怿。"

【歉纪】 qiàn jì 犹"歉年"。唐张西岳《铜山湖记》："顷因皇唐元和始载，江左允疠，民人～之次，我叶侯而独咍然。所咍者，盖由心能远虑，廪有积粟。"

【歉俭】 qiàn jiǎn 歉收；缺粮。唐符载《为杜相公贺恩赐淮西粟帛表》："今复恤其～，赐之粟帛。"宋田锡《制策》："寒暑罹于疾疫，～致其流亡。"明陆深《愿丰楼记》："顾念谷粟桑麻，生民之天也，一遭～，则骨肉有不相保者矣。"

【歉馑】 qiàn jǐn 犹"歉俭"。唐李纯《亢旱抚恤百姓德音》："况江淮之间，～相属，物力疲耗。"宋吴泳《建绍乾道阴雨五事记》："今阴雨连绵，害于耕稼，万一～，何以支吾。"乐史《太平寰宇记》卷四九："刚劲之心，恒多不测。～则剽劫，丰饱则柔从。"

【歉吝】 qiàn lìn 愧疚；歉疚。宋《朱子语类》卷九四："看得道理明彻，自然无～之病，无物我之私，自然快活。"

【歉馁】 qiàn něi 犹"歉吝"。明王守仁《传习录拾遗》："君子戒惧之功，无时或间，则天理常存，而其昭明灵觉之本体，自无所昏蔽，自无所牵扰，自无所～愧怍。"

【歉年】 qiàn nián 收成不好的年头。五代黄滔《壬癸岁书情》："江头寒夜宿，垄上～耕。"《元曲选·合同文字》三折："因～趁熟去，别家乡临外府。"清张英《恒产琐言》："除完给公家而外，分为三分，留一分为～不收之用。"

【歉少】 qiàn shǎo 短少；缺乏。明《浪史》一四回："安置将息了一日，却走得动，只是精神～。"清雍正六年九月十七日高其倬奏文："合之现存之米，微觉～。"雍正八年六月二十五日嵇曾筠奏文朱批："今岁北地雨泽～，恐至夏秋霖潦。"

【歉食】 qiàn shí 因荒缺粮。唐陆贽《请减京东水运收脚价事宜状》："而尚日不暇给，曾无远图。军府有～之词，穑人有悔耕之意。"高彦休《阙史》卷上："值伊瀍仍岁～，正郎滞曹不迁，省俸甚微。"《续资治通鉴》卷三二："士逊视濒河数州方～，即计其餘以贷民。"

【歉收】 qiàn shōu 收成不好。明龚诩《上周文襄公书》："忽遇～之年，尤更狼狈。"徐复祚《投梭记》一七出："若但有祭品无童女时，霎时就起雷电，一岁疾疫～。"清《绿野仙踪》二〇回："本年鸡泽县丰收，四外州县，有～者都来搬运。"

【歉岁】 qiàn suì 犹"歉年"。唐张说《故括州刺史冯公神道碑》："河朔淫雨，帝思作乂，俾公检校邢州刺史，散有赒无，人忘～。"金元好问《十一月五日暂往西张》："～村墟更荒恶，穷冬人影亦伶俜。"清《女仙外史》八四回："即大丰之年，亦必称贷以输将，权其子母，尽归乌有；若遇～，臣不知其如何也夫。"

【歉灾】 qiàn zāi 灾荒。唐太和元年三月都省请复庾威等官议："庾威改张税额，赋不加征，联绵～，人悉安业。"宋张栻《答胡提举启》："盖念兹土，重罹～，尚远食新之期，居多仰哺之众。"

【歉仄】 qiàn zè 遗憾；抱歉。明许相卿《与崔同仁少参书》："顷获通籍，羁于班行，无由造叙此怀为～。"清纪昀《阅微草堂笔记》卷二〇："昨喜见怜，故答以戏谑，何期反致唐突，深为～。"《绿野仙踪》三四回："且阻将来杀贼报功之路，就是朱义弟闻知，也未免心上不～。"

【纤】 qiàn ❶ 纤绳。唐刘禹锡《观市》："马牛有～，私属有闲。"明《山歌·跳窗盘》："郎是象牙梳儿撩得奴个发，奴是低梅头短～要郎钻。"清《续金瓶梅》二七回："水又宽，风又大，拉不得～。" ❷ 拉纤绳拖拽车船或扯抬轿子等。宋陈著《次韵弟观过黄山》："舟行曲港难为～，峰有佳山莫问程。"清陈端生《再生缘》七三回："梅香手揭轿珠帘，扶了千金坐里边。然后轻轻来放下，四家人，忙忙～住下阶沿。"《续金瓶梅》五〇回："将灵柩送上车，使驴～着，自己扶车，由旱路来。" ❸ 指纤夫。清《剿捕临清逆匪纪略》卷一〇："各帮雇用短～，恐有窜脱餘匪改装匿迹充夫。"靳辅《治河奏绩书》卷一："其后总河曹时，聘复大加展扩，建坝遏沙，修堤度～。"李斗《扬州画舫录》卷一："纤手用河兵沙飞马溜，添～用州县民壮盐快。" ❹ 芡；烹饪时用淀粉调成的浓汁。明宋诩《竹屿山房杂部》卷二一："冷团须用豆粉为～。"清袁枚《随园食单·须知单》："俗名豆粉为～者，即拉船用纤也，须顾名思义。因治肉者要作团而不能合，要作羹而不能腻，故用粉以牵合之。"

【纤岸】 qiàn àn 即"纤堤"。清弘历《山东巡抚正泰续奏黄河漫溢》："回空粮船行无滞，～略修而已尔。"又《雨》："急飘迷～，密行打船舲。"

【纤板】 qiàn bǎn 纤绳前端加系的小板，斜置于纤夫胸前以减轻绳勒并加力。明吾邱瑞《运甓记》一二出："我劝世人没要学撑船，撑子船来弗得闲。～麻绳是我个伙计，蓑衣箬帽是我个本钱。"清《后西游记》三八回："猪一戒忽然想回意来，因直起腰来，将～往地下一甩。"《歧路灯》四〇回："他在周家口、正阳关这一带地方，在河上与人家拉～。"

【纤兵】 qiàn bīng 护卫河道并兼牵船的兵丁。清弘历《雨中过平望》："独怜～践泥泞，沾体涂族苦莫比。"

【纤道】 qiàn dào 供纤夫拖船行走的路。宋胡寅《溯江濡滞》："漫流迷～，数日俏篙师。"清李斗《扬州画舫录》卷一："～每里安设围站兵丁三名，令村镇民妇跪伏瞻仰。"

【纤堤】 qiàn dī 供纤夫拖船行走的堤岸。清傅泽洪《行水金鉴》卷一四〇："又东西可筑～一道，即以挑引河之土筑堤。"

【纤粉】 qiàn fěn 芡粉；烹饪勾芡用的淀粉。清袁枚《随园食单·江鲜单》："将黄鱼拆碎，入鸡汤作羹，微用甜酱水～收起之。"又《特牲单》："以里肉切片，用～团成小把，入虾汤中。"

【纤夫】 qiàn fū 拉纤绳拖拽车船或扯抬轿子的人夫。宋潜说友《咸淳临安志》卷六八："雨餘泥深，～失足辄坠数十尺下。"清赵翼《檐曝杂记》卷四："扬帆牵缆，皆行舟事。然云贵作吏者，肩舆上山，必用～。其纤以色布为之，承应上司或有用全帛者。盖山路高，舁舆而上，须藉此得力也。"《十二楼·奉先楼》二回："遇着一起大兵，拿他做了～，依旧要拽船上去。"

【纤户】 qiàn hù 以拉纤为业的人户。《续资治通鉴长编》卷四三六："因徐州吕梁、百步两洪湍浅险恶，及水手、牛驴、～、盘剥人等，百般邀阻，损坏舟船。"

【纤缆】 qiàn lǎn 即"纤绳"。清靳辅《治河奏绩书》卷四："至冬春水涸，其浅处不流束楚，且水面辽阔，～无所施。"李斗《扬州画舫录》卷一七："坝长于水面，每丈用排桩七、槲木一、芦芭二、～一。"

【纤路】 qiàn lù ❶ 即"纤道"。宋潜说友《咸淳临安志》卷三五："久失修筑，日渐隳坍，～狭窄，艰于行往。"清黄宗羲《都督裘君墓志铭》："欲过落马湖，北风正厉，牵挽莫施。公请于都御史，谓漕规不许越次，今稍变通之，使尾舟先发，即以各舟为～，逆行而上。” ❷ 拖纤行路。宋陈著《次前韵与前人同舟自城归》：“蹴起睡奴催～，坐同吟伴说梅花。”

【纤牵】 qiàn qiān 用纤拖拽。清弘历《引舟行》：“即今御舟资～，河兵供役迅且劲。”

【纤绳】 qiàn shéng 牵拉牲口、车船用的绳索。清《后西游记》三八回：“因竖起板头，寻了两根～，同沙弥没过水，到岸上去扯纤。”

【纤手】 qiàn shǒu 即“纤夫”。清李斗《扬州画舫录》卷一：“～用河兵沙飞马溜，添纤用州县民壮盐快。”蒋士铨《桂林霜》二二出：“船只快，更多添～，不许延挨。”

【纤索】 qiàn suǒ 即“纤绳”。明唐顺之《武编》前集卷六：“俱贼船之拽纤而至也，吾则有碍竿虚木以阻其～之不可通。”清纪昀《阅微草堂笔记》卷一一：“忽西岸一盐舟～中断，横扫而过，两舷相切。”

【纤簟】 qiàn tán 纤绳，引申指用纤绳拖拽。簟，竹索。清傅泽洪《行水金鉴》卷一二四：“堤岸久圮不治，民田一派汪洋，盐艘～稽阻。”

【纤挽】 qiàn wǎn 犹“纤牵”。明潘季驯《河防一览》卷一二：“惟运舟入漕之后，必由堤岸～，少有残缺，便成阻隔。”清张伯行《居济一得》卷一：“见水势甚溜，一船需夫数百名～。”

【纤行】 qiàn xíng 拖纤行舟。宋张舜民《郴行录》：“乙未，微雨无风，～可五里出夹入大江。”

【纤子】 qiàn zi 即“纤绳”。明《醒世恒言》卷二五：“风略小些，便要扯着百丈。你道怎么叫做百丈？原来就是～。只那川船上的有些不同，用着一寸多宽的毛竹片子，将生漆绞着麻丝接成的，约有一百多丈。”

【倩】 qiàn 另见 qìng。❶ 癫狂；无节制。宋陈师道《洛阳春》：“一顾教人微～，那堪亲见。”元王大学士《点绛唇·尾》：“一个播泔瓢的休谄，一个敲铜盆的手～，一个向柳阴中学舞一张锹。”明谢谠《四喜记》三四出：“但愿处事周全，立心和善，只怕～风情不改，花性仍坚，复落猖狂话传。” ❷ 贴近；依偎。元张可久《粉蝶儿·春思》：“粉暖～蜂须，泥香沾燕嘴。”明沈仕《懒画眉·幽会》：“娇痴性，恰才相迓还相～。”孙柚《琴心记》二三出：“今日呵，寒云枉自行，暗雨徒相竞，与谁厮～？” ❸ 遭；受。明《夹竹桃·君王又进》：“花枝无力，～郎强携；酒肠不耐，被郎强偎。” ❹ “倩女”的歇后，歇“女”字，指婢女。明孙柚《琴心记》一七出：“你本是伶俐闺房老～，如何哄小姐呵，蓦地里阴谐秦晋？”

【倩笔】 qiàn bǐ ❶ 命笔。明许相卿《与泉亭吴维新少参书》：“再贬墨谕，病不时报。少间～，以塞下问。” ❷ 代笔；请人代笔。明谈迁《谈氏笔乘·科牍》：“万历丙辰，会元吴江沈同和系～，首义又汤宾尹旧刻也。”清《绣球缘》一〇回：“建中闻言，即呼贵保上前，问曰：‘此佳章是你～否？’”

【倩代】 qiàn dài 请人替代。多指代笔、代考。宋苏颂《吕舍人文集序》：“其或颂圣歌功，赓唱迭和，公卿～，二府简讨，涵濡应答，殆无虚日。”明王世贞《亡弟中顺大夫敬美行状》：“收者仅十之七而加严阅焉，于是居间～之弊绝矣。”清《镜花缘》五六回：“家父也喜他文字，因笔力过老，恐非幼女，兼恐～，因此取在末名。”

【倩贷】 qiàn dài 恳请；请求。清《白雪遗音·佳期》：“无端春兴～谁办，恼恨书呆。”

【倩顾】 qiàn gù 同“倩雇”。明《杜骗新书·谋财骗》：“将沛衣箱内银五百餘两，悉偷装在自己行李担内，～一人，说是乡里来催，欲去之速。”

【倩雇】 qiàn gù 雇请；租赁。宋洪迈《夷坚志》支甲卷一〇：“其一又问：‘钱库门已葺未？’其一曰：‘方用钱三贯～一牧童填补讫。’”明《禅真后史》六回：“店家相陪饮酒，只见一汉子也在店中～小舟。”清靳辅《治河奏绩书》卷四：“大都冒张虚数，临时～老弱。”

【倩取】 qiàn qǔ 请；求得。宋王质《西江月·借江梅蜡梅为意寿董守》：“主人无那寿杯深，～花来唤醒。”明陶望龄《梅季豹见访同为云门禹穴之游》：“怜君醉后谈能胜，～湖光为洗杯。”清弘历《理安寺》：“归鞭却恐留清恋，～白云一片封。”

【倩托】 qiàn tuō 请求嘱托。宋刘跂《朝请郎致仕蔡君墓志铭》：“属文援据殚洽，语不陈习，多见～，人人各如自出其意。”清康熙五十八年六月十五日上谕：“于京城大臣等，谁无亲戚，不无彼此～掣肘。”《珍珠舶》一〇回：“始遇崔氏则～侍婢，诱成私媾，以后娶了韦氏，便把崔莺抛弃。”

【倩问】 qiàn wèn 请问。宋秦观《石州慢·九日》：“沈思此景，几度梦里追寻，青枫路远迷烟竹。待～麻姑，借秋风黄鹄。”贺铸《渔家傲》：“～尊前桃与李，重来若个犹相记。”明张綖《柳梢青》：“云波芳信谁通？空～残鳞断鸿。”

【倩语】 qiàn yǔ 求语，一种靠听声音预测吉凶的卜术。明张大复《梅花草堂笔谈》卷六：“～我风日甚新，因移席庭间，昏然便睡。闻鹊噪声，内自喜，谓可占今日疾愈也。”《于少保萃忠全传》五传：“‘兄如有疑，可晓得听～之事乎？’公问曰：‘何谓～？’大器曰：‘～者，乃听他人之言语，以决一生之穷通。书上谓之响卜，又谓之谶语，即此意也。’”

qiāng

【抢】 qiāng 另见 qiǎng、qiàng。❶ 迎；顶。宋苏舜钦《城南归值大风雪》：“低头～朔风，两眼不敢开。”《元曲选外编·陈母教子》一折：“似那～风扬谷，你这等秕者先行。”清《女仙外史》八九回：“只见其船如飞，～着逆风，冲波破浪而行。” ❷ 责怪或讽刺；抢白。金《董解元西厢记》卷四：“花言巧语～了俺一顿，俺耳边佯不闻。”元郑廷玉《看钱奴》三折：“为他把恶语伤，匹面～，先打后商量。”明《金瓶梅》三五回：“这张四见说不动这妇人，到吃他～了几句的话，好无颜色。” ❸ 美；漂亮。抢，通“撑”。金《董解元西厢记》卷一：“右壁个佳人举止轻盈，脸儿说不得的～。”又卷三：“做为挣，百事～，只少天衣，便是捻塑来的观音像。” ❹ 击。元高文秀《遇上皇》一折：“耳根上一迷的直拳～，都扯破我衣裳。” ❺ 推；搡。元张养浩《朱履曲》：“萧墙外拥来～去，筵席上似有如无。”《元曲选·燕青博鱼》楔子：“将燕青～出去，自今日为始，再也不用他了也。” ❻ 挽；向上捋。《元曲选·燕青博鱼》二折：“我这里～起折支巾，拽起夜叉裙。” ❼ 戗；不顺。清《醒世姻缘传》一九回：“你只休～他的性子，一会家乔起来，也下老实难服事的。”

【抢白】 qiāng bái 当面指责或讽刺。元张养浩《朝天子》：“朦胧笑脸，由他～，且宽心权宁耐。”明《平妖传》一回：“夫人曾劝丈夫莫要多口，到此未免～几句。”清《红楼梦》九回：“却拿着香怜作法，反说他多事，着实～了几句。”

【抢驳】 qiāng bó 驳斥。明《梼杌闲评》四一回：“内中有个方给事，才说得几句话，便～他，反被方给事当面羞辱一场。”

【抢风】 qiāng fēng ❶ 马胸前迎风的部位。唐徐成《宝金篇》：“鬐高膊阔～小，臆高胸阔脚前宽。”又《宝金歌》：“鬐高臆广平弓手，胸宽膊阔小～。” ❷ 逆风；顶风。指借用帆力逆风行驶。元明《三国志通俗演义》卷一〇:“徐盛教拽起蒲帆,～而使。”《水浒传》八〇回:“见三只快船,～摇来。”明汪广洋《东吴棹歌》之二:“艇子～过太湖,水云行尽是东吴。” ❸ 遮风;挡风。《元曲选·燕青博鱼》楔子:“则我这白毡帽半～,则我这破搭膊落可的权遮雨。”明《西洋记》六八回:“一下子就吊了个～一字巾,脱了个二十四气皂罗袍,取出一件兵器来。” ❹ 形容动作迅疾,犹如逆风运帆。明《金瓶梅》一二回:“这个～膀臂,如经年未见酒和肴;那个连二筷子,成岁不逢筵与席。”

【抢呼】 qiāng hū 撞头呼号。明卢柟《甲辰岁张郡伯鄮西如觐京师》:“～西向拜,遥祝北堂年。”清汪琬《祭季给事文》:“白马素车,奔驰弗获。群焉～,声发如砉。”《聊斋志异·促织》:“怒索儿,儿已投入井中。因而化怒为悲,～欲绝。”

【抢篱】 qiāng lí 同“枪篱”。清《儒林外史》四二回:“看着‘外科周先生’的招牌,对门一个黑～里,就是他家了。”

【抢攞】 qiāng luǒ 揭破;撕裂。《元曲选·竹叶舟》四折:“你既知这荣华似水上沫,这功名似石内火,可怎生讲堂中把面皮～。”

【抢骂】 qiāng mà 责骂。明孙仁孺《东郭记》四二出:“三年前闻得王子敖亦已富贵,径去见他,倒被他一顿～。”

【抢头】 qiāng tóu 磕头;低头。宋黄庭坚《次韵章禹直赠答之诗》:“祸机发无妄,对吏只～。”赵蕃《雪中三忆》之一:“忆我山中竹,长身立崖谷。势重且～,谁与摇蔌蔌?”王禹偁《祭宋枢密文》:“执法议刑,以直被毁。侧目幸臣,～狱吏。”

【抢问】 qiāng wèn 责问。《元曲选·合汗衫》一折:“你将他来恶～,他如今身遭着危困。”又《罗李郎》四折:“我这里扭项回身,吃我会～。”

【抢佯】 qiāng yáng 飞掠。唐杜甫《杜鹃行》:“跳枝窜叶树木中,～瞥捩雌随雄。”

【呛】 qiāng 另见 qiàng。❶ 戗;逆。宋陈言《三因极一病证方论》卷八:“补肝汤,治肝虚寒,……四肢发冷,～心腹痛。”按,呛心,反胃。 ❷ 物体误入气管而反喷出来。《元曲选·还牢末》二折:“我可也刚应的一声猛～了,〔做喷史进身上科〕展污了你衣服便休嗔。”明孙一奎《赤水元珠》卷一六:“或喜笑过多而气噎,或咽饮错喉而气～。”清《姑妄言》一〇回:“忽然一笑,把酒～了出来,喷得众人满脸满身。” ❸ 咳嗽。明《禅真逸史》二〇回:“你道矮矮一个白须老子,怎能扯得过这几个长大凶鬼?弄得这老儿一面咯咯地～,拖着阿丑满地打滚。” ❹ 贬损;责骂。清《歧路灯》四二回:“混帐场中,闯来闯去,断乎没有什么好处。我也叫他那老贾腌臜的足～。”

【呛呕】 qiāng ǒu 逆呕;因食物误入气管呛咳或胃部痉挛等引起呕吐。明徐谦《仁端录》卷三:“至夜作泻,眼开～。先吐白沫,喘胀交作。”

【呛嗽】 qiāng sòu 咳嗽。明徐谦《仁端录》卷一:“眉毛两边若破焦,～声哑死不饶。”

【呛吐】 qiāng tù 犹“呛呕”。明徐谦《仁端录》卷一〇:“将靥时～,痘色根窠淡红者,用呛效方。”清《野叟曝言》八八回:“一面令宫女暂停灌药,恐致～。”

【枪】 qiāng ❶ 茶的嫩芽。叶尚未展开,其状如枪。唐陆龟蒙《奉酬袭美先辈吴中苦雨》:“酒帜风外戗,茶～露中撷。”明汤显祖《牡丹亭》八出:“乘谷雨,采新茶一旗半～金缕芽。”清袁枚《随园食单·茶酒单》:“(龙井茶)雨前最好,一旗一～,绿如碧玉。” ❷ 用枪刺。明彭遵泗《蜀碧》卷三:“杀人之名:割手足,谓之匏奴;分夹脊,谓之边地;～其背于空中,谓之雪鳅。” ❸ 讳指阴茎。明《金瓶梅词话》三七回:“男儿气急,使～只去扎心窝;女帅心忙,开口要来吞脑袋。”清《姑妄言》一五回:“这些徒弟都受过他的～,又恨他,又怕他。” ❹ 枪技;枪法。清钱谦益《石义士哀辞》:“有善～者,典衣裹粮,不远数百里,尽其技而后已,遂以～有名江南。”《隋唐演义》一四回:“罗公暗暗点头道:‘枪法不如。此子还可教。’这里隐着个罗府传～的根脚。” ❺ 替考。清《品花宝鉴》三二回:“高品代～之银已收清,共得了一千六百金。”又五一回:“那人与他请了一个人,讲定了八十两银子,写了契约。在场内与孙嗣徽～了两文一诗。”又:“等着下科再花些银子,找人～一～,就可以拔贡了。”

【枪棒】 qiāng bàng ❶ 枪和棍,泛指兵器,也借指武艺。宋朱熹《申诸司乞行下江西不许遏籴》:“睹奉新县尉司弓手五十餘人,各持～,沿江巡绰,不容装发米斛。”明沈璟《义侠记》二二出:“自家从幼学得些～,孟州人题我一个诨名,叫做金眼彪。”清《飞龙全传》五回:“自幼专好～,习得一身武艺。” ❷ 枪柄。明戚继光《练兵实纪》卷一:“～者,枪亦铳,北方呼为快枪,痼不可变,今加长柄,远则用火药、铅子举放,近则以柄代棒击之。”

【枪毙】 qiāng bì 用枪杀死。明胡翰《东征诗序》:“公策马陷其中坚,手～数人。”清《平定金川方略》卷一一:“有贼数十人潜行隐伏,我兵～一人,餘贼奔退。”

【枪车】 qiāng chē 设枪护卫的车。《隋书·礼仪志》:“又造六合殿、千人帐,载以～。车载六合三板。其车軨解合交叉,即为马枪。”《太平广记》卷二五九引《朝野佥载》:“唐姜师度好奇诡,为沧州刺史兼按察,造～运粮。”清《格致镜原》卷二九引《事物绀珠》:“～六轮,前及两傍设枪。”

【枪城】 qiāng chéng 即“枪垒”。唐王建《从军行》:“～围鼓角,毡帐依山谷。”宋曾公亮等《武经总要》前集卷六:“(拒马营)每人配鹿角马枪两枝,去前～三步布置。”

【枪筹】 qiāng chóu 行酒令用的筹码。枪,盛酒容器。唐元稹《酬窦校书二十韵》:“尘土抛书卷,～弄酒权。”

【枪法】 qiāng fǎ ❶ 使用枪的技法。元刘敏中《商氏世德碑铭》:“独以武事自憙,尤精～,人罕及者。”明佚名《四贤记》二二出:“幼时习些～,运动如神。”清《荡寇志》八九回:“石秀虽然英雄,怎当得丽卿神力天生,～敏捷。” ❷ 讳指男子性交手段。宋元《清平山堂话本·刎颈鸳鸯会》:“(偷情)五要乜斜缠帐,六要施逞～。”明《金瓶梅词话》六回:“那妇人枕边风月比娼妓尤甚,百般奉承。西门庆亦施逞～打动。”

【枪樊】 qiāng fán 用枪围起的樊笼。樊,关鸟兽的笼子。清毛奇龄《诏观西洋国所进狮子》:“尔时群槛柙诸兽,木垒～列前囿。”

【枪架子】 qiāng jià zi 包揽说合替人找枪手的人。清《歧路灯》一一回:“还有说他是枪手,又是～。”

【枪截】 qiāng jié (语言)顶撞冒犯。明《金瓶梅词话》七五回:“本等春梅出来的言语粗鲁,饶我那等说着,还～的言语骂出来。”

【枪垒】 qiāng lěi 用尖竹木或长枪构筑的围栅或营垒。唐乔彝《立走马赋》:“于是千旗已合,万马既匝。～环回,辕门洞开。”明佚名《草庐经略》卷六:“营门之中,高设～,以时启闭。敌虽冲突,必不能入。”清毛奇龄《题乔侍读侍直图》:“龙旗未辨～色,鸡树但觉枝柯清。”

【枪櫑】 qiāng lěi 同“枪垒”。宋崔敦礼《北山之英》:“风霾兮杀气昏,突～兮乱钩陈。”明汤显祖《南柯记》二九出:“少不得女天魔排阵势,撒连连金锁～。”

【枪櫐】 qiāng lěi 同“枪垒”。唐杜甫《雕赋》：“然后缀以珠饰，呈于至尊。抟风～，用壮旌门。”清于敏中《哨鹿赋》：“邈谽谺之中豁，峙储胥与～。”

【枪篱】 qiāng lí 篱笆。明《山歌·小囡儿》：“新做墙门黑～，篱篱里面有介个小囡儿。”清朱彝尊《题徐检讨丰草亭》：“青竹～白竹门，西濛不异旧时春。”

【枪旗】 qiāng qí ❶ 即“旗枪❶”。唐易静《兵要望江南·占风角》：“军营内，忽有旋风来。吹折～并倒屋，奸谋恶党欲来摧。”金《董解元西厢记》卷八：“飞虎唬来痴，群贼倒～。” ❷ 即“旗枪❷”。唐杨筠松《疑龙经》上篇：“疑龙何处最难疑，寻得星峰却是枝。关峡从行并护托，矗矗～左右随。” ❸ 即“旗枪❸”。五代齐己《闻道林诸友尝茶》：“～冉冉绿丛园，谷雨初晴叫杜鹃。”《元曲选·青衫泪》三折：“遮莫他耳听春雷，茶吐～。”清田雯《茗饮行》：“江村谷雨好时节，小岘万树～抽。” ❹ 即“旗枪❹”。五代齐己《谢人惠扇子及茶》：“～封蜀茗，圆洁制鲛绡。”宋苏辙《次韵李公择以惠泉答章子厚新茶》之一：“～携到齐西境，更试城南金线奇。”清钱谦益《山中得范质公司马削籍》之二：“～碗底观茶战，帜纛尊前试酒兵。” ❺ 一种酒令的名目。唐元稹《痁卧闻幕中诸公征乐会饮》：“～如在手，那复敢崴𡾰。”按，原注：“筹箸色目。”

【枪手】 qiāng shǒu ❶ 以枪为战具的兵卒。宋华岳《翠微先生北征录》卷一：“苟以为长而及等仗者为弓手～，短而插指板者为弩手斧手，不知弓枪弩斧之外，犹有餘用也。”明戚继光《纪效新书》卷六：“敌枪戳右，欲伤右边，后二个～牌兵即以右手所持腰刀砍其枪。”清《平定三逆方略》卷四一：“以守兵餘力并入行军，复多增～，五路渡江。” ❷ 特称某地方训练出的以枪为战具的乡兵。宋王明清《玉照新志》卷一：“(陈绎)前知广州日，……役使土丁～修筑廨宇内地基。”《宋史·兵志五》：“东路～，自至和初立为土丁之额，农隙肄业一月，乃古者寓兵于农之策也。”明王樵《送刘兵宪之青州序》：“承平以来，内地之兵颇名为弱，而青之～独以劲勇有声。” ❸ 称冒名替考的人。《大清律例》卷二五：“有积惯随棚代考之～，察出审实，枷号三个月。”《歧路灯》六八回：“他又说怎么作弊，觅～，打连号，款款有理。我就依他去办。”《白雪遗音·秀才嫖》：“要银钱，等我包揽着词讼将你谢；要银钱，等我包揽着～把你谢。”

【枪头】 qiāng tóu ❶ 枪边，指战场。《敦煌变文校注》卷一《张议潮变文》：“丈夫名宦向～觅，当敌何须避宝刀。” ❷ 刺击兵器的金属尖头。唐戴孚《广异记·石井崖》：“井崖素闻道士言，乃出刀，拔～怀中藏之。”元刘庭信《夜行船·青楼咏妓》：“狠姨夫计深，刀斧般恩情甚，蜡打～软厮禁。”清《儒林外史》六回：“半夜里不见了～子，攮到贼肚里。” ❸ 火枪枪管的前端。清《绿牡丹》三二回：“～对准房上之人，将火绳拿过，药门一点，一声响亮。”

【枪芽】 qiāng yá 茶的嫩芽。宋吴文英《瑞龙吟》：“～焙绿，曾试云根味。”元耶律楚材《西域从王君玉乞茶》：“汤响松风三昧手，雪香雷震一～。”王恽《茶约》：“须分旗叶～，选甚鹧斑龙甲。”

【枪眼】 qiāng yǎn ❶ 墙壁上供出枪刺杀或射击用的孔洞。明唐顺之《武编》前集卷六：“周围用生牛皮张裹，四面皆留箭眼～，以放火药箭等具。”清《平定两金川方略》卷一九：“其碉房设有～，高下俱可放枪。” ❷ 枪尖刺出的洞。明《西洋记》六〇回：“你戳上一枪，抽出枪来，就没有了～；饶你砍上一刀，收回刀来，就没有了刀口。” ❸ 枪管。清《女仙外史》五一回：“其枪止长一尺二寸，内藏铁丸三枚，～外用铁镰为机。”

【枪营】 qiāng yíng 即“枪垒”。宋曾公亮等《武经总要》前集卷六：“在贼境，宿用～，行用方阵。”赵彦卫《云麓漫钞》卷六：“环绕穹庐，以近及远，只折木梢屈之为三丫铺，不设～堑栅之备。”元《三国志平话》卷下：“道罢，各下营。张飞拦道扎一～。”

【枪仗】 qiāng zhàng ❶ 犹“枪棒❶”。宋李光《宣城与属县官书》：“其实不过千四五百人，餘皆妇人巾裹持～。”《三朝北盟会编》卷二三四：“村人皆弃桧而去，金人入境悉无～，乃尽取村人所弃者。”清雍正四年三月十九日布兰泰奏文：“讵该犯凶横更甚，执持～，打伤州役。” ❷ 即“枪手❷”。宋《三朝北盟会编》卷一五二：“东南之卒既起，则又命福建团结～。” ❸ 执枪的仪仗。《宋史·仪卫志三》：“金吾主纛槊十六骑、引驾细仗；牙门六军主～。”

【枪杖】 qiāng zhàng 同“枪仗❶”。也指拿着枪、棒等器械。宋鲁应龙《闲窗括异志》：“乡民及豪家子弟、僮奴极百餘人，～叫噪，共往追逐。”《建炎以来繫年要录》卷一七七：“推择豪右众所畏服者以为正副，量置～器械之属，以故盗贼屏息。”

【枪子】 qiāng zǐ 枪弹。清《平定两金川方略》卷一二二：“现获其火药一百餘篓，其～堆贮屋内，自数寸至二尺餘深。”《绿牡丹》三二回：“将身一伏，睡在房子上，那～在身上飞过。”

【戗】 qiāng 另见 qiàng。❶ 与本来的方向相反或偏斜着生长、行进。元明《水浒传》六一回：“李逵～几根蓬松黄发。”明王樵《檇李记》：“今汝辈高大其垛，短其弓步，箭势多高矗反下～。撞之数，何以望穿杨贯虱之技乎！”清《野叟曝言》三三回：“用得力猛，船势一侧，恰遇上流一只大船直～过来，拦腰一撞。” ❷ 特指用帆借偏风或逆风行驶。明胡宗宪《筹海图编》卷二：“若遇无风逆风，皆倒桅荡橹，不能转～，故倭船过洋，非月餘不可。”清《女仙外史》四四回：“各船就吹起波卢来，向西北进发。风色不顺，折～而行。”《野叟曝言》一一四回：“见一只小船，逆～着风，如飞而来。” ❸ 顶撞；言语冲突。明佚名《驻云飞》：“仔细思量，下不的将他恶语～。”清《儒林外史》四三回：“几句就同雷太守说～了。”又五四回：“两个人说～了，揪着领子，一顿乱打。”

【戗白】 qiāng bái 同“抢白”。明《禅真后史》一回：“两个正在花园里行事，被他父亲撞见了，当面～了一顿，不容进馆。”

【戗风】 qiāng fēng 逆风，特指逆风行船。明郑若曾《江南经略》卷三下：“迎潮～，低昂倾侧，岛人能之。”清《野叟曝言》一一二回：“翻的这船，是要～稳快，拣的没遮拦的船，如何留得住人？”

【戗角】 qiāng jiǎo 折角；角部翻转折叠。清《女仙外史》一六回：“戴的一片石蓝绒～纶巾，穿着千层鸭绿绸称身战袄。”

【跄】 qiāng 另见 qiàng。❶ (用头)撞。《明史纪事本末》卷八〇：“妻曰：‘尔死吾亦死。’章明以头～地曰：‘谢夫人。’” ❷ 撞骗。明周履靖《锦笺记》一三出：“〔丑〕邹家书馆，恰是我个哉。〔末〕咱是您个？〔丑出银介〕您看荐馆银都驼担哉。〔末〕呀！才话向您就来～。” ❸ 舞动。清《一片情》一一回：“串友同邻里吃了上场饭，生旦丑净都～起来，敲动鼓板，搬演一本《拜月亭幽闺记》男盗女娼的戏文。”

【跄帆】 qiāng fān 用帆逆风而行。明王鏳《跄风帆》：“江阔无忧风色横，～亦得达常程。”

【跄济】 qiāng jì 行走安详、舒缓，遵循礼仪。也指这样的走动。宋胡宏《碧泉书院上梁文》：“远邦朋至，近地风从。袭稷下以纷芳，继杏坛而～。”明沈一贯《经筵赋》：“于是司仪赞拜，胪卿唱起。登降肃穆，诎折～。”清张英《驾幸阙里赋》：“文学掌故之士，垂髫戴白之徒，纵观典礼，～天衢。”

【跄跻】 qiāng jì 同“跄济”。宋胡寅《永州天申节功德疏》之四：“缙绅～，逖闻万岁之呼。”明赵东曦《饮酎用礼乐赋》：“监之大酋，几筵肆设。～彤廷，辉煌凤阙。”清《野叟曝言》七八回：“使诸葛之品超出于萧、曹、良、平之上，而与阿衡、公旦～后先。”

【跄舞】 qiāng wǔ 起舞。宋王安石《贺明堂礼毕肆赦表》：“奉承笾豆，乃独后于臣工；～笙镛，窃自同于鸟兽。”清沈修《通天台题辞》：“昔代园寝，丧威林悉。牧刍行吟，莫更～。”

【跄扬】 qiāng yáng 跳跃。宋苏轼《紫宸殿正旦教坊词·小儿致语》：“臣等沐浴太平，咏歌新岁。鼓舞《咸》《韶》之韵，～鸟兽之间。”

【戕残】 qiāng cán 伤害摧残。唐陆龟蒙《战秋辞》：“揭编茅而逞力，断纬萧而作势。不过约弱敧垂，～废替。”元王逢《观钱塘江潮》：“尚虞多～，洒泪逃亡屋。”清雍正六年九月二十三日上谕：“若仓猝之间胁以兵威，未免～苗命。”

【戕刺】 qiāng cì 戳刺伤害。明方孝孺《睦族》：“思夫一身之化为十百也，何忍自相～而不顾乎？”又《丙吉》：“～其体肤而不问，见瘠者而问之，人必以为惑矣。”

【戕伐】 qiāng fá 伤害；损伤。宋刘敞《夜读汉书》：“欢愤虽不同，均非和平气。可怜自～，忽忽老将至。”明张介宾《景岳全书》卷三：“然知柏止堪降火，安能补阴？若任用之，则～生气，而阴以愈亡。”清颜光敏《斗鹑行》：“～固皆尔侪类，崇朝百姓何足多。”

【戕耗】 qiāng hào 损耗。宋李曾伯《回宸翰抚谕将士奏》：“荡摇我封疆，～我根本。”

【戕毁】 qiāng huǐ 损毁。宋李昭玘《王仲远墓志铭》：“物生有才，是亦或使。谁为不仁，乃复～。”金段克己《大江东去·寄卫生袭之》：“毕竟颠狂成底事，谩把良心～。”明刘嵩《十月十三日承大兄六月八日家问》：“又云先茔木，里横嗣～。”

【戕戮】 qiāng lù 杀戮；残害。宋崔敦礼《震雷薄矣》：“震威而怀，靡事～。”明方孝孺《公子对》：“苟不有人以治之，争夺～之祸作，而仁义忠信之道泯。”《禅真后史》二七回：“汝屡生叛乱，～生灵，特发大队人马前来擒汝。”

【戕灭】 qiāng miè 毁灭。宋洪迈《夷坚志》三已卷五：“绍兴辛巳之冬，虏亮～，随行帑藏舟车多为王师所掠。”明《封神演义》八二回：“你只待玉石俱焚，生灵～殆尽，你方才罢手。”清《野叟曝言》一四四回：“宁必绝人逃世以放废伦常，～情性，始得保其天年也哉。”

【戕命】 qiāng mìng ❶ 伤害生命。明文秉《先拨志始》卷下：“北司贴刑，迎合逆珰，索赃～，拟辟无苛。”《禅真后史》三七回：“年逾耳顺，即刻受戮，已不为夭，何苦伤生～，抠肉补缺。”清《无声戏》二回：“告状人赵玉吾，为奸拐～事。” ❷ 丧命。明沈鲸《双珠记》一六出：“夫妇飘零诚可悯，不期此处同～。”

【戕虐】 qiāng nüè ❶ 残暴。《新唐书·史思明传》：“朝清喜田猎，～似思明，淫酗过之。”宋林之奇《尚书全解》卷二九：“胥者，谓君臣上下并为～之政也。” ❷ 残害。宋薛季宣《上张魏公书》：“而我之官吏，为其～我之赤子。”明《禅真后史》二四回：“穿了一领公服，出入官厅，～良善。”清雍正七年十一月初五日上谕：“若使请托公行，毫无顾忌，则地方官员皆得任意作奸，～百姓。”

【戕忍】 qiāng rěn 残忍。唐南卓《羯鼓录》：“此人大逆～，不日间兼即抵法，不宜在至尊前。”明《禅真后史》二五回：“君子处世宜宽，莫生～之念。”清《醒世姻缘传》一回：“做父母兄长的务要从小葆养他那不忍的孩心，习久性成，大来自不～。”

【戕杀】 qiāng shā 犹“戕戮”。唐皇甫湜《东晋元魏正闰论》：“驱士女为肉篱，委之～；指衣冠为刍狗，逞其屠刈。”明《石点头》卷九：“史楚琳～本官，甘从反叛，神人共愤。”清《野叟曝言》一五回：“只见第三名写着‘同谋放火～元勋凶犯一名刘虎臣’。”

【戕伤】 qiāng shāng 伤害；损伤。明高启《浦江郑氏义门》：“人生有同气，胡忍自～？”孙承恩《示二子十箴·慎疾》：“人本无疾，疾乃自取。～天和，抑阏生理。”清蓝鼎元《请权行团练书》：“而汛塘左右店铺，布匹货物并无抢夺一件，亦无～一人。”

【戕生】 qiāng shēng ❶ 犹“戕命❶”。唐大中十三年正月大赦诏：“虽兴师殄寇，本于为人，而残杀～，良多愍纳。”明《韩湘子》一一回：“新鲜腌腊行里钱，都是那～好杀害物性命换来的。” ❷ 犹“戕命❷”。明《古今小说》卷四〇：“本为求生来避虏，谁知避虏反～。”《封神演义》九二回：“狗宝虽凶谁独死，牛黄纵恶自～。”清《歧路灯》一六回：“赌场原是陷人坑，谁肯虿盆自～？” ❸ 伤身；妨害养生。明袁宏道《与朱司理书》：“今官之尚好，虽如美色，病者得之，适以～。”

【腔】 qiāng ❶ 人体或动物体内呈空膛的部分。唐皮日休《忆洞庭观步》：“岩根瘦似壳，杉破腹如～。”《敦煌变文校注》卷三《燕子赋(一)》：“人急烧香，狗急蓦墙。只如[你]钉疮病癞，埋却[你]尸～。”明《西游记》四六回：“这道士弄做一个空～破肚淋漓鬼，少脏无肠浪荡魂。” ❷ 物体内的空处。宋王沂孙《高阳台·纸被》：“霜楮刳皮，冰花擘茧，满～絮湿湘帘。”明徐渭《郭恕先为富人子作风鸢图》之一二：“自古有风休尽使，竹～麻缕不堪吹。”清方薰《山静居画论》卷下：“有款者，亦于树～石角题名而已。” ❸ 曲调；音调；唱腔。也指有韵律的声音。宋陈著《绮罗香》：“袅入风～，清含露脉，声在丝丝烟碧。”明《西洋记》七回：“那小妖精口儿里吹上一个鬼号，舌儿上调出一个鬼～。”清孔尚任《桃花扇》一二出：“今日香君学完一套新曲，都在楼上听他演～。” ❹ 谱曲；按曲调歌唱。也指发出有韵律的声音。宋方岳《瑞鹤仙序》：“岳既不能测识，而又旧为场屋士，不能歌词，辄以时文体，按谱而～之，以致其意。”李公昴《水龙吟·和吴宪韵》：“是骚人行处，～风调月，香满袖，过梅岭。”明徐渭《四声猿·女状元》三出：“你虽是打鼓的千门信口～，倒是个把舵的三老遥怜长。” ❺ 说话的声音语气。元萨都剌《寄林所源道士》：“我识华阳林道士，步虚声里带淮～。”清袁枚《随园诗话》卷一二：“两间东倒西歪屋，一个南～北调人。”《歧路灯》一回：“哪里来了这个人，蛮～蛮调的？” ❻ 模样；形状。明徐阳辉《脱囊颖》四折：“大丈夫要有主张，休做出婆子～，不收不放。”《禅真后史》三〇回：“看他这一副容牙俫嘴鸟～，也挂一串香珠，恶口念佛。”清《玉蜻蜓·追诉》：“宛像十六年前申寄父，依稀仿佛一般～。” ❼ 特指故意做作的情态。明《型世言》一回：“你看这一表人才，也配得你过。不要做～，做了几遍～，人就老了。”又四回：“不做声便是肯了。二婚头，也要做个～，难道便说‘我嫁’？”清《醒世姻缘传》二六回：“有一二老成不狂肆的，叫是怪物，扭～支架子，弃吊了不来理的。” ❽ 机会；可以利用的事态。明《西洋记》五四回：“即时间取过文房四宝来，放在丹墀里。王明心里想道：‘是～了。’你想自古以来，可有个绑着写字的？连忙的放开了王明手。”《韩湘子》六回：“弄得我上不上，落不落，不尴不尬，没一些儿结果。我算来不是～了，只得弃了他，走回家来。” ❾ 心思；心意。清《白雪遗音·醉归》：“听他言语不慌唐，意合情投奴的～。” ❿ 量词。a）用于猪羊等，多指已宰杀的。唐张鷟《朝野佥载》卷四：“案后一～冻猪肉，所以名为姜侍郎。”清《醒世姻缘传》四六回：“汤猪一口，汤羊一～。”b）用于鼓类乐器。元张宪《对牡丹有所赠》：“半里牛酥和梦寄，一～羯鼓共谁挝。”明《韩湘子》二九回：“右肩上背着葫芦一枝，花篮一个，右手中擎着渔鼓一～，简子一副。” ⓫ 干肉。腔，通“羫”。唐韩愈《病中赠张十八》：“雌声吐款要，酒壶缀羊～。”陆龟蒙《忆袭美洞庭观步奉和次韵》：“已甘三秀味，谁念百牢～。” ⓬ 打算。腔，通"匡"。清《女开科传》一一回："过了一日，～着投递白卷，只落得骗吃几碗糙米饭。"

【腔巴骨子】 qiāng bā gǔ zi 颌骨，指说话的腔调或情态。清《醒世姻缘传》五二回："狄希陈唬的那脸蜡滓似的焦黄，战战的打牙巴骨，回不上话来。素姐见他这等～，动了疑心，越发逼考。"

【腔板】 qiāng bǎn ❶ 乐曲的调子和节拍。明杨子器《早朝诗》之四："门上优伶呈法曲，太平～合鸾箫。"叶宪祖《鸾鎞记》二二出："他们都是昆山～，觉道冷静。生员将〔驻云飞〕带些〔滚调〕在内，带做带唱。"清《绿野仙踪》四〇回："小弟的昆腔，不过有～而已，究竟于归拿字眼收放吞吐之妙，没一点传授。" ❷ 比喻格调、路数。明《石点头》卷六："怎奈此女乃旱地上生长，扳不得罾，撒不得网，又摇不得橹，已是不对～。"

【腔幢】 qiāng chuáng 指躯体。幢，通"䃥"，尾骨。《太平广记》卷四四七引《广异记》："中有一叟，哭声每云：'若痛老狐，何乃为喉咙枉杀～！'"

【腔调】 qiāng diào ❶ 指音乐、戏曲、歌曲等的调子。宋王奕《酹江月·和辛稼轩金陵赏心亭》："宁是商女当年，后来～，拍手铜鞮曲。"《元曲选·梧桐雨》四折："按霓裳，舞六幺，红牙箸击成～，乱宫商闹闹炒炒。"清《野叟曝言》六九回："丫鬟们贪看把戏，那细乐便不成～。" ❷ 指诗词文章的声律格调。宋《朱子语类》卷七八："古人作诗，只是说他心下所存事，……却将律来调和其声。今人却先安排下～了，然后做语言去合腔子，岂不是倒了？"清袁枚《随园诗话补遗》卷六："诗文之征文用典，如美人之衣裳首饰；至于～涂泽，则又是美人之裹足穿耳。" ❸ 风度；作派。明范景文《与李性参书》："呻吟中成得一诗，犹不脱本家～也。"陈汝元《金莲记》三四出："笑娘行呈妖献笑，跳不出红裙～。"清《醒世姻缘传》八七回："那戴奶奶推推就就的～，合权奶奶再没二样。" ❹ 虚头；花招。明《醒世恒言》卷三七："我本待再约个日子，也等你走几遭儿，则是你疑我道一定没有银子，故意弄这～。"清《续金瓶梅》二〇回："这是御院里的规矩，比不的巢窝里没内没外，一把就抱在怀里。分外还有许多～，如不依他，就说是不在行的。" ❺ 嗓音；口中发出的声音语调。清《绿野仙踪》六回："国宾忙拆开一看，大哭起来。王经承道：'看嘴脸。我家中最厌恶这种～。若要鬼叫，请出街里去。'"《白雪遗音·婆媳顶嘴》："天天屋里有人喝酒要钱，甚么～儿，还要唱曲儿。"

【腔儿】 qiāng er ❶ 即"腔❸"。宋赵长卿《眼儿媚》："纤楚对蛾眉，笑偎人道，新词觅个，美底～。"《元曲选·货郎旦》四折："摇儿下桑琅琅蛇皮鼓儿，唱几句韵悠悠信口～。"清《歧路灯》二二回："九娃顿起娇喉，唱了两牌子小曲，逢若哼哼的接着～。" ❷ 即"腔❺"。元施惠《幽闺记》二二出："〔生〕这是我那里乡音，'那'者是好也。〔丑背云〕待我也打～哄他。〔叫科〕伙计看那酒来，那下饭来。"明《绣榻野史》卷上："闭了眼，歪了头，口中做出百般哼哼嗳嗳的～。"清《歧路灯》九七回："说话时只像是一个人，就是带一点奶～不像。" ❸ 即"腔❶"。也借指胸怀。明张景《飞丸记》一四出："胆碎～内，魄落躯儿外。"吾邱瑞《运甓记》二二出："激得我性如焚，则这热～要把贤侯报称。" ❹ 即"腔❻"。明孟称舜《娇红记》三六出："写些大字帖儿，装些假道学～。"《西洋记》三五回："番官只说又是照旧的～，还把个袍袖一展，那晓得袍袖儿里止展得一枝，早有一枝中在他的额脑上。"清《醒世姻缘传》三七回："正见狄希陈在那里张望，用手把狄希陈招呼前去，说道：'你这～疼杀人。'" ❺ 即"腔❼"。明汤显祖《紫箫记》一三出："你此要些～，颦蛾掩袖低回。他唤你，不可就应他，千唤佯将一度回。"清《情梦柝》一九回："我原要对你说个明白，谁教你装甚么～，小弟舍妹哄我。"《红楼复梦》二五回："我敬嫂子的那杯酒，嫂子拿着～是不喝，叫我大下不来。" ❻ 即"腔❾"。明《挂枝儿·箫》："舌尖儿餂着你的嘴，双手儿搂着你腰，摸着你的～也，还是我知音的人儿好。"按，此义双关。 ❼ 说法。明《金瓶梅词话》二九回："每日爹娘还吃冰湃的酒儿，谁知今日又改了～。"又七五回："这个是你早辰和那搥剌骨两个商定了～，好去和他个合窝去。" ❽ 圈套；假装的局面。明徐复祚《投梭记》二二出："〔小丑〕我昨日许下了，又亏老乌备下祭品。我儿同去拜拜。〔贴背〕敢又是～？〔对介〕母亲自去，我不去。"《欢喜冤家》一五回："他心中动火，不免弄他几两银子使用，有何不可。装了一个～，竟到王家叫道：'有人么？'"清《歧路灯》五四回："谭绍闻累日在外，心中只想装成赢钱～，好哄母亲妻子。" ❾ 身材，借指容貌。明《禅真逸史》二四回："虽怜你～窈窕，可惜你性儿粗糙。" ❿ 规矩。清《醒世姻缘传》九七回："这促织匣子般的去处，没处行动，又拘着这狱官的～，不叫我出外行走。"

【腔范】 qiāng fàn 模样；样子。清《生绡剪》二回："就有些不知事体的小伙子，当个真正财主奉承他了，渐渐做出掇臀捧屁～来了。"

【腔局】 qiāng jú 歌词的曲调。宋程大昌《万年欢·硕人生日》："十年外，又颂生朝，恁时别换～。"

【腔窠】 qiāng kē 规矩；门径。宋朱熹《答方宾王书》："近觉朋友未说见得如何，且是做工夫未入～。"《朱子语类》卷四一："克己是大做工夫，复礼是事事皆落～。"陈淳《与郑节夫书》："凡鄙处甚凡鄙，无一字合正～。"

【腔口】 qiāng kǒu ❶ 器物空腔的开口部分。宋李诫《营造法式》卷一二："杖鼓，长三寸。每长一寸，鼓大面径七分，小面径六分，～径五分，腔腰径二分。"又卷二七："突，依立灶法。每增一石，～直径加一寸。" ❷ 音调；音节。清袁枚《随园诗话》卷一："格调是空架子，有～易描；风趣专写性灵，非天才不办。"《歧路灯》二二回："这昆腔比不得粗戏，整串二年多才出的场，～还不得稳。" ❸ 口音；说话的口气腔调。清《绿野仙踪》六回："先生笑嘻嘻将头一本拿起，先用苏州人读书～呻吟道：'年台实可造之人也。'"《歧路灯》九回："若说起俗来，弟之所见者，到今日背地独坐，想起他的名子，也就屈指无算，却又不敢想他那像貌～。"又九五回："夏鼎在衙门住有半年，那身法～已成习惯，不觉躬身冲口禀道：'门上梅二爷吩咐，叫小的送个口信。'" ❹ 指说话、唱赞所应掌握的仪规分寸。清吴伟业《秣陵春》六出："我们同大爷去，他若说我，就与轻薄主人一般。老物事难道不晓得这个～？不要怕他。"《歧路灯》九七回："当过礼生有一次者，有两次者，正是暗养伏兴～，闲讲进退仪注。"又："礼宾席上，还讲些献爵献帛的仪注，鞠躬平身的～，新秀才是尤不能免的。"

【腔款】 qiāng kuǎn 腔调作派。清《醒世姻缘传》六七回："见了狄员外，把那支回子可恶的～学说了一遍。"又九六回："寄姐见他那妾势～，不由的笑了一声。"

【腔拍】 qiāng pāi ❶ 犹"腔板❶"。宋李从周《一丛花令》："洞箫清吹最关情，～懒温寻。"元佚名《江叟吹笛图》："弄长笛，无～，一任江南与江北。"清《聊斋志异·罗刹海市》："扮唱不知何词，～恢诡。" ❷ 比喻规矩、原则。清陆世仪《思辨录辑要》卷一："今人未尝学道，便先要立一个～，凡一言一动一巾一服，必先要求异于人，惟恐人不知其为学道。"又卷二三："其笃信谨守之士，则又死煞按定～，不能开展尺寸。"

【腔派】 qiāng pài 犹"腔款"。明《拍案惊奇》卷二〇："世上只有一夫一妻一竹竿到底的，始终有些正气，自不甘学那小家～。”

【腔魄】 qiāng pò 犹“腔款”。明《禅真后史》一一回：“谁想这女人嘴尖舌快，蜮势鬼形，不脱那小家子～。”

【腔谱】 qiāng pǔ 犹“腔调❶”。宋勿翁《贺新郎·端午和前韵》：“旧日文君今瘦损，寻旧曲、不成～。”耐得翁《都城纪胜·瓦舍众伎》：“凡赚最难，以其兼慢曲、曲破、大曲、嘌唱、耍令、番曲、叫声诸家～也。”清朱鹤龄《诗经通义》卷六：“朱子谓笙无辞，但有谱。不知今之～所以调辞也，有谱则所谱之音自成辞矣。”

【腔气】 qiāng qì 犹“腔口❸”。清《鸳鸯针》一卷一回：“这两日来，家主公主婆两个人都是焦躁的，都没有甚好～。”

【腔躯】 qiāng qū 躯体；身段。明丁惟恕《河南韵·傀儡》：“世情人情做尽了～，千态万状要点破他那迷途。”

【腔势】 qiāng shì 犹“腔款”。清《醒世姻缘传》七五回：“说他两个费了多少唇舌，童奶奶作了多少～，方有了几分光景。”

【腔样】 qiāng yàng 犹“腔款”。清《歧路灯》八八回：“向轩上一看，一桌像是书吏衙役们请客，一桌子四五个秀才～。”

【腔腰】 qiāng yāo 空腔物体的中间部位。宋李诫《营造法式》卷一二：“杖鼓、……腔口径五分，～径二分。”

【腔韵】 qiāng yùn 声腔韵调。元佚名《水仙子·夏》：“南薰动处清香递，采莲歌～宜。”明刘若愚《酌中志》卷一六：“其每日暮放学，则排班题诗，不过‘云淡风轻’之类，按春夏秋冬，随景而以～题毕，方摆列鱼贯而行。”《西游记》三〇回：“依～唱了一个小曲。”

【腔子】 qiāng zi ❶ 即“腔❶”。也指割去头的躯干。宋《二程遗书》卷七：“心要在～里。”明徐渭《陈玉屏以瓦窑头银鱼再饷》：“雪蛆～缕，霜鹭顶门丝。”清《飞龙全传》四六回：“另把沉香刻成人头，装在～上，用棺木盛殓。” ❷ 特指胸腔，转指胸襟、胸怀。《元曲选外编·西厢记》二本二折：“～里热血权消渴，肺腑内生心且解馋。”明《西洋记》三六回：“凭着小臣满～出幽入冥的本领，把这些南朝的人马手到擒来。”清《隋唐演义》一二回：“却说史大奈在擂台上三月，不曾遇着敌手，旁若无人。见来人脚步嚣虚，却也不在他～里面。” ❸ 即“腔❸”。宋赵令畤《侯鲭录》卷八：“黄鲁直间为小词，固高妙，然不是当行家语，乃着～唱好诗也。”赵福元《鹧鸪天·赠歌妓》：“歌翻檀口朱樱小，拍弄红牙玉笋纤。～里，字儿添，嘲撩风月性多般。” ❹ 即“腔❺”。宋刘克庄《念奴娇·六和诚斋休致韵》：“颜发俱非，头皮犹在，胜捉来官里。俗间俚耳，未曾闻这～。”明《西洋记》七五回：“天师听知得温元帅这一席的英雄言语，满心欢喜，说道：‘好，好，好！这才象个天神的～。’” ❺ 即“腔❻”。明《拍案惊奇》卷一五：“却见是李生，把这足恭的身份多放做冷淡的～，半吞半吐的施了礼。”又卷二九：“还有一等豪富亲眷，放出倚富欺贫的手段，做尽了恶薄～待他。” ❻ 世态。明《石点头》卷六：“莫要一味趋炎附势，不肯济难扶危。倘后来人定胜天，可不惭赧无地？说便是这等说，恐怕跳不出炎凉～。” ❼ 即“腔❷”。清《醒世姻缘传》九六回：“人要不挖住我的颊腮，上锅～燎我，我是轻易拿出一个钱来？”

qiáng

【强】 qiáng 另见 jiàng。❶ 故意；特意。唐司空曙《秋园》：“～向衰丛见芳意，茱萸红实似繁花。”五代李煜《柳枝》：“多谢长条似相识，～垂烟穗拂人头。” ❷ 好；优。五代佚名《武肃王有旨石桥设斋会》之二：“景～偏感高僧上，地胜能令远思开。”明《西游记》一六回：“～！～！～！此计更妙。”清《白雪遗音·情人好比》：“情人好比鲜桃样，长的实在～。” ❸ 胜利。《敦煌变文校注》卷四《降魔变文》：“和尚得胜，击金鼓而下金筹；佛家若～，扣金钟而点尚字。”又：“喊吼一声，雷惊电吼。四众嗟叹，咸言外道得～。”宋梅尧臣《寄永兴招讨夏太尉》：“马乏人怠当劲虏，虽持利器安得～。” ❹ 争胜；逞强。明佚名《精忠记》一三出：“七星宝剑气光芒，斩怪祛邪到处～。”《西游记》四五回：“虎力大仙爱～，就抬一口大缸放在殿上。” ❺ 指价格低。明《古今小说》卷一二：“粉花香，粉花香，贪花人一见便来抢。红个也忒贵，白个也弗～。”

【强白】 qiáng bái 强干明辨。唐元和十五年八月中书省议举县令状：“公干～者，拘以考浅；疾废耄聩者，得在选中。”元稹《授李立则检校虞部员外郎制》：“而柳公绰言尔～干举，吏难其伦，乞以台省官假借恩荣。”宋王珪《江淮等路都大发运使许元制》：“具官某～干给，雅有吏资。”

【强半】 qiáng bàn ❶ 大半；超过一半。唐张籍《寄故人》：“故人只在蓝田县，～年来未得书。”《元曲选·陈州粜米》楔子：“只为那连岁灾荒料不收，致使的一郡苍生～流。”清《隋唐演义》二回：“宇文述故意连输了几局，把珍玩输去～。” ❷ 多半。表示推测。唐陆龟蒙《奉和袭美太湖诗·石板》：“恐为庚辰官，囚怪力所掀。又疑广袤次，零落潜惊奔。不然遭霹雳，～沉无垠。”宋赵彦端《芰荷香·席上用韵送程德远罢金溪》：“别袖忍见离披。江南陌上，～红飞。”元卢挚《朱履曲·天宁北山禅老招饮》：“顿医回摩诘病，～是散花仙，原来这醉乡离朝市远。”

【强歹】 qiáng dǎi 强横作恶。明朱元璋《谕西番罕东毕里等诏》：“俺将一切～的人都拿了。”

【强盗】 qiáng dào 以暴力抢夺他人财物的人。也用作詈词。唐元和四年二月京兆府处分盗罪奏：“当府界内捉获～，不论有赃无赃及窃盗赃，满三匹以上者，并准敕集众决杀。”明吾邱瑞《运甓记》一〇出：“〔净〕谨房事，怕梦遗，那夫人请回避。〔丑〕啐，老～昏了。一个老夫人，倒说了男子病。”清《红楼梦》六六回：“谁知前日到了平安州界，遇一伙～。”

【强梗】 qiáng gěng ❶ 强横不驯服的人。唐李渤《司空侯安都庙记》：“陈武帝时，～数起。”明沈璟《义侠记》三〇出：“诛锄～，蒙君患难相扶。”清纪昀《阅微草堂笔记》卷一八：“神道设教，以驯天下之～，圣人之意深矣。” ❷ 强横不驯服；强硬不屈服。宋苏洵《审势策》：“于是诛锄其～、怠惰、不法之人，以定纷乱。”明佚名《鸣凤记》二四出：“看他十分～，若不早除了他，后日难保不受其害。”清钱谦益《浙江临海县知县张时旸授文林郎制》：“嵊在四山，民多～。” ❸ 强烈不减弱。宋杨万里《秋暑赋》：“盖岁行之十期，未有今岁秋阳之～。” ❹ 僵硬不灵活。明王肯堂《证治准绳》卷二五：“又能治咬颊、咬唇、咬舌、舌根～等证。”

【强鲠】 qiáng gěng ❶ 同“强梗❶”。宋苏轼《与鲜于子骏书》：“文词粲然可观，而立节～，吏事亦健。”明佚名《鸣凤记》三〇出：“只见那张兵部老成～，执牙笏面诉衷情。”《梼杌闲评》一二回：“进忠问侯老道：‘贵处二府好么？’侯老道：‘好却好，只是性直些。山西人最～。’” ❷ 同“强梗❹”。明朱橚《普济方》卷八七：“腰膝～或筋脉拘挛，瘛疭不能行步。”

【强会】 qiáng huì 能干；有本事。元关汉卿《斗鹌鹑·女校尉》：“装跷委实用心机，不枉了夸～。”明陈铎《塞鸿秋·屠户》：“持刀开杖夸～，翻肠倒脏为生艺。”徐元《八义记》三八出：“说道我儿今日煞似～，闻得交人暗生欢喜。”

【强狡】 qiáng jiǎo ❶ 强横狡诈，也指这样的人。唐陆贽

《兴元论续从贼中赴行在官等状》:"论官军挠败者猜其挟奸毁沮,陈凶党~者疑其为贼张皇。"宋楼钥《雷雪应诏条具封事》:"然金人之~实万倍于青唐。"袁燮《丁未之冬营房告成》:"维彼~,巧于乘隙。" ❷ 强壮矫健。宋苏辙《民赋叙》:"(民)终身无复征戍之劳,而朝廷招募勇力~之民,教之战阵,以卫良民。"

【强劲】 qiáng jìng ❶ 结实有力。唐张鷟《朝野佥载》卷二:"同列试引其臂,筋骨~,殆非人也。"宋华岳《翠微先生北征录》卷一:"然后出吾轻锐之师冲其要径,~之弩伏其归道。"明《醋葫芦》二回:"三八肾气平均,筋力~;四八筋力隆盛,肌肉充满。" ❷ 指强有力的弓。唐孙樵《序陈生举进士》:"樵弱弓蓬矢,难以妄彀,徒善君之引满~,指期命中。"明王直《赠佥事杨君序》:"譬之乘坚良以驰周道,挽~以穿鲁缟,不足以喻其易也。" ❸ 刚烈劲猛。唐庾承宣《唐前义成军节度李公二州慰思述》:"手衡目镜,毫厘无隐;竹操松心,风霜~。" ❹ 坚韧挺拔。宋苏籀《韩簿之常山送行》:"綮维骐骥初从轭,~蒹葭要饱霜。" ❺ 刚直不屈。宋程颐《伊川易传》卷二:"故讦直~者率多取忤,而温厚明辩者其说多行。"文莹《玉壶清话》卷六:"咏之性刚决~,卿之性仁明和恕。卿往济之,必无遗策。"明陈子龙《荡平正论》:"既以~持论者为偏,而以漫无可否者为无偏;以同声引重者为党,而以承顺阿世者为无党。" ❻ 强大有力。宋方岳《与史侍郎书》:"外有~相持之国,内有叫欢不靖之军。"元纳新《河朔访古记》卷上:"由是定兵~可用,号称雄镇,声振契丹云。"明韩邦奇《北敌大举深入等事奏》:"冲战数十餘阵,敌见兵马~,一人勒马答话。" ❼ 僵硬。明张介宾《类经》卷一三:"诸暴强直,皆属于风。暴,猝也;强直,筋病~不柔和也。" ❽ 坚硬,转指坚硬的东西。明宋濂《陶冠子折齿行》:"咀华从此惮~,却爱芳脆柔于绵。"

【强康】 qiáng kāng 强健;健康。明张诩《翰林检讨白沙陈先生行状》:"太夫人耄耋,~如壮。"

【强伉】 qiáng kàng 骄横。唐刘禹锡《上中书李相公启》:"习~者自纳于轨物,困杼轴者咸跻于仁寿。"宋张耒《汉世祖光武皇帝庙记》:"暴鸷~,玩兵黩武。"《资治通鉴》卷六八:"以魏武之暴戾~,加有大功于天下,其蓄无君之心久矣。"

【强梁】 qiáng liáng 强横有武力的人,多称强盗。宋王安石《诸葛武侯》:"竖子祖餘策,犹能走~。"元施惠《幽闺记》三五出:"又被~拿缚山寨,几至杀身。"清《隋唐演义》六〇回:"但男女之欲,还须以礼以正,方使神人共钦;若勒逼着一时苟合,与~何异?"

【强了】 qiáng liǎo 干练;精明能干。唐王梵志《两两相劫夺》:"不是人~,良由孔方兄。"又《仕人作官职》:"既能~官,百姓省烦恼。"

【强蛮】 qiáng mán ❶ 强横野蛮。清《说唐后传》三六回:"他与薛礼不同,~不过的,那里锁得他住。"又:"那周青倚~,诸事不遵法度。" ❷ 耍强横;用强力。清《万花楼》三〇回:"你若不送此马,我手中家伙~了。"又:"既不肯将脑袋相送,本官伙伴~了。"

【强能】 qiáng néng ❶ 强劲能干,也指这样的人。唐张九龄《开元纪功德颂》:"王纲弛而若缀,天道厌而将革,则有~攘劫,暴恶交侵。"刘崇望《授张道蔚朔方节度供军判官等制》:"粮饷其军,防虞所理。况自边徼,必资~。"宋程俱《十月五日车驾经由上殿札子》:"今镇江、常州、平江等郡,皆择~之守,又戍以宿将重兵。" ❷ 本事;能耐。明《西游记》六一回:"古人云:得胜的猫儿欢似虎也,只倚着~,更不察来人的意思。"又六三回:"这泼贼怪,有甚~,敢开大口。"

【强起】 qiáng qǐ 犹"强如"。清《醒世姻缘传》四八回:"姓龙的怎么,~你妈十万八倍子。"又八三回:"人见来还好哩,还~你连见也没见。"

【强人】 qiáng rén ❶ 宋代边防乡兵的一种。宋司马光《涑水纪闻》卷一二:"泾原路缘边地土最为膏腴,自来常有弓箭手家人及内地浮浪之人,诣城寨官员,求先刺手背,候有空闲地土摽占,谓之~。"《宋史·兵志四》:"咸平四年,募河北民谙契丹道路、勇锐可为间伺者充~,置都头指挥使。" ❷ 强有力的人;能人。宋元《清平山堂话本·杨温传》:"天下未尝无敌人,强中犹自有~。"元《三国志平话》卷中:"张飞问:'何人也?'言乃夏侯惇也。张飞笑曰:'军师真个~。'"清《后水浒传》三回:"结同生死,各霸一村,欺压~,个个畏惧。" ❸ 强盗。宋洪迈《夷坚志》补卷一二:"白云山下去,山下~多。~难说话,拍手笑呵呵。"明沈采《千金记》五〇出:"鬻布往前村,遇~尽被他夺去也。"清《水浒后传》三回:"到紫金山,是~出没的所在。" ❹ 用作詈词,特称自己的丈夫。明《金瓶梅词话》二八回:"方知是来旺儿媳妇子的鞋,不知几时与了贼~。"清《醒世姻缘传》五一回:"珍哥接了银子只是哭,又问:'晁住这贼忘恩负义的~在那里哩?'"《梦中缘》一二回:"上年我那~深觉得罪与你,只求千万看我面上,到尊公前多多包容他些。"

【强如】 qiáng rú 胜过。唐沈亚之《题海榴树呈八叔大人》:"应笑~河畔柳,逢波逐浪送张骞。"元高明《琵琶记》二〇出:"狗彘食人食,公公、婆婆,须~草根树皮。"清《红楼梦》五回:"纵然失了家也愿意,~天天被父母师傅打呢。"

【强杀】 qiáng shā 充其量;再强不过。《元曲选·老生儿》楔子:"他~者波则姓张,我便歹杀者波我姓刘,是刘家的子孙。"元明《水浒传》二〇回:"晁盖~只是个远来新到的人,安敢便来占上。"清《荡寇志》八七回:"我等~是他的属僚。"

【强胜】 qiáng shèng ❶ (身体)健康强壮。宋宋祁《乞知亳州状》:"自念绵痾,屡求外补。昨领寿、陈两郡,凡一岁有餘,既便养颐,渐克~。"元唐元《松友石山长承寄示近作》之四:"清秋~谢祝噎,道貌常春无冻梨。"明王世贞《正议大夫方公墓志铭》:"公秉三不惑,老益~。" ❷ 强大;强盛。宋曾公亮等《武经总要》后集卷一三:"魏军~,千里转斗,乘胜而来,勇气兼倍。"明朱橚《普济方》卷六五:"人之肾气~,骨髓坚固,则齿牙莹白璀璨。"《封神演义》三五回:"纣虽~一时,乃老健春寒耳。" ❸ 争优胜;占上风。元王恽《上世祖皇帝论政事书》:"夫兵者凶器,战者危事,不得已而用之,且以~为戒。"清《绿牡丹》三七回:"二雄台上比试,各欲~不输。" ❹ 胜利;上风。明王文录《广悲人蛆篇》:"斗狠争~,决雌雄,得非暴蛆虫?"《西游记》四一回:"一个是混元真大圣,一个是正果善财郎。二人努力争~,只为唐僧拜法王。"清《续金瓶梅》五二回:"第三件争~占便宜。世间事没有平的,人不吃亏自然我要吃亏,我不吃亏自然人要受屈。" ❺ 优越;良好。明高攀龙《同善会讲语》:"如此学好,父母兄长也增光彩,……比那三牲五鼎供养的,也还~些。"清《醒世姻缘传》九四回:"成都一个附省的大县,任怎样清官,比那府经历~十倍。"

【强盛】 qiáng shèng ❶ 强健旺盛;强健充实。唐孙思邈《备急千金要方》卷五三:"令人能食益气,~有子。"宋《二程外书》卷一二:"方其服也,颜色悦泽,筋力~。一旦乌头力去,将如之何?"清《歧路灯》五八回:"因膂力~,渐成本营头脑。" ❷ 使强健旺盛。元邹铉《寿亲养老新书》卷四:"谚云:去家千里,勿食萝摩枸杞。此言其补益精气,~阴道,久服令人长寿。"明李时珍《本草纲目》卷一八:"言其补益精气,~阴道,与枸杞叶同也。"

❸ 指青壮年。四十曰强。宋朱熹《承务郎李公墓志铭》:"使及～之年,得用其力于当世,则其所立宜必有大过人者。"明宋濂《苏州万寿禅寺重构佛殿碑》:"吾耄矣,宜选春秋～者继之。"《二刻拍案惊奇》卷三二:"那公子青春正当～,衙门独处无聊。"

【强似】 qiáng sì 犹"强如"。唐郑綮《开天传信记》:"文树面孔不似猢孙,猢孙面孔～文树。"《元曲选·赵氏孤儿》四折:"这孩儿弓马倒～我。"清《红楼梦》四八回:"你在家里安分守己的,就～这几百银子了。"

【强徒】 qiáng tú 强盗;暴徒。宋薛季宣《拟谢玄喻秦檄》:"亡者僇辱于～,生者侨流于异县。"明邵璨《香囊记》三○出:"行到山僻去处,天色将暝,又被～剽掠俱尽。"清《红楼梦》八七回:"我是有菩萨保佑,你们这些～敢要怎么样!"

【强顽】 qiáng wán 强横凶顽,也指这样的人。宋董嗣杲《赠接泥渡下李巡检》:"口口说庙灵,祭赛纷～。逐日享馂餘,赢得酡客颜。"清李光地《周易观象》卷五:"养阳德之君子,制～之小人,乃聚与止之义也。"于成龙《申报东山抚事已竣详》:"倘能招致他寨～一体归诚,尤当加以优奖。"

【强旺】 qiáng wàng ❶ 犹"强盛❶"。明《警世通言》卷一五:"将美婢金杏许他为婚,待身体调治得～了,便配为夫妇。"《西湖二集》卷二一:"故复变成方氏女子,亲身引诱。不意君精神～,坚闭已甚。"清《医宗金鉴》卷三四:"其有不病者,必其人神气～,素称其形也。" ❷ 强烈旺盛。清《东周列国志》五四回:"亦皆上岸相从,愿效死力。此时一股锐气,比着全军初下寨时反觉～。"

【强雄】 qiáng xióng ❶ 强大雄壮。唐陈子昂《上军国机要事》:"三秦无盗乱之患,汉军有～之势,盖以此道是也。"宋孙觌《中书舍人上殿札子》:"夫秦居战国最号～,尚割河东以纾一时之急。"明祝允明《讼风》:"颠倒伏腊何～,只悲老天不君容。" ❷ 强壮;雄健。明《肉蒲团》一七回:"这等说来,竟要～健壮极有精力的男子方才弄得你丢。"

【强硬】 qiáng yìng ❶ 强壮结实,也指这样的人。宋孔平仲《谈苑》卷一:"时天原遣卒三千,皆丁壮～,令至军前交割。"明王樵《与长男启疆书》:"汝体素不甚～,望倍加保养。"《西游记》二一回:"身健不扶拐杖,冰髯雪鬓蓬蓬。金花耀眼意朦胧,瘦骨衰筋～。" ❷ 强直僵硬。宋唐慎微《证类本草》卷一二:"或破伤风,口眼偏斜,腰脊～。"明徐渭《佚草·医学》:"故口之为病,乃脾病也。或舌本～,或燥热糜烂。"清徐彬《金匮要略论注》卷二:"但其脉沉迟弦细,而项背反张～。" ❸ 坚强不屈服。宋张浚《紫岩易传》卷四:"刚健者获用,～者革化,易之功也。"明徐霖《绣襦记》二四出:"贱人坚执不从顺,对我公然～。"清《绿牡丹》三八回:"栾镒万闻他言语～,甚是相敬。" ❹ 坚硬不柔软。明李时珍《本草纲目》卷一七下:"叶中抽茎,似萱草茎而～。"清《一片情》一三回:"相搂相抱,那话十分～。" ❺ 刻板不灵活。元鲁贞《题赵章泉诗后》:"至于用字生涩,炼句～,使人读之激唇刺吻而无味。"

qiǎng

【抢】 qiǎng 另见 qiāng、qiàng。❶ 抢占;攻取。宋赵与衮《辛巳泣蕲录》:"自早至暮,番贼欲～土城。"明《金瓶梅词话》九九回:"见大金人马犯边,～至腹内地方。"清《白雪遗音·敬德》:"日～三关,夜夺八寨。" ❷ 攻打;攻击。宋赵与衮《辛巳泣蕲录》:"北门守御官董尉戬申今日选得有胆勇五十人,愿下团楼～所掘之贼。"元明《水浒传》六回:"轮起禅杖,～那汉。那汉拈着朴刀,来斗和尚。"清《绣戈袍》二回:"这宝鸡自然向前,又连～他数抢。可惜无敌将军呜呼哀哉,转轮去了。" ❸ 抢夺。《元曲选·燕青博鱼》二折:"这尾鱼是你赢的,又不是偷他的,～他的。"又《救风尘》三折:"我和你～生吃哩!不是奶奶在这里,我打杀你。"元明《水浒传》七三回:"你把刘太公的女儿～的那里去了?" ❹ 抢先;争先。《元曲选·东堂老》一折:"当要五百锭,则要二百五十锭。人都～着买了。"元明《水浒传》一九回:"林冲把卓子只一脚踢在一边,～起身来。"清《醒世姻缘传》一一回:"谁知这样货好大行情,乱～着要换。" ❺ 逼。元明《三国志通俗演义》卷二:"二卒～住曹操,揪下草坡。"清《荡寇志》一○○回:"骤马挺矛直～高俅,高俅急逃入营。" ❻ 抓;握。元明《水浒传》六回:"双手～住脚,翻筋斗掀那厮下粪窖去。"明《西洋记》八二回:"仙师～起衣服,跨将上去。"清《荡寇志》七七回:"那少年忙丢了弹弓,～过三尖两刃刀来急架忙还。"

【抢逼】 qiǎng bī 抢夺逼迫。明孟称舜《死里逃生》四出:"妇人二名,一时～,实非得已,释遣归家。"清《野叟曝言》八二回:"丫鬟们都是准折～来的。"

【抢城】 qiǎng chéng ❶ 攻城。元《三遂平妖传》一七回:"文招讨交擂鼓,先锋孙辅挺枪指人马～捉王则。"清《剿捕临清逆匪纪略》卷一:"煽惑乡愚,～劫库。"《说岳全传》一六回:"若是陆登领兵来助阵,只消暗暗发兵,一面就去～。" ❷ 在兵乱后的城里抢劫或偷盗。清《续金瓶梅》二回:"原来乱后逃生的男妇回来～,拾这大人家的金银钱物无主家伙。"又:"原来张小桥久在衙门里,积年通贼,近因乱后～,又和这些土贼俱有手尾。"

【抢夺】 qiǎng duó ❶ 争夺;争抢。宋黄榦《行下军学申严释奠事》:"行礼方毕,～芦席及祭餘果子。"明徐霖《绣襦记》二二出:"你二人都率领歌郎,到天门街上赌歌。歌得人凄怆的,主顾都是他的,再不许～。"清《十二楼·生我楼》三回:"买成之后,恐怕当面开出来有人要～,竟把她连人连袋抱到舟中。" ❷ 攻占;进攻夺取。《续资治通鉴长编》卷二三五:"王韶言讨蕃部蒙觉罗,以其～西域般擦又不肯内附故也。"清《说岳全传》一八回:"黑风高跟随某家～中原,早晚得了宋朝天下。"《绿牡丹》五九回:"潼关已先着金鞭胡琏～。" ❸ 用暴力强取。宋《三朝北盟会编》卷二四七:"及于龟山以来,～到敌船十餘只。"明李梅实《精忠旗》一七出:"那敌人来～些财物,少不得去的。"清《绿野仙踪》三九回:"那庙外饥民见有许多人入庙～,谁肯落后?" ❹ 用暴力强取的刑罚名目。明《西游记》五八回:"依律问他个得财伤人、白昼～,也该个斩罪哩。"《明会典》卷一三二:"若犯窃盗、掏摸、～一应情重者,亦拟炒铁等项发落。"《大清律例》卷一○:"其告官断归前夫而女家与后夫夺回者,照～律杖一百。"

【抢犯】 qiǎng fàn ❶ 攻打;侵犯。明孟称舜《娇红记》一一出:"〔贴〕万骑番兵,疾卷江涛势似倾。〔外〕他要～何处?〔贴〕边笳兢,他待要长驱直捣锦江城。"清张勇《为恭报驱逐海彝事奏》:"据河州土民等报称,海彝出口～河州等情。" ❷ 抢夺犯人。清雍正十二年十二月十三日鄂弥达奏文:"经该厅将黄谐枷号,讵叶扬纠党持械破枷～。"《大清律例》卷三五:"若本无～徇庇等弊,而捕役贿纵捏称被劫者,将捕役照诬告律治罪。"《绣戈袍》二一回:"但响马由来猖獗,屡屡～拒兵。" ❸ 抢夺犯人或抢劫财物的罪犯。清雍正四年八月十五日范时绎奏文:"移行淮关监督庆元勒解康二等并一干～,到日饬司严审确情。"《平定台湾纪略》卷五九:"其止系会匪,并非此案～,从重问拟外遣。"

【抢功】 qiǎng gōng 争夺功劳。明《西洋记》四四回:"你也要～,我也要～。你也要抓王神姑,抓不起来;我也要抓王神姑,抓不起来。"《禅真逸史》五回:"又一个溜撒些的庄客要~,提起铁尺望澹然顶门上打来。"

【抢关】 qiǎng guān ❶ 抢占关口。元明《三国志通俗演义》卷一:"张飞便要上马,乘势~。"明《禅真后史》二七回:"候彼离关,放炮为号,半路里腰截出来,乘势~。"清《飞龙全传》五七回:"他二子已亡,关上无人,趁此不去~,等待何时?" ❷ 强行越过关卡。明潘季驯《河防一览》卷一二:"夹带民船~射利者,听管河官呈报总河衙门,照例参拿重治。"清雍正七年七月四日徐鼎奏文:"事关多人~,理合先将访察情节据实奏闻。"

【抢红】 qiǎng hóng 一种掷骰子的博戏,以掷得红点多者为胜。明《金瓶梅词话》六八回:"于是西门庆与吴银儿用十二个骰儿~。"《夹竹桃·才有梅花》:"绮罗帐里,花颜酒容,欢呼陆博,开快~。"清《红楼梦》六三回:"麝月笑道:'拿骰子咱们~罢。'"

【抢护】 qiǎng hù ❶ 抢修维护。清傅泽洪《行水金鉴》卷五三:"行文往催,缓不济事,应责令本管河官动帑~。"《大清会典则例》卷二八:"如遇水长,管河等官协同地方官,率领堡夫,合力~。" ❷ 抢夺保护。清《绿野仙踪》六九回:"西门城角已被贼兵攻陷,恐怕杀入城来,诸将俱在那边~。"

【抢火】 qiǎng huǒ 趁火灾抢夺财物。明杨慎《古今风谣·正德中川蜀童谣》:"强贼放火,官军~。"《醋葫芦》二〇回:"都飙与我来也出得门来,忽见前边火起,欢喜道:'穿窬不利,~必有所得。'"清《野叟曝言》五回:"那些寺中租屋的店家搬运什物,~的沿路阻夺。"

【抢劫】 qiǎng jié 用暴力夺取。宋黄震《乞省罢曾田寨申省状》:"事无大小,寨兵必嘱县吏脱差入乡,一番~之餘,即三分其利。"明陆采《明珠记》一一出:"射杀使臣,赶入宫中,~琼林、大盈二库。"清《醒世姻缘传》九回:"首饰衣服~一空。"

【抢截】 qiǎng jié ❶ 盗伐。宋黄震《申提刑司乞免一路巡尉理索状》:"应人户理索不直,曰欠租必曰占田,或诬以~墓木。" ❷ 拦挡抢夺。明《封神演义》三五回:"吾不伤西岐将佐,焉敢中途~朝廷犯官。"清《剿捕临清逆匪纪略》卷三:"贼匪攻城之时,贼营管车人数充实,难以~焚烧。"孔尚任《桃花扇》三六出:"好大胆的奴才,怎敢~我阮老爷的家私。"

【抢金鸡】 qiǎng jīn jī 一种竞技表演,数人争攀高竿,先到竿头为胜。宋周密《武林旧事》卷一:"金鸡竿,长五丈五尺,四面各百戏一人缘索而上,谓之~。先到者得利物,呼万岁。"吴自牧《梦粱录》卷二〇:"百戏踢弄家,每于明堂郊祀年分,丽正门宣赦时,用此等人。立金鸡竿,承应上竿~。"

【抢禁】 qiǎng jìn 抢掳拘禁。明孟称舜《死里逃生》二出:"我姊妹到寺烧香,被这伙和尚~在此。"又:"奴家姊妹到此问卦,被这伙和尚~在此。"

【抢救】 qiǎng jiù 突击抢夺或救护。清《石峰堡纪略》卷二:"审明后即行正法,以绝贼人~之念。"《野叟曝言》六三回:"把船底上的人争先~,再顺便捞些什物。"《荡寇志》九九回:"兵丁被沉下水者,均各~上岸。"

【抢据】 qiǎng jù 犹"抢占"。明孙仁孺《东郭记》三一出:"昨闻得王驩那厮要来~,俺特命隶人执棍以待。"清《平定两金川方略》卷二七:"我兵奋力攻夺,杀贼番八十餘名,~木栅八处。"《兰州纪略》卷一:"兰州撒拉尔回匪苏四十三等~河州城。"

【抢快】 qiǎng kuài 一种掷骰博戏,按骰子点色组合赌胜负。快,可以得彩的点色组合。清《红楼梦》程乙本七五回:"今日二人凑在一处,都爱~,便会了两家,在外间炕上~。"《歧路灯》五〇回:"夫妇两个时常斗骨牌,~,打天九,掷色子,抹混江湖玩耍。"

【抢掳】 qiǎng lǔ 抢劫掳掠。元赵汸《克复休宁县碑》:"群行于野,~而食。"明李梅实《精忠旗》七出:"谁许你乘机~,便公事也干违法令。"清《荡寇志》八二回:"原来周通并不干正经,只带领喽啰各处~妇女。"

【抢路】 qiǎng lù 另见 qiàng lù。争抢道路。清《绿牡丹》六二回:"千百把总守备见事不好,俱~下关去。"

【抢掠】 qiǎng lüè 犹"抢掳"。宋刘子翚《论时事札子·江守》:"比年以来,虏频盗边,肆凶~。"明无心子《金雀记》一九出:"如今领众~河中。"清《赛花铃》八回:"他~的金珠千两,窝在那里?"

【抢买】 qiǎng mǎi 抢先购买;争抢购买。明《型世言》三二回:"水心月一个扫兴来回报孙监生,道:'被詹博古~去了。'"清《红楼复梦》九一回:"堂客们瞧见,人人都要送一个朱桔,登时将市上两担朱桔~一光。"

【抢满】 qiǎng mǎn 一种掷骰博戏,以掷出满点为胜。清《醒世姻缘传》四回:"吩咐家人收拾了灯,与珍哥看牌~顽铜钱耍子。"

【抢门】 qiǎng mén 夺门;闯门。明《西洋记》三回:"直是~到了卧房之内,只见秃秃的一个娃子坐在床上。"又五七回:"既是如此,我和你~而进。"又九〇回:"只看见五个猛汉,骑着五骑马,舞的五般兵器,~而进。"

【抢命】 qiǎng mìng 夺回自己的生命,形容人行动匆忙急迫。明《金瓶梅词话》三〇回:"你慢慢走,慌怎的,~哩!"清《红楼梦》五〇回:"我也不是作诗,竟是~呢。"

【抢闹】 qiǎng nào 争抢嚷闹。清《绿野仙踪》三九回:"且说冯剥皮平空里得了一万银子,心上快活不过,后听得饥民~,冷秀才同银两俱不知所之,心上大是狐疑。"

【抢前】 qiǎng qián 抢先。清《东周列国志》一七回:"欲投井而死,被斗丹~一步,牵住衣裾。"《后红楼梦》一〇回:"一望见宝玉就招招手,宝玉~一步就走进来。"

【抢亲】 qiǎng qīn 抢劫妇女与之成亲。《元曲选·救风尘》四折:"现放着保亲的堪为凭据,怎当他~的百计亏图。"明《封神演义》五六回:"选精力壮卒五十名,装作抬礼脚夫;……龙须虎统领大队人马救应~。"清《绿野仙踪》五二回:"却好阎年竟是这日差许多人来~。"

【抢杀】 qiǎng shā ❶ 抢前攻杀。元明《水浒传》九二回:"解珍、解宝当先,一齐~下城。"明汤显祖《南柯记》三一出:"正待~进城,被俺将酒泥头尽数丢在战场之上,把他战马一个个都绊倒了。"清《后水浒传》九回:"早被郤元一刀砍来分做两截,转身~都趣。"《荡寇志》八六回:"众将呐喊~上去,慧娘回马便走。" ❷ 抢劫杀戮。明杨铭《正统临戎录》:"哨马行至广昌,也先传说,不许~。"孟称舜《娇红记》一六出:"咱兵一路~,直到成都界上了。"清《姑妄言》二一回:"风闻得流贼过了潼关,顺河南一路~而来。" ❸ 用武力抢救将要被执行死刑的人。清《隋唐演义》四一回:"那赵武急欲回营,带些精勇来法场~。"

【抢山】 qiǎng shān 抢占山头。清《说岳全传》二三回:"岳爷爷见粘罕安营,不来~,倘到明日,彼众我寡,难以抵敌。"又三〇回:"可着个小军来引我们往旱路,就去~。"又三一回:"元帅即令'~'。这一声呐喊,众将士一齐上山。"

【抢身】 qiǎng shēn 身体抢先。明《西湖二集》卷一一:"门忽呀然而开,见一人~入来。"

【抢拾】 qiǎng shí ❶ 抢掠;剥削。五代郭威《赐慕容彦超诏》:"率配之名,三四十件。～事力,赡养奸凶。一境生灵,不胜其苦。" ❷ 争抢捡拾;抢夺拾取。清《豆棚闲话》四则:"却抬出青蚨三五十筐,唤人望空洒去,那些乡人成团结块就地～。"《女仙外史》六九回:"虽然胜了一阵,却不曾杀得半个,只～了好些旗枪马匹等物。"

【抢水】 qiǎng shuǐ 抢水头;抢占有利水势。唐张建封《竞渡歌》:"前船～已得标,后船失势空挥桡。"

【抢抬】 qiǎng tái 抢夺扛抬。清雍正二年六月二十五日嵇曾筠奏文:"东社并无一人应考,甚至～童生卷册。欲借多人附和,希图仍分儒户名色。"《后水浒传》二五回:"今夜来是～亲事。可知没脚蟹,谁敢管闲?"《好逑传》四回:"这是城中水侍郎老爷的小姐,怎敢～!"

【抢头报】 qiǎng tóu bào 抢着第一个去报信。比喻抢先做某事。为科举中榜者报喜,头报者得赏钱多,因抢头报。清《红楼梦》九五回:"今日才看见这玉的模样儿了,急忙跑到里头,～的似的。"

【抢头刀】 qiǎng tóu dāo 抢着去第一个被杀头。詈称人抢先行动或急于做某事。清李玉《清忠谱》一八折:"哥阿,又不是～,为什么这般要紧?"佚名《珍珠塔》一三回:"为甚各要争现在这遭,难道你去～?"

【抢窝】 qiǎng wō 一种比赛击球入洞的游戏,类似今打高尔夫球。明《西游记》三一回:"只见有两个小孩子,在那里使弯头棍打毛球～耍子哩。"

【抢先】 qiǎng xiān 抢在前面;争先。明《拍案惊奇》卷二六:"智圆领到师父房前,晓得师父在里头等着,要让师父,不敢～。"清《绿野仙踪》四〇回:"我只迟走了一步,被他两个～去了。"

【抢险】 qiǎng xiǎn ❶ 抢救险情。清雍正二年五月初二日石文焯奏文:"查河工～、帮堤、筑坝、卷埽,在在需人。"傅泽洪《行水金鉴》卷六〇:"～工程,事有先后。" ❷ 抢夺险要。清《荡寇志》七六回:"只恨自己不小心,三十六岁那年,追贼～,左臂上中了鸟枪铅子。"

【抢新快】 qiǎng xīn kuài 即"抢快"。清《红楼梦》七五回:"今日二人皆凑在一处,都爱～爽利,便又会了两家,在外间炕上～。"

【抢眼】 qiǎng yǎn 夺目;显眼。明《西洋记》六九回:"原来王明穿了个红臂甲,世上只有个红第一～。"清《十二楼·夺锦楼》一折:"只因他～不过,就使有财有力的人家,多算多谋的子弟,都群起而图之。"

【抢占】 qiǎng zhàn 抢夺占据或占有。明《警世通言》卷九:"今被番家要兴兵～高丽,有何策可以应敌?"清洪昇《长生殿》二八出:"～山河号大燕,袍染赭,冠戴冲天。"《平定台湾纪略》卷五七:"兹探得贼眷贼目等,在板六地方～船只。"

【抢阵】 qiǎng zhèn 攻打军阵。明《西洋记》二二回:"～者何人? 你岂不认得我姜二公子在这里么?"又:"何人敢来～? 敢抢我姜三公子么?"

【抢嘴】 qiǎng zuǐ 抢着插话。明《石点头》卷一〇:"你是干证,又不问你,如何要你～。"

【强不过】 qiǎng bu guò 抵不过他人的勉强。《元曲选·青衫泪》四折:"那虔婆不由分说,把妾嫁与茶客。妾～,只得随他而去。"明《古今小说》卷三七:"被童太尉再三～,只得下三百个盒子、二百两金首饰、一千两银子、若干段匹色丝定了。"清《红楼梦》一〇〇回:"今日是张大爷的好日子,所以被他们～,吃了半钟。"

【强勉】 qiǎng miǎn ❶ 硬去做不愿意做或难以做到的事。宋欧阳修《与李留后书》:"但觉心意衰耗,世味都无可乐,百事～而已。"明《梼杌闲评》一三回:"那印月一则因丈夫不中意,又为每常总是～从事,从未曾人得佳境。"清《春柳莺》五回:"田又玄又～吃了一杯,不觉口中欲吐。" ❷ 使人做他不愿意做或难以做到的事。宋王安石《上仁宗皇帝言事书》:"故富者贪而不知止,贫者则～其不足以追之。"明《西湖二集》卷一〇:"见金淑贞～不从,也就不来十分上紧要他从顺。"《梼杌闲评》二六回:"富贵福禄,各人分定,～不得。" ❸ 即"勉强"。明《西游记》五一回:"这猴儿～缠帐。我倒使枪,他却使拳。"

qiàng

【抢】 qiàng 另见 qiāng、qiǎng。❶ 涂抹。元王大学士《点绛唇·天下乐》:"一个扮判官的墨画了髯,一个扮牛王着土～脸。"《元曲选·救风尘》三折:"那好人家将粉扑儿浅淡匀,那里像咱干茨腊手～着粉。" ❷ 同"戗(qiàng)❶"。宋周密《武林旧事》卷三:"理宗时亦尝制一舟,悉用香楠木～金为之。" ❸ 同"呛(qiàng)"。《元曲选·马陵道》楔子:"我如今把干柴乱草堆在洞门后面,烧起烟来,～的师父慌。" ❹ 同"跄(qiàng)"。元明《水浒传》一回:"山边竹藤里簌簌地响,～出一条吊桶大小雪花也似蛇来。"明《金瓶梅词话》一〇〇回:"李安连忙开了房门,却见一个人～入来,闪身在灯光背后。"清《荡寇志》七一回:"忽听一个座头上叫'水来',茶博士提着壶～过去了。"

【抢奔】 qiàng bēn 直奔;向前急走。元明《水浒传》六四回:"再有扑天雕李应,引领大小军兵,～关胜寨内来。"清《万花楼》七回:"胡伦～至狄青跟前,狄青伸手夹胸抓住。"《歧路灯》一〇七回:"轿马在前边～,何尝是鱼队雁阵;旗伞在路上乱跑,不能分蝶素蛾黄。"

【抢步】 qiàng bù 同"跄步"。清陈端生《再生缘》五八回:"容惨惨,泪淋淋,青缎鞋儿～行。"《说岳全传》七回:"洪先只道他输了,～赶将入来。"《红楼梦》一〇五回:"贾政等～接去,只见赵堂官满脸笑容。"

【抢跪】 qiàng guì 同"跄跪"。明梅鼎祚《昆仑奴》一折:"俺磨勒是昆仑一个名,便谨依阃外将军令,〔做～科〕曲着躬、声喏在公庭。"清《儒林外史》四九回:"一个穿花衣的末脚,拿着一本戏目走上来,打了～。"

【抢路】 qiàng lù 另见 qiǎng lù。同"跄路"。元明《水浒传》三回:"鲁达心慌～,正不知投那里去的是。"

【呛】 qiàng 另见 qiāng。气体、灰尘等刺激鼻、眼、喉等器官。清《醒世姻缘传》七回:"解开,还醒过来了,还待了好几个月。杨古月家熬膏药,～杀了。"《野叟曝言》五二回:"后将灰袋解放,已被石灰～喉戳眼,迷晕昏眩。"《姑妄言》九回:"久之,如入鲍鱼之肆,也就不觉得十分～鼻,也耐过了。"

【戗】 qiàng 另见 qiāng。❶ 在器物图案上填嵌金银等作为装饰。也指涂上的色彩。宋吴自牧《梦粱录》卷一二:"(湖船)各有其名,曰百花、十样锦、七宝、～金、金狮子。"元明《水浒传》八二回:"队额角涂一道明～,劈面门抹两色蛤粉。"明《西游记》九六回:"几对幡,绣成八宝;千尊佛,尽～黄金。" ❷ 浸渍;腌。《元曲选外编·延安府》二折:"我如今就拿你去着酒～着,众大人蘸姜醋吃一顿拼醢。"明《禅真逸史》一二回:"将头用石灰～了,木桶盛贮。尸首令扛出郭外。" ❸ 支撑;加固。明潘季驯《河防一览》卷一一:"北面～筑斜坡,阔六尺;南面护卷土牛矶觜,长阔不等。”清翟均廉《海塘录》卷二：“其地向无堤塘，田土倾陷。心汤～筑石堤。” ❹ 即“戗堤”。明张国维《吴中水利全书》卷一六：“盖大围如城垣，小～如院落，二者不可缺一。万一水溃外围，才及一～，可以力庠。即多及数～，亦可以众力齐庠。”清雍正六年三月二十五日田文镜奏文：“第一层越堤之内抢筑里～，坝台连钉拦土排桩一路，俾土～坚实。”

【戗岸】 qiàng àn 即“戗堤”。明张国维《吴中水利全书》卷一六：“围田无论大小，中间必有稍高稍低之别。若不分别，彼此各立～，则一隙受水，遍围汪洋。”徐光启《农政全书》卷一五：“小者一圩数十亩，自筑一围亦可，但外筑围岸，内筑～，务合规式。”

【戗堤】 qiàng dī 建在大堤内外起加固作用或作为第二层防护的小堤。明潘季驯《河防一览》卷一二：“莲花口创筑完坝长一百八十三丈一尺，坝后创筑完～长一百六十四丈。”清雍正二年九月初二日齐苏勒奏文：“又令于新坝之外帮筑～一层，以保永固。”

【戗柱】 qiàng zhù 立柱之外加筑的起支撑加固作用的柱子。元明《水浒传》五六回：“墙里望见两间小巧楼屋，侧首却是一根～。”明《禅真逸史》二二回：“梁栋东倒西歪，侧首全凭～。”清《红楼复梦》三四回：“原来是烧燎炉上不知怎么火冒上来，引着那根～烧着几根椽子。”

【跄】 qiàng 另见 qiāng。急步前行；冲。宋元《清平山堂话本·简帖和尚》：“听得里面大惊小怪，～将入去看时，见克着他浑家闸閛性命。”明孟称舜《死里逃生》三出：“俺则是死里逃生，恨不得插了翅儿～。”清《醒世姻缘传》二〇回：“披了一领布衫，撒着裤脚，往外一～一跌的跑着，去叫季春江。”

【跄步】 qiàng bù 急跨步；紧走。清《品花宝鉴》二回：“那上首的～上前，满面笑容，口称老伯，就跪下叩头。”

【跄跪】 qiàng guì 抢步下跪。元佚名《集贤宾》：“他将我好看承，我将他心窝里相敬。扯膝儿不手生，～儿不腿疼，常将笑脸儿迎。”

【跄踉】 qiàng liàng 即“踉跄❶”。宋郭彖《睽车志》卷三：“病妇忽自床起，颠倒～，投门而出。”明沈一贯《沔南》：“两朝涕泣吹餘烬，五月～渡不毛。”《石点头》卷六：“王播听得钟声，～走到，箩内饭无餘粒，盆中菜无半茎。”清《邻女语》八回：“忽然遇着一个乞丐，独自在那逼仄道上～而行。”

【跄路】 qiàng lù 赶路。明《西游记》二三回：“在我家招了女婿，却不强似做挂搭僧往西～?”又三二回：“他都在那里自在，捉弄我老猪来～。”

qiāo

【跷】 qiāo ❶ 抬起(脚)。《祖堂集》卷一五《归宗和尚》：“座主神建问：‘如何是触目菩提?’师乃～起一脚示他。”元吕止庵《夜行船·咏金莲》：“啮弄着彻心儿欢，高～着尽情儿要。”清《红楼梦》七回：“焦大太爷～～脚，比你的头还高呢。” ❷ 翘；一头向上仰起。宋魏了翁《出剑门后日履危径戏集轿兵方言》：“方呼左畔～，复叫右竿捺。”明崔时佩、李日华《西厢记》一九出：“金徽玉轸伴弦调，焦尾低垂雁足～。”清《荡寇志》一〇〇回：“两眼一瞪，胡子一～，立时死去了。” ❸ 扣除；减省。宋黄庭坚《江城子·忆别》：“一贯一文～十贯，千不足，万不足。”《朱子语类》卷六三：“今若说：‘道之不明也，智者过之，愚者不及也；道之不行也，贤者过之，不肖者不及也。’恁地便说得顺。今却恁地～说时，缘是智者过于明，他只去穷高极远后只要见得便了，都不理会行。” ❹ 迈；跨(步)。也指步行或爬升。明宋濂《示吕生》：“千里孰如遐，举足始一～。”冯从吾《丙申春日与同志论学》：“信步～来自坦夷，何须沂水始相宜。”清《野叟曝言》一九回：“船儿快快摇，竿儿快快～，旗儿快快招。” ❺ 跛；瘸。明王錂《春芜记》二六出：“我终不成只随着这～老叫化子? 意思要改嫁一个。”《欢喜冤家》一三回：“那朱、龙、张三人，一～一步，出了邮亭。”清《生绡剪》九回：“医得身轻，脚要～了。” ❻ 跷脚，讳指死亡。明汤显祖《牡丹亭》二〇出：“较不似老仓公多女好，撞不着赛卢医他一病～。” ❼ 绑在表演者腿上的棍状道具，以增加表演者的身高。明《禅真逸史》一〇回：“躧～的不吃跌，八字脚捉定的。” ❽ 脚。跷，通“脚”。明郎瑛《七修类稿》卷一：“日止于一潮，或半月东流半月西流者，亦犹两～之与两手，迟速大小所见之不同也，是脉虽皆由于一身，而经络所属自异耳。”汤显祖《南柯记》一〇出：“待把你衣冠正，你好把～儿定。” ❾ 叩击；击打。明沈周《海仇行》：“区区蝼蚁尚顾命，拒死不免～螳螂。” ❿ 围棋术语。隔一子去靠断对方的子。明《二刻拍案惊奇》卷二：“盖围棋三十二法，皆有定名：有冲，有干，……有聚，有～。”《禅真逸史》二四回：“隔子假敌谓之～，闭之不出谓之门。”

【跷除】 qiāo chú 扣除；减少。宋黄庭坚《再答静翁并以筇竹一枝赠行》：“万事实头方稳当，十分足陌莫～。”

【跷跟儿】 qiāo gēn er 虚跷足跟。踢气球的一种动作。元邓玉宾《村里迓古·仕女圆社气球双关》：“～掩映着真圈套，里勾儿藏掖着深窟窍，过肩儿撒放下虚笼罩。”

【跷怪】 qiāo guài 奇怪；可疑。《元曲选·城南柳》二折：“好是～，俺这浑家见了这先生就会说话了。”又《桃花女》二折：“这命不死有些～，必是有人破了我的法。”又《误入桃源》二折：“笙歌缭绕，珠翠妖娆，这都是那里来的?〔阮肇云〕是好～，好～。”

【跷减】 qiāo jiǎn 犹“跷除”。宋洪迈《容斋四笔》卷一：“市肆间交易论钱陌者云十十钱，言其足数满百，无～也。”

【跷攲】 qiāo qī ❶ 同“跷蹊❶”。宋《朱子语类》卷八：“某看来亦有甚难，有甚易，只是坚立著志，顺义理做去，他无～也。” ❷ 即“蹊跷❻”。宋《朱子语类》卷二九：“如一件物事相似，自恁地平平正正，更不著得些子～。” ❸ 即“蹊跷❼”。宋陈亮《甲辰秋答朱元晦书》：“曹孟德本领一有～，便把捉天地不定。成败相寻，更无著手处。”

【跷蹊】 qiāo qī ❶ 诡谲；玄妙；玄虚。宋《朱子语类》卷六〇：“如齐桓尚自白直，恁地假将去，至晋文公做了千般～。”元高明《琵琶记》一六出：“说到义仓情弊，中间无甚～。稻熟排门收敛，敛了各自将归。并无仓廪盛贮，那有帐目收支?”明《拍案惊奇》卷一八：“客人道：‘说来吾丈未必解，也未必信。’富翁见说得～，一发殷勤求恳，必要见教。” ❷ 即“蹊跷❶”。《元曲选·冯玉兰》三折：“这船里哭的女人必然有些～。左右，与我向前，不要吓了他，你只问他一个缘由来者。”元明《水浒传》一四回：“他的亲眷相识，我都知道。不曾见有这个外甥，亦且年甲也不相登。必有些～。”明《拍案惊奇》卷二：“人在你家不见了，颠倒这样说。这事必定～。” ❸ 即“蹊跷❷”。宋元《清平山堂话本·刎颈鸳鸯会》：“却这女儿心性有些～，描眉画眼，傅粉施朱。”金《董解元西厢记》卷二：“不曾见恁地～队伍，尽是没意头搊搜男女。”明《挂枝儿·占卦》：“那卦中到有～兆，占的是单上单，难逢拆上交。” ❹ 即“蹊跷❸”。《元曲选·鸳鸯被》四折：“索甚么疑惑，这是我绣来的鸳鸯被；可不是～，谁承望这搭儿得见你。”明《西游记》九六回："这路是你行过的，怎说不知？却是又有些～。"清《醒世姻缘传》三七回："狄希陈说：'～，你怎么就知道我姓狄？'" ❺ 即"蹊跷❺"。金《董解元西厢记》卷二："见法聪生得搊搜相：刁厥精神，～模样。"明《警世通言》卷三："东坡虽是妙才，这对出得～，一时寻对不出。"清《白雪遗音·秀才假馆》："秀才假馆转门闾，见娘娘打扮甚～：青丝挽就时新髻，横倚金钗耀眼迷。" ❻ 即"蹊跷❼"。明单本《蕉帕记》一〇出："怪今朝走路觉～，料应又发痔。"《挂枝儿·送别》："把砖儿做平实了，把瓦儿做～。你既做出个平实～也，厚薄只得由着你。"清《白雪遗音·八仙·拐李》："油葫芦放出无边福，闲行足下步～。" ❼ 不测；不妥。《元曲选外编·西游记》一本二出："要这贼种怎么！我在这江边住坐，若有些～，不是好事。"明《警世通言》卷五："金员外情知～了，只得将砒霜实情对阿妈说知。"《醒世恒言》卷九："见丈夫手慌脚乱，做张做智，老大疑惑，恐怕有些～，慌忙转来。"

【跷奇】 qiāo qí 同"跷蹊❸"。清《歧路灯》六回："孝移见话头～，茫然不知所以。因问道：'端的是什么事？'"又四〇回："在床脚下挖开一个砖儿，盖着一个罐儿，连罐儿取出。滑玉道：'如何埋得这样～？'"

【跷色】 qiāo shǎi 掷色子时，色子落地后倾斜不平。清《后水浒传》一三回："只同瑶琴对掷，见个红吃一杯吧。若是走色、～，便是有红也不算。"

【跷身】 qiāo shēn 挺身。《敦煌变文校注》卷一《捉季布传文》："勒辔邀鞍双走马，～独立似生神。"按，此处指在马上蹬直双腿使身体抬高。

【跷子】 qiāo zi 跛子；瘸子。明王錂《春芜记》二六出："我这等个～，不去叫化，有些甚么做得？"

【敲】 qiāo ❶ 指敲击声。唐吴融《赋雪》："影密灯回照，声繁竹送～。" ❷ 推敲；琢磨；解析。宋胡翼龙《少年游》："深倚屏根，间～诗字，酒醒倍春寒。"明袁于令《西楼记》六出："研朱露，蘸彩毫，这新词全费～。"清《隋唐演义》六四回："唐帝展开来一看，只见上写道：家鸡野鸟各离巢，丑态何须次第～。难说当时情与景，言明恐惹圣心焦。" ❸ 杖刑。引申指处死。《元典章·兵部一》："如今那般逃走的每根底，为首的每根底～了，为从的每根底一百七下家打呵，怎生？"《元曲选·抱妆盒》三折："娘娘也甚意儿？怎揣与我这该～该剐罪名儿？" ❹ 宰杀；击杀。元马致远《任风子》二折："咱是个～牛宰马任风子，不带累你个抱侄携男鲁义姑。"元明《水浒传》五一回："～牛宰马，做庆喜筵席。" ❺ 触动；触及。元姚燧《新水令·冬怨》："写幽恨题残春扇，～郁闷听绝暮钟，数归期曲损春葱。"明汤显祖《紫钗记》四八出："春多少，红树梢，长安看花愁思～。" ❻ 敲诈；勒索。元石君宝《紫云庭》三折："楚兰则道是做场养老小，俺娘则是个～郎君置过活。"《元曲选·青衫泪》四折："俺那虔婆见他是个官人，心中要～他一下。不想又没甚么大钱。"明《型世言》二七回："这不识好的，须另用法儿～他。" ❼ 言语暗中讥刺或警醒。明程羽文《盛明杂剧序》："至于词白之工，科介之趣，热肠骂世，冷板～人，才各成才，韵各成韵。"《西洋记》九〇回："王爷这几句话，似轻而实重，却是～着这些将官出不得身，干不得事。"清《梦中缘》一二回："知府觉吴老之言句句～到他自己身上，便将羞成怒，拂袖而起。" ❽ 私下商讨条件或试探可能。明《型世言》一三回："他下边～紧了，也只出两句审语了账。"又："夏学一路怨畅富尔谷：'这事慢慢等我挎来，卖甚才？弄坏事！'富尔谷道：'我说叫先生阿爱也晓得有才，二来～一～实。'夏学道：'如今～走了。'"又二八回："王尼见张家夫妇着急，也狠命就～紧。～到五十两银子、四十亩田。" ❾ 敲打法器，指作法事。明《型世言》二回："不若叫他从重断送，七七做，八八～，再处些银子养赡你母子。"《僧尼孽海·柳州寺僧》："埋葬已毕，循城中旧例，七七做，八八～，常延缁流诵经，超度其夫。" ❿（围棋）投子攻击。明高濂《玉簪记》一〇出："战楸枰，两下交。争先布摆装圈套，双关那着，单～这着。"《二刻拍案惊奇》卷二："争先布摆妆圈套，单～这着，双关那着。" ⓫ 拨动（天平显示刻度的指针），引申指用天平称量。清《野叟曝言》二二回："那柜上一个人，～着天平。"《歧路灯》四八回："息银也是现成的，目下即去搬来，宋爷们一搭儿～～罢。" ⓬ 劫取；夺取。清《醒世姻缘传》六五回："这白姑子费了多少心思，得了这些外物，把他一棒～得干净，岂有轻饶宽放之理。"

【敲板】 qiāo bǎn ❶ 敲击板制的响器（如响尺、板点等）以传递信息。宋王洋《赠栖贤僧》之一："宴坐无人问消息，有时～唤玄沙。"明《金瓶梅词话》八回："卖粉团的撞见了～儿蛮子叫冤屈——麻饭肐胆的帐。"清《续金瓶梅》五九回："听得～吃斋毕，随大众上堂功课。" ❷ 敲击拍板以伴奏。明《古今小说》卷二七："～唱杨花，恶声聒耳；打砖搽粉脸，丑态逼人。"

【敲搒】 qiāo bǎng ❶ 即"敲搒"。宋苏洵《论衡·广士》："而胥史贱吏，独弃而不录，使老死于～趋走。"苏辙《表弟程之邵奉议知泗州》："谈笑顽狡伏，何曾用～。"清汪由敦《寄同年常德守王君槐青》："发奸擿伏亦何有，况及～急租赋。" ❷ 敲击榨取。元吴莱《观隋王度古镜记后题》："皮肤峻刮削，骨髓穷～。"

【敲逼】 qiāo bī 动用刑罚逼迫。清稿本《聊斋志异·仇大娘》："到县，邑令奉命～，于是故产尽反。"

【敲比】 qiāo bǐ 指官府将某事定下期限，限期完成，如完不成，到期责打。清郎廷佐《请议蠲豁疏》："乃欲以累岁之逋欠，并责于一时，即剜肉无补耳，况～乎。"《云仙笑》二册："若到下限，教我那里禁得起～，忍得过耻辱。"《醒世姻缘传》九〇回："深悔如此荒年，将百姓下狠的～。"

【敲冰】 qiāo bīng 纸名，初春敲冰取水制成，质佳。也指这样的制作方式。宋苏颂《次韵柳郎中二咏》之二："百幅～密属连，寝甘谁复诮便便。"陈棣《次韵陶幾道观洪积仁诗编》："剡藤～琢玉板，月兔脱颖供毛锥。"明陈汝元《红莲债》三折："一个～上挥洒出西京句，一个霜毫上删抹成谢家词。"

【敲剥】 qiāo bō 敲诈剥削。清黄宗羲《明夷待访录·原君》："～天下之骨髓，离散天下之子女，以奉我一人之淫乐。"钱谦益《南京刑部尚书沈公神道碑铭》："厥后殿工浩烦，～日急，公请暂借阃库三分之一以纾民困。"

【敲驳】 qiāo bó ❶ 敲击。《敦煌变文校注》卷五《维摩诘经讲经文（一）》："更有阿修罗等，调飏玲玲之琵琶；紧那罗王，～荦荦之羯鼓。"按，此例又见于《维摩诘经讲经文（七）》。 ❷ 攻讦批驳。清《皇朝文献通考》卷二一七："北宋诸儒，高树门帜，……而于先圣先贤恣情～，《大学》《孝经》连篇删改。"

【敲才】 qiāo cái 詈词。遭刑杖的家伙。为"吃敲才"之省。也用作昵称。元吕止庵《天净沙·为董针姑作》："甚娘作怪，绣针儿签着～。"《元曲选外编·豫让吞炭》四折："这伙刁天厥地小～，只管把我来哄，哄，哄。"明朱有燉《香囊怨》三折："我怎肯又向那柳户花街为猱妆狚，风亭月馆殢雨尤云？被那等谎～每捡尸般、捡尸般凌虐人。"

【敲材】 qiāo cái 同"敲才"。清吴伟业《通天台》二出："则问你这重关起首谁家造？没眼～，盘问根苗。"

【敲笞】 qiāo chī 犹"敲搒"。笞，用鞭、杖抽打。宋张方平《昆山初秋观稼》："预喜省～，租赋可时了。"崔伯易《感山赋》："上苛之以～，下挠之以追催。”

【敲楚】 qiāo chǔ 犹“敲扑”。楚，刑杖。清《聊斋志异·素秋》：“家人搒掠殆遍，甲亦屡被～。”

【敲捶】 qiāo chuí ❶犹“敲搒”。宋王庭珪《送安成知县周子发》：“众方～立威名，公能使民歌恺悌。” ❷敲打；叩击。清《红楼复梦》八回：“到了庵门，～半天，才有人听见出来开门。”

【敲打】 qiāo dǎ ❶敲击；捶打。唐齐士员《献陵造像碑记》：“后若有人～佛像、破灭经字者，愿当当来世，恒堕三涂地狱。”元陈椿《熬波图》卷下：“否则柈上生蘖，如饭锅中生煿焦，通寸许厚，须用大铁槌逐星～划去了。”清《隋唐演义》二二回：“主人叫酒保拿斧头上楼，把蹬坏的一块板都～停当。” ❷即“敲❷”。宋张炎《词源》卷下：“盖词中一个生硬字用不得，须是深加煅炼，字字～得响，歌诵妥溜，方为本色语。”明《西湖二集》卷二七：“怎知自己极不得意文字，那试官偏生得意，……二兄用心～之文反落榜后。”清李宜之《秣陵春序》：“不骋才情，并不用学问，而字字～，如出莺喉燕吭间，无不歌诵妥溜，妙会诸丝竹者。” ❸即“敲❼”。《元曲选·灰阑记》一折：“妹子，不必～我了。”明张四维《双烈记》一三出：“语言～，怎当他俐齿伶牙。”清《姑妄言》八回：“那娇娇却不好认他话头，也常拿话～他。” ❹即“敲⓫”。明《挂枝儿·天平》：“我的心儿对得准，你的心儿切莫要差。若有毫发儿的差池也，自有傍人会～。”《山歌·天平》：“郎做天平姐做针，一头法马一头银。情哥你也不必间～，我也知得重和轻，只要针心对针心。” ❺指拷打、殴打。明《二刻拍案惊奇》卷三六：“坐他一个私通贿赂、夤缘刑狱、污蔑官府的罪名，拿他来～，不怕不～得出来。”《西湖二集》卷二〇：“千百万两家私，都从那夹棍拶子、竹片枷锁终日～上来的。”清《醒世姻缘传》八〇回：“你既做着个紧邻，每日～孩子，逃不过你老人家眼目。” ❻敲打响器，比喻声势、规模。清《歧路灯》七六回：“买铅的买铅，贩钱的贩钱，那时才大发财源哩。如今不过小～儿。”

【敲点】 qiāo diǎn ❶触动检点；敲打指点。宋张载《经学理窟·气质》：“心大则百物皆通，心小则百物皆病。悟后心常弘，触理皆在吾术内。睹一物又～着此心，临一事又记念着此心，常不为物所牵引去。”王栢《答何子恭》：“纵有病痛，且要是大路上人，它日志向渐定，移步渐熟，然后可以逐旋～它，使之澄治未晚。”《朱子语类》卷二八：“想见当时圣人亦须有言语～他，只是《论语》载不全。” ❷犹“敲打❷”。元方回《瀛奎律髓》卷一二：“律诗亦～匀静，无偏枯、突兀、生涩之态。”

【敲订】 qiāo dìng ❶推敲制订。清洪昇《长生殿》一四出：“趁迟迟宫漏夜凉生，把新腔～。” ❷说明解释。清《快心编》三集五回：“是他兄弟对媒人说，侄女坐的是一乘大轿，其餘十来乘都是小轿，再三～明白。”

【敲番】 qiāo fān 同“敲翻”。《元曲选·刘行首》三折：“早则不～莺燕，分开翡翠，拆散蜂蝶。”

【敲翻】 qiāo fān 打翻；打折。《元曲选·誶范叔》二折：“则被你饿掉了三魂，～了五脏。带肉连皮颤，彻髓透心凉。”元明《水浒传》四九回：“忽地心焦，拿石碓～庄客腿。”

【敲风】 qiāo fēng 被风吹动发出声响。唐司空图《注愍征赋述》：“瑶簧凄戾，羽磬玲珑。幽人啸月，杂佩～。”明《型世言》二七回：“择日启馆，却在陈副使东庄上。但见：翠竹～，碧梧蔽日。”清厉鹗《绛都春·清明风雨》：“文园多病何人惜，有鬓影参差知得，便教晴蝶～，岸阴翠织。”

【敲更】 qiāo gēng 夜间敲击梆子等响器报告更次。清陈端生《再生缘》一四回：“才点鼓，又～，报晓寒鸡叫几声。”又二二回：“当下山中筵席散，尚交亥刻未～。”

【敲棍】 qiāo gùn 刑杖。元杨立斋《哨遍》：“著～也门背后合伏地巴背，中毒拳也教铛里仰卧地寻叉。”《资治通鉴后编》卷一五〇：“元人恨之，横四枪于其项，以～击杀之。”

【敲撼】 qiāo hàn ❶攻讦打击。唐韩愈《唐故江南西道观察使王公神道碑铭》：“不比于权，以直友冤；～挫揠，竟遭斥奔。”宋周必大《葛敏修圣功文集后序》：“政和中入掌书命，专用西汉文体，为用事者～。” ❷敲击摇撼。宋吕渭老《念奴娇·赠希文宠姬》：“开门疑是，故人～窗竹。”赵汝鐩《踏雪》：“更怜修竹压欲折，扶持～声珊珊。”

【敲唤】 qiāo huàn 敲打呼唤。清《情梦柝》一七回：“走去唤他送铺盖来时，厢门紧闭，～不应。”

【敲火】 qiāo huǒ 敲击火石取火。唐白居易《北亭招客》：“小醆吹醅尝冷酒，深炉～炙新茶。”元萨都剌《游梅仙山和唐人韵》之四：“茶炉～急，丹井汲泉新。”清《歧路灯》五一回：“自己～将烛点上。”

【敲击】 qiāo jī ❶敲打；击打。唐李绅《悲善才》：“秋吹动摇神女佩，月珠～水晶盘。”宋文莹《湘山野录》卷下：“每登座，拈拄杖～床机，以示法用。”清《飞龙全传》二四回：“匡胤走上前去把门～，不见有人出来。” ❷拷打。明王沄《陈忠裕年谱》卷下：“乃为梃刃之所～兮。”

【敲夹】 qiāo jiā 一种刑罚，给犯人套上夹棍后再用榔头敲击夹棍。也泛指用刑。明《型世言》二二回：“一面分付将假校尉～。那校尉支撑不过，只得招承。”清于成龙《忍字歌》：“几番～方成招，无限痛苦吃刑拷。”《姑妄言》二三回：“吩咐着实敲。才～了几下，有些受不得了。”

【敲句】 qiāo jù 推敲诗句。宋方樗《和方凤翠微楼九日落成》：“凉风阑槛宜～，落日川原遥见人。”元黄庚《秋夜登西楼》：“桂花香里人～，倚遍高楼十二阑。”清《续金瓶梅》二九回：“这个人真是有趣，倒象得了山水真景，苦吟～的光景。”

【敲搕】 qiāo kē 同“敲磕❸”。宋《朱子语类》卷一四：“盖他一切办得不说，都待别人自去～，自有个通透处。”

【敲嗑】 qiāo kē 同“敲磕❶”。清黄宗羲《过云木冰记》：“腥风之冲动，震瀑之～，天呵地吼。”

【敲磕】 qiāo kē ❶撞击；碰撞。唐杜牧《大雨行》：“云缠风束乱～，黄帝未胜蚩尤强。”宋《古尊宿语录》卷六《睦州和尚语录》：“问：‘三界唯心万法唯识时如何？’师云：‘牙齿～，更置将一问来。’”明陈继儒《珍珠船》卷二：“但闻其声如杵舂～，人谓之葛仙翁捣药鸟。” ❷叩问；辩驳问难。宋晓莹《罗湖野录》卷一：“若是丈夫真意气，任君～振风光。”《古尊宿语录》卷一五《云门匡真禅师广录上》：“若向衲僧门下，句里呈机，徒劳伫思。门庭～，千差万别。”《五灯会元》卷一二《大阳如汉禅师》：“僧问：‘如何是～底句？’师曰：‘槛外竹摇风，惊起幽人睡。’” ❸体会琢磨。宋《朱子语类》卷六七：“程子此书，平淡地慢慢委曲，说得更无餘蕴。不是那～逼拶出底，义理平铺地放在面前。”

【敲铿】 qiāo kēng 撞击；敲打。铿，撞击。唐韩愈、孟郊《城南联句》：“蔓涎角出缩，树啄头～。”宋苏轼《有美堂暴雨》：“十分潋滟金樽凸，千杖～羯鼓催。”清查慎行《紫沧同年出示百声诗》之三：“缘木求鱼又一奇，巧将法器付雕师。空虚自与～应，缓急都与梵呗宜。”按，此咏木鱼。

【敲木钟】 qiāo mù zhōng 暗中勾结官吏说事行贿。如敲木钟，事行而无声。明《型世言》三〇回：“外边撞太岁、～的事也做了许多，只有他说人是非，那个敢来说他过失？”

【敲拍】 qiāo pāi 敲打拍击。唐舒元舆《养狸述》："常白日为群，虽～叱吓，略不畏忌。"宋邓椿《画继》卷六："每五鼓，吹其唇作腔，笔管～，以警其寝。"明《韩湘子》一一回："那湘子坐在街上，把渔鼓简板～一番。"

【敲搒】 qiāo péng 一种刑罚，用竹片或棍棒击打。也泛指动用刑罚。唐韩愈《赴江陵途中寄赠翰林三学士》："何况亲犴狱，～发奸偷。"明高启《答余新郑》："官来抚民务无事，鞭挂壁上无～。"清朱鹤龄《湖翻行》："圣朝蠲赈犹未遑，长吏～肯停否？"

【敲枰】 qiāo píng 下棋。枰，棋盘。宋米芾《送王涣之彦舟》："神武乐育天下造，不使～使传道。"明徐渭《四声猿·女状元》三出："我看世情反覆一似～也，谁肯向输棋救一将？"清《镜花缘》二回："每逢闲暇，无非～相聚。"

【敲扑】 qiāo pū 本为笞刑刑具，短曰敲，长曰扑。后作动词，指用(笞)刑拷打。《新唐书·酷吏传》："昼禁食，夜禁寐，～撼摇，使不得瞑。"明归有光《赠张别驾序》："曲事天子之命吏，盖亦无所不至。虽骈死～之下，未尝敢有疾怨之心。"清《世无匹》四回："终日受此～，血肉几尽。"

【敲棋】 qiāo qí 下棋。宋蒋捷《喜迁莺·暮春》："春正好，无奈绿窗，孤负～约。"明谢谠《四喜记》三二出："偷闲聊此坐～，西飞白日绳难系。"清《巧联珠》一回："船中也有焚香啜茗的，也有～斗槊的。"

【敲诗】 qiāo shī 推敲诗句；作诗。宋徐集孙《谢偃溪惠索淘》："与客～倚古松，乱蝉声里夕阳春。"明徐渭《山阴杨簿公索作》："每出未闻高喝道，相逢应不怪～。"清《驻春园》一〇回："昨宵原亦无暇～，只恐爽约，乃潦草成篇。"

【敲石】 qiāo shí ❶ 犹"敲火"。唐柳宗元《零陵赠李卿元侍御》："阳光竟四溟，～安所施？"明王世贞《晓行淮海道中》："～五更饭，鸣鸡三里城。" ❷ 敲石发出的火极为短暂，比喻时光短促。宋苏轼《二公再和亦再答之》："光阴等～，过眼不容玩。"谢薖《感白发》："人生光景促，倏忽如～。"明袁宗道《东坡作戒杀诗余和其韵》："人命呼吸间，年光～急。"

【敲实】 qiāo shí 经过推理、验证而落实。明《型世言》二三回："那裘龙要逃，怕事越～了。"清《野叟曝言》一八回："族长恐有反复，又～了鸾吹口气，然后带着洪儒同差人回官去了。"

【敲丝】 qiāo sī 一种成色好的银子名称，银锭表面呈现敲印状丝纹。明《醒世恒言》卷三："那要许多，只要得十两～。"方以智《物理小识·识银法》："(银色)九六以上，其边独白，名曰粉边。此外有领丝、有～、有画丝、有吹丝纹者，丝旋及心。"

【敲弹】 qiāo tán 敲打叩击。明汤显祖《牡丹亭》二八出："省喧哗，我待～翠竹窗栊下。"《西湖二集》卷二一："忽闻得有叩门之声，静听即止，少顷又叩。果然是：～翠竹窗栊下，试展香魂去近他。"

【敲头】 qiāo tou 犹"敲才"。元杨朝英《得胜令》："问着诸般讳，揪捋不害羞。～，敢设个牙疼咒。"

【敲推】 qiāo tuī ❶ 敲击推动(门窗)。宋陆游《秋思》之二："十日秋阴满径苔，蓬门那有客～。"元尹廷高《题岩门》："嵌空元不费～，弹指能令铁锁开。"明佚名《巫娥志》："至夜将睡，忽闻窗棂轧轧作声，若有人～者。" ❷ 指登门造访。宋陈著《沁园春·次韵弟茝雪中见寄》："谁知有客～。把世变心烦都说开。道严霜不杀，不成葭苇。" ❸ 推敲；琢磨。宋王庭珪《再次前韵》："诗元无格律，谁与定～。"元方回《瀛奎律髓》卷四七："人见九僧诗或易之，不知其几锻炼、几～乃成。"清赵翼《有以明人诗文集来售》："不知曾费几～，无限精灵付劫灰。"

【敲纹】 qiāo wén 即"敲丝"。明《鼓掌绝尘》三七回："馆到弗曾夺得到手，先丢了二钱～。"

【敲问】 qiāo wèn 拷打审问。清《女仙外史》五七回："那贼道士却容他不得，还要奏请圣主，拿来细细～哩。"

【敲牙】 qiāo yá 因颤抖而牙齿碰撞。明《西游记》四八回："塞外征夫俱坠指，江头梢子乱～。"

【敲爻】 qiāo yáo 同"碻硗"。元李邦祐《转调淘金令·思情》："他如今漾了甜桃却去寻酸枣。我这里自～，怎生消？怎生消磨得我许多烦恼？"明许自昌《水浒记》二一出："今日偏又遇着王妈妈，这都是遇～，还怕他远相追，复相邀。"清陈廷敬《灵祐宫夜忆石闾》："飘蓬欲访～去，度世终思跨鹤飞。"

【敲摇】 qiāo yáo 敲击摇晃。明《西游记》六一回："毛森森筋暴暴的一条硬尾，左右～。"

【敲吟】 qiāo yín 推敲吟哦。宋陈策《摸鱼儿·仲宣楼赋》："～未稳。又白鹭飞来，垂杨自舞，谁与寄离恨。"元张可久《天净沙·松阳道中》："松阳道上～，柳阴树下披襟，独鹤归来夜深。"清弘历《三清茶》："软饱趁几餘，～兴无竭。"

【敲月】 qiāo yuè 月下敲击。宋赵湘《题包山人拄杖》："寻僧过竹青～，看鹤沿池冷卓苔。"方岳《沁园春·和林教授》："正尔眠云，阿谁～，不是我曹不肯来。"明袁宏道《和五弟韵》："入风旗纛乱，～佩环从。"

【敲韵】 qiāo yùn ❶ 敲击成韵；按韵律敲打。宋蔡伸《飞雪满群山》："翠筠～，疏梅弄影，数声雁过南云。"元贯云石《点绛唇·闺愁》："檐间铁马风～，风摇闲阶翠竹不堪闻。"明《西游记》五五回："袍挂七星云叆叇，腰围八极宝环明。叮当佩响如～，迅速风声似摆铃。" ❷ 推敲诗韵。明范景文《答吕介孺年丈》之一："惟向忙中寻小趣，朗吟～草爰书。"朱存理《野航附录》引姚希孟《棘门集》："咏哦稍倦，……有纲河得鱼贯而呈诸客以佐拈题～者。"

【敲诈】 qiāo zhà 以威胁、欺骗手段索取钱财。清《飞龙全传》二四回："时常抬着狗肉，到那村坊镇店之上～乡民。"

【敲撞】 qiāo zhuàng 敲打撞击。元王恽《番禺杖》："用舍时当审，～责果何？"清《野叟曝言》七一回："里面的人都因连日辛苦睡死了去，那里听见。大桃只得寻块石头～，才得接应进去。"

【敲琢】 qiāo zhuó ❶ 敲打琢磨；敲击碰撞。《太平广记》卷二七八引《逸史》："本顽石一片，牧牛小儿戏为～，似人形状。"明刘基《夏中病痁戏作呈石末公》："凌兢剥床辨，～摇佩琫。" ❷ 推敲琢磨。宋苏轼《与刘器之书》："辄拜呈《方丈铭》一首，更告与～。"明夏良胜《答王时芳给舍论治盗书》："公移之皆而严，使有人心宜于是焉，……但字字～，必步先辙。"

【敲椓】 qiāo zhuó 同"敲琢❶"。椓，捶打。唐李肇《国史补》卷中："僧每食讫，辄取楔数十，执柯登阁，～其间。未逾月，阁柱悉正。"五代宋齐邱《题凤台山亭子》："夜半鼠窸窣，天阴鬼～。"

【碻硗】 qiāo yáo 石不平貌。比喻不平、波折、坎坷。元锺嗣成《凌波仙·吊沈拱之》："天生才艺藏怀抱。叹玉石相混淆，更多逢世事～。"

qiáo

【乔】 qiáo ❶ 模仿；扮演。宋孟元老《东京梦华录》卷五："风僧哥、俎六姐，影戏；丁仪、瘦吉等，弄～影戏。"周密《武林旧事》卷二："十二、十三两日，国忌禁乐，则有装宅眷笼灯，……及为

～经纪人，如卖蜂糖饼、小八块风子，卖字本，虔婆卖旗儿之类，以资一笑者尤多也。"明汤显祖《紫箫记》一七出："且道个遏云社、飞盉社，～宅眷、～迎酒、～乐神，旋扮装来嘈嘈杂杂复道危棚，百队喧攒。" ❷狡黠；诡谲。宋洪迈《夷坚志》丙卷一四："邵武黄敦立少时游学校，读书不成，但以勇胆戏笑优游闾里间。邑人以其色黑而狡谲，目之曰乌～。" ❸古怪；异常。金谭处端《继丹阳师叔丫髻吟韵》："我恁～，不是～，乔话其中隐不～。真正言，无谄语，绝尽尘埃机与虑。"明《古今小说》卷二八："恁般～打扮回来，不雌不雄，好不羞耻人。"清《醒世姻缘传》三六回："与县官做了一套圆领，县官性子～，嫌圆领做得不好，立了限要陪。" ❹虚假；假装。元杨果《翠裙腰》："总虚脾，无实事，～问候的言辞怎使？"《元曲选·对玉梳》一折："嫌的是张秀才李秀才，爱的是王舍人刘舍人，他那些～殷勤，佯动问。"明《醒世恒言》卷二六："年兄，你莫不是～做人情么？" ❺做作；装腔作势。元曾瑞《喜春来·咏雪梅》："花放冰梢雪未消，浩然驴背霸陵桥。风势恶，休笑子猷～。"高明《琵琶记》一七出："穷酸秀才直恁～，老婆与他妆甚腰。"清吴伟业《秣陵春》三一出："〔末〕他辞官的本，就烦附奏罢。〔杂〕不知天子贵，落得状元～。" ❻劣；歹；不佳。元高明《琵琶记》二八出："只怕你这般～打扮，他怎知觉？一贵一贫，怕他将错就错。"明汤显祖《牡丹亭》一四出："都来几日意懒心～，竟妆成熏香独坐无聊。"徐复祚《投梭记》二一出："岳父岳母听禀。愧才～，忝分符豫章长僚。" ❼形容事物劣、不佳，表示鄙弃、憎恶等。元姚守中《粉蝶儿·牛诉冤》："有一等贪饷啜的～人物，就本店随机儿索唤，买归家取意儿庖厨。"《元曲选·争报恩》四折："好说话将孩儿放了，只当不的他打瓮墩盆～样势。"明汤式《一枝花·夏闺怨》："软兀剌弱身躯，颠不剌～证候，干支剌瘦肌肤。" ❽错；谬；误。《元曲选·合汗衫》四折："母亲，你好～也。丢了一个贼汉，又认了一个秃厮那。"《元曲选外编·西厢记》五本三折："这厮～议论，有向顺。你道是官人则合做官人，信口喷，不本分。"明汤显祖《紫箫记》四出："今宵梦里，不要错唤了人。睡醒时休～认。" ❾强行；硬要。元朱庭玉《梁州第七·妓门庭》："选甚乍使钱无名气，学做人初出帐的～相识。"高明《琵琶记》二三出："埋冤难禁这两厢：这壁厢道咱是个不撑达害羞的～相识，那壁厢道咱是个不睹是负心的薄幸郎。"明《古今小说》卷二："只怕金孝要他出赏钱，又怕众人～主张他平分，反使欺心，赖着金孝。" ❿重要；要紧。《元曲选·㑇梅香》二折："这简帖儿方胜小，见甚景像便待把香烧。不争你这狂客谨心参尺素，可待学文王下马拜荆条，见娘书信倒看的～。" ⓫试探；欺骗。明汤显祖《紫箫记》一一出："〔十郎笑介〕原来有这话。〔背语介〕俺正好～他，探出郡主才貌家事若何。"《醋葫芦》一四回："适间这套言语，是我门户人家的旧规套子，不过是入门好看，谁知狗呆认为真话，连老张都不做声了。不免弄～到底，赚他一块。" ⓬调笑；开玩笑。明汤显祖《牡丹亭》四四出："〔生〕说你先到俺书斋才好。〔旦羞介〕休～，这话教人笑。"又《紫钗记》四八出："休～，有如许风韶。便敲残玉凤，换典金貂。风云事业，忍负尊前谈笑。" ⓭拗；犟。清朱素臣《翡翠园》四出："罢罢罢，～勿过个哉，凭你主意罢。" ⓮美好；漂亮。明《金瓶梅词话》八〇回："今年不上三十岁，比唱的还～。"《山歌·烧香娘娘》："看不肥不瘦，不短不长，端端正正坐船舱，时兴衣服～装扮。"清洪昇《长生殿》四六出："要寻那霓裳善舞的俊杨妃，到做了留仙不住的～飞燕。"

【乔扮】 qiáo bàn ❶胡乱打扮。明徐复祚《投梭记》八出："脊背弯，如病疸，更兼不醋不酸，乔妆～，只亏你撩云拨雨不胡颜。" ❷乔装；假扮。清陈端生《再生缘》一七回："荣兰女仆同～，将晓之时出了园。"《十二楼·归正楼》四回："带两个徒弟出门。一个～神仙，一个假装罗汉。"

【乔才】 qiáo cái ❶笨蛋；坏家伙。詈称讨厌、可恨的人。宋元《清平山堂话本·李翠莲》："堪笑～你好差，端的是个野庄家。"《元曲选·蝴蝶梦》一折："若是俺软弱的男儿有些死活，索共那倚势的～打会官司。"明李梅实《精忠旗》一〇出："恨～恃能，把北兵轻破。"汤显祖《牡丹亭》二三出："发称竿看业重身轻，衡石程书秦狱吏。……肉鼓吹听神啼鬼哭，毛钳刀笔汉～。" ❷用作昵称，称情人、意中人。明单本《蕉帕记》二五出："指点神仙何在，笑你个俊～。"清吴伟业《秣陵春》三八出："～那得能到此。蓦地撞这门亲事，教咱把谁人怨咨。"《聊斋志异·湘裙》："渠作有意～久矣，尚为之代虑耶？" ❸称姿容娇好的人。多指女子。明汤显祖《南柯记》二九出："冷落凤箫楼，吹彻胡笳塞。是甚男心多，偏算计这女～？"《型世言》一回："未许文章领袖，却多风月襟怀。朱颜绿鬓好～，不下潘安丰采。"清《醒世姻缘传》一四回："起先季春江也只道是个山妇，谁知是个～，……却是一朵娇艳山葩。" ❹大才，称才能卓异的人。明陶安《柏山赋》："向焉慕君久矣，乃今睹～于丘壑。" ❺拿捏身分，装腔作势。也称这样的人。元高明《琵琶记》一三出："～堪笑，故阻佯推不肯从。"明周履靖《锦笺记》一一出："〔净〕～的、～的，抵死执迷。〔旦〕难道不允？〔净〕尽唇舌何曾允俞。" ❻花招；鬼伎俩。明《二刻拍案惊奇》八回："有等奸胎，惯弄～，巧妆成科诨难猜。"

【乔材】 qiáo cái 同"乔才❶"。《元曲选·酷寒亭》四折："将这厮吃剑～，任逃走向天涯外，我也少不得手到拿来。"清嵇永仁《扬州梦》二三出："无端遭遇恶～，日夜煎熬苦自挨。"

【乔秤】 qiáo chèng 假秤；虚秤。元高明《琵琶记》一六出："讨官粮大大做个官升，卖食盐轻轻弄些～。"

【乔到儿】 qiáo dào er 骗术；花招儿。到，疑应作"道"。元曾瑞《四块玉·负心》："谎我燃香剪青丝，忘恩剁断鸳鸯翅。俺左科，～，休再使。"

【乔公案】 qiáo gōng àn ❶疑难的案件；扯不清的事。元汪元亨《沉醉东风·归田》："经数场大会垓，断几状～，葬送的皓首苍颜。"明汤显祖《牡丹亭》五五出："眼见他～断的错，听了那乔教学的嘴儿嗑。" ❷没凭据的事；靠不住的事。元汪元亨《朝天子·归隐》："饮壶觞半酣，共渔樵笑谈，～无心勘。"明孟称舜《英雄成败》二折："看诗云子曰都是～，这至公堂也变做了鬼门关。" ❸惹麻烦；起事端。元张可久《普天乐·收心》："偷将心事传，掇了梯儿看。系柳监花～，关防的不似今番。"《元曲选·风光好》一折："凭着我雾鬓云鬟，黛眉星眼，寻衣饭。则向这酒社诗坛，多少家～。"明王衡《郁轮袍》四折："强差排官家逐客，恁来由陆地生澜，当不得他有无无有～。"

【乔合生】 qiáo hé shēng 女艺人即景赋咏而暗含调侃讥讽的技艺。宋洪迈《夷坚志》支乙卷六："江浙间路岐伶女，有慧黠知文墨能于席上指物题咏应命辄成者，谓之合生；其滑稽含玩讽者，谓之～。"明汤显祖《邯郸记》二七出："只有教坊之女，搊筝琶，舞霓裳，～，大迓鼓，醉罗歌，调笑令，但是标情夺趣，他所事皆知。"

【乔话】 qiáo huà ❶胡乱说；说狂话。也指这样的话。金王喆《丹阳继韵》："任人嗔，任人喜，人喜人嗔谁采你。落魄婪耽恣意乔，～风狂直到底。"谭处端《继丹阳师叔丫髻吟韵》："我恁乔，不是乔，～其中隐不乔。" ❷同"乔画❶"。元李茂之《行香子》："(你)团衫是纸，系腰是麻，包髻是瓦。我罩篱是皮，卧(单)是铁，枪头是蜡。咱两个一般～。" ❸冠冕堂皇的话；假话。明《二刻拍案惊奇》卷三四："宜笑姐道：'日里他见我说了合伴取乐，老大撇清，今反是他先来下手。'餐花姨姨道：'偏是说～的最要紧。'"清《天雨花》四回:"夫人不必说这些～了。"

【乔画】 qiáo huà ❶胡乱涂抹,指化妆打扮。元王大学士《点绛唇》:"一个村村捧捧牛撒橛～,一个狗打肝腌臜相欠欠答答。"元明《水浒传》六六回:"三对儿村里夫妻,乔乔画画,装扮做乡村人。"明《醒世恒言》卷三四:"那爱大儿生得四五分颜色,乔乔画画,正在得趣之时。" ❷指打扮得花哨俏丽。明《醒世恒言》卷一六:"一眼瞧见个美貌少年,人物风流,打扮～。"

【乔货】 qiáo huò 詈称装腔作势的人。明王玉峰《焚香记》五出:"若有钱财,有何不可。只怕那～又要千推万阻,妆模做样起来。"又二二出:"我千方百计与他妈妈说,要挑动他改嫁与我,争奈那～抵死不从。"

【乔家公】 qiáo jiā gōng 假冒的家长,指不该当家主事却要当家主事的人。宋元《清平山堂话本·错认尸》:"小二在大娘家一年有餘,出入房室,诸事托他,便做～。"元明《水浒传》二四回:"那里走得来,是亲不是亲,便要做～。"清《后水浒传》四三回:"可知我太阴老母六亲无分,独自创立,今日招配丈夫,谁许你来作～管闲事?"

【乔家长】 qiáo jiā zhǎng 犹"乔家公"。清《姑妄言》八回:"我今日在他家,不要你来做～管闲事。"

【乔家主】 qiáo jiā zhǔ 犹"乔家公"。明《型世言》六回:"客人都到别店去了,他竟做了～,公然与朱寡妇同坐吃酒。"

【乔家主公】 qiáo jiā zhǔ gōng 犹"乔家公"。清《照世杯·掘新坑》:"偏那穆忠坐在坑门前给发草纸,他就拿出一副～的嘴脸,像巡检带了主簿印。"《生绡剪》二回:"蒋尚德妄尊自大,做～,呼大喝小,分派使用。"

【乔叫】 qiáo jiào 怪声怪气地叫。明《金瓶梅词话》三三回:"我听见金雀儿花眼前高哨,撇的我鹅毛菊在斑竹帘儿下～。"

【乔科】 qiáo kē 滑稽表演。元顾德润《骂玉郎过感皇恩采茶歌·述怀》:"安乐行窝,风流花磨。闲呵诹,歪嗑牙,发～。"明汤式《哨遍·新建构栏教坊求赞》:"付末色说前朝论后代演长篇歌短句江河口颊随机变,付净色腆嚣庞张怪脸发～啮冷诨立木形骸与世违。"

【乔腔】 qiáo qiāng ❶装腔;做作。清《醒世姻缘传》一四回:"昨晚那六十两银子,原恐怕他～,就要拿出见物来买告。"又九四回:"又忘记了自己是个纳粟监生,误认了自己是个三甲进士,～怪态,作样妆模。" ❷怪腔怪调。清《醒世姻缘传》九五回:"素姐正在那里～骂狄希陈不叫寄姐合媳妇子丫头替他磕头。"

【乔怯】 qiáo qiè 惊恐;害怕。元关汉卿《单刀会》四折:"我这里听者,你个鲁大夫休～。"施惠《幽闺记》三二出:"那～,无言俯首红晕满腮颊。"《元曲选·玉梳记》三折:"唬的我意慌张,心～,战都速。"

【乔人】 qiáo rén 詈词。称人,谓其品行不端。《元曲选·伍员吹箫》三折:"我道是个好男子来,元来是怕媳妇的～,吓良民、吓良民的泼皮。"明《金瓶梅词话》六九回:"逐日搭着这伙～,只眠花卧柳。"清《醒世姻缘传》一二回:"这两个～,银子进不去,分上又压不倒,命是偿不成,人是要死半截的了。"

【乔势】 qiáo shì 装模作样。《元曲选·赵礼让肥》一折:"腰缠着一绺儿麻,口咽着半块瓜,一弄儿～煞,饥寒的怎觑他。"明《拍案惊奇》卷三九:"～天师禳旱魃,秉诚县令召甘霖。"清《生绡剪》六回:"只见一个～妇人半露红颜。"

【乔饰】 qiáo shì 漂亮装扮。清《歧路灯》九五回:"艳妆～,露出银钏围的雪腕,各位大老爷面前让酒讨彩。"

【乔厮】 qiáo sī 犹"乔人"。《元曲选·杀狗劝夫》四折:"他两个是汴梁城里谎～,与孙员外甚宗支?"清吴伟业《秣陵春》三八出:"～,他一瓯饭插两张匙。"

【乔素】 qiáo sù 妖媚的素妆。元明《水浒传》四五回:"只见那妇人～梳妆,来到法坛上。"明《金瓶梅》八回:"妇人方才起梳洗,～打扮,来到佛前参拜。"清《儒林外史》四一回:"一个十七八岁,～打扮,做张做致的。"

【乔为】 qiáo wéi 胡来;乱做。元张国宾《薛仁贵》三折:"知的是甚娘～,直吃得恁般来杀势。"

【乔性】 qiáo xìng 任性。明王玉峰《焚香记》五出:"叵耐女儿～,伤残弦管抛脂粉,仗出身是贵戚豪门,只指望凤求鸾聘。"清蒲松龄《聊斋志异·凤仙》:"(凤仙)拂袖径去,一座为之不欢。八仙曰:'婢子～犹昔。'"

【乔衙坐】 qiáo yá zuò 即"乔坐衙"。元薛昂夫《端正好·高隐》:"醉时节六轴上～,醉时节巴棚下和衣儿卧。"

【乔样】 qiáo yàng ❶妖媚模样。明《金瓶梅词话》六八回:"生的好不～,描眉画眼,打扮的狐狸也似。"清《歧路灯》二九回:"虽说是正经夫妻,只是老婆生得～,已扎眼。" ❷做作情态。明汤显祖《紫钗记》四七出:"那插钗人温存的依前还价,遇着那一等呵,笑穷妇人无分承当,抬高价作他～。"清《照世杯·百和坊》:"不识羞的厚脸,惯撒泼的鸟嘴,会做作的～,弄虚头的辣手。" ❸歪样;不良形象。明汤显祖《紫钗记》四一出:"他有了头妻小玉盟誓无双,怕做不得负心～。" ❹异样;不同一般。清《歧路灯》二二回:"只见一个粗蠢大汉,面目带着村气,衣服却又～,后头跟着一个年幼小童。"又六四回:"每日价轰轰闹闹,银钱狼藉,酒肉熏腾,灯烛辉煌,朋棍喧哗,好不快意的～。"

【乔妆】 qiáo zhuāng ❶扮演;表演。也指做出某种姿势。明佚名《白兔记》三出:"打和鼓～三教,舞狮豹间着大旗。"《醋葫芦》八回:"扮出历朝故事,夜叉鬼处处～。"单本《蕉帕记》一三出:"夫人见了你～手势,差来问你这哑谜。" ❷假扮;装扮成。明王骥德《男王后》三折:"你须不是祝英台～艳质,也要学鲁男子紧闭朱扉。"《醒世恒言》卷二〇:"原来这冤家已做官了,却～来哄我。"清《荡寇志》八四回:"我要你～跑解马的武妓,你可肯?" ❸打扮;妆饰。明屠隆《昙花记》五二出:"髻盘龙,钗舞凤,安排得脸红眉翠。～些俊俏丰姿,要人说那娘行娇媚。"《拍案惊奇》卷一八:"那小娘子～了,……摇摇摆摆,走到园亭上来。"《别有香》四回:"妇人职中馈,言笑不闻外。何事思烧香,～街上摆。" ❹假装出。明徐渭《四声猿·翠乡梦》一出:"又～病症,急切待要赴黄泉。绕禅床,只叫行方便。"徐霖《绣襦记》一三出:"我就假意儿,长叹吁,～哭嫁并走死,剪发烧香没盟誓。"清《水浒后传》三回:"连那舍人也～家主的势来,十分凌压。" ❺做作;作态。明孙仁孺《东郭记》一七出:"滔滔世中,应是难得此辈。令世皆若人,吾又何必～至此乎?"陈汝元《金莲记》一二出:"～,星河在想。料腰肢怯处,不耐蜂狂。"《拍案惊奇》卷三九:"可见邪不能胜正。那些～做势的巫师,做了水中淹死鬼。"

【乔装】 qiáo zhuāng ❶同"乔妆❶"。宋吴自牧《梦粱录》卷二:"又有小女童子,执琴瑟;妓家伏役婆嫂,～绣体浪儿,手擎花篮、精巧笼仗。" ❷同"乔妆❷"。明屠隆《昙花记》一一出:"我不是道人,乃定兴王木清泰是也,～到此。"清《八洞天》卷七:"小人不该～假母,本当即正主仆之分,但方才翁有言,目下不是出头日子。"《春柳莺》六回:"我二人肉眼,不识是新科解元齐老先生～乞食。" ❸同"乔妆❸"。明许自昌《水浒记》二〇出:"只是山寨窄狭,不能容长者之车。聊具黄金彩段,以供从者～,万勿见笑。"清《情梦柝》一一回:"因衾儿脚小走不动,又是客边,也替他唤一乘。都～打扮,至海神庙来。"《红楼复梦》七七回:"又来一起男女,十几人都～俏扮、风流人物。" ❹ 同"乔妆❺"。清吴伟业《秣陵春》八出:"俺那碧城潇洒,桃花肌骨扑烟霞。粉丕丕～措大,大剌剌实在宫娃。"《情梦柝》一六回:"他若肯认做小姐,我倒与他说个明白;他若～到底,我就盘诘他。" ❺ 指乔装的人。清陈端生《再生缘》四四回:"一口哀呼扯住裳,时间唬倒郦～。"

【乔梓】 qiáo zǐ 称人父子、父女。语本《尚书大传》四:"乔者,父道也。……梓者,子道也。"唐于邵《送康兵曹人蜀序》:"～有方,君心是庆。白华之美者,故歌而道之。"明佚名《鸣凤记》三七出:"小生还有俚语几句,赠～荣归。"清《荡寇志》七六回:"可惜贵～不早来几日,好叫你会会。"

【乔坐衙】 qiáo zuò yá 不是官却坐衙断事,比喻管闲事或装身分,摆架子。明汤显祖《紫钗记》三九出:"比似你做县君～。其间就里有话难提也,则怕你猜得来愁闷煞。"孟称舜《英雄成败》四折:"太平时～,骋多般胡乱煞。"清洪昇《四婵娟·卫茂漪》:"非是我据皋座好为师,画蛾眉～。兰房高筑起杏花坛,元不是要。"

【乔作】 qiáo zuò 假扮;假充。明汤显祖《紫箫记》一二出:"又怕他青春作伴还乡去,因此上～卿卿女儿,鹊桥相仔细。"清方成培《雷峰塔》一一出:"他浑如仙子月中降,何须闭户来相抗,～鲁男模样。"

【乔作衙】 qiáo zuò yá 同"乔坐衙"。《元曲选外编·西厢记》三本三折:"不是俺一家儿～,说几句衷肠话。我则道你文学海样深,谁知你色胆有天来大!"明梅鼎祚《玉合记》七出:"〔贴〕姐姐,还有一件东西儿,谢了我,方与你看。〔旦〕我也不要看他。〔贴〕姐姐好～。"《金瓶梅词话》五一回:"说姐姐会那等虔婆势,～,别人生日,乔作家管。"

【乔做】 qiáo zuò ❶ 假做;假装。《元曲选·赵氏孤儿》一折:"你为赵氏存遗胤,我于屠贼有何亲?却待要～人情遣众军,打一个回风阵。"明徐元《八义记》三二出:"将军被小人道了几句言语,～人情。待小人出去,教别人拿住小人。"清《隋唐演义》八回:"雄信暗喜,～人情道:'……只是我说出与你三十两银子,不好失信。'" ❷ 犹"乔为"。《元曲选·救风尘》一折:"一个个败坏人伦,～胡为。" ❸ 同"乔作"。明张凤翼《灌园记》二六出:"况伊家尚未立为王,何得乱吾家法?任私情～王章?"《西湖二集》卷一一:"娶汝来家。汝便～主母,自做自是。"

【乔做衙】 qiáo zuò yá 同"乔坐衙"。元佚名《勘金环》一折:"他每日在家中～,将人来欺负杀。"

【侨处】 qiáo chǔ 侨居;寄住。唐贾至《议杨绾条奏贡举疏》:"戎狄乱华,衣冠迁徙,南北分裂,人多～。"元戴表元《送杜孟传之石门洞序》:"己亥、庚子岁,俱去乡关,～于杭。"明杨士奇《东山燕游诗序》:"兹岁秋九月之日,合四方士～于是者,及是邦之彦,凡七人,游于城东十里所之东山。"

【侨籍】 qiáo jí 侨居地的户籍。也指侨居之地。宋欧阳修《谢国学解元启》:"顷自脱身～,著录师黉。"苏辙《林希知宣州敕》:"比以吴郡生齿蕃衍,学者如林,假尔才名,以重其守。而～所在,重以亲嫌,飞章自陈,恳求易地。"清厉鹗《展先大父墓感赋》:"生迟违抚抱,～隔家山。"

【侨寄】 qiáo jì 犹"侨处"。唐李观《代彝上苏州韦使君书》:"彝举家十口,儿女幼弱,皆小寺中～。"宋洪迈《夷坚志》丙卷五:"叶素怯懦,且方～为客,与人未款曲。"清弘历《伊犁客民愿入屯田户籍诗序》:"人忘故土,堪怀比屋,并望衡～。"

【侨家】 qiáo jiā 犹"侨处"。宋王安石《谢及第启》:"昊乾不吊,先子夙丧。～异土,归扫穷阎。"元苏天爵《杨氏东茔碑铭》:"岁壬辰,北渡河,～真定郡。"清魏禧《彭夫人家传》:"乡路绝,故瘗母平阳,而～芜湖池州山中。"

【侨假】 qiáo jiǎ 虚伪。唐张鷟《朝野佥载》卷五:"道士史崇玄,怀州河内县缝靴人也。后度为道士,～人也。"

【侨僦】 qiáo jiù 租房寄居。唐李匡乂《资暇集》卷中:"今百官各当本司而直,固是当直,安可云'寓'?何异坐自居第而称～也。"清陆次云《海烈妇传》:"遑遑无倚,～于常。"

【侨居】 qiáo jū 寄居的屋舍。唐权德舆《秋夜侍姑叔宴会序》:"途出云阳,德舆之～在焉。拜庆之后,式展宴饯。"明吴与弼《以石竹雪竹诸字赠字周余诸友》:"节序明朝岁已除,青衫从辱访～。"清查慎行《喜雨对榻有怀西厓联句》:"～隅隘巷,欲出愁喘汗。"

【侨庐】 qiáo lú 犹"侨居"。唐张说《赠赵侍御》:"险式压西湖,～对南岘。"

【侨栖】 qiáo qī 犹"侨处"。也指寄居之所。元方回《喜寓轩张梦符侍郎下访》:"不鄙～陋,来同雅话长。"陈旅《次韵毗陵吴寅夫见寄》:"我贫久～,所至类乐广。"明谢肃《答叶周道见寄》:"故人远戍萧关外,逸士～越水干。"

【侨舍】 qiáo shè 犹"侨居"。元刘仁本《饯长信寺经历曹德辅序》:"丁内艰,衰绖苫块于松江之～,盖母夫人避地所也。"明陶安《挽方君政序》:"乙酉仲春,遇君京城南,～相距数步。"陶望龄《寿王翁序》:"其二子皆试都下,过予～,以文请会。"

【侨徙】 qiáo xǐ 迁居外地。宋宋祁《文宪章公墓志铭》:"其先齐太公裔,封于鄣,去邑为章氏,～不常。"△清薛福成《诰授光禄大夫薛公家传》:"事未蒇,而粤寇陷无锡,太夫人挈家～江北。"

【侨寓】 qiáo yù 犹"侨居"。明林俊《味蘖记》:"以浅居无一锥之恃,托神主～以祭。"徐渭《告先主》:"今复新居,自寄所迎,妥我考妣若诸兄嫂归于～。"清钱谦益《林六长虞山诗序》:"后有知六长者游于虞山,问六长之～而征其诗。"

【侨止】 qiáo zhǐ 犹"侨处"。也指寄居之所。《太平广记》卷四七引《续仙传》:"及暮,商归～。道士下楼,闪然不见。"宋薛季宣《抵沈叔晦》:"某～他州,未办旋返。"明《情史·情鬼·薛涛》:"父郧因官寓蜀而卒,母养涛及笄,以诗闻,～百花潭。"

【侨住】 qiáo zhù 犹"侨处"。《太平广记》卷二七六引《幽明录》:"张甲者,与司徒蔡谟有亲,～谟家。"明沈周《屈叟》:"老人～凤城边,黄金绕身方少年。"清方成培《雷峰塔》一二出:"我许宣自从～吴门,谁知白家主婢寻来,认做夫妻。"

【侨驻】 qiáo zhù 驻留在属地之外。清朱轼《史传三编》卷四四:"是后太守不敢之郡,～安定,去郡八百餘里。"

【侨赘】 qiáo zhuì 在外地入赘女家。明徐渭《王右参作昭君怨十首次之》之八:"李陵～是胡夫,苏武妻儿亦是胡。"

【憔】 qiáo 忧愁;烦恼。《新唐书·裴漼传》:"今自冬徂春,雨不时降,人心～然,莫知所出。"宋王迈《贺新郎·送赵伯泳侍郎守温陵》:"酒酣耳热～长啸。便翩翩、辍班荷橐,一麾闽峤。"明高濂《玉簪记》二九出:"看他村样乔,心暗～。"

【憔悴】 qiáo cuì ❶ 折磨;使忧愁烦恼。宋黄庭坚《少年心·添字》:"心里人人,暂不见、霎时难过。天生你要～我。"元贯云石《凭阑人·题情》:"梦里相逢情倍加,梦断香闺愁恨多。梦他～他,争如休梦他。" ❷ 忧愁;恼恨。清《蜃楼志》一七回:"年来～匪人,悔恨成疾。" ❸ 指死亡。清陈端生《再生缘》六五回:"自从～萱堂后,遂使芸缃彩笔捐。"

【憔瘦】 qiáo shòu 憔悴消瘦。宋王十朋《次韵李刑曹病起书怀》："惟有诗怀禁不得，任他～不胜衣。"明《型世言》四〇回："连日小相公仔么～了，莫不你们与他有些苟且?"清《霓裳续谱·一更里天》："独自个照菱花，～了娇模样。"

【樵青】 qiáo qīng 唐肃宗赏赐张志和奴婢，奴曰渔僮、婢曰樵青。后因以指女婢，也泛指奴婢。宋方岳《行香子·癸卯生日》："说与～，紧闭柴门，道先生检校东屯。"明袁中道《答沈水部》："少伯玄真，生何敢效颦，但不着夷光～，差有道人风味。"清邹祗谟《风流子·村居》："正甍瓯酌酒，瓦铫煎茶。更课～数辈，自捕鱼虾。"

【瞧】 qiáo ❶偷看；窥视。宋元《清平山堂话本·刎颈鸳鸯会》："他两个贪欢贪笑，不提防门外有人～。"《元曲选·竹叶舟》楔子："你这老秃厮，你还要悟佛法哩，则会在看经处偷眼儿～人家老婆。"清《万花楼》二六回："单剩得家丁孙茂、孙高，远远躲开，吓得魂不附体，又不敢上前救解，探头探脑的听～。" ❷看；观看。《元曲选·李逵负荆》三折："你则合低头就坐来，谁着你睁睛先去～? 则你个宋公明威势怎生豪，刚一瞅，早将他魂灵吓掉了。"明《挂枝儿·喜鹊》："喜鹊儿不住的喳喳叫，急慌忙开了门往外～。"清《红楼梦》三回："进入城中从纱窗向外～了一～，其街市之繁华，人烟之阜盛，自与别处不同。" ❸盯；观察；监视。元明《水浒传》二七回："我见阿嫂～得我包裹紧，先疑忌了。"明《挂枝儿·醋》："任你去使性胡行也，我把冷眼儿～着你。"清《红楼梦》四四回："二爷在家里，打发我来这里～着奶奶的。若见奶奶散了，先叫我送信儿去的。" ❹看出；识破。元明《水浒传》三〇回："武松早睃见，自～了八分尴尬，只安在肚里，却且只做不见。"明《挂枝儿·网巾》："怕有破绽被人～也，帽儿全赖你遮藏俺。" ❺翻看；阅览。明《金瓶梅词话》五九回："徐先生掐指寻纹，又检阅了阴阳秘书，～了一回，说道：'哥儿生于政和丙申六月廿三日申时。'"清《红楼梦》七〇回："我先～完了你们的，再看我的。"《绮楼重梦》二三回："你们都留下稿儿，待舜姑娘慢慢～了再评论罢。" ❻察看；验看。明《金瓶梅词话》七回："莫不奴的鞋脚也要～不成?"《挂枝儿·无毛》："那先生未卜先知道，十三十四看，十五十六上～，十七八的无猫也，到底猫无了。"《型世言》二二回："怕里边夹些铅锡，或是缺上许多兑头，哄了二位去。我倒还他实银实秤，也要取儿封兑，取儿封～。" ❼鉴察；通过观察来判断。明汤显祖《南柯记》五出："则有侄女琼英郡主，能会～人，待我先唤公主出来。"清吴伟业《临春阁》四出："这些光景，张娘娘一双俊眼儿，有甚么～不出来?"《品花宝鉴》一六回："这杨老八的风水是高明的，我们内城多半是请他～的。" ❽观赏；鉴赏。明汤显祖《牡丹亭》九出："小姐大后日来～花园，好些扫除花径。"《禅真后史》二二回："咱家还有一件活宝，送与众香爷～。"清《品花宝鉴》一六回："你天天儿～戏，好乐阿。" ❾诊治；诊视。明《型世言》一二回："医生道：'这位老爷，学生已看了，肋骨已断，不可医治了。'王指挥道：'你再～一～。'"《禅真后史》四〇回："中宫既宣卿面～病症，焉可不往。"清《红楼梦》一一回："医道很好，～了说不是喜，竟是很大的一个症候。" ❿表示观察事态的发展或条件的变化以后再说。明汤显祖《牡丹亭》七出："〔旦〕手不许把秋千索拿，脚不许把花园路踏。〔贴〕则～罢。〔旦〕还嘴!"清《红楼梦》七五回："这种掩饰谁不会作，且再～就是了。"《绿野仙踪》五〇回："如玉道：'我与那奴才永不见面。'苗秃子笑道：'咱们走着～罢。'" ⓫看待；对待。明孟称舜《娇红记》九出："俺将一分情当九分～，知他年小伤情早。"清方成培《雷峰塔》二五出："他便有毒龙般伎俩，俺只做蝘蜓相～。" ⓬看望；造访。清《红楼梦》五五回："你奶奶好些? 我正要～去，就只没得空。"《歧路灯》二回："我们即到李公祠去～尊先生去，并看看写的匾。"《霓裳续谱·正盼佳期》："既有那真心想我，挪点工夫你来～～。" ⓭安排；备办。清《红楼梦》一〇回："也不容他嫂子劝，一面叫老婆子～了车，就坐上往宁府里来。" ⓮请；召唤。清《歧路灯》二回："坐定，摆上饭来，潜斋吩咐家童道：'～两位相公陪客。'"又三〇回："他如今在那里? ～的来，当面考证。"又："王少湖道：'谭相公，这当日怎的寄放在此? 同的是谁?'谭绍闻道：'同的是夏逢若。'王少湖道：'这须得～夏逢若来方得清白。'" ⓯觉得；以为。清《霓裳续谱·不该不该决不该》："不该在人前说我和你好，充的甚伶俐，不知是卖的甚么乖。我～你好呆，思量起你好呆。"《品花宝鉴》三回："你～他南边人老实，不懂你那懵劲儿，你就懵开了。" ⓰看得上。清《霓裳续谱·不受教调叫我难瞧》："不受教调叫我难～，人家那里说话你就拿眼瞟。" ⓱用在动词或动补结构之后，表示尝试。清《绿野仙踪》七〇回："他若驾不起云，仙骨也不值钱了，我还渡他怎么。你刻下试试～。"《霓裳续谱·姐儿无事江边摇》："脱下花鞋当摆渡，拔下金簪当橹摇，试演试演～。"《白雪遗音·人害相思》："人害相思微微笑，我也害个样儿～，谁知道，我也落在相思套。"

【瞧不的】 qiáo bu dé 犹"看不的❷"。明《禅真后史》一八回："药已服了一剂，身子挣扎了大半。谁要你假忙做一团，我从来～恁样贼势。"

【瞧不得】 qiáo bu dé ❶犹"看不得❹"。清《红楼梦》三一回："湘云要他拣的瞧，翠缕只管不放手，笑道：'是件宝贝，姑娘～。'" ❷犹"看不得❻"。清《红楼复梦》四回："～他这么年轻，他极孝顺这位寡母，成天在这河里钓鱼，拣大的留着给太太吃，将小的拿去卖钱买米。"《龙图耳录》六回："～小小官儿，竟自颇知国礼。"

【瞧不起】 qiáo bu qǐ ❶犹"看不起"。清《红楼梦》一〇〇回："我这个丫头，在家忒～我。"《品花宝鉴》八回："为着听戏去借钱，也叫人～。"《荡寇志》一〇六回："辅梁便将李应怎样礼貌，自己怎样瞧他不起，怎样泛常应酬他的话说了。" ❷看不出来；没料到。清《龙图耳录》五三回："宁婆迈进轿杆，身子往后一退，腰儿一哈，头儿一低，便坐上了。众轿夫俱各笑道：'～他真有门儿。'"

【瞧不上】 qiáo bu shàng 犹"看不上❶"。清《红楼梦》一一一回："大太太的这样行为，我也～。"《红楼复梦》六七回："咱们家这两个姑爷还怕谁～吗?"《白雪遗音·睡眠迟》："每日里佳期不整，酩酊醉，三番两次，叫奴～。"

【瞧不着】 qiáo bu zháo 犹"瞧不上"。清《歧路灯》七回："这些京官，大概都是眼孔大的，外边道、府、州、县，都～。"

【瞧道】 qiáo dào 看出。元明《水浒传》二六回："那人原是吏员出身，便～有些尴尬，那里肯来。"

【瞧得过】 qiáo de guò 犹"看得过"。清《红楼复梦》一回："那个人虽是年纪大些，人品儿倒也～。"

【瞧得起】 qiáo de qǐ 犹"瞧得上"。清《红楼梦》一二〇回："我是做下人的人，姨太太～我，才和我说这些话。"《品花宝鉴》三回："总而言之，他眼睛里没有～的人就是了。"

【瞧得上】 qiáo de shàng 犹"看得上"。清《后红楼梦》二五回："三爷这个人谁～?"

【瞧观】 qiáo guān 观瞧；观看。清陈端生《再生缘》一二回："少年国舅微微笑，醉眼～美丽君。"

【瞧见】 qiáo jiàn ❶看见；看到。元商挺《潘妃曲》："只恐怕窗间人～，短命休寒贱。"元明《水浒传》二九回："把双手按着桌子上，不转眼看那妇人在柜身里。那妇人～，回转头看了别处。"

清《霓裳续谱·闲来无事当院里坐》："闲来无事当院里坐，猛抬头～了一道天河。" ❷看出；觉察到。元乔吉《行香子·题情》："今年又撞着风流难，人～些破绽。"元明《水浒传》二一回："那婆子～宋江要走的意思，出得房门去，门上却有屈戌，便把房门拽上，将屈戌搭了。"明陆采《明珠记》三三出："〔贴〕更言语参差，被人～。〔小生〕也没事。你只小心，不要多口。"

【瞧看】 qiáo kàn ❶看；观看。明《金瓶梅词话》八回："你写几个字儿，等我替你捎去，与俺爹～了，必然就来。"《拍案惊奇》卷三二："不象狄氏自家屋里，恣性～，惹起春心。"清《白雪遗音·梦多情》："挨骨并肩联膝坐，凝眉～俏多情。" ❷看待。明《一片情》三回："那罗氏欢天喜地，拿了这一枝簪子，真如性命一般～。" ❸看望；探望。清《红楼梦》二五回："接着小史侯家、邢夫人弟兄辈并各亲戚眷属都来～，也有送符水的，也有荐僧道的。"《歧路灯》一〇二回："娄朴既入兵部，时常入监～。" ❹诊视；照看。清《红楼梦》九七回："林妹妹的事老太太倒不必张心，横竖有他二哥哥天天同着大夫～。"

【瞧科】 qiáo kē 看出；识破；察觉。元徐再思《沉醉东风·春情》："今日个猛见他门前过，待唤着怕人～。"明《拍案惊奇》卷一："文若虚是伶俐的人，看见来势，已自～在眼里。"清《后水浒传》一四回："孙节级听了，早～了九分。"

【瞧料】 qiáo liào 观察推断。清《歧路灯》八八回："坊柱上贴了一个红条子，写的本馆某月某日雅座开张。梅克仁～了七八分，径入其内。"又一〇五回："此中分流别派，只在神气微茫之间，早不出奸胥猾吏～，亦跑不掉饱于阅历者的眼睛。"

【瞧破】 qiáo pò ❶犹"瞧科"。金《董解元西厢记》卷三："夫人可来积世，～张生深意，使些儿譬似闲腌见识，着衫子袖儿淹泪。"明徐渭《如梦令·宝珠斋饭罢》："连日施药医人，大似把船放舵。错过，错过，莫被宝公～。"清《品花宝鉴》一九回："我有心就是了，莫叫人～。" ❷揭破；戳穿。《元曲选外编·西厢记》三本三折："小姐也不对我说，我也不～他，则请他烧香。"明孟称舜《娇红记》二〇出："今晚间把房里陪伴的都打发到奶奶房内去了，意是怎么？待湘娥姐来，商议了，～他。" ❸看清楚。《元曲选·酷寒亭》三折："润纸窗把两个都～，拽后门将三簧锁纳合。"又《货郎旦》一折："他那里闹镬铎，我去那窗儿前～：那贱人俏声儿诉一和，俺这厮侧身儿搂抱着。" ❹暴露；被看穿。明吕天成《齐东绝倒》二出："逃形远窜，休～，准备着肩帮上把爹驮。"

【瞧扑】 qiáo pū 侦察擒捉。明杨一清《为紧急声息事奏》："时遣轻骑在于境外水头，～应哨人役。"又《为敌众出没计处用兵机宜事奏》："分遣轻骑，～应哨人役。"

【瞧觑】 qiáo qù 犹"看觑❶"。明施绍莘《浣溪沙》："绿新笼，耐人～，面微红。"《二刻拍案惊奇》卷三八："见了莫大姐，目不停瞬，只管上下～。"

【瞧热闹】 qiáo rè nao 观赏繁华或热烈的景象。清《儒林外史》五二回："我也跟你去～。"《霓裳续谱·莲花生瑞》："上京去瞧个热闹，也不枉一世为人。"

【瞧视】 qiáo shì 犹"看视❶"。明《西湖二集》卷一二："在楼上无事，过了一晌，不免又推开一缝窗子～。"又："用中有力无处用，只得白着一双眼睛～，敢怒而不敢言。"

【瞧头】 qiáo tóu 另见 qiáo tou。看出苗头。明《型世言》五回："耿埴道：'去不得。你待把花子作当，赚他缎子去么？'店主人听了这话，也便～，留住不放。"

【瞧头】 qiáo tou 另见 qiáo tóu。看头；观赏的价值。清《歧路灯》一〇二回："这方家胡同也松的很，没啥～。"《绮楼重梦》一四回："大后儿中秋节，喝过了酒，叫小钰、碧箫把那法儿都试演试演，倒有些～儿。"

【瞧透】 qiáo tòu 犹"看透"。明《梼杌闲评》一三回："你两人勾搭，我也～了几分。"清《白雪遗音·留多情》："真好厚来假好厚，你的心肠我～。"

【瞧望】 qiáo wàng ❶观望；张望。元景元启《得胜令》："端详，怕有人～。荒荒，荒得来不待荒。"明《韩湘子》一七回："恰好张千在那里～，看见湘子走来，一手扯进门里。"清《万花楼》二六回："那赵二郎一程追去，慌慌忙忙，正在四方～，欲寻个帮助之人。" ❷看望；探望。清《红楼梦》六〇回："今也同人来～柳侄，不期柳家的在内。"

【瞧问】 qiáo wèn 看望探问。清《红楼梦》二五回："王子腾夫人告辞去后，次日王子腾也来～。"

qiǎo

【巧】 qiǎo ❶能；能够。唐张鷟《游仙窟》："～知娘子意，掷果到渠边。"敦煌词《十二时·普劝四众依教修行》："能令渌发作苍筤，～使红颜成暮草。"明徐渭《四声猿·女状元》三出："你是个魆青天，又挂着月一堂。精浑水～辨出鱼三样。" ❷得；获得。《祖堂集》卷四《丹霞和尚》："万机珠对寸心中，一切时中～方便。"明汤显祖《南柯记》四四出："则我坟茔蚁穿，我坟茔蚁穿，却得这因缘，爷儿～方便。"清吴伟业《茧虎》："奇物～从蚕馆制，内家亲见豹房来。" ❸恰；正。唐沈佺期《李员外秦援宅观伎》："啭歌遥合态，度舞暗成行。～落梅庭里，斜光映晓妆。"宋李之仪《蓦山溪·采石值雪》："争如此际，天意～相符。须痛饮，庆难逢，莫诉厌厌醉。"明赵滂《观舆图有感》之五："已符前五运，空忆后三元。分合～相似，短长难等论。" ❹恰好；凑巧。明《醒世恒言》卷一四："你道好～，去那女孩儿太阳上打着。"《挂枝儿·性急》："兴来时，正遇我乖亲过。心中喜，来得～。"清《红楼梦》六七回："我正在这里劝解，恰好二爷来的很～，替我们劝劝。" ❺巧为；费心思。元马致远《夜行船》："自然天付与，强得来也不坚固。有人参透其中趣，何须～对付。"明无心子《金雀记》六出："丢的忒会丢，凑的忒会凑，不必～遮藏，已露真情窦。"清《霓裳续谱·王瑞兰移步进花园》："适才的言词我句句都听见，你如今还有什么～分辩。" ❻弄巧；使手段。明徐渭《四声猿·渔阳弄》："这贼元来这每～弄了这生。"陈与郊《袁氏义犬》五出："古今来故旧相欺，也则是～弄虚脾，暗发危机。" ❼机缘；机会。明汤显祖《牡丹亭》六出："因何俺公公造下一篇《乞巧文》，到俺二十八代元孙，再不曾乞得一些～来？"《醒世恒言》卷三五："阿寄这载米，又值在～里，每一挑长了二钱，又赚十多两银子。" ❽巧色；博戏中可以获胜的点色组合。明《挂枝儿·骰子》："大色儿叫六六六，小色儿叫么么么，两下里齐丢下，凑成一对～。"汤显祖《南柯记》六出："贱子姓沙行十三，名滥。就似水底月儿到十三，圆泛。六儿七儿～十三，胡蘸。" ❾尖利；反应快。明汤显祖《紫箫记》一三出："〔四娘〕若论他的腰带，尽是长大。〔小玉〕你做媒的好眼～，怎的恁般相知了。"《西洋记》二五回："姜金定眼儿又～，看见天师丢下宝贝儿来，他就随着宝贝儿望下一晌。" ❿便宜；价值低。明《型世言》二二回："自古空里来，～里去。不半年，了在巢窠儿并在赌场上了。"清《儒林外史》一一回："想着我这座心爱的炉，出二十四两银子，分明是算定我节下没有些柴米，要来讨这～。"《镜花缘》一一回："我看老兄如此讨～，就是走遍天下，也难交易成功的。” ⓫ 指价钱。清《儒林外史》一六回：“分明知道我等米下锅，要杀我的～。我赌气不卖给他。” ⓬ 悄然。巧，通“悄”。明汤显祖《紫箫记》一三出：“转片月寒空生碧海，姮娥相对，晓云初弄瑶台。泻翠窥红鸾倚态，照澄心冰壶～耐。”又一七出：“搜得一女儿，盗太真娘娘紫玉箫一管在手。可是内院宫人，厌金闺而～出；或者教坊弟子，按珠曲以偷传？”

【巧薄】 qiǎo bó 奸诈刻薄；轻浮浅薄。宋苏轼《论役法差雇利害起请画一状》：“然第三等户，岂可承当第一等色役，则知通计三等，乃俗使之～，非朝廷立法之本意也。”元胡布《与刘绍论诗文作》：“朴素轻典刑，～高飞扬。”明方孝孺《答王秀才》：“考其辞，轻俳～，皆古人之所未有。”

【巧凑】 qiǎo còu ❶ 凑巧；正赶上机会。明袁于令《双莺传》六折：“前夜江中，原约到武林三元坊相访。谁知贤妹却在我每这里，也是姻缘～处。”《拍案惊奇》卷四〇：“富贵只缘承～，应知难改盖棺期。”清《醉醒石》九回：“～是内巡捕把牌闸夜，这把牌好走僻静地面。” ❷ 任其自然。明宋濂《咨目童文》：“本实不培，枝叶～。弗别莠禾，徒烦薅耨。” ❸ 取巧凑合；勉强对付。清张自勋《纲目续麟》卷二〇：“故分注一则曰郭公遣来宿卫，一则曰以郭威意安慰之。此岂仓皇～者所能及哉。”

【巧儿】 qiǎo ér 另见 qiǎo er。❶ 唐代官府技术工匠中的高手。唐李恒《景陵礼成优劳德音》：“京兆府及诸州雇斫元宫石匠及宫寝作头～，虽给庸直，就中辛苦，各赐勋一转。”《唐会要》卷五四：“～旧挟名敕外，别定一千三百四十六人，请宣下州府为定额，特免差役。”《太平广记》卷二五七引《卢氏杂说》：“离乱前，属东都官锦坊织宫锦～，以薄艺投本行。” ❷ 元代称南方擅长歌舞等技艺的人。《续资治通鉴》卷一九一：“辛亥，禁江南州郡以乞养良家子转相贩鬻及强将平民略卖者。时北人酷爱江南技艺之人，呼曰～，其价甚贵。至于妇人，贵重尤甚。” ❸ 农历七月七日在寺庙求得或在市场买到的泥塑儿童。宋金盈之《醉翁谈录》卷四：“京师是日多博泥孩儿，端正细腻，京语谓之摩睺罗，小大甚不一，价亦不廉。或加饰以男女衣服，有及于华侈者。南人目为～。”

【巧儿】 qiǎo er 另见 qiǎo ér。❶ 巧色。清《飞龙全传》一七回：“方才四果头赖做～，五点臭争是夺子，也便罢了。这龇牙臭委是好汉真输，再无勉强。” ❷ 机会。清《歧路灯》五七回：“不如咱替串儿做了天阴的花费，慢慢的等个～，这谭相公自然还要生法子弄的来。”《后西游记》三二回：“止不过将他护护身子，遇～打几个害道的恶魔，陷人的妖怪，怎称得宝贝。”

【巧乖】 qiǎo guāi 乖巧；机灵。明《西游记》八九回：“那怪豪强弄～，四个英雄堪厮比。”

【巧果】 qiǎo guǒ 农历七月七日乞巧节的应令果品。有用面加糖制成苎结形状油炸而成的。农历七月七日为乞巧节，故当令节品名“巧”。明王鏊《姑苏志》：“五月五日卖花胜，三伏卖冰，七夕卖～。”清《后红楼梦》二三回：“咱们奶奶三日前就吩咐下了，瓜果供碟儿，统办得停妥，这会儿再不用费一点子心，连送各处的～盒儿都已摆好在那里。”

【巧合】 qiǎo hé ❶ 恰好相符或相同。宋薛季宣《雁荡山赋》：“龛～于佛影，树有同于僧宝。”明孙仁孺《东郭记》一二出：“下官田戴，齐之宗支也。以天潢之～，更人谋之克臧，官拜盖大夫之职。”清《八洞天》卷六：“六谜俱妙，至末后第五伦一句，尤为～。” ❷ 巧会；恰好会合。明袁于令《双莺传》七折：“月渡奇逢，信是三生夙遘；金闺～，尤夸两对良缘。”清方成培《雷峰塔》二出：“白蛇妖孽，宿有根源，恰附舟～，两相心许。”《隋唐演义》四一回：“迟一日不可，早一日不能，恰好～一时，方成话柄。” ❸ 特指姻缘配合。《元曲选・隔江斗智》四折：“题目：两军师隔江斗智。正名：刘玄德～良缘。”清陈端生《再生缘》二回：“老夫深愧冰清语，佳婿应称玉润言。荷感天公成～，一朝佳话万年传。”

【巧猾】 qiǎo huá 尖巧狡猾。也指这样的人。明尹台《芜湖县兴复马公役法记》：“邑长吏志匪在民，持墨黩之操自盈殖，～因乘肆为奸。”清《载花船》一〇回：“那女侍里面名唤鸾仙者，心性～。”

【巧话】 qiǎo huà ❶ 凑巧的话；合适的话。明《西洋记》四回：“好云寂，连说了两声‘这正叫做个’，却没有下面一句～儿来凑合。” ❷ 机巧的话；语义双关的话。明《肉蒲团》九回：“他方才有一句～，说今天就夹开来试他一试。虽然是说银子，却是双开二意。”清《连城璧》子集：“倘若点了别本戏文，纵有些～添出来，也不能够直捷痛快至此也。”《红楼梦》三七回：“你别忙中使～来骂人，我已替你想了个极当的美号了。” ❸ 假话；用于掩饰或欺诈的话。明《肉蒲团》三回：“那媒婆要趁媒钱，只得把～回复道：‘他要相的意思不是为色。’”清《无声戏》一二回：“子渊恐怕露出马脚，想句～对他道：‘这句话也不为无因。’”《东周列国志》三回：“～谗言媚暗君，满图富贵百年身。” ❹ 漂亮话；动听的话。清《歧路灯》六三回：“我是个村庄农人，说不上来什么～儿。”

【巧幻】 qiǎo huàn ❶ 奇幻；奇巧多变幻。宋赵鼎《郫都赋》：“孙登放浪于谲诡，佛图～而瑰琦。”明袁中道《上元日李大中丞席上听新声》：“度针喉～，褁铁调圆融。”《徐霞客游记》卷四上：“忽一转而双崖前突，砻石高连，下辟如阊阖中通，上架如桥梁飞亘，更～中雄观也。” ❷ 巧妙变幻。明朱鼎《玉镜台记》六出：“拈针纫线，轻铺～。绣成黼黻文章，和那色丝黄绢。”杜岕《警鼠》：“～鸡鹜声，健绝桀蹶脚。” ❸ 机诈。清《平定准噶尔方略》前编卷二二：“朕屡次降旨谕以定界息兵，而伊狡饰支吾～百出。”

【巧会】 qiǎo huì ❶ 精通；体会。《敦煌变文校注》卷一《捉季布传文》：“臣闻季布能多计，～机谋善用军。”宋苏轼《次韵孔毅甫集古人句见赠》之三：“名章俊语纷交衡，无人～当时情。”明朱长祚《玉镜新谭》卷一：“内有客氏保护起居，旦夕不相离；外有忠贤曲意逢迎，～旨趣。” ❷ 喜逢；如意相会。明佚名《赠书记》三二出：“历尽许多磨障，到今日～鸾皇。”清《霓裳续谱・无明无夜因他害》：“一场～，空赴阳台，朦胧梦里来。”《粉妆楼》七六回：“今日～了罗亲家，真是天助俺成功也。”

【巧货】 qiǎo huò 俏货；时兴的货物。清《绿牡丹》四三回：“贩～，赚大利，满载万倍钱。”

【巧计】 qiǎo jì ❶ 精到计算。唐张鷟《工部员外郎赵务支蒲陕布贮官库奏》：“张苍之善算国用，讵肯留情；冯勤之～军储，曾何介意。”《宋高僧传》卷一三《梁福州玄沙院师备传》：“汪汪大度，虽研桑～，不能量也。”元贡奎《无题》：“玉琴瑶珥应自玩，～却爱蛛丝娇。” ❷ 巧妙的计策。唐易静《兵要望江南・占星》：“攻彼垒，月下列三星。城内诈降设～，急当准备出师征。”《元曲选・桃花女》三折：“由你有百般的阴谋，千般的～，怎当我万般的提备。”清《凤凰池》五回：“但缇骑今夜必然至此，须想出一个～。” ❸ 使用巧计。元关汉卿《普天乐・崔张十六事・西厢寄寓》：“母亲呵怕女孩儿春心荡，百般～关防。”清魏裔介《中和殿大学士金老先生家藏画鹰》：“三千里外集横木，虞人～相羁服。”《白雪遗音・古人名》之一：“天台女，～失迷书生路；貂蝉女，忍辱含羞把汉室扶。”

【巧节】 qiǎo jié 乞巧节（农历七月初七）的省称。是日妇女举行乞巧活动。宋郭应祥《西江月・七夕后一日县斋小集》：“～

已成昨梦，今宵重倒芳尊。”明程敏政《庆清朝》：“～逾旬，中元隔昼，年年记取登堂。”清《补红楼梦》四二回：“明儿才是～呢，他今儿倒先得了巧了。”

【巧口】 qiǎo kǒu 灵巧的嘴，指发音灵活。宋王禹偁《春郊独步》：“不愤黄鹂夸～，多惭戴胜劝归耕。”梅尧臣《和欧阳永叔啼鸟》：“南方穷山多野鸟，百种～乘春鸣。”

【巧媚】 qiǎo mèi ❶机灵而善谄媚。唐韦承庆《上东宫启》：“外则妄为威福，内则专事谄谀。～百端，以求颜色。”明刘若愚《酌中志》卷一六：“今王体乾既熟软～，在王瘸子不过俳优贱役，自然因而化之，可叹也。”郑岳《明中宪大夫陈公墓志铭》：“居官绝机阱～，以养交幸进。” ❷姿容、声音美好。《法苑珠林》卷八八：“坐卧行立，回盼～。薄智愚人，为之所醉。”宋赵长卿《蝶恋花·登楼晚望闻歌声清婉》：“闲上西楼供远望。一曲新声，～谁家唱。” ❸（书法）工巧妩媚，乏骨力。唐张彦远《法书要录》卷五：“深正稳而寡力，达草宽而丰意。或比父而疏省，或过师而～。”明王世贞《紫姑仙书阴符经》：“且书法虽精整而过于～，多以意撰，是良乖正始。”清沈宗骞《芥舟学画编》卷一：“而其所以应酬无识者之作，往往故作～纤琐之笔，殊非大家。”

【巧倩】 qiǎo qiàn “巧笑倩兮”的缩略，形容笑容美好。宋廖行之《和蔺仰之咏含笑花》：“空凝～如羞靥，晴吐浓薰已透肌。”元乔吉《清江引·笑靥儿》：“凤酥不将腮斗儿匀，～含娇俊。”明王世贞《李氏山藏集序》：“少尝从吴中人论诗，既而厌之。夫其～妖睇倚闾而望欢者，自视宁下南威夷光哉！”

【巧巧】 qiǎo qiǎo ❶偏偏；却。《景德传灯录》卷二九《潭州龙牙和尚颂》：“龙牙山里龙，形非世间色。世上画龙人，～描不得。唯有识龙人，一见便心息。”清陈端生《再生缘》五七回：“性急偏偏裙绊凳，心慌～袖兜帘。” ❷细巧；苗条。宋刘辰翁《浣溪沙》：“暮暮相望夕甫谐，针楼～似身材，下头无数老人媒。” ❸精巧地；巧妙地。明汤式《一枝花·题支巢》：“慢慢构造，～支吾。宽如舴艋，小若屠苏。” ❹凑巧；恰巧。明《型世言》五回：“正在那厢寻人，～儿锦衣卫差耿埴去崇文税课司讨关，往城下过。”清《醉醒石》一四回：“管家押盒，～打从府前过。”《镜花缘》九回：“林兄刚说‘果然’，～竟有果然来了。” ❺正好；无偏差。明《韩湘子》一二回：“果然张千拿一条尺来，望高处插下去，分毫也不多，望低处插下去，～的分毫也不少，都是三尺三寸。”

【巧色】 qiǎo sè 另见 qiǎo shǎi。❶美色；女子的美丽容颜。宋苏轼《髑髅赞》：“黄沙枯髑髅，本是桃李面，……业风相鼓转，～美倩盼。” ❷自然天成的色泽。清《西清砚谱》卷二四：“模范天成，虽不能如宋砚之天然～，更无凹凸，而较彼出自刻琢者稍觉浑模。” ❸俏色；颜色好看。清《风流悟》八回：“（小姐）急转身回礼道：‘妈妈，为何几时不来看我，可有什么时新～花头儿么？’施十娘道：‘有，有。’连忙开了花篮儿，都是崭新花样。”

【巧色】 qiǎo shǎi 另见 qiǎo sè。博戏中可以获胜的点色组合。清《飞龙全传》一六回：“我这骰子，名为果快，又为～。”

【巧舌】 qiǎo shé ❶谗言。唐李观《祭伏波神文》：“是以无极～，伍奢族夷；孟子伤谗，凄兮作诗。”宋李埴《祭岳鄂王文》：“谗夫鸱张，电惊哗喧，凿空傅致，～谰翻。”明杨柔胜《玉环记》二八出：“腌臜下贱弄～，夫逐妻亡忒毒狠。” ❷灵巧的舌头，借指其所发出的乐音。宋柳永《合欢带》：“妍歌艳舞，莺惭～，柳妒纤腰。”明《西游记》九回：“默听莺啼，～如调管。”清马位《鹦鹉》：“富家买尔～声，那闻布谷催春耕。” ❸巧嘴；好口才。明何良臣《阵纪》卷三：“倚其利口～，般弄是非，以至军士不协者斩。”《西游记》五三回：“这泼猢狲，还弄～。”清孔尚任《桃花扇》一七出：“小私窠贱根，掉～讪谤尊亲。” ❹要嘴皮子；卖弄口才或强辩。明《西游记》六〇回：“牛王喝道：‘且休～！’”《封神演义》三一回：“好反贼，焉敢～！” ❺指舌头。明《别有香》五回：“输将～教郎咋，郎咬香尖未放松。”清《醒名花》一五回：“～含羞，轻轻缓送。”《珍珠舶》八回：“何乃～滥翻，赘空中之影语。”

【巧舌头】 qiǎo shé tou 花言巧语。元姚燧《新水令·冬怨》：“想这厮指空、话空、脱空，～将人搬弄。”《元曲选外编·西厢记》五本一折：“临行时啜赚人的～，指归期约定九月九，不觉的过了小春时候。”明《挂枝儿·见书》：“亲口说的话儿还不作准，这几个草字儿要他做甚的。寄语我薄幸的情郎也，把这～收拾起。”

【巧事】 qiǎo shì ❶凑巧的事。宋元《醒世恒言》卷三三：“世间不信有这等～！他家失去了十五贯钱，你却卖的丝恰好也是十五贯钱。”明《拍案惊奇》卷三四：“终是女人辈，未有定见，却又撞出一场～来。”清袁枚《子不语》卷三：“此实大～。今早，乡人以粪桶寄门侧，大人者恶其臭也。……余得乘间出城。” ❷犹“好事❸”。指男女合欢之事。明《西游记》八〇回：“他打发我们丢了前去，他却翻筋斗弄神法转来和他干～儿，倒踏门也。” ❸机巧的事；机密的事。清《续金瓶梅》二三回：“只见银瓶藏着一方汗巾在袖中再不肯放，被巫云来夺了去。大家妇女笑成一块，那里知道这等～。”

【巧是】 qiǎo shì 凑巧的是。明《型世言》二八回：“～王师姑来，见他了夫妇两个。”又三一回：“便四处兜人。～史温夫妇勤俭，……正要寻亲。”清《醉醒石》一〇回：“～浦肫夫走来，见众人在那厢打呆桩读苦书。”

【巧说】 qiǎo shuō ❶狡辩。宋《三朝北盟会编》卷五五：“若水曰：‘本朝若顾惜，又岂肯以三镇租赋奉贵朝也。’国相曰：‘不须～。’”元明《三国志通俗演义》卷一九：“他倒救你，你反攀他。将令已违，不必～。”明无心子《金雀记》一三出：“休得～！且锁去见山爷，你自回话。” ❷擅言辞；会说话。清《歧路灯》四〇回：“滑氏道：‘我可也高攀不起，家儿穷，也没啥给娃子。’王氏道：‘师娘～哩。’”又：“大儿道：‘没啥好的吃，闲坐坐说话儿罢。’滑氏道：‘你也会这般～。’”

【巧糖】 qiǎo táng 农历七月七日乞巧节的应令糖点。明《醒世恒言》卷九：“却说张氏见儿子要吃酒，妆了一碟～，自己送来。”

【巧头】 qiǎo tou 凑巧的机缘。清《两肉缘》二回：“又吃了他半夜酒，又送个花枝般的美人，还有偌大家私，实是难得。这是一个～儿。”《白雪遗音·稽首顿首》：“稽首顿首难成就，心投意投遇不着～。”

【巧夕】 qiǎo xī 农历七月七日之夜。宋范成大《秋日田园杂兴》之二：“朱门～沸欢声，田舍黄昏静掩扃。”明无心子《金雀记》一七出：“欣逢～喜盈盈，愿遂三星，尤胜三星。”清厉鹗《摸鱼儿·芡》：“春葱腻雪，～剪灯处。”

【巧黠】 qiǎo xiá 犹“巧猾”。《旧唐书·安禄山传》：“二十八年，为平卢兵马使。性～，人多誉之。”明《石点头》卷二：“老夫门下有一干事苍头，极其～，差他去探听，定有着落。”清陈廷敬《史评·宋均》：“至于苛察之人，身或廉法，而～刻削，毒加百姓。”

【巧言】 qiǎo yán 犹“巧说❶”。明《封神演义》六〇回：“道人大骂：‘负义匹夫，尚敢～！’”清《续金瓶梅》六二回：“取流水簿来我查，有善我自然饶你。不必～。”

【巧言令】 qiǎo yán lìng “巧言令色”的歇后，歇“色”字，指色子。清《歧路灯》二〇回：“夏贤弟，掏出你的～来。”

【巧筵】 qiǎo yán 农历七月七日设的乞巧筵席。宋方逢辰

《吴是斋问乞巧文内子厚少陵事》:"贫家虽无~,然菽水有具,对银河,不寂寞矣。"明谢谠《四喜记》一三出:"今日乃七夕良夜,相约刘娘娘乞巧。五凤楼前预备~,伺候两位娘娘赏玩则个。"清弘历《晴》之二:"~已罢水灯残,节物初秋又觉阑。"

【巧样】 qiǎo yàng ❶精巧的样式。唐元稹《赠刘采春》:"新妆~画双蛾,谩里常州透额罗。"明《古今小说》卷一:"敢求大娘的首饰一看,看些~儿在肚里也好。"清《玉蜻蜓·游庵》:"~纱窗帘外布,瓶中插几枝牡丹开。" ❷机巧的样式。《元曲选外编·金凤钗》四折:"自家是个银匠,打生活别生~。有人送来的银,半停把红铜搀上。"

【巧语】 qiǎo yǔ ❶动听的语言或声音。唐王梵志《兴生市郭儿》:"行行皆有铺,铺里有杂货。山鄣买物来,~能相和。"元乔吉《行香子·题情》:"据风流样范,寻常妆扮,腰肢小蛮,~娇春莺慢。"明孟称舜《死里逃生》四出:"今日呵,尚兀做鹦哥的~在花前调弄,越惹得咱肝肠悲痛。" ❷妙语;语义玄妙、语言精彩、寓意巧妙的话。《古尊宿语录》卷一〇《汾阳昭禅师语录》:"第一诀,接引无时节。~不能诠,云绽青天月。"宋苏轼《书曹希蕴诗》:"颇能诗,虽格韵不高,然时有~。"清《蜃楼志》一五回:"顺姐只道吉士要娶他,说些~,回道:'婚姻之事,父亲作主。'" ❸佞语;谗言。唐温庭筠《碌碌古词》:"忠言未见信,~翻咨嗟。"宋朱熹《中奉大夫王公神道碑铭》:"会公与本曹尚书争职事,乃潜相表里,为~以中公,使出补郡。"明佚名《精忠记》二八出:"你瞒心昧己,全凭着~支持。" ❹巧说;说巧话。唐白居易《江南喜逢萧九彻因话长安旧游》:"名情推阿轨,~许秋娘。"《元曲选·范张鸡黍》一折:"〔正末云〕贤弟喜得美除,途路之间,无以庆贺。〔王仲略云〕哥哥,你不必~。这里有的是海郎,打半瓶吃罢。"清《姑妄言》一回:"你此言只好在阳世欺人耳目,今在我台下,尚敢摇唇鼓舌,~饰非耶?" ❺假话;虚饰骗人的话。清陈端生《再生缘》六〇回:"他自然,刁言会讲人之错。他自然,~能遮己的非。"《绿野仙踪》一一回:"汝系何方妖怪,乃敢以~乱吾?"《姑妄言》一二回:"牛质听了女儿这些~,又被荀氏一激,计氏又拿话敲打着,大怒道:'这起奴才,不但辱了我家,连他主子的脸面也没了。'"

【巧贼】 qiǎo zéi 奇巧而出人意料。宋邹浩《天绘亭》:"解衣自若谁为史,造物难穷~形。"《佩文斋书画谱》卷一六引明沈颢论画:"(黄公望)日囊笔砚,遇云姿树态,临勒不舍。郭河阳至取真云惊涌作山势,尤称~。"

【巧主儿】 qiǎo zhǔ er 善茬儿;容易对付的人。明《西洋记》一〇回:"他看见长老金光万道,晓得他不是个~,都也各自去了。"又八二回:"仙师看见天师不是个~,落下云来,竟回本国而去。"清《儒林外史》五四回:"你是甚么~!囮着呆子,还不问他要一大注子,肯白白放了他回去?"

【巧宗】 qiǎo zōng 难得凑巧遇到的一宗事情。明《金瓶梅词话》六八回:"又一个~儿,王三官儿娘子儿今才十九岁,是东京六黄太尉侄女儿,上画般标致。"清《红楼梦》三六回:"如今金钏儿死了,必定他们要弄这两银子的~儿呢。"《姑妄言》:"我守着老爷,这是常事,那里算得喜?像你寡妇着遇了这~,才算得喜呢。"

【巧踪】 qiǎo zōng 同"巧宗"。清《一片情》三回:"肖花嘴道:'……如今有个~儿,叫做:踏破铁鞋无觅处,得来全不费功夫。'罗氏笑道:'肖妈妈,你对我说这~。'"

【巧嘴】 qiǎo zuǐ 伶俐善说的嘴,也指言语巧妙狡黠。明《西游记》五九回:"你这个~的泼猴!"《西洋记》二五回:"姜金定说道:'既往不咎,何必苦苦见罪。'天师道:'那听你这个花猫~。'"清《白雪遗音·古人名》之三:"~的王婆,两下里勾通。"

【悄】 qiǎo ❶(声音)低;轻声。五代魏承班《诉衷情》:"银汉云晴玉漏长,蛩声~画堂。"明沈鲸《双珠记》五出:"帅令如风,疾来到王家户限中。把声儿~,窥观窃听探形踪。"清《补红楼梦》一八回:"好姐姐,你~着些儿,等我告诉你。" ❷浑;全。唐刘禹锡《送李策秀才还湖南》:"~如促柱弦,掩抑多不平。"金《董解元西厢记》卷一:"闷答孩地倚着个枕头儿,~一似害的。"明汤式《沉醉东风·适意》:"心随张翰归,梦赴陶潜去,~不知故园风物。" ❸却;偏偏。宋欧阳修《怨春郎》:"不知不觉上心头,~一霎身心顿也没处顿。"吕渭老《薄山溪》:"章台杨柳,闻道无关锁。行客挽长条,~不似、当初些个。"元佚名《字字锦》:"南楼外雁翩翩,~没个音信传。" ❹恰;正。明《清平山堂话本·戒指儿记》:"那张远左手按着寸关尺部,眼中笑谈自若,~见那阮三手戴着个金嵌宝石的戒指。"《二刻拍案惊奇》卷三:"孺人用手指道:'这里头就是你妹子的卧房。'翰林鼻边~闻得一阵兰麝之香,心中好生傒幸。"清《警寤钟》七回:"我一向事忙,未曾料理得到你,今日~闲,正来与你设个长策。" ❺暗暗地;偷偷地。明《醒世恒言》卷三〇:"小人私下问那从者宾主姓名,都不肯说。有一个人~对小人说:'那人是个剑侠。'"清《后水浒传》三八回:"倒不如兄弟去行当日勾当,只~去黑地里弄来可不省事。"《野叟曝言》九回:"大郎唯唯,却俟素臣上岸,~向邻里访知。"

【悄步】 qiǎo bù 脚步轻轻地(走)。明王世贞《偶成》:"白日未易归,~庭中间。"袁于令《西楼记》四出:"我今乘其不在,~进去,检他书课。"清《平山冷燕》二〇回:"人役散去,方叫一个家人打了一个小灯笼,~到苏州胡同来寻访。"

【悄不声】 qiǎo bu shēng 悄无声息地。清《红楼复梦》八二回:"若说是你丈母老太太不叫姑娘跟去,就很容易,咱们~儿给他一溜就完了。"△《狐狸缘》四回:"你偷着神不知鬼不觉~的走了回去,岂不完了?今儿遇着我,反老着脸管我上树偷果子吃。"

【悄地】 qiǎo de 暗暗地;偷偷地。宋元《古今小说》卷三六:"宋四公在里面听得是东京人声音,~打一望。"《元曲选外编·西厢记》三本三折:"我这里蹑足潜踪,~听咱。"清张英《岁晚有怀山庄》:"每从行饭花阴里,~来窥玳瑁鱼。"

【悄的】 qiǎo de 同"悄地"。明汤显祖《紫钗记》四〇出:"近遣俺京中庆贺,间到霍府中看看,~带有夫人家信也。"袁于令《西楼记》一〇出:"呀,门已~锁在这里。"

【悄尔】 qiǎo ěr 悄然。孤独貌;寂寞貌。唐独孤申叔《乐理心赋》:"纯如皦如,足养浩然之气;融融泄泄,宁抱~之忧。"王棨《梦为鱼赋》:"漏滴寒城,月笼凉牖。~人静,溘焉夜久。"温庭筠《上盐铁侍郎启》:"片席飘然,方思独往。空亭~,不废闲吟。"

【悄寂】 qiǎo jì 寂静。唐白居易《过紫霞兰若》:"朝市日喧隘,云林长~。"明《梼杌闲评》一〇回:"见院门紧闭,~无人。"清《春柳莺》三回:"到夜三鼓时分,人声~。"

【悄静】 qiǎo jìng 犹"悄寂"。宋陈亮《卜算子·九月十八日寿徐子才》:"~菊花天,洗尽梧桐雨。"明徐阳辉《脱囊颖》一折:"往常俺府中人偌多哩,今日如何这般~?"清《二度梅》三五回:"到了午门,尚然~,众人立等。"

【悄密】 qiǎo mì 悄静隐密。清杨守知《西湖竹枝词》:"~行踪自戒严,朱藤轿子绿垂檐。"《照世杯·七松园》:"娘娘约你夜静相会,须放~些。"《歧路灯》三〇回:"我的主意已定,只是要~些,不可吹到东街耳朵里。"

【悄默】 qiǎo mò 犹"悄寂"。唐范酂《阿九墓志铭》:"呼不来兮思往莫得,入九泉兮音姿~。"宋林逋《历阳寄金陵衍上人》:"五老旧游应~,六朝闲事肯悲凉。"

【悄默声儿】 qiǎo mò shēng er 即“悄没声”。清《补红楼梦》三回：“～的罢，看仔细惊了老太太呢。”又九回：“你～的罢，那边姑娘还没睡着呢。”

【悄没声】 qiǎo mo shēng 犹“悄不声”。清《野叟曝言》五二回：“须～儿，凭着咱老子摆布，但有一个乱嚷，须吃咱一刀。”又一〇九回：“你们房里怕没曾这样来，只～，不惊动人罢了。”《红楼复梦》七四回：“你们多咱儿来的？～儿的，也不言语。”

【悄身】 qiǎo shēn 形容悄悄地行动。明吕天成《齐东绝倒》四出：“那不曾作别敢相抛，也只为～上路谁知道。”

【悄声】 qiǎo shēng 低声；声音小。元姚燧《凭阑人》：“今夜佳期休误了。等夫人熟睡着，～儿窗外敲。”明方以智《物理小识·火爆》：“硝入杉灰则直发，硫则横爆，加黄矾则研烈，箬瓢灰则～。”清《绿野仙踪》二三回：“我的好奶奶，～些儿，休教二相公家听见了。”

【悄说】 qiǎo shuō 小声说。元佚名《珍珠马南·情》：“微笑对人～：休负了今宵月。”清《后水浒传》四一回：“我今若是明说，只道吾说的袭了前言；若是～，却是人众，不如各写在手掌中。”

【悄语】 qiǎo yǔ ❶ 犹“悄说”。元关汉卿《新水令》：“怀儿里搂抱着俏冤家，揾香腮～低低话。”清陈端生《再生缘》一〇回：“荣兰～：‘快逃罢。’孟千金，一阵伤心珠泪倾。” ❷ 犹“悄声”。明《梼杌闲评》一五回：“黄氏才明白，～道：‘事已如此，张扬出来也不好听。’”清陈端生《再生缘》七回：“～又呼姑太太，今宵须要整行装。” ❸ 指低声说的话。明《封神演义》一九回：“转秋波，送娇滴滴情怀；启朱唇，吐软温温～。”

【悄自】 qiǎo zì 暗自；暗地里。唐司空图《情赋》：“阻佳期兮日难忘，情烟绵兮～伤。”明张凤翼《红拂记》一四出：“不想他近日看上那李郎，～私奔去了。”清彭孙遹《冬日寄怀退兄》：“重到长安～悲，故人不见怅何之。”

qiào

【诮】 qiào ❶ 同“悄❷”。宋舒亶《一落索·蒋园和李朝奉》：“正是看花天气，为春一醉。醉来却不带花归，～不解、看花意。”李弥逊《声声慢·木犀》：“花儿大则不大，有许多、潇洒清奇。较量尽，～胜如末利，赛过酴醾。”袁去华《金蕉叶》：“行思坐忆，知他是、怎生过日。烦恼无、千万亿，～将做饭吃。” ❷ 同“悄❸”。宋欧阳修《醉蓬莱》：“更为娘行，有些针线，～未曾收啰。却待更阑，庭花影下，重来则个。”陈师道《洛阳春》：“攀花落雨祝东风，～不借、周郎便。”辛弃疾《摸鱼儿·观潮上叶丞相》：“截江组练驱山去，鏖战未收貔虎。朝又暮。～惯得、吴儿不怕蛟龙怒。” ❸ 任凭；任教。宋黄庭坚《归田乐引》：“为伊聪俊，销得人憔悴。这里～睡里、梦里心里，一向无言但垂泪。”晁元礼《步蟾宫》：“任孜孜、求告不回头，～满眼、汪汪地泪。”又《遍地花》：“密约幽欢试思忖。教人又、怎生安稳。算都来、些子精神，～烦恼、看看瘦损。”

【诮谤】 qiào bàng 讥笑诽谤。《宋高僧传》卷一七《周洛京福先寺道丕传》：“京邑诸僧，竞生～。”明王守仁《顺生录》之一二：“且近时人之好尚不同，讹言～，极能败人兴味。”清《品花宝鉴》三〇回：“夫妻两个都是不耐贫苦的，未免交谪～。”

【诮薄】 qiào bó 讥刺轻视。宋孔武仲《上哲宗乞转侍从官进对》：“昔唐太宗闻直谏则奖激之，久不言事则～之。”明李贽《初潭集·君臣三》：“许初刺刘，最～得好。”清《聊斋志异·任秀》：“母劝令设帐，而人终以其荡无检幅，咸～之。”

【诮嘲】 qiào cháo 讥讽嘲笑。宋赵抃《次韵樊祖安秀才连理木》：“今时贱末用，无计逃～。”王令《寄王正叔》：“喧呼脱落笑绝倒，中乐不肯旁～。”

【诮嗤】 qiào chī 犹“诮嘲”。明刘基《为张生题赵仲穆画马》：“杜陵寒儒恒苦饥，枉使韩幹遭～。”

【诮斥】 qiào chì 讥讽斥责。宋苏颂诗题：“邓圣求承旨叠贻佳句，……大雅旁通，谅无～。”王迈《简同年刁时中俊卿》：“县官怒其讪，移文加～。”

【诮诋】 qiào dǐ 讥讽诋毁。宋章渊《槁简赘笔》：“刘贡父诗话云：俳优言河市乐，说者云，是石驸马在南都，家乐甚盛，～南河市中乐人，故得此名。”《文献通考》卷四二：“而何博士先生稍敢～王氏乎？前日博士讲解具在，取而覆视，则澥之诞信见矣。”

【诮诃】 qiào hē 同“诮呵”。《曲谱》卷八《懒针线》：“有时节背地频留意，有时节人前佯～。”明孙继皋《先儒林行状》：“不肖泣，吾父亦泣。自此绝不忍～不肖矣。”清《醒世姻缘传》八七回：“争风撒泼捐廉耻，反目行凶犯～。”

【诮呵】 qiào hē 犹“诮斥”。明王世贞《赠通议大夫耿公神道碑铭》：“诸孙十餘人，晨朝问所业，以不得～为幸。”陈子龙《明故光禄寺署丞汪仲公行状》：“晨起危坐，子姓鹄立，以次受教言，严若朝典，然未尝有遽色加～也。”

【诮讥】 qiào jī 讥讽。宋赵鼎臣《贺祝德生先辈启》：“遂令后生益绝望于前辈，父老之所叹息，闾阎以为～。”明李梅实《精忠旗》六出：“把忠良两字权收起，由他后人加～。”清陆以湉《冷庐杂识》卷八：“禄食空縻，称职最难。耻贻～，何可即安。”

【诮诘】 qiào jié 责问。《隋书·文四子传》：“高祖遣将诸物示勇，以～之。”明文秉《烈皇小识》卷一：“上求治颇急，召对群臣，多不称旨，每加～。”清王夫之《永历实录》卷九：“鼎深恶之，无如何，往往以词色相～。”

【诮骂】 qiào mà 讥笑谩骂。宋洪迈《夷坚志》补卷一五：“群鹰翻飞上下，攫搏不已，其状猛怪。庖人有怒色，嗫嚅～。”明杨循吉《都下将归述怀》：“诸君请自各努力，余非引高毋～。”清《聊斋志异·仙人岛》：“屡冠文场，心气颇高。善～，多所凌折。”

【诮难】 qiào nàn 讥讽责难。宋蔡絛《铁围山丛谈》卷三：“丁使遇介甫法制适一行，必因燕设，于戏场中乃便作为嘲诨，肆其～。”

【诮恼】 qiào nǎo 忧愁烦恼。诮，通“悄”。宋柳永《集贤宾》：“近来云雨忽西东，～损情悰。”

【诮姗】 qiào shān 犹“诮讥”。清《聊斋志异·青梅》：“戚友共～之。”和邦额《夜谭随录·堪舆》：“既而辞去，以煤炭大书一火字于碑阴，张见之，～不已。”

【诮讪】 qiào shàn 同“诮姗”。清朱彝尊《报周青士书》：“今坐困若是，恒人之情，方益～之不置。”《聊斋志异·胡四娘》：“时妻党多任京秩，恐见～。”

【诮侮】 qiào wǔ 讥讽侮辱。唐陆贽《论裴延龄奸蠹书》：“贻～于方岳，贾愁怨于烝黎。于兹累年，一无所得。”宋真德秀《除江东漕朝辞奏事札子》：“而后来之敌亦将有轻我国心，万一贻书～，我将何词以应之？”清潘天成《乡贡进士一清许先生传》：“从默斋汤世调先生讲明心性之学，群加～，弗恤也。”

【诮戏】 qiào xì 嘲笑取乐。唐元结《与党侍御序》：“采茂宗尝相～之意，又作诗与之。”《新五代史·李业传》：“而帝方与业及聂文进、后赞、郭允明等狎昵，多为廋语相～。”

【诮笑】 qiào xiào 讥笑；嘲笑。唐《大业拾遗记》：“帝披单衣亟行擒之，乃宫婢雅娘也。回入寝殿，萧妃～不知止。”宋张继先《临江仙·和元规览杨羲传》:"免教尘世士,～上天人。"清《醉醒石》一回:"时数不遇,不得入学,乡里之间未免有～他的光景。"

【俏】 qiào ❶俊俏;漂亮。唐寒山《胭脂画面娇千样》:"胭脂画面娇千样,龙麝薰衣～百般。"元杜仁杰《雁儿落过得胜令·美色》:"半折慢弓鞋,一搦～形骸。"清《醒世姻缘传》七九回:"为甚么不穿棉袄棉裤,是妆～哩么?" ❷聪明;乖巧。宋吴礼之《瑞鹤仙·秋思》:"忍都将、有限光阴萦绊,趁逐无穷天地。我真须、跳出樊笼,做个～底。"金王喆《带马行》:"欲要妻男固处妙,且只在红尘罩,节色微财应事～。"《元曲选外编·西厢记》三本四折:"俊的是庞儿～的是心,体态温柔性格儿沉。" ❸风流;放浪。宋程正同《朝中措》:"少年不入利名场,花柳作家乡。一片由甲口觜,几多要～心肠。"元卢挚《梧叶儿·席间戏作》之二:"纤腰舞,皓齿歌,便～些个,待有甚风流罪过。"清《白雪遗音·久闻姑娘》:"只要姑娘笑一笑,到晚来,相陪情人～一～。" ❹指情色。元商衟《夜行船》:"～家风,说与那小后生,识破这酒愁花病。"彭寿之《八声甘州》:"伶新弃旧短姻缘,强中更有强。偷方觅便～家风,当行识当行。"王晔《折桂令·问苏卿》:"～排场惯战曾经,自古惺惺,爱惜惺惺。" ❺指受宠爱的、技艺超群的或聪明俊俏的人。金《董解元西厢记》卷七:"张珙新来,受了别人家捉。本萌着一片心,待解破这同心,子脚里他家做～。"元邓玉宾《村里迓古·仕女圆社气球双关》:"俊庞儿压尽满园春,刀麻儿踢倒寰中～。"清《醒名花》六回:"几度唤仙郎,～觑乖,会弄腔。" ❻同"悄❷"。宋元《清平山堂话本·杨温传》:"弓鞋窄小,浑如衬水金莲;腰体纤长,～似摇风细柳。"元商衟《一枝花·叹秀英》:"身心受尽摧挫,奈恶业姻缘好家风～无些个。"朱庭玉《行香子·痴迷》:"鬓发已成潘,形骸～如沉。"萧德祥《小孙屠》一〇出:"飘然去,～如水上萍。"明谢谠《四喜记》一一出:"翘首看玉绳低越,～不觉金井上辘轳声灭。" ❼同"悄❸"。明汤显祖《南柯记》四四出:"你便宜,见天女无回避。伤悲,怎的俺这～云头渐渐低?"沈采《千金记》六出:"你为何因,钓河边,～没独个人来问?" ❽同"悄❹"。明汤显祖《紫钗记》一七出:"饮御酒三杯休醉了,也不管咱朱门～待泥金报。"清钱谦益《献岁书怀》之一:"兰叶～将回淑气,柳条刚欲泛春风。"《飞龙全传》五九回:"显明见势不好,即弃营逃走,～遇高琼杀来,阻住去路。" ❾须;要。明《山歌·骚》:"姐儿好像杭州一双木拖随人套,我情郎好像旧相知饭店弗～招。" ❿灵巧地;使俊俏地。明汤式《一枝花·赠妓素兰》:"金花粉调和成玉蕊,素檀心抽拣出柔荑。巧移,～植。舞蹲一念腰肢细,解人意。"谢承举《明皇观舞图》:"～裁四幅裹腰窄,宽兜两袖拖肩长。" ⓫装点;使……变俏。明范濂《云间据目抄》卷二:"而且～其梳妆,洁其服饰,巧其言笑,入内勾引。"汤显祖《牡丹亭》二四出:"小嵯峨,压的旃檀合,便做了好相观音～楼阁。" ⓬勾连;聚集。明《金瓶梅词话》一一回:"有人说我纵容他,教你收了,～成一帮儿哄汉子。"又一二回:"两个背地～成一帮儿算计我。" ⓭手段;技巧。明《西洋记》三五回:"唐状元要卖弄一个～,把个头望右边一侧,一盔就打得那枝标往左边一跌。"

【俏步】 qiào bù ❶轻步行走。俏,通"悄"。明周履靖《锦笺记》一〇出:"～庭街,怕损苔花。" ❷轻盈美好的步态。清《续金瓶梅》一二回:"就是个小女孩儿,也学几脚～儿,挽的角儿高高的,在人前卖弄。"《霓裳续谱·好开怀》:"你看他拿着～儿,卖着风流。"《玉蟾记》一四回:"脚踏金莲,走了格格铮铮的几个～。"

【俏醋】 qiào cù 同"俏簇"。宋赵叔向《肯綮录》:"好貌曰～。"

【俏簇】 qiào cù 即"俏倬❷"。《元曲选·货郎旦》四折:"据一表仪容非俗,打扮的诸餘里～。"

【俏措】 qiào cuò 即"俏倬❸"。金王喆《惜黄花》:"有日阎王知,差著个特～蹬嶮底、赶我来去。"又:"暗笑～的,暗笑伶俐。暗笑他,将相并工商农士。"

【俏胆】 qiào dǎn ❶色胆;情胆。明陆采《明珠记》三七出:"引动咱铁石心肠,改抹却英雄气概,都做了偷香～。"凌濛初《宋公明闹元宵》二折:"书生～无双翅,〔躲床下介〕且向床阴作伏雌。" ❷美称女子的胆识。清陈端生《再生缘》六九回:"屡次心内想贤臣,～佳人佐辅能。"《好逑传》一三回:"不料这水小姐,真真是个～泼天,竟写了一道本章,叫家人进京击登闻鼓,参劾冯按院。"《凤凰池》一一回:"小姐巧心～,当日何不明言,遂置人于十里雾中。"

【俏泛儿】 qiào fàn er 风流手段。泛,科泛。《元曲选·曲江池》一折:"他自有锦套儿腾掀,甜唾儿粘连,～勾牵。"明朱有燉《烟花梦》:"甜食儿喂饲,～勾连。"佚名《一枝花》:"赤紧的～全无,忒村过。"

【俏乖】 qiào guāi 俊俏乖巧。明汤显祖《紫箫记》二三出:"～哥转眼将人撇。今后呵,门儿扂着暗咨嗟,烛心点着生疼热。"

【俏话儿】 qiào huà er 风情话儿。清《霓裳续谱·敲罢了暮钟》:"见了几个浪荡子,他们好不张狂,故意把～扬。"《姑妄言》八回:"一心一意魂梦颠倒的想念着他,但他系老子的爱宠,岂敢轻易动手动脚?只好无人处撂一半句～勾引。"

【俏俊】 qiào jùn ❶灵巧敏捷。宋华岳《翠微先生北征录》卷七:"贼军马甲,甲身只是平腹,下用虎斑布裙,遇箭皆被娇揉,所以披带轻捷,驰骤～。" ❷俊俏;漂亮。元佚名《水仙子》:"不思量大管是痴呆,～冤家怎地舍?"清陈端生《再生缘》七三回:"停一会,变了个,婷婷袅袅黄花女,彩服加身～人。"

【俏丽】 qiào lì 犹"俏俊❷"。明《山歌·穿青》:"小阿奴奴上青下青青到底,见子我郎君～一时浑。"《欢喜冤家》八回:"香姐打扮得十分～,叫老崔去外边买几枝茉莉花来。"清《绿野仙踪》六二回:"又见旁边坐着一个妇人,生得甚是～。"

【俏利】 qiào lì ❶同"俏丽"。明佚名《古玉环记》六出:"那妓者们能欺村灭强,可将衣服换些～的。" ❷机巧伶俐。清《姑妄言》八回:"后来又每日见娇娇的态度风骚,语言～,真个引魂勾魄。"

【俏俐】 qiào lì 同"俏丽"。明徐复祚《投梭记》八出:"〔净〕生来～又轻儇,〔丑〕希罕。〔净〕只是六十无妻号老鳏,〔丑〕极汉。"《鼓掌绝尘》二五回:"今日又是这个癞痢小厮做将出来,倘是一个略～几分的在家,岂不把闺门都玷辱了。"清《一片情》一一回:"却说巴不着见郎氏约了他,盼不到天明,起来打扮得十分～。"

【俏美】 qiào měi 犹"俏丽"。清《飞龙全传》一〇回:"凤头靴蹈葵花镫,～天然女丈夫。"《绮楼重梦》四〇回:"脸色带紫,中等身材,眉目却很～。"

【俏皮】 qiào pí ❶漂亮;好看。清《红楼梦》五二回:"病的蓬头鬼一样,如今贴了这个,倒～了。"《霓裳续谱·玫瑰花儿》:"做女孩,十五十六可人爱;～郎,过来过去把风流卖。" ❷讥讽;玩笑。清《龙图耳录》一一二回:"他要闹起～来,只怕你是二姑娘玩老雕,你更架不住。"△《九尾龟》一七一回:"你要和他闹～,讲笑话,听你一个人坐在这里,慢慢的闹你的就是了。"

【俏皮话儿】 qiào pí huà er 卖弄机巧、隐含讥讽或开玩笑的话。清《野叟曝言》一二八回:"鹏儿正在说～,不防突出一个喜娘哈哈的笑道:'看小伯爷不出,点点年纪,到是一个老在行哩。'"

△《儿女英雄传》三七回："却也未尝不虑到人家的气长，自己的嘴短，得受人家几句～。"

【俏脾】 qiào pí 同"俏皮❶"。清《绿野仙踪》四七回："他每日间也要舍命的洗脸刷牙，穿绸袍子，两三双家买新缎鞋，心眼儿上都存的是～。"

【俏人】 qiào rén ❶ 美人；长相俊俏的人。元佚名《小梁州·丽华》："临风阁内～儿，天生得玉骨冰姿。"《元曲选·金钱记》四折："〔贺知章云〕小姐为你也曾耻辱来。〔正末唱〕想着那～儿曾受爷操暴。"清《姑妄言》二回："论起来，那样一个～儿，就该性格温柔了。谁知人再不可皮相，这妇人淫而且悍。" ❷ 风流人物；有才艺的风情人物。《元曲选外编·东墙记》一折："一见了那人，不由我断魂。思量起这人，有韩文柳文；他是个～，读齐论鲁论。"清《续金瓶梅》三五回："莫不是一位李爷，极会弹唱的个～儿，有三十岁了。" ❸ 对情人的昵称。清《霓裳续谱·夜至三更你来到》："开开门，猫的一声往里跳，～儿来的轻巧去的妙。"《白雪遗音·俏人儿》："～儿，我劝你，回心转意。休想奴容颜好，奴是别人妻。"

【俏头】 qiào tou 货物销路好的当口。清《无声戏》八回："且说王继轩装米去卖，指望～上，一脱便回。"

【俏黠】 qiào xiá 聪明狡黠。宋袁寀《世范》卷下："不求自己德业之出众，而独欲仆者～之出众，费财以养无用之人。"

【俏心】 qiào xīn 聪明的心机。元佚名《斗鹌鹑·离恨》："赤紧的～儿先热，无倒断暮雨朝云，无拘束粉祟胭邪。"明叶宪祖《鸾鎞记》一七出："温郎，人共奖。诗词俊逸多名望，比似你～儿还自赏。"清《驻春园》序："小鬟爱月，慧口如莺，～似燕。"

【俏雅】 qiào yǎ 俊俏文雅。明《梼杌闲评》四四回："见赵祥仪容～，气度谦恭，十分敬重。"清《五美缘》六八回："每日见两个学生同上学堂，由小人门前经过，生得实在～。"

【俏眼】 qiào yǎn ❶ 美目；俊俏的眼睛。明孟称舜《桃花人面》一出："剪湘波～儿阁住的盈盈泪，步香尘小脚儿传出的臻臻致。"《石点头》卷四："曲弯弯两道细眉，水油油一双～。"清《风流悟》三回："却说妇人见了三人，似惊骇的一般，只顾斜着～儿看。" ❷ 明敏的眼力。明汤显祖《牡丹亭》四九出："看古来妇女多有～儿：文公乞食，僖妻礼他；昭关乞食，相逢浣纱。" ❸ 媚眼儿；娇媚惹人的眼神。清《绣鞋记》一回："谁料惊觉这个女子，见其如醉如痴，忍不住笑，丢个～。"

【俏影】 qiào yǐng 俏丽的身影。明孟称舜《盛明杂剧·花舫缘》二出："觑了他一身～堪评度，听了他几句情词足挂牵。"清吴伟业《秣陵春》五出："还索向画屏边，镜台前，菱花底，自认定个～。"《红楼梦》七八回："眼前不见尘沙起，将军～红灯里。"

【俏语】 qiào yǔ ❶ 低声；低声说。俏，通"悄"。《元曲选外编·黄花峪》二折："伏路处～底言，不许您结笑喧呼。"清陈端生《再生缘》三二回："王后听言红了面，莺声微吐告萱堂。细将昨日如何事，～低低诉与娘。"《绿野仙踪》四七回："偏是这金钟儿，情不自禁，时而与何公子～几句，时而含笑低头。" ❷ 动听的语言或语音。明《西游记》二七回："那女子笑吟吟，忙陪～道：'师父，我丈夫在山北凹里。'"又五四回："只见那女王走近前来，一把扯住三藏，～娇声，叫道：'御弟哥哥。'"又六〇回："携着手，～温存；并着肩，低声俯就。" ❸ 说动听的撩拨人的话。清《杏花天》一〇回："话说三生三妓，你看我瞧，那一个淫言，这一个～，都做了些儿正经的勾当。" ❹ 即"俏皮话儿"。明田汝成《西湖游览志馀》卷二五《梨园市语》："又有讳本语而巧为～者，如诟人嘲我曰淄牙，有谋未成曰扫兴。"清《红楼梦》二〇回回目："王熙凤正言弹妒意，林黛玉～谑娇音。"

【俏倬】 qiào zhuō ❶ 风流倜傥。金《董解元西厢记》卷一："秦楼谢馆鸳鸯幄，风流稍是有声价，教惺惺浪儿每都伏咱。不曾胡来，～是生涯。"元陆登善《一枝花·悔悟》："自今，自今，把这～家风脱与您。"《元曲选·百花亭》三折："香闺绣阁，风流的美女佳人；大厦高堂，～的郎君子弟。"也指风流倜傥的人。明汤式《赛鸿秋》："常言道风流的遇着俊英，浪子的逢着～。便有那冯魁黄肇，便有那千金买也难消。" ❷ 俊俏；漂亮。明《二刻拍案惊奇》卷七："吕使君闻召，千欢万喜，打扮得十分～，趋过船来。" ❸ 机灵乖巧。明《拍案惊奇》卷三〇："李参军平日枉自许多风流～，谈笑科分，竟不知撩在爪哇国那里去了。"

【捎】 qiào 另见 shāo、shào。同"撬❶"。明《西游记》九五回："行者即使铁棒～开石块。"又九七回："即唤八戒～开材盖，把他魂灵儿推付本身。"

【窍】 qiào ❶ 灵性；心智。《古尊宿语录》卷一六《云门匡真禅师广录》中："直得忘知于觉，觉即佛性矣。唤作无事人，更须知有向上一～在。"明袁中道《赵大司马传略》："当斯时，民之～开矣，杀机大动矣，亦惯为之矣。"《西游记》二回："这猴王也是他一～通时百～通，当时习了口诀，自修自炼，将七十二般变化都学成了。" ❷ 奥秘；诀窍。《古尊宿语录》卷四六《滁州琅琊山觉和尚语录》："山僧与么道，大有人笑去在。他也笑我也笑，谁人知此～。"明陈汝元《金莲记》三四出："住行坐卧空中妙，穿衣吃饭禅中奥，痾屎撒溺玄中～。"清《儒林外史》五三回："我自从跟着邹师父学了两年，还不曾得着他一着两着的～哩。" ❸ 机锋；有含义的语句。清《杏花天》九回："仇春道：'没帐没帐，我们讲的是南京话。'盼盼道：'若南程画把与我挂于壁上，亦可壮观。'悦生道：'敝盟兄少刻奉上。'盼盼好好明知是～，各各微笑。" ❹ 规矩；衡量的标准。明袁中道《应天武举乡试录序》："某等只奉公命，字栉句比，得其中～者上之于公。"《型世言》三〇回："先是一个何知县，因他假老实，问他事再不轻易回覆，侧边点两句，极中～，便喜他。"清《歧路灯》五〇回："我明白了。这全是谭贤弟心上没～，恰又遇了你。你当我看不出形状么？" ❺ 方法；手段；技巧。清《绿野仙踪》九一回："你既要做打老虎的事，必须处处让他占个上分儿，就得了～了。"《风流悟》一回："只是我少这样～，还须兄帮衬帮衬便好。"《歧路灯》五一回："我有一个盟友夏逢若，这个人办这事很得～。" ❻ 通；贯通。明《古今谭概·口碑·孔太守》："孔太守在任时，聂双江初到，有'三耳无闻，一孔不～'之谣。"邝露《赤雅》卷中："其康庄坦途者，约六七里。其险仄不能通人者，～洞庭，通九嶷，灵怪不可致诘。"清佚名《静居绪言》："初无奥妙之辞令，而言之已～物理；既非纵横之口术，而闻者足为动容。" ❼ 撅。窍，通"翘"。明《古今谭概·巧言·俗语歇后》："吴中黄秀才相掀唇，人呼'小黄～嘴'。"清沈起凤《报恩缘》三出："凹面孔亦～咮唇。"《说岳全传》一五回："来一阵蓝青脸，朱红发，～唇露齿，真个奇形怪样。"

【窍奥】 qiào ào 洞穴深邃貌。明袁中道《三游洞记》："水从梁下淙淙下注，其～玲珑之形，丹碧斑驳之色，奇甚。"

【窍包】 qiào bāo 小巧的包袱。金《董解元西厢记》卷七："寄来的物件，斑管瑶琴簪是玉，～儿里一套衣服，怎不教人痛苦。"

【窍道】 qiào dào ❶ 妙语；哲言。《古尊宿语录》卷三八《洞山第二代初禅师语录》："问：'诸方尽落啧模，请师出～。'师云：'十八女儿不系裙。'" ❷ 身体各窍的通道。明徐谦《仁端录》卷一四："或被风寒闭塞肌肤～，血脉不行。"王肯堂《证治准绳》卷一四："此非是热淋，此是精浊窒塞～而结。"

【窍窦】 qiào dòu ❶洞穴；孔洞。宋张方平《吴中暑雨》："蜗蚓离～，伸缩殊自矜。"明袁中道《采石度岁记》："（大石）瘦骨棱棱，～百出。"张岱《西湖梦寻》卷四："（神运石）奇怪突兀，特立檐下。有木香一架，穿绕～，蟠若龙蛇。" ❷窍门；诀窍。清《豆棚闲话》一〇则："多因技艺弗曾讲习，～弗个玲珑，身分脱介寒贱，所以人多看得我哩脱介轻薄。"

【窍合】 qiào hé 巧合；正好相合。明胡应麟《题于凤鸣画册》："因忆于生家故事，适此句此景～天然，不觉为三击节。"又《少室山房笔丛》卷一〇："蜀有两花蕊夫人，……皆徐姓，皆能诗，皆亡国，皆不善终。～乃若此哉。"

【窍孔】 qiào kǒng ❶孔洞。宋赵时庚《金漳兰谱》卷下："青盆有～，不要着泥地安顿。"清陆世仪《思辨录辑要》卷二二："凡琴瑟之丝数，钟磬之铜剂，箫管之～，皆准于此。" ❷人体器官跟外界相连或相互间交通的孔窍。宋陈言《三因极一病证方论》卷一八："七害者：～不利、阴中寒热、小腹急坚、脏内不仁、子房翕瞤、洞泄、恶吐。"明王肯堂《证治准绳》卷五七："五伤者，一～痛，二寒冷痛。"

【窍窟】 qiào kū 犹"窍孔❶"。宋文同《富春山人为予道其所获石》："精金凝滑露筋脊，老玉碨砢开～。"

【窍窾】 qiào kuǎn 犹"窍孔❶"。明章潢《图书编》卷六〇："（招隐山）洞内广不及玉蕊，中实～。"

【窍脉】 qiào mài ❶人体的孔窍与脉络。明卢之颐《本草乘雅半偈》卷二："茵则宣扬宣摄藏阴神藏之五，牡则宣扬宣摄中气关节～形藏之四。"《别有香》一二回："汝姐妹筋骨～，吾已窥见一斑。俱有些仙气，俱可成道。"清《后西游记》三七回："只消将肚皮一顿揉，揉通～，放一阵响屁，将毒气泄去，便可回生矣。" ❷山水的来势与走向。清《后水浒传》三九回："这井不但通泉，内中还有～，直通过洞庭湖水底上得庐山。"《后西游记》二八回："你看此山两边黑白交锁，我想他的～不在当中，就在东西两旁。" ❸诀窍。明《今古奇观》卷四四："我也做过了半生妓女，进门诀，枕席上的诀，启发人钱钞的诀，倒也颇多，从不知妓女中还有这许多～。"清《后西游记》三七回："你有甚么道法，且先与我孙老爷试试看。若多寡晓得些～，比得过我孙老爷一二分，再容你向师父求道也还不迟。"

【窍妙】 qiào miào ❶奥妙；秘密。元许谦《次韵木冰》："浑沦斡大化，～未易明。"明于慎行《穀山笔麈》卷一六："如为隐语秘诀，恐露～，则多书杂字，以乱其辞也。"清胡煦《周易函书别集》卷八："日往月来通～，坤终乾始定规模。" ❷隐指女子性器或性行为。明《西湖二集》卷二八："无欲以观其妙，有欲以观其窍。象石道姑说韶阳小道姑道：'你昨日游到柳秀才房儿里去，是窍是妙？'他既有了这～二字，还说什么星冠羽衣！"又："那日常里与他做～之人，都来替他说人情，要出脱他。"

【窍髓】 qiào suǐ ❶人体的窍穴与脊髓。明汤显祖《牡丹亭》一八出："师父，少不得情栽了～针难入，病躲在烟花你药怎知？" ❷比喻事物的内在机理。明王思任《批点玉茗堂牡丹亭词序》："陈最良之雾也，春香之贼牢也，无不从筋节～，以探其七情生动之微也。"

【窍头】 qiào tóu ❶物体的一头或两头翘起。元佚名《叨叨令过折桂令·驮背妓名陈观音奴》："调稍弓着不的扯拽，～船趁早儿撑开。"明佚名《太常续考》卷二："案桌九张，帛桌九张，～桌九张。" ❷机灵劲头。清《豆棚闲话》一〇则："一个绰号叫做皮画眉徐佛保，因他没些～，大老官问他一句才响一声，没人理他。"

【窍隙】 qiào xì ❶孔洞与缝隙。宋梅尧臣《淮岸》："虚沙归岛屿，寒浪漱～。"华岳《翠微先生北征录》卷八："镞用石莲头、乔麦棱，则光滑而不能入甲；不若用破甲锥、寸金凿子，则凿上有锋而易入～。"明周晖《金陵琐事》卷四："遂为闭窗户，涂塞诸～，止留一指顶大隙，斜对日光处，塔影果宛然入焉。" ❷比喻狭窄的范围。明章潢《图书编》卷九："特乾知大始，廓然无涯；人之聪慧，～有限。"

【窍穴】 qiào xué ❶洞穴；孔洞。唐柳宗元《永州韦使君新堂记》："怪石森然，周于四隅。或列或跪，或立或仆。～逶邃，堆阜突怒。"明《警世通言》卷二五："桂生看时，只见树根浮起处有个盏大的～，那白老鼠兀自在穴边张望。"清李斗《扬州画舫录》卷七："乾隆辛巳，得太湖石九于江南。大者逾丈，小者及寻，玲珑嵌空，～千百。" ❷人体的孔窍与穴位。明卢之颐《本草乘雅半偈》卷二："其香芳烈走窜，借其气以达病所，关机～莫不开通。"唐顺之《答侄孙一麟书》："如善医者下针，中其～，则麻痹之人即时便知痛痒。"清钱谦益《题冯子永日草》："又尝谓李义山之诗，其心肝腑脏，～筋脉，一一皆绮组缛绣排纂而成。"

【窍眼】 qiào yǎn 孔洞。宋杜绾《云林石谱》卷上："（青州石）其质玲珑，～百倍于他石。"元《三国志平话》卷下："五十处起炉，或铜或铁，铸长柱百条。铜铁柱上有个大～。"明徐渭《鳗井》："飞来山上西厓水，～弯环才一咫。"

【窍要】 qiào yào 关键；要害处。清《石峰堡纪略》卷一二："办理俱中～。"《八洞天》卷六："自此晏述所作之文，常把来与瑞娘评阅，俱切中～。"《野叟曝言》一二七回："及看状上批语，俱如老吏断狱，洞中～。"

【窍凿】 qiào záo ❶开凿（洞穴）。宋韦骧《金精岩》："回岩万仞透青暝，造化功偏～精。"金赵秉文《琅山赋》："其门伊何，～巨灵。隔山见山，蓊碧纷青。"清弘历《观敖汉瀑布水》："设置飞觞搦管地，混沌～应难全。" ❷洞穴；跟外界相通的孔洞。宋苏舜钦《和菱磎石歌》："麒麟才生头角异，混沌虽死～存。"晁补之《坐进庵赋》："混沌既死，～乃张。牖则有目，户则有吭。" ❸指智识开通。宋林希逸《庄子口义》卷三："如赤子之初，耳目鼻舌虽具而未有知识，是浑沌之全也。知识稍萌，则有喜怒好恶，是～矣。" ❹指人工雕凿的痕迹。宋黄庭坚《戏答王定国题门两绝句》之二："颇知歌舞无～，我心块然如帝江。"

【窍子】 qiào zi ❶窍；孔洞。宋朱肱《北山酒经》卷下："据酒多少取瓮一口，先净刷洗讫，以火烘干，于底旁钻一～，如箸粗细。"元《农桑辑要》卷五："春间钻枣树作一窍，引蒲萄枝从窍中过。蒲萄枝长塞满～，斫去蒲萄根，托枣根以生。"明王肯堂《证治准绳》卷九三："用天南星一枚，当心剜作～，安好雄黄一块在内。" ❷凿孔的工具；凿子。金王喆《踏莎行》："～方长，攀儿圆促，头头柄柄常相逐。劈开金母紫芒攒，判通玉祖红光簇。"

【撬】 qiào ❶把刀、棍等一头插入缝中或孔中，用力扳另一头。宋陈言《三因极一病证方论》卷一〇："牡丹散，治产后血晕闷绝，若口噤，则～开灌之。"明《拍案惊奇》卷六："将刀～开小尼口，将舌放在里面。"清《风流悟》八回："再将铁锄去子口边～将开来，把棺盖掀开。" ❷挖；掘。明屠隆《昙花记》二六出："指头儿将你瞳神子～，刀尖儿将你天灵盖敲。"《型世言》一回："铁参政却募善游水的人，暗在水中～坍堤岸，水反灌入北兵营里。" ❸拉；扳。清《品花宝鉴》三六回："只听得院子里一阵脚步响，已～了风门进来。"又四一回："花珠把桨一～，明珠把桨一推，两头不能应手，把个小船滴溜溜的在水中旋起来。" ❹一头向上仰起。撬，通"翘"。明《醒世恒言》卷一三："拨断了两股线，那皮就有些～起来。”清《红楼梦》八八回：“论家事，这里是踩一头儿～一头儿的。”

【撬扛】 qiào gàng 同“撬杠”。清《绿牡丹》四三回：“如今令人用铁锄～，将岭口打开。”

【撬杠】 qiào gàng 用以撬起重物的棍子。清傅泽洪《行水金鉴》卷一七五：“檀木～，每根银七分。”

【撬棍】 qiào gùn 即“撬杠”。明《西洋记》四三回：“只是拿了绳索没去用处，拿了～没去使处。怎么没去用处，没去使处？你想一想，只是一个滑钵盂，到那里去用绳索，到那里去使～？”

【撬脚】 qiào jiǎo 抬起一只脚。明崔时佩、李日华《西厢记》一一出：“大王免得～坐，小卒免得曲腰行。”

【撬掘】 qiào jué 撬并挖。明《醋葫芦》二〇回：“前边栅门牢固，且有猛犬，难于～。”

【撬摸】 qiào mō 撬门窗墙壁偷盗。清《后西游记》二三回：“若要做好人，便烦难；只学做这～贼儿，也还容易。”

【撬窃】 qiào qiè 犹“撬摸”。明《醋葫芦》一四回：“今月日，瞯珪外出，～膳老本银三百两。”

【撬挖】 qiào wā 犹“撬掘”。清《平定两金川方略》卷九八：“上～堡墙，抛入火弹。”

qié

【茄袋】 qié dài ❶ 随身佩带盛放零钱什物的小袋。《宋史·舆服志六》：“京湖制置司以所获亡金宝物来上，……销金玉事件二，皮～一。”明郑晓《今言》卷二：“(阮)浪下内官王尧者住芦沟桥抽分。浪以南宫所赏镀金梁扣绣～、镀金结束刀一把与尧。”《金瓶梅词话》三回：“西门庆便把～内还有三四两散银子，都与王婆。” ❷ 一种两耳瓶的样式。明高濂《遵生八笺》卷一四：“俗人凡见两耳壶式，不论式之美恶，咸指曰‘～瓶’也。”文震亨《长物志》卷七：“餘如暗花、青花、～、葫芦、细口、匾肚、瘦足、药坛，及新铸铜瓶、建窑等瓶，俱不入清供。”清弘历《咏官窑两耳壶》之二：“敧姬～品原崇，古式浑疑商铸铜。”

【茄房】 qié fáng ❶ 莲蓬；莲的果实。唐柳宗元《柳州山水近治可游者记》：“其宇下有流石成形，如肺肝，如～。”明胡直《弹子洞记》：“小洞当门有横石负小方石，又叠负一巨石其上若覆荷，又若～。” ❷ 茄子的果实。元贡师泰《学圃吟》：“牡丹芍药萼重趺，～豆荚悬瓠壶。”

【茄荷】 qié hé 荷的茎叶。金萧贡古《采莲曲》：“田田青～，艳艳红芙蕖。”

【茄瓢】 qié piáo 瓢。清袁枚《子不语》卷二三：“明日报官焚之，此怪遂绝。然林自此颈弯如～，不复能正矣。”《锦香亭》六回：“捎马两个：内皂靴一双，油靴一双，朔子两枝，～一只。”

qiě

【且】 qiě ❶ 恰；正。唐綦毋潜《春泛若耶溪》：“生事～弥漫，愿为持竿叟。”《敦煌变文校注》卷六《大目乾连冥间救母变文》：“寻觅阿娘不见，～见八九个男子女人，闲闲无事。”清《醒世姻缘传》二九回：“你来得甚好，～好与我管管书房。这庵里的道士下山去看他妹子去了。” ❷ 只；仅。《敦煌变文校注》卷二《韩擒虎话本》：“～徒(图)供奉圣人，别无餘事。”明《山歌·困得来》：“弗贪吃着弗贪财，～喜我里情郎困得来。”清《续金瓶梅》六回：“不消用药，～把这抱龙丸用姜汤灌下，养他的元神罢。” ❸ 略；大致。唐杜甫《竖子至》：“楂梨～缀碧，梅杏半传黄。”宋陆游《东窗偶书》：“安得吾身～强健，一藤随处更寻幽。” ❹ 本；自。唐卢仝《蜻蜓歌》：“篙工楫师力～武，进寸退尺莫能度。”寒山《高高峰顶上》：“泉中～无月，月自在青天。” ❺ 究竟。《祖堂集》卷七《雪峰和尚》：“悟人～是阿谁分上事？亦须着精神好。”又卷一六《南泉和尚》：“阿你今时尽说：我修行作佛，～作麽生修行？” ❻ 就算；纵然。唐杜甫《寄岑嘉州》：“外江三峡～相接，斗酒新诗终自疏。”宋周紫芝《踏莎行》：“明朝～做莫思量，如何过得今宵去。”杜安世《胡捣练》：“狂风横雨～相饶，又恐有彩云迎去。” ❼ 只是；一个劲地。《祖堂集》卷七《岩头和尚》：“师才见，却低头佯佯而睡。疏山近前立久。师并不管。疏山便以手拍禅床引手一下，师回头云：‘作什摩？’山云：‘和尚～瞌睡。’”元周德清《柳营曲·冬夜怀友》：“王子猷干罢手，戴安道～蒙头。休，谁驾剡溪舟？”清《醒世姻缘传》三一回：“不作急的外边去寻，没要紧～在这里胡嚷。” ❽ 用于指示或祈使，相当于“可”“请”。唐戴孚《广异记·张鋋》：“使者止鋋于门曰：‘愿先以白吾君，客当伺焉。’人，久之而出，乃引鋋曰：‘客～入矣。’”《祖堂集》卷四《药山和尚》：“直到三更，和尚曰：‘～歇。’岩不去。”清《玉蜻蜓·问卜》：“芳兰带泪将言劝，娘娘～免过伤心。” ❾ 倒；反而。宋《朱子语类》卷一〇四：“今说者用之，各信已见，然于人伦大纲皆通，但未知曾得圣人当初本意否。～不如让渠如此说，且存取大意，得三纲五常不至废坠足矣。”元关汉卿《乔牌儿》：“休争名利，幸有几杯，～不如花前醉。”清《醒世姻缘传》九一回：“我虽是个挂印总兵，这一时不见有甚么八面威风，～不如个府经历如此轩昂哩。” ❿ 表示庆幸。宋元《清平山堂话本·花灯轿》：“可惜未成花烛洞房，～免得儿啼女哭。”元萧德祥《小孙屠》六出：“娘行离脱风尘去，从今～免得人折柳梢枝。” ⓫ 只得；只好。元王伯成《阳春曲·闺怨》：“他情是歹，咱心～捱，终须也要还满了相思债。”清《玉蜻蜓·游庵》：“事到其间无别法，～将礼貌上前迎。” ⓬ 已；已然。《元曲选外编·西厢记》二本四折：“夫人～做忘恩，小姐，你也说谎也呵。”清《醒世姻缘传》二二回：“我目下～有儿了。既有了儿，这家业可是我的了。”又三一回：“连屋也冲得去了，还有甚么剩下的粮食？人～淹得死了，还讲甚么房屋？” ⓭ 先。《元曲选外编·西厢记》三本三折：“我开了寺里角门儿，怕有人听俺说话，我～看一看。”明《二刻拍案惊奇》卷三五：“正是：未得野鸳交颈，～做羚羊挂角。”清《风流悟》一回：“令郎有字，老伯～看了说。” ⓮ 经久地；长时间持续地。清《醒世姻缘传》五回：“二月半后才推升，如今却有甚动静？你们～好住着闲嬉哩。”又一九回：“今日是集，～不得回来哩。”又三三回：“且是官府离得家里庄田甚远，这粪～运不回去。”

【且并】 qiě bìng ❶ 将要。宋苏轼《隐公不幸》：“途之人与盗非仇也，以为不击则盗～杀己也。” ❷ 并且；而且。明高启《素轩记》：“余以上人好从儒先君子游，故以是告之，～以所感者书之。”清《姑妄言》六回：“不但不来交锋，～不来答话。”陈端生《再生缘》五四回：“你既知寡人有谕在先，怎么还敢擅议郦相？这不但欺他，～欺朕了。”

【且得】 qiě dé ❶ 得以；能够。《敦煌变文校注》卷二《庐山远公话》：“阿娘迷闷之间，乃问是男是女。若言是女，～母子分解平善；若道是儿，总忘却百骨节疼痛。”明叶宪祖《鸾鎞记》二五出：“〔小生〕闻是李补阙生前所聘，入门之时，补阙已死，因此出家在咸宜观中的。〔生背介〕是了，今日～明白。”清《飞龙全传》一八回：“愚兄向来步行，不嫌跋涉，～行止自如。贤妹不须推让。” ❷ 仅；只能。唐张鷟《游仙窟》：“五嫂曰：‘张郎射长垛如何？’仆答曰:'～不阙事而已。'" ❸ 幸得;幸而。元明《水浒传》二四回:"你搬了去,倒谢天地,～冤家离眼前。"明陆采《怀香记》一二出:"管教他逝水无回,恶冤家～相离。" ❹ 只好;只得。清陈端生《再生缘》六四回:"别情闲绪收拾去。我～,词登十七润新毫。" ❺ 而且;并且。清《飞龙全传》一三回:"不如把这宗银子先清了,又好从新措办;～客人在此,容易服侍了。"

【且姑】 qiě gū 姑且;暂且。宋朱熹《答张元德》:"若看未透,～置之,不必深致疑,亦不必多为说也。"明陆采《怀香记》一〇出:"探花须近上林傍,方可恣红酣绿酿。～宁耐,不劳神女梦迫襄王。"清《醒世姻缘传》二六回:"只怕古今以来的歪货也只好是他第一个了,～举他一两件事。"

【且况】 qiě kuàng 况且。唐韩愈《重云一首李观疾赠之》:"～天地间,大运自有常。"宋黄庭坚《寄苏子由书》:"不暇笔墨,～以写心之精微,故欲作记而中休。"清《云仙笑》四册:"只是囊中乏钞,～秀才家怎晓得这般勾当,一时没做理会处。"

【且慢】 qiě màn 暂且慢着。用于阻止对方的行为。明杨柔胜《玉环记》八出:"〔外〕妈妈就要他出门去。〔丑〕～,待他说几句话。"《型世言》二八回:"张秀才看字,待扯。沈氏笑道:'～,我们计议。'"清《歧路灯》五回:"这书办单候点名散胙帖,将生员花名册放在面前。东宿道:'～。'"

【且漫说】 qiě màn shuō 同"且慢说"。清《霓裳续谱·盼不到黄昏后》:"～是金钗,就是凰帽也是难寻。"

【且慢说】 qiě màn shuō 不要说。表示让步,引出更进一步的条件。明《封神演义》七五回:"～青松翠柏常春,又道是仙桃仙果时有。"清《霓裳续谱·玉人儿今何在》:"～是佳期,就是梦儿不得能彀和谐。"《品花宝鉴》二九回:"若被他访出真情,～挨骂,就是羞也羞死人。"

【且饶】 qiě ráo ❶ 即使;哪怕。唐易静《兵要望江南·占日》:"晕不合,垂在两边旁。城内有人谋不就,～缓慢看牵情,一事也无成。"宋韩维《某伏蒙寄示五言二韵》:"尚不求真语,何能计妄言。～只么会,犹是弄精魂。"明王世贞《春夜顺甫子与见过联句》:"～宫漏永,骑马破苍茫。" ❷ 更有;再加上。宋吴潜《满江红·苍云堂后有桂树》:"待得清香千万斛,～老子为知己。趁今宵、新月驾空来,浮觞里。"刘克庄《后村诗话》上:"陶公如天地间之有醴泉庆云,是惟无出,出则为祥瑞,～坡公一人和陶可也。"清弘历《赐梁师正》:"诚汝孝名娱爱日,～山水得清陶。"

【且如】 qiě rú 比如;就像。《敦煌变文校注》卷五《维摩诘经讲经文(一)》:"～人将投大海,愿泛洪波,不挥篙而难已(以)行舟,不举棹而如何进步。"明佚名《精忠记》一六出:"～韩信栾布,不能自保其身。我三畏愿学张子房,弃职归山。"清《歧路灯》六九回:"～生意人,也有许多识字的,也是在学堂念过书的。"

【且是】 qiě shì ❶ 正是;恰是。唐李隆基《减东都禁囚等罪敕》:"献岁肇春,阳和感气。～发生之日,实惟布德之辰。"《敦煌变文校注》卷六《目连缘起》:"娘娘～亲生母,我是娘娘亲福(腹)儿。"清《醒世姻缘传》四七回:"至于晁梁所生之日,本犯以别罪发配在徒,～旷夫鳏处之日,未尝得妻,从何有子?" ❷ 不过是;仅仅是。唐李亨《重棱钱减价行用敕》:"因时立制,顷议新钱。～从权,知非经久。"宋《二程遗书》卷二下:"今既加兵,王子未必能诛得,～屠戮百姓。"明佚名《鸣凤记》一一出:"〔外〕老夫人一路行来,万般辛苦,特与杨爷讨个脚力,望求方便。〔生〕这个定有,～小事。" ❸ 但是;却。唐韩偓《手简》:"小简甚欲拜侍,～怕恼乱。"宋佚名《张协状元》五出:"孩儿去则犹闲,～无人照管我门户。"明柯丹邱《荆钗记》一〇出:"丫头虽小,～识人多矣。" ❹ 终归是;毕竟是。《敦煌变文校注》卷六《金刚丑女因缘》:"虽则容貌不强,～国王之女。"《太平广记》卷四九四引《谭宾录》:"虽不得禄赐,～五品家。终身高卧,免有徭役。" ❺ 确是;果真是。宋米芾《题泗滨南山石壁曰第一山》:"莫论衡霍撞星斗,～东南第一山。"元施惠《幽闺记》九出:"我～没钱在身边,就有,你每也要我的不得。"清《续金瓶梅》六回:"只有一女,叫做常姐,常抱来沈家顽耍,～生的眉清目秀。" ❻ 甚是;极为。宋元《清平山堂话本·李翠莲》:"日下天色～凉,便放五日也不妨。"明袁中道《初至甘露夜坐》:"空门风物何辞澹,病后心情～闲。"清《醒世姻缘传》二五回:"在家～孝顺,要一点忤逆的气儿也是没有的。" ❼ 而且是。《太平广记》卷一五三引《逸史》:"此人志诚可赏,～道流。稍从容,亦何伤也。"明梅鼎祚《玉合记》二三出:"见那熙阳观只隔数里,～女冠,你去做个道姑,早晚往来,却不两便?"清《姑妄言》五回:"他这位令爱,貌既不扬,生得尖嘴缩腮,揸耳短项,～一双痘风红眼。" ❽ 而且;况且。宋朱熹《回申转运司乞候冬季打量状》:"不惟未有深益,～既行复止,中间半岁,机械泄露,人情玩习,其弊且将无所不有。"明《醒世恒言》卷一九:"原来玉娘自到他家,因德性温柔,举止闲雅,～女工中第一伶俐。"清《风流悟》一回:"你这样性急,～说得这样容易。" ❾ 倒是。《元曲选·东堂老》二折:"我着那好言语劝你你不听,那厮们谎话儿弄你～娘的灵。"明柯丹邱《荆钗记》二三出:"〔末〕妈妈,烧焰火怎么?〔丑〕你不晓得,客来看火色,没茶也过得。〔末〕这等虽无焰头,～热闹。"《欢喜冤家》一七回:"他～不怕,道姨娘批的八字当作年庚与老爷看,反惹是非。" ❿ 已是;已经。明沈采《千金记》二六出:"韩都尉,将坛～好了,不知是那个做?"沈受先《三元记》三〇出:"少年～文章显,岂但龙头属老成。"《醋葫芦》一三回:"你这曾不动得一动,他那里已挥下十七八拳,～打得落花流水。" ⓫ 姑且;权且。明汤显祖《南柯记》一七出:"许他也索罢了。则怕此君权盛之后,于国反为不便。～由他。"沈璟《义侠记》一四出:"果然没人在里面,～回去,明日再来便了。"清《飞龙全传》五三回:"这媒金谢礼,送与不送,～由你;所有前日定亲玉块,乃愚兄之物,须要见还。"

【且索】 qiě suǒ ❶ 只需;需凭。宋汪藻《次零陵太守竞秀堂韵》:"从渠歌舞转头空,～尊前一笑同。"虞俦《木犀初开悉离披于雨》:"未须狂雨相将去,～西风一笑还。"明乌斯道《倪氏池亭陪羽庭太守燕集》:"～虎头图此景,明朝踪迹任西东。" ❷ 只好;只得。《元曲选·柳毅传书》二折:"～宁奈,慢慢寻个计策,报仇便了。"明徐翙《春波影》二出:"～向小楼头,水光云影,慢慢的收拾春期。"清洪昇《长生殿》三九出:"今日天气晴和,着我二人检晒经函。～细细翻阅则个。"

【且喜】 qiě xǐ 犹"且得❸"。《敦煌变文校注》卷六《目连缘起》:"一两日间,儿子便到,跪拜起居:'自离左右多时,～阿娘万福。'"《元曲选外编·西厢记》四本二折:"～,姐姐,那棍子则是滴溜溜在我身上,吃我直说过了。"清《红楼梦》六一回:"趁黄昏人稀之时,自己花遮柳隐的来找芳官,～无人盘问。"

【且休说】 qiě xiū shuō 犹"且慢说"。元宋方壶《一枝花·蚊虫》:"～香罗袖里,桃花扇底,则怕露冷天寒恁时节悔。"《元曲选·勘头巾》二折:"～受苞苴是穷民血,便那请俸禄也是瘦民脂。"清《续金瓶梅》六二回:"～是杳冥幽远,就是实实有此冥刑,那君子到底是先吃了亏,恶人到底是后受了报。"

【且休提】 qiě xiū tí 犹"且慢说"。《元曲选·后庭花》三折:"～上朝取应,先唬得胆战身麻。"又《潇湘雨》四折:"～一路上万苦千辛,只脚底水泡儿不知其数。"明周履靖《锦笺记》三五出:"～鸾凤分飞,就是那花容柳姿,想今生欲觑应无地。"

【且休题】 qiě xiū tí 同“且休提”。《元曲选外编·西厢记》一本一折：“～眼角儿留情处，则这脚踪儿将心事传。”明徐霖《绣襦记》三〇出：“～不耕而馁，与其不肖把家私废，何妨一旦鞭棰毙。”

【且休言】 qiě xiū yán 犹“且慢说”。明《西游记》六五回：“～天神保护，似这草木之灵，尚来引送。”

【且须】 qiě xū 该当；必须。唐易静《兵要望江南·占雾》：“城营上，有雾似悬尸。为将～观此象，所居营寨即那移。”金《董解元西厢记》卷六：“着路里小心呵，～在意。省可里晚眠早起，冷茶饭莫吃。”清《雪月梅》一四回：“今日幸聚，大事已完，～宽饮一杯，以解道餘劳苦。”

【且则】 qiě zé 只；只是。元王仲元《斗鹌鹑·咏雪》：“读书冷落，高卧贫乏。由他，～走斝飞觥受用咱。”《元曲选·神奴儿》三折：“休说道十月怀耽，长立成人，～说三年乳哺，怎下的生割断他那子母每肠肚？”明孟称舜《娇红记》三出：“况我家事务，正欲借你料理。归去之话，～休提。”

【且只】 qiě zhǐ 犹“且则”。宋《二程遗书》卷一七：“大凡儒者，未敢望深造于道，～得所存正，分别善恶，识廉耻。”明佚名《赠书记》一六出：“待我～做睡着的困在此，待他动手，我自有处。”清《隋唐演义》九四回：“要劝他行弑逆之事，却不好即出诸口，～沉吟不语。”

【且住】 qiě zhù 暂且停住。用于阻止对方的行为。《太平广记》卷四三三引《原化记》：“行未数里，见一胡僧从后来趁，呼之曰：‘～，君不如告某为计，即可免矣。’”六十种曲本《琵琶记》一〇出：“〔净〕我也有四句：迟日江山丽，春风花草香。〔末〕～，使不得，这是古诗。”清《醒世姻缘传》一二回：“柳青忙说道：‘我实说就是，别要夹我罢。’四府叫：‘～，等他说来。’”

【且自】 qiě zì ❶径自；自己直接行动，不理会其他。唐杜甫《八月十五夜月》之二：“刁斗皆催晓，蟾蜍～倾。”宋吕胜己《八声甘州·怀渭川作》：“念迂疏老懒，难觅封侯；看才能成事业，～抽头。”明《二刻拍案惊奇》卷一八：“又兼说道弄死了在地上，不管好歹，～躲过，是个无情不晓事的女子，心里浅薄了好些。”❷暂且；姑且。唐李世民《令皇太子断决机务诏》：“朕当亲调五药，暂屏万机，三数月间，～怡摄。”明汤显祖《牡丹亭》一〇出：“先生不在，～消停。”清《白雪遗音·世态炎凉》：“世态炎凉如作戏，眉高眼下，～不提；朋友中，来来往往是些虚情意。” ❸而且。唐程士髙《上沙门应不拜亲表》：“～高尚之风，人主犹存抗礼，岂惟臣下，返受跪拜之仪？”清《隋唐演义》八九回：“贤弟素有壮志，～勇略胜人，今又幸得与南官人交契。”《女仙外史》五回：“孝廉素猜鲍母不是凡人，料必有缘故，遂应道：‘房屋到有，～相宜。’”❹尽可；只管。宋辛弃疾《贺新郎·题君用山园》：“此地千年曾物化，莫呼猿、～多招鹤。”明叶宪祖《易水寒》一折：“记账，一总还你，～拿酒来吃。”清《霓裳续谱·丽日融和》：“丫鬟无非是戏语，小姐～放心宽。” ❺甚是；十分。元贯云石《小梁州》：“桃花如面柳如腰，他生的～妖娆。”明《型世言》一〇回：“只见归家船上跳起一个小哥儿来，穿着纱绿绵绸海青，瓜子红袜子，毛青布鞋，～眉目清秀。”清《八洞天》卷四：“检其卧所，寻出一封柬帖来，～包裹得紧。” ❻便；就。表示自然状态下怎样。元明《水浒传》五一回：“拜见了知县，回了话，销缴公文批帖，～归家暂歇。”明《拍案惊奇》卷一三：“六老喜得完事，～归家，随缘度日。”清《二度梅》三回：“单言梅公在衙内，与苍头梅白收拾行李，～安寝。” ❼只是。明《西游记》二三回：“你我出家人，各自避些嫌疑，切莫擅入。～等他有人出来，以礼求宿。”《二刻拍案惊奇》卷一一：“少卿一时心慌，不及问他从何而来，～辩说道：‘我非忘卿。只因归来家中，叔父先已别聘，强我成婚。’”清陈端生《再生缘》三七回：“如为亲仇来负彼，薄情罪过亦殊深。劝儿～行仁义，积下阴功盈子孙。”❽只得。明《二刻拍案惊奇》卷二四：“自实不曾说得甚么，没奈何～别过。” ❾且请；万望。用于祈请。明《禅真后史》三四回：“荀氏把两眼珠泪拭干了，向瞿琰万福。瞿琰答礼，劝道：‘老妪～挣揣，为甚如此悲恸？’”清《说岳全传》五九回：“这必是朝中出了奸臣，怕大将立功。元帅～酌量，不可轻自回兵。”又七九回：“王爷已死，不能复生，郡主～保重。”

qiè

【切】 qiè ❶严；严密；使严密。唐封演《封氏闻见记》卷九：“奉帖牒，但令～加捕访而已。”元刘时中《端正好·上高监司》：“紧拘收在库官，～关防起解夫，钞面上与官攒俱各亲标署。”明《杜骗新书·露财骗》：“那棍一路同来，我防之甚～。” ❷触及；关联。唐王方庆《魏郑公谏录》卷五：“观卿书不如寻常，忧惋之情，～朕怀意。”明汤显祖《牡丹亭》五〇出：“虽有存城之欢，实～亡妻之痛。”清《品花宝鉴》一二回：“上联～你的粉白黛绿，下联～你的长袖轻裙。” ❸劲；猛。唐[日]圆仁《入唐求法巡礼行记》卷三：“午后，南风～吹。” ❹加深；加强。唐王方庆《魏郑公谏录》卷三：“陛下弘至化，安天下，可谓功已成矣。然每睹非常之庆，弥～虑危之心。”《敦煌变文校注》卷五《维摩诘经讲经文（五）》：“擎鲜花者殷勤献上，焚异香者倍～虔心。”明佚名《四贤记》三三出：“多方寻取，未得确音。只是重扰许宅，殊～汗颜。” ❺务必；千万。唐李漼《夏令推恩德音》：“本州县界并须如法先自备办排比，～不得临时差配百姓，及借索扰人。”明《挂枝儿·咳嗽》：“墙有风，壁有耳，～忌着疏虞。”清《镜花缘》五〇回：“我虽惧怕夫人，你们～莫传扬出去。” ❻萦绕；顾念。《元曲选·青衫泪》三折：“下官常～怀抱，奈拘职守，不得相从。”明李贽《与友人书》：“此则余心之独～者。恐其一旦遂死，不能成，竟抱一生素饱之恨。”清《歧路灯》一〇回：“戚、尤两乡亲虽～于梓谊，但官场中还有别客。” ❼真切；清楚。《元曲选·黑旋风》二折：“我打个模状儿说，可不道有一半儿朦胧倒有一半儿～。”清《儒林外史》五四回：“一班大名士大会莺脰湖，分韵作诗。我还～记得，赵雪斋先生是分的‘八齐’。” ❽亲；爱。明《西游记》一九回：“诸般兵刃且休题，惟有吾当钯最～。”清《隋唐演义》二六回：“异姓情何～，阋墙实可羞。”《万花楼》五回：“‘至今长出’这句，是与你至亲至～，同脉而来，他是尊辈，你是幼辈之意。” ❾私下；切，通“窃”。表示个人意见的谦词。唐李绛《论谏臣》：“昔施之于女主，今黜之于圣时，国史之中，何以示后？微臣～为陛下惜之。”明沈采《千金记》一三出：“今听细人之言，欲诛有功之臣，此亡秦之续耳，～为大王不取焉。”清《女仙外史》三三回：“老师见教极是。但门生～慕博浪沙之事，是以南来窥伺动静。”

【切摆】 qiè bǎi 砌摆；摆布。清《荡寇志》九五回：“我想他那里帮撑的人多，我到他家必遭刻忌，不如兜他到这里来，如此～为妙。”

【切当】 qiè dàng 贴切恰当。唐李德裕《论昭义军事宜状》：“乃文称若如此处置，至为～。”宋苏轼《复改科赋》：“此声律～也，有所指归。”清《镜花缘》一四回：“这个‘劳’字，果然用的～。”

【切肤】 qiè fū ❶侵入肌肤。宋李石《眉州劝农文》：“王赋不集，家事日朘。饥冻～，汩丧廉耻。”明方孝孺《鼻对》：“外铄内郁，壅我鼻观，遂至火燎～而不知其然。”张凤翼《灌园记》二〇出：“夜深归茕茕荷锄，惨清霜寒威～。”也指肌肤接触。清《野叟曝言》四回：“何期忽堤坝遘奇灾，重蒙大德，使妹子与恩兄，无敌体之缘，而有～之感。” ❷ 密切关系到自身。宋王炎午《祭姻家高逢斋》：“独谊分之当尽，忘利害之～。”明王守仁《静心录》五：“惟是苦痛～，未免复为一控。”清《野叟曝言》四九回：“现在～之灾，莫如国师继晓，法王札实坚惨。”

【切害】 qiè hài ❶（情节）特别严重；极其厉害。法律用语。《唐律疏议》卷二三：“若‘知指斥乘舆’，谓情理～；‘及妖言’者，谓妄说休咎之言。”宋钱易《南部新书》甲集：“（鱼玄机）杀婢绿翘，甚～，事败弃市。”《元曲选外编・独角牛》二折：“这厮好情理～，不报了冤雠和姓改。” ❷ 切中要害。《五灯会元》卷一九《保宁仁勇禅师》：“相骂无好言，相打无好拳。大众，直须恁么，始得一句句～，一拳拳著实。” ❸ 掌握并破坏。宋朱熹《答黄直卿》：“人人知有此书，若被此曹～，胡写两句，取去烧了，则前功俱废。”

【切己】 qiè jǐ ❶ 切合自身去体验；从自身体验出发。宋《二程遗书》卷一一：“子张问政，子曰：‘居之无倦，行之以忠。’子张常过高而未仁，故以～之事答之。”又卷二二上：“凡看《语》《孟》，且须熟玩味，将圣人之言语～，不可只作一场话说。”《朱子语类》卷一〇六：“明德不是外面将来安在身上，自是本来固有底物事。只把此～做工夫，有甚限量。” ❷ 切身的体会。宋朱熹《答吕伯恭》：“所抄～处，便中得数段见寄，幸甚。”明袁宏道《答陶周望》：“王塘南虽不及近溪，然犹有几分～。若某某，则徇外之学，别是一路头。” ❸ 跟自身关系密切或密切相关。宋李曾伯《申乞合湘岭通融兵粮等状》：“粮饷自湘入漓，事非～，未免迂缓。”明《挂枝儿・醋》：“不～，不吃醋；不相知，不使性。”清《风流悟》二回：“左思右想，渐渐～的一日三餐，不能应用起来。” ❹ 体己；贴心的或个人私下的。明《封神演义》八四回：“通天教主见左右四个～门徒俱丧，切齿深恨。”清《雪月梅》三七回：“刘电笑道：‘这送岑家姆姆的东西是贤妹～的，为兄自当与你致到。’雪姐也笑道：‘苏家妹妹的东西是哥哥～的，一发该致到的了。’”《姑妄言》一一回：“那知县姓沐名仁，是侯太常的～门生。”

【切驾】 qiè jià 掌驾；驾船。元高安道《哨遍・嗓淡行院》：“～的波浪上堆着霜雪，把关子的梣门上似告油。”

【切脚】 qiè jiǎo ❶ 在难字脚下标出的反切。《云笈七籤》卷八八：“且押韵从‘东’字起首，至于‘法’字，数万皆著～，人尽能辨认之。”宋洪迈《容斋续笔》卷一二：“其‘豁、仇、……选’等字亦用～，皆为可省。”元周德清《中原音韵》卷下：“音韵内每空是一音，以易识字为头，止依头一字呼吸，更不别立～。” ❷ 用反切上下字代替本字，是一种隐语形式。宋洪迈《容斋三笔》卷一六：“世人语音有以～而称者，……如以‘蓬’为‘勃笼’，‘槃’为‘勃阑’。”许叔微《类证普济本事方》卷一〇：“（荆芥）《陈选方》中用‘举卿’‘古拜’二味，盖～隐语以秘之也。” ❸ 佛教禅宗用来比喻说明性的文字。《古尊宿语录》卷三八《洞山第二代初禅师语录》：“问：‘大藏教是个～，如何是字母？’师云：‘哑子上刀梯。’”宋《法演禅师语录》卷中：“一代时教是个～，未审切那个字？”《五灯会元》卷一〇《百丈道恒禅师》：“诸上座适来从僧堂里出来，脚未跨门限便回去，已是重说偈言了也。更来这里，不可重重下～也。” ❹ 打探住址或行踪。脚，脚迹。清朱素臣《翡翠园》六出：“只见其一头退堂，一头吩咐道：‘你到麻长史那里去～，就知道了。’”《醒名花》三回：“乃差几个应捕人役到梅公子家～捕捉，怎知人已在他家中，先打得七死八活的了。”《红楼圆梦》一三回：“谕令上紧缉捕。该班不敢怠缓，先向薛宅家人～。薛家将小马系蒋琪荐来，昨晚又来和他说话告知。” ❺ 指确实的住址或行踪。清李玉《清忠谱》一三折：“〔外出单介〕……五个人没头没脑，那里找寻？〔小生〕少不得有元来～。〔外〕有了～，什么难处？”

【切紧】 qiè jǐn 紧要。宋《朱子语类》卷一七：“知与思，于身最～。”明《禅真后史》五六回：“我还有～之话，讲明了，另有区处。”清周亮工《闽小记》卷四：“嫂更大索之，偏于不～处，庶几一遇。”

【切邻】 qiè lín ❶ 紧邻；近邻。唐郑谷《题进士王驾郊居》：“后径临陂水，菰蒲是～。”宋赵师秀《徐孺子宅》：“今识高眠处，沧波是～。”明《金瓶梅词话》一四回：“～间，不妨事。我去到那里看他有甚么话说。” ❷ 邻近；靠近。辽李万《韩椅墓志铭》：“加左监门卫大将军，知归化州军州事。密迩楼烦，～白霫。”明王守仁《赴任谢恩遂陈肤见疏》：“田州～交趾，其间深山绝谷，皆瑶僮之所盘据。”

【切迫】 qiè pò ❶ 急迫；紧急。《礼记・玉藻》“肆束及带，勤者有事则收之，走则拥之”唐孔颖达疏：“若身充勤劳之事，当有事之时，则收敛之；为其事之～，身须趍走，则拥抱之。”《宋史・黄畴若传》：“比称提楮币，州县奉行～，故因坐减陌被估籍者众。”清弘历《五月望日》：“为期愈～，右坛躬致忱。” ❷ 相接触而摩擦。《礼记・乐记》“阴阳相摩”唐孔颖达疏：“摩，谓～，阴阳二气相～也。” ❸ 用在奏文中，表示心情迫切。唐于邵《劝释服听政表》：“上冒宸严，心魂兢悸，言辞失序。无任忧国～之至。”吕颂《为张侍郎乞入觐表》：“瞻望天门，不胜涕陨。无任攀恋～之至。”明吕坤《直陈天下安危圣躬祸福疏》：“难裁～之诚，敬上忧危之疏。”

【切身】 qiè shēn ❶ 与自身密切相关。唐戴孚《广异记・张守一》：“幽明卑贱，无以报德。明公倘有～之求，或能致耳。”宋刘克庄《摸鱼儿》：“高冠长剑浑闲物，世上～惟酒。”清《镜花缘》二四回：“今又和盘托出，竟是安心要害女儿，却将自己～之事全置度外，岂非别有肺肠么？” ❷ 亲身；自身体验。宋朱熹《答周舜弼》：“不知吾人所学且要～，正不以此等为高也。”胡寅《跋毕文简与寇忠悯帖》：“夫应事于仓卒者，其难有甚于耳闻目见～经虑之熟也。”明罗洪先《与王南塘书》：“某泛观于世，未有真知此学，～而致力者。”

【切实】 qiè shí ❶ 切合实际。唐权德舆《唐故中大夫张公墓志铭》：“上疏陈史职利弊，指明～，有裨王度。”宋朱熹《答徐子融》：“如看未透，即且放下，就平易明白～处玩索涵养，使心地虚明，久之须自见得。” ❷ 讲究实际，也指这方面的工作能力。宋周坦《覆谥议》：“观其在罗浮山静坐三年，所以穷天地万物之理，～若此，著《遵尧录》一篇。”张方平《谢除中太一宫使表》：“伏念臣仕适逢时，材非济务。智用同乎绠短，不可以汲深；～譬之拔扬，无得而成大。”明归有光《隆庆元年浙江程策》：“而后之儒者不求～之功，舍夫子之所谓仁而于空虚想像之中求所谓仁，此亦何以异于佛、老之说也？” ❸ 贴切。宋朱熹《答吕子约》：“大程子‘非诚知道’之言，以尹氏所说考之，固为～，然恐所谓‘得’者，或流于偏差而未必得其总脑也。”明王守仁《答季明德》：“又谓‘圣人之学，不能无积累之渐’，意亦～。” ❹ 踏实；认真。明王守仁《与杨仕鸣书》：“虽言句时有未莹，亦是仕鸣见得处，足可喜矣。但须～用力，始不落空。”清黄宗羲《陈乾初先生墓志铭》：“今不思～反求，而欲悬空想个人生而静之时，所谓天命皇降之体段，愈求而愈远矣。”《红楼梦》九七回：“自己回到王夫人房中，又～的叫王夫人管教儿子。” ❺ 实在；不虚浮。明谭元春《奏记蔡清宪公》：“昨与伯敬言蔡公书法，虽非其至者，然点画深重～，似亦有诗文之渊源、作人之诚壹在内。”清刘熙载《诗概》：“凡诗迷离者要不间，～

者要不尽，广大者要不廓，精微者要不僻。”《绿野仙踪》八四回：“众亲友看了，见写的凭据甚是～，各称赞其仁是明白爽快汉子。”❻ 确实；果真。明《禅真后史》四七回：“彼言骑虎之势，～不虚。吾出阵时，以大义开谕，彼俯首顺从。” ❼ 落实；落到实处。明《金瓶梅》一回：“只管恁会来会去，终不着个～。咱不如到了会期，都结拜了兄弟罢。”又：“咱兄弟们似这等会来会去，无过只是吃酒顽耍，不着一个～。倒不如寻一个寺院里，写上一个疏头，结拜做了兄弟。”

【切手】 qiè shǒu 狠手；利害手段。明卢柟《想当然》二六出：“待丞相看见，从旁斗他几句，下他一个～，他却那里对问。”《西游记》三九回：“这大圣纵祥光起在九霄，正欲下个～，只见那东北上一朵彩云里面厉声叫道：‘孙悟空，且休下手。’”清《粉妆楼》五一回：“与众人战了一二十合，心中想道：‘不下～，同他战到几时！’”

【切贴】 qiè tiē 贴切。明刘宗周《人谱类记》卷下：“后人言改过，多是隔靴搔痒，都不～。”清《红楼复梦》六五回：“用圣经上‘有美玉于斯’，甚为～。”《绮楼重梦》七回：“我想着《诗经》上这句‘颜如舜华’，倒也还～。”

【切务】 qiè wù ❶ 要务。唐卢怀慎《陈时政得失第二疏》：“此济时之～也，安可谓行之艰哉？”明陆采《怀香记》五出：“当今～，以何为先？”清钱谦益《上高阳师相书》：“总其机宜，而责其成功，斯当今第一～也。” ❷ 务必；切实致力于。唐李忱《平党项德音》：“委所在将帅择其要害，绝彼窃觎，～坚完，令可固守。”陆贽《贞元改元大赦制》：“诸道有解退官健，州府长吏～安存，仍量以空闲田地给付。”辽希麟《续一切经音义序》：“明唐梵异言，识古今奇字。首兴厥志，～披详。”

【切须】 qiè xū 务必须要。《敦煌变文集新书》卷三：“～依此言语。”明孟称舜《娇红记》一五出：“一路上～保重。”清《万花楼》六〇回：“今日母子重会，赖包卿、海寿二人之力。恩重如山，皇儿～念之。”

【切严】 qiè yán 严切；严厉周密。《敦煌变文校注》卷四《降魔变文》：“弟子亲闻圣旨，约束～；和尚自促时光，许期明日斗圣。”

【切要】 qiè yào ❶ 紧要；紧要的事。唐张廷珪《论置监牧登莱和市牛羊奴婢疏》：“臣又度羊之为须，非军国～。假命畜牧能遂繁滋，三数岁间，亿万可致。”明张四维《双烈记》三八出：“稍待秦桧到来，当面与辨，尤为～。”清《野叟曝言》一二七回：“于乔所指贤否势恶，岂有不确当的？所说利弊，岂有不～的？” ❷ 务须；一定要。唐李德裕《魏城入贼路状》：“伏以馈运支计，本约至五月，今若五月未平小寇，即须便过盛暑，臣等夙夜思虑，～改张。”明孙柚《琴心记》八出：“我就抬你，～仔细着。”清《荡寇志》九一回：“教李应～遵守号令，不可再似狄雷鸟强。” ❸ 急切要；急需。《太平广记》卷一五七引《逸史》：“敏求曰：‘今既得见，乃是天意，～知一年所得如何。’马公乃为检一大叶子簿，黄纸签标，书曰：‘卢弘宣年支二千贯。’”又卷三八四引《河东记》：“今此有事，～五万张纸钱。”宋欧阳修《与二寺丞书》：“若此书到，尚在颍，则且先归，为娘～见汝。”

【切照】 qiè zhào 公文用语。切实查照。宋真德秀《申枢密院措置军政状》：“～甲乙丙三大战船，原系朝廷行下运司、本州，就有管官银内各拨一半应副。”明王守仁《举能抚治疏》：“～广东右布政使王大用，湖广按察使周期雍，皆才识过人，可以任重致远。”清《续金瓶梅》一一回：“～本县典史吴典恩，原系已故提刑千户西门庆门下书办，因冒籍纳吏人部，钻营得官。”

【窃柄】 qiè bǐng 窃夺权柄。唐崔沔《应封神岳举对贤良方正策》：“及谗虐官朝，则君子在野；贪佞～，则以货售才。”《元曲选·误入桃源》一折：“向因晋室衰颓，奸谗～，甘分山林之下。”清《锦香亭》七回：“我见奸人～，民不聊生。”

【窃犯】 qiè fàn ❶ 侵犯。唐周存《太常新复乐悬冬至日荐之圜丘赋》：“顷以贼臣不顺，悖于典常。震惊我师旅，～我纪纲。”金佚名《大金吊伐录》卷二：“何期倏尔发兵，～营垒，自取速祸。”清《平定三逆方略》卷四二：“～荆州，以图牵制。臣等即竭力守御，亦难保无虞。” ❷ 因盗窃获罪的犯人。清《皇朝文献通考》卷二〇一：“改发烟瘴～陆贵陇，在司监越狱。”《品花宝鉴》五九回：“吉安府差役拿获～张贵、钱德二名，搜出南昌府通判凭文一角。”

【窃负】 qiè fù 背负资财、赃物等(逃走)。语本《孟子》，言舜父瞽瞍杀人，舜“窃负而逃”。宋洪迈《夷坚志》三己卷四：“遂与散乐林小姐绸缪，约～而逃。”元蒲道源《纪事》之三：“邻境贵收纾乏绝，遗氓～活饥寒。”清《十二楼·合影楼》一回：“及至机心一动，任你铜墙铁壁，也禁她不住，私奔的私奔出去，～的～将来。”

【窃花贼】 qiè huā zéi 诱拐、奸淫妇女的贼人。明叶宪祖《团花凤》二折：“这奸谋是你不须提，却原是～。占东床，顶替了俊羲之。”

【窃禄】 qiè lù 空占禄位。多用作谦词。唐武平一《请抑损外戚权宠并乞佐外郡表》：“臣诸房等，地惟宗子，爵列捍城，～疏封，屡回星纪。”明柯丹邱《荆钗记》三七出：“心愧赧，备员～常嗟叹。”清查慎行《新晴赴书局》：“～多怀惭，何如返蓬蒿。”

【窃掠】 qiè lüè ❶ 侵袭抢劫。明《徐霞客游记》卷四上：“但安平之西达下雷界，与交夷接壤，今虑其～，用木横塞道路。”李东阳《送福建参政徐君序》：“海外接倭夷诸国，椎卉之徒，潜度～，自古而然。”清《绣戈袍》二三回：“奈宅内铁门铁衔甚属紧固，料难进去，只得就在外面闲所等处～一番。” ❷ 剽窃。明祝允明《约斋闲录序》：“唐人为稗虞之册，各征见闻，不事剽袭。宋之述者倍繁，自一二大手外，～复叠，多有可厌。”

【窃骗】 qiè piàn 以欺骗手段盗窃。明《杜骗新书·炼丹骗》：“次早送饭下，无人接，以烛照之，不见道士矣。梯下看之，银都窃去，方知彼踏符而上，明白被其～也。”

【窃攘】 qiè rǎng ❶ 攘夺天下，窃据帝位。《新五代史·十国世家序》：“自唐失其政，天下乘时。黥髡盗贩，衮冕峨巍。吴暨南唐，奸豪～。”宋张载《策问》：“盖孤秦以战力～，灭学法，坏田制，使儒者风义浸弊不传，而士流困穷。”明沈鲸《双珠记》二二出：“胡奴～，肆干戈鼎沸多方。” ❷ 攘夺(权力)。宋《三朝北盟会编》卷一六〇：“秦有赵高，汉有张逊，遂至于～威柄，倾覆神器。” ❸ 盗窃。宋洪迈《夷坚志》丁卷一五：“历道始死时，夫兄侵牟及婢妾～事。主名物色，的的不差。”明徐渭《会稽县志诸论·风俗论》：“妇则习媒，或伴良家新娶嫁，又为妇贸，便见～。” ❹ 剽窃。宋欧阳修《薛道衡王维诗说》：“‘大风’‘飞云’信是英雄之语也，若‘漠漠水田飞白鹭，阴阴夏木啭黄鹂’，终非己有，又何必区区于～哉。”苏辙《次韵刘泾见寄》：“诗书近日贵新说，扫除旧学漫无光。～瞿昙剽李耳，牵挽性命推阴阳。”

【窃探】 qiè tàn ❶ 探讨；探求。唐张守节《上史记正义序》：“诠众训释而作正义，郡国城邑，委曲申明，古典幽微，～其美。”宋杨万里《广东提举谢到任表》：“幼而读书，亦～壁中之科斗；长而试吏，顾安知柱后之惠文。” ❷ 打探；探听。明叶宪祖《素梅玉蟾》七折：“〔旦〕物相似也难尽信，没人去～根因。〔小旦〕～得是便怎么，不是便怎么？”清陈端生《再生缘》二七回：“赛宝时时常

～，但闻黎庶乱喧传。这个说，国王近日贪美色；那个说，家邦未必不归元。"《聊斋志异·寄生》："女乃喜，病渐瘥。～王孙，亲迎有日矣。" ❸ 试探。清《聊斋志异·素秋》："韩荃与有瓜葛，日招甲饮而～之，愿以两妾及五百金易素秋。"

【窃贼】 qiè zéi 偷东西的人。也用作对人的贬称。唐元稹《侠客行》："事成不肯藏姓名，我非～谁夜行。"明《型世言》二二回："从古最不好的人，莫如强盗～，人人都是切齿的。"清《女仙外史》二五回："正遇着小皂旗、楚由基两将，带领着三五十名马军，餘下都是步卒。高凤大笑道：'原来是小小～！'"

【砌】 qiè 另见 qì。❶ 戏曲中滑稽笑谑的表演，也指这样的演出剧目。宋罗烨《醉翁谈录》甲集卷一："曰得词，念得诗。说得话，使得～。"佚名《张协状元》一出："酬酢词源诨～，听谈论四座皆惊。"元陶宗仪《辍耕录》卷二六："诸杂～：模石江、梅妃、浴佛、……" ❷ 嘲笑；打趣。元张可久《一半儿·寄情》："寄情虚把彩笺缄，排～偷将底句搀，隔帘怪他娇眼馋。"高明《琵琶记》三六出："这是街坊上，谁劣相，～庄家形衰貌黄。"清《醒世姻缘传》八三回："我倒说你是好，你姑夫倒～起我来了。" ❸ 虚构；捏造。元高安道《哨遍·皮匠说谎》："难回避，骷髅卦几番自说，猫狗～数遍亲题。"明《石点头》卷八："若乃借盗窃之事，～情胪列，中以危法，是何心哉？"清李玉《清忠谱》一六折："只写得父冤羁，枉受严刑黑～。" ❹ 串演；演奏。明汤显祖《牡丹亭》一五出："俺怕不占场儿，～一个《锦西湖上马娇》。"又《邯郸记》一八出："〔贴众吹弹介，旦〕歇了。～一会品箫弦索，噪的人没奈何。"

【砌凑】 qiè còu 捏造拼凑。明《梼杌闲评》二〇回："密探宫闱之事，造成毁谤之书，名之曰《忧厄竑议》，专用那不明不白的私语～成书。就是皇上枕席间的密语，也都载在上面。"

【砌害】 qiè hài 犹"垫害"。清《醒名花》三回："外面人谁不晓得公子惯会～人的，就是此事传布出去，总不肯信。"

【砌末】 qiè mò ❶ 舞台布景、道具。元李伯瑜《小桃红·磕瓜》："兀的般～，守着个粉脸儿色末，诨广笑声多。"佚名《错立身》四出："孩儿与老都管先去，我收拾～恰来。"佚名《要孩儿·拘刷行院》："鹅脯儿～包裹，羊腿子花蒌里忙收。" ❷ 指戏曲中滑稽戏谑的小动作。元曾瑞《红绣鞋·风情》："妆～招人谤，哮字郎见人羞。"

【怯】 qiè ❶ 摧折；驱迫；驱除。唐杜甫《风雨看舟前落花》："吹花困癫傍舟楫，水光风力俱相～。"金《董解元西厢记》卷六："西风～雨眠难熟，残月窥人酒半醒。"明孙承恩《病起》之一："一卧兼旬日，居然～病魔。" ❷ 单薄；薄弱。唐韩愈《故幽州节度判官张君墓志铭》："幽州将父子继续，不廷选且久。今新收，臣又始至，孤～，须强佐乃济。"金李纯甫《赠高仲常》："伤弓良小～，弹铗竟何成。"《元曲选外编·西厢记》四本四折："乍孤眠被儿薄又～，冷清清几时温热。" ❸ 软弱；无力。唐慧净《自皋亭至吴门吊二大护法》："病耳蚊过似走雷，杖行犹～步难回。"明《西游记》一五回："他倚着有些力量，将我斗得力～而回。"清方成培《雷峰塔》二五出："休言大觉无穷妙，只看俺～身躯也不怕分毫。" ❹ 吝惜；不舍。唐元稹《纪怀赠李六户曹崔二十功曹》："煦沫求涓滴，沧波～斗升。"《太平广记》卷一一九引《还冤记》："沙门昙摩忏者，博达多识，为蒙逊之所信重。魏氏遣李顺拜蒙逊为凉王，乃求昙摩忏。蒙逊～而不与。"明高濂《玉簪记》九出："飞花点点～残春，羞对游人，还逐游人。" ❺ 承受不住。唐贾至《赠薛瑶英》："舞～铢衣重，笑疑桃脸开。"元乔吉《水仙子·赠姑苏朱阿娇会玉真李氏楼》："柔荑指～金杯重，玉亭亭鞋半弓。"《元曲选·王粲登楼》一折："则俺这敝裘常～晓霜残。" ❻ 逊；不如。唐李贺《兰香神女庙》："弄蝶和轻妍，风光～腰身。"章孝标《贻美人》："诸侯帐下惯新妆，皆～刘家薄媚娘。"清《万花楼》一九回："狄青本领～于王天化，若做个见证，倘他被伤，太后娘娘追责，祸必连及了。" ❼ 差；不好。《景德传灯录》卷二七《诸方拈代》："僧又问：'上岸稻得恁么好，下岸稻得恁么～。'曰：'下岸稻总被螃蟹吃却也。'" ❽ 中医指元气不足、痨、萎等病。宋《太平惠民和剂局方》卷五："养气丹治诸虚百损，……及男子阳事痿～。"明《醒世恒言》卷二八："令爱非七情六欲痨～之比，他本秉气虚弱，所谓孩儿痨便是。"清袁枚《续子不语》卷八："君此物得人精气久，已成烟龙，疗～者有效。" ❾ 排除；去除。金《董解元西厢记》卷八："得莺莺便把残生～。若是些小迟然，都教化肾血。"明宋应星《天工开物·曲糵》："君臣自古配合日新，眉寿介而宿痼～，其功不可殚述。" ❿ 消减；减退。宋谢翱《寺南小池》："清涵落鸟毳，寒～病僧容。"六十种曲本《琵琶记》二九出："当初蔡郎未别时节，你青春正媚；你如今又遭这饥荒贫苦，貌～身单。"明杨珽《龙膏记》七出："我看你楚腰渐～，似弱柳迎风。" ⓫ 欠缺；不足。元白樸《乔木查·对景》："幽悄闲庭院，舞榭歌楼酒力～。"明宋应星《天工开物·舟车》："舵短一寸则转运力～，回头不捷。"清《歧路灯》六一回："况且揭的这宗银子，文书上写的成色其实包瞒着不足，秤头也～。" ⓬ 外行；没经验。清《品花宝鉴》八回："两个黑相公，夹着个～老斗，把个李元茂左顾右盼，应接不暇。"《补红楼梦》一九回："我看你老的年纪也有二十来岁了，怎么还是这么～呢？"

【怯败】 qiè bài 胆怯败阵。明《二刻拍案惊奇》卷二九："当得那小姐深自知味，一似能征惯战的一般，一任颠鸾倒凤，再不推辞，毫无厌足。蒋生倒时时有～之意。"

【怯病】 qiè bìng ❶ 即"怯❽"。宋林希逸《将仕林君父子墓志铭》："居丧哀毁骨立，卒哭犹往来课艺不辍，俄以～卒。"明《欢喜冤家》七回："故此大娘气成～，一发在床服药无效。"清《姑妄言》一八回："卫玠以～死，潘安以杀死，男子红颜亦皆薄命。" ❷ 恐惧症。明孙传庭《致阁部札》："士鲜斗志，无着可施，则惟有用虚而已。然虚则难恃，况将领中解人甚少，～已深，并虚亦不能用也。"

【怯薄】 qiè bó ❶ 单薄不坚固。《五代会要》卷一一："有堤堰～水势冲注处，预先计整。"宋苏颂《进仪像状》："旧浑仪系熙宁中所造，环器～，水趺低垫，难以行使。" ❷（人体元气或功能）不足。宋陆游《老学庵笔记》卷三："今人禀赋～，故按古方用药，多不能愈病。"明薛瑄《乞致仕第二奏》："臣今年近七十，禀受原已～，血气早衰。"朱橚《普济方》卷二三："草果厚朴丸治脾胃虚弱，全不思饮食，腹痛滑泄，肠胃～。" ❸ 轻薄；分量轻或厚度薄。宋洪迈《夷坚志》支戊卷一〇："拊腰间布囊，摸所贮钱，顿觉～。出而观之，钱形固在，而绝轻。"元黄庚《闺情效香奁体》之四："懒向妆台对镜鸾，罗衣～正春寒。"《续资治通鉴》卷一二六："先是诸军请衣赐，所差使臣多以弊朽易取良缣，而诸军所得皆～者。"

【怯怖】 qiè bù 恐惧；惧怕。《景德传灯录》卷三《相州隆化寺慧满禅师》："自言一生心无～，身无蚤虱。"宋许洞《虎钤经》卷一一："用起大阴以将兵，士卒～；用起天后以将兵，不战自败。"明朱橚《普济方》卷一三："足少阴与手厥阴相接，水中心经手邪，故神～耳。"

【怯场】 qiè chǎng 临场胆怯。清《品花宝鉴》三〇回："聘才是精于此事，毫不～。"

【怯床】 qiè chuáng 妓女怯于床事。也指怯场。明《金瓶梅词话》五八回："董娇儿道：'他刚才听见你说，在这里有些～。'伯爵道：'～不～，拿乐器来，每人唱一套。'"清《绿野仙踪》五三回：

"这老淫妇如许年纪，还是这样～，不耐调戏。"

【怯胆】 qiè dǎn 胆怯。唐韩愈《酬司门卢四兄云夫院长望秋作》："嗟我小生值强伴，～变勇神明鉴。"明田汝成《送参议陈公之官广西序》："为之向导，探我底里，～寡谋，则跋扈以吓我。"清陈端生《再生缘》二五回："合部英雄齐～，先锋熊浩失声称。"

【怯根子】 qiè gēn zi 贬称出身乡下的人，谓其从小没见过世面。清《霓裳续谱・乡里亲家》："长听见人说，背地里把我咒骂，这～可晓得什么。"

【怯后】 qiè hòu 胆怯后退。明崔时佩、李日华《西厢记》一一出："人尽衔枚，马皆勒口，各要向前，不可～。"

【怯候】 qiè hòu 犹"怯病❷"。《元曲选外编・绯衣梦》二折："昏天地黑谁敢向这花园里走。我从来有些～，为那吃创的梅香无去就，到如今泼水难收。"

【怯疾】 qiè jí 犹"怯病❶"。明《警世通言》卷一："心力耗费，染成～，数月之间，已亡故了。"

【怯惧】 qiè jù 胆怯；害怕。《敦煌变文校注》卷四《破魔变》："惭愧刀而未举，鬼将惊忙；智慧剑而未轮，波旬～。"金《董解元西厢记》卷二："为首强人英武，见了早森森地～。"清《荡寇志》一一九回："又看李宗汤提刀在旁，凛凛威风，有些～。"

【怯怕】 qiè pà 犹"怯惧"。唐舒元舆《养狸述》："鼠本统乎阴，虫其用，合昼伏夕动，常～人者也。"敦煌词《拜新月》："回顾遇玉兔影媚，明镜匣参差斜坠。澄波美，犹～衔半钩耳。"明《二刻拍案惊奇》卷二："欲待推却，明明是～赌胜，不交手算输了。"

【怯气】 qiè qì 服气。多用否定形式。元明《水浒传》二一回："外人见押司在这里，多少干热的不～，胡言乱语。"明《型世言》二九回："要让一边，又不～，每日定要滚做一床。"清《女仙外史》七三回："我这里怎肯～。若与讲和，不便差人；要讲，你自讲去。"

【怯弱】 qiè ruò ❶薄弱；质量差。五代梁文矩《进左摒策奏》："请于黄河夹岸，防秋水暴涨。差上户充堤长，一年一替，委本县令十日一巡。如～处不早处治，旋令修补。"宋苏轼《乞降度牒修定州禁军营房状》："营房大段损坏，不庇风雨，非惟久不修葺，盖是元初创造，材植～，人工因循。" ❷缺乏；不足。《文献通考》卷二一："(宋仁宗天圣三年)天下和买、和籴夏秋粮草，虽逐处开场，多被经贩行人小估价，例外面添钱收买。候过时，乘宫中急市，即添价却将籴买者中卖，致粮草～，枉费官钱不少。"明《石点头》卷一二："但小姨要去报仇，恐力气～，不能了事。" ❸体质虚，功能弱。宋佚名《小儿卫生总微论方》卷一七："小儿肠胃～，藏腑嫩软，血气未壮。"元高明《琵琶记》二八出："只怕途路远，体～，病染孤身，力衰倦脚。"清《红楼梦》二回："这女学生年又小，身体又极～，工课不限多寡。" ❹萎弱；虚痨。明薛瑄《乞致仕第一奏》："自幼禀受气薄，常有～疾病。"《西湖二集》卷一九："后来忽术娘子因苦痛丈夫，害了一场～之病，接了许多医人，再也医不好。"《绣榻野史》卷下："金氏因骚的紧，弄的子宫不收，再没有儿，渐渐的成了～的病患，……成了一个色痨竟死了。" ❺次；不如。清《万花楼》二九回："吾今与你斗上三合，强似我者，才算你为离山虎；如～于我，只算煨灶猫。"

【怯少】 qiè shǎo 短少；不足。唐欧阳询《用笔论》："唯截纸棱，撆捩窈绍。务在矜实，无令～。"清《医宗金鉴》卷七二："久溃，脓水清稀，精神～，渐成漏证者，俱宜服先天大造丸。"

【怯生】 qiè shēng 与不熟识的人见面或相处有些胆怯不自然。清《歧路灯》二四回："逢若道：'抽头的如何不来？'张绳祖道：'他～。'"又五八回："虎镇邦道：'……当下没手，该怎的？'夏逢若脸向谭绍闻道：'这不是一家儿。'虎镇邦道：'我～。'"

【怯事】 qiè shì 怕事。唐张九龄《答严给事书》："不者吹毛洗垢，求其痕疵，势穷力屈，将无控告。未始～也，有为而然。"宋曹勋《台城杂诗》之一二："自怜～如欣泰，止合抠衣扣子长。"明《别有香》五回："你两人已吐胭脂，不比蕊妹～，可分事林、裴。"

【怯缩】 qiè suō ❶拘缩；不大方或不大气。宋陈淳《侍讲待制朱先生叙述》："然至诵其书，谈其行，则亦未有可为之仰服而阴自～也。"明朱谋垔《续书史会要》："行草合苏、米之长，施之小幅便面，甚自豪快；用于扁额，未免～。" ❷畏缩。明宋濂《莆田陈府君墓铭》："及既得位，则又顾畏～，为其身谋。"清《平定金川方略》卷二七："而司其事者，或～以老师，或獯狡以蓄志。"

【怯逃】 qiè táo 胆怯逃跑。清《后水浒传》三七回："这黑贼中计～，却是死路。且拿了他，也使杨幺丧胆。"

【怯条子】 qiè tiáo zi 称没见过世面的人。清《霓裳续谱・乡里亲家》："乡里的～嘴扎也么扎，这是从小儿惯的他忒油滑，每日和人家把子儿抓。"△《七侠五义》八〇回："智爷道：'怎么，这铅块块儿也换的出钱来？'内相听了笑道：'真是～。那不是铅，是银子。'"

【怯退】 qiè tuì 胆怯退缩。唐慧赜《般若灯论序》："文元旨妙，破巧申工，被之钝根，多生～。"宋许洞《虎钤经》卷五："在我当以必战为约，～示以必死，擒获示以必赏。"清《平定台湾纪略》卷四四："鸟枪照定准头连环叠放，打死贼匪甚多，贼众～。"

【怯畏】 qiè wèi 犹"怯惧"。《法苑珠林》卷三二："敷演法音，颜色和悦。人皆信受，不说外道经书，心无～。"宋洪迈《夷坚志》支甲卷四："自是数来，家人惯见之，稍不～。"明丘濬《大学衍义补》卷一五三："未至固已～，一入其地，气候不齐，蒸湿特甚，往往不战而死。"

【怯惜】 qiè xī 吝惜。明张三光《蒋石原先生传》："先生自奉菲薄，……一当敦厚根本，则绝无～。"陈子龙《宋幼清先生传》："有达官求米数百石，先生怒不与，而呼市人散米如其数，示无～。"

【怯薛】 qiè xuē 值勤守卫，也指宫廷卫士。蒙古语音译。元刘时中《端正好・上高监司》："～回家去，一个个欺凌亲戚，眇视乡闾。"《元史・兵志二》："～者，犹言番直宿卫也。"明《拍案惊奇》卷九："次子忙古歹，幼子黑厮，俱为内～带御器械。"

【怯阵】 qiè zhèn 临阵胆怯。明洪武三年四月初五日上谕："近为浙江左丞胡德济～，本将军合为之事，又乃行枷前来，此非古将之风。"《西洋记》二三回："此人诈败而去。我若是赶他，不免中他诡计；我若是不赶他，我便～。"

【怯证】 qiè zhèng 犹"怯病❶"。明李时珍《本草纲目》卷五二："男妇～，男用童女便，女用童男便，斩头去尾，日进二次。"清《医宗金鉴》卷六六："故每食不能充足，致令胃中空虚而～悉添。"

【怯症】 qiè zhèng 同"怯证"。明高濂《遵生八笺》卷一八："大金丹，治痰火翻膈，中风湿痰，虚损～。"袁于令《西楼记》一八出："这番～，多应不好了。每日间闻得草响风声，突然心动；见了花香月影，辄尔魂迷。"清《情梦柝》七回："做亲未及一年，弄成～。"

【怯滞】 qiè zhì 疲软涩滞。唐颜真卿《张长史十二意笔法记》："曰：'决谓牵制，子知之乎？'曰：'岂不谓为牵为制，决意挫锋，使不～，令险峻而成，以谓之决乎？'"

【妾势】 qiè shì 妇女在人前表现的卑贱相。清《醒世姻缘传》九六回："寄姐见他那～腔款，不由的笑了一声，也就没理论罢了。"又："严婆不打笑面的，你没见他那～的哩。"

【妾之兄】 qiè zhī xiōng “妾之兄弟”的歇后，歇“弟”字，指递呈。明《隋史遗文》三九回：“坐他出牛车五十辆往辽东，诈了他二百金，不与全免，又送一个～，要他一百方除。”

【契阔】 qiè kuò 指久别的怀念之情。《太平广记》卷五〇〇引《王氏见闻》：“既至郊迎，执手叙其～，待之如亲兄。”金《董解元西厢记》卷三：“执手入寺，置酒于廊下，以道～。”清《隋唐演义》一〇回：“叙罢了～，伯当开言：‘闻知兄长今日恭喜得一良马。’”

【挈扯】 qiè chě 扯拽；带领。明《金瓶梅词话》七回：“着紧街上乞食的，携男抱女，也～着三四个妻小。”

【挈持】 qiè chí ❶ 主持；掌管。唐韩愈《唐故朝散大夫董府君墓志铭》：“太师之平汴州，年考益高，～维纲，锄削荒颣，纳之大和而已。”明薛瑄《送宪副王士悦之任序》：“而宪副实协赞其使，～其纲纪而整齐之。”清钱谦益《明柱国光禄大夫梁公墓志铭》：“江陵张公以精强沉塞之才，～综核三事。大夫靡不专营，魂掏肝肾。” ❷ 扶持；提携。宋韦骧《谢举主陈少卿启》：“曾是疏贱，亦逢～，上叩九重之深，使充万里之任。” ❸ 携带；持拿。宋王令《古庙》：“又有械器身～，传言厉疫此乃资。”洪迈《夷坚志》支丁卷六：“唤仆秉烛排闼人，见拥一琴，顿悟昔日蔡邕之语。坚缚置于傍，及行，亲自～，眠食不舍。”王质《绍陶录》卷下：“钱币皆无所～，不知其何以应缓急也。” ❹ 支撑；撑持。宋魏了翁《再上史丞相札》：“屏营局蹐，无地自容，当～病躯，黾勉就列。”

【挈从】 qiè cóng 跟随。宋叶適《黄子耕墓志铭》：“子耕不恃家学，～郭子和、朱元晦甚久。”

【挈带】 qiè dài ❶ 犹“挈持❷”。宋元《古今小说》卷三五：“你去嫁了这官人，你终身不致担误，～姑姑也有个倚靠。”明佚名《赠书记》三二出：“他今朝同连鸳帐，是主恩渥处，～风光。”清《飞龙全传》一回：“若是大哥做了皇帝，不要忘了我们患难的兄弟，千万～做个王子耍耍。” ❷ 携带；随身带着。明曹于汴《开荒议》：“掌印治农等官，减去驺从，～糇粮，巡行于阡陌之间。”周履靖《锦笺记》三出：“夫人杨氏，小女淑娘，俱不～，只选一二能干家人，伏侍前行便了。”《大清会典则例》卷三四：“于八旗开户人内，选能种地壮丁四百名，～家口，前往开垦。” ❸ 带领；使随同。明邵璨《香囊记》二九出：“奴家是一个妇人，又没处去，望妈妈～一～。”《拍案惊奇》卷一：“今承诸公～，做此无本钱生意，偶然侥幸一番，真是天大造化了。”清袁枚《子不语》卷七：“自称姓王名经，河南洛阳县人，赴试京师，资费不足，求李～。”

【挈贰】 qiè èr 霓；副虹。明王世贞《少歌》：“命旳约兮前报，～矫兮为君导。”徐威《五游》：“焚轮驾我骑，～挟我鞯。”胡直《志归赋》：“鞭扶摇而清～兮，顾日月之自芒。”按，《尔雅·释天》：“螮蝀，虹也。蜺为～。”

【挈扶】 qiè fú 扶持。宋方大琮《与王尚书书》：“而今之患，外耶内耶？显耶隐耶？～此世，必人物如龙如虎，乃足以当。”

【挈拐】 qiè guǎi 拐带；拐骗携带。清《无声戏》二回：“媳憎夫貌劣，……席卷衣玩千金，隔墙抛运，计图～。”

【挈还】 qiè huán ❶ 携归。唐范摅《云溪友议》卷下：“廖君不顾其物，驿将竟不～。执袂各恨东西，物乃弃于林野。”金王元粹《七真赞·重阳王真人》：“甘河得遇，兀若狂人。～四师，大开全真。”明姚士粦《见只编》卷中：“夏，黠儿也，虽心骇而口漫承之，为拜谢～，自此遂至饶富。” ❷ 恢复。宋曾丰《代人题琼守归疆堂》：“归欤更了中原事，抵掌～河朔地。”阳枋《绍庆府麦秀三岐牛产二犊记》：“此非黔之祥，乃阃帅～故地之佳征也。”吴芾《和王龟龄待制贡院落成》之二：“士俗似闻衰也久，文场今见美哉轮。～旧观人争睹，赋就新诗笔有神。”

【挈将】 qiè jiāng 携带。唐李郢《送友生下第出关》：“～孤剑家何在，叫断重阍帝不闻。”宋陈东《尹馆作此觅酒召李顺之饮》：“空壶～纳宅库，为我却致霞灰红。”明陈汝元《金莲记》一一出：“下官～红粉，戾止黄堂。筑起龙堆，柳夹两湖之岸；驾成虹影，桃敷百尺之桥。”

【挈累】 qiè lěi 携带家室。《太平广记》卷四一二引《玉堂闲话》：“数州之民，皆～入山，就食之。”元王旭《留别王子谦》：“～而来一岁餘，主人恩礼不曾疏。”明郑真《送开封府荥泽县主簿王以仁归养序》：“今幸～以还，无一金为寿，将耕猎樵采为朝夕甘旨之供焉。”

【挈领】 qiè lǐng ❶ 带领。明陈子龙《陈忠裕自撰年谱》卷中：“余武贞宫谕与予协策，慨然任其事。于是割赎锾，议捐助，既范埏埴，爰修土功，……余公之劳不可忘，予～而已。”吾邱瑞《运甓记》三八出：“小弟久不回舍，况荆室小儿又侨寓庐江，如今便道～，展拜先茔，即便赴任。”清《粉妆楼》七八回：“臣子罗盘昔日进宫护驾，系祁子富之女祁巧云～入内。” ❷ 纲要，要点。明袁宏道《策第三问》：“洙泗之教，无所不摄，而仁为～。”

【挈提】 qiè tí ❶ 提；持拿。唐罗隐《市赋》：“参杂胡越，奔走孩稚。扶策而来，～而至。”宋洪迈《夷坚志》丁卷四：“数卒挟枪刺杀之，其长丈许，分为十餘脔，各～以去。”清杨永仁《蒉筐》：“赖得竹箩容纳便，行厨只此～轻。” ❷ 犹“挈持❷”。金刘祁《归潜志》卷一二：“如屏山之才，国家能奖养～使议论天下事，其智识盖人不可及。”明张景《飞丸记》一七出：“夙荷金兰契，渐磨兼～。”清彭孙遹《部檄促行甚急意忽忽不乐有作》：“漫说云霄好～，鲁阳难挽崦嵫西。” ❸ 犹“挈带❷”。宋石介《代张顾推官上铨主书》：“未满秩逢先君之丧，自江左扶护灵榇，～藐诸孤来乡里。”吕祖谦《与汪端明书》：“冬复过浙西，～干家叔一房归婺。” ❹ 犹“挈带❸”。宋刘黻《和酬张梅埜》：“郭行载酒相～，蹑根探窟天津如。” ❺ 掌控（关键）；把握（纲领）。宋李若水《徐太宰生日》：“～宇宙归陶甄，西北两路尚控弦。”元许谦《闻潘明之来钱唐》：“君不见绛侯木强尸相位，问以钱数莫知对。～纲维振领要，语言呐呐时称治。”黄溍《徐氏咏史诗后序》：“某窃观先师朱子感兴之作，～前史之要领，为言至约而又关于名教甚大。”

【挈维】 qiè wéi ❶ 提携护持。唐杜牧《上周相公启》：“四海俊贤，皆因～，尽在门馆。”张元晏《上承旨崔侍郎启》：“岂谓承旨侍郎念兹单拙，悯及埋沈。密回吹借之隆私，显示～之重德。”宋李复《和人伏日》：“太极剖元气，五行均四时。代谢密循环，母子相～。” ❷ 犹“挈提❺”。宋王安中《谢赐玉婴神变经札子》：“恭惟陛下，孕真梵极，合妙太初，～道枢，流布慈宝。”程俱《贺收复涿易二州表》：“此盖皇帝陛下～二柄，嘉靖多方。式帝命于汤齐，诘戎兵于禹迹。”

【挈携】 qiè xié ❶ 犹“挈提❺”。唐韩愈《记梦》：“～陬维口澜翻，百二十刻须臾间。”宋苏轼《观世音菩萨颂》：“吁观世音，净圣大士。遍满空界，～天地。”元大䜣《饶州路乐平州天童山童岭寺碑铭》：“无思无营游化初，旋斡万有归一无。～天地循其驱，庶几尔祖道不孤。” ❷ 犹“挈提❸”。《通典》卷一八：“远授一职，已数千里赴集，又数千里之官，～妻孥，复往劳苦。”明吴宽《故四川佥事陈君墓志铭》：“一日佥事殁，～诸孤，远道归葬。”清《珍珠舶》六回：“却因功名意浅，山水兴深，所以～细居，到处游览。” ❸ 犹“挈提❷”。宋陈造《祭罗枢密文》：“而况吾徒，倚公～，是挽是推，是嘘是吹。” ❹ 犹“挈提❶”。宋陈造《正仲和帅属被盗》之一：“衣囊缄镉竟胡为，只与偷儿便～。”吴泳《刘园九日燕同寮效陶谢体》：“鸱夷自～，猩笔漫游戏。”

【挈引】 qiè yǐn ❶犹"挈提❸"。唐张读《宣室志》卷五:"由是近山居者,咸~妻子,徙去他郡,以逃其患。"元许衡《与张仲谦书》:"亲友亦咎某当时不即~还家,故致如此病且革。" ❷犹"挈提❹"。清施闰章《跋先祖奉送陈九龙先生北上诗后》:"九龙陈先生初来宛陵,从游才数辈。先大父一委贽,倡导~,一时至八百餘人。"

【愜便】 qiè biàn 妥便;稳妥适宜。唐郭震《上安置降吐谷浑状》:"至如耽尔乙句贵,往年王孝杰奏请,自河源军徙居灵州,用为~。及其逃叛之日,穿监牧,掠马群,所在伤夷,大损州县。"

【愜当】 qiè dàng ❶妥当;恰如其分。唐张鷟《游仙窟》:"断章取意,唯须得情。若不~,罪有科罚。"宋黄庭坚《苦笋赋》:"甘脆~,小苦而反成味;温润缜密,多啖而不疾人。"明程敏政《资德大夫程公行状》:"凡朝廷有大事众未决白者,数语之间,犁然~。" ❷会心;符合心意怀抱。语本晋陆机《文赋》"愜心者贵当"。唐杜甫《秋日夔州咏怀》:"风流俱善价,~久忘筌。"五代孙光宪《北梦琐言》卷四:"每起草先呈,皆不称旨。吴乃祈掌武亲密俾达其诚,且曰:'某幸得齿在宾次,唯以文字受眷。虽愧荒拙,敢不著力。未闻~,反甚忧恨。'"宋黄庭坚《次韵稚川》:"曩过招提饭,~易为适。" ❸熨帖;认为妥切。唐白居易《论太原事状·严绶、辅光》:"此皆圣鉴至明,左右不能惑听,合于公议,断自宸衷。内外人心,甚为~。" ❹正对上;恰合于。宋胡仔《苕溪渔隐丛话》前集卷七:"此盖曲尽一时之意,~众人之情,通畅而有条理,如辩士之语言也。"李流谦《上曾丞相书》:"其所施设,严重周密,有典有则,无一不~人意。"丘密《千秋岁》:"凌波争缭绕,点舞相萦带。应~,凝香燕寝佳人对。"

【愜伏】 qiè fú 同"愜服"。《法苑珠林》卷三四:"其新文异旧者,义皆圆通。众心~,莫不欣赞。"

【愜服】 qiè fú 心悦诚服;使心悦诚服。《旧唐书·突厥传上》:"时思摩下部众渡河者凡十万,胜兵四万人,思摩不能抚其众,皆不~。"辽即满《妙行大师行状碑》:"如金铜标刹对立各十餘寻,前古未有,以师巧慧造立,众皆~。"清纪昀《阅微草堂笔记》卷一八:"故以一代盛名,挟百千万亿朋党之助,能使人噤不敢语,而终不能~其心。"

【愜怀】 qiè huái 释怀;抒放怀抱。《敦煌变文校注》卷五《维摩诘经讲经文(三)》:"所喜旋添意,清凉迥~。"明徐浦《南宁最高台记》:"虽其兴致不同,而凭高啸咏托物~无二也。"清《红楼梦》三六回:"宝玉因各处游的烦腻,便想起《牡丹亭》曲来,自己看了两遍,犹不~。"

【愜迫】 qiè pò 忧急窘迫。清吴伟业《程翼苍诗序》:"辄隐居自放,作为歌诗,以发其忧愁~懑愤无聊之思。"又《田鹏渊梦归草堂诗序》:"已而裴回反侧,~无聊,不能自致于放旷之区,逍遥之宇。"

【愜气】 qiè qì 同"怯气"。宋元《古今小说》卷三:"倘有人不~,在此飞砖掷瓦,安身不稳。"明《禅真后史》三回:"不知那个不~,故意定要他远出,教他死得好苦。"清《一片情》八回:"那个忘八不~我,你有胆气学我做做。"

【愜洽】 qiè qià 洽切;妥帖。清李光地《榕村语录》卷七:"舍却对针线路,而寻别节旁枝,安能使经意~。"

【愜怯】 qiè qiè 胆怯;畏惧。唐韩愈《苦寒》:"羲和送日出,~频窥觇。炎帝持祝融,呵嘘不相炎。"按,"愜"一作"恇"。明宋濂《哭张教授父子辞》:"大德中,县有桀黠吏,挟重辟害民,民~莫敢触其锋。"

【愜适】 qiè shì ❶如意;顺心。唐郑还古《博异志》:"春条善书录,音旨清婉,所有指使,无不~。"明范景文《贺杨明府太孺人节寿叙》:"夫世之隐忍苟活者而质之本心,未至十分~。其于生生之理谓何?故曰仁者寿。"清汪由敦《丁茜园集序》:"是宜橐镂管以长驱,冀得对觚棱以~。" ❷闲适。唐司空图《与李生论诗书》:"得于寂寥,则有'孤萤出荒池,落叶穿破屋';得于~,则有'客来当意愜,花发遇歌成。'"宋刘弇《晚晴》:"病躯得~,更甚解挛缚。"清恽敬《答陈云渠书》:"此科文如仲岳之才气,贯汀之清拔,允中之~,……皆宜隽而不隽,岂果有命耶?" ❸舒适;舒服。宋欧阳修《有赠端溪绿石枕蕲州竹簟》:"自然唯与睡相宜,以懒遭闲何~。"洪迈《夷坚志》三壬卷四:"我在歇凉正~,尔且先反。" ❹和谐;适宜。宋洪迈《夷坚志》补卷一六:"夫妇间殊~,惟防禁甚密,母子更迭守视,不许出中门。"明皇甫涍《读天官杂志》:"凡所以调和王之饮食,而助养王之血气,未尝不极于~,疾病何自而生乎?"陆粲《赠长洲赵侯入觐序》:"侯先默察其资力高下,手自籍记。及期,召立庭中,披籍命之,无弗~。" ❺犹"愜当❹"。宋洪迈《夷坚志》支乙卷二:"崔以人奴获好妇,~所愿,不复询究本末。"

【愜顺】 qiè shùn 顺心;如意。唐杜甫《故武卫将军挽歌》之二:"铦锋行~,猛噬失跷腾。"清钱谦益《戏题徐仲光藏山稿后》:"少不~,则愠詈随之。"

【愜素】 qiè sù ❶"愜素心"或"愜素愿"之省。愜心;愜怀。唐韦应物《晚出府舍与独孤兵曹归里第》:"分曹幸同简,联骑方~。"明苏伯衡《东斋夕书》:"幽居得自怡,野性方~。" ❷素怀;本心。明邢侗《谢在杭居东集序》:"长篇鸿制,步履左班;法度章裁,出诸~。"

【愜望】 qiè wàng ❶仰望;抬头看。唐李冗《独异志》卷上:"时大合乐,音曲远畅。曲江涨水,联舟数十艘,……群众~。" ❷仰望;敬仰并有所期待。宋岳珂《桯史》卷一一:"(周益公)即为属藁,文不加点而成,邑人~。"明刘球《送山西布政使石公赴任诗序》:"张释之收名于公车,未尝不~于廷尉。" ❸符合愿望。清弘历《夜雨》:"再霑方~,恐霁益殷思。"

【愜慰】 qiè wèi 欣慰;快慰。宋郑明举《贺刘提泉启》:"阜财解愠,将有望于弦歌;入境宣风,行遂披于云雾。兹为~,寔倍等伦。"

【愜兴】 qiè xìng 痛快;舒服。唐韩愈《雨中寄孟刑部几道联句》:"祛烦类决痈,~剧爬疥。"宋刘弇《赠贾仲武》:"投以大句犹加详,启函~剧爬疡。"又《读汪都讲邵宣教拟试题》:"~谁爬背,长哦独哆唇。"

【愜意】 qiè yì ❶称心;满意。唐张鷟《游仙窟》:"合奁横陈,何曾~。"明杨柔胜《玉环记》六出:"须要寻一个~的粉头奉承他才好,此间平康巷虽有几家,必是口手相应者才可。"清《姑妄言》一三回:"那娇娇每常阮大铖父子三人日供他一人之乐,犹未~。" ❷甘心;情愿。《敦煌变文校注》卷一《伍子胥变文》:"臣今合死,~无言。大将军得充雠心,灭其宗庙,快哉踊跃,喜贺不胜。" ❸快意;畅快。唐韩偓《寒食日沙县雨中看蔷薇》:"~凭栏久,贪吟放盏迟。"宋黄庭坚《鼓笛令·戏咏打揭》:"酒阑命友闲为戏。打揭儿、非常~。"清弘历《怀桑道中作》:"微凉真~,润景总迎眸。"

【愜愿】 qiè yuàn ❶素愿;意愿。明屠隆《昙花记》二一出:"今见师父道素襟怀,英雄气色,使妾半生~,一见输心。" ❷如愿;称心。清《梦中缘》二回:"好事从来难~,一树娇花几被风吹散。"

【愜足】 qiè zú 满足。清纪昀《阅微草堂笔记》卷一六:"先亲迎一日，邀母来观，意甚～。"

【趄】 qiè ❶残破；缺损。唐陆羽《茶经》："其铁以耕刀之～，炼而铸之。" ❷倾斜；歪倒。元汪元亨《醉太平·警世》："坠天边一点参儿～，照床头一片月儿斜。"明刘基《奎上人耘杖铭》："既予老是扶，又秽莽之除。俾康勿～，以弗迷厥涂。"《金瓶梅词话》三三回："宋家的丫头若把脚略～儿，把宋字儿倒过来！" ❸改变；偏离（初心）。金《董解元西厢记》卷七："我佯呆，一向志诚，不道他心～。"元马致远《夜行船》："你既不弃旧怜新，休想我等闲心～。" ❹忐忑；慌乱。元曾瑞《山坡羊·妓怨》："被娘间阻郎心～，离恨满怀何处说。"明康海《王兰卿》三折："捱不得法灸神针苦劝逼，越越的神思～矣。" ❺（脚）抬起欲行；迈步。元张可久《小梁州·分得金字》："金波满捧金杯劝，舞春风半～金莲。"佚名《耍孩儿·拘刷行院》："入席来把不到三巡酒，索怯薛侧脚安排～。"明孟称舜《娇红记》四五出："看你瘦腰肢，剩得无多折。脚步儿行难～，孤神恁害怯。" ❻陡；倾斜角度大。明徐渭《四声猿·雌木兰》一出："～坡子长蛇倒绾，敢是大帅登坛坐此间。"《金瓶梅词话》三三回："楼梯子～，我只当咱家里楼上来，滑了脚。"

qīn

【亲】 qīn ❶婚姻；结亲。唐李冗《独异志》卷上："唐柳子升妻郑氏无疾而终，临卒时告子升曰：'不离君之身，后十八年更与君为～。'"元赵明道《斗鹌鹑·名姬》："为媒的涿郡仲襄，保～的苏君丘祥。"清《隋唐演义》六回："柴嗣昌父母早亡，便将家园交与得力家人，就随唐公回至太原就～。" ❷近似；相似。唐杜甫《李潮八分小篆歌》："惜哉李蔡不复得，吾甥李潮下笔～。" ❸关键；要害。《祖堂集》卷六《投子和尚》："问：'最～处乞师一言。'师以杖敲之。" ❹真切；准确。宋华岳《翠微先生北征录》卷八："造克敌弩，而箭用索翎，故失于太钝，而不能取～。"《元曲选·救孝子》二折："被鸦鹊啄破面门，狼狗咬断脚根，到底是自己孩儿看的～。"清《女仙外史》三四回："左手在怀里探锤和索，向后觑得较～，劈面一掷。" ❺亲热。元徐琰《青楼十咏·叙别》："叹聚会难～，想恩爱怎舍，奈心意相关。"关汉卿《一半儿·题情》："碧纱窗外静无人，跪在床前忙要～。"明单本《蕉帕记》二一出："我若～了新的小姐呵，还怕那旧底嗔着我；若～了旧的小姐呵，又怕这新底对着我嗔。" ❻指接吻。明《拍案惊奇》卷六："卜良急将口来～着，将舌头伸过巫娘子口中乱搅。"清《姑妄言》一回："两手捧定了脸，连～了四五个。" ❼情人的昵称。明《挂枝儿·私窥》："欲要搂抱你，只为人眼多。我看我的乖～也，乖～又看着我。"

【亲傍】 qīn bàng 亲近倚傍。元赵莹《塞鸿秋·题情》："只为美人情，空取时人谤，何时再得相～。"明袁宏道《与焦弱侯座主书》："稍得转部，便图改南，非独～佳人，将亦卜居秦淮。"《石点头》卷一三："见今官家日逐相随，也无缘～，却想要见千里外不知姓名的军士，可不是个春梦？"

【亲串】 qīn chuàn 亲戚。宋李彭《送人游吴》："胡为向吴会，雅意访～。"明田汝成《炎徼纪闻》卷四："与其曹耦善厚者曰同年，同年之好逾于～。"清《绣球缘》五回："独怕朱家～有人，或列要津，或参名幕，咬他儿子上控。"

【亲慈】 qīn cí 指父母双亲。唐李华《扬州龙兴寺经律院和尚碑》："孩抱之岁，誓齿道门。～所钟，志不可夺。"明孙柚《琴心记》一五出："恕儿愚，望～，转把幽盟作好期。"清弘历《至盛京故宫日作》："秩秩肯堂钦祖德，依依爱日奉～。"

【亲道】 qīn dào 亲戚关系，也指亲戚往来。《景德传灯录》卷一〇《长沙景岑》："今日还乡入大门，南泉～遍乾坤。法法分明皆祖父，回头惭愧好儿孙。"明《封神演义》二六回："况我与你幼虽结拜，义实同胞，即以姐妹之情，就见天子，亦是～，这也无妨。"清《雪月梅》七回："况且许姑娘说起来都是有～的，难得到了这里，岂有不会一会就肯放你们去的！"

【亲的】 qīn dí ❶同"亲嫡"。五代石敬瑭《平张从宾赦制》："所有先臣并祖父母坟庄祠堂，并可交付～骨肉主张。应有犯事人～骨肉，除已诛戮外，并放一切不问。"宋张方平《准敕保举京官奏》："本官在朝，并无～骨肉食禄。"《宋史·吐蕃传》："且谓董毡无后，陇拶乃木征之子、唃厮啰嫡曾孙，最为～，于是以陇拶为河西军节度使。" ❷亲信。宋《三朝北盟会编》卷一一五："因寒食日伪随大姓送丧，携～十三人复奔诣五马山寨。" ❸亲知；真知。《古尊宿语录》卷三九《智门祚禅师语录》："因举僧问香林：'云门～旨，今夜嘱何人？'林云：'《涅槃经》。'僧云：'与么则～。'"《五灯会元》卷一五《育王怀琏禅师》："若是本分衲僧，才闻举着，一摆摆断，不受纤尘，独脱自在，最为～。"宋陈渊《看论语》之四："看取子思～处，始知论语自无病。" ❹明确无误。宋王楙《野客丛书》卷二五："《毛诗》不必问，只如《虞书》，'元首明'对'股肱良'，便已～。"胡仔《苕溪渔隐丛话》前集卷四："如曰'山中老宿依然在，案上楞严已不看'之类，更无龃龉之态，细味之，对偶～而字不露也。"周林《疑狱札子》："然罪人情犯亦有与断例无一般～者，并所断过刑名亦未必皆是情法相当、灼然详允之例。"

【亲嫡】 qīn dí 嫡亲。五代李亶《推恩节度使子弟敕》："诸道节度使男及～骨肉未沾恩命者，特许上闻。"宋宋琪《论复幽燕疏》："其奚、霫、渤海之国，各选重望～，封册为王。"明严嵩《稽古典以备采酌事奏》："黎谌～长子应袭，共推嗣立。"

【亲丁】 qīn dīng ❶有血统关系的亲属。宋《建炎以来繫年要录》卷九："金人民兵之法有二：一曰家户军，以家产高下定之。二曰人丁军，以丁数多寡定之，……或～不足，则募人代行。"《元曲选·赵氏孤儿》二折："可怜三百口～饮剑锋，刚留得孤苦伶仃一小童。"清《品花宝鉴》三八回："去年夫人又病故了，剩了孑然一身，并无～骨肉。" ❷亲随的家丁。明《禅真后史》五〇回："次日五鼓，程望云分付～仆役：'张家如有人来行凶撒泼，仍然下死手逐他出去。'"清钱谦益《特进光禄大夫孙公行状》："遣～击奴哨骑，杀之于郊外。"《醒世姻缘传》九九回："拨标下五千员官兵，听郭总兵随征调用；又拨自己～一百名，与郭总兵作为～。"

【亲房】 qīn fáng 血缘关系近的家族分支。房，房分。唐张说《让起复黄门侍郎第三表》："臣本书生，门非代禄，数叶单绪，族无～。"《敦煌变文校注》卷一《董永变文》："为缘多生无姊妹，亦无知识及～。"清《宛如约》五回："唯老身与他是～，故知道的亲切。"

【亲告】 qīn gào 被害人亲自提起诉讼。明何乔新《修省事奏》："子妇悖戾，至于毁骂其亲，故坐以绞。然恐人诬告致罪，故云须～乃坐。谓之～乃坐者，以见他人虽告不坐也。"《大清律例》卷二八："凡妻殴本夫，如本夫～，又复愿离，恩义已绝，应按律的决。"

【亲哥】 qīn gē 女子对情人的昵称。明《挂枝儿·赠瓜子》："瓜仁儿本不是个希奇货，汗巾儿包里了送与我～。"《醋葫芦》二〇回："青萍便暗约盛子都道：'今夜那天杀的出外勾当，～千万来快活一宵。'"清《姑妄言》五回："那裘氏口中'心肝～'无般不叫出来，姚泽民觉他比那八个妾还骚浪些。"

【亲供】 qīn gòng ❶亲自填报（履历、证明文书）。明于谦

《兵部为乞恩事奏》："在外干事，取具本官～脚色缴报。"叶春及《请发仓牍》："除里书，使民～自审造，视丁粮均里甲。" ❷ 指亲自填报的履历、证明等文书。明蔡文《荫子咨呈》："钦承荫子一人，世袭锦衣卫百户，行县取具里老并本族～。"清蓝鼎元《月湖先生传》："令民自具～，实计丁口产业，自立征户。"《荡寇志》一一二回："又就京中雇了两名车夫，次日即赶办投递～之事。" ❸ 亲自招认（罪状）。明《醒世恒言》卷二九："董县丞连声喝住，方才放了，把纸笔要他～。蔡贤只得依着董县丞说话供招。"清《歧路灯》五二回："您既～赌博情真，只得按你们赌博加罪。"《万花楼》五八回："但郭槐尚未～招认，须待审讯明白，方可前往迎请。" ❹ 指亲自招认的供状。明汤显祖《牡丹亭》五三出："叫令史取过一张坚厚官绵纸，写下～：'犯人一名柳梦梅，开棺劫财者斩。'"《梼杌闲评》三七回："既有此符，又有郭氏～，也不消辩得，夹了一夹，俱收禁。"清袁枚《续子不语》卷四："李令取其～，判云：'此冥法也，非官法也。候其安静，带县发落。'"

【亲眷】 qīn juàn ❶ 谓相亲相爱。唐司空图《为东都僧化刻律疏》："必期字字镌铭，种慧牙而不竭；生生～，遇胜会而同闻。" ❷ 亲戚；眷属。《敦煌变文校注》卷六《大目乾连冥间救母变文》："狱主启言和尚：'是何～？'目连启言：'是贫道慈母。'"《元曲选·窦娥冤》三折："你如今到法场上面，有什么～要见的，可教他过来见你一面也好。"清《醒世姻缘传》六三回："见得有一个～，叫是宋明吾。"

【亲军】 qīn jūn ❶ 直属于皇帝或统帅的军队。唐陆贽《论叙迁幸之由状》："陛下急于靖难，累遣东征，边备空虚，～寡弱。"明《警世通言》卷二五："忽有隶卒四人传命，新任～指使老爷请员外讲话。"清揭暄《兵经》中卷："一曰～，乃里壮家丁，护卫大将者也。" ❷ 指这样军队的士兵。《太平广记》卷一〇一引《北梦琐言》："得铁塔，上刻三千人姓名，悉是见在常山将校～。"明《古今小说》卷六："先前未曾遭际，只在葛令公帐下做个～。"清《万花楼》七回："只静悄悄，带了张龙、赵虎、董超、薛霸四个～，各处巡察。"

【亲口】 qīn kǒu ❶ 出自本人之口。唐吕喦《认得东西木与金》："神仙～留斯旨，何用区区向外寻。"明《醒世恒言》卷一三："夫人何不设了香案，～许下保安愿心。"清《白雪遗音·手拉手儿》："嘴对着香腮，～儿叮咛：但愿你，一路途中多保重。" ❷ 亲自用口。明《金瓶梅词话》六七回："打开是一方回纹锦双栏子细撮古碌钱同心方胜结穗桃红绫汗巾儿，里面裹着一包～磕的瓜仁儿。"清《白雪遗音·瓜子磕了》："个个都是奴家～磕，红的是胭脂，湿的是吐沫。" ❸ 亲人。口，指按人口计。清钱谦益《高阳孙氏阖门忠孝记》："辅臣承宗子孙男妇内外～皆死，止逃一六岁孙及其母。"

【亲郎】 qīn láng ❶ 犹"亲哥"。明《金瓶梅词话》九九回："这韩爱姐下了轿子，到坟前点着纸钱，道了万福，叫声：'～，我的哥哥。'" ❷ 新郎。清陈端生《再生缘》三九回："王府家丁收进去，这一边，～新妇谢媒人。"又："交杯已毕～出，众女眷，笑语而来进洞房。"

【亲路】 qīn lù 犹"亲道"。明《金瓶梅词话》八九回："咱娘儿们会少离多，彼此都见长着，休要断了这门～。"

【亲罗】 qīn luó 亲戚。罗，通"萝"，谓亲戚如藤萝相缠。《敦煌变文校注》卷六《金刚丑女因缘》："夫主入来无喜色，～未看见殷勤。"敦煌本《金刚五礼》："聚会～，子(恣)情食噉。"

【亲面】 qīn miàn ❶ 亲见；面对。《太平广记》卷四〇七引《玉堂闲话》："又西岩之半，有志公和尚影。路人过者，皆西向擎拳顶礼，若～其如来。"《古尊宿语录》卷四六《滁州琅琊山慧觉和尚语录》："师云：'～龙颜一句作么生道？'学云：'一片月生海，几家人上楼。'" ❷ 当面；面对面。《五灯会元》卷一九《龙门清远禅师》："千说万说，不如～一见。"明《西游记》二〇回："倘或～撞见妖精，怎的是好？"《挂枝儿·镜》："我爱你清光满体态儿圆，那一日不与你相～。"

【亲末】 qīn mò 对亲戚的自我谦称。明归有光《与管虎泉简》："每辱不弃～，眷念之勤。"清《春柳莺》七回："闻吾兄飞鸣上苑，作朝中柱石，四方咸庆得人。弟忝～，容当拜贺。"《姑妄言》一四回："贵人明岁还要连捷呢，我们叨在～，亦皆有光。"

【亲目】 qīn mù ❶ 亲眼；亲自经眼。《法苑珠林》卷六九："召诸沙门与道士学达者十人，～对校。"《元曲选·薛仁贵》一折："这是老夫～所见，委实是薛仁贵的。"清《玉楼春》三回："我前日～看见，为何他说没有？" ❷ 亲见；眼见。宋陆九渊《与章德茂书》："同官赴试与被檄而出者，皆～其事。" ❸ 即"青目"。明《金瓶梅词话》五五回："就叫那门馆先生写着一封通候的八行书信，后面又写那'相送歌童，求他～'的语儿。"《鼓掌绝尘》三六回："今日先人亡过，凡事还望众尊长～一～。"清《隋唐演义》一一回："你投他引进幽州，转达公门中当道朋友，好～叔宝。"

【亲年】 qīn nián 双亲的年纪。宋王埜《沁园春·子寿母》："幸物情如旧，～未老，且开玉帐，共祝金樽。"明吾邱瑞《运甓记》四出："奈蔗景～，提起柔肠寸织。"清查慎行《清明日西阡焚黄感赋》："方生逢圣代，无禄尽～。"

【亲娘】 qīn niáng ❶ 生母。宋元《清平山堂话本·董永遇仙》："别人皆骂我做无娘子，今日定要见个明白，定要见我～。"明顾宪成《答友人》："到那里，无论～乳娘，都救不得也。"清《醒世姻缘传》四一回："要不就是后娘，要是～，可也舍不的这们降发那儿。" ❷ 尊称已婚女性，犹言大妈、大嫂。明袁于令《西楼记》一四出："可惜月明风顺，不如劝穆～开了船罢。～，船头上好月，起来一看。"清《玉蜻蜓·问卜》："你道陆老～是那一个，这是申府中一个老仆妇。"《情梦柝》二回："楚卿向老奶子唱个喏，问：'老～高姓？'奶子道：'先夫姓朱。'" ❸ 昵称有所求或感情极亲密的女性。明叶宪祖《素梅玉蟾》一折："〔生陪笑介〕是我差了。〔跪介〕我的～！有甚么好话，对凤来仪说罢。"清《红楼梦》一二回："抱到屋里炕上就亲嘴扯裤子，满口里'～''亲爹'的乱叫起来。"

【亲契】 qīn qì ❶ 关系密切的朋友。唐张九龄《酬周判官巡至始兴会改秘书少监》："当推奉使绩，且结拜～。"宋佚名《张协状元》四八出："〔净〕关西老将谭节使来相见。〔末〕武职各当街墀。〔丑〕是吾～，特免街墀。"明吴宽《送林朝信还广西》："捧表被光华，开筵接～。" ❷ 指结姻。宋李洪《陪朱德应泛舟》："朱陈～当年少，李郭仙舟此日同。"洪适《新途婚书》："幼弟久服师资，未反三隅之问。兹缘～，遂缔欢盟。" ❸ 朋友交好。宋韩琦《次韵答子渊学士》："子渊～深，实出同试右。"曹彦约《朝奉郎致仕晏子中墓志铭》："臭味之投，～之厚，必予也志子中墓者。"明郑真《蓬庐处士史公墓志铭》："且与行可幼同砚席，～之厚，非一日矣。"

【亲洽】 qīn qià ❶ 与……交好；使关系亲密融洽。唐李公佐《南柯太守传》："时君少年，亦解骑来看。君独强来～，言调笑谑。"清钱谦益《顾仲恭传》："此言人不可不求友生，至于父舅兄弟，亦当以酒食相～也。" ❷ 亲密融洽。宋洪迈《夷坚志》支景卷三："既而从容延顾，颇相～。"明方孝孺《与友人论井田》："古者之世，富庶胜于今，风俗美于今，上下～过于今。"清《玉楼春》二〇回："但是你与邵相公两情从未～，如何就好把我的心事对他说？"

【亲切】 qīn qiè ❶ 亲近；亲密地接近。也指有这样的动机。

五代贯休《寿春节进》："丕图非力致，英武悉天资。正直方～，回邪岂敢窥。"《太平广记》卷五○引《传奇》："同载有樊夫人，乃国色也，言词问接，帷帐昵洽。航虽～，无计道达而会面焉。"清《春柳莺》四回："自昔睽违，倏尔春秋几易。每思会无由，惟梦寐得～耳。" ❷ 指最接近皇帝的处所或职位。明沈德符《万历野获编》卷九："文华殿本主上与东宫讲读之所，视唐之延英、宋之集贤，其地最为～，非如武英殿为杂流窟穴。"清毛奇龄《刑部广西清吏司主事沈君墓碑铭》："时新例，以内阁～地，勿用赀郎，特遴进士有才望者充之。" ❸ 切近；直接。五代徐铉《萧庶子诗序》："以此（诗歌）观其人，察其俗，思过半矣。比夫泽宫选士，入国知教，其最～者也。"元王国瑞《扁鹊神应针灸玉龙经》："偏正头疼及目眩，囟会神庭最～。"清《平山冷燕》一七回："今日若当面错过，明日再央人来求，不知费许多力气，还是隔靴搔痒，不能如此～。" ❹ 真切；清楚。五代王定保《唐摭言》卷一五："今日看更～，并恐是扬汴。"元明《水浒传》三二回："被武行者转过身来，看得～，只一戒刀，那先生的头滚落在一边。"明袁于令《双莺传》三折："见是见他，只是月落的时节，又在江中，没有灯火，别时又是五更，不甚～。" ❺（理解）深刻贴切。《古尊宿语录》卷八《汝州首山念和尚语录》："僧云：'如何是学人～处？'师云：'五九尽日又逢春。'"明沈鲸《双珠记》三○出："你体认～，铺叙详明，作圣之阶，宛然在目。"清黄宗羲《万贞一和苏诗题辞》："贞一挂名罪籍六百四十二日，魂飞汤火，甚于子瞻。患难既同，和诗能不～？" ❻ 准确；无误。元明《水浒传》三五回："晁盖听罢，意思不信，口里含糊应道：'直如此射得～，改日却看比箭。'"明《古今小说》卷二二："果然跟个石匠，在广陵驿东首住居。访得～，回复了似道。"《二刻拍案惊奇》卷一八："此须晚间卧榻之上，才指点得穴道明白，传授得做法手势～。" ❼ 认真；严肃对待。明张介宾《类经》卷二一："言邪正脉色，必当～审视，若以小作大，则反其真矣。"王守仁《巡抚南赣钦奉敕谕通行各属》："山川道路之险易，必须～画图；贼垒民居之错杂，皆可按实开注。" ❽ 亲密；关系亲近。明汤显祖《牡丹亭》三二出："叹书生何幸遇仙提揭，比人间更志诚～。乍温存笑眼生花，正渐入欢肠啖蔗。"清《八洞天》卷七："我和你姊弟相称，就如雁行一般，恐雁行不若鸳鸯为～。"《儒林外史》三回："贵房师高要县汤公，就是先祖的门生。我和你是～的世弟兄。" ❾ 亲热；亲密而热情。明谢谠《四喜记》四一出："我正与四人讲得～，又不免相别了。"清蓝鼎元《与荆璞家兄论镇守南澳事宜书》："朔望行香谒拜已毕，进诸生而～慰劳之。"《隋唐演义》七二回："止带三四十亲随，同怀义～的慢慢而行。" ❿ 切实；实实在在。清李玉《清忠谱》二四折："〔内喊'犯官上拶'〕尽着这肉鼓吹鸣一部，又何待上方刀开半截。〔付、丑内叫痛介〕～，凭着你叫苦声声彻；～，偏是俺声声为叫绝。"《儒林外史》三回："胡老爹方才这个嘴巴打的～，少顷范老爷洗脸，还要洗下半盆猪油来。"

【亲亲】 qīn qīn ❶ 对亲爱者的昵称。多用于相爱男女间。元张可久《得胜令》："恩情，怕有些儿困。～，亲得来不待亲。"清《霓裳续谱·女大思春》："叫声养儿的娘，我的老～，时常走动来看母，我也报不尽娘的恩。"《歧路灯》二八回："抱兴官儿在奶奶跟前作半截小揖儿玩耍，把王氏笑的眼儿都没缝儿，忍不住拉到怀里叫乖乖，叫～。" ❷ 嫡亲；最亲。多用于祈请。《元曲选·灰阑记》一折："我是孩儿的～的亲娘，这孩儿是我的的～的亲儿。"明《山歌·山人》："山人上前齐齐作揖，告诉我里的的～个土地尊神。"清《红楼梦》四七回："好～的姨太太，姨祖宗！我们老太太生气呢，你老人家不去，没个开交了。" ❸ 亲吻。明《山歌·姐儿生得》："好似橄榄上金皮舍弗得个青肉去，海狮缩缩再～。"《型世言》二七回："陈公子道：'放着钟不打待铸？'一连两个～，伸手去扯小衣。"清《一片情》一回："于是搂定，连做七八个～，舐得新玉的颊腮俱湿。" ❹（肌肤）亲密接触。清《续金瓶梅》五○回："到了春风花鸟、夜雨孤灯猛上心来，想起当年热热的被窝，～的皮肤，好不受用。" ❺ 亲热。清《补红楼梦》一八回："我且听他会叫阿妈不会？还要娇声嫩气的，叫的～儿的才好听呢。"

【亲情】 qīn qíng ❶ 亲戚；亲人。敦煌词《十二时·普劝四众依教修行》："嘱～，托姑舅，房卧资财暗中袖。"明陆采《明珠记》四出："～邂逅，请宽怀抱，放下闲愁。"清《飞龙全传》二四回："你既自认～，可知我母亲年庚几何，生来容貌怎样？" ❷ 姻亲；亲事。唐韦绚《刘宾客嘉话录》："敕其母兄不得嫁进士朝官，任配军将作～。"元明《三国志通俗演义》卷一七："吴大夫程秉到此，欲还荆州，再进夫人，永结～之好。"明《拍案惊奇》卷二○："至于婚姻大事，儿女～，有贪得富的，便是王公贵戚自甘与团头作对。" ❸ 特指亲家。《太平广记》卷一八四引《卢氏杂说》："朕欲为太子婚娶，本求汝郑门衣冠子女为新妇，闻在外朝臣，皆不愿共朕作～，何也？"又："有汝州参军亦令族内，于一家求亲，其家不肯，曰：'某家世不共轩冕作～。'" ❹ 亲热。清《绿野仙踪》四回："姑侄相见，分外～。"

【亲热】 qīn rè ❶ 关系亲近密切（的）；看作关系亲近密切（的）。金《董解元西厢记》卷七："夫人不获已，阴许恒择日成礼。议论间，好心斜，见郑恒终是他～。"明《警世通言》卷二八："小乙哥和我许多时夫妻，尚兀自不把我～。"清《警寤钟》一四回："不若与他丈夫结为兄弟，假托～，要见嫂嫂。" ❷ 亲密而热情。《元曲选·潇湘雨》一折："他自到我家来，倒也～。一家无二，每日前后照顾，再不嫌贫弃贱。"明单本《蕉帕记》七出："适才与他说话之时，好不～。"清陆陇其《四书讲义困勉录》卷一六："无论转眼参商处不是和，即对面～处原不是和也。"《红楼梦》八○回："众姊妹等更加～异常。" ❸ 做出亲密热情的表示。明《醒世恒言》卷三○："李勉至此，你把他万分～。"《二刻拍案惊奇》卷二六："三个女儿晓得老子有些在身边，争来～。"清《十二楼·萃雅楼》二回："我要～他，他偏要冷落我。"《红楼梦》九三回："贾赦过来问道：'明儿二老爷去不去？'贾政道：'承他～，怎么好不去的。'" ❹ 指男女间涉及色情或性事的行为。明《二刻拍案惊奇》卷九："我当初虽不与他沾身，也曾～一番。"清《隋唐演义》七二回："岂知高宗病到这个时，还不肯依着太医去调理，还要与天后～。火升起来，旋即驾崩。"《儒林外史》四二回："二爷趁空把细姑娘拉在一条板凳上坐着，同他捏手捏脚，～了一回。" ❺ 犹"亲切❸"。清周召《双桥随笔》卷六："然则利刃吓人，又不如孔方兄更～也。要之，正以孔方权重吓人尤甚耳。"

【亲肉】 qīn ròu 犹"亲亲❶"。明袁于令《西楼记》一六出："抱住他亲几个嘴，咬他几口，叫几声～俊心肝活宝夜明珠。"《浪史》七回："那妇人那里熬得，叫著浪子道：'吾的～儿子，儿子心肝。'"清《警寤钟》一二回："屠氏吓得魂也不在身上，心疼得扑簌簌泪下道：'我的～呀！'"

【亲身】 qīn shēn ❶ 亲自。《法苑珠林》卷五七："三者～礼敬三尊及诸长德，以是为王。"元《通制条格》卷一六："江南劝课农桑，那里的路官每～巡行呵，搔扰百姓有。"《元曲选·冤债主》二折："将马来，小官～到兄弟家中探病走一遭去。"清《红楼梦》七七回："王夫人没法，只得～过来请问贾母。" ❷ 自身；本人。《元曲选·黑旋风》四折："这都是～作业～受，不枉了立军状的山儿果应了口。"明文秉《烈皇小识》卷七："乃签提戴氏家人追比，而恃顽如故，即提戴子～赴比。"清《红楼梦》二五回："将他二人安在一室之内，除～妻母外，不可使阴人冲犯。" ❸ 亲生。明《醋葫芦》

三回："你道为何这些儿女，既非～，越会这般孝顺？"清《老残游记》一六回："公公待我如待～女儿一般恩惠，没有再厚的了。"❹亲躬；亲自做。明《石点头》卷一〇："王从事又无仆从，每日俱要～。"清《后红楼梦》一九回："晴雯也很孝顺他，看见他诸事～，就说：'我的妈，你坐坐儿罢。'"

【亲生】 qīn shēng ❶生育自己的或自己生育的。敦煌词《十二时·普劝四众依教修行》："～父母似闲人，未省晨昏略看侍。"元高明《琵琶记》三〇出："奴须是他～儿子亲媳妇，难道他是谁人我是谁。"清《绿野仙踪》四三回："他有个侄女，叫玉磐儿；一个～的女儿，叫金锺儿。" ❷降生；诞生。唐穆员《绣救苦观世音菩萨赞》："岁八旬有六日，我慈～之辰也。愿于是毕，工于是终。"宋韩琦《谢赐生日礼物表》："～在旦，方萃感于已孤；君赐维时，遽拜佳而至渥。"强至《代谢生饩表》："抱恨已孤，记～之有日；载赓既渥，感君赐之维时。" ❸亲生之子，指子嗣。元高明《琵琶记》三八出："毕竟你没爹娘，我没～。若念骨肉一家，须早办回程。"清《玉蜻蜓·认母》："汗衫包里～，蜻蜓系儿身上。佛婆抱去撇山塘，查访不知去向。" ❹同胞；一亲所生。《元曲选·隔江斗智》二折："哥哥也没甚傍枝棠棣稀，怎不顾～妹？倒着我明为嫁送，暗夺城池。"

【亲事】 qīn shì 婚事，也指结婚的对方。宋王安石《与吴司录议王逢原姻事书》："渠却望二舅有信来，决知～终如何。"明柯丹邱《荆钗记》八出："一女貌天然，缘分浅，～迁延。"清《儒林外史》一九回："你现今服也满了，还不曾娶个～。"

【亲手】 qīn shǒu 亲自用手，也指亲自用手制作的。唐杨瑶《大唐故朝请郎张公墓志铭》："遂感神明相助，乃～射煞逆贼张韶及苏玄明等。"金《董解元西厢记》卷一："中心的悬壁，周回的画像，是吴生～。"清《红楼梦》一〇三回："头几天香菱病着，他倒～去做汤给他吃。"

【亲熟】 qīn shú ❶亲密熟知。唐方干《赠邻居袁明府》："隔竹每呼皆得应，二心～更如何。" ❷熟识；熟悉。《太平广记》卷三五五引《稽神录》："广陵法云寺僧珉楚，常与中山贾人章某者～。章死，珉楚为设斋诵经。"明《警世通言》卷三二："李公子叙了姓名乡贯，少不得也问那孙富，孙富也叙过了。又叙了些太学中的闲话，渐渐～。"清吴伟业《临春阁》三出："我初入此寺，怎那佛殿回廊、香台石磴，件件是～的？" ❸亲戚；熟人。《太平广记》卷二〇九引《抒情诗》："李都荆南从事时，朝官～自京寓书，踪甚恶。李寄诗戏曰：'草缄千里到荆门，章草纵横任意论。'"金《董解元西厢记》卷五："没～病染沉疴，可怜我四海无家独自个。"❹犹"亲切❹"。清《五色石》卷二："因平日樊植到成家来，常抱他坐在膝上顽耍，所以认得～。"

【亲随】 qīn suí ❶亲自随同；伴随。五代黄滔《祭陈先辈》："况乎东西多故，南北遥程。不得～薤露，送别松茔。"明董纪《赵文敏公画马》："天地不足相周旋，～真龙飞上天。"清查慎行《佛手柑》："忆在儿童岁，～子弟行。" ❷特指在主人身边随侍。唐宋玕《故忠武军节度兵马使朱公墓志铭》："虽未～征轩，效其驱殿；或若屡从使骑，知其否臧。"明《西洋记》一八回："老爷即时叫过～的少监来，问道：'宝船还是几时开了？'"清《儒林外史》三九回："木耐大喜，情愿认做萧云仙的～伴当，一路来到松潘。" ❸指在主人身边随侍的亲信军队或人员。《敦煌变文校注》卷二《庐山远公话》："门人问牙人曰：'甚人交(教)来？''奉～唤来。'"宋朱熹《敷文阁直学士陈公行状》："诸将领兵者皆别选精锐数百人，自为一部，优其廪犒，以故骁勇竞劝，所向有功。韩世忠所谓背嵬，张俊所谓～，刘光世所谓部落是也。"清《荡寇志》一一五回："又差一个体己～，将着一封书信来。"

【亲庭】 qīn tíng ❶父母家的庭院，代指父母家。唐牟融《送陈衡》："云迷楼曲～远，梦绕通山客路长。"宋洪迈《夷坚志》支丁卷四："既至襄，遣仆蔡德归～，宿武昌客舍。"明《西湖二集》卷二三："若是秀才不弃之时，须到～，问婚于父母。" ❷代指父母。宋京镗《水调歌头·次前黄州李使君见赠韵》："趁取～强健，好向圣朝倾吐。"元陈孚《翰苑荐为应奉文字》："～双鹤发，家事一渔舟。"清《聊斋志异·红玉》："～罪责，良足愧辱。"

【亲闱】 qīn wéi ❶父母所居的内室，代指父母家。宋郑侠《次韵张老见赠》："归到～捧杯酒，始知终是福唐人。"清陆元辅《送文介石学博归滇南》："山过碧鸡多成鼓，星穷朱鸟近～。"❷代指父母或公婆。宋郭应祥《采桑子·老人生日》："中秋过了还逢社，寿我～。"元高明《琵琶记》三一出："念奴家须是他孩儿次妻，那曾有媳妇不侍～？"清李玉《清忠谱》一二折："身孤，盼～，泪眼枯。"

【亲香】 qīn xiāng ❶亲热；亲密。清《红楼梦》五四回："大家坐在一处挤着，又～，又暖和。"《红楼复梦》四八回："邢夫人见他弟兄两个装扮的一个样儿，十分可爱，将两个都抱在怀里，～一会。"《姑妄言》一五回："拿了果碟来吃茶，家长里短说话儿，好不～。" ❷亲吻。清《红楼复梦》六二回："慧哥儿请二大妈安，平儿抱着他～了一口。"

【亲眼】 qīn yǎn 犹"亲目❶"。元柯丹邱《荆钗记》二三出："小子～见他，如何不实？"清《红楼梦》一六回："若不是我们～看见，告诉谁谁也不信的。"

【亲谊】 qīn yì ❶亲友的情谊。宋李吕《祭妹夫何叔京文》："追惟～，垂三十年。"明《禅真逸史》三六回："次序而坐，交问表号，叙些～。"清吴绮《长沙客舍喜遇辰六》："忆别秋江畔，何期五载违。犹怜～好，不悔浪游非。" ❷亲戚；亲属。清《杏花天》一回："永偕拱贞卿上坐，自己代陪。并不去请～，亦不邀邻佑。"《雪月梅》一五回："这是刘家三公子，与岑家大侄同辈，都是～，见礼不妨。"《镜花缘》一五回："命老夫暗将腿足用漆涂黑，假冒土人，邻居认为～，众人这才听我取鱼。"

【亲支】 qīn zhī 家族中血缘亲近的支派，也指其成员。宋吴泳《希谌复和州防御使致仕制》："具官某秀邸～，和王的裔。"《元曲选·老生儿》四折："狠张郎妄图家业，孝顺女暗抚～。"清《红楼梦》二回："只可惜这林家支庶不盛，子孙有限，虽有几门，却与如海俱是堂族而已，没甚～嫡派的。"

【亲嘴】 qīn zuǐ 接吻。明《山歌·隔》："摸奶要摸蒸饼奶，～须亲红嘴唇。"《金瓶梅词话》二五回："西门庆见无人，就搂他过来～。"清袁枚《子不语》卷六："见公子美，以邪语调之。初而牵衣，继而～。"

【钦案】 qīn àn 帝王指办或名义上由帝王指办的案件。明文秉《烈皇小识》卷三："吕纯如是～有名的，张捷如何举他？"清李玉《清忠谱》二四折："〔小生〕莫非要我一同听审么。〔末〕～无名，那要公子听审。"《儒林外史》一四回："～官司，过司由院，一路衙门你都要跟着走。"

【钦差】 qīn chāi ❶帝王直接差遣或名义上由帝王直接差遣。《元曲选·窦娥冤》四折："老夫是朝廷～带牌走马肃政廉访使，你向前来，一剑挥之两段。"明敖英《东谷赘言》卷上："或问方面官，有称～不称～者，何也？子曰：国初设官分职，咸有定额。往莅职掌者领部檄焉，皆不领敕，不称～。其后因事繁难，添设职掌，……皆领专敕，各于职衔上加～二字。于此以见前项职司俱出自朝廷处分，非吏部专擅也。"清《飞龙全传》四二回："周主闻知其信，～官员，赍奉御馔祭奠。” ❷ 帝王直接差遣或名义上由帝王直接差遣，代表帝王出外办理重大事件或管理重要机构的官员。《元曲选·潇湘雨》四折：“管待～犹自可，倒是亲随伴当没人情。”明谈迁《谈氏笔乘·逸典》：“余愿带同宫眷避出外宫，听凭～并抚按会同进宫遍行搜掘。”清《绿野仙踪》三五回：“不想军门还在归德，同两个～审叛案未完。”

【钦驰】 qīn chí 仰慕向往。明杨珽《龙膏记》一五出：“久违颜范，殊切～。”

【钦此】 qīn cǐ ❶ 帝王诏言的结尾用语，表示帝王的诏言到此为止。元《通制条格》卷二：“见钦奉圣旨条画：‘壬子年合并抄上户计，自愿析居各另者，听从民便。～。’”明汤显祖《牡丹亭》二〇出：“奉圣旨：‘……即日起程，不得违误。～。’”清《红楼梦》一〇五回：“有旨意：‘贾赦交通外官，依势凌弱，辜负朕恩，有忝祖德，着革去世职。～。’” ❷ 表示按着帝王的诏言（办理）。明张纨《云南机务抄黄》：“都督今将圣旨事意备云前去，仰元江府文书到日，火速行下所属土官，～施行。”《西游记》五四回：“主公之言极当，臣等～钦遵。”清《飞龙全传》六回：“张桂英妄想西宫，邀封显职，既越阳纲之典，当施阴罚之章，例该减寿一纪。～施行，勿得违忤。”

【钦从】 qīn cóng 遵从；尊重依从。唐佚名《对男取江水溺死判》：“扇枕温席，造次无违；候旨承颜，～所好。”宋陈渊《与梁兼济提刑书》：“恭承雅喻，敢不～。”明佚名《鸣凤记》一七出：“五岛并～，一言招寇叛。”

【钦戴】 qīn dài 钦佩爱戴。唐刘禹锡《上门下裴相公启》：“人所～，久而愈宜。”明吾邱瑞《运甓记》七出：“倘得他从聘，使我不胜～。”清曹文埴《万寿恭纪演连珠一百首序》：“臣曷胜～庆抃之至。”

【钦犯】 qīn fàn 钦案中的嫌犯或犯人。明刘若愚《酌中志》卷六：“曹学程愚戆言官，不识忌讳，罪实自取，虽系～，不敢轻为拟议。”《古今小说》卷四〇：“杨顺依言，便行文书到浙江，把做～，严提沈襄来问罪。”清李玉《清忠谱》五折：“他是个～，怎么与他联姻结党。”

【钦伏】 qīn fú 佩服；使佩服。《敦煌变文校注》卷四《须大拏太子好施因缘》：“此象胜于六十象力，摧灭怨敌，～四方。”《元曲选外编·东窗事犯》二折：“都领群臣朝帝阙，堂中～老勋臣。”明《拍案惊奇》卷二五：“吟诗作赋，清新俊雅。任是才人，见他～。”

【钦感】 qīn gǎn 敬重感佩。宋强至《回杨四厢书》：“闻又相规，正如所愿。其为～，尤剧铭藏。”明祝允明《韩公传》：“～既久，因从叩得治状一二，笔述如右。”清《野叟曝言》三二回：“只要贤妹果能忘情，愚夫妇就～不尽了。”

【钦工】 qīn gōng 帝王交办的或跟帝王有关的工程。清于成龙《查采楠木详》：“事关～，本院不得不亲往。”洪昇《长生殿》四二出：“这是上用～，非同小可。”《幻中游》五回：“你父亲失误～，理应该你赔修。”

【钦件】 qīn jiàn 犹“钦案”。明马光《两粤梦游记》：“印终不出，赃终不完。参戎屡统兵擒之，每受伤而归，此系～，八年于兹矣。”清康熙二十二年九月初七日上谕：“凡～、部件不可稽迟，事件稽迟，则情弊丛生。”《情梦柝》一二回：“今将此银上来，替完～，如此就消释前愆了。”

【钦降】 qīn jiàng ❶ 尊称对方赠予的诗文或给予的关照。宋杨亿《答集贤丁孙二寺丞启》：“仰披藻缛之词，弥切～之恳。”欧阳修《谢人投贽启》：“～至极，敷染奚周？所示盛编，辄敢留借。”郑侠《谢太守答诗莱州》：“捧读未终篇，～已三叹。” ❷ 帝王发布（指示）。明《山歌·笑》：“吴人歌吴，譬诸打瓦抛钱，一方之戏，正不必如～文规，须行天下也。”汤显祖《南柯记》三二出：“臣棼肺腑理难欺诳，望我王将臣削职随～。”

【钦佩】 qīn pèi 敬重佩服。宋苏辙《与秦秘校》：“新诗益清丽可爱，不肖者何足以当之？～，～。”明余彦《爱园词话》：“学者正可～，不必反唇并捧心也。”清《荡寇志》一一九回：“众人无不～本县徐相公韬略神妙。”

【钦企】 qīn qǐ 敬仰；仰慕。企，踮脚看。唐刘伸《唐故清河郡张府君墓志铭》：“信义立身，孤标作操。东西～，南北共谈。”明锺惺《寄答王半庵中丞书》：“忽接手书，重以大集，赠言奖借。草土之中，捧读～。”清胤禛《圣庙告成祭文》：“朕奉遗编而～，仪典务极其推崇。”

【钦虔】 qīn qián 尊重；敬重。虔，恭敬。《敦煌变文校注》卷四《太子成道变文（三）》：“摩醯首罗神圣，自古释种～，士庶供养祇恩，无不从心获益。”清董伸《万寿无疆普天大庆赋》：“其奉若～，基命宥密。法穆清之无私，体乾健于不息。”

【钦让】 qīn ràng 恭敬谦让。宋沈该《易小传》卷五上：“夫水譬则性也。孝慈～之道，人之性也。”元王充耘《书义矜式》卷一：“其德以～为之体，以通明为之用。”明孟称舜《娇红记》五出：“论伊行，富贵王侯样，到处人～。”

【钦使】 qīn shǐ 犹“钦差❷”。明孙传庭《奏报赈过饥民疏》：“三月初四日，～赍银六万两到省。”清《幸鲁盛典》卷一三：“是月～驰还，复命衍圣公孔毓圻既领内帑，以备冬运。”《野叟曝言》八六回：“境内愚民，目无王法，竟敢纠抢～本章。”

【钦畏】 qīn wèi 敬畏；尊重畏服。明徐元《八义记》二七出：“令行山岳谁敢违，威扬海宇人～。”清弘历《孟夏》：“屏营诚庆诚～，得此何修仰昊灵。”

【钦逊】 qīn xùn 犹“钦让”。明张景《飞丸记》一一出：“花尊，倾国堪珍，名题富贵，子孙看到何人？绣轭罗帏，百花自然～。”

【钦讶】 qīn yà 敬佩惊奇。《太平广记》卷二〇〇引《北梦琐言》：“座内诸宾靡不～称妙句，然亦疑其‘银笔’之僻也。”明无心子《金雀记》三〇出：“三贞九烈堪～，从容气度真幽雅。”

【钦依】 qīn yī ❶ 犹“钦从”。唐杨光《赤石楼隐难记》：“年当少俊，英杰冠时。乡内～，众皆推让。”《敦煌变文校注》卷五《维摩诘经讲经文（五）》：“～戒行如蟾净，忆想清高似岳孤。”明《醋葫芦》五回：“这回不～我，料想那马虎山是用不去了。” ❷ 帝王依准或委派。元《通制条格》卷二：“今次取勘诸色人户，检会到累降圣旨，～分拣定夺，各各户计。”清杜臻《粤闽巡视纪略》卷四：“而重五寨之权，各置～把总。”《野叟曝言》六五回：“小人等盟友六人，推赛飞熊为长，是江西人，现在福州抚院标下，做一员～把总。” ❸ 表示按照帝王的指示（办理）。元《通制条格》卷二：“乙未年另籍驱户，～哈罕皇帝圣旨，便是系官民户。”又卷三：“奉圣旨：‘这的是有体例，说的是也，与西相根底商量者。钦此。’尚书户部呈准，都省札付，～施行。” ❹ 指帝王依准的批复或事项。明沈榜《宛署杂记》卷一三：“比之旧额，浮银一千七百九十餘两矣，即当递减，以宽小民。但查～内，欲候至下次审编积剩银两数多，然后议减。”汤显祖《牡丹亭》二三出：“这花色花样，都是天公定下来的。小神不过遵奉～，岂有故意勾人之理？”《大清会典则例》卷七〇：“覆准各督抚转饬地方官，将～刊刻卧碑。”

【钦赞】 qīn zàn 敬佩赞叹。唐智昇《开元释教录》卷四上：“乃著《通三世论》以勖示因果，王公以下并～。”宋唐士耻《元祐迩英阁仁宗皇帝御书赞》：“帝王大经，彪分胪列。小臣～，用播千亿。”李心传《建炎以来朝野杂记》乙集卷一：“陛下超然高蹈，有尧舜之举。臣等不胜～。”

【钦瞩】 qīn zhǔ 敬重属望。唐李商隐《为濮阳公论皇太子表》：“蹈殊休于列圣，慰～于兆人。”宋周必大《回郑编修樵状》：“事任清高，缙绅～。”清《聊斋志异·雹神》：“唐太史道义文章，天人之～已久。”

【钦伫】 qīn zhù ❶ 犹“钦企”。伫，久立。唐张廷珪《请宽宥与张易之往积纤表》：“况陛下始复初业，甫登宝位，率土禺然，～圣化。”宋苏颂《三月二日奉诏赴西园曲宴》：“邦人～见仪刑，诏使相望对宠灵。”明皇甫汸《与耿督学书》：“缅惟宪节临吴，获奉光仪，良慰～。” ❷ 指帝王的看重或等待。宋范纯仁《谢归颍昌私第表》：“宠还旧秩，愧窃叨蒙。矧以庸虚，更蒙～。”林希逸《贺马右相》：“九重～者三年，四海欢欣于再入。”

【钦遵】 qīn zūn ❶ 遵奉。唐[朝]崔致远《前左省卫增常侍》：“忽奉荣缄，特垂善谑。宣父则～三益，老君则唯赠一言。”宋李攸《宋朝事实》卷一三：“朕～圣猷，精求政治。”明姜清《姜氏秘史》卷二：“我太祖皇帝升遐，天子～遗制，嗣登宝位。” ❷ 公文用语。表示奉帝王诏言后遵照办理。元《通制条格》卷六：“至大四年三月十八日钦奉诏书内一款：‘官吏丁忧，已尝著令，……钦此。’除～外，议得官吏丁忧，虽子职之当为终制起复，亦国家之厚典。”明袁彬《北征事迹》：“奉圣旨：‘是。录写完了，还封进。钦此。’～。今将事迹开坐，谨题请旨。”沈榜《宛署杂记》卷一二：“奉圣旨：‘户部知道。钦此。’～。抄出到部，送司。” ❸ 表示遵照帝王旨意办，或者像遵照帝王旨意那样办。明周履靖《锦笺记》三三出：“天使迢遥布玉音，布玉音。有谁跋扈不～？”清《醒世姻缘传》一六回：“但是儿子做出来的，便即～钦此，不违背些儿。”《二度梅》四回：“礼部黄嵩仗太师的势，真正是人人害怕，个个～。” ❹ 指帝王的旨意。清洪昇《长生殿》四二出：“大家演习须熟滑。此奉～，切休得有争差。”

【侵】 qīn ❶ 到；入。唐郑愔《同韦舍人早朝》：“重轩轻雾入，洞户落花～。”元明《水浒传》一回：“将至半山，望见大顶直～霄汉。”清陈端生《再生缘》六回：“浓眉两道横～鬓，五绺长须自盖唇。” ❷ 映；照。唐裴迪《华子冈》：“云光～履迹，山翠拂人衣。”《元曲选·楚昭公》二折：“扑腾腾鼙鼓惊心，明晃晃剑戟～眸。”清《聊斋志异·秀才驱怪》：“窗外皎月，入室～床。” ❸ 侵占(利益)；侵吞。唐李复言《续玄怪录》卷四：“吾前生负汝父力，故为驴酬之。无何，汝饲吾丰。昨夜汝父就吾算，～汝钱一缗半矣。”明《型世言》三三回：“一人～寡嫂之地，忽震雷缚其人于地上，屋移原界。”清《隋唐演义》九〇回：“谓我私～军粮，岂不冤哉。” ❹ 消减；消逝；衰退。唐段成式《酉阳杂俎》前集卷九：“不寝食六日，鬓发暴白，至貌～肤削。”明孙柚《琴心记》一六出：“芳菲懒寻，年华易～。”清吴伟业《赠陆孟凫》：“枫叶芦花霜满林，江湖萧瑟鬓毛～。” ❺ 浸；泡。《敦煌变文校注》卷二《韩朋赋》：“苦酒～衣，遂脆如葱。左揽右揽，随手而无。”明陈汝元《红莲债》二折：“法水定～香案湿，雨花应共石床平。”清《醒世姻缘传》五四回：“一应鲜茶干菜，都要使滚汤炸过，去了原汤，把来～在冷水里面。” ❻ 亲吻。唐张鷟《游仙窟》：“五嫂咏筝，儿咏尺八：‘眼多本自令渠爱，口少元来每被～。’”清《醒世姻缘传》九二回：“又想那皮狐上去押人的时节，定是先把尾巴在人脸上一扫，觉有冰冷的嘴在人嘴上一～。” ❼ 触；碰；挨。宋元《清平山堂话本·五戒禅师》：“一个初～女色，犹如恶虎吞羊；一个乍遇男儿，好似渴龙得水。”元马致远《耍孩儿·借马》：“有汗时休去檐下拴，渲时休教～着颓。”清《红楼梦》三六回：“钱也赚够了，苦事情又～不着，弄个丫头搪塞着身子也就罢了。” ❽ 沾染；污染。《古尊宿语录》卷八《汝州首山念和尚语录》：“横身不怕～泥水，识者方知大作家。”清洪昇《长生殿》三六出：“要使他香痕不减，粉泽常留，尘涴无～。”《玉蜻蜓·显魂》：“你看架上琅函百叠，缃帙千端，尘暗雕梁，灰～几案。” ❾ 添加；增添。宋朱肱《北山酒经》卷下：“用小麦一斗，煮粥为脚。日间悬胎盖，夜间实盖之。逐日～热面浆，或饮汤不妨给用，但不得犯生水。”明周履靖《锦笺记》二〇出：“药在里头，翻了如何好？省得师父骂，背他～些白汤，不效不干我事。”孟称舜《娇红记》三七出：“看了登科记，喜气～。” ❿ 爱；亲近。元孙叔顺《一枝花》：“在谁家里低唱浅斟？在谁家里并枕同衾？无般儿不～，纵然不醉连宵饮。”陆登善《一枝花·悔悟》：“眠花卧柳性全禁，惜玉怜香心再不～。”明《封神演义》二三回：“深山幽僻，万壑无声。奇花异草，逐日相～。” ⓫ 擦(边)；紧贴。元尚仲贤《三夺槊》二折：“～着眉楞，擦着眼角。则若是轻轻的虎眼鞭抹着，稳情取你那天灵盖半截不见了。”朱世杰《四元玉鉴》卷上：“令～城四角周回撅圜池，取土筑城及烧砖包城。”《元曲选·救孝子》三折：“那一面沉枷脖项难回顾，透枷拴深使钉来钉，～井口窄将印缝铺。” ⓬ 言语挑逗；用语言敲打。元王和卿《醉中天·咏俊妓》：“掺土也似姨夫斗～，交他一任，知音的则是知音。”明《拍案惊奇》卷三八：“张朗听见适丈人所言，道是暗暗里有些～他，一发不象意。”清《醒世姻缘传》引起：“恶语～祖宗，诟谇凌姑舅。” ⓭ 戳；揭破。元明《水浒传》二六回：“吃我把话来～他底子，那猪狗便打我一顿栗暴。”明《型世言》二二回：“张知县见了，～着底子，也不敢辨。” ⓮ 沾润；借取。清《隋唐演义》六五回：“花又兰道：‘草茅贱质，有辱娘娘赐召。’萧后道：‘说那里话来，璠玙共载，何妨倚壁～光？’” ⓯ 止息；终止。侵，通“寝”。明刘兑《娇红记》卷上：“后来为有善甫孩儿，所以～了这一桩事。”清吴伟业《周子俶东冈稿序》：“子俶与人交，输心写腹，不～然诺。”

【侵谤】 qīn bàng 同“侵傍”。明《清平山堂话本·羊角哀》：“弟可束草为人，以彩为衣，手执器械，焚烧于墓前。吾得以助，使荆轲不能～。”

【侵傍】 qīn bàng 侵逼；侵犯。金《刘知远诸宫调》一：“料不识此个凶徒，你如今却待～？”元宫天挺《七里滩》一折：“酒添的神气能荣旺，饭装的皮袋偏肥胖，衣穿的寒暑难～。”元明《水浒传》一一三回：“近来一冬都学得些水势，因此无人敢来～。”

【侵薄】 qīn bó ❶ 犹“侵傍”。宋刘炎《迩言》：“华堂大宇，悄无人迹，幽阴～，久则摧圮。”文同《西冈僦居》：“冬夏恶风日，～曾无缘。”清李光地《答安卿仲弟》：“略失调度，便使六气～腠理。” ❷ 交叠。清侯方域《重修颜鲁公碑亭记》：“夫向之高甍朱题与濠光雉影～而荡漾者也，吾幼与诸生肄业而游者也。”

【侵缠】 qīn chán 侵犯牵缠。明佚名《六壬大全》卷九：“占病则因伤食，以至邪祟～。”《石点头》卷三：“你生来虽没甚大疾病，那小灾晦却不时～。”

【侵动】 qīn dòng ❶ 侵犯动摇。唐杨光《赤石楼隐难记》：“乃有兵戈百众，来绕其山。飞矢弯弧，岂能～。”宋张方平《论并废汴河札子》：“商丘之渊更为疏导，有经～处，增筑坚完。”明王樵《戊申笔记》卷一：“三者又得胶然后相合，而固之在丝，护之以受霜露之气不为所～在漆。” ❷ 侵占动用。宋真德秀《申枢密院措置军政状》：“须尽得此数作本，方可继营见息，为随时修葺之费，不至～本钱。”明《韩湘子》二六回：“所有家资财物，俱查验封锁，以听犒赏边兵，不许～分毫。”清《平定两金川方略》卷四八：“甚敢怀私荐举，藉以～库项。”

【侵蠹】 qīn dù ❶ 侵蚀损害。唐王直方《谏厚赏教坊疏》：

“臣伏以圣体未安，加以声色之玩，～圣祚，得不忧乎。” ❷ 侵占损害他人或公共的利益。宋欧阳修《论葬荆王札子》：“今若尽节浮费及绝其～，而使用物不广，则将复以何辞而云不葬?”元吴皋《送邢允恭序》：“新政令以疏滞繁，振纲维以杜～。”清毛奇龄《东南舆诵录序》：“民苦于～，而公则谴之。”

【侵犯】 qīn fàn ❶ 冲冒；接触(不利的自然环境)。唐段成式《酉阳杂俎》前集卷一一：“《金楼子》言：予以仰占辛苦，～霜露，又恐流星入天牢。” ❷ 抵触。宋《朱子语类》卷九四：“只是那一个定理在此中，截然不相～。” ❸ 招惹。元董君瑞《哨遍·硬谒》：“特向津头执钓竿，有意相～。将你个高门谄媚，小子相干。”朱庭玉《梁州第七·妓门庭》：“子弟每殊无相搀搣，去送来迎。选甚新勤旧怪，不～厮回避。”

【侵肥】 qīn féi 侵占利益。明《梼杌闲评》四三回：“招集客商，私收皇税，代为透漏，～入己。”清《康熙起居注·康熙二十一年十二月二十日》：“今观一应工作，必反为预行浮估，待工竣时，蒙混奏销，欲将所乘，互相～。”《八旗通志》卷二〇一：“府县吏胥，假济农仓耗米为名，干没～。”

【侵费】 qīn fèi 侵占耗费。唐李炎《加尊号赦文》：“虽注县僚，多縻使职。苟从知已，不顾蒸人。流例寖成，～不少。”五代王定宝《唐摭言》卷三：“肃有旧业在南阳，常令鸿征租，皆如期而至，往来千里，而未尝～一金。”明陈洪谟《继世纪闻》卷一：“官库钱粮数十万，多为有司～。”

【侵哄】 qīn hǒng 欺凌哄骗。明《西游记》五三回：“若这家子无礼，～师父，你拿出旧时手段来。”

【侵加】 qīn jiā ❶ 侵袭；侵入。唐韩愈《答窦秀才书》：“愁忧无聊，瘴疠～，喘喘焉无以冀朝夕。”宋曾巩《送江任序》：“往往则风霜冰雪瘴雾之毒之所～，蛟龙虺蜴虎豹之群之所抵触。” ❷ 横加；侵凌。宋司马光《叙清河郡君》：“人虽以非意～，默而受之，终不与之辨曲直，己亦不复贮于怀也。”明王慎中《赠宪使陈中川先生之任汴藩序》：“多仪密节、趋走揖拜之度之所驱束，苛文峻体、簿牒程课之责之所～，其繁难习而其变难遵也。”王直《钱处士诔辞》：“非横～，忍而不校。” ❸ 渐增。宋朱熹《辞免江西提刑第二札子》：“今幸已到信州，深欲勉强前进，而病势～。”元吴澄《答谭宣使书》：“澄老病～，所亲惟药物。”明方孝孺《祭王博士》：“始少壮之美好，忽衰病之～。”

【侵搅】 qīn jiǎo 侵略搅扰；侵袭搅扰。明汤显祖《南柯记》一五出：“昨日览奏，檀萝～南柯郡界。”《封神演义》八七回：“不若调二十万人马，阻住孟津之咽喉，使诸侯不能～朝歌。”王肯堂《证治准绳》卷一六：“邪既炽盛，～清和。”

【侵劫】 qīn jié ❶ 侵犯劫掠。唐[朝]崔致远《奏招降福建道草贼状》：“右件贼徒，自去年冬～信州界内。”金元好问《通奉大夫张君神道碑铭》：“西宁近接夏境，频被～，君问民所疾苦，政从宽简。”清《平定两金川方略》卷一二六：“但～营卡，乃逆贼鬼蜮长技，各路军营皆不可不实力防守。” ❷ 侵占劫取。宋苏洵《衡论·用法》：“先王惧天下之吏负县官之势，以～齐民也，故使市之坐贾，视时百物之贵贱而录之。”明《禅真后史》二六回：“我已差官运米，不日到来，但以平价售之，莫行～。” ❸ 围棋的两种着法，侵削和打劫。清钱谦益《金陵秋兴》之四：“九州一失算残棋，幅裂区分信可悲。局内正当～后，人间都道烂柯时。”按，语义双关。

【侵近】 qīn jìn 接近；靠近。宋《朱子语类》卷六九：“闲邪，莫是为防闲抵拒那外物，使不得～否?”元朱晞颜《天香·寿桂金堂竹泉总管》：“古月浮香，冷风度曲，不许一尘～。”明佚名《哪吒三变》一折：“他道是恶哏哏凶狠难～。”

【侵据】 qīn jù 侵占；占据。《旧五代史·梁书·末帝纪下》：“虔刘我士民，～我郡邑。”明姚文灏《浙西水利书》卷上：“濒湖之地多为兵卒～，累土增高。”清《隋唐演义》八七回：“明明是托言献马，谋动干戈，要乘机～地方。”

【侵克】 qīn kè ❶ 侵袭克制。唐王焘《外台秘要方》卷二八：“重者～腑脏，虽当时救疗，餘气停滞，久后犹发。”清《医宗金鉴》卷一五七：“盖因湿淫之气～脾经，故身面俱少，手足独密。” ❷ 侵占克扣。唐元结《再谢上表》：“百姓流亡转甚，官吏～日多。”明《二刻拍案惊奇》卷一七：“诬他冒用国课，妄报功绩，～军粮。”清《隋唐演义》二七回：“且中间虚冒～，那一节不在小民身上?” ❸ 侵犯；干犯。《法苑珠林》卷二六：“吉曰：‘仆贪此寂静，读诵经典，不相干犯。方为卿比，愿见佑助。’鬼答：‘亦复凭君。不见～也。’言毕而去。” ❹ 侵犯妨克。宋蔡絛《铁围山丛谈》卷四：“投卵铛中，烹之熟，则以刀横断鸡卵。既中破焉，其黄白厚薄处为内象，配用外象之彼我，以求其～与否。”辽耶律纯《星命总括》卷上：“如气近土，孛近火，乃餘气～，其力终缓。”

【侵窥】 qīn kuī 窥探侵犯。清沈佳《明儒言行录》续编卷二：“贼势猖獗，～河洛。”《平定两金川方略》卷九：“其设卡建碉，～邻境，亦非一日。”《雪月梅》二三回：“诸贵官又声言倭寇～内地，嗾官兵进剿，因此激变妖倭。”

【侵掳】 qīn lǔ 侵犯掳掠。《元曲选·虎头牌》三折：“失于堤备，透漏贼兵过界，～人口牛羊马匹若干。”清汪森《粤西丛载》卷二六：“先臣故地禄州西平州永平寨，被安南～，乞天恩谕使归还。”

【侵慢】 qīn màn 欺凌轻慢。《续资治通鉴长编》卷三八〇：“敌先遣使来，直求侵地，指陈兵端，辞意～。”宋李邦直《审分策》：“非以为法，所以养尊安之形，而杜～之萌也。”明袁宗道《读子瞻范增论》：“增刚悍之性，稍见～，辄怒发裂眦。”

【侵冒】 qīn mào ❶ 侵犯；侵害。唐李豫《命郭子仪等备边敕》：“当罢四方之师，永全二国之好。傥更～，必示威刑。”宋陈言《三因极一病证方论》卷一三：“外有六淫～，六腑不通。” ❷ 触犯；冒犯。唐苗晋卿《对不帅僰寄军献二毛判》：“国子监称，胄子不帅教，将僰寄之。省让其～刑章。”明王守仁《陈言边务疏》：“而所谓头目之属，悉皆禁令发回，毋使渎扰～，以挠将权，则士卒奋励，军威振肃。” ❸ 侵占冒领或冒用。宋苏颂《太常博士张君墓志铭》：“先时患民～壖地，太守李夷庚筑大堤以限之。”明归有光《马政志》：“诏遣左右厢提点官相度，除先被～已根括出地权给租佃。”清《荡寇志》一二回：“事成之后，仍为将军请头功，断不～。” ❹ 犹“侵犯❶”。宋刘敞《奉同邻几咏雪》：“～貂餘黑，凭陵火似红。”元危亦林《世医得效方》卷一六：“因云中射雁，月下看书，久食腥膻，～寒暑，致目廓有病。”明胡直《乞休疏》：“又为在广水土不服，～瘴疠，时作冷泄。”

【侵没】 qīn mò ❶ 侵占；占据。唐李吉甫《元和郡县图志》：“隋开皇四年，改州理平羌县为峨眉县，仍于今县东六十里别立平羌县。大业十一年，夷獠～，移于今理。”明陈谟《兴国重修孔子庙碑》：“旧制，灵星门孔道抵城濠，端直平豁。宋元间民～且百年，望宫墙者窘仄由径，不良于履。” ❷ 侵蚀掩没。宋杨亿《冬夜》：“坐久星河渐～，萧萧朔吹度平林。”程颐《伊川易传》卷二：“《象》曰：剥床以足，以灭下也。取床足为象者，以阴～阳于下也。”清施闰章《金陵先贤祠堂歌》：“存者遗墟半～，父老吞声多涕涟。” ❸ 侵占吞没(财物)。元虞集《光泽县云岩书院记》：“书院废，李氏有遗田，亦～于人。”明归有光《与王子敬书》：“县久敝，所应用官钱，并被～。”清《女仙外史》八四回：“监守官物，而反～入己。”

【侵谋】 qīn móu 侵犯图谋;侵害图谋。唐佚名《盟吐蕃题柱文》:"彼此不为寇敌,不举兵革,不相~。"宋胡宏《知言》卷一:"人皆受地,世世守之,无交易之~也。"明《东汉秘史》二五回:"为贼臣王莽~汉室,剪灭刘氏宗支,秀起三军于白水。"

【侵拿】 qīn ná 侵占攫取。清《兰州纪略》卷二〇:"甘省州县各官~殃民,法无可贷。"

【侵挠】 qīn náo 犹"侵搅"。唐李翱《故河南府司录参军卢君墓志铭》:"旧事掾曹之下,各请家僮一人食钱,助本司府吏厨附食。司录家僮或三人或四人,就公堂餘食,~厨吏。"明徐威《更鼓》:"~桃花红,夜半风瑟瑟。"清汪学金《平定两金川雅》:"违信背德,~邻境。"

【侵匿】 qīn nì 犹"侵没❸"。也指所侵吞的财物。元黄溍《朝列大夫扎拉尔公神道碑铭》:"群诉于公,令追所~以给之。"明锺惺《蔡先生传》:"捕一库子~者,其人亡走,而公系质其帑。"清《女仙外史》八四回:"如虚出通关,转贷官物之类,原非~入己。"

【侵那】 qīn nuó 同"侵挪"。宋晁公遡《上汪制置札子》:"自此,州县免将官兵合得钱粮~起发。"明邵宝《会议状》:"但各该军民官司岁久因循,任其迟延~。"《大清会典则例》卷一一二:"各官如有~钱粮被参者,皆令离任开阙。"

【侵挪】 qīn nuó 侵占挪用。明《梼杌闲评》八回:"朝廷的钱粮,年年报拖欠,总是他~去了。"清《平定台湾纪略》卷四七:"若于本年钱粮内分别蠲缓,恐徒滋官吏~情弊。"《八旗通志》卷二〇五:"仲举共~银二十六万三千餘两。"

【侵欺】 qīn qī 侵占欺瞒。唐王梵志《偷盗须无命》:"偷盗须无命,~罪更多。将他物已用,思量得夜魔。"《元典章·吏部五》:"本官自到任至得替日,中间并无公私过犯、~借贷粘带一切不了事件。"清《醒世姻缘传》一七回:"他虽然~了万把银子,我们大家已是摊认了。"

【侵染】 qīn rǎn ❶互相影响。唐张九龄《处分县令敕》:"或以烦碎而不专意,或以僻远而不畏法,~成俗,妨夺为恒。" ❷感染;熏染。唐杜牧《授司勋员外郎谢宰相书》:"伏以睦州治所,在万山之中,终日昏氛,~衰病。"《元曲选·碧桃花》二折:"岂知他到任月餘,耽着疾病,多应是少年的人,不禁瘴厉~之故。"清宋荦《山东臬司条议四事》:"新毙之囚,更有臭味~,疫疠时作。" ❸沾染;浸染。宋陈允平《过秦楼》:"锦瑟暗尘~。韩香犹在,秦镜空圆。"明屠隆《考盘餘事》:"其侧勒转折处,并无沁墨水迹~字法。"高濂《遵生八笺》卷一四:"乃出土之后,人以咸酸之味~乃尔,非透骨绿色。"

【侵攘】 qīn rǎng ❶侵扰;侵犯。唐元稹《崔方实试太子詹事》:"蛮蜑之间,有黄贼者,跧窜窟穴,代为~,南人患之。"宋苏辙《论西事状》:"先帝昔因梁氏篡逆之祸,举兵诛讨,~地界,为怨至深。"明《东汉秘史》三七回:"因司马刘秀为贼兵~,使愚特来投告将军。" ❷侵夺;侵吞。唐杜牧《姜阅贬岳州司马等制》:"盗逆无状,辄犯陵寝,~法物,闻之震惊。"宋苏辙《代歙州贺登极表》:"民田蠲租税之重,边吏禁~之奸。"明王世贞《徐文贞公行状》:"库藏存积之赀,禁戢王人,毋容~。"

【侵蚀】 qīn shí ❶逐渐侵害使之毁坏。宋欧阳修《亳州第一札子》:"而眼目昏花,气晕~,视一成两,仅分黑白。"明吴宽《刻李贞伯篆书海月庵扁》:"三字被~,黑黝犹高县。" ❷侵占蚕食。宋沈括《梦溪笔谈》卷一三:"于是自保州西北沈远泺,东尽沧州泥枯海口,几八百里,悉为潴潦,阔者有及六十里者,至今倚为藩篱。或谓~民田,岁失边粟之入,此殊不然。"明宋濂《萝山迁居志》:"予子孙居于此者,毋析爨,毋为不义,毋~比邻。"清《平定两金川方略》卷一:"今此情形,则贼酋恃其巢穴险阻,~诸番。" ❸暗中逐渐地侵吞(财物)。明《梼杌闲评》三五回:"不料为倪文焕所劾,道他~仁和库帑。"清《平定金川方略》卷八:"反给发军装夫价,多有~。"《歧路灯》一〇〇回:"他还有一向干没~银两,尚可度日。"

【侵使】 qīn shǐ 侵占使用。宋欧阳修《论乞不勘狄青侵公用钱札子》:"不过失于检点,致误~而已。"元王恽《益津县尹张英非违等事状》:"其张英明知前官~官钱,不即依理举问。"清《醒世姻缘传》七九回:"韩芦~了兵马的纸赎银子,追比得紧,只得卖了女儿赔补。"

【侵噬】 qīn shì 侵占吞并或吞没。五代杜光庭《墉城集仙录》卷六:"其人聚族而居,不相统摄,往往~,恃强暴寡。"宋魏了翁《眉州新修蟆颐堰记》:"于是畚武阳之石以为堤,下卬笮之竹以为揵,使植根既固,虽有涨潦,不能~。"清《平定准噶尔方略》正编卷八五:"上既凌虐,下亦愤恨。互相~,以底灭亡。"

【侵烁】 qīn shuò 侵害;侵袭。宋张詠《益州重修公署记》:"亦时有违咈上意,~下民。理丝而数棼,澄水而屡挠。"吕陶《究治策》:"或一寒一暑之~,发于肤腠,此其浅而易去也。"清杨大鹤《皇清睿略神功定万世太平颂》:"漠北苦寒,冰霜~,不宜亲烦至尊。"

【侵铄】 qīn shuò 同"侵烁"。《太平广记》卷二一三引《宣室志》:"慎勿启吾之门,亦不劳饮食,盖以畏风日所~也。"宋周南《祈雨疏文》:"碧泉青稻,觊遂丰成。杲日炎风,尚虞~。"清黄宗羲《过云木冰记》:"刚风疾轮,~心骨。"

【侵损】 qīn sǔn ❶法律用语。侵谓盗窃,损谓斗殴杀伤。《唐律疏议》卷五:"侵谓盗窃财物,损谓斗殴杀伤之类。假令父子合家同犯,并依凡人首从之法,为其~于人,是以不独坐尊长。"宋朱熹《增损吕氏乡约》:"讼谓告人罪恶,意在害人诬赖、争诉得已不已者,若事干负累及为人~而诉之者非。" ❷侵占损害(他人利益)。《敦煌变文校注》卷六《大目乾连冥间救母变文》:"生存在日,~常住,游泥伽蓝,好用常住水果,盗常住柴薪。"明佚名《精忠记》八出:"或~居民,或卖放军士,或自相窃盗。"《别有香》一二回:"家中什物器皿,毫不~。" ❸侵袭损害。宋陈自明《妇人大全良方》卷一四:"热毒之气~胞胎,遂有堕胎漏血。"明高濂《遵生八笺》卷一五:"若以名画张挂,多则三五日一换收起,挂久恐为风湿~质地。"清雍正八年四月十六日舒喜奏文:"今年麦子被二月二十五日一昼夜风霜~。"

【侵突】 qīn tū 侵犯奔突;横冲直撞地进犯。唐王景崇《诛苏祐奏》:"蔚州刺史苏祐,擅驱兵骑,~臣管界。"金元好问《龙虎卫上将军术虎公神道碑》:"汜水东数城,西师虽不~,而群不逞有因乱相剽窃者。"清《绮楼重梦》一五回:"邻近各省边界,都是设卡安营,排着火炮,以防~。"

【侵图】 qīn tú 犹"侵谋"。《续资治通鉴长编》卷五〇七:"自被南宋~,约近二十年。于诸要害被侵,筑了城寨不少。"《大金集礼》卷三:"既诱纳我叛亡,又~我边鄙。"

【侵吞】 qīn tūn ❶用武力吞并。唐郭震《论阙啜忠节疏》:"拔汗那四面无贼可勾,恣意~,如独行无人之境。"宋乐史《太平寰宇记》卷六七:"大业末,刘黑闼兵乱河朔,~郡县。"清邹一桂《平定金川诗》:"何物金川酋,蠢尔逞昏孽。弱肉恣~,天威敢忤逆。" ❷围棋术语。谓投子侵入对方势力范围并占据多数空点。唐杜荀《观棋》:"得势~远,乘危打劫赢。" ❸非法占有公家或他人之物。清《兰州纪略》卷一四:"甘省大小各员,将赈灾监粮~舞弊。"《大清会典则例》卷五〇:"如铺户过限不清,有意~客货者，仍将铺户严追。”《蜃楼志》一四回：“好不好一条链子锁来，还要办他串通亲戚～税饷呢。”

【侵袭】 qīn xí ❶侵略袭击。唐白居易《与吐蕃宰相尚绮心儿等书》：“来表云此三州非创～，不可割属大唐来。且此本不属蕃，岂非～所得？”明高濂《玉簪记》一五出：“近闻兀术～地方，昨日分付整顿兵革。”清《女仙外史》三四回：“如其不来～，候我令到回营。若有兵将前来，须豫先迎去，径行冲杀。” ❷侵入（肌体）。元王逢《读余季女怀其夫诗》：“霜露～兮，病偃在床。”明江瓘《名医类案》卷二：“赤身奔驰，风露～。”清《医宗金鉴》卷七四：“此证系暴寒～肌肤之中，寒郁不行。”

【侵销】 qīn xiāo 侵占损耗。明徐光启《新法算书》卷六六：“今表中列地景半径，小者四十三，大者四十七，皆少于推得者。为月过地景，不论高庳，皆受外光围迫～其景故也。”清雍正四年三月二十日李成龙奏文：“（张圣弼）先经督臣杨宗江以‘司道朋比，～俸工’等题参。”《锦香亭》四回：“克短军粮，～廪饩。劫良民如饥鹰攫食，逢劲敌如老鼠见猫。”

【侵轧】 qīn yà 侵凌排挤。《新唐书·王处存传》：“岁时讲兵，与诸镇抗，无能～者。”清《诗义折中》卷三：“但能无所忮害，又不贪求，则百尔君子皆知汝之德行而不相～，何所往而不善哉。”李尧栋《平定两金川诗》：“胡氊尔居，九婴煽逆。鄂什连兵，革夷～。”

【侵用】 qīn yòng 犹“侵使”。唐李翱《唐故金紫光禄大夫杨公墓志铭》：“杨尚书他方所遗尚不收去，岂有～官钱乎？”元刘时中《端正好·上高监司》：“借贷数补答得十分停当，都～过将官府行唐。”清《儒林外史》九回：“今不过～盐商这几两银子，就要将他褫革追比，是何道理？”

【侵越】 qīn yuè ❶越职侵犯（职权、法制等）。唐吴兢《谏十铨试人表》：“故上自天子，至于卿士，守其职分，而不可辄有～也。”明许浩《复斋日记》卷上：“即相与荐上，上尽用之，吏部愤其～。”清钱谦益《通议大夫梅公神道碑铭》：“监军权轻无赐剑，又奉屡旨申诫～。” ❷越界侵犯（疆土）。五代陆元浩《仙居洞永安禅院记》：“其本院所有山林界至，及买置常住新旧田园物业，并具土名界段碑阴，冀于他时免有～。”明孙仁孺《东郭记》三六出：“齐人煞诞，马牛风不及边关，无端～我江山。”清纪昀《阅微草堂笔记》卷一四：“于是惑众蠹财往往而有，犹～疆畔攘窃禾稼者也。”

【侵占】 qīn zhàn 侵夺占据或占有。唐李湛《御丹凤楼大赦文》：“其军屯营种，有～丁田课役税户者，宜委御史台切加访察。”明《拍案惊奇》卷三二：“杨氏赘婿，原非刘门瓜葛，即时逐出，不得～家私。”清《醒世姻缘传》五三回：“耕种的时候，把晁近仁的地土一步一步的～了开去。”

qín

【芹】 qín ❶比喻简劣的饮食。多用于自谦。宋戴复古《史贤良入蜀有锦江诗卷》：“一～供匕箸，聊寓野人心。”清《歧路灯》一八回：“却说王隆吉次日到蓬壶馆定了桌面，……即写一个‘二十四日理～候光’帖儿。” ❷谦称己方的礼物。宋陈著《答竺梅潭送良女弥月》：“一～以为过，兹乃若是其浮溢，实是不安。”明魏学洢《聘赵氏婚启》：“御丽景以修虔，展微～而布悃。”清《珍珠舶》四回：“乃荷蒙雅爱，时时过扰，深愧无以寸～为答。” ❸指生员（秀才）的资格。清钮琇《觚賸》卷五：“君无显秩，即一～犹难撷也。”赵吉士《寄园寄所寄》卷五：“予家世业儒八代矣。爰及我躬，艰于时命，屡试不能采一～。”《聊斋志异·狐谐》：“幼业儒，家贫而运蹇，年二十有奇，尚不能掇一～。”

【芹忱】 qín chén 微薄的心意。宋牟巘《端午送物札呈洪帅》：“蒲献虽微，～攸寓。”陈著《羞舒公凯归妻》：“某忝联葭好，蔑效～。夽霜粉以十封，笼雪翎而四翼。”明陈子龙《候两广抚台托荐书》：“兹叨一转，实藉荫庇，特因鸿便，少申～。”

【芹诚】 qín chéng 犹“芹忱”。宋韦骧《和太守叔康以诗答桃》：“不龟献药尝封地，未以～致赠瑰。”元谢应芳《上量田徐孟二公启》：“欲陈梗概，敢效～。”明邵璨《香囊记》二三出：“且尽～，躬调药饵，愿母病康宁如旧。”

【芹宫】 qín gōng 学宫；学校。宋张辑《木兰花慢·寿秘监》：“他年作霖雨手，且明光奏赋寓良箴。槐府黑头旧业，～青岁雄襟。”元薛昂夫《朝天曲》：“再迁市井厌屠沽，迁傍～住。”清吴绮《代元士侄聘继室汪氏》：“～起誉，应更圣锡之名；莲照分辉，待草彦章之诏。”

【芹馆】 qín guǎn 即“芹宫”。宋宋祁《谢察院荐举启》：“效官～，曾何补于青衿；奉牍枫宸，遽沐褒于华衮。”元曹伯启《次韵赵仲权留别》：“萱堂趁捧椒盘酒，～谁赓柳絮诗？”明李东阳《长至祀陵纪行》：“岁晚萍踪怀故侣，境偏～赴幽期。”

【芹敬】 qín jìng 谦称自己的赠予或款待。也指下级送给上级礼物。宋卫泾《贺王大卿生日元春启》：“僭犯菲仪，庸将～。倘垂容顿，实倍感荣。”明《禅真后史》三六回：“聊具薄礼四色，少伸～。”清储大文《中丞潘公传》：“又有馈节、称觞、贽见、～诸仪，谢篆、谢计诸特献。”

【芹悃】 qín kǔn 犹“芹忱”。明何孟春《推行马政疏》：“～敢陈三事：一审分派，一严比较，一便查兑。”《熊龙峰刊小说·双鱼扇坠》：“微微礼物，聊申～而已。”

【芹陋】 qín lòu 谦称自己的意见。宋陈瓘《进四明尊尧集表》：“葵向不习而常倾，～敢期于得献。”明陆采《怀香记》五出：“敢陈～效葵诚，家臣致主伊周并。”

【芹泮】 qín pàn 指学校。语本《诗经·鲁颂·泮水》：“思乐泮水，薄采其芹。”泮水，学宫前的半圆形水塘。通过考试，进入公立学校学习，取得生员资格，是科举的第一步。宋佚名《满江红·寿妇人有二子登第》：“～珠曹争禄养，桂林雁郡催行色。”明朱孟震《西南夷风土记》：“杂华而居，渐变于夏，间有读书登～，纳粟为吏承者矣。”清《歧路灯》九三回：“及至大复发案，父子同入～。”

【芹曝】 qín pù 谦称自己的意见、赠予或款待。典出《列子·杨朱》，言有农夫欲把自己吃的水芹和冬日晒太阳以取暖的方法献给国王。宋魏了翁《论士大夫风俗》：“其于治道兴替，关系匪轻，臣不胜区区～之私。”明徐渭《与张阁下启》：“则又以斯须～，恐莫赎唐突之嫌。”清《水浒后传》一七回：“谨献上青子百枚，黄柑十颗，取苦尽甘来的佳谶，少展一点～之意。”

【芹舍】 qín shè 犹“芹宫”。国子监分上、内、外三舍。明温纯《赠张甥》：“～仰瞻墙数仞，桂轮辉映月中秋。”何景明《送孙教谕》：“板舆迎白发，～拥青衿。”

【芹水】 qín shuǐ 代指学校。水，泮水。宋廖刚《谢举改官启》：“～备员，初乏不龟之技；龙门登俊，惭非中鹄之宾。”明谢谠《四喜记》八出：“～生涯淡，黉宫道味长。”清吴绮《孙禹锡寿序》：“谓‘是儿必大吾家’，言此子可名当代，声蜚～。”

【芹私】 qín sī 犹“芹陋”。宋文天祥《回吕本中书》：“别笺薄物，少寄～。”明张凤翼《红拂记》一八出：“深自愧资身无计，空两手造华居，乏执贽效～。”清《绿野仙踪》七回：“共祝封姨急律令，明辰纸张马竭～。”

【芹献】 qín xiàn 谦称自己的意见、赠予或款待。宋苏轼《与南华辩老书》:“紫菜石发少许,聊为～。”明《西游记》二七回:“却思父母好善,故将此饭斋僧。如不嫌弃,愿表～。”清张英《恭谢特擢翰林院学士》:“敢不益思～,勉竭葵诚。”

【芹香】 qín xiāng 指生员资格或在学校担任的教职。宋林希逸《和萧教韵》:“料得～留不住,会须班入大明宫。”元陈栎《水调歌头·贺汪觉翁受吉水州判序》:“僭揭短歌,用旌抃手,倅以～之赞,少见柏悦之诚。”清《玉楼春》二回:“但小子看尊貌,天庭巍耸,日月夹垣,年方舞象,便当收拾～,观光上国。”

【芹意】 qín yì 谦称自己对别人的心意。宋黄庶《祭神文》:“某来守此土,遂蒙稔成,～以物,为神之报。”明王錂《寻亲记》一九出:“喜今朝弥月之时,聊藉此略表～。”清《红楼梦》一回:“邀兄到敝斋一饮,不知可纳～否?”

【芹衷】 qín zhōng 犹“芹忱”。明邵宝《黄葵》:“野人寸赤能如此,应托～献上方。”顾允成《拟上惟此四字编疏》:“汇次成帙,僭名曰《惟此四字编》。俯效～,仰尘宸览。”

【芹酌】 qín zhuó 谦称自己招待别人的酒宴。清《梦中缘》二回:“待弟回家另择吉辰,薄设～,以偿他二人未完之愿。”

【勤】 qín ❶次数多;频繁。唐韩愈《木芙蓉》:“愿得～来看,无令便逐风。”《元曲选外编·西厢记》二本一折:“小梅香伏侍得～,老夫人拘系得紧。”清《醒世姻缘传》八回:“因晁大舍不在家中,往计氏家走动觉得～了些。” ❷即“勤儿❶”。元萧德祥《小孙屠》一〇出:“休只管,恋它每,入眼便为～。”《元曲选·金线池》一折:“前门里统镘客,后门里一个使钱～。”

【勤兵】 qín bīng 用兵;动用军队。唐张九龄《后土赦书》:“故～朔陲,先展义于枌社;回旌睢上,遂有事于郊坛。”明沈璟《义侠记》一三出:“事有不平,斗咱侠性,只得且～。”清《飞龙全传》四八回:“蕞尔小邦,自必顺命,又何必～远地,亲冒矢石乎?”

【勤儿】 qín ér ❶浪荡子;不务正业的富家子弟。《大宋宣和遗事》前集:“徽宗遂入茶坊坐定,将金箧内取七十足百长钱撒在那卓子上。周秀便理会得,道是个使钱的～。”明《金瓶梅词话》一〇回:“众人见花子虚乃是内臣家～,手里使钱撒漫,都乱撮合他在院中请表子。”《警世通言》卷三〇:“是宗室赵八节使之子,兄弟二人,大的讳应之,小的讳茂之,都是使钱的～。” ❷嫖客。元宋方壶《一枝花·妓女》:“有一等强风情迷魂子弟,初出帐笋嫩～。起初儿待要成欢会,教那厮一合儿昏撒,半霎儿著迷。”明《二刻拍案惊奇》卷四:“见张贡生带了一伙家人东张西觑,料他是个要嫖的～,没个帮的人,所以迟疑。”清邹山《双星图》二九出:“料不是统镘～续尾貂,拟将玉蕊接连条。”

【勤奋】 qín fèn 努力不懈怠,也指这样的人。宋刘攽《皇兄武卫大将军可遥郡团练使制》:“朝廷隆亲亲之爱,戚疏莫不受位;缘贤贤之义,～咸使进秩。”苏辙《伯父墓表》:“公于是时,独～问学。”清《歧路灯》四三回:“况且读书透些滋味,一发～倍于往昔。”

【勤厚】 qín hòu 殷勤爱重。唐柳宗元《与李翰林建书》:“又于梦得处得足下前次一书,意皆～。”元尚仲贤《气英布》三折:“轻贤傲士慢诸侯,无～。”清陈廷敬《答魏无伪书》:“得足下书,意甚～,以愧以慰。”

【勤紧】 qín jǐn ❶抓紧不放松。宋《朱子语类》卷一一三:“大凡人心若～收拾,莫令放宽纵逐物,安有不得其正者。” ❷勤劳;勤快。明沈采《千金记》五〇出:“你家中呵,亏杀妻～,家筵尚存。”《西游记》六二回:“三藏甚喜道:‘八戒这一向～啊!’”清雍正三年五月二十八日高其倬奏文:“臣查梁衍祚为人谨饬,办事～。”

【勤恳】 qín kěn ❶诚挚恳切。唐王福畤《录东皋子答陈尚书书略》:“陈公亦避太尉之权,藏而未出,重重作书遗季父,深言～。”明朱鼎《玉镜台记》四出:“小生蒙姑母留止宾墀,礼意～,但心系北堂,不安寝食。”清吴伟业《保御郑三山墓表》:“偕曹村相国结同善之会,诱掖～,施者坌集。” ❷勤奋;做事忠实不懈。唐李峤《大周降禅碑》:“野无遗贤,朝无阙典,犹且昧旦～,方宵厉惕。”宋朱熹《答程正思》:“大抵近日朋友例皆昏弱无志,散漫无主,鞭策不前。独正思笃志～,一有见闻,便肯穷究,此为甚不易得。”清施闰章《两孙先生传》:“遂同受业,早夜～。适有所惬,则抚掌高歌。” ❸频繁亲热。清《绣戈袍》三六回:“遂将韩氏所在,并公子往来的～,说知阿骥。阿骥闻了那个消息,随后直到母亲处,又苦谏一番,韩氏搪塞不从。”

【勤快】 qín kuài 勤奋;奋勉。明袁宏道《与无念书》:“生近益懒惰,不知诸佛肯见容否?打则任他打,终～不成也。”清《姑妄言》一九回:“他忙忙收拾了还要去卖菜,十分～。”

【勤练】 qín liàn 勤快干练。明毕自严《召对认罪疏》:“奉旨军需正殷卿老成～,还遵谕率属稽出入,酌虚盈,以佐国计。”清《康熙起居注·康熙二十年》:“臣等看得费扬古虽系年老,未至衰惫,且巡缉地方极称～。”《绿野仙踪》二二回:“都要现在不换眼中,卖弄他是个～堂客,会过日子。”

【勤切】 qín qiè ❶殷勤恳切。唐薛稷《临难不顾徇节宁邦科策第二道》:“圣教之兴,为期为感。但敬重坚固,有悲忍之大权;循习护持,有烦恼之深浅。物情以之～,俗慕由是恳到。”《五灯会元》卷一九《育王端裕禅师》:“道念～,方与客食,咀嚼间若有物,吐哺则设利也。”宋朱熹《少师保信军节度使张公行状》:“仰惟陛下处天子之尊,遭父兄之变,圣怀恻怛,～于中,固不止坐薪尝胆也。”明胡直《与朱镇山中丞书》:“内三纸俱出手勒,中间教督～,若倒肺肝。” ❷积极而切实。唐沈汾《续仙传》卷上:“王老乃求医药,看疗益加～,而疮日甚一日。”明陆粲《天池山人陆子玄墓志铭》:“独好习国朝故实,所至延访～,率多闻人所未闻者。”

【勤拳】 qín quán 犹“勤切❶”。唐牛僧孺《辨私论》:“傅说之对扬王庭,是公其身于辅佐也;周公之吐握～,是公其身于礼贤也。”宋李曾伯《满庭芳·壬子谢吕马帅送蟹》:“千里外,分甘遗远,多谢～。”清《绣鞋记》七回:“蒙君雅爱～,妾乃自怜薄命。”

【勤重】 qín zhòng 犹“勤厚”。《景德传灯录》卷二五《金陵清凉法灯禅师泰钦》:“官人及诸大众,今日相请～,此个殊功,比喻何及。”宋苏轼《答李康年书》:“复枉专使辱书累幅,意愈～。”陈允平《华胥引》:“锦笺～,频剔兰灯自阅。”

【擒】 qín ❶扯;揪。擒,通“捋”。宋元《清平山堂话本·李翠莲》:“扯碎了网巾你休要怪,～了你四鬓怨不得咱。” ❷抓;握。元明《水浒传》四回:“鲁达见不是头,～起凳子,从楼上打将下来。”明《古今小说》卷二七:“肩上虽挑却柴担,手里兀自～着书本,朗诵咀嚼,且歌且行。”清《飞龙全传》一二回:“郑恩遂把绊绳重新背好了,手内～着枣树,撒开大步,奔走如飞。” ❸承受(利益)。擒,通“睛”。清《绿野仙踪》五七回:“我们就像这样完结罢,只是苗秃子这三十两,我八天后定要向萧大爷～现成。”

【擒捕】 qín bǔ 捉拿;缉捕。唐李儇《车驾还京师德音》:“如稔恶不悛,事状难恕,委所在长吏设法～。”宋元《古今小说》卷三九:“有能～汪革者,给赏一万贯。”清《镜花缘》三回:“后来徐敬业被偏将王那相刺死,即持敬业首级投降,餘党俱被～。”

【擒伏】 qín fú 捕获降伏。唐元稹《为河南府百姓诉车状》:“假使凶竖即～,恐饥荒荐至。万一尚稽天讨,不知何以供求?”元佚名《一枝花》:“将龙虎来～,呼风唤雨。”明《西游记》九四回:“被佛～，困压在五行山下。"

【擒服】 qín fú 同"擒伏"。《资治通鉴》卷一九九："蛮夷君长为先帝所～者颉利等十四人，皆琢石为其像，刻名列于北司马门内。"清袁枚《子不语》卷一："我不能制，须吾弟张翼德来，始能～。"

【擒俘】 qín fú ❶擒获投降的敌兵。唐裴抗《魏博节度使田公神道碑铭》："～斩首，一月三捷。戎陬气慑，边徼尘清。"《旧五代史·梁书·张存敬传》："数旬间连下瀛、莫、祁、景四州，～不可胜纪。"明杨宗沐《阳朔县记事碑》："明日始克之，合凡斩首一百六十七颗，～三百八十七人。" ❷所擒获的俘虏。宋杨亿《群公饯集贤钱侍郎知大名府》："驻跸以壮其军声，～屡献于行在。"明王廷相《行边》："夜发金符催出塞，朝开阃帐献～。"张宁《吴汝辉任月山公子醉归图》："中有甚者双夹扶，垂首鞠背同～。" ❸抓捕并俘获。明杨士奇《特进荣禄大夫沐公神道碑铭》："王合征夷将军兵追至日南州奇罗海口，～无遗，械送京师。"清汤斌《赣州府志序》："旬日之间，～宸濠。"翁方纲《平定两金川雅》："逆酋索诺木并其兄弟及党恶大头目等，悉就～。"

【擒缚】 qín fù 捕捉捆绑。唐李德裕《代卢钧与昭义大将书》："一旦狂惑，助其凶威，曾不再旬，果就～。"《元曲选·小尉迟》四折："我如今～番王，献朝廷将功报父。"清《平定准噶尔方略》续编卷二八："选兵防守要害，乘机～贼人。"

【擒缉】 qín jī 犹"擒捕"。明郑若曾《江南经略》卷三下："素初有名大盗，未易～。"孙传庭《两邑拙政乞言述》："～渠魁，妖贼闻风远遁。"清《剿捕临清逆匪纪略》卷一六："此事虽不过如内地～巨盗，非边徼用兵成功者可比。"

【擒剿】 qín jiǎo 擒拿剿捕。《旧唐书·隐太子建成传》："文干小竖狂悖，起兵州府，官司已应～。"明吾邱瑞《运甓记》一九出："闻得当时～陈敏，如摧枯拉朽。"清《醒名花》一四回："打起旗号，摆队而行，遇着强人，即便动手～。"

【擒解】 qín jiè 逮捕押解。明何乔新《复张司寇书》："家奴亡去，荷蒙～，已于正月到家矣。"清周召《双桥随笔》卷八："访市肆中有大言其事者，但立～来。"《珍珠舶》一二回："为因醉卧虎丘，被着捕役～吴县。"

【擒究】 qín jiū 捕捉追究。明《禅真后史》二回："候本县老爷缉获这伙强徒，追赃正法。倘一时～不着时，老夫亦赠盘费，唤人送公回府。"

【擒掳】 qín lǔ 捕捉；抓捕。《旧五代史·梁书·刘鄩传》："奏章来上，皆言仓储已竭，飞挽不充，于役之人，每遭～。"《云笈七籤》卷一一九："遥见马军十餘骑，两面交至，已～行人数辈。"清《锦香亭》九回："多蒙卫妪母子救出同逃，不想又遭～。"

【擒掠】 qín lüè 捕捉掳掠。唐于逖《闻奇录》："军至此也，宜往别处，不然遭～。"宋《朱子语类》卷一三二："所过州县，如入无人之境，恣行～。"清《姑妄言》二一回："瞎贼素知汴城富足，意欲困破，以图～。"

【擒觅】 qín mì 捕捉寻觅。《太平广记》卷四五引《原化记》："天师大怒曰：'何忽引俗人来，令失药。'俄召前道士责辱，欲鞭之。道士叩头，请却～。"

【擒拿】 qín ná 捉拿。《元曲选·赵氏孤儿》四折："到明日小主人必然～这老贼，我须随后接应去来。"明《西游记》三回："着龙神回海，朕即遣将～。"清《平定准噶尔方略》前编卷五二："逆贼已经擒获过半，其餘亦不难～。"

【擒搦】 qín nuò 捕捉并用手抓住。宋洪迈《夷坚志》乙卷一四："鬼趋伏妇床下，神去乃出，其头比先时倏大数倍，俄为人～以行。"又补卷七："才出门，复遇二皂隶，已～而去。"陆九渊《象山语录》卷四："顺帝之则，晏然太平，殊无一事，然却有说～人不下，不能立事。"

【擒扑】 qín pū ❶向前扑并抓捕。宋洪迈《夷坚志》补卷二二："宁敕神将～，始仆地死。" ❷捕捉扑灭。清雍正五年十一月十一日鄂尔泰奏文："若非大军前进协攻茶山，檄令刀金宝率领土兵堵绝江外去路，则凶贼势难～。"

【擒身】 qín shēn 身体被捉。唐王睿《炙毂子》："猩猩知人姓字，此知往也；醉以～，此不知来者。"《敦煌变文校注》卷一《伍子胥变文》："昭王弃城而走，遂被伍相～。"

【擒生】 qín shēng 活捉敌兵。唐孙逖《为宰相贺檀州界破奚贼表》："张守珪果奏副将安禄山于檀州界破奚贼，～斩级，并获马牛。"宋曾公亮等《武经总要》前集卷一四："其餘军士，非～斩级者，每人给弟五等赐。"清吴伟业《茧虎》："越巫辟恶镂金胜，汉将～画玉台。"

【擒锁】 qín suǒ 捕获并用链子锁住。元明《水浒传》五〇回："吴学究便道：'我这王矮虎今在何处？'扈成道：'如今～在祝家庄上。'"明《杜骗新书·露财骗》："徐丁认得，即引捕兵～。"清《后水浒传》一四回："殷尚赤一时魆地里被人～，手脚俱施展不来。"

【擒擿】 qín tī 捉拿搜捕。擿，搜索。唐权德舆《唐故中书侍郎齐成公神道碑铭》："公法令严具，网络张设，名捕魁宿，使无遗类，指顾之间，～如神。"宋苏颂《奏请考校知县县令盗贼为殿最》："既备之有素，则凶奸无能措手，纵有窃发，终亦为之～。"元耶律铸《阳关》："振威驰突过天山，～如神指顾间。"

【擒问】 qín wèn 捉拿审问。宋洪迈《夷坚志》丁卷一九："果某观中道士，颀然秀整，类有道者。～之，具伏。"周密《癸辛杂识》别集卷上："试探之，则三子在焉，皆恶党也。～，不待捶楚，皆一招即伏辜。"清袁枚《子不语》卷四："疑为窃贼，直前～。"

【擒讯】 qín xùn 犹"擒问"。明胡宗宪《筹海图编》卷九："倭酋董二被～，道直事甚悉。"清雍正九年五月十三日上谕："除临阵斩杀及～枭示各犯外，现在解省审拟之逆目要犯四百餘名。"袁枚《子不语》卷一〇："神批：发温元帅～。讯得为祟者乃一雌猴。"

【擒治】 qín zhì 捉拿惩治。五代和凝《疑狱集》卷三："辂却由穴入佛空身中，厉声具说僧过，便呵～。"明《二刻拍案惊奇》卷五："待朕～了此贼，方送汝回去。"清袁枚《子不语》卷四："雍正末年，臬司范国瑄～之。死者十之八九，首恶董超竟以逃免。"

【擒诛】 qín zhū 捉拿杀死。唐韩愈《唐故检校尚书刘公墓志铭》："咨公以城守，所以能～叛将，为抗拒，令敌人不得其便。"宋范镇《东斋记事》卷一："既醉，伏兵发，～六百餘人。"清《平定两金川方略》卷七四："务在扫荡贼巢，～凶竖。"

【擒抓】 qín zhuā 犹"擒捕"。清《万花楼》五五回："这王恩未曾被拿，倒也罢了，一被～，他倒凶狠起来。"

【擒捉】 qín zhuō 犹"擒捕"。唐易静《兵要望江南·占六壬》："克得此宫为大胜，多应～贼酋徒。"明张四维《双烈记》三一出："末将急上前～，被他复跳上马走脱。"清《醒世姻缘传》二〇回："乡约地方亲见了这个光景，喊说：'清平世界，白昼劫财伤人。'要围了庄～。"

【擒捽】 qín zuó 犹"擒捕"。捽，揪。宋郑獬《礼法论》："而浮屠之徒遍满天下，朝廷且未尝～束缚而加诛焉。"洪迈《夷坚志》补卷六："鬼卒弯弓奋剑，欲相～。吏叱曰：'此大王之亲，令观狱。'"胡太初《昼帘绪论》："每专人一来，陵蔑名分，～吏贴。"

qǐn

【趋】 qǐn 低。清《红楼梦》四六回:"看你～着头过去了,进了院子就出来了,逢人就问,我在那里好笑。"

【寝罢】 qǐn bà 废除;终止。唐李绛《论安国寺不合立圣德碑状》:"述游观且乖理要,叙崇饰又匪政经,固非哲王所宜行也。伏乞圣慈,特赐～。"《大宋宣和遗事》前集:"欲望圣慈,允臣所奏,将王安石新命～。"清储大文《哀恼来山辞》:"击球供奉小儿裁餘二百且并易罢,而宣徽九使复胥～。"

【寝弛】 qǐn chí 废弛;松弛。宋司马光《后汉论》:"及孝和以降,政令～,外戚专权。"明胡宗宪《筹海图编》卷三:"近虽驻参将于崖州,责有攸寄,而守御营戍旧额,岁久～。"《明史·杨一清传》:"太祖著令以蜀茶易番马,资军中用。久而～,奸人多挟私茶阑出为利,番马不时至。"

【寝夺】 qǐn duó 罢免;免除。宋赵抃《再乞追还王拱辰宣徽使命奏状》:"臣累次弹奏王拱辰,乞正其罪,并～恩命。"沈括《梦溪笔谈》卷一〇:"明年,除馆阁校勘,御史发其旧事,遂～,改差国子监主簿,仍带郑州推官。"清陈鼎《东林列传》卷一四:"未几福王遂之国,～谋嫡叩阍之力居多焉。"

【寝恶】 qǐn è 丑陋。唐张鷟《朝野佥载》卷五:"蓬头垢面,伛肩皤腹,～之状,举世所无。"

【寝格】 qǐn gé 搁置;阻碍。宋《九朝编年备要》卷一二:"每内降恩,率～不行。积诏旨至十数,辄纳帝前。"明夏良胜《议复推升司务状草》:"弘治十年以后,因事～。"清傅泽洪《行水金鉴》卷一三二:"已会议分工,但以佐费数多,致有异议,事遂～。"

【寝久】 qǐn jiǔ 积久;久远。唐刘禹锡《唐故中书侍郎平章事韦公集序》:"上方用威武以詟不庭,宿兵～。韦丞相贯之酌人情上言,不合意,册免。"明袁中道《郡伯刘公守新安三载报最序》:"岁月～,后人狃安计便,反以私为经,而公为纬。"清钱谦益《憨山大师曹溪肉身塔院碑》:"时代～,争窃滋多。"

【寝陋】 qǐn lòu ❶(相貌、市容等)丑陋。唐刘肃《大唐新语》卷一三:"询为人瘦小特甚～,而聪悟绝伦。"明袁中道《普仰寺大士殿乞檀文》:"眉妩既坏,不复成妍。沙市日就～,亦览胜者所深惜也。"清《醒世姻缘传》一回:"虽然相貌不甚轩昂,却也不甚～。" ❷寡陋;气度小。宋苏轼《李太白碑阴记》:"太白之从永王璘,当由迫胁。不然,璘之狂肆～,虽庸人知其必败也。"

【寝弭】 qǐn mí 平息;消除。《明史·姜曰广传》:"前见文武交竞,既惭无术调和;近睹逆案忽翻,又愧不能～。"

【寝眠】 qǐn mián 睡卧;睡觉。《法苑珠林》卷七一:"师时怒曰:'汝甚颠狂,猪那解作此语。'遂即～。"明郑纪《郑氏祠堂记》:"日之提抱,毛肤相摩;夜而～,口鼻相依。"清《飞龙全传》二二回:"饔飽和羹味,～锦绣重。"

【寝免】 qǐn miǎn 罢免;免去。宋岳飞《辞男云特转恩命第三札子》:"伏望特简渊衷,俯回洞照,特赐～,庶安愚分。"史浩《辞免朝辞毕令宰执宴饯札子》:"伏望圣慈,特赐～,庶竟终始矜从之恩。"方岳《辞免生日牲饩札子》:"所有臣生日牲饩等赐,欲望矜俞,亟从～。"

【寝灭】 qǐn miè ❶泯灭;消亡。唐独孤及《江州刺史厅壁记》:"秦已来国化为郡,史官废职,策牍之制～。"宋元《警世通言》卷一〇:"顾视而妖氛～,指挥而宇宙廓清。" ❷灭亡。《宋史纪事本末》卷二五:"属仇金之～,而蒙古之与邻,逮合谋成破蔡之功,恐假道有灭虞之势。" ❸埋没;隐没。明李梦阳《请表节义本》:"委各系穷乡小户实善无闻,及展转核实～未旌人数。"

【寝衰】 qǐn shuāi 衰败;衰落。唐李宗闵《马公家庙碑》:"马氏之先,以功名显于周汉之际,下魏晋氏,族世～。"明刘基《紫虚观道士吴梅涧墓志铭》:"吾家世簪缨,更值时变,门户～。"清魏裔介《五子吟·申凫盟》:"风雅道～,百家矜藻绚。"

【寝睡】 qǐn shuì 犹"寝眠"。元蒲察善长《新水令》:"快疾忙飞过蓼花汀,听人家～长门静。"明孙承恩《迁居述怀》:"幸有此虚斋,犹堪便～。"清《绣戈袍》三五回:"是夜,公子竟说要韩氏出来在此房中阁上～。"

【寝停】 qǐn tíng 犹言停罢、免职。《旧唐书·令狐楚传》:"此名已闻于日下,不必更立碑颂,乞赐～。"五代石敬瑭《勒林恩郑元弼归国诏》:"王昶自大自尊,不迎不见,～诏命,胁辱使臣。"宋欧阳修《辞直除知制诰状》:"伏望圣慈,悯臣愚讷,直降恩命,特赐～。"又《论罢修奉先寺等状》:"其已兴作者既不可及,其未修者宜速～。"

【寝侻】 qǐn tuō 犹"寝陋❶"。侻,简陋。《新唐书·欧阳询传》:"(欧阳询)貌～,敏悟绝人。"宋佚名《宣和书谱》卷一九:"杨凝式,华阴人也。形貌～,然精神矍然。"

【寝歇】 qǐn xiē 睡觉;歇息。明《西游记》一五回:"斋罢,掌上灯,安了铺,各各～。"《金瓶梅词话》九九回:"因浑家葛翠屏往娘家回门住去了,他独自个在西书房～。"清《续金瓶梅》五二回:"刘公还夜坐看书,不曾～。"

【寝穴】 qǐn xué 墓穴。明张岱《陶庵梦忆》卷一:"高皇帝与刘诚意、徐中山、汤东瓯定～,各志其处。"

【寝远】 qǐn yuǎn ❶渐远。寝,通"寖",逐渐。a) 用于空间。唐李治《赠王远知太中大夫诏》:"仙化不追,英灵～。眷言留舄,宜有褒崇。"宋李昭玘《神宗祭疏》:"神游～,尘世何知。"b) 用于时间。唐高郢《姜嫄公刘庙记》:"祠成三岁矣,而铭记尚阙。将恐～,失其所由,乃陈梗概,爰此刊刻。"元戴良《龙山古迹记后题》:"念前修之～,痛遗泽之日微。"明郑岳《重修三桥记》:"岁月～,事迹易湮,追述其概以志。"c) 用于风格。明娄坚《汪杲叔篆刻题辞》:"顾其屡变屡下,～于古。" ❷(范围或距离)远;远离。唐张九龄《开大庾岭路记》:"斯事之盛,皆我国家元泽～,绝垠胥洎,古所不载。"宋史浩《贺天申节表》:"臣退藏田里,～阙庭。"明孙传庭《商丘县创置养济院碑记》:"以故池不得附城,～在数十步外。" ❸(时间)久远。唐苏颋《论清舜庙状》:"秦汉以来,置庙山下,年代～,祠宇不存。"宋觉范《禅林僧宝传》卷七《天台韶国师》:"智者之教,年祀～,必多散失。"

【寝止】 qǐn zhǐ ❶歇息;住宿。唐刘禹锡《刘氏集略说》:"会出师淮上,恒磨墨于楯鼻,或～群书中。"明《古今小说》卷一四:"至九石岩,见光光一片石头,绝无半间茅舍,乃问道:'先生～在于何所?'"清《聊斋志异·婴宁》:"母令与少女同～,昧爽即来省问。" ❷停止;废止。五代孙光宪《北梦琐言》卷九:"当方进而闻于宰相,佥许之。无何,巢寇犯阙,因而～。"

【寝置】 qǐn zhì 搁置。明曾伟方《与宾州刘守书》:"台丈道谊相成,希为弟～此事,勿再陈情。"清嵇永仁《吉吉吟》:"奈禁锢已久,病患愈深,起居之际,不能支持,著书之事,从此～。"

qìn

【吣】 qìn ❶亲。明《醒世恒言》卷二三:"你两个香喷喷美甜甜～一个嘴，就是合卺杯了。” ❷ 猫、狗吐，詈指胡说。清《快心编》三集六回：“晓得叔婶不时闹吵，又听见友生起课的事情，便到婶子面前～两句冷话。”《红楼梦》七回：“少胡说，那是醉汉嘴里混～。”

【揿】 qìn ❶ 按；压。明《山歌·墨斗》：“姐儿好像墨斗一般般，吃情哥～住子奴身只捉眼来看。”《型世言》二一回：“略一假撇呆，已被徐铭按住，～在凳上。”清纪昀《阅微草堂笔记》卷二四：“尔反代彼～我项背，按我手足。” ❷ 塞；使进入。明《型世言》三六回：“叫拿这布条与他套，皂隶走去，扯过指头，只一～，果然～上。”《绣榻野史》卷下：“骚水流了许多的，只得把缅铃～进去，弄了一会。”清《麟儿报》六回：“将廉清～入轿中，抬了如飞而去。” ❸ 强加；强使。明《型世言》三〇回：“两个会问时，～定他几件实事，坐了他五百赃。”清《荡寇志》七三回：“又要他的女儿，少不得又是讨来做正，无故～我同他做亲家公。” ❹ 控制；抑制。明袁于令《西楼记》一四出：“闰一更漏鼓还侥幸，～不住两岸鸡鸣。”又二〇出：“老妪抱了我，撮弄我肉具。掀裙刚凑着，精来～不住。”

【揿按】 qìn àn 按压。清《万花楼》四二回：“将孙武～地上，哪管什么钦命大人，将拳擂鼓一般打下。”

【揿打】 qìn dǎ 按住殴打。清雍正六年三月二十一日上谕：“简恒将王氏揪发～。”

【揿倒】 qìn dǎo 按倒，比喻降服。清《珍珠舶》二回：“纵使冯氏心肯，有那王氏碍眼，毕竟未易就谐好事。不如先把王氏～，那雌儿就是我手中物了。”

【揿埋】 qìn mái 强加使进入。清《珍珠舶》八回：“你既下了毒手把我儿子～黑狱，我也定要将你一家搅散。”

【揿捺】 qìn nà 犹“揿按”。清《野叟曝言》六五回：“素臣连着刀，死力～，手脚摆动一会，方才僵直。”

【揿压】 qìn yā 犹“揿按”。清乾隆三十九年私制藤牌禁令：“广东有盗案，多有用藤牌～事主者。”

qīng

【青白】 qīng bái ❶ 平白无故。明《警世通言》卷一五：“着甚来由，用了这主屈财，却不是～晦气。” ❷ 评判好坏；表示亲疏。传说晋阮籍见尊敬喜爱的人用青眼，见不喜欢的人用白眼（见《世说新语·简傲》）。金元好问《默庵铭》：“眼有否臧，口无～。”明徐渭《后闻鹦武眼系直度两眶人可洞视》：“认客休～，韬光混瑾瑕。” ❸ 是非；不同情况。明《封神演义》一六回：“若放了女子，妖精一去，～难分。”清《雪月梅》二四回：“官兵不分～，枪铳矢石齐发，杀的却是些无辜百姓。” ❹ 清白；没污点。明崔时佩、李日华《西厢记》二出：“宠渥重华，先香履素，惟将～传家。”张岱《西湖梦寻》卷四：“董其昌《于少保祠柱铭》：‘……竭股肱之力，继之以死，独留～在人间。’”《封神演义》一九回：“毕竟做个～之鬼，不负父亲教子之方，只得把忠言直谏。”

【青春】 qīng chūn 指年龄。唐唐彦谦《自咏》：“白发三千丈，～四十年。”明汤显祖《牡丹亭》三二出：“〔生〕且请问芳名，～多少？〔旦〕杜丽娘小字有庚帖，年华二八。”清《绿野仙踪》三回：“时来道：‘年兄～几何？’于冰道：‘十九岁了。’”

【青词】 qīng cí 用于通神的祷词。因用青藤纸书写，故称。唐李肇《翰林志》：“凡太清宫道观荐告词文用青藤纸朱字，谓之～。”明《古今小说》卷三〇：“翰林官专管撰～，子瞻奉旨修撰，要拉端卿同去。”清洪昇《长生殿》四六出：“〔丑捧～上〕九天青鸟使，一幅紫鸾书。〔进跪科〕高力士奉太上皇之命，谨送～到此。”

【青刀马】 qīng dāo mǎ 精液的隐语。明《金瓶梅》三二回：“小淫妇儿，时光有限了，不久～过。递了酒罢，我等不的了。”

【青夫】 qīng fū 衙门中的夫役。衣青，因称。明谢肇淛《北河记》卷六：“堂邑县管河主簿员下：书手一名、……～、皂吏二名。”清《醒世姻缘传》一六回：“骑了衙里自己的头口，跟了一个衙门～，竟往香岩寺去。”

【青蚨】 qīng fú 传说中的虫名，以其母、子血各涂钱互市，可引钱还。因借指铜钱。唐寒山《个是何措大》：“囊里无～，箧中有黄卷。”明孟称舜《娇红记》二一出：“谢你媒婆，有的是数贯～，几匹红绢。”清《品花宝鉴》二三回：“亮轩见其眉目清俊，以～十千买得。”

【青顾】 qīng gù 用青眼看待，指垂青照顾。宋苏泂《摸鱼儿·忆刘改之》：“尽县簿高门，岁晚谁～。”陈亮《祭胡彦功墓文》：“惟此愿之未偿，孤畴昔之～。”清青柯亭本《聊斋志异·陆押官》：“诸僚仆见其得主人～，戏索作筵。”

【青花田】 qīng huā tián “青花田鸡”的歇后，歇“鸡”字，谐“饥”，指饥饿。明佚名《白兔记》九出：“〔丑〕大官人，肚中～了。〔净〕腹中饥了么？妹子，厨下看点心师父吃。”

【青昏】 qīng hūn （视野或视力）模糊不清。宋孙沔《上仁宗论久阴》：“沉阴不雨，蒙气连宵，日景～，天光惨翳。”明屠隆《彩毫记》四〇出：“连枯草红残烧痕，窗窥古道，～野磷。”清叶稚斐《琥珀匙》二出：“因我两眼～，就叫我是贾瞎子。”

【青眷】 qīng juàn 垂青眷顾。清《聊斋志异·梅女》：“既承～，君倘有意，家中慧婢不乏，仆不靳相赠。”△《海上尘天影》五八回：“伯仲虚名，妄承～。”

【青睐】 qīng lài 用青眼看待，表示喜爱或看重。宋王明清《春娘传》：“会新守至，守与司理有旧，司户又蒙～。”清《雪月梅》一二回：“三子刘电，弱冠未婚，颇具胆略。明日见时，尚冀～。”《荡寇志》七六回：“仓忙旅客，得托广厦，已属万幸。何期世兄～，又沐谦光。”

【青龙头】 qīng lóng tóu 东边最前的位置。四方中青龙在东。元明《水浒传》五一回：“入到里面，便去～上第一位坐了。”明柯丹邱《荆钗记》二九出：“〔净〕张姑妈，快请新人上轿，我在此亲迎。〔丑〕晓得了。分付众人在～转一转。〔净分付众转介〕”

【青面圣者】 qīng miàn shèng zhě 主管刑狱的神。传说虞舜时掌刑狱的大臣皋陶脸青绿色，后奉为神。元明《水浒传》四〇回：“驱至～神案前，各与了一碗长休饭、永别酒。”清《水浒后传》二一回：“到三更时分，将牲醴香纸祭赛～。”

【青面使者】 qīng miàn shǐ zhě 即“青面圣者”。元明《水浒传》一二回：“推临狱内，拥入牢门。抬头参～，转面见赤发鬼王。”明《型世言》三六回：“写一张投词，开出金氏生年月日，在本府土谷并～祠前，表白心事。”

【青眸】 qīng móu 犹“青眼❶”。宋苏轼《送宋君用游辇下》：“高赀一朝尽，里巷谁～？”明杨柔胜《玉环记》一四出：“世乏～，三载谋生似拙鸠。”清《品花宝鉴》五二回：“忍羞惭要乞～顾，应怜辱在泥涂。”

【青目】 qīng mù 犹“青眼❶”。唐杨炯《祭汾阴公文》：“参两宫而承顾盼兮，历二纪而洽恩荣。郭有道之～兮，蔡中郎之下迎。”明沈采《千金记》一七出：“山人特因韩生参见，望老丞相举用～。”清《红楼梦》二四回：“既肯～，这是十五两三钱有零的银子，便拿去治买东西。”

【青年】 qīng nián ❶ 春季；春天。唐段成式《酉阳杂俎》续集卷三:"有红裳人与白衣送酒,歌曰:'皎洁玉颜胜白雪,况乃~对芳月。沉吟不敢怨春风,自叹容华暗消歇。'"元刘将孙《水调歌头·败荷》:"寂寞六郎秋扇,牵补灵均破屋,风露半襟寒。坐感~晚,不但翠云残。" ❷ 年纪轻;年轻的时候。唐牟融《寄张源》:"~俱未达,白社独离群。"明《金瓶梅词话》一三回:"哥也糊突,嫂子又~,偌大家室,如何便丢了去?"清孔尚任《桃花扇》二四出:"二位~上进,该去走走。我老汉多病年衰,也不望甚么际遇了。" ❸ 指年纪、年岁。宋元《警世通言》卷一四:"婆子道:'老媳妇犬马之年七十有五。教授~多少?'"清陈端生《再生缘》二回:"~十五藏闺阁,未有冰人系赤绳。" ❹ 指年轻时应有的际遇。明汤显祖《牡丹亭》五三出:"我有女无郎,早把他~送。"《型世言》二一回:"舅舅酒糊涂,不把你亲事在心,把你~误了。"清《玉蜻蜓·显魂》:"岂无膏沐,谁适为容?再休想搽胭抹粉着绿穿红,害了你中途~。" ❺ 指年轻人。明《禅真逸史》一三回:"变幻妖狐迷秀士,英雄僧侠救~。"《欢喜冤家》一五回:"须臾收拾,两人上楼安置。一对~,正堪作对。"

【青奴】 qīng nú ❶ 竹子编的中空多孔的用具,夏天倚抱,取其凉爽。本称竹夫人,宋黄庭坚贬称为青奴。宋吴文英《梦行云》:"朝炊熟,眠未足。~细腻,未拌真珠斛。"金《董解元西厢记》卷一:"有扫愁竹叶,侍寝~。"清赵冀《暑夜戏笔》:"引睡有黄奶,伴寝有~。" ❷ 指钱。宋吴炯《五总志》:"少日萦心但黄奶,暮年使鬼欠~。" ❸ 指奴仆。奴仆衣青。宋洪咨夔《卜算子》:"贫放麴生疏,闲到~熟。扫地焚香伴老仙,人胜连环玉。"明袁宏道《迎春歌和江进之》:"乌纱新缕汉宫花,~跪进屠苏酒。"又《上方》:"曾与小修、江进之登峰看月,藏钩肆谑,令小~罚盏。"

【青盼】 qīng pàn ❶ 犹"青顾"。唐李白《赠范金卿》:"君子枉~,不知东走迷。"明屠隆《彩毫记》三九出:"念李白流窜罪人,何当夫人如此~。"清《红楼梦》九九回:"小儿已承~,淑媛素仰芳仪。" ❷ 青眼,指用眼看。明汤式《湘妃引·京口道中》:"露浸浸芳杏洗朱颜,云冉冉晴峦闪翠鬟,烟蒙蒙弱柳迷~。"王世贞《杂感》之二:"膏沐一朝施,含羞不向前。虽复回~,盛年坐君捐。" ❸ 指对方的盼望、牵挂。明王世贞《柬蒋莘田侍御》:"颇忆杜陵生,多时阻~。"又《答武昌赵中丞》:"霜后梅花惊客邮,知公~在襄州。"清洪昇《长生殿》四〇出:"度新声,占断人间。求观恨晚,休辜负云中~。"

【青胖】 qīng pāng 犹"青肿"。明《山歌·烧香娘娘》:"无状,再开言,教你满身~。"清方成培《雷峰塔》二二出:"我方才正要欢娱,只看见一个大头~鬼,拿我得来一掼。"

【青滂】 qīng pāng 同"青胖"。明袁于令《西楼记》一〇出:"捉我打得两腿稀烂,满身~。"

【青膀】 qīng pāng 同"青胖"。明张凤翼《灌园记》二六出:"我只要燥子我个寡脾胃沄,管打得个丫头满身~。"

【青皮光棍】 qīng pí guāng gùn 地痞无赖。明《禅真逸史》二二回:"谈吐间,学就中州字眼;歌唱处,习成时调新腔。果然俊俏郎君,好个~。"清乾隆二十四年《象山志》卷一:"鳏夫曰光棍,无赖子则曰~。"△《官场现形记》六回:"所有地方的~,没有行业的人,统通被他招了去。"

【青皮子】 qīng pí zi 称衙役。衙役衣青。清朱素臣《翡翠园》二出:"我俚三代相传,是理刑厅里~。"

【青钱】 qīng qián ❶ 用一定比例的铜、铅、锡合铸的钱。唐杜甫《北邻》:"~买野竹,白帻岸江皋。"《元曲选·误入桃源》一折:"常则是杖头三百~挂,抵多少坐三日县官衙。"《大清会典则例》卷四四:"嗣后宝泉、宝源二局鼓铸,按铜铅百斤内用红铜五十斤,白铅四十一斤八两,黑铅六斤八两,点铜锡二斤配搭,改铸~。" ❷ 比喻优秀人才。典出唐李冗《独异志》,员半千称赞张鷟的文辞"文如青钱,万拣万中"。唐陈陶《赠江南从事张侍郎》:"姻联紫府萧窗贵,职称~绣服豪。"明王錂《寻亲记》二出:"刚刀立志,毁伤花面,诗书教子,喜中~。"清《品花宝鉴》四回:"再看那四个相公,却非名下~,不过花中凡艳。"

【青赏】 qīng shǎng 看重。清《两交婚》七回:"仁兄到场,刚刚看见,遂蒙~。"

【青视】 qīng shì 犹"青睐"。宋黄裳《送公表判官解官南归》:"顾我眼力壮,古貌人~。"

【青岁】 qīng suì ❶ 犹"青年❶"。唐韩翃《送巴州杨使君》:"白云县北千山口,~欲开残雪后。"元张仲深《越上九日感怀》之七:"亹亹圆象运,苒苒~阑。"明何景明《观春雪》:"积阴改玄节,新阳献~。" ❷ 犹"青年❷"。唐杜甫《昔游》:"隔河忆长眺,~已摧颓。不及少年日,无复故人杯。"宋张辑《木兰花慢·寿秘监》:"槐府黑头旧业,芹宫~雄襟。"明柯丹邱《荆钗记》四二出:"当初指望白首谐,谁知~遭残害。" ❸ 荒年。青,作物不熟。明汤显祖《顾膳部宴归时大水饥》:"黄星春不死,~鸟犹宿。"

【青膅】 qīng táng 犹"青肿"。明《金瓶梅词话》九九回:"不防飕的一拳来,正打何官人面门上,登时就~起来。"

【青天】 qīng tiān ❶ 晴天;晴好的天气。唐韩愈《感春》之一:"辛夷高花最先开,~露坐始此回。"宋苏辙《次韵子瞻过淮见寄》之二:"~携杖处,晚日落帆偏。"明王守仁《送德观归省》之一:"雪里闭门十日坐,开门一笑忽~。" ❷ 指天公、上苍。唐李白《白头吟》之二:"长吁不整绿云鬓,仰诉~哀怨深。"明徐复祚《红梨记》一八出:"若还再把邪谋展,愿折证~,世世里贫和贱。"清《后水浒传》一九回:"俗语讲得好:'差人见钱,不怕~。'" ❸ 喻指帝王或帝王所在处。唐李德裕《南梁行》:"~诏下宠光至,颁籍金闺征石渠。"宋佚名《水调歌头·贺人再娶》:"胜长芝兰玉树,俱作蟾宫佳客,声誉振螺川。仍看明年去,平步上~。"清陈端生《再生缘》一四回:"但愿郦生能过考,解元高中步~。" ❹ 比喻公平清明的生存环境。唐庞蕴《世上蠢蠢者》:"罗刹同心腹,何日见~。~不可见,地狱结因缘。"敦煌词《望江南》:"敦煌郡,四面六蕃围。生灵苦屈~见,数年路隔失朝仪,目断望龙墀。"明吕天成《齐东绝倒》二出:"早知恁法司权,没~的这枷锁。" ❺ 比喻推理或判决公正明白。宋元《醒世恒言》卷三三:"相公的言语,委是~。他家小娘子昨夜果然借宿在左邻第二家的。"《元曲选·窦娥冤》二折:"谢~老爷做主,明日杀了窦娥,才与小人的老子报的冤。"清《红楼梦》八六回:"我的~老爷,小的就唬死了。" ❻ 喻指清官,或美称官员。明沈璟《义侠记》一九出:"谢~把王婆断讫。"《拍案惊奇》卷二六:"又不知怎地相争,将来磨灭死了,反来相赖。望~做主。"清《珍珠舶》三回:"计恶徒所得不下百金,只此是实,伏乞~详察。" ❼ 春天。春色青。明汤显祖《紫箫记》二〇出:"薄幸教天谴,负~,年年春病到身边。" ❽ 白天。明《醋葫芦》二〇回:"这《醋葫芦》也只当~说鬼,不妨妄听妄言。"

【青天白】 qīng tiān bái "青天白日"的歇后,歇"日"字。日,谐音"肏",指男子性交动作。清《姑妄言》一回:"一个说道:'好一个金童玉。'那一个道:'得同他~一下子就快活了。'"

【青眼】 qīng yǎn ❶ 用青眼看,表示对人喜爱或器重。敦煌词《谒金门》:"聚尽萤光凿尽壁,不逢~识。"明孙仁孺《东郭记》四四出:"只愿你福如东海,寿比南山,时时~二弟。"清《雪月梅》二〇回:"以兄的本领,谁不~?" ❷ 借指知音。唐权德舆《送卢评事婺州省觐》:"客愁~别,家喜玉人归。"宋司马光《同张圣民过杨之美》:"呼儿取次具杯盘,～相逢喜无极。"明徐复祚《红梨记》二三出:"掩却白云关,言寻～客。" ❸ 喻青春年少。唐张祜《穷居》:"竹下喜逢～士,草中甘作白头翁。"宋王安石《次韵酬宋玘》之一:"～坐倾新岁酒,白头追诵少年文。"清方文《与从子子建感旧》:"少年同学惟～,易世相逢已白头。" ❹ 指初生的植物嫩叶,其形如眼。唐吕从庆《过金鸡石》:"金鸡自天来,桑麻列～。"《元曲选·东坡梦》二折:"柳也,只要你迎过客,送行人,开～。"清方成培《雷峰塔》四出:"柳开～,桃舒笑面,岁华佳到三分。"

【青照】 qīng zhào 犹"青顾"。清《红楼梦》一一四回:"现在镇海统制是弟舍亲,会时务望～。"《驻春园》三回:"忙里传言,情长格短。一经～,荣荷良深。"

【青肿】 qīng zhǒng 肌肤发青并肿起。唐孙思邈《备急千金要方》卷七七:"治被打击头眼～方:炙肥猪肉令热搶上。"《元曲选外编·三夺槊》二折:"虽是没伤损难贴金疮药,敢二十年～难消。"清《绿野仙踪》三四回:"打的文魁鼻口流血,顷刻～起来。"

【清】 qīng ❶ 清白;没沾染或牵连。明《山歌·看星》:"好似漂白布衫落在油缸里,晓夜淋灰洗弗～。"又《瞒人》:"人人说我与你有私情,寻场相骂洗身～。"清孔尚任《桃花扇》一出:"往常时瞎了眼睛在泥窝里混,到如今抖起身子去个～。" ❷(生意)清淡;(财产)少。明《型世言》三〇回:"自为何知县进院,冷落了几时不赚钱,如今还要寻着何知县补。若随去,越～了。"清《清夜钟》三回:"小主人家事～,不能多邀亲友来。" ❸ 完;尽。用作补语。明《山歌·诉》:"日里思量夜里情,扯住情哥诉弗～。"清《歧路灯》四〇回:"受了衙役许多刁揹,把铺子里一石麦子本钱也花～了。"《白雪遗音·减芳容》:"要无情,就无情,硬着心肠我把心肠硬,一笔勾个～。" ❹ 结清;了结。清《飞龙全传》一三回:"不如把这宗银子先～了,又好从新措办。"《歧路灯》一八回:"这王隆吉算盘是熟的,与馆内戏上～了帐。"陈端生《再生缘》一四回:"该减该增分贵贱,房钱饭帐已～完。" ❺ 准确;清楚。清《女仙外史》六五回:"楚宝遂搭上箭,扣满弓,觑的较～,直贯红心。"《红楼梦》一三回:"他一个小孩子家,何曾经过这些事,倘或料理不～,反叫人笑话。"《白雪遗音·盼五更》:"就只是我记不～他说的些甚么话。"

【清白】 qīng bái ❶ 了毕;了结。唐李峤《与夏县崔少府书》:"仆事已～,寻就西辕。"明《梼杌闲评》四九回:"又想起京中埋藏的金银箱笼尚未发回,这些田产大半是占来的,尚未得～。"清《歧路灯》二九回:"依你说这事该怎么～?" ❷ 清澈;不浓稠。唐李贺《老夫采玉歌》:"老夫饥寒龙为愁,蓝溪水气无～。"孙思邈《备急千金要方》卷六一:"若不能酒,与～米饮亦得。"清魏之琇《续名医类案》卷一二:"一日夜小便二十餘度,～而长。" ❸(颜色)清亮;莹白。明徐光启《农政全书》卷一一:"日没后起～光数道,……俗呼青白路。"宋应星《天工开物·甘嗜》:"(蛋清)逐匙滴下用火糖头之上,则浮沤黑滓尽起水面,以笊篱捞去,其糖～之甚。"清《授时通考》卷二三:"(青粱)亦早熟,而收作少,做饧～胜餘米。" ❹ 得出身;见天日。明沈采《千金记》五出:"贫守淮阴窟,叹布衣褴褛,几时～。" ❺ 清楚;分明。明《型世言》二八回:"相公自认仔细,不要似那日不看～。"清《平山冷燕》四回:"事迹虽都知道,但要一一还个～,却是记得不真。"《大清会典则例》卷三七:"不于两月内将任内钱粮等项彻底～造册,交送新任官,则迟延之咎专在旧任官。" ❻ 明白;聪明。明《二刻拍案惊奇》卷一四:"一个～的郎君,发了也昏。我的天那!阵魂迷,迷魂阵。"清孔尚任《桃花扇》一出:"～人会算糊涂帐。"《歧路灯》三八回:"那人本底子不甚～,岂不怕误了令婿。" ❼ 清醒。明《禅真后史》四九回:"凡遇坐堂时候,便自眼胀头昏,……扶入私衙,立时～。"清《绿野仙踪》一六回:"寒热交作,有时狂叫乱道,有时～。"《雪月梅》三四回:"我如今觉得～了许多,眼面前也没人缠扰了,这药且不吃罢。" ❽ 同"青白❸"。明《西游记》六八回:"那伙人不分～,将呆子推推扯扯。"清《二度梅》二二回:"更役不分～,把晚生强扭作贼。" ❾ 良好;好好的。明《二刻拍案惊奇》卷一五:"恰好一个徽州商人立在那里,见他忙忙投水,一把扯住,问道:'～后生,为何做此短见勾当?'" ❿ 切实;不虚假地。清《红楼梦》一四回:"错我半点儿,管不得谁是有脸的,谁是没脸的,一例现～处治。" ⓫ 清还(欠款);结清(账目)。清《歧路灯》二四回:"明早要早些起来,好～这账。"又三六回:"连当铺宋爷那宗尾欠,也～了他。"又五七回:"问母亲要银一两大钱五百,说是笔墨书籍的账目,人家来讨,须是要～他。" ⓬ 清秀白皙。清《绮楼重梦》四回:"宝钗看这小子约有十八九岁,生得也还～。"

【清薄】 qīng bó ❶ 淡薄;清淡。宋苏轼《十月十四日以病在告独酌》:"月华稍澄穆,雾气尤～。"赵善括《醉落魄·江阁》:"天公著意称停著。寒色人情,都恁两～。"清喻昌《寓意草》卷三:"即～之味尚不易化,况于肥甘乎。" ❷ 浅薄;不深或不厚。宋佚名《太清神鉴》卷一:"骨气～精神露见者,多忧恼。"明朱橚《普济方》卷八四:"绵拭之,令恶汁尽,其疾皆减,翳自～,便瘥。" ❸ 淡泊;寡欲。宋陈傅良《宜人林氏墓志铭》:"一切屏事务自寿,宜人故～,亦及将顺,毁饰饭菜,为浮屠氏学。" ❹ 微薄;量不足。宋文莹《湘山野录》卷下:"馆俸～,不得痛饮。" ❺ 微弱;力不足。清喻昌《寓意草》卷二:"恐药力～,不遂其留恋,故以啜羹之法用之,取其久停。"

【清偿】 qīng cháng 彻底偿还。清《赛花铃》一回:"钱生看他不是凡流,竟与他～所欠,并邀同饮。"《女仙外史》三回:"不要说半年夫妻,也要～;就是片刻姻缘,终须完结。"《大清会典则例》卷五三:"往往旧欠未及～,正额又成积欠。"

【清唱】 qīng chàng 不化妆扮演,不用伴奏或只以简单乐器伴奏唱曲子。明沈德符《万历野获编》卷二五:"凡学唱从弦索入者,遇～则字窒而喉劣。"杨柔胜《玉环记》六出:"不要别样弹唱,只是～罢。"清《姑妄言》二回:"看别的游船上,有～的,有丝管的,有挟妓的。"

【清楚】 qīng chǔ ❶ 犹"清白❺"。唐范摅《云溪友议》卷上:"延与韩夫人相见,顾其言语～,宛有冠盖风仪。"明《拍案惊奇》卷三一:"口里喊着,望钱氏、两个道童乱打将来,那时那里分得～,钱氏吃打得头开额破。"清《品花宝鉴》二回:"揭开看时,像一个人头,越揭下去越～,连眉目都有了。" ❷ 清高;清贵。唐权德舆《奉送裴二十一兄赴黔中序》:"则向之玉堂～,论思侍从,与今日龙节前导,金龟映组,皆所以事君也,岂有中外之异耶?"明贾仲明《凌波仙·吊庾吉甫》:"语言脱洒不粗疏,翰墨清新果自如,胸怀倜傥多～。" ❸ 凄清;清爽;清淡。唐张读《宣室志》卷八:"后一夕,闻其哀啸之音,极～,若风籁焉。"宋员兴宗《贺雨》:"公方忧民心愈愈,扫除热瘴还～。"清《蜃楼志》一六回:"旨酒以臭诗下之,佳肴只鲜果足矣,倒也～。" ❹ 清峻严整;清新有韵致。唐白居易《江楼夜吟元九律诗》:"～音谐律,精微思入玄。"清《续金瓶梅》二六回:"这苗员外和董玉娇弹唱了一会,怎比得银瓶～,如凤泣龙吟,游鱼出听。" ❺ 齐楚;清洁整齐。宋杨无咎《扫花游》:"乳莺啭午,正好梦初醒,小轩～。"明汤显祖《牡丹亭》三出:"说与你夫人爱女休禽犊,馆明师茶饭须～。"清《荡寇志》九五回:"只见那女子楼上又来了一个婆子,年约五十以来,衣服却也～。" ❻ 清理,特指结清账目。《元曲选·度柳翠》楔子:"我有几主钱未曾～，我还要索去。”明《英烈传》六回：“你把这些柴乱堆乱塞，到要我们替你～。”清《歧路灯》六九回：“本不欲去，却因～帐目，少不得跟着德喜到娘娘庙大街。” ❼ 犹“清白❶”。明汤显祖《紫箫记》七出：“〔六娘〕千岁就在深宫修道，何必远游？〔霍王〕在人间自然不能～。”《醋葫芦》一八回：“翠苔既不肯受，都氏又不敢歇，何氏又劝不住。三人搅个一团，不得～。”清《绿野仙踪》三九回：“今烦众神于城市乡关挨门细访，一城～一城，一乡～一乡。” ❽ 尽；净；无牵扯或剩餘。明张介宾《景岳全书》卷七：“寒邪方去犹未～，遽起露风而因虚复感。”清《医宗金鉴》卷一：“不了了者，不～也。言用桂枝汤，其表已解，而犹不～者，在经餘邪未尽耳。”《红楼梦》七八回：“宝姑娘出去了。这里交我们看着，还没有搬～。” ❾ 清净开明；清静安宁。明袁宏道《宿西山碧云寺水亭上》：“日日居朝市，合眼见尘土。始悟山中人，梦境亦～。”徐复祚《红梨记》二二出：“仗剑斩奸谀，朝宁方～。”清《霓裳续谱·水绕桃花坞》：“翠叠非人境，苍茫似画图。～，尘机静，喧扰无。” ❿ 轻微；不严重。明张介宾《景岳全书》卷四五：“如果有风热实邪，庶可解毒清火，但得稍见～，便当培养心脾，以防虚败之患。”清《医宗金鉴》卷七三：“(梅疮)头面稀少，口角无疮，胸背稠密，谷道～者，为顺。” ⓫ 清白；无暧昧。清《绿野仙踪》四〇回：“幼年时与尤魁不～，如今虽各老大，到的还是知己。” ⓬ 犹“清白❼”。清《红楼梦》九〇回：“心里虽有时昏晕，却也有时～。”袁枚《子不语》卷一〇：“后渐尪羸，医治无效。有时～，问其故，曰：‘疾发时，有黑衣女子捉我手如此。’”

【清淡】 qīng dàn ❶ 收入微薄，没有额外好处。五代王定保《唐摭言》卷一五：“时开元东宫官僚～，令之以诗自悼。”明朱鼎《玉镜台记》三二出：“一应酒店各色样银都靠在犯人身上，这两日没人收监，甚是～。”清《儒林外史》八回：“通政司是个～衙门。” ❷ 清静；安宁。宋王炎《小重山·至后一日》：“何须红袖立成行，～好，胜似听丝簧。”元高明《琵琶记》二出：“〔生〕喜爹妈双全，谢天相佑。〔旦〕不谬，更～安闲，乐事如今谁更有。”清《红楼梦》五四回：“你们如今唱甚么？才刚八出《八义》闹的我头疼，咱们～些好。” ❸ (风格)清新淡雅。宋佚名《人月圆》：“园林已有春消息，寻待岭头梅。一枝～，疏疏带雪，昨夜初开。”明王世贞《艺苑卮言》卷七：“杨修撰之《南中稿》，秾丽婉至；华学士之《岩居稿》，～简远。”清张谦宜《絸斋诗谈》卷三：“其紧要尤在审势，如通体壮丽，忽著～句不得。” ❹ 清苦；贫乏。明程嘉燧《周敏仲同客过拂水庄阻风》：“樵苏～亦恒事，倚壁呻吟如可作。”梅鼎祚《玉合记》二六出：“道家～，你敢还想着当时哩。”清《天豹图》二三回：“家虽～，这桌酒我也备得起。” ❺ 清澈稀薄。宋石延年《春阴》：“柳色低迷先作暗，水光～却生寒。”明费信《星槎胜览》卷一：“有港通内大溪，深汪洋二千餘里，奔流出海之中。一流～味甘，舟人过往汲水日用。”朱橚《普济方》卷九二：“其汗必先腥臭，后～。” ❻ 食物含油脂少，味道不浓重。也指食用这样的饮食。明《禅真后史》四八回：“尔娘子病体初痊，气血甚弱，腠理皆虚，止可呷～饮汤。”清《红楼梦》四二回：“偶感一点风凉，究竟不用吃药，不过略～些，暖着一点儿，就好了。”《飞龙全传》一三回：“其实～不过，将这银子每日使用，不道多花费在肚内了。” ❼ 冷清；不兴旺。清《说岳全传》一〇回：“见有好些店面，也有热闹的，也有～的。” ❽ 平淡。清李渔《闲情偶寄》卷二：“曲既分唱，身段即可分做，是～之内原有波澜。”

【清德】 qīng dé 对别人的名字的敬称。犹言清名、大名。宋元《古今小说》卷三六：“侯兴看罢，怒从心上起，恶向胆边生，道：‘师父兀自三次无礼，今夜定是坏他性命。’向赵正道：‘久闻～，幸得相会。’”《元曲选外编·刘弘嫁婢》一折：“这个是你的胎讳。你那～呢？”

【清风】 qīng fēng (兵刃)锋利。也借指兵器。元《七国春秋平话》卷上：“却有石丁肩担～利枪出阵。”《元曲选·度柳翠》二折：“你若不是我呵，恰才这～过，怎了你那六阳会首。”明张四维《双烈记》一八出：“好将三尺～剑，撑住东南半壁天。”

【清俸】 qīng fèng 官员薪金的美称。唐李逢吉《石壁禅寺甘露义坛碑》：“且又降之素书，用嘉褒美，出其～，以为赐予。”宋苏轼《答周循州》：“知君～难多辍，且觅黄精与疗饥。”清吴伟业《崇川邑侯王孝伯寿序》：“而北苑、南宫之笔，右军、太傅之书，靡不割～以佐琴鹤。”

【清耿】 qīng gěng ❶ 清澈；使清澈。宋杨侃《皇畿赋》：“潺潺洎沟，涣涣有水，入鄢陵而碧，截原田过扶亭而～闾里。”明冯惟敏《桂枝香·秋怨》：“瑶台寂静，银河～。”清弘历《虎邱寺四叠苏轼韵》：“溪田带秀蒨，闾里映～。” ❷ 光明磊落；正直无私。元刘敏中《送萧经历》：“温醇金玉资，～冰雪抱。”明薛侃《题遣官造葬照会》：“左都督周尚文，志本忠勤，才尤～。”佚名《鸣凤记》三〇出：“张兔网反罗了雉儿～，击魔天反打了护法真人。”

【清规】 qīng guī 佛、道教徒应遵守的教规。唐柳玭《大唐万寿寺记》：“净觉住持能守～，迥出于众。”明高濂《玉簪记》八出：“我与你苦守～，谨遵教旨，终成正果。”清《绿野仙踪》一五回：“似你这样说，我昨日回家真是大坏～了。”

【清酣】 qīng hān ❶ 清爽；明澈。宋苏轼《西太一见王荆公旧诗偶次其韵》之一：“秋早川原净丽，雨餘风日～。”杨万里《和昌英叔夏至喜雨》：“～暑雨不缘求，犹似黄梅麦欲秋。”清李果《泛艇木渎》：“晨光初泛艇，流水枕～。” ❷ 清丽娇酣。宋葛胜仲《二十五日道祖沧浪亭落成》：“方池弥漫涨涟漪，藕花～娇欲语。” ❸ 沉酣；睡意浓。宋陆游《睡起》：“睡味～鼻息轻，碧蝤文簟喜凉生。”元王实甫《集贤宾·退隐》：“到冬来搅～鸡语繁，漾茅檐日影稠。” ❹ 饮酒尽兴；酒意浓。元张翥《沁园春·泉南初度诸友宴次》：“锦堂容我～，拥画烛、金钩手屡探。”明袁宏道《集乔光禄斋头》：“细曲龙香拨，～鹄卵杯。”清田雯《述怀呈王茂衍先生》之四：“鼠姑开已遍，婪尾正～。” ❺ 酣畅；畅快。元顾瑛《分韵诗》之五：“幽人雅爱玉山好，肯作～尽日留。”

【清话】 qīng huà ❶ 清谈；闲谈。宋佚名《青玉案·送别》：“明窗小酌，暗灯～，最好留连处。”明高濂《玉簪记》一四出：“陈姑煮茗焚香，特请相公～片时。”清《姑妄言》二三回：“我二人抵足共榻，～一宵罢。” ❷ 闲话；与正事无关的话。明佚名《四贤记》一七出：“〔旦〕丁香，新姨在那里？〔丑〕这时候还睡在床上，与老爷讲～哩。”清《后西游记》三六回：“满街贴报子请人吃斋，怎汤饭馒头不见，却打团团在此说～。”《姑妄言》一八回：“师傅不弃，我们同榻一宵，说说～罢。” ❸ 风凉话；暗含讥讽的话。明《警世通言》卷一五：“内中单喜欢得那几个不容他管库的令史，一味说～，做鬼脸，喜谈乐道。”

【清还】 qīng huán 全部偿还。明沈鲸《双珠记》一三出：“欠多少，待支下月粮～。”《警世通言》卷二五：“果然曾借过他些小东西，本利都～了。”《大清会典则例》卷三五：“稍有力之家，少者二年，多者三年，照价～。”

【清昏】 qīng hūn 同“青昏”。明《山歌·看》：“我里老公谷碌碌介双眼睛弗是～个，你要看奴奴那弗到后门头。”

【清浑】 qīng hún 是非；好坏。唐元稹《赛神》：“主人且倾听，再为谕～。”明王玉峰《焚香记》八出：“我门户中人有甚么～？那富的穷了，就撇了穷的，再嫁那富的。”清陈端生《再生缘》四六回：“可笑愚人枉冒名，孤家一一辨～。”

【清吉】 qīng jí 安康；清平吉祥。唐祖君彦《为李密与袁子干书》："其势眷伫，梦想增劳。寒势转严，比当～。"明《杜骗新书·法术骗》："将生前罪过解释，再祈后增福禄，便家门～，死后免堕矣。"清《天豹图》三回："花子能又道：'老兄近来一向～？'李荣春道：'不过如此。'"

【清减】 qīng jiǎn ❶ 减轻；削减。五代剧可久《请改定推勘盗贼奏》："如因而致死者，如无故则～一等。"金马钰《劝世》之七："好削尘情～业，积成和气转加春。"清朱鹤龄《赠尚宝少卿袁公传》："又～额外加征米银十餘条，豪猾以不便己，率为浮言眩当事，沮格不行。" ❷ 消瘦的婉词。宋柳永《法曲献仙音》："柳腰花态娇无力。早是乍～，别后忍教愁寂。"明汤显祖《牡丹亭》一八出："也不料你～至此。似这般样，几时能够起来读书？"清《无声戏》一一回："一向不见，为何这等～了？" ❸ 消退；缩减。《元曲选外编·西厢记》二本一折："香消了六朝金粉，～了三楚精神。"明汤显祖《邯郸记》二五出："三年憔悴甚江潭，有百十倍的带围～。"《禅真逸史》八回："怪道这几时精神～，情绪不宁，原来恁般做作。" ❹ 减少。清陈端生《再生缘》七回："姊弟忧愁防不测，三餐～少精神。"《歧路灯》八二回："饮食渐渐～，衣服也少添补。" ❺ 贫乏。清《歧路灯》六六回："近来大动了赌，日子渐渐～。"

【清健】 qīng jiàn ❶（身体）清明强健。宋陈著《卜算子·寿族弟藻夫妇八十》："九秩齐开自是稀，～那堪两。"明《警世通言》卷一一："到了涿州故居，且喜老夫人尚然～。"清《飞龙全传》六回："你年纪虽高，尚是～。" ❷（风格）清新刚劲。宋沈辽《彭城太尉诗序》："因观太师公手墨，爱其～雅丽。"金元好问《题樗轩九歌遗音大字后》："胙国公诗笔圆美，字画～。"清杜文澜《憩园词话》卷五："此君词笔～，颇多怀古之作。" ❸（语言）爽利；（精神）健爽。明袁宏道《虎耳岩不二和尚碑记》："见人阖其目，闻根甚利，语～，望而知为有道。"《金瓶梅词话》二七回："香风扇，芳沼边，闲亭畔，坐来不觉人～。"

【清醮】 qīng jiào 道教举行的斋戒祈祷仪式。也指举行或参加这样的仪式。宋文同《素灵宫醮词》："今差某官，赍香果醪馔，摄行～于大圣金阙真元帝君。"元关汉卿《普天乐·崔张十六事·随分好事》："似神仙离碧霄，可意种来～。"清《野叟曝言》一三五回："又禀太皇太后懿旨，神牌衬庙须建水陆道场并～各七日。"

【清洁】 qīng jié ❶ 清纯；清雅。唐高仲武《中兴间气集·皇甫曾》："今侍御之与补阙，文辞亦尔，体制～，华不胜文。"宋龙衮《江南野史》卷二："嗣主音容闲雅，眉目若画，趣尚～，好学而能诗。"清姚鼐《印庚实传》："诗思～，然无意求工，以自适而已。" ❷ 清洗；使清洁。《云笈七籤》卷一一九："既苏息之后，遂归家沐浴～。"宋赵彦卫《云麓漫钞》卷一二："三曰姑洗，所以～百物，考神纳宾也。"明朱元璋《王府司酝敕》："若膺是任者，必～其酝所，涤利其用具。" ❸ 清脆；（声音）清亮。宋许洞《虎钤经》卷一八："角声洪浊不～者，败候也。" ❹ 清爽。元马致远《湘妃怨·和卢疎斋西湖》："熏风来至，荷香净时，～煞避暑的西施。" ❺ 清减；减少饮食和欲望。明《金瓶梅词话》七九回："还是爹这节间酒吃的多了，～他两日儿就好了。" ❻ 清白无事；清白了事。明《金瓶梅词话》二九回："早是活了，若死了，淫妇、王八羔子也不得～。"又五二回："三个一条铁索都解上东京去了，到那里没个～来家的。" ❼ 了结；完事。明佚名《闹铜台》四折："若得了当了他，也是个～。"《醋葫芦》一五回："成公不意中买得一个泥塑的美人回家，只被院君打了三日三夜不得～。" ❽ 清晰；分明。明《醒世恒言》卷三二："不觉面上一回红，一回白，口内如吃子一般，半个字也说不～。"《拍案惊奇》卷三一："一齐拾起砖头土块来，口里喊着，望钱氏、两个道童乱打将来，那时那里分得～？"清《都是幻·梅魂幻》五回："一饭之顷，竟享了一生之乐。梦中何其～耶。" ❾ 清秀；清俊。明《金瓶梅词话》九三回："手下也有两个～年小徒弟，同铺歇卧。" ❿ 清静；安宁。清《照世杯·百和坊》："只图耳根干净，面前～便罢了。"《警寤钟》一回："自他进门，就吵得我不得～。"

【清结】 qīng jié ❶ 清理了结（事件）。明《二刻拍案惊奇》卷二八："一时～了两件没头事，申详上司，各各称奖。"清《醒世姻缘传》一七回："我们且要跟了随衙听审，不知几时～，倒误了作庄家的工夫。"《大清律例》卷三七："倘本案已清，别案有查追事件，～之日，亦即报部。" ❷ 结清（账目）。明《梼杌闲评》一五回："印月道：'爹爹回来就～的。'进忠道：'要多少？'黄氏道：'有五十两的账。'"清《平定准噶尔方略》前编卷四二："今价值尚未～，州县实属赔累。"《荡寇志》一〇六回："忽然开出一盘账来，说尚有前欠银六百三十四两有零，未曾～。"

【清解】 qīng jiě 另见 qīng jiè。消解（热毒、暑热等）。宋杨士瀛《仁斋直指》卷一三："其间增益，则青皮、官桂、良姜、干姜择用最良；若欲其～，则紫苏、荆芥、干葛、柴胡等辈剂量可也。"明《二刻拍案惊奇》卷二八："偶然县官衙中有个害热渴的，想得个大瓜～。"清魏之琇《续名医类案》卷三九："此血热毒壅，正宜泻去其毒，治法只宜～。"

【清戒】 qīng jiè ❶ 持守清规。《云笈七籤》卷四〇："凡受戒及经毕后，月晦日半夜，不可不斋。斋则～，～竟夜。" ❷ 犹"清规"。元胡布《轻举篇》："弱龄秉～，齐心学上腾。"明《封神演义》五五回："只因那年蟠桃会，该我奉酒，有失规矩，误犯～，将我谪贬凤凰山青鸾斗阙。"清《聊斋志异·黄英》："仆贫不能守～，连朝幸得微资，颇足供醉。"

【清解】 qīng jiè 另见 qīng jiě。清查解送。明于谦《兵部为军务事奏》："如遇～军丁，务要照依军政条例施行。"邵宝《会议状》："赍册前去湖广，公同司府官员，～一千餘名拨补赴运。"

【清俊】 qīng jùn （相貌、体态）清秀俊美。唐冯贽《云仙杂记》卷六："伺北方士子流移来者，咸写貌以闻，择～福厚者用之。"明《挂枝儿·扇子》："扇子儿，我看你骨格儿～，会揩磨，能遮掩，收放随心。"清《红楼梦》四四回："且平儿又是个极聪明极～的上等女孩儿，比不得那起俗蠢拙物。"

【清客】 qīng kè ❶ 梅花的别名。宋史浩《花舞》之一〇："花是寒梅先节候，调羹须待青如豆，为于雪底倍精神，～之名从此有。"赵长卿《水龙吟·梅词》："花中越样风流，曾是名标～。" ❷ 称冷清、清闲、清高的人。宋宋祁《早秋夜坐》："客愁无处所，世虑足端倪。～才成泫，皋禽且稳栖。"元杨维桢《寄两道原诗》之一："缁衣宰相日给告，～道人新著书。"清《十二楼·萃雅楼》一回："弄出官府口舌，不但折本，还把体面丧尽。麻绳套颈之事，岂是雅人～所为？" ❸ 婉词。称贫寒的人。元黄庚《漫述》："楚江何忍沈～，周粟安能活饿夫。"明汤显祖《紫钗记》四七出："崔君～，浣纱将钱奉上，薄为酒费。" ❹ 在富贵人家帮闲的门客。明《醒世恒言》卷三："今日是黄衙内约下游湖，明日是张山人一班～邀他做诗社。"清《十二楼·萃雅楼》二回："原是个～出身，最喜栽培花竹，收藏古董。"《红楼梦》九回："偏生这日贾政回家早些，正在书房中与相公～们闲谈。" ❺ 称教授或表演吹弹歌唱的艺人。清李斗《扬州画舫录》卷九："亭左河房四间，久称佳构，后改名东篱，今又改为客舍，为～、评话、戏法、女班及妓馆母家来访者所寓焉。"孔尚任《桃花扇》二四出："前日才请一位～，传他词曲。"

《豆棚闲话》一〇则："我们苏州唱曲子的不叫做匠，凡出名挂招牌的叫做小唱，不出名、荡来荡去的叫做～。" ❻ 做出清客的样子。清《无声戏》三回："(衙役)头上簪了茉莉花，袖中烧了安息香，到官面前，乞怜邀宠。蒋成手内无钱，要～也～不来。"又："安息香也送他薰，茉莉花也送他戴。蒋成一时～起来，弄得那六宫粉黛无颜色。"

【清苦】 qīng kǔ ❶（文思或诗文）清俊寒苦。唐范摅《云溪友议序》："每逢寒素之士，作～之吟，或樽酒和酬，稍蠲于远思矣。"宋葛长庚《酹江月·罗浮赋别》："客鬓萧疏，诗肠～，病骨如冰雪。"清翁方纲《石洲诗话》卷五："西昆之靡弱，江西以粗劲反之，四灵以～洗之。" ❷（景色或情景）清寒。宋苏庠《如梦令·雪中作》："叠嶂晓埋烟雨。忽作飞花无数。整整复斜斜，来伴南枝～。"姜夔《点绛唇·丁未冬过吴松作》："燕雁无心，太湖西畔随云去。数峰～，商略黄昏雨。"詹玉《渡江云·春江雨宿》："拖阴笼晚暝，商量～，阵阵打篷声。" ❸ 贫困；穷困。宋欧阳修《集古录跋尾》卷八："子野出于相家，而～甚于寒士。"元王恽《黑漆弩·游金山寺》："休官彭泽居闲久，纵～爱吾子能守。"清《风流悟》五回："如今～，又亏得妙能荐这馆。" ❹ 贫乏；不足。明汤显祖《牡丹亭》三出："宦囊～，也不曾诗书误儒。"清洪昇《四婵娟·李易安》："只是下官今日虽登仕版，宦囊仍是～，一时那得此钱来?"《儒林外史》八回："家君知道老先生数任京官，宦囊～。" ❺ 味道苦而清爽。明丁鹤年《竹枝词》之二："却笑同根不同味，莲心～藕芽甜。"方孝孺《味菜轩记》："(菜)既不为人所争，而其味和平～，善除物之毒。"陆采《明珠记》三〇出："不作烹茶～，未许羊羔富贵。仗村醪与江梅，排遣万种嗟嘘。"

【清快】 qīng kuài ❶ 畅快；舒适。唐符载《与刘评事伯刍书》："顾惟短才，谬尝为文，伸纸始竟，百骸～。"明袁中道《寄五弟》："山中凡百～，紫盖之奇峰，青溪之碧水，玉泉为山水之大凑。"清袁枚《子不语》卷四："奴在棺中，欲应不能。后稍觉～，亦不知何以得出。" ❷ 清凉爽快。宋欧阳修《与刘侍读书》："熇然炎燎中，方不知所以逃生。忽辱宠示佳作，强起疾读，其为～，难以言传。"清《野叟曝言》九〇回："不知不觉的，身上渐渐～起来。须臾，满身之汁已收，遍体之凉顿发。" ❸ 清爽明快。宋洪迈《夷坚志》支戊卷七："甲者词意～，胜于次卷。"金赵秉文《游华山寄元裕之》："暮行华阴道，～明双眸。"清姚鼐《唐伯虎赤壁图》："东坡居士赋有画，风月无穷泻～。" ❹ 指清而流畅的水。宋苏轼《十月一日将至涡口》："长淮久无风，放意弄～。今朝雪浪满，始觉平野隘。"又《与胡祠部游法华山》："道人未放泉出山，曲折虚堂泻～。" ❺ 清朗畅快。明汤显祖《怀帅惟审郎中戴公司成》："心欢常若兹，日月亦～。"

【清况】 qīng kuàng ❶ 冷清的情况或境遇。宋韦骧《宿新乐驿》："独酌独吟还独寐，此中～亦难忘。"明《封神演义》九六回："冷冷飕飕，惊人～；飒飒萧萧，沙扬尘障。"清吴伟业《秣陵春》三一出："便算是极澹薄的官么，风月齑盐，好熬出翰林～。" ❷ 身体清健的情况。宋欧阳修《与王懿敏公书》："衰病索然，百事俱懒。惟故人相见，庶几有少～尔。" ❸ 美称对方的情况。宋李新《与陈子明简》："辱笺之惠，审闻～。"明李东阳《与姜贞庵书》："方石先生来，备悉～。" ❹ 清雅的情致。元余阙《与刘彦昺书先大夫墓志铭》："率尔呈丑，军务轇轕，殊无～，幸删削之。"明叶宪祖《鸾鎞记》一七出："有个西邻宋玉饶～，把新诗写柔肠，倩青鸾殷勤递送云房。" ❺ 清新明朗的景况。明曹学佺《癸未上巳李子素直社城楼即事》："世味不知如此恶，且将～试新茶。"郑若庸《玉玦记》二〇出："浮蚁餘春盎，管弦嘹亮，高歌胜集，无边～。"《梼杌闲评》一〇回："那瘦者道：'有客无酒，月白风清，如此良夜何?'黄衣者道：'何不联句以消～。'"

【清冷】 qīng lěng ❶ 清寒；没油水。宋晁说之《次韵任伯再领宗学长句》："莫恨官曹太～，宫花时醉上林中。"明沈鲸《双珠记》四〇出："我们钱老爷是王老爷同年进士，见他～衙门，乏人使用，故着我来伏侍。"清《后西游记》一〇回："过了许久，只揭经不开，讲解无时，弄得各寺～，布施全无。" ❷ 冷清寂寞。元高明《琵琶记》三出："难守，孤房～无人，也寻一个佳偶。"明王玉峰《焚香记》一四出："我这里空闺岑寂，已怯新寒；他那里客邸凄凉，难捱～。"清《后水浒传》八回："日日在外同人吃酒，烂醉回来，只撇我在家～。" ❸（诗文）清明冷峻。明袁中道《刘性之孝廉诗序》："又一日，出一篚，写已《咏怀诗》数首，步趋唐人，～凄惋有致。"清黄宗羲《金介山诗序》："吾友金介山之诗，～竟体，姿韵欲绝。"

【清理】 qīng lǐ ❶ 清除整理。明《禅真后史》八回："每日价轮流差人入城，帮助三家～地界，淘洗毁物。"清袁枚《子不语》卷一三："询土人，曰：'此间惟有杨娘娘墓道，……'汪为～，果有旧碑记存墓侧土中。" ❷ 彻底处理。《元曲选外编·延安府》二折："则今日便着李圭，直至延安府等处～文卷。"明王守仁《处置八寨断藤峡以图永安疏》："而旧已有千户所统率官兵，亦几及一千之数，困于差徭，日渐躲避于附近土目村寨，官司失于～，止有五百。"清《红楼梦》一〇六回："想来一时不能～，只得喝退众人。" ❸ 清解疏通。明张介宾《景岳全书》卷一八："若但知为火而专务～，未有不阴阳俱败者矣。"清《姑妄言》一二回："慢慢的磨去疾患，把这积滞一～了，自然就好。"《绮楼重梦》六回："这个病已经～的了，再服几帖便好起床了。"

【清凉】 qīng liáng ❶ 清静无烦扰。《法苑珠林》卷三："一切善法，自然而起，～寂静，安乐无病。"元马致远《陈抟高卧》四折："出家儿心地本～，怎禁得直恁般闹攘。"清《女仙外史》三一回："我们做仙人享的是～淡泊滋味，若论起繁华威福，还是下界。" ❷ 清苦凄凉。明《封神演义》二六回："仙姑何不弃此修行，而与令姐同住宫院，抛此～，且享富贵。"清《红楼梦》四回："欲投别庙去修行，又耐不得～景况。"

【清亮】 qīng liàng ❶ 清脆响亮。《法苑珠林》卷一〇二："此之三部，皆作梵音，不作汉语。文词典正，音韵～。"明汤显祖《南柯记》三三出："这树音～可喜，……我国中但有拜相者，此树即吐清音。"清《醒世姻缘传》九〇回："天神宣诏，声音极其～。" ❷ 清净明亮。宋觉范《寄赠老庵僧》："山色深浓过夜半，月华～近中秋。"清《一片情》一四回："就是不能勾到手，朝夕等我饱看一回，也使眼目～些。"《红楼梦》三八回："看看水，眼也～。" ❸ 指器官通畅，反应灵敏。宋吴曾《能改斋漫录》卷一："世以身不修饰者为闭，鼻不～者为瓮，盖有所本也。王充《论衡·别通篇》：'鼻不知香臭曰瓮。'"明《醋葫芦》一五回："那时病久人虚，耳反～，远远听见鼓乐之声甚是聒噪。" ❹ 清通明白。清《姑妄言》四回："锺情九岁上，经书皆讲熟，已经成篇，笔下甚～。"

【清门】 qīng mén ❶ 清贵的门第。唐杜甫《唐故德仪赠淑妃皇甫氏神道碑》："非夫～华胄，积行累功。序于王者之有始有卒，介于嫔御之不僭不滥。"清吴伟业《处士近阳张公墓志铭》："因叹自乱以来，大江南北，～世胄不保其孥者亦数数矣。"《品花宝鉴》四九回："却说春航要续弦选择～之语，传入苏侯耳内，正合他意。" ❷ 书香门第。唐王素《王文正公遗事》："公密疏陈请，以道子儒者，君子弃市，有辱～，乞减死论。"清刘汶《六流》："唯～绪餘，儒林苗裔，成则登天，败则入地。" ❸ 寒素之家。唐刘待价《朝议郎独孤府君君碑铭》："～赴吊，无杂号之宾；俭室奉终，靡一金之产。"明沈采《千金记》三三出："～冷落谁相顾？独自支持门户。"清《聊斋志异·红玉》："生与期而归。诡告翁，言卫爱～，不责赀。" ❹ 清白门户。明锺惺《家传》："是其家强宗，加其女以不可受，恐生他端，为～累。"《古今小说》卷二："三日以前，此身是公子之身；今迟了三日，不堪伏侍巾栉，有玷～。"

【清年】 qīng nián 青年；不是很大的年纪。元王冕《泊瓜洲》："险固空遗迹，～且壮游。"明李乐《见闻杂记》卷一〇："陆今任严州府学，训其子懋元，负俊才，～食廪。"《梼杌闲评》二六回："二人俱是～秀质，叙礼坐下。"

【清奇】 qīng qí ❶（文学、艺术）意境清新奇妙。唐薛登《论选举疏》："若其文擅～，便充甲第；藻思微减，便即告归。以此取人，恐乖事实。"宋苏洵《题张仙画像》："卦肆中见一画像，笔法～。"清《红楼梦》一二〇回："宝玉的文章固是～，想他必是过来人，所以如此。" ❷（境界、风味）清新独特；美妙奇异。唐吕岩《敲爻歌》："跨风腾霄入太虚，似此逍遥多快乐，遨游三界最～。"元张可久《折桂令·赠胡存善》："胸次～，笑毁黄钟，识透玄机。"明《西游记》九六回："素汤素饭甚～，香酒香茶多美艳。" ❸（格调）清秀不凡。宋李弥逊《声声慢·木犀》："花儿大则不大，有许多、潇洒～。"明《山歌·筛油》："姐儿打扮忒～，再吃乡下人个筛油蛮子讨子小便宜。"清《说岳全传》一回："见这道人鹤发童颜，骨格～。" ❹（相貌、行为）奇特，不同一般。《元曲选·㑳梅香》四折："据他这般㤔懒轩昂，决然生的～古怪。"明谭元春《后银花歌》："太守～爱良辰，火光相近照野人。"《醒世恒言》卷四："这老儿许多～古怪，今夜且请在囚床上受用一夜。" ❺（命相）清贵不凡。明万民英《三命通会》卷六："重重印绶格～，更要支中仔细推。"《金瓶梅词话》一二回："娘子这八字中虽故～，一生不得夫星济。"《梼杌闲评》三八回："这个贵造，四柱～，官禄也旺，只是目下有些晦暗。"

【清气】 qīng qì ❶ 清秀。明《警世通言》卷二四："酒保说：'这是一秤金家丫头翠香、翠红。'三官道：'生得～。'"清《醒世姻缘传》八一回："丫头极好，又～，又伶俐。" ❷ 闲气。明《西游记》一八回："家长的屈气受不了，又撞着这个光头，受他的～。" ❸ 冷清。明李贽《答周友山书》："无念已往南京，庵中甚～。"

【清钱】 qīng qián 同"青钱❶"。唐李贺《河南府试十二月乐词·七月》："夜天如玉砌，池叶极～。"明杨基《忆北山梨花》："岂无～换斗酒，案牍杂沓穷晨昏。"清《红楼梦》一八回："外表礼二十四端，～一百串，是赐与贾母、王夫人及诸姊妹房中奶娘众丫鬟的。"

【清悄】 qīng qiǎo 静悄；寂静无声。宋苏轼《待旦》："百体喜坚壮，万象觉～。"明汤显祖《紫箫记》三出："绣闱～，莺锦护妖韶。"清《白雪遗音·望长空》："万籁无声，～夜。"

【清秋路】 qīng qiū lù 秋爽易行的路。走清秋路，上清秋路，谓让人赶快离开，含贬义。清沈起凤《伏虎韬》一八出："快点走唔勾～，弗要讨不义气哉。"《大双蝴蝶》二二回："将他一网兜住，轻轻提出水晶宫，送他上了～。"《儒林外史》一四回："我再打一个禀帖销了案，打发这奴才走清秋大路，免得又生出枝叶来。"

【清秋露】 qīng qiū lù 同"清秋路"。清《绿野仙踪》五〇回："如玉大笑，向两个小小厮道：'你们把苗秃子与我推出去。'两个小厮听了，便来揪扭苗秃。苗秃子笑着打开，骂道：'去你妈的～罢。'"

【清臞】 qīng qú ❶ 清瘦；瘦削。宋刘一止《江仲宏墓志铭》："余每见二甥～可怜，言必道先训，诚有意于学者。"元汪元亨《一枝花·闲乐》："诗骨～，冷淡淡心何虑，闲夭夭乐有餘。"清沈彤《先府君孺人画像记》："府君貌朴雅而～。" ❷ 细而强劲。宋杨万里《过长峰径遇雨遣闷》："石上菖蒲铁作须，寸根九节许～。" ❸（风格）瘦淡；（意境）清淡。元刘因《寄宋生》："新诗想潇洒，爽气餘～。"明沈周《润色旧临倪云林小景》："迂倪戏于画，简到更～。"

【清癯】 qīng qú ❶ 同"清臞❶"。宋杨无咎《蝶恋花·牛楚》："问我～，莫是因诗苦。"元锺嗣成《凌波仙·吊金志甫》："魂来处，返故居，比梅花想更～。"清《雪月梅》三〇回："只见这个先生六十上下年纪，须发斑白，骨格～。" ❷ 同"清臞❷"。宋高观国《瑞鹤仙·筇枝》："提携远尘境，自～骨力，岁寒心性。" ❸ 同"清臞❸"。宋阮阅《诗话总龟》后集卷一一："郑毅夫云：'水光翠绕九重殿，花气浓薰万寿杯。'皆典实富艳有餘，若作～平淡之语，终不近尔。"

【清圣】 qīng shèng 酒的代称。汉末禁酒，饮者讳称清酒为圣人。见《三国志·魏志·徐邈传》。五代贯休《少监》之三："接士开襟～熟，分题得句落花前。"宋欧阳修《谢张先辈启》："属苦中于～，方卧叹于酸痟。"明王世贞《周君自大官令出太仆辽左》："坐客中～，园租比素侯。"

【清瘦】 qīng shòu ❶ 瘦；消瘦。唐杜甫《天狗赋》："日食君之鲜肥兮，性刚简而～。"明《挂枝儿·花》："梅花～了，并头莲两下分。"清《品花宝鉴》二一回："他的病有一个多月了，脸上～了好些。" ❷ 枯瘦；清峭。唐韩愈《游清龙寺》："南山逼冬转～，刻划圭角出崖窾。"宋吴文英《朝中措·题陆桂山诗集》："木落秦山～，西风几许工夫。" ❸ 清秀劲健。宋胡仔《苕溪渔隐丛话》后集卷三二："独见子美所书《岳阳楼碑》，虽～劲健，然乏风韵。"清翁方纲《石洲诗话》卷三："至若梅宛陵以～之笔，每押险韵，无韩之豪，而肖韩之劲，恐未必然也。"

【清姝】 qīng shū 清秀美好。宋陈与义《和张矩臣水墨梅》："巧画无盐丑不除，此花风韵更～。"王炎《西江月·用荼蘼酿酒》："蔌蔌落红都尽，依然见此～。"宋元《清平山堂话本·简帖和尚》："多艳丽，更～，神仙标格世间无。"

【清熟】 qīng shú ❶ 睡眠酣熟。宋苏轼《贺新郎·夏景》："渐困倚、孤眠～。"韩淲《题山水曲屏》："空山蕙帐眠～，一个渔舟堕枕边。"舒岳祥《五月初四日浴阁成》："翛然非吾故，佳眠恣～。" ❷ 清醇成熟。宋苏轼《答参寥书》："笔力愈老健～，过于向之所见。"元赵文《高敏则采诗序》："二高俱有诗声，而敏则琴又～如其诗。"明王世贞《怀素圣母帖跋》："素师诸帖皆遒瘦而露骨，此书独匀稳～。"

【清爽】 qīng shuǎng ❶（身体、精力）清明健朗；（神智）清醒。唐吴筠《玄纲论》："神康尸灭者，日益～，虽未轻举，吾必谓之仙矣。"明沈鲸《双珠记》二七出："〔老旦、旦苏介〕身子劳倦，不觉睡去。王家姐，你好～。〔贴〕衣服都完，宫正司交割。"清《儒林外史》三一回："娄太爷吃了药，睡了一觉，醒了，这会觉的～些。" ❷（天气）晴明爽朗。唐李逊《游妙喜寺记》："时从事四五人，天气～，同登共览。"明《醋葫芦》一回："我看此刻天色～，明日一定晴朗。" ❸（风貌）清雅爽秀。唐杜甫《八哀诗·郑虔》："地崇士大夫，况乃气～。"康骈《剧谈录》卷下："赵归真探赜玄机，善制铅汞。气貌～，见者无不竦敬。"明陈汝元《金莲记》一二出："西湖上，偶接多情翰苑郎。就是苏太爷。姿容美，更是风流～。" ❹ 清晰；明白。唐郑处诲《明皇杂录》卷下："谒见上，言词～，礼貌臻备。"宋张怀《山水纯全集后序》："画至于通乎渊源，贯乎神明，使人观之，若睹青天白日，穷究其奥，释然～。"清《镜花缘》八一回："他虽结巴，倒会打好谜，并且说的也～。" ❺（意境）清新开朗。宋佚名《宣和画谱》卷一七："然李氏能文，……画亦～不凡，别为一格。"元方回《瀛奎律髓》卷二〇评王珪《梅花》："起句十字已不苟，中二联皆～。"清田雯《古欢堂集·诗话》："曾钞其五言《忻口》以往十餘篇，古健～，无油腻气。" ❻ 清凉爽快。宋苏轼《与程正辅书》："暑雨不常，蒸烧可厌，曲江想少～否?"范祖禹《答孙莘老病中寄谢诸同舍》："舞雩逐～，伏枕送炎炽。"明无心子《金雀记》四出："乘鸾来去，望琼宫玉阙～，赏心乐事足欢娱。" ❼ 使清醒；苏醒。宋《太平惠民和剂局方》卷一〇："常服调中顺气，安神定智，～头目。"元乔吉《卖花声·香茶》："醉魂～，舌尖香嫩。"明《禅真后史》一九回："服药后吐出涎痰，随即～，起居如旧。" ❽（风景）清胜；清丽。宋王悦《演山集序》："州之北有山焉，曰演峰，气状～怪丽。"吴潜《二仙堂记》："乃以其暇日，凭高送目，顾客而言曰：'宜为～之邦，雄甲江左。'" ❾ 清平；清宁。元许有壬《晋宁忠襄王碑序》："佐皇上于乾坤～之时，不危不溢，宜享寿考。" ❿ 清亮；清明。明无心子《金雀记》二九出："醉人儿扶归象床，喜得穿窗月色，照人～。"《山歌·茶注》："我为子你个冤家吃子多少苦，那了你前头～后来浑。"清《八洞天》卷三："引镜自照，见两目黑白分明，比当初未盲时的双眼，倒觉～些。" ⓫ 清洁；整洁。明袁中道《艾仲美贻予以九品青莲衣》："四大淤泥忽～，娑婆弹指成安养。"夏良胜《砥柱赋》："童服～，鹄侍有道。"清《儒林外史》四二回："却是三间倒坐的河厅，收拾的到也～。" ⓬（味道）清淡爽口。明卢之颐《本草乘雅半偈》卷九："（胡薄荷）同蕹作齑，～可口。" ⓭ 利落；无残留。明《西游记》四五回："就是我国师求雨虽灵，若要晴，细雨儿还下半日，便不～。怎么这和尚要晴就晴。" ⓮ 理清；了结。清《后红楼梦》七回："各路的路数也多，我总着一年内～就完了。"

【清水】 qīng shuǐ ❶ 物品纯净无杂质。元古本《老乞大》："你仔细看，没些个粉饰，好～段子。"明《金瓶梅词话》二回："脚下细结底陈桥鞋儿，～布袜儿。"清《野叟曝言》六回："一条闪绿红锦面子，～杭绸夹里，中间夹着通照湖绵的薄被。" ❷ 指口水。《元曲选·东坡梦》一折："我这等和尚，有甚么佛做? 熬得口里～拉拉的汤将出来。"元明《水浒传》四回："这几日熬得～流，且过去看，有甚东西买些吃?"清《儒林外史》五二回："买十四个钱的熏肠子，三个人同吃。那陈虾子到口不到肚，熬的～滴滴。" ❸ 指女子未同人发生过肉体关系。明《山歌·面筋》："小阿奴奴是个主热烘烘新出笼个～货，你没疑心我麸多弗作成。"按，此例语义双关。 ❹ 清洁；干净。清《一片情》一一回："～的毯儿丢着不入，倒去弄那屎屁股。" ❺ 比喻没油水、好处。明《石点头》卷九："若还晓得些风声，也好遣人赶到京师，向当道通个关节，择个善地。那～生活，谁肯把美缺送你呢?"

【清素】 qīng sù ❶ 清静自持。《法苑珠林》卷一〇五："饮酒戒有五神：一名～，二名不醉，三名不乱，四名无失，五名护戒。" ❷ 清贫。五代刘崇远《金华子杂编》卷上："家本～，日用尤乏。"明佚名《鸣凤记》一九出："但我家园～，无力延师。"清乾隆二十七年二月初四日上谕："念其家计～，诸子内亦无通籍之人，著加恩，将伊长子梅钎赏给举人。" ❸ 持斋；吃素。五代何光远《鉴诫录》卷一："取金丹二粒，进曰：'望陛下～守真百日，方可饵之。'"明《西游记》一九回："因知老师～，不曾敢动荤。"清《歧路灯》八八回："今日是老伯的斋日，合家～。" ❹ 清冷素净。宋薛季宣《夜闻桂香》："～月中流夜魄，芬芳林下有家风。"明宗泐《云巢雪洞》："雪色共～，云气同周旋。"清《女仙外史》一四回："湘君邀至水府，觉冷光逼人，～幽洁，与广寒无异。" ❺ 清雅素淡。明郑文康《秋夜宿山中分题·纱帐》："禅床净如洗，纱厨亦～。"《别有香》一五回："那时玄修把眼一睁，见那女子一身～，万种妖娆。" ❻ 饮食清淡。元卢琦《秋蚊》："屋外寒蝉自～，夜夜长吟饮花露。"明张介宾《景岳全书》卷二："有宜肥腻者，非润滑不可也；有宜～者，惟膻腥是畏也。" ❼ 指素食。明《西游记》六八回："即命打扫客房安歇，教办～支应。"清《歧路灯》一〇六回："我许下吃～。"

【清算】 qīng suàn 彻底计算。宋宋祁《乞损豪强优力农札子》："候将来边鄙罢兵日，并支还象牙、香药、茶盐，许百姓任便于京师外州～其所借到钱。"明佚名《诏狱惨言》："周公赃完日，镇抚匿其五十金。公必欲～，且出累限纳银私籍以相质。"清《歧路灯》一回："管帐阎相公与王中正在帐房～一宗房租。"

【清汤】 qīng tāng ❶ 原料极少或熬制后去除原料制成的汤。宋方逢辰《赠月心》："苍苔破屋生涯足，淡饭～梦寐安。"明《金瓶梅词话》九四回："剔选翅尖，用快刀碎切成丝，加上椒料、葱花、芫荽、酸笋、油酱之类，揭成～。"清袁枚《随园食单·杂素菜单》："（腐皮）加紫菜、虾肉作汤，亦相宜。或用蘑菇、笋煨～，亦佳。" ❷ 白开水或清澈的热水。宋杨士瀛《仁斋直指》卷七："丸如小龙眼大，噙化一丸，或嚼烂～细咽之。"明李时珍《本草纲目》卷四八："每服一丸，～下。"《二刻拍案惊奇》卷二九："过了三日，完全好了。再复～浴过一番，身体莹然如玉。"

【清头】 qīng tóu ❶ 底细；内情。明《拍案惊奇》卷三〇："虽不知这些～，晓得冤债不了，惊悸恍惚成病。"清《快心编》三集七回："（张芳）突然闻了那般说话，自然摸不着～，竟自唬呆了。" ❷ 理智；知觉。明《二刻拍案惊奇》卷二一："谁人家没个内外，怎吃了酒没些～，赶到人家厨房中，灶砧多打碎了。"清《野叟曝言》一六回："一连两日粪始完，又李方有～。"又七六回："复被粗乐一惊，把胸前之酒落将下来，便有～，睁开眼来。" ❸ 清兴。明《西湖二集》卷二："父子杯酒相属，挹山光而听泉流，濯喧埃而发～，恍若徜徉乎灵隐、天竺之间。" ❹ 是非；轻重；分寸。明《拍案惊奇》卷四〇："及至诗不成诗，而今世上不传一首的，当时登第的元不少。看官，你道有甚么～在那里?"《醋葫芦》九回："斗殴官司，递得和息，这是没头事体，叫做浑场浊务，有些甚么～?"清李渔《蜃中楼》四出："险些儿没～，竟把大千沈。" ❺ 清楚；明白。清《野叟曝言》八六回："二则因又全家口田房窝铺极多，一时查不～，故此担搁。"又一一四回："距甚远，又看不～，好生疑惑。"又一五〇回："太君是得了大家，便把家姊退了出来，到底要与亲翁辨一个～哩。"

【清玩】 qīng wán ❶ 清赏；赏玩清雅的景致或物品。宋宋祁《西园晚秋见寄》："中园秋物晓，～日无穷。"明陆采《怀香记》二七出："此香是～之物，既不能充饥，又不能御寒。"清《隋唐演义》七八回："此数物不足供先生～，若不嫌鄙，当奉贡案头。" ❷ 供赏玩的清雅的物品。宋张世南《游宦纪闻》卷一〇："士大夫家，亦有爱其书帖者，皆藏去，以为～。"元施惠《幽闺记》三八出："蒙状元钧旨，着俺打扫画堂，整理琴书～。"清吴伟业《周栎园有墨癖尝蓄墨万种》："山斋～富琳琅，似璧如圭万墨庄。"

【清暇】 qīng xiá 清静安闲。也指清闲之时。宋米友仁《念奴娇·村居九日》："九秋气爽，正溪山雨过，茅檐～。"《元曲选·两世姻缘》一折："趁此～，好歹多饮几杯咱。"清邵长蘅《解仲长画十八学士图歌》："功成开府追～，春容翰墨非荒娱。"

【清晓】 qīng xiǎo 清晨；清早。唐刘彤《谏拜陵寝早表》："陛下明发不寐，展敬山陵，朝拜之期，必候～。"元王伯成《哨遍·项羽自刎》："自～彻终日，从黄昏睚五更。"清《珍珠舶》一〇回："～起来，梳洗毕后，徘徊于步檐之下。"

【清醒】 qīng xǐng ❶（神智）清楚；（见识）明白。唐范摅《云溪友议》卷下："夔州游使君符邀客看花而不饮，……(卢子发)吟此戏焉：'白帝城头二月时，忍教～看花枝。'"宋王令《上郜宝文》："～甘泽畔，富贵奈墦间。"清陈端生《再生缘》四二回："有时候通宵～开双眼，有时候彻夜昏迷沉睡床。" ❷(神智)由糊涂、昏迷到清楚。唐冯贽《云仙杂记》卷七引《樵人直说》："陈永阳王宿醒未解，则为蜜浸乌梅，每啖不下二十枚，～乃已。"明毕自严《宁远兵变待罪疏》："忿气填胸，随即昏晕。以后时有～，旋又昏晕。"清《醒世姻缘传》一回："掌上灯来，那宿酒也还不得十分～。" ❸清平；清正。明文秉《先拨志始》卷下："(梁克顺)横肆劾弹，蒙恩本有'东厂元凶大憝，立为逮诘削夺，海宇共睹～'等语。"清王夫之《读通鉴论》卷二六："金元相袭，凶悍相师，日月不耀，凡数百年，而数千里之区，士民无～之气，凡背君父、戴夷盗、结宫闱、事奄宦、争权利、夸武虓者，皆其相尚以雄、恬不知耻之习也。"沈雄《古今词话·词评》上卷："郑域，字中卿，宁宗朝，尝随张贵谟使北，著《燕谷剽闻》。词亦～可喜。" ❹清晰明白。清王植《皇极经世书解》卷九："黄氏谓一阴一阳之为道，意未～。由此节观之，动静互根不用之一，所以生用者之三也。"《蝴蝶缘》二回："二人听见蒋青岩的言语～，料是有些缘故。"

【清恙】 qīng yàng 称人疾病的敬词。明李东阳《复松露周先生书》："比得手教，知～始平，尚须调摄。"毕自严《与刘青岳书》："昨晤旧文登解令，具言台台～新愈。"清《聊斋志异·娇娜》："儿前夜思先生～，娇娜妹子能疗之。"

【清早】 qīng zǎo 清晨；早晨。宋王安石《苏州道中顺风》："北风一夕阻东舟，～飞帆落虎丘。"明梁辰鱼《浣纱记》三二出："你～打那里来？衣裳鞋袜都是湿的。"清《醒世姻缘传》六回："第二日～，我滴溜着这猫往市上来。"

【清早辰】 qīng zǎo chen 即"清早"。明《金瓶梅词话》二三回："到次日～，老婆先来穿上衣裳。"

【清早晨】 qīng zǎo chen 同"清早辰"。《元曲选·争报恩》三折："～才开店，走将三个人来吃粥。"明《金瓶梅词话》四八回："从～，堂客都从家里取齐。"清《绮楼重梦》三四回："别再跑，明儿～玩儿罢。"

【清早起】 qīng zǎo qi 犹"清早辰"。元《三遂平妖传》二二回："这婆子～那里去，我且躲在一边看他。"明《金瓶梅词话》五一回："今日县里皂隶又拿着票，喝啰了一～去了。"清李玉《清忠谱》一三折："～叫名叫姓，有话少停来说。"

【清早上】 qīng zǎo shang 犹"清早辰"。明《西洋记》六〇回："每日～撞钟擂鼓。"清《儒林外史》一九回："每日～是我弟媳妇出来屋后抱柴。"

【清帐】 qīng zhàng ❶整理清楚的账目。元明《水浒传》四四回："收拾了包裹行李，细细写了一本～，从后面入来。"清《儒林外史》二一回："牛浦回家，问道他，总归不出一个～，口里只管'之乎者也'，胡支扯叶。" ❷结清账目。清《品花宝鉴》三四回："摇了五十滩，已输了大半。及到～时输完了，还添出一百餘两。" ❸比喻了结事情。清《水浒后传》二〇回："一起是王翻、杨戬、梁师成，到雍丘驿被冤家刺杀了，已是～。"

【清账】 qīng zhàng ❶同"清帐❶"。清《绿野仙踪》一七回："又将家中所存所用，详细开写～。"又五四回："说着从怀中取出一本～来，里面夹着如玉屡次取银帖子。" ❷同"清帐❷"。清《歧路灯》二三回："夏爷办的东西回来了，还跟着一个铺子里小伙计，～取银子哩。"又三〇回："绍闻得了这宗银子，摆席请众客商～。"

【圊】 qīng 排泄；排便。唐王焘《外台秘要方》卷二："下利脉反浮数，尺中自涩，其人必～脓血。"元戴良《沧洲翁传》："明日再～下餘脓，立瘥。"清魏之琇《续名医类案》卷一二："诊其脉，两手俱洪大，三两日不～。"

【圊厕】 qīng cè 厕所。《法苑珠林》卷四四："六者近道作井，渴乏得饮。七者造作～，施便利处。"宋延寿《万善同归集》卷中："我昔于波罗柰国安设～，缘此功德，世世清净。"清《红楼梦》七三回："从者每人打二十板，……拨入～行内。"

【圊粪】 qīng fèn 厕所的粪便。明徐光启《农政全书》卷四一："鱼遭鸽粪，则泛以～解之。"

【圊楼】 qīng lóu 厕所。明宋濂《东明山精舍壁记》："凡为屋二十楹间，而～湢房与庖库之属不与焉。"

【圊庐】 qīng lú 厕所。宋薛季宣《蛆赋》："若夫溷坑～，青蝇每集。"

【圊舍】 qīng shè 厕所。宋陈淳《郡斋录后序》："炉亭之左右，为小庖及浴室与～。"清毛奇龄《山阴上方山长生庵记》："傍筑一楹栖其身，前后厨房～、圃场林麓各有差。"

【圊室】 qīng shì 厕所。宋黄庭坚《答中玉十三兄》："安得窗牖明快，虽～亦合宜也。"

【圊桶】 qīng tǒng 便桶。明李实《蜀语》："便溺器曰～。"何良俊《四友斋丛说》卷一五："命隶人携～至会所，手挟一册坐～上。"清魏之琇《续名医类案》卷二六："用绿矾一斤入～，以滚水冲入。"

【圊头】 qīng tóu 寺院负责清扫厕所的僧人。清《豆棚闲话》六则："各处住静室的禅和子，日常间都是打成一片，其中花巧名目甚多，如……园头、火头、水头、～。"

【圊牏】 qīng yú 厕所的坑板或粪槽。《明史纪事本末》卷七五："觉斯立命取民间～亦数百枚，如其数，悬堞外向以厌胜之。"

【轻安】 qīng ān ❶方便；轻松舒适。《法苑珠林》卷三三："前世于波罗奈国近大道边安设圊厕，国中人众得～者，莫不感羡。" ❷轻健安康。五代齐己《赠刘五经》："群经通讲解，八十尚～。"宋欧阳修《与王文恪公书》："辱书，承手足遂已～。"清《飞龙全传》二二回："以此气成大病，缠了百日，才得～。" ❸清平安和。宋晁迥《法藏碎金录》卷三："遇善境界，得心～。谓身心调畅，轻利安和。"清钱谦益《王石谷画跋》："石谷安贫守素，胎性～，去凡俗腥秽远甚。"王夫之《薑斋诗话》卷二："熙甫子子慕，变矫厉为～，不失为儒者之言。" ❹轻便安适。宋苏轼《次韵子由·椰子冠》："规摹简古人争看，簪导～发不知。"元陈镒《南泉岭》："篮舆颇～，风袂自萧散。"清查慎行《沁园春·席》："薄取～，滑防新浴，傍枕依衾夜夜曾。"

【轻鄙】 qīng bǐ 轻视；鄙薄。唐孔颖达《毛诗正义序》："然焯炫等负恃才气，～先达，同其所异，异其所同。"明王樵《杨忠愍公传》："及鸾势出嵩上，为所～，嵩始自悔，以为引虎遗患。"清《红楼梦》五一回："寄言世俗休～，一饭之恩死也知。"

【轻便】 qīng biàn ❶重量轻，运转方便。《初学记》卷二一引晋王羲之《笔经》："昔人或以琉璃象牙为笔管，丽饰则有之，然笔须～，重则踬矣。"明《二刻拍案惊奇》卷三六："不知宋时尽行官钞，又叫得纸币，又叫得官会子。一贯止是一张纸，就有十万贯，止是十万张纸，甚是～。"清《儒林外史》三四回："庄绍光行李～，遂辞了萧、孙二人，独自一辆车子先走。" ❷(症状)减轻。《敦煌变文校注》卷七《温室经讲唱押座文》："能疗众病一切差，国称之宝大医王。父号祇婆慈愍贤，下针之疾立～。" ❸轻松便利；没有牵扯或负担。明汪廷讷《狮吼记》二八出："怎如俺破衲单瓢，无爱恋，无烦恼，也～，也逍遥。"清彭遵泗《蜀碧》卷三："吾欲止留发难时旧人，即家口多者亦汰之。则人人自～，所向无前。"陈端生《再生缘》三二回："留恋片时分了首，秋风匹马上长安。家奴伏侍多～，七月临都转眼间。"

【轻薄】 qīng bó ❶卑贱；低微。元岳伯川《铁拐李》一折："名分～，俸钱些小。"《元曲选·青衫泪》二折："命～，身微贱。"清陈端生《再生缘》一二回："人世不留～命，冥君应念苦哀衷。"❷微薄；菲薄。《元曲选·冻苏秦》三折："你看这白银二锭，春衣一套，鞍马一副，赍发贤士。权为路费，休嫌～。"明汤显祖《紫钗记》四五出："〔浣〕有人收得者，谢银一钱；报信者，银二钱。〔侯〕忒～了。"清《歧路灯》一五回："咱与盛公子共事，～不好看，每人二两头罢。" ❸侮辱；调戏。明《醒世恒言》卷三："欲待挣扎，争奈手足俱软，繇他～了一回。"清《都是幻·梅魂幻》五回："今晚恶子来～妾身，妾叫喊起来。"《红楼梦》一一二回："将妙玉轻轻的抱起，～了一会子。"

【轻贷】 qīng dài 轻饶；从轻处治。宋胡寅《论衡州修城札子》："今马居中，盖庇廪颖，不以上闻，乃是同恶相济，岂可～。"明单本《蕉帕记》三六出："不然，天曹赏罚，决难～。"清《巧联珠》一一回："男女媒妁以抗违旨意从重究治，决不～。"

【轻怠】 qīng dài 轻忽怠慢。唐杜牧《李朋除刑部员外郎等制》："各宜勉励，勿自～。"范摅《云溪友议》卷中："张公稍悔之，至不齿礼。一门婢仆，渐见～。"元明《三国志通俗演义》卷六："今将印绶付弟权，望母朝暮训之。父兄旧人，慎勿～。"

【轻淡】 qīng dàn ❶浅淡；颜色或着色不浓。唐吴融《东归次瀛上》："暖烟～草霏霏，一片晴山衬夕晖。"宋佚名《宣和画谱》卷一六："尝于华阳郡主王宪家林亭间作《鸳鸯浦溆》，顷刻而就，至于设色，唯～点缀而已。"清沈宗骞《芥舟学画编》卷四："路必求通，泉必求源。画近处要浓重，远处要～。" ❷重量轻而成分不浓。明郭濬《宁邑海潮论》："幸江湊～而剽疾，海潮咸重而沉悍，江水朝宗之性，终不胜大海怒张之气。" ❸程度轻，不严重。清雍正五年五月二十八日上谕："以此～数语加之于菩萨保，而其干犯重法之处全未提及。" ❹（药性）轻微平缓。清徐大椿《医学源流论》卷上："夫大寒之药亦能杀人，其势必缓，犹为可救；不若大热之药，断断不可救也。至于极～之药，误用亦能杀人。"又卷下："凡人偶有小疾，能择药性之最～者随症饮之。"

【轻渎】 qīng dú 轻慢不敬；轻易亵渎。唐骆宾王《上兖州崔长史启》："～威严，深惧履尾。载尘听览，追甚蹈冰。"明高濂《玉簪记》一〇出："〔外〕仙姑手中佳扇，为何无人题写？〔旦〕欲求足下濡染，未敢～。"清《风流悟》三回："我们这样人才，自然为天下美女所爱的，但不可～了，后日娶妻房，同要拣个极美的。"

【轻黩】 qīng dú 同"轻渎"。唐褚遂良《请千牛不简嫡庶表》："此类甚多，备存史册，不敢烦引，～宸严。"宋欧阳修《论罢修奉先寺等状》："窃以崇奉祖宗，礼贵清净。今乃频有迁徙，～威灵。"明刘麟《与妹书》："绵粉伴书，～，罪，罪。"

【轻浮】 qīng fú ❶言语举止浮华，不庄重。也指这样的人。唐薛登《论选举疏》："以敦朴为先最，以雕虫为后科，故人崇劝让之风，士去～之行。"宋梅尧臣《依韵和禁烟近事之什》："窈窕踏歌相把袂，～赌胜各飞堶。"清《水浒后传》三回："赋性～，百般伶俐，但见了标致妇人，性命也都不顾的。" ❷诗文徒具华美的外表而没有坚实的思想内容。唐杜确《岑嘉州集序》："梁简文帝及庾肩吾之属，始为～绮靡之词，名曰宫体。"宋王灼《碧鸡漫志》卷二："王辅道、履道善作一种俊语，其失在～。"清刘熙载《诗概》："诗一戒滞累尘腐，一戒～放浪。" ❸（运笔）轻快不滞重。唐窦臮《述书赋》："真长则草含稚恭之厚爽，正迩越石之羁束，～森峭，秾媚藻缛。"宋郭若虚《图画见闻志》卷三："（董源）兼工画牛虎，肉肌丰混，毛毳～，具足精神。"清唐岱《绘事发微》："画云之诀在笔，落笔要～急快。" ❹指茶水味道清爽不涩重。清《红楼梦》四一回："宝玉细细吃了，果觉～无比，赏赞不绝。"又："你怎么尝不出来。隔年蠲的雨水，那有这等～？"

【轻孤】 qīng gū "轻孤负"之省，谓轻易辜负。宋柳永《锦堂春》："把芳容整顿，恁地～，争忍心安。"司马光《与吴丞相充书》："以光不敢忘知己之心，知相公必不～于明主也。"清弘历《泛月》："素彩惬萧怀，讵可～此。"

【轻骨】 qīng gǔ ❶仙骨。唐罗隐《马嵬坡》："佛屋前头野草春，贵妃～此为尘。" ❷骨头变轻（人可飞升）。金元好问《采杞》："诳口亦自佳，～况可必。"元杨公远《黄山》："汤泉浴起能～，药鼎餐遗可驻颜。"明袁中道《入桃花源》之三："独往能～，长闲即驻颜。"

【轻骨头】 qīng gǔ tou 指人作风轻薄。清《后水浒传》一三回："蒙东京这些王孙公子，俱称赞他有些闺娃娇态，不似院中这些没脊骨、～、歪喇骨的身分，便就歪缠人。"

【轻缓】 qīng huǎn ❶（程度）轻微不紧迫。金成无已《伤寒明理论》卷四："伤寒至于哕，则病已极也，非若渴烦等～之候。"明王守仁《禁革轻委职官》："其餘问候申请等项，虽亦公事，势有～者，上役吏胥差使，不许轻委职官。"清弘历《降旨直属上年被灾州县》："蠲缓有常例，盖视灾重轻。重蠲不复输，～应带征。" ❷（药效）舒缓不峻急。也指这样的药。金成无已《伤寒论方》："如不至大坚满，邪热甚，而须攻下者，又非承气汤之可投，必也～之剂攻之。"清魏之琇《续名医类案》卷三七："似惊非惊而有痘象，却属火里苗症，非～之所能治者。" ❸（节奏或格调）轻微缓慢或轻柔舒缓。宋陈言《三因极一病证方论》卷二："中暑则昏愦面垢，脉必虚缓倦怠；中湿则重着，脉必～。"明《情史·情秽·飞燕合德》："合德膏滑，出浴不濡。善音辞，～可听。"清毛先舒《诗辩坻》卷三："《绝缨歌》，李颀集无之，而《文苑英华》载为颀作，然～不振，决非新乡笔也。" ❹（动作）轻柔舒缓。明王绂《书画传习录》："蔡襄如少年女子，访云寻雨，体态娇娆，行步～。"张介宾《类经》卷五："和柔，雍容不迫也；相离，匀净分明也。如鸡践地，从容～也。"清《一片情》二回："杜云见瞎子问，略又～些，那响亦□□。见瞎子闭了嘴，杜云又动荡起来，此声比前更响刮起来。"

【轻健】 qīng jiàn ❶（身体）轻捷强健。唐李翱《何首乌录》："田儿乃筛末酒服。经七宿，忽思人道，累旬力～。"宋张绍文《沁园春·为叔父云溪主人寿》："身～，任高眠晏起，渴饮饥餐。"清曹庭栋《养生随笔》卷一："既起，以热水洗面，则眼光倍爽；加薄绵衣暖其背，则肢体俱觉～。" ❷（反应、动作）迅疾。唐柳宗元《与李睦州论服气书》："濮阳吴武陵最～，先作书，道天地、日月、黄帝等，下及列仙、方士皆死状。出千餘字，颇甚快辩。"《元曲选外编·三夺槊》四折："撒撒地马蹄儿～，你便丹青巧笔也难传。"清陈端生《再生缘》一四回："荣发书童骑了马，这番～胜如先。红尘滚滚驰星月，绿树迢迢看水山。" ❸轻快爽健；明快爽利。唐白居易《新秋喜凉因寄兵部杨侍郎》："枕簟忽凄清，巾裳亦～。"五代齐己《病起见图画》："秋光渐～，欲去倚江桥。"宋惟晤《次韵奉和游山归遇雨》："松柏青肥春雨洗，烟云～涧风吹。" ❹（笔力）轻快有力道。唐韩方明《授笔要说》："执笔在乎便稳，用笔在乎～，故轻则须沈，便则须涩，谓藏锋也。"元盛熙明《法书考》卷七："然而真以转而后遒，草以折而后劲，方长严肃为体，圆转～为用。"

【轻矫】 qīng jiǎo ❶轻捷矫健。唐张鷟《朝野佥载》卷六：

"柴绍之弟某，有材力，～迅捷。"金元好问《同希颜再登箕山》："长风万里来，筋骸觉～。"清汪由敦《题项圣谟天池石壁图》："道人振策步～，日饵丹砂颜色好。" ❷ 远走高飞。唐韩愈《同冠峡》："羁旅感和鸣，囚拘念～。"宋苏轼《赠杜介》："妻孥空四壁，振策念～。"又《送杭州杜戚陈三掾罢官归乡》："老夫平生齐得丧，尚恋微官失～。"

【轻捷】 qīng jié ❶ 轻巧灵活。唐玄奘《大唐西域记》卷一〇："(羯餕伽国)言语～，音调质正。"明方孝孺《葛氏族谱序》："地大物众者，则机辩～而过于华；僻在险隘者，则椎鲁俭固而近于陋。" ❷ 轻便快捷。宋华岳《翠微先生北征录》卷七："甲身只是平腹，下用虎斑布裙，遇箭皆被娇揉，所以披带～，驰骤俏俊。"明沈德符《万历野获编》卷一："至主上禁中游幸，惟用稷轿，其制～，又减少辇数倍。"清《后水浒传》四四回："使人伐木钉入水中，将船围在中间，以防轮船冲突，然后使～快舟到君山来挑战。" ❸ 迅疾。宋罗大经《鹤林玉露》卷五："大凡举事～则易成，繁重则难济。春秋时，宋人杀楚使者，楚子闻之，投袂而起，……车及于蒲胥之市，何其～也。"明卢之颐《本草乘雅半偈》卷六："葱白虽通阴分之阳，其机～，使邪遽出。"汪道昆《高唐梦》："乘风～，凌波飞涉，早到银宫贝阙。" ❹ 轻柔迅捷。明张介宾《类经》卷二二："故善用针者，犹拔刺也，去刺于肤，贵～也。"

【轻倨】 qīng jù 傲慢不尊重。宋苏颂《朝请大夫孙公行状》："书体端楷，尝谓章草近于～，故不为也。"刘子翚《晓起闻明仲谒家叔》："公才凛若干将铸，胆落诗流失～。"明《拍案惊奇》卷三："只是看见娘子称呼词色之间甚觉～，不像个婆媳妇道理。"

【轻俊】 qīng jùn ❶ (风度)飘逸潇洒。宋《二程遗书》卷一："忧子弟之～者，只教以经学念书，不得令作文字。"宋元《熊龙峰刊小说·彩鸾灯》："年方弱冠，是一个～标致的秀士。"清刘大櫆《郑节母传》："见里中有年少～自喜者，辄谓牧曰：'此其人尔虽旧相识，不得以为友也。'" ❷ (诗文)轻巧飘逸。宋黄庭坚《与胡秀才书》："少年恨其太～，老人恨其太迟重。"明陈子龙《宋辕文诗稿序》："今我与若偶流逸焉，谐慢～，则入于淫，淫则弱。"清毛先舒《诗辩坻》卷二："江郎流丽中带蹇涩，此作～，或是唐世拟古之作。" ❸ (体态、声音)轻清俊美。宋史达祖《双双燕·咏燕》："爱贴地争飞，竞夸～。"元兰楚芳《粉蝶儿》："姿色儿娇羞，语音儿～，小名儿伶便。"清陈维崧《倦寻芳·竹逸堂紫牡丹感赋》："画堂左侧，绣槛东偏，朵朵～。"

【轻看】 qīng kàn 轻视；小看。宋张栻《答胡广仲》："前辈未容～，然吾人讲学则不可一毫有隐尔。"《元曲选·看钱奴》二折："可知他不要哩，你～我这钞了。"清《雪月梅》一八回："听说那倭寇利害得紧，这一刀一枪的事也不要～了。"

【轻可】 qīng kě ❶ 轻易能够；可以随便地。唐司空图《题柳柳州集后序》："俾其穷而克寿，抗精极思，则固非琐琐者～拟议其优劣。"宋胡宿《论除授宿卫帅臣》："近来内外臣僚多举武臣管军，此非臣下～论荐。"明郎瑛《七修类稿》卷二三："亮亦天子以下一人，此言～语之耶？" ❷ 轻易；随便地。宋强至《次刘才邵送魏彦成韵》："国朝广仁恩，法令去烦苛。三官贵持平，除用不～。"元施惠《幽闺记》三〇出："休对晴天暖日，～地过了寒食。"清蔡应龙《紫玉记》一九出："一春心事，～的付啼鹃。" ❸ 动辄；往往。金丘处机《无梦令·诫奢》："天下不如斯，贫富一般行坐。～，～，～骄奢太过。"《元曲选·荐福碑》二折："投至得他那几贯钱呵，～等半月十朝。" ❹ 轻许。宋周密《浩然斋雅谈》卷上："水心翁以抉云汉分天章之才，未尝～一世。"元吴澄《融斋记》："先生不～而可吾舅，请笔之以示劝。"明顾起元《客座赘语》卷七："高自位置，意不～一世，以是得简贵声。" ❺ 寻常；一般。宋朱熹《奏巡历婺衢救荒事件》："故文案之间但觉灾伤～，而两邑之民阴受其害不可胜言。"元尚仲贤《气英布》一折："楚将极多，汉军微末，特～。战不到十合，向濉水河边破。"清吴伟业《秣陵春》一九出："事非～，这堂堂帅府，须不是虎穴狼窠。" ❻ (程度)轻微；减轻。宋《太平惠民和剂局方》卷一："～中风，不过二十服，平复如故。"明汤显祖《牡丹亭》三〇出："娇娥、似前宵雨云羞怯颤声讹，敢今夜翠颦～。"清《野叟曝言》八六回："一等旨意下来，便都推在按台身上，只求他放下他们，单与按台作对，这事便～了。" ❼ 特指病势变轻。明孟称舜《娇红记》七出："眉暗锁，这腌臜病甚时～。"《禅真逸史》三二回："但愿得无事便好，这会儿～些么？"清《云仙笑》一册："勉强调治，才觉～。"

【轻口】 qīng kǒu ❶ 轻易开口；随意说话。宋梅尧臣《杂言送当世待制知扬州》："开酿封羊愿遇宾，天下沄沄不～。"明《隋史遗文》四八回："我岂无父子之情，但你以后不可如此～。"清《续金瓶梅》六三回："佛法愿力，不是～许的。" ❷ 轻声；小声。清《说唐前传》六回："'此人莫非是个响马强盗？'吴广叫声：'～！'"

【轻快】 qīng kuài ❶ (书法、文思、处理事务等)轻捷明快。唐李嗣真《书后品》："就中彦回～，练倩有力，孝元风流，君理放任。"宋《朱子语类》卷一三六："但孔明虽正，然盆。法孝直～，必有术以止之。"明王绂《书画传习录》："梁武帝观锺繇书法曰：平直均密，锋力～。" ❷ 行动无束缚，动作利便。唐王焘《外台秘要方》卷一九："但觉腰脚～，使人踊跃。"宋苏辙《上巳日久病不出示儿侄》之二："纨扇藤鞋试～，只鸡斗酒助欢娱。"清《续金瓶梅》五六回："这一班将官，俱是蟒袍银甲、长弓短箭，十分～。" ❸ 重量轻，速度快。宋汪晫《如梦令·属纩遗语》："一只船儿没赛，七十六年装载。把柁更须牢，风饱蒲帆～。"明《醋葫芦》二回："先要个～小船，渡过金沙滩。"清《后水浒传》三三回："这十只小船却是船小～，……只往前去。" ❹ 舒适；轻松愉快。宋杨士瀛《仁斋直指》卷二二："屈指从四围寻按，遇痛处是根，就此重按深入，自觉～，即此灸之。"元佚名《夜行船·忆所见》："鬼病千般强打捱，凄凉万种难担载，几曾得片时～。"清《后西游记》五回："喜得个孙小圣满心～。"

【轻狂】 qīng kuáng ❶ 行为轻浮狂放。宋廖行之《临江仙·元宵作》："～行乐处，明月夜深归。"明孟称舜《娇红记》三出："将这杯酒儿都淹在青衫上，险露出～模样。"清《红楼梦》三一回："你这一闹不打紧，闹起多少人来，倒抱怨我～。" ❷ 形容物体翻飞状。宋王之道《南乡子·用韵赋杨花》："春霁柳花垂，娇软～不待吹。"元萨都剌《度岭舆至崇安命棹建溪》："山高人蚁旋，下视舟立芥。～类飞鳅，宛转乱石隘。"清宋荦《永遇乐·柳絮和曹实庵》："望去非花，飘来疑雪，～如许。"

【轻料】 qīng liào 轻易估计；小看。宋张嵲《送陈忠玉兼寄尹梦得》："他日飞扬未～，卜居终欲近郊扉。"《金史·白华传》："大兵所在，岂可～，是真不敢动。"明《东汉秘史》二二回："太守不可～，恐遭其计。"

【轻眇】 qīng miǎo ❶ 轻小；轻微。五代李昪《享太庙诏》："事实重大，承以～，可谓无其德而用其事。"宋周必大《舜五弦琴铭》："惟商盘夏鼎，为器～，尚勒铭诗，震耀无穷。"明李濂《医辨》："乃若偶尔违和，感触～，虽初学医之士，一二剂可愈也。" ❷ 同"轻藐"。明王恕《议给事中韩鼎等修人事奏状》："御史言其庸碌委靡，本官人多～。"袁宏道《京洛篇》："怀刺谒恩门，门卒相～。"

【轻藐】 qīng miǎo 轻蔑；藐视。宋李石《左氏诗如例》卷中："晋侯偃然自高，～鲁侯。"明《禅真后史》一〇回："我父亲若肯敖清受淡吃薄粥时，也颇颇做成家业，不受人的～。”清魏裔介《清故孝廉公仪张公墓志铭》：“世俗艳称富贵，～道义。”

【轻年】 qīng nián 年轻。《元曲选外编・降桑椹》五折：“幼小～，腹内孤穷学问浅。”清陈端生《再生缘》七九回：“风流千岁堂前候，步进～义侠郎。”《红楼梦》四九回：“贾母王夫人因素喜李纨贤慧，且～守节，令人敬伏。”

【轻飘】 qīng piāo ❶轻扬飘摆；飘浮不定。《法苑珠林》卷七八：“举动～，浮游旷野，此人乃从，活地狱来。”明胡宗宪《筹海图编》卷一三：“(船)最下一层不可居，惟实土石，以防～之患。”清袁枚《子不语》卷二〇：“见三青衣人导之登岸。其路直而窄，黑暗无光，两足甚～。” ❷(行为)轻浮不沉稳。《法苑珠林》卷七八：“意好～，香熏自涂。”宋王令《春人》：“春人～喜聚散，春筵笑长白日短。”清《绿野仙踪》四九回：“你只说你这几天，～的还有点样儿？” ❸(乘船、风等)飘游。宋葛胜仲《卫卿弟和诗佳甚复和一首》：“千岩不必山阴道，何处～看不好？”明丘云霄《杂兴》之一二：“感此幻中缘，拂衣蹑～。” ❹(文风)轻灵飘逸或轻浅飘浮。元吴澄《黄体元诗序》：“黄体元妙年有诗，评者谓似江西派。余谓不然。氏黄也，诗不黄也。何也？黄沉重，此～；黄严静，此活动。”清王夫之《薑斋诗话》卷二：“浩然山人之雄长，时有秀句；而～短味，不得与高、岑、王、储齿。” ❺重量轻，易飘浮。明李时珍《本草纲目》卷三九：“其子房名螵蛸者，其状～如绡也。”清《红楼复梦》三回：“只见素羽茸茸，光明洁净，拿在手中～如若无物。”

【轻浅】 qīng qiǎn ❶(作风)轻浮浅薄。《法苑珠林》卷四八：“我观世间，甚为～，犹如群羊。”宋庄绰《鸡肋编》卷上：“荆扬多水，其人亦明慧文巧，而患在～，肝鬲可见于眉睫间。”朱熹《辞免知南康军状》：“所以朝廷不惟审择以寄民命，而又严立资格，以叙人材。盖不欲使庸妄～之流得以因缘冒处。” ❷(水流)轻缓不深。唐刘禹锡《浪淘沙》：“洛水桥边春日斜，碧流～见琼沙。”明《徐霞客游记》卷一下：“跣足步涧中，石濑平旷，清流～。” ❸(内容、文风等)轻薄肤浅或浅显明白。五代王定保《唐摭言》卷一一：“元和中，元白尚～，岛独变格入僻，以矫浮艳。”宋魏泰《隐居诗话》：“杨亿、刘筠作诗务积故实，而语意～。”清毛先舒《诗辩坻》卷四：“陈正字律中有古，却深重；李供奉以古为律，却～。” ❹(声音)轻飘浮泛。宋程颐《伊川易传》卷二：“至发于声音～如是，必至于凶也。” ❺(资历)不足，低浅。宋苏辙《论堂除太宽札子》：“未及三年，而迭用陈该、张淳、陈元直三人，率皆资望～，政绩未闻。” ❻浅薄；程度不够。宋史达祖《东风第一枝・咏春雪》：“谩凝碧瓦难留，信知暮寒～。”明罗洪先《与双江公书》：“弱子多疾，福量～。”陆采《怀香记》二七出：“论女职当承父言，这些物无心收管。不惟负却君恩眷，视天亲殊为～。” ❼(船只)重量轻，吃水浅。明李昭祥《龙江船厂志》卷一：“其餘不堪应用船只木料，发回提举司改造～利便船，务合式样，大小知中，可以过风、可以容众、便于撑驾者五十只。” ❽(脉象病症、药力等)轻柔和缓。清魏之琇《续名医类案》卷一一：“脉与症本皆～，乃过于慎重，泥高年不可寒凉之说，更医至再。”徐大椿《医学源流论》卷下：“乃不能知医之高下，药之当否，不敢以身尝试，则莫若择平易～有益无损之方。”

【轻欠】 qīng qiàn 轻松；负担小。清《歧路灯》五八回：“都是自己几个人，休歇了场儿，谭贤弟输的多了，捞一捞～些儿。”

【轻倩】 qīng qiàn ❶轻快美好。明毛晋《溪堂词跋》：“共六十有三阕，皆小令，～可人。”清王毓贤《绘事备考》卷六：“(陈善)亦善花果，意象逼真，傅色～。”《品花宝鉴》一〇回：“觉宝珠比琴言面目清艳了好些，吐属～了好些。” ❷轻捷；轻快麻利。清袁枚《子不语》卷一：“既死，觉身体～，颇佳于生时。”《女仙外史》四四回：“当年走索章台畔，掌上身～。”《儒林外史》四一回：“他那般～的装饰，虽则觉得柔媚，只一双手指，却像讲究勾、搬、冲的。” ❸轻柔婉转。清曹贞吉《祝英台近・木稼》：“莫吹散，掩映三尺瑶华，弄影倍～。”《品花宝鉴》四一回：“明霞成绮，冰绡如翦，万种柔情～。”

【轻敲】 qīng qiāo ❶轻松不费力气。明汤显祖《邯郸记》二一出：“家私尽抄，儿女尽逃，则一名犯妇今收到。好～，把冤家散了，长是乐陶陶。” ❷疏松不结实。明《拍案惊奇》卷一三：“不要说是好棺木价重买不起，便是那～杂树的，也要二三两一具，叫我那得东西去买？”又：“我叫他且到李作头赊了一具～的来，明日还价。”

【轻乔】 qīng qiáo 轻浮不庄重。明汤式《醉花阴・离思》：“他生的恬恬净净不～，更那堪老老成成不做作，洒洒潇潇，比别人不溷浊。”

【轻巧】 qīng qiǎo ❶(格调)轻灵新巧。唐窦臮《述书赋》上：“景乔则润色锺门，性情励已，丰媚～，纤慢旖旎。”宋王灼《碧鸡漫志》卷二：“(李清照)作长短句，能曲折尽人意，～尖新，姿态百出。”清《疗妒缘》七回：“房内灯烛辉煌，歌声～，像是人声口。” ❷(行为)轻佻诈伪。唐杜牧《唐故太子少师牛公墓志铭》：“其～吏欲贼公爱恶，希向所为，浑然终不能见。”宋梅尧臣《乞巧赋》：“吾学圣人之仁义，尚恐没而无知，肯乞世间之～，以汩吾道而夺吾之所持。”明郑真《拟唐颜杲卿谕河北诸郡檄文》：“安禄山丑凶遗孽，败将俘囚，～事人，公行贿赂。” ❸重量或程度轻而样式巧妙。唐段成式《酉阳杂俎》前集卷一九：“自节处别生一重，……其似结网众目，～可爱。”明袁于令《双莺传》七折：“蜂黄蝶粉，宫妆点得～。”清《红楼梦》四五回：“黛玉又看那蓑衣斗笠不是寻常市卖的，十分细致～。” ❹(动作)轻快灵活。唐杜牧《张好好诗》：“绛唇渐～，云步转舒徐。”明《西游记》五五回：“摇身一变，变作蜜蜂儿，真个～。”清《霓裳续谱・夜至三更你来到》：“开开门，猫的一声往里跳，俏人儿来的～去的妙。” ❺(动作)轻微柔缓。宋张炎《词源》卷下：“前衮中衮，六字一拍。要停声待拍，取气～。”清《姑妄言》一二回：“你这起天杀的，也放～些。拿出抬轿的本事来弄，被你们把他都弄瘫了。” ❻简单容易，不负责任。明《金瓶梅词话》三三回：“你倒自在性儿，说的且是～。”《梼杌闲评》一一回：“他是那里人，我就同他一处玩？好～话儿。”清《红楼梦》九四回：“我的爷，好～话儿。上头要问为什么砸的呢？” ❼轻松不费力气。清《野叟曝言》六九回：“除了八妹有孕，由着他做些～事儿。”

【轻俏】 qīng qiào 轻巧俊美。明梅鼎祚《玉合记》四出：“霓裳奏，云光耀，海棠醉香魂～。”清方成培《雷峰塔》六出：“～声儿，细诉衷肠，使我心儿悒怏。”《红楼真梦》四〇回：“那台步走得非常～，真似宝月行空，春云出岫。”

【轻怯】 qīng qiè ❶轻而薄。宋王安石《茶商十二说》：“茶体～，难掌易损，……风枯雨湿，气味失夺。”朱熹《按唐仲友第四状》：“其高宣教止于七月初一日，买到～大绢一百十八匹，高价估钱入库。”龙衮《江南野史》逸文：“如云临川一使，巾帛～，措大无失也。” ❷纤弱。宋司马光《论两浙不宜添置弓手状》：“吴人～易惑难晓，道听途说，众情鼎沸。”贺铸《木兰花》：“舞腰～绛裙长，羞按筑球花十八。”清查慎行《祝英台近・赋蝶》：“恁～，凭仗滕阁丹青，长倚画眉妥。” ❸虚弱；微弱。宋佚名《小儿卫生总微论方》卷九：“此伤风荏苒～，因成吐泻。”清魏之琇《续名医类案》卷一一：“脉果沉微，语殊～，然小便热短，胸膈痞闷。” ❹浅淡；浅薄。宋吴文英《凄凉犯》:“樊姊玉奴恨,小钿疏唇,洗妆～。”

【轻觑】 qīng qù ❶轻易窥视。宋张镃《题水墨画水仙木犀》:“几间莫～,故故薄云遮。”明《二刻拍案惊奇》卷二一:“(盛彦)笑道:‘财不露白。金帛满舟累累,晃人眼目如此。’袁忠道:‘官物甚人敢～。’”清《一片情》一回:“小院娇红无数,未许狂蜂～。” ❷轻视;小看。明袁中道《重修寂光寺碑记》:“天龙自护,四众自钦,虽有强魔,岂敢～。”李梅实《精忠旗》一三出:“则说我便是兀术改脚,你不要～我这丫头。”清《飞龙全传》二二回:“口中又称是内亲,也不敢～。”

【轻柔】 qīng róu ❶轻而柔和。宋赵以夫《木兰花慢·漳州元夕》:“风流,秀色明眸。金莲步、度～。”元马致远《青杏子·姻缘》:“标格江梅清秀,腰肢宫柳～。”清吴伟业《浪淘沙·题画兰》:“花意落银钩,一寸～。生绡不剪少年愁。” ❷温柔。明叶宪祖《丹桂钿合》一折:“娇羞,谩凝眸。回身一段～,顿将人意勾。”清《红楼梦》八九回:“谁料风波平地起,顿教躯命即时休,孰与话～。” ❸委婉柔和。明《封神演义》七回:“妲己腰肢袅娜,歌韵～,好似轻云岭上摇风,嫩柳池塘拂水。”又八〇回:“杨任终是文官出身,言语自然～。”清焦循《雕菰楼词话》:“周密《绝妙好词》所选,皆同于己者,一味～润腻而已。”

【轻身】 qīng shēn 指分娩。清《天雨花》一三回:“现今怀孕未～,且在我家来奉养。”陈端生《再生缘》二一回:“既然你要同娘住,我就消停慢慢行。待得～临月后,一年半载到都城。”

【轻生】 qīng shēng 自杀的婉词。明佚名《鸣凤记》一四出:“前车已覆须明鉴,相公,你休得要无益～绝大纲。”清纪昀《阅微草堂笔记》卷一三:“虑其妻或～,并遣之去。”《镜花缘》一三回:“还是失足落水,还是有意～,快把实情讲来。”

【轻省】 qīng shěng ❶轻微。唐孙思邈《备急千金要方》卷一:“其人肌肤薄脆,腠理开疏,用药～。”《元曲选·杀狗劝夫》四折:“我与你问个妇人有罪,罪坐夫男,拣一个～的罪名儿与他。” ❷松快舒坦。宋刘克庄《转调二郎神》:“抽还手版,受用处、十分～。”清《红楼梦》二〇回:“袭人已是夜间发了汗,觉得～了些。” ❸重量轻。宋吕陶《奉使回奏十事状》:“盖现今行用铁钱颇重,若稍裁损即～,易为赍操往来。” ❹轻松省力;轻松容易。《元曲选·桃花女》楔子:“只教他管铺,无非开铺面,挂招牌,抹桌凳,收课钱,这～的事。”明陈子龙《许孟宏集古文佚序》:“镂板既行,～易得。”清《醒世姻缘传》三二回:“这只怕那慷慨的男子也还做不出的事,他却～做了。” ❺负担轻。清雍正十年七月初四日迈柱奏文:“就新报粮银,于锺祥等增丁千两以外之县,先行裁减,便觉～,自永无苦乐不均之累。”

【轻爽】 qīng shuǎng ❶轻松爽快。唐司马承祯《收心》:“正基用此为定,心气调和,久益～。”《太平广记》卷七四引《仙传拾遗》:“父母服丹,神气～,饮食嗜好,倍于少壮者。”清《绿野仙踪》一九回:“今日下半天,少觉～些。” ❷清凉舒爽。宋黎廷瑞《朱可绍去秋许棕鞁》:“愿言得此称～,宿诺今已期及瓜。”明唐之淳《六月十日夜宿江上韩桥店》:“晨舻畏炎曦,夕枕爱～。”清弘历《热河启跸之作》:“一天霁景浮～,几曲寒流溯远涯。”

【轻松】 qīng sōng ❶轻软松散或松垮。唐白居易《宴桃源》:“鬓鬓辫～,凝了一双秋水。”宋毛滂《蝶恋花·送茶》:“七盏能醒千日卧。扶起瑶山,嫌怕香尘涴。醉色～留不可,清风停待些时过。”清《聊斋志异·翩翩》:“乃持襆掇拾洞口白云为絮复衣,着之温暖如襦,且～常如新绵。” ❷松;不紧。宋张元幹《祝英台近》:“玉腕条脱～,羞郎见憔悴。”元陆文圭《唐多令·寄远》:“明艳注秋波,～绾髻螺。” ❸轻捷灵活;轻快不滞重。宋俞德邻《病愈出游》:“病餘一事还堪笑,脚力～倍去年。”明吾邱瑞《运甓记》二五出:“我乃李偷儿的便是,从小身子～。”清《绿野仙踪》一二回:“见贤弟骨格～,血肉之躯已去十分之三。” ❹轻快舒爽。明《二刻拍案惊奇》卷二九:“小姐把脓污抹尽,出了浴盆,身子～了一半。”《禅真逸史》三六回:“这一会觉心中宽爽,身体～,吃些茶汤也好。” ❺束缚或负担减轻。明陆采《怀香记》三五出:“司空要摆布他,乘机举荐他做参谋官,与同王将军征吴去了。如今我们头上自觉～。”《石点头》卷三:“况且比限日加严紧,……为此只得背井离乡,方才身上～,眼前干净。”清《飞龙全传》七回:“将绊绳搁着肩头拉了前行,柴荣后面推着便觉～。” ❻使减轻束缚或负担;放松。明《古今小说》卷二:“只要快当,～了身子,好走路。”《拍案惊奇》卷二〇:“狱中罪人皆不良之辈,若～了他,倘有不测,受累不浅。”清《醒名花》三回:“这盗犯湛翌王,着你押监,不可十分难为,也不可十分～。” ❼宽松;不严谨或不严密。明汤显祖《南柯记》三三出:“天公,前程紧处,略放～。”清《野叟曝言》一八回:“草供上要紧关目,结实的略松泛些,～的略结致些,就便宜得多了。” ❽轻;变轻。清《豆棚闲话》三则:“老朝奉问道:‘甚么生意回身得快?’且见行李～,吃了一惊。”袁枚《子不语》卷六:“觉怀内～,探所买菱,已失去矣。” ❾(症状)减缓、减轻。清《儒林外史》一六回:“他父亲匡太公在房里已听见儿子回来了,登时那病就～些。”《镜花缘》八四回:“足足头疼一日,今日刚觉～。” ❿轻易;不负责任。清陈端生《再生缘》六五回:“皇爷说得好～,未必其人肯顺从。”《双凤奇缘》三一回:“你这话儿,说得也太～了。”

【轻俗】 qīng sú 轻浮鄙俗。宋李曾伯《声声慢·赋红梅》:“较量尽,胜夭桃～,繁杏粗肥。”元方回《瀛奎律髓》卷二〇:“(戴石屏)其诗苦于～,高处颇亦清健,不至如高九万之纯乎俗。”清汪由敦《家缮部西亭兄以所刻香山诗见遗》:“知音良不易,后人喜吹求。～指瑕颣,摹效昧别裁。”

【轻玩】 qīng wán 轻慢玩忽。宋陈言《三因极一病证方论》卷一四:“学者勉之,不可～,以病试药,甚为不仁。”明《型世言》一八回:“李公子也不免因他向来～,微有鄙薄之意。”清沈树本《大水叹》之五:“奈何奉行者,天语敢～。公然肆追呼,不顾人愁叹。”

【轻鲜】 qīng xiān 另见 qīng xiǎn。❶(衣饰)轻而鲜艳。唐吴筠《玄纲论》:“身好～之饰,口欲珍奇之味。”宋吴泳《采葛行》:“～未及御,弃置忽若遗。”明王世贞《屠青浦以都布单衣见衣》:“白越白于霜,裁将换芰裳。～傲西氍,宽博谢吴装。” ❷轻薄明澈。宋田锡《春云赋》:“几片明灭兮,残雪方消;一脉～兮,愁蛾澹扫。”清钱谦益《富贵主人文》:“月在南斗,明河垂席。云物～,人影单只。”

【轻闲】 qīng xián ❶轻视;视作等闲。唐易静《兵要望江南·占地》:“城营内,忽见地生丹。敌骑欲来冲突我,差人截路莫～。” ❷轻松悠闲;轻快悠闲。元胡祗遹《重午前一日新居写怀》:“～责任惊忧少,枯淡交游语话真。”清《霓裳续谱·杏花天》:“一番番,一覆覆,飞来些燕子～。”《白雪遗音·望江楼儿》之二:“满山坡,樵子打柴同歇坐,～胜侯伯。”

【轻鲜】 qīng xiǎn 另见 qīng xiān。❶微薄。唐白居易《代忠亮答吐蕃东道节度使书》:“今因押衙回,亦有少答信,具如别纸,恕～也。”宋欧阳修《与焦殿丞书》:“粗细米各二斛,聊饲僮仆辈,必不以～为怪。”明沈受先《三元记》一〇出:“看他闷思郁然,闷思郁然,莫不是聘财～,礼仪疏简?” ❷缺少;缺乏。《太平广记》卷四五三引《腾听异志录》:“今请赴选,各须与致粮食,无令～。”明柯丹邱《荆钗记》一五出:“今日赴春闱,程途遥远,助盘费尚忧～。” ❸ 低微。宋刘攽《谢参知政事表》：“臣闻望～，智术阔疏。”明沈鲤《乞休第七疏》：“知其闻望～，不足服人。” ❹ 轻慢小看。明陆深《春雨堂随笔》：“汉称天子曰官家，石曼卿每呼韩魏公为韩家，若今人则为～之词矣。”

【轻屑】 qīng xiè 不顾惜；不看重。《大宋宣和遗事》前集：“一旦遭遇圣恩，巧进佞谀，簧蛊圣听，～万乘之尊严，下游民间之坊市。”明程敏政《经筵讲章》：“成周有道，天之所兴。尔等乃～，播弃其天命。”

【轻亵】 qīng xiè ❶ 轻慢亵渎。唐魏徵《十渐疏》：“陛下贞观之初，砥砺名节，不私于物，唯善是与，亲爱君子，疏斥小人。今则不然，～小人，礼重君子。重君子也，敬而远之；轻小人也，狎而近之。”《元曲选·㑳梅香》二折：“小姐有书，怎敢～。待我焚上一炉香，小娘子替我谒拜咱。”清《品花宝鉴》三六回：“到正吃时，我再闯进来同他坐坐，虽不能怎样，也就完了这件心事，谅来也不算～他。” ❷ 用作谦词。表示所呈钱物微少，对对方不够尊重。明《西游记》九八回：“今特奉上，聊表寸心。万望尊者不鄙～，将此收下。”《浪史》三二回：“浪子再致殷勤道：‘谨有菲仪，～嫂嫂，幸恕。’夫人道：‘多蒙贤夫人厚意，共以酬报，敢嫌～？’”

【轻新】 qīng xīn ❶（曲调、文字）轻快新颖。唐元稹《见人咏韩舍人新律诗》：“～便妓唱，凝妙入僧禅。”宋李如篪《东园丛说》卷下：“使他人为之，岂能脱去脂粉，～如此。”清李渔《怜香伴》六出：“细玩大娘的佳作，～秀逸，当与《清平调》并传。” ❷（衣饰）轻而新。唐令狐楚《谢敕书赐春衣并尺表》：“～有楚，广狭不逾。被服而炎蒸坐销，秉持而长短立辨。”《太平广记》卷一九三引《原化记》：“又有十餘后生，皆衣服～，各设拜。”宋卫湜《礼记集说》卷二一：“狐裘贵在～，而晏子一裘三十年。”

【轻醒】 qīng xǐng ❶ 轻快敏捷。唐清昼《唐杭州天竺寺诜法师塔铭》：“其夕梦乘大艑，直截沧溟，……既寤，形若委衣，流汗～。” ❷ 睡觉不沉易醒。清《醒世姻缘传》八三回：“若是童奶奶合调羹睡得～，也好叫他们一声，都又是醉了酒落了夜的人。”

【轻虚】 qīng xū ❶ 轻而空虚，不滞重或不密实。唐虞世南《笔髓论》：“用笔须手腕～，……太缓而无筋，太急而无骨。”宋洪迈《夷坚志》补卷一六：“彼家将举棺，而～若无所贮。”明李时珍《本草纲目》卷七：“（煤赭）此是烧石灰窑中流结土渣也，～而色赭。” ❷ 轻静虚无。唐李渤《梁茅山贞白先生传》：“深慕张良之为人，率任～，飘飘然恒有云霞气。” ❸ 浅表；轻浮不深入。宋《太医局诸科程文格》卷八：“脉象～也，有微毛之相应。”明朱橚《普济方》卷五：“今时日月短促，药力～，人多巧诈，感病厚重。”清《医宗金鉴》卷三：“其面热身痒，邪在～浮浅之处，惟麻黄能达也。” ❹（语言）平易浅显。宋罗大经《鹤林玉露》卷一五：“然韩柳犹用奇字重字，欧苏唯用平常～字，而妙丽古雅，自不可及。”

【轻儇】 qīng xuān ❶ 轻浮浅薄；轻佻不庄重。宋《朱子语类》卷一二二：“伯恭是个宽厚底人，不知如何做得文字却似个～底人？”明叶宪祖《鸾鎞记》一一出：“怪乔才忒煞～，特传言，辄作悭。”清《醒世姻缘传》二六回：“那忠厚遗风渐渐的浇漓，那些浮薄～的子弟渐渐生将出来。”也指这样的人。明归有光《祭王仪部文》：“七上春官，每进踯躅。乡里～，见谓为迂。” ❷ 轻快矫健。宋吴锡畴《晚晴》：“径芜蛙张王，花霁蝶～。”元沈幹《浙江赋》：“乃有～之童，炫耀其术，蹙鲸浪以争趋，舞红绡而特出。”清洪昇《长生殿》一七出：“疾翻身跃登锦鞍，侧着帽摆手～。” ❸ 低微浅薄。宋吴泳《翟朝宗降授州团练使制》：“具官某夤从领阁，出典维扬，以～之资，当重大之寄。” ❹ 轻而薄。元谢应芳《斥鷃赋》：“嗟斥鷃之至微，亦禀气而载形。其薄质之～，无举彩之焕明。”

❺（语言）轻佻浮薄、轻快灵动。元欧阳玄《玉振诗序》：“玉振诸体诗，能为丽则，不涉～；求去陈腐，不至峭刻。”清翁方纲《石洲诗话》卷四：“其实石湖虽只平浅，尚有近雅之处，……若诚斋以～佻巧之音，作剑拔弩张之态，阅至十首以外，辄令人厌不欲观。”黄氏《蓼园词评》：“苏东坡‘乳燕飞华屋’，前一阕是写所居之幽僻，次阕又借榴花以比此心蕴结，……沈际飞曰：恍惚～。”

【轻扬】 qīng yáng ❶ 轻轻飘扬或荡漾。唐韩溉《鹊》：“才见离巢羽翼开，尽能～出尘埃。”宋何薳《春渚纪闻》卷二：“舟柁～，转首之间，已行百里矣。”清《女仙外史》七六回：“又指一位云鬓㲳㲳，肌香拂拂，衣袂～，丰姿绰约者，曰：‘司风少女。’” ❷（民风或作风）轻浮张扬。五代柴荣《平淮南德音》：“宜敷旷荡之恩，用慰～之俗。”宋朱熹《答颜子坚》：“抑观来书词气之间，～傲诞，殊无谨厚笃实之意。”清《续金瓶梅》五三回：“其俗～奢侈，士女繁华。” ❸（气质、气势）骄扬或洒脱。宋何薳《春渚纪闻》卷三：“遥见一举子乘驴径前，意甚～，心忽生怒。”《续资治通鉴》卷一五：“以援送怠惰之师，当北敌～之骑，且行且战，必贻败衄。”清《绿野仙踪》三六回：“博带鲜衣，飘飘然肌骨瘦弱；金冠朱履，轩轩乎容止～。” ❹（文风、曲调）轻灵飞动。明陈子龙《六子诗稿序》：“所可法者，少陵之雄健低昂，供奉之～飘举，李颀之隽逸婉娈。”《梼杌闲评》二二回：“歌喉清峭，……圆转～。”

【轻样】 qīng yàng 做出轻浮举止。清《歧路灯》二四回：“尊贵些罢，休要在少爷面前～。”

【轻易】 qīng yì ❶ 轻率；随随便便。唐潘好礼《谏立武惠妃为皇后疏》：“皇太子既守器承祧，为万国之主本，何可～辄有摇动？”明《拍案惊奇》卷六：“但是尼庵、僧院，好人家儿女不该～去的。”清陈端生《再生缘》一〇回：“父母死生都在你，难道说，忍教～丧身躯。” ❷ 平时；通常。清《歧路灯》一回：“克仁说话中间，看见小主人形容端丽，便道：‘小的抱相公街上走走去。’孝移道：‘～不曾叫他上街，改日熟了，你引他到后书房走走罢。’”又一七回：“家姑娘性情仁慈，舍表弟～不受半句气儿。”又三八回：“张类村道：‘老哥～还进城来游游哩？’惠养民道：‘弟素性颇狷，足迹不喜城市。’”

【轻意】 qīng yì ❶ 轻慢；不看重。《元曲选外编·西厢记》二本三折：“聊备小酌，非为报礼，勿嫌～。”元明《水浒传》九回：“教头到此，如何恁地～，快将进去，先把果盒酒来。”明周砥《放歌行赠宋君》：“当时～千古事，幽愤于今向谁雪。” ❷（钱物）微薄不成敬意。《元曲选·罗李郎》楔子：“这两锭银子送二位做盘缠，休嫌～。”明徐霖《绣襦记》一八出：“香钱祝钱，……实是～，日后容补。”清《儒林外史》五回：“拿出两封银子来，每位一百两，递与二位：‘老舅休嫌～。’” ❸ 轻率；随便。明王守仁《十家牌法告谕各府父老子弟》：“心要平恕，毋得～忿争。”《醒世恒言》卷二三：“夫人干净识得人。只是那人情重，眼睛里不～看上一个人。”清《醒世姻缘传》五四回：“只因狄员外是个盛德的人，不肯～与人绝交。” ❹ 非特殊情况。清《红楼复梦》五一回：“这里面不插别的花卉，单插个兰、梅、松、菊这四种花木，～不叫人手摸。”

【轻盈】 qīng yíng ❶ 形容物态轻柔散布。唐刘禹锡《洛中早春赠乐天》：“春来自何处，无迹日以深。韶嫩冰后木，～烟际林。”明《警世通言》卷一九：“淡荡烟笼草舍，～雾罩田桑。” ❷ 形容物体轻小，移动或摆动灵活。唐杨炯《浮沤赋》：“排雨足而分规，擘波心而对峙。～徘徊，容与庭陨。”《敦煌变文校注》卷五《妙法莲华经讲经文（三）》：“或添缨络身中，或缀宝冠头上。或为五色荧煌，或作～晃浪。”明陆采《明珠记》四一出：“～夜光，长在佳人掌。” ❸ 形容物品轻薄。唐令狐楚《为五台山僧谢赐袈袅等状》:“巾裁吴纻,靡不～;帔衲刘纨,无非丽密。”明卢之颐《本草乘雅半偈》卷八:“火法合宜,龙脑尽升碗上,～洁白,香馥百倍于昔。”清陈端生《再生缘》七二回:“绿窗灯影金风细,薄袄～凉气深。” ❹形容女子姿态纤柔,行动轻快。唐李白《相逢行》:“下车何～,飘然似落梅。”元张氏《青衲袄·偷期》:“生的来体态～,皓齿朱唇。”清《雪月梅》一二回:“果然好一位小姐,美丽～,容光四射。” ❺形容动作轻隽飘逸或轻柔细腻。唐孙蕣《罔两赋》:“动静委任,浓纤合德。欣御寇之～,耻寿陵之匍匐。”元曾瑞《一枝花·买笑》:“一任教眉淡了春山,也不要张京兆～巧画。”清《野叟曝言》九四回:“素臣看篁姑眉目秀丽,肌肤白润,身材袅娜,举止～。” ❻指样态飘逸纤柔的人或物。唐许浑《对雪》:“云度龙山暗倚城,先飞淅沥引～。”宋夏竦《放宫人赋》:“旧苑而何伤幽闭,新恩而尽放～。”姜夔《玲珑四犯·越中岁暮闻萧鼓》:“扬州柳垂官路,有～换马,端正窥户。” ❼形容笔力轻快灵动。宋赵希鹄《洞天清录》:“(石恪)亦能水墨,作蝙蝠水螭之属,笔画～而曲尽其妙。”元夏文彦《图绘宝鉴》卷四:“(赵伯骕)尤长于花禽,傅染～,顿有生意。”清贺裳《载酒园诗话》:“孟诗如雪,虽淡无采色,不免有～之意。” ❽形容笑容、声音等轻快动人或动听。宋张侃《拙轩偶书》之一:“柳丝愁断续,花靥笑～。”明吾邱瑞《运甓记》一二出:“见碧霞祠里,笑语～,游人如蚁。”清《霓裳续谱·银河耿耿》:“孤雁天边,悲声切切,阶下寒蛩,嚁嚁～。” ❾悠闲自在。宋晁说之《还诸唱和雪诗次韵作》:“萧散人间阮始平,～云外董双成。”明沈鍊《春晴》:“湖水明新练,山花散锦城。可能开杖屦,孤眺坐～。” ❿轻佻;轻薄不醇厚。宋杨冠卿《辞谢广西机幕赵府判启》:“俗态～于鹅眼,仕途崄于羊肠。”明汤显祖《紫钗记》四出:“生性～,巧于言语。豪家贵戚,无不经过。”清《隋唐演义》五〇回:“只见曹后凤冠龙髻,鹤佩衮裳,相貌堂堂,端庄凝重,毫无一些窈窕～之态。” ⓫单薄不强壮。明梁辰鱼《浣纱记》二五出:“软款款罗衣宽褪,～真瘦损。”清陈端生《再生缘》一〇回:“少壮年华虽十四,生成长大不～。肩挑行李非难事,身历艰辛必肯承。”又四五回:“约略年华将二九,身材雄壮不～。”

【轻嘴】 qīng zuǐ 说话轻薄随意,或指轻薄的议论。明《金瓶梅词话》二〇回:“吴月娘众人听了,骂‘扯淡～的囚根子’不绝。”《挂枝儿·蚊子》:“小脚儿在绣帏中串惯了,～儿专向醉梦里讨便宜。”按,此例语意双关。清《歧路灯》三九回:“像我受了屈,想对你说,又怕落人～。”

【倾】 qīng ❶献出;拿出。《敦煌变文校注》卷五《双恩记》:“要饭便教～美饭,须衣立使雨名衣。”《元曲选·蝴蝶梦》三折:“〔旦做～饭科,云〕大哥,这里有个烧饼,你吃。” ❷倾吐;倾诉。宋王安石《寄曾子固》:“高论几为衰俗废,壮怀难值故人～。”杨万里《次出门韵》:“好怀非自閟,且道向谁～?”元佚名《集贤宾·秋怀》:“我也曾絮叨叨讲口舌,实丕丕～肺腑。下了些调风弄月死工夫。” ❸坑害;断送(家产、性命等)。《元曲选·任风子》四折:“原来是马丹阳使的这圈套,险把个泼残生～在小儿曹。”明佚名《精忠记》一五出:“思省,闷转萦,恐十载功劳一旦～。”清《歧路灯》三〇回:“他这一死,把我的家叫他～了。” ❹把金银熔铸成锭。明《醒世恒言》卷六四:“乡里人家多有～下白铁锞子,防那歹人的打劫。”清《红楼梦》五三回:“里头成色不等,共总～了二百二十个锞子。” ❺欢洽。“倾慕”的引申义。明汤显祖《牡丹亭》三二出:“〔生〕喜个甚样人家?〔旦〕但得个秀才郎情～意惬。”王錂《春芜记》一七出:“我与你故人久别,今日相逢,正当欢然道故,握手相～才是。”陆采《怀香记》一六出:“若得与小姐成事呵,心欢庆,翔鸾屏里双肩并,睡鸭罅边两意～。” ❻指分娩。“掉下”的引申义。明佚名《白兔记》一六出:“休听枕边言聒,且自宁心。亲旧情亲,姊妹莫相争。待奴身孕始～。”

【倾崩】 qīng bēng ❶崩坏;倾覆。唐杨筠松《撼龙经》:“真龙却向泉中过,也有单池在傍抱。单池终不及两池,池若～反生祸。”元唐元《城中少佳树》:“河汉疑～,螭蛟惊斗格。”元明《三国演义》一二〇回:“今成都不守,社稷～,司马炎必有吞吴之心。” ❷指死亡。唐道宣《广弘明集》卷一〇:“遂隐于云阳宫,才经七日,寻尔～。”宋文天祥《文山集》附《纪年录》:“十一月二十一日,哀痛诏敕门下:先帝～。”

【倾敝】 qīng bì 破败;崩坏。宋孙应时《上史越王书》:“县廨～,有覆压之虞。”明张四维《双烈记》二二出:“人情汹溃,朝纲～,怎能够天潢内激起颓波?”清雍正六年十月十五日赵弘恩奏文:“其前项耤田及坛宇农具有抛荒～者,接任官详报上司。”

【倾弊】 qīng bì 同“倾敝”。明何乔新《江西布政司黄册库修造记》:“今藏册之所～如此,不可以不葺。”

【倾沉】 qīng chén ❶翻倒沉没。《太平广记》卷二五引《传奇》:“触蛟室而梭停,撞蜃楼而瓦解。摆簸数四,几欲～。”清傅泽洪《行水金鉴》卷一五一引《康济论》:“西风骤起,波涛汹涌,顷刻之间,樯楫～。” ❷沦陷。清《说岳全传》二〇回:“欲挽干戈回日月,中原奚忍见～。”

【倾摧】 qīng cuī ❶坍塌或翻倒毁坏。唐贾防《新修曲阜县文宣王庙记》:“文榱绣桷,虽留藻绘之功;日往月来,颇有～之势。”明《西湖二集》卷二四:“未及半里,风波大作,樯橹～。”清钱谦益《长干行》:“君不见马家池馆～久,长桥已拆祠郎手。” ❷破败;崩溃毁灭。《敦煌变文校注》卷五《维摩诘经讲经文(五)》:“莫把骄奢为究竟,莫耽富贵不修行。还知彼处有～,如剪(箭)射空随志(至)地。”元张宪《咸淳师相》:“十年国势尽～,犹谓师臣堪付托。”明尹台《沛中歌赠钦进士赴沛公分司》:“请看帝图有销歇,焉得人事无～。” ❸溃败。宋王庭珪《题秀光亭壁饯刘世臣刘仲美》:“见敌未尝却,坐令敌～。” ❹指人死亡。宋楼钥《祭赵侍郎》:“胡为小疾,药石弗攻,一朝～,如千丈松。”元王恽《故提刑按察佥事刘公墓碑铭》:“先君勤勉王事,不期显历,半道～。”明杨荣《挽主事王洪》:“一夕悲风起夜台,兰苕秀质倏～。”

【倾戴】 qīng dài 景仰爱戴或拥戴。唐羊士谔《贺册皇太后表》:“荣超简册,庆浃寰区。凡在生灵,孰不～。”明徐复祚《投梭记》九出:“王大将军英雄神武,当世无两,朝野～。”清王夫之《永历实录》卷二〇:“贞毓乃密具启称臣于可望,疏沮王封者姓名为一册,起恒为首;其尽心～者为一册,己为首。”

【倾倒】 qīng dǎo 另见 qīng dào。❶颠倒。隐语“颠倒衣裳”之省,指男女欢爱。明陆粲《庚巳编》卷八:“妇殊不羞拒,兵遂与狎,绸缪～。”周履靖《锦笺记》二〇出:“良辰难遇,况为伊历尽崎岖。趁今宵好相～,莫更踌躇。”许自昌《水浒记》二一出:“〔老旦〕谩说是男女杂坐,共相～。〔丑〕这掩耳偷铃堪笑,早露尾藏头空巧。” ❷醉倒。明王玉峰《焚香记》七出:“玉楼春正饶,玳瑁筵开早,遇良朋美景,敢辞～?” ❸操纵;摆布。明许自昌《水浒记》一〇出:“此事又动不得干戈,使不得气力,怎能够将伊锱重,任吾～。”

【倾倒】 qīng dào 另见 qīng dǎo。❶搜刮。唐陆贽《论裴延龄奸蠹书》:“由是蹂躏官属,～货财。移东就西,便为课绩;取此适彼,遂号羡餘。” ❷翻转容器把里面的东西倒出来。宋王安石《和王司封会同年》:“直须～樽中酒,休惜淋浪坐上衣。”《元曲选外编·西厢记》五本二折:“则在书房中～个藤箱子,向箱子里面铺几张纸。”清《十二楼·鹤归楼》三回:“两行珠泪竟做了三峡流泉,哪里～得住。” ❸尽数拿出或付出。宋洪迈《夷坚志》

丁卷一四："其家多资，悉～以献，仅得免。"宋元《古今小说》卷三九："再说程彪、程虎二人住在汪家，将及一载，胸中本事～得授与汪世雄。"清李玉《清忠谱》八折："叫彻彤庭龙驭杳，一霎里热血难～，肠寸搅。" ❹ 排出；排除。元俞琰《席上腐谈》卷上："盖中年精力健，能吸缩闭固，晚年精力衰，不能翕缩闭固，是以一夕而～殆尽。"清李颙《二曲集》卷一三："公胸中闻见太多，蔽却聪明，须尽数～，方可受教。" ❺ 倾吐；表白。宋毛幵《渔家傲》："追忆旧游人已老。欢更少。孤怀拟共谁～。"明佚名《赠书记》三〇出："疑踪管析在今朝，特向书斋～。"清《十二楼·三与楼》三回："把二十餘年不曾泄露的心事，一齐～出来。" ❻ 丢弃；舍掉。明孙柚《琴心记》一五出："到如今呵，～传家三世业，违弃过庭廿载规。"

【倾颠】 qīng diān ❶ 倾倒；倒塌。宋梅尧臣《送毕甥之临邛主簿杂言》："鸟悲猿号马蹄脱，苔梯雨栈愁～。"明《拍案惊奇》卷二二："浪涛澎湃，分明战鼓齐鸣；圩岸～，恍惚轰雷骤震。" ❷ 颠覆；倾覆。宋谢枋得《与李养吾书》："天地拆缺之餘，正望其整顿；人极～之际，正望其扶持。"明高启《送张贡士会试》："乃知儒术王政本，至此正赖扶～。"王祎《长安杂诗》之一："秦隋秉虐政，二世即～。"

【倾吊】 qīng diào 同"倾掉❷"。清《醒世姻缘传》五四回："成两三碗的整面，整盘的肉包，都～在泔水桶内。"

【倾掉】 qīng diào ❶ 侧翻；翻倒。唐梁涉《长竿赋》："势欲～，力将弹压。" ❷ 犹"倾倒(qīng dào)❷"。清《说岳全传》七〇回："你不吃就罢，怎么把馅都～了?"《野叟曝言》三六回："候药送进，你便悄悄的～了罢。" ❸ 糟蹋尽；断送掉。清《姑妄言》一六回："他叔叔也死了，房子被他两个儿子～了。"

【倾跌】 qīng diē ❶ 侧翻；跌倒或跌下。唐李德裕《欹器赋》："满则～，霆浪电发。器如坻陨，水若河决。"明王守仁《批岭西道抚处盗贼呈》："若舍舵与橹而广求驾御之术，虽极功巧习熟，终亦不免～之虞。"清《镜花缘》五〇回："况他背上有角，又可抱住，不致～。" ❷ (水流)由高处下冲。清傅泽洪《行水金鉴》卷一六二引《看河纪程》："若从上面东流第二道小沟渠决河达卫，则丹正向山岭而下，奔溃～，横截不住，何由东流?"靳辅《治河奏绩书》："澎湃之势既足以撼闸之基，～之力又足以陷闸之底。"

【倾兑】 qīng duì 销熔并称量。明《警世通言》卷三一："坛里面装着散碎银两和几件银酒器，春儿叫丈夫拿去城中～，看是多少。可成倾了锞儿，兑准一百六十七两。"

【倾堕】 qīng duò 翻倒坠落或坍塌。唐韩愈《和虞部卢四》："绳桥拄过免～，性命造次蒙扶持。"明宋濂《毗卢宝藏阁碑》："乃撤旧堂，载筑载营，均齐合度，无有～。"清《聊斋志异·白于玉》："生托接杯，戏挠纤腕。女笑失手，酒杯～。"

【倾翻】 qīng fān ❶ 打翻；使翻倒。唐姚合《采松花》："今朝试上高枝采，不觉～仙鹤巢。"元明《水浒传》一九回："～荷叶，满波心翠盖交加；摆动芦花，绕湖面白旗缭乱。"明《禅真后史》三四回："厨房里～了醋罐子，要去收拾。" ❷ 颠倒；翻倒。《五灯会元》卷一八《法轮应端禅师》："六合～劈面来，暂披麻缕混尘埃。"明徐复祚《投梭记》二五出："你看你看，殿上酒肴狼藉，桌椅～。"清《隋唐演义》九九回："忽起身看时，只见药铛已～，炉中炭火已尽熄。" ❸ 倾泻。宋刘克庄《跋方云台文稿》："笔峰山突兀，墨沈雨～。"明郑真《题庐山图送凤府掾童思谦》："杂花织就千机锦，飞瀑～万斛珠。" ❹ 犹"倾倒(qīng dào)❷"。元明《水浒传》五六回："车客假做手脱，把这一葫芦酒都～在地下。"明徐复祚《投梭记》二五出："～社瓮，社叟归来喜气匆匆，人人尽道庆年丰。"许自昌《水浒记》一〇出："我们把车上枣子～，将这生辰纲内财物大家同载而归。" ❺ 颠簸。清李光地《疑经世用康节体》："骛陆有仄坂，泛流有惊澜。不识篙师意，徒然怨～。"

【倾废】 qīng fèi ❶ 倒塌废弃。也指这样的处所。元虞集《崇寿观碑》："山中馆宇，自齐梁唐宋至于今，代有增益。……而吾所治乃～隘陋特甚。"明谢一夔《重建龙泉寺碑》："出正阳门南行五里许，有故寺曰龙泉，岁久～。"清魏裔介《柏乡县重修学宫记》："是宜拓其规模，治其～。" ❷ 断送(事业、生命、资产等)。明王守仁《赠翰林院编修湛公墓表》："刚狷振砺之士，独行违俗，为世所娼嫉，卒以～踣堕。"佚名《鸣凤记》二九出："端只为明夙志自分捐躯，因此上把一家～。"沈受先《三元记》三三出："只得卖家私，家私尽～。"

【倾服】 qīng fú 倾心佩服。宋强至《代上谢宋侍读启》："～大名之日久，愿见盛德而迹疏。"元明《三国志通俗演义》卷二一："辛毗传诏曰：'如再有敢言出战者，以违制论之。'众皆～。"清《野叟曝言》二回："适间所言，足使奸僧褫愧。愚妹窃闻，万分～。"

【倾害】 qīng hài 坑害。宋文莹《玉壶清话》卷一〇："时锺谟、魏岑、李德明二三小人，以奸佞获幸，～忠良。"明孙柚《琴心记》三六出："你坏了边方大事，又去～忠良。"清《赛花铃》一〇回："明为保举，实图～。"

【倾毁】 qīng huǐ ❶ 倒塌毁坏；使倒塌毁坏。唐孔温裕《请修孔庙状》："臣今差人赍持料钱，就兖州据庙宇～处，悉令修葺。"明张宁《德清县重修玉皇殿碑》："岁久，弗时治，土木～。"清王摅《谒睢阳庙》："赫赫精忠祠，允宜祀百世。黄巾遍郊坰，明季遭～。" ❷ 侵害败坏或覆亡。唐李渊《沙汰佛道诏》："每罹宪网，自陷重刑，黩乱真如，～妙法。"玄奘《大唐西域记》卷四："三宝福田，四生攸赖。苟任豺狼，～胜业。"宋吕南公《小虫》："交攻久腾突，反复招～。"

【倾挤】 qīng jǐ 倾轧排挤。宋刘敞《上仁宗论辨邪正》："假使强自牵合，终或乖戾，互相厌苦，阴肆～。"明宋濂《元故处州路祝府君墓铭》："今闾阎细民，不务掩匿人过失，惟以机阱相～。"杨基《送李琴川谪临海》："韩潮柳播夜郎白，吉士往往遭～。"

【倾渴】 qīng kě 倾仰思念迫切，如渴思水。唐玄奘《答摩诃菩提寺慧天法师书》："音寄不通，莫慰～。"宋王安石《答王致先生书》："久不见颜色，～无量。"明王守仁《答王门庵中丞》："企慕之怀虽日以积，竟未能一奉起居，其为～，如何可言。"

【倾葵】 qīng kuí 像葵花向阳那样倾心景仰。唐刘言《收复湖湘表》："幸成破竹之功，敢慢～之恳。"明《封神演义》一九回："琴内果有忠良之心，便罢；若无～之语，决不赦饶。"清张英《投座师大宗伯真定梁公》："公门容作树，鄙念正～。"

【倾沥】 qīng lì 倾肝沥胆，表示竭诚披露。五代郭崇韬《上陈情表》："辄滋～，非敢暗欺。干犯冕旒，伏增陨越。"宋程颐《辞免判登闻鼓院奏状》："臣不敢避斧钺之诛，～悃诚，上烦天听。"明《西湖二集》卷三："吴与弼知圣意隆厚，要把生平怀抱尽数～出来。"

【倾靡】 qīng mí ❶ 倒伏；倾覆。唐张读《宣室志》卷七："既而雷声愈震，林木～。"宋曾丰《垂丝海棠》："避风妃子身～，承露仙人掌覆悬。"清昭梿《啸亭续录》卷二："炮石骤发，二匪艇皆～。" ❷ 萎靡。明王彝《高季迪诗集序》："尤患诗道～，自晚唐以极，于宋而复振。" ❸ 倾倒佩服；使倾倒佩服。清吴伟业《过锦树林玉京道人墓》："见客初亦不甚酬对，少焉谐谑间作，一坐～。"俞扬《泰州旧事摭拾》卷九引《板桥杂记》："酒酣以往，击节悲吟，～

四座。"

【倾命】 qīng mìng 丧命;送命。《太平广记》卷一六一引《会稽先贤传》:"业兄渡海～,时同依止者五六十人,骨肉消烂,而不可辨别。"明薛已《薛氏医案》卷四一:"世之收生者少有精良妙手,多致～。"清《飞龙全传》二〇回:"若不快走,叫你目下就要～。"

【倾排】 qīng pái 倾轧排挤。宋葛胜仲《送友赴试鉅野》:"夸毗徒一名,～至千状。不知厉术业,徒欲挤辈行。"明陈汝元《金莲记》一四出:"年来眼底妒奇才,暗地装机设陷。欲酬心愿,便恣意～逞舌尖。"陈子龙《宣城徐无碍诗稿序》:"徐先生既与同里,而负气不屈,又以宗族广大事与贵人有连,遂～徐先生不休。"

【倾圮】 qīng pǐ ❶倒塌。唐柳宗元《盩厔县新食堂记》:"兵去邑荒,栋宇～。"明袁宏道《园亭纪略》:"水石亦美,稍有～处,葺之则佳。"清《隋唐演义》三六回:"目今沿海一带城垣,闻得～,未能修葺。" ❷指人死亡。金元好问《中令耶律公祭先妣国夫人文》:"相彼庶品,资于坤元。得一靡常,倏焉～。"明归有光《思质王公诔》:"天之报之,宜厚其祉。命也如何,猝见～。" ❸败坏;使受损害。明归有光《唐理卿寿藏铭》:"职方死无后,有老母孤女,人利其资,速～其家。"

【倾泼】 qīng pō ❶翻倒泼洒(液体)。唐皇甫松《醉乡日月》:"始持杯而喏吁,背明烛而～。"明《挂枝儿·五更天》:"～了春方酒,银灯带恨吹。"清《雪月梅》九回:"雪姐着恼,用手一推,几乎把盘碗～。" ❷涨溢。清《聊斋志异·地震》:"河水～丈餘,鸡鸣犬吠满城中。"

【倾仆】 qīng pū ❶跌倒;倾翻。《唐会要》卷五五:"群臣候朝,至宣武门,已立数刻,至紫宸门,又绝晚不召,群官有至不任端立欲～者。"明张内蕴、周大韶《三吴水考》卷一三:"(木鹅)随流而下,稍遇浅淤,必即～。"清《聊斋志异·长治女子》:"女绣于房,忽觉足麻痹,渐至股,又渐至腰腹,俄而晕然～。" ❷歪斜倒塌。宋汪藻《湖州奏乞修鲁公祠状》:"栋宇～,将就泯灭。"明宋濂《扶宗宏辨禅师生塔之碑》:"凡宫室之～者起之,缺者补之。" ❸倾覆;败亡。宋《三朝北盟会编》卷八六:"而从政之初,民心离散,怨谤交兴。邦昌恐以此主国,必致～。"元许衡《中庸直解》:"物之～的,有覆败之理,便降霜雪以覆败他。"清王夫之《读通鉴论》卷八:"引而上之,可以跻善世不伐之龙德;推而下之,亦计功谋利者之勿迫求于一旦而致～之善术也。" ❹指死亡。明罗洪先《过徐洪悲赋》:"千里寓恩勤,一旦自～。返哺愧乌鸟,行役悲屺岵。"

【倾攲】 qīng qī ❶歪斜;扭曲;翻倒。唐严郢《大唐兴善寺三藏和尚碑铭》:"五十餘年,晨夜寒暑,未曾须臾有～懈倦之色。"宋刘辰翁《汉宫春·壬午开炉日戏作》:"记去年醉里,题字～。"清《品花宝鉴》三一回:"古刹荒凉,……颓垣败井,佛像～。" ❷(作风)偏颇不正。宋梅尧臣《依韵和长吉上人淮甸相遇》:"文字皆妥帖,业术无～。"明孙承恩《贞轩诗》:"立心羞婀娜,制行无～。" ❸(形势)颠覆、崩坏。宋徐鹿卿《已亥进故事》:"其间事会捷出,岂无可乘之机,而大势～,实无自救之策。"明梁辰鱼《浣纱记》四四出:"笑当时文种,德劣才庸,遭～乱邦难御众。" ❹败坏;使败坏。明李梅实《精忠旗》一八出:"他把国势～,故把忠良忌。"清《绿野仙踪》九二回:"风雨～欲倒墙,旧弹章引新章。" ❺指死亡。清李光地《御赐教忠扁额磨崖墓道恭纪》:"显考生逢离乱期,莫年藩帅又～。"

【倾弃】 qīng qì ❶泼洒;倒掉。《景德传灯录》卷二六《五云志逢》:"凡折钵水亦施主物。师每常～,非所宜也。"宋洪迈《夷坚志》支庚卷九:"众疑酒非人间物,不敢饮,悉～之。"清《聊斋志异·秦生》:"制药酒,误投毒味,未忍～,封而置之。" ❷倾覆;败亡。宋潜说友《贺诛侬智高母表》:"巢穴既～,六亲而莫保。"明朱鼎《玉镜台记》三三出:"子母遭凌替,身陷家～,颠沛流离。" ❸指死亡。宋佚名《张协状元》一六出:"妾身年少里,父母俱～,在神庙六七年长独睡。"元高明《琵琶记》一〇出:"我每不久须～,叹当初是我不是。"明唐文凤《题郑斗庵墨迹后》:"君之次子询早失所天,而长兄谦相继～。"

【倾撒】 qīng sā 另见 qīng sǎ。使倒下散开。宋方大琮《告都官祖享亭成》:"建亭百有餘年,凛然欲～而新之。"

【倾洒】 qīng sǎ 倾倒喷洒。宋郑獬《送方之忠》:"垢汗黏透衣,留迟固不暇。走归扫一室,凉泉急～。"清钱谦益《答张静涵司农书》:"表章末后一段,光明以著,存千秋万劫法门盛事,亦借此为百年臣子～一点血泪耳。"

【倾撒】 qīng sǎ 另见 qīng sā。倾倒抛撒。明张内蕴、周大韶《三吴水考》卷一三:"居民日将粪土～在河。"《禅真后史》五二回:"这师爷蓦然闯入,将几上几盘鳖肉两手抓起,～满地。"

【倾散】 qīng sàn ❶拿出分散(财物)。《法苑珠林》卷六九:"又～金玉,赠诸贵游,托以襟期,冀兴道法。" ❷离散;丢弃分散。元胡祗遹《阅物》:"未醒辄复饮,老死甘昏迷。舍主两～,妖怪相追随。"明方孝孺《唐庄宗》:"流矢一集,骨烬庑下,妻子～,屠戮人手。"《金瓶梅》九六回:"唇不盖齿,一生惹是招非;鼻若灶门,家私～。"

【倾丧】 qīng sàng ❶倾覆;败亡。宋石介《根本论》:"以草芥视民,以鹿豕视民,故民离叛,天下国家～。"元傅若金《剑门图》:"胡为昔人国,恃此亦～。" ❷丧命;死亡。宋韩琦《祭狄相文》:"某向处边垂,公实裨佐。自闻～,日极哀怀。"元明《水浒传》五八回:"飞蛾投火身～,蝙蝠遭竿命必伤。"清李玉《清忠谱》一八折:"痛孤忠万里俘囚,枉吾侪一朝～。" ❸犹"倾散❷"。明《金瓶梅词话》九六回:"唇不盖齿,一生惹是招非;鼻若灶门,家私～。"

【倾赏】 qīng shǎng 倾心欣赏。明王世贞《祝京兆真行杂诗赋》:"以故于用意不用意间,最得妙理。余绝～之。"吕时臣《八月十六夜邀兆和泛月》:"清光溢心眦,～愈丁年。"袁于令《西楼记》八出:"一声一字,万种悠扬,高山流水相～。"

【倾舍】 qīng shě 全部舍出(钱物)。唐玄奘《大唐西域记》卷五:"聿修前绪,笃述惠施。五年积财,一旦～。"元袁桷《海会庵记》:"有同志僧妙然,日习宗尚,善劝募,～骈集。"

【倾生】 qīng shēng 丧命。明《封神演义》二回:"锤鞭并举,灯前小校尽～。"清杨名时《徐霞客游记序》:"且入焉而安,曾无犯难～之虞。"《双凤奇缘》六四回:"孤只道昭君业已成仙,方能驾云前来会孤,哪知她已为孤～。"

【倾世】 qīng shì ❶使世人倾倒。唐梁陟《送孙舍人归湘州》:"盛才～重,清论满朝归。"明李昌祺《题并头牡丹图》:"娉婷窈窕俱有～貌,浅颦轻笑并立偎香肩。"黄道周《姚现闻墓铭》:"先生为文章韵事,包燕纳许,摇笔～。" ❷绝世;不在人世间活动。《法苑珠林》卷七六:"渡便辞去,云:'贫道当向交广之间,不复来也。'齐谐等拜送殷勤,于是绝迹～。" ❸弃世;死亡。宋元《清平山堂话本·合同文字》:"疼痛难忍,饮食不进,一命～。"

【倾逝】 qīng shì 逝世。唐张说《延州豆卢使君薛氏神道碑》:"景云元年八月二十一日,～于延州之廨舍。"元施惠《幽闺记》二出:"礼乐流芳忝儒裔,双亲不幸俱～。"明《禅真后史》四九回:"先母生某七岁,已行～。"

【倾耸】 qīng sǒng ❶景仰惊诧。唐周在中《周府君墓志铭》："时之耆艾莫不～其美，即授节度押衙兼司宾务。"宋魏了翁《辞免督视军马奏札》："陛下之圣明，孰不～。"周密《齐东野语序》："坐人～敬叹，知为故家文献也。" ❷ 震撼耸动；震撼使畏惧。宋文同《屯田郎中阎君墓志铭》："公视事即钩治之，状得闻上，逐去。由是列郡～震惕。"陈东《登闻检院三上钦宗皇帝书》："师成气焰～朝路，贤士大夫莫敢侧目。" ❸ 倾斜耸立。宋李弥逊《宣城水西道中杂言》："上有绝壁特起，～欲堕。"

【倾送】 qīng sòng 断送；葬送。元佚名《齐天乐过红衫儿·幽居》："浑清，争，一事无成，汨罗江～了残生。"元明《水浒传》六七回："我等众人欲请员外上山同聚大义，不想却遭此难，几被～。"

【倾诉】 qīng sù 把要说的话全部说出。宋宋祁《代郑公乞外任第二表》："委诚～，须命开俞。"宋元《清平山堂话本·瑞仙亭》："虽有侍妾，姿性狂愚，语言妄出，因此上抑郁之怀，无所～。"元佚名《寿阳曲》："杯擎玉，泪阁珠，心间事尽情儿～。"

【倾损】 qīng sǔn 损毁。唐玄奘《大唐西域记》卷一二："其功斯毕，于是下窣堵波，无所～。"宋唐慎微《证类本草》卷一："下品药性专主攻击，毒烈之气～中和。"明朱橚《普济方》卷一三〇："医者多以其饮食不进，胃气虚弱，不肯疏转，致令～性命。"

【倾塌】 qīng tā 倒塌；剥落。明贺钦《言行录》："且如吾州之城九里餘耳，顷因连雨～殆尽。"清《无声戏》四回："问到他家，只见一间稀破的茅屋，几堵～的土墙。"《聊斋志异·云翠仙》："熏熏作汗腥，肤垢欲～，足手皴一寸厚。"

【倾坍】 qīng tān 犹"倾塌"。宋刘克庄《玉牒初草·嘉定十二年十二月》："盐官县海潮冲突，沙岸～。"明林文沛《水利兴革事宜款示》："若果滨连江湖，泖荡～去处，方许种植菱蒲。"清《八旗通志》卷二三九："衙署～，捐俸重修。"

【倾谈】 qīng tán 尽情交谈或谈论。宋郭祥正《送钱节七承议还台》："～洗尘听，积忧令我舒。"明尹台《送郡司理郑侯赴刑曹序》："舟中～亹亹，至夜分乃别。"清《野叟曝言》一三六回："但恐贵人事烦，十年前邂逅～，不复省记。"

【倾天】 qīng tiān 形容声势大。明《醋葫芦》七回："就将手中竹篦向精屁上刮的一下。成珪～叫道：'院君饶我罢。'"又九回："都氏听见，～的喊道：'老杀才，学放屁。'"清《后西游记》四回："那些天兵天将的手段，我已看见，就是～而来，何足惧哉。"

【倾吐】 qīng tǔ 尽情吐露。宋京镗《念奴娇·次洋州王郎中韵》："一尊同醉，～平边策。"明《封神演义》八五回："若不明目张胆～一番，又何取其能担当天下事，为识时务之俊杰哉。"清《聊斋志异·青凤》："生素豪，谈论风生。孝儿亦倜傥，～间，雅相爱悦。"

【倾亡】 qīng wáng ❶ 死亡。宋欧阳修《与薛少卿书》："比者伏审五丈人、丈母相继～，闻讣交至，不胜悼怛。"明李梅实《精忠旗》四出："将他金帛年输岁运，如人害中消病的，不久～。" ❷ 倾覆灭亡；倾覆败落。元马致远《哨遍·张玉岩草书》："自唐晋～之后，草书扫地无踪迹。"清陈端生《再生缘》一九回："今朝凑巧姑娘到，他现在，家业～颠沛间。"

【倾卧】 qīng wò 躺卧；倒卧。宋刘敞《奉同永叔听女奴弹啄木》："我生不晓世俗乐，～江城更寂寞。"明《型世言》二四回："一日，只见田州江心浮出一块大石，～岸边。"

【倾洗】 qīng xǐ ❶ 倾倒清洗。明沈鲸《双珠记》二七出："东宫的尿瓶～得洁净，公主的夜桶收拾得干燥。" ❷（河水）溢出冲刷。清雍正十年《湖广通志》卷二〇："（嘉靖）四十五年～竹林寺，隆庆元年～二圣寺，二年决艾家堰，水患殆无虚岁。"

【倾下】 qīng xià ❶ 倾心对待地位低的人。唐韩愈《唐故昭武校尉李公墓志铭》："能学问，以中科取名，善自～，以交豪杰。"元杨维桢《白云漫士陶君墓碣铭》："王公贵人奇其状貌言议，～之。"清黄宗羲《董在中墓志铭》："康熙己酉举于解试，因得尽交天下。名公巨卿皆～之。" ❷ 浇下；倒入。宋李曾伯《水调歌头·暑中得雨》："刹那顷耳，天瓢～足西畴。"《元曲选·窦娥冤》二折："〔正旦上云〕这不是盐醋？〔张驴儿云〕你～些。"清《野叟曝言》一〇二回："故乘其假寝，把桐油～，乱中跑出。" ❸ 低下；向下倾斜。明李濂《汴京遗迹志》卷七："自西徂东，地势～。"清周治《看河纪程》："丹至张店，地势～，入沁甚易。"

【倾陷】 qīng xiàn ❶ 攻陷；陷落。唐韦皋《誓将士文》："而楚琳亦扇凶徒，～城邑，酷虐所加，爰及本使。"宋《三朝北盟会编》卷九五："神都～，銮舆播迁。"清朱鹤龄《唐肃宗论》："两京～，天子西奔。" ❷ 坑陷；陷害。唐唐胡璩《谭宾录》卷二："既处权要，欲人附己，微忤意者，辄加～。"明孙柚《琴心记》三六出："唐蒙～忠良，法宜重究。"清《五色石》卷四："陆逢贵～了吕玉，汪直喜欢他会献媚，就升他做了四川指挥使。" ❸ 塌陷；塌落。唐王维《贺神兵助取石堡城表》："年代已远，其处～，像在土中。"明《徐霞客游记》卷五下："飞泉夹洒道间，即前唧唧细流，至此而奔腾矣。庵下崖环峡仄，极～之势。"清孔尚任《桃花扇》三三出："演着明夷卦，事尽翻，正人惨害天～。"

【倾羡】 qīng xiàn 倾心羡慕。宋王谠《唐语林》补遗四："杜鸿渐拜授之日，朝野～。"欧阳修《与王懿敏公书》："其如闲适之趣，幽静尤佳，每苦纷劳，但深～也。"明吕楠《重修温公祠记》："龙凤虽往，而～注叹之情，视平居尤甚也。"

【倾消】 qīng xiāo ❶ 消散。元吴澄《琴说赠周常清》："浃日，每于隔壁听其吟弄之妙，尘累为之～。" ❷ 花费。清《一片情》四回："拿这五百两本钱到地头～，置了南北生熟药材，到北京货卖。" ❸ 指丧命。清《万花楼》二一回："保荐他为副解官，好将两条狗命，一刻～。"

【倾销】 qīng xiāo 熔铸（金银）。明《醒世恒言》卷一六："只得把那两锭雪白样的大银，在一个倾银铺里去～，指望加出些银水。"《拍案惊奇》卷一三："已和我儿子借得两个元宝在此，待将去～一～。"清于成龙《兴利除弊条约》："如条银则有～解费之派，漕粮则有修廒监兑之派。"

【倾信】 qīng xìn ❶ 信仰；信服。唐康骈《剧谈录》卷中："（李司徒）闻桑道茂善相人，赍绢一匹，凌晨而往。时道茂～者甚众，造谒多不即见之。"宋刘辰翁《空相院记》："其下者犹说缘说果，致俗～。"明王世贞《书佛祖统纪后》："自达磨西来之后，一洗而空之，直截简易，最为高明之士所～。" ❷ 信任；信赖。宋《朱子语类》卷一二七："神宗锐意为治，用人便一向～他。初用富郑公，甚～。"清雍正八年五月二十六日鄂尔泰奏文："自调粤以来，金铁甚与和衷，僚属皆相～。"钱谦益《梅长公传》："以其至诚恻怛，急病让夷，一腔热血，夙为乡里士民所～也。"

【倾压】 qīng yā ❶ 倒塌压上。唐元稹《蚁子序》："（蚁蛀）往往木容完具而心节朽坏，屋居者不省其微，而祸成～。"明方孝孺《家兄寄中秋会饮诗》："愿伯善扶持，重使楹栋修。庶免～虞，百日蒙庇休。"清施闰章《与曹太守言紫阳书院事》："先治漏瓦易朽椽，稍免～。" ❷ 崩坏压迫；压抑。宋苏轼《游杭州山》："功勋三吴定，富贵四海甲。归来父老藏，崇高畏～。"朱熹《甲寅拟上封事》："倘根本动摇，腹心蛊坏，大势～，无复可为。"明方孝孺《深虑论》："恐人之喜功而不肯使其立功，甚则抑挫之，～之，使其气消沮陨获而不振。” ❸压倒。明叶宪祖《鸾鎞记》二〇出:“锦绣丛中谁得似? 嫣然~群芳。”

【倾轧】 qīng yà ❶倾害排挤。《旧唐书·李宗闵传》:“因是列为朋党,皆挟邪取权,两相~。”明陈汝元《金莲记》一四出:“要官做的,依违豪焰,在所不辞;~善良,又谁能免。”清《隋唐演义》二回:“心中一有爱憎,受者便十分~。” ❷同“倾压❶”。明卢柟《滑县东城门见山楼碑》:“侯行邑至东门,城闉~,飞堞危观,寝废弗治。”

【倾仰】 qīng yǎng 倾心景仰。唐陈子良《为王季卿与王仁寿书》:“諮观在近,无任~。”宋苏轼《与程得胜秘校书》:“奉违累岁,无缘一接谈笑,~殊甚。”清汪琬《洮浦集序》:“为之~其人者久之,倘得列姓名于集首,岂非幸哉。”

【倾摇】 qīng yáo ❶倾斜摇晃。唐玄奘《大唐西域记》卷八:“自东北冈登以至顶,地既震动,山又~。”《法苑珠林》卷八一:“阿须罗宫皆悉大动,弥楼~,海水波涌。”宋《三朝北盟会编》卷一二二:“一旦车驾起,仅一两卒舁,致~暴露。” ❷动摇松懈;不稳固或不坚定。唐杜牧《唐故江西观察使韦公遗爱碑》:“霖必江溢,燥必火作。水火夹攻,人无固志,~懈怠,不为旬月生产计。”宋陈师道《赵岩》:“由来天下事,浮议易~。”元马祖常《送雅勒呼参书之官静江序》:“又知正卿尝家衡鄂,……制其~蹂躏而导其善心,必有素计也。” ❸摇撼;使动摇。宋《三朝北盟会编》卷三〇:“平日叨窃荣宠,当急难之际,~人心为避贼之计。”《宋史·安惇传》:“惧陛下一日亲政,必有欺君之诛,乃密为~之计。”《明史·刘志选传》:“后定逆案,律无~国母文,坐子骂母律,与梁梦环并论死。” ❹动荡倾覆。宋朱熹《古史餘论》:“王者世世修德以临之,又皆长久安宁,而无仓卒~之变。”

【倾遥】 qīng yáo 同“倾摇❶”。遥,通“摇”。《敦煌变文校注》卷五《维摩诘经讲经文(一)》:“山川响振,天地~,盈空之花雨四般,满会之光分五彩。”

【倾银铺】 qīng yín pù 熔铸金银的店铺。明《醒世恒言》卷三:“走到对门~里,借天平兑银。”

【倾银铺户】 qīng yín pù hù 即“倾银铺”。清雍正六年四月初八日迈柱奏文:“乃该司混请,发~,每百斤令缴价银二两七钱。”

【倾陨】 qīng yǔn ❶(树木)倒伏凋零。唐李华《木兰赋》:“方甘心而剿绝,俄固柢于~;怜春华而寡芳,顾落日而回轸。” ❷侵害;被侵害。唐史徵《周易口诀义》卷五:“然以刚居尊,怀刚中之德,虽即教命不行,无人敢有~矣。”宋李衡《周易义海撮要》卷五:“君子仁义道德修诸身,遇不遇用不用归之天。虽见~,不以已命不遇舍道德而改其志也。” ❸倾覆;败亡。《续资治通鉴长编》卷三二七:“其下,事见于著见而谋之,故用力多而见功寡,或遂至于~。”宋李光《读易详说》卷四:“秦之苛暴,一夫作难而社稷~矣。”清玄烨《谕扈从部院诸臣》:“夫微忿不捐,构成嫌怨,小则耗损物力,大则~身家。” ❹死亡。元刘敏中《李中和犀浦遐观图序》:“奄及~委形之际,慷慨舒徐,如去邮传。”

【倾殒】 qīng yǔn 死亡。宋苏轼《与蹇授之书》:“令阁盛年,遽至~,闻问悲愕,如何可言。”郑獬《皇兄左卫将军开州刺史仲行赠虔州观察使南康侯制》:“遽闻~,临朝抚几,为之哀怆。”

【倾诈】 qīng zhà 倾害欺诈。宋刘克庄《玉牒初草·嘉定十二年六月》:“军器监黎伯巽~兵部郎中高禾:‘当华发之年,有婴孺之嗜。’”元马祖常《建白一十五事》:“纵其奸猾,舞文弄法,操制官长,~庶民。”清姚鼐《辨郑语》:“郑桓公,周贤人也,而谓寄贿诱虢、郐,取其地,用小人~之术。”

【倾瞻】 qīng zhān 瞻仰;仰望。《敦煌变文校注》卷四《八相变(一)》:“(佛祖降生)东西徐步,起足莲花。凡人观此皆殊祥,遇者~之(诸)异瑞。”宋欧阳修《回河北安抚王启》:“辱诲问以弥勤,积感铭之徒切。~企咏,兼集悰灵。”明祝允明《访华光禄》:“~疑夜烛,笑语泮春冰。”

【倾折】 qīng zhé ❶倒塌;倒下折断。唐张鷟《朝野佥载》卷六:“初成,有大风吹其盖~,识者以为不祥。”元明《水浒传》九二回:“那飞楼已被烧毁,忽喇喇~下来。”清王吉武《重修六贤祠成展祭作》:“乾坤有~,凭谁奠苍黄?” ❷使倒塌;使倒下。唐孙樵《寓汴观察判官书》:“即欲认官为治,必为军候所~。大者至夺观察使,小者至为军人所系辱。” ❸(水)下泻曲折(流动)。宋欧阳修《峡州至喜亭记》:“岷江之来,合蜀众水,出三峡为荆江,~回直,捍怒斗激。”元杨维桢《南漪堂记》:“其发岷峨,越崖谷,冲林莽,~回直,束之为峡。” ❹折;采折。清钱谦益《小山堂诗引》:“重其此诗岂亦烛夜之花压枝路旁,以待~者耶?” ❺倾心折服;使倾心折服。清陈廷敬《太子太保兵部尚书于公传》:“王久闻公名,至是愈益~。每疑案事,公专讯,谳决明允。”朱彝尊《孝洁姜先生墓志铭》:“慈溪姜君宸英,诗文~海内士。” ❻(金银)倾铸损耗。清雍正五年十一月初六日陈时夏奏文:“百姓完银则有包收之侵渔,银匠之~,每两火耗实计一钱有零。” ❼喻指死亡。清《女仙外史》二二回:“大英雄之处事,一柱足以撑天,而忽~,能不伤感悲恸乎?”

【倾坠】 qīng zhuì ❶倾倒坠落;下陷或下坠。唐白居易《大水》:“闾阎半飘荡,城堞多~。”明袁凯《自杨子舍舟步入常熟县》:“旋渊屡~,利石时抵触。”清《聊斋志异·续黄粱》:“鬼挞使登轮。方合眼跃登,则轮随足转,似觉~,遍体生凉,开目自顾,身已婴儿。” ❷倾覆;败亡。唐道宣《昙无德部四分律删补随机羯磨序》:“人或从缘,法无~。然则道由信发,宏之在人。人几颠危,法宁澄正?”宋葛胜仲《陈论》:“阵未及整而师已北矣,使高祖艰难之业,剪焉~。”明蔡清《民情四条答当路》:“又有自~其先业者,妄减元田粮数,冀以粮轻易售。”

【倾醉】 qīng zuì 醉倒。宋林正大《括酹江月》:“紫禁九重,碧山万里,无路鸣珂佩。江山胜处,且寻花柳~。”《元曲选·两世姻缘》三折:“善吹弹歌舞,更智慧聪明。每开家宴,或是邀会亲贵高宾,出以侑酒,无不~。”

【卿贰】 qīng èr 称中央政府各办事机构的正(卿)副(贰)职官员,也泛称中央政府高官。《唐六典》卷一八:“大理正二人,……若车驾巡幸在京,则都一人留守,以总~之职;在都,则京亦如之。”明《梼杌闲评》四六回:“六部尚书外,皆不能在请酒之列。他门客如白太始、张小山并工头陈大同、张凌云等,俱带着~的衔,也来赴席。”清《历代职官表》卷二七:“宋自元丰以前,太常不置~,有事则以他官权摄。”

【卿家】 qīng jiā ❶小说、戏曲中帝、后对臣下的亲切称呼。《元曲选·汉宫秋》一折:“~,你觑咱,则他那瘦岩岩影儿可喜杀。〔旦云〕妾身早知陛下驾临。”明《西洋记》一四回:“万岁爷道:‘莫非~有个缩地的法么?’天师道:‘也不是缩地法,臣骑的是条草龙。’”清《绣戈袍》一三回:“朕文臣有个张~,武臣有个陈~。” ❷男女间的爱称(多用于称女方)。明《情史·情幻·黄损》:“女曰:‘妾贾人女,……君异日富贵,万勿相忘。’生曰:‘~雅意,阳侯、河伯实闻此言,所不如盟者,无能济河。’”《拍案惊奇》卷三二:“女子笑道:‘胆大的人,元来恁地虚怯么?’唐卿道:‘~如此国色。’”清陈端生《再生缘》二八回:“如今大事将停当,到还须,成就~梦里缘。好待你,罗帏春暖双栖凤。”

qíng

【请】 qíng ❶ 同“睛”。唐韩愈《卢郎中云夫寄示送盘谷子诗》:“家～官供不报答,无异雀鼠偷太仓。”《元曲选外编・西厢记》五本四折:“莺莺有福,稳～了五花官诰七香车。”明《西游记》四回:“僧人在一边拜佛,道士在一边告斗,都～朝廷的粮偿。” ❷ 薪俸;薪给。元《三遂平妖传》一三回:“众人看时,却是个有～有分的人,姓王名则,见做本衙排军。”

【请佃】 qíng diàn ❶ 承租;包租。《五代会要》卷二五:“有逃户未归者,其桑土即许邻保人～,供输租税。”宋朱熹《约束侵占田业榜》:“诸司没官田产,多是本县公吏与有荫人诡名～。”明汤式《赏花时・送友人观光》:“我待要买断了严陵一钓台,～了陶潜五柳宅。” ❷ 睛受;承受;继承。元马致远《任风子》二折:“撇下了砧刀活计,待～你个药葫芦。”《元曲选外编・拜月亭》四折:“把你这眼前厌倦物件,吩咐与他别人～。”明佚名《粉蝶儿・苏武牧羊》:“则俺升霞去的武帝,撇下禁苑,汉社稷谁～?”

【请奠】 qíng diàn 同“请佃❷”。《元曲选外编・三夺槊》四折:“嗏,嗏,嗏,这铁鞭,你,你,你,合～。”

【请奉】 qíng fèng 同“请俸❷”。清《荡寇志》八六回:“只等凯旋后,赏赐外多加一份～。”

【请俸】 qíng fèng ❶ 领取俸禄。唐李豫《减租税诏》:“在京诸司官员,久不～,颇闻艰辛。”元纪君祥《赵氏孤儿》二折:“害百姓的随朝～,令诸侯的受赏请功。”清雍正十一年三月二十五日上谕:“若不愿～,仍守旧业,各听其便;若情愿～,着照车臣汗垂扎卜之例赏给。” ❷ 薪俸;职务或劳务报酬。唐李漼《夏令推恩德音》:“自今日已前,应百姓举欠人债,如无物产抵当,及身无职任～,所在州县及诸军司须宽与期限。”金《董解元西厢记》卷六:“恁时节,奉还一年～。”清《雪月梅》三五回:“长者赐,本不敢辞,但老师两袖清风,何忍又分～?”

【请给】 qíng jǐ ❶ 支取;支领。《唐六典》卷二四:“凡文簿典职,廪料～,卒伍军团之名数,器械粮储之主守,大事则从其长,小事则专达。”元《通制条格》卷七:“衣粮例应～者,并须随时支给,无致克除。”清《女仙外史》五五回:“三人叩辞了燕王,～了报聘礼物,径往济南进发。” ❷ 犹“请俸❷”。五代刘涣《请添置乐工奏》:“伏乞宣下所司,量支～,据见阙乐师添召,令在寺习乐。”宋朱熹《庚子应诏封事》:“军之汰卒与凡北来归正、添差任满之人,皆可归之屯田,使之与民杂耕,而渐损其～。”宋元《警世通言》卷八:“崔宁就本府增添～,遭遇郡王。”

【请料】 qíng liào 犹“请俸❷”。唐段安节《乐府杂录・上平声调》:“古乐工都计五千餘人,内一千五百人俗乐,系梨园新院于此,旋抽入教坊。计司每月～于乐寺给散。”

【请钱】 qíng qián 支领钱钞。特指支领薪俸。唐姚合《送河中杨少府宴崔驸马宅》:“闲时采药随僧去,每月～共客分。”宋黄干《免行户买物榜文》:“及至供认,又须被人吏拣择邀求;至于～,又被公使库拖延除克。”元《通制条格》卷一三:“分拣到各衙门应支盐粮人口,除～住支外,不曾～人户,拟肆口并只身人口,除已分拣定四口为则外,验户请粮户数亦合一体。”

【请受】 qíng shòu ❶ 领取;支领。唐韦嗣立《请减滥食封邑疏》:“若必限丁物送太府,封家但于左藏～,不得辄自征催。”常衮《减京兆尹以下俸钱制》:“官高者因其使名,数处～;位卑者假以职掌,恣加优给。”明《禅真逸史》一〇回:“小人初意正欲首告林太空出来,～那赏钱享用。” ❷ 承受;承担。唐陈子昂《申宗人冤狱书》:“臣若言非至忠,苟有侥幸,～诛斩。”陆贽《请不与李万荣汴州节度使状》:“傥后事有愆素,臣～败挠之罪。” ❸ 领受;秉受。唐崔郾《唐义成军节度郑滑颍等州高公德政碑》:“晋国乃表公之材,～符命。于是掩骼埋胔,以导其和气;拯饥救患,以济其凶年。”宋洪迈《夷坚志》丙卷七:“绍兴十七年,为司农寺主簿,又梦人持黄牒来,～阎王敕:‘更二年当复来。’” ❹ 同“情受”。唐陆贽《重原宥淮西将士诏》:“其有先～庄宅财物者,各以见管为主。”《元曲选・赚蒯通》一折:“他立下十大功,合～万钟禄。”明《金瓶梅》一〇〇回:“后韩二与王六儿成其夫妇,～何官人家业田地,不在话下。” ❺ 收受;收取。唐韩愈《论变盐法事宜状》:“百姓将车载盐,所由先皆无检,齐集之后,始得载盐。及至院监～,又须待其轮次,不用门户,皆被停留。”《元曲选・铁拐李》三折:“俺～了人几文钱,改是成非。似这般所为,磣可可的活取民心髓。”明王玉峰《焚香记》二二出:“〔小生〕员外怎么见赐许多?〔净〕你～了,还要相烦。” ❻ 指官府发给的俸禄、粮饷等。唐崔戎《请勒停杂税奏》:“军中支用将士官吏俸,依赐并以见钱给付。今若一半折纳,则将士～折损较多。”元明《三国志通俗演义》卷二四:“今封汝为安乐公,赐住宅,月给～。”明来复《次韵王敏文待制燕京杂咏》之一〇:“契丹髯将老无依,力倦弓刀～微。” ❼ 供给。《大宋宣和遗事》后集:“于是官司命徙帝居于城东王田观,薪火之类并令观中～之。” ❽ 执掌;主持。《元曲选・梧桐雨》三折:“岂可教妃子受刑罚。他见～着皇后中宫,兼踏着寡人御榻。”元明《水浒传》一三回:“量你这般武艺,如何南征北讨,怎生做的正～的副牌?”

【情】 qíng ❶ 拿;把。元曾瑞《迎仙客・风情》:“劣冤家,小业种,～我做着屏风,可休别凿透桃源洞。” ❷ 同“睛”。清蒲松龄《增补幸云曲》:“你只是～吃～穿,比当军受用的自然。”《醒世姻缘传》二二回:“把这六两银子,合这六石粮食,我～四分,二官儿～两分。”

【情弊】 qíng bì ❶ 徇情作弊。《唐会要》卷六八:“本任得替后,遂于当处置百姓庄园舍宅,或因替代～,便破除正额两税,不出差科。”宋苏轼《论积欠六事一处行下状》:“以此更烦朝省,别立上项条约,以防～。” ❷ 隐情;弊病。宋欧阳修《论陈留桥事乞黜御史王砺札子》:“挟公徇私,妄将小事张皇,称王尧臣与豪民有～,诬奏慎钺令凶吏潜行杀害。”元高明《琵琶记》一六出:“说到义仓～,中间无甚跷蹊:稻熟排门收敛,敛了各自将归。并无仓廪盛贮,那有帐目收支?”清《聊斋志异・章阿端》:“前押生者,今～漏泄,按责甚急,恐不能久聚矣。” ❸ 情况不真实,有隐情。清《红楼梦》六〇回:“探春听了,虽知～,亦料定他们皆是一党,本皆淘气异常,便只答应,也不肯据此为实。”

【情肠】 qíng cháng ❶ 感情;心肠。宋毛滂《临江仙・客有逢故人者》:“莫恨那回容易别,不妨久远～,为人留下旧风光。”元杨梓《霍光鬼谏》二折:“就这里盼到半年,问甚末子父～,险失了君臣体面。”清《醒世姻缘传》九八回:“你想想那使烧酒灌醉了我的那～,你没得不疼我的?” ❷ 特指爱情。《元曲选・秋胡戏妻》四折:“怎知道为一夜的～,却教我受了那半世儿凄凉。”清洪昇《长生殿》五〇出:“谢苍苍可怜,泼～翻新重建。”

【情常】 qíng cháng 情分;感情。明杨承鲲《赠王思延都护》:“信阳王君鹰扬质,众中与我～密。”清《红楼梦》五七回:“我若不去,辜负了我们素日的～;若去,又弃了本家。”《白雪遗音・迎新送旧》:“论相知交浅交深难一样,各自有～。”

【情痴】 qíng chī ❶ 情迷;情绪迷惘。宋赵功可《声声慢・

残梦和儿韵》:"～倦极,天阔归迟,吟魂无力随风。"明《醒世恒言》卷二八:"不肖女一时～,丧名失节,玷辱父母。"清《霓裳续谱·菊枝香老》:"人儿去,清秋百病,拖逗的我意倦～,终日里总没情思。" ❷ 痴情;感情专注到痴迷的程度。宋程公许《过万里桥》:"了知薪尽无餘火,犹复～认刻舟。"清洪昇《长生殿》二一出:"则那些无情花鸟也～,一般的解结双头、学并栖。"《霓裳续谱·嫩柳垂青》:"恨一番郎多薄幸,怨一番奴忒～。" ❸ 痴迷的爱情。明汤显祖《牡丹亭》三九出:"则俺为～信及你人儿在,还则怕邪淫惹动阴曹怪。"清《霓裳续谱·软怯怯身无力》:"他留下千般恩爱,我增了万种～,不觉的冰肌日减。" ❹ 为爱情癫狂的人;专注于爱情的人。明《警世通言》卷二六:"他此举虽似～,然封还衣饰,一无所取,乃礼义之人。"清《红楼梦》二回:"若生于公侯富贵之家,则为～情种。"《品花宝鉴》二七回:"明白人还说你可怜,是一个～,糊涂人便说你是个呆子。"

【情词】 qíng cí ❶ 感情与言词。唐姚崇《兖州都督于知微碑》:"昙之因使入京,乃以父老等状上请,～恳到。"明陈汝元《金莲记》二〇出:"况鸣冤疏上,兼笔底～悲怆。须曲赦,谪黄冈。"清《好逑传》一〇回:"但闺中细女,不识忌讳,一时～激烈,未免有所干犯。" ❷ 表述情感或爱情的词作或词句。宋赵子崧《菩萨蛮·春》:"思远寄～。词情寄远思。"明《西洋记》三八回:"你们南朝带得来的还有好～儿,再舍福唱一个与我听着。"清《平山冷燕》一八回:"考诗自是公器,有无～挑逗,自然要辨个明白。" ❸ 供词;讼词。宋元《警世通言》卷七:"郡王大怒,将新荷送交府中五夫人勘问。新荷供说:'我与可常奸宿有孕。'五夫人将～覆恩王。"《元曲选·张天师》三折:"只你那风亭月馆书名字,可不是招伏下亲笔～。"《大清律例》卷三〇:"若有蓦越赴京奏告者,问罪递回,奏告～,不问虚实,立案不行。" ❹ 陈述情况或请求之词。明李梅实《精忠旗》三四出:"疏内～,望乞尊神谅,保佑家门福祚昌。"《西洋记》六九回:"把个假扮观音大士的事,三位大仙祷告的～,逐一的细说了一遍。"清《平定金川方略》卷一〇:"臣细核呈禀及询问弁兵～,缺粮日期参差不一。"

【情辞】 qíng cí ❶ 同"情词❶"。唐李治《降太子忠为梁王诏》:"前后数四,～恳恻。义高旷古,道迈前修。"明陆采《怀香记》二八出:"模糊,～鄙鲁,我当朝元辅肯婿戋夫?"清《镜花缘》六八回:"该国王除你之外,别无子嗣。况他～恳切,殊觉可怜。" ❷ 同"情词❷"。宋杨泽民《四园竹》:"细写～,何用纸。又却恐、秋深叶渐稀。"明宋濂《答郡守聘五经师书》:"礼币随使者还。千万～,笔不可尽。"清《飞花艳想》八回:"这诗不独上下限韵,和得绝不费力,而～宛转,诗句清新。" ❸ 同"情词❸"。宋欧阳修《祭尹师鲁文》:"狱吏成风,惟希意指之所向,不揆其～而丽以法,转以法就其～。意见既立,虽孔、孟不得为完人。"明佚名《赠书记》六出:"只落得严刑垂毙,痛无端怎吐～?"《醋葫芦》一三回:"想他小小年纪,那得会嫖会赌?决是你怪他,故生这段～。" ❹ 同"情词❹"。明《杨家将演义》九回:"归见北汉主,把马风口内～,如此这般,一一奏上。"

【情佃】 qíng diàn 同"请佃❷"。元明《三国志通俗演义》卷一一:"刘氏天下,我主姓刘到无分,汝主姓孙合～也?"

【情调】 qíng diào ❶ 艺术格调。唐孙虔礼《书谱》:"(书法)穷变态于豪端,合～于纸上。无间心手,忘怀楷则。"宋胡仔《苕溪渔隐丛话》前集卷二〇:"(刘禹锡)《淮阴行》～殊丽,语气尤稳切。" ❷ 情味;情趣。宋晁补之《临江仙》:"莫道樽前～减,衰颜得酒能红。"元郭钰《小除夕》:"最是五更～苦,城南吹角北吹笳。"清厉鹗《次韵张啸斋同舟渡江》:"自是高人～逸,笛声吹过一江秋。"

【情窦】 qíng dòu ❶ 指人的感知。宋觉范《禅林僧宝传》卷一八《大觉琏禅师》:"自生民以来淳朴未散,则三皇之教简而素,春也;及～日凿,则五帝之教详而文,夏也;时与世异,情随日迁,故三王之教密而严,秋也。"李新《纾情赋》:"已矣夫,～难窒,爱源几浔。"明曹于汴《公餘漫兴跋》:"俯仰流光,荏苒～。敲推几失常度,性情因而成苦。" ❷ 特指对男女之情的感知。宋朱熹《劝女道还俗榜》:"血气既盛,～日开。中虽悔于出家,外又惭于还俗。"明《石点头》卷五:"交了出幼之年,～大开,同着三朋四友,往花街柳巷去行踏。"清《八洞天》卷四:"岑玉年已长大,～已开,在未搭脚之先,早结识下一个女子。" ❸ 情愫;感情。明徐霖《绣襦记》九出:"昨来邂逅,柳下停骖,暗通～。"无心子《金雀记》三出:"满目梅花清秀,正值元宵时候。记得旧年时,灯月交辉如昼。辐辏,辐辏,不觉满怀～。"《石点头》卷九:"韦皋此时这点心花,未免被其牵动。每在语言之中,使唤之际,窥探他的～。" ❹ 指女阴。清《续金瓶梅》二三回:"把两脚高擎,就着床褥,这一次比前番不同,～已开,排闼而入。"

【情端】 qíng duān ❶ 情感的极点。唐海顺《致慧净法师书》:"乍开报分,以释自然。意出～,旨超文外。"宋宋祁《上两地谢赴阙表》:"许讫交章,趣令上道。荣生望表,抃激～。"明俞允文《感秋作》:"天时触～,一形乃万缠。" ❷ 情况与端由。清陈端生《再生缘》八回:"密遣兵丁和武士,挨家逐户问～。"又一五回:"甲叶叮当人尽退,大王密密诉～。"

【情故】 qíng gù ❶ 故旧之情;故旧关系。或指有故旧关系的人。唐陆贽《请许台省长官举荐属吏状》:"诸司所举,皆有～,兼受贿赂,不得实才。"宋苏辙《私试进士策问》:"今将略其艺文而取其行义,凡科举之法,所以杜请谒而绝～者,一切尽废,则奔竞朋党之风必扇于下。"清朱彝尊《永嘉对月怀家孝廉》之一:"感物成忧端,翘思念～。" ❷ 故意。元《通制条格》卷二八:"以此参详,陆妙真所犯,然非～,终是不应。" ❸ 缘故;情由。明《西洋记》一一回:"却说母亲在王姨娘家里归来,那晓得这一段的～,只是女儿容颜日日觉的消瘦。"清《康熙起居注·康熙二十五年》:"张二等十八人皆系强盗,因～少有可疑,故九卿议请缓决。"

【情管】 qíng guǎn 包管;肯定。清《醒世姻缘传》一二回:"小青梅这奴才惯替人家做牵头,～是个和尚妆就姑子来家。"又三八回:"心忙头晕,～是饿困了。我打和包鸡子,你起来吃几个,～就好了。"《野叟曝言》七六回:"我还想梦中老人三次指点文爷,叫他看清朱砂斑记,～将来女婿身上,也有朱砂斑记。"

【情慌】 qíng huāng 情急惊慌。明王樵《钦恤疏》:"既而姚继贤缢死,昏夜史氏～,亦欲自缢。"孙柚《琴心记》一〇出:"正是～禁不住,行近恐难真。"清《东周列国志》五七回:"庄姬～,与其母成夫人商议,推说所生女已死。"

【情极】 qíng jí ❶ 情感受强烈刺激或处于最浓烈状态。唐李商隐《祭处士十二房叔父文》:"谁言一纪之餘,又奉再迁之兆。哀深永往,～初闻。"元刘庭信《折桂令·忆别》:"～处俊句儿将人抹贴,兴阑也巧舌头生些些枝节。"清袁枚《子不语》卷一三:"～而缘生,缘满而情又绝。" ❷ 因情势所迫而心情焦急。宋洪迈《夷坚志》支景卷一:"市上恶少年交相侮困,翻抵为异类。冤苦～,愿侍郎做主。"明《醒世恒言》卷八:"今早到他家里说,反把小人殴辱。～了,来爷爷台下投生。"清《珍珠舶》三回:"氏被丈夫毒打～,思欲投井而死。"

【情急】 qíng jí ❶ 同"情极❷"。唐段成式《酉阳杂俎》前集卷一五:"乙～将击之,物遂走,遗其器。"明袁于令《西楼记》三二出："不知这个妇人为着什么，自家～，竟赴水而死。"清《镜花缘》三七回："世子若非～，岂肯把现成国王弃了，反去改换女装投奔他邦之理？" ❷ 情势急迫。宋真德秀《申尚书省乞拨米赈恤道州饥民》："今来～势迫，所合申控朝廷，仰祈矜恤。"明范景文《张蓬元抚畿疏草序》："盖初形急而情缓，公应之以整暇；后形缓而～，公饬之以振励。"清《平定准噶尔方略》前编卷一二："有～来归者，加意抚恤；其不抗拒者，无加杀戮。"

【情鉴】 qíng jiàn 体察情况，给以谅解。明赵完璧《答章丘胡湖山三尹》："恃爱琐渎，忘陋取罪，仰惟老知己～。"清陈端生《再生缘》二八回："躬身连说求～，惟望恩师悯下情。"

【情节】 qíng jié ❶ 案卷中对案情原委经过所作的陈述。宋张方平《陈州奏监司官多起刑狱》："取索上件公案看详，委有～不圆，刑名差误。"元《通制条格》卷四："若拟断～别无不完，中间所见不同，从公改议。如紧关～未问便行拟断，委有可疑，取元问官吏招伏，听别委官推理。"清李玉《清忠谱》一四折："吾想苏松按院徐吉官评素著，本中～，决与毛一鹭所奏不同。" ❷ 指这样的案卷。宋胡寅《缴岑朝杀妹该赦》："臣取到大理寺备坐岑朝元初～，看详得，……即是岑朝斗杀，其理甚明。"明佚名《鸣凤记》一六出："〔旦〕大人不肯与未亡人上本，请略观一观～。〔外〕既如此，左右，接过来。"清《歧路灯》九一回："抚院当晚委牌下来，委在省各员会审，并将该县密揭内保长邻佑首状～随牌发出。" ❸ 指对文本、文义的把握理解。宋朱熹《答孙季和》："如韩信事，向来伯恭面论，盖尝曰其不反，不知后来看得如何。须是别看出～来，不然不应如此失人也。"《朱子语类》卷三七："陈仲亨说'仁者不忧'，云：'此非仁体，只是说夫子之事。'先生曰：'如何又生出这一项～？恁地，则那两句也须恁地添一说始得。'"陈淳《答陈伯澡》："有如博览诸群书，亦当趁后生精力，且勇猛经历，逐件打破一过。俟他时重温习，旋旋做细密工夫，方可～谙熟而议论确定。" ❹ 泛指事情的原委经过。《元曲选·赵氏孤儿》二折："他把绷扒吊拷般般用，～根由细细穷。"明《古今小说》卷二二："胡氏到了县衙，奶奶将～细说。"清《醒世姻缘传》六七回："觅汉把自己那怎样央他，与他那要银子立文书怎样刁蹬的～，一一说了。" ❺ 经历；所经历的事。元明《水浒传》四一回："饮酒中间，说起许多～。晁盖道：'若非是二哥众位把船相救，我等皆被陷于缧绁。'"明《醒世恒言》卷三："朱重这一日就歇在上天竺，与父亲同宿，各叙～。"清《儒林外史》四〇回："木耐见了少保。少保问他些～，赏他一个外委把总做去了。" ❻ 特指文学、艺术作品中对人物、故事发展所作的构拟与描述。明《情史·情缘·崔英》："仇雠授首，夫妇重圆。中间～奇幻，绝好一部传奇骨子。"清李渔《闲情偶寄》卷一："若此等～业已见之戏场，则千人共见，万人共见，绝无奇矣，焉用传之，……欲为此剧，先问古今院本中，曾有此等～与否。"《十二楼·拂云楼》三回："这番～虽是相连的事，也要略断一断，说来分外好听。" ❼ 样态；情况；情形。元佚名《一枝花·盼望》："难摘镜里花，怎捞江心月，空闻三足乌，不识两头蛇。四件～，堪比虚疼热。"明《西游记》三〇回："到此处见这样个～，他必然不忿，断乎要与那妖精比并。"清《镜花缘》三六回："此事传入宫内，早有一位世子把这～对林之洋说了。" ❽ 原委；底细。明《西游记》八九回："他见了钉钯，那里与他叙甚么～，跑上去拿下来，轮在手中，现了本相。"清《十二楼·夏宜楼》二回："这个～，也不是人，也不是鬼，也不全假，也不全真，都亏了一件东西替他做了眼目。"陈端生《再生缘》四七回："好一个滑稽多智的能人，素日间竟不露一些～。" ❾ 关键；要点。清《歧路灯》六回："外府州县保举的，陆续人文到省。那其中办理～，各有神通。"又三八回："孔耘轩迎进内书房，谢了来贶，又讲些从前文字或顺或谬的～。"

【情景】 qíng jǐng ❶ 感情与景色。宋张炎《词源》卷下："离情当如此作，全在～交炼，得言外意。有如'劝君更尽一杯酒，西出阳关无故人'，乃为绝唱。"明袁中道《中郎先生全集序》："即少年所作，或快爽之极，浮而不沉，～大真，近而不远。"清《平山冷燕》一三回："每常与山小姐花前联句，月下唱酬，百般韵趣。今日遇着良辰美景，～都觉索然。" ❷ 风景；景色。宋周邦彦《一寸金·小石江路》："念渚蒲汀柳，空归闲梦，风轮雨楫，终辜前约。～牵心眼，流连处、利名易薄。"胡浩然《春霁·春晴》："院深沈、梨花乱落，……算此～，除非殢酒狂欢，恣歌沈醉，有谁知得。"元童童学士《新水令·念远》："梦魂飒飒，晓窗初日闹啼鸦。千声作念凄嗟呀，一丝～留牵挂。" ❸ 境况；情形。明归有光《与沈敬甫书》："安亭～更悲。念儿在枉死城中也，山妻哭死方苏，旧疾又作矣。"《封神演义》七回："可怜身倒尘埃，血染衣襟，～惨不忍见。"清《绿野仙踪》五六回："你可于夜半上房去，将瓦弄破几个，像个人从房上下来的～。" ❹ 情趣；意味。明汪廷讷《种玉记》五出："逆旅孤身，困人时节，～费支持。"清《隋唐演义》三九回："臣近来～不畅，无兴作诗。"《平山冷燕》一四回："妙在她见了我不慌忙避去，此中大有～。" ❺ 迹象。清《平山冷燕》一四回："我若和在上面，二诗相并，～宛然。明日父亲见了岂不嗔怪。"

【情拷】 qíng kǎo 据情拷问。宋元《清平山堂话本·简帖和尚》："这厮偷了本师二百两银器不见了。吃了些个～，如今赶出寺来。"

【情款】 qíng kuǎn ❶ 表述愿望、条件的文书。唐李德裕《论刘稹状》："臣适见度支报状，王宰已似纳其～，发使之时，不以先闻，便受表章，欲自擅招抚之功。"又《进所撰黠戛斯书状》："臣详其表中～，一一报答，尽不阙遗。" ❷ 逐款陈述或记录的案情。唐李款《弹郑注奏》："人不敢言，道路以目。请付法司，推劾～。"宋李之彦《东谷随笔》："今日囹圄供答不出于民情可否，一听于吏手，往往吏自撰～一本，令囚人依本书之。"明《醒世恒言》卷一五："赫家人闻说原是家主尸首，同蒯三俱跪上去，听其～。"

【情况】 qíng kuàng ❶ 情意；情分。唐范摅《云溪友议》卷上："李忽寄书与鹾院，～款密，是异寻常。"明《山歌·烧香娘娘》："借物虽多尽净妨，感你多～，教我难推让。"清《云仙笑》二册："今日这个光景，想是还怪我不曾早卖他哩，可见妇人最是没～的。" ❷ 心情；情怀。宋王禹偁《与李宗谔书》："当非肉不饱之际，旅食于高山中，其为～，不待其言而可知也。"明孟称舜《娇红记》三出："多管他佳人才子，都一般儿风流～。一个待眉传雁字过潇湘，一个待眼送鱼书到洛阳。"《韩湘子》二〇回："你且带住了马，待我作《雪赋》一篇，以抒～。" ❸ 情趣；兴致。宋欧阳修《与吴正献公书》："第苦残衰，齿牙摇脱，饮食艰难，殊无～尔。"张孝忠《杏花天·刘司法喜咏北湖》："爱寻水竹添～。任云卧、溪边石上。衔杯乐圣成游荡。"明孟称舜《娇红记》三出："酒醒神回，益觉无～。这没下梢的恶相思知怎当？" ❹ 情形；情景。宋范仲淹《和葛闳寺丞接花歌》："北人～异南人，萧洒溪山苦无趣。"明《醋葫芦》五回："成茂先进通报，将周员外拨冗等～说上一遍。都氏即忙把个笑脸推就，迎接周智。"清《红楼梦》三一回："忽见湘云来了，连忙迎下来，携手笑说一向久别～。" ❺ 立身的境地。宋欧阳修《与王懿恪公书》："以经此诋辱，于国体非便，第顾势未得遽去，以此强颜，成何～。"明汤显祖《紫钗记》二二出："你说他书生笔阵堪为将，编修院无他～。那刘节镇呵，表求个参军选人望，……写敕书付他星夜前往。" ❻ 景况；境况。元冯尊师《苏武慢》："归去也、翠麓崎岖，林峦掩映，消遣晚来～。"明《挂枝儿·孤》："孤人儿受尽了孤单～，孤衾儿，孤枕儿，独守孤房。"清《品花宝鉴》四八回：

"家居数年，～不支。且上司已换，只得起程来京。" ❼ 模样；情态。《元曲选·还牢末》三折："你个萧行首八步周行，尽着你风流～，做出些轻狂势相。"明佚名《鸣凤记》一八出："还期观花上苑，勿作丧家～。"清《品花宝鉴》一九回："其一种娇憨柔媚的～，却令人可怜可爱。" ❽ 指情欲方面的。明汤显祖《牡丹亭》九出："〔贴〕忒煞通明相，所事关～。〔末〕有什么～？〔贴〕……为诗章，讲动情肠。"孟称舜《娇红记》五出："〔丑〕些个事，关～。〔二净〕去接了丁怜怜来便是。"《韩湘子》三回："芦英卸下浓妆，面壁而坐；湘子衣带不解，隐几而眠。两个全没一些～。" ❾ 情感方面的征象。明佚名《霞笺记》一五出："我只道是章台相傍，却原来浪打鸳鸯。风头鞋跌绽无～，甘苦断九回肠。"

【情悃】 qíng kǔn 内心的感情。宋王珪《四渎北海水府投送青词》："达编玉之镂章，传行龙之关信。庶衎～，丕锡蕃祺。"明邵璨《香囊记》三九出："为因骨肉，漂散离分。朝夕痛念，～无伸。"清《八洞天》卷三："久仰足下妙才，必能代陈～。"

【情谅】 qíng liàng 循情体谅。《元曲选·青衫泪》二折："临楮不胜哽咽，伏冀～。"明《金瓶梅词话》七一回："夏公便道：'要留长官坐坐，争奈在于客中。'彼此～，送出上马。"清《水浒后传》二二回："那朱仝最有义气，与雷横同做都头，因雷横心地褊狭，家道贫寒，常是～他。"

【情面】 qíng miàn ❶ 含情的面容。唐马湘《题龙兴观壁》："含笑谩教～厚，多愁还使鬓毛斑。"明张景《飞丸记》二七出："别时呵临歧执手曾言：秋天物色不堪怜，春风～还须念。" ❷ 情分和面子。多指私人间的关系。金尹志平《凤栖梧·宣德州见请》："粝食粗衣，隔断人～。富贵荣华无意恋。"明李梅实《精忠旗》一九出："为却精忠，难番～，偏要执持刑典。"清《绿野仙踪》四七回："你就不能亲自去，也该与他带一分礼，方觉得～上好看。" ❸ 指托付人情或照顾情面的行为。清黄宗羲《吏部左侍郎章格庵先生行状》："贿赂不绝，～不除，推诿不屏，欺朦不破。"《绿野仙踪》一七回："冯剥皮不惟不听～，且将林岱拿去收监。"《姑妄言》二三回："众役都知他是尚书之弟，又是财主，自然做些～。" ❹ 表情。清陈端生《再生缘》六八回："国丈嘉龄难动问，当不得，保和～冷如冰。"

【情窍】 qíng qiào 犹"情窦❷"。明《醒世恒言》卷一〇："老妪看见桑茂标致，将言语调弄他。桑茂也略通些～。"

【情曲】 qíng qū ❶ 曲折的案情。五代卢灿《慎刑策》："所贵或有案内～不圆，刑部可行覆勘。"明《禅真后史》二四回："刘仁轨先叫虞候问其～，次唤关赤丁二人反复详审。"清姚鼐《吉州知州喻君墓志铭》："君察伤莅狱，能尽其聪明，究其～。" ❷ 隐秘的心事或曲折的事情经过。《太平广记》卷一六〇引《异闻录》："小僧有～，欲陈露左右。"明《禅真后史》五三回："瞿珏、瞿钰战兢兢匍匐向前，正待奏明～，蓦然阴云布合，霹雳交加。"清《九云记》一一回："妾之～，大爷业已察谅。" ❸ 表述情感或爱情的曲子。明《清平山堂话本·戒指儿记》："只因这女子贪听乐中～，惹起一场人命祸事。"

【情取】 qíng qǔ ❶ 管保；准定。金《董解元西厢记》卷四："非不多情，自僝自僽，争奈他家不自由。我团着，～个从今后为伊瘦。"元关汉卿《青杏子·离情》："他有日不测相逢，话别离～一场消瘦。"《元曲选·汉宫秋》一折："你便晨挑菜，夜看瓜，春种谷，夏浇麻，～棘针门粉壁上除了差法。" ❷ 睛受；承受。《元曲选·任风子》二折："撇下这砧刀什物，～那经卷葫芦。"按，元刊本作"请佃"。

【情趣】 qíng qù ❶ 有情调趣味。明袁于令《双莺传》二折："待何时蓦遇两个真正才华，十分～玉人儿，委他做风流婿。" ❷ 情；情意。明高濂《玉簪记》一一出："他待要去来，我怎留他转来？没～的冤家心忒歹。"《西游补》六回："吾儿番将言语试他，倒也有些～。"清《白雪遗音·寂寞寻春》："平空里搅查来把人欺，……为甚么，给俺这样无～。" ❸ 风情；情爱。清《绿野仙踪》五三回："两个在东房内，并肩叠股，说～话儿。"《姑妄言》六回："他小呢，恐怕不知道～，一时喊叫起来怎处？"

【情热】 qíng rè ❶ 感情亲热。元张雨《石州慢·和黄一峰秋兴》："闲文闲字偏～。孤负楮先生，有一庭红叶。"明汤式《一枝花·春思》："越间阔，越～。"清《后水浒传》二九回："我与你隔了多年，该～些，怎地反觉得疏落了。" ❷ 指男女情爱。清《绣戈袍》四〇回："公主假说送公子回营，行至荒郊草地野合，……两人～一番，各归营寨。"

【情受】 qíng shòu ❶ 同"请受❹"。《元曲选·马陵道》二折："我恨不的并吞了六国诸侯。这江山和宇宙，士女共军州，都待着俺邦～。"《元曲选外编·伊尹耕莘》二折："贤士的妻房，～五花官诰为贤德夫人也。"明《金瓶梅》六二回："嫂子嫁哥一场，今日～这副板材勾了。" ❷ 同"请受❻"。明佚名《集贤宾》："得了些安家～，毕罢了夜去明来，再不去载花渡柳。"

【情熟】 qíng shú ❶ 犹"情热❶"。唐窦巩《送元稹西归》："二月曲江连旧宅，阿婆～牡丹开。"《元曲选·货郎旦》四折："那李彦和共一娼妓，叫做张玉娥，作伴～，次后娶结成亲。"明《拍案惊奇》卷三二："调得～，背了胡生眼后，两人已自搭上了。" ❷ 相熟；熟识。宋周紫芝《晚浴崇教寺》："～自不厌，无求亦何嗔。"明《警世通言》卷三四："自此一倡一和，渐渐～，往来不绝。"清《续金瓶梅》五七回："他夫妇二人，依旧手携手儿，两意相投，不似新郎新妇模样，好似～的了。" ❸ 特指人际关系稔熟。明《西游记》三七回："他的神通广大，官吏～。"《二刻拍案惊奇》卷四："那张廪生有两子俱已入泮，有财有势，官府～。"清《八洞天》卷八："后竟自恃衙门～，白占了陶良的妻子，赶逐陶良出去。" ❹ 熟悉；熟知。明沈鲸《双珠记》一〇出："往来～各衙门，指称打点求衣食。"《醋葫芦》九回："凡百过龙等样，一发～。"

【情恕】 qíng shù 原谅；包涵。唐颜真卿《与李太保帖》："昨缘马奔，遂失驰谒，想蒙～也。"《元曲选外编·西厢记》五本二折："匆匆草字欠恭，伏乞～，不备。"明《金瓶梅词话》三六回："学生蜗居屈尊，多有亵慢，幸惟～。"

【情私】 qíng sī ❶ 内心的感情。唐钱珝《为集贤崔相公让大学士第三表》："且将勤励，获佐盛时。直露～，宁欺君父。"明李东阳《次陈都御史韵》之二："虽非尽精力，庶以输～。"叶宪祖《夭桃纨扇》二折："偷向花前，好把～诉老天。" ❷ 情谊。《元曲选·看钱奴》四折："如今这银一个，酬谢你酒三卮，也见俺的～。"明《金瓶梅词话》一九回："前日相逢，今日相逢，似有～，未见～。" ❸ 私情；私人的感情。明王世贞《谒县阳仙师纯节祠》："秉介在韶年，抗节矢幽闺。宁希世人是，况乃论～。"清《聊斋志异·巩仙》："但自此不必复入。我所以报君者，原不在～也。"

【情托】 qíng tuō ❶ 以私情托付。《太平广记》卷三五〇引《酉阳杂俎》："知君有胆气，故敢～。" ❷ 人情托付。明《梼杌闲评》三五回："审理词讼，任你有钱有势的来～，他概不容情。"清《镜花缘》五七回："章、文二位老爷因爵位甚尊，将来诸位小姐出去应考，若用本姓，恐太后疑有～等弊。"

【情味】 qíng wèi ❶ 情谊；情意。唐杜甫《病后过王倚饮赠歌》："故人～晚谁似，令我手足轻欲旋。"明郑纪《西湖文会序》："阖席为饯，叙座主门生之礼，～洽甚。"孟称舜《娇红记》一〇出：

"我每细察姐姐，言语态度，亦似非无情者。及言深～，则变色以拒我。" ❷ 情趣；情调趣味。五代齐己《寄友生》："风骚～近如何，门底寒流屋里莎。"明《二刻拍案惊奇》卷一七："孟沂和罢，美人甚喜。真是才子佳人，～相投。"清《品花宝鉴》五三回："恰是题画的桃花，何等凄清宛转，动人～。" ❸ 情绪；感受。五代尹鹗《何满子》："每忆良宵公子伴，梦魂长挂红楼。欲表伤离～，丁香结在心头。"李煜《玉楼春》："临春谁更飘香屑，醉拍阑干～切。" ❹ 情况；状态。五代孙光宪《北梦琐言》卷三："黄巢渐以南来，夫人又自北至。旦夕～，何以安处！"宋苏轼《与林子中》："子中既忧居，～可知，又加以贫乏。"明孟称舜《娇红记》二五出："听他魔魔媚媚胡云道，念念风风～恶。"

【情兴】 qíng xìng ❶ 情趣；兴致。唐王勃《山亭兴序》："～未已，即令樽中酒空；彩笔未穷，须使山中兔尽。"元关汉卿《一半儿·题情》："乍孤眠好教人～懒。薄设设被儿单，一半儿温和一半儿寒。"清《飞龙全传》三五回："我昨日认你为儿，不过一时～，取个异路相照而已。" ❷ 特指性欲。明张介宾《景岳全书》卷三九："凡男女相临，迟速有异。此际权由男子，而妇人～多致中道而止。"《封神演义》五六回："土行孙此时～已迫，按纳不住，上前一把搂定。小姐抵死拒住。"清《都是幻·梅魂幻》三回："笑语之间，～大发，先抱凌霄做起。"

【情性】 qíng xìng ❶ 情意。唐杜甫《风雨看舟前落花戏为新句》："蜜蜂蝴蝶生～，偷眼蜻蜓避伯劳。"明汤显祖《紫箫记》三二出："着人呵十分～，撇人处两字功名。"《挂枝儿·问课》："一问他好不好，二问他来不来，还要问一问终身也，他～儿改不改。" ❷ 性情严厉。元佚名《红绣鞋》："背地里些儿欢爱，对人前怎敢明白，～的夫人又早撞将来。拦著粉颈，落香腮，吃取他几下红绣鞋。" ❸ 心气；气度。清《二度梅》二三回："凡诸事有不决，可依他行，便能海底澄清。奈此人～高，也是老夫得意门生，不知他可否？" ❹ 兴味；情绪。清《平山冷燕》一四回："揭开第一页，见宰相内并无山显仁之名，知道是真，便～索然。"

【情虚】 qíng xū ❶ 情怯；心虚。明《醒世恒言》卷一九："小人昨夜已把他埋怨一番，恐怕他自己～，反来造言累害小人，故此特禀知老爹。"清《平定台湾纪略》卷六五："所有案内应讯之人，不待查拿，俱各自行投到。察其词色，确非附贼～者可以诡托。"陈端生《再生缘》六〇回："想因惭愧～了，怕到昭阳正院间。" ❷ 情况不实。明《禅真逸史》三七回："若果～，擅击军门禁鼓，难逃三尺。"《禅真后史》二四回："欲待隐忍不辩，又虑～反坐。"《大清会典则例》卷七〇："倘系～，将该生童等治以诬妄之罪。"

【情绪】 qíng xù ❶ 情意；情兴。唐张九龄《杂诗》之三："湘水吊灵妃，斑竹为～。"《元曲选·两世姻缘》一折："～绵绵，想柳畔花边，月下星前，共枕同眠，携手凭肩。"明《情史·情灵·李会娘》："女属意于彦，～正浓，忽报太翁至，女惊忙而去。" ❷ 心情；心境。唐李重茂《诛韦氏制》："朕以山陵未毕，变故相仍，～荒迷，益深摧愤。"明孟称舜《娇红记》七出："流光渐过，恁～靓妆浓抹。"清《风流悟》一回："适因妻妾相争，斗了闲气，几日无好～。" ❸ 端绪；原委。唐程长文《书情上使君》："县僚曾未知～，即便教人絷囹圄。"李咸用《依韵修睦上人山居》之五："莺有来由重入谷，柳无～强依人。"明张凤翼《红拂记》一八出："道我似贾女私窥，忍捐恩负主，应猜做偷香～。" ❹ 情兴；兴致。唐白居易《南院》："林院无～，经春不一开。"元方伯成《端正好·忆别》："贾充宅频巡看，张京兆～悭，沈东阳胆心寒。"清《歧路灯》五〇回："巴氏见女婿毫无～，心下有些着急。" ❺ 情思；思绪。五代冯延巳《应天长》："一夜万般～，朦胧天欲曙。"宋元《警世通言》卷二九："浩倚栏凝视，睹物思人，～转添。"明袁中道《游居柿录》卷三："伯修卒于都，送柩出。凡三度，白水青山，～万端。"

【情谊】 qíng yì 交往中互相关爱的情感。宋王安石《答孙少述书》："以为吾党之相与，～何如尔！问之密疏，不足计也。"明《型世言》一〇回："故此你只守我三年，以完我夫妇～便是。"清《飞龙全传》一一回："倘事毕之后，仍望速来相会，方见弟兄～。"

【情因】 qíng yīn 犹"情由"。清陈端生《再生缘》七五回："满腹狐疑心思想，待我问问这～。"《荡寇志》一二六回："李义委系不知～，已在监病故，应毋庸议。"

【情由】 qíng yóu 事情的经过及其缘由。唐李德裕《第二状奉宣令更商量奏来者》："责此二事，以为愆尤。臣等究其～，实有本末。"元明《水浒传》三回："你等起来，放心别作缘便，且等我问个来历缘故～。"清《霓裳续谱·暗中偷觑》："夫人听我诉～，进花园并非闲游，小姐烧香把神酬。"

【情繇】 qíng yóu 同"情由"。五代李亶《落刘莹等进士敕》："载究～，实为忝冒。"明《醒世恒言》卷二九："知县专心在卢柟身上，也不看地邻呈子是怎样～。"

【情缘】 qíng yuán ❶ 男女间爱情的缘分。唐孟棨《本事诗·情感》："（徐德言）谓其妻曰：'……傥～未断，犹冀相见，宜有以信之。'"明于谦《悼内》之六："房栊寂寞掩春风，百岁～一旦空。"清《白雪遗音·独占花魁》："好一个知趣的郎，一夜温存把～种。" ❷ 指尘世缘分。宋张继先《摸鱼儿》："这身世、山林朝市随缘遇，休论诡异。但总绝～，一空妍丑，觌面先寻你。"明《醒世恒言》卷三七："我因怕汝处世日久，尘根不一，故假摄七种～，历历试汝。"清《女仙外史》一回："要知成仙成佛者，总属无情。赤脚大仙一笑，便是～，少不得要下界去的。" ❸ 情感与缘分。宋钱易《南部新书》庚集："薛旅衬还及青州，东美乃请告，至驿素服奠，哀号抚柩，一恸而卒。～相感，颇为奇事。"清洪昇《四婵娟·李易安》："下官与夫人～两得，才貌并佳。"《女仙外史》一回："我闻缘从情发，情亦从缘发，若一心不动，～两灭。" ❹ 因友情、亲情等结下的缘分。宋赵彦端《菩萨蛮·同饮晁伯如家》："雪中梅艳风前竹，诗缘渐与～熟。"明范景文《饬属疏》："当此人情营竞，私意窥瞯，故必冷面似铁，执法如山，姑息～，尽行祛戢。"

【情愿】 qíng yuàn ❶ 甘愿；内心愿意。唐李隆基《安养百姓及诸改革制》："其诸征行人家有兼丁，如载限向满，～自相替者，宜听。"元高明《琵琶记》一四出："百年姻眷，须教～。"清《醒世姻缘传》三五回："县官头一个叫上程英才去，问说：'你～和息么？'" ❷ 宁愿；宁可。唐李群玉《龙安寺佳人阿最歌》之三："若教亲玉树，～作蒹葭。"《元曲选·窦娥冤》二折："休打我婆婆，～我招了罢。"清《荡寇志》七三回："有识得的，便贱些也卖了；倘不遇着识货的，～没草料饿死了它也不卖。"

【情杂】 qíng zá 感情不专一。元卢挚《蟾宫曲·咏别》："到了偏咱，到底亏他。不信～，忘了人那。"张可久《寨儿令·失题》："爱处行踏，陡恁～，和俺意儿差。"又《满庭芳·春情》："家家浪酒，处处闲茶。是非多不管傍人□，算得个～。"

【情招】 qíng zhāo 按实情招承的供词。明张景《飞丸记》三一出："那时两纸～各自供，今日呵，一道封章托宸聪。"《拍案惊奇》卷三六："遂将～一一供明，把奶子毙于杖下。"

【情照】 qíng zhào ❶ 用情关照；察情谅解。宋宋祁《上孙侍读书》："始知骓服近顿圻邑，而诲勖重至，～纯深。"强至《代谢诸官状》："徒尔倾风，末由奉记。岂图～，首贶音縢。"明李东阳《复徐都宪书》："用朱笔者，病目新差，取便阅视。初不计其僭，后始觉之。希万～。” ❷ 用作书信套语，表示希望对方了解。宋李之仪《与白廷玉书》：“兹闻便草草，～幸甚。”元明《水浒传》六八回：“如或更变，别有定夺。草草具陈，～不宣。”明陆深《与黄竹泉书》：“虽七叔、宗润兄处，皆不及作书。诗卷容别寄上也。餘惟～。”

【情衷】 qíng zhōng 衷情。《唐大诏令集》卷一一八：“惩其暴乱，则法所宜加；察其～，则罪有不及。”宋刘学箕《鹧鸪天》：“凭画□，睇层空。～待说几时同。”元关汉卿《普天乐·崔张十六事·隔墙听琴》：“月明中，琴三弄，闲愁万种，自诉～。”清方成培《雷峰塔》二一出：“权屈驾，话～。”

【情种】 qíng zhǒng 钟情的人。明《二刻拍案惊奇》卷六：“可见世间的夫妇，原自有这般～。”袁于令《西楼记》三出：“那见有才的没有情，惟真正才人，方是～。”清张英《为友人题裴航游仙图便面》之三：“神仙不死皆～，肯学人间薄幸人？”

【情踪】 qíng zōng ❶ 爱情的心迹。明叶宪祖《夭桃纨扇》三折：“为夭桃惹起情魔，怕君行还遭斧柯，这～可是么？”佚名《赠书记》二八出：“～一时浑难面剖，求伊代析这根由，那时节管姻缘两地共绸缪。”清《一片情》七回：“打叠～，收拾起迷魂春思。” ❷ 情状；行为踪迹。明《型世言》五回：“白大既无杀人～，准与释放。”《醋葫芦》八回：“成茂力事家主有年，并无半点差谬，在员外亦必鉴之，岂有隐匿～，敢来欺瞒员外？”清陈端生《再生缘》七回：“兄弟两人心暗喜，细将乡贯问～。”

【睛】 qíng 承受；享用。元耶律楚材《和韩浩然韵》之二：“一曲南风奏古宫，坐～神物愧无功。”清《歧路灯》六九回：“或吃小分子，或～劳金，凭在二位财东作成。”

【擎】 qíng ❶ 支；撑；架。唐沈佺期《七夕曝衣篇》：“双花伏兔画屏风，四子盘龙～斗帐。”明《徐霞客游记》卷二上：“而正洞垂门五重，第三重有柱中～，剖门为二。”清《续金瓶梅》五五回：“掘开地窖，四方打就银砖；～起天平，十换铸成金饼。” ❷ 撑持；承受住。《敦煌变文校注》卷四《太子成道经》：“努力向鹫峰修圣道，新妇莫慵谗（馋）不～却回来。”元乔吉《小桃红·中秋怀约》：“桂花风雨较凉些，愁字儿难藏～。”清《歧路灯》四五回：“王中道：‘这里再没人命事么？’老人哈哈笑道：‘人命事还～住儿宗呢？’” ❸ 持；握；拿。唐徐延寿《人日剪彩》：“帖燕留妆户，黏鸡待饷人。～来问夫婿，何处不如真。”《元曲选·玉镜台》二折：“兀的紫霜毫烧甚香，斑竹管有何幸，倒能勾柔荑般指尖～。”清《歧路灯》一回：“孝移回转身来，德喜儿～毡包相随。” ❹ 抽；扯；拽。唐曹唐《勖剑》：“古物神光雪见羞，未能～出恐泉流。”明《金瓶梅》三五回：“西门庆分付：‘叫两个会动刑的上来，与我着实拶这奴才。’当下两个伏侍一个，套上拶指，只顾～起来。”清《女仙外史》一二回：“正说间，一声响，把柳烟儿平空～去。” ❺ 扶持；辅佐。唐张鷟《朝野佥载》卷六：“丈夫当如此：今时千人推我不能倒；及其败也，万人～我不能起。”元明《三国志通俗演义》卷九：“八面威风杀气飘，～王保驾显功劳。”明《古今小说》卷二五：“～王保驾，功莫大焉。” ❻ 起；始。《唐六典》卷八：“其京城门开闭与皇城门同刻。承天门击鼓，皆听漏刻契至乃～；待漏刻所牌到，鼓声乃绝。” ❼ 仰；昂。《元曲选·竹叶舟》楔子：“你穿着这破不剌的旧衣，～着这黄甘甘的瘦脸，必是来投托俺家师父的。”又《梧桐雨》一折：“我把你半亸的肩儿凭，他把个百媚脸儿～。”又《碧桃花》楔子：“我～着个笑脸儿将他厮问候。” ❽ 呈现；凸显。元石君宝《紫云庭》一折：“俺这老婆，肚皮里将六韬三略盛，面皮上把四时八节～。未见钱罗，呀，冬雪严霜降；得了钞罗，春风和气生。”明汤式《一枝花·赠美人》：“喜孜孜捧着玉钟，娇滴滴～着笑容，端的是压尽人间丽情钟。”清《歧路灯》七八回：“忠孝节义，飘着三绺长髯，真正是冰心铁胆；佞幸权奸，～着一副花面，果尔犬肺狼肝。” ❾ 挺；耸。明汤显祖《邯郸记》三出：“硬～着你七尺之躯，俺老先生看汝。”《徐霞客游记》卷四下：“透其前穴出，有石高～穴前。”清陈端生《再生缘》六回：“一方金印胸前挂，八面红旗背后～。” ❿ 含着。擎，通“噙”。元郑廷玉《看钱奴》二折：“怎生～的住我这眼泪。”元明《水浒传》二回：“两个双双跪下，～着两眼泪。”清《豆棚闲话》四则：“公子一朝落魄，～着两行珠泪，徒步走上城来。” ⓫ 按。擎，通“揿”。明《欢喜冤家》一五回：“宋仁已把裤儿扯下，就～倒凳上，凑了进去。”清《好逑传》一三回：“拖翻在地，剥去裤子，～着头脚，只要行杖。” ⓬ 同“睛”。清《续金瓶梅》五五回：“留下这分家私也无处费用，只有几个族人，也是～不起财的。” ⓭ 特指擎神这种巫术，谓以身体承载神灵。清《醒世姻缘传》四二回：“都说是汪相公还魂显圣，做了天下游奕大将军，就是他媳妇魏氏～着，有问祸福的，其应如响。”又：“这侯小槐原是个清门净户的人家，虽然～了邪神，谁就好来他家求神问卜。”

【擎榜】 qíng bǎng 在下托着名榜，指名榜排次在最末。明沈德符《万历野获编》卷一六：“公所取士，不但文嘉，即～徐生亦名实俱称，果擎得榜起。”

【擎持】 qíng chí ❶ 托着；举着。《法苑珠林》卷四七：“汝当以神力～衣塔，游行彼国。”《敦煌变文校注》卷五《维摩诘经讲经文（一）》：“半千宝盖，行行而总已～；一国英贤，浩浩而齐声赞叹。”五代杜光庭《洞渊神咒经序》：“又二青衣，持花捧香。又四侍玉女，～玉案。” ❷ 支撑。宋觉范《禅林僧宝传》卷一六《翠岩芝禅师》：“大道不说有高低，真空那肯涉离微。大海吞流同增减，妙峰高耸总～。”韩元吉《游灵山》：“孰云东南倾，～端在斯。” ❸ 供奉。清弘历《帝青石佛钵》：“岂藉雕镂七佛姿，天王献此敬～。”

【擎戴】 qíng dài ❶ 一种二人头顶头表演的杂技。宋孟元老《东京梦华录》卷九：“百戏乃上竿、跳索、倒立、折腰、弄盏注、踢瓶、筋斗、～之类。”陈旸《乐书》卷一八七：“～之伎，盖两伎以首相抵戴而行也。” ❷ 顶着；以头承托。宋商逸卿《真如教院华严阁记》：“栋宇精密，化乐天宫之幻成；步履安平，坚牢地神之～。”明萧洵《故宫遗录》：“桥下有四白石龙，～水中甚壮。” ❸ 承受。元朱庭玉《袄神急·闺思》：“漫修锦书，从分玉钗。一海来相思难～。”

【擎担】 qíng dān 担；用肩承负。宋赵鼎《辩诬笔录》：“以五万贯之金，须用两人～，必不轻付。”元冯子振《题锺馗图》：“～最缓行李便，鬼之婴孺盛穿联。”

【擎奉】 qíng fèng 举着奉献。《敦煌变文校注》卷五《维摩诘经讲经文（六）》：“善德当时向法台，～三白告如来。”清《霓裳续谱·春城无处不飞花》：“却是俏冤家，双手～香茶。”

【擎负】 qíng fù 用肩背承负。宋周去非《岭外代答》卷二：“一路州县应副夫脚八百人，～贡物者固无几，而皆为使者负贩至都。”郑侠《免行钱事奏》：“些少～贩卖者，免投行。”明张诩《杨太后陵铭》：“山陵峨峨，尺土孔多。六鳌～，毋使随波。”

【擎盖】 qíng gài ❶ 伞盖。明《徐霞客游记》卷一下：“崖端盘石如～，上平如砥。”《明史·职官志五》：“五所分銮舆、～、扇手、旌节、幡幢、班剑、斧钺、戈戟、弓矢、驯马十司，各领将军校尉，以备法驾。”清《皇朝礼器图式》卷八：“（和韶乐鼓）匡半穿方孔，贯以柱。上出～，下植至趺。” ❷ 指擎伞盖的执役人。《大清会典》卷九二：“由骁骑充补之幄人～，均给原饷。”《大清会典则例》卷一六九：“由护军充补之～，由骁骑充补之弓匠、幄长、幄人、应役等人，均食原饷。” ❸ 举着遮盖。清黄叔璥《台海使槎录》卷二：“花轿后悬竹筛，上画太极八卦。到门，新郎～新妇头上。”

【擎奇】 qíng jī 即“奇擎”。明汤显祖《紫钗记》八出：“那拾钗人～，～得潇潇洒洒，忺忺爱爱。”

【擎赍】 qíng jī 即“赍擎”。《历代名臣奏议》卷二七三：“元二十三年……刘宣献议曰：‘宋绍兴初，军饷不继，造此(纸钞)以诱商旅，为沿边籴买之计，比铜钱易于～。’”元明《水浒传》九二回：“忽报威胜有使命，～令旨到来。”明《朴通事谚解》卷中：“相公们别没～钱粮，更没多骑铺马，又不曾冒支分例。”

【擎架】 qíng jià ❶ 即“擎❷”。元乔吉《水仙子·席上赋李楚仪歌》：“～着十分病，包笼着百倍忧。”清《醒世姻缘传》三四回：“要说叫我摆个东道请他二位吃三杯，我这倒还也～的起。” ❷ 即“擎❶”。明刘基《吴歌》之三：“破屋无梁难～，敝衣无线奈何修。”

【擎举】 qíng jǔ 举；向上托或向上抬。唐唐临《冥报记》卷上：“而敷袈裟于地，令坐袈裟上。僧取袈裟四角，总把～而挥之，可移二丈许。”《元曲选·王粲登楼》三折：“看看看是谁家女，巧巧巧手弄砧杵。停停听是两娉婷，玉腕双双双～。”明朱橚《普济方》卷三四四：“治妊娠因～重物胎动疼痛兼有所下方。”

【擎据】 qíng jù ❶ 拉扯争持。《太平广记》卷一九二引《耳目记》：“虎之前足搭传之肩，传即以两手抱虎之项。良久，虎之势无以用其爪牙，传之勇无以展其心计。两相～。” ❷ 支撑占据。宋赵鼎《郧都赋》：“其右太行隆虑，玉泉天平，～穹壤，蔽亏日星。”

【擎拿】 qíng ná 犹“擎持❶”。明徐复祚《投梭记》二〇出：“自生来掌上～，一任他花酴柳醾，风前月下，何曾闲踏。”清陈端生《再生缘》三九回：“羽盖～一朵云，金镶大轿过衙门。”

【擎捧】 qíng pěng ❶ 犹“擎持❶”。《景德传灯录》卷七《归宗寺智常禅师》：“师云：‘还将得那个来否。’僧云：‘将得来。’师云：‘在什么处。’僧以手从顶～呈之。”明费信《星槎胜览》卷一：“其国王臣既沐天恩，遣使络绎不停，～金筒金叶表文，贡献方物。”柯丹邱《荆钗记》三八出：“～雕盘，送出魂幡绢一端。” ❷ 堆积填充。明王士性《广志绎》卷二：“脉湓涌而起，故河身日～而高，此岂铁埽帚、滚江龙之所能刷而低之乎？”

【擎弃】 qíng qì 拿起丢弃。《法苑珠林》卷二二：“公又怖，谓神瞋也，宰三牲以祭之。诸善神等～远处。”明《西湖二集》卷二五：“护法神将三牲～远处。”

【擎拳】 qíng quán ❶ 抱拳抬至胸前。一种敬礼姿势，也指敬礼。《祖堂集》卷六《洞山和尚》：“僧曰：‘如何是和尚重处？’师曰：‘不～向阇梨。’”明梅鼎祚《玉合记》三二出：“～仰止，不是凡人名尹喜。”清《歧路灯》一〇七回：“百姓饱尔饮食衽席之德，你才得醉百姓曲跽～之酒。” ❷ 举拳。佛教禅宗的一种机锋手段。《古尊宿语录》卷一五《云门匡真禅师广录》：“问：‘如何是大人相？’师乃～。”《五灯会元》卷一六《签判刘经臣居士》：“分宗列派，各有门庭。故或瞬目扬眉，～举指；或行棒行喝，竖拂拈槌。”清姜宸英《香山了义禅师塔记》：“近世儇薄禅子，～竖拂，习为欺谩。” ❸ 举拳(击打或示威)。明陈自得《太平仙记》一折：“焦休忻诛龙是举手，李存孝打虎是～。”《石点头》卷七：“言未了，～望仰邻瞻面上打去。”清厉鹗《吴山咏古·铁四太尉》：“像凡四躯，～瞋目，丑怪骇人。” ❹ 握拳。明《禅真后史》二九回：“巴恍龙两手～，双眸紧闭，眼见得那话儿了。”又四一回：“那一个胸脯中叉的闭眼～，早已气绝。”

【擎却】 qíng què 拿走。唐张鷟《朝野佥载》卷五：“有客裂饼缘者，罴曰：‘此饼大用功力，然后入口。公裂之，只是未饥，且～。’”

【擎身】 qíng shēn ❶ 投身；置身。《敦煌变文校注》卷一《董永变文》：“世上庄田何不卖？～却入贱人行。” ❷ 抬起身体。清《医宗金鉴》卷一八：“若喘而呼吸动摇，振振不能～者，则为形气不相保。”

【擎神】 qíng shén 一种巫术，谓以身体承载神灵。清《醒世姻缘传》四二回：“我且暂退，限你二日画像～，我来到任。”

【擎受】 qíng shòu ❶ 承受；享用。清《红楼梦》八二回：“这样好模样儿，除了宝玉，什么人～的起。” ❷ 捧着接受。清《九云记》二一回：“命秦中书安宝龙凤之章，赐给郑氏。郑氏双手～。”

【擎送】 qíng sòng 抬着或捧着送去。唐赵璘《因话录》卷四引谢绰宗《拾遗录》：“尝出行于道，遇狗枷败犊鼻，乃命左右取之还，以箱～之。”明顾岕《海槎餘录》：“槟榔产于海南，……每亲朋会合，互相～以为礼。”清昭梿《啸亭杂录》卷七：“惟公与果齐盛太守之箱箧，蛮夫争为背负，或遗于路，必～行幄。”

【擎抬】 qíng tái ❶ 支撑；撑起。宋蕴聪《拄杖》：“卓下大地豁开，竖起～万象。” ❷ 搬抬；抬。宋赵孟坚《石菖蒲赋》：“于是移置雕栏，～文几。犷犀箸以镊尘，雨牺尊而钟水。”元明《水浒传》九回：“辔边拴系，都缘是天外飞禽。马上～，莫不是山中走兽。”又五九回：“小喽罗都是紫衫银带，执着旌节旗幡，仪仗法物，～了御香祭礼，金铃吊挂。” ❸ 抬起(脚)；上扬。明《古今小说》卷二三：“只为那女子小小一双脚儿，只好在屧廊缓步，芳径轻移，～绣阁之中，出没湘裙之下。”

【擎头】 qíng tóu 昂首。唐王梵志《擎头乡里行》：“～乡里行，事当逞靴袄。”

【擎托】 qíng tuō 捧着；举着。明汤式《谒金门·落花二令》之一：“步苍苔选瓣儿拿。爱他，爱他，～在鲛绡帕。”

【擎献】 qíng xiàn 犹“擎奉”。宋杨万里《晓登小楼雾失南高峰塔》：“日日南高峰，知我登小楼。笑回紫翠面，～新鲜秋。”清汪由敦《平定准噶尔恭拟尧歌》之一七：“更无游骑躏春苗，玉盘～比陶匏。”

【擎舁】 qíng yú 犹“擎抬❷”。五代唐明宗长兴二年十二月御史台奏文：“其舆大小制度，及结络遮蔽，所使匹帛颜色，并～人数次第，仍令御史台详核。”《宋史·礼志二十五》：“灵驾发引，其凶仗法物～牵驾兵士力士，凡用万二千一百九十三人。”

【擎御】 qíng yù 掌控。明戚继光《练兵杂纪》卷二：“试以药力既可炸损铁铳，岂两手之力所能～？”

【擎载】 qíng zài 承载；支撑。清乾隆四十七年八月二十一日陈辉祖奏文：“追打深一丈四五尺，即沙啯坚牢，不能再下。看来实属稳固，足资～。”

【擎掌】 qíng zhǎng 犹“擎持❶”。元戴良《芳桥宴集》：“摘英新贮囊，采菊细～。”清弘历《陈居中画罗汉赞》：“指出乾闼，手扶禅杖。塔或倚肩，瓶或～。”洪昇《长生殿》三二出：“把杯来～，怎能够檀口还从我手内尝。”

【擎执】 qíng zhí ❶ 犹“擎持❶”。元熊梦祥《析津志》：“～幡幢伞盖者，自有执事服色靴巾。”明杨寅秋《平五山獞上三院揭帖》：“适抚院同黄按院各齑发虎头牌行道，差官～入山招抚。”清黄叔璥《台海使槎录》卷二：“至期，不论贵贱，乘四人舆，鸣金鼓吹，彩旗前导。亲朋送灯，少年子弟分队～。” ❷ 指擎举仪仗的执役人。《辽史·仪卫志四》：“步行～二千四百一十二人，坐马～二百七十五人。”《金史·选举志三》：“奉辇，旧名拽辇儿，大定二十九年更名，格同～。”清赵翼《陔餘丛考》卷一八：“凡三百六十坛,每坛～二十六人。”

【擎柱】 qíng zhù 支柱。也比喻支撑局面的人。宋林希逸《丁卯贺平章生日》:“丕宣～之劳,独任赐图之托。”明《徐霞客游记》卷二上:“出坐洞口～内,观石态古幻。”

qǐng

【苘麻块】 qǐng má kuài 形容紊乱一团。苘麻,一种粗质的麻。明叶宪祖《寒衣记》一折:“搅得我芳心一寸～,闷煞我流水赚天台。”

【苘麻嘴】 qǐng má zuǐ 指胡乱搅和、搬弄是非的嘴巴。《元曲选·渔樵记》三折:“说了这一日,都是你这老～,没空生有,说谎吊皮,片口张舌谄出来的。”

【请安】 qǐng ān ❶ 请安心;请对方勿焦躁。明《封神演义》一二回:“敖光将李艮打死的事说了一遍。三太子曰:‘父王～,孩儿出去拿来便是。’” ❷ 问平安;对经历危险的人表示慰问。清袁枚《子不语》卷二四:“史亦心动,急与四客齐出,则花厅倒矣,几案皆碎。是日,省中府县俱来～。”《说岳全传》一九回:“(老狼主)又说起被李若水咬去一只耳朵之事,兀术再三～。” ❸ 一种礼节。当对方面敬礼并口称“请某人(称对方)安”。清张英《诰授中议大夫冢子廷瓒行略》:“及念六日圣驾还宫,犹诣内廷～,步履神气如常。”《红楼梦》八回:“独有一个买办名唤钱华,因他多日未见宝玉,忙上来打千儿～。”《二度梅》一六回:“他二人斯文相投,竟一刻不离。每日清晨往内面～,更是携手而行。” ❹ 泛指问候。清《儒林外史》一三回:“那差人进来磕了头,说道:‘本官老爷～。’”《万花楼》二回:“狄妃提起笔来一挥而就。书中大意不过～问候。”《白雪遗音·卖香烟》:“过往的客官有万千,奴家得了一个想思病,何曾稍书请请安。”

【请便】 qǐng biàn ❶ 请对方自由行动,不必拘泥或牵挂。明佚名《霞笺记》六出:“〔老旦〕公子,有客不得奉陪。〔生〕妈妈～。”清方成培《雷峰塔》二一出:“〔净〕有甚堂客来寻我?到要出去看看。许兄失陪。〔生〕～。”《隋唐演义》四四回:“‘倘然来不及,我就住在城内朋友家了。’店小二应道:‘爷自～。’” ❷ 拒绝或请对方离开的婉词。宋元《清平山堂话本·董永遇仙》:“仙女道:‘……欲嫁一个好心之人,甘当伏事。’董永道:‘娘子～,小人告辞。’”明《西洋记》三一回:“赵元帅道:‘这个头只是不见了原身,不得相合,即时就死,破此何难!’天师道:‘多劳了,天将～罢。’赵元帅去了。”《禅真后史》三五回:“故烦仗义烈士协助擒捉妖徒,高谊者向前,畏缩者～。”

【请筹】 qǐng chóu 请厕筹,上厕所的婉词。借指暂时离席。筹,登厕拭便用具。《敦煌变文校注》卷四《难陀出家缘起》:“有事諮闻娘子,～暂起却回。”

【请待】 qǐng dài 宴请招待。清《醒世姻缘传》五四回:“童七又在家中治了肴馔,～狄宾梁父子。”

【请发】 qǐng fà 帝王剪发或理发的避忌语。明刘若愚《酌中志》卷一六:“篦头房,近侍十餘员,专为皇子女～、留发、入囊、整容之事。”《大清会典则例》卷八六:“百日内皇帝服缟素,百日外～易素服。”

【请风光】 qǐng fēng guāng 讨好;拍马屁。明《醒世恒言》卷三六:“内中又有个～博笑脸的,早去报知。”

【请候】 qǐng hòu 请安问候。清玄烨《奏皇太后书》:“日前～起居,定蒙慈鉴。再此恭请万安。”陈端生《再生缘》四九回:“来见康家继父娘,作揖～福体安。”《绿野仙踪》一四回:“日前令表兄说,尊翁令堂已病故,嫂夫人前祈代为～。”

【请唤】 qǐng huàn 召请;召唤。《法苑珠林》卷七二:“有二比丘,一是罗汉,二是凡夫,为说法师。时诸民众,竞共～。”宋孟元老《东京梦华录》卷四:“以至杂作人夫、道士僧人,罗立会聚,候人～,谓之‘罗斋’。”元明《水浒传》三四回:“那人听得知府～,径到府里来见知府。”

【请柬】 qǐng jiǎn 请帖。明《金瓶梅词话》六一回:“央及温秀才写了个～儿,走到对门宅内亲见西门庆。”清《续金瓶梅》二六回:“即写一～,是‘翌午奉扳雅会’,过了船投与。”《醒世姻缘传》一六回:“次早,晁老自己来投拜帖,下～。”

【请教】 qǐng jiào ❶ 请求指教或说明。唐杜牧《唐故宣州观察使韦公墓志铭》:“公复陈先诫,以侍读辞。自宰相下皆曰:‘帝以一子～于公,是宜避耶?’”明汤显祖《紫钗记》二九出:“参军到此,即有军中一大事～。”清《荡寇志》七三回:“却说孙高、薛宝当时上前说道:‘衙内还有一件事求恳,提辖切勿推却。’希真道:‘～。’” ❷ 请;请求。宋佚名《御街行》:“濒河西岸小红楼,门外梧桐雕砌。～且与,低声飞过,那里有、人人无寐。”宋元《警世通言》卷三九:“今有小衙内患病,日久不痊。奉台旨,～小娘子乘轿就行。” ❸ 请示;请问。明《型世言》一四回:“忽雷博见他好个身分儿,又怜他是孝女,讨了他,不曾～得奶奶。”清孔尚任《桃花扇》二八出:“～这扇上桃花,何人所画?”《儒林外史》一七回:“匡超人走到跟前,～了一声‘老客’,拱一拱手,那人才立起身来为礼。” ❹ 领受;领略。明凌濛初《宋公明闹元宵》八折:“哥哥,花魁美情,正当～。”清《品花宝鉴》一一回:“荷珠气极,走过来把红雯拦腰抱住,使劲的把他按在炕上,压住了他,说道:‘我倒要～～你这一点红呢。’”《白雪遗音·逛窑子》:“忙把令来行,赢喝输唱,三拳两胜,～妙音。” ❺ 邀请对方竞技或表演,或自己表演请对方欣赏的婉词。明高濂《玉簪记》一〇出:“〔外〕桌间棋枰甚精,敢是仙姑能棋?〔旦〕略知一二。〔外〕～一局。”孙柚《琴心记》七出:“〔小生〕乞展锦囊,聊挥焦尾,……〔生〕学生已醉,弹不得了。……酒醒之后～何如?”清《荡寇志》七九回:“你好一副喉音,～一支曲儿。” ❻ 反语。责问。清《儒林外史》六回:“(赵氏)见众人都不说话,自己隔着屏风～大爷,数说这些从前已往的话,数了又哭,哭了又数。”《红楼梦》三三回:“我且去找一回。若有了便罢,若没有,还要来～。”

【请酒】 qǐng jiǔ ❶ 索酒。五代杜光庭《神仙感遇传》卷三:“勿以食馔为虑,只～二斗,可支六十日矣。”孙光宪《北梦琐言》卷五:“召而与语,授以毫翰。李仍～,饮数杯,诏书一笔而成。” ❷ 请饮酒。请,敬词。《元曲选·朱砂担》一折:“〔正末把盏科,云〕哥哥～。〔邦老吃酒科〕”元明《水浒传》二四回:“叔叔休怪,没甚管待,～一杯。”清《野叟曝言》三八回:“庙祝斟上一杯道:‘老爷～。’” ❸ 置酒请客。明徐复祚《投梭记》一六出:“大将军不喜欢周、戴二老,欲与决一死战。我劝他只做好意～,就席擒之。”清雍正七年十一月二十六日张广泗奏文:“当众开看,银数契纸俱合,即行交还。王明愿～谢银,伊并不要。”《红楼梦》一〇五回:“话说贾政正在那里设宴～,忽见赖大急忙走上荣禧堂来。” ❹ 饮酒。明《西游记》五四回:“那些文武官,朝上拜谢了皇恩,各依品从,分坐两边,才住了音乐～。”

【请脉】 qǐng mài 敬称给帝王诊脉。清《国朝宫史》卷二一:“(御药房)专司带领御医各官～、煎制药饵、坐更等事。”△《红楼真梦》四二回:“三江节度使荐他来给太后～,也来得不久。”△胡思敬《国闻备乘》卷三:“陆润庠尝入内～,出语人曰:‘皇上本无病。’”

【请启】　qǐng qǐ　❶启请；告知并请求。唐裴皞《请刺史经三考许替移奏》：“伏～今后诸州刺史经三考方可替移。”皇甫枚《三水小牍》卷下：“思礼觉，乃前，～密语。群将耳附之，思礼拔佩刀，疾斫群首坠于地。”元明《水浒传》六〇回：“晁盖忿怒，便点起五千人马，～二十个头领相助下山。”　❷请帖。明杨士聪《玉堂荟记》卷上：“田忽投～，邀致再三。”清《醒世姻缘传》三三回：“同到程乐宇家拜过，递了～。”《儒林外史》四七回：“回去定了日子，少不得具～来请太公祖。”

【请示】　qǐng shì　❶请指示或出示。唐姚汝能《安禄山事迹》卷下：“某等异域蕃人，来遇国难，～归路。”《元曲选·梧桐雨》一折：“〔旦云〕陛下，～私约，以坚终始。〔正末云〕咱和你去那处说话去。”清《歧路灯》一〇七回：“阴阳官跪下道：‘～新男新女贵造。’”　❷（向上级或尊者）求取指示。明孙传庭《与枢府札》：“仆察其情不容已，业为移文～。伫候发还，乃遂有迫不能待乘夜潜逃者。”清《红楼梦》九四回：“我所以来～太太，这件事如何办理？”袁枚《子不语》卷一：“生员不敢抗天子之大臣，故来～。公必欲在此读书，某宜迁让。”　❸请教。清《镜花缘》一七回：“适又想起《论语》有一段书，因前人注解甚觉疑惑，意欲以管见～。”又五二回：“还有一事，意欲～，不知二位姐姐可肯赐教？”

【请书】　qǐng shū　请帖；聘书。宋孟元老《东京梦华录》卷四：“以至托盘下～、安排坐次、尊前执事、歌说劝酒，谓之白席人。”《元曲选·碧桃花》楔子：“门上的报复去，道有张亲家差人下～哩。”清《春柳莺》一回：“见一管家，手持一书，还拿了二十两一封银子，送上道：‘这是扬州梅翰林家下来的～，这银子是折聘礼的。’”

【请帖】　qǐng tiě　为邀请人而发的帖子。明何良俊《四友斋丛说》卷一五：“侍御问曰：‘明日对山设客，有汝否？’吾曰：‘昨送至一～。’”孙柚《琴心记》九出：“自家临邛县吏，因正堂老爷差送～与乡里先生。”清《红楼梦》一七至一八回：“林之孝家的答应了出去，命书启相公写～去请妙玉。”

【请状】　qǐng zhuàng　请帖。明《醒世恒言》卷二一：“恭为纯阳真人度诞之辰，特赍～拜请。”

qìng

【庆币】　qìng bì　贺礼。宋宋祁《上参政侍郎启》：“～申况，已具别纸敷叙。”苏轼《赵州赐大辽贺兴龙节大使茶药诏》：“卿肃将～，远涉川途。风埃浩然，徒驭勤止。”楼钥《北行日录》：“远将～，来会春朝。”

【庆旦】　qìng dàn　节日。多指生日。宋杨无咎《水调歌头·韩倅九月八日生辰》：“下车初，逢～，听欢传。”元胡祗遹《贺正表》：“实万类惟新之～，正一人端拱之华辰。”明宋濂《题新竹图送张齐贤序》：“～将临，预绘新竹图于扇以为寿。”

【庆诞】　qìng dàn　诞辰。唐令狐楚《谢赐僧尼告身并华严院额状》：“臣以前因～，辄贡敷陈。期降福于上天，庶效祥于今古。”元明《水浒传》二回：“忽一日，小王都太尉～生辰，分付府中安排筵宴。”清弘历《万佛楼成是日瞻礼得句》：“六旬～沐慈恩，发帑范成两足尊。”

【庆暖】　qìng nuǎn　祝贺。暖，慰问，如暖房、暖寿、暖痛等。宋王洋《次韵李叔飞》：“～具杯觞，送寒操杖儿。”佚名《张协状元》一六出：“〔净〕今日～酒，也不问清，也不问浊，坐须要凳，盘须要卓。〔末〕这里有甚凳卓？〔净〕特特唤做～，如何无凳卓！”

【庆赏】　qìng shǎng　庆祝欣赏。宋吴潜《浣溪沙·己未元夕》：“～元宵只愿晴，天公每事秤能平，管教檐溜便收声。”明《西游记》一七回：“夜来得了一件锦襕佛衣，要以此为寿，作一大宴，唤做～佛衣会。”清方成培《雷峰塔》一六出：“客中光阴，不可辜负，已着青儿整治酒肴，与娘子～。”

【庆松】　qìng sōng　庆贺得到财物，手头宽松。明《二刻拍案惊奇》卷五：“日子不远，此辈不过在花街柳陌、酒楼饭店中，～取乐，料必未散。”又卷二二：“拆开封筒一看，乃是五钱足纹，……就有一班家人来与他～，哄他拿出些来买酒吃。”

【庆喜】　qìng xǐ　❶庆幸；欢欣。唐李邕《贺感梦圣祖表》：“无任忭跃～之极，谨附表陈贺以闻。”明《封神演义》四九回：“话表张天君进宫对闻太师曰：‘武王、雷震子、哪吒俱陷红沙阵内。’闻太师口虽～，心中只是不乐。”清于成龙《初抚东山遣牌》：“二月觐归，询知地方平静，不胜～。”　❷贺喜。元马致远《粉蝶儿》：“寿星捧玉杯，王母下瑶池，乐声齐众仙来～。”元明《水浒传》三四回：“把他绑在将军柱上割腹取心，与哥哥～。”清《疗妒缘》二回：“既如此，将这女子也锁闭后房。我与兄弟再去取了来，一同做～筵席。”

【庆削】　qìng xuē　书简的美称。宋金君卿《谢黄河都大李崇班状》：“走空边而鲜暇，驰～以未遑。”李久善《上参政东小简》：“第勤倾颂之诚，辄修～，上美典签。”明彭大翼《山堂肆考》卷二三三：“称人书简曰～。”

【庆祝】　qìng zhù　庆贺祝颂。宋田锡《酬宋湜贾黄中学士菊花之什》：“金钿浮动万岁杯，为君～南山寿。”清乾隆五十四年万寿庆典《八方乐业》曲：“普天～长生，众歌童秉虔诚笑盈盈，诚心共把寿词颂。”《荡寇志》八一回：“你太师的生日到了，我有些礼物付你带去，与太师～。”

【亲家】　qìng jia　❶两家儿女相婚配或认义的亲戚关系。唐卢纶《王评事驸马花烛》之三：“人主人臣是～，千秋万岁保荣华。”《元曲选·窦娥冤》楔子：“〔窦天章云〕小生今日一径的将女孩儿送来与婆婆，怎敢说做媳妇，只与婆婆早晚使用，……〔卜儿云〕这等，你是我～了。”清《儒林外史》一回：“因秦老的儿子秦大汉拜在他（翟买办）名下，叫他干爷，所以时常下乡来看～。”❷称呼有这种亲戚关系的对方。《元曲选·秋胡戏妻》一折：“～请坐。酒果已备，孩儿把盏者。”明《古今小说》卷三八：“周得道：‘老～，小子是梁凉伞姐姐之子，有我姑表妹嫁在宅上。’”清《儒林外史》一回：“那翟买办道：‘这位王相公，可就是会画没骨花的么？’秦老道：‘便是了。～，你怎得知道？’”　❸特称有这种亲戚关系的男子。清《野叟曝言》九八回：“小媳天荒已破，曾与相公同床，休说别人不能信是处子，即太氏～亲母，亦有所疑。”

【亲家爹】　qìng jia diē　犹“亲家公”。明《金瓶梅词话》五八回：“乔大户对崔本说：‘将来凡一应大小事，随你～这边只顾处，不消多较。’”清《姑妄言》二三回：“富姐跪下哭道：‘～要不救你女婿，你忍心看着他死么？’”

【亲家公】　qìng jia gōng　对儿子的丈人或女儿的公公的称呼，也可用于自称。元佚名《黄孝子》二六出：“我是～，怎么做掌礼人？”清《风流悟》一回：“那钱大见他说话有些跷蹊，道：‘～，莫不你近日有些生意了么？’”

【亲家老爷】　qìng jia lǎo ye　犹“亲家公”。清《姑妄言》二三回：“今日一个客也没有，专请～、亲家太太、姑爷、姑奶奶。”《品花宝鉴》三三回：“颜夫人将聘才的事说了，叫他到王～处，托他关照关照。”

【亲家妈】 qìng jia mā 犹“亲家母”。明柯丹邱《荆钗记》二二出：“〔外〕我这贤婿，决无此情。〔老旦〕～，我孩儿不是忘恩负义的人。”清《红楼梦》七二回：“我也不知是什么病，因无心听见妈和～说，我还纳闷。”

【亲家母】 qìng jia mǔ 对儿子的丈母或女儿的婆婆的称呼。《太平广记》卷二五七引《启颜录》：“及相送出，主人母云：‘惭愧，无所啖嚼，遣～空口来，空口去。’”《元曲选·杀狗劝夫》二折：“如今到这鲁家庄上，若见了那～时，我自有主意。”清《醒世姻缘传》四一回：“打听～寻了女婿回来，自己特来看望。”

【亲家奶奶】 qìng jia nǎi nai 犹“亲家母”。清《姑妄言》二三回：“钱贵道：‘～去说，再没有不成的。’”又：“关奶奶道：‘～同姑娘这样说，你还推甚么？就同我去。’贵姐见婆婆允了，又见娘同妹子的样子，又可笑又可怜。”

【亲家娘】 qìng jia niáng 犹“亲家母”。清《红楼梦》七一回：“你走过去告诉你姐姐，叫～和太太一说，什么完不了的事！”《姑妄言》二三回：“富姐拉着创氏，劝道：‘妈且不要吵闹，商议女婿的事要紧。二位爹请去同关家爹讲，我到里边去求～同姐姐。’”

【亲家婆】 qìng jia pó 犹“亲家母”。清《醒世姻缘传》一一回：“晁亲家是几时续娶了～？怎么就有了晁奶奶了？”又五九回：“～病病的，恼的越发不好，不如接他来家。”

【亲家太太】 qìng jia tài tài 犹“亲家母”。清《红楼梦》一一回：“我们和～都点了好几出了，你点两出好的我们听。”《绿野仙踪》八九回：“众人见冷氏发怒，还喧笑不已，指着庞氏的右脚道：‘太太看，～的鞋没了一只。’”

【亲家翁】 qìng jia wēng 犹“亲家公”。明梁辰鱼《红线女》二折：“意欲令外宅诸儿兼并潞府。一时顾不得亲儿女，那里管甚么～。”清《绿牡丹》五七回：“须得将此话通知包老儿，还怕他不愿意做亲，做宰相的～？”

【亲妈】 qìng mā 即“亲家妈”。明柯丹邱《荆钗记》一五出：“昨日着李成去搬取王～、秀才与我女孩儿同家另居。”《拍案惊奇》卷二：“出得县门，两亲家两～各自请罪，认个悔气。”《禅真后史》一〇回：“难得聂～费了钱钞，安得不接来一叙？”

【亲母】 qìng mǔ 即“亲家母”。明《醒世恒言》卷三：“秦重取出一套新衣，与父亲换了，中堂设坐，同妻莘氏双双参拜。亲家莘公、～阮氏，齐来见礼。”《型世言》六回：“小女是没娘女儿，不曾训教，年纪又小，千万～把作女儿看待。”清《野叟曝言》五五回：“水夫人道：‘……只大小姐现在任～那边。’素臣道：‘任家岳母现在何处？’水夫人道：‘就在一店，只隔一座院子。’”

【亲翁】 qìng wēng 即“亲家翁”。元孔齐《至正直记》卷一：“先人与杨～杨待制尝论棺椁之制。”明《警世通言》卷五：“这是学生自送与贤婿的，不干～之事。”清李玉《清忠谱》一五折：“〔末悲咽介〕亲家，别话不能说了，只是一事放心不下。〔生〕～，还有何事记怀？”

【倩】 qìng 另见 qiàn。❶ 同“睛”。明汤显祖《紫钗记》八出：“眼前怎舍，稳～个乘龙娇客来招嫁。”张四维《双烈记》一三出：“我女儿没主张，平白地招了那韩家光棍，～吃～穿。”清《续金瓶梅》四〇回：“如今你自己就该退了这门亲，凭他另嫁。你只～财礼得些银子来。” ❷ 凭；借。清《续金瓶梅》一九回：“～着俺倾国容，明决定君王顾。”又二五回：“～盈盈衫袖，洒洒临风，按住了英雄泪落，还劳你把玉山扶倒。”

【倩受】 qìng shòu 承受；占有；享受。宋廖刚《乞选汰兵卒札子》：“汰其不堪披带者，以十二三为率，听其自便。诡名～者，因而可以销去。”清《续金瓶梅》四〇回：“（黎寡妇）看梅玉纳绣，笑了笑道：‘这来提亲的是那家，也要有造化的，才～起这个姑娘。’老孙道：‘如今世界，不着个大大官儿，谁～得起？’”

【罄殚】 qìng dān 穷尽；竭尽。《景德传灯录》卷一四《天皇道悟禅师》：“于前二哲匠言下有所得心，～其迹，后卜于荆州当阳柴紫山。”宋苏颂《乞致仕札子》：“是敢～危迫之诚，聊冒高明之听。”元王恽《大元中奉大夫姚氏先德碑铭》：“汝既委质为臣，当～一心，黾勉所事。”

【罄乏】 qìng fá 匮乏；贫乏。也指贫乏的人或事。唐李治《赈雍同二州诏》：“天下诸州，或遭水旱，百姓之间，致有～。”元富珠哩翀《平章政事致仕尚公神道碑铭》：“山东岁凶，盗充狱，公议发官廪，周～。”明王慎中《陈母林夫人墓志铭》：“恐其子以母累心，分力于学，常掩～，黾勉其间。”

【罄翦】 qìng jiǎn 根除。唐褚遂良《唐太宗文皇帝哀册文》：“沙场～，斗极咸羁。狼山入囿，潮渚归池。”宋刘锡《至道圣德颂》：“曷以立除大憝，～群凶？波静锦川，云集阛阓。”

【罄净】 qìng jìng 罄尽；一点儿不剩。明《西游记》三回：“有力的拿五七件，力小的拿三二件，尽数搬个～。”《梼杌闲评》三七回：“两人商议定了吓他，把他的衣钵诈得～。”清《醒世姻缘传》一二回：“晁大舍把他尹妹夫的产业，使得一半价钱，且又七准八折，买了个～。”

【罄卷】 qìng juǎn 全部卷起（带走）。明《二刻拍案惊奇》卷二二：“有个继娶的晚母，在丧中～所有，转回娘家。”清雍正十一年《广西通志》卷九二：“劫物不论多寡，弊衣釜甑之属，～而逃。”

【罄空】 qìng kōng 精光；一点不剩。唐从谂《十二时歌》：“任你山僧囊～，问着都缘总不会。”明《醒世恒言》卷三：“掷开锁钥，翻箱倒笼，取个～。”清《珍珠舶》一二回：“羁留数月，囊箧～。”

【罄囊】 qìng náng 竭尽囊中所有（钱物）。唐元稹《刘颇诗序》：“罂车蔽枢尽碎之，～酬直而去。”《元曲选·来生债》一折：“我恨不的～儿舍与人些钱，恨不的刮土儿可便散与人些银。”清《姑妄言》二回：“将他生平刻薄所挣之物，尽行～抖出。”

【罄穷】 qìng qióng 犹“罄空”。《敦煌变文校注》卷一《伍子胥变文》：“今日登山蓦岭，粮食～。”《宋高僧传》卷一九《唐虢州闵乡阿足师传》：“数十年后，家业～。”

【罄涩】 qìng sè 贫乏。明徐霖《绣襦记》二一出：“我欲赋归欤，行囊～。”

【罄身】 qìng shēn ❶ 只身。《太平广记》卷八七引《高僧传》：“乃誓以～躬往和劝，遂二国交欢。”宋曹勋《上吕丞相书》：“只乞朝廷降国书诏命，～赍往。” ❷ 空身，什么也不带。《元曲选·神奴儿》三折：“你将那一房一卧都留下，则这般～儿出去。”清《醒世姻缘传》二〇回：“如今又领了老婆孩子各人占了屋，要～赶我出去。”

【罄橐】 qìng tuó 犹“罄囊”。宋马令《南唐书》卷一四：“乔以匮乏告僧，辄～予之。”明皇甫汸《五岳黄山人集序》：“遂散金～，购缃充架。”清《聊斋志异·妖术》：“爱公者皆为公惧，劝～以哀之。”

【罄洗】 qìng xǐ ❶ 洗劫。明高斗枢《守郧纪略》：“数日启行，复～其家以去。” ❷ 彻底铲除。明胡直《祭大理卿宋阳山文》：“寻登兰台，奋身许国。出按鹾政，～黩墨。” ❸ 犹“罄空”。明刘宗周《先考诰赠通议大夫行状》：“既弥月，宗周生。当是时，大父之室～矣。”

【罄悬】 qìng xuán 形容一无所有。唐范摅《云溪友议》卷上：“又有崔郊秀才者，寓居于汉上，蕴积文艺，而物产～。”明陈汝元《金莲记》二六出："兼之室似～，谁办桂薪玉粒？"清陆陇其《表贤母间》："当此旱魃虐，千里多～。"

qióng

【穷败】 qióng bài ❶ 败亡；因失败而窘迫无着。明戚继光《纪效新书》卷三："此正是贼当～之际，各兵照常奋勇前进，务要加力百倍，庶贼可灭。"清洪昇《长生殿》三八出："不堤防餘年值乱离，逼拶得岐路遭～。受奔波风尘颜面黑，叹衰残霜雪鬓须白。"《野叟曝言》一〇三回："我与大狗雄长粤西二十餘年，今～而投，必为所辱。" ❷ 贫穷败落。明柯丹邱《荆钗记》六出："年华衰迈，家私～。"徐渭《四声猿·女状元》二出："恰遇着西邻～，老孀荆一股钗。那更兵荒连岁，少米无柴。"清《聊斋志异·云翠仙》："迫于身无襦，妇无裤，千人所指，无疾将死。～之念，无时不萦于心；～之恨，无时不加于齿。" ❸ 败坏；彻底变坏。明张介宾《景岳全书》卷四六："此正不胜邪，～之证，不可治也。"

【穷暴】 qióng bào ❶ 穷困；贫寒。元施惠《幽闺记》二二出："昔日荣华，眼前～，身无所倚。"《元曲选·合汗衫》四折："〔赵兴孙云〕员外怎生这般～了来？〔正末云〕将军，只被陈虎那厮送了俺一家儿也。"明柯丹邱《荆钗记》四八出："想当初～，岂有今朝？" ❷ 贫乏；不足。《元曲选·后庭花》二折："小人也则为家私～，妻子熬煎，因此上爱他钱物。"明汤显祖《南柯记》一五出："观禽貌，揣兽膘，猛说山川小。有这些杀获，不算～。"

【穷瘪】 qióng biē 贫寒落魄。明湛然《鱼儿佛》一出："想着那～醋，恨不得立地把家成。"按，醋，对文人的贬称。

【穷薄】 qióng bó ❶ 贫薄；不厚重。形容命运或禀赋很差。唐薛渔思《河东记》："受生苦～，故人当要路，不能相发挥乎？"宋洪迈《夷坚志》支庚卷一〇："甚好丹灶，奈骨相～，不能有所值遇。"清袁枚《子不语》卷三："财有定数，尔命～，不可得也。" ❷ 穷困；贫穷。宋洪迈《夷坚志》支癸卷五："今萧女奁具万计，及早成婚，即日可化～为豪富。"宋元《醒世恒言》卷三三："后因没有子嗣，娶下一个小娘子，……这也是先前不十分～时做下的勾当。"元关汉卿《新水令》："黄诏奢豪，桑木剑熬乏古定刀；双郎～，纸糊锹撅了点刚锹。" ❸ 微薄；不重要。明汤显祖《紫钗记》五一出："〔生〕天晚，小生薄有事故，改日奉拜。〔作鞭马欲回〕〔豪控生袖介〕……问你个赏花人有甚么～事，则待拗双飞撇马多回次。"清宫鸿历《宴集诗》："顾我～官，齑盐嚼宫徵。"

【穷促】 qióng cù ❶ 危迫；困厄。宋宗泽《奏乞回銮进兵渡河疏》："近据诸路探报，敌势～，可以进兵。"明钱德洪《征宸濠反间遗事》："次日贼兵既～，宸濠思欲潜遁。"清《平定两金川方略》卷一〇五："贼势日见～。" ❷ 犹"穷薄❶"。明解缙《西山刘先生表》："素性雄豪，不解～，言论锋发，辞义卓然。"章懋《恳乞休致疏》："奈何年命～，二竖缠绵，病切膏肓。"

【穷骨】 qióng gǔ ❶ 尾椎骨。唐孙思邈《备急千金要方》卷四四："至其发时，血独动矣。不动，灸～二十壮。～者，骶骨也。"清魏之琇《续名医类案》卷五三："取脊端～——名龟尾——当中，一灸除根。" ❷ 贫贱的骨相，也指这样的人。唐孙樵《寓居对》："樵天付～，宜安守拙。"明袁宏道《严陵》之三："举世轻寒酸，～谁相敬？"清《聊斋志异·王子安》："家中止有一媪，昼为汝炊，夜为汝温足耳。何处长班，伺汝～？"

【穷骨头】 qióng gǔ tou 犹"穷骨❷"。《元曲选·㑳梅香》四折："〔正旦云〕他为甚么坐不稳？〔唱〕则他那～消不得相公宅。"明《醒世恒言》卷二五："止有白长吉一味趋炎附热，说妹子是～，要跟恁样饿莩，坏他体面。"清《后水浒传》三〇回："不期我这老杀才，是个～，耽不住银钱的人。"

【穷鬼】 qióng guǐ ❶ 致人贫穷的鬼。唐张鷟《游仙窟》："诚知肠欲断，～故调人。"明《西湖二集》卷三："人生世上，一读了这两句书，便有～跟着，再也遣他不去。"清钱谦益《丙寅除夕》："流年已饯如过客，～频除尚款门。" ❷ 詈词，称贫穷的人。明柯丹邱《荆钗记》八出："一城中岂无风流佳婿？老员外，偏只要嫁着～。"《醒世恒言》卷二〇："他们是个～，料道雇船不起，少不得是趁船。"清《后水浒传》一三回："现放着家中一个～，员外你是晓得的，她还恋恋不舍。"

【穷蹇】 qióng jiǎn ❶ 贫穷困顿。宋苏轼《答开元明座主》："石桥用工，初不灭裂，云何一水，便尔败坏，无乃亦是不肖～所累耶？"明王宠《参差赋》："予去故而就新兮四海，焉～谁留兮中止。"清钱谦益《孙楚惟诗稿序》："唐之举子，沦落不偶，往往叹归燕之无栖，惜云英之未嫁，悲忧～，见于语言。" ❷ 困窘。清《聊斋志异·晚霞》："念欲复还，惧问冠服，罪将增重。意计～，汗流浃踵。"

【穷究】 qióng jiū ❶ 计较；商量。元马致远《青杏子·姻缘》："娇羞，试～，博个天长和地久。"明汤式《一枝花·同前意》："他则想春花秋月常依旧，试与恁细～。我则索先盖座春风燕子楼，省也么叶落归秋。" ❷ 思量；盘算。《元曲选外编·西厢记》四本二折："不争和张解元参辰卯酉，便是与崔相国出乖弄丑，到底干连自己骨肉，夫人索～。"明王玉峰《焚香记》二四出："酸心苦志徒生受。你娘儿却把聘财收，将心自～，则不如别效了鸾俦。"梁辰鱼《山坡羊·代妓寄怀》："怨迢迢经年别离，闷恹恹镇日～。" ❸ 讲究；议论。《元曲选外编·西厢记》四本二折："夜坐时停了针绣，共姐姐闲～。说'张生哥哥病久，咱两个背着夫人向书房问候。'" ❹ 观察清楚。明《西洋记》三回："那左边车上端的坐一个男子，右边车上端的坐一个女人，愈上愈高，不可～。"

【穷窭】 qióng jù 贫穷；穷困。唐李观《与睦州独孤使君论朱利见书》："且此人～于原娄，污辱于韩范。"宋洪迈《夷坚志》支癸卷三："遂漂流鬼国中，烟火聚落，悉如人世。但其人形躯枯悴，生理～。"清刘大櫆《江贞女传》："予不幸值顾氏门祚之衰，幼叔零丁～。"

【穷坑】 qióng kēng 空坑。❶ 比喻难以满足的欲望，犹言欲壑。《五灯会元》卷二〇《焦山师体禅师》："曰：'如何是不是心、不是佛、不是物？'师曰：'～难满。'"宋梅尧臣《依韵酬永叔示余银杏》："～我易满，分饷犹奉亲。"《元曲选·东堂老》二折："你便闯一千席呵，可也填不满你这～。" ❷ 比喻贫穷的处境。《元曲选·青衫泪》三折："偌来大～火院，只央我一身填。"又《东堂老》三折："这业海是无边无岸的愁，那～是不存不济的苦。这业海打一千个家阿扑逃不去，那～你便旋十万个翻身急切里也跳不出。"

【穷空】 qióng kōng ❶ 贫穷；穷乏。唐韩愈《与李翱书》："仆之家本～，重遇攻劫，衣服无所得，养生之具无所有。"宋朱熹《荣国夫人管氏墓志铭》："久不得还家，留故里，日复～，夫人至斥卖簪珥以给用度。"明王慎中《海上平寇记》："君又～，家无餘财。" ❷ 空虚；空无所有。宋王安石《寄曾子固》："我材特～，无用补仓廪。"又《读秦汉间事》："秦征天下材，人作阿房宫。宫成非一木，山谷为～。"

【穷口】 qióng kǒu ❶ 空言；没有实效地议论。宋葛胜仲《与胡学士书》："虽自知岨峿疲暮之人～谈誉，无能增公铢发之重。"方夔《春归杂兴》之二："未脱书生～债，向人时复说文章。"明高启《寓感》之一〇:“末俗矜辩议,～祸之源。” ❷ 缺少食物的嘴,指穷困的生计。清弘历《安徽巡抚书麟奏所属雨泽》:“青黄弗接时,普得糊～。”

【穷忙】 qióng máng ❶ 为生计而奔忙。也泛指忙碌。多用作自谦之词。宋王洋《和吉父赋海棠》之三:“向家庭院花如锦,独为～未得看。”《元曲选·东堂老》楔子:“小弟连日～,有失探望。”清《儒林外史》三一回:“又因这几年～,在外作小生意,不得来叩见少爷。” ❷ 谦指急于要办的事。明《古今小说》卷一:“老身今日有些～,晚上来陪大娘。”△清《九尾龟》一一六回:“兄弟今天还有些～,不能出去。”

【穷面】 qióng miàn 微薄的情面。元施惠《幽闺记》二六出:“子母忙向前,可怜～,暂借安身望周全。”

【穷命】 qióng mìng ❶ 拚命;竭尽性命。唐袁郊《甘泽谣·陶岘》:“摩诃不得已,被发大呼,目眦流血,～一入,不复出矣。”宋朱翌《十月旦日读子美诗》:“～可抵虎,宁畏山林魖。” ❷ 贱命;小命。唐李朝隐《让扬州长史起复第三表》:“臣知万死,岂合触冒?誓毕～,更披肝血。”《元曲选·合同文字》一折:“我这～,只在早晚了也。”清《姑妄言》二二回:“这个样子还杀甚么,不如大家投降,救这～罢了。” ❸ 蹇滞的命运;注定穷困的命。宋苏轼《与章子厚书》:“方其病作,不自觉知,亦～所迫,似有物使。”《元曲选·谇范叔》一折:“〔邹衍云〕贤士不受,可是为何那?〔正末唱〕则俺这～里消他不了。”清《儒林外史》二五回:“自己知道是个～,须是骨头里挣出来的钱才做得肉。”

【穷磨】 qióng mó 胡混。清《白雪遗音·嘛哒摩诃》:“穷蛤螺没作,混摩娑,闲皮赖脸,满世界～。”

【穷贫】 qióng pín 贫穷,也指贫穷的人。唐庞蕴《先须持五戒》:“有财将布施,身即不～。”明李梅实《精忠旗》五出:“后宫艳妆,塞北无衣,翻做～。”清傅泽洪《行水金鉴》卷一七三:“雇夫者雇募～之夫,官给雇工,民乐趋事。”

【穷囚】 qióng qiú ❶ 困顿的囚徒。唐郭仲翔《与吴保安书》:“生人至艰,吾身尽受,以中华世族,为绝域～。”明梁辰鱼《浣纱记》四出:“笑越王海畔～,没来由招祸尤。玩兵邻境,不守边州。”明王守仁《啾啾吟》:“丈夫落落掀天地,岂顾束缚如～。” ❷ 指贫民。宋王安石《收盐》:“～破屋正嗟欷,吏兵操舟去复出。”

【穷阙】 qióng quē 穷乏。唐康骈《剧谈录》卷下:“若此,则母子无患矣。虽然～,当为酬赠。”

【穷冗】 qióng rǒng 犹“穷忙❶”。明高濂《玉簪记》二六出:“我连日～,未曾来看他。”《金瓶梅词话》一二回:“虔婆便问:‘怎的姐夫连日不进来走走?’西门庆道:‘正是因贱日～,家中无人。’”又三五回:“归家便有许多～,无片时闲暇。”

【穷神】 qióng shén ❶ 主管贫穷的神。宋洪迈《夷坚志》补卷一六:“此地有～,适因祷之,旋即致害,意欲先荐也。”元曾瑞《哨遍·羊诉冤》:“我便似蝙蝠臀内精精地,要祭赛的～下的呵吃。”清《白雪遗音·临潼山》:“秦叔宝手拿双锏仔细看,名子露半边。李老爷说这是～来救难,太原盖穷观。” ❷ 犹“穷鬼❷”。《元曲选外编·西厢记》三本三折:“便做道搂得慌呵,你也索觑咱,多管是饿得你个～眼花。”元明《水浒传》六二回:“老爷自晦气,撞着你这～。沙门岛往回六千里有餘,费多少盘缠,你又没一文。”明张四维《双烈记》一三出:“赛多娇,你叫那～出来。我说你劝,他自然知趣。” ❸ 贫穷的神。明《西游记》四〇回:“那行者打了一会,打出一伙～来,都披一片,挂一片,裩无裆,裤无口的。”

【穷市】 qióng shì 旧货市场。宋梅尧臣《观何君宝画》:“后世儿孙不能保,卖入～无须臾。”清宋荦《记宣铜炉》:“都门王济之以一金得之～,旋为济之宗人有大购去。”

【穷厮】 qióng sī 对贫穷、卑微者的蔑称。《元曲选·杀狗劝夫》一折:“他骂道孙二～煞是村,便待要赶出门。”又《看钱奴》二折:“我两个眼里偏生见不的这～。陈德甫,你且着他靠后些。”明王衡《郁轮袍》二折:“这～拿糖哩,他常到你府里么?”

【穷酸】 qióng suān ❶ (读书人)穷而迂腐。宋周必大《淳熙玉堂杂记》卷下:“尝赋诗寄程同年云:‘……寄语浙东程阁老,莫矜红旆笑儒酸。’程答诗末句云:‘有底滑稽堪羡处,金莲烛底话～。’”元薛昂夫《朝天曲》:“党家门户,玉纤捧绿醑。假如,便俗,也胜～处。”清《红楼梦》三五回:“争奈那些豪门贵族又嫌他～,根基浅薄,不肯求配。” ❷ 讥称读书人。《元曲选·㑳梅香》四折:“那～每一投得了官呵,胸腆在九霄云外。”明李乐《见闻杂记》卷八:“而欧君以书来报,分用二十金许。余复之曰:‘读来教吓倒～,弟不能与。’”清《风流悟》八回:“你不过是个～,如何得肯?尊赐断不敢领。”

【穷相】 qióng xiàng ❶ 注定贫困的相貌。唐韦绚《刘宾客嘉话录》:“王承升有妹国色,德宗纳之,不恋宫室。德宗曰:‘～女子。’”明袁于令《双莺传》四折:“可笑你精油嘴,假清标,真～,怎做帮嫖?”清《无声戏》三回:“一面走,一面照,竟不是以前的～。心上暗想着,难道八字改了,相貌也改了不成?” ❷ 穷困的境况、形象、表现。宋元《醒世恒言》卷三三:“当日坐间客众,丈人女婿,不好十分叙述许多～。”明王衡《真傀儡》:“〔众惊介云〕怎么戴起丞相帽来?吓死我也!〔末〕只得演朝仪在傀儡场,假金绯胡乱遮～。”《石点头》卷二:“卢南村当时有家事时,虽则悭吝,也还要些体面。到今贫窘,渐渐做出～形状。”

【穷心】 qióng xīn ❶ 穷尽心思。唐李世民《贬萧瑀手诏》:“至若梁武～于释氏,简文锐意于沙门,倾帑藏以给僧祇,殚人力以供塔庙。”明范濂《云间据目抄》卷一:“公于书无所不窥,尤～国朝典故。” ❷ 保持清净本色的心。唐贾膺福《大云寺碑》:“盛德不渝,尚睹坐棠之化;～靡逮,徒深风树之哀。”宋吕南公《道先贤良以其到郡未及相见》:“山人还是入阛阓,自笑～失本初。”明王世贞《舅氏刘掾自刻归》:“凭陵侠骨千秋起,辽落～径寸悬。” ❸ 客套话,微薄的心意。明《金瓶梅词话》七二回:“虽然二爹不稀罕,也尽小的一点～罢了。”清《红楼梦》三九回:“姑娘们天天山珍海味的也吃腻了,吃个菜儿,也算我们的～。”《歧路灯》七八回:“太太荣寿,俺们情愿尽这一点～。”

【穷嘴】 qióng zuǐ ❶ 犹“穷口❶”。元俞琰《书斋夜话》卷四:“老手旧肐膊,～饿舌头。”△清《糊涂世界》六回:“你这张～真会嚼,真会捣鬼,我有什么明鹭?” ❷ 犹“穷口❷”。清《歧路灯》三八回:“夏天浇园卖菜,到冬天做些生意儿,好赶这～。”

【穹】 qióng 高;价格贵。宋杜绾《云林石谱》卷中:“色深绿者价甚～。”吴自牧《梦粱录》卷一八:“或年岁荒欠,米价顿～。”周密《武林旧事》卷三:“饮食百物皆倍～常时。”

【穹贵】 qióng guì 高贵。元杨翮《送曹元章之金陵序》:“官于是老,率皆名德～之人。”卢挚《湖南宣慰使赵公墓志铭》:“平远之名闻天下,朋游间多～大贤。”明谈迁《谈氏笔乘·先正流闻》:“先辈虽～,于戚属无私厚。”

qiū

【丘八】 qiū bā “兵”的拆字隐语。五代何光远《鉴诫录》卷四:“太祖问:‘击毬之戏创自谁人?’大夫对曰:‘～所置。’”清《姑妄言》九回："他祖籍山西大同府人，代代俱当～。"

【秋】 qiū 瞅；理睬。《元曲选·朱砂担》二折："只道他猛翻身睡觉～，且喜得眼朦胧又打齁齁。"《元曲选外编·陈母教子》二折："打这厮父母教训不～，做的个苗而不秀。"

【秋榜】 qiū bǎng 秋试录取的名榜，也借指秋试。宋洪迈《夷坚志》补卷一八："闽士曹仁杰，淳熙末预～待补。"明孟称舜《娇红记》三三出："郎此去转眼是～之期，只愿一举高登。"清弘历《上元灯词》之七："金粟纷纷桂中落，应缘～兆多材。"原注：今岁八月各直省乡试之期。

【秋采】 qiū cǎi 即"瞅采"。宋佚名《张协状元》五〇出："苦不肯～，今朝奈何都来。"《五代史平话·汉上》："那两个舅舅李洪信、李洪义全不～着知远。"元高明《琵琶记》三一出："他那里谁～，俺这里谁投奔？"

【秋场】 qiū cháng 另见 qiū chǎng。❶ 秋收用的打谷场。唐卢照邻《山林休日田家》："归休乘暇日，馌稼返～。"明袁中道《书雪照册》："每夜月明，露坐～上，相与激扬第一义。"清赵执信《早行学剑南体》："鸡惊人语出村树，马恋夜饲投～。" ❷ 借指秋天的收成。唐李世民《旱蝗大赦诏》："去岁霖雨，既损～；今兹旱蝗，又伤宿麦。"明周世选《观河水涨溢》："田家坐苦～废，园守空嗟露井湮。"

【秋场】 qiū chǎng 另见 qiū cháng。秋季举行的考试的试场。也指秋试。五代黄滔《颖川陈先生集序》："先生之作也，为试官严郎中下都之吟讽，～五十人之降仰。"金元好问《毛氏宗支石记》："承安元年，由州掾属保随朝吏员试～，中甲首。"清《春柳莺》五回："此时正值～，知石生必在应试。"

【秋风】 qiū fēng 假借名义向人索取财物。明汤显祖《牡丹亭》一三出："你待～谁？你道滕王阁，风顺随，则怕鲁颜碑，响雷碎。"清《照世杯·百和坊》："忽然想起一个出贡的朋友姜天淳，现在北直真定作县，要去～他。"《醒世姻缘传》八八回："这年下正愁没甚么给人送～礼哩。这乌菱、荸荠、柑橘之类，都是他这里有的，咱炸些咱家里的东西送人。"

【秋贡】 qiū gòng ❶ 秋季向朝廷进献贡物。唐皮日休《惜义鸟》："商人每～，所贵复如何？"明贝翱《晓望》："万方～入，千骑早朝归。"清弘历《和阗玉款鹤仙图歌》："和阗～致盈区，一握鸡冠报琼玖。" ❷ 秋季地方向朝廷荐送士人。最初随贡物一起荐送，故称秋贡或秋荐。唐代以后须秋试合格后向朝廷荐送，因借称秋试。唐喻凫《送友人下第归宁》："旋应赴～，讵得久乘欢。"元吴澄《邓氏族谱后序》："今通山县主簿希颜，在宋时咸淳癸酉～，以诗赋选中第一名。"

【秋胡戏】 qiū hú xì "秋胡戏妻"的歇后，歇"妻"字，指妻子。明《金瓶梅词话》二三回："你家第五的～，你娶他来家多少时了？"清《醒世姻缘传》三回："是你～，从头里就号啕痛了。"《歧路灯》七二回："你要真真奈何我，我就躲上几天，向家中看看俺那～。"

【秋棘】 qiū jí 举行秋试的试院。院墙插棘刺以防卫，故称。明王世贞《答张肖甫司马书》："贤器入南学，何异得郭林宗。～颖脱，所不足道。"清王如辰《柳城县学记》："时恐～伊迩，由柳而宾，不数日而抵邕。"

【秋荐】 qiū jiàn ❶ 犹"秋贡❷"。五代贯休《送友生入越投知己》："预思～后，一鹗出乾坤。"明《拍案惊奇》卷三二："是年正当～，就依随任之便，雇了一只船往秀州赴试。"清梁恭辰《北东园笔录》四编卷六："是年即膺～，旋成乙巳进士。" ❷ 犹"秋贡❶"。宋王安中《拟进天应颂》："嘉禾～，甘露宵零。羽毛之瑞，金石之英，所在辄闻，来献充庭。" ❸（为祖先或亡灵）在秋季举行祭奠。元胡祇遹《重修羑里文王庙记》："春奠～，仪诚兼至。不威而严，不率而齐。"明管讷《题蓝山簿陈仲素先陇图》："年登老圃收松子，～思亭采木奴。"清吴绮《念奴娇·孝威以予修岘山祠赋词》："采蘋～，偶然为禁樵牧。"

【秋捷】 qiū jié 秋试考中。宋袁说友《成都府学释奠》："拭目诸君快～，胪传高压万人看。"明宗臣《报顾纯一书》："～之望，人心翕归。"清《聊斋志异·细柳》："是年福～，又三年登第。"

【秋解】 qiū jiè 犹"秋贡❷"。解，解送。地方贡士，最初随贡物一起解送，故称。宋洪迈《夷坚志》丙卷一一："此本州今～试榜。"明陈汝元《金莲记》三二出："特免西藩～，径投南省春闱。"

【秋井】 qiū jǐng 即"金井"。五行秋属金。唐杜甫《苏端薛复筵简薛华醉歌》："忽忆雨时～塌，古人白骨生青苔。"宋杨万里《和张汉直》："对著酒船手持蟹，管渠～骨生苔。"清汤右曾《登岘山亭至甘泉寺》："千载牛山共挥涕，古苔～易心哀。"

【秋举】 qiū jǔ 犹"秋贡❷"。宋洪迈《夷坚志》乙卷九："士杰欲应～，母曰：'若素不学，徒有往反费。'"元戴表元《徐使君墓表铭》："试院未揭名，许健者疾足报捷，以邀厚犒。乙卯～，禁卒与马营争其利。"明倪谦《京庠生默庵陈克逊墓碣铭》："今～又不中，郁郁不得志。"

【秋科】 qiū kē ❶ 秋季征收税赋。宋秦九韶《数学九章》卷五下："近将某县下三等税户～餘欠钱米，已与蠲放。"王炎《上卢岳州书》："夏科有钱，～有米，一文一粒以上，并赴使州交纳。" ❷ 秋试。明邵宝《与万汝信提学书》："～得人，方贺教道之振。"李昌祺《剪灯餘话·贾云华还魂记》："二令兄促归亦急，且欲同应～。"

【秋魁】 qiū kuí 秋试考中第一名。也泛指秋试考中。元舒逊《余旧藏朱大同侍郎墨菊》："风韵尚怜存晚节，韶华空忆占～。"明蒋冕《送王信夫司教义宁序》："他日彬彬济济，～春甲，鱼贯蝉联。"△清《青楼梦》六一回："汝两个虽得了一榜～，尚须努力芸窗，再求上达。"

【秋期】 qiū qī ❶ 秋季。唐姚合《酬光禄田卿末伏见寄》："下伏～近，还知扇渐疏。"宋谢逸《点绛唇》："金气秋分，风清露冷～半。"明张羽《立秋日早泛舟入郭》："连霖启～，金气晨已兆。" ❷ 特指秋季审囚。唐李豫《宥京城禁囚敕》："俯临～，将正时宪，……其京城见禁囚犯，流已下罪，并宜释放。"明罗玘《河东运使陈公配梁安人墓志铭》："有死狱当是，而其家人恐～迫，即壁伏，伺公起朝出，潜入投金银器数事。" ❸ 特指秋季用兵。唐吕温《代李侍郎贺收成都表》："陛下以为方暑用兵，触冒害气，……休养磨砺，以须～。"明叶盛《水东日记》卷二："其驭土官，一以威严，～调征，无敢违限三日。"清毛奇龄《赠何仍炎举秀才人军》："朝气能怀组，～早着鞭。" ❹ 秋天的约定。唐白居易《对琴待月》："共琴为老伴，与月有～。"宋岳珂《桯史》卷六："乃诏九江军送二人，捕洪恭等杂验，皆无反状，书所言～乃他事。"明李流芳《夏氏水亭次朱汉生韵》："别君知有～在，应到西兴旧渡头。" ❺ 特指七月七日牛郎织女的约会或约会之期。唐杜甫《一百五日夜对月》："牛女漫愁思，～犹渡河。"明陆深《新秋别》之一："仰视云汉间，牛女将～。"梅鼎祚《玉合记》四〇出："落侯门在深潭万丈，似黄姑把～悬望。" ❻ 秋试之期。唐范摅《云溪友议》卷下："小宗伯得诗，展转吟讽，诚恨遗才，仍候～，必当荐引。"元郑元祐《赠永嘉高生》："异日巍科掇，～又盍簪。"明顾清《送杨承家》："槐黄逼～，腹笥撑突兀。"

【秋石】 qiū shí 用人尿熬制的一种药料。唐白居易《思旧》："微之炼～，未老身溘然。"明李时珍《本草纲目》卷五二："用童男童女尿涇各一桶，入大锅内，桑柴火熬干刮下，入河水一桶搅化，隔纸淋过。复熬刮下，再以水淋炼之。如此七次，其色如霜，……乃～之精英也。”清《歧路灯》五七回：“夏爷昨日晚上吃蒜汁，想是使了人家熬～锅上钱。”

【秋试】 qiū shì 秋季在地方（唐宋为州府，明清为省）举行的科举考试。唐罗隐《陈先生集后序》：“咸通庚寅岁，胶其道于蒲津～之场，自后俱为小宗伯所困不一。”明《二刻拍案惊奇》卷一七：“要等～过，待兄高捷了，方议此事。”清《品花宝鉴》三〇回：“此日正是～二场，刘文泽为什么不应举呢？”

【秋围】 qiū wéi ❶ 同“秋闱”。清《九云记》三回：“渐次～将近，孝廉喻少游道：‘你是略解词章诗赋，幸擢入泮。’”支机生《珠江名花小传》：“岁已卯，～报罢。” ❷（帝王）秋季围猎。清弘历《白马行》：“我从前岁罢～，经年未到南海子。”梁章钜、朱智《枢垣记略》卷二二：“凡扈从行在，两班章京轮流出派，以本年～合次年春围为一班。”

【秋闱】 qiū wéi 犹“秋场（qiū chǎng）”。闱，内室通外室的门。试场以闱为限分内外（阅卷在内，考务在外），因称试场为闱。宋苏轼《复改科赋》：“～较艺，终期李广之双雕；紫殿唱名，果中祢衡之一鹗。”明谢谠《四喜记》一五出：“笔战～，文章官样奇；朱衣头点，姓名虎榜题。”清《两交婚》一一回：“况且～在迩，又恐老母倚闾，亦不敢再留。”

【秋元】 qiū yuán 犹“秋魁”。明任环《延沈西宾书》：“惟～沈大人门下，家传心易，道足师资。”高濂《玉簪记》六出：“〔外〕王通姓名曾选元。〔老旦〕失敬，失敬，原来是位～。”张景《飞丸记》一一出：“〔生〕小子易弘器。〔外〕原来是～先生。”

【秋战】 qiū zhàn 即“秋试”。明王守仁《与徐仲仁书》：“别后日听捷音，继得乡录，知～未利。”清《聊斋志异·周克昌》：“逾年，～而捷。”

【愀采】 qiū cǎi 同“秋采”。清《女仙外史》九回：“可怜老叟妇女跌倒在地，被踹叫号的不计其数。县尹着人吆喝，总不～。”《玉楼春》九回：“文新因想出了神，闷闷的不愀不采。”

【愀问】 qiū wèn 即“瞅问”。脉望馆本《哭存孝》二折：“你怎生便将人不～？”

qiú

【囚】 qiú 囚徒；犯人。用作詈词。金《董解元西厢记》卷二：“打脊的髡～，怎敢把爷违拗？”明《挂枝儿·咒》：“叫着你小名儿低低咒，咒你那薄幸贼，咒你那负心～。”清《飞龙全传》二回：“素梅未及回言，早被匡胤大喝一声道：‘死～，你家的祖宗老爷在此。’”

【囚闭】 qiú bì 囚禁；禁闭。唐白居易《和大觜乌》：“暂曾说乌罪，～在深笼。”宋孙觌《宋故右大中大夫蒋公墓志铭》：“恶少利其赀通橐囊，～栅中无脱者。”清《九云记》一七回：“今已～盘蛇谷中，不满十日，可见全数饿死了。”

【囚捕】 qiú bǔ 逮捕并囚禁。《唐会要》卷五二：“有姓名者，虽已偿讫，悉～，重令偿之。”宋何剡《上仁宗论不宜贷何诚用》：“五坊使杨朝汶因理五坊息利钱，～平人。”

【囚簿】 qiú bù 登录囚犯信息的簿籍。《宋史·刑法志一》：“真宗尝览～，见天下断死罪八百人，怃然动容。”明李梦阳《明故赵府教授王公合葬志铭》：“出阅～半，报安人疾作。”清赵吉士《寄园寄所寄》卷一：“公至署，首视～，凡以都中事株连者，悉慰遣之。”

【囚车】 qiú chē 有囚禁装置的车，押解犯人用。元明《水浒传》三三回：“明日合个～，把郓城虎张三解上州里去。”明王廷陈《发裕州短歌》：“黠卒前来意气雄，当阶缚我～中。”清李玉《清忠谱》二折：“众军士就将韩元帅剥下盔甲，上了镣杻，推入～。”

【囚床】 qiú chuáng 一种可束缚犯人肢体的床形囚具。又称“柙床”“辖床”等。《元曲选·还牢末》三折：“他把我死羊般拖奔入牢房，依旧硬邦邦匣定在～。”明《醒世恒言》卷四：“将他上了～，就如活死人一般，手足不能少展。”

【囚犯】 qiú fàn 被囚禁的犯人。唐李豫《宥京城禁囚敕》：“其京城见禁～，流已下罪，并宜释放。”明梁辰鱼《浣纱记》一三出：“皂隶，你与我唤那三个～过来。”清《醒世姻缘传》一四回：“若有这样受用所在，我老爷也情愿不做那典史，只来这里做～罢了。”

【囚房】 qiú fáng 牢房。清《说岳全传》四九回：“且说燕必显、杨宾两个锁禁在营中，都是每人一间～，紧紧对着。”

【囚服】 qiú fú ❶ 给囚犯穿的标志囚犯身分的衣服。唐杨夔《二贤论》：“及叔牙言夷吾之能，脱～，秉国政，有鲍叔之助，隰朋之佐。”明《二刻拍案惊奇》卷三一：“王世名身穿～，一见两大尹即称谢。”清《绿野仙踪》九六回：“你们身穿～，如何在路行走？” ❷ 身穿这样的衣服。唐韩愈《曹成王碑》：“出则～就辩，入则拥笏垂鱼。”明汤显祖《邯郸记》二〇出：“内鼓介，众绑押生～裹头上。”清《东周列国志》四二回：“使人以王命呼卫侯，卫侯～而至。”

【囚妇】 qiú fù 女囚徒。《新唐书·王义方传》：“会李义府纵大理～淳于，迫其丞毕正义缢死。”明汤显祖《牡丹亭》二三出：“有天条，擅用～者斩。”清《醒世姻缘传》一四回：“看着把珍哥上了匣床，别的～俱各自归了监房。”

【囚缚】 qiú fù ❶ 捆绑；拘禁。唐陆龟蒙《怪松图赞序》：“干不暇枝，枝不暇叶，有若龙挛虎跛、壮士～之状。”宋洪迈《夷坚志》三己卷六：“或有获罪，辄留伴宿，然后～，鞭挞以数百计。”明锺惺《南归柬别刘贞一侍御狱中》：“有言恨未申，何取身～。” ❷ 束缚；拘束。五代徐寅《雅道机要》：“诗有十一不：一曰不时态，……五曰不～。”

【囚根】 qiú gēn 犹“囚胚”。明孙柚《琴心记》八出：“我道甚么人，倒是一个油嘴～。”《金瓶梅词话》一三回：“李瓶儿在帘外听见，骂‘涎脸的～子’不绝。”清《平山冷燕》一四回：“该死的贼～子，这是甚么所在！”

【囚鬼】 qiú guǐ 詈词。骂人形象猥琐。清《绿野仙踪》二〇回：“不换看罢，只吓的魂飞魄散，满身乱抖起来。郭氏道：‘看～样！’”

【囚货】 qiú huò 詈词。骂人窝囊无用。清《绿野仙踪》四五回：“惟有那金不换，身材瘦小，带着些小家子头脸，是个无用的～。”

【囚羁】 qiú jī ❶ 羁留；困居。唐韩愈《凤翔陇州节度使李公墓志铭》：“仆射以孤童～京师，卒能以忠为节自显。”柳宗元《哭连州凌员外司马》：“高堂倾故国，葬祭限～。” ❷ 囚禁羁押。宋孔武仲《寄襄邑辛丁阳叔》：“首领几不完，身复为～。”明孙承恩《王梅翁从祀文山祠纪事》：“北风吹折藻旌旆，仓皇文相遭～。”屠隆《彩毫记》三〇出：“〔生囚服，丑末扮将校押上〕江上～，困杀我英雄豪气。”

【囚籍】 qiú jí 即“囚簿”。唐柳宗元《与吕道州温论非国语书》：“身编夷人，名列～。”《明史·解缙传》：“锦衣卫帅纪纲上～，帝见缙姓名曰：‘缙犹在耶？’”清方苞《跋石斋黄公手札》：“移狱镇抚司考掠者四，一朝而脱～。”

【囚解】 qiú jiè 拘禁押送。清李玉《清忠谱》二折：“丧师辱国，失守封疆，～来京。”昭梿《啸亭杂录》卷五：“诱擒宫里雁并其妾婢六人，及另行拿获之餘党阿占、阿九二人，～赴省。”《后水浒传》四回：“朝中听信，将我二人～东京处斩。”

【囚禁】 qiú jìn ❶关押；拘禁。《敦煌变文校注》卷一《伍子胥变文》：“平王无道，乃用贼臣之言，～父身。”《元曲选·赵氏孤儿》楔子：“其公主～在府，断绝亲疏，不许往来。”清《野叟曝言》一一五回：“只把万岁爷～木笼之内这一件上，也该吃他脑子了。” ❷指被关押的人。唐李宏《谏逃军配没家口疏》：“亦有限外出首，未经断罪，诸州～，人数至多。”宋张守《乞疏决狱囚札子》：“至如近日暑气渐隆，～不少。祖宗令典，不宜废用。”元苏天爵《建言刑狱五事》：“诸被～，不得告举他事。” ❸拘束；束缚。金李道玄《警妄》：“已受皮囊～苦，犹言父母未生前。”元孙叔顺《一枝花》：“绣帏中受坎坷，锦帐内挨～。”

【囚阱】 qiú jǐng ❶监狱。阱，捕兽的陷坑。《明史纪事本末》卷七一：“伍思敬、胡遵道以侵占牧地细事，而径置～，草菅士命。” ❷关进牢狱。明《梼杌闲评》三一回：“生员伍思敬、胡遵道等，以侵地细事，以致～。”

【囚窘】 qiú jiǒng 束缚困窘。《旧唐书·董重质传》：“重质见其子，知城已陷，及元济～之状，乃慨然以单骑归诉。”明田汝成《自石屋洞至法相寺》：“旷志忆逍遥，劳歌厌～。”清钱谦益《石笋矼》：“或宫而障围，撑拄匪～；或如经天星，未及冈而陨。”

【囚拘】 qiú jū ❶束缚；受束缚。唐胡曾《谢赐钱启》：“～翰墨，困厄尘泥。”金赵秉文《和渊明拟古》之三：“曲士窘～，一身无容居。”明凌义渠《病起》之二：“见人肃跪拜，裹头对诗书。视息苟未免，吾敢厌～？” ❷受束缚的人；囚徒。唐独孤及《贺赦表》：“洗荡痕垢，咸使维新，牢狱空虚，～荡涤。”元张养浩《胡十八》：“人笑余，类狂夫；我道渠，似～。为些儿名利损了身躯。”明王世贞《鞠歌行》：“相仲父，出～，霸齐曷繇管夷吾。” ❸指被囚禁的时期。清刘大櫆《祭望溪先生文》：“其治三《礼》，半在～。死而后已，其生不虚。”

【囚军】 qiú jūn 对士兵的蔑称。明《西洋记》一九回：“咱爷的雄兵几十万，那里少了这五十名害病的～。”又三三回：“若有半个不字，……我教你这些大小～尽为齑粉。”

【囚困】 qiú kùn 被囚禁，遭困厄。宋洪迈《容斋续笔》卷一：“公～于淮西，屡折李希烈。”明杨爵《与田道充主簿书》：“次日起更时复下狱中，～之状固一同于往时。”

【囚牢】 qiú láo ❶监牢。宋范浚《蔡孝子传》：“亲有劳苦不肯一勤其手足代之，其肯杀身以出父于～中乎？”《元曲选·救孝子》四折：“全凭着这令史口内词因，葫芦提取下招伏，到如今苦陷～。”清《续金瓶梅》三六回：“一条绳子拴去，……打入～。” ❷囚禁在监牢中，或被囚禁在监牢中的。《元曲选·黑旋风》四折：“借坐衙内放告牌，引得他人插状来。专待～身死后，方才做了永远夫妻大称怀。”清《女仙外史》五九回：“可点老弱军兵及～死犯，任他杀去数百，于我无损也。” ❸用作詈词，犹言被判刑坐牢的。清《醒世姻缘传》七九回：“我知道你这～忘八合小淫妇蹄子有了帐，待气杀我哩。”

【囚累】 qiú lěi ❶监牢。宋郑獬《留侯庙》：“韩彭死铁钺，萧樊困～。” ❷束缚；约束。金姬志真《玉女摇仙》：“太极形生，鸡黄乍判，散作万殊千异，总被形～。” ❸囚禁；被囚禁。明归有光《山斋先生文集序》：“设不幸陷于罪戮，旁观者不出力以争之，则～孤臣，糜死无日矣。”朱右《吊贾生赋》：“箕子之忠谏兮终于～，洪范之不陈兮吾将曷归。”清汪森《粤西文载》卷七一：“父～频年，子违侍万里。” ❹借指囚徒。明徐渭《奉答冯宗师书》：“言笑以上，尚有纤微，未敢辄及。惟函丈垂谅，不以～而犬豕之。”屠隆《彩毫记》二八出：“遭桁械，作～，命属悬丝苦怎捱？”

【囚粮】 qiú liáng 配给囚犯食用的粮食。唐赵璘《因话录》卷六：“其家质田以赂狱吏，鬻衣以备～。”清陈端生《再生缘》一六回：“小房之内好凄凉，只有门来没有窗。芦席一条随地卧，～三次任他吞。”《醒世姻缘传》五一回：“珍哥此番入监，晁家断了供给，张瑞风又被打死，只得仰给～，苟延残命。”

【囚笼】 qiú lóng 关押鸟兽、犯人的笼子。宋陈造《过樊村》：“儿日～鸟，今朝纵壑鱼。”金曹之谦《东坡赤壁图》：“五年一梦落江海，翩然野鹤开～。”清《镜花缘》九七回：“武四思被乱箭射死，家眷打入～。”

【囚掳】 qiú lǔ ❶捕捉囚禁。宋曹勋《进前十事札子》：“今日虽被～，头可断，拜不能设。”《三朝北盟会编》卷一二三：“皇弟信王脱于～，集兵山谷。” ❷俘虏；囚徒。宋佚名《昭忠录》：“军败国亡，至为～，其当死久矣。”明何景明《东门赋》：“死为王侯，不如生为～。”

【囚囊的】 qiú náng de 同“囚攮的”。清《野叟曝言》五三回：“怎一赶就散了？好～，那样的跑法！”

【囚攮的】 qiú nǎng de 詈词。囚徒造下的后代。攮，指男子性交动作。明徐复祚《投梭记》一一出：“〔净〕原来是夜叉鬼婆。〔丑〕～，骂老娘！”《型世言》九回：“崔科～，得了咱钱，又不已咱造册。”清《飞龙全传》三九回：“这黑～，要问河洗澡。这样可恶，把我按这一交。”

【囚奴】 qiú nú ❶囚徒和奴隶；被囚禁之人。唐柳宗元《箕子碑》：“是用保其明哲，与之俯仰，晦是谟范，辱于～。”宋田锡《贻梁补阙周翰书》：“使其人为～，为俘虏，为负贩，为仇雠。”明蓝智《闻诏》卷八：“商旅歌趋市，～罢入官。” ❷用作詈词。明《金瓶梅词话》七八回：“贼少死的～，你平白在这里听甚么。”清《说岳全传》一九回：“你这些～，不知天理的，把中原天子如此凌辱。”

【囚胚】 qiú pēi 詈词。囚徒胚子。清《都是幻·写真幻》六回：“我池上锦分明是一个饿死的～，不料今日享用这般乐事。”

【囚起】 qiú qǐ 囚禁起来。明《杨家将演义》二回：“即令将陷车～，连夜点二百餘人，解送呼延赞入绛州请赏。”清《野叟曝言》一三二回：“日本关白木秀夫妇奇淫极恶，将倭王～，日夜练兵，欲雪败降之耻。”

【囚气】 qiú qì 气度畏缩不振。清《绿野仙踪》四七回：“一会儿想着何公子少年美貌，跟随的人都是满身绸缎，气昂昂旁若无人；又低头看了看张华，睡在脚底下，甚是～。”

【囚辱】 qiú rǔ 囚禁侮辱；遭囚禁受侮辱。唐李漼《遣使宣慰徐宿二州敕》：“～廉使监军，戕害小使大将。”明梁辰鱼《浣纱记》二七出：“遭～，深仇昼夜萦心曲。”清《女仙外史》八七回：“而又族灭忠臣数千家，夫人小姐～教坊，守节自尽者不知多少。”

【囚食】 qiú shí 犹“囚粮”。《唐律疏议》卷二九：“即减窃～者，不限多少，笞五十。若由减窃～，其囚以故致死者，减窃之人合绞。”明陆深《将仕佐郎孙公墓志铭》：“公在刑部，尽心职事，时命狱吏清圊舍，捐俸佐～。”王世贞《浙三大功臣传·王守仁》：“故尚书侍郎家，畜猪饲以～，甚腯。守仁悉杀以享狱卒及囚。”

【囚室】 qiú shì 犹“囚房”。《唐开元占经》卷二六：“昴者，天之～。”宋洪迈《夷坚志》丁卷一：“乃遣孔目吏入～，阳与好言探迹。”清《隋唐演义》五一回：“梦见一条黄龙盘踞～之内。”

【囚送】 qiú sòng 犹“囚解”。《唐会要》卷五五：“此是槛车，～罪人至京师者。”明《禅真逸史》三八回：“将皇甫实套住，拖下马来，蛮兵活捉，～土官去了。”清钱谦益《工部右侍郎赠尚书程公传》：“公列上其罪状，诏～高墙。”

【囚所】 qiú suǒ 狱所；监房。《新唐书·高宗废后王氏传》：“帝念后，间行至～，见门禁锢严。”宋孙应时《余安世斩蛊传》：“靖则缓步至～，意貌闲暇。”明杨爵《偶有感》之一：“醉后自忘安险处，误将～作蓬莱。”

【囚锁】 qiú suǒ 囚禁；禁锢。唐陆龟蒙《甫里先生传》：“遇事辄变化，不一其体裁。始则凌轹波涛，穿穴险固，～怪异，破碎阵敌，卒造平淡而后已。”宋《三朝北盟会编》卷二二七：“归于朝廷，如投父母，反被～，复送虏廷。”明邓钹《致道观七星桧》：“六子莫～，帝招遣巫阳。”

【囚囤】 qiú tún 囚禁。清《醒世姻缘传》九回：“时常凌逼正妻计氏，不与衣食，～冷房。”又：“将都女～冷房，断绝衣食。”

【囚伍】 qiú wǔ 被押解的囚徒形成的队伍。也指囚徒。元许有壬《安伯宁知府墓志铭》：“傅尉者有罪，遇，原朝服出迓。公叱曰：‘汝～也，而与命官列乎？’”明《型世言》七回：“干戈一夕满江关，执缚竟自羁～。”《梼杌闲评》三五回：“便成～向长安，满目尘埃道路难。”

【囚下】 qiú xià 拘禁并打入(监狱、囚笼等)。宋陈东《大雪与同舍生饮太学初筮斋》：“便驱飞廉～酆都狱，急使飞雪作水流潺潺。”明徐复祚《投梭记》二九出：“把槛车～钱凤，解京献俘。”清《飞龙全传》五八回：“即令～来使，以书呈报世宗。”

【囚养的】 qiú yǎng de 犹“囚攮的”。明《鼓掌绝尘》三八回：“这～，苍蝇带鬼脸，好大面皮。”

【囚衣】 qiú yī 犹“囚服❶”。宋韦骧《次韵和邓德夫再和书怀》：“～应足虱，吏案已胜驼。”明陈汝元《金莲记》一九出：“我欲归休瑟渐稀，堪悲秋着赭～。”清《绿野仙踪》九六回：“各带着手肘铁炼，穿着～步走。”

【囚帐】 qiú zhàng 即“囚簿”。《唐会要》卷四〇：“大理少卿胡演进每月～，上览焉。”《宋史·刑法志一》：“雍熙元年，令诸州十日一具～及所犯罪名、系禁日数以闻。”明归有光《送恤刑会审狱囚文册揭帖》：“该本县具上～：除军徒外，凌迟处死三名口，斩罪五十一名，绞罪二十五名。”

【囚桎】 qiú zhì 犹“囚锁”。桎，束脚的刑具。唐沈佺期《被弹》：“昆弟两三人，相次俱～。”

【求趁】 qiú chèn 赚取(生活所需)。宋洪迈《夷坚志》三已卷九：“淳熙十六年，年三十有六矣，到池州建德市～。县人李二郎喜其技艺精巧。”《元典章·刑部四》：“有妻义父蔡林并妻蔡佛姑，嗔责不行～衣饭，时常将伊弃逐打骂。”明徐畛《杀狗记》六出：“今日里急离我门，街坊上，街坊上别行～。”

【求祷】 qiú dǎo ❶ 祈祷；祷告。《法苑珠林》卷三一：“父母哀哭，～鬼神。”金姬志真《祝真常真人寿》：“命蒂栽培高厚先，无穷岂与人～。”清《万花楼》五回：“既蒙老公公和众位指教，我前往～神明便了。” ❷ 指祈祷的仪轨或方法。明《西游记》四五回：“国王道：‘……若祈得一场甘雨，济度万民，朕即饶你罪名，……’行者笑道：‘小和尚也晓得些儿～。’”

【求伏】 qiú fú 央求认错。明《醒世恒言》卷三六：“只说强占有夫妇女，……想他是个举人，怕干碍前程，自然反来～。”

【求丐】 qiú gài ❶ 乞讨。唐李濯《疾愈推恩敕》：“如遇风雪之时，病者不能～，即取本坊利钱，市米为粥，均给饥乏。”宋洪迈《夷坚志》丁卷六：“每日～得百钱，仅能菜粥度日。”明李乐《见闻杂记》卷一〇：“其丑者或瞎其目，或断其手脚指，教以～话行乞焉。” ❷ 求取；索求。唐戴孚《广异记·谢二》：“南游江淮，～知己，困而无获。”宋司马光《涑水纪闻》卷一一：“凡名称、礼数及～之物，当力加裁损。” ❸ 借重。明史鉴《论郡政利弊书》：“贿赂权豪，以相请托；～里老，以复保充。”

【求告】 qiú gào 央求别人帮助或饶恕。《法苑珠林》卷九五：“妾得其父书云：比日困苦，欲有～。”六十种曲本《琵琶记》二五出：“前日婆婆没了，已得张太公周济。如今公公又没了，无钱资送，难再去～他。”清《说岳全传》七五回：“那解官吓得魂飞胆丧，只是磕头～。”

【求化】 qiú huà ❶ 募化；僧道人等求告施舍。唐杜荀鹤《题战岛僧居》：“接船～惯，登陆赴斋疏。”宋洪迈《夷坚志》支戊卷一：“主僧议修堂殿，度须五百千。正拟精择廉干者出外～。”清《续金瓶梅》五五回：“罗刹化身向舍利佛～佛目，佛说：‘凡所希求，无不可施。’” ❷ 叫化；乞讨。宋洪迈《夷坚志》支戊卷一〇：“丐探篹中，惟存七钱，自相尤责曰：‘早来方收拾得七十钱，穿得一串，藏护甚谨。此外又～得此七钱，不在数内。’”明《梼杌闲评》一七回：“一日，来了个大户家的宅眷烧香，进忠扯住～。只见内中一个老妪道：‘可怜他本不是个花子。他是外路客人，被贼偷了。’”△清《薛刚反唐》一回：“那妇人肩背上背着一张哀单，流泪～。”

【求恳】 qiú kěn 恳求。宋觉范《代求济书》：“刚而有礼，人不得而疏亲；明而无私，士实乐于～。”明袁于令《西楼记》一二出：“率领于家狼仆，打毁墙屋，扎诈银两，即刻驱逐。母亲再三～姑缓。”清《荡寇志》七二回：“我再三～你，你恁的这般性儿。”

【求楼】 qiú lóu 同“毬楼”。元石君宝《紫云庭》四折：“将蛾眉涩道登，到～软门外。”

【求浼】 qiú měi 央求；求告。元明《水浒传》三〇回：“见今当牢节级姓康的，和孩儿最过得好，只得～他如何。”清《载花船》八回：“也央人～良辅，访他儿子的耗。”《绣戈袍》九回：“老妇见公子不肯下顾，又向天海～。”

【求觅】 qiú mì ❶ 索要；讨取。五代高鸿渐《请禁丧葬不哀奏》：“当殡葬之日，被诸色音乐伎艺人等作乐，～钱物。”《元曲选·灰阑记》四折：“俺哥哥只为一载之前，少吃无穿，向我～。”明《醒世恒言》卷一五：“思量得盏茶来解渴便好，正无处～。” ❷ 叫化；乞讨。《元曲选·勘头巾》三折：“争奈家贫，无计所柰。每日向街市～钱钞，回家奉母。”

【求祈】 qiú qí ❶ 征收。五代孙光宪《北梦琐言》卷一：“葆光子同僚尝买一庄，喜其无税。乃谓曰：‘天下庄产，未有不征。’同僚以私券见拒。尔后子孙为县宰定税，～不暇。” ❷ 祈求。辽佚名《安次县祠起建堂殿并内藏埤记》：“因果～，功效既就。姓名欲垂，镌琢玩石。”元《三遂平妖传》一回：“多将香烛纸马拜告真君，～子嗣。”

【求乞】 qiú qǐ ❶ 犹“求化❶”。《法苑珠林》卷五七：“逢一道人，说偈～，王即许之。”金王喆《纸旗上书》：“饥时街上来～，只要人间自肯钱。”明《西游记》四四回：“我有一个叔父，自幼出家，削发为僧。向日年程饥馑，也来外面～。” ❷ 犹“求化❷”。《太平广记》卷一四六引《定命录》：“随路～，于船上卧。”明邵璨《香囊记》一七出：“不免拾去卖几文钱，路上做盘费，也强似沿门～。”清《续金瓶梅》四九回：“多有游人在郊外饮酒。这花子们因此不在城里，都来野外～。” ❸ 犹“求觅❶”。《法苑珠林》卷八二：“周既事进，进屡从～，以赈贫饿。”宋苏轼《广州东莞县资福禅寺罗汉阁记》：“若复邻人，从其～，一爪一发，终不可得。”明《醒世恒言》

卷三："望见土房一所，想必其中有人，欲待～些汤饮。"

【求守】　qiú shǒu　请求。同义连用。唐李贤注《后汉书・窦融传》："守，犹'求'也。"张鷟《游仙窟》："千思千肠热，一念一心焦。若为～得，暂借可怜腰。"《敦煌变文校注》卷三《燕子赋(一)》："雀儿被禁数日，～狱子脱枷。"

【求诉】　qiú sù　诉求；申述理由并提出要求。唐赵昷《对乡贡进士判》："试可乃已，何至是乎？公使湮沈，坐令～。"明徐复祚《一文钱》六出："如今特来～，还望我佛慈悲，令彼披云见月。"清《聊斋志异・崔猛》："兄弟冤愤莫伸，诣崔～。"

【求讨】　qiú tǎo　❶ 犹"求觅❶"。明李贤《杂录》："今之士大夫，闻丧且用～挽诗。数月延缓，哀戚之情甚略。"《二刻拍案惊奇》卷一二："有人得知此说的，千斤币聘，争来～，严蕊多不从他。"清《万花楼》二二回："杨元帅前日有本回朝，～救兵。"❷ 犹"求觅❷"。明徐霖《绣襦记》三一出："〔生〕奶奶，～些。〔小旦〕看你不像叫化的。"《醒世恒言》卷二七："见一个乞丐女儿，止有十数岁，在街上～。"清《后西游记》二二回："就是一个～乞儿，也有人矜怜赏助。"

【求托】　qiú tuō　❶ 请求托付。唐李朝威《柳毅传》："不幸见辱于匪人，今则绝矣。将欲～高义，世为亲戚。"元许衡《慎微》："是以在下希进之人～近爱，近爱不察，乃与之为地。"清《女仙外史》二七回："岂是那一班干名希誉，～门墙，希传衣钵，称为弟子门生者比耶？"　❷ 请求搀扶。宋杨无咎《瑞鹤仙》："扶归鸳帐，不褪罗裳，要人～。"

【求寻】　qiú xún　❶ 寻访；寻求。《太平广记》卷四引《神仙传》："帝即遣使者与度世共之华山，～其父。"宋度正《八月中浣同官会于尘外亭》："～鸥鸟盟，摆脱簿书缠。"明利玛窦[意]《几何原本》卷三："甲乙丙丁圜，～其心。"　❷ 探求；探究。《敦煌变文校注》卷五《维摩诘经讲经文(三)》："虑后见，乱～，意净终无秽恶侵。"宋张伯端《西江月》："此道非无外有，非中亦莫～。二边俱遣弃中心，见了名为上品。"明庄昶《送许生还上虞序》："吾于此未尝不嘉其志，而又未尝不恨其穷也。不然，吾自有乐地，夫何恨其将反而～乎。"

【求询】　qiú xún　征询；征求。宋张邦基《墨庄漫录》卷七："政和间，朝廷～三代鼎彝器。"桑世昌《兰亭考》卷五："唐太宗于右军书特留睿赏，贞观初下诏～殆尽。"

【求讯】　qiú xùn　究问；审问。宋林希逸《离骚》："委命于天而欲～于冥漠之内，此诗人之真情也，何有于虚诞？"元佚名《三台令》："款曲偷身步月行，遂扣向书斋～。"清佚名《梼杌近志》："五荣骇，即拉当儿赴县为证，而诉如松与所狎陈文等共杀妻。知县汤应～无据，狱不能具。"

【求嘱】　qiú zhǔ　请求嘱托。敦煌词《十二时・禅门十二时曲》："阎罗索命难～，积宝陵天无用处。"宋朱熹《按唐仲友第三状》："内说计嘱周士衡论分公事，及妇人李六娘诉王静及弟子鲍双入宅～犯奸公事。"明焦竑《玉堂丛语》卷四："有～者，姑应之曰：'俟他日老父自言之。'"

【屎】　qiú　男性生殖器，也用作詈词。清《歧路灯》三六回："管老九那个～孩子，少调失教。"

【球】　qiú　同"屎"。明《绣榻野史》卷上："当初我与他炒茄茹，还嫌我的～儿大。"《禅真后史》一三回："叵耐那秃～无状，委实恼人。"清《飞龙全传》八回："这些驴～入的，怎么一个也不见？"

【毬楼】　qiú lóu　即"毬路"。《元曲选・燕青博鱼》二折："他把我个竹眼笼的～蹬折了四五根。"又《扬州梦》一折："接前厅，通后阁，马蹄阶砌；近雕阑，穿玉户，龟背～。"

【毬镂】　qiú lòu　即"毬路"。宋庞元英《文昌杂录》卷三："寒食则有假花鸡、～鸡子。"

【毬露】　qiú lòu　即"毬路"。宋刘道醇《五代名画补遗》："夫人乃刻作瑞莲山龛门，雕成细真珠八花～重网。"邵伯温《邵氏闻见录》卷八："出判北京，特赐笏头～金带，佩鱼。"

【毬路】　qiú lù　一种球形的装饰图案。路，纹路。宋岳珂《愧郯录》卷一二："端拱中，诏作瑞草地、～文、方团胯带。"宋元《古今小说》卷三三："韦义方把舌头舔开朱红～亮隔看时，但见：朱栏玉砌，峻宇雕墙。"清弘历《题古玉谷璧》："粟纹平欲尽，～直犹存。"

【虬健】　qiú jiàn　❶ 结实。元王和卿《一枝花・为打球子作》："旧作杖结束得都～，绒约手扎拴的彩色鲜。"　❷ 遒劲；曲折雄健。明王世贞《损本三君法书》："或锋利若错刀，或～如铁丝。"赵崡《石墨镌华》卷三："但其笔法～，波拂处大类褚河南。"清林侗《来斋金石考略》卷中："乃行书，甚～有致。"

【虬箭】　qiú jiàn　❶ 计时漏壶中显示时间刻度的箭，虬形。唐王勃《乾元殿颂》："蝉机撮化，铜浑将九圣齐悬；～司更，银漏与三辰合运。"明梅鼎祚《昆仑奴》二折："～传宵漏，鸡人报晓筹。"清彭孙遹《中秋应制》："虹桥舒夕霁，～报新晴。"　❷ 指时光。唐裴漼《少林寺碑》："～不居，光尘易远，虹梁所指，象设犹存。"

【虬结】　qiú jié　盘曲交结；堆积。宋洪迈《夷坚志》丁卷九："(鳅鳝)乃悉缘著屋壁，累累欲上，而无所届，缭绕～可畏。"明袁中道《广济寺宝藏禅师行实》："僧晨起开户，见师立雪中，冰雪～敝衲。"清《野叟曝言》二回："生得暴眼赤腮，油头紫面，一部落腮胡，脑后项间青筋～。"

【虬筋】　qiú jīn　❶ 曲结的筋。明《禅真后史》四三回："不觉沉醉，就于灯下裸起乌丛丛～盘绕的两只大臂膊。"清《隋唐演义》三七回："只见他浑身～挺露，石块打着，都倒激了转来。"　❷ 比喻曲结状的枝干。明张渊《题白石翁画虞山古桧》："鹤骨～左纽文，雷裂霜皴古秋色。"

【虬楼】　qiú lóu　同"毬楼"。《元曲选・抱妆盒》二折："一划的织锦绣翡翠帘栊，朱红漆～亮槅。"

【虬漏】　qiú lòu　虬箭和滴漏，计时装置，借指其显示的时间。辽耶律孝杰《仁懿皇后哀册文》："繐旌转兮霜波卷，～长兮鱼烛暖。"明孟称舜《娇红记》二〇出："鸡声催晓，～已残，如今只得告去。"清宋荦《恭颂万寿诗》："螭头交戟鹓班侍，豹尾随车～逡。"

【虬镂】　qiú lòu　同"毬镂"。《元曲选・谢金吾》一折："把那金钉朱户，～亮槅，拆不动的都打烂了吧。"

【虬曲】　qiú qū　盘曲；盘曲貌。元杨翮《松涧堂记》："(松)皴鳞古鬣或若翔，～直异状诡谲。"明《徐霞客游记》卷一下："(松)蟠枝～，绿鬣舞风，昂然玉立半空。"清钱谦益《有学集》卷四六："作枯木皱石，～蟠郁，亦所谓肺肝槎牙生竹石也。"

【虬屈】　qiú qū　同"虬曲"。《旧五代史・周书・齐藏珍传》："人以鳝鱼馈臣者，视其盘中～，一如蛇虺之状。"宋邓椿《画继》卷三："所作枯木，枝干～无端倪。"明袁中道《游居柿录》卷四："道旁有古槐一株，甚～。"

【䡖话】　qiú huà　迫人屈服的话。明《隋史遗文》七回："叔宝是何等男子，受他颠簸？早知是王小二央来会说～的乔人了。"

qū

【区廛】　qū chán　市区；市井。廛，民居。宋林之奇《问候陈都大书》:"某里居逾年,粗安～之守。"元佚名《黄孝子》二四出:"还过重重村落,又行来攘攘～。"

【区处】 qū chǔ 另见 qū chù。❶ 处置;处理。唐柳宗元《为刘同州谢上表》:"臣出自诸生,不习为吏,有恇懦之质,无～之能。"元《通制条格》卷一九:"诸草贼招捕既平之后,仍须～得宜,防备周密。"清《隋唐演义》二一回:"一面移文齐州,要他跟缉陈达、牛金并银两。薛亮羁候,俟东都回文～。" ❷ 规划;安排;安置。唐权德舆《宣州响山新亭新营记》:"因其爽垲,乃列营署。度野以步,度堂以筵,上栋下宇,各有～。"金张师颜《南迁录》:"十月五日,幸中山府舍之绍空诸寺观,～有条,至者如归。"清钱泳《履园丛话》卷四:"或以古墓相连,或以瓦砾难种。兹欲～农民必其开垦而成熟之事,亦难矣。" ❸ 计议;商量;打算。宋真德秀《西山政训》:"仰诸县今后遇有军期行下官,从长～,务令不劳而办。"《元曲选·窦娥冤》一折:"待我慢慢的劝化俺媳妇儿,待他有个回心转意,再作～。"清《醒世姻缘传》八六回:"这城里侧近有个尼姑庵,我且送你到那里存歇,再做～。" ❹ 分情况对待或揭示。宋苏轼《东坡志林》卷五:"国之有奸也,犹鸟兽之有鸷猛,昆虫之有毒螫也。～条理,使各安其处。"龚明之《中吴纪闻》卷一:"经南向,史西向,子、集东向。标之以油素,揭之以油黄。泽然～,如蛟龙之鳞丽,如日月之在纪,不可得而乱矣。"《元典章·台纲一》:"所有合行条画,逐一～于后。" ❺ 筹措;措集。元高明《琵琶记》一〇出:"若是孩儿在家里,也会～裨补,也不到得恁地狼狈。"明王守仁《议夹剿兵粮疏》:"见在前银不足支用,就欲别项～,但恐缓不及事。"《金瓶梅词话》三一回:"贽见之礼连摆酒并治衣类鞍马,少说也得七八十两银子,那里～?" ❻ 处置的办法;主意。《元曲选·赚蒯通》三折:"到那里若是真风魔便罢,若不是风魔,必然赚得将来,小官自有个～。"明王守仁《晓谕安仁餘干顽民牌》:"若过限不改,不必再加隐忍姑息,徒益长奸纵恶,即便密切指实申来,以凭别有～施行。"清《飞龙全传》二回:"我也别无～,但你既是放心不下,那大名府的总兵是我年侄,待我与他一封书,叫他在那里照管一二。" ❼ 事项。清《歧路灯》七二回:"太爷差小的送少爷,叫到二堂吩咐半天,都是紧要～。"

【区处】 qū chù 另见 qū chǔ。地方;处所。《新唐书·杜羔传》:"有媪辨对不凡,乃羔母,因得奉养,而不知父墓～,昼夜哀恸。"明王衡《真傀儡》:"〔使〕相公,怎得个朝衣谢恩才好。〔众〕怎么讨起朝衣来?〔末〕这～怎得有来?"清《蜃楼志》一九回:"奈这乌归镇是个小～,又值兵戈之际,商贾不通,所以生涯淡泊。"

【区划】 qū huà ❶ 处置;处断。宋魏了翁《朝奉大夫李公墓志铭》:"公受檄,行视诸仓,～平允。"明《禅真后史》二三回:"怎么～,可以两全?" ❷ 谋划;筹措。明王守仁《上晋溪司马书》:"然此二端,彼省镇巡已尝会奏举行。生虽复往,岂能别有～。"清《飞龙全传》四三回:"孤实有事相求,愿闻～。" ❸ 疆界;疆域。明徐献忠《吴兴品水赋》:"故乃东折会稽,西连故郭。天目朗其南,耸具～。"

【区画】 qū huà ❶ 规划;设计。宋袁韶《钱塘先贤传赞》:"为之～,外堂内室,周以廊庑,门垣桥径,各当其置。"清李渔《闲情偶寄》卷四:"或登最高之台,或居极敞之地,往往携炉自随,风起灰扬,御之无策。始觉前人呆笨,制物而不善～之,遂使贻患及今也。"《东周列国志》七五回:"武亲自～绳墨,布成阵势。" ❷ 同"区划❷"。宋司马光《上许州吴给事书》:"所讥切皆当世之病,所～皆应事之宜。"明《禅真后史》八回:"我学生还有一好机会为令郎～。"清吴伟业《太傅兵部尚书吕忠节公神道碑铭》:"次与其属讲求～,定期会之,令以趣办。" ❸ 同"区划❸"。宋刘宰《雅去鹊来篇》:"厥初经界失～,比近立租相什伯。"金张师颜《南迁录》:"及诛废其喜事贪功之将相,始定南疆北界之～。"清蓝鼎元《论潮普割地事宜书》:"急为转圜,改定～,使两邑皆受奠安之庆。" ❹ 同"区划❶"。明《平妖传》一〇回:"东一张西一望,只等和尚到来～这事。"《封神演义》三七回:"你与武吉好生守城,不必与张桂芳厮杀;待我回来,再作～。"

【区老】 qū lǎo 同"躯老❷"。元佚名《错立身》一二出:"庄家调判,难看～。"

【区里】 qū lǐ 乡里。明杨士奇《鲍处士墓志铭》:"尝长～徭赋,数出资以代细民之不胜事者。"徐有贞《纪游》:"哀哀～间,民生浸凋瘵。"清乾隆四四年《江南通志》卷一一四:"～之长,岁有例输官。"

【区理】 qū lǐ 处理;办理。宋曾协《右中散大夫强公行状》:"日阅讼牒千餘,～郡事,一府厌服。"洪迈《夷坚志》补卷一六:"明旦～家事,而检校庄租簿书尤力。"清蔡世远《翰林院检讨董公墓志铭》:"以今春正月卜葬,附身附棺,公皆力疾～。"

【区谋】 qū móu 谋划。清张汉《鄂城纪事诗》:"衡阳大将善～,第一关心是岳州。"

【区畔】 qū pàn 界限。元汪泽民《婺源三梧镇汪端公祠堂碑铭》:"具石征记田之～,勒诸石后,用垂永久。"《明史·张孟男传》:"或谓奈何耘人田。孟男曰:'公家事,乃画～耶?'"

【区署】 qū shǔ 官署;官员办公及居住的场所。《新唐书·房琯传》:"广温泉为华清宫,环宫所置百司～。"宋任广《书序指南》卷二:"廨宇曰～。"明袁宏道《纪梦》:"至一～,朱门画戟,有若王宫。"

【区数】 qū sǒu 人或物聚集的地方。《新唐书·吐突承璀传》:"诸道岁进阉儿,号'私白'。闽岭最多,后皆任事,当时谓闽为中官～。"宋朱熹《伊洛渊源录》卷二:"洛实别都,乃士人之～。"明祝允明《吴县令邝君遗爱碑》:"况吴之为聚也,巍岩巨浸,财赋～。"

【区析】 qū xī ❶ 分析;辨析。唐严挺之《大智禅师碑铭》:"～理义,多所通括。"宋林之奇《祭李和伯文》:"吾差商论,蜂午间出,邪正是非,毫厘～。" ❷ 区分;分别。宋姚勉《混一内外疆域图序》:"其法如坡翁之《指掌图》,汇列～,江而淮,襄而蜀,……以至不毛之地。"明李东阳《先叔父前金吾左卫百户李公墓志铭》:"宾祭馈赠,礼至无算;经制～,举无遗憾。" ❸ 分离;分开。宋吕陶《枢密刘公墓志铭》:"降羌迁则生变,宜假宴犒,渐移徙至太原。并边既无虞,比次～于华人之中,久则吾民矣。"林希逸《秘阁提刑侍讲陈公墓志铭》:"以今准昔,针砭其源,随证～,约以规绳。"

【驱】 qū ❶ 被役使的人;奴隶。元《通制条格》卷二:"乙未年附籍民户,壬子年于他人户下作～抄上或漏籍,仰改正为民。"《金史·太宗纪》:"军兴以来,良人被略为～者,听其父母夫妻子赎之。" ❷ 奔走的人;使者。明朱元璋《述周谊驱无宁日》:"因是周谊兄弟父子往来为～,直至殁身者有之,生而复至者有之。"

【驱差】 qū chāi 驱使;差遣。明汤式《一枝花·赠人》:"转储胥周馈饷掌上裁划,抚疲羸得营逸阃外～。"

【驱趁】 qū chèn 驱赶;突然袭击。唐来鹄《偶题》之二:"可惜青天好雷雹,只能～懒蛟龙。"《太平广记》卷二六四引《王氏见闻》:"或经年忘其家而不归,多于花柳之间落魄。其妻怒甚,时复自来耻顿～而同归。"清弘历《我军》:"借一诱我军,万骑逞～。我师才千餘,鼓勇无退寸。"

【驱驰】 qū chí ❶ 驱使;使令。唐范摅《云溪友议》卷上:"走南单于，迎公主归国，皆雄之效也。然是鹰犬之功，非良宰不能～者。”宋李攸《宋朝事实》卷一六：“蠢兹蛮旅，敢冒典刑。～犬羊，越去溪洞。阴窥守御之间，浸生狡狂之谋。”明许自昌《水浒记》一九出：“风伯雨师，供吾呼唤；天兵神将，任我～。” ❷ 挥洒；运用。五代王仁裕《玉堂闲话》卷一：“笔头洒起风雷力，剑下～造化权。”金刘祁《归潜志》卷一三：“世之人皆～智力，以金帛车骑相夸豪；而吾侪独玩心泉石，放浪于寂寞之境。” ❸ 追逐；征讨。元张碧山《锦上花·春游》：“名利～，车辄涌潮退。省可里着气力，休则管里耽是非。”明梁辰鱼《浣纱记》三八出：“数载辛勤期雪耻，今朝始得～。” ❹（时光）度过。元任昱《普天乐·吴门客中》：“黄菊开，丹枫坠。流水行云无拘系，好光阴枉自～。”明梁辰鱼《浣纱记》二六出：“岁月～，笑终身未了，志转隳颓。” ❺ 辛苦；折磨。元王伯成《贬夜郎》三折：“看你执盏殷勤，捧砚～，脱靴面皮。”《元曲选·勘头巾》二折：“我听得你替俺官府每办事的当，又各处攒造文书，一年光景，好生～。”明《警世通言》卷六：“君不见韩侯未遇，遭胯下受～。”

【驱除】 qū chú 指除妖驱祟的活动或技能。唐李隆基《答吴道子进画锺馗批》：“因图异状，颁显有司，岁暮～，可宜遍识。”《太平广记》卷三三七引《通幽录》：“后有华岳道士褚乘霞，善～。”明朱国祯《涌幢小品》卷二九：“程伯昌，闽人，授雷霆秘诀，祈祷～，大著灵验。”

【驱荡】 qū dàng 驱除扫荡。明沈璟《义侠记》三五出：“要把婺州方腊都～，北方田虎游魂丧。”清黄宗炎《周易象辞》卷二〇：“然而解释阴气之闭锢，轻之为披拂，重之为～则散，莫如风矣。”

【驱殿】 qū diàn ❶ 驱前殿后，指护从侍卫或被护从侍卫。唐宋玗《故忠武军节度兵马使朱公墓志铭》：“虽未亲随征轩，效其～；或若屡从使骑，知其否臧。”佚名《灵应传》：“倏忽行百餘里，有甲马三百骑已来，迎候～。”《宋高僧传》卷二二《周伪蜀净众寺僧缄传》：“同年皆梦处厚蓝袍槐笏～而行。” ❷ 担任护从侍卫的人。唐薛用弱《集异记·蒋琛》：“俄闻軿阗车马声，则有绿衣玄冠者，气貌甚伟，～亦百餘。”五代王定保《唐摭言》卷三：“又一中贵，～甚盛，驰马来救。”《太平广记》卷三五四引《玉堂闲话》：“忽有朱衣一人，紫衣一人，气貌甚伟，～仆马极盛。”

【驱调】 qū diào 驱使调遣。明陈全之《蓬窗日录》卷一：“青州府矿徒特猛，能以一当百，……～则可为用。”沈采《千金记》一九出：“使臣听告，三朝职事，罪从～。”《明史·土司传序》：“分别司郡州县，额以赋役，听我～。”

【驱丁】 qū dīng 金、元时称奴隶、仆奴。《金史·仪卫志下》：“并于各管猛安谋克所管上中户内输差～，依射粮军例支给钱粮，周年一易。”元陆文圭《己卯题吴江长桥》：“木罂夜半飞渡军，缚筏～命如蚁。”《元曲选·鸳鸯被》三折：“却将我宅院良人，生扭做酒店里～。”

【驱遏】 qū è 驱赶遏制。唐陆贽《论缘边守备事宜状》：“尚薄伐者则曰‘～可以禁侵暴而省征徭’，曾莫知兵不锐，垒不完，则遏之不能胜，驱之不能去也。”宋《三朝北盟会编》卷二〇四：“惟尔吏民，协济军事。保捍城垒，～寇攘。”明宋濂《陶冠子折齿行》：“先生惊起急～，眼花落井无由悛。”

【驱翻】 qū fān 推倒；掀翻。元明《水浒传》四〇回：“旁边走过十数个狱卒牢子，将戴宗～在当面。”又五二回：“只待拿人来，早把柴进～在厅前阶下。”按，一本作“驱番”。

【驱缚】 qū fù ❶ 驱使束缚。宋田况《儒林公议》卷上：“今考士升艺，不由于学，思治者失其本，而欲以末制～之，其终为害也宜哉。” ❷ 驱赶捉拿。明于慎行《穀山笔麈》卷一五：“军士掠人诣市卖之，～屠割如羊豕。”《西游记》七四回：“想是跟你师父游方，到处儿学些法术，或者会～魍魉，与人家镇宅降邪。”清梁国治《平定两金川赋》：“战士距踊，～牲牷。厥魁系颈，厥党桎拳。”

【驱赶】 qū gǎn ❶ 驱逐；赶走。五代刘崇远《金华子杂编》卷下：“厨人馈食于堂，俄手中盘馔皆被众禽搏撮，莫可～。”明孟称舜《娇红记》二五出：“只见一金甲神将，进房中～几个女鬼出门去了。”清《醒世姻缘传》一九回：“把那一院里住的人，做刚做柔的立了个伏罪的文约，免了送官，尽情～去了。” ❷ 催动；使前进。元明《三国志通俗演义》卷二一：“郭淮令～木牛流马之时，皆不能动。”清《圣祖仁皇帝亲征平定朔漠方略》卷四二：“当特拨官兵赴水草佳处，小心饲秣，～而去。” ❸ 追赶。清《赛花铃》一回：“只见红脸将向前～，那老妪回身，抖搜精力，杀了数合。”

【驱害】 qū hài 驱逐迫害。明汪廷讷《广陵月》五出：“正教歌内庭，君王庞爱，不期天翻地覆遭～。”

【驱吓】 qū hè 驱赶吓唬。唐韩愈《县斋有怀》：“儿童稍长成，雀鼠得～。”宋陆游《鸱鸦》：“嗟汝无盈厌，坐是取～。”清胤禛《田家即事》之一：“沙碛高低禾黍盈，群飞铜雀绕田鸣。竹弓蒿矢堪～，漫向黄云试射声。”

【驱户】 qū hù 隶籍驱口（奴隶）的人户。元《通制条格》卷二：“勾唤元主并～一同对证得，委系各人出军时马后稍将来底人口，达达数目里有呵，分付本投下者，于当差额内除豁。”《元史·按扎儿传》：“诏封功臣，赐平阳户六百一十有四、～三十、猎户四。”

【驱籍】 qū jí 登录驱口（奴隶）的簿籍。辽耶律兴公《创建静安寺碑铭》：“工徒之役，算日酬庸。～一毫不取，皆贤夫人鬻饰减衣御之为也。”

【驱勦】 qū jiǎo 驱逐剿捕。明任环《陈情疏》：“顷因倭夷犯顺，作扰东南。当事诸臣，檄臣～。”毕自严《库贮将竭疏》：“以五十日军兴，费近百万，而～尚未有期。”清《平定台湾纪略》卷二四：“此四千兵一到，当先令～东港等处之贼。”

【驱劫】 qū jié 驱逐劫掠。宋张方平《淮南转运使奖谕敕书记》：“黠羌饱飞，逸于牢圈，～种落，内惊边人。”《宋史·李继和传》：“若更攻陷灵州，西取回鹘，则吐蕃震惧，皆为吞噬，西北边民，将受～。”明倪谦《大藤贼谣》：“贼入平南烧县门，人财～如豕奔。”

【驱口】 qū kǒu ❶ 宋元时被金人、蒙古人俘获作奴隶役使的汉人。也泛指长工、奴婢。宋《五代史平话·汉上》：“咱爷娘得恁地无见识，将个妹妹嫁与一个事马的～。”元《通制条格》卷二：“壬子年另户附籍额内～，各处作逃亡事故开除，至今不曾送纳系官差发。”明惠康野叟《识餘》卷一：“被鬻男女曰～，即江南之奴婢。” ❷ 指做长工、奴婢。宋《五代史平话·汉上》：“那朱温葬了那爷爷，侍奉他的娘娘王氏和那二个哥哥，同往徐州录事押司刘崇家～受佣工作。”

【驱劳】 qū láo 奔走辛劳。宋刘挚《致仕表》：“与其误～于缓急，无所辞诛；曷若保进退于初终，自谋引去。”明王守仁《辞免重任乞恩养病疏》：“轻舟安卧，尚未敢强，又况兵甲～，岂复堪任。”汤显祖《邯郸记》一七出：“拜辞这金戈铁马，卸下了征袍。和你三载～，一时抛调。”

【驱虏】 qū lǔ 驱迫掳掠。五代李亶《讨董璋敕》：“焚烧民舍，～耕牛。”元施惠《幽闺记》一四出：“遭～，亲骨肉甚年何日重逢？”清《皇舆西域图志》卷一五：“横征口粮，～牲畜，回氏愁怨。”

【驱掳】 qū lǔ 同“驱虏”。也指被驱迫掳掠。《旧五代史·

梁书·太祖纪》:"～编氓,杀以充食。"元陆文圭《中大夫孙公墓志铭》:"诛其首三十一人,获其徒五百人,释～良民百五十一口。"明妙声《叶津传》:"纵兵大掠,～男女甚众。"

【驱忙】 qū máng ❶催赶急迫。敦煌词《十二时·普劝四众依教修行》:"劝诸人,莫放慢。火宅～无际限。" ❷紧张忙碌。《敦煌变文校注》卷五《维摩诘经讲经文(四)》:"吾缘佛事～,不得频频相见。"又《佛说观弥勒菩萨上生兜率天经讲经文》:"拟觅身为三界王,精勤勇猛要～。"

【驱灭】 qū miè 驱除消灭。宋陈亮《酌古论·孙权》:"～群英,如猎狐兔。"《元曲选·虎头牌》一折:"但愿你扶持今社稷,～旧妖氛。"明王世贞《应诏陈言疏》:"有能～北敌,大者公,小者伯。"

【驱磨】 qū mó ❶逐一勘查核对。宋陈襄《与福建运使安度支书》:"乃者～契书自宝元之后,遂至二三十年一概抽罚牙税。"徐经孙《缴吕开先复官书》:"如向日告讦填亏苗,开先只就板簿～。"《宋史·职官志三》:"遂置提举帐司,选人吏二百人,～天下帐籍。" ❷消磨;折磨。宋熊禾《谢乡举论学》:"利禄刑祸,未必可尽～一世人物也。"刘应时《病中和蔡坚老》:"老去光阴苦不多,孰堪疾病数～。"

【驱拿】 qū ná 驱赶捉拿。清雍正五年四月二十日甘汝来奏文:"业经韩良辅据报,檄饬～审究。"

【驱奴】 qū nú ❶驱使作奴隶。宋《三朝北盟会编》卷二三三:"其间被军人等将不在作过数内外官员百姓及著军人等命妇妻女子孙～,并左右邻人一例～。" ❷奴隶。元《通制条格》卷二七:"诸人～,或将元关本使钱本,恣意非理破使,畏避计算嗔责,诬构事端。"孔齐《至正直记》卷一:"脱欢之妻既逐其子并妇,复以妇配～之无妻者。"明宋濂《元故秘书著作郎萧府君阡表》:"翼日,复条崇学校、进贤才、薄赋敛、均徭役、禁～、革和买六事以闻。"

【驱遣】 qū qiǎn ❶驱使;差遣;被驱使差遣。唐孟简《批孔禺献诗状》:"～健徒,凭陵国士,殊无畏惮,辄恣威权。"元明《水浒传》八六回:"传令已了,便～两队军马出城。"清洪昇《长生殿》四六出:"非是俺没干缠、自寻～。单则为老君王钟情生死坚,旧盟不弃捐。" ❷驱迫;强加于。唐王建《行见月》:"不缘衣食相～,此身谁愿长奔波。"韩愈《论变盐法事宜状》:"若官中粜盐,一家五口,所食盐价,不过十钱。随日而输,不劳～,则必无举债逃亡之患者。"《敦煌变文校注》卷五《维摩诘经讲经文(三)》:"也似机关傀儡,皆因绳索抽牵,或舞或歌,或行或走,曲罢事毕,抛向一边。直饶万劫～,不肯行得。" ❸驱除(病根);治愈。唐王焘《外台秘要方》卷二一:"若觉有疾,即宜早疗。当及其初,根脚未立,则易～。"明孙柚《琴心记》四一出:"况兼旧疾复作,消渴难堪。当此炎蒸,益难～。"《西湖二集》卷一二:"有的说是感冒了风寒,入于腠理,一时不能～,就撮了些柴胡、黄芩之药,一味发表。" ❹排遣;抑制;消除。宋佚名《红窗迥》:"河可挽,石可转。那一个愁字,却难～。"明王玉峰《焚香记》一二出:"不是老汉今日与你相别,只为功名望专,强把情～。"清《说岳全传》六九回:"愤恨凭他～,忧愁赖尔消磨。" ❺发遣;发配;打发。明袁于令《西楼记》一一出:"岂不知严明父亲,势炎炎绣衣风宪。到今朝发觉了怒冲天,来～,外州他县。"《禅真逸史》一回:"当晚升堂,凡是高澄平日亲近的军士,相随的棍徒,尽发有司问罪,～刺配。"清《醒世姻缘传》四三回:"那日本不该张瑞风值夜,只因有些进来的肴馔,要他来吃,又要～晁住出去。"

【驱挈】 qū qiè 驱使率领。宋王明清《挥麈后录》卷四:"今军前一一须索,唯复谓此悉皆国害。坚欲为我痛锄其根株耶? 亦欲～归境以为自奉之乐耶?"阮阅《诗话总龟》前集卷四〇:"时有吴僧愿成亦在军中,自称察访大师,每出则乘大马以挝剑拥从呵殿而行。随兵官李资入洞,资为蛮人所杀。成亦被缚,既而放归,犹扬扬自得。诗僧文莹嘲之曰:……察车后乘从～,庸夫无谋动蛮穴。"

【驱趋】 qū qū ❶奔走。唐李贺《春归昌谷》:"～委憔悴,眺览强笑貌。"明王守仁《四皓论》:"乃肯以白首残年～道路,为人定一传位之子,而身履乎已甚之恶者乎?" ❷指前往。明徐渭《代贺严阁老生日启》:"以兹景物,倍切瞻依。职守所拘,～遂阻。"

【驱禳】 qū ráng 祈禳驱除(鬼祟、不吉)。禳,祭祀祈祷。《旧五代史·周书·太祖纪》:"若散财以致福,迁幸以避灾,庶几可以～矣。"宋洪迈《夷坚志》支乙卷三:"是为鬼所祟,非我所能～也。"清《聊斋志异·贾儿》:"翁患之,～备至,殊无少验。"

【驱攘】 qū rǎng 驱逐攘除。攘,排除。唐陆贽《请不与李万荣汴州节度使状》:"近者刘元佐～巨猾,底复大梁,即镇如兹,几将十载。"宋张孝祥《水调歌头·送刘恭父趋朝》:"整禁籞颇牧,熊轼赖龚黄。一时林莽千险,蜂午要～。"元戴表元《知奉化州于伯颜去思碑》:"侯性无怒,侯躯无欲,～疾疠,扶导饘粥。"

【驱扫】 qū sǎo 犹"驱荡"。宋李壇《水龙吟》:"干戈烂漫,无时休息,凭谁～。"明陈子龙《送张鲵渊侍御巡闽还朝》:"澄清海甸千家雨,～楼船万里风。"清张英《恭赋南巡颂德诗》:"燕塞三～,龙沙万乘巡。"

【驱突】 qū tū 驱驰奔突。唐封演《封氏闻见记》卷六:"元宗东西～,风回电激,所向无前。"元丁复《赠杜一元》:"并州健儿快马驮,握槊沙场纵～。"明邵宝《常州府修城碑》:"常郡固,则江浙诸郡斯免于～矣。"

【驱胁】 qū xié 驱使胁迫。唐李亨《改元上元赦文》:"朕志在好生,悯其～。其诸军所获首级,除元恶之外,一切不得传送。"明屠隆《昙花记》四七出:"小鬼乃临洮人氏,身充禁军,被叛贼朱泚～从乱。"清毛奇龄《家忠襄公传》:"贼或十许人,或三五十人,～子女百千过城下,无敢问者。"

【驱曳】 qū yè ❶驱赶拖拽。宋吴曾《能改斋漫录》卷一〇:"崔发～中人,因系狱。" ❷驱除。宋张杲《医说》卷四:"刳射劓犀,～邪恶;飞丹炼石,引纳清和。"

【驱拽】 qū yè 同"驱曳❶"。宋欧阳玄《睽车志》:"见纸上一妇人被二鬼～。"元郑元祐《赵州守平反冤狱记》:"戈占等证佐不得,同琪为画策,别立诬同证佐,而加之搒掠～。"

【驱拥】 qū yōng 驱赶推送。《旧五代史·晋书·少帝纪》:"帝自携剑,～后妃已下十数人,将同赴火。"宋曾布《排遍第五》:"丹笔终诬服,阛门～,衔冤垂首欲临刑。"明《金瓶梅》九二回:"徐知府喝令:'带上来。'把陈敬济并陈安揪采～至当厅跪下。"

【驱执】 qū zhí 犹"驱拽"。宋邵伯温《邵氏闻见录》卷五:"上渡江甚危,兵民溺水死～者不可胜数。"金元好问《续夷坚志》卷一:"丛薄间见一虎帖耳瞑目徐行而前,若有鬼神～者。"元胡祗遹《魏处士墓碣铭》:"少直皇朝兵南,被～北行。"

【驱治】 qū zhì ❶驱逐治伏(邪祟)。五代陈乔《新建信州龙虎山张天师庙碑》:"玉辇来过,因受～之法;金墉至止,爰膺诰命之文。"宋洪迈《夷坚志》三己卷七:"举家骇悸,乃邀行天心正法吴道士,使之～。"清《水浒后传》七回:"敢是被妖祟所凭,何不请法师～他?" ❷管束治理;驱逐惩治。元吴师道《国学策问》之四〇:"然考风俗以～,命前人以成德,兹固学者之事。"明王恕《陈言山陕救荒奏状》:"饥民南流数多,日有万口经过。欲照例～,又恐激变。” ❸ 驱除治疗(疾病)。清喻昌《医门法律》卷五:“先进独参汤,随进星附汤,～虚风可也。”

【驱制】　qū zhì　役使束缚。唐陆贽《兴元奏请诸军兵马自取机便状》:“兵自乐战,与夫迫于～不得已而从之者,志气何啻百倍哉。”宋洪迈《夷坚志》支癸卷一〇:“因访所亲款曲,偶及刘～妖魅之妙,咨叹不已。”清《红楼梦》二回:“纵然偶生于薄祚寒门,断不能为走卒健仆,甘遭庸人～驾驭。”

【驱逐】　qū zhú　❶ 追逐;追赶。唐李邕《鹘赋》:“～妙于人智,促节合于兵机。”清《东周列国志》四〇回:“狐偃佯败,诱其～。” ❷ 驱使;差遣。《敦煌变文校注》卷四《祇园因由记》:“化一力士,执持铁杖,～作人,不得停憩。”明《僧尼孽海·封师》:“封师善能～鬼神,拷召妖魅。”清《东周列国志》八七回:“若肯灰心学道,可致神仙。何苦要碌碌尘埃,甘为浮名虚利所～也。” ❸ 跋涉;奔波;颠沛。唐李频《南游过湘汉即事寄友人》:“南去远～,三湘五月行。”宋范成大《清逸江》:“黄尘扑眉须,～以偿债。”明袁宏道《与汤义仍书》:“人之奔走～,我固分,又何厌焉。” ❹ 驱掠;掠夺。唐元结《舂陵行》:“所愿见王官,抚养以惠慈。奈何重～,不使存活为?”明李东阳《西北备边事宜状》:“然其掳掠丁口,～生畜,所伤已多。”

【驱捉】　qū zhuō　犹“驱拿”。宋孟元老《东京梦华录》卷七:“或执刀斧,或执杵棒之类,作脚步蘸立,为～视听之状。”

【驱走】　qū zǒu　❶ 赶走;驱逐使离开。《法苑珠林》卷七〇:“以轻贱故,不唤令坐,反被～。”明佚名《嘉靖东南平倭通录》:“倭寇二十四艘约数千人,掠临海之三石镇,总督胡宗宪～之。”袁于令《西楼记》三八出:“那赵伯将帅领多人,逐奴远方居住。～不暂留,奈鸨母将浮江上舟。” ❷ 役使;驱使。五代黄滔《秋色赋》:“～群言,写抑郁之怀矣;搜罗万象,赋萧条之景焉。”元贡奎《汉剑歌》:“天官下敕百灵守,呼吸云雷任～。” ❸ 奔波;奔走。明刘球《祭王正諮先生文》:“予从薄宦,～南北。”沈铉《放歌赠宋君仲温》:“十年～尚豪侠,许人一诺千金轻。”宋濂《吴德基传》:“他县牛羊送陕西,民～二千里,皆破家。”清黄宗羲《王仲执墓表》:“蛩然之音,仅一仲执,又以饥火～南北。” ❹ 驱赶使移动。清王摅《黄海歌》:“三山～置眼前,对之欲往心悠然。”

【躯】　qū　同“驱❶”。元《通制条格》卷三:“人每的～每根底,百姓每女孩儿与了有。男儿死了呵,媳妇孩儿做百姓的体例有。”《元曲选外编·刘弘嫁婢》一折:“你道要女儿着钱赎个婢,要厮儿着钞买一个～。”

【躯干】　qū gàn　❶ 身材;体格。唐杜甫《送韦十六评事充防御判官》:“子虽～小,老气横九州。”金元好问《史邦直墓表》:“邦直为人～雄伟,望之如羽人剑客。”清《赛花铃》一回:“原来那将生得:～夭乔,威风凛凛。” ❷ 指树干。唐佚名《灌畦暇语》:“始萌其根株,又发其颜色;始毓其～,又流其气脉。其眷眷至于如此,则茨之积也。”元范梈《七月一日飓风后奉和廉访使》:“大木不效～折,怪事何止犬吠雪。”清缪沅《和宋吏部风氏园看古松》:“怪松如草书,盘攫～古。” ❸ 指身体除四肢、头颅剩下的部分。宋秦观《次韵邢敦夫秋怀》之五:“蝮蛇初螫手,壮士断其腕。岂不悲毁伤,所恤在～。” ❹ 躯体,指性命。宋秦观《代蕲州守谢上表》:“誓捐～,上报恩私。”施彦执《北窗炙輠录》卷下:“自金人犯顺,内外将士无一人为国家捐～、出死力、一逆虏人之前驱者。”李膺《张拱传》:“乃欲按摩吐纳,交媾服饵,补益～,以求不死,则愚矣。” ❺ 指事物的主体部分。明袁中道《游太和记》:“从天门至天柱为颅,云奔雾驶,以穷山势,为最远。此其～也。”张吉《游七星岩》:“我舟西舣禅寺阴,艮峰垂辉远相伴。含景苍精久捐弃,惭愧红尘此～。”

【躯格】　qū gé　体格;身材。唐张九龄《敕突厥可汗书》:“其中老弱病患,及～全小,不堪驾驭,如何总留?”

【躯骸】　qū hái　躯体;身体。《敦煌变文校注》卷六《目连变文》:“或在饿鬼受苦,瘦损～,百节火然,形容憔醉(悴)。”元戴表元《傍家东北有山曰绍地》:“心手之勤劳,～庶安妥。”清李渔《凰求凤》二二出:“神虽王,～无病心多恙。”

【躯壳】　qū ké　❶ 指肉体(相对精神而言)。五代烟萝子《体壳歌》:“我今责这憨～,只为从前爱乖角。”明《西洋记》三回:“这灵性就是仙,那肉身却是个～。灵性既升,～随化。”清洪昇《长生殿》三七出:“〔指尸向旦介〕这～是伊,〔指旦向尸介〕这魂魄是伊。” ❷ 指物体的外壳。金王喆《苏幕遮·咏打车》:“木无情,生有作。都被良工,妙手成～。”

【躯口】　qū kǒu　同“驱口❶”。元古本《老乞大》:“后头事发,那人每却是达达人家走出来的～。”《元典章新集·刑部》:“今后探马赤的～逃走了捉获呵,教杖断八十七。”佚名《黄孝子》二一出:“一应俘来～,尽皆放回。”

【躯劳】　qū láo　❶ 同“躯老❷”。元邓玉宾《村里迓古·仕女圆社气球双关》:“抵多少对舞霓裳按六么,惯摇摆会～,支打猜拿直恁般巧。” ❷ 同“躯老❶”。明汤显祖《南柯记》一〇出:“似太白驴驮压绣鞯,醉的那～重,枕席无人奉。”徐霖《绣襦记》三一出:“单单剩得个～,身边没了宝钞。” ❸ 劳苦;辛劳。明汤显祖《紫钗记》四五出:“提起卖钗情事泪痕淹,略效～半点。”清弘历《五功臣·阿里衮》:“后复往征缅,受瘁惜陨身。一再忘～,思之辄泪扪。” ❹ 犹“躯干❹”。明孙承恩《题鄭侯主饷图》:“假有此地复此役,孰不酸心并软足,更肯冒此捐～。”

【躯老】　qū lǎo　❶ 身体;身材。老,词缀。元宋方壶《一枝花·蚊虫》:“不想瘦～人根前逞精细。”明沈璟《义侠记》一二出:“〔净〕我爱杀他玉亭亭～儿娇。〔丑〕是好个身材儿。”清李玉《清忠谱》八折:“打碎你惯吞噬馋眼脑,打杀你被刀锯残～。” ❷ (显弄或表演的)身段;模样。金《董解元西厢记》卷五:“东倾西侧的做些腌～,闻生没死的的陪笑。”明凌云翰《沈谷华入道结庵疏》:“打筋斗跳出名利场,妆～作个呆痴汉。”陈铎《醉花阴·赏灯》:“社火每衣冠新制,灯影下乔～人未识。妆一个姜子牙大雪里钓磻溪。” ❸ 指手段。明佚名《桃符记》二折:“我这里慢慢将衣袂撩,可察察脚步儿跷,则俺这偷期的有许多～。”

【躯量】　qū liàng　身量;身材。唐玄奘《大唐西域记》卷九:“正中精舍有观自在菩萨像,～虽小,威神感肃。”又卷一二:“中有苾刍,瞑目而坐,～伟大,形容枯槁。”

【躯貌】　qū mào　体貌;形态。《敦煌变文校注》卷四《降魔变文》:“忽于众中,化出二鬼,形容丑恶,～楞曾。”明王士性《广志绎》卷四:“(树)根大二丈则顶亦二丈之亚,上下相齐,不甚大小,故生时～虽恶,最中大厦尺度之用。”清李渔《奈何天》一出:“福至心随～改,憎夫人反启争夫隙。”

【躯腔】　qū qiāng　躯壳;体腔。宋韩维《答贺中道灯夕见诒》:“独持高篇恣哦咏,顿觉精锐还～。”《元曲选·还牢末》三折:“一灵真性离了～,又被雨和风半空飘荡。”清田雯《妙喜寺冬夜醉歌》:“瞠眸午夜涩不睡,百忧万事排～。”

【躯身】　qū shēn　身躯;身体。唐庞蕴《惭愧一躯身》:“惭愧一～,梵号波罗柰。”《云笈七籤》卷一〇六:“秘则享无倾,泄则～颠。”明佚名《女姑姑》四折:“迷惑错认幻～,不肯将身去尘垢。”

【躯形】　qū xíng　身形;身躯。宋《圣济总录纂要》卷二四:“其胎已死,～已冷。”元叶颙《北山游》:“便欲脱去世俗凡陋无用七尺之～，游行无碍少羁束。”清《姑妄言》三回：“既无九肋能为药，又乏～可卜筮。”

【躯腰】 qū yāo 腰；腰杆子。明汤显祖《牡丹亭》四〇出：“俺勒挣着～走帝乡。”

【躯质】 qū zhì 躯体（相对精神而言）。五代刘崇远《金华子杂编》卷下：“于是自城上投身洪波中，～以沈，巨浪随陷五尺。”《云笈七籤》卷八五：“夫尸解者，尸形之化也，本真之炼蜕也，～之遁变也。”清《姑妄言》七回：“这牛质有个堂兄，现做显官，名为牛解。弟为牛之～，而兄为牛心。牛在一戾，可谓牛兄牛弟。”

【曲拗】 qū ào 违背；不依从。明《拍案惊奇》卷二九：“这事是他理直，不好～得。”

【曲持】 qū chí 同“屈持”。清《醒世姻缘传》一四回：“若敢把娘子～坏了一点儿，相公回来，把我们看做狗畜生。”

【曲坊】 qū fāng 里巷。唐段成式《剑侠传·车中女子》：“吴郡士人，入京应明经，至京，闲步～。”

【曲谨】 qū jǐn 谨慎小心。宋范祖禹《朝请郎致仕张公墓志铭》：“待属官无赞拜礼，胥吏皂吏亦不责其～。”明汪蛟《时会》：“桓荣遭汉盛，～有能名。”清《女仙外史》一三回：“朝廷皆～之臣，能殉节者有，能戡乱者无。”

【曲连】 qū lián “圈”的切脚语。元睢景臣《哨遍·高祖还乡》：“一面旗白胡阑套住个迎霜兔，一面旗红～打着个毕月乌。”

【曲录】 qū lù 弯曲貌；屈曲貌。五代欧阳炯《贯休应梦罗汉画歌》：“～腰身长欲动，看经子弟拟闻声。”宋《法演禅师语录》卷中：“二十五年坐这～木头上，举古举今则不无，只是未曾道着这一句。”清《后红楼梦》二八回：“一色素紫檀便椅、葵花纹虎斑木便椅，又是鱼白绣绉的折叠～椅。”

【曲吕】 qū lǚ 即“曲录”。元乔吉《一枝花·杂情》：“本待做～木头车儿随性打，原来是滑出律水晶球子怎生拿。”

【曲律】 qū lǜ 即“曲录”。元佚名《行香子》：“拄一条、～藤梢。”《元曲选·李逵负荆》一折：“待不吃呵，又被这酒旗儿将我来相迤逗。他他他舞东风在～竿头。”《元曲选外编·衣袄车》三折：“那狄青右手兜弦，左手推靶，弓开似那～山头蟒。”

【曲挛】 qū luán 屈曲收缩。明朱橚《普济方》卷一四七：“或中暑，或风疾，～手足，咽喉噎塞。”清《三娘汲水》：“门口檐高无一丈，～腰背入厅堂。”

【曲落】 qū luò 村庄。唐司空曙《九日洛东亭》：“风息斜阳尽，游人～间。”

【曲盘】 qū pán ❶ 盘曲；曲折环绕。宋刘奕《上韩范二招讨书》：“府城北走二十里至山足，乃～而上。”明孙继芳《新添次韵》：“岩径～千嶂入，野桥斜度一溪流。”清毛奇龄《槿花》：“紫槿东篱慢～，朝昏荣乐讵须看。” ❷（人体）跟膝盖相对而向后弯曲的部位。清蒲松龄《日用俗字》：“～里弯跛骼盖，两臁腿肚打磨筋。”

【曲拳】 qū quán 犹“曲挛”。宋张守《题画》：“二松偃盖势～，二松疏干凌风烟。”明王行《画菜赋》：“含素英之璀璨，茁赪芽之～。”清弘历《竹根如意》：“谁劚箨龙鞭，枝伸根～。”

【曲头】 qū tóu ❶ 巷头；街头。唐蒋防《霍小玉传》：“明日午时，但至～觅桂子，即得矣。”明汤显祖《紫钗记》四出：“此女寻常不离闺阁，今岁花灯许放，或当微步天街。十郎有意，可到～物色也。” ❷ 指妓院。唐刘禹锡《伤秦姝行》：“南宫仙郎下朝晚，～驻马闻新声。”明李流芳《秋风行送张子崧之白下》：“闱中就草日未落，脱帽急过青楼倡。～小姬歌擅名，双鬟倚酣徐发声。”清汪森《粤西丛载》卷一〇引《梧州府志》：“房开士，河南人，为虞部郎。朝罢过～，闻筝声，心向慕之。询得秦姝，买以千金。”

【曲弯】 qū wān ❶ 弯曲；曲折。元吕诚《戏咏近体雪》：“幽险皆平坦，庑隅丧～。”明《金瓶梅词话》九〇回：“他那里～小巷，倒避眼，咱两个投奔那里去。” ❷ 折弯；使弯曲。清陈端生《再生缘》四一回：“次第在宫相见毕，刘郡主，～膝下问安宁。”

【曲巷】 qū xiàng 指妓院。明祝允明《野记》：“吴文定公在吏部时，以丧归，过其第西偏一～。诸淫妪奔避。”清《聊斋志异·考弊司》：“挽送过市，见一户垂朱帘，帘内一女子露半面，容妆绝美。生问：‘谁家？’秀才曰：‘此～也。’”《品花宝鉴》一回：“甚至于美人中传名者，一半出于青楼～。”

【曲至】 qū zhì 周到。唐吕温《代杜司徒贺大赦表》：“犹蒙天眷留圣慈～，特降中使，俯加慰勉。”明归有光《居君墓志铭》：“君亦折节求贤士与之游，礼意～，尝望得其一言以教之。”清方苞《周官析疑序》：“是犹化工生物，其巧～而不知其所以然。”

【曲中】 qū zhōng 妓坊；妓院所在地。明袁中道《寄李梦白》：“昔与长孺同游，每～一日之宴，费金数十。”《醒世恒言》卷二〇：“邵兄何以不往～行走？莫非尊大人家训严切？”清《聊斋志异·萧七》：“彼前身～女。君为士人，见而悦之。”

【曲衷】 qū zhōng ❶ 衷曲；内心的感情。宋夏竦《集贤相公辞官启》：“伏望某官，俯谅～，特矜非据。”明徐霖《绣襦记》三九出：“宦海萍逢诉～，春生乐意喜匆匆。”清《歧路灯》七〇回：“只凭这几个盘碟精洁，默寄我的柔肠～罢。” ❷ 原委；隐情。清陈端生《再生缘》三回：“就将群王梦魂中，一一从头诉～。真正姨娘来显圣，先叫小姐救英雄。”《玉楼春》一〇回：“我今正欲细细问个～，碍有翠楼在旁，难于说明。”

【胐脉】 qū qiū 大腿和小腿相连的关节的后部。元高安道《哨遍·嗓淡行院》：“扑红旗裹着惯老，拖白练缠着～。”《元典章·刑部十六》：“将叶十、叶层五用木棒放在各人～内，令弓兵并立轮番用力踏踏。”

【屈】 qū ❶ 邀请；延请。唐牛僧孺《玄怪录》卷四：“一人握刀拱手而前，曰：‘都统～公。’”《元曲选·连环计》二折：“特治小筵，～温侯爷一叙。”清《风流悟》七回：“山右玉道：‘家兄因病酒不能赴召，容日趋谢。’又明口中答道：‘既如此，另日再～。’” ❷ 敬词。表示枉屈对方做某事。唐牛僧孺《玄怪录》卷四：“将军天质英明，师真以律，猥烦德音，～顾疵贱。”明柯丹邱《荆钗记》六出：“敢烦将仕作伐，往彼一说，成此姻缘。但恐轻渎，有～神劳。”清《说岳全传》二一回：“既如此，敢～贵县在驿馆中暂宿一宵，等待明早同去见驾。” ❸ 怠慢；使受委屈。《祖堂集》卷一〇《长庆和尚》：“僧到参次，师便把住，云：‘莫～著兄弟摩？’对云：‘不～。’”清《说岳全传》四一回：“小客人若早来时，必定相待。如今有～了。”《飞龙全传》四五回：“只是孙儿有过了亲事，外婆所知，怎敢再～表妹？” ❹ 枉屈；诬赖；加罪。宋周密《齐东野语》卷九：“陈通判～打杀我，当诉之阴府矣。”明王錂《寻亲记》二出：“信仆奸谋，杀人性命，～把周生陷极边。”清《飞龙全传》四回：“不可说是醉汉相打搅泼行凶，只将眼前的冰雹，～他做个兴灾作祸的凶身。” ❺ 逼迫；使接受。宋王安石《雨霖铃》：“一旦茫然，终被阎罗老子相～。便纵有、千种机筹，怎免伊唐突。”金《董解元西厢记》卷三：“我思面莺之计，智竭思穷，尚不可得。今娘子有～莺就见之策，敢不听命。”清《赛花铃》一三回：“不想经过盗穴，竟遭黑天王手下拿住，强～入伙。” ❻ 遇；遭逢。宋黄裳《蝶恋花·月词序》：“此者偶～三益，幸逢四并。六幕星稀，万树风细。”陈潜心《百字令·寿虞守》：“两拥朱幡，独清节，高谊真难～。” ❼ 折；使弯曲。《元曲选·燕青博鱼》二折：“〔杨衙内云〕连这条扁担也～折了罢。〔正末唱〕把我这一条黄桑担生踏损。”清《女仙外史》

一一回："将剑一拗两截，哔哔剥剥，～个粉碎。"又九一回："有的腾身跨在背上，按住了肋，揭他的鳞，～他的爪。" ❽ 缠裹。元马致远《要孩儿·借马》："着皮肤休使粗毡～，三山骨休使鞭来打。" ❾ 集中。此为缠裹的引申义。明戚继光《练兵实纪》卷九："必广询博访，集众思，～群策。" ❿ 却；拒绝。清《儒林外史》一回："王冕～不过秦老的情，只得应诺了。"《五美缘》三回："宗师～不过花太师情面，只得答应。"

【屈棒】 qū bàng 冤枉承受的杖责。《五灯会元》卷三《乌臼和尚》："师曰：'今日打著一个也。'又打三下。僧便出去。师曰：'～元来有人吃在。'"六十种曲本《琵琶记》一七出："小人也不是都官，也不是里正，休将～错打了平民。"清《蜃楼志》一四回："我哥哥少不更事，又受了～。奈彼时家徒四壁，无处伸冤。"

【屈才】 qū cái 委屈才干；才能不得伸展。宋强至《代答滁州监税李学士书》："暂～于利局，行还职于书林。"清《红楼梦》五〇回："方才邢、李三位～，且又是客。琴儿和颦儿、云儿他们抢了许多。"

【屈财】 qū cái 冤枉钱；不该用而用的钱财。明《警世通言》卷一五："着甚来由，用了这主～，却不是青白晦气。"

【屈藏】 qū cáng 蜷曲隐藏或躲藏。宋朱之纯《湖斋》："平湖十顷水汪汪，得意茅斋且～。"明卢之颐《本草乘雅半偈》卷三："(卷柏)细叶似侧柏，～如鸡足。"清《聊斋志异·丑狐》："生大惧，将～之，四肢不能动。"

【屈承】 qū chéng 委屈承受。明《醒世恒言》卷二九："横加无影之罪，以雪私怨，我卢柟不难～，只怕公论难泯。"

【屈驰】 qū chí 委屈；憋屈。明《金瓶梅词话》六一回："小弟有心也要请哥坐坐，算计来不敢请。地方儿窄狭，恐怕哥受～。"

【屈持】 qū chí 同"屈驰"。清《醒世姻缘传》五五回："离家在外的人，万一～在心，这当玩的哩。"

【屈处】 qū chǔ ❶ 委屈处于(某种地位或地方)。宋欧阳修《与丁学士书》："元珍～冗务，士夫所欢，清议尚存，自当奋滞。"苏轼《答曾学士启》："向～于下僚，盖避嫌而自晦。"清《绣球缘》一五回："若～家乡，必真才难得。" ❷ 犹"屈驰"。也用作请人去住的客套话。清《醒世姻缘传》七八回："不然且送你回家，你可散心消闷。万一～出你病来，好意翻成恶意。"又："我先到俺家收拾收拾，请狄奶奶到我那里～三日罢。"

【屈待】 qū dài ❶ 委屈对待。元明《三国演义》五七回："～大贤，吾之过也。" ❷ 犹"屈驰"。清《醒世姻缘传》一三回："娘子在内，凡百我们照管，断不叫娘子受一点～。"又七〇回："奶奶请到门房，～略小坐一会儿，我替奶奶禀去。"

【屈夺】 qū duó 屈服改变。宋欧阳修《资政殿大学士吴公墓志铭》："不可守不发，已发莫能～。"朱熹《答陈安卿》："如此以其说自分三才而言，则温然有和之可挹而不可～，则人之道也；俨然有威之可畏而不暴于物，则天之道也。"

【屈忿】 qū fèn 冤屈气忿。明陆采《明珠记》二九出："金鸡几时衔赦免，细把胸中～湔。"

【屈愤】 qū fèn 同"屈忿"。明李梦阳《哭徐博士》："回殂岂道薄，～转时屯。"陆采《明珠记》三一出："俺舅舅是忠臣受～，母女深宫禁此身。"

【屈刚】 qū gāng 才刚；刚刚。明《山歌·破騣帽歌》："弹忒子齷齪吹忒子个灰尘上子盔头盔介一盔，～盔子三五六星，小张捶胸跌脚，说道弗匡你介一个收成。"

【屈怪】 qū guài 冤枉；错怪。《元曲选·桃花女》二折："我委实不知，怎么～我？"

【屈害】 qū hài ❶ 冤枉陷害。宋元《清平山堂话本·曹伯明》："我和你是夫妻，你和别人做一路～我。"明王玉峰《焚香记》三四出："若非海神灵显，几乎～了你夫妻两人。"清《平定台湾纪略》卷四九："岂不使造言生事之人妄生议论，以为～有功之人耶。" ❷ 指冤枉陷害的情节。宋元《清平山堂话本·曹伯明》："小人为讨娼妇谢小桃为妻，致有今日～。"

【屈坏】 qū huài 冤枉毁坏。元明《水浒传》六三回："倘若误伤羽翼，～股肱，拔寨兴兵，同心雪恨。"又一〇〇回："你怎地听信四个贼臣挑拨，～了我们性命?"《三国志通俗演义》卷六："鬼神之事，不可不信。汝～神仙，岂无报应?"

【屈唤】 qū huàn 召唤。《敦煌变文校注》卷五《双恩记》："应是街坊相～，无论高下总来听。"又《父母恩重经讲经文(二)》："形容日日衰羸，即渐转加憔悴。几度亲情～，无心拟去相随。"

【屈魂】 qū hún 冤魂；枉死的鬼魂。明《封神演义》二七回："皇后谏陛下造此惨刑，神怒鬼怨，～无申。"又九七回："阴气冲出，将阴魂扑散。那些～冤鬼隐然而退。"

【屈祸】 qū huò 枉受的灾祸。明《拍案惊奇》卷二〇："可惜一个好官，遭此～。"清《天豹图》三二回："尔为了我之事受此～，知情不救非是大丈夫。"

【屈跽】 qū jì 下跪。明陈沂《畜德录》："其僚以事谒瑾，畏其势，不觉～。何公疾声曰：'礼惟长揖，何以为此。'"

【屈降】 qū jiàng 另见 qū xiáng。屈己下降；降低身分。也用作请人前来的敬词。唐王起《定祀九宫仪注议》："斡权化于混茫，赋品汇于阴骘，与天地日月诚相参也。岂得翳赖于敷佑，而～于等夷。"明胡宗宪《筹海图编》卷一一："然集众谋，必先虚己，略去势分，～咨询。"杨慎《须臾》："臾字从申，乙乙屈也，如今人请客云'恭俟～'之义。"

【屈节】 qū jié 弯曲身子。《敦煌变文校注》卷一《伍子胥变文》："子胥～看文，乃见外甥不趁。"又："遥闻空里打纱声，～斜身便即住。"

【屈结】 qū jié 盘曲扭结。宋龚明之《中吴纪闻》卷四："既小殓，视其手指～，皆成印相。"明高濂《遵生八笺》卷八："复得竹鞭，树枝～，如意肖生，而柄亦天成。"清汪由敦《蚓》："～泉壤下，几曲鸣自得。"

【屈勘】 qū kān 屈枉审问。《元曲选·赵氏孤儿》四折："你当初～公孙老，今日犹存赵氏孤。"明《封神演义》七回："今又用此惨刑，～中宫，恐百官他议。"清《说岳全传》六〇回："若是～岳飞，良心何在。"

【屈苦】 qū kǔ ❶ 冤屈痛苦。元姚守中《粉蝶儿·牛诉冤》："我元阳寿未终，死得真个～。"明《西游记》六二回："我等有甚未卜先知之法，只是痛负了～，无处分明，日逐家只是叫天叫地。"清《万花楼》五八回："当今国母身遭大难，将历二十年～。" ❷ 使受冤屈痛苦。明《西游记》六三回："但是你偷他的宝贝，污他的宝塔，屡年～金光寺僧人。"

【屈困】 qū kùn 委屈困迫。明戚继光《练兵实纪》卷九："积累既深，～既久，自然真迹发见，公论有归。"

【屈量】 qū liàng (酒)量没得到满足。清《镜花缘》七八回："但量有大小，必须定了分数，使量大者不致～，量小者不致勉强。"

【屈路】 qū lù 冤枉路；不必要走而走的路。明《醒世恒言》卷二六："有累上下走着～了。不是我要移到这里，只为前日弄没了网，无钱去买，没奈何，只得权到此钓儿尾去做本钱。"

【屈律】 qū lǜ 同"曲律"。宋钱易《南部新书》丁集："黄巢令皮日休作谶词，云：'欲知圣人姓，田八二十一。欲知圣人名，果头三～。'"元鲁贞《龙马图赋》："苍龙白虎蹲踞乎左右兮，蟠而～，猛而睒睗。"明张绅《送友赋得玉钩斜》："闲街～玉环分，香径萦纡宝钗出。"

【屈挛】 qū luán 即"曲连"。宋洪迈《容斋三笔》卷一六："世人语音有以切脚而称者，……圈为～。"明李诩《戒庵老人漫笔》卷五："今流俗语音……圈谓之～。"

【屈埋】 qū mái 委屈埋没。明《古今小说》卷三一："空负一腔才学，不得出身，～于众人之中。"

【屈命】 qū mìng 委屈于命运或命令。唐张九龄《唐赠庆王友东平品府君碑铭》："夫官虽序贤，志道者不常有位；才虽～，福善者未必无后。"《敦煌变文校注》卷七《解座文汇抄》："煞猪羊，羞玉馔，～亲情恣欢宴。"宋唐士耻《通临江军王守启》："尝争飞一鹗之章，而～专城之驾。"

【屈气】 qū qì ❶气势受挫折。明杨循吉《辽小史》："宋人～不敢复北向者，盖自圣宗始也。" ❷冤枉气；不该受而受到的气。明《西游记》一八回："家长的～受不了，又撞着这个光头，受他的清气。"《醋葫芦》二〇回："看看说到自己身上，道：'咳，贤姐，你可晓得兄弟受下～来么？'"清《歧路灯》六五回："但凡可以救得姐夫的，用多用少，就是谭宅不出，我都拿出来，也不怕你姑夫不肯。我只在你身上落的姐夫不受一点～儿。" ❸使受冤屈。清《飞龙全传》一三回："自己不肯当心，反来埋怨乐子，兀的不～杀了人！"

【屈钱】 qū qián 犹"屈财"。明《醒世恒言》卷一七："可怜他日夜只想做人家，何曾舍得使一文～。"《二刻拍案惊奇》卷二四："佛天面上，那里是使了～处？"清《歧路灯》二七回："况自己不曾动手，平白还这宗～，又想起王中回来知晓，何以见面？"

【屈情】 qū qíng ❶冤枉的情状、情由。明徐复祚《一文钱》六出："有何～？可就说来。"《西游记》三七回："你何不在阴司阎王处具告，把你的～伸诉伸诉。"清宋荦《山东臬司条议四事》："倘有冤诬，无可自白。此种～，殊可痛心。" ❷冤枉；受冤屈。明王錂《寻亲记》一五出："我周羽果是杀人，望神明差阴兵即时打死。我周羽若是～，望神明鉴察。"《欢喜冤家》一四回："那了然杀猪的一般叫将起来道：'～！爷爷，没有此事。'"清《白雪遗音·捐功名》："～，～，实实的～，并无那事情。"

【屈请】 qū qǐng 延请；邀请。也用作延请的敬词。唐封演《封氏闻见记》卷九："神功曰：'神功比来受判官拜，大是罪过。公何不早说？'遂令～诸判官，谢之曰：'神功武将，起自行伍，不知朝廷礼数。'"《敦煌变文校注》卷六《金刚丑女因缘》："其时大王处分：排备燕会，～[王]郎。"清《珍珠船》二回："已买下些香烛，意欲～贤师徒二位到舍，念经一日。"

【屈认】 qū rèn 委屈承认。《元曲选·窦娥冤》四折："我怕婆婆年老，受刑不起，只得～了。"明《西游记》四五回："他说我昨日到城外打杀他两个徒弟，是谁知证？我等且～了，着两个和尚偿命，还放两个去取经。"清郭琇《请禁八弊疏》："私刑吊拷，种种非刑，不认不休。及其～，方始到官。"

【屈摄】 qū shè ❶曲折。唐张彦远《法书要录》卷三："宋炳放逸～，颇效康、许。" ❷畏摄收敛。明陈沂《畜德录》："其僚以事谒瑾，畏其势，不觉屈踧。何公疾声曰：'礼惟长揖，何以为此。'瑾曰：'先生之言是，不敢。'少有～。"

【屈势】 qū shì ❶(房屋)倾斜的样势。宋周密《齐东野语》卷八："齐魏间以人有仪矩可喜者，则谓之庯峭，……今造～有曲折者，谓之庯峭云。" ❷降低身分权势。宋陈师道《寄邓州杜侍郎》："忘年～不虚辱，公取为德吾何取。"彭龟年《论群臣进言当酌是非早赐处分疏》："群臣既不肯背理而徇陛下，陛下复不肯～而听群臣。"明李贤《天顺日录》："凡军卫有司无不畏服……英国公莫有抗礼者，出师在边，亦～相接。" ❸屈从于权势或形势。明罗洪先《重刻文山集序》："与吾相持而不使其直遂者，势也。吾～而违心耶，亦求以自尽耶？" ❹抑制权势。明何景明《内篇》："御史者，铲豪以～，平富以拒货。"叶山《叶八白易传》卷四："惟天下之正理可以屈横逆之大势，惟天下之～可以止无厌之欲心。"

【屈事】 qū shì ❶冤屈的事；委屈的事。唐李忱《平党项德音》："抚驭之间，便同赤子。如有～，即任于本镇投状论理。"《元曲选·灰阑记》一折："你养着奸夫，倒着我有这～也。"清《飞龙全传》二五回："孩儿有桩～，特来告诉。" ❷屈身服侍。《唐会要》卷四四："天后召尚献辅拜太史令，固辞曰：'臣久从放诞，不能～官长。'"明孟称舜《娇红记》三九出："今～飞红，结其欢心。"清《后水浒传》三八回："桃园寻闹，骆庄陷人。结怨扬言护邑，力征～乐汤。"

【屈首】 qū shǒu ❶埋头；专心致力。宋王安石《祭丁元珍学士文》："我初闭门，～书诗。一出涉世，茫无所知。"明锺惺《报蔡敬夫大参书》："贤则劳，愚则逸。安得当事者如公数人～此中，而使某辈异时享坐谈之福哉。"清吴伟业《行路难》之八："男儿读书良不恶，～残编务穿凿。" ❷低头；屈服忍受。宋刘敞《酬某》："谁能长刺促，～就鞅羁。"明陈汝元《金莲记》一六出："忠而见谤，冤莫可伸。～受辜，愁肠怎浣？"清《隋唐演义》二回："今之～居昆季下者，安知他日不危昆季，思踞其上也？" ❸埋没；沉沦。明袁宏道《曹医序》："既不得肆其力于举业，念～无伸眉时，乃尽闭诸窦，一肆力于医。"袁中道《送虚白请经序》："久～乡校，意不自得，北走长安。"沈自徵《霸亭秋》："如今总有那晋阮藉软兀刺醉死在步兵厨，汉相如眼迷厮盹倒在临邛道。一个个都～蓬蒿。"

【屈受】 qū shòu 犹"屈承"。元孟汉卿《魔合罗》四折："刘玉娘～拷讯，请敕旌表门庭。"明王錂《寻亲记》一五出："周羽～这灾危，拚残躯便做他乡之鬼。"清《醒世姻缘传》一〇回："这个养汉子名，岂是妇人肯～的？"

【屈枉】 qū wǎng ❶违心屈服。宋彭龟年《论雷雪之异为阴盛侵阳之证疏》："无所牵制之谓刚，无所耽惑之谓刚，无所～之谓刚，无所纵弛之谓刚。" ❷冤屈；遭遇冤屈。《续资治通鉴长编》卷九六："或有陈诉～，经转运提点司区断不当，即按鞫诣实。"清雍正元年九月初一日上谕："其中～人员，不无可悯。" ❸诬陷；无端加罪。明夏言《陈情比例恳乞天恩赐复封号疏》："臣之奏词，果遭～。题奉明旨，复臣冠带。"清《醒世姻缘传》一〇回："比方有人～你怎么要钱，怎么酷，你着极不着极？"《万花楼》三四回："大胆狄青，敢将本帅～痛骂，速速将他推出辕门斩首。"

【屈膝】 qū xī 膝盖。元明《水浒传》四五回："悄悄去～边拔出刀来，三四刀搠死了。"

【屈陷】 qū xiàn ❶诬赖；诬陷。宋契嵩《万言书上仁宗皇帝》："察吏诬而无～之刑，如此可以使其徒而慕之尚之也。"《元曲选·救孝子》三折："官人每枉请着皇家禄，都只是捉生替死，～无辜。"清《珍珠船》二回："你反平白地生言造舌，捏出无影无踪的话儿来～人。" ❷坑害；无辜或被屈枉而陷入(困境)。明杨珽《龙膏记》一七出："时悭运悭，恨无端囹圄～。"《梼杌闲评》一一回："只因小忿倾狐党，～山东十万民。"清《后水浒传》一七回："只因这许教授向年与族人争论，贫富难敌，遂～在开封府狱中。"

【屈降】 qū xiáng 另见 qū jiàng。❶降伏；屈节投降。宋苏

轼《祭魏国韩令公文》："恩威并行，春雨秋霜。兵练民安，四夷～。"岳珂《金佗粹编》卷六："威棱所加，已闻声而震叠；恩信既著，宜传檄而～。"明夏允彝《幸存录》卷下："至是秦中方伯陆之祺辈多蒙面～矣，寇遂由秦入晋。" ❷ 服气；认输。宋王令《答束孝先》："又如遇贵人，绣锦饰婀娜。回眸忽自鉴，恶面复裹裸。～心已甘，叹愤志亦颇。"晁公溯《乡人欲开旧江相勉以诗》："二论坚相持，谁者肯～。"

【屈心】 qū xīn 违心；亏心。清《歧路灯》一〇二回："这邵肩齐只得袖回本房来，却甚觉～。"

【屈戌】 qū xū 钉在门窗或箱柜上用来挂钌铞或锁的环扣。唐李商隐《骄儿》："凝走弄香奁，拔脱金～。"元明《水浒传》二一回："门上却有～，便把房门拽上，将～搭了。"清《红楼梦》七三回："外间窗屉不曾扣好，塌了～了吊下来。"

【屈恤】 qū xù 同"屈戌"。明汤显祖《紫箫记》二四出："绮席朱尘笼翠户，银～，紫流苏。"

【屈偃】 qū yǎn 倾斜。明张大复《梅花草堂笔谈》卷八："寺有古柏一株，大可数围，而～山门之上，若中断而倚者。"

【屈央】 qū yāng 犹"屈枉❸"。元王伯成《贬夜郎》一折："尽交谗臣每数量，至尊把我～，休想楚三闾肯跳汨罗江。"

【屈恙】 qū yàng 同"屈央"。元宫大用《七里滩》四折："～着野人心，直宣的我入宫来。"

【屈漾】 qū yàng 同"屈央"。《元曲选外编·黄花峪》一折："那厮更十分不良，将平人～。"

【屈邀】 qū yāo 犹"屈请"。金《董解元西厢记》卷三："辄敢便～先辈。子母孤孀，又无个，别准备。"

【屈抑】 qū yì ❶ 冤枉并压抑。唐柳宗元《送元秀才下第东归序》："周乎志者，穷踬不能变其操；周乎艺者，～不能贬其名。"明吾邱瑞《运甓记》一九出："君侧有社鼠城狐，丛神交竞，～忠贤。"清《荡寇志》九〇回："凡是魏虎臣～之人，察其实有贤能，尽皆擢用。" ❷ 蜷曲；蜷缩。宋张守《小黄杨赋》："虽蒙厄于闰馀，初不辞于～。"明高濂《遵生八笺》卷一〇："低头～如礼拜状，不拘数，以汗出为度，其疾即愈。"清《授时通考》卷四："戊之言茂也，……至此，万物皆枝叶茂盛，其含秀者～而起。" ❸ 贬抑；抑制。元赵汸《周易文诠》卷三："理本定也，而无执守之人，其词～而不伸。"明叶山《叶八白易传》卷一一："以力称功美之诈，深自～之奸，尽忠自托之诡，使意大安，无所复嫌。"清张次仲《周易玩辞困学记》卷一："人只为私欲阻挠，把自家只点念头～隐忍，不得自遂。" ❹ 压迫。明徐光启《农政全书》卷三五："此中花种，久受～，少全气之核，种之又迟，又密，又瘦，故皆不获遂其本性。"清李光地《榕村语录》卷二五："瓦石，所爱也。使有草木萌蘖～其下，则不惜掷瓦石而出之。" ❺ 谦让；退让。明方孝孺《戆窝记》："汉汲长孺、吴张子布辈，皆负气自高，昌言倨色，不少～以取合当世。"孙绪《无用闲谈》："市民少蓄赀货，谄言日闻，即不肯～以从善，况人君乎。"

【屈玉】 qū yù "屈玉趾"之省，请人移步前往的客套话。清《驻春园》一四回："祈爱月姐姐仍托采花为名，～过来谈谈。"《天豹图》四〇回："既如此，敢烦大人～一行。"

【屈郁】 qū yù ❶ 屈枉不得伸张。宋黄震《名臣言行录·尹师鲁》："然而从事西师者，～莫公为甚。"明方孝孺《题黄东谷诗后》："夫困折～之谓穷，遂志适意之谓达。"《梼杌闲评》五〇回："沉冤弥天，～不伸，上乾元象，以致星殒地裂。" ❷ 盘曲不得伸展。明陆釴《西山诗次李宾之韵》："夭蛇尚～，异事诚恍惚。"

【屈冤】 qū yuān ❶ 冤枉；使受冤屈。元明《水浒传》一四回："你～人做贼，诈了银子。"明《醋葫芦》二〇回："我若叫'你是贼'，你便道我～平民为盗，反要扭我到官，这才是贼做大。"清《巧联珠》三回："若果是他抹的，受此凌辱也该；若还不是，岂不～了他？" ❷ 冤屈；被冤枉。清《补红楼梦》三〇回："本待要叹人间称～，又谁知有天道能消怨。"

【屈招】 qū zhāo 委屈招认。宋元《醒世恒言》卷三三："可怜崔宁和小娘子受刑不过，只得～了。"《元曲选·窦娥冤》三折："我怕连累婆婆，～了药死公公。"清《天豹图》二九回："我已将头丢在身外不要了，尔要我～是万万不能的。"

【屈注】 qū zhù ❶ 倾注；往下流入。唐杜甫《奉同郭给事汤东灵湫作》："倒悬瑶池影，～沧江流。"明王跂《淮安城楼》："～清流作带围，高头三面拥澄晖。"清洪昇《长生殿》二一出："清渠～，洄澜皱漪，香泉柔滑宜素肌。" ❷ 形容文思奔涌。宋魏庆之《诗人玉屑》："本朝苏东坡如～天潢，倒连沧海，变眩百怪，终归雄浑。"明张大复《梅花草堂笔谈》卷一〇："张季修之郎纪，甫十六耳。笔下滔滔，便有～天潢之想。"清汤右曾《次韵张声伯孝廉见寄》："联翩宦迹青云上，～词源碧海流。"

【祛斥】 qū chì 驱除；赶走。宋洪迈《夷坚志》丙卷五："有行者善诵秽迹咒，能～鬼物。"又三补："神能预疏其故，明以告德一，何不～邪祟，顾令肆虐。"明宋濂《温忠靖王庙堂碑》："蜚龙感而异人生，玄象应而神迹著，盖不可一二计。惟夫偏蟞或足以病民，故必降刚明方直者而～之。"

【祛除】 qū chú 驱除；除掉。唐罗让《耿恭拜井赋》："闼其质若俟仁人，发其蒙俄成澹淡。灌濯执热，～积惨。"明邵璨《香囊记》二八出："他奸邪结党，不能～。"清《隋唐演义》八一回："人生七情六欲，惟有好色之念最难～。"

【祛荡】 qū dàng 驱除；扫荡。明王世贞《答王明辅方伯书》："向苦游思时扰我灵台，自作之魔不易～。"

【祛涤】 qū dí 犹"祛荡"。宋何溪汶《竹庄诗话》卷二〇引《鉴诫录》："征君为诗，皆～淫靡，迥绝尘嚣。"清魏之琇《续名医类案》卷一二："始本阴虚未传消中之患也，不急～，必为狂痴之患。"

【祛解】 qū jiě 解散。五代杜光庭《神仙感遇传》卷二："豪帅知非，乃散释堡聚，～兵卫，复为编民。"

【祛旷】 qū kuàng 疏旷；开阔。唐符载《襄阳张端公西园记》："开轩设簟，耳目～。煮茶摘果，动至酣乐。"

【祛遣】 qū qiǎn 驱除；赶走。宋《圣济总录纂要》卷三："万灵汤方，和养三焦，调顺阴阳，升降痞滞，～寒邪。"明朱橚《普济方》卷二三九："石蚘者，医疗既僻，蚘虫转坚，世间药岂能～。"《禅真后史》三四回："既来此窥觇一番，有一个下落，是甚鬼魅，也好～。"

【祛禳】 qū ráng 祈禳驱除。清唐孙华《闻毁明逆魏忠贤墓》："跛牂任践踏，野燎当～。"

【祛散】 qū sàn 驱除使消散。金成无已《伤寒明理论》卷四："热则温其气，辛则散其寒，而噎者为当两相佐之，是以～冷寒之气。"明徐渭《历节风》："周身作痛，多主乎湿；历节作痛，亦属乎风。治之之法，风可～，湿可燥湿。"清《医宗金鉴》卷四："更加赤小豆、姜、枣之甘辛，以～在表之寒湿。"

【祛扫】 qū sǎo 犹"祛荡"。明王世贞《礼部主事华起龙诔》："至于钩剔奸隐，～宿猾，虽谣诼狂响，行之自如。"周履靖《锦笺记》二三出："白莲结社，红巾聚兵，满图～胡元，统据中夏。"清蒋廷锡《驻跸密云赐观御书大学》："发扬道理阐经义，异学～淫诐辞。"

【祛退】 qū tuì 驱赶使退除。明《西游记》一八回："因是晓得父亲要～他，他也常常防备，故此昏来朝去。"

【祛褪】 qū tuì 同“祛退”。明《西游记》四三回：“眼不视色，耳不听声，鼻不嗅香，舌不尝味，身不知寒暑，意不存妄想，如此谓之～六贼。”

【祛洗】 qū xǐ 犹“祛涤”。明康海《武功县志》卷二：“乃更求民所疾苦，与～之。”

【祛降】 qū xiáng 驱除降服。明《西游记》五八回：“神归心舍禅方定，六识～丹自成。”

【祛逐】 qū zhú 驱逐；破除。宋洪迈《夷坚志》支乙卷五：“溪之北有枯木，为精所凭。吾未暇～，为德已厚。”明宋濂《南堂禅师语录序》：“其接引虽若有不同，所以～妄缘而挽入正涂者，则一而已矣。”清魏之琇《续名医类案》卷三四：“又认为血鳖，专用破血～之药。痛攻两胁，肚腹尤甚。”

【祛捉】 qū zhuō 驱赶捉拿。宋张齐贤《洛阳缙绅旧闻记》卷五：“时有道士丁自然能使汤火符禁，～鬼魅精怪多验。”

【焌灯】 qū dēng 黑灯；未点燃的灯。清《醒世姻缘传》五回：“没等那通州知州俸满，推升了临洮府同知，将晁知县推了通州知州，就如～在火上点的一般，也没有这等快。”

【焌黑】 qū hēi 很黑。清《醒世姻缘传》七回：“里面却是半张雪白的连四纸，翠蓝的花边，～的楷书字。”

【焌律】 qū lǜ 同“曲律”。唐皮日休《太湖诗·投龙潭》：“兼以金蜿蜒，投之光～。”

【焌糟】 qū zāo 宋时给酒客换汤斟酒的妇女。宋孟元老《东京梦华录》卷二：“夏有街坊妇人，腰系青花布手巾，绾危髻，为酒客换汤斟酒，俗谓之～。”

【蛆妒】 qū dù 嫉妒。蛆，通“怚”。《集韵·鱼韵》：“怚，妒也。”唐王梵志《家中渐渐贫》：“两家既不合，角眼相～。”又《兄弟义居活》：“外姓能～，啾唧由女妇。”又《身是五阴城》：“总在粪尿中，不解相～。”

【蛆佞】 qū nìng 嫉妒谄媚。《敦煌变文校注》卷五《维摩诘经讲经文(一)》：“睹物情怀发恶心，见人于色行～。”唐王梵志《寻常勤念善》：“心里无～，何愁佛不成。”按，此例“佞”，原作“伫”，为“佞”的误字。

【蛆扒】 qū pá 即“搅蛆扒”。《元曲选外编·村乐堂》三折：“休那里括剌剌，叫吖吖，合毒药则是你个～。”

【蛆皮】 qū pí 谓渺小无用的东西。《元曲选外编·降桑椹》二折：“贤弟乃大成之人，我乃～而已。”

【蛆心】 qū xīn 坏心；心地卑污。唐王梵志《奴人赐酒食》：“无赖不与钱，～打脊使。”清《红楼梦》六二回：“没造化的种子，～孽障。”

【趋拜】 qū bài ❶ 趋走拜谒。用作谦词，表示礼敬。唐柳宗元《与杨海之书》：“足下过今年，当侍从北下。仆得扫溪上，设肴酒，以俟～。”明宋濂《覆胡太常书》：“末由～床下，伏纸重增依恋。”《欢喜冤家》一六回：“学生到此，幸借华居。未及～，又辱宠召。” ❷ 行礼。表示景仰或感戴。明叶宪祖《鸾鎞记》四出：“饶有出群才，也须托赖。若肯相招，料得忙～。”按，以下“趋”字头各条，“趋”字形或作“趍”，不另分别。

【趋班】 qū bān 趋立朝班。五代王仁裕《开元天宝遗事·精神顿生》：“早朝百辟～，帝见张九龄，风威秀整，异于众僚。”明高启《送高丽贡使还国》：“锡命分青土，～列紫宫。”清彭孙遹《南郊赋》：“百辟卿士，鹄跱而～；三事上公，骏奔而陪列。”

【趋办】 qū bàn 急速办理。趋，通“促”。宋宋庠《敕州郡劝农诏》：“贪吏以掊克而夺其财，苛人以～而穷其力。”明归有光《送同年丁聘之之任平湖序》：“凡为大吏，其势与民日远，一切以～为能。”清吴伟业《江南巡抚韩公奏议序》：“郡邑守相，日有要，月有成，～不及，即镌谯随之。”

【趋报】 qū bào 疾走禀报。趋，通“促”。唐卢肇《逸史》卷一：“崔生知是仙境，乃告曰：‘某尘俗之士，愿谒仙翁。’守吏～，顷之召入。”明徐元《八义记》二七出：“倘分身生下男和女，忙～不爽毫厘。”清《绿野仙踪》一〇〇回：“杯酌甫设，力士～：‘海岛并各山岳诸真人、诸大仙到。’”

【趋背】 qū bèi ❶ 趋前退后，形容奔波。《石仓历代诗选》卷一一一录唐雪峰义存《诗偈》：“天色晴明绿嶂分，色身～底辛勤。” ❷ 趋前或背离，比喻态度的炎凉。宋王迈《仙游县傅氏道院记》：“不以时之燥湿而为～，不以身之升沉而为戚欣。”明王慎中《上中丞传》：“时变之隆污而～异其得失，人情之好恶而忤合乖于爱憎。” ❸ 指笔势变化。元陈绎曾《翰林要诀》：“(字)形不变而势所～，各有情态。” ❹ 趋避；逃离。清吴嘉纪《归东淘答汪三韩过访》之二：“密网及无辜，无地可～。”

【趋奔】 qū bēn ❶ 奔赴；急速前往。唐韩愈《祭十二兄文》：“敛不摩棺，瘗不绕坟。～束制，生死亏恩。”元刘敏中《平宋录》卷中：“宋兵大溃，～大城之下。”清袁枚《子不语》卷一二：“诸人俟其去远，各解所佩小刀割断其藤，～回船。” ❷ 为某种目的而奔忙；营求。五代黄滔《关中言怀》：“事事朝朝委一尊，自知无复解～。”明王绂《题孝子曹镛卷》：“迎医及祷祈，徒然自～。” ❸ 趋捧；逢迎。宋费衮《梁溪漫志》卷七：“其诗高妙简古，力追汉魏作者。政如倡优杂沓前陈，众所～，而有大人君子垂绅正笏，屹然中立。” ❹ 奔流向前。元陈基《次吕彦贞韵》：“洪河西北来，万里日～。”明李时勉《松溪别业记》：“惟其流行也，是以历涧壑，经江河，不至于～沧海不息焉。”

【趋便】 qū biàn ❶ 追求简便、方便。唐张参《五经文字序例》：“自顷考功礼部课试贡举，务于取人之急，许以所习为通，人苟～，不求当否。”明周大韶《宜兴西氿水利议》：“后人～，俱从西氿出入。”清姜宸英《邹君针灸书序》：“予尝叹后世事日～，而古意浸微，医其一也。” ❷ 伺机；觑便。明方孝孺《杂诫》：“文奸言摭近事，窥伺时势，～投隙，以贵富为志。”清《红楼梦》庚辰本七三回：“其中夜静人稀，～藏贼引奸引盗，何等事作不出来。”

【趋禀】 qū bǐng 犹“趋报”。也指前往报告。宋韦骧《留别张枢言龙图》：“千里惨舒都在手，百城～孰为才？”佚名《上通判正小简》：“去冬以微贱～，幸获瞻侍台光。”清《绿野仙踪》一〇〇回：“力士～道：‘修文院官吏在外等候已久。’于冰示以到任谢恩日期。”

【趋步】 qū bù ❶ 随人脚步，指模仿、仿效。宋陈造《次前韵谢胡运属》之二：“随人～庸非俗，取意妆梳自入时。”明赵宧光《寒山帚谈》卷上：“临摹法帖，不必字字～。泛览一周，觉有得失，便握管拟作。”清李佳《左庵词话》卷上：“此等佳作，谁不欣赏，洵非凡手所能～。” ❷ 指行径、行为。宋薛季宣《袁先生传》：“邻家薛翁以卖香自给。其子晨以香出，父则掩关待之。子莫而归，因不复事。邻里莫详其～。” ❸ 尾随脚步行进；追随。清《野叟曝言》一五四回：“天下万世，凡有血气，莫不尊亲。臣妾何人，敢于～后尘耶？”

【趋参】 qū cān 犹“趋拜❶”。宋胡宿《贺参政侍郎启》：“某属当官守，阻觌钧严。徒庆慰以兼深，在～而弗获。”崔敦礼《通漕使启》：“溯仞墙而企踵，未卜～；凭尺素以函心，曷穷称述。”彭龟年《上吉州向倅启》：“～无期，惆怅自恨。”

【趋操】 qū cāo 行为取向；操行。宋王楙《野客丛书》卷二八：“唐卢怀谨清素有守，为时名相。怀谨少子奕，死于禄山，以贞烈著，见《忠义传》。奕子杞，佞邪误国，见《奸臣传》。……卢氏四世，～不同如此。"元吴澄《赠承事郎张君墓表》："予观策兄弟，殖学致禄，～不凡。"明刘宗周《丁长孺先生墓表》："自此～日益高明，梦寐先哲，奉为矩矱。"

【趋曹】 qū cáo 赴官曹任职或办公。宋余靖《送施屯田知太平州》："～兰在握，到境弩先驱。"明高启《赠张省郎》："每载～笔，时熏直省香。"陈子龙《白云草自序》："陈子举进士，观秋官之政。～之暇，间有歌咏。"

【趋谄】 qū chǎn 趋附谄媚。明王守仁《禁革轻委职官》："或因上司经由，过为～，越境送迎，往回动经旬月。"吴宽《通议大夫林公神道碑铭》："事上甚恭，不为时俗～态。"清《历代通鉴集览》卷八一："(李邦彦)但以阿顺～为事，都人目为'浪子宰相'。"

【趋朝】 qū cháo ❶上朝；臣子朝见君主议事。宋孟元老《东京梦华录》卷一："外廊横门北去百餘步又一横门，每日宰执～，此处下马。"清《聊斋志异·罗刹海市》："翼日～，荐诸国王。"❷赴朝；到朝廷去或到达朝廷。宋朱熹《跋赵清献公遗帖》："今年自长沙～，屡得见其遗墨。"王明清《挥麈三录》卷三："后遇刘季高自蜀被召～，携降书入奏。"清钱谦益《孙紫冶诗稿序》："七十老臣，一日而就道，七日而～，一日夜而旋出国门。"

【趋尘】 qū chén ❶扑入尘土中。唐元稹《三泉驿》："三泉驿内逢上巳，新叶～花落地。" ❷披尘，指奔波前往。唐温庭筠《上宰相启》："窃闻谣咏，即付枢衡。是以贺笈～，赢粮载路。"宋杨亿《高起居知广州》："橘官手版～远，梅使星车附信通。"李复《中秋客至不赴郡会》："经岁相期尽赏心，虚堂有客阻～。"❸指扑地行礼，转指趋附逢迎。唐孙樵《骂僮志》："凡为世人，婉颜巧唇，望风～，以售其身。"宋苏轼《过巴东县闻颇有莱公遗迹》："执版迎官长，～拜下风。"清陈廷敬《戏次仲礼与豫朋端午酬和韵》："～似葆头惭面，忍事如囊腹愧腰。" ❹迎合尘俗。宋杨亿《发愿文上舍人沙门愿安》："于其中间，至于今日，～背觉，迷失本心。"

【趋承】 qū chéng ❶遵承；应承。唐梁孝仁《议沙门不应拜俗状》："无为寂灭，同树胜因。而僧、尼、道士、女冠，～训典，其为教也，裨济实多。"清宋荦《请停铜斤采办详文》："以公帑之钱粮，应公家之急需，自应竭蹶～。"《八洞天》卷二："胜哥不敢违父命，勉强～。甘氏也只落落相待。" ❷承应；侍奉。唐权德舆《唐故右神策护军中尉孙公神道碑铭》："棘心雪泣，衔恤无怙，～轩禁，嗣续忠劳。"明《石点头》卷九："～应付之间，又不轻佻，却自有韵度。"清洪昇《长生殿》八出："自来宠多生嫌衅，可知道秋叶君恩？恁为人，怎～至尊？" ❸就教；前往受教。多用作谦词。唐李商隐《为荥阳公贺牛相公状》："某限当廉察，未冀～。"宋胡宿《贺留守相公启》："～未获，系颂何深。"清《好逑传》一四回："小儿闻老先生赐教，即要～领训，不期卧病山中，不能如愿。" ❹趋附逢迎；奉承。宋周煇《清波别志》卷上："一时权幸皆自此进，气焰赫然，都总管反～之不暇。"明《醋葫芦》一回："那都氏被他～不过，却也回嗔作喜。"清吴伟业《临春阁》四折："甜话儿把官里～，转关儿将女娘作诵。" ❺模仿；仿效。明赵宧光《寒山帚谈》卷上："学生初基，笔笔～无论矣。稍知去就，对帖握管，趋其所长，弃其所短，苟胜前哲，何乐不为。"清吴乔《围炉诗话》卷一："诗人自相步韵犹可，步贵人韵，须虑扑杀。贵人倡作勿用'徘徊''潺湲'等字，使～者有所措手，亦仁者之居心也。"

【趋程】 qū chéng 登程；赶路。唐柳宗元《代柳公绰谢上任表》："肃恭休命，晨夜～。祇荷宠私，不遑寝食。"明谢谠《四喜记》一九出："办行装急早～，万里风霜岂惯经。"清毛奇龄《发滁州度关山岭》之二："下蔡～缓，南滁就道闲。"

【趋驰】 qū chí ❶驰骋；疾行。唐戴孚《广异记·周济川》："餘日又来，左手携囊，右手执断索，～戏弄如前。"沈逵《山元玉赋》："佩玉之设，所以导容止，节威仪，……以戒～之失。"明张宇初《李氏族谱跋》："抑近世虽通都大邑，～凡千百里，求故家大姓之足征者。……亦甚鲜矣。" ❷奔忙；奔走。唐白居易《寄江南兄弟》："分散骨肉恋，～名利牵。"宋彭汝砺《送梁晦之》："～静笑营生拙，老大今知旧态非。"清朱鹤龄《写怀寄陈鹤客》："物情各有求，静躁殊所秉。反幸冠盖疏，～谢榛梗。" ❸供驱使；承应。唐郭湜《高力士传》："辅国～末品，小了纤人，一承攀附之恩，致位云霄之上。"刘洎《请收叙废黜官僚表》："臣早预藩寮，深蒙录旧，～左右，二十餘年。"五代徐铉《御制春雪诗后序》："固当腾之竹帛，饰以丹青，……命千秋而指画，召立本以～。" ❹往来；前往。唐李白《感时留别从兄徐王延年》："佐郡浙江西，病闲绝～。"宋王安石《上宋相公启》："曾是顽疏，终然庇赖。尚兹婴薄，未即～。"

【趋道】 qū dào ❶向道；趋知道法。唐皇甫冉《秋夜有怀高三十五》："晚节闻君～深，结茅栽树近东林。"宋王安石《谢葛源郎中启》："伏念某受材单少，～阔疏，时所谓贤，少焉知慕。"明徐渭《聚禅师传》："每说众至若干人，退而警悟～者甚众。" ❷跑路；在路上疾行。宋苏颂《太常少卿李君墓志铭》："有中使自边州还，致一山鹿，命邮卒负之而～于邑中。"

【趋风】 qū fēng ❶闻风而来。唐许尧佐《庐山东林寺熙怡大师碑铭》："然～望景，攀危荦重，翼如而至者，难以数计。"宋觉范《禅林僧宝传》卷六《澧州洛浦安禅师》："安乃问曰：'自远～，请师一接。'夹山曰：'目前无阇梨，此间无老僧。'"刘过《怀古》之二："高高黄金台，燕赵争～。" ❷瞻仰风采，指结识或交往。唐李白《梁甫吟》："君不见高阳酒徒起草中，长揖山东隆准公。入门不拜骋雄辩，两女辍洗来～。"明汤显祖《与许仰亭吏部书》："太学～之后，音徽邈绵。"清赵执信《怀旧》："贵游负贩豪，交臂来～。" ❸闻风倾倒；仰慕。唐陈子良《平城县正陈子干诔》："及尔委质周行，策名吏部，公卿籍甚，士类～。"明朱国祯《涌幢小品》卷二九："每一餐，列数十餘盘，立尽。诸少年顿首～，称曰醒神翁。"清吴伟业《香山白马寺旦冶禅师教公塔铭》："说法授戒，千僧礼足；拈锥竖拂，四众～。" ❹趋奉；跟随侍奉。唐于邵《送卢侍御赴恒州使幕序》："仆江西旅人也，～明庭，同等见顾，常忝座右之客，不贱屏外之员。"宋赵孟坚《上安吉使君黄寺丞状》："～部掾，陈力未多。"清钱谦益《文林郎钱府君墓表》："花冠锦帊，罗拜岁时；绿帻傅惣，～左右。" ❺向风；临风。唐张说《谢赐药表》："虽气体未适，～拜命，觉腠理遂平。"宋徐鹿卿《府判再示楹字韵诗再和之》："湛泉偶～，漱液咀流英。"清《东周列国志》八二回："往而观之，望见秋蝉～长鸣。" ❻追风；乘风。宋赵蕃《送京运使赴召》："南浦维舟初拜公，五溪随牒限～。"明皇甫汸《寝盟》："胡儿跃马～回，群工献寿咏康哉。"陈全之《蓬窗日录》卷一："入夏风尤迅，海人水船～，日可行数百里。" ❼跟风；追随风气。宋胡寅《送张尧卿序》："斯民所视效以为从违者，亦皆莫究莫核，靡然～，吹波助澜。"明孟洋《中顺大夫何君墓志铭》："何君往造语合，三子乃变之古。自是，操觚之士往往～秦汉矣。"清陈康祺《郎潜纪闻》初笔卷一三："见朋辈中钻研古书不工制艺者，遇稍解风雅之主司，多以二三场殚洽见收；而一二揣摩时尚，～乘沫之士，迄老死不获知遇。"

【趋奉】 qū fèng ❶犹"趋承❷"。唐韦承庆《上东宫启》："伏愿每至此朝，特临法仗。则殿下无晏安之逸，群寮有～之欢。"

宋元《警世通言》卷八:"小娘子如今要嫁人,却是~官员?"清弘历《回跸诣畅春园问安》:"十日东巡阔问安,起居~寝门欢。" ❷ 犹"趋承❹"。唐李商隐《杂纂》:"图他酒食作证人,三头二面~人。"明《醒世恒言》卷二五:"就是平日从不往来,极疏冷的亲戚,也来殷勤~。"清吴伟业《秣陵春》三六出:"这就是新状元的泰山,我如何不去~他。" ❸ 迎送;接待。唐颜真卿《唐故右武卫将军臧公神道碑铭》:"令人~,天眷孔明。九原不作,八座哀荣。"宋文惟简《虏庭事实》:"如宰臣百官生日,及民间娶妇生子,若迎接天使、~州官之类,则以酒果为具。"明林俊《复刘文焕》:"近时~过礼,迎送至出界地。" ❹ 犹"趋承❶"。宋王珪《进所业表》:"~大对,几脱容刀之惭;擢置上游,都念敝帚之见。"《元曲选·马陵道》一折:"好教我意踌躇,两下里可兀的难~。我待不说呵,怎生支对主人公;待说呵,我和他书窗曾最密,怎宦路不相容。"明归有光《送摄令蒲君还府序》:"民之望于吏者甚轻,苟不至于虐用之,而示之以可生之途,无不竭蹶而~之者。" ❺ 犹"趋承❸"。宋苏轼《与杨康功书》:"未缘~,惟冀顺时为国自重。"晁补之《贺许左丞启》:"怅坐縻于官守,阻~于钧闳。"明何景明《忆舍中诸寅》:"只今远使违~,清梦常依霄汉间。" ❻ 指承应侍奉的人。明陆采《明珠记》二一出:"老景渐龙钟,冷落长门,没个~。幸有娇儿,在膝前眼中。"

【趋伏】 qū fú ❶ 伏地行礼。唐张柬之《请罢姚州屯戌表》:"折支谄笑,取媚蛮夷,拜跪~,无复惭耻。"宋文莹《玉壶清话》卷一〇:"补天长县令,以官诰示之,曰:'授告罢,与君无宾友之容。'指其庭曰:'此地即君敛板~之所也。'"《元曲选·赵氏孤儿》四折:"我恰才叉定手向前来紧~。则俺见这壁厢爹爹呵,懒支支恶心烦。" ❷ 趴伏;俯卧。宋洪迈《夷坚志》支乙卷三:"俄顷迅风大作,冷气如深秋。渔急拿舟~岸浒。"道璨《双竹记》:"青鞭横出,可六七尺,~几前。"清《笑林广记》卷一:"每早起膝行~夜次,叩首如响柝。"

【趋府】 qū fǔ ❶ 到府衙参见或办公。唐韦建《黔州刺史薛舒神道碑铭》:"再命而偃,不忘循墙之恭;三语故称,则闻~之誉。"宋洪迈《夷坚志》丙卷三:"成都孔目吏王生,住大安门外。每五鼓~,必诵《大随求咒》一通。"清吴伟业《送纯祐兄浙中藩幕》之三:"从容~罢,斗酒听流莺。" ❷ 拜府,到对方家去的敬语。明佚名《霞笺记》二八出:"愚夫妇正欲~拜谢大恩,反辱先施。"清《绿野仙踪》四〇回:"小弟急欲~,听候起居。"《荡寇志》一〇六回:"如此说,小弟再不~,却是不恭了。"

【趋附】 qū fù ❶ 趋奉依附。唐苏颋《诫百寮与供奉人交通制》:"苟非亲表,不合数至门庭。多行请托,便涉~。"明《二刻拍案惊奇》卷六:"幸得吾王宠任,~我的尽多。"清孔尚任《桃花扇》七出:"阮大铖~权奸,廉耻丧尽。" ❷ 前往归依。明戚继光《练兵实纪》卷一:"安营定垒,人见其各有~,而不知全凭旗鼓以举措。"

【趋赴】 qū fù ❶ 赶赴;前行或前往。唐柳宗元《柳州谢上表》:"去年蒙圣恩除替,便欲裂裳裹足,~京师。"明陈王道《委勘太湖州水利揭》:"行至近海之处,其涓涓~之势孰能御之?乃开三十六浦以分泄焉。"清李玉《清忠谱》一一折:"君命召,驾且不俟。今日奉旨来提,敢不~。" ❷ 承应;担任。唐卢俌《论突厥疏》:"近战则守家,远战则利货,~锋镝,不劳训誓。"明刘若愚《酌中志》卷二三:"累臣曾效抄誊雠校之功,三年始成,即被李永贞自高公宅内唤令答应,不敢不应承~。"清康熙四十年十月十一日上谕:"若准令承袭,则废疾在身,不能~公家之事。" ❸ 辛勤赶办;抓紧完成。宋李新《筑城告诸庙文》:"祗奉圣训,经营卜度,夙夜~,靡敢怠遑。"明李汛《石山居士传》:"众难之,居士即任十之二,曰:'尊祖敬宗,又何惜焉。'于是众皆~,不日而成。"王世贞《太中大夫少葵公暨元配归安人合葬志铭》:"赋役以时,~毋爽。" ❹ 奔告。宋苏轼《代滕甫辨谤乞郡状》:"今臣之所患,不止于疾痛,而所忧有甚于穷窘。若不号呼于君父,更将~于何人。" ❺ 步履进退。宋王谠《唐语林》补遗三:"其曲有曰《播皇猷》者,率高冠方履,褒衣博带,~俯仰,皆合规矩。" ❻ 建立;开创。宋王安石《右领军卫将军致仕王君墓志铭》:"君方慨然怀古人~功业之意,欲起贫贱。"朱熹《答林谦之》:"所谓~事功,自当世贤人君子事,岂熹所敢议哉?"清钱谦益《故淮府左长史何公墓志铭》:"然世方囊帛椟金,以传遽至于公卿,而公慨然怀古人~功业之意,以为有道路可指取,斯已悖矣。" ❼ 拜访;赴约。宋契嵩《与东林知事书》:"愧以老惫,复牵事缘,~未遑,但深愧忸。"明徐渭《复某书》:"有何指挥,乞以数字付家中,自当寄覆也。未便~,罪歉,罪歉。"《醒世恒言》卷三二:"既蒙良约,敢不~。" ❽ 趋奉;逢迎。宋周密《癸辛杂识》续集卷下:"于是徐兰之声,播于浙右,豪侠少年,无不~。"明陈洪谟《治世餘闻》下篇卷四:"旺回家夸耀,乡人称为郑皇亲。京城内外,人争~。"清王夫之《读通鉴论》卷一七:"彼骈死于河阴者,皆依违于淫后女主之侧,~逆臣戎马之间。" ❾ 奔赴的方向。明赵完璧《书诸子侄自社引》:"诸兄弟相继而亡,序昭从之子孙之拜扫者,始便于时,又~各异,萃合无常,情虽同而礼不一。"

【趋功】 qū gōng ❶ 趋向于建树功业。唐皇甫湜《对贤良方正直言极谏策》:"故赏当善,罚当恶,天下晓然逃恶而趋善;赏当功,罚当罪,天下耸然远罪而~。" ❷ 投入工力;干活。五代黄滔《泉州开元寺佛殿碑记》:"投刃以时,~以隙。食以月粟,付以心傩,不期年而宝殿涌出。"明宋濂《元故一乡善士张府君墓版文》:"尤不喜以疾言厉色加人,人愈爱慕之,虽傔媵亦从化,俯首~,欢欣如也。"清弘历《采棉》:"实亦称花花实同,携筐妇子共~。"

【趋拱】 qū gǒng ❶ (在尊长面前)小步疾行拱手行礼。宋程大昌《折丹桂·端复受官》:"童年未晓君恩重,教得能~。"叶適《明觉寺》:"道人高绝但危坐,山魈野虎皆~。"明方孝孺《息耕亭记》:"(官吏)彼晨而兴,缨冠纳履,~俯偻,暑不遑褰,疲不暇憩。" ❷ 指前往拜求。明沈鲸《双珠记》二四出:"赖神语谆谆称颂,道玄机可化凶。因此齐明澄虑,迢迢~。" ❸ 形容聚拢朝向。明沈周《题吴瑞卿临王叔明太白山图》:"远近群小山,~左右至。"

【趋好】 qū hào 嗜好。宋苏辙《送柳子玉》:"缅怀我生初,遗俗尚目睹。中庸虽已亡,比近则犹愈。老成慎~,后生守淳鲁。"明张宇初《游仙岩诗序》:"予尝观夫世人静躁劳逸之异也,其出处语默必见乎性情之~焉。"贺钦《祭胡士宣文》:"服父师之训诲兮,正道克遵;凡世俗之~兮,百不一慕。"

【趋贺】 qū hè 前往祝贺。唐李商隐《为濮阳公上杨相公状》:"不获~黑幡,拜伏金印。空知踊跃,莫可奋飞。"明佚名《鸣凤记》四一出:"访得他已到姑苏驿了,只在目下准到杭州,不免回覆老爷,早归~。"清《醒名花》九回:"恭喜你家老爷荣任。前日京中报至,因道路辽远,故未及~。"

【趋候】 qū hòu 前往伺候或问候。元周伯琦《进讲纪事》:"延阁因~,西清更重窥。"明徐渭《致李长公书》:"知道驾已至,即拟~,然更有别传,不敢破例。"清《绿野仙踪》八九回:"每怀隆情,直同高厚,几欲~姑丈母二大人动定。"

【趋集】 qū jí 汇聚;前往会合。宋文同《静难军灵峰寺新阁记》:"(寺阁)外之高原大野,环拥~。"明徐渭《蜀汉关侯祠记》:

"君至,则一省关榷令货～,便卒需。"清《平定两金川方略》卷七二:"其傍近之恩施、宣恩、建始等县民夫,亦多自行～。"

【趋寂】 qū jì ❶僧人去世。《五灯会元》卷六《法海立禅师》:"掷下拂子,竟尔～。"宋陆佃《诸暨黄君墓志铭》:"卒时,沐浴易衣冠,危坐结印,如高僧～。" ❷趋于超脱。寂,寂灭。佛教称超脱一切进入无碍的境界。宋苏轼《静常斋记》:"既以是为吾号,又以是为吾室,则有名之累,吾何所逃。然亦～之指南,而求道之鞭影乎。"明王时槐《答贺弘任》:"彼见有等专内～,死其心而不知活者,不得已发此言以救弊耳。"袁宏道《策第三问》:"佛亦切切然以度众生为事,声闻～而避嚣,佛甚呵之。"

【趋驾】 qū jià ❶驱车;驾车。唐李治《赐谥皇太子宏孝敬皇帝制》:"直城～,肃敬著于三朝;中寝问安,仁孝闻于四海。"清吴伟业《送何省斋》:"～度太行,踌躇弃骐骥。"《东周列国志》六五回:"燕享之仪,了事而已。事毕,～往崔氏问疾。" ❷前往。宋欧阳修《谢国学解元启》:"一郡国之众,咸使得以应书;百孝廉之群,皆劝令其～。"李纲《汉唐三帝纪要录序》:"樊哙一言则还军灞上,娄敬一言则～关中。"

【趋教】 qū jiào ❶趋向教化。唐孙逖《故滕王府谘议杜公神道碑铭》:"禄利必赒于外姻,谯让不行于私属。故子弟～,州里向风。"宋文同《移蒲江县学诸生文》:"诸生宜修心治身,～向谊,毋甘浮淫,毋生夸骄。"明王樵《宋王睿斋邑侯序》:"使民～而刑为无用,乃皋陶明刑以弼教之功也。" ❷就教;前往领教。明徐渭《与梅君书》:"稍凉敬当～,兼罄欲言。"清《好逑传》一二回:"小姐的盛意已心领了,万万不能～。"《儒林外史》二二回:"明早幸驾少留片刻,以便～。"

【趋进】 qū jìn ❶晋升;提拔。唐常衮《谢赠官表》:"乾坤施厚,岁月恩深,～崇阶,坐封故郡。"宋李觏《送郴县吴主簿》:"四壁生涯虽寂寞,一官～转崎岖。"刘宰《贺赵守到任启》:"十五年无～之阶,三万里怅仙凡之隔。" ❷为晋升提拔而奔走。唐崔嘏《授卢懿吏部郎中制》:"澹于～之途,郁彼静专之操。"宋卫泾《论人才六事》:"好～者以昵己而亟用,乐安恬者以疏己而见遗。"明陈淳《东园》之二:"举世争～,谁能事息机。" ❸疾行前进。宋谢枋得《褒崇忠节奏疏》:"伯父徽明为当阳尉,与元兵战死,二子～抱父尸死。"明吾邱瑞《运甓记》二九出:"此是他卧所,急忙～,管教妖蜮化为尘。"清《赛花铃》七回:"何馥道:'只在尔我有情,奚虑山遐水阻。……'遂一同～书斋。" ❹前往拜会。宋蔡襄《辞翰林学士知开封府表》:"今此召还,适当～。然而慈亲垂老,于义不可以远行。"王炎《回郑宰启》:"一杯为寿,愧～之莫前;尺牍将诚,又稽迟而不敏。"陈著《贺三倅冬至札》:"矻矻无鸣琴之暇,～莫遑;区区有献袜之忱,寓言而已。" ❺行径;行为。宋洪迈《夷坚志》支戊卷一:"尝挂搭于雪峰,与一游僧联单,浙西人也,～颇崖异,好为夸大之言。"

【趋覲】 qū jìn ❶进见;拜见。五代黄滔《与蒋先辈启》:"干戈杳隔于音尘,门馆久违于～。"明刘宗周《祭赵侪鹤先生文》:"先生已矣,我来～。生死此心,致君尧舜。" ❷特指晋见帝王。宋胡宿《送旌德田宰》:"明庭～日,优绩简宸襟。"明高启《送贾二进士归省》:"罢官～好,不是谪长沙。"清宋荦《谢恩疏》:"臣闻命感激,～天颜。"

【趋敬】 qū jìng 小步疾行前往表示恭敬。清《粉妆楼》六九回:"堂中歌啸日纷纷,多少人来～。"

【趋救】 qū jiù 前去救护。宋《三朝北盟会编》卷二三八:"邦弼密令亲卒夜半纵火,人皆～,邦弼因得缒西城而去。"明宋濂《哭王架阁辞》:"遂拔刃自刭。左右急～,君已仆地。"清《红楼梦》九九回:"将酒碗掷在张三囟门,皮破血出,逾时殒命。李店主～不及。"

【趋抠】 qū kōu 提起衣襟小步疾行以示恭敬。抠,抠衣,提起衣服前襟。宋陈著《谢家则堂提刑应诏特荐书》:"某于先生无游扬之助,无～之旧。"沈与求《旦日趋府》:"浪逐官曹底,～敢自安?"丁复《送戈伯敬归临川》:"虞翁深奖子,吴子早～。"

【趋叩】 qū kòu 犹"趋拜❶"。明胡应麟《报郭舜举观察书》:"拟～行馆,以罄宿衷。"清《野叟曝言》六回:"小侄一到南昌,自必～尊前。"《姑妄言》二三回:"治弟草野放民,不敢干谒当道,所以老公祖大人驾临此地也不敢～。"

【趋鲤】 qū lǐ "趋鲤庭"之省。表示长辈对晚辈的教诲,或晚辈接受长辈的教诲。鲤,孔子儿子的名字。语出《论语·季氏》。宋宋祁《李少傅逸老亭》:"菅菟兹寓老,～即闻《诗》。"明徐渭《祭罗封君》:"公既大用,翁亦蒙荣。家庭～,溪山卧龙。"清毛奇龄《寄赠陈山人七十》:"有时负杖立,独与～言。"

【趋吏】 qū lì 吏员。吏为官员驱使,故称。唐张鷟《令史王隆每受路州文书皆纳贿钱》:"王隆忝沾～,幸列胥徒。禄虽给于斗储,官未阶于尺木。"李炎《改转官不许登朝诏》:"应在京百司官典优成授官人等,既云～,执举簿书,优成命官,须居散秩。"宋梅尧臣《依韵和许待制病起偶书》:"～喜闻开便阁,舞姬排北剪春衫。"

【趋隶】 qū lì 同"趋吏"。元杨维桢《松月寮记》:"向使仲温氏早时壅官,或至五年、十年,即不壅,不过汝～,惟以奉所氏,志不直达,而性先有损。"

【趋令】 qū lìng ❶趋于教令;遵行法令。唐[朝]崔致远《有唐新罗国朗慧和尚白月葆光之塔碑铭》:"今闻天子蒙尘,～奔问官守,勤王加厚,归佛居先。"宋王安石《与孟逸秘校手书》:"邑中但痛绳之,岂有不从者乎?按置一二人,自然～矣。"清吴伟业《太仆寺少卿席宁侯墓志铭》:"当先帝军兴孔亟之日,若人人～如君,未必不足以搘拄万一。" ❷急速命令或催促。趋,通"促"。宋胡宿《宋故奉直郎王公墓志铭》:"州将老吏,素强,了不之听,～具狱。"明郑文康《庐墓儿》:"可怜儿父在鬼簿,催赴泉台～急。"王世贞《唐伯虎赤壁图》:"至年五十三,骤见坡石刻词而恶之,～彻去。"

【趋履】 qū lǚ ❶行步;行走。唐陈子良《为王季卿与王仁寿书》:"享荣禄于子孙,书功名于竹帛。～南宫之上,徐轮北阙之下。"王起《元日观上公献寿赋》:"时剡剡以～,每兢兢而鞠躬。"明汪德钧《赠别程仲本舅》:"岁晏霜雪多,君子慎～。" ❷步履;步态。宋卫湜《礼记集说》卷七七:"兹步武之广狭,～之迟速。先王制礼,必在所谨。"清魏裔介《斗山高先生传》:"招延亲友饮酒赋诗以自乐,然其～端方不苟,又非纵情嵇、阮之比。"

【趋媚】 qū mèi 逢迎讨好。宋《朱子语类》卷八三:"自秦师垣主和议,一时去～他,《春秋》义才出会夷狄处。"明王祎《故薛君墓志铭》:"平居接物遇事,悉本于诚悫,耻～权贵。"清《梦中缘》一四回:"使人将手本投了,便有一等～知府的人,说他乘轿直到堂上方下。"

【趋门】 qū mén 上门拜见或接受教诲。唐李皋《祭杨仆射文》:"贞元中岁,公既为郎。始获～,仰公之光。"贾岛《寄刘侍御》:"衣多苔藓痕,犹拟更～。"元柳贯《周东扬墓志铭》:"自诡能言祸福,为书数通,使弟子行民间。愚者争愿标名其上,由是～日众。"

【趋命】 qū mìng 奉命;遵行命令。宋王安石《远迎宣徽太尉状》:"某阻于官制,莫遂郊迎。冀～之弗迟,副瞻风而已久。"明梅鼎祚《玉合记》二一出："～东垂，波臣涸辙悲，驾鼋鞭石真无计。"清《东周列国志》二九回："晋国未定，稍待二臣之暇，即当～。"

【趋慕】 qū mù 趋奉仰慕。《新唐书·李栖筠传》："超拜学官为之师，身执经问义，远迩～，至徒数百人。"宋曾巩《王君俞哀辞》："众人剪剪兮～要津，我躬处方兮不夸以从。"清袁枚《子不语》卷二一："远近～，叩以祸福，无不响应。"

【趋农】 qū nóng 忙于农事。唐张鷟《廪牺令王尧上封事》："若坛飞羽爵，便为劝稼之方；门列春牛，即是～之候。"宋杨万里《答湖州虞察院》："某伏以兰禊已过，春事～，恭惟判府直阁察院：……动止万福。"元郭嗣兴《咏临晋》："习艺非工巧，～杂女郎。"

【趋陪】 qū péi 趋奉陪侍。唐王晙《贺拜南郊表》："臣限以守职在藩，不获～大礼，无任庆跃屏营之至。"明《拍案惊奇》卷三四："众尼便嘻笑～，殷勤款送。"清孔尚任《桃花扇》三二出："〔末〕小弟还要拜客，就此作别了。〔末别下〕〔副净〕待晚生～罢。"

【趋佩】 qū pèi 小步疾行时身上的佩玉发出轻微声响。借指上朝。唐柳宗元《弘农公以硕德伟材屈于诬枉》："响切晨～，烟浓近侍香。"明王佑《赠别裴伯升》："香炉烟底晨～，画角声中暮散衙。"清陈廷敬《哭张干臣学士》："步缓晨～，归迟晚袖香。"

【趋捧】 qū pěng 趋拥捧护。宋周羽翀《三楚新录》卷一："仍以沉香为龙，其数八，各长百尺，皆抱柱而相向，作～之势。"明张凤翼《红拂记》二六出："你仓忙避寇谁～？况烽烟隔绝故宫。"《金瓶梅词话》二〇回："四个唱的见他手里有钱，都乱～着他。"

【趋迫】 qū pò ❶ 疾趋迫近。宋杨万里《宋故左丞相虞公神道碑铭》："上锐意大举，密诏～(羌境)。"魏了翁《故太府寺丞郭公墓志铭》："彼果以轻师，缀武休而自阳明、黄竹～兴元、梁洋。"❷ 催迫；紧迫催促。趋，通"促"。明王直《送郑太守序》："贵人达官～于上，小吏黠胥奔突于下，而欲群下之安且治，可得邪?"清吴伟业《寄房师周芮公先生》之三："但若盘桓便见收，诏书～敢淹留?"

【趋起】 qū qǐ 疾起。《五灯会元》卷一九《白云守端禅师》："歧笑而～，师愕然，通夕不寐。"宋刘学箕《满江红·双头莲》："双剑丰城双孕秀，双凫叶县双～。"明陈以忠《华山游记》："余急于览胜，又～栉发。"

【趋抢】 qū qiāng ❶ 同"趋跄❾"。元佚名《错立身》一二出："我这爨体不查梨，格样全学贾校尉。～嘴脸天生会，偏宜抹土搽灰。" ❷ 同"趋跄❿"。《元曲选·货郎旦》一折："休信那黑心肠的玉娥，他每便乔～取撮。"

【趋枪】 qū qiāng 同"趋跄❾"。宋佚名《张协状元》二出："一个若抹土搽灰，～出没人皆喜。"

【趋跄】 qū qiāng ❶ 一种按礼仪规定进退的步态。趋，小步疾行；跄，步履从容有节。唐韩愈《下邳侯革华传》："华为人善履道，别威仪，进止～，一随人意。"宋朱熹《童蒙须知》："凡行步～，须是端正，不可疾走跳踯。"明王骥德《男王后》三折："怕男儿家定有些～势，也不能勾恁般姿媚。" ❷ 指朝拜或谒见。拜谒时须按礼仪规定的步态进退。唐白居易《和微之春日投简阳明洞天》："捧拥罗将绮，～紫与朱。"明张时彻《北征杂咏》之二："昨日～地，今为灰与尘。"清李玉《清忠谱》一四折："夙夜～玉陛，晨昏献纳银台。" ❸ 疾行；赶赴。也形容动作迅疾。此为"趋跄"中"趋"的偏指义。唐周繇《梦舞锺馗赋》："顾视才定，～忽前。不待乎调凤管，揆鸾弦，曳蓝衫而飒纚，挥竹简以蹁跹。"明佚名《天潢玉牒》："朝望突烟而急进，暮投古寺以～。"单本《蕉帕记》三三出："筵前瞥见一娇娘，底事得入营房。敢是观音出现?〔小旦又闪介〕〔净〕呀！怎地恁般～。" ❹ 不丰满；不连贯。此为"趋跄"中"跄"的偏指义。唐杨筠松《撼龙经》："离踪断处多失脉，抛梭马迹蛛丝长。梭中自有丝不断，蜂腰过处多～。" ❺ 奔走效劳或侍奉。唐韩愈《答张彻》："刺史肃蓍蔡，吏人沸蝗螟。点缀簿上字，～阁前铃。"明孙仁孺《东郭记》一一出："浴罢新凉，笑向妆台试晚妆。谁来往？敢娘行环佩，我速～。"清吴伟业《上马制府书》："岂有如此疾苦，尚堪居官效力、～执事者耶?" ❻ 指按礼仪规定的步态行走。宋梅尧臣《雷逸老以仿石鼓文见遗》："书成大轴绿锦装，偏斜曲直筋骨藏。携之谒我巧～，我无别识心彷徨。"明高濂《玉簪记》七出："急走～，迎候尊亲入草堂；深深拜，匆匆相接愧怆惶。"清《歧路灯》九五回："绍闻父子～直至跟前，方欲作下揖去，观察摇首不允。" ❼ 指参与礼仪交际或按礼仪待人接物。金杨弘道《奇石》："年将四十尚无闻，自觉～不入群。"明《拍案惊奇》卷三四："儿子也是学堂中出来的，也尽晓得～，便拱了闻人生进来。"清《品花宝鉴》一六回："我瞧你～很好，人也圆到，你肚子里自然很通透的了。" ❽ 臣服；追随趋捧。宋赵湘《宋颂》："爰整其师，赫怒斯扬。荆舒既贡，南海～。"清黄宗羲《御史余公墓志铭》："妖人谶纬，首鼠阴阳。布雾千里，朝士～。公独曰否，抉其帷墙。"《姑妄言》首卷引文："尊荣得这些瞽妓，不啻巫山神女，洛浦仙妃，皆踊跃视之，～恐后。" ❾ 舞台滑稽角色趋前退后的姿态动作。也泛指舞台表演。宋孟元老《东京梦华录》卷七："继有二三瘦瘠、以粉涂身、金眼白面如髑髅状，系锦绣围肚看带，手执软仗，各作魁谐～举止。"《元曲选·丽春堂》一折："教坊司～妓女，仙音院整理丝桐，都一时向御苑来供奉。"清《锦香亭》三回："戏傀儡、跳魁星、舞狮蛮、耍鲍老，来来往往，几番上下～。" ❿ 形容人的举止丑陋、步态踉跄、扭捏作态。金《董解元西厢记》卷七："莫难道诗骨瘦岩岩，掂详了这厮～身分，便活脱下锺馗一二三。"元马祖常《赠客》："剧饮肆豪纵，清谈宴宾嘉。叫啸虎当岩，～鹤行沙。"《元曲选·还牢末》三折："他、他、他假提着泪两行，怎觑他这～。"

【趋锵】 qū qiāng ❶ 同"趋跄❺"。唐佚名《大唐故右监门卫将军执失府君墓志铭》："～武卫，徘徊戎省。兰台禁兵，昼巡夜警。"宋张方平《得请南台偶书》："俯首遂干禄，老先称过秦。流遁亡旧守，～陪荐绅。" ❷ 同"趋跄❻"。《法苑珠林》卷七〇："～广殿，容与长廊。曳珠履于丹墀，珥金蝉于青琐。"唐温庭筠《鸿胪寺有开元中锡宴堂》："剑佩相击触，左右随～。"元宋褧《登第诗·上谢表恩》："舍人宣赞瞻丹阙，新进～诣赤墀。" ❸ 同"趋跄❿"。唐王梵志《出门拗头戾跨》："出门拗头戾跨，自道行步～。伺命把棒忽至，遍体白汗如浆。"宋岳珂《桯史》卷六："有个秀才姓汪，骑个驴儿过江。江又过不得，做尽万千～。"元戴表元《八月十六张园玩月》："～翻弈盘，笑傲惊帐室。" ❹ 同"趋跄❷"。宋梅应发《履斋先生吴公生祠记》："先生行且归政事堂，诸生～寿祠下。"明胡应麟《蟠桃歌为大学士赵公赋》："老人星见紫微侧，百辟～酬相君。"《梼杌闲评》四七回："百官早已齐集，……真是：～尽万国衣冠，人物极一时俊义。" ❺ 矫健。元戴表元《赠相士欧阳生序》："不惟言谈趣尚，内有若得，乃其旅力～，矍铄比于刘侯之席，轻健似复过之。"

【趋趄】 qū qiè 脚步不稳；站立不定。明《金瓶梅词话》五一回："这潘金莲听见往他屋里去了，就坐不住，～着脚儿只要走。"

【趋请】 qū qǐng 前往求谒请教。《宋高僧传》卷一三《梁抚州疏山光仁传》："后居临川疏山，毳客～。颇有言辞，著《四大》等颂。"明佚名《草庐记》二七出："久仰威名，未曾～。"

【趋热】 qū rè 犹"趋炎❷"。唐陈惇修《贿赂公行论》："是故读王沈之《释时论》有曰：'融融皆～之士。其在炉冶之门者，推挟炭之子。'"明徐渭《次夕降抟雪径满鹅鸭卵》:"并是凌寒贞岁柏,不同~媚权炷。"清吴绮《怀汉高士梁鸿》:"举世方~,千秋只爱贫。"

【趋荣】 qū róng ❶荣耀显达。唐史嶷《晋山阴侯史府君神道碑》:"英英学艺,为郎满岁。紫帐~,青缣沐惠。"白居易《杜式方可赠礼部尚书制》:"赠饰之恩,宜加常等。俾~于八座,用贲宠于九原。" ❷倾心荣华。元张养浩《辞聘侍亲表》:"伏念臣某甫出弱冠,所学未竟,恪遵父命,黾勉仕途,降志~,以为亲喜。"明宋濂《菊坡新卷题辞》:"迹或滞乎山林之中,而其心则艳华~,无一息之不思市朝。"清《红楼真梦》四八回:"夫~损节,志士之所羞;黜志徇时,明廷之所鄙。"

【趋尚】 qū shàng ❶趋势;好尚。唐张友正《歙州披云亭记》:"今市嚣在耳,村烟在目,可以廉风俗之~,省农桑之丰耗。"宋柳开《与韩洎秀才书》:"足下好为古文,~出处,不与俗同。"明王慎中《浩然堂问答序》:"予屡从唐君往来,见其意气之高,~之正。" ❷推崇;荐拔。唐李炎《授杜悰右仆射崔铉户部尚书制》:"或~之间,时闻于朋比;黜陟之际,迹涉于依违。" ❸趋向;崇尚。宋李清臣《赠太子太师欧阳修谥议》:"方天下溺于末习,为章句声律之时,闻公之风,一变为古文,咸知~根本。"明王袆《韩君画赞》:"故或论其~幽隐,遗弃氛垢,操特立独行之节,怀长往不返之志。"清康熙十一年八月十一日上谕:"富者~华丽,贫者互相效尤,以致窘乏为非。"

【趋生】 qū shēng ❶求生。五代何溥《灵城精义》卷上:"只要晓得~而避死,脱煞而逢生,乃为裁成造化之殊功也。"宋王安石《江上》之二:"何言万里客,更作百身忧。补败今谁恤,~我自羞。"苏轼《试馆职策问》之三:"一遇水旱,则扶老携幼,转徙而南。下令而禁之欤?则民违死而~,令必不行。" ❷新生。宋陈杰《腊月中旬立春快雪遄晴》:"多少~寰宇望,紫皇更斡大钧旋。"金姬志真《阴阳》:"阴阳为大匠,天地作陶钧。从化随时改,~逐日新。"

【趋识】 qū shí 认知。宋张载《横渠易说·说卦》:"凡人刚柔缓急,~无有同者,此'乾道变化各正性命'也。"明尹台《赠周清夫判庐郡序》:"不讳流俗人至讥,而引疏以自推,虽古名世之士,不能过其~矣。"

【趋市】 qū shì 赴市场交易。唐冯宿《鲛人卖绡赋》:"伟夫游洞穴,媚清澜。~人远,凌波路难。"宋洪迈《夷坚志》支庚卷六:"客以其处于交易~为便,渐肯来宿。"清《聊斋志异·荷花三娘子》:"宗益沉绵,若将陨坠。家人~,为购材木。"

【趋世】 qū shì 迎合世俗;热衷于世俗之事。唐权德舆《送襄阳卢判官赴本使序》:"至有~徇物,随波同流,茫茫九有,公是大丧。"明王澹《樱桃园》四折:"若论我雕虫小技,止不过匀粉面、画蛾眉,倚市门效颦~。"清《姑妄言》四回:"效恶薄~之风,作逐臭附膻之态。"

【趋仕】 qū shì 出仕;做官。唐陆龟蒙《田舍赋》:"盖仕不愧禄而揣政,咸率人以奉己。使农工之洎民,弃其守而~。"宋柳开《上窦僖察判书》:"父兄以家贫,令求禄以养生,交朋以时亨,勉~以专道。"明吾邱瑞《运甓记》一四出:"下官意欲~东朝,争奈故园抢攘,若挈家远赴,仍恐衽戈席甲,反添跋涉为劳。"

【趋事】 qū shì ❶服侍;侍奉。宋元《警世通言》卷八:"数中一个后生,年纪二十五岁,姓崔名宁,~郡王数年。"又卷一六:"张胜随着先父便~员外,如今也有十餘年。"清《平山冷燕》一三回:"张兄此行,虽为~尊翁大人,然实实为闻得山小姐之名,意欲求以为配。" ❷时髦的事;流行的事。明《醋葫芦》一回:"他的家门颠末,又赛过《狮吼记》。虽则世上常情,亦是目今~,待我慢慢说来。"

【趋厮】 qū sī 供奔走的仆役。唐皮日休《郢州孟亭记》:"焉有贤者之名,为~走养朝夕言于刺史前耶?"

【趋俟】 qū sì 奔走伺候。明凌濛初《宋公明闹元宵》二折:"〔内侍喝〕驾到。〔生、旦慌介〕〔旦〕忙~。〔生〕书生俏胆无双翅。"清汪由敦《圣驾东巡盛京大礼庆成雅》:"帝顾曰:'嘻,毋汝劳只。'匍伏固请,奔走~。"

【趋送】 qū sòng 奔走送行。明魏学礼《大祀山陵赋》:"从官前行,居守~。驾次巩华,翩跹翠凤。"梅鼎祚《玉合记》四出:"〔末〕日御暂停,夜筵已启,请圣驾回宫。〔净、旦、贴〕臣等~。"清《女仙外史》四四回:"孙大娘等率同诸女真径回济南缴旨,莱郡各官员与众百姓等都~不及。"

【趋庭】 qū tíng 犹"趋鲤"。唐张祜《送刘韶秀才江陵归宁》:"殷勤莫忘~日,学《礼》三餘已学《诗》。"《元曲选·东堂老》楔子:"若要~承教训,则除梦里再相逢。"清姚鼐《书制军六十寿序》:"自其先相国藩屏江南之时,从于官署,~之暇,以伟材明识,佐成善治。"

【趋途】 qū tú ❶行路。清高士奇《游盘山》:"驰马逾崔嵬,~渐深广。" ❷比喻踏入仕途或世路。唐李端《长安书事寄卢纶》:"~非要路,避事乐空林。"明王廷陈《再呈张子》之五:"~互颠踬,铩羽各参差。"皇甫涍《谢子领西曹之命而南》:"~共肝胆,岂必同衾裯。"

【趋退】 qū tuì ❶小步疾行后退,表示恭敬。《通典》卷一六九:"挺拜谢,~出。自是,宪司不敢以闻。"宋杨万里《文忠京公墓志铭》:"忽北典签者连呼曰:'北朝宴南使,敢不即席!'其声厉甚。于是公即~复位。"明宋濂《埙篪轩记》:"率其兄弟庭揖毕,俯身自东阶~,足武相蹈,不越尺寸。" ❷退缩。唐陆贽《奉天论前所答奏未施行状》:"陛下严邃高居,未尝降旨临问。群臣跼蹐~,亦不列事奏陈。"

【趋亡】 qū wáng 衰亡;走向灭亡。宋宋祁《请下罪己诏并求直言疏》:"僻君以祥自泰,故益侈而~;贤主以咎修德,故愈畏而蒙祉。"刘子翚《建康六感·梁》:"酒色覆商周,神仙荡秦汉。~固多轨,荒迷卒同贯。"明杨循吉《为人序宋论》:"其始也,君明臣贤,故兴而趋治,……其末也,纯任不肖,故衰而~。"

【趋往】 qū wǎng 赶赴;前往。唐韩愈《顺宗实录》:"金吾将军张万福闻谏官伏阁谏,~,至延英门,大言贺曰:'朝廷有直臣,天下必太平矣。'"宋文莹《罗湖野录》卷二:"瞌睡间,群蛙忽鸣,误听为净发版响,亟~。"清《东周列国志》九五回:"踪迹齐王,闻其在莒州,~从之。"

【趋向】 qū xiàng ❶举止;行为。唐陈子昂《明必得贤科》:"智者尚谋,愚者不听,勇者徇死,怯者贪生:皆事为不同,~各异。"《太平广记》卷一一九引《还冤记》:"族人孔敞使其二子从基为师,而敞子并凶狠,~不轨。"清周亮工《书影》卷三:"大似百戏排场,子弟颦笑俱假,~由人。" ❷操守;志趣;志向。唐柳宗元《送严公贶下第归兴元觐省诗序》:"吾子以冲退之志,端其~;以淬砺之诚,修其文雅。"明袁于令《西楼记》四出:"丈夫~,墨悲丝杨泣路旁,文章事业青云上。"清《隋唐演义》三〇回:"日夕好动荡者俱多,肯恬静的甚少,其中但看他所志~耳。" ❸方向;去向。唐柳宗元《岳州圣安寺无姓和尚碑》:"生物流动,~混乱,惟极乐正路,为得其归。"《太平广记》卷三九九引《玉堂闲话》:"先回旋若涡势,然后沦入于穴,……莫知其~及穴之深浅焉。"清《荡寇志》一〇三回:"那贼人~,我早已探得了。那厮全伙屯在海边。"

❹ 取向；选择发展方向。唐杜牧《上刑部崔尚书状》："某比于流辈，疏阔慵怠，不知～，唯好读书。"宋《朱子语类》卷二四："私不专在无人独处之地，或有人相对坐，心意默所～，亦是私。"明单本《蕉帕记》三六出："喜鹤驾并临尘壤，做景星庆云瞻仰。前程似漆难～，把家国事叩其详。" ❺ 归向；依从。唐张又新《东林寺碑阴记》："山门之光大，儒释之美谈也。宜乎始至而揭诸显敞，俾文士名僧～之不暇。"宋《三朝北盟会编》卷一〇五："上有素定之谋，下无～之惑，天下之事不难举也。"清《红楼梦》八七回："屏息垂帘，跏趺坐下，断除妄想，～真如。" ❻ 形态；景象。唐李渤《苻溪新亭记》："照晴而空水相鲜，澄远而齐山泻色。～奇状，不可穷竟。"清厉鹗《江行晓望》："微微递遥钟，隐隐见樾馆。悟此～歧，层波媚独玩。" ❼ 世态；情态。宋刘攽《空同》："土风薄陋～狭，一金之子称良谋。"苏颂《又和春日对酒》："欢来～诸缘息，醉里情怀万虑空。"梅尧臣《依韵和孙侍制春日偶书》："高低～难为合，冷暖情怀固饱谙。" ❽ 趋势；动向。宋《三朝北盟会编》卷一〇："故遣使通议，一则接续和议以邀岁币，二则使来窥我动作～。"明刘基《嘉兴路重修陆宣公书院碑铭》："士有一身任社稷之安危，一言回天下之～。"凌濛初《虬髯翁》四出："眼睁睁向分野见祲祥，意悬悬从棋局知～。" ❾ 仪轨；规矩。宋胡宿《上刘学士书》："闻胜母之里名，少谙～；对於陵之鹅炙，仅晓廉隅。"明徐霖《绣襦记》二出："那乐秀才抱经纶俭让温良，他惯观场屋知～，料得意同登龙虎榜。"清刘大櫆《祭吴文恪公文》："食之诲之，导以～。谓昔朋游，今非所尚。" ❿ 格调；风格。宋陈鹄《耆旧续闻》卷三："苏、黄、米、薛，笔势澜翻，各有～。"清沈宗骞《芥舟学画编》卷二："雅俗不能甄别，～无过妍媚。" ⓫ 规范；约束。宋曾巩《上欧阳学士第一书》："近世学士，饰藻缋以夸诩，增刑法以～，析财利以拘曲者，则有闻矣。"彭龟年《上丞相论虚传姜特立召命书》："如本无此，则穷所自来，取其撰造者置之于法。不特以市～于外，隄防机密之地，亦当如是也。"明袁宗道《读论语》："直，如千仞峭壁，非心意识之所能攀跻者。瞥生情念，便纡曲了也；情念既生，而欲祛除之，亦纡曲了也。拟～他，便纡曲了也；拟不～他，亦纡曲了也。" ⓬ 趋附；拥戴。宋刘敞《先考益州府君行状》："待属县多易，属县亦惮之，奔走～，不敢不如意。"元胡祗遹《士辨》："今之守身者，权势所在，奔走～，阿媚迎合。"明沈受先《三元记》三四出："煌煌昼锦返乡邦，杏花红十里生香。前呼后拥争～，步瀛洲惟吾为上。" ⓭ 赶往；前去。宋曾巩《山水屏》："高棱最当中，桀大势尤独。回环众峰接，～若奔伏。"明《醒世恒言》卷一五："料道是个僧寮道院，心中欢喜，即忙～前去。"清《女仙外史》七回："柳烟疾忙～夫人跟前，双膝跪下。" ⓮ 朝向；往……方向倾倒(dǎo)或倾注。元马臻《偶集招贤梵宇奉简明碧主人》："远山坡陀俨～，近山宛转纷相属。"明张国维《吴中水利全书》卷一："众流～，层波迭兴，有寻丈千里之概。"清康熙四十四年十一月四日上谕："又特筑挑水坝，以逼黄溜～北岸。" ⓯ 理会；领悟。明袁宗道《与李卓吾书》："焦漪园常相会，但未得商量此事。陶石篑为人绝不俗，且～此事，极是真切。"

【趋谢】 qū xiè 前往致谢。宋郑侠《代谢太皇太后启》："守兹遐外，不获～。"明孙柚《琴心记》三六出："友谊至此，蔑以加矣。今来唤我，不免向前～。"清《风流悟》七回："家兄因病酒不能赴召，容日～。"

【趋新】 qū xīn ❶ 更新。唐清昼《唐湖州佛川寺故大师塔铭》："夫人生百年，盖一念耳。昧者安知揭日月以～哉？吾将往净方，尔曹勉之。"金姬志真《趋新》："夜圣舟迁舍故，日车轮转～。"明张宁《佩兰辞》："夫何胜地兮，独当此茂辰；百卉竞发兮，群动～。" ❷ 趋向新奇。宋黄庭坚《予既不得叶遂过洛滨醉游》："舍故～归有分，令人何处欲藏舟。"方岳《郑金判取苏黄门图史园囿文章》："物情竞～，不觉失故翠。"明魏学洢《和陶饮酒》之二〇："江河日趋下，衣冠日～。"

【趋信】 qū xìn 信奉。宋黄庶《复维识院记》："洪集有僧行，且老诵经，日常一饭。环其地数乡之人～之。"明方孝孺《宗仪·奉终》："此古之所未闻也，后世暗夫野人多～而甘心焉。"徐渭《徐相公碑》："白衣诧虎，虎去，翼我以归。及别，问为谁，曰：'老夫会稽学西徐姓者也。'于是众益～。"

【趋训】 qū xùn 犹"趋鲤"。唐武瞾《授相王并州牧制》："太子左千牛卫率安北都护相王旦，黄道承晖，紫庭～。"宋罗从彦《贺田溪张公迁居》："苟完公子方成室，～儿孙已过庭。"清弘历《入安定门至雍和宫瞻礼》："缅怀～日，黯尔独伤神。"

【趋迓】 qū yà 小步疾行迎接，以示恭敬。也泛指前去迎接。明杨士奇《钦承祖业定国公徐墓志铭》："寡所交处，惟名儒贤士过之，必起～。"清乾隆四十八年九月十七日上谕："朕銮辂所临，青衿献诗～，弦诵彬彬。"《别有香》五回："吾侪人众，易致惊飞。不如你众人且潜藏，待我一人～。"

【趋炎】 qū yán ❶ 取暖；奔向火焰。唐赵自励《寒赋》："当其时也，～俯偻，佩瞰嘘吸，无诗人卒岁之衣，雨泉客将离之泣。"明周履靖《锦笺记》五出："〔拂灯介〕可恶那火蛾儿，无端抵死～。"清秦应阳《飞蛾》："飞蛾性～，见火不见我。" ❷ 比喻趋附权势。唐[朝]崔仁滚《新罗国故两朝国师朗空大师塔碑铭》："由是徇虚弃实者，俱怀逐块之情；执有迷空者，尽起～之想。"明《禅真后史》五一回："甄刺史～玩法，罗织良善，即刻回籍，候旨定夺。"清陈端生《再生缘》三二回："来往官员俱熟识，家庭男妇尽～。"

【趋仰】 qū yǎng 景仰。唐李显《册赠豆卢钦望司空并州大都督文》："是用辍朝增歔，～兴怀。荣以建旗，正其服衮。"明宋濂《句容奉圣禅寺兴造碑铭》："仲纶潜心内行，为四众之所～。"徐渭《镇海楼记》："故四方来者，无不以为～观游的。"

【趋揖】 qū yī ❶ 犹"趋拱❶"。五代孙光宪《北梦琐言》卷三："诸柳昆仲率多戏谑，以相国不谙人事，俾习～之仪。"宋余靖《韶州乐昌县宝林禅院记》："以师道自处，使同袍济济，北面就列，拜起～，如事君父。"清汪琬《王秀才欲从军滇南诗以促之》："锦衣玉具绣鳌弧，～营门不相让。" ❷ 前去作揖，表示礼敬。宋洪迈《夷坚志》支癸卷二："遇冠金冠七道人，皂衣黑带，拱立于侧，执礼绝恭。度意其神也，～致祷。"明归有光《严允修墓志铭》："允修时在列，故余幼而识之。后年长，于道望见君，必～。"《醒世恒言》卷一七："仔细一认，乃是令先君。某等惊喜，出林～。"

【趋役】 qū yì ❶ 赴劳役；出劳工。宋方樗《重修浦阳江桥记》："民舍穑事而～，不以为劳。"元杨维桢《送刘主事如京师序》："未几丁内艰，执丧如礼，躬庐干山之墓，民～者如子然。"清雍正五年七月二十四日陈时夏奏文："时值农务正殷，乡民不及赴工～，暂行停工。" ❷ 从事劳务。宋洪迈《夷坚志》支甲卷五："买城西空地为菜园，雇健仆吴六种植培灌，……绍熙辛亥，力辞去，……未几，梦其至，～如平常。" ❸ 处理政务。宋孔平仲《铸钱行》："三更～抵昏休，寒呻暑吟神鬼愁。"明董纪《朱良佐祭夏叔明》："～应务，每共周旋。剖决盘错，公当其先。" ❹ 指担任职务。明高叔嗣《提调山西试院赠诸广文》之二："惟昔忘疲谬，～尝南宫。"刘黄裳《赠邺下王大刀挥使维藩歌》："二十比试任父职，～军府空仓徨。"

【趋诣】 qū yì 前往会见，也泛指前往。唐韩凝《汉齐盖庙碑》："～者鳞集，皆股栗慑威；祈祷者云臻，俱心肃生敬。"宋《三朝北盟会编》卷八五："伏望恩慈早容～，俟承报示径。"清《聊斋志异·公孙九娘》:"~丛葬所,但见坟兆万接,迷目榛荒。"

【趋翼】 qū yì 端拱趋进,状如鸟翼张开。形容在尊长面前恭敬有礼。语本《论语·乡党》:"趋进,翼如也。"元同恕《党奉议改封二亲诗序》:"侯今命服襜如,~膝下。此古人所希有。"明刘基《拙逸解》:"先生不答。公子~而前,揖而言曰:'楚国有鸟,三年不蜚,蜚则冲天。'"宋濂《三老图颂》:"群从子姓,~乎后先;仁声义闻,流衍于伦类。"

【趋迎】 qū yíng ❶犹"趋迓"。宋觉范《禅林僧宝传》卷八《圆通缘德禅师》:"楚国宋公齐丘至于经堂,僧众~,德阅经自若。"明谢谠《四喜记》二八出:"奉乾宫亦合输恭敬,急~,鞠躬待罪,臣无任战兢兢。"清《女仙外史》九二回:"早有府尹高不危打导来拜,胡靖与张志幻疾忙~。" ❷奉承;讨好。明佚名《鸣凤记》三三出:"我想着那老鄢虽善~,终没有这样心机。"《禅真后史》一〇回:"聂家不过拿几个盒礼来,何必惊天动地,大排筵席,请张接李,~这财主婆?"清孔尚任《桃花扇》四出:"但有当事朝绅,肯来纳交的,不惜物力,加倍~。" ❸指迎娶。清《驻春园》三回:"独是青春未去,夺锦有期。那时姓字高题,~有日,兼兼比翼,共遂于飞。"

【趋营】 qū yíng 奔走钻营。唐韩愈《秋怀诗》之五:"敛退就新懦,~悼前猛。"宋葛胜仲《祭王修撰文》:"士夫所养,以显为是,~扰攘。"清顾图河《任运》:"达人期任运,世路夸~。"

【趋造】 qū zào 前往或前来。造,至、到。宋苏轼《赵州赐大辽贺皇帝正旦副使茶药诏》:"徂岁向晚,修途苦寒。方~于会朝,未即安于舍馆。"明郭登《九日喜家人寄书至》:"多歧诧流俗,诡遇日~。"清《姑妄言》九回:"我明早即~于府,决不瞰其亡也而往拜之。"

【趋瞻】 qū zhān 前去瞻仰拜望。《敦煌变文校注》卷五《维摩诘经讲经文(一)》:"于是四天大梵,思法会而散下云头;六欲俱天,相菴园而~圣主。"宋苏籀《笺俞帅》:"负弩前驱,阻~于棨戟;寓书拜问,但仰托于云天。"冯时行《送涪守何常卿》:"眷注期公久,~预可量。"

【趋召】 qū zhào ❶急召;速召。趋,通"促"。唐李白《上安州李长史书》:"御者~,明其是非。入门鞠躬,精魄飞散。"金元好问《归德府总管范阳张公先德碑》:"或有言宿州节度、宗室众僧奴之幕客张子良由间道赍奏牍至者,都堂~问所以来。"清钱谦益《桂殇》之四一:"玉府飞章理汗青,绯衣~看新铭。" ❷赴召;赶赴召命。宋曾巩《送章婺州》:"岁暮当~,驰归复玉班。"明汪广洋《寄孔博士》:"畴昔同~,鸡鸣候启扉。"清钱谦益《范太公八十序》:"异羽方办严~,乃回翔里中,为太公称百年之觞。"

【趋直】 qū zhí 赶去上直(值班)。宋沈遘《送密学施侍郎知杭州》:"承明自厌频~,沧海还思一濯巾。"清张英《同馆友人花烛诗》:"莫冲晓露晨~,须避轻寒早放衙。"

【趋职】 qū zhí 赴职;就职。唐褚亮《左屯卫大将军周孝范碑铭》:"授交阯郡司仓书佐。~藩庭,出临荒裔。"宋邹浩《辞免右正言第三状》:"义当~,图报万分。安敢规求,措身自便。"明韩邦奇《陕西奏议序》:"竦息屏慑,奔命~,罔敢或后。"

【趋骤】 qū zhòu ❶疾行;速跑。趋,通"促"。《敦煌变文校注》卷五《维摩诘经讲经文(四)》:"光严才见,~近前,五体投诚,虔恭便礼。"宋曾公亮等《武经总要》前集卷二:"又教之抵对,令赞喏整肃,~趫捷。"明唐顺之《武编》前集卷六:"马才出,且缓行。看敌近远,临时~,不致枉损也。" ❷放纵。宋李觏《疑仙赋》:"地气殊绝,神休合会。导愚心之~,犯古人之畿界。"

【趋逐】 qū zhú 迎合追逐。宋张方平《门有车马客行》:"岂由~交游得,壮心自与功名俱。"元姚燧《楚山山房记》:"今一世一人鼎鼎所~者,意亦曷尝在山。"明徐渭《题昆仑奴杂剧后》:"此是本色不足者,乃有此病。乃如梅叔造诣,不宜随众~也。"

【趋装】 qū zhuāng 整装。趋,通"促"。宋杨亿《答并州王太保书》:"故萧何举代,曹参~以请行。"明陈子龙《明故光禄寺署丞汪仲公行状》:"忽一日心动,~急归。"清《聊斋志异·乐仲》:"仲喜,即待~,遂与俱发。"

【趋座】 qū zuò 小步疾行到座前表示礼敬。唐李治《谕普光寺僧众令》:"山林之士,拥锡来游;朝廷之宾,抠衣~。"明乌斯道《默斋诗五十韵为黄仁则赋》:"旧日曾~,于今愿卜邻。"

【觑】 qū 另见qù。❶贴近;靠近。觑,通"趋"。宋陈规《守城机要》:"马面,旧制六十步一座,跳出城外不减二丈,阔狭随地利不定,两边直~城角。" ❷距;离。《元曲选·看钱奴》三折:"我这病~天远,入地近,多分是死的人了。"又《铁拐李》二折:"我如今~天远,入地近,眼见的无那活的人也。" ❸眯缝。明王守仁《语录》:"譬如眼有喜时的眼,有怒时的眼,直视就是看的眼,微视就是~的眼。"清《红楼梦》四五回:"~着眼细瞧了一瞧,笑道:'今儿气色好了些。'"《绮楼重梦》一三回:"有个书呆子,带了个玻璃大眼镜,仰着头,~了一双眼,嘻开一张嘴,正看得十分有兴。"

qú

【渠】 qú 首领;头头。《新唐书·刘延祐传》:"众始怨,谋乱。延祐诛其~李嗣仙。"宋《五代史平话·晋上》:"故能致贞观太平之治,使突厥之~系颈阙庭。"清《八旗通志》卷一二二:"闻贼~曹杠子在道州,据永安关,潜袭之。"

【渠辈】 qú bèi 他们。《太平广记》卷三七引《异闻集》:"尔有二祖姑亦在山中,今遇寒食,故入郭,与~求少脂粉耳。"宋苏辙《上巳日久病不出示儿侄》之二:"行歌久已饶~,睡美犹应属老夫。"清纪昀《阅微草堂笔记》卷一八:"~屋脊各有人,以防救应,然不能见檐下。"

【渠曹】 qú cáo 犹"渠辈"。宋陆游《寄题方伯谟远庵》:"~定自别肺肝,今夕不为明旦计。"陈耆卿《咏史》:"沛公家业本无能,休责~不治生。"清方成培《雷峰塔》二五出:"望您个发慈悲方便放~。"

【渠等】 qú děng 犹"渠辈"。唐苏鹗《杜阳杂编》卷上:"朕处~极位,复以美词褒之,所冀为朕戮力同心,以成大化。"明于慎行《穀山笔麈》卷四:"~疏中说应祯有八十老父,即取登科录检之。祯但有母无父,此何谓不欺?"清袁枚《续子不语》卷二:"得草数百茎,姊呼曰:'止,~嫌重不能胜矣。'"

【渠沟】 qú gōu 沟渠;水沟。唐韩愈《赴江陵途中寄赠王二十》:"传闻闾里间,赤子弃~。"宋王禹偁《对雪示嘉祐》:"尔看门外饥饿者,往往僵殍填~。"清《红楼梦》二七回:"质本洁来还洁去,强于污淖陷~。"

【渠家】 qú jiā 他;他们。第三人称代词。也用作指示代词。家,词尾。唐张鷟《游仙窟》:"今朝忽见渠姿首,不觉殷勤着心口。令人频作许叮咛,~太剧难求守。"金元好问《蟾池》:"小蟾徐行腹如鼓,大蟾张颐怒于虎。~眉间有黄乳,膏粱大丁正须汝。"元张翰之《跋徐择斋诗文后》:"刘君卫持诗文一轴见示,乃择斋为~所作也。"

【渠魁】 qú kuí ❶首领。多用指武装反抗者的首领。唐李渊《赦晋潞等州诏》:"凡厥~,已就歼殄;胁从之辈,情有可原。"明佚名《古城记》一四出："只凭咱一人一骑，竟走入大军营内，杀却～，扫退群狸。"清《荡寇志》七七回："该犯与梁山～宋江交通往来，欲为内应，图谋不轨。" ❷ 也可指一般领头的人，或用称自己帮伙的头领。明汪廷讷《狮吼记》一六出："苏学士不知道理，赠与侍儿教他将妻弃，这老子是酿祸～。"邵璨《香囊记》二六出："俺～乾坤遍经，恤孤寡朝邦有声。"清厉鹗《赵忠毅公铁如意歌》："高邑赵公卓荦才，东林党籍标～。"

【渠侬】 qú nóng 他；他们。第三人称代词。《古尊宿语录》卷四七《东林和尚云门庵主颂古》："闲神野鬼皆惊怕。只为～识梵书。"明周履靖《锦笺记》一三出："～虽侥幸，我也弗让恁。"清黄宗羲《正月晦日同泽望至草庵》："惭愧廿年尘土老，始闻嗣法有～。"

【渠堑】 qú qiàn 犹"渠沟"。唐赵蕤《长短经》卷七："无衡机而攻，无～而守。"宋王明清《挥麈后录》卷一〇："平江城堞完壮，而地下聚水，四围～深广。"清钱谦益《梅长公传》："城沈庄别墅，浚～，具蔺石渠答，与县治犄角。"

【渠酋】 qú qiú 犹"渠魁❶"。《旧唐书·崔光远传》："杀贼徒二千餘人，虏马千匹，俘其～一人。"明刘基《处州分元帅府同知石末公德政碑颂》："公以计收其～六人，斩之。"清《平定两金川方略》卷一三〇："尤必擒获～，以彰天讨。"

【渠人】 qú rén 他；他们。宋毕仲游《朝议大夫贾公墓志铭》："乃逐其豪恶吏参，以贫下户为之，～大悦。"元《秦并六国平话》卷上："朝廷不赐诛淫法，故使～饮鸩亡。"又卷下："帝闻之甚妙，但～应有筵席，令庸保击筑。"

【渠首】 qú shǒu 犹"渠魁❶"。《新唐书·严郢传》："郢取～尸之，乃定。"宋刘攽《为宰相贺擒鬼章表》："深入妖巢，生致～。"清孔尚任《桃花扇》三四出："硬邦邦敢要君的～，乱纷纷不服王的群寇。"

【渠凶】 qú xiōng 元凶；大恶人。唐李华《含元殿赋》："皇灵震耀，殄厥～。矫矫武臣，此焉献功。"明宋濂《忠烈公伯尚先生家传》："十一月，通道至江西，歼建昌～郑天瑞。"清《平定两金川方略》卷一三〇："所有～党恶，自必即行擒缚。"

【渠伊】 qú yī 犹"渠侬"。宋杨万里《七字谢绍兴帅丘宗卿惠杨梅》："～不是南村派，未分先驱事荔枝。"郭应祥《鹧鸪天·乙丑八月十八日寿太孺人》："呼宝鼎，伴～。堂萱喜色正融怡。"金李纯甫《为蝉解嘲》："因蝉倩我问～，快掉葛藤复是谁？"

【渠贼】 qú zéi 大盗；盗贼头目。《宋史·宁宗纪三》："甲寅，诛楚州～胡海。"明王直《布政使戴公墓志铭》："会都督董公偕以兵进战，获其～。"清《荡寇志》九三回："这厮是有名～，此案的要紧把鼻，如何放得？"

qǔ

【取】 qǔ ❶ 邀请；召唤。唐张籍《夜宿黑灶溪》："逢幽更移宿，～伴亦探行。"明佚名《精忠记》一〇出："叫把都每，快～蒙古儿过来谢书生。"清《荡寇志》七三回："那雌儿的脸好象撒过霜的，装呆搭痴，恐他不省得风流，～来却不淘气。" ❷ 听凭；任凭。《敦煌变文校注》卷二《韩擒虎话本》："公解探事，一～将军处分，探得军机，速便早回。"《祖堂集》卷五《长髭和尚》："石头曰：'今夜在此宿，还得摩？'对云：'一切～和尚处分。'"宋元《清平山堂话本·蓝桥记》："妪曰：'～郎君自便。'" ❸ 借（钱物）。《吐鲁番出土文书》第一册《掬子等取麦帐》："掬子～麦一斛二斗。"又第五册《高昌延寿九年范阿僚举钱作酱券》："范阿僚从道人元□□□～银钱二十文。"清《醒世姻缘传》三五回："有那穷人败子，都来几两几十两的～。取钱的时候，花甜蜜嘴，讲过按月按时，十来分重的利钱，不劳一些费力，定了时刻，自己送上门来。" ❹ 向；奔。《敦煌变文校注》卷一《张议潮变文》："鏨凶门而出，～西南上把疾路进军。"宋元《古今小说》卷三六："离了客店，～八角镇；过八角镇，～板桥，到陈留县。"清《说岳全传》五四回："呼天保大怒，拍马抡刀，直～陆文龙。" ❺ 沿着；经由。唐李吉甫《元和郡县图志》："南～库谷路至金州六百八十里，正西微北至凤翔三百一十里。"《敦煌变文校注》卷一《李陵变文》："仍差有指拨者，西南～红挠山入，东南～骆驼峰已来，先令应接。"明《禅真逸史》二三回："杜伏威大喜，跟随二仙，～旧路径到溪口。" ❻ 距离；相隔。元周达观《真腊风土记》："其地曰干傍，～城五十里。"元明《三国志通俗演义》卷一四："这条路～瓦口关远近若何？" ❼ 赎取；赎回。宋楼钥《孺人俞氏墓志铭》："比邻以室庐求售，成券已久，忽欲复～。"明《型世言》一五回："不期一输输了五十两，翻筹又输廿两。来当中～，沈实如何肯发。" ❽ 具结；签写。元孙叔顺《粉蝶儿》："便将白纸～招伏，选剥了裩布无衣。"高明《琵琶记》一七出："左右，与他～了甘结，一面着他唤饥民来支粮。"《元曲选·窦娥冤》二折："张驴儿，蔡婆婆，都～保状，着随衙听候。" ❾ 取下；去除。元古本《老乞大》："这马都卸下行李，松动肚带，～了嚼子，这路傍边撒了，著吃草者。"清《歧路灯》九回："虾蟆看见客走，飞风跑到大门，～了闸板，开了双扉。" ❿ 劫取；抢劫或盗窃。元明《水浒传》一七回："话说杨志当时在黄泥冈上，被～了生辰纲去。"清《后水浒传》九回："只他前夜歇在店中被人～了他的盘费银两，气恼得棒疮迸发。" ⓫ 选拔；录用；录取。也指被录取。宋曾巩《本朝政要策·任将》："～董遵诲于仇雠，～姚内斌于俘虏，皆用之不惑。"明《型世言》七回："县间申他的功次，～在督府听用，做了食粮旗牌。"清陈端生《再生缘》一四回："话说郦君玉～了批首，未几便同姑父吴道安，到贡院前寓所住下。" ⓬ 赶上。元明《水浒传》一六回："今日杨志这一行人，要～六月十五日生辰，只得在路途上行。" ⓭ 有。元明《水浒传》七回："众人道：'老鸦叫，怕有口舌。'智深道：'那里～这话。'" ⓮ 用在动词后面，作助词，犹得、着、了。唐秦韬玉《紫骝马》："若遇丈夫能控驭，任从骑～觅封侯。"宋元《警世通言》卷一六："张主管也依李主管接～，躬身谢了。"清方成培《雷峰塔》一七出："那怕你当道施威，看俺学～刘邦剑一挥。" ⓯ 用在动词后面，表祈使。明柯丹邱《荆钗记》二九出："〔末〕息怒威，宁耐～。〔净〕休想我轻轻放过你。"沈采《千金记》一一出："我两人真个痴迷，望娘行休怪～。"

【取便】 qǔ biàn ❶ 取方便；取便利。唐郑遂初《对津吏告下方伤水判》："今者津吏所陈，水浸方盛，请毁堤而～，遂抑强而扶弱。"裴耀卿《请置武牢洛口等仓疏》："巩县置洛口仓，船从黄河不入洛水，即于仓内安置。爰及河阳仓、柏崖仓、太原仓、永丰仓、渭南仓，节级～，例皆如此。"窦蒙《题述书赋语例字格后》："凡古今时哲，正文呼字，尊贵长老，各言其亲。或～引官，或因言称爵。" ❷ 便于；有利于。唐李隆基《禁资课税户征纳见钱敕》："每岁分番，计劳入任，因纳资课，～公私。" ❸（趁机）取事；（临机）处置。唐张九龄《敕北庭都护盖嘉运书》："此贼诸头抄掠，虏众已疲，亦无能为，正可～。至如西州近者有贼，其数无多，烽候若明，密与两军作号，首尾邀击，立可诛翦。"明张凤翼《红拂记》一六出："你先到那海上，我随后便来也。乘机～，到那里再作理会。"清《后水浒传》一六回："杨幺遂将何能才干、荐上天雄山并部元犯事同解，嘱他临时～，一一告知。" ❹ 循准则；随机宜。五代张昭《请汴州衙城门权挂一宫门牌额奏》："请于汴州衙城门权挂一宫门牌额，则其餘斋阁并可以～为名，庶使天下式瞻，稍为宜称者。”元明《三国志通俗演义》卷九：“你既是水军都督，～区处而行，何必禀我。”又卷九一：“泽曰：‘吾今去甘兴霸寨中，探蔡中、蔡和去也。’盖曰：‘～而行。’” ❺ 随便；随意。五代王仁裕《开元天宝遗事·牵红丝娶妇》：“唐宰相张嘉贞欲纳郭元振为婿，令五女各持一红丝，幔前～牵之，得者为婿。”明《金瓶梅词话》七三回：“众姊妹都在一处陪侍，须臾吃了茶，各人都～坐了。”清陈端生《再生缘》九回：“尔等亦各人～，少刻再来伺候便了。” ❻ 趁机；找机会。宋元《清平山堂话本·刎颈鸳鸯会》：“意欲做些暗昧之事，奈何往来之人，应接不暇，～约在灯宵相会。”明陆采《怀香记》一六出：“幸得寓此，有你朝夕来往，可以～行事。”清《雪月梅》八回：“这曹二府的意中，原欲于路觑尤氏喜欢的时节，来～把这件事说知。”

【取别】 qǔ bié ❶ 辞别；告别。唐杜甫《送长孙九侍御赴武威判官》：“问君适万里，～何草草。”明冯琦《送张伯任都谏阅视固原》：“男儿志万里，～无踯躅。”清纪昀《阅微草堂笔记》卷一一：“从此茫茫万古，无复会期。故冒冥司之禁，赂监送者来一～耳。” ❷ 区分；区别。《法苑珠林》卷七九：“天及龙皆能降雨，何以～？天雨细雾下者是，龙雨粗下者是。”《敦煌变文校注》卷五《维摩诘经讲经文(三)》：“为四方之监护，作一国之威权。百辟禀承，千官～。”明王守仁《答欧阳崇一》：“但思索亦是良知发用，其与私意安排者何所～？” ❸ 彰显差别；显示不同。唐王契《桔槔赋》：“欲建标以～，能举直而自强。” ❹ 离开；不前往。宋苏轼《泊南牛口期任遵圣长官》：“江上有微径，深榛烟雨埋。崎岖欲～，不见又重来。”

【取裁】 qǔ cái ❶ 求取裁断；请示裁决。唐陆贽《请减京东水运收脚价事宜状》：“缘边列十万之师，不设谋主。每至犬羊犯境，方驰书奏～。行李往来，动逾旬日。”五代李亶《令大理寺断狱取最后敕定罪敕》：“或虑律令难明，录奏～，仍当比事平情。”明王守仁《谥襄惠两峰洪公墓志铭》：“委总诸司章奏，疑议大狱，～于公。” ❷ 依据；以……为标准。五代邱光庭《论浑蓋轩宣诸天得失》：“若月从北明，即日回于北。今月从下起，得非日居其下乎？是知盖轩之论，无所～。”明徐渭《次夕降抟雪径满鹅鸭卵》：“绿鬓～髽髻样，金钗都换枣花粉。”清黄宗羲《子刘子行状》：“已学经义于鲁念彬，念彬令～《左史》，授以纵横变化之法。” ❸ 斟酌取舍；决断。元明《水浒传》八〇回：“奉命高俅欠～，被人活捉上山来。”明王世贞《艺苑卮言》卷三：“沈约以平上去入为四声，自以为得天地秘传之妙，然辨音虽当，辨字多讹，盖偏方之舌，终难～耳。”清陈端生《再生缘》四四回：“心闷闷，意呆呆，此事如今怎～？” ❹ 追随；依从。明谭元春《居易苍艇》：“早霜红叶里，明月白家杯。师表吾河上，扁舟愿～。”

【取称】 qǔ chèn 另见 qǔ chēng。符合；相称。宋王珪《秀州司理参军丁崇道可寺丞制》：“当谨皮冠之守，益图藿食之情。～朕恩，好为尔政。”金元好问《内相文献杨公神道碑铭》：“降材尔殊，～斯允。商略前后，拟伦名胜。”明倪元璐《卜居》之二：“～吾才貌，愚溪与寝丘。”

【取称】 qǔ chēng 另见 qǔ chèn。❶ 取得声誉。唐元稹《唐故工部员外郎杜君墓系铭》：“时山东人李白亦以奇文～，时人谓之李杜。”金元好问《资善大夫张公神道碑铭》：“尝论公大夫士仕于中国全盛时，立功立事，易于～，故大定、明昌间多名臣。”明周立勋《岳起堂稿序》：“卧子脱弃凡近，放浪纵恣。于文翰之间，无不以奇古～。” ❷ 取名；名称取于何种意义。宋张载《张子语录》下：“礼因物～，或文或质。”元姚燧《圣元宁国路慈府兴造记》：“又金光则唐长安都城西门，今犹仍不变焉，不知何所～。”

【取程】 qǔ chéng ❶ 取道；作为行进路程。宋晁公溯《与吴宣抚书》：“谨以便道～，今日已至治所。” ❷ 上路；登程。明《拍案惊奇》卷四：“仍旧装束好了，主仆～前进。” ❸ 行路；在路上行进。明徐贲《渡彭蠡至星子湾》：“镇日～才近岸，庐山五老又来迎。” ❹ 行程；路程。清弘历《新衙门行宫晚坐》：“郊劳明当宿广阳，～此近驻徜徉。” ❺ 取程式；以……作为标准或榜样。明袁中道《吴表海先生诗序》：“先兄中郎之诗若文，不～于世匠，而独抒新意。”顾宪成《常镇道观察使者蔡公生祠记》：“一以寄去思用自解慰；……一以示来者，俾知～于公迹。”

【取此】 qǔ cǐ ❶ 即“取次❶”。《敦煌变文校注》卷二《叶净能诗》：“其官人见毡下血流傍地，语[净]能曰：‘煞人处目验见在，仍敢拒张。’净能语官人曰：‘何不揭毡看验之？～行粗疏法令。’” ❷ 即“取次❷”。《敦煌变文校注》卷一《孟姜女变文》：“姜女哭道何～，玉貌散在黄沙里。” ❸ 即“取次❼”。《敦煌变文校注》卷五《妙法莲华经讲经文(二)》：“既嫌世上寻常物，又恶凡间～财。”

【取次】 qǔ cì ❶ 轻易；胡乱。唐陆贽《奉天请数对群臣兼许令论事状》：“朕见从前已来事只如此，所以近来不多～对人。”元关汉卿《一枝花·赠朱帘秀》：“似雾非烟，妆点就深闺院，不许那等闲人～展。”清赵执信《上元观演长生殿剧》之四：“石作凫鱼犹触忤，那教～近猪笼。” ❷ 奈何；无奈。唐孟郊《哭刘言史》：“精异刘言史，诗肠倾珠河。～抱置之，飞过东溟波。”元白贲《新水令》：“常记得当时那况味，堪咏堪题。～钗分瓶坠，上心来伤悲。”清钱谦益《新嘉驿壁和袁小修题会稽女子》：“还愁著眼难分别，～先过妒妇津。” ❸ 逐一；相继；依次。唐王梵志《地下须夫急》：“地下须夫急，逢头～捉。”明《别有香》一二回：“三姐妹～洗完，俱裸体摇扇。”清陈端生《再生缘》二六回：“蓝旗飞入报中军，～相传到主兵。” ❹ 随即；随后。唐王焘《外台秘要方》卷三九：“但温半大升水，～研一大两，香汤浴后顿服之。”明叶宪祖《易水寒》三折：“赤紧的宫袍揽，～里宝刀抽。纵不如曹沫把齐桓劫，也要学要离将庆忌擒。”清《聊斋志异·念秧》：“卤簿既远，众乃出门去。黄与史共作惊喜状，～觅寝。” ❺ 随便；随意。《太平广记》卷二七八引《逸史》：“反复筹度，近至五更不睡，谓子弟曰：‘汝试～把一帙举人文章来。’既开，乃皇甫文卷。”宋欧阳修《阮郎归》：“浅螺黛，淡胭脂，闲妆～宜。”清钱谦益《与归起先书》：“古人～削牍不经意之文，神情咳唾，仿佛具焉。” ❻ 恣意；尽兴。唐詹敦仁《寄刘乙处士》：“无穷风月随宜乐，有分溪山～收。”宋吕陶《奉寄单州太守王圣钦》：“突焰已炽犹吹煽，是时回禄得乘便，～薰灼须及椽。”明汤显祖《紫钗记》二七出：“翠浅红深，揉定花间手。看他～，～儿偎融个透。”清朱徽《舟行雩都道中》：“予本倦游人，～惬心赏。逢山拟便登，遇水欣长往。” ❼ 寻常；普通；一般。唐元稹《离思》：“～花丛懒回顾，半缘修道半缘君。”《祖堂集》卷一六《黄檗和尚》：“诸人亦须在意，急急努力。莫只拟～容易事，持一片衣口食过一生。”宋柳永《玉女摇仙佩·佳丽》：“～梳妆，寻常言语，有得几多姝丽。” ❽ 等闲；当作平常。宋韩玉《生查子》：“轻颦月入眉，浅笑花生颊。夫婿不风流，～看承别。”《元曲选外编·西厢记》三本二折：“他人行别样的亲，俺根前～看。”清厉鹗《次韵顾丈首春卧病遣怀》：“臭味相怜同故疾，心期～得佳眠。” ❾ 匆匆；仓促；短时间就……。宋司马光《同张圣民过杨之美》：“呼儿～具杯盘，青眼相逢喜无极。”金《董解元西厢记》卷六：“冉冉征尘动行陌，杯盘～安排。”明陈子龙《寿郡伯谷城禹修方公五十序》：“监司数增绣衣称使者不绝于道，郡守之权稍绌，以故诸曹郎出领郡者，每以高简无所事事，得～迁去为贵。” ❿ 忽然；蓦然。宋曾觌《绣带儿·客路见梅》：“潇洒陇头春，～一枝新。还是东风来也，犹作未归人。”清彭孙遹《醉春风・私调》：“半妥偏荷髻，小立朱扉里。妙龄～问伊行：几，几，几。”陈大章《次韵姜西溟秋日杂感》：“短檠～新凉入，珍重穷愁且著书。” ⓫ 依旧；仍然。元袁桷《送吴成季》之五：“鳌峰路与仙峰近，～诗筒日往来。”清钱谦益《何仲容墓志铭》：“余方壮盛，观仲容衰晚婆娑，笔墨击戛，軿然～争长，颇目笑之。”又《吴巨手卍斋诗》：“吴生卍斋只寻丈，卍字阑干独无恙。～缥囊结古香，依然墨沼翻云浪。” ⓬ 则；就；便。宋吕胜己《木兰花慢》：“念景熟难忘，情多易感，～关心。”明朱橚《普济方》卷三五九：“物动则恐，声响即悸，若不绷抱安床，～难为调适。”吾邱瑞《运甓记》二一出：“何日得载膺符，北讨南征，～把英声贾。” ⓭ 却；却是。金元好问《吊岳家千里驹》：“掌中玉雪恩怜在，笔底云烟～休。”又《出邓州》：“本无奇骨负功名，～谁教髀肉生？”明朱橚《普济方》卷四九：“治发黑用羊屎，方书多用。近人～内鲜鱼腹中，瓦缶固济烧灰，以涂髭发。” ⓮ 已然；已是。元侯克中《扬子》：“《法言》～侔《论语》，玄赞分明体易爻。”清汤斌《春日即事》：“杜门久矣谢繁华，不道春光～奢。”叶方蔼《立春日叠前韵》：“九十春光信有诸，六分～一分除。” ⓯ 行将；将要。《元曲选・救孝子》三折：“如今新官～下马也，还要做个准备。”明汤显祖《牡丹亭》五一出：“他则好看花到洛阳，咱～擒胡到汴梁。”清周准《晓发》：“春冷花犹敛，沙平路欲迷。东皋待时雨，～把锄犁。” ⓰ 趁机；找机会。明汤显祖《紫钗记》四二出：“你且从权机变，暂时应诺，再～支吾脱绽。”又五一出：“誓盟香那得无终始？傍权门～看行止。”清洪昇《长生殿》一八出：“我到那里，看他如何逞媚妍，如何卖机变，～把君情鼓动。”

【取撮】 qǔ cuō 讨好；撮合。《元曲选・货郎旦》一折：“休信那黑心肠的王娥，他每便乔趋抢～。”又《对玉梳》二折：“休假温存絮叨叨～，佯问候热剌剌念合。”

【取贷】 qǔ dài 借贷；借取（钱物）。宋苏颂《资政殿学士孙公神道碑铭》：“时方行市易抵当法，贷民钱以期限输息。下户有～及期不能偿而自裁者。”元王恽《大元故奉议大夫韩君墓碑铭》：“人糊口不给，兼积久数多，非一朝可办，急则必倍息～。”明梁潜《陈处士墓志铭》：“乡人贫乏～不能偿者，焚其券。”

【取灯】 qǔ dēng 引火用的火种或易燃的薄木片。明佚名《李云卿》二折：“一个铜钱买一把～儿，点着线香。”《朴通事谚解》卷中：“拿着～儿，到那一个人家里，舌尖润开了窗口，吹起火来。”清《续金瓶梅》一二回：“原来郁大姐过来讨火。月娘时常供养这尊铜佛，烧香不断，就在香上点着～给他去了。”

【取夺】 qǔ duó 夺取。唐李旦《劳毕构玺书》：“或地有椿干梓漆，或家有畜产资财，即被暗通，并从～。”宋《三朝北盟会编》卷一九：“及至先交了蔚州，却纵兵马～。”清《平定金川方略》卷八：“派汉土兵五百名据住山梁，～贼卡。”

【取耳】 qǔ ěr 用挖耳勺掏除耳垢，并用消息子（一种带毛的捻子）清理耳道。明《肉蒲团》七回：“譬如～一般，极细的消息放在极小的耳朵里面转动起来，也觉爽利。”清袁枚《子不语》卷五：“盖画者戏为小鬼替锺馗～，锺馗忍痒，微合其目故也。”《醒世姻缘传》六四回：“我才剃完头，叫那剃头的与我取取耳。”

【取奉】 qǔ fèng ❶ 取受；拿取。五代何光远《鉴诫录》卷二：“乃赠钱十千，退让再三，曰：‘人间重钱，阴府何用？希皂钱一帖，即敢～。’”按，一作“捧当”。宋胡宏《彪君墓志铭》：“邻有幼孤，以门内閧夺，潜寄橐中巨万。君哀而受之，长而归之，无毫发～。” ❷ 同“趋奉❷”。宋耐得翁《都城纪胜・闲人》：“此等刀镊，专攻街市皂院，～郎君子弟，干当杂事，说合交易等。”明《杜骗新书・引嫖骗》：“左相公送我银四两，簪三根，非妾～得欢喜，岂送许多礼乎？” ❸ 同“趋奉❹”。宋觉范《林间录》卷上：“肚里直儱侗，不爱人～。”张端义《贵耳集》卷下：“朝看贝叶牢笼佛，夜礼星辰～天。”明汤显祖《牡丹亭》六出：“则我进《平淮西碑》，～～朝廷，你却又进个平淮西的雅。” ❹ 哄骗；欺哄。宋觉范《钦禅者乞偈》：“钦禅一等行脚，莫听虏子～。若说有法可传，但作眼见鼻孔。”

【取覆】 qǔ fù ❶ 招致倾覆或失败。宋尹洙《上环庆招讨使范希文书》：“为敌所诱而～者，特一事耳。愿明公深思其已然，以为将来之策。”元胡祗遹《论臣道》：“前车～之由，不以廉节自守，增禄自厚，一也。”明苏伯衡《胡嘉佑传》：“退徒～也，惟力战耳。” ❷ 向尊长禀报情况并听取指示。宋李纲《乞遣兵收复光州奏状》：“揭到伪齐褒信县事总领军马榜一道，赴州～。”《三朝北盟会编》卷八八：“其餘如所属路分官，其有不职或阙官去处，恐奏请～不及，欲乞临事先。”元高文秀《遇上皇》二折：“见酒后忙参拜，饮酒后再～，共这酒故人今日完聚。”按，此为戏语。 ❸ 禀报；禀覆。宋洪迈《夷坚志》支乙卷一〇：“吾殁后幽魂无所归，欲自～官人，又近不得。尔两人幸为我一言。”宋元《古今小说》卷一五：“传钧旨赶上刘太尉，～道：‘相公呼召太尉。’”明柯丹邱《荆钗记》四八出：“梢公救捞，问真情、～言词了，留为义女。” ❹ 回答；答复。宋朱熹《按唐仲友第六状》：“仲友入来说与辉，称：‘我救得你在此，我有些事问你，肯依我不？’辉当时～仲友：‘不知甚事，言了是。’” ❺ 应答；承应。宋吴自牧《梦粱录》卷一六：“客至坐定，则一过卖执箸遍问坐客。杭人侈甚，百端呼索。～或热，或冷，或温，或绝冷，精浇熬烧，呼客随意索唤。”又卷一九：“旧有百业皆通者，……打令商谜，弄水使拳，及善能～供过，传言送语。” ❻ 着落；落实。此为回答的引申义。明《醋葫芦》一三回：“只限今晚要人，在你身上～。”

【取供】 qǔ gòng ❶ 拿取供养或供给。唐杜甫《太平寺泉眼》：“～十方僧，香美胜牛乳。”明程敏政《立本堂记》：“彼小草之植，其根柢拳曲而不获纾，其华实所成～人之玩好而已。” ❷ 取用；征用。宋李弥逊《乞置使积粟札子》：“复置一司，广行储积，分毫不得～。”元许有壬《斗驼赋》：“昂首喷秽，呼圜生风。翠釜之珍，其忍～。”清《平定准噶尔方略》前编卷四七：“因伊等属主～貂皮过重，恐其生计艰难，酌量裁减。” ❸ 责取供词。宋黄榦《张凯夫诉谢知府宅贪并田产》：“谢知府～责状，申押干人下县理对。”明《西游记》一八回：“等我把那妖精拿来，对众～，替你除了根罢。”清袁枚《子不语》卷八：“官验～，以鬼语难成信谳，质之各家父母。” ❹ 指日常开销。明许自昌《水浒记》一〇出：“不要说劫将来可以肥家，就是供我们的酒资，亦是好的。我每苦杖头告乏，～潦倒。”

【取勾】 qǔ gōu 即“勾取❷”。明《西游记》一回：“只愁衣食耽劳碌，何怕阎君就～？”△清《小八义》四五回：“只愁衣食担劳碌，哪怕阎王就～。”

【取怪】 qǔ guài ❶ 被认为奇怪。唐魏徵《十渐疏》：“今则求骏马于万里，市珍奇于域外，～于道路，见轻于戎狄。”吴兢《谏十铨试人表》：“况我大唐万乘之君，卓绝千古之上，岂得下行选事，顿～于朝野乎？”宋李石《策问》：“试为言退之、子厚所以～于人。” ❷ 得罪；招惹怪罪。宋陈师道《和魏衍同游阻风》：“胜日著忙端～，妙年得此未须惊。”明《醒世恒言》卷七：“欲待从他，不是君子所为；欲待不从，必然～。”清王士禛《池北偶谈》卷五：“此事桂洲久已准行。今遽变易，桂老在阁，岂不～。”

【取好】 qǔ hǎo ❶ 用以取得好评或好感。宋李纲《浔守李侯以所蓄法书十轴相示》：“迩来非是无点画，追时～如俳优。”

❷ 结好；交好。宋许纶《王晦叔惠听雨图序》："继有皂衣乘急骑追予舟至五里许，出卧披画轴，则《听雨图》也。予既叹晦叔能割爱以～。"清《醒世姻缘传》二〇回："来替大叔吊孝原是～，不管不顾说这们几句，叫奶奶心里不自在。"

【取和】 qǔ hé ❶ 求得和睦；采取和睦态度。金元好问《市隐斋记》："鬻书以为食，取足而已，不害其为廉；以诗酒游诸公间，～而已，不害其为高。"明《金瓶梅词话》七四回："既是如此，大家～些。"清《红楼梦》五二回："想来一定是找麝月来说话，偶然见你病了，随口说特瞧你的病。这也是人情乖觉～儿的常事。" ❷ 达成和解或和议。明《西洋记》七五回："那一锭金砖被他两扇铙钹儿收住了，马元帅只得～而去。"清《续金瓶梅》五八回："今日已胜，正好～。如再穷追，开了边衅，日后不再讲好。"

【取忌】 qǔ jì 招致嫉妒。唐宋之问《为梁王武三思妃让封表》："父子以无辜同枉，良以崇高～。"明冯梦龙《咏蚊》："不是文名～，从来利口招憎。"清《东周列国志》二回："谬蒙宠爱，以致正宫妒忌。又不幸生子，～益深。"

【取结】 qǔ jié 领取担保文书。结，甘结。参见"甘结❷"。宋王洋《正诡名法札子》："致使豪猾之人诛求乡村仰以～者，岂不谓法之甚弊者乎。"明张岳《斩获首恶吴黑苗奏疏》："乌、朗二司土官杨英、田兴邦等辨验明实，～具由解验。"清《歧路灯》九九回："咱两个还得起文～，方得部咨。"

【取解】 qǔ jiè ❶ 地方选送士人到京城参加上一级的考试。解，解送。最初贡士随同解送一年税赋的计吏上京，因称。《唐会要》卷七六："其月，中书门下奏，贡举人并不许于两府～，仰于两都国子监就试。"五代王易简《请颁示文解板样奏》："～条例，各下诸州，如礼部贡院板样书写，立在州县门。每遇选人～之时，各准条件遵行，仍依板样给解。"宋欧阳修《论逐路取人札子》："今东南州军进士～者，二三千人处只解二三十人，是百人取一人。" ❷ 指参加这样的选拔或考试。明清时指乡试。唐李翱《寄从弟正辞书》："知尔京兆府～，不得如其所怀。"宋苏轼《答李方叔》之一："侄婿王适子立近过此，往彭城～，或场屋相见。"明焦竑《玉堂丛语》卷六："～时，刘文恭公铉主试，讶其文。" ❸ 指在这样的（或类似的）选拔或考试中被取中。唐崔瑄《论令狐滈及第疏》："伏恐奸欺得路，孤直杜门；非惟取笑士流，抑亦大伤风教。伏请下御史台，子细推勘纳卷及～月日闻奏。"元陶宗仪《辍耕录》卷二五："通之见如此，宜其为续书之僭也。余兄尝以是说～于同文馆。"清黄宗羲《应炯先九十寿》："～正当今甲子，传经不欲接晁生。" ❹ 指投考或选官者从地方取得发解文书。不从计吏赴京参选的贡士，须从地方取得发解文书。五代李重贵《禁选人妄陈文状敕》："应诸色选人等，并须准近敕～赴选。其有招添得户口，增益得税钱，及雪活冤狱，合该敕条酬奖者，仰于所司投状。"宋孔平仲《续世说》卷四："臣孙赞，年五岁，默念《论语》《孝经》，举童子于汴州，～就试。" ❺ 征收并上缴。宋周必大《乞免闽浙收买军器所牛皮札子》："近日岁额，诸路～黄牛皮二万五千张。"明陈汝元《金莲记》一五出："相公平日所制之诗，俱要～朝廷。"清康熙二十四年五月三十日上谕："若铜斤果多，可差官前往～。" ❻ 调取解送（犯人）。明《禅真后史》二三回："县官看罢，笑道：'原来为此二犯～也。'忙唤刑房孔目叠成文卷，差四名健卒监辖关赤丁、贲禄并拘印衙抱状虞候，即刻解入建州来。"

【取救】 qǔ jiù ❶ 求救；搬取救援。明张志淳《南园漫录》卷二："乃以旗牌～于晟。日数至，晟不遣。"《封神演义》八七回："如今再修告急表章，速往朝歌～。"清《绣戈袍》三七回："匹马杀出重围，正欲回朝～。" ❷ 救取；救援。元朱震亨《格致餘论》："设或失手，何以～。吾宁稍迟，计出万全。"明《禅真逸史》三七回："罗默伽这厮凶顽无比，又不能与之争理，怎生～？"清《粉妆楼》一八回："他不去提兵～也就罢了，为何反上他一本害他全家的性命？"

【取勘】 qǔ kān ❶ 审理。宋欧阳修《再论燕度鞫狱枝蔓札子》："其滕宗谅一宗刑狱状，乞别选差官，～结绝。"苏轼《谢失觉察妖贼放罪表》："奉圣旨，差官～臣前任知徐州日，不觉察百姓李铎、郭进等谋反事。"元明《水浒传》三六回："今蒙缉捕到官，～前情，所供甘罪无词。" ❷ 核实；核查；勘查。元王士点《秘书监志》卷五："唐文质彩画诸国进献礼物人品衣冠，若蒙～，起稿发下彩画静本，诚为便益。"《通制条格》卷二："今次～户计，若有脱漏者，从尚书省立限拘刷施行。"明戚继光《练兵实纪》杂纪卷三："边塞城池地里形势，驭军防边方略规则，应兴应革事宜，一一于到任一月之内务要～明白。" ❸ 区分。宋元《古今小说》卷一五："枷分三等，～情重情轻；牢眼四方，分别当生当死。"

【取快】 qǔ kuài ❶ 求得畅快；得到快乐。唐孙思邈《备急千金要方》卷七："或卧湿冷地，及以冷水洗浴，当时～，而后生百病。"宋苏辙《申三省请罢青苗状》："钱一入手，费用横生，酒食浮费，～一时。及至纳官，贱卖米粟，浸及田宅，以至破家。"清《梦中缘》四回："妾所言者，句句是为异日说话，岂徒～目前。" ❷ 求得快速、麻利。宋洪迈《夷坚志》再补："古人制㕮咀，锉如麻豆大，煮清汁饮之，名曰汤。所以入经络，攻病～。"郑克《折狱龟鉴》卷八："若罪状未定者，虑有冤诬，理当考核，岂可～一时耶？"清《姑妄言》一六回："锺吾仁记挂家中，阮家来催出房子，急于要回，独雇了一只小满江红～。" ❸ 博取别人的好感。明李贽《答邓明府书》："杀一布衣，本无难事，而可以～江陵之胸腹。"清吴伟业《太仓十子诗序》："诎申颠倒，～异闻，斯可以谓之笃论乎？"

【取况】 qǔ kuàng 比况；跟……比照而相仿。唐许敬宗《小池赋应诏》："对昆明而～，喻春兰与秋菊。"宋袁说友《跋王顺伯郎中定武本兰亭修禊序》："又有～之说，谓定武者于'仰'字如针眼，'殊'字如蟹爪。"清宋荦《御变诗》："新建英猷讵敢望，铜梁～增之羞。"

【取乐】 qǔ lè ❶ 隐指性事。明汪廷讷《狮吼记》一七出："方才瞒着娘子往新妇处～片时，料必不曾寻我。"《醒世恒言》卷一六："忽一晚淫心荡漾，按纳不住，又想要与寿儿～。"清《情梦柝》七回："今子刚移居城内，往乡探母，一去数日。井氏终朝起来，无一刻不想～，只得前门后门倚望。" ❷ 作弄别人寻开心。清《云仙笑》一册："竟私下拟了题目并策论表判之类，写得端端正正，压在斗母面前炉下。自己十分快活，道是～他的妙法。"

【取怜】 qǔ lián 博取怜爱。唐韩愈《送李愿归盘谷序》："粉白黛绿者，列屋而闲居，妒宠而负恃，争妍而～。"明汪廷讷《狮吼记》一八出："念妾非希恩～，望郎君梦兰如愿。"清《补红楼梦》四六回："绿云聪明乖巧，原足～，故此王夫人、宝钗等自来喜爱。"

【取凉】 qǔ liáng 纳凉；乘凉。明石珤《小园雨后》之一："～李井上，仲子迹可寻。"清《醒世姻缘传》七三回："那两个女人都脱了上盖衣裳，穿上了小衫单裤，任意～。"

【取溜】 qǔ liū 窃取；偷拿。溜，窃取。明《醒世恒言》卷一七："夜间俟父亲妹子睡着，便起来悄悄拽开（锁），偷去花费。陆续～了，他也不知用过多少。"

【取觅】 qǔ mì 觅取；使用手段（多指不正当的）获取。五代刘知远《改元乾祐大赦文》："其秋夏输纳，只依朝廷指挥受纳，不得有加耗～。"元朱庭玉《梁州第七·妓门庭》："知勤儿每高低眉睫看头势，觑子弟每颜色精神善～。"《大清律例》卷一五："逼令减价，以贱易贵，及将一切货物、头畜拘收～，用钱方许买卖者，主使之人问发附近地方充军。”

【取命】 qǔ mìng ❶ 请命；听命。唐殷亮《颜鲁公行状》：“仆明见其可同心也，～于屏戟之外，惟公图之。”宋陈亮《喻夫人王氏改葬墓志铭》：“两女嫁商克忠、赵悌丰，约一～于夏卿，夫人止计其女功所当为者。”明夏良胜《亡弟夏景望贞士墓志铭》：“涕洟移书，～元兄东山君缓葬期，冀得临窆。” ❷ 索命；夺命。宋洪迈《夷坚志》支甲卷九：“凡囚入其手，虽负罪至微，亦遭毒虐。容貌绝可憎，郡中目为～鬼。”元刘时中《端正好·上高监司》：“你道是成家大宝，怎想是～官符。”清《十二楼·归正楼》二回：“所谓冤家者，乃是俏冤家，并不是～索债的冤家。”

【取闹】 qǔ nào ❶ 搅扰吵闹。唐韩愈《答柳柳州食虾蟆》：“鸣声相呼和，无理只～。”宋曾巩《秋声》：“百川亦相投，～不知悔。” ❷ 寻事搅闹。宋朱熹《与留丞相札子》：“若使稍堪勉强，岂复更敢辞避，以招尤～而自弃于明时。” ❸ 凑热闹。清厉鹗《赋诗牌和嶰谷》：“得隽亦偶尔，～真无情。”

【取怒】 qǔ nù 结怨；得罪。唐柳宗元《答韦中立论师道书》：“然雪与日岂有过哉，顾吠者犬耳。度今天下不吠者几人，而谁敢炫怪于群目，以召闹～乎？”宋洪迈《夷坚志》支乙卷二：“因～阿姑，被逐出。”明黄淳耀《闵裴村诗集序》：“亦以此～于人，至推堕沟中，跛其一足。”

【取平】 qǔ píng ❶ 裁取公平；取舍均衡。《唐会要》卷八五：“自今已后，任依常式，应缘察问，对众～。” ❷ 作为准则或标准。宋王安石《贺枢密相公启》：“通规亮节，朝矜式以～；深策远猷，上咨嗟而倚重。”苏轼《与尚书右丞吕大防书》：“六事所瞻，倚以为重；三府之议，于焉～。”曾巩《正量衡》：“淳化中，以太府之式，不足以合信～。守藏吏缘为奸，天下岁输者，至于破产以万数。” ❸ 使数量、长短、高低等均平。宋朱熹《明筮赞》：“四十九茎，合而为一。以意～，分置两手。”明潘季驯《河防一览》卷一〇：“将各堤坍损卑薄者，以原堤丈尺为准，先行加帮～。”《大清会典》卷八六：“下施四足，承以圆座，设螺柱以～。” ❹ 求得公正评判。明方孝孺《先府君行状》：“乡邻有讼，或相率就先君～。”袁宗道《迪功郎南安少尹方先生行状》：“虽性绝臧否，而里人服其公直，有所争诉，宁～于先生。” ❺ 使不平者得到公平。清吴伟业《封中宪大夫秦公神道碑铭》：“一门中外，贫者取给焉，弱者取力焉，怨者～焉。”

【取齐】 qǔ qí ❶ 聚齐；集合。宋司马光《议贡举状》：“逐人令赴贡院照会，限十一月内～，十二月内引见。”明沈鲸《双珠记》一二出：“那九家都在驿中～，只等你宅上小姐去，便起程了。”清《荡寇志》八四回：“从别门进去，到北门内来兜你们～。” ❷ 使数量、长短、高低等整齐划一。宋李诫《营造法式》卷五：“若屋内有平棋者，即随椽长短，令一头～，一头放过上架当榑钉之，不用裁截。”朱熹《答蔡季通》：“若用先天分数，不知日月五星之属，迟速进退皆可于此～否？”明《金瓶梅词话》一六回：“连你这边一所，通身打开，与那边花园～。” ❸ 备齐；调取齐全。明《西洋记》一六回：“起工之日，须得皇木～了。”清《说岳全传》二三回：“那刘豫即差人往大营～了应用之物，送至前营。” ❹ 找齐；补足。婉指最后的承当。清《歧路灯》二三回：“孩子们鞋靴袜子，也是该换的，通在谭爷身上～。”又三〇回：“如今世上结拜的朋友，官场上不过是势利上讲究，民间不过在酒肉上～。”又九六回：“至于篑初，叫他进我衙门读书，……将来成就，在我身上～。”

【取巧】 qǔ qiǎo ❶ 采取巧妙手段。唐权德舆《唐故河中晋绛慈隰等州节度使张公墓志铭》：“出奇决命，凡数十合。～于七纵，蓄锐以三捷。”元明《三国志通俗演义》卷一〇：“亮三日前算定今日大雾，因此敢～而办之。”明《西洋记》六六回：“把个小哨船去了桅竿，下了篷脚，浑身上下细细的幔了一周。前面～儿做个鹅头，后面～儿做个鹅尾巴。” ❷（技艺）求取工巧；呈现巧妙。元庄肃《画继补遗序》：“第恨炎宋中兴以后，画手率多务工～，而行笔傅彩，不逮前人。”明李昌祺《美人蹴圆图》：“圆社从来非等闲，作家～凭双弯。”清方薰《山静居画论》卷下：“写叶之法，不在反正～，贵乎全图得势。” ❸ 选择合适机会。明《西游记》四一回：“我再与他斗几合，我～儿捞他一棒，却不是好？”《金瓶梅词话》三七回：“你闲了到他那里，～儿和他说。” ❹ 特指采用手段或趁机谋取利益或回避困难。明王绂《书画传习录》：“夫太祖龙兴，陈桥揽辔，承旨陶谷出禅诏于袖中，虽～一时，而谷终身不获大用。”汤显祖《南柯记》三出：“叹生灵日逐，贫忙一粒。何必，平中堪～，节外更生枝？”清《镜花缘》八二回：“掣签之后，宣过题目，即将原签交给下家归桶，以杜～之弊。”

【取亲】 qǔ qīn 结婚时男方上女家接新娘，也泛指男方缔姻。《元曲选·柳毅传书》四折：“则今日是好日辰，就～过门。”明袁宏道《答毛太初》：“又闻为真哥～，已行聘否？”清《醒世姻缘传》五六回：“一家要急着～，一家要紧着嫁女。”

【取情】 qǔ qíng 恣意；尽情。明汤显祖《南柯记》三七出：“倘其间有便得相当，迤逗他忘怀醉乡，伤心洞房，～儿我再把这宫花放。”又《邯郸记》二七出：“闪闪开红纱绣窗，一个个待枕席生香，落落滔滔～儿玩赏。”清《杏花天》一三回：“官人在室，～欢笑不论；如官人外出，则照前派而守。”

【取求】 qǔ qiú ❶ 求取；谋求；告求。唐牛僧孺《昭义军节度使辛公神道碑》：“优游高放，不乐～制科高第，乞官山水。”杜牧《献诗启》：“握风捕影，铸木镂冰。～恩知，但希镌琢。”明钟惺《家传》：“儿读书斋中，糗糒果茗，所～于母者，不兼人倍日不已。” ❷ 勒索；榨取。唐元结《七不如》之五：“人之贪也，贪于权，贪于位，贪于～，贪于聚积。”陆贽《论两税之弊须有厘革》：“牧守苟避于殿责，罕尽申闻；所司姑务于～，莫肯矜恤。”清纪昀《阅微草堂笔记》卷一〇：“贵而过奢，其势必至于贪婪。权力重，则～易也。”

【取饶】 qǔ ráo 求饶。明屠隆《彩毫记》一一出：“郭子仪所犯情罪，本该军法从事，翰林李爷在此～，姑贷汝死。”

【取扰】 qǔ rǎo ❶ 搅扰；受搅扰。宋黄震《抽回专人公移》：“诸州县同官一洗旧弊，毋落吏手，自误～。”耐得翁《就日录》：“亲戚兄弟有不忍者携归奉养，则往彼争喧～，谓母有挟藏之物。” ❷ 用作受人接待的客套话，犹言打扰。《元曲选·张天师》一折：“您孩儿依着叔父，住几日去。但恐早晚～，不当稳便。”明《金瓶梅词话》七四回：“今日且不谢，后日还要～。”清《醒世姻缘传》二三回：“酒便罢了，饭怎么好～？”

【取试】 qǔ shì 参加科举考试。宋陈著《应长卿墓志铭》：“眼空流辈，谓科名可拾，～乃辄为异见者黜。”明汤显祖《牡丹亭》一出：“赴临安～，寇起淮扬。正把杜公围困，小姐惊惶。”又二二出：“我孤身～长安道，犯严寒少衾单病了。”

【取势】 qǔ shì ❶ 造势；造成声势或有利的态势。唐杨炯《王勃集序》：“徒纵横以～，非鼓怒以为资。长风一振，众萌自偃。”明汤显祖《南柯记》三一出：“颓也么颓，没个儿帮闲～，激的俺赤甲山前被虏围。”清《野叟曝言》一〇六回：“昨晚拼战，复大喊狂呼以助威，高跃远跳以～，亦有所伤。” ❷ 趁势；乘便。唐李儇《讨王郢诏》：“各宜愤激忠诚，淬厉戈戟，识机翦扑，～芟夷，速立殊勋，迎俟超奖。”明《醒世恒言》卷二一：“这事须用乘机～，不可迟延。万一酒力散了，便难做事。” ❸ 采取某种规定的或适宜的姿势。元盛熙明《法书考》卷四：“作右边折角，……视笔～，直截而下，转为曲折。”清沈复《浮生六记》卷二：“将花用铁丝扎把，插于钉上，宜偏斜～，不可居中。” ❹同“取事❷”。清《红楼梦》七三回：“倘或太太问姑娘为什么使了这些钱，敢是我们就中～了。”

【取事】 qǔ shì ❶用事；被选取办事或担任职务。唐罗隐《谢崔舍人启》：“而况俗渐轻讹，时交势利。或朝游夕处，或贵族华宗。至于～之时，与能之际，犹须必成桃李，方许扶持。”宋魏野《送魏庄赴举》：“已念离家晚，仍忧～疏。”清钱谦益《特进光禄大夫孙公行状》：“未几，逆贤窃柄，群小用中旨交关～。” ❷行事；成事。元明《水浒传》七二回：“我要见李师师一面，暗里～。”清陈端生《再生缘》二六回：“百口飞刀难～。看军帅，如何拒敌在沙门。”纪昀《阅微草堂笔记》卷一〇：“曩遇一大家放焰口，欲伺其匆扰～，乃无隙可乘。”

【取赎】 qǔ shú ❶用钱财换回质押品。宋洪迈《夷坚志》补卷三：“吾主将掏掠士民女，闭之空室，从索金帛。～则放，否则杀之。”明张凤翼《灌园记》二六出：“前日我买那宝簪儿，原主抵死要～，故此着恼。”清《情梦柝》二回：“此物是我家相公的，今没有银子还你，暂当在这里，我转来～。” ❷用作购买药品的婉词。元明《水浒传》三六回：“如要筋重膏，当下～；如不用膏药，可烦赐些银两铜钱。”

【取索】 qǔ suǒ ❶征用；征收（税赋等）。唐李亨《申明赏罚诏》：“诸色～及决配囚徒，虽务从权，实为乱政。”杜甫《东西两川说》：“今富儿非不缘子弟职掌，尽在节度衙府州县官长手下哉。村正虽见面，不敢示文书～。”宋欧阳修《论美人张氏恩宠宜加裁损札子》：“今一旦宫中～顿多，恩泽日广，渐为奢侈之事，以招外人之言。” ❷索取；讨要。唐李炎《加尊号赦文》：“江淮两浙每驿供使水夫价钱，旧例约十五千已来，使过元额，须别供船夫。近日相承，～无度，从苏常已南，每驿便供四十餘千。”明王錂《寻亲记》七出：“男女登门～，便将钱数教知。”清《赛花铃》四回：“我要这笺儿何用，为何向我～。” ❸调取。五代柴荣《毁私建寺院禁私度僧尼诏》：“勒诸县～管界寺院僧尼数目申州，州司攒帐，至五月终已前文帐到京。”宋欧阳修《乞减配卖银五万两状》：“臣遂～本军人户、物力次第，及前后配敛数目看详。”苏轼《辨黄庆基弹劾札子》：“今来公案见在户部，可以～案验。” ❹寻取；求取。明《西游记》五〇回：“烦公公指教指教，是个甚么妖魔，居于何方，我好上门～他等，往西天去也。”

【取讨】 qǔ tǎo ❶犹“取索❷”。元《秦并六国平话》卷上：“差官下二十二郡，～降书地图，限十日呈纳。”明王錂《寻亲记》九出：“今见事妥，～原银，无得还他。”清《儒林外史》五二回：“他该我几两银子，我要向他～。” ❷犹“取索❶”。明胡世宁《乞怜民困议》：“奉本部送准工部咨开，预备～生漆七十万斤，桐油五十万斤。” ❸犹“取索❸”。明张吉《辨明地方用事小官冤枉疏》：“既而查究原行案卷，亦不～主通供词，百计造诬，锻炼成狱。” ❹犹“取索❹”。明冯从吾《渭滨别言赠毕东郊侍御》：“一一穷究体认，直欲从经事宰物之中～归宿。”薛天华《海樵先生全集序》：“假令用兵家法术致名称，动卿相，～侯印如探囊取物。” ❺犹“取赎❷”。明王樵《审录重囚疏》：“伊兄袁华节遇应登，叫令～膏药与袁成敷贴。”

【取问】 qǔ wèn ❶审问。宋苏轼《乞裁减巡铺兵士重赏札子》：“近者内臣石君召、郑永崇、陈慥非理搜捕，臣等已具论奏，寻蒙朝廷～行遣讫。”明郑若庸《玉玦记》三六出：“你起来，与你这玉玦，待我～秦氏。”《大清律例》卷二五：“其一切户婚田土，不得问及保甲，惟人命重情，～地邻保甲。” ❷询问。宋欧阳修《乞将误降配厢军依旧升为禁军奏》：“当司虽子细体问得上件降充威边保节等厢军事节，盖虑引惹，又不敢亲唤本人～分配因依。”明叶宪祖《鸾鎞记》五出：“为甚喧声鼎沸，忙来～因依。” ❸责问。宋洪迈《夷坚志》支丁卷五：“明日再至，但俯首拱敬，而不启齿。守大怒，出府帖～，令分析。”

【取侮】 qǔ wǔ 招致欺凌、侮辱。宋欧阳修《答李秀才启》：“仲尼至贤，乃～于盗跖。”明方孝孺《孝思堂记》：“苟才不克胜乎位，善无以及乎人，贻谤～，而恒惧乎危辱之臻，则亦未得为孝也。”清王士禛《香祖笔记》卷六：“（韩翃）晚在藩镇幕，后生至目为恶诗。讵文章耆宿例宜～后进小生耶？”

【取喜】 qǔ xǐ 新婚初夜以白巾蘸取新娘处女膜破裂滴的血。明汤显祖《牡丹亭》五四出：“则问你会书斋灯怎遮？送情怀酒怎赊？～时，也要那破头梢一泡血。”清《醒世姻缘传》四五回：“薛三省媳妇说：‘俺小哥不知取了喜不曾？’狄周媳妇说：‘谁知道。’”

【取戏】 qǔ xì ❶取笑；开玩笑。五代孙光宪《北梦琐言》卷八有小标题“二朝士以名～”。清《红楼梦》五七回：“又兼湘云是个爱～的，更觉不好意思。” ❷作游戏。金长筌子《牧童》：“团沙闲～，击瓦笑相迎。”

【取先】 qǔ xiān ❶采取最先产生、出现的。唐杜甫《有事于南郊赋》：“玄酒明水之上，越席疏布之侧。必～于稻秫曲蘖之勤，必取著于纷纯文绣之饰。” ❷争取或取得居人之前的位置。唐韩愈《与鄂州柳中丞书》：“用儒雅文字章句之业，～天下武夫，关其口而夺之气。”宋苏轼《陈守道》：“徒自～用极力，谁知所得皆空名。”明罗钦顺《赠封谕德西园丰公还四明序》：“一旦以诸生入奉大对，遂～多士，拜官内翰。”

【取闲】 qǔ xián ❶消闲；悠闲。唐孟浩然《秋登张明府海亭》：“余亦将琴史，栖迟共～。”宋曾丰《居官思归》：“有性非便哄，无谋可～。” ❷闲暇；空闲时。元关汉卿《碧玉箫》：“你～论诗才。哈，定当的人来赛。”清《东周列国志》二七回：“施有一杯之献，愿～邀大夫片刻之欢。”

【取嫌】 qǔ xián 讨嫌；招怨。宋韩琦《授资政殿大学士谢表》：“与其违众而～，曷若被恩而思效。”明陆深《海日先生行状》：“有急难来控者，恻然若身陷于沟阱，忘己拯救之，虽以此招谤～，亦不恤。”清吴焯《南宋杂事诗》之六〇：“翻本兰亭自～，宁知博议辨尖纤。”

【取效】 qǔ xiào ❶见效；取得效用。唐李商隐《为河东公上李相公状》：“极力训齐，悉心董正。冀无虞前敌，～他年，用报国恩，兼酬庙算。”明沈采《千金记》二出：“先王道德非不可，功烈虽卑～速。”清《醒世姻缘传》六二回：“这鼻上的疖子，有一样草药，捣烂了，敷在上面，立刻～的。” ❷指治愈。明单本《蕉帕记》六出：“这病体谁能～，拣戏文讨个圣筊。”

【取笑】 qǔ xiào ❶博取一笑。宋苏轼《答周开祖》：“新诗清绝，辄和两首～。”《元曲选·梧桐雨》三折：“须不似周褒姒举火～，纣妲己敲胫觑人。”清《红楼梦》一七至一八回：“他年小，不过以一知充十用，～罢了。” ❷逗乐；助兴或寻开心。宋洪迈《夷坚志》三已卷七：“滑稽～，加酿嘲辞，合于《诗》所谓‘善戏谑不为虐’之义。”元明《水浒传》七二回：“燕青立在边头，和哄～。”清《绿牡丹》二四回：“余大叔，你到前边只可闲谈～，切莫讲枪论棒。” ❸打趣；戏耍；嘲笑。宋元《警世通言》卷八：“秀秀被我打杀了，埋在后花园，你须也看见，如何又在那里？却不是～我？”《元曲选·度柳翠》楔子：“〔旦儿云〕莫待我差人相请，一条绳把鼻子来牵。〔牛员外云〕你又来～。”清《红楼梦》二二回：“我原是给你们

～的，拿我比戏子～。” ❹ 玩笑；儿戏。明《古今小说》卷四〇：“若是怠慢，总督老爷衙门不是～的。”《二刻拍案惊奇》卷一六：“几千两往来，不是～。”清《天豹图》二二回：“人命关天，不是～。”

【取性】 qǔ xìng 随意；纵情。唐吴融《谷口寓居偶题》：“涔涔病骨怯朝天，谷口归来～眠。”《敦煌变文校注》卷六《目连变文》：“行至奈河边，见八九个男子女人，逍遥～无事。”宋道璨《上安晚节丞相》之三：“俸餘不用肥奴马，留买青山～看。”

【取选】 qǔ xuǎn ❶ 选取；择录。宋曹彦约《秘阁修撰吴胜之墓志铭》：“会更化，诏许荐士，余～调中不苟合者三人以进。”明归有光《请博选阁臣疏》：“今之以学士为名者，实为宰相之任，其所～，宜广求天下之材。”章懋《举本监弊政疏》：“其才识优长堪任用者，即行～；年老无才不堪用者，就令致仕。” ❷ 指参加选拔的考试。宋元《警世通言》卷一四：“自家今日也说一个士人，因来行在临安府～，变做十数回跷蹊作怪的小说。”

【取厌】 qǔ yàn ❶ 使得到满足。厌，厌足。宋陈舜俞《上时相书》：“今方敌国外侮，～于贿，可谓强乎？”葛胜仲《从人求鳆鱼》：“君看忧愤不眠人，快啖～亦何择。” ❷ 讨厌；令人厌烦。明袁于令《双莺传》四折：“弄得金珠逐渐少，看看～，走到平康甚无聊。”《型世言》七回：“那在行的不～，～的不在行。”清袁枚《子不语》卷一七：“只要唱生旦戏，不许大花面上堂，用大锣大鼓，扰乱～。”

【取意】 qǔ yì ❶ 随意；恣意。唐李筌《太白阴经》卷五：“每日戌时，虞候判官持薄于大将军幕前取号。大将军～于一行中书两字，上一字是坐喝，下一字是行答。”宋叶適《建会昌桥》：“幸无车马妨来往，买断寒蔬～挑。”元姚守中《粉蝶儿·牛诉冤》：“有一等贪餔啜的乔人物，就本店随机儿索唤，买归家～儿庖厨。” ❷ 寄意；寄兴。唐李白《赠崔秋浦》之二：“抱琴时弄月，～任无弦。”明包汝楫《南中纪闻》：“辰溪县对江有钟鼓洞，……其所谓钟鼓，聊～而已。”清吴伟业《西田招隐诗》之四：“下生工丹青，妙手固谁匹。山村贫无人，～先自适。” ❸ 立意；构思。明徐复祚《投梭记》五出：“〔生〕这个花是甚么花？〔占〕红莲并蒂偎。〔生〕这也到有个～儿。”清赵翼《瓯北诗话·黄山谷诗》：“此二联亦不过～稍新异，终无甚意味也。”《野叟曝言》八八回：“侧妃爱其清丽绝尘，描写下来，自制一帕。寡人见其～甚佳，复命绣此。” ❹ 命意；择取何种意思。明刘若愚《酌中志》卷一六：“厅前悬一木鱼，长可三尺许，以示有餘粮之意。后库上有瓦鸽子一，相传已久，不知何所～也。”清《豆棚闲话》一〇则：“（老白赏）这个名色，我也不知当初因何～。有的猜道，说这些人光着身子随处插脚，不管人家山水、园亭、骨董、女客，不费一文，白白赏鉴的意思。”《隋唐演义》六四回：“唐帝道：‘儿与敬德比试，何所～？’……元吉道：‘不妨，此刻不论品秩贵贱，只较槊法。’”

【取应】 qǔ yìng ❶ 配合照应。唐刘禹锡《观博》：“其制用骨，觚棱四均，镂以朱墨，耦而合数，～期月。” ❷ 应取；前去应召或应科举考试。宋程颐《论改学制事目》：“今欲量留一百人解额，以待在学者～，餘四百人分在州郡解额窄处。”《元曲选·秋胡戏妻》三折：“他不是闲游的浪子，多敢是一个～的名儒。”清《隋唐演义》八〇回：“吴筠再三劝他入京～。太白以近来科名一途全无公道，意不欲行。” ❸ 回应。元明《水浒传》七六回：“旗标令字号神行，百十里登时～。”

【取尤】 qǔ yóu ❶ 招怨；开罪。唐范摅《云溪友议》卷下：“洛桥先生之诫，吾自～，然亦命之故牵也。”宋袁寀《世范》卷中：“此虽人之所谓贤，亦不可以此～于乡曲。”明宋濂《故诸暨陈府君墓碣》：“彼狂者生，～于人。” ❷ 获罪。清弘历《即事》：“滋邱小贼渡河遁，失律难逃自～。”

【取语】 qǔ yǔ 听从劝告；采纳意见。《法苑珠林》卷六二：“睒子长跪，白父母言，……父母～，便即入山。”敦煌词《十二时·普劝四众依教修行》：“劝君～早修行，前程免受波吒苦。”《敦煌变文校注》卷七《齖魺新妇文》：“千约万束不～，恼得老人肠肚烂。”

【取责】 qǔ zé 另见 qǔ zhài。❶ 责取；责成并取得或使承应。唐李豫《大赦京畿三辅制》：“征科一物以上，并委中书、门下与京兆尹，即计会～色目，一一商量，条件处置。”明顾起元《客座赘语》卷二：“猾胥乘之，恣诡寄花分之弊，而惟时不急之征，无名之费，一切～于现年。”《大清律例》卷三五：“（失囚）其提牢官曾经躬亲，逐一点视罪囚，锁杻俱已如法，～狱官狱卒牢固收禁文状者，不坐。” ❷ 问责；责惩。唐李适《贾全等不必避嫌诏》：“宽宥则挠法，～则亏恩。”元陆文圭《中大夫孙公墓志铭》：“岁饥民流，饿莩盈路，～官吏不为用心，辞以未奉明降。”清毛奇龄《折客辨学文》：“昨会中多人盘飧阙具，吾已取官庖责之。今晨治鱼不去乙，吾又～，则未免迁怒矣。” ❸ 获罪；受责备。唐陆贽《请许台省长官举荐属吏状》：“况于台省长官，皆是久当朝选，孰肯徇私妄举，以伤名～者乎？”宋欧阳修《答杜植书》：“勉强碌碌，迄无可称，以～于一时，而贻讥于后世。”明《醋葫芦》一七回：“若向玉帝前上言，又恐贻笑于朋觉，复又～于天曹。” ❹ 审问并得知。宋苏轼《论纲梢欠折利害状》：“臣已～得本州税务状称，随船点检，不过检得一船，其餘二十九船，不免住岸伺候。”刘洪道《奏李成结连杨幺省札》：“据权知岳州刘愿申，收到杨幺寨内，……王忠等，～到知见伪齐李成结连杨幺等，欲南来作过等事。” ❺ 招承；承认或承担罪责。宋洪迈《夷坚志》乙卷一七：“伏蒙～文状，所供并是的实。”《元曲选·争报恩》二折：“俺这官府中则要你从实的～，不要你当厅抵赖。”

【取择】 qǔ zé 择取；选择采取。《云笈七籤》卷四八：“神杖用九节向阳竹，～具别有法。”明《醒世恒言》卷一〇：“空地尽有，任凭～。”清毛奇龄《复沈耿岩编修论大学证文书》：“因并列其文，以俟后人之～。”

【取责】 qǔ zhài 另见 qǔ zé。同“取债❸”。责，“债”的本字。宋毛滂《连云观记》：“若吾有负于此，人众且持券而～，必偿之乃已。”明孙继皋《寿祝太君邵太孺人八帙叙》：“或～不即偿，火其券，曰：‘姑俟若异世耳。’”《醋葫芦》一二回：“冯谖为孟尝～于薛。”

【取债】 qǔ zhài ❶ 借债。唐拾得《男女为婚嫁》：“自量其事力，何用广张施。～夸人我，论情入骨痴。”宋苏轼《司马温公行状》：“愚民知～之利，不知还债之害。”《元曲选·罗李郎》一折：“你这般借钱～结交游，做大妆幺不害羞。” ❷ 放债。宋孙觌《与沈相书》：“重利～，破坏家产。” ❸ 讨债；要账。元关汉卿《新水令》：“怕不待争锋～恋多娇，又索书名画字寻人保。枉徒劳，供钱买笑教人笑。”明《拍案惊奇》卷二二：“儿子向张客～，他本利俱还。”清《都是幻·梅魂幻》一回：“随即去探万下心，果然往海塘～矣。” ❹ 报复。宋洪迈《夷坚志》补卷六：“彼家父子，原非天性骨肉，盖宿冤～尔。”清《赛花铃》六回：“只是文成奸人妻小，后日被人～，固理所当然。”

【取帐】 qǔ zhàng 犹“取债❸”。宋元《清平山堂话本·刎颈鸳鸯会》：“分付虞候收拾行李，要往德清～。”明《拍案惊奇》卷三一：“是日，却好沈公下乡去～，沈婆也不在。”清袁枚《子不语》卷一五：“一日～回，投宿店家。”

【取招】 qǔ zhāo ❶ 招取；招致。唐张九龄《谢弟授官状》：“岁月渐久，涓埃无益，～毁议，有累圣明。” ❷ 具结招状。参见

"招状❷"。元《通制条格》卷四:"但有冒滥不应,将先体覆司县官吏～议罪。"清陈端生《再生缘》二二回:"说完便～成状,付与芝田公子看。皇甫少华连说好,一篇供状好伸冤。"

【取旨】 qǔ zhǐ 领取帝王旨意。唐黄璞《王郎中传》:"时毅夫中丞尹京兆,怒涯不～,扮命收榜,扳破名第申省。"明《醒世恒言》卷二五:"老夫幕府正缺书记一员,意欲申奏～,借重仁兄为礼部员外。"清吴伟业《临春阁》二出:"万岁爷差蔡临儿,要娘娘做敕书一道,在宫门～。"

【取罪】 qǔ zuì ❶ 犹"取尤❷"。《新唐书·李泌传》:"其当迁台阁者,皆以不赴～去。"明张景《飞丸记》一六出:"倘若朝廷知道,～难赎。"清《万花楼》三三回:"有劳二位出关点明征衣,倘差失一件,仍要～。" ❷ 犹"取尤❶"。清《歧路灯》一一回:"先生过谦。弟不在家,只恐简慢～。"

【娶婆】 qǔ pó 操办婚仪的妇女。清《梦中缘》一五回:"～频催上轿,母女分离,也未免各含酸楚,落儿点关心热泪。"

qù

【去】 qù ❶ 用于时间词之前,表示追溯往事。相当于介词"在"。《敦煌变文校注》卷一《张议潮变文》:"先～大中十载,大唐差册立回鹘使御史中丞王瑞章持节而赴单于。"又卷三《燕子赋(一)》:"但雀儿～贞观十九年,大将军征讨辽东,雀儿投募充傔。" ❷ 表示处所,犹云"处"。元薛昂夫《塞鸿秋·凌歊台怀古》:"望夫山下乌江渡,是八千子弟思乡～。"张可久《塞鸿秋·湖上即事》:"蹇驴破帽登山～,夕阳古寺题诗处。"《元曲选·东堂老》四折:"我如今回了心,再不敢惹你了,你别～寻个人罢。" ❸ 表示时间,犹云"时"。《元曲选外编·符金锭》楔子:"我做官人奇妙,闲～好掷杯珓。"清洪昇《长生殿》二一出:"只因喉咙太响,歌时嘴边起个霹雳;身子又太狼伉,舞～冲翻了御筵桌席。" ❹ 扮演。清《歧路灯》八四回:"我～虎豹,贤弟也～豺狼一回,好趁场儿。" ❺ 用在形容词、动词、代词的后面,表示完成或持续。相当于"了""着"。唐杜牧《杏园》:"莫怪杏园憔悴～,满城多少插花人。"元张彦文《一枝花》:"你个聪明的小姐宁心儿记者,咱这说下的盟言应～也。"清《红楼梦》七六回:"若底下只这样～,反不显这两句了。" ❻ 介词。a) 在。宋元《古今小说》卷二〇:"～这东京汴梁城内虎异营中,一秀才姓陈名辛。"《元曲选外编·西厢记》三本四折:"心不存学海文林,梦不离柳影花阴,则～那窃玉偷香上用心。"清《荡寇志》九七回:"吃了夜饭,却～灯下赶要紧笔墨。" b) 从。金《董解元西厢记》卷八:"～昨宵半夜已来,四更前后,不觉莺莺随人私走。"元明《水浒传》六一回:"便叫当直的取下衣箱,打开锁,～里面提出一个包袱。"清《醒世姻缘传》五〇回:"探出半截身,～袖里取出一件物事往狄希陈怀里一撩。" c) 往;向;到。宋元《警世通言》卷三六:"把金钗～那树上敲三敲,那水面上定有夜叉出来。"《元曲选·忍字记》一折:"我恰才胸膛上扑地着,他～那砖街上丕的倒。"清《绮楼重梦》三七回:"趁势把手直探进他的怀里,～胸前乱摸。"

【去程】 qù chéng ❶ 前路;前面的路程或前往的路程。唐刘长卿《送友人南游》:"～何用计,胜事且相关。"金《董解元西厢记》卷六:"角声韵,雁声悲,望～依约天涯。"清吴雯《谢鹤庵自蜀归》:"蜀栈勾连记～,归来三峡识夔荆。" ❷ 同"趋程"。去,通"趋"。《敦煌变文校注》卷一《张淮深变文》:"行歌圣日临荒垒,玉勒相催倍～。"明沈采《千金记》四三出:"摆列军营都齐整,无人不道锦衣荣。望淮阴～。"明王玉峰《焚香记》二四出:"〔外〕请里面小饭。〔小生〕小子～要紧,不必赐饭。"

【去处】 qù chù ❶ 出路;通道。去,离开。唐张鷟《又请削橛于塞上以刺突厥马蹄》:"兔游犬室,讵有还期? 雀入狙丛,终无～。" ❷ 所去的地方;行踪;踪迹。唐王建《春去曲》:"春已去,花亦不知春～。"明袁中道《游居柿录》卷九:"吾今知～矣,乃织女皇宫相也。"清《品花宝鉴》五五回:"琴仙留心望他,只见花光湖水,一片迷离,望不清楚,不知那女郎～。" ❸ 可以去的地方;落脚处;存身处。唐李亨《放宫人诏》:"其年老及疾患,如无近亲收养,散配诸寺安置,待有～,一任东西。"《元曲选·潇湘雨》四折:"雨大的紧,前路又没～。这馆驿中不问那里,胡乱借我宿一夜。"清《醒世姻缘传》二回:"如何打围没我～,病了却来寻我?" ❹ 场所;处所。唐李白《少年行》:"兰蕙相随喧妓女,风光～满笙歌。"《元曲选·窦娥冤》一折:"谁想他赚我到无人～,要勒死我。"清《醒世姻缘传》四三回:"我住的这点～子,连腚也掉不过来。" ❺ 情况;事情。唐李炎《加尊号赦文》:"其留使钱物,更令诸道分析破用～,所立文帐,皆是构虚文。"明《醒世恒言》卷三八:"若有些不虞～,见我摇动中间这绳,或听见铃响,便好将我依旧盘上。"清李玉《清忠谱》三折:"吾兄如此愤懑不平,小弟若说他极恶～,定然要裂眦冲冠了。" ❻ 应该去的地方。宋元《清平山堂话本·合同文字》:"吃食少添盐醋,不是～休去。"又《杨温传》:"这里不是你～。你自放了手中棒,便饶你。"《元曲选·任风子》二折:"你来处来,～去,休迷了正道。" ❼ 结局;归结处或发散处。宋洪迈《夷坚志》补卷三:"婢泣告曰:'……与其受杖而死,不若先讨个～。'遂径趋水滨。"明《醒世恒言》卷三八:"除算还了房钱、药钱,和那什物家伙钱以外,赢餘的难道似平时积攒生日礼一般,都烂掉在家里? 毕竟有个来处,也有个～。"清《红楼梦》一一七回:"什么幻境,不过是来处来～去罢了。" ❽ 随处;所到之处。元《武王伐纣平话》卷下:"我是龙身,～有狂风骤雨。"《元曲选外编·西厢记》四本二折:"我着你但～行监坐守,谁着你迤逗的胡行乱走?"明《金瓶梅词话》四〇回:"贼小油嘴儿,～掐个尖儿。" ❾ 所在;方面。《元曲选·灰阑记》四折:"老夫已暗地着人吊取原告,并干证人等到来,以凭复勘。这也是老夫公平的～。"清《醒世姻缘传》四回:"你每次大的～不算,只在小的～算计。"《镜花缘》七一回:"要说个个都是福寿双全,这句话只怕未必,大概总有几位不足～。" ❿ 关头;当口。《元曲选·生金阁》四折:"这没头鬼在门外叫声应声,怎么紧要～,倒不做声?"元明《水浒传》二五回:"我枉自做了男子汉,到这般～,却摆布不开。"明《醋葫芦》一一回:"成珪正是厌烦～,都氏早将酒食送进,随唤都飙陪饮。" ⓫ 机会;可能性。明《醒世恒言》卷三七:"用便有用你～,只是尚早。"清《十二楼·归正楼》二回:"只要招得下船,骗得上手,终有用着的～。"《姑妄言》一〇回:"凡是可以弄钱的～,任你甚么凶恶无耻的事,他无不踊跃为之。" ⓬ 变化性;增减度。明《二刻拍案惊奇》卷三六:"我家自从祖上到今,只是以渔钓为生计。一日所得,极多有了百钱,再没～了。"《石点头》卷九:"玉箫含泪执手道:'郎君去则去矣,未审三年五年之约,可是实话?'韦皋道:'留你在此,实出不得已,岂是虚语。即使有甚担搁,更迟二年,再没～了。'" ⓭ 住处;住所。清《续金瓶梅》四九回:"白日里没处藏身,夜晚来树稍头草根上就是我的～。"《醒世姻缘传》七回:"叫人己他收拾～,明日使人接他去。" ⓮ 程度;地步。清《十二楼·夺锦楼》一回:"方才晓得是茅茨里面开出来的异花,不但后代好似前代,竟好到没影的～方才底止。"

【去的】 qù dé ❶ 同"去得❷"。明《金瓶梅词话》三〇回:"我安你在本处清河县做个驿丞,倒也～。"又七七回:"若论这狗拘的，膂力尽有，掇轻负重都～。”清《醒世姻缘传》五五回：“要说做甚么，这位姐姐可是～。” ❷ 同“去得❸”。清《醒世姻缘传》六七回：“论他实是有几个极好的方，手段也极～，只是为人又歪又低。” ❸ 同“去得❹”。清《幻中游》一七回：“王进士见人甚利便，向媒婆道：‘这人却也～。’”

【去得】 qù dé ❶ 可以去；能够去。《敦煌变文校注》卷四《悉达太子修道因缘》：“请到王宫取一香炉，～已(与)否？”明孟称舜《娇红记》一七出：“但病体如此，路上怎生～？”清《醒世姻缘传》五九回：“一个儿媳妇房内，我怎好～？” ❷ 胜任；做得到。《元曲选·梧桐雨》二折：“如今京营兵不满万，将官衰老，如哥舒翰名将，尚且支持不住，那一个是～的？”明《拍案惊奇》卷二二：“若要觅衣食，须把个‘官’字儿阁起，照着常人，佣工做活，方可度日。你却如何～？”清李玉《清忠谱》二二折：“我们许多人在这里，就是杀阵也～的了。” ❸ 表示程度高。明《古今小说》一回：“三巧儿酒量尽～，那婆子又是酒壶酒瓮，吃起酒来，一发相投了。”《拍案惊奇》卷三一：“赛儿是王元椿教的，武艺尽～。” ❹ 好；不差。明徐复祚《投梭记》二〇出：“〔外看介〕人物果然～。”清《春柳莺》二回：“小弟实为那日在古香亭见凌春女子诗，归家细思，颇还～，因而动一痴念，有好逑之意。”《红楼梦》八一回：“我看他相貌也还体面，灵性也还～。” ❺ 勉强；说得过去。清《野叟曝言》八九回：“各卫兵将，并无出色人员。只营里有一员游击，一员守备，弓马都还～。”《女仙外史》三八回：“只有余州判是个善人，做官也好，吏目也还～。”

【去后】 qù hòu ❶ 退回；后退。《元曲选外编·西厢记》四本三折：“我为甚么懒上车儿内？来时甚急，～何迟！”《元曲选·汉宫秋》四折：“待～，愁江南网罗宽；待向前，怕塞北雕弓硬。”明《封神演义》三三回：“如今止存公、孙三人，料难出他地网天罗。往前不得出关，～一无退步。” ❷ 以后；将来。明沈受先《三元记》六出：“我和你虽然今日无子，安知～不生育。”徐复祚《投梭记》二八出：“我点检从前，约略～，无计效吾顰。”《石点头》卷四：“你今年纪尚小，～日子正长。” ❸ 之后。明《西洋记》一回：“独是南膳部洲，自从传得如来三藏真经～，大畅法门要旨。” ❹ 死亡的婉词。明柯丹邱《荆钗记》六出：“自你父亲～之时，再无所遗，止有这荆钗，权把他为财礼。”清《杏花天》一〇回：“我～百期外，你表弟失偶，定可再醮。” ❺ 排便的婉词。元《三遂平妖传》二回：“我肚疼了，要～则个。”又一二回：“因吃了些冷物事，脾胃不好，肚疼了，要～。”

【去就】 qù jiù ❶ 体统；礼貌；规矩。《敦煌变文校注》卷五《父母恩重经讲经文(一)》：“有一类门徒弟子，为人～乖疏。”《元曲选外编·绯衣梦》二折：“我从来有些怯候，为那吃创的梅香无～，到如今泼水难收。”明《醒世恒言》卷二四：“见韩擒虎跃青骢马，拥万甲骑直来冲人，都不存～之礼。” ❷ 着落；归宿。金《董解元西厢记》卷三：“你咱说谎，我着甚痴心没～，白甚只管久淹萧寺？”元关汉卿《西蜀梦》四折：“天曹不受，地府难收，无一个～。”

【去来】 qù lái ❶ 偏指去。来，无实义。唐白居易《琵琶行》：“商人重利轻别离，前月浮梁买茶去。～江口守空船，绕舱月明江水寒。”元杨果《小桃红》：“玉箫声断凤凰楼，憔悴人别后。留得啼痕满罗袖，～休，楼前风景浑依旧。”清《平山冷燕》一一回：“张寅与宋信接了帖子，以为他压倒，此～定要燥一场脾胃。” ❷ 偏指来。去，无实义。元佚名《错立身》四出：“叫你～别无甚事，只为衣饭。”《元曲选外编·锁魔镜》三折：“俺领着天兵神将紧追求，～专拿住恁时休。”清《隋唐演义》四四回：“你把家眷放在那里去了，那有闲工～看我？”

【去路】 qù lù ❶ 前面的路程；前去的道路。唐李德裕《请更发兵山外邀截回鹘状》：“望速诏忠顺，令进军于山外黑车子～邀截。”明袁于令《西楼记》二出：“只索举杯邀素月，漫劳搔首问青天。从来～黑如漆，且听时人笑眼前。”清《水浒后传》一八回：“孙新、顾大嫂埋伏登州～，邹润、穆春埋伏莱州～。” ❷ 离去的道路；脱身的道路。五代韦庄《清平乐》：“～香尘莫扫，扫即郎去归迟。”明沈采《千金记》三八出：“你好好放条～与我，便饶你性命。”《型世言》二二回：“张知县就与那官同坐在侧边一间书房内。那校尉看一看，是斗室，没有～。他便拿把刀只站在门口。” ❸ 上路；登程。唐[朝]崔致远《上太尉别纸》：“昨以乡使金仁圭员外已临～，尚阙归舟，恳求同行。”明徐渭《四声猿·雌木兰》一出：“俺本官说这坊厢里，有个花弧，教俺们来催发他，一同～。”清《飞龙全传》二九回：“还要交还刘员外房屋，诸事清楚，俺便放你～。” ❹ 分路。指分别。五代黄滔《上崔右丞启》：“伏念灞浐行尘，周秦～。平言南北，犹悄神魂。况今攀托门墙，依凭奖顾。” ❺ 出路；前程。宋可旻《渔家傲》：“珠网为光华作雨，金沙布地无尘土。怎不教人思～。心专注，坐观落日如悬鼓。”明《醋葫芦》一二回：“将欲剃发为尼，寻个修行～。”清《十二楼·萃雅楼》三回：“汝修进府之后，知道身已被阉，料想别无～，落得输心服意替他做事。” ❻ 前去的地方；投奔的地方。元明《水浒传》二二回：“这事放心，都在我身上，兄长只顾安排～。”明《醒世恒言》卷一五：“但事起仓卒，不曾算得个～，急切投奔何处？”清《万花楼》四八回：“太子已付陈琳抱去，并又指点我别无～，且往南清宫八王爷府中。” ❼ 去向；线索；途径。清《水浒后传》九回：“我弟兄甚是怜他失物，不知哥哥可晓得些～，千万告知一二。”《豆棚闲话》六则：“日常间也各各自有～，骗来钱米平半均分。”《飞龙全传》二一回：“在擂台上将弟子长兄劈死，逃去无踪，哀求我佛慈悲，悯赐一签，指明～。” ❽ 指花销的途径。清《红楼梦》五三回：“他必定是见～太多了，实在赔的狠了，不知又要省那一项的钱，先设此法使人知道，说穷到如此了。”

【去秋】 qù qiū ❶ 即“去就❶”。《元曲选外编·陈母教子》二折：“老身向官人行无～，倒大来惭羞。” ❷ 即“去就❷”。《元曲选·救风尘》二折：“则你那去时恰便似～，他本是薄幸的班头，还说道有恩爱结绸缪。”按，此指有归宿。

【去失】 qù shī 失去；丢失。宋洪迈《夷坚志》丙卷一四：“姚之旧友贾县丞，来料理～告身事。”元《通制条格》卷三〇：“大都里外诸处仓库、局院、百司公廨、会同馆驿并一切系官房舍，连年损坏，～砖瓦、木植等物，下年又行添补，虚费官钱。”

【去手】 qù shǒu 离手；放下。唐张读《宣室志》卷一〇：“其鹰甚神俊，郡人家所育鹰隼极多，皆莫能比，常臂以玩不～。”金元好问《紫微观记》：“虽在军旅，而文史未尝～。”清钱谦益《南京大理寺评事张君墓志铭》：“君自少至老，读书强学，朱黄二毫，不省～。”

【去所】 qù suǒ ❶ 犹“去处❻”。元梵琦《渔家傲·娑婆苦》：“魂魄欲归迷～，烟横北岭云南坞，一望连天皆莽卤。” ❷ 犹“去处❷”。元明《三国志通俗演义》卷八：“或寻朋友于村僻之中，或乐琴棋于洞府之内，往来莫测，不知～。”清钱谦益《扶沟县知县左府君墓志铭》：“县发马兵八人，分四路侦贼～。” ❸ 犹“去处❸”。明卢沄《贫家吟》：“风雪下茅檐，出门无～。”高濂《玉簪记》五出：“前村无～，况孤单。没奈何，路上老娘带我一带。” ❹ 犹“去处❹”。明《金瓶梅词话》三五回：“咱后日起身，离城十里寻个～，预备一顿饭。”《西洋记》六六回：“水军五百名，各带硫磺、焰硝引火之物，埋伏在海口上东一边空阔～。”《杨家府》卷四：

"离九龙谷半里之外平旷～,依图筑起七十二座将台。" ❺犹"去处❾"。明《西洋记》六七回:"敝国中也有能战之士,所不及他的～,只因他那里有个道士,……能驱神遣将,唤雨呼风。" ❻犹"去处⓭"。明汤显祖《紫箫记》一一出:"女郎,有这样～,李十郎生受你了。"

【去头】 qù tou ❶犹"去处❸"。明《西湖二集》卷一一:"今在外许久,精神反觉不济,定有～,或是与妓女相处。" ❷前去的可能。明王玉峰《焚香记》一七出:"〔末〕老爷有一位小姐在家,想必要你说亲。〔丑〕这两日没～。〔末〕怎么没～?〔丑〕不信?你看我两袖装满的都是月帖。"

【去退】 qù tuì ❶消退。宋佚名《银海精微》卷下:"翳如此状者,其翳不能为害。热～,翳即消。" ❷退送;用法术驱除。明《西游记》一八回:"因此知他是个妖怪,要请个法师与他～～。"

【去脱】 qù tuō 脱去;脱离。明《西游记》六三回:"你～大难,受戒沙门,刻日功完,高登莲座。"清《玉楼春》二三回:"求仙翁曲为画策,～此难。"

【去往】 qù wǎng ❶离去和前往,指行踪往复。宋李之仪《之仪家当涂七年矣屡过禅岳山》:"～如流水,兴衰似转肩。"张嵲《送陆尧夫倅襄阳》:"郁纡怀土念,～游子情。" ❷离去;过去。《元曲选·酷寒亭》三折:"又无那胖高丽～来迎,又无那小扒头浓妆艳裹,又无那大行首妙舞清歌。"清《醒世姻缘传》五七回:"善恶从来显报真,影随身,鬼无亲,来今～,直捷不因循。" ❸前去;前往。元明《水浒传》五八回:"一个教他～东京求救,两个教他去邻近府州会合起兵。"明程敏政《经筵日讲·孟子》:"或偶有不合之故,～别国,留之不得。"清《红楼梦》五八回:"贾琏已备下年例祭祀,带领贾环、贾琮、贾兰三人～铁槛寺祭柩烧纸。"

【去向】 qù xiàng ❶(人)去的方向;踪迹。《太平广记》卷四三〇引《传奇》:"仆乃挈金下山去,僧亦不知～。"《元曲选·鲁斋郎》四折:"一双儿女,不知～,连张珪也不知有无。"清《醒世姻缘传》六二回:"那新夫人的父母亲戚也都在内,问那乌大王的～。" ❷(物)去的方向;下落;着落。宋元《清平山堂话本·阴骘积善》:"且说张客到于市中,取珠欲货,不知～,唬得魂不附体。"清《醒世姻缘传》四二回:"他那强盗般打劫来的银子,岂是当真不知～?你抵盗了个罄尽。"《红楼梦》四九回:"我知道这镯子的～。……不出三日包管就有了。" ❸去;向;往。宋元《清平山堂话本·杨温传》:"杨温离他庄,行个一里路,～深草丛里去藏着身。"《元曲选·青衫泪》四折:"好着我眼花、眼花,只得偷睛抹,～那文武班中试寻咱。"明王守仁《夜宿天池月下闻雷次早知山下大雨》:"公然又盗山头云,～人间作风雨。" ❹前去;前往。《元曲选·还牢末》三折:"这场～,又做出甚商量?浪包娄转眼机谋广,恶公人狠似虎和狼,恨不的把我泼残生逼勒登时丧。"《西游记》六四回:"八戒道:'此物在于何处?才往那方去了?'三藏道:'～之方,不知何所。'" ❺方向。元倪瓒《和默庵游林屋》之一:"只恐武陵迷～,扶船处处认桃花。"明屠隆《昙花记》八出:"求道未有入门,进步不知～。"《拍案惊奇》卷六:"一时狂走,不知一个东西南北,迷了～。" ❻门路;线索。元明《水浒传》一七回:"你的话眼里有些门路,休要把别人做好汉,你且说与我些～。"明屠隆《昙花记》一八出:"相公既知家君消息,小生不敢讳了,便望相公指示～。" ❼取向;选择投向。明佚名《鸣凤记》一二出:"欲投个仁人长者侨居几年,且待仇家疑释,徐归江西。但不知从何～,不免在此恓惶。"高濂《玉簪记》四出:"泪潸潸,难中霜雪重重见,教我母子孤单～难。" ❽前往的地方;投奔处。明《拍案惊奇》卷一:"冥数将满,待翁归天后,再觅～。"清《歧路灯》五三回:"王中叫赵大儿携着闺女,收拾了铺盖。出的后门,也没～。" ❾下场;结局。明锺惺《告亡儿肆夏文》:"病中历历口道往因,有伦有脊,有原有委,翛然了无挂牵,似老衲面壁后知～者。"

【趣】 qù 打趣;拿人开玩笑。清《玉蜻蜓·露像》:"明晓志贞生母无疑,何故又以戏言挑拨?子～于母,甚属非礼。"《红楼梦》六二回:"黛玉自悔失言,原是～宝玉的,就忘了～着彩云。"又六三回:"黛玉笑道:'"夜深"两个字,改"石凉"两个字。'众人便知他～白日间湘云醉卧的事。"

【趣会】 qù huì 意趣;情趣。宋文天祥《萧明允墓志铭》:"花竹横从,朋宾啸歌,翛然有物表之～。"明汤显祖《云声阁草序》:"靡不骋古今之倪略,扬雅俗之～。"

【趣青】 qù qīng 黢青;颜色深青。清《红楼梦》八四回:"用桃红绫子小绵被儿裹着,脸皮～,眉梢鼻翅微有动意。"

【趣人】 qù rén 识风趣的人;懂情趣的人。明《醒世恒言》卷一七:"过迁道:'官人,往事休题。若说起来,羞也羞死了。'张孝基道:'你当时是个风流～,有甚么羞!'"清《玉蜻蜓·游庵》:"〔沈〕既是大兄高兴,小弟敢不奉陪,请。〔生唱〕难得君卿说奉陪,哈哈哈,妙极了,三弟真正是个～儿。"《品花宝鉴》六回:"一切手谈博弈,吹竹弹丝,各色在行,捐了个九品前程,是个热闹场中的～。"

【趣识】 qù shí ❶志趣见识。宋觉范《禅林僧宝传》卷三〇《黄龙佛寿清禅师》:"公风神洞冰雪而～卓绝流辈。"明祝允明《野航诗稿序》:"其所谓四病,则～凡近,蹇步苟止。"郎瑛《七修类稿》卷四七:"有自称大呆子性天然者寓其间,仪容俊伟,～超卓。" ❷鉴识;鉴赏。清弘历《含新亭》:"春来万物总含新,却是虚亭～真。"

【趣味】 qù wèi ❶风格;格调。唐司空图《与王驾评诗书》:"右丞、苏州,～澄夐,若清风之出岫。"明宋濂《望云集序》:"而性尤嗜诗,……～隽永而韵度婉微。" ❷意趣;情趣;韵味。宋欧阳修《与薛少卿书》:"粗免劳心,始觉渐有闲中～。"《元曲选·百花亭》二折:"〔正末唱〕俺也曾寻花恋酒,鸾交凤友,……〔柳云〕元来老兄也深晓风月中～的。"清《隋唐演义》三〇回:"你们且听他两个小姐姐唱来,方见～。" ❸兴致,兴趣。宋觉范《次韵新华道中》:"形骸寄簪绅,～在林麓。"清《红楼梦》五回:"歌毕,还要歌副曲。警幻见宝玉甚无～,因叹:'痴儿竟尚未悟。'"又三九回:"刘姥姥吃了茶,便把些乡村中所见所闻的事情说与贾母,贾母益发得了～。" ❹意味;含义。宋朱熹《答林峦》:"且虚心看此一处文义,令语意分明,～浃洽,乃佳。"清《平山冷燕》一七回:"诗已和成,可拿与小姐去细看。小姐乃有才之人,自识其中～。"《红楼梦》二二回:"宝玉细想这句～,不禁大哭起来。" ❺滋味;味道。宋元《清平山堂话本·李翠莲》:"此茶唤作阿婆茶,名实虽村～佳。"元谢应芳《祭顾玉山诗》:"常言性嗜诗,～胜粱肉。"明《禅真逸史》三二回:"腊梅臭丫头,这糖有甚～?你还不省得那话儿真有滋味哩。" ❻指情爱、性趣。明孙仁孺《东郭记》二五出:"一宵恩爱餘,两足浑难举。笑语低低共恋余,～平分取。"《拍案惊奇》卷二:"元来滴珠虽然嫁了丈夫两月,那是不在行的新郎,不曾得知这样～。"清《绿野仙踪》八一回:"呆呆的坐在床上,思索那交媾的～,不想是这样个说不来的受用。" ❼面子;脸面。清《儒林外史》五五回:"他而今又到有钱的地方去了,那里还肯到我这里来。我若去寻他,空惹他们的气,有何～。"《绿野仙踪》八八回:"我辈法力止此,若再不识进退,必讨大没～。"《歧路灯》八七回:"这巫氏只觉脸上没甚～。邻妇拜喜,却也没甚答应。"

【趣向】 qù xiàng ❶趣味;兴致。宋梅尧臣《和永叔内翰思白兔答忆鹤》："我闻二公～殊：一养月中物，一养华亭雏。"明《金瓶梅词话》五三回："遂没些～，走出房去。" ❷ 情趣；风情。明《古今小说》卷二三："有《南乡子》一首，单题着交欢～。"《山歌·汤婆子竹夫人相骂》："亏你羞也弗识，自道风情，我看你精赤洒洒，无介点～。"《醋葫芦》一一回："请下一个先生，十分不知～，苦苦叫人读甚么书。"

【趣兴】 qù xìng ❶ 情趣；兴致。明林俊《宗正寺簿公赞》："门对小壶山，楼接尊经阁。四时～清，万代诗书乐。"祝允明《都帅郭公葬部人陈颐之碑》："不可使颐忧珠桂，以挠～；不可使颐受枯渴，以违性情。" ❷ 乐趣，特指性趣。清《豆棚闲话》一则："我也不愿金紫富贵，流浪天涯，只愿在家两两相对，齑盐苦守，还要补完我十九年的风流～。"《红楼梦》五回："恨不能尽天下之美女，供我片时之～。"

【趣致】 qù zhì ❶ 志趣；风致。宋吕南公《上运使郎中书》："久而事业，～超然，无流俗之风。"明王慎中《池州知府曾惭溪公墓志铭》："间写为诗，亦不务工，而～萧雅，冲然可诵。"袁中道《夏道甫诗序》："士之有～者，其于世也，相远莫如贾，而相近莫如诗。" ❷ 风味；情趣。清张英《聪训斋语》："董文敏书，大小疏密，于寻行数墨之际，最有～。"《飞龙全传》二回："我们这里胜地虽多，到了此时，便觉一无～。"《绣戈袍》三五回："况他如此雄悍，定必有异样的～。何不偷偷纳在自家阴户，以看何如。"

【觑】 qù 另见 qū。❶ 窥伺；从旁监视。唐孟郊《黄雀吟》："莫～翻车粟，～翻罪有因。"宋李之仪《筑城词》："万仞连云绝川路，胡骑回还不敢～。"清《荡寇志》八八回："万一被官兵屯守要害，～我便利，一过年馀，岂不困守死了？" ❷ 瞭望；观察。《通典》卷一五二："屋四壁开～贼孔及安视火筒，置旗一口，鼓一面。"元《农桑辑要》卷三："先于园北，～当日风势，多积粪草，待夜深发火爊煴。"明宋诩《竹屿山房杂部》卷一八："(造糟醋)夏糠三斗，麸二斗；冬糠五斗，麸三斗，～天气加减造之。" ❸ 端详；瞄。唐王琚《射经》："以右手第二指取箭弝外～帖，侧手引箭至镞。"宋元《古今小说》卷三六："～得近了，撇向狗子身边去。"清《荡寇志》一〇八回："左取弓，右拾箭，～准孙新飕的一箭射去。" ❹ 探视；看望。唐李复言《续玄怪录》卷二："即与我～群官方食鲙否？言吾已苏矣，甚有奇事，请诸公罢箸来听也。"元《武王伐纣平话》卷中："去后誓不得教武王子来～我，必有大祸临身。"明汤显祖《牡丹亭》一八出："承尊～，何时何日来看这女颜回？" ❺ 冀望；希求。唐李茂贞《请再降东川节度使顾彦晖制命表》："臣谬窃临戎，尝思举善。敢～先茅之赏，庶遵连茹之文。"宋李觏《寄祖秘丞》："昨者应茂才，西行～朝美。"王执中《针灸资生经》卷三："有钻胃丸，温中开胃。病人～饮食不得，三五服即思食。" ❻ 阅览；阅读。唐韩愈《秋怀诗》之七："不如～文字，丹铅事点勘。"宋谢薖《无逸病目以诗戏问》："未忘～诗书，不敢窥粉黛。"明杨士聪《玉堂荟记》卷下："余每阅卷，不须由首彻尾，不拘何处，偶～一二行。" ❼ 看。《祖堂集》卷六《投子和尚》："师又才开门了，便东～西～。"明孟称舜《娇红记》四五出："～着这满川上下飘红叶，不似我和你，恁相看眼内血。"清《绿野仙踪》五一回："走到了厅中间，有意无意的斜～了如玉一眼。" ❽ 察看；核查。宋文彦博《奏王安论亲事官张贵事》："今夜且于所指通埋刀去处侧近，别作勾当名目觉察，或命密使人巡～照望。"元《通制条格》卷一七："其总部税官，斟酌各处地里，定立先后运次，约以点集处所，～得别无轻赍揽纳之数，令分部官管押入仓。"清《水浒后传》三五回："只剜出鸟心来，～是恁地黑！" ❾ 观赏；游览。宋强至《长安上巳日对雨忆杭州》："曲江芜没不堪～，那复丽人来水边。"明《古今小说》卷四："你到初八日同奶奶到小庵～一～，若何？" ❿ 探究；省察。宋李之仪《西庵璞老真赞》："虽然觌面相呈，也要从头～。"明《别有香》六回："未～佳人意若何，便思深入锦云窝。"清李颙《答张泸庸》："一切放下，反己自～，确有所识，由是静存动察，勿忘勿助。" ⓫ 关注；理睬。宋《朱子语类》卷五一："当时汤与文王之兴，皆在空闲之地，无人来～他，故日渐盛大。"金《董解元西厢记》卷三："鹘鸰的渌老儿说不尽的抢，尽人劳攘把我不～。" ⓬ 犹"看❸"。元卢挚《殿前欢》："一葫芦够也无，临时～，不够时重沽去。" ⓭ 犹"看❹"。《元曲选·朱砂担》一折："他～我似鑪畔弄冬凌，他～我似碗里拿蒸饼。"清《后水浒传》二五回："兀谁怪节级，只他大剌剌不当人。马嚣怎热脸投冷脸～他！"《红楼梦》五回："一味的骄奢淫荡贪还构。～着那，侯门艳质同蒲柳。" ⓮ 犹"看❺"。元《长春真人西游记》附《成吉思皇帝圣旨》："你到宣德州等处，官员好～你来么？"元明《水浒传》九回："若有人情钱物送与他时，便～的你好；若是无钱，将你撇在土牢里。"清洪昇《长生殿》二一出："只见你款解云衣，早现出珠辉玉丽，不由我对你、爱你、扶你、～你、怜你。" ⓯ 犹"看❿"。元《通制条格》卷二："又这打算的要肚皮，～面情呵，无体例的百姓生受行呵，他每更不怕那?"元明《水浒传》一二回："推司也～他是个首身的好汉，又与东京街上除了一害。"清《荡寇志》八九回："望姊姊～小弟之面，饶恕则个。" ⓰ 搜求；寻找；物色。《元曲选·铁拐李》一折："〔张千云〕他不卖粮食，开个段子铺儿，你怎生禁他？〔正末云〕更好奈何他哩。〔唱〕或是他卖段匹拣个宽窄～个纰薄。"明《古今小说》卷四〇："走了几步，又里急起来，～个毛坑上，自在方便了。"清洪昇《长生殿》九出："万岁爷出来了，咱且闪在门外，～个机会。" ⓱ 趁；利用。明《西湖二集》卷八："那寿禅师～着这个方便，离了西方极乐世界，来到南赡部洲投胎转世。" ⓲ 介词。朝；向。宋元《古今小说》卷三六："只见一个汉，……～着张员外家里，唱个大喏了教化。"元杜遵礼《醉中天·妓歪口》："每日长吁暖耳朵，正～着傍边唾。"清《隋唐演义》三一回："炀帝口也不开，～着沙夫人注目的看。"

【觑避】 qù bì 观察并避让。清《聊斋志异·老饕》："邢惊绝，未及～，矢过贯耳。"

【觑边】 qù biān 窥伺侵犯边境。唐张说《谏避暑三阳宫疏》："今国家北有胡寇～，南有夷獠骚徼。"宋王安石《检校太尉马公神道碑铭》："公至延州，羌方以兵～。"清胡宝瑔《平定金川诗序》："但知弱肉强食，以戕其邻；而不知迹近～，即干昭宪。"

【觑便】 qù biàn 趁便；找机会。明徐复祚《红梨记》八出："城上紧急，出去不得，且待明早～而行。"《古今小说》卷八："便写回书一纸，书中许他取赎，留在解粮官处，嘱他～寄到蛮中。"清《说岳全传》七九回："待小将扮作亲随跟在后面，～将他杀了。"

【觑捕】 qù bǔ ❶ 侦伺捉拿。唐郑愚《潭州大沩山同庆寺大圆禅师碑铭》："牛阿房，鬼五通。专～，见西东。"宋周密《武林旧事》卷一："亲从方围子，两行各一百四十人，……水手并～等子，两边各五人。" ❷ 探究并把握。《五灯会元》卷六《天竺证悟法师》："却祗从这里猛著精彩～看。若～得他破，则亦知本命元辰落著处。"

【觑步】 qù bù ❶ 侦察窥探。唐元稹《答子蒙》："强梁御史人～，安得夜开沽酒户。"宋范仲淹《奏乞宣谕大臣定河东捍御策》："又边上探得契丹遣使二道，至南山宁化军岢岚军后面，～谷口道路。"《宋史·礼志十六》："两廊～亲从官四十二人，提举司勾押官手分三人。" ❷ 实地勘查。宋文彦博《奏西京漕河事》："更差官～所碾添开浚故道地步长短，及地形高下。"欧阳修《乞不亲教阅札子》："仰不住遍行巡历，所到据城壁并烽火台防城，动使、家事、衣甲、器械，一一～，仍躬亲于教阅处试验兵士鞍马次第者。”

【觑不的】 qù bu dé ❶犹“看不的❶”。元孛罗御史《一枝花·辞官》：“～閙穰穰蚁阵蜂衙，卖了青骢马，换耕牛度岁华。”《元曲选·虎头牌》一折：“只见他踏踏忽忽身子儿无些分寸，～那奸奸诈诈没精神。” ❷顾不得；不顾及。《元曲选·救孝子》二折：“我也避不得臭气怎闻，～尸虫乱滚。疑怪这鸦鹊成群，绕定着这座坟。” ❸犹“看不的❷”。元徐琰《一枝花·间阻》：“～小池中一来一住交颈鸳鸯，听不的疏林外一递一声啼红杜宇。”明汤显祖《紫钗记》二出：“你眉黄喜入春多分，先问取碧桃芳信。俺朋友呵，～你酒冷香销少个人。” ❹看不到；无法见到或做到。明孟称舜《娇红记》四九出：“再～膝前人宛转，再听不的堂上语殷勤，老景谁温？”

【觑不得】 qù bu dé ❶同“觑不的❸”。宋徐自明《宋宰辅编年录》卷一六：“及为签书枢密，桧曰：‘我眼底～章复。’台谏闻而上言，复遂罢为端明殿学士。”金《董解元西厢记》卷五：“张君瑞病恹恹担带不去。说不得凄凉，～凄楚。”元石君宝《紫云庭》二折：“你这般拆散鸳鸯算甚正直？我也～这光景掩不迭这泪。” ❷同“觑不的❹”。《元曲选·气英布》二折：“你道是善相持能相竞，用不着咱军马崩腾，武艺纵横。则教你楚江山～火上弄冰凌，汉乾坤也做不得碗内拿蒸饼。” ❸同“觑不的❷”。元明《水浒传》四〇回：“狱卒牢子情知不好，～面皮，把戴宗捆翻，打得皮开肉绽。”

【觑不上】 qù bu shàng 犹“看不上❶”。《元曲选·秋胡戏妻》二折：“其实我便～也波哥。我道你有铜钱，则不如抱著铜钱睡。”明汤显祖《紫钗记》四七出：“你没耳的钱神听俺言：正道钱无眼。我为他叠尽同心把泪滴穿，～青苔面。〔撒钱介〕俺把他乱洒东风，一似榆荚钱。”

【觑待】 qù dài 犹“看待❷”。清《荡寇志》九二回：“主人十分～他，教他随了同行。”又九三回：“况这干人虽是宋江心腹，宋江～他们好，毕竟都是乌合之众。”

【觑当】 qù dāng ❶勘查；查看。当，动词后缀。宋欧阳修《论水入太社札子》：“臣遂躬亲往诣太社及斋宫里外～，见二坛浸在水中。”苏轼《与子安兄书》：“东茔茇松，甚烦照管，如更合茇间，告兄与杨五哥略往，～分明，点数根槎，交付佃户。”《三朝北盟会编》卷九二：“既到国相军中，差十数甲士监守。夜间虽翻身，亦上床～。” ❷看；瞧。《元曲选外编·圮桥进履》三折：“他那里孜孜～，唬的我战兢兢手脚慌张。”又《村乐堂》二折：“相公若不信呵自～，不是我私过从硬主张。” ❸照顾；照看。元李治《敬斋古今黈》卷四：“料理者，盖营护之义，犹今俚俗所谓照顾、～耳。”《元曲选·魔合罗》楔子：“你是必好～小婴孩。”明朱橚《普济方》卷三六〇：“或屎在绷袍之内，乳母失于～换绷，湿气所浸。”

【觑定】 qù dìng ❶注视；瞄准。元《三国志平话》卷上：“可离数步，回头～刘备，骂：‘上桑村乞食饿夫！’”《元曲选·玉镜台》二折：“朝至暮不转我这眼睛，孜孜～，端的寒忘热、饥忘饱、冻忘冷。”清《荡寇志》八八回：“搭上箭，轻舒猿臂，扣满了，～那亲随手里的金钱。” ❷看准；认定。明锺惺《论史·荀彧》：“董卓兵起，曹公亦恐其倚王室之重，则老瞒胸中亦～久矣。”孙传庭《疆事十可商疏》：“一曰商剿，～一股，剿完一股，此剿贼之要诀也。”清赵翼《瓯北诗话·吴梅村诗》：“事本易传，则诗亦易传。梅村一眼～，遂用全力结撰此数十篇，为不朽计。”

【觑夺】 qù duó 窥伺并夺取。《元曲选·连环计》一折：“以此横行京兆，威震长安，～汉家天下，直如反掌耳。”

【觑付】 qù fù 犹“觑当❸”。元佚名《八声甘州》：“便得后冤家行频～，偷工夫短命行温存。”《元曲选·鲁斋郎》三折：“你把孩儿亲～，厮抬举。”明佚名《桃符记》四折：“井门神将俺相催促，告锺馗肯～。”

【觑见】 qù jiàn ❶看见；见到。敦煌词《十二时·普劝四众依教修行》：“好物不可教～。红罗帐上间银泥，绯绣床帏蹙金雁。”《元曲选·忍字记》二折：“我这里猛抬头～了自惊呀，吓的我这两手便可剌答。”清《赛花铃》一四回：“那琼英～红生，也暗暗惊疑。” ❷发现；看出来。《祖堂集》卷一三《山谷和尚》：“且须以日及夜究竟将去，忽然一日～，更莫以少为足，更解研穷究竟。”宋苏辙《书传灯录后》：“泉至，问曰：‘安知老僧来？排办如此。’庄主曰：‘昨夜土地神相报。’泉曰：‘王老师修行无力，被鬼神～。’”杨万里《答建康府大军库监门徐达书》：“此数条乃古人眸子未尝所～者，而今独发擿之。”

【觑绝】 qù jué 看到底；看清楚。元吕止庵《夜行船·咏金莲》：“若舞霓裳将翠盘踏，若是～他，不让杨妃袜。”宋方壶《醉花阴·走苏卿》：“他他他～罢两泪倾，便有那九江水如何洗得清。”《元曲选·渔樵记》四折：“～时不由我便怒冲天，今日家咱两个重相见。”

【觑看】 qù kàn ❶观看。宋许玠《染丝上春机》：“愿郎勿弃置，上有双鸳鸯。～双鸳鸯，忍教孤妾守空房。”《元曲选·张生煮海》一折：“行者，出门前～，若有客来时，报复我家知道。”清《隋唐演义》八〇回：“夫人还礼不迭，一双俏眼儿，把国桢～。” ❷瞩目；注意。宋苏轼《与元老侄孙书》：“侄孙既是东坡骨肉，人所～。往京，凡百加周防。”元曾瑞《一枝花·买笑》：“能清歌妙舞捱时霎，会受诨承科度岁华，就着这其间～你的甚参杂，拣一个可意的冤家。” ❸偷窥；偷看。清《疗妒缘》七回：“夫人与巧珠都晓得丈夫在外～，有意捉弄他。”《雪月梅》四二回：“那日夫人小姐上轿时，有几个家丁打扮的簇拥着一个官人在外边～。”

【觑空】 qù kòng 瞅空子；寻机会。明《醒世恒言》卷二八：“嘱付童儿，～致意此女，恳求幽会。”《拍案惊奇》卷一八：“只要先将银子为母，后来觑个空儿，偷了银子便走，叫做提罐。”△清《官场现形记》五二回：“有班谬托知己的朋友，天天在一块儿打牌吃酒，看他钱多，～弄他几个用用。”

【觑逻】 qù luó 巡视查看。宋觉范《送演胜远序》：“民知美木不易有也，争治其地以莳之。日夕～，不啻如望婴儿之长也。”又《了翁谪廉欲置华严托余将来》：“～牛儿亦久如，于今正好抚怜渠。”

【觑破】 qù pò ❶犹“看破”。《古尊宿语录》卷一九《潭州道吾真禅师语要》：“老僧葛藤。尽被汝诸人～了也。”明徐阳辉《有情痴》：“只是你觑不破。若～时，将只冷眼儿瞧他，那些翻来覆去一段炎凉光景，真堪付之一笑也。”清《歧路灯》四一回：“惠养民原不知寻他何事，却自觉这些朋友已～自己底里。” ❷揭穿；点明。《元曲选·连环计》一折：“我今日直至杨彪家中，～这老贼去。”明孟称舜《娇红记》三二出：“小姐和申生在此何干，我去请奶奶来～他。”徐翙《春波影》楔子：“也有那有才无命的，也有那有命无才的，怎得个明眼人一些些～。”

【觑认】 qù rèn 观看并确认。元施惠《幽闺记》三九出：“今日聊设一个小筵，请状元到此，着他妹子隔帘～。”《元曲选·勘头巾》一折：“瞒不过相识街坊众亲，定睛～，并无些咬破牙痕。”

【觑上】 qù shàng 犹“看上”。《元曲选·张天师》四折：“〔长眉仙云〕敢是你捱不过那凄凉寂寞，看上了陈秀才么？〔正旦唱〕俺可有甚难捱，～乔才？”

【觑视】 qù shì 窥视。明《清平山堂话本·老冯唐》:"由是北拒匈奴,不敢正眼而～中原。"《二刻拍案惊奇》卷三四:"晚间督人巡更,鸣锣敲梆,通夕不歇,外边人不敢正眼～他。"清雍正二年五月十四日毛文铨奏折御批:"官兵不敢正眼～苗猓,故为此掩耳盗铃之举。"

【觑守】 qù shǒu 犹"看守❶"。明许潮《写风情》:"拚今宵温柔香里,～定卓家凰,休听那祖生鸡。"

【觑伺】 qù sì 窥伺。宋刘攽《射豹赋》:"竞张目而涎吻兮,众遮道而～。"

【觑探】 qù tàn ❶ 侦察;侦探。元明《水浒传》五四回:"小人～梁山泊兵多将广,武艺高强,不可轻敌小觑。" ❷ 窥探;窥伺。清《荡寇志》八九回:"此刻官兵不敢～我们,姚顺兄弟暂离不妨。"

【觑听】 qù tīng 看与听。元明《三国志通俗演义》卷一三:"张飞从外大叫而入曰:'辞了哥哥,便去战马超也。'孔明故意佯不～。"明《金瓶梅词话》四六回:"这琴童一直走到贲四家,且不叫,在窗外悄悄～。"

【觑玩】 qù wán 犹"看玩❶"。明《二刻拍案惊奇》卷二五:"徐达一头动手,一头～,身子如雪狮子向火,看看软起来。"

【觑望】 qù wàng 犹"看望❶"。明沈受先《三元记》一二出:"启纱窗～,绿烟明月辉朗,珠露凝香。"清洪昇《长生殿》三二出:"我向这庙里抬头～,问何如西宫南苑,金屋辉光?"

【觑问】 qù wèn 探究审问。《元曲选·神奴儿》四折:"他去那原告人十分～,眼见的那被告人九分关亲。"

【觑隙】 qù xì 犹"觑空"。唐李适《西平王李晟东渭桥纪功碑》:"贼泚畜奸,～乘便,饵诱贪卒,扇结暴徒。"

【觑小】 qù xiǎo 小看;轻视。《元曲选·张生煮海》二折:"休将他,～哉,信神仙,妙手策。"

【觑觎】 qù yú ❶ 觊觎;非分希望或企图。清钱泳《履园丛话》卷一〇:"收藏书画是雅事,原似云烟过眼,可以过而不留,若一贪恋,便生～之心,变雅而为俗矣。"又卷一二:"今之成衣者辄以旧衣定尺寸,以新样为时尚,不知短长之理,先蓄～之心,不论男女衣裳,要如杜少陵诗所谓'稳称身'者,实难其人焉。" ❷ 非分的希望或企图。清钱泳《履园丛话》卷四:"既蒙有田有铺之家公捐周济,自当感激不遑,不可再生～。"又卷七:"功名富贵,未到手时,望之如在天上,一得手后,亦不过尔尔。然从此便生出无数波折,无数～,既得患失,劳碌一生。"

quān

【圈】 quān ❶ 环状物。唐段成式《酉阳杂俎》前集卷一:"三月三日,赐侍臣细柳～,言带之免虿毒。"明《封神演义》七九回:"龙安吉祭起一～,起在空中。"清《红楼梦》三回:"项上戴着赤金盘螭璎珞～。" ❷ 环状图案或符号。宋张镃《临江仙·余年三十二》:"七个～儿为岁数,年年用墨糊涂。一～又剩半～餘。"明王衡《真傀儡》:"老丞相,无些事,画个太平～,守定萧何律。"清《醒世姻缘传》五八回:"先在相于廷脸上左眼污了个黑～,右眼将胭脂涂了个红～。" ❸ 周;周遭。宋吴潜《八声甘州·寿吴叔永》:"便江南、求田问舍,把岁寒三友一～栽。"清《一片情》二回:"于是进内,四～一摸,再摸不着妇人。"《醒世姻缘传》六二回:"那蝎虎在他身边周围走过一～,那蝎子走到圈边,即忙退缩回去。" ❹ 物体周长。宋华岳《翠微先生北征录》卷七:"第一等甲:腰～四尺五寸,批膊五吊。" ❺ 用画圈的方式标示。宋洪迈《容斋续笔》卷八:"吴中士人家藏其草,初云'又到江南岸',～去'到'字,注曰'不好',改为'过',复～去而改为'入'。"明《警世通言》卷一八:"粗粗里记得几篇烂旧时文,遇了个盲试官,乱～乱点,睡梦里偷得个进士到手。"清《醒世姻缘传》五〇回:"大主考把卷子密密层层的～了,白日黑夜拿着我的卷子看。" ❻ (用环状物)套;围;绕。宋洪迈《夷坚志》三辛卷三:"忽觉坠下一物如块囊,连声唤夫掖起,取火来照。～之以索,挂于水滨。"《元曲选·玉梳记》四折:"端的个无瑕玼粉绕花缠,金裹琼沿,翠护朱～。"清《醒世姻缘传》七三回:"若是内中有分把姿色的,紧紧～将住了,一个说道梳得好光头,有的说缠的好小脚。" ❼ 一种工艺,用圈结的方式加工。也指编结成圆环状。元佚名《雁儿落带过得胜令·指甲》:"宜操七弦琴,宜结两同心。宜托腮边玉,宜～鞋上金。"又《凭阑人》:"簇簇攒攒～柳葩,草稕斜签门外插。"元明《水浒传》七六回:"中间立着一面堆绒绣就、真珠～边、脚缀金铃、顶插雉尾、鹅黄帅字旗。" ❽ 某一范围或界限。元李茂之《行香子》:"擫竹分茶,摘叶拈花,～儿中稍自矜夸。"清《镜花缘》一六回:"他书上尽是圈子,大约前盘古所做的事总不能跳出这个圈子,所以篇篇都是这样。这叫作'惟有～中人,才知圈中意'。" ❾ 圈套;骗局。《元曲选·度柳翠》二折:"跳出那月明～,不落樵夫勾。"明《警世通言》卷三五:"没来由被旁人播弄,设～设套,一时失了把柄,堕其术中。"清《万花楼》二五回:"须用如此如此计较诱引他落在～中,还忧他不降服么?" ❿ 用圈套笼络。明许潮《写风情》:"我做鸨儿真有趣,子弟见我便退悔。千般套子～将来,一个法儿推出去。"杨柔胜《玉环记》六出:"赢奸卖俏妆扮娇,迷魂阵里连珠炮,一个来时一个倒。嗏,陶朱公下网～得他醮。" ⓫ 周期。明徐渭《倪某别有三绝见遗》之二:"宿世拖逋且一～,今生杀虎为牛缘。" ⓬ 勾勒;勾画。明潘之淙《书法离钩》卷八:"用纸加碑帖上,向明处以游丝笔～却字画,填以淡墨,谓之响拓。"徐渭《刘雪湖梅花大幅》:"～花少让元章笔,发干元章不若吾。"清沈宗骞《芥舟学画编》卷三:"至于落墨,当以墨之浓淡,分作十分量用。如眼覆笔,及～瞳点睛,是十分墨。" ⓭ 转圈;画圈。明宋应星《天工开物·陶埏》:"然后补整碎缺,就车上旋转打圈。～后或画或书字,画后喷水数口,然后过釉。"清《绿野仙踪》八回:"只见那妇人取出个白棍儿来,长不过七八寸,在那男子面上乱～;～罢,便扒倒地下跪拜。"《红楼真梦》三二回:"那木筏又～了两三圈,写道'少止候降'。" ⓮ 掉转;兜转。清《红楼梦》四七回:"薛蟠往前看时,渐渐人烟稀少,便又～马回来。"《说唐后传》四三回:"马打交锋过去,～得转来。" ⓯ 划出某个范围或划在某个范围内。清黄宗羲《通议大夫太垣靳公传》:"国朝仿府兵之制,畿甸之地,悉～赐八旗勋戚。"《红楼梦》一一三回:"且说栊翠庵原是贾府的地址,因盖省亲园子,将那庵～在里头。" ⓰ 量词。a) 名量,用于环状物。宋《朱子语类》卷九一:"其时坐轿有碍,后于轿顶上添了一～竹。"清《醒世姻缘传》一四回:"可着屋周围又垒了一～墙,独自成了院落。"《红楼梦》六三回:"头上眉额编着一～小辫。" b) 动量,用于用环状物击打的动作。明《封神演义》一二回:"提起手中乾坤圈,把敖光后心一～,打了个饿虎扑食。"

【圈拨】 quān bō 圈定并划拨(土地)。清顺治十二年八月癸酉上谕:"朕念畿内地方人民艰苦,房地屡经～,水旱连岁相仍。"《授时通考》卷一一:"顺治元年题准～地亩,按州县大小定圈地多寡。"

【圈攒】 quān cuán 攒聚围拢。清《野叟曝言》七六回:"优童们拍手唱歌,众人～立奉。素臣勉强取饮。"

【圈带】 quān dài 官服外面系的环状腰带。清《红楼梦》一〇五回："宫妆衣裙八套，脂玉～一条。"

【圈底儿】 quān dǐ er 圈子底。粮囤用茓子一圈一圈加高围成，出粮时一圈一圈地去掉，最底下的一圈称圈底儿。明《金瓶梅词话》一四回："你早仔细好来，囷头儿上不算计，～下却算计。"

【圈地】 quān dì ❶ 圈定地域。清康熙三十七年八月戊辰上谕："但因盗贼时有，恐牲畜被盗，～拘守，不使就牧水草。" ❷ 特指清初满族政权圈占汉民土地的政策及行为。清黄宗羲《通议大夫太垣靳公传》："逃人、～二者，为国家大节目。"尤侗《苏幕遮·塞上》之一："打围来，～去。银管吹烟，茶煮乌羊乳。" ❸ 指这样圈占的土地。清黄宗羲《通议大夫太垣靳公传》："平居则斯养坐食租税，遇征调则按～顷亩，佥甲卒如数。"雍正四年八月初一日李绂奏文："向年有祖遗～，坐落满城县。"

【圈点】 quān diǎn ❶ 加圈、点标示句逗或标示精彩、重要。元方回《唐师善月心诗集序》："三稿中每佳者，一句一联，予已为研朱～。"明袁于令《西楼记》二八出："勉强挥得一篇。呀！还惊问：早被谁行～？却是我啼痕。"清《巧联珠》二回："他～了方公的诗，拿出来我看。" ❷ 这样的圈和点。宋王炎午《回耘庐刘尧咨》："至～中，如李龟年，……之二句皆圈，各似稍欠优劣。"清《歧路灯》九六回："篑初托人找着他的荐卷，头场、二场，黑、蓝～俱疏疏落落有些儿。"《白圭志》一三回："乃于案上取二卷，交与江宁府。接过一看，只见满篇～。" ❸ 加圈、点表示指定或认可。清雍正十年五月十八日王士俊奏文："凡接准部行奉旨事件，转行下属豫、楚院司各衙门，俱用红笔～标目判行。"《野叟曝言》一一〇回："素臣取出火票一张，倒填年月，开明人数、应付等字，用朱笔～，竟向西城奔来。" ❹ 指点；评价。明庄㫤《夏汝明持留鹤翁送行诗求和》："～江峰一语深，十年分付几登临。"

【圈断】 quān duàn 用加圈的方式断句。明《拍案惊奇》卷三三："当下举笔把遗书～，家财悉判还张一飞。"清柯琴《伤寒论注》凡例："正文逐句～，俱有深意。"

【圈箍】 quān gū 紧束器物的圈。明宋应星《天工开物·膏液》："取出以稻秸与麦秸包裹如饼形。其饼外～，或用铁打成，或破篾绞刺而成。"

【圈骨】 quān gǔ 器物起围束作用的骨架。宋周密《武林旧事》卷二："近岁新安所进益奇，虽～悉皆琉璃所为，号无骨灯。"

【圈红】 quān hóng ❶ 加红圈标示。宋马廷鸾《挽张龙山》："揭日科名轻拾紫，粘天名姓捷～。"《元曲选·萧淑兰》三折："早难道诗对会家吟，他全没些惜花心。点勾般～问，描朱似刷画儿临。" ❷ 一种呈红圈状的痈疖脓色。明徐谦《仁端录》卷三："根窠脓色，凡色以红活为贵，而有～、噀红、铺红之别。～者，一线淡红紧附于根下，而无散走之势也。"

【圈哄】 quān hǒng 设法哄诱。清《红楼梦》八〇回："薛蟠好容易～的要上手，却被香菱打散。"

【圈胡】 quān hú 络腮胡。清《姑妄言》一回："随见一个白面～、红袍乌帽的神道，在檐下参见。"

【圈环】 quān huán 圆环。《皇清职贡图》卷七："男子束发缠头，耳坠～。"

【圈圚】 quān huì ❶ 划定的范围；套子；窠臼。《古尊宿语录》卷四一《云峰悦禅师初住翠岩语录》："道得道不得，总在玄沙～里。"宋无门慧开《禅宗无门关》："沩山一气之勇，争奈跳百丈～不出。" ❷ 圈套。宋华岳《翠微先生北征录》卷五："然后示之以弱，以诱其必来；啖之以利，以致其必至。使其堕我之～而不自知。"元萧德祥《小孙屠》一六出："分明中我～。"明徐畛《杀狗记》七出："我东人枉恁地多伶俐，落～总不知。" ❸ 围拢的通道或地域。元睢玄明《耍孩儿·咏西湖》："寻芳人错行入蜀川锦绣堆，向武陵溪攒砌就花～。" ❹ 用圈束紧。元曾瑞《哨遍·秋扇》："龟背罗色同沉麝，柄分开白璧，～定乌蛇。"

【圈繢】 quān huì ❶ 同"圈圚❶"。宋克勤《碧岩录》五则："透得他～，方见他用处。"金姬志真《脱壳》："不在世间～里，自由闲散过平生。"明徐渭《聚禅师传》："参梦居禅师于碧峰寺，问：'如何不落人～？'居与一掌，师大悟。" ❷ 同"圈圚❷"。《元曲选·对玉梳》一折："若早知你这般～，那般局段，急抽身不囫囵。"清王士禛《分甘餘话》卷四："于是无所忌惮，官粤东者落其～，十人而九。"

【圈记】 quān jì 加圈作为标记。《宋史全文》卷二六下："进呈敕令所重修《淳熙法册》，御笔～户令内'驴、驼、马、舟、船契书收税'。上曰：'凡有此条，并令删去。'"清乾隆四十九年三月十六日上谕："著自新筑石塘工止处之现做柴塘及挑水段落起，接筑至朱笔～处止。"

【圈脚】 quān jiǎo 曲脚。脚，幞头（一种头巾）后部外展的横翅，有直脚、曲脚之别。宋洪迈《夷坚志》支景卷六："最后一老翁裹～幞头，衣黄衫。"

【圈金】 quān jīn 一种工艺。用金箔圈裹织物外缘。宋王齐叟《失调名》："蹙绣～，盘囊密约，未赴意先警。"元乔吉《赏花时·睡鞋儿》："双凤衔花宫样弯，窄玉～三寸悭。"清《醒世姻缘传》六五回："李旺拣了一件天蓝绉纱～衫，白秋罗洒线裙。"

【圈局】 quān jú 设圈套骗人。明《型世言》六回："这样老淫妇，自己养汉，又要～媳妇谎告。"

【圈科】 quān kē 圈窠；划定的范围。明陆容《菽园杂记》卷二："佛本音弼，……禅本音擅，《孟子》云'唐虞禅'是已。自胡书入中国，佛始作符勿切，禅始音蝉。今人反以辅佛之佛、禅受之禅，为借用～，非知书学者。"

【圈口】 quān kǒu 圈筒的端口，多指套在端口上的环状物。《明会典》卷一四八："杖鼓三十六个，每个二面，其下铁～二。一面冒以犊皮，径一尺二寸五分；一面冒以山羊皮，径一尺三寸。"

【圈樻】 quān kuì ❶ 即"圈圚❶"。宋王庭珪《请智老住东山疏》："炼金失宝，须携将分上钳椎；驻锡经年，未放出手中～。" ❷ 即"圈圚❷"。宋向滈《青玉案》："吃他～，被他拖逗，便佛也、须教恨。"

【圈襀】 quān kuì 即"圈圚❶"。《景德传灯录》卷一八《玄沙宗一》："凡有言句尽落～。不落～请和尚商量。"《五灯会元》卷一八《信相宗显禅师》："僧问：'三世诸佛，六代祖师，总出这～不得。如何是这～？'师曰：'井栏唇。'"宋《虚堂和尚语录》卷七："倚栏拟作机头看，已堕阿师～中。"

【圈栏】 quān lán 圈画边框。宋朱熹《行下三县抄札赈粜人户》："数内不合赈粜人户用红笔～，合赈粜人户用青笔～，合赈济人户黄笔～，逐一仔细填写姓名、大小口数。"

【圈络】 quān luò 圈形网络。明汤显祖《紫箫记》一七出："绿香沈穗，吹笙送度九微，峨峨艳艳，半层～，金茎盘上映初晴。"

【圈落】 quān luò 圈掉；抹去。元乔吉《小桃红·点鞋枝》："研台香蘸翠条尖，～玄花点。云凤吴绫粉生焰，配霜缣。"

【圈模】 quān mú ❶ 边框。宋李纲《栖云院新修印心堂名序》："譬如以印印泥，～点画吻然契合。" ❷ 比喻规矩或束缚。宋刘才邵《题段成之粟庵》："先生从来道眼具，深入不二离～。"阮阅《诗话总龟》前集卷七："《君马黄》古词云：……李白拟之，……自能驰骋，不与古人同～。"明唐寅《送文温州序》："今蓬巷之士，颂先王，守～，茹藿冠素，羹葵饭脱粟。"

【圈盘】 quān pán 罗圈；圆圈。清《好逑传》八回："众人听见，遂一个～将铁公子三人围住。"《后西游记》二六回："迎着他师徒四人，也不管好歹，竟一个～阵将他四人围在中间。"

【圈盘腿】 quān pán tuǐ 罗圈腿；向外弯成弧形的畸形腿。明《西游记》三五回："那山上都是些洼踏不平之路，况他又是个～，拐呀拐的走着。"

【圈批】 quān pī 加上圈点和批语。明《欢喜冤家》一八回："展开再看，实是难以～。不得已，淡淡加些评语，送到京考房去。"清《绣球缘》一七回："御笔加上～，赐于阁臣同阅。"

【圈片】 quān piàn 蒙在(灯)框架上的片状物。宋周密《武林旧事》卷二："灯之品极多，每以苏灯为最。～大者径三四尺，皆五色琉璃所成。"

【圈墙】 quān qiáng 圈状护壁或围墙。明《西游记》三八回："这井肚子大，口儿小，壁陡的～。"清毕沅《关中胜迹图志》卷八："其他如堂如垒，或仅剩～，或仅存石兽。"

【圈曲】 quān qū 折曲。宋孟元老《东京梦华录》卷六："御龙直一脚指天一脚～幞头，着红方胜锦袄子。"

【圈绕】 quān rào 环绕。清袁枚《子不语》卷二二："其法，将一碗净水写一井字～之，地上亦写一井字～之，八仙桌中间亦写一井字～之，召童子四人，手上各写一走字～之。"

【圈绳】 quān shéng (穿牛鼻的)圈和绳，比喻约束手段。金元好问《兴国院改律为禅请住持疏》："袖里～，穿透向上诸人鼻孔；林间几席，坐断天下衲僧舌头。"

【圈索】 quān suǒ 犹"圈绳"。宋阮阅《诗话总龟》后集卷七："如牛唇口变白，为牧所缠，不得妄鸣，惟渴饮饥食始得解释矣。诗曰：'白口缠～，言非驷莫追。'"

【圈套】 quān tào ❶ 框框；套子。宋《朱子语类》卷一二〇："某不是要教人步步相循，都来入这～，只是要教人分别是非。"明焦竑《玉堂丛语》卷四："既已择将，凡选练便宜，即宜付之，而今则以书生之谈，尽成～，强之必行。"清李调元《雨村诗话》卷下："论诗拘于首联、颔联、腹联、尾联，直是本领不济，所谓跳不出古人～。" ❷ 引诱人上当或受害的计谋。宋元《清平山堂话本·李翠莲》："我的心性也不弱，不要着了我～。寻条绳儿只一吊，这条性命问他要。"元高明《琵琶记》二五出："妆成～，见了的便自入来；做就机关，入着的怎生出去?"清《红楼梦》一二回："贾瑞料定晚间必妥，此时先去了。凤姐在这里便点兵派将，设下～。" ❸ 圈；套；环。元乔吉《赏花时·风情》："我是个锻炼成的铁连环，不比您捻合就的泥～。"明《警世通言》卷四〇："解下身上罗带，做成一个～儿丢将起来，把那千千万万之杵尽皆套去。"清《野叟曝言》九六回："其下俱系额勒铁箍，鼻孔穿一银环，项无～，腰束白色丝绦。" ❹ 用圈套哄弄人。明徐渭《四声猿·翠乡梦》一出："不是这等，怎么～得你上?"清《后西游记》二六回："小行者就将去窃听时，他自说出～猪一戒，并温柔国王要遣猎户捉拿脐香之事，说了一遍。"《歧路灯》四二回："到如今少不得～上几个膏粱子弟，好过光阴。" ❺ 渊薮；发生地。清于成龙《续增条约》："如此，保甲竟为养盗～。"

【圈桶】 quān tǒng 圆筒。明唐顺之《武编》前编卷五："前用爆瘴一个，长七寸径七分，安在桶头上。药线置起火桶内，爆外用三四层夹纸作～，连起火粘为一处。"

【圈筒】 quān tǒng 同"圈桶"。明宋应星《天工开物·冶铸》："炉形如箕，铁条作骨，附泥做就。其下先以铁片～直透作两孔，以受杠穿。"

【圈围】 quān wéi ❶ 圈套。元萧德祥《小孙屠》二〇出："把梅香杀死逃避，假尸形陷我落在～。"高明《琵琶记》二五出："折莫你是怎生俑俏的，也落在我～。" ❷ 围绕；围拢。明朱橚《普济方》卷二一六："用纸～脐周，抄药在内。"清《世宗宪皇帝谕行旗务奏议》卷一一："若稍值阴云，即将马匹～。"《荡寇志》一二五回："望下去，只见新泰城雉堞～，鳞居比列。"

【圈须】 quān xū 即"圈胡"。明《西游记》一三回："环眼圆睛如吊客，～乱扰似河奎。"

【圈椅】 quān yǐ 靠背和扶手相连成半圆形的椅子。清《醒世姻缘传》七三回："郝尼仁拉过一把～靠了窗墙。"陈端生《再生缘》六〇回："王后娘娘抬玉手，拉了拉，闹龙～坐中间。"

【圈圆】 quān yuán ❶ 圈套。元李茂之《行香子》："俺虽不是个还魂子弟，晓四六通合剌，锦套头花～且吉咱。" ❷ 围成一圈。明王肯堂《证治准绳》卷一五："无数粗细不等赤脉，周围～，侵入黑睛。" ❸ 圆圈。明王廷《吏部考功郎中薛先生行状》："阴阳动静机，活泼一～。"

【圈赞】 quān zàn 加圈表示赞许。清王士禛《池北偶谈》卷一三："闽人林初文孝廉以一绝句示梅，……梅击节，逐字为加～。"《聊斋志异·司文郎》："一日，以窗艺示宋，宋见诸友～已浓。"

【圈占】 quān zhàn 圈定并占有(土地)。清魏裔介《流民死伤堪悯疏》："盖直隶北四府当～之馀，民已无田无家。"《续金瓶梅》三一回："如今咱的营里～了，一个熟人亲戚也没有。"

【圈识】 quān zhì ❶ 圈栏与标志。明张大复《梅花草堂笔谈》卷五："予尝见顾明卿手写一册，字画遒楷，～截然。" ❷ 画圈作出标志。清《平定两金川方略》卷二三："今于图内复用朱笔～，著发交温福、阿桂。"

【圈筑】 quān zhù 围筑。明朱国祯《涌幢小品》卷六："因水势既猛，堤若径直，全当其锋，势必不支；惟纡曲，则若迎若避，迎以抵之，避以杀之。今之桥堵亦用此法，即宋艺祖剪纸～都城之意。"清沈复《浮生六记》卷四："引至园田成熟处，每一字号～高堤，以防潮汛。"张伯行《居济一得》卷三："官湖之设，各有～湖堤，以蓄水势。"

【圈转】 quān zhuǎn 回环；回转。元俞琰《席上腐谈》卷下："崇宁间，孟尚在。其金如线，～数匝。"明高濂《遵生八笺》卷一八："上用荞麦面和匀作箍，照脐眼少大～按实。"清《说唐后传》一〇回："噶唧噶唧一声响，马打退有十数步才～来。"

【圈子】 quān zi ❶ 即"圈❶"。宋《圣济总录纂要》卷二一："看大小疮，作纸～围疮口，以药敷上。"明《西游记》六回："捋起衣袖，左膊上取下一个～，说道：'这件兵器，乃锟钢抟炼的。'"清《红楼梦》四五回："戴上帽子，就把竹信子抽了，去下顶子来，只剩了这～。" ❷ 即"圈❷"。宋吴曾《能改斋漫录》卷一："自庆历间，张希文始以～标记。礼部因之，颇以为便。"明《西游记》五〇回："将那平地下周围画了一道～，请唐僧坐在中间。"清洪昇《长生殿》三八出："那边一个～，四围板凳，想必是波。我每一齐捱进去，坐下听者。" ❸ 即"圈❽"。宋杨万里《过松源晨炊漆公店》："正入万山～里，一山放出一山拦。"元陶宗仪《辍耕录》卷一二："一跳身才离了百戏棚中～，双拢手便作个三清门下闲人。"清《红楼梦》五回："可望先以情欲声色等事警其痴顽，或能使彼跳出迷人～。" ❹ 即"圈❾"。明《西游记》五三回："只因你不信我的圈子，却教你受别人的～。"《醒世恒言》卷二一："他不肯吃酒，不知何故? 我也不怕他一个醒的跳出～外边去。"清《九云记》二四回："妹妹，莫须落了～里罢。" ❺ 套路；窠臼。明徐翙《络冰丝》："欲将那诗家这几个韵儿，像萧何造律的一般，作下不刊之典。任从他聪明后辈，十分颠倒，也跳不出我这～哩。”《禅真后史序》：“这一首词名〔西江月〕，乃一隐士与潘炼师讲道，作此赠之。大率修炼之术，离不的这个～。”

quán

【权】 quán ❶暂时代理(职务)。唐赵璘《因话录》卷五：“殿中已免巡，遇正知巡者假故，则向上人又～知，谓之蘸巡。”元《三国志平话》卷下：“有暗诏上边，武侯看了，留姜维～了，军师走马入朝。”清袁枚《子不语》卷四：“是年，张馆松江。五月中，以母病归，乞其弟子往～馆。” ❷充当；当作。元张可久《水仙子·湖上小隐》：“蕉叶～歌扇，榴花当舞裙，一笑开樽。”汪大渊《岛夷志略》：“仍以朳子～钱使用。”明叶子奇《草木子》卷三下：“唐之钱引，宋之交会，金之交钞，当其盛时，皆用钞以～钱。”

【权词】 quán cí ❶随机措辞(应对)。明倪岳《大明故太子少保彭公神道碑铭》：“景皇帝疑之，遣中官询焉。内阁诸老以为策有涉上皇语，盖～以对耳。”清《十二楼·生我楼》二回：“因以前所说的不是真话，没有自己捏造姓名又替他捏造之理，只得～以应。”《东周列国志》六八回：“疾更作，将不可为。吾所对，乃～以宽其意也。” ❷指随机应对的措辞。明陆采《怀香记》一六出：“他言之甚易，我行之实难，故把～推托罢了。”清纪昀《阅微草堂笔记》卷一七：“后蔡西斋为甘肃藩司，闻之曰：‘此争祭非争产也……’亦不得已之～。”《十二楼·鹤归楼》二回：“不想这位大臣没福做皇亲国戚，把～当了实话，竟认真改配起来。”

【权辞】 quán cí ❶同“权词❶”。明王守仁《庐陵县公移》：“仓卒诚恐变生，只得～慰解，谕以知县自当为尔等申诸上司。”《醒世恒言》卷二：“腹中虽如此踌论，却是说不出的话。只得～以对，说家中已定下糟糠之妇。”清《女仙外史》二三回：“鲍师即～应道：‘那劫法场的道姑就是我。’” ❷同“权词❷”。明钟惺《家传》：“府君知不可争，为～请于大父。”陈子龙《兵家言序》：“而夫子独曰‘军旅之事未之学也’，此～也。不然，却莱人之兵，堕三都之城，而曰‘我战必克’，又何以称焉？”

【权当】 quán dāng 姑且当作；就算。五代徐寅《新葺茆堂》：“树影便为廊庑屋，草香～绮罗茵。”《元曲选·魔合罗》四折：“这是五两银子，～药资，休嫌少。”清《醒世姻缘传》六〇回：“借他的皮肉咬他两口，～那相大妗子的心肝。”

【权巧】 quán qiǎo (手段)权宜巧妙。唐道宣《师子庄严王菩萨请问经序》：“观夫法王利见，～殊途，或声光动人，或开智摄物。”明王应遴《逍遥游》：“师父度人～，语言无不荒唐。”清吴伟业《保御郑三山墓表》：“医独出入儒与禅之间，其地位可以～，其交游可以牵劝。”

【权且】 quán qiě 暂且；姑且。唐易静《兵要望江南·占风角》：“若是迎风～住，后来风助合苍天。大战我当先。”《元曲选外编·博望烧屯》一折：“见今曹操据于许昌，孙权占了江东，俺～下寨于新野。”清《儒林外史》一二回：“这两分银子，～为酒资。”

【权行】 quán xíng ❶权宜处置。唐袁楚客《规魏元忠书》：“此时也，忠臣义士，睹斯慷慨，不得不～杀戮。”元《通制条格》卷二七：“遇无尸亲者，责付停尸地主邻佑，～丘埋。”清《二度梅》三六回：“那是老夫因邱魁藐视国法，挂冠逃走，未及请旨，是以～追赶逃官。” ❷暂时署理。宋欧阳修《乞洪州第四札子》：“矧自～府事以来，三致台谏上言，两烦朝廷起狱。”清《飞龙全传》四六回：“匡胤把潼关总帅印绶交与岳元福代掌，一应军民大小事务，～管理。” ❸暂且；姑且。元明《水浒传》三七回：“不见他面黄肌瘦，有些病症。且与他～寄下这顿棒。”

【权印】 quán yìn ❶暂时署印，指暂时代理官职。宋元《古今小说》卷三九：“此时宿松县令正缺，只有县尉姓何，名能，是他～。”明汤显祖《牡丹亭》二三出：“俺初～，且不用刑。” ❷借指代为管事。清《醒世姻缘传》九二回：“先生不在，这师娘拿些生活，坐在先生公座上边，替先生～，管得学生们牢牢的坐定读书。”清《姑妄言》一八回：“这众家人又得了重贿，心中不胜感激，背地念他一个～的主人，比正经主人如此的厚恩。”

【权暂】 quán zàn 犹“权且”。宋欧阳修《论监牧札子》：“欲乞～差臣，仍于吴中复等三人内更差一人，与臣同诣左右厢监牧地头，躬亲按视。”明袁于令《西楼记》三四出：“你可～逗留，我往下路去寻于郎还你便了。”清《红楼梦》五八回：“因此两处下人无了正经头绪，也都偷安，或乘隙结党，与～执事者窃弄威福。”

【权篆】 quán zhuàn 犹“权印❶”。篆，印文，代指官印。清俞蘂《荡寇志续序》：“道光初叶，先大夫～桂阳。”

【全】 quán ❶甚；极；十分。唐元稹《和乐天题王家亭子》：“都大资人无暇日，泛池～少买池多。”宋毛滂《踏莎行·追往事》：“尊俎～稀，风情终较。”元任昱《水仙子·幽居》：“食禄黄齑瓮，忘忧绿酒钟。未必～穷。” ❷更；更加。唐孟浩然《鹦鹉洲送王九之江左》：“月明～见芦花白，风起遥闻杜若香。” ❸也；仍。元王伯成《哨遍·赠长春宫雪庵学士》：“耳若聋，口似缄，有人来问佯妆憨。胡芦提了～无闷，皮袋肥来最不憨。”清《白雪遗音·独坐黄昏》：“可怜奴昏恹恹，带病～将就，说甚么风流。”

【全安】 quán ān 同“痊安”。宋苏轼《与滕达道书》：“卧疾逾月，今已～。”明《金瓶梅词话》一七回：“娘子若服了我的药，必然贵体～。”清《飞龙全传》一七回：“待贵体～，贫道意欲相屈上山。”

【全班】 quán bān ❶整个成序列的编制单位。a) 指朝班。《五代会要》卷六：“虽曰便殿起居，其遇～起居时，亦合缀班。” b) 指属下或衙役的班列。元明《水浒传》七九回：“只因一纸君王诏，惹起～壮士心。”清《五美缘》七二回：“又把沈奎、沈高每人一夹，招出大爷在府；又吩咐～人役前来捉拿大爷到案对审。” c) 指戏班。清孔尚任《桃花扇》四出：“〔副净〕恰好今日～不在。〔末〕那里去了？〔副净〕有几位公子借去游山。”《醒世姻缘传》一回：“若去了正旦，就如去了～一样了，到不如～与了晁大爷。” ❷全副；整套。清《玉蟾记》四九回：“簇新彩轿一乘，轿夫八名，～执事，色色皆新。”《粉妆楼》四五回：“镇江府～执事，押着米府的花轿，全付仪仗，大吹大打，到了李府道喜。”

【全备】 quán bèi ❶齐备；完全具备或具有。唐陆贽《李澄赠司空制》：“既明且哲，以保其身，求之昔贤，鲜克～。”宋洪迈《夷坚志》支癸卷五：“沙碛间得一圆石，高尺许，宛如人头，眉目～。”清《荡寇志》九五回：“引诱胡华廷的儿子使钱，嫖赌吃喝，无不～。” ❷齐全；完备；没有缺憾或疏失。唐李纯《命胡证充京西京北巡边使制》：“而虑师无见粮，卒有虚籍。乏守御之～，积愁叹之餘音。”宋朱熹《答李守约》：“《章句》《或问》粗定，但《集略》觉得尚有未～处，今并附去，烦子细为看过。”清《红楼复梦》一二回：“包勇又将那三个牲口卖了二百五十吊钱，将船上的米炭菜蔬办了个～。” ❸完整；完全。宋《三朝北盟会编》卷二〇八：“今将赦书内一项～抄录前去，请以此晓谕应在彼北人，遍令省会。”《朱子语类》卷二〇：“‘由孝弟可以至仁’一段，是刘安节记，最～。” ❹综合；整合。宋《朱子语类》卷二三：“问：‘“直指全体”是如何？’曰：‘只说“思无邪”一语，直截见得诗教之本意，是～得许多零碎底意。’” ❺ 备齐；备办齐全。明《醋葫芦》一四回：“造次间不及～，先有白金二锭，聊作聘敬。”清孔尚任《桃花扇》一五出：“约定四月念八，～仪仗，齐赴江浦矣。”袁枚《子不语》卷九：“肴已～，忽为狐仙摄去，奈何？”

【全别】 quán bié ❶ 完全不同；全都变了样。《唐律疏议》卷二三：“称类者，谓其形状难辨，原情非诬，所以得除其罪。然弩之与甲，虽同禁兵，论其形样，色类～，事非疑似，元状是诬。”《元曲选·张生煮海》一折：“〔侍女云〕这响声比其餘～也。〔正旦唱〕又不是拖环佩韵丁冬，又不是战铁马，响铮鏦。”元明《三国志通俗演义》卷一三：“却引败军来投右寨，见营中旗帜～，冷苞大惊。” ❷ 特别；别具一格。元刘庭信《寨儿令·戒嫖荡》：“屁则声乐器刁决，颓厮殢财礼～。”明佚名《精忠记》九出：“四圣堂前，就中奇绝；迤逦三贤堂过，景物～。”清汪由敦《蒋恒轩阁学生日》：“风光今岁看～，桃李新阴拥画堂。”

【全部】 quán bù 整部；整个部别。❶ 用于部族、部队。唐元载《朔方河东河西陇右节度使王府君神道碑铭》：“公度桑乾河，虏其～。”明杨柔胜《玉环记》三四出：“口吐张良舌，心藏韩信机。闻言齐下拜，～竖降旗。”清《荡寇志》九九回：“此刻公明哥哥已领～人马，并起清真山兵，去堵御云天彪了。” ❷ 用于塑像或人员。五代黄滔《灵山塑北方毗沙门天王碑》：“于是于开元寺之灵山，塑北方毗沙门天王一铺，～落已，镇于城焉。”明徐复祚《红梨记》九出：“名姬～，特遣助春风燕幕。”清《品花宝鉴》二五回：“方才《峨眉山群仙》一出，虽～出场，未尽态度。” ❸ 用于书籍。宋朱熹《与魏元履书》：“或彼中有人看此书，讲说有疑处，令逐条抄出疑问之意，便中寄示，……若～写得，未必讲习，却无所用耳。”清《野叟曝言》九回：“算书～，一百三十二本。” ❹ 用于鼓乐或仪仗。宋洪迈《夷坚志》丙卷六：“女仙七十二，各执乐具。知音者案之，乃霓裳法曲～也。”清《雪月梅》五〇回：“这边着家丁、仆妇披红叩接，～鼓乐执事。” ❺ 用于戏剧。清《歧路灯》二一回：“先说关目，次扮角色，唱的乃是《十美图》～。”《雪月梅》五〇回：“外厅许公点了《满床笏》～，东厅唱《七子缘》～，内厅四席女乐扮演《永团圆》～。”

【全差】 quán chài 同“痊差”。唐王焘《外台秘要方》卷二三：“日三四涂，三日小愈，一月～。”元倪瓒《与彝斋学士先生书》：“欲往见，足肿未～耳。”明朱橚《普济方》卷二九四：“服之百日，必得～。”

【全瘥】 quán chài 同“痊瘥”。唐许嵩《建康实录》卷一五：“邑人杨道庆虚疾二十年间，形容骨立，依法灸板，一炷能坐，即～。”清董以宁《画堂春·晒药》：“茂陵消渴未～，奁中药裹偏多。”

【全瘳】 quán chōu ❶ 同“痊瘳”。唐李隆基《答吴道子进画锺馗批》：“灵祇应梦，厥疾～，烈士除妖，实须称奖。”明邵璨《香囊记》二三出：“强抬头，饮此药，愿从今病势～。”清田雯《茗饮行再示赵生》：“暖胃绝胜门冬饮，马卿多病今～。” ❷ 借指弊病消除。明蒋春芳《覆勘分黄导淮大工善后事宜疏》：“（河道）深则万病～，浅则重症立见。”

【全除】 quán chú 同“痊除”。唐王焘《外台秘要方》卷六：“服之虽可，然未能～者，宜合茯苓等五味丸服之。”宋陈藻《久不得刘九书因题寄之》：“少小麻风今半愈，长成项疾喜～。”清魏之琇《续名医类案》卷四四：“一剂症减，三剂～。”

【全都】 quán dōu 表示总括，都包括在内。明《西游记》三七回：“明日拿妖，～在老孙身上。”清《霓裳续谱·雪花儿飘飘荡》：“梅爱雪白，雪爱梅香，他二人那情儿意儿～是一般样。”《镜花缘》二七回：“小弟从此把心事～撇去，乐得宽心多活几年。”

【全副】 quán fù ❶ 整副；全套。金《董解元西厢记》卷六：“见五千餘人，～执戴。”元王恽《为私披衣甲事状》：“其人往往披执兵甲，游历街衢，前后数日，及马有挂～甲者。”清《儒林外史》三五回：“羽林卫士摆列在午门外，卤簿～设了。” ❷ 全备；齐全。《元曲选·对玉梳》楔子：“～头面钏镯，俱是金珠。”明《金瓶梅词话》五三回：“西门庆道：‘左右是弟兄，各家人都使得的，我家琴童玳安，将就用用罢。’应伯爵道：‘这却～了。’”清吴伟业《秣陵春》四出：“镶拢子袖口，～羊骨钮。”《红楼梦》二九回：“前头的～执事摆开，早已到了清虚观了。” ❸ 全部；整个。明锺惺《摘黄山谷题跋语记》：“其胸中～本领，～精神，借一人、一事、一物发之。”清《绿野仙踪》四七回：“将～精神都用在何公子身上，毫无一点照应到自己。” ❹ 完全；彻头彻尾。明锺惺《自题诗后》：“汝曹胜流，惜胸中书太多，诗文太好。若能不读书，不作诗文，便是～名士。”谭元春《奏记蔡清宪公》：“明公谈春于瞿、马二文宗，此慈情热肠，～怜才，偶然泄于不才，心口之间，相迫而言。”

【全个】 quán gè ❶ 整个；完整的一个。宋杨士瀛《仁斋直指》卷四：“每服三钱，用紫苏七叶，连梗橘皮一～。”明王肯堂《证治准绳》卷六四：“年老欲补，加混元衣，～入药。” ❷ 全部；完全。清《后红楼梦》一三回：“到底大奶奶、三姑娘可曾把我这些话儿～儿学给太太听？”又一四回：“这袭人、芳官们～儿多来了。”又一八回：“只是天地间的物事儿多的紧，谁也不能～儿知道。”

【全挂】 quán guà 全副；全套。元王士点《秘书监志》卷三：“装载站车一辆，～头匹。”清《红楼梦》一六回：“‘引风吹火’‘站干岸儿’‘推倒油瓶不扶’，都是～子的武艺。”

【全好】 quán hǎo ❶ 完美；圆满。宋张载《经学理窟·气质》：“但拂去旧日所为，使动作皆中礼，则气质自然～。”明周是脩《保国直言》：“且人生在世，六亲眷属，那里有个十分～都得如意处。”清《品花宝鉴》一三回：“此四友得之既难，得之而欲其～则更难。” ❷ 同“痊好”。明梁辰鱼《浣纱记》一五出：“吴王未死，计在己巳日当愈，交壬申月～。”清魏之琇《续名医类案》卷二七：“窦曰：‘病患已久，须大发一回方愈。’后果大发，一日～。”《醒世姻缘传》二〇回：“叫禁子领到监里，限一月～，不许叫他死。”

【全伙】 quán huǒ 一群人的全体。《续资治通鉴长编》卷一五五：“初端应募捉贼，而亲擒强劫盗～五人。”《元曲选·争报恩》三折：“〔关胜、徐宁、花荣冲上，劫法场科，云〕梁山伯好汉～在此。”清《蜃楼志》二三回：“王爷恃着随身本事，什么地方去不了。只苦了我们这些人，～儿都是死数。”

【全济】 quán jì 同“痊济”。五代杜光庭《礼记博士苏绍元九曜醮词》：“由是虚邪内集，疾恙旁萦，夙夜兢忧，惧不～。”金元好问《藏云先生袁君墓表》：“雅好医术，病者来以药请，赖以～者甚众。”明王肯堂《证治准绳》卷六九：“右二味作一剂，姜枣水煎服。如不应，倍加附子，方得～。”

【全减】 quán jiǎn ❶ 大幅度减退、减少、减小。宋陆游《水龙吟·荣南作》：“樽前花底寻春处，堪叹心情～。”元危亦林《世医得效方》卷一九：“颜色黑黄，饮食～，斯为可忧。”清厉鹗《疏影·湖上见柳影》：“又几痕水际低窥，近日楚腰～。” ❷ 同“痊减”。金元好问《与枢判白兄书》：“今臂痛～，但左右指麻木仍在也。”明贝琼《丁未除夕》：“旧疾应～，新欢且共要。”朱橚《普济方》卷二一一：“二霜丸，治赤白痢。服药过度，未得～，宜服此方。”

【全校】 quán jiào 同“痊较”。唐李郢《酬友人春暮寄枳花茶》：“相如病渴今～，不羡生台白颈鸦。”

【全局】 quán jú ❶ 完整的一轮博戏或这种博戏呈现的局面。唐许浑《寻周炼师不遇留赠》：“夜棋～在，春酒半壶空。”宋杨泽民《满江红》:"记那回、同赌选花图,赢~。"清《绮楼重梦》一回:"二星~已完,为算一个劫,翻来翻去叨腾不清。" ❷ 完整无缺的格局;妥善的结局。唐杨筠松《撼龙经》:"紫微垣内星辰足,天市太微少~。"明张介宾《景岳全书》卷二:"夫人之所受于天而得生者,本有~,是即所谓天年也。"清《野叟曝言》六四回:"只是二哥所得藏银若干,赈粥造房,诸事正无尽期。二哥出去,公公岂能独任?可曾打算一个~呢?" ❸ 整个的局面。宋王奕《水调歌头·过鲁港》:"更有当头著,~倚元戎。"明锺惺《论史·陆贾》:"藏身袖手于乐生娱老之中,而诛吕安刘始末,业有~于胸中矣。"清包世臣《书三案始末》:"然而启口必以为事关~,不可长讦上之风。"

【全可】 quán kě 同"痊可"。元明《三国志通俗演义》卷一〇:"瑜曰:'已服凉药,全然无效。'孔明曰:'须先理其气。气若顺,一呼一吸之间,自然~。'"明孙一奎《赤水元珠》卷九:"贴所患牙上,一夜即愈。未~,再如前用。"清魏之琇《续名医类案》卷二四:"服孙君药,虽未~,亦已去泰去甚。"

【全量】 quán liàng 容量的全部。明张介宾《景岳全书》卷二:"第观从古至今数千年来,凡得医之~者为谁?"清陈廷敬《经筵讲章》:"德性本自广大,惟致之以扩其~。"

【全面】 quán miàn ❶ 整个的物体表面或脸部。明孙一元《游天竺寺》:"古雷破碣无~,老树拿崖露半腰。"清纪昀《阅微草堂笔记》卷一三:"如是数回,忽露~,向刘生摇首吐舌。" ❷ 各个方面的总和。清陈端生《再生缘》四七回:"少华赖有提携力,方能够,忠孝~事业成。"

【全盘】 quán pán ❶ 整盘棋局。清袁枚《子不语》卷一五:"见主人棋为乃弟暗攻,主人他顾,若不觉者,……大声呼曰:'不依我,~输了。'" ❷ 整个的交易。清《绣球缘》五回:"儿急往店中与潘叔父商酌,将~生理让与他,得银归家。" ❸ 全面;全部。清雍正八年七月二十四日鄂尔泰奏文:"目下一面遵谕巡察溶峒滚塘诚伪,一面亲赴上下江会勘酌议安置,~收拾。"《后红楼梦》一三回:"求太太的恩典,饶侄儿的~错着。"

【全平】 quán píng 同"痊平"。《唐会要》卷九二:"司徒兼中书令韩宏,疾未~,尚须在假将息。"明王世贞《与元驭阁老书》:"道体违和,……昨接六月初九日书,知已~。"

【全轻】 quán qīng ❶ 轻视;不看重。唐刘长卿《赠别于群投笔赴安西》:"坐恃龙豹韬,~蜂虿毒。"元稹《蚊子》之二:"寄言持重者,微物莫~。"姚鹄《送人归吴》:"为别晨昏久,~水陆途。" ❷ (程度、数量、价格)甚轻。唐李炎《加尊号赦文》:"子弟才沾一官,……便称衣冠户,广置资产,输税~。"宋柳永《梦还京》:"夜来匆匆饮散,欹枕背灯睡。酒力~,醉魂易醒。"明张羽《早春游望》:"山翠~犹带雪,柳丝才长便宜烟。" ❸ 轻快;矫健。宋刘辰翁《临江仙·贺默轩》:"闻说语言都好,便应步履~。"明戒显《过清凉台下断壁》:"欲穷奇险境,不觉体~。"李东阳《荣寿楼为仲佥事本作》:"骈罗合敞长生宴,升降~未老身。" ❹ 同"痊轻"。宋陆游《病起初夏》:"头风间作已~,山雨虽频却快晴。"

【全取】 quán qǔ 救济;施舍。宋佚名《张协状元》九出:"有些路途费,我日逐要支。望怜念心~,饶张协,裹足一路来去。"又三七出:"千里远,没盘缠,~我两文钱。"

【全全】 quán quán ❶ 完全;完整。明人题五代何溥《灵城精义》卷上:"如金星到头只是~一个太阴。"《西游记》九九回:"这经原是~的,今沾破了,乃是应天地不全之奥妙也。"清《歧路灯》四二回:"我当初十来岁时,先祖蔚县、临汾两任宦囊是~的。" ❷ 全数;一个不缺或一点不缺。明《金瓶梅词话》七三回:"想必每常见姐姐每都~儿的,今日只不见了李家姐姐,汉子的心怎么不惨切个儿。"《西洋记》五七回:"一查一点,~的二十四名,那里有个打斛的!"清《醒世姻缘传》四八回:"狄婆子将那送的两架盒子一点也没收,~回还了去。" ❸ 全部;没有剩餘或保留地。《元曲选·看钱奴》三折:"那一个店里正烧鸭子,油渌渌的。我推买那鸭子,着实的揾了一把,恰好五个指头揾的~的。"清《绿野仙踪》六〇回:"我的一个家,~破坏在你手。"《蜃楼志》一七回:"小姐哭了一会,写了字,把头发都~的剪下了。"《姑妄言》一三回:"郑氏把他十数年未曾发泄出来的技俩,~施展。" ❹ 全然;完全地。清《霓裳续谱·周羽妻泪如麻》:"诉冤呈,手内拿,咳呀,天哪,这事奴抛头露面~不怕。"

【全痊】 quán quán 同"痊全"。唐高郢《为卢相公谢恩并请罢官养疾表》:"臣今若卧叨厚禄,坐待~,岂惟日月易淹,实亦恩私过幸。"明缪希雍《先醒斋广笔记》卷三:"至重者,再换一膏药,~矣。"清雍正七年五月十二日潘之善奏文:"臣病~,恳请随征。"

【全然】 quán rán ❶ 完备;完美。唐刘禹锡《因论·说骥》:"是何柔心劲骨,奇精妍态,宛如锵如,煜如翔如之备耶!今夫马之德也~矣。"元稹《叙诗寄乐天书》:"仆天与不厚,既乏~之德;命与不遇,未遭可为之事。" ❷ 全部;全都。唐陆贽《请依京兆所请折纳事状》:"当管虫食豌豆,~不收,请据数折纳大豆。"元高明《琵琶记》九出:"抽僭尽是麻绳,鞭子无非荆杖。饿老鸱~拉搭,雁翅板片片雕零。"清《儒林外史》七回:"慌忙先在生员等第卷子内一查,~没有。" ❸ 完全;彻底。宋欧阳修《论赵振不可将兵札子》:"其人少壮,尚不堪用;今又年老病患,~不堪战斗。"明孟称舜《娇红记》一〇出:"我当初听人说起姻亲,~不放在怀。"清《万花楼》五六回:"包公~不睬,命张龙将蓝七发回原狱。" ❹ 毕竟;终归。明汤显祖《牡丹亭》二八出:"俺~未嫁,你个中知察,拘惜的好人家。"

【全身】 quán shēn ❶ 整个身体。唐孙思邈《备急千金要方》卷一:"火气不调,举身蒸热;风气不调,~强直。"明汤显祖《牡丹亭》一〇出:"没揣菱花,偷人半面,迤逗的彩云偏。〔行介〕步香闺怎便把~现。"清《隋唐演义》四五回:"说罢,只见佩刀一亮,响落在地,~往后便倒。" ❷ 特指整身的雕塑、画像(跟半身相对而言)。《法苑珠林》卷二二:"昔迦叶佛时,有人于西洱河造之,拟多宝佛~相也。"明《醒世恒言》卷二二:"王太尉取污了绢来看时,完然一幅~吕洞宾。" ❸ 周身;遍体。《太平广记》卷一〇二引《报应记》:"又抚其背,随手而开,既出,~衣服尽在。"明李梅实《精忠旗》四出:"各军铁盔铁甲,~装裹,刀箭难伤。"清《补红楼梦》一二回:"不一时,只见尤三姐~的行装走了进来。" ❹ 指处女之身。明孟称舜《娇红记》三〇出:"此女容貌虽美,闻他已有外遇,恐非~。"《隋史遗文》二〇回:"越公领回,点入后宫,见他不是~。" ❺ 充沛于身体的。清陈端生《再生缘》一五回:"久晓宫中刘国舅,~武艺甚精奇。"《万花楼》八回:"公子有此~武艺,如何不图个出身?"《镜花缘》五九回:"凭著~本领,或可救他。"

【全胜】 quán shèng 胜似;远远胜过。《敦煌变文校注》卷五《佛说观弥勒菩萨上生兜率天经讲经文》:"若说天男天女,寿量大难算数。~往日麻仙,也越当时彭祖。"宋张先《望江南·与龙靓》:"媚脸已非朱淡粉,香红~雪笼梅。"元乔吉《水仙子·花筒儿》:"玲珑高插楚云岑,轻巧~碧玉簪,红绵水暖春香沁。"

【全是】 quán shì ❶ 恰似;正如。宋黄庭坚《木兰花令》:"酥花入坐颇欺梅,雪絮因风~柳。"向子諲《玉楼春》:"恼人风味恰如梅,倚醉腰肢~柳。" ❷ 终归是。强调原因。清程梦星《云栖》:"灵山结想十年前,一路穿云许问禅。人绿须眉~竹,晴暄风雨总因泉。”

【全数】 quán shù ❶全部数目(的人或物)。清袁枚《子不语》卷六:“夜,率大盗数十明火执杖来劫取银,……石家兄弟以～与之。”《野叟曝言》一〇四回:“将士们见主将丝毫不取,～给赏他们,欢声如雷。”《蜃楼志》八回:“他的礼～收了,回敬了十匣湖笔、百幅松笺。” ❷全都;统统。清《品花宝鉴》五回:“一会儿想着这个,一会儿想着那个,必得把几个有名的～儿叫来伺候着。”《后红楼梦》一三回:“李纨、探春就你一句我一句的～儿学上来,也把王夫人、薛姨妈笑的肚子疼了。”《九云记》一七回:“今已囚闭盘蛇谷中,不满十日,可见～饿死了。”

【全似】 quán sì 恰似;极像。《太平广记》卷四五七引《穷神秘苑》:“其头锦文,～金色,不能毒人。”宋毛滂《浣溪沙·咏梅》:“多恨肌肤元自瘦,半残妆粉不忺匀。十分～那人人。”清律然《落梅》:“林下积来～雪,岭头飞去半为云。”

【全堂】 quán táng 整套(礼法规矩或摆设)。元明《水浒传》三回:“只一拳,太阳上正着,却似做了一个～水陆的道场,磬儿钹儿铙儿一齐响。”清李斗《扬州画舫录》卷五:“自老徐班全本《琵琶记》‘请郎花烛’则用红～,‘风木馀恨’则用白～,备极其盛。”《济公全传》一二回:“接了礼单一瞧,上写‘银烛一对,寿桃～。’”

【全帖】 quán tiě 礼数周全的帖子。帖的折数从二到二十四面不等,折数越多,表示越隆重恭敬。明蒋德璟《笋江社申宁俭说》:“前辈相访,率用单帖,……既简雅意亦深厚,今泛用～,是疏之也。”清《醒世姻缘传》三一回:“县官又把那神胙都分散与那乡绅人等,写了六幅的～送去。”《儒林外史》七回:“只见长班传进一个红～来,上写‘晚生陈礼顿首拜’。”

【全退】 quán tuì 同“痊退”。唐王焘《外台秘要方》卷三:“若服前地骨白皮等五味饮子不可,虽可不能～,宜合白薇等十味丸。”元危亦林《世医得效方》卷一六:“未～者,更用一服。”清《野叟曝言》一七回:“调理了两三日,病已～,神已渐复。”

【全妥】 quán tuǒ ❶同“痊妥”。明梁辰鱼《浣纱记》一六出:“适见大王之粪,寡人试尝之,在己巳日当愈,交壬申月～。”《醒世恒言》卷二七:“我的病症,觉得～,料也无妨。”《封神演义》五九回:“其疾方愈,未能～。” ❷停妥;完全妥当。清雍正五年九月初九日齐苏勒奏文:“俟苇营诸务妥定之后,再行调补,庶新立营务得以整顿～。”

【全完】 quán wán ❶完全;完整;完备。金郝大通《金丹诗》之一九:“十二时中无懈怠,自然性命保～。”清陈端生《再生缘》六四回:“天子吟完笑起来,说了声,保和真正是书呆。题联绝句何妨碍,务心要,七律～做出来。”《醒世姻缘传》九二回:“灵前的孝帏、孝帐,都是晁夫人在生之时备办得十分～。” ❷全部完结。明《梼杌闲评》四一回:“若差他去,不到半年,赃可～。”清《歧路灯》二三回:“这八九十两也是现成的,不必推三阻四,不过茅兄来时,一秤子～就是。”《镜花缘》六六回:“这十二炮你老人家务必做个整人情,把他扫数～,一总放了罢。” ❸完满。清《姑妄言》二〇回:“寅翁好造化,遇这位积福的善人,……考成十分～,荣升在即。”

【全效】 quán xiào 同“痊效”。宋《太医局诸科程文格》卷四:“察傅贴外治之注,难以成功;必服饵内治之药,乃获～。”明朱橚《普济方》卷三四一:“治妊娠遍身浮肿,吃前方未得～,小便未得通快,宜服此方。”薛已《薛氏医案》卷九:“日用二三枚,近者五七日,远者半月～。”

【全行】 quán xíng ❶完全推行。五代杜光庭《隶书解》:“此胡公又在春秋之前,即隶书兴于周代明矣。当时未～,犹与古文相参。自秦程邈已来,乃废古文,～隶体。” ❷全部;全都。宋苏轼《论役法差雇利害起请画一状》:“如愿投充长名,及向去招募到人,其雇食支酬钱,即令～支给。”清《绿野仙踪》八〇回:“庞氏爱的屁股上都是笑,～收下。”《荡寇志》九四回:“我也拮据得紧,不能～替你成全。”

【全愈】 quán yù 同“痊愈”。《太平广记》卷一一三引《法苑珠林》:“妻病有间,寻即～。”明《警世通言》卷二七:“一日三服,比及膏完,病已～。”清《红楼梦》一〇回:“总是过了春分,就可望～了。”

【全灶】 quán zào 称掌握全部烹调技艺的人。清《醒世姻缘传》五五回:“狄员外道:‘怎么叫是～?’童奶奶道:‘就是人家会做菜的丫头。’”又八四回:“使儿两银子买个～,配给吕祥做了媳妇。”

【全整】 quán zhěng 完整。宋田况《上兵策十四事疏》:“环庆一路熟户未尝经贼残破,部族～,人堪战斗。”洪迈《夷坚志》支景卷一:“左右列《华严经》数函,多散乱不～。”

【全周】 quán zhōu ❶周全;周备。金刘处玄《上平西》:“侍二尊、至孝～。全家拔宅,功成同去到瀛洲。”明《西游记》六七回:“身拜灵台方寸祖,学成武艺甚～。” ❷完满;圆满。元佚名《集贤宾》:“一团儿玲珑剔透,天生的秀气,他两个总～。”明《韩湘子》一〇回:“十岁孩童正好修,元阳不漏可～。” ❸圆的一周或轮次的一个周期。明唐顺之《弧矢论》:“至于残周与弦求矢,则亦用半弦自乘为实,而约出矢数,以除半弦幂而加矢为径,乃以径补出～之数。”清张英《眼昏》:“行年甲子已～,眼暗经今有十秋。”

【痊安】 quán ān 疾病减轻或痊愈,身体康复。宋欧阳修《辞宣徽使判太原府札子》:“兼以久婴疾病,未得～。”明梁辰鱼《浣纱记》一七出:“因此构成心病,不得～。”清《隋唐演义》一〇回:“小道只得把药石调治,才得～。”

【痊差】 quán chài 同“痊瘥”。唐玄奘《大唐西域记》卷一二:“我子婴疾,问其去留,神而妄言,当必～。”《敦煌变文校注》卷二《韩擒虎话本》:“若到随州使君面前,以膏便涂,必得～。”明汪机《外科理例》卷一:“用此三法,虽未～,必无变证。”

【痊瘥】 quán chài 犹“痊安”。《敦煌变文校注》卷五《父母恩重经讲经文(一)》:“忽然男女病缠身,父母忧煎心欲碎。念佛求神乞护持,寻医卜问希～。”金《董解元西厢记》卷五:“十分来的鬼病,九分来～。”明朱橚《普济方》卷二二五:“未至终剂,顿然～。”

【痊瘳】 quán chōu 犹“痊安”。五代杜光庭《李绾常侍九曜醮词》:“针药虽至,服饵益勤,未获～。”清《聊斋志异·婴宁》:“拚以重赂,计必允遂。但得～,成事在我。”

【痊除】 quán chú 犹“痊安”。唐常衮《请入汤表》:“臣先患腰膝,比成积疾。自从趋侍,渐觉～。”明汤显祖《邯郸记》二九出:“比因疾累,日谓～,岂遽沉顿,良深悯默。”清雍正二年九月初六日李卫奏文:“谨服二丸,益加～,可望复元。”

【痊好】 quán hǎo 犹“痊安”。元沙图穆苏《瑞竹堂经验方》卷五:“不消一月,无问年深日近,必然～。”明沈受先《三元记》二五出:“他说一时不能～,直待见喜方可。”清《醒世姻缘传》三回:“那日珍哥已是～了,梳毕头,穿了彻底新衣。”

【痊和】 quán hé 犹“痊安”。唐李昂《太和八年疾愈德音》:“朕百灵所佑,获遂～。”李胤之《唐陇西李氏女十七娘墓志铭》:“不幸中疾,方冀～,神理不明,忽至大病。”宋欧阳修《请皇太后权同听政诏》:“践祚之初,衔哀罔极,遂罹疾恙,未获～。”

【痊济】 quán jì 犹“痊安”。宋杨士瀛《仁斋直指》卷六:“于此而图其～，岂不难矣哉。”金成无已《伤寒明理论》卷三：“昔越人入虢诊太子为尸厥，以郁冒不仁为可治，刺之而得～者，实神医之诊也。”《元曲选·窦娥冤》二折：“但愿娘亲早～，饮羹汤一杯，胜甘露灌体。”

【痊减】 quán jiǎn　病势或毛病程度减轻。《敦煌变文校注》卷五《维摩诘经讲经文(一)》：“那堪疾瘵尫(尪)龟苦，岂谓缠痾惹患迍。药饵未逢～得，呻吟难止怨愁闻。”宋朱熹《与吕伯恭书》：“以今观之，又似旧病依然，略未～一二分。”清《聊斋志异·医术》：“诸邑医工，已先施治，并未～。”

【痊较】 quán jiào　犹“痊安”。金《董解元西厢记》卷五：“小诗便是得效药，读罢顿然～。”

【痊疴】 quán kē　❶犹“痊安”。唐佚名《对嫂疾得药判》：“联翩彩翮，疑征入梦之祥；块圠元功，即降～之庆。”明戚继光《练兵实纪》卷六：“病者痊即遣赴本营，该地方先具～结状申查。”《熊龙峰刊小说·双鱼扇坠》：“我命亏兄所救，今得～，感恩非浅。”❷治病；使病痊愈。宋苏轼《书济众方后》：“乃书以方板，揭之通会，不独流传民间，～愈疾，亦欲人人知上恩也。”清李天馥《汤泉应制》之三：“流霞澡德资纯孝，灵液～永大年。”

【痊可】 quán kě　犹“痊安”。《敦煌变文校注》卷五《维摩诘经讲经文(四)》：“若与维摩相见时，慰问所疾～否。”明汤显祖《牡丹亭》二四出：“小生卧病梅花观中，喜得陈友知医，调理～。”清《八洞天》卷三：“不但要服药，还须动手刮去眼中浮肉血筋，方才～。”

【痊平】 quán píng　犹“痊安”。唐李隆基《答张九龄以薛王有疾批》：“况有疾疹，自成忧迫，……虽用灵方，犹未～。”《敦煌变文校注》卷五《维摩诘经讲经文(一)》：“才闻减损，稍获～，浑家顿改忧愁，父母当时欢悦。”宋朱熹《辞免江西提刑状》：“兼熹所患足疾……能一向～。”

【痊轻】 quán qīng　犹“痊减”。宋范浚《狂泉》：“不然是狂疾，救疗当～。”

【痊全】 quán quán　犹“痊安”。唐李邕《大相国寺碑》：“有若部人陈振者，兴言诳徒，喉肿及舌，皆追悔自昔，～在今。”

【痊损】 quán sǔn　犹“痊减”。唐李隆基《赐李含光养疾敕》：“俾遂乃怀，以就医药，亦既～，当早来旋。”宋欧阳修《辞宣徽使第二札子》：“腰脚枯瘦，行履艰难，……百方治疗，终未～。”周必大《呈梁叔子丞相札子》：“自此访求医药，休息身心，或有～之望。”

【痊退】 quán tuì　犹“痊减”。五代杜光庭《赵国太夫人某氏疾厄醮词》：“重叠灾衰，遂成疾瘵，未复～，弥切忧惶。”元齐德之《外科精义》卷上：“疮肿脓溃之后而烦痛尚未～者，诊其脉洪滑粗散，难治也。”

【痊妥】 quán tuǒ　犹“痊安”。清《隋唐演义》一〇回：“雄信与叔宝同榻而睡，将言语开阔他的胸襟，病体十分～。”

【痊效】 quán xiào　治病见效。金张从正《儒门事亲》卷六：“一服病减大半，次又服之，病～矣。”明朱橚《普济方》卷八〇：“欲得～，宜令服药。”清《万花楼》一〇回：“倘得医治人～，富厚者定然酬谢千金玩器。”

【痊愈】 quán yù　犹“痊安”。唐韦皋《请皇太子监国表》：“事无大小，一切谘禀，候圣躬～，即归春宫。”金《董解元西厢记》卷五：“有些儿闲气，都做了短叹长吁，便吃了灵丹怎～。”清《醒世姻缘传》四回：“贵恙还不甚～，改日再扰罢。”

【跧泊】 quán bó　隐居；栖身。宋黄休复《茅亭客话》卷四：“村人因问元裕～之处。”

【跧藏】 quán cáng　蜷伏躲藏。宋韦骧《萧洒参军宇》之六：“～晦疏拙，违俗任卢胡。”元许有孚《十二月廿又二日观雪泠然台》：“平原饥兔巧～，空阔苍鹰饱飞掣。”清刘统勋《平定金川诗》：“负壳～，遣诉咿嚘。”

【跧处】 quán chǔ　犹“跧泊”。元王恽《青岩山道院记》：“为全真学者李志和，始～石磕，以修复为己任。”

【跧蹙】 quán cù　犹“跧缩”。唐刘禹锡《庙庭偃松诗引》：“无复夭阏，坐能敷舒；向之～，化为奇古。”

【跧窜】 quán cuàn　奔跑躲藏。唐元稹《故金紫光禄大夫严公行状》：“缘溪诸蛮，狐鼠～。”明李梦阳《送河东公赋》：“兽惊人之～兮，禽枯桑而鸣号。”

【跧蹲】 quán dūn　屈身蹲缩。宋汪梦斗《羁燕四十餘日归兴殊切》之五：“留连荒邸况栖栖，席地～四体胝。”

【跧回】 quán huí　屈身徘徊。宋沈与求《贺正启》：“某～末路，坐远崇闳。”

【跧迹】 quán jì　潜踪；隐身。宋刘弇《次韵酬张商佐》：“～青轮木不春，洗君眉宇海津津。”尤袤《全唐诗话》卷四：“老身弱龄不肖，浪游江湖，……后遇李涉博士，蒙简一诗，因而～。”

【跧居】 quán jū　犹“跧泊”。宋刘应时《冬夜》：“～身懒动，卒岁养微疴。”明王翰《题静学斋》：“～有餘乐，誓不欺贫病。”

【跧局】 quán jú　犹“跧缩”。宋富弼《论辨邪正》：“虽步履尚艰，稍稽入觐，屡得宽告，～私门，然不敢安居，常思当今切务。”黄庭坚《与忠玉运使书》：“以盛暑，骨肉不肯久～小舟中。”

【跧仆】 quán pū　曲身仆倒。宋洪迈《夷坚志》支景卷一：“闻林莽间尸臭异常，掩鼻就视，则厥子与仆两尸～败沟内。”

【跧曲】 quán qū　蜷曲。唐李邕《越州华严寺钟铭序》：“鲸鱼叱怒以震击，蒲牢～以骇嗷。”

【跧屈】 quán qū　同“跧曲”。宋董嗣杲《小孤山》：“颠船泛涛巅，何异～蝬。”

【跧守】 quán shǒu　屈身守职。宋韦骧《贺冬监司》：“某～备员，阻趋为寿。”

【跧缩】 quán suō　蜷曲收缩(身体)。唐陆贽《论替换李楚琳状》：“颇同狐鼠，乘夜睢盱，晨光既升，势自～。”宋韦骧《暑雨言怀和潘倅》：“～栖梁燕，淋浪贴水荷。”清查慎行《咏史》之四：“满眼残黎皆仆妾，向来～倚神丛。”

【跧头】 quán tóu　蜷头，指睡觉。敦煌词《十二时·普劝四众依教修行》：“随时饭了略～，晓鼓才明又依旧。”

【跧弯】 quán wān　犹“跧曲”。宋孙应时《小舟过吴江风雨大作》：“荡摇首屡触，～背欲偻。”明凌义渠《皖城署中卧病》：“嗟哉有命蝎为宫，臂股～半幅中。”

【跧卧】 quán wò　屈身躺卧。宋贺铸《东畿阻雪怀寄二三知旧》：“疲筋苦～，行药长川阴。”《太平惠民和剂局方》卷一：“拘挛～，不能屈伸，名曰鹤膝风。”

【跧隐】 quán yǐn　屈身隐藏。明林弼《贡元周先生墓志铭》：“大明生礼，礼生昭先，属时宋季，皆～弗耀。”

【跧折】 quán zhé　蜷曲折叠(身体)。宋刘弇《依师小轩独酌》：“一当骇物机，局缩如～。”清朱彝尊《寒夜集古藤书屋分赋得火箸》：“墐户类蛰虫，曲身若～。”

【跧踆】 quán zūn　犹“跧蹲”。踆，通“蹲”。宋王之道《次韵刘春卿书怀》：“庙堂资赞辅，岩穴忍～。”

【泉扉】 quán fēi　墓门。也指阴间。唐张说《荥阳夫人郑氏墓志铭》：“如何不淑？奄永～。”明王偁《挽林给事中正》：“秋风旅榇归何处，落日～闭九京。”杨珽《龙膏记》一四出：“冤深覆盆，怕

～自掩谁相信?”

【泉府】 quán fǔ 地府;阴间。明无心子《金雀记》一一出:“老父一时疾作,身归～。”《醒世恒言》卷二七:“五脏迸裂,七窍流红,大叫一声,命归～。”清《绣鞋记》二〇回:“地狱之鬼,沉沦～。”

【泉宫】 quán gōng 地宫;阴间。唐李百药《夔州都督黄君汉碑铭》:“～永夕,松路非春。千年生气,万古芳尘。”明高启《吴女坟》:“韩重未归来,～秋寂寞。”《西洋记》六七回:“众人因他话语未终,故此不曾堤防得他。他却就跳在水里去了,三魂归水府,七魄返～。”

【泉户】 quán hù 犹“泉扉”。唐魏徵《唐故邢国公李密墓志铭》:“虑陵谷之推移,勒斯铭于～。”明顾璘《赠承德郎谢先生同继室合葬墓志铭》:“雄雌偕藏,永安～。”

【泉路】 quán lù 通往阴间的路。也指阴间。唐李百药《隋故益州总管府司马裴君碑铭》:“柏庭永閟,～斯穷。九京不作,万古书忠。”明孟称舜《娇红记》四八出:“正待要急往相随,谁把我唤回～?”清《镜花缘》三〇回:“多则一年,少则半载,无非命归～。”

【泉冥】 quán míng 冥府;阴间。明李东阳《荷木坪》:“安能耀～,庶用表里宅。”清毛奇龄《沈母胡太君墓志铭》:“窴幽弥章,～不隔。千秋万春,爰视兹室。”

【泉曲】 quán qū 冥府。传说酆都有泉曲府,管鬼魂。五代杜光庭《黄齐为二亡男助黄箓斋词》:“凉飔韵磬,应闻～之中;秋月凝坛,想照夜台之下。”宋真德秀《太乙醮青词》:“更祈宝林莲座之光,普及～酆都之识。”明张宇初《灵宝炼度普说》:“普告三界,无极神乡,北都～,疾除罪簿。”

【泉世】 quán shì 阴世;阴间。宋佚名《张协状元》二九出:“相思做得病成也,这一命拚归～。”金《董解元西厢记》卷五:“妹子、夫人记相识,多应管命归～。”清《万花楼》四八回:“郭海寿在旁听得呆了:原来我身不是他产下的,嫡母早归～。”

【泉室】 quán shì 墓室。唐张说《元州司户上柱国吕君墓志铭》:“剑暗～,松寒墓门。勒铭沈础,万古何言。”明卢柟《滑尹张庐山祖妣哀诔》:“痛～之永隔,悼蕙帐之如存。”清钱谦益《妻汪氏赠孺人》:“兹仍赠为孺人,用贲～之恩,式昭管彤之美。”

【泉水】 quán shuǐ 银钱的讳词。明《型世言》二九回:“老爷说公子在这厢搅扰,这些须薄意谢你的薪水之资。公子还吃得你们这里的～好,要两瓶。”

【泉台】 quán tái 犹“泉府”。唐佚名《闻城哭声有作》:“昔别长男居异域,今殇小子瘗～。”明张凤翼《灌园记》二八出:“若是主人知此事,也应含笑在～。”清《八洞天》卷二:“但我今来要和你同赴～,你肯随我去么?”

【泉庭】 quán tíng 犹“泉府”。唐阎周彦《前守宿州司马阎府君墓志铭》:“棋木风悲,～月皎。望断块封,永安宅兆。”清陈廷敬《赠工部虞衡司员外郎卫公墓志铭》:“里馆晓闭,～宵明。崇芒郁望,哀挽怆声。”

【泉桶】 quán tǒng 马桶;便桶。明《浪史》一〇回:“那时妙娘便觉疼痛,自去～上便了。”

【泉穸】 quán xī 犹“泉穴❶”。穸,墓穴。唐徐彦伯《中宗孝和皇帝哀册文》:“委冠剑于～,保明灵于昊穹。”宋蔡襄《皇后祖母制》:“封之大宇,有光～。”元柳贯《元赠奉训大夫王府君墓碣铭》:“而吾父之宠第及于～,盖不曾得半菽以养。”

【泉乡】 quán xiāng 犹“泉府”。唐许棠《唐故浙江道五部兵马大元帅戴公墓志铭》:“卜兆灵野,扃仗～。素月皎皎,寒松苍苍。”明徐有贞《挽胡生》:“亲友共执绋,送尔归～。”清蓝鼎元《林母李太君哀辞》:“胡为太君,宝婺埋光。骖鸾上汉,散魄～。”

【泉穴】 quán xué ❶墓穴。唐刘知幾《史通》卷二〇:“安有既临～,始知摧恸者乎?”清厉鹗《新安吴东岩孙妇殉节诗》:“谁知～百年同,不道欢言当日浅。” ❷泉眼。宋洪迈《夷坚志》支乙卷三:“其所刺～,或源水即时干竭,惧为彼民所抑,故必夜往。”清《女仙外史》四五回:“只见汩都都涌出雪一般的清水来,竟成了个～。”

【泉夜】 quán yè 犹“泉冥”。唐李宏《请树孔子庙碑疏》:“天慈下济,无隔异时,咸登师保,式光～。”宋陈造《祭陈吴县文》:“甫病告之再旬,欻～之长终。”明孙绪《祭东田马公文》:“～茫茫,云雾霏霏……思公不见,孰知我悲。”

【泉帐】 quán zhàng 犹“泉室”。唐薛稷《唐杳冥君铭》:“灵迹难访,莫知其状。彷佛穸台,依稀～。”宋晏殊《马忠肃公亮墓志铭》:“～宵耿,松烟暮结。”

【拳】 quán ❶指鸟兽的趾爪。唐李咸用《和吴处士题村叟壁》:“睡岛凫藏足,攀藤狖冻～。”宋梅尧臣《普净佛阁孤鹘》:“寺僧不敢施弹射,忽有苍鹘张毒～。”清钱芳标《解连环》:“伴闲渔露顶,宿鹭联～,一般头白。” ❷拳击;搏击。唐康骈《剧谈录》卷下:“先请供奉～某三拳,后乞搭供奉一搭。”明宋濂《秦士录》:“邻牛方斗不可擘,～其脊,折仆地。”清钱谦益《寄岳州贾司马六丈》:“浦鸥防碎首,霜鹘不空～。” ❸攥;握。唐吕温《三受降城碑铭》:“纳阴山于寸眸,～大漠于一掌。” ❹植物嫩芽蜷缩未张开的状态。宋洪迈《容斋三笔》卷六:“自九月至二月终,蕨抽～则根无力,于是始止。”明谭元春《二茶》:“同是嫩而～,何知非雨前。” ❺划拳的技法。明《挂枝儿·负心》:“妓执板速欢饮。欢尽其一,因谓妓:‘汝何不饮?’妓曰:‘吾量窄,留此与君赌～。’”《山歌·猜拳》:“我爱心肝生得乖,却把～儿与你猜。”清《红楼梦》六二回:“湘云的～却输了,请酒面酒底。宝琴笑道:‘请君入瓮。’” ❻量词。a) 块;方。五代黄滔《灵山塑北方毗沙门天王碑铭》:“祖僧六叶雁其下,珉石一～星其上。”宋洪迈《夷坚志》支癸卷三:“李知不得免,拾一～石,……祝罢,石正中蛇脑。”清孔尚任《桃花扇》二出:“一～宣石墨花碎,几点苍苔乱染砌。”b) (一)件、注。宋元《古今小说》卷三六:“闻知师父入东京去,得～道路。”《警世通言》卷三七:“他今日看得外婆家报与我,是好一～买卖。”《元曲选·朱砂担》一折:“一～儿好买卖在我手里,放的他走了。”c) 具;只。《元曲选外编·猿听经》三折:“窃以生一～梦幻之身,盖由恶业;熟三峡烟霞之路,亦自善缘。”明杨柔胜《玉环记》一五出:“前日同韦姐夫架着一～鹰,带着几只狗,引一伙人,到南庄那一路出猎放狗。”d) 次;回。明《二刻拍案惊奇》卷四:“豁了几～,各各连饮几个大觥。”清《儒林外史》四二回:“六老爷要猜拳,输家吃酒赢家唱。六老爷赢了一～,自己哑着喉咙,唱了一个《寄生草》。”

【拳棒】 quán bàng ❶拳头和棍棒。宋洪迈《夷坚志》支庚卷三:“白衣者嗔愤,用～乱打。” ❷拳击和棒打,禅家顿悟的两种手段。宋陈造《赠净慈主人》:“政使过门尽侯主,也须～做工夫。” ❸拳术和枪棒,泛指武术。元明《水浒传》二四回:“从小也是一个奸诈的人,使得些好～。”明单本《蕉帕记》三六出:“再难寻通方肚肠,少林～,学咱不知书也打诨閙词场。”清《醒世姻缘传》五三回:“你每常说会～,十来个人到不得你跟前。”

【拳搏】 quán bó 拳击;用拳对搏。明陶辅《花影集》卷三:“靖虏令军士为～之戏,以示闲漫。”《续文献通考》卷三九:“初场,试马步箭,及枪刀剑戟、～击刺等技。”

【拳捶】 quán chuí ❶用拳打。明《西游记》二回:“那魔王丢开架子便打,这悟空钻进去相撞相迎。他两个～脚踢,一冲一撞。”清《东周列国志》三〇回:“两个～脚踢,直扭入阵后去了。”

❷ 拳击的动作或技法。清《女仙外史》九二回:"一顿～,打得缩进头儿也。"《天豹图》三回:"那花子能请了天雄来家为教师,每年束金三百两,在家学习～。"

【拳槌】 quán chuí ❶ 同"拳捶❷"。《元曲选·青衫泪》二折:"你早则皂裙儿拖地,柱杖儿过头,鬓髻人稍天;却下的这～不善。"明王肯堂《证治准绳》卷一一八:"凡胸脯骨有～伤,外有肿,内有痛。" ❷ 同"拳捶❶"。明《型世言》七回:"他在家里,把这丈夫轻则抓挦嚷骂,重便踢打～。"

【拳蹙】 quán cù 拳曲;蜷缩。唐柳宗元《鞭贾》:"视其首,则～而不遂;视其握,则蹇仄而不植。"宋王之望《上綦侍郎书》:"萌蘖以生才数寸尔,已有郁然挠云之势。不幸压于土石,～不遂。"清宋荦等《木瓜联句》:"岂惟呈陆离,兼能已～。"

【拳赌】 quán dǔ 赌划拳。明锺惺《家传》:"一夕饮,欲与惺及弟～行觞。"

【拳法】 quán fǎ 打拳的技法。《元曲选·昊天塔》二折:"觑着他千军万马只做癞虾蟆,施逞会莽撞～。"明戚继光《纪效新书》卷一四:"大抵拳棍刀枪钗钯剑戟弓矢钩镰挨牌之类,莫不先由～活动身手。"清《儒林外史》三八回:"我有些刀法、～传授与你。"

【拳锋】 quán fēng 行拳的方向与力道。清《飞龙全传》五三回:"一时怒发,顾甚新人体面?～到处,只怕你无力承当。"

【拳棍】 quán gùn 犹"拳棒❸"。元明《水浒传》三八回:"能使两把板斧,及会～,现今在此牢里勾当。"明何良臣《阵纪》卷二:"～法明,则刀枪诸技特易易耳。"清《剿捕临清逆匪纪略》卷二:"该犯时往堂邑县,学习～。"

【拳击】 quán jī ❶ 犹"拳捶❶"。《太平广记》卷三六一引《记闻》:"其色青,状皆如前,～亦灭。"明王追淳《家乘》:"攘臂登堂,～御史。" ❷ 用爪扑打。宋宋祁《孟冬驾狩近郊》:"俊鹘交～,寒鹰厉吻鸣。"明周是脩《三义传》:"鹰竦身直上,～一雁,还坠湖沚间。" ❸ 犹"拳捶❷"。清张潮《虞初新志》卷五:"长有膂力,善～,尝以一掌毙一犬。"

【拳跽】 quán jì 屈膝下跪。宋张唐英《蜀梼杌》卷上:"吾唐室谏臣,终不能～与鸡犬同食。"明李梦阳《论学》下篇第六:"正则义,否则苛刻;正则礼,否则～。"林俊《舟神纪》:"市酒实瓯肉实盆,～蒲伏道罪过。"

【拳家】 quán jiā 精于拳术的人或门派。明戚继光《纪效新书》卷一四:"古今～,宋太祖有三十二势长拳。"唐顺之《武编》前集卷五:"故～不可执泥里外圈长短打之说,要须完备透晓,乃为作手。"

【拳脚】 quán jiǎo ❶ 屈足;缩着脚。唐王焘《外台秘要方》卷一二:"若点时～点,即～灸;若舒脚点时,还舒脚灸。"明《洞玄子》:"男女一仰一覆,仰者～,覆者骑上。" ❷ 拳和脚,指拳打脚踢。宋陈著《嵊县禁夺仆榜》:"一有叫呼,～并至。"元明《水浒传》三〇回:"今日我本待把蒋家这厮一顿～就打死,除了一害。"清《女仙外史》七八回:"只这几个胯子,一顿～都完事了,那里用着兵器。" ❸ 拳术,也泛指武艺。元明《水浒传》三六回:"那教头放下了手中枪棒,又使了一回拳。宋江喝采道:'好枪棒～。'"清陈端生《再生缘》三七回:"素随小主知～,恨发难平也逞骁。"《品花宝鉴》一四回:"年纪十七岁,是个武旦,学得一手好～。"

【拳经】 quán jīng ❶ 讲划拳术的书,指划拳的路数。明《肉蒲团》一七回:"花晨的～最熟,听见这话就眉欢眼笑,巴不得要做状元,好摆布他们三个。" ❷ 讲拳术的书,指打拳的路数。清《何典》二回:"谁知撞了黑漆大头鬼,也就经不起三拳两脚,一样跌倒地下,想～不起来了。"

【拳窠】 quán kē 拳头击打出的凹痕或恰能承受住拳头的凹痕。打在拳窠里,比喻正中所好。清《风流悟》六回:"可知那妇人,我说了,欣然就允嫁他。如此我今去说,正打在～里去了。"《何典》八回:"见他这般大势头,便先下手为强,将他拚心一记,恰正打在～里。"

【拳詈】 quán lì 又打又骂。清张潮《虞初新志》卷一〇:"老者知不可强,～交及。"

【拳连】 quán lián 蜷缩相连。《宋元戏文辑佚·崔君瑞》:"～手共脚,滴羞跌屑。"明朱橚《普济方》卷一五六:"有子弟者,忽两足～,腰疼楚。"周嘉胄《香乘》卷二四:"前件料内入蚯蚓粪,则灰烬～不断。"

【拳联】 quán lián 同"拳连"。宋易祓《周官总义》卷三〇:"筋小则～,……筋大则疏缓。"《元曲选·黄粱梦》三折:"这一个骨耸着肩,那一个～着脚,正扬风搅雪天道。"

【拳拢】 quán lǒng 收缩聚拢。明《禅真逸史》二〇回:"下水来没人水底摸那虎时,四爪～,侧卧水内。"

【拳挛】 quán luán ❶ 缩拢;蜷曲。唐孙思邈《备急千金要方》卷四四:"筋癫疾者身～。"《元曲选外编·五侯宴》三折:"冻的我拿不的绳索～着手,立不定身躯耸定肩。"明王肯堂《证治准绳》卷二:"令人多怒气逆,筋骨～。" ❷ 郁结不舒。唐柳宗元《闵生赋》:"雄虺蓄形于木杪兮,短狐伺景于深渊。仰矜危而俯栗兮,弭日夜之～。"元张之翰《祭乐御史先生文》:"遽～其一病,竟莫愈于膏肓。"清汪由敦《董孝廉即席再和走笔奉酬》:"新诗脱手舒～,沉鱼仰饵浮重渊。" ❸ 猥琐不振。元王逢《高景山蟠松歌》:"今之～突梯世,不容公其正身直节以答上帝衷。"明林俊《封太孺人曹母李氏墓志铭》:"孰教匪忠,澳泌容容;孰教匪直,～颇僻。" ❹ 畏缩;帖服。《元曲选外编·西游记》四本一六出:"伏得些山神恐惧,木客潜藏,木兽～。" ❺ 萎缩;功能减退并缩小。明李开先《宝剑记》四六出:"眼昏花,耳朦胧,时光渐短,白发日～。" ❻ 蹀躞;小步慢行。清毛奇龄《余澹心娥江吟卷序》:"其行也,～楼橹,目不接瀺灂。"

【拳马】 quán mǎ 同"拳码"。清阮葵生《茶餘客话》卷一八:"《礼记》投壶,请为胜者立马。俗猜枚为～。"《姑妄言》一四回:"叫取了些～儿来,叫他们几个猜状元拳。"

【拳码】 quán mǎ 猜枚、划拳用的计数筹码。清《姑妄言》一回:"取了几个铁做～儿,两人猜。昌氏输了,那小厮一把拉着手要打。"

【拳毛】 quán máo ❶ 卷毛;毛发弯曲。唐刘禹锡《始闻秋风》:"马思边草～动,雕眄青云睡眼开。"明《西洋记》一六回:"一个个横眉竖发,斗角～,伛伛兜兜,就是生成狠的当年太岁。"清洪昇《长生殿》一七出:"这一员莽兀喇～高鼻,那一员恶支沙雕目胡颜。" ❷ 拳毛騧。唐太宗八骏之一。亦泛指良马。唐李贺《马诗》之一六:"唐剑斩隋公,～属太宗。"宋苏颂《林次中示及追和浙西三贤述梦诗》:"台乌栖直舍,厩马借～。"清胡会恩《书京江先生南苑诗后》:"～蹀躞沙路香,平明耳笔紫荷囊。"

【拳殴】 quán ōu 用拳殴打。《太平广记》卷一九一引《谭宾录》:"敬德勃焉,～道宗,目几至眇。"明《警世通言》卷三二:"当时旁观之人,皆咬牙切齿,争欲～李甲和那孙富。"清钱谦益《故礼部尚书王公行状》:"保定公为御史,不附执政,～其私人于朝堂。"

【拳扑】 quán pū 打拳和摔跤。明袁宗道《牟镇抚序》:"而牟子精悍,饶膂力,长枪短兵,～诸艺皆精。"

【拳勤】 quán qín 诚挚殷勤。五代杜光庭《勇胜司空宗恪九曜醮词》:"虽物仪单菲,而诚愿～。"宋戴栩《贺丞相正启》:"寿柏春浮，愿上庞洪之祝。熏忱咏赞，刊赞～。”明归有光《奉托俞宜黄访求危太朴集》：“为我一咨访，庶以慰～。”

【拳山】 quán shān　小如拳头的山。宋姜夔《菖蒲》：“岂谓盘盂小，而忘臭味长。～并勺水，所至未能量。”明汤显祖《南柯记》一五出：“看尺土～，寸人豆马，一样打围花鸟。”清允禄《题乐正图》：“勺水～藏曲折，小亭疏槛足优游。”

【拳师】 quán shī　以教授或表演拳术为业的人。明张羽《奉巡按察院议兵事状》：“～打手，则皆市井屠沽之流。”《山歌・弗骚》：“有意思个～弗动手，会偷汉个娘娘到弗骚。”清李玉《清忠谱》二折：“～我为首，你班门莫浪掷。”

【拳石】 quán shí　❶拳头大小的石块。《太平广记》卷一三九引《广古今五行记》：“惠炤密将～手巾裹来，……以巾打之，一下死。”明沈鲸《双珠记》三〇出：“涓流可积沧溟大，～能崇泰华成。”清《野叟曝言》一三四回：“扶桑本是～小岛。”　❷特指营造园林假山的石头。也指园林假山或绘画中的山石。唐王勃《九成宫东台山池赋》：“采～于溪滨，褰纤珠于绮薄。”明《梼杌闲评》三〇回：“面前小山～，盆景花木。”清孔尚任《桃花扇》二出：“〔末看壁介〕这是蓝田叔画的～。”　❸拳头和石块。明陈子龙《打死男命事判》：“辰保酒狂忿激，～交攻，不百步而弊其命。”清《聊斋志异・农妇》：“～交施，至不能号。”

【拳势】 quán shì　❶(鸡)用爪扑击的姿势。唐牛僧孺《鸡触人述》：“鸡不省，犹张～，瞪瞋眸，咬咬争鸣。”　❷打拳的套路与架势。五代蒋贻恭《咏金刚》：“刚被时流借～，不知身自是泥人。”明《西游记》五一回：“这大圣展足挪身，摆开解数，在那洞门前，与那魔王递走～。”清《绮楼重梦》一三回：“道士见是个孩子，那里在意，也不摆～，伸着双手去抢他的脚。”　❸打拳的势头与力道。清《飞龙全传》七回：“～恁般沉重，倒下来时，一个个多在那绿杨树下挣命。”《绿牡丹》三九回：“朱彪使了瞎气力，丝毫未伤鲍老爹，～渐渐松下来了。”

【拳手】 quán shǒu　❶拱手(敬礼)。《太平广记》卷二九三引《异苑》：“家人悉出见之，～辞诀。”清钱谦益《卓去病全集序》：“卢公抠衣～，奉教唯谨。”　❷蜷手；屈手。宋方岳《山中》之四：“石床只在松阴底，～支头百不忧。”明《禅真后史》三三回：“他把头钻在被窝里，～缩脚，鼻孔朝天。”也指蜷着的手。清毛奇龄《曼殊回生记》：“病者～拆，目稍开动。”　❸拳头巴掌。宋韩维《议谋杀法状》：“故刃伤者坐以徒，他物～伤者坐以杖。”《元曲选・百花亭》一折：“但是俺娘～大，枷棒重，只怕你当他不起。”清《飞龙全传》三回：“各自丢开架子，～相交，一场好打。”　❹拳术。宋《五代史平话・梁上》：“又会～相打，使枪使棒。”明都穆《都公谭纂》卷上：“广西僧有号勒菩萨者，以～高天下。”　❺以打拳为业的人。明祝允明《上俞都宪论备贼事宜状》：“抽点民快，全是应数而已，何似招募～棒师。”

【拳缩】 quán suō　同“蜷缩”。唐柳宗元《骂尸虫文》：“冥持札牍兮，摇动祸机；卑陬～兮，宅体险微。”宋赵与时《宾退录》卷三：“又七月有采者，谓之早水，～而小。”清《品花宝鉴》四七回：“底下那脑袋就像要伸出来，这条筋偏又～伸不直。”

【拳套】 quán tào　成套路的拳。清《歧路灯》一七回：“宝剑又奉上第三杯，隆吉吃完了。希侨道：‘该离座起舞。’……隆吉少不得离座，站在一旁，把手伸了一伸，说：‘算了罢。’希侨道：‘一定该打个～儿。’”

【拳踢】 quán tī　拳打脚踢。宋黄庭坚《鼓笛令》：“见来两个宁宁地。眼厮打、过如～。”金《刘知远诸宫调》二：“那知远月下长吁气，独言独语，怎免这场～？”清顾炎武《书吴潘二子事》：“吴子独慷慨大骂，官不能堪，至～仆地。”

【拳梃】 quán tǐng　犹“拳棒❶”。明《型世言》一三回：“因官孙之殴兄，遂～之交下。”

【拳头】 quán tóu　❶手指向内弯曲合拢的手。也指用这样的手击打。《敦煌变文校注》卷三《燕子赋(一)》：“硬努～，偏脱胳膊。燕若入来，把棒撩脚。”《元曲选・蝴蝶梦》一折：“他本是太学中殿试，怎想他～上便死？”清《醒世姻缘传》六〇回：“多则一日，少则当时，就是～种火，再没有不着手的。”　❷划拳的手法。清李玉《清忠谱》二折：“飞鸿六顺好～，传授。赌场到处惯拈头，打就。”《载花船》二回：“粲生却早早存心，勉饮数杯，又遇色子～争气，一路得胜。”　❸拳术。明佚名《白兔记》三二出：“如今请两个教师，教会了～，随你文打也得，武打也得。”

【拳窝】 quán wō　犹“拳窠”。明唐顺之《武编》前集卷五：“右拳惊右腿，随～里暗出倒马鎈，四平变身法，回身勒马听风。”《醋葫芦》三回：“一姐闻得父亲出去，正打在他～里面。”

【拳儇】 quán xuān　拳脚矫捷。《元曲选・岳阳楼》二折：“把岳阳楼翻作鬼门关，休只管卖弄～。”

【拳艺】 quán yì　拳术。清《万花楼》九回：“若论狄青的英雄膂力，更兼～绝群，这些军兵焉能拿捉他。”

【拳运】 quán yùn　划拳赌胜的运气。清《品花宝鉴》二回：“可可响了三响，亮功输了三拳，便道：‘今日～不佳，让了你罢。’”

【拳爪】 quán zhǎo　拳头手指；指爪。宋谢枋得《和詹苍崖韵》：“此日脊梁非铁硬，小颜～定相侵。”清钱谦益《浩气吟序》：“嚼张巡之齿牙，曼声长咏；握鲁公之～，运笔横飞。”弘历《高其佩指头画虎》：“怒似苍鹰厉～，炯然霹雳凝双眸。”

【拳足】 quán zú　❶犹“拳脚❶”。唐温庭筠《题友人池亭》：“鸂鶒刷毛花荡漾，鹭鸶～雪离披。”明《欢喜冤家》一九回：“鸳为窥鱼，～眠依河渚。”清王夫之《练鹊赋》：“彼何为兮运睛，此何取乎～。”也指蜷着的脚。金姚孝锡《炕寝》：“惠气生裤襦，仍工展～。”　❷屈膝(下跪)。唐韩愈《城南联句》：“里儒～拜，土怪闪眸侦。”明高启《朝鲜儿歌》：“曲终～拜客前，乌啼井树蜡灯然。”❸犹“拳脚❷”。明陈子龙《蔽冤抄杀事》：“而必胜酒狂突发，起而毒殴以报之，捽压木栏，～交下。”△《文明小史》一二回：“就把这朝奉拖出柜台，～交下。”

【蜷伏】 quán fú　屈身伏卧。清纪昀《阅微草堂笔记》卷二四：“似此亦无足怪。独怪其～数百年，而能不饥渴也。”

【蜷樛】 quán jiū　(树木)弯曲交缠。明林俊《白鹿洞赋》：“圣泽泓澄，砾鸣璆兮；云章焕烂，柯～兮。”顾德辉《金粟冢中秋日燕集》：“团团青桂树，枝叶相～。”

【蜷曲】 quán qū　屈曲；缩拢。唐孙思邈《备急千金要方》卷八二：“斯须即觉元气达于气海，须臾则自达于涌泉，则觉身体振动，两脚～。”明王宠《过石公山》：“槎牙熊豹蹲，～蛟龙蠖。”清钮琇《觚賸》卷五：“新大红色亦如之，绽蕊结绣，～下垂。”

【蜷缩】 quán suō　犹“蜷曲”。明唐顺之《赠何沈两公归蜀广序》：“俯仰诸当路间，则舌若胶噤而不能谋，臂若～不能展。”清纪昀《阅微草堂笔记》卷二四：“惧杀我灭口，惴惴～不敢动。”

【蜷蜿】 quán wān　盘曲。明刘基《戏为雪鸡篇寄詹同文》：“上有雪蛆大如毂、长如辕，冰蛇雪鼠相～。”

【蜷卧】 quán wò　同“踡卧”。金成无已《伤寒论注释》卷一：“～足冷，鼻中涕出。”明王肯堂《证治准绳》卷四五：“或身虽热，手足逆冷，恶寒～，此皆为寒也。”清喻昌《尚论篇》卷四中：“恶寒～，证本虚寒。”

【踡伏】 quán fú　同“蜷伏”。《太平御览》卷九〇八引《岭南异物志》:"风母如猿猴而小,昼则～不能动,夜则腾跃甚疾。"元吴莱《大游赋》:"瞻帝车之中运兮,闯阊阖以上征;屈轩辕之～兮,耿招摇之耀芒。"

quàn

【劝杯】 quàn bēi ❶劝酒。唐杜甫《泛江送客》:"泪逐～落,愁连吹笛生。"明佚名《鸣凤记》三一出:"啼莺语燕,声如～。明花媚景,为君留在。"清《歧路灯》七三回:"夏逢若夫妇一一摆在桌面,二人动箸～,不在话下。" ❷宴席上用来劝酒的杯子,比一般酒杯大。宋陆游《绍兴中予初仕为宁德主簿与同官饮酒》诗题中言:"大～,容一升,当时所尚也。"明《金瓶梅词话》二回:"武松问迎儿讨副～,叫土兵筛一杯酒。"清《荡寇志》九三回:"取酒来,先立敬头领三大～,然后入席。"

【劝碟】 quàn dié 宴会上为客人搛菜用的碟子。明《金瓶梅词话》四一回:"乔大户娘子还不放起身,还在后堂留坐,摆了许多～细果攒盒。"

【劝讽】 quàn fěng 婉言劝说。宋王十朋《梅溪题名赋》:"先美后规,效古人～之旨,非敢以文戏也。"文莹《玉壶清话》卷四:"戎人乞和,继忠与撰奏章,而～诱掖,大有力焉。"明《二刻拍案惊奇》卷二二:"偶然与公子会面,～公子道:'宅上家业丰厚,先尚书也不纯仗做官得来的宦囊,多半是算计做人家来的。'"

【劝和】 quàn hé 劝人和解;劝解。宋司马光《乞罢保甲招置长名弓手札子》:"若变主懦弱,则多方抑塞,不令声贼;变主强梁,则共陪所失之财,～使休。"《元曲选外编·拜月亭》四折:"你试问您那兄弟去,我～您姊妹去。"清汪琬《敕封杨母吴太孺人墓志铭》:"赠公每为一善,太孺人必从旁相～,往往尽倾橐中所储。"

【劝哄】 quàn hǒng 劝说哄诱。清《红楼梦》九回:"我这里好容易～好了一半了,你又来生个新法子。"《金石缘》一五回:"哪知爱珠小姐又去～公公,说:'我父亲向来欢喜结交官府,讲情说事。'"

【劝诲】 quàn huì 劝勉教诲。《敦煌变文校注》卷五《维摩诘经讲经文(三)》:"非论说法多途,～王孙帝子。"明徐复祚《投梭记》三出:"屡屡教他接客,只是不从。今日不免再唤他出来,～一番。"清李光地《母太夫人七十征言引》:"诸子于他事或假借至惰游废学,则动容～。"

【劝谏】 quàn jiàn 规劝;劝告。《敦煌变文校注》卷一《伍子胥变文》:"更蒙女子～,尽足食之。惭愧弥深,乃论心事。"明《二刻拍案惊奇》卷四:"见哥子作恶,每每会间微词～。"清孔尚任《桃花扇》二六出:"只恐挑起争端,难于收救,不免到中军帐内,～一番。"

【劝解】 quàn jiě ❶劝导宽慰,使解除烦恼或疑虑。唐卢肇《逸史》卷三:"后母逼令殓饭,不肯。与诸妹旦夕～,悉不从。"明《西游记》六五回:"我那师父,不听我～,就弄死他也不亏。"清李玉《一捧雪》一七出:"老身再三～,他只是洒泪啼哭而已。" ❷调解纠纷。宋朱熹《按唐仲友第三状》:"商议既定,沈芳亲抱仲友幼女出厅事～。仲友伪作依从形状,即时宽放。"明《禅真后史》五回:"那一日瞿天民与皮氏争闹时,小的几次～,双手推瞿天民出去,他回转身把皮氏一脚踢倒。"清李渔《奈何天》一八出:"闻得你与第二位新人,又不十分相睦。今日唤我来,还是要～? 还是要出脱?"

【劝酒】 quàn jiǔ 下酒食品。宋耐得翁《都城纪胜·四司六局》:"蜜煎局,专掌糖蜜花果、咸酸～之属。"

【劝劳】 quàn láo ❶激励勤劳;激劝。唐张九龄《敕安西节度王斛斯书》:"朕以信示下,以赏～。"明《列国志传》一二回:"次日出城,前往南郊,～农桑。"清钱谦益《妻夏氏赠安人》:"士之有贤耦,犹君之有劳臣也。推～之意以施于臣,故其闺门相贰。" ❷抚慰;慰劳。宋梅尧臣《送黄国博知抚州》:"宿浦随潮人,逢人问路长。临川十万户,～执壶浆。"元明《水浒传》一〇七回:"卢俊义慰抚～,就令武顺镇守城池。"

【劝免】 quàn miǎn 劝说使免除。金《刘知远诸宫调》一:"洪义重伤,牛七翁～方休。"明《禅真逸史》一五回:"本该斩首,谢大人～,削去本职。"清《赛花铃》一四回:"正在喧嚷,适值红生与项工部来到,竭力～。"

【劝盘】 quàn pán 劝酒时用来放酒杯的盘子。宋《三朝北盟会编》卷二四九:"调和精细美味羹汤,精巧簇花龙凤～等事。"吴自牧《梦粱录》卷一九:"台盘司,掌把盘、打送、斋擎、～、出食、碗碟等。"元明《水浒传》一〇回:"李小二连忙开了酒,一面铺下菜蔬果品酒馔。那人叫讨副～来,把了盏。"

【劝释】 quàn shì 劝解;劝说使开释。宋洪迈《夷坚志》三辛卷三:"亲朋多～之,谓人同年同月同日生而时不同,则五行休咎便别,况于泛泛同庚甲哉。"明《禅真后史》一〇回:"我家母亲善言～,问他姓氏,他讲姓张。"清陈宏谋《选举族正族约檄》:"如与外姓争斗者,两造族长房长秉公会议,应～者～。"

【劝慰】 quàn wèi 激劝鼓励;劝解安慰。宋宋庠《赐右屯卫大将军昌州刺史承裕敕书》:"秀劭若斯,～何已。勉修素业,终称茂亲。"明《警世通言》卷一一:"你好生～奶奶,到此地位,不由不顺从。"清孔尚任《桃花扇》一八出:"今日相见,俺自有一番～之言。"

【劝省】 quàn xǐng 劝告使省悟。宋元《清平山堂话本·五戒禅师》:"五戒禅师差了念头,……我今～他,不可如此。"元陶宗仪《辍耕录》卷六:"若良吉者,有焉,故为显白其孝,以为人子之～也。"王伯成《哨遍·赠长春宫雪庵学士》:"虽有六亲人,谁能替人棺函。～咱,从今白甚,则管教人,吃粉羹餐酸馅,皮骨这回绝却。"

【劝掖】 quàn yè 劝勉奖掖。宋刘挚《寿州学记》:"为具道天子所以养士意,～率厉,使及时进于学。"明归有光《夏怀竹字说序》:"予既为说以勉之,而没其美,非所以尽～之道。"清姚鼐《答翁学士书》:"蚤起又得手书,～益至。"

【劝饮】 quàn yǐn 劝酒。唐冯贽《云仙杂记》卷九:"陈思王有鹊尾杓,柄长而直,置之酒樽。凡王欲～者,呼之则尾指其人。"明徐霖《绣襦记》一五出:"葵花灿锦隔院闻人请,多应是有人～。"清《隋唐演义》八九回:"杨妃姊妹三人,又欲使玄宗天子开怀,真个是愁中取乐,互相～。"

【劝盏】 quàn zhǎn ❶犹"劝杯❶"。宋王之道《减字木兰花·赠孙兴宗侍儿四首》之三:"愿酬心满,只得教伊频～。缓唱何妨,贴体衫儿扑扑香。"《元曲选·萧淑兰》四折:"香清灯灿,歌舞吹弹,正好交杯～。"清《北史演义》卷六二:"司马妃命宫女轮流～,又请以大觥敬之。" ❷犹"劝杯❷"。宋陶穀《清异录》卷下:"金陵士大夫渊薮,家家事鼎铛,有七妙,……温面可穿结带,饼可作～。"赵师律《齐天乐》:"襄真香葵倾～,都把芳心为寿。"《三朝北盟会编》卷二二〇:"桧每生日,四方竞献奇宝,金玉～为不足道。"

【劝转】 quàn zhuǎn 劝说使转变。宋元《醒世恒言》卷三三:"那大王早晚被他～,果然回心转意。"《元曲选·窦娥冤》二折:

"只说好事不在忙,等慢慢里～他媳妇。"清《说岳全传》二回:"那个王院君本来有些醋意,却被岳安人～。"

【劝酌】 quàn zhuó 劝酒。唐马云奇《九日同诸公殊俗之作》:"菊酒何须频～,自然心醉已如泥。"宋沈遘《城北别亲友》:"置酒古寺堂,～纷纵横。"清《空空幻》一一回:"被他殷勤～,多饮了几杯酒。"

【劝醉】 quàn zuì 劝酒;劝饮使醉。《太平广记》卷四七引《续仙传》:"见商愈喜,复挈上酒楼,剧谈～。"明张景《飞丸记》一一出:"叫赵大哥～,原为欲结果他,如今正好动手。"清《万花楼》一二回:"待小人将他～如泥,方好下手。"

quē

【缺败】 quē bài ❶残缺破败。唐崔倬《叙石幢事》:"时刺史邑宰以其大不可拆,遂錾凿～以仆之。"元吴师道《兰溪州新修门楼记》:"于是栋楹榱桷之朽败者易之,板阑瓦甓之～者补之。"明王直《甘露寺兴造记》:"戊午创僧堂,补廊庑之～者。" ❷(德性或才能)不足,有缺欠。唐柳宗元《与杨京兆凭书》:"若宗元者,才力～,不能远骋高厉。"明宋濂《送张礼部兼晋相府录事序》:"其事始集,惟中以一人独当其任,亦未尝见其有～,非其才之果良乎?"李舜臣《送李端甫赴杭州太守序》:"顾虽以罪有可言者,苟非～不肖为人,国有官箴,终当录用。" ❸失误;失败。唐罗让《对才识兼茂明于体用策》:"臣闻上古之君,熏能同和,不敢自是,必求谠谏,以谕～。"元吴澄《郡张氏太夫人墓碑》:"安仁才劣学浅,叨禄四十年幸免～,皆父母遗训所及。"明王慎中《蔡母嘉柔孺人温氏墓志铭》:"臧获经其指授,则课计见效,或不得命偶自为之,辄～。"

【缺剥】 quē bō 残缺剥落。宋梅尧臣《送张圣民学士知登州》:"篆实丞相斯,～不可仿。"司马光《闻范景仁迁居许昌》:"纵横置老屋,～周短垣。"清施闰章《神冈山庙碑》:"今碑版～,即事存传记,来观之人,猝无征览。"

【缺薄】 quē bó ❶犹"缺败❷"。唐司空图《答孙郃书》:"始吾自视固～,今又益疑其不可妄进。"《佛祖历代通载》卷八:"以臣庸陋,独有愚勤,实惧～,上玷大法。" ❷(钱币)分量不足,厚度不够。宋觉范《禅林僧宝传》卷一九《西余端禅师》:"必得钱五百乃开帙,目诵数句,即持钱地坐,去～者,易之而去。"

【缺残】 quē cán 残缺。唐卢履冰《三请父在为母服期疏》:"秦燔书后,礼经～,后儒缵集,不足可凭。"明《封神演义》二七回:"四肢顺,其身廉健;四肢不顺,其身～。"清德保《恭和御制翰林院宴毕驾幸贡院》:"洪钧鼓铸斯文运,不比寻常补～。"

【缺弛】 quē chí 破败损坏。宋苏辙《汝州龙兴寺修吴画殿记》:"东为维摩、文殊,西为佛成道,比岐下所见,笔迹尤放。然屋瓦弊漏,涂栈～,几侵于风雨。"

【缺典】 quē diǎn ❶缺失的典籍或典制。唐张九龄《大唐金紫光禄大夫裴公碑铭》:"公于是考遗训,补～,饰搜苗狝狩之礼,详征税简稽之赋。"宋吕陶《谢转官启》:"图书东观之直,元本承明之庭。缀集多闻,补完～。" ❷典礼仪制方面有缺欠。宋觉范《崇禅者觅诗归江南》:"故山有遗恨,～念马祖。"文天祥《与吉守李寺丞芾》:"山林疏贱之人乃得殊礼,郡大夫之德为不可及,而某～之愧益加多矣。"清于成龙《请复祀典疏》:"曩因蜀中田地未辟,赋税无多。祭祀未举,遂为～。" ❸事情不圆满;行事有缺憾。宋王十朋《提舶送荔支借用前韵》:"名字未安真～,从今呼作马家红。"明王玉峰《焚香记》六出:"似员外这等豪富,若无一个得意佳人,偎红倚翠,终是个～。"清《镜花缘》七二回:"刚才五位姐姐弹过琴,此刻该弄五管笛儿吹吹,才不～呢。"

【缺玷】 quē diàn 缺点与污点。宋李流谦《朝奉大夫孙公墓志铭》:"学有根源,行无～。"

【缺短】 quē duǎn 短缺;不足。也指不足之处。宋苏轼《密州宋国博以诗见纪》:"山城辱吾继,～烦遮护。"苏籀《上赵枢密都督书》:"辄不自揆其～之见,卜媸妍于帐下。"又《应诏议福建路盗贼》:"及势孤力劣,爪牙～之际,不烦大兵,亦可擒制。"

【缺断】 quē duàn 残缺断裂。宋陆游《木瓜铺短歌》:"溪桥～水啮沙,崖腹崩颓风拔树。"清《绿野仙踪》四八回:"那里像萧麻子的面孔,与～的藕根头相似。"

【缺讹】 quē é 缺失讹误。唐韦应物《石鼓歌》:"石如鼓形数止十,风雨～苔藓涩。"元郑元祐《古书行赠吴孟思》:"堂堂逵门许叔重,愤悱～复著经。"明崔铣《关雎解》:"今六经之文,～有间矣。"

【缺乏】 quē fá 缺少;不足。《太平广记》卷四四三引《潇湘录》:"至于珍馔芳醪,虽有千人诣之,曾不～。"明《金瓶梅词话》二六回:"身边盘缠～,甚是苦恼。"清孔尚任《桃花扇》九出:"正腾腾杀气,这军粮又早～。"

【缺废】 quē fèi 缺漏废弃。也指缺漏废弃之处。宋石介《上孙少傅书》:"大道之荒芜甚矣,六经之～久矣。"明余继登《明通议大夫王公行状》:"暇则量工计费,缮完～,计在镇凡修筑新旧边墙一万四千六百餘丈。"清储大文《书张孺人孝行三则》:"孺人竭蹶营之,而事罔～。"

【缺分】 quē fèn 官职辖地的空额。清《世宗宪皇帝上谕旗务议覆》卷一:"如因蒙古兵少,将佐领附于满洲者,则补授協领时亦应给蒙古人员～。"《桃花艳史》一二回:"欲待留他做京都的首县,现今又无～;欲待发往外边州县任用,心中又不愿意。"《雪月梅》四五回:"此月便可准补,但不知～如何?"

【缺憾】 quē hàn 因疏失而遗憾,或指这样的事。明刘宗周《素庵忌祭跋》:"由素庵及芳斋三世合享,以补从前之～,亦礼意也。"清蓝鼎元《游惠州西湖记》:"况今四五百年,又更寂寂,斯亦宇宙间一～事也。"《蕉叶帕》三回:"只是于伯父母处不能一别,于心～。"

【缺坏】 quē huài 破损缺坏。《法苑珠林》卷四四:"彼塔中有佛形像,面上金色,少处～。"宋苏轼《今和》:"齿发付天公,～不可修。"清《醒世姻缘传》二九回:"但有真君的堤堰及真君亲到过的人家,都要仔细防护,毋得～。"

【缺毁】 quē huǐ 犹"缺坏"。《历代名贤确论》卷七〇引张唐英论房玄龄、魏徵:"百骐骥有时而疲劣,百太阿有时而～。"元李简《学易记系辞》卷七:"易既从乾坤而来,乾坤若～,则易道无自而可见。"清《醒世姻缘传》九七回:"省城～甚多,叫作急修整坚固。"

【缺减】 quē jiǎn 缺少;减少或减退。《法苑珠林》卷一六:"一切支节,无有～。诸根完具,莫不充备。"宋陆游《圜觉阁记》:"如既望月,无有～,如大宝镜,莫不照了。"清黄叔璥《台海使槎录》卷四:"倘不讨平台湾,匪特赋税～,民困日蹙。"

【缺绝】 quē jué 极短缺。唐韩愈《论变盐法事宜状》:"及农隙时并召车牛,般盐送纳都仓,不得令有～者。"宋曾巩《兵间》:"大义～久未图,小人轻险何不至。"明赵抃谦《答顾希武书》:"近时朋友之道～,何有以规戒讲习为久远计者。"

【缺刻】 quē kè 叶子边缘的齿状缺失。明卢之颐《本草乘雅半偈》卷八："有马芥，叶如青芥而无毛；有花芥，叶多～而如菘。"清《格致镜原》卷七一引《格物总论》："(酴醿花)每一颖着三叶，叶面光绿背翠，多～。"

【缺空】 quē kòng ❶空缺；事物空着或缺少的部分。宋苏轼《除夜大雪留潍州》："须臾晚云合，乱洒无～。"范成大《水利图序》："妇子持木杴，探污泥，补缀～。累块亭亭，一蹴便陨。"❷空缺的职位。宋方夔《赠鹤峰杨提干》："我来客东安，两载补～。"清《醒名花》八回："应得个参将之职，一时尚无～，还要守等日子。"

【缺口】 quē kǒu ❶豁嘴，借指兔子。唐韩愈《毛颖传》："今日之获，不角不牙，衣褐之徒，～而长须，八窍而趺居。"宋杨万里《答周监丞送锦鸠十四只兔》："伏以锦羽在桑，翩翩二七；褐衣～，跃跃一双。"明吴宽《为陈一夔乞兔》："～今强食，肯乐笼与樊？"❷物体因缺失而形成的开口。宋苏轼《答陈季常》："乡谚有云～镊子者，公识之乎？"明潘希曾《荅豸史马君书》："林台以上曹单间七八十里，原无～，且去运河亦远，不须筑堤。"清《绿野仙踪》七三回："见周围万山环抱，四面八方湾湾曲曲，通有～。"

【缺亏】 quē kuī 欠缺；不足。宋陆游《养生》："爱身过拱璧，奉以无～。"谢逸《江夫人墓志铭》："夫人协赞其夫，以事舅姑，奉以周旋，不见～。"明黄仲昭《林生汝桓字说》："而其忠厚靖恭之风，行于家，孚于乡，施于政教者，罔有～。"

【缺漓】 quē lí 犹"缺薄❶"。漓，浇薄。宋范仲淹《宋故乾州刺史张公神道碑铭》："逮夫王道～，坐饰话言，六代之风，亡实而落。"

【缺裂】 quē liè 缺失破裂。宋刘子翚《临池歌》："奇踪伟笔，多致墨本，甚者～模糊不可辨了，亦皆摸脱以归。"明夏良胜《求放心论》："一器也，椳凿之失，不缺则裂。心之放也，犹～也。"清弘历《再题石鼓跋》："命图十鼓形以来，漫漶～，固数千百年物之常。"

【缺陋】 quē lòu 粗劣有缺欠。《法苑珠林》卷七二："诸根常～，永不闻法音。"宋陈振孙《直斋书录解题》卷八："《秋浦新志》十六卷，三山王伯大幼学以前志～重修。"明王守仁《重修文山祠记》："今螺川之有祠，实肇于我孝皇之朝，然亦因废为新，多～而未称。"

【缺漏】 quē lòu 缺失遗漏。唐张说《让兵部尚书平章事表》："乞回此恩，以纳来效，必能补旧政之～，广前途之轨辙。"宋朱熹《观文殿学士刘公行状》："又奏禁州县毋得督旧逋以重困饥民，借常平米付圩户，堤塞～。"清韩菼《湛园集序》："其意直追古作者上下，惟恐有毫厘～未满之处。"

【缺略】 quē lüè 缺失忽略。宋王安石《与孙侔书》："先人铭固尝用子固文，但事有～，向时忘与议定。"明屠隆《彩毫记》三八出："世人学道，多修饰外观，～内行。"清《醒世姻缘传》九二回："春夏即备单夹之衣，秋冬即制棉絮之袄，没有丝毫～。"

【缺落】 quē luò ❶指缺失落选。唐赵璘《因话录》卷三："是年，上等内近三十餘人，数年内皆及第，无～者。" ❷缺失掉落。宋梅尧臣《感李花》："五王不见留华萼，华萼坏来碑～。"洪迈《夷坚志》支甲卷四："于三四尺底得古石砻，齿多～，独两眼存。"清《荡寇志》一二七回："兰生大吼一声，一锏人扫去，将史进的刀格开数尺，刀锋～。"

【缺漫】 quē màn 缺失漫漶。宋司马光《和范景仁缑氏别后见寄》："声律久无师，文字多～。"清方苞《读古文尚书》："则其本文～及字体为伏生之书所不具者，不得不稍为增损，以足其辞。"

【缺灭】 quē miè 缺失磨灭。唐韩愈《祭湘君夫人文》："旧碑断折，其半仆地，文字～，几不可读。"宋欧阳修《后汉俞乡侯季子碑》："由是而后，文字～。其稍稍可读者，时得其一二。"石处道《昭灵侯庙碑》："内腐外毁，左支右吾，偶形绘容，～弗备。"

【缺谬】 quē miù 缺失错误。宋苏诩《栾城公集序》："太师文定《栾城公集》刊行于时者，如建安本颇多～，其在麻沙者尤甚。"

【缺圮】 quē pǐ ❶缺毁倒塌。唐柳宗元《柳州东亭记》："其内草木猥奥，有崖谷倾亚～。豕得以为囿，蛇得以为薮。"元吴澄《故黄母甘氏墓志铭》："门外衢道～，捐赀募石工甃之。"明宋濂《送黄赞礼莅祀闽省诗序》："坛庙有～者葺之，服器有弊污者易之。" ❷(人事)破败倾覆。宋戴栩《定海云雩三公庙碑》："后世人事～，又一切求之神，神将不胜其应也。"

【缺破】 quē pò 缺失破损，也指缺失破损之处。《太平广记》卷五〇〇引《原化记》："众又绕堂寻血踪，乃是所乘驴，已斫口喙，唇齿～。"元戴表元《瓶城轩铭》："然陶人得是土也，濡之炊之而为瓶，则一成形以终古。至于收藏卤莽，～龃龉，亦不能以复补。"《元史·河渠志二》："自今莫若分监官吏，以十月往与各处官司，巡视～，会计工物督治。"

【缺欠】 quē qiàn ❶欠缺；不足。也指不足之处。宋欧阳守道《白鹭洲书院山长厅记》："为门厅堂室便坐数处，数月而成，高明宽洁，内外整整，无复～。"明李梅实《精忠旗》一三出："算风情年来～，总然错嫁南朝。"清《绿野仙踪》九八回："我自修道以来，外面功德足而又足，只是内功尚有～。" ❷亏欠；短缺。清《康熙起居注·康熙四十五年》："为河上捐工、加捐及节省银，共二百万两零。后因～者多，虽分行各旗原籍追取，而完纳者甚少。"李玉《人兽关》二一出："当初～官银，卖身纳库。"《醉醒石》一〇回："一年还要纳帮银，帮银～，拿回吊打。"

【缺散】 quē sàn 缺失散乱。清袁枚《子不语》卷一八："今汝等并不告官，而擅将我等数十人骨混行抛掷，以致男装女头，老接少脚，至今丛残～，鬼如何安？"

【缺少】 quē shǎo 短缺；缺乏。《法苑珠林》卷一三："乃有心拟像，不知何模样。一治便成，无有～。"《元曲选·竹坞听琴》楔子："斋粮道服，你可不要～我的。"清《红楼梦》四回："东海～白玉床。"

【缺失】 quē shī ❶失误；不如意。唐天宝四年十二月十六日敕谕："宜简择灼然公正精练者，令始末专知，不得辄替换。若无～，至改转时迟速间以为褒贬。"宋李心传《建炎以来朝野杂记》乙集卷三："况今公道大开，朝政每有～，虽民间亦得论之。"清《绿野仙踪》三回："相公眼前不中，到像是个～，依老奴看来，这不中真是大福。" ❷短缺；缺残。《唐会要》卷六二："其置顿粮料等，仍委度支使差官勾当，无令～。"宋王禹偁《阳冰篆》："峄山既劚灭，石鼓又～。唯兹数十字，遒劲倚云窟。"明佚名《鸣凤记》二八出："明日早朝之后，就恐不得回来。视膳问安，恐有～。"

【缺蚀】 quē shí 残缺侵蚀；使残缺侵蚀。宋郑獬《武备论》："其郡县之郛邑，则或依荒篱坏，垣溪谷山石以为之，固虽有城堑，类皆～之餘。"元程以文《跋媒蘖问答诗后》："明若先生之心，孰得而～之哉！虽与日月争光，可也。"清吴伟业《程昆仑文集序》："尝登焦山，披草搜《瘗鹤铭》遗迹，为冲波撼击，～不完。"

【缺事】 quē shì ❶误事；失误。宋吴泳《进御故实·绍兴淳熙预储蜀帅》："今后欲除蜀帅，须是选择可备制置使之用者，庶几临时不至～。"元张伯淳《送赵月卿赴江州教授序》："君悉不暇顾，惟吾职之为尽. 世俗爱恶皆度外置之，而亦未尝有～。"清施闰章《王白虹妾胡氏小传》："会葬者数百人，食饮百费皆经纪于胡，无～。" ❷憾事；感到惋惜的事。明徐渭《蟹》之一："大苏无～，只怪佞江瑶。”清孔尚任《桃花扇》四〇出：“只有崇祯先帝深恩未报，还是平生一件～。”《聊斋志异·五通》：“终岁之好，分手未有一言，终属～。”

【缺疏】 quē shū ❶稀疏；不频繁。宋强至《上裁造太博状》：“日临鞭扑之嚣冗，坐致音縢之～。”林希逸《十月朔日作是月十一日立冬》：“边耗多疑信，邮传久～。” ❷缺乏；不周备。宋周南《池阳通仓使启》：“某行艺～，志业芜陋，踌躇四顾，岂敢为众人师。”元吴师道《三月十六日至二十一日雨不止》：“闭关因病得深居，客至犹嗔礼～。”

【缺损】 quē sǔn ❶缺失损坏。《太平广记》卷三七二引《传奇》：“肢节筋缀，而不欠分毫。锻以铜斧，终无～。”明刘麟《应诏陈言疏》：“迄今未久，岂必尽已腐坏，纵有～，亦不过十之一二。”清《林兰香》四七回：“香儿每日令宿秀来看东一所的纱灯、锦幕、绣褥、花帘，及一切什物，有无～。” ❷缺误损失。元徐明善《陈直翁墓志铭》：“家居汩没多忧患，更无朋友之助，～甚矣。”

【缺秃】 quē tū 稀疏将尽。宋程俱《次韵寄谢公表韩公朝请》：“长安列戟第，桐影将～。”文珦《吾年》：“齿发半～，肌肤多不仁。”

【缺望】 quē wàng 失望。明李昌祺《剪灯馀话·贾云华还魂记》：“今汝乃有是言，予之～甚矣。”许自昌《水浒记》二二出：“定不教江汜叹相抛，终身～。”清《野叟曝言》一四四回：“仰荷天庥，子孙蕃衍，岂犹有所～？”

【缺微】 quē wēi 缺减衰微，也指缺减衰微的事物。宋罗愿《祭张梦锡文》：“顷者州里，俊造～。士保所闻，不相告语。”元郑元祐《前平江路总管道童公去思碑》：“日月照临，犹有～。公恩在吴，亿年依依。”清李光地《榕村记》：“其中意在光时，职思用世，扶树～，嗣音风雅。”

【缺违】 quē wéi 缺失违背(之处)。宋包恢《玉虚观记》：“凡由内及外，宫室殿堂，拯弊修废，类无～。”元吴澄《故逸士黄幼德墓碣铭》：“揆以为子之道，靡所～。”明孙承恩《拟古》之四：“陈言裨～，治道期一更。”

【缺误】 quē wù 失误。宋李觏《上苏祠部书》：“古今解者，唯王辅嗣尤得其旨，然亦未免～。”明张宁《汀洲府行六县榜》：“应有合办粮差，该结词讼，不许仍前～。”清《隋唐演义》八七回：“各该官吏，预备军粮马草供应，庶不致临期～。”

【缺罅】 quē xià 缺蚀；缺蚀形成的罅隙。宋范成大《烟江叠嶂》：“波涛投隙漱且啮，岁久～深重重。”金黄久约《大金重修中岳庙碑》：“视其栋楹榱桷之挠折朽败者，则彻易之；垣墉阶戺之～摧圮者，则更筑之。”《金史·河渠志》：“此河之故道也，皆有旧堤，补其～足矣。”

【缺陷】 quē xiàn ❶缺欠；缺失；不完美。宋苏轼《金刚经跋尾》：“诸世间眼，不具正见，使此经法，～不全。”明陈与郊《袁氏义犬》一出：“只为人心～，世界便～。如何教做人心～？只你心上不足的。”清《镜花缘》九八回：“再看那山已被他触的～了半边。那～处尘土飞空。” ❷缺憾。明孙柚《琴心记》三出：“小姐芳姿绝世，妙韵可人，当有名贤为配，国士成双。乌得拘拘小节，遂～半生。”

【缺朽】 quē xiǔ 缺损朽坏。宋蔡襄《修驿记》：“于是上盖旁立，不完与正者易之，闳廡隘狭，椽甓～者去之。”

【缺遗】 quē yí ❶亏缺不足。唐李诵《崇陵优劳德音》：“永惟列祖之德，肃奉山园之重。夕惕若厉，惧有～。”明宋濂《题太平策后》：“三衢郑以吾宿卫禁中，览时政有所～，疏《太平策》一纲二十目上之。” ❷缺失遗漏。明归庄《书先太仆全集后》：“又虑有～，命庄假馆虞山，从先师钱牧斋宗伯借藏本，录其所无者。”清钱谦益《致憨大师曹溪塔院住持诸上座书》：“合力搜罗，悉心采集，片纸只字，罔有～。”

【缺疑】 quē yí 对不能确定的事，暂且存下待考。宋王柏《古易音训》：“予暇日校正《音训》，而有未能释然于可疑者久之，方悟成公之谨于～也。”元程文海《绍运详节序》：“史学自古为难，……条分户析，终至～，理固然耳。”清袁枚《续子不语》卷八：“歙邑洪介亭游粤东，亲见迎孙童子像，因询其颠末，恐有～，他日当谒补山相公证之。”

【缺佚】 quē yì ❶犹“缺遗❶”。元陈基《读国语》：“先王置谤木，虑政有～。” ❷缺失散佚。元袁桷《进郊祀十议状》：“谨献所为郊祀十议，以补～。”顾炎武《书故总督兵部尚书孙公清屯疏后》：“公之子世瑞、世宁，请为公立传，而功状～，不得其详。”

【缺轶】 quē yì ❶同“缺佚❶”。元袁桷《周瑞州神道碑铭》：“天风幼岁入官，熟昔时言行，罔～。” ❷同“缺佚❷”。明归有光《长兴县令题名记》：“其志亦欲以有所施于民，以不负一时之委任者，盖有矣。而文字～，遂不见于后世。”清蔡世远《征修漳州府志启》：“念兹郡志～，不敢因循，以蹈前愆。”

【缺逸】 quē yì 同“缺佚❷”。也指缺失散佚的文献。宋王迈《晋江军储仓记》：“侯乃纠核版籍之～，检柅吏胥之隐漫。”明宋濂《元故翰林待制柳先生行状》：“濂虽不敏，受先生之教为深，因不让而搜罗～，评骘成章，以附家乘之后。”清施闰章《快阁纪存序》：“今其书～过半。”

【缺绽】 quē zhàn ❶缺失破绽。元郝经《东师议》：“屏息内外，备御无有～。”又《备御奏目》：“今闻西北阻命，朝廷处置。自辽东至于丰、靖以及河西，其关隘备御，必无～。” ❷缺损破裂。明《二刻拍案惊奇》卷三七：“欹颓墙角，堆零星几块煤烟；坍塌地垆，摆～一行瓶罐。”

【缺折】 quē zhé ❶缺损折断。唐白居易《除忠州寄谢崔相公》：“剑锋～难冲斗，桐尾烧焦岂望琴。”《太平广记》卷三六七引《玉堂闲话》：“其剑为瓦石所击，锋刃～。”清《女仙外史》八回：“赴鼎镬而如堕空虚，非冷龙护持之术也；迎锋刃而～，非隐形出神以避之也。” ❷挫折；失利。宋欧阳修《殿中丞府司录李虞卿可国子博士制》：“前莅此者，或苛悍，或懦软，率不免～之患。”吴泳《江淮兵策问》：“若其未也，提军远征，脱有～，则又将从何所调遣耶？”

【缺子】 quē zi 缺口。清《粉妆楼》四七回：“我们爬上城头，绕城走去，遇着坍败的～就好出去了。”

【缺嘴】 quē zuǐ 豁嘴；唇裂。明无心子《金雀记》一〇出：“他道我歪唇～，如海螺杯斜嵌珍珠。”《挂枝儿·假相思》：“秃瘌痢，梳了个光光油鬓；～儿，点了个重重的朱唇。”

què

【却罢】 què bà ❶罢却；停止。唐李白《夜泊黄山闻殷十四吴吟》：“我宿黄山碧溪月，听之～松间琴。”宋苏轼《司马温公行状》：“愿为宗庙社稷自重，～燕饮，安养神气。”明周是脩《保国直言》下篇：“小人趋附他的便引进着，君子不顺他的便离间着，不愁误了国家，直至祸败～。” ❷表示一种让步的应允。也罢；那就这样。元明《水浒传》一四回：“雷横道：‘却得再来拜望，不须保正分付。请保正免送。’晁盖道：‘～，也送到庄门口。’”

【却避】 què bì 退避。唐杜甫《见王监兵马使说近山有白黑二鹰》："鹏碍九天须～，兔经三窟莫深忧。"明何乔新《史论·资政殿学士余玠卒》："使敌人逡巡～，而宋祚得以少延者，繄谁之力耶？"清李光地《家居寄友》："又如未调马，往往肆踶噬。惟我识兄真，同裯多～。"

【却便】 què biàn ❶ 却。表示语意的转折。宋黄裳《寄陈邵老》："几度为书～休，疏慵如我更如仇。"金《董解元西厢记》卷六："贴儿里拈线，把绣针儿穿。行待纫针关，～纫针尖。"清《五色石》卷五："韦氏才接药在手，～故意把手一抻，将药瓯跌落地上。" ❷ 犹"恰便❶a)"。宋赵抃《乞罢萧汝砺详议官奏》："窃缘汝砺前来充大理寺详断官，才转京官后即请假归吉州，仅及一年，回来并不折除在假月日，～换作检法官。"明梁辰鱼《红线女》三折："每常饮酒数合，～颓然。今夜连举数觞，愈不能醉。"清《飞龙全传》四一回："陶龙因匡胤要见，不好直说，～乘机答道：'贤妹倘若不信，何不出去一见。'" ❸ 犹"恰便❶b)"。元许衡《鲁斋语录》上："南北东西是定体相对，春夏秋冬是流行运用，～相循环，一体一用。" ❹ 还；仍。表示在某种情形下仍然或更进一步怎样。明《醒世恒言》卷一四："哥见兄弟出来，道：'你害病～出来？'"《西游记》六五回："八戒迎着道：'行李如何？'行者道：'老孙的性命几乎难免，～说甚么行李。'"清李渔《比目鱼》一二出："多谢你饰贵装荣，驱贫逐贱，～也酿苦生忙，并不曾仗君威敛得些黄金白镪。" ❺ 偏偏；硬要。元石君宝《紫云庭》二折："更做你是开封府同知，却不取招平人无罪，～硬监押莽迭配。"《元曲选·望江亭》一折："把门关，将人来紧摭拦。你～引的人来心恶烦，可甚的撒手不为奸。"明徐阳辉《脱囊颖》三折："岂是我在君前把性气使，～要生拗折花枝？也只要美满你招贤下士。" ❻ 究竟。明沈璟《义侠记》一八出："贼淫妇，你把吾兄～如何谋死？"徐畛《杀狗记》七出："〔生〕叵耐孙二无理。〔旦、贴〕二叔～怎么？" ❼ 那样就。表示假定条件下怎样。明顾大典《青衫记》三出："要高高不得，要低低不得，才懊悔不听做娘的说话，～难了你。"清《醒世姻缘传》五回："万一冒冒失推一个歪缺出来，～进退两难了。"

【却便是】 què biàn shì ❶ 犹"恰便是❶"。宋元《清平山堂话本·简帖和尚》："领着的妇女，～他浑家。"明《西游记》三五回："有一缕仙藤，上结着这个紫金红葫芦，～老君留下到如今者。"清《霓裳续谱·渔家欢庆》："沽美酒，赏月宵，唱一只永庆歌，～渔家乐。" ❷ 犹"恰便是❷"。明王衡《再生缘》一出："今日永诀呵，虽然咫尺对两眸，～隔天河织女牵牛。"《醋葫芦》一回："想到这个田地，～顶门中走了三魂，脑背后失了七魄。"清李渔《凰求凤》一二出："涂东更抹西，～半老佳人，重新娇媚。"

【却便似】 què biàn sì 犹"恰便似"。元王伯成《天宝遗事诸宫调·飞上月宫》："飞上月宫来，别是一重境界。～春冰笼宇宙，秋水满楼台。"明《西游记》三回："这些猴不知好歹，都来拿那宝贝，～蜻蜓撼铁树，分毫也不能禁动。"清李渔《凰求凤》二九出："假病看看渐入真，～疟鬼来帮衬。"

【却不】 què bù ❶ 岂不。用反问表示肯定判断。元明《水浒传》三回："哥哥便只在此间做个寨主，～快活。"明《西游记》一回："假若我与你去了，～误了我的生意？"清《醒世姻缘传》六六回："这狄希陈若从此自己拿出那做男子的体段，不要在他面前放僻邪侈，～也就渐次收了他的野心。" ❷ 犹"却不道❶"。疑脱"道"字。元刘时中《端正好·上高监司》："向库中钻刺真强盗，～财上分明大丈夫。"

【却不道】 què bù dào ❶ 犹"恰不道"。宋刘克庄《祝英台近》："春年年好，～、明年人老。"元姚守中《粉蝶儿·牛诉冤》："张弹压先抬了膊项，李弓兵强要了胸脯。～闻其声不忍食其肉。"清《风流悟》一回："当时孟瑚看得亲切，～仇人相见，分外眼明。" ❷ 却不知。表示没料到或不知道。宋毛滂《一落索·东归代同舟寄远》："欲留风月守花枝，～、而今远。"元关汉卿《新水令·二十换头》："心友每相邀列着管弦，却子待欢解动凄然。十分酒十分悲怨，～怎生般消遣。"清《品花宝鉴》二九回："本知道是个风流夫婿，～是这样轻薄。" ❸ 岂不是(这样)。用于反问，表示肯定。明《欢喜冤家》七回："犹氏道：'西关渡口，乃前夫死的地方。你敢是用此计谋他？'陈彩笑道：'～怎的？'"清《飞龙全传》一一回："俺从来不斩无名之卒，倘然一旦诛戮，～污了俺的兵器？"

【却不是】 què bù shì 犹"恰不是"。《元曲选·汉宫秋》三折："我依旧与汉朝结和，永为甥舅，～好？"元明《水浒传》六回："那厮～鸟晦气，撞了洒家。"清李渔《人兽关》一八出："此时还不归家，想又在那里赴席了。待他回来与他商议，～好。"

【却才】 què cái ❶ 犹"恰才❶"。宋元《古今小说》卷三六："我是你师父，却教我摸你爷头，原来～丞局便是你。"《元曲选·生金阁》三折："老人家，你～说有甚么没头鬼？"清《荡寇志》一一二回："～众兄弟甚是冒渎，万乞恕罪。" ❷ 犹"恰才❷"。《元曲选外编·西厢记》四本四折："害不了的愁怀，～觉些；掉不下的思量，如今又也。"明《西游记》一〇回："魏徵谢了恩，～拈子在手，只听得朝门外大呼小叫。"清陈廷敬《清明后三日郊行》："冷节～过射柳，红尘不是为看花。" ❸ 只；仅仅。元明《水浒传》一〇回："陆虞候～行的三四步。林冲喝声道：'好贼，你待那里去！'"明《醋葫芦》一回："成珪见他殷勤相待，只得坐下，～把个豚尖掂得一掂，好像椅上有块针毡相似，好生不安。"清《续西游记》一八回："他也不敢乱开，～动马驮的柜子，把那封皮掀动。" ❹ 犹"恰才❹"。《元曲选外编·西厢记》五本三折："那尚书有权势气象，那里听？则管拖将入去了。这个～便是他本分。"明《醋葫芦》五回："今年～一十六岁，人物出众。"清《情梦柝》一回："算还饭钱，遂辞主人出门，东方～发白。" ❺ 犹"恰才❺"。明陈与郊《文姬入塞》："～的说得伤嗟，野鹿心，肠断绝，母子们东西生死别。"《西游记》一三回："三藏心慌，从者胆战，～悚惧，又闻得里面哮吼高呼，叫：'拿将来。'"《醒世恒言》卷二二："～说不了，吕先生径望黄龙山上来，寻那慧南长老。" ❻ 犹"恰才❸"。明《西洋记》一〇回："今番要把旧字洗得清，～新字开得明。"清陆求可《庆春泽·旅怀》："无情双燕抛人去，～知、时节秋深。"《聊斋俚曲·翻魇殃》："提人不过三四天，求他把地尽追还。我的天，案定了，～定了案。"

【却才个】 què cái ge 犹"恰才个❷"。《元曲选外编·西厢记》一本三折："帘垂下，户已扃。～悄悄相问，他那里低低应。"

【却待】 què dài ❶ 犹"恰待❶"。唐陆龟蒙《和重送圆载上人归日本国》："老思东极旧岩扉，～秋风泛舶归。"清《醒世姻缘传》一三回："～起身，那约保向晁大舍讨几分酒钱。"《姑妄言》二〇回："一日偶出，大醉而归，病复大返，～毙了。" ❷ 待；等待。唐孙思邈《备急千金要方》卷一九："地龙置石上，着一撮盐，须臾化为水，以面展取，～凝厚，取以内病上。"元稹《贻蜀·李中丞表臣》："～文星上天去，少分光影照沈沦。"清《荡寇志》九一回："不乘此时追杀，～他收兵回去，据了城池，再去攻打，却不是舍易取难？" ❸ 想要；打算。金《刘知远诸宫调》一："料不识此个凶徒，你如今～侵傍。"明黎民表《送李尚宝伯承弟仲连归濮阳》："谁肯咸阳作布衣，～燕台收马首。"清《野叟曝言》九一回："虽有爷做主，不敢不去就婚；但小的主意，～见了父母，才与妻子成婚。" ❹ 却；却要。金《董解元西厢记》卷七："我然是个官人，～教兀谁做县君？"《元曲选·度柳翠》一折："我本待要蟾宫内栽培的你活，哎，柳也你～向那牛员外上凋零尽。”清《说岳全传》五二回：“姚平章是吾母舅，那公主是我表妹了。如今～怎么？” ❺ 又；再。宋元《清平山堂话本·简帖和尚》：“问这迎儿，迎儿道：‘既不曾有人来同小娘子吃酒，亦不知付简帖儿来的是何人，……’～问小娘子，小娘子道：‘自从小年夫妻，都无一个亲戚来去。’”

【却待要】 què dài yào ❶ 犹“恰待要”。宋元《清平山堂话本·杨温传》：“将梨花袋子袋着了这钱，～辞了杨员外与茶博士，忽然远远地望见一伙人。”明张四维《双烈记》三出：“姐姐，你如今心里～怎的？”清《绿野仙踪》二七回：“跳下地来，～走，被妇人从背后用手将衣领揪住一丢。” ❷ 却；却要。《元曲选·赵氏孤儿》一折：“你为赵氏存遗胤，我于屠贼有何亲？～乔做人情遣众军，打一个回风阵。”

【却当】 què dāng 另见 què dàng。❶ 犹“恰当(qià dāng)❶”。宋刘一止《宿扬子江口》：“待得江头明月出，～船底暗潮生。”明《西游释厄传》：“光阴拈指，～七日正会。玄奘又具表，请唐王拈香。”清陈端生《再生缘》五三回：“年纪～过二十，他的那，仪容默对像嘉岭。” ❷ 定当；必定。宋洪迈《夷坚志》支癸卷九：“且剧赌，俟了后结算。若我输，～一一奉还。”佚名《张协状元》五〇出：“见说一女已倾弃，人道却有一女奇。若是时，若是时，～与君作个道理。”清《五色石》卷四：“我这玉钩仍放你处，另日～见还。” ❸ 应当；应该。宋欧阳修《与王龙图书》：“苟有未然，～相难正。如此，然后为友益矣。”明魏校《答沈一之》：“惟插秧收谷，～赛祭土谷之神。”清《雪月梅》一三回：“从前舍亲原说有标木名砖为记，今既无标木又无名砖，难以凭信，～如何？” ❹ 犹“却再❷”。明《清平山堂话本·羊角哀》：“且未可讲礼，容取火烘干衣服，～会话。”

【却当】 què dàng 另见 què dāng。犹“恰当(qià dàng)”。明《西游记》二四回：“此言～。这里决无邪祟，一定是个圣僧仙辈之乡。”

【却倒】 què dǎo 另见 què dào。倒下；倒卧。唐段成式《酉阳杂俎》续集卷七：“抬手扪面，血涂眉睫，方知伤损，乃举身强行百餘步，～。”宋陈亮《与章德茂侍郎书》：“最是八月二十三日，正囚系囹圄中，忘其项上及手中之为何物，～在匣床，犹欲牵缀小词，以舒祈祝千秋之意。”清钱谦益《觉浪和尚挽词序》：“刹竿～，智镜云亡。斯世如长夜之熄灯，伊余如跛人之夺杖。”

【却倒】 què dào 另见 què dǎo。❶ 表示跟意料相反。却；反倒。元明《水浒传》四三回：“我特地归家来取娘，～杀了一个养娘的人。”明《西湖二集》卷二九：“虽然年纪后生，～象陈最良说的‘六十来岁并不曾晓得伤个春’。” ❷ 表示程度轻微的意外。竟没料到。明《西游记》九三回：“他师徒们正说话间，～也走过许多路程。”清吴伟业《秣陵春》二七出：“我那日只道他们送我回去，～住在这里。” ❸ 表示有所保留的肯定。也还算是。明《西游记》九七回：“娶的妻是那张旺之女，小名叫做穿针儿，～旺夫。自进他门，种田又收，放帐又起。”清《醒世姻缘传》一五回：“虽是素斋，～丰洁。”《红楼梦》二三回：“他曾有几首即事诗，虽不算好，～是真情真景。” ❹ 表示让步。倒是。清《红楼梦》三五回：“宝玉见莺儿来了，～十分欢喜，忽见了玉钏儿，便想到他姐姐金钏儿身上，又是伤心，又是惭愧，便把莺儿丢下，且和玉钏儿说话。”又五三回：“外感～清了，这汗后失于调养，非同小可。”

【却得】 què dé ❶ 亏得；幸亏。宋元《醒世恒言》卷三三：“嫁了这个老儿，只会吃饭。今日～大王杀了，也替奴家除了一害。”元明《三国志通俗演义》卷一二：“曹操回寨，～曹仁死据定了寨栅，因此不曾折了军马。”清《红楼梦》九五回：“虽然贾府忙乱，～凤姐好了，出来理家。” ❷ 定当；一定。元明《水浒传》一四回：“既是保正厚意，权且收受，改日～报答。”明《警世通言》卷六：“我若真个发迹时，～相谢。”宋元《警世通言》卷二〇：“婆婆用心则个。事成时，～相谢。” ❸ 已是；已然。元明《水浒传》三回：“整弄了一早辰，～饭罢时候。”又二四回：“却说本县知县自到任已来，～二年半多了。” ❹ 得以；能够。明徐元《八义记》二六出：“我虽然无计救着你，也须谨避奸雄贼。未可便回程，淹留几日～再区处。”《型世言》二〇回：“当日房下道及，学生不信天下有这好人，今日～相报。”清《野叟曝言》一〇五回：“贼兵有火看不清楚，我兵～分明。”

【却反】 què fǎn ❶ 反而；反倒。《法苑珠林》卷二八：“本欲来求福，～招慢过。”明李梅实《精忠旗》三六出：“把山河去半边，～叙功劳加太师。”《醒名花》一六回：“陷人不过陷己，害我～害身。” ❷ 同“却返”。唐袁郊《甘泽谣》：“刘听之，至四更～，曰：‘送其信矣。’”五代徐铉《从兄龙武将军殁于边戍》：“笙歌～乌衣巷，部曲皆还细柳营。”

【却返】 què fǎn 返却；返回。唐薛用弱《集异记·李清》：“既而谓曰：‘汝可且归。’清则叩头求哀，又云：‘无路～。’”明《西游记》八〇回：“～云头，按落林里。”清朱彝尊《题吴上舍菜根香图》：“齐东老圃吾不如，走马～长山居。”

【却方】 què fāng 犹“恰方❷”。宋朱熹《与宰执札子》：“然而引颈俟命，今已五旬，～探问得此状三月末间尚未申到。”明《西游记》八回：“玉帝大开金阙瑶宫，请我坐了首席，立安天大会谢我，～辞驾而回。”

【却复】 què fù ❶ 却；又。唐顾况《访邱员外丹》：“待君归来君未归，～骑驴下翠微。”清杜诏《渡江云》：“乍来星子县，便僦篮舆，～换扁舟。”《白圭志》一五回：“忠乃令妹与同坐，～抽身出堂验看湖南女子。” ❷ 回；还。唐李晔《答李克用请车驾还宫诏》：“朕欲取今月二十四日～都城，冀宁兆庶。” ❸ 恢复；回归。唐李德裕《条疏太原以北边备事宜状》：“隔河便是胜州，相去数里。望委巡边使与刘沔计会，如何～旧城，至为稳便。”韦乾度《驳左散骑常侍房式谥议》：“后逾年～使职，会故使太师薨殁，刘辟潜扇逆谋。”明《西游记》六一回：“幸蒙诸神下降，围困多时。他～原身，走进洞去矣。”

【却归】 què guī ❶ 回归；回还。唐于鹄《挽歌》：“阴风吹黄蒿，挽歌渡秋水。车马～城，孤坟月明里。”元《三国志平话》卷上：“飞独杀弓手二十餘人，越后墙而出，～本衙。”清洪昇《长生殿》一八出：“凤辇～何处？凄凉日暮空阶。” ❷ 恢复。唐薛用弱《集异记·范翊》：“翊以前事闻。主帅察之，～翊本职。” ❸ 归属；归于。明梅鼎祚《玉合记》三九出：“〔外〕夫人尊姓？〔生〕姓柳，李王孙待年之妾，～下官。”

【却还】 què hái 另见 què huán。❶ 仍旧；依然。句道兴本《搜神记·田昆仑》：“其新妇见此天衣，……即欲乘空而去。为未得方便，～分付与阿婆藏著。”明《醒世恒言》卷二〇：“爬起来望上又跑。那门～闭着，两个拳头如发擂般乱打。”清李渔《蜃中楼》七出：“老寅丈的尊容，虽比当时略苍古了些，这段英武之气，～照旧。” ❷ 尚且。明《西游记》五回：“那里铺设得齐齐整整，～未有仙来。”《拍案惊奇》卷一二：“把钱布之类仍旧放在被囊里，提了又走。又望后边两个人，～未到。”清《儒林外史》二回：“前任老爷取过他个头名，～不曾中过学。” ❸ 倒还；还算是。明《西游记》四〇回：“若是跌伤了你的手足，～好医治；若是被妖精捞了去，却何处跟寻？”清《红楼梦》八二回：“宝玉的为人，～拿得住。”《镜花缘》三二回：“原来此处语音～易懂。” ❹ 竟然。清《荡寇志》八

○回:“你两个为何～对付他一人不过,反吃他杀人走脱?”❺还;又。清《野叟曝言》一〇五回:“其餘诸妃,都无位号,便与凡民无异。应赏者赏,应发配者发配,～管他则甚!”

【却好】 què hǎo ❶犹“恰好❷”。唐王建《和元郎中从八月十一至十五夜玩月》之一:“从未圆时看～,一分分见傍轮生。”宋陈淳《率性之道原有条理节目》:“君子所以穷理者,亦只是要穷到本元恰好处,使一一凑合得著无少差错,方得为尽心、知性、知天。所以力行者,亦只是要做到本元～处,使一一各当无加无减,方得为尽性至命而契乎天。”明徐复祚《一文钱》二出:“今日天色～。昨日与各门哥哥约去游玩,也不枉为人一世。” ❷犹“恰好❶”。五代尉迟偓《中朝故事》卷上:“凝大中元年进士及第,来年彦昭犹下第,因访凝。凝衩衣见之,崔甚恚。凝又戏之曰:‘君～应明经科举也。’”宋朱熹《次韵题平父兄重建一枝堂》:“遗编～传孙子,莫遣因循学晏安。”清《醒名花》四回:“但今人生路不熟,怎得知东北上何处～安身。” ❸该;应该。宋陆九渊《象山语录》卷三:“包显道常云,人皆谓禅是人不可无者,今吾友又云害道,两个～缚作一束。”明陆深《与黄甥良式书》:“贤阃病何如? 恐是血虚畏燥耳,与汝妗所患颇相类否? ～寻医。”《禅真逸史》一七回:“店小乙哥,这时分～放晚关了么?” ❹还好;还行。表示有保留的肯定。宋朱熹《答冯作肃》:“此数句～,但必以不动为心,则又非矣。”六十种曲本《琵琶记》三出:“〔净、丑〕院公,你道两样都不好,如今打秋千耍子好么?〔末〕这个～。”清《红楼梦》七九回:“这一联意思～,只是‘红绡帐里’未免熟滥些。” ❺犹“恰好❹”。宋元《清平山堂话本·陈巡检》:“且说陈巡检夫妻二人到店房中吃了些晚饭,～一更。”明《禅真逸史》五回:“自城边别了林澹然,抱头鼠窜,都到李秀家里,闭上店门,放下李秀并庄客,～天色已明。”清《醒世姻缘传》二七回:“庚申十月天气,～早饭时节,又没有云气,又没有雾气。” ❻犹“恰好❼”。宋元《古今小说》三九回:“转到南门,～汪世雄引着二三十人,带着火把接应。”明屠隆《彩毫记》三一出:“原来果然是夫人,我三人来得～。”清《儒林外史》四四回:“这日是五月初三,～庄濯江家送了一担礼来与少卿过节。” ❼犹“恰好❸”。元李存《与玉振侄》:“但早稻遇旱,裨补过不及,约半收耳。晚稻得雨,～可以无饥。”明《禅真逸史》一七回:“至次年秋间生一小孙,新正～也是五岁了,正与这佛儿同庆。”清《豆棚闲话》一一则:“故意卖个撒漫,勾引着他同去见那团练。往来～是三日。” ❽犹“恰好❻”。元《三遂平妖传》一三回:“昨日三文钱买了一枝泥蜡烛,～点了一夜。”明《拍案惊奇》卷一五:“巴巴的盘到了三年,本利～一个对合了,卫朝奉便着人到陈家来索债。”清《醒世姻缘传》六五回:“偷儿又把第二个抽斗扭开,～端端正正那百十两银子。” ❾犹“恰好❽”。明《型世言》九回:“王喜只得又去典钱,典了送崔科,～崔科不在。”清洪昇《长生殿》三九出:“今日清明佳节,出门闲步一回,～撞着风雨。”《醒世姻缘传》三三回:“备了衣服花粉、果品腥肴,停停当当的,只等赵鹤松写帖,～赵鹤松摇会去了,不在家里。”又九九回:“众人见他同去,虽甚芒刺在背,～怎样当面阻他? 只得要依他的行止。” ❿犹“恰好⓫”。明《西游记》五五回:“待老孙进去打听打听,察个有无虚实,～行事。”《西洋记》五九回:“容贫僧到灵霄殿上去查他一查,看是怎么,～处他。”清《荡寇志》七二回:“爹爹何不早说,我们～捉住那厮,去到官领赏。” ⓫为好。表示选择。明《警世通言》卷四〇:“此处妖孽甚多,再寻几日,杀几个回去～。”清《二度梅》二回:“纵有几家,都是困守田园,乐于山水的乡农,怎好劳你们去报? 还是不去的～。” ⓬还好。表示让步。明《警世通言》卷四〇:“江西不沉～,若沉了时节,正是泥菩萨落水,自身难保。” ⓭好;便于。明《西游记》一回:“既然有姓,再乞赐个名字,～呼唤。”又七一回:“你将那贴身的侍婢唤一个进来,指与我看。我就变作他的模样,在旁边伏侍,～下手。”《西洋记》一四回:“师父也教我们一教,～回复天师的话语。” ⓮才;刚刚。元《三遂平妖传》一一回:“这里～揭得起碟儿,那里杜七圣的孩儿早跳起来。”明《禅真逸史》五回:“即取路往小巷里来。～转得弯时,一远远的听得一个小厮在月下唱吴歌。” ⓯哪里会;怎能够。明卓人月《花舫缘》三出:“〔女〕世上无白使的人,～这般容易!〔末〕恁般呵,多将金帛酬你。”

【却好似】 què hǎo sì 犹“恰好似”。明《警世通言》卷四〇:“一个领蛟子蛟孙战真仙,恰好似八十万曹兵鏖赤壁;一个同仙徒仙弟收妖孽,～二十八汉将闹昆阳。”清《白雪遗音·掩绣户》:“～西施貌美,果然是玉嫱娇柔。”

【却恨】 què hèn ❶犹“恰恨❸”。唐方干《别胡中丞》:“～此身唯一死,空将一死报犹轻。”明《古今小说》卷二八:“你妹子虽然殡殓,～孤贫,不能扶柩而归。”清方成培《雷峰塔》二二出:“有心图他上手,～无计可施。” ❷犹“恰恨❶”。宋贺铸《乌啼月》:“牛女相望处,星桥不碍东西。重墙未抵蓬山远,～画楼低。”元明《水浒传》四三回:“付能今日抹着一个,你道是谁? 原来正是那真黑旋风。～撞着那驴鸟,我如何敌得他过!”清《红楼梦》二五回:“只见西南角上游廊底下栏杆上似有一个人倚在那里,～面前有一株海棠花遮着,看不真切。” ❸犹“恰恨❹”。宋元《清平山堂话本·柳耆卿》:“这柳县宰在任三年,周月仙殷勤奉从,两情笃爱。～任满回京,与周月仙相别。”元明《水浒传》三二回:“若是夏月天道,胡乱在林子里歇一夜。～又是仲冬天气,风霜正寒。”明《醒世恒言》卷三七:“～今日带得钱少,我明日送来还你。” ❹怨恨;遗憾;后悔。宋元《警世通言》卷八:“～郭排军多口,今日已报了冤仇。”明孙仁孺《东郭记》四三出:“〔作推倒自跌介〕却被那小的每推将跌。〔二旦扶住笑介。生〕那时～没你每扶扶也。”清《五色石》卷七:“方知这几张纸牌是籍没家私的火票,逼勒性命的催批,～当时被他误了,今日悔之晚矣。” ❺犹“恰恨❷”。宋元《古今小说》卷三:“只为这样事被人告发,慌了,搬下来躲避。～吴山偶然撞在了他手里,圈套都安排停当,漏将入来,不由你不落水。”元刘时中《折桂令·闲居自适》:“早赋归欤,～红尘,不到吾庐。”

【却后】 què hòu ❶后来;将来。《敦煌变文校注》卷四《八相变(二)》:“今日得见太子身,转加惆怅泪分分(纷纷)。从此定应不相见,～成佛号世尊。”宋叶適《奉赋德修西充大夫成都新园》之二:“缅哉趋前规,更作～图。”金元好问《藏云先生袁君墓表》:“吾于蓬山仙注院见吾子名氏,～当为孝廉贞净仙人。” ❷最终;最后。唐[日]遍照金刚《文镜秘府论》南卷:“其头段段皆须令意上道,～还收初意。”宋陈规《守城机要》:“门为三重,～一层如常制,比旧加厚。” ❸过后;经过之后。宋蔡襄《谢宋评事》:“兵锋～知神物,年寿高来况主人。” ❹退后;后退。明林弼《常平道人说》:“如权衡之称物,移前～,随其轻重,以为低昂。”邵璨《香囊记》三〇出:“其奈弓鞋小,欲进还～。” ❺位置居后。明程敏政《司言仪宾府赏菊》:“偶同远客灯前笑,～诸公卷里诗。”清王念孙《读书杂志·荀子第六》:“《白虎通》亦曰:朱轮特熊居前,寝麋居左右。此谓朱轮每轮画一虎居前,兕麋在两旁～而相并。”

【却还】 què huán 另见 què hái。❶返回;回归;回来。唐马支《释大方广佛新华严经论主李长者事述》:“必谓长者～沧州,挥涕同词,恳请留止。”元《三国志平话》卷中:“用刀尖挑颜良头复出寨,～本营见曹公。”清钱谦益《明特进光禄大夫刘公墓志铭》:“比及门,宫中厉声呼‘哥儿～’,遣使追蹑者三反。” ❷返还;归还。唐施肩吾《定情乐》:“敢嗟君不怜,自是命不谐。著破三条裾,~双股钗。”宋元《清平山堂话本·杨温传》:“庄中米粮搬过,不敢动一粒,修了山寨,~公公。”明沈德符《万历野获编》卷二:“时孝肃太皇太后上仙未久,咸以为上孝感所致,遂表献之朝。上不受,~。” ❸ 划归;归属于。唐权德舆《恒州招讨事宜状》:“不然,则以壤界所接而尽分其地,如乐寿、博野可以~瀛州之类。”李德裕《置孟州敕旨》:“其河阴县宜割属孟州,仍改为望县。其河清县~河南府收管。” ❹ 恢复。唐李德裕《第二状奉宣令更商量奏来者》:“倘圣旨以赠与为优,望只准赦文~旧爵,其赠官落下。”宋强至《苦雨》:“举头告风伯,速吹湿云坼。~秋日光,迤逦照阡陌。”徐积《雪》之四:“谁知群形消即露,~本质污与鲜。”

【却回】 què huí ❶ 犹“却还(què huán)❶”。唐白居易《王昭君》之二:“汉使~凭寄语,黄金何日赎蛾眉。”元明《水浒传》八二回:“宋江等~大寨,到忠义堂上鸣鼓聚众。”明瞿祐《剪灯新话》卷四:“但觉风露高寒,涛澜汹涌。一饭之顷,~旧所。” ❷ 犹“却还(què huán)❷”。唐李炎《平潞州德音》:“其庄田已为人占夺者,亦并~。”宋朱熹《答吕伯恭书》:“副本录呈。……如以未安,幸为~,仍别为作数语见教,庶几可以无忤。”清钱谦益《访孟阳长翰山居题壁代简》:“三日天都约裹粮,差池燕羽正相望。~谢客新游屐,来访卢鸿旧草堂。”

【却就】 què jiù ❶ 犹“却便❶”。明王守仁《传习录》卷上:“今人~将知行分作两件去做,以为必先知了然后能行。”清洪昇《四婵娟·谢道韫》:“你既大家要赋雪,却说一个‘何所似’,似个甚么?~叫我们接下,可不把难的多推与我们。”《飞龙全传》三九回:“不多时,水头仍旧长将上来,刚刚的到得垛口,~消了下去。一连几次,都不得上来。” ❷ 犹“却便❷”。明王樵《勘覆诚意伯刘世延事情疏》:“恐季奉具告,~教唆徐宾具告刘诚意伯处。”佚名《四贤记》二五出:“不意他年过三旬,绝无生育,~立志清修。”清《说岳全传》七回:“众弟兄进了南门,走不到里许,~有许多客店。” ❸ 犹“却便❸”。清《隋唐演义》一三回:“挂号官出来,~利害了:两丹墀有二十四面金锣,一齐响起。” ❹ 犹“却便❺”。明《醒世恒言》卷二七:“自己方才十五六岁,还未知命短命长,生育不生育中,~算到几十年后之事。” ❺ 犹“却便❼”。明梅鼎祚《玉合记》三〇出:“〔丑〕你也少不得封个并肩王。〔净〕却怎么?〔丑〕你去了头,~并肩了。”清《说岳全传》六二回:“不愿者,趁早投生。不要临期懊悔,~迟了。”

【却绝】 què jué ❶ 拒绝;谢绝。宋吴潜《集英殿修撰孙公墓志铭》:“为幕官者,诸场岁时例有馈。君皆~,户庭如水。”明吴宽《明故山西等处承宣布政使司右参政张公墓志铭》:“今所赐物宜追还之,仍闭关~,勿与交通。”清梁恭辰《北东园笔录》三编卷三:“滕尹乃独居内室,闭户~家人,省躬思过。” ❷ 隔绝;断绝。宋陈淳《答陈伯澡问性之目》:“此乃示人不易之格言,非徒务为~而漫无是非也。”明乌斯道《丁孝子传》:“日夕忧悸,且~酒肉盐酪,示自贬。”杨士奇《李公麟鬼章效马图后》:“不事游畋,不宝远物,而蛮夷四方之贡~复至,充溢于庭。”

【却来】 què lái 归来;返回。唐张九龄《敕当悉等州羌首领书》:“前者令王承训往宣问,事止当州。比其~,云诸州亦有所望。”金《刘知远诸宫调》二:“我时下遭困罚,若风雷稍遂显荣华,~庄中取艳娃。”

【却乃】 què nǎi “却”的强调表示。❶ 反倒;反而。宋吴芾《江行阻风》:“胡为溯流船,~去如箭。而我独滞留,舣棹长江畔。”明《拍案惊奇》卷三:“猛悍到了虎豹,~怕此小物。”清弘历《登半天楼作歌》:“楼以最高名半天,~去天几万里。” ❷ 即;就。宋元《清平山堂话本·柳耆卿》:“令人召周月仙歌唱,~预令舟人假作客官预坐。”明《西游记》八回:“到我处求取真经,永传东土,劝化众生,~是个山大的福缘。” ❸ 切;确。元明《水浒传》六〇回:“~不可忘了晁天王遗言。临死时嘱道:‘如有人捉得史文恭者,便立为梁山泊主。’”

【却怕】 què pà ❶ 只怕;唯恐。唐方干《同萧山陈长官县楼登望》:“仲叔受恩多感恋,徘徊~酒壶空。”元张之翰《江城子·瓶梅》:“今夜黄昏新月底,还~,太孤清。”明吴与弼《懒吟》:“好怀~诗拘束,不似前时苦思多。” ❷ 恐怕;怕是。用于推测。元明《水浒传》八回:“~使不得,开封府公文,只叫解活的去,却不曾教结果他。”清《儒林外史》四一回:“论此时的风气,也未必有车中女子同那红线一流人。~是负气斗狠,逃了出来的。”

【却弃】 què qì 弃却;抛弃。唐杜甫《观打鱼歌》:“众鱼常才尽~,赤鲤腾出如有神。”元胡助《子房》:“功成~人间事,长使英雄仰素风。”明彭华《与吴鼎仪论韵学书》:“惟足下不~,以仆之言稽之古,察之四方。”

【却且】 què qiě ❶ 却;反倒。唐刘承庆《明堂灾后求直言疏》:“立像宏法,本拟利益黎元;伤财役人,~烦劳家国。”宋朱熹《答巩仲至》:“今日此等好事亦做不得,然在此翁~免得一番拖出来,亦非细事。” ❷ 依旧;仍然。宋赵抃《乞放泗州酒坊钱奏札》:“有司之吝,未即放免,至今本州~追勾理纳。”《元曲选外编·拜月亭》四折:“咱~尽教佯呆着休劝,请夫人更等三年。” ❸ 姑且;暂且。宋欧阳修《论大理寺断冤狱不当札子》:“其命垂尽,只为未有棺器,~解下。其后又与绳索,令自缢。”元明《水浒传》三〇回:“武松早睃见,自瞧了八分尴尬,只安在肚里,~只做不见。”清《儒林外史》一〇回:“既有此事,~休要就回嘉兴。我们写书与太爷,打发盛从回去,取了回音来再作理。”

【却去】 què qù ❶ 离去;离开。唐杜甫《羌村》之二:“娇儿不离膝,畏我复~。”宋李廌《杨花词》之一:“特地飞来有意,等闲~无情。”清郑世元《出门别妻子》:“娇女绕我膝,小儿挽我衣。似亦解离别,~还复来。” ❷ 退回;返回。唐张九龄《敕突厥可汗书》:“其马今并勒令~,至彼之日,以理告示也。”宋彭元逊《月下笛》:“扁舟~,中流回首,惊散飞鸟。”清袁枚《子不语》卷四:“门外有妇人蓝衣蓬首开户入,见陈,便~。” ❸ 弃掉;摒弃。宋吴彦夔《传信适用方》卷上:“梓州厚朴半斤,却用生姜半斤,同水伍升,于银器内煮水尽,~生姜不用,将厚朴焙干。”明方孝孺《梅长者祠堂碑》:“使闻长者之风者,~浮薄而趋忠厚,岂不足为天下之劝乎!”清沈起凤《谐铎》卷九:“小婢进曰:‘鱼圆已熟,请夫人夜膳。’遂立命~,回思怖境,珠珠汗下。” ❹ 谢绝;回绝。宋刘克庄《送王允恭隐君》:“一叶撑来江浪阔,兼金~客囊空。”明宋濂《故愚庵先生方公墓版文》:“乡人有为饶阳令者,以帰雁侑书,力~乃已。”清《聊斋志异·封三娘》:“生诘旦,浼邻媪诣范夫人。夫人贫之,竟不商女,立便~。”

【却却】 què què ❶ 犹“恰恰❼”。明《梼杌闲评》一一回:“刘兄久要图他的不得到手,今日~的在他网里。”清《说唐后传》四二回:“缘何知道寡人有难海滩,~来得正好,救了寡人性命?”《品花宝鉴》五八回:“两手支住桌子,不防胯间那个镶嵌狗肾,~的压在那花梨桌子角上。” ❷ 退缩貌。清褚人获《坚瓠八集·十遇词》:“遇俗务则~,遇谈人过则略略。”

【却如】 què rú 犹“恰如”。唐郑谷《访题进士孙秦延福南街居》:“无门共荣达,孤坐~闲。”明徐元《八义记》三九出:“后生可畏,跨马~飞。”清《儒林外史》二回:“一齐举箸,~风卷残云一般,早去了一半。”

【却赛】 què sài 犹“恰赛”。辽王鼎《焚椒录》：“惟一低声言曰：‘奴具虽健，小蛇耳，自不敌可汗真龙。’后曰：‘小猛蛇～真懒龙。’”明杨慎《西江月·观蜀史》：“琼树何如锦树，缯楼～迷楼。”《西游记》一七回：“虽然旷野不堪夸，～蓬莱山下景。”

【却甚】 què shén 哪有；怎能。元王伯成《天宝遗事诸宫调·祭杨妃》：“趁衰草登山迈岭。～绿暗红稀况凤城。”《元曲选·蝴蝶梦》三折：“他须不求金玉重重贵，～儿孙个个贤。”《元曲选外编·窗事犯》一折：“只落的满身枷锁跪厅前，～一轮皂盖飞头上。”

【却甚的】 què shén de 即“却甚”。《元曲选·陈抟高卧》二折：“可不道朝中随圣主，～林下访闲人。”

【却甚么】 què shén me 即“却甚”。元佚名《替杀妻》二折：“这婆娘寸心毒哏千般计，不好也，～一夜夫妻百夜恩。”《元曲选外编·赤壁赋》一折：“拚了今宵痛赏，我～检书幌剔尽银缸。”

【却甚末】 què shén me 同“却甚么”。元石君宝《紫云庭》三折：“俺娘难道那风云气少，您爷～儿女情多。”《元曲选外编·替杀妻》二折：“我往常时草鞋兜不住脚跟，到如今旧头巾遮不了顶门，～白马红缨彩色新。”

【却是末】 què shì me 即“却甚末”。元佚名《替杀妻》二折：“我往常时草鞋兜不住脚跟，到如今旧头巾游不了顶门，～白马红缨彩色新。”

【却似】 què sì 犹“恰似”。唐白居易《王昭君》之一：“秋苦辛勤憔悴尽，如今～画图中。”《元曲选外编·三夺槊》二折：“那鞭～一条玉蟒生鳞角，便是半截乌龙去了牙爪。”清《红楼梦》六五回：“一对金莲或翘或并，没半刻斯文，两个坠子～打秋千一般。”

【却退】 què tuì ❶ 退还；返还。宋苏轼《论高丽买书利害札子》：“因其馈送书中不称本朝正朔，～其物。” ❷ 消退；减除。宋吕陶《雪意》：“何如酒阵与之敌，～寒色其威振。”王迈《腊肉》：“霜蹄削玉慰馋涎，～腥荤不敢前。”吴芾《和许守松棚》：“～炎威凉满座，都缘清荫布如云。”

【却忘】 què wàng 忘却。唐白居易《春眠》：“～人间事，似得枕上仙。”元关汉卿《普天乐·崔张十六事·夫妇团圆》：“～了间阻情，遂了平生愿。”清田雯《四月八日》：“～今日佛生日，供奉清斋不敢停。”

【却下】 què xià ❶ 落下；退下；潜入。唐王建《宫词》之二四：“内鹰笼脱解红绦，斗胜争飞出手高。直上碧云还～，一双金爪掬花毛。”宋洪迈《夷坚志》甲卷一五：“僧前欲问讯，摇手止之，不敢问。～僧堂，侧立以视。”明刘基《南柯子·咏蓼花》：“鲤鱼～水仙宫。肯放斜阳，更向若华东。” ❷ 放下；摘下。唐李白《玉阶怨》：“玉阶生白露，夜久侵罗袜。～水精帘，玲珑望秋月。”宋梅尧臣《较艺和王禹玉内翰》：“分庭答拜士倾心，～朱帘绝语音。”明徐渭《四声猿·翠乡梦》一出：“外戴女面，走数转作敲门，却又倒地作肚疼自揉介。～女面放地上，起戴僧帽，倒身女面边。” ❸ 发下；发放到。唐王起《请进士覆试后再行放榜奏》：“其诗赋先送中书门下详覆，候敕～本司，然后准例大字放榜。”清吴伟业《行路难》之一三：“复壁埋名二十年，赦书～咸阳尉。归来故乡无负郭，破家结客成何济。”

【却也】 què yě ❶ 也；也就。宋辛弃疾《踏莎行·庚戌中秋》：“问他有甚堪悲处。思量～有悲时：重阳节近多风雨。”宋元《警世通言》卷八：“崔宁是个单身，～痴心；秀秀见恁地个后生，～指望。”清《红楼梦》三二回：“此时宝玉心中也有万句言语，不知从那一句上说起，～怔怔的望着黛玉。” ❷ 却。元卢挚《蟾宫曲·箕山感怀》：“巢由后隐者谁何？试屈指高人，～无多。”明汤显祖《牡丹亭》六出：“他都是饱学才子，～时运不济。”清《红楼梦》二回：“如今外面的架子虽未甚倒，内囊～尽上来了。” ❸ 着实；果真。《元曲选·伍员吹箫》四折：“如今得生擒费无忌，亲鞭楚平王尸，报了父兄之仇，～不枉了。”又《汉宫秋》一折：“各家尽肯馈送，所得金银，～不少。”清《红楼梦》一七至一八回：“宝玉已见过这香囊，虽尚未完，却十分精巧，费了许多工夫。今见无故剪了，～可气。”

【却又】 què yòu ❶ 却。宋洪迈《夷坚志》三辛卷九：“且彼既取汝为正室，～窃奸我婢，情理不可容。”元王和卿《蓦山溪·闺情》：“不甫能盼的他来到，他～早醺醺的带酒。”清《红楼梦》一回：“若说你性灵，～如此质蠢，并更无奇贵之处。” ❷ 又；再度。宋元《警世通言》卷三三：“你家中小娘子周氏，与一个雇工人有奸。大娘子取回一家住了，～与你女儿有奸。”明《警世通言》卷三一：“不一时都哄尽了，空手而回，～去问春儿要银子用。”清《镜花缘》九回：“小弟才得一枝朱草，～有偏二位吃了。” ❸（到时候或情况发生）再。宋元《清平山堂话本·错认尸》：“烦伯伯同奴去买口棺木来盛了，～作计较。”元明《三国志通俗演义》卷六：“吾待敌军到时，～理会。”明《警世通言》卷二八：“我明日把些银子，你先去赁了间房子，～说话。” ❹ 煞是；甚为。元明《水浒传》二三回：“酒家道：‘肉便切来，添与客官吃，酒却不添了。’武松道：‘～作怪！’”明《醒世恒言》卷三：“歇下轿子，那小厮走进里面去了。秦重道：‘～作怪，着他接什么人？’”清《醒世姻缘传》一八回：“晁源说：‘……我们只图好看，那要他像！’画士道：‘这个～奇了！’” ❺ 而且；加之。明《西游记》一回：“如今母老，一发不敢抛离。～田园荒芜，衣食不足。”《古今小说》卷五：“打听邻家有酒，便去噇吃，～大模大样，不谨慎。”清《醒世姻缘传》一九回：“他便走到自己睡的房内收拾干净，～酒醉饭饱了，还有甚么挂弹，就便上床睡了。” ❻ 便；就。明《警世通言》卷二五：“看坐唤茶已毕，就分付小童留饭，施还～暗暗欢喜。”《醒世恒言》卷四：“这酒若翻在别个身上，～罢了，恰恰里尽泼在阿措身上。”清《儒林外史》一二回：“三公子见他没有衣服，～取出一件浅蓝绸直裰送他。”

【却又来】 què yòu lái 犹“恰又来”。明徐元《八义记》三五出：“〔末〕兄弟今年四十。〔外〕～！你要此子报冤，该得六十岁。”袁于令《西楼记》二七出：“〔净〕笑是笑一笑的。〔小净〕～！是你不该失笑，破我法术。”清《红楼梦》一七至一八回：“众人忙道：‘……天然者，天之自然而有，非人力之所成也。’宝玉道：‘～！此处置一田庄，分明见得人力穿凿扭捏而成。’”

【却欲】 què yù 犹“恰欲”。句道兴本《搜神记·李信》：“于时大王使人唤来，～放信还家，侍养老母。”元《三遂平妖传》三回：“～转身，忽然山土凹里，赶出一群獾来。”明《英烈传》二九回：“友谅大惊，极力挣脱，～回避，早被花云一箭，正中着左边眼睛。”

【却再】 què zài ❶ 犹“却又❷”。唐曹唐《仙子送刘阮出洞》：“殷勤相送出天台，仙境那能～来。”明《醒世恒言》卷三一：“和尚众人都不见了。～来园中一看，不见了那五百片香罗木。”清《续西游记》一九回：“先把马垛与师父送过大路，～回转取我们挑的经担。” ❷ 犹“却又❸”。宋元《古今小说》卷三五：“我如今没投奔处，且只得随他去了，～理会。”元明《水浒传》四回：“且请恩人到家，过几日～商议。”明《金瓶梅词话》二回：“待他归来，～计较。” ❸ 犹“却又❶”。明《西湖二集》卷三：“朕前度因天竺《观音赞》做得好，面召彼来问他取名之义，他～不能对。”清《歧路灯》一〇三回：“我心欲以为媳，这话我～说不出来。”

【却早】 què zǎo ❶ 早已；已经。元王伯成《天宝遗事诸宫调·飞上月宫》：“休等闲教雾镇云埋，～离了妆台，准备迎风户半开。”明韩邦奇《驻马听·饯尧甫举人》：“离情才说两三行，檐前～鸡三唱。”清《品花宝鉴》一〇回：“那神色之间，微露出不然之意来。子云～窥出，颇得意用计之妙。” ❷ 用来表示时间过得快，略同于“倏忽”“一晃儿”。元曾瑞《醉花阴·元宵忆旧》：“冻雪才消腊梅谢，～击碎泥牛应节，柳眼吐些些。”《元曲选·范张鸡黍》三折：“自从孩儿亡化，～过了七日。”清《歧路灯》四〇回：“日月迁流，～到冬月天气。” ❸ 却。多用于表示意外。《元曲选·风光好》四折：“我则想学士寄音书，～是钱王传令旨。”明《西游记》一五回：“正打问讯，～不见了那老儿。”清《荡寇志》一三五回：“鲁达一支禅杖和身子打进伯奋怀里来，～打了个空。”

【却自】 què zì ❶ 自；自然。元明《水浒传》三一回：“刀～好，到我手里不曾发市。”明《西洋记》一一回：“洞宾看见，～慌了，驾云就走。”清《隋唐演义》二三回：“列位不要在此站列，请外边小房中用晚饭，舍下～有人服事。” ❷ 却；却是。元明《水浒传》三〇回：“施恩得知了，那里敢再去看觑武松，～得康节级和众牢子自照管他。”清《豆棚闲话》一〇则：“惟龙爪一品，其形似乎厚实，其中～空的。”《镜花缘》一九回：“两个黑女既如此善书而又能文，馆中自然该是诗书满架，为何～寥寥？” ❸ 再。元明《水浒传》二〇回：“有此位官人留下白银一两在此，你且权收了。我明日～来算。”

【确当】 què dàng 准确；恰当。宋《朱子语类》卷一九：“且如精义中，惟程先生说得～。”明范景文《覆调有司疏》：“酌人地之宜，因材器之使，諮诹～，列名补牍。”清《蜃楼志》一三回：“先生此论，自然～不移。”

【确的】 què dí 的确；确实。宋陈襄《乞均排等第出役钱状》：“如此擘画关防，方可见得人户物力高下～数目。”明《二刻拍案惊奇》卷四：“只是适间的话，可是～么？”清李玉《清忠谱》四折：“近日新闻贵处天雷打杀了几个扒灰老，这也～么？”

【确定】 què dìng ❶ 固定。宋《朱子语类》卷七二：“震是坤第一画变，坎是第二画变，艮是第三画变。易之取象，不曾～了他。”又卷七三：“圣人取象处，只是依稀地说，不曾～指杀。”陈淳《答陈伯澡》：“某于此书，亦未能有工夫到一一见得～不易处。” ❷ 明确规定；决定。元杨维桢《正统辨》：“亲传诏旨，有过唐不及汉之言；～统宗，有继宋不继辽之禅。”明孙传庭《督师谢恩疏》：“为皇上～大计，料理年餘。”《大清会典则例》卷一一三：“造具清册，填入考语，径送督提等再详加考核，～去留。” ❸ 认定；确认。明胡震亨《唐音癸籤》卷三二：“旧本于题下～其岁月，犹未敢便更其次也。”清《醒世姻缘传》二九回：“薛教授见了这等神奇古怪，～是神仙。”

【确乎】 què hū 确实；的确。明《石点头》卷一：“郭乔此时，已看得明明，听得白白，知道～是他的儿子。”清《醒世姻缘传》三四回：“人到这个关头，～要拿定主意，不要错了念头。”

【确荦】 què luò （山石）嶙峋不平，也指这样的路。唐刘禹锡《伤我马词》：“水辙之淋漓，淖途之汪洋。结为～，融为坳堂。”宋欧阳修《风吹沙》：“北风吹沙千里黄，马行～悲摧藏。”清《歧路灯》七三回：“认定马蹄踪迹，少不得踏～，避蒺藜，走了大半日。”

【确切】 què qiè ❶ 严厉；严肃。宋宋庠《资政殿答手诏》：“夙夜惭震，弗遑宁处。然申命～，靡容控让。敢不略述纲要，以裨万一。”司马光《吕献可章奏集序》：“献可为台谏官，前后凡若干年，遇黜者三，皆以弹奏执政，～不已。” ❷ 切实地。明倪元璐《盐政改官疏》：“先之以谕旨，继之以敕书，～责成，使知所守。”清钱陈群《请减粜价借籽种疏》：“务将实在情形，必须减价若干之处，～奏闻。”潘耒《遵谕陈言疏》：“臣请自今会推，必开载实迹数条，～著明。” ❸ 切实；真切。清《儒林外史》四回：“知县见他说的口若悬河，又是本朝～典故，不由得不信。” ❹ 准确；确实。清张玉书《驾幸江宁纪恩碑记》：“且‘治隆唐宋’四字，于明太祖创垂功业至为～。”《野叟曝言》一八回：“你家主告白又李奸情，自然有～证据。”《万花楼》四一回：“是沈氏所呈～，而杨宗保弊端显然。”

【确确】 què què ❶ 坚硬貌；棱角突出貌。唐元稹《田家词》：“牛咤咤，田～，旱块敲牛蹄趵趵。”宋王柏《和敬岩韵迓其归》：“庭前梅粲粲，梅下石～。”明袁宗道《游西山三》：“石屑～拒足，十步一息。” ❷ 确定。宋陈淳《讲义·论语》：“须至于真有卓尔呈露于前，～不可易，然后上达下达之岐判，向背取舍之几决。” ❸ 鸣叫或行进艰难貌。元张养浩《惜鹤·病鹤》：“一鸣虽～，犹自彻云端。”明刘嵩《黄蜀葵歌》：“清夜起瞻夜未央，车轮～回中肠。”王翰《李绰堰》：“秋蚓行泥身～，苍龙照水影翩翩。” ❹ 确实；果真。元张养浩《葛推官平反诗序》：“黯焉而莫辨，抑焉罔克伸者，十且七八。呜呼，任厥事者亦～其难哉！”明《封神演义》二三回：“那老人说孩儿‘左眼青，右眼红，今日必定打死人’，～的，那一日打死了王相。”清孔尚任《桃花扇》一四出：“看他书中意思，属意福王，又说圣上～缢死煤山。” ❺ 刚强坚定。明周是脩《极拙堂诗文序》：“又何敢以期期之口，～之心，于多巧之譊譊霍霍者，求许与求契合哉！”

【确确乎】 què què hū 即“确确❹”。乎，加强语气。元吴海《鸡心峦墓祭文》：“是编之作，毋虑百餘篇，～言切而理当，气充而笔严。”清魏象枢《寿佟母王太夫人序》：“相夫子以诚，训侯以慈，持家以俭，御仆婢以正，～与古之贤母相媲美。”《平山冷燕》一四回：“天下有名姓尽同尚然不是，那有仅一冷姓相同，便～以为绛雪之家。”

【确然】 què rán ❶ 确切；正确。宋司马光《汉中王即皇帝位论》：“是以正闰之论，自古及今，未有能通其义，～使人不可移夺者也。”清阮元《国史儒林传序》：“精校博考，经义～。”李绂《请严铜禁札子》：“此诚我皇上至圣至明，灼见弊源，～而无可疑者也。” ❷ 断然；明确而肯定地。元胡次焱《赘笺唐诗绝句序》：“若叠翁注训，固未敢～以为尽得作者初意，亦未敢～以为尽非作者初意。”清《醒世姻缘传》四四回：“只是李姑子说这媳妇要改变心肠，夫妇不睦，忤逆公婆，这话我～信他不过。” ❸ 确实；果然。明《警世通言》卷二五：“桂迁思忆前梦，及浑家病中之言，轮回果报，～不爽。”《醋葫芦》五回：“想了这梦，倍觉～。何不早向佛门，博个来生福分。”清李渔《风筝误》二九出：“方才的事，据贤婿说，～不假。” ❹ 切实。清张海珊《游说》：“虽尝得之于简册，而苟非目稽口询，～有得于其中，则他日或当其任，将遂有嗛然不足之患。”

【确实】 què shí ❶ 坚定踏实。唐张说《常州刺史平贞眘神道碑铭》：“公雅珍～，不尚华靡。”宋朱熹《与曹晋叔书》：“其间亦有气质醇粹志趣～者，只是未知向方。”元黄溍《资德大夫董公神道碑》：“公生而端重～，人未尝见其嬉笑狎昵。” ❷ 正确切实。宋朱熹《答程正思》：“所论皆正当～，而卫道之意又甚严。”元李穑《孟阳说》：“及读其文，～而不俗，稍斤削则不大戾。”清魏象枢《岳镇九掌科六十寿序》：“祝寿之文，不易为也，亦不易读。读者第取其～近理为上。” ❸ 确切实在。也指确切实在的情况。宋苏颂《钱起居神道碑铭》：“宜重责水官等，预计～功费。”清《野叟曝言》二回：“有一位庶伯母，正怀身妊，是男是女，叫小侄问一～。”《红楼梦》七四回：“且平心静气暗暗访察，才得～，纵然访不着，外人也不能知道。” ❹ 实在；的确。清《万花楼》五四回：“说什么狸猫换主，火焚碧云宫，奴婢～不知缘由。”

【确凿】 què záo 确实。清《红楼梦》八六回："尸场检验，证据～。"《野叟曝言》三六回："柯浑见长卿说得～，便顾不得观瞻，忙跪下去，连连磕头。"

【确真】 què zhēn 的确；真实。明张介宾《景岳全书》卷四："今见诸家言脉，悉以六部浮沉凿分虚实，顾不知病本何在，既无独见，焉得～？"清《醒名花》三回："这是～，小的们亲眼见的。"《飞龙全传》九回："年长一十八岁，腊月三十日子时生的，这便是乐子～的年齿。"

qūn

【逡速】 qūn sù 顷刻；片时。指速度快或时间短。唐佚名《大明寺碑》："有为不住，～何苦。"《敦煌变文校注》卷四《难陀出家缘起》："～已到清（青）云里，似降祥云是不同。"又卷六《欢喜国王缘》："浮生～，不可不留。"

【逡巡】 qūn xún 犹"逡速"。唐张祜《偶作》："遍识青霄路上人，相逢只是语～。"《元曲选外编・西厢记》二本一折："可怜见命在～。"明《醋葫芦》一〇回："～之间，戏已做散。"

qún

【群】 qún 围住（殴打）。明《金瓶梅词话》一四回："到明日不吃人争锋斯打，～到那里，打个烂羊头。"又三四回："反被这伙人～住，揪采在地，乱行踢打。"

R

rán

【然】 rán ❶副词。a) 才，表示在某种条件下然后怎样。稗海本《搜神记》："弟到家访觅怨家杀却，～得免其难。"唐白居易《素屏谣》："缀珠陷钿贴云母，五金七宝相玲珑。贵豪待此方悦目，～肯寝卧乎其中。"清弘历《运河》："截汶资北满，～可救目前。"b) 原来，表示发现从前不知道的情况。《大唐三藏取经诗话》五则："小行者去买菜，至午不回……猴行者一去数里借问，见有一人家，鱼舟系树，门挂蓑衣。～小行者被他作法，变作一个驴儿，吊在厅前。"又："～你也会邪法，我将为无人会使此法。"又九则："国王大笑曰：'和尚向西来，岂不见人说有鬼子母国?'法师闻语，心如半醉：～我七人只是对鬼说话。" ❷连词。a) 然后。《敦煌变文校注》卷一《伍子胥变文》："隐藏之者，法有常刑，先斩一身，～诛九族。"明《醒世恒言》卷二〇："先引到拜过家庙，～请王员外夫妇到厅上坐了，廷秀上前四跪八拜。" b) 虽然。唐修睦《雪中送人北游》："～知心去速，其奈雪飞频。"金《董解元西厢记》卷七："～憔悴，尚天真。"元《七国春秋平话》卷上："臣～挂印，未当便矣，在朝有奸谗。"c) 而且。明《杨家府》卷八："抢入军围，有犯军令，～又欺藐我等，情实难容。" ❸用在句子开头，无实义。《敦煌变文校注》卷四《降魔变文》："(舍利弗)告四众曰：'～我佛法之内，不立人我之心。'"又："(六师)重奏王曰：'～我神通变现，无有尽期。'"

【然眉】 rán méi 同"燃眉"。明王世贞《上丁中丞论海运事》："今辽左之饥荒在～，而造舟募卒事皆创始，非隔岁不办也。"毕自严《犄角最重疏》："臣恳请得原发帑金三万两，转付仓司稍济各兵～之急。"清《行水金鉴》卷三九："伏秋景象转变呼吸，非积蓄素裕，何以取济～。"

【然始】 rán shǐ 副词。表示在某种条件下然后怎样。《唐律疏义》卷二六："但公家之事须行，及私家吉凶疾病之类，皆须得本县本坊文牒。～合行。"《敦煌变文校注》卷七《季布诗咏》："恰至三更半，楚王～觉。"宋司马光《涑水纪闻》卷三："一旦纪纲大坏，～召臣，将无益。"

【然是】 rán shì 连词。虽然。元《武王伐纣平话》卷中："～姬昌重贤，而不可便去自投西伯侯。"元明《水浒传》四四回："～如此，还请朱贵仍复掌管山东酒店。"

【燃眉】 rán méi 火烧着眉毛，比喻情况非常紧急或非常紧急的情况。明王守仁《批追征钱粮呈》："各府州县宜以此意备晓下民，姑忍割肉之痛，以救～之急。"《封神演义》三一回："为今之计，事属～，将军何以救我?"清宋荦《条议畿东十事》："无米难炊，点金少术，止有请发工料车价以济～耳。"

rǎn

【苒惹】 rǎn rě ❶形容烟气缭绕上升。唐杜牧《望故园赋》："长烟～，寒水注湾。"宋司马光《芙蕖轩》："嶕峣结飞阁，～清香里。"清黄之隽《香屑集自序》："长烟～，尚悄悄以在眸；餘馥葳蕤，亦依依而度日。" ❷形容云飘浮。宋蔡襄《东郊》："～晴云酿雨时，东城无处不芳菲。"元宋无《西湖酒家壁画枯木》："寒云～霾昼影，冻藓绿沿借春碧。" ❸犹荏苒。宋赵长卿《惜香乐府·朝中措》："春光～花朝，冷落酒伴飘零。"

【染】 rǎn ❶指作诗文、作画。唐蒋防《霍小玉传》："生素多才思，援笔成章……～毕，命藏于宝箧之内。"宋范成大《张希贤题纸本花·牡丹》："洛花肉红姿，蜀笔丹砂～。"元关汉卿《普天乐·崔张十六事》："杜将军风威勇敢，张秀才能书妙～，孙飞虎好是羞惭。" ❷污染；感染；传染。唐张籍《江村行》："耕场磷磷在水底，短衣半～芦中泥。"元许衡《大学直解》："又当推此心使那百姓每各去其旧～之污。"清《歧路灯》二六回："那病～人。你既要去，到饭时去。" ❸接触；挨上。元贯云石《好观音·怨恨》："打听的新来迷歌酒，风闻的别～着个娇羞。" ❹指男女性关系。元明《水浒传》四五回："海阇黎和潘公女儿有～，每夜来往。"明《拍案惊奇》卷一六："况以清白之身，暗地迎新送旧，虽无所～，情何以堪!"清汪景祺《西征随笔》："汝以渠二人为妩媚乎？皆杀人不眨眼女子也，脱与之有～，渠岂能忘情?"

【染病】 rǎn bìng 生病；患病。唐张鷟《朝野佥载》卷二："后庄左降施州刺史，～，惟忆人肉。"元刘伯亨《朝元乐》："无缘咱孤枕独眠，～耽疾。"清袁枚《子不语》卷一六："来时嫁资颇丰，为其姑逼索且尽。未期年，～床褥。"

【染的】 rǎn de 指染房匠人。明《金瓶梅》七回："见一日常有二三十～吃饭，都是这位娘子主张整理。"

【染坊】 rǎn fáng ❶染绸布、衣服等的作坊。五代王仁裕《玉堂闲话》卷二："遂诣一～，丐得池脚一瓶子，以给其主。"明《山歌·研光》："姐儿见子有情郎，好似云游僧投饭入斋堂，咦像～店里画石贪色碗，研子多多少少光。"清《醒世姻缘传》四四回："自己喂蚕织的绢，发与～染着。" ❷唐代主管染事的官署。唐郑熏《内侍省监楚国公仇士良神道碑》："明年转大盈库，领～，依前知省事。"宋高承《事物纪原》卷七："唐有染署，职在少府，后为～。"耐得翁《都城纪胜·市井》："隆兴间，高庙与六宫等在中瓦，相对今修内司～。"

【染房】 rǎn fáng 同"染坊❶"。明《朴通事谚解》卷中："～

里染东西去来。"《金瓶梅词话》五八回："汉子在屋里睡了一夜儿，得了些颜色儿，就开起～来了。"清李斗《扬州画舫录》卷一："江南～，盛于苏州。"

【染患】 rǎn huàn ❶犹"染病"。唐李隆基《恤囚敕》："或有系囚～者，并令逐处医博士及军医看候，于公廨钱内量支药价。"元姚守中《粉蝶儿·牛诉冤》："一朝～倒在官衢。"清程省《测字秘牒·杂占赋》："摇扇则宽展胸襟，伏枕则昏沉～。" ❷害(病)；传染上。元明《水浒传》二三回："今欲正要回乡去寻哥哥。不想～疟疾，不能勾动身回去。"明郑纪《致仕疏》："今年正月以来，～风湿证候。"清袁枚《子不语》卷三："忽孙姓家一女，年已将笄，～邪病，目斜眉竖。" ❸指外伤；伤口。明王肯堂《证治准绳》卷一一五："一方只用白矾末，酒浸帛蘸～处。"

【染削】 rǎn xuē ❶穿上缁衣，剃去头发。指出家为僧。唐陆羽《陆文学自传》："善哉子为孝，殊不知西方～之道，其名大矣。"《五灯会元》卷一八《光孝德周禅师》："于景德尊胜院～，问道有年，后至黄龙。"明王世贞《与王胤昌书》："随其心净佛土净，如何所教证种种。何必～经行，然后穪苾蒭哉！" ❷润色删改。宋王禹偁《谢除右拾遗直史馆启》："编修出綍之言，垂于信史；撰著得贤之颂，播在乐章，少施～之劳，上答受知之地。"

【染指】 rǎn zhǐ ❶用手指沾染品尝，泛指吃东西。唐刘禹锡《和令狐相公谢太原李侍中寄蒲桃》："～铅粉腻，满喉甘露香。"元陈旅《味经堂赋》："若夫大羹在登，玄酒在匏，则吾将从先生，求以遂吾～之饕也。"清弘历《相扑》："均令～果腹便，小哉食肥张齐贤。" ❷佛家谓对佛法稍有体会，略尝法味。《景德传灯录》卷一九《鉴真禅师》："初参雪峰而～，后因蜀王请于清风楼斋，坐久，举目忽睹日光，豁然顿晓。"《五灯会元》卷一八《圆通道旻禅师》："依景德寺德祥出家，试经得度。遍往参激，皆～。"明王世贞有《送仲氏敬美视关中学政时皈心道门兹行～而已》诗。 ❸泛指体会、感受、领略、欣赏。宋王迈《真西山集后序》："于是先生之文流布人间，知味者皆得而～矣。"明王世贞《与元驭阁老书》："廿八日抵龙潭，明日宿栖霞，颇～江山之胜。"李日华《六研斋笔记》卷四："人生谁得常如此，此味唯君曾～。" ❹比喻分取利益(多指非分利益)。宋刘挚《送文与可同出守湖州》："前更四州守，风政超古人……一毫不～，世味从甘辛。"明范濂《云间据目抄》卷四："但粮税出入，最易～。"清《歧路灯》九四回："诚恐尔灾黎不知此系不得已之挪移，或致布散流言，谬谓不无～之处。" ❺比喻参与做某种事情。宋苏轼《次韵水官诗》："高人岂学画，用笔乃其天……丹青偶为戏，～初尝鼋。"元伊世珍《琅嬛记》卷下："一旦学诵殷愿诗，随诵随悟，～诗牍，便多惊人。"清王夫之《读通鉴论》卷八："失业之民，一～于潢池，而乡党不齿，田庐不保，欲使之负耒而为戢顺之民，亦终不可得。" ❻比喻继承、效法(文学流派)。明周复俊《杨升庵集序》："公为文，宪章迁固，翱翔晁贾，总辔于屈宋，～于王刘。"清王夫之《薑斋诗话》卷下："故嗣是而兴者，如郭景纯、阮嗣宗……乃至左太冲、张景阳，皆不屑～建安之羹鼎。"王士禛《渔洋诗话》卷下："松圆学刘文房、韩君平，又时时～陆务观。" ❼期望(获得)。明刘麟《与乔白岩十四首》之十："久旱之餘，甘雨适至，今又沾足。秋苗向痒，而翼翼与与，云兴满目，吾民将垂涎于黍，～于穄。"王世贞《赴楚出门即事有感》："低眉新礼数，～旧功名。"

ráng

【禳】 ráng 填充。唐王梵志《家贫无好衣》："家贫无好衣，造得一袄子，中心～破毡，还将布作里。"

【禳保】 ráng bǎo 向鬼神祈祷，求得保佑。元明《水浒传》一回："修设三千六百分罗天大醮，奏闻上帝，可以～民间瘟疫。"明《金瓶梅词话》六一回："只怕犯着甚么星辰，替他～～。"

【禳解】 ráng jiě 向鬼神祈祷以消除灾殃。《新唐书·郭弘霸传》："后屡见思征为厉，命家人～。"明《挂枝儿·伤病》："已约下诊脉的医人也，还要请个僧道来～。"清袁枚《子不语》卷四："生请羽士～，属塾师陈某作荐送文。"

【禳星】 ráng xīng 礼拜星斗祈禳。明陈铎《一枝花·道人应付》："这家里追亡荐祖，那家里了愿～。"《西游记》三三回："因前日山南里施主家邀道众～，散福来晚。"清屈大均《广东新语》卷六："每逢灾疾，乃至～告斗，作诸无益，其伤民财甚矣。"

【襄】 ráng 脏。明《西游记》二六回："衣服～了，与他浆洗浆洗。"又七一回："想是衬衣～了，久不曾浆洗，故生此物耳。"

【瓤】 ráng 面食、糕点里面包的馅。明李实《蜀语》："瓜中犀曰瓤，馒头中肉菜亦曰～。"清任兰枝《米糅纤粉》："佳～裹碎琼，鲛人珠是泪。"

【穰】 ráng 另见 rǎng。❶同"瓤"。宋周密《武林旧事》卷六有"桃～酥"。明《金瓶梅词话》三四回："二钱顶皮酥果馅饼儿，一钱银子的搽～卷儿。"清《红楼梦》七六回："(贾母)说着，便将自己吃的一个内造瓜仁油松～月饼，又命斟一大杯热酒，送给谱笛之人。" ❷桑、竹的内皮。明宋应星《天工开物·杀青》："凡纸质用楮树(一名谷树)皮与桑～、芙蓉膜等诸物者为皮纸。"又："浸至百日之外，加功槌洗，洗去粗壳与青皮(是名杀青)。其中竹～形同苎麻样。"《明史·食货志五》："以桑～为料，其制方，高一尺，广六寸，质青色，外为龙文花栏。横题其额曰'大明通行宝钞'。" ❸充填；塞。《元曲选·救孝子》二折："〔杨谢祖云〕哥哥每，你曾见个妇人来么？〔牧童云〕我见来。〔杨谢祖云〕在那里？〔牧童云〕在那林浪里，蛆～着哩。"《元曲选外编·西厢记》五本二折："高抬在衣架上怕吹了颜色，乱～在包袱中恐剉了褶儿。"明朱橚《普济方》卷六〇："右为细末，腊月牛胆汁和成膏，～在脑内，高悬阴干，每用一钱，绵裹咽津。"

rǎng

【攘骂】 rǎng mà 同"嚷骂"。明《金瓶梅词话》一九回："那四个人听见妇人屋里～，不住催逼。"王世贞《弇山堂别集》卷九二："生员赵汴等哄然～，数其扰害百姓诸罪。"

【攘闹】 rǎng nào 同"嚷闹"。明林俊《蓝鄢等捷音疏》："……何坤等二十八人，俱于十六日齐到本哨，遂被伏兵尽皆生擒，～间，餘党闻知，散乱奔逃。"严从简《殊域周咨录》卷二〇："郡武卫则群呼～，将教谕洪蒲捉锁遂行。"

【攘账】 rǎng zhàng 讨账。明冯惟敏《集贤宾·咏所见》："一个个～的翻盆弄瓦，一个个少钱的带锁被枷。"

【嚷】 rǎng ❶喊叫；高声说。《元曲选·窦娥冤》二折："一声～道：'浪荡乾坤，怎敢行凶撒泼，擅自勒死平民！'"明《古今小说》卷三八："道犹未了，～动邻舍、街坊、里正、缉捕人等。"清沈复《浮生六记》卷四："星灿、忆香群起～曰：'来迟罚三杯！'" ❷吵闹。《元曲选·勘头巾》二折："当初一日，这王小二打破俺家尿缸，俺员外与他相～。"明朱国祯《涌幢小品》卷三："郭明龙在礼部，锐然欲夺谥改谥，议不克行，而一时大～。"清《红楼梦》二〇回："忽听他房中～起来，大家侧目听了一听，林黛玉先笑道：'这是你妈妈和袭人叫喊呢。'"

【嚷刮】 rǎng guā 喊叫；吵嚷。明《古今小说》卷二："鲁公子听小姐缢死，还道是做成的圈套，捻他出门，兀自在厅中～。"清《醒世姻缘传》二七回："打哩他嫌少不肯去，在外头嚷嚷刮刮的。"

【嚷乱】 rǎng luàn ❶ 吵闹；喧闹。《元曲选·岳阳楼》四折："甚么人～？与我拿过来者！"明郑若曾《江南经略》卷七下："遇警急，务安静以待敌，无得惊营～，违者处斩。"清《醒世姻缘传》八回："'俺就一万年没汉子，俺也不要他！'～得不休。" ❷ 扰乱；骚乱。元明杂剧本《酷寒亭》三折："因为兵马～，遭驱被掳，来到回回马合麻沙宣差衙里。"

【嚷骂】 rǎng mà 斥骂；叫骂。明《西游记》二五回："跟定唐僧，陪着悟能、悟净，忍受着道童～。"王樵《审录重囚疏》："黄无怠想起汪承宗原欠伊与无思银二钱，要同去取讨。无思说是新节如何好去。黄无怠疑是无思私讨，互相～。"清《儒林外史》四三回："知县又把水手们～一番。"

【嚷闹】 rǎng nào 喧嚷；吵闹。《元曲选·冯玉兰》三折："兀那梢公，你这般～怎么那？"明李乐《见闻杂记》卷一一："一日，两公子行街坊，暑月张盖，家人不自敛束，盖触小户店篷破损。家人与店家～到不堪处。"清《歧路灯》一〇一回："～中间，听的车夫添草声，马索草声。"

【穰】 rǎng 另见 ráng。❶ 乱。《元曲选·魔合罗》三折："又不是公事忙，不由咱心绪～。" ❷ 同"嚷❶"。明佚名《南牢记》三折："满口里浪语闲言，一迷里胡诌乱～。"

ràng

【让】 ràng ❶ 听任；容许。唐朱庆馀《山居》："山泉共鹿饮，林果～僧尝。"古今杂剧《救风尘》二折："～他轿子在头里走，怕那一般的舍人说周舍娶了宋引章，被人笑话。"清《红楼梦》一二回："贾瑞叫道：'～我拿了镜子再走。'" ❷ 逊色；不及。唐张九龄《剪彩》："姹女矜容色，为花不～春。"宋洪咨夔《更漏子·次黄宰夜闻桂香》："斜月转，断云回。风流不～梅。"清《红楼梦》五五回："几件事过手，渐觉探春精细之处不～凤姐。" ❸ 推举；推重。《元曲选·黑旋风》一折："将解人打死，救某上山，就～我第二把交椅坐。"元明《水浒传》四九回："弟兄两个，都使浑铁点钢叉，有一身惊人的武艺，当州里的猎户们都～他第一。" ❹ 降低（价钱）。明《古今小说》卷二："存下几百匹布，不曾发脱，急切要投个主儿，情愿～些价钱。"《梼杌闲评》一二回："老丈何不把布抄发与我？只是价钱求～些。" ❺ 请人接受招待。《元曲选·窦娥冤》三折："不想婆婆～与他老子吃，倒把他老子药死了。"明《金瓶梅词话》六〇回："崔本专管收生活，不拘经纪买主进来，～进去，每人饮酒二杯。"清《红楼梦》四七回："左一壶，右一壶，并不用人～，自己便吃了又吃。" ❻ 指向人表示礼敬。清《红楼梦》六二回："我方才到凤姐姐门上，回了进去，不能见，我又打发人进去～姐姐的。"又一〇九回："宝钗起来梳洗了，莺儿、袭人等跟着，先到贾母那里行了礼，便到王夫人那边起，至凤姐，都～过了。"清《霓裳续谱·乡里亲家》："～房里，我往房里～，～娘亲，我把娘亲～。" ❼ 漾；冒。清《醒世姻缘传》六六回："流水跑到那里看了一看，疮口像螃蟹似的往外～沫哩。"

【让茶】 ràng chá 招待人喝茶。清《女仙外史》九二回："正值奚童捧茶至前，便离席～，直打一恭至地。"《红楼梦》一二回："凤姐也假意殷勤，～让坐。"《歧路灯》三三回："各铺面拱手～，俱漫应道：'一时不闲，容日聆教。'"

【让位】 ràng wèi 犹"让坐❶"。元明《水浒传》四七回："众人大喜，～而坐。"明《金瓶梅词话》七三回："吴大舅也到了，相见～毕，一面琴童儿秉烛来，四人围暖炉坐定。"清《儒林外史》八回："彼此施了礼，～坐下。"

【让坐】 ràng zuò ❶ 请人入座。明《金瓶梅词话》四回："到次日，又来王婆家讨茶吃。王婆～，连忙点茶来吃了。"清孔尚任《桃花扇》七出："〔小旦〕昨晚睡迟，都还未起哩。〔～介〕老爷请坐。"《儒林外史》三六回："虞博士见二人走了进来，同他见礼～。" ❷ 比喻推让。清钱谦益《列朝诗集》丁集八："（周天球）隆庆中，游长安，燕集唱酬之作，一时词客皆为～。"

ráo

【饶】 ráo ❶ 丰美。唐李峤《人日侍宴大明宫应制》："凤城景色已含韶，人日风光倍觉～。"明佚名《集贤宾》："他恋着蓬窗下风致佳，舵楼中景物～，棹歌声里乐陶陶。" ❷ 另外添加。唐王建《题所赁宅牡丹花》："赁宅得花～，初开恐是妖。"元石君宝《紫云庭》一折："我唱的是三国志先～十大曲，俺娘便五代史续添八阳经。"清《红楼梦》七七回："罢了，别再提这事，别弄的去了三个，又～上一个。" ❸ 逊色；亚于。唐李白《上皇西巡南京歌》之三："柳色未～秦地绿，花光不减上阳红。"宋晁补之《绿头鸭》："喜清时杯衔乐圣，未～绿野堂前。"元郝天挺《送门生赴省闱》："未～徐淑早求举，却笑陆机迟得名。" ❹ 欠；缺少。宋韩维《和子华》："年少纵欢～点检，老怀终不挂谁何。"明梵琦《上都》之一："突厥逢唐盛，完颜与宋邻。君王～战略，公主再和亲。"明《古今小说》卷二："这里阿秀只道见了真丈夫，低头无语，满腹恓惶，只～得哭下一场。" ❺ 饶让；宽免。《五灯会元》卷一六《法云善本禅师》："'譬如两家着棋。学人上来，请师一着。'……师曰：'且～一着。'"《元曲选·秋胡戏妻》二折："你若把女儿与了我呵，我的四十石粮食都也～了。"明《朴通事谚解》卷上："你～四着时才好。" ❻ 怜惜。唐白居易《喜小楼西新柳抽条》："为报金堤千万树，～伊未敢苦争春。"宋杨万里《落梅有叹》："才看腊后得春～，愁见风前作雪飘。" ❼ 连词。a）表示让步，略同纵然、即使、尽管等。《敦煌变文校注》卷七《解座文汇抄》："～你儿孙列满行，去时只解空啼哭。"元陈草庵《山坡羊》："～君更比石崇富，合眼一朝天数足。金，也换主，银，也换主。"清《绿野仙踪》三三回："～不邪天机灵敏，还用了一年工夫，方能指挥如意。"b）用在动词前，强调已有的情况，下文用"还、反、倒"等呼应，引出意外或更不堪的结果。明《金瓶梅》二八回："我～替娘寻出鞋来，还要打我。"清《醒世姻缘传》八七回："你～得了便宜，你还拿发着人！"《红楼梦》一九回："～骂了人，还说是典故呢。"

【饶道】 ráo dào 啰唆。明沈榜《宛署杂记》卷一七："语琐碎曰～。"李梅实《精忠旗》一五出："你每这些黄黄子少打！平不达儿的有这些～！上边法度一些也不知，只管胡缠！"

【饶放】 ráo fàng ❶ 豁免。宋郑侠《上王荆公书》："而令诸门所～税钱，实贫困，非大商贾有势之家。" ❷ 饶恕、释放或免于责罚。元明《水浒传》五〇回："如蒙将军～，但用之物当依命拜奉。"明《古今小说》卷一九："～庞老一个，满县人自然归顺。"清《飞龙全传》四回："我若先杀了这班军士，犹恐误了工夫，只得～了他，再做理会。"

【饶借】 ráo jiè ❶ 让；让给。宋梅尧臣《刘仲更于唐书局中种郁李》："旧来蔷薇丛，～与近邻。"明董斯张《广博物志》卷二二："(宋明帝)与第一品王杭围棋，依品赌戏。杭～帝，曰：'皇帝飞棋，臣抗不能。'"清吴伟业《观棋》："可怜一子难～，杀却抛残到那边。" ❷ 宽恕。唐元稹《有唐赠太子少保崔公墓志铭》："至于亲戚僚友，间无所阙，由是议论不能～所无者，而所无者亦以是畏避之。" ❸ 给以方便；怜惜眷顾；照顾。五代刘昬《改元乾佑大赦文》："应天下商旅往来，所在并须～，不得妄有扰勒。"宋刘克庄《卜算子・惜海棠》："尽是手成持，合得天～。风雨于花有底雠，着意相陵藉？"元马端临《文献通考》卷三〇："无艺者，虽应举年深，不得～场数。" ❹ 映衬。唐符载《五福楼记》："新陈对列，相与～，赫然公府。" ❺ 尽管。宋吕南公《过列岫轩辄题小诗》："～俗儒谭尔雅，主公偏重谢家诗。"

【饶令】 ráo lìng　即令；纵使。唐《曹山禅师语录》卷下："～成佛成祖去，也只这是。"

【饶免】 ráo miǎn　饶恕、免除(罪过)。《元曲选・燕青博鱼》楔子："常言道军令无私，怎好～。"又《潇湘雨》四折："看崔文远面上，～死罪。"清《醒世姻缘传》九一回："看了众人分上，方得～。"

【饶命】 ráo mìng　祈求给予活命。《元曲选・合汗衫》四折："大王～咱！"明《古今小说》卷二一："一个个跪倒船舱，连声'～'。"清昭梿《啸亭杂录》卷六："二阉贼俯首称主子～者再。"

【饶让】 ráo ràng　❶ 容忍退让。元明《水浒传》六八回："众人都～你一步，我自天也不怕。"明《古今小说》卷二七："只怕司户少年气概，不相～。"清《绿野仙踪》五七回："就着他抵了命，与你女儿也无益。大家～他些罢。" ❷ 减免(价钱)。明《金瓶梅词话》一九回："你若好好早这般，我教鲁大哥～你些利钱儿。"

【饶舌】 ráo shé　多嘴；唠叨。唐闾邱胤《寒山子诗集序》："丰干～，～。弥陀不识，礼我何为?"《元曲选・岳阳楼》二折："你看么，我见他是出家人，则这般与他个茶吃，他又这般～!"清俞蛟《乡曲枝辞・金氏妇》："汝妻颇艾，留供驱使，无徒～，以取祸殃。"

【饶是】 ráo shì　❶ 纵使；尽管。唐杜牧《猿》："三声欲断疑肠断，～少年须白头。"宋吴泳《祝英台近・春日感怀》："～红杏尚书，碧桃学士，买不得朱颜芳景。"清《野叟曝言》四四回："凭着文爷的本领，～利害，敢还跑得过去。" ❷ 确是；确实。清弘历《题千尺雪》："画情～秀，春物盎惟嘉。"又《襟岚书屋》："书屋悠然岚作襟，一年～几回临。"

【饶恕】 ráo shù　免予责罚。《元曲选・举案齐眉》四折："既是儒户，与我吟诗。若吟的好，便～你。"明《醒世恒言》卷二七："告母亲，兄弟年幼无知，望乞～则个。"清《陕西通志》卷八三："但免有力之家，致穷民不沾实惠者，事发决不～。"

【饶头】 ráo tóu　额外添加的东西。明《西湖二集》一四回："如今又生出一场病来，这是白手求妻的～，做假新郎的利市哩。"清《照世杯・掘新坑》："将那平日害人得来的银钱倾囊竭底的白送与那些相识，还要赔精神赔气恼做～哩。"

【饶先】 ráo xiān　❶ 让先；领先；先。宋王禹偁《樱桃》："差小同谦退，～似屈伸。"苏轼《梦寐》："昔与边韶敌手，今被陈抟～。"明王世贞《季生夜猎不获一鲜赋此嘲之》："老狐～知，狡兔远伏逃。" ❷ 下围棋的时候，棋艺高的一方让对方先着子叫"饶先"。宋岳珂《己亥明禋恩封邺侯感愧有作》之一："静即为方动即圆，幼知棋局老～。"明《二刻拍案惊奇》卷二："天下最高手你还要饶他先哩，好大话，好大话!"清查慎行《是日缪湘芷携酒肴就余寓》："擘纸联吟豪斗健，围棋赌酒怯～。"

【饶益】 ráo yì　❶ 增加；增益。唐孔颖达疏《礼记・曲礼上》郑注"不饶多也"："或解郑云'不饶多'者，以为水潦降下，鱼鳖丰足，不～其多。"《宋史・食货志上三》："凡边部入中有阙，则多出京钞或～诱之，以纾用度。"清《八旬万寿盛典》卷四六："是惟天时顺成，地利～，乃足以纾。" ❷ 繁盛；繁富；富庶。宋宗泽《义乌景德禅院新建藏殿记》："是犹振风之过众窍，甘雨之成百谷，然后美根长固，恶蔓除灭，芬芳嘉实皆得～。"钱时《融堂书解》卷七："耿地～，人皆利之。"元许有壬《菊庄记》："山之输委，亭馆舟楫之盛丽，荷蒲葭柳羽鳞狸狐之～，实最一郡。" ❸ 益处；好处。唐佛陀多罗译《圆觉经》："我等今者蒙佛善诱，身心泰然，得大～。"宋苏辙《乞裁损待高丽事件札子》："今其复至，既朝廷未欲遽绝，谓当痛加裁损，使无大～，则其至必疏而我得其便矣。"也用作形容词，作定语，益、好。清胤禛《朱批谕旨》卷五五："此心此行，能恒守不移，尔自有大～处。" ❹ 赢利；收益。《法苑珠林》卷八八："譬贾客远到他方，虽持杂物，多所～。"《宋史・食货志下五》："时以茶多不精，给商人罕有～。"清吴伟业《绥寇纪略》卷一："酌量脚价，低昂其直，使输者稍有～，则输必多。"

rǎo

【扰】 rǎo　受人招待的客气话。《元曲选・冯玉兰》二折："小官在此多～，有一拜咱。"明《警世通言》卷二八："感谢娘子置酒，不当厚～。"清《红楼梦》三九回："昨日～了史大妹妹，咱们回去商议着邀一社，又还了席。"

【扰臭】 rǎo chòu　从中搅乱以坏事。明《一片情》五回："阿弟，里边美人等我，你不要～。"

【扰饭】 rǎo fàn　指受人款待酒饭。清《红楼梦》一五回："外面贾珍款待一应亲友，也有～的，也有不吃饭而辞的。"《雪月梅》六回："那郎氏又端出一瓦盆热饭来，雪姐道：'酒是不能吃竟，～罢。'"

【扰聒】 rǎo guō　嘈杂搅扰。宋陈著《答徽上人惠物》："本约到吾家，后以雪寒且回城，犹未及识之，却先来～上房。"元胡祗遹《十月十六日移居新都》："连杂市廛成～，奔趋官府便呼传。"清赵翼《廿二史札记》卷三五："帝恶言者～，以海宇升平，官不必备，有意损之。"

【扰搅】 rǎo jiǎo　搅扰；骚扰；打扰。五代王建《郊天改元赦文》："兼有军人百姓，先因公事关连，逃避诸州县镇，不敢放归还者，亦任却归本贯，所在不得勘问～。"元明《水浒传》一一一回："诚恐贼人下乡～，在家支吾，未敢擅离。"清《醒世姻缘传》一〇回："晁大舍出来相见，单只谢禹明吾的～，禹明吾却不谢谢晁大舍的作成。"

【扰攘】 rǎo rǎng　❶ 嘈杂。明《封神演义》一三回："且说哪吒飞奔陈塘关来，只见帅府前人声～。" ❷ 搅扰；骚扰。清纪昀《阅微草堂笔记》卷一："忽有狐怪，白昼对语，迫叶让所居。～戏侮，至杯盘自舞，几榻自行。"又卷一〇："欲逐我耶？今夜必不能行，明朝亦必不能住，何必多此～耶?"

rào

【绕】 rào　遍；满。后接地理或处所名词，表示遍及整个地域或处所。元贯云石《清江引》："不是不修书，不是无才思，～清江买不得天样纸。"明《金瓶梅》九九回："张胜提刀～屋里床背后寻春梅不见。”《醒世恒言》卷五：“却说林公那日黑早，便率领庄客，～山寻绰了一遍，不见动静。”

【绕缠】 rào chán ❶交织。宋《云笈七籤》卷四八：“使目见五色之气相～。”元傅若金《浑沌石行》：“玉精隐月相照射，金液流霞纷～。” ❷纠缠。宋苏轼《夜梦》：“弃书事君四十年，仕不顾留书～。”《朱子语类》卷一九：“《孟子疏》乃邵武士人假作……其书全不似疏样，不曾解出名物制度，只～赵岐之说耳。”

【绕地里】 rào dì lǐ 到处。元赵显宏《昼夜乐·春》：“飞白雪杨花乱糁，爱东君～将诗探。”明《朴通事谚解》卷下：“但早散时实不见早回家。～望官人，直是人定时分才下马。”《金瓶梅词话》二八回：“原来是你偷拿了我的鞋去了，教我打着丫头～寻。”

【绕棺】 rào guān 丧仪之一。僧道人等绕棺材边行走边念经。也叫“转咒”。明《金瓶梅词话》五九回：“吴道官庙里又差了十二众青衣小道童儿来～转咒《生神玉章》，动清乐送殡。”清《红楼梦》六六回：“那日正是和尚们进来～，咱们都在那里站着。”

【绕圈子】 rào quān zi 比喻说话办事不直截了当。清《醒世姻缘传》三七回：“那闺女又问：‘你怎么知道？’狄希陈说：‘那画上不是么？’两个～。”△《官场现形记》四四回：“前任署事的见他说了半天只是～里，还没有说到本题。”

【绕弯】 rào wān ❶犹“绕圈子”。明《金瓶梅词话》三四回：“小的这银子不独自一个使，还破些铅儿转达知俺生哥的六娘，绕个弯儿替他说，才了他此事。”清《济公全传》一五五回：“你别～了，不用这些零碎，有什么话见直说罢。” ❷曲折。清《醒世姻缘传》四六回：“要不是有这点～，晁奶奶可不就轻易的一家给他五六十亩地呀。”

rě

【喏】 rě 一种礼仪。一面作揖，一面口中称“喏”。宋陆游《老学庵笔记》卷二：“旧制，朝参，拜舞而已，政和以后增以～。然绍兴中，予造朝，已不复～矣。”明《西游记》二九回：“怎么见我王更不下拜，～毕平身，挺然而立。”清徐釚《词苑丛谈》卷一二：“舵工见才仲携一丽人登舟，即前～之。”

【惹】 rě ❶缠绕；牵扯；牵挂。唐卢照邻《春晚山庄率题》之一：“游丝横～树，戏蝶乱依丛。”宋《朱子语类》卷一二：“不要因一事而～出三件两件。”元关汉卿《拜月亭》三折：“几时交我腹内无烦恼，心上无萦～。” ❷因接触而被东西附着上；沾染；传染。唐岑参《寄左省杜拾遗》：“晓随天仗入，暮～御香归。”明《拍案惊奇》卷一三：“不想进监多次，～了牢瘟。”清《儒林外史》五二回：“羊肉不曾吃，空～一身膻。” ❸招引；引动。唐段成式《折杨柳》之六：“只向江南并塞北，酒旗相伴～行人。”元明《水浒传》八一回：“口儿里悠悠放出些妖娆声嗽，来～燕青。”清《红楼梦》四四回：“奶奶的千秋，我～了奶奶生气，是我该死。” ❹触动；触及；触犯。《元曲选·鸳鸯被》三折：“从今后女孩儿每休～他这酸丁。”明《拍案惊奇》卷二二：“只消略略眼梢带去，口角～着，就算是十分殷勤好意了。”清《歧路灯》五六回：“俺家他吃几盅烧刀子便撒起野来，～下街坊。” ❺同“喏”。清《醒世姻缘传》六一回：“进到房中，看见素姐，一个丘头大～。” ❻同“偌”。元关汉卿《西蜀梦》三折：“九尺躯阴云里～大，三缕髯把玉带垂过，正是俺荆州里的二哥哥。”明常伦《水仙子》：“起来呵～早天，强披衣情思昏然。”《金瓶梅词话》一三回：“～大家室，如何便丢了去？”

【惹笔】 rě bǐ 字写得不工整，笔画相钩连。宋《三朝北盟会编》卷一五：“誓书有不提空并～，须着换。”又：“两国相重，书状往还，写得真楷是厚意？为复写得～是厚意？”

【惹祸】 rě huò 闯祸；引起事端或招致祸患。宋施枢《杨通老移居图》：“薏苡或招谗，胡椒能～。”元胡祗遹《折狱杂条》：“干局廉洁者，招谤～；贪污委靡者，岁得美除。”清《红楼梦》四回：“薛姨妈正要同居一处，方可拘禁些儿子；若另住在外，又恐纵性～。”

【惹气】 rě qì 生气；怄气。元明《水浒传》二一回：“他若不恋我，我没来由～做甚么，我只不上门便了。”明《山歌·歪缠》：“我看见渠弗见介～，钉子渠两个眼拳。”清张英《聪训斋语》：“细思天下歌舞声伎古玩书画禽鸟博弈之属，皆多费而耗物力，～而多后患。”

【惹事】 rě shì 引起麻烦或祸害。《元曲选·金钱记》一折：“此人带酒也，若到九龙池上，见了那贵家妻妾美女，必然～。”明张鍊《醉太平·自况》：“省人情的管宁，不～的刘伶，严光岂是务虚名。”清《后水浒传》二三回：“这是贼赃，不要留在我家～。”

【惹手】 rě shǒu 犹“棘手❷”。宋《朱子语类》卷四三：“人以千乘之国让之而不肯受，它毕竟是看得来～难做后，不敢做。”元关汉卿《单刀会》二折：“林泉下酒生爽口，御宴上堂食～。”

【惹眼】 rě yǎn 引人注意。明《金瓶梅词话》一四回：“那箱笼东西若从大门里来，教两边街房看见不～？”

【惹厌】 rě yàn 引人厌恶；讨厌。明《拍案惊奇》卷二六：“有时我要他房里来独享一夜也好，何苦在旁边～？”《挂枝儿·自矢》：“有一个～的人拦住在前头，因此上要成就不能勾成就。”清《白雪遗音·相逢来迟》：“啐，～东西起来。”

【惹子】 rě zi 同“若子”。《敦煌变文校注》卷七《百鸟名》：“雀公身寸～大，却嫌老鸱没毛衣。”又卷五《维摩诘经讲经文（四）》：“念君～大童儿，便解与吾论志道。”

rè

【热】 rè ❶眼热；羡慕。唐韩愈《寄崔二十六立之》：“侪辈妒且～，喘如竹筒吹。”明《警世通言》卷二五：“又见尤滑稽乘马张盖，前呼后拥，眼红心～，忍耐不过。” ❷眷恋；亲热。《元曲选·望江亭》三折：“不是我夸贞烈，世不曾和个人儿～。”明《金瓶梅词话》七五回：“我听不上你这巧语花言，可可儿就是～着我来？”《拍案惊奇》卷二二：“大凡富家浪子，心性最是不常，搭着便生根的，见了一处就～一处。” ❸上劲；得劲。元明《水浒传》八三回：“耶律国珍正斗到～处，听的鸣锣，急要脱身。” ❹表示程度高。极；狠。元刘庭信《折桂令·忆别》：“昨日在黄腊梅家挝揉的你见血，前日在白牡丹家掴打的你～瘸。”明佚名《小桃红·西厢百咏·张生羞退》：“既得相逢又嗔怪。～抢白，颓着冷脸将人晒。”孟称舜《娇红记》三一出：“薄幸相如，轻离～闪，枉教人心里自淹煎。”

【热病】 rè bìng 急性发作以体温增高为主要症状的疾病。宋晁补之《鸡肋集》卷六九：“如～汗濈濈生。”元明《水浒传》二八回：“想是这汉子多管害～了，不曾得汗，故出狂言。”清《红楼梦》六〇回：“昨日～，也想这东西吃。”

【热擦】 rè cā ❶中医谓反复擦使发热。宋《太平惠民和剂局方》卷三：“冒暑伏，～生姜，冷水调下。”明朱橚《普济方》卷四九：“每用杖子挑药少许，于白发处～，令染即摘去白髭。”王肯堂《证治准绳》卷一一五：“右件生用为细末，用唾津调，用竹篦子刮破涂药，～入肉，候出黄水，三两日即瘥。” ❷发火。明《西游记》四三回：“二哥，你和我一般，拙口钝腮，不要惹大哥～。”

【热肠】 rè cháng ❶形容感慨、焦急的心情。宋刘克庄《祭胡伯圜尚书文》："追忆平生，惊呼～。"明沈周《为郭总戎题长江万里图》："徒然感慨在牖下，捕影捉风消～。"清孙奇逢《四书近指》卷一七："兴言及此，～欲焚。" ❷犹"热心❶"。明李攀龙《报元美书》："梁伯龙口吻不独五色，兼有～。"高攀龙《答陈筠塘一》："大抵天下～人，应作天下吃亏人。"清《绿野仙踪》三〇回："林大人是～君子，哥嫂切勿介意。"

【热大】 rè dà 要紧的大事。《五灯会元》卷一九《径山宗杲禅师》："生也只恁么，死也只恁么，有偈与无偈，是甚么～！"

【热碟】 rè dié 碟装的热菜肴。明《金瓶梅词话》五五回："两人坐下，糖果～按酒之物，流水也似递将上来。"清《歧路灯》九回："女婢到后边，又叫了一个爨妇，托出一盘小～儿上来。"

【热赶】 rè gǎn ❶不容逗留，立即驱赶。唐孙棨《北里志·王苏苏》："阿谁乱引闲人到，留住青蚨～归。"元明《水浒传》一九回："今日王头领以礼发付我们下山，送上盘缠，又不曾～将去，请头领息怒。"清《荡寇志》一〇六回："那厮银两不还，磁器不付，竟把小人～出来了。" ❷"热赶郎"的略语。称嫖客。明汤显祖《牡丹亭》五二出："～在谁边，毛臊打教遍。"

【热哄】 rè hōng 闹哄；热闹。《五灯会元》卷一八《云顶宗印禅师》："四十九年，一场～；八十七春，老汉独弄。"明《西洋记》八六回："适才经过的街市上，尽好～哩。"

【热化】 rè huà 热和；亲热。清《醒世姻缘传》一九回："从这日以后，唐氏渐渐的也就合晁大舍～了，进来出去，只管行走。"

【热荒】 rè huāng 形容心情急切。金《董解元西厢记》卷一："折莫老的，小的，俏的，村的，满坛里～。"《文献通考》卷二一："然则后来之所以攘臂称首者，正张商英所谓～要做官，而民间之利病，法度之是非，未尝不了然胸中也。"

【热脚儿】 rè jiǎo er 前加"趁""赶"等字，比喻抓紧办事的时机。明《金瓶梅词话》六二回："我摸他身上还温温儿的，也才去了不多回儿。咱不趁～，不替他穿上衣裳，还等甚么？"又七二回："明日交你桂姐赶～来，两当一儿，就与三娘做生日，就与他陪了礼来儿。"

【热牢】 rè láo 詈词，犹言贼囚。宋元《古今小说》卷三六："宋四公道：'～，你是兀谁？'"

【热脸】 rè liǎn ❶红着脸（形容生气）。金《董解元西厢记》卷四："假～儿常饮定，把人心不鉴察。"元佚名《集贤宾·佳遇》："我将他并不曾冷气呵，他见我常时把～儿迎。"明金銮《锁南枝·风情集常言》："过的桥来还拆桥，动不动～子抢白。" ❷形容热情。清《后水浒传》二五回："兀谁怪节级，只他大剌剌不当人。马隆怎～投冷脸觑他！"

【热乱】 rè luàn ❶玩笑起哄；胡闹。宋佚名《张协状元》一六出："〔净〕我吃酒须教满。〔丑〕我每吃得十来碗，敢一扫吃尽盘。〔末〕娘儿两个忒～。"明《金瓶梅词话》七三回："但是他爹说出来个曲儿，就和爹～，两个白搽白的，必须搽恼了才罢。" ❷忙乱；纷乱。宋元《古今小说》卷一五："王琇急去禀令公，要就～里放了这贵人，只做因火狱中走了。"元施惠《幽闺记》六出："公使人，干～，得文引，去勾唤。"明《金瓶梅词话》七九回："吴二舅众伙计都在前厅～，收灯卷画，盖上纸被，设放香灯几席。" ❸病人发热烦乱。宋陈自明《妇人大全良方》卷一四："～者先吐，或心腹痛。"明朱橚《普济方》卷二八八："犀角散，治发脑已穴，脓出后痛闷转甚～。"

【热落】 rè luò 亲热；热情。明《二刻拍案惊奇》卷二七："且说高愚溪初时在女婿家里过日，甚是～，家家如此。"清《醉醒石》一回："左娇右艳，丝竹满前，假意儿趋承～。"《野叟曝言》七回："璇姑此时觉与素臣较前～，亲亲密密的斟酒劝菜。"

【热瞒】 rè mán 蒙骗。宋《明觉禅师语录》卷一："者僧被保福～，争奈真不掩伪，曲不藏直。"宋刘克庄《水龙吟·癸丑生日》："吟歇后诗，说无生话，～村獠。"清胡煦《周易函书别集》卷八："三十年来被～，止将太极作图看。"

【热谩】 rè màn ❶同"热瞒"。宋黄庭坚《张大同写予真请自赞》："谈玄说妙，～两川。"元刘茵《题枯木怪石图》："奇峰怪石惊人眼，谁信丹青解～。"明庄泉《书堂途碑阴答黄司训》："倒使湖西～手段，无所措处。" ❷指无稽之谈。金元好问《晴景图》："藏山只道云烟好，画史而今尽～。"

【热莽】 rè mǎng 莽撞。元佚名《寿阳曲》："胡来得赛，～得极，明明的抱着虎睡。"《元曲选外编·西游记》一出："拆散了美满并头莲，接上这～连枝树。"明凌濛初《虬髯翁》一出："好～，他认了亲。厮呼唤咱占了采，管不是以下裙衩。"

【热蟒】 rè mǎng 同"热莽"。《元曲选·㑳梅香》三折："便道是害的你神魂荡漾，你也合将眼皮开放，你常好是～也沈东阳！"

【热闷】 rè mèn （身体）发热烦闷；（情绪）焦躁烦闷。唐孙思邈《备急千金要方》卷二三："或吐、或汗、或利、或大～。"宋《密庵和尚语录》："东村王大嫂家，夜来失却一头水牯牛，浑家大小寻讨不见，肚里～。"清汪灏等《广群芳谱》卷一〇〇："（相思子）通九窍，去心腹邪气，止～。"

【热闹】 rè nao ❶烦躁。唐白居易《赠韦处士六年夏大热旱》："既无白旃檀，何以除～？"宋《朱子语类》卷一〇三："盖心下～，如何看得道理出？须是静，方看得出。"李师圣等《产育宝庆集》卷下："或心中～，取白蜜一匙，新汲水调下。" ❷（景象）繁盛活跃。《祖堂集》卷一六《黄檗和尚》："兄弟，莫只见八百一千人处，去那里不可只图～。"《元曲选·扬州梦》一折："行了这一路州县，觉都不如这里人烟～哩。"清袁枚《子不语》卷二二："前面搭台唱戏，有金盔金甲神在场上，甚～。" ❸繁盛活跃的场面、景象。宋陶穀《清异录》卷一："朕非不能取～快活，正要与弦管尊罍暂时隔破。"元明《水浒传》七三回："次日天晓，东京城中，好场～。"清《万寿庆典·莲花生瑞》："上京去瞧个～，也不枉一世为人。" ❹使场面活跃，精神愉快。元明《水浒传》三三回："只见前面灯烛荧煌，一伙人围住在一个大墙院门首～。"明《英烈传》四五回："齐集众将，高歌畅饮，扮戏娱情，一连的～了七八日。"清《红楼梦》四〇回："老太太留下我，叫我也～一天去。" ❺指兴致浓。明《金瓶梅词话》九回："正吃酒在～处，忽然把眼向楼窗下看，只见武松似凶神般从桥下直奔酒楼前来。"《醒世恒言》卷一六："正在～一处，那女子被父母呼唤，只得将窗儿闭上，自下楼去。"清《红楼梦》八〇回："香菱说到～头上，忘了忌讳。" ❻热情；亲热。明《金瓶梅词话》四七回："王六儿无事，也常往他家行走，彼此打的～。"《古今小说》卷一："时常携壶挈榼的殷勤～，不一而足。"《醒世恒言》卷二〇："王员外又为玉姐要守着廷秀，触恼了性子；到爱着赵昂夫妇小心～，每事言听计从。" ❼丰盛；气派。清《儒林外史》一五回："捧上饭来，一大盘稀烂的羊肉，一盘糟鸭……虽是便饭，却也这般～。"《红楼梦》四二回："不过随常的东西，好也罢，歹也罢，带了去，你们街坊邻舍看着也～些。"《红楼复梦》九回："今日客堂里结灯挂彩，铺设的十分～。" ❽旺盛；生命力强。清《豆棚闲话》九则："只有扁豆一种，交到秋时，西风发起，那豆花越觉开得～。"《红楼复梦》五八回："那些树叶儿，叫霜染的通红，比春天的花儿还要～。"又七九回："宝钗道：'咱们这一溜儿长春花、石竹子、夹竹桃……都赶着开的这样～。'" ❾（议论、叙述、情节)夸张动人;精彩生动。宋罗大经《鹤林玉露》甲编卷一:"朱文公每病近世解经者推测太广,议论太多,曰:'说得虽好,圣人从初却元不曾有此意。'虽以吕成公之《书解》,亦但言其～而已,盖不满之辞也。"明《朴通事谚解》卷下:"《西游记》～,闷时节好看有。"清《儒林外史》七回:"两位见他说得～,便道:'我两人要请教,问一问升迁的事。'" ❿ 红火;繁忙。清洪昇《长生殿》三六出:"酒钱之外,另有看钱,生意十分～。"《儒林外史》二二回:"船家都帮着搬行李。正搬得～,店主人向牛浦道:'你快些搭去!'"袁枚《子不语》卷一九:"偶一日,因米行生理～,迟至更餘方归。" ⓫ 紧张;激烈。元明《水浒传》三八回:"只听得江岸上发喊～。叫酒保看时,说道:'是黑大汉和人厮打。'"清《绿野仙踪》三六回:"惜乎我二人未去看看两阵相杀的～。"《歧路灯》三三回:"桌上一领细毛茜毡,一个漆髹的大圈,内中两个鹌鹑正咬的～。"

【热丧】 rè sāng 犹"热孝"。清《后水浒传》二五回:"故此今夜乘着～,又是吉日良时,着我二人带了乐从,一应起火花爆。"《醒世姻缘传》六〇回:"公公～在身,不便出门。"

【热审】 rè shěn 明清时,小满后十日起,至立秋前一日止,以天气炎热,凡流徒、笞杖,例从减等处理,称"热审"。明陈继儒《狂夫之言》卷三:"京师有～,省直有减刑。"《明史·刑法志二》:"初,成祖定～之例,英宗特行朝审,至是复有大审,所矜疑放遣,尝倍于～时。"清《醒世姻缘传》六一回:"是～恩例,还是恤刑减等?"

【热厮缠】 rè sī chán 亲热纠缠;硬缠。明佚名《叨叨令·交欢》:"拈拈恰恰人来倦,挨挨靠靠～。"孟称舜《娇红记》三二出:"他那里～,我冷叮宁。"

【热厮火】 rè sī huǒ 打得火热。明朱有燉《一枝花·题情》:"～情缘坎壈,可喜娘美事魑魅,俏冤家陡恁将人赚。"

【热厮粘】 rè sī zhān 犹"热粘"。元郝经《鸳鸯冢》残曲:"想今生料得难相占,我和他到九泉下～。"

【热厮沾】 rè sī zhān 犹"热厮粘"。明汤式《天香引·友人客寄南闽》:"往常时～甜殢殢心如好酒,今日个干相思苦恹恹闷似悲秋。"朱有燉《庆朔堂》四折:"虚意儿窝盘着翡翠巢,～逗引的蜂蝶闹。"

【热突】 rè tū 亲热。清《后水浒传》一四回:"我与你恁般～,要他来吵断。"又三回:"我杨幺胸存知识,目能辨人,不结见面交,不结势力交,不结暂时交,不结～交。"

【热碗】 rè wǎn 碗盛的热菜肴。明《金瓶梅词话》七八回:"骑火盆安放桌儿,摆上春盛果盒,各样～嗄饭。"

【热窝】 rè wō 衣被中暖和的地方。明金銮《落梅风·咏虱》:"憎头锐,怜性拙,一搭儿～中依藉。"

【热孝】 rè xiào 近亲(多指父母、公婆、丈夫)死后百日内服孝,称"热孝"。宋周煇《清波杂志》卷三:"闻人家姬侍有慧丽者,伺其主翁属纩之际,已设计贿牙侩,俟其放出售之。虽俗有～之嫌,不恤也。"明《金瓶梅词话》八二回:"明日出殡,你大娘不放我去,说你爹～在身。"清《红楼梦》五四回:"他妈前日没了,因有～,不便前头来。"

【热心】 rè xīn ❶ 待人热情、做事积极的心性。宋李觏《偶题饶秀才溪光亭》:"万事～成浩叹,一樽撩眼怕长迷。"《元曲选·李逵负荆》三折:"只可惜那李逵哥哥,一片～赌着头来,这须不是要处。"清《飞龙全传》一八回:"你今日虽然一片～,救了此女,果是一时义举。" ❷ 急切或热切的心情。明钟惺《朱云梅福论》:"条对急政,一腔～,欲完汉社稷。"《金瓶梅》二二回:"惊脸儿红还白,～儿火样烧。"清《白雪遗音·茉莉花》:"怕的是～的冤家薄幸的郎。" ❸ 热衷。清王夫之《永历实录》卷六引南明姜曰广疏:"鄙夫～仕进,一见摈于公论,遂乞哀于内廷。"

【热心肠】 rè xīn cháng ❶ 即"热心❶"。《元曲选·留鞋记》一折:"我是小梅香,好片～。全凭诗一首,送与有情郎。"明《金瓶梅》七八回:"你娘好人,有仁义的姐姐,～儿。"清《歧路灯》七六回:"王中总是一个向主子～。" ❷ 即"热心❷"。明《挂枝儿·竹夫人》:"一谜里～和你温存,绣帏中锦被里多曾帮衬。"《浪史》二二回:"那素秋是～,不见他便有些恨。"清《霓裳续谱·茉莉花儿》:"恩爱丛中分外香,倒有个～。"

【热趱】 rè zǎn 极力怂恿或催促。《元曲选·望江亭》一折:"一会儿甜言～,一会儿恶叉白赖。"《元曲选外编·西厢记》三本二折:"禁不得你甜话儿～,好着我两下里做人难。"

【热燥】 rè zào ❶ 焦躁。金《董解元西厢记》卷七:"为姐姐受了张郎的定约,那畜生心头～。"明《醒世恒言》卷二三:"定哥心中虽是～得紧,只是口里说不出来。" ❷ 使人烦躁的热。宋方凤《方樗重修浦阳江桥记》:"鸡鸣而起,日入而息,～湿蒸,忘其疲乏。"《元曲选·铁拐李》二折:"怪道这等～! 快脱了者! 我身上衣服尽勾了也。" ❸ 干燥。明[意]熊三拔《泰西水法》卷五:"是则土之上妙者也。～轻微,与火为体。"清游艺《天经或问》卷四:"挟上之土,轻微～,亦如炱煤。" ❹ 中医指人身体发热,心里烦躁。宋陈直《寿亲养老新书》卷一:"食治老人消渴、壮～不安兼无力、青粱米饮方。"明朱橚《普济方》卷二二八:"皮肤～。"清徐大椿《兰台轨范》卷一:"脾药丸,治肠胃～、大便秘结。" ❺ 中医谓药性热。金杨用道《肘后备急方》卷三附方:"凡人患嗽多进冷药,若见此方,用药～,即不肯服。"元王好古《医垒元戎》卷一二:"此药～,能治脏腑虚寒。"明江瓘《名医类案》卷一〇:"尝服～之药,左胁一点痛。"

【热躁】 rè zào 同"热燥❹"。唐韩偓《手简十一帖》:"偓～甚,曲不成字。"金李杲《兰室秘藏》卷下:"亦宜于阳药中少加苦寒之药,以去～。"清魏之琇《续名医类案》卷五九:"翌日,其汗自止,～益甚。"

【热沾】 rè zhān 同"热粘"。明朱有燉《满庭芳·风情》:"风情～,巫云暗结,楚雨重淹,搭下座锦模糊花洞儿把春光苫。"

【热粘】 rè zhān 形容亲密不可分。元王实甫《贩茶船》残曲:"这厮把莺花来～,俺娘将财礼钱忙拈。"明《金瓶梅词话》八九回:"不是你寻我,我就寻你,恰便相比目鱼,双双～在一处。"

【热粘皮】 rè zhān pí 指一挨上就摆脱不开的人。明《西洋记》六七回:"只有右边执班头目萧哒哈说道:'此莫非王事,悉凭我王差着那个就是。'……那哓得番王就是～,说道:'既是差着就是,我这里差着你罢。'"

【热衷】 rè zhōng ❶ 醉心于。明魏学洢《息关文》:"季若～世资,一日千里,自谓纠合有日,行将摩厉,以须不虞。" ❷ 热心。清《隋唐演义》九回:"良马伏枥日,英雄晦运时。～虽想慕,对面不相知。"《绿野仙踪》三回:"我今来说这些话,还是～于你,你若知道回头,好替你挽回去。"

【热嘴】 rè zuǐ 指甜言蜜语。清《醒世姻缘传》八五回:"素姐听见狄周这一场～,也不免的喜欢。"

rén

【人伴】 rén bàn 陪伴的人(多指部下、随从)。元明《水浒传》五七回:"我闻二龙山宝珠寺花和尚鲁智深在彼,多有～。"明王恕《奏解犯人及参镇守官奏状》:"王回送郭景银五十两,扇一百十把,茄南香三块。与达等跟随～,每人银一两。"《大清律例》卷三六:"凡鞫狱官推问罪囚,有起内～,见在他处,官司停囚,专待对者。"

【人才】 rén cái 指人的相貌。特指美好端正的相貌。五代孙光宪《北梦琐言》卷一七:"楷～寝陋,兼无德行。"元岳伯川《铁拐李》二折:"则为你有～多娇态,不老像正当年。"清《绿野仙踪》二五回:"那日娶来时,我们都看见他在门前下轿,倒好个～儿。"

【人材】 rén cái 同"人才"。金《董解元西厢记》卷二:"生得眼脑瓯抠,～猛浪。"明孟称舜《娇红记》三出:"申家哥哥好一表～也。"清《醒世姻缘传》一八回:"唐家的姑娘～不大出众,这还不如原旧姓计的婶子哩。"

【人丛】 rén cóng 聚在一起的许多人;人群。《五灯会元》卷一〇《清凉文益禅师》:"若有,大市里～处亦有,何须到这里?"《元曲选·渔樵记》三折:"老汉也分开～,不当不正,站在那相公马头前。"清《歧路灯》四九回:"二人遂杂在众～中,拥出山陕庙而回。"

【人道】 rén dào 指男女生殖器。宋《朱子语类》卷一二七:"古人置宦者,正以他绝～后,可入宫。"明谢肇淛《五杂组》卷九:"妇人亦有无～而生子者。"清《十二楼·萃雅楼》二回:"待我把几杯药酒灌醉了他,轻轻割去此道,到醒来知觉的时节,他就不肯做太监,也长不出～来了。"

【人丁】 rén dīng ❶ 人口;家口。唐杨筠松《撼龙经》:"男人破家因酒色,女人内乱公讼庭。变出瘵痨鬼怪病,令人冷退绝～。"元吴澄《罗山曾氏族谱序》:"其族虽不大炽盛,然比它族～最蕃衍。"清《绿野仙踪》一四回:"一别十六七年,喜得你们还团聚在故土,抑且～倍多于前。"特指家庭中的男丁。唐李恒《南郊改元德音》:"见在桑产,如无近亲承佃,各委州县切加检实,据桑地数,具本户姓名,申本道观察使,于官健中取无庄园有～者,量气力可及,据多少给付。"明《醒世恒言》卷三八:"看见我家族里～精壮,尽皆拿去当军。" ❷ 家丁;男仆。明《金瓶梅词话》九一回:"他家中田连阡陌,骡马成群,～无数。"清《野叟曝言》一二回:"松庵的俗家住在山后,有一二百个～,都是他的党羽。"《红楼梦》五九回:"荣府内赖大添派～上夜。"

【人犯】 rén fàn 泛指某一案件中的被告或被牵连在内的人;犯人。《元曲选·窦娥冤》四折:"张千,分付该房佥牌下山阳县,着拘张驴儿、赛卢医、蔡婆婆一起～,火速解审,毋得违误片刻者。"明李东阳《燕对录》:"今欲将一干～提解来京,令三法司、锦衣卫于午门前会问,方见端的。"清《红楼复梦》七一回:"县里原差将一干～点名过堂。"

【人夫】 rén fū ❶ 被征发服差役的人。《唐律》卷二七:"若须修理,每秋收讫,量功多少,差～修理。"《元曲选·马陵道》三折:"我先在东门等你,将你那～都点过,茶车里都搜过。"清《隋唐演义》三二回:"速调天下～自十五以下,五十以上,皆要赴工。" ❷ 指受雇用的人。唐黎埴《出使官不得乘檐子奏》:"病瘥日停,不得驿中停止,～并须自雇。"《五灯会元》卷一五《云居晓舜禅师》:"风吹篱倒,唤～劈缚起。"清《红楼梦》四回:"薛蟠见母亲如此说,情知扭不过的,只得吩咐～一路奔荣国府来。"

【人工】 rén gōng ❶ 指工程。宋赵与衮《辛巳泣蕲录》:"江士旺领兵百餘人斫鹿角、木槎,塞西北团楼下师姑潭坝上,及于西北楼下钉绊马桩,～未就……虏贼已拥众至西门外广教寺山望城岗。"明张瀚《松窗梦语》卷四:"意者～浩大,用费不赀,财力两不赡与?"清高士奇《长城》:"～既已尽,天险巍然成。" ❷ 指给受雇用的人的工钱。清《红楼复梦》四〇回:"一切～火食,一倍加了几倍。"又:"还要求大爷再看破点儿,实在这会儿的～、火食比不得原先,见得这样到了江南也赚不出几个钱。" ❸ 工夫。清《醒世姻缘传》三五回:"这分明不是自己的～不到,却说甚么南北异宜?"

【人家】 rén jiā ❶ 指女子的丈夫家或未来的丈夫家。明《金瓶梅》八七回:"你五娘为甚么打发出来,在王婆子家住着,说要寻～嫁人?"汤显祖《牡丹亭》三出:"他日到～,知书知礼,父母光辉。"清《白雪遗音·二月春光》:"又记的东家女,西家娃,他们年纪比奴小,去年已经嫁～。" ❷ 用在某些指人的名词之后,表示身分。元杨维桢《普天乐》:"抱来帐下,梨园弟子,学士～。"明《老乞大谚解》卷下:"每日穿茶房,入酒肆,妓女～胡使钱。"清《儒林外史》一回:"只因你父亲亡后,我一个寡妇～,只有出去的,没有进来的。" ❸ 指家人。唐段成式《酉阳杂俎》续集卷二:"一称乌郎,一称黄郎,后常与～狎熟。"戴孚《广异记》:"以倾瓶之故,其宅为水所漂,～尽死。"《太平广记》卷四六九引《广古今五行记》:"明日,果有大鱼,长七八丈,径来冲网,其人即赖杀之。破腹,见所食饭悉有。其～死亡略尽。" ❹ 人;人儿。五代冯延巳《鹊踏枝》:"窈窕～颜似玉。"金《董解元西厢记》卷八:"待别娶个～,觑了我行为肯嫁的少。"《元曲选·鲁斋郎》楔子:"〔鲁斋郎云〕你知道他是甚么～?〔张龙云〕他是个银匠,姓李,排行第四。" ❺ 代词。a) 相当于"别人"。唐李商隐《杂纂·愚昧》:"背面说人过。好说～密事。"明《金瓶梅词话》五三回:"～都是好养,偏有这东西是灯草一样脆的。"清《白雪遗音·拷红之一》:"言而无信,怨不的～,既不与他成婚配,不该留他在西厢下。"b) 相当于"他"或"他们"。清《红楼梦》又八二回:"你快喝了茶去罢,～都想了一天了。"四六回:"这二位姑娘并没惹着你,小老婆长,小老婆短,～脸上怎么过得去。"c) 相当于"我"。唐张鷟《游仙窟》:"手子从君把,腰支亦任回。～不中物,渐渐逼他来。"明《西游记》三一回:"你这泼猴,其实惫懒,怎么上门子欺负～!"清《霓裳续谱·寂寞寻春》:"自己的汉子不回家,赖着～把吊上。"

【人尖儿】 rén jiān er 出类拔萃的人。明《禅真逸史》七回:"我想那沈娘子是一个～,他到此地步,无可解救,故假装病发,脱身而去。"

【人眷】 rén juàn 家眷;眷属。明《西游记》九九回:"陈清领合家～,俱出来拜见。"《拍案惊奇》卷二一:"其时有一个姓王的部郎,家中～不时有病。"清允禄等《协纪辨方书》卷三五:"凡新立宅舍,或尽行拆除旧宅,倒堂竖造。修主～既已出火避宅,其起工只就坐上架马。"

【人客】 rén kè 客人。❶ 指嫖客。宋耐得翁《都城记胜·闲人》:"又有赶趁唱喏者,探听妓馆～,及游湖赏玩所在。" ❷ 指旅客、游客。明吴与弼《别武昌》:"借问同舟～姓,新晴作伴好还乡。"张宁《长春境》:"～不改心,山木不改色。" ❸ 指幕宾。清汪景祺《西征随笔·张祖泽深之狱》:"索立呼高入见,且喜其字画端楷,知人意指,留之幕中,高遂为权贵～矣。"

【人口】 rén kǒu ❶ 泛指人。唐太宗有《赎取陷没蕃内～诏》。元刘时中《端正好·上高监司》:"有钱的纳宠妾买～偏兴旺。"清《歧路灯》四五回:"是这南边邵家庄邵三麻子,四十多岁,专一兴贩～,开人窝子。" ❷ 家庭成员的总称;也指部分或个别成员。《旧唐书·文宗纪下》:"其遭灾疫之家,一门尽殁者,官给凶器。其餘据其～遭疫多少,与减税钱。"宋《三朝北盟会编》卷七三:"失～之家许陈状诣军前认识。"清《红楼梦》二六回:"那贾芸自从宝玉病了几天,他在里面混了两日,他都把那有名～都记了一半。” ❸ 寺庙、尼庵中的成员。明沈榜《宛署杂记》卷二〇录元圣旨碑文：“但属寺家的水土、园林……～、头匹，不拣甚么，不拣是谁，休倚气力夺要者。”《禅真后史》一二回：“亏着他攀施主、化钱粮、打月米、包人家经卷来念，养活一庵～。” ❹ 人口里的议论（指批评）。《旧五代史·张延朗传》：“臣即但副天心，不防～，庶几万一，仰答圣明。”明朱国祯《涌幢小品》卷一一：“高皇帝起布衣，有天下，立法创制，规模远矣，纷然更改，未必胜前，徒滋～，愿我公重之。”清佚名《研堂见闻杂录》：“然亦不甚落～，即为是者，亦多方掩敛，每耻人知。”

【人口粥】 rén kǒu zhōu 即“口数粥”。宋吴自牧《梦粱录》卷六：“二十五日，士庶家煮赤豆粥祀食神，名曰～，有猫狗者，亦与焉。”

【人面】 rén miàn ❶ 脸面上显现出来的对人对事的态度。元汪元亨《折桂令·归隐》：“望南山归去来兮，怕世态炎凉，～高低。”《元曲选·误入桃源》三折：“他那里默无声弄盏传杯，一个个紧低头不睬佯妆醉，方信道～逐高低。”清《儒林外史》五五回：“世情看冷暖，～逐高低。” ❷ 指人际关系。明《二刻拍案惊奇》卷四：“我们新来这里做买卖，～上不熟。”

【人难】 rén nán 与人为难。元《通制条格》卷一八：“其合该价钱照依街市实直，划时给散，毋致克减，刁蹬～。”《元典章·工部二》：“不得多餘取要钱物，故意刁蹬～。”

【人闹】 rén nào 人群喧闹。宋《朱子语类》卷二五：“其声愤怒躁急如～相似。”元明《水浒传》五一回：“～里，却好雷横的母亲正来送饭。”明《二刻拍案惊奇》卷五：“我一时贪个松快，～里不看得仔细，及至寻时已不见了。”

【人皮囤】 rén pí dùn 犹云酒囊饭袋。元宫天挺《范张鸡黍》一折：“子是装肥羊法酒～，一个个智无四两，肉重千斤。”又佚名《登瀛州》二折：“你是个蠢蠢之物，庸腐之人，那民脂民膏养成你个～，那里会治国治民。”

【人品】 rén pǐn ❶ 人的性格；性情。宋周紫芝《挽徐提举》：“～真豪爽，天姿尚典刑。”元李继本《代与左司郎中王献道书》：“其～之旷达，度越一时辈流万万也。”明韩邦奇《久病不痊再乞天恩休致事》：“本官～豪迈，强学且文。” ❷ 人的仪表。宋沈括《梦溪笔谈》卷九：“有群妓十餘人，各执肴果乐器，妆服～皆艳丽粲然。”明《古今小说》卷一九：“薛宣尉见杨知县～虽是瘦小，却有学问。”清《飞龙全传》五回：“匡胤定睛一看，好一个齐整～：年纪不过十五六岁，生得唇红齿白。”

【人气】 rén qì ❶ 情绪。唐萧嵩等《大唐开元礼》卷一〇一：“（季秋之月）行春令，则暖风来至，～解惰，师兴不居。”元顾德润《点绛唇·四友争春》：“探花～如虹，状元郎怒填胸。”清汪琬《唐诗正序》：“政烦刑苛，～愁苦。” ❷ 指做人应有的品德、情感等。明《西游记》四一回：“你这呆子，全无～！你就惧怕妖火，败走逃生，却把老孙丢下。”《拍案惊奇》卷三七：“及到后来，看见他所作所为，越无～，时常规讽，只是不听。”清《绿野仙踪》二五回：“老弟之苦即我之苦，家父尚要赠千金，愚兄嫂宁无～？”

【人情】 rén qíng ❶ 情谊；恩惠。唐沈佺期《送韦商州弼》：“王事嗟相失，～贵不忘。”宋《明公书判清明集》卷一〇：“若是平日有～在乡里，他自众共相与遮盖，大事也成小事。”清《红楼梦》五二回：“黛玉便知他是从探春处来，从门前过，顺路的～。” ❷ 特指男女感情。唐韦应物《行路难》：“～厚薄苦须臾，昔似连环今似玦。”宋晏幾道《阮郎归》：“旧香残粉似当初。～恨不如。”明汤式《对玉环带清江引·闺怨》：“心绪乱如丝，～薄似纸。待害相思，相思干害死。” ❸ 人意。唐白居易《白牡丹》：“始知无正色，爱恶随～。”《敦煌变文校注》卷五《维摩诘经讲经文（五）》：“亦能侍奉，偏解祇承。低眉而便会～，动目而早知心事。”明《西洋记》九四回：“牡丹颜色鲜丽，红的红似血，白的白似雪，最可～。” ❹ 面子；情面。元明《三国志通俗演义》卷一：“坚有～，除别郡司马。”明《西游记》二八回：“他的～又大，手段又高，便去四海龙王，借些甘霖仙水，把山洗青了。”清《白雪遗音·辕门斩子》：“佘太君进帐把～讲，千言万语不中用。” ❺ 托关系、送钱财请求关照。元明《水浒传》二八回：“包裹里若有～的书信并使用的银两，取在手头，少刻差拨到来，便可送与他。”明《金瓶梅》二五回：“许银二千两，央西门庆对蔡太师讨～释放。”清《呼家将》一三回：“昔年我在军政府做监军守备的时节，求他几次到兵部里说个～，免些差徭。” ❻ 犹关系。元《水浒传》一〇回：“张教头那厮，三回五次托～去说：‘你的女婿殁了。’张教头越不肯应承。”明《醒世恒言》卷一六：“强得利无可奈何，只得将田产变价上库。又央～在知县相公处说明这两锭银子的来历。”《拍案惊奇》卷二二：“寺僧与州里～厮熟，果然叫人去报了。” ❼ 指礼节应酬。《元曲选·鲁斋郎》三折：“父亲、母亲～去了，这早晚敢待来也。”明《朴通事谚解》卷下：“‘曹大家里～来么？’‘甚么～？’‘却不没了老曹来？’”清《红楼梦》六八回：“外头的从娘娘算起，以及王公侯伯家，多少～客礼。” ❽ 指礼物。唐道宣《宾主序》：“为主者倘存仁义，感十方衲子之云臻，若乃私受～，招千里恶名之远播。”明贾仲明《对玉梳》三折：“探亲眷高抬着暖轿，送～稳坐着香车。”清《红楼梦》四回：“（王夫人）忙又引了拜见贾母，将～土物各种酬献了。”

【人人】 rén rén ❶ 泛指一切人；众人。唐王梵志《傍看数个大憨痴》：“～（百）岁乃有一，纵令长命七十稀。”《元曲选·刘行首》一折：“有时苦劝～，莫怪我叮咛切切。”清《红楼梦》四五回：“只愁我～跟前失于应候罢了。” ❷ 情侣；对所钟爱者的昵称。宋夏元鼎《沁园春》：“火里栽莲，水中捉月，两个～暗去来。”《元曲选·墙头马上》一折：“柳暗青烟密，花残红雨飞，这～和柳浑相类。”清《霓裳续谱·到城南》：“羞答答故意又把～偷看，好一似洞府的仙姬落在桑园。”

【人氏】 rén shì 人。❶ 指籍贯说。宋《三朝北盟会编》卷一四：“（王）安中河朔～。”元张国宾《薛仁贵》楔子：“老汉本贯绛州龙门镇～，世业庄农，姓薛。”清《红楼梦》一回：“这贾雨村原系湖州～。” ❷ 指国籍、种族说。《元史·兵志一》：“于内复有贫难蒙古～。”明严从简《殊域周咨录》卷四：“手执小旗一面，内写称琉球国～。”吕毖《明朝小史》卷一：“蒙古、色目～，既居我土，即我赤子。” ❸ 指朝代说。清《谈氏笔乘·逸典》：“其王守仁、锦袭不知何代～，并非本府收养之人。” ❹ 指区域、处所说。有时包含职业。《元史·百官志二》：“至治二年，以亦乞列思（禁外系马所）～二百户，与所收蒙古子女通三千户，及清州匠二千户，屯田汉军二千户，立宗仁卫以统之。”明《禅真后史》二六回：“因此合省～俱幸全了性命。”清《醒世姻缘传》五一回：“再说武城县里有一人，姓程，名谟，排行第三，原是市井～。”

【人世】 rén shì ❶ 人生。唐陈子良《隋新城郡东曹掾萧平仲诔》：“悲～兮太促，叹死生兮异路。”宋曾觌《朝中措》：“～百年须到，如今七十春秋。”清《红楼梦》九二回：“～的荣枯，仕途的得失，终属难定。” ❷ 众生。明乌斯道《空青歌为临江何九思赋》：“神农未必知有灵，谁启玄关救～。”《警世通言》卷二七：“传得五雷法，普救～。”

【人事】 rén shì ❶ 事情。宋欧阳修《与焦殿丞书》：“数日～，忙迫非常。”《五灯会元》卷二〇《资寿妙总禅师》：“山僧今日～忙冗，且放过一着。”清《聊斋志异·胡四娘》：“大哥～大忙，万里何暇枉顾?” ❷ 礼物。唐韩愈《奏韩宏人事物状》:“今韩宏寄绢五百匹与臣充～,未敢受领,谨录奏闻。”《元曲选外编·九世同居》二折:“你们辏下些～儿送我。”清《儒林外史》四二回:“还有几色菲～,你权且收下。” ❸(僧人)礼拜;参拜。《景德传灯录》卷一二《临济义玄禅师》:“便～了,侍立次。”《古尊宿语录》卷四《慧照禅师语录》:“有一老宿参师,未曾～便问:‘礼拜即是,不礼拜即是?’”宋《明觉禅师语录》卷二:“僧便近前～,师云:‘好好礼拜着!’” ❹ 人的意识的对象。《宋史·王鼎传》:“至潞州八义馆,疾作,不知～。”元明《三国志通俗演义》卷一〇:“忽然往后而倒,口吐鲜血,不省～。”清袁枚《子不语》卷一〇:“病重时,见短身多须而衣葛者入房,便昏然不晓～矣。” ❺ 讳指男女间情欲之事。明汤显祖《牡丹亭》九出:“花面丫头十三四,春来绰约省～。”《石点头》四回:“那凤奴年已一十五岁,已解～。”清《红楼梦》六回:“(袭人)年纪本又比宝玉大两岁,近来也渐通～。” ❻ 指子孙繁衍之事。明《警世通言》卷一一:“若无色,绝了夫妻子孙～。” ❼ 同“人氏”。《敦煌变文校注》卷二《唐太宗入冥记》:“‘是何处～?’崔子玉奏曰:“‘臣是蒲州～。’”《景德传灯录》卷一二《虎溪庵主》:“‘和尚何处～。’师云:‘陇西人。’”宋《大慧普觉禅师宗门武库》:“人人有个生缘,那个是上座生缘?便道:某是某州～。”

【人手】 rén shǒu ❶ 帮手;供使唤或帮助办事的人。明《金瓶梅词话》一六回:“又哭哭啼啼告诉我说:他没～,后半截空,晚夕害怕。”清《醒世姻缘传》九四回:“他～又方便,书办、门子、快手、皂隶,那行人是没有的?”《野叟曝言》九回:“～少了,反赶不出路来。” ❷ 人的手段。明《二刻拍案惊奇》卷五:“真珠姬自觉阴户疼痛,把手摸时,周围虚肿,明知着了～。”《续欢喜冤家》一九回:“不好了,着～了。”清《隋唐演义》四一回:“不好了! 玄邃兄又要着～了!”

【人属】 rén shǔ ❶ 指下属,包括所统率的百姓、官属、士兵等。唐韩愈《银青光禄大夫路公神道碑铭》:“选刺虔州,割餘雩都,作县安远,以利～。”宋刘敞《没蕃士》:“可汗甚雄杰,其下亦辑睦。努力思长策,勿轻用～。”明杨士奇《恭题仁庙御书后》:“以臣当时旧～志之,其第二纸寔臣奉命赍赐者。” ❷ 指家属。宋曾巩《隆平集》卷一九:“将行,谓其家人曰:‘可速去,无为敌所仇也。’及敌攻瓦亭,果购其家～,如珪之言。”《文献通考》卷一六八:“其餘悉从本条科罪,不得辄将土著之家～押出外界。”清《红楼梦》二回:“交代过公事,将历年做官积的些资本并家小～,送至原籍安排妥协。” ❸ 指后天人为建立的关系。宋王与之《周礼订义》卷二引宋王昭禹曰:“宗族兄弟,天属也……故曰朋友,～也。”又卷一六引宋项氏(安世)曰:“天属则不待教而相亲,至于～,无事则相往来,有事则相弃背,非上之人有以教之不可也。”

【人数】 rén shù 人(不止一人)。唐韩愈《论变盐法事宜状》:“请量闲剧,留官吏于仓场,勾当要害守捉,少置～,优恤粮料,严加把捉。”《元典章·刑部十五》:“为所委推问不系正官,中间有不肯依理招证～,不推公事违错,引惹词讼,紊烦官词,不能结绝。”清《红楼梦》一四回:“按名查点,各项～都已到齐,只有迎送亲客上的一人未到。”

【人随】 rén suí 跟随的人。明《西游记》一八回:“要甚兵器,要多少～,趁早好备。”

【人头】 rén tóu ❶ 人(有时含有以单个人为单位的意思)。《元曲选·灰阑记》一折:“见～与他一个银子。”明《醋葫芦》七回:“私盐包子,恐到别人家,～混杂,没甚好勾当做出来。”清《八洞天》卷四:“岑金见他生意在行,～又熟,便加了束修,倾心任他。” ❷ 某人那儿;某些人那儿;别人那儿(“头”为方位词)。宋元《古今小说》卷三五:“物事自卖在～,未得钱。支得时,即便付还官人。”《警世通言》卷三三:“乔俊刮取～帐目及私房银两,还勾做本钱。”明《醋葫芦》一二回:“内中也有游花僧人,只道成员外的小老婆出家,不知怎生丰彩,往往走来摩揣,又从～讨着了个实打实的风声,都不来了。”

【人头上】 rén tóu shàng ❶ 某些人那儿;别人那儿(“头上”为方位词)。清《十二楼·生我楼》二回:“收布的资本共有几何? 放在～的可还取计得起?” ❷ 人们(“头上”为方位词)。清《豆棚闲话》二则:“那日色正中,～还未走动。”又三则:“耳边厢听得道路传闻,说海东天子占了某州某县,渐渐逼近徽州,～荒荒乱乱,俱作逃窜之计。”

【人窝子】 rén wō zi 买卖人口的窝藏地。清《歧路灯》四五回:“是这南边邵家庄邵三麻子,四十多岁,专一兴贩人口,开～。”

【人我】 rén wǒ 指争强斗胜之心。“争人我”指争强斗胜。敦煌本《坛经》:“～是须弥,邪心是大海。”《元曲选·鲁斋郎》四折:“蜗牛角上争～,梦魂中一枕南柯。”明李贽《祭无祀文》卷三:“有钱分授,无争～:是所愿也。”

【人物】 rén wù ❶ 人才;识别人才。宋苏轼《司马温公行状》:“每论事,必以～为先。”王柏《答蔡子明》:“平日以～为己任,不忍一夫之终弃。”《续资治通鉴》卷八一:“士大夫有以～为意者,必问其所知,与其所闻参互考实,以待上求。” ❷ 指人的才识气质。唐白居易《唐故通议大夫张公神道碑铭序》:“或以～著,或以阀阅称。”《旧唐书·李揆传》:“卿门地、～、文章,皆当代所推。”明叶子奇《草木子》卷三下:“元朝建中台为御史大夫者,自陈絩山始。开科为状元,自张起岩始。絩山以德业举,起岩以～举。” ❸ 人的外貌风度。五代孙光宪《北梦琐言》卷五:“蒋凝侍郎亦有～,每到朝士家,人以为祥瑞,号水月观音。”《元曲选·望江亭》一折:“放着你这一表～,怕没有中意的丈夫嫁一个去?”清俞蛟《潮嘉风月》:“簪姑,～秀丽,服御繁华,有豪贵家气象。” ❹ 以人物为题材的中国画。唐裴孝源《贞观公私画史》:“北齐贵戚游苑图一卷,杂宫苑～屏风本一卷。”清《红楼梦》四二回:“或山水～,或翎毛花卉。” ❺ 指绘画、雕塑等中的人物形象。唐裴孝源《贞观公私画史》:“杜征南～图、吴中溪山邑居图。”宋黄休复《益州名画录》卷中:“兼善雕刻机巧,～鬼神、怪异禽兽之类,奇绝当时。”《续资治通鉴》卷二〇九:“三月,奉化州山石裂,有禽鸟、山川、～之形。” ❻ 指人的地位。宋《三朝北盟会编》卷三五:“区区之志,窃念臣～至微。” ❼ 指情夫。《元曲选·后庭花》二折:“瞒着、瞒着丈夫,窝盘、窝盘～。”

【人信】 rén xìn 传送书信消息的人。唐玄奘《大唐西域记》卷一〇:“～往复,竟不会见。”《敦煌变文校注》卷七《苏武李陵执别词》:“傥逢～,时附一音;若遇来鸿,芳菲一行。”五代齐己《招湖上兄弟》:“去岁得君消息在,两凭～过重湖。”

【人牙儿】 rén yá er ❶ 同“人芽儿❶”。明《金瓶梅词话》五一回:“我便走在隔壁人家躲了,家里有个～! 才使保儿来这里,接的他家去。” ❷ 同“人芽儿❷”。明《金瓶梅词话》一七回:“等了半日,没一个～出来,竟不知怎的。”

【人芽儿】 rén yá er ❶ 喻指出生不久的小孩。明《金瓶梅词话》三二回:“你这多少时初生的小～,就知道你妈妈。” ❷ 犹“人影❶”。清《红楼梦》七一回:“因此叫该班的人吹灯关门,谁知一个～也没有。”

【人牙子】 rén yá zi 买卖人口的中介人。清《红楼梦》八〇回:“我即刻叫～来卖了他,你就心净了。”又四六回:“又怕那些～家出来的不干不净。”

【人言】 rén yán 指信石，即砒霜，以信州为知名产地而称之。“人言”是“信”的拆字。宋杨士瀛《仁斋直指》卷二六：“～二钱半，斑猫十二个去足，巴豆十二个去壳油。”明《金瓶梅词话》六一回：“～调着生半夏，用乌头杏仁天麻。”

【人眼】 rén yǎn 人的眼(用于被人注意的场合)。唐杜甫《少年行》：“倾银注玉惊～，共醉终同卧竹根。”明《挂枝儿·私窥》：“怎肯把你的恩情负，欲要搂抱你，只为～多。”清《歧路灯》八七回：“这不是说天道好还，正是说～难哄。”

【人役】 rén yì ❶ 仆从。用于贬义，犹言走狗。宋《三朝北盟会编》卷四二：“谓蔡氏父子探上皇旨意，令敏投隙为之，庶几敏在朝廷庇其宗祸。或果如此，敏特～也。”明《醒世恒言》卷二二：“只见行李十分华丽，跟随～个个鲜衣大帽。”清孙承泽《春明梦餘录》卷四八：“就是跟随～，也都有限制。” ❷ 差役；在官府当差的人。《元曲选·灰阑记》四折：“在官～，不合有事受财。”明沈榜《宛署杂记》卷六：“各衙门～杂费，奉文例于地亩征派。”清《醒世姻缘传》一二回：“仍托了两个厅差，拿了银子，打点合衙门的～。”

【人意】 rén yì ❶ 人的心情。宋晁补之《好事近》：“就中风送马蹄轻，～渐欢悦。”元陶宗仪《辛巳中秋》：“只缘～好，转觉月华明。”清徐元梦《畅春园书堂春日即事》之二：“黄鸟也知～乐，朝朝啼向艳阳天。” ❷ 情分；心意。明《西游记》二七回：“师父果若不要我，把那个松箍儿咒念一念，退下这个箍子……也是跟你一场。莫不成这些～儿也没有了?”清《歧路灯》七七回：“全不成什么东西，少爷叫谭爷胡乱收了，聊表远行回来的～罢。”

【人影】 rén yǐng ❶ 人的模糊形象或踪影。宋葛长庚《卜算子》：“饥鼠偷灯尾蘸油，悄悄无～。”元明《水浒传》六回：“不时见一个～来，喝道：‘有暗算的人。’”清《霓裳续谱·王瑞兰进花园》：“仔细详观，亭院儿处花阴，不见个～儿现。” ❷ 人的画像。清袁枚《子不语》卷一：“乃斧其匣，得～半幅。”

【人员】 rén yuán 任某种职务或具有某种身分的人。《唐六典》卷二六：“梁典经局有太子洗马八人，统典经守舍人、典事守舍～，班第六，正七品。”金佚名《大金吊伐录》卷一：“据燕京疆界，只依两朝差去～同行检视交割为定。”清《红楼梦》一七至一八回：“指示贾宅～何处退，何处跪，何处进膳，何处启事，种种仪注不一。”

【仁造】 rén zào 敬词，称因对方的仁慈而成就某事。唐[日]圆仁《入唐求法巡礼行记》卷二：“日本僧圆仁谨谢员外～给米面，不胜感戴。”宋黄震《与钟运使》：“况今正位崇台，均施支郡，造化在手，伸缩自我，此而不以告，是某不知恤民，上负～矣。”宋陈著《代王参谋谢贾相》：“重惟某何人斯，～所以成全者，视先太师之于先人有加也。”

rěn

【忍得】 rěn dé ❶ 忍受；坚持。唐孙思邈《备急千金要方》卷二二：“凡常之日，忽然暴热，人皆不能～者，当于此时，必不得顿取于寒以快意也。”宋《朱子语类》卷四四：“如自家饥，见刍豢在前，心中要吃，却～不吃。” ❷ 忍心。明王守仁《传习录》卷下：“人与禽兽同是爱的，宰禽兽以养亲，与供祭祀，燕宾客，心又～。”孟称舜《娇红记》四八出：“非是我不念深恩，～半路相抛。”清《醒世姻缘传》一八回：“躲了他走，还恐怕撞见，～把个儿女嫁了与他!” ❸ 怎得。宋乐雷发《萍乡病渴》：“犬子无从典骕骦，荒村～望潇湘。”宋陈均《登蜀阜》：“眼前有底闲风月，～经年不上山。”清吴绮《种字林杂诗》：“～老饕才半月，千竿碧玉已过墙。”

【忍的】 rěn de 同“忍得❷”。《元曲选·汉宫秋》二折：“守着那皓齿星眸，争～虚白昼。”清《白雪遗音·冤家进门》：“奴这里，不～回身把门关。”

【忍口】 rěn kǒu ❶ 忍住不说。宋洪迈《夷坚志》丙卷三：“两婢不能～，颇泄一二。”元胡炳文《纯正蒙求》卷中：“言语不谨，以至于招羞取辱者，在乎不能～。”明《古今小说》卷二九：“长老～不住，乃问红莲曰：‘小娘子，你如何只顾哭泣?’” ❷ 克制食欲。宋杨万里《谢唐德明惠笋》：“高人爱笋如爱玉，～不餐要添竹。”陈造《次姜尧章赠诗卷中韵》：“我亦多病过，～严酒戒。”明李贽《礼诵药师经毕告文》：“诵经至两部，我喘病即减九分；再诵未及四部，我～便能斋素。”

【忍奈】 rěn nài 同“忍耐❶”。《大宋宣和遗事》后集：“二官人且～安心。”元徐瑞松《寓兴》：“佃家圭撮访秋收，儿女啼饥那～。”《元曲选·玉壶春》三折：“我不合占着柳陌花街，惹的那个言，这个语，教小生如何～?”

【忍耐】 rěn nài ❶ 忍受不发作。唐元稹《忆远曲》：“妾不忍见姑郎忍见，为郎～看姑面。”《元曲选·争报恩》二折：“我可也万千事，不折证，则我这心儿里～。”清《红楼梦》六〇回：“不管怎样，～些罢了。” ❷ 坚持。宋《朱子语类》卷三五：“毅，是～持守，着力去做。”明李乐《见闻杂记》卷一〇：“问人欲积善从何处做工夫，起曰：‘从～把手上起。’”《四库总目提要·听潮居存业》：“又称天不急性，却有记性，吾辈于善念善事须～为之。”

【忍气】 rěn qì ❶ 憋气；怄气。元明《水浒传》四五回：“我本待不说，却又怕你着他道儿；欲待说来，又怕你～。”明《西游记》二七回：“你看他～别了师父，纵筋斗云，径回花果山水帘洞去了。”清《红楼梦》一一四回：“邢夫人知道，反说贾琏不好。贾琏～不题。” ❷ 抑制气愤。宋王迈《高帝论三》：“(项)羽至陆梁，且降心～，与帝周旋。”明《山歌·鞋子》：“我吃～弗过，唱只曲子来你听听。”清《醒世姻缘传》四一回：“前日已自把家资交付与你，还有甚说? 只得～罢了。”

【忍疼】 rěn téng 忍受疼痛或痛苦。元陈基《楚州旧将歌》：“～刺血渍白骨，髑髅无言泪如雨。”明王琦《寓圃杂记》卷九：“群优复击曰：‘餘将何卖?’老优～低说曰：‘那四个蹄儿要卖四百两。’”清《十二楼·夺锦楼》一回：“就是挥上几拳、打上几掌，也只好～受苦，做个唾面自干。”

【忍下的】 rěn xià de 忍心。《元曲选·渔樵记》二折：“非是我朱买臣不把你糟糠待，赤紧的玉天仙～心肠歹。”又《灰阑记》一折：“我那员外也，～就撇了我去也!”又《冤家债主》二折：“儿也，你～便丢了我去，教我兀的不痛杀了也!”

【忍心】 rěn xīn ❶ 抑制某种感情或欲望。唐张鷟《游仙窟》：“余时把着手子，～不得。”宋程公许《江涨有感》：“～宽作青梅约，眩眼俄惊丹荔燃。”清《隋唐演义》六一回：“照依这样说，花家姐姐真守志之～人。” ❷ 坚持。《云笈七籤》卷六二：“且欲空却腹藏，令气通行，但能～久作，自觉精神有异，四体日日渐胜，神清气爽。”又：“但能～久作，自觉神情有异，四体日胜一日。” ❸ 硬着心肠(做不忍做的事)。五代李煜《昭惠周后诔》：“遗情眄眄，哀泪涟涟。何为～，览此哀编。”明陈继儒《狂夫之言》卷二：“为人子者，不惟不能养志，抑且不能养口体，非其～如是，所谓终身由之而不知耳!”清《红楼梦》一七至一八回：“贾妃虽不忍别，怎奈皇家规范违错不得，只得～上舆去了。”

【荏苒】 rěn rǎn ❶ 渐渐。唐以前多就时间变化而言，唐代开始用于空间、数量或程度的变化。唐柳祥《潇湘录·襄阳老叟》："华谓女曰：'不从，我必杀汝。'女～同心焉。"五代杜光庭《神仙感遇传》卷五："涛亦审其谛实，皆书于编上，～所载，已是数幅。"清弘历《峰阴》："试看碧峰阴，～向前布。" ❷ 绵延；连绵不断。唐杜甫《宿府》："风尘～音书绝，关塞萧条行路难。"元刘庭信《一枝花·咏别》："写不尽海来深闲愁～，天来高离恨弥漫。"清施闰章《雨宿卧佛寺》："关河～王程在，愁见天边有夕峰。" ❸ 蹉跎；迁延。唐灵佑《警策文》："若不如此，徒在缁门，～一生，殊无所益。"元黄溍《吕君墓志铭》："沉疴～，阅十四寒暑，浸成衰弱。"清张英《送八弟之官咸阳》之一："薄禄一官多～，征尘十载总崎岖。" ❹ 辗转；流离。唐玄奘《谢高昌王送沙弥及国书绫绢等启》："是以束装取路，经涂～，遂到伊吾。"明郑岳《宿高良山和赵栗夫提学韵》："客途～春将暮，坐对莺花忆故林。"清周亮工《送郭去问入燕》："反惊君是北行人，～烽烟六载身。" ❺ 曲折艰难。唐韦应物《谢栎阳令归西郊赠别诸友生》："世道方～，郊园思偃息。"

【稔腻】 rěn nì ❶ 美好细润。宋佚名《圆社市语》："那孩儿忌酒怕风，帐幕中缠脚忒～。"金《董解元西厢记》卷五："腰儿～，裙衣翡翠，料来春困把湖山倚。"又卷七："把个瀏溜庞儿，为他瘦损，减尽从来～风韵。" ❷ 黏腻；粘黏脱不开。金《董解元西厢记》卷七："郑恒此言，使张君瑞添一段风流烦恼，增十般～忧愁。"

【稔色】 rěn sè 美丽；漂亮。金《董解元西厢记》卷一："脸儿～百媚生，出得门儿来慢慢地行。"《元曲选·墙头马上》二折："则为画眉的张敞风流，掷果的潘郎～。"明《醒世恒言》卷一五："贪淫浪子名回放，～尼姑祸忽临。"

【稔熟】 rěn shú ❶ 庄稼成熟。《册府元龟》卷一八："三农～，上下翕然。"元赵孟頫《题耕织图》之二四："农家极劳苦，岁岂恒～。"清《野叟曝言》一四一回："而现在河海宴，年时～。" ❷ 熟悉；亲近。唐刘禹锡《唐故相国李公集序》："一旦召至浴堂门，与语半日，曰：'将移用于大位，宜～民听。'"宋朱彧《萍洲可谈》卷三："王荆公退居金陵，结茅钟山下，策杖入村落，有老氓张姓最～。"清《聊斋志异·侠女》："嗣后三两日辄一至，稍稍～，渐以嘲谑。"

rèn

【认】 rèn ❶ 记；记得。唐杨巨源《送太和公主和蕃》："北路古来难，年光独～寒。"《太平广记》卷三九八引《录异记》："或有见者，密～其处，寻求不得。"宋刘辰翁《摸鱼儿》："门前度桃花，刘郎能记，花复～郎否？" ❷ 当作；以为。唐李商隐《忆雪》："庭树思琼蕊，妆楼～粉绵。"宋曾慥《浣溪沙》："人犹～假为真实，蛾岂将灯作火看。"清《红楼梦》一回："乱烘烘你方唱罢我登场，反～他乡是故乡。" ❸ 寻找；寻问。唐裴士淹《白牡丹》："长安十年惜春残，争～慈恩白牡丹。"罗隐《隋堤柳》："夹路依依千里遥，路人回首～隋朝。"宋贺铸《望湘人》："奈云和再鼓，曲终人远。～罗袜无踪，旧处弄波清浅。" ❹ （听觉、嗅觉）分辨。宋苏轼《南歌子》："美人依约在西厢，只恐暗中迷路，～馀香。"李甲《望云涯引》："时向西风下，～远笛。"石孝友《虞美人》："图得香闺依约、～郎声。" ❺ 承认；招认。宋元《清平山堂话本·简帖和尚》："你见静山大王吃不得几杖子，杀人放火都～了。"《元曲选·窦娥冤》二折："情愿～药杀公公，与了招罪。"清《红楼梦》六一回："如今有赃证的白放了，又去找谁？谁还肯～？" ❻ 应允承担。元《通制条格》卷一三："各路府州司县以至提刑按察司官元拨职田，不依例召客佃种分收，督勒附近百姓～种。"清《醒世姻缘传》五一回："一日五六顿吃饭，遇酒就饮，遇肉就吃，都叫程谟～钱。"《红楼梦》六一回："这里宝二爷不过意，要替他～一半。" ❼ 无奈接受（不如意的结果）。元曾瑞《山坡羊·劝娼》："又待趁风流成就了好姻缘，又待～没幸看钱面。"《元曲选·窦娥冤》二折："不如听咱劝你，～个自家悔气。"明《二刻拍案惊奇》卷三一："况且死后，他一味好意殡殓有礼，我们翻脸子不转，只自家～了悔气罢。" ❽ 觑；瞄。明《西洋记》六六回："～定了中间，狠着是一箭过来。"《梼杌闲评》一〇回："扣上箭，～定了，嗖的一箭，正中那戴唐巾的左臂。"清《东周列国志》七回："在人丛中～定考叔，飕的发一冷箭。" ❾ 借作"纫"，以线穿针。《祖堂集》卷一四《鲁祖和尚》："莫将病眼～花针。"清《驻春园》九回："错～针儿，引线把功收。"

【认称】 rèn chēng 承认；表示认可。明《西游记》九七回："唐僧合掌躬身，又将前情细陈了一遍。众官满口～，都道：'错了，错了，莫怪，莫怪。'"侯震旸《禁廷人命疏》："伊父～煤气熏死，此或劫之以威，或诱之以利，总不可知。"

【认错】 rèn cuò ❶ 承认错误。宋罗大经《鹤林玉露》丙编卷三："世之人举动差谬，文过遂非，不肯～者多矣。"明杨士聪《玉堂荟记》卷上："陈启新既用，上亦悔之，只是不肯～。"清《荡寇志》八一回："足下如今将此案如此办理，蔡京可肯服输～？" ❷ 误认；弄错。明《拍案惊奇》卷二："若非是声音各别，连我方才也要～起来。"清《红楼梦》一〇回："嫂子倒别教人混治。倘或～了，这可是了不得的。"《白雪遗音·相逢来迟》："黑暗无灯休～，莫将小婢去代桃李，小姐闻知要吃醋的。"

【认道】 rèn dào ❶ 辨认；认识（是）。《元曲选·李逵负荆》三折："他今日果然领将两个人来，着我～是也不是。"清丁澎《望天寿山》："～前朝功德寺，老僧还著旧袈裟。" ❷ 认为；以为。明《古今小说》卷一〇："众人都～真个倪太守许下酬谢他的，反以为理之当然，那个敢道个'不'字。"《山歌·看星》："姐儿推窗看个天上星，阿娘咦～约私情。"清《东周列国志》八四回："还～巡视疏虞，偶然堤漏，急唤左右快去救水塞堤。"

【认得】 rèn dé ❶ 知道；认识。唐杨巨源《题五老峰下费君书院》："已将心事随身隐，～溪云第几重。"元许衡《鲁斋遗书》卷三："尧帝是个正心的人，～舜帝也是那正心的人，便肯将那位来让舜做。" ❷ 能够确定某人或物是这个人或物而不是别的。《唐律》卷二六："若已～妻妾将去者，多涉奸情，即同奸法。"五代和凝《游显杖蒲》："有城中银店失一蒲团，后于邻家～，邻不服，争告不置。"宋郑克《折狱龟鉴》卷二："后其夫至庐陵，于优戏场～其妻，诸伶悉窜，捕获伏法。"清《红楼梦》七〇回："我～这风筝，这是大老爷那院里娇红姑娘放的。" ❸ 领会；理解；感受。唐李浩《大丹诗》之一："人能～其中理，夺尽乾坤造化权。"宋沈端节《西江月》："阿蛮风味有谁知，～乐天词意。"清吴绮《苏幕遮》："锦带松时，～相思意。" ❹ 记得。唐白居易《重到江州感旧游题郡楼》："郡民犹～，司马咏诗声。"宋苏轼《水调歌头》："～醉翁语：'山色有无中。'"莫蒙《江城子》："曾侍瑶池王母宴，犹～，佩环声。" ❺ （听觉、视觉、嗅觉）分辨出。唐白居易《利仁北街作》："踟蹰立马缘何事，～张家歌吹声。"元明本《梅花百咏》之二一："断桥斜处挹花神，～花神体态真。"明陈继儒《珍珠船》卷四："萧总遇洛神，后逢雨～香气，曰：'此从巫山来。'"清《东周列国志》七〇回："又有一人乘小车而至，～灵王声音。下车视之，果是灵王。"

【认的】 rèn de ❶ 同"认得❶"。元孟汉卿《魔合罗》四折："呼左右，叩阶基，那个把高山～？"明汤显祖《牡丹亭》四九出："小生看书之眼，并不～等子星儿。”清《儒林外史》一七回：“文瀚楼主人～他，留在楼上住。” ❷ 同“认得❺”。元兰楚芳《骂玉郎过感皇恩采茶歌·闺情》：“频唤梅香为甚么？则要他～那声音儿是我。”《元曲选·魔合罗》四折：“是你孩儿李文道告你。你不信须～他声音也。”元明《水浒传》八四回：“呼延灼～声音是大刀关胜，便呼道：‘卢头领在此。’”

【认镫】 rèn dèng 脚踏进马镫（上马）。清《红楼梦》四七回：“说着丢下薛蟠，便牵马～去了。”△《儿女英雄传》一〇回：“十三妹便一手带过那驴儿，～扳鞍，飞身上去。”

【认犯】 rèn fàn 同“认范”。明《金瓶梅词话》二五回：“到后边问玉箫谁人透露此事，终莫知其所由，只顾海骂。雪娥不敢～。”又九二回：“因见妇人姐夫长姐夫短叫他，口中不言，心内暗道：这淫妇怎的不～，只叫我姐夫？”

【认范】 rèn fàn 认账；就范。明《金瓶梅词话》一九回：“故此先把几句风话来教你～。你不～，他这银子你少不得还他。”

【认过】 rèn guò ❶ 犹“认错❶”。明蔡清《四书蒙引》卷八：“然当时三公者亦已各自～了，其曰：‘自靖自献于先王。’”刘宗周《论语学案》卷四：“司败一言，触着平日迁善改过学问，不觉忻然领受，不是含糊～。”清汪景祺《西征随笔·宿迁徐用锡》：“徐用锡外直内诈，奸险小人，李光地亦为所愚，圣祖诘责李光地，具疏～。” ❷ 错认；体会错了。明殷都《二犯桂枝香·闺思》：“我当初不合情恁多，一些顾盼忒～。到如今可奈何！”孟称舜《桃花人面》二出：“泪出胭脂流碧波。自评跋，这段风流忒～。”

【认记】 rèn jì ❶ 标记；记号。明王世贞《弇山堂别集》卷八四：“且弥封等官多有～、改作之弊，今虽欲辨之，无由矣。” ❷ 做标记，或通过做标记认识。明张国维《吴中水利全书》卷一六：“此桩不独界限分明，亦可～老岸。”徐光启《农政全书》卷一五：“此桩四旁，封识老岸数尺，不许抛土镇压，致难～。”清《东周列国志》五八回：“曾有人将颜色～杨树一叶，我于百步外射之，正穿此叶中心。” ❸ 认识并记住。清《红楼梦》二六回：“那贾芸自从宝玉病了几天，他在里头混了两日，他却把那有名人口～了一半。”

【认旧】 rèn jiù 照旧；依旧。明《二刻拍案惊奇》卷一九：“～念取那五字真言，却不甚灵了。”

【认军旗】 rèn jūn qí 即“认旗”。元明《水浒传》六〇回：“饮酒之间，忽起一阵狂风，正把晁盖新制的～半腰吹折。”又五九回：“后面打着一面～，上书：‘飞天大圣’。”清李斗《扬州画舫录》卷五：“旗包则……帅字旗、清道旗、精忠报国旗、～。”

【认看】 rèn kàn ❶ 看；辨认。宋冯山《广滩驿寄知县卢大年职方》：“数屋近相接，孤城犹～。”元明《水浒传》三七回：“天下义士，只除非山东及时雨郓城宋押司，今日你可仔细～。”明《拍案惊奇》卷四〇：“一鸣～，正是先前金甲神。” ❷ 认识；欣赏。明高启《袍》：“雕锦剪花团，三边总～。寻常不肯著，风雪念兵寒。”清陈廷敬《午亭文编》卷五〇：“‘画图省识春风面’……或云：省，记也。言不见其人，但忆曾于画图中～春风面耳。”

【认领】 rèn lǐng ❶ 认并领取。明杨一清《关中奏议》卷一二：“夺获人畜，着令指挥王宪等，查给失主～。”戚继光《纪效新书》卷七：“凡军行在路遗落器械什物，见者许即收带至止宿处，送中军招人～失物。”清《绿野仙踪》七八回：“朱文炜将倭贼抢去男妇，从浙遣官于崇明运回，江南人押交陆凤仪，浙江人着亲属具结～。” ❷ 答应承担。清《广西通志》卷二七：“康熙二十一年，因商客无现银，查金殷实各商～分运。”胤禛《朱批谕旨》卷二一三之一：“或称发价未交，或称存价未买，或称民欠～，一共缺谷四万三千八百七十六石。”

【认脉】 rèn mài 把脉。明《警世通言》卷三四：“表妹不知所患何症，待侄儿～便知。”《醒世恒言》卷二八：“相见之后，高谈阔论，也先探了病源，方才～。”

【认旗】 rèn qí 军队中为各部标志的旗帜。唐李靖《卫公兵法辑本》卷中：“若以异色～，远看难辨，即每营各别画禽兽，自为标记亦得。”清《女仙外史》二五回：“汝选五百健卒，把守寨门，竖立～。”

【认亲】 rèn qīn ❶ 跟未见过面或分别很久的亲戚相认。《元曲选·墙头马上》二折：“就今夜放你两个走了，等这秀才得了官，那时依旧来～。”明《西游记》四四回：“众僧们听说～，就把他圈子阵围将上来。”清《红楼梦》四九回：“来了好些姑娘奶奶们，我们都不认得，奶奶姑娘们快～去。” ❷ 认作亲戚。唐李商隐《杂纂》：“无所知：与寡妇～往来。”《元曲选·儿女团圆》四折：“叔叔，你牵羊担酒，直至俺姐夫门上～，走一遭去来。”清《绿野仙踪》六一回：“不亲的设法～，不友的设法认友。”

【认色】 rèn sè 可以跟别的东西区别开来的特征或记号。明《老乞大谚解》卷下：“我有～了，不拣几时要换。”《古今小说》卷二六：“你两个今夜将我的头割了，埋在西湖水边，过了数日，待没了～，却将去本府告赏。”

【认杀】 rèn shā 同“认煞❶”。明《拍案惊奇》卷二八：“相公久羁浊界，～了现前身子，竟不知身外有身耳！”

【认煞】 rèn shà ❶ 认定；透彻地认识到或执着地认为。清秦蕙田《五礼通考》卷二一〇：“且～入字，势必如‘关关雎鸠，在河之洲’，水中可居者曰洲；又必如‘泛彼柏舟，在彼中河’，中河之中也，然后可。此岂人所居处者哉！”陆陇其《四书讲义困勉录》卷二〇：“张彦陵曰：‘徼非知，不孙非勇，讦非直，此三等人却～是自家好处。’盖误以为知、勇、直非伪托之也。”《女仙外史》九五回：“段民立马营门，一看情景，～了对岸是虚张声势。” ❷ 特指机械地局限在某一点上；认死理；拘泥。明周宗建《论语商》卷上：“此是活语，莫～看。”又卷下：“自未言未行以至方言方行，无不在其中矣，不可～讲。”

【认生】 rèn shēng 怕见生人。《元曲选·㑳梅香》四折：“先把新女婿撒和撒和，不～。”清《醒世姻缘传》四四回：“连夫人叫人请狄希陈进房吃饭，彼此～，俱不肯吃。”《九云记》二回：“安大夫复再去双手抱来时，少游到也不～，又不啼哭，惟笑嘻嘻不已。”

【认识】 rèn shí ❶ 辨认；识别。唐牛僧孺《玄怪录》卷五：“元仲搏之不中，取书以归，字不可～。”明王士性《广志绎》卷四：“苏子瞻谪海外，其自称为醉人所推骂，自喜不为人～。”清《野叟曝言》八八回：“寡人于所藏名臣头子中，检出先生面像，令刘氏～。” ❷ 认领。明[意]艾儒略《职方外纪》卷二：“国中每年数日定一公所，～遗畜。”王世贞《弇山堂别集》卷八八：“凡有收得马骡驴匹垛子者，不许停藏，即便送赴大营，着人～。”《大清会典则例》卷一四四：“又定被盗马匹在围场军前～，其人别有所得情由者，别给以马，将所认之马取回。” ❸ 了解；体会；把握。《景德传灯录》卷一〇《景岑和尚》：“学道之人不识真，只为从来～神。”宋陈叔方《颍川语小》卷下：“但儒者于‘仁’之一字，自是～不确，既不知己之为不仁，又何以知小人之为不仁。”清陆陇其《四书讲义困勉录》卷五：“知不知分处，尽有绝大豪杰未能剖出者。其相争只在毫芒疑似之间，～不真，便堕坑堑。” ❹ 结识；熟知。清《红楼梦》六回：“祖上曾作过小小的一个京官，昔年与凤姐之祖王夫人之父～。”

【认实】 rèn shí 认为确实；认定。明《西游记》三八回：“儿还不敢～，父王遗下表记与他了。”清《二度梅》一五回：“如今老爷～了他，是年家的子侄，他岂肯与你我为儿子。”

【认是】 rèn shì ❶认得是；识别出。唐裴庭裕《东观奏记》卷上：“一日便殿对，上睹植带，～赐元赞者。”明《西游记》七六回：“那呆子～行者声音，在水里乱骂。”清《东周列国志》一五回：“宁越望见绣旗，伏于下道，～鲁君，麾兵围之数重。” ❷以为是；觉得是。宋孔文仲、孔武仲《思南岳呈运判承议》：“归来～游仙梦，过尽春风料峭寒。”明戚继光《纪效新书》卷三：“再不想你一起人退来报功，使众兵相望误～败走，大家都走了。”清《后水浒传》二三回：“有人见了，只～推入城市去卖，绝不疑心。” ❸承认是。宋姚勉《讲义四》：“然古人为学，直是真实，更不作伪。子夏见纷华盛丽而喜时，直～喜，到不喜处，真个不喜。”明《拍案惊奇》卷三六：“东廊僧道：‘不必加刑，～我杀罢了。’”《醋葫芦》二〇回：“为何慌忙跪下？这不明明～贼了！” ❹说是。明《型世言》三七回：“那妇人死口～我哥哥，教我认。”清《平山冷燕》一八回：“宋信也吃惊道：‘真作怪了。你却怎么回他？’张寅道：‘我只得～平如衡与我唱和的两首，故刻在上面。’” ❺诊断是。宋《太平惠民和剂局方》卷九：“～产时将至，即服催生符。”元齐德之《外科精义》卷上：“～疽疮，便宜灸之一二百壮。”明刻本《小儿卫生总微论方》卷五：“须～慢惊者，方可与服，立见其效。”

【认为】 rèn wéi ❶认作；结成(某种人际关系)。《唐律疏议》卷二五：“‘妄～妻妾、子孙’者，谓知非己妻妾、子孙而妄认者。”《元曲选·梧桐叶》一折：“因此～义女，教俺亲生女孩儿金哥拜为姐姐。”清《绿野仙踪》一八回：“文炜与严氏交拜，～嫂嫂。” ❷看作；当成。唐般剌蜜帝译《楞严经》卷二：“而我悟佛，现说法音，现以缘心，允所瞻仰，徒获此心，未敢～本元心地。”宋《朱子语类》卷一二六：“释氏于天理大本处见得些分数，然却～己有，而以生为寄。”清《红楼梦》六八回：“故倾心吐胆叙了一回，竟把凤姐～知己。”

【认业】 rèn yè ❶认命。宋强至《韩忠献公遗事》：“立人之子，人皆知不若立己之子，然太后既无子，不得不自～。”邵伯温《闻见前录》卷三：“恭惟太皇太后，天下之母也，以其无子，而令～，为臣子者，悖慢至此，不几于跋扈者乎！” ❷知道罪孽；识好歹。明《金瓶梅词话》四六回：“好个不～的！人家有这一件皮袄，穿在身念佛。” ❸认作自己的产业。清《畿辅通志》卷四五：“今七里海，年来涸减，浦溆变为莱芜，闻亦有报粮～者。”《皇朝通志》卷八一：“南阳、汝宁荒地甚多，恐耕熟后，有人～，遂起讼端。”

【认义】 rèn yì ❶跟原来没亲属关系的人建立亲属关系。金《董解元西厢记》卷四：“～做哥哥，厚礼相钦。”元孟汉卿《魔合罗》四折：“你又不是恰才新～，须是你的亲侄。”清《醒世姻缘传》一三回：“俺两个合李成名媳妇～姊妹了。” ❷犹“认亲❶”。《元曲选外编·五侯宴》四折：“母恩临怎忘的？你着他报了冤雠，雪了冤气，你着他去～。那其间来见你。”

【认赃】 rèn zāng ❶承认是赃物。宋徐经孙《劾杨华石珍疏》：“欲乞将华照已～纳数，更与削秩，窜之岭海。”清《于清端政书》卷七：“贿放真盗，妄拿良民，动以非刑，勒其～扳伙，辗转诬陷。” ❷把收缴的东西拿给罪犯辨认，确定是否赃物；也指失主确认赃物是否自己丢失的。明《古今小说》卷二：“只见御史叫门子把银钟、首饰与他～，问道：‘这些东西那里来的？’”《大清律例》卷三五：“必须事主到案～，方可拟罪。”《醒世姻缘传》六七回：“撞见番子手，可也要失主～，没的凭空就当贼拿么？”

【认帐】 rèn zhàng ❶承认所欠的账，比喻承认自己说过的话或做过的事。明《拍案惊奇》卷二：“所以他怕人知道，不敢当面～。”清李玉《清忠谱》四折：“拆了原封，他不肯～了，拿与学生手内捏一捏，就知分两了。”《红楼梦》八一回：“没有对证，赵姨娘那里肯～！” ❷记认；认证。清《续金瓶梅》四九回：“沈花子百忙里想不起这个人来，一似认得他一般。才待想想又迷糊了，通没处～。”

【认账】 rèn zhàng ❶同“认帐❶”。明《型世言》二六回：“若他不在，止见得姨娘，他一个不～，叫我也没趣。”清《白雪遗音·婆媳顶嘴》：“他骂了我，他还不～呢。” ❷指承认某种事实。明胡居仁《易像抄》卷一六：“今有一种议论，谓六经无心学，连心都不～矣。”

【认真】 rèn zhēn ❶认为真的；当真。宋王之道《减字木兰花》：“花底逢人，逐马银杯误～。”元薛昂夫《朝天曲》：“自有牛郎，佳期将近，书生休～。”清《隋唐演义》一八回：“夫人见内侍推说不知，一发～是毒药。” ❷认准；认清。清《后西游记》二回：“但出门便有千歧万径，须要～正道，不可差走了路头。”《歧路灯》八回：“这侯先生我～他没有娄先生深远。”清弘历《雪瀑》：“寻常拟瀑名为雪，今日雪前瀑～。” ❸的确；真的。元柯丹邱《荆钗记》二九出：“我也只要他做好人，后边靠他。谁想女儿～苦恼。”明朱国祯《涌幢小品》卷二〇：“余一生清苦，～不作亏心事，而儿病如此，是何罪业？”清《红楼梦》五九回：“莺儿本是玩话，忽见婆子～动了气，忙上去拉住。” ❹严肃对待；不马虎。宋汪莘《开禧元年四月自中都挈家还乡》：“世事偏宜假，吾生只～。”明贾仲明《对玉梳》三折：“权时之事，何故～？”清《红楼梦》七回：“好生开了方子，～吃几剂药，一势儿除了根才是。” ❺执着于真。明陆时雍《诗镜总论》：“诗贵真，诗之真趣，又在意似之间。～则又死矣。柳子厚过于真，所以多直而寡味也。”

【认状】 rèn zhuàng ❶具结认罪或甘结文书。宋郑侠《三月二十六日以后所行事目》：“亦蒙为奏，得释铺兵之罪，具伏～。”元张翥《鹊桥仙》：“功名一饷，风波千丈，已与闲居～。” ❷甘结文书；确认承担责任后果的文书。宋欧阳澈《上皇帝第三书》：“仍均税之后，有过割税租者，要到官亲人～，庶免暗坐之弊。”明沈榜《宛署杂记》卷二〇：“无名杂费，催办积棍，尽行革除，已经取有本县居商～听候详示。”清《隋唐演义》一二回：“如要上去的，本人姓名、乡贯、年庚，设个誓，要写在～上，见得打死勿论。”

【认罪】 rèn zuì 承认自己的罪过。宋范仲淹《辨滕宗谅张亢》：“既事非确实，必难伏辨；或逼令～，又是陛下近臣，不可辱于狱吏。”《元曲选·赚蒯通》四折：“蒯文通，韩信说是你搬调他来，你正是个通同谋反的人，当得～。”清《醒世姻缘传》六二回：“狄员外恐怕张茂实又来相打，藏住了狄希陈不叫出来，只是自家～。”

【认作】 rèn zuò 看作；当作。唐白居易《送兖州崔大夫驸马赴镇》：“戚里夸为贤驸马，儒家～好诗人。”宋觉范《送一上人序》：“曾参错～曹参。”清李玉《清忠谱》九折：“摸着了一条裤子，～衣裳，再也穿不上。”

【认做】 rèn zuò ❶同“认作”。宋《朱子语类》卷一二六：“思睿也得，不睿也得，它都不管，横来竖来，它都～性。”《元曲选·鲁斋郎》四折：“他将俺儿女夫妻，直～了云雨巫娥。”清《绿野仙踪》一二回：“端的是天上蓬莱，莫～人间阆苑。” ❷冒充成；充作。《元曲选·李逵负荆》一折：“俺两个则是假名托姓，我便～宋江，兄弟便～鲁智深。”

【任】 rèn ❶任期。满一期叫一任。唐罗隐《钱氏大宗谱列传·司仪钱公列传》：“～满阶临，耆老顾盼者千户。”元《通制条格》卷六：“诸官员虽已～满得代，本身若有侵借系官钱粮，见任官司直须追纳到官。”清《儒林外史》一四回：“虽然他家太爷作了几

～官，而今也家道中落。” ❷ 连词。a）纵使；就算。《敦煌变文校注》卷五《维摩诘经讲经文（五）》：“～有花开香满路，终归难免却无常。”明《挂枝儿·锁》：“～你金打的匙儿，斗不着我的锁镄。”清《绿野仙踪》九五回：“～你有万两黄金，我皆视如粪土。”b）不论；无论。元曾瑞《红绣鞋·风情》：“～谁问休道咱共你有。”明《西游记》二〇回：“有了老孙与我这师弟，～他是甚么妖怪，不敢惹我。”清《红楼梦》六七回：“～他怎么着，也不叫他去。” ❸ 任何。明《金瓶梅词话》七二回：“捏出水儿来的一个小后生，～事儿不知道。”

【任便】 rèn biàn ❶ 任凭方便；听便。唐张鷟《咏笔砚》：“摧毛～点，爱色转须磨。”《五灯会元》卷一六《惠林宗本禅师》：“以老乞归林下，得旨～云游，州郡不得抑令住持。”清《蜃楼志》一〇回：“客房很多，客官～。” ❷ 随便。明杨复初《渔家傲》：“子已成童无用抱，醉眠～和衣倒。”

【任从】 rèn cóng ❶ 不管；无论。宋梅尧臣《拟张九龄咏燕》：“～新历改，只向旧巢归。”明陈铎《要孩儿·嘲川戏》：“～憎与嫌，不知羞共耻，去那千人丛里夸精细。”清《醒世姻缘传》四九回：“我～折损了甚么，我情管打发的你喜欢。” ❷ 纵使；就算。唐归仁《酬沈先辈卷》：“一百八十首，清泠韵可敲。～人不爱，终是我难抛。”宋晓莹《罗湖野录》卷一：“善曰：‘望禅师慈悲。’成曰：‘～沧海变，终不为君通。’”明黄道周《榕坛问业》卷一：“～今日说天下身心，洞然无间，犹须终日不食，守此疑团也。” ❸ 宁愿。唐程长文《狱中书情上使君》：“一命～刀下死，千金岂受暗中欺。”宋苏轼《戏子由》：“～饱死笑方朔，肯为雨立求秦优。”又《书裙带绝句》：“～酒满翻香缕，不愿书来系彩笺。”

【任拘】 rèn jū ❶ 任凭。清《聊斋俚曲·墙头记》：“我先把财神扯倒，～他怎么相争。” ❷ 无论；不论。清《聊斋俚曲·墙头记》：“～见谁，可休说撞着我来。”又《翻魇殃》：“一间草屋盖不起，忽然身到九云霄，～给谁想不到。”又《禳妒咒》：“你看贼强人，才没人管着，～甚么茧儿都作估出来了。”

【任么】 rèn mó 同“任摩”。宋觉范《禅林僧宝传》卷六《云居宏觉膺禅师》：“不愁～事，～事即难得。”罗愿《新安志》卷八《茂源和尚》：“平田来参，源欲起身，平田把住曰：‘开口即失，闭口即丧，去却！～时请师道。’”

【任摩】 rèn mó 如此；这样。《祖堂集》卷九《云盖和尚》：“～，则鸡足持衣更待何人？”又卷一五《庞居士》：“岂有～事？”

【任凭】 rèn píng ❶ 听凭；听任。《元曲选·曲江池》四折：“纵然死了，也该备些衣棺，埋葬骸骨，岂可委之荒野，～暴露？”明方以智《一贯问答》：“即是子受父财，宝藏家珍，～挥洒。”《醒世恒言》卷三六：“金银～取去，但求饶命。”清《红楼梦》六六回：“～裁夺，我无不从命。” ❷ 肆意；任意。明朱长祚《玉镜新谭》卷九：“又不合串合阿乳客氏，关通线索，百般煽惑，～出入诏旨。” ❸ 只管吩咐。明《拍案惊奇》卷一六：“在家里惯了，是做时便倒安乐，不做时便要困倦。娘子们但有事，～老身去做不妨。” ❹ 连词。a）无论；不管。明《梼杌闲评》三〇回：“你休谎我，～怎样也要代你出这口气。”清《儒林外史》五一回：“你放了我，～什么东西我都还你就是了。”《白雪遗音·母女顶嘴》：“妈妈你是听，我是初生的牛犊子不怕虎，满屋里混顶人，～他是什么人。”b）纵然；即使。《元曲选·潇湘雨》四折：“～你心能机变口能言……到俺老相公行说方便。”明周宗建《论语商》卷下：“～人有才情，力量如不归到中和，究竟不成勾当。”清《荡寇志》一〇〇回：“～你一等一的好汉，只消四五十个回合，终打翻了。”

【任情】 rèn qíng ❶ 尽情；放情；率性。唐义净译《佛为胜光天子说王法经》：“凉燠顺时，～受乐，终归不免。”宋葛立方《韵语阳秋》卷一一：“方干隐居鉴湖，～于渔钓，似无心于仕宦者。”清《平山冷燕》九回：“壁上最妙。但你我分题，未免～潦草。不如与兄联句，彼此互相照应，更觉有情。” ❷ 徇情；凭感情（用事）。唐李肇《国史补》卷中：“刘太真为陈少游行状，比之齐桓、晋文，物议嚣腾。后坐贡院～，责及前事，乃贬信州刺史。”宋晁以道《晁氏客语》：“任理而不～者，魏公能之，又识事之机会。”清李玉《清忠谱》一七折：“～终有失，执法永无差。”

【任取】 rèn qǔ 听凭。元高明《琵琶记》三出：“无情何处管多情，～春光自来去。”明朱同《题自作山水》：“好山是处堪图画，～旁人笑米颠。”清厉鹗《琐窗寒·初夏同葑田松泉过深柳草堂》：“艇子萦回，～浮萍惹。”

【任饶】 rèn ráo 纵然；即使。唐徐凝《鹦鹉》：“～长被金笼阖，如免栖飞雨雪难。”

【任使】 rèn shǐ ❶ 官职名，称转运使、观察使等中央委派出使地方的官职。唐李渤《考校京官奏》：“大理卿许季同、～于翚、韦道冲、韦正牧，皆以犯赃，或左降或处死，合考中下。”宋范镇《东斋记事》卷三：“龙图者，王博文也。尝更大藩镇、开封知府、三司使～。”《元史·郝经传》：“任老成为辅相，起英特为将帅，选贤能为～。” ❷ 纵然；即使。《敦煌变文校注》卷五《维摩诘经讲经文（五）》：“～楼台随处有……～天宫多富贵……终归难免却无常。”《元曲选·冻苏秦》一折：“～无心求富贵，终须富贵逼人来。”明《型世言》三三回：“～苏张摇片舌，在应难出是非丛。” ❸ 宁可。明蒋一葵《尧山堂外纪》卷八二：“～此生贫到骨，只留清节与人传。”清《呼家将》一三回：“夫人差矣，～他无情，不可我无义。”又一四回：“～信其有，不可信其无。”

【任是】 rèn shì ❶ 纵然；即使。唐罗隐《牡丹花》：“若教解语应倾国，～无情亦动人。”明《拍案惊奇》卷二二：“～石人须下泪，总教铁汉也伤心。”清《说岳全传》二五回：“～官家来过渡，也须送我十千钱。” ❷ 无论；不论。宋葛长庚《水调歌头》：“～南州北郡，不问大张小李，过此便相留。”明戚继光《纪效新书》卷首：“凡人之为兵，～何等壮气，一遇大战后，就或全胜，气必少泄。”清《后西游记》一一回：“～三十三天神圣、西方诸佛菩萨与那名山胜地仙人，幽冥地府鬼怪，我俱认得。” ❸ 任凭。宋陈亮《水调歌头·和吴允成游灵洞韵》：“我自醉眠其上，～水流其下，湍激若为收。”明张宁《碧葵》：“～榴花妒颜色，平生心事只倾阳。”《西洋记》九六回：“自从佛爷爷经过之后，那吸铁岭石子儿都变成金子，～舟船来往，并无沉溺之患。” ❹ 虽然。宋文彦博《前朔宪孔嗣宗太傅过孟》：“洛城冠盖敦名教，～清贫节转高。”明王世贞《与张王二君弥陀寺小饮》之三：“～法门吾不会，一杯还向炕头眠。”清曹贞吉《蝶恋花》：“～春花不比秋花媚，簪向个人鬓鬌髻，晚霞一点明于洗。”

【任随】 rèn suí ❶ 任凭；听任。《敦煌变文校注》卷五《双恩记》：“一取来求不障兰（拦），～所要无遮护。”宋谢翱《雪》：“～飞到处，不拣是谁家。”明《西游记》一〇〇回：“乌兔～来往，龟蛇凭汝盘旋。” ❷ 不论；不管。明《封神演义》四四回：“台上有三个葫芦，～人、仙入阵，将葫芦往下一掷，倾出红水，汪洋无际。”

【任信】 rèn xìn 任凭；听凭。宋《圆悟佛果禅师语录》卷二〇：“～流光动地迁，不论冬夏唯瞌睡。”

【任兴】 rèn xìng 尽兴。唐钱起《送虞说擢第东游》：“片玉登科后，孤舟～行。”五代刘崇远《金华子》序：“家贫窭，在阙三四年，甚窘困，稍暇犹缀吟不倦，纵情～，一联一句，亦时有合于清奇。”清《红楼梦》一六回：“凤姐虽善饮，却不敢～，只陪侍着贾琏。”

rēng

【扔】 rēng ❶投;掷。明《梼杌闲评》一八回:“众人动手把他剥得赤条条的,抬起来向河心里一～。”清《红楼梦》九三回:“便从靴掖儿里头拿出那个揭贴来,～与他瞧。”《歧路灯》八九回:“绍闻细听是张正心声音,即走向门内,把钥匙隔墙～过去。” ❷抛弃。清《红楼梦》九六回:“这府里希罕你那～不了的浪东西!”《霓裳续谱·女大思春》:“我阿爸在湖下使船,长上苏杭来往,～下我母女二人,长伴在家。”

【扔崩】 rēng bēng 形容急促地离开。清《红楼梦》一一九回:“一个人也不叫他们知道,～一走,就完了事了。”

réng

【仍】 réng 副词。❶刚;才。唐骆宾王《咏怀古意上裴侍郎》:“三十二餘罢,鬓是潘安仁;四十九～入,年非朱买臣。”刘长卿《送李侍御贬鄱阳》:“回车～昨日,谪去已秋风。”宋毛滂《沁园春》:“争把丹青,绘成芝宇,立作生祠千载传。～知道,看它时画像,别有凌烟。” ❷再;还。唐李適《九月十八赐百僚追赏因书所怀》:“繁林已坠叶,寒菊～舒荣。”宋王安石《河北民》:“今年大旱千里赤,州县～催给河役。”清《红楼梦》六四回:“前者所用棚杠孝布并请杠人青衣,共使银一千一百十两,除给银五百两外,～欠六百零十两。” ❸却。唐白居易《重到江州感旧游题郡楼》:“才薄官～重,恩深责尚轻。”宋陈与义《虞美人》:“张帆欲去～搔首,更醉君家酒。”清《红楼梦》四一回:“妙玉斟了一盏与黛玉,～将前番自己常日吃茶的那只绿玉斗来斟与宝玉。” ❹宁愿。唐宋之问《息夫人》:“～为泉下骨,不作楚王嫔。” ❺且;并且。唐王维《赠张五弟》:“张弟五车书,读书～隐居。”《旧唐书·郝处俊传》:“则天大怒,令斩讫～支解其体。”宋史浩《喜迁莺》:“且莫收灯,～休止酒,留取凤笙龙笛。”

【仍崩】 réng bēng 同“扔崩”。清《聊斋俚曲·禳妒咒》:“樊亲家你好乖,～一去不回来。”又《富贵神仙》:“拿起那将折的腿,顾不的稀烂的腚,拿腿～,拿腿～,路上坐下才哐哼。”

【仍复】 réng fù ❶仍要;还要。唐李璀《乐九成赋》:“况肯选无限,情未央,将与昭阳比盛,倾宫相望。～斥郑卫,捐倡优,靡曼无取,淫哇不留。”辽王言敷《董匡信及妻王氏墓志铭》:“守法置执之外,必蚤暮躬至,视其疾苦。～自备净食,时为斋设。”清汤斌《严禁征收钱粮勒索火耗告谕》:“每丁止应征正银一两四五钱者,竟征二三两,～加四五勒耗。” ❷副词。a)还。宋苏轼《答潘彦明》:“知东坡甚葺治,故人～往还其间否?”陈师道《九月九日与智叔雕堂宴集夜归》:“雕堂从昔有恶客,酒尽不去～索。”b)再。宋欧阳修《免进五代史状》:“欲候得外任差遣,庶因公事之暇,渐次整缉成书,～精加考定,方敢投进。”明戚继光《练兵实纪》卷九:“内有不省义意者,次日～质问于先知之人,自然有得。”清李渔《闲情偶寄》卷三:“自寻乐境,养动生机,俟襟怀略展之后,～拈毫,有兴即填,否则又置。”c)才;才可。宋王炎《题徐参议所藏唐人浴儿图》:“右相尝惭呼画师,技痒～拈毛锥。”许应龙《太中大夫恩命不允诏》:“惟尔之能,～参于大政。”金元好问《论诗》之六:“心画心声总失真,文章～见为人。”d)便;就。明《封神演义》五八回:“随将葫芦中取药自啖,～笑曰:‘姜尚,你虽然取胜一时,你怎逃灭一城生灵之祸!’”清《红楼梦》二一回:“原来袭人见他无晓夜和姊妹们厮闹,若直劝他,料不能改,故用柔情以警之,料他不过半日片刻～好了。”《绿野仙踪》一六回:“至帝尧时,又奉诏封清华夫人,敕命佐花蕊夫人总理九州四海花卉荣枯事,此缺极繁,更非所愿,～固辞。”

【仍更】 réng gèng ❶仍要。《唐律疏议》卷三:“准前更犯绞者,亦依加杖例,若依前应侍,～重请。”宋范纯仁《答诏论边情乞不妄动以观成败之变》:“若有投来西人,如审验得委知次第,即仰相度,可否收留,～切厚与赏物。” ❷还会;还要。常和“岂惟”“不惟”“岂但”呼应,表示进一层。《册府元龟》卷八九八引唐姚崇遗令诫子孙曰:“既失覆阴,多至贫寒,斗尺之间,参商是竞。岂唯自玷,～辱先。”范成大《照田蚕行》:“不惟桑贱谷芃芃,～苎麻无节菜无虫。”洪适《贺蒋丞相启》:“岂但复于中台,～升于上衮。” ❸副词。a)又;且。《敦煌变文校注》卷三《燕子赋(一)》:“何为夺他宅舍,～打他损伤?”宋《朱子语类》卷五:“此其脉理甚实,～分明易晓。”清佚名《研堂见闻杂录》:“或案出而富家子不即得与,～有为之居间,许其窜易姓名以入者。”b)仍然。《唐律》卷二〇:“诸盗经断后,～行盗,前后三犯徒者,流二千里。”宋欧阳修《义勇指挥使代贫民差役奏状》:“其餘等第人户丁数稍多,亦是一般点充义勇祗应,～不免州县差役。”清弘历《洪范九五福之四曰攸好德联句》:“已受号～扰陲,示必克始坚归顺。”c)再。《唐律疏议》卷二八:“称‘追减’者,谓失囚之罪已经断讫者,～追减。”宋程大昌《演繁露》卷一三:“郡治北面出水之渎,两旁斗起峭峻如壁。～向北行十餘丈,乃趋洼地。”明朱橚《普济方》卷二二一:“又一方,不用木香羌活,却入舶上茴香炒槟榔各一两,甘草半两,～加桐皮牛膝各添一两。” ❹连词。或者。明朱橚《普济方》卷一五一:“右捣筛为散,以鸡子黄并丹雄鸡冠一具和之,如杏仁大,作三角绛囊,盛五丸,带臂～挂户上。”

【仍就】 réng jiù 仍旧;仍然。宋司马光《又上论赦札子》:“况使经赦之人,～编配得罪重于不经赦者,尤无谓也。”明《西洋记》一〇回:“未时还磨,仍旧还磨;申时歇斫,～歇斫。”清弘历《浙江制侧理纸成》:“～囫囵体,随其宛转机。”

【仍前】 réng qián ❶加授官职、封爵位或降低某一级别时,仍保留原先官职。唐孙逖有《授萧诚太子左赞善大夫～幽州节度驱使制》。《元史·文宗纪四》:“封伯颜为浚宁王,赐金印,～太保、知枢密院事。”《续资治通鉴》卷一三八:“邵宏渊降官阶,～建康都统制。” ❷以前;先前。《唐会要》卷二三:“伏以～所禁,皆在二十五月之中,今既世远,礼须改革。”明李梅实《精忠旗》五出:“倒不知后宫妃嫔在彼何如?想也不似～光景了。”

【仍然】 réng rán ❶仍然是这样;确实是这样。宋陈著《贺刘帅良贵升直宝章阁兼浙东仓札》:“天顾东郊,暂借经纶之手;地通内阁,须增节钺之光。局面～,舆情快甚。”楼钥《诗非所长也》:“诸公竞称许,试之乃～。”清李光地《榕村语录》卷二八:“盖三代而下君臣皆具,生物～。” ❷副词。依旧;表示某种情况持续不变。元戴表元《雪后况湖歌》:“年年腊前得三白,乐岁～多饿夫。”明《二刻拍案惊奇》卷二九:“一闻人声,倏把身子变过,～是个人形。”清《白雪遗音·我今去了》:“我回来,疼你的心肠～在。”

【仍是】 réng shì 犹“仍然❷”。宋胡宿《送集贤李学士赴荆台》:“金契旋闻临外阃,云屏～接中台。”清弘历《阴》:“风柳那知偏厌听,夜衾～不成眠。”《红楼梦》五五回:“凡百大小事,～照着老祖宗手里的规矩。”

【仍先】 réng xiān 仍然如前;照旧。明《醒世恒言》卷三:“事定之后,～开店。”《欢喜冤家》一七回:“先生送至后厅,楚楚把门一重重～拴好。"清《醒世姻缘传》四六回："晁凤～从后门到家回了晁夫人的话。"

【仍自】 réng zì ❶副词。a）仍然。《唐律疏议》卷四："计百日限外，征防～未还，须计征防之日，以为逃亡定罪。"元郝经《铁堠行》："子卿不来王嫱去，平城冒顿～骄。"清《歧路灯》七回："一送一辞，老奴～抱犬，柏公～携杖，送至大门而别。"b）且；又。《敦煌变文校注》卷三《燕子赋》："燕子单贫，造得一宅，乃被雀儿强夺，～更着恐赫。"明徐光启《农政全书》卷一四："挑得河深，则灌溉自利内中田亩，～不妨于水种也。"清何焯《义门读书记》卷五八："（李义山）《赠送前刘五经映三十四韵》，洋洋大篇，～一气呵成，莫能寻其段落之迹。" ❷却。明《二刻拍案惊奇》卷三八："虽然纷纭杂沓，～严肃整齐。"

rì

【日】 rì 即"偌"。《敦煌变文校注》卷二《韩擒虎话本》："皇帝亦见衾虎年登一十三岁，奶腥未落，有～大胸今（襟），阿奴何愁社稷！"宋元《古今小说》卷三六："好香！员外～早晚兀自烧香！"

【日把】 rì bǎ 指一两天、几天。明《西游记》九一回："这～儿那里便得饥！老孙曾五百年不吃饭食哩。"清《醒世姻缘传》二五回："间或～眼睛也不上吊，鼻子也不歪邪。"

【日常】 rì cháng ❶平日；平时。《敦煌变文校注》卷五《维摩诘经讲经文（五）》："茅堂阒静，石室幽虚。想知辰夜寂寮（寥），伏计～劳倦。"明孟称舜《娇红记》二七出："小姐～在窗外刺绣，今日怎生还在房内呵？"清《八洞天》卷六："那时晏敖已一无所有，只剩得～念佛的一串白玉素珠。" ❷指平时事务。金王喆《解佩令》："扫田刷釜，点灯遏火，人关门，出门安锁。本要清闲，被许多～殃我。"

【日辰】 rì chén 日子时辰。唐孔颖达疏《尚书·舜典》"协时月正日，同律度量衡"："《史记》称纣为长夜之饮，忘其～。"《元曲选外编·陈母教子》三折："则今日好～，辞别了母亲，再去上朝求官应举去。"清纪昀《阅微草堂笔记》卷一三："蔡君之母，亦自预知其亡期，皆～不爽。"

【日分】 rì fèn ❶日子；日期。宋陈襄《乞均排等第出役钱状》："出榜晓示人户，约定～，鏨时唤集。"元潘昂霄《金石例》卷一〇："前史并书甲子，不书～，近所草定兼～，姑欲易见耳。"明《平妖传》三二回："今日是个下班～，那彩帛又交付过了，正好久坐。" ❷时间；光阴。明彭韶《送李典教之桂阳序》："今公往矣，遗风故在，而于遂又教其乡，殆非偶然。是宜爱惜～，勿尔暇豫。" ❸指白天。宋强至《谢通判国博惠建茶》："～牒诉费齿舌，口吻镇燥喉无浆。"明王世贞《封奉训大夫唐公配陈太宜人合葬志铭》："太宜人之自励勤苦，逾于妇时。盖～一时调浆粥，药饵饵。二时治女红，为鲑菜资。即夜分不甘寐，为恒。"

【日光】 rì guāng ❶天色。宋游次公《画虎图》："尾剪霜风林叶飞，倏忽山头～暮。"宋元《警世通言》卷四："～尚早，荆公在主人家闷不过，唤童儿跟随，走出街市闲行。"明《西游记》三三回："好行者，见他认了真实，又念咒语，惊动太子，把旗卷起，却早见～正午。" ❷时间；光阴。宋杨时《此日不再得示学者》："愿言媢学子，共惜此～。术业贵及时，勉之在青阳。"明傅珪《此日足可惜》："愿言重～，监彼古与今。"清《醒世姻缘传》九五回："～捻指，不觉又是二十个日头。"

【日后】 rì hòu ❶以后；将来。唐李栖玄《造像碑阴记》："并（缺三字）阡文赎庄布施，～如有人隐欺（缺五字）僧斋当受百牛。"元明《水浒传》三五回："宋江～别娶一个好的，教贤弟满意。"清弘历《总督萨载总河韩鑅建抚国泰等奏》："惟恐留淤泥，贻害于～。" ❷后来。宋苏轼《乞桩管钱氏地利房钱》："独临安有田园房廊，岁收一千三百四十贯有奇，太平兴国已后，寄纳本县，至大中祥符间，本处申明，蒙朝旨令杭州楼店务于军资库作臣家钱寄纳，～不曾请领。"邵伯温《邵氏闻见录》卷一："后必欲起之，用生铁数万斤叠其下，门乃成。盖蛟畏铁也。今《玉泉寺僧堂梁记》～所建云。"清袁枚《子不语》卷八："董遂赘其家，别遣人赍腰间金赴京师。～不知所终。"

【日计】 rì jì ❶一日的打算；一日的开支。唐白居易《想东游五十韵》："饱餐为～，稳睡是身谋。"宋刘宰《戒陈外弟诸子》："岁计在春，～在辰。"元滕安上《题钝轩祖坟遗安亭》："于今钝轩翁，一门奉严君。百钱～了，僮仆犹欣欣。" ❷日常生计。宋陈著《脾疼大作》："老妻愁～，弱子怯时艰。"明林俊《寄秦凤山司徒》："乡偶得一线之泉，群起而争，至杀人无忌，嗷嗷聚泣，～莫谋。"清《儒林外史》五〇回："只因家下～艰难，没奈何出来走走。"

【日间】 rì jiān ❶平日；平时。宋《朱子语类》卷八："学者只是不为己，故～此心安顿在义理上时少，安顿在闲事上时多，于义理却生，于闲事却熟。"元吴澄《勉学吟》："三十年前好用工，～莫只恁从容。"明《拍案惊奇》卷一六："灿若自王氏亡后，～用度，箸长碗短，十分的不象意。" ❷白天。宋张载《经学理窟·学大原下》："更须得朋友之助，～朋友论着，则一日间意思差别。"元王冕《江南妇》："～力田随夫郎，夜间缉麻不上床。"清《儒林外史》二〇回："牛布衣～出去寻访朋友，晚间点了一盏灯，吟哦些甚么诗词之类。"

【日脚】 rì jiǎo ❶太阳穿过云隙射下来的光线。唐杜甫《羌村》之一："峥嵘赤云西，～下平地。"宋谢懋《石州引·别恨》："～斜明，秋色半阴，人意凄楚。"清《隋唐演义》六五回："云间风寂，喧天雷鼓居中；～霞封，震地鸣锣成吼。" ❷日子；日期。元明《水浒传》七四回："正是要紧的～，先说得明白最好。"清《白雪遗音·问卜》："既如此，让吾排排～看，今朝是初一，一四七弗空，明朝是初二。"引申指生活。清方成培《雷峰塔》一二出："我起先原摆两只碎鱼桶，在门前做生意，过～。" ❸山中大龟甲上的散黑晕。唐刘恂《岭表录异》卷下："蠵蠵者，俗谓之兹夷，乃山龟之巨者……广州有巧匠，取其甲黄明，无～者。（原注：甲上有散黑晕，为～矣。）"清屈大均《广东新语》卷二三："～，谓（蠵蠵）甲上有散黑晕也。" ❹眼疾名。唐杜牧《唐故淮南支使杜君墓志铭》："障有赤脉，如木根横去，牢不可断，是法名曰～内障。生～者，法不可治。"

【日近】 rì jìn ❶近日；近来。宋田锡《上太宗应诏论火灾》："～陛下有朝令夕改之事，由制敕所行，时有未当。"元张翥《幼闇宗师以诗招赏海棠》之三："好怀～少曾开，心忆湖山曾屡回。"《续资治通鉴》卷一二九："宗本等将以～围场内，决计行之云。" ❷在短时间内；最近。宋司马光《乞罢修腹内城壁楼橹及器械状》："仍恐朝廷非时差官点检，例各畏惧，争欲～兴功完葺，以避谴责。"李纲《乞令韩世忠摘那军马奏状》："如遣发军马不能克日殄灭大冠，即本司自合躬亲前去，务要～平定。"《宋史·叶衡传》："今用上下库黄金、白金、铜钱九百万，内藏库五百万，并蜀中钱物七百万，尽易会子之数，专命卿措置，～而办，卿真宰相才也。"

【日课】 rì kè ❶每天做的功课，如习文、习字等。唐张巡

《对字诂判》:"今乃字诂是事,～有违。"宋赵汝燧《庄居》:"起来供～,先绕药畦行。"清《野叟曝言》六二回:"自己按着～,在片羽楼上看《左传》。" ❷ 每天要完成的劳动量或要做的事。宋《三朝北盟会编》卷一六九:"于山之顶自下运土而上者,皆有～,人不堪其劳。"明沈德符《万历野获编》卷二四:"至若京官自政事之外,惟有拜客赴席为～。"清曹庭栋《养生随笔》卷二:"院中植花木数十本,不求名种异卉,四时不绝便佳。呼童灌溉,可为～。"

【日来】 rì lái 近来。唐高適《途中酬李少府赠别之作》:"～知自强,风气殊未痊。"元萧德祥《小孙屠》四出:"～听得孙二要出外打旋,不知如何。"清《隋唐演义》九四回:"足下～又领过几多鞭子了?"

【日里】 rì lǐ 白天。唐李义府《咏乌》:"～飏朝彩,琴中伴夜啼。"明《挂枝儿·感恩》:"～同茶饭,夜间同枕席。"清《荡寇志》七五回:"～都是平稳路,夜里都就好处安身。"

【日里鬼】 rì lǐ guǐ 犹"白日鬼"。明董斯张《吴兴备志》卷二九:"元有松人谒赵文敏公,公在内未出,问是何人。答曰:'吾是云间人。'公随应曰:'君非～。'"《西游记》三二回:"我们造化低,撞见～了。"《二刻拍案惊奇》卷二〇:"商家见所借之物多是家中有的,不好推掉,又兼差当值的来,就问着这个～,怎不信了?"

【日内】 rì nèi ❶ 太阳下。《云笈七籤》卷七七:"却去清水,以绵盖器口,～晒干扫下。"《说郛》卷九五上引《中馈录》:"人大椒半斤,茴香砂仁各半斤匀,晾晒在～,发热乃酥美。"明朱橚《普济方》卷七一:"右将黄连用水浸,于～曝,令色浓。" ❷ 一定时间内;近日内。唐徐成《王良百一歌·杂忌》:"浊水休教饮,多饶毛色焦。时间虽不觉,～不生膘。"宋王令《别老者王元之》:"何哉二敌～坏,不思刷去仍资存。"清《红楼复梦》一〇〇回:"修云道:'诸位姐姐们～起身回去。咱们今日就将屋子搬定,明日在大观园给宝姐姐们饯行。'" ❸ 当日。宋朱熹《答程正思》:"设启奠祝,诣殡前跪告祝词,依高氏书,～复具馔以辞诀。"《文献通考》卷一二二:"故事,成服日立重。今来与故事不同,乞自闻丧次日立重,命太史局就～择时立重。" ❹ 日后。清《八洞天》卷三:"帝君道:'宋之帝～为理宗后身,元伯颜为济王后身,其事何如?'" ❺ 白天。明《西游记》八〇回:"～并无僧人,夜间尽宿狐狸。"

【日娘贼】 rì niáng zéi 詈词。日,同"合"。元明《水浒传》一七回:"这～恨杀洒家,分付寺里长老不许俺挂搭。"

【日期】 rì qī ❶ 时间,指一个时间段。元明《水浒传》三五回:"若等我送你们上山去时,误了我多少～?"明袁彬《北征事迹》:"也先等领达贼四散抢虏,至月尽回营,～不等。"清《红楼梦》四回:"谁知自从在此住了不上一月的～,贾宅族中凡有的子侄俱已认熟了一半。" ❷ 时光;日子。宋魏了翁《应诏封事》:"不图餘齿尚见太平之～也。"元佚名《斗鹌鹑·忆别》:"别离苦恨从头记,有一日捱出凄凉～。"

【日前】 rì qián ❶ 阳光下。唐崔知贤《晦日宴高氏林亭》:"柳摇风处色,梅散～花。"般剌蜜帝译《楞严经》卷三:"汝观城中未食之家,欲炊爨时,手执阳燧,～求火。"鲍溶《和淮南李相公夷简喜平淄青回军之作》:"天际兽旗摇火焰,～鱼甲动金文。" ❷ 往日;从前。《新唐书·苏安恒传》:"～太子在谅暗,相王非长嗣,唐祚中弱,故陛下因以即位。"金《董解元西厢记》卷五:"思量俺,～恩非小,今夕是他不错。"清弘历《启跸幸避暑山庄即事成句》:"～望雨润刚接,时下观农稔可偿。" ❸ 目前;眼下。宋欧阳修《论西贼占延州侵地札子》:"盖小人无识,只苟～荣进之利,不思国家久远之害。"明温纯《遵圣谕循职掌摘陈修省要务疏》:"万一有事祸起,与其议抚议剿于后日,不如设法解散于～。"清《醒世姻缘传》二〇回:"除了～的祸患,又防那后日的风波。" ❹ 几天前。《元曲选·后庭花》三折:"王庆,～那子母二人,我教你领去见夫人,至今不曾回话。如今那子母二人在那里?"清龚炜《巢林笔谈》卷六:"赵惺,眚一目,不觉臂忽短。即侦诸消息,～已腹痛死,越数日其子亦毙。" ❺ 指白天。明《醒世恒言》卷一三:"～不作亏心事,半夜敲门不吃惊。"

【日去】 rì qù 犹"日后❶"。元郑德辉《周公摄政》一折:"不想贪荒将先天祝册错放在金縢中,待取去,争奈宣唤紧,～再取也不妨。"

【日色】 rì sè ❶ 太阳。唐岑参《与独孤渐道别长句》:"中酒朝眠～高,弹棋夜半灯花落。"《元曲选·盆儿鬼》一折:"你看这～,不淹淹的落下去了。"清《绿野仙踪》一六回:"妇人道:'～将落,男女之嫌宜别,房屋虽有,不敢留先生过宿。'" ❷ 天色(多指时间的早晚)。唐李白《鲁郡尧祠送吴五之琅琊》:"～促归人,连歌倒芳樽。"金《董解元西厢记》卷三:"须臾,～清晨,果见红娘敛衽道:'夫人有请。'"清俞蛟《春明丛说·酒瓮贮云记》:"～晦暝,诩诩然几疑大风之将起,欲乘之而游帝乡也!"

【日食】 rì shí 指日常食用或生活费用。《太平广记》卷三九九引《录异志》:"观中常汲溪水,以供～,甚以为劳。"明冯梦龙《情史·情缘·苏城丐者》:"每日早午,俟君到门,当分～以食君。"清《儒林外史》二〇回:"我在家里,日逐有几个活钱。我去之后,你～从何而来?"

【日食钱】 rì shí qián 工钱;工资。宋《朱子语类》卷一三八:"朝廷塑一显仁皇后御容,三年不成,却是一行人要希逐～。"

【日事钱】 rì shì qián 犹"日食钱"。明《警世通言》卷六:"若是污了粉壁,小人今日当直,便折了这一日～。"

【日势】 rì shì 天色(指时间的早晚)。唐司马贞索隐《史记·伍子胥传》"吾日暮途远":"譬如人行,前途尚远,而～已莫。"《祖堂集》卷四《药山和尚》:"师卷却经问白颜:'～何似?'对曰:'已当午时。'"清《聊斋志异·陈云栖》:"久之,～已晚,生欲归。"

【日头】 rì tou ❶ 太阳。唐寒山《以我栖迟处》:"午时庵内坐,始觉～暾。"金《董解元西厢记》卷三:"窗儿外弄影儿行,恨～儿不到正南时分。"清《红楼梦》三一回:"怪道人都管着～叫太阳呢。" ❷ 阳光。宋《朱子语类》卷九:"才略晴,被～略照,又蒸得雨来。"元明《水浒传》二八回:"你们却如何在这～里做工?"清《野叟曝言》二四回:"恰见一个女人把手指着,因～耀眼,看不出面目。" ❸ 天(计算时间的单位)。唐前佛经已有此用法,但只表序数。唐后表基数。宋《三朝北盟会编》卷二〇二:"谓城上人曰:'你只活得一个～。'犹华人言一日也。"《元曲选·魔合罗》三折:"老夫上任三个～,今日升厅,坐起早衙。"清《醒世姻缘传》五回:"风餐雨宿,走了二十八个～。" ❹ 日期。元关汉卿《调风月》一折:"你把那并枕睡的～儿再定论,休教我逐宵价握雨携云。"元明《水浒传》二回:"今日是太尉上任的好～,权免此人这一次。"明佚名《醉花阴·忆别》:"临行时扯住罗衫袖,问归期甚～。" ❺ 指时间早晚。《景德传灯录》卷一四《药山惟俨》:"师卷却经曰:'～早晚。'曰:'正当午。'"《五灯会元》卷五《百岩明哲禅师》:"(药)山置经曰:'～早晚也。'师曰:'正当午。'"明《老乞大谚解》卷上:"～却又这早晚也。" ❻ 时光;日子。明薛论道《朝元歌·及时行乐》:"风月班头,章台改作鸾凤丘,倚翠度春秋,偎红了～。"又《沉醉东风·花酒生涯》:"更何况谢馆秦楼,花酒生涯了～,受用些从他掩口。"清《醒世姻缘传》一〇〇回:"你可从此回去,算计往后过好～的道理。"

【日头错】 rì tou cuò 指过午时分。错,错过;偏斜。清《聊斋俚曲・墙头记》："一家人闹呵呵，端菜碗找家伙，席完已是～。"

【日头西】 rì tou xī ❶太阳偏西，指傍晚时分。明刘端《播南吟七首》之二："闻说近来多虎迹，行人莫到～。"清《醒世姻缘传》二回："没到～，也就上床睡了。"《聊斋俚曲・禳妒咒》："运气低，运气低，返回就到了～。" ❷比喻暮年。明邱浚《己亥初度》："老子明年六十齐，百年光景～。"

【日夕】 rì xī ❶一朝一夕。指短时间。唐杨乘《甲子岁书事》："虿毒久萌芽，狼顾非～。"明王世贞《答周宁国良宷》："倦游之餘，偷息一丘，偶有所窥，自附于野麋涂龟之后，丧魄轩冕，衔恩贝锦，盖非～矣。"清朱轼《史传三编》卷一五："而亡国之君臣，安危利菑，如燕雀处堂，苟延～。" ❷顷刻；片时。唐孟浩然《送从弟邕下第后寻会稽》："向来共欢娱，～成楚越。"宋晁补之《次韵邓正字慎思秋日同文馆九首》之七："风云～改，秋气袭堂闱。" ❸一天天地；渐渐。唐崔液《代春闺》："玉关遥遥戍未回，金闺～生绿苔。"宋晁补之《答赵滋主簿》："年来清血断征衣，碧发丹颜～非。"明刘基《夏夜台州城中作》："良田半作龟兆拆，秔稻～成蒿蓬。" ❹从早到晚；时时刻刻。明皇甫汸《与督学杨公宜论高氏书》："生我者父，造我者高也。欲报之德，未逢其适，此仆～之私心也。" ❺指日常食用。唐杜甫《驱竖子摘苍耳》："畦丁告劳苦，无以供～。"宋朱熹《题谢少卿药园二首》之一："持此供～，不乐复如何。"明徐有贞《纪游》："高堂膳羞具，藉此供～。"

【日西】 rì xī 犹"日头西❶"。唐韩愈《此日足可惜一首赠张籍》："～入军门，羸马颠且僵。"明《金瓶梅词话》五九回："那消到～时分，那官哥儿在奶子怀里只搐气儿了。"清《绿野仙踪》五一回："每天不到～时分便下了衙门。"

【日下】 rì xià ❶眼下；目前。唐李渤《上封事表》："虽君侪尧、禹，臣越伊、周，诏如《尚书》典诰，～既不行之，行之亦何由得通且久乎？"宋《建炎以来繫年要录》卷二："金银表段之数，虽～未能数足，将来下外路取索，分岁贡纳，实为大金无穷之利。"清《醒世姻缘传》二九回："夏布虽是～图他凉快，天冷了就用他不着。" ❷即刻；即日。宋《名公书判清明集》卷一二："阿连免断，责付其叔连德清，～别行嫁人。"宋元《古今小说》卷一五："刘知远出镇太原府为节度使，～朝辞出国门。"明何孟春《地方疏》："若不顺从，定在～统兵杀害。"

【日限】 rì xiàn 期限。《唐律疏议》卷四："藏匿无～。"明《金瓶梅词话》八回："路上水雨连绵，迟了～。"《大清会典则例》卷一："或拘禁或锁禁，俟～满后释放抵罪。"

【日阳】 rì yáng 太阳；太阳光。唐孔颖达疏《诗・大雅・卷阿》："梧桐生矣，于彼朝阳"："云生于朝阳者，以其早见～，被温仁之气。"明朱元璋《叹秋》："风声落木深秋意，云影垂天印～。"清《红楼梦》七回："见金钏儿仍在那里晒～儿。"

【日用】 rì yòng ❶日常费用。唐吴兢《贞观政要・直谏(附)》："但下民难与图始，～不足，皆以国家追悔前言，二三其德。"《元曲选・蝴蝶梦》二折："后教次子去餐刀，又言营运充～。"清《红楼梦》七二回："我真个的还等钱作什么，不过为的是～出的多进的少。" ❷日常生活用品。唐王勃《圣泉宴诗序》："方欲以林壑为天属，琴樽为～。"明《古今小说》卷一："留一个老成的在家，听浑家使唤，买办～。"清赵慎畛《榆巢杂识》卷下："近新疆，各路物产繁衍，～极贱。" ❸日常饮食。宋吴自牧《梦粱录》卷一八："谚云：'东菜西水，南柴北米。'杭之～是也。"明李贽《李生十交文》："然是酒食也，最～之第一义也。"谢肇淛《五杂组》卷一五："譬之～，今日太饱，明日必伤食。" ❹日常事务。明李贽《答耿司寇》："种种～，皆为自己身家计虑，无一厘为人谋者。" ❺日常；平素。唐德诚《船子和尚拨棹歌・华亭朱泾船子和尚机缘》："有官人问：'如何是～事？'师竖起桡云：'会么？'"元《七国春秋平话》卷上："人生～之间，不过君臣、父子、夫妇、长幼、朋友五者。"

【日月】 rì yuè 日子；生活。唐白居易《自叹》："因循过～，真是俗人心。"《元曲选・朱砂担》楔子："俺三口儿守本分做着些营生，度其～。"清《绿野仙踪》三三回："你虽费了四千多银，你家中还是富足～，买出命来就好。"

【日照】 rì zhào 遮阳伞。明《二刻拍案惊奇》卷一九："我在华胥国里是贵人，今要一把～也不能勾了，却叫我擎着荷叶遮身。"

【日中】 rì zhōng ❶白天。宋《朱子语类》卷一〇四："道理须是～理会，夜里却去静处坐地思量，方始有得。"元吴澄《刘又新字说》："昔赵忠宪公～所为，夜必告天。"清《飞龙全传》二六回："又因～厮杀了多时，口中烦渴，把摘来的两个雪桃食了一个。" ❷平素。宋《朱子语类》卷一三："今人～所为，皆苟而已。其实只将讲学做一件好事，求异于人；然其设心，依旧只是为利。"

【日逐】 rì zhú 每天。唐唐彦谦《游南明山》："几度欲登临，～扰人事。"《元曲选・盆儿鬼》三折："老的也，你如今多大年纪？～柴米，是那个供给你？"清《儒林外史》五回："～夫妻四口在家度日，猪肉也舍不得买一斤。"

【日子】 rì zi ❶天数；时光；时间。宋《朱子语类》卷一五："看来不须说效亦得，服到～满时，自然有效。"明孙蕡《闺怨》之四二："不是爱他延～，免教提起别时心。"清《绿野仙踪》一七回："你又青春年少，～比树叶儿还长，将来该作何了局？" ❷日期。宋《名公书判清明集》卷一一："详供前后交通受赂罪恶，明具～、钱数，以凭按法施行。"《元曲选・玉镜台》一折："梅香取历日来，教学士选个好～。"清《说岳全传》一五回："老狼主闻奏大喜，即择定了十五日吉利～，往校场中挑选扫宋大元帅。" ❸指生活或生计。宋陈傅良《桂阳军劝农文》："少有言气，且务休和；才到讼庭，便妨～。"《元曲选・任风子》三折："嫂嫂，你如今真个不好过～，不如跟着我一同回去住罢。"清《红楼梦》六八回："皆因家中父母姊妹新近一概死了，～又艰难，不能度日。"

【日昨】 rì zuó ❶前些时候；前些天。唐卢照邻《双槿树赋同崔少监作序》："～于著作局，见诸著作竞写双槿树赋。"元陈栎《与春塘叔书》："～领尊翰，为曹学录求赠行诗序引，尝匆匆奉答，殊愧草率。"清弘历《遣兴》之三："～策轻驷，适从街市过。见彼逐利者，流汗肩相摩。" ❷昨天。元明《水浒传》六八回："～小男倚仗一时之勇，误有冒犯虎威。"明江瓘《名医类案》卷一一："得一二日发寒热，昼虽静，夜则有鬼祟，从～不省人事。"清《歧路灯》五〇回："～我舅与我母亲一权主定，承许了曲米街巫家的事。"

【合】 rì 男性向女性施行性行为。《元曲选・蝴蝶梦》三折："等我～你奶奶歪屄。"明《金瓶梅词话》六回："你这老油嘴，是杨家那瞭子～的。"

【合八】 rì bā 犹"合捣"。明《金瓶梅词话》一五回："哥如今新叙的这个表子不是里面的，是外面的表子，还把里边人～。"

【合捣】 rì dǎo 性交。明《金瓶梅词话》一三回："我这里与你两个观风，教你两个自在～，你心下如何？"又六八回："你两个在这里尽～。"

【合攮】 rì nǎng 吃喝的粗鄙说法。清《红楼梦》四〇回："这里的鸡儿也俊，下的这蛋也小巧，怪俊的。我且～一个。"又七五回："再～下黄汤去，还不知吣出些什么来呢！"

【合窝】 rì wō 性交。明《金瓶梅词话》七五回："这个是你早辰和那挃剌骨两个商定了腔儿，好去和他个～去。"

【驲遽】 rì jù 驿递。唐刘禹锡《山南西道新修驿路记》："唯～之途，欹危隘束，其丑尚存。"宋司马光《书孙之翰唐史记后》："会宣州有急变，乘～往，不暇挈以俱。"

róng

【戎】 róng 同"狨"。清《缀白裘》五集卷四："弗要叫勒，叫个～！"《大双蝴蝶》二四回："一阵白嚼蛆，谷个～窠头要滚转来哉。"

【戎腔】 róng qiāng 同"狨腔"。清《合欢图》四四回："个宗走路舍～，摇摇摇来摆洛摆。"

【狨】 róng 精液(字或作"毧""㞞")。用为詈词，形容人窝囊无能。清《醒世姻缘传》九九回："不知那里弄了这等一个～将。他在此日日乞哀，说他是抚院老爷标下的甚么中军。"又九七回："这促织匣子般的去处，没处行动，又拘着这～官的腔儿，不叫我出外行走。"

【狨气】 róng qì 窝囊气。清《醒世姻缘传》五五回："自从有了调羹，这狄员外下处饮食甚是方便，比那尤厨子的时节受他那拗东西的～甚觉不同。"又八三回："狄希陈完了刘振白官司，使了许多银子，受了无数～。"

【狨腔】 róng qiāng 对人说话口吻或作派不满意的贬辞。清《醒世姻缘传》三五回："他平日假装了老成，把那眼睛瞅了鼻子，口里说着蛮不蛮侉不侉的官话，做作那道学的～。"又九九回："看他的～，一定是个火头军。"

【荣光】 róng guāng 光荣；荣耀。唐骆宾王《上齐州张司马启》："千年驭鹤，振仙气于帝乡；七叶珥貂，袭～于戚里。"《元曲选·赚蒯通》四折："这冠带呵，添不得我～；这金呵，铸不得他黄金像。"清查慎行《十二月二十日奉旨特授编修》之二："自沐～心窃愧，愧居四十六人先。"

【荣闹】 róng nào 荣盛。唐白居易《同崔十八寄元浙东王陕州》："惆怅八科残四在，两人～两人闲。"又《岁暮夜长病中灯下》："～兴多嫌昼短，衰闲睡少觉明迟。"

【荣旺】 róng wàng ❶ 旺盛；生命力强盛。元《农桑辑要》卷三："栽后难活，纵活亦不～。"曾瑞《哨遍·村居》："菜因浇灌多～，人为功名苦战争。"清喻昌《寓意草》卷四："人之体中，肌肉丰盛，乃血之～，极为美事。" ❷ 富贵显要；兴旺发达。五代齐邱《玉管照神局》卷中："一生～。"《元曲选·灰阑记》一折："我则道你怎生发迹身～，怎还穿着这蓝蓝缕缕的这样旧衣裳！"明万民英《星学大成》卷二二："财帛丰盈，子孙～。" ❸ 丰盛；富裕。明万民英《星学大成》卷一六："衣食～，受用不少。"又卷二〇："夜孛月同，财禄～。"

【容】 róng 允许；让。唐李隆基《恤纩骑诏》："如闻因当上染患者，番满之后，既不胜皆致还乡，又不～在职掌将息，进退无据，何所依投。"宋刘光祖《满江红》："一点不～飞燕入，些儿未许游鱼宿。"清《红楼梦》五三回："恕我老了骨头疼放肆，～我歪着相陪罢。"

【容长】 róng cháng （脸型）长圆。清《红楼梦》二四回："只见这人～脸，长挑身材。"△《儿女英雄传》一七回："只见那也是个端正清奇不胖不瘦的～脸儿。"

【容当】 róng dāng ❶ 表示自己应该怎么做，请对方给予机会。宋程颢《澶娘墓志铭》："人理之未至，吾～责命于天，言之以为世戒云耳。"明《金瓶梅词话》六九回："蒙老伯不弃小侄，～踵门叩谢。"清顾栋高《与杨农先书》："贵邑蒋东委先生，亦属向所倾慕，～致书续求。" ❷ 容或；可能。清梅文鼎《历算全书》卷六〇："或测量之理，触类增智，～有之。"《钦定仪礼义疏》卷一："则父子同为士者，～有之。"

【容光】 róng guāng ❶ 景物的风貌。唐刘禹锡《谢乐天闻新蝉见赠》："碧树有蝉后，烟云改～。"宋吴元美《宝圭洞记》："矫首见一点烟，如长虹出天表，盖石罅之～也。"清陆求可《望远行·葵》："开时也、随人好，尽熏风吹得～炫耀。" ❷ 光明洁白；光亮；光芒。唐裴铏《传奇》："体欺皓雪之～，脸夺芙蕖之艳冶。"《元曲选·张生煮海》一折："听疏剌剌晚风，风声落万松；明朗朗月容，～照半空。"清黄宗羲《明儒学案》卷一一："譬如太阳无蔽，～自能照物，非是屑屑寻物来照。"

【容量】 róng liàng ❶ 容积的大小。宋董逌《广川书跋》卷一："崇宁五年，纪城得铜器数十物，有内圜外方如桶其形者，其盖正作龟形，～不及今六升。"明周用《南海赋》："伟南溟之为器，何～之恢。"清《皇朝文献通考》卷一六〇："皆与右寸数相符，即得部颁铁升斗斛、～之准。" ❷ 度量；胸怀。宋赵孟坚《谢京尹颜大卿先生檄入佥厅启》："某官江河～，日月回光，显善表贤，过张俟之渊鉴，发奸摘伏，迈广汉之如神。"林希逸《贺丞相进封魏国公札子》："修内攘外而德威强，开忱布公而～大。"元吴澄《吉州司法董迪功哀诗》之三："恢恢～阔，卓卓立心高。" ❸ 宽容原谅。清《红楼梦》庚辰本三回："只是还要过去拜见二舅舅，恐领了赐去不恭，异日再领未为不可。望舅母～。"

【容留】 róng liú ❶ 容纳收留。《册府元龟》卷九一："唐文宗太和八年二月庚寅诏曰：……其度支户部盐铁，应有悬欠，委本司具可征放，数条流闻奏，不得～奸滥。"宋王柏《回于晦仲》："谩以绛炬百两，凂使价复于执事，切冀～。"清方成培《雷峰塔》一一出："娘娘，此去只恐官人不肯～。这段姻缘，终成画饼，如何是好？" ❷ 存留；保留。宋陈埴《木钟集》卷一："若不能下涤荡工夫，许其少少～在内，即根苗不除，些少处必会滋长。"元陆友仁《砚北杂志》卷下："凡有石刻，皆令仆而磨之，仍严其禁，略不～。"清黄宗羲《明儒学案》卷八："人心上～一物不得，才着一物，则有碍。" ❸ 容纳；盛(chéng)得下。明《型世言》三九回："上流有太湖可以～，下流得江海以为归宿，自然可以免患。" ❹ 犹宽恕。宋《建炎以来繫年要录》卷四四："至是，中书始奏，宜～马进之罪。"

【容耐】 róng nài 容忍；忍耐。宋杨简《慈湖遗书》卷一七："自童稚已见先公，凡百～。其后见有极微之人，无礼先公，怡然不以介意。"明《古今小说》卷二七："须是预先讲过，凡事～些，方敢赘人。"清《二度梅》五回："年兄所言虽是，但弟行居坐卧之中，没一刻不思，怎能～！"

【容乞】 róng qǐ ❶ 容许请求。宋苏辙《罢提举太平宫欲还居颍川》："籍中顾未敢，尔后傥～。"《续资治通鉴长编》卷二三五"或事涉违冒，而理或可～。" ❷ 请求允许。元明《水浒传》五三回："～暂请公孙先生下山，破了高廉，便送还山。"

【容让】 róng ràng 宽容忍让。清《红楼梦》八〇回："近见金桂又作践他，他便不肯服低～半点。"《济公全传》七一回："华二哥，你是个做哥哥的，总得有～。"

【容日】 róng rì 容待来日；改日。元明《水浒传》四八回："患躯在床不能相见，～专当拜会。"明陈应芳《再与郭一阳太守》："若狂愚之罪，～负荆。"清方成培《雷峰塔》三三出："有劳老父母，～登堂叩谢。"

【容许】 róng xǔ ❶ 许可。唐王建《初到昭应呈同僚》:“同官若～,长借老僧房。”《元曲选·曲江池》一折:“我要在亚仙姐姐家使一把钞,可～么?”明《醒世恒言》卷三七:“待众亲眷聚集,晓喻一番,也好打破他们这重魔障。不知我师可～我弟子否?” ❷ 或许。唐李商隐《赠送前刘五经映》:“莫逾巾履念,～后升堂。”殷琮《登云梯》:“赤城～到,敢惮百千层。”

【容易】 róng yì ❶ 平和;不剧烈。唐杜甫《雨》:“前雨伤卒暴,今雨喜～。” ❷ 平常;普通。唐元稹《野节鞭》:“此遗不寻常,此鞭不～。”元关汉卿《调风月》二折:“你那浪心肠看得我忒～,欺负我是半良不贱身躯。”明《禅真后史》二四回:“但石池内那一泓水,感受日月精华、山川灵气,不知经几千百年之久,积成圣水,非同～。” ❸ 马虎;轻易;草率。唐卢肇《逸史》卷三:“责国医曰:‘公何～! 死生之穴,乃在分毫。人血脉相通如江河,针灸在思其要津。’”宋柳永《梦还京》:“追悔当初,绣阁话别太～。日许时、犹阻归计。”清《红楼梦》二八回:“可巧宝钗左腕上笼着一串,见宝玉问他,少不得褪了下来。宝钗生的肌肤丰泽,～褪不下来。” ❹ 轻慢。《祖堂集》卷三《一宿觉和尚》:“女出来相看曰:‘小弟～,乞老宿莫怪。’”宋《三朝北盟会编》卷一一:“本朝大国,不可～,不要错了。”明刘定之《否泰录》:“实等言来迎之意,也先将从之。伯颜帖木儿言礼物未备,不可～,也先乃止。” ❺ 轻佻。唐郑还古《博异志·张遵言》:“美人怒曰:‘我是刘根妻,不为奉上元夫人处分,焉涉于此,君子何～乎!’” ❻ 狂妄。五代孙光宪《北梦琐言》卷九:“上谓宰臣曰:‘此人噪妄,欲求翰林学士,大～哉!’” ❼ 变化不定;变易。五代欧阳炯《木兰花》:“儿家夫婿心～,身又不来书不寄。”清王夫之《读通鉴论》卷二七:“夸大其辞、～其谈以诱引。”

【容真】 róng zhēn ❶ 真容;容貌。敦煌词《内家娇》:“应是降王母仙宫,凡间略现～。”明彭大翼《山堂肆考》卷一六六:“公佑所作三十二相,八十种好皆具,而慈悲威重,有巍巍天人师之～,可宝也。” ❷ 指画像。宋黄休复《益州名画录》卷上:“既克下,王先主拜僖宗御容。于时绘壁百寮咸在,唯不见陈太师、田军～。”

【容着】 róng zhuó 容纳;容身。宋陈襄《乞均排等第出役钱状》:“臣今欲据逐县廨宇宽窄,合～得人数,约度作番次,出榜晓示人户。”慕容彦逢《和岑运使题赵吏部容膝斋》:“渊明三径似元卿,蓝缕茅檐仅～。”清纪昀《阅微草堂笔记》卷三:“心无餘闲,则一切爱根欲根无处～,一切魔障不祛自退矣。”

rǒng

【冗】 rǒng ❶ 繁杂。唐沈既济《选举论》:“夫京师之～,孰与四方之实? 一都之繁,孰与万国之殷?”《古尊宿语录》卷二〇《法演和尚语录》:“世事～如麻,空门路转赊。”清《东周列国志》九〇回:“秦辞以事～,改日请会。” ❷ 繁忙。宋苏轼《与姜唐佐秀才》之六:“儿子治装～甚,不及奉启。”《元曲选·玉镜台》一折:“连日公衙事～,不曾拜候。”清《野叟曝言》二三回:“老世兄公～,也不敢来惊动。” ❸ 指繁杂的事务。宋苏轼《与彦正判官》:“适有他～,书不周谨。”元李存《与高本斋书》:“适有小～,不及修问,甚是怅怏。”清胤禛《热河闲咏》之三:“避～原无意,搜奇念久灰。” ❹ 冗滥;多餘;多餘的。唐杜牧《上盐铁裴侍郎书》:“比初停罢留后,众皆以为除烦去～,不知其弊及于疲羸,即是所利者至微,所害者至大。”明陈全之《蓬窗日录》卷四:“以古之官视今之官,则今～也。”清惠栋《九曜斋笔记》卷二:“陈后山代南丰作文,仅数百言,南丰犹以～字过多,抹去数处。” ❺ 洞。明施显卿《奇闻类记》卷二:“东海之上有浮玉山,山下有～,～中有大水荡活。”顾起元《客座赘语》卷三:“其夫苦其乱,从之,穿～使入,上留一窍,越数日启视犹生。”陈全之《蓬窗日录》卷六:“宾州人李宝善地理,谓纯夫子冲曰:‘寺当风水之冲。’指寺北山一～曰:‘此可殡。’”

【冗忙】 rǒng máng 繁忙。宋苏轼《答水陆通长老书》:“别后一向～,有疏奉问。”明《西游记》九六回:“老师辞别甚急,想是连日佛事～,多致简慢,有见怪之意。”

【冗迫】 rǒng pò 繁忙急迫;忙碌。宋苏轼《与孙子思书》:“过辱枉顾,知事务～,不敢久留语。”明何乔新《和安道宪副颍阳元日述怀》:“却笑病躯偏～,晨兴不待玉衡斜。”清魏裔介《寄孙徵君钟元书》:“盖于公务～之餘为之,其大意明道之出于天。”

róu

【柔和】 róu hé ❶ 柔软;不僵硬;不坚硬。唐佚名《刘尊师碑铭》:“手足～,一无改变。”元明《水浒传》二七回:“舌为～终不损,齿因坚硬必遭伤。”清魏之琇《续名医类案》卷二九:“胸腹～,决无食停胃腑之理。” ❷ 轻柔;和缓。清曹庭栋《养生随笔》卷二:“以妇人者,妇人举动～,故用之。”

【柔软】 róu ruǎn ❶ 软弱;不刚强。唐元觉《发愿文》:“性行～,不求人过,不称己善,不与物诤。”宋郑獬《初入姑苏会饮》:“吴儿～不惯见,应笑侬家诗酒豪。”清《水浒后传》一五回:“皇帝又是个～的,拜李邦彦为相,力主和议。” ❷ 细软,指贵重而容易携带的物品。明孙柚《琴心记》一八出:“内中～都去了,纵使后车无恙,也济得许多事?”

【柔善】 róu shàn 温柔善良。唐[日]圆仁《入唐求法巡礼行记》卷二:“耿家主人～。”宋《朱子语类》卷一一:“看文字先有意见,恐只是私意。谓如粗厉者观书,必以勇果强毅为主;～者观书,必以慈祥宽厚为主。”《皇清职贡图》卷一:“俗颇淳厚,性亦～。”也指温柔善良的人。明薛瑄《故奉直大夫张公墓志铭》:“极力扶植～,于豪强则重加绳抑。”

【柔温】 róu wēn ❶ 温柔。《册府元龟》卷三二一:“北齐赵彦深为司徒,尝参机近,～谨慎。”宋梅尧臣《送公仪龙图知杭州》:“旧闻其风俗,色易而～。”刘挚《宋宗室郭氏墓志铭》:“展彼夫人,～静嘉。” ❷ 柔软而温暖;柔和而温润。宋梅尧臣《和中道元夕》之一:“靓妆丽服何～,交观互视各吐吞。”元唐元《家藏砚铭》:“故常称其质刚,理～,绝无燥色,类有德者。”明陶安《貂蝉冠》:“毳锦～摇采弁,翼绡清洁附金珰。”

【柔鱼】 róu yú 即鱿鱼。宋周密《武林旧事》卷六:“又有卖……蛤蜊、～。”清《儒林外史》四回:“席上燕窝、鸡、鸭,此外就是广东出的～、苦瓜,也做两碗。”

【揉】 róu ❶ 拉;攀。宋苏轼《新滩阻风》:“孤舟倦鸦轧,短缆困牵～。”元袁桷《导游赋》:“独行无俦,谨～其辀。”清《广西通志》卷九五:“先令五死士～木而上。五贼熟睡弗觉,因斩之。” ❷ 挠;搔。元关汉卿《醉扶归·秃指甲》:“搊杀银筝字不真,～痒天生钝。”《元曲选·李逵负荆》四折:“这是～着我山儿的痒处。管教他瓮中捉鳖,手到拿来。”明《拍案惊奇》卷三:“这一问～着痒处。” ❸ 解;松(开)。清孔尚任《桃花扇》二三出:“叫奴家～开云髻,折损宫腰。” ❹ 折腾;摆弄。宋《明觉禅师语录》卷二:“今日被长老～我一上。”

【揉擦】 róu cā ❶犹“揉搓❶”。明朱橚《普济方》卷一五：“用独头蒜一个，口嚼一半，于所患腿脚上～。”《西游记》四一回：“却幸得八戒按摸～，须臾间，气透三关。”清《红楼复梦》八四回：“宝月将手在宝钗胸口～。” ❷犹“揉搓❷”。明《金瓶梅词话》七九回：“妇人情不能当，以舌亲于西门庆口中，两手搂着他脖项，极力～。”《梼杌闲评》四回：“你这样朵海棠花，怎禁得那老桑皮～？”清《绿野仙踪》五四回：“若害眼气，也学我把浑身的骨头和肉都舍出来，教人家夜夜～。”

【揉揣】 róu chuāi 犹“揉搓❶”。明《金瓶梅词话》八五回：“教春梅按在身，只情～。可霎作怪，须臾坐净桶，把孩子打下来了。”

【揉搓】 róu cuō ❶用手来回擦；搓。宋德洪《送实上人还东林》之二：“且复～冻耳，听君放意高谈。”元王祯《农书》卷二二：“经织成生布，于好灰水中浸蘸，晒干，再蘸，再晒，如此二日，不得～。”清《醒世姻缘传》二一回：“你可是喜的往上跳，碰的头肿得像没揽的柿子一般，疼得叫我替你～。” ❷(身体或衣物)接触摩殢。宋晁端礼《殢人娇》：“孜孜地、看伊模样。端相一饷，～一饷。”元明《水浒传》二四回：“誓海盟山，抟弄得千般旖旎；羞云怯雨，～的万种妖娆。”清《红楼梦》八九回：“那么着你也该把这件衣服换下来了，那个东西那里禁得住～。” ❸折磨；整治。明冯惟敏《玉芙蓉·题怨》：“你分明特故的将俺～，俺何曾敢把针儿错。”清《聊斋俚曲·墙头记》：“还是你忒也囊包，怎么依他这样～？”《红楼梦》一〇九回：“可怜一位如花似月之女，结褵年餘，不料被孙家～以致身亡。”

【揉挝】 róu zhuā 犹“揉搓❷”。明佚名《折桂令·看释经私染》：“被儿中～杀个妈妈，怀儿里搁搓杀个麻麻。”

ròu

【肉】 ròu 表示疼爱的称呼(用于儿童或情人)。明《西游记》七九回：“俱来各认出笼中之儿，欢欢喜喜，抱出叫哥哥，叫～儿。”清《红楼梦》二五回：“贾母、王夫人一见，唬的抖衣乱战，儿一声，～一声，放声大哭。”《霓裳续谱·玉美人》：“二人到了情浓处，口对着香腮，叫声乖乖又叫声～。”

【肉案】 ròu àn ❶卖肉用的案子，也指卖肉的店铺。五代郭廷诲《广陵妖乱志·周迪妻》：“群辈不信，遂与迪往其处验焉。至则是首已在于～。”元萧德祥《小孙屠》楔子：“自家张屠的便是……开着个～儿。”清《老乞大新释》：“这间壁～上买猪肉去，是今日杀的新鲜的好猪肉。” ❷借指肉铺所卖的肉。清《儒林外史》五回：“还欠下厨子钱，屠户～子的钱，至今也不肯还。”

【肉吧】 ròu bā 肉饼。明《警世通言》卷二一：“赶进一步，举棒往脑后劈下，打做个～。”

【肉吊窗】 ròu diào chuāng 指眼皮。《元曲选·曲江池》一折：“常则是～放下遮他面，动不动便抓钱。”又《救风尘》三折：“我今家去把媳妇休了呵，奶奶你把～儿放下来可不嫁我，做的个尖担两头脱。”明汤显祖《邯郸记》三〇出：“你掀开～，蘸破花营运。”

【肉果儿】 ròu guǒ er 肉块。明《金瓶梅词话》一回：“叔叔，怎的～也不拣一箸儿？”

【肉红】 ròu hóng 像肌肉的浅红色。宋欧阳修《少年游》：“～圆样浅心黄，枝上巧如装。”明《金瓶梅词话》四九回：“(和尚)戴了鸡蜡箍儿，穿一领～直裰。”清李斗《扬州画舫录》卷一：“桃红、银红、靠红、粉红、～，即韶州退红之属。”

【肉己钱】 ròu jǐ qián 私房钱。清《隋唐演义》二五回：“凡可搜括得的，都是县官～，那个肯拿出来？”

【肉具】 ròu jù 指阴茎。明《拍案惊奇》卷三四：“直到引动淫兴，调得情热，方放出～来，多不推辞。”清《载花船》一〇回：“粲生淫心甚炽，不能止遏，～早已翘然而起。”

【肉里刺】 ròu lǐ cì 比喻外相温柔，内心刻毒。明《金瓶梅词话》五一回：“那里看人去，干净是个绵里针、～的货！”

【肉里钱】 ròu lǐ qián 舍不得花销的钱。明《醒世恒言》卷三五：“他做了许多年数，克剥的私房必然也有好些，怕道没得结果？你却挖出～来与他备后事。”《二刻拍案惊奇》卷八：“到得赢骰过了，输骰齐到，不知不觉的弄个罄净，却多是自家～，旁边的人不曾帮了他一文。”

【肉麻】 ròu má 由轻佻的或虚伪的言语、举动所引起的不舒服的感觉。明《醒世恒言》卷一五：“将酒饮过半杯，递到空照口边，空照将口来承，一饮而尽。两个童女见他～，起身回避。”《夹竹桃·野芳虽晚》：“同郎去看后园花，花底下调情两～。”清《绿野仙踪》五二回：“字字中窍，句句合拍，无半点～话，情意亦颇恳切。”也指肉麻的人。明《挂枝儿·陪笑》：“一对～，衬入莫说打莫说骂句，更觉生姿。”

【肉佞贼】 ròu nìng zéi 软中有硬不好对付的人。明《金瓶梅词话》六一回：“他怎的前日你生日时那等不言语，扭扭的，也是个～小淫妇儿。”又七六回：“这贼小囚儿，就是个～。”

【肉皮儿】 ròu pí er 人的皮肤。清《红楼梦》六九回：“把那孩子拉过来，我瞧瞧～。”《红楼复梦》二八回：“我这～没有沾过金器，又没有带着瓶抽子，你交给别人罢。”

【肉声】 ròu shēng 无乐器伴奏的清唱。五代王定保《唐摭言》卷一〇：“籍中有红儿者，善～。”宋张先《熙州慢》：“持酒更听，红儿～长调。”明杨慎《升庵诗话》：“唐人谓徒歌曰～。”

【肉疼】 ròu téng 心疼。明《醒世恒言》卷一七：“这老儿虽是一时气不过，把儿子痛打一顿，却又十分～。”清《野叟曝言》二七回：“把美貌佳人镇日躺在心窝里睡觉，略大些的风吹一吹，都是～的。”《荡寇志》九五回：“看官，这梁山虽是富饶，骤然提出八十万金珠，亦不容易，宋江也觉得～。”

【肉痛】 ròu tòng 犹“肉疼”。明《醒世恒言》卷二九：“那钮成一则还钱～，二则怪他调戏老婆，乘着几杯酒兴，反撒赖起来。”《拍案惊奇》卷一三：“严公原是积攒上头起家的，见了这般情况，未免有些～。”清《醒世姻缘传》八回：“晁老不～去了许多东西，倒还像拾了许多东西的一般欢喜。”

【肉头】 ròu tou 肉厚(的感觉)。明《西游记》二六回：“那八戒见了寿星，近前扯住，笑道：‘你这～老儿，许久不见，还是这般脱洒。’”清《后西游记》二六回：“长嘴大耳的，肥胖有～，有油水，煮了吃好。”

【肉姓】 ròu xìng 生身的姓；本姓。明《二刻拍案惊奇》卷九：“是便是外甥，而今外边人只叫他金爷。他～姓得有些异样的，不好记，我忘记了。”

【肉眼】 ròu yǎn 佛经上面所说的五眼之一，指肉身之眼。后指世俗的眼光。唐卢仝《赠金鹅山人沈师鲁》：“～不识天上书，小儒安敢窥奥秘。”《元曲选·冻苏秦》一折：“～愚民，不识高贤。”清《隋唐演义》八二回：“当其不得志之时，～不识奇才，尽力把他奚落。”

【肉中刺】 ròu zhōng cì 比喻最痛恨而急于除掉的东西。《元曲选·陈州粜米》一折：“我见了那穷汉似眼中疔，～。”明《禅真逸史》一四回:"自此拔出眼中钉,挑却～,果然朝朝七夕,夜夜元宵。"清《红楼梦》八〇回:"快叫人牙子来,多少卖儿两银子,拔去～眼中钉,大家过太平日子!"

rú

【如常】 rú cháng ❶平素;平时。元明《水浒传》二一回:"却有郓城县一个卖糟腌的唐二哥,叫做唐牛儿,～在街上只是帮闲。"明《古今小说》卷二五:"此三人～带剑上殿,视吾如小儿,久必篡位。" ❷时常;经常。脉望馆本《独角牛》一折:"这孩儿不肯做庄农生活,则待要刺枪弄棒,学拳摔交,～里把人打伤了。"《皇明诏令·御制军人护身敕》:"似这等关防的意思,～要记在心。"明《古今小说》卷三八:"我～要来,只怕你老公知道,因此不敢来望你。" ❸普通;不特别。元明《水浒传》八八回:"这人阵式也只～,不见有甚惊人之处。"明王世贞《艺苑卮言》卷八:"大历中,卖一女子,姿首～,而索价至数十万,云:'此女子诵得白学士《长恨歌》,安可他比!'"《二刻拍案惊奇》卷一一:"焦大郎家事原只～,经这一番大弄,已此十去八九。"

【如法】 rú fǎ ❶本指按着规定的程式或方法。转指妥善、合宜。金《董解元西厢记》卷五:"多娇女,映月来,结束得极～。"元曾瑞《一枝花·买笑》:"凭温柔举止特～,论恩爱疏薄却有差。"明《二刻拍案惊奇》卷二:"伸手在袖中摸出一条软纱汗巾来,将角儿团簇得～。" ❷确实;实在。宋元《清平山堂话本·五戒禅师》:"父母见他如此心坚,送他在本处寺中做了和尚,法名佛印,参禅问道,～聪明。"元明《水浒传》四七回:"名唤一丈青扈三娘,使两口日月双刀,马上～了得。"明《老乞大谚解》卷上:"早修起了,比在前高二尺阔三尺,～做的好。"

【如夫人】 rú fū rén 妾的婉称。《左传·僖公十七年》:"齐侯好内,多内宠,内嬖如夫人者六人。"宋马永卿《懒真子》卷三:"先生清德如此,而乃有～,亦可一笑。"明《金瓶梅词话》六四回:"～是甚么病儿殁了?"清龚炜《巢林笔谈》卷五:"太仓公之～林氏,无所出,尽弃其膳田,为公整理坟茔。"

【如果】 rú guǒ 连词。表假设。宋《朱子语类》卷二三:"如今学者谁不为学,只是不可谓之'志于学'。～能'志于学',则自住不得。"元明《水浒传》三九回:"～迟缓,诚恐走透了消息。"清《白雪遗音·下了望江楼》:"～不回还,可就是心狠狠不过是男子汉。"

【如还】 rú hái 连词。如果。金《刘知远诸宫调》一:"～脱了这门亲,我儿时到得昭阳宝殿?"元曾瑞《青杏子·骋怀》:"水仙山鬼,月姊花妖,～得遇,不许干休。"清《醒世姻缘传》二七回:"其子只好七八周之内,顽皮泼性,掩口钝腮。～依我形容,或倒是个长进孩子。"

【如今见】 rú jīn xiàn 如今;现在。元王士点《秘书监志》卷一:"从在前色辰皇帝有时,分秘书监里岳学士为天文禁书上头为头儿管着行来,～吃着昭文馆大学士俸钱多年也。"明《金瓶梅词话》一六回:"我～过不的日子,他顾不的我。"清董以宁《沁园春·美人膝》:"～,有阿侯旋绕,长在伊前。"

【如今现】 rú jīn xiàn 同"如今见"。《古尊宿语录》卷三《黄檗断际禅师宛陵录》:"～有种种妄念,何以言无?"《元曲选·伍员吹箫》一折:"他～为十三太保大将军,樊城太守。"清《红楼梦》一一回:"～过了冬至,又没怎么样。或者好的了,也未可知。"

【如君】 rú jūn 妾的婉称。清《儒林外史》一一回:"编修公因女婿不肯做举业,心里着气,商量要娶一个～。"《绿野仙踪》二六回:"世蕃猛瞧见他第四房～坐在赵文华怀中,口对口儿吃酒。"

【如妻】 rú qī 妾的婉称。清《十二楼·拂云楼》五回:"赖有～某氏造福闺中,出巧计以回天。"

【如然】 rú rán 如此;这样。唐孔颖达疏《诗经·卷耳》序"后妃之志也":"求贤审官,至于忧勤,皆是辅佐君子之事。君子所专,后妃志意～,故云后妃之志也。"《敦煌变文校注》卷一《汉将王陵变》:"臣缘事主,争敢～。"清弘历《自堤上至圣化寺》:"农功虽未起,春色已～。"

【如若】 rú ruò 连词。如果;假若。《敦煌变文校注》卷二《前汉刘家太子传》:"～凭脚足而行,虽劳一生,终不得见。"金《董解元西厢记》卷三:"莺莺女子,容质粗陋,～委身足下,其幸有三。"清《蜃楼志》二回:"～做了官,不是天天要看他凶相么?"

【如嫂】 rú sǎo 尊称平辈人的妾。明《醋葫芦》八回:"既已为兄之妾,即～也,何得女之?"清《闪电窗》五回:"我们寓中又只三间屋,许多眉毛眼睛挤在一块,可好安顿～么?"《荡寇志》九七回:"他通同婆子,引你那～夫人,和那姚画师来往。"

【如式】 rú shì 合乎法式。唐刘禹锡《唐兴元节度使王公先庙碑》:"臣涯官秩印绶,品俱第三,请～以奉宗庙。"明李梅实《精忠旗》二〇出:"每人重责五板,与他做个样,一会儿好用刑。若不～,把你这狗才敲死!"清《绿野仙踪》四二回:"次日午后,张华先将棺木押来。如玉仔细观看,见是四块瓦做法,前后堵头～。"

【如同】 rú tóng 好像。唐张果《五子守仙丸歌》:"五子可定千秋旨,百岁～一万年。"元蒲察善长《新水令》:"度一宵～百岁,捱一朝胜似三春。"清《红楼梦》二六回:"虽说是母舅家～自己家一样,到底是客边。"

【如像】 rú xiàng 如果。《元典章·刑部十三》:"如或拿住贼呵,交本处达鲁花赤官人每断者。～他每断不定呵,省里呈说者。"

【茹茹】 rú rú 高粱。明《隋史遗文》二九回:"把收得的～米粟播扬上窨,茹秸梗子备盖屋织壁、柴薪之用。"《型世言》九回:"恰值洪武十八年,是亢旱时节,连～都焦枯了,不结得米。"清《隋唐演义》八回:"潞州即今山西地方,秋收都是那～秸儿。"

【儒巾】 rú jīn ❶读书人所戴的一种头巾。明代通称方巾。宋周文璞《早起》:"佛香才了换～,身是人间自在身。"明汤显祖《牡丹亭》六出:"那时汉高皇厌见读书之人,但有个带～的,都拿来溺尿。"清《绿野仙踪》一九回:"后面跟着一个,穿着蓝衫,～皂靴,步履甚是艰苦。"用作动词则指戴儒巾。宋佚名《望江南》:"昔之任子不敢～。" ❷借指读书人。宋庞元英《谈薮》:"禅鞋俗人须鬓,道服～面皮。"清《聊斋志异·郭秀才》:"郭既坐,见诸客半～,便请指迷。"

【儒流】 rú liú 指读书人。唐王勃《梓州郪县兜率寺浮图碑》:"功超道茂,义冠～。"《元曲选·荐福碑》楔子:"则这客僧投寺宿,措大谒～。"清彭维新《恭和御制翰林院宴》之二:"圣意厚期天下士,～宁让古时人。"

【儒童】 rú tóng 即"童生"。明杨继盛《辞陕西巡按刘取书院帖》:"已买基址,尚未修建,～三百餘人,尚在寺读书。"清《儒林外史》七回:"传进新进～来。到汶上县头一名点着荀玫。"清胤禛《朱批谕旨》卷二〇八:"上谕每县新进～及优等生员,各授一本,令其转相传诵。"

rǔ

【汝】 rǔ 戳；伸。清《醒世姻缘传》九八回："(狄希陈)也留心看素姐的手指。素姐伶俐，爽俐把两只手望着狄希陈眼上一～。"

【汝唆】 rǔ suō 塞。清《醒世姻缘传》四一回："如今有点子东西，不知～在那里，迷糊门了。"

【乳】 rǔ ❶ 草鞋上穿绳的襻儿。唐贯休《送僧入马头山》："竹笠援补，芒鞋藤～。"《元曲选·魔合罗》一折："百忙里鞋儿断了～，好着我难行。"又《玉壶春》三折："穿一对连底儿重十斤壮～的麻鞋。" ❷ 用乳钵研磨。明孙一奎《赤水元珠》卷二九："白敛末二两，鹿角灰末四两，同入乳钵～，令无声，方有效。"清《红楼梦》二八回："还要了一块三尺上用大红纱去，乳钵～了，隔面子呢。"

【乳钵】 rǔ bō ❶ 盛乳的钵盂。唐黄元之《润州江宁县瓦棺寺维摩诘画像碑》："晨持～，未息粗言；中设饭盂，普均香气。"宋朱熹《乳饼》："清朝荐蔬盘，～有真味。" ❷ 研药末等的器具。《云笈七籤》卷七六："并所研犀角汁，同入于～中，令壮士研三千下。"元危亦林《世医得效方》卷一六："右入～内同研，细水飞过，澄取。"清魏之琇《续名医类案》卷五一："研末，筛细，入～内，用数人更碾。"

【乳父】 rǔ fù 奶妈的丈夫。清《红楼梦》四八回："派下薛蟠之～老苍头一名，当年谙事旧仆二名。"

【乳花】 rǔ huā ❶ 烹茶时所起的乳白色泡沫。唐李德裕《故人寄茶》："碧流霞脚碎，香泛～轻。"宋王明清《挥麈后录餘话》卷一："赐茶全真殿，上亲御击注汤，出～盈面。"清陆廷灿《续茶经》卷下之一："初入汤少许，俟汤茗相投，即满注，云脚渐开，～浮面。" ❷ 乳汁上的白色泡沫；奶渍。明张岱《陶庵梦忆》卷四："余自豢一牛，夜取乳置盆盎，比晓，～簇起尺许。"《石点头》卷二："这样的学生，～还在嘴上，晓得甚么文章！"清昭梿《啸亭杂录》卷四："百八牟尼亲手捧，探来犹带～香。"

【乳口】 rǔ kǒu ❶ 小孩的口。唐王焘《外台秘要方》卷二四："刘涓子疗发背、发～，已合，皮上急痛生肉，摩豌折。"元谢应芳《葛节妇》："呱呱两儿泣兰房，一在褓褓～黄。"明朱橚《普济方》卷三六五："治～疮，在口角上，经月不瘥。" ❷ 称小孩、年轻人(称年轻人有小视的意味)。唐令狐楚《代李仆射谢子恩赐状》："～而餐尝鼎食，青衿而陪列朝班。"宋周紫芝《郭汾阳画像赞》："视柏直辈，～咿嘤，顾兹奇庞，孰任弗胜。"明钱德洪《再谢储谷泉书》："黄发～，失所保哺。" ❸ 城墙上的垛口。垛口形如小儿缺齿。也指一般墙上类似垛口的建筑样式。金《董解元西厢记》卷一："西有黄河东华岳，～敌楼没与高，仿佛来到云霄。"《历代名臣奏议》卷三三六宋虞允文奏："若城身毕工，其餘～楼橹泥饰之类，就令当戍之兵徐徐下工，庶几诸军不久于役。"《金瓶梅词话》一九回："正面丈五高，□心红漆绰屑；周围二十板，砧炭～泥墙。"

【乳老】 rǔ lǎo 乳房。明息机子《踏雪寻梅》一折："褪下抹胸儿见～。"佚名《醉太平带连花落·掉侃》："睁着胪老，侧着听老，耸着训老，摸着～，舒着爪老。"佚名《一枝花·美人浴出》："紧紧的偎说几句动情话，我将他～捻掐。"

【乳名】 rǔ míng 小名；奶名。宋杨简《慈湖遗书》卷一七："吾家命新生，～不可务尖新。"元陈栎《金伯明字说》："同邑金兄若愚，尚书忠肃公之八世孙也。生三岁而孤，大父健教育之，以今名更其～。"清陈世祥《浣溪沙·赠璚孙》："自是缑山品绝伦，珠匀玉莹想风神，～直得唤珍珍。"

【乳娘】 rǔ niáng 奶妈；受雇给别人奶孩子的妇女。明《西湖二集》二四回："初生一子，寻个姚～乳这个儿子。"清《十二楼·合影楼》一回："从来孩子的面貌多肖～，总是血脉相荫的缘故。"

【乳婆】 rǔ pó 犹"乳娘"。明《拍案惊奇》卷三七："只见自己身子直挺挺的躺在那里，～坐在旁边守着。"《梼杌闲评》二二回："因印月生了个孩子，却遇着宫中选～，遂托李永贞在东厂夤缘，选中了。"

【乳食】 rǔ shí 哺乳；吃奶。唐徐彦疏《公羊传·昭公三十一年》"则未知臧氏之母者曷为者也"："～一男，何假二人乎?"宋智吉祥等译《佛说巨力长者所问》卷中："如彼婴儿，但念～，餘无知见。"清程林《圣济总录纂要》卷二五："再生再刺，不尔则胀满口中，妨害～呼吸，不可少缓也。"

【辱骂】 rǔ mà 污辱谩骂。唐韩愈《为河南令上留守郑相公启》："人有告人～其妹与妻，为其长者，得不追而问之乎?"明李梅实《精忠旗》七出："譬如人家将父母～一场，必思报恨。"清《红楼梦》一五回："不想守备家听了此信，也不管青红皂白，便来作贱～。"

【辱邈】 rǔ miǎo 犹"辱没"。元《七国春秋平话》卷中："你不～你上祖孙武子十八国之师，父母皮肉不可毁伤，交人刖了两只脚！"

【辱灭】 rǔ miè 犹"辱没"。宋元《清平山堂话本·错认尸》："高氏知觉，恐丈夫回，～了门风。"元程端学《春秋或问》卷二："方伯又不量彼己之势，一战而败，～社稷。"明《西洋记》七五回："你须要大显神通，功成唾手，方才不～了我们天师的体面。"

【辱模】 rǔ mó 同"辱没"。明徐畛《杀狗记》一一出："孙荣待入城中叩谒豪家，又恐撞着我那哥哥的相识，却不～了我哥哥的面皮。"

【辱麽】 rǔ mó 同"辱没"。《元曲选外编·东墙记》三折："与这等不才丑生，兀的不～杀人也。"

【辱末】 rǔ mò 同"辱没"。元贯云石《孝经直解》一六："小心行呵，不～了祖上有。"元明《水浒传》七回："若说时，～杀人。"明汤式《一枝花·卓文君花月瑞仙亭》："迤逗的俊女流急穰穰宵奔夜行，～煞老丈人羞答答户闭门扃。"

【辱抹】 rǔ mò 同"辱没"。《元曲选·谢天香》四折："若使他仍前迎新送旧，贤弟可不～了高才大名！"明《醒世恒言》卷八："姐姐着配此人，也不～了。"清《都是幻·写真幻》二回："美人肯走落来，便与我池上锦举案齐眉，也不～了千金贵体。"

【辱没】 rǔ mò 玷污；使不光彩。《元曲选·窦娥冤》四折："到今日被你～祖宗世德，又连累我的清名。"明朱长祚《玉镜新谭》卷六："意为当此士大夫之前，恐泄夙昔丑行，以～生平，而必寘之死以绝其迹也。"清《荡寇志》七四回："我与他联姻，又不～了他，为何不情愿?"

【辱莫】 rǔ mò ❶ 侮辱；羞辱。唐司空图《耐辱居士歌》："若曰尔何能，答言耐～。" ❷ 同"辱没"。《元曲选外编·风云会》四折："他也合思先主三分业，想武侯八阵机，～杀关羽、张飞。"元明《水浒传》一七回："便叫我一处吃盏酒，有甚么～了你！"明《二刻拍案惊奇》卷三："招得个翰林学士做女婿，须不～了你的女儿。"

【辱子】 rǔ zǐ ❶ 对人的蔑称，犹言小子。元《三国志平话》卷下："吾怕者诸葛，谁识～姜维！" ❷ 不肖子。《元曲选外编·陈母教子》三折："～未曾为官，可早先受民财。"《元曲选·曲江池》四折："郑元和死为～，也只由的李亚仙；生为逆子，也只由的李亚仙。”元明《三国志通俗演义》卷八：“徐母勃然大怒曰：‘～飘荡江湖二十餘年，吾以为汝习儒学业，日有进益，何期反不如初也！’”

【臑】 rǔ 同“乳❶”。唐佚名《黄䍐犊子谣》：“黄䍐犊子挽纼断，两脚踏地鞋～断。”

rù

【入】 rù ❶ 塞；放进。元明《水浒传》三一回：“却把后槽一床单被包了散碎银两，～在缠袋里。”清洪昇《长生殿》四三出：“〔丑〕作盛囊～匣介。” ❷ 同“合”。《元曲选·金钱记》三折：“他敢要～你姐姐黑窟笼。”明《醒世恒言》卷一五：“骚精淫妇娼根，被人～昏了。”清《醒世姻缘传》二二回：“我把这扯淡的妈来使驴子～！”

【入钹】 rù bó 入门；进门。元明《水浒传》四五回：“头陀道：‘海阇黎和潘公女儿有染，每夜来往。教我只看后门头有香桌儿为号唤他～，五更里却教我来打木鱼叫佛唤他出钹。”清李玉《占花魁传奇》卷下：“终日忙忙收盏饭，休教～做牵头。”钹，通“跋”。明徐渭《南词叙录》：“入跋，入门也。倡家谓门曰跋限。”

【入捣】 rù dǎo 同“合捣”。明《一片情》一一回：“我儿们好好的～，不要入脱了肛门。”清《八段锦》八段：“如今三人同心，便点灯列馔，肆无忌惮，饮酒玩耍，尽心～。”

【入定】 rù dìng 佛教徒的一种修行方法，闭着眼睛静坐，控制身心各种活动。唐玄奘《大唐西域记》卷四：“其侧精舍，是如来～之处。”元宋无《南峰宴坐僧》：“空岩槁木形，～掩松扃。”清《歧路灯》四四回：“大和尚打坐～，待明日出定后请会。”

【入队】 rù duì ❶ 进入行列。宋曾公亮、丁度《武经总要》前集卷二：“比三发箭，止，退～。”明戚继光《练兵实纪》卷五：“外围兵将马退～后，仍照鸳鸯阵，二马一列。”清《醒世姻缘传》四二回：“叫魏氏画他的形像，戴金幞头、红蟒衣、玉带，出队～的仪从，供养在家。” ❷ 编入部队；在编或在部队中。宋《三朝北盟会编》卷一三二：“仲宝率数十人自后山出奔，为伏路者所执，成留以为将，尽取强壮～。”华岳《翠微先生北征录》卷一：“江上诸军之马，不过五万，而在假未该～之数，不啻三分之一。”明严从简《殊域周咨录》卷二〇：“晓谕军民舍餘人等内有被其胁从者，就便改过作为良民，～听候操调，并不坐罪。” ❸ 指与某一类人打成一片。明《拍案惊奇》卷一：“况且他是大模大样过来的，帮闲行里又不十分入得队。”又卷四〇：“这些人道是不做腔，肯～，且又好相与，尽多快活。”

【入耳】 rù ěr ❶ 指言语投合。元明《水浒传》三八回：“四人饮酒中间，各叙胸中之事。正说得～。” ❷ 中听。明《醒世恒言》卷三四：“一听了这句不～的言语，不觉怒从心上起，恶向胆边生。”清叶梦珠《阅世编》卷一〇：“太仓近北，最不～。”清《红楼梦》八二回：“宝玉听到这里，觉得不甚～。”

【入港】 rù gǎng ❶（交谈）投机。元明《水浒传》三回：“三个酒至数杯，正说些闲话，较量些枪法，说得～。”明《二刻拍案惊奇》卷四：“放出虔婆手段，甜言美语，说得～。”清《情梦柝》五回：“话才说到～，忽闻背后嚷道：‘喜新，你怎么不知法度，闯到小姐绣房来！’” ❷ 犹“人马”。明《金瓶梅词话》六九回：“爹只使大官儿弹门，我就出来引爹～，休令左近人知道。”《拍案惊奇》卷一七：“碍着是头一日来到，不敢就造次，只好眉梢眼角做些功夫，未能勾～。”清《红楼梦》七二回：“二人便设法彼此里外买嘱园内老婆子们留门看道，今日趁乱方初次～。”

【入彀】 rù gòu ❶ 进入或达到射程范围之内。明何良臣《战令》：“敌未～而伏兵先起，敌已越彀而伏兵未发。”清《皇朝通典》卷一九：“嗣后考试，武场硬弓务以满足～为度。” ❷ 射中靶子。明朱长祚《玉镜新谭》卷五：“于马上试射，每射，必～。”清毛奇龄《傅生时义三刻序》：“又何患乎射之不～，御之不就范哉！” ❸ 比喻人才被笼络。宋宋祁《感交赋》：“蔼媚天之吉士，焕～之群英。”元乃贤《答禄将军射虎行》：“世祖神谟涵宇宙，坐使英雄皆～。”清蓝鼎元《阁部沈公哀辞》：“英雄～，朝野欢欣。” ❹ 特指科举考试入选。辽行阐《义丰县卧如院碑记》：“程文选～之英，恤孤颁省刑之诏。”明吴宽《送刘仁仲归省》：“旧喜文场先～，近看诗笔已如扛。”清严有禧《漱华随笔》卷四：“吴梅里本泰应癸酉京兆试，其卷在同邑葛征奇房中。已～矣。” ❺ 中式；符合一定的要求或达到一定的水准。明戚继光《练兵实纪》卷九：“法即彀也，在艺中得法者，谓之～。”清沈复《浮生六记》卷一：“古文全在识高气雄，女子学之恐难～，唯诗之一道，妾稍有领悟耳。” ❻ 中圈套。清李渔《凰求凤》七出：“只要你赚鸳鸯，引他～，便是良媒。”汤斌《禁止船户涉险夜行告谕》：“甚有亡命之徒，以舟为饵，减价揽载，诱令～。”佚名《骨董祸》：“且葭莩河润，大有利益，用相歆动，舅果～，允先受聘金五百。” ❼ 指通奸。明《醒世恒言》卷二三：“我知道了。是必哈密都卢取汝元红；迪辇阿不乘机～也。” ❽ 投合。清《女仙外史》六八回：“师弟议论～，不觉天已昧爽。”△《二十年目睹之怪现状》七三回：“两个谈天正在～的时候，外面来了一个白须老头子。”

【入话】 rù huà ❶ 话本小说在讲主要故事之前，先说一段小故事，或引几段韵文。明《醒世恒言》卷三五：“适来小子道这段小故事，原是～，还未曾说到正传。”《拍案惊奇》卷二二：“看官，而今且听小子先说一个好笑的，做个～。” ❷ 成为话题；引入正题的话头；引起话头。明胡应麟《清源访苏别驾以修》：“三峨云雾挥毫落，九曲溪山～长。”《拍案惊奇》卷三四：“所以他将机就计，以推命做个～，唆他把女儿送入空门。”清《红楼梦》八五回：“原来袭人来时要探探口气，坐了一回，无处～。”

【入伙】 rù huǒ 加入某个集体或团伙。元明《水浒传》一一回：“我今修一封书与兄长，去投那里～，如何？”明《醒世恒言》卷三〇：“被此辈以计诱去，威逼～。”清俞蛟《乡曲枝辞·金氏妇》：“男子胁之～，或令驾船，不从者杀之。”

【入奸】 rù jiān 成就奸情。元明《水浒传》四六回：“你这小贱人，快好好实说，怎地在和尚房里～？”

【入肩】 rù jiān 插入肩膀，指找机会搭上关系。元明《水浒传》八一回：“如今小弟多把些金珠去那里～，枕头上关节最快。”又：“当初俺哥哥来东京求见娘子，教小人诈作张闲，来宅上～。”

【入脚】 rù jiǎo ❶ 涉足；插足；入手。宋《朱子语类》卷一三〇：“明道只是欲与此数人者共变其法，且诱他～来做。”明《二刻拍案惊奇》卷一〇：“铁里虫道：‘且不要慌！也不到得便宜了他，也不到得我们白住了手。’众人道：‘而今还好在那里～？’”清《五色石》一回：“故借读书为名，假寓园中，希图～。” ❷ 来临。宋陈亮《汉宫春》：“雪月相投，看一枝才爆，惊动香浮……却引取，春工～，争教消息停留？”

【入来】 rù lái ❶ 来到；前来；走到。唐贾公彦疏《周礼·地官·司市》“凡通货贿，以玺节出入之”：“若资于民家，亦容～向王市卖之。”宋苏轼《与圣用弟书》之一：“向闻弟当复～，想必成行也。”明《警世通言》卷二〇：“方才吃得两盏，只见一个人，头顶着厮锣，～合儿前，道个万福。” ❷ 回来；收回来。唐孔颖达疏《诗经·板》"昊天曰明,及尔出王":"'王'与'出'共文,故为往也。既有出往,则亦有~,故笺言出入往来。"宋《朱子语类》卷五九:"人,不是已放之心~。"清《荡寇志》七八回:"天彪便乘马出营,看了一回,~说道:'此处城小壕浅,必为吾等所破。'" ❸ 指入朝来。唐裴度《请罢知政事疏》:"伏闻李修疾病,亦求~,如浙西观察使且与亦得。"宋《朱子语类》卷一三一:"方南京建国时,全无纪纲。自李公~整顿一番,方略成个朝廷模样。"宋吕祖谦《左氏传续说》卷二:"封人是治封疆之官,祭仲以封人而~执政。得见春秋之初,尚未世袭在。" ❹ 交纳上来;交上来。唐贾公彦疏《周礼·天官·大府》"岁终,则以货贿之入出会之":"货贿之入者,谓九贡、九赋、九功~至大府。"《旧唐书·文宗纪下》:"今月十三日,宰臣宣旨,今后群臣延英奏事,前一日进状~者。" ❺ 用在动词后。a) 表示由远处到近处,犹过来、上来。元明《水浒传》五〇回:"两个斗到五十合,孙立卖个破绽,让石秀一枪搠~。"明《禅真逸史》一八回:"一个赶~的,澹然飞起右脚踢中肩窝。"清《荡寇志》一二四回:"说罢,舞动双斧又杀~。"b) 表示由高处向低处,犹下来。元明《水浒传》九回:"洪教头喝一声:'来,来,来!'便使棒盖将~。"明《醒世恒言》卷三四:"舍得一车子钱,就从那舍得一文钱这一念推广上去;舍不得一文钱,就从那舍不得一车子钱这一念算计~。"清《荡寇志》七八回:"只见张应雷卖个破绽,让韩滔一刀砍~。"c) 表示动作开始,犹起来、出来。元许衡《鲁斋遗书》卷二:"或谓人依道理行,多不乐,故不肯收敛~。"清《醒世姻缘传》一六回:"陆给谏坐下,慢慢将晁老请做西宾的事说将~。"

【入帘】 rù lián 科举乡试考场在内龙门挂帘,以示封锁,因称乡试考试官员入试院办公为入帘。明郎瑛《七修类稿》卷四九:"弘治己未科,学士程敏政为礼部主考官,既~,给事中华泉劾之,以为鬻题。"《警世通言》卷一八:"原来鲜于同为八月初七日看了蒯公~,自谓遇合十有八九。"清《儒林外史》六回:"因汤父母前次~都取中了些陈猫古老鼠的文章,不入时目,所以这次不曾来聘。"

【入殓】 rù liàn 大殓;把死者放进棺材里并钉上棺盖。《法苑珠林》卷九六:"隋开皇十一年,内大府寺丞赵文昌身忽暴死,于数日,唯心上暖,家人不敢~。"《元曲选·碧桃花》四折:"谁想玉兰孩儿昨夜三更时分暴病而亡,停尸在堂,一壁厢报与张亲家女婿知道,待他来时~。"清《红楼梦》六三回:"目今天气炎热,实不能相待,遂自行主持,命天文生择了日期~。"

【入路】 rù lù ❶ 进入的路;来的路。唐王建《九日登丛台》:"零落故宫无~,西来涧水绕城斜。"明唐润之《广右战功》:"隘其~,使不得返。"清《九云记》一六回:"又是盘蛇谷只有~,没有走路。" ❷ 达到某种目的途径或方法。《祖堂集》卷九《涌泉和尚》:"学人初入丛林,乞师指示个~。"宋《朱子语类》卷八:"如今学问未识个~,就他自做,倒不觉。"清三餘氏《南明野史》卷中:"第于孟子浩然、曾氏反身处,指其~,揭之以一诚,庶有救正。"

【入马】 rù mǎ 与女人勾搭行奸;宿妓。马是女子的隐语。《元曲选·罗李郎》一折:"今日有一个新下城的旦色,唤做甚么宜时秀。好个姐姐!感承我那众弟兄作成我~。"明《醒世恒言》卷三六:"(胡悦)也曾见过瑞虹是个绝色丽人,心内着迷,几遍要来~。"清《东周列国志》五二回:"孔宁费一片心机,先勾搭上了荷华,赠以簪珥,求荐于主母,遂得~。"

【入门】 rù mén 指学问或技艺得到门径。五代惠昕本《六祖坛经·悟法传衣门》:"五祖即知神秀~未得,不见自性。"宋《朱子语类》卷一三:"学者不于富贵贫贱上立定,则是~便差了也。"清《歧路灯》一一回:"至于子弟初读书时,先叫他读《孝经》,及朱子《小学》,此是幼学~根脚。"

【入闹】 rù nào ❶ 参与到纷繁的事务中。宋苏轼《与米元章书》:"衰病之餘,乃始~,忧畏而已。"张元幹《蝶恋花》:"败意常多如意少,着甚来由,~寻烦恼?"明万民英《星学大成》卷一六:"无事如何又~。" ❷ 热闹。清《续金瓶梅》一七回:"打着紧急鼓,胡琴、琵琶一弄儿唱的~。"

【入娘贼】 rù niáng zéi 即"日娘贼"。明李梅实《精忠旗》一六出:"我若还撞着这~,食其肉寝其皮。"《型世言》二三回:"我知道,还是~!"清《隋唐演义》四二回:"~,钱包了头面,敢到这里来拿人!"

【入泮】 rù pàn 犹"进学"。泮,泮宫,古代学校。宋方澄孙《通邵武黄府判》:"雅望监州,羡公有蟹;谫材~,愧我无毡。"明《醒世恒言》卷二〇:"文秀带病去赴试,便得~。"清《玉蜻蜓·戏芳》:"全仗义仆王定,抚养攻书,又得早年~。"

【入漆】 rù qī 形容投合、亲密。明《禅真后史》一六回:"大娘又讲你与顺儿说说笑笑,甚是~。"《一片情》四回:"二人说得~,便诱到勾栏中踱索。"

【入去】 rù qù ❶ 进去;进到里面。唐戴孚《广异记》:"后恒夜往伺之,见四大鹅从冢中出,食禾,遂即~。"宋苏轼《物类相感志饮食》:"煮鸡子令一层层熟相间者,以火煮,令一著一灭,频炒动,则层层熟~。"清《红楼梦》六五回:"一时,到了新房,已是掌灯时分,悄悄~。" ❷ 放进;使进入。明朱橚《普济方》卷九一:"已上四物研匀细,~前膏内。" ❸ 前往;前去。五代齐己《寄无愿上人》:"六十~七十岁,与师年鬓不争多。"宋《三朝北盟会编》卷四:"今来所约应期夹攻,最为大事,须是大金兵马到西京,大宋兵马便自燕京并应朔州~也。"《朱子语类》卷一三:"父母责望,不可不应举。如遇试则~,据已见写了出来。" ❹ 用在动词后,表示到里面去。宋《朱子语类》卷一一:"看书,不可将自己见硬参~。"《元曲选·玉镜台》四折:"就嫌的我无地缝钻~。"清《绿野仙踪》六回:"国宾方才放手。王经承缓缓的踱了~。"

【入舍】 rù shè 犹"入赘"。《敦煌变文校注》卷七《齖魺新妇文》:"没处安身,乃为~女婿。"金《刘知远诸宫调》一:"召取少年,交为~。"明《二刻拍案惊奇》卷六:"~女婿只带着一张卵袋走。"

【入时】 rù shí ❶ 合乎时俗习尚。唐段成式《嘲飞卿》:"曾见当垆一个人,~装束好腰身。"金《董解元西厢记》卷五:"~衣袂,脱体别穿一套。"清李斗《扬州画舫录》卷一五:"瑟瑟清歌妙~,雕阑深护猛寻思。" ❷ 合时宜。《五灯会元》卷一七《法云杲禅师》:"师以力参深到,语不~。"清徐用葛《得何义门太史凶信》:"爱憎不~,针石起颠踣。"

【入手】 rù shǒu ❶ 到手;进手;在手。唐温大雅《唐创业起居注》卷中:"帝至仓所劳军,见箱廪填实,铭题数多,喜谓从者曰:'千里远来,急于此耳,此既~,餘复何论。'"明宋应星《天工开物·乃服》:"凡茧滚沸时,以竹签拨动水面,丝绪自见。提绪~,引入竹针眼……然后由送丝竿勾挂,以登大关车。"清《东周列国志》七回:"利器~,不可假人。"禅语喻指说到点子上。《景德传灯录》卷一一《紫桐和尚》:"今日好个公案,老僧未得分文~。" ❷ 伸手;手伸进去。宋张耒《敬亭广惠王求雨文》之三:"夫囷廪之有,将~而取之。"明方孝孺《殷浩》:"如出物于怀,~于袖。"清李斗《扬州画舫录》卷三:"乃引刀剖左胁下,~探得肝一叶。" ❸ 插手;得手;着手。宋文同《遣兴效乐天》:"劝君圣贤术内好潜心,劝君邪佞党中休~。"《元曲选·赵氏孤儿》楔子:"常有伤害赵盾之心,争奈不能~。"《四库总目提要·易卦札记》:"要明易理,须先将伏羲画卦次序方位、文王八卦方位及先后天方圆诸图反复记看，令其晓然，再《说卦传》记得极熟，然后读《易》，方有～处。”❹ 开始；起头。唐白居易《岁夜咏怀兼寄思黯》：“遍数故交亲，何人得六旬。今年已～，餘事岂关身。”元王恽《甲申门帖子》：“一尊春酒酹门扉，～新年所事宜。”清王士禛《池北偶谈》卷一三：“～当如虎首，中如豕腹，终如虿尾。” ❺ 来到；遇到。宋刘攽《金沙花》：“东风会～，照眼万枝新。”欧阳修《玉楼春》：“当筵莫放酒杯迟，乐事良辰难～。”陈瓘《减字木兰花》：“春风～，乐事自应随处有。” ❻ 指行奸如愿。明《肉蒲团》一〇回：“后来见他重整军容，比～之初更加奋勇，心上大喜道：‘这等看来，分明是阃内之骁才，色中之飞将了。’”清《野叟曝言》三〇回：“又且听着璇姑光景，是难于～。”《红楼梦》二一回：“多浑虫又不理论，只是有酒有肉有钱，便诸事不管了，所以荣宁二府之人都得～。” ❼ 用在动词后，表示动作完成。元郝经《忆宝刀歌》：“几回梦里飞～，痛惜当年都废弃。”《元曲选・任风子》一折：“一盏盏接～，可都干干的咽。”

【入套】 rù tào ❶ 装入套中。宋《九朝编年备要》卷二六：“故弊之物，若幕帟、漆器、牙礼、锦段之属，及粗细色香，皆～为钱。” ❷ 进入圈套。明唐顺之《武编前集》卷五：“张拳设套，待彼～。”《肉蒲团》二回：“居士还是要脱套乎，要～乎？若要～，只管去寻第一位佳人；若要脱套，请收拾了妄念跟贫僧出家。”清《绿野仙踪》八回：“他是和尚，偏要说道家话，是教人以他为奇异人，便容易～些。” ❸ 落入常套。清沈德潜《说诗晬语》卷下：“许浑稍可观，然落句往往～。”尚镕《三家诗话・三家分论》：“(沈)归愚才力之薄，又在渔洋之下，且格调太～，毋怪蒋、赵二公皆不数及也。”

【入头】 rù tóu ❶ 进入头部。唐孙思邈《备急千金要方》卷二五：“风～则为目风。”宋张咏《升州谢恩抚问状》：“传之～，积郁既多，疮痛斯见。”唐慎微《证类本草》卷一九：“今江东俚人呼头风为瘇头，先从两项边筋起，直上～，目眩头闷者是。” ❷ 把头伸进去；把头儿穿进去。元马臻《寒夜有感》：“生事恰如蜗负壳，～容易转身难。”明《山歌・偷》：“百沸滚汤下弗得手，散线无针难～。”清《歧路灯》五二回：“董公命抬过四面枷来，巴庚、钱可仰只得伸头而受，柴守箴、阎慎只哭得如丧考妣，不肯～。” ❸ 开头；起笔。《类说》卷四三引五代孙光宪《北梦琐言》：“令有十说，有～，有揭尾。”清陆陇其《四书讲义困勉录》卷一七：“端庄整肃威严是敬之～处，提撕唤醒是敬之接续处。”《佩文斋书画谱》卷七一：“‘羌’字落笔～太轻，不似内史骨力。” ❹ 入手；着手；下手。宋《朱子语类》卷一〇一：“以此语学者，不知使之从何～！”清黄宗羲《明儒学案》卷一一：“世之学者，谓斯道神奇秘密，藏机隐窍，使人渺茫恍惚，无～处。”《玉支玑》二回：“强之良听见人人称赞，没处～，心里一发妒忌。” ❺ 犹“入门”。宋《朱子语类》卷一二一：“只是公等不曾通得这个门路，每日只是在门外走，所以都无～处，都不济事。”元恕中和尚《示惟寂》：“傥或一朝得～，便有清声播人耳。”清《野叟曝言》九五回：“因有意去兜搭，却蠢莽非常，问他言语，也不会对答，说不～，只得罢了。”也指门径。《景德传灯录》卷一二《陈尊宿》：“师因晚参，谓众曰：‘汝等诸人未得个～，须得个～。若得个～，已后不得辜负老僧。’” ❻ 犹“入套❷”。清李渔《凰求凤》二六出：“我费了许多气力，才说得～，他如今许便许了。”《豆棚闲话》五则：“莫非山魈木客假扮前来，哄我～，打算我的性命？”

【入土】 rù tǔ 埋入坟墓。唐王梵志《不思身去促》：“罗锦缠尸送，枉屈宝将埋。宁知～后，二节变为灰。”《元曲选・救孝子》一折：“这小的个孩儿，也发送的老身～。”清《说岳全传》六三回：“不知尸骨在于何处？欲待寻着了安葬～。”

【入闱】 rù wéi 科举乡试时考生或考试官进入考场。闱，帐。参见“入帘”。明李乐《见闻杂记》卷一一：“己卯～，则老公祖唱名呼进，遂以幸捷。”清《聊斋志异・于去恶》：“七月十四日奉诏考帘官，十五日士子～，月尽榜放矣。”《红楼复梦》八四回：“弟兄两个～应试，少年英锐之气，笔走如挥。”

【入席】 rù xí 举行宴会或仪式时各就位次。宋周南《杂记》：“或怪而察之，乃知师道自始～，即以所携付之众卒。”元佚名《耍孩儿・拘刷行院》：“～来把不到三巡酒，索怯薛侧脚安排趄，要赏钱连声不住口。”清《红楼梦》四七回：“于是二人复又～，饮了一回。”

【入细】 rù xì ❶ 仔细；细心；细致。宋苏轼《乞相度开石门河状》：“董华所料，只是约度大数，若蒙朝廷相度可以施行，更乞别差官～计料。”明罗钦顺《困知记》卷上：“然体贴工夫须十分～，一毫未尽即失其真。”清弘历《于木兰作》之七：“清词出众表，妙理～斟。” ❷ 达到十分细致精审、细致入微的地步。宋《朱子语类》卷六七：“须是已知义理者，得此便可磨砻～。”明陈全之《蓬窗日录》卷八：“然定山晚年诗～，有可并唐人者。”清《红楼梦》八二回：“‘不足畏’是使人料得定，方与‘焉知’的‘知’字对针，不是怕的字眼。要从这里看出，方能～。” ❸ 细微。明孙矿《书画题跋》卷二上：“米所驳伪帖大略同，而无此《奄至》等六帖，较更～。”清李斗《扬州画舫录》卷一：“试听松涛声～，为曾吹上琵琶弦。”

【入眼】 rù yǎn 中看；看得上。宋梅尧臣《观何君宝画》：“《四牛》遂为何氏有，装背～天下无。”陈振孙《直斋书录解题》卷一七：“自世竞宗江西，已看不～，况晚唐卑格方锢之时乎！”清《八洞天》卷一：“你既看得那鲁生～，女儿诗中又赞他后日声名必显，这头姻便可联了。”

【入月】 rù yuè ❶ 指女子来月经。唐王建《宫词》之四六：“密奏君王知～，唤人相伴洗裙裾。”元陶宗仪《辍耕录》卷一四有“上头～”条。明杨仪《高坡异纂》卷上：“其池中石座上，有红斑文，俗讹传为杨妃～痕也。” ❷ 指孕妇分娩之月。唐王焘《外台秘要方》卷三三：“其次，应须帐幕、皮醋、藏衣等物之类，并早经营，～即须使足。”宋孟元老《东京梦华录》卷五：“凡孕妇～，于初一日，父母家以银盆或镂或彩画盆，盛粟秆一束……谓之分痛。”清魏之琇《续名医类案》卷三四：“酒性慓悍，～及产后不宜饮。”

【入赘】 rù zhuì 男子到女家结婚并成为女家的家庭成员。宋吴自牧《梦粱录》卷二〇：“或～，明开，将带金银……山园，俱列帖子内。”《元曲选・罗李郎》楔子：“我又有个结义的哥哥，平日织造罗段为生，又在罗家～，他姓李，人顺口儿都唤他做罗李郎。”清《儒林外史》一九回：“过了礼去，择定十月十五日～。”

【蓐草】 rù cǎo ❶ 产妇床上铺的草，承沥血，可用作药物。唐孙思邈《备急千金要方》卷六九：“妇人～。”清黄宗羲《张节母叶孺人墓志铭》：“凡二十一年而次姒始生一子，即旦复也。从～之中纳之于怀，而后喜可知也。”《野叟曝言》四一回：“两人帮着料理襁褓、～、汤药、参苓诸事，忙忙碌碌，把湘灵之事竟未提起。” ❷ 借指产妇的床铺。宋陈自明《妇人大全良方》卷一六：“服催生药一二服，即扶上～。”元纪君祥《赵氏孤儿》三折：“这孩儿离～，和今日却十朝。” ❸ 指坐月子。“蓐草之间”谓坐月子期间。明王肯堂《证治准绳》卷六九：“大豆汤，治产后中风，发则仆地，不省人事，及妊娠挟风，兼治～之间诸般病证。”王樵《曹母王孺人墓志铭》：“纳别室蒋氏，举一男，孺人抱之，～之间而养之。”

【蓐妇】 rù fù ❶ 产妇。宋范成大《久病或劝勉强游》之四：“羸如～多忌，倦似田翁作劳。”明朱橚《普济方》卷三四九：“当归人参……治～血晕。” ❷ 接生婆。清《醒世姻缘传》二〇回：“大尹问说：'你是个～么？'那妇人不懂得甚么叫是～。左右说：'老爷问你是收生婆不是。'"又四六回："抱去者，～徐氏也，活口见在。"

【蓐母】 rù mǔ　接生婆。宋《九朝编年备要》卷二九："都人有卖青果男人，孕而诞子，～不能收。"明叶子奇《草木子》卷二："有男子生子，～不能收。"

【褥草】 rù cǎo　同"蓐草❷"。《元曲选·灰阑记》二折："老娘也，那收生时我将你悄促促的唤到卧房，你将我慢腾腾的扶上～。"又《赵氏孤儿》三折："想孩儿离～，到今日恰十朝。"

【褥套】 rù tào　出门携带的装有被褥等的布套。清《醒世姻缘传》一三回："一边数说着骂，一边收拾着被套，走到晁源床底下扯了一吊钱，抗上～，往外就走。"《绿野仙踪》五五回："正说着，张华入来。如玉着他搬取～。"

【褥子】 rù zi　坐卧跪拜时垫在身体下面的东西。唐义真《送日本僧实慧物状》："黄绫香画～一、紫罗履一。"宋《二程遗书》卷一八："且譬如椅子，人坐此，便安是利也。如求安不已，又要～，以求温暖。"清《绿野仙踪》五二回："忙将门儿关闭，拉过个厚～来，铺在炕沿上。"

ruán

【撋搓】 ruán cuō　犹"撋就❷"。明佚名《折桂令·看释经私染》："被儿中揉搓个妈妈，怀儿里～个麻麻。"

【撋就】 ruán jiù　❶迁就；逢迎；依顺。宋秦观《满园花》："我当初不合苦～，惯纵得软顽，见底心先有。"金《董解元西厢记》卷五："红馥馥的花心，我可曾惯？百般～十分闪。"《元曲选外编·西厢记》四本二折："俺家里陪酒陪茶倒～。你休愁，何须约定通媒媾？"　❷爱怜；爱抚温存。宋杨无咎《雨中花令》："欠我温存，少伊～，两处悬悬地。"王观《木兰花令·柳》："东君有意偏～，惯得腰肢真个瘦。"明王骥德《步步娇·忆虞氏小姬》："只说你怯云羞雨尚迟留，却原来铺眉苦眼能～。"　❸调和；牵合。宋陈亮《与辛幼安书》："四海所系望者，东序惟元晦，西序惟公与子师耳，又觉戛戛然不相入，甚思无个伯恭在中间～也。"　❹宽闲。宋邵雍《首尾吟》之三九："花枝好处安详折，酒盏满时～持。"　❺收拾妥当。清王夫之《龙舟会》二折："碧草如油，红芽初透。问春色如斯，为何人～？"陈维崧《夏云峰·夏雨》："蚕房～倚小楼，看尽吴田，只漠漠阴阴，不堪回首。"

【撋纵】 ruán zòng　爱抚惯纵。金《董解元西厢记》卷五："莺莺何曾改，怪娇痴似要人～，丁香笑吐舌尖儿送。"清洪昇《长生殿》二一出："千般～百般随，两人合一副肠和胃。"

ruǎn

【软】 ruǎn　❶(肢体)无力；瘫软。唐白居易《病中五绝句》之二："目昏思寝即安眠，足～妨行便坐禅。"元明《水浒传》四三回："不觉自家也头重脚轻，晕倒了，～做一堆。"清《霓裳续谱·卸残妆》："站的奴脚儿痛，腰儿～，身儿伛。"　❷容易被感动或动摇。宋晁端礼《吴音子》："都缘我自心肠～，润就得、转转娇痴。"明《挂枝儿·夜闹》："毕竟我妇人家心肠儿～，又恐怕他身上凉，且放他进了房来也，睡了和他讲。"清《红楼梦》六〇回："耳朵又～，心里又没有算计。"　❸软化(由坚定变成动摇，由倔强变成服从)。元明《水浒传》七回："当时林冲扳将过来，却认得是本管高衙内，先自手～了。"明《西游记》一九回："你莫诡诈欺心～我，欲为脱身之计。"清《红楼梦》四二回："说的好可怜见的，连我们也～了，饶了他罢。"　❹温和；温顺。《元曲选·柳毅传书》三折："我恰才硬做媒人的不是，如今还要～～地去曲成他。"明《二刻拍案惊奇》卷二一："无尘晓得是公差，欲待要走，却有一伙地方在那里，料走不脱，～～地跟了出来。"清《歧路灯》九六回："总之，上台要下僚的钱，或硬碰，或～捏，总是一个要。"　❺不足；不够。唐白居易《题朗之槐亭》："春风可惜无多日，家酝唯残～半瓶。"宋《朱子语类》卷七四："悔是做得过，便有悔；吝是做得这事～了，下梢无收杀，不及，故有吝。"　❻通"暖"。(用食物等)抚慰。宋苏轼《浣溪沙·徐门石潭谢雨道上作》之三："垂白杖藜抬醉眼，捋青捣麨～饥肠。"

【软包】 ruǎn bāo　包裹戏装和简单道具的便于随身携带的包袱(区别于"戏箱")。清《红楼梦》五四回："婆子们抱着几个～，因不及抬箱，估料着贾母爱听的是三五出戏的彩衣包了来。"

【软饱】 ruǎn bǎo　饮用酒、茶、流质或软和食物至饱足。多指饮酒。宋苏轼《发广州》："三杯～后，一枕黑甜馀。"清弘历《冬夜偶作》之三："拨火且烹茶，一杯供～。"赵翼《齿痛》："餔糜但～，就枕鲜美睡。"

【软壁】 ruǎn bì　❶屏风。宋熊克《中兴小纪》卷三九："亮遣其臣礼部尚书施宜生为贺正使，隐画工于中，俾密写临安之湖山城郭以归。亮令绘为～，而图己之像策马于吴山。"明《金瓶梅词话》七六回："到上房明间内坐下，见正面洒金～，两边安放春凳。"清《醒世姻缘传》七一回："打大厅旁过道进去，冲着大厅～一座大高的宅门。"　❷军事上用于防铅弹的遮挡物。明何良臣《阵纪》卷二："如布城～，用于南方则野战，固有所恃。"戚继光《纪效新书》卷一五："～，以木作架，高七尺，阔六尺，以旧绵絮被挂上，张阵前堵铅弹。"清《荡寇志》八七回："那炮子雷吼般的飞进去，吃那～挡住，都滚入地坑里去了。"

【软缠】 ruǎn chán　❶指不穿铠甲只缠束柔软的衣物护身。宋《建炎以来繫年要录》卷三〇："彼以红巾～，与我之号同，与我战则不能分彼我。"金《董解元西厢记》卷二："偏能～，只不披着介胄。"元《三国志平话》卷上："都无衣甲器杖，先都～，手持禾□棍棒。"　❷用以缠束护身的柔软衣物。宋赵与衮《辛巳泣蕲录》："人给以～一副，随其武艺给以弓箭、枪刀、长斧。"叶绍翁《四朝闻见录》丙集："用铁鞭中韩阴乃死(原注：韩裹～，故难中)。"《文献通考》卷一四九："被练，若今之～之类。"　❸用和缓的手段纠缠。明杨慎《升庵诗话·泥人娇》："俗谓柔言索物曰泥，乃计切，谚所谓～也。"冯惟敏《朝天子·四术·相》："对着脸朗言，扯着手～，论富贵分贫贱，今年不济有来年。"《梼杌闲评》五回："一娘一则怕他凶恶，二则被他们～不过，起初还有些羞涩，后来也就没奈何，吃酒顺从了。"

【软处】 ruǎn chù　短处。清《歧路灯》三三回："绍闻挂牵着夏逢若索银来人，本不欲去，却因'白大哥'一称，被张绳祖拿住～，不得不跟的走。"

【软揣】 ruǎn chuāi　软弱。《元曲选·墙头马上》三折："他毒肠狠切，丈夫又～些些。"

【软刀子】 ruǎn dāo zi　比喻使人在不知不觉中受到折磨或腐蚀的手段。明贾凫西《木皮词·开场》："几年家～割头不觉死，只等得太白旗悬才知道命有差。"

【软忽】 ruǎn hu　柔软；柔和。元《三国志平话》卷上："忽然舒身，脚登～一快。"

【软化】 ruǎn huà 变软；软瘫。明朱橚《普济方》卷三七二：“右为末，搅匀，生姜自然汁作饼子用，粗灯盏内水煮～开服。”清《醒世姻缘传》六〇回：“狄希陈听得是素姐来叫，即刻去了三魂，～了，动弹不得。”《警寤钟》一五回：“不是你来扯，我若再停一会，只怕连这个空身子，也要～得没影也。”

【软活】 ruǎn huó 犹“软忽”。明王肯堂《证治准绳》卷一〇二：“～不硬。”清《野叟曝言》六四回：“若说是银，没有这样～。”

【软火】 ruǎn huǒ 火势不强的火。唐寒山《寒山有一宅》：“寒到烧～，饥来煮菜吃。”宋刘宰《京口唱酬诗卷序》：“时方凝寒，相与烧～，烹豆腐，荐茅柴，酒连日，欢甚。”清弘历《盛懋红叶书堂图》：“平头奴子须频扫，～煎茶胜爨桐。”

【软货】 ruǎn huò 指软弱没有骨气的人。清《绿野仙踪》一二回：“惟有他两个是一对～，只一夹棍，将历来同事诸人都尽行说出。”

【软监】 ruǎn jiān ❶犹“软禁”。元明《水浒传》七九回：“宋江教且押去后寨～着。”明《醒世恒言》卷一：“石璧被本府～，追逼不过，郁成一病。”清孔尚任《桃花扇》三三出：“我们还是～，敬老竟似重囚了。” ❷指软禁的场所。明《梼杌闲评》三六回：“许显纯叫下了～，就将参本上道他侵挪十餘万钱粮的卷案做成。”清《醒世姻缘传》六三回：“谁知这个～，虽没有甚么虎头门，谁知比那虎头门更自严谨。”《野叟曝言》八二回：“素臣吩咐松绑，～伺候。”

【软脚】 ruǎn jiǎo ❶即“暖脚”。《敦煌变文校注》卷一《捉季布传文》：“归宅亲故来～，开筵列馔广铺陈。”《旧唐书·杨国忠传》：“出有饯路，还有～，远近饷遗。”清《歧路灯》四九回：“昨日巫家请我，一来～洗尘，二来托我说一宗亲事。” ❷脚气病，以两脚软弱无力为主症。唐李翱《劝河南尹复故事书》：“翱虑前尹迁改，来者不知为谁，终获戾，故后数十日，以～乞将去官。”宋董汲《脚气治法总要》卷下：“江南多有此疾，号为～。”明李时珍《本草纲目》卷三六：“(石南)能添肾气，治～。” ❸脚软无力。清李斗《扬州画舫录》卷二：“城中叶含青秀才逢恩，于六月中病垂死，恍惚至万山中，扶头～，百体不快。” ❹称幞头的系带。宋《朱子语类》卷九一：“然自唐人朝服，犹着礼服，幞头圆顶～，今之吏人所冠者是也。”李心传《建炎杂记乙集》卷三：“祭礼毕，改服素纱～折角巾。”明俞汝楫《礼部志稿》卷六四：“凡内外官员、父、兄……弟、侄用乌纱帽，～垂带，圆领衣，乌角带。”

【软解】 ruǎn jiě 犹“软化”。明陈铎《一枝花·邻家兄弟分岁》：“不吟诗打令，衠调嘴饶舌，看看～，渐渐乜斜。”

【软禁】 ruǎn jìn 未正式拘禁但不许自由行动。明《梼杌闲评》三九回：“把汪运使仍旧～，汪公子只得往附近江浙相识处挪借。”清《野叟曝言》一〇〇回：“县官果然大喜，把二人下监～。”《红楼梦》六一回：“这里五儿被人～起来，一步不敢多走。”

【软口汤】 ruǎn kǒu tāng 有所求而请人喝的酒，也泛指贿赂。明《醒世恒言》卷三五：“那主人家却正撞着是个贪杯的，吃了他的～，不好回得，一口应承。”《二刻拍案惊奇》卷二〇：“你私自受～，到来吹散我们。”《型世言》一五回：“房租原是沈实管，一向相安的，换了阿獐，家家都要他酒吃，吃了～，也就讨不起。”

【软款】 ruǎn kuǎn ❶柔弱。《元曲选·梧桐雨》三折：“教几个卤莽的宫娥监押，休将那～的娘娘惊唬。” ❷温柔；殷勤。《元曲选外编·西厢记》五本三折：“讪筋，发村，使狠，甚的是～温存！”明《醒世恒言》卷三：“瑶琴是我亲生之女，不幸到你们门户人家，须是～的教训，他自然从愿。”清纪昀《阅微草堂笔记》卷一一：“渐相～，间以调谑。” ❸软缠。明《西游记》二七回：“他将书折了，留在袖中，却又～唐僧道：‘……你请坐，受我一拜。’”

【软困】 ruǎn kùn ❶疲软乏困。元明《水浒传》三四回：“秦明一则～，二乃吃众好汉劝不过，开怀吃得醉了。”明张介宾《景岳全书》卷五四：“乃嚼炙肉引虫头向上，然后以石榴根汤调药，温服，虫自～而下。” ❷用和缓的手段困住或拖住。元明《水浒传》三四回：“一则是上界星辰契合，二乃被他们～，以礼待之，三则又怕斗他们不过，因此只得纳了这口气。”《三国志通俗演义》卷一一：“愚谓大计，～备于吴中，而盛为筑宫室，以丧其心志。”清《荡寇志》八六回：“他这般多谋，只～我，怎生赢得？”

【软肋】 ruǎn lèi 肋骨不与胸骨直接相连的部分。《元曲选外编·哭存孝》三折：“一个扶着～里扑扑扑的撞到五六靴。”明《金瓶梅词话》九九回：“向他身就扎了一刀子来，扎着～，鲜血就邈出来。”清《医宗金鉴》卷八九：“胁下小肋骨，名曰季胁，俗名～。”

【软默】 ruǎn mò 软弱不爱说话。明《二刻拍案惊奇》卷二二：“妻上官氏，生来～，不管外事。”

【软浓】 ruǎn nóng 软弱窝囊。清《野叟曝言》七五回：“轻犯的就庄重起来，尖巧的就忠厚起来，～的就撑达起来。”又七七回：“是～不过，竟像没有骨头的。”

【软片】 ruǎn piàn 指经过装裱的字画。清《红楼梦》一五〇回：“古玩～共十四箱。”《九云记》二八回：“古玩～共十四箱。”

【软怯】 ruǎn qiè ❶软弱胆小。元南戏《拜月亭》三二出：“他直恁太情切，你十分忒～，眼睁睁忍相抛撇。”明杨士奇《圣谕录中》：“且今所领多生驹，初受羁络，南方之人～，不能控制。”清曹尔堪《念奴娇·湖上夏景同澹心赋》：“恨如天，愁似海，～肝肠似铁。” ❷温柔动听。元佚名《一枝花·盼望》：“再休题眼角泪一哭一个昏迷，舌尖话一说一个～，手梢情一扑一个乜斜。” ❸疲乏无力。《说郛》卷七六引唐慧日禅师《禅本草》：“或四肢～，喜睡眠，恶见人形，恶闻人声。”明沈一贯《苦热》：“挥扇犹～，何云治倥偬。”清《飞龙全传》二二回：“到底久病之人，身体～，怎经得大汗一出，元气不敷。”

【软善】 ruǎn shàn 细腻平和。宋《朱子语类》卷七八：“《尚书小序》不知何人作。《大序》亦不是孔安国作，怕只是撰《孔丛子》底人作，文字～。西汉文字则粗大。”

【软熟】 ruǎn shú ❶软和熟透。五代佚名《蒸豚》：“红鲜雅称食盘饤，～真堪玉筋挑。”宋《苏沈良方》卷六：“取纯糯米糍一，手大，临卧炙，令～，啖之。”明朱橚《救荒本草》卷七：“诸柿味甘，性寒，无毒，救饥摘取～柿食之。” ❷软和；柔软。明《西游记》七五回：“身上毛都如彼～，只此三根如此硬枪。”清顾炎武《日知录》卷一一：“废坚刚可久之货，而行～易败之物，宜其弗顺于人情，而卒至于滞阁。” ❸指痈疽已化脓。宋佚名《卫济宝书》卷上：“(癌疾)过一七或二七，忽然紫赤微肿，渐不疼痛，迤逦～，紫赤色。”明张介宾《景岳全书》卷四七：“按之～，脓已成也，速宜针之。” ❹柔顺。宋余靖《宋故两浙提点刑狱林公墓碣铭》：“俗尚～，视如坚刚。”元郑玉《吕孔彰挽诗》：“世情方～，师道喜尊荣。”清姜宸英《先太常公传略》：“～不激忠言，何为而独激此？” ❺娴熟。宋刘仁父《踏莎行·赠傀儡人刘师父》：“伎俩优长，恢谐～。当场喝采醒群目。” ❻指书法、诗文缺乏风骨。明王世贞《三吴墨妙卷上》：“唐解元一札，草草，其书～，亦不恶。”清张玉书《张文贞集》卷四：“一时英隽之士翘翘焉，欲去时文～肤浅之病，以古学相尚。”

【软厮金】 ruǎn sī jīn ❶同“软厮禁”。明佚名《斗鹌鹑·中秋颂圣》：“狠姨夫计深，刀斧般恩情甚，蜡打枪头～，好姻缘若用心，他待独树成林。” ❷ 借称白银。谑语。明《金瓶梅词话》四二回：“凭中间人孙天化、逐日念作保，借到许不与先生名下——不要说白银——～三百两。”

【软厮禁】 ruǎn sī jīn 用甜言蜜语笼络。《元曲选外编·西厢记》三本四折：“得了个纸条儿恁般绵里针，若见玉天仙怎生～？”元高安道《哨遍·皮匠说谎》：“哭不得笑不得，～硬厮并却不济。”明佚名《锦亭乐·渔隐》：“我这里百般寻闹，他那里数番陪笑，～苦告饶。”

【软似缠】 ruǎn sì chán 犹“软缠❸”。似，借作“厮”。明陈铎《耍孩儿·嘲外有事实》：“～胡厮砑，歪文假醋，料嘴敲牙。”△清《海上花列传》五四回：“谁知赖公子且把出局靠后，偏生认定素兰，一味的～。”

【软塌】 ruǎn tā 犹“软瘫”。《元曲选·朱砂担》二折：“恰待要睁开两个眼，可早则～了一对手。”

【软摊】 ruǎn tān 同“软瘫”。金《董解元西厢记》卷三：“歪着头避着，通红了面皮，筵席上～了半壁。”元关汉卿《普天乐·崔张十六事》：“我这里～做一垛，咫尺间如同间阔，其实都伸不起我这肩窝。”明《二刻拍案惊奇》卷一五：“听见说个韩侍郎娶妾，先自～了半边。”

【软瘫】 ruǎn tān 肢体绵软，难以动弹。金《董解元西厢记》卷一：“立挣了法堂，九伯了法宝，～了智广。”明朱橚《普济方》卷二四：“元气竭尽而成～。”清《醒世姻缘传》七回：“唬得～成一堆，半日说不出话来。”

【软梯】 ruǎn tī 绳梯。唐李筌《太白阴经》卷五：“其表里复置柴笼三所，流大绳三条在台侧，上下用～。”宋蔡絛《铁围山丛谈》卷二：“是夕用绳系横木，号～。”清《女仙外史》六七回：“数十乘～早经扎就，就在城墙边放了。”

【软替】 ruǎn tì 用软材料制成的垫在马鞍子下面的东西。明《隋史遗文》六回：“马拆鞍辔，不要揭去那～。”

【软痛】 ruǎn tòng ❶（腿）发软疼痛。宋许叔微《类证普济本事方》卷三：“（绿灵散）治走疰疬节诸风，～卒中倒地，跌扑伤损。”元王好古《医垒元戎》卷九：“两脚～。”清魏之琇《续名医类案》卷一五：“一儒者因屡婚，脚腿～，面黑食减。” ❷ 犹“暖痛❶”。元《三国志平话》卷下：“当夜，王强、张山、韩斌等三人吃酒～，大醉。”《元曲选·罗李郎》一折：“父亲今日打您孩儿几下，明日我那众弟兄知道呵……众人安排酒～，又是一醉。”

【软腿儿】 ruǎn tuǐ er 屈一膝下跪。明《金瓶梅词话》二一回：“李铭朝上向众人磕下头去，又打了个～，走在旁边。”

【软顽】 ruǎn wán 顽皮放肆。宋秦观《满园花》：“我当初不合苦搁就，惯纵得～，见底心先有。”觉范《石门文字禅》卷一九：“翠岩真禅师真赞：我方泾渭同流，笑中～滑头。”佚名《张协状元》九出：“〔生唱〕时运蹇，望君今，善眼相看。〔丑白〕你到～。剥了衣裳！”

【软细】 ruǎn xì ❶ 即“细软”。宋真德秀《按奏宁国府司户钱象求》：“缣帛～，则卷之以归私室。”明《金瓶梅词话》一四回：“西门庆收下他许多～金银宝物，邻舍街坊俱不得知道。” ❷ 中医指脉搏跳动微弱。元戴启宗《脉诀刊误集解》卷上：“既浮而细曰软，浮而～曰濡。”

【软胁】 ruǎn xié 即“软肋”。元明《水浒传》七九回：“正斗到浓深处，韩存保一戟望呼延灼～搠来。”明马欢《瀛涯胜览·占城国》：“国无鞭朴之刑，事无大小，即用细藤背缚两手，拥行数步，则将不刺头刀于罪人腰眼或～一二刺即死。”

【软玉温香】 ruǎn yù wēn xiāng ❶润泽如玉，温馨似香。形容女子的肌体。《元曲选·鲁斋郎》二：“他少甚麽～，舞女歌姬！”《元曲选外编·西厢记》四本一折：“我这里～抱满怀，呀，阮肇到天台。”❷形容对女子爱抚温存。“玉、香”为女子代称。《元曲选·风光好》：“他去那无人处独步也气昂昂，这公则会阔论高谈，那里知浅斟低唱。我这里潜身躯迸定脸凝睛望，端的是风清月朗，可甚麽～！”

【软战】 ruǎn zhàn 非金属制的软质料战衣。元明《水浒传》六八回：“民摘鸾铃，人披～，直到宋江中军寨内。”清《女仙外史》二八回：“一径乘着月色，各披～，疾趋而来。”

【软妆】 ruǎn zhuāng 指女子服丧。服丧期不能插戴、佩用金玉等饰品，因称软。明《一片情》三回：“如今他既要我，又在此～头上，叫他急急蓄发起来，明媒说合去嫁了他。”

ruí

【蕤宾节】 ruí bīn jié 端午节。蕤宾指农历五月。《元曲选·丽春堂》一折：“时遇～届，奉圣人的命，但是文武官员，都到御园中赴射柳会。”明《金瓶梅》一六回：“一日，五月蕤宾佳节，家家门插艾叶，处处户挂灵符。”

ruǐ

【蕊】 ruǐ 犹“乳❶”。元孟汉卿《魔合罗》一折：“百忙的麻鞋断了～，难行穷对付。”

rún

【撋】 rún 擦拭。《集韵·谆韵》：“撋，拭也。”《元曲选外编·西厢记》四本二折：“莫若恕其小过，成就大事，～之以去其污，岂不为长便乎？”

rùn

【润笔】 rùn bǐ 给做诗文书画的人的报酬。唐殷文圭《贻李南平》：“～已曾经奏谢，更飞章句问张华。”清《荡寇志》九七回：“阿有笑着点头，别了王三，回身转来迎着戴春，教戴春先封个～之费。”

【润毫】 rùn háo 犹“润笔”。《太平广记》卷二五五引《卢氏杂说》：“唐宰相王玙好与人作碑志。有送～者，误扣右丞王维门。”清吴任臣《十国春秋》卷一一：“（殷）文圭晚年颇急于资财。一日草司空李德诚麻，～久不至，作诗督之。”

【润济】 rùn jì ❶ 周济；接济。明章潢《图书编》卷三七：“汴洛，陈卫之冲，天下百货所陈，物价腾涌，不无～。”《二刻拍案惊奇》卷一一：“满生便收拾行装，离了家门，指望投托于他，寻些～。” ❷ 滋润。清弘历《命直隶总督方观承疏浚安国河》：“旁可资灌溉，～万顷田。”又《安徽巡抚书麟覆奏得雨》：“晴资大麦收割速，～小粪结实坚。”

【润温】 rùn wēn ❶ 柔润温暖；润泽；滋润温和。《云笈七籤》卷五七：“待喘息调，依法引导送之，觉手足～和调畅为度。”宋

《五代史平话·梁上》:"后数日,庞九经回,见土色无光,草不～。"元王好古《医垒元戎》卷四:"西南方,其脉缓,土燥也,宜～之药治之。" ❷ 使滋润温和。明缪希雍《神农本草经疏》卷九:"辛能散,又能～。"

ruò

【若】 ruò ❶ 哪。《敦煌变文校注》卷一《李陵变文》:"遂被单于放火烧,欲走知从～边过?" ❷ 几;多少。用以询问数量。唐戴叔伦《昭君》:"汉宫～远近?路在沙塞上。" ❸ 怎么(多用于反诘)。唐杜荀鹤《春宫怨》:"承恩不在貌,教妾～为容?"宋杨炎正《水调歌头》:"都把平生意气,只做如今憔悴,岁晚～为谋?"《元曲选·竹坞听琴》二折:"枉将你那机谋用煞,～知俺这棋中奸诈?" ❹ 同"偌"。《元曲选·盆儿鬼》三折:"许了俺一个盆儿,～多时才与得俺,也该拣一个好的。"明《西洋记》二八回:"～大的本领,尚不能取胜于他。"清《红楼梦》一〇六回:"老太太～大年纪,儿子们并没有奉养一日,反累他老人家吓得死去活来。"

【若不沙】 ruò bù shā 如果不这样。沙,语助词。《元曲选·望江亭》四折:"我只得亲上渔船,把机关暗展。～,那势剑金牌如何得免?"又《冯玉兰》三折:"他犯了杀人条,现放着大质照……～,只俺小妮子敢平空的将命讨?"又《陈州粜米》一折:"～,则我这双儿鹘鸰也似眼中睛,应不瞑。"

【若非】 ruò fēi 除非。《敦煌变文校注》卷六《大目乾连冥间救母变文》:"～十方众僧解下(夏)脱之日,已(以)众力乃可救之。"又稗海本《搜神记》:"娘子若索天衣者,终不可得矣,～吾脱衫与且盖形,得不?"

【若个】 ruò gè ❶ 这个;这次。唐寒山《嗟见世间人》:"嗟见世间人,永劫在迷津。不省～意,修行徒苦辛。"明叶向高《除日登峄山》之一:"名山不少游人迹,～登临是岁除。"清《情梦柝》二回:"～事,九回肠,与那个商量?" ❷ 哪个;谁。唐卢照邻《行路难》:"～游人不竞攀?～娼家不来折?"宋王迈《念奴娇》:"老木千章,～是、南国甘棠遗爱?"清《绿野仙踪》一一回:"臂上法衣,～扯破?" ❸ 多少。问数量。唐杨炯《和石侍御山庄》:"莲房～实?竹节几重虚?"宋程大昌《演繁露》卷一:"若干者,设数之言也。干犹个也,～,犹言几何枚也。" ❹ 何处;哪里。问处所。宋曾觌《菩萨蛮》:"平生耕钓事,～安身是?"元王恽《题雪堂雅集图》:"扰扰王城～闲,禅房来结静中缘。"明《徐氏笔精》卷四:"铅华尽洗都无着,银蒜低垂～归?" ❺ 什么。宋刘一止《任公子言其先君奉观音大士》:"我问公子承谁恩力,～是空,～是色,公子不言,一笑而答。"清李渔《奈何天》一九出:"～事,哗庭院?乱我清心,搅我幽眠。" ❻ 怎么;如何。元张雨《牧之水榭》:"幽篁嘉木知谁共,尘意云情～分?"明蔡清《读蜀阜存藁私记》:"毫分缕析较便宜,～便宜总不知?"清彭孙遹《浪淘沙·怀归》:"寒色透重绵,～周旋?自家将息自家怜。"

【若个边】 ruò gè biān 哪边;哪里。唐沈佺期《初达驩州》:"雨露何时及,京华～?"宋黄师参《沁园春》:"还倚枯槎,飘然归去,回首清都～?"清《女仙外史》七六回:"忆蝉娟,梦婵娟,梦到瑶台～,霓裳浩劫鲜。"

【若个畔】 ruò gè pàn 犹"若个边"。唐杜甫《哭李常侍峄》:"长安～,犹想映貂金。"宋苏泂《咏月》:"孤清～,玉笛片时闻。"

【若个然】 ruò gè rán 如此。清弘历《右丹枫萧寺》:"寥寥莫议无人听,太古已来～。"

【若还】 ruò huán ❶ 如果。唐王梵志《幸门如鼠穴》:"幸门如鼠穴,也须留一个。～都塞了,好处却穿破。"宋张伯端《西江月》:"鱼兔～入手,自然忘却筌蹄。"清李玉《清忠谱》四折:"阴阳有准:那一日,诸般祥瑞匡扶。～时刻一蹉跎,定有杀身之祸。" ❷ 若要。宋佚名《眼儿媚》:"～忘得,除非睡起,不照菱花。"《大宋宣和遗事》前集:"～尽悟无生法,总在灵山一会中。"明《西游记》五一回:"～取胜,除非得了他那宝贝,然后可擒。"

【若遣】 ruò qiǎn 如果;假使。唐王初《春日咏梅花》:"～有情应怅望,已兼残雪又兼春。"宋周邦彦《蝶恋花》:"～郎身如蝶羽,芳时争肯抛人去。"清曹贞吉《踈影》:"～伴翠盖红衣,玉井更无寻处。"

【若是】 ruò shì ❶ 如果。《唐律疏议》卷二四:"～书不原事,以后别有人论告,还合得罪。"宋晁端礼《浣溪沙》:"～今生无此分、有来生。"清《红楼梦》一一回:"～不治,怕的是春天不好。" ❷ 莫非。表示揣测。宋《三朝北盟会编》卷一一〇:"不知所差军马之意是如何,～遣兵来取二帝否?"

【若为】 ruò wéi ❶ 如同;好像。《太平广记》卷一三一引《祥异记》:"复纳于澡水,钩口出之,剖破解切,～脍状。"元许有壬《黄鼠》:"瓠肥宜不武,人拱～恭。"清《女仙外史》九六回:"比不得小人,外貌～欢笑,而心内藏着机阱。" ❷ 如此;这样。《敦煌变文校注》卷一《汉将王陵变》:"新妇检校田苗,见其兵马,敛袂堂前,说其本情处,～陈说。"明阮自华《九日送章十》:"征鸟～疾,浮云如有心。"清弘历《唐人江城春午图》:"江城～好,春午最相宜。" ❸ 疑问词。a) 哪个。唐王方庆《魏郑公谏录》卷四:"太宗谓公曰:'昨进周、齐史。看末代之主,为恶莫不相似,俱至灭亡。然两主～优劣?'"宋韩驹《题华光长老画》:"晓出华光寺,云沙照眼新。归来看图画,借问～真。"元何中《黄氏南园歌》:"挟策博塞～贤,抚掌一笑睨青天。"b) 用于反诘。怎能。唐王梵志《六贼俱为患》:"自非通达者,迷性～开?"《旧唐书·郭元振传》:"吐蕃得志,忠节则在其掌握,～复得事汉?"清弘历《进古北口作》:"绝壁悬崖连埤垷,尔时民力～堪?" c) 表示愿望。唐雍裕之《江边柳》:"～丝不断,留取系郎船。"宋杨万里《海岸沙行》:"～行到无沙处,宁逢石头啮足拇。" ❹ 连词。a) 用以联系选择问句。唐《神会禅话录·石井本神会录》:"～是说通,～是宗通?"《敦煌变文校注》卷二《韩朋赋》:"即问诸臣:～自死,为人所煞?" b) 表假设。如能;如果。宋苏轼《和文与可洋川园池·菡萏亭》:"～化作龟千岁,巢向田田乱叶中。"元范梈《游南台闽粤王庙》:"～借得山头石,每到高秋坐看潮。"清《歧路灯》五五回:"先生～首肯,谭孝廉所构读书精舍,名为碧草轩,地颇幽敞,授徒、校字两得其便。" ❺ 动词。犹怎么办。《景德传灯录》卷二七《善慧大士》:"弟子问:'灭后形体～?'曰:'山顶焚之。'"《云笈七籤》卷六二:"所云若不须于口鼻出,气即闭之,不限时节,于诸处出息～?"

【若许】 ruò xǔ 犹言如许。敦煌本《启颜录》卷上:"傥逢不解事官府,遣拆下领检看。我一个下领,岂只直～钱绢?"宋李曾伯《思归偶成》:"春来便拟问归津,转眼江流～深。"清《红楼梦》七三回:"若使二姐姐是个男人,这一家上下～人,又如何裁治他们?"

【若也】 ruò yě 如果。"也"为语助词。唐吕才《议僧道不应拜俗状》:"～不求改变,稽首未是循常情。"宋张孝祥《鹧鸪天》:"主翁～怜幽独,带取妖饶上玉宸。"清《醒世姻缘传》七二回:"这素姐～略略的省些人事,知道公公这日大摆喜酒,不相干的还都倩他来助忙料理,你是个长房媳妇,岂可视如膜外,若罔闻知?"

【若子】 ruò zǐ　这么(一点儿大)。《祖堂集》卷八《疏山和尚》:“久向疏山,元来是～大。”又卷一五《归宗和尚》:“公四大身～长大,万卷何处安着?”

【偌】 ruò　这么;那么。元王和卿《小桃红·胖妓》:“～长～大,～粗～胖,压扁沈东阳。”明《朴通事谚解》卷上:“谢你将～多布匹来。”清《荡寇志》七一回:“～一个东京,却不见一个好女娘!”

【偌般】 ruò bān　这般。《元曲选·张生煮海》三折:“我看这海有～宽阔,无边无岸,想是连着天的。”明康海《沉醉太平·答客》:“文书上恁样来,条款里～造。”

【偌大小】 ruò dà xiǎo　这么大;那么大。《元曲选外编·蓝采和》四折:“出来的～年纪,这个道七十,那个道八十,婆婆道九十。”《元曲选·蝴蝶梦》二折:“这一个～是老婆子抬举。”

【偌多】 ruò duō　多少。《元曲选·谢金吾》一折:“这楼呵起初修盖,也不知费他府藏～财。”明汤显祖《牡丹亭》七出:“〔旦〕这经文～?〔末〕《诗》三百,一言以蔽之,没多些,只‘无邪’两字。”按,“偌多”有时是“这么多、那么多”的意思。

【偌多般】 ruò duō bān　那般。《元曲选外编·西厢记》三本三折:“今日小姐着我寄书与张生,当面～意儿,原来诗内暗约着他来。”

【偌来】 ruò lái　这么。《元曲选·青衫泪》二折:“～大穷坑火院,只央我一身填。”明陈铎《脱布衫带过小梁州·嘲人做新郎》:“多情丈母～胖,歪垂着鬏髻端相。”

【偌早晚】 ruò zǎo wǎn　这么晚。《元曲选·㑳梅香》三折:“吓得我可扑扑小鹿儿心头撞,～是谁人敢无状?”明孟称舜《娇红记》四一出:“今夜～,傍亭阴,转荒阶。”清《后水浒传》二八回:“～没跳到,熬得人满嘴清水怪淌,恁便等他不得。”

【箬笠】 ruò lì　用竹篾、箬竹叶或竹笋壳编制的宽檐帽。唐张志和《渔歌子》:“青～,绿蓑衣,斜风细雨不须归。”元明《水浒传》一五回:“这阮小七头戴一顶遮日黑～。”清曹尔堪《鹧鸪天·秋邸》:“棕鞋、～、蛇条杖,好向缑山顶上行。”

【箬帽】 ruò mào　即“箬笠”。宋陈思《江侯邀予作山水书以赠之》:“游戏天目道,～跨蹇驴。”清《醒世姻缘传》六二回:“那红袍是一领红草蓑衣,金幞头是一顶黄叶～,白玉带是一条白草粗绳。”

【弱】 ruò　❶不好;歹。《敦煌变文校注》卷五《父母恩重经讲经文(一)》:“有好男女,有～男女。”金《刘知远诸宫调》一一:“好饭好食充你驴肚,试想俺咱无～意。”《元曲选·蝴蝶梦》二折:“这埚儿便死待何如,好和～随将去,死共活拦当住。”❷差;逊色。唐刘肃《大唐新语》卷四:“臣推事不～俊臣。陛下委臣,必须状实。”《元曲选·陈州粜米》二折:“那越国范蠡,扁舟五湖,却也不～。”清《后西游记》四回:“今大王神通手段不～于老大王。”❸畏惧。明《古今小说》卷二一:“别人～他官府,我却不～他。”

【弱疾】 ruò jí　犹“弱症”。明姚富《青溪暇笔》卷下:“会稽邓经有紫霞杯,其造法传自宣和。徽宗尝赐名太乙杯,饮酒可疗～。”清《红楼梦》六〇回:“只是素有～,故没得差使。”

【弱症】 ruò zhèng　虚弱病症。《元曲选·窦娥冤》一折:“自成亲之后,不上二年,不想我这孩儿害～死了。”明《型世言》一六回:“不期阴氏原生来怯弱,又因思夫,哀毁过度,竟成了个～。”清《红楼梦》一六回:“秦相公是～,未免炕上挺扛的骨头不受用。”

sā

【撒】 sā 另见 sǎ。❶ 排放。《景德传灯录》卷一九《云门山文偃禅师》:“举一切语,教汝直下承当,早是～屎着汝头上。”《元曲选・魔合罗》四折:“我入的城来,～了一胞尿。”清《醒世姻缘传》四回:“吃完药,下边一连～了两个屁。” ❷ 放开;张开。《元曲选・朱砂担》一折:“諕的我腾的～了抬盏,哄的丢了魂灵。”明《老乞大谚解》卷下:“瘦马鞍子摘了,绊了脚,草地里～了,教吃草。”清《红楼梦》三一回:“翠缕将手一～,笑道:‘请看。’” ❸ 迈开脚向前走。金《董解元西厢记》卷六:“懒说设的把金莲～,行不到书窗直下,兜地回来又说些儿话。”元白模《点绛唇》:“凭阑久,归绣帏,下危楼强把金莲～。”清孔尚任《桃花扇》一出:“大～脚步正往东北走。” ❹ 抛开;离开。明黄元吉《流星马》三折:“他回天朝去,～不的我。独自个在此沙陀,几时是了?”《西游记》二六回:“他决不敢～了我们。”《金瓶梅词话》二七回:“才待～了西门庆走,被西门庆一把手拉住了。” ❺ 施展;表现出来。多含贬义,参见“撒村”“撒泼”“撒野”等。明《西游记》三回:“丢几个架子,～两个解数。”清《荡寇志》七六回:“丽卿展开那支枪,敌住两般兵器,～圆了解数,又战了十餘合。” ❻ 掖(yē);塞(sāi)。明《西游记》三五回:“那大圣早已跳出门前,将扇子～在腰间,双手轮开铁棒。”《金瓶梅词话》五一回:“桌儿不稳,你也～～儿。”《二刻拍案惊奇》卷三七:“只得钻在被里,把被连头盖了,～得紧紧,向里壁睡着。” ❼ 拍击。元白模《青杏子・咏雪》:“劝酒佳人擎金盏,当歌者款～香檀。”《元曲选・风光好》一折:“他道是何用霓裳翠袖弯,更休～红牙板。”明《金瓶梅词话》三〇回:“当筵象板～红牙,遍体舞裙铺锦绣。” ❽ 摆放;放置。元明《水浒传》一二回:“到厅上,正面～着一把浑银交椅,坐下。”

【撒拗】 sā ào 任性违拗;不驯顺。元武汉臣《老生儿》二折:“你自小,合教,怎由他～? 大古是家富小儿骄。”《元曲选・神奴儿》三折:“当日个为孩儿～便啼哭,他待要长街市上耍去。”又《刘行首》二折:“我着你做神仙倒～,空着我驾一片祥云下蓬岛。”

【撒嗔】 sā chēn 佯作嗔怒。明汤式《醉花阴・离思》:“他和俺似鸳鸯比并娇,撒地殢百般人行要,半～半撒嚣。”

【撒痴】 sā chī 故作娇憨之态。元明《水浒传》五一回:“怎当那婆娘守定在衙内,撒娇～,不由知县不行。”明《型世言》一六回:“况且夫妻们叫做君子夫妻,定没那些眉来眼去,妆妖～光景。”

【撒村】 sā cūn 说粗鲁话;撒野。明《西游记》三九回:“都进去,莫要～,先行了君臣礼,然后再讲。”《山歌・鱼船妇打生人相骂》:“又弗是你撒食养来搭个,郮了要你鸟说胚介～。”清《红楼梦》一〇三回:“那里跑进一个野男人,在奶奶们里头混～混打,这可不是没有王法了!”

【撒呆】 sā dāi 发呆。明王九思《醉花阴・康长洲公寿词》:“放一会颠,撒一会呆,这便是长生妙诀。”清《后水浒传》四〇回:“恁地哥哥兀自～,只跳去了当,可也省力。”

【撒殢殜】 sā dì nì 即“撒滞殢❸”。元佚名《沽美酒过太平令》:“情浓也如痴如醉,情浓也语颤声低,情兴也蛾眉紧系,情急也星眸紧闭,撒些儿殢殜。”

【撒地殢】 sā dì tì 即“撒滞殢❸”。明汤式《醉花阴・离思》:“～百般人行要,半撒嗔半撒嚣。”兰楚芳《套数・赠妓》:“揾桃腮携素手并香肩,～腼腆。我索痛惜轻怜。”佚名《普天乐・撒娇》:“我见了他～眼乜斜走在身边跑,觑不的他那乔躯老佯小心捉弄阿谁。”

【撒蒂嫦】 sā dì tì 即“撒滞殢❷”。元宋方壶《一枝花・蚊虫》:“相趁相随,聚朋党成群队,逞轻狂～。”

【撒殢殢】 sā dì tì 即“撒滞殢❷”。元马致远《任风子》三折:“你向这里～,休寻自缢。”

【撒刁】 sā diāo 要奸;耍赖。清《醒世姻缘传》五三回:“那晁为仁是他的嫡堂之弟,平素也不是甚么好人,～放泼,也算得个无所不为。”

【撒彫】 sā diū 装疯卖傻。“撒欠彫风”之省。元曾瑞《梧叶儿・赠喜温柔》:“你～,怨温柔,自落得出乖弄丑。”

【撒敦】 sā dūn 蒙古语。亲戚。元关汉卿《调风月》四折:“双～是部尚书,女婿是世袭千户。”《元曲选・金安寿》四折:“托生在大院深宅,尽豪奢衙气概,忒聪明更精彩,对着俺～家显耀些抬颏。”

【撒放】 sā fàng 另见 sǎ fàng。❶ 释放。元王恽《纠弹良乡尉司非理考勘事状》:“将刘德林拿到,亦不申官,一面拷打,为无证佐,在后～。”《历代名臣奏议》卷六七郑介夫奏:“及有正犯到官者,设无贿赂,监禁经年,转指平民,连逮无已,溪壑既厌,尽皆～。”《元典章・刑部三》:“前后通烙讫七下,才时～。” ❷ 放开;放出。元洪希文《齐天乐・寿方君会》:“春光未老,便～莺花,收回梨枣。”明王世贞《弇山堂别集》卷八八:“今日路近,只有三十里,且将驴马～。”清《荡寇志》一三六回:“便举起雕弓,拽开来正似一轮满月,……觑定了卢俊义,～过去。” ❸ 使;施展。元邓玉宾《村里迓古・仕女圆社气球双关》:“跷跟儿掩映着真圈套,里勾儿藏掖着深窟窍,过肩儿～下虚笼罩。” ❹ 一种无限期拖延的弊政名目。元郑介夫《太平策》:“如甲乙互讼,甲有力,则援此之例;乙有力,则援彼之例;甲乙之力俱到,则无所可否,迁调岁月,名曰～。” ❺ 发放;出售。明王崇之《陈言边务事》:“数年以来，多被本等上司及卫所官员，指称进贡人参等项。或～布匹，或给与银两，便令部属官舍于各寨百般逼迫科扰。”又：“官豪势要之家，乘机逐利，～糠粃谷豆，籴买腐烂仓粮。官银多归于富家，钱粮多报于纸上。”余继登《皇明典故纪闻》卷一八：“六苦于～之太迟，而跋履于暑雨怨咨之日。” ❻ 排泄。明《二刻拍案惊奇》卷二五：“水火急时，直等日间床上无人时节，就床下暗角中～。”

【撒风】 sā fēng 同“撒疯”。明《金瓶梅词话》九五回：“你看妈妈子～，他又做起俺小奶奶来了。”又九七回：“那薛嫂～撒痴，赶着打了他一下。”

【撒疯】 sā fēng 做出轻狂疯癫貌。元《三遂平妖传》五回：“这厮可恶！敢是假与我～？”

【撒乖】 sā guāi 耍滑头。明康海《中山狼》二折：“只您这眉前眼后谁瞒过，道不的露尾藏头怎～，没处安排。”

【撒怪】 sā guài 耍怪；作怪。明丁惟恕《河南韵·怨悔》：“这不是冤家去了谁是的我亲人，敢在谁手里～。”

【撒花】 sā huā 另见 sǎ huā。蒙古语。礼物；贡献物。宋汪元量《醉歌》之七：“北师要讨～银，官府行移逼市民。”元李茂之《行香子·寄情》：“女仗唇枪，娘凭嘴抹，寻缝儿觅～。”明郎瑛《七修类稿》卷二一：“如取钱之言，初见官府曰拜见钱，白手取人曰～钱。”

【撒欢】 sā huān 因兴奋而连跑带跳。明《西游记》一三回：“马若不牵，恐怕～走了。”刘效祖《锁南枝》：“常言道破镜重圆。果不然也有相逢日，玳瑁猫～他也来道喜。”

【撒谎】 sā huǎng 说谎。清《醒世姻缘传》八一回：“能放刁～，这官司便就赢他。”《红楼梦》二八回：“到底是宝丫头好孩子，不～。”《霓裳续谱·佳人悄立在柳阴下》：“谯楼冬冬打三下，那～的全不想临行说的话。”

【撒和】 sā huó ❶ 放开劳作的牲口，使休息吃草料。元杨瑀《山居新话》卷四：“凡人有远行者，至巳午时，以草料饲驴马，谓之‘撒和’。”明《西游记》七八回：“我们且进驿里去，一则问他地方，二则～马匹。”清张澜《万花台》一一出：“快些给银子，俺要～牲口了。” ❷ 使牲口休息吃草料的地方，指驿站。《元曲选·倩女离魂》四折：“行了些这没～的长途有十数程，越恁的骨瘦蹄轻。” ❸ 好言相求；调停。明汤显祖《牡丹亭》三〇出：“便开呵，须～，隔纱窗怎守的到参儿趓。”又五五出：“便阎罗包老难弹破，除取旨前来～。”

【撒活】 sā huó 同“撒和❶”。清《醒世姻缘传》三八回：“到了龙山，大家住下吃饭，～头口。”

【撒火】 sā huǒ 另见 sǎ huǒ。指满足性欲。明《古今小说》卷一：“大娘，你不知，只要大家知音，一般有趣，也撒得火。”

【撒货】 sā huò 同“撒和❶”。明《西游记》七三回：“一则进去看看景致，二来也当～头口。”

【撒极】 sā jí 发急；着急。清《醒世姻缘传》八五回：“不是我～，如今待中监死我呀！”又八九回：“原来如此。这怎么怪的狄大嫂～！”

【撒奸】 sā jiān 使奸耍滑。《元曲选外编·西厢记》三本二折：“你休要呆里～。你待要恩情美满，却教我骨肉摧残。”明王九思《新水令·春兴》：“想着他心肠儿不～，性格儿忒灵变。”冯惟敏《醉花阴·酬白金屿》：“撒一会奸，卖一会乖，觑高官大爵怎介怀。”

【撒娇】 sā jiāo 仗着受人宠爱而做出娇态。明《金瓶梅词话》二七回：“那春梅故作～说道：‘罢么，偏有这些支使人的！’”《拍案惊奇》卷三一：“我看这妇人日里也骚托托的，做妖～，捉身不住。”清蓝鼎元《卢烈姬传》：“卢谢曰：‘妾志决矣。’诸姬犹窃笑，且恚曰：‘～耳。哭且不尽哀，何有于死。’”

【撒津】 sā jīn 犹“撒吣”。明冯惟敏《醉花阴·酬白金屿》：“撒一会津，卖一会呆，见不上学蛮撇奤。”佚名《粉蝶儿·割耳寄》：“小妮子会～，老虔婆惯打刀，投至得轻怜重惜才欢乐。”清《醒世姻缘传》三三回：“你还像在汪先生手里～，别说先生打你，只怕你娘那没牙虎儿难受。”

【撒浸】 sā jìn 同“撒津”。明李开先《一江风》：“变难挨，万样媒婆态，百穗头儿债。～来，打个圈儿，丢个轮头，虚套随机派。”

【撒酒风】 sā jiǔ fēng 借着酒劲胡闹。《元曲选·朱砂担》一折：“你有量尽着你吃，只不要～。”明《警世通言》卷六：“孙婆见他～，不敢惹他。”《欢喜冤家》一五回：“况王文生性凶暴，与前夫不同，吃醉了便好～。”

【撒开】 sā kāi ❶ 抛开，指断绝往来、关系。元吴弘道《上小楼·章台怨妓》：“将咱～，和人胖怪。”明《醒世恒言》卷二三：“我依先拿这环珠送还了他，两下～，省得他来絮聒。”清《飞龙全传》一四回：“你这等人，还要与你做什么朋友？不如早早～，各寻头路。” ❷ 走开；离开。元明《水浒传》三回：“鲁达焦燥，把那看的人，一推一交，便骂道：‘这厮们挟着屁眼～！不去的洒家便打。’”明《醒世恒言》卷三七：“酒家道：‘正是小事，快些数了～。’”清《野叟曝言》一二七回：“安家仆从问知是梦府王妃，便也不敢发作，各自～。” ❸ 迈开(脚步)。明《封神演义》一二回：“～大步，提起手中乾坤圈，把敖光后心一圈，打了个饿虎扑食。”清《醒世姻缘传》五九回：“狄希陈见不是话，～脚就往外跑。”《飞龙全传》一一回：“～脚步，仍从原路而走。” ❹ 施展出。明《西游记》七〇回：“掣出金箍如意棒，～解数，往前乱打。”

【撒科】 sā kē 打趣；开玩笑。元明《水浒传》二四回：“干娘休要～，你作成我则个。”明汤显祖《牡丹亭》五五出：“你得便宜人，偏会～。”清朱彝尊《日下旧闻考》卷一六〇：“王留见元曲，是善～。”

【撒赖】 sā lài 蛮横胡闹；耍无赖。《元曲选·儿女团圆》二折：“这厮故意的将人吵，入门来便～。”明《西游记》八三回：“那大圣打滚～，只要天王去见驾。”清《醒世姻缘传》三五回：“汪为露～道：‘这要叫我拆房，我只是合他对命。’”

【撒懒】 sā lǎn 表现出懒惰。明《朴通事谚解》卷下：“跟官人时休～，一发用心上紧着。”《金瓶梅词话》九一回：“后来几次见衙内不理他，他就～起来，睡到日头半天还不起来。”《型世言》一八回：“驿递里也懈懈的来支应，水手们也～不肯赶路，母子凄凄守着这灵柩。”

【撒娄】 sā lóu 市语。“首”的反切，头。明佚名《墨娥小录》卷一四《行院声嗽》：“头，撒楼。”脉望馆本《岳飞精忠》三折：“大家又去弄虚头，丢了～休后悔。”

【撒髅】 sā lóu 同“撒娄”。脉望馆本《闹铜台》四折：“虚搠一枪逃命走，留着～戴纱帽。”又《破天阵》一折：“若被南朝捉了去，要了～一世苦。”

【撒谜语】 sā mí yǔ 说影射的话。明《金瓶梅词话》一回：“被这干人在街上～，往来嘲戏唱叫：‘这一块好羊肉，如何落在狗口里！’”

【撒抹】 sā mǒ 去掉；勾销。明《西游记》二九回：“一宫宫的钟鼓管籥，～了闺怨春愁。”

【撒腻滞】 sā nì zhì 即“撒滞殢❶”。《元曲选外编·庄周梦》二折：“不带酒，～，佯推醉。”

【撒喷】 sā pēn 尽情叱骂。《元曲选·曲江池》二折："到家里决～，你看我寻个自尽，觅个自刎。"

【撒撇】 sā piē ❶撇开；避开。元佚名《满庭芳》："娘毒似蝎。无钱～，有钞和协。"明祁麟佳《错转轮》二出："不免将计就计，赚得他替我轮回，～了这场祸事。" ❷张开。清魏之琇《续名医类案》卷四〇："一男子年十八，痘后四十日外，忽腰痛极，两手～，目开无光。"

【撒泼】 sā pō 另见 sǎ pō。蛮横无赖；无理取闹。《元曲选·蝴蝶梦》一折："似这般逞凶～干行止，无过恃着你有权势有金赀。"明柏起宗《东江始末》："刚愎～，无人臣礼。"清《儒林外史》二六回："若说女人会～，我那怕磨死倪家这小孩子！"

【撒泼皮】 sā pō pí 犹"撒泼(sā pō)"。《元典章·刑部十九》："行凶的泼皮每，一遍～呵，要了罪过，它的门首泥写红粉壁。"明《朴通事谚解》卷中："其餘的伴当们家里有着，街上休～。"

【撒气】 sā qì 漏气。清《醒世姻缘传》八回："天老爷因他做人不好，见世报，罚他做了个破蒸笼，只会～。"

【撒欠】 sā qiàn 犹"撒颩"。欠，市语，傻。宋元时疯魔痴呆称"九伯"，市语称数目字"九"为"欠"，转称痴傻。明佚名《一枝花·道情》："搠渰唆朗，末听～。撚渲处踅来缠定咱，碎窗零唊。"

【撒欠颩风】 sā qiàn diū fēng 装疯卖傻。元石君宝《紫云庭》三折："从来～爱恁末，敲才兀自不改动些儿个。"

【撒沁】 sā qìn 同"撒吣"。《元曲选·萧淑兰》三折："都是我忒轻浮，欠检束，正好教他～，则索咬定牙儿喑。"《元曲选外编·西厢记》三本四折："忌的是知母未寝，怕的是红娘～。"明陈铎《醉花阴·夏日即景写怀》："捻吟髭半将衣衫袖弹，撒一会沁，打一会睃，要认得周郎是我。"

【撒吣】 sā qìn 胡说乱道。吣，猫狗呕吐，詈指人胡说。明韩上桂《凌云记》一七出："你不如病瘖，何须～，害得我牛女隔商参。"

【撒唚】 sā qìn 同"撒吣"。元王元鼎《河西后庭花》："走将来乜斜头～，不熨贴性儿希林。"

【撒手】 sā shǒu ❶松手；放开手。元明《水浒传》六二回："听的叫声：'着！'～响处，董超脖项上早中了一箭。"明《西游记》三八回："太子闻言，～脱身，攀鞍上马。"清方成培《雷峰塔》一五出："〔放末，旦～吹气介，末奔下〕" ❷罢手；罢休。五代佚名《偈》："百丈竿头快～，不须观后复观前。"明《醒世恒言》卷一六："众人个个醉饱，方才～。"清陈贞慧《过江七事·正纠参》："万斤重担，付在朕躬。万一大家～，回思先帝，岂所忍言！" ❸离开；分离。五代常察《十玄谈·玄机》："～那边诸圣外，回程堪作火中牛。"《元曲选·度柳翠》四折："我如今～先行上，莫等待晓风残月，酒醒后知是何方？"清纪昀《阅微草堂笔记》卷一："及其诀别，则数十年而散，与片刻暂遇而散者，同一悬崖～，转瞬成空。" ❹放手；无所拘忌。宋朱熹《答潘文叔》："向见子约书来，多是如此，尝痛言之，近日方觉～向前，行得数步。"元顾瑛《金粟冢中秋日燕集》："巾插空中花，～鞭苍虬。"清《飞龙全传》二〇回："～劈开生死路，翻身跳出是非门。" ❺死的婉词。五代卢道者《遗诗》："～永超三界，一去定无反复。"《元曲选·窦娥冤》二折："把手为活过日，～如同休弃。"清《野叟曝言》二九回："只见凤姨已是～归空，两只眼睛，一条舌头，宕出在外。" ❻垂手。宋楼钥《北行日录》下："射每中，则面厅伛立，～报覆。"明张介宾《景岳全书》卷三四："及入室再见，则不若前次之～，而十指交叉，抱腹仰坦于婢者之怀。"沈德符《万历野获编》卷一七："今胥吏之承官长，舆台之侍主人，与夫偏裨卒伍之事帅守，每见必弹袖～，以示敬畏。" ❼插手。明黄道周《榕坛问业》卷九："圣人做事，整齐神明，所定点画不移，谁敢～。"清吴绮《募修镇海楼观音阁小引》："毋云：官之所掌，何烦～。"

【撒殢娇】 sā tì jiāo 犹"撒滞殢❸"。明佚名《端正好·思忆》："欲待和他寻些争闹，怎当他软厮禁～。"

【撒殢滞】 sā tì zhì ❶即"撒滞殢❶"。《元曲选·青衫泪》三折："这是谁跟前～？吃的来眼脑迷希，口角涎垂。" ❷即"撒滞殢❷"。明佚名《一枝花·蚊虫》："逞轻狂～，爱黄昏月下星前，怕青宵风吹日炙。"

【撒吞】 sā tūn ❶同"撒唔❶"。明汤显祖《牡丹亭》四出："灯窗苦吟，寒酸～。科场苦禁，蹉跎直恁！" ❷同"撒唔❷"。元陆登善《一枝花·悔悟》："如今腆着脸百事儿装憨，低着头凡事儿～。"贯云石《小梁州》："揣着个羞脸儿娘行告，百般的～装夭。"

【撒唔】 sā tǔn ❶痴呆；痴心妄想。《元曲选外编·西厢记》三本四折："更做道秀才每从来恁，似这般干相思的好～。" ❷装糊涂；赖账。元刘庭信《夜行船·青楼咏妓》："三衙家则推道娘未寝，不提防几场儿～。"明赵南星《步步娇·夏日感恩楼酒集》："情多常～，意懒半妆呆。"佚名《小桃红·西厢百咏·生盼莺莺》："好着咱自审，他敢又～。"

【撒褪】 sā tùn 同"撒唔❷"。元佚名《一枝花·盼望》："怎当他老虔婆～，小猱儿装呆。"明陈铎《集贤宾·元夜》："则见那女貌郎才，杏脸桃腮，挤挤挨挨，闹闹垓垓，引幼扶衰，～妆呆。"

【撒顽】 sā wán ❶尽情玩乐。元乔吉《行香子·题情》："红粉香中惯～，不似今番，软玉温香特希罕。"李罗御史《一枝花·辞官》："撒会顽，放会耍，拚着老瓦盆边醉后扶，一任他风落了乌纱。"明汤式《一枝花·送车文卿归隐》："伴几个知交～，寻一会渔樵调侃，终日家龙凤团香浮兔毫醮。" ❷装顽皮。明贾仲明《对玉梳》二折："骂着他越～，我着些话儿哄他。"陈铎《落梅风·写兴》："妆些唔，撒会顽，走红尘委实不惯。"《金瓶梅词话》七四回："两三夜不见你回来，问着他便～不睬。"

【撒嚣】 sā xiāo 装羞。嚣，羞。明汤式《醉花阴·离思》："他和俺似鸳鸯比并娇，四门子撒地殢百般人行要，半撒嗔半～。"

【撒野】 sā yě 做出粗野无礼的举动。明《金瓶梅词话》一九回："就是问你借的，也等慢慢好讲，如何这等～！"清李玉《清忠谱》四折："〔净〕你要～么？〔丑〕你要抢夺么？"袁枚《续子不语》卷二："我早知汝积恶种种，原不许汝来，还敢如此～！"

【撒野火】 sā yě huǒ 犹"撒野"。明《金瓶梅词话》三八回："贼饿不死的杀才，你那里昧醉了，来老娘这里～儿！"清李玉《清忠谱》二折："好好一个书场，被你这狗头～，赶散了我们的生意。"

【撒因】 sā yīn 蒙古语。好。《元曲选外编·哭存孝》一折："～答剌孙，见了抢着吃。"又《射柳捶丸》三折："我骑一匹～的抹邻，众小番都骑癞象。"

【撒赢】 sā yíng 犹"撒因"。明高濂《玉簪记》三出："吹毕栗几声，打羯鼓几声，好～，～，撒撒赢。"

【撒暂】 sā zàn 小贩不征得顾客同意，在酒楼向顾客分送商品，然后收钱的一种兜售方法。宋孟元老《东京梦华录》卷二："又有卖红色或果实罗卜之类，不问酒客买与不买，散与坐客，然后得钱，谓之～。"

【撒滞殢】 sā zhì tì ❶指饮酒过量出现醉态或借着酒劲胡闹。泛指不清醒。《元曲选·神奴儿》一折："你但有酒后便特故里来俺这里，兄弟你可也～。"又《黑旋风》三折："他烟支支的～。"《元曲选外编·哭存孝》一折："我见他执盏擎壶忙跪膝。他那里～。" ❷放刁撒赖。《元曲选·任风子》三折："你待要向这里

～，寻个自缢。”又作“撒蒂嫦”“撒殢殢”。 ❸ 施呈娇态或软磨紧缠(让人满足自己的要求)。《元曲选·墙头马上》二折：“我忙忙扯的鸳鸯被儿盖，……是他～把香罗带儿解。”又《鸳鸯被》二折：“哎！你个～的先生也那，假若是有人见，若是有人拿，登时间事发。”又作“撒殢死”“撒地殢”“撒殢妡”。

【瞅】 sā 瞅；看。明冯惟敏《僧尼共犯》一折：“一个手儿招，一个眼儿～。”清《聊斋俚曲·增补幸云曲》：“那眼不住的～那路径，若有动静，好跑他娘的。”

sǎ

【洒】 sǎ ❶ 挥洒，多指书写。唐张说《郑国夫人神道碑奉敕撰》：“于是～翰黄缣，缕字青琬，波横蹙神，变艳烂于山门。”元白樸《醉中天·佳人脸上黑痣》：“叵耐挥毫李白，觑着娇态，～松烟点破桃腮。”清《绿野仙踪》六五回：“水晶帘外会婵娟，题诗赋挥，笔～瑶笺。” ❷ 甩；挥；摆动。明徐复祚《一文钱》一出：“藏在那里好？藏在袖子里恐怕～掉了。”清《醉醒石》一四回：“抓不来榜上一个名字，～不去身上一件蓝皮。”《野叟曝言》二一回：“又李更不耐得，将脚照准那腿，轻轻一～，那人已是跌倒，嘴里喊痛。”《呼家将》二三回：“那晓延庆正使得高兴，把枪杆一～，王环又跌了一交。”引申指整理(服饰)。明《二刻拍案惊奇》卷一四：“宣教不胜欢喜，整一整巾帻，～一～衣裳，随着小童便走过了对门。” ❸ 因不小心使液体从器皿中散落出来。清《红楼梦》八四回：“你这个下作种子！你为什么弄～了人家的药，招的人家咒骂。”又一〇三回：“刚要扎挣起来，那碗汤已经～了。” ❹ 拔出；抽出。明《隋史遗文》三五回：“待～手去，却～不脱。” ❺ 揭露。清《儒林外史》二二回：“虽则我家老二捧茶不该从上头往下走，你也不该就在董老爷跟前～出来，不惹的董老爷笑！” ❻ 涂抹。明《杜骗新书·假银骗》：“以银薄贴于外，以墨微～之，以掩其太白。” ❼ 荡漾。明汤显祖《牡丹亭》八出：“平原麦～，翠波摇翦翦，绿畴如画。” ❽ 垂。清《醒世姻缘传》七〇回：“那看门人把钱装在兜肚里面，蹭到厅前，～着手旁站着。” ❾ 美好。清屈大均《广东新语》卷一一：“东莞谓光曰皎，皎音效，美好曰～。” ❿ 即“洒家”。宋佚名《张协状元》五〇出：“容～一面禀及相公，不到不得。”又五一出：“人头厮钉，热血厮泼，是～所知之事。”

【洒打】 sǎ dǎ 挥打。清《野叟曝言》一一〇回：“被素臣提起一人，略略～，纷纷碰倒。”

【洒花】 sǎ huā 用散碎小花组成的花样。明《明珠缘》二回：“脚上穿着白绫～膝衣，玄色丝带。”清《红楼梦》九一回：“下面并未穿裙，正露着石榴红～夹裤。”

【洒家】 sǎ jiā 自家；我(用于西北地区男性自称)。宋佚名《张协状元》四八出：“～一向关西冗迫，不及通书。”元明《水浒传》三回：“～是经略府提辖，姓鲁讳个达字。”清三餘氏《南明野史》卷上：“若乏乎？急归，人障一版来，受～箭。”

【洒开】 sǎ kāi 同“撒开❸”。清《呼家将》一回：“那大郎～大步前行，世子紧紧追来。”《蜃楼志》一〇回：“两人～脚步，逢店饮酒，不论烧黄，直至月上一更，方到鹅埠。”

【洒口】 sǎ kǒu 指唾骂。元《七国春秋平话》卷上：“上凌烟阁，合受天子、文武百官拜；人交赦院，令公人用不净～。”

【洒浪】 sǎ làng ❶ 晒晾。明《十二笑》二笑：“娘子方在那里把净过衣服收拾～。” ❷ 转指显示、炫耀。明《二刻拍案惊奇》卷三九：“已后做东道，要～那帽子时，千万通知一声。”《醋葫芦》一四回：“院君有的钱钞，再做三五百金与他～～。”

【洒乐】 sǎ lè ❶ 洒脱。宋潘自牧《记纂渊海》卷八三：“胸中～(元胡炳文《纯正蒙求》卷中作“洒落”)，如光风霁月。”明汪廷讷《广陵月》一出：“况复襟怀～，怕容易霜凋潘鬓。”杨爵《家书》二则：“凡勤苦用功，须是自己心上开，～欲如，此方有进益学问。” ❷ 潇洒快活。明《西游记》二六回：“那些老儿正然～，这行者厉声高叫道：‘带我要耍儿便怎的？’”清洪昇《长生殿》二八出：“今日聚集百官，在凝碧池上做个太平筵宴，～一回。”李清馥《闽中理学渊源考》卷二一：“(朱飞卿)受学朱门，自言穷理，而事物纷纭，未能～处。”

【洒落】 sǎ luò ❶ 挥洒落笔，指写作。唐李白《赠参寥子》：“毫墨时～，探玄有奇作。”宋刘弇《策问上·第三》：“诸君方将～寸管，掇拾膴仕，正自不当以篆刻为绥。”明章懋《在监中寄谢木斋阁老》：“俾之待罪南雍，又辱～翰墨，曲赐存问。” ❷ 洒脱；潇洒；豪爽。唐杜甫《八哀诗·赠秘书监江夏李公邕》：“声华当健笔，～富清制。”宋沈辽《屈平》：“才调固～，胡为情虑多。”清《醒世姻缘传》五一回：“内中有一个孟乡宦，为人甚是～。” ❸ 清爽；爽朗。唐杜甫《七月三日亭午已后较热退》：“～唯清秋，昏霾一空阔。”宋马咸《遂宁好词序》：“人物富繁，山川～。”清《续金瓶梅》六回：“又取第三钵水一饮而尽，觉五内清凉，尘心病体一时～。” ❹ 谓感情真挚，没有隔阂。唐杜甫《公安县怀古》：“～君臣契，飞腾战伐名。”宋李吕《上晦庵干墓志书》：“岂意明公辱赐之书，情谊～，与进之意，甚于倾盖。”清王士禛《白帝城谒昭烈武侯庙》：“当日君臣真～，至今祠庙有辉光。” ❺ 清楚；明白。宋朱熹《答范伯崇·卫君待子而为政》：“似是于辄之处心紧要处看得未甚～，所以如此。”张栻《答萧仲秉》：“生死鬼神之说，须是胸中见得～，世间所说不得放过，有无是非一一教分明，方得。”陈淳《三仁夷齐颜子之仁》：“某向者以三仁夷齐之仁，及颜子等仁不相协合，久为之碍，未能～，屡次具问，后再思之，觉释然已无碍矣。” ❻ 宽松快活。明顾璘《寿易太守士美》：“林壑光阴方～，莫教门外候安车。”《英烈传》一七回：“先生只是可怜见，宽松小猿，待我游行～，遍看锦绣江山。”清洪昇《长生殿》一七出：“大家炙肉暖酒，番姬每歌的歌，舞的舞，～一回者。” ❼ 泄愤；发泄。明马光《两粤梦游记》：“蔡道闻之，心胆俱碎，急遣在署乡亲翁姓者到府跽求出堂视事，谕散百姓。予始亦以病辞，既思亦尽勾～矣，朱写牌谕止之，士民始定。”清《红楼梦》七回：“那焦大又恃贾珍不在家，即在家，亦不好怎样他，更可以任意～～。” ❽ 数落；责备；吩咐。清《红楼梦》九八回：“紫鹃本来深恨宝玉，见如此，心里已回过来些，又有贾母、王夫人都在这里，不敢～宝玉。”《醒名花》一回：“所以小婢把言语～他一番，故此不肯还他，赶他出了园门。”《野叟曝言》五六回：“咱们内官性儿，是不受惊吓的。你便封了公侯，拜了宰相，也不到奉承你，听你～哩！”

【洒派】 sǎ pài 分派；分摊；分给。《明史·刑法志一》：“(太祖)十八年，采辑官民过犯，条为《大诰》。其目十条：……曰～抛荒田土。”清王夫之《读通鉴论》卷二四：“于租、庸、调之外，横加赋敛，因事取办而无恒，乃至升斗锱铢皆～于民，而暴吏乘之以科敛。”《野叟曝言》一一四回：“怎把自己的功劳都～开去？文爷的大功，便分半个天下，也不多！”

【洒泼】 sǎ pō 同“撒泼(sǎ pō)❶”。清《醒世姻缘传》二八回：“看了这等干燥的去处，这水岂是好任意～的东西？”又五五回：“这一年受他的那气，叫他～的那东西，虽是雷劈了他，咱容他这们的，也是咱的罪过。”又：“狄周瞒了主人，反与歹人合成一股，～主人的东西，也被天雷震的七死八活。”

【洒签】 sǎ qiān 撒签。指官员将表示用刑的竹签掷于地上，下令对犯人动刑。清《儒林外史》三二回："朝廷试过，就是去做知县、推官，穿螺蛳结底的靴，坐堂，～，打人。"

【洒然】 sǎ rán ❶ 雨、泪、汗、乳等滴落、喷涌貌。唐戴叔伦《喜雨》："川上风雨来，～涤烦襟。"宋《银海精微》卷上："乳头汁胀满，其汁～射出，充入儿眼。"明瞿汝稷《五台山大博庵无边和尚塔铭》："宝喝曰：'瞎汉，又甚么去也?'师～汗下，复相酬复。" ❷ 潇洒；洒脱；超然。唐杜牧《杜秋传》："风度～，举趾蹁跹。"宋陈亮《谪仙歌序》："欣观李白集《高吟》数篇，皆古今不经人道语，骚章逸句，～无流思。"清陈廷敬《朝议大夫李公墓志铭》："观太华，适吴越，芒鞋竹杖，有～出尘之思。" ❸ 醒悟貌；清醒貌。唐郑处诲《明皇杂录》卷上："适朕因阅近日大臣章疏，首举一通，乃嘉贞表也，因此～，方记得其名。"宋胡寅《清寐记》："虽未尝寐，而向来欲寐之意既已，～爽然，若熟寐而初觉者。"清纪昀《阅微草堂笔记》卷五："罗～有省，胜负之心顿尽。" ❹ 喜悦貌；兴致高貌。《新唐书·建成传》："秦王左右皆山东人，闻还洛，皆～喜。"明陆粲《庚巳编》卷四："每一来，觉意中昏沉如醉梦，去则～。"朱希晦《次韵简缑山侯德询徽之二征士》："幽寻杖策绕林泉，随处遨游兴～。" ❺ 清静貌；明净貌。唐舒元舆《养狸述》："迨夜，始背缸潜窥，室内～。"宋王栢《长啸山游记》："器具精洁，窗几～。"元宋褧《天台道人歌》："黄冠羽衣，固不与众异，心脾一片，常若冰雪之～。" ❻ 明白；清晰。宋《朱子语类》卷一〇三："李先生不要人强行，须有见得处方行，所谓～处。"元杨维桢《孝友先生秦公墓志铭》："与弟子讲解，音吐～，而娓娓无倦。"清李光地《读论语札记》卷下："凡人心有私欲，则无论役于名利，即竟日读书讲艺，终未到～处。" ❼ 完全消除貌(多指病痛)。唐通真道人《七言》："再拜新尝太一泉，顿觉～消病骨。"宋强至《上提刑祠部书》："执事以为然，则某之枉～无餘矣。"明《二刻拍案惊奇》卷三三："司理先把符来试挂，果然女病～。" ❽ 顿然；猛然；突然。宋吕陶《和陈长蒨休致》之一："白日由此间，红尘～少。"《元曲选外编·飞刀对箭》一折："天子～惊觉，可是南柯一梦。"清戴璐《藤阴杂记》卷一二："性耽禅悦，恒信宿萧寺，徜徉二十年，～而逝。" ❾ 决然；毅然。宋陈舜俞《上时相书》："又天子刷去前日不可破之谤，～用之。"清李玉《清忠谱》一二折："尊大人～就道，虽已忘家，然事未可知。"

【洒脱】 sǎ tuō ❶ 不拘束。宋龚明之《中吴纪闻》卷四："肆意放山水，～无羁縻。"明《二刻拍案惊奇》卷八："若许便服，最为～。"清孔尚任《桃花扇》一出："俺看敬亭人品高绝，胸襟～，是我辈中人。" ❷ 摆脱；甩脱。元谢应芳《寄集公询公二讲主》："扫除烦恼魔，～禅律缚。"明沈自徵《祭甥女琼章文》："汝母为吾家道蕴，夙有根器，以儿女情多，未能～。"清《野叟曝言》五三回："赛观音着急，～手，兜心一拳，奚囊复跌。" ❸ 利索。清《聊斋志异·辛十四娘》："十四娘为人勤俭～，日以纴织为事。"

【洒线】 sǎ xiàn 洒线绣。以方目纱为地，用五色丝拈线铺绣。明《金瓶梅词话》三一回："身穿五彩～猱头狮子补子员领，四指大宽萌金茄楠香带。"清《陕西通志》卷四五："妇人士庶之家，不许著织金妆花～补服，并束银带。"

【洒笑】 sǎ xiào 哂笑；带讥讽、揶揄地笑。宋周必大《朱叔止轸通判屡示诗词》："～君先听汉履，上征予已拍洪肩。"明《西游记》五三回："又走出两三个半老不老的妇人，都来望着唐僧～。"《隋炀帝艳史》一〇回："说罢，大家都嘻嘻的～而去。差人报知炀帝，炀帝大怒道：'外国焉敢讥诮天朝！'"

【洒绣】 sǎ xiù 洒线刺绣。清《野叟曝言》九二回："本等他这绒花～，真像活的一般，只顾贪看，就忘了正事！"又九四回："看着苏州～，一学就会。"

【洒子】 sǎ zi 汲水器。宋曾公亮等《武经总要》前集卷一二："贼以火攻城，则以城上应救火之具，有托叉、火钩、火镰、柳～、柳罐。"明[朝]崔世珍《老乞大集览》上："～，汲水之器。以柳枝编成者呼曰柳罐，元语谓帖落。"清徐乾学《读礼通考》卷九二："殿门中城砖六辨，垒砌水钢四坐，并设坐水大桶二只，提水桶一十只，并～。"

【趿】 sǎ 同"靸❸"。唐杜甫《短歌行赠王郎司直》："欲向何门～珠履，仲宣楼头春色深。"明汤显祖《牡丹亭》四八出："不载香车稳，～的鞋帮断。"清《醒世姻缘传》八七回："郭总兵秃着头，～着鞋，跑到隔壁舱里。"

【趿鞋】 sǎ xié 同"靸鞋"。清《醒世姻缘传》六四回："穿了一件栗色春罗道袍，天蓝纻丝～，白绒袜。"又九一回："拾起吴推官的一只～来，揭去棉被，先在吴推官光屁股上两下。"

【靸】 sǎ ❶ 即"靸鞋"。唐皮日休《二游诗·任诗》："歘尔解其绶，遗之如弃～。"宋戴侗《六书故》卷一八："今人以履无踵直曳之者为～。"清《浙江通志》卷一〇六："凉～，《常山县志》：土人用棕或席草制。" ❷ 穿(鞋)。唐曹唐《奉送严大夫再领容府》："无因得～真珠履，亲从新侯定八蛮。"宋祝穆《古今事文类聚前集》卷六："俄见一大鬼，顶破帽，衣蓝袍，系角带，～朝靴。"清汤右曾《自百盈泉至黔灵山寺》："云中黛色几千尺，两脚已～芒鞵轻。" ❸ 把鞋后帮踩在脚后跟下。宋欧阳修《好女儿令》："眼细眉长，宫样梳妆，～鞋儿走向花下立着。"《元曲选·赵礼让肥》一折："粗棍子手内拿，破麻鞋脚下～。"清《歧路灯》一六回："少时，只见盛希侨跑将出来，～着鞋儿，衣服袒着。" ❹ 称低下的物品。明田汝成《西湖游览志餘》卷二五《梨园市语》："讳低物为～，以其足下物也。"也指事情不成功。清翟灏《通俗编》卷一一："《能改斋漫录》：'唐人谓事之不振者曰踏趿。'～即踏趿之省。字当作～，盖以物之不佳，比照于事之不振耳。"

【靸袋】 sǎ dài 同"撒袋"。明方以智《通雅》卷三五："《左传》曰：'右属櫜鞬。'今边装行伍弓箭插袋正鞚于右，而左悬刀，陕人曰～。"清蒲松龄《日用俗字·兵器》："靫袨～当腰勒，镫头捌枪拦道呼。"

【靸鞋】 sǎ xié 一种无后跟的鞋。唐杨玢《遗歌妓》："如今又采蘼芜去，辜负张君绣～。"元陶宗仪《辍耕录》卷一八："西浙之人，以草为履，而无跟，名曰～。"明《金瓶梅词话》五七回："只见把～儿系好了，把直裰儿整一整，望着婆儿拜个揖，一溜烟去了。"清弘历《题画》之三："树侵檐角草侵阶，散步新青印～。"

【靸子】 sǎ zi 即"靸鞋"。宋曾慥《类说》卷四一："更着一双皮～，纥蹄纥蹋出门前。"

【潵】 sǎ ❶ 使分散地落下。元明《水浒传》二六回："棺木过了，杀火，收拾骨殖，～在池子里。" ❷ 分散地落下。清《红楼梦》八五回："不过弄倒了药铞子，～了一点子药。"

【潵骨池】 sǎ gǔ chí 同"撒骨池"。元明《水浒传》二六回："把火挟去拣两块骨头，损去侧边，拿去～内只一浸，看那骨头酥黑。"

【撒】 sǎ 另见 sā。❶ 散落。唐白居易《晚春重到集贤院》："满砌荆花铺紫毯，隔墙榆荚～青钱。"宋《朱子语类》卷一："万物之生，似磨中～出，有粗有细，自是不齐。"清《儒林外史》一七回："那人把匡大担子夺了下来，那些零零碎碎东西～了一地。" ❷ 散发。元商衢《戏三英》："绮罗珠翠金钗插，兰麝风生异香～，弦管相煎声咿哑。" ❸ 松劲。宋《朱子语类》卷三八："若众人到末梢，便～了。" ❹ (须发、丝线状物)分散着；披散。元明《水浒传》一三回："头戴一顶铺霜耀日镔铁盔，上～着一把青缨。"明《禅真逸史》三八回："桃花脸～几络青丝，樱珠口含两行皓齿。"清《醒世姻缘传》二〇回："披了一领布衫，～着裤脚，往外一跄一跌的跑着。" ❺ 同"靸❷"。元张国宾《薛仁贵》四折："破笠子头上答，旧麻鞋脚上～。"明《西游记》三九回："褪下无忧履，与他一双旧僧鞋～了，却才都吃了早斋。"清《霓裳续谱·一更里天》："喜的我无颠倒，倒～着红绣鞋，翻披着绿绫袄。" ❻ 甩；拂。明《醒世恒言》卷七："连声道：'不准，不准！'～袖出庙门而去。"

【撒袋】 sǎ dài 装弓和箭的袋子。源自蒙古语。《元曲选外编·五侯宴》二折："左右，与我拾将那枝箭来，插在我这～中。"明王鸣鹤《登坛必究》卷二二《(蒙古)译语》："箭插，撒答。"茅元仪《武备志》卷二二七《(鞑靼)译语》："撒袋，撒答。"汤显祖《南柯记》一五出："盔缨缴，～儿摇，一个个把归鞭袅袅。"清《醒世姻缘传》一〇〇回："将那墙上挂的～取了一张弓，拈了一枝雕翎铲箭。"

【撒地】 sǎ de 猛地。元关汉卿《调风月》三折："～腿挺麻，歇地脑袋疼。"清沈自晋《金梧桐·咏相思》："倒不如～丢开，教我越惨伤。"

【撒放】 sǎ fàng 另见 sā fàng。❶ 丢放；抛撒；抛掷。宋元《警世通言》卷三七："大官人见庄门闭着，不去敲那门，就地上捉一块砖儿，～屋上。"元明《水浒传》四六回："便去包裹里取出海阇黎并头陀的衣服来，～地下。"明王世贞《正德宫词二十首》之一七："纯银八宝白如霜，金豆离离出尚方。～御阶凭拾取，内人男子拜君王。" ❷ 布置。明《西游记》六回："这阵上，康、张、姚、李、郭申、直健，传号令，～草头神，向他那水帘洞外，纵着鹰犬。"

【撒谷豆】 sǎ gǔ dòu ❶ 民间婚俗，新娘被迎至男家门前时，让人对着门抛撒谷豆钱果等物，用以厌镇凶神。宋高承《事物纪原》卷九："自是以来，凡嫁娶者，皆置草于门阃内，下车则～，既至，蹙草于侧而入，今以为故事也。"孟元老《东京梦华录》卷五："新妇下车子，有阴阳人执斗，内盛谷豆、钱果、草节等，咒祝望门而撒，小儿辈争拾之，谓之～。俗云厌青羊等杀神也。" ❷ 辽时立春举行的一种仪式。《辽史·礼志六》："司辰报春至，鞭土牛三匝，矮墩鞭止，引节度使以上上殿，～，击土牛。"

【撒骨池】 sǎ gǔ chí 火葬场抛撒骨灰的水池。宋居简有《菩提寺砌～疏》。

【撒花】 sǎ huā 另见 sā huā。❶ 书写一种美术字，笔画带圈。《敦煌变文校注》卷一《捉季布传文》："上下～波对当，行间铺锦草和真。"也说"撒花琼"，见《唐摭言》卷一二。 ❷ 抛撒花朵珍宝，一种异族习俗。明郎瑛《七修类稿》卷二四："(宋代)三佛齐国来朝贡时，跪于殿陛，先撒金钱花，次真珠龙脑，谓之～，盖胡人至重礼也。" ❸ 同"洒花"。《册府元龟》卷五六六："伎三十三，设一～幢。"明马欢《瀛涯胜览·占城国》："国王系锁俚人，崇信释教，头戴三山玲珑～金冠。"清《红楼梦》二六回："只见小小一张填漆床上，悬着大红销金～帐子。"

【撒火】 sǎ huǒ 另见 sā huǒ。❶ 点火；放火。宋《三朝北盟会编》卷四："阿骨打复设皮坐，～炙啖，或生脔。"清《后水浒传》三一回："撮鸟便缩躲，却缩躲不这鸟屋。腾地～，撮鸟也恁撺出？" ❷ 指汉字火字在下变成四点。宋毛居正《六经正误》卷一："黑字从口从土从火，火今作灬，谓之～。"清倪涛《六艺之一录》卷二四九："(無)从匕𣞤声。今作無，……变林为四点，非～也。"

【撒惊】 sǎ jīng 惊醒。撒，撒然。明佚名《斗鹌鹑·相思》："梦儿里忽然～，闻的我想他心痛。"

【撒拉】 sǎ lā 把鞋后帮踩在脚后跟下。撒，通"靸"。拉，动词后缀。清《醒世姻缘传》四八回："我见那姓龙的～着半片鞋，歪拉着两只蹄膀，倒是没后跟的哩！"《霓裳续谱·姐儿生的》："红缨子帽儿歪戴着，～着鞋儿满街上串。"《白雪遗音·立春雨水》："～着花鞋懒待提。"

【撒漫】 sǎ màn ❶ 同"撒镘"。明《古今小说》卷一八："多少做客的，娼楼妓馆，使钱～，这还是本分之事。"清《豆棚闲话》一一则："李三就带了几十贯钱，寻到彼处，与他相赌。故意卖个～，勾引着他同去见那团练。"《红楼梦》六二回："袭人又本是个手中～的，况与香菱素相交好，一闻此信，忙就开箱取了出来折好，随了宝玉来寻着香菱。" ❷ 丢掉。明《醒世恒言》卷三三："这便是一句戏言，～了一个美官。" ❸ 放手；无所顾忌。明《警世通言》卷一八："进士官就是个铜打铁铸的，～做去，没人敢说他不字。" ❹ 抛撒；散落。清宋荔裳《卜算子·榆荚钱》二："～古城边，暴富田翁舍。斗草儿童扑满输，一掷斜阳下。"洪昇《长生殿》四六出："这花啊，不学他老瞿昙对迦叶糊涂笑拈，谩劳他诸天女访维摩～飞旋。"《大清会典则例》卷四一："又奏准截拨蓟粮，州县收受，如有晒扬、撞斛、～，及令运军津贴车脚费银之弊，即行指参。"

【撒镘】 sǎ màn 放手花钱；花钱不吝啬。镘，钱背(钱币无字的一面)。宋元《清平山堂话本·刎颈鸳鸯》："一要滥于～，二要不算工夫。"《元曲选·冤家债主》一折："你道是使钱～令人爱，你怎知囊空钞尽招人怪？"又《酷寒亭》一折："头顶军资库，脚踏万年仓。若将来～，不勾几时光。"

【撒泼】 sǎ pō 另见 sā pō。❶ 抛撒；倾倒。宋许纶《次韵程判院喜雪》："冬温祷雪响交孚，急霰先声如～。"明《禅真后史》一六回："现成的财产不要，反～与那歪货的杂种。"清《醒世姻缘传》五四回："不许～了东西，不许狼藉了米面，不许做坏了饭食。" ❷ 外露。清黄宗羲《明儒学案》卷一二："缘世人精神～，向外驰求，欲返其性情，而无从入，只得假静中一段行持。"

【撒然】 sǎ rán 猛然(多用于描写梦中惊醒的情状)。金《董解元西厢记》卷五："～惊觉，衾枕俱空。"元佚名《小张屠》二折："我心恍惚，面没罗，是谁人～惊觉我？"明《拍案惊奇》卷六："他一把扯起，～惊觉。"

【撒散】 sǎ sàn ❶ 抛撒。明《禅真逸史》二一回："杜伏威取了葫芦，将药～到廊外涧中。"《禅真后史》二一回："这小厮尊脸上受了几下，又将他葱担儿～满地。" ❷ 分散；散落。明宋应星《天工开物·锤锻》："碎铜为末，用饭粘和打，入水洗去饭，铜末具存，不然则～。"《大清会典则例》卷四九："每炼锡百斤，收课二十斤，～四斤，餘锡尽数收买，同正课。～一并解交省局，以备鼓铸。" ❸ 分派各处。清《四川通志》卷一八上："除调到土兵已经～，应留军兵酌量备用外，所据有名险寨及紧要隘关，俱应设立堡墩，互相守望。" ❹ 花费；耗费。清《红楼梦》一一〇回："这样的一件大事，不～几个钱就办的开了么？"

【撒脱】 sǎ tuō ❶ 同"洒脱❶"。清李光地《榕村语录》卷一九："大抵此心，虽要～放下，又要振作扶起，方是圣贤之学。" ❷ 同"洒脱❷"。明《西游记》九八回："他两个在那桥边滚滚爬爬扯扯拉拉的耍斗，沙僧走去劝解，才～了手。"清《飞龙全传》一九回："一手～京娘，提了行李，出了大门，也不去解马，一直如飞的去了。"

【撒鞋】 sǎ xié 同"靸鞋"。清《红楼梦》九三回："头上戴着毡帽，身上穿着一身布衣裳，脚下穿着一双～。"《白雪遗音·探莲苔》："情人进房来，房门口一盆洗脚水，洗脚盆上，放着好～。"

【撒帐】 sǎ zhàng ❶ 婚俗之一。新婚夫妇入房交拜毕，并坐床沿，由礼生或妇人边唱赞辞边散掷金钱彩果。《太平广记》卷三三七引《广异记》："府君家～钱甚大，四十鬼不能举一枚。"明汤显祖《牡丹亭》一七出："合香的'弦歌酒晏'，～的'诗赞羔羊'。"清《醒世姻缘传》四四回："那宾相这些～诗，狄希陈那里懂得。" ❷ 犹"撒花（sǎ huā）❷"。宋秦观《醴泉开堂疏》："然而飞鸟衔花，空存胜境；真珠～，未遇明师。"又《送佛印》："真珠～开新座，飞鸟衔花绕旧庵。" ❸ 一种用绳索牵拉固定的帐篷。撒，收紧（绳索）。《元朝秘史》卷七："王罕（中）正立起金～做筵会。"《元史·兵志三》："自天子以及诸王百官，各以脱罗毡置～，为取乳室。"

【撒子】 sǎ zi 一种刑具。用绳子穿着五条小木棍，施刑时套在指上收紧。元孟汉卿《魔合罗》四折："比及下～，先浸了麻槌。行杖的腕头着气力。"按，《元曲选》本作"桚指"。萧德祥《小孙屠》一一出："怎推这铁锁沉枷，麻搥～，受尽熬煎。"

【撒子角】 sǎ zi jiǎo 一种刑具，呈角状。行刑时夹在拶子内，使疼痛加剧。元明《水浒传》一二回："杀威棒，狱卒断时腰痛；～，囚人见了心惊。"

sà

【飒】 sà ❶ 摆动；（风）吹动。唐高无际《汉武帝后庭秋千赋》："香裾～以牵空，珠汗集而光面。"明汤显祖《牡丹亭》一八出："梦初回，燕尾翻风，乱～起湘帘翠。"清朱彝尊《曹娥庙观渡》之一："江空鸣社鼓，风细～灵旗。" ❷ 迅疾；急忙。唐杜甫《大雨》："风雷～万里，霈泽施蓬蒿。"元方回《吊鹤赋》："彼倾国之妍姿，纷嫱施之楚楚，鱼若鸟兮见之，～深逝而高举。"清施闰章《发袁江》："～如劲箭离雕弧，万籁奔腾鸟兽呼。" ❸ 衰飒；衰老。唐乔潭《霜钟赋》："梧楸纷以离披，兼葭～其苍苍。"张说《广州萧都督入朝过岳州宴饯》："京华遥比日，疲老～如冬。"引申指竭尽。唐杨衡《秋夜桂州宴送郑十九侍御》："鸦噪更漏～，露濡风景鲜。" ❹ 忽；忽然。唐崔琪《唐少林寺灵运禅师塔碑》："一朝化灭，六合凄怆。世界～空，云山忽旷。"慧立、彦悰《大慈恩寺三藏法师传》卷一："有一箭～来，几中于膝。" ❺ 分散地落下。唐李颀《二妃庙送裴侍御使桂阳》："回云迎赤豹，骤雨～文狸。"刘禹锡《楚望赋》："三星明其晓中，植物～以飘英。"明何景明《九日同张膳部游法藏寺》："丛篁雨～春墙碧，老桧霜留古殿阴。"也指落上。唐卢纶《浑赞善东斋戏赠陈归》："长裾珠履～轻尘，闲以琴书列上宾。"也指分散。唐白行简《垂衣治天下赋》："～祥云乎五彩，蟠瑞气于六章。"

【飒然】 sà rán ❶ 形容秋冬的景象。唐魏徵《道观内柏树赋》："顾众类之～，郁亭亭而孤峙。"明金幼孜《百鸟图记》："岸堤平旷，有古木数株，疏枝缟叶，～秋意。"清弘历《仲冬万寿山清漪园作》："小憩清漪退问安，～冬景又堪观。" ❷ 形容凉爽、清凉；感觉清凉。唐贾至《闲居秋怀寄高少府》："今日霖雨霁，～高馆凉。"明乌斯道《山趣轩记》："一燕坐顷，其气～，邈不见人影，惟幽泉锵鸣，一鸟破寂而已。"清《甘肃通志》卷六："显亲峡，在县北二里，山色笼耸，水声泙湃，过者～。" ❸ 分散落下貌；碎散貌。唐元稹《寄吴士矩端公》："边霜～降，战马鸣不息。"裴次元《亚父碎玉斗》："雄谋竟不决，宝玉将何爱。倏尔霜刃挥，～春冰碎。"明顾清《雪赋》："拂鸳瓦以零乱，窥朱户而娉婷。～而下，兀尔而停。" ❹ 形容须发雪白或花白。唐张之宏《兖公颂》："宛尔龙盘，～鹤发。"宋真德秀《梨山庙祝文》："高堂有母，华发～。"清陈廷敬《翰林院侍读吴默岩墓志铭》："余与君相见于京师，君鬓发～皆白。" ❺ 衰老貌。唐卢纶《早春游樊川墅》："～成一叟，谁更慕骞腾。"宋欧阳修《答韩钦圣》："无用之质，衰病～。"明王穉登《赵孟頫书道德经跋》："屈指三十四伏腊，而余且～老矣。" ❻ 肃穆；森然。唐张九龄《为吏部侍郎祭故人文》："今卜兆有日，祖载在庭，～象设，寞尔音形。"宋吴元美《普照岩记》："俯瞰室内，恍敞森严，诡怪绝特，令人毛发～。"明李本固《汝南遗事》卷下："语才毕，冷风～，三鬼皆失所在。" ❼ 分开翘起、竖起貌；高耸貌。唐韦绚《戎幕闲谈》："表弟再顾，长睫～，如有怒者。"宋蔡絛《铁围山丛谈》卷六："又有青毛坐褥，人坐其上，毛辄～竖起，拥匝人腰。"苏籀《次韵赵德载大监饯行之什》："急觞高咏鼓英气，～危冠发上冲。" ❽ 形容人气宇轩昂。宋景焕《野人闲话》："王公从容置酒，观其言论，清风～，甚仰之。"何耆仲《郡守祭员兴宗文》："三嵎之巅，双林之间。英风～，公其复还。"王之望《赠范觉民》："间者见眉宇，～意气豁。" ❾ 形容轻松畅快。宋张耒《昼卧口占二首》之一："人事日益远，秋居何～。"陈杰《病起》："兹理卧来尤透彻，～毛孔散千忧。"清毛奇龄《水仙五郎》："神左顾兮不跻齿，但听清歌兮～以喜。" ❿ 倏忽；迅疾；很快。唐玄奘《请入少林寺翻译表》："而岁月如流，六十之年，～已至。"宋马廷鸾《魏文侯》："文侯区区之心，再传而影响不存，则公孙衍张仪之流已～至矣。"明宋濂《贞妇郭丑小传》："言毕，～如雨风而去。" ⓫ 突然。唐刘长卿《题冤句宋少府厅留别》："何意秋风来，～动归思。"《元曲选·倩女离魂》一折："捱彻凉宵，～惊觉，纱窗晓。"清《女仙外史》一二回："～神剑齐下，分为四段。"

【搔然】 sà rán 同"飒然⓫"。《敦煌变文校注》卷一《汉将王陵变》："项羽帐中盛寝之次，不觉精神恍忽，神思不安。～惊觉，通体汗流。"

sāi

【揌】 sāi ❶ 把东西放进有空隙的地方；塞（sāi）；掖。明《西游记》六五回："那妖精把唐僧的袈裟脱了，不曾折，就乱乱的～在包袱之内。"《型世言》五回："适才忘替嫂子～～肩，盖些衣服，放帐子，故此又来。"清《隋唐演义》六一回："仔细看了一回，呆了半晌，就～在靴子里去了。" ❷ 犹"筛❹"。明李开先《黄莺儿·弄猴》："箱中鬼脸轮着带，把锣～，街坊烘动，儿女闹咳咳。" ❸ 戳。明《西游记》七六回："我若如今扯断他肠，～破他肝，弄杀这怪，有何难哉？" ❹ 同"嚷"。明郑墟泉《斗鹌鹑·嘲假斯文》："这壁厢挨人的饭～，那壁厢将人的酒索。"

【揌撒】 sāi sǎ 塞钱行贿。明《型世言》一三回："明日相验，仵作看见伤痕，不是新伤，是血污两三日，报将出来，如何是好？……这要去～才好。"

【嗯】 sāi 同"嚷"。明陈铎《小梁州·嘲铺排》："眼似鸾铃手不抬，一觅胡～。"又《满庭芳·巫师》："形骸太蠢，手敲破鼓，口降邪神，福鸡净酒～一顿，努嘴胖唇。"

【腮】 sāi 两颊的下半部。唐李贺《南园》之一："花枝草蔓眼中开，小白长红越女～。"金《董解元西厢记》卷一："手托着～儿，见人羞又怕。"清《儒林外史》二回："呆，秀才，吃长斋，胡须满～。"

【腮帮】 sāi bāng ❶ 腮。清《红楼梦》四〇回："说完，却鼓着～子，两眼直视，一声不语。" ❷ 指鞋帮。元高安道《哨遍·皮匠说谎》："剜裁的脸戏儿微分间短，拢揎得～儿省可里肥。"

【腮斗】 sāi dǒu 腮。元于伯渊《点绛唇》："钿窝儿里粘晓翠，～儿上晕春红。"明汤显祖《牡丹亭》一四出："你～儿恁喜谑，则待注樱桃，染柳条，渲云鬟烟霭飘萧。”

【腮颊】 sāi jiá 腮。宋林逋《杏花》：“蓓蕾枝梢血点干，粉红～露春寒。”清《红楼梦》五七回：“忽扭头看见桃花树下石上一人手托着～正出神。”

【腮庞】 sāi páng 面庞。《元曲选・玉镜台》一折：“花比～，花不成妆；玉比肌肪，玉不生光。”

【塞白】 sāi bái 填塞纸的空白处，指拼凑文字以应付作文。多用作谦词。《续资治通鉴长编》卷四〇：“向来有江浙人，号能小草书，因召问之，殊未知向背，但务填行～，装成卷帙而已。”明《西洋记》七八回：“也罢，我写首旧诗，只当塞个白罢。”清赵翼《陔餘丛考》卷二九：“又刘尧夫带病入试，信笔～。”

【塞话】 sāi huà 顶撞人的话。清《红楼梦》八三回：“你还是我的丫头，问你一句话，你就和我摔脸子，说～。”按，塞，或作“揌”。

【塞赖】 sāi lài 厮赖；混赖。明《西洋记》四回：“今番又被你胡～了。”又一九回：“你这些狗娘养的，都到咱们这里胡～！”

【揌】 sāi 同“揌❶”。明《金瓶梅词话》一二回：“孙寡嘴把李家明间内供养的镀金铜佛～在裤腰里。”清《红楼梦》七三回：“邢夫人回头看时，都是些女孩儿，不便递与，自己便～在袖内。”

sǎi

【嚷】 sǎi 吃的粗鄙说法。《元曲选・小尉迟》二折：“回来走在帐房里，好酒好肉～一顿。”《元曲选外编・陈母教子》一折：“觑我这任官如同那碗里放着个带靶儿的蒸饼，我走将去拿起来一口～了，则是个容易。”明冯惟敏《朝天子・候客不至》：“有酒儿自酾，有肉儿自～，顿忘了炎凉态。”

sài

【赛】 sài ❶ 比赛。唐唐彦谦《蟹》：“扳罾拖网取～多，篾篓挑将水边货。”《元朝秘史》卷一三：“我与你～相搏，你若胜我时，倒了处再不起。”清《东周列国志》六八回：“栾高二位大夫皆解衣去冠，蹲踞而～饮。” ❷ 赌；打赌。《元曲选・谢天香》三折：“我将这色数儿轻放在骰盆内，二三五又掷个乌十；不下钱打～，我可便赢了你两回。”明《禅真逸史》二五回：“着围棋便是赌局之囮，～东道即是骗钱之法。” ❸ 赢。五代贯休《拟齐梁体寄冯使君》：“频接谢公棋，输多未曾～。”《太平广记》卷四九六引《乾䐑子》：“参军等多名族子弟，以象先性仁厚，于是与府寮共约戏赌，……皆～所赌，以为戏笑。” ❹ 比得上；胜过。唐李峤《游苑遇雪应制》：“不能落后争飞絮，故欲迎前～早梅。”元《七国春秋平话》卷上：“据孙子名欺吕望，志～颜回。”清《白雪遗音・佳期》：“他两个风流才子，美貌佳人，一双才貌世无～。” ❺ 好。明《石点头》卷一二：“你虽在风月场中走动，只怕眼睛从不曾见这样绝～的少年妇人。” ❻ 了结心中记挂的事；遂愿。宋赵长卿《清平乐・秋声》：“何日利名俱～，为予笑下愁城。”元马致远《新水令・题西湖》：“自～了儿婚女嫁，却归来林下。”《元曲选・留鞋记》二折：“这回偿了鸳鸯债，则愿的今朝～。” ❼ 很；甚。元关汉卿《碧玉箫》：“那里每来，你取闲论诗才，台，定当的人来～。”又佚名《寿阳曲》：“胡来的～，热莽得极，明明的抱着虎睡。”清《十二楼・鹤归楼》三回：“云雨～欢终有别，分时怒向任猜疑。”

【赛比】 sài bǐ 比得上。明佚名《二郎神・秋夜怀情》：“英雄伍子胥，鞭伏柳盗跖。夹枪赶铲恰便似雷光飞，三马解往来无～。”《拍案惊奇》卷三一：“唐唐女帝州，～玄元诀。”

【赛敌】 sài dí 敌手；匹敌者。元马致远《哨遍・张玉嵒草书》：“二王古法梦中存，怀素遗风尽真习，料想方今，寰宇四海，应无～。”

【赛斗】 sài dòu 比赛。明高启《子夜四时歌》：“摘来随女伴，～不曾输。”

【赛过】 sài guò ❶ 胜过；超过。宋杜安世《风栖梧》：“近来早是添憔悴。金缕衣宽，～宫腰细。”元李寿卿《点绛唇》：“你这般玉精神花模样～王天仙。”清《荡寇志》一〇九回：“军师神智，真～诸葛也。” ❷ 如同；好像。明《醒世恒言》卷三〇：“那张嘴头子又巧于应变，～刀一般快。”清李玉《清忠谱》六折：“城墙坚固，～石头城、紫金城。”

【赛还】 sài huán ❶ 祭祀神灵，实践对神许下的愿心。《大宋宣和遗事》前集：“休要忘了东岳保护之恩，须索去烧香～心愿则个。”元萧德祥《小孙屠》一二出：“何时得到东岳殿，～心愿一炉香也？”清毛奇龄《华盖山》：“清江百里绕仙关，华盖山头村～。” ❷ 实现（愿望）。《元曲选外编・独角牛》四折：“则今番～了他那口愿。”

【赛会】 sài huì 民间活动，用仪仗和吹打演唱迎神像出庙，游行街巷或村庄间。明王守仁《告谕》：“街市村坊，不得迎神～，百千成群。”清《儒林外史》四三回：“那别庄燕同冯君瑞假扮做一班～的，各把短刀藏在身边。”李斗《扬州画舫录》卷六：“都土地庙例于中元祀之，先期～，至期迎神于城隍行宫，追城隍会回宫。”

【赛例】 sài lì 仿效的前例。明康海《中山狼》二折：“东西南北，兀谁的隐讳了狼的去向，把这车辕儿做个～者！”

【赛强如】 sài qiáng rú 胜过；比……强。元孛罗御史《一枝花・辞官》：“奴耕婢织足生涯，随分村疃人情，～宪台风化。”不忽木《点绛唇・辞朝》：“宁可身卧糟丘，～命悬君手。”

【赛色】 sài shǎi 掷色子计点数多少决定胜负。《说郛》卷一〇二引《除红谱》：“凡～多一点者谓之压倒，赏二帖。”明《金瓶梅词话》五四回：“铺下毡单，都坐地了，传杯弄盏，猜拳～。”

【赛神】 sài shén 祭祀酬谢神灵。唐王维有《凉州～》。《元曲选・神奴儿》一折：“当孩儿生时，是个～的日子，就唤孩儿作神奴儿。”清《歧路灯》一〇四回：“元宵烟火架，原是民间～小事，不必粘贴告条。”

【赛似】 sài sì 胜过；超过。清《红楼梦》四九回：“谁知不必远行，就是本地风光，一个～一个。”《女仙外史》五五回：“凤翅盔，鱼鳞甲，腰悬花银双锏，掀髯而立者，～秦叔宝。”

【赛谢】 sài xiè 祭祀酬谢神灵。五代李克用《北岳庙题名》：“至三月十七日，以幽州请就和断，遂却班师，再谒晬容，兼申～。”明《警世通言》卷二三：“满月后，乐和同顺娘备了三牲祭礼，到潮王庙去～。”朱国祯《涌幢小品》卷二：“余邻家章姓者，豫占桑价，占贱则畜至百餘斤，凡二十年无爽。白手厚获，生计遂饶，鼓乐～以为常。”

【赛羊】 sài yáng 用羊为祭品酬谢神灵。元武汉臣《老生儿》一折：“我谢神天便将羊儿赛，我待相知便将羔儿宰。”高文秀《遇上皇》一折：“前日是瞎王五上梁，昨日是村李胡～。”郑廷玉《看钱奴》三折：“瞒天地来～，欺穷民心不良。”

【赛银】 sài yín 即“撒因”。《元曲选外编・存孝打虎》二折：“金盏子满斟着～打剌苏。”明宋濂《故集贤大学士吴公行状》：“语已，熟视公，连称～者再。～，华言所谓好也。”

【赛愿】 sài yuàn 祭神还愿。《景德传灯录》卷二一《闽山令含禅师》：“上堂曰：‘还恩恩满，～愿圆。’”明孟称舜《娇红记》一八出：“不消去就医，只请个师婆赛一赛愿就好了。”清佚名《宁海将军固山贝子功绩录》:“水师常提督自海门领师回营,藉～为名,日演戏。”

sān

【三不常】 sān bù cháng 不时;经常。清《何典》五回:“谁知那刘打鬼打开了手,愈加胆大,～向雌鬼要长要短。”

【三不归】 sān bù guī ❶ 无着落;无依靠。元张国宾《薛仁贵》三折:“您享着玉堂里臣宰千钟禄,却觑着那草舍内爷娘～。”陈克明《粉蝶儿·怨别》:“赶苏卿何处双通叔,到做了～离魂倩女。”明《金瓶梅词话》一四回:“到明日没的把这些东西儿吃人暗算了去,坑闪得奴～。” ❷ 指流连忘返。元顾德润《愿成双·忆别》:“科场不第,出落着个～,长安花酒价如泥,不信敲才主仗得。似恁般情怀说向谁!”王仲元《粉蝶儿·集曲名题秋怨》:“我每夜伴穿窗月影低,好也罗你可快活～!”

【三不知】 sān bù zhī ❶ 偶然。《元曲选·鲁斋郎》题目:“～同会云台观。”明《警世通言》卷三一:“过了几日,可成欣慕殷监生荣华,～又说起。”《二刻拍案惊奇》卷三:“桂娘一定在里头,只作～闯将进去,见他时再做道理。” ❷ 指突然发生某种情况,没有思想准备。《元曲选·陈州粜米》三折:“～我骑上那驴子,忽然的叫了一声,丢了个撅子,把我直跌下来。”明姚福《清溪暇笔》:“俗谓急遽曰～。”《金瓶梅词话》一三回:“那西门庆～进门,两下撞了个满怀。”清《后西游记》三八回:“唐长老初不留心,～马往前跑,一时收煞不住,被马颠了几颠,闪了几闪,几乎跌将下来。” ❸ 糊里糊涂;冒冒失失;不由自主。明《金瓶梅词话》五三回:“不想有了几杯酒,～走入大娘房里去。”清《醒世姻缘传》七〇回:“亏我看见!你要～的闯进去,老公正在厅上看着人摆桌子哩,你这不做弄杀我了!”《女仙外史》一六回:“可怜张玉是燕王第一员爱将,～做了个替死的鬼。” ❹ 悄悄地;背地里。明《金瓶梅词话》七五回:“怎的不说声,～就去了?”《醒世恒言》卷三六:“倘若～做出把戏,倒是老大利害。”清《红楼梦》八〇回:“谁知你～的把陪房丫头也摸索上了,叫老婆说霸占了丫头,什么脸出去见人!” ❺ 时不时;时常。清《红楼复梦》二六回:“除月间一吊工钱,还～儿的一百儿八十儿、三百五百的给我添补点儿衣服。”又七二回:“我自得了梦玉,时刻留心,～的做了多少好事。”又七四回:“况且宝兄弟、琏二爷又皆得道成仙,～儿的也可以见面。” ❻ 什么都不知道。清《红楼梦》五五回:“不干己事不张口,一问摇头～。”《济公全传》一六五回:“你说都是酒醉闹座,你都不认识,一问～,神仙也没法办。”

【三叉口】 sān chà kǒu 不同去向的三条路交叉的地方。宋苏轼《儋耳四绝句》之二:“溪边古路～,独立斜阳数过人。”明杨基《猛虎行》:“尔虎从何来,据住～。昨日啖东家猪,今日噬西家狗。”清《说岳全传》七一回:“一日,来到一个～,又无人家,不知从哪条路去方好。”

【三叉路】 sān chà lù 犹“三叉口”。宋孙觌《江上怀思永》之二:“绝徼～,连舻万里船。”《元曲选·荐福碑》二折:“这里是个～,不知那条路往黄州去。”明郎瑛《七修类稿》卷三一:“～,十字街。”

【三寸丁】 sān cùn dīng 形容人个子矮。元明《水浒传》二四回:“清河县人见他生得短矮,起他一个诨名,叫做～谷树皮。”△清《孽海花》五回:“雯青抬头一望,只见一个～的矮子。”

【三法司】 sān fǎ sī 明清时指刑部、都察院、大理寺三司法机构,重大案件由三法司会审。明李东阳《燕对录》:“今欲将一干人犯提解来京,令～、锦衣卫于午门前会问,方见端的。”《金瓶梅词话》一七回:“圣旨恼怒,拿下南牢监禁,会同～审问。”清佚名《康雍乾间文字之狱》:“着将查嗣庭革职拿问,交～严审定拟。”

【三府】 sān fǔ 通判的别称。官职低于知府、同知。明《醒世恒言》卷二八:“～是他同年,顺便进城拜望去了。”《二刻拍案惊奇》卷二八:“府里见是人命事,准了状,发与～王通判审问这件事。”

【三慌子】 sān huāng zi 慌张不稳重。明《金瓶梅词话》七二回:“我说你做事有些～火燎腿样,有不的些事儿。”

【三家村】 sān jiā cūn 泛指偏僻的小乡村。《祖堂集》卷三《慧忠国师》:“是你～里男女,牛背上将养底儿子,作摩生投这个宗门!”明沈少云《一合相》一出:“昨有～学究,征事稽名,笑骂多荒谬。”清《歧路灯》八七回:“且不说这八寸三分大帽子话,即如穷乡僻壤,～,说起某某,‘人休认成那是老实人,他是个最不老实的’。”

【三家店】 sān jiā diàn ❶ 乡村小店。元张可久《殿前欢·西溪道中》:“笑掀髯,西溪风景近新添。出门便是～,绿柳青帘。”清陈廷敬《三家店温生具食》:“才宿～,便为千里人。” ❷ 犹“三家村”。《元曲选·救孝子》一折:“便好道方寸地上生香草,～内有贤人。”又《萧淑兰》一折:“想你也梦不到翔龙飞凤五云楼,心则在鸣鸡吠犬～。”明黄淳耀《发自段桥至龙潭》之三:“虎落～,渔矶万柳阴。”

【三脚猫】 sān jiǎo māo 比喻对技艺略知皮毛。元张鸣善《水仙子·讥时》:“说英雄谁是英雄,五眼鸡岐山鸣凤,两头蛇南阳卧龙,～渭水非熊。”明郎瑛《七修类稿》卷五一:“俗以事不尽善者,谓之～。”《型世言》三二回:“这些贵公子识古董,也只～,看得是红红绿绿便好了。”

【三老】 sān lǎo 舵工。唐杜甫《拨闷》:“长年～遥怜汝,捩舵开头捷有神。”宋江休复《醴泉笔录》卷下:“川峡呼梢工篙手为长年～。”清沈用济《行经将军猛虎诸滩》:“浊酒酬～,倾危仗汝才。”

【三料匠】 sān liào jiàng 泥、水、木三行技艺兼通的匠人。明《醒世恒言》卷一五:“这匠人叫做蒯三,泥水木作件件精熟,有名的～。”

【三门】 sān mén ❶ 指佛教寺院或道观的大门。唐卢肇《逸史》卷二:“少顷转分明,见一寺若在云间,～巨额。”《太平广记》卷七八引《芝田录》:“要相公知牛去处,但可于安国观～后大槐树之梢鹊巢探取之。”明《醒世恒言》卷三一:“～高耸,梵宇清幽。” ❷ 泛指大门或外门。宋苏轼《奏为法外刺配罪人待罪状》:“颜益在后用手推翁诚,令颜章钳去投州,即便走出～前,叫屈二声,跳出栏干。”清《野叟曝言》一一〇回:“文爷,就在这家～里站一站,小的去给一个信,立刻同来。” ❸ 指第三道门。明《禅真逸史》二三回:“进了头门二门,守门的尽是雄兵壮士。～之内,方是大殿。”清田雯《游太室记》:“祠门三重,古柏儿二百株,～之内,四岳神祠分列左右。”《隋唐演义》二三回:“叔宝捱二门～进来。～里面,却是一座大天井。” ❹ 指三家。《旧唐书·薛戎传赞》:“薛氏～,难兄难弟。”明胡世宁《定册籍以均赋役疏》:“其有隐瞒～以上不报者,本管里长书手亦罚。” ❺ 指三种类别。唐《李卫公问对》卷上:“太宗曰:‘何谓～?’靖曰:‘臣案:《太公谋》八十一篇,所谓阴谋,不可以言穷;《太公言》七十一篇,不可以兵穷;《太公兵》八十五篇,不可以财穷。此～也。’”宋《朱子语类》卷八:“佛家有～:曰教,曰律,曰禅。”清《四库总目提要·湖州府志》:“是书分《土地》《人民》《政事》～。”

【三婆】 sān pó ❶三种职业妇女的合称。明沈榜《宛署杂记》卷一〇:"故事,民间妇无得入禁中者,即诸宫女已承恩赐名称,其母非得旨亦不入,惟～则时有之。一曰奶婆,……一曰医婆,……一曰稳婆。" ❷泛称卖茶、卖花、做媒等为生的妇女。《元曲选·红梨花》三折:"老身是卖花的～是也。"《元曲选外编·绯衣梦》三折:"茶博士,你替我唤茶～来。"明《金瓶梅词话》一三回:"堂前切莫走～,后门常锁莫通和。"

【三山】 sān shān ❶即"三山骨"。唐元稹《望云骓马歌》:"蹄悬四局脑颗方,胯耸～尾株直。"金刘涛《小雪》:"马遭萁窘～瘦,人坐诗工五鬼穷。" ❷冠名。顶有三梁,状三山。唐李群玉《寄友人鹿胎冠子》:"数点疏星紫锦斑,仙家新样剪～。"明《西洋记》四六回:"把老爷的～帽儿去了,也只做不知。"

【三山股】 sān shān gǔ 同"三山骨"。《元曲选外编·襄阳会》二折:"欠彪躯整顿了锦征袍,将玉带兜,金镫挑,～摔破了紫藤梢。"

【三山骨】 sān shān gǔ 马背靠近尾巴的骨头。金王喆《带马行》:"亘初独许能骑坐,这骏驷从牵拖。直走盘旋双庆贺。～健,力筋偏大。"《元曲选·看钱奴》一折:"骑着一匹好马,去那～上赠上他一鞭,那马不剌剌。"明徐光启《农政全书》卷四一:"《便民图》曰:看马捷法,……～欲平,则易肥。"

【三尸神】 sān shī shén 道教称在人体内作祟的神。上尸名青姑,中尸名白姑,下尸名血姑(一说为彭倨、彭质、彭矫)。唐锺离权《赠吕洞宾》:"～,须打彻,进退天机明六甲。"宋李昌龄《太上感应篇》:"又有～,在人身中,每到庚申日,辄上诣天曹,言人罪过。"清《荡寇志》八五回:"急得～炸,七窍生烟。"

【三事】 sān shì ❶数量词,三件。唐段成式《酉阳杂俎》续集卷二:"五娘因发袚,有衣～,乃衣之而舞。"宋晓莹《罗湖野录》卷四:"～坏衣穿处补,一条藜杖伴清闲。"李处权《右司公致书显上人》:"平生～衲,夏燠冬不暖。" ❷指三件一套的器物或饰品。明《金瓶梅词话》一四回:"因见春梅灵变,知是西门庆用过的丫头,与了他一副金～儿。"清《醒世姻缘传》五〇回:"取下簪髻的一只玉簪并袖中一个白湖绸汗巾,一副～排牙,都用汗巾包了。"《红楼梦》五三回:"每一席旁边设一几,几上设炉瓶～,焚着御赐百合宫香。"

【三思台】 sān sī tái 指喉结、喉部。宋项安世《周易玩辞》卷七:"(陆佃)谓脢在口下心上,即喉中之梅核,今谓之～者是也。"《元曲选·后庭花》二折:"我见他手掿着巨毒,把我这～揝住。"明佚名《锁白猿》一折:"将法官剑劈碎他天灵盖,手掿住他～。"

【三停】 sān tíng ❶三成;三份。宋韩琦《六月六日雨后过岳庙》:"虽妨麦始～获,且见苗知一半收。"元关汉卿《单刀会》一折:"那军多半晌火内烧,～来水上漂。"清《红楼梦》四八回:"众人唤醒了惜春,揭纱看时,十停方有了～。" ❷相面、绘画把身体和面部等分为三部分,称三停。唐李筌《太白阴经》卷三:"九候～,定一尺之面;智愚勇怯,形一寸之眼。"明《金瓶梅词话》二九回:"这位娘子～平等,一生衣禄无亏。"清陈元龙《格致镜原》卷九〇:"龙有～九似之说,谓自首至膊,膊至腰,腰至尾,皆相停也。" ❸箭名。宋曾公亮等《武经总要》前集卷一三:"箭有点钢、木羽、木扑头、～。"又:"～者,箭形至短,羽、干、镞三停,故云～。"

【三停刀】 sān tíng dāo 刀身占刀柄加刀身全长的三分之一的大刀。元关汉卿《单刀会》一折:"恁的呵,敢荡翻那千里马,迎住那～。"元明《水浒传》八〇回:"横一把撒朱缨水磨杆龙吞头偃月样～。"

【三五】 sān wǔ 指农历正月十五上元节。唐高瑾《上元夜效小庾体》:"初年～夜,相知一两人。"元周文质《青杏子·元宵》:"明月镜无瑕,～夜人物喧哗,水晶台榭烧银蜡。"清陈维崧《绛都春·乙巳元夜》:"春宵～。正碧云合处,冰轮斜挂。"

【三五七】 sān wǔ qī 表示不上十的概数。唐法全《建立曼荼罗护摩仪轨》:"以灭恶趣真言,～遍,出《金刚顶经》。"《云笈七籤》卷六〇:"诸门咽气,皆先入肠中,冲排滓秽,经～日后,方达食脉。"清《野叟曝言》五二回:"景州城～岁的孩子,提起咱来,黑夜便不敢啼哭。"

【三衙】 sān yá 主簿的别称。官职低于县令、县丞。明《醒世恒言》卷二六:"我是县里～,他是渔户赵幹,岂不认得!"《型世言》三〇回:"县尊便委～去相尸,回复道:'阮胜阴囊踢肿,太阳有拳伤,死在后门内。'"

【三衙家】 sān yá jie 一再。家,助词。元刘庭信《夜行船·青楼咏妓》:"托赖着这些福荫,～则推道娘未寝。"王伯成《贬夜郎》三折:"娇得不肯离怀,懒慵挪步,怕见独立,～绕定着亲娘扒背。"《元曲选外编·独角牛》一折:"说着他这种田呵,我～抹壬。"

【三朝】 sān zhāo 指第三天举行的庆祝活动。❶新婚后第三天。宋吴自牧《梦粱录》卷二〇:"三日,女家送冠花、彩段、鹅蛋。……去婿家,谓之送～礼也。"《元曲选·秋胡戏妻》一折:"虽然没甚房奁送,倒也落的～吃喜筵。"清《绿野仙踪》二〇回:"自这郭氏过门,回了～后,不换便着他主起中馈来。" ❷婴儿出生后第三天。宋苏轼《减字木兰花》:"惟熊佳梦,释氏老君亲抱送。壮气横秋,未满～已食牛。"宋元《清平山堂话本·五戒禅师》:"明旦分娩一子,生得眉清目秀,父母皆喜,～、满月、百岁、一周,不在话下。"清潘天成《杂记训言后》:"试想父母生我,自～、弥月、周岁,少长,请先生教书,不知费多少钱财。"

【三转身】 sān zhuǎn shēn ❶忽然。《元曲选·黑旋风》二折:"和俺哥哥草参亭上占房子去来,～不见俺哥哥。"明贾仲明《对玉梳》二折:"泼人汤～揩些眼泪,催人命百忙里着句褪科,平地风波。" ❷喻时间短,犹言一会儿。清《醒名花》二回:"一个～,佛奴竟进去了。"

【三字儿】 sān zì er 犹"三事❷"。明《金瓶梅词话》二八回:"于是向袖中取出一方,……汗巾儿,上面连银～都掠与他。"

【三嘴行】 sān zuǐ háng 对戏班的鄙称。清《儒林外史》四一回:"近来被淮清桥那些开～的挤坏了,所以来投奔老爹。"

sǎn

【散荡】 sǎn dàng ❶散离;分散。宋王安石《周官新义》卷二:"邦国不安,万民不宁,虽其封域之内,～离析而不能守也。"刘跂《马氏园亭记》:"昔之崇墉邃宇,岌嶪辉焕,今或～离析,列于编户。"宋元《警世通言》卷一〇:"盼盼既死,不二十年间,而建封子孙,亦～消索。" ❷散失。宋施护译《福力太子因缘经》卷四:"是人先积家财,以博戏故,内外财物输于他人,皆悉～。"孔延之《会稽掇英总集序》:"况火于秦莽卓于汉,割裂于六朝五代,则木石之能不～者几矣。"米芾《书史》:"开元经安氏之乱,内府～,乃敢不去开元印跋,再入御府也。" ❸散漫放荡,缺少约束。宋卫湜《礼记集说》卷一一四:"未齐之时,心虑～,心所嗜欲,有不齐正。"明《金瓶梅》五六回:"可知道他才学荒疏,人品～哩!"清《红楼梦》八一回:"我看你近来的光景,越发比头几年～了。" ❹游荡;无目的或随意走动。宋韩虎《走笔戏咏散庵》:"有时～吟一诗,诗与此庵无尽期。"明《二刻拍案惊奇》卷二〇:"正～间,忽见一个公吏打扮的走来,相见已毕,问了姓名。"

【散话】 sǎn huà 闲话;无关紧要的话。明《金瓶梅词话》八六回:"王十九,自吃酒。且把～革起。"清《红楼梦》七八回:"上头说了一句大开门的～,如今又要一句连转带煞,岂不心有餘而力不足呢?"《歧路灯》七二回:"这些～勾过。单讲行路客人,诸事要处处缜密。" 也用作动词,指说闲话。清《歧路灯》七九回:"众客各寻退步,到账房院解手～。"

【散禁】 sǎn jìn 犹"散收❷"。《唐律疏议》卷二八:"'被囚禁',不限有罪无罪,但据状应禁者,～亦同。"元明《水浒传》三六回:"当时依准了供状,免上长枷手杻,只～在牢里。"《大清律例》卷三六:"其侵欺在一百两以下,那移不及五千两者,～官房严加看守。"

【散漫】 sǎn màn 另见 sàn màn。❶ 散乱;混乱;松散。宋李廌《答赵士舞德茂宣义论宏词书》:"或～而无纪,或错杂而无序,或晦暗而不显,虽曰谓之文,亦不足观也。"明宋濂《故奉训大夫王府君墓铭》:"当是时,盗称名字者,皆乌合之众,～无统,所经之处,唯务焚掠。"清曹庭栋《养生随笔》卷三:"带之设,所以约束其服,有宽有狭,饰以金银犀玉,不一其制,老年但取服不～而已。" ❷ 散居。宋毕仲游《朝请大夫孙公墓志铭》:"蛮徭～山谷,势不能群聚。"李曾伯《回庚递宣谕奏》:"(诸将)皆以死战,非不竭力,而路径～,敌势猖獗,卒莫能遏。"明刘基《旱天多雨意》之三:"旱天多雨意,～起重阴。" ❸ 漫延;延绵。宋王安礼《吕公弼行状》:"臣观三寨地形,～空阔,必难固守。"明汤式《一枝花·赠美人号展香绵》:"昏迷客路,～邮亭。"清《荡寇志》八九回:"那魏河以北,张家道口,离得芦川又远,都是平原旷野,～无收。" ❹ 任意随便。唐李白《怀仙歌》:"一鹤东飞过沧海,放心～知何在。"宋《朱子语类》卷一二一:"诸友只有个学之意,都～,不恁地勇猛,恐度了日子。"清《红楼梦》七五回:"老舅,你也太～些。若只管花去,有多少给老舅花的?" ❺ 游荡。《敦煌变文校注》卷一《伍子胥变文》:"念君神识逐波涛,游魂～随荆棘!"又《孟姜女变文》:"命尽便被筑城中,游魂～随荆棘。"宋王安石《悼王致处士》:"穷魂～知何处,甬水东西不可招。" ❻ 松懈;懈怠。宋《朱子语类》卷七七:"问:'"缓"字,恐不是迟缓之"缓",乃是懈怠之意,故曰"解,缓也"。'曰:'"缓",是～意。'问:'如纵弛之类?'曰:'然。'"明魏校《与夏惇夫》:"志气易得～,工夫作彻无常。"罗洪先《论年谱书》:"吾辈若不努力,稍觉～,即此已矣,无复可望矣。" ❼ 闲散。明罗玘《送高司训之任灵山序》:"浸寻以濒于老,仅拜一～之官,而又于穷僻之乡。"又《刘母太孺人王氏行状》:"更十年,翰林始以尚书举于乡教,武昌进教,武进官极～,终与贫不能脱去。" ❽ 烦琐冗长。五代孙光宪《北梦琐言》卷七:"国子司业于晦曾上崔相国公胤启事数千字,上至尧舜,下及隋唐,一兴一替,历历可纪,其末～,殊非简略。"清李渔《闲情偶寄》卷三:"予之宾白,虽有微长,然初作之时,竿头未进,常有当俭不俭,因留餘幅以俟剪裁,遂不觉流为～者。"方苞《与吕宗华》:"又宋元诸儒文字繁委,颇有数语可尽,而～至千百言者。" ❾ 漫漶;模糊不清。明王冕《题申屠子迪篆刻卷》:"只今相去几百年,字体～随云烟。" ❿ 犹豫;茫然。宋吴昌裔《论今日病势六事状》:"持～不决之谋,而欲当飘忽难制之敌,臣恐今年所忧,又有重于去年矣。"魏了翁《论敷求硕儒开阐正学》:"自嘉定以来,虽曰亟更囊辙,然老师宿儒,零替殆尽,后生晚学,～亡依。" ⓫ 粗暴;暴躁。明《山歌·爆杖》:"情哥郎燥暴好像爆杖能,逢人动火只为你有个～个名。姐道郎呀,你动辄霹拍之声要了能响快,小阿奴奴借尔个凶势头好郎呀去吓乡邻。"

【散生日】 sǎn shēng rì 指岁数不是逢五、逢十的生日。清《水浒后传》六回:"不过是～,他怎么得知,亲自来贺!"《红楼复梦》八八回:"以后凡有正生日,还求老太太赏戏赏面。若是～,不拘是谁,一概革免。"

【散食】 sǎn shí 另见 sàn shí。游荡就食。元刘壎《通李左丞书》:"然生齿日繁,田收有限,虽当丰岁,犹有～于外方者。"明林大钦《嘉靖壬辰殿试策》:"今夫里闬之小民,剥于污吏豪强者深矣,～于四方者众矣。"

【散收】 sǎn shōu ❶ 不集中地收取或收藏。唐樊绰《蛮书》卷七:"茶出银生城界诸山,～无采造法。"宋诩《藏五谷》:"江古人以水浸壳二三日,沥于甑中,蒸米涨出为度,晒至绝干,取而砻米,～数十年,既无红腐,亦不蛀食。" ❷ 将罪犯单独囚禁。《元典章·刑部一》:"达鲁花赤与众官人一同问当得实,将犯人系腰合钵去了,～。"明余继登《皇明典故纪闻》卷一七:"律令所载,凡逮系囚犯,老疾必～。"

【散手】 sǎn shǒu ❶ 指空着手。《景德传灯录》卷一一《香严智闲禅师》:"师抛下拄杖,～而去。"宋魏泰《东轩笔录》卷五:"会一日,两制俱白事于中书,其中学士皆鞟足秉笏,而惇独～靸鞋。"清《醒世姻缘传》三回:"两个家人拿了拜匣,又有三四个～跟的,前呼后拥,走出大门前。" ❷ 指散手仗或散手卫,皇家仪卫之一种。《通典》卷一〇七:"次左右卫郎将各一人,领～翊卫三十人,带横刀,骑,在副杖槊翊卫内也。"《宋史·仪卫志四》:"次亲勋、～、骁卫翊卫队。"《明集礼》卷四二:"次金杌左,鞭桶右,蒙鞍左,～右。"也指一般官员的侍卫。《太平广记》卷三二九引《广异记》:"伍伯诃使起避,不动,玚令～拘至厅事,将捶之。" ❸ 松手。清程省《测字秘牒·杂占赋》:"沙乃～即分,石以坚心始得。" ❹ 放手;信手。清毛奇龄《书任叔连遗墨后》:"昔人评字学,谓金注不如瓦注,～振刷,矜卓都尽。"《都是幻·写真幻》二回:"随即把美人谱描过几张,随即丢了旧谱,～摹描一张。"

【散寿】 sǎn shòu 犹"散生日"。明《鼓掌绝尘》四回:"明日是太夫人的～,大相公今日要回府去一拜。"

【散嗽】 sǎn sòu 市语。闲话。明朱有燉《雁儿落过得胜令·咏美色》:"常在这樽前席上,花间月底,藏阄打令,闲谈～。"

【散碎】 sǎn suì ❶ 零散;零碎。宋刘辰翁《题刘玉田选杜诗》:"独取其间或一二句可举者,录为《兴观集》。然概得其～简径选语。"明汤显祖《牡丹亭》四九出:"高银～些,待我称一称。"清《醒世姻缘传》五八回:"狄员外紧着制办妆奁～物件。" ❷ 粉碎;细碎。元危亦林《世医得效方》卷六:"右分作四分,每分一两一分,用剉～。" ❸ 松散;分散。清邹一桂《小山画谱》卷上:"约以三出为形,忌漫团～,两亘平头。"《授时通考》卷六四:"掘时连土绳缚牢,不令～,则易活。"《云南通志》卷二九:"凡小汛兵丁,每处或四五十名,或二三十名,离营窎远,～零星,平日徒作。"

【散袒】 sǎn tǎn 散诞;自由自在。宋曹勋《阮郎归》:"烟霞一任着衣巾,朝中～人。"元《武王伐纣书》卷中:"与武吉黄金数两,教养母亲,更放了七日～。"《元曲选·赚蒯通》一折:"只待要修仙辟谷,倒是俺～逍遥一愿足。"

【散言】 sǎn yán ❶ 训诂学术语,犹言浑言、统言,笼统概括地解释词义。唐孔颖达疏《诗经·斯干》郑笺"于是居,于是处":"居、处义同。以寝非一,～之耳。"宋卫湜《礼记集说》卷一〇四:"珠玉曰含,玉贝亦曰含,则～之,饭含通也。"清马瑞辰《诗经·何人斯》:"毛传通言'盟诅'者,'盟'与'诅'亦～则通,对言则异也。" ❷ 训诂学术语,犹言析言,辨别异同的一种解释方法。明季本

《诗说解颐正释》卷一八:“罪、辜,通言之则皆罪也。~之,则罪之小者曰罪,犯罪应死者曰辜。”又卷一九:“盖卉,~之则草木宜有分,通言之,则皆谓之卉。” ❸ 分开叙述;分散在不同的地方说。宋苏轼《书传》卷五:“雍州所云‘泾属渭汭,漆沮既从,沣水攸同’者,~境内诸水,非西东之次也。”王观国《学林》卷一:“其它~五霸,则或用霸字,或用伯字,可通用也。”清《礼记义疏》卷一五:“此篇前言爵命田禄,中~六官,末言养老,三者为经,而中间错出数节为纬。” ❹ 散文;散句。元陈旅《马中丞文集序》:“公蚤岁吐辞即不类近世人语言,古诗似汉魏,律句入盛唐,~得西汉之体。”明孙绪《东田文集序》:“~俪语多不为烦,少不为略。” ❺ 闲话。明《醒世恒言》卷四:“按下~,且说秋先每日清晨起来,扫净花底落叶,汲水逐一灌溉。”

【散乐】 sǎn yuè 俗乐,唐以后指民间演出团体或演唱艺人。《唐会要》卷三四:“~巡村,特宜禁断。”宋赵彦卫《云麓漫钞》卷一二:“今人呼路岐乐人为~。”明汤式《一枝花·子弟每心寄青楼爱人》:“便道娶之后怎发落? 少不得的留与青楼做~。”

【散众】 sǎn zhòng ❶ 被打散的部下、士兵。宋真德秀《申枢密院措置收捕道州贼徒状》:“同共具助一踏逐得力人,入贼说谕,令其~投降。”清《醒名花》一〇回:“又查点~喽罗,将及万数。” ❷ 一般人员;身分不重要的人。明陈铎《一枝花·道人应付》:“~每暑袜芒鞋,缴首的低褶直领。”《西游记》四四回:“想是那虎力、鹿力、羊力大仙,下面有七八百个~,司鼓司钟。”清《红楼梦》四〇回:“其餘老嬷嬷~丫鬟俱沿河随行。”

【散子】 sǎn zi 另见 sàn zǐ。❶ 同“馓子”。唐李筌《太白阴经》卷五:“~,一人一枚,一万二千五百枚。一斗面作三十枚,面二十五石。每面一斗,使油二十二斤。” ❷ 粉末状的药。宋佚名《颅囟经》卷下:“如有恶物,即看有点子,以膏贴之,四面以~熁之。”金《董解元西厢记》卷五:“也不是丸儿,也不是~,写遍幽期书体字。”清魏之琇《续名医类案》卷三九:“痘痰嗽诸药不效,用黑~而愈。”

【散走】 sǎn zǒu 另见 sàn zǒu。❶ 乱走;无一定目标地乱窜。《景德传灯录》卷六《大珠慧海禅师》:“自家宝藏不顾,抛家~作么!”明《金瓶梅词话》三二回:“和他丁八着好一向了,这日只~哩。” ❷ 分散着行走。宋文同《梓州永泰县重建北桥记》:“提引稚幼,扶翼耆耋,联行~,环拥登降。”清朱彝尊《许旌阳移居图跋》:“图中移家具~者,须鬓臂指,各异情状,怪疑皆鬼也。”《后水浒传》二七回:“早见郑天佑同着五人立在一旁,各自心照,前后~。” ❸ 分散延伸;分散流向。五代宋齐邱《玉管照神局》卷中:“天纹~有贪心。”宋韩维《和詹叔游庐山见寄》:“密藏幽谷梅千树,~鸣泉竹万竿。”金元好问《龙门川大清安禅寺碑》:“且冈阜~,将非安集之地。”

【散坐】 sǎn zuò 另见 sàn zuò。散座;饭店为零星客人设的座位。宋耐得翁《都城纪胜·酒肆》:“大凡入店,不可轻易登楼上阁,恐饮燕浅短。如买酒不多,则只就楼下~,谓之门床马道。”

【糁】 sǎn ❶ 饭粒。《景德传灯录》卷二〇《京兆香城和尚》:“囊无系虬之丝,厨绝聚蝇之~时如何?”金《董解元西厢记》卷二:“裹一顶红巾,珍珠如~饭。”清邱园《党人碑》九出:“少放两粒粥~,竟是引汤,呷子两口。” ❷ 散落;撒。唐李白《春感》:“榆荚钱生树,杨花玉~街。”《元曲选·燕青博鱼》一折:“全不见那昏惨惨云遮了银汉,则听的淅零零雪~琼沙。”明姚茂良《双忠记》一九出:“生肌散~在周遭,以后收疮结靥。” ❸ 分散。宋刘弇《宿法藏禅院》:“斜河左界悬朱提,冷烬掠天萤~飞。”杨无咎《蓦山溪》:“叶间金粟,蔌蔌~枝头。”刘克庄《赵礼部和予梅诗十绝》:“更无一点涴铅华,状出冰枝~玉葩。”

【糁松香】 sǎn sōng xiāng 犹“撮松香”。清《缀白裘》三集卷一《荆钗记》:“我原是极把细个,件件才指实渠个,弗是我今日来里阿哥阿嫂面前~哙。”越雪山人《双南记》五出:“木屑会吹,松香惯糁。”

【馓枝】 sǎn zhī 即“馓子”。明沈榜《宛署杂记》卷一八:“四头糖五盘,~五盘。”刘侗、于奕正《帝京景物略》卷二:“悬先亡影像,祀以狮仙斗糖、麻花~,染五色苇架竹罩陈之。”清《醒世姻缘传》五六回:“坐着春凳,靠着条桌,吃着麻花、~、卷煎、馍馍。”

【馓子】 sǎn zi 一种油炸的面食,细条相连扭成花样。宋苏轼有《戏咏~赠邻妪》。《元曲选·盆儿鬼》三折:“俺大年日将你帖起,供养了~茶食。”清《红楼复梦》七回:“一盒炸~同粘糕,一盒是艾窝窝同蒸枣糕。”

sàn

【散布】 sàn bù ❶ 分散到各处。唐孔颖达疏《周易·蛊卦》“山下有风”:“风能摇动,~润泽。”明《古今小说》卷二一:“餘兵~山谷,扬旗呐喊,以助兵势。”清弘历《习字慢成》:“襄阳曾有言,书纸十万整。~在人间,仍以娱老景。” ❷ 传播;流传。唐司马承祯《太上升玄消灾护命妙经颂》:“传教虚无理,世间~行。”元范椁《木天禁语》:“盖中原天地之中,得气之正,声音~,各能相入,是以诗中宜用中原之韵。”清魏裔介《张汝士诗序》:“天球河图,其可秘而不~于人间乎?” ❸ 颁发;普遍分给。唐孔颖达疏《尚书·舜典》“班瑞于群后”:“‘辑’是敛聚,‘班’为~。”宋郑樵《通志》卷一九〇:“于是尽赦囚徒,~帛数万匹,以赐其将士。”清《醒世姻缘传》二二回:“范文丞相能敦睦,置买公田,~诸亲族。” ❹ 流通。元胡祗遹《又钞法虚之弊》:“支发妄费于上,则~日广。”清王夫之《读通鉴论》卷一六:“金钱不敛于上而~民间。”胤禛《朱批谕旨》卷一二五之一三:“则上下通行,远近~,钱文自无壅滞矣。” ❺ 抛撒;分散地落下。唐许嵩《建康实录》卷一二:“道济夜顿,命军中高唱量沙,~餘米。”宋胡仲弓《次卓仁夫元宵雪中》之一:“十分~犹嫌少,万斛明珠抖下来。”清方苞《礼记析疑》卷一:“放饭者,餘粒~。”

【散场】 sàn chǎng ❶ 演出结束,演员和观众离场。宋郭彖《睽车志》卷五:“适优者~,观者哄然而出。”刘克庄《水调歌头·八月上浣解印》:“莫是~优孟,又似一棚傀儡,脱了戏衫还。”明高攀龙《与邹经畲》:“譬如优人满堂,红袍尽数,登场便将~。” ❷ 泛指一般人事的完结。宋晓莹《罗湖野录》卷一:“真风偏继知音者,铁笛横吹作~。”《元曲选外编·紫云庭》四折:“不索你自夸扬,我可也知道你打了个好~。”清《红楼梦》二五回:“沉酣一梦终须醒,冤孽债清好~。” ❸ 指诗作的结尾。元杨载《诗法家数》:“或就题结,或开一步,或缴前联之意,或用事,必放一句作~。”明叶盛《水东日记》卷三六:“诗与文稍异者,以诗兼兴趣,有感慨调笑风流脱洒处。如长诗落句,翻空旁人作~语是也。”

【散楚】 sàn chǔ 汉张良用楚歌唱散楚项羽八千子弟兵。指进谗言;说破坏的话。元刘庭信《夜行船·青楼咏妓》:“错下书三婆惩,硬~的闲家潛。”曾瑞《红绣鞋·风情》:“由那快抡锹的闪着手腕,~的叫破咽喉,俺两个痛关心的情越有。”明《金瓶梅词话》七回:“张四无端~言,姻缘谁想是前缘。佳人心爱西门庆,说破咽喉总是闲。”也指说闲话、聊天。清《都是幻·写真幻》三回:“订于十三日灯宵之夜,妾整一合欢杯,与哥哥~寻欢,缠绵御曙。”

【散福】 sàn fú 祭祀后把神福(祭品)分给众人。《元曲选·误入桃源》三折:“猪羊已都宰下,与众人烧一陌平安纸,就于瓜棚下~,受胙饮酒。”明徐贲《贾客行》:“须臾神去风亦息,全家~欢无极。”清昭梿《啸亭续录》卷三:“坤宁宫祭神胙肉,皆赐侍卫分食,以代朝餐,盖古~之意。”也指祭祀后分给众人吃的祭品。明《醒世恒言》卷二六:“今日之宴,既是薛衙送来的~,不若也将此鱼投于放生池内,见我们为同僚的情分,种此因果。” 也指祭祀。清《蒙古源流》卷八:“自昭释伽牟尼以及各庙均行~。”

【散火】 sàn huǒ ❶ 到处点火。宋李复《夔州旱》:“夔人耕山灰作土,~满山龟卜雨。”又《夔州制胜楼》:“~烧畲连近岸,归云带雨过孤村。” ❷ 同“散伙”。元明《水浒传》六八回:“我便杀将起来,各自~。”明佚名《粉蝶儿·悭吝》:“小生唤点汤,宾朋索~,一天风雨救了咱全家福。”清《贵州通志》卷二四:“令罗资衮出左路,守备梅先春出右路,夹攻囊猛,贼奔~。”

【散伙】 sàn huǒ 聚集的人散去,分开。明《西洋记》八二回:“仙师也打不着天师,天师也打不着仙师,弄松了一会,各人~。”张鍊《醉太平·偶书》:“富和贫怎么,好共歹由他,聪明痴蠢待如何,一百年~。”清蒋士铨《梦中说梦》:“盖棺时,博得个夫妻恩爱一声天;~时,偿不了儿孙衣食三生债。”

【散夥】 sàn huǒ 同“散伙”。明《西游记》五六回:“三藏道:‘你怎么说~?’八戒道:‘打杀了,不是~是甚的?’”清蓝鼎元《平台纪略·朱一贵之乱》:“料为潮贼,将~,登岸必于樟林、东陇、鸿沟、澄海等处。”

【散酒】 sàn jiǔ 斟酒而饮酒。明佚名《一枝花·西湖赏玩》:“遇岳王祠前~,保叔塔下分茶。”

【散漫】 sàn màn 另见 sǎn màn。❶ 散布;飘(漂)散。唐李德裕《斑竹笔管赋》:“何精诚之感物,遂~于幽林。”宋戴埴《鼠璞》:“李宝放苏州洋,三日风怒,舟~不能收。”明顾璘《对菊十首和鲁南》之九:“幽香一~,秋意失萧骚。” ❷ 流窜。宋李纲《与吕相公第七书别幅衡州》:“本路盗贼马友、李宏虽已杀捕,其徒党依旧~作过。”《宋史·赵尚宽传》:“盗谓我不能来,方怠惰,易取也。宜亟往,毋使得~,且为害。”明于谦《忠肃集》卷一〇:“臣闻宣德年间,卫拉特图克济杀散阿噜台,其治下~餘敌阿噜多尔济巴勒等五六百人,潜躲于甘州等处,边境搅扰。” ❸ 失传;散佚;散失。元吴莱《与黄明远第三书论乐府杂说》:“时俗所知,多西凉龟兹乐,倘其辞之沦缺,未必止存一曲,岂其声之~已久,不可复知耶?”明潘希曾《潘氏家乘序》:“惟我潘氏,世居浙东,遗文往事,久而~。”杨寅秋《与唐十洲书》:“更值武缘掠库之变,蒿目焦心,幸得尽收其党与渠魁,帑金之~者,获亦强半。”

【散闷】 sàn mèn 排遣烦闷。唐白居易《镜换杯》:“茶能~为功浅,萱纵忘忧得力迟。”元关汉卿《斗鹌鹑·女校尉》:“茶餘饭饱邀故友,谢馆秦楼,~消愁。”清《红楼梦》四一回:“贾母因要带着刘姥姥~,遂携了刘姥姥至山前树下盘桓了半晌。”

【散盘】 sàn pán 犹“散伙”。明《西游记》八〇回:“大家都不忿气,所以把奴奴绑在林间,众强人~而去。”

【散气】 sàn qì ❶ 使体内污浊之气排出。唐孙思邈《备急千金要方》卷一七:“五香圆治口及身臭令香、止烦~方。”元邹铉《寿亲养老新书》卷三:“良久事了,即出,徐徐步庭院~。”清纪昀《阅微草堂笔记》卷二:“酒,~者也。故医家行血发汗、开郁驱寒之药,皆治以酒。” ❷ 使人的精气散失。唐施肩吾《识人论》:“多睡浊神,频醉~,多汗损血,力困伤形。” ❸ 出气;消气。明《金瓶梅》二四回:“你顿的茶不好,爹嫌你,管我甚事,你如何拿人~!”清《歧路灯》五一回:“街坊邻舍讲情,窦丛执意不允。对门布店裴集祉,同乡交好,拉的~而去,方才住手。”

【散食】 sàn shí 另见 sǎn shí。❶ 散发、施舍食物。明丘濬《愍民之穷》二:“每当食时,兵马官兵沿街趣召,给予木筹,依次~。”孙承恩《和郭杏冈别业》之一:“~留山鸟,收芸辟蠹虫。”清佚名《研堂见闻杂录》:“余尝戏谓今日社宴,几同斋主~。” ❷ 活动身体以助消化。明《金瓶梅词话》六六回:“吃毕午斋,谢了西门庆,都往花园各亭台洞内游玩~去了。”清《雪月梅》一六回:“当下就同到客堂,饱飧了一顿素面。知客又引往各处~游玩。”

【散堂】 sàn táng ❶ 官员审讯犯人或办理公务结束,离开大堂。《元曲选·窦娥冤》二折:“左右,打~鼓,将马来,回私宅去也。”明丘濬《送钱塘杨凯之南京膳部》之三:“花阴初转动,已盼~归。”清胤禛《上谕内阁》卷六八:“是必为首者蓄意倡谋,怂恿众人,作此~遁避之举。” ❷ 学童放学。明何良俊《四友斋丛说》卷一六:“一日学中~后,文通过诣启公,以蓝衫置栏栒上。” ❸ 犹“散福”。明《金瓶梅词话》五三回:“琴童摆下桌子,就是陈经济陪他(指巫师钱痰火)~。”

【散心】 sàn xīn ❶ 使心情舒畅;解闷。宋孔平仲《谈苑》卷一:“神宗亲制一小辇,……进于太皇,云:‘娘娘试乘此辇往凉殿~。’”明汪广洋《秋树》:“况有行歌者,闻之亦~。”清《歧路灯》四八回:“谭爷近来遭际不幸,在家心中必是不舒坦,邀往俺家里~。” ❷ 二心;不专一。宋杨万里《敬斋铭》:“维动维言,其弗~。三堂孙子,学以为己。”

【散学】 sàn xué ❶ 辍学。元赵文《重修万载县学碑记》:“学以为诸生讲读地,虽然,无以养之,则士且~。” ❷ 放学。明《拍案惊奇》卷一七:“这日达生那馆中先生要归去,~得早。”清《八旗通志》卷九五:“官学生定例,以辰时上学,申时~。”

【散衙】 sàn yá 衙门停止办公。宋高翥《建德县咏怀》:“日午琴堂吏~,不愁鬓雪点乌纱。”明《金瓶梅词话》七〇回:“夏提刑与西门庆看毕,各~回家。”清周召《双桥随笔》卷四:“制台李公之见客也,以~为期。”

【散子】 sàn zǐ 另见 sǎn zi。❶ 昆虫、鱼类等产卵、产子。宋郭祥正《朝出青闺里》:“春风欲尽来何迟,蚕蛾~鸦哺儿。”明《山歌·鱼》:“一对乌背鲫鱼在荷花池里做鸳鸯,吃个黑鱼游来赶~场。”清袁枚《续子不语》卷八:“秋间,腹中有子,~生虫,有数种。” ❷ 指男青年。明田汝成《炎徼纪闻》卷四:“春时,笄女戏秋千以诱~,携手踏歌,名曰作剧。” ❸ 败散家财之子。清《豆棚闲话》四则:“不晓得他心事,却说阎布政该有这个~。”

【散走】 sàn zǒu 另见 sǎn zǒu。❶ 四散离开。唐孙思邈《备急千金要方》卷二二:“迁延未定,时不待人,欻然致祸,各自~。”宋范祖禹《上哲宗封还臣寮论浙西赈济事》:“田不布种,庐舍漂荡,民弃田卖牛,~乞食。”清汪琬《湘乡知县汪君墓志铭》:“武冈、邵阳大旱,饥民~。”又指逃走。宋欧阳修《兵部员外郎天章阁待制杜公墓志铭》:“议未决,夏人以兵入界,求孟香,孟香~自匿。” ❷ 散去;散开;消散。唐张果《玄珠歌》:“元神~枯庭在,抛尽玄珠一物无。”明薛瑄《读书录》卷一:“盖高峻直截者,气~难畜聚,故生物之力薄。”清喻昌《医门法律》卷一二:“设非桂麻细辛,协附子之大力,心下水寒能~皮中乎?” ❸ 指病势蔓延。唐王焘《外台秘要方》卷二:“凡病形不可灸,因火为邪,~血脉。伤脉尚可,伤藏则剧。”明徐谦《仁端录》卷三:“圈红者,一线淡红紧附于根下,而无~之势也。”汪机《外科理例附方》:“箍药,治发背毒甚,~不住,此药图之而解。”

【散坐】 sàn zuò 另见 sǎn zuò。宾客离席。宋王之望《次韵王圜中》之一："～酴醾留客醉，过庭鹎鹖为谁鸣。"明程敏政《饮总漕平江伯陈公园》："投壶～随花影，草帖临池傍水云。"清《荡寇志》七六回："酒筵已散，四人～。"也指使离席。明张景《协尉缚伪丞盗》："宰密与谋，促前筵～，移入后堂。"

sāng

【丧】 sāng ❶ 脸上现出不高兴的神色。明顾起元《客座赘语》卷一："面勃然怒而不解也曰哮，其不色怿也曰～。"清《醒世姻缘传》七九回："拿着空盒子，～着脸，撅着嘴去了。"《歧路灯》："抬的抬，背的背。巡绰官犹觉戏主怠慢，只顾黑～着脸督促。" ❷ 说难听的话让人下不了台。明《金瓶梅词话》七三回："他说我搀了他的主顾，好不和我两个嚷闹，到处拿言语～我。"清《醒世姻缘传》八〇回："我看这位老爷子也是年高有德的人，你两句浊语～的去了。"

【丧榜】 sāng bǎng 阴阳先生开具死者年寿及回煞等事的文榜。清《醒世姻缘传》一八回："画士一面传神，阴阳官写～。"

【丧谤】 sāng bàng 即"丧❷"。清《红楼梦》三五回："只管见宝玉一些性气也没有，凭他怎么～还是温存和气。"

【丧灵】 sāng líng 灵柩。稗海本《搜神记》："迎～还家坟葬。"

【丧煞】 sāng shà 人死后离体而出的煞气。煞至期回丧家，此日家人当回避。宋俞文豹《吹剑录外集》："唐太常博士吕才《百忌历》载《～损害法》，如巳日死者雄煞，四十七日回杀。"明《醒世恒言》卷二七："看这模样，必是触犯了神道的，被～打了。"

【丧堂】 sāng táng 灵堂。清《儒林外史》六回："几个儿子都在这边～里。"

【桑里】 sāng lǐ 故乡；乡里。元王奕《和叠山送淮安士友韵》："定逢归旆荣～，岂料危机伏茗杯。"明程敏政《石丘处士吴君墓碑铭》："世居山阴湖，～为硕宗。"清《儒林外史》一五回："先生，你是处州，我是台州，相近，原要算～。"

【桑新妇】 sāng xīn fù 传说中用扇子扇亡夫坟土使其速干以便自己早日嫁人的妇女，用作不贤妇人的代称。金仁杰《追韩信》一折："见～乱下风雹。"元岳伯川《铁拐李》二折："仿学那赵贞女罗裙包土坟台上佃，休学那犯十恶～彩扇上题诗将墓顶搧。"《元曲选・灰阑记》一折："便是那狠毒的～，也不似你这个七世的娘。"

sǎng

【搡】 sǎng 用力推。明《二刻拍案惊奇》卷三〇："不管三七二十一，扯的扯，推的推，要～他出去。"清《醒世姻缘传》五二回："气的狄婆子挣挣的，掐着脖子，往外只一～。"《霓裳续谱・春景闲游芳草地》："你推我～，笑笑嘻嘻。"

【嗓】 sǎng ❶ 喉咙。《类篇・口部》："～，喉也。"《元曲选・朱砂担》二折："他土鲁鲁～内涎潮。"明《警世通言》卷三二："十娘兴亦勃发，遂开喉顿～，取扇按拍，呜呜咽咽，歌出元人施君美《拜月亭》杂剧上'状元执盏与婵娟'一曲。" ❷ 喊；鸣叫。《资治通鉴》卷二七七："至府第，方食，晖与璋从子牙内都虞侯延浩帅兵三百大～而入。"明《西游记》七三回："寒鸦栖古树，春鸟～高樗。"清《聊斋志异・男生子》："去既远，蔡始戎装突出，率众大～。" ❸ 转指攻讦；抱怨。元陶宗仪《辍耕录》卷二三："爱讦人之短者，亦谓之～。"明佚名《点绛唇・妓者嗟怨》："见一个有钱的便对着勤儿奖，见一个没钱的便对着郎君～。" ❹ 唱。明朱有燉《十棒鼓・夏夜席上欢饮》："乐府熟滑，几篇词～得，～得猱儿怕。"又《醉太平・老病初痊戏作》："人排场调音律～的猱儿惮，倚花门说声嗽嗑的书声讪。" ❺ 嗓音。元高安道《哨遍・嗓淡行院》："妆旦不抹䴎，蠢身躯似水牛，～暴如恰哑了孤桩狗。"陶宗仪《辍耕录》卷二七："凡人声音不等，各有所长。有川～，有堂声，皆合破箫管。"清《红楼梦》七五回："喉清～嫩，真令人魄醉魂飞。" ❻ 鼻涕。元陶宗仪《辍耕录》卷二三："王忽坐逝，而鼻垂双涕尺餘，……对云：'此玉箸也。'关云：'我道你不识。不是玉箸，是～！'" ❼ 吃的粗鄙说法。清《醒世姻缘传》七六回："不待做，买些烧饼点心，～在自己肚里，也不管狄希陈吃饭不曾。"《聊斋俚曲・禳妒咒》："借重你做一个明证，从今后各支锅子把饭～。"

【嗓根】 sǎng gēn 喉咙。元明《水浒传》一二回："一时性起，望牛二～上搠个着，扑地倒了。"

【嗓根头子】 sǎng gēn tóu zi 喉咙。清《醒世姻缘传》七八回："我拔下钗子来，照着～扎杀在轿里，说是你两个欺心。"《聊斋俚曲・禳妒咒》："捏起那～来，哏哏了一声说：'我杀乜鸡你吃。'"引申指议论。清《醒世姻缘传》七八回："这宁承古若是个知进退的人，与那同僚们好讲，再劈出一半来做个东道，堵住了众人的～，这事也就罢休。"

【嗓黄】 sǎng huáng 在喉咙处生的炭疽病，患处生脓疱或痈。清《醒世姻缘传》九四回："您两个是折了腿出不来呀，是长了～言语不的？"又九七回："不叫我去，你可也回我声话，这长～一般不言语，就罢了么？"

【嗓嗑】 sǎng kē 讥笑；讽刺。《元曲选・忍字记》一折："他腰围有篓来粗，肚皮有三尺高，便有那骆驼、白象、青狮豹，敢可也被你压折腰。〔布袋云〕他～贫僧哩！"

【嗓磕】 sǎng kē 同"嗓嗑"。《元曲选・曲江池》三折："你～他怎的?"《元曲选外编・玩江亭》一折："你则是个上八洞里的齐孙膑。〔先生云〕他～我这条腿哩。"

【嗓颗】 sǎng kē 同"嗓嗑"。明冯惟敏《雁儿落带得胜令・旅夕不眠》："乔～无干净，闲争。"

【嗓子】 sǎng zi ❶ 喉咙。《元曲选・争报恩》二折："我但有那擞喉咙、抹～裙刀搂带，就在这受官厅自行残害。"明沈榜《宛署杂记》卷一八："喉咙曰～。"清《红楼梦》三〇回："我头上发晕，～里又腥又甜。" ❷ 嗓音。《元曲选・朱砂担》一折："只吃那～粗，不中听。"周德清《中原音韵・起例》："平而仄，仄而平，上去而去上，去上而上去者，谚云'钮折～'是也。"清《白雪遗音・唱曲》："我的～不济，赛过破锣。"

【䫙磕】 sǎng kē 同"嗓嗑"。《元曲选・王粲登楼》一折："放鱼的子产？～老夫不识贤哩！"

【磉】 sǎng 柱子底下的石墩。《广韵・荡韵》："～，柱下石也。"明《金瓶梅词话》一六回："三间玩花楼装修将完，只少卷棚还未安～。"清李斗《扬州画舫录》卷四："药师坛城，外面方亭柱～、翼飞檐。"

【磉盘】 sǎng pán 柱子底下的石墩。《景德传灯录》卷二〇《金峰从志禅师》："进曰：'何不道?'师曰：'口如～。'"《五灯会元》卷二〇《东禅思岳禅师》："大小岳上座，口似～。今日为这问话僧讲经，不觉和注脚一时说破。"

【瘙马】 sǎng mǎ 患炭疽病的马。元古本《老乞大》："这个马元来有病。有甚么病？兀的鼻子里摆觫有，是～，俺怎么敢买将去。"

【颡】 sǎng 同"搡"。清《醒世姻缘传》二七回："把那跟的人掐了脖子往外一～，足足的～了够二十步远。"

【颡根轴子】 sǎng gēn zhóu zi 即"嗓根头子"。明《金瓶梅词话》三五回："教他生噎食病，把～烂掉了。"

【颡子】 sǎng zi ❶同"嗓子❶"。宋沈括《梦溪笔谈》卷一三："尝有病痦者，为人所苦，烦冤无以自言。听讼者试取叫子，令～作声，如傀儡子。"《元曲选·杀狗劝夫》四折："动不动掐人的～。"清《醒世姻缘传》三四回："俺吃你两钟酒，堵着～，还开的口哩！" ❷同"嗓子❷"。明徐伯龄《拨不断》："平日讥人措词不稳，谓之扭折～，无乃自谓欤！"

【颡子眼】 sǎng zi yǎn 喉咙口。清《醒世姻缘传》四九回："我要没吃了你的豆腐，这～长碗大的疔疮。"

sàng

【丧败】 sàng bài ❶毁坏；败坏。唐孔颖达疏《左传·成公二年》"余病矣"："如之何其以身病之故，欲～君之大事也？"宋吴潜《论国家安危治乱之原》："仁贤空虚，名节～，忠嘉绝响，谀佞成风。"明《浪史》三八回："(元稹)含怒便作《会真记》，有所谓莺莺张生事，遂使妾德行～殆尽。" ❷衰败；不振作。宋张方平《雅乐》："乃自周衰，王道～，礼坏乐散。"陆游《老学庵笔记》卷一〇："然富贵既极，一旦～，几于覆族。"清《红楼梦》七〇回："众人都笑说：'到底是他的声调悲壮，"几处""谁家"两句最妙。'宝钗笑道：'总不免过于～。'"

【丧话】 sàng huà 丧气的话。清《红楼梦》八〇回："不过年轻的夫妻们闲牙斗齿，亦是万万人之常事，何必说这～。"

【丧门】 sàng mén ❶凶煞名，星命家以为主死丧哭泣之事。唐易静《兵要望江南·占日》："太阳畔，气盖日当中。白色东西连卯酉，主忧社稷重灾凶。改号任神龙。(名曰～。)"宋张耒《张太史明道杂志》："余素闻蛇身而冠，谓之～，大不祥。"清《飞龙全传》四六回："把金钱倾在桌上，详看爻象，乃是白虎当头，～临位。" ❷用以指恶人。《元曲选·曲江池》二折："俺娘呵则是个吃人脑的风流太岁，剥人皮的娘子～。"明贾仲明《对玉梳》一折："将一座花柳营，生扭做迷魂阵，真是个女吊客母～。"清《珍珠舶》一回："凭你什么显宦，我蒋公度也是一个～吊客，那势焰是压我不倒的。" ❸门的恶称。元明《水浒传》二四回："我倒不曾见日头在半天里，便把着～关了，也须吃别人道我家怎地禁鬼。"

【丧气】 sàng qì 晦气；不吉利。清《红楼梦》九二回："老太太还没开口，你便说了一大堆～话。"《红楼复梦》七二回："本来快些转去，别沾了咱们这里的～。"

sāo

【搔爬】 sāo pá 用指爪等挠抓。唐白居易《春日闲居》之一："饱竟快～，筋骸无检束。"宋张杲《医说》卷七："发必兼旬累月，昏暮痒甚，～移时，出血如泉。"清纪昀《阅微草堂笔记》卷二三："或龁啮，或～，如蚊虻虮虱之攒咂。"

【骚】 sāo 淫荡。明汤显祖《牡丹亭》一七出："女冠子有几个'同气连枝'，～道士不与他'工颦妍笑'。"《醒世恒言》卷一五："赶上前一把揪住女童头发，乱打乱踢，口中骂着：'～精淫妇娼根！'"清《红楼梦》七四回："一句话不投机，他就立起两个～眼睛来骂人。"

【骚臭】 sāo chòu 同"臊臭"。明《封神演义》二五回："这些狐狸，俱仗变化，全无忌惮。虽然服色变了，那些狐狸～变不得。"清《聊斋志异·小髻》："惟遗一小髻，如胡桃壳然，纱饰而金线。嗅之，～不可言。"

【骚根】 sāo gēn ❶指男性生殖器。明《禅真后史》一回："空彼欲想，斩去～。" ❷詈词。称淫荡的人。明《西湖二集》卷三三："这～子夜夜哼罗长官，今夜不哼，想是罗长官不在。"清《梦中缘》四回："今日之祸，都是为你这～起的。"

【骚狗】 sāo gǒu 公狗。清《红楼梦》八〇回："不争气的孽障，～也比你体面些。"

【骚胡子】 sāo hú zi 戏称多胡须的人。清《水浒后传》二九回："呼延灼道：'我与孙大哥不去罢。'乐和道：'怎么不去，他专喜欢你两个～。'"

【骚货】 sāo huò 詈词。称淫荡的人。明《禅真逸史》三二回："打我时，都说是你这～引我。"《梼杌闲评》三四回："忠贤遂搂着印月道：'莫睬这～，咱把件物事儿你看看。'"

【骚辣】 sāo là 形容风骚外露。清《情梦柝》二〇回："只见金刚台下草窠里，走出一个乞婆来，看年纪，有三八，论人物，颇～。"

【骚马】 sāo mǎ 未经阉割的公马。清蒲松龄《日用俗字·走兽章》："舍咧五花趟跑好，～身高尾靶长。"

【骚铜】 sāo tóng 银钱。明《型世言》三一回："本日亏这一起人来，胡似庄也赚了钱数～。"又三五回："还是蔡婆被缠不过，与了三分～、一二升米去了。"

【骚头】 sāo tóu 淫荡的人。明《拍案惊奇》卷二五："老和尚是个～，本事不济。"

【骚屑】 sāo xiè ❶愁苦。唐杜甫《自京赴奉先县咏怀》："抚迹犹酸辛，平人固～。"明何良俊《四友斋丛说》卷一五："至晚年～之甚，武宗南巡时，因徐髯仙进打虎词以希进用，竟不得志。"清朱鹤龄《秋闺赋》："穷时变之萧森，萃人生之～。" ❷艰辛；艰难。宋郭祥正《观雨》："农事固～，令人但长吁。"明叶春及《送王罗江掌教昌化》之二："伐树何～，披榛共苦辛。"清施闰章《抱书叹赠姜铁夫》："暑雨如蒸室如甑，寄食依人事～。" ❸纷乱；骚乱。唐杜甫《喜雨》："农事都已休，兵戈况～。"元王恽《开府仪同三司史公家传》："时兵民未分，赋役互重，复遇征戍，则趋办一时，中外～，殆不聊生。"清叶方蔼《阮亭遣人告予云考选》："只今寓县正多事，眼中戎马太～。" ❹骚扰；扰攘；扰乱。元王恽《流民叹》："江南最苦过都钱，更着营司日～。"许有壬《秋蝉》："我来逃空谷，尘嚣谢～。"明王守仁《地方紧急用人疏》："修复城池廨宇等项，必须劳民动众，自非素得夷情者为之经理区画，各夷雕弊之餘，岂复堪此～。" ❺萧索；萧飒。五代徐夤《再幸华清宫赋》："金沙洞阔，凄凉而午夜流泉；玉蕊峰高，～而一宫红叶。"明刘基《伐寄生赋》："脱缠牵于乔竦，落纤蕤之～。"清赵执信《风雪泊堉江三日》："而今衰疾寻前辙，满眼江山对～。"也用于形容白发苍然。明薛蕙《酬刘希尹赠古镜歌》："摩挲明镜览愁发，坐惊～生秋霜。" ❻烦琐；琐碎。宋苏辙《送欧阳辩》："今年季作澶渊吏，米盐～何当起。"刘弇《上吕观文吉甫书》："而不幸冗散劫之，忧患怵之，米盐、簿书、朱墨、符移之～，又从而蠹蚀之。"明李梦阳《与殷明府期嵩少诸山不果》："旅寓限崩迫，～隘烦务。"

【臊】 sāo 另见 sào。❶像屎尿或狐狸的气味。宋史尧弼

《次友生杜应求韵送中岩印老》:"前时老狐～,腥气存已仅。"元乔吉《折桂令·劝求妓者》:"溺盆儿刷煞终～。"明《金瓶梅词话》七九回:"狐狸打不成,倒惹了一屁股～。" ❷ 指尿。清孔尚任《桃花扇》一七出:"我们也走罢,干发虚,没钞分,遗～撒粪。" ❸ 腥味。宋苏籀《醽饮一首》:"取次难论御戎策,岂知鼋腌鳣鲭～。" ❹ 同"骚"。明《西游记》七九回:"我把你这个哄汉子的～精!看钯!"清《续金瓶梅》三五回:"斡离不元帅看了一会,原是个～的,不觉淫兴大动。"《白雪遗音·爱卿绝世》:"上床时,说不尽多少纵送逢迎态,做尽风流卖尽～。" ❺ 指性欲。明《醒世恒言》卷三四:"～发时还去寻那旧汉子,是多寻几遭,多养了几个野贼种。"

【臊臭】 sāo chòu 像尿或野兽的臭味。金李杲《兰室秘藏》卷下:"清震汤,治小便溺黄～。"《元曲选·黑旋风》三折:"你看这个弟子孩儿,把这头扭过来,蓦过去,一阵尿～。"清《渊鉴类函》卷四三二:"豺,……其气～可恶。"

【臊根】 sāo gēn ❶ 同"骚根❶"。明《西游记》八一回:"口里心肝哥哥的乱叫,将手就去掐他的～。" ❷ 同"骚根❷"。明《梼杌闲评》一三回:"进忠骂道:'好～子,我就……'秋鸿道:'你就怎么样?'"又三〇回:"我把你这油嘴～! 还是这样出口伤人!"

【臊贱】 sāo jiàn 淫荡。明《醒世恒言》卷三四:"作成老公带了绿帽儿,……便～时,也不恁般般做作。"

【臊子】 sāo zi 另见 sào zi。对北方少数民族的蔑称。臊,兽肉的气味。明汤显祖《牡丹亭》四七出:"这～好大胆,快取枪来。"《型世言》一七回:"这些～与鞑婆、小鞑,骑了马山下跑来跑去。"

sǎo

【扫】 sǎo ❶ 尽;全部。唐李世民《破高丽赐酺诏》:"高丽伪主～其境内,罄兹骁锐,咸发从军。"《辽史·赵延寿传》:"太宗潜由他渡济,留延寿与耶律朔古据桥,敌不能夺,屡败之,杜重威～厥众降。"明《清平山堂话本·老冯唐》:"不及半月,匈奴～降。" ❷ 挥洒。指绘画、写作、涂饰。唐杜甫《题壁画马歌》:"戏拈秃笔～骅骝,欻见骐驎出东壁。"宋元《古今小说》卷一五:"一时文不加点,～一只词,唤做《虞美人》。"清沈复《浮生六记》卷一:"于是易鬓为辫,添～蛾眉。"

【扫并】 sǎo bìng 扫除;清除。宋《圆悟佛果禅师语录》卷二〇《怀祖知殿请赞》:"～情识,不留纤眹。"《古尊宿语录》卷三一《清远佛眼和尚小参语录》:"见二比丘从楼前过,有二鬼使～道路。"

【扫愁帚】 sǎo chóu zhǒu 酒的代称。语本宋苏轼《洞庭春色》:"安定郡王以黄柑酿酒,……应呼钓诗钩,亦号～。"《元曲选·扬州梦》一折:"我醉则醉常在心头,～争如奉箕帚。"明无心子《金雀记》二九出:"捻指岁月过隙驹,白衣仿佛成苍狗。我自留心玩百花,剩得樽中～。"

【扫拂】 sǎo fú ❶ 涂饰;拂拭。宋陶穀《清异录》卷下:"自昭哀来,不用青黛～,皆以善墨火煨染指,号熏墨变相。"明左国玑《别南塘子》:"邀遮直上酒楼去,意气～天云高。"李梦阳《古白杨行》:"百泉东岸三古杨,下枝～书院墙。" ❷ 摇曳;来回摆动。宋范致明《岳阳风土记》:"又有列仙之宝坛场在其侧,旁有竹两本,修翠猗然,随风～。"

【扫刮】 sǎo guā ❶ 扫除;磨刮。唐李善注《文选·羽猎赋》"刮野扫地":"言杀获皆尽,野地似乎～也。"宋李焘《华阳县主簿厅内东壁记》:"则夫乡者称赞之具,自当～磨灭,不留踪迹。"明汤显祖《牡丹亭》三三出:"昨日老身打从祠前过,猪屎也有,人屎也有。陈最良,陈最良,你可也叫人～一遭儿。"也指扫起、刮取。《续文献通考》卷一九:"～咸土食用及采卖穗草烧灰淋卤者,难同私盐,量笞三十七。" ❷ 彻底摒弃;彻底清除。唐韩愈《女挐圹铭》:"愈之少为秋官,言佛夷鬼,其法乱治,梁武事之,卒有侯景之败,可一～绝去。"宋孙应时《遂安县兴学和詹本仁见赠诗》:"是中诸妄要～,努力良心自成就。"明王直《送郑太守序》:"既至,问民情好恶,知其弊之所以然,一切～绝去。" ❸ 扫荡。明杨士奇《奉天翊卫陈公神道碑铭》:"公奋～迅拔尘,湔涤腥秽宁边民。"又《谢赐嘉禾诗序》:"我太祖皇帝诞膺天命,提一旅之众,恭行天讨,东征西怨,南征北怨,～凶暴。" ❹ 搜刮。明郑善夫《寄周方伯公仪》:"圣驾此度北狩,甲兵钱谷,～殆尽。"

【扫括】 sǎo guā 同"扫刮❶"。明徐渭《燕京歌》之四:"近日已闻将～,不须遮鼻过风头。"清《醒世姻缘传》九二回:"叫人～了卧室,差了佃户进城抬轿,迎接陈师娘出庄。"

【扫掠】 sǎo lüè 扫除;扫取。唐王建《荒园》:"～黄叶中,时时一窠薤。"宋黄震《浙东提举到任榜》:"泥盐者,旧有鄙夫厕迹场监,～着地之盐,掩为食利之私。"清《女仙外史》九三回:"南底淮扬,西迄荆楚,逆党如云,～殆尽。"

【扫抹】 sǎo mā ❶ 打扫擦拭。明《警世通言》卷二二:"刘翁教他收拾船上家火,～船只。"清《五美缘》五〇回:"我叫家丁～洁净房屋。" ❷ 抛开;抹去。明唐顺之《答王遵岩书》:"虽知其无成,然本是自家宝藏,不得不有冀于万一也。是以痛为～闲事,收敛精神之计。"顾允成《札记》:"曰无善无恶,则一切～,莫可致诘矣。"徐渭《赠礼师序》:"余惟佛氏论心诸所证悟,即寿命相者,悉～之。"

【扫墓】 sǎo mù 到坟地祭奠。宋苏颂《谢降诏已除刑部尚书》:"强扶痛疾,恭俟外除从吉,～尽哀。"元谢应芳《同杨铁崖吊龙洲墓和刘韵》:"一代人豪公寂寞,春风～为停舟。"清《红楼复梦》八四回:"你娘儿们回金陵走一遭,就便上坟～。"

【扫晴妇】 sǎo qíng fù 即"扫晴娘"。金李俊民《～》:"卷袖搴裳手持帚,挂向阴空便摇手。前推后却不辞劳,欲动不动谁掣肘?"

【扫晴娘】 sǎo qíng niáng 一种持帚扫云以乞天晴的纸(布)人形象。明朱有燉《扫晴娘》之一:"～,高盘云髻斗红妆。手持竹帚三千丈,舞袖翩扬,扫阴云见太阳。"王彦泓《杂题上元竹枝词》之二:"风雨元宵意倍伤,画檐低拜～。"刘侗、于奕正《帝京景物略》卷二:"雨久,以白纸作妇人首,剪红绿纸衣之,以笤帚苗缚小帚令携之,竿悬檐际,曰～。"

【扫田刮地】 sǎo tián guā dì 扫地。《元曲选·东堂老》三折:"到得那里,不要闲了,你便与他～,我便担水运浆。"《元曲选外编·陈母教子》三折:"母亲的言语,着你过去烧火剥葱,～,抬桌搬汤。"

【扫土】 sǎo tǔ ❶ 扫取的土。《敦煌变文校注》卷一《王昭君变文》:"莫怪帐前无～,直为啼多旋作泥。"明朱橚《普济方》卷六六:"用壁上～,用盐炒过为末。" ❷ 尽;全部。《五灯会元》卷二〇《天童咸杰禅师》:"达磨一宗,～而尽。"《朱子语类》卷一三六:"他(苻坚)是～而来,所以一败更救不得。"明袁宏道《与丘长孺尺牍》:"诗灯一派,～而尽矣。" ❸ 除尽;穷尽。宋《密庵和尚语录》:"黄面老子当时若下得遮一喝,儿孙未至～。"又:"佛法至今未至～。"居简《夷禅师碑阴》:"昔问道于是,佛海佛照,故家遗俗，犹有存者，今～矣。"

【扫兴】 sǎo xìng ❶兴致低落。明风月友《金陵六院市语》："有望不成，则云～。"汤显祖《牡丹亭》二二出："不堤防岭北风严，感了寒疾，又无～而回之理。"清《红楼梦》四八回："香菱自为这首妙绝，听如此说，自己扫了兴。" ❷遗憾。清孙奇逢《四书近指》卷一九："禹抑洪水之灾，全是以行所无事为智；圭贻洪水之害，全是逆水性以凿为智。故曰：以邻国为壑，杀甚～。"

【嫂】 sǎo 泛称跟自己年纪相仿的已婚妇女。唐寒山《柳郎八十二》："柳郎八十二，蓝～一十八。夫妻共百年，相怜情狡猾。"明《金瓶梅词话》七回："西门庆见是薛～儿，连忙撇了主管出来。"清汪景祺《西征随笔》："李～细问病状，余但以痞疾为答。"

【嫂夫人】 sǎo fū rén ❶谢恩时称自己的嫂嫂。唐于邵《为田仆射蕤谢制使问表》："奉圣旨：兼赐臣母赵国太夫人臣～并臣及将士等敕书，以臣亡兄某，特承悯问。" ❷称别人的嫂嫂。明程敏政《答衍圣公书》："昨过临清，贱累亦有一奠章，望祭令～之墓。"清吴伟业《钱臣扆五十寿序》："君之～衣粗食澹，早夜拮据，相夫子克底于成。"《聊斋志异·张贡士》："当病起时，所记昆山曲者，无一字遗，皆手录成册。后其～以为不祥语，焚弃之。" ❸尊称朋友的妻子。明宗臣《报子与》："闻足下二十日同～东也，则大喜。"清孙继皋《答尹中丞春寰》："承谕知西州风物，自～以下，都已相安，宽慰不可言。"《野叟曝言》一四五回："先母在京，蒙～逾格相待，情理兼至。"

【嫂嫂】 sǎo sao ❶哥哥的妻子。《古尊宿语录》卷二〇《法演和尚住四面山语录》："不认大哥妻，元来是～。"元关汉卿《拜月亭》三折："你又是我妹妹、姑姑，我又是你～、姐姐。"清《歧路灯》一〇八回："谁家～有各不着小叔道理，图什么美名哩？" ❷泛称跟自己年纪相仿的已婚妇女。宋元《古今小说》卷三六："赵正道：'～，买五个馒头来。'侯兴老婆道：'着。'"《元曲选外编·金凤钗》楔子："〔店小二云〕秀才，看你这等也不能彀发迹。～，你问他要纸休书，拣着那官员大户，别嫁一个。" ❸老年仆人称呼主母。《元曲选·神奴儿》一折："老汉是这李员外的老院公便是。自从老员外身亡之后，～与神奴孩儿另住。"又《墙头马上》三折："～，舍人祭奠去了。院公特地说与～得知。"

【嫂子】 sǎo zi ❶犹"嫂嫂❶"。宋张师正《括异志》卷一〇："～在郎君处甚乐，无用见恐，因惊而他适，则有所苦。"明《老乞大谚解》卷下："你来时，我父亲、母亲、……二哥、三哥、～、妹子、兄弟们都安乐好么？"清《霓裳续谱·高高山上》："高高山上一庙堂，姑嫂二人去烧香，～烧香求儿女，小姑烧香求少郎。" ❷犹"嫂嫂❷"。宋元《清平山堂话本·错认尸》："～，乔俊在家么？"元明《水浒传》四三回："～，我是过路客人，肚中饥饿。"清《红楼梦》四〇回："刚才那个～倒了茶来，我吃过了。" ❸称自己的妻子。宋元《古今小说》卷三六："侯兴叫道：'～，会钱也未？'寻来寻去，寻到灶前，只见浑家倒在地下。"明《型世言》五回："尝时邓氏去撩拨他，他道：'罢，～，今日我跟官辛苦哩！'" ❹称儿媳。清汪景祺《西征随笔》："余据鞍不能下，老人遽呼曰：'～，来扶官人。'三女子者皆来扶余下马，……余见老人呼年长者曰～，即以李嫂呼之。"

sào

【扫帚眉】 sào zhou méi 浓而短的眉毛。明《金瓶梅词话》九六回："生的阿兜眼，～，料绰口，三须胡子。"《封神演义》九二回："长唇大耳真凶恶，眼露光华～。"清《醒世姻缘传》四九回："烧饼脸，～，竹节鼻子。"

【扫帚星】 sào zhou xīng 彗星的俗称。旧时认为扫帚星出现会发生灾祸，因以称会给人带来灾祸的人。明黄溥《闲中今古录》："彗星如洗帚状，微见于西方，至酉刻以后渐长如扫帚，人呼曰～。"《封神演义》九九回："～，马氏。"

【埽】 sào 把树枝、秫秸、石头等用绳子捆紧做成的圆柱形的物体，用以堵水口或保护堤岸。宋欧阳修《太子太师陈公神道碑铭》："河决坏滑州，水力悍甚，每～下，湍激并人以没。"明《梼杌闲评》一回："通判昼夜催趱人夫，下桩卷～兴工，众人并力下～。"清昭梿《啸亭杂录》卷七："邳、宿河溃，公立～上指挥士卒，俄而狂澜大作，～为之欹。"

【臊】 sào 另见 sāo。❶羞。清《红楼梦》四六回："鸳鸯又是气，又是～，又是急。"《霓裳续谱·姐儿房中》："他在窗楞儿底下采了一个绒，～的奴脸通红。"《白雪遗音·鱼儿跳》："不上你的钩，我看你脸上～不～。" ❷使难为情。清《儒林外史》二二回："怎么当着董老爷～我！"《红楼梦》四四回："你放心，等明儿我叫他来替你赔不是，你今儿别要过去～着他。"《霓裳续谱·王瑞兰》："算我挤了他个十严，就～了他个难。" ❸急。清《霓裳续谱·独自一个》："不见冤家奴好～，恨将起来，提着他的小名儿叫。"

【臊皮】 sào pí 戏弄；开人的玩笑。清《红楼梦》二五回："又恐薛姨妈被人挤倒，又恐薛宝钗被人瞧见，又恐香菱被人～。"《霓裳续谱·佳人睡眠迟》："动不动你假妆风魔，啐，你臊谁的皮。"《白雪遗音·妓女悲伤》："干～，还要耍穷棒。"

【臊子】 sào zi 另见 sāo zi。肉末或肉丁。元明《水浒传》三回："奉着经略相公钧旨，要十斤精肉，切做～。"明《金瓶梅词话》六七回："一碗黄熬山药鸡，一碗～韭。"

【燥】 sào 另见 zào。快速。清《缀白裘》九集卷三《精忠谱》："拿火酒来喝，……～着些。"《儒林外史》一六回："自此以后，匡超人的肉和豆腐都卖得生意又～，不到日中就卖完了。"

【燥不搭】 sào bù dā 难为情貌。清《醒世姻缘传》一一回："自己也甚没颜面，～的，大家都去了。"

【燥健】 sào jiàn 快速；敏捷。明《醋葫芦》一九回："向来只你～，为何也迟钝了？"

【燥子】 sào zi 即"臊子"。宋吴自牧《梦粱录》卷一六："且如猪肉名件，或细抹落索儿精、钝刀丁头肉、条撺精、窜～肉、烧猪煎肝肉。"佚名失调名曲："便做羊肉～，勃推钉碗。"明宋诩《竹屿山房杂部》卷二〇："带膘猪肉切作～。"

【瘙痒】 sào yǎng 用指甲等挠痒。元佚名《博望烧屯》三折："唱道觑曹操、孙权，似浮风～。"

sè

【色】 sè 另见 shǎi。❶(金银)成色。明刘若愚《酌中志》卷一六："祖宗旧制，有票儿银，重十两、五两、三两、二两、一两至一钱之方块，其～止有六七成。"清《儒林外史》三二回："他这银子是九五兑九七～的，又是市平。" ❷通"索"。a) 求。唐王梵志《古代服丹石》："人人总～活，拄着上头天。"《敦煌变文校注》卷二《韩擒虎话本》："合朝大臣总在殿前，遂～金铸印。"又卷七《齖魺新妇文》："已后与儿～妇，大须稳审。"b) 须；得(děi)。元张国宾《汗衫记》三折："能勾残汤半瓢食充五脏，俺又～日转千阶。"

【色病】 sè bìng ❶ 嗜色的病。唐司马承祯《真观》:"若～重者当观染,色都由想耳,想若不生,终无色事。"也指因纵欲过度而得的病。明《金瓶梅词话》三回:"犯着奸情家易散,染成～药难医。"《二刻拍案惊奇》卷二一:"原来这些～,固然到底不救,却又一时不死,最有清头的。" ❷ 肤色呈现病态。明胡广等《礼记大全》卷五:"饥而食菜,则～,故云菜色。"

【色采】 sè cǎi 颜色。唐孔颖达疏《左传·昭公二十五年》"为九文、六采、五章,以奉五色":"六采谓缋画,五色谓刺绣,故令～之文异耳。"宋曾公亮等《武经总要》前集卷一三:"右旗之～、名号无常,随宜呼之。"明陈子龙《妒妇赋》:"宛有淑女,缓步山椒,～奇艳,芬芳飘飖。"

【色彩】 sè cǎi ❶ 颜色。宋惟净译《海意菩萨所问净印》卷八:"然于空中以种种～画形像,所谓象马车乘天龙夜叉干闼婆等。"明王世贞《嘉靖以来首辅传》卷一:"将士皆自饬励,旌旗壁垒,～为新。"清《红楼梦》一一六回:"只见殿宇精致,～辉煌。" ❷ 彩色绸缎。唐梁洽《金剪刀赋》:"～满箧,细锦盈箱。"宋吴自牧《梦粱录》卷二〇:"择日过帖,各以～衬盘,安定帖送过。"明《二刻拍案惊奇》卷一四:"开了箧,取出～二端来。"

【色胆】 sè dǎn 在色欲方面的胆量。金《董解元西厢记》卷五:"莺莺～些来大,不惯与张生做快活。"元明《水浒传》二六回:"～如天不自由,情深意密两绸缪。"清《白雪遗音·舟遇佳期》:"书生～如天大。"

【色鬼】 sè guǐ ❶ 好色的鬼。明王守仁《传习录》卷上:"如人好色,即是～迷。" ❷ 好色的人。明《醒世恒言》卷一五:"小尼姑是真～,怕你缠他不过。"清《醒世姻缘传》七四回:"缁秃黄冠,举世比之淫魔～。"《红楼梦》二回:"你道好笑不好笑!将来～无疑了。"

【色缴】 sè jiǎo ❶ 库藏物品名实不符。宋沈括《梦溪笔谈》卷二三:"库藏中物,物数足而名差互者,帐籍中谓之～。" ❷ 泛指名不副实;不合事理。宋沈括《梦溪笔谈》卷二三:"主判攘手曰:'某年七十二,尚能拳殴数人。此辕门也,方六十岁,岂得遽自引退!'京师人谓之～。"

【色叫】 sè jiào 同"色缴❷"。宋王得臣《麈史》卷二:"'然某武人,素不阅书,若奉荐,则～矣。'世以为知言。盖今人以事理不相当为～。"

【色劳】 sè láo 同"色痨"。明李开先《宝剑记》四一出:"恶疮生了一年,～经今八月。"佚名《针灸资生经》卷五:"背疼,……～者亦患之。"清谈迁《谈氏笔乘·赜动》:"(脆蛇)待风干入药,……主治～。"

【色痨】 sè láo 因纵欲过度而得的虚弱之症。明万民英《三命通会》卷七:"日带破碎煞,须主～血疾。"《金瓶梅词话》一〇〇回:"周统制妻庞氏春梅,因～而死。"《二刻拍案惊奇》卷三:"正要纳礼成婚,不想害了～,一病而亡。"

【色类】 sè lèi 名目。唐褚遂良《请千牛不简嫡庶表》:"虽隔千牛之选,仍许三卫之官。～乃复稍殊,捍御至竟无别。"封演《封氏闻见记》卷六:"其茶自江淮而来,舟车相继,所在山积,～甚多。"《敦煌变文校注》卷四《降魔变文》:"见一秃头小儿,身披赤色之衣,树下端然坐睡,不知是何～。"

【色目】 sè mù ❶ 种类;类别;名目。唐孔颖达疏《礼记·王制》"凡执技以事上者:祝、史、射、御、医、卜及百工":"此论(射、御)与祝、史、医、卜并列,见其～。"清李斗《扬州画舫录》卷一一:"牙牌以竹代之,四人合局,得四为上,谓之'四狠',～有'四翻身''自来大'诸名。" ❷ 颜色。五代郭威《赐青州敕》:"其匹并须本色,不得邀纳价钱,改换～。"宋乐史《太平寰宇记》卷八六:"段氏《蜀记》云:果阆二州绢长十五丈,重一斤,其～鲜白。"清《湖广通志》卷一:"《晋书·五行志》,武帝泰始四年春正月,彗星见轸,青白～,西北行。" ❸ 情况。《唐律疏议》卷一三:"老幼,谓违本约相校倍年者;疾残,谓状当三疾,支体不完;养,谓非己所生;庶,谓非嫡子及庶、孽之类。以其～非一,故云'之类'。"又卷二五:"其妄认随身为部曲者,随身之与部曲,～略同,亦同妄认部曲之罪。"《历代名臣奏议》卷一八九宋张守上奏:"立功之人～不一,或输家财助国,或赍蜡弹,冒险阻,或以进言献策。" ❹ 指身分、人品、才能等。唐王涯《准敕详度诸司制度条件奏》:"丈夫请通服黄白,如属诸军使司及属诸道,任依本～流例。"宋苏颂《叔父卫尉寺丞景陵府君墓志铭》:"凡宾客过从,无问高下～,一接之以礼。"清蔡应龙《紫玉记》一四出:"这样骏马,驮上一个才子,到那有～的人家呵,十种风流,十分门户。" ❺ 指具有不同身分(如僻姓、艺人、匠人、妓女等)的人。唐高彦休《阙史》卷上:"既寤大喜,访于词场,则云有濮阳愿者,为文甚高,且有声誉。时搜访草泽,方急～,雅在选中。"张鷟《朝野佥载》卷二:"殿中侍御史王旭,括宅中别宅女妇、风声、～。有稍不承者,以绳勒其阴,令壮士弹竹击之。"金可恭《宋俘记》:"既平赵宋,俘其妻孥三千餘人。……诸～三千餘人,教坊三千餘人。"清李斗《扬州画舫录》卷九:"至康熙间,裁乐户,遂无官妓,以灯节花鼓中～替之。" ❻ 指色目人。元孔齐《至正直记》卷三:"高昌契哲笃世南以儒业起家,……且教子有法,为～本族之首。"陶宗仪《辍耕录》卷一:"～三十一种:哈剌鲁、钦察、唐兀、……彻儿哥、乞失迷儿。"王恽《春宫元日口号》:"～依班向殿趋,入门一字立青蒲。"清弘历《出塞杂咏用上平声韵》之一二:"三千～熊罴士,十二天闲骥騄群。"也指族类。元欧阳玄《圭斋文集》卷一二:"精铨选之本,在于严族属之分,以尊吾国人。……今之女真,河西明有著令,而自混～;北庭族属,邻于近似,而均视蒙古。" ❼ 角色行当。明胡应麟《少室山房笔丛》卷二七:"盖旦之～,自宋已有之而未盛,至元杂剧多用妓乐,而变态纷纷矣。"张大复《梅花草堂笔谈》卷五:"先君云:予发未燥时,曾见之卢兵部许一人援弦,数十人合坐,分诸～而递歌之,谓之磨唱。"

【色目人】 sè mù rén ❶ 唐代进士榜中姓氏罕见者。宋钱易《南部新书》丙集:"大中以来,礼部放榜,岁取三二人姓氏稀僻者,谓之～,亦谓之榜花。" ❷ 元朝对除蒙古以外的西北各族、西域以至欧洲各族人的概称。《元典章·刑部十一》:"除汉儿、高丽、蛮子人外,俱系～。"明《拍案惊奇》卷九:"这本话乃是元朝大德年间的事。那朝有个宣徽院使,叫做孛罗,是个～。"清《四库总目提要·河防通议》:"元沙克什撰。沙克什,～。"

【色情】 sè qíng ❶ 性欲方面表现出来的情绪。《云笈七籤》卷七三;"汉武乃虽慕玄境,心在～。"元孙叔顺《粉蝶儿》:"沉香亭～何太急。"清《飞花艳想》一一回:"双手奉过茶来,愈觉欲火难禁,～莫遏。" ❷ 容色表情。清屈大均《广东新语》卷一九:"烈女往为某家婢,～婉美,其主已许字傔某矣。"

【色认】 sè rèn 用以识别或证明的标志、记号。明《醒世恒言》卷一六:"止记得你左腰间有个疮痕肿起,大如铜钱,只这个便是～。"《石点头》卷三:"右手小指曲折如钩,不能伸直,只此便是～。"清《后水浒传》二二回:"但出入人多,又无～,怎晓得那一个是强人?"

【色甚么】 sè shén me 犹"索甚"。元张可久《柳营曲·酒边有诉秀才负心》:"便金榜上标了贱名,丝鞭下就了新婚,～哏,包也还你做二夫人。"

【色事】 sè shì 指男女情欲、性生活。唐司马承祯《真观》："若色病重者当观染，色都由想耳，想若不生，终无～。"金《董解元西厢记》卷五："莺莺～尚兀自不惯，罗衣向人羞脱。"明《拍案惊奇》卷二六："况且不毒不秃，不秃不毒，转毒转秃，转秃转毒，为那～上专要性命相博、杀人放火的。"

【色势】 sè shì 情势；势头。宋吕陶《感白发》："及其白已甚，～颇滋蔓。"清《后水浒传》五回："有几个小校见～来得不好，俱爬墙逃去。"《野叟曝言》八六回："此番因按君风力，发兵围捉，～利害。"

【色形】 sè xíng ❶ 形貌；容色。唐崔损《凌烟阁图功臣赋》："懿夫容彩彰施，气肃端俨，风存正直，～恭俭。"吕温《张荆州画赞》："气蕴逆鳞，～匪躬。"《太平广记》卷一七四引《御史台记》："他日，崇义召之，厉～，言将奏免之。" ❷ 情势；情形。清《后水浒传》二八回："你也不看个～，一例将人冲撞。"

【色样】 sè yàng ❶ 颜色样子；花色。唐李隆基《停用赤色敕》："其诸卫队仗绯色者，宜令所司依内出黄～，即造。"宋吴自牧《梦粱录》卷一八："牡丹有数种～，又一本冬月开花。"清《镜花缘》七三回："即如蟾吊，抽去清张，纵牌牌成～，亦不过味同嚼蜡。" ❷ 名目；种类。宋叶適《淮西论铁钱五事状》："既有新旧诸钱，并私钱，～不一。"明《山歌·烧香娘娘》："兑介钱半八成银子，还个船轿，换介三十新铸铜钱，我打发个叫化个婆娘，～一齐完修。"清《歧路灯》七二回："你见土娼不曾？是黑土娼、红土娼，你先与我报个～？" ❸ 身分。宋元《清平山堂话本·简帖和尚》："自从小年夫妻，都无一个亲戚来往，即不知把简帖儿来的是甚～人。"明《醒世恒言》卷三三："不知他卖我与甚～人家？我须先去爹娘家里说知。"《浪史》二回："只见红红绿绿的一群走将过来，你道是甚～人？这个是王监生家扫墓。"

【色长】 sè zhǎng 教坊中乐伎的头目。宋孟元老《东京梦华录》卷九："教坊～二人，在殿上栏杆边，皆诨裹宽紫袍，金带义襕，看盏斟御酒。"元赵明道《斗鹌鹑·名姬》："上殿伶伦，前辈～。"清《醒世姻缘传》二五回："那王八的头目也有个～，强盗的头目也有个大王。"

【涩】 sè ❶ 生锈；锈。唐刘长卿《古剑》："铁衣今正～，宝刃犹可试。"《元曲选·勘头巾》二折："那更这减银上因何不见生～，则他这一春雨何曾道是住止！"清厉鹗《汪为山亦赠予厌胜钱拓本》："转瞬领军屋，锁～集夔魖。" ❷ 形容言语、文思等不流畅、迟滞。唐高彦休《阙史》卷上："公寻绎久之，目瞪舌～，不能分其句。"明董其昌《画禅室随笔》卷二："乘兴为此，吴绢如水，恨手～不称耳。"清《野叟曝言》四八回："怜予思～续诗成，香口吟来字字清。" ❸ 不能流通；禁住。明叶子奇《草木子》卷三下："财货不足，止广造楮币以为费。楮币不足以权变，百货遂～而不行。"《禅真逸史》一三回："须服那固元丹、虾须丸、～精散、百战膏，助壮元阳，鏖战不泄。"《二刻拍案惊奇》卷一八："而今要泄了时，却被药力～住，落得头红面热，火气反望上攻。" ❹ 吝啬。清《绿野仙踪》四九回："平白哩接下个一毛不拔的～鬼，真把人气死。"

【涩道】 sè dào 刻有花纹的倾斜石砌。涩，不滑。礓礤路面有齿状凸起，使行走不滑。《太平广记》卷一二九引《冥报记》："遣使者送嘉运至一小～，指令由此路归。"刘弇《送狄太守清明日燕莆田》之一："～直西暄绛蜡，卷空箫鼓使君归。"明汤显祖《牡丹亭》三二出："则没揣的～边儿，闪人一跌。"

【涩浪】 sè làng 利用石料间凸凹不平的接缝所形成的波浪状墙基纹样。唐温庭筠《过华清宫》："～和琼甃，晴阳上彩斿。"明徐茂吴《咏苔》之二："停云斐亹沿阶绿，经雨葳蕤～新。"杨慎《升庵诗话》卷一："宫墙基自地上一尺餘，叠石凹入如崖险状，谓之叠涩。石多作水文，谓之～。"

【涩奈】 sè nài ❶ 苦痛。金《董解元西厢记》卷一："坐地不定害～，觑着莺莺，眼去眉来，被那女孩儿不睬。"元狄君厚《介子推》三折："想我着适才来涧底下，割得来与他家，烧得来半熟慌用手来拿，早是我～无收煞。" ❷ 苦涩。明孙作《谢马善卿送菜》："堆盘青黄具，入口生～。"

【涩耐】 sè nài 同"涩奈❶"。金《董解元西厢记》卷七："近来，这病的形骸，镜儿里觑了后自～。"

【涩滞】 sè zhì ❶ 阻塞。五代徐夤《咏萍》："密行碧水澄涵月，～轻桡去采苹。"明王肯堂《证治准绳》卷八二："至于龙骨、枯矾，～之物，且能使气道阻塞。"清傅泽洪《行水金鉴》卷一百二："不时水势泛溢，堤岸摧塌，～河道。" ❷ 不通畅；不流畅。《旧唐书·敬宗纪》："扬州城内，旧漕河水浅，舟船～，输不及期程。"元张之翰《楮币议》："行之以法，法非不巧也。然未有久而不～者，惟在救之何如尔。"清赵翼《廿二史札记》卷一一："诸如此类，必一一装入，毋怪行文转多～，不如《梁书》之爽劲也。"也指使不通畅。《元史·顺帝纪一》："伯颜请内外官悉循资铨注，今后无得保举，～选法。" ❸ 不滑润；不光滑。《元史·天文志一》："百刻环内广面卧施圆轴四，使赤道环旋转无～之患。"明《金瓶梅词话》七九回："初时～，次后淫水浸出，稍沾滑落。"清《红楼梦》四四回："摊在面上也容易匀净，且能润泽肌肤，不似别的粉青重～。" ❹ 不舒展。宋郭思《林泉高致集》："志意已抑郁～，局在一曲，如何得写貌物情，摅发人思哉！"《元曲选外编·西厢记》三本一折："觑了他～气色，听了他微弱声息，看了他黄瘦脸儿，张生呵，你若不闷死多应是害死。"

【啬克】 sè kè 同"啬刻"。清《红楼梦》八四回："论起那张家行事，也难合咱们作亲，太～，没的玷辱了宝玉。"△夏仁虎《旧京琐记》卷二："吝曰～。"

【啬刻】 sè kè 吝啬；小气。清《红楼梦》一〇一回："二叔为人是最～的，比不得大舅太爷。"△《九尾龟》三五回："这个方子衡不比那个方幼恽，虽然也有些～的性情，但他专要爱装场面。"

【啬吝】 sè lìn 吝啬。明冯从吾《勤俭说》："以世俗为勤俭，则其勤也，为奔忙，为营求；其俭也，为贪鄙，为～。"清《醒世姻缘传》四二回："这乡约见他～，又素知他欺软怕硬，可以降的动他。"

【啬悋】 sè lìn 同"啬吝"。唐高適《东征赋》："鄗亭长之不仁，乃晨炊而～。"宋郑樵《通志》卷一四九："(郑)羲多所受纳，政以贿成，性又～。"

【啬细】 sè xì 吝啬。清《儒林外史》五二回："此人有个毛病，～非常，一文如命。"

【瑟瑟】 sè sè ❶ 寒凉貌；冷清貌。唐萧颖士《过河滨和文学张志尹》："～寒原暮，冷风吹衣巾。"宋晁端礼《南歌子》："月到中秋夜，还胜别夜圆。高河～转金盘。"清蒲松龄《聊斋志异序》："独是子夜荧荧，灯昏欲蕊；萧斋～，案冷疑冰。" ❷ 萧索。唐刘希夷《捣衣篇》："秋天～夜漫漫，夜白风清玉露溥。"宋程先《和人感秋韵》："古殿无飞尘，过者见～。"清弘历《斗蟋蟀》："百草收芳秋～，乌衣王孙应候出。" ❸ 碧绿色。唐白居易《暮江吟》："一道残阳铺水中，半江～半江红。"宋苏舜钦《沧浪观鱼》："～清波见戏鳞，浮沉追逐巧相亲。"清厉鹗《柳梢青》："～波摇，弯弯月唱，好个江南。" ❹ 亭亭玉立貌。唐独孤及《和赠远诗》："美人～对芳树，玉颜亭亭与花双。"元许有壬《松竹径》："～君子竹，亭亭大夫松。" ❺ 发抖貌。清《野叟曝言》二〇回："那知这两只臂膀，不由做主，～的抖个不住。"△《二十年目睹之怪现状》五三回："荣统知道事情发觉，吓得～乱抖。” ❻ 小心谨慎；于细微处斤斤计较。明尹民兴《叙翼子弟诗》：“若使腐儒司阴阳，朝范一人，夕型一物，～而求之，规规而度之，造化之息焉久矣。”又《某小史学诗序之》：“使知数百年后，有一鲁国男子删定其诗，以为千万世之经，恐将～雕饰而出，亦不能广心肆志，以自造于不可思议之域矣。”清孙奇逢《读易大旨》卷五：“何谓拘泥？不察象而以臆说者支，不察夫圣人精意之所存，徒～于象与辞之辨者。” ❼ 辽代祈雨射柳的仪礼。《辽史·礼志一》：“～仪：若旱，择吉日行～仪以祈雨。”又《仪卫志二》：“太祖丙寅岁即皇帝位，朝服衷甲，以备非常。其后行～礼，大射柳。”

【塞】 sè 西北方言“相”的音借字。《敦煌变文校注》卷三《茶酒论》：“商客来求，船车～绍。”又卷五《金刚般若波罗蜜经讲经文》：“众生身上有如来，仏与众生不～离。”又《维摩诘经讲经文（四）》：“今朝不往逢居士，与我心头恰～当。”

【塞责】 sè zé 对自己应负的责任敷衍了事。宋蔡襄《进黼扆箴状》：“官才至又迁，簿书首尾尚未能通晓，所言目前细碎诛剥之事以自～，岂肯为久计而兴大利。”明程登吉《幼学琼林》卷三：“徒了事，曰但求～。”清《飞龙全传》一二回：“只怕你们看脸的不得巧法，草草～，被他瞒过。”

sēn

【森】 sēn ❶ 幽暗。唐顾况《游子吟》：“沉寥群动异，眇默诸境～。”皮日休《新竹》：“一架三百本，绿沉～冥冥。”宋李纲《诸季邀德久申伯同游鼓山》：“神功谢镌凿，妙境～回环。” ❷ 寒、凉；阴森。宋龚宗元《六月吟》：“玉宇清宫彻罗绮，渴嚼冰壶～贝齿。”明《梼杌闲评》二七回：“金箍闪烁光灿烂，禅杖狰狞冷气～。”清查慎行《上化城》：“我亦难久留，毛孔～开张。” ❸ 耸立；丛起。唐皇甫枚《三水小牍》：“祠堂后平地，左右围数亩，上擢三峰，皆十餘丈，～如太华。”五代王建《答梁主书》：“枪～蛇杆，剑耀龙锋。”明叶盛《水东日记》卷七：“翌日，出保塞，过徐河桥，西望琅山，～若剑戟。” ❹（毛发）竖起。宋李纲《同叔易季言游虎丘寺》：“遂游剑池上，毛发～以张。”元舒頔《角鹰》：“顶毛～独角，喂肉常恐馁。”《元曲选·桃花女》二折：“是三更时分了，觉一阵风过，吹的我毛～骨立。” ❺ 森严。唐岑文本《三元颂》：“桂柦肃而为卫，戈铤～以齐举。”宋和岘《六州》：“清禁肃，～陛戟，羽卫俨皇闱。”清盛锦《十二碚》：“铁锁贯浮梁，金戈～卫仗。” ❻ 形容紧密排列。唐卢藏用《景星寺碑铭》：“清梵晨吟，龙象～而成列；华钟夜吼，魔鬼瞑而不作。”《太平广记》卷二五引《续仙传》：“忽睹海面上有巨兽，出首四顾，若有察听，牙～剑戟，目闪电光。”清邵长蘅《解仲长画十八学士图歌》：“即论画马亦殊绝，奚驹十八～成列。” ❼ 浓密地遮蔽。明章潢《图书编》卷六〇：“峦岭偃蹇，盘伏于地，而松～其上者，覆舟山也。”史鉴《记韬光庵三天竺寺》：“数里中连属不断，嘉树美竹～其上。” ❽ 清楚；显然。唐李华《东都圣善寺无畏三藏碑》：“神龙围绕，～在目前。”宋韩元吉《玩鞭亭》：“孤城遗迹～在目，平湖无波春草绿。”清施闰章《汤潜庵侍讲移寓仝耦长》：“河岳苍茫～在眼，过从几辈得攀跻。”

【森的】 sēn de 即“森地❷”。元张鸣善《普天乐·遇美》：“奄的转身，吸的便哂，～销魂。”

【森地】 sēn dì ❶ 形容寒气渗透。元乔吉《水仙子·展转秋思京门赋》：“飕地罗帏静，～鸳被冷，忽地心疼。” ❷ 形容怅然若失。金《董解元西厢记》卷一：“瞥然一见如风的，有甚心情更待随喜，立挣了浑身～。”

【森栗】 sēn lì 寒栗。明胡广《题边文进画松鹤》：“想应对此融心神，毛发飕飕也～。”清《歧路灯》三一回：“堂规肃静，胥役～。”

【森列】 sēn liè ❶ 紧密排列。唐李白《古风》之五：“太白何苍苍，星辰上～。”宋蔡伸《念奴娇》：“轻雷骤雨，洗千岩浓翠，层峦～。”清《红楼梦》六回：“桌上碗盘～，仍是满满的鱼肉在内，不过略动了几样。” ❷ 众多；到处都是。《资治通鉴》卷八四：“齐、成都、河间三府，各置掾属四十人，武号～，文官备员而已。”罗大经《鹤林玉露》甲编卷三：“盖敬德之聚也，此心才敬，万理～，此身才敬，四体端固。”清黄宗炎《周易象辞》卷一八：“《易》未作，则大道散殊而～；《易》既作，则两间之至理，俱可于《易》中求之也。”

【森林】 sēn lín ❶ 大片生长的树木。唐蔡希寂《同家兄题渭南王公别业》：“素晖射流濑，翠色绵～。”宋魏庆之《诗人玉屑》：“古木～白玉堂，长年来此试文章。”明曹参芳《正气记》：“独行～中，复听猿悲彻。” ❷ 林立。《敦煌变文校注》卷六《大目乾连冥间救母变文》：“剑戟～，刀枪重叠。”又：“铁城烟焰火腾腾，剑刀～数万层。” ❸ 像森林一样。清王允礼《碑洞》：“黉宫前后胪苍碣，或露或覆～立。”

【森罗殿】 sēn luó diàn 传说阴间阎罗王的宫殿。元张可久《寨儿令·春晚次韵》：“安乐窝人未醒，～鬼相随。”明《古今小说》卷三一：“即差金星奉旨到阴司～，命阎君即勾司马貌到来。”

【森森】 sēn sēn ❶ 形容密度大。唐卢纶《元日早朝呈故省诸公》：“万戟凌霜布，～瑞气间。”明《西游记》七三回：“～黄雾，艳艳金光。”清弘历《西直门外作》：“麦穗～秀欲齐，黍禾苗出土萋萋。” ❷ 形容味道浓。宋苏轼《橄榄》：“纷纷青子落红盐，正味～苦且严。”周必大《五月三日游简寂食甜苦笋》：“君看齿颊留馀味，端为～正且严。”清厉鹗《初秋写怀》：“坐对画叉添寂寂，闲寻茗碗试～。” ❸ 形容气势旺盛，凛然威武。唐杜甫《姜楚公画角鹰歌》：“楚公画鹰鹰戴角，杀气～到幽朔。”明朱元璋《采石矶新秋月色》：“雄师夜宿同英武，气概～采石矶。”清《女仙外史》五五回：“午门之外，齐齐整整，列着二十四员上将，一个个雄威赳赳，英气～，皆有超群绝伦之相。” ❹ 严谨有序；多而有条理貌。唐元结《酬裴云客》：“符印随坐起，守位常～。”《宋高僧传》卷一八《唐嵩岳少林寺慧传安》：“至三更，有神人至，扈卫～，和铃鉠鉠。”清喻昌《医门法律》卷二：“条例～，随证细心较勘，自能立于无过。” ❺ 纷纷；多而杂乱貌。唐孟浩然《东陂遇雨率尔贻谢南池》：“殷殷雷声作，～雨足垂。”宋李新《次韵员子春游马溪》之一：“一夕参玄客，～出虎场。”元高明《琵琶记》一〇出：“合生合死都由命，少什么孙子～也忍饥。”清弘历《晚雪》：“春云复作阴，晚雪落～。” ❻ 高耸、耸立貌。唐王师乾《王右军祠堂碑》：“汪汪万顷，～千仞。”辽耶律延禧《遣耶律嘉谟赐高丽国王册》：“十枝若木，～耸奉日之标。”清《幸鲁盛典》卷二三：“宫墙数仞望～，凤辇遥过意自深。” ❼ 深厚貌；深切貌。元李存《挽待制周南翁》：“君恩亹亹方求旧，交谊～遽托终。”又《和吴宗师眼明识喜诗序》：“大宗师公将八袠矣，犹善饭，爱人之心～乎未已。”又《邓氏手泽跋》：“昔者其曾祖江州府教公之在上庠也，其高祖告院公赋诗以勉之，欲其自奋于功名者，～也。” ❽ 严格；森严。元李存《送吴秀才入京》：“风教～真大义，公卿济济足知音。”明魏学洢《定志赋》：“昔魏武诫鄄城兮，道顿丘之无遗矢；虽险夫非攸慕兮，已～坚其壁垒。”清傅以渐、曹本荣《易经通注》卷四：“然慈过则无严，恩胜则掩义，必～毫不可犯，则传之永久。” ❾（须发）苍苍。元王沂《寿胡琴所并酬春日见寄时寓居王宅》：“华发～四十三，不才心事与谁谈。”明邹元标《答余瑶圃给谏》：“不佞束发向道，今二毛～矣。” ❿ 形容寒气渗透。宋梅尧臣《暴雨》：“～斗觉凉侵肤，毛根瘭痒粟匝躯。”《元曲选·朱砂担》三折：“你道为甚么～的透骨寒？却元来是茫茫的云雾繁。”清《红楼梦》七五回：“只觉得风气～，比先更觉凉飒起来。” ⓫ 形容恐惧；因恐惧而毛发竖起。宋郭祥正《留题潜山山谷寺》：“回头无路通人间，毛发～神魄骇。”金《董解元西厢记》卷二：“为首强人英武，见了早～地怯惧。”清朱湘《麻姑堂》：“白日聚群灵，～毛发颤。” ⓬ 形容酥麻、眩晕的感觉。元关汉卿《新水令》：“冷丁丁舌尖上送香茶，都不到半霎，～一向遍身麻。”明《醒世恒言》卷四：“不想大尹忽然一个头晕，险些儿跌下公座。自觉头目～，坐身不住。”清《野叟曝言》二一回：“鸾吹坐在椅上，觉道这头里～的摇动。” ⓭ 闪光貌。明《西游记》六三回：“行者复身爬上宫殿，观看左首下有光彩～，乃是八戒的钉钯放光。”清蔡世远《日月合璧五星联珠颂》：“西有长庚，德旺于金。齐其躔度，光彩～。”《后水浒传》二九回：“那个双剑齐挥，～耀目。”也指光线。明《西游记》七一回：“你看他四足莲花生焰焰，满身金缕迸～。”

【森孙】 sēn sūn 许多孙子。明《醒世恒言》卷二七：“男娶妻兮女嫁夫，频见～会行走。”

【森严】 sēn yán ❶ 整齐；严肃；庄严。唐杜牧《朱坡》：“偃蹇松公老，～竹阵齐。”《元曲选·灰阑记》四折：“官僚整肃，戒石上镌‘御制’一通；人从～，厅阶下书‘低声’二字。”清《山东通志》卷一一之八下：“睹遗像之～，竚皇衷之邃穆。” ❷ 严明；严格；严厉。《新唐书·文艺传序》：“于是韩愈倡之，柳宗元、李翱、皇甫湜等和之，排逐百家，法度～。”明汤显祖《牡丹亭》四二出：“兵机紧急，圣旨～。”清《广西通志》卷一一九：“律载用蛊杀人之罪，何等～。”也指使严明。宋王应麟《玉海》卷六八：“意者序爵秩礼，肃然如秋，所以～典宪，摈相谨于司仪。”也用作名词，指严格的规定。清黄宗炎《周易象辞》卷一七：“在苟不得其易简，则皆视～为桎梏，畏仪文为烦杂矣。” ❸ 威严；凛然；敬畏不可犯。唐陆龟蒙《奉和袭美古杉三十韵》：“磔索珊瑚涌，～獬豸窥。”宋李复《种桃》：“寒松～少媚妩，回视众木尔何有。”明《封神演义》四一回：“太阿剑、昆吾剑，龙鳞砌就；金装锏、银镀锏，冷气～。” ❹ 严密；周密；严整。宋李纲《题止戈堂》之二：“武备～燕寝东，华堂高敞靓相通。”明杨慎《升庵诗话》卷一：“五言律诗起句最难，……唐人多以对偶起，虽～，而乏高古。”清《御览经史讲义》卷二九：“或散布村落以抚辑流亡，或部署～而老弱得所，或增价粜谷而商贾辐辏，皆于救荒之策为善云。”也指使严整。明姚舜牧《重订诗经疑问》卷三：“而上之人不胜其愤，则一变而～其堂陛，使侍者曾不得持尺寸以上殿焉。” ❺ 周到；慎重。宋黄伦《尚书精义》卷四六：“古先哲王其处死生之际，～如此，女子小人得行其志乎！”清陆陇其《四书讲义困勉录》卷一：“中间引曾子平日之言，咏叹独之～，以见君子小人分途处。”又：“故此节只是形容个独中～光景，见不可不慎也。” ❻ 指味道浓郁或浓烈。宋刘子翚《餘柑》：“犹闻杂蜜草，少转～味。”施宿等《会稽志》卷一七：“卧龙则芽差短，色微紫黑，类蒙顶紫笋，味颇～。”罗大经《鹤林玉露》卷四：“太守王元邃以白酒之和者、红酒之劲者，手自剂量，合而为一，杀以白灰，一刀圭风韵顿奇。索余作诗，余为长句云：‘小槽真珠太～，兵厨玉友专甘醇。’” ❼ 众多；繁密。宋米芾《僧舍假山》：“万象～掌握内，大块俯仰毫芒间。”元胡行简《瞻蓼轩记》：“余尝经谷城山，谒黄石公祠，桧柏～，穹碑雄文，骇人心目，凛然使人起敬。” ❽ 苍劲；挺拔；雄浑有力。宋陆游《嘉祐院观壁间文湖州墨竹》：“败墙惨淡欲无色，老气～犹逼人。”周紫芝《山堂花木》：“或～犹如壮士，或跛倚已若病夫。”明张宁《夏仲昭万竹图为师知县题》：“坡真可妙真堪惜，老息～露形迹。”

sēng

【僧雏】 sēng chú 少年僧人；小和尚。宋何薳《春渚纪闻》卷三：“举子亦欣然，呼一～，取碗器付之。”明吴稼竳《岁晏偶成》：“衡门暂启一失笑，复有～来募缘。”清《醒世姻缘传》一五回：“只见一个小～走来问道：‘你二人是做甚的？’”

【僧儿】 sēng er 同“髾儿”。宋元《清平山堂话本·简帖和尚》：“官人把手打招，叫：‘买馉饳儿。’～见叫，托盘儿入茶房内。”

【僧行】 sēng háng 僧众；僧人。《宋高僧传》卷二五《唐江州开元寺法正传》：“又有梦吐蟥，长一寸，月餘，因此遂愈。当长庆初也，荆山～睹见其事。”金《董解元西厢记》卷二：“～有谁随俺？但请无虑，不管分毫失赚。”清《续金瓶梅》五九回：“满堂的～有二百众，俱在大长条凳上低头吃斋。”

【僧家】 sēng jiā ❶ 佛家；佛教。唐道宣《宾主序》：“夫损己利他者，盖是～之义也；害物安身者，非为释子之理也。”宋《朱子语类》卷一二六：“～所谓禅者，于其所行全不相应。”清《野叟曝言》二回：“且听贫僧说：俺们～与你们儒家一样，藏垢纳污，无物不有。” ❷ 僧院；寺院。唐张鷟《朝野佥载》卷五：“内府珍宝，积在～。”宋苏辙《次韵子瞻病中游虎跑泉僧舍》之一：“扫地开门松桧香，～长夏亦清凉。”清龚炜《巢林笔谈》卷三：“～曲径通幽处，正恐不独花木深也。” ❸ 僧人；和尚。唐吕温《戏赠灵澈上人》：“～亦有芳春兴，自是禅心无滞境。”《元曲选·忍字记》二折：“我做了个草庵中无忧无虑的～。”清《豆棚闲话》一〇则：“三件～亦是常，赌钱吃酒养婆娘。” ❹ 和尚个人自称。清《说岳全传》七六回：“普风道：‘太子放心。待～明日出阵去，拿几个南蛮来，与太子解闷。’”又七八回：“不信他们这等不知死活！也罢，待～去杀他一个尽绝罢！”

【僧教】 sēng jiào 佛教。唐张镐《谏内置道场奏》：“臣闻天子修福，当在安养苍生，靖一风化。未闻区区～，以致太平。”明《西游记》五三回：“我因归正释门，秉诚～，这一向登山涉水。”清《世宗宪皇帝上谕内阁》卷三一：“谓泼皮等僧名色，皆败坏～。”

【僧腊】 sēng là 受戒为僧的年岁。唐张说《唐玉泉寺大通禅师碑铭》：“禅师武德八年乙酉受具于天宫，至是年丙午复终于此寺，盖～八十矣。”元李继本《客中喜金震见访》：“莫向尊前问～，海门秋色逐潮来。”明张萱《疑耀》卷五：“僧家言～者，犹言年岁也。”

【僧夏】 sēng xià ❶ 僧人坐夏（夏月不外出）。借指寺庙。唐韦应物《起度律师同居东斋院》：“安居同～，清夜讽道言。”金元好问《宝岩纪行》：“兹山缘未了，～容宿留。”清厉鹗《同沈栾城吴尺凫登六和塔》：“同游三数人，绿阴爱～。” ❷ 犹“僧腊”。唐李邕《大照禅师塔铭》：“享寿八十九，～五十二。”辽志恒《宝胜寺僧玄照坟塔记》：“享龄二十，～六年。”清《江南通志》卷一七四：“明日，端坐而逝，～八十四。”

【僧鞋】 sēng xié 和尚穿的浅口布鞋。一般人也穿。宋庞元英《谈薮》：“伯益又尝写真，衣皂道服，蹑～。”金《董解元西厢记》卷三：“系一条水运绦儿，穿一对儿浅面钤口～。”清《醒世姻缘传》三六回：“也与小和尚做的一领栗子色偏衫，缨纱瓢帽，红缎子～，黄绢小褂子。”

【僧院】 sēng yuàn 寺院。唐王建《题诜法师院》：“～不求诸处好，转经唯有一窗明。”宋徐度《却扫编》卷下：“西京一～，后有竹林甚盛。”清《霓裳续谱·随喜到上方》：“随喜到上方佛殿，又来到下方～。”

【鬙儿】 sēng er 饮食店派出兜售食品的伙计。宋吴自牧《梦粱录》卷一九：“酒肆食店博士、铛头、行菜、过卖、外出～、酒家人、师公、大伯等人，……俱各有行老引领。”

shā

【杀】 shā 另见shà。❶指兵器。唐孟郊《吊国殇》：“尧舜宰乾坤，器农不器兵。秦汉盗山岳，铸～不铸耕。” ❷下棋时围死或击败对方，也指对弈。唐张鷟《朝野佥载》卷二：“帝亦与人棋，欲～一段。”元《前汉书平话》卷下：“二太子下棋，圣王复～景王三局。”清《儒林外史》五五回：“天下那里还有个快活似～矢棋的事！我～过矢棋心里快活极了，那里还吃的下酒！” ❸熄灭；浇灭。唐蒋维翰《春夜裁缝》：“珠箔因风起，飞蛾入最能。不教人夜作，方便～明灯。”宋杨无咎《玉抱肚》：“把洋澜在，都卷尽与，～不得、这心头火。” ❹淹没；毁坏。宋欧阳修《送王圣纪赴扶风主簿序》：“前年五月，大霖雨～麦。”《宋史·五行志十五》：“端拱元年三月，霸州大雨雹，～麦苗。”《明史·五行志三》：“正统四年七月，苏、松、常、镇四府，大风拔木～稼。” ❺止；停。宋欧阳修《水谷夜行寄子美圣俞》：“譬如千里马，已发不可～。”明《拍案惊奇》卷三一：“王元椿见头箭不中，～住马，又放第二箭来。” ❻勒；束。清《醒世姻缘传》六七回：“把皮袄叠了一叠，～在骡上，骑着家来。”又八二回：“使那大粗的檀木棍子，用绳子～将拢来。”《聊斋俚曲·磨难曲》：“单三绳往肉里～。” ❼缝；缀连。清《醒世姻缘传》七四回：“玉兰缝直缝，素姐～袍袖，打裙褶，一时将两套孝衣做起。” ❽撒；发泄。清《醒世姻缘传》九四回：“两个灵魂的怨气，～在你的身上。” ❾用在动词后，表示遍、尽、灭、固定、消失、败坏等结果。唐吴融《赠广利大师歌》：“昨来示我十餘篇，咏～江南风与月。”宋李龏《梅花衲》引张镃诗句：“吹～梅花影里灯。”元宫天挺《范张鸡黍》一折：“将凤凰池拦了前路，把麒麟殿顶～后门。”明《拍案惊奇》卷三一：“若依得神君分付，后来必定有好处，都是自家弄～了。”

【杀并】 shā bìng ❶内部相杀；火并。宋欧阳修《奏洺州盗贼事》：“今有贼人徒伴～到军贼头刘贵首级，并前后捉杀获共七人外，只有三两人见已～散。”《三朝北盟会编》卷一〇一：“仍许徒中自相～，依格推赏。”清《续通志》卷三〇七：“诏请开反告～赎罪法，以携其党。” ❷斗殴。元苏天爵《乞详定斗殴杀人罪》：“或因非斗争，无事而～。被殴者原无忿争，止辩己事，因而致命。”

【杀泊】 shā bó 停留。宋《朱子语类》卷一二一：“须尽记得诸家说，方有个衬簟处，这义理根脚方牢，这心也有～处。”

【杀才】 shā cái ❶詈词。该杀的家伙。《元曲选·金线池》二折：“爱你个～没去就，明知道雨歇云收，还指望待天长地久。”明《醒世恒言》卷二〇：“这小～，已绑在江里死了，怎生的全然无恙？”清《歧路灯》二七回：“只是没星秤这个～，连我的朋友都弄起来。” ❷宰杀的牲口。清《醒世姻缘传》七九回：“此牛牙口尚小，且又精壮，原何把他买去做了～？”

【杀材】 shā cái 同“杀才❶”。明《禅真逸史》二〇回：“有一妙法，弄这老～，管教他命在须臾。”清《水浒后传》一回：“那个黑旋风～，把我太公一家老小杀尽。”《红楼梦》三九回：“真是个没用的～，这点子事也干不来！”

【杀场】 shā chǎng 杀人的地方，指战场或刑场。唐佚名《净土寺僧思敬建经幢记》：“伏因□年兵革，料理～，睹兹胜因，早证菩提之道。”元关汉卿《拜月亭》二折：“眼前是～，刀剑明晃晃，士马闹荒荒。”清《续金瓶梅》五七回：“把和尚放了，押在～上看我杀人罢。”

【杀定】 shā dìng 严格规定；规定得过死。宋《朱子语类》卷五五：“然圣人立法，亦自有低昂，不如此截然，……都不如此～。”又卷一一七：“天下万事都是合做底，而今也不能～合做甚底事。圣贤教人，也不曾～教人如何做。”清李锺伦《周礼纂训》卷五：“或有不满五百里四百里之数，当亦有绝长补短之法，要之所谓自有低昂，不截然～。”

【杀断】 shā duàn 绝对；武断。宋《朱子语类》卷六九：“问：乾皆圣人事，坤皆贤人事否？曰：怕也恁地～说不得。”

【杀法儿】 shā fǎ er 没有回旋餘地的处事方法。明《金瓶梅词话》六九回：“俺每也不恁急的要不得，执～，只回不在家。”

【杀风景】 shā fēng jǐng 损坏美好的景色，比喻在高兴的场合使人扫兴。唐李商隐《杂纂·杀风景》：“～：花间喝道，看花泪下。”宋陈造《谢三提干召饮》之三：“归来自笑～，却把茶瓯对菊花。”清《荡寇志》七六回：“你这老儿～，没事鸟乱。他们弟兄要子，倒要你来当真！”

【杀缚】 shā fù ❶降伏。清《醒世姻缘传》九一回：“重则赶逐，轻则责罚，岂不是教妇初来，～他的悍性？”又九五回：“谁知被人这等狠打一顿，又被人如此～了一场，流水就递降书。” ❷牵合。宋许颉《彦周诗话》：“韩退之云：‘横空盘硬语，妥贴力排奡。’盖能～事实，与意义合，最难能之。”

【杀割】 shā gē ❶宰割。明倪元璐《吴来之进士近艺序》：“当此之时，～俱听，岂必有富贵之心哉！” ❷割舍。明佚名《粉蝶儿·悭吝》：“今番负痛犹闲可，庆官酒怎的～。”

【杀合】 shā hé 收束；了结。宋《朱子语类》卷二六：“子张是个有锐气的人。他作事，初时乘些锐气去做，少间做到下梢，多无～。”又卷八七：“大率礼家说话，多过了，无～。”明佚名《粉蝶儿·悭吝》：“乍吃荤的肚皮儿都伤破，家僮泻倒难跟马，荆妇撑翻怎上锅，连我也弄的没～。”

【杀狠】 shā hěn 下狠劲；极力地。清《醒世姻缘传》七四回：“龙氏～的留着，赶的杂面汤，定的小菜，……吃完了才去。”

【杀恨】 shā hèn 发泄怨恨。清《续金瓶梅》四〇回：“因此上客不临门，胡突虫拿着俺～。”△汪诗侬《所闻录》：“传者谓倩五将军出阵，仍不能兴，则咬姬之臂肉以～。”

【杀火】 shā huǒ ❶熄火；灭火。元明《水浒传》二六回：“棺材过了，～，收拾骨殖，撒在池子里。” ❷指满足性欲。明《梼杌闲评》二回：“心中越想，欲火越甚，一刻难挨。打熬不过，未免来寻丑驴～。”清《姑妄言》一三回：“这是少年人寡居久了，这些时没人～，方才又看了那件有趣的宝贝，不觉欲火上攻。”

【杀鸡】 shā jī 犹“杀鸡扯脖”。明《金瓶梅词话》五四回：“韩金钏、吴银儿各人斟了一碗送与应伯爵，伯爵道：‘我跪了～罢。’”清《一片情》二回：“轻轻跳出窗外，向羞月杀个鸡儿，摇手讨饶。”

【杀鸡扯脖】 shā jī chě bó 用手在脖子上作切割状，表示告饶或请求包涵。明《金瓶梅词话》二一回：“那西门庆见月娘脸儿不瞧一面，折跌腿装矮子，跪在地下，～，口里姐姐长姐姐短。”又三三回：“急的那小伙儿只是～。”

【杀鸡扯嗉儿】 shā jī chě sù er 犹“杀鸡扯脖”。清《醒世姻缘传》八三回：“你就作揖唱喏，～的，待央及的我们出去哩么！”

【杀鸡扯腿】 shā jī chě tuǐ 犹“杀鸡扯脖”。明《金瓶梅词话》八六回：“～跪在地下，说道：‘王奶奶你且收了，容日再补一两银子来与你。'"清《绿野仙踪》四一回:"说罢,做鬼脸,杀鸡儿扯腿子,忙乱下一堆。"

【杀鸡抹脖】 shā jī mǒ bó 犹"杀鸡扯脖"。清《红楼梦》二一回:"贾琏在凤姐身后,只望着平儿～,使眼色儿。"

【杀落】 shā luò ❶水势回落。明王之栋《请罢浚河疏》:"当其～,则漩驶下激,虽桩橛亦被摧推。" ❷杀掉;杀死。清《五色石》四回:"原来任家有几个家人,两个随着任茜出去～了。"

【杀气】 shā qì ❶杀伐的气氛。唐李白《出自蓟北门行》:"兵威冲绝幕,～凌穹苍。"金《董解元西厢记》卷二:"连天地叫杀不住,齐吹画角,愁云蔽日,～连霄。"清《荡寇志》八三回:"正在支持不得之间,忽报西南上～冲天,枪炮动地,景阳镇官兵齐到。" ❷威猛气;英雄气。明何良臣《阵纪》卷一:"年壮伟大～精神者习长枪。"戚继光《纪效新书》卷一:"长枪短兵宜于精敏有～之人。"又《练兵实纪》卷一:"以年少有精神～者二名,为锐钯手。" ❸凶恶的神气。明《拍案惊奇》卷一〇:"公孙黑官职又高,面貌又美,只是带些～。"清《绿野仙踪》五三回:"俊俏儒雅之中,却眉间稍带点～,看之令人生畏。" ❹指被杀还是不被杀的命运。明王锜《寓圃杂记》卷八:"时周先生鼎在幕中,视邵之貌,曰:'公～定矣。'" ❺发泄怨气;出气。清《醒世姻缘传》九四回:"姐夫不敢惹姐姐,拿着我～。"△《七侠五义》四三回:"原来二妾因老贼不来,心中十分愁恨,以酒～。"

【杀巧】 shā qiǎo 趁机会压价。清《儒林外史》一五回:"分明知道我等米下锅,要杀我的巧。"

【杀人】 shā rén 指冤枉人。明《金瓶梅词话》六七回:"好二叔,你老人家～哩,我因这件事整走了这半月,谁得闲来?"又七四回:"天么,可是～! 爹没往我家里。"

【杀势】 shā shì ❶减弱水势。宋黄庭坚《和谢公定河朔漫成》之二:"直渠～烦才吏,机器爬沙聚水兵。"元王恽《论黄河利害事状》:"常人尚虑将渐为患,而增卑培薄,分流～之议,其可后哉!"清《行水金鉴》卷一三四:"黄水东下窄狭处,所应何以收流～。" ❷势煞,指模样、样子。元张国宾《薛仁贵》三折:"知他是甚娘乔为,直吃得恁般来～。" ❸杀敌的气势。明孙一元《赠李将军征南》:"～奔封豕,威声走怒彪。" ❹杀的动作。明杨士聪《玉堂荟记》卷下:"庄任公鳌献在馆中,逾年,忽得心疾,每见人,以手向颈作～曰:'杀我,杀我。'"

【杀收】 shā shōu 收拢;收束。宋文莹《玉壶清话》卷二:"将建开宝寺塔。浙匠喻皓料一十三层。郭以所造小样末底一级折而计之,至上层,餘一尺五寸,～不得。"

【杀手】 shā shǒu 骁勇善战的兵士。明于谦《忠肃集》卷四:"当时调遣指挥陈福、高勋、侯俊管领原选～、敢勇,头拨官军一千六百餘员名。"《明史·戚继光传》:"愿更予臣浙东～、炮手各三千,再募西北壮士,足马军五枝,步军十枝,专听臣训练。"清《东周列国志》五五回:"三百个～,复合为一,都跟着杜回,大刀阔斧,下砍马足,上劈甲将。"

【杀死】 shā sǐ 无论如何。清《红楼梦》二三回:"(宝玉)便拉着贾母扭的好似扭股儿糖,～不敢去。"

【杀威板】 shā wēi bǎn 犹"杀威棒"。清《醒世姻缘传》八八回:"起初见面定是足足的三十个杀威大板,发在那黑暗的地狱里边。"

【杀威棒】 shā wēi bàng 对新收监的犯人所施的杖刑,意在挫其锐气,使之畏服。也指逼人畏服的殴打。《元曲选·还牢末》二折:"旧规,犯人入牢,先吃三十～。"明《醒世恒言》卷三七:"说声未毕,韦氏已到,按在地上,先打三百～。"清《隋唐演义》一三回:"恐怕行伍中顽劣不遵约束,见面时要打一百棍,名～。"

【杀威棍】 shā wēi gùn 犹"杀威棒"。《元曲选·黑旋风》三折:"入牢先吃三十～。"清《说唐》七回:"元帅性子,十分执拗,凡有解到罪人,先打一百～。"

【杀着】 shā zhāo 下棋时置对方于死地的着数。《类说》卷五五引《大酒清话》:"有贵人性强,尝与属吏对棋,曰:'观君丰采,必不甚高,请坐西廊。'便使墨子。下手高声唱喏,～不得作声。"明董纪《与胡彦恭同宿释耕所之西轩》:"屡剪生花烛,频专～棋。"泛指最厉害的招数或手段。明《拍案惊奇》卷三一:"好便好了,只是要个～。如何成事?"清《红楼圆梦》二八回:"到夜间,两口子在豆棚下已下过棋的,自然更有～了。"

【沙】 shā ❶某些食物因熟透或存放太久而变得松散。宋欧阳修《归田录》卷二:"淮南人藏盐酒蟹,凡一器数十蟹,以皂荚半挺置其中,则可藏经久不～。"明方以智《物理小识》卷六:"(冬瓜)猫踏之则～。"清《霓裳续谱·俏佳人》:"四季冰雪酒,西瓜蜜～馕(瓤),他二人最喜的是这两样。" ❷粗野;粗俗。宋江休复《醴泉笔录》卷上:"某～于心,不～于面;君侯～于面,而不～于心。"元王大学士《点绛唇》:"一个村,一个又～,一个丑嘴脸特胡沙。"杨立斋《哨遍》:"又有个员外村,有个商贾～。" ❸放在动词之后,表示某种结果。通"杀"。《元曲选·梧桐雨》三折:"六军不进屯戈甲,把个马嵬坡簇合～。"清钱谦益《故宫人》:"今夕惊～满蓬鬓,始知永巷是君恩。" ❹语气词。a) 用在分句末尾,表示假设或条件。元尚仲贤《气英布》一折:"你不交书叫他去～,他如何敢来?"马致远《任风子》一折:"不争那厮化的俺一方人都吃素～,俺屠家却吃甚么?"清洪昇《长生殿》一九出:"既不～,怎得那一斛珍珠去慰寂寥!" b) 用在分句末尾,引起下文。元郑光祖《周公摄政》楔子:"官里与诸侯会于鹿台,宣唤某～,不知有甚公事。"王伯成《贬夜郎》一折:"陛下道微臣在长安市上酒肆人家土炕上便睡～,那的是学士每好处。"关汉卿《拜月亭》四折:"妹子阿,你好不知福,犹古自不满意～,我可怎生过呵是也?" c) 用在问句末尾。元关汉卿《拜月亭》二折:"〔孤上云了〕是不～?"马致远《新水令·题西湖》:"真个醉也么～? 真个醉也么～? 笑指南峰,却道西楼,真个醉也么～?"

【沙板】 shā bǎn ❶树木因地层变动长期埋在地下者,又称阴沉木,质坚,可用作棺木板材。宋庞元英《谈薮》:"往年平江大旱,河水尽涸,居民就河底掘旱井,或有掘得～者。"宋元《清平山堂话本·李翠莲》:"～棺材罗木底,公婆与我烧纸钱。"清王士禛《香祖笔记》卷七:"贵州苗峒出～,然彼中不甚贵重。" ❷指用沙板做成的棺材。明沈德符《万历野获编》卷一八:"吴之阊门宋姓者,以市川贵秘器为业,俗所谓～者是也。"佚名《民抄董宦事实》:"(陈)明之妻不过一黥刺贼奴之妇,乃其死以百金～盖之。"

【沙板钱】 shā bǎn qián 一种含沙的劣质钱币。《元曲选外编·延安府》二折:"七个～买一只,重一百二十斤,大尾子绵羊至贱。"清胤禛《朱批谕旨》卷二二三中:"据供伊等所铸俗名铅钱,本地不用,俱系江北客人贩去,而江北客人携带南来,则为～。"

【沙包肚】 shā bāo dù 指产妇产后进食过多而形成的大肚皮。明《西游记》五三回:"夯货,少吃些! 莫弄做个～,不象模样。"

【沙场】 shā chǎng 指战场。唐齐备《出塞》:"～三万里,猛将五千兵。"《元曲选·气英布》四折:"为甚么捐躯死战在～,也则要赤心扶立汉家邦。"清《飞龙全传》三二回:"二将刀枪并举,大战～。"

【沙村】 shā cūn ❶沙滩边或沙洲上的村落。唐刘长卿《春望寄王涔阳》："依微水戍闻钲鼓，掩映～见酒旗。"元王逢《题杉溪老人家壁》之三："红白花明水寺，青苍树绕～。"清宋荦《荻港避风》之一："多少齐梁遗恨在，渔歌欸乃自～。"　❷ 粗暴；粗野。《元曲选·罗李郎》四折："这哥哥恁地狠，没些儿淹润，一划地～。"明徐复祚《投梭记》五出："做出个～势逞威。"

【沙锅】　shā guō　用陶土和沙烧成的锅。宋陆游《埭西小聚》："瓦盎盛蚕蛹，～煮麦人。"《元曲选·东堂老》二折："～底无柴煨不热那冰，破窑内无席盖不了顶。"清《红楼梦》四二回："风炉两个，～大小四个。"

【沙壶】　shā hú　用陶土和沙烧成的壶。清陆廷灿《续茶经》卷中："今时姑苏之锡注，时大彬之～，汴梁之锡铫，湘妃竹之茶灶，宣成窑之茶盏，高人词客，贤士大夫莫不为之珍重。"《红楼梦》七七回："先拿些水洗了两次，复又用水汕过，方提起～斟了半碗。"

【沙罗】　shā luó　一种盆状器皿，又可用作打击乐器。《通典》卷一四二："自宣武已后，始爱胡声，……铜钹，打～，胡舞铿锵镗铬，洪心骇耳。"《宋会要·刑法二》："少壮子弟聚集起置上庙朝岳社人名，着青绯衫子，执擎木素棹刀及木枪，排旗子、～，作队迎引祭祀之物。"

【沙锣】　shā luó　同"沙罗"。宋胡宿有《就驿赐北使银～唾盂等口宣》。清吴任臣《十国春秋》卷一："常遇王起盥漱，右手擎～，可百餘两，实水其中以洗项。"

【沙门岛】　shā mén dǎo　登州（今山东蓬莱）西北海中的岛屿，为流放罪犯的地方。五代李元懿《上六事疏》："凡罪人，或刺面填都，或决配～。"《元曲选·合汗衫》一折："被官司问做误伤人命，脊杖了六十，迭配～去。"清《荡寇志》九四回："且见天使被害，畏罪自首，应姑免死罪，刺配～。"

【沙木】　shā mù　指沙木棺材板。清《醒世姻缘传》四三回："又叫晁书用二十两银子买了一副～，叫人在真空寺合材。"

【沙盘】　shā pán　扶乩所用的盛着细砂的盘子，可以在上面写字。清《儒林外史》七回："当下留着吃了饭，叫长班到他下处把～乩笔都取了来摆。"《红楼梦》九五回："在箱子里找出～乩架，书了符，命岫烟行礼，祝告毕，起来同妙玉扶着乩。"《绿野仙踪》九一回："少刻，乩笔在～中乱动，他却不看写的是什么。"

【沙碛】　shā qì　❶ 同"砂碛❷"。唐温大雅《大唐创业起居注》卷二："苦于水浅，～相次，船行不进。"宋岳珂《桯史》卷一四："酒阑放脚步～，细石作行相靡迤。"清《野叟曝言》一一一回："把绳头拴缚自己腰内，拿着长竿，盘上大桅，另用绳索绑缚凑长起来，那长竿便直透出～外去。"　❷ 同"砂碛❸"。宋《宝庆四明志》卷二一："金蛤潭，县东三十五里，珠岩之巅，其潭晴雨皆涸，特～耳。"明万衣《修筑桑落洲堤后记》："往予在江郡，视若洲土田黑壤，～杂壤中，江水溢辄善溃。"

【沙钱】　shā qián　即"沙板钱"。宋《建炎以来繫年要录》卷五二："又仿之私铸，夹以沙土，谓之～。"《宋史·哲宗昭慈圣献孟皇后传》："时虔州府库皆空，卫军所给，惟得～，市买不售，与百姓交斗。"《续资治通鉴》卷一三八："知潭州黄祖舜，言江、湖之间，私筹轻薄～，请申严私铸之刑。"

【沙塞子】　shā sài zǐ　称生长在塞外沙漠地带的人。《元曲选·昊天塔》四折："我做将军快敌斗，不吃干粮则吃肉。你道是敢战官军～，怎知我是畏刀避剑韩延寿。"《元曲选外编·射柳捶丸》三折："都是那能征敢战的北番军，舍死忘生～。"

【沙三】　shā sān　乡村子弟的常用名。元杜仁杰《耍孩儿·喻情》："～烧肉牛心儿炙，没梁的水桶，挂口休提。"《元曲选·秋胡戏妻》三折："～、王留、伴哥儿，都来也波！"明《二刻拍案惊奇》卷一九："只见平日往来的邻里～走将来叫寄儿。"

【沙势】　shā shì　同"杀势❷"。元白樸《李克用箭射双雕》残曲《粉蝶儿》："一个个恁般～，直吃的浑身上村酒淋漓。"《元曲选·薛仁贵》三折："这的是甚所乔为，直吃得恁般～。"

【沙糖】　shā táng　用甘蔗汁熬制的结晶颗粒较大的糖。《通典》卷一八八："(真腊)饮食多酥酪、～、糠粟、米饼。"洪迈《容斋五笔》卷六："红蔗止堪生啖，芳蔗可作～。"清曹庭栋《养生随笔》卷五："治久泄，糯米水浸一宿，山药炒熟，加～胡椒煮。"

【沙眼】　shā yǎn　因沙粒脱落而形成的小孔。也泛指小孔。宋何薳《春渚纪闻》卷九："受水处常为恐沙粒所隔，去之则便成～。"彭乘《墨客挥犀》卷二："然四傍皆顽石，惟当中有数～，每潮上则涓涓而出，潮退复竭。"清《西清砚谱》卷一三："砚背及四侧俱有剥蚀～。"

【沙雨】　shā yǔ　蒙蒙细雨。唐杜甫《老病》："夜足沾～，春多逆水风。"宋徐宝之《沁园春》："江南岸，正柳边无路，～微茫。"清董俞《卜算子·江亭》："～舞鬖髿，渡口霞光乱。"

【吵】　shā　❶ 语气词。a）用于句末，表示测度、祈使等语气。宋黄庭坚《归田乐令》："两情各自肯，甚忙咱？意思里，莫是赚人～？"金《董解元西厢记》卷三："不图酒食不图茶，夫人请我别无话，孩儿，管教俺两口儿就亲～！"《元曲选·灰阑记》三折："告告告狠爹爹宁耐～。"b）用于句中，表示假设、条件等语气。金《董解元西厢记》卷六："我到那里见夫人～有甚脸？"《元曲选·竹叶舟》三折："俺则问你，是做买卖经商？是探故乡亲旧？既不～，你怎生在长江侧畔将咱候？"又《灰阑记》四折："既不～，你两个赶到中途有何意？"　❷ 吹奏。元杨立斋《哨遍》："棚上下，对文星乐宿，唱唱～～。"明汤显祖《牡丹亭》八出："春鞭打，笛儿～，倒牛背斜阳闪暮鸦。"　❸ 啥；什么。清《豆棚闲话》一〇则："请～神道做个社主？"又："弗拘～人品物件，都以仙人称唤。"

【纱厨】　shā chú　纱帐上面蒙纱的隔扇。唐顾甄远《惆怅》之二："禁漏声稀蟾魄冷，～筠簟波光净。"清《九云记》二五回："引着丞相及众人，又转了两层～，果得一门出去。"

【纱帽】　shā mào　❶ 纱制官帽。亦用为官职的代称。明陆粲《说听》卷上："太监谷大用迎驾承天，所至暴横，官员接见多遭挞辱，虽方面亦有不免者。然欲辱挞，必先问曰：'你～那里来的？'"清李玉《清忠谱》四折："监督有功，厂爷定有顶～赏你。"《凤凰池》一二回："军职这顶～，久已不欲戴了。"　❷ 指代官员。明《二刻拍案惊奇》卷一五："徽商认做自己女儿，不争财物，反赔嫁装，只贪个～往来，便自心满意足。"清《十二楼·萃雅楼》一回："市井之中一般有奇人怪士，倒比～不同，势利有时而轻，交情有时而重。"《歧路灯》七二回："大凡小厮们在衙署内住过了，～面前见过礼，幕宾们跟前说过话。"

【纱屉子】　shā tì zi　可嵌在内窗框上的糊纱木屉，防开窗后蚊虫飞入。清《红楼梦》二五回："一时下了纸窗，隔着～，向外看得真切。"

【砂蹬语儿】　shā dèng yǔ er　打趣的话；影射的话。俗言"疙瘩话"。明《金瓶梅词话》二一回："姐儿两个递酒，应伯爵、谢希大在旁打诨耍笑，说～。"

【砂锅】　shā guō　同"沙锅"。宋佚名《银海精微》卷上："右为末，香油八两，浸一日，次一日～内熬。"清《红楼复梦》五八回："刚才打甘露寺回来，因道儿上滑，碰翻了一担～。"

【砂锣】　shā luó　同"沙罗"。宋赵彦卫《云麓漫钞》卷九："今人呼洗为～，又曰厮锣。凡国朝赐契丹、西夏使人皆用此语。究其说，军行不暇持洗，以锣代之。"明宋诩《竹屿山房杂部》卷三：

"(黄雀炙)以鲜者同酒水、花椒、葱白、盐,布银锡～内蒸。"

【砂碛】　shā qì　❶ 沙漠。唐陈子昂《谏曹仁师出军书》:"臣犹虑曹仁师未识典礼,肆兵长驱,穷极～。"《新五代史·晋家人传》:"过平州,出榆关,行～中,饥不得食。"清汪由敦《赠曹剑亭舍人》:"方明属御古兴州,～冰霜塞上游。"　❷ 沙滩。《太平广记》卷四〇三引《原化记》:"舟行至虔州界,因暴雨息后,登岸肆目。忽于～间见一地,气直上冲数十丈。"赵师侠《霜天晓角·舟行清溪》:"舣舟～,秋净波澄碧。"清查慎行《五月二十五日随驾发畅春苑》之一:"雨餘～净无泥,瓜蔓秧针绿满畦。"　❸ 沙子。《古尊宿语录》卷三八《初禅师语录》:"久淘～未睹真金。"元黎崱《安南志略》卷一五:"威明以楯鼻戏扬～,倏尔成山。"

【砂糖】　shā táng　同"沙糖"。唐般若译《大乘理趣六波罗蜜多经》卷四:"愿与一切众生,除其渴爱,若施美饮～石蜜甘蔗蒲萄种种香饮。"清《醒世姻缘传》四回:"拿进去用温酒研开,用黑～调黄酒送下。"

【鈔罗】　shā luó　同"沙罗"。《祖堂集》卷三《慧忠国师》:"师便索三个～盛水着,讨蚁子便抛放水里。"

【鈔锣】　shā luó　同"沙罗"。《宋史·礼志二十二》:"上马入餘杭门,至都亭驿,赐褥被、～等。"

【煞】　shā　另见 shà。❶ 结束;停止。元苏彦文《斗鹌鹑·冬景》:"听鼓打三挝,天那,几时捱的鸡儿叫,更儿尽,点儿～!"明孟称舜《娇红记》二〇出:"听冬冬长更未～,且和你并坐窗前,消停闲话。"清《红楼梦》二七回:"宝钗在亭外听见说话,便～住脚,往里细听。"也指使结束。清《歧路灯》二二回:"您～了戏罢,去附近铺子里吃了饭,早回来开戏敬客。"　❷ 削弱;减损;去除。元关汉卿《青杏子·离情》:"愿不损,愁不～,神天还佑。"明《金瓶梅词话》六七回:"每日清辰噙一枚在口内,生津补肺,去恶味,～痰火。"清《红楼梦》五八回:"等两日咱们痛回一回,大家把威风～一～儿才好。"　❸ 系;束;勒。清《飞龙全传》一三回:"郑恩并不理论,把柴荣的银包～在腰间,往街坊上闲撞。"《歧路灯》七一回:"皮箱货箱～在车上,褡裢被窝装在一旁。"《梦中缘》一四回:"～得麻绳尽行没入皮肤,疼痛甚是难当。"　❹ 忍;控制。清《野叟曝言》六八回:"这傻孩子,就快活也～着,怎便笑起来。"　❺ 熄灭。清《歧路灯》六四回:"这银子未必就还他恁些,不过只叫没水不～火就罢。"又六九回:"无水不～火。这些人若不得一个钱,将来谭相公支不住,怕激出事来。"　❻ 硬。明《醋葫芦》五回:"成家院君,心肠～过了生铁,成老头子被他弄得七颠八倒,再也不敢说起个'妾'字。"　❼ 同"杀❾"。元卢挚《沉醉东风·对酒》:"炼成腹内丹,泼～心头火。"《元曲选·竹坞听琴》二折:"枉将你那机谋用～。"清《野叟曝言》一四回:"自己又已说～,许其别变,恐怕事有决撒。"《绿野仙踪》五七回:"这话我也不敢保～。我以情理想算还有几分可望。"　❽ 用在动词或形容词后,表示达到极点。唐白居易《府酒五绝·谕妓》:"莫辞辛苦供欢宴,老后思量悔～君。"元孛罗御史《一枝花·辞官》:"今日里无是无非快活～。"清《红楼复梦》四四回:"你给丈母在这儿修宅子,又给我二姑太太做了儿子。真是喜～我了!"　❾ 语气词。元杨立斋《哨遍》:"唱一本多愁多绪多情话,教您听一遍风流浪子～。"《元曲选外编·三夺槊》四折:"我～,不待言,不近前。"清《霓裳续谱·女大思春》:"这孩子吃的饱饱儿的,不知往那里去了,待我去寻寻他～。"

【煞场】　shā chǎng　终场,指一出戏结束。清《红楼梦》九三回:"直等这出戏～后,更知蒋玉函极是精神,非寻常脚色可比。"

【煞定】　shā dìng　敲定;议定。清《警寤钟》二回:"他要羽冲装作买主的家人,同来议价,～价钱。"

【煞放】　shā fàng　发泄。清《绿野仙踪》四四回:"你这没好气,在我身上～怎么?"

【煞风景】　shā fēng jǐng　同"杀风景"。宋楼钥《次韵沈使君怀浮冈梅花》:"毋庸高牙～,为著佳句增孤妍。"清《歧路灯》七三回:"街上一为走动,万一有人请算帐,就是个～的事。"

【煞后】　shā hòu　走在最后。明《金瓶梅词话》四八回:"官客骑马在后,来兴儿与厨役慢慢的抬食盒～。"

【煞火】　shā huǒ　❶ 消除火气。清《玉蜻蜓·戏芳》:"大爷一心火来朵,吃杯茶下去煞煞火罢。"　❷ 隐指满足性欲。明《一片情》一四回:"日逐挨肩擦背,打牙犯嘴。巧姐无奈,也有三五分在腊梨身上,要～的意思。"《杏花天》七回:"妹妹,你且让我与封郎煞煞火。"

【煞渴】　shā kě　解渴。隐指满足性欲。明《二刻拍案惊奇》卷七:"他欲心如火,无可～之处。"

【煞癞】　shā lài　犹"撒赖"。明何良俊《四友斋丛说》卷一三:"海刚峰不怕死,……但只是有些风颠,又寡深识,动辄要～,殊无士大夫之风耳。"

【煞年】　shā nián　年末。明周履靖《锦笺记》一三出:"从弗回家过夏,解馆直到～。"

【煞气】　shā qì　另见 shà qì。❶ 寒气;阴气;肃杀之气。唐佚名《登山奉怀知己》:"阵云横北塞,～暝南荒。"辽耶律纯《星命总括》卷上:"酉中的煞旺中金,金气秋霜～深。"元舒頔《对雨》:"山川惨惨光华少,天地昏昏～多。"　❷ 杀伐之气;刑杀之气。唐宋再兴《故云麾将军宋公墓志铭序》:"冲突兵象,～横尸。"《太平御览》卷六三六引《唐书》:"大理狱院由来相传～太盛,鸟雀不栖。"按,《旧唐书》作"杀气"。清《女仙外史》五〇回:"迸出火光万道,刀削锤棱;激来～千行,锤禁刀刃。"　❸ 发泄怒气;出气。明《金瓶梅词话》一八回:"他不知那里因着甚么由头儿,只拿我～。"又六九回:"此已定是西门官府和三官儿上气,嗔请他表子,故拿俺每～。"　❹ 减低怒气;消气。清《红楼梦》五九回:"你再略煞一煞气儿,难道这些人的脸面,和你讨一个情还讨不下来不成?"《霓裳续谱·凤阳鼓凤阳锣》:"叫声咳呀我的哥,你煞煞气儿听着我说。"

【煞尾】　shā wěi　结尾;收尾。宋周密《癸辛杂识》续集卷上:"或有一时～参差不齐,则谓之不和,必有口舌不乐等事。"明吕坤《呻吟语摘》卷下:"初开口便是～语,初下手便是尽头着。"清《水浒后传》一回:"这一段话是《水浒传》的～,前已讲过。"

【煞性子】　shā xìng zi　发泄怒气;发脾气。清《红楼梦》四四回:"两口子不好对打,都拿着平儿～。"又五五回:"我一肚子气,没人～,正要拿他奶奶出气去。"

【煞着】　shā zhāo　同"杀着"。明《醒世恒言》卷九:"倘或旁观的口嘴不紧,遇～处溜出半句话来,赢者反输,输者反赢。"

【噉】　shā　另见 shà。❶ 同"煞(shā)❽"。宋欧阳修《渔家傲》:"昨日为逢青伞盖,慵不采,今朝斗觉凋零～。"杜安世《渔家傲》:"每到春来长如病,玉容瘦与薄妆称。不惯被人抛掷～。"辛弃疾《洞仙歌·红梅》:"怕等闲、春未到,雪里先开,风流～、说与群芳不解。"　❷ 同"煞(shā)❾"。元杨立斋《哨遍》:"据小的每～,大厮八,着几条坐木做陈蕃榻。"

shǎ

【傻】　shǎ　❶ 僵硬,不灵活。宋梅尧臣《李审言相招会开宝塔院》："或讯项发秃，或指舌端～。" ❷ 头脑糊涂，不明事理。《类篇·人部》："～，傻俏不仁。"《元曲选·陈州粜米》三折："嗨，我也是个～弟子孩儿！又不曾吃个，怎么两片口里劈溜扑剌的？"明顾起元《客座赘语》卷一："人之粪而不慧者曰笨，或曰骙，或曰獃，或曰～。"清《红楼梦》四六回："若果然不愿意，可真是个～丫头了。" ❸ 副词。甚。表示程度高（含贬义）。《元曲选外编·射柳捶丸》三折："八九层甲～重的，可怎么披？"明佚名《黄莺儿·嘲村妇》："锡环子～白，铜簪儿密排，野花乱往头上戴。"清《醒世姻缘传》五八回："觅汉去不一会，从外边拿着一个燎黑～大的铁嘴老鸹往后来。" ❹ 立秋日下雨。清弘历《立秋日作》："是日晴为掉，雨弗止为～。"自注："按秋掉、秋傻之言，皆从农家俗谚。"又《立秋叠乙巳诗韵》诗注："农谚以立秋日不雨为秋掉，主三秋雨少；以竟日雨为秋傻，主三秋雨多。"

【傻不答】　shǎ bù dā　傻。不答，语助词。明佚名《小桃红·西厢百咏·夫人答恒》："郑恒你好～，来扑慕成姻娅。"

【傻才】　shǎ cái　犹"傻瓜"。明《金瓶梅词话》八一回："你这～，这遭再休要傻了。"

【傻屌】　shǎ diǎo　詈词。傻瓜。《元曲选·荐福碑》二折："～放手！我赶相公去。"明康海《中山狼》二折："兀那路傍树上拴着驴儿，有个～立地。"

【傻儿凹】　shǎ ér āo　犹"傻瓜"。明佚名《岳飞精忠》楔子："我两个是天下无对手，见世的～。"又佚名《齐天大圣》三折："只因大圣那个～，不知那里偷将几丸药来。"

【傻瓜】　shǎ guā　傻子（用于骂人或开玩笑）。《元曲选外编·延安府》三折："他扣厅打我一顿，想起来都是～。"明刘天时《胡十八·罢官作》："平白里结下个大疙疸，天和地是个～，鬼和神是个哑巴。"清《醒世姻缘传》五五回："他媳妇儿，那淫妇，通是个～。"

【傻角】　shǎ jiǎo　犹"傻瓜"。《元曲选外编·西厢记》一本三折："姐姐，我不知他想甚么哩。世上有这等～！"明徐渭《南词叙录》："～，上湿假切，下急了切，痴人也，吴谓呆子。"清《荡寇志》九〇回："兀那汉子，有些～，不走你的路，只管看我做甚？"

【傻气】　shǎ qì　糊涂；死心眼。明《西洋记》六七回："你这个人有些～么？拜我做什么？"清《红楼梦》九七回："宝玉此时到底有些～，便走到新人跟前说道：'妹妹，身上好了？'"

【傻厮】　shǎ sī　犹"傻瓜"。明佚名《桃符记》一折："〔六儿云〕门外好贱材。〔舍人云〕要怎的？〔六儿云〕烧的这个～。"

【傻笑】　shǎ xiào　无意义地一个劲儿地笑。清《红楼梦》九五回："宝玉听了，终不言语，只是～。"《红楼复梦》一七回："海珠姐姐见我不乐，出这主意。你也不帮说句话，坐着旁沿儿～。"

【傻子】　shǎ zi　智力低下不明事理的人。明《金瓶梅词话》五八回："恁有钱的姐姐，不撰他些儿是～。"沈榜《宛署杂记》卷一七："痴人曰～。"清《红楼梦》九五回："袭人教一句，他说一句，大不似往常，直是一个～似的。"

shà

【杀】　shà　另见 shā。副词，用在动词、形容词前，表示程度甚。唐白居易《玩半开花赠皇甫郎中》："西日凭轻照，东风莫～吹。"自注："杀，去声。"宋朱敦儒《鼓笛令》："残梦不须深念，这些个，光阴～短。"吴潜《瑞鹤仙》："算鸱夷、办却扁舟，个中～稳。"

【厦房】　shà fáng　厢房。清《绿野仙踪》一四回："于冰看去，见正面土房三间，东～一间。"又一五回："段诚在西～内安歇。"《歧路灯》八回："王氏喜不自胜。饭后叫王中把二门外～安置酒盘，叫绍闻到学中请先生看八字，到后厦坐。"

【厦子】　shà zi　与房屋后面或侧面相接的小房。明《金瓶梅词话》四八回："比时搭月台，不如买些砖瓦来，盖上两间～，却不好？"清《儒林外史》二一回："把后面的天井内搭了个芦席的～做厨房。"

【嗄】　shà　❶ 夹在中间，不能活动。元高明《琵琶记》二〇出："呕得我肝肠痛，珠泪垂，喉咙尚兀自牢～住。" ❷ 啥；什么。清《聊斋俚曲·俊夜叉》："我要丢个干干净，看你～法把我治！"《儒林外史》三六回："没奈何卖了，又老远的路来告诉我做～？"方成培《雷峰塔》一二出："〔副净〕～？〔丑〕勿是，勿是，叫做许宣。"

【倽】　shà　什么。明《山歌·帐》："姐道郎呀，我听你遮后遮前私房两个自快活，啰怕外头有～恶风声。"又《烧香娘娘》："借别人介多呵物事，教我拿～陪偿？"清方成培《雷峰塔》二二出："员外，员外，为～了？"

【倽个】　shà ge　什么。明《山歌·撇青》："姐见郎来便闪开，～人前要卖乖。"又《山人》："我弗知你为～事干，仔细替我说个元因。"清方成培《雷峰塔》二二出："〔净〕勿好哉，勿好哉！〔丑〕～勿好哉？"

【煞】　shà　另见 shā。❶ 啥；什么。明凌濛初《北红拂》二出："随他评论～娶而不告，那里讲道学的律有明条！"清《红楼梦》六回："你那爹在家怎么教你来？打发咱们作～事来？"《白雪遗音·王大娘》："奴的妹子，年小不知～，奴的姐姐，合奴不差～。" ❷ 眨。明《二刻拍案惊奇》卷六："争奈将军不做美，好象个监场的御史，一眼不～，坐在那里。" ❸ 凶神恶鬼。唐张九龄《总论驾后神煞歌》："流年诸～与诸凶，逆认地支人罕有。"《元曲选·倩女离魂》一折："苦被～尊堂间阻，争把俺情义轻抛。"清沈复《浮生六记》卷三："回煞之期，俗传是日魂必随～而归，故房中铺设一如生前，且须铺生前旧衣于床上，置旧鞋于床下，以待魂归瞻顾。" ❹ 表程度之深。《敦煌变文校注》卷五《父母恩重经讲经文（一）》："人家父母恩偏～，于女男边倍怜爱。"宋《朱子语类》卷一二三："如王安石罪既已明白，……却于其死又加太傅及赠礼皆备，想当时也道要委曲周旋他。如今看来，这般却～不好。"清《隋唐演义》三二回："皙皙清眉秀目，纤纤齿白唇红。双丫髻，～有仙风。" ❺ 副词。a) 多。宋佚名《靖康要录》卷二："上曰：'国家无许多金银，禁中却～有珠玉等，卿等可过去商量，以此准折。'"《朱子语类》卷六七："其中言语亦～有不可晓者，然亦无用尽晓。"丘崈《满江红》："且饮不须论许事，从今～有佳天色。但官闲、有酒便嬉游，愁无益。"b) 真；确实。宋曹勋《玉蹀躞》："少欢偶。人道消愁须酒。酒又怕醒后。这般光景，愁怀～难受。"《朱子语类》卷一三〇："东坡以前进说许多，如均户口、较赋役、教战守、定军制、倡勇敢之类，是～要出来整理弊坏处。"清《荡寇志》一〇四回："我方才看那庄外九宫坛的布置，这庄内～有异人。" ❻ 连词。a) 虽然，表让步。宋杜范《徐倅尊人挽诗》之一："～有哀荣身后事，不差生死梦中言。"金《董解元西厢记》卷一："相国夫人～年老，虔心岂避辞劳！"《元曲选·渔樵记》四折："往常我破绸衫粗布袄～曾穿，今日个紫罗襕恕咱生面。"b) 却，表转折。宋《朱子语类》卷一三四："不知这般人得之未必能成事，若为盗所得，～会挠人。"明《挂枝儿·假相思》："真相思人～有薄幸处，薄幸人～有真相思处，莫要一例看人。" ❼ 用在谓语前面，起加强语气的作用。宋《朱子语类》卷二九："宁武子当卫成公出奔时，～曾经营着力来。"《元曲选·汉宫秋》三折："我～大臣行说一个推辞谎，又则怕笔尖儿那火编修讲。”又《㑳梅香》二折：“我且不问你别的，这香囊上绣着两个交颈鸳鸯儿，～主何意思那？”

【煞鬼】 shà guǐ ❶恶鬼。唐王梵志《好住四合舍》：“无常～至，火急被追催。”《敦煌变文校注》卷五《妙法莲华经讲经文（一）》：“～忽然来到后，阿谁能替我无常？”明《西洋记》一回：“当日殷纣造罪，恶毒恣横，遂感六大魔王，引诸～，伤害下界众生。”❷人死后的鬼魂。明侯甸《西樵野记》：“顾媪见～异状：正德初，乡人顾纲卒，煞回适值夜中，……其状如猿，而大如犬，系网从甍中而下，据案啖牲馔。”

【煞老实】 shà lǎo shi 极力。清《醒世姻缘传》八三回：“童奶奶说到援纳京官，省得把寄姐远到外任，～的撺掇。”

【煞力】 shà lì 极力。明李开先《一江风》：“秤钩～抬，盘珠净算开，万恨千愁在。”袁崇冕《清江引》：“五言一小词，四句协三韵，提来到口边头，～子忍。”

【煞气】 shà qì 另见 shā qì。❶凶气；鬼魂之气。元明《水浒传》二六回：“盘旋似怪风侵骨冷，凛冽如～透肌寒。”明万民英《三命通会》卷二：“子反能克制于凶煞，仍究～制之。”清赵翼《陔餘丛考》卷三二：“又储泳论男女生煞云：人以某日死，则受某日之～。” ❷凶恶的神气。清《女仙外史》一回：“凶威凛凛，竟要逼赴阳台；～棱棱，辄欲拐奔尘世。”

【煞强如】 shà qiáng rú 胜过；比……强。元商衢《月照庭·问花》：“早寻人做主遮护你，～花貌参差。”明《古今小说》卷四〇：“马市一成，岁岁享无穷之利，～抢掠的勾当。”清洪昇《长生殿》四六出：“待想他芳魂两下重相见，俺索召李夫人来帐中。～西王母临殿前，稳情取汉刘郎遂却心头愿，向今宵同款款话因缘。”

【煞强似】 shà qiáng sì 犹“煞强如”。《元曲选外编·西厢记》二本一折：“吟得句儿匀，念得字儿真，咏月新诗，～织锦回文。”明《醒世恒言》卷一三：“若是氏儿前程远大，将来嫁得一个丈夫，好像二郎尊神模样，～入宫之时，受千般凄苦，万种愁思。”清李玉《清忠谱》八折：“我此一去呵，若得个斩奸邪，碎首彤庭，～牖下空老。”

【煞恁】 shà rèn 即“煞(shà)❹”。明《二刻拍案惊奇》卷二一：“是了！是了！此即梦中之人也，～奇怪。”

【煞神】 shà shén ❶凶神。元胡一桂《周易启蒙翼传》下篇：“若郭氏洞林全用五行六神，及年月日诸～占，灵验无比，不可胜书。”明解缙《大庖西上封事》：“方向～，事甚无谓；孤虚宜忌，亦且不经。”清《红楼梦》八一回：“把他家一抄，抄出好些泥塑的～，几匣子闷香。” ❷人死后的鬼魂。明沈榜《宛署杂记》卷一七：“阴阳家以死者年月，推～所在之日，则举家避之他所，曰躲煞。”清徐乾学《读礼通考》卷三八：“若夫推干支以避～，焚魂衣以代皋复，……皆失礼之尤者。”

【煞甚】 shà shèn 甚；很。同义复词。明《金瓶梅》一回：“只为当时有一个人家，先前恁地富贵，到后来～凄凉。”清陈维崧《夏初临》：“天涯羁旅，～凄凉。”洪昇《长生殿》三七出：“且喜天不收，地不管，无拘无系，～逍遥。”

【煞时间】 shà shí jiān 即“霎时”。宋文及翁《百字令·咏雪》：“没巴没鼻，～，做出漫天漫地。”《元曲选外编·东墙记》四折：“～去马回车，都做了往雁归鸿。”清《醒世姻缘传》九三回：“只见东北上起起乌云，腾腾涌起，～住了狂风。”

【煞实】 shà shí 确实；着实。《宋名臣言行录》外集卷六：“朱子曰：‘与叔之文，～说得好处，如千兵万马饱满伉壮。’”清《醒世姻缘传》二八回：“细端详他那模样，眼耳鼻舌身，～的不丑。”又六五回：“手里使那窗栓，肩膀上～乱打。”

【煞也】 shà yě 即“煞(shà)❹”。明《二刻拍案惊奇》卷四：“～古怪，但是埋他这一块地上，一些红花也不生哩。”清《醒世姻缘传》六回：“又到金箔胡同买了甘帖升底金，送到东江米巷销金铺内，销得转枝莲，～好看，把与晁大官人戴。”又七五回：“只是起身之时，未免被素姐咒得利害，～有些心惊。”

【噷】 shà 另见 shā。❶同“煞(shà)❹”。《敦煌变文校注》卷五《维摩诘经讲经文（一）》：“止住须弥福德强，手扶日月威神～。”《元典章·户部五》：“若自愿种田的人教种呵，～便当。”明朱有燉《一枝花·代友人劝从良伶者》：“据着你主张呵苗稀草盛曾种在南山外，烧炙呵煮粒然萁曾题入七步才，又不比打球似心肠滚得～。” ❷副词。a）多。宋《三朝北盟会编》卷五五：“本朝今则～有忠义之士，辅佐今圣，与昔日事体不同。”洪迈《容斋续笔》卷一：“圣语忽云：‘近见甚斋随笔？’迈竦而对曰：‘是臣所著《容斋随笔》，无足采者。’上曰：‘～有好议论。’”朱鉴《文公易说》卷一九：“伊川《易》～有重叠处。”b）真；的确。宋《三朝北盟会编》卷四：“阿固达笑曰：‘射得～好，南朝射者尽若是乎？’”又卷二二：“你说得也～好，只是你南家说话多梢空。”原注：“谓虚诳为梢空。”又卷一六二：“译者云：‘李成～是粗人，不成人物。’” ❸用在谓语前面，起加强语气的作用。宋赵长卿《水龙吟·自遣》：“～曾着意斟量过，天下事、无穷尽。”《三朝北盟会编》卷四：“契丹～大国土，被杀败，我如今～是大皇帝。”又：“闻教谕兵书，及第莫？～会弓马否？” ❹连词。虽然，表让步。金《董解元西厢记》卷三：“这书房里往日～曾来，不曾见这般物事。”

【翜】 shà ❶同“霎❶”。明彭韶《知永丰县陈公墓志铭》：“性本刚急，触事辄发，然一～须如故，不留宿于中。” ❷眨。明《醒世恒言》卷二八：“每常时，～～眼便过了一日。”又卷三七：“三万银子，恰象三个铜钱，～～眼就弄完了。”

【翜时】 shà shí 同“霎时”。明黄仲昭《过匡庐山阴雨诸峰不得见》之一：“我来欲览匡庐胜，烟雨冥蒙在～。”吴宽《董北苑溪山风雨图》：“始信～间，天工特相戏。”万民英《星学大成》卷一八：“驹阴过隙～中。”

【霎】 shà ❶短时间；一会儿。唐孟郊《春后雨》：“昨夜一～雨，天意苏群物。”元佚名《要孩儿·拘刷行院》：“～儿间羊宰翻，不移时雁煮熟。”清《歧路灯》九三回：“小女人且回去，好事儿不是一时一～就成的。” ❷眨。明《西游记》八一回：“～～眼就到了陷空山，进了无底洞。”《西洋记》三回：“员外眼睛一～，早已不见了个阿婆。”《拍案惊奇》卷三四：“庵主一眼不～，估定了看他。”

【霎那】 shà nà 极短的时间；瞬间。宋洪迈《夷坚志》乙卷一三：“高名显位瞬息尔，泛水轻沤～间。”△清《青楼梦》三一回：“顷刻间红愁绿恨，昙现～。”

【霎时】 shà shí 极短的时间。宋黄庭坚《两同心》：“～间，雨散云归，无处追寻。”《元曲选·楚昭公》三折：“他道是～都命卒。”清《歧路灯》一八回：“偏是市儿聊半面，～换帖即金兰。”

【霎眼挫】 shà yǎn cuò 一转眼。明《金瓶梅词话》五四回：“伯爵又留众人，一个韩金钏～不见了。”

shāi

【筛】 shāi ❶透过。唐元稹《闲》之一：“暗澹洲烟白，篱～日脚红。”宋杨万里《霰》：“～瓦巧寻疏处漏，跳阶误到暖边融。”清龚炜《巢林笔谈》卷三："予作花月诗酒吟，效连珠回文体，中有'绿浮杯影月～花'句，内常诵之。" ❷ 分散地落下；散布。唐罗隐《甘露寺看雪上周相公》："～寒洒白乱溟蒙，祷请功兼造化功。"明《西游记》八三回："棒举一天寒雾漫，剑迎满地黑尘～。"清厉鹗《齐天乐·秋声馆赋秋声》："篱豆花间，雨～时节，独自开门，满庭都是月。" ❸ 摇动；抖动。金元好问《从希颜觅笃耨香》之一："尤物也知人爱惜，帘～风动只萦回。"元侯克中《醉花阴》："槛竹～，酒又醒，塞雁归愁越添，檐马劣梦难成。"清《霓裳续谱·晚风前》："但见些风～竹影，露坠花香。" ❹ 敲（锣）。宋赵彦卫《云麓漫钞》卷三："又中原人以击锣为～锣，东南方亦有言之者。"元杜仁杰《耍孩儿·庄家不识勾栏》："见几个妇女向台儿上坐，又不是迎神赛社，不住的擂鼓～锣。"清《红楼复梦》一二回："船家道过喜，大～着金锣，扯起布帆，开船前进。" ❺ 诌。明汤显祖《牡丹亭》二三出："则你那小鬼头胡乱～，俺判官头何处买？" ❻ 斟。宋元《古今小说》卷三六："入那酒店去，酒保～酒来，一杯两盏，酒至三巡。"《元曲选·李逵负荆》一折："〔王林云〕有酒有酒。〔做～酒科〕"清《野叟曝言》一四回："那小厮在茶壶里，～出两杯茶，送上来。" ❼ 使酒变热。元马致远《任风子》一折："大嫂，～着热酒咱，看有甚么人来。"明《金瓶梅词话》二九回："我分付教你～了来，如何拿冷酒与爹吃？"清《歧路灯》九六回："听说他把他老人家的印板，都叫那些赌博的、土娼们，齐破的烧火～了酒。" ❽ 量词，用于酒。清《儒林外史》四二回："买了一盘子驴肉，一盘子煎鱼，十来～酒。"又："婊子磕了头，一同入席吃酒，又添了五六～。"

【筛糠】 shāi kāng　形容因惊吓或受冻而发抖。明《梼杌闲评》二〇回："面如浮土，腿似～。"清《醒世姻缘传》九四回："家人媳妇丫头养娘吓得面无人色，抖战～。"《歧路灯》六五回："厅院如此搜检，素馨鲍旭那敢向门缝中一张，只是在纸糊雪洞屋内，颤个～的一般。"

【筛罗】 shāi luó　❶ 罗，一种较细的筛具。宋陈渊《留龙居士试建茶》："未下钤锤墨如漆，已入～白如雪。"明徐光启《农政全书》卷二〇："凡瓦之土胜砖之土，用砖则谨择之。簁，俗作～也。" ❷ 用这种工具筛东西。唐易静《兵要望江南·药方》："人屎粪盘下润土，碾细～贴敷之。"宋陈敬《梅蕊香》："沉檀一分丁香半，烰炭～五两灰。"清陈芳生《捕蝗考》："用秆草灰石灰等分细末，～禾稻之上，蝗即不食。"

【筛箩】 shāi luó　❶ 同"筛罗❶"。宋《朱子语类》卷一二一："这个似转水车相似，只拨转机关子，他自是转，连那上面磨子～一齐都转，自不费力。"清《满洲祭神祭天典礼》卷一："造作其碓磨、蒸笼、锅、缸、木槽、柳斗、簸箩、桶、担、～、簸箕之类，皆专设。" ❷ 同"筛罗❷"。明缪希雍《神农本草经疏》卷一一："黄者去毛为细末，不用～，只捻之如粉为度。"

【筛子】 shāi zi　用竹条等编成的有许多小孔的器具，可以把细碎的东西漏下去，较粗的成块的留在上头。宋朱肱《酒经》卷中："搏成饼子，以旧曲末逐个为衣，各排在～内。"清《红楼复梦》六一回："上面摆着一个五彩描金的洗儿盆，盆里红漆架子上放着～。"

【酾】 shāi　一音 shī。斟（酒）。唐陆龟蒙《晓次神景宫》："饭荐七白蔬，杯～九光杏。"《元曲选·儿女团圆》二折："你把那鸡儿快宰，好酒频～。"清《千叟宴诗》卷五："华筵～甘醴，钧乐谐凤凰。"

shǎi

【色】 shǎi　另见 sè。色子。《元曲选·丽春堂》二折："～不顺，不是我输了。"清《歧路灯》一六回："不然者，咱掷六～罢？"

【色盆】 shǎi pén　掷色子用的小盆。明《金瓶梅词话》四四回："于是教迎春递过～来，两个掷骰儿赌酒为乐。"清《歧路灯》一六回："宝剑铺上桌毡，放下～，让众人各照门头坐。"

【色数】 shǎi shù　❶ 即"色子"。《说郛》卷一〇一下引宋洪遵《谱双》："骰子今称～儿。"《元曲选·谢天香》三折："姐姐，咱掷这～儿。俺输了也。姐姐，可该你掷。" ❷ 指掷色子呈现的花色点数。《元曲选·丽春堂》二折："这都是托赖着大人的虎势，赢的他急难措手，打的他马不停蹄，做～唤点儿皆随意。" ❸ 乐籍。明佚名《斗鹌鹑·娶妓未谐》："你如今正青春，寻一个有智能丈夫护赡身，与您家里避雨遮风，～里除名。"

【色头】 shǎi tóu　❶ 打牌的花色。明《金瓶梅词话》一八回："吴月娘出了个四红沉，八不就，……左来右去配不着～。"△清《九尾龟》三五回："今天我们碰和，陈老特叫你来代碰，快些下去替他代碰两副，好和他转转～。" ❷ 指赌注。明《醋葫芦》一一回："张煊收起筹来会银，赛绵驹代为挑起，都飙只得将些金簪、金戒子、剔牙之类做个～，辞归。" ❸ 样数；名目。明《禅真后史》一八回："莫非兄差了～，敢来取安胎药么？" ❹ 指运气。清沈起凤《报恩缘》一二出："拉魁星斗里一摸，个个白物，真个拉哈，难道勿是我革～？"

【色子】 shǎi zi　一种游戏用具或赌具，用骨头、木头等制成的立体小方块，六面分刻一、二、三、四、五、六点。也叫骰子。《元曲选·谢天香》三折："就把这骰盆中～为题。"清《歧路灯》一六回："绍闻无奈，把～抓起，面红手颤，掷将起来。"

shài

【晒】 shài　❶ 照耀。唐韩愈《朝归》："长风吹天墟，秋日万里～。"宋韩琦《早夏》："一缆轻波摇鹢舸，满罾斜日～鱼梁。"清《红楼梦》三九回："听着，我还要使你呢，再睡的日头～着屁股再来！" ❷ 晾晒，比喻不理睬。清《霓裳续谱·佳人悄立》："我说的话呀，他连一点也是没有听，不知流落在谁家，就～了我。"《白雪遗音·大雪纷纷》："暖过你的人来，暖不过你的心来，你总是贪恋着他人将奴～。"《红楼复梦》七四回："叫我在藏春坞好等，姑太太们～我个老满儿，不亏姨娘们拉着去逛，这会还坐在那儿等着呢。谁知姑太太们得了好差使，怨不得～着咱们。" ❸ 器物见底，形容光、尽。明《金瓶梅词话》一二回："酒壶番～又重斟，盘馔已无还去探。"又一五回："米囤也～，那讨饭来？" ❹ 即"煞（shà）❹"。《敦煌变文校注》卷六《金刚丑女因缘》："大王夫人欢喜～，因兹特地送资财。"宋丁特起《靖康纪闻》："城上一人，自称统军，厉声奏知，皇帝若亲出议事，～好公事，但请放心。"

【晒浪】 shài làng　同"晒晾"。清《五色石》卷七："逐包打开～，不想每包里边各有白银一百两。"

【晒眼】 shài làng　把东西放在有阳光或通风的地方使干燥。《五灯会元》卷二〇《天童咸杰禅师》："雨寒无处～。"明《金瓶梅词话》七二回："又教他同韩嫂儿浆洗，就在李瓶儿那边～。"

【晒晾】 shài liàng　犹"晒眼"。明王恕《议事奏状》："或遇阴雨不得～，动辄守候一两个月，不能进仓。"《西游记》九九回："少顷，太阳高照，却移经于高崖上，开包～。"清弘历《留京王大臣奏报》："麦已收场资～，禾胥润垄茂婆娑。"

【晒暖】 shài nuǎn　阳光照射使变暖或取暖。宋陈旉《农书》卷上："若晴，即浅水，从其～也。"清《授时通考》卷六一："以盆盛土，种诸子，常洒水，日～，夜收暖处，候生甲时，分种于肥地。”孔尚任《桃花扇》二四出：“我们且坐廊下～，待他姊妹到来。”

shān

【山凹】 shān āo 山的豁口或山间平地。唐吕岳《梅溪烟雨》：“摩挲睡眼望～，非雾非烟景四郊。”元明《水浒传》四三回：“正走之间，只见远远在～里露出两间草屋。”清袁枚《子不语》卷一二：“犬至～中大叫，将足爬地。”

【山坳】 shān ào 同“山凹”。唐韩偓《登楼有题》：“待潮生浦口，看雨过～。”宋赵时庚《金漳兰谱》卷上：“余尝谓天下凡几山川，而其支派源委，与夫人迹所不至之地，其间～石罅斜谷幽窦，又不知其几何。”清《红楼梦》七六回：“你知道这山坡底下就是池沿，～里近水一个所在，就是凹晶馆。”

【山步】 shān bù 山脚水边人家聚居的地方。宋陆游《晚闻庭树鸦鸣有感》：“残骸幸强健，沽酒遍～。”自注：“乡语谓湖山间小聚为山步。”又《旅思》：“买药停～，求医过县街。”又《秋冬之交杂赋》四：“市徙新～，耕侵古庙堧。”

【山场】 shān chǎng ❶ 山中林场或田地。五代丁用晦《芝田录·会昌狂士》：“会昌开成中，含元殿换一柱，敕右军采造，选其材合尺度者。军司下盩厔～，弥年未构。”《元典章·圣政二》：“官人每根底放鹰犬分拨与的～，禁治着不交百姓每采打柴薪。”清《后水浒传》一〇回：“看中了我小山一块～，遂着人来叫去，立逼写了一张文契，便来定穴。”也指牧场。《明史·五行志一》：“宣府干石河～雨雹，击杀马骡四十八匹。” ❷ 泛指山地。明《西游记》四〇回：“行此险峻～，空身也难走。”又八〇回：“一路西来，却也过了几重～，遇着许多妖怪。” ❸ 可供活动的山中场地，特指居所。明《西游记》八九回：“我那们个～，非一日治的，今被这秃厮尽毁，我却要此命做甚的！”清《后西游记》二八回：“小行者与沙弥战了半晌，看见～窄狭，不好施展。”《红楼复梦》九四回：“率众奋力追赶约有十多里，来到一座～，十分开广。” ❹ 政府专营的茶场、盐场和矿冶场等。宋包拯《论茶法》一章：“臣窃见国朝茶利课额，自收复江浙之后，总～榷货，务逐岁共。”《元史·成宗纪二》：“十一月壬戌，禁权豪、僧、道及各位下擅据矿炭～。”清屈大均《广东新语》卷一九：“其濒海者，亦必多置～，以为蒸尝之业。”

【山斗】 shān dǒu ❶ 泰山、北斗的合称，比喻为众人所敬仰的人。宋陆游《东斋杂书》一二：“百年乐箪瓢，千载仰～。”明李维桢《唐诗纪序》：“彼元白钱刘柳州姑无论，昌黎若～，犹且服膺工部供奉，而避其光焰，何也？”清《儒林外史》四六回：“各位老先生当今～，今日惠顾茅斋。” ❷ 用作敬称。明《金瓶梅词话》三六回：“久仰～，未接丰标。”清《聊斋志异·二班》：“是良医殷先生也，仰～久矣！”《歧路灯》五一回：“晚生垂髫时，久已渴仰～，因老先生宦游江南，无缘识荆。”

【山朵】 shān duǒ 山；山头。唐曹松《岳阳晚泊》：“湖影撼～，日阳烧野愁。”五代李中《思九江旧居》之三：“槛底江流偏称月，檐前～最宜秋。”

【山冈子】 shān gāng zi 不高的山。元明《水浒传》三五回：“只见对过～背后，早拥出一队人马来。”清《儒林外史》三八回：“老和尚不敢违拗，捧着葫芦出去找到～上，果然有个老妇人在那里卖酒。”

【山根】 shān gēn 相面术指鼻梁。唐杜牧《自撰墓铭》：“复自视其形，视流而疾，鼻折～，年五十，斯寿矣。”《元曲选外编·裴度还带》二折：“地阔天仓，兰台廷尉，则他那～印堂人中贵。”清《绿野仙踪》六九回：“鼻凹处，～全断；唇卷起，二齿齐掀。”

【山呼】 shān hū ❶ 传说汉武帝登嵩山，闻空中三呼“万岁”声。后将祝颂皇帝或朝见皇帝时叩头呼“万岁”称作“山呼”或“嵩呼”。唐李治《上老君元元皇帝尊号诏》：“飞烟结庆，重轮降祥，鹤应九歌，～万岁。”《元曲选·赵礼让肥》四折：“顿首～，显见的圣天子百灵助。”清毛奇龄《奉和扈从登封应制》之二：“帐殿重重倚障开，～相应似鸣雷。” ❷ 泛指高声欢呼；大喊。唐许孟容《停齐总为衢州刺史敕命表》：“欢声必～雷动，圣德必一日万里。”宋王铚《默记》卷上：“其夫不胜愤，因汭衩衣衣淡黄袄子入其家，而其夫～，汭仓卒不知避。”清查慎行《拟玉泉山大阅》：“诗人赓虎拜，士气动～。” ❸ 借指王朝祚运或帝王。唐白行简《垂衣治天下赋》：“寘出岂劳于问历，～无待于卜年。”五代许寂《蜀答聘书》：“鼎峙之规模尚在，～之气象犹存。” ❹ 指万岁；万年。唐马逢《西郊迎秋赋》：“休祥毕至，则河涌灵图；庆赐遂行，乃～圣祚。”宋欧阳修《乐语七首·中央老人》：“上祝皇图，岂止～之岁。遥望天庭，敢进祝圣之颂。”邹浩《天宁节罢散道场文》：“奉七庙以承休，远过～之数；揽八方而在御，长居星拱之尊。”

【山怀】 shān huái ❶ 僧人自称山僧，称自己的心怀为山怀。《古尊宿语录》卷四〇《云峰悦禅师初住翠岩语录》：“而又翠岩一行，专使附近四十餘人，数日之间颇多喧聒，其于感愧，并集～。”《五灯会元》卷一六《元丰清满禅师》：“大众，更有～为君说，今年年是去年年。” ❷ 山间低处的平地。清《红楼梦》一七至一八回：“倏尔青山斜阻，转过～中，隐隐露出一带黄泥筑就墙。”△《儿女英雄传》四回：“上面是土石相搀的，长着些高高矮矮的丛杂树木，却倒是极宽展的一个大～儿。”

【山脚】 shān jiǎo 山的靠近平地的部分。唐白居易《十二年冬江西温暖》：“～庵中才有雪，江流慢处亦无冰。”元郑元祐《遂昌杂录》：“西去即保叔塔，～下有大石，世传秦始皇缆船石。”清《红楼梦》四九回：“于是走至山坡之下，顺着～，刚转过去，已闻得一股寒香拂鼻。”

【山君】 shān jūn ❶ 山神；山中百兽之君。唐张日新《大邑县鹤鸣山神碑》：“黄帝时，有天真皇人驾鹤来此山上，……汉和帝封为鹤鸣～。”宋程珌《水调歌头》：“半夜雌龙惊走，明日灵蛇张甲，蜚上石盘桓。多谢～护，未放醉翁闲。”清《豆棚闲话》七则：“不一时，那顽民的头目与那兽类的～，两边齐出阵前。” ❷ 借称熊、虎等山中称雄的猛兽。唐杨炯《遂州长江县先圣孔子庙堂碑》：“城门六闭，未防虞吏之灾；都市三言，终有～之暴。”明沈璟《义侠记》一出：“自横海郡中，暂辞柴进；景阳岗上，醉打～。”清《野叟曝言》七二回：“熊为～，虎豹等皆其走属。” ❸ 称隐居山中的人。元程文海《汉宫春·寿刘中斋尚书》：“记得年时，向烂柯山上，问讯～。”

【山口】 shān kǒu ❶ 山与山之间的豁口或关口。唐张鷟《游仙窟》：“行至～，浮舟而过。”清方式济《法塔哈门》：“～严扃月照营，等闲客过待鸡鸣。”自注：“奉天以北第二关。”《荡寇志》八一回：“我可同武二、杨春，领三千兵去把住～，休要放他一人一骑过去。” ❷ 山中洞口。唐王维《桃源行》：“～潜行始隈隩，山开旷望旋平陆。”柳宗元《刘仲卿隐金华洞》：“～人时得玉篆牌，俗传刘仲卿每至中元日来降洞中，州人祈福，寻溪口边得此者当巨富。”清赵执信《遣怀》之三：“秾桃成障闷～，渔人何自来梯攀。” ❸ 支架上部形状像山口的中间空处。宋曾公亮等《武经总要》前集卷一二：“单梢炮，用前后脚柱四。前长一丈八尺，上出～六寸，裹以铁叶；后长一丈六尺五寸。”华岳《翠微先生北征录》卷八：“锹头驽：桩二尺，葫芦头五寸，镫五寸，～五寸，锹头五寸，桩凡长四尺，木檐长七尺。”明徐光启《新法算书》卷九六：“又依圆轴为径，作半周圈架，心立圆柱，可周转，柱上为～，以容周与径。”

【山猫】 shān māo 虎的别称。明《西游记》一三回：“风响处，是个～来了。”清顾栋高《毛诗类释》卷一七：“山中有虎能伤人畜，人呼为～。”

【山门】 shān mén ❶道观或佛寺的大门。唐王绩《游仙》之三：“结衣寻野路，负杖入～。”《元曲选·昊天塔》二折：“那愁他四天王紧向～把，我呵显出些扶碑的手段，举鼎的村沙。”清《飞龙全传》五一回：“抬头看那～上，有一匾额，镌着‘五台禅寺’四个大字。”也泛指高大的门。唐苏颋《奉和初春幸太平公主南庄》：“主第～起灞川，宸游风景入初年。”也指建造于山口的门。《宋史·礼志七》：“至～幄次，改服靴袍，乘步辇登山。” ❷指佛寺或佛教。唐孟浩然《云门寺西六七里》：“依止托～，谁能效丘也。”金《董解元西厢记》卷一：“绿杨映一所～。”清《醒世姻缘传》九三回：“又分付了合寺僧人，俱要听从晁梁的指教，不可败坏～。” ❸指隐者所居。唐卢坦《与李渤拾遗书》：“或闻足下又以蒲轮元缥，郡府之礼不到，遂徘徊～，未果轻去。”宋苏轼《颜阖》：“～应使者，耕稼不谋国。”

【山棚】 shān péng ❶在山中搭盖的简陋的棚屋。唐陆龟蒙《樵人十咏·樵家》：“～日才下，野灶烟初起。”元明《水浒传》一〇五回：“宋江却教军士再去于本山高冈凉荫树下，用竹篷茅草盖一小小～。”明丘濬《寇都御史挽章》：“深井有人俄自毙，～无客更潜栖。” ❷唐代东都(今河南洛阳)西南山区以狩猎为生的民户，俗称山棚。后也代指寇盗。唐颜真卿《容州都督元君表墓碑铭》：“仍于唐、邓、汝、蔡等州，招辑义军，～高晃等率五千餘人，一时归附。”宋何梦桂《满江红》：“彼～魍魉，雷霆震击，海濒赤子，天日开明。”明高启《寄永宁丁明府》：“盗散～城少闭，渠通田浍水多流。” ❸为庆祝节日、喜事等搭建的彩棚。宋司马光《涑水纪闻》卷五：“莱公在藩镇，尝因生日构～大宴，又财用僭侈，为人所奏。”明《金瓶梅词话》四二回：“一丈五高花桩，四围下～热闹。”清弘历《正月十六日赐宴联句》：“烟重兰缸暖未消，绞缚～图贝阙。”

【山坡】 shān pō 山顶与平地之间的倾斜面。唐王建《同于汝锡游降圣观》：“秦时桃树满～，骑鹿先生降大罗。”元张养浩《庆宣和》：“大小清河诸锦波，华鹊～，牧童齐唱采莲歌。”清《红楼梦》二七回：“红玉听说，撤身去了，回来只见凤姐不在这～子上了。”

【山妻】 shān qī 对自己妻子的谦称。唐杨志坚《送妻》：“渔父尚知溪谷暗，～不信出身迟。”《元曲选·铁拐李》二折：“你是必打听着～，照顾着豚犬。”清《二度梅》二回：“说什么爱妾美姬，怎比俺稚子～。”

【山人】 shān rén 山野之人。称没有官职，从事巫卜、傧相、帮闲等职业的文人。也用作山野之人的自称。唐李恒《诛流方士柳泌等诏》：“～柳泌，轻怀左道，上惑先朝，罔求牧人。”《元曲选外编·裴度还带》四折：“〔～做撒帐科云〕状元稳坐紫骅骝，褐罗伞下逞风流。”清《儒林外史》七回：“只见那陈和甫走了进来，……见了二位，躬身唱诺，说：‘请二位老先生台座，好让～拜见。’”

【山亭】 shān tíng 泥制风景建筑等小玩具的统称。宋孟元老《东京梦华录》卷七：“各携枣䭔、炊饼、黄胖、掉刀、名花异果、～戏具、鸭卵鸡刍，谓之门外土仪。”宋元《警世通言》卷三七：“合哥，你只管躲懒，没个长进，今日也好去上行些个～儿来卖。”明《平妖传》七回：“两下里正在你推我辞，忽有个惯卖～儿的寿哥，挑着担子，打从门首经过。”

【山头】 shān tóu ❶指绿林中人所据的山寨。元明《水浒传》五七回：“俺们各守山寨，保护～。”明《西洋记》七回：“你无故久占我的～，我特来和你赌个赛。”清蒙正发《三湘从事录》：“响马袖手得财物，断不甘心远逐，另扎一～。” ❷坟山；坟地。《元曲选·萧淑兰》一折：“手下人，收拾春盛盒担，往～走一遭去。”元明《水浒传》二六回：“第三日，听得扛出去烧化，小人买了一陌纸去～假做人情。”明《金瓶梅词话》一〇回：“他家老公公死了，出殡时我在～会他一面。” ❸指山墙或山墙侧近的地方。宋元《古今小说》卷三三：“将这媒人转屋～边来，……打一看时，只见屋～堆垛着一便价十万贯小钱儿。”元《武王伐纣书》卷中：“拈七七四十九个粳米饭在口中，至南屋东～，头南脚北。”明《肉蒲团》一二回：“仰起头来细看，只见屋～上有三尺高五尺阔的一块，是砖墙砌不到，用板壁铺完的。”

【山坞】 shān wù 山间平地；山坳。唐顾况《访邱员外丹》：“五月五日日亭午，独自骑驴入～。”《景德传灯录》卷四《嵩岳破灶堕和尚》：“～有庙甚灵。”清刘献廷《广阳杂记》卷四：“今无片瓦存矣，～中草深数尺。”

【山响】 shān xiǎng 形容响声极大。清《红楼梦》三〇回：“叫了半日，拍的门～，里面方听见了。”又六七回：“连忙把帽子抓下来，在砖地上咕咚咕咚磕的头～。”

【山奄】 shān yān 同“山崦”。元明《水浒传》二三回：“秽污腥风满松林，散乱毛须坠～。”明罗元正《横山水洞记》：“公复趣掾寻源，引白石崖沟，山腰连～，互得泉二十二。”

【山崦】 shān yān 犹“山凹”。唐许浑《晓过郁林寺戏呈李明府》：“～登楼寺，溪湾泊晚樯。”《元曲选·黄粱梦》三折：“兀那～里有一家人家。”清陈维崧《徐竹逸荫绿轩词序》：“笔床茶灶，依～以为家。”

【山药铺】 shān yào pù 药材店。明《警世通言》卷五：“取了几文钱，从侧门走出市心，到～里赎些砒霜。”

【山野】 shān yě ❶粗鄙；鄙陋。唐薛用弱《集异记·王四郎》：“四郎忽于马前跪拜，布衣草履，形貌～。”宋徐积《赠陈诚父》：“主人太～，薄意似酒浆。”清《绿野仙踪》九一回：“小弟～，整叫了你一天老公公，该死！” ❷喜好山林乡野，放浪不拘。唐武元衡《秋日出游偶作》：“闲步欲舒～性，貔貅不许独行人。”宋刘攽《除日得王深甫书因寄》：“况兹～性，放荡破崖岸。”清《荡寇志》一〇七回：“小弟～疏散，烟霞成癖，不乐嚣居城市。” ❸山野之人。多用作谦称。元李志常《长春真人西游记》卷上：“上劳之曰：‘他国征聘皆不应。今远逾万里而来，朕甚嘉焉。’对曰：‘～奉诏而赴者，天也。’”明朱存理《跋欣赏编戊集》：“然清逸高远，上通王公，下逮～，亦雅道也。”李贽《复李渐老书》：“承谕烦恼心，～虽孤独，亦时时有之。”

【山寨】 shān zhài 山林中设有防守的栅栏、围墙的地方。特指绿林中人所据的山中营寨。五代杜光庭《中和周天醮词》：“更邻近境，绵亘数州，～相望，久为凶逆。”《元曲选·燕青博鱼》四折：“将这两个贼男女，都执缚定了，押回～，见我宋江哥哥去来。”清《荡寇志》八八回：“得英雄到此，～有福。”

【山长】 shān zhǎng ❶唐五代称居山讲学者。宋马永易《实宾录》卷一一：“唐刺史孙丘置学舍于州北古台山，以恭初为～，学者大集。”又：“五代零陵蒋维东，好学能属文，乾祐中常隐居衡岳，从而受业五十餘人，号维东为～。”宋元明清时称书院负责人。宋魏野《书黄池谷王～屋壁》：“仲先曾到仲淹家，书院穿云一径斜。”元锺嗣成《录鬼簿》卷下：“宫大用，名天挺，大名人，钓台书院～。”清《歧路灯》一〇二回：“这与外州县的书院一般，学正、学录与书院的～一般，不过应故事具虚文而已。” ❷称隐者。五代贯休有《怀匡山～》。《宋史·罗简夫传》："简夫始起隐者，出入乘牛，冠铁冠，自号～。"明傅汝舟《蓝子激甫招登白塔》："过客频留宿水堂，居人尚尔称～。"也称海岛居民中最年高的人。五代杜光庭《神仙感遇传》卷五："谒见一人，侍卫甚众，年可八十餘，号为～。"

【山障】 shān zhàng ❶屏风。五代顾敻《临江仙》："象床珍簟，～掩，玉琴横。" ❷阻隔；作梗。《元曲选外编·西厢记》三本三折："～了隔墙花影动，绿惨了待月西厢下。"张可久《寨儿令·妓怨》："崔夫人嫌杀张生，冯员外买断苏卿。他～，他短命，您窑变，您薄情。"

【山主】 shān zhǔ ❶寺院、道观、尼庵的住持。《景德传灯录》卷二七《诸方杂举征拈代别语》："偃台感～到圆通院相看。第一坐问曰：'圆通无路，～争得到来?'"元徐显《稗史集传·王德元》："充峄阳碧云宫～，赠金襕紫服。"清《锦香亭》一二回："我二人住在本庵，向来能做得主的，只因近日有本庵～在此出家，凡事须当禀明。" ❷书院的主持人。《宋史·王爚传》："台州言：'乞差爚充上蔡书院～。'诏从之。"元方回《送家自昭晋孙自庵慈湖山长序》："后江西人凡为执政者，必请为象山～，以张其势。"明陶安《送东川山长张彦深序》："～陶氏与仆通谱，族多英俊，惜其代去，遣人征文以为贶。" ❸山寨之主；山大王。元佚名《招捕总录》："既而，令～五世禄、～李伯达招降。"明《西游记》一四回："我等是剪径的大王，行好心的～。"清《呼家将》二四回："这叫天定门，那～花大王，就是俺爹爹齐国宝。" ❹出家人对施主或俗人对香会会首的称呼。明《风流和尚》六回："好个青年美貌～，怎么好像面熟的一般?"《梼杌闲评》二五回："玉支道：'何人引你进来的?'周氏道：'是～刘老爷。'"清《歧路灯》二回："庙祝道：'垂后留芳，全仗～大笔。'" ❺山地的主人。明祝允明《方承事墓志铭》："尝买山于古城～朱氏，既毕事，朱复诬谓未受直。"《禅真后史》一一回："即烦二兄与～转言，乞将价银确议，然后成交。"清《儒林外史》四五回："过了几日，寻了一块地，就在祖坟旁边，……托祖坟上～用二十两银子买了。"

【山子】 shān zi ❶山。宋陆游《入蜀记》："五祖法演禅师初住，四面～。"明程敏政《保翠堂记》："凡宇中以晚翠名者，在植物为松，范鲁公所谓郁郁晚翠者也。在峙物为～，朱子所谓翠屏晚对者也。" ❷假山。《古尊宿语录》卷八《次住宝应语录》："背阴～向阳多，南来北往意如何?"明汤显祖《牡丹亭》二四出："好一座～哩。"清《红楼梦》二七回："一定又钻在～洞里去了。遇见蛇，咬一口也罢了。" ❸坟堆；坟头。明《金瓶梅词话》八九回："不想陈经济不在家，往坟上替他父亲添土叠～去了。" ❹幞头的骨架。宋《朱子语类》卷九一："唐人幞头，初止以纱为之，后以软，遂斫木作一～在前衬，起名曰军容头。"又："桐木～相承用，至本朝，遂易以藤织者，而以纱冒之。" ❺僧人自称。《景德传灯录》卷九《沩山灵祐禅师》："百丈笑云：'第一坐输却～也。'"《五灯会元》卷一二《开善道琼禅师》："师语专使曰：'吾初无意人间，欲为～，正为宗派耳。'" ❻瑶族的一支。明王济《君子堂日询手镜》上卷："有一种人，名曰～，即夷獠之属。"清屈大均《广东新语》卷一一："琼女卖槟榔者曰～，猺之眷者亦曰～。" ❼指虎。明朱诚泳《猛虎行》："～饥负嵎，耽耽谁敢撄。"

【山觜】 shān zuǐ 同"山嘴❶"。宋梅尧臣《武陵行》："忽自傍藤阴，乘流转～。"清《平定两金川方略》卷八九："其时各山口贼番无不慌乱，而贼人正面～炮位，亦即随火炸裂。"

【山嘴】 shān zuǐ ❶伸出去的山脚的尖端。唐刘汾《大赦庵记》："东至弋阳高界培分水为界，西至丰乐风门岭洪鹤～为界。"宋杨万里《题曾无疑云巢》："清晨芒屦上～，瞥见寸云石边起。"清《儒林外史》一回："远远的有个牧童，倒骑水牯牛，从～边转了过来。" ❷形状像山嘴的河堰。唐宗亮《它山歌》："叠石横铺两～，截断咸潮积溪水。"

【杉剌】 shān là 栅栏。元明《水浒传》七四回："面前别无器械，便把～子撅葱般拔断，拿两条杉木在手，直打将来。"又一〇八回："那时四面响应，百姓都抢棍棒，拔～，折桌脚，拈指间已有五六千人。"

【衫串】 shān chuàn 衣服。元明《水浒传》四四回："背心书刽字，～染猩红。"

【删除】 shān chú 取消。清赵翼《檐曝杂记》卷六："其辽饷五百万、新饷九百万、练饷七百三十万一概～。"《大清会典则例》卷一〇二："乾隆十八年议准，副将以下等官，向来有一定品级，惟提督总兵官或加都督及都督同知佥事副将等衔，并无一定品级。今加衔既已～，将提督定为从一品，总兵官定为正二品。"

【删节】 shān jié 删去文字中可有可无或比较次要的部分。宋朱熹《答吕伯恭论渊源录》："其它浮辞，多合～，当时失于草草耳。"明王守仁《与顾惟贤》："但古人言论，自各有见，语脉牵连，互有发越。今欲就其中以己意～之，似亦甚有不易。"清《四库总目提要·春秋道统》："且不特传文多所～，即经文亦止摘录一二字。"

【删抹】 shān mǒ ❶勾掉；去掉。元张可久《红绣鞋·西湖雨》："～了东坡诗句，糊涂了西子妆梳。"明张大复《梅花草堂笔谈》卷六："公欣然取册，示先生，则已～如先生旨。"清顾炎武《日知录》卷一七："愚幼时《四书》本经俱读全注。后见庸师应生，欲速其成，多为～，而北方则有全不读者。" ❷删改。《元曲选外编·西厢记》三本一折："一个丝桐上调弄出离恨谱，一个花笺上～成断肠诗。"

【跚】 shān ❶踩；踏。《元曲选·朱砂担》三折："他偶然～破脚，在后边慢慢的行哩。"又《伍员吹箫》一折："日夜奔来，兀的这两脚上不～成了趼也!" ❷窝藏。明徐元《八义记》三六出："赵孤儿是伊家一过，把恶头踹来与我。"

【跚马】 shān mǎ 舞台表演骑马的动作。跚，踩。舞台表演以竹代马，因称跚。《元曲选外编·五侯宴》二折："〔外扮李嗣源～儿领番卒子上〕"明贾仲明《升仙梦》三折："〔正末同正旦～上〕"

【跚橇】 shān qiāo 踩高跷。《元曲选外编·五侯宴》三折："引着沙三去～，伴着王留学调鬼。"

【跚水儿】 shān shuǐ er 踩水。《元曲选外编·博望烧屯》三折："三军跟着我，摔手浮摔手浮，狗跑儿浮狗跑儿浮，～浮～浮。"

【跚歪】 shān wāi 举止不正派。明佚名《水仙子》："出的门～捏怪，入的门说谎调白，醉了时拽巷拖街。"

【苫】 shān 另见 shàn。搭拉；低垂(眉)。《元曲选·还牢末》一折："为甚么～眉努目闲淘气，你来我去无些礼，揎拳攞袖乔声势?"又《萧淑兰》一折："我看你瘦恹恹眼札眉～，多敢是家菜不甜野菜甜。"

【苫条】 shān tiáo 成张的毡子，用来铺或垫。明《金瓶梅词话》一六回："桌上铺茜红～，两个灯下抹牌饮酒。"

【苫眼铺眉】 shān yǎn pū méi 即"铺眉苫眼"。元马致远《任风子》二折："～恰似愚，缩项潜身子妆古。"亢文苑《一枝花》："看别人～，笑自己缄舌闭口。"《元曲选·风光好》二折："想昨日在坐上，那些儿势况，～尽都是谎。"

【扇】 shān 另见 shàn。❶挥手掌打人。《元曲选·争报恩》

二折："恼了我，～你那贼弟子孩儿！"清《醒世姻缘传》二三回："大巴掌～到脸上。" ❷抡动；摇晃。元王大学士《点绛唇》："一个调灰驴的将脚面闪，一个学相扑的手腕来～。"《元曲选·任风子》一折："一个拳来到眼跟前，轻躲过臂忙～。"元明《水浒传》四回："智深把皂直裰褪膊下来，把两只袖子缠在腰里，露出脊背上花绣来，～着两个膀子上山来。" ❸施展。元王晔《折桂令·问苏妈妈》："苏婆婆常只是熬煎，临逼得孩儿，一谜地胡～。"清《聊斋志异·红玉》："宋官御史，坐行赇免。居林下，大～威虐。" ❹煽动；引发。明汤显祖《牡丹亭》一〇出："单则是混阳蒸变，看他似虫儿般蠢动把风情～。"

【扇镘】 shān màn 要钱。明陈铎《满庭芳·稳婆》："看脉知时辰近远，安胎保子母完全，～的心不善。刚才则分娩，先指望洗三钱。"

【扇摇】 shān yáo 同"煽摇"。五代李亶《平朱守殷告谕天下诏》："如有诸色人，被朱守殷密行文字，妄有～，盖虑奸细，黠鼷良善，朕皆明察，不汝疵瑕。"《元曲选·铁拐李》一折："你欺负俺孩儿年纪小，出家人厮～。"明刘若愚《酌中志》卷一："弁髦其王，～国是，莫此为大。"

【煽惑】 shān huò 鼓动诱惑（别人去做坏事）。唐李淳风《乙巳占》卷三："凡是南人，明相～。"宋《三朝北盟会编》卷四〇："圣旨宽大，百姓尽当体念仁厚之意，相率改过自新，不得复有～。"清《女仙外史》二八回："况且假称建文为名，～人心，正不是草寇作为。"

【煽摇】 shān yáo 煽动；煽惑。《旧五代史·唐书·明宗纪四》："兵马都监李严～军众，寻已处斩。"宋李纲《乞修军政札子》："抛弃器甲，藏匿妇人，胁取财物，～惑众者，并行军法。"清弘历《福康安等奏西藏善后事宜》："～青海众，叵脱图恩负。"

【膻心】 shān xīn 贪心。清《醒世姻缘传》三四回："一个说成十个，瞎话说是真言，果不然动了那二位乡约的～。"

shǎn

【闪】 shǎn ❶遮蔽；遮拥。唐李翱《解江灵》："人或美我，汝～其目。人或毁我，汝盈其欲。"明汤显祖《牡丹亭》一六出："梦见一人，手执柳枝，～了他去。"清《隋唐演义》五回："青色的晓雾连山，黄色的浮云～日。" ❷（从遮蔽中）突然出现；露出。宋《朱子语类》卷一七："先生略抬身，露开两手，如～出之状，曰：'忽然～出这光明来，不待磨而后现，但人不自察耳。'"明《西游记》七二回："钗头翘翡翠，金莲～绛裙。"清袁枚《子不语》卷一五："见伟丈夫须长数尺，纱帽红袍，以长帛自挂于石牌楼上，一～而逝。" ❸眨；张开（眼）。唐韩愈《城南联句》："里儒拳足拜，土怪～眸侦。"《元曲选·东坡梦》一折："只交～开那禅僧眼。"清《荡寇志》七一回："醒转来，微微～开眼。" ❹挥动；飘动；摇摆。唐杜甫《诸将》之一："见愁汗马西戎逼，曾～朱旗北斗殷。"张彦远《法书要录》卷二："乃至挥毫振纸，有疾～飞动之势。"明汤显祖《牡丹亭》四七出："作～袖走下介。" ❺吹；被风吹；受风寒侵袭。唐李咸用《秋望》："风～雁行疏又密，地回江势急还迟。"明戚继光《纪效新书》卷一五："若点瓶线太迟，未及燃入打去，则～风而灭矣。"清《红楼梦》五二回："晴雯方才又～了风，着了气，反觉更不好了。" ❻躲避；避开。宋《朱子语类》卷一一六："胡季随特地来一见，却只要相～，不知何故。"元睢景臣《六国朝·收心》："蝶入梦魂潜，燕经秋社～。"清《红楼梦》五三回："尤氏等～过屏风，小厮们才领轿夫，请了轿出大门。" ❼跌；落。宋赵彦卫《云麓漫钞》卷五："令嗣无他疾，醉中尝～倒，有肝一叶搭在肺上，不能下。"明汤显祖《牡丹亭》二三出："则见朵花儿～下来，好一惊。"清《歧路灯》一二回："见姐姐～倒在地，强搀回后边去。" ❽失；闪失。宋苏辙《次韵子瞻渼陂鱼》："巨斧敲冰已暗知，长叉刺浪那容～。"清《歧路灯》七〇回："谭绍闻怕二百两银子有～，即叫冯健到厢房，说了原委详悉。" ❾因动作过猛使筋肉受伤。《元曲选·楚昭公》四折："直自当年举鼎来，至今～了右边手。"明汤显祖《牡丹亭》四〇出："俺小官子腰～价，唱不的子喏。"清《荡寇志》八〇回："那刘二因～了腿，行走不得。" ❿（身体）猛然晃动站立不稳或使扑空。《元曲选·岳阳楼》二折："呀，这厮险些儿不～我在水里！"明《禅真后史》一七回："在那抽身退步时，险些儿～了一跌。"清《荡寇志》一二七回："庞毅心生一计，便乘间虚～一刀，回马而走。" ⓫背信使人失望或遭受冷淡。《元曲选·忍字记》四折："谁想被这秃厮～我这一～。"明顾起元《客座赘语》卷一："与人期必而背之使失望焉曰～。"清《霓裳续谱·忒也不识顽》："不过是当着人的眼目将你～，口儿不厚，我心儿里和你厚。" ⓬抛撇；抛弃。元纪君祥《赵氏孤儿》二折："我迟疾死后一场空，精神比往日不同，～下这小孩儿怎建功？"明《型世言》五回："好歹与哥计较，～了他，与哥别处去过活罢。"清《白雪遗音·伍子胥》："因报父兄仇，撇妻～子，气走樊城。" ⓭害；损害。《元曲选外编·豫让吞炭》三折："甲士溃乱，死者山积，将智氏族灭，～的我无处投奔。"明《二刻拍案惊奇》卷二〇："商家吃这一～，差不多失了万金东西。"清《荡寇志》七一回："可恨那班贪官污吏，～到我这般地位！" ⓮打开；撑开。清《歧路灯》一回："～了大门，阎相公照出灯笼来接。"又一九回："且说次日盛宅大门未～，瑞云班早已送到戏箱。"又九五回："伞扇～开，抚台率司、道迎接。" ⓯剩馀。清《歧路灯》四〇回："我留下一个大锞儿，早晚使用，～下的你都拿的去。"又四四回："因是苏州有书来，～下二百匹绸子，在作坊里染。老染匠已死，他儿子不认账，有抵赖的意思。"

【闪避】 shǎn bì 逃避；避让；躲避。唐易静《兵要望江南·占月》："月生晕，晕有耳兼生。将有火灾难～。"明梅鷟《尚书考异》卷三："又下文'无作聪明乱旧章'，与'罔以辨言乱旧政''罔以侧言改厥度'，字样句法虽～多方，而情状终不可掩也。"清胤禛《朱批谕旨》卷一六六："但查巡兵追至城隍庙前，因街巷丛杂，贼即～无踪。"

【闪磋】 shǎn cuō 错过。磋，通"错"。明王骥德《步步入江水·丽情》："懊恨当初欠相逢早，～过郎年少，机缘到一朝。"

【闪挫】 shǎn cuò ❶扭伤。宋《太平惠民和剂局方》卷一："跌扑～，外伤内损，并皆治之。"明商辂《乞恩休致疏》："肌体羸瘦，兼以右手先因～，不时痛发，艰于举笔。"清《警寤钟》二回："又有～腰的，问道：'你有甚方儿医得腰好？'" ❷挫败；挫折。清《平定两金川方略》卷九六："设或稍有～，各路官兵，必皆闻而气馁。"又卷一二〇："若明亮等不论利害，促令弁兵轻率扑碉，或至稍有～，明亮等转不得辞咎。"

【闪脸】 shǎn liǎn 不顾脸面；舍掉脸面。明《型世言》七回："渐渐也闪了脸，陪茶陪酒，终是初出行货，不会捉客。"又一一回："那芳卿闪了脸，径望房中一闯，仲含便急了。"

【闪路】 shǎn lù 让开路。明《西游记》五二回："如来传旨令入，金刚才～放行。"△清《小五义》九二回："北侠说：'～！'只听磕嚓磕嚓一阵乱削，随就追下凶僧来了。"

【闪目】 shǎn mù ❶令人眼花缭乱。唐李华《杭州开元寺新塔碑》："既镂以丹素，饰以青紫，掀肠～，百变百移，如有灵物。"

段成式《酉阳杂俎》续集卷三:“乃处木枭枝,投盖危石,猿悬鸟跂,其捷～。”《云笈七籤》卷七三:“荣华～,金玉萦心,财色介怀,百年空弃。” ❷ 睁开眼睛。宋王令《送穷文》:“叠足竦膊,～哆喙,如将有言。”△清《七侠五义》六回:“包公～观瞧,只见灯光忽暗,杨忠在外扑倒。”

【闪朒】 shǎn nǜ 犹“闪挫❶”。宋王衮《博济方》卷五:“治一切伤折及驴马伤坠,并打扑～着,疼痛不可忍者。”元明《水浒传》五六回:“不想我在你家柱子上跌下来,～了腿。”明《金瓶梅》五四回:“兀那脸皮通黄了,饮食也不想,走动却似～了腿的一般。”

【闪胁】 shǎn nǜ 同“闪朒”。宋陈言《三因极一病证方论》卷九:“病者因坠～致伤。”元明《水浒传》一〇二回:“却是用力太猛,～了胁肋。”明朱橚《普济方》卷三一五:“木鳖膏,治打扑～。”

【闪色】 shǎn sè 采用对比强烈的异色经纬织出的可闪动变化的颜色。五代花蕊夫人《宫词》之一〇八:“盘凤鞍鞯～妆,黄金压胯紫游缰。”宋吕希哲《吕氏杂记》卷下:“刘庠弹欧阳修于英宗衰服下着紧丝花袄子,曰:‘细文丽密,～鲜明。’”清《歧路灯》三〇回:“四身宫衣,四身～锦衫子。”

【闪失】 shǎn shī ❶ 身体不稳而跌倒。明《西洋记》六二回:“今日无意中一枪,伸在三太子马头上,互相～,才讨得个平开。”清《医宗金鉴》卷八七:“或因跌扑～,以致骨缝开错,气血郁滞,为肿为痛,宜用按摩法。” ❷ 意外的差错。清《红楼梦》一九回:“街上人挤车碰,马轿纷纷的,若有个～,也是顽得的?”又五三回:“他们到底年轻,怕路上有～。”

【闪烁】 shǎn shuò ❶(光亮)摇动不定;闪耀辉映。唐李山甫《代张孜幻梦李白歌》:“瑞光～天关开,五云着地长裾来。”宋佚名《木笔杂抄》卷二:“东坡《表忠观碑铭》云:‘仰天誓江,月星晦蒙。强弩射潮,江海为东。’只此四句,便见钱镠忠勇英烈之气～乾坤。”清《绿野仙踪》四五回:“大抵皆灵蚌神胎,编星照乘之类;晶莹～,可与日月同明。” ❷(物或人)忽隐忽现,变动不定。唐李邕《斗鸭赋》:“忽惊迸以差池,倏浮沉而～。”《宋史·兵志四》:“贼下马临官军,其势甚盛。昌祚等乃以牌子踢跳～,振以响环,贼马惊溃。”清《东周列国志》四五回:“秦军方才搬运柴木,只闻前面鼓声如雷,远远望见旌旗～,正不知多少军马。”也指世事变化不定。明于慎行《卖珠行》:“繁华憔悴看如昨,覆雨翻云何～。”❸(态度)暧昧;(言语)吞吞吐吐。明李梅实《精忠旗》八出:“我爹爹剪敌一念上对神明;只他每首鼠两端,尚多～。”《明史·毛羽健传》:“当是之时,阉党既败,东林大盛。而朝端王永光阴阳～,温体仁猾贼,周延儒回佞。”清胤禛《朱批谕旨》卷一七四之一一:“臣等因其情词～,复行严讯。” ❹ 肆意。明朱长祚《玉镜新谭》卷六:“一味狠如虎,贪如狼,蹂躏～,如鬼如蜮。”刘宗周《资政大夫孙公墓表》:“珰孽～,尼公八年如一日。”

【闪逃】 shǎn táo 躲闪逃避。金《刘知远诸宫调》一二:“叫声浑如彪虎,便是那吒也难～。”

【闪些】 shǎn xiē 险些;差点儿。明王骥德《十二红·纪情》:“为多才受尽闲僝僽,～儿覆水难收。”清《蕉叶帕》一二回:“你看这一筹儿,白夺得一个状元与龙郎,不然～被那贼臣孙儿压在上面了。”

【闪赚】 shǎn zhuàn ❶ 躲闪转动。明唐顺之《武编》前集卷五:“头一合,枪先用圈枪为母,后用封闭捉拿,救护～是花枪,名色叫做梨花摆头。”戚继光《纪效新书》卷一〇:“你扎我,我拿下,～把手花枪上。”《封神演义》五六回:“小姐娇羞无主,将脸左右～不得。” ❷ 欺诳;哄骗。宋周煇《清波杂志》卷六:“脱笼,亦为京都虚诈～之谚语。”明《金瓶梅词话》四五回:“要离别与我两句伶仃话,抛闪杀奴家,～杀奴家。”清孔传鋕《软羊脂》二五出:“恨只恨奸谄狂徒,～我不着行径。”

【闪灼】 shǎn zhuó ❶ 光彩闪耀。唐吕喦《绝句》:“～虎龙神剑飞,好凭身事莫相违。”明《西游记》四四回:“那城中又无旌旗～,戈戟光明。”清《广西通志》卷一一五:“旭日朝霞,～于苍松古树。” ❷ 晃动;隐现不定。宋杨士瀛《仁斋直指》卷一:“据脉验之,挟血者,脉来乍涩乍数,～明灭,或沉细而隐伏也。”明何景明《三山春宴图歌》:“白浪～金芙蓉,青天静拭青琉璃。”清夏光沅《南岳道中》:“群龙贴虚壁,苔藓翻～。”

【燗灼】 shǎn zhuó ❶ 同“闪灼❶”。清《红楼梦》二六回:“抬头一看,只见金碧辉煌,文章～,却看不见宝玉在那里。”又五二回:“宝玉看时,金翠辉煌,碧彩～,又不似宝琴所披之凫靥裘。”❷ 同“闪灼❷”。明《西游记》九五回:“将近西天门,望见那旌旗～。”蒋一彪《古文参同契集解》卷下:“则形体化为灰土,燗燗灼灼,如明窗日影飞尘之状,而不可捉摩矣。”

【陕汋】 shǎn zhuó 同“闪灼❷”。敦煌词《浣溪沙》:“满眼风波多～,看山恰似走来迎。”

shàn

【讪】 shàn ❶ 讥讽;打趣。宋赵与时《宾退录》卷六:“与夫山镵冢刻、方言地志、怪奇可喜之词,群嘲聚～戏笑之谈,靡不毕载。”明《醒世恒言》卷三七:“只这冷言冷语,连讥带～的,教人怎么当得!”清孔尚任《桃花扇》四出:“不把俺心情剖辩,偏加些恶谑毒～,这欺侮受应难。” ❷ 死皮赖脸纠缠不休。《元曲选·玉壶春》二折:“使心猿意马,逞舌剑唇枪,着那等嫩鸽雏眼脑着忙,～杓俫手脚慌张。”《元曲选外编·西厢记》三本二折:“你也赸,我也赸,请先生休～,早寻个酒阑人散。” ❸ 羞惭;难堪。元王实甫《集贤宾·退隐》:“呀,闲处叹蜂喧蜂喧蚁斗,静中笑蝶～蝶～莺羞。”明《金瓶梅词话》八一回:“半日不出来,在屋里骂的我好～的。”清《红楼梦》七七回:“成日家听见你风月场中惯作工夫的,怎么今日就反～起来。”

【讪筋】 shàn jīn 人恼怒时血管鼓胀突起。《元曲选外编·西厢记》五本三折:“～,发村,使狠,甚的是软款温存。”明贾仲明《对玉梳》一折:“俺娘自做师婆自跳神,一会家难禁努目～。”

【讪口】 shàn kǒu ❶ 斗嘴;充作谈资。元佚名《点绛唇·赠妓》:“谁待要打牙～闲淘气。”明郎瑛《七修类稿》卷四九:“‘蛙翻白出阔,蚓死紫之长’二句,人皆以此～,而不知出处。” ❷ 伶牙俐齿。明佚名《雷泽遇仙》一折:“定应是唐宫中筝手,爱崔生～。”

【讪脸】 shàn liǎn ❶ 厚脸皮。明汤式《湘妃引·解嘲》:“怀揣着～入青楼,口带着顽涎饮玉瓯。”《金瓶梅词话》六八回:“好个不得人意怪～花子,猛可走来,唬了人恁一跳。”清东山痴野《才貌缘》二五出:“～儿则怕与你无本,羞杀人乱行闺壶。” ❷ 翻脸。《元曲选·金线池》一折:“等他两个不和,讪起脸来,那时另接一个富家郎。”

【讪讪】 shàn shàn 形容羞惭、难堪。明《金瓶梅词话》二〇回:“几句话,说的玉楼众人～的。”清《醒世姻缘传》九六回:“侯张也都假妆不曾听见,骂得～的,走到外边。”《红楼梦》三六回:“(宝玉)从来未经过这番被人弃厌,便～的红了脸,只得出来了。”

【讪笑】 shàn xiào ❶ 讥笑。《新唐书·韩愈传赞》:“愈独喟然引圣,争四海之惑,虽蒙～,跆而复奋。”《元曲选·冻苏秦》四折："岂知你倚恃着做官尊，觑朋友若遗尘，没半点话温存，～的我不成人。"清李渔《闲情偶寄》卷四："且时人是古非今，改之徒来～，仍其大体，既慰作者之心，且杜时人之口。"按，此义本作"姗笑"，《汉书》已见。近代乃作"讪笑"。 ❷ 难为情地笑。明《如意君传》："后～曰：'彼娼妓淫妇尚未如此，惟吾与汝二人，心狂意荡，无所不为耳。'"清《红楼梦》一六回："贾琏此时没好意思，只是～吃酒。"又一〇九回："五儿听这话又似麝月知道了的光景，便只是～，也不答言。"

【讪谑】 shàn xuè　调侃。宋沈括《梦溪笔谈》卷二三："有一故相远派在姑苏，尝嬉游，书其壁曰：'大丞相再从侄某尝游。'有士人李璋，素好～，题其傍曰：'混元皇帝三十七代孙李璋继至。'"

【讪牙】 shàn yá　斗嘴。元薛昂夫《端正好·高隐》："挺王留～闲嗑，李大公信口开合。"

【讪语】 shàn yǔ　❶ 诽谤的话。元王恽《诅蠹鱼文》："逢吉阴险，为裴度之蠹兮，播绯衣之～。"明项笃寿《今献备遗》卷七："曹、石恐，谋摘承天门灾诏，中有～，上大怒。"李梅实《精忠旗》三三出："运判张常先笺注诗篇，阴为～；宗室赵伶观我家庙，明肆妖言。" ❷ 调笑搭讪。宋元《熊龙峰刊小说·彩鸾灯》："～时，口要紧；刮涎处，脸须皮。"明何良俊《四友斋丛说》卷三七："止是寻常说话略带～，然中间意趣无穷，此便是作家也。"《西游记》四六回："平时间劖言～，斗他要子，怎知他有这般真实本事！"

【讪嘴】 shàn zuǐ　斗嘴。明《西洋记》七七回："且来讪甚么嘴！明日要地羊交，我们快去快来！"

【汕】 shàn　❶ 用网从下将鱼捞起。唐韩愈《崔十六少府摄伊阳》："况住洛之涯，鲂鳟可罩～。"宋陆佃《埤雅》卷二："上笼之如罩，下撩之如～。"也泛指捕鱼。明向杰《题画》："雨过回塘水乱流，～鱼人去棹孤舟。" ❷ 鱼产卵。清屈大均《广东新语》卷二二："土人谓鱼散卵曰～。"又："当鱼～种时，雄者擦雌者之腹则卵出。" ❸ 涮；冲洗。元徐再思《蟾宫曲·钱子云赴都》："宽洗～胸中四海，便蜚腾天上三台。"明《朴通事谚解》卷中："你把那镟壶瓶～的干净着。"清《红楼梦》七七回："先拿些水洗了两次，复又用水～过。" ❹（洪水）冲刷。清胤禛《朱批谕旨》卷二六："复遇大雨，河水顿长，复将堤头护埽～去。"靳辅《全河归故疏》："第二条，虑风浪～堤。"《大清会典则例》卷一三二："黄河大溜顶冲，及埽湾之处，遇河崖～塌。" ❺（沙土）松散。清《兰州纪略》卷一六："且龙尾山土松沙～，每遇大雨时行，即冲成沟坎。"《南巡盛典》卷五九："间有沙～桩高，尚须筑坦添桩，以资保卫者。"

【疝】 shàn　同"讪❷"。明佚名《普天乐·撒娇》："唔厮才见了我说的话藏头露尾，～厮才卖风情走将来喋牙料嘴。"

【赸】 shàn　❶ 走。元佚名《要孩儿·拘刷行院》："老卜儿藉不得板一味地～，狠撅丁夹着锣则顾得走。"睢玄明《要孩儿·咏鼓》："但唆着招子都～过，排场上表子偷睛望，恨不得街上行人将手拖。"董君瑞《哨遍·硬谒》："坐时同坐，～后齐～。" ❷ 走开；避开；离去。元石君宝《紫云庭》二折："你那很爹爹才～过呵，俺这善婆婆却来这里。"明朱有燉《寨儿令》："赤紧地惜花人不放春闲，因此上栽培在深院落，移入这玉阑干，～，休把做等闲看。"清蔡应龙《紫玉记》一九出："祝福你休轻～。好花枝，忆故园。"也指消极避世。明顾璘《木兰花》："莫笑先生太～些，个物相伴度春秋。" ❸ 跳跃。《康熙字典》："～，跳跃也。"清洪昇《长生殿》一七出："马蹄儿泼刺刺旋风～，不住的把弓来紧弯，弦来急攀。" ❹ 旋；用工具切削。明陈铎《雁儿落带过得胜令·碹匠》："方的怕待～，专揽团的干，香檀旋的疾，牙角车的慢。" ❺ 同"讪❶"。明《二刻拍案惊奇》卷四："童小五、顾阿都大家拍手笑道：'又来～了！不在我每肝上的事，管他姓张姓李！'" ❻同"讪❸"。清《红楼梦》三二回："登时羞得脸通红，……自己～了一会子，去了。"

【赸交】 shàn jiāo　分手；断交。明汤显祖《牡丹亭》一七出："便拼做赸了交'索居闲处'，甚法儿取他意'悦豫且康'？"

【赸脸】 shàn liǎn　同"讪脸❶"。明凌濛初《新水令·夜窗话旧》："～的闲趁些风流趣，村沙的硬搅了温柔会，负心的白赖着牙疼誓。"

【赸撒】 shàn sǎ　走开。金《董解元西厢记》卷二："奈何使刀的人困马乏，欲待挣揣些英雄不如～。"

【赸赸】 shàn shàn　同"讪讪"。清《红楼梦》八八回："贾琏听了这话刺心，便觉～的，拿话来支开。"△《儿女英雄传》五回："自己也知道这两吊钱又弄疑相了，才待～儿的躲开。"

【赸笑】 shàn xiào　同"讪笑❷"。清《红楼梦》一六回："贾琏此时没好意思，只是～吃酒，说'胡说'二字。"又一〇九回："五儿听这话又似麝月知道了的光景，便只是～，也不答言。"

【苫】 shàn　另见 shān。❶ 依傍。《元曲选·度柳翠》一折："不甫能栽向东家，却又早～上西邻。"又《薛仁贵》一折："射不着的～庄三顷地，扶手一张锄。"明汤式《一枝花·劝妓女从良》："招一个莽庄家便是良人，嫁一个穷书生便是孺人，～一个俊孤答便是夫人。" ❷ 赡养；供养。《元曲选·来生债》二折："枉了我便一生～鳏寡孤独，半世养贫寒困苦。"又《百花亭》二折："我～着个科子，唤做白捉鬼。他没廉耻，每夜瞒了我去与他偷。"

【苫表】 shàn biǎo　同"赡表"。《元曲选·百花亭》三折："若论妆孤～，俺端的夺了第一。"

【苫盖】 shàn gài　覆盖；遮盖。宋苏轼《与王敏仲书》："不过用大竹万餘竿，及二十里间，用葵茅～，大约不过费数百千可成。"元《通制条格》卷一〇："若～不如法，装卸不用心，致有损失，……追征不敷之物。"清《荡寇志》一〇九回："为今之计，速将整枝粗竹，扎成竹笆子，～城上。"

【苫倈】 shàn lái　（妓女）傍嫖客。明汤式《一枝花·嘲妓名佛奴》："～呵四十八愿叮咛咒誓，巴镘呵五十三参容颜变改。"

【扇】 shàn　另见 shān。❶ 量词。用于扇状物。唐崔备《壁书飞白萧字记》："得卿皇象、羊欣、萧纶真草各一帖，大郑画屏一～，即辍与之。"《元曲选·罗李郎》三折："则有三～馒头。"清《歧路灯》九〇回："两～金青银铝大将军，东往东转，西往西移，户枢之音，殷殷如雷。" ❷ 通"骟"。《新五代史·郭崇韬传》："俟主上千秋万岁后，当尽去宦官，至于～马，亦不可骑。"宋彭大雅《黑鞑事略》："其牡马留十分壮好者，作移刺马种外，餘者都～了。"清赵翼《陔餘丛考》卷四三："自是江南蜀马往往学～，然则五代以前马尚不皆～也。"

【扇车】 shàn chē　❶ 一种农械，用扇风的方法把谷物中的瘪壳等除去，或把已经碾过的谷类的壳和米粒分开。唐颜师古注《急就篇》卷三"碓硙扇隤舂簸扬"："扇，～也。"清《醒世姻缘传》五九回："惯的个汉子那嘴就象～似的，象汗鳖似的胡铺搭。" ❷ 扇风取凉的器具。把若干扇叶装在转轴上，使转动生风。宋王谠《唐语林》卷四："明皇起凉殿，拾遗陈知节上疏极谏。上令力士召对。时暑毒方甚，上在凉殿坐后，水激～，风猎衣襟。"明董纪《四时词》："荷花瀏鷍银屏光，～风来薇露香。"

【扇骨】 shàn gǔ　❶ 折扇的骨架。宋乐史《太平寰宇记》卷八："妇人戴草绫二尺，如扇子用竹作～。"清《佩文斋广群芳谱》卷七九："桐木可作器皿、床几、～诸物。" ❷ 肋骨。宋楼钥《缴泉州吴净党罪案》："再以爬挐木枕背打左边肋下虚处～上一下，伤重，于辜限内身死。"

【扇笼】 shàn lóng 蒸笼的一层。元明《水浒传》二六回:"小人前日买了大郎一～子母炊饼,不曾还得钱。"明《金瓶梅词话》八回:"原做下一～,三十个角儿,翻来覆去,只数了二十九个。"

【扇面】 shàn miàn 折扇或团扇的面儿,用纸、绢等做成,上面常有字画。宋文彦博有《偶书～》。清李斗《扬州画舫录》卷二:"予尝于黄园观所画～《豆棚闲话图》,村落溪山、茅屋里舍、人物须眉,神理具足。"

【扇囊】 shàn náng 装折扇的袋子。清《红楼梦》一七至一八回:"一个上来解荷包,那一个就解～,不容分说,将宝玉所佩之物尽行解去。"《歧路灯》八七回:"顺袋瓶口～,是我扎的。"

【扇套】 shàn tào 即"扇囊"。清《红楼梦》三二回:"前儿我听见把我做的～子拿着和人家比,赌气又铰了。"俞蛟《春明丛说·记录云贞致夫书》:"节次嘱带瓶口～鞋袜诸物,尽为负心人赚去,言之恨恨。"

【扇头】 shàn tóu 指扇面。宋李幼武《宋名臣言行录》续集卷一:"有鲁直草书～子题书应物诗曰:'为怜幽草涧边行,上有黄鹂绕树鸣。'"清《红楼梦》二三回:"再有一等轻浮子弟,爱上那风骚妖艳之句,也写在～壁上,不时吟哦赏赞。"

【扇坠】 shàn zhuì 系在扇柄上的装饰物。明田汝成《西湖游览志餘》卷二《帝王都会》:"高宗尝宴大臣,见张循王俊持一扇,有玉孩儿～。"清《红楼梦》二八回:"向袖中取出扇子,将一个玉玦～解下来,递与琪官。"

【扇子】 shàn zi ❶ 摇动生风的用具。五代王仁裕《开元天宝遗事》卷二:"元宝家有一皮～,制作甚质。"清《红楼梦》三一回:"比如那～原是扇的,你要撕着顽也可以使的。" ❷ 量词。蒸笼的一层。《元曲选·罗李郎》三折:"我买了恰下甑的馒头三～。"

【骟】 shàn 割去动物的睾丸或卵巢(多指牲畜)。五代孙光宪《北梦琐言》卷一〇:"苟要坐下坦稳,免劳控制,唯～庶几也。"明《西游记》三九回:"他是个～了的狮子。"《大清会典则例》卷一四〇:"骁骑校罚～牛一头。"

【善】 shàn ❶ 软善;懦弱。《元曲选·误入桃源》三折:"休得要夸强会,瞒神吓鬼,大古里人～得人欺。"元明《水浒传》二四回:"自从嫁得你哥哥,吃他忒～了,被人欺负。"清《醒世姻缘传》八回:"那计老头子爷儿两个不是～的儿,外头发的话很大着哩!" ❷ 量少;程度轻。清《醒世姻缘传》八五回:"谁没说呀!京里说的～么?" ❸ 通"骟"。明郑壉泉《一枝花·嘲庸医新词》:"锹猪的～马原不妙,两文钱一贴药,脱货求财利息薄,那里知脉理分毫。"

【善变】 shàn biàn 同"善便"。清《醒世姻缘传》九五回:"你一定也不肯～进去,我使几个人抬你进去。"

【善便】 shàn biàn 轻易;随便。清《醒世姻缘传》四六回:"听说晁奶奶又极疼他,我冒冒失失的来认孩子,岂肯～就教我认了去的?"《聊斋俚曲·增补幸云曲》:"人是苦虫,不打不成,～怎么肯招?给我夹起来!"

【善茬】 shàn chá 指好说话、好对付的人。清《醒世姻缘传》一〇回:"大爷也掂量那老婆不是～儿,故此叫相公替他上了谷价。"又九五回:"张飞、胡敬德剃了胡子,都也不是～儿。"

【善查】 shàn chá 同"善茬"。清《醒世姻缘传》三九回:"那个主子一团性气,料得也不是个～。"《聊斋俚曲·富贵神仙》:"原来这方二相公也不是个～,那差人不敢进去。"

【善和】 shàn hé ❶ 平和善良;不凶狠。唐实叉难陀译《大方广佛华严经》卷二八:"为欲令一切众生,得～眷属故。"《敦煌变文校注》卷五《维摩诘经讲经文(三)》:"令除我慢意,却作～人。"清《聊斋俚曲·磨难曲》:"常时打的还～些,这一向打的甚狠。" ❷ 和好。唐陈子昂《为乔补阙论突厥表》:"文帝徒以逊词,致献金帛,但求其～而已,不敢有图。" ❸ 平安;风调雨顺。宋苏舜钦《诣匦疏》:"陛下能讲求嘉言,革去时弊,故可变化而召～也。"

【善后】 shàn hòu ❶ 妥善处理以后的事;事件过程的结尾;事情发生后的遗留问题。宋夏竦《永兴再任谢上表》:"惟冀庙朝更宽觜策,察持边之至重,念～之为难。"明汤显祖《牡丹亭》五〇出:"李寇既去,金兵不来。中间～事宜,且自看详停当。"清弘历《阅永定河作》:"既已昧几先,宁不筹～。" ❷ 善终;有好结果。宋苏籀《见秦丞相第二书》:"王猛有云:善作者不必善成,善始者不必～。"《宋史·王震传》:"朝廷造法,皆本先王之制,推行非人,故不能～。"清钮琇《觚賸》卷二:"孙督学江南,不甚惜名节,以渔色没于任。其不～,亦类翁子焉。" ❸ 以后。元姚燧《圣元宁国路总管府兴造记》:"其牧皆取过目前,以幸满秩而去,孰有为～之谋,一加缮完哉!"胡助《胡氏族谱序》:"于是质租应役无虚日,而庄且坏不支,无为～计。"清《日讲书经解义》卷三:"大抵创业之君,经历世变既多,审察民情最熟,所以为～计者纤悉。" ❹ 为子孙谋划。元袁桷《书张忠烈王传后》:"汉高密侯邓禹,功为中兴第一,迟迟长安,无以辞光武之责。至其训子孙,俾各习一艺,则其～,良有古意。"王礼《跋王与定所藏先府君贤贤翁遗训》:"人之高明祖父,孰无诒谋～之心。"明王直《王氏自序题辞》:"然则序而传之者,所以为～之道也。"

【善会】 shàn huì ❶ 善于领会。唐澄观《大方广佛华严经疏》卷一:"五虽分权实,须～佛意。"《祖堂集》卷二《僧伽难提尊者》:"～诸佛理,善说真法要,善识诸佛义。"清翁方纲《石洲诗话》卷一:"学人固当～先生之意,而亦要细观古人之分寸,乃为两得耳。" ❷ 擅长;善于。《景德传灯录》卷二三《药山圆光禅师》:"某甲是福建道人,～乡谭。"《元曲选·燕青博鱼》一折:"我～神针法灸。我医好你这眼。你意下如何?"清《荡寇志》一三五回:"贼营内有一名公孙胜,～妖法,此石必是他运来。" ❸ 佛寺举行的法会。明《西游记》二九回:"感冥君放送回生,广陈～,修建度亡道场。"

【善静】 shàn jìng 平和安静。清《醒世姻缘传》八四回:"我看奶奶～,不论钱,只管替孩子寻好主儿。"又九七回:"你自从我到了,你才觉～了些。"

【善婆婆】 shàn pó po 指容易对付的人。《元曲选·赚蒯通》三折:"赶着我后巷前街打踅磨,我也不是～。"也用作反语。《元曲选外编·紫云庭》二折:"恁那狠爹爹才趔过呵,俺这～却来这里。"

【善弱】 shàn ruò ❶ 善良懦弱。宋欧阳修《翰林侍读学士张公墓志铭》:"其人以谓公言简必信,法简必严,于是豪势者屈而～者伸,县以大治。"元明《水浒传》二四回:"武大又是个～的人,那里会管待人。"明李承勋《陈八事以足兵食疏》:"又粮里人户各有～,各有豪强。粮里豪强则以～人户为可欺,加增每过于正额。" ❷ (文章)平和无气势。宋《朱子语类》卷七八:"如书序做得～,亦非西汉人文章也。"又卷一一六:"董仲舒、匡衡、刘向诸人文字,皆～无气焰。"

【善善】 shàn shàn ❶ 好好地。清《醒世姻缘传》一四回:"叫人拿他过来,他若～的过来理辨,倒也只怕被他支吾过去了。"《歧路灯》七六回:"他们又不愿跟咱,不如～的各给他们几句好话,打发他们出去。" ❷ 隐称男子同性恋。明《石点头》卷一四:"那男色一道,从来原有这事,……宁波人叫～。"

【善胜】 shàn shèng 善良。明《西游记》七六回:"我师徒俱是～之人，依你言，且饶你命。”又：“二魔把三藏慈悯～之言，对众说了一遍，一个个面面相觑，更不敢言。”

【善士】 shàn shì ❶行善的人。元牟巘《朱山长墓志铭》：“遇困乏者辄赈赡之，无所靳，人皆称为～。”明陆深《敕赠承德郎沈公合葬墓志铭》：“至罄千金之蓄，又破产以益之，不吝也。其行谊多类此，所谓～者耶？”清汪琬《乡饮宾席翁墓志铭》：“积财匪艰，积善为艰。财久而倾，善久则敦。翁也～，又益以学。” ❷指信奉佛教的人。宋黄裳《答大觉道果诗序》：“～则务为福，不过劳苦以持行。”元吴澄《云峰院经藏记》：“院僧之所崇奉，～之所信向，岂徒为是美观而已哉。”清《续金瓶梅》一七回：“东京城里～们见给孤寺有此好事，都来送米送柴的。”

【善事】 shàn shì 慈善的事。《元曲选·看钱奴》一折：“小人是个好人，平日之间也是个看经念佛，吃斋把素，行～的人。”明朱国祯《涌幢小品》卷一〇：“今人行～都要望报，甚至有千善报千、万善报万之说。”清《红楼复梦》九五回：“值此隆冬岁暮，广行～。”

【善手】 shàn shǒu 高手；能手。唐李白《幽涧泉》：“拂彼白石，弹吾素琴。幽涧愀兮流泉深，～明徽，高张清心。”明汪砢玉《李成山水寒林》：“惟所携李咸熙画一轴，原值二百五十，近付～汤氏装潢。”清《醒世姻缘传》六三回：“张茂实托了在行的店主买了一套鲜明出色的裙衫，……寻了～裁缝缝制的精洁。”

【善熟】 shàn shú ❶指烧瓦器时火候到，所烧瓦器质量好。唐玄奘译《大般若波罗蜜多经》卷三一二：“是瓶～，堪任盛水，极坚牢故。” ❷仔细；周到；成熟。唐张九龄《敕北庭经略使盖嘉运书》：“彼将自劳，众则携贰，我乘其隙，从此可图，～筹之，勿失便也。”《宋史全文》卷五：“魏能性刚，张锐～，故使佐能。” ❸熟悉。宋《朱子语类》卷一〇六：“某在临漳，欲行经界，只寻得～者数人任之。”舒岳祥《孤雁》：“鸥凫～少惊猜，饮啄不争游且戏。”宋元《警世通言》卷二〇：“我也认得这戚青，却～。”

【善晓】 shàn xiǎo ❶精通。宋郑文宝《江表志》卷中：“（玄宗）又～音律，不至耽溺。”《元曲选·谢金吾》楔子：“为下官能通四夷之语，～六番书籍，以此遣下官直到南朝，做个细作。”清《飞龙全传》三二回：“但郭威部下虽无能人，却有王朴足智多谋，～阴阳。” ❷善于领会。明郎瑛《七修类稿》卷四五：“然吾姊夫畜鹦鹉一枚，～人意，客至未尝不报也。”包汝楫《南中纪闻》：“不但通人言，尤～人意，此释氏所以龙象并称欤？”

【善信】 shàn xìn ❶即“善信人”。唐刘秀《凉州卫大云寺古刹功德碑》：“洵人天之福地，为～所皈依也。”元姚桐寿《乐郊私语》：“而见前千万～，莫不摄身神光之内。”清《野叟曝言》一三六回：“奈天竺著名净土，四方～，舟车络绎，岁月不休。” ❷取信。宋胡应青《重修白龙祠记》：“惟参政公诚与神孚，克隆斯举，而淳师又能～于人，皆可书也。” ❸经过分析而相信；相信。明方孝孺《晋论》之一：“孟子非不信书也，不为苟信，乃所以～也。”王世懋《二酉委谭摘录》：“盖朝贵奉之者，延爵致酒，谓公何自～妖梦也？”

【善信人】 shàn xìn rén 虔诚信奉佛教的人。宋吴自牧《梦粱录》卷一九：“四月初八日，六和塔寺集童男童女，～建朝塔会。”明郎瑛《七修类稿》卷五：“天下～，常走拜到彼。”

【善为】 shàn wéi ❶对临行者的叮嘱语，指保重、当心等。《祖堂集》卷六《洞山和尚》：“得三五年后辞和尚，和尚云：‘～！～！’”《景德传灯录》卷一〇《福州芙蓉山灵训禅师》：“师辞归宗，……宗曰：‘时寒，途中～。’”曾敏行《独醒杂志》卷八：“方游昆阆还无期，君住世间须～。” ❷用作状语，好好地。《敦煌变文校注》卷五《维摩诘经讲经文（一）》：“伏望居士～将息，好自调和。”元李志常《长春真人西游记》卷下：“道与阿里鲜，神仙寿高，～护持。”清于成龙《于清端政书》卷二：“接来翰，殊为念切，幸～调摄，以慰不佞惓惓。”

【善缘】 shàn yuán ❶指布施、醮仪或所布施的钱物等，谓与佛门结缘。唐李吉甫《杭州径山寺大觉禅师碑铭》：“既而～普会，珍供丰盈。”宋洪迈《夷坚志》丙卷七：“吾今令李宅作～荐汝，俾汝尽释前愤，以得生天。”明《西游记》九七回：“我因他斋僧，是个善士，收他做个掌～簿子的案长。” ❷与佛门的缘分，也泛指好的缘分。清查慎行《南山道院》：“厌逢俗客谈时事，闲与乡人结～。”《飞龙全传》五回：“你这厮，本是俺山寨中早晚供用的食物，不道遇着了这位～好生的恩主，才得全生。”《红楼复梦》九六回：“祝老太太的善心，碰他们的～。”

【善自】 shàn zì 轻易；随便。明《西游记》二六回：“大仙道：‘不争竞，我肯～饶你！’”

【膳】 shàn 供养；供给。《元曲选·秋胡戏妻》三折：“谢得鲁昭公可怜，赐小官黄金一饼，以充～母之资。”明朱国祯《涌幢小品》卷一七：“朱病卒，子又死，某～其女，俾不失节。”《古今小说》卷一六：“旌表门闾，官给衣粮，以～其子。”

【擅便】 shàn biàn 自作主张；擅自。宋李纲《乞下镇抚使奏状》：“非奉朝廷指挥，不得～出兵。”《元典章·刑部一》：“有合摘断罪人，亦不敢～与决。”清《歧路灯》九三回：“卑职怕是同人们穷极生巧，或者可以宽纵？未敢～，禀候大人钧夺。”

【擅长】 shàn cháng ❶在某方面超过一般人或超过前代。宋商倚《秋日同文馆诗》：“秋日同文馆，何人独～。”明蒋一葵《尧山堂外纪》卷五六：“（汪藻）四六～一代，与孙仲益齐名。”清胤禛《朱批谕旨》卷一七四之九：“本朝武备超越前代，而制胜御敌火器更为～。” ❷在某方面有特长。明张宁《题杨补之梅》：“彼或兼水石，而此专写梅，尤其～者。”清《皇朝文献通考》卷二三三：“（梅）文鼎精于推算，诗文非所～。”张英《南苑纪事诗》之一〇：“单衣短袖趁新凉，羽箭雕弓最～。”

【擅场】 shàn chǎng ❶同“擅长❶”。唐杜甫《冬日洛城北谒玄元皇帝庙》：“画手看前辈，吴生远～。”元明《水浒传》四八回：“他年同聚梁山泊，女辈英华独～。”清洪昇《长生殿》三八出：“我也不是～方响马仙期，那些旧相识都休话起。” ❷同“擅长❷”。清宋荦《亡弟介子行状》：“七言近体尤～，殆不减李义山。”《四库总目提要·北山小集》：“至制诰诸作，尤所～。”又《皇甫少元集》：“古文非涍所刻意，亦不～。”

【擅专】 shàn zhuān 独断专行。宋李纲《乞罢尚书左仆射第一表》：“经略远图，则以为迂阔；廷争大议，则以为～。”明《西游记》八五回：“微臣不敢～，请旨定夺。”清洪昇《长生殿》三出：“论失律丧师关巨典，我虽总朝纲敢～？”

【赡表】 shàn biǎo 即“嫖妓”。《元曲选·曲江池》二折：“也则俺一时间错被鬼魂迷，是～子平生落得的。”明汤式《一枝花·自省》：“妆孤的已受王魁戒，～的休夸双渐才。”朱有燉《桃源景》：“他则待统镘的撞着额颅，～的蹑着足根。”

【赡老】 shàn lǎo 养老。明汤式《一枝花·题崇明顾彦昇洲上居》：“买犁锄务农，则消得～良田二三顷。”《西游记》九回：“钓网多般堪～，担绳二事可容终。”《明史·赵辅传》：“辅复上疏暴功，言减禄无以～。”

【赡身】 shàn shēn 养活自身。明《西游记》八回：“在此日久年深，没有个～的勾当。”《禅真后史》八回：“合家男女叨扰数月，彼虽不言，我实含愧，怎生寻一个长久～的计策？”

shāng

【伤】 shāng ❶畅快；快意。唐张鷟《游仙窟》："腰支一遇勒，心中百处～。" ❷副词。甚；太。唐孟浩然《闺情》："畏瘦疑～窄，防寒更厚装。"宋《朱子语类》卷一二四："又如脾胃～弱，不能饮食之人，却硬要将饭将肉塞入他口。"清王广心《送董苍水游楚粤》："丈夫壮志凌八极，越水吴山～逼仄。"

【伤残】 shāng cán ❶损害；损伤。唐玄奘译《大宝积经》卷四四："譬如世间成熟稻田，被大雹雨～滋甚。"明陈章《寄祝主事萃诗》："纵横曲直珠走盘，但厚民力无～。"清黄宗炎《周易象辞》卷一七："传言惫，亦审知其元气～也。" ❷残破；残缺；残损。《通典》卷一八〇："自五胡乱华，天下分裂，分居二境，尤被～。"《元曲选·救孝子》二折："便做道尸首～，爪发难脱，筋骨凋零，眉目难分。"清秦松龄《于忠肃公墓》："～松柏啼新鬼，寂寞祠堂卧老兵。" ❸指伤残的人或残破的情况。唐常衮《授李栖筠浙西观察使制》："初剪横江之盗，犹多击柝之虞，言抚～，克施惠训。"五代李亶《即位赦文》："大军所历，戎马腾践麦苗，下本州使检量，据所～，与蠲地税。"清赵翼《陔餘丛考》卷二〇："以南宋积弱累挫之餘，哀集～，仅仅自保。" ❹讥毁；调侃。明李廷机《鉴略妥注》："孔道被～，孔墓被毁掘。"《浪史》九回："小丫头家，口没遮拦，一味里的言语～，走了机关。"

【伤惨】 shāng cǎn 悲伤。宋洪兴祖补注《楚辞·九辩》"中憯恻之凄怆兮"："一注云：心～也。"明周是修《马进忠孝行传》："既而果得二石，遗骨宛然，审其厝置，一如遗言。特泥潦沮洳，～痛心。"清《红楼梦》一七至一八回："一月许进内省视一次，见面是尽有的，何必～？"

【伤触】 shāng chù ❶碰撞；损伤。唐孙思邈《备急千金要方》卷一五："治目为物所～青黑方。"明朱橚《普济方》卷三九六："因食毒～脾肺。"丘濬《野花亭记》："虞其或为物所～也，而又护之以阑槛。" ❷伤害触犯。《敦煌变文校注》卷五《双恩记》："于我无情却是闲，将我宝珠恐～。"宋佚名《张协状元》三五出："其次村里汉、外方人及妇女，莫容它来。……怕～了别人。"清《荡寇志》八一回："此案只要不去～蔡京，只办做刘世让、刘二窃取杨腾蛟的银两。" ❸悲伤；伤感。宋舒璘《答巩仲至》："归袝有期，想易～。"杨敩《永阳看山》："望美人兮不来，使我心兮～。"

【伤单】 shāng dān 仵作验伤后填写的伤死者的伤情检验单。明《拍案惊奇》卷一四："取了～，回到县中，将一干人犯口词取了。"《大清会典则例》卷二六："酌带谙练仵作，如法相验，写立～。"《大清律例》卷三七："一面移会该管巡检，就近往验，填注～，一面申请印官，覆验通报。"

【伤犯】 shāng fàn ❶犹"伤触❶"。唐孙思邈《备急千金要方》卷六："亦治男子伤绝，或从高堕下，内有所伤，藏虚吐血，及金疮～皮肉方。" ❷犹"伤触❷"。宋周羽翀《三楚新录》卷三："（延嗣）讳健儿士卒之语，每聚谈，或有～之者，往往交游变为仇雠。"清《醒世姻缘传》七三回："在那佃房居住的人家，不肯恶言泼语～那些众人。"

【伤风】 shāng fēng ❶感冒。宋苏轼《与朱康叔书》："数日来，偶～，百事皆废。"明《西游记》八二回："昨在镇海寺投宿，偶得～重疾，今日出了汗，略才好些。"清李调元《南越笔记》卷一四："～者，以一二叶煮酒服之，汗下如雨，即愈。" ❷破伤风。元危亦林《世医得效方》卷一八："或头上有伤，或打破，或刀伤骨碎，用药糊角缚，不使～，切须记之。"明朱崇正《仁斋直指》卷二六附遗："头破～方，大南星末，水调涂四围，水出为效。"清纪昀《阅微草堂笔记》卷一二："刑曹案牍，多被殴后以～死者。"

【伤感】 shāng gǎn 因感触而悲伤。唐郭湜《高力士外传》："每一号恸，数回气绝，昼夜无时，～行路，恨不得亲奉陵寝，而使永隔幽明。"《册府元龟》卷一三八："母卒，摧毁，～行路。"清《聊斋志异·庚娘》："青衣扶过舟，相抱哀哭，～行旅。"

【伤痕】 shāng hén 人体受伤所留下的痕迹。宋杨万里《十山歌呈太守胡平一》之七："近有村人带血论，使君亲与验～。"《元典章·刑部十六》："被打～平复，的系患病身死。"清《红楼梦》四八回："三五日后，疼痛虽愈，～未平。"

【伤简】 shāng jiǎn 啰嗦。明《西洋记》七四回："这个和尚也有些～哩，只这等一个银钱，怎么有这些说话？"

【伤酒】 shāng jiǔ 因饮酒过度而导致身体不适。宋晏殊《寓意》："几日寂寥～后，一番萧索禁烟中。"元明《水浒传》二一回："押司必然～，且请一盏醒酒二陈汤。"清魏之琇《续名医类案》卷九："此必过劳～把手所致，饮以清暑益气汤，四五服而愈。"

【伤脸】 shāng liǎn 有损脸面。清《红楼梦》六九回："只是人已来了，怎好送回去，岂不～？"

【伤命】 shāng mìng 死亡；失去性命。元危亦林《世医得效方》卷九："此疾状须早医治，失时致～。"明《西游记》七七回："被老魔举刀砍去，几乎～。"清袁枚《子不语》卷二四："是年，其邑妇女小便梗塞，不能前后溲，致有～者。"

【伤气】 shāng qì ❶发怒；生气；动气。唐赵璘《因话录》卷二："而与属吏言，未曾～，不叱责一官。"宋孙应时《答王郎中闻礼书》又："但顷见兄性颇不受触，遇事不平，或怒詈～，旧恙之作，恐亦由此。"明陆深《京中家书》："眼前不如意事，亦须区处，要令胸次洒然，不可～。" ❷耗损精神。明邵宝《承事郎顾君墓志铭》："母老，日屏居诵佛，君恐其～也，百方劝释，母感而从之。"皇甫汸《代郡守寿文太史九十序》："盖公虽游于群艺之苑，而不以雕篆～；虽产于纷华之俗，而能以恬澹养心。"清《醒世姻缘传》九二回："又怕学生们久读～，读了一会，许静坐歇息片时。" ❸伤感。宋黄裳《答仲时高轩小酌之什》："悲愁～岂足尚，拣择害道非所安。"明卢柟《秋赋》："孤臣孽子，迁客弃妇，莫不感心～，流涕增欷。" ❹有损气韵。宋姜夔《白石诗说》："雕刻～，敷衍露骨。"元陆辅之《词旨·词旨上》："古人诗有翻案法，词亦然。词不用雕刻，刻则～，务在自然。"清蓝鼎元《乡会墨绳序》："矜炼则以为造作，刻划则以为～。"

【伤食】 shāng shí 噬食；蛀食。唐孔颖达疏《左传·哀公元年》杜注"一处"："成七年'鼷鼠食郊牛角'，言其～之处。"《旧五代史·晋书·少帝纪一》："陕州奏，蝗飞入界，～五稼及竹木之叶，逃户凡八千一百。"明朱国祯《涌幢小品》卷三一："吾家新创室屋，不意岁被白蚁～，梁栋内空，无如之何。"

【伤心】 shāng xīn ❶畅快；快意。唐张鷟《游仙窟》："一吃一意快，一勒一～。" ❷副词。表示程度极深。唐李白《菩萨蛮》："平林漠漠烟如织，寒山一带～碧。"明顾璘《与太史鲁南游西山》之一："景色～丽，春光引兴浓。"清彭孙遹《画屏秋色·芜城秋感》："见芳草寒烟堆积，攒一片～碧。"

【伤折】 shāng zhé ❶跌打损伤。名词。唐孙思邈《备急千金要方》卷七八："凡一切金疮～出血，登时以药封裹治使牢，勿令动转。"宋王衮《博济方》卷五："定痛膏，治大段～疼痛。"清魏之琇《续名医类案》卷四："（去风丹）治：……一切无名风，及脚气并打扑～。" ❷伤损；损失。动词。宋范仲淹《让枢密直学士右谏议大夫表》:“自西事以来,延安东路、北路官军～万餘人。”《元曲选·来生债》楔子:“往年间问居士借了两个银子做买卖,谁想本利～了。”清《飞龙全传》五〇回:“那山上弩箭似雨,炮石如雹,周兵～无数。”

【商猜】 shāng cāi 犹“商谜”。明陈铎《集贤宾·元夜》:“隐括～,戏谑谈谐。”清弘历《甲辰春帖子》:“～诗已句前得,宽大书知化总均。”

【商灯】 shāng dēng 灯谜。明方以智《通雅》卷三:“谜见《玉篇》,鲍照有《井谜》,《京师记》有～,皆隐语也。”清吴景旭《历代诗话》卷八〇:“有以诗隐物,幌于寺壁者,曰～。”

【商定】 shāng dìng 商量决定。唐李吉甫《请汰冗吏疏》:“然有名在职废,俸存额去,闲剧之间,厚薄异类。亦请一切～。”《元曲选·儿女团圆》楔子:“这的是您娘儿每～了也,可不干我事。”清《八旬万寿盛典》卷四二:“亲赴后藏,面见班禅,～来京一切事宜。”

【商度】 shāng duó ❶ 商量;商议。唐苏颋《遣王志愔等各巡察本管内制》:“百姓闻有不稳便事,委按察使与本州长官～,随事处分奏闻。”宋楼钥《端明殿学士黄公墓志铭》:“前日临事,胸中即有区处,如有人在心腹间～也。”清《歧路灯》九二回:“观察进内宅,要换公服,出署见藩臬,～一宗政务。” ❷ 讨论;议论。唐裴度《寄李翱书》:“窃料弟亦以直谅见待,不以悦媚相容,故不惟嗟悒,亦欲～其万一耳。”元叶颙《樵云独唱原序》:“～古今天下治乱之得失,评论高人异士出处之始终。”明邹元标《谨陈共学之原疏》:“徐阶当国,集诸部臣,手书《识仁》《定性》二书,与诸士人～。” ❸ 买卖时议价。宋刘攽《中山诗话》:“王向子直谓韩与处士作牙人～物价也。”王炎《题童寿卿博雅堂》:“或问贾儿何,还可～否?” ❹ 考察。宋蔡襄《修太平驿堂贻乡人书》:“某初为漳州从事,庆历中以谏官～盐利。”《资治通鉴》卷二四七:“先是河北诸镇有自立者,朝廷必先有吊祭使,次册赠使、宣慰使继往～军情。”《宋史·蛮夷传一》:“诏下知辰州刘策～,策请如翘言。” ❺ 猜测。宋黄庭坚《大雅堂石刻杜诗记》:“彼喜穿凿者,弃其大旨,取其发兴于所过林泉人物,草木鱼虫,以为物物皆有所托,如世间～隐语者,则子美之诗委地矣。”明孙承恩《张东海先生诗集序》:“意欲其深,故诡匿如～隐语,使人读之卒不可晓。”

【商和】 shāng hé ❶ 和解。元佚名《元朝秘史》卷四:“又把豁里真、忽(中)兀儿(舌)臣两个娘子夺将来。他每却来～,将两个娘子还与了。”《元曲选·勘头巾》一折:“你伏低呵自～,我寻罪责官司问。”清《湖广通志》卷四八:“藩掾令妾诲淫,得吴商金,又杀妾与～。” ❷ 商量。明于谦《忠肃集》卷七:“不期本官逞己聪明,执己偏见,全不通臣,～一切事务,公然擅行。”

【商量】 shāng liáng ❶ 讨论;评论;谈论。唐皇甫湜《答李生第二书》:“前者捧卷轴而来,又以浮艳声病为说,似～文词,当与制度之文异日言也。”宋杨万里《木樨》之一:“只道秋花艳未强,此花尽更有～。”明《拍案惊奇》卷三二:“须臾胡生果来,铁生又与尽欢,～的只是行院门中说话。” ❷ 买卖时议价。唐白居易《论和籴状》:“凡曰和籴者,官出钱,人出谷,两和～,然后交易也。”《元曲选外编·金凤钗》三折:“妻也,你休逢着的～见了的买。”明《老乞大谚解》卷下:“你要买时,咱们～。” ❸ 指议婚。唐薛渔思《河东记·成叔弁》:“成家见有一女,某今～,确然不可,二郎以为何如?”蒋防《霍小玉传》:“未至家日,太夫人已与～表妹卢氏,言约已定。”卢肇《逸史》:“莫要作婚姻否?试与～。” ❹ 商榷。宋朱熹《答刘子澄》:“所示三录,极有警发人处,然亦有合～者。”明王守仁《答刘内重》:“书来警发良多,……但内重为学工夫尚有可～者。”清《四库总目提要·南轩集》:“又第五十三札谓胡安国《春秋传》,其间多有合～处。” ❺ 犹“商略❶”。唐孔颖达疏《礼记·儒行》“引重鼎不程其力”:“言引重鼎,不豫备～已力堪引以否,言见则引之。”宋范成大《重阳不见菊二绝》之二:“冷蕊萧疏蝶懒飞,～何日是花时。”明孙蕡《闺怨》之六一:“遥天月晕一环红,明日～定起风。” ❻ 考虑;打算;斟酌。唐姚崇《中书事状略言优劣奏》:“臣今～,其大事执见不同者,望请便作～状,连本状同进。”明《醒世恒言》卷二六:“只得装一个钓竿,～来东潭钓鱼。”清戴璐《藤阴杂记》卷二:“细～坐把精神耗,才得回堂说稿。” ❼ 决定。用作名词。唐白居易《论王锷欲除官事宜状》:“臣窃闻王锷见欲除平章事,未知何故有此～。”《旧唐书·陆贽传》:“昨发离行在之日,未知有此～。”也用作动词。宋洪咨夔《念奴娇》:“香山老矣,正～不下,去留蛮素。”明《挂枝儿·墨斗》:“墨斗儿,手段高,能收能放,长便长,短便短,随你～。” ❽ 判决;裁定。唐孔颖达疏《礼记·文王世子》“公曰宥之”:“公既得有司之白,此公族之亲,则公更言曰宽宥之,以法～,使从其宽也。”《通典》卷一六五:“今法官～,若款自承伏,已经闻奏,及有饬付法,刑名更无可移者,谓同狱成。” ❾ 回答;赐教。《祖堂集》卷七《夹山和尚》:“风池拈问僧:‘作麼生祇对免得撑船汉?’对曰:‘待和尚自出来即～。’”《景德传灯录》卷二二《泉州后招庆和尚》:“末后一句请师～。”明张岱《陶庵梦忆》卷六:“只求如家常白话,老实～,求个下落。” ❿ 准备;酝酿。《旧唐书·哀帝纪》:“缘延资库盐铁并无物力,令臣～者。臣已牒判六军诸卫张全义指挥工作讫。”元乔吉《水仙子·雨窗即事》:“客怀寥落雨声中,春事～花信风。”清厉鹗《庚午除夕》:“薄云淡日～雪,翠柏黄梅点缀贫。” ⓫ 计议;筹划。明《欢喜冤家》二三回:“实是你姐姐标致,怎生娶得填房方好。你须为我～。”清冒襄《影梅庵忆语》:“且姬吴门责逋甚众,金陵落籍,亦费～。”孔尚任《桃花扇》七出:“〔小旦〕花钱粉钞费～,〔旦〕裙布钗荆也不妨。”

【商略】 shāng lüè ❶ 估量;估计。宋黄庭坚《醇道得蛤蜊复索舜泉》:“～督邮风味恶,不堪持到蛤蜊前。”宗泽《上郑龙图求船书》:“乃者家君得幕金陵,去乡邦跬步,白发之老亦既愿往,低回～,势不可久于此。”姜特立《同官游赤松》之一:“今朝乘兴出林坰,～天公未肯晴。” ❷ 酝酿;造就。宋姜夔《点绛唇》:“燕雁无心,太湖西畔随云去。数峰清苦,～黄昏雨。”卢祖皋《摸鱼儿·九日登姑苏台》:“吟未就,但衰草荒烟,～愁时候。”岳珂《春波堂小饮怀棠湖旧隐》之三:“铺陈雪月晶明态,～阴晴浓淡妆。”

【商论】 shāng lùn ❶ 商量讨论。唐韩愈《答张籍书》:“又～之际,或不容人之短,如任私尚胜者,亦有所累也。”元明《三国演义》三九回:“正～间,忽报公子刘琦来见。”清方苞《与孙以宁》:“如别有欲～者,则明以喻之。” ❷ 谈论;评论。宋李处权《食石鳞》:“土人重石鳞,充馔蔑有加。～及品次,众口时纷拏。”元姚燧《中书左丞李忠宣公行状》:“至～群臣能否,于公不曰清,则曰刚。”清《四库总目提要·节孝语录》:“至于～古人,推扬雄而讥贾谊,至以陈平为秦、汉以来第一人,殊乖平允。” ❸ 商榷。宋朱熹《延平答问》:“二苏《语》《孟》说,尽有可～处,俟他日见面论之。”元刘岳申《彭齐叔墓志铭》:“作《四书辨疑》,然后辨疑《春秋》《礼记》,……《阴符》,皆有～,名为《万卷庄日记》。”明何乔新《诸史》:“昔刘子玄著《史通》四十一篇,以～前史之得失。”

【商谜】 shāng mí 猜谜。宋孟元老《东京梦华录》卷八:“自早呈拽百戏,如上竿,……杂扮、～、合笙。”元陶宗仪《辍耕录》卷二八:“丘机山,松江人。宋季元初,以滑稽闻于时,～无出其右。”明佚名《述怀》:“折末～续麻合笙,折末道字说书打令,诸般儿乐艺都曾领。”

【商女】 shāng nǚ 歌女。唐杜牧《泊秦淮》："～不知亡国恨，隔江犹唱《后庭花》。"元马致远《四块玉·浔阳江》："送客时，秋江冷，～琵琶断肠声。"清谢芳连《题李百药三十六湖草堂》："湖村犬吠人眠尽，～棹歌烟月中。"

【商通】 shāng tōng 商量并取得一致。明《拍案惊奇》卷三六："不消说了，是他母子两个～合计的了。"《大清律例》卷二六："如奸夫将本夫杀死，或与奸妇～谋死者，奸妇依律问拟，奸夫拟斩立决。"《绿野仙踪》二〇回："怪道月来将我饮食核减，原来是夫妇～。今见我不肯动身，又想出这样一条来吓我。"

【商同】 shāng tóng 同"商通"。明杨一清《关中奏议》卷一四："有我思想家乡，～抢去汉人马。"清《平定金川方略》卷一二："军中一切机宜，督提二臣自应～办理。"《荡寇志》一二三回："原来是珠儿同阿绣～了，向内室去偷出来的。"

【商宜】 shāng yí 商讨；商议。《敦煌变文校注》卷六《频婆娑罗王后宫彩女因缘变》："今若休罗礼拜，仗(伏)恐先愿有违；若乃顶谒参永(承)，力劣不能来往。即朝大臣眷属隐(稳)便～。"《敦煌愿文集·建窟发愿文(二)》："因即行侣(旅)会坐，上下～，共修此古精蓝，报答好事。"

【商议】 shāng yì ❶ 为了处理问题取得一致而进行协商。唐祝钦明《详定博士等七庙议》："臣等～，依张齐贤以景皇帝为太祖，依刘承庆尊崇六室。"金《董解元西厢记》卷二："佛堂里诸僧尽～，开门欲迎贼。"清《红楼梦》一三回："人已辞世，哭也无益，且～如何办理要紧。"也指商议的结果。唐陆贽《奉天论解萧复状》："其时萧复亦自见此～，更无异同。" ❷ 评论；讨论。五代曹国珍《请修大晋政统奏》："请于内外臣僚之中，择选才略之士，聚《唐六典》《礼阁新仪》《大中统类》、律令格式等，精详纂集，别为一部，～今古，俾无漏略，目之为《大晋政统》，用作成规。"宋《朱子语类》卷一一八："旧学生以论题～，非敢推寻立论。"明郎瑛《七修类稿》卷三一："予契且敬，每有作，辄过～。" ❸ 斟酌。宋胡瑗《周易口义》卷一〇："商谓～裁制也。"又："是则九四既有权位，人求说己，及己之说人，皆当～裁制其所说之义，则不失其正。" ❹ 较量；争论是非曲直。元关汉卿《调风月》二折："是好哥哥和我做头敌，咱两个官司有～。" ❺ 建议。清《儒林外史》二五回："这件事我倒有个～，只是不好在老爹跟前说。"《粉妆楼》二二回："如今不送官了，只问他二十两银子可曾有法想。我家大爷倒有个～。"

【商酌】 shāng zhuó 商量研讨；商量斟酌。宋阳枋《祭张朝举文》："我归自夔，舣舟涪水。相期从容，～义理。"元赵汸《周易文诠》卷二："革言三就，则审之又审，虑无遗策矣，又何必再有所～哉！"清《红楼复梦》四回："且有几件要事与你～，不是一半句言语可以完结。"

shǎng

【晌饭】 shǎng fàn 中午饭。清《醒世姻缘传》三〇回："留计巴拉吃了～，辞了晁夫人去了。"又三二回："快些倒下换上，家里还等着碾了吃～哩！"

【晌觉】 shǎng jiào 午觉。清《醒世姻缘传》三三回："一日夏天，先生白日睡个～。"《红楼梦》一一回："不觉想起在这里睡～，梦到太虚幻境的事来。"

【晌睡】 shǎng shuì 午睡。《元曲选·救风尘》一折："夏天，我好的一觉～，他替你妹子打着扇。"

【晌午】 shǎng wǔ 中午。《大宋宣和遗事》前集："徽宗敕下，差甄守中做监斩官。是那～时分，押往市曹。"《元曲选·桃花女》楔子："到今蚤日将～，方才着我开铺面。"清《红楼梦》八回："至～，贾母便先回来歇息了。"

【晌午错】 shǎng wǔ cuò 正午已过。也比喻事情过了头。明《金瓶梅词话》三四回："到明日，只交长远倚逞那尿胞种，只休要～了。"清《红楼复梦》五一回："～些已出瓜州江口，十三号的船就在那里分路。"正午过了一段时间曰"晌午大错"。明《金瓶梅词话》七八回："止有何千户娘子直到晌午大错才来。"

【赏杯】 shǎng bēi 赏酒用的杯子，比一般酒杯大。清《后水浒传》三回："酒保晓得量好，便去拿了几个大～来，杨幺方才欢喜。"《九云记》三三回："春娘自饮～道：'只取得发笑不发笑，哪里论得薰的莸的。'"

【赏单】 shǎng dān 悬赏的告示。宋元《古今小说》卷三六："张员外说不过了，另写个～，勉强写足了五百贯。马观察将去府前张挂。"明《二刻拍案惊奇》卷三八："况且贴得有～，今我得实，怎不去报。"

【赏封】 shǎng fēng 装在封套里或用红纸包起来的赏钱。明《醒世恒言》卷七："钱青教小乙把～给散，起身作别。"清李玉《清忠谱》四折："两位老爷已去，～一定有的，即求见赐。"刘献廷《广阳杂记》卷一："明季总督巡抚宴按君，按君以～犒其中军。"

【赏鉴】 shǎng jiàn ❶ 赏识鉴别。唐杨炯《宴族人杨八宅序》："人伦～，同推郭泰之名；好事相趋，毕谒扬雄之宅。"《宋史·刘温叟传》："立朝有德望，精～，门生中尤器杨徽之、赵邻幾，后皆为名士。"清《儒林外史》四回："我这老师看文章是法眼，既然～令郎，一定是英才可贺。" ❷ 欣赏品评；赏玩。唐司空图《书屏记》："且冀精于～者，必将继有诠次。"元陶宗仪《辍耕录》卷一八："今人看古迹，必先求形似，次及传染，次及事实，殊非～之法也。"清《红楼梦》二回："这日偶至郊外，意欲～那村野风光。"

【赏揭】 shǎng jiē 即"赏单"。明杨寅秋《粤西与曾在贞》二："城中昨悬～示追捕者，照赏格登时立赏。"《二刻拍案惊奇》卷五："王府里自出～，报信者二千贯。"用作动词，指贴出赏揭。元陶宗仪《辍耕录》卷二四："巨室逃匿，宪使怒，督责有司，示罪～大逵，且家至壁白：'隐藏者罪连坐，首捕者赏万缗。'"

【赏犒】 shǎng kào 犒赏。五代和凝《吴越文穆王钱元瓘碑铭》："及聊加～，即请叙姻亲。"宋周密《武林旧事》卷三："京尹为立赏格，竞渡争标。内珰贵客，～无算。"清《九云记》一五回："看看到离年不远，设宴～。"

【赏脸】 shǎng liǎn 客套话，用于请对方接受自己的要求或赠品。清《红楼梦》一一回："请老祖宗过来散散闷，……谁知老祖宗又不肯～。"《绿野仙踪》五〇回："知道你和我是知己弟兄，死七日八夜的好朋友，托我送放你。你须～方好。"《蜃楼志》一四回："晚生预备着两名唱曲女子伺候，苏大爷、乌少爷不知可能～？"

【赏票】 shǎng piào 写明赏钱数目的票据。明黄佐《泰泉乡礼》卷四："后本人倘有过失，赍原得～到官。"《拍案惊奇》卷二九："我们是湖北帅府特来报秀才高捷的，快写～。"《二刻拍案惊奇》卷二八："小人情愿立个～，认出谢金就是。"

【赏钱】 shǎng qián 赏给人的钱。唐常衮《禁藏天文图谶制》："其纠告人先有官及无官者，每告得一人，超资授正员官，其不愿任官者，给～五百贯文。"元佚名《要孩儿·拘刷行院》："入席来把不到三巡酒，索怯薛侧脚安排趄，要～连声不住口。"清《红楼梦》四四回："只见那耍百戏的上来，便和尤氏说：'预备～。'"

【赏设】 shǎng shè ❶ 犒赏。唐陆贽《重原宥淮西将士诏》："先令优与～，亦准元敕处分，务令丰厚，以称朕怀。"宋章如愚《山堂考索》后集卷六四《财赋门・贡献》："及贼平，则有贺礼及助～物。"元《七国春秋平话》卷上："忙排御宴，～孙子、章子。" ❷ 指犒赏的东西。唐陆贽《平淮西后宴赏诸军将士归本道诏》："宜共赐物三十万端匹，以充～。"宋高斯得《西湖竞渡游人有蹂践之厄》："抽钗脱钏解佩环，匝岸游人争～。"清《皇朝通典》卷五九："公主下嫁给马，生子弥月，以马充～。"

【赏私】 shǎng sī 送给私人的礼品。清《醒世姻缘传》一四回："那些禁子先已受了他的重贿，四时八节又都有～。"

【赏帖】 shǎng tiě ❶ 犹"赏票"。《历代名臣奏议》卷二二四宋曹彦约奏："方且多求～，动以万数。"清俞森《荒政丛书》卷四："于此权其轻重，或请给冠带，或特给门匾，或给以～，后犯杖罪，纳帖准免。" ❷ 犹"赏单"。明《二刻拍案惊奇》卷五："主翁多曾看见榜文～的，老大吃惊，恐怕事发连累。"又："当时王府中～，开封府榜文，谁不知道？" ❸ 打马游戏中作为奖赏的帖数。帖，打马计数单位。宋李清照《马戏图谱・赏帖例》："凡谓之～者，临时商量，用钱为一帖，自掷诸浑花，真、傍、本采，各随下马匹数。……得一马赏一帖。"

【赏午】 shǎng wǔ 庆赏端午节。明《型世言》一回："时正端午，两个无心～，止计议整理兵马，固守济南。"清《红楼梦》三一回："午间，王夫人治了酒席，请薛家母女等～。"

【赏音】 shǎng yīn ❶（诗词等）被赏识；赏鉴。唐张说《岳州九日宴道观西阁》："参佐多君子，词华妙～。"宋《朱子语类》卷一四〇："诗须不费力方好。此等使苏、黄见之，当～。"清厉鹗《哭吴尺凫序》："晚年颇耽琢小词，以仆为能～。"也指被赏识后的名气。元辛文房《唐才子传》卷九《赵光远》："惟卢弼气象稍严，不迁狐惑，如《边庭四时怨》等作，～大播，信不偶然。" ❷ 指赏识的人。唐李善注《文选・报任少卿书》："子期死，伯牙破琴绝弦，终身不复鼓琴，以为世无～者。"宋范成大《临江仙》："周郎去后～稀。"清俞蛟《乡曲枝辞・芦笙》："频寄语，遄归去，～此地终难遇！" ❸ 欣赏音乐，也指对演唱叫好。宋陈允平《醉蓬莱・寿越帅谢恕斋》："香染黄扉，律调翠筒，～清宴。"明《金瓶梅词话》六一回："西门庆听了这两个《锁南枝》，正打着他初请了郑月儿那一节事来，心中甚喜，赞他叫了个～。"清施闰章《湖上酬会稽姜桐音》："～笛爱柯亭竹，遁迹竿投严濑鱼。"

【赏银】 shǎng yín 赏给人的银钱。《续资治通鉴长编》卷四〇三："枢密院言：殿前马步军司递年按阅诸军所支～，未有定限分数。"明朱国祯《涌幢小品》卷三〇："中间小酋入犯，能制驭罚服者，加～五十两有差。"清《红楼梦》一一五回："门上来了一个和尚，手里拿着二爷的这块丢的玉，说要一万～。"

【赏钟】 shǎng zhōng 犹"赏杯"。元明《水浒传》五一回："筛酒连与朱仝吃了三大～。"明《金瓶梅词话》六三回："因拿大～放在吴大舅面前。"《二刻拍案惊奇》卷八："取出一个匣子，开了，拿出一对～来。"

shàng

【上】 shàng ❶ 到；去。唐岑参《送任郎中出守明州》："观涛秋正好，莫不～姑苏。"《元曲选・朱砂担》一折："他又不和我一搭儿做买卖，我怎知他～南落北？"清《红楼梦》四〇回："我们乡下人到了年下，都～城来买画儿贴。" ❷ 指赴官上任。唐李隆基《更定满考日例诏》："自今已后，官人初～年，宜听通计，年终已来满二百日，许其成考。"《太平广记》卷四二一引《原化记》："渔翁与载至县门，韦少府已～数日矣。"《宋史全文》卷二七上："朕以宰耕牛、禁铜器及金翠等事，刻之记事板，每京尹初～，辄示之。" ❸ 登载；登录。唐张籍《和左司元郎中秋居》之一〇："新诗才～卷，已得满城传。"《敦煌变文校注》卷二《秋胡变文》："谁家妇堪～史记，万代传名。"清《红楼梦》二〇回："昨儿又不知是那个姑娘得罪了，～在他账上。" ❹ 开始（学习或讲授）。《祖堂集》卷六《洞山和尚》："院主见他孝顺，教伊念《心经》，未过得一两日，念得彻，和尚又教～别经。"明汤显祖《牡丹亭》七出："昨日～的《毛诗》可温习？"清《红楼梦》九二回："念了一本《女孝经》，半个月头里又～了《列女传》。" ❺ 达到；够（一定数量或程度）。唐张九龄《开大庾岭路记》："语重九译，数～千双。"《元曲选・合汗衫》三折："不～三日，就添了一个满抱儿小厮。"清《红楼梦》二八回："花了有～千的银子，才配成了。" ❻ 登台；出场。元关汉卿《拜月亭》楔子："孤、夫人～，云了。"明《拍案惊奇》卷四〇："生扮周美成～。"清李渔《闲情偶寄》卷一："与其忽张忽李，令人莫识从来，何如只扮数人，使之频～频下，易其事而不易其人。" ❼ 交纳。清《醒世姻缘传》一〇回："其珍哥的三十两，小桃红七个的三十两，高氏的五两，脱不了都是晁大舍代～。"《儒林外史》三回："金有餘将着银子，～了藩库，讨出库收来。"特指纳钱买官。明《金瓶梅词话》六一回："他儿子何岐轩见今～了个冠带医士。" ❽ 用在动词后。a）表示动作有结果。《元曲选・老生儿》一折："敢是你那里看～了一个，你待取来做小老婆也。"明张四维《名公书判清明集・伪作坟墓取赎》："当唤～黄桂子引问。"清《红楼梦》六二回："宝钗便命婆子将门锁～。"b）表示达到一定的数量或持续一定的时间。《元曲选・争报恩》二折："拿那大棒子着实的打～一千下。"明《挂枝儿・鼓》："番转来，覆转去，擂～千遭。"清《红楼梦》五七回："这要天天吃惯了，吃～三二年就好了。" ❾ 用在名词或代词后。a）表示抽象的位置处所。唐李漼《夏令推恩德音》："又辄不得许利～生利，及回利作本，重重征收。"宋《朱子语类》卷三三："博文约礼，就这～进去，只管是长进。"清《红楼梦》七回："正骂的兴头～，贾蓉送凤姐的车出去。"b）表示范围或方面。宋《朱子语类》卷七三："未曾理会自己～事业，便先要'开物成务'，都倒了。"元陈克明《粉蝶儿・怨别》："茶饭～无些滋味，针指～减了些工夫。"清《红楼梦》一三回："想是为丧礼～风光些？"c）表示动作涉及的对象。明《老乞大谚解》卷下："明日病痊疴了时，太医～重重的酬谢。"杨铭《正统临戎录》："我今日放鹰得了一个野鸡，……我自家特来皇帝～进酒散闷。"d）表示时间。唐尚识微等《造像碑记》："愿每日诵得五百纸经，受得五百纸经，三岁～奉敕，童子出家。"宋元《清平山堂话本・陈巡检》："话说大宋徽宗宣和三年～春间，皇榜招贤，大开选场。"清《红楼梦》四二回："我也是个淘气的，从小七八岁～也够个人缠的。" ❿ 表示原因、缘故。常跟"因、为、以"等介词搭配。金《董解元西厢记》卷八："化了的相国姑夫，在时曾许聘与莺莺。不幸身死，因此～未就亲。"元明《水浒传》四五回："以此～德行高僧，世间难得。"清《野叟曝言》一一四回："恰好铁兄迁怒，说总为这～才去测量，才送了文爷性命。"

【上拜】 shàng bài 行拜礼。《宋史・张焘传》："金使张通古、萧哲至行在，朝议欲～金诏。"明《朴通事谚解》卷下："咱两个对君王面前斗圣，那一个输了时，强的～为师傅。"清《野叟曝言》一四九回："～毕，奉觞上寿。"

【上班】 shàng bān ❶ 按规定时间到供职地点服役或做事。元《三遂平妖传》一〇回："元来这个中贵官叫做善王太尉，是日却不该他进内～，因此得暇，带着一行人出城来闲游戏耍。"明王守仁《行岭北道申明教场军令》："各兵遇～之日，不许因便赴该道府告家乡户婚田上等项事情。"清《绿野仙踪》七五回:"我这伙计是前月才～儿,他认不得三师父。" ❷ 指级别、位次在前的行列,也指位次在前的人。唐韩愈《银青光禄大夫王公神道碑》:"公起外戚子弟,秩卑年少,岁餘超居～,官尊职大。"元李昱《徐原父画梅歌》:"平生画梅得真诀,置在二十四风花仙之～。"清王睿《送沈一指之任高陵》:"新除大邑复秦关,左辅仙凫别～。" ❸ 名戏班。元乔吉《斗鹌鹑·歌姬》:"教坊驰名,梨园～,院本诙谐,宫妆样范。"

【上半日】 shàng bàn rì 上午。明马欢《瀛涯胜览》:"如遇礼拜日,～市绝交易。"清李渔《闲情偶寄》卷一五:"凡一日之中,急切当行之事,俱当于～告竣。"《红楼梦》六〇回:"原是～打发了小丫头子送了家去的。"

【上半天】 shàng bàn tiān 犹"上半日"。清《红楼复梦》四八回:"～我同大侄儿各人分路,到下半晚儿在道儿上遇着。"

【上报】 shàng bào 告知;报告。多用为谦敬语。唐皮日休《伤史拱山人》:"一缄幽信自襄阳,～先生去岁亡。"《敦煌变文校注》卷一《舜子变》:"舜子叫声'～',恰值一老母取水,……老母便知是舜,牵挽出之。"清《隋唐演义》二七回:"那虞世基还要凑朝廷的意思,飞章～。"

【上边】 shàng biān ❶ 位置较高或靠上的地方、方向。唐孔颖达疏《礼记·曲礼上》郑注"不受":"此时主人初欲上,而仆在车上,转身向主人以授绥,主人不就仆手外取之,而以手从仆手下进,拘取仆手里～,示不用仆授也。"明《醒世恒言》卷一八:"索性拆开来看,却原来下面有块三角沙石,尖头正向着～,所以垫不平。"清《儒林外史》二〇回:"小弟不去,要到江～芜湖县地方去寻访几个朋友。"也指较尊的位置。清《女仙外史》七回:"那有弟子坐在师之右,孩儿在母亲～之理?" ❷ 文章或讲话中前于现在所述的部分。清陆陇其《四书讲义困勉录》卷三六:"～的命,是我自己心性用得功的,所以要立。"石成金《传家宝·教子》:"我～这些教子的说话,虽然愚俗,为人父母的若能依着,教子自然教出好儿子来。" ❸ 旁边;跟前。明《型世言》二六回:"小的已抄白在老爷～,真本在家里。"清《红楼梦》五四回:"至黛玉前,偏他不饮,拿起杯来,放在宝玉唇～,宝玉一气饮干。"《歧路灯》六八回:"绍闻道:'情急事迫,万望在老伯母～,秘为商量。'" ❹ 物体的表面。明《西游记》一二回:"(袈裟)～有如意珠、摩尼珠、辟尘珠、定风珠。"清《红楼梦》五七回:"用手向他脉门摸了一摸,嘴唇人中～着力掐了两下。"《白雪遗音·新春元旦》:"新春元旦,斗柄回还,太平一统过新年,门神对子贴～。" ❺ 表示范围或方位。明《拍案惊奇》卷九:"从来传奇小说～,如《倩女离魂》,活的弄出魂去,成了夫妻。"清《隋唐演义》六回:"如果有意求凰,不妨定更之后,到回廊转西观音阁后菜园～,看小姐排成一阵。"《醒世姻缘传》二三回:"一说到书～去,就如使二十斤牛皮胶把那心窍都胶住了的一般。" ❻ 那边,表示某个人或双方中的一方。明《金瓶梅》四七回:"如今老爹～既发此言,一些半些恒属打不动两位官府。须得凑一千货物与他。"清《醒世姻缘传》三五回:"他～又没有拿话丁你,是大爷自己断的,你打他则甚?" ❼ 表示原因、缘故。明《拍案惊奇》卷一二:"一句戏话～,得了一个妇人。" ❽ 指上司、上级。明李乐《见闻杂记》卷九:"民间风俗淳浇,这机括下边全看着～举动。"李梅实《精忠旗》一〇出:"～差校尉到苏州来拿乡宦。"清《儒林外史》二〇回:"如今设若走一走,传的～知道,就是小弟一生官场之玷。"也指某个官员。清《歧路灯》九一回:"～笑道:'这是他包揽的土娼了,什么小老婆呢。'" ❾ 指家族中上一辈。明《型世言》四回:"～老的老,下边小的小,叫我怎生丢得!"清《醒世姻缘传》九回:"老爷老奶奶明媒正礼与大爷娶的正头妻,～见放着老爷老奶奶,谁敢休?"也指家庭中地位高的。清《绿野仙踪》八四回:"你今后要在你新大奶奶前虚心下气,我还着他把你当个～人看待。" ❿ 用在名词后,表示范围。明《二刻拍案惊奇》卷一:"奸胥舞文,酷吏锻罪,只这笔尖～几个字断送了多多少少人?"清《说岳全传》一五回:"兼之那些关塞～并无好汉保守,今狼主要夺中原,只消发兵前去,包管一鼓而可得也。"《歧路灯》一〇〇回:"银子整出碎使,那秤头～,怎能没个兑搭?" ⓫ 用在表示年龄的词语后,表示那一时间段。清《珍珠舶》七回:"我自九岁～就蒙阿爹抚养至今,可惜那老人家,只有一个儿子。"《飞花艳想》一回:"父亲柳继毅,官至京兆尹,不幸在十三岁～就亡过了。"

【上菜】 shàng cài ❶ 上等菜肴。清《醒世姻缘传》四回:"随即收拾了四碟～,一碗豆角干,一碗暴腌肉,一大壶热酒。" ❷ 把做好的菜肴送到餐桌上。清《醒世姻缘传》五八回:"说着,一边斟酒～。"《野叟曝言》二回:"伏侍的家人小子,止顾在窗外窃听,无心换酒～。"《红楼复梦》六回:"众家媳妇们轮流～。"

【上仓】 shàng cāng 粮食入库。宋周必大《跋朱元所作南城吴氏社仓记》:"直至十月米谷～,然后放心。"明张琦《喜雨第三篇》:"今年贾楚定不施,秋米～敢亏斛。"清《歧路灯》一九回:"王中正在门首看那乡里佃户纳租送粮,有二三十辆车,在那里陆续过斗～。"

【上草】 shàng cǎo 把草料放进食槽里,给牲口吃。元明《水浒传》五七回:"小人起来～,只见篱笆推翻,被人将相公的马偷将去了。"

【上叉】 shàng chà 隐指性行为。明《山歌·后庭心》:"姐儿生来身小眼即伶,吃郎推倒后庭心,硬郎不过,只得顺情,霎时～。"清沈起凤《文星榜》四出:"门到关拉里,一定上子叉哉,让我听听看。"

【上场】 shàng cháng 另见 shàng chǎng。❶ (谷物、蔬菜)收割后运到收储或销售场所。唐王建《田家行》:"麦收～绢在轴,的知输得官家足。"明杨慎《丹铅总录》卷二六:"萝葡～,医者回乡。"清《陕西通志》卷四五:"谚曰:麦～,女看娘。" ❷ 人到作场干活。元陈椿《熬波图》卷上:"海天无风云色开,相呼～早晒灰。"又卷下:"千夫～争晒灰,晒灰亦有高低手。"

【上场】 shàng chǎng 另见 shàng cháng。❶ 出现在表演等场所。唐崔令钦《教坊记》:"宜春院女教一日,便堪～。"宋司马光《上哲宗乞议革新法之不便者》:"朝哺～,罕得休息,而士卒始怨嗟矣。"清《红楼复梦》二七回:"有百十个人～,唱一出《寿山福海》。" ❷ 面临需要施展某种本领的场合。元明《水浒传》二五回:"闲常时只如鸟嘴,卖弄杀好拳棒,急～时便没些用。"明《金瓶梅词话》一四回:"你这行货子,只好家里嘴头子罢了,若～儿,唬的看出那嘴舌来了。"清《二度梅》一二回:"更鼓频敲将～,惊散了好梦不到晓,睡眼朦胧痴情还在阳台绕。" ❸ 上手;得手。明《拍案惊奇》卷六:"看见人家有些颜色的妇女,便思勾搭～,不上手不休。"又卷一八:"后来勾搭～,也都是他教成的计较。"

【上乘】 shàng chéng 本佛教用语,即大乘。借指上等、上品。明何良俊《四友斋丛说》卷二四:"诗苟发于情性,更得兴致高远,体势稳顺,措词妥贴,音调和畅,斯可谓诗之最～矣。"李乐《见闻杂记》卷三:"此仁人之言,有司之～也。"清弘历《三贤堂》:"五字苏州是～,白刘倡和亦堪称。"

【上筹】 shàng chóu ❶ 竞技、赌博获胜的规定。唐张说《奉和圣制观拔河俗戏应制》:"斗力频催鼓,争都更～。"宋王珪《宫词》:"～争占蓬莱岛,一掷乘鸾出洞天。" ❷ 英明的筹划。《敦煌变文校注》卷一《张淮深变文》:“儿回献捷入皇州,天子临轩许～。”明王恭《送陈二林粮长运军储之海城》:“搜粟当年曾作尉,富民何事亦封侯。却令大姓专输饷,谁信军储借～。” ❸ 最好;一流。元蒲道源《咏雪》之一:“六花半夜将平尺,二麦明年占～。”明《西游记》五二回:“那杆长枪真对手,永镇金峣称～。”

【上簇】 shàng cù　蚕发育到一定时期,停止吃东西,爬到簇上吐丝做茧。唐王建《荆南赠别李肇著作转韵》:“麦收蚕～,衣食应丰足。”元王恽《劝农文》:“初饲成眠以至～,必须遵依蚕书。”清弘历《上簇》:“今朝报道新抽茧,老幼群欣～时。”

【上当】 shàng dàng　受骗;吃亏。清《儒林外史》五一回:“你这客人,想是少年不老成,如今上了当了。”《白雪遗音·劝嫖》:“千万不要学了我,大瞪着两眼明～。”《蜃楼志》三回:“这人不知是那个,亏得他不曾见我,倘若被他看见,不是今朝要～了么。”

【上道】 shàng dào　指陷入某种境地或落入别人的圈套。明《金瓶梅词话》七八回:“打伙儿替你爹做牵头,勾引上了道儿,你每好图躧狗尾儿。”清《水浒后传》三三回:“又且黑夜广阔无边,切莫再追,上了他们的道儿。”《醒世姻缘传》五三回:“无奈众人强他～,他只得也跟众人一同乱哄。”

【上灯】 shàng dēng　燃亮灯火。用以表示时间,指天黑的时候。唐元稹《重夸州宅旦暮景色》:“绕郭烟岚新雨后,满山楼阁～初。”《元曲选·黑旋风》四折:“他直吃到～前后。”清《红楼复梦》一一回:“到～以后,方才散席。”

【上吊】 shàng diào　❶ 用绳子吊在高处,套着脖子,使身体悬起来自杀。《元曲选·冻苏秦》二折:“俺一家儿努眼苦眉,只待要逼苏秦险些～。”明《金瓶梅词话》二六回:“那奴才淫妇想他汉子～,着急拿小厮来煞气。”清《白雪遗音·十二月》:“郎君若是再出去,我拿着绳子和他～。” ❷(眼珠)上翻。明孙一奎《赤水元珠》卷二七上:“是以督脉缩促,致睛～,而露白也。”张介宾《景岳全书》:“凡痘疮灌脓之后,或大汗大泻之后,多有目睛～,或露白者。”

【上冬】 shàng dōng　进入冬天。明《金瓶梅词话》六〇回:“哥今年～管情高转加官,主有庆事。”

【上番】 shàng fān　❶ 值班;值勤;轮流服役。《法苑珠林》卷七一:“潞州有人姓李,任校尉,至怀州～。”《宋史·兵志五》:“今募兵未已,且养～义勇,则调度尤不易。”宋元《警世通言》卷二〇:“便是你～时,我也和孩儿在家里卖得。” ❷ 头一遍(长出来的)。唐杜甫《三绝句》之三:“会须～看成竹,客至从嗔不出迎。”宋范浚《次韵弟茂通郊行见梅》:“好风催冷蕊,～即芳葩。”清查慎行《同年王楼村招饮白丁香花下》:“曾经～种,旋发春来葩。” ❸ 上次。清查慎行《雪中吕山浏见过》:“匹如～来,彼此两不遇。”自注:“去冬山浏过里中,余留洞庭未返。”又《唐多令》:“曾被～唫赏后,蝴蝶梦,忒匆匆。”弘历《浙江巡抚报得雪》:“～雪自北而南,南计寸沾五北三。” ❹ 上面。清《荡寇志》一一五回:“唐猛问其故,范成龙把那～话说了。”

【上方】 shàng fāng　❶ 上界;天上。唐李隆基《上方大洞真元妙经品序》:“～玉虚,明皇天尊。”《元曲选·忍字记》楔子:“有～贪狼星,乃是第十三尊罗汉,不听我佛说法,起一念思凡之心。”清嵇曾筠《五台山》:“～历历见星辰,下界冥冥自风雨。” ❷ 指佛寺。也指住持住的房间。唐刘长卿《登思禅寺上方题修竹茂松》:“～幽且暮,台殿隐蒙笼。”宋佚名《五国故事》卷下:“卓俨明本神光寺僧,住～。”清《白雪遗音·游庵》:“小生久慕宝庵堂,不化银钱助～。” ❸ 指朝廷、宫廷。宋强至《代王尚书谢加食邑实封表》:“宣～之恩泽,既亦累年;抚北道之兵民,汔兹半稔。”宋元《警世通言》卷一九:“这件物是～所赐,新罗国进到,世上只有这一只。”清昭梿《啸亭杂录》卷八:“凡稻田,玉泉山十有五顷,供～玉食。” ❹上邦;大国。明《西游记》三八回:“这等好和尚,必是～人物,不当小可的。” ❺ 宫廷里掌膳食、方药的官署。又作“尚方”。宋苏颂《赐中大夫守尚书右丞许将生日诏》:“出肴醴于～,助燕私于家会。”明吕毖《明朝小史》卷一:“金盘苏合来殊域,玉碗醍醐出～。”清《红楼梦》五七回:“彼时命将祛邪守灵丹及开窍通神散各样～秘制诸药,按方饮服。”也指上方所制的食物、药品。清昭梿《啸亭续录》卷一:“膳房大臣跪进果盒,颁赐～,络绎不绝,凡侍座者咸预焉。” ❻ 上方剑的简称。宋苏轼《次丹元姚先生韵》之二:“不学刘更生,黄金铸～。”明蒋一葵《尧山堂外纪》卷八九:“～如可借,请斩佞臣头。”清陆次云《圆圆传》:“帝急召三桂对平台,锡蟒玉,赐～,托重寄。”

【上方剑】 shàng fāng jiàn　同“尚方剑”。宋王禹偁《怀贤诗·李兵部》:“独持～,愿斩奔鲸鬣。”

【上房】 shàng fáng　❶ 指寺院住持住的房间。唐智昇《开元释教录》卷八下:“秋七月,西明寺成,敕法师居之,令给～一口,新度沙弥海会等十人充弟子。”《祖堂集》卷一七《通晓和尚》:“即以五月一日右胁累足,示灭于嵝山寺～。”明杨继盛《自著年谱》:“是夏,与庠友李鹤峰、九皋及奕山,会文于宁国寺～。” ❷ 家族的分支。《新唐书·宰相世系表五下》:“北祖～徐氏:丰字仲都,司空掾。”又:“高平北祖～徐氏:诜次子矩,矩字弘深,生邕。” ❸ 宋代词臣起草文稿的地方,分上下房。宋赵汝腾《外制序》:“程公俾余书～,余逊不肯受,只书下房。”林希逸《宋龙图阁学士刘公状》:“同院庸斋赵公,时行下三房,公以赵已除法从,乞以～易之,奏上不许。”《宋史全文》卷二四上:“(胡)铨奏:‘臣与刘珙分上下房,刘珙得～,臣得下房。’” ❹ 宫廷掌管食物出纳银两及其他日常生活用品的账房。明刘若愚《酌中志》卷一四:“而良卿执掌～、库房锁钥,凡酒浆食物出纳勤助。”又卷一六:“各家私臣,……曰～,职掌箱柜锁钥。”也指衙门的账房先生。明《醋葫芦》九回:“莫非就是做～的钱若舟么?” ❺ 四合院子里位置在正面的房屋,通常是坐北朝南的。明涂俊《新丰主人》:“客舍新丰往来熟,主人相留～宿。”《金瓶梅词话》四二回:“话说西门庆打发乔家去了,走来～。”清袁枚《子不语》卷二三:“筠与老仆随妪行过十餘间屋,始到～。” ❻ 指正妻住的房屋。《说郛》卷七〇下引唐尚宫《女论语·和柔章》:“～下户,子侄团圆,是非休习,长短休争。”转指正妻、大老婆。明《金瓶梅词话》四一回:“你怎的这咱还不梳头?～请你说话。”又七五回:“刚才～对我说,我才晓的。”

【上坟】 shàng fén　到坟前祭奠死者。宋冯山《青冢行》:“填填车马～去,踏尽青草行人踪。”《元典章·刑部四》:“至元二年三月十二日,随逐邵县令夫人～。”清《歧路灯》一二回:“你久后成人长大,埋了我,每年～时,在我坟头上念一遍。”

【上分】 shàng fèn　上等的利益。明《西游记》二七回:“出家人若有桃子吃,就为～了。”清《醒世姻缘传》九二回:“各人都爱便宜,算计要抢～。”《绿野仙踪》七一回:“你既要做打虎的事,必须处处让他占个～儿,就得了窍了。”

【上风】 shàng fēng　❶ 上面的风气。唐魏徵《论时政疏》三:“夫～既扇,则下生百端。人竞趋时,宪章不一。” ❷ 比喻优势或有利的地位。宋陈著《挽张梅垣锴》之一:“之子吾乡秀,生来踏～。”明朱有燉《黄莺儿·骂钱》:“杀人仗你不偿命,有理事儿你反复,无理词讼赢～。”清《歧路灯》八〇回:“张家得了～,好不气壮。” ❸ 上级。清《飞龙全传》三六回:“今见自家元帅满口哀求，只要留些体面，就知道他是韩通的～了。”又四四回：“怪道要我们同去接他，原来是贤弟的～，我们自然该去。” ❹ 指更厉害的人。清《飞龙全传》四〇回：“黑贼，你原来也遇着～了。你倚仗自己力大，欺我没用，谁知也被我家姑娘打了。” ❺ 崇尚、跟随某种风气。上，通“尚”。明范濂《云间据目抄》卷二：“～之弊，始于万历十五年后。迹其行事，大都意气所激，而未尝有穷凶极恶存乎其间。” ❻ 开始。明佚名《小桃红・西厢百咏・郑恒触树》：“～头忒逞，末梢拳难挣，枉自送残生。”

【上福】 shàng fú 同“上覆”。明《二刻拍案惊奇》卷一〇：“多多～老爷，说我料道今生不能相聚了。”清《雪月梅》一五回：“我家老奶奶、大娘娘先叫～姑娘，说趁上半日早凉，请姑娘就起身。”

【上付】 shàng fù 同“上覆”。明陈铎《耍孩儿・嘲外有事实》：“～你田草包，再今番休发傻，便做道你胡行乱走诸身子罢，汤牌死呵人命关天不是耍。”

【上复】 shàng fù 同“上覆”。元关汉卿《调风月》三折：“燕燕～传示煞曾经，谁会甚儿女成婚聘？”明《拍案惊奇》卷二九：“既有此话，有烦妈妈～他，叫他早自挣挫。”清《二度梅》三四回：“望乞老大人与晚生婉转～老太师，过蒙垂爱，改日再造府谢罪。”

【上覆】 shàng fù 禀告；致意。元代以后多在请人传话或替人传话时说。宋尹洙《申四路招讨司论本路御贼状》：“洙～招讨侍郎，日近边报益多，虑恐必来入寇。”元王晔《水仙子》：“拜辞了呆黄肈，～那双解元，休怪俺不赴临川。”清《儒林外史》一回：“～县主老爷，说王冕乃一介农夫，不敢求见。”

【上盖】 shàng gài ❶ 器物或建筑物上面的顶盖。唐孔颖达疏《礼记・杂记上》“疏布輤”：“以粗布为～，而四面有物章之。”宋《朱子语类》卷八九：“其圹用石，～厚一尺许，五六段横凑之。”清《说岳全传》七六回：“普风口中念动真言，将葫芦～揭开道：‘请宝贝出来。’” ❷ 穿在外面的上衣。宋周密《武林旧事》卷七：“至第三盏，太上遣内侍请官家免花帽儿束带，并卸～衣。”《元曲选・鸳鸯被》二折：“可要与贫姑换～，换道服。”清《绿野仙踪》二二回：“疾疾的将～衣服脱下，紧跑了几步，也往河一跳。”

【上竿】 shàng gān ❶ 爬竿。一种杂技，亦称“缘竿”。宋晏殊有《咏～伎题中书壁》。《文献通考》卷一四七：“虽有异名，要之同为缘橦之一戏也。唐曰竿木，今曰～，盖古今异名而同实也。”清王夫之《读通鉴论》卷二八：“童子见伎人之～而效之，或悲之，或笑之，虽有爱之者，莫能禁也。” ❷ 比喻仕进。宋人谓仕宦之难如“鱼上竿”。宋刘克庄《最高楼》：“笑狂生，还笏易，～难。” ❸（竹笋）长高成竿。宋方岳《山居》之八：“我爱山居好，新篁欲～。”元方回《种花》：“更喜薰风好，青青笋～。” ❹ 犹“上道”。清《后水浒传》一八回：“一张嘴儿就似蜜罐儿般甜净，指望将人甜倒，上了竿儿。”《续金瓶梅》一〇回：“就录出这个题目来，要引他上了竿儿，接过来教养梳笼着，勾搭道君皇帝。” ❺ 隐指性行为。清《醒世姻缘传》一九回：“晁大舍合唐氏正在那里撮把戏，～卖解，忙劫不了。”

【上赶】 shàng gǎn 主动接近或讨好别人。明《金瓶梅词话》二三回：“他行骑着快马，也不～他，拿甚么伴着他吃十轮儿酒？”△清《三侠剑》四回：“大凡乡庄之人，谁要～着谁随一份礼，那个人情就大啦。”

【上告】 shàng gào 禀告。唐李晔《拒贼盟词》：“移檄远近，～方伯，苟可灭贼，殒躬不辞。”《元曲选・度柳翠》四折：“～我师和尚，贫僧特来问禅。”清《醒名花》七回：“～本县正堂老爷施行。”

【上工】 shàng gōng 到工作地点工作。明杨士奇《即位诏》：“见起在京做工人匠，……及该轮班～者存留外，其餘尽数放遣。”《金瓶梅词话》九六回：“只听得晓月长老打梆子，各人都拿锹镢筐扛，～做活去了。”清袁枚《子不语》卷二二：“次日～次，过张桓侯庙。”

【上供】 shàng gòng ❶ 给朝廷交纳。唐李纯《上尊号赦文》：“今年秋税钱合～者，每贯量放三百文度支。”宋苏轼《奏浙西灾伤第一状》：“供额斛三分之一，为米五十餘万斛，尽用其钱，买银绢～。”清宋荦《请移豳漕粮疏》：“臣俱批行司道会议，务期～，无亏民沾实惠。” ❷ 所征收赋税中上交朝廷的部分。唐元稹《钱货议状》：“自国家置两税以来，天下之财限为三品：一曰～，二曰留使，三曰留州。”元揭傒斯《忆昨》之四：“留守日须中赐果，宣徽月送～茶。”清储大文《藩镇》：“朝廷减～金谷，使之养兵。”也指贡品。《大宋宣和遗事》后集：“朝廷罢花石纲及非法～，并延福宫西城租课内外制造局。” ❸ 摆上祭祀物品。清《后水浒传》四二回：“遂到厅来，立了香案。二人在包裹中取出铁叶～。”《醒世姻缘传》一一回：“自此一日两餐～，再不敢怠慢。”《红楼梦》五三回：“那晚佛堂灶王前焚香～。”

【上官】 shàng guān ❶ 上任。唐宋璟有《与张说源乾曜同日～》诗。《元曲选・黄粱梦》二折：“昨日～时似花正开，今日迭配呵风乱筛。”清《四库总目提要・学言诗稿》：“后复擢江西行省参知政事。未～而陈友谅已陷江西，遂遁迹不出。” ❷ 向官府交纳；交给官府。宋欧阳修《通商茶法诏》：“而皆欢然，愿弛榷法，岁入之课，以时～。”《宋史・曹覲传》：“探怀中印章授其从卒曰：‘我且死，若求间道，以此～。’”清《醒世姻缘传》八二回：“家中留下的破碎物件，日逐卖了来的，只好同差人吃饭，也还不够，那得攒下～。”

【上馆】 shàng guǎn ❶ 用于招贤的上等馆阁。五代王仁裕《玉堂闲话》卷二：“潘一见甚喜，～以待之。”《元曲选・范张鸡黍》楔子：“未及数年，选居～，声动朝廷。”明史继偕《读秘阁藏书赋》：“开翘材之～，集卓荦之儒英。” ❷ 犹“上舍”。明王世贞《秣陵游稿序》：“幼于束发为诸生，而秣陵游者岁三之一，则皆以应试故。既稍稍升国子～，游参之可得岁二之一。”章潢《图书编》卷一〇五：“诸官民军生非强学登科，必积分至十餘载，升～。” ❸ 到馆、阁任职，或到学校、私塾教书。清《皇朝文献通考》卷五〇：“朕闻修书各馆誊录人员内，竟有不能缮写之人，夤缘而进。及～之后，转行倩募。”《野叟曝言》一二五回：“钦天监奏择二十七日开大学小学，新进士二十五日考选，亦择于二十七日～。”《绿野仙踪》六〇回：“已面订在下月初二～，学金每一年一百六十两，外送两季衣服。” ❹ 道教指上界神仙居所。《云笈七籤》卷二三：“顺行之洞阳宫，洞阳宫，日之～也。”元张野夫《跋南岳寿宁观碑后》：“～赤帝朱鸟飞，祝融宅南参为旗。”《玉皇经・太上大光明大神咒》：“今且可相付当录于～，未得行于下世。”

【上锅】 shàng guō ❶ 指做饭做菜。元明《水浒传》二四回：“便拨一个土兵来使用，这厮～上灶地不干净，奴眼里也看不得这等人。”明《金瓶梅词话》一回：“主家婆余氏，初时甚是抬举二人，不曾～，排备洒扫。”清《儒林外史》二七回：“当下，鲍家买了一尾鱼，烧起锅，请相公娘～。” ❷ 沙锅。宋王衮《博济方》卷三：“用～子，或瓦石锅亦得，入淘米浓泔煮之。” ❸ 大锅。与中锅、下锅相对。清《四川通志》卷一四：“彭水县盐井，上井一眼，设～三十一口。”又：“富顺县盐井，上井五十六眼，设～一百零三口。”

【上行】 shàng háng ❶ 指贸易行。宋吴自牧《梦粱录》卷一三：“每日清晨，两街巷门，浮铺～，百市买卖，热闹至饭前，市罢而收。”清《杏花天》三回：“买下三四百金药材，讨船直至维扬。夜卸～鄞泰山卖兑客，已得大利。” ❷ 从商行购进货物(然后转手发卖)。宋元《古今小说》卷一五：“那里去偷只狗子，把来打杀了，煮熟去卖，却不须去～。”《警世通言》卷三七：“你只管躲懒，没个长进，今日也好去～些个山亭儿来卖。”元《三遂平妖传》三回：“人来买的段匹，他们疑道只见卖出去，不曾见～。” ❸ 从业做生意。明《醒世恒言》卷三：“九妈要哄他～，连声招许多不是，美娘只不开口。”

【上行首】 shàng háng shǒu 即“上厅行首”。宋元《清平山堂话本·柳耆卿》：“多少名妓欢喜他，在京师与三个出名～打暖。”元明《水浒传》二一回：“我这女儿长得好模样，……那一个行院不爱他！有几个～要问我过房几次，我不肯。”

【上好】 shàng hǎo ❶ 顶好；最好。《元曲选·留鞋记》楔子：“只把～的拿来，我还要拣哩。”明沈榜《宛署杂记》卷一五：“～银朱六斤八两。”清《红楼梦》四八回：“十四日是～出行日期。” ❷ 替别人说好话。清《红楼梦》六〇回：“我可拿什么比你们！又有人进贡，又有人作干奴才，溜溜你们，好～儿。”又六五回：“这里鲍二家的陪着这些丫鬟小厮吃酒，讨他们的好，准备在贾珍前～。”

【上号】 shàng hào ❶ 登记在号簿上。明《梼杌闲评》二四回：“富贵的远乘车马，贫贱者徒步携囊，都有钱粮上会，多寡不等，一一～。”清《绿牡丹》五六回：“～人道：‘这三位姑儿芳名亦要～。’” ❷ 好；上等。明《平妖传》一六回：“员外打些～龙团饼儿，放在罐内。”文秉《先拨志始》卷下：“其法取～大米淘净，用甑蒸熟，内放银瓶蒸吸其汁，饮之。”清《醒世姻缘传》五二回：“凡遇磨麦，先将～的白面留起来，另与公婆食用。” ❸ 大号。明《醒世恒言》卷三六：“太守相公大怒，喝教选～毛板，不论男妇，每人且打四十。”《西洋记》一七回：“大约要分上、中、下三号，每号要细分三号：每～要分个上上号、上中号、上下号。” ❹ 在号房当值。清《歧路灯》六回：“今日托了个朋友替我～，我亲自来送哩。”又二四回：“我昨日～，有考城竺老爷禀见。”

【上户】 shàng hù ❶ 富户；大户。《隋书·食货志》：“其赋税常调，则少者直出～，中者及中户，多者及下户。”元武汉臣《老生儿》二折：“想正贫困夺得富豪，今日做～却无了下梢。”清《飞龙全传》二三回：“～的抹一抹，要纳谷三十石。” ❷ 指上等店铺。宋孟元老《东京梦华录》卷二：“此一店最是酒店～，银瓶酒七十二文一角，羊羔酒八十一文一角。”赵彦卫《云麓漫钞》卷一〇：“旧坊户既有酝具，其～亦有力造酒酤卖。”耐得翁《都城纪胜·铺席》：“自五间楼北，至官巷南御街，两行多是～金银钞引交易铺。”

【上花台】 shàng huā tái 逛妓院；狎妓。《元曲选·冤家债主》一折：“引着些个泼男泼女相扶策，你你你则待每日～。”又《度柳翠》一折：“怎知我～端的是第一尊。”明汤式有《醉太平·嘲秀才～》。

【上祭】 shàng jì 到有丧事的人家祭奠死者。明《金瓶梅词话》八九回：“正月十六日贴门神，迟了半月。人也入了土才来～。”清《醒世姻缘传》四〇回：“你汪先生待出殡，你爹说不去与他烧纸，等你去与他～。”《红楼梦》一三回：“可巧这日正是首七第四日，早有大明宫掌宫内相戴权，先备了祭礼遣人来，次后坐了大轿，打伞鸣锣，亲来～。”

【上家】 shàng jiā 打牌、掷色子、行酒令时，按轮流次序先于自己的邻家。清《红楼梦》六三回：“恰好黛玉是～，宝玉是下家，二人斟了两杯，只得要饮。”《飞龙全传》一六回：“那～正要掠起骰子来掷，那匡胤输得急了，一心要赖，将手拦住。”

【上肩】 shàng jiān ❶ 上位；位置较尊的一侧。《五灯会元》卷二《嵩岳破灶堕禅师》：“僧近前叉手，绕师一匝而出。师曰：‘牛头会下，不可有此人。’僧乃回师～叉手而立。”明《清平山堂话本·羊角哀》：“汝是冻死饿杀之人，安敢建坟居吾～，夺吾风水？”清《八洞天》卷五：“‘老先生不消逐位行礼，竟总揖了，就请坐席罢。’待征便立在～作了一揖。” ❷ 放到肩上。a) 表示扛、担。宋苏辙《次韵子瞻雨中督役》之一：“天明归去芒鞋滑，虽有藤舆懒～。”家铉翁《僧乞达摩弥勒赞》：“担子未曾～，何须闹处着脚。”清《红楼复梦》六回：“众家人搭出山门，轿夫们接住～，大小家人蜂拥如飞而去。”b) 表示承担。宋李有《古杭杂记》：“理宗庚申，贾似道初入相，有人作诗云：‘收拾乾坤一担担，～容易下肩难。’”明黄道周《榕坛问业》卷七：“著一修身，便觉许大担子～难放。”曹于汴《闻报书怀》之四：“尘世繁劳不～，山中长夏日如年。” ❸ 上承。明方良永《陈见思赞》：“欲～于往哲，将的乎其畴依。”清李清馥《闽中理学渊源考》卷一：“～周程统绪，下启罗李朱历代相传之奥。”

【上件】 shàng jiàn 行文中指上文已经提及的人物事件，或以前发生的情况。唐刘晏《奏禁隔断练湖状》：“得刺史韦损、丹阳耆寿等状，～湖，案《图经》，周回四十里。”《大宋宣和遗事》前集：“未免令随行人挑着酒桶，奔过南洛县，见了知县尹大谅，告说～事因。”清《秘殿珠林》卷二二：“谨熏沐九顿，恭写～尊经进呈。”

【上交】 shàng jiāo ❶ 指前任。元杨弘道《别凤翔治中支文仲序》：“九月一日新旧相代，监务相呼，我代者为～，代我者为下交。”又：“麦既熟，～不至。” ❷ 勾引到手；交手；交往。明《平妖传》一五回：“见媚儿施妖逞幻，看看～了，圣心大怒，便显出神威，将青龙偃月刀从头劈下。”《醒世恒言》卷三八：“一递一句，你不让，我不让，便要～厮打。”佚名《八声甘州·西河柳》：“体态娇，情性好，说来的话儿且是答应的巧，各统门庭不～。” ❸ 犹“上叉”。明《醒世恒言》卷一〇：“临～时，原来老妪腰间到有本钱，把桑茂弄将起来。”

【上界】 shàng jiè ❶ 指佛寺或地势高的地方。唐刘宪《闰九月九日幸总持寺登浮图应制》：“重阳登闰序，～叶时巡。”明徐文华《祖越寺》：“～钟声霄汉杳，前山塔影夕阳间。”清嵇璜《恭和御制至避暑山庄》：“～清凉信无暑，半空纷郁望非烟。” ❷ 宋代掌管市场贸易的行政部门，有上界、下界之分，上界掌货物流通、抑平物价。宋苏轼《论积欠六事并乞检会应诏四事》：“本县市易抵当所，于元丰二年五月以后，节次准市易～牒准太府寺牒支降到匹帛散茶，令搭息出卖。”《宋史·职官志五》：“市易～，掌敛市之不售、货之滞于民用者，乘时贸易，以平百物之直。” ❸ 宋代文思院下辖制造金银珠玉等饰物的部门。宋《咸淳临安志》卷八：“文思院，在北桥之东。绍兴三年三月，工部请仿京师旧制，监官分两界，～造金银珠玉，下界造铜铁竹木杂料。” ❹ 宋代仓储名称，有上界、中界、下界之分。上界所储粮食主要供朝廷百官及宗室。宋熊克《中兴小纪》卷三三：“又行在省仓三界，亦立定岁额，～六万石，中界五万石，下界二十五万石。”吴自牧《梦粱录》卷九：“省仓～在天水院桥北，其廒有八眼，受纳浙右米，以充上供及宰执百官亲王宗室内侍。”

【上紧】 shàng jǐn ❶ 赶快；加紧。《元曲选外编·蓝采和》一折：“兄弟，有看的人么？好时候也，～收拾。”明沈榜《宛署杂记》卷一录正德十二年上谕：“说与百姓每：田苗发生，都着～耘锄。”清《东周列国志》八八回：“如此迟慢，何日写完？汝可与我～催促。” ❷ 着急；急切。《元曲选·张天师》二折：“更做道秀才每忒～，忒着迷。”《元曲选外编·金凤钗》二折：“〔孤云〕哥哥，借钱与老汉罢。〔正末云〕你为什么这般～也？〔孤云〕我遇着恶人魔。"明《西湖二集》二七回："春鸿再三挣扯不脱，……见魏郎～，也便逆来顺受了。" ❸ 紧要。清《平定金川方略》卷三："但此番金川用兵，举动措置，较之前次瞻对之役，似为～。" ❹ 努力；卖力；经心。明《朴通事谚解》卷下："跟官人时休撒懒，一发用心～着。"清《野叟曝言》一五三回："太君之德，如何可报？当～用心，把合家画完，以表微意！"胤禛《朱批谕旨》卷二〇三上："壮健好骡一千头，～喂养。"

【上进】 shàng jìn ❶ 进献（物品）。跟前代已有的进呈章表、书籍义有别。五代朱守殷《上玉玺表》："臣修洛阳月波堤，至立德坊南古岸，得玉玺一面～。"宋曹勋《北狩见闻录》："卖人知是徽庙，即尽以炊饼、藕菜之类～。"清《世宗宪皇帝上谕内阁》卷一八："皇考自热河回銮，驻驆要亭，允禩遣人以将毙二鹰～皇考。" ❷ 上交国家。《唐会要》卷五二："既而坦男理其事，五坊使曰：'此钱已～，不可得矣。'"宋欧阳修《论乞不受吕绍宁所进羡餘钱札子》："若将官库钱～，则逐州合使钱处甚多，必致阙乏。"《宋史·颜衎传》："知温诸子不慧，衎劝令以家财十万餘～。" ❸ 前进；上升；升迁。唐李鼎祚《周易集解》卷六："初欲～，而四牿之。"明李梦阳《述征赋》："曷暾杲杲方～兮，云披离而蔽之。"清《平定金川方略》卷七："则一变通间，将弁有～之阶，愈切报效之愿。" ❹ 特指取得功名、求取功名。宋李石《回新繁李尉书》："甥侄屈指内外二十许，更无一～，羞出面颜。"明朱长祚《玉镜新谭》卷二："若～无望，须做一读书秀才，将吾所存诸稿、简籍，好好铨次。"清《平定准噶尔方略》前编卷三三："嗣后益加黾勉，努力戎行，以图～。"

【上坑】 shàng kēng 上厕所。元《三遂平妖传》一二回："肚疼了，要去后，怕房里窄狭有臭气，只得去店后面去～。"明佚名《白兔记》四出："蒲灯底下，好块大肉。奉请马大王细嚼细嚼，慢吞慢吞。骨头留与庙祝，请祭主来～。"按，此为谑语。清《醒世姻缘传》三三回："先生吃过了早饭，仍旧又～解手。"

【上控】 shàng kòng ❶ 对上陈述、报告。宋庞籍《上仁宗乞历选宜为嗣者》："沥血～，祈赐裁择。"明范景文《遗言》："儿辈具疏～圣明，并以遗疏附奏，聊见孤臣一片忠赤耳。"清佚名《研堂见闻杂录》："汪既回，既以劲兵～吴抚台。" ❷ 上诉；向上级控告。明耿定向《募复李文正故第文》："余兹欲～宸宁，而未敢遽也。"清纪昀《阅微草堂笔记》卷一八："～之案，使冤得申，则官之福祸不可测；使不得申，则反坐不过军流耳。"《红楼复梦》七一回："到他炕洞里搜出死孩，立刻报官究治。因指不出奸夫是谁，县太爷不准，只得来府～。"

【上库】 shàng kù 交库房收存。元明《水浒传》二七回："把赃物并行凶刀杖封了，发与库子收领～。"《明史·刑法志一》："初折银～，后折谷上仓。"清《儒林外史》九回："你去把我们前日黄家圩那人来赎田的一宗银子，兑七百五十两，替他～。"

【上来】 shàng lái ❶ 从高处来；由低处到高处；从后面到前面。唐张九龄《自彭蠡湖初入江》："～群噪鸟，中去独行舟。"宋佚名《倚西楼》："西楼萧洒有谁知，教我独自～、独自下。"清《红楼梦》七回："众小厮见他太撒野了，只得～几个，掀翻捆倒，拖往马圈里去。" ❷ 呈上；送上。宋《朱子语类》卷一〇六："后来忽又行下来云：'助米人称进士，未委是何处几时请到文解？还是乡贡？如何，仰一一牒问～。'"明《金瓶梅词话》五八回："割切～，献头一道汤饭。" ❸ 显现；产生。唐李贺《花游曲》："舞裙香不暖，酒色～迟。"许浑《冬日登越王台怀归》："月沉高岫宿云开，万里归心独～。"清《红楼梦》二回："如今外面的架子虽未甚倒，内囊却也尽～了。" ❹ 发作。清《醒世姻缘传》八七回："狄希陈虽是被薛素姐打骂惯的，到了寄姐这个田地，未免也有些血性～。"《红楼梦》二一回："贾琏道：'你不用怕他，等我性子～，把这醋罐打个稀烂，他才认得我呢！'" ❺ 用在动词后。a）表示人或事物随动作从低处到高处，或趋近于某处。《祖堂集》卷一六《南泉和尚》："侍者到于半路，逢见涅槃堂主着纳衣走～。"《文献通考·抄白》："有呵，交各处官司，依着在先世祖皇帝时分起发好人的体例与气力起发～。"清《儒林外史》二三回："茶馆里送上一壶干烘茶、一碟透糖、一碟梅豆～。"b）表示动作完成或实现，相当于"出来"。宋《朱子语类》卷一九："杨氏援引十件，也要做十件引～。"《元曲选·灰阑记》四折："〔包待制云〕快招～。"清《红楼梦》四〇回："不是谦，只怕行不～；倒是笑话了。"c）表示对象或方面。明杨铭《正统临戎录》："我撇了父母兄弟家道，只为爷爷～，如何不磕头？"方以智《一贯问答》："若仁、义、智，则难描画他到事物～。" ❻ 用在形容词后，表示状态发展，兼有范围逐渐扩大的意思。《元曲选·㑳梅香》二折："这一会儿肚皮里有些饥～了。"明《西游记》三七回："此时又困倦～，伏在经案上盹睡。"清《红楼梦》六回："因这年秋尽冬初，天气冷将～。"

【上利】 shàng lì ❶ 利钱。《元曲选·东堂老》三折："我一贯本钱卖了一贯，又赚了一贯，还剩下两包儿炭，送与婶子烘脚做～哩。" ❷ 交利钱。明《拍案惊奇》卷一三："本钱料是不能勾，只好依旧～。"《二刻拍案惊奇》卷三二："王良不合曾借了他本银二两，每年将束脩～，积了四五年，还过他有两倍了。"

【上脸】 shàng liǎn ❶ 表现、附着、触及在脸上。宋丘崈《蓦山溪》："使华容与，星动帝王州，花～，柳边眉，竞报占熊喜。"元郑奎妻《冬词》："倩人呵笔画双眉，脂水凝寒～迟。"明唐顺之《武编》前集卷五："左手飞拳～，连右手拳一齐再发。"清《后西游记》三一回："若要勉强支持，只怕你真真的晦气～了。" ❷ 因受宠爱或抬举而顽皮放肆。清《红楼梦》四〇回："到叫你进来瞧瞧，就～了！"又五一回："麝月笑道：'越发～儿了！'"

【上梁】 shàng liáng 造房子把屋梁架上去。上梁须择吉日，亲朋前来庆贺。五代李琪《长芦崇福禅寺僧堂上梁文》："伏愿～之后，丛林万指之安栖，兰若千年之不坏。"元高文秀《遇上皇》一折："前日是瞎王五～，昨日是村李胡赛羊，今日是酒刘洪贵降。"清《歧路灯》六二回："难说古人修造动土竖柱～好日子，都在十月么？"

【上邻】 shàng lín 左侧的邻居。元明《水浒传》二七回："有那原旧的～姚二郎，将变卖家私什物的银两交付与武松收受。"明《金瓶梅词话》八七回："来到家中，寻见～姚二郎，交付迎儿。"

【上流头】 shàng liú tóu ❶ 江河等水位高的一头。《元曲选·冯玉兰》三折："～那里傥将下一只船来，不要撞坏了我家的船那。"清《荡寇志》八六回："恰好～二十餘只钻风船，冲波激浪价飞下来。" ❷ 指高级官署或朝廷。明《二刻拍案惊奇》卷一七："还是那边～好辨白冤枉，我辈也好相机助力。"

【上溜头】 shàng liù tóu 同"上流头❶"。元明《水浒传》四〇回："只见江面～流下三只棹船，吹风胡哨，飞也似摇将来。"明《西游记》八六回："原来是涧中水响，～冲泄下来。"

【上芦苇】 shàng lú wěi 犹"上台盘"。芦苇可织席，指席面、场面。明《金瓶梅词话》七六回："那个～的肯干这营生？冷铺睡的花子才这般所为。"清《醒世姻缘传》五七回："我把这不识抬举、不～的忘八羔子！"

【上路】 shàng lù ❶ 死的婉词。明《金瓶梅词话》七五回："你见我不死，来撺掇～儿来了？"《醒世恒言》卷二七："李承祖看看病体转重，生口甚难坐，苗全又不肯暂停，……明明要送他～的意思。"清李渔《奈何天》一九出："若还送聘过来，就是逼我～了。" ❷ 上道；中圈套。明《灯草和尚》一二回："此师傅叫我来勾你～，吩咐我睡到天明，他来抽头。"清《豆棚闲话》九则："正要勾合这小子～，做个帮手，他又假惺惺说那白地上撇清的话！"

【上落】 shàng luò 责备；数落。明《金瓶梅词话》八六回："万物也要个真实，你老人家就～我起来。"清《醒世姻缘传》八回："也只道是甚么外边的女人，有甚不平，却来～，谁知就是晁大舍的娘子。"《歧路灯》三六回："昨日考了个三等前截儿五十一名，你就～起我老张来。"

【上马杯】 shàng mǎ bēi 饯行时饮的酒。宋孔平仲《谈苑》卷四："王公闻命，茫然自失。第公酌大白饮之曰～。"明《朴通事谚解》卷上："官人们待散也，疾快旋将酒来，把～儿。"清《荡寇志》七七回："云威与云龙替希真父女把了～，又说些温存保重的话。"

【上卯】 shàng mǎo ❶ 登记在名册上。卯，卯簿。衙门卯时点名签到，因把名册称卯簿。清《醒世姻缘传》一回："随即挖了年，上了卯，……晁秀才也不用人情，也不烦央浼，竟把一个南直隶华亭县的签单单与晁秀才掣着。" ❷ 指仆役人等就职，谓须应卯签到。清《警寤钟》八回："那同来两个差人，是新～的，不认的马快手。"《玉蟾记》一一回："小的是曹家家将童喜，才～半月。"

【上门】 shàng mén ❶ 走到门前；到自己家里来。唐赵璘《因话录》卷五："每赴朝，序行至待漏院偃息，则有卧揖。～有马揖。"《元曲选·张天师》楔子："弟子孩儿，亲眷～，你怎么不多与他些？"清《歧路灯》九三回："只是八十妈妈，休误了～生意。" ❷ 到别人家里去；登门。宋洪迈《夷坚志》支景卷一〇："你家做如此事，我请你酒食，却提刀～骂我。"《元曲选外编·西厢记》五本三折："这妮子拟定都和那酸丁演撒！我明日自～去见俺姑娘，则做不知。"清尤侗《对山救我》："对山慨应真吾事，骑马～谒中贵。"

【上门嫖】 shàng mén piáo 指妓女到人家寻嫖。清《野叟曝言》二回："莫说大空身上都穿着衣服，就是光着身子，你也怪不得别人，便落了便宜，也只好算做～罢了。"

【上迷】 shàng mí 同"商谜"。明佚名《普天乐·庆赏元宵》："这塔儿跳鬼，那塔儿～，舞一回闹一回唱一回。"

【上面】 shàng miàn ❶ 犹"上脸❶"。唐段成式《酉阳杂俎》卷二："秀才虽诺之，每呼指，色～，蹙蹙不安。"五代顾敻《酒泉子》："掩却菱花，收拾翠钿休～。"清陈廷敬《放歌再用坡公韵》："铜镜憔悴已～，更堪拣摘霜髭须。" ❷ 位置在上的一面；位置较高的地方。唐孔颖达疏《周礼·冬官·辀人》郑注"三面材"："此木下及两旁见面，其～托着舆板，其面不见，故云三面材也。"元关汉卿《拜月亭》一折："～风雨，下面泥水。"清《红楼梦》一二回："只听头顶上一声响，嘩拉拉一净桶尿粪从～直泼下来。" ❸ 次序在前的部分；较高的地位、较尊的位置或辈分等。宋张载《经学理窟·气质》："今闻说到中道，无去处，不守定，又～更求，则过中也，过则犹不及也。"《朱子语类》卷一三一："有才者又有些毛病，然亦～人不能驾驭他。"清《红楼复梦》一〇回："王夫人坐在～，贾琏夫妻对着太太，宫裁坐了东首，宝钗同珍珠坐在西边。" ❹ 上次。宋杨时《周宪之墓志铭》："金人怒曰：'此事～商量已定，使人乃如此争，不知待望归也。'" ❺ 上司；上级。宋《朱子语类》卷一二九："韩魏公、富郑公皆言新法不便。韩公更能论列，～不从他，也委曲作个道理着行他底。"明张岳《与李古冲少宰》："其所以蔓延至今者，盖由～议论不一，而下面人情观望，以为向背。"清《蜃楼志》一回："郑、李二位是个样子，倘若～得知，难道我两个不怕头号板子的？" ❻ 物体的表面。《五灯会元》卷一九《寿圣楚文禅师》："莫谓棒头有眼明如日，～光生尽是漆。"《元曲选·冯玉兰》三折："刀在此，～还带着血痕哩。"清《红楼梦》三回："究竟那玉不知是怎么个来历，～还有字迹。" ❼ 上等面粉。明宋应星《天工开物·粹精》："凡磨石有两种，面品由石而分。江南少粹白～者，以石怀沙滓，相磨发烧，则其麸并破，故黑颣参和面中，无从罗去也。"又："南磨破麸得面百斤，北磨只得八十斤，故～之值增十之二。" ❽ 用在名词之后，表示处所或范围。宋黄裳《清胜亭》："窥影冷光天～，人怀清气水中心。"《元曲选·窦娥冤》三折："你如今到法场～，有什么亲眷要见的，可教他过来见你一面也好。"清《醒世姻缘传》一六回："故事～说，有人梦见炊臼，一个圆梦的道：'是无父也。'" ❾ 用在表示年龄的词语后，表示该时间段。清《白雪遗音·显魂》："五岁～灾星出，交到六岁又有牢狱之灾弗太平。"又："七岁～灾星出，交到八岁却平平。" ❿ 以后；后面。宋朱熹《答吕伯恭》："学初，尚恐其不成，今既蒙奖诱，不知～更能进步否。"

【上庙】 shàng miào 去寺庙祈祷、还愿、观光游玩。宋阎伯敏《净坛峰》："炷香～掷杯珓，但乞如愿舟平安。"明《金瓶梅》一回："你收了，到明日～，好凑着买东西。"清《醒世姻缘传》五六回："小女嫩妇的，你挑唆他～！"

【上名】 shàng míng ❶ 列名；在名册上登记。《祖堂集·海东新开印版记》："一一～，次第如后。"《元史·选举志一》："武宗至大二年，定伴读员四十人，以在籍～生员学问优长者补之。"清《豆棚闲话》六则："那几个如狼似虎的，俱出来低着头儿、垂下双手，听州官点过～，每个和尚俱叫乡兵看守。" ❷ 级别在上的；名次靠前的。宋苏辙《论吏额不便二事札子》："又缘此任永寿等得骋其私意，近下人吏恶为～所压者，即为拨～于他司。"《续资治通鉴长编》卷四八六："诏赵季同、赵不慘、赵子仁依吏部令，于本甲～注拟。"元戴良《送丁山长序》："丁君子仪，尝以书经中江浙乡试～。"又指前一名。宋吴曾《能改斋漫录》卷一八："其后叔微以张九成榜中第六名，遂以太学恩例，升第五名。而～乃陈祖言，下名乃楼材。" ❸ 宋代称巡军、公差。宋项安世《忠定公遗事》："数日间，又一卒相殴，公问之，其一乃～，次日遂斩，自是一军肃然。"宋元《古今小说》卷三五："从里面扯出卖馉饳的僧儿来，道：'烦～收领这厮。'"

【上纳】 shàng nà ❶ 向官府交纳。五代何光远《鉴诫录》卷一〇："而涛性亦狂逸不□，所有见遗金帛往往～。"明汤显祖《牡丹亭》三一出："商人么，则怕早晚要动支兵粮，攒紧～。"清《醒世姻缘传》三二回："再若房屋地土卖不出去，这只得把性命～罢了。" ❷ 敬词。还给对方；送给对方。宋柳开《与郑景宗书》："所示文不敢久留，谨以～。"吕祖谦《与朱侍讲书》："《易传》闻婺女刊正已毕，已令印数本，俟到～。"明王世贞《与陈玉叔书》："所需丹青理并拙题，俟公秋还～也。" ❸ 纳贿（得官）；纳财（得官）。明海瑞《治安疏》："敦本行以端士习，止～以清仕途。"叶春及《清仕进》："于是推广之例兴，～之徒滥，监生吏员，悉从赀得。"

【上年】 shàng nián 去年。五代梁文矩《请许收河南北人口奏》："～平蜀以来，军人将到西川人口甚多。"清《荡寇志》一二六回："徐槐破梁山头关，吴用力守二关，是～三月的事。到得本年八月，相持已一年有馀。"也泛指前几年。明《型世言》二〇回："就是～逆珰用事时，攻击杨、左的，内中偏有杨、左知交。"

【上年纪】 shàng nián jì 年老。清《红楼梦》六回："太太也渐上了年纪，一时想不到也是有的。"《红楼复梦》九一回："内有一个～的老妈，想着主人十分望子，必得新郎身下桔子一个，吃了一准有喜。"

【上畔】 shàng pàn 上司;上级。宋《三朝北盟会编》卷一一〇:"今来已得～指挥,许令南使渡河。"楼钥《北行日录》:"州城新筑雉堞甚整,闻是五月下旬,～指挥重修。"明杨循吉《金小史》卷三:"'近尝求代嗣子远朝大国,望为主张。'斡离不曰:'～未肯。'"

【上气】 shàng qì 赌气;生气。《元曲选外编·降桑椹》一折:"哥不要～。你若～,显的就不是旧油嘴了。"明《金瓶梅词话》六九回:"此已定是西门官府和三官人～,嗔请他表子,故拿俺每煞气。"

【上纤】 shàng qiàn 去到拉纤的位置,指开始拉纤。明《拍案惊奇》卷五:"渐渐天色明了,岸上有人走动,这边船上也着水夫～。"清钱泳《履园丛话》卷七:"譬如行舟遇逆风,则舍橹～,迟迟我行。"

【上去】 shàng qù ❶ 由低处往高处;由一处到另一处。宋洪迈《夷坚志》支庚卷九:"山腰有巨石,可容二百人坐,耕农多登之会食。一农忽言:'石根太半危出山处,盍共凿其下? 若坠落山侧,我辈免得～吃饭,大段省力。'"《元曲选·岳阳楼》一折:"我往常间上这楼来,坦然而上,今日如何心中惧怯? 既来,难道回去? 须索～。"清《红楼梦》二五回:"周瑞媳妇忙带着几个有力量的胆壮的婆娘,～抱住,夺下刀来。" ❷ 上面;上边。宋刘攽《中山诗话》:"王曰'投老欲依僧',是古诗一句。客亦曰'急则抱佛脚',是俗谚全语。～投,下去脚,岂不的对也。"《朱子语类》卷一:"历家算气,只算得到日月星辰运行处,～更算不得。"又卷二:"道家有高处有万里刚风之说,便是那里气清紧。低处则气浊,故缓散。想得高山更～,立人不住了,那里气又紧故也。" ❸ 用在动词后。a) 表示事物随动作由低向高、由后向前或动作趋近于某处。唐易静《兵要望江南·占雾》:"久阴雾,颜色带红鲜。更被黑风吹～,兵戈即日展平川。"宋《朱子语类》卷一:"理与气本无先后之可言,但推～时,却如理在先、气在后相似。"清《红楼梦》一四回:"说着,将个帖儿递～。"b) 表示返回原位。明《醒世恒言》卷一八:"施复看了,伸出舌头缩不～。"又卷三三:"开了口合不得,伸了舌缩不～。"

【上人】 shàng rén ❶ 称道长(zhǎng)。元李志常《长春真人西游记》附录:"仰惟长春～,识超群品,道悟长生。"元明《三国志通俗演义》卷一三:"问了姓名,引入庵中,正见子虚～坐于蒲墩之上。" ❷ 指官员、长辈、主子等上等人。明贺钦《医闾漫记》:"小人无知,乘机造祸,非～使然。"《醒世恒言》卷二〇:"～只道百姓咸受其惠,那知恁般弊窦,有名无实。"清《儒林外史》二一回:"我外孙女儿有甚不到处,姑爷你指点他。敬重～,不要违拗夫主的言语!"《红楼复梦》一三回:"知道那窗口的是个～,还是个下人?" ❸ 作谦称或尊称,称自己或对方的主人。清《儒林外史》五〇回:"只是敝～吩咐,说是个要紧的人犯,所以差了各省来缉。"《荡寇志》一二三回:"贵～身居相位,国家柱石,吾弟协理公务,亦是勤劳王事。"

【上任】 shàng rèn 指官吏就职。唐柳宗元《为刘同州谢上表》:"伏奉某月日制,除臣同州刺史兼本州防御、营田、长春宫使,某月日到州～讫。"宋曹彦约《满庭芳》:"女随夫～,孙渐成行。"清《红楼梦》三回:"金陵应天府缺出,便谋补了此缺,拜辞了贾政,择日～去了。"

【上日】 shàng rì ❶ 佳日;吉日;节日。唐阿地瞿多译《陀罗尼集经》卷二:"若候如此～不着,宜取八月十三日,亦是～。"宋王梦应《甲申元日》:"～仍漂寄,尊前客又非。"清弘历《上巳日凯宴成功诸将士》:"柳舒花放正良辰,～前期福履申。" ❷ 上任日。唐卢徵《请赴任官以到任日起支课料奏》:"内外官应直京百司及禁军并因亲勒留官等,若敕出便带职事及勒留,京官即合以敕出为～,外官以敕到为～。"《旧唐书·宪宗纪下》:"同制除官,承前以名字高下为班位先后。或名在前身在外,及到,却在旧人之上。今请以～为先后。"《宋史·职官志二》:"凡初命为学士,皆遣使就第宣诏旨召入院。～,敕设会从官,宥以乐。" ❸ 前些日子;前不久。明《梼杌闲评》一五回:"～借的银子,叫请奶奶早些还他,他两三日内就要动身哩。"清《红楼梦》三七回:"这绢包里头,是姑娘～叫我做的活计。"

【上色】 shàng sè ❶ 上等;高级。唐法藏集《华严经传记》卷二:"(释灵裕)大毡被褥皮革,～钱宝物等,并不入房。"宋宋庠《次韵和吴侍郎谢王陕州寄酒》:"竹供醅～,兰献液中甘。"清《红楼梦》六八回:"说着,又命周家的从包袱里取出四匹～尺头,四对金珠簪环为拜礼。" ❷ 犹"上首❷"。宋元《清平山堂话本·五戒禅师》:"禅师见五戒佛法晓得,留在寺中坐了～徒弟。"明陈汝元《红莲债》一折:"因云游浙江净慈寺,拜访大行禅师。不想禅师道我精通佛法,留做～徒弟。"

【上膳】 shàng shàn 进膳;用膳。清李玉《清忠谱》六折:"咱老爷心上恼,也等不得～了,你们掩了神厨,好好在此看守。"洪昇《长生殿》九出:"请万岁爷～。"

【上梢】 shàng shāo ❶ 植物的末梢。元李衎《竹谱》卷六:"以笋初解箨时,折去～,则竿杪杂出,小枝无数。"明谢肇淛《五杂组》卷一一:"(荔枝)闽人皆用劣种树,去其～,接以佳种之枝,间岁即成实矣。"清张英《聪训斋语》:"又见笋初出,当晓则必有露珠数颗在其末,日出则露复敛而归根,夕则复上。田间有诗云'夕看露颗～行'是也。" ❷ 同"上稍❷"。宋杨泽民《满路花》:"愁得鬓丝斑,没得心肠破。～恩共爱,忒过火。"元张养浩《清江引·咏秋日海棠》:"香满竹篱花正娇,开彻胭脂萼,不幸遭风霜,叶儿都零落,畅好是有～无下梢。"

【上稍】 shàng shāo ❶ 植物或其他物体的末梢。宋百岁寓翁《枫窗小牍》卷上:"石傍植两桧,……徽宗御题云:'～蟠木枝,下拂龙髯茂。'"清《荡寇志》七四回:"你方才拔他下截,那～重,你力小吃他不住,自然压下来。" ❷ 比喻事情的开端、起头。金《刘知远诸宫调》一:"论门风家业也曾荣显,～几辈,为官在京辇。"《元曲选·两世姻缘》二折:"我把他汉相如厮敬重不多争,我比那卓文君有～没了四星。"明《西洋记》七〇回:"我如今是这等有～来没下稍。"

【上舍】 shàng shè 宋代太学中的学生分为上舍、内舍、外舍三个等级,上舍为最高一级。后用为监生的别名,也用以称一般读书人。宋司马光《温公日记》:"～生百员,内舍倍之,外舍无限员。凡入学者,先就外舍,每春秋考试,合格者升之内舍,内舍升之～。"明《金瓶梅词话》九〇回:"原来是本县知县相公独生子李衙内,名唤李拱璧,年约三十餘岁,见为国子～。"清袁枚《续子不语》卷八:"诸城刘～怡轩言:'凡鸟外八窍,内亦少大肠,止有小肠,共粪溺于后。'"

【上身】 shàng shēn ❶ 穿在身上。唐王建《田家行》:"不愿入口复～,且免向城卖黄犊。"明徐有贞《送张挥使皋致事还遵化》:"弓刀久已将传子,甲胄从今不～。"清《红楼梦》六二回:"姑娘做了一条,我做了一条,今儿才～。" ❷ 出现在身上;到身上。唐李贺《马诗》之一二:"批竹初攒耳,桃花未～。"宋周紫芝《谢祁居之惠桃竹杖》:"如今老矣那忍说,七十～头似雪。"清《野叟曝言》一八回:"到那时夹棍板子～,休怪我们忒奉承了些!"

【上绳】 shàng shéng 用绳索捆绑。清《续金瓶梅》九回:"只见乡约地方领着一群人进来,把张小娇和老婆都～。"《醒世姻缘传》一七回："差人开口成千成百的诈银子，送到五百两还不肯留与体面，仍要～上锁。"《绿野仙踪》九五回："与几两银子，就不～了。"

【上事】 shàng shì 官吏上任视事。唐李涪《刊误》卷上："时李相国珏为河南尹，命功曹参军示之曰：'先拜恩，后～。'"宋魏野《送王秘丞利通倅阆州》："遥思～日，正值海棠温。"明孙继皋《敕封承德郎周公墓志铭》："甫～，得今调，仓皇出按部。"也指办理公务。唐李肇《国史补》卷下："中书、门下官并于西省～，以便礼仪。"

【上手】 shàng shǒu ❶位置靠上的一只手。唐阿地瞿多译《陀罗尼集经》卷九："一身四手，左边～把三股叉，下手把棒。"明冯惟敏《嘲友人试琴》："下手里拧，～里掐，兜的个百样声音不的咱。" ❷位置较尊的一侧。宋元《警世通言》卷一三："即时叫起四家邻舍来，～住的刁嫂，下手住的毛嫂。"元明《水浒传》一〇九回："那麻扎刀林中立着两个行刑刽子，～是铁臂膊蔡福，下手是一枝花蔡庆。"明戚继光《练兵实纪》卷五："凡不均者，须尽～之车一角合起，不论已合未合者，皆凑动一遍。" ❸先前；前面。宋黄榦《聂士元论陈希点占学租》："主簿一时不曾契勘，不索出陈子国～有何干照，便以朱钞及官员公札为据，遂与出给公凭管业。"宋元《警世通言》卷一三："只见两个妇女，吃得面红颊赤，～的提着一瓶酒，下手的把着两朵通草花，掀开布帘入来。"清《儒林外史》一六回："我赌气不卖给他，他就下一个毒，串出～业主，拿原价来赎我的。" ❹到手；得手。指达到某种目的或得到某种事物。宋《朱子语类》卷一三二："'他当初如何会许多年不出?'曰：'只是且碍过，及至～则乱。'"元明《水浒传》一〇五回："那将士费了本钱，弄得权柄～，恣意克剥军粮，杀良冒功。"清方成培《雷峰塔》二二出："有心图他～，却恨无计可施。" ❺动手；交手；开始。元佚名《赏花时》："咫尺相逢说～，紧推辞不肯成头。"明《西洋记》三四回："马将军合扇双刀，急迎急架，一～就是二三十合，不分胜负。"清《野叟曝言》一二五回："一～便是一二十大杯。" ❻先例。《元曲选·陈州粜米》二折："我也曾观唐汉，看春秋，都是俺为官的～。"

【上首】 shàng shǒu ❶位置靠上的一端。唐孔颖达疏《礼记·玉藻》"其中博三寸"："天子、诸侯～广二寸半，……大夫士下首又广二寸半，唯笏之中央同博三寸。"明《金瓶梅词话》五九回："两边四间厢房，～一明两暗三间正房就是郑爱月儿的房。"清弘历《旧端石骊珠砚歌》："众星罗列柱之端，巨者为月丽～。" ❷位次居首。唐贾公彦疏《周礼·天官·冢宰》"宫正"："上大宰至旅下士总驭群职，故为～。"宋史浩《花舞》："花是牡丹推～。"清朱素臣《四大庆》四本四场："山上有个冷絮和尚，是方丈中一个～徒弟。" ❸同"上手❷"。《元曲选外编·敬德不伏老》一折："有功者～而坐，簪花饮酒。"明《西游记》九七回："行者请唐僧坐在～。"清《红楼梦》六四回："贾琏仍将～让与二姐。" ❹上司；上级。明孙继皋《册定吏部效劳议》："下首引人不由官而由吏，～选官不任法而任情。"《型世言》七回："争奈张望桥是个乡下小官，不大晓世务。当日接管，被～哄弄，把些借与人的作账，还有不足，众人招起，要他出结。" ❺物体的表面。清《儒林外史》四九回："管家脊背后，便是执事上的帽架子，～还贴着两张'为禁约事'的告示。"

【上寿】 shàng shòu ❶皇帝诞辰向太后（皇帝的生母）祝寿。唐李恒《诞辰令百寮命妇入贺皇太后诏》："伏以今月六日，是朕载诞之辰，奉迎皇太后于宫中～。" ❷祝贺寿辰。宋王之道《渔家傲·太后庆八十》："想见天颜温色笑，东朝～称觞了。"《元曲选·杀狗劝夫》楔子："俺兄弟两个将一瓶儿酒来，与哥哥～哩。"清《红楼梦》六二回："家中常走的男女先儿来～。"

【上书】 shàng shū 私塾先生给学生讲授新课。明汤显祖《牡丹亭》七出："春香，请小姐～。"清《醒世姻缘传》三三回："先生上了公座，与他们～。"《红楼梦》九回："只留下一句七言对联，命学生对了，明日再来～。"

【上数】 shàng shù 计入数内。明《金瓶梅词话》七三回："见有大姐在上，俺每便不是～的。"清《醒世姻缘传》七三回："除陈恭度是递了降书的不消～，你其餘的这十来个人，一个一个的齐来。"

【上水】 shàng shuǐ ❶上游。元明《水浒传》三七回："那梢公点头，只不应岸上的人，把船望～咿咿哑哑摇将去。"《三国志通俗演义》卷一〇："昨夜一只快船停在前面滩口，傍晚却见先生披发下船，那舡望～去了。"清《二度梅》二四回："玉姐，你看～流下一个什么东西?" ❷上游的水。明王偁《山阴县柘林闸记》："国朝天顺间，为郡者尝横江建白马闸，以逆～入江。"清汤溥《汤子遗书附录·行略》："～日增，而下无所泄，不十年无淮扬矣。"

【上水头】 shàng shuǐ tóu ❶犹"上流头❶"。元明《水浒传》三七回："宋江探头看时，一只快船飞也似从～摇将下来。"清姚廷遴《续历年记》："因伊在～，每潮到，两部牛车戽水，下流无涓滴故也。"《南巡盛典》卷五二："圣祖仁皇帝南巡指示方略，于大王庙东～建挑水埽坝。" ❷（事物）源头。明刘若愚《酌中志》卷一八："累臣欲求大方于明白～古文选为入门，再将宏肆～古文选为极则，起自《檀弓》《左》《史》《汉》、诸子，共什七八。"

【上宿】 shàng sù ❶在规定的地方过夜，应付突发情况。宋赵昚《赵汝应放罢内批》："榷货务监官赵汝应，自今年六月后并不赴务直日～，可放罢散斋内。"明王守仁《行江西布按二司看守宁府库藏》："定委老成晓事官二员，分领金定大户人等，每夜～看守东西二库。"清《红楼复梦》一五回："这院子东边厢房是该班值日～家人的住处。" ❷禽鸟上窝。明徐有贞《丹荔白鹇》："纷纷鸟雀不得栖，独有白鹇来～。"《醒世恒言》卷一八："况且此时鸡已～，不争我来又害他性命，于心何忍!"徐光启《农政全书》卷一一："家鸡～迟，主阴雨。"

【上算】 shàng suàn 算计如愿。清《野叟曝言》一四回："此老着着～，吾兄件件依他，都也罢了。"《儒林外史》一五回："他原来结交我是要借我骗胡三公子。幸得胡家时运高，不得～。"

【上台】 shàng tái 登上台去（祈雨、演出、比武等）。明《西游记》四五回："行者得旨，急抽身到坛所，扯着唐僧道：'师父请～。'"清方成培《雷峰塔》一四出："〔末～、众唱介〕"《飞龙全传》二〇回："今日轮该大大王～，所以要去观看。"

【上台盘】 shàng tái pán 能在公开的场合露面并表现得体，比喻有身分、有脸面。台盘，桌面，喻指公开场合。明《西游记》四七回："八戒，象这般子走走耍耍，我们也是～的和尚了。"《金瓶梅词话》五四回："他是～的名妓，倒是难请的。"

【上听行妓】 shàng tīng háng jì 即"上厅行首"。明佚名《集贤宾·追悔》："我则道盐车儿怎生般稳坐的，他道是～，天生本性怎生移。"

【上厅行首】 shàng tīng háng shǒu 本指承应官府歌舞时站在队列之首的妓女，泛指上等妓女，名妓。宋元《警世通言》卷三三："且说乔俊在京卖丝，与一个～沈瑞莲来往。"《元曲选·谢天香》楔子："不想游学到此处，与～谢天香作伴。"清唐英《面缸笑》二出："老身乃河南阌乡县一个～谢春风是也。"

【上厅角】 shàng tīng jiǎo 即"上厅角妓"。元张可久《折桂令·席上有赠》:"～烟花帅首,下场头沙草骷髅。"

【上厅角妓】 shàng tīng jiǎo jì 犹"上厅行首"。元萧德祥《小孙屠》三出:"妾身是开封府～李琼梅的便是。"

【上停行首】 shàng tíng háng shǒu 即"上厅行首"。《大宋宣和遗事》前集:"这个佳人是两京酒客烟花帐子头,京师～,姓李名做师师。"

【上头】 shàng tóu ❶ 戴到头上;显现到头上。唐李贺《仁和里杂叙皇甫湜》:"还家白笔未～,使我清声落人后。"宋薛嵎《渔村杂诗》之三:"此身闲却有来由,白发中年已～。"清《霓裳续谱·残妆不整春山秀》:"残妆不整春山秀,点翠珠冠懒～。" ❷ 男子束发加冠,表示成年。宋《张子全书》卷一四:"李广言'结发事匈奴',只言初～也。"明《警世通言》卷二二:"先与宋小官～,做一套绸绢衣服与他穿了。"《西游补》一一回:"小月王一个结义兄弟,三四十岁还不～,还不做亲。小月王替他讨一个妻子,叫做翠绳娘。" ❸ 女子束发插笄,表示成年。五代花蕊夫人《宫词》:"年初十五最风流,新赐云鬟使～。"宋孟元老《东京梦华录》卷七:"(清明节)子女及笄者,多以是日～。"也指临出嫁将头发梳成发髻。明刘若愚《酌中志》卷一六:"皇女戴寸许阔小头箍,至十餘岁留发,至年餘择吉打扒角,至选婚有驸马,始择吉～。"清《醒世姻缘传》五六回:"又做了大红上盖衣裳,择了吉日,～成亲。" ❹ 指妓女初次接客。元陶宗仪《辍耕录》卷一四:"今世女子之笄曰～,而倡家处女初得荐寝于人亦曰～。"清孔尚任《桃花扇》七出:"你看香君～之后,更觉艳丽了。" ❺ 上端。唐孔颖达疏《诗经·清人》郑笺"乔矛":"言乔者,矛之柄近于～及矛之銎室之下。"宋李诫《营造法式》卷三:"于两头池子内各用水浮子一枚,方一寸五分,高一寸二分,刻～,令侧薄,其厚一分,浮于池内。"《续文献通考》卷一〇六:"用圆木十二块,俱长九寸,～阔六寸,下头阔四寸。" ❻ 位置较尊的一侧。唐王梵志《亲还同席坐》:"亲还同席坐,知卑莫～。"明《型世言》一二回:"他是钦差官,一路有夫马,有供给,若是坐,便坐在各官～;若是行,便走各官前头,那个不奉承?"清《红楼梦》四四回:"他不惯坐首席,坐在～横不是竖不是的。" ❼ 指上司、主子或长辈。宋佚名《两朝纲目备要》卷六:"翌日,伴使谓赵曰:'昨日国信尚书所言,某等归,～莫须奏过否。'"清《红楼梦》六一回:"老太太,太太不在家还没进鲜呢,等进了～,嫂子们都有分的。"《醒世姻缘传》二二回:"那咱我又才来,～有婆婆,敢主的事么?" ❽ 里面。唐王建《贺田侍中东平功成》:"唐史～功第一,春风双节好朝天。"元明《水浒传》三回:"要十斤精肉,切做臊子,不要见半点肥的在～。"清《蜃楼志》一二回:"因他晚上解手,趁便躲在茅厕～,又逵未曾寻到。" ❾ 指物体的表面。《古尊宿语录》卷二二《法演和尚语录》:"遂指法座云:'少间向～撒沙撒土去也。'"明《老乞大谚解》卷下:"到夏间,好极细的毛施布布衫,～绣银条纱搭胡鸭绿纱直身。"清《红楼梦》三回:"连一家子也不知来历,～还有现成的眼儿。" ❿ 表示处所、对象。《古尊宿语录》卷一六《云门匡真禅师广录中》:"师拈起拄杖云:'乾坤大地总在～。'"元许衡《小学大义》:"那诚意、格物、致知,都从这～做根脚。"明张岳《小山类稿》卷一八:"百物所需皆天理也,只不可分一片心去那～计较。" ⓫ 表示原因。《元朝秘史》卷一:"孛端察儿因无吃的～,见山崖边狼围住的野物,射杀了。"明《老乞大谚解》卷上:"从年时天旱,田禾不收,饥荒的～,生出歹人来。"清《红楼梦》一一回:"也是因你们娘儿两个好的～,他才恋恋的舍不得去。"

【上位】 shàng wèi ❶ 在上位的人;上司。唐韩愈《与汝州卢郎中论荐侯喜状》:"与之还往,岁月已多,尝欲荐之于主司,言之于～。"宋《朱子语类》卷三九:"某在南康时,通～书启,只把纸封。"元鲜于枢《困学斋杂录》:"勤廉为仕宦。勤则～必见喜,廉则吏人自是敬服。" ❷ 特指皇帝、太后。宋许翰《哀词》:"废(李)纲而留臣,徒无益也。上未纳而持之。故伯彦、懋相继为～留。"《元典章·朝纲一》:"省里合了的事,～根底闻奏。"清《醉醒石》八回:"又撞着一个大中贵韦春公公,他通文墨,～极喜的。" ❸ 较尊的位置。明《金瓶梅》五四回:"西门庆坐了～,常峙节坐东,应伯爵坐西,韩金钏儿在西门庆侧边陪坐。"清《飞龙全传》九回:"况柴大哥先曾与我拜过朋友,他兄我弟,伦次昭然,如今怎敢逾礼,占他～起来?"《九云记》三〇回:"从～顺颁下去,至末席。"

【上午】 shàng wǔ 指白天正午以前一段时间。宋詹初《寒松阁集》卷二:"～思《正心》一章,不得其意。"明何良俊《四友斋丛说》卷一八:"～必用点心,乃饼饵之类,亦旋做者。"清《儒林外史》一七回:"到～同吃了饭,又拿出书来看看。"

【上席】 shàng xí ❶ 上等筵席。唐姚崇《春日洛阳城侍宴》:"尧樽临～,舜乐下前溪。"宋钱易《上巳至玉津园赐宴》:"云罍倾～,宝马闹长衢。"清《续金瓶梅》五四回:"即时传令夜上金山,那军令何等威严,早安排下两桌～。" ❷ 筵席的首座。明杨循吉《苏谈》:"郡中常开宴,彦士并集,一右列指使据坐～。"清《红楼梦》七一回:"尤氏托着走至～,南安太妃谦让了一回,点了一出吉庆戏文。"《霓裳续谱·凤阳歌来了》:"有人家请他～儿坐着,先吃元宵,后把茶喝。" ❸ 到别人家里出席宴会。元武汉臣《老生儿》一折:"当日婆婆～去来,我暗使人唤的个稳婆与小梅准脉来。" ❹ 入席;宴席开始。《元曲选·东堂老》四折:"一壁厢安排酒肴,只等扬州奴两口儿到来,便～也。"明何良俊《四友斋丛说》卷一五:"后～,戏剧盈庭,都坊乐工约有六七十人。"清《红楼梦》六七回:"不一时～让坐,薛蟠挨次斟了酒。" ❺ 摆筵席;端上席来。明沈榜《宛署杂记》卷一五:"乡试场上下马二宴,每宴～八席,下马宴加一席,共一十七席。"《金瓶梅词话》九六回:"月娘主位,筵前递了酒,汤饭点心,割切～。"清《江南通志》卷一九五:"每元旦拜家庙毕,长幼团集,酒一壶～,列坐者凡三四行,亦饮而不酾,子弟皆空杯而已。"

【上细】 shàng xì 极精细。清《风流悟》三回:"当时三人安放了行李,随略买了几件～药材。"《豆棚闲话》一则:"你们须烹几大壶极好的松萝算片、～的龙井芽茶,再添上几大盘精致细料的点心,才与你们说哩!"

【上下】 shàng xià ❶ 从上到下。《敦煌变文校注》卷六《大目乾连冥间救母变文》:"其时青提夫人在弟七隔中,身～四十九道长钉,鼎在铁床之上。"《元曲选·墙头马上》一折:"休道是转星眸～窥,恨不的倚香腮左右偎。"清《儒林外史》二一回:"郭铁笔接在手内,将眼～把浦郎一看。" ❷ 优劣;高低;好坏。唐赵德《昌黎文录序》:"其文高出,与古之遗文,不相～。"《元曲选·看钱奴》一折:"你但与我些小富贵,我也会和街坊,敬邻里,识尊卑,知～。"清《红楼梦》七二回:"两个都与宫中之物不离～。" ❸ 匹敌;差不多。唐李贻孙《故四门助教欧阳詹文集序》:"常与君同道而相～者,有韩侍郎愈、李校书观。"宋范晞文《对床夜语》卷三:"王建亦有'且愿风留着,唯愁日炙销',正堪与偓诗～。"清王士禛《古夫于亭杂录》卷一:"王偁《东都事略》,淹贯有良史才,与曾子固《隆平集》颉颃～。" ❹ 用在数量词后,表示比某一数量稍多或稍少。《古尊宿语录》卷三一《舒州龙门佛眼和尚小参语录》:"若二十～犹可学。"明海瑞《改折禄米仓粮疏》:"禄米仓每岁约该米五万九千石～。"清《歧路灯》九八回:"却说王象荩得那窖藏银两,约在一千一百～。" ❺ 对公差的尊称。宋元《古今小说》卷三六："众～少坐，宋四公教我买粥，吃了便来。"元明《水浒传》八回："棒疮举发，这般炎热，～只得担待一步。"明《拍案惊奇》卷二："～饶恕，随老身到家中取钱谢你。"

【上宪】 shàng xiàn 上级长官；上司。明马光《两粤梦游记》："乃出示，先禁搬移，次禁讹传，详～调永宁副戎孙公尚镒领千兵为城守计，渐次布置防御。"清《绿野仙踪》一二回："又与守备相商，各申文报捷于各文武～。"昭梿《啸亭续录》卷四："深知钱道为～族人，然素信大人之清正，必不以葭莩故，致贻误国事也"。

【上香】 shàng xiāng ❶祭拜时，把点燃的香插进香炉里。宋邹浩《至日依韵和老杜》之一："燔柴香蔼六变乐，奠玉殷勤三～。"《元曲选·梧桐叶》一折："请夫人～。"清《红楼梦》一四回："这四十个人也分作两班，单在灵前～、添油、挂幔、守灵、供饭、供茶，随起举哀。" ❷讳指死亡。清《一片情》四回："奈囊中瘪了，就嫌你死得不快，送你～。"《八段锦》五段："又且病体恹恹，料没有久富之日。姐姐你贪他甚的？不如照旧规送他～。" ❸讳指性交。明《一片情》一四回："却说腊梨等事完，扯开小戈，也要～。"

【上项】 shàng xiàng 指前面已经提起过的(人、物或事)或前面已经发生的(事)。宋范仲淹《奏重定臣僚转官及差遣体例》："或升陟差遣其幕职州县官未该磨勘而有～劳政者，亦与比类升擢。"《元曲选·黄粱梦》二折："～的事，老汉已听的了。"清《荡寇志》八三回："便把～事说了一遍。"

【上鞋】 shàng xié 把鞋帮和鞋底缝到一起。明《型世言》二七回："一日，书童叫一个皮匠来～子，却是面善。"清《续金瓶梅》四四回："我虽残疾了，还有两件手艺，第一件是～。"《白雪遗音·货郎儿》："新添的，白铜顶指，～锥子。"

【上心】 shàng xīn ❶进入心中；留心；用心。唐杨炯《竹》："俗物不到眼，好书还～。"元许衡《直说大学要略》："将事～细寻思，自有得处。"清《红楼梦》七五回："这就该奖励他，以后越发～了。" ❷中意；看上。《元曲选·碧桃花》二折："非是区区懒就亲，心中自有～人。"明《拍案惊奇》卷二四："看见刘秀才语言慷慨，意气轩昂，也就～了。"

【上姓】 shàng xìng ❶大姓；著姓。唐柳芳《姓系论》："故江左定氏族，凡郡～第一，则为右姓。"宋朱胜非《绀珠集》卷三："后魏时定四姓，陇西李氏～也。"清顾炎武《日知录》卷二三："自此遂以为例，而华宗～与旃裘之种相乱。" ❷敬词，用于问对方的姓。《元曲选外编·西厢记》一本二折："先生世家何郡？敢问～大名，因甚至此？"明《金瓶梅词话》六四回："此位会说话的兄，请问～？"清《荡寇志》七六回："这位少年客官～？"

【上学】 shàng xué 到私塾或学堂学习。唐元稹《哭子诗》之三："钟声欲绝东方动，便是寻常～时。"《元曲选·铁拐李》一折："有一个小厮，唤做福童。孩儿～去了。"清《红楼梦》五六回："怕～也是小孩子的常情。"

【上眼】 shàng yǎn 入眼；中意。宋觉范《南昌重会汪彦章》："儒生寒酸不～，此郎要是天下士。"明《古今小说》卷一七："单司户于众妓中只看得他～，大有眷爱之意。"清李光地《榕村语录》卷二二："武侯不立史官，他自看得功业不～，故不屑记。"

【上样】 shàng yàng 上等。明《西游记》八四回："～者，五果五菜的筵席，狮仙斗糖桌面。"《金瓶梅词话》三八回："住在这僻巷子里，又没个好酒店，那里得～的酒来吃。"清《醉醒石》八回："公公，有上好的，只要～价钱。"

【上夜】 shàng yè ❶值班守夜。清《红楼梦》一四回："这三十个每日轮流各处～，照管门户，监察火烛。"又四五回："横竖每夜各处有几个～的人。" ❷上一夜；前一天晚上。清《平定两金川方略》卷五六："贼料我兵因～毫无动静，此夜必不设防。"

【上元】 shàng yuán ❶上天；上帝；太空。唐李渊《答太宗陈让表手诏》："～降福，神器安宁，此乃宗庙有灵，非独吾之幸也！"宋张唐英《蜀梼杌》卷上："况我肇启丕图，频有喜瑞，允协～之贶，式光万世之基。"明赵良恭《九灵先生画像赞》："率皆骑箕跨尾而神游乎～，鞭霆驭风以历览乎无际。" ❷农历正月十五日为上元节，简称上元。契嵩本《六祖坛经·护法品》："神龙元年～日，则天、中宗诏云。"宋张元幹《减字木兰花》："强拨炉烟。也道今宵是～。"清《红楼梦》一七至一八回："次年正月十五日～之日，恩准贾妃省亲。"

【上月】 shàng yuè ❶本月的前一月。唐孔颖达疏《春秋·隐公元年》"王正月"："以其～已是此王之月，则下月从而可知，故每年之春唯一言'王'耳。"明王樵《尚书日记》卷二："观本文于二月之上加一岁字，则更端之辞，非承～而言。"清《红楼梦》七二回："只从～行了经之后，这一个月竟沥沥淅淅的没有止住。" ❷正月。宋宋庠《正月望日车驾谒会灵观》："～神灯节，年康警跸游。"吕陶《贺宰执正旦启》："辰会孟陬，兹得四时之正；岁推～，盖惟万物之原。"《通鉴纪事本末》卷五上："河平二年～，上悉封诸舅。"

【上灶】 shàng zào ❶犹"上锅❶"。宋元《清平山堂话本·李翠莲》："三日媳妇要～，说起之时被人笑。"明韩文《题陈时宜革弊政事》："神宫监奉先殿内臣原占厨役悉已革回，但各官私宅～亦须用人，各行太常寺每月轮拨与厨役二百名，代其薪水之劳。"清《红楼梦》六五回："跟的两个小厮都在厨下和鲍二饮酒，鲍二女人～。" ❷茶肆的工役。宋张师正《括异志》卷七："郭～者，不知何许人，天禧中，尝以备雇瀹汤涤器于州桥茶肆间。"宋元《古今小说》卷三六："同入茶坊里，～点茶来。"

【上斋】 shàng zhāi ❶犹"上舍"。《元史·选举志一》："于～举年三十以上、学行堪范后学者为正、录。"清《儒林外史》四〇回："监里有个武相公，叫做武书，是个～的监生。" ❷供给僧人斋饭。清《醒世姻缘传》三〇回："一日三顿～，两次茶饼，还有亲眷家去点茶的。"

【上帐】 shàng zhàng ❶进入帷帐。《敦煌变文校注》卷一《汉将王陵变》："卿等远来～，赐其酒饭！"元《三国志平话》卷中："袁绍相见，礼毕，邀关公～。"清《红楼复梦》八三回："随领着姐妹们进大营，～参见。" ❷登录在账簿上。宋真德秀《按奏宁国府司户钱象求状》："据厅吏汪澄供称，有未～之物，系象求般去者拾餘件。"明《欢喜冤家》一八回："为他家收礼，写回帖子，～，忙到下午，方才上席。"清《豆棚闲话》三则："又见一个穷人手拿铁锅一只，伙计～当去三钱。" ❸比喻认可；应承；道破。明《金瓶梅词话》一四回："西门庆只推没银子，延挨不肯～。"又二八回："今日我着实撩逗他一番，不怕他不～儿。"清《续金瓶梅》三回："他知道和尚是师父的汉子，空是垂涎，不敢～。"

【上账】 shàng zhàng 同"上帐❷"。明《欢喜冤家》二〇回："酒肆书头～。佣书胡写乱抄。"清《歧路灯》五回："昨晚山货街缎铺里，送了房银八十两，还没～哩。"

【上着】 shàng zhāo 上策。元明《水浒传》二四回："老身那条计是个～。"清李渔《闲情偶寄》卷九："石灰垩壁，磨使极光，～也。"《白雪遗音·问卜》："吾想三十六着，走为～。"

【上真】 shàng zhēn 誊清。清《醒世姻缘传》三七回："霎时间，上完了真，刚好巳牌时候，头一个递上卷去。"

【上阵】 shàng zhèn ❶上等阵法。《新唐书·百官志一》："出少击多，曰～；兵数相当，曰中阵；出多击少，曰下阵。"宋曾公亮等《武经总要》前集卷一四:"赏等:～上获弟一等转官,～中获弟二等,～下获弟三等。" ❷ 上战场打仗。唐王梵志《身是上阵兵》:"身是～兵,把刀被煞死。"《元曲选·单鞭夺槊》四折:"杀人无对手,～有威风。"清《红楼复梦》九三回:"又且力大无穷,精通武艺,～交锋,到处无敌。" ❸ 指交媾。明《欢喜冤家》一四回:"～时黄昏时候,罢战候恰好三更。"清《杏花天》四回:"雪妙娘被封悦生～一战,四鼓方止。"《醒世姻缘传》三七回:"关了房门,要合狄希陈～。"

【上纸】 shàng zhǐ 送纸钱祭奠死者。明《金瓶梅词话》八〇回:"备了一张祭桌,使了李桂卿、李桂姐坐轿子来～吊问。"清《绿野仙踪》六八回:"到首七,何其仁娘子～,与蕙娘带来一套织金缎子衣裙。"也指给神烧纸钱报谢。清《续金瓶梅》四五回:"我来替俺姐姐郑爱香上上纸哩。他病了一月,才好了,今日来还愿谢神。"

【上昼】 shàng zhòu 上午。宋佚名《银海精微》卷上:"或有血虚者下昼痛,或有气旺太甚者～痛。下昼痛者宜服助阳和血汤,～痛者宜服酒调洗肝散。"明徐应秋《玉芝堂谈荟》卷二一:"三月初三日听蛙声,～叫上乡熟,下昼叫下乡熟,终日叫上下齐熟。"清《儒林外史》三三回:"到～时分,客已到齐。"

【上主儿】 shàng zhǔ er 寻找主顾。明《金瓶梅词话》八六回:"宅里恁个出色姐儿出来,通不与一件儿衣服簪环,就是往人家～去,装门面也不好看。"又:"不想月娘使了来安小厮来,来催薛嫂儿,怎的还不～?"

【上桩】 shàng zhuāng ❶ 把事情揽下;(主动地)应承或接受。明《古今小说》卷二二:"你说白送人老婆,那一个不肯～?"《醒世恒言》卷三五:"那村中富有虽有,一时凑不起许多银子,无人～。"《山歌·一边爱》:"小阿奴奴拚得个老面皮听渠勾搭句话,若得渠答应之时好～。" ❷ 犹"上道"。《醒世恒言》卷二九:"指望以此为繇,要勾搭这婆娘。谁知缘分浅薄,这婆娘情愿白白里与别人做些交易,偏不肯上卢才的桩儿。"又卷三六:"适来这举人已肯～,只是当日便要过门,难做手脚。"

【尚方剑】 shàng fāng jiàn 皇帝用的宝剑。用以封赐大臣,大臣就有了先斩后奏的权力。宋刘宰《仪真呈友人》:"愿借～,先斩张禹颅。"明文秉《先拨志始》卷上:"熹庙即家拜廷弼兵部尚书,复视师于辽,赐～,得便宜行事。"清《醒名花》一一回:"他又挂了金印,加了元帅之职,赐～,可以先斩后奏。"

【尚古子】 shàng gǔ zi 即"尚兀自❷"。金《董解元西厢记》卷三:"冤家为何,近日精神,直恁的清磨? 浑如睡起,～不曾梳裹。"

【尚古自】 shàng gǔ zì 即"尚兀自❷"。元孔文卿《东窗事犯》三折:"臣说着伤心感旧,～眉锁庙堂愁。"《元曲选·陈抟高卧》二折:"惊的那梦庄周蝶飞去,～炊黄粱锅未滚。"明朱有燉《一枝花·代人骂伶者》:"～强风情不许人猜破,腆着脸妆么么。"

【尚故自】 shàng gù zì 即"尚兀自❷"。《元曲选外编·西厢记》四本二折:"欢郎见你去来,～推哩!"

【尚还】 shàng hái 犹"尚且❷"。唐李绅《悲善才》:"笼禽铩翮～飞,白首生从五岭归。"明冯从吾《河北西寺讲语》:"及文既完,～有一句一意不尽发于文内否?"清《红楼梦》七六回:"只是三丫头可怜见的,～等着,你也去罢,我们散了。"

【尚来】 shàng lái 以上。《敦煌变文集·无常经讲经文》:"～劝化总须听,各各自家须使意。"

【尚乃】 shàng nǎi ❶ 犹"尚且❶"。唐李渊《举义旗誓众文》:"惟神莫测,～盈虚,矧兹王道,能无悔吝?"五代陆元浩《仙居洞永安禅院记》:"尧舜为君,仁化唯该于域内;周孔设教,辄仪但备于寰中。～千古从风,百王禀敬。而况释氏兴世,妙用难思。慈悲遍洽于含生,行愿广宏于沙劫。" ❷ 犹"尚且❷"。《祖堂集》卷六《洞山和尚》:"和尚又教上别经。师启师曰:'念底《心经》～未会,不用上别经。'"宋《三朝北盟会编》卷二三〇:"我兵一动,彼必内应,～迟疑不决。"清郭琇《华野疏稿》卷四:"即喘息犹存而形神已离,～坐拥高职。" ❸ 用于事理顺接或顺承判断,犹言乃、乃是。宋梅尧臣《醉中留别永叔子履》:"酒酣耳热试发泄,二子～惊我为。"晁冲之《和十二兄》之一:"时时载酒来,～好事友。吾兄斯人徒,性亦嗜醇酎。"

【尚气】 shàng qì ❶ 崇尚气性。唐元稹《崔弘礼郑州刺史制》:"崔弘礼操心～,餘力有文,感慨风云,号为奇士。"《元曲选·气英布》二折:"况他周勃、樊哙一班大将,都是～的人,在汉王根前说你初来归降,未有半根折箭功劳。"清《世宗宪皇帝圣训》卷二六:"群居终日,～角胜,以致赌博、酗酒、打降之类,往往由此而起。" ❷ 意气用事。宋觉范《冷斋夜话》卷六:"三峰靓禅师初住宝云邑,有巨商～,不受僧化,曰:'施由我耳,岂容人劝。'"明董穀《碧里杂存》卷上:"陈世章者,以《易经》补邑痒弟子员,嗜酒～,人皆以狂目之。"清《红楼梦》四回:"这薛公子的混名人称'呆霸王',最是天下第一个弄性～的人。" ❸ 赌气;怄气。明郑纪《归田咨目》:"子孙亲戚平日或有凭藉与人～角力者,今当包羞忍耻以免灾咎。"《西游记》七六回:"贤弟这话却又象～的了。你不送,我两个送去罢。"《型世言》二回:"第宅依然在,微躯不可留。空因尺寸土,～结冤仇。"

【尚且】 shàng qiě ❶ 提出某种明显的事例作比况,下文对程度上有差别的同类事例作出当然的结论。唐李显《即位赦文》:"京都两学,～阙修,欲令四方,何以取则?"元许衡《大学直解》:"黄鸟是微小之物,于欲止之时～晓得拣个好止的去处,况人为万物之灵,岂可反不如那禽鸟知所当止乎?"清孔尚任《桃花扇》二二出:"阮、田同是魏党,阮家妆奁～不受,倒去跟着田仰么?" ❷ 表示状态的持续或重复。仍;还(hái)。唐刘洎《论太子初立请尊贤讲学表》:"万方即叙,九围清宴。～虽休勿休,日慎一日。"五代李亶《加恩汴州诏》:"如或自守狂迷,～结集,当令严加捕捉,无致逋逃。"《太平广记》卷一九四引《传奇》:"不能自死,～偷生。脸虽铅华,心颇郁结。" ❸ 表示更进一层。加以;况且;并且。唐李隆基《流蒋宠藤州敕》:"幸天地休和,群生乐业。～内惟辅弼,外咨牧宰,征谏纳善,举才任贤。"明余继登《皇明典故纪闻》卷四:"～为政以得民心为本,使守令皆能抚民,天下何忧不治?"《西洋记》三三回:"还有一件,寡人的大行人出使琉球,遭风失事,他不利我的货财,他不贪我的宝贝,～船坏了得他补缉,食缺了得他周济,路迷了得他指示。"清谈迁《谈氏笔乘·名胜(二)》:"仅得珠四千餘两,所得不偿所费,～碎小□匾不堪。" ❹ 表示已有的状况或条件,下文举出更进一步的状况或条件。已然;已经。唐皇甫湜《山鸡舞镜赋》:"知照水而自窥,～心乎爱矣;俾对镜而言舞,不劳歌以送之。"明汤显祖《牡丹亭》二五出:"春香但蒙夫人收养,～非亲是亲;夫人肯将庶出看成,岂不无子有子?"清《红楼梦》一二回:"正是相思～难禁,更又添了债务。"

【尚然】 shàng rán ❶ 犹"尚且❶"。宋苏辙《上两制诸公书》:"虽扬雄～曰:'吾不观非圣之书。'"《元曲选·赵氏孤儿》三折:"小人是个草泽医士,撮药～腕弱,怎生行的杖?"清《红楼梦》七九回:"古人异姓陌路,～同肥马衣轻裘,敝之而无憾,何况咱们。" ❷ 犹"尚且❷"。《元曲选外编·西厢记》五本二折:"小姐,你～不知我的心哩。"明吕毖《明朝小史》卷二:"道理未臻,民不见化,市井乡间～元俗。"清《红楼复梦》六八回:"走到瓶花阁门口，见出进的人～不绝。” ❸ 竟然。《元曲选·单鞭夺槊》二折：“你道三个将军有甚么罪过，～杀坏了；量这敬德打甚么不紧！”《明史·彭汝实传》：“二廖诸张～缓死，李隆、苏晋竟得无他。如此而望天意回，人心感，不可得矣。”《醒世恒言》卷二五：“我想苏秦落第，嗔他妻子不曾下机迎接。后来做了丞相，～不肯认他。” ❹ 倘若。清《隋唐演义》三七回：“准千人亦有限，只是做得来便好；～弄得王不成王，寇不成寇，反不如不出去的高了。”

【尚兀】 shàng wù 犹“尚兀自❷”。《元曲选·合同文字》四折：“俺父亲～是他亲兄弟，却教俺乱棒胡敲忍下的。”明孟称舜《娇红记》二九出：“则见您淡扫眉峰，～把翠烟轻锁。”清《荡寇志》八六回：“到那七日头上，虽然无事，～是昏晕了一二次。”

【尚兀子】 shàng wù zi 同“尚兀自❷”。宋元《清平山堂话本·李翠莲》：“这早晚，东方将亮了，还不梳妆完，～调嘴弄舌。”金《董解元西厢记》卷八：“谁知今日见伊，～鳏居独自，又没个妇儿妻子。”

【尚兀自】 shàng wù zì ❶ 犹“尚且❶”。元佚名《水仙子》：“咱本是英雄汉，～把泪弹，他那里怎生般消瘦了容颜！”《元曲选·丽春堂》三折：“大人呵，～高擎着玉液来酬我，你待浓蘸着霜毫敢抹谁？”元明《水浒传》一八回：“两个都头～不济事，近他不得，我们有何用！” ❷ 犹“尚且❷”。《大宋宣和遗事》前集：“及议山后地，粘罕～说南朝四面被边，若无兵力，怎能立国如此强大，尚有畏怕中国的意。”《元曲选·渔樵记》四折：“见了些霭霭云烟，我则索映着堤边耸定双肩，～打寒战。”清《荡寇志》一四〇回：“昨日午后～看见她的，怎么说清晨已死？”

【尚字】 shàng zì 唐代以画“尚”字计数，“尚”字共十画（两个转折处各按二画计），获胜一次画一笔，与今计数画“正”字相类。《敦煌变文校注》卷四《降魔变文》：“和尚得胜，击金鼓而下金筹；佛家若强，扣金钟而点～。”又：“其时须达长者遂击鸿钟，手执金牌，奏王索其～。”

【尚自】 shàng zì ❶ 犹“尚且❶”。《祖堂集》卷五《云岩和尚》：“吾说法～不闻，岂况于无情说法乎？”金《董解元西厢记》卷三：“两句传示，～疏脱，怎背诵《华严经》呵？”清《飞龙全传》二一回：“汝来送死，～不知，还敢鼓舌摇唇，做此伎俩！” ❷ 犹“尚且❷”。唐王仲周《代杜司徒谢妻封邑表》：“臣小男母李氏，本非主馈；若贵云因子，臣男～贱微；礼有从夫，臣妻又早逝殁。”宋杜安世《更漏子》：“望江乡踪迹，旧游题书，～分明。”清《红楼梦》一〇九回：“次日一早起来，见宝玉～昏昏睡着，便轻轻的收拾了屋子。”

shāo

【烧】 shāo ❶ 映照；照耀。唐张说《岳州别赵国公王十一琚》：“浦树悬秋影，江云～落辉。”《元曲选·小尉迟》一折：“你看那昏惨惨征尘遮的遍地黑，焰腾腾燎火～的半天红。”清金志章《钤山行》：“清江六月～晚霞，长桥终古缘城斜。” ❷ 烹调方法。唐姚合《喜胡遇至》：“就林～嫩笋，绕树拣香梅。”明《金瓶梅词话》三四回：“李瓶儿还有头里吃酒的一碟～鸭子、一碟鸡肉、一碟鲜鱼没动。”清《红楼梦》二〇回：“我们家里～的滚热的野鸡，快来跟我吃酒去。” ❸ 用蒸馏法酿造。清《醒世姻缘传》三四回：“我听说你家新～了酒，俺去扰三钟。”又：“这酒～的，不沾早些？” ❹ 指烧酒。清《醒世姻缘传》五八回：“吃酒不论～、黄才是量哩。” ❺ 发热；发烧；发烧的体温。清邹祇谟《望江南·思昔日》：“思昔日，何事到，而今照尽青铜，犹有面～。”《红楼梦》五二回：“只见晴雯独卧于炕上，脸面～的飞红。”《红楼复梦》一九回：“就是素兰姐姐，他这几天越发～的利害，不住嘴的咳嗽。” ❻ 打得火热。元曾瑞《迎仙客·风情》：“借债我做着傍牌，可敢别～上风流怪。”

【烧剥皮】 shāo bō pí 狗的别称。明《石点头》卷四：“看见两只～交连一处，拖来拽去。”

【烧刀】 shāo dāo 烧酒。《元曲选·救孝子》二折：“这场事多亏了你，叫张千去买一壶～子与你吃咱。”明沈榜《宛署杂记》卷一八：“烧酒曰～。”清沈复《浮生六记》卷四：“每夜必酌，每酌必令。窘则四两～，亦必大施觞政。”

【烧灯】 shāo dēng ❶ 点灯。唐王建《宫词》之八九：“院院～如白日，沉香火底坐吹笙。”宋道璨《祭下竺信闲云》：“鸣钟晓讲，～夜读。”清宋荦《答盘山拙公》一：“簿书委座，心力为殚；～挑菜，随手都过。” ❷（元宵节）举行灯会。《旧唐书·中宗韦庶人传》：“（景龙）四年正月望夜，帝与后微行市里，以观～。”宋《朱子语类》卷一三八：“上元～，却见于隋炀帝，未知始于何时。”清陆求可《传言玉女·元宵独酌》：“家童报道，门外～如许。” ❸ 指元宵节。宋晏幾道《生查子》：“心情翦彩慵，时节～近。”明《金瓶梅词话》二五回：“话说～已过，又早清明将至。”清汪由敦《正月十四夜园居读苏诗》：“一室清风冷欲冰，全忘佳节是～。”

【烧断头香】 shāo duàn tóu xiāng 求神拜佛的时候烧缺了一段的香或香未燃尽即灭掉。多指夫妻不能到头或无子嗣。元郑廷玉《看钱奴》三折：“料是前生罪，今世里当，末不烧了断头香？”明《西游记》七一回：“前生烧了断头香，今世遭逢泼怪王。”清《白雪遗音·睡眠迟》：“烧了断头香，你睡的发烧，奴坐的冰凉，等你的酒醒了，我和你要耍棒。”

【烧割】 shāo gē 食品名。禽畜整体烤熟，食时以刀切割。《元曲选外编·延安府》二折：“今有八府宰相在省堂筵宴，唤你来打个料帐。八府大人的分饭、～、汤品、添换不许少了。”明申时行《召对录》：“先生每回阁去罢，各赐酒饭一桌，～一分。”熊廷弼《请敕台臣查勘辽事疏》：“犒以牛酒，劳以～。”

【烧锅】 shāo guō ❶ 灶里烧火。也泛指做菜做饭。明《西洋记》一七回：“只见厨下一个～的火头，蓬头跣足，走将出来。”清《儒林外史》九回：“我不得工夫，要去～做饭。” ❷ 指酿制白酒的作坊。清胤禛《朱批谕旨》卷二〇七中：“闻臣又访得淮扬一带地方民间广～，将各项粮食蒸酒发卖。”《大清会典则例》卷一八：“富商巨贾，广收小麦，肆行躧曲，大开～者，严行禁止。”

【烧果】 shāo guǒ 一种烤熟的面食。明《西游记》四四回：“三清殿上有许多供养，馒头足有斗大，～有五六十斤一个。”又：“呆子不论生熟，拿过～来，张口就啃。”

【烧化】 shāo huà 烧掉（尸体等）。宋苏轼《与潘彦明书》：“两儿子新归，各为老乳母任氏作～衣服几件，敢烦长者丁嘱一干人，令剩买纸钱数束，仍厚铺薪刍于坟前，一酹而烧之。”《元曲选·盆儿鬼》一折：“～了也。舀将水来杀了火，拾将那骨殖来。”清《红楼梦》一〇二回：“贾珍便命人买些纸钱，送到园里～。”

【烧荒】 shāo huāng ❶ 防范北方游牧民族入侵，秋季纵火焚烧野草，使其无给养。明于谦《忠肃集》卷七：“他要出境～，今番却好着他去。”李梦阳《从军》四：“府帖昨夜下，～有我名。”清顾炎武《日知录》卷二九：“守边将士，每至秋月草枯，出塞纵火，谓之～。” ❷ 开荒前烧掉荒地上的野草。明《西游记》六四回：“我们也学～的，放上一把火，烧绝了荆棘过去。”也指一般的烧掉草木。明万民英《三命通会》卷一:"此乃九月～,衰草尽烬之火也。"锺惺《鹊巢赋》:"尔其冬餘春初,～刊路。"

【烧毁】 shāo huǐ 焚烧毁灭。《太平广记》卷四四八引《广异记》:"登令～讫,合家欢庆。"元周霆震《秋日登城》:"萧条遗构重～,憔悴餘民半杀伤。"清《红楼梦》七三回:"贾母便命将骰子、牌一并～。"

【烧火】 shāo huǒ 使柴火燃烧。多指炊事。唐输波迦罗译《苏悉地羯罗经》卷中:"水洒作净,然后用乳木～。"《元曲选·潇湘雨》四折:"我也是官宦人家小姐,怎把我做～的一般,这等扯扯拽拽?"清《儒林外史》九回:"只有一个老妪又痴又聋,在家～做饭、听候门户。"

【烧酒】 shāo jiǔ ❶ 唐宋酒名。唐白居易《荔枝楼对酒》:"荔枝新熟鸡冠色,～初开琥珀香。"雍陶《到蜀后记途中经历》:"自到成都～熟,不思身更入长安。"宋吴自牧《梦粱录》卷一三:"孝仁坊口,水晶红白～,曾经宣唤,其味香软,入口便消。"❷ 用蒸馏法制成的酒,含酒精量较高。《元曲选·竹叶舟》一折:"我自去方丈里吃～狗肉去也。"明《金瓶梅词话》五七回:"养婆儿吃～,啥事儿不弄出来。"清赵翼《瓯北诗话》卷四:"北人用黍作酒,南人用糟蒸酒,皆曰～。"

【烧苦葱】 shāo kǔ cōng 鸡奸的隐语。明《金瓶梅词话》五七回:"打哄了～,啥勾当儿不做!"

【烧辣】 shāo là 热火;上劲。明《西洋记》一〇回:"今番比着前番做的更加～些,故此不及一个月日,已经完备了。"

【烧辣子】 shāo là zi 烧酒。清《后水浒传》二八回:"只去拣好肥肉剁十斤,～打五十角来,做两顿吃。"

【烧冷灶】 shāo lěng zào 指在有事之前与人处好关系,以便将来能为自己所用。明《型世言》三〇回:"有那～的,不曾有事寻他,先来相处他,请酒送礼,只拣小官喜欢的香囊、扇子、汗巾之类送来,结识他做个靠山。"清《快心编》三集五回:"刘世誉原料李家自然返还,这乃我～之意。"

【烧利市】 shāo lì shì 烧纸祭神,以求吉利或感谢神灵保佑。《元曲选·冯玉兰》二折:"只等那船头上烧了利市纸马,分些神福吃得醉饱了,便撑动篙来,开起船来。"明《古今小说》卷二:"明日烧个利市,把来做贩油的本钱,不强似赊别人的油卖?"清《八洞天》卷五:"元宝是有几个,只是我才掘得,须要过了新正初五日,烧了利市,方可取用。"

【烧埋】 shāo mái ❶ 焚烧埋在地下。《隋书·礼仪志一》:"又有司以为祀竟,器席相承还库,请依典～之。"宋赵彦卫《云麓漫钞》卷五:"魏晋始定南北郊,以后稍稍用古礼,而皇帝一献再拜,受福礼毕,器席有司～之。" ❷ 安葬发送死者。《元典章·刑部五》:"尸首责亲～,其苦主推无～之资,不行津送。"明《西游记》五六回:"行者打杀人,还该教他去～。"清《红楼梦》四回:"雨村详加审问,果见冯家人口稀疏,不过赖此欲多得些～之费。"

【烧卖】 shāo mài 食品名。用很薄的烫面皮包上馅,顶上捏成折儿,然后蒸熟。宋元《清平山堂话本·李翠莲》:"～扁食有何难,三汤两割我也会。"明沈德符《万历野获编》卷二四:"细皮薄脆对多肉馄饨,椿树饺儿对桃花～。"清《儒林外史》一〇回:"两盘点心,一盘猪肉心的～,一盘鹅油白糖蒸的饺儿。"

【烧眉】 shāo méi 犹"燃眉"。元明《三国志通俗演义》卷一二:"贼兵犯界,有～之急。"明龚诩《追赋陆烈妇歌》:"一朝乞得斗升归,济急庶以全～。"清《梦中缘》四回:"吴郎抱病,势在～,若再迟几日,必至害死。"

【烧损】 shāo sǔn ❶ 烧伤。唐孙思邈《备急千金要方》卷七八:"凡火～,慎勿以冷水洗之。"郑怀古《博异志·李昼》:"明日,看马尾被烧尽,及股胫亦～。"宋《三朝北盟会编》卷二五〇:"城中军民争门而出,履闸板而过者,皆～其足。" ❷ 烧坏;烧毁。五代何光远《鉴诫录》卷五:"俄有数栗爆出,～绣褥子。"明《醒世恒言》卷一:"忽一夜仓中失火,急去救时,已～官粮千餘石。"清纪昀《阅微草堂笔记》卷九:"乃被击破瓮盎,～衣物。"

【烧尾】 shāo wěi ❶ 唐时,新授大官按例可向皇帝献食,称为"烧尾"。后代沿用。唐刘肃《大唐新语》卷三:"景龙末,朝纲失叙,风教既替,公卿大臣初拜命者,例许献食,号为～。"金孙邦杰《烧笋》:"白麻初拜惊～,见此应惭富贵痴。" ❷ 唐时学士新登第或升迁时的贺宴也称"烧尾"。后代亦沿用。唐封演《封氏闻见记》卷五:"士子初登荣进及迁除,朋僚慰贺,必盛置酒馔音乐,以展欢宴,谓之～。说者谓虎变为人,惟尾不化,须为焚除,乃得成人。……一云,新羊入群,乃为诸羊所触,不相亲附,火烧其尾则定。"宋葛立方《喜子郯登第》:"泥金帖报家庭喜,～筵中帝里春。"元陶宗仪《送乡贡进士赴京会试》之三:"泥金写帖缄书寄,～开筵共客欢。" ❸ 比喻显达。唐许浑《晚登龙门驿楼》:"风云有路皆～,波浪无程尽曝腮。"清弘历《十月二十七日幸翰林院》:"凤池多少簪毫者,都向龙门～来。"

【烧献】 shāo xiàn 向死者焚化祭品,或向神灵焚化奉献品。宋孟元老《东京梦华录》卷八:"下旬即卖冥衣鞋席帽衣段,以十月朔日～故也。"宋元《清平山堂话本·刎颈鸳鸯》:"请医调治,倩巫～。"清《红楼梦》八一回:"就用些神马纸钱～了,果然见效。"

【烧香】 shāo xiāng ❶ 为取其香气、使环境清雅而燃香。唐杜牧《送容州中丞赴镇》:"～翠羽帐,看舞郁金裙。"宋范成大《醉落魄》:"栖乌飞绝。绛河绿雾星明灭。～曳簟眠清樾。"清黄之隽《佳人》:"愿奉罗帷夜,～过一生。" ❷ 隐指行贿以求人帮助。明《隋史遗文》一一回:"王小二是州前人,央了个州前人来烧了香,说他是公差。"清《樵史》二二回:"晚间一个丁门子,是艾同知用人,来与李自成悄悄打话,要他烧灶香,方可从宽结案。"

【烧香疤】 shāo xiāng bā 用香火在肉体上烧出疤痕,是私狎男女证明爱情的一种行为。明张四维《双烈记》三出:"红馥馥烧个香疤,血漓漓赌个大誓。"《如意君传》:"后谓曹曰:'我闻民间私情,有于白肉中～者以为美谭,我与汝岂可不为之?'遂命取龙涎香饼,对天再拜,设誓讫,于敖曹麈柄头烧讫一圆,后于牝颅上烧一圆。"《挂枝儿·帐》附录《山坡羊》:"因此上听信你说不改常时,才和你把香疤儿烧了,谁知你大胆忘恩薄幸,亏心短行。"

【烧纸】 shāo zhǐ ❶ 焚烧纸钱等以祭鬼神、亡灵。《敦煌变文校注》卷七《解座文汇抄》:"望儿孙,剩～,相共冥间出道理。"《元曲选·看钱奴》三折:"官清司吏瘦,神灵庙主肥。有人来～,则抢大公鸡。"清《歧路灯》一二回:"你年纪小,每年到灵前～,与我念一遍。" ❷ 焚化用的纸钱。元明《水浒传》一五回:"摆了夜来煮的猪羊、～、……六人都说誓了,烧化纸钱。"明《西游记》七三回:"但见一个妇人,身穿重孝,左手托一盏凉浆水饭,右手执几张～黄钱,从那厢一步一声哭着走来。"

【捎】 shāo 另见 qiào、shào。❶ 伸向;朝向。唐宋之问《发端州初入西江》:"树影～云密,藤阴覆水低。"《古尊宿语录》卷七《风穴禅师语录》:"'狼烟永息时如何?'师曰:'两脚～空。'" ❷ 带;顺便带。《元曲选·救风尘》二折:"我写一封书～将去,着俺母亲和赵家姐姐来救我。"清《红楼梦》四回:"况这几年来你舅舅姨娘两处,每每带信～书接咱们来。" ❸ 捆束。元明《水浒传》五七回:"呼延灼把马背上～的衣甲取将下来。"明《西游记》三三回:"你把行李～在我马上,你驮他一程罢。"清《隋唐演义》二六回:"叫手下～了行李,即欲登程。" ❹(细长物)转动;打滚。清《野叟曝言》三回:"旋又豁过尾来,旁边有一小柳树,砉然一声,折作两段;那尾已～到素臣所蹲树上。"又五七回:"被把门的一棒,直打下台阶来,就在地下乱～乱滚,嚎哭无休。"又一〇八回:"最怕是掉转尾靶,～入臀牝中去,辣痛无比。"

【捎泊】 shāo bó 停泊。宋岳珂《金佗粹编》卷二六:"崔曾、吴全一军人船,止令在岳州、鳊山、湘江口及洞庭湖口、牌口等处～,听候上流逼逐贼船下来,即拦截掩杀。"朱熹《措置赈恤粜籴事件》:"如遇客贩米到岸,欲就军出粜,仰赴务陈状,看验税物讫,令就石寨内～出粜,即与免在城税钱三分。"周密《武林旧事》卷七:"至申时,御舟～花光亭。"

【捎搭】 shāo dā 捆束搭放。元明《水浒传》五〇回:"叫小喽罗牵了有的马匹,把庄里一应有的财赋,～有四五十驮。"清《隋唐演义》一四回:"此时鞍马行囊,已～停当。"

【捎带】 shāo dài ❶携带;顺便带。《元典章·兵部三》:"今后,出使人员除随身衣服铺盖雨衣外,别不得～其餘物件。"清《醒世姻缘传》八回:"将那日晁夫人分付的话,～的银珠尺头,一五一十向着珍哥晁大舍学个不了。" ❷附带;顺便。元白樸《得胜乐》:"寒雁儿呀呀的天外,怎生不～个字儿来?"《水浒传》九〇回:"这燕青头戴着白范阳遮尘毡笠儿,……飞马而来,背后马上～死雁数只,来见宋江。"清《醒世姻缘传》八四回:"我专意原是为陪舍亲,令亲倒是～的。"

【捎儿】 shāo er 扎缚用的巾带。元明《水浒传》三八回:"李逵大怒,焦躁起来,便脱下布衫,里面单单系着一条棋子布～。"

【捎放】 shāo fàng 捆扎放置。清《飞龙全传》二六回:"将行李兵器一齐～好了,纵身上马,望西而行。"又二七回:"匡胤亦将行李兵器～好了,牵马出门。"

【捎滚】 shāo gǔn 打滚。清《野叟曝言》五三回:"两人搅做一团,在地～。"又九三回:"那熊～不脱,四足爬挖,登时成坑。"

【捎揊】 shāo pì 捆并勒。清《豆棚闲话》九则:"捉住财主活逼献宝,口气略松些,便绑缚起来,或将弓弦～,火焰炙烙。"

【捎载】 shāo zài 装载。《元典章新集·兵部》:"又擅令军人采伐木植,疏解板木,及收买硝减、毛毡等物,又复军车～回还。"

【梢】 shāo 另见 shào。❶边;侧。宋《三朝北盟会编》卷四:"凡围如箕掌徐进,约三四十里,近可宿之处,即两～合围渐促。"元《秦并六国平话》卷上:"枪刀一字成行,弓弩两～齐展。" ❷船舵(在船尾);船尾。也指船尾舱。唐柳宗元《游朝阳岩遂登西亭》:"所赖山水客,扁舟枉长～。"元明《水浒传》五九回:"那船上梢公都惊得钻入～里去。"明《拍案惊奇》卷三四:"阿四也往～上去自睡。" ❸艄公;船家。宋欧阳修《乞置御河催纲》:"或于沿河孤迥村落地分,故意损坏靠阁,便于本处折拽堆垛,枉破兵～看守,有至三四年者。"胡舜申《己酉避乱录》:"梢工姓朱,通州人。夜将半,叫问朱～船如何?"元汪大渊《岛夷志略》:"昔泉之吴宅,发舶～众百有餘人,到彼贸易。" ❹指事件或时间的开头或结尾。宋《朱子语类》卷一二六:"如知觉运动是其上一～也,因果报应是其下一～也。"杨万里《又绝句》之二:"一年过暑一番愁,六月～时七月头。"明卢之颐《本草乘雅半偈》卷二:"(小荆)五月～间作花如穗。" ❺量词。枝。宋林逋《竹林》:"寺篱斜夹千～翠,山磴深穿万箨干。"明汪砢玉《珊瑚网》卷三七:"清雅果何似,丈人当示一～,与梅出气何如?"清弘历《题倪瓒画竹》:"一～已占琅玕性,千亩如看烟雨重。" ❻指赌本。元明《水浒传》一〇四回:"前日范全哥哥把与我买柴薪的一锭银在此,将来做个～,与那厮掷几掷。"明《石点头》卷六:"尊哥自恃～粗胆壮,与公佐对博,千钱一注。"清《聊斋俚曲·翻魇殃》:"一向待赌无有本,分了家才有了～。" ❼同"捎(shāo)❶"。宋黄庭坚《题万松亭》:"会得佛头着地,不会佛脚～天。"《古尊宿语录》卷一〇《并州承天嵩禅师语录》:"两脚～空手叉胸。"《元曲选·铁拐李》四折:"出门来推了个脚～天。" ❽同"捎(shāo)❷"。《元曲选·范张鸡黍》楔子:"仲山不用你去,我独自去与你～一官来。"明《古今小说》卷一:"要觅个便人～信往家中,取些盘缠。"刘兑《娇红记》卷下:"昨日叔叔家使人～书来贺喜。"

【梢棒】 shāo bàng 用来防身的棍棒。元明《水浒传》三〇回:"拿条～,来厅心里月明下使几回棒。"清《水浒后传》二回:"跨口腰刀,提条～,押着货物,只顾低着头走。"

【梢泊】 shāo bó 同"捎泊"。宋虞允文《乞措置清河口防托敌中粮战船》:"一出清河,不独顺流而下,皆是～登岸去处。"黄震《申乞支旧米见底并巡仓》:"又舡只无所～,屡为风涛损坏。"

【梢长】 shāo cháng (身材)高大。明张岱《陶庵梦忆》卷七:"于是分头四出,寻黑矮汉,寻～大汉。"清《红楼梦》一一一回:"见一个～大汉,手执木棍。"《飞龙全传》五回:"只见黑云下边,乃是一个～汉子。"

【梢搭】 shāo dā ❶同"捎搭"。也指顺便搭载。宋华岳《翠微先生北征录》卷一:"税务之中,官船～之钱,牌筏附带之钱,盐船力胜之钱。"明《隋史遗文》一六回:"此时鞍马行囊俱已～停当。" ❷附带搭载的口袋等器物。宋华岳《翠微先生北征录》卷八:"虽上载甲军、下□～,鞍颊亦不着肉,鞍桥亦不砑脊,甚为利便。"

【梢带】 shāo dài 同"捎带❶"。宋叶梦得《乞下诸大帅临阵审度敌情无落奸便》:"当先多用鲜洁衣服,及伪以铅锡作器物～。"元《通制条格》卷一八:"拘该市舶去处,行省官、宣慰司官、市舶司官,不得拘占舶船,～钱物,下番买卖。"元明《水浒传》四九回:"卧房里搜检得十数包金银财宝,后院里牵得七八匹好马,把四匹～驮载。"

【梢房】 shāo fáng 正房尾梢或边侧的屋子,一般用以堆杂物或柴火。《元曲选外编·金凤钗》三折:"觑着这～门一似吓魂台。"

【梢工】 shāo gōng 艄公。《太平广记》卷四九九引《南楚新闻》:"生与一～拽母登岸,仅以获免。"清《绿野仙踪》一六回:"少刻,风息浪静,见～水手,各整舟楫。"

【梢公】 shāo gōng 艄公。唐[日]圆仁《入唐求法巡礼行记》卷三:"朝贡使～水手前年秋回彼国。"清《儒林外史》五一回:"～背了一个箭袋,上了船。"

【梢瓜】 shāo guā 同"稍瓜"。宋吴自牧《梦粱录》卷一八:"～、黄瓜、葫芦。"清屈大均《广东新语》卷二七:"广瓜岁种二次,二月至四月者为黄瓜,二月至三月、七月至八月者为～,亦曰越瓜。"

【梢间】 shāo jiān 即"梢房"。宋李诫《营造法式》五卷:"凡堂厅若厦两头造,则两～用角梁转过两椽。"清李斗《扬州画舫录》卷一七:"次～安装槛窗,上替桩横披挂空槛,俱与明间齐。"

【梢空】 shāo kōng 虚诳;哄骗。宋《三朝北盟会编》卷二二:"你说得也煞好,只是你南家说话多生～。"原注:"谓虚诳为梢空。"又卷五五:"却来这里弄唇舌,想～,恐使不得。"按,从说话人身分看,似为少数民族语。

【梢婆】 shāo pó 艄公的妻子或以驾船为业的妇女。《元曲选·楚昭公》三折:"也弗只是我里梢公～两个,倒有五男二女。"

清《醒世姻缘传》八七回:“灯光之下,被那～张看的分明。”

【梢人】 shāo rén 艄公。宋朱名世《海味》:“海味新来数得餐,～收拾日登盘。”《大清会典则例》卷九四:“其在船官伴水～等,该抚分别赏赉。”

【梢水】 shāo shuǐ 艄公。《元史·王思诚传》:“禁镇民与～为婚,有能捕贼者,以船畀之。”明袁于令《双莺传》一出:“来得恰好,就此同唤江船去。～那里?”清《载花船》四回:“水手候了数日不去,将尸棺弃于河埠浅水之中,另装客货,凤簪亦落～之手。”

【梢桶】 shāo tǒng 一种形状较细较长便于捎搭运载的酒桶。宋孟元老《东京梦华录》卷三:“～如长水桶,面安靥口,每梢三斗许,一贯五百文。”

【梢头】 shāo tóu ❶ 植物或细长物体的顶端。唐杜牧《赠别》之一:“娉娉袅袅十三餘,豆蔻～二月初。”宋苏轼《蝶恋花》:“杏子～香蕾破,淡红褪白胭脂涴。”清《野叟曝言》一九回:“两根竿子～,横缀着一条五丈多长的细绳。” ❷ 尽头;边上。宋《朱子语类》卷五二:“盖知言是那后面合尖末～处,合当留在后面问。”元明《水浒传》七四回:“燕青、李逵只得就市～赁一所客店安下。”清《飞龙全传》一六回:“二人走了多时,来至村市～,见有酒楼。” ❸ 指船尾。明周瑛《赠罗明仲内翰》之二:“烦君牢守～舵,满载行人入坦流。”《拍案惊奇》卷三二:“同在～行船,恐怕识破,装做老成,不敢把眼正觑梢上。”

【梢子】 shāo zǐ 另见 shāo zi。艄公。宋李彭《赋高明大使神功妙济真君祠》:“杨柳江头星宿疏,呼船～散林乌。”《元曲选·冯玉兰》二折:“～快开船哩。”清《凤凰池》五回:“从隐辟处下了船,叫～一路问巡按府所在,不拘远近,要去相见。”

【梢子】 shāo zi 另见 shāo zǐ。❶ 销子;销钉。元明《水浒传》一〇六回:“那四五只粮船内暗藏的步军头领,从板下拔去～,推开舱板,大喊一声,各执短兵抢出来。” ❷ 一种兜裆的短裤。明田艺蘅《留青日札》卷二二:“(犊鼻裈)以三尺布为之,形如牛鼻,盖前后各一幅,中裁两尖裆交耧。即今牛头子裈,一名～。” ❸ 物的末端。清《红楼梦》一一七回:“看凤姑娘仗着老太太这样的利害,如今焦了尾巴～了,只剩了一个姐儿。”△《三侠剑》三回:“一伸左手,将棍～掳住,连人带棍俱都提起。”

【稍】 shāo ❶ 物的末端;尽头。宋李祁《鹊桥仙》:“春阴淡淡,春波渺渺,帘卷花～香雾。”《元曲选·单鞭夺槊》二折:“我这一去遇着那单雄信呵,只着他鞭～一指,头颅早粉碎也。”清《平山冷燕》一五回:“忽见市～一竿酒旗飘出,满心欢喜,竟走了进去,捡一副好座头坐下。” ❷ 同“梢(shāo)❷”。元明《水浒传》五九回:“那船上稍公,都惊得入～里去了。”明《醒世恒言》卷二〇:“船家引他下了船,住在～上。”又卷三六:“稍公把舵,务命推挥,全然不应,径向贼船上当～一撞。” ❸ 同“梢(shāo)❸”。宋孔平仲《谈苑》卷三:“晏公把舵,王、张操篙。琪南方人,知行舟次第,至桥下故使船触柱而横,厉声呼曰:‘晏～使舵不正也。’”《元曲选·望江亭》二折:“你分付李～驾起小舟,直到潭州。”明《醒世恒言》卷五:“原来这稍公,名叫做张～,不是个善良之辈。” ❹ 摇(船);撑(船)。元明《水浒传》一一三回:“驾起一叶快船,径取小港,～到军前寒山寺上岸。”明《型世言》二五回:“我认得你,还有一个人帮你～船,你还要赖!” ❺ 停泊。宋范成大《吴船录》卷下:“七十里至涪州排亭之前,波涛大泊,濆淖如屋,不可～船。”明《西洋记》四六回:“中军传下将令,落篷下锚～船。” ❻ 偷窃。宋元《警世通言》卷三七:“且如道市语说‘今日走到餘杭县’,这钱一日只～得四十五钱,餘杭是四十五里。” ❼ 同“捎(shāo)❶”。元岳伯川《铁拐李》四折:“我入门来推我一个脚～天。”《元曲选·青衫泪》二折:“娘呵,你早则皂裙儿拖地,柱杖儿过头,鬏髻儿～天。”又《气英布》三折:“等我一交手,先摔他一个脚～天。” ❽ 同“捎(shāo)❷”。元《通制条格》卷二:“委系各人出军时马后～将来底人口,达达数目里有呵,分付本投下者。”明《金瓶梅词话》七回:“姑奶奶家送来什么?与我些,包了家去～与孩子吃。”清《白雪遗音·杨柳青》:“丈夫不回来,无人把书～。” ❾ 同“捎(shāo)❸”。元明《水浒传》四三回:“打拴了三五个包箱,～在车儿上。”明《梼杌闲评》二七回:“将盔甲卸下,～在马后。” ❿ 同“梢(shāo)❻”。明《古今小说》卷二一:“公子宽坐,容在下回家去,再取～来决赌何如?”《二刻拍案惊奇》卷八:“吾随身箧中有金宝千金,又有二三千张茶券子,可以为～。”清《醒世姻缘传》四一回:“还有两个人押来取～,知他老子死了,方才暂去。” ⓫ 副词。a)甚;很;深。唐卢照邻《紫骝马》:“塞门风～急,长城水正寒。”金《董解元西厢记》卷一:“寮舍～多,但随堂一斋一粥,欲得三个月道话,何必留房缗?”清汪楫《长史郑弘良以王命请余画像》:“～喜文章堪报国,谁凭骨相取封侯。”b)再;又。唐韦应物《凌雾行》:“才看含鬓白,～视沾衣密。”宋王安石《上仁宗皇帝言事书》:“在位者得其才矣,然后～视时势之可否,而因人情之患苦,变更天下之弊法。”清梦麟《西涧赴山将往云罩》:“仰睇辨莲宇,～见僧楼红。”c)已经。唐王绩《游仙》之三:“玉床尘～冷,金炉火尚温。”宋杨万里《九月一日夜宿盈川寺》:“两岸渔樵～灯火,满江风露更波声。”金《董解元西厢记》卷三:“请宽尊抱,是须休把两眉结。倚着栏干,凝望时节,寺宇周回,贼军间列～宁贴。”d)才;刚。唐杜审言《和李大夫嗣真奉使存抚河东》:“～观汾水曲,俄指绛台前。”宋韩元吉《沈氏考妣墓志铭》:“既而生子,～能言,吴日置膝上,授以方名六甲。”明方鹏《纪异》:“母妻环问故,～语即闭口。”e)随即;很快地。唐韦应物《叹杨花》:“才萦下苑曲,～满东城路。”宋苏轼《送黄师是赴两浙宪》:“一见刺史天,～忘狱吏尊。”f)只。唐王绩《古意》之四:“不知岁月久,～觉枝干折。”元袁士元《游东湖醉中歌》:“忧长未释天地隘,眼阔～觉心颜开。”清王士禛《题赵澄仿王右丞群峰飞雪图》:“崖横路断少人迹,～见老樵下岩隙。”

【稍棒】 shāo bàng 同“梢棒”。明《金瓶梅词话》二六回:“就去取床前防身～,要往后边赶贼。”

【稍柴】 shāo chái ❶ 柴火。《元典章·刑部十二》:“挟仇烧讫张锁住等谷垛、～等物。”明杨一清《为谘访群策以裨边务事》:“查得石涝池、孔骨都地方产有～,相离白马城三十餘里,就令夫役自行采打应用。” ❷ 埽柴,治河工程用的树条、荆棘之类。《元史·河渠志一》:“苇二十八万六百四十束,～七千二百束。”明谢肇淛《北河纪》卷二:“～以个计,八百三十。”

【稍长】 shāo cháng 同“梢长”。清《飞龙全传》六回:“只见黑云下边,乃是一个～汉子,挑着两只油篓,打从一个水坑洼子跟前奔驰而走。”

【稍带】 shāo dài ❶ 同“捎带❶”。《元典章新集·兵部》:“军官～梯己物,致使头畜疲乏倒死。”《元曲选·合汗衫》四折:“自相国寺见了那两口儿老的,我～将来了。”清《绿野仙踪》二五回:“我花的银子,白送了强盗,还贴上老婆,搭了弟妇,把一个段诚家女人也被他～了去。” ❷ 犹“捎搭”。元明《水浒传》五〇回:“孙立等将自己马也～了自己的财赋。”明杨一清《为遵奉敕谕起解后获反逆贼寇事》:“徐钦知觉,带同徐文孝各骑马匹,～毡衫布帐,逃躲在洪广堡北边沙窝内。” ❸ 连带触及。清《醒世姻缘传》四八回:“薛教授一边去拉,素姐一边还打,把薛教授的身上还～了两下。”《绿野仙踪》七七回:“林润所重参者,赵大人一人;老师不过一半句～而已,必无大罪。”

【稍袋】 shāo dài 即“褡裢”。清《儒林外史》五回：“把小的的驴和米同～都叫人短了家去，还不发出纸来。”又三二回：“王胡子就去了几天，卖了一千几百两银子，拿～装了来家。”

【稍房】 shāo fáng 同“梢房”。《元曲选·争报恩》一折：“白日里在那街市上讨饭吃，夜晚来在那大人家～里安下。”又：“好丁都管，你跟的我～里去来。”

【稍工】 shāo gōng 艄公。《册府元龟》卷四九四：“将军、衙官、～等具知盐法，如有公然偷盗官盐，……五斤已上处死者。”清《绿野仙踪》五八回：“可用大战船一百五十只，～水手必须南方人善于驾船者。”

【稍公】 shāo gōng 艄公。宋朱胜非《绀珠集》卷九：“川峡呼～篙手为长年三老。”清《霓裳续谱·柳叶儿青》：“春风阵阵送船行，红粉佳人坐～。”

【稍瓜】 shāo guā 瓜的一种。结在蔓生的茎上，略呈纺锤形，表面有像瓦垄一样隆起的条痕，可以生吃。《元曲选外编·伊尹耕莘》一折：“新捞的水饭镇心凉，半截～蘸酱。”清《醒世姻缘传》八四回：“脚喜的还不甚大，刚只有半截～长短。”

【稍管】 shāo guǎn 赌本。明《醋葫芦》一一回：“～已完，立起身道：‘今日倦息，兴致不高。’”《型世言》二三回：“无奈朱恺不在，～短，也就没胆。”

【稍火】 shāo huǒ 船工；船家。宋《名公书判清明集》卷三：“皆缘～等人侵移偷盗，押纲官吏通同为奸，或不用心照管，所以折欠过多。”

【稍寄】 shāo jì 托人递送。元明《水浒传》三六回：“偶然村店里遇得石勇，～家书，只说父亲弃世。”明《金瓶梅词话》九四回：“金宝就使陈三儿～物事，或写情书来叫他去。”清《绿野仙踪》六八回：“不是国母遣人看望，就是众妃嫔～人情。”

【稍间】 shāo jiān 同“梢间”。明《金瓶梅词话》八三回：“原来潘金莲那边三间楼上，中间供养佛像，两边～堆放生药香料。”清李斗《扬州画舫录》卷一七：“明间例以城门洞宽定面阔，次～以斗科攒数定面阔。”

【稍刻】 shāo kè 一会儿。清《醒世姻缘传》三八回：“～，又拿下牌来让童生看题。”《红楼梦》九五回：“～，小太监传谕出来，说贾娘娘薨逝。”

【稍老】 shāo lǎo 市语。眉毛。市语“稍”可指数字八，眉可称八字眉，故以稍老称眉毛。明佚名《醉太平带莲花落·掉讯》：“再休题嗑着齿老，剪着～，睁着胪老，侧着听老。”

【稍翎】 shāo líng 鸟的翅膀上长而硬的羽毛，代指翅膀。《元曲选·神奴儿》二折：“待飞腾则恨我肋下没～。”又《冻苏秦》一折：“本待做大鹏鸟高抟九万里，却被这恶西风先摧折了六～。”元明《水浒传》三五回：“血模糊半涴绿～，大寨下众人齐喝采。”

【稍马】 shāo mǎ 挂在马身上的大型褡裢。清《野叟曝言》三一回：“一面在～中取出五百文钱赏了水手。”《平定朔漠方略》卷三五：“栲斗皮、～等杂物重一百二十觔。”

【稍麦】 shāo mài 同“烧卖”。明《朴通事谚解》卷下：“羊肉馅馒头、素酸馅～、匾食。”清李斗《扬州画舫录》卷一：“文杏园以～得名，谓之鬼蓬头。”

【稍婆】 shāo pó 同“梢婆”。元明《水浒传》九五回：“扈三娘、顾大嫂、孙二娘三人女将扮做～。”

【稍迁】 shāo qiān 蝉的别名。清《聊斋志异·鸟语》：“齐俗呼蝉曰～，其绿色者曰都了。”

【稍人】 shāo rén 同“梢人”。宋赵师秀《停帆》：“舟过～屋，停帆去未能。”宋元《熊龙峰刊小说·彩鸾灯》：“～亦不知其为女人也。”

【稍稍】 shāo shāo ❶微微；细微。唐杜甫《秋笛》：“不见秋云动，悲风～飞。”《云笈七籤》卷四〇：“盖灾生于～，病起于微微。”明宗臣《夜叹》：“纤月～起，寒霾细细分。” ❷一点儿；少量。唐韩愈《答柳柳州食虾蟆》：“余初不下喉，近亦能～。”宋文莹《玉壶清话》卷二：“坚求出家，其亲不肯，以荤迫之，初不能食，后亦～。”明沈周《伤阿同》：“今年忽患痘，头面见～。周身渐稠密，匝肉无空道。” ❸略微；稍微。唐杜甫《赠王二十四侍御契》：“区区甘累趼，～息劳筋。”宋《朱子语类》卷一二六：“今世俗有一等卑下底人，平日所为不善，一旦因读佛书，～收敛，人便指为学佛之效。”清《红楼梦》八七回：“吃了一剂，～平复些。” ❹尽；皆。唐张九龄《上封事书》：“而今刺史、县令，除京辅近处，雄望之州，刺史犹择其人，县令或备员而已，其餘江、淮、陇、蜀、三河诸处，除大府之外，～非才。”宋王十朋《表弟万大年宿郡斋为鼠蚊蚤所苦》：“禽鼠磔其尸，驱蚊熏以草。炽炭烘衾裯，虮虱亦俱薨。三害～除，高眠起忘早。”明李梦阳《明故朝列大夫左公迁葬志铭》：“及公为仪宾，乃诸仪宾者业～降矣。公出独张盖骏马，见诸所官悉如前。” ❺纷纷。唐李商隐《细雨成咏献尚书河东公》：“～落蝶粉，班班融燕泥。”《资治通鉴》卷一〇六：“农将步骑三万至令支，岩众震骇，～逾城归农。”明庄㫤《次孤鹤老人观物亭坐雨》：“～花全落，沉沉鼓未晴。” ❻悄悄。唐孟云卿《伤怀赠故人》：“～晨鸟翔，淅淅草上霜。”“稍稍”一作“悄悄”。清周亮工《闽小记》卷三：“鸡鸣～起，沐浴既盥漱。”

【稍手】 shāo shǒu 艄公。明朱权《荆钗记》二六出：“夜来有一妇人投江，～救得在小船上。”

【稍水】 shāo shuǐ 艄公。《元典章·工部二》：“镇江西津，于六月二十五日～沈兴等乘驾渡船，满载过江。”明《禅真后史》七回：“秋侨喝令～开船。”

【稍似】 shāo sì 略为；稍微。唐陆贽《三奏量移官状》：“旧例左降官每准恩赦，量移不过三百五百里。今度进拟，～超越。”宋王安石《再答吕吉甫书》：“～劳动，便不支持。”清《平定朔漠方略》卷一四：“臣等携来满洲蒙古汉军一千五百兵，倘有驰驱，～不整。”

【稍头】 shāo tóu ❶同“梢头❶”。《敦煌变文校注》卷五《维摩诘经讲经文(四)》：“洒甘露于麈尾～，起慈云于莲花舌上。”宋李纲《志宏送岩桂次韵答之》：“殷红枝上破燕脂，嫩白～开玉雪。”清《霓裳续谱·身体瘦损》：“月明才上柳～，绿窗风细帘控金钩。” ❷同“梢头❷”。元明《水浒传》三二回：“二人出得店来，行到市镇～，三岔路口。”明《禅真逸史》九回：“看看行至市～，见侧首山坳里影影有一道灯光射出来。”清《续金瓶梅》二七回：“只见河～停着一只小浪船，一个七十岁的老艄婆，在船头上补破袄。” ❸同“梢头❸”。元明《水浒传》三七回：“～两个后生，摇着两把快橹。”又七五回：“船～有一桶白酒在那里。”

【稍物】 shāo wù 赌本。明《二刻拍案惊奇》卷八：“若挨得进去，须要～，方才可赌。”

【稍子】 shāo zǐ 另见 shāo zi。艄公。宋王明清《摭青杂记》：“闻有一物触船，项起视之，有似一人，遂命～急救之。”清《绿野仙踪》三五回：“船主叫苏旺，～水手各姓张王李赵，究竟都是他弟兄子侄。”

【稍子】 shāo zi 另见 shāo zǐ。同“梢子(shāo zi)❷”。元古本《老乞大》：“长短不等呵，是地头织来的。俺又不曾打了～，两头放者印记里！”明徐光启《农政全书》卷三二：“待桑身长至一大人高，割去～，则横条自长。”

【筲袋】 shāo dài 同"稍袋"。清《儒林外史》五一回:"梢公背了一个~,上了船。"

【筲箕】 shāo jī 一种带盖的竹筐。宋朱肱《酒经》附《神仙酒法》:"次将四斗五升米淘净入瓮内,用~盛蒸饭五升坐在生米上,入水五斗浸之。"清《儒林外史》二三回:"只见一个小儿开门出来,手里拿了一个~出去买米。"

【艄】 shāo ❶ 船;船尾。唐李商隐《江村题壁》:"沙岸竹森森,维~听越禽。"元杨维桢《吏部侍郎贡公平籴记》:"不三日飞~挽舶,填塞津隘。"清《儒林外史》五一回:"在~上一个夹层舱底下,拿出一个大口袋来。" ❷ 舵。明《拍案惊奇》卷二二:"我这里埠头上来往船只多,尽有缺少执~的。"又:"从此,只在来往船只上替他执~度日。" ❸ 指艄工。宋周密《齐东野语》卷一〇:"又常德有舟~程亮,杀巡检宋正国一家十二口,累岁始获。"清《歧路灯》四四回:"俗语说'~、皂、店、脚、牙',~是篙工。"

【艄工】 shāo gōng 同"艄公"。宋吕祖谦《历代制度详说》卷四:"各限船添~及驾船卒,团成本路粮纲。"清《绿野仙踪》一五回:"见~水手各整舟楫。"

【艄公】 shāo gōng 舵工。泛指撑船的人,船家。元明《水浒传》四一回:"~战抖抖的道:'小人去说。'"清《水浒后传》一一回:"却说蒋敬被两个~谋财害命,前后砍来,仓皇无计,只得跳下江中。"

【艄婆】 shāo pó 同"梢婆"。明《山歌·船艄婆》:"船艄里打铺船舱里齐,船~一夜忒顽皮。"清《续金瓶梅》二七回:"只见河稍头停着一只小浪船,一个七十岁的老~,在船头上补破袄。"

【艄子】 shāo zǐ 犹"艄公"。明范景文《泊舟书所见》:"波间试水喧~,篷下铺蓑睡舵公。"清《说岳全传》四九回:"只见那只小船直抵湖岸,~把船拢好。"

sháo

【勺子】 sháo zi 舀东西的用具,略作半球形,有柄。唐李梦符《渔父引》之二:"椰榆~木瘤杯,烂煮鲈鱼满案堆。"清《醒世姻缘传》六四回:"你为甚么拿着把小~掏那葫芦?"

【勺铎】 sháo dào 糊涂;不聪慧。明顾起元《客座赘语》卷一:"其不聪敏者曰'鹘突',曰'糊涂'(与上一音稍异也),曰'懵懂',曰'~'(音韶道,似当为少度,以无思量也,以中原音少为韶,度为道字改为此)。"

【杓】 sháo 傻;蠢。元周文质《寨儿令》:"彻骨~,满怀学,只因爱钱心辨不得歹共好。"

【杓倈】 sháo lái 蠢材。元乔吉《一枝花·私情》:"有等干咽唾的~死嘴嘶,委实难耽。"《元曲选·玉壶春》三折:"老虔婆业罐儿满,小~死限该。"明朱有燉《一枝花·赠秀莲》:"强风情枉被些~骂,干相思劝不得咱家罢。"

【杓颓】 sháo tuí 犹"杓倈"。颓,骂人的粗话。元刘庭信《折桂令·题情》:"殢亚仙元和剗牌,赶苏卿双渐~。"

【杓子】 sháo zǐ 犹"杓倈"。明田汝成《西湖游览志餘》卷二五《梨园市语》:"粗蠢人曰~。"

【韶刀】 sháo dāo ❶ 糊涂。明《金瓶梅词话》三〇回:"这回连你也~了,我和你恁算。"清《儒林外史》五三回:"你看侬妈也~了,难道四老爷家没有好吃的?" ❷ 唠叨;啰唆。明《金瓶梅词话》三五回:"西门庆道:'怪狗才,忒~了。'"清《儒林外史》五四回:"因怕董老太~,便说道:'恐怕他们换的不好,还是我自己去。'"《红楼梦》二四回:"贾芸听他~的不堪,便起身告辞。"

【韶道】 sháo dào ❶ 同"韶刀❶"。清《醒世姻缘传》九七回:"~呀!人为你报不平,惹得这们等的,还有甚么喜处。" ❷ 同"韶刀❷"。明《金瓶梅词话》八一回:"不争你送与他一半,交他招~儿问你下落,到不如一狠二狠,把他这一千两咱雇了头口拐了上东京。"

【韶嫩】 sháo nèn 柔嫩秀美。唐刘禹锡《洛中早春赠乐天》:"~冰后木,轻盈烟际林。"宋袁燮《梅花》之三:"~有餘清不足,此花独步信无前。"清弘历《新正养性殿》:"揽景初~,摛怀片刻留。"

【韶武】 sháo wǔ 教坊司乐官。明《金瓶梅词话》六〇回:"你这狗才,到明日只好做个~。"

【韶舞】 sháo wǔ 同"韶武"。元明《水浒传》八二回:"教坊司凤鸾~,礼乐司排长伶官。"清《醒世姻缘传》八三回:"我们报一个凤仪~,他也给我们几十两银子,难道你连个凤仪~也不如了?"

shǎo

【少】 shǎo ❶ 莫;不要。表示劝阻。唐白居易《送鹤与裴相临别赠诗》:"夜栖~共鸡争树,晓浴先饶凤占池。"少,一本作"莫"。元明《三国志通俗演义》卷一六:"王上~忧。死生有命,富贵在天。"清《红楼梦》五四回:"这是二奶奶的名字,~混说!" ❷ 欠(债)。宋《密庵和尚语录》:"每来室中,丁字着脚,上门上户,却似~他禅债。"《元曲选·罗李郎》一折:"他~你多少钱?"清《隋唐演义》三七回:"他~宅上雇工钱,小子一一代还。"

【少不的】 shǎo bù dé 同"少不得"。《元曲选·荐福碑》三折:"今年是九龙治水,~珠露成灾。"明汤式《一枝花·赠会稽吕周臣》:"恰能够天涯萍水同携手,谁承望江上莼鲈又买舟,~再叙离怀那时候。"清《儒林外史》二七回:"开口就说要穷,将来~要穷断你的筋。"

【少不得】 shǎo bù dé 少不了;免不了;必得;只得。宋汪莘《满江红》:"离不得,春和腊。~,烟和雪。"《元曲选外编·西厢记》三本四折:"我若是死呵,小娘子阎王殿前~你做个干连人。"清《红楼梦》一回:"无奈何,~依靠着他父母度日。"

【少不了】 shǎo bù liǎo ❶ 即"少不得"。明《金瓶梅词话》五二回:"前程也不敢指望,他到明日,~他个招宣袭了罢!"清孔尚任《桃花扇》二一出:"今日红梅之下,梨园可省,倒~一声'晓风残月'哩。"《红楼梦》三五回:"你要懒待得动,我~忍疼下去取来。" ❷ 不要少了;不能少了;不会少。清孔尚任《桃花扇》二四出:"〔丑〕想是他女儿顶名替来的。〔杂〕母子总是一般,只~数儿就好了。"《红楼复梦》七七回:"他家宅里一天也~咱们大爷。"《歧路灯》四五回:"有文约在你手里,尽早~你的,为什么动粗?"

【少待】 shǎo dài 稍微等待。《新唐书·杨行密传》:"别将张崇为缪执,行密欲嫁其妻,答曰:'崇不负公,愿~。'"宋晏幾道《凤孤飞》:"更~、金蕉暖。"清《红楼梦》九七回:"那纸沾火就着,如何能够~?"

【少得】 shǎo dé 休得;不要。明《西游记》二一回:"你莫要心焦,~烦恼。"《封神演义》二八回:"文王马上大呼曰:'崇应彪~行凶,孤来也!'"

【少等】 shǎo děng 犹"少停"。明《古今小说》卷三四:"唤王安开书箱,取艾叶煎汤,~温贮于盘中。"

【少负】 shǎo fù 少欠;欠(债)。宋戴栩《存斋蒋弋阳墓志铭》:"收遗拾碎,痛自节约,迄无～。"金《董解元西厢记》卷一:"短命冤家薄情煞,兀的不枉教人害,～你前生眼儿债。"元马致远《集贤宾·思情》:"近来自知浮世窄,～他惹多苦债。"

【少会】 shǎo huì ❶好久不见。见面时的客套话。《元曲选·罗李郎》四折:"哥哥,连日～。"明《古今小说》卷二一:"大郎,连日～。"清《红楼梦》二六回:"一向～,老世伯身上康健?" ❷少见;罕见。明《西游记》七四回:"不是我一家的,～,～,可疑,可疑!"

【少校】 shǎo jiào 少。"校"有少义,同义连用。唐贾公彦疏《周礼·冬官·韗人》郑注"中围":"若然,此穹隆～晋鼓一尺三寸三分寸之一也,与彼穹隆异也。"白居易《问移竹》:"多种少栽皆有意,大都～不如多。"明李东阳《送宋民表知华亭诗序》:"今以进士为县者,三载则擢,擢则为御史,其得失亦～乎!"

【少可】 shǎo kě ❶(疾病)稍愈。唐李世民《使至帖》:"使至辱书,知公所苦～,慰意何言。"宋钱俨《吴越备史·补遗》:"卿恙～,天气严寒,宜避风冷。"清魏之琇《续名医类案》卷五九:"胸膈两胁微痛,以前汤更加木香、山栀、半夏、桔梗服之,～。" ❷稍可;稍安。唐元结《谢上表》:"臣见招辑流亡,率劝贫弱,保守城邑,畬种山林,冀望秋后,～全活。"宋晁公遡《上汪制置》二:"虽遇饥馑之年,似亦～支梧。"清纪昀《阅微草堂笔记》卷二一:"躯干痴重,夏极苦热,惟汩没泥水中～,然不常得。" ❸至少。《元曲选外编·西厢记》一本二折:"睡不着如翻掌,～有一万声长吁短叹,五千遍捣枕槌床。"明张大复《梅花草堂笔谈》卷八:"每秋饮茶,发不暇节,辄索茗荈,～三十碗许。"《警世通言》卷四〇:"我往日唤你,～有千百声,今日半点声气不做,敢害哑了?"

【少刻】 shǎo kè 一会儿;不多久。宋郑獬《祭刘丞相文》:"公去何速,～之间,呜呼哀哉!"《元曲选外编·西厢记》三本四折:"下了药了,我回夫人话去,～再来相望。"清《红楼梦》二八回:"～宝玉出席解手,蒋玉菡便随了出来。"

【少欠】 shǎo qiàn ❶亏欠;欠。《唐会要》卷八九:"其内外公私给用钱,从今以后,宜每贯一例除垫八十,以九百二十文成贯,不得更有加除及陌内～。"元方伯成《端正好·忆别》:"～下风流难,捱不彻忧愁限。"清《醒世姻缘传》五七回:"晁夫人合该～他的恩债,足足的养了十二年。" ❷缺少;缺乏。五代郭威《处分供申考簿违限敕》:"如书校时～月日,即与次年付帐申校,不得漏落考第姓名。"宋《朱子语类》卷六四:"如一斛米,初间量有十斗,再量过也有十斗,更无些子～。"清弘历《命张宗苍仿吴镇笔意图成诗以题之》:"神韵无～,溪壑不大似。" ❸歉收。清胤禛《朱批谕旨》卷一二六:"今岁些微～,方与《周易》损益盈虚之道不相违悖,来年又可希冀盈宁也。"

【少少】 shǎo shǎo ❶渐渐。唐王梵志《傍看数个大憨痴》:"人人[百]岁乃有一,纵令长命七十稀。……中途～辽乱死,亦有初生婴孩儿。"清《平定朔漠方略》卷三七:"其人当～陆续遣发至尔军前。" ❷稍稍。宋司马光《请更张新法札子》:"苟知其毒,斯勿饮而已矣,岂可云姑～减之。"真德秀《刘文简公神道碑》:"盖沿边之民,习不畏兵,～结约,皆足自固。"清《聊斋志异·贾儿》:"儿微启下裳,～露其假尾。" ❸小小。宋薛季宣《湖州与枢使王观文公明书》:"天之辅德,自应勿药有喜,～末疾,想今遂脱然也。"

【少甚】 shǎo shén 即"少甚么"。宋王奕《法曲献仙音》:"高牙大纛船如屋,又～笙歌,翠云箫鼓。"元刘时中《端正好·上高监司》:"历重难博得个根基固,～命不快遭逢贼寇,霎时间送了身躯。"清《八洞天》卷三:"天下～面庞厮像的,多应是夫人哄我。"

【少甚么】 shǎo shén me 哪里少。即不少,尽多着。《元曲选·鲁斋郎》二折:"他～温香软玉,舞女歌姬!"高明《琵琶记》一四出:"满皇都～公侯子,何须去嫁状元!"清《八洞天》卷六:"～痴钗笨粉,得和文士为俦。"

【少甚末】 shǎo shén me 同"少甚么"。元关汉卿《调风月》三折:"向这洛阳城,～能言快语官媒证!"

【少是末】 shǎo shì me 即"少甚末"。元张国宾《汗衫记》一折:"读书万卷多才俊,～一世不如人。"

【少熟】 shǎo shú 歉收。宋叶適《林夫人陈氏墓志铭》:"田不盈一顷,多莱～。"明孙蕡《平原田家行》:"平田旱多麦～,杏尽梨枯惟食粟。"清《醉醒石》五回:"还又地方连年～,官府不时追比,民不聊生。"

【少说】 shǎo shuō ❶不要说。表示劝阻。宋郭祥正《次曲江先寄太守刘宜翁》之五:"逢人～瑶台事,得道宁要俗子知。"《元曲选·范张鸡黍》一折:"哥,你也～～。"清《东周列国志》三七回:"惠后心上,亦自觉着,反吩咐宫人:'闲话～。'" ❷往少里说,表示保守的估计。明《金瓶梅词话》三一回:"到明日上任,参官贽见之礼,连摆酒并治衣类鞍马,～也得七八十两银子。"清《红楼梦》六回:"如今出挑的美人一样的模样儿,～些有一万个心眼子。"《绿野仙踪》一九回:"以你这年纪算起,～还有三十年风流。"

【少停】 shǎo tíng 过一会。宋《三朝北盟会编》卷二〇:"人皆有喜色,～乐作,酒三行,上马,复同送伴使副过我幕次。"明《警世通言》卷二五:"～,童子报午饭已备。"清《玉蜻蜓·问卜》:"此刻松年是,心内好似滚油浇,～见了雌老虎,定然性命总难逃。"

【少歇】 shǎo xiē ❶稍停。唐张乔《归旧山》:"异藤遍树无空处,幽草缘溪～时。"宋卢祖皋《鹧鸪天》:"池塘～鸣蛙雨,帘幕轻回舞燕风。"清《后西游记》二一回:"小星按度行天,不敢～。不知小圣有何事见教?" ❷稍微歇息。《云笈七籤》卷一一七:"二僧～,看天尊所伤之处,并已如旧。"元李治《敬斋古今黈》逸文二:"倦则～,或令人擦之亦得,终不若自擦为佳。"清方成培《雷峰塔》一三出:"娘子辛苦了,进去～罢。" ❸过一会儿;一会儿。宋吴自牧《梦粱录》卷三:"前筵毕,驾兴,～,宰臣以下退出殿门幕次伺候。"元明《水浒传》一四回:"且去客房里将息～,待我从长商议。"明《二刻拍案惊奇》卷八:"李三进门内去了。～,出来。"

【少叙】 shǎo xù ❶客套话,用于请人叙谈或饮宴。元明《水浒传》三六回:"略请到山寨～片时,便送登程。"明《醒世恒言》卷三〇:"难得恩相至此,请到敝衙～。"清洪昇《长生殿》四〇出:"待与娘娘焚了纸钱,素斋～。" ❷少说;不要说。明《西洋记》一回:"～闲谭,师父何在?"清《红楼梦》一三回:"闲言～,却说宝玉因近日林黛玉回去,剩得自己孤恓。"《玉蜻蜓·露像》:"闲文～,再讲二人。"

【少要】 shǎo yào 不要;别。《元曲选·黄粱梦》楔子:"你须恤军爱民,不义之财,～贪图。"明《西游记》三六回:"师父不必挂念,～心焦,且自放心前进。"清《醒世姻缘传》六回:"我的强娘娘,知不到什么,～梆梆!"

【少罪】 shǎo zuì 不要怪罪;对不起。有求于人或未能满足别人要求时说的客气话。《元曲选·金钱记》一折:"蝴蝶儿～我把你厮央咱。"又《竹坞听琴》二折:"俺出家人从来不会调发。相公～咱。"元明《水浒传》一八回:"贱眼不识观察,～!"

shào

【少艾】 shào ài 本指年轻貌美的女子，用为形容词，指年轻貌美(用于女性)。宋李觏《周礼致太平论·内治第四》："安得聚～之色，幽于深宫之中，而无进御之路。"明《古今小说》卷二："如今田氏～，何不就招鲁公子为婿?"清纪昀《阅微草堂笔记》卷一五："某邻妇～，挑之，为所詈。"

【少府】 shào fǔ 唐宋县尉的别称。唐张鷟《游仙窟》："～跋涉山川，深疲道路。"宋洪迈《容斋随笔》卷一："唐人呼县令为明府，丞为赞府，尉为～。"明朱国祯《涌幢小品》卷八："宋人称县尉为～，甚无谓。"

【少君】 shào jūn ❶尊称他人的弟弟。宋刘克庄《送徐夏叔》："昔与长君亲，今方识～。"又《韶州翁源县令从政王君墓志铭》："吾尝游君兄弟之间，长君彬彬，～谦谦。"明王世贞《与宗子培书》："向时每念足下仅一子，无为贤伯氏后者。今闻～乃有四男子，当不忧若敖馁。" ❷尊称他人之妻。元牟巘《张刚父助婚疏》："柴车而迓～，或云太简。"明祝允明《挽陕妇人》："岂谓中途失～，断琴残瑟乱纷纷。"清《荡寇志》一二〇回："这张将军那年做兖州总管时，其～有病，曾请家叔溶夫去诊视。" ❸对别人儿子的尊称。明王世贞《与汪司马书》："先此附闻，～异禀，故亡俟贽郎。"清《野叟曝言》一四一回："那条青龙，是见人不避的，两位小～见他朝着太太们点首，扶住他的龙角，跨将上去。"《红楼梦》一一四回："弟那年在江西粮道任时，将小女许配与统制～，结褵已经三载。"

【少奶奶】 shào nǎi nai 对富贵人家的儿媳或年轻主妇的称呼。清《野叟曝言》六〇回："老爷及～吩咐下的，小的们伏侍有不到处，只求太夫人宽恕，就感激不尽了!"《红楼梦》四三回："～们十二两，我们自然也该矮一等了。"《蜃楼志》九回："只不见了少爷～，翻床倒架，那里寻得出来。"

【少嫩】 shào nèn ❶皮肤嫩；年轻。唐孙思邈《备急千金要方》卷二一："不过三遍，所有恶物，一切皆除，数倍～。"宋《建炎以来繫年要录》卷一九〇："四川诸州禁军，除阙额外，见管三万餘人，其间尽有强壮及格、～向长者，但训练弛废，事势苟简，不成部伍。"清《绿野仙踪》一四回："你的容貌不但一点不老，且～了许多。" ❷幼稚；不成熟。《石渠宝笈》卷八引明王鏊题识："百年遗墨尚精神，鉴赏还归杜老真。今日长垣传法眼，固知～亦如人。"清《聊斋俚曲·磨难曲》："你这第六篇，只要软和便密圈，～些也不甚足为患。"胤禛《朱批谕旨》卷一七四："臣离滇已有两年，该员自必更加熟练，然较之秦休，识力似觉～。"

【少日】 shào rì 年轻的时候。唐白居易《无可奈何歌》："无可奈何兮，白日走而朱颜颓，～往兮老日催。"宋柳永《戚氏》："帝里风光好，当年～，暮宴朝欢。"清赵翼《廿二史札记》卷三六："盖明祖自述其～流离艰苦之况，甚至裸葬父母，髡发沙门。"

【少爷】 shào ye 对富贵人家青少年男子的称呼。清孔尚任《桃花扇》三四出："你看狼烟四起，势头不善；～左梦庚前去迎敌，俺且随营打探。"《红楼梦》四六回："大约他恋着～们，多半是看上了宝玉，只怕也有贾琏。"《歧路灯》一五回："～出城时，已预备就了。"

【绍】 shào 承担。明《禅真后史》四二回："我有一计，可救舍亲。但所费之物，兄肯～否?"又："凡使费之物，不拘多寡，自有一囊主～还，愁他作甚?"李诩《戒庵老人漫笔》卷五："认谓之～。"

【捎】 shào 另见 qiào、shāo。同"哨❶"。唐杜甫《绝句》之四："急雨～溪足，斜晖转树腰。"宋吴文英《瑞鹤仙》："正漏云筛雨，斜～窗隙。"明何景明《中秋无月》："暗雨～檐入，秋萤度槛流。"

【哨】 shào ❶潲。雨点被风吹得斜洒。宋陈著《水龙吟》："把些夏潦，和些秋～，轻轻缀住。"元邓玉宾《一枝花》："更把这谈玄口缄，甚么细雨斜风～得着俺。"清洪昇《长生殿》四五出："冷风掠雨战长宵，听点点都向那梧桐～也。" ❷高声叫；鸣叫。《元曲选外编·西厢记》一本四折："行者又嚎，沙弥又～。"元明《水浒传》四一回："大～一声。"清《白雪遗音·玉美人》之三："你看那，满园花儿开的俏，还有那，对对鸟儿在树上～。" ❸打哨；挥鞭鸣响。元张可久《庆东原·次马致远先辈韵》："苍头～，骢马骄，放辔头也只到长安道。"《元曲选外编·黄鹤楼》二折："小厮儿他手拿着鞭杆子他嘶嘶飕飕的～。"清《平定两金川方略》卷九三："阅看山势逼仄，但闻贼番～声四集，并无出路可寻。" ❹哨子。《宋史·外国传一》："乃悬～家鸽百餘，自合中起，盘飞军上。" ❺发出鸣叫声调驯禽兽。清《醒世姻缘传》二一回："这实吃了晁无晏那贼天杀的亏，今日鼓弄，明日挑唆，把俺那老斫头的挑唆转了，叫他象～狗的一般望着狂咬!"引申指唆使、调教。清《醒世姻缘传》二一回："您一日两三次家来寻说，凡事有你上前，惹出事来您担着。……倒是人～着你那老斫头的来?" ❻聒噪；讥讽。元佚名《夜行船》："女伴咭，闲家～，柳青行冷句儿搬调。"清《醒世姻缘传》五八回："你行动就是～我，我也不合你做这个。" ❼哄弄；逗弄。清《醒世姻缘传》一三回："晁源听了他几句～话，便认要一毛不拔的；到了这个其间，那差人才慢慢的一句一句针将出来，晁源每人又送了二十两银子，方才三句苦两句甜替他们开放了杻。"又一四回："吃了他儿杯酒，叫他一顿没下颔的话，～的把个拿手放了。" ❽巡逻；巡逻中遭遇；侦察。宋彭大雅《黑鞑事略》："虽偏师亦必先发精骑，四散而出，登高眺远，深～一二百里间。"《元曲选外编·千里独行》楔子："今日差某巡边境去来，谁想～着曹丞相大势军兵。"清《开国方略》卷二八："行军之际，务～前殿后。" ❾进犯；冲锋。宋李曾伯《淮阃奉诏言边事奏》："罗哈诸酋睥睨于我者，已非一朝，于此春秋更～，盖将以岁月敝我。"元明《水浒传》七六回："直～到童贯军前，相离不远，只隔百十步，勒马便回。"清《女仙外史》七八回："昨见乌云勃大胜，他就点了一千狼手，直～前来。" ❿指战阵的两翼或军队的一支、一队。《宋史·宋琪传》："左右～各十指挥，是二十将。"明姚士粦《见只编》卷下："至二十一日，以永顺彭翼南之兵分为三～，以攻其西北。"清《呼家将》一二回："又经两月，到此高山，不道反遇了一～人马，挡在山坡。" ⓫巡逻的兵；侦察兵。宋李流谦《宋运使墓志铭》："后易其人，竟失边和，群～攻掠不可制。"清洪昇《长生殿》二〇出："小～还打听的禄山近有献马一事，更利害哩!" ⓬岗哨。明《徐霞客游记》卷九下："南行一里为闷江门～，有守～者在路旁。"清《开国方略》卷一八："自堤岸以东，句骊河以西，原置十四～。" ⓭瞭望；望。元明《水浒传》九一回："却说润州北固山上，～见对港三百来只战船，一齐出浦。"《三国演义》八九回："蛮兵～见，皆不敢进。"明汤显祖《牡丹亭》二三出："则这水玻璃堆起望乡台，可～见纸铜钱夜市扬州界?" ⓮吹；喷。明《西游记》一〇回："阴风飒飒，是神兵口内～来烟。" ⓯涂抹。元张养浩《红绣鞋·赠美妓》："手掌儿血喷粉～，指甲儿玉碾琼雕。"

【哨棒】 shào bàng 用来防身的棍棒。元明《水浒传》二三回："武松拿了～，三个出酒店前来作别。"清《飞龙全传》二五回："～朴刀相奋武，挠钩套索尽飞抡。"

【哨兵】 shào bīng 巡逻、稽查的士兵。元吴澄《觉溪游君墓碣铭》:“父子族属七人,为～所获。”明何孟春《处置地方疏》:“共设十一哨,每哨设立～五十名。”清《平定两金川方略》卷六〇:“仍饬令～加意防范,不得稍有疏懈。”

【哨船】 shào chuán 巡逻警戒的兵船。宋佚名《昭忠录》:“二十日,江西帅李恒发广州,牵～会师。”清《女仙外史》一八回:“忽见有～数十,扬旗呐喊,乘着顺风,逆流冲上。”

【哨笛】 shào dí 用竹、叶等制成的能吹响的东西。宋李纲《杂兴》之三:“牧童寒～,渔艇静鸣榔。”宋元《古今小说》卷三三:“见一个牧童骑着蹇驴,在那里吹这～儿。”

【哨棍】 shào gùn 即“哨棒”。明佚名《白兔记》一二出:“丈夫衣服～都撇在此。”

【哨哄】 shào hǒng 哄骗;哄弄。清《醒世姻缘传》四二回:“有那等愚人信他～,一些听他不出。”

【哨尖】 shào jiān 作为尖兵派出的侦察人员。明汤显祖《邯郸记》一五出:“俺是打番儿汉,～头有俺的正身迭办。”又《牡丹亭》一九出:“如雷喧哄,紧辕门画鼓冬冬,～儿飞过海云东。”清杨潮观《夜祭泸江》:“～儿快招,橹梢儿慢摇,凯歌齐都应着羽扇中军号。”

【哨军】 shào jūn 犹“哨兵”。元鲁贞《次刘用晦约游少华韵》:“也知乘兴寻仙侣,绝胜偷生避～。”元明《水浒传》九一回:“又有两路～报道,辉县、武涉两处围城兵马,闻陵川失守,都解围去了。”清《开国方略》卷二三:“今除前锋～外,概不许捉生,犯者罪之。”

【哨路】 shào lù 在路上巡逻侦察。元明《水浒传》七六回:“尘土起处,早有敌军～,来的渐近。”明王守仁《征剿横水桶冈分委统哨牌》:“会同把隘推官徐文英将点集守把乡夫,于内选取堪为乡导者一百名,分引～。”清《女仙外史》五〇回:“不几日,～兵卒飞报:‘燕军将次到了。’”

【哨马】 shào mǎ 巡逻侦察的骑兵。宋彭大雅《黑鞑事略》:“某城可攻、某地可战、某处可营、某方敌兵、某所粮草,皆责辨～回报。”明冯惟敏《醉花阴・听钟有感》:“这壁厢提铃喝号的磅油花,那壁厢札铺巡风乔坐衙,摆列着把路拦街尖哨儿马。”清《飞龙全传》五三回:“忽～报道:‘北兵长驱而来,其势甚大。’”

【哨喷】 shào pēn 喷;骤吐。明《西游记》四六回:“咬破舌尖上,一口血～将去。”

【哨山】 shào shān 巡山。明《西游记》三五回:“因闻得～的妖兵报道,他姐姐被孙行者打死。”

【哨厮】 shào sī ❶ 指市井闲汉。《元曲选・百花亭》一折:“只怕有那杀风景的～每排揑呵!” ❷ 指走街小贩。明佚名《一枝花・绵花诉苦》:“三思,～,东兴西贩通行市。”

【哨探】 shào tàn ❶ 侦察;探听。宋杨时《神宗日录辨》:“陕西诸帅,～得西人欲作过,即勾下番兵马。”明李梅实《精忠旗》一五出:“可一面差人修理,一面谨守营垒,用心～,以便进兵。”清《红楼梦》二四回:“二爷说什么,我替你～～去。” ❷ 从事侦察的人。明李遂《议拨种马应用疏》:“申严防禁,慎遣～。”清吴广成《西夏书事》卷一五:“元昊行兵每以厚赏用间谍～,至数百里外必得其实。”

【哨腿】 shào tuǐ 长腿,也泛指腿脚麻利。金元好问《王先生予可》:“为人躯干雄伟,貌亦奇古,……衣长不能掩胫,故时人有～王之目。”《元曲选外编・千里独行》四折:“丞相差某领五百～关西汉,直至古城,与云长交战斗刀,走一遭去。”

【哨子】 shào zi ❶ 口哨。元佚名《错立身》一二出:“打一声～响半日。”清《隋唐演义》二三回:“倘有风声,我口里打一个～,你就招呼吊桥和城门口那些人,拦住两头街道。” ❷ 用竹片、金属片等制成的能吹响的器物。明杨慎《丹铅摘录》卷七:“《宋史》刘琦顺昌之战,折竹为嘂,如市井儿以为戏者,人持一为号。……今俗云打～是也。”清佚名《鱼篮记》二四出:“你听,远远～响哩。”俞正燮《癸巳类稿》卷二:“簧,即～。喇叭、唢呐、口琴皆有之。其单用者,则称～,亦名叫子。” ❸ 军队中做侦察工作的人。明《英烈传》四六回:“～探知来报,徐达思量,太湖是东吴要地,正宜固守。”孟称舜《娇红记》一一出:“近闻西番国酋,将欲窃伺边疆。已遣～探听去了,这早晚还未见回。” ❹ 骗子。《元曲选・合同文字》三折:“甚么刘安住!这里～每极多,见咱有些家私,假做刘安住来认俺。”又《黑旋风》一折:“那泰安神州谎子极多,～极广,特来问哥哥这里告一个护臂来。”明《拍案惊奇》卷三三:“这里～每极多,大分是见我每有些家私,假装做刘安住来冒认的。”

【梢】 shào 另见 shāo。❶ 同“哨❶”。宋杨冠卿《适安旅次》:“风～窗纸急,月转药栏阴。”元张国宾《汗衫记》三折:“风～得个手倦抬,冻饿死怎挣揣。”佚名《齐天乐过红衫儿・题情》:“画檐间铁马儿轻敲,风～,一弄儿凄凉,都来的吵闹。” ❷ 眼睛溜过;扫视。明汤式《湘妃引・闻赠》:“据风流更有三绝:肉沾着书生麻木,手汤着郎君趔趄,眼～着子弟乜斜。” ❸ 溜过;晃过。《元曲选・范张鸡黍》一折:“你说你说。不要～了,可瞒不过我。”

shē

【奢华】 shē huá 艳丽。唐韩愈《李花》之二:“当春天地争～,洛阳园苑尤纷拿。”金佚名《董解元西厢记》卷一:“观此异景～,果是人间天上。”清《红楼梦》五〇回:“疏是枝条艳是花,春妆儿女竞～。”

【奢饰】 shē shì 过分的装饰。宋《三朝北盟会编》卷四:“我家自上祖相传,止有如此风俗,不会～。只得这个屋子冬暖夏凉,更不别修宫殿,劳费百姓也。”

【奢望】 shē wàng 过高的希望。明沈德符《万历野获编》卷一六:“然荒谬潦倒,仅完闱事,初无～,迨榜出,则已高标名字。”清《珍珠舶》一六回:“小弟也不敢～,只把一百两与我,便即放过。”弘历《题致远斋》之二:“岂敢复～,惟愿无兵事。”

【奢遮】 shē zhē ❶ 气派;神气;有面子。宋赵孟坚《感皇恩・次任为慈闱寿是年慈闱六十二岁》:“从今数去,尚有五十八生朝里。待儿官大,做～会。”清《人中画・自作孽》一回:“雇了头口,到北京会试,一路上好不～。”《醒梦骈言》五回:“明朝秀才极～的,有什么人情,可以见州县官说得。” ❷ 优秀;出色;能干。明《山歌・奢遮》:“结识个姐儿忒～,听渠咦讨荷包咦讨鞋。”清《野叟曝言》五二回:“个个都有膂力,本事～。”《荡寇志》七六回:“东京还有一位超伦绝类的～好男子,贤侄该识得他。” ❸ 有价值;有用。明《二刻拍案惊奇》卷二八:“若是别件动用物事,又说道借用就还的,随你～宝贝,也用不得许多贯钱,必是痴心想到我身上来讨便宜的说话了。”清朱素臣《翡翠园》八出:“虽然犯点条款,其实比子走洋更觉～。”

【奢嗻】 shē zhē 同“奢遮❷”。明《醒世恒言》卷一七:“过善只因是个爱女,要觅个～女婿为配,所以高不成,低不就。”

【赊】 shē ❶ 空阔;开阔。唐杜甫《水槛遣心》:“去郭轩楹敞,无村眺望～。”明陈全之《蓬窗日录》卷七:“一上高楼眼界～,乾坤清碧浩无涯。”清允祥《题画》之四:“碧海三山入望～,金银宫阙映丹霞。” ❷ 多；甚。唐郎士元《闻吹杨叶者》：“妙吹杨叶动悲笳，胡马迎风起恨～。”宋梅尧臣《依韵和希深雨后见过小池》：“碧池新雨后，清兴一何～。”清胤禛《雨前茶》：“伊予品泉逸兴～，啜罢还忆贫民家。” ❸ 稀少；渺茫。唐张说《岳州作》：“土物南州异，关河北信～。”明柯丹邱《荆钗记》四一出：“今日幸得佳婿来迎也，又愁着逆旅淹留人事～。”清《赛花铃》七回：“云连塞北烽常炽，雁到江南信屡～。” ❹ 疏远；疏略。五代贯休《野居偶作》：“无心于道道自得，有意向人人转～。”宋叶適《修路疏》：“尚～甃砌之功，难免颠隮之患。” ❺ 衰减；消失。唐薛能《西县途中》：“逗石流何险，通关运固～。葛侯真竭泽，刘主合亡家。”处默《忆庐山旧居》：“明月清风旧相约，十年归恨可能～。” ❻ 差失；违背。唐韦应物《西郊期涤武不至书示》：“非关春不待，当由期自～。”宋辛弃疾《南乡子》：“别泪没些些。海誓山盟总是～。” ❼ 语气词。唐李商隐《昨日》：“昨日紫姑神去也，今朝青鸟使来～。”元佚名《满庭芳》：“不见钱便无亲热，把冷鼻凹偢者，谁敢问俺娘～！”

【赊钱】 shē qián ❶ 欠钱。《续资治通鉴长编》卷二九六：“市易旧法，听人～，以田宅或金银为抵当。” ❷ 欠负的钱；所欠的账。元明《水浒传》三九回：“便是卖鱼时，也只在城外江边，只除非讨～入城来。”明《古今小说》卷一：“从此以后，把那一半～为由，只做问兴哥的消息，不时行走。”清《八洞天》卷五：“是日，乐善因替冯允恭出来讨～，偶在这庙前经过，故进来祷告一番。”

【赊欠】 shē qiàn 买卖货物时买方延期交款，或卖方延期收款。宋苏轼《论积欠六事状》：“契勘本路市易欠钱，除依条赊借，并元系经官司违法～。”明王守仁《再请疏通盐法疏》：“年终差人解部，辏支光禄寺～铺行厨料果品支用。”清《红楼梦》二四回：“再休提～一事。前儿也是我们铺子里一个伙计，替他们亲戚赊了几两银子的货，至今总未还上。”

【赊帐】 shē zhàng 赊欠的货款。明《古今小说》卷三：“况在城神堂巷里有几家机户～要讨，入城便回。”《金瓶梅词话》一〇〇回：“等我卖尽货物，讨了～，你两口跟我往湖州家去罢。”清《儒林外史》二一回：“每日叫我拿这经折去讨些～。”

【畬】 shē 焚烧田地里的草木做肥料的耕作方法。唐杜甫《秋日夔州咏怀》：“煮井为盐速，烧～度地偏。”宋范成大《劳畬耕诗序》：“～田，峡中刀耕火种之地也。春初斫山，众木尽蹶，至当种时，伺有雨候，则前一夕火之，藉其灰以粪。”清弘历《两广总督庆复奏报》：“粤西火～地，尤厘时雨旸。”也指这样耕种的田。唐刘长卿《赠元容州》：“海徼长无戍，湘山独种～。”

shé

【舌辨】 shé biàn ❶ 口才敏捷。宋太学诸生《南乡子》：“洪迈被拘留，稽首垂哀告彼酋，……万里归来夸～，村牛！”宋元《警世通言》卷一九：“蒯文通能～，说不尽许多精神。”元黄雪蓑《青楼集·时小童》：“女童亦有～，嫁末泥度丰年，不能尽母之伎云。” ❷ 辩论。宋郑侠《祭叶成甫文》：“司命者如可见，可以与之～，尚当为成甫直此。”

【舌辩】 shé biàn ❶ 同“舌辨❶”。辽赵衡《张正嵩墓志铭》：“～如川，仪温似玉。”《元曲选·谇范叔》三折：“德行似颜渊，～似苏秦。”清《飞龙全传》五七回：“世宗知锺、李二人乃～之士，必有说词，令将甲兵陈列，两旁侍立猛将，然后召二臣入见。” ❷ 说书人的别称。宋吴自牧《梦粱录》卷二〇：“说话者谓之～，虽有四家数，各有门庭。”

【舌餐】 shé cān 吃喝。明《西游记》八七回：“少顷斋至，那八戒放量～，如同饿虎。”

【舌耕】 shé gēng ❶ 指说书。宋罗烨《醉翁谈录·小说引子》：“由是有说者纵横四海，驰骋百家，以上古隐奥之文章，为今日分明之议论。或名演史，或谓合生，或称～，或作挑闪。” ❷ 谓读书或读书著文。宋葛胜仲《答海门知县启》：“～滋久，瞻奥学于胸中。”王庭珪《和介甫少狂喜文章》：“年大意转拙，肠饥犹～。”清龚炜《巢林笔谈》卷四：“国有四民，农、工、贾皆自食其力，士则取给于三者，得食较逸。然～笔畦，裋褐不完，往往视三者为更苦。”

【舌头】 shé tou ❶ 话头；理由。金《董解元西厢记》卷三：“把山海似深恩掉在脑后，转关儿便是～，许了的话儿都不应口。” ❷ 说的话（多指搬弄是非的话）。元尚仲贤《气英布》一折：“这汉是文字官，不曾问一句，敢说一堆老婆～！”《元曲选·连环计》三折：“恰才见他说话是好好的，～一些也不刁。”清《醒世姻缘传》三〇回：“或因偏护孩子，或因讲说～，打街骂巷，恶舍闹邻。” ❸ 指某种语言。明《西洋记》四六回：“原来三宝老爷是个回回出身，晓得八十三种蛮纥纮的声口，即时间调转个番～，说出几句番话。”又七八回：“王明调转个～，妆成番子的话语，问说道：‘哂这干做甚么了？’” ❹ 指无中生有，搬弄是非。明《金瓶梅》二九回：“这个也不是～，李大姐在这里听着。”又五一回：“有桩事儿，我也不是～，敢来告你说学说。”

【舌子】 shé zi 舌；舌头。唐张鷟《游仙窟》：“口子郁郁，鼻似熏穿，～芬芳，颊疑钻破。”宋郭忠恕《佩觿》卷上：“是故～上卷，改载为哉。”金张从正《儒门事亲》卷三：“热结于舌下，复生一小～，名曰子舌。”

【折】 shé 另见 zhē、zhé。亏损。宋王明清《挥麈前录》卷四：“久之，本钱既不复偿，且有～帛之害。”《元曲选·任风子》一折：“哥哥不知，去年借的本钱都～了。”清《绿野仙踪》五〇回：“目今郑三家两口子～了资本，气的要死，日日念诵你的好处不绝。”

【折本】 shé běn 赔钱；亏本。唐王梵志《兴生向前走》：“兴生向前走，唯求多出利。～即心狂，惶惶烦恼起。”《元曲选·青衫泪》一折：“稍似间有些钱，抵死里无多债，权做这场～买卖。”清《歧路灯》二三回：“二来夏爷说是现银，所以～卖了。”

【折便宜】 shé pián yì 失掉优势或利益；吃亏。元明《水浒传》一一二回：“斗到间深里，赵毅、范畴渐～。”明《古今小说》卷四〇：“好歹去走一趟，不折了什么便宜。”清《东周列国志》三四回：“连攻三日，干～，不能取胜。”

shě

【舍】 shě 另见 shè。不顾惜；拼。《元曲选·罗李郎》三折：“我～着金钟撞破盆，好鞋踏臭屎，但得个轴头儿也有抹着时。”明《西游记》八六回：“我～着命，与那妖精战了一会，得命回来。”清《白雪遗音·冤家进门》：“小冤家，两眼不住睄着俺，我合你，～着性命完心愿。”

【舍不的】 shě bù de 同“舍不得❷”。《元曲选·汉宫秋》二折：“前者大王遣使求公主时，那昭君情愿请行；汉主～，不肯放来。”明《金瓶梅词话》六一回：“我的心肝，我心里～你。”清《歧路灯》一三回：“这乜守礼就该打发这二娃走了才是，～，还留在家中。”

【舍不得】 shě bù de ❶ 无法去掉；去不掉。宋宋祁《上安道张尚书书》："未敢前者，正惧宠辱喜惧痞懑结轖于胸中，袪濯未尽，时时为冰炭，窃～，尽如阁下所教而为负耳。" ❷ 很爱惜，不忍放弃或离开，不愿意使用或处置。元关汉卿《沉醉东风》："刚道得声保重将息，痛煞煞教人～。"清《红楼梦》四一回："我又爱吃，又～吃。"

【舍的】 shě de 同"舍得"。《元曲选·忍字记》一折："师父可怜见，我怎生便～这家业田产、娇妻幼子？"明《西洋记》一一回："看起来已前的人都～死，如今的人倒都舍不得死。"清《红楼梦》二三回："茗烟又嘱咐他不可拿进园去，……宝玉那里～不拿进去。"

【舍得】 shě de 愿意割舍；不吝惜。《元曲选·蝴蝶梦》三折："母亲，我怎～兄弟也！"明杨铭《正统临戎录》："哈铭，你怎么～撇了我去？"清《红楼梦》四七回："你可～家，城外住一夜去？"

【舍丢】 shě diū 舍弃。明莫是龙《啄木儿·闺怨》："从别后，泪暗流，心上人儿怎～。"

【舍放】 shě fàng ❶ 宽宥。《敦煌变文校注》卷四《破魔变》："～前愆，许容忏谢。"《册府元龟》卷五四四："况经两度事彰，天恩普皆～。" ❷ 放箭；发射。唐孔颖达疏《诗经·驷驖》"舍拔则获"："公乃亲自射之，～矢括则获得其兽，言公之善射。" 又疏《诗经·车攻》"舍矢如破"："故令射者～其矢，则如椎破物，能中而驶也。" ❸ 放掉。明《拍案惊奇》卷七："在上林游猎，臣曾侍从，生获此鹿，后来不忍杀，～了。"

【舍经】 shě jīng 将佛经送往寺院(供养)；出钱印制佛经。宋何薳《春渚纪闻》卷三："吾之～得供养矣，而吾牛何虑也。"曾慥《类说》卷二〇："朕造寺、～、度僧，不可胜纪，有何功德？"明《金瓶梅词话》五八回："他若不是你儿女，你～造像，随你怎的也留不住他。"

【舍脸】 shě liǎn 丢脸。明《梼杌闲评》七回："'不如跟我到馆内代他走走堂，每日好酒好食，还可寻钱贴用。'进忠道：'没得～。'"

【舍拚】 shě pàn ❶ 舍弃；抛开。宋周邦彦《风来朝·佳人》："说梦双蛾微敛，锦衾温，酒香未断。待起难～，任日炙，画栏暖。"金《董解元西厢记》卷七："有情夫婿，不得团圆。好迷留没乱，教人怎～？"元高明《琵琶记》五出："骨肉一朝成拆散，可怜难～。" ❷ 豁出去。《元曲选外编·遇上皇》一折："～了今番做了一场！"

【舍贫】 shě pín 施舍钱物给贫穷的人。《敦煌变文校注》卷五《维摩诘经讲经文(四)》："须菩提求富～，解空之声名虚忝。"元《三遂平妖传》三回："东京城有多少财主做好事，济贫拨苦，见老人雪下、院子里有许多没饭吃的，夜间撒来人家屋里来～。"《御定曲谱》卷一二引《王焕传奇》："～布施行方便。"

【舍身】 shě shēn 舍弃生命；不顾生命安危。宋《朱子语类》卷三二："不探虎穴，安得虎子。须是～入里面去，如搏寇雠，方得之。"元明《水浒传》六八回："我在江州，～拼命跟将你来。"清李玉《清忠谱》一二折："实荷厚恩，旷古所无，何难～图报。"

【舍手】 shě shǒu ❶ 放手。《太平广记》卷三三五引《广异记》："持银杯不～，每至公衙，即放案上。"欧阳修《谢石秀才启》："猎缨拜赐，刮目披文，纸弊墨渝，不能～。"魏衍《后山集记跋》："及见豫章黄公庭坚诗，爱不～。" ❷ 比喻解除顾虑。明王肯堂《证治准绳》卷一〇六："近于史侯处得数方，用之者无不效，官给药钱，君当～治之。" ❸ 出手；动手。明《西洋记》五七回："咱们愚见，不如～抬起他来，抬到御道上，等他酒醒之时，自家去了罢。"清《后水浒传》四一回："郭凡是～传名，岂贪利物！"

【舍死】 shě sǐ ❶ 舍弃死刑；不判死刑。宋张詠《益州重修公署记》："贼乱之餘，人多违禁，帝恩宽贷，～而徒。" ❷ 不顾生死。宋曹勋《后十事》："皆忠义慷慨之士，或在职在私，～应募，暴露万状，得达行在。"《元曲选·伍员吹箫》三折："今我母亲不在了，我如今为个好朋友～报仇，岂为不孝？"清弘历《题胜朝殉节诸臣录》："诸臣泉壤应相庆，～初心久乃偿。"

【舍眼】 shě yǎn 施舍目光。请求别人看顾的敬语。明《西游记》三七回："师父，你～看我一看。"

【舍助】 shě zhù 施舍捐助。元吴澄《故侯府君唐卿墓表》："以至二教之宫，举不吝于～。"明《金瓶梅词话》九回："亏左近一个财主，旧与大郎有一面之交，～一具棺木。"清《醒世姻缘传》六八回："俺曾会过狄大嫂，叫他～些甚么，生好儿好女的。"

shè

【设】 shè ❶ 宴请；排宴。唐段成式《酉阳杂俎》卷五："今将归，且荷公见待之厚，今为一～。"五代王仁裕《玉堂闲话》卷一："某日大～，合境庖丁宜集于球场，以候宰杀。"清钮琇《觚賸》卷二："陈村豆酒买十瓮，绿柚黄蕉随意～。" ❷ 指宴会。唐佚名《玉泉子》："一日，军中高会，州郡谓之春～者，大将家相率列棚以观之。"宋周必大《淳熙玉堂杂记》卷下："翰林学士初上，旧制敕～甚盛。"清陈廷敬《赐游西苑记》："上在西苑，召左都御史臣廷敬，……赐～于苑中。"

【设摆】 shè bǎi 陈列；布置。元李孝光《寄达兼善》："幸逢地主贤，～共遮止。"清《红楼梦》五回："少刻，有小丫鬟来调桌安椅，～酒馔。"《白雪遗音·闲来无事》："檐前～盆几个，个个盆内献珠莲。"

【设拜】 shè bài 行下拜礼。唐段成式《酉阳杂俎》续集卷三："候主人归，诈祈事，～，主人必答拜，因以练蒙其颈。"宋王禹偁《战城南》："大汉由来生丑虏，见日～尊中土。"清王士禛《池北偶谈》卷二四："初入宅，复见朱衣人悲叱咄唶，张～，遥谓之曰：'公子孙自不肖，不能守先业。'"

【设处】 shè chǔ ❶ 设置。明吴宽《花门》："不似陶翁园日涉，门虽～却开门。" ❷ 处置；安排；筹措。明李乐《见闻杂记》卷二："唯有未荒豫备，而临时又多方～，令就食穷民止在三四里之内，方是实惠实政。"清李玉《清忠谱》三折："也不要怪他，教他那里去～这几分斩钱。"《绿野仙踪》一九回："四川道路岂是两个妇人走的，还得我～一番。"

【设词】 shè cí ❶ 找理由；找借口。唐司马贞索隐《史记·张仪传》"因而数让之"："谓数～而让之。"宋苏轼《富郑公神道碑》："契丹之臣有贪而喜功者，以我为怯，且厌兵，遂教其主～以动我，欲得晋高祖所与关南十县。"清《平山冷燕》一二回："想只是兄虑小弟行李淡薄，不足弃之费，故～推脱耳。" ❷ 假设之辞；虚拟的言辞。唐司马贞索隐《史记·仲尼弟子传》"回年二十九，发尽白，蚤死"："《论语》曰：颜回死，颜路请子之车，孔子曰'鲤也死，有棺而无椁'，或为设事之辞。按，颜回死在伯鱼之前，故以《论语》为～。"宋朱熹《楚辞集注·渔父》："渔父，盖亦当时隐遁之士。或曰：亦原之～耳。"清周容《春酒堂诗话》："杜牧之咏《赤壁》诗云：……此牧之～也，死案活翻。" ❸ 措辞。宋张戒《岁寒堂诗话》卷上："子美诗～措意，与他人不可同年而语。"元胡祇遹《怀远公诗序》："本郡士大夫以见善不能扬，竟为人所先，乃赓唱迭和，铿玉锵金，锦绮绚烂，然皆称情～，无溢美牵强。”明许誉卿《剖质疏纠疏》：“见体仁罪状自明一疏，大都依傍前旨，而～甚苦。”

【设辞】 shè cí ❶ 同“设词❶”。宋苏轼《范景仁墓志铭》：“臣两至中书，大臣皆～以拒臣。”明陆粲《说听》卷上：“国初金箔张乃谓伏机所为，归仿其制亦然，殆～以抑之耳。”清《野叟曝言》九六回：“吃过早饭，把引五领去，～哄他道，……” ❷ 同“设词❷”。宋褚伯秀《南华真经义海纂微》卷九：“此亦～，言其形虽不足，而养身有餘也。”明蔡清《四书蒙引》卷九：“承上文王武王之一怒安天下而云也。故注以王若能如文武之为释之，是乃～也。”清《四库总目提要·史义拾遗》：“有作～者，如毛遂《上平原君书》，唐太宗责长孙无忌是也。” ❸ 同“设词❸”。唐范摅《云溪友议》卷下：“及见其妻素衣，再拜呜咽，情不可任，徘徊～，有同亲懿。”宋曾巩《南齐书目录序》：“或析理之不通，或～之不善，故虽殊功韪德非常之迹，将暗而不章。”

【设答】 shè dá 无；没有。元锺嗣成《一枝花·自序丑斋》：“折末颜如灌口，貌赛神仙，洞宾出世，宋玉重生，～了镘的，梦撒了寮丁，他采你也不见得。”

【设待】 shè dài 招待。明《西游记》九三回：“此衙门原～使客之处，理当款迓。”

【设东】 shè dōng 作东道招待；安排东道。明何良俊《四友斋丛说》卷一五：“公事毕，命县中携酒夜造康对山。对山以吾持宪不～，相与论文，因及时事。”清《红楼梦》三七回：“湘云灯下计议如何～、拟题。”

【设法】 shè fǎ ❶ 筹划；计议；想办法。唐孔颖达疏《书·禹贡》“禹敷土”：“禹必身行九州，规谋～。”明于谦《忠肃集》卷三：“从长～，或分兵剿杀，或并力剿捕，务在克期殄灭尽绝。”清《红楼梦》七九回：“虽百般～，无奈贾母王夫人执意不从，也只得罢了。” ❷ 措施；办法。明于谦《忠肃集》卷八：“观其堑山塞谷等项～，乃皆兵中之末务。”清《平山冷燕》九回：“再查出张寅的卷子来一看，却又甚是不通，心下没～，只得勉强填作第二名。”《荡寇志》一三五回：“正想～，想了一回，不得计较。” ❸ 筹措；申请。明《醒世恒言》卷三：“世间只有鸨儿的狠，做小娘的～些东西，都送到他手里，才是快活。”贺复徵《救荒末议》：“不于此时～银钱，于谷麦地方收买屯积，以备不虞，倏忽秋来，众口嗷嗷，毙可立待。”清《圣祖仁皇帝圣训》卷四五：“如有不实，即为巡抚、布政使急请～银两而言也。” ❹ 宋代酒肆利用妓女卖酒。宋王楙《野客丛书》卷一五：“今用女倡卖酒，名曰～。” ❺ 拐骗；引诱。明《拍案惊奇》卷二：“元来这个所在，是这汪锡一个囮子，专一～良家妇女到此。”

【设放】 shè fàng ❶ 摆放；安放。宋周密《武林旧事》卷七：“本殿提举率本宫官属进香，并～寿星及神仙意思书画等物。”明《金瓶梅词话》四二回：“那里楼上～围屏桌席，挂上灯。”清《皇朝文献通考》卷一七五：“每日午刻～日间盒子各一座。” ❷ 施放；设置。明《金瓶梅词话》六八回：“晚夕～焰口施食。”清《世宗宪皇帝谕行旗务奏议》卷七：“每翼～协领一员，令其管束。”《大清会典则例》卷一七九：“餘存大炮共一百九十八位，运至芦沟桥～。”

【设供】 shè gōng 招待供应。明《西游记》九八回：“只见那～的诸神铺排斋宴，并皆是仙品、仙肴、仙茶、仙果，珍馐百味，与凡世不同。”

【设或】 shè huò ❶ 或许；说不定。明马明衡《尚书疑义》卷四：“夫改元之事，～有之，非因断虞芮之讼。”谢肇淛《五杂组》卷一〇：“凡《诗》之言安得者，皆不可得，而～拟托之词也。”清《绿野仙踪》五七回：“你们是翰林衙门，～圣上考试起来，定须早早练习才是。” ❷ 连词。a）即使。宋王禹偁《李氏园亭记》：“非勋戚世家，居无隙地。～有之，则又牵于邸店之利，其能舍锥刀之末，资耳目之娱者，亦鲜矣。”元吴澄《书纂言》卷四下：“向之怨詈，～有之，亦不过一二人耳。”明《欢喜冤家》一六回：“～有大分上，也直待太爷回，有的当保人，方使得的。”b）万一。宋方寔孙《淙山读周易》卷二：“九二刚而得中，应于九五，可以无眚矣。……～不幸而陷于险中，无可告诉，义不克讼，将奈何哉？”元明《三国演义》二六回：“今宜留屯延津，分兵官渡，乃为上策。若轻举渡河，～有变，众皆不能还矣。”明《禅真逸史》三回：“这妙相寺住持不比寻常，～差池，有累尊德，此实不敢奉命。”

【设建】 shè jiàn 设立。宋汤垕《画鉴·宋画》：“当时～画学，诸生试艺，如取程文。”明《二刻拍案惊奇》卷二〇：“商小姐见说公公如此受苦，心中感动，商议要～一个醮坛，替廉访解释罪业。”清《皇舆西域图志》卷二七：“河滨～水磨三处，引水灌田。”

【设醮】 shè jiào 请僧、道设坛做法事。五代徐铉《庐山九天使者庙张灵官记》：“天祐初，江西连帅南平王锺公，遣道士沈太虚～于庙。”宋《西湖老人繁胜录》：“佛生日，府主在西湖上放生亭～，祝延圣寿。”清《荡寇志》一一四回：“我昨夜对天许下愿心，今日须得邀请道众，～禳解。”

【设局】 shè jú ❶ 摆棋局。宋晁补之《广象戏图序》：“余为儿时，无他弄，见～布棋。为此戏者，纵横出奇，愕然莫测，以为小道可喜也。” ❷ 安排圈套。宋牟子才《论聚散札子》：“～张穽，柔声宛舌，射影中伤，散之几也。”明《型世言》二八回：“你这秃厮，敢～诈人！”清《白雪遗音·武松杀嫂》：“王婆～作东风，裁衣私会西门庆，两下云雨乐更浓。”

【设具】 shè jù 陈列摆放。《元史·王鹗传》：“世祖义而许之，至则为河水所没，～牲酒，为位而哭。”明《西游记》二六回：“那大仙即命～香案，打扫后园，请菩萨先行。”清《红楼梦》一二〇回：“便命人～盘飧，邀雨村共食。”

【设客】 shè kè 宴请客人。唐张鷟《朝野佥载》卷一：“家巨富，奴婢千人。恒课口腹自供，未曾～。”宋苏轼《次韵毛滂法曹感雨诗》：“时时亦～，每醉笥辄殚。”清汤右曾《题李文正慈恩游诗序》：“罢相后～，至不能具鱼菜。”

【设立】 shè lì ❶ 塑立；营建。《唐会要》卷五〇：“又于像东～白石，为李林甫、陈希烈像。”明叶子奇《草木子》卷三下：“故中原平衍，～许多沟浍，许多阡陌，使车不得方其轨，骑不得骋其足也。”清《荡寇志》九〇回：“只有筑一带砖城，～壕沟，直抵魏河，方是上策。” ❷ 设置；建立。宋毕仲游《策问·史学》：“用司马迁之品法，～史学而求材，识忠实有文之士，以授其职。”明何瑭《民财空虚之弊议》：“至分行催督，许令～老人管理。”清《飞龙全传》三回：“那皇上～御勾栏，可许百姓观看么？” ❸ 制定；签订。明李东阳《燕对录》：“祖宗～盐法以济紧急。”严从简《殊域周咨录》卷一五：“宜先申明名分，～条约，出给钧帖，晓谕夷众，使之统领。”清《九云记》三回：“若夫日用平常，圣人随时而应，要之各当其理，何用～多少规矩。” ❹ 布置；安排。明《拍案惊奇》卷一八：“世上有这一伙烧丹炼汞之人，专一～圈套，神出鬼没，哄那贪夫痴客。”清《荡寇志》一〇一回：“只是高俅好生无谋，无故潜入城中，又不～犄角。”

【设列】 shè liè ❶ 摆设陈列。唐李吉甫《杭州径山寺大觉禅师碑铭》：“既而幡幢～，龙象围绕。”宋孟元老《东京梦华录》卷七：“池上水教罢，贵家以双缆黑漆平船，紫帷帐，～家乐游池。”清《红楼梦》五三回：“这一条街上，东一边合面～着宁国公的仪仗执事乐器，西一边合面～着荣国公的仪仗执事乐器。” ❷ 设置。明严从简《殊域周咨录》卷九：“我国家～土官，以夷治夷。”清《四川通志凡例》:"两次平蜀,～镇协,加增营汛。"《历代职官表》卷六五:"恩骑尉为圣朝特～,古所未著。"

【设弄】　shè nòng　安排;布置。清《东周列国志》六九回:"晏子知其故意～,欲以嘲己。"

【设骗】　shè piàn　设计蒙骗;行骗。明《西游记》四〇回:"怎知那无籍之人,～了去啊,本利无归。"《禅真逸史》一九回:"原是个专一～的拐子,坑害人家儿女。"清于成龙《驱逐流娼檄》:"下之衙役忘其性命者,如府门役齐佩兰,～各县银钱,包宿李六。"

【设如】　shè rú　❶ 譬如。唐白居易《与元九书》:"～'北风其凉',假风以刺威虐也;'雨雪霏霏',因雪以愍征役也。"宋梅尧臣《韵语答永叔内翰》:"～杨凝式,言且直节修;又若李廷中,清慎实罕侔。"清《四库总目提要·晋记》:"若删除《列女》,使因事附见于诸传。～陶婴之类,黄鹄不双,既与时事无关,又无族属可系者,将竟遗之乎?" ❷ 即使;就算。唐沈既济《选举杂议》:"～年多人怠,法久弊生,天网恢疏,容其奸谬,举亲举旧,有属有情,十分其人,五极其滥,犹有一半,尚全公道。"白居易《春葺新居》:"一物苟可适,万缘都若遗。～宅门外,有事吾不知。"宋晁说之《元符三年应诏封事》:"且边埸之地,适彼适此,亦其常事,何必深雠而血战以争之耶?～一日尽得幽、蓟、灵武之故地,不过添数十亭鄣,列七八郡县,增职方之一二图籍耳!" ❸ 就像;好像。宋阮阅《诗话总龟》卷八:"一诵庐山高,万景不可藏。～古画诗,极意未能忘。"明戚继光《练兵实纪》卷一:"凡此,皆所以蓄养武弁为求将,～张大罟于深渊,冀无遗鳞而后已。"清弘历《登泰山三依皇祖诗韵》:"～两度皆空过,终觉一心太率浮。"

【设若】　shè ruò　❶ 即使。唐高郢《鲁议》:"周公不王而以礼乐王者,是以非礼诬周公也。～诬周公以非礼,曾为昊天上帝,亦可以诬乎?"元岳伯川《铁拐李》二折:"～你装裹到二十重三十件,……知他这土坑中埋我多深浅,装裹杀谁人见!"明万民英《三命通会》卷八:"运通早晚通官爵,～无官也发财。" ❷ 万一。清《警寤钟》一六回:"但我虽然外去,想显瑞诸人青天白日,亦未敢行横于你。～有不测之事,你操持坚守,自己保重。" ❸ 譬如。清玄烨《谕大学士马齐等》:"朕临御五十餘年,凡臣下奏折,细加体察,殊有裨益。～浙江巡抚折奏秋成八分,其福建从浙江过者,询之或云十分,或六七分,一有参差,便可知其虚实矣。"

【设施】　shè shī　铺张;铺排。明冯惟敏《集贤宾·咏所见》:"醉翁亭真快乐,酒泉郡尽繁华。生意堪夸,这店主～大。"

【设誓】　shè shì　发表誓言;立下誓言;起誓。唐孔颖达疏《诗经·定之方中》传"龟曰卜":"田能施命者,谓于田猎而能施教命以～。"宋佚名《千秋岁令》:"似当日、欢娱何日遂。愿早早相逢重～。"清洪昇《长生殿》二二出:"朕和你焚香～去。"

【设享】　shè xiǎng　设宴。唐孔颖达疏《左传·宣十六年》杜注"享当":"若公侯来朝,王为～,则当有体荐。"宋郑居中等《政和五礼新仪》卷一七七:"盥馈舅姑礼毕,赞者～。"清《东周列国志》一七回:"次日,楚王亦～于馆舍。"

【设想】　shè xiǎng　❶ 想象。明朱朝瑛《读诗略记》卷二:"'云胡不夷',此未见而～,辞气固自如此。"清沈锺彦《金钱花》:"邓氏铜山虚～,沈郎榆荚许为邻。"佚名《金川妖姬志》:"一旦祸水既成,大局不可～矣。" ❷ 考虑;着想。清《野叟曝言》一四一回:"其为诸媳、诸孙等,各为～,裁酌而行。"赵翼《陔餘丛考》卷四一:"兵权在握,又不营生产为子孙～,思陵亦不无顾虑。"

【设疑】　shè yí　❶ 提出问题。唐孔颖达疏《左传·宣公元年》杜注"经无宋字,盖阙":"陈、宋俱被楚侵,明其并救二国。《传》称救陈、宋,而《经》无宋字,故～云'盖阙'也。"宋朱熹《学校贡举私议》:"又按前贤文集策问,皆指事～,据实而问。"清《四库总目提要·分甘餘话》:"马永卿误引《汉书》,士祯不加辨正,而转以～,殊为疏舛。" ❷ 起疑心。元明《水浒传》三二回:"亦且我又做了头陀,难以同哥哥同住,路上被人～。"清《红楼梦》八九回:"宝玉越发打量黛玉～,遂讪讪的站起来说道:'妹妹坐着罢。'"

【设意】　shè yì　构思命意。元朱晞颜《题二牛三牧图》:"曳尾者谁子,～巧相覆。"明李东阳《会试录序》:"～造语,争奇斗博,惟陈言之务去。"孙一奎《赤水元珠》卷一六:"一展视之,毫发毕睹。原其～,盖以人之司命为重,故不以研心为劳也。"

【设喻】　shè yù　打比方。五代黄滔《省试王者之道如龙首赋》:"于是～斯异,微文特殊。"宋罗璧《罗氏识遗》卷七:"文章～则深婉,而于喻最难,至一字数喻尤难。"清赵翼《陔餘丛考》卷四三:"每况愈下,……本言'每下愈况',言～益卑也。"

【设帐】　shè zhàng　❶ 挂起帐幕或帐子。也指挂帐摆宴。《通典》卷八六:"又～殿庭,帐内设吉幄,幄内设神座,南向。"明郑岳《赠白司寇致仕》:"优老恩深特降麻,都门～共兴嗟。"清袁枚《子不语》卷一二:"张恃其勇,竟往～,吹烛卧。" ❷ 汉代马融设帐教学,后以"设帐"指开设私塾或到人家里教书。元洪希文《故河南隐君墓志铭》:"仆向辱隐君知,岁延祐间,～郡庠,嘱其孙潜负笈听教。"明汤显祖《牡丹亭》七出:"我陈最良杜衙～,杜小姐家传《毛诗》。"清《歧路灯》二回:"小儿交新春八岁了,尚未上学,欲恳长兄在舍下～。" ❸ 指摆设卦摊。明郑墟泉《点绛唇·贺节》:"你看那卖卜的把人招,～的将人引。"《二刻拍案惊奇》卷三三:"恰象请了一个～的相士一般,看了气色,是件断将出来。"清《野叟曝言》二三回:"这是江湖上～卖药的长技,挂个招牌儿骗人,真个治得好病么?"

【设置】　shè zhì　❶ 摆设;陈列。唐孔颖达疏《诗经·采苹》"于以采苹":"当～之时,使谁主之?有齐庄之德少女主设之。"宋李之仪《丁德儒置酒适与陈君俞联坐》:"主人意弥敦,～不少停。"清《聊斋志异·八大王》:"会主游崆峒,乃往伏山中,伺其下舆,照之而归,～案头。" ❷ 规定;制定。宋朱熹《孟子集注·尽心下》:"但夫子～科条以待学者,苟以向道之心而来,则受之耳。"△清福格《听雨丛谈》卷一二:"如此～科条,庶乎少存侥幸之志,以长廉毅之风。" ❸ 安排;布置。明何孟春《餘冬序录》卷五:"王者之居,四方瞻仰,～宦寺守门,使之传命令,给洒扫而已。"清《女仙外史》一六回:"乃于阵后～火炮药弩毒箭等物于地中,布沙以掩之,令人密伺燕王,到即发机。"

【设粥】　shè zhōu　❶ 用粥招待人。《太平广记》卷一〇六引《报应记》:"遂诣宿焉,具以事白。姥悯之,乃为～。"《景德传灯录》卷一〇《甘贽》:"又于南泉～云:'请和尚念诵。'"洪迈《夷坚志》丁卷三:"于是饮酒数杯,～一器,糁如雪色,味绝甘。" ❷ 施舍粥饭。唐于邵《内寺省内常寺孙常楷神道碑》:"异时岁或大侵,人有菜色,公常～以食饿殍。"辽郑皓《张世卿墓志铭》:"及～济贫,积十数载矣。"清毛奇龄《施母王孺人墓状》:"孺人解奁具,发盖藏,劝君子行惠散钱,～乡里。"

【社】　shè　❶ 指祭土神的日子。一年有春、秋两社日。唐韦应物《社日寄崔都水及诸弟群属》:"山郡多暇日,～时放吏归。"明《禅真逸史》二一回:"每年春秋二～,羊家为首,遍请村中女眷们聚饮,名为群阴会。" ❷ 社稷;国家。宋谢翱《西台恸哭记注》:"文信公为宋～而死,忠也。"清乔莱《过应山县吊杨忠烈公》:"人之云亡邦国瘁,明～沉沦等儿戏。" ❸ 一种基层行政单位,历代情况不一。宋元时以五十家为一社。明代二三十家为一社。元《通制条格》卷一六:"诸县所属村疃,凡伍拾家立为壹～。不以是何诸色人等,并行入～。”《明史·食货志三》:“嘉靖八年,乃令各抚按设社仓,令民二三十家为一～,择家殷实而有行义者一人为～首。”

【社伯】 shè bó 社神;土地神。唐元稹《春分投简阳明洞天作》:“地侯鞭～,海若跨天吴。”明《警世通言》卷四〇:“真君复回至西宁,怒～不能称职,乃以铜锁贯其祠门,禁止民间不许祭享。”清《醒世姻缘传》九三回:“又把城隍、土地,～、山神,龙王、河伯,都编写了名字,挂了白牌。”

【社仓】 shè cāng 乡社为备荒所设的粮仓。始于隋代。唐戴胄《请建义仓疏》:“故隋开皇立制,天下之人,节级输粟,名为～。”宋刘一止《转对奏状》:“不幸有金穰、水毁、木饥、火旱之变,则用其私蓄固足以赈之,～是也。”清弘历《降旨缓征晋省民间新旧欠项》:“常平及～,且偿十之二。”

【社饭】 shè fàn 社日制作的一种有浇头的饭。宋孟元老《东京梦华录》卷八:“(秋社)贵戚宫院以猪羊肉、腰子、奶房、肚肺、鸭饼、瓜姜之属,切作棋子片样,滋味调和,铺之饭上,谓之～,请客供养。”元吴存乐《社秋》:“一匙～千古悲,后园秋雨号狐狸。”明程敏政《春社谣》:“～炊香出茅屋,腊酒一倾连数卮。”也指致祭时所供的饭。清戴璐《藤阴杂记》卷八:“～多年冷,关斋宿世缘。”

【社糕】 shè gāo 社日食用或用以馈赠的糕点。宋孟元老《东京梦华录》卷八:“八月秋社,各以～、社酒相赍送。”清毛奇龄《北岭将军》:“～三献兮,松阴未斜。”

【社鼓】 shè gǔ 社日祭神的鼓乐。宋郭祥正《次韵陈文思见寄》:“春蕨秋鲈味偏美,时听～醉淋浪。”元姚守中《粉蝶儿·牛诉冤》:“为伍的是伴哥、王留,受用的是村歌～。”清曹尔堪《念奴娇·送幼光还白门》:“何况堂前燕子,晋宋衣冠,陈隋宫寝,～神鸦耳!”

【社官】 shè guān 村社的首领;社团的首领。唐张鷟《朝野佥载》卷四:“每村立～,仍置平、直、老三员,掌簿案,设锁钥。”宋元《清平山堂话本·杨温传》:“众～把出三伯贯钱来,道:‘杨三哥,你把来将息。’”元《团社谣》:“诸乡各起团社,吞并田土,民怨,有谣云:……妻儿哭泣投～,愿获生全拜君赐。～点头儿始欢,年来钱钞交莫悭。”

【社会】 shè huì ❶ 社日举行的祭神聚会。《法苑珠林》卷二八:“忽有小儿羊皮裹腹来至～,助安赎猪。”明陈全之《蓬窗日录》卷五:“惟朱仙镇之庙泯无遗址,春秋～第设位以祭,诚旷典也。”也指其他节日举行的祭神聚会。宋吴自牧《梦粱录》卷二:“北极佑圣真君圣诞之日,……诸军寨及殿司衙奉侍香火者,皆安排～。”清《醒世姻缘传》二三回:“村中有甚么～,他比别人定是先到,定是临后才回。” ❷ 由志趣相合的人结成的团体。宋程颐《程伯淳行状》:“乡民为～,为立科条,旌别善恶,使有劝有耻。”明《醒世恒言》卷三一:“原来大张员外在日,起这个～,朋友十人。”用作动词,指社团集会。宋苏轼《乞增修弓箭社条约状》:“社内所纳罚钱,令社长等同共封记主管,须遇～合行酬赏者,方得对众支给破使,即不得衷私别作支用。”

【社火】 shè huǒ ❶ 指节日中民间组织的各种娱乐表演。宋《西湖老人繁胜录》:“上真生辰,殿前司在京十军各有～,上庙酌献烧香。”《元曲选外编·西游记》五出:“今日奉圣旨,着百官有司都至霸桥,设祖帐,排筵会,诸般～,送三藏西行。” ❷ 帮伙。元明《水浒传》五八回:“但是来寻山寨头领,必然是～中人,故旧交友,岂敢有失祇应?”

【社家】 shè jiā 专门社团里的成员;行家。《元曲选外编·西厢记》三本二折:“小生是猜诗谜的～。”元明《水浒传》八一回:“锦体～子弟,那里去问揎衣裸体。”明汤式《谒金门·闻嘲》:“你鸣珂巷艳娃,我梁园内～,两下里名相亚。”

【社酒】 shè jiǔ ❶ 春秋社日所饮的酒。唐李建勳《田家》之二:“木盘擎～,瓦鼓送神钱。”宋孟元老《东京梦华录》卷八:“八月秋社,各以社糕、～相赍送。”清彭孙遹《桃源忆故人·社日》:“旧～,徒零乱,添得红襟燕。” ❷ 村酒。元明《水浒传》八六回:“俺煮一腿獐子肉,暖杯～,安排请你二位。”清汪由敦《得家书作》:“春蔬分得官园把,～倾来老瓦盆。”

【社老】 shè lǎo ❶里老长。宋刘弇《三用前韵酬达夫》之九:“酒徒博醉貂龟解,～赛神箫鼓迎。”元明《水浒传》一一八回:“杜微那厮躲在他原养的娼妓王娇娇家,被他～献将出来。” ❷ 村社老人。元同恕《喜雪次郭方斋用东坡韵》:“太和元气行复常,～乡翁听渠说。”明张宁《宿芦峰驿》:“邻翁～纷成巷,野饭山殽进满盘。”

【社令】 shè lìng 社神;土地神。五代徐铉《稽神录·补遗》:“藉公之惠,今九州岛～已补我为土地之神,配食于此矣。”宋李攸《宋朝事实》卷七:“以庚辛壬癸日,先斋戒,以酒脯告～,筑方坛三级,高一尺,阔一丈三尺。”明《型世言》四〇回:“你山野之精,此地有城隍～管辖,为何辄敢至此?”

【社日】 shè rì 社团规定的举行活动的日子。清《红楼梦》四三回:“今儿是正经～,可别忘了。”

【社赛】 shè sài 村社举行的迎神的集会。宋董嗣杲《富池镇上感怀》:“第把沽浆招～,垆头还有马相如。”元明《三国志通俗演义》卷一:“前行到阳城,时当二月,村民～,男女皆集。”

【社首】 shè shǒu 基层行政单位的首领;村社的首领。《宋史·食货志上六》:“凡借贷者,十家为甲,甲推其人为之首;五十家则择一通晓者为～。每年正月,告示～,下都结甲。”《明史·食货志三》:“嘉靖八年,乃令各抚按设社仓,令民二三十家为一社,择家殷实而有行义者一人为～。”

【社条】 shè tiáo 社团所订立的规章。元明《水浒传》七四回:“部署问他先要了文书,怀中取出相扑～,读了一遍。”

【社学】 shè xué 乡村学校。宋罗大经《鹤林玉露》乙编卷一引《本政书》:“餘二十亩以为～场圃,一井之人共之,使之朝夕群居,以教其子弟。”明《警世通言》卷五:“却说金家两个学生在～中读书,放了学,时常到庵中顽耍。”清蓝鼎元《修志杂说》:“学校所以教也,旧志止载儒学处所,及～书院名目而已。”

【社酝】 shè yùn 村酒。元明《水浒传》九回:“壁边瓦瓮,白泠泠满贮村醪;架上磁瓶,香喷喷新开～。”又:“～壮农夫之胆,村醪助野叟之容。”

【社长】 shè zhǎng ❶ 村社之长。唐顾况《田家》:“县帖取～,嗔怪见官迟。”元睢景臣《哨遍·高祖还乡》:“～排门告示:但有的差使无推故。”清《隋唐演义》二三回:“叔宝与～正饮酒叙话之间,酒店外面喧将进来。” ❷ 社团的主持人。宋苏轼《乞增修弓箭社条约状》:“每社置～、社副、录事各一名为头目,并选有物力或好人材事艺众所推服者,方得差补。”清《红楼梦》三七回:“若是要推我作～,我一个～自然不够,必要再请两位副～。”《九云记》三〇回:“又定了一个～,初为出题、限韵,复为誊录、监场,又不为拘定了。” ❸ 指土地神。明刘麟《与张石川书》:“近石庵宫保亦遭邻火,公拜之,风返,百物无恙,只此当永光～灵光,巍巍不可颂耶?”《警世通言》卷二一:“若非天上金星,必是山中～。”

【舍】 shè 另见 shě。❶ 舍人的省称。《元曲选·救风尘》一折:“自家郑州人氏,周同知的孩儿周～是也。”明《朴通事谚解》卷上:“张～你来。咱这官人要打一副刀子,好生细详,这五件儿刀子,你用心下功夫打。” ❷量词。犹言间。明《二刻拍案惊奇》卷二三:“即令人替崔生搬将行李来,收拾门侧一～小书房与他住下了。”

【舍间】 shè jiān 谦称自己的家。明《警世通言》卷一:“～上有年迈二亲,下无手足相辅,采樵度日。”清《玉蜻蜓·游庵》:“三弟,今晚同到～草榻如何。”方成培《雷峰塔》二一出:“既然是知己光临,那不相尊奉。～安下暂相从,投契芝兰骨肉同。”

【舍利】 shè lì 佛教称释迦牟尼遗体焚烧之后结成的珠状的东西,后来也指德行较高的和尚死后烧剩的骨头。唐张谓《哭护国上人》:“～众生得,袈裟弟子将。”清汪琬《昆山选佛场性空臻禅师塔铭》:“火烬之餘,四齿不坏,得五色～子凡三百餘颗。”

【舍妹】 shè mèi 对人称自己的妹妹。宋方大琮《婚书·林回徐》:“某人学士,自力简编,接二魁之族绪;～小娘,粗闲箴训,遗九牧之家风。”《元曲选外编·陈母教子》二折:“小官有一～,招那壁状元为婿,意下如何?”清《蜃楼志》二四回:“不要说家母与～悬望甚殷,卞太亲台更为伫切。”

【舍亲】 shè qīn 对人称自己的亲戚。明王守仁《答王门庵中丞》:“～宋孔瞻亦以书来,备道执事勤勤下问之盛。”清《红楼梦》三回:“若论～,与尊兄犹系同谱,乃荣国公之孙。”

【舍人】 shè rén ❶宋元以后对贵显子弟的称呼。《元典章·刑部十四》:“访闻近者有不畏公法之人,诈为鬼势子弟,称曰～。”《元曲选外编·西厢记》五本三折:“你须是郑相国嫡亲的～,须不是孙飞虎家生的莽军。”清《飞龙全传》一回:“此时过往之人,渐渐多了,见是赵～在此厮闹,又且不知他的缘故,谁敢上前相劝一声?” ❷门下人;家人。明邵宝《复巡抚陈公》:“兹因原差～回京,敢布此,少致谢忱。”《金瓶梅词话》五五回:“回到书房,打了个瞌睡,恰好蔡太师差～邀请赴席。”

【舍下】 shè xià ❶称他人的家或官署。唐王维《与工部李侍郎书》:“一昨出后,伏承令从官将军车骑至陋巷见命,恨不得随使者诣～谒。”宋晁公遡《札子·史主管》:“遣十三骀诣～矣。” ❷称自己的家。宋刘克庄《十一月二日至紫极宫》:“山中采芝去,～炊粱熟。”元权衡《庚申外史》卷上:“‘昨夜二更时,汝村中得无失火乎?抑有他异事乎?’内有一老曰:‘村中无事,惟～媳妇生一儿子。’”清《红楼梦》二四回:“你竟请回去。我还求你带个信儿与～。”

【涉儿】 shè ér 宋代对带有帮闲性质的理发手艺人的称呼。宋耐得翁《都城纪胜·闲人》:“又有是刀镊手作人,长于此态,故谓之～,取过水之意也。此等刀镊,专攻街市宅院,取奉郎君子弟,干当杂事,说合交易等。”清赵信《南宋杂事诗》卷七:“义画簪花技最工,～趋奉亦匆匆。”

【涉私】 shè sī 涉及个人利益;涉及私情。《唐律疏议》卷五:“其检、勾之官举稽及事～者,曹司依法得罪。”《宋史·选举志六》:“乞专委台官,若稍～,自有黜典。”清《水浒后传》三〇回:“方明儿番要将女儿随我,我恐怕～,坚拒了他。”

【涉疑】 shè yí ❶有跟某件事情有关的嫌疑。五代王仁裕《开元天宝遗事·鹦鹉告事》:“府县官吏日夜捕贼,～之人及童仆辈经拷捶者百数人,莫究其弊。”《元典章·刑部十六》:“婺州路阿老瓦丁被劫,兰溪县尉～捉拿包舍等二十一名。”清《后西游记》二五回:“事虽～,其中或别有隐情,还望女菩萨慈悲细察。” ❷有疑问;有疑虑。《景德传灯录》卷一五《洞山良价禅师》:“云岩曰:‘承当这个事,大须审细。’师犹～。后因过水睹影,大悟前旨。”明黄佐《翰林记》卷八:“景泰元年八月,太上皇帝车驾自北狩还,方议奉迎礼,众～未定。”清弘历《济源盘谷考证》:“若予之读书,凡～必求解其疑而后已。”

【射】 shè ❶以物撑住;扶。《法苑珠林》卷二一:“石门谷风吹阁北倾。将欲～正,施工无地,僧乃祈请山神赐吹令正。”又卷五一:“近有人盗铃,将下三级,有神擎栌斗起以压贼胜内中。其人被压唱呼,寺为～斗起,方得脱出。” ❷(水)飞溅;飞舞。唐李华《望瀑泉赋》:“春风雷兮簁霜雪,穿重云而下～。”韩愈《酬蓝田崔丞立之咏雪见寄》:“崩奔惊乱～,挥霍讶相缠。”宋苏轼《大风留金山两日》:“朝来白浪打苍崖,倒～轩窗作飞雨。” ❸丢;扔。明《山歌·竹夫人》:“横弗中渠个意,竖弗像渠个心,一～～我来门阁落里,累子我满身个蓬尘。”《韩湘子》七回:“他若畏缩退避,便把他～在阴司地府,永不翻身。” ❹戳;凿。明《醒世恒言》卷二〇:“拨转船头赶上,各提起篙子,照着头上便～。” ❺男子性交动作。元明《水浒传》一〇四回:“驴牛～的狗弟子孩儿。”明《醒世恒言》卷三四:“千人～的野贼种。”

【射鹄】 shè hǔ 射箭的靶子。《明会典》卷四九:“其～有七:虎鹄五采,天子射用之;熊鹄五采,皇太子射用之。”清《东周列国志》五八回:“潘党教他那七层坚甲绷于～之上。”

【射火儿】 shè huǒ er 犹“起火❸”。明佚名《普天乐·庆赏元宵》:“斗鹅儿满地飞,～特地随,听笙歌箫管声如沸。”

【射利】 shè lì 谋取财利。唐刘穆之《洛州荥阳县得贤令卢公清德文》:“五方云凑,公骤私奔,百族星稠,邀时～。”宋苏轼《书杜子美诗后》:“筋力登危集市门,死生～兼盐井。”清《隋唐演义》二一回:“因那班贪官污吏乘机～,便要加出等头火耗。”

【射粮】 shè liáng 金初诸路募集的充杂役的士卒。金《刘知远诸宫调》二:“太原府文面做～,欲待去,却徊徨。”《金史·仪卫志下》:“特招募民年十七以上、三十以下魁伟壮健者收刺,以资粮给之,故曰～。”元高文秀《遇上皇》一折:“欺负煞受饥寒穷～。”

【射柳】 shè liǔ 辽宋金时一种用阔头箭驰马射断柳枝的竞技活动,多在端午节举行,见《金史·礼志八》。明代北方仍存。宋《三朝北盟会编》卷三:“其节序:元日则拜日相庆,重午则～祭天。”《元曲选·丽春堂》一折:“今日是蕤宾节令,圣人的命,着俺大小官员赴～会。”明沈德符《万历野获编》卷二:“京师及边镇最重午节,至今各边,是日俱～较胜。”

【射弄】 shè nòng 即“射❺”。明《绣榻野史》卷下:“东门生见了小娇,整日愁苦,再也没心去～小娇了。”

【射生】 shè shēng ❶射猎禽兽。唐颜真卿《特进行左金吾康公神道碑铭》:“因留公及屈须弥施、英玉供奉～。”宋李新《杨村》:“～持虎归,熟视俱老彪。”清纪昀《阅微草堂笔记》卷一五:“曩在西宁,与同队数人入山～。” ❷指射生手。《旧唐书·郭子仪传》:“敕～五百骑执戟翼从。”元王恽《金故朝请大夫赵公神道碑铭》:“有～张青者,闯跨两徼,颇横恣不法。”清毛奇龄《天仙子》:“新殿前头骑马去,～籍里名初注。”

【射生户】 shè shēng hù 猎户。宋欧阳修《射生户》:“～,前日献一豹,今日献一狼。”《三朝北盟会编》卷一四〇:“初备金人时,守御稍严,乡村强壮与～皆聚于城中。”元王恽《罢孙招讨户》:“孙招讨户自都督史权镇邓州时投拜,约八百餘户,名之曰～。”

【射生手】 shè shēng shǒu 精于骑射的武士,也指猎手,有时是双重身分。《旧唐书·兵志》:“又置衙前～千餘人,谓之左右英武军。”宋陈师道《捕狼》:“宁知～,已发弩机张。”清《隋唐演义》八八回:“一面预遣部将何千年、高邈,引二十餘骑,托言献～,乘驿至太原。”

【射实】 shè shí 指实;认定。明《醒世恒言》卷三四:“把相骂的事情增添得重大了,隐隐的将这人命～在绰板婆身上。”

【射帖】 shè tiē ❶射箭靶子。唐孙伏伽《谏马射表》:"臣窃闻陛下犹自走马～,娱乐近臣,此乃无禁乘危,窃为陛下有所不取也。" ❷箭靶子。宋楼钥《北行日录》:"射垛设庭下,上画火珠,夹以小飞鹤二。下画一彩架,以承～,夹以大立鹤二。"张邦基《墨庄漫录》卷八:"伯益命粘纸各数张,作二图,即令洗墨濡毫。其一纵横各作十九画,成一棋局;其一作十圆圈,成一～。"

【射贴】 shè tiē ❶同"射帖❶"。《元曲选外编·锁魔镜》五折:"则为这逞雄威～显英豪,不思那二魔神顿开锁钥。" ❷同"射帖❷"。《元曲选外编·锁魔镜》五折:"二郎神正射着红心～。"

【赦放】 shè fàng 宽恕释放。唐孔颖达疏《尚书·舜典》"肇十":"若过误为害,原情非故者,则缓纵而～之。"宋陆游《家世旧闻》卷上:"罹公罪,并该～。"《大清律例》卷四:"杀一家三人,会赦犹流者,并不在～之限。"

【慑】 shè 折断。通"折"。《敦煌变文校注》卷四《降魔变文》:"师子乃先～项骨,后拗脊跟,未容咀嚼,形骸粉碎。"

【慑剉】 shè cuò 折断。《敦煌变文校注》卷四《降魔变文》:"～登时消化了,并骨咀嚼尽消亡。"又:"头尾～不将难,下口其时先啅脑。"

【摄法】 shè fǎ 摄人或物的法术。明《西游记》三三回:"使起～,把他们一阵风都拿到莲花洞里。"清《绿野仙踪》三九回:"到玉屋洞说与猿不邪,将后洞皮箱内银两并衣物,着他用～尽数带来。"

【摄召】 shè zhào 用法术招致。《太平御览》卷六六五引《太极真人石精金光藏景录形神经》:"下以制九阴,谓可以～九阴之神也。"明《金瓶梅词话》六五回:"那日三朝转经,演生神章,破九幽狱,对灵～,拜进救苦朱表。"清洪昇《长生殿》四九出:"因令方士杨通幽～芳魂,谁料无从寻觅。"

shēn

【申】 shēn 申文。明《型世言》二回:"就连夜为他申详守巡二道,把前后事俱入～中。"

【申报】 shēn bào ❶报答。唐谢楚《为同州颜中丞谢上表》:"臣专奉扬大化,～皇慈,事有未便于人者,续具条奏,以酬陛下子育之旨。"牛僧孺《玄怪录》卷五:"妾平生受恩,以此～,万不获一,料必无难之。"明葛昕《赠高士孔剑峰祈真有应叙》:"至剑峰君,能请仙屑从绘事,慰人子孝思,以释悠悠无已之慕,可忘～之谊哉!" ❷向上级报告。《唐律疏议》卷二五:"事关所司,承以闻奏,～不实,未奏者,各减一等。"《元典章·刑部十六》:"本管人民遭值饥馑阙食,不即～赈济。"清《绿野仙踪》二三回:"县官见事体重大,一面～各宪,一面将开场同赌,并店家袁鬼厮,以及邻舍地方人等,一齐拿去讯问。"

【申辨】 shēn biàn 同"申辩"。《唐六典》卷六:"若理状已尽,可断决,而使人妄生节目盘退者,州司录～,及赃状露验者即决,不得待使覆。"《新唐书·李珏传》:"及李宗闵以罪去,珏为～,贬江州刺史。"清龚炜《巢林笔谈》卷二:"闻信,不及晤主人,亟冠带诣县,力为～,卒免于累。"

【申辩】 shēn biàn 申述解释;申述辩解。宋觉范《泐潭准禅师行状》:"陕西经略范公过普卢,普腊高应对领略。师侍其旁,～详明,进止可喜。"元杨维桢《亡兄双溪书院山长墓志铭》:"所居州里有公议,论裁可否不合,～不休,不为权力屈。"清纪昀《阅微草堂笔记》卷一:"月坪田内有横尸,其仇也。官以谋杀勘。又为百计～得释。"

【申禀】 shēn bǐng 犹"申报❷"。宋苏轼《论高丽买书利害札子》:"近日馆伴所申乞为高丽使买金薄一百贯,欲于杭州妆佛,臣未敢许,已～都省。"《元典章·刑部一》:"中间果有累犯不悛、必合移徙之徒,宜令事发官司。……明白～。"《大清律例》卷七:"若各衙门遇有所属～公事,随即详议可否,明白定夺。"

【申呈】 shēn chéng 犹"申报❷"。宋张詠《奏郑元佑事自陈状》:"臣有血情,合具～云云。"元王恽《与王参政》:"其禀丞相札子,谨录～。"清徐乾学《读礼通考》卷一一五:"府报布政司,布政司～礼部。"

【申饬】 shēn chì 斥责。明《拍案惊奇》卷二〇:"遂将众管事人一一～,并妻侄王文用也受了一番呵叱。"清《红楼梦》七三回:"又将林之孝家的～了一番。"《荡寇志》七四回:"如今太尉发怒,～他两个。"

【申黜】 shēn chù 报请上司予以革除。明《警世通言》卷一七:"教官径把他做避考～。"清《醒世姻缘传》三五回:"无行劣生,法应～,姑行学责二十五板。"《聊斋志异·成仙》:"时获海寇三名,宰与黄赂嘱之,使捏周同党。据词～顶衣,搒掠酷惨。"

【申发】 shēn fā 发送(文书)。五代李亶《谕诸司寺监敕》:"诸司寺监,凡有文簿施行奏覆,司长须与逐司官员同签署～,不得司长独有指挥。"金《刘知远诸宫调》一二:"那汉应喏声绝,言紧切,有文解来～。"《续资治通鉴》卷五五:"自今凡朝廷访问礼典,无得辄以印状～,仍责取知委。"

【申罚】 shēn fá 申报处罚。宋韩琦《上仁宗论杨景宗恣横不恭》:"或屈法以俾之向善,或～以惩其不恭。"明《二刻拍案惊奇》卷二〇:"诸神奉职不谨,各量～。"

【申覆】 shēn fù ❶上报审核;报告;报请。《唐律疏议》卷五:"案若～,唯通判官一人合理,即上下俱得免科。"元《三遂平妖传》一二回:"温殿直即时进府,～大尹道:'妖僧已拿下了。'"清袁枚《子不语》卷一〇:"今本司一面造符～,一面差勾本犯,尔速引尹廷洽还阳。" ❷回复;回禀。元胡炳文《答敬存胡先生书》:"戴兄索还甚急,不能详述衷曲,且此～。"明陈献章《与朱都宪书》:"使回,谨此～。"程敏政《与张同年书》:"仆已释服将北行,未由会晤也。敬此～。"

【申解】 shēn jiě 另见 shēn jiè。❶辩解;申辩。《太平广记》卷三九三引《广异记》:"有弟阿四,顽嚚纵佚,每诟辱之,而母加爱念,曲为～。"王明清《挥麈后录》馀话卷一:"时荆公当国,为～之。上复伸前说,竟不能释疑。"清《聊斋志异·长清僧》:"僧亦不自～,但闭目不复有言。" ❷解释。唐孔颖达疏《左传·隐公元年》杜注"传言":"注又～传意,言郑伯志在于杀,心欲其克。"宋《朱子语类》卷五一:"后譬只是～前譬。"清《四库总目提要·论学》:"次申论格物,次所谓诚其意者至末解,次～全篇。"

【申解】 shēn jiè 另见 shēn jiě。❶上报;申报。唐赵匡《举人条例》:"其合外州～者,依举选例处分。"元明《水浒传》二七回:"写一道～公文,将这一干人犯解本管东平府申请发落。"清袁枚《续子不语》卷二:"河南祥符县最繁剧,凡各州县～院司案件,有覆审者,多委办焉。" ❷指申报的文书。元杨瑀《山居新话》:"徐子方琰至元间为陕西省郎中。有一路～到省,内误漏落一'圣'字。"元明《水浒传》三六回:"本州府尹看了～情由,赦前恩宥之事,已成减罪。" ❸解送(人犯);递送(物品、文书等)。金李天民《南征录汇》:"开封府～金银表缎并郓王姬王氏至刘家寺。"元高文秀《遇上皇》三折:"小人目下～文书,来到草桥店上。"《大清会典则例》卷二七："凡逃人逃在地方，如犯杀人等死罪，止将逃人～刑部。"

【申敬】 shēn jìng 表示敬意（有的隐指馈赠或招待）。唐李纯《上尊号赦文》："或美利在人，或遗风可慕，必资～，乃副予诚。"金王成棣《青宫译语》："且与后妃等行抱见礼～。汉妇不习，惶窘万状。"清《醒世姻缘传》九六回："今特差人请二位奶奶进衙，另要～。"

【申漏】 shēn lòu 申时。漏，古代计时器。宋《三朝北盟会编》卷二〇五："时已近～矣。"金张师颜《南迁录》："～下六刻，以水拭上目，徐告其故，上骇然。"明朱元璋《夏日雨晴诗序》："至当月二十有七日～，山气上升，江蒸海涌，阴云四布，天雨下降。"

【申论】 shēn lùn 申述；申辩。唐佚名《少林寺准敕改正赐田牒》："只是僧等不闲宪法。今谨量审，始复～。"《敦煌变文校注》卷三《燕子赋（一）》："多是燕子，下牒～。"清弘昼《禁原蚕论》："如《周礼》马质掌禁原蚕，非所谓调剂得宜者乎？请～之。"

【申明】 shēn míng ❶ 申辩；申雪。唐陆贽《诛李怀光后原宥河中将吏诏》："应先陷河中将士等，皆婴迫胁，无路～。"金元好问《通奉大夫张君神道碑铭》："君乘乱而出，有司以不守议罪，父老诣州称枉，遂获～。"《大清律例》卷三六："凡司狱吏目典史专管囚禁，如犯人果有冤滥，许管狱官据实～。" ❷ 犹"申报❷"。《元典章·刑部一》："今后遇有须合～裁决事理，令事发官司开写犯人所招一干备细词因完备，申覆合干上司。"

【申牌】 shēn pái 旧时衙门或驿站前设报时牌，每过一个时辰换一次标写时辰名的牌子。宋魏泰《东轩笔录》卷三："既而吏报～，府史牙兵列庭中。"《元曲选·墙头马上》二折："几时得月离海峤，才则是日转～。"清《绿野仙踪》八七回："一日～时分，周琏同蕙娘和几个妇女坐在平台上。"

【申破】 shēn pò 申明。唐白居易《杜陵叟》："九月降霜秋早寒，禾穗未熟皆青干。长吏明知不～，急敛暴征求考课。"李商隐《为荥阳公请不叙将士上中书状》："既部伍皆更招收，数额则转增加，粮料不经～，留州自备，累政相成。"明《二刻拍案惊奇》卷二五："捆到次日，～了地方，一同送到县里去。"

【申诉】 shēn sù ❶ 诉说。《敦煌变文校注》卷五《双恩记》："迷闷虽半醒，疼痛何～。"《元曲选外编·西厢记》五本四折："将腹中愁恰待～，及至相逢一句也无。" ❷ 报告。明盛万年《上林抚台书》："近来盗贼情形日甚一日，纷纷～，但非关系重大者，不敢辄渎台听。"

【申文】 shēn wén ❶ 行文呈报。唐张鷟《礼部奏海州朱雁集》："陈敬所奏，瑞雁翻朱；薛泰～，祥麟孕素。"元《三国志平话》卷下："（张松）到馆驿安下，说与知县，～远见皇叔。"清李斗《扬州画舫录》卷一三："由是民情大惧，半散四方。公～待罪。" ❷ 呈报的文书。《元曲选·灰阑记》四折："老夫昨日见郑州～，说一妇人唤做张海棠，因奸药死丈夫。"明沈榜《宛署杂记》卷一二："臣一睹～，见本官精明综核，摘伏发奸，是所谓能臣也。"清《梦中缘》一二回："随一面做了～，密使人申到济南抚院。" ❸ 撰文。宋文莹《续湘山野录》："公行不归，～是悼。尚想公仪，泪落苑草。"

【申详】 shēn xiáng 向上级官府详细呈报。《唐六典》卷六："即不伏，当请给不理状，至尚书省，左、右丞为～之。"明沈榜《宛署杂记》卷一三："十五年知县徐启东，因交盘数多借支，备将缘由～在卷。"清《歧路灯》七二回："次日潜斋回署，与荀先生商量～命案的事。"

【申冤】 shēn yuān 洗雪冤屈。唐李渊《赠李金才李敏官爵诏》："朕受命君临，志存刷荡，～旌善，无忘寤寐。"《资治通鉴》卷一七九："帝囚故太子勇于东宫，付太子广掌之。勇自以废非其罪，频请见上～。"清袁枚《子不语》卷一一："此事难明白，如要得～，除非龙图再世。"

【申展】 shēn zhǎn ❶ 舒展；伸直。唐阿地瞿多译《陀罗尼集经》卷三："其左手仰，五指～，掌中画作七宝经函。"智通《观自在菩萨随心咒经》："头指小指直～之。" ❷ 指不受委屈。《通典》卷一六八："度此女婿必不复还其剑，当闻县官，县官或能证察，得见～。"五代王定保《唐摭言》卷二："昨某限以人数挤排，虽获～，深惭名第奉浼，焉得翻有'首冠蓬山'之谓？" ❸ 延长期限。宋黄震《与锺运使》："望哀之念之，特照前～，减元数，使人户可纳。"袁甫《论履亩札子》："有力之家立定期限，不许～。"胡太初《期限篇》："止给到限，许其三次～，三展未圆，厥罚讯若干。"

【申状】 shēn zhuàng ❶ 向上级行文报告事由。唐李大亮《昭庆令王璠清德颂碑》："昭庆阖境，以公清平，感恩～，使司览奏。"元明《三国演义》一一八回："艾虽无古人之节，终不自嫌以损于国也。先此～，见可施行。"清《四库总目提要·宋史》："详官阶之迁除，而无所删节，似～之文。" ❷ 向上级报告事由的文书。宋苏轼《奏论八丈沟不可开状》："伏望圣慈指挥，将朱勃～与臣所奏，一处看详。"《续资治通鉴长编》卷二九："（赵）普始为节度使，贻书台阁，体式皆如～，得者必封还之。"元明《水浒传》三三回："连夜便写了实封～，差两个心腹之人星夜来青州府飞报。"

【伸脚】 shēn jiǎo 犹"伸腿"。明《金瓶梅词话》六二回："先是一个孩儿没了，今日他又长～去了，我还活在世上做甚么？"又八〇回："今日他伸着脚子，空有家私，眼看着就无人陪侍。"

【伸懒腰】 shēn lǎn yāo 人疲乏时伸展腰和上肢。清《红楼梦》二六回："再看时，只见黛玉在床上～。"《白雪遗音·夏景》："村姑送饭多辛苦，不住连连～。"《歧路灯》一一回："只见赵大娘打呵欠，～。"

【伸理】 shēn lǐ 辨别曲直，加以处理。唐吕温《由鹿赋》："借如淮阴构祸，冤在～；通说且拒，豨谋宁起？"《元曲选·盆儿鬼》四折："若不是大人呵，这冤枉事何时～？"清《歧路灯》六四回："叩乞仁天大老爷～穷冤。"

【伸马】 shēn mǎ 牵拽缰绳使马前进。清《红楼梦》六六回："贾琏深为奇怪，忙～近了上来，大家一齐相见。"△《七侠五义》五九回："包兴一～进了巷口，到了衙前下马。"

【伸欠】 shēn qiàn 伸懒腰，打呵欠。五代王仁裕《玉堂闲话》卷三："每神将至，妇则先～呵嚏，谓侍者曰：'彼已至矣。'"宋觉范《赠觉成上人》："云泉措置万事外，须发凋零～中。"清魏之琇《续名医类案》卷二三："罗大无治一人～颊车蹉，但开不能合。"

【伸诉】 shēn sù ❶ 同"申诉❶"。《大宋宣和遗事》前集："在后客货卖，却消折了十无一二，无所～其苦。"《元曲选外编·东墙记》三折："小生有一句话，只得对小娘子～。"明《拍案惊奇》卷二三："行修～离恨，一把抱住不放。" ❷ 向上级官员说明情由。《唐会要》卷五七："每遇～冤滞者，仁轨辄美言许之。"《元曲选·救孝子》四折："兀那小厮，你有甚么不尽的词因，我跟前～，我与你做主。"清《东周列国志》一二回："夷姜怨气填胸，无处～，投缳而死。"

【伸缩】 shēn suō 伸展与收缩。比喻行为、动作方式作临时变化或数量、规模上作有限的或局部的变动。唐寒山《自从出家后》："～四肢全，勤听六根具。"宋《朱子语类》卷四七："有土有民，便～在我。"明何良俊《与王槐野先生书》："惟钱之用不穷者，以能权其轻重，而～之数，在我制之耳。"清李调元《南越笔记》卷二："上至兰若，其地蜿蜒～，开麓者九。"

【伸腿】 shēn tuǐ 指人死亡。清《醒世姻缘传》四三回:"你看多少人家名门大族的娘子,汉子方～就走作了。"《红楼梦》一三回:"如今～去了,可见这长房内绝灭无人了。"《霓裳续谱·女大思春》:"寻一个自尽,我就肝肠断,断肝肠,闭眼～,把拳来撍。"

【伸问】 shēn wèn ❶问候。宋《三朝北盟会编》卷五五:"令若水等～国相元帅台候万福。"明杨爵《漫录》:"有甚厚予,携壶酌以～者。" ❷请教。《景德传灯录》卷二五《罗汉守仁禅师》"僧曰:'若不～,焉息疑情。'"施护译《佛母出生波罗蜜多经》卷一七:"慈氏菩萨知如是义,遣我～,唯愿菩萨为我宣说。"《古尊宿语录》卷三四《舒州龙门佛眼和尚语录》:"近代问话多招讥谤,盖缘不知～致疑咨请之意。"

【伸谢】 shēn xiè ❶表示谢意。唐李亢《独异志》卷中:"荷君保全,故此～。"明韩雍《赠别李文曜少卿》:"振衣出门去,～宁无词。"《禅真后史》二二回:"又致书～州县官员。" ❷表示歉意。宋王谠《唐语林》卷三:"幽求闻之,拂衣而出。卢令遽下阶捉幽求衣,～之。"明杨士奇《故光禄大夫吴公神道碑铭》:"或屈己～,爱护僚属,恒掩瑕疵。"

【伸雪】 shēn xuě 申诉冤屈以求洗雪。唐郑熏《祭梓华府君神文》:"疲人受屈,必与～。"元王恽《哭节斋陈公》之三:"～绛冤谁有疏,吞声空向九天瞻。"清《九云记》二六回:"伏乞圣明,察其无罪,亟降～之旨。"

【伸冤】 shēn yuān ❶同"申冤"。唐李德裕《论太和五年,……悉怛谋状》:"伏乞宣付中书,各加褒赠,冀华夷感德,幽显～。"《元曲选·合汗衫》四折:"奉敕旨采访风传,为平民雪枉～。"清《红楼梦》八六回:"求青天老爷～,小人就只这一个儿子了。" ❷诉说冤屈,希望得到洗雪。唐李德裕《请先降使至党项屯集处状》:"只合诣阙～,岂可便兴师旅,残毁城戍,焚爇村闾?"宋王十朋《赠王吉老县尉》:"手斩凶人提髑髅,请死～诣公府。"清《蜃楼志》一四回:"奈彼时家徒四壁,无处～。"

【呻恫】 shēn tōng ❶因痛苦而发出声音。唐颜师古《匡谬正俗》卷六:"今痛而呻者,江南俗谓之呻唤,关中俗谓之～。"明朱谋㙔《骈雅》卷二:"～,呻吟也。" ❷悲痛;痛苦。明金幼孜《赠萧医士》:"化热为清凉,去烦息～。"清阎若璩《尚书古文疏证》卷七:"岂其既杀兄而～至此极乎?"

【绅衿】 shēn jīn 指地方上有地位有脸面的人。绅、衿,束衣大带,士大夫的服饰。宋宋祁《贺胡帅生日启》:"葱葱烟雾,莫陪贺客之～;栩栩梦魂,不远崇闳之墙仞。"明文秉《烈皇小识》卷四:"于是知县李嘉彦、～孙鹏等,皆逮问下狱。"清《绿野仙踪》一回:"那些～富户,见于冰人才俊雅,……谁家不想他做女婿。"

【绅士】 shēn shì 地方上有势力、有功名的人。宋王迈《莆阳方梅叔墓志铭》:"莆品丁之家,方为著姓,端人～,层见迭出。"明马光《两粤梦游记》:"全～极多,凡有争讼,虽小事,必有几人说情。"清《绿野仙踪》一回:"直隶广平府成安县有一～,姓冷名松。"

【身】 shēn ❶佩带;穿。唐樊宗师《绛守居园池记》:"(胡人)～刀囊靴。"《元史·乌古孙泽传》:"～一布袍数年,妻子朴素无华。" ❷地位;功名;事业。唐梁朱宾《大唐梁府君并夫人唐氏墓志铭》:"～由业立,果乃因成。"魏归仁《宴居赋》:"名因行立,～由才致。"李涉《李独携酒见访》:"嗟予潦倒～无成,偶因章句生浮名。" ❸量词。用于衣服。元明《水浒传》二六回:"开了锁,去房里换了一～素净衣服。"明《朴通事谚解》卷中:"来到家里害热时,把一～衣服都脱了。"清《红楼梦》七〇回:"麝月是红绫抹胸,披着一～旧衣。"

【身伴】 shēn bàn 即"身畔"。明《醒世恒言》卷一〇:"～无钱,将何请医服药?"《型世言》四〇回:"我们是早晚不离奶奶～的。"《欢喜冤家》一六回:"那日冯吉～有人跟随么?"

【身边】 shēn biān ❶身体(或头顶)的周边。唐元稹《蜘蛛诗序》:"巴蜘蛛大而毒,其甚者,～数寸。"任道遥《月波洞中记》卷上:"若阳人有三骨者,额上～骨起是也。"也指身体里面。宋王衮《博济方》卷四:"其妇人～一切诸疾,但只以温酒及当归薄荷同研一丸立瘥。"《元曲选·合汗衫》二折:"如今媳妇儿～的喜事。" ❷身上;身体或衣装可藏放钱物的地方。唐菩提流志译《大宝积经》卷二:"忽见其器,寻自念言:是我父物,将置～,或时藏举。"元明《水浒传》三回:"便去～摸出五两来银子,放在桌上。"清洪昇《长生殿》四七出:"这金钗、钿盒,就是君王定情日所赐。妾被难之时,带在～。" ❸指私房;私囊。《元曲选·曲江池》三折:"如今奶奶年已六十岁了,情愿将亚仙～所有,计算还你,勾过二十年衣食之用。"明《醒世恒言》卷三:"几年上偷银子做私房,～积趱有馀了。"清《绿野仙踪》五五回:"自从接客至今,五年光景,～零碎积下有百十多两银子。" ❹自身;自己。五代延寿《永明山居诗》之六四:"但看越分诛求者,唯向～积祸胎。"《元曲选外编·西厢记》五本四折:"我谨躬身问起居,夫人这慈色为谁怒?我则见丫鬟使数都厮觑,莫不我～有甚事故?"明孟称舜《娇红记》四〇出:"莫不我～甚做作,惹的你夫人恼?" ❺在某人身旁,指做侍妾、丫鬟或侍从。《元曲选·老生儿》一折:"如今老的将这小梅姨姨收在～。"清《情梦柝》二回:"老爷见他标致,要纳为妾,夫人不肯,送在小姐～。"《二度梅》八回:"收在～,心中又恐他生事,故此又写了一封荐书,到常州府里充当差役。"

【身边人】 shēn biān rén 侍妾;妾。宋廖莹中《江行杂录》:"(女)甫长成,则随其姿质,教以艺业,用备士大夫采拾娱侍。名目不一,有所谓～,……拆洗人。"元明《水浒传》二四回:"见今也讨几个～在家里,只是没一个中得我意的。"明《金瓶梅词话》六七回:"你每只说我～多,终日有此事,自从他死了,谁有什么心绪理论此事。"

【身才】 shēn cái 同"身材"。唐寒山《手笔大纵横》:"手笔大纵横,～极瑰玮。"元佚名《红绣鞋》:"生来的千般娇态,柳眉杏脸桃腮,不长不短俏～。"清《九云记》六回:"假女冠定睛看时,端的肌肤微丰,～合中。"

【身材】 shēn cái 身体的高矮和胖瘦。唐慧琳《一切经音义》卷七九:"瑰玮,～奇绝长大也。"《元曲选·救孝子》一折:"可便凛凛～七尺八,宜攒带,堪披挂。"清《红楼梦》七回:"～俊俏,举止风流。"

【身裁】 shēn cái 同"身材"。唐罗虬《比红儿》:"魏帝休夸薛夜来,雾绡云縠称～。"《宋高僧传》卷九《唐杭州径山法钦传》:"形貌魁岸,～七尺。"明《型世言》一回:"薄罗衫子称～,行处水沉烟霭。"

【身寸】 shēn cùn 身体的长度。"寸"可能是"才"之形讹。《敦煌变文校注》卷七《百鸟名君臣仪仗》:"雀公～惹子大,却谦(嫌)老鸱没毛衣。"

【身丁】 shēn dīng ❶指达到承担赋税年龄的男子。《续资治通鉴长编》卷二二八:"存立嘉祐中学究出身,以父坐事配为军,尝纳官赎父,得免军籍,既而乡县籍～如平民。"《宋史全文》卷二八:"凡民间父祖年六十以上,而～未成者,亦行科纳。" ❷指身丁钱。宋宋庠《论蠲除杂税札子》:"于是有～地头之赋,农具牛皮之征。"《续资治通鉴》卷九八:"应募者免其～。"

【身丁米】 shēn dīng mǐ 即"身丁钱"。以米折合代钱。宋蔡襄《乞减放漳泉州兴化军人户～札子》:"臣伏见泉州、漳州、兴化军人户每年输纳～七斗五升，年二十至六十免放。"《宋史·高宗纪八》："蠲郴、道、永三州、桂阳军民～。"

【身丁钱】 shēn dīng qián 成年男子向政府交纳的人口税钱，宋时称身丁钱。宋蔡襄《乞减放漳泉州兴化军人户身丁米札子》："祥符中，特降御札，蠲除两浙、福建六路～四十五万贯。"明叶春及《惠安政书三》："钞纳如故，徭且丛集，视宋之～不减矣。"

【身东西】 shēn dōng xī 死的讳称。《敦煌资料》第一辑(五)《卯年张和和便麦契》："恐人无信，故勒此契。卯年四月一日张和和手帖。中间或～，一仰保人等代还。"又《壬午年郭定成典身契》："[定]成～不平善者，一仰阿兄郭定昌面上取本物。"又《唐大中六年僧张月光易地契》："如～不在，一仰口承人知当。"

【身段】 shēn duàn ❶身材；身体的形态。宋柳永《木兰花》："星眸顾拍精神峭，罗袖迎风～小。"元邓玉宾《村里迓古·仕女圆社气球双关》："～儿直，掖样儿娇，挺掩更妖娆。"清《绿野仙踪》八二回："模样儿极俊俏，～儿极风流。" ❷作风气派；架子。清李玉《清忠谱》一三折："只是那周老男，在阊门外装了大阿哥～，昨日有人请他吃戏酒，此时尚未回家。"《水浒后传》二九回："李俊做了暹罗国王，还是浔阳江上～？宋公明一生心事，被他完了。" ❸戏曲演员在舞台上表演的各种舞蹈化的动作。清李渔《闲情偶寄》卷五："此折之妙，全在共对月光，各谈心事，曲既分唱，～即可分做，是清淡之内原有波澜。"《十二楼·夺锦楼》一回："一个个都去涂脂抹粉，走到刑尊面前，还要扭扭捏捏装些～出来。"袁枚《子不语》卷二三："张生、莺莺、红娘、惠明、法聪诸人，能自行开箱着衣服。～交接，揖让进退，俨然如生，惟不能歌耳。"

【身法】 shēn fǎ 招数；身体灵活应变的能力。明《西游记》八九回："沙僧让个～躲过，妖精得空而走。"戚继光《纪效新书》卷一四："学拳要～活便，手法便利，脚法轻固，进退得宜。"清孔尚任《桃花扇》一三出："跳下阶来，使尽～，左轮右舞，恰似玉蟒缠身，银龙护体。"

【身分】 shēn fèn ❶指人的出身和社会地位以及相应的举止作派。《元曲选·勘头巾》一折："则你那帮闲钻懒腌～，到官中也不索取词因。"明张岱《陶庵梦忆》卷四："而是妓忽出～，肃客先行，自缓步尾之。"清《红楼梦》七三回："如今他犯了法，你就该拿出小姐的～来。" ❷禀性；品行；德性。《敦煌变文校注》卷五《金刚般若波罗蜜经讲经文》："众生～还如此，贪恋无明欲火中。"明《挂枝儿·糊涂》："似游蜂儿的～，吃了要，要了吃。"清陆陇其《先府君圹记》："居官不入党，秀才不入社，便有一半～。" ❸体态；样子。宋杨无咎《探春令》："搦儿～，溯儿鞋子，捻儿年纪。"元关汉卿《调风月》一折："觑了他兀的模样，这般～，若脱过这好郎君，交人道眼里无珍一世贫。"清《野叟曝言》六九回："已看不出～脚步，只把各人的眼光耀得霍霍不住。" ❹物品的质量；诗作的品味。明《金瓶梅词话》二五回："俱是金织边五彩蟒衣，比杭州织来的，花样～更强十倍。"清《醒世姻缘传》六五回："只得差不多才好，要是～相去悬绝了，人不得眼。"《红楼梦》三七回："大家看了，宝玉说探春的好，李纨才要推宝钗这诗有～，因又催黛玉。" ❺犹"身法"。元明《水浒传》二三回："把那打虎的～拳脚细说了一遍。"清《后水浒传》一七回："霎时在台上起飞脚，使空拳，一时打出许多名色、各种～来。"《野叟曝言》一〇六回："适演小驸马出场，～锤法，俱有师传。" ❻指行为。带贬义则相当于"勾当"。宋《朱子语类》卷二一："问曾子三省。曰：'此是他自见得～上有欠阙处。'"又："孔门之教说许多仁，却未曾正定说出。盖此理直是难言，若立下一个定说，便该括不尽。且只于自家～上体究，久之自然通达。"明《拍案惊奇》卷二〇："所以闲常也与人做些不伶俐的～。"

【身干】 shēn gàn 身躯或树干。宋晁说之《邢惇夫墓表》："惇夫～如寻常男子，而广额大口，眸子炯然。"朱弁《曲洧旧闻》卷四："山有具茨寺，其中产一种木，～枝叶皆如槐。"清毛奇龄有《桐江王生长～一丈餘二尺遇于城东里有长句》。

【身格】 shēn gé ❶指科第名次。明焦竑《玉堂丛语》卷六引《澹园集》："词林故华贯，国初惟材是畀，不局～。" ❷身材。明《型世言》五回："娶得一个妻子邓氏，生得苗条～，瓜子面庞，柳叶眉，樱珠口。"

【身骨】 shēn gǔ 身子骨；体格。清《红楼梦》九〇回："虽～软弱，精神短少，却也勉强答应一两句了。"

【身故】 shēn gù 死亡。唐佚名《叶师祖妻造像记》："未及成就，门孙婆其年五月四日～。"宋《明公书判清明集》卷一三："今平～，亲兄王方驾虚人词，称其弟平有财本五百千，为子才所并。"清《红楼复梦》一回："做亲未及一年，蒋玉函～。"

【身肌】 shēn jī 同"身己❷"。元孙叔顺《一枝花》："浪荡子合当废，破故纸揩不了腥臭，寒水石洗不尽～。"孙季昌《粉蝶儿》："打熬出闷忧中日月，憔悴了花朵儿～。"

【身己】 shēn jǐ ❶自身；自己。五代贯休《村行遇猎》："伤嗟个辈亦是人，一生将此关～。"宋《朱子语类》卷八："那人直是要理会～，从自家～做去。"真德秀《西山读书记》卷二八："至于约之以礼，又要逼向～上来。" ❷身体；身子。宋《朱子语类》卷一三二："每看史策到这般地头，为之汗栗，一个～便顿在兵刃之间。"元《通制条格》卷二九："他每的～不清净，与上位祝寿呵，怎生中？"明佚名《走苏卿》："怕的是晚夕，没着落～。" ❸精神。明佚名《普天乐·撒娇》："横死贼入门来，昧的来醺醺醉。我见他乞皱着个嘴脸强打挣着～。" ❹指身分。元明《水浒传》七五回："这两个男女，不知～多大，装煞臭幺。"

【身计】 shēn jì 生计。唐张籍《羁旅行》："旧山已别行已远，～未成难复返。"宋田况《儒林公议》卷上："旬浣吉旦诣公，语餘，遂及～，公答以它辞。"清汪琬《漫兴》："儿是乌皮杖是藤，十年～百无能。"

【身家】 shēn jiā ❶本人和家庭。唐李漼《即位赦文》："其餘人户所欠钱物，如～已亡殁，或在贫穷，家业荡尽，无可征纳，……宜并放免。"宋《三朝北盟会编》卷九二："臣世受国恩，～宗族皆不敢顾。"清高述明《塞外》："楼兰犹未斩，那敢顾～。" ❷家产；家业。明刘宗周《修陈钱法疏》："诸小铺必报土著之有～者，听其新钱旧钱分别兑换。"《拍案惊奇》卷二二："张多保又是个有～、干大事惯了的人。"清《平定台湾纪略》卷五八："是以稍有～及负贩营生者，亦多畏其抢夺。" ❸身分地位。明《清平山堂话本·戒指儿记》："低低的附耳低言，不过数句，断送了女孩儿的～，送了阮三郎性命。"徐问《修举武备疏》："每选五十名，推～众服者一人为乡长，俾其各相联属，自为教练。"清《平定台湾纪略》卷四七："臣恐贼匪冒充混入其中，乘隙窃发，即责成义民有～者保结，再令归庄安业。"

【身价】 shēn jià ❶指人的社会地位。宋任广《书叙指南》卷五："好名曰坐作～。"元钱惟善《送吉甫赴江西省同考试》："此行～南金重，要贡真材作栋梁。"清周召《双桥随笔》卷一："士君子～之重轻，有不系于科名者。" ❷人身买卖的价款；婚姻离异的补偿金。明《醒世恒言》卷三三："说是无计奈何，将奴家典与他人，典得十五贯～在此。"清《白雪遗音·独占》："况小娘子是，～千金岂易商，我是羞涩囊空无措办，如何金屋把娇藏。"《江南通志》卷一四七："旧例，民娶旗女，当离异。文彝议偿～，著为令。"

❸ 阵亡将士的抚恤金。清玄烨《谕内阁》:"边外捕贼被杀者,恤与～。"《大清律例》卷二三:"若被伤身亡者,亦照绿旗阵亡例,分别给与～银两。" ❹ 物品的价值。宋祖无择《卢石》:"沉埋旷代谁尔珍,一日～逾荆璧。"明汪砢玉《珊瑚网》卷四八:"倘不得,则生造毁谤,必欲此物名誉～不彰。"清卞永誉《书画汇考》卷三一:"若夫苏子瞻之仇池,米元章之砚山,可抑其～,与他山之石等。"

【身壳】 shēn ké 躯壳。元明《水浒传》一一五回:"见哥哥张横,在大江里,来借哥哥～,飞奔上岸,跟到五云山脚下,杀了这贼。"

【身面】 shēn miàn 身上,也指身体。明《禅真后史》一六回:"'还有一件,你身孕目今是几个月日,腹中也曾见些动静么?'阿媚道:'～上的苦楚,二娘原是过来人,不必说得。'"清《清夜钟》二回:"况～上已有六七个月,也望生一个,留他一脉。"《风流悟》五回:"不上一年,家私倾尽。连琬娘几件～上随行的首饰,也赌空了。"

【身命】 shēn mìng ❶ 命运。唐韩愈《赠族侄》:"岁时易迁次,～多厄穷。"《元曲选外编·西游记》一三出:"则俺那俊多才,怕不道思量俺,争奈他～儿太跋蓝。"明张宁《李妇传》:"妇遽应曰:'夫妇～相连,夫死,我决不独生。'" ❷ 行为;做事。宋《朱子语类》卷六〇:"检点自家～果无欠阙,事君真个忠,事父真个孝,仰不愧于天,俯不怍于人,其乐孰大于此!" ❸ 身分。元宫天挺《七里滩》三折:"我则是那草店上相逢时那个～,便和您,叙交情,做咱那伴等。"明张次仲《待轩诗记卷首》:"用之修身齐家治国平天下,……自有以不辱～,不辱名教,不辱君父,不辱苍生,一以致之矣。"清杨汝谷《北行偶述》:"向北物价增,去乡～贱。" ❹ 身体。明汤显祖《牡丹亭》一六出:"夫人,好看惜女儿～,少不的人向秋风病骨轻。" ❺ 男性生殖器的讳词。《元曲选·后庭花》二折:"与孩儿做一个单绢裤遮了～,做一个布上衣盖了皮肤。" ❻ 指穿着。明《警世通言》卷一三:"押司娘看见他夫妻二人～干净,又送盒子来,便道:'你那得钱钞?'"清《醒世姻缘传》九二回:"这等～,怎好往高门大户去得?"

【身模】 shēn mú 体形。明《西游记》六三回:"观其形象十分恶,见此～怕杀人。"

【身畔】 shēn pàn 身边。五代佚名《赵州真际禅师行状》:"师～特有沙弥文远,高声云:'启大王,不是者个左右。'"宋杨师纯《清平乐》:"窗下无人自针线,不觉郎来～。"清《飞龙全传》五六回:"只待贫道出去,看有谁人近得～。"

【身傍】 shēn páng 旁边;身边。唐杨筠松《撼龙经》:"枝叶不多关峡少,却有护卫随～。"宋周密《癸辛杂识》别集下:"且方盛年,肯在七十多病老翁～,日夕担负大公徒,此世间最难事。"清《绿野仙踪》六回:"那虎便从于冰～擦了过去,其爪止差寸许。"

【身品】 shēn pǐn 身材。《通典》卷一七:"～强壮,及第八上,并兵部所送人不沾第一等,及准例合送兵部者,为第二等。"孟元老《东京梦华录》卷一〇:"教坊使孟景初～魁伟,贯全副金镀铜甲装将军。"明万民英《三命通会》卷六:"容貌欹斜,～琐小,胆怯心虚,凡事无成。"

【身奇】 shēn qí 同"身起"。《元曲选·桃花女》三折:"坐车儿倒背我这～,手帕儿遮蒙了我面皮。"明孟称舜《娇红记》二三出:"你才子～,怎搭上风尘贱妓。"

【身起】 shēn qǐ 身体;身子。唐王梵志《沉沦三恶道》:"倒拽至厅前,枷棒遍～。"金《刘知远诸宫调》二:"扑翻～,权时歇待。"元关汉卿《拜月亭》二折:"男儿呵,如今俺父亲将我去也,你好生的觑当你～。"

【身钱】 shēn qián ❶ 身丁钱。宋陈师道《后山谈丛》卷三:"吴越钱氏,人成丁,岁赋钱三百六十,谓之～。"清《福建通志》卷一三:"历代以来,～折米算口赋丁,有司率以增额书上。" ❷ 佣工钱。宋周密《癸辛杂识》别集下:"时银花年限已满,其母在前,告某云:'我且一意奉侍内翰,亦不愿加～。'"明《型世言》三六回:"这些奶子,乡下才来的还好,若是走过几家的过圈猪,那里肯靠这三四两～?"清《歧路灯》五〇回:"我急的慌,说唱一年五十两～,方才依了。" ❸ 同"身价❷"。宋元《警世通言》卷二〇:"若不要庆奴,情愿转纳～,还归宅中。"明郑文康《题杂画》之一七:"伴食空居政事堂,死时惟剩一空囊。家中留得苍头在,自鬻～办主丧。"清《十二楼·归正楼》三回:"乌龟鸨母听了,就问他索取～,还要偿还使费。"

【身欠】 shēn qiàn 伸腰打呵欠。明朱橚《普济方》卷一九七:"一切痁疾,发作有时,先觉～,乃作寒栗。"清洪昇《长生殿》一一出:"我娇怯怯朦胧～,慢腾腾待自起开帘。"

【身上】 shēn shàng ❶ 自身;自己。《敦煌变文校注》卷一《捉季布传文》:"朱解问其周氏曰:'有何能德直千金?'周氏便夸～艺:'虽为下贱且超群。'"宋《朱子语类》卷一二六:"当初学者亦只是说不曾就～做工夫,至伊川方教人就～做工夫。"清陆陇其《示大儿定徵》:"若不将来～理会则读书自读书,做人自做人,只算做不曾读书的人。" ❷ 指妇女的月经。明《金瓶梅词话》五五回:"～来了,不方便。"《山歌·身上来》:"年当悔,月当灾,撞着子情郎正遇巧～来。"

【身手】 shēn shǒu ❶ 本领。唐李筌《太白阴经》卷五:"其副使、子将,并久谙军旅、好～者任。"宋《三朝北盟会编》卷二三〇:"然所签人皆不均,其间实会武艺、好～、行贿赂者皆免,贫者虽单丁亦皆签发。"清屈大均《广东新语》卷一六:"龙门健儿～强,棉木为枪三丈长。" ❷ 身体;体格。宋胡宿《论弓手替换》:"七年满,情愿执役,～强壮能捉贼盗者,州县体量依旧执役。"洪迈《夷坚志》乙卷一:"翟虽为女妇,～雄健,膂力过人。"清赵执信《寄讯稼民弟登马鞍山》:"羡尔～健,当兹耕稼闲。"

【身首】 shēn shǒu ❶ 自首。《唐律疏议》卷五:"纵经官司告言,皆同罪人～之法。"元胡炳文《纯正蒙求》卷上:"(宋张詠)守成都,贼党有杀耕牛避罪逃亡者,公许其～。"元明《水浒传》一二回:"推司也觑他是个～的好汉,又与东京街上除了一害,牛二家又没苦主,把款状都改得轻了。" ❷ 指身体。宋刘子翚《谕俗》之一:"东家红巾郎,长大好～。"明朱诚泳《农夫谣》:"小儿成甘泉,～犯边尘。"清沈涛《江上遗闻》:"有一将,张黄盖,高坐十方庵后,指挥间为炮所及,～分为三。"

【身死】 shēn sǐ (人)死。唐宋之问《为长安马明府亡母请邑号状》:"又臣～之后,合有鼓驾出郊,在臣何颜,存殁叨偕?"《元典章·刑部三》:"夺到行使木棒,将侄袁百六打伤,至次日～。"清《红楼复梦》七二回:"你前夫是何处人,……多少年纪?因什么病～?"

【身下】 shēn xià ❶ 身边。宋《五代史平话·梁上》:"望家乡又在数千里外,～没些个盘缠。" ❷ 名下。明《二刻拍案惊奇》卷八:"又将～房屋典戤了五六十两,有些当头田地,登时卖尽,也有七八十两。"

【身小】 shēn xiǎo 身孕;胎儿。元张国宾《汗衫记》三折:"咱媳妇儿去时有三个月～,经今去了十七年也。"《元典章·吏部六》:"勒稳婆某,验得妇人某所堕～,系几个月,验是因殴堕落。"

【身行】 shēn xíng 只身行走。宋道潜《次韵子瞻饭别》:"～异土老多病,路忆故山秋易荒。"明《封神演义》五二回:"吾非不能遁回朝歌见天子，再整大兵，以图恢复。只人马累赘，岂可舍此～?”清姚世钧《饶州舟次独酌醉后放歌》：“～万里从此始，浩荡莫让波间鸥。”

【身役】 shēn yì 差役；差使。唐王梵志《父母是怨家》：“～不肯料，逃走皆家里。”《元曲选外编·村乐堂》二折：“洒家是个关西汉，岐州凤翔府人氏，在这蓟州当～。”《大清律例》卷四：“凡钦天监官为事请旨提问，与职官一例问断。该为民者，送监仍充天文生～。”

【身孕】 shēn yùn 怀了胎儿的现象。宋柳开《宋故昭义军节度推官柳君墓志铭》：“人～及生以长暨立，煦之育之，教之成之，言语衣食，皆父母也。”《元典章·刑部七》：“本州因宋招儿怀四个月～，有妨科决，发下昫山县收禁。”清《红楼梦》六九回：“腹中也有～，但不能预知男女。”

【身仗】 shēn zhàng 身材。清《野叟曝言》四六回：“这大汉～很好，若会些武艺，便充得一员头目。”

【身子】 shēn zi ❶身体。元许衡《大学直解》：“心既能静，～便到处皆安稳，自然不动摇。”明刘若愚《酌中志》卷一六：“凡收入官人，先选～伟壮有力者百餘人，分派大轿、小轿并伞扇等，演习步骤。”清《白雪遗音·独占》：“我为你辛苦了一日，～甚倦，先要去睡了。” ❷指女子的贞操或处女之身。明《醒世恒言》卷三六：“～已被玷污，大仇又不能报。”《拍案惊奇》卷二四：“虽是破了～，也是出于无奈，怪不得你的。”清《白雪遗音·你的容颜》：“你的容颜我常常见，你的～我无曾粘。” ❸犹“身孕”。明《金瓶梅》七八回：“怕怎的，你～怀的又不显，怕还不是这个月的孩子，不妨事。”清《儒林外史》二六回：“那王家女儿怀着～，要分娩。”《红楼复梦》二六回：“二月间养了六姑娘，还没有满月就有了喜。这会儿又怀着几个月的～呢。” ❹身材。元张鸣善《普天乐·赠妓》：“性格儿稳重，～苗条。”明《朴通事谚解》卷中：“一个细长～儿，小团栾面皮儿的汉儿人。”清袁枚《子不语》卷三：“只觉～短小，不似平时。” ❺身姿；架式。明《西游补》二回：“行者大怒，登时现出大闹天宫～，把棒幌一幌像缸口粗，又纵身跳起空中，乱舞乱跳。”

【糁盆】 shēn pén 以麻粈为燃料的照明火盆。明《警世通言》卷八：“初如萤火，次若灯光，千条蜡烛焰难当，万座～敌不住。”

【粈盆】 shēn pén 祭祀或其他场合燃烧的火盆、火堆，燃料用麻粈(芝麻枯饼)、竹木等。宋洪适《雨中排闷》：“天意未晴人未饮，家奴款曲办～。”明袁宏道《吴中岁时纪异》：“十二月二十四日祀灶，竟夕爆竹，各燃火炉于门外，焰高者喜，谓之～。”清厉鹗《正月三日南湖大雪》：“除夕阴阴星斗晦，～桦烛明千家。”

【深奥】 shēn ào 幽深隐秘。宋《朱子语类》卷三九：“‘室是神化地位否?’曰：‘非也。室只是～处。’”明张瀚《松窗梦语》卷二：“洞在江中，石山高峙，水浒壁立，而岩洞～。”清《白雪遗音·游庵》：“悠悠禅室多～，但只见紧闭山门路不通。”

【深到】 shēn dào 深刻；造诣深；深厚。宋苏舜钦《答章傅》：“开轩延与语，指亦有～。”元戴良《余豳公手帖后题》：“他如篆隶行诸字画，亦往往～，有汉晋作者之遗风。”清汪由敦《唐衢尊集序》：“(晋江)先生许其才气卓越，工力～。”

【深分】 shēn fèn ❶交情深厚。唐元稹《感梦》：“拔我尘土中，使我名字美。美名何足多，～从此始。”牛僧孺《玄怪录》卷一：“而又福不再遇，良时易失，苟非～，岂荐自代。”《敦煌变文校注》卷七《故圆鉴大师二十四孝押座文》：“至亲骨肉须同食，～交朋尚并粮。” ❷深厚的交情。唐刘禹锡有《乐天见示伤微之敦诗晦叔三君子皆有一因成是诗以寄》。宋李流谦《独步》：“一生与物无～，竹叶相看合有情。” ❸指交情深厚的朋友。明胡直《念庵先生行状》：“项(瓯东)叹服，遂定交为～。”又《故太学生陈芙野君墓志铭》：“好与贤己者为～。”

【深厚】 shēn hòu ❶纯厚；纯朴。唐孔颖达疏《礼记·礼运》“君子以厚，小人以薄”：“君子性识纯深，得礼而弥～；小人智虑浅薄，得礼自虚薄。”《资治通鉴》卷二六三：“又诏成德节度使王镕选进五十人充敕使，取其土风～、人性谨朴也。”清《歧路灯》九九回：“又说起河南新荣某人，敦笃～，将来鼎台重望。” ❷深沉；思想感情不外露。宋孔平仲《续世说》卷四：“张柬之～有谋，能断大事。”明李贤《古穰杂录摘抄》：“户部尚书王佐，山东人，仪表凝重，器宇～。” ❸殷切。宋韩维《朝散郎试中书舍人曾公神道碑》：“时除授日数十百人，公各举其职以训，丁宁～，学者以为复见三代遗风。”明宋濂《恭题御制赐给事中林廷纲等敕符后》：“求其诲谕谆切，期望～，犹父命子，如廷纲所被者无有也。”祝允明《呈分巡顾佥宪帖》：“寓京时，受教～，方愧不能仰报。” ❹深重。五代杜光庭《神仙感遇传》卷五：“汝积罪～，应入地狱。”宋袁寀《世范》卷中：“此乃天之所弃，待其积恶～，从而殄灭之。” ❺(颜色)浓重。宋王观《扬州芍药谱》：“绿叶色～，疏而长以柔。”明王士性《广志绎》卷四：“宣窑五彩堆垛～，而成窑用色浅淡，颇成画意，故宣不及成。” ❻感情好。清《红楼梦》七四回：“因思素与怡红院人最为～，故走来悄悄的央求晴雯、金星玻璃等人。”

【深浅】 shēn qiǎn ❶比喻分寸、利害、厉害的程度。宋杨士瀛《仁斋伤寒类书》卷二：“太过者，粗工不知～，轻举妄动者为之，或问证而不知脉。”明《封神演义》七二回：“末将初会战时，不知～，误中他火龙兵冲来，势不可解，大折一阵。”清《歧路灯》一〇八回：“全淑微恚道：‘骂人没～。’” ❷底细。清《续金瓶梅》四一回：“这件事还该打听打听，才该许口。他一个金朝的将爷家，不知～，姑娘怎么就轻轻许了。”《野叟曝言》四二回：“我们初搬此间，外人不识～，料无妨碍。”

【深切】 shēn qiè 深挚而急切；深挚而亲切。宋曾巩《移明州乞至京迎侍赴任状》：“窃计臣老母之心，闻臣之来，倚门之望，固已～。”元许衡《大学直解》：“大臣见有德行美好通明的人，心里爱得～。”明宋濂《修慎斋记》：“世之为父者，孰不知爱其子，如吾父之～，十百之中不知宁几见耶?”

【深喏】 shēn rě 大幅度地作揖唱喏。明《拍案惊奇》卷三一：“马绥走近前，与陈林～一个。”

【深透】 shēn tòu ❶深深透过；深而通透(指雨量足)。宋李之仪《蓦山溪》：“蜂蝶不胜闲，惹残香、萦纡～。”明徐宏祖《西南游日记》三：“山西北垂亦有洞，西向中穹，不甚～。”清弘历《留京王大臣报得透雨诗以志慰》：“口外实～，京中尚忆悬。” ❷深谙；深达。元方回《瀛奎律髓》卷二六：“此非～老杜、山谷、后山三关不能也。”明茅坤《唐宋八大家文钞》卷三三赞宋欧阳修《论乞放还蕃官胡继谔札子》：“～人情国体之言。”《禅真逸史》二回：“卿言～禅机，使朕豁然省悟。” ❸深刻透彻。清《红楼梦》三八回：“将‘供菊’说完，没处再说，故翻回来想到未折未供之先，意思～。”《化治四书文》卷二评明顾清《学而不思则罔》：“稳切～，语皆明洁。”

shén

【什么】 shén me 疑问指代词。❶表示疑问。《六祖坛经·机缘品》:“师又曰:‘汝名～?’”《元曲选·老生儿》二折:“婆婆,和那叫化的争～?”清《红楼梦》七回:“～事情这样忙的不回家?” ❷ 表示否定。《景德传灯录》卷二五《天台山德诏国师》:“若只贵答话简辨,有～难,但恐无益于人,翻成赚误。”《元曲选·窦娥冤》三折:“要～素车白马,断送出古陌荒阡!”清《红楼梦》三一回:“～公的母的,又胡说了!” ❸ 指代不肯定的事物。宋《朱子语类》卷九四:“见人说四方无边,某思量也须有个尽处。如这壁相似,壁后也须有～物事。”《元曲选·杀狗劝夫》楔子:“今日是俺哥哥生日,俺虫儿无～物件将去与哥哥祝寿。”清《红楼梦》六一回:“宝玉便瞅他两个不提防的时节,自己进去拿了些～出来。” ❹ 用在某些专名前,表示对所说的人或事物不很清楚。宋元《警世通言》卷四:“数日前,有一道侣到此,索纸题诗,黏于壁上,说是骂～拗相公的。”《元曲选·灰阑记》一折:“我张林自从和妹子唱叫了一场,出门去寻俺舅子,谁想他跟着一个～经略相公种师道,到延安府去了。”清《红楼梦》一三回:“我们木店里有一副板,叫作～樯木。” ❺ 表示任指。明汤显祖《牡丹亭》六出:“不管～文字,念了与寡人听之。”清《红楼梦》三六回:“送～我就收下～,横竖我有主意。” ❻ 何等;多么。宋《朱子语类》卷一二二:“‘微先生不能成光武之大,微光武岂能遂先生之高?’直是说得好。其议论～正大!”

【什么似的】 shén me shì de 用在动词后,表示程度深。清《红楼梦》三二回:“回来他还叫赶着做去,我才说了是你作的,他后悔的～。”又五三回:“你这里供着祖宗,忙的～,那里搁得住我闹?”

【什么是的】 shén me shì de 同“什么似的”。清《红楼梦》二七回:“我喜欢的～。”又六〇回:“可不都吃了,他爱的～。”

【什么样】 shén me yàng 疑问指代词。❶ 表示赞叹。宋《朱子语类》卷三:“刘元城死时,风雷轰于正寝,云雾晦冥,少顷辨色,而公已端坐薨矣。他是～气魄!” ❷ 询问样式或性质。《元曲选·竹叶舟》三折:“你是～人,要我渡你?”明《古今小说》卷四〇:“要～的房子?”清《红楼梦》七回:“你是～的人,不说没听见,还倒细问!”

【什摩】 shén mó “什么”的早期书写形式。《祖堂集》卷三《慧忠国师》:“祖师曰:‘实说你是～处人。’子曰:‘浙中人。’”又卷五《翠微和尚》:“是你每日噇～?”

【什摩生】 shén mó shēng 即“什摩”。生,后缀。《祖堂集》卷七《雪峰和尚》:“师云:‘你还肯也无?’对云:‘作摩生肯?’师云:‘作摩生说不肯底道理?’对云:‘～?’”又卷八《云居和尚》:“问:‘举目便知意时如何?’师云:‘～事?’”

【什没】 shén mò “什么”的早期书写形式。《敦煌变文校注》卷五《佛说阿弥陀经讲经文(二)》:“前生为～不修行?”

【甚】 shén ❶ 什么。唐郭震《王昭君》之一:“容颜日憔悴,有～画图时。”《元曲选·玉镜台》三折:“到这里论～使数,问～官媒。”清《歧路灯》三〇回:“那些须小事,提他做～。” ❷ 为什么。宋柳永《锦堂春》:“依前过了旧约,～当初赚我,偷剪云鬟。”金《刘知远诸宫调》一一:“～你却抵讳,问我儿安乐存亡,划地道不知?”清陆求可《倦寻芳·春旅》:“～今春、向风尘,碌碌两眉空皱。” ❸ 怎样;何等。宋《朱子语类》卷一二九:“观仁宗用韩、范、富诸公,是～次第!只为小人所害。”刘克庄《后村诗话》卷四:“李杜是～气魄,岂但工于有韵者,及古体乎?”明刘宗周《论语学案》卷三:“将富贵功名之念一齐斩断,到临境时,只随缘分付,可仕可止,不受人羁勒中,是～次第。”

【甚般】 shén bān ❶ 什么样。金《董解元西厢记》卷七:“怕到黄昏后,窗儿下～情绪!”明《西游记》六八回:“你那曾见《素问》,……《脉诀》,是～章句,怎生注解?”清洪昇《长生殿》九出:“思伊,纵有天上琼浆,海外珍馐,知他～滋味!” ❷ 何等;多么。宋佚名《张协状元》五三出:“幞头儿,幞头儿,～价好!”《大宋宣和遗事》前集:“天子是～聪俊,何事不理会!”

【甚次第】 shén cì dì 何等;多么。宋《朱子语类》卷一一八:“这全在人。且如发育万物,峻极于天,礼仪三百,威仪三千,～大事,只是一个人做了。”又卷一二四:“圣贤之学,如一条大路,～分明。”袁燮《絜斋家塾书抄》卷一:“看二典,都不与后世相似,蛮夷猾夏,寇贼奸宄,是～事,而舜只命皋陶明刑。”

【甚地】 shén de ❶ 什么。宋吕渭老《小重山》:“知他因～,瘦厌厌。”宋元《古今小说》卷一五:“王婆道:‘～事?’”明《禅真后史》一四回:“这是～缘故?” ❷ 怎么;为什么。宋元《警世通言》卷一三:“丈夫,～便睡着?”

【甚底】 shén de 什么。宋苏轼《无愁可解》:“问愁何处来,更开解个～?”元舒頔《朝天子》:“尽教他争～,不如他瞌睡,不如咱沉醉,都不管天和地。”清《醒世姻缘传》九二回:“如今却因～,又寻到儿子家来,三茶六饭叫人供养?”

【甚的】 shén de 什么。宋《三朝北盟会编》卷二三:“军马已起,更商量～?”元许衡《直说大学要略》:“小人于人不见处～勾当不做出来?”清《荡寇志》七五回:“二位客官吃～?”

【甚的是】 shén de shì 哪里是,用于反问,表示否定。元关汉卿《普天乐·喜得家书》:“久客在京师,～闲传示?”《元曲选·秋胡戏妻》二折:“从早起,到晚夕,上下唇并不曾粘着水米,～足食丰衣!”明冯惟敏《沉醉东风·缮室》:“人都要所事强,俺子待胡将就,～万载千秋。”

【甚的样】 shén de yàng 怎样。明《醒世恒言》卷一四:“大郎大娘子不要人来,老身自问二郎,这病是～起。”

【甚等样】 shén děng yàng 什么样。《元曲选·燕青博鱼》一折:“哥哥,俺是～人家,着他辱门败户。”元明《水浒传》五六回:“汤隆问道:‘却是～皮匣子盛着?’”明《醒世恒言》卷三八:“三者看是～人家。”

【甚迭】 shén dié 什么。元关汉卿《碧玉箫》:“你欢娱受用别,我凄凉为～?”

【甚么】 shén me ❶ 同“什么❺”。唐德诚《拨棹歌》:“香象子,大龙儿,～波涛扬得伊。”元马致远《清江引》:“会作山中相,不管人间事,争～半张名利纸。”清《醒世姻缘传》六八回:“天下的货物都来赶会,卖的衣服首饰玛瑙珍珠,～是没有的。” ❷ 用在句子末尾,构成反问句。《元典章·刑部一》:“这般宣谕了,和尚每的勾当其间里侵人来的人,不怕那～!”又《刑部三》:“今后,若再有这般做厌镇底人每,不杀那～!”明《朴通事谚解》卷中:“你做这般不合理的勾当,若官司知道时,把咱们不偿命那～!”

【甚么是】 shén me shì 哪里是;哪里。用于反问,表示否定。清《续金瓶梅》五二回:“那姚庄风也似去了,～个影儿,全望不见了。”《醒世姻缘传》四九回:“把个头拱在晁夫人怀里,～拉的他起来!”又七九回:“看着孩子受罪的一般,～吃得下的!”

【甚么样】 shén me yàng ❶ 同“什么样❷”。宋《朱子语类》卷四:“论性,要须先识得性是个～物事。”元明《水浒传》二八回:“你那小管营是～人?”清胡渭《大学翼真》卷四:“致知者,当就～事推致其理?” ❷ 怎么样;多么。宋《朱子语类》卷一二一:“尝见已前相识间做赋者,～读书!无书不读。而今只念那乱道底赋,有甚见识?”又卷一二三:“天下人心～感动!”清陆陇其《四书讲义困勉录》卷二九:“墨氏之仁,至于摩顶放踵利天下亦为之,是～慈悲!”

【甚么子】 shén me zi 疑问代词,代指不肯定的事物。明《西洋记》五回:“尔众生怀袖里可有～没有?”清《醒世姻缘传》五三回:“一边叫晁书娘子拿点～来与小琏哥吃。”

【甚末】 shén me 什么。元关汉卿《拜月亭》三折:“早是没外人,阿的是～言语那!”《元曲选外编・紫云庭》三折:“你明日吃～?兀自忍不到那十分饿!”杨立斋《哨遍》:“问～,南邻富贵,北里奢华,只有此身无价。”

【甚摩】 shén mó 什么。《敦煌变文校注》卷五《妙法莲华经讲经文(二)》:“未番爱修～行,求何三昧唱将来。”《祖堂集》卷一三《报慈和尚》:“和尚对圣人说个～事?”又卷二○《兴化和尚》:“师问僧:‘～处来?’对云:‘崔禅师处来。’”

【甚没】 shén mò 什么。唐郑还古《博异志・苏遏》:“问曰:‘～人?’曰:‘不知。’”《敦煌变文校注》卷一《李陵变文》:“单于问:‘是～人?……作～来?’”

【甚莫】 shén mò 什么。宋杨简《慈湖诗传》卷四:“‘云如之何’,犹俗语云更说～。”佚名《张协状元》四出:“〔丑〕～时?〔生〕子时。”元曾瑞《端正好・自序》:“咱图个～?未转首总南柯。”

【甚娘】 shén niáng 什么(“娘”为詈词),表示否定。金《董解元西厢记》卷七:“～身分!驼腰与龟胸,包牙缺上边唇。”《元曲选・风光好》三折:“你营勾了人,却便妆忘魂,知他是～情分!”明赵南星《南北双调》:“四美二难夺尽,～厮文,俺只要狂歌痛饮。”

【甚生】 shén shēng 另见 shèn shēng。❶ 什么样。《敦煌变文校注》卷二《庐山远公话》:“不知～道安,讲赞得尔许多能解。”又卷四《太子成道经》:“是时大王排枇(比)鸾(銮)驾,亲便往天祀神边。～对仗?”元李寿卿《寿阳曲》:“添得醋来风韵美,试尝道～滋味。” ❷ 多么。宋朱鉴《文公易说》卷八:“雷在天上,是～威严。”元念常《佛祖历代通载》卷二二:“德山本姓周,为《金刚经》座主,满车载疏钞游南方,直欲搂破魔子窟宅,当恁么时,～气概。” ❸ 怎么。明《金瓶梅词话》四六回:“你空做子弟一场,连惜玉怜香四个字你还不晓的～说。”

【甚些】 shén xiē 什么。《元曲选・争报恩》四折:“则俺这眼儿边一划的愁,心儿上着～喜!”又《隔江斗智》三折:“则怕他急煎煎盼着音信杳,为着个～担阁。”明孟称舜《娇红记》四出:“裙宽了三四褶,腰肢瘦怯,知您意儿因～?”

【甚样】 shén yàng ❶ 什么样;怎样。宋《朱子语类》卷一三○:“若论～资质孝行,这几个如何及得他!”明孟称舜《娇红记》四出:“只不知姐姐心上,要～姐夫才好?”清《醒世姻缘传》五回:“你外公是～人,住这等大房,门上有这许多人伺候?” ❷ 多么。宋《朱子语类》卷一二七:“尝见太祖时,枢密院一卷公案,行遣得简径。毕竟英雄底人做事自别,～索性!”明吕柟《泾野子内篇》卷二一:“观易体仁,足以长人。则知天下万物皆在仁中,是～宏大!”

【甚怎】 shén zěn 怎么;怎样。明《金瓶梅词话》四三回:“娘子是～说话!想朝廷不与庶民做亲哩!”又七二回:“他随问～的,只是个手下人。”

【甚子】 shén zi 什么。明《梼杌闲评》二回:“上街做～?”清《杏花天》五回:“主人家叫我作～?”《霓裳续谱・女大思春》:“人家要我这大老婆子做～?”

【神猜】 shén cāi 形容猜测非常准确。明《西洋记》九四回:“那晓得天师的灵课,马译字～。”清《醒世姻缘传》四三回:“‘再没有别人,我猜就是张师傅。’张瑞风说:‘你倒也～。’”《野叟曝言》二六回:“大奶奶真好～!你看他那样儿,赤紧的干那茧儿去也!”

【神采】 shén cǎi 指景物或艺术作品的神韵风采。唐刘禹锡《九华山歌》引:“九华山在池州青阳县西南,九峰竞秀,～奇异。”宋苏轼《跋欧阳文忠公书》:“欧阳文忠公用尖笔干墨,作方阔字,～秀发,膏润无穷。”清《四库总目提要・丽则遗音》:“才力富健,回飙驰霆激之气,以就有司之绳尺,格律不更而～迥异。”

【神彩】 shén cǎi 同“神采”。唐李世民《笔意论》:“学书之难,～为上,形质次之。”宋郭若虚《图画见闻志》卷一:“凡画,气韵本乎游心,～生于用笔。”清弘历《题宋澄泥仿唐石渠砚》:“内府旧存唐,相证～焕。”

【神厨】 shén chú ❶ 同“神橱”。唐段成式《酉阳杂俎》卷一○:“城北隔珍珠江二十里有神,春秋祀之,时国王所须什物金银器,～中自然而出,祠毕亦灭。”清《野叟曝言》一三○回:“西一间～中,旁塑一女像。” ❷ 烹调或放置祭品的庖厨。《大唐开元礼》卷八二:“太官令帅进馔者实诸笾豆簠簋,皆设于～。”《明史・礼志二》:“太常卿导至圜丘,恭视坛位,次至神库视笾豆,至～视牲毕,仍由左门出。”

【神橱】 shén chú 安置神像的立柜,由神龛及下面的柜子组成。元明《水浒传》四二回:“急没躲处,见这殿上一所～,宋江揭起帐幔,望里面探身便钻入～里。”清《歧路灯》八六回:“绍闻看了一遍,也学他父亲开了～,拈香磕头,望神主朗诵一遍。”

【神道】 shén dào 神仙,比喻有本事的人。明薛论道《朝天子・不平》:“软脓包气豪,矮汉子位高,恶少年活～。”《金瓶梅词话》九四回:“军牢沉重,僚椽威仪,……虽然一路帅臣,果是满堂～。”清《红楼梦》六五回:“也是一位～,可惜不是太太养的,老鸹窝里出凤凰。”也指本领大。明《型世言》五回:“大家哄了一声,道:‘真～!’”

【神福】 shén fú 祭神用的供品、纸马等。《元曲选・冯玉兰》二折:“只等那船头上烧了利市纸马,分些～吃得醉饱了,便撑动篙来,开起船来。”明杨士奇《嘱付侄升缘路事宜》:“遇作～酒肉,须及驾船之人,自家宁可不用。”清《醒世姻缘传》八五回:“次日五鼓,船上作了～,点鼓开船。”

【神阁】 shén gé 即“神龛”。元王恽《胙城县庙学记》:“尹承命,经营有方,趣使惟谨,首建～,择师立学。”明《醋葫芦》一回:“为人娶了一房妻小,不要他帮扶家室,终不然做个～儿,请他朝夕四拜?”

【神观】 shén guān 指人的神色、神态或神思、精神。宋刘攽《为冯当世辞并州第二表》:“疲病仅除,～未复。”金元好问《卢太医墓志铭》:“春秋虽高,～精明。”清毛奇龄《蠡城公燕诗》:“良辰遘～,过此安可忘。”

【神光棍】 shén guāng gùn 犹“神棍”。清《醒世姻缘传》八一回:“那奶奶子是个‘遇文王施礼乐,遇桀纣动干戈’的～。”又九五回:“可说那小州小县没见天日的老婆,俺这北京城里的～老婆眼里不作他。”

【神棍】 shén gùn 本事高强的骗子、泼皮。明王纪《劾恶珰辱官剥民疏》:“～崔见吾、陶左川、刘秃子等,流毒肆虐,藉势诈财。”沈德符《万历野获编》卷一八:“(嘉靖初年)～刘东山,告戚畹张延龄兄弟大逆。”清《续金瓶梅》一○回:“这些骗拐～,飞檐走壁,伪官诈物,伪旨穿宫。”

【神会】 shén huì 犹“赛会”。明钱德洪《王阳明年谱》一:“绝镇守横征,杜～之借办,立保甲以弭盗。”《警世通言》卷五:“王氏生下一个孩子,小名喜儿,方才六岁,跟邻舍儿童去看～。”清屈大均《广东新语》卷六:“女巫琼州特重,每～,必择女巫之姣少者,唱蛮词,吹黎笙以为乐。”

【神机】 shén jī 精神;心神。唐王昌龄《洛阳尉刘晏与府掾诸公》:“削去府县理,豁然～空。”《祖堂集》卷一○《镜清和尚》:“不为好晴道好晴,不为好雨道好雨。若随语会,迷却～。”清《四库总目提要·春卿遗稿》:“及退居林下,～日旺,虽饮食寝处,未尝忘诗,亦天性然。”

【神龛】 shén kān 供神像或祖宗牌位的小阁子。唐佚名《信法寺真容像碑》:“～百镜,似若天成;玉楼千柱,还疑地涌。”清《歧路灯》七回:“东边一张方桌,一个～,挂着红绸小幔子,也不知是什么神。”

【神力】 shén lì ❶ 比喻超过平常人的力气。唐张鷟《朝野佥载》卷六:“宋令文者,有～。禅定寺有牛触人,……令文接两角拔之,应手而倒,颈骨皆折而死。”元杨瑀《山居新话》:“(紫薇老人)有～,平开二石五斗弓,以三指背可悬五十两银定七片。”清《荡寇志》七一回:“这个女儿天生一副～,有万夫不当之勇。” ❷ 比喻高超的水平或能力。五代贯休《古意》之七:“常思谢康乐,文章有～。”宋郭若虚《图画见闻志》卷三:“(刘永年)才敏有～,兼于画笔。”清李玉《清忠谱》一六折:“恳求老伯～,使小侄得见老父一面。”

【神楼】 shén lóu ❶ 传说中神仙住的楼阁。明林俊《东瀛为银台张廷器作》:“分明子夜见初日,隐约～住彩霞。”佚名《蜀都赋》:“龙门陇定,～仙阁。” ❷ 指戏园子的观众席。《元曲选外编·蓝采和》一折:“这个先生,你去那～上或腰棚上看去。这里是妇人做排场的,不是你坐处。” ❸ 建筑物或大船上供神的阁楼。清屈大均《广东新语》卷一八:“每舶有罗经三,一置～,一舶尾,一在半桅之间,必三针相对不爽,乃敢行海。”《野叟曝言》一一二回:“说此岛有一～,最为谨密,须到楼上,与各位说知。” ❹ 送葬时供放死者灵位的楼阁式仪仗用品。《元曲选·曲江池》二折:“他举着～儿哩!”

【神路】 shén lù 墓道或神殿通道。元姚燧《中书左丞相阿都台追封顺昌郡王制》:“俾大书于～,过者式焉。”明程敏政《送廉伯陪祀山陵》:“马穿碧树知～,人立青峰见寝园。”清《野叟曝言》一三六回:“茂陵宝城～,石桥碑题,一律工竣,请天子行谒陵之礼。”

【神马】 shén mǎ 印有神像供焚化用的纸片。清谈迁《谈氏笔乘·先正流闻》:“是以贫者弗获慎终,惟备～楮币,斋粳蔬果,经资之费,力不能逮。”《荡寇志》七四回:“希真便去静室内撤了祭炼,又步罡踏斗诵咒,将～送了,方叫丽卿同入静室来收拾。”

【神傩】 shén nuó 驱疫的神。宋胡浩然《送入我门来·除夕》:“荼垒安扉,灵馗挂户,～烈竹轰雷。”明金銮《一枝花·丙申年除夕》:“我则见闹炒炒～烈竹,乱纷纷荼垒悬门。”

【神枪】 shén qiāng ❶ 褒称使用精熟的刺击武器。元明《水浒传》一三回:“杨志逞威,拈手中～,来迎索超。”清《呼家将》七回:“我家小姐常常说要学枪,须得习学这～,方有用处。” ❷ 指火枪。明倪谦《明故昭勇将军李公墓表》:“敌既退,我军多遗～铳炮于战所。”清《红楼梦》一○一回:“新获一起私带～火药出边事,共有十八名人犯。”

【神煞】 shén shà 凶神恶煞。唐李筌《太白阴经》卷一○:“凡战阵之法,须避～。”《元曲选·桃花女》三折:“这～是犯他不得的。”清《东周列国志》五五回:“下砍马足,上劈甲将,分明是天降下～一般!”

【神手】 shén shǒu 指有神妙技艺的人。宋苏轼《记梦》:“连环已解如～,万窍犹号未济风。”明谢肇淛《五杂组》卷七:“至其临仿古人之作,千变万化,不露蹊径,信近代之～也。”

【神思】 shén sī 精神;心绪。唐裴铏《传奇》:“德璘大骇,～恍惚,悲婉久之。”《元曲选·汉宫秋》四折:“早是我～不宁,又添个冤家缠定。”清《红楼梦》七八回:“我为的是妈近来～比先大减。”

【神羊】 shén yáng 神路摆列的羊像,或祭祀用的羊。唐罗隐《吴公约神道碑附诗》:“一代殊勋,二品清秩。不谓不达,何获何失。瑞马～,金箱玉室。”元王实甫《四块玉》:“每日家病恹恹懒去傍妆台,得团圆便把～赛。”清三餘氏《南明野史》卷下:“而德胜门郛中关王庙,向有酬赛～神马。”

【神御】 shén yù 已故的帝王的肖像。唐权德舆《中书门下贺八陵修复毕表》:“行宫尽复,～以安。”《大宋宣和遗事》后集:“诏改杭州为临安府,先令奉太庙艺祖以下九庙～如临安。”清昭梿《啸亭续录》卷四:“尝询诸贝勒奕绍,云列圣～,是日已于奉先殿告祭,故太庙惟祭祧庙云。”

【神帐】 shén zhàng 神主或神佛像前的帐幕。宋江休复《醴泉笔录》卷上:“袷享昭穆,各有幄次,谓之～云。”元明《水浒传》四二回:“狐狸常睡纸炉中,蝙蝠不离～里。”清洪昇《长生殿》三二出:“宫娥,可将娘娘～放下者。”

【神识】 shén zhì ❶ 神志。宋魏泰《东轩笔录》卷三:“启手足之际,付嘱后事,～不乱,正衣冠奄然化去。”清《荡寇志》一二二回:“安道全议方进药,吴用渐渐～清了。” ❷ 精神;心绪。唐李复言《续玄怪录》卷一:“妾～颇不安,恶闻人语,当于静室宁之。”五代孙光宪《北梦琐言》逸文卷一:“宗黯颇不自安,～烦挠,竟得疾暴卒。”清魏之琇《续名医类案》卷三六:“服数日,～渐宁。” ❸ 认识;态度;意志。唐孔颖达疏《礼记·学记》“强而弗抑”:“谓师微劝学者,使～坚强,师当随才而与之,使学者不甚推抑其义而教之。”又:“贺氏以为:师但劝强其～,而不抑之令晓,则受者和易,和易亦易成也。”清《野叟曝言》七一回:“岂知文爷心事光明,～坚定如此!”

【神子】 shén zi ❶ 神仙;精灵。《元曲选·任风子》二折:“〔外扮～仗剑上〕”又:“〔～杀正末科,下〕” ❷ 指先辈的遗像。明《西游记》九七回:“(刺史)对着画儿焚香祷告道:‘伯考姜公乾一神位,孝侄姜坤三蒙祖上德荫,……’行者暗笑道:‘此是他大爷的～。’”清《野叟曝言》二八回:“到年下挂起～来,祖宗三代都是紫袍玉带。”也泛指遗像。明《金瓶梅词话》六三回:“烦先生揭白传个～儿。”也指神佛的画像。明《钱塘渔隐济颠禅师语录》:“同到官巷口徐裱褙家,只见挂着济公～。” ❸ 精神;精力。清《杏花天》五回:“封郎略停一停,待奴定一定～再干。”

shěn

【审单】 shěn dān 审判书。明《醒世恒言》卷三九:“(大尹)遂连夜备文,申详上司。将宝莲寺尽皆烧毁。其～云:……”马光《两粤梦游记》:“听审之日,信理决断,当堂立批～,令承行者高声朗诵。”清《醒世姻缘传》三五回:“只问说:‘县公怎样断了?’差人拿出那～来看。”

【审当】 shěn dàng ❶ 周密而妥当。宋曾巩《隆平集》卷一六:“智识开敏,处事～。”元王恽《玉堂嘉话》卷一:“朕以识卿最久,爱卿占对详明,进止～,故有此授。”明王守仁《添设平和县治疏》:“各官务要计处周悉,经画～,毋得苟且雷同,致贻后悔。” ❷ 公平恰当。宋庞籍《上仁宗论先正内而后制外》:“至于纲纪者,其要在赏罚恩赏,贵乎～,法令贵乎齐一。”范纯仁《论告命不经门下辞同知枢密院》:“方今拔擢臣僚,颁宣号令,多因公卿密启，或非陛下素知，若不经历有司，必然难得～。"清方苞《礼记析疑》卷四五："驺牧虞衡皆得其职，则贤才众多，而任举～可知矣。"

【审的】 shěn dí 确实；确凿。唐赵宗儒《请权罢应制奏》："如闻所集之人，多已分散，须知～，然后裁定。"宋《三朝北盟会编》卷一六三："告所闻～，当须奏知，岂敢不自知朝廷？"明王肯堂《证治准绳》卷一九："候服前药已定，～是风，方用醒风汤、小续命汤之类。"

【审断】 shěn duàn ❶ 审理判决（案件）。《宋史・光宗纪》"（绍熙四年七月）丙子，以不雨，命诸路提刑～滞狱。"元王恽《便民三十五事》："如近年以来，～一切奸盗，省部略有条格。"清《红楼梦》八六回："见了薛姨妈，陈说知县怎样徇情，怎样～，终定了误伤。" ❷ 估量判断；决断。唐张九龄《敕幽州节度张守珪书》："临事指麾，在卿～也。"宋郑侠《代谢右丞启》："清夷～之际，慎重举措之间，无愧循良，用酬陶铸。"清胤禛《朱批谕旨》卷一三三："然～不能明晰，遇事每致周章。"

【审度】 shěn duó 审查估量；揣度估量；察看估量。唐李恒《优恤将士德音》："其河南河北盐法，宜委盐铁使与本道节度使～会计商量，务以便人为法。"《宋史・滕康传》："臣愿陛下取建炎初元以来所下诏书，所举政事，熟思～，得无一二不类臣言者乎？"清弘历《阅金湾六闸书事》："是宜重～，亦宁执己意。"

【审复】 shěn fù 审查复核。《唐会要》卷五五："即本司收投使状人名，便差院子～家第及主人，旋牒报京兆府。"《元典章・刑部二》："取讫服辨，移牒肃政廉访司，～无冤，结案待报。"清朱鹤龄《尚书埤传》卷二："谓此欲其审君命之当否，当者出之，否者纳之，必允当而止，如后世批敕～之官。"

【审覆】 shěn fù 同"审复"。唐李隆基《幸河东推恩诏》："缘路州县，有表荐官僚，及上书献颂者，中书门下～奏闻，量加进赏。"宋《朱子语类》卷七一："如今州县治狱，禁勘～，自有许多节次。"清顾炎武《日知录》卷二六："则初修者必不敢灭裂，～者亦不敢依违，庶乎得为完书，可以传久。"

【审究】 shěn jiū ❶ 研究；弄清。唐易静《兵要望江南・占云》："昼夜用心精～，莫将此事以为闲。"宋萧廷之《南乡子》："进火要精专，～前弦与后弦。"清李光地《己丑会试策问》："其于律吕、隔八之法，围径之数，莫不～根源，考定密率。" ❷ 审问清楚；查问；询问。宋尹洙《覆奏监察御史李京札子状》："先朝建按刑之官，凡罪无粗细，悉以～。"明王守仁《剿平安义叛党疏》："按察司会同各掌印官～，及将有功官役并阵亡之人查明，具招呈报。"清《聊斋志异・荷花三娘子》："春风一度，即别东西，何劳～，岂将留名字作贞坊耶？"

【审理】 shěn lǐ 审讯处理。唐孔颖达疏《礼记・文王世子》"有司又曰在辟"："有司既得公言，更往平～，无可出也。"《元典章・刑部二》："其在都罪囚，中书刑部、御史台扎鲁火赤，各须委官，季一～。"清《红楼梦》三回："薛家姨母之子表兄薛蟠，倚财仗势，打死人命，现在应天府案下～。"

【审录】 shěn lù ❶ 审查。宋王洋《与丞相论郑武子状》："某所以自忘微贱，辄敢论述克之行事，以为职分所当然者。敢幸钧慈，俯加～，闲暇之际，加访求焉。"清顾炎武《日知录》卷九："他如监工、监器，会同～。" ❷ 复审（案件）。宋孙觌《上皇帝书》："～之际，翻异称冤，则移狱别推之。"《元典章・刑部二》："各路重刑结案到部，于内虽经按察司～无冤，中间却有漏落情节，追勘不完，以致再行驳勘。"清《醒世姻缘传》四三回："再不好，我等巡按来～，我锥上一张状，还送了他哩！"

【审问】 shěn wèn 审讯。《唐律疏议》卷五："后更～，止合徒一年，前增一年赎物即合追还。"宋《明公书判清明集》卷一三："而阿江尚自抵讳，再行～，方始略略承认。"清《红楼梦》四回："至次日坐堂，勾取一应有名人犯，雨村详加～。"

【审讯】 shěn xùn 办案官府向涉案人员查问有关案件的事实。宋苏颂《职方员外郎蔡君墓志铭》："每虑重囚，则燕居～，尽悃愊，求其所以生之。"元吴澄《元赠承务郎蔡君墓表》："下属邑，～狱讼者，致哀矜详慎之意。"清《绿野仙踪》七八回："与赵文华一同付刑部，严刑～，定罪奏闻。"

【审语】 shěn yǔ 审理案件的判决文字。明袁黄《申请审录册稿》："因推明德意列四款于前，而以各囚～附录于后。"《醋葫芦》一七回："波斯尊者看着前十段～，叹道：'原来罪正情当，怎么怪得阎罗刑法？'"清《醒世姻缘传》三五回："学师升了明伦堂，看了县公的亲笔～，叫门子抬过凳来，要照数的戒饬。"

【审状】 shěn zhuàng 审理案件。清《聊斋志异・段氏》："宰拘诸段，～，连气直词恻，吐陈泉涌。"《醒世姻缘传》三二回："～的时候，或指了修理衙宇，竟是三四十两罚银。"《野叟曝言》一二八回："孙婿～时，见其人迫切之状，不能伪为，故此批准。"

【婶母】 shěn mǔ 叔父的妻子。宋吕陶《与十弟书》："承书，且知自祖党而下洎～，各各安休，欣慰！欣慰！"清《歧路灯》八六回："并请～大人万福，及贤弟合宅清吉。"

【婶娘】 shěn niáng 婶母。明祝允明《野记》："当时事，我固详知。～信圣哲。"清《红楼梦》一一回："～的侄儿，虽说年轻，却也是他敬我，我敬他，从来没红过脸儿。"

【婶婶】 shěn shen ❶ 称叔父的妻子。《元曲选・薛仁贵》二折："他先拜了公公、婆婆、伯伯、叔叔、～、伯娘。"清《红楼梦》一三回："秦氏道：'～，你是个脂粉队里的英雄，连那些束带顶冠的男子也不能过你。'" ❷ 称弟辈之妻。元明《水浒传》二四回："莫不别处有～？可取来厮会也好。"清《八洞天》卷四："叔叔渐已长大，将来少不得要娶个～到家，恐家中住不下。"

【婶子】 shěn zi ❶ 称叔父的妻子。《元曲选・神奴儿》二折："不想遇着俺叔叔，抱将俺家去，俺～将绳子勒杀我。"清《红楼梦》六一回："你亲～找野老儿去了，你岂不多得一个叔叔？" ❷ 称弟辈之妻。元岳伯川《铁拐李》二折："怕有禁礼的言语你说不出来，着俺那无面皮～将他来劝。"清《醒世姻缘传》六〇回："你～，咱妯娌两个可好来，你就这们狠么？"

shèn

【肾】 shèn 睾丸。明《二刻拍案惊奇》卷三四："只见拿刀的壮士褪下任生腰裤，右手飕的一刀割下，随即剔出双～。"清《儒林外史》三四回："你说这羊枣是甚么？羊枣，即羊～也。"《女仙外史》五二回："衣连着裤，裤连着袜；裆儿紧扣两～，袜底缝成五指。"

【肾囊】 shèn náng 阴囊。《元典章・刑部十一》："～上踢讫一下，次日身死。"明《金瓶梅词话》七九回："下边虚阳肿胀，不便处发出红晕来了，连～都肿的明滴溜如茄子大。"清袁枚《子不语》卷四："江宁刘某，年七岁，～红肿，医药罔效。"

【甚而】 shèn ér 甚至。宋契嵩《寂子解》："寂子既治其学，又喜习儒，习儒之书，～乐为文词。"元俞琰《席上腐谈》卷上："～醉以入房，神思昏乱，虽得子亦不慧。"清《女仙外史》三七回："由今之世，渐至拾牙慧，掇唾餘，攒凑成文，～全窃他人之作。"

【甚加】 shèn jiā 更加。明《金瓶梅词话》六一回："老夫人脉息比前番～沉重些。”

【甚生】 shèn shēng 另见 shén shēng。很；极。“生”为词缀。《敦煌变文校注》卷五《佛说观弥勒菩萨上生兜率天经讲经文》：“说弥勒菩萨，当在内宫，所见形后，～端正。”《五灯会元》卷一八《大沩鉴禅师》：“老胡开一条路，～径直。”明《西游记》七六回：“沙僧也～惭愧，连忙遮掩。”

【甚识】 shèn shí 同“甚实❶”。元佚名《斗鹌鹑》：“受凄惶～分明夜！把捱过的凄凉记者。”侯正卿《醉花阴》：“～曾，半霎儿他行不至诚。”

【甚实】 shèn shí ❶ 用在反问句中，表示否定的强调。元高安道《哨遍·嗓淡行院》：“四翩儿乔弯纽，～曾官梅点额？谁肯将蜀锦缠头？”刘庭信《折桂令·忆别》之四：“娇模样～曾丢抹？好时光谁曾受用？”王仲元《粉蝶儿·集曲名题情》：“盼到那赏花时～曾欢笑，别人都喜春来唯我心焦。” ❷ 着实；实在。清《红楼梦》八四回：“几句话说得贾政心中～不安。”又一〇五回：“西平王领了旨意，～喜欢。” ❸ 其实。清《歧路灯》八七回：“看着是鹰化为鸠，～两只鹰眼还在。”

【甚至】 shèn zhì 强调突出的事项。宋刘敞《上仁宗论龙昌期学术乖僻》：“臣等观其穿凿臆说，诡僻不经，～毁訾周公，疑误后学，难以示远。”《元典章·刑部二》：“况杂进之人，十常八九不能洞察事情，专尚捶楚，期于狱成而已，～受赂枉法，变乱是非，颠倒轻重。”清弘历《木兰祠》：“～以女代男行，此实驱羊俾虎饲。”

【渗金】 shèn jīn 用金粉或金箔装饰物体的表面。宋《三朝北盟会编》卷二三九：“亮擐～铁甲坐旗下，麾红旗告戒诸军：有敢死之人，赏以金碗一只。”明《西游记》八九回：“乃是王府院中三般兵器放光：一件是九齿～钉钯，一件是宝杖，一件是金箍棒。”清李斗《扬州画舫录》卷四：“惟佛像铜胎十六臂至三十六臂～，霉洗见新，司之于霉洗匠。”

【渗濑】 shèn lài ❶ 形容凶恶或丑陋。元明《水浒传》一二回：“浑身遍体，都生渗渗濑濑沙鱼皮。”又六一回：“后头一个跟的道童，且是生的～。”清《野叟曝言》二二回：“看那道人，竟是黑煞临凡，～得怕人。” ❷ 形容不近人情。明《拍案惊奇》卷九：“拚得输东道与你罢了，何必做出此～勾当！”《二刻拍案惊奇》卷三二：“若父亲肯如此说，那未婚女子虽怎生嫉妒，也不好渗渗濑濑，就放出手段，要长要短的。”又卷三八：“却自想平日忒做得～，晓得瞒不过了，不好十分强辩得。”

【渗癞】 shèn lài 同“渗濑❶”。宋元《清平山堂话本·简帖和尚》：“看这罪人时，面长皴轮骨，胲生～腮。”

【渗漏】 shèn lòu ❶ 比喻钱财流失，没有用在应该用的地方。宋《明公书判清明集》卷一：“学田所入，严加钩考，毋令～。”元陆文圭《送州同知序》：“监视严密，铢两无～。”《大清会典》卷一二：“仓有～米有盗窃者，移仓场治之。” ❷ 比喻言论行动等的破绽或失误。宋觉范《德洪自住南台每岁必作一偈》之七：“无语临机成～，粗心开口堕情缘。”元明《三国志通俗演义》卷三：“慈见孙策枪法无半点儿～，佯输败走。”清《平定准噶尔方略》前编卷五二：“若办理得当，则可永远宁谧，稍有～，数十年后又滋事端。” ❸ 遗漏；缺失。清朱彝尊《日下旧闻序》：“中间～随览随悔，复命儿子昆田以剩义补其阙遗，附于各卷之末。”姜炳璋《诗序补义》卷二一：“盖一部周礼宏纲巨目，灿然具备，更无～，待后王补正。”《历代通鉴辑览》凡例：“其有本史未立传者，则为旁采诸书，俾无～。”

【渗人】 shèn rén ❶ 使人恐怖。《元曲选·盆儿鬼》二折：“先着这冷飕飕～风过。”《元曲选外编·老君堂》三折：“六般儿～兵器，似那六天兵降下天关。” ❷ 使人感到有凉意。明余永麟《北窗琐语》：“山川浑厚，有河朔气象，零雪班驳，寒冱～。”

【渗渗】 shèn shèn 形容寒气浸透肌肤的感觉。宋《许彦周诗话》引季父仲山和御制宫词：“轻寒～透衾罗，玉剪铜壶漏水多。”《元曲选·朱砂担》一折：“好教我便扢扢的牙根斗，觉一阵～的身上冷。”清《醒世姻缘传》四五回：“我不知怎么，只见了他，身上～的。”

【瘆】 shèn ❶ 因病而寒战。唐刘禹锡《述病》：“如是未移日而疾也，～如覆瘨于躬。” ❷ 惊恐。明汤显祖《牡丹亭》二七出：“一霎价心儿～，原来是弄风铃台殿冬丁。”清蔡应龙《紫玉记》四出：“风雨骤奔驰，心儿～。”

shēng

【升常】 shēng cháng 超过平常。《敦煌变文校注》卷五《长兴四年中兴殿应圣节讲经文》后附诗：“人间大小莫知闻，去就～并不存。既是下流根本劣，争堪取自伴郎君？”

【升沉】 shēng chén ❶ 指生死。唐智严《十二时》之六一：“母哭儿，儿哭母。相送松间几千度。～瞥瞥似浮沤，来往憧憧如镇戍。” ❷ 褒贬。元刘祁《归潜志》卷一〇：“凡宴谈会集间，诸公皆以分别流品、～人物为事。”

【升花水】 shēng huā shuǐ 井水。明《警世通言》卷三〇：“遂取所存玉雪丹一粒，以新汲～令其送下。”

【升箩】 shēng luó 大小能盛一升粮食的小箩筐。明《山歌·丢砖头》：“我郎间羹汤篮提子个糠虾来里眼泪出，～里坐子蚕细思量。”清《野叟曝言》六四回：“飞熊攀起～大的拳头，就要去打那兵丁。”

【升堂】 shēng táng 官吏上官署厅堂处理公务。《元曲选·谢天香》一折：“今日～，坐起早衙。”明周元暐《泾林续记》：“去未几，而察院打板～矣。”清《荡寇志》：“那郓城县知县一闻此信，急忙～审讯。”

【升天】 shēng tiān 人死的婉词。唐李约《过华清宫》：“玉辇～人已尽，故宫犹有树长生。”元《三国志平话》卷下：“今我～，别无答贺。皇叔今待收川。”清孔尚任《桃花扇》闰二〇出：“前面奏着细乐，排着仪仗，象个要～的光景。”

【升厅】 shēng tīng 犹“升堂”。《元曲选·窦娥冤》二折：“今早～坐衙，左右，喝撺厢。”明《醒世恒言》卷三三：“正值～，左右捉将那叫屈的妇人进来。”清《荡寇志》八六回：“当日只得～，聚集众军官商议进讨之策。”

【升帐】 shēng zhàng ❶ 升堂进入帐中。《法苑珠林》卷三六引《唐高僧传》：“尝有人欲害和，夜诣门，见房内猛火腾焰，～，遂即追悔。”清毛奇龄《经问》卷一：“幼时见甲胄之士行～直躬之礼，但戟手而不一俯，此即肃揖。” ❷ 将帅在帐中召集将士议事或发令。宋邵伯温《邵氏闻见录》卷一〇：“帅未～，辄为转运粮草官鸣鼓声喏，何也？”《元曲选·隔江斗智》二折：“今日俺军师～，有事计较。”清《儒林外史》三九回：“少保～传下将令，叫各弁在辕门听候。”

【生】 shēng ❶ 长(zhǎng)。后面带“得”或“的”，用以表述人的相貌、体质。元关汉卿《调风月》四折：“姐姐骨甜肉净，堪描堪塑，～得肌肤似凝酥。”明《朴通事谚解》卷上：“那女孩儿～的十分可喜。”清《红楼梦》九回：“原来这一个名唤贾蔷，……比贾蓉～的还风流俊俏。” ❷ 称年轻的读书人。唐白行简《李娃传》：“～

亦自负，视上第如指掌。"《元曲选·百花亭》一折："那～好一表人物也！"明汤显祖《牡丹亭》一〇出："昼眠香阁，忽遇一～，年可弱冠，丰姿俊妍。"也称一般的年轻人。清方成培《雷峰塔》六出："我看那些游人，尽是凡夫俗子，只有方才祭扫坟墓的那～，风流俊雅，道骨非凡。" ❸ 传统戏剧角色，扮演男子。宋佚名《张协状元》二出："〔～〕劳得谢送道呵！"明《醒世恒言》卷二〇："遂应承了潘忠，就学个～脚。"清《红楼梦》四七回："又打听他最喜串戏，且串的都是～旦风月戏文。" ❹ 指妓女。宋张邦基《墨庄漫录》卷八："政和间，汴都平康之盛，而李师师、崔念月二妓名著一时。……李～者，门第尤峻。"明范濂《云间据目抄》卷一："而未几杜～之事起。杜～者，妓女也。" ❺ 强行。唐张鷟《朝野佥载》卷二："成王千里将一虎子来宫中养，损一宫人，遂令～饿数日而死。"元关汉卿《青杏子·离情》："美姻缘他娘间阻，～拆散鸾交凤友。"清《隋唐演义》九三回："他本推病不至，被禄山遣人～逼他来。" ❻ 强壮；使强健；变强大。唐王建《谢田赞善见寄》："年少力～犹不敌，况加憔悴闷腾腾。"宋杨士瀛《仁斋伤寒类书》卷三："姜能回阳，～胃解毒，温血散气。"《续资治通鉴》卷八八："贼得援力～，我师攻战久已疲，请暂休士卒，徐图之。" ❼ 生疏。唐王建《村居即事》："因寻寺里熏辛断，自别城中礼数～。"宋《朱子语类》卷八："于义理却～，于闲事却熟。"清《红楼梦》五八回："这赖大手下常用几个人已去，虽另委人，都是些～的，只觉不顺手。" ❽ 未经驯服的。唐杜甫《戏赠友》之一："自夸足膂力，能骑～马驹。"元李茂之《行香子·寄情》："又没耕种千家～马，寻取个回头儿调发。"清弘历《马竿诗序》："～驹未就羁勒，放逸不可致。" ❾ 暴躁；倔强。明朱有燉《沽美酒带过快活年·嘲子弟》："鍮石铜～性格，鱼目珠少光泽。" ❿ 使柴、炭等燃烧起来。元明《水浒传》五六回："这个女使也起来～炭火上楼去。"明《金瓶梅词话》八九回："玳安押着食盒，先到厨下～起火来。"清赵吉士《寄园所寄》卷四："可惜春葱纤似玉，自～炉火簇烟煤。" ⓫ 副词。a）偏偏。唐杜甫《送路六侍御入朝》："不分桃花红胜锦，～憎柳絮白于绵。"宋《许彦周诗话》："陈克子高作赠别诗云：'泪眼～憎好天色，离肠偏触病心情。'"明冯惟敏《点绛唇·改官谢恩》："世不愁文运衰，～不怕穷星照，打精神再把书教。"b）甚；很。宋贺铸《南乡子》："无限鲜飙吹芷若，汀洲。～羡鸳鸯得自由。"《元曲选·窦娥冤》三折："顷刻间游魂先赴森罗殿。怎不将天地也～埋怨！"清洪昇《长生殿》四三出："小道呵，～怜他意中人未全，打劫俺闲中客情慢牵。" ⓬ 词尾。a）用在某些形容词、疑问代词、副词等之后。唐张鷟《游仙窟》："儿递换作，少府公太能～。"《祖堂集》卷一〇《玄沙和尚》："古人意作摩～？"明康海《落梅风·叹世》："好没～把人逻噪。"清《合欢图》二回："我里介末好像一字长蛇阵能，并排～跪下去。"b）用在某些数量词组之后。明《型世言》六回："这楼却与妇人的房同梁合柱，三间～。"清《一片情》六回："便一摸去，如个光烧饼，一片～的。"

【生巴巴】 shēng bā bā ❶ 活活；强行。明施绍莘《步步娇·惜别和彦容作》："～拆损姻缘号，眼睁睁撅翻彩凤巢。"清《五色石》一回："我姻事已成，都是木家父子作耗，～的把小姐断送了。"《隋唐演义》六〇回："忙叫四五个跟随妇女，簇拥着单夫人与爱莲小姐，～将他拉上车儿回去了。" ❷ 形容陌生。清《快心编》三集三回："兰英这惊不小，顾不得～羞耻，问媒婆道：'行甚四拜礼？'"

【生兵】 shēng bīng ❶ 生力军。唐赵元一《奉天录》卷三："贼益～，我师不利，夜后抽军，各不相救。"宋曹勋《陇头吟》："衔枚一夜袭疏勒，度陇～尽潜出。"清赵翼《陔餘丛考》卷四〇："高昂以十餘骑破尔朱羽～五千。" ❷ 敌兵；番兵。宋周密《癸辛杂识》别集卷下："襄阳自丁卯受围，～日增，关隘日密。"清洪昇《长生殿》二〇出："～入帝畿，野马临城阙。"邵廷采《东南纪事》卷六："今～数千万在北岸，旦晚毕渡，孤军何以迎敌。" ❸ 发生兵衅；发生兵乱。宋李纲《与宰相论捍贼札子》："宜防备～。某窃睹伪齐刘豫，招诱叛将，驱河北、河东、陕西之民，挟带寇骑，侵扰淮甸。"又《行状下》："公又条奏，宜备有四：曰～，曰海道，曰上流，曰四川。"艾性《山谷跋杨妃齿痛图》："紫驼翠釜不～，何与涪南新侧生。" ❹ 刚组建而未经训练的军队。明戚继光《纪效新书》卷一："如此选兵，选中即成行伍，即有统束，虽～乌合，今日入彀，今日即可钤束，即成军容。"又卷二："但今新集～，春汛逼近，一切战阵法令，若逐次教来，何时是熟？"

【生病】 shēng bìng 出现缺点；产生失误。宋《朱子语类》卷五："如伊川以水喻性，其说本好，却使晓不得者～。"又卷一一一："（赈济之策）一细碎，便～。"又《答吕子约》："释氏于此看得偏阙，所以随在～。"

【生擦擦】 shēng cā cā 形容凄惨或强行（地）。明柯丹邱《荆钗记》二八出："伤怀，～痛怎捱。"《禅真后史》一六回："他好端端耽着身孕，怎地～打的下来？"清《霓裳续谱·热扑扑的》："热扑扑的情合意，～阻隔离。"

【生察察】 shēng chá chá 即"生擦擦"。明孟称舜《娇红记》四三出："～看花飞别红。欲去呵，怎忍的煞刺刺眼底飘蓬。"清《樵史》一四回："～把密云中军杨如梗转在江西去，出里密云缺，选萧惟中去补任。"

【生产】 shēng chǎn ❶ 出产。唐皇甫湜《论进奉书》："且任土之贡，～有常。履亩之收，等籍既定。人识所出，吏难为奸。"明《平妖传》三六回："原来金松不比凡松，垂条如细柳，结子如碧珠，只有台州～。"清袁枚《续子不语》卷一："山无～，人迹绝至。" ❷ 出生。元陈基《汤婆传》："子孙～桂阳山谷间，往往出而效用于世。"明戚继光《纪效新书》卷首："盖处兵性悍，～山中，尚守信义。"

【生钞】 shēng chāo ❶ 现钞。《元曲选·陈州粜米》一折："我这两个开仓的官，清耿耿不受民财，干剥剥则要～。"明王恕《孝陵工完受赏谢恩疏》："伏蒙圣恩，以臣同守备太监钱能奉敕督修圣祖孝陵工完，赐臣纻丝一表里，～一千贯者。" ❷ 旧钞。明何孟春《计钱钞疏》："臣愿举此相准，～每贯准钱三文，字昏而质完者，每贯二文，中折边烂者一文。"《明会典》卷四一："凡本部收受各布政司盐粮钞，遇有～，开数进库，准作新钞支销。"

【生嗔】 shēng chēn 生气；发怒。唐王梵志《劝君休杀命》："劝君休杀命，背面被～。"《五灯会元》卷一八《大沩海评禅师》："深沙神恶发，昆仑奴～。"清《飞龙全传》四四回："只见赵弘殷默然无语，面上～。"

【生辰】 shēng chén 生日。唐张说《请八月五日为千秋节表并敕旨》："八月五日是朕～。"宋德洪《王舍人路分生辰》："后宵通七夕，今日是～。"清《红楼梦》二二回："将自己旧日作的两色针线活计取来，为宝钗～之仪。"

【生成】 shēng chéng ❶ 自然形成或长成；原来或生来就有。宋觉范《禅林僧宝传》卷一六《翠岩芝禅师》："庐山殿阁如～。"明张岱《陶庵梦忆》卷一："今塔上损砖一块，以字号报工部，发一砖补之，如～焉。"清《东周列国志》二二回："庄公之同母弟曰公子友，因手掌中～一'友'字文，遂以为名。" ❷ 出生。唐沈佺期《安兴公主谥议文》："～天族，长自华宫。" ❸ 使获生命及成长。唐牛僧孺《玄怪录》卷一："曩日蒙君以～之故，无因酬德，今日当展素愿。"郑还古《博异志·张遵言》："某受～之恩已极矣。"

明郎瑛《七修类稿》卷二七："此亡姊盼奴之事，乞赐周旋，非惟小小感～之恩，盼奴在泉下亦不忘也。" ❹ 指生成之恩。唐张说《为建安王谢赐衣及药表》："微命易投，～难谢。"宋龙衮《江南野史》卷三："官家如佛慈悲，好生恶杀，臣等无以为报答。愿逾城窃斩北师以谢～。"清查慎行《初七日太和殿传胪恭纪》："自比蓬麻资灌植，群欣燕雀荷～。" ❺ 指百姓。唐元稹《贺诛吴元济表》："威动区宇，道光祖宗，凡在～，孰不欢忭？"宋秦观《贺吕相公启》："伏审光膺宸命，显正台司，凡在～，举同忭蹈。"明苏伯衡《国子学贺登极表》："凡在～，罔不庆赖。" ❻ 命中注定；天定。宋文莹《湘山野录》卷上："三十年门馆游从，不无事契；一万里风波往复，尽出～。"明《封神演义》九回："堪叹废兴皆定数，周家八百已～。"《二刻拍案惊奇》卷一八："此乃～的缘分。没有此缘，岂可泄漏天机？" ❼ 理当；必定。清方成培《雷峰塔》一二出："我去备桌酒来，一则庆贺，二来权当合卺。〔生〕不消费心。〔末〕～要的。"沈起凤《文星榜》三出："女婿进子学，～要做件蓝衫，弄两对彩旗，送得去应应故事虱嘘。"《快心编》三集三回："小姐不替兰英做主，兰英～是死命了。"

【生齿】 shēng chǐ 人口；家口。唐元稹《沂国公魏博德政碑》："兴乃图六州之地域，籍其人与三军之～，自军司马已下，至于郡邑吏之废置，尽献于先帝。"宋廖行之《水调歌头》："岁六月，苏大旱，作丰年。喁喁百万～，何处不沾恩。"清《红楼梦》二回："如今～日繁，事务日盛。"

【生畜】 shēng chù 家畜。宋《三朝北盟会编》卷四四："夺到～八千五百五十三头匹口。"明王守仁《陈言边务疏》："虏逐水草以为居，射～以为食。"《大清律例》卷二四："蒙古人等，除抢夺四项～、杀人及伤人者，仍照旧例办理外，如偷窃四项牲畜满十四以上者，首犯拟绞。"

【生儿】 shēng ér ❶ 亲生的儿子；孩子。《元曲选·东堂老》楔子："只为～性太庸，日夜忧愁一命终。"明《金瓶梅词话》六〇回："那潘金莲见孩子没了，李瓶儿死了～，每日抖擞精神，百般的称快。"施绍莘《桂枝香·渔父》："更谁知～长大了，也有天婚。" ❷ 刚生下来的小孩。明沈德符《万历野获编》卷四："取红铅梅子，配以～未啼时口中血，名为'含真饼'者，服之而效。"

【生发】 shēng fā ❶ 生长；成长；长出。唐张守节注《史记·乐书》"阴阳相摩"："二气切摩而万物～，作乐亦令声气切摩，使民心生敬也。"元王恽《记右胁志文》："因浴出，见一红志忽生其下，遂足成杓状。……因书此，以纪其～月日云。"清曹庭栋《养生随笔》卷一："《遯庵秘录》有种石菖蒲法，以辰砂槌末代泥，候其～，采根食之。" ❷ 产生；发生；发动。《云笈七籤》卷六〇："此炁子时～于心藏间。"《元典章·户部八》："本处官司禁治不严，致有私茶～去处，仰将本处当该官吏勾断。"明《禅真后史》二六回："如与他相拗不厮合时，暗中念动咒语，蛊毒～，多害性命。"清曹庭栋《养生随笔》卷五："荷鼻即叶蒂，～元气，助脾胃。" ❸ 指经营生财。明《醒世恒言》卷三："不要说不会～，就是有几文钱在荷包里，闲时买瓜子嗑，买糖儿吃。"清《红楼梦》五六回："咱们这个园子，……若此时也出脱～银子，自然小器。" ❹ 指讹诈人钱财。清《野叟曝言》二九回："心里打算：这是闹不出的事，只好～他几个钱的了！"《红楼复梦》五六回："设或要在你身上要人，你就撒起泼来，寻死上吊的，就着势儿，还可以～他们几两银子。"《歧路灯》四二回："你既然有本事把谭绍闻银子～出来，我也不要你这二两银子。" ❺ 打主意；想办法。明《西洋记》七二回："云幕啤就在弓上～，伸手就取过一张来，一扯一个满。"《二刻拍案惊奇》卷一七："小弟央个相好的同年在兵部的，条陈别事，带上一段，就好到本籍去～出脱了。"清《后水浒传》二四回："我两个好的是酒，原要在酒中～。" ❻ 发挥；产生新花样。明杨一清《制府杂录》："指挥以类而推，随意～，如下棋局局皆新。"陈铎《朝天子·搭材》："篾簟儿紧扎，木植儿巧搭，利脚手分高下。一关一捩旋～，就里工夫大。"清李渔《闲情偶寄》卷一："展转推敲，已费心思几许，何如只就本人～，自有欲为之事，自有待说之情，念不旁分，妙理自出。" ❼ 想法逼迫、排挤。明张四维《双烈记》一四出："我那娘子进香未回，他娘千方百计～我出门。"

【生放】 shēng fàng 放债生利。宋洪迈《容斋五笔》卷六："今人出本钱以规利入，俗语谓之放债，又名～。"明陈铎《一枝花·乞儿乍富》："～钱怕利不多，置买田怕秋不收。"清《豆棚闲话》三则："此子如今晓得～利钱，比当初大不相同。"

【生分】 shēng fèn ❶ 冷淡；疏远。敦煌词《捣练子》："辞父娘了，入妻房。莫将～向耶娘。"《元曲选外编·五侯宴》四折："不争阿者对着他说了呵，则怕～了孩儿么？"清《红楼梦》三六回："你又说在这里没着落，终久算什么，说了那些无情无义的～话来唬我。" ❷ 陌生。宋王明清《摭青杂记》："若司户左右要针线人，姊得我为之，则最相宜，委胜如～人也。"明《古今小说》卷一七："若司户左右要觅针线人，得我为之。素知阿姊心性，强似寻～人也。" ❸ 忤逆；乖戾。《元曲选·魔合罗》三折："详察这～女作歹为非，更和这忤逆男随波逐浪。"明《朴通事谚解》卷中："把这～忤呆种杀了有甚么多处？"清黄生《义府》："～，乖戾之意，谓心曲有彼此分界也。" ❹ 死活；坚决。明袁于令《西楼记》三四出："他与鸨母计赚奴家，奴家～不与他成亲，恨不能即断其头。"又三八出："母亲只促开船，奴家～不肯。"

【生忿】 shēng fèn ❶ 产生忿恨或不平。唐输迦婆罗译《苏悉地羯啰经》卷上："乃至天神不应～。"《元曲选·赵氏孤儿》三折："则为朝纲中独显赵盾，不由我心中～。"清玄烨《庭训格言》："朕一日视之，正值其含怒，与近侍之人～。" ❷ 同"生分❸"。元佚名《小张屠》四折："幼子喜孙儿火焚在焦盆，是你那不孝的愚男～。"《元曲选·神奴儿》四折："却原来将亲兄气杀都是伊～。"又《冤家债主》四折："这忤逆贼从来～，你须识一个高低远近。" ❸ 同"生分❶"。《元曲选·小尉迟》四折："笑你个莽军师可也忒认真，把我个老尉迟空～。"

【生扢扎】 shēng gē zhā 同"生各扎"。《元曲选·看钱奴》二折："今日将俺这子父情可都撇在九霄云外，则俺这三口儿～两处分开。"按，元刻本作"生忔插"。

【生扢揸】 shēng gē zhā 同"生各扎"。明陈铎《折桂令·叙别》："～凤拆鸾分，忽喇八雨散云收。"

【生各扎】 shēng gè zhā 活活。形容生硬、强行。"各扎"为后缀，有"忔察""扢扎"等多种写法。《元曲选外编·哭存孝》三折："子父每无一个差迟，～的意断恩绝。"

【生各札】 shēng gè zhá 同"生各扎"。《元曲选·灰阑记》四折："一壁厢夫主身亡，更待教～子母分离。"又《鲁斋郎》二折："活支剌娘儿双拆散，～夫妇两分离。"

【生各支】 shēng gè zhī 即"生各扎"。《元曲选·潇湘雨》四折："前日那一个女人，本等是我伯父与我配下的妻子，被我～拷做逃奴，解他沙门岛去。"又《梧桐雨》三折："把死限俄延了多半霎，～勒杀，陈玄礼闹交加。"又《合含衫》二折："你今日～的撇了俺去呵，你道你疼，俺两口儿更疼哩。"

【生根】 shēng gēn 比喻难于移动。《元曲选外编·西厢记》三本二折："欲赴海棠花下约，太阳何苦又～！"又《盆儿鬼》三折："盆罐赵，你这盆怎～了也？"清《醒世姻缘传》四五回："那屁股坐在床上就如～的一般，甚么是肯下来！”

【生寡】 shēng guǎ 守活寡。明汤显祖《紫钗记》四五出：“李参军怎生发付那前妻？〔堂云〕有甚发付？教他～不成！”

【生合】 shēng hé 长拢；长在一起。明陈铎《耍孩儿·舟中自咏疥疮》：“芥子细胡椒大才方挑破，等地～。”

【生狠】 shēng hěn 极狠毒。明《拍案惊奇》卷二：“你不晓得，凡娼家龟鸨，必是～的。”

【生红】 shēng hóng 鲜红，也指鲜红的花。唐王周《自和》：“兰芽纡嫩紫，梨颊抹～。”宋佚名《捣练子》：“新着～小舞衣，案前磨墨误淋漓。”元佚名《天净沙》：“～闹簇枯枝，只愁吹破胭脂。”

【生话】 shēng huà 说闲话。明《欢喜冤家》一三回：“将二妇各嫁良人，各娶妻房，重谐伉俪。……自此无人再～了。”

【生魂】 shēng hún 活人的魂魄。唐李亢《独异志》卷上：“夫人～诉上帝，以罪处君。”《元曲选·范张鸡黍》二折：“哥哥放手，你是～，我是鬼魂，您兄弟死了也。”清《红楼梦》五回：“姐姐曾说，今日今时，必有绛珠妹子的～前来游玩，故我等久待。”

【生活】 shēng huó ❶ 生长。唐杜牧《祭城隍神祈雨文》：“苴抉其根矣，苗去其莠矣，不侵不蠹，～自如。”宋孙应时《和答陆华父》：“幽兰怀春风，葭蓬亦芽苗。同时不同调，物物自～。”明吴宽《题赵子固画兰》：“寸根无土强～，郑老后来真可怜。” ❷ 好事；生计。《太平广记》卷一六〇引《异闻录》：“崔曰：‘我女纵薄命死，且何能嫁与田舍老翁作妇？’李曰：‘比昭君出降单于，犹是～。’”杨万里《春晓》：“一年～是三春，二月春光尽十分。”也泛指事情。明丁彩《山坡羊》：“娇娥，口里无言暗叫了有多少，悬挂在心头当一件正经～。”隐指性事。《元曲选·后庭花》二折：“咱和你后房中快快活活做～去来。” ❸ 器具；用品（多指手工制作的）。宋许景衡《乞罢后苑工匠札子》：“而有司不知大体，乃欲以承平靡丽之事，而修复于艰难之时，若贾翊所领后苑作准备造作～工匠是也。”《元典章·户部八》：“令各处户铺之家，将现在铁器～须管立限发卖了毕。”清《醒世姻缘传》六五回：“他只说这仇家的～地子不好，拿上手就看出来了。” ❹ 指生意买卖。明《金瓶梅词话》六〇回：“崔本专管收～，不拘经纪买主进来，让进去每人饮酒二杯。”

【生火】 shēng huǒ 把柴火、炭等燃起来。唐白居易《晚起》：“暖炉～早，寒镜裹头迟。”宋张耒《游武昌》：“四明陈子定爱客，～寒厅邀我到。”也指生火做饭。清《红楼梦》五九回：“我这一去，又要去自己～过活。”

【生豁】 shēng huò 犹“生发❺”。明冯梦龙《双雄纪》五折：“我做小娘伶俐，白相百事弗济。篾片没～处，来捉我做官身。”

【生机】 shēng jī ❶ 生命力；活力。宋方岳《除夜》之六：“尽处～衮衮新，花情柳思已精神。”明刘若愚《酌中志》卷一六：“复以螽斯、百子、千婴名其门者，无非藉此感动～，广胤绪耳。”清《豆棚闲话》九则：“各色草木临着秋时，一种勃发～俱已收敛。” ❷ 生存的机会；生存的希望。《云笈七籤》卷一五：“圣人修身以安其家，理国以平天下，在乎立～。”明文秉《烈皇小识》卷八：“后有旨：‘送法司。’咸谓有～矣。”清《醒世姻缘传》三四回：“这株朽坏的花木不宜正冲了书房，移到他井池边去，日日浇灌，或者还有～。” ❸ 指自然界万物复苏之机。宋毛滂《东风辞》：“玉帝手持发～，驰召东风俾回斡。”元王礼《雪洞图诗序》：“然天下之理，～伏于肃杀。”清《野叟曝言》二回：“使二景常明，四时皆春，广～而绝杀机，广君子而绝小人，其责在于忧勤惕厉之儒者。” ❹ 生出机变。唐杨凝式《大唐吴越国王谥武肃神道碑铭》：“临变～，图难于易。”宋觉范《云庵生日空印设供作偈》：“南台拱读万寿笑，～妙语皆临时。”明《西游记》四〇回：“但哄得他心迷惑，待我在善内～，断然拿了。”

【生计】 shēng jì ❶ 生存的凭借或谋划。唐李德裕《项王亭赋序》：“汉祖困阨之时，～非萧、张所出。”陆龟蒙《渔具诗·簃》：“斩木置水中，枝条互相蔽。寒鱼遂家此，自以为～。”清《江西通志》卷一百：“事急矣，宜为～，勿以妾为累。” ❷ 家产；资财。唐孔颖达疏《左传·襄公二十八年》“夫民”：“人皆欲～重厚而多财用，利益心既无厌，于是乎用正德以幅之。”元张可久《折桂令·幽居》：“～无多，陶令琴书，杜曲桑麻。”清龚炜《巢林笔谈》卷六：“但～既薄，须善作家，先使衣食不外假，立品较易。” ❸ 衣食住行等方面的情况。唐孔颖达疏《尚书·大禹谟》“传‘止德’”：“厚生谓薄征徭，轻赋税，不夺农时，令民～温厚，衣食丰足，故所以养民也。”宋周孚《读吕居仁诗》：“读书破万卷，～才一箪。”清袁枚《子不语》卷二〇：“（周用修）年五十餘，早丧妻，有子有媳，～颇自给。”

【生忌】 shēng jì 死者的生日。《宋史全文》卷一八下：“帝后～，应用羊肚者，以他物代之。”明《禅真逸史》七回：“五月十三是我先夫七旬～。老身措办香烛之资，烦住持爷做些功德超度他。”清李光地《小宗家祭礼略》：“～则不然，礼稍杀而情稍舒可也。”

【生降】 shēng jiàng 降生。《北史·隋·元德太子昭传》：“梦神自天而降，云是天神将～。”元明《水浒传》二一回：“瑞气盘缠绕郓州，此乡～宋公明。”

【生就】 shēng jiù 犹“生成❶”。宋刘攽《德清县君周夫人墓志铭》：“为女工纤密巧致，点苏为花卉虫鱼，若～。”元佚名《叨叨令过折桂令·驮背妓》：“虾儿腰龟儿背玉连环系不起香罗带，脊儿高绞儿细绿茸毛～的王八盖。”清《女仙外史》九九回：“石梁流水，曲房回榭，皆自天然～。”

【生军】 shēng jūn 生力军。《旧五代史·晋书·王清传》“日暮，酣战不息。契丹以～继至，我无寸刃以益之。”《金史·伊喇布哈传》：“乘金困惫，乃开钧州路纵之走，而以～夹击之。”清《东周列国志》九四回：“引～三万前来，军势益壮。”

【生跒叉】 shēng kē chā 即“生各扎”。明佚名《折桂令·离情》：“连理枝～硬划，合欢带死挖搭牢拴。”

【生跒查】 shēng kē chá ❶ 即“生各扎”。明冯惟敏《月儿高·闺情》：“长夜捱孤枕，从来不似不似今翻甚。都因一片闲愁，～恼碎心。” ❷ 坚决；干脆。明冯惟敏《折桂令·阅报除名》：“蜀道难行，齐瑟谁听，若不是忽剌八开豁的清白，怎能够～倒断的分明。”

【生磕擦】 shēng kē cā 即“生各扎”。《元曲选·玉壶春》三折：“将一朵并头莲～两分开，刀割断合欢带。”

【生可擦】 shēng kě cā 即“生各扎”。《元曲选·误入桃源》四折：“吉丁当掂碎连环玉，～分开比翼鸟。”

【生可可】 shēng kě kě 即“生各扎”。明丁彩《锁南枝半插罗江怨·送别》：“凄凉此日难存济，怎割舍的平地分开。～你东我西。”

【生克支】 shēng kè zhī 即“生各扎”。元佚名《骂玉郎过感皇恩采茶歌》：“则为这板障娘娘，两个怎生成双，～拆散鸾凰。”

【生客】 shēng kè 不认识或不熟识的客人。唐李绅《入扬州郭》：“畏冲～呼童仆，欲指潮痕问里閰。”《古尊宿语录》卷三四《清远佛眼和尚语录》：“你等诸人还见狗子么？见～则吠，见熟客则摇尾。”清《醒世姻缘传》四〇回：“我们同在一城，相处的日子甚久，你今日且让了～罢。”

【生恐】 shēng kǒng 生怕；唯恐。宋李流谦《中秋玩月》："霞云不著著青衫，～群仙笑憔悴。"明王守仁《与王晋溪司马》："～其势穷，或并力复出。"清《荡寇志》九一回："天彪～马乏，只得虚掩一刀，诈败回阵。"

【生恐怕】 shēng kǒng pà 犹"生恐"。《元曲选·倩女离魂》四折："想当日暂停征棹饮离尊，～千里关山劳梦频。"清《补红楼梦》七回："大家教我来牌，我又不好不来的，～要输，谁知倒是我一个人赢了来了。"

【生圹】 shēng kuàng 生前营造的墓穴。宋刘克庄《赠风水僧》："遍为檀越裁～，预定公侯出某峰。"明《石点头》卷一四："随又造起坟墓，打下两个～，就教佃户兼做坟丁。"清李斗《扬州画舫录》卷一〇："后归老江都，立～于梅花书院之侧，作自挽诗。"

【生剌剌】 shēng lā lā ❶ 活活。形容强行。《元曲选·合汗衫》二折："～弄的来人离财散，眼睁睁看着这水远山长，痛煞煞间隔了海角天涯。"又《潇湘雨》四折："我翠鸾呵，～硬踹入武陵源。"明《禅真后史》五八回："待礼生宣读祭文已罢，～砍下三个人头祭献。" ❷ 形容惨毒。《元曲选·救孝子》二折："～的刑法枉推问，粗滚滚的黄桑杖腿筋。"

【生辣辣】 shēng là là ❶ 同"生剌剌❶"。明《隋炀帝艳史》一回："横拖的乱挽乌云，倒拽的斜牵锦带，～扯到面前。"清《水浒后传》一九回："把他一个聪俊孩子可怜～磨折死了。" ❷ 形容生疏、陌生。清《荡寇志》九六回："戴春坐在纪二肩下，～不敢多说话，只好拣纪二嘴里说剩的说几句。"

【生来】 shēng lái ❶ 降生；生下来。唐宗密述《原人论》："十月满足～名人，即我等今者身心是也。"《敦煌变文校注》卷四《八相变(一)》："无忧树下暂攀花，右协～释氏家。"明《型世言》一三回："(兄弟)本是父母一气～，倒做了冰炭不相入。" ❷ 长出来；长成。唐韦应物《汉武帝杂歌》之二："蔓草～春复秋，碧天何言空坠露。"明《西洋记》八回："灵稼～岂偶然，嘉禾有验吐芳妍。"清查慎行《迈陂塘》："君莫叹，渐髀肉～，双掌摩挲。" ❸ 涨起来。唐卢肇《浑天法》："独迷潮水～之候，岂古人未之思乎?"清弘历《太液池泛舟即事》："春水～兰叶细，霁烟低处柳条浓。" ❹ 活着的时候。唐长孙无忌《太宗皇帝配天议》："岂有～受职，殁则配之。"宋陈允平《哭娄梅麓》："～病苦相如渴，没后人知范叔寒。"元王伯成《哨遍·赠长春宫雪庵学士》："～忙似尘中蚁，老去空如茧内蚕。" ❺ 天生；命中注定。唐元稹《忆远曲》："身去门前同万里，一家尽是郎腹心。妾似～无两耳，妾身何足言。"元佚名《红绣鞋》："～的千般娇态，柳眉杏脸桃腮，不长不短俏身才。"清《红楼梦》三九回："我们～是受苦的人，老太太～是享福的。" ❻ 产生；发生。宋《朱子语类》卷二〇："如谢氏说'就良心～'，便是求仁。"明戚继光《练兵实纪》卷九："是故不惜死由不爱钱中～，不爱钱由无欲而充之。"清《醒世姻缘传》一回："谁知此夜睡后，没兴头的事日渐～。"

【生理】 shēng lǐ ❶ 谋生之道；维持生活的生产或经营。唐杜甫《北征》："新归且慰意，～焉得说。"宋《五代史平话·周上》："晋开运三年八月，白承福部落在太原多务剽掠，居民不安～。"清《白雪遗音·醉归》："既无亲戚在此，作何～?" ❷ 从事生产或经营；谋生。宋吴自牧《梦粱录》卷一八："每见此等人买卖不利，坐困不乐，观其声色，以钱物周给，助其～。"元《秦并六国平话》卷中："招讨给出文榜，招降百姓住坐～。"清《醒世姻缘传》一三回："施良带领氏等一班乐妇前来濮州临邑赶会～。" ❸ 生活。宋晁说之《宋故通直郎苏叔党墓志铭》："惟是叔党于先生饮食服用，凡～昼夜寒暑之所须者，一身百为，而不知其难。"元刘祁《归潜志》卷一二："太公困于鼓刀钓鱼，伊尹躬耕莘野，彼岂不能妄营财利，使～优游邪? 耻不为也。"《续资治通鉴》卷二一六："今尔民得骨肉安全，～无所苦者，皆丞相胡廷瑞灼见天道，先机来归，为尔民之福也。" ❹ 指家产；财富。宋《明公书判清明集》卷七："盖秀发～颇裕，瑞之家道侵微。"明沈榜《宛署杂记》卷一三："其法计～丰约，征银在官。"清李调元《南越笔记》卷六："拾得炮首，则其人～饶裕。" ❺ 生命；性命。宋苏颂《祭秦国太夫人》："何～之有涯，遽归全而委顺。"华镇《列子天瑞论》："由之以生而不可违，～尽则不得不死。"明王世贞《后静姬赋》："～有涯兮欲无涯，元真易去兮不易归。" ❻ 生机。宋周紫芝《悯白菊两枝作》："东株真已萎，西株有～。"黄伦《尚书精义》卷一九："今之耿邑，若一株朽木，如何会有～?"严粲《诗缉》卷三一："天下之人如旱岁之草，皆枯槁无润泽，不溃遂而茂盛，如木上栖枯草，岂复有～!" ❼ 指繁衍后代。清《野叟曝言》七一回："佛教所以得罪于圣人，正为把这～划灭，使天地之气化不行，祖宗之血脉断绝。"也指生殖的可能或正常地生育。明《肉蒲团》五回："此处烧香的妇人都是求嗣而来，老年的经水已绝，必无～。"清《野叟曝言》五〇回："娘娘此产，名曰坐产；因久坐垫褥，碍其～，故尔为难。" ❽ 指做人的道理。唐杜甫《自京赴奉先县咏怀五百字》："以兹悟～，独耻事干谒。"宋朱熹《中庸章句》："具此～，自然便有恻怛慈爱之意。"元吴海《后记》："如～之本直，不善不可以为人。"

【生力】 shēng lì 没有经过消耗的作战人力。《元曲选·气英布》一折："所以特征贤弟，一来凭仗虎威，二来要借这一枝～人马，壮他军气。"元明《水浒传》六回："智深一来肚里无食，二来走了许多路途，三者当不的他两个～，只得卖个破绽，拖了禅杖便走。"清《平定两金川方略》卷八六："此项二千兵，俱系～军，若用以攻剿，必当得用。"

【生利】 shēng lì 生息；取得利息。宋李觏《国用第十一》："贷者，即今之举物～也。"元谢应芳《上周郎中陈言五事启》："或有还欠利息，倒换文凭，利上～。"清《儒林外史》五回："严乡绅说小的当时拿回借约，好让他把银子借与别人～。"

【生料】 shēng liào ❶ 与熟食相对的物品，如米面、菜蔬等。唐[日]圆仁《入唐求法巡礼行记》卷二："此船过海，逆风却归，流着此间。事须不可在此吃过海粮，仍请～。"《宋史·礼志二十二》："亦赐酒食，或～。"清吴任臣《十国春秋》卷八二："宋帝赐王～，羊二百口，法酒三百瓶，粳米二百石。" ❷ 牲口料。清《绿野仙踪》四九回："九个骡马，养在本村店中，每天吃三斗六升～，八九十斤草，少喂一升儿，二爷们都不依。"

【生禄】 shēng lù 命定的年寿和应享的财物。唐段成式《酉阳杂俎》续集卷七："复令昭往一司曰～，捡其修短。"五代杜光庭《先锋王承璲为祖母九曜醮词》："为臣祖母某氏解镇灾咎，延续年龄，增～于南宫，落罪名于北府。"清《红楼梦》九八回："或～未终，自行夭折。"

【生落】 shēng luò 生育。明《金瓶梅词话》八五回："此妇子女～不顺，情愿下胎。"

【生面】 shēng miàn ❶ 新的面貌；活人的面貌。唐杜甫《丹青引赠曹将军霸》："凌烟功臣少颜色，将军下笔开～。"明张大复《梅花草堂笔谈》卷一四："愚公能令千载上死人重开～。"清李玉《清忠谱》二五折："龙飞九天，宇宙开～。" ❷ 头一次见面，不熟识。宋朱熹《答敬夫孟子说疑义》："故日常匆迫，而不暇于省察，遂欲尽罢～功夫，且读旧所习熟者，而加涵养之力。"《元曲选·伍员吹箫》三折："哥哥你便恕～，你兄弟可少拜识。"明刘嵩《奉和王诚夫短歌》："我从乱来少相见，阔绝朋游恍～。"

【生宁】 shēng níng 同“生狞”。《敦煌变文校注》卷一《伍子胥变文》：“铁骑磊落已(以)争奔，勇夫～而竞透。”又：“战卒骁骑如虎豹，铁骑～真似龙。”

【生狞】 shēng níng 形容凶猛，凶恶。唐韩愈《赴江陵途中寄赠王二十》：“远地触途异，吏民似猿猴。～多忿很，辞舌纷嘲啁。”《大唐三藏取经诗话》四则：“见门下左右金刚，精神猛烈，气象～。”明《西洋记》八四回：“～头角怒咆哮，奔走溪山路转遥。”

【生扭】 shēng niǔ 强行、生硬地改变；不具备条件而勉强行事。《元曲选外编·西游记》五出：“往常时领大军，今日个拜国师，英雄将～得称居士。”清李渔《闲情偶寄》卷二：“竟有只顾串合，不询文义之通塞，事理之有无，～数字作曲名者。”《红楼梦》五〇回：“虽没作完了韵，剩的字若～用了，到不好了。”

【生纽】 shēng niǔ 同“生扭”。元张养浩《普天乐·秋日》：“正值黄花开时候，把陶渊明～得风流。”明祝允明《朱性父诗序》：“大抵～情性，趁人道路。”朱权《卓文君》三折：“～得相如涤器，强教他卓氏当垆。”

【生怕】 shēng pà 很怕；唯恐。唐曹唐《勘剑》：“～雷霆号涧底，长闻风雨在床头。”元孙周卿《沉醉东风·宫调》：“海棠娇睡起谁扶，肠断春风倦绣图，～见纱窗唾缕。”清《红楼梦》一二回：“～他在外吃酒赌钱，有误学业。”

【生盆】 shēng pén 即“糁盆”。宋戴复古《除夜》：“万物迎春送残腊，一年结局在今宵。～火烈轰鸣竹，守岁筵开听颂椒。”元《三遂平妖传》二回：“然后似千条蜡烛焰难当，万个～敌不住。”清厉鹗《籸盆》：“屈指开炉后，～即渐催。”

【生脾鳖】 shēng pí biē 生气；发怒。金《刘知远诸宫调》一：“三娘内心喜悦，也难舍。只愁李洪义与洪信～。”

【生吃扎】 shēng qī zhā 即“生各扎”。元关汉卿《拜月亭》二折：“闪的他活支沙三不归，强交俺～两分张。”

【生吃咋】 shēng qī zhā 硬(做某事)；坚决。明王九思《折桂令·偶书》：“～蹦碎浮名，响砰嗙唾出疑猜。”

【生气】 shēng qì 因不合心意而不愉快。宋范仲淹《与中舍书》：“今既病深，又忧家及顾儿女，转更～，何由得安。”《元曲选·忍字记》一折：“哥哥听了又～也，我对俺哥哥说去。”清《红楼梦》三回：“你～要打骂人容易，何苦摔那命根子！”

【生忔察】 shēng qì chá ❶ 即“生各扎”。元佚名《端正好》：“～拆散了并头莲。” ❷ 形容陌生感。明汤显祖《牡丹亭》四八出：“上岸了到临安，趁黄昏黑影林峦，～的难投馆。”

【生忔支】 shēng qì zhī 即“生各支”。明佚名《普天乐》：“乞塔扑把套头儿拴，猛可里将关儿犯，～前生少欠，阿的般今世填还。”

【生扢支】 shēng qì zhī 即“生各支”。《元曲选·后庭花》二折：“你不寻思撇下的我孤独，天也～的割断这娘肠肚。”

【生钱】 shēng qián ❶ 借出去生利的钱。明王錂《寻亲记》四出：“前村张敏员外广放～，你何不去借些来？”清《警寤钟》一四回：“外又借贷数金与有量，外叫他营运营运，做个日～。”也指赚钱。明《拍案惊奇》卷一：“今承诸公挚带，做此无本钱生意，偶然侥幸一番，真是天大造化了，如何还要～，妄想甚么？” ❷ 指借高利贷。宋黄震《咸淳七年中秋劝种麦文》：“其幸而不死者，亦曾吞饥忍饿，或典田卖地，或～做债，或乞丐告籴，皆是寒寒冷冷，拖儿带子，奔走道路。”

【生情】 shēng qíng ❶ 特指产生爱情。《元曲选·两世姻缘》三折：“此女小字相同，面貌相类，因此见面～，逢新感旧。”明《浪史》一九回：“壁缝里偷看这秀才，只见丰神雅逸，顾盼～，真个是世上无对，绝代无双。”清《白雪遗音·忆多情》之一：“情不断，有情趣，趣内～，情中带趣，时刻在我这心头记。” ❷ 生性；性情。清《红楼梦》二回：“不上一年，便被上司寻了个空隙，作成一本，参他～狡猾，擅纂礼仪。”又五回：“其中惟嫡孙宝玉一人，禀性乖张，～怪谲。” ❸ 法律术语，指凭个人感情断案或蓄意做违法背理之事。唐徐有功《论天官秋官及理匦愆失表》：“断事则不依款占，不据条章，状表～，法外构理，率心任意，轻重自由，天下称冤，莫不缘此。”五代李从珂《速断淹滞诏》：“恐法吏～，滞于决断，诏至，所在长吏亲自虑问，据轻重疾速断遣，无令淹滞。” ❹ 虚构情状；捏造事端。明《欢喜冤家》一五回：“着人来打合，要小人的盒礼钱。小人妻子也没了，倒出盒礼，不肯。他～屈害小人。”《醋葫芦》一〇回：“其妻向来泼悍，随口～。老爷却被他欺诳，屈屈的打了周、成二人。”《禅真后史》三八回：“其间倘因仇衅～，拴党诬陷，岂不枉行杀戮？”

【生人】 shēng rén ❶ 出生。宋俞成《萤雪丛说》：“如八月十六～，或者为之歌曰：‘昨夜万家齐笑语，祝君千岁共团圆。’”明《朴通事谚解》卷下：“壬辰年二月朔丙午十二日丁卯，丙辰年～，三十七岁。”清《歧路灯》八回：“初七日才芒种，尚属四月～。” ❷ 初次涉世尚未变得油滑的人。宋陆游《老学庵笔记》卷六：“都下买婢，谓未尝入人家者为一～，喜其多淳谨也。” ❸ 不认识的人；外人。宋赵汝鐩《夜归》：“夜归惊犬吠，错认是～。”《元曲选·燕青博鱼》二折：“我怕见～，羞答答的。”清《红楼梦》五八回：“不可叫本房人烧，要一个～替我烧了，我的病就好的快。”

【生色】 shēng sè ❶ 色彩鲜明；形象鲜明。唐李贺《秦宫诗》：“桐英永巷骑新马，内屋深屏～画。”宋陈允平《浣溪沙》：“～鞋儿销凤稳，碧罗衫子唾花微。”清弘历《暖》：“金乌晃枫林，～画屏展。” ❷ 鲜明的色彩；鲜活的颜色。《云笈七籤》卷六九：“且上品光明砂者，出于辰锦山石之中，白牙石床之上，十二枚为一座，～如未开红莲华，光明耀日。”石曼卿《小桃》：“～深红绶带长，宫帘寒在井栏香。”明何乔新《送濮君彦璧典教歙川序》：“其见于文词，若春葩翘英，而～烂如也。” ❸ 增添光彩。明林弼《九迭山房记》：“九迭之山，将藉子～，毋徒为山房惓惓之思矣。”冯梦龙《情史·情思·阮华》：“愿夫人与小姐随喜一观，为青莲～。”清《红楼梦》一七至一八回：“立此一碣，又觉～许多。” ❹ 新鲜感；起色。清李调元《雨村词话》卷一：“太白词有‘云想衣裳花想容’，已成绝唱。韦庄效之，‘金似衣裳玉似身’，尚堪入目。而向子諲‘花想容仪柳想腰’之句，毫无～，徒生厌憎。”昭梿《啸亭杂录》卷二：“有宋一代，武臣寥寥，惟狄武襄立功广南，稍有～。”

【生涩】 shēng sè ❶ (嘴巴里面)麻木干燥的感觉。《祖堂集》卷五《云岩和尚》：“牙根犹带～在。”元陶宗仪《辍耕录》卷二七：“不如此修制，则～不可食。”明孙作《谢马善卿送菜》：“堆盘青黄具，入口～奈。” ❷ 不纯熟；不滑润；不通畅；不流畅。唐澄观述《大方广佛华严经随疏演义钞》卷六四：“～名生，纯熟名不生。”宋石曼卿《古松》：“直气森森耻屈盘，铁衣～紫鳞干。”明《清平山堂话本·飞将军》：“广军有曾北征者，见路～，勒住人马，回报李广。”《警世通言》卷二四：“书呵，相别日久，且是～。”清李渔《闲情偶寄》卷二：“‘懒能向前’一句，系作者新构，此句便觉～，读不顺口。” ❸ 生锈。唐义净译《根本说一切有部毘奈耶》卷三：“苾刍畜针，随处安置，遂便～。”金吕大鹏《缝掖》：“缝掖无由挂铁衣，剑花～马空肥。”明戚继光《练兵实纪》卷五：“旧有大将军发熕等器，体重千餘斤，身长难移，预装则日久必结，线眼～。”

【生身】 shēng shēn ❶ 出生。唐张九龄《让赐宅状》：“臣～蓬荜，所居贱陋，衅属苴麻，岂图宏敞？”宋熊禾《沁园春·自寿》：

“自笑～，历事以来，垂六十年。”清屈大均《广东新语》卷二：“新兴卢村，乃六祖～之所。” ❷ 亲生。辽佚名《息提点造经题记》：“施主安次县息提点为～父母办到经碑。”《元曲选·生金阁》一折：“不争将并头莲碜可可的带根除，着谁人养活俺那～父！”清《绿野仙踪》四二回：“知心惟有～母，泉路凭谁说断肠？”

【生生】 shēng shēng ❶ 活活；硬是。明《金瓶梅词话》五二回：“你这断了肠子的狗才，～儿吃你把人就怄杀了。”《杨家府》卷五：“久久困守，却不～饿死于此谷乎？”清《白雪遗音·无情剑》：“从天降下一把无情剑，～斩断并头莲。” ❷ 形容陌生或胆怯。清《醒世姻缘传》一四回：“李成名我不知怎么，只合他～的，支使不惯他。”又一五回：“不知怎么，我往京里走的～的。”

【生事】 shēng shì 世事。唐韦应物《寓居沣上精舍寄于张二舍人》：“道心淡泊对流水，～萧疏空掩门。”宋苏辙《定林院》：“晨斋取旁寺，～信幽绝。”清宫鸿历《长安午日》：“～都如缚粽菰，千缠万裹滞长途。”

【生是】 shēng shì 实在是。清《红楼梦》六九回：“奶奶的名声～平儿弄坏了。”《粉妆楼》一七回：“～为你这冤家，把那小贱人逼走了。”

【生受】 shēng shòu ❶ 遭受；承受。唐王梵志《相将归去来》：“关山千万里，影绝故乡城。～刀光苦，意里极星星。” ❷ 受苦；辛苦。宋黄庭坚《宴桃源》：“镜中赢得销瘦。～，～，更被养娘催绣。”《元曲选·魔合罗》一折：“倘或有人听的，图了你财，致了你命，不干～一场。”清魏之琇《续名医类案》卷四四：“我在前死了七八个儿子，皆是这般症候。此儿子足见难医，枉废～，亦不召医视之。” ❸ 费力；困难。宋《三朝北盟会编》卷一二：“我着人马三面逼着，令汝家就取，却恁～，奈何不下！”《朱子语类》卷一〇九：“《本论》精密却过于《原道》。《原道》言语皆自然，《本论》却～。”元王恽《论河南分作四路事状》：“其簿书期会，往返交错，首尾相应，动辄月餘。不惟办集～，其实难以控制。” ❹ 受到别人帮助或请求别人帮助时说的感谢话，犹言“麻烦”“难为”。《元曲选·冻苏秦》三折：“～哥哥，替我报复去，道有苏秦在于门首。”明《老乞大谚解》卷上：“小的，你将碗碟罐儿家去，～你，休怪着。”清《醒世姻缘传》一九回：“大家说了些闲话，小鸦儿也道了几声～。” ❺ 受用；享受。宋佚名《张协状元》一六出：“〔丑〕叵耐它添两字也得。〔生〕甚字？〔丑〕谢得公公、婆婆、哥哥，多少是好！〔末〕你好～！”《元曲选·连环计》一折：“俺可也虚度春秋，强挨昏昼，空～、肥马轻裘。”清《后水浒传》一五回：“我尚不曾孝敬节级，怎好～？”

【生书】 shēng shū 未读过的书。唐姚合《下第》：“闭门辞杂客，开箧读～。”宋严粲《闲居》：“～方破卷，幽鸟忽啼春。”清石成金《传家宝·课儿八法》：“子弟读～，须于清晨令其连读，自百遍至二百遍，熟如流水，乃及别事。”

【生疏】 shēng shū ❶ 疏远；不亲近。唐杜荀鹤《下第寄池州郑员外》：“省出蓬蒿修谒初，蒙知曾不见～。”元侯克中《醉花阴》：“消疏了象板鸾笙，～了锦琴银筝。”清《红楼梦》二回：“若论荣国一支，却是同谱。但他那样荣耀，我们不便去攀扯，故至今越发～难认了。” ❷ 稀少；淡薄。唐杜荀鹤《秋日山中寄池州李常侍》：“近来参谒陡～，因向云山僻处居。”宋柳永《少年游》：“狎兴～，酒徒萧索，不似去年时。” ❸（书写）草率；不认真。五代姚觊《进实录表》：“加以装褫卤莽，缮写～，旋命直馆右拾遗杨昭俭，虔切指踪，专司校勘。”李从厚《饬中书舍人诏》：“近日告敕牒，书写～，装褫卤莽，未欲便行罚责。” ❹ 粗鲁；粗疏。五代王定保《唐摭言》卷五：“黎逢气貌山野，及第年，初场后至，便于帘前设席。主司异之，诮其～。”宋魏泰《东轩笔录》卷六：“叶均闻之，遂杖二皂，而与毛抗、李琮皆诣荆公谢，以公皂～，失于戒束。”明钱德洪《王文成年谱》：“若辈新民，礼节～，我来颁历，若可高坐乎？” ❺ 不熟悉、不了解。唐灵祐《警策文》：“所恨同生像季，去圣时遥，佛法～。”元明《水浒传》八四回：“目今与辽兵相接，只是吴人不识越境，到他地理～，何策可取？” ❻ 荒疏；不熟练。唐罗隐《广陵妖乱志》：“老夫久不为此戏，手足～。”宋司马光《乞罢陕西义勇第二上殿札子》：“至于甲胄弩槊，虽日加教阅，不免～。”清《红楼梦》一七至一八回：“如今上了年纪，且案牍劳烦，于这怡情悦性文章上更～了。”

【生死】 shēng sǐ ❶ 偏指生。唐韩愈《送浮屠文畅师序》：“今吾与文畅安居而暇食，优游以～，与禽兽异者，宁可不知其所自邪？”宋刘敞《公是先生弟子记》：“～不能诱，则几于至矣。” ❷ 偏指死。唐浑惟明《吐蕃党舍人临刑》：“～谁能免，嗟君最可怜。”宋《三朝北盟会编》卷一四三：“昂藏之概，傲慢之态，磊磊落落，绝无顾虑之念、～鼎镬之惧，铁石忠贞不是过也。”清《二度梅》八回：“梅公见他正直，不怕～，故此赦了他的死罪。” ❸ 死活；无论如何。明《金瓶梅词话》八〇回：“李娇儿一心要这两个丫头，月娘～不与他。”《拍案惊奇》卷二：“今我～跟了他去，也不枉了一场话把。”

【生疼】 shēng téng 非常疼。明《西游记》四八回：“双手举钯，尽力一筑，只听得扑的一声，筑了九个白迹，手也振得～。”汤显祖《牡丹亭》四〇出：“‘马不吊不肥，人不拶不直，把这厮上起脑箍来。’哎也，哎也，好不～！”清《红楼梦》一四回：“我乏的身子上～，还搁的住揉搓？”

【生童】 shēng tóng ❶ 科举时代的生员和童生。多偏指童生。明李攀龙《乞归公移》：“所历西延、平庆等处，往还四千餘里，考过府卫州县～六十餘处。”王樵《与仲男肯堂书》：“计仲夏始考及四郡，郡邑～俱已考矣。”清《歧路灯》九〇回：“点名散卷已毕，四位教官领着各～由暖阁后进去。” ❷ 泛指学童。宋洪迈《夷坚志》丁卷九：“窦致远者，蔡州伏羌县人。所居曰甘谷堡，以聚～自给。”明《二刻拍案惊奇》卷六：“邻近有个义学，请着个老学究，有好些～在里头从他读书。”

【生头】 shēng tóu 生人。清《醒世姻缘传》八八回：“本乡本土的人，不胜似使这边的～？”

【生位】 shēng wèi 为活人设立的牌位，供奉以感戴恩德。明《朱良叔犹及编》：“其每至厅事，必揖而后入者，盖为翁～而以父母事之者也。”《隋史遗文》一九回：“向前竖一面红牌，楷书六个大金字：‘恩公琼五～。’”清《绿野仙踪》六四回：“小侄也别无酬报，祠堂内已供奉着老伯～，惟有晨夕叩祝福寿无疆而已。”

【生息】 shēng xī ❶ 收益；生利息。唐元稹《授唐庆万年县令制》：“执事言尔庆，権束池卤，～倍称。”宋袁寀《世范》卷下：“或既借之后，历数年不索取，待其息多，又设酒食招诱，使之结转，并息为本别更～，又诱勒其将田产折还。”清《八洞天》卷五：“奉桂虽被却家取了些产业去，却正当时运亨通之际，～既多，家道日丰。” ❷ 生存；生活。元戴表元《讲义·祭如在一节》：“又知夫人之衣食居处，～于宇宙之间。”明杨荣《蓟门送别诗》：“桑麻蔽田野，鸡豚日蕃滋。老幼自～，岁时乐雍熙。”清张英《武功偃》：“自兹远人，保聚～，如溺斯拯，如槁斯植。”也指使生存、生活。宋李廌《慎兵论》：“侈心一生，故好大喜功，而不以～元元为念。”

【生相】 shēng xiàng 长相；模样；样子。《元曲选·窦娥冤》四折：“小的见他～是个恶的，一定拿这药去药死了人。”明李东阳《醉杨妃菊次韵亨父》：“欲从颜色窥～，已落诗家第二机。”《型世言》三八回："他自暗暗里想象这文姬～仔么好，身材仔么好，性格仔么好。"

【生像】 shēng xiàng ❶同"生相"。《元曲选·玉壶春》二折："做子弟的有十个母儿：一家门，二～。"清《红楼梦》三九回："刘姥姥道：'我这～儿怎么好见的！好嫂子，你就说我去了罢。'" ❷生时的塑像或画像。也指照生时相貌或形象塑的或画的像。元蒲道源《送洋州达噜噶齐诗》："遗爱遍州氓，播颂传众口。立祠俨～，奉事犹父母。"明邵宝《二马篇》："生马铜铸像，死马金买骨。～未置门，死骨终埋窟。"清赵慎畛《榆巢杂识》卷上："古人～不画全身，摹者大率从～耳。"

【生性】 shēng xìng ❶天性；秉性；脾气。唐符载《答卢大夫书》："黎人熙熙，各遂～。"《元曲选·两世姻缘》一折："只是孩儿有一件病，～儿好吃口酸黄菜。"明《欢喜冤家》一回："我这几时不管人闲事，若是十年前～，早早教他作出来了。"清《红楼梦》二一回："他～轻浮，最喜捻花惹草。" ❷生灵。唐王景崇《诛苏佑奏》："一城～，束手受诛。" ❸生气。清《醒世姻缘传》四四回："倘或处得过激，孩子～，恼出病来，悔就晚了。"

【生涯】 shēng yá ❶生命的终点。唐元奘《请入少林夺翻译表》："而岁月如流，六十之年，飒然已至。念兹遄速，则～可知。"李德裕《伤年赋》："五十已至，～可知。" ❷生命。唐骆宾王《伤祝阿王明府》："与善良难验，～忽易穷。"赵泉虬《对助邻妇丧判》："邻妇时命先秋，～凋落。"清吴伟业《矾清湖》："官军虽屡到，尚未成邱墟。～免沟壑，身计谋樵渔。" ❸生机。唐元稹《芳树》："非无歼殄法，念尔有～。"又《放言》之二："总被天公沾雨露，等头成长尽～。" ❹生活。唐杜甫《杜位宅守岁》："谁能更拘束，烂醉是～。"宋宋庠《乞致仕表》："操药匕以自怜，拥食杯而太息。～若此，人事奚言。"清弘历《关外山田》："乐事食瓜兼剥枣，～炊黍更蒸藜。" ❺指维持生活的办法或手段。唐张籍《赠殷山人》："世业公侯籍，～黍稷田。"元石君宝《紫云庭》三折："做这些淡～，且熬那穷过活。"清沈复《浮生六记》卷四："余有姑丈袁万九，在盘溪之仙人塘作酿酒～。" ❻家财；产业。《敦煌变文校注》卷七《解座文汇抄》："买庄田，修屋舍，卖尽人家好林木。直饶满国是～，心中也是无厌足。"《旧五代史·唐书·聂屿传》："浙江使回，～巨万。"明陈献章《山下别业》："家累无多口，～但一陂。" ❼生活用品；生活资源。五代李亶《答孟知祥奏请发遣兵士家口来川诏》："但念各有家口骨肉在本管军营，居此者已有～，在彼者宁无离恋？"《诗话总龟后集》卷四八引《青琐集》："满目～千顷浪，全家衣食一轮竿。"明《西游记》一回："春采百花为饮食，夏寻诸果作～。"

【生药】 shēng yào 未经炮制的中药材。《太平广记》卷八五引《野人闲话》："一旦自诣东市卖～黄氏子家。"《元曲选·赵氏孤儿》一折："打开这药箱，将小舍人放在里面，再将些～遮住身子。"清《醒世姻缘传》九〇回："央胡无翳到临清买地头～，合了丸散，要舍药救人。"

【生药局】 shēng yào jú 药材铺。《元曲选·窦娥冤》一折："自家姓卢，人道我一手好医，都叫做赛卢医，在这山阳县南门开着～。"又《魔合罗》一折："隔壁儿是个熟食店，对门儿是个～。"

【生意】 shēng yì ❶生存的欲望、希望。唐陈子昂《为义兴公求拜扫表》："重叠亡没，契阔山川，至止之日，～尽矣。"宋丁特起《靖康纪闻》："是日，士庶读榜，悉无～。"清《聊斋志异·连琐》："久蒙眷爱，妾受生人气，日食烟火，白骨顿有～。" ❷指维持生活的办法或手段；生活。宋宋祁《张尚书行状》："餘杭十万户，饥者七八，弗挟盐利，无复～。"元张观光《即事》："尽道东风花柳好，谁知～在桑麻。"清袁枚《续子不语》卷二："君打扫一楼供养之，诸～事可请教而行。" ❸谋生；做买卖。明《英烈传》五回："昙云长老赁下房子，与朱公夫妻安顿，又借些赀本与他～。"《型世言》三七回："李良雨的本钱用去好些，吕达为他不去～，赔吃赔用。"清《飞龙全传》八回："郑恩出来～，却从销金桥过。" ❹活儿；工作。明《西游记》一回："假若我与你去了，却不误了我的～？老母何人奉养？我要砍柴，你自去。"《警世通言》卷三一："我看你朝暮纺绩，到是一节好～。"清《红楼梦》四回："因想这件～倒还轻省热闹，遂趁年纪蓄了发，充了门子。" ❺指商业经营；买卖。宋元《古今小说》卷三九："湖上做买卖的，一无所禁，所以小民多有乘着圣驾赶趁～。"《元曲选·货郎旦》三折："我情愿丢了这般好～，跟的你去。"清程省《测字秘牒·至理测法》："其人曰：'知我作何～？'余曰：'当是卖果子。'" ❻利益；好处。明《警世通言》卷一五："也没甚大～，眼见得这半年库房扯得直就勾了。"《二刻拍案惊奇》卷三六："四个公差见不是头，晓得没甚大～，且把遗下的破衣旧服乱卷掳在身边了。" ❼大义；义气。宋《三朝北盟会编》卷八二："～凛然，足以激忠义之气，而偷生避难者，亦将羞死于地下。"洪迈《容斋续笔》卷一二："此十餘人者，义风英气，尚凛凛有～也。"张栻《跋尚宪帖》："公之没也久矣，读其书辞，犹觉～凛然，义理之不可泯也。"

【生意人】 shēng yì rén 商人；做买卖的人。明《风流和尚》七回："这经典是个～，一日不趁，一日无食。"清《后水浒传》七回："我自小是～，怎说个出不得门？"《儒林外史》四二回："当下王义安领了那人进来，一个少年～。"

【生硬】 shēng yìng ❶不熟而硬；坚硬。《云笈七籤》卷一四："故人之不欲食～坚涩之物，全人之道也。"《朱子语类》卷一二一："今只是略略火面上爝得透，全然～。"清《野叟曝言》三八回："日色朦胧，西风势紧，把田岸都冻得～。" ❷不和善；不柔和；不驯顺。唐白居易《初到忠州赠李六》："吏人～都如鹿，市井萧疏只抵村。"按，别本或作"生梗"。宋沈括《梦溪笔谈》卷一六："北都有妓女，美色而举止～，士人谓之'生张八'。"清《聊斋志异·侠女》："然其举止～，毫不可干。" ❸不自然；不熟练。宋黄庭坚《与王观复书》："所送新诗，皆兴寄高远，但语～，不谐律吕。"明李东阳《麓堂诗话》："若用此太多，过于～，则又矫枉之失，不可不戒也。"清《红楼梦》三八回："巧的却好，不露堆砌～。"

【生员】 shēng yuán 明清两代称通过最低一级科举考试，取得在府、州、县学读书资格的人，通称秀才。明朱元璋《谕年幼承敕郎曹仪等省亲》："尔承敕郎曹仪等，初有司以～选入国学，已异常民之子矣。"叶居昇《上万言书疏》："以学校言之，廪膳～，国家资之以取人才之地也。"清《歧路灯》七二回："他现在是个～，秀才身有护符，你会怎的他？"

【生缘】 shēng yuán ❶籍贯；家乡。本为佛教语，指人死后转生的因缘，可指投生之处，遂引申出籍贯义。《敦煌变文校注》卷三《燕子赋(二)》："本贯属京兆，～在帝乡。"宋晓莹《罗湖野录》卷二："临安南荡崇觉空禅师，～姑熟，参侍黄龙死心禅师。"元惟则《送时无择维那归闽》："百计归难禁，～乐未穷。" ❷生活。宋觉范《禅林僧宝传》卷二五《隆庆闲禅师》："又问：'如何是汝～处？'对曰：'早晨吃白粥，至今又觉饥。'"苏辙《官居即事》："官局纷纭簿领迷，～琐细老农齐。"吴曾《能改斋词话》卷二："一副纶竿一只船，蓑衣竹笠是～。"

【生造】 shēng zào 凭空编造、制造。宋《三朝北盟会编》卷二四一："惟君一人，南朝无罪，背约犯边，～衅端。"清袁枚《续子不语》卷五："不料有妄人郑某、孔某者～注疏，说郊天必剥麒麟之皮蒙鼓，方可奏乐。”

【生憎】 shēng zèng 甚憎。唐骆宾王《代女道士王灵妃赠道士李荣》：“分念娇莺一种啼，～燕子千般语。”宋郭应祥《玉楼春》：“～黄土岭头尘，强学章台街里絮。”清弘历《热》：“～蝉嘒聒耳烦，况复鸠鸣悬念想。”

【生长】 shēng zhǎng ❶出生；有生以来。五代范质《诫儿侄八百字序》：“余以诸儿侄辈～以来，未谙外事，艰难损益，懵然莫知，因抒古诗一章晓之。”元宋褧《送王君实西台御史》：“～何曾出帝城，马蹄一旦赴咸京。”清曹溶《悯荒》之一：“～不识布，石灰暖我寒。” ❷指生育。明朱橚《普济方》卷三三五：“治妇人不曾～，血气脏腑疼痛不可忍。”《金瓶梅词话》三七回：“此是东京蔡太师老爷府里大管家翟爹要做二房，图～，托我替他寻。”清《红楼梦》二五回：“大凡王公卿相人家的子弟，只一～下来，暗里便有许多促狭鬼跟着。”

【生帐子货】 shēng zhàng zi huò 生手。清《醒世姻缘传》五五回：“但这毕竟是咱守着看见的孩子们才好，这～，咱可不知他的手段快性不快性。”

【生杖】 shēng zhàng 大枷；长枷。《敦煌变文校注》卷一《汉将王陵变》：“遂将～引将来，搭箭弯弓如(而)大怒。”又卷四《降魔变文》：“生擒须达并祇陀太子，～围身。”

【生朝】 shēng zhāo 生日。宋张纲《蓦山溪·甲辰生日》：“欢喜走儿童，庆～、一年一度。”元同恕《从仕郎李君墓表》：“每岁～，感念劬劳。”清《九云记》二五回：“是日，天子知是庾夫人～，命光禄寺设大宴输送。”

【牲口】 shēng kǒu ❶用来帮助人做活的家畜，如牛、马、驴等。《通典》卷七：“安禄山为范阳节度使，多有进奉驼马～。”宋叶隆礼《辽志》：“每其立，众所得人户、马牛、金帛及其下所献～，或犯罪没入者，别为行宫领之。”清《绿野仙踪》二五回：“照料车夫酒饭，并～草料。” ❷泛指家畜家禽。明沈榜《宛署杂记》卷一五：“上下半年～：猪十口，羊四只，鹅十只，鸡八十只。”刘若愚《酌中志》卷一六：“～房，提督太监一员，佥书数员。收养珍禽异兽。”清《红楼梦》六八回：“好生伺候你们姑娘，吩咐他们杀～预备饭。”

【声称】 shēng chēng 公开地用言语或文字表示。清汪森《粤西丛载》卷二六：“土民刘宪、卢回等，因诱众作乱，～欲尽除九司官，复流为土。”江宁织造曹頫等奏售参银两已解交江南藩库折：“据卖参时派出之郎中尚志舜等～，……其中头等、二等两种人参，现在商人出价与以前售价相同。”《续资治通鉴》卷一三四：“汝嘉令仿、抡跪于庭下，～有敕。”

【声喘】 shēng chuǎn 喘气。明《醒世恒言》卷三九：“张媚姐是个宿妓，也还当他不起，颇得个气促～。”清《醒世姻缘传》六〇回：“就如被张天师的符咒禁住了的一般，气也不敢～。”

【声告诉】 shēng gào sù 声张；告诉。明《古今小说》卷一二：“是夜月仙仍到黄秀才馆中住宿，却不敢～。”

【声喊】 shēng hǎn 喊叫。宋欧阳修《尝新茶呈圣俞》：“夜闻击鼓满山谷，千人助叫～呀。”明《西游记》二〇回：“八戒忽听见呼呼～，回头观看，乃是行者赶败的虎怪。”清《白雪遗音·货郎儿》：“听我～，喊一声：杂色带子花红线。”

【声哄】 shēng hòng 吵嚷。清《野叟曝言》一八回：“众人一起～道：‘反了世界了！’”

【声唤】 shēng huàn ❶呻吟。《敦煌变文校注》卷七《解座文汇抄》：“转动艰难～频，由(犹)不悟无常抛暗号。”元狄君厚《介子推》三折：“太子问臣～子甚那？有儿处热疖坏疮发。”清《醒世姻缘传》七六回：“狄员外床上～，狄希陈忙进房中。” ❷吼叫；呼喊；鸣叫。宋薛季宣《跋蜡虎图》：“虎往抟之搤豕吭，豕忙故步～长。”明《醒世恒言》卷一七：“过善爬起身来，一头赶，一头喊道：‘杀爹的逆贼走了，快些拿住！’众家人听得家长～，都走拢来。”清《霓裳续谱·恨锁深闺》：“恨锁深闺，懒听黄鹂～。”

【声叫】 shēng jiào 喊叫。明《金瓶梅词话》九三回：“一面故意～起来，这金宗明恐怕老道士听见，连忙掩住他口。”《西洋记》七〇回：“狗见卖与屠人宰，～主人全不睬。”《封神演义》五八回：“今又逢此道者，把吾四个门人困住，～痛苦，使我心下不忍。”

【声口】 shēng kǒu ❶方音；口音。明《西洋记》四六回：“原来三宝老爷是个回回出身，晓得八十三种蛮纥繨的～。”《拍案惊奇》卷三四：“又见他是湖州～，问道：‘既是杭州娶来，如何说这里的话？’”清李斗《扬州画舫录》卷五：“(明诚)本领平常，惟《罗梦》一出，善用句容人～，为绝技。” ❷口风；口气。明《平妖传》一五回：“只等雷太监再相会时，讨他～，便进说词去说他了。”沈德符《万历野获编》卷一五：“臣闻甲科有司之在各州县，多有从之讲学作文者，其～知之极真，其情好交之甚密，今一旦使之得典试事，则与前日外帘何殊？”清《东周列国志》六二回：“一子一女，～相同，不由范匄不信。” ❸指背后的议论。明《金瓶梅词话》一六回：“倘或一时有些～，倒没的惹虱子头上挠。”又七八回：“乡民顽滑，若十分进征紧了，等秤斛斗重，恐～致起公论。” ❹指诗歌或歌曲的韵调。明朱浵《五真陈翁自寿诗序》：“矧夫作于其心，笔于其手，其精神之流注，～之抑扬，徐察而审听之，有不得其情者哉！”清屈大均《广东新语》卷一二：“其歌轻婉，闽广相半，中有无其字而独用～相授。”沈德潜《清诗别裁集》卷三评施闰章《至南旺》：“宛似唐人～。”

【声骂】 shēng mà 叫骂。明《金瓶梅词话》三四回：“他令弟韩二哥看不过，来家～了几句，被这起光棍不由分说，群住打了个臭死。”

【声诺】 shēng nuò ❶出声应答。宋张齐贤《洛阳缙绅旧闻记》四：“且久，布衣命老仆取茯苓汤来，老仆～。”明《禅真逸史》一一回：“刁应祥～而退。”清赵吉士《寄园所寄》卷九：“刘忠嗣抚剑曰：‘有不从张氏兄弟守者，剑砍之。’怒以发上指，众～如雷。” ❷犹“声喏”。宋方勺《泊宅编》卷四：“一夕，公独坐便斋，神～而不见形。”谢采伯《密斋笔记》卷五：“余仆早晚～时，各令携草而至，遂不令而自垦。”明《金瓶梅词话》六四回：“薛内相复与吴大舅～，说道：‘吴大人，失瞻！’”

【声气】 shēng qì ❶情况；讯息。明张岱《西湖梦寻》卷三：“向之浅斟低唱者出，匿影树下者亦出，吾辈往通～，拉与同坐。”清韩菼《满清入关暴政》卷二：“自念本娄东人，距嘉定只四十里，与嘉人士素通～，非刑杀无以示威。”《歧路灯》七一回：“即如令尊老先生，何尝晓得通～、走门路？一般也会升转。” ❷指责的话。明《金瓶梅词话》七六回：“为这小肉儿骂了那贼瞎淫妇，也说不管，偏有那些～的！”清《红楼梦》八三回：“不要说是嫂子，就是秋菱，我也从来没有加他一点～儿的。”

【声嚷】 shēng rǎng 喧嚷；喊叫。清《野叟曝言》五二回：“客人正在～，一个大头黑汉，跑入后舱。”《红楼梦》一九回：“只听宝玉房中一片～，吵闹起来。”

【声喏】 shēng rě 行礼并发出“喏”声致敬。宋袁文《瓮牖闲评》卷八：“古者太守出厅则建牙。牙者，牙旗也。建牙以表太守出厅耳，于是兵卒鸣鼓而～。”元明《水浒传》一二回：“跳下马插了枪，暴雷也似声个大喏。”清汪景祺《西征随笔》：“有贸然而来者，见余～，问其姓字，曰‘常’。”

【声嗓】 shēng sǎng ❶声音腔调。明《西洋记》五九回：“这分明是我国师老爷的～，却也古怪。”清《醒世姻缘传》七七回：“那京师的人听见这个～，诧异的就极了。”《歧路灯》七七回：“少爷看见两个旦角，……去了包头，还像女娃一般，～又中听。” ❷ 说话或说的话（含贬义）。清《醒世姻缘传》四回：“救治人命，且说这们宽脾胃的～！这极不杀人么？”

【声颡】 shēng sǎng ❶ 同“声嗓❶”。宋佚名《张协状元》一六出：“〔丑哭〕〔末〕甚～！” ❷ 同“声嗓❷”。清《醒世姻缘传》二六回：“饶你不做活也罢了，还要言三语四的～。”

【声色】 shēng sè 消息；动静。明《金瓶梅词话》一七回：“诚恐县中有甚～，生令小儿另具银五百两，相烦亲家费心处料。”又：“但有不好～，取巧打点停当，速来回报。”

【声势】 shēng shì ❶ 指诗文的声韵气势、歌谣的声调韵律。唐元稹《唐故工部员外郎杜君墓系铭》：“沈宋之流，研练精切，稳顺～，谓之为律诗。”陆龟蒙《太子夜歌》之二：“不知歌谣妙，～出口心。”清纳兰性德《渌水亭杂识》卷四：“（七言歌行）音节低昂，～稳密。” ❷ 势头；情势。明《古今小说》卷九：“看见～不好，急忙跳水，上岸逃命。”清《醒世姻缘传》六六回：“这～，大难治呀！”

【声说】 shēng shuō ❶ 申说；说明。宋司马光《乞不贷故斗杀札子》：“如委实有可悯及疑虑，即仰刑部于奏钞后，别用贴黄，～情理如何可悯，刑名如何疑虑，今拟如何施行。”杨简《示叶元吉》：“是同是异难～，何虑何思自混成。”清《野叟曝言》四二回：“旧规给假两月，有一个月餘限，限满不销，还有在途雨雪，守风阻险，因病延迟诸般情节，可以～。” ❷ 诉说。明李东阳《燕对录》：“盐商、灶户虽吃亏到底，谁敢～？” ❸ 责备。明《二刻拍案惊奇》卷一八：“委是不孝小人的父母，父母要～，自知不是，缢死了的。”

【声嗽】 shēng sòu ❶ 市语指话、言辞。元明《水浒传》八一回：“李师师执盏擎杯，亲与燕青回酒，谢唱曲儿，口儿里悠悠放出些妖娆～。”明朱有燉《乔断鬼》三折：“他的市语～，我也不省得，你如何省得？”康海《王兰卿》一折：“止不过胡呈些谚念作，歪道些闲～。” ❷ 说市语；说谑语。《元曲选·百花亭》二折：“知音达律，磕牙～。” ❸ 说话；发出声音。明《金瓶梅词话》七〇回：“登时一队队都到宅门首一字儿摆下，喝的人静回避，无一人～。”

【声诉】 shēng sù 申诉；诉说。宋王之望《湖南提举司论差役奏议》：“以此差选不当者，多不能～。”元王恽《弹保定路总管侯守忠状》：“其吏民枉被陵暴者，畏其凶恶，不敢～。”清《野叟曝言》七七回：“小神劝他求告相公，～冤枉。”

【声疼】 shēng téng 因疼痛而呻吟或叫喊。元狄君厚《介子推》三折：“微臣里忍痛难禁，～不罢。”《元曲选·儿女团圆》一折：“有甚事叫唤～，没来由出丑扬疾。”明《禅真后史》一七回：“老丈身有何恙，～叫痛？”

【声息】 shēng xī ❶ 声音；口气。五代王仁裕《玉堂闲话》卷四：“至深夜，章生潜身入室内，略不闻～，遂升榻就之。”《元曲选外编·西厢记》二本三折：“〔夫人云〕小姐近前拜了哥哥者。〔末背云〕呀，～不好了也。”清《红楼梦》一〇九回：“听了听，里间已无～，知是睡了。” ❷ 气息。《元曲选外编·西厢记》三本一折：“听了他微弱～，看了他黄瘦脸儿，张生呵，你若不闷死多应是害死。”明冯梦龙《情史·情私·阮华》：“欢好正浓，而华忽寂然不动。兰惊起谛视，～杳如。”清《绿野仙踪》九回：“于冰留神看那和尚，见他也常动转，却不将身睡倒，鼻孔中微有～。”

【声响】 shēng xiǎng 发出声音。宋周必大《显肃皇后殿皇堂砖面低陷开裂奏告表文》：“当日酉时，皇堂地面～，其御倚子开裂。”《元曲选·生金阁》楔子：“若无风呵，将扇子扇动他，也一般的～。”清《水浒后传》二六回：“又恐撇下去～，惊醒了他，就脱下裙子，将戒刀连鞘包了，从塔窗里撇了下来。”

【声言】 shēng yán ❶ 声张。元明《水浒传》二六回：“他的娘子已自道是害心疼病死了，因此小人不敢～。”明沈德符《万历野获编》补遗卷三：“彼处成长，以入伍脱逃，罪当及己，不敢～。”《拍案惊奇》卷二七：“妾身自有丈夫，被奸人赚来卖了，恐怕出丈夫的丑，故此不敢～。” ❷ 说话。明《金瓶梅词话》二七回：“被宋仁走到化人场上，拦着尸首不容烧化，～甚是无礼，小的不敢说。”

【声扬】 shēng yáng 声张；宣扬；宣告。金《董解元西厢记》卷六：“这事体休～，着人看不好。”元明《三国志通俗演义》卷九：“孙乾、简雍二人在城中～曰：‘今曹兵将至，孤城不可久守。’”清袁枚《子不语》卷一四：“焦不欲～，求寝其事。”

【声音人】 shēng yīn rén 歌姬、歌伎的俗称。唐裴廷裕《东观奏记》卷上：“安平左右皆宫人，上尽记之。忽见别姬，问安平曰：‘此谁也？’安平曰：‘刘郎君～。’”《唐大诏令集》卷六六《东封赦书》：“太常及仗内～行署，及蕃官七色并别敕杂色定名。”

【声冤】 shēng yuān 申诉冤屈；喊冤。宋欧阳修《乞将误降配厢军依旧升为禁军》：“仍体问其人等为见城中作过兵士却升得军分，亦累曾经知军出头，有状～，称无过降作厢军。”元关汉卿《调风月》四折：“想我那～不得苦痛处，你不合先发头怒。”清《野叟曝言》八六回：“心上着慌，将～本章，逐字推敲。”

【声张】 shēng zhāng 把事情、消息等传出去。宋包拯《请择探候人》：“所遣既不得慎密之人，且从而～之。”明孟称舜《娇红记》二〇出：“我们～起来，一来小姐见怪，二来坏了申生行止。”清《红楼梦》一二回：“贾瑞掌不住嗳哟了一声，忙又掩住口，不敢～。”

【胜常】 shēng cháng 妇女与人见面时的问候语。唐王建《宫词》之一：“新睡起来思旧梦，见人忘却道～。”宋陆游《老学庵笔记》卷五：“～，犹今妇人言‘万福’也。前辈尺牍有云‘尊候～’者。‘胜’字当平声读。”清汪景祺《西征随笔》：“骞帘微笑道～，翠叶花钿碧玉珰。”

shéng

【绳检】 shéng jiǎn ❶ 约束。唐杜牧《念昔游》之一：“十载飘然～外，樽前自献自为酬。”《金史·张仅言传》：“～部曲，一府惮之。”清李光地《榕村语录》卷三：“博是开广，不是繁多；约是～，不是约少。” ❷ 规矩；法度。唐陆龟蒙《京口与友生话别》：“～真难束，疏慵却易耽。”元辛文房《唐才子传》卷三《朱湾》：“（朱湾）逍遥云山琴酒之间，放浪形骸～之外。”《明史·林春传》：“日以朱墨笔识臧否自考，动有～，尺寸不逾。”

【绳束】 shéng shù 约束；束缚。宋罗大经《鹤林玉露》乙编卷五：“孔明所谓诸有作奸犯科者，宜付外廷论刑，所以～左右者，非不甚严也。”元刘壎《贺锺运使》：“～急而群哗不得以贼善良。”清《歧路灯》七二回：“儿辈不必以我为伶，只以我为鉴，则读书之心，自然不烦～而就紧了。”

【绳子】 shéng zi 用两股以上的苘麻、棕等纤维拧成的条状物。唐王焘《外台秘要方》卷三二：“又以纸裹筒，令缝上不得漏，以～牢缠。”清《红楼梦》三三回：“既要勒死他，快拿～来。”

shěng

【省】 shěng 另见 xǐng。❶ 免;避免。唐杜甫《回棹》:"顺浪翻堪倚,回帆又~牵。"《元曲选·萧淑兰》四折:"看我一双父母同胞情分,~教他人耻笑。"清《红楼梦》三一回:"姐姐既会说,就该早来,也~了爷生气。" ❷ 不要;别。唐杜甫《闻斛斯六官未归》:"老罢休无赖,归来~醉眠。"宋欧阳修《与陈比部》:"五妹且~烦恼,时热图安也。"明汤显祖《牡丹亭》八出:"休头踏,~喧哗,怕惊他林外野人家。"清洪昇《长生殿》四九出:"万岁爷,且~愁烦,娘娘还有话说。" ❸ "省陌"的简称,以不足百数之钱作百数使用,宋代定以七十七为百。宋司马光《涑水纪闻》卷一二:"每搬随军草一束、粮一斗,不以远近日数,计钱一贯文~。"王明清《挥麈前录》卷一:"本州卖盐宽剩钱壹万贯文~,买到金一百六十餘两,银壹千八百两投进。"《宋史·食货志上三》:"匹输钱五千~,比旧直已增其半。" ❹ 元以来行政区域名。元置中书省总理全国政务,又先后于诸路重要都会设十个行中书省分管各地区,简称行省或省。元赵世延等《经世大典序录·都邑》:"遂分天下为十一~,以山东西、河北之地为腹里,隶都省,餘则行中书省治之。"清《红楼梦》四回:"老爷既到这一~,难道就没抄一张本~护官符来不成?" ❺ 省会的简称。明潘季驯《分理兵巡道务疏》:"该州离~数百里,尽五日之力,始可巡历。"清袁枚《续子不语》卷五:"所属武功黄令景略赴~借宿,夏月昼卧前厅。" ❻ 副词。曾经。唐周贺《投江州张郎中》:"驿径曾冲雪,方泉~涤尘。"孟贯《怀果上人》:"好月曾同步,幽香~共闻。"宋张弋《夏日从陈宗之借书偶成》:"自从春去后,少~出柴扉。"

【省便】 shěng biàn 省事方便。唐李隆基《迎春东郊制》:"既为例程,乃是常礼,务从~,无使劳烦也。"宋苏辙《论三省事多留滞状》:"皆由法不~,枉费人力。"清《绿野仙踪》二回:"不如我独自去倒~,场后中不中再定规。"

【省城】 shěng chéng 省行政机关所在地。明胡俨《熊先生墓志铭》:"陈友谅以兵攻~,城陷。"清弘历《山东巡抚吉庆报得透雨》:"~属府胥周遍,稻下黍高普渥滋。"

【省的】 shěng de 另见 xǐng de。同"省得"。元王实甫《四块玉》:"意厮投,心相爱,早成了鸾交凤友,~着蝶笑蜂猜。"明《金瓶梅词话》一一回:"还教他伏侍大娘就是了,~你和他合气。"清《白雪遗音·养汉老婆》:"用着他,备上鞍子骑了去,又~跑路,又~插泥。"

【省得】 shěng de 另见 xǐng de。不使发生某种(不好的)情况;免得。唐范摅《云溪友议》卷一一:"生儿不用多,了事一个足,~分田地,无人横煎蹙。"宋刘克庄《鹧鸪天》:"幸然无事污青史,~教人奏赤章。"清《红楼梦》五二回:"明儿穿什么衣裳?今儿晚上好打点齐备了,~明儿早起费手。"

【省分】 shěng fèn 指行政区域单位省。明薛侃《题遣官造葬照会》:"合候命下之日,容职等查顺便~,行移事简衙门。"清《歧路灯》一〇回:"嘉靖皇帝御了便殿,一起人员俱按~挨次而进。"

【省俭】 shěng jiǎn 俭省;不浪费。宋毕仲游《乞理会河东土俗埋葬札子》:"臣愿明敕本路守令,随其土俗,制为葬埋之法,务从~。"明沈榜《宛署杂记》卷一载正德十二年上谕:"八月,说与百姓每:都要~,不要大破小用。"清《红楼梦》五五回:"~了,外人又笑话。"

【省径】 shěng jìng 简便省事。《历代名臣奏议》卷二四四载宋彭汝砺奏文:"如只于逐处僧寺及驿舍置仓,则于事~,亦不至劳于民矣。"明王世贞《弇山堂别集》卷九四:"况崔杲奏讨引盐,不过变卖银两,若户部支与价银,尤为~。"清梅文鼎《历算全书》卷九:"五卷之法,亦加减也,而特为~,故称捷焉。"

【省可】 shěng kě ❶ 不要;别;无须。宋苏轼《艾子杂说》:"幸自无事,也~出入。"明张鍊《折桂令·有感》:"天有阴晴,月有亏盈,看破机关,~经营。"清《霓裳续谱·老夫人镇日间》:"这事儿~追求,怕春光泄漏把春光泄漏。" ❷ 当心;仔细。明《金瓶梅》一回:"一个人被虎衔了,他儿子要救他,拿刀去杀那虎。这人在虎口里叫道:'儿子,你~而的砍,怕砍坏了虎皮。'"

【省可里】 shěng kě li ❶ 不要;别。金《董解元西厢记》卷六:"~晚眠早起,冷茶饭莫吃,好将息。"元关汉卿《西蜀梦》三折:"若是都拿了,好生的将护,~拖磨。"明《金瓶梅词话》六一回:"你也~与他药吃。他饮食先阻住了,肚腹中有甚么儿,只顾拿药陶碌他?" ❷ 免得。元关汉卿《拜月亭》一折:"然是弟兄心,殷勤意,本酒量窄推辞少吃。乐意开怀虽恁地,也~不记东西。"岳伯川《铁拐李》二折:"留着些,或时遇着热,逢着寒,与你每子母穿,~熬煎。" ❸ 急切间。明金銮《胡十八·风情嘲戏》:"空嚷了一场,暗着了几枪,~到不的的边,急流里下不的的枪。" ❹ 顷刻间。明金銮《玉抱肚·秋闺集唐诗结尾》:"一天新爽,想当日春风画堂,逡巡间过了清明,~又早重阳。"

【省口】 shěng kǒu 不说话或少说话。元《三遂平妖传》三回:"你~时却迟了,这水儿自从吃爹爹打了,便不来爹娘身边来,只在房里。"元明《水浒传》五〇回:"祝虎~,便拨转马头,再奔宋江阵上来。"明《金瓶梅词话》七五回:"大家都~些罢了。只顾乱起来!"

【省路】 shěng lù 少走路程。清《红楼梦》七八回:"保不住出入的人就图~,也从那里走。"

【省试】 shěng shì 唐宋时指由尚书省礼部主持举行的考试。明清两代指在省城举行的考试,又称乡试。唐姚合《寄杨茂卿校书》:"到京就~,落籍先有名。"宋欧阳修《六一诗话》:"自科场用赋取人,进士不复留意于诗,故绝无可称者。惟天圣二年,~《采侯诗》,宋尚书祁最擅场。"清龚炜《巢林笔谈》卷五:"儿子从未远出,初应~,不能不一往。"

【省事】 shěng shì 另见 xǐng shì。❶ 减少麻烦;减少办事的程序、手续。宋苏轼《因擒果庄论西羌夏人事宜札子》:"当时执政不深虑此,专以~为安。"《元曲选·望江亭》一折:"你又青春,他又年少,我与你做个撮合山媒人,成就了您两口儿,可不~?"清《红楼梦》六六回:"你便送他到官,又有何益,反觉生事出丑;不如放他去罢,岂不~!" ❷ 不费事;简便。宋《朱子语类》卷一二一:"只是他已见到上面一段物事,不费气力,~了,又那肯下来理会!"宋元《古今小说》卷一五:"王婆接了边子,忍笑不住,道:'你的好~!'"清赵吉士《寄园所寄》卷一:"古人兵书中传密信,三发一知,颇为费力,何如此之~?"

【省缩】 shěng suō 省俭。明邵宝《外舅秋竹翁墓志铭》:"子本流转,初有数十金,晚至数百,乃益~为俭节。"《平妖传》一二回:"路上咬姜呷醋,件件~。"《型世言》三回:"一日所赚能得多少?~还是做人家方法。"

【省惜】 shěng xī 省俭爱惜。《新唐书·韦弘机传》:"臣任司农十年,~常费,积三十万缗。"元郑元祐《前平江路总管道童公去思碑》:"识者谓七仓可以数年不修,盖~民力之一端也。"清《湖广通志》卷四三:"严核驿递,~马钱,数年村落城郭无他忧。"

【省下】 shěng xià ❶ 指行省政府机关。元刘壎《通李左丞书》："江鄂相近，甚欲一诣～，参拜少叙渴心。"程端学《元故从仕郎杭州路税课提举杜君墓志铭》："明年河决杨村，都水监告急于～。" ❷ 指省城。明郑纪《简彭从吾》："广聚生徒，寻～闲旷院宇，礼致其中，选民间俊秀子弟，十二岁以上二十岁已下者，授以小学之书。"钱德洪《平濠录》："十八日回至吉安，又令济等假写南雄、南安、赣州等府报帖，日逐飞报府城打入～，一以动摇省城人心，一以鼓励吉安致义之士。"清《醒世姻缘传》三八回："各家都差了人来～打银花、买红、做蓝衫。"

【省心】 shěng xīn 少操心。宋邵雍《首尾吟》之二二："适居堂上行堂上，或在水湄言水湄。不止～兼省力，尧夫非是爱吟诗。"《古尊宿语录》卷一二《神力禅师语录》："说得千般美食，不如一顿粗餐。能奇能异，省径～。"清《红楼梦》四七回："所以不单我得靠，连你小婶、媳妇也～。"

shèng

【圣】 shèng 如同有神通一般，形容迅速。金《刘知远诸宫调》一一："洪义怒，呼哨一声，洪信和两个妇人以(已)～至。"元关汉卿《新水令》："忙加玉鞭，急催骏骑，恨不～到俺那佳人门前。"按，一本作"乘"。

【圣杯】 shèng bēi 即"圣珓"。宋佚名《张协状元》一四出："明日恁地，神前拜跪，神还许妾嫁君时，觅一个～。"△清福格《听雨丛谈》卷一一："广东土人祈祷庙社，有擲杯之法，以竹根制如冬笋式，而中分之，每祈祷如北俗求签法，跪地祷祝，随手掷之，以一仰一覆为～，两仰为平，两覆为咎。"

【圣诞】 shèng dàn ❶ 皇帝或皇太后的生日。唐李白《天长节使韦公德政碑序》："采天长为名，将传之无穷，纪～之节也。"明程敏政《冬至县中行庆贺礼》："～才过至日来，礼成遥贺两叨陪。"清王士禛《居易录》卷中："初三日，皇太后～，皇上率东宫诸皇子、诸王行礼。" ❷ 泛指神、佛、菩萨的生日。宋王珪《灵佑王生辰疏》："幸遇千龄之～，敢效万岁之嵩呼。"元蒲道源《祀文昌文》："越惟兹日，载逢～，体神之孝，谨延圣父圣母于正殿，式昭具庆之礼焉。"清《醒世姻缘传》七八回："除了正月元旦，十五元宵，二月十九观音菩萨～。……这几日才是放人烧香的日子。"

【圣得知】 shèng dé zhī 如有神通一样地知道。唐韩愈《盆池》之四："泥盆浅小讵成池，夜半青蛙～。"宋陆游《鸣禽》："新晴池馆春来早，帘外鸣禽～。"明罗玘《送伍朝信》："明州老叟老垂垂，偏是君行～。"

【圣珓】 shèng jiào 掷杯珓占卜，杯珓落地一俯一仰称为圣珓，预示大吉大利。宋洪迈《夷坚志》丙卷一四："大王果见赐，愿示以～。"楼钥《恭题高宗赐陈正彙御札》："卜以杯珓，且曰：'若得生还，求百～。'掷之至百，皆然。"

【圣筊】 shèng jiào 同"圣珓"。宋叶梦得《石林燕语》卷一："香案有竹杯筊，因取以占己之名位。俗以一俯一仰为～，……一掷而得～。"

【圣人】 shèng rén 宋代称皇后、皇太后。宋蔡絛《铁围山丛谈》卷一："国朝禁中称乘舆及后妃多因唐人故事，谓至尊为官家，谓后为～。"周密《齐东野语》卷三："宪圣蹙额不言。礼曰：'～读万卷书，曾见有如此时节可保无虞否?'宪圣曰：'此岂汝所知。'"

【圣手】 shèng shǒu 称某些方面技艺高超的人。元明《三国志通俗演义》卷一五："神威罕及惟关将，～能医说华佗。"明刘若愚《酌中志》卷一一："～书生文震孟。"清《石渠宝笈》卷三二："龙眠居士独得其传，故在宋为～。"

【圣笤】 shèng tiáo 即"圣珓"。明《警世通言》卷一一："天明起来，拜了神道，讨其一筊，'若该往南京，乞赐～。'"《山歌·山人》："大家向前讨介一卦，看道阿能勾到底太平。先前得子一个～，以后再打子两个翻身。"清《珍珠舶》一八回："王心宇将笤丢下，却是三个～。"

【胜】 shèng ❶ 同"剩❷"。唐吴融《寒食洛阳道》："行客～回首，看看春日斜。"《元曲选·忍字记》楔子："你贫呵生受凄凉活受窘，我富呵广有金珠～有银。" ❷ 同"圣"。金《刘知远诸宫调》一一："遥观安抚有灾恼，提扁担浑如～到，那勇健古今稀少。"《董解元西厢记》卷一："气扑扑走得搬肩的喘，～到莺莺前面，把一天来好事都惊散。"元《前汉书平话》卷上："至天明早晨，忽见东南上一队军马，约到三千餘骑，如～也似来。"

【胜采】 shèng cǎi 赌博获胜的彩头。《辽史·耶律俨传》："帝晚年倦勤，用人不能自择，令各掷骰子，以采胜者官之。俨尝得～，上曰：'上相之征也！'"明《二刻拍案惊奇》卷八："起初沈将仕神来气旺，～便跟着他走，所以连掷连赢。"清《野叟曝言》二四回："一来靠朝廷洪福，二来仗尔等同心，今日得此～，当各饮三碗。"

【胜场】 shèng chǎng 在某些方面最为突出，超过一般人。明张大复《梅花草堂笔谈》卷五："然～之中又有最胜，如昌黎《殿中马少监志》是也。"清王士禛《池北偶谈》卷一七："观全集殊下秦、晁、张、陈远甚，然其题跋自是～。"《续金瓶梅》二〇回："元末～王保保，宋家败气李师师。"

【胜概】 shèng gài 美好的境界；美景。唐刘长卿《早春赠别赵居士还江左》："且将穷妙理，兼欲寻～。"宋欧阳修《乐语七首·西湖念语》："况西湖之～，擅东颍之佳名。"清方成培《雷峰塔》二三出："俺因此卓锡金山寺中，一来要揽取江山～，二来好觑个机会，指引许宣。"

【胜强】 shèng qiáng ❶ 强大；康健；高强；优越。《敦煌变文校注》卷五《维摩诘经讲经文(四)》："令交问处，直为～。"宋宋祁《回阎都官书》："知到都被疾，逾数旬，体力尚未～，惕然忧之。"明《西游记》六三回："敢若无知骋～，教你水涸山颓都蹭蹬。"清《红楼梦》六四回："贾琏又是青年公子，比张华～十倍。" ❷ 胜过；超过。宋孙奭疏《孟子·告子上》"孟子"："孟子言为仁～于不仁也，若水之胜火矣。"

【胜强如】 shèng qiáng rú 胜过；超过。明《西游记》二三回："与舍下做个家长，穿绫着锦，～那瓦钵缁衣。"又七三回："一嘴尖利，～钢钻金锥。"

【胜强似】 shèng qiáng sì 犹"胜强如"。明《西游记》九五回："摆列的似蕊宫仙府，～锦帐春风。"《金瓶梅词话》六一回："但能勾改嫁从良，～弃旧迎新。"

【胜如】 shèng rú 胜过；超过。唐李翱《广庆寺》："传者不足信，见景～闻。"元高文秀《遇上皇》一折："吃了些酸醅醇糯，～玉液琼浆。"清《白雪遗音·游庵》："娘子言之有理，～金玉。"

【胜爽】 shèng shuǎng 景物、建筑物优美，让人看了感到快意舒适。唐李绅《四望亭记》："庾楼夕月，岘首春风，盖一时之～，无四者之眺临。"《新唐书·鱼朝恩传》："朝恩有赐墅，观沼～，表为佛祠。"也只指快意舒适。宋毛滂《浣溪纱·送汤词》："仙草已添君～，醉乡肯为我从容。"

【胜似】 shèng sì 犹"胜如"。宋苏轼《南歌子》："蓬山才调最清新。～缠头千锦、共藏珍。"元谢应芳《满庭芳》:"四时花竹多风景,～丹青。"清《飞龙全传》三五回:"这孩子～亲生,十分孝顺。"

【胜算】 shèng suàn 能够取得胜利的谋划或把握。宋夏竦《平边颂》:"谋者鲜而斗者众,偏议多而～寡。"元徐明善《千户王恭甫咏史并百将诗》:"前代之是非得失,良将之成谋～,览蓄既富,从而诗之。"清《绿野仙踪》三〇回:"贼势凶勇,断不可以力敌。我看屯兵待降,还是～。"

【盛】 shèng ❶多;频繁。宋陆游《咸齑》:"小罂大瓮～洗濯,青菘绿韭谨蓄藏。"元纪君祥《赵氏孤儿》二折:"我怕不待～活一日显威风,难熬他暮鼓晨钟。"《元曲选·勘头巾》四折:"这都是你弄威权,待积攒家缘,广置庄田,～买丝绵。" ❷真正;确实。元王伯成《贬夜郎》三折:"穿了好的,吃了好的,～比别人,非理分外,费衣搭食。" ❸纵情;随意。元王伯成《贬夜郎》四折:"把谪仙～贬,一年半年,浪淘尽尘埃满面。"

【盛表】 shèng biǎo 对别人字的尊称。表,表字。宋佚名《张协状元》二四出:"〔生〕尊兄～?〔丑〕子禄。"

【盛从】 shèng cóng 犹"盛价"。明《梼杌闲评》四回:"牛三别了王公子,转身看见小魏,赞道:'好～。'"清《儒林外史》八回:"～同船家都不在此么?"

【盛概】 shèng gài 同"胜概"。也指盛况。宋蔡絛《铁围山丛谈》卷六:"卜筑于城西北隅,山间～也。"明李时勉《北京赋》:"小臣微陋,忝职文字,愿赋帝都之～,扬国美于万祺。"清汪由敦《大驾卤簿图记序》:"卤簿之名则沿于西汉,所称千乘万骑,属车九九,其蝼略蕤绥、郅偈容裔之～可想见。"

【盛介】 shèng jiè 同"盛价"。宋郑刚中《与潘令卫》:"苗已出土,而园丁不识姜性,～切告,频遣至看觑合作。"清《梦中缘》一一回:"此时离贵府料想不远,不如差一～,先着他宅上报信。"

【盛价】 shèng jiè 对别人的仆役的尊称。宋王庭珪《与胡邦衡书》:"某数年前,～自湖南宪司回,道出敝邑,尝奉书。"明徐渭《女状元》五折:"他说那小姐呵别无～,在家出路都是他包代。"清《歧路灯》七回:"柏公回首向孝移道:'烦～和一块面来喂他一喂。'"

【盛情】 shèng qíng 深厚的情意。宋周密《癸辛杂识》别集上:"何前后～之事皆生于陶氏门中邪?"《元曲选·气英布》二折:"那濯足的～,咱已领了!"清《红楼梦》一回:"既蒙厚爱,何敢拂此～!"

【盛使】 shèng shǐ 犹"盛价"。明王守仁《答聂文蔚》:"～远来,迟留经月,临岐执笔,又不觉累纸。"《金瓶梅词话》七五回:"昨日～到,学生该班,至晚才来家见尊票。"清宋荦《答李少司空贞孟》:"抵舍旬餘,俗冗猬集,尚未遣候,而～赍台函远来。"

【盛睡】 shèng shuì 熟睡;睡得很沉。宋晁补之《少年游》:"～里,起来寻觅,却眼前不见。"

【盛行】 shèng xíng ❶急切赶路。元《武王伐纣书》卷上:"姬昌在路～之次,望见一道气色上冲霄汉。"《三国志平话》卷中:"使旗迎住曹操军卒,主公～五十里。"明卢象昇《寄外舅王带溪先生九首》之四:"粮艘～,恐多阻滞。" ❷广泛流通。明靳学颜《讲求财用疏》:"我先朝又用之,祇见其利不闻其病,正德嘉靖以前犹～之。"钱薇《盐法论》:"餘盐～而正盐反壅,此商贾不通之又再也。" ❸兴隆。清《醒世姻缘传》七〇回:"后来生意～,赚钱容易,家中就修理起房来。" ❹多;厉害。清《醒世姻缘传》八二回:"四月将尽的天气,正是那蛇蚤臭虫～的时候。"

【盛仪】 shèng yí 厚礼。明《金瓶梅词话》六五回:"学生屡承教爱,累辱～,日昨又蒙赙礼。"《肉蒲团》七回:"这桩事说便是这等说,十有九分还是做不成的。这个～不敢轻领。"清纪昀《阅微草堂笔记》卷三:"先一夕,庙祝梦神曰:'某金自何来?乃～以飨我。明日来,慎勿令入庙。'"

【盛妆】 shèng zhuāng ❶穿上华丽的衣服,着意打扮。唐孟棨《本事诗·情感》:"时太尉李逢吉留守,闻之,请一见,特说延之。不敢辞,～而往。"明谢榛《忆都门酒家王四》:"谢客惟深醉,燕姬自～。"清纪昀《阅微草堂笔记》卷一二:"为贱女则敛抑其心,虽～而贱态在。" ❷华丽的装束。清李渔《闲情偶寄》卷七:"若配～艳服,不得不略大其形,但勿过丁香之一倍二倍。"《红楼梦》三回:"一进入正室,早有许多～丽服之姬妾丫鬟迎着。"

【剩】 shèng ❶频繁。唐崔龟从《请定官驿水夫制奏》:"岁月滋深,仍被过客格外干求,～索人夫,别配粮料。"宋《朱子语类》卷一二〇:"读书才说要做文字使,此心便错了。若～看得了,到合说处便说,当不说处不说也得。"明《警世通言》卷三一:"渐无面目辞家祖,～把凄凉对学生。" ❷纵情;随意。唐司空图《白菊》:"黄鹂啭后谁同听,白菊开时且～过。"宋欧阳修《蝶恋花》:"老去风情应不到,凭君～把芳尊倒。"元张养浩《山坡羊·沔池怀古》:"不量度,～粗豪,酒席间便欲伐无道。" ❸真正;确实。唐岑参《送张秘书》:"鲈鱼～堪忆,莼羹殊可餐。"宋赵彦端《水调歌头》:"～肯南游否?蓬海试穷探。"《元曲选·玉镜台》四折:"从今后姻缘注定姻缘簿,相思还彻相似苦,～道连理欢浓,于飞愿足。" ❹同"圣"。《元曲选·单鞭夺槊》四折:"不剌剌走似烟,一骑马～到跟前。"明贾仲明《对玉梳》四折:"若不是你荆楚臣急忙忙～到根前,……怎能勾夫和妇美甘甘再得缠绵。" ❺胜过。明弭来夫《沉醉东风·嘲黑妓》:"帘影内一团窈窕,被窝中百样妖娆。虽无青鸟随,～乌云罩。"

【剩不得】 shèng bù dé 没剩下;剩不下。明王问《浪淘沙·慨世》:"人寿百年餘,及早欢娱,中间睡梦半消除。又除了十岁孩童三十岁老,～些须。"清《女仙外史》一九回:"也有溺水而死者,～数人逃去。"《野叟曝言》一三四回:"喇嘛竟～几个,没命冲突,才走脱了。"

【剩留】 shèng liú 留下;剩餘。唐司空图《山鹊》之三:"赖尔林塘添景趣,～山果引教归。"明王化隆《红衲袄》:"饶你邓通钱无～,便做颜子才遭谗诟。"清董俞玉《思佳客》:"金凤慧,玉环妖,～双妩待人描。"

【剩落】 shèng luò 剩餘。《元曲选·赵氏孤儿》三折:"将三百口全家老小尽行诛剿,并没那半个儿～。"清《醉醒石》一三回:"将～货贱买,收起货典当了结,两人弄得精光。"

【剩说】 shèng shuō ❶尽说。唐张潮《襄阳行》:"昨见襄阳客,～襄阳好无尽。"宋范成大《题金牛洞》:"新诗～山中妙,我不曾游先梦到。"明李东阳《赠阙里孔闻礼》:"少年文采动公卿,～尼山有俊英。" ❷犹"剩语"。宋《大慧普觉禅师语录》卷一二:"是耶非耶俱为～,真耶妄耶水中捉月。"陈耆卿《曾子论》:"曾子以一唯而代万夫之～,则其见亦卓矣。"

【剩头】 shèng tou 餘剩的零星钱或物。清《红楼梦》六一回:"说我单管姑娘厨房省事,又有～儿。"△《三侠剑》四回:"白糖几十个钱就买一斤,二百多钱,真有～。"

【剩餘】 shèng yú 多餘;多餘的东西。宋吕南公《中山感怀》:"禄廪见～,羁栖请依止。"明胡应麟《少室山房笔丛》卷一五:"盖其书亡于东京之末,魏晋下谈之士,掇拾～为此。"清《歧路灯》一〇一回:"～之房,到日夕时,有两个挑担行客因无店可住,情愿多出店钱。"

【剩语】 shèng yǔ 多餘的话;残存的文字。宋韩维《赠昌言太中》:"达理偶同无～,论交虽晚便忘形。"元戴表元《张仲实文编序》:"其叙事如诸葛公起草庐谈鼎足形势,某当如是如是,而无阙辞无～也。"清施闰章《庐山志序》:"凡僧庐岩窟断文～,选择其可存者,手摹目记。"

shī

【尸场】 shī chǎng 人命案陈尸的现场。明归有光《乞休申文》:"但检验～,皆亲至其地。"《二刻拍案惊奇》卷四:"廉使叫押到～上认领父亲尸首。"《大清会典则例》卷二六:"其果系轻生自尽,殴非重伤者,即于～审明定案。"

【尸单】 shī dān 官府验尸时填写的死者受伤害情况的单子。元明《水浒传》二七回:"狮子桥下酒楼前检验了西门庆身尸,明白填写～格目,回到县里呈堂立案。"明《金瓶梅词话》一〇回:"唤当该吏典并仵作、里邻人等,押到狮子街,检验李外传身尸,填写～格目。"《禅真后史》四六回:"(簿司)先进公厅,对堂尊附耳说了一番,然后将～呈上。"

【尸格】 shī gé 即"尸单"。上有程序规定的检验格目。明《古今小说》卷一:"若不见贴骨伤痕,凶身怎肯伏罪? 没有～,如何申得上司过?"清《红楼梦》八六回:"知县查对～相符,早知书吏改轻,也不驳诘。"《大清会典则例》卷一六四:"有应检验尸伤者,移咨刑部,委司官率领仵作稳婆,会同检验,填录～。"

【尸骸】 shī hái 模样(含贬义)。《敦煌变文校注》卷三《燕子赋(一)》:"燕子被打,可笑～!"又卷四《破魔变》:"身膖项缩,恰似害冻老鸱;腰曲脚长,一似过秋穀(鹘)鹕。浑身笑具,是甚～?"又《降魔变文》:"头脑异种丑～,惊恐四边令怖畏。"

【尸灵】 shī líng ❶ 人的尸体。稗海本《搜神记》:"王僧兄弟三人遂杀刘寄,抛～在东园[枯井]里埋之。"宋王溥《五代会要》卷八:"暑毒之月,～难久停留。"清《女仙外史》五七回:"与我们徒弟不相干,是姚少师要立把～抬到这里。" ❷ 指灵柩。稗海本《搜神记》:"时会稽太守刘惠明,当官孝(考)满,遂将死女～归来。"

【尸皮】 shī pí 对衣服的恶称。《元曲选外编·遇上皇》一折:"你穿的这～不是我做的,我扯碎你的!"清《儒林外史》四回:"而今弄两件～子穿起来,听见说做了夫人,好不体面。"

【尸亲】 shī qīn 命案中死者的亲属。《元曲选·救孝子》三折:"你道是招呼～,审问明白,止不过赃仗衣服。"明《拍案惊奇》卷一一:"知县见二人死了,责令～前来领尸。"《大清律例》卷五:"凡命案内减等发落人犯,应追埋葬银两,……如审系十分贫难者,量追一半给付～收领。"

【尸身】 shī shēn 尸体。明《西游记》附录:"就把光蕊～安置一壁,口内含一颗定颜珠。"李梅实《精忠旗》二七出:"北山地方离城已远,不免掘开地面,将他～埋掩。"清《皇朝通典》卷八六:"凶犯虑事败露,辄将～埋藏灭迹,希图漏网。"

【尸首】 shī shǒu 被杀者的尸体和头,也单指尸体的头或人的尸体。《旧唐书·德宗纪上》:"仍还怀光～,任其收葬。"宋桂万荣《棠阴比事原编》:"有蝇集～,吏乃披髻视之,得铁钉焉。"清《红楼梦》三二回:"刚才打水的人在那东南角上井里打水,见一个～。"

【尸帐】 shī zhàng 即"尸单"。《元典章·刑部十六》:"比对伤痕,令正犯人于～上画字。"

【失败】 shī bài 在斗争中被对方打败。唐《李卫公问对》卷下:"故有出而交绥,退而不逐,各防其～者也。"宋洪振龙《汉边郡名将孰优如何》:"或者又以雁门之俘获,东道之～,为广之病。"清《荡寇志》一〇九回:"这场厮杀,幸亏吴用出师素有警备,不致十分～。"

【失差】 shī chà 犹"失错"。明《醒世恒言》卷三:"就是吴八公子这一个风波,吓杀人的,万一～,却不连本送了?"

【失蹉】 shī cuō 脚未站稳而跌倒。明《于少保萃忠全传》二传:"正拜舞之际,忽然一宪官～倾跌在半边。于公一见,即大声喝某官失仪。"

【失挫】 shī cuò ❶ 同"失错"。金《刘知远诸宫调》一一:"若还金印有～,怎向并州做经略?"明《古今小说》卷一〇:"丫鬟送茶来吃,将一手去接茶瓯,偶然～,泼了些茶。"清《剿捕临清逆匪纪略》卷五:"恐徐绩等一路于调度弹压之事,未能妥协,临时稍有～,于会剿全局大有关系。" ❷ 失败。明王世贞《大理战书附》:"惟恐瘴毒日重,疫疠日兴,师老粮绝,万一～,奚翅为天下之嗤笑,亦负段氏厥初之所望。"清《平定两金川方略》卷三二:"此必宋元俊既奉总督派令救援,未能即往,以致官兵～。"

【失错】 shī cuò 失误;出现差错。《唐律疏议》卷五:"诸公事～,自觉举者,原其罪。"《元曲选·生金阁》三折:"不想～了,可可打了相公背上。"清《隋唐演义》七九回:"蒙皇上赐宴,力不胜酒,～触了妃履。"

【失单】 shī dān 事主开具的被窃、被劫或失落财物的清单。明《醒世恒言》卷三:"次日天明,十老方知,央及邻里,出了个～,寻访数日,并无动静。"清《醒世姻缘传》二六回:"他说失了许多东西,叫他开个～,他又抵死的不肯开。"《大清律例》卷二三:"事主呈报盗案～,须逐细开明。"

【失倒】 shī dǎo 跌倒,特指躺倒。清《红楼梦》一二回:"诸如此症,不上一年都添全了,于是不能支持,一头～。"

【失盗】 shī dào 财物被人偷走。唐吴兢《乐府古题要解》卷上:"人畜牧于野,辄云以付稚子,终无～。"《宋史·石扬休传》:"坐前在开封尝～,出知宿州。"清《红楼梦》二八回:"夜里失了盗也不晓得。"

【失跌】 shī diē 跌倒;摔。宋陈舜俞《说副》:"匹夫扛鼎则有～者矣,况九鼎能以一手足负哉!"明冯汝弼《祐山杂说》:"虎将至,汝可急入。昨途中欲伤汝,因见刘进士～而去。"顾起元《客座赘语》卷一:"身之～曰'扑腾'。"

【失风】 shī fēng ❶ 指行船遭遇恶风而出事故。《元曲选·冯玉兰》三折:"这一只船想是～的,船上并无一个人,被风打将来。"明包汝楫《南中纪闻》:"盖李本闽中优人,先因渡海～,漂至日本。"清玄烨《谕工部》:"是以去年悉令斜钉排桩,闻今年湖中～船只甚少。" ❷ 比喻行事遭遇挫折。清《女仙外史》一二回:"正说间,一声响把柳烟儿平空擎去,……月君道:'回不得去见人了。'鲍姑道:'沟中失了风哩。'"

【失盖】 shī gài 睡觉没盖好被子而着凉。明《型世言》三回:"睡到五鼓,故作疼痛之声,……盛氏道:'想一定～了。我冲口姜汤与你。'"

【失更】 shī gēng 更夫错过打更的时间。明《警世通言》卷二四:"三官向前叫:'大叔,我打头更。'……地方说:'你打二更罢! 失了更,短了筹,不与你钱,还要打哩!'"清《姑妄言》二四回:"连夜忽有妖物盘踞钟楼。僧每登楼,则掷石如雨,不得上,以故～。"

【失寤】 shī hū 睡过头。明《山歌·失寤》:"昨夜同郎说话长，～直睏到大天光。"该句又见于清《绣屏缘》五回，注："寣，音忽，熟睡也。"

【失花儿】 shī huā er 闪失；差失。元明《水浒传》五六回："别的都不打紧，这副雁翎甲乃是祖宗留传四代之宝，不曾有～。"明《金瓶梅词话》五六回："我做老婆的不曾有～，凭你怨我，也是枉了。"

【失记】 shī jì ❶ 记载遗漏。唐神昉《大乘大集地藏十轮经序》："寻旧经之来，年代盖久，但谱第遗目，传人～。"宋王楙《野客丛书》卷六："仆谓张右史亦～杜、岑之作尔。"清纪昀《阅微草堂笔记》卷一三："岂德圃偶未言及，抑先生偶～耶？" ❷ 忘记；遗忘。宋韩淲《菩萨蛮》："人间多少闲风度。薄情～相逢处。"明许自昌《橘浦记》一七出："一定是这些妮子们藏在那里，一时～，就说被人盗了去。"清《隋唐演义》六回："如今儿两盘费银子，一时～，被樊建威带往泽州去了，却怎么处？"

【失脚】 shī jiǎo ❶ 脚步慌乱。《敦煌变文校注》卷四《祇园因由记》："又彼被趁急，遂～走，被舍利弗化火遮之，不能去。" ❷ 因脚步不稳而摔倒。唐高彦休《阙史》卷上："守者以状闻，水工大恐，～捽地，走东西阶。"宋《朱子语类》卷一〇四："思量这道理，如过危木桥子，相去只在毫厘之间，才～，便跌落下去！"清《飞龙全传》二〇回："匡胤把身子一迎，故意～一滑，扑通的躺在台埃。" ❸ 比喻受挫折或犯错误。唐寒山《劝你休去来》："劝你休去来，莫恼他阎老。～入三途，粉骨遭千捣。"元张可久《庆东原·次马致远先辈韵》："他得志笑闲人，他～闲人笑。"清《红楼梦》六五回："虽然如今改过，但已经失了脚，有了一个淫字，凭有甚好处也不算了。"

【失节】 shī jié ❶ 指女子失去贞操。唐白居易《得辛氏夫语盗或责其失贞行之节不伏》："况居丧未卒，改适无文，苟～于未亡，虽复仇而何有。"元陈世隆《北轩笔记》："夫既已适他人矣，已为～之妇，而陈国夫人之号，又孰崇之？"清《绿野仙踪》二二回："你妻方氏已成～之妇，你还要他不要？" ❷（鼓音）不成节奏。《旧唐书·段秀实传》："秀实乃召鼓人，阳怒～，且戒之曰：'每更筹尽，必来报。'"宋王辟之《渑水燕谈录》卷七："意欲图写，凝思久之，不知鼓声之～也。"清王士禛《分甘餘话》卷一："一日太守宴会，院深击鼓～，召问之。"

【失惊】 shī jīng 吃惊。唐许嵩《建康实录》卷一六："阁道坏，坠水，仆射王俭～。"宋王之道《谒金门》："门外马嘶郎且至。～心暗喜。"清《荡寇志》一二五回："花荣及两阵上的人一齐～，一片骇声不绝。"

【失敬】 shī jìng 客套话。向对方表示歉意，责备自己礼貌不周。《元曲选外编·西厢记》二本二折："小弟欲来，奈小疾偶作，不能动止，所以～。"明《古今小说》卷九："原来是一位大人，～了。"清《白雪遗音·醉归》："原来是位公子，～了。"

【失落】 shī luò ❶ 丢失；散失；失去；掉落。《唐律疏议》卷一五："失者，又加二等，以其系饲不合～，故加二等。"罗隐《湘南应用集序》："阻风于洞庭青草间，因思湘南文书，十不一二。盖以～于马上军前故也。"《元曲选·梧桐叶》四折："若不是这一叶梧桐，险些儿～了半世夫妻旧恩宠。"清《绿野仙踪》二二回："那一个差人便从袖内流出一条铁绳来，故意儿～于地。" ❷ 流落；漂泊；因迷路而止于某处。唐会昌元年六月户部《奏酌量增减诸司食利钱状》："诸司虽落下一分钱，缘置驱使官员，于人户上征钱，皆被延引。或人逃散～，常不得足。"元贝阙《赎难女纪事》："自伤妾薄命，～似秋蓬。"明《西游记》一三回："贫僧鸡鸣时出河州卫界，不料起得早了，冒霜拨露，忽～此地。" ❸ 走散落在后面。清《都是幻·梅魂幻》五回："我在康山梅树下□交，好好一个宫主，同我来此避火，我一时～在后。"《隋唐演义》九五回："原来李谟于圣驾西行时，同着一个从人奔走随驾，不想走迟了，却追随不及，～在后。" ❹ 疏忽；放松。明叶宪祖《团花凤》二折："一朝儿做出瑕疵，是你平日价～维持。" ❺ 指脱臼。明朱橚《普济方》卷三〇九："凡左右两肩，或撷坠～，若脑骨又出在前，可用布袋腕系在前。"王肯堂《证治准绳》卷一一八："若手腕～，或在上在下，用手拽伸却，使手捻住，方可用前膏敷，贴药夹缚。"

【失寐】 shī mèi 失眠。唐道宣《续高僧传》卷二三："以刀割心捧之而卒，侍人心惊通夜～。"元王实甫《集贤宾·退隐》："～忘餐，倚定着这门儿待，房栊静悄如何捱。"清《红楼梦》二七回："如今且说林黛玉因夜间～，次日起来迟了。"

【失迷】 shī mí ❶ 迷失；弄不清。元李伯瞻《殿前欢·省悟》："～途尚可追，回头易，好整理闲活计。"清《后水浒传》二八回："兄弟却与我是同年，也只为～了月日时，如今却无处问人。"《大清会典则例》卷一七二："务将此等汗邪逸出，藉端逃走，及～被诱之旗人，严加访拿。" ❷ 失散。清孔尚任《桃花扇》闰二〇出："老兄想是走错了路，～什么亲人了。"《霓裳续谱·兄妹逃难》："世隆回答说：小妹～心忙乱。佳人落泪说：总要你周全。" ❸（东西）因放乱而不知下落。清《红楼梦》一四回："各房中也不能趁乱～东西。"《歧路灯》一〇二回："这是府上一宗东西，舍妹寄放我家。今年我将出仕，不交付明白，恐怕～。"

【失明】 shī míng 熟睡到天明不知起床。唐张鷟《龙筋凤髓判》卷四篇题："漏主夜睡，不觉～。天晓以后，仍少六刻不尽。钟鼓既晚，司官失朝。"白居易《春来》："谁家绿酒欢连夜，何处高楼睡～。"

【失陪】 shī péi 客套话。表示不能陪伴对方。明《西游记》七三回："适间去后面吩咐小徒，教他们挑些青菜萝卜，安排一顿素斋供养，所以～。"李乐《见闻杂记》卷二："发一友人书，作副启数字，故～。"清《白雪遗音·独占》："秦小官，老身～了。"

【失便宜】 shī pián yi 吃亏。宋佚名《张协状元》八出："欲经过五矶山上，小客独自不敢向前，……只恐独自～。"明《醒世恒言》卷二五："只是恐众寡不敌，反～。"清纪昀《阅微草堂笔记》卷九："最有心计，平生无一事～。"

【失气】 shī qì ❶ 犹"失时"。清《醒世姻缘传》三回："大年下，就是叫化子也讨人家个馍馍尝尝，也讨个低钱来带带岁，咱就跟着这们样～的主子！" ❷ 指放屁。清《野叟曝言》一六回："下面～，必有宿积。"

【失散】 shī sàn 离散。《金史·乌库哩镐传》："朕以六宫～，左右无人，故令采择。"《元曲选·鲁斋郎》四折："自从与俺那儿女～了，十五年光景，知他有也无？"清方朝《由临川北道抵餘干山行》之三："苍黄顾僮仆，中道已～。"

【失闪】 shī shǎn 即"闪失❷"。清《红楼梦》一五回："凤姐儿因记挂着宝玉，……惟恐有个～，难见贾母。"又一一九回："知他要进场了，头一件，叔侄两个都是初次赴考，恐人马拥挤有什么～。"

【失时】 shī shí 背时；倒运。元曾瑞《端正好·自序》："～也亡了家国，得意后霸了山河，也是君臣每会合。"明佚名《鸣凤记》一二出："驿中缺少轿马，留待要紧官员。这老妈是～人了，奉承他怎么。"清《野叟曝言》一八回："我倒好心和他说正经话，教他筋节，他倒挺出这样死话来，看去就是～倒运的货色！"

【失事】 shī shì ❶ 出事；发生不幸的事故。《旧唐书·昭宗纪》："因言御楼前一日所司亡失赦书，赖元帅府收得副本施行，几

～矣。"明张瀚《松窗梦语》卷一:"河道～,引咎自归,甚盛德也。"清弘历《微山湖》:"漕船有～,哀哉运丁苦。" ❷ 错失事机;耽误事。宋苏辙《高丽使条约》:"高丽人使,见今必已至浙路。所定裁损条约,乞不下省部,只自朝廷指挥,免有稽缓～。"元明《水浒传》二九回:"家下有的是好酒,只恐哥哥醉了～。"清纪昀《阅微草堂笔记》卷一二:"南人则多嗜弈,亦颇有废时～者。" ❸ 指战事失败。宋《朱子语类》卷一三一:"今日之事,且须持重,未可轻战。万一～,虽公不为一身虑,如宗庙社稷何?"元明《三国演义》九六回:"吾令汝同马谡守街亭,汝何不谏之,致使～?"清昭梿《啸亭杂录》卷四:"至十三年春,诸将反多～,张兴为降番所诱被戕,噶固土兵与贼交,游击孟臣死焉。" ❹ 被抢劫或失盗的事。元王恽《为盗贼纠治真定官吏事状》:"今体访得真定府,即日群盗公行,或窃或劫,无所畏避,据前月上半月内,一夜之间,～者凡二十餘处。"清《红楼梦》一一七回:"土地一看,果然是一堵好墙,怎么还有～?" ❺ 失职。明张岳《苗贼突劫思州疏》:"以上各官,职任虽有大小,均有～之罪。"周元時《泾林续记》:"但铁枪在库,盐徒安得而取之? 仰王推官将～员役重究,并将库吏问报。"《大清律例》卷五:"州县有盗劫库项,除～之员照数补还者无庸另议外,或本人身故产绝,力难完缴者,即照州县亏空之例,令该管各上司分赔。"

【失手】 shī shǒu ❶ 手没有把握住,造成不好的后果。唐杜牧《破镜》:"佳人～镜初分,何日团圆再会君?"宋《五代史平话·周上》:"咱父亲累代积善,不喜您恃勇使性打人,怕有～时,身投刑宪。"清《说岳全传》四九回:"小人蔡勋,因酒醉～打死了人,故问死罪。" ❷ 失利;失误;失败。唐方干《题赠李校书》:"名场～一年年,月桂尝闻到手边。"宋曹泾《与贵池县尉胡同年书》:"事既～,何可追悔,忍之而已。"清《荡寇志》一二五回:"此番若再教花荣出去,深恐万一～,又送一个兄弟。"

【失水】 shī shuǐ 掉进水中;落水。元张光祖《言行龟鉴》卷二:"妾之夫为军大将,部米运舟～,家赀尽没。"《元曲选·青衫泪》三折:"我刘一郎何曾捣鬼,小老婆多应～。"清《锦香亭》一五回:"遭风～,皆由天命。"

【失损】 shī sǔn 损失;丢失损坏。明戚继光《练兵实纪》卷二:"未思将军马累坏～,复失其心,万一有事,不能战御,利害在谁?"清《醒世姻缘传》五六回:"将合用的家伙,借用的,都一一交还,并无～。"

【失所】 shī suǒ ❶ 失去生活保障;失去安身立命的凭借。《太平广记》卷三〇四引《潇湘录》:"或见母稍～,必仰天号泣,自恨贫乏。"元明《水浒传》五回:"他止有这个女儿,要养终身,不争被你把了去,教他老人家～。"清《红楼梦》六四回:"又常恨当时错许张华,致使后来终身～。" ❷ 遗失;丢失。明《西游记》八四回:"我们走路的人辛苦,只怕睡着,急忙不醒,一时～奈何?"《拍案惊奇》卷三五:"身边所有银子,不便携带,恐有～,要寻个寄放的去处。"清《生绡剪》一四回:"相公们在船作寓,你系典守。如有～,你却何辞!"

【失图】 shī tú 保不住。明《古今小说》卷二:"一时间失脱了,抓寻不见,这一场烦恼非小。连性命都～了,也不可知。"

【失脱】 shī tuō ❶ 失误。唐温大雅《大唐创业起居注》卷一:"高君雅尝守高阳,得无～。"薛渔思《河东记》:"夜来诸事,并自劳心,总无～,可助仆喜。" ❷ 使得逃走;逃走。《唐律疏议》卷二九:"若禁囚之所相去百里外者,'各从事发处断之',既恐～囚徒,又虑漏泄情状,故令当处断之。"明贺钦《医闾漫记》:"谓当治争夺者之罪,使有所戒,庶后有贼人,各奋勇杀之,不至从于一,反伤吾人,而～当斩之贼也。"清《外藩蒙古回部王公表传》卷九八:"台吉巴颜恩克始从叛,寻与之～归。" ❸ 丢失。宋元《古今小说》卷三六:"又没三件两件,好歹要讨个下落,不到得～。"元明《水浒传》七四回:"'房中的行李,你与我照管。'店小二应道:'并无～。'"清袁枚《子不语》卷八:"先生期年何往? 舆丁以～先生,故被控于官,久以疑案系县狱矣!" ❹ 离散。宋元《清平山堂话本·杨温传》:"这卦爻动,必然大凶。破财、～、口舌,件件有之。"明佚名《六壬大全》卷一:"卯酉相加,分异～,更改门户。"

【失忘】 shī wàng 忘记;遗忘。唐孙思邈《备急千金要方》卷二五:"邑邑短气不得语,语则～。"明《欢喜冤家》一四回:"两下相见,十分爱恋。正待整东取乐,～了带银钱。"清汪琬《李母顾孺人墓志铭》:"少习《孝经》《毛诗》《小戴礼》《列女传》及唐人诗集,背诵无～。"

【失望】 shī wàng ❶ 不料;没想到。唐李商隐《哭刘司户》之一:"离居星岁易,～死生分。" ❷ 忘记。宋元《警世通言》卷三六:"叫点茶婆婆:'认得我?'婆婆道:'官人～。'"明《清平山堂话本·范张鸡黍》:"为商贾用心,～了日期。" ❸ 客套话。失于看望。明《禅真逸史》八回:"黎赛玉道:'亲娘有甚见怪,许久不到寒舍走走?'赵婆捣鬼道:'老身穷忙,～。'"《石点头》卷六:"胥太公! 一向久违,～。"

【失物】 shī wù 丢失的物品。宋元《古今小说》卷三六:"员外土库中～曾缉知下落否?"元王逢《上党有寡妇》:"剖棺重验尸,胸骨金珥横。故主认～,茂宰崇门旌。"《大清会典则例》卷四三:"托言搜寻～,抢劫民船。"

【失喜】 shī xǐ 喜而不能自禁。唐宋之问《牛女》:"～先临镜,含羞未解罗。"宋李处全《水调歌头》:"睡起推窗凝睇,～柔桑微绿,便拟作春衣。"清李果《从弟至》:"～还疑梦,灯前认未真。"

【失陷】 shī xiàn ❶ 土地、城池被敌人攻占。宋《三朝北盟会编》卷一六七:"通和之使归未息肩,而黄河、长淮、大江相次～矣。"明卜大同《备倭记》卷下:"且累年不给军粮,士皆饥疲,往往乞食道路,遂致新城～。"清《水浒后传》二五回:"那童贯用赵良嗣之计,通金灭辽,又与金朝挑衅,把东京～了。" ❷ 指失败。唐易静《兵要望江南·太乙式》:"六仪刑,谋事总难成。遇着此时遭～,奇门强有也难禁。" ❸ 指被俘虏。元明《水浒传》二〇回:"又差团练使黄安,并本府捕盗官,带领军兵前去追捉,亦皆～。"清昭梿《啸亭杂录》卷一〇:"今虽妻孥～,然其劲卒尚存,王若统率诸部,尽力向敌,遏其归路,则可一战成功。" ❹ (钱财)损失、丢失。五代石敬瑭《平范延光大赦文》:"天福元年应经兵火处,州府诸色场院,因此～钱物等,先曾指挥蠲放一半者,今并全放。"《元典章·刑部九》:"～短少粮斛,拟合追征本色。"明王恕《言开河事宜并乞先修旧塘水闸奏状》:"本所牛车脚贵,柴米价高,以致客商～本钱,军民不得聊生。" ❺ 掉在陷坑中;陷下去。宋《三朝北盟会编》卷六八:"今坑非特不能陷敌,且又自陷,殊可笑也。……今披城退走者,皆是诸州保甲弓兵,其～尽如此。"元刘时中《新水令·代马诉冤》:"为此辈无知,将我连累,把我埋没在蓬蒿,～污泥。"

【失晓】 shī xiǎo ❶ 不知天亮。宋欧阳修《晏太尉西园贺雪歌》:"恍然天地半夜白,群鸡～不及鸣。"金元好问《不寐》:"鸡栖因～,虫语苦争秋。" ❷ 起身晚。宋觉范《与朱世英夜论玄沙香严云庵宗旨》之三:"睡美春来常～,日高衾暖懒翻身。"明《挂枝儿·鸡》:"杀鸡正好请俏冤家,但恐来朝～,反惹是非耳。"清《野叟曝言》一五回:"原来他俩人已效于飞,因贪同梦,所以～。"

【失心风】 shī xīn fēng 神经错乱、精神失常的病。元明《水浒传》三九回："原来是个～的汉子。"明王肯堂《证治准绳》卷一一："癫病，俗谓之～。"《醒世恒言》卷一四："女孩儿自入去了，范二郎在门前一似～的人，盘旋走来走去。"

【失心疯】 shī xīn fēng 同"失心风"。明《二刻拍案惊奇》卷三七："你敢～了？将了有用的银子，置这样无用的东西！"清《荡寇志》八二回："你父女两个，都敢是～了！"

【失形】 shī xíng 因消瘦而失去原来的形态。元明《三国演义》二九回："夫人见策形容憔悴，泣曰：'儿～矣！'"清《野叟曝言》一三一回："孙儿到家，见婆婆病势甚重，父亲亦在危急，姑娘诸母俱消瘦～。"

【失学】 shī xué 失去上学的机会或中途辍学。唐杜甫《屏迹》之三："～从儿懒，长贫任妇愁。"宋苏轼《与徐得之书》："十三、十四皆可，俊性，不宜令～。"清《歧路灯》九六回："少年～，幸副榜末，已出望外。"

【失眼】 shī yǎn 看错。明高濂《遵生八笺》卷一四："右举此以观兰亭，恐亦不大～。"《型世言》三回："铜钱极是好看，只有银子到难看处，盛氏来相帮，不至～。"清《歧路灯》四九回："死生有命，不算姐夫～。"

【失遗】 shī yí 遗失；损失。唐贾岛《哭卢仝》："在日赠我文，泪流把读时。从兹加敬重，深藏恐～。"《旧唐书·杨炎传》："初，国家旧制，天下财赋皆纳于左藏库，而太府四时以数闻，尚书比部覆其出入，上下相辖，无～。"明严从简《殊域周咨录》卷二一："于是阳和一禾一畜无所～。"清汪森《怀集严秀珠诸猺》："久之秀珠～耕牛，然祸所从来矣。"

【失迎】 shī yíng 客套话。没有亲自迎接。明邓雅有《曾尚迪见访～又辱寄诗奉答》。李梅实《精忠旗》三二出："老夫～了。"清《荡寇志》七二回："希真抢一步上前道：'～，～！'"

【失贼】 shī zéi 犹"失盗"。明《拍案惊奇》卷三五："张善友次日起来，见了壁洞，晓得失了贼。"《二刻拍案惊奇》卷三九："各自家里屋瓦中寻，果然各有一包金子，上写着日月封记，正是前日县间～的日子。"清袁枚《子不语》卷二："天渐明，店主大呼：'～！'"

【失瞻】 shī zhān 客套话。失于拜望(多用于初次见面时)。宋元《古今小说》卷三九："汪革起身，重与王立作揖，道：'～，休罪。'"明王世贞《鸣凤记》三四出："呀，就是张鹤楼老先生！～了，请起。"清《荡寇志》七七回："请问何亲？小侄实不知，～之至。"

【失志】 shī zhì ❶ 特指女子失去节操。五代孙光宪《北梦琐言》卷四："中夜挟刃入禅堂欲行强暴，尼惮死～。"《元曲选·潇湘雨》二折："我和他离别了三年，我怎肯半星儿～。"清纪昀《阅微草堂笔记》卷七："泣告其夫，方沉醉，又怒曰：'敢～，且剸刃汝胸。'" ❷ 同"失智❷"。明《古今小说》卷二六："只因这老狗～，说了这几句言语；况兼两个儿子，又是愚蠢之人，不省法度的。"清沈起凤《报恩缘》一六出："你一时～，盗窃银两。若无人出首，岂不贻害无辜。"

【失智】 shī zhì ❶ 失去神志、神智；丧失智慧。唐孙思邈《备急千金要方》卷八九："伤肌肉者，令人四肢不收，～。"明冯梦龙《情史》卷一八："留连及夜，僧眩惑～，掩扉对酌。"清弘历《御园暮春》诗后记："杨应琚病愦～，屡据绿营欺诈之报，饰词入告，谓已杀贼万餘。" ❷ 不明智；虑事不周；糊涂。明张来仪《敕赐滁阳王庙碑》："是子举止异常，若不抚于家，而使为他人之亲，是～矣。"《二刻拍案惊奇》卷八："只因小人～，不曾问陈隆讨得原先欠票出来，因此被这陈隆屡次诈害。"《禅真逸史》一四回："聪明一世，～一时。"

【失主】 shī zhǔ 失落或失窃财物的人。宋苏轼《书子美屏迹诗》："不予而取辄为盗，被盗者为～。"元杨瑀《山居新话》："尔于何处拾得，当往原处俟之，伺有～来寻，还之可也。"清《九云记》二回："曾出路上，拾遗金一锭，遍访～不得。"

【失赚】 shī zhuàn 吃亏；受损失。金《董解元西厢记》卷二："僧行有谁随俺？但请无虑，不管有分毫～。"

【失状】 shī zhuàng 犹"失单"。明《西游记》九七回："你昨日递了～，就与你拿了贼来，你又领了赃去，怎么今日又来递解状？"清孙承泽《春明梦餘录》卷五〇引明康新民疏："盖失主被盗之日，须先投一～于官司，预报失单，逐项开明。"《隋唐演义》一二回："这店主张奇，是一方的保正，同十一个人在潞州递～去，还不曾回来。"

【失足】 shī zú ❶ 犹"失脚❷"。唐牛僧孺《玄怪录》卷一："若～而坠，既苏，头眩苦，良久方定。"宋苏舜钦《和邻几登繁台塔》："俄思一～，立见糜体躯。"清李斗《扬州画舫录》卷一三："父江行～堕水，以身投江，均获生。" ❷ 比喻遭受挫折、犯错误或堕落。宋强至《送元昶》："我本生穷阎，才命两乖蹇。再试得一第，～落铨格。"明张瀚《松窗梦语》卷一："居身之道，亦犹是耳。傥一～，将无所不至矣。"清《蜃楼志》五回："那偷情的女儿，一经～，便廉耻全无。"

【师伯】 shī bó 称师傅的师兄或师父的兄长。明《封神演义》六〇回："～，弟子来见，来借阴阳镜与姜师叔。"清《绿野仙踪》一四回："我与你～去后，你即随便下山，周行天下，广积阴德。"《歧路灯》一四回："展开礼物，请～与先生出来叩喜。"

【师弟】 shī dì ❶ 师父和弟子；老师和学生。五代黄滔《龟洋灵感禅院东塔和尚碑》："至道之有显晦，～之不欲双立。昔大师之去也，留形为之显。今吾之行矣，速藏为之晦。"元胡祗遹《士辨》："尊敬若～，亲信如父子。"清《醒世姻缘传》三三回："～相处得好，来者我也不拒；～相处不来，去者我也不追。" ❷ 称同师门而从师时间在后的人。唐玄奘《庆皇太子弥月并进法服表》："玄奘幸承恩宠，许垂荫庇。～之望，非所庶几；同梵之情，实切怀抱。"《景德传灯录》卷二一《漳州罗汉院桂琛禅师》："后王公上雪峰施众僧衣，时有从弇上座者不在，有～代上名受衣。"清《绿野仙踪》一二回："听二位真人话头，大要都是东华帝君门徒，像个师兄～光景。"

【师范】 shī fàn 教师；师傅。宋文同《奏为乞置兴元府府学教授状》："近岁府县虽稍有士人应举，终是素无～，所肄之业，多不能上合新格。"元牟巘《送赵兰皋教杭学》："青衿喜得新～，白发能言旧尹厘。"

【师夫】 shī fu 称有技艺的人。清《儒林外史》四回："方才有几个教亲，共备了五十斤牛肉，请出一位老～来求我，说是要断尽了，他们就没有饭吃。"又："明日早堂，将这老～拿进来打他几十个板子，取一面大枷枷了。"

【师父】 shī fu ❶ 传授知识或技艺的人。唐明概《决对傅奕废佛僧事表》："方抽肠沥胆，报邪逆之仇雠；申表献诚，雪～之谤辱。"元冯子振《鹦鹉曲·四皓屏》："张良更姓圯桥住，夜待旦遇个～。"清《红楼梦》一七至一八回："真可谓一字师了，从此我只叫你～，再不叫姐姐了。" ❷ 对有武艺、技艺的人的尊称。元明《水浒传》二回："太公起身劝了一杯酒，说道：'～如此高强，必是个教头。'"清洪昇《长生殿》三九出："可怜小人李龟年，〔老旦、贴〕原来果是李～。" ❸ 对出家人的尊称。《元曲选·忍字记》一折："～若救活这个人，我便跟～出家去。"明《清平山堂话本·戒指儿记》："～，我要见那官人一见，见得么？"清纪昀《阅微草堂笔记》卷二二:"又景城天齐庙一僧,住持果成之第三弟子。士人敬之,无不称曰三~。"

【师父娘】 shī fu niáng ❶称师父的妻子。《元曲选·东坡梦》一折:"向年间为~做满月,赊了一副猪脏。"又《竹叶舟》楔子:"你请出~来,他便知道。" ❷称女性老师。明《二刻拍案惊奇》卷二:"空传下个美名,受下许多门徒,晚间~只是独宿而已。" ❸称和尚的老婆。明《醋葫芦》二回:"我若做了和尚,决乎明公正契娶个~。"

【师傅】 shī fu ❶对传授技艺或有技艺的人的尊称。明李梅实《精忠旗》二出:"我有个学射的~唤名周同。"《梼杌闲评》三回:"'哪个魏云卿?'小厮道:'是唱旦角的魏~呀!'"清《续金瓶梅》五三回:"百般淫巧伎艺,都有一个~,请到女学馆中,每年日月习到精巧处。" ❷对出家人的尊称。明《古今小说》卷三七:"这个~是支长老。明日与你去礼拜长老。"清赵吉士《寄园所寄》卷九引《诛枭新编》:"杨临死合掌,称'好~'。"《白雪遗音·醉打山门》:"~你太不该,吃醉了酒儿,倒把人打坏。" ❸对衙门中吏役的尊称。清《醒世姻缘传》一二回:"那两个厅差说道:'禹~,你与我们是上下表里衙门,你说,我们岂有不依的?'"纪昀《阅微草堂笔记》卷一三:"此某~女(土俗呼吏曰~),宜从轻。"《歧路灯》七九回:"钱~,这两日在衙门不曾?"

【师哥】 shī gē 寺院中打杂供差遣的小和尚。宋洪迈《夷坚志》甲卷八:"才别,而主僧数问讯,骇曰:'~灯下写文字,但费眼力,何得辞气困惙如此。'"元明《水浒传》四五回:"今日斋食已是贤妹做施主,如何不吃箸面了去?~快搬来!"

【师工】 shī gōng 厨师。明《警世通言》卷六:"声张起来,楼下掌管、~、酒保、打杂人等都上楼来。"

【师公】 shī gōng ❶厨师。宋吴自牧《梦粱录》卷一六:"凡分茶酒肆,卖下酒食品,厨子谓之量酒博士、~。"又卷一九:"凡顾倩人力及干当人,如解库掌事,……酒家人、~、大伯等人。" ❷师父的师父。明《西游记》三六回:"我们从小儿住的寺,~传师父,师父传与我辈。"《西洋记》一〇回:"也有师父哭徒弟的,也有徒弟哭师父的;也有~哭徒孙的,也有徒孙哭~的。" ❸称男巫。明陆粲《庚巳编》卷八:"楚俗好鬼,最多妖巫,变幻不一,人称曰~。"清屈大均《广东新语》卷一一:"巫曰~、师婆。"

【师姑】 shī gū 尼姑。《祖堂集》卷七《岩头和尚》:"去~院里,遇~吃饭次,便堂堂入厨下,便自讨饭吃。"《元曲选·度柳翠》三折:"投至我度脱的你心回,我着你做~大刚来有一个主意。"清《儒林外史》五三回:"路旁边走过一个黄脸秃头~来,一把从轿子里揪着聘娘。"

【师家】 shī jiā ❶尊称出家人。宋陈起《赠陈筮士》:"青囊传宝筮,龙虎度~。"元贡师泰《重修定水教忠报德禅寺之碑》:"始~居之,南有巨樟竦拔霄汉,蜀僧过而指之曰:'兹树西偃,当有鸣道法者出矣。'"明《西游记》九三回:"若言悲切之事,非这位~明辨不得。" ❷老师。元许有壬《李遂初文集序》:"士有能文而施之不悖者,予固愿见而乐道之,况~佳子弟乎!"元明《水浒传》二回:"我枉自经了许多~,原来不值半分。"

【师母】 shī mǔ 称自己师父的妻子。明蔡清《祭林云室师母文》:"唯吾师云室先生之所以成其学、成其德、成其功名者,固出于所自树,而吾~内助之力亦不可诬也。"刘若愚《酌中志》卷一六:"万历初殷入相,束玉夫人尚忆淮名,白殷托冯太监保察之,见任御马监奉御,随令赴殷寓拜见~。"清《歧路灯》七一回:"前日未见老师,所以不敢禀~安。"

【师娘】 shī niáng ❶犹"师母"。明《西游记》五四回:"行者在侧教道:'师父不必太谦,请共~上辇。'"清《醒世姻缘传》五九回:"算计请他程~,他不知去呀不?"《歧路灯》八回:"请了萧墙街姐姐、侯先生家~董氏、银钱铺储家云氏。" ❷称和尚的妻子。明叶子奇《草木子》卷四下:"其流风之行,中原河北,僧皆有妻,公然居佛殿两庑,赴斋称~。"清赵吉士《寄园所寄》卷五:"唐房千里《投荒杂录》曰:'南方蛮以女配僧曰师郎。'天雷苗中有~者,方许住庵。"《霓裳续谱·留神听》:"一辈和尚当彀了,再当和尚把心伤。祝赞已毕下了殿,就与~洗衣裳。" ❸指女巫。也有指男巫的。元陶宗仪《辍耕录》卷一四:"女巫曰~。都下及江南谓男觋亦曰~。"明《拍案惊奇》卷三九:"无过是些乡里村夫,游嘴老妪,男称太保,女称~,假说降神召鬼,哄骗愚人。"清《后西游记》三五回:"问着医生便有药,问着~便有鬼。"

【师婆】 shī pó 巫婆。唐张鷟《朝野佥载》卷三:"大旱,郡符下令,以~师僧祈之。"元佚名《红绣鞋》:"~每医的鬼祟,大夫每治的沉疾。"清《醒世姻缘传》四二回:"魏才因叫他女儿擘神出马做那~的勾当。"

【师人】 shī rén ❶泛指从事占卜、看相、巫术的人。《敦煌变文校注》卷二《庐山远公话》:"人生在世,若有妙术,合有千岁之人。何不用意三思,枉受~诳赫(吓)。"宋俞琰《书斋夜话》卷一:"今之巫者,言神附其体,盖犹古之尸。故南方俚俗称巫为太保,又呼为~。"明《续欢喜冤家》一六回:"祸出~口。" ❷指僧人。元圆至《又众寮祭》:"如兹伟伟,无怍~。"明倪岳《题全未了上人佛印后身卷》:"因称之曰'佛印后身'。~皆生敬信心,众口同声,称如是言。" ❸指老师。明邵宝《䌹庵李先生传》:"先生得~之道,而隐然自重,邑大姓恳请,始一应之。"清吴绮《田纶霞诗序》:"纶霞田先生衔书北阙,校艺南畿,士相庆为得~,由是而知学。"朱彝尊《扬州府仪真县重修儒学记》:"由是诸生问业,有所来,亲其~,知敬学。"

【师首】 shī shǒu 师父(此指撰写剧本或教演戏剧的书会才人)行中为首的。明贾仲明《凌波仙·挽关汉卿》:"驱梨园领袖,总编修~,捻杂剧班头。"

【师太】 shī tài 对年长的和尚、尼姑、道士、道姑的尊称。明《禅真逸史》二回:"永清~在禅房里打坐。"《型世言》三五回:"有一个无垢师父,[是]定~徒孙,远~徒弟。"清《白雪遗音·游庵》:"~请,小生们奉揖了。"

【师兄】 shī xiōng ❶称同师门且从师时间在前的人。唐贯休《戒童行》:"敬~,教师弟,莫向空门争意气。"《元曲选·马陵道》楔子:"二位~,师父有请。"清《歧路灯》二五回:"一时街头撞着先生,或是~邀到他家,也是不敢定的。" ❷僧人之间的敬称。《祖堂集》卷三《一宿觉和尚》:"~若这个善心,某甲身自不能去得。某相共造善因,~但去莫愁。"宋文莹《湘山野录》卷中:"不是~偷古句,古人诗句犯~。"清《续金瓶梅》五九回:"你这个~,就是个孝子了,尽得人伦就是佛法。" ❸俗人尊称年龄与自己相当的和尚。唐杜甫有《赠蜀僧闾丘~》。金《董解元西厢记》卷三:"~略暂听闻:既为佛弟子,须方便为门。不合上烦,托付你作个媒人。"清《荡寇志》一〇〇回:"武松拦住道:'~且休鲁莽,看这般鸟男女逃到哪里!'"

【师爷】 shī yé ❶儒学教官的俗称。清《醒世姻缘传》二九回:"学里~奉县里委了修志,请相公急去商议。"《歧路灯》三回:"先向娄~为礼,再与你姑夫作揖。"袁枚《续子不语》卷八:"谈至案前,吏曰:'汝是谈~么?'" ❷称长官的老师。明《二刻拍案惊奇》卷二六:"此时察院正巡历漳州,开门时节,承差进禀:'请到了高~。'" ❸清代官署中幕僚的俗称。清《绿野仙踪》二回:

"太师老爷昨晚吩咐，若冷～到，不必传禀，着一直入来。"《歧路灯》五一回："汪～说了，老爷办理公馆毕，还到河口催督船只。"袁枚《子不语》卷二二："绍兴吴某行三，在赵州刺史署中主刑名。后又延一管书禀者，亦吴姓行三，苏州人。署有'老吴～''小吴～'之称。" ❹ 僧道人尊称年长的师傅或俗人尊称僧道人。明《禅真逸史》三六回："又言～乃天主第一座弟子，因犯酒戒暂谪尘寰。不肖亦是看丹炉仙童，有罪谪贬。"《禅真后史》二〇回："'汝为何称那长老为～?'瞿琰道：'儿初见时，唤他为长老。～分付，称呼为～。'"《梼杌闲评》四六回："那道士一见便举手道：'上公别来无恙?'忠贤走上前扯住手道：'～！我那一处不差人寻你，何以今日才得相见?'"

【狮蛮】 shī mán ❶ 指狮蛮糕。宋代重阳节令蒸糕，上有狮子蛮王花色。宋孟元老《东京梦华录》卷八："又以粉作狮子蛮王之状，置于糕上，谓之～。"吴自牧《梦粱录》卷五："蜜煎局以五色米粉塑成～，以小彩旗簇之，下以熟栗子肉杵为细末，入麝香糖蜜和之，捏为饼糕小段，或如五色弹儿，皆入韵果糖霜，名之～栗糕。" ❷ 指狮蛮带。金《董解元西厢记》卷二："轻闪过，捽住～，恨心不舍。"明《西游记》一〇回："护心宝镜幌祥云，～收紧扣，绣带彩霞新。"清吴伟业《临春阁》一折："你看俺刻玉于阗小带圆，扣～，一捻软。" ❸ 节日或其他喜庆活动中扮演的狮子蛮王形象。明《醒世恒言》卷二五："(上元佳节)～社火，鼓乐笙箫，通宵达旦。"清《锦香亭》三回："戏傀儡、跳魁星、舞～、耍鲍老。"

【狮蛮带】 shī mán dài 一种腰带，带钩上饰有狮子蛮王的形象。元《秦并六国平话》卷中："勒甲绦须是老龙筋，～腰缠着猛兽尾。"《大清会典则例》卷一〇一："～，锦襕围，晴云不动绛红旗。"

【狮子口】 shī zi kǒu 指狱门。当时牢狱门上常饰狴犴(传说中守狱的神兽)图案，状如狮子。元明《水浒传》四九回："当日乐和拿着水火棍正立在牢门里～边。"

【虱子】 shī zi 昆虫名。常寄生在人、猪、牛等的身体上，吸食血液。宋觉范《林间录》卷上："睡里～咬人，信手摸得革蚤。"清《红楼复梦》二六回："上面的～都长满了，至小的也有豆儿大。"

【施呈】 shī chéng ❶ 摆放；陈设。《说郛》卷七〇下引唐尚宫《女论语》："设席肆筵，～樽俎。" ❷ 同"施逞"。《大唐三藏取经诗话》五则："莫将妖法乱～，我见黄河九度清。"宋吴潜《秋夜雨·依韵戏赋傀儡》："～精妙处，解幻出、蛟龙头角。"明《二刻拍案惊奇》卷五："楼下～百戏，供奉御览。"

【施逞】 shī chěng 施展显示。元关汉卿《斗鹌鹑·女校尉》："演习得踢打温柔，～得解数滑熟。"明《英烈传》五一回："你这宋贼妖法我们阵中个个晓得，不必再来～。"清胤禛《朱批谕旨》卷七六："今如斯～兵威，剿杀无知，朕心实为悯恻。"

【施放】 shī fàng ❶ 放出；发射出。宋曾公亮等《武经总要》前集卷一一："前后左右有弩窗、矛穴，敌近则～。"元明《水浒传》五五回："宋江看了大惊，急令众军把弓箭～。"清刘献廷《广阳杂记》卷二："然司炮者皆隔于城外，无能～者，遂困之。"也指这样的训练。《宋史·兵志九》："马军自九月至三月，每十日一次出城淬渲，教习回答野战走骤向背～，遇风雪假故权住。" ❷ 燃放。明张岱《陶庵梦忆》卷六："更于其地斗狮子灯，鼓吹弹唱，～烟火，挤挤杂杂。"刘侗、于奕正《帝京景物略》卷二："(上元)向夕而灯张，乐作，烟火～。"清《平定金川方略》卷三："攻击碉楼，惟开空地道，～地雷。" ❸ 设置；放置。清胤禛《朱批谕旨》卷一二六："在外方可向东西～，而台内地方更属宽展，莫言无区别也。"《南巡盛典》卷五七："但现在矬陷之处，有深有浅，非将极大块石先为一律填平，遽将竹篓～，不能保无倾侧。" ❹ 施舍；发放。明《封神演义》一六回："小畜不知上仙驾临，望乞全生，～大德!"清《绿野仙踪》三九回："到～银两之时，贫道一人焉能肆应，还要借仗诸神。"

【施工】 shī gōng ❶ 加工；加工制作。宋汪藻《抚州奏乞罢打造战船等事》："臣承命惶怖，即时行下诸县，计置材植人工，方欲～间，二月初六日，又准安抚转运司指挥本州，改造大样车战船二十二丈、十六丈各一只。"《五灯会元》卷七《大钱山从袭禅师》："巧匠～，不露斤斧。"清弘历《咏和阗玉碗》："和阗岁岁贡球琳，相质～在酌斟。" ❷ 指培育、开垦、耕种等事。五代杜光庭《六十甲子歌》："向西荒灾起，田父但～。"宋朱熹《再谕上户恤下户借贷》："当职近因出郊相视陂塘，见得麦田多有未～处，盖缘人户打谷未了。"清《皇朝通典》卷一："着周元理专派明干妥员，逐加踏勘，将实可～民间乐于认垦者，听从其便。" ❸ 按计划建造或发掘。宋韦骧《鉴亭》："虚亭屹立沼中央，古匠～亦异常。"明沈德符《飞凫语略》："嗣后少壅水深，不复可～，此砚遂为绝世奇宝。"清戴璐《藤阴杂记》卷四："西华门内雪池，康熙中赐蔡升元。饬内府司员水雪～，克期告竣。" ❹ 施以天工；自然界给予。宋韦骧《咏水》："泽物～讵可名，涓涓以及大川成。"朱淑真《膏雨》："润物有情如着意，催花无语自～。"元白樸《踏莎行·咏雪》："海仙剪水看～，仙人种玉来呈瑞。"

【施功】 shī gōng ❶ 同"施工❶"。唐高壖《龙华寺窣堵波塔铭》："乃召匠选石，～琢削。"《景德传灯录》卷一七《彭州天台和尚》："'古镜未磨时如何?'师曰：'不～。'"王令《答束徽之索诗》："珉砆不～，径欲制珪瑁。" ❷ 同"施工❷"。唐孔颖达疏《礼记·檀弓上》"夏后"："建丑之月为地统者，以其物已吐牙，不为天气始动，物又未出，不得为人所～，唯在地中含养萌牙，故为地统。"宋程珌《诸庙祈雨》："农之～，秋则望岁。"《宋史·食货志上四》："本司有荒熟田七百五十顷，乞降钱三万缗，收买耕牛农具，便可～。" ❸ 用功；花工夫。唐玄奘译《阿毘达磨藏显宗论》卷三三："如是等门，差别无量，若欲委细，一一分别。～甚多，所用极少。"宋苏辙《劝子瞻修无生法》："除却灵明一一空，年来丹灶漫～。"张伯端《西江月》："有用用中无用，无功功里～。" ❹ 同"施工❹"。唐施肩吾《早春游曲江》："芳处亦将枯槁同，应缘造化未～。"宋孔武仲《祈雨文》："云雷其兴，下雨滂沛，～一朝，可及终岁。"清姜宸英《帝城积雪赋》："乘坎布德，润物～。" ❺ 报效；建功。唐[日]菅原道真《为右大臣重请被停摄政表》："臣竭力～，不敢懈缓。"元明《水浒传》五一回："～紫塞辽兵退，报国清溪方腊亡。"明唐顺之《山堂萃稿序》："矧公位大臣，又当天子向意之时，苟少需焉，～于社稷，被泽乎生民，不难也。" ❻ 动手；开始进行(撰著)。唐刘知幾《史通》卷一二："陈祠部郎中姚察，有志撰勒，～未周，但既当朝务，兼修国史，至于陈亡，其书不就。"《旧唐书·柳冲传》："中宗命冲与左仆射魏元忠，及史官张锡、徐坚、刘宪等八人，依据《氏族志》重加修撰。元忠等～未半，相继而卒，乃迁为外职。"宋王应麟《玉海》卷四六："张始兴为相，荐起居舍人李融，专司其事，谏议尹愔入馆为史官，未～而罢。" ❼ 发挥战斗力；施展本领。《旧唐书·吐蕃传上》："伏以吐蕃此城，正当冲要，凭险自固，恃以窥边。积年以来，蚁聚为患，纵有百万之众，难以～。"宋郭祥正《咏舵》："随湾掉转尾，避石掣开头。自有～地，何尝厌下流。"明《西游记》五〇回："这壁厢大圣～，使出纵横逞本事。"

【施剂】 shī jì 下药。泛指诊治、行医。宋褚伯秀《南华真经义海纂微》卷五七："犹良医之因病～。"明杨慎《升庵集》卷四四："《素问》亦如《周礼》矣，必待上有尧舜之化，下之人体实气平如童子，而后～焉。"清《后水浒传》四一回："我出外～多年，回来不久。

因听见出榜招医，想图富贵，相烦不阻。”

【施礼】 shī lǐ 行礼。《云笈七籤》卷八〇：“密自洒扫，净席南向，兆敷别席，向北～。”金《董解元西厢记》卷三：“见夫人，忙～。”清《荡寇志》七一回：“邓辛二人下马～，随着留守司进城。”

【施设】 shī shè 犹“施展❸”。唐韩愈《送水陆运使韩侍御归所治序》：“今天子方举群策，以收太平之功，宁使士有不尽用之叹，怀奇见而不得～也。”宋吴充《欧阳修行状》：“时天下久无事，一旦西陲用兵，士之负材能者，皆欲因时有所～。”清陈廷敬《翰林院侍读吴默岩墓志铭》：“而世以为如君之才，其～有未尽者。”

【施为】 shī wéi ❶安放；陈设。唐姚崇《遗令诫子孙文》：“且死者是常，古来不免，所造经像，何所～？”《太平广记》卷三三四引《广异记》：“忽于光中遍是松林，见天女数人，持一舞筵，周竟数里，～松林上。”《旧唐书·音乐志二》：“兼今太庙之中，地位甚狭，百官在列，万舞充庭，虽三十六架具存，亦～不得。” ❷处置；实行。唐薛用弱《集异记·奚乐山》：“主人讶其贪功，笑指一室曰：‘此有六百片，可任意～。’”宋欧阳修《尹师鲁墓志铭》：“又欲训土兵代戍卒，以减边用，为御戎长久之策，皆未及～。”清《醒名花》一〇回：“直至发放了你们，才将我绑在丹墀之内，方要～，恰被里边军师请议事。” ❸施展；作为。宋《九朝编年备要》卷六：“又岂须置三路都部署之名，制六军生死之命，使材力之士，不得～。”元陈天祥《谏伐西南夷疏》：“军行径路，在于其间，窄处仅容一人一骑，上如登天，下如入井，贼若乘险邀击，我军虽众，亦难～也。” ❹体面；风光；威风。明《金瓶梅词话》三一回：“上任回来，光拜本府县、帅府都监，……然后亲朋邻舍，何等荣耀～。”《醋葫芦》一五回：“那知都飙正要自逞～，那肯还认成珪为父？”清《水浒后传》四回：“那时高头骏马，富贵逼人，侍从轩赫，好不～。”

【施行】 shī xíng 指惩处，执行刑罚。宋田锡《上太宗条奏事宜》：“虽罪至徒流，必该申奏，案既圆备，即据～。”元高明《琵琶记》三出：“贱人，你是狂是颠？我对老相公说，教好生～你。”清《九云记》一四回：“大小兵将在营不端、妄自喧哗者，定照军法～。”

【施展】 shī zhǎn ❶打开；展开。唐元稹《竹簟》：“竹簟衬重茵，未忍都令卷。忆昨初来日，看君自～。”明《封神演义》四五回：“秦完将三首幡如前～，只见文殊广法天尊顶上有庆云升起。” ❷申张；展现；炫耀。唐杜牧《唐故东川节度周公墓志铭》：“公既得八州，～教令，申明约束。”清方成培《雷峰塔》三二出：“掌上珠来，天边书降，好把佛恩～。”《醒世姻缘传》一一回：“那晓得珍哥一个，只因有了许多珠翠首饰，锦绣衣裳，无处去～，要穿戴了去孔家吊孝。” ❸发挥（能力）；使出（手段）。《敦煌变文校注》卷一《伍子胥变文》：“倘值明主得迁达，～英雄一片心。”宋周云《洞仙歌》：“风云会，～经纶妙手。”清《红楼梦》七一回：“他们心内嫉妒挟怨之事，不敢～，便背地里造谣生事，调拨主人。” ❹宽展。宋《朱子语类》卷一五：“若以小大看，则诚意较紧细，而正心、修身地位又较大，又较～。”

【施张】 shī zhāng ❶安放；陈设；摆设。唐元稹《梦游春》：“铺设绣红茵，～钿装具。”《景德传灯录》卷二五《宝塔寺绍岩禅师》：“岂谓今日大王勤重，苦勉山僧，效诸方宿德～法筵。”《云笈七籤》卷九五：“于此人前，设诸幻术，木男木女，木牛木马，罗列～，作诸戏术。” ❷犹“施展❸”。《敦煌变文校注》卷四《降魔变文》：“和尚得胜，击金鼓而下金筹；佛家若强，扣金钟而占尚字。各处本位，即任～。”宋《朱子语类》卷五一：“又如说‘侵自阮疆，陟我高冈，……’这里见都自据有其土地，自是大段～了。”金元氏《口占答张平章》：“补天手段暂～，不许纤尘落画堂。” ❸张大。明徐用诚《玉机微义》卷二二：“如是者皆水气格拒于腹膜之内，浮肿～于身形之外。”

【施主】 shī zhǔ 本是和尚、尼姑、道士称施舍财物给佛寺或道观的人，后也用来称呼一般的在家人。元明《水浒传》二四回：“亏杀你两个～。一个出钱的，一个出力的。”明《醒世恒言》卷三七：“若得三万两，我依旧到扬州去做财主了。只是难讨这般好～。”清《红楼梦》二五回：“马道婆听如此说，便笑道：‘这也不拘，随～菩萨们随心愿舍罢了。’”

【施助】 shī zhù 施舍赞助；施舍帮助。宋吴自牧《梦粱录》卷三：“大刹日供，三日或五日换堂，俱都寺主办，皆十方檀信～耳。”元吴澄《天宝宫碑》：“玄妙之役，城中诸善士～约万缗。”清《豆棚闲话》三则：“多承恩兄慷慨～，将这五万银子即在沿海地方分头籴得粮食。”

【湿湿】 shī shī 撒尿。也指尿。《元曲选·儿女团圆》二折：“姉子，我要，～去，……〔做溺尿科〕”《元曲选外编·黄花峪》三折：“我与你一个马子，投到我来家，要这一马子～，你可不要把米汤茶搀在里头。”

shí

【十八分】 shí bā fēn 犹“十二分”。元明《水浒传》二四回：“但凡世上妇人，由你～精细，被人小意儿过纵，十个九个着了道儿。”

【十不闲】 shí bù xián 一种民间吹打音乐，一般由十种乐器组成。清叶梦珠《阅世编》卷一〇：“吴中新乐，弦索之外，又有～，俗讹称十番，又曰十样锦。其器仅九：鼓、笛、木鱼、板、拨钹、小铙、大铙、大锣、铛锣，人各执一色。”

【十恶】 shí è 封建时代刑律所定的一种重大罪名。即：谋反、谋大逆、谋叛、恶逆、不道、大不敬、不孝、不睦、不义、内乱。见《隋书·刑法志》。唐李渊《平辅公祏大赦诏》：“其犯～劫贼，官人枉法受财，主守自盗，及常赦不免，流已上道者，并不在赦例。”《元曲选·魔合罗》三折：“刘玉娘因奸药死丈夫，这是犯～的罪，为何前官手里不就结绝了？”清《女仙外史》四二回：“除强盗、人命、～及贪污官吏外，赃罪一并赦宥。”

【十二分】 shí èr fēn 形容程度极高。宋王质《蓦山溪·咏茶》：“不见雅风标，～、山容野色。”元明《水浒传》二四回：“生得～人物，只是年纪大些。”明《挂枝儿·恕罪》：“便做道～的不是也，乖，你将就将就我。”

【十番】 shí fān 即“十不闲”。清洪昇《长生殿》一四出：“〔内细～，小生吹笛和介〕”《红楼梦》七六回：“如此好月，不可不闻笛。因命人将～上女孩子传来。”

【十番鼓】 shí fān gǔ 即“十不闲”。清《续金瓶梅》二八回：“和他们打～儿，到也好听。”吴伟业《听女道士卞玉京弹琴歌》：“此地繇来盛歌舞，子弟三班～。”李斗《扬州画舫录》卷一一：“～者，吹双笛，用紧膜，其声最高，谓之闷笛，佐以箫管。”

【十分】 shí fēn ❶充足；十足；充分。唐白居易《雪夜喜李郎中见访兼酬所赠》：“～满盏黄金液，一尺中庭白玉尘。”宋苏辙《书传灯录后》：“若执斧问之，而缩颈畏避，则～凡夫，无取足矣。”清陆求可《少年游·春郊》：“沙暄野润，柳眉花眼，并作～春。” ❷副词。a）非常；很。唐易静《兵要望江南·占雷》：“无云气，天色～晴。”《元曲选·汉宫秋》一折：“生得光彩射人，～艳丽。”清《荡寇志》七一回：“今日东城酸枣门外玉仙观蟠桃大醮，～热闹。”b）确实；实在。元明《水浒传》六一回：“小人近日有些脚气症候，

～走不的多路。"明《金瓶梅》三〇回："一个是大老婆，一个是小老婆，明日两个对养。～养不出来，零碎出来也罢。"清《红楼梦》五〇回："不管冷暖，你只画去。赶到年下，～不能，便罢了。"c）表示超过一定的程度或限度。宋苏氏《鹊桥仙》："珠宫姊妹，相逢方信，别后～瘦了。"元倪士毅《作义要诀》："冒头如人头面，著不得～多肉，肉多则如有肥气，不雅观也。"清《水浒后传》三〇回："国王不好～相强，只得允辞。"

【十锦】 shí jǐn 有多种花样或花色相配的。宋何梦桂《和访使徐容斋西湖韵》之二："谁家航～，歌舞夜深归。"清陈维崧《三芝集序》："抽五花之宝簟，长幼争梨；制～之蛮笺，弟兄夺枣。"《红楼梦》四〇回："每人一把乌银洋錾自斟壶，一个～珐琅杯。"

【十疋】 shí pǐ "走"的拆字。明《醋葫芦》六回："便拽开脚步，一道烟的～。"

【十全】 shí quán ❶ 有十分把握；周全。唐韦肇《驾幸春明楼试武艺绝伦赋》："至有术非五善，取非～；不能定是非于已分，而又争利害于君前。"《资治通鉴》卷二二五："事亦应～，不可轻发。"清王夫之《读通鉴论》卷二九："乃一皆祟韬之夜思早作，自谓～之远虑也。" ❷ 完满无缺。唐皇甫威《回文锦赋》："则知妙极～，才先一绝。"宋朱长文《秋月乘兴游松江》之七："月华未出诗翁远，乐事人间少～。"清《红楼梦》七六回："偏又把凤丫头病了。有他一人来说说笑笑，还抵得十个人的空儿。可见天下事总难～。" ❸ 齐全；齐备；占全。宋吴处厚《青箱杂记》卷四："余复思之，大凡相之所先，全在神气与心术，更或丰厚，其福～。"明《醒世恒言》卷七："一应花烛筵席，准备～，等了一夜，不见动静，心下好闷。"《醋葫芦》一〇回："这都飙自从父母死后，凡事纵性，嫖赌～，结交着一班损友，终日顽耍。" ❹ 痊愈。宋郑刚中《与姻家》："向闻七一姐以小四嫂孺人不安，今必已～无事。"虞俦有《收汉老弟近书知～遂勿药之喜慰可知也》。杨万里《答朱侍讲》："今东床过城中，留台翰于刘丞许，披读，大慰尊仰之怀，乃知目疾尚未～。"

【十生九】 shí shēng jiǔ "十生九死"的歇后，歇"死"字，指死亡。清《醒世姻缘传》二回："一帖发表的药下去，这汗还止的住哩，不由的～了！"

【十头】 shí tóu 指农历每月初十以后的几天。宋欧阳修《与大寺丞书》之一〇："二哥～出京，三五日到家。"

【十足】 shí zú ❶ 十分；到顶。明《醋葫芦》一五回："昨日过周家，见个姓金的画工，一发～手段，画的真容，俨然斯像。"《肉蒲团》一七回："若能与相反之事相兼得来，这样妇人，只要有八分姿色就是～的了。"清《野叟曝言》八〇回："咱是～贱相，怎敢望配那贵相？" ❷ 成色纯。清《野叟曝言》九二回："兵役开看，是～纹银。"《儒林外史》一五回："次日清早，上街到钱店里去看。钱店都说是～纹银。"《世宗宪皇帝上谕旗务议覆》卷九："今民间以九九色银，每两换钱九百五十文，若较之库平及～银，每两换钱一千文，似属无多。" ❸ 完满无亏缺。清《红楼梦》八五回："花到正开蜂蝶闹，月逢～海天宽。"

【什锦】 shí jǐn 同"十锦"。宋林希逸《石塘林子常》："～笺入手，茅舍增辉。"清《红楼梦》四〇回："每人跟前摆一张高桌，各人爱吃的东西一两样，再一个～攒心盒子。"

【什面】 shí miàn 世面。清《野叟曝言》八八回："金相吩咐，将各赐物送进，叫太太们装做两箱，以便寄回，且令一见～。"又九〇回："众亲族男妇极口怂恿，要岑猛点试，说：'也叫咱们见见～。'"

【石姑】 shí gū 即"石女"。清《续金瓶梅》四七回："血脉不通，以横骨塞其阴窍……俗名～，佛经中说是石女儿。"

【石卵子】 shí luǎn zi 鹅卵石。清王有光《吴下谚联》卷一："～虽顽，置之盆水，可以养目。"《何典》一〇回："见有一棵千年不长黄杨树，树底下滚一个蛮大的磨光～。"

【石墨】 shí mò 一种含碳的灰黑色矿物。清吴绮《岭南风物记》："～出南雄府始兴县小溪中，长短似墨，人或取以画眉。"

【石娘】 shí niáng 即"石姑"。清《一片情》六回："空布牢笼计，徒教遇～。"

【石女】 shí nǚ 先天性无阴道或阴道发育不全的女子。明汤显祖《牡丹亭》一七出："俗家原不姓石，则因生为～，为人所弃，故号石姑。"清《续金瓶梅》四七回："人有此奇疾，遂致终身失偶，医家无药可治。俗名石姑，佛经中说是～儿。"

【石皮】 shí pí "破"的拆字。明《山歌·破棕帽歌》："十字街蟒龙玉乌纱冠～得介测癞，老弗识波罗生荔枝圆重夕得介忒村。"

【石头】 shí tou 石；石块。唐寒山《曾经几万载》："青天为被盖，快活枕～。"太上隐者《答人》："偶来松树下，高枕～眠。"清《荡寇志》一三五回："一块磨盘大的～，当顶打下，将交椅打得粉碎。"

【石至】 shí zhì 石头做的界碑。清《醒世姻缘传》三五回："我可奈得他何？你只依他耕到的所在立了～罢了。"

【识】 shí 决断。《元典章·刑部一》："如今怎生般定夺的，省官人每～者。"《通制条格》卷七："虽是大四至说呵，这里头实的也有也者，虚的也有也者，交打算不交打算，上位～者。"

【识货】 shí huò 能鉴别人或货物的好坏。元明《水浒传》一五回："阮小五和阮小七把手拍着脖项道：'这腔热血，只要卖与～的。'"明《山歌·竹夫人》："弗～个见子我七孔八穷一个光棍，～个见子我玲玲珑珑一个凉人。"清陆世仪《思辨录辑要》卷四："凡读书须～，方不错用工夫。"

【识结】 shí jié 结识。清《后水浒传》三〇回："我今到家，拜见了父母，即来～二位。"

【识荆】 shí jīng 敬词。指初次见面或结识。语本唐李白《与韩荆州书》："生不用封万户侯，但愿一识韩荆州。"牟融《赠韩翃》："京国久知名，江河近～。"宋卫泾《与湖北制置赵秘撰》："闻长者之誉益熟，何当一遂～之愿耶？"清《隋唐演义》四二回："久仰员外大名，今日才得～。"

【识局】 shí jú 会看形势和别人的态度行事；识相。明《醒世恒言》卷一三："若是这厮～知趣，见机而作，恰是断线鹞子一般再也不来，落得先前受用了一番。"

【识俊】 shí jùn 犹"识局"。明《西游记》四九回："大王啊，亏了你～，逃了性命；若再三合，决然不得全生。"又八六回："可怜那些不～的妖精，搪着钯，九孔血出。"

【识空便】 shí kōng biàn 犹"识局"。元周文质《斗鹌鹑·自悟》："想当日子房公曾觅全身计，一个～抽头的范蠡。"《元曲选·青衫泪》二折："刘员外你若～，早动转，倒落得满门良贱。"《元曲选外编·西厢记》二本三折："我恰待目转秋波，谁想那～的灵心儿早瞧破。"

【识面】 shí miàn 世面。清《儒林外史》二七回："呸！你这死不见～的货！"又三〇回："妙！妙！道士也好见个～，不知老爷们那日可许道士来看？"

【识破】 shí pò 看穿（事物的真相或别人的内心秘密）。唐施肩吾《识人论》："王猛见长寿大仙，谈笑之间而～大道。"《元曲选·隔江斗智》二折："数次设计图取荆州，尽被贫道～，不能如意。"清《荡寇志》八六回："就用这计，即被他～，我也无害。"

【识气】 shí qì ❶ 能根据云气判断事物或吉凶。唐孟郊《赠李观》："埋剑谁～，匣弦日生尘。"《旧五代史·晋书·安元信传》："某非知星～，唯以人事断之。"明黄淳耀《庙灯二市歌》："遮藏不许路人窥，～贾胡遥望见。" ❷ 犹"识局"。明《醒世恒言》卷二〇："三官，你怎么恁样不～，又要见岳母做甚?"《拍案惊奇》卷三七："仲任不～，伸手来接。拿到鼻边一闻，臭秽难当。"《二刻拍案惊奇》卷一四："更有那不～的小二哥，不曾沾得半点滋味，也被别人弄了一番手脚。"

【识俏】 shí qiào 同"识窍"。明《型世言》二回："王大郎，不要不～，这些不彀打发作作差使钱。"又二二回："那乖滑的得一手躲了，还有这些不～的，还这等赶阵儿，一撞兵来，束手就缚。"

【识窍】 shí qiào 犹"识局"。宋元《清平山堂话本·刎颈鸳鸯会》："于今又有个不～的小二哥，也与个妇人私通，日日贪欢，朝朝迷恋，后惹出一场祸来。"明《西游记》七四回："那公公不～，只管问他，他就把脸抹一抹，即现出本象。"清《野叟曝言》二三回："怕少年不～，真有个不得开交哩。"

【识趣】 shí qù ❶ 见识志趣。宋觉范《林间录》："嗟乎！今之学者，其～与前辈何其相远耶?"元谢应芳《寄张以诚》之一："入城一度一相寻，为爱论诗～深。"清《四库总目提要·松阳讲义》："较聚生徒、刻语录，以博讲学之名者，其～固殊焉。" ❷ 懂得情趣。元杨公远《隐居杂兴》之六："棋要藏机何用着，琴能～底须声。"明《醒世恒言》卷三："知情～俏哥哥，此道谁人赛我?"孟称舜《娇红记》七出："小梅香离绣房，走到花园儿里，撞着一个爱风流～人儿。" ❸ 犹"识局"。明蒋一葵《尧山堂偶隽》卷二："帅授简，诸客无敢当。次至勃，勃辄受。帅既非意，色甚不怡，乃使人伺其下笔。……又曰：'落霞与孤鹜齐飞，秋水共长天一色。'帅瞿然曰：'天才也。斯不朽矣。'因请成文，极欢而罢。末复殷勤，～，～。"清《歧路灯》二六回："好不～的狗攮哩！什么王孙公子么?"

【识认】 shí rèn ❶ 辨识认定。《唐律疏议》卷三〇："人者，谓得阑遗之物，限满无人～者，入官及应人私之类。"《元曲选·救孝子》四折："小人招呼尸亲，～的明白了也。"清袁枚《子不语》卷一四："饬店主人买棺殓之，招尸亲～。妻闻往视，果其夫也。" ❷ 认识。唐韩偓《从猎》之一："猎犬谙斜路，宫嫔～旗。"宋《朱子语类》卷六："盖此是万理之原，万事之本，且要先～得，先存养得，方有下手立脚处耳。"清《野叟曝言》一一回："素臣一见长卿，竟像旧曾相～的一般。" ❸ 认识的人。唐[日]圆仁《入唐求法巡礼行记》卷二："仍到县先入新罗坊。坊人相见，心不殷勤。就总管等苦觅～，每事难为。"《元曲选·还牢末》楔子："与妻子作生辰，更和着这几个弟兄～，把一杯酒同乐太平春。" ❹ 记号；标志。宋周南《山房集》卷八："室中皆四方达官贵人书，尽堆积案儿，封题固在，皆密为～，以测其移易取视。"孟珙《蒙鞑备录》："成吉思之仪卫，建大纯白旗以为～，外此并无他旌幢，惟伞亦用红黄为之。"清《红楼复梦》八三回："请领军器，建造义民旗帜，以为～。" ❺ 顾念；考虑。《敦煌变文校注》卷二《韩擒虎话本》："叵耐遮贼，临阵交锋，～亲情，坏却阿奴社稷。"

【识赏】 shí shǎng ❶ 赏识。宋苏颂《寿昌太君陈氏墓志铭》："非夫资禀凤茂，行义素著，则何以稚齿暮年，动二圣之～。"明道衍《赠画士季居中》："能事但求真～，感恩不在赐金多。"清《隋唐演义》七八回："此人与姚崇相知，为姚崇所～，必是个奇人。" ❷ 欣赏。宋严仁《水龙吟·题连州翼然亭呈欧守》："尽江山～，盐梅事业，焕青颤旧。"元程文海《家园见梅有怀畴昔同僚》："平生～心，皎洁明朝暾。"明支廷训《汤蕴之茶壶传》："且火候具足，入水不濡，历金山玉泉碧涧，咸为～。"

【识事】 shí shì 懂事。宋郑侠《祭叶成甫文》："成甫有子夭丧，而五女皆幼未～。"元方回《少戆》："少戆不～，误以仕为生。"清《红楼梦》七四回："因惜春年少尚未～，吓的不知当有什么事。"

【识熟】 shí shú 熟识；熟悉。《资治通鉴》卷二二五："夫天下之贤，固非一人所能尽也，若必待素～其才行而用之，所遗亦多矣。"元明《水浒传》四四回："潘公再寻了个旧时～副手，只央叔叔掌管帐目。"清弘历《出古北口》："塞关岁岁常经过，居民～无烦诃。"

【识水】 shí shuǐ ❶ 即"识水性❶"。宋苏轼《日喻》："生不～，则虽壮，见舟而畏之。"元明《水浒传》六五回："不是我会～时，却不送了性命!"清《荡寇志》八五回："有几个～的败残军士，赴水逃了性命。" ❷ 即"识水性❷"。清傅泽洪《行水金鉴》卷二八："旧曰：～高手者，惟黄河之滨有之。"

【识水性】 shí shuǐ xìng ❶ 通晓水性，会游水。元明《水浒传》三六回："专在扬子江中撑船，稍公为生，能～。"明《警世通言》卷一二："自小习得一件本事，能～，伏得在水底三四昼夜。"清袁枚《续子不语》卷一一："小人能～，愿往。" ❷ 懂得水势变化的规律。明宋濂《观音大士观瀑像赞》："沙门当知，不～，因石而怒；为复石怒，缘水乃见。"清玄烨《圣训》卷一八："或我兵欲出之日，贼兵不出；或贼兵欲出之日，我兵不出，彼此相遇甚难。必能～、谙水阵之人，始可随机应变，调度成功也。"胤禛《朱批谕旨》卷一三〇："若陆路之弁员有～者，调补水师尚可。"

【识羞】 shí xiū 知道羞耻。五代钱弘俶《金陵》："青盖曾彰谶，黄奴肯～。"元关汉卿《调风月》三折："女孩儿言着婚聘，则合低了胭颈，羞答答地噤声，划地面皮上笑容生，是一个不～伴等。"清《飞龙全传》三五回："你这不～的顽皮，你方才既说不肯与人磕头，不叫别人为父，怎么这会儿又来认父磕头?"

【识嗅】 shí xiù 犹"识窍"。清《醉醒石》七回："二郎不～，进了三门，落了号。"又："到底大郎～，道：'……只拣省些的做做，一千七百，弄个中书罢。'"

【识主】 shí zhǔ 识货的买主。元明《水浒传》七回："值是值二千贯，只没个～；你若一千贯肯时，我买你的。"

【时】 shí ❶ 特别；特意。"时"古音与"特"相近。唐杜甫《奉赠李八丈判官曛》："我丈～英特，宗枝神尧后。"《敦煌变文校注》卷四《太子成道经》附《悉达太子赞》："合掌虔恭齐发愿，如来～为放光明。"《旧唐书·姚崇传》："其冬，曲赦京城，赦文～标诲名，令决杖一百，配流岭南。" ❷ 只。《敦煌变文校注》卷四《难陀出家缘起》："～为恋着是妻，世尊千方万便，教化令教出家，且不肯来。" ❸ 语助词，表示假设，有时只表示语气上的停顿。唐韩愈《同水部张员外籍曲江春游》："曲江水满花千树，有底忙～不肯来。"宋《三朝北盟会编》卷一二："敢去～，煞好。"元关汉卿《拜月亭》一折："怕不问～权做弟兄，问着后道做夫妻。"明《醒世恒言》卷一三："恁地～，不干任一郎事，且放他去。"清《红楼梦》一二回："我有个宝贝与你，你天天看～，此命可保矣。"

【时背】 shí bèi ❶ 与时世相违背。唐白居易《雪夜小饮赠梦得》："久将～成遗老，多被人呼作散仙。"皮日休《奉和鲁望秋日遣怀次韵》："高蹈为～，幽怀是事兼。" ❷ 与时令相背。宋吴文英《丁香结·秋日海棠》："浅薄朱唇，娇羞艳色，自伤～。"

【时病】 shí bìng 时弊；当时的社会弊病。唐权德舆《右仆射赠太子太保姚公集序》："肝膈悃愊，以尽规为己任，切于～者，皆精为上言之。"宋丁特起《靖康纪闻》："著作郎胡处晦作长歌切中～。"清陈廷敬《故明前兵部尚书张公墓碑铭》："公独言求治毋太急，御下毋蓄疑，……言切劘～。"

【时不时】 shí bù shí 动不动；不时地。明金銮《沉醉东风·嘲杨吃寺》："动不动八句诗，～一幅画，只图些浪酒闲茶。"

【时常】 shí cháng ❶常常；经常。唐段成式《酉阳杂俎》续集卷六："寺中柿树、白牡丹是法力上人手植。上人～执炉循诸屋壁，有变相处辄献虔祝，年无虚月。"《景德传灯录》卷二五《天台山德诏国师》："诸佛～出世，～说法，度人未曾间歇。"清《蜃楼志》一九回："自此，趁理黄不在家中，就～走走。" ❷平时；平常。《元曲选·冯玉兰》四折："这黄芦荡就是屠世雄～屯扎的信地，因此不曾另拨巡视的官。"清《红楼梦》三回："原来王夫人～居坐宴息亦不在这正室，只在这正室东边的三间耳房内。"《歧路灯》六二回："若是旧棺已沤损了，须用新棺启迁，就是～人家说的干骨匣儿。"

【时辰】 shí chen ❶计时单位。把一昼夜分为十二段，每段叫做一个时辰，合现在的两个小时（小时即小时辰）。唐高智周《修西方十二时》："食～，念佛先须伏我人。"元关汉卿《调风月》一折："才说贞烈，那里取一个～。"清《红楼梦》一九回："那李嬷嬷还只管问宝玉如今一顿吃多少饭，什么～睡觉等语。" ❷时候；时间。《元曲选·看钱奴》一折："善有善报，恶有恶报，不是不报，～未到。"明《西游记》八二回："徒弟，我自出了长安，到两界山中收你，一向西来，那个～动荤？那一日子有甚歪意？"清《红楼梦》一四回："不论大小事，我是皆有一定的～。"

【时辰表】 shí chen biǎo 计时的挂钟或座钟。清《红楼梦》七八回："及进来到房里留神看～时，果然是未正二刻他咽了气。"《皇朝文献通考》卷二五八："～，以金为之，形圆盘，径一寸五分二厘，均分时刻，以针指之。"

【时辰钟】 shí chen zhōng 时钟。清《红楼梦》一四回："横竖你们上房里也有～，卯正二刻我来点卯，巳正吃早饭。"

【时道】 shí dào ❶时运。明《金瓶梅词话》七四回："一个不愤一个，那一个有些～，就要踊下去。"刘若愚《酌中志》卷一四："又皇贵妃郑娘娘下宫人林廷宫女，谦所侍也，最有～，凡逆困乏，谦每资助之。"清《醒世姻缘传》一一回："那些行～的马快如今躲得个寂静，恐怕那许多的仇家要报怨倒赃哩。" ❷时令。明丁彩《山坡羊·代促织答话》："告东君你休嗔俺叫，俺虫蛩儿各有个～。"

【时度】 shí dù 指次数和量，前加否定词表示次数和量多。唐孙思邈《备急千金要方》卷八五："泄利不觉，出无～。"《云笈七籤》卷七八："主痢下黄赤水若鲜血无～方。"明《肉蒲团》一回："若还不论分两，不拘～饱吃下去，一般也会伤人。"也指一定的、受限制的时间，前加否定词表示次数多。元刘祁《归潜志》卷七："且出入宫掖无～，号自在夫人。"又指时候，前加否定词表示常常。明《西游记》二八回："大圣，不论甚么～，他逐日家在这里缠扰。"

【时分】 shí fēn 时候。唐玄奘译《大般若波罗蜜多经》卷六〇〇："我涅盘后，后时后分后五百岁，无上正法将欲坏灭～转时。"元佚名《胡十八》："负薪的是买臣，你道我穷到老，我也有富～。"清《红楼梦》六三回："已是掌灯～，听得院门前有一群人进来。"

【时复】 shí fù 偶然；一时。唐封演《封氏闻见记》卷六："然打球乃军州常戏，虽不能废，～为耳。"元关汉卿《青杏子·离情》："与怪友狂朋寻花柳，～间和哄消愁。"清周天藻《病中遣兴》："量减三蕉众所知，兴来～一中之。"

【时固】 shí gù 特故；特意。"时"通"特"，"固"为"故"的借字。《敦煌变文校注》卷五《维摩诘经讲经文（五）》："为重修禅向此居，我今～下云衢。"又："我今～下天来，为见师兄禅坐开。"

【时光】 shí guāng ❶日子；时间。唐寒山《世有一般人》："因循过～，浑是痴肉脔。"元高文秀《遇上皇》一折："断了金波绿酿，却不我等闲的虚度～？"清《红楼梦》七五回："如今比不得在先辐辏的～了。" ❷时候。《敦煌变文校注》卷二《庐山远公话》："听经～可昔（惜），汝不解，低头莫语，用意专听。"《元曲选·燕青博鱼》四折："可怎生在旷野荒郊，月黑～，风高天道，独自个背着衣包。"清陆求可《意难忘·忆别》："草满池塘，正年时、执手惜别～。"

【时候】 shí hou ❶时间里的某一点。唐李舟《为崔大夫陈情表》："臣往在宣州，曾卒得痫疾，三日三夜，都不知人。自此以来，发无～，或轻或重，或疾或迟。"宋秦观《虞美人》："只怕酒醒～、断人肠。"清《红楼梦》一〇回："一进来的～，脸上到像有些着了恼的气色是的。" ❷有起点和终点的一段时间。宋张孝祥《虞美人》："凭春约住梅和柳。略待些～。"明《西洋记》二九回："然后你下山去，去不上一盏热茶～，翻身折回来。"清《红楼梦》六回："皆因你年小的～托着你那老家之福，吃喝惯了。" ❸犹"时辰❶"。清《儒林外史》三回："才去不到两个～，只听得一片声的锣响，三匹马闯将来。"

【时乎】 shí hū ❶有时；偶尔。宋《朱子语类》卷一四："便教至恶之人，亦～有善念之发。"明方以智《东西均·尽心》："游与（舆）之辐，遗遗其彻（辙）。不先不后，～先后；不次不第，～次第。" ❷一会儿。清《野叟曝言》一回："一发书，一披图，～嘻笑时嗟吁。"

【时间】 shí jiān ❶眼下；目前。宋李之仪《与李去言书》："扁舟访戴，势或可期，但～未能向，风滋不能已。"金《董解元西厢记》卷一："如潘岳掷果之容，似封骘心刚独正。～尚在白衣，日下风云未遂。"《元曲选外编·剪发待宾》一折："虽则～受窘，久后必然发迹。" ❷短时间内；一时间；片刻。唐徐成《王良百一歌·杂忌》："浊水休教饮，多饶毛色焦。～虽不觉，日内不生膘。"宋元《清平山堂话本·简帖和尚》："～风火性，烧了岁寒心。"元明《水浒传》四三回："那李逵～杀了子母四虎，还又到虎窝边，将着刀，复看了一遍，只恐还有大虫。" ❸立刻；马上。《元曲选外编·襄阳会》三折："旗幡轻卷征尘退，马到～胜鼓敲。"元明《水浒传》七九回："尽使水军头领，装载芦苇、干柴、硫黄、焰硝，杂以油薪。～大火竟起，烈焰飞天。"明《西游记》七五回："老孙得道取归山，无穷变化多经验。～要大瓮来粗，或小些微如铁线。" ❹时间里的某一点；时候。《元朝秘史》卷二："欲待要步行走入山林去～，那军每随即将着别古台的母搒在马上，叠骑着到来了。"《元曲选·王粲登楼》一折："虽然道屈不知己不愁烦，不知伸于知己恰是甚～。"清《女仙外史》七回："原来七日了，我却只得半日。怪道洞门外是返照，洞中却是亭午～。" ❺有起点和终点的一段时间。宋李纲《春词》之一七："飘风骤雨饷～，堕蕊飞花满地殷。"明《熊龙峰刊小说·双鱼扇坠》："不多～，只见两员神将、本部城隍、当境土地，立于坛前。"清《歧路灯》一〇三回："小福儿自这么一点点到现在，没离开我这样长～。" ❻时代。元王恽《孟庄不相及》："予尝疑孟与庄皆同～人，终无一言一事相及者，恐是蒙庄闭户著书，罕与世接。"

【时节】 shí jié 时候。唐孔颖达疏《诗经·大雅·桑柔》："既不得归，故自伤我之生也不得～，正逢天之厚怒，使我从西而往于东，无所安定而居处。"宋柳永《塞孤》："应念念，归～。相见了、执柔夷，幽会处、偎香雪。"清《红楼梦》一九回："他母亲养他的～，做了一个梦。"

【时节边】 shí jié biān 逢年过节的时候。明《拍案惊奇》卷三八："你只要～勤勤到坟头上去看看，只一两年间，我着你做个大大的财主。"又卷三九:"因～聚集县人,捏神捣鬼。"

【时今】 shí jīn 如今;现今。宋唐致政《感皇恩》:"世间滋味,尝尽酸咸苦涩。～倒食蔗,无甜汁。"方岳《答叶兄》:"古人远矣,君试取～诸公之文参读之。"宋元《警世通言》卷一三:"～死了许多时,宅中冷静,也好说头亲事是得。"

【时景】 shí jǐng ❶时下的景物。唐韦应物《县斋》:"仲春～好,草木渐舒荣。"宋吴自牧《梦粱录》卷一九:"射圃、走马廊、流杯池、山洞、堂宇宏丽,野店村庄,装点～,观者不倦。"清《九云记》三三回:"今日也行一个令,以赏～最好。" ❷时光;日子。唐李白《古风》之二八:"容颜若飞电,～如飘风。"元伊世珍《琅嬛记》卷中:"蹉跎～,忽复青阳。"明刘溥《看花吟》:"白日已堕地,回光烛青天。人生～只如此,莫将眉目夸盛年。" ❸气候;时令。唐薛元超《谏皇太子笺》:"顷日～炎爓,不敢望以引召,今高秋戒序,景物渐凉,伏乞听政餘闲,留情坟典。"宋赵善括《水调歌头》:"金饼挂蟾魄,～正中秋。"清弘历《秋热》:"食苹鹿渐肥,物亦知～。"

【时酒】 shí jiǔ 新酿的酒。唐柳识《许先生颍阳祠庭献酹文》:"追怀古踪,慕羡至道,以～敬酹于灵。"宋赵溍《养疴漫笔》:"但用香橼去核,薄切作细片,以～同入砂瓶内,煮令熟烂。"清《醒世姻缘传》六九回:"男女混杂的,把那混帐攒盒、酸薄～,登时吃的风卷残云。"

【时局】 shí jú 当时或目前的政治局势。明唐枢《国琛集》卷下:"清修勇退,耻绝功利,不为～所惑。"朱国祯《涌幢小品》卷九:"默林被逮殁,歙太守何东序窥～,欲罗织没其家,发兵围守。"清查慎行《游乔石林侍读纵棹园》:"弈棋～经眼见,去国名高今有几。"

【时刻】 shí kè ❶时光;时候;时间。唐于邵《与萧相公书》:"某以抱叠遐荒,残魂未绝,偷度～,倏忽四年。"宋范仲淹《上吕相公并呈中丞谘目》:"某谓不然,大江长淮无不潮也,来之～少,而退之～多。"清曹庭栋《养生随笔》卷一:"夏夜～甚短,即早卧仅及冬夜之半。" ❷一时一刻,指极短的时间。《旧唐书·高祖二十二子·隐太子建成传》:"文幹小竖狂悖,起兵州府,官司已应擒剿。纵其假息～,但须遣一将耳。"《元曲选外编·降桑椹》二折:"父母有疾,人子忧心,无所不用其情,怎敢～懈怠也。"清弘历《迎春》:"谓他不必争～,会见栏前红雨并。" ❸每时每刻;时时。《云笈七籤》卷三八:"若见善人,当愿一切,～存念,仰轨真道。"明周元暐《泾林续记》:"曹有一童,能书识字,性敏捷,曹甚喜之,～不离左右。"清《白雪遗音·忆多情》:"趣内生情,情中带趣,～在我这心头记。" ❹立刻;很快。宋朱熹《约束铺兵》:"本军盖缘旱伤,遂置历及黄旗绿匣急速前去两县,追会旱伤事件,须管遵依台判日限,～仰铺兵连夜走传至县。"元明《水浒传》六三回:"俊义之冤谁雪洗?～便为刀下鬼。"清《歧路灯》一八回:"说未定时,走堂的已下了小菜,～上的席来。"

【时年】 shí nián ❶当年。《太平广记》卷三四二引《异闻录》:"～正月,自江南回,发其地数尺,得骸骨一具。"洪迈《夷坚志》乙卷一八:"～五月,德诠病,逢原始往请之,不肯行,果死。" ❷时代;年头儿。元方回《听航船歌》之七:"五千斤蜡三千漆,宁馨～欲夜行。"明《金瓶梅词话》七一回:"如今～,早辰不做官,晚夕不唱喏。"清《姑妄言》六回:"如今～,戏子还有做官的呢。" ❸时候。《元曲选·合同文字》一折:"趁如今未丧黄泉,叮咛你大德高贤。等孩儿长大～,交付他收执依然。" ❹年成。宋陈著《嵊县劝农文》:"上熟～,或是赢溢;才是中熟,已不了主家租课;今既连岁薄收,如何不贫?"六十种曲本《琵琶记》二〇出:"这般～,胡乱吃一口充饥,还要分什么好歹。"清《隋唐演义》三三回:"或者～荒歉,有拐骗孩子的。" ❺如今。明薛论道《朝天子·不平》:"～依假不依真,鱼目把明珠混。"孙峡峰《黄莺儿》:"可笑～人,有了钱就变心。"

【时霎】 shí shà 很短的时间;片刻。宋欧阳修《渔家傲》:"六月炎天～雨,行云涌出奇峰露。"元王仲元《斗鹌鹑·咏雪》:"～,列壁铺琼迷万瓦。"清朱彝尊《步蟾宫》:"玲珑骰子抛～,遥劝酒觥船才压。"

【时晌】 shí shǎng 时候;时间。元关汉卿《拜月亭》二折:"解利呵过了～,下过呵正是时光。"《元曲选·玉镜台》一折:"白日短无～,兼夜教正更长,便误了翰林院编修有甚忙?"

【时文】 shí wén 科举时代称应试的文章。明清时期指八股文。唐刘蜕《上礼部裴侍郎书》:"及今年冬,见乙酉诏书,用阁下以古道正～,以平律校郡士,怀才负艺者踊跃至公。"宋《朱子语类》卷一二〇:"为科举所累,自～外不曾为学。"清《红楼梦》七三回:"更有～八股一道,……不过作后人饵名钓禄之阶。"

【时务】 shí wù ❶时世;时候。元庾天锡《雁儿落过得胜令》:"荒荒～艰,急急光阴换。"《元曲选·东堂老》三折:"谁家个年小无徒,他生在无忧愁太平～。"又《救孝子》四折:"那时是五月中旬,正是农忙～。" ❷时俗;风俗。《元曲选外编·西厢记》五本四折:"这厮坏了风俗,伤了～。"明贾仲明《对玉梳》三折:"据此贼情理难容伤～,坏人伦罪不容诛。"

【时下】 shí xià ❶目前;眼下。宋欧阳修《再论王伦事宜札子》:"官吏见朝廷宽仁,必不深罪,而贼党凶虐,～可惧,宁是畏贼,不畏朝法。"元睢玄明《耍孩儿·咏鼓》:"且图～养皮囊,隐居在安乐之窝。"清弘历《启跸幸避暑山庄即事》:"日前望雨润刚接,～观农稔可偿。" ❷立刻。唐徐成《王良百一歌·疗黄》:"头闷忽衔缰,此即是心黄。先须用火烙,～得安康。"金《刘知远诸宫调》一一:"叫喊语言乔身分,但举动万般村桑。被匹夫～,惊散鸳鸯。"清《醒世姻缘传》六七回:"觅汉请到了赵杏川,送了书仪,许了即时收拾药料衣装,～就要起身。" ❸一时间。宋杨泽民《一落索》:"谱里知名自久。真情难有。纵然～有真情,又还似、章台柳。"元《三国志平话》卷下:"三年以前,与汝私行,见曹娥八字碑,吾～不解其意,问尔亦不会。"元明《水浒传》三八回:"今日不想输了哥哥的银子,又没得些钱来相请哥哥,喉急了,～做出这些不直来。"

【时鲜】 shí xiān 应时而新鲜的。明郎瑛《七修类稿》卷一八:"古人祭奠,物薄而意诚,独取其馨香～之味以荐之焉。"《禅真逸史》七回:"两傍放着一双紫玉净瓶,插着～花草。"清《满洲祭神祭天典礼》卷五:"正月初三日,每月初一日,供～果品。"

【时限】 shí xiàn 限定的时间。唐李峤《论巡察风俗疏》:"而巡察使率是三月已后出都,十一月终奏事,～迫促。"宋王庭珪《与周秀实监丞书》三:"若严责～,立要结绝,勿容以追逮证佐为辞,指顾之间,何事不了?"清《女仙外史》六七回:"燕儿忖度～将届,怎样去缴令?"

【时宪书】 shí xiàn shū 历书。明徐光启等《新法算书》卷一〇〇:"遂用新法造～,颁行天下。"清《红楼梦》六二回:"酒面要一句古文,一句旧诗,一句骨牌名,一句曲名,不要一句～上的话,总共凑成一句话。"赵翼《檐曝杂记》卷六:"余年二十许时,阅～,即有钦天监正汤若望、监副南怀仁姓名,皆西洋人。"

【时饷】 shí xiǎng 片刻。《敦煌变文校注》卷五《维摩诘经讲经文(七)》:"便须部领众人行,不要迟疑住～。"宋黄休复《茅亭客话》卷五:"淳化壬辰岁夏六月虹见,～大雨。"张先《怨春风》:"见来～还须去。月浅灯收,多在偷期处。"按,一本作"时晌"。

【时向】 shí xiàng ❶ 时尚；时俗。宋苏舜钦《及第后与同年宴李丞相宅》：“十年苦学文，出语背～。”元虞集《重修张岩书院记》：“趋～者，窃绪餘以钓利禄；务高虚者，假近似以立名声。”清查慎行《入闸》：“我生昧～，永与捷径谢。” ❷ 同“时饷”。唐寒山《我见世间人》：“牛头努目瞋，出去始～。择佛烧好香，拣僧归供养。”《敦煌变文校注》卷二《叶净能诗》：“劣时却领张令事（妻）归衣（依）店内，不经～中间，张令妻即再苏息。”又卷六《目连缘起》：“我乍人间食不净，不能～在阿鼻。”

【时新】 shí xīn ❶ 应时而新鲜的东西；应时而新鲜的。唐李治《枇杷子帖》：“嘉果珍味，独冠～。”宋葛长庚《沁园春》：“白酒初刍，清风徐至，有桃李～饤几盘。”清《隋唐演义》二二回：“叫管事的人城中去买～果品。” ❷ 某一时期最新的样式。唐元稹《离思》之三：“红罗著压逐～，吉了花纱嫩曲尘。”宋程大昌《韵令·硕人生日》：“～衣着，不待经营。”清《荡寇志》九七回：“你要～花样，我倒寻了些来。”

【时兴】 shí xīng 一时流行。元明《水浒传》四九回：“插一头异样钗环，露两臂～钏镯。”明刘若愚《酌中志》卷二〇：“廿四日祭灶，蒸点心办年，竞买～绸缎制衣，以示侈美豪富。”清陆求可《永遇乐·佳人发》：“～髻子，松松堕马，好共灵蛇新巧。”

【时行】 shí xíng 同“时兴”。宋孟元老《东京梦华录》卷二：“餘皆卖～纸画，花果铺席。”元佚名《错立身》五出：“你把这～的传奇，……你从头与我再温习。”《元曲选外编·云窗梦》二折：“如今这丽春园使不的冯魁俊，赤紧的平康巷～有钞的亲。”

【时序】 shí xù ❶ 时令；时候。唐李益《合源溪期张计不至》：“霜露肃～，缅然方独寻。”《元曲选·秋胡戏妻》三折：“早则是生计萧疏，更值着没收成歉年～。”清屈大均《广东新语》卷二五：“岭南花不可以～限之。” ❷ 时间；光阴。唐李世民《为故礼部尚书虞世南斋僧诏》：“奄从物化，忽移～。”宋陈德武《西江月》：“～去如流矢，人生宛似飞蓬。”清《歧路灯》一四回：“话说～迁流，谭孝移殁后三年，绍闻改凶从吉，早已十六岁了。” ❸ 时气；时运。《元曲选·伍员吹箫》二折：“我这里悄悄叹吁，敢命儿里合受奔波苦？世做的背～。”

【时样】 shí yàng ❶ 入时的式样。唐郑还古《博异志·敬元颖》：“忽见水中一女子，其形状少丽，依～妆饰，以目仲躬。”宋刘黻《追和渊明贫士诗》之五：“衣冠背～，笔砚同岁寒。”清《绿野仙踪》五二回：“将银卧兔儿摘去，梳了个苏州～发髻。” ❷ 入时；入时的；时兴的。宋程大昌《感皇恩》：“从他人笑道，不～。”明施绍莘《瑶台片玉》甲种上编：“赏芳辰姊妹飞觞，强梳妆十分～。”清《儒林外史》五三回：“又有一个盒子会，邀集多人，治备极精巧的～饮馔，都要一家赛过一家。” ❸ 时宜。宋杨万里《送邹元昇归安福》：“尖新句子入～，故应破阵翰墨场。”元段成己《用韵答封张二子》：“文章自笑非～，道德空期与古齐。” ❹ 当时的风气。宋方逢辰《挽宋尚书余公》之一：“～多求赫赫声，惟公独韫玉精神。”

【时艺】 shí yì 指八股文。明张大复《梅花草堂笔谈》卷一〇：“必以不窥～为独行，斯则孙氏之学，非通行之路也。”《醒世恒言》卷二二：“八岁能作古诗，九岁精通～。”清袁枚《子不语》卷三：“五策尤详明，真饱学者也。以～不甚佳，故置之孙山外。”

【时疫】 shí yì 一时流行的传染病。唐孙思邈《备急千金要方》卷二九：“卒中恶病及～，吞如梧子一丸。”元刘时中《端正好·上高监司》：“遭～无棺活葬，贱卖了些家业田庄。”清《续金瓶梅》四六回：“因感～，病故在外。”

【时阴】 shí yīn 时间；光阴。唐明解《遗画工》：“痛矣～短，悲哉泉路长。”

【时暂】 shí zàn 短时间。五代李煜《采桑子》：“细雨霏微。不放双眉～开。”宋元《苏长公章台柳传》：“翠柳依依在路傍，不堪～被炎光。”《元典章·台纲二》：“在先按察司官半年一出巡按，凡百姓疾苦、官吏情弊，～经过，不能遍知。”

【时症】 shí zhèng 犹“时疫”。元明《水浒传》三七回：“小人于路感冒风寒～，至今未曾痊可。”明于谦《忠肃集》卷四：“到旧维州，因～痘疮，在彼住歇。”清袁枚《子不语》卷二三：“内幕某，浙人也，偶染～。”

【时妆】 shí zhuāng ❶ 时兴的装饰打扮。唐韩偓《御制春游长句》：“比屋管弦呈妙曲，连营罗绮斗～。”宋周密《武林旧事》卷六：“每处各有私名妓数十辈，皆～袪服，巧笑争妍。”明蒋一葵《尧山堂外纪》卷九二：“敢向纷纷争俗眼，私怜袅袅压～。” ❷ 当代通行的装饰打扮。宋文天祥《保州道中》：“村落有古风，人间无～。” ❸ 比喻风气或时尚。宋刘克庄《除将作监直华文阁谢表》：“表乏娥眉，愧～之不入；譬犹虫臂，听元化之所为。”元赵汸《读宏斋遗藁》：“村馆文场迹已陈，～不入白头新。”清汪由敦《题元遗山集》：“裁红劈翠竞～，李杜光芒万丈长。”

【时作】 shí zuò 时兴。清《儒林外史》二八回：“而今～，这些盐商头上戴的是方巾，中间定是一个水晶结子。”

【实成】 shí chéng 同“实诚（shí chéng）”。元关汉卿《调风月》三折：“若是那女孩儿言语没～，俺这厮强风情。”乔吉《新水令·闺丽》：“不是将海鹤儿相埋怨，休把这纸鹞儿厮调发。若是真么，回与我句～的话。”

【实诚】 shí chéng 另见 shí cheng。真实；确实。唐孔颖达疏《周易·革卦》“有孚”：“其言～，故曰‘有孚’。”辽耶律宗真《示来远城牒致高丽宁远镇谕旨》：“欲载修于职贡，合先上于表章，苟验～，别颁俞命。”《元曲选·蝴蝶梦》楔子：“若三个儿到开春，有甚么～定准，怎生便都能勾跳龙门？”

【实诚】 shí cheng 另见 shí chéng。诚实；真诚。元张养浩《山坡羊》：“貌相迎，不～，纵然富贵皆侥幸，神恶鬼嫌人又憎。”清《歧路灯》四〇回：“那惠观民是个～人，一听此言，便信以为实。”或指真情。元兰楚芳《粉蝶儿》：“你似一个有～的离魂倩女，我似那数归期泣血的啼鹃。”

【实的】 shí dí 真实。明彭大翼《山堂肆考》卷七九：“我桑殿直也，为我察盗之～居处，切勿泄。”《二刻拍案惊奇》卷二：“总来不必辨其有无，却是棋高无敌是个～了。”清胤禛《朱批谕旨》卷一七四：“飞驰前往沅州一带，探～信，星即具报。”

【实地】 shí dì ❶ 同“实的”。宋《朱子语类》卷四〇：“盖子路所言，却是～。二子却鉴他子路为夫子所哂，故退后说。” ❷ 指地面，陆地。宋陈造《安乐院砌阶疏》：“人间坦途，本无不可。脚底～，兹岂徒然。”明夏允彝《幸存录》卷上：“阁臣钱龙锡尝问以辽事，答以当从东江做起。钱谓：‘舍～而问海道何也？’”清《荡寇志》一一六回：“况且那火鸦不落～，不能发火。” ❸ 实在的事；实处；实际地方。宋《朱子语类》卷二七：“圣人教人，都是教人实做，将实事教人。如格物、致知以至洒扫应对，无非就～上拈出教人。”明何良俊《四友斋丛说》卷二四：“然观王右丞《辋川别业》与《积雨辋川庄作》、李颀《题璇上人山池》诸篇，皆从～说，何曾作浮滥语。”《二刻拍案惊奇》卷四：“史应、魏能此番踹知了～，是长是短，来禀明了谢廉使。”清王士禛《香祖笔记》卷八：“孺子在京师，存其故称，纪其～，庶几得之。” ❹ 实在；诚实。宋杜范《和贵方韵》：“万物由来备一身，要教纯熟在持循。莫嫌恶浊浮埃界，自做分明～人。”明李乐《见闻杂记》卷二：“文王发政施仁，见得君道如此，只管～做工夫，略无慕外求誉之心，所谓阴德也。”清《醒世姻缘传》三五回：“宗举人的父亲宗杰只道他为徒弟中举喜欢煞，～陪了他酒饭。”

【实话】 shí huà 真实的话。宋《朱子语类》卷六四：“若是脱空诳诞，不说～，虽有两人相对说话，如无物也。”《元曲选·单鞭夺槊》二折：“如今叫军士们说出～来，却是怎了？”清《红楼梦》七回：“秦钟见问他，因而答以～。”

【实惠】 shí huì 实际的好处。宋苏颂《龙图阁直学士宋公神道碑》：“宜酌其闲剧，省事增人，庶几民蒙～。”元王恽《便民三十五事》：“然弊积日久，事端非一，必更张其大者、重者，使有定制，则～可及于民。”清《红楼梦》五〇回：“姨太太更不用操心，我和凤丫头到得了～。”

【实际】 shí jì 客观存在的事物或情况。宋胡宏《与张敬夫》：“圣门实不与异端空言比也。空言易晓，～难到。”元虞集《临川隐士孙君履常甫墓志铭》：“陆子之学如青天白日，不可尚已。闻其风而悦之者，或慕究其～，而昧其指归，其失之远矣。”清《八洞天》卷四：“恶多～，善有虚名。”

【实迹】 shí jì ❶确凿的事实或凭据。唐柳宗元《与史官韩愈致段秀实太尉逸事书》：“今所趋走州刺史崔公，时赐言事，又具得太尉～，参校备具。”宋《朱子语录》卷一二〇：“既能克己，则事事皆仁，天下皆归仁于我，此皆有～。”清《荡寇志》八五回：“云天彪容隐偏护，虽无～，然究与刘广姻亲，理应回避。” ❷指实际的收获。唐杨嗣复《九证心戒序》：“如朽木强雕，难施斤斧，腐铁虽淬，终乏光辉，徒有虚劳，而无～。”

【实践】 shí jiàn 实行；履行。宋《朱子语类》卷一二〇：“二公颇自言其居家～等事。曰：‘躬行固好，亦须讲学。’”元邓文原《常州路学重建尊经阁记》：“历代以明经取士，士亦以博闻强记相尚，有真知而～者鲜矣。”清弘历《仲春经筵即事成什》：“虚名宁渠徒数典，～由来在淑身。”

【实据】 shí jù ❶确实的证据；确实的消息。唐李鼎祚《周易集解》卷一四：“但言所赖五十，不释其所从来，则是亿度而言，非有～。”宋罗璧《罗氏识遗》卷二：“凡此疑皆往事追书之，但温公既书曰某年，必有～。”清《红楼梦》四九回：“你信云儿混说，他的那嘴有什么～！” ❷犹言着落。宋陈著《青玉案》：“时光渐渐春如许。何用怜春怕红雨。到处空飞无～。”

【实可】 shí kě 实在；确实。《敦煌变文校注》卷六《欢喜国王缘》：“盈盈素质，灼灼娇姿，～漫漫，偏称王心。”明《金瓶梅词话》七回：“我做媒人～能，全凭两腿走殷勤。唇枪惯把鳏男配，舌剑能调烈女心。”

【实落】 shí luò ❶结实；密实。元明《水浒传》三二回：“武行者踏住那大汉，提起拳头来，只打～处，打了二三十拳。”明徐光启等《新法算书》卷二三：“将镜置诸本架，或倚着～处，使不摇动。”《二刻拍案惊奇》卷三六：“这却是我怕东西狼犺，撞着城门上盘诘，故此多敲打～了。” ❷准确；真实。元《三遂平妖传》一二回：“这事却要～，你去补一纸首状来。”明《韩湘子》一七回：“因大人要贫道～的供状，贫道一时间想起父母来，故此泪出痛肠。”清《聊斋俚曲·磨难曲》：“知县怕他～报，送上厚礼哀哀央。”也指真实的情况。清《歧路灯》三三回：“说昨晚等到更深不见音信，今日委实急了，刻下要讨个～。” ❸切实；实实在在；着实。明王守仁《语录三》：“良知本是明白，～用功便是。”《醒世恒言》卷二一：“虽然悬弓佩剑，～是一个也动不得手的。”清《东周列国志》九七回：“秦王这句话，因是进永巷时，闻宦者述范雎之言‘秦止有太后、穰侯，不闻有王’之语，心下疑惑，～的要请教一番。” ❹着落。清毛奇龄《答三辨文》：“泰伯亡之荆蛮以让季历，则让字有～矣。”沈佳《明儒言行录》卷三：“按康斋先生只是将圣贤言语，来体验日用工夫，真觉有味，不似后人谈玄说妙，全无～也。”《飞龙全传》二八回：“既然有此～，就好追寻。”

【实莫】 shí mò 慎莫；切莫。唐王梵志《见有愚疾君》：“有时急造福，～相疑误。”又《身强避却罪》：“得病不须卜，～浪求神。”司马承祯《收心》：“事讫则止，～多思，多思则以知害恬。”

【实女】 shí nǚ ❶室女；未结婚的女子。明《金瓶梅词话》八四回：“等宋江替你做媒，保一个～好的，行茶过水，聚来做个夫人，何必要这再醮做甚么？”明高濂《遵生八笺》卷一七：“月月红者，～首经红铅也。” ❷同“石女”。明李时珍《本草纲目》卷八：“治～、杀虫、坠痰。”谢肇淛《五杂组》卷五：“又有一种石女，一云～，无女体而亦无男体。”《醋葫芦》六回：“你道那～儿不阴不阳，是何缘故？”

【实拍】 shí pāi 实实在在。《元曲选外编·云窗梦》一折：“郎君每买了些虚脾风月，卖了些～庄田。”

【实切】 shí qiè 实在；的确。唐陆贽《贞元九年冬至大礼大赦制》：“税额烦重，人已困穷，因之以流离，加之以冻馁，为人父母，～哀伤。”宋范祖禹《留司百官谢赐冬衣表》：“顾惟虚受，～腼颜。”清《聊斋志异·八大王》：“适西山青童招饮，不觉过醉，有犯尊颜，～愧悚。”

【实然】 shí rán 确实；实在。宋《朱子语类》卷九五：“譬如天地之于万物，阴便～是阴，阳便～是阳，无一毫不真实处。”《元曲选外编·哭存孝》一折：“我是李存信，他是康君立。两个真油嘴，～是一对。”明《续欢喜冤家》一六回：“看了住场，～可爱。”

【实施】 shí shī ❶实行；施行。明孙承恩《顾文僖公文集序》：“可与语礼乐者，必其思通乎性命，识达乎天人，此文学也。而～于政，可与语经济者，必其才兼乎今古，量包乎宇宙，此政事也。”尹台《上犹县均田碑记》：“兹上犹均田所以为政之上务，而非楼君才识，抑焉能效之～也哉！”清王心敬《丰川易说》卷一：“万国咸宁，则是天下平已，岂虚虚体千，曾无体乾发育之实政～，而天下遂平乎？” ❷实际行为。明陈昌积《泰和县住勾军册后序》：“三事上闻，矜可恤而雪释，除恶务本，递应遣于风驰，此公学道爱民之～也。”李贽《初潭集序》：“有德行而后有政事、文学，非德行则政事、文学亦不成矣。是德行者，虚位也；言语、政事、文学者，～也。”

【实实】 shí shí ❶确实；实在。五代杜光庭《第二上表》：“但以道途险阻，水陆严凝，遐迩群心，～忧灼。”明汤显祖《牡丹亭》四五出：“俺～的要展江山，非是谎。”清《红楼梦》五二回：“只觉头重身轻，满眼金星乱迸，～掌不住。” ❷诚实；不虚假。《元曲选·碧桃花》三折：“你是甚么鬼怪？从头～的说来！”明《老乞大谚解》卷下：“这织金胸背与你五两，是～的价钱。” ❸切实；着实。明《西游记》二五回：“有一个姓孙的，名悟空行者，先偷了四个果子吃了。是弟子们向伊理说，～的言语了几句。”《二刻拍案惊奇》卷九：“我也不与他吟词作赋，卖弄聪明，～的写几句说话回他便了。”清石成金《传家宝·教子》：“若是子孙资质聪明可以读书的，须要请端方严正先生把圣贤道理～教导他。” ❹密实。明《西游记》四九回：“那怪物紧闭宅门，再不出来见面，被二哥打破门扇看时，那里面都使些泥土石块～的叠住了。” ❺其实。清《女仙外史》四二回：“连夜束装，……去访张三丰，～去访建文帝。”

【实头】 shí tóu 实在。《景德传灯录》卷一一《杭州径山洪諲禅师》：“僧问：‘如何是长？’师曰：‘千圣不能量。’曰：‘如何是短?'师曰:'蟭螟眼里着不满。'其僧不肯,便去举似石霜。石霜云:'只为太近～。'"黄庭坚《再答静翁》之四:"万事～方稳当,十分足陌莫蹺除。"《朱子语类》卷三一:"缘能'非礼勿视,非礼勿听,非礼勿言,非礼勿动',这四事做得～工夫透,自然至此。"

【实务】 shí wù 实际事务;实际工作。宋司马光《与吴丞相充书》:"弃置～,崇饰空文。"元洪焱祖《群校思乐亭对酒》:"念彼荷蓑人,原田各趋事。劳生有近功,～非清议。"《明史·李祯传》:"我以战守为～,而相机应之。"

【实物】 shí wù 实用的东西(与货币相对)。唐会昌元年中书门下《加给课料及时支遣并许远官借俸奏》:"伏望今日以后,令户部以～,仍及时支遣。"《旧唐书·高丽传》:"天授中,则天尝内出金银～,令宰相及南北衙文武官内择善射者五人共赌之。"明《杜骗新书·伪交骗》:"但今事急矣,我若不出银,此事无由解释,然必有～相当方可。"

【实心】 shí xīn ❶ 物体内部是实的。唐崔致远《物状》:"海东～琴一张,紫绫币盛。"《元曲选·度柳翠》三折:"郎君每心闲时将你脚上踢,兴阑也络在网里,端的个不见～。"按,此语双关。清李调元《南越笔记》卷一六:"～者,小曰糖粒,大曰糖瓜。" ❷ 真实心思;真诚心意。五代李澣《陈阴事奏》:"海真差中门使赵佩传语臣云,……臣既认～,遂唤赵佩通事李解里来,呈与书诏。"元佚名《新水令》:"如今等惜花人弄巧,指不过美话儿排,虚科儿套,～儿少。"清《十二楼·闻过楼》三回:"殷太史见他盘问不过,才说出～话来。" ❸ 一心;忠心耿耿地。唐岑文本《唐故特进尚书右仆射温公碑》:"～体道,勤行而不倦;历选前哲,仰止而无怠。"明李梅实《精忠旗》一七出:"他每为将的,再不从大处计较,只管要向前厮杀,无非贪恋兵权耳,那个象太师～为国?"清《聊斋志异·新郑讼》:"时张以丧资未归,乃责甲押偿之。此亦见石之能～为政也。" ❹ 当真地;真心地;真诚地。《元曲选·㑳梅香》二折:"不争小姐因而作戏,那生～希望,以致卧病不起。"明《醋葫芦》七回:"都氏本不～要翠苔去,只恐丈夫在家,有些不忠厚处,故出此言。"清《梦中缘》七回:"你不必说那隐藏的话。我～告你,你也～告我,小姐你可有些意思与他没有?" ❺ 存心;故意。《元曲选·灰阑记》一折:"便是那狠毒的桑新妇,也不似你这个七世的娘,倒说我～儿主意瞒家长。" ❻ 心地诚实,不虚嚣或轻易改变。清《红楼梦》五七回:"这会子热剌剌的说一个去,别说他是个～的傻孩子,便是冷心肠的大人也要伤心。"《后红楼梦》二回:"这孩子倒～,我从前看错了他。"

【实信】 shí xìn 确实的消息。宋徐照《哭居尘禅师》:"今朝闻～,一只海船遥。此世永相隔,何僧可与交。"元明《三国演义》四七回:"谁敢直入周瑜寨中,探听～?"清《霓裳续谱·我问大哥》:"过去了无过去,你可给我个～。"

【实学】 shí xué ❶ 实实在在的学问。唐杨绾《条奏贡举疏》:"所冀数年之间,人伦一变,既归～,当识大猷。"宋刘𬬻《题黄氏贫乐斋》:"须凭～工夫到,莫作闲谈想象休。"清《红楼梦》一〇回:"又承呼唤,敢不奉命;但毫无～,倍增汗颜。" ❷ 真本领。元明《水浒传》二九回:"这是武松平生的真才～,非同小可。打的蒋门神在地下叫饶。"明《禅真后史》三四回:"他有真才～的手段,才敢来遣怪除妖。"

【实在】 shí zài ❶ 实际存在。金李俊民《泽州图记》:"至壬寅续括漏籍,通前～一千八百一十三户。"明戚继光《练兵实纪》卷二:"只将～军士逐名一字平列,开在册内。"清法式善《陶庐杂录》卷一:"康熙六年～银二百四十八万八千四百九十二两。" ❷ 实际;不空泛。明《古今小说》卷三〇:"你那学佛是无影之谈,不如做官,～事业。"清《红楼梦》一回:"到也是个宝物了,还只没有～的好处。"弘历《泾清渭浊纪实》:"因命秦承恩亲履二水由甘入陕之源,究其～情形。" ❸ 真实;诚实。宋《朱子语类》卷二一:"仲思问:'如阴阳舛错,雨旸失时,亦可谓之诚乎?'曰:'只是乖错,不是假底,依旧是～。'"清《儒林外史》三六回:"那知这些进士,也有五十岁的,也有六十岁的,履历上多写的不是～年纪。"《红楼梦》八四回:"只是我看他那生来的模样儿也还齐整,心性儿也还～,未必一定是那种没出息的。"

【实志】 shí zhì ❶ 根据实际情况记载,也指根据实际情况记载的文字。明杨慎《禹贡彭蠡》:"故曰北会于汇。汇言其外也,蠡言其内也。于汇不于彭蠡,势则然也。盖～也。"湛若水《春秋正传》卷三:"《左氏》曰:以成纪好也。愚谓此鲁～也。"张时彻《嘉靖宁波府志序》:"宁波,古会稽郡也。故有会稽志,颇征吾郡事。其前则有张津《乾道图经》,后则有罗浚《宝庆志》,……黄润玉《简要志》,今所传则～也。" ❷ 实在的志向。《续资治通鉴长编》卷三一七:"昔周世宗不矜功名,惟以～取天下,故十餘年间并无诏诰。"元刘秉忠《年来》:"本存～闲终老,却被虚名误半生。"《明史·柯维骐传》:"以辨心术、端趋向为～,以存敬畏、密操履为实功,而其极则以宰理人物、成能天地为实用。" ❸ 真情实意;心意。金《董解元西厢记》卷五:"没性气闲男女,不道是哑你,你唤做是～!"元孙季昌《端正好·集杂剧名咏情》:"我便似蓝桥驿～真诚,他便似竹林寺有影无形。"

【寔成】 shí cheng 同"实诚(shí cheng)"。明陈铎《驻马听·嘲风月》:"锦障花营,小可人儿不敢行,一须稳重,二领差罚,三要～。"

【拾】 shí ❶"十"的大写。唐李治《摄山栖霞寺明征君碑铭》:"各兼衣钵钱二百贯,绢二百匹,苏参～斛。"清《巧联珠》七回:"方公又送他～贰两程仪。" ❷ 头向前冲;撞。明《金瓶梅词话》七九回:"忽然见一个黑影子从轿底下钻出来,向西门庆一～。"清《醒世姻缘传》九五回:"寄姐不曾堤防,被素姐照着胸前一头～来,碰个仰拍叉。"

【拾掇】 shí duō ❶ 采集;归拢。唐陆龟蒙《杞菊赋序》:"及夏五月,枝叶老梗,气味苦涩,旦暮犹责儿童辈～不已。"《敦煌变文校注》卷四《降魔变文》:"外道之徒总是糠,大风一起无～。"宋王令《原蝗》:"寒禽冬饥啄地食,～谷种无餘遗。" ❷ 整理;收拾。宋李处权《崧庵集自序》:"暇日～次第,粗成编缀,名之曰《崧庵集》。"明顾起元《客座赘语》卷一:"检物用曰～。"清《红楼复梦》七五回:"那些道士陆续来齐,又将法坛～一番,炉内烧起降香。"在具体语境中指敲击。元睢玄明《要孩儿·咏鼓》:"做院本把我～尽,赴村戏将咱来擂一和。" ❸ 搜集对方的短处作为把柄,以图要挟报复。唐韩愈《中大夫陕府左司马李公墓志铭》:"遂怨之,～三年,无所得。"宋司马光《上皇太后疏》:"是以日夜窥觇,～丝毫之失,无不纳于殿下之耳。"明尹直《謇斋琐缀录》卷六:"汪以是衔项,～之,项危甚。" ❹ 笼络。明贾仲明《对玉梳》二折:"休假温存絮叨叨取撮,佯问候热剌剌念合,更怕我不趱你那冷气虚心厮～。"

【拾头】 shí tóu 撞头;用头撞。清《醒世姻缘传》五九回:"巧姐拉了素姐～,只说:'还我娘的命来!'"《红楼梦》六〇回:"芳官捱了两下打,那里肯依,便～打滚,泼哭泼闹起来。"

【拾尾巴】 shí wěi ba 比喻处理遗留问题。清《醉醒石》一〇回:"抵补的,道我不与他人～,不肯追比。"

【食肠】 shí cháng ❶ 指食量。明《西游记》一八回:"～却又甚大,一顿要吃三五斗米饭。"《西洋记》一七回:"他～最大,每日间剩一盆，他就吃一盆，剩一缸，他就吃一缸。”清《飞龙全传》四〇回：“～又大，越吃越有滋味。” ❷ 比喻欲望。明《金瓶梅词话》一四回：“你那三千银子能到的那里，蔡太师、杨提督好小～儿！”清《绿野仙踪》七五回：“他的～大，比不得我，不是一头半百下得来的。”

【食次】 shí cì　指菜肴；饭菜。宋王谠《唐语林》补遗二：“时豪家～，起羊肉一斤，层布于巨胡饼，隔中以椒豉，润以酥，入炉迫之，候肉半熟食之，呼为‘古楼子’。”耐得翁《都城纪胜·酒肆》：“有茶饭店，谓兼卖～下酒是也。”清李斗《扬州画舫录》卷四：“上买卖街前后寺观皆为大厨房，以备六司百官～。”

【食次册】 shí cì cè　菜谱；菜单。宋《朱子语类》卷一四：“如今～相似，都且如此呈说后，方是可吃处。”叶適《中奉大夫林公墓志铭》：“公索其征，有公库鲊脯、～、差出贴支等钱，皆数千计。”

【食店】 shí diàn　饭馆。唐寒山《个是何措大》：“行到～前，不敢暂回面。”元商衢《梁州第七·戏三英》：“向杜郎家酒馆里开樽，王厨家～里饭罢，张胡家茗肆里分茶。”清《醒世姻缘传》五五回：“这～里的东西岂是干净的？”

【食盒】 shí hé　盛放食物用的盒子，有单层的，有多层的。《续资治通鉴长编》卷一一九：“宗室戚里茶檐～毋得覆以绯红。”清《儒林外史》一回：“正存想间，只见远远的一个夯汉挑了一担～来。”

【食痨】 shí láo　吃东西不知道限度的病。金张从正《儒门事亲》卷一：“中州食杂而多，九疸、～、中满、留饮、吐酸、腹胀之病。”明《西游记》五七回：“适才有个～病和尚，说是东土差来的，已化斋去了。”

【食槅】 shí léi　有几层屉的食盒。明《拍案惊奇》卷一六：“只见一个妇人，穿一身缟素衣服，乘着蹇驴，一个闲的挑了～随着。”

【食罍】 shí léi　同“食槅”。宋元《清平山堂话本·瑞仙亭》：“打点春盛～灯笼，我今夜与你赏月散闷。”明田汝成《西湖游览志餘》卷二〇《熙朝乐事》：“南北两山之间，车马阗集，而酒尊～，山家村店，享馂遨游。”

【食垒】 shí lěi　同“食槅”。宋刘学箕《和林处士梅诗》之八：“寻春山径坐班荆，～芳尊后乘并。”明《金瓶梅词话》四六回：“我把这花篮儿旋簇，～高挑。”施绍莘《端正好·春游述怀》：“～分携，妙人儿相偎，引得俺半日里跟到黑。”

【食力】 shí lì　❶ 粮食和人力。唐白居易《议井田阡陌》：“不知人之数，则～无从而计，军役无从而均也。”宋袁寀《世范》卷下：“今人当修筑之际，靳出～，及用水之际，夺臂交争。”清昭梿《啸亭杂录》卷六：“今霍集占困守危城，～已尽，必不坐而待缚。” ❷ 吃下去的东西产生的气力。《云笈七籤》卷七三：“如人不食即无力，食象气，气象使，无～，乃事不解矣。”《元曲选·东堂老》二折：“无～的身躯怎的撑？”明《西游记》八一回：“四众食毕，那女子也得些～。” ❸ 指食物、饮食。宋施护译《佛母出生三法藏般》卷六：“彼初食时，色香美味，虽所爱乐，～销已，苦报现前。”明《金瓶梅词话》六二回：“本等没吃甚么大～，怎禁的这等流！”

【食量】 shí liàng　饭量。宋陶穀《清异录》卷下：“体质魁梧，～宽博，食物勇捷，有若豺虎。”明《醒世恒言》卷二八：“不瞒小姐说，我的～颇宽。”清袁枚《续子不语》卷二：“卧床医药罔效，而～顿增。”

【食箩】 shí luó　盛放食物用的箩。宋周密《癸辛杂识》别集上：“梅津一生辛勤，只办得～一担。”清《说岳全传》一一回：“只见一个军士在前，后边两个人抬了～寻来。”

【食面】 shí miàn　❶ 饮食场面。明《金瓶梅词话》四六回：“都是那没见～的行货子，从没见酒席，也闻些气儿来。”清《醒世姻缘传》八八回：“不知见过了多少～，一乍见了这个奇物，筷子也不敢近他一近。” ❷ 世面。清《醒世姻缘传》八一回：“女人虽是个光棍老婆，也见过～，有见识、有正经的人。”又八七回：“咱大家不得！没见～淫妇生的！”

【食牌】 shí pái　（酒店饭馆）书写菜肴食品名目的牌子。宋吴自牧《梦粱录》卷一六：“酒家亦自有～，从便点供。”陈直《韦居听舆》：“萧子偶至庖，见絷牛，叩知其故，亟以白父，索～判免此味。”

【食品】 shí pǐn　❶ 食物。唐段公路《北户录》卷二：“广州南尚米饼，合生熟粉为之，规白可爱，薄而复肕，亦～中珍物也。”元杜仁杰《集贤宾北·七夕》：“团圞笑令心尽喜，～愈稀奇。”清汪由敦《双溪绝句》之五五：“漫拈～恼厨娘，映字曾闻说饼方。” ❷ 只指肉食。宋洪巽《旸谷漫录》：“厨娘请～、菜品资次，守书以示之。～第一为羊头佥，菜品第一为葱齑。”明姚士粦《见只编》卷中：“～有牛、羊、鸡、鱼而无猪，鹅为最贵，王必手送为敬。”清《东周列国志》六七回：“见～无鸡，但鹜骨耳。”

【食嗓】 shí sǎng　食管；食道。明《西游记》六二回：“你看八戒放开～，真个是虎咽狼吞，将一席果菜之类吃得罄尽。”清《红楼复梦》六三回：“再提一字，叫我烂掉了～。”袁枚《子不语》卷七：“众奔上，见吴倒地，腹右刀戳一洞，肠半溃出，喉下～已断。”

【食手】 shí shǒu　厨师。唐王梵志《童子得出家》：“平明欲稀粥，～调羹臛。”《宋史·礼志十一》：“选上局～十人，赴庙馔造。”

【食水】 shí shuǐ　❶ 指饮食。清《绿野仙踪》三九回：“先前我们在城市关乡，还可乞讨些～度命。” ❷ 喻指钱财。明《梼杌闲评》一一回：“进忠道：‘还是头家管彩，还是各人自会？’张惺道：‘头家没多～，各人自备罢。’”清《警寤钟》五回：“因到街上访得一家姓马，是县里有名的快手，颇有～，打帐到晚去下手。”

【食性】 shí xìng　吃东西的口味习惯。唐王建《新嫁娘词》之三：“三日入厨下，洗手作羹汤。未谙姑～，先遣小姑尝。”明叶子奇《草木子》卷四下：“人之～亦有不同者。如文王嗜昌歜，曾晰嗜羊枣，屈到嗜芰是也。”清《醒世姻缘传》五五回：“小人家的饭食我到都做过来，只怕大人家的～不同。”

【食用】 shí yòng　吃。宋李纲《亲笔赈济诏书》：“积米之家，俾其～之餘，尽以出粜。”《元典章·刑部三》：“前妻抛下女子丑哥、儿子郝骂儿将小豆一碗，兑换棠梨～。”清《醒世姻缘传》五四回：“他一些也不与众人～，自己调菜，炸火烧，煎豆腐，不胜受用。”

【食指】 shí zhǐ　吃饭的人口。宋《密庵和尚语录》：“回观此山，～既多，常住不给，不忍坐视，发心为众持钵。”元谢应芳《洞庭胡敬之以余父执之交岁馈新橘》：“侬家～百三十，分甘喜得皆波及。”清《绿野仙踪》三四回：“小弟～浩繁，万金之贶，高厚全出在老先生。”

shǐ

【矢口】 shǐ kǒu　❶ 赌咒发誓，一口咬定。矢，通“誓”。清佚名《梅花岭遗事》：“惟家人尽至，～不移，则立斩于墓道前，以慰忠魂。”胤禛《朱批谕旨》卷二一四：“再四诘讯，各犯～如一。”《荡寇志》八〇回：“小人亦曾再三盘问，刘二～不移。” ❷ 同“屎口”。明熊廷弼《请敕台臣查勘辽事疏》:“不欲臣养病去,而欲臣贬窜去,则贬窜之耳。何必～詈人,遽伤雅道。”清《醒世姻缘传》三五回:“这～骂他,他岂没个火性?”《歧路灯》八一回:“又定要到讨者破面,索者～的光景,不觉焚心。”

【矢棋】 shǐ qí 同“屎棋”。明冯惟敏《玉芙蓉·笑园约会》:“胡先辈,低壶～,胜不的醒山人硬劝了挂红杯。”清《巧联珠》一〇回:“你那～,我饶你四子还要杀黄。”

【使】 shǐ ❶ 驾驭;驾驶。宋《朱子语类》卷一二:“学御时,心若不在,何以～得他马?”明《醒世恒言》卷三六:“将船～到一个通官路之所泊住。”清《白雪遗音·母女顶嘴》:“我阿爸在湖口～船。” ❷ 奴婢的主人。《元典章·户部三》:“今次取勘到,无～驱虽称他人驱,不见本～下落,收系当差,以后主人识认,照勘是实,吩咐本～。”又《刑部十五》:“驱口吴自当,……首告伊～索郎古歹扫刮减(碱)土,煎熬私盐。” ❸ 用(钱)。宋苏辙《三论分别邪正札子》:“农民在官,日～百钱,最为轻费。”《元典章·刑部一》:“中统钞诏书到日限一百日外休～者。”清《红楼梦》五三回:“咱们家虽不等这几两银子～,多少是皇上天恩。” ❹ 舞弄。宋元《清平山堂话本·杨温传》:“我要和你放对,～一合棒。你敢也不敢?”元明《水浒传》五四回:“李逵接过瓜锤,如弄弹丸一般,～了一回,轻轻放下。”清《荡寇志》七六回:“陈希真在后面一望之地,看女儿～开了枪,端的神出鬼没。” ❺ 累。明《金瓶梅词话》五二回:“西门庆则～的满身香汗,气喘吁吁。”清《聊斋俚曲·富贵神仙》:“官人还不壮实,走了一日多路,～着了,所以又病起来了。”《飞龙全传》六回:“倒把那个推车的～得浑身是汗。” ❻ 介词。a) 引进工具语。金《刘知远诸宫调》一:“门安绰削免差谣,足上皮鞠鞋～靴换了。”明《西游记》五三回:“大圣见他不动,却～左手轮着铁棒。”清《白雪遗音·无梯楼儿》:“冰凌里的鱼,纵有金钓无处下,得～榔头砸。” b) 被。清《醒世姻缘传》六六回:“见狄希陈～血染了个红人,知是胳膊受伤。”

【使绊子】 shǐ bàn zi 用别、绊等脚法把人弄倒,比喻暗算人。清《红楼梦》六五回:“上头一脸笑,脚下～。明是一盆火,暗是一把刀。”

【使婢】 shǐ bì 婢女。宋黄榦《权太平州张日新诉庄武离间母子》:“至于挞～而使之缢死。”明《古今小说》卷二二:“将胡氏毒打一顿,剥去衣衫,贬他在～队里,一般烧茶煮饭。”清《平定准噶尔方略》前编卷四一:“原任提督周瑛,于西藏领兵时,私买～。”

【使不的】 shǐ bù de ❶ 同“使不得❷”。《元曲选外编·云窗梦》二折:“如今这丽春园～冯魁俊,赤紧的平康巷时行有钞的亲。”明《金瓶梅词话》八六回:“我手里～巧语花言,帮闲钻懒。”清《醒世姻缘传》九八回:“事情这们紧了,你还只皮缠,可说到了其间,你那本事都～。” ❷ 同“使不得❹”。元明《水浒传》八回:“‘若开封府但有话说,太尉自行分付,并不妨事。’董超道:‘却怕～。’”明高拱《病榻遗言》:“你若干了此事,我辈内官必然受祸,不知死多少里。～,～。”清《白雪遗音·送多情》:“车儿套上,等了半天,今日不去可～。”

【使不得】 shǐ bù de ❶ 不能使用。宋《朱子语类》卷一三二:“辛幼安亦是个人才,岂有～之理!”《五灯会元》卷四《平田普岸禅师》:“这畜生五岁尚～。”清《红楼梦》五六回:“催急了,不知那里弄了些来,不过是个名儿,其实～,依然还得现买。” ❷ 不能用;用不上;不得使出。宋《朱子语类》卷一三一:“桧看毕,即谓和仲曰:‘都～。’”《元曲选外编·三战吕布》二折:“这里可不比俺那德州平原县,～你那懆暴。”清《荡寇志》八六回:“好汉,我前你须～乖觉。” ❸ 办不成;行不通。宋《朱子语类》卷一〇五:“且如易之‘元亨利贞’,本来只是大亨而利于正。虽有亨,若不正,则那亨亦～了。”又卷一一一:“今天下事只碍个失人情,便都～。” ❹ 不行;不可以。宋张舜民《画墁录》:“罢起,转身复将入州宅,代者揽衣止之,曰:‘这个～。’”元佚名《粉蝶儿》:“五花诰～人情与,看那一个娇羞做得主。”清《红楼梦》二二回:“他是小姐主子,我是奴才丫头,得罪了他～。”

【使不着】 shǐ bù zháo 用不着;用不上;不用。宋《朱子语类》卷一一三:“若科举七分,读书三分,将来必被他胜却,况此志全是科举,所以到老全～,盖不关为己也。”《元曲选·杀狗劝夫》四折:“～你癞骨顽皮,逞的精神,说的强词。”清《红楼梦》五五回:“姑娘放心,这也～你的银子。”

【使臣】 shǐ chén 宋代府衙属掌管缉捕的官吏。宋李纲《乞差杨晟惇充湖北路提刑奏状》:“本司九月十五日,据承信郎权荆湖北路提点刑狱司缉捕～王鬫状称。”明《二刻拍案惊奇》卷三九:“府尹欲待要放,见～们如此说,又怕是真的,万一放去了,难以寻他。”清《后水浒传》一五回:“都是讥笑宋室无人,早被缉事～拿入府中问罪。”

【使臣房】 shǐ chén fáng 缉捕使臣的公事房。元明《水浒传》一七回:“却说何涛领了台旨,下厅前,来到～里,会集许多做公的,都到机密房中商议公事。”明《二刻拍案惊奇》卷五:“到得～,集齐一班眼捷手快的公人来商量。”

【使从人】 shǐ cóng rén 随从;仆人。明佚名《粉蝶儿·悭吝》:“大食箩,小包裹,收拾起座,把几个～眼睛瞇破。”

【使的】 shǐ de ❶ 同“使得❶”。《元曲选·金线池》四折:“哥哥,你与我做个肉屏风儿,等我偷觑咱。〔张千云〕这～。”明《金瓶梅词话》一八回:“如今年程,论的甚么～使不的!”清《醒世姻缘传》五一回:“刘恭道:‘这个～么?’孟乡宦道:‘这有何伤? 咱都是乡亲,怕怎么的?’” ❷ 同“使得❷”。明《老乞大谚解》卷上:“这银只有八成银,怎么～?”

【使得】 shǐ de ❶ 能行;可以。宋《朱子语类》卷三六:“孟子,人皆以为迂阔,把他无用了。若孟子也道是我底诚迂阔无用,如何～?”《元曲选·冯玉兰》二折:“〔屠世雄云〕冯太守,我因见你夫人有颜色,我如今要你把那夫人与我为妻,……〔冯太守云〕这怎么～?”清《红楼梦》二二回:“别人说他,拿他取笑～,只我说了就有不是。” ❷ 能使用;用掉。宋《朱子语类》卷一三一:“《论语》《孟子》许多说话,那曾是尽～?”《元曲选·东堂老》一折:“一二日不～儿十个银子呵,也过不去。”清《红楼梦》四五回:“我开了楼房,凡有这些东西都叫人搬出来你们看,若～,留着使。” ❸ 致使。宋《朱子语类》卷八一:“这都是武庚与商之顽民教他,～管蔡如此。”元佚名《一枝花》:“大限到百事都无,费精神～干枯。”清王士禛《雨中花·风情》:“料峭东风吹,细雨作,～春愁无主。”

【使低嘴】 shǐ dī zuǐ 说坏话。清《醒世姻缘传》八回:“珍哥这样一个泼货,……也未免的隔墙撩胳膊,丢开手,只是慢慢截短拳,～,行狡计罢了。”

【使费】 shǐ fèi ❶ 花费;开支的费用。《唐大诏令集》卷一二五《平杨守亮等敕》:“隔西川之贡奉,绝数镇之纲商,欲使朝廷～不充,又使藩方资粮有阙。”明沈榜《宛署杂记》卷一四:“每月帮贴～各银六钱。”清《白雪遗音·烟花场》:“衣服钗环,～艰难。” ❷ 打点,贿赂;用以打点贿赂的费用。明俞汝楫《礼部志稿》卷一〇〇:“三堂左右人都要～,其为衙门之蠹极矣。”《古今小说》卷八:“只寻个熟蛮,往蛮中通话,将所餘百匹绢尽数托他～。”清袁枚《续子不语》卷七:“岂冥使亦如人间狱讼,不论输赢,总需～耶?”

【使乖】 shǐ guāi 耍弄乖巧。《元曲选·老生儿》三折:"人生虽是命安排,也要机谋会～。"明王锡爵《对玉环带清江引·和唐六如叹世词》:"你会～,别人也不呆。"清《醉醒石》一回:"只怕你乖而不来,不怕你来而～。"

【使官府】 shǐ guān fǔ 显示官府威风。《元曲选·扬州梦》二折:"想当日宴私宅翰林应奉,倒做了～文章巨公。"又《谢金吾》四折:"那一个王枢密气昂昂腆着胸脯,纳胯妆幺,使尽些官府。"

【使喝】 shǐ hè 使唤。明《金瓶梅》二六回:"说孙雪娥怎的后边骂你是蔡家～的奴才。"

【使唤】 shǐ huàn ❶叫人替自己做事。也用于被动,受指使而替人做事。唐王梵志《尊人对客饮》:"～须依命,弓身莫不齐。"《元典章·刑部四》:"本妇先曾犯奸,又不从～。"清《红楼梦》三八回:"命答应的婆子并小丫头等也都坐了,只管随意吃喝,等～再来。" ❷调遣;任用。宋范仲淹《奏乞酬奖张信》:"独作一队为奇兵～,必能身先士卒,以立胜功。"欧阳修《再举米光浚状》:"伏望圣慈特加奖擢,与优转一官,且令再任,以防缓急可以～。"陈元晋《申省措置峒寇状》:"军前～,非素知其人,可以倚仗者,实难委用。" ❸使用。明《二刻拍案惊奇》卷二八:"家丁接了银子,千欢万喜,头颠尾颠,巴不得随着他～了。"清《后水浒传》一七回:"这里不便,只索到别处再问,好将这封金子与他家～。"《红楼梦》一一一回:"你才说荣府的银子这么多,为什么不去拿些～～?" ❹同"使唤的❶"。宋黄震《晓谕遗弃榜》:"今仰店铺人有欲收为～,或买卖人有欲收为过卖,及恐有宗族亲旧自欲收录,或民间欲收养为子,并仰经坊长求四邻保明申上,本司当并此儿一年合支钱米作一顿给付。"元高明《琵琶记》六出:"这几日自不在家,听得～每日都去后花园中闲耍。这是我的女孩儿不拘束他。"按,六十种曲本作"使唤的"。

【使唤的】 shǐ huàn de ❶指奴婢;仆人。宋元《清平山堂话本·陈巡检》:"你与我寻一个～,一同前去。"《元朝秘史》卷一:"朵奔篾儿干将鹿一只后腿的肉与了,将那人的儿子换去家里做～了。"六十种曲本《琵琶记》三五出:"我府里虽则有～,那里中用?" ❷使用的,指钱物。明周是修《保国直言》上篇:"吃的、穿的、住的、～都不愁少了。"

【使见识】 shǐ jiàn shi 使计谋。元吴仁卿《上小楼·青楼妓怨》:"～,觅厮离,将咱抛弃。"明张鍊《水仙子·阅古》:"鸿门会上一张席,九里山前十面围,乌江岸侧三番气。看他们～,到如今那个便宜。"清《荡寇志》八四回:"都要沂州城内有亲眷相好的,各人自～,预先混进去。"

【使交】 shǐ jiāo 同"使教"。金《刘知远诸宫调》二:"李洪义笄剥知远身上衣服,与布衫布裤穿着了,～看桃园去。"

【使教】 shǐ jiāo 使;叫;让。《敦煌变文校注》卷一《王昭君变文》:"昨感来表知其向(况),今叹明妃奄逝殂。故～臣来吊祭,远道兼问有所须。"《元典章·刑部三》:"圣旨里道'～杀了者'么道不曾有来。"清《荡寇志》一一七回:"次日,慧娘～刘麟、欧阳寿通授了密计,带领一千名水军,都付了捍水蠹龠,腰带铁弩,临期如此行事。"

【使脚】 shǐ jiǎo 拔腿。《敦煌变文校注》卷四《降魔变文》:"明朝许期斗圣,今日～私逃。"

【使劲】 shǐ jìn 用力。清《红楼梦》六七回:"凤姐听到这里,～啐道:'呸,没脸的忘八蛋!'"又一〇二回:"空空道人复又～拉他,才慢慢的开眼坐起。"

【使女】 shǐ nǚ 婢女。宋周密《癸辛杂识》前集:"按西王母降汉庭,遣～与上元夫人,答云:'阿环再拜上问起居。'然则上元夫人亦名阿环耳。"《元曲选·潇湘雨》二折:"他是夫人,我是～?"清《绿野仙踪》三九回:"这日正和几个细君摸牌,见～们跑来。"

【使气性】 shǐ qì xìng 发脾气;任性。《元曲选·鸳鸯被》三折:"他使弊幸,～,见无钱踏着陌儿行,推我在这陷人坑。"明杨士奇《示稷子书》:"凡事忍耐,不可～,但凭道理为上策也。"

【使遣】 shǐ qiǎn 支使;差遣。明《醒世恒言》卷二八:"将丫鬟～开去,把门顶上。"

【使锹筏】 shǐ qiāo fá 用心机;使权谋。明《金瓶梅词话》八五回:"我为你在人前抛了些见识,我为你奴婢上使了些锹筏。"

【使巧】 shǐ qiǎo 耍花招;取巧。宋彭百川《太平治迹统类》卷一〇:"性聪敏,～挟智,数能探测人主意。"明《金瓶梅词话》七五回:"你在老妇手里～儿,拿些面子话儿来哄我。"清王澍《颜鲁公东方朔画像赞》:"魏晋以来,作书者多以秀劲取姿,欹侧取势,独至鲁公不～,不求媚,不趋简便,不避重复。"

【使人】 shǐ rén 仆人。明《拍案惊奇》卷四:"明日,魏博搜捕金盒,一军忧疑,这里却教了～送还他去。"《石点头》卷三:"～解意,复到福建,却寻这白胖老妇人,取入京去。"清《醒世姻缘传》三九回:"家中预备了酒席款待,厚赏了送礼的～。"

【使若】 shǐ ruò 如果。元《前汉书平话》卷上:"～用汝兵,即倒锦旗二面。"明张岳《与严介溪书》:"目下不但铜平一处,各处苗贼相挺而起,云贵通衢,甚于畏途。～稍可得已,某何苦而必行所难,诚不忍其毒也。"王世贞《文林郎沈君墓志铭》:"且谓群吏:彼隶一而十之,民十其害,～为所欲为,即十令也。"

【使数】 shǐ shù ❶供使唤的人;奴婢。元关汉卿《拜月亭》二折:"可又别无～,难倩街坊,则我独自一个婆娘,与他无明夜过药煎汤。"《元曲选·墙头马上》四折:"父母双亡,遗下几个～和那宅舍庄田,依还的享用富贵不尽。"明《拍案惊奇》卷五:"那些～养娘们见夫人说罢,大家笑道:'这老妈妈惯扯大谎。'" ❷被支使;被使唤。清《醒世姻缘传》四四回:"也还不止于牵扯丈夫,还要把那家中～的人都说他欺心胆大。"

【使数的】 shǐ shù de 即"使数❶"。《元曲选·来生债》二折:"咱家中奴仆～,每人与他一纸儿从良文书,再与他二十两银子,着他各自还家。"又《救风尘》三折:"县君的则是县君,妓人的则是妓人。怕不扭捏着身子驀入他门;怎禁他～到支分,背地里暗忍。"

【使数人】 shǐ shù rén 即"使数❶"。《元曲选·后庭花》一折:"食珍羞卧锦茵,列金钗～。"

【使水】 shǐ shuǐ 指驾船。元明《水浒传》四一回:"我庄上的人都会～驾船。"

【使头】 shǐ tóu ❶上司;主人。唐李忱《觉察水陆两路乘券敕》:"近日乘券牒使命等,或～陆路,则随从船行;或～乘舟,则随从登陆。"五代王定保《唐摭言》卷一五:"李敬者,本夏侯谯公之佣也。公久厄塞名场,……敬輾然曰:'我～及第后,还拟作西川留后官。'"明《醒世恒言》卷三五:"奴仆虽是下贱,也要择个好～。" ❷伙计,或用作对伙计的尊称。元明《水浒传》三回:"郑屠道:'～,你们快选好的切十斤去。'"清沈复《浮生六记》卷四:"及终席,有卧吃鸦片烟者,有拥妓而调笑者,～各送衾枕至,行将连床开铺。"

【使未得】 shǐ wèi de 犹"使不得❹"。宋元《古今小说》卷三六:"二嫂,～,更等他落忽些个。"

【使物】 shǐ wù 使用的物品。清《红楼梦》四八回:"主仆一共六人,雇了三辆大车,单拉行李～。"

【使性】 shǐ xìng 任性放纵;发脾气。宋《朱子语类》卷一二二："少时爱～，才见使令者不如意，便躁怒。"《元曲选·窦娥冤》二折："这歪剌骨便是黄花女儿，刚刚扯的一把，也不消这等～。"清《红楼梦》二六回："晴雯偏生还没听出来，便～子说道：'凭你是谁！'"

【使眼色】 shǐ yǎn sè 用眼睛向别人暗示自己的意思。明《西游记》九七回："行者回头使个眼色，沙僧就丢了行李担子，与师父牵着马，同八戒往西径走。"《金瓶梅词话》九七回："春梅恐怕守备退厅进来，见无人在根前，～与敬济。"清《红楼梦》六回："周瑞家的见他说的粗鄙，只管～止他。"

【使艺】 shǐ yì 杂技；技艺。宋吴自牧《梦粱录》卷二〇："又有村落百戏之人，拖儿带女，就街坊桥巷，呈百戏～，求觅铺席宅舍钱酒之资。且杂手艺，即～也，如踢瓶、弄碗、踢磬、踢缸。"也指演杂技的艺人。宋夏竦《广农颂》："有患嫔御未广，歌舞未工，则渔声色，选～。"

【使意】 shǐ yì 用心；打主意。《敦煌变文校注》卷七《解座文汇抄》："尚(上)来劝化总须听，各各自家须～。"

【使用】 shǐ yòng ❶ 任用；使唤；支使。唐褚遂良《谏穷问张元素出身疏》："大唐创历，任官以才，卜祝庸保，量能～。"《元曲选·潇湘雨》二折："不如留他在家，做个～丫头，也省的人谈论。"清《红楼梦》二五回："若要直点名唤他来～，一则怕袭人等寒心，二则又不知红玉是何等行为。" ❷ 运用。唐柳宗元《复杜温夫书》："宜考前闻人所～，与吾言类且异，慎思之则一益也。"金刘祁《归潜志》卷八："诗不宜用前人语。若夫乐章，则剪截古人语亦无害，但要能～尔。" ❸ 用(钱)；花销。唐李商隐《杂纂·虚度》："富家不会～。"宋《明公书判清明集》卷九："魏峻不肖饮博，要得钱物～，遂将众分田业就丘汝砺处典钱。"清《红楼梦》七二回："通共一二十两银子，还不够三五天的～呢。" ❹ 打点；贿赂。《元曲选·看钱奴》四折："若告我，我拚的把这金银官府上下打点～，我也不见得便输与他。"明王恕《议御史冯玘图治奏状》："亦有被无藉之徒，指称官府～，驱骗财物。"清《荡寇志》九二回："又教取三百两黄金带在身边，觑便～。"

【使长】 shǐ zhǎng ❶ 属员称主管官员。《旧唐书·陆长源传》："旧例，～薨，放散布帛于三军制服。"《资治通鉴》卷二七九："于是延朗及枢密直学士薛文遇等居中用事，翯与赵延寿虽为～，其听用之言什不三四。"《续资治通鉴》卷一二一："铨身为枢属，既有所见，自合就～建白。" ❷ 称外交正使。宋张齐贤《洛阳缙绅旧闻记》一："今夜领二三十人入驿，斫取蕃使头，因便入衙，杀了蕃王所差～。"许亢宗《宣和乙巳奉使金国行程录》："～揖之曰：'宋有天下二百年，幅员三万里，劲兵数百万，岂为弱耶？'"明《朴通事谚解》卷中："你听我说与你，这使臣是～耳目一般的使臣。" ❸ 金元明时奴仆称主人。元关汉卿《调风月》四折："你若无言语，怎肯将你觑付，则索做～郎主。"《元曲选·伍员吹箫》四折："害的这小～好心焦。"明《朴通事谚解》卷下："孩儿使爷娘的，奴婢使～的。"

【使者】 shǐ zhě 民间对官员的称呼。唐薛用弱《集异记·李纳》："君本使已来矣，何必更为此行，要见～乎？"宋洪迈《夷坚志》三己卷五："良久客去，牛亦作人言曰：'谢～！'"原自注："使者，吏民呼邑官之称。"明蒋一葵《尧山堂外纪》卷六〇："杨东山帅番禺日，漕仓市舶三～皆闽浙人，酒边各盛言其乡里果核鱼虾之美。"

【使着手】 shǐ zhe shǒu 手里正干着事，腾不出身。明《金瓶梅词话》二四回："我这里～做饭，你问后边要两钟茶出去就是了。"清《醒世姻缘传》五九回："众人又都要请龙氏相见。薛夫人道：'只怕他～哩。'"

【使转】 shǐ zhuǎn 支使使离开。宋元《古今小说》卷三六："便～他，也与我去买，被我安些汗药在里面裹了。"元明《水浒传》二六回："～了王婆并令嫂，暗拾了这两块骨头，包在家里。"

【使作】 shǐ zuò ❶ 驱使；作弄；唆使。《五灯会元》卷二〇《石头自回禅师》："且如十二时中，行住坐卧，动转施为，是甚么人～？"《元曲选·来生债》一折："这钱呵，～的仁者无仁，恩者无恩。"清《绿野仙踪》六〇回："我骂他谁见来？我还当是张华冒失，不想是你的～。" ❷ 运作；变化。《元曲选·竹叶舟》四折："你道俺驾扁舟泛碧波，执渔竿披绿蓑，这就是仙家～。"

【驶】 shǐ 使者；急速传递的役卒。唐崔致远《有唐大朗慧和尚白月葆光之塔碑铭序》："上闻之震悼，使～吊以书，赙以谷。"宋洪迈《夷坚志》甲卷五："又谕～曰：'钱须令左司见。'～拜谢，旦往辞，得牒及钱于案上。"周密《齐东野语》卷八："呼～问故，则曰：'经略专造此烛供献。'"

【始】 shǐ 副词。只；仅。唐李白《梁园吟》："天长水阔厌远涉，访古～及平台间。"韩愈《崔十六以诗及书见投因酬》："冬唯茹寒齑，秋～识瓜瓣。"宋黄庭坚《渔家傲序》："江宁江口阻风，戏效宝宁勇禅师作《古渔家傲》。王环中云：庐山中人颇欲得之。试思索，～记四篇。"

【始基】 shǐ jī 原委；缘由。宋欧阳修《南獠》："初似却人问，未语先涕垂。收涕谢客问，为客陈～。"

【始间】 shǐ jiān 开始；起初。宋《朱子语类》卷一二一："又有～是好人，末后不好者；又有～不好，到末好者。"

【始棋】 shǐ qí 同"屎棋"。明金銮《醉太平·漫兴》："下一盘～，作几首歪诗，兴来唱个小曲儿，是我老年的见识。"

【始终】 shǐ zhōng ❶ 生平；终生。唐李治《停追收鱼袋敕》："岂可生平在官，用为褒饰，才至亡没，便即追收。寻其～，情不可忍。"宋洪迈《夷坚志》丁卷一五："我当以～托子。忆有白金五十两埋床下，人莫之知，可取以助费。"清范承谟《祭浙督赵公文》："呜呼！余与公～未及一面也。" ❷ 毕竟；终究。宋苏轼《元修菜》："润随甘泽化，暖作青泥融。～不我负，力与粪壤同。"明《警世通言》卷三一："早知这东西～还是我的，何须性急！"清《儒林外史》四九回："就是小弟这就职的事，原算不得，～还要从科甲出身。"

【屎坑】 shǐ kēng 粪坑；厕所。清《何典》一回："形容鬼恐被拓累，忙把身让开，被他投穿～门逃了去。"

【屎孔】 shǐ kǒng 肛门。明冯梦龙《笑府》卷一〇："～亏得在臀，若在面，臭气触人，怎么好！"清《后西游记》三二回："说来的话，只好一半当做耳根边吹过的秋风，一半当做～里放出来的臭屁。"

【屎口】 shǐ kǒu 指人说话粗鲁污秽。明《金瓶梅》六七回："误了咱每行令，只顾和他说甚么！他快～伤人。"清《警寤钟》一四回："休得出言无状，～触人！"

【屎盆儿】 shǐ pén er 犹"屎头巾"。《元曲选·灰阑记》一折："不争将滥名儿揣在我眼前，姐姐也，便是将个～套住他头上。"又《黄粱梦》二折："你教他把～顶戴，兀的不屈沉杀了拜将筑坛台。"明朱有燉《柳营曲·咏风月担儿》："～见刷不净，溺罐子洗还臊，教，再休将风月担儿挑。"

【屎棋】 shǐ qí 指低劣的棋艺。《元曲选·昊天塔》四折："你只好关门杀～，怎么也要打我？"清《野叟曝言》一二回："闲着就说朝报，下～。"《儒林外史》五三回："又晓的他是～，也不怕他恼。"

【屎头巾】 shǐ tóu jīn　妻子与人通奸，丈夫被人骂作戴屎头巾或顶屎盆儿，犹今语戴绿帽子。《元曲选·燕青博鱼》一折："俺是甚等样人家，着他辱门败户——顶着～走，你还不知道？"又二折："哎，哥也，你是个好男儿，休戴着这一顶～。"

shì

【士女】 shì nǚ　同"仕女❸"。唐朱景玄《唐朝名画录》："惟写真入神，人物～，可居妙品。"宋郭若虚《图画见闻志》卷一："若论佛道、人物、～、牛马，则近不及古。"清俞蛟《读画闲评·余秋实传》："而尤工～，都下遂有'余美人'之目。"

【仕女】 shì nǚ　❶泛指男女百姓。《敦煌变文校注》卷一《王昭君变文》："牛羊队队生埋圹，～芬芬（纷纷）耸入坑。"又卷五《维摩诘经讲经文（一）》："高低之～两徒，凡圣之僧尼二种。"❷指官宦人家的女子。敦煌诗《阙题》："～上囗天宝髻，水流依旧种桑麻。"元明《水浒传》六六回："如花～，人丛中金坠玉崩。"清弘历《周古言碧梧庭榭》："～游嬉处，亶其写貌精。"❸以美女为题材的中国画。宋郭若虚《图画见闻志》卷三："尤精～，大约体近周昉，而更增纤丽。"元明《水浒传》二一回："正面壁上，挂一幅～。"清俞蛟《读画闲评·王湘洲传》："余爱其人物，尤爱其～。"

【氏儿】 shì ér　妇女自称。明《醒世恒言》卷一三："恰好太尉夫人走过来，说道：'夫人，你却在此祷告甚么？'韩夫人慌忙转口道：'～并不曾说甚么。'"又："～夜间房中并没有人说话，只～与养娘们闲话消遣，却有甚人到来这里！"

【市步】 shì bù　码头上的集市。宋陆游《西城》："～群嚣散，关门夕照明。"又《湖山杂赋》三："买酒每寻村～，煮蔬时就野僧寮。"

【市曹】 shì cáo　热闹街市。古代多在这里处决犯人。宋陶穀《清异录》卷上："甚者至于杀夫首子，祸绵刀锯，冤著～。"《元曲选·陈州粜米》二折："曾把个鲁斋郎斩～，曾把个葛监军下狱囚。"清蓝鼎元《林元戎传》："丈夫死忠义耳，宁能骈首～，为法吏所辱耶！"

【市场】 shì chǎng　商品交易的场所。《太平广记》卷八三引《广古今五行记》："每四月八日，～戏处皆有续生。"文彦博《奏西夏誓诏事》二："须至两界首开置～，差官监辖。"清弘历《环初在甲志言诗》："俄罗斯耆～请，哈萨克遵贡道驰。"

【市合】 shì hé　开市。唐李洞《智新上人话旧》："金陵～月光里，甘露门开峰朵头。"宋李之仪《宿观音寺》之一："分明～人争语，清浊高低各有情。"明杨慎《升庵集》卷六三："市之名嚣者，亦犹后世名市曰墟也。交易～则嚣，散则墟。"

【市户】 shì hù　商户或住在街市上的人户。宋王岩叟《上哲宗乞保甲并用冬教》："一小郡坊～，有旋染缣帛五六百者。"元萧国宝《夜过吴江》："～残灯临水影，渔郫短笛隔云声。"清洪昇《长生殿》一〇出："凡是京城内外，王孙公子，官员～，军民百姓，没一个不到俺楼上来吃三杯。"

【市集】 shì jí　集市。金元好问《续夷坚志》卷二："至外壕，见门南北有～，人物皆二尺许。"明卢雍《泊头晚泊欲访子济侍御不果》："河流寒未冻，～晚犹喧。"清《飞龙全传》一回："～中，烟柳皇都，那得趋陪欢伯。"

【市街】 shì jiē　市中街道。也泛指街市。唐白居易《新昌新居书事》："～尘不到，宫树影相连。"《元曲选·陈州粜米》四折："投至的分尸在～，我着你一灵儿先飞在青霄外。"清袁枚《子不语》卷一一："此处甚佳，但墙低，外即～，虑有贼匪，夜宜慎之。"

【市卖】 shì mài　卖；出售。《唐律疏议》卷二七："两和～，已过价讫，若不立券，过三日，买者笞三十，卖者减一等。"敦煌词《失调名》："囗然织成端匹，遣家僮～。"清《红楼梦》五三回："他原精于书画，不过偶然绣一两件针线作耍，并非～之物。"

【市面】 shì miàn　街市上。唐张鷟《朝野佥载》卷五："（隋文帝狮子骢）老于朝邑～家挽磑，骢尾焦秃，皮肉穿穴，及见之悲泣。"《元曲选·竹坞听琴》二折："道姑既断了弦，～上别寻一个续上不的？"清《歧路灯》一三回："兼且人大心大，渐渐的街头～走动起来。"

【市梢】 shì shāo　市镇街道的尽头。宋张镃《震泽戏书鹅鹤》："～茅厂三两间，旁有数鹅行复还。"元明《水浒传》三七回："三个来到～尽头，见了几家打火小客店，正待要去投宿。"清李调元《南越笔记》卷一三："土人鬻物者，多以葵叶编伞，当～隙处以蔽风日。"

【市头】 shì tóu　❶市场；集市。唐顾况《归阳萧寺有丁行者》："～盲老人，长者乞一钱。"宋周密《齐东野语》卷二〇："村里不见在村里，～不见在～。"清《续金瓶梅》一八回："金丝高髻，一半是京样宫妆；油鬓斜梳，又像是～娼扮。"❷指街市上卖艺人等聚会的茶坊。宋耐得翁《都城纪胜·茶坊》："又有一等专是娼妓弟兄打聚处，又有一等专是诸行借工卖伎人会聚行老处，谓之～。"

【市心】 shì xīn　❶交易之心。明何乔新《闇然轩赋》："彼儒服而～兮，夫焉可与适道？"清《江西通志》卷六一："（许贯之）授吉水令时，按浙使者，吉水人也，意有所属，即欲酬以浙事，以微言讽之。贯之曰：'如此则类贸易，有～矣。'拒不可。"彭孙遹《送钱越江典试江西》："剿说互牵缀，～类商贾。"❷街市的中心地区。宋王禹偁《五代史阙文·司空图》："图撰碑，得绢数千匹。图致于虞乡～，恣乡人所取，一日而尽。"元明《水浒传》二七回："带去东平府～里，吃了一剐。"清厉鹗《琏市》："藤穿桥脚古，溪绕～长。"

【市语】 shì yǔ　❶市井百姓的口头语言；各行各业的专门用语（包括暗号）。宋曾慥《类说》卷四引《秦京杂记》："长安市人语各不同，有葫芦语、锁子语、纽语、练语、三折语，通名～。"孟元老《东京梦华录》卷九："内殿杂戏，为有使人预宴，不敢深作谐谑，惟用郡队装有似像，～谓之拽串。"清《荡寇志》八八回："你不要打～，只老实说。"❷市场中喧嚣的说话声。宋韩淲《秋兴家山之咏》："巷僻远～，窗明摇灯光。"明顾清《初举不第却回书所历》："夫差勾践两寂寞，倡讴～喧如雷。"清弘历《题涵春室》："宫城近六街，～何喧阗。"

【市镇】 shì zhèn　集镇。宋《朱子语类》卷二〇："大而诸路，王畿之所辖也；小而州县～，又诸路之所辖也。"元陶宗仪《辍耕录》卷一一："凡篙师于城埠～人烟凑集去处招聚客旅装载夜行者，谓之夜航船。"清《荡寇志》七五回："三人离了～，奔上路就走。"

【示下】 shì xià　敬词。用于请示对象所发表的意见或指示。宋欧阳修《与沈待制》一："介甫诗甚佳，和韵尤精，看了却希～。"元刘岳申《与湖广参政书》："平生行事实迹，一一依问赐教，方可一下笔，传俟～，即当拟呈。"清《红楼梦》一四回："二爷打发小的来报个信请安，讨老太太～。"

【示知】 shì zhī　敬词。是下级、晚辈称上级、前辈对自己的告知。唐[朝]金法敏《报薛仁贵书》："夫我国自平百济，迄定高丽，尽忠效力，不负天朝，～何故，一朝见绝。"宋苏轼《与滕达道书》:"公此行尚深～,非静退意,但以老病衰晚,旧臣之心,欲一望清光而已。"清《红楼梦》一〇回:"昨承冯大爷～老先生人品学问,又兼通医学,小弟不胜欣仰。"

【世】 shì 副词。❶已经;已然。金《董解元西厢记》卷二:"贤不是九伯与风魔,～言了怎改抹?"《元曲选·度柳翠》四折:"～脱下皮囊,一任教黄莺紫燕忙。"又《任风子》三折:"～来到林下山间,再休想星前月底。" ❷后接否定词,表示强调。元《七国春秋平话》卷上:"相杀一阵,痛败白起。秦兵望东觑,～不与东齐为战,整兵各还寨。"《元曲选外编·西厢记》五本三折:"俺相国之家,～无与人做次妻之理。"明徐渭《渔阳三弄》:"绣斧金挝,东阁西华,～不曾挂齿沾牙。"

【世伯】 shì bó 对父辈朋友中年龄大于父亲的人的称呼。清《野叟曝言》四回:"～客游到此,杭人大半不识,适间说来姓名籍贯,无一不合,这是无疑了的。"《儒林外史》五四回:"那娄玉亭便是我的～。"《红楼梦》二六回:"一向少会。老～身上康健?"

【世尘】 shì chén ❶尘世;人间。唐员半千《陇右途中遭非语》:"正须自保爱,振衣出～。"元佚名《一枝花》:"出了～离爱欲,早则不回头。"清《后水浒传》四五回:"吾奉真人法旨,指引众弟兄相聚于此。从今已后,不复～。" ❷指尘世的事。唐杜甫《别赞上人》:"赞公释门老,放逐来上国。还为～婴,颇带憔悴色。"宋郑侠《先考辞堂祭》:"悬车掩门,因谢～。"清弘历《题袁瑛携尊问事》:"相商不外幽居事,涉～应罚绿醅。"

【世弟】 shì dì 在有世交关系的同辈男子面前称自己;称世交同辈中年龄小于自己的男子。清《女仙外史》五三回:"侄辈带方～同去,也须道装。"《红楼梦》九九回:"～周琼顿首。"《歧路灯》七二回:"～,娄朴樗同顿首,具月日。"

【世弟兄】 shì dì xiōng 有世交关系的同辈。清《儒林外史》三回:"我和你是亲切的～。"《红楼复梦》五八回:"不但我同他是～,他同贾府还是亲戚。"

【世风】 shì fēng ❶指一个家族世代传下来的好风尚。唐权德舆《朝散大夫戴公墓志铭》:"师安道之晦德,尤恶知名,故～纯庆,及公而发。"宋司马光《送王殿丞恪西京签判》:"清白～存,王公复有孙。"明王世贞《陈司寇传》:"公有子大科,亦成进士,为河南郡司理文学,政事有～。" ❷社会风气。宋黄庶《代祭致政吴侍郎文》:"～敦厚,后来所仰。"明冯从吾《少墟集》卷三引许敬庵诗:"斯道若明如昼日,～何虑不陶唐。"清《绿野仙踪》二四回:"～虽说凉薄,象他这样人普天下也还寻得出一头半个来。"

【世故】 shì gù ❶世俗人情。宋沈辽《赠别博明二古》:"博古练～,黑白谁敢侮。"元黎崱《安南志略》卷七:"(赖泰)仁谨不习～,为苍梧太守吴巨所逐。"清《歧路灯》九三回:"儿子经了几番挫折,这～也晓得七八分。" ❷处世圆滑,富有经验。宋黄庭坚《寄上叔父夷仲》:"庖丁解牛妙～,监市履狶知民心。"明王直《故绍兴知府冯君墓志铭》:"予虽不用,然知其老于～,非予所及也。"清《绿野仙踪》三二回:"二镇将亦太～了,圣主严明,凡我辈大臣贤否,无刻不在胸意间。" ❸世交;故交。唐卢纶《至德中途中书事却寄李僩》:"今日主人还共醉,应怜～一儒生。"元王礼《教授夏道存行状》:"自是从游日众,而～又有不得而辞者矣。"清汤斌《贺王叔平进士序》:"余不佞,年来于～酬赠之文,谢绝久矣。" ❹客气;应酬。清《绿野仙踪》一八回:"你不～罢,你只快快的与他两位叩头。"又三六回:"庙主道:'适才这位连爷送与我十两银子,……收下心甚不安。'于冰也～了几句。"

【世故人】 shì gù rén 陌路人;毫无关系的人。《元曲选·罗李郎》四折:"又不是～,他是我小儿孙,我须是他老家尊。"

【世好】 shì hǎo 另见 shì hào。❶世交。唐权德舆《祭杨校书文》:"追惟～,交契逾深。"宋魏了翁《鹧鸪天》:"解后皇华并辔游,追随～学风流。"清《绿野仙踪》七二回:"贫道忝系～,到贵洞即系佳客。" ❷一世和好。明孟称舜《娇红记》三五出:"这女子,料不过是闲花野藨,难谐～。"

【世好】 shì hào 另见 shì hǎo。❶世俗所爱好的;时尚。宋强至《仲灵禅师以诗见邀》:"～元难合,便甘或弃辛。"元戴表元《静轩赋》:"夫大静之士,得智遗智,居名避名,用能玩外物若蝉蜕,戏～为孩婴。"清《四库总目提要·安雅堂集》:"史称其文典雅峻洁,必求合于古作者,不徒以徇～。" ❷一生所好。宋欧阳修《与冯章靖公》七:"中年早衰,～渐薄,独于兹物厥嗜尤笃。"

【世交】 shì jiāo 上代就有交情的人或人家;两代以上的交谊。唐刘唐卿《和州留别穆郎中》:"～黄叶散,乡路白云重。"元唐元《汪信翁字说》:"余近过其门,以先君子与君家忝～,乃踵其门。"清《红楼梦》五四回:"谁知这庄上也有个乡绅姓李,与王老爷是～。"

【世界】 shì jiè ❶世上;人间;人世。唐白居易《晚春登大云寺南楼赠常禅师》:"～苦人多,愁醉非因酒。"元吴亮《忍经》:"人生世间,自有知识以来,即有忧患不如意事。……故谓之缺陷～。"清《红楼梦》五八回:"天既生这样人,又何用我这须眉浊物玷辱～。" ❷疆域;国家。《旧五代史·晋书·延寿传》:"将来皇帝归国时,又渐及炎蒸,若吴、蜀二寇交侵中国,未知许大～,教甚兵马御捍?"宋《三朝北盟会编》卷二三:"不道南朝许大～,军民事力,若朝廷省悟,略行更改,怎容易近得?"《宋史·施护传》:"于阗国偻罗有福力量知文法黑汗王,书与东方日出处大～田地主汉家阿舅大官家。" ❸天下;江山。宋《三朝北盟会编》卷二七:"社稷江山,难以中兴;乾坤～,无由再复。"《元曲选·黄粱梦》二折:"隋江山生扭做唐～。"明《醒世恒言》卷三:"金虏乘之而起,把花锦般一个～,弄得七零八落。" ❹指人掌控或活动的某一领域或范围。五代杜光庭《虬髯客传》:"某本欲于此～求事,或当龙战三二年,建少功业。今既有主,住亦何为。"宋王谠《唐语林》卷四:"崔起居雍,少有令名,进士第,与郑颢齐名。士之游其门者多登第,时人语为崔雍、郑颢～。"清《红楼梦》八三回:"如今还有什么奶奶太太的,都是你们的～了。" ❺指某种空间范围或抽象境界。唐姚合《秋夜月中登天坛》:"天近星辰大,山深～清。"宋《朱子语类》卷一:"若理,则只是个净洁空阔底～,无形迹。"清《红楼梦》二三回:"园中那些人多半是女孩儿,正在混沌～,天真烂漫之时。" ❻指社会的形势、风气。宋邵博《邵氏闻见后录》卷二八:"有比丘尼千姓者,为富弼言:～渐不好,勿预其事可也。"《元曲选·岳阳楼》四折:"清平～,浪荡乾坤,你怎敢杀人!"清《儒林外史》二九回:"本朝若不是永乐振作一番,信着建文软弱,久已弄成个齐梁～了。" ❼指世人;众生。明《金瓶梅词话》四三回:"不看～面上,把你这小歪剌骨儿,就一顿拳头打死了。"又五一回:"硶说嘴的货,我不看～,这一下打的你,……"

【世况】 shì kuàng 人世景况。《元曲选·生金阁》二折:"春日花开,可又早秋天月朗,断送了光阴,消磨了～。"

【世面】 shì miàn 世上各方面的情况。清《野叟曝言》二七回:"你就出十来个题目,大爷就一连做他十来首诗,教小媳妇见个～。"《红楼梦》六回:"便是没银子来,我也到那公府侯门见一见～,也不枉我一生。"《绿野仙踪》四六回:"你常时说起要见见西湖,并帝都～。"

【世情】 shì qíng 势利。唐施肩吾《及第后过扬子江》:"江神也～，为我风色好。”元乔吉《折桂令·重九后一日游蓬莱山》：“蜂与蝶从他～，酒和花快我平生。”清李渔《闲情偶寄》卷六：“二物颇带～，大有趋炎附热之态。”

【世人】 shì rén 陌路人；毫无关系的人。元关汉卿《拜月亭》二折：“见个人残生丧，一命亡，～也惭惶。”明《金瓶梅词话》七二回：“老婆还有个里外心，休说～。”清《醒世姻缘传》六五回：“大嫂，你才忏悔了几日，象打～的一般狠毒！”

【世叔】 shì shū 对父辈朋友中年龄小于父亲的人的称呼。明华善述有《重送～》。清顾炎武《日知录》卷二：“服祖期，则～宜大功，以其与父一体，故加以期。”《绿野仙踪》五三回：“今后以～相称可也。”

【世数】 shì shù 寿数。唐裴铏《传奇》：“姝因题笔作诗曰：‘一斑与两斑，引入越王山。～今逃尽，烟萝得再还。’”明《二刻拍案惊奇》卷一六：“我命未该死，阴间不肯收留。还有～未尽，又去脱胎做人不得。”

【世态】 shì tài 指社会上人和人交往的情态。唐吕从庆《偶兴》：“～云多幻，人情雪易消。”元马致远《哨遍》：“嚼蜡光阴无味，旁观～，静掩柴扉。”清《醒世姻缘传》一五回：“～黑沉沉，刻毒机深。”

【世套】 shì tào 俗套；客套。明杨寅秋《答李还素宪副》：“不佞兀坐西陲，云函飞坠，尽脱～。”朱国祯《涌幢小品》卷一四：“此虽～，亦人情之常。”清《绿野仙踪》三六回：“今日日子甚好，我也不作～，就请公子此刻同盛介起身。”

【世兄】 shì xiōng 对辈分相同的世交的称呼，对辈分较低的世交也尊称做世兄。明毕自严《顺天府尹霞城吴公墓志铭》：“衙斋小坐握手道故，并与诸～晤对。”清孔尚任《桃花扇》一四出：“～高见，虑的深远。”《红楼梦》二六回：“因冯～来了，就混忘了。”

【世谊】 shì yì 两代以上的交谊。元牟巘《戚子云袖诗见过》：“子云笃～，揭来自槜李。”明沈德符《万历野获编》卷一六：“鄢时坐成归里，论言于人，责王薄于～。”清《绿野仙踪》五八回：“少爷是我家老爷的～。去年见过后，我家老爷时常念及。”

【世做的】 shì zuò de 已经弄成。《元曲选·鸳鸯被》四折：“我玉英呵～所为，这里便跪膝，则鸳鸯被要知根搭底。”又《伍员吹箫》二折：“～背时序，且一半惺惺一半愚，说甚当初？”又《生金阁》一折：“～冯河暴虎，赤紧的先要了我这希奇无价物，又生出百计亏图。”

【贳钱】 shì qián 租金。明《二刻拍案惊奇》卷二八：“随你奢遮宝贝，也用不得许多～。”

【式样】 shì yàng ❶ 人造物的规格形状。《册府元龟》卷三四：“帝（周世宗）以郊庙祭器皆繇所司相承制造，年代浸远，～讹舛，乃令国子博士聂崇义检阅礼书，模画其样以闻。”元镏氏《寄衣》：“长短只依元～，不知肥瘦近如何。”清《女仙外史》三一回：“看这肴馔，又是簇新～。” ❷ 规格；规定；作为标准或代表、可供比较的东西。五代刘岳《删定郑餘庆书仪奏》：“令详定～，其不可改易者，亦须具言。”宋苏轼《论役法差雇利害起请画一状》：“盖转运司特于法外创立～，令诸县不得将逐等人户都数通比。”清《醒世姻缘传》六七回：“这可见小人情状，只宜恶人行起粗来，他便惧怕。……这艾前川就是个～。” ❸ 规定的样子或姿势。明戚继光《练兵实纪》卷一：“如此三队毕，即唤一旗总照此填完，领于空地，将队伍摆个～。”清《红楼梦》七五回：“白白的只管乱射终无裨益，不但不能长，而且坏了～。”《霓裳续谱·连相武曲》：“右小人四名，行装打扮进贡～。” ❹ 人的行为方式；模范。《景德传灯录》卷二六《五云志逢》：“诸上座舍一知识而参一知识，尽学善财礼游之～也。”清石成金《传家宝·教子》：“为祖、父者先要做个好～与子孙仿摹。”

【试】 shì ❶ 唐宋官制之一。唐指未正式任命的官职；宋指低于阶官二品以下的官职。唐李治《免岐王珍为庶人制》：“其同谋左武卫将军窦如玢、～都水使者崔昌、……等九人，特宜斩决。”《新唐书·沈既济传》：“建中二年，诏中书、门下两省，分置待诏官三十，以见官、故官若同正、～、摄九品以上者，视品给俸。”《宋史·职官志九》：“凡除职事官，以寄禄官品之高下为准：高一品已上为行，下一品为守，下二品已下为～。” ❷ 触；犯。《新唐书·柳公绰传》：“方赴府，有神策校乘马不避者，即时搒死。帝怒其专杀。公绰曰：‘此非独～臣，乃轻陛下法。’”明《金瓶梅词话》九一回：“只怕热身子出去风～着你，倒值了多的。” ❸ 略；稍。《敦煌变文校注》卷五《父母恩重经讲经文（一）》：“才拟交（教）招便气筑天，～佯约束怀嗔怒。”又卷七《故圆鉴大师二十四孝押座文》：“～乖斟酌亏恩义，稍错停腾失纪纲。”

【试场】 shì chǎng 举行考试的场所。唐李亢《独异志·补佚》：“其日于福唐观试，遇敕下便于～中召拜执戟，参谋河西军事。”宋张耒《再呈慎思诸公兼以言怀·忠臣》：“～未动文书静，官舍相联步履过。”清《都是幻·梅魂幻》二回：“一月之期，已到京师。在～边，租一所雅房住下。”

【试灯】 shì dēng 农历正月十五有张灯的习俗，在这之前一两天张灯预赏，叫做试灯。宋朱敦儒《鹧鸪天·正月十四夜》：“凤烛星球初～，冰轮碾破碧棱层。”明沈榜《宛署杂记》卷一七：“十四日曰～，十五曰正灯，十六曰罢灯。”清《儒林外史》一一回：“次日，乃～之期。”

【试金石】 shì jīn shí 一种可以鉴定黄金成色的矿物石。比喻精确可靠的检验方法和标准。《元曲选·荐福碑》四折：“就里、端的，现放着～。”明王守仁《传习录》卷下：“如佛家说心印相似，真是个～、指南针。”清《歧路灯》三六回：“为丈夫的，须要把良心放在耳朵里做个～，休叫那泼贱舌头弄得自己于人伦上没了座位。”

【试卷】 shì juàn 考试时准备应试人写答案或应试人已经写上答案的卷子。宋龙衮《江南野史》卷七：“彭年大中祥符初与内翰晁公、今相王君四人同知贡举，省榜将出，入奏～。”《元史·选举志一》：“举人～，各人自备三场文卷并草卷。”清《飞花艳想》八回：“随即吩咐礼房准备～，限即日亲临考试不题。”

【试考】 shì kǎo 考试。宋苏颂《送杨该下第序》：“于是首署二君名，揭于道曰：～皆第一。”《宋史·选举志三》：“每上舍～已定，知举及学官以中试之等参验于籍，通定升绌高下。”清《国子监志》卷三六：“积分之法，以一年为限，除常课外，每月一～，列一等与一分，二等与半分，以下无分。”

【试练】 shì liàn ❶ 试验；检验。唐孙思邈《太清丹经要诀序》：“所以撰二三丹诀，亲经～，毫末之间，一无差失。”明胡宗宪《筹海图编》卷一二：“然事理虽长，而未经～。嗣后将官遵而行之，或谓其间有不便者何也？”清《野叟曝言》六九回：“素臣留心看着他嫩乳酥胸，香脐软腹，要～自己力量。” ❷ 训练；试用练习。唐《李卫公兵法辑本》卷中：“又戎具所施，理须坚劲，须简取强兵，并令～器仗。”［日］天武《试练马兵诏》：“其有马者为骑士，无马者为步卒，并当～，以勿郓于聚会。” ❸ 考核；考试。唐张鷟《朝野佥载》卷一：“伪周革命之际，十道使人天下选残明经、进士及下村教童蒙博士，皆被搜扬，不曾～，并与美职。”《敦煌变文校注》卷四《降魔变文》：“卿虽赞德此能，犹未表其的实，须得对面～，然可定其是非。”《册府元龟》卷六三九：“掌贡举官亲族，皆于礼部差郎官考试，有及第者，尚书覆定，及第者仍别奏，谓之奏移。送吏部令考功员外～，侍郎覆定，及第者仍别奏，谓之别头举人。”

【试手】 shì shǒu ❶试验本领。宋冯山《送范百禄子功学士知谏院》之二：“平生忠义倾心际，后日经纶～初。”元王恽《上经略史公启》：“～已安于汉鼎，阜民共拂于薰弦。”清查慎行《送黼皇侄出宰大浦》：“胸藏五千卷，～高第博。” ❷试探性地出手，也指初次做某事。宋何薳《春渚纪闻》卷八：“虽～调弦，已胜常人十年上用。”明《西游记》二七回：“哥哥的棍重，走将来～打他一下，不期就打杀了。”清俞蛟《乡曲枝辞·吏目决囚记》：“而行刑者，又初次～，多饮酒以壮胆。”

【试探】 shì tàn ❶试着探看、探寻、探验。宋苏轼《浪淘沙》：“昨日出东城，～春情。”《续资治通鉴长编》卷三四一：“诏景同密州官吏，募商人，赍牒，～海道以闻。”元明《水浒传》九四回：“倘或城上有人，却不干折了性命。我且～一～。”清《红楼复梦》九二回：“将手在鼻边～，微有呼吸之气。” ❷用含义不很明显的言语或举动引起对方的反应，借以了解对方的意思。《元曲选·后庭花》四折：“正是得了便宜翻做了落便宜，教你～那佳人的意。”明杨廷和《请慎选左右速停斋醮疏》：“至于今日，犹以斋醮一事，～圣心。”清《绿野仙踪》八二回：“就依你打算，先差个会说话的女人来，～你母亲的口气。” ❸刺探。清《平定两金川方略》卷二六：“贼中因何得信甚速，或～消息，或实来请安，均未可定。”又卷四七：“而索诺木来投，此禀藉以～军情，尤为可恶。”

【试新】 shì xīn ❶试试新得到的东西或尝试未曾经历的事情。唐孟浩然《九日》：“落帽恣欢饮，授衣同～。”明《西游记》四六回：“我当年在寺里修行，曾遇着一个方上禅和子，教我一个砍头法，不知好也不好，如今且试试新。”清《绿野仙踪》四七回：“如玉见他月前买的锦缎被褥料子，已经做成，辉煌灿烂的堆在坑上，先到与何公子～，心上甚是气悔。” ❷尝新。宋张镃《鹧鸪天·咏二色葡萄》：“相并熟，～尝。累累轻翦粉痕香。”明《醒世恒言》卷四：“每熟时就先望空祭了花神，然后敢尝，又遍送左近邻家～。”清弘历《劚笋》：“戢嶷见龙角，清供～尝。”

【试验】 shì yàn ❶试用；考试；考查；考验。唐孔颖达疏《尚书·益稷》“禹曰”：“若帝用臣不是不宜，～不知臧否，则群臣远近，遍布同心，而日进无功之人。”宋程俱《麟台故事》卷四：“投名，委丞郎～，长官覆试。”《元典章·吏部三》：“令本人亲身赴翰林国史院～。”清《十二楼·生我楼》二回：“还怕他有始无终，过到后来渐有厌倦之意，还要留心～他。” ❷经试验有效；效验；验证。唐孙思邈《备急千金要方》卷一二：“久服使小儿肥白，已～。”金刘迎《徐梦弼以诗求芦菔》：“中云莱菔根，～颇为大。”清《医宗金鉴》凡例：“今取端科世业，屡经～方法，载之于书。” ❸体验。宋廖刚《应诏奏状》：“自靖康以来，天之谴怒甚矣，不必日蚀、地震之为异也。陛下尝～之于心，应天之诚，其亦有未至耶?”朱熹《体认》：“虽云道本无形象，形象原因体认生。～操存功孰后，隐然常觉在中明。”明唐顺之《与胡青崖同知书》：“兄之莅民事，又三四月矣，不知一体之爱，今日真实～处，自觉何如?” ❹训练。《元曲选·赵氏孤儿》楔子：“如此～百日，度其可用，某因入见灵公，只说今时不忠不孝之人，甚有欺君之意。”

【试院】 shì yuàn 举行科举考试的地方。宋苏颂《议贡举法》：“应有涂注乙处，并印记讫，逐旋发送～，不得稽留。”清《歧路灯》九三回：“各省～莫不榜其门而大书曰‘为国求贤’。”

【试纸】 shì zhǐ 即“试卷”。唐姚汝能《安禄山事迹》卷上：“奭手持～，竟日不下一字，时谓之曳白。”《宋史·选举志一》：“景德中，尝限举人于～前亲书家状。”

【试周】 shì zhōu 小孩周岁时，在其身旁摆放多种小件物品，观小儿抓取何物，以推测其未来的志趣前程。宋祝穆《古今事文类聚》后集卷五：“江南风俗，儿生一期，为制新衣，盥浴装饰，男则用弓矢纸笔，女则刀尺针缕，并加饮食之物，及珍宝服玩，置之儿前，观其发意所取，以验贪廉愚智，名之为～。”明程登吉《幼学琼林》卷二：“周岁～，曰晬金之期。”

【试晬】 shì zuì 即“试周”。晬，周年。宋黄庭坚《山谷简尺》卷下：“同僧知命，幼子小字也。近方～，颇为陈诸戏具，故及之。”《宝庆四明志》卷九：“僧师瑞，姓谢氏，九江人。周岁～独拈《金刚经》。”明沈周有《～歌题赵魏公画》。

【拭抹】 shì mǒ 揩；擦。宋吴自牧《梦粱录》卷一九：“排办局，掌椅桌，……及洒扫、打渲、～、供过之职。”明文震亨《长物志》卷五：“～用软绢细细拂之，不可以手托起画轴就观。”清《荡寇志》七五回：“去桥下浸湿了一角战裙，替她脸上，……都～干净。”

【似的】 shì de 用在名词、代词或动词词组的后面，表示跟某种事物或情况相似。《元曲选·楚昭公》三折：“你看泼天也～大浪，可不苦也!”明杨铭《正统临戎录》：“那颜要这等反狗～人在跟前开口说话!”清《红楼梦》四四回：“平儿委曲的什么～呢。”

【视探】 shì tàn 探望。元明《水浒传》五六回：“汤隆比时曾随先父知寨往东京～姑姑时，多曾见来。”

【事】 shì ❶景致；景物。唐徐晶《同蔡孚五亭咏》：“幽栖可怜处，春～满林扉。”宋黄庭坚《鹧鸪天》：“茱萸菊蕊年年～，十日还将九日看。”清王泽弘《买花》：“抛却故山花～盛，翻来燕市买花看。” ❷量词。件；个；双。唐张说《赠凉州都督上柱国郭君碑》：“赐金银器百～，杂彩千段。”宋王辟之《渑水燕谈录》卷一：“本寺案牍未决者常几百～，近日逾月并无公案。”清《聊斋志异·娇娜》：“已而进锦衣一袭，貂帽、袜、履各一～。”

【事必】 shì bì 务必。《敦煌变文校注》卷四《祇园因由记》：“友曰：‘我要汝父，～相见。’即便出来，苦相慰问。”

【事产】 shì chǎn 产业；财产。《金史·食货志一》：“凡监户～，除官所拨赐之外，餘凡置到百姓有税田宅，皆在通检之数。”《元典章·圣政二》：“其原抛～随即给付，有昏赖据占者断罪。”清谈迁《谈氏笔乘·逸典》：“～瓦屋三间，南北山地二顷。”

【事当】 shì dāng 务须。唐王梵志《擎头乡里行》：“擎头乡里行，～逞靴袄。”又《家中渐渐贫》：“～好衣裳，得便走出去。”

【事犯】 shì fàn ❶事情暴露。《元曲选·抱妆盒》二折：“有一日～出来呵，承御，你可休指攀我。”明周晖《金陵琐事》卷一：“驯象门外操军某，耕田得镜，半面能照地中物。持之，偷坟掘埋，大有所获。后～，镜入于应天府库中。”清赵信《南宋杂事诗》卷七：“东窗～须臾事，夜半犹然忆子孙。” ❷过错；罪过。明戚继光《纪效新书》卷五：“凡责成之例，不拘平时临阵，凡违误迟玩、畏避退缩、器钝～等项，每甲三人以上，连坐甲长。”《二刻拍案惊奇》卷一：“应捕取出麻绳来便套。住持慌了手脚，道：‘有何～，便直得如此?’”清玄烨《圣训》卷二：“凡官员祖母、母并妻缘事者，即议鞭责折赎，于大体不合。如果～重大，不妨削其封诰治罪。”

【事分】 shì fèn 指体统、礼仪、规矩。唐元稹《叙奏》：“经制度，明利害，区邪正，辨嫌惑，存之则～著，去之则是非泯。”宋欧阳修《归田录》卷一：“陶尚书榖为学士，尝晚召对。太祖御便殿，陶至望见上，将行而复却者数四。……太祖笑曰：‘此措大索～。’顾左右取袍带来。上已束带，榖遂趋入。”明何良俊《四友斋丛说》卷一二：“时赵大周尚在吏部，见官衔帖，怪问之。余语之故，大周曰：‘诸人亦太俗，乃欲向公处索～耶。’”

【事干】 shì gàn 事情；事务。《元曲选·赚蒯通》三折：“丞相今日唤小官来，有何～？”明严从简《殊域周咨录》卷二：“不许久坐省城，时须遍历操练，～急重，乞许便宜。”清《女仙外史》六七回：“即如绰燕儿差他潜入开封府作何～？是要乘上元放灯之夜，刺杀布政司与都司。”

【事故】 shì gù ❶缘故；原因。唐王翼《孟月给禄奏》：“若逢阴雨，仓司灼然～未得给者，当日牒上所由。”《大宋宣和遗事》后集：“国舅夤夜至此，必有～。”清《荡寇志》八七回：“爹爹呼唤孩儿，必有～？” ❷借口；由头。唐李豫《禁僧尼道士往来聚会诏》：“其僧尼道士，非本师教主，及斋会礼谒，不得妄托～，辄有往来。”《续资治通鉴长编》卷三七四：“被关路分，妄托～，不为应付，自依朝廷约束施行。”清《歧路灯》六七回：“想着寻个～到南院闹去，又苦于无因。” ❸指人畜死亡。唐陆贽《再奏量移官状》：“又诸州刺史及台省官等，继有～，颇多缺员。”《元典章·刑部五》：“张广元籍人口俱各～，并无抛下事产物业，委实无可着落。”明叶盛《水东日记》卷五：“马驼骡驴牛二十万八千三百二十六匹头只，实有一十九万七千三百五十八匹，～一万九百六十八匹。”

【事过】 shì guò 过失；过错。明《醒世恒言》卷一七：“一日，张孝基自来查点，假意寻他～，高声叱喝要打。”又卷二九：“那谭遵四处察访卢楠的～，并无一件。”

【事行】 shì háng 在行；内行。《元曲选·风光好》二折：“一划地疏狂，千般的波浪，诸餘的～，难道是不理会惜玉怜香？”

【事后】 shì hòu 事情发生以后；事情处理、了结以后。唐韩章《请停新任官复赴集疏》：“五年阙者，授替在前；四年阙者，准格上仍在～。”宋魏泰《东轩笔录》卷一一：“占卦本欲前知，而卦影验于～，何足问耶！”清袁枚《子不语》卷五：“尔明知父将缢死，而汝竟不防于事先，又不救于～，汝罪重，不日伏冥诛矣。”

【事机】 shì jī 需要保守机密的事情。《旧五代史·唐书·康君立传》：“～已泄，迟则变生。”元王恽《吊王提举柔克》：“丛薄未霜犹足蔽，～已露欲谁尤。”清赵翼《檐曝杂记》卷一：“雍正年间，用兵西北两路，以内阁在太和门外，值者多，虑漏泄～，始设军需房于隆宗门内。”

【事绩】 shì jì ❶业绩；成就。唐陆贽《贞元改元大赦制》：“如有因危效节，建立殊庸，量其～，特加奖擢。”《元曲选·赚蒯通》二折：“那一个霸越的有计策，一个兴汉的好～。”清库勒纳等《日讲书经解义》卷一：“至九年既满，然后通考其在任～，大行赏罚。” ❷事迹。唐陆贽《诛李希烈后原淮西将士诏》：“比年以来，有潜图效顺，节义著明，计或未行，为贼屠害者，亦当审加访察，具～以闻。”元王恽《编年纪事序》：“若笔之而无所用，则上下数千载之～，特断烂朝报耳。”清《四库总目提要·象山集》：“～具《宋史》本传。”

【事济】 shì jì 事情。元萧德祥《小孙屠》一〇出：“娶了这妇人，有许多价～。”又一四出：“娶了这个妇女，不知做了不良～，你哥哥把它杀了。”

【事件】 shì jiàn ❶事项；事情。《旧五代史·职官志》：“其间或有未可便行，及曾厘革～，委逐司旋申中书门下，当更参酌，奏覆施行。”宋《明公书判清明集》卷一：“今检举在前任约束及今来合行～，开具于后。”清《醒世姻缘传》三五回：“外边做的这些～，宗昭闻也不闻，都是他先生汪为露干的勾当。” ❷指诉讼案件。《册府元龟》卷一五四：“初闻告不公之～，决彼状头；又为夺有主之庄田，挞其本户。”《文献通考》卷六三：“（熙宁三年）十一月，臣僚言逐厢一月之内断决～不多，欲止令京朝官二员分领二厢决断所。”清《二度梅》二七回：“此刻回来，又不知审什么～？” ❸指公事文书。唐李适《令礼官议祔庙敕》：“宜令尚书省会百寮与国子监儒官，切磋旧状，定其可否，仍委所司具～奏闻。”明《金瓶梅词话》六九回：“到当日果然查访出各人名姓来，打了～，到后晌时分来西门庆宅内呈递揭帖。”清昭梿《啸亭续录》卷一：“故一时机密～，皆命军机大臣封缄严密，由驿传递。” ❹物件；器具；物品。宋周密《武林旧事》卷三：“后苑进大小雪狮儿，……及滴酥为花及诸～，并以金盆盛进，以供赏玩。”明戚继光《练兵实纪》卷九：“兵中～，一一预先勤苦教练。”清《歧路灯》五〇回：“我已是把那银子买了两匹绸、八色大～、八色小～儿，下了红定。” ❺器物的装饰或配件。《宋史·舆服志六》：“带上玉～大小一十八。”明《老乞大谚解》卷下：“鞍子是时样减银～的好鞍辔。”清《醒世姻缘传》七九回：“花梨木鞘，白铜～，打磨的果真精致。” ❻从身体上分出的部分（多指禽畜内脏头蹄）。宋孟元老《东京梦华录》卷四：“更有川饭店，则有插肉面、……杂煎～、生熟烧饭。”元陶宗仪《辍耕录》卷九：“天下兵甲方殷，而淮右之军嗜食人，……或盛夹袋中入巨锅活煮，或刲作～而淹之。”元明《水浒传》四六回：“杨雄又将这妇人七～分开了。” ❼量词。件。唐李筌《太白阴经》卷七：“获贼马若干匹，……枪牌若干面、衣装若干～。”《册府元龟》卷四八五：“粮草一百万束，衣甲器械一万～。”吴自牧《梦粱录》卷一八：“每刺一卒，官给关会一二封，衣装七～。”

【事节】 shì jié 事之情节；事情；事宜。唐孔颖达疏《礼记·内则》“子事”：“子事父母，妇事舅姑，男女出入之礼，长幼相事之法，其文既多，各随～而解之。”金《刘知远诸宫调》一二：“知远入府至衙，夫人成佑接着，问～如何。”清三餘氏《南明野史》卷中：“朕览邵捷春抚蜀群情号呼～，为之怆然。”

【事款】 shì kuǎn 构成条款的事情。《金史·张景仁传》：“上问‘～几何？’……对曰：‘二十餘事。’”明沈德符《万历野获编》卷一一：“会陶亦以事见忤，适辛巳大计，募人劾陶，苦无～。”清《醒世姻缘传》二八回：“若要一一的指说他那～，一来污人的口舌，二来脏人的耳朵。”

【事况】 shì kuàng 事情；情况。唐张怀瓘《书断》上：“又详释典，或沙劫已前，或他方怪俗，云为～，与即意无殊。”白居易《与元微之书》：“其餘～，条写如后。”

【事理】 shì lǐ ❶罪行；案情；案件。《唐律疏议》卷二七：“诸不应得为而为之者笞四十，～重者，杖八十。”《明史·选举志一》：“受赃、奸盗、冒籍、宿娼、居丧娶妻妾所犯～重者，直隶发充国子监膳夫。”《大清会典则例》卷一二四：“律令该载不尽～，断罪无正条者，援引他律，比附应加应减，定拟罪名。” ❷事项。《大宋宣和遗事》后集：“所议～，今已两国通和，要得金一百廿万两，银一百五十万两。”《三朝北盟会编》卷一四：“略请差人交割其诸～，已宣谕良嗣等去讫。”金佚名《大金吊伐录》卷二：“所有～，别差官赍牒三省枢密院去讫。” ❸办理；处理。《元史·选举志四》：“令典瑞监、前典宝监人吏出身同大府等监，系奉旨～。”清李光地《进校完朱子全书札子》：“以上数条，皆系奉旨～。”胤禛《朱批谕旨》卷二二上：“缘系奉旨～，合行恭折奏覆。”

【事力】 shì lì 做事的力量，包括人力、财力、物力、精力、能力等。唐寒山《男女为婚嫁》：“男女为婚嫁，俗务是常仪。自量其～，何用广张施。”《宋史·食货上三》：“于次路州军划刮官私橐驼二千与经制司，自熙、河折运。～不足，发义勇保甲。”明沈德符《万历野获编》补遗卷二：“然以此支方强之蒙古，苦战五十餘年而后亡者，不可谓非～之裕也。”清王夫之《读通鉴论》卷一六：“民至卑矣，其识知～情伪至不齐矣。”

【事例】 shì lì ❶开始发生的、以后可援引的事情。《旧唐书·崔倰传》：“倰固言魏、镇各有镇兵，朝廷无例支给，恐为～，不可听从。"《明史·食货志二》:"捐纳～,自宪宗始。"清《醒世姻缘传》四二回:"适值朝廷开了～,叫人纳监。" ❷ 具有代表性的、可以作为例子的事情。唐李德裕《论侍讲奏孔子门徒事状》:"臣恐更有小人,妄陈此说,辄举～,庶裨聪明。"明顾起元《客座赘语》卷六:"按此可为作文避讳者增一～。"清弘历《命张若霭图雪浪石再叠前韵》:"前言未足更叠韵,仇池～今聊存。"自注:"一题而数叠元韵,惟坡擅此长,尤以仇池石诗为最云。" ❸ 条例。五代李崇遇《请四品以下官准赙赠奏》:"自四品已下,无例施行。请特定～,以表无偏。"《明史·刑法志一》:"(洪武)三十年,命部院议定赎罪～。"清玄烨《谕吏部等衙门》:"国家致治,首在崇尚宽大,爱惜人才,俾～简明,易于遵守。"

【事前】 shì qián 事情发生之前;预先。《唐会要》卷七九:"今边上受命抚戎,类须发使。若每使许循旧例,则十方竟至困穷;如～不与绳检,又使臣难为辞拒。"明锺惺《九月十一日喜康虞人舟》:"虽有～约,堪同意外逢。"清《绿牡丹》二回:"晚生先来告声:倘有不小心者,恐被马冲倒,莫怪我～不言明。"

【事色】 shì sè 情况;情势。《元曲选外编·伊尹耕莘》楔子:"先领五千游兵引战。没奈何看～,得手趟了为上计。"明《朴通事谚解》卷中:"我料你那～,这般兑当着干时,好的一般。"

【事数】 shì shù 迷信认为事物发展的一定之规。明《二刻拍案惊奇》卷三〇:"～到此,不由君算。若执意归闽,儿子婚姻便不可成。"

【事体】 shì tǐ ❶ 体制;体统。唐李豫《停度支盐铁奉常使敕》:"时艰之后,方立使额,参佐既众,簿书转烦,终无宏益,又失～。"宋欧阳修《条约举人怀挟文字札子》:"且自来科场,务存～,所以优加礼遇,用待贤能。"清《红楼梦》一一一回:"家下人等见凤姐不在,也有偷闲歇力的,乱乱吵吵,已闹的七颠八倒,不成～了。" ❷ 事情;情况。唐齐映《河南府论被谤表》:"臣既昧通方,辄陈～,兢惧战越,不知所裁。"《元典章·台纲二》:"今后因公事错了底,若不问～轻重,一概罚俸,实为不便。"清《红楼梦》六七回:"薛蟠便把湘莲前后～说了一遍。" ❸ 犹言案子、案件。《元曲选·后庭花》四折:"包府尹,那～如何?"又《勘头巾》四折:"你勘问的～如何?"

【事头】 shì tóu ❶ 理由;由头。宋《朱子语类》卷七八:"他不复更说那～。只是当时小民被害,而大姓之属安于土而不肯迁,故说得如此。"明汤显祖《牡丹亭》四出:"咱门儿寻～,你斋长干罢休?"清《珍珠舶》一七回:"心下怀着不良之意,往往借件没要紧的～,闯进陆氏家里,坐着闲谈。" ❷ 事情;事端。宋《五代史平话·周上》:"将颊上刺个雀儿,教记取所犯～也。"《元曲选·救风尘》二折:"传示与休莽戆收心的女,拜上你浑身疼的歹～。"明《二刻拍案惊奇》卷一:"小子不敢明说寺名,只怕有第二个象柳太守的寻踪问迹,又生出～来。" ❸ 指船上的摇橹者。《元史·刑法志三》:"违者舶商、船主、纲首、～、火长各杖一百七。"清屈大均《广东新语》卷一一:"司柁者曰柁公、梢公,在船头者曰头公。二人为舟司命,故公之,即三老也。摇橹者曰～。"

【事为】 shì wéi 行为;行事。唐陈子昂《明必得贤科》:"智者尚谋,愚者不听,勇者徇死,怯者贪生:皆～不同,趋向各异。"宋曾巩《刑部郎中致仕王公墓志铭》:"见～,万之一。形则潜,名不没。"《朱子语类》卷四一:"如偏底固是要克,也有不偏而～有不稳当底,也当克。"清蓝鼎元《王滋畹历试草序》:"达则见诸～,为生民立无疆之福命;穷则守先待后,为百世留不朽之经纶。"

【事先】 shì xiān ❶ 犹"事前"。唐柳公绰《太医箴》:"医之上者,理于未然。患居虑后,防处～。"明方孝孺《杂铭·履》:"孰为险?履非义。孰为夷?行必思。敬于～,靡适不宜。"△清《狐狸缘》一五回:"有心要同王老道～跑了,又怕违了吕祖法令。" ❷ 下围棋受让先下子。明陈铎《一枝花·嘲王孟启赌奕不胜》:"从今后受路～枉啕气,大拦角莫提,十三篇阁起,老着数人前再卖不的嘴。"

【事绪】 shì xù 事情;事务。唐温大雅《大唐创业起居注》卷二:"帝或口陈～,手疏意谓,发言折中,下笔当理。"宋吕本中《童蒙训》卷上:"学者须习不动心,～之来,每每自试,久久之间,果能不动,则必自知,曰我不动矣。"明《杨家府》卷六:"朝廷～,我自担当,不必过虑。"

【事样】 shì yàng 事情。明《西游记》二二回:"你莫怪他,还是我们不曾说出取经的～与姓名耳。"清《后西游记》二六回:"今日却又嫌臭,又不知要臭出些甚么～来哩!"

【事宜】 shì yí ❶ 事情;情况。唐张九龄《敕安南首领爨仁哲等书》:"有须陈请,何不奏闻? 蕃中～,可具言也。"《敦煌变文校注》卷一《张议潮变文》:"诸川吐蕃兵马还来劫沙州,奸人探得～,星夜来报仆射。"清《红楼梦》九二回:"从'代'字辈下来,宁荣两宅人口房舍以及起居～,一概都明白。" ❷ 关于事情的安排、处理。唐刘肃《大唐新语》卷八:"突厥与诸蕃相攻,安西道绝。表奏押至,则天令宰臣商度～。"宋蹇驹《采石瓜洲记》:"是日,泰州已告急,允文人札子论江上～。"清《荡寇志》一〇二回:"一应善后～,妥为赶办。"

【事由】 shì yóu ❶ 事情的原委;来由。《唐律疏议》卷二五:"奏事,谓面陈～。"《敦煌变文校注》卷一《伍子胥变文》:"彼此相拟不相近,遥语声声说～。"清《荡寇志》一〇五回:"只见里面走出一个妇人来,不问～,将那两个孩子一掌一个。" ❷ 公文用语,指内容提要。唐李亨《州县奏替官具履历诏》:"自今以后,州县官有灼然衰暮,暗弱无政,及犯赃私,切须与替者,仰具～闻奏。"《文献通考》卷一六六:"因责情杖致死者,具～闻奏。"清胤禛《朱批谕旨》卷二一四:"臣郝玉麟随即赴省,会同傅泰细阅各折内～,看得粤省营制,扼险据要,声势联络相沿已久,原未便轻议纷更。" ❸ 理由;由头。明《拍案惊奇》卷二二:"闻得京都繁华去处,花柳之乡,不若借此～,往彼一游。"《二刻拍案惊奇》卷二八:"此时李方哥已此寻个～,避在朋友家里了,没人再来相邀的。"

【事繇】 shì yóu ❶ 同"事由❶"。唐大中六年七月考功《条陈考课事例奏》:"及开田招户、辨狱雪冤,及新制置之事,则任录其～申上。"五代天成四年十月中书门下《条陈贡举事例奏》:"应诸色落第人,此后所司具所落～,别张悬文榜,分明晓示。"明《醒世恒言》卷三一:"不问～,便把郑信簇拥将去。" ❷ 同"事由❷"。唐李适《南郊赦文》:"自今已后,有责情决罚致死者,宜令本道观察使具～闻奏。"李漼《收崔雍敕》:"宜令宣歙观察使追崔雍收禁勘责,速具～申奏。"

【事主】 shì zhǔ 某些刑事案件中的受害人。《续资治通鉴长编》卷二九三:"初见逼胁,因而与贼为用,手伤～及捕盗人等。……并决脊杖。"《元典章·刑部十一》:"强窃盗贼盗讫～金银,必须估赃定罪。"清《荡寇志》七六回:"因盗了人的马,刃伤～,逃在江湖上。"

【势】 shì ❶ 姿态;姿势。唐高适《画马篇》:"马行不动～若来,权奇蹴踏无尘埃。"宋史浩《渔父舞》:"念了,齐唱《渔家傲》,取钓竿作钓鱼～。"清《飞龙全传》七回:"红脸的贼徒,装什么憨,做什么～!" ❷ 着数;架式。唐张乔《送棋待诏朴球归新罗》:"阙下传新～,船中覆旧图。"元明《水浒传》九回:"也横着棒,使个门户,吐个～,唤作拨草寻蛇～。"清《荡寇志》七六回:"那云龙取棒来使出个丹凤撩云～。” ❸ 射。清《歧路灯》一三回:“一日火箭～到草房上,烧坏了两间草房。” ❹ 同“世❶”。元尚仲贤《气英布》一折:“那里发付这殃人货! ～到来怎生奈何?”《元曲选·单鞭夺槊》楔子:“男子汉～到今日,也一日准一年。”又《渔樵记》四折:“亲家,～到今,你不说开怎么?” ❺ 很;极。用在带“得”“来”等的形容词之后,表示程度高。明《型世言》三回:“向日杨亲娘说周亲娘标致,果然标致得～!”△清《描金凤》五回:“侣你故个老伯伯面熟来～,一时到想勿起哉。”

【势必】 shì bì 务必。清《后水浒传》四回:“我家娘子在内着急,晓得杨大官人虎都会骑,自然本事高强,杀得强人,叫我出来报知,～早去解救。”又一二回:“有个远客特来投奔借宿,大郎～回去。”

【势法】 shì fǎ ❶ 样式法则。清《镜花缘》九五回:“近有好事者得之朝鲜,其～俱备,小弟略知其详。即如初学,先要晓得眼法、击法、刺法、格法、洗法。” ❷ 犹“势况❷”。清《歧路灯》二八回:“我一定把～看稳当,才敢叫大叔。”又一〇〇回:“你舅说的是内心苦楚,你妗子说的是外边～;你舅说的是自己一个人的话,你妗子说的是众人众话。”

【势放】 shì fàng 发射。明《封神演义》九二回:“军士用火弓、火箭、火炮、干柴等物望山下～。”

【势分】 shì fèn 地位;权势。宋《朱子语类》卷一三:“师与朋友同类,而～等于君父。”元黄玠《舟中奉陪南石宣慰双陆》:“达人忘～,握槊肯相娱。”清《野叟曝言》一四三回:“先帝性命都是你公公在木笼中救将出来,还敢把皇帝的～来压服你家吗?”

【势豪】 shì háo 有势力的豪强。《元史·河渠志二》:“今既无人管领,遂为～绝水筑堤,绕湖为田。”明《禅真逸史》二四回:“～倚势欺人,伏威忿气不服。”清《阅微草堂笔记》卷一六:“君四世前与我为密友,后忽藉胥魁～夺我田。”

【势剑】 shì jiàn 即“尚方剑”。《元曲选·窦娥冤》四折:“喜呵,老夫身居台省,职掌刑名,～金牌,威权万里。”明孟称舜《娇红记》三四出:“为此加某太尉职衔,兼赐～铜荆,有事先斩后闻。”

【势况】 shì kuàng ❶ 样子;模样。金《刘知远诸宫调》一:“知远～,浑如夯浪出波龙;村叟力亏,恰似重伤摧爪虎。”《元曲选·风光好》二折:“想昨日在坐上那些儿～,苦眼铺眉尽都是谎。”《元曲选·赵氏孤儿》五折:“你看他腆着胸脯,装些儿～。” ❷ 景况;情况;势头。元王伯成《贬夜郎》一折:“这酒曾眇小了风雷～,这酒曾混沌了乾坤气象。”尚仲贤《三夺槊》一折:“他猛观了敌军～,忙拨转紫丝缰。”佚名《活拿萧天佑》四折:“俺这里～怎当,他可也不堤防。”

【势利】 shì lì ❶ 形容视财产、地位分别对待人的恶劣表现。宋王禹偁《和马中允炉边偶作》:“别有人间～徒,一去一就随荣枯。”明《醒世恒言》卷二〇:“大凡人最是～,见张权恁般热闹,把张木匠三字撇过一边,尽称为张仰亭。”清《霓裳续谱·读书未就》:“前呼后拥归故里,那～的小人都把你来瞧。” ❷ 趋奉。明《平妖传》一〇回:“他戴了幞头,神道也是～他的。”

【势面】 shì miàn 同“世面”。清《绿野仙踪》二七回:“我自与沈公子别后,原欲去西湖见见～。”又五二回:“我初三日就要来,苗爷说我没见～。”

【势派】 shì pài ❶ 排场;气派。清《红楼梦》一六回:“还有现如今在江南的甄家,嗳哟哟,好～! 独他家接驾四次。”又八五回:“那衙役们见跟从着许多男妇簇拥着一位老太太,便知是薛蟠之母。看见这个～,也不敢怎么,只得垂手侍立,让薛姨妈进去了。” ❷ 情势。清《红楼梦》九六回:“那人先自唬的手足无措,见这般～,知道难逃公道。”

【势人】 shì rén 有势力的人。唐韩愈《唐故相权公墓碑》:“荐士于公者,其言可信,不以其人布衣不用;即不可信,虽大官～交言,一不以缀意。”宋王安石《故淮南发运副使萧公神道碑》:“州近蛮,出善马,异时～多以托守,公一拒绝。”清毛奇龄《周季麟》:“每岁用千人,春秋番而罢四千人归农,独～有役民兵者称不便。”

【势杀】 shì shā 同“势煞”。《元曲选外编·村乐堂》三折:“觑不的铺眉苫眼乔～,百忙里便吊腰撒跨。”又《紫云庭》三折:“我觑了这般～,不发闲病,决定风魔。”

【势沙】 shì shā 同“势煞”,引申指规矩、体统。《元曲选·鸳鸯被》二折:“夜深也紧避在房檐下,方信道色胆有天来大。兀的甚～,甚礼法!”又《红梨花》一折:“这妮子我问着呵,没些儿个～。”

【势煞】 shì shā 模样;样子;状况。元王大学士《点绛唇》:“一个天生丑～,一个无店三碌轴上闲坐衙。”明康海《中山狼》一折:“似这样打猎的～,我平生不曾见呵。”

【势霎】 shì shà 同“势煞”。元朱庭玉《青杏子·归隐》:“从人笑从人笑,道咱甚娘～。”

【势头】 shì tóu ❶ 情势。宋《三朝北盟会编》卷二三五:“公后生,脚手轻快,且看～。”明《醒世恒言》卷一五:“暂容躲避两三日,待～稍缓,然后再往别处。”清方成培《雷峰塔》一一出:“我见～不好,只得将机就计,潜身躲在厢楼之内。” ❷ 权势;威势。明佚名《霞笺记》三出:“他是尚书公子,偌大～使将来,我们怎么当得起!”《石点头》卷一〇:“恃着亲王～,骄纵横行。”清《红楼梦》一〇三回:“你仗着府里的～儿来打我母亲么?”

【势下】 shì xià 边;侧。元明《三国志通俗演义》卷二一:“左～战鼓大震,一彪军杀来。”《水浒传》二回:“小喽罗两～呐喊,二员将就马上相见。”明《金瓶梅词话》六五回:“左～,天仓与地库相连;右～,金山与银山作队。”

【势相】 shì xiàng 模样;样子。《元曲选·还牢末》三折:“尽着你风流情况,做出些轻狂～。”

【势须】 shì xū ❶ 势必。唐李绛《请授乌重允河阳节度使疏》:“若以重胤主兵,～便与,即是威福不在朝廷,于事体之间,与从史何异?”宋范成大《元夕大风雨》之二:“冻涩笙簧犹可耐,滴皴梅颊～嗔。”清范承谟《募修红螺山资福寺疏文》:“顾雅慕东亭,欲舍虎丘之宅;而自怜贫女,难转法藏之轮。力不克从,～有借。” ❷ 应当;必须。宋苏辙《论执政生事札子》:“臣窃惟此二事,本非朝廷急切之务～必行者也。”元耶律铸《白霞》:“前骑传声掩白霞,后军犹未过乌沙。～贵合为猿臂,相制尤当似犬牙。”清陆圻《纤言》上篇:“～速令选侍入鸾哕宫,毋得占住乾清。”

【势焰】 shì yàn 势力气焰。《旧五代史·唐书·朱洪实传》:“及朱宏昭为枢密使,～尤甚。”元王逢《则天皇后玉玺歌》:“党臣～同薰天,亦得分为玉押字。”清《红楼梦》六四回:“心中虽不愿意,无奈惧怕贾珍等～,不敢不依。”

【势样】 shì yàng 模样;样子。《元曲选外编·玩江亭》四折:“这厮狠心肠,没道理,别～,好教我急急忙忙,腹热肠慌。”清傅泽洪《行水金鉴》卷六三引明潘季驯《条上河工八事》:“而龟山横截河中,即基运山图中所云:湾如牛角,～非凡者是也。”

【势要】 shì yào ❶ 有权势,也指权势。唐源乾曜《请出二子为外官疏》:“臣窃见～之家,并求京职;俊乂之士,多任外官。”宋蔡襄《乞商税院不用赃吏》:“守官者凭恃～,不肯尽心;监司者护惜颜情,不能纠劾。”清《野叟曝言》二回:“方知那僧法号松庵,是本寺住持,结交官府,甚是～。” ❷ 指有权势的人。唐萧至忠

《谏卖官鬻爵宰相子弟居要职疏》："宰相子弟，多居外职。此并为～亲戚，罕有才艺。"《云笈七籤》卷一二二："亦有州司～，占地造宅。"清李光地《上猗氏卫先生》："畿辅日月之旁，～鳞集。" ❸ 关键；形势和关键。宋《朱子语类》卷二一："且要就此五者，反覆推寻，看古人治国之～。"《元曲选外编・蒋神灵应》二折："能通变识行藏，观～分胜败，知进退紧追逐。"

【势耀】 shì yào ❶ 指有权势的人。明《金瓶梅词话》九三回："我父亲专结交～，生下我吃酒行凶。"《醒世恒言》卷一五："就有非常～，便立心要来认那小徒，也少不得三请四唤，等得你个不耐烦，方才出来。" ❷ 地位；权势。明《金瓶梅词话》八〇回："你如今有了这般～，不得此女貌，同享荣华，枉自有许多富贵。"《禅真逸史》二一回："倚着父兄～，纵着自己泼性，打夫骂婆，终日价吵闹。"清《后水浒传》七回："不要说父在当朝，只行我的～，也只消写几个字儿送官就处死了他。"

【势勇】 shì yǒng 威武勇猛。明王守仁《剿平安义叛党疏》："彼贼～，打入狱门，劫去杨华五等。"《西游记》三七回："闪出一路人马，真个是采猎之军，果然～。"清胤禛《朱批谕旨》卷二一八下："串谋众夫，夤夜私逃，～难当。"

【势子】 shì zǐ 另见 shì zi。古代围棋开局时先在中央(后多不用)及四角居中位置下的棋子，用以控制大势，因称势子。宋沈瀛《野庵曲》："迟迟日长，觅伴相对围棋。安排～，相望相窥。"张拟《棋经・权舆》："弈棋布置，务守纲格。先于四隅，分定～。"明杨慎《丹铅续录》卷一〇："棋心并四面各据中一子，谓之五岳，言不可摇动也。今谓之～。"

【势子】 shì zi 另见 shì zǐ。❶ 架势；竞技动作的固定姿势。明《山歌・睏弗着》："好像一脚踢开子个绣球丢落子个气，做介个脱衣～听你跌三交。"《西游记》三一回："好猴王，双手举棍，使一个高探马的～。那怪不识是计，见有空儿，舞着宝刀，径奔下三路砍。"清《镜花缘》九五回："即如初学，先要晓得眼法、击法、刺法、格法、洗法。这些～，俺都有图，哥哥且看了。" ❷ 示意的动作；姿势。清《豆棚闲话》一〇则："清之举手便把鼻子摸了一摸，手也做个～，还道：'老爷所托他买的女子，也要留心查看要紧。'"陈端生《再生缘》四三回："这荣发拿定主意，做一个会骑马的～，把身子伏了一伏，加了一鞭，一声响早闯进了大门了。" ❸ 形势；局势。清《绣戈袍全传》一四回："白羽若月，赤羽若日，弥山遍野，必系陈安邦再来执恨。较前时～，更觉十分英勇一般。"又三八回："目下贼势如此张扬，倘被他直逼皇城，那时～挠动，个个寒心。" ❹ 模样；样子。清《姑妄言》一〇回："他这惧内的～，不但要算一个都元帅，大约天下仅一，古今无二的了。"又一三回："走动两边摇晃，好似一个美人灯，一风都吹得倒的～。" ❺ 势力。清《姑妄言》一五回："你仗他的～降我么？"

【侍儿】 shì er 妇女谦称自己。宋元《古今小说》卷三五："如今要看～吃甚罪名，皆出赐大尹笔下。"元明《水浒传》三二回："告大王，～不是花知寨的浑家。"

【侍娘】 shì niáng 婢女；丫鬟。唐僧人玄宗《奉赠贺郎》："姑娣能无语，多言有～。"《敦煌变文集・下女夫词》："夜久更阑月欲斜，绣幛玲珑掩绮罗。为报～浑擎却，从他附(驸)马见青娥。"清《霓裳续谱・小伴读女中郎》："～行，弄粉调脂，贴翠拈香，惯向妆台傍，陪他理绣筐。"

【侍女】 shì nǚ 婢女；丫鬟。唐王维《洛阳女儿行》："良人玉勒乘骢马，～金盘脍鲤鱼。"《元曲选・杀狗劝夫》一折："俺哥哥还家来～忙扶进，你兄弟破窑中忍冷耽愁闷。"清《红楼梦》七〇回："～金盆进水来，香泉影蘸胭脂冷。"

【侍生】 shì shēng 明清官场中后辈对前辈称"侍生"，平辈之间，或地方官员拜访乡绅亦用此谦称。明徐一夔《与王待制书》："舟至嘉兴驿，贱疾大作，行步不前，谨令～奉状上达左右。"何良俊《四友斋丛说》卷一二："余尝元旦至各衙门投刺，刺上书～。"清《歧路灯》九四回："只见匣内一封，上边红签写着'刷印书资银三十两'，下边一个～拜帖。"

【侍下】 shì xià 同"势下"。元明《水浒传》七四回："左～玉簪珠履，右～紫绶金章。"又九八回："左～一代文官，右～满排武将。"

【侍长】 shì zhǎng ❶ 同"使长❸"。《元曲选・黄粱梦》二折："报道前厅上，～恰到来。"又《酷寒亭》三折："因为兵马嚷乱，遭驱被掳，来到回回马合麻沙宣差衙里，往常时在～行为奴作婢。"明沈德符《万历野获编》卷三："上不语久之，但长叹曰：'万～(指万贵妃)去了，我亦将去矣。'"按，此对奴婢言而用奴婢称。❷ 称皇帝宗族的女儿。明《西游记》一〇回："那三宫六院、皇后嫔妃、～储君及两班文武，俱举哀戴孝。"沈德符《万历野获编》卷四："又～之号，则今各藩府之女俱有此称。曾细叩何义，则云尊其为侍妾之长也。"清《醒世姻缘传》七七回："我听说京城里边有一座皇姑寺，……不知多少夫人～都到那里游玩。"

【是】 shì ❶ 用在位于句首的人称代词前，含强调意。《敦煌变文校注》卷二《韩擒虎话本》："～我今日莫逃得此难?"《祖堂集》卷二《弘忍和尚》："～你诸人，若依此偈修行，而得解脱。"元《七国春秋平话》卷中："～我引你去见孙先生，若何?" ❷ 用在谓词前，表示强调肯定，含有"的确、实在"的意思。宋元《古今小说》卷三三："～有个张公，在这里种瓜。"《元典章・刑部三》："有女子丑哥疼痛难忍，以此言说：'我～换了五个梨儿吃来。'"清《红楼梦》一六回："我～再四推辞，太太断不依，只得从命。" ❸ 连词。a) 表示让步。虽；虽然。唐白居易《游平泉宴浥涧宿香山石楼》："古诗惜昼短，劝我令秉烛。～夜勿言归，相携石楼宿。"宋柳永《满江红》之四："人～宿，前村馆，想鸳衾今夜，共他谁暖?"元石君宝《紫云庭》一折："两阵狂风～紧，也不到得交吹散楚城云。" b) 表示假设性让步。纵然；即使。元关汉卿《调风月》三折："～叫我软地上吃交，我也不共你争。"明徐渭《渔阳三弄》一折："～石人也动心，总痴人也害怕，羊也咬人家。" c) 用于问句，表示选择。《祖堂集》卷一八《陆亘大夫》："只今～有～无?"明佚名《勘金环》三折："那金环儿无也那～有?" ❹ 用在相同的两个数量词之间，含有"算作"的意思。明《金瓶梅词话》六四回："俗语道，咱'过了一日～一日'。"清李光地《榕村语录》卷二二："踏踏实实做一件～一件。"《绿野仙踪》五四回："止存了个多支架一年～一年的见识，因此总不肯替他说。" ❺ 用在相同的名词或动词之间，连用两个这样的格式，表示所说的事物互不相干，互不混淆。明《金瓶梅词话》八二回："自今以后，你～你，我～我，绿豆皮儿请退了。"清《红楼梦》四一回："说～说，笑～笑，不可多吃了，只吃这头一杯罢。" ❻ 用在相同的形容词或动词之间，表示这样的情状或行为虽然存在，但是下文的语意会有转折。相当于"倒是"。明《型世言》二九回："只是你已后不要去落局，来～断不来说的。"清沈起凤《文星榜》一一出："拾～我到拾一块拉里，还晤也容易，只是要老实告诉我，是啰个赠拉唔个了?"《红楼梦》四一回："好～好，就是淡些。" ❼ 表示答应。清《红楼梦》九回："吓的李贵忙双膝跪下，摘了帽子，碰头有声，连连答应～。"又二九回："林之孝忙答应'晓得'，又说了几个～。" ❽ 语气助词。a) 用于句末，含有"……才行""……才好"的意味。明《西游记》二三回："你怎么佯佯不睬? 好道也做个理会～。"又九八回："若拜到顶上，得多少头磕～?"《金瓶梅词话》五六回:"只是感不尽大官人恁好情,后日搬了房子,也索请他坐坐～。" b) 用在句中,提示语气停顿,相当于"呵"。清沈起凤《报恩缘》一八出:"若弗把拉我～,哼哼,勿能让唔好好唔去勾嗟。"佚名《双瑞记》一九出:"若再一二年不得除去～,四乡尽成齑粉矣。" ❾ 极。金《董解元西厢记》卷六:"姐姐为人～稔色,张生做事忒通疏。"《元曲选・勘头巾》三折:"〔张千云〕不打紧,谋杀亲夫,拿到市曹量决一刀,刀过头落,又省得吃饭。〔净云〕～好,～好。一了说,碧桃花下死,做鬼也风流。" ❿ 表示超过。元明《水浒传》一〇四回:"段五见妹子劝他,又见妹子奢遮～我,也是输了,只得取出那锭原银。"明《西洋记》七三回:"如果那和尚再加～这等利害,不如趁早抽身。"《金瓶梅词话》九九回:"还有大～他的,采这杀才做甚么!" ⓫ 尝试。《元曲选・陈州粜米》三折:"姐姐,你～说与老汉听咱。"明《西游记》四五回:"道士云:'我辈不能,你～叫来。'"清《醒世姻缘传》八九回:"狄大嫂,你伸出手来,我～看看。" ⓬ 事情。元《七国春秋平话》卷中:"孙子曰:'特来讲和一件～。'乐毅曰:'何～也?'"狄君厚《介子推》三折:"太子,～泄非干微臣之过,皆因吕用公奉官里圣旨所逼。" ⓭ 自从。清《一片情》三回:"他～丈夫没后,把临街窗子都不开。"

【是百的】 shì bǎi de　无论如何;不管怎样。清《醒世姻缘传》五一回:"这天渐渐的冷上来了,～望奶奶扎刮扎刮我的衣裳。"又九七回:"要是他禁住我,你～快着搭救。"

【是必】 shì bì　务必;一定。金《董解元西厢记》卷五:"～你叮咛嘱付,你那可人的姐姐,教今夜早来些!"明《老乞大谚解》卷上:"你～早来。"清《儒林外史》三八回:"这人留在禅林里,～要坏了清规。"

【是不是】 shì bù shì　同"时不时"。《大宋宣和遗事》前集:"他动不动金瓜碎脑,～斧钺临身。"《元曲选外编・飞刀对箭》一折:"动不动黄桑棒拷折腰,～坐囚牢。"清《醒世姻缘传》一〇回:"你～跑到街上来,这是做女人的事么?"

【是此】 shì cǐ　犹"似此"。元《武王伐纣书》卷上:"怕姜皇后宫人告与太子得知,恐太子报仇,～不便。"元明《水浒传》四六回:"～怎生罢休得!"明《封神演义》六回:"～炮烙乃治国之奇宝也。"

【是当】 shì dàng　得当。唐庾承宣《朱丝绳赋》:"傥斯言而～,又可得而已乎。"宋《朱子语类》卷一二一:"看文字须着意思索,应接事物都要～。"清李光地《榕村语录》卷三:"是道理未能十分～,故不无可悔恨处也。"

【是得】 shì dé　用在句末,前面跟疑问词或否定词搭配,表示合宜,相当于"才好"。宋元《警世通言》卷三七:"这一秋一冬,却是怎地计结? 做甚么～?"元《秦并六国平话》卷上:"那两个要做先锋,怎生区处～?"《三遂平妖传》一二回:"若干人你看我,我看你,都呆了。做公的看了,不知捉那个～。"

【是底】 shì de　犹"甚的",什么。唐张祜《读曲歌》:"摘荷空摘叶,～采莲人!"《敦煌变文校注》卷七《齖魺新妇文》:"当初缘甚不嫌,便即下财下礼,色我将来,道我～!"明许邦才《少年行》:"有钱不作人,～游侠儿。"

【是的】 shì de　另见 shì dí。❶ 用在句末,表示合宜,相当于"才好"。明《金瓶梅词话》七四回:"你这衣服少不得还对你大娘说声～。"又八七回:"姥姥你慌去怎的,再消住一日～。" ❷ 用在句末,表示肯定语气。明《金瓶梅词话》一二回:"若是饶了这个淫妇,自除非饶了蝎子娘～。"清《隋唐演义》三六回:"妇人家有些烈性也～。" ❸ 用在句末,表示测度、判断。明《金瓶梅词话》六一回:"西门庆道:'只怕你家里的嗔～。'老婆道:'那忘八,七个头八个胆? 他敢嗔!'"又六七回:"只怕你一时想起甚心上人儿来～。" ❹ 同"似的"。明《金瓶梅词话》三七回:"搽得浓浓的脸儿,又一点小小嘴儿,鬼精灵～。"清《醒世姻缘传》四九回:"他娘儿两个喜的象甚么～。"《红楼梦》六回:"不知道的那起小人,还只当我们眼里没人～。"

【是的】 shì dí　另见 shì de。❶ 属实。《元典章・吏部六》:"验得本尸脐肚贴腔,身体黄瘦,委因饥饿身死～。"明《警世通言》卷三五:"邵氏与得贵奸情～,主仆之分已废。"《杜骗新书・奸情骗》:"张爷审出此情,知银系季偷～。" ❷ 的确。明《风流和尚》八回:"想是娘子起得早了些,～乏了。"

【是个】 shì gè　任何一个;所有。唐杜荀鹤《重阳日有作》:"～少年皆老去,争知荒冢不荣来。"张碧《林书记蔷薇》:"东风折尽诸花卉,～亭台冷如水。"《敦煌变文校注》卷七《解座文汇抄》:"～经中总有言,不论贫富皆沉坠。"

【是即是】 shì jí shì　❶ 犹"是则是❶"。金《董解元西厢记》卷六:"～下梢相见,咱大小身心,时下打叠不过。" ❷ 犹"是则是❷"。宋晁端礼《安公子》:"～、从来好事多磨难。就中我与你才相见,便世间烦恼,受了千千万万。"

【是件】 shì jiàn　件件;样样。元明《水浒传》二四回:"小人先妻是微末出身,却倒百伶百俐,～都替的小人。"六十种曲本《琵琶记》二一出:"婆婆死了,衣衾棺椁,～皆无。如何是好?"清《金云翘传》四回:"箱笼橱柜,～打开,凡有可值数分者尽皆搜去。"

【是么】 shì me　什么。元《元贞二年彰德上清正一宫圣旨碑》:"这的每田地水土,不拣～东西,拣那阿谁休倚气力夺要者。"脉望馆本《陈母教子》三折:"今日是母亲生日,我无～礼物,和媳妇儿拜母亲两拜。"明杨一清《为传报回贼声息事》:"三月三十日要我的人到那里,好歹有～话再说着来。"

【是末】 shì me　同"是么"。元张国宾《汗衫记》四折:"俺和你有～杀父母冤!"杨梓同《霍光鬼谏》二折:"量这厮有～高识远见,怎消的就都堂户封八县?"

【是没】 shì mò　即"是么"。《敦煌变文校注》卷六《大目乾连冥间救母变文》:"狱主问言:'寄～物来开?'目连启狱主:'寄十二环锡杖来开。'"

【是人】 shì rén　所有的人;人人。唐姚合《赠张籍太祝》:"古风无手敌,新语～知。"宋吕胜己《满江红》:"好一条平路,～迷却。"清《十二楼・三与楼》一回:"比不得田地山塘,落在空野之中,～都可以管业。"

【是甚】 shì shén　❶ 什么。唐吕喦《劝世》:"衣食随缘,自然快乐。算～命,问什么卜。" ❷ 无论什么。《元典章・户部七》:"江南无田地的人户,～差发不当。"《元曲选・㑳梅香》一折:"夫人急忙回言:'秀才～休题。'"

【是甚么】 shì shén me　无论什么。《元典章・刑部五》:"尽着这贼每有的教与。若他每～与的无呵,官司与呵,怎生?"

【是实】 shì shí　确实;实实在在。清《醒世姻缘传》六回:"问晁住道:'～使了几钱银子?'晁住道:'实是十五两银子,少他一分哩!'"又九五回:"～人不依好,你说的有理。"

【是事】 shì shì　样样。《敦煌变文校注》卷二《庐山远公话》:"于是远公自入寺中,房房巡遍,院院皆行,～皆有。"

【是是的】 shì shì de　完全对。清《醒世姻缘传》三七回:"你那心里我都猜的～,希罕这姓猜不着!"又四〇回:"你说得～,一点不差。"

【是勿】 shì wù　什么。唐赵璘《因话录》卷四:"玄宗问黄幡绰:'～儿得人怜?'对曰:'自家儿得人怜。'"《南阳和尚问答杂征义》："问：～是生灭法？答：三世是生灭法。"又："又问：'空更有～在?'答曰：'想非想，更有俱生识。'"

【是物】 shì wù ❶所有的东西；一切事物。唐刘禹锡《武陵观火》："当前迎焮赩，～同膏腴。"宋魏野《夏夜与臧奎陈越会宿河亭联句》："～有废兴，惟道无本末。"清查慎行《九月二十日马上即事》之六："太平～皆蕃庶，斑鹿黄羊获校多。" ❷什么。唐《南阳和尚问答杂征义》："问：'既若如此，作没生时得?'答：'但见无。'问：'既无，见～?'答：'虽见，不唤作～。'"

【是须】 shì xū 务必。金《董解元西厢记》卷三："～休怕怖，请夫人放心无虑。"又："请宽尊抱，～休把两眉结。"又卷六："指日拜恩衣昼锦，～休作倚门妆。"

【是有】 shì yǒu 所有。元张国宾《薛仁贵》三折："上坟处～醉的婆娘，也不似你，你，你!"石君宝《紫云庭》二折："～遭间阻的也不似俺不吉利，兀的是甚末娘别离!"

【是则】 shì zé 虽则；虽然。宋《明觉禅师语录》卷一："～二俱作家，要且只解收虎尾，不能据虎头。"佚名《张协状元》二七出："～无妻我身自不由己，须有爹妈在家乡尤未知。"《御定曲谱》卷六《卧冰记·沙塞子曲》："～冒寒途路遥，顺父母颜情，怎敢惮劳。"

【是则是】 shì zé shì ❶虽然是；虽然。宋辛弃疾《洞仙歌·开南溪初成赋》："～一般弄偏舟，争知道他家，有个西子。"元明《水浒传》五一回："～你们弟兄好情意，只是忒毒些个。"明孟称舜《娇红记》三三出："～吹箫月明鸾凤孤。俺向春眠帐里，眄着个梦和书也。" ❷确实是；是。元朱庭玉《哨遍·伤春》："～，年年景物，岁岁风光，无比正三二。"明孟称舜《娇红记》四八出："～今生没福，～前生合注，无端的分开连理，两下里泪痕枯。"

【是做的】 shì zuò de 同"世做的"。元沙正卿《斗鹌鹑·闺情》："～沾粘，到如今泼水难收。"《元曲选外编·哭存孝》三折："～泼水难收，至死也无对，今日个一庄也不借。"

【适才】 shì cái 刚才；刚刚。《元曲选·玉镜台》二折："告的姑娘得知，～侄儿径去与那学士说了。"明《平妖传》五回："～村儿不知进退，偷了些酒吃，老媳妇已埋怨他半日了。"清弘历《云润楼口号》："～谷口翘睁望，一例蔚兮渺不分。"

【适当】 shì dàng 合适；妥当。宋蔡襄《上仁宗论谏官好名好进彰君过》："若有陈述于理～，即赐施行，无使天下之人谓朝廷有好谏之名，而无好谏之实。"《宋史全文》卷二六下："譬之置器，须置得～，乃合于中，若置之失宜，则非中矣。"明王守仁《批南安府请兵策应呈》："准令与峰山、双秀等兵更补，预建营房。议尤～，即行该府议行。"

【适方】 shì fāng ❶刚好；正；恰(处在某一状态)。唐沈亚之《与冯陶书》："前辱书时，会鄙人将有～事役在焉。"吴畦《唐赠左散骑常侍韩公神道碑》："肆我武勇，平成以赖。～一箭发而号猿猱，三尺举而吼龙虎。" ❷刚才；刚刚。《太平广记》卷一一六引《传记补录》："某～就室假寐，有紫衣人招入一朱户，则类将军之第也。"朱熹《晨起对雨》："高眠～起，四望但萧条。"明梅鼎祚《玉合记》一七出："～何等慷慨，到如今也泪下了。"

【适间】 shì jiān 刚刚；刚才。宋李纲《奏知喻意吴敏札子》："吴敏～宣押到都堂，不曾相见。"《元曲选·金钱记》二折："小生～多饮了几杯酒，误入潭府园中，万望老相公恕罪。"清《醒世姻缘传》三一回："我～打了一只狗煮在锅内。"

【适来】 shì lái ❶刚才；不久以前。唐李华《咏史》之一一："～鸣佩者，复是谁家女。"宋《五代史平话·周上》："～行过的后生是何处人氏?"清王士禛《分甘餘话》卷三："挟其先人影像于腋下而忘之，遍索不可得。已而，顾见之，乃笑曰：'我～真是骑驴觅驴。'" ❷近来。唐张九龄《初发江陵有怀》："他日怀真赏，中年负俗纷。～果微尚，倏尔会斯文。"宋黄裳《蝶恋花序》："～已陈十二短章，辄歌三五盛景。"清弘历《养心殿对雨作》："～郊雨已称佳，心犹不免嫌未畅。"

【适巧】 shì qiǎo 恰巧。清《红楼梦》一七至一八回："～遇园已落成，令其题撰，聊一试其情思之清浊。"

【适趣】 shì qù 适合情趣。宋赵崇嶓《适趣》："赋资在山林，～非任放。"明佚名《戒轩先生预述墓志铭》："奉母之餘，惟琴棋～而已。"清《红楼梦》一回："其中家庭闺阁琐事，以及闺情诗词，到还全备，或可～解闷。"

【适然】 shì rán ❶轻松愉快貌。唐白居易《犬鸢》："见彼物遂性，我亦心～。"宋郑獬《安州重修学记》："乃于州城之南门外东偏，作夫子殿及东西二堂、八斋室，安陆之民始～相与环聚而观之而喜。"清刘献廷《广阳杂记》卷三："穿林得疏竹，树间残红子，□心亦觉～喜。" ❷使然。唐元稹《唐故京兆府盩厔县尉元君墓志铭》："总是数者，非古之所谓淑人君子欤？不寿不达，命～也。"宋宋祁《秋日》之一："凄感客自尔，变衰时～。"清李光地《与杨宾实书》："昔所称急流中勇退，殆亦其时命～也。" ❸自然。宋苏轼《东坡志林》卷四："予之所为，～而已，岂有心哉?"元戴表元《赠子贞编修序》："世之君子诠量人之才性气质，亦或以相拟，是故有～而然者矣。"清查慎行《乞归候》："开亦勿德雨，谢亦勿怨风。荣枯两～，了不关化工。" ❹合适；适宜。宋王安石《同学一首别子固》："圣人之言行，岂有二哉？其相似也～。"叶梦得《石林燕语》卷四："婕妤，《史记·索隐》训婕为承，妤为佐。字本皆从人。大抵古人取训，各以其意～者，而字多从省。" ❺恰巧；恰好。宋觉范《代法嗣书》："某闻惟师弟子，系时因缘，虽迁流于人天，或契阔于生死，不谋而合，妙于磁石之针，～而逢特类。"明叶盛《水东日记》卷三："少师庐陵杨公归省，过南京。公～病在告，庐陵公就卧内候之。"清《歧路灯》五〇回："正想厕入其中，寻混水吃一口儿，～遇着双庆来请。" ❻忽然。宋张九成《祭彦执》："人生大化，如彼浮萍，～相值，～而散。"《五灯会元》卷二〇《开善谦禅师法嗣》："绍兴庚申三月八日夜，～启悟，占偈呈善曰：'元来无缝罅，触著便光辉。既是千金宝，何须弹雀儿?'"

【适兴】 shì xìng 听凭兴趣；满足兴趣。唐张说《行从方秀川与刘评事文同宿》："寓言情思惬，～真意坦。"元蒋正子《山房随笔》："遇琴则一弹，～则吟一二句，而不终篇。"清《红楼复梦》二六回："偶而高兴也不过学那画写意画儿的先生，不求工拙，随便拓上几笔聊以～。"

【释放】 shì fàng ❶恢复被拘禁者的人身自由。唐唐临《冥报记》卷中："官吏勘别簿，如所言，因命～。"宋孔平仲《续世说》卷三："御史台、大理寺重囚推断未了，追去～，莫有违者。"清《红楼梦》一〇六回："贾琏着革去职衔，免罪～。" ❷免除(罪行或逋欠)。唐颜真卿《唐故太尉宋公神道碑侧记》："安西都护赵含章冒于货贿，多以金帛赂遗朝廷之士。……公一无所受，乃进谏焉。元宗纳之，遂御花萼楼，一切～。"五代李重贵《贷邓州节度宋彦筠擅杀敕》："凡百有位，宜励乃诚。所犯科条并～。"明杨寅秋《勘豁岭海商船逋饷疏》："如果臣言有据，准与～豁免，岂惟洪恩渐被于海隅，而将来穷民感激，益知趋事恐后矣。" ❸放射；松开；放开。唐贾公彦疏《周礼·冬官·弓人》"释之则不校"："角所以放矢，今角不用力，故～之不校疾也。"《元曲选·气英布》一折："咱遂～其缚，纵令亡去。"清《红楼梦》一七至一八回："拉住贾母王夫人的手，紧紧的不忍～。" ❹解除。《元曲选外编·锁魔镜》二折："除免你那腹内愁，顿脱了眉上锁，～了心头病。"

【释解】 shì jiě ❶解释(意思)。唐王瓘《广黄帝本行记》:“帝曾省天皇真一之经,而不解三一真气之要,是以周流四方,求其~。”宋晁公武《郡斋读书志》卷二:“《乐府古题要解》二卷,……又于传记洎诸家文集中采乐府所起本义,以~古题云。” ❷解决(困难)。唐裴铏《传奇》:“但言,当为郎君~,远近必能成之。” ❸劝解;排解;排遣。宋王铚《默记》卷下:“观者为~,且令君房毁其版。君房哀祈如约,乃得去。”明尹台《与陈两湖书》:“顾有生恒事,第可思古人自~,岂当为达贤呶呶邪!”清《十二楼·拂云楼》六回:“那详梦的道:‘凶便极凶,还亏得有个“半”字可以~。’” ❹释放。宋张方平《应贤良方正能直言极谏科对制》:“及贯盈灭趾,官以墨败,而又赦令屡下,亟蒙~。丹书未干,已冀收叙,此所谓官刑稍以宽弛者也。”

【释闷】 shì mèn 排除烦闷。唐杜甫有《~》。《元曲选·风光好》二折:“推开这角门,去这花园内,乘月色观桂花~咱。”清《红楼梦》三五回:“黛玉无可~,便隔着纱窗调逗鹦哥作戏。”

【释免】 shì miǎn 免予刑事处分。唐刘子元《应制表陈四事》:“而元日之朝,指期天泽;重阳之节,伫降皇恩。如其忖度,咸乐~。”《元典章·刑部三》:“如准行省元拟,依例~。烧埋银两,同居不须追理。”《大清会典则例》卷一六:“系那移之项,至二万两以上者,一年内全完,本犯照例~。”

【誓词】 shì cí ❶表示决心依照说的话实行。唐李翱《释怀赋》:“昔~而约交兮,期共死而皆居。”乐彦桢《致太原汴州两镇书》:“严修斋戒,虔告神祇,歃血~,藏之盟府。”宋周紫芝《思隐赋》:“矢余言之不妄兮,指兹山而~。” ❷发誓时说的话。五代尉迟偓《中朝故事》卷上:“北省官往日遗补,每上疏谏诤,多谢罪立~。”《元曲选·潇湘雨》二折:“你须记的,那时亲设下~,你说道不亏心不亏心把天地来指。”清纪昀《阅微草堂笔记》卷一二:“我作~,祝霾圹底。千百年后,有人发此。” ❸订立盟约的话;告诫约束的话。唐陆贽《赐吐蕃宰相尚结赞书》:“乃于境上建立坛场,契约至明,~至重,告于皇天后土诸佛百神,有渝此盟,殃及其国。”《通典》卷一三二:“誓讫,左右三军各长史二人,振铎分循以警众,诸果毅各以~遍告其所部。”清《东周列国志》四一回:“子虎读~曰:‘凡兹同盟,皆奖王室,毋相害也。’”

【誓剑】 shì jiàn 同“势剑”。宋元《清平山堂话本·瑞仙亭》:“乃拜长卿为中郎将,持节,拥~金牌,先斩后奏。”元《七国春秋平话》卷上:“既拜将军为帅,有~,何不诛之?”《明史纪事本末》卷五四:“及(夏)言请给~,得专僇节帅以下,上亦稍稍恶之。”

【誓说】 shì shuō 发誓。明《古今小说》卷二五:“这三个结为兄弟,~生死相托。”

【誓信】 shì xìn ❶盟约。唐樊绰《蛮书》卷一〇:“谨率群官虔诚盟誓,共克金契,永为~。”金佚名《大金吊伐录》卷二:“使节往还,既同络绎;和好之厚,~弥坚。”《宋史·韦贤妃传》:“今立~,当明言归我太后,朕不耻和,不然,朕不惮用兵。” ❷凭据;凭信。《旧五代史·周书·李从敏传》:“刘族乃共推令遵为方遇子,亲族共立券书,以为~。”《云笈七籤》卷四:“《金真玉光》《玉佩金珰玉清隐书》,皆金鱼、玉龙各一枚以为~。” ❸取信。《云笈七籤》卷一一:“今锦可用白绢,罗可用青布,钮可用金镮,亦足以~九天,制告三官矣。” ❹表示决心;表明态度与诚信。宋汪应辰《昭烈庙记》:“得南霁云为将,王与厚善,同出睢阳乞师,贺兰进明不与,俱断一指~。”清胤禛《朱批谕旨》卷一二五:“自古退贼苗之后,各苗寨无一反复,且恐有干连,俱到营~,随加奖赏安慰。”《广西通志》卷三二:“民多愚朴坚悍,刻木~,守死不逾。” ❺表示决心的话。明《拍案惊奇》卷二:“姚乙又与他两个赌一个~,说:‘两个同心做此事,各不相负。如有破泄者,神明诛之。’”

【螫咬】 shì yǎo 再三请求。敦煌词《十二时·普劝四众依教修行》:“父边~觅零银,母处含啼乞钗钏。”

shōu

【收】 shōu ❶掩没;消散;消失。唐李世民《冬狩》:“骑敛原尘静,戈回岭日~。”元关汉卿《单刀会》四折:“见昏惨惨晚霞~,冷飕飕江风起。”清纳兰性德《诉衷情》:“远山残翠~,莫登楼。” ❷收藏;保存。唐薛用弱《集异记·徐佐卿》:“上大奇之,因~其箭而宝焉。”《元曲选·合汗衫》二折:“俺则~着这汗衫儿,便是见孩儿一般。”清《红楼梦》二八回:“我爱吃的,听见姑娘也爱吃,连忙干干净净~着等姑娘吃。” ❸接受。唐牛僧孺《玄怪录》卷一:“早入朝,有献文章者,命左右~之。”宋张师正《括异志》卷八:“某明日当生,府中必送一合来,宜~之。”清《红楼梦》六七回:“出去告诉小厮们,东西~下,叫他们回去罢。” ❹吸收;使浓缩或沾匀。清朱彝尊《食宪鸿秘》卷上:“豆腐压极干,或绵纸裹入灰~干。”沈复《浮生六记》卷二:“用漂青松香榆皮面和油,先熬以稻灰,~成胶。”《红楼梦》四一回:“俱切成钉子,用鸡汤煨干,将香油一~,外加糟油一拌,盛在瓷罐子里封严。” ❺同“收继”。《元典章·刑部三》:“诏条内~嫂者有例,夫亡服缺守志者有例。”《元曲选·任风子》三折:“哥哥,你若休了嫂嫂,我就~了罢。” ❻同“收房”。《元曲选·老生儿》一折:“如今老的将这小梅姨姨~在身边,如今腹怀有孕。”明《金瓶梅词话》三六回:“那丫头你又~过他,怎好打发去的?”清《红楼梦》五五回:“也不但袭人,将来环儿~了外头的,自然也是同袭人一样。”

【收拔】 shōu bá 收罗提拔。唐颜真卿《通议大夫崔孝公宅陋室铭记》:“开元初摄御史中丞,或讼吏曹之不平,公与崔泰之衔命详理,多所~。”宋苏辙《乞罢左右仆射蔡确韩缜状》:“~当世之耆艾以陪辅王室。”明《古今小说》卷二七:“彼出身寒门,得公~,如蒹葭倚玉树。”

【收并】 shōu bìng ❶收拢合并;归并。《宋史·职官志二》:“勾当马步军专勾司官一人,……掌诸军兵马逃亡~之籍。”清叶梦珠《阅世编》卷六:“悉听业户各将自己田亩~成甲,不论甲数多寡,自立户名。” ❷收缴。宋罗愿《王提刑汝舟传》:“傥户眼有多寡不同者,以所剩户数,令人户自首,并令乡书手照对~,一处供输,遂无挂欠,亦省簿书之费。”《宋史·汪应辰传》:“比户部已令人自首,州县~已不少。” ❸收获。元洪希文《豆粥》:“南山~两三区,食力无惭供晓铺。”明朱橚《普济方》卷二六三:“仙书所传槐子者,于诸药中为最。其法取十月巳日~,不可错,圆实者,每日服五粒。” ❹收拾打叠。明《拍案惊奇》卷一二:“急急~资财,引这丫鬟拾翠为伴,逾墙出来。” ❺收复。清《野叟曝言》八二回:“日中天生回岛,大排筵宴,拜谢素臣~两岛之功。”

【收场】 shōu chǎng ❶结束;了结。《元曲选·还牢末》四折:“非是俺口强,则不如早些儿死了落可便早~。”明唐顺之《峨眉道人拳歌》:“餘奇未竟已~,鼻息无声神气守。”清《歧路灯》八二回:“从来厮嚷无好口,把话都说得太狠了,难以~。” ❷结局;下场。明《拍案惊奇》卷九:“不该是姻缘的,随你用尽机谋,坏尽心术,到底没~。”清宋琬《满江红》:“笑吾侪半本未,~如斯状。”

【收成】 shōu chéng ❶结束;了结。明《金瓶梅词话》七八回："他到明日不听人说，还不知怎么～结果哩!"《欢喜冤家》七回："我将此银一边与他二人作生意，一面定两房孙媳妇，我的老年便好～了。" ❷ 结局。元舒頔《题义堂》："从来积善还餘庆，多少～在后头。"明《禅真逸史》二回："这一签是上吉的，只怕施主心下恍惚。若出家时，必有～结果。"清陆求可《千秋岁引·维扬怀古》："平陈可怜三十载，头颅又落他人手。好～，雷塘上，田千亩。"

【收簇】 shōu cù ❶ 把已结茧的蚕从簇(草束)上取下。宋苏轼《端午帖子词·太皇太后阁》之一："日永蚕～，风高麦上场。" ❷ 收取聚集。宋苏辙《乞借常平钱买上供及诸州军粮状》："限以三年节次收籴，重立禁约，不得别作支用。仍于五年内，～钱物，拨还常平仓司。"《三朝北盟会编》卷三〇："差中书侍郎王孝迪～金银。"《文献通考》卷二三："盖祖宗盛时，内藏库止是～给费之餘，或坊场课利，不以多寡，初无定额。"

【收攒】 shōu cuán 使聚集在一起。明《西游记》六六回："佛祖将金～一处，吹口仙气，念声咒语，即时返本还原，复得金铙一副。"

【收撮】 shōu cuō ❶ 收聚。唐王绩《与陈叔达重借隋纪书》："大业之末，欲撰隋书，俄逢丧乱，未及终毕。仆窃不自揆，思卒餘功，～漂零，尚存数帙。" ❷ 额外征收(赋税)。宋《建炎以来繫年要录》卷一〇一："盖税赋则所取者少，～则所取者多。" ❸ 结束；了结。《元曲选·忍字记》四折："师父你疾来救我，这公事怎好～!"又《气英布》一折："若是楚国天臣见了呵，其实难回避，怎～!" ❹ 按捺。元关汉卿《调风月》三折："你把遥天指定，指定那淡月疏星，再说一个海誓山盟，我便～了火性，铺撒了人情。"《元曲选外编·紫云庭》三折："无明火怎～，掴打会看如何?" ❺ 约束。元佚名《庆东原》："行院每炒煿，姨夫每恼聒，奶奶行～，落得个担儿沉，又惹得风声大。" ❻ 安抚。《元曲选·桃花女》二折："女亲家会放火，男亲家点着火，你将那好言语往来～。" ❼ 按摩；抚弄。《元曲选·谢金吾》二折："我这里慌搂定，紧～。"

【收叠】 shōu dié ❶ 收拾整理。明《金瓶梅词话》六四回："早晨玉箫出来～床铺，西门庆便往后边梳头去。"《禅真后史》三八回："揭开一目，已知大概，忙～藏于袖中。" ❷ 收起；消除。清《野叟曝言》四一回："从此着想，把无益之愁一齐～，便觉心中宽泰。"

【收顿】 shōu dùn ❶ 收藏；保存。宋真德秀《申枢密院措置沿海事宜状》："合量关兵器，～本寨库眼，责付将官交管。"《元曲选·风光好》三折："兀的是亲笔写下牢～。"《大清律例》卷二三："或嘱贼诬扳，指称～。" ❷ 收留。《宋史·乐志十七》："绍兴三十年，复诏钧容班可蠲省，令殿司比拟一等班直～，内老弱癃疾者放停。" ❸ 收束。明王世贞《艺苑卮言》卷一："发端，盛唐人无不佳者。结颇有之，然亦无转入他调及～不住之病。"

【收发】 shōu fā 收进和发出。元胡祗遹《宝钞法》："总计已上诸名项，及该载未尽钱物，每岁公库～，私家消用，计可用钞若干。"明《型世言》三〇回："似库书库吏～上有弊。"清胤禛《上谕旗务议覆》卷八："现今八旗设立司务厅，专管一应行文～之事。"

【收房】 shōu fáng 收纳为妾。清《野叟曝言》二八回："没许你娶妾? 不容你～?"又一二四回："以婢女～，不得同于侧室也。"

【收放】 shōu fàng ❶ 收拢来放下去。唐德诚《船子和尚拨棹歌·续机缘集》："滩水至今深见底，任予～一纶竿。"明周晖《金陵琐事》卷一："(神楼)用篾编成，似陶靖节之篮舆，悬之于梁，仅可弓卧。其上下～之机，皆自握之，不须他人。"清屈大均《广东新语》卷一五："以黄藤丝棕及人发组合为缆，大径三四寸，以铁为槵，以二铁轮绞之，缆之～，以数十人司之。" ❷ 收取放置；收藏存放。《大宋宣和遗事》前集："师师见了大惊；顺手将这曲儿～妆盒内。"明姜清《姜氏秘史》卷二："定广惠库旧钞免进天财库，就库～。"清《红楼梦》四〇回："定是为开顶柜～东西，非离了那梯子怎么得上去呢?" ❸ 聚拢放开；收拢展开。《太平广记》卷二三引《逸史》："进士崔伟，尝游青城山，乘驴歇鞍，～无仆使。"杨无咎《朝天子》："千奇万状，见云烟～。"明《挂枝儿·扇子》："会揩磨，能遮掩，～随心，摇摇摆摆多风韵。"清李调元《南越笔记》卷四："往往两帆斜系，迎风如蝶翅，沿溪～，却极稳便。" ❹ 收进发放；征收发放。明张宁《汀洲府行六县榜》："天色将晚，即便闭仓，不许乘昏抵暮～，致生奸盗。"《金瓶梅词话》一二回："陈敬济每日起早睡迟，带着钥匙，同伙计查点出入银钱，～写算皆精。"清《后水浒传》二九回："乡村钱谷～出入消算不来，俱来寻他。" ❺ 收账放贷。明《警世通言》卷二五："私自置下田产，托人～，每年去算帐一次。" ❻ 掌握调节。《古尊宿语录》卷三〇《舒州龙门佛眼和尚语录》："临机大用全～，何必区区握雪团。"元乔吉《水仙子·赠江云》："有意能～，无心尽去留，梨花梦湘水悠悠。"明陈继儒《狂夫之言》卷一："博浪一槌，张子房不必论，即始皇大索十日即止，亦自有英雄～处。"

【收伏】 shōu fú 使归服；制伏对方使顺从自己。《敦煌变文校注》卷二《韩擒虎话本》："阿奴今拟兴兵，～狂秦，卿意若何?"《元曲选·单鞭夺槊》一折："元帅贺喜，今日却～一员虎将也!"清《红楼梦》五五回："他又不是这里头的货，总～了他，也不中用。"

【收服】 shōu fú 同"收伏"。宋孙觌《上皇帝书》二："除苛解妖，～众心，以辟国于万里之外，岂止曹刿一战之功而已。"明《西游记》三九回："这是你坐下的一个青毛狮子，却怎么走将来成精，你就不～他?"清方成培《雷峰塔》二出："吾当命法海下凡，委曲～妖邪。"

【收复】 shōu fù 平定恢复。唐李亨《命郭子仪充东京畿等道元帅诏》："故能扫清强寇，～二京。"宋九嘉《捣金明砦作建除体》："狐兔今横行，～会有时。"清昭槤《啸亭杂录》卷一〇："乾隆中，大臣～西域乌鲁木齐。"

【收割】 shōu gē 割取(成熟的农作物)。宋文彦博《奏西京灾伤事》："又缘官吏拘文，为已～在场，及有持打了者，不以为凭。"明于谦《收麦诗》："大麦～蚤，二麦～迟。"清《红楼复梦》八四回："连日天气清爽，各庄～陆续登场。"

【收购】 shōu gòu 从各处买进。宋米芾《书史》："所谓金石刻文与孔氏上古书相表里，字法有鸟迹自然之状，宗室仲忽李公麟～亦多。"明沈德符《万历野获编》卷二六："士大夫富厚者，以治园亭、教歌舞之隙，间及古玩。……不吝重赀～。"清孙承泽《庚子销夏记》卷三："而其孙名宥，为天章阁待制、开封府尹，倍价～祖画，故传世者益少。"

【收管】 shōu guǎn ❶ 收押看管；收领管教。唐李纯《诛杀武元衡贼张晏等敕》："其镇州进奏赵环并官健，及王承宗行官家人魏异朝等一十八人，并赴京兆府～，待后疏理处分。"《元典章·刑部三》："拟断阿都赤减免，一百七下，孙小女减一等，决杖九十七下。呈奉都堂钧旨：准拟断决，责付本主～。"清《荡寇志》九三回："奉知府相公钧旨，解去良安营～。" ❷ 收领人之后出具的已经领收的证明文书。元明《水浒传》三七回："那公人先去对管营差拨处，替宋江说了方便，交割讨了～，自回江州府去了。"明《型世言》一回："话说铁小姐圣旨发落教坊，此时大使出了～，发与乐户崔仁。"清《醒世姻缘传》八八回："发配在路，长解耽着干系，怕他死了讨不得～，煞要费事。" ❸ 接收管理；收存保管。

唐李豫《贬田承嗣永州刺史诏》:"更复～将士,(阙)其本部,劫质妻子,给我资粮。"宋孙锐《水调歌头》:"卸下绿蓑青笠,付与渔童～。"清《红楼梦》一四回:"这四个人单在内茶房～杯碟茶器。" ❹ 经手管理;管理。明《欢喜冤家》一二回:"这般田地产业,从先妹夫去世,都小弟～。"清《红楼梦》二四回:"他父母现在～各处房田事务。"《平定两金川方略》卷二六:"索诺木遣人具禀译,称前因革布什咱内变,戕杀本管土司,索诺木才发兵来替他～地方。"

【收呵】 shōu hē (表演者)说收场词。元明《水浒传》三六回:"那汉子得了这五两白银,托在手里,便～道:'恁地一个有名的揭阳镇上,没一个晓事的好汉。'"

【收后】 shōu hòu ❶ 殿后。《敦煌变文校注》卷四《破魔变》:"先锋踏自(道)须远探,～都巡看便宜。"《元曲选外编·五侯宴》三折:"留李从珂～,恐怕王彦章复来,他再与他交锋。"明王世贞《北征军情事宜》:"今已令～之人,但有在后者、不向前者皆斩。" ❷ 受托照管家产的人。《吐鲁番出土文书》第六册《唐总章三年张善憙举钱契》:"身东西不在,仰～代还。"

【收荒摊】 shōu huāng tān 经营废旧物品的货摊。废旧物品叫荒货。清《野叟曝言》六一回:"你那橱里的医书,不是也有些破碎,敢也在～上收来的?"

【收回】 shōu huí ❶ 撤回;撤退。《元曲选·伍员吹箫》四折:"传下令去,将伐郑的军马,暂～者!"清《荡寇志》九二回:"天彪探得梁山兵马都回,方～傅玉。" ❷ 取回属于自己的东西或借出去的银钱。宋李之仪《千秋岁》:"～书上絮,解尽眉头结。"《元典章·刑部十九》:"遂有盗贼生发,互相虏掠人口,官司莫之省问,纵令贩卖,或公然要钱～。"清《红楼梦》二四回:"那倪二见贾芸有了银子,他便按数～。" ❸ 撤销;取消(命令)。宋苏辙《三论回河札子》:"伏乞速降指挥,～买梢、发兵二事,使范百禄等明知圣意无所偏系。"元黄溍《蛟峰先生阡表》:"愿陛下急～御笔,以解万世之议,而免外国之笑。"清赵翼《陔餘丛考》卷二六:"在上者既授之以官,必不因其让而～成命。"

【收火】 shōu huǒ 灭火,比喻斡旋使事态平息。明《型世言》二九回:"差人回覆,徐州同还望他来～,发出水去,道这水不是泉水,要换。"又三三回:"鲍雷见庾盈口牙不来,中间没个～的,料做不来,兜胸一把结了,道:'我们到县里去!'"

【收继】 shōu jì 以寡庶母、寡婶、寡嫂为妻。《元典章·户部四》:"刘从周告,有弟妻许迎仙犯奸,断讫依旧为妻。今有弟因病身死,现有两个弟,合～许迎仙。"《元史·顺帝纪七》:"又～庶母、叔婶、兄嫂,恐贻笑后世。"陶宗仪《辍耕录》卷一五:"奉旨命马多尔齐～小母高丽氏。"

【收寄】 shōu jì ❶ 寄放收存。宋吕本中《呈愚上人》:"举目云天尽新语,殷勤～一牛腰。"元苏天爵《建言刑狱五事》:"或称窝藏盗贼,或言～赃物,或因伪钞扳援,或为私盐致讼。"明《金瓶梅词话》二回:"要使一心腹人送上东京亲眷处～。" ❷ 暂时收押。清于成龙《兴利除弊条约》:"佐贰衙官不许擅将人犯～仓铺。"

【收监】 shōu jiān 把犯人关进监狱。宋尹洙《乞与郑戬下御史台对照水洛城事状》:"勘院既不～取勘,法寺又无较正,以此郑戬所称专奉朝旨,臣实难以晓会。"明李梅实《精忠旗》二一出:"将犯人～。"清《绿野仙踪》一六回:"且将林岱拿去～,立限责比。"

【收剿】 shōu jiǎo 收降剿灭。元方回《四月初四日闻绩溪凡十五都贼焚》:"焚烧宁太广,～已无遗。"明《西游记》五一回:"伏乞天尊垂慈洞鉴,降旨查勘凶星,发兵～妖魔。"清《平定台湾纪略》卷一八:"常青恒瑞亲督率前赴南路,跟踪～。"

【收结】 shōu jié ❶ 收买笼络。宋何去非《何博士备论》卷上:"独伯升愤然有兴复绝绪之志,～轻侠,起以诛莽。"《宋史·孙甫传》:"元昊自拒命以来,～人心,钞掠所得,旋给其众。"清《后水浒传》三〇回:"遂又将蛾眉岭～黄佐说知,四人听了大喜。" ❷ (诗文)收束结尾。宋林希逸《庄子口义》卷六:"此数行乃是～前语。"明王世贞《艺苑卮言》卷一:"歌行有三难,起调一也,转节二也,～三也。"清《唐宋诗醇》卷四五《夜闻湖中渔歌》评语:"只用一语～,老气无敌。" ❸ 结案;收场了结。清《续金瓶梅》五回:"不知西门庆终来罪案如何～。"《情梦柝》一九回:"将到天明,恐一时认出,难于～。" ❹ 指植物开花后收合(结实)或天花收合结痂。宋《朱子语类》卷二〇:"譬如物之初生,自较和柔,及至夏间长茂,方始稍坚硬;秋则～成实,冬则敛藏。"明徐谦《仁端录》卷八:"痘太多者,～还元之后,藏气发泄已多,气血耗散已甚,毒未尽而元神极虚,是以欲用凉药解毒。"清《医宗金鉴》卷五六:"宜用回浆饮补之,助其～。" ❺ 证明收到、盖有印章的凭据。明倪元璐《停遣部科疏》:"凡～不到部,罚在州县;～既到,而银解后时者,计道里远近归罚。"清赵慎畛《榆巢杂识》卷下:"凡属官馈遗皆峻却之,止以虚出～革职。"

【收解】 shōu jiě ❶ 当铺收进典当物,付出钱款。宋吴自牧《梦粱录》卷一三:"又有府第富豪之家质库,城内外不下数十处,～以千万计。"元明《水浒传》六一回:"卢员外正在解库厅前坐地,看着那一班主管～。" ❷ 征收解送。明王守仁《开豁军前用过钱粮疏》:"其餘见存银两,俱系该解之数,悉行各府差人领回,听其～。"《明史·食货二》:"成、弘以前,里甲催征,粮户上纳,粮长～,州县监收。"清胤禛《朱批谕旨》卷一九六:"臣就近料理,尽数～。"

【收禁】 shōu jìn 关押监禁。唐李忱《禁公主家邑司擅行文牒敕》:"如邑司擅行文牒隐庇,兼藏匿要人,便委诸军诸使及府县当时捕捉～闻奏。"宋洪迈《夷坚志》三壬卷二:"这贼～我,看天火烧了你屋!"清《红楼复梦》七二回:"孟思美亦上了刑具,都发交县里～。"

【收惊】 shōu jīng 用某些办法使受惊的小儿安静。明李时珍《本草纲目》卷四九:"《博物志》云:此鸟能以嘴画字,令虫自出。鲁至刚云:今闽广蜀人巫家收其符字,以～、疗疮毒也。"陆粲《庚巳编》卷五:"又有一辈媪,能为～、见鬼诸法,自谓五圣阴教。"《金瓶梅词话》五三回:"这个原是惊,不如我～倒好。"

【收救】 shōu jiù ❶ 抢救;救出(物资、生命等)。宋李纲《吴锡申捉到李赟等奏状》:"杀死贼徒四百三十餘人,并活捉到将官李赟,～到老小及被虏人共六百餘人。"《续资治通鉴长编》卷二五六:"～并烧失若干,量轻重赏罚。"清魏之琇《续名医类案》卷五六:"投益气养荣汤三月,喜其谨守,得以～。" ❷ 补救;挽救;收场。宋黄震《黄氏日钞》卷四四:"奸臣必交结佞幸,才觉怒,必急急～,故不至积怒而去。"明王彦贞《小桃红·西厢百咏》之六二:"家翻宅乱闹啾啾,吓得我难开口,恼犯尊严怎～?"清孔尚任《桃花扇》一九出:"不料局势如此,叫俺怎生～。" ❸ 收住停止;掌控。明《金瓶梅词话》七九回:"初时还是精液,往后尽是血水出来,再无个～。"清《醒世姻缘传》四八回:"惹的人打开了手,只怕～不住,那巴掌合脚已是揭不下来了。"

【收拘】 shōu jū 逮捕拘禁;收留管束。明刘基《蜈蝶》:"王见降者之弗来也,果大信之,下令尽～降民之家。"《金瓶梅词话》六二回:"我死之后,房里这两个丫头无人～。"

【收局】 shōu jú ❶ 收尾的格局。五代何溥《灵城精义》卷下:"故古人定向在于～,当用双山定之,如卯龙巽庚水朝金局也。" ❷ 结束棋局;棋局结束或处在结束阶段。宋觉范《禅林僧宝传》卷一七《浮山远禅师》："与客棋，远坐其旁。文忠～，请远因棋说法。"元蒲道源《彦实道录职教汉中满代》："此时正际棋～，平日方知德服人。"按，此例用于比喻。清《隋唐演义》一〇〇回："见三仙依然在那里弈棋，方才～哩。" ❸ 采取措施使事情了结；收场；下台。明张介宾《景岳全书》卷四六："故无论肿疡溃疡，但觉元气不足，必当先虑其何以～，而不得不预为之地。"清《豆棚闲话》一一则："先在朝廷前夸口，说五年之间便要奏功，住那策励府第。后来～不来，定计先把东江元帅杀了。"《天豹图》一六回："曹天吉正不得～，见众人来劝就顺水推船道：'施必显我的儿，今日尔曹爷爷且饶尔。'" ❹ 特指退身(事外)。明林俊《兵书峡》："素翁久～，诏起滇行院。兵寄老一身，支撑出门倦。"又《简石翁》："寒家三世近诸弟皆～风痿，某是局也。" ❺ 结束；终止。清《平定金川方略》卷二〇："或连阵克捷，大挫贼锋，亦可～。"《平定准噶尔方略》正编卷四四："在军营诸臣心存怯懦，未尝不欲借渡河溺死一语，遂图草草～。" ❻ 结局，特指诗文结尾或结尾的句法。清孙奇逢《四书近指》卷一八："天下事以力成，以智起，开局时见的小了，～如何得大？"《野叟曝言》一五二回："故弟行百岁字令，正以太君之寿寿素兄。今礽儿之寿，亦如太君，恰好～。长兄不必再问，再问则蛇足矣。"《本朝四书文》卷一张玉书《所谓平天下》评："起局振拔，转局分明，～精湛。" ❼ 指退步的餘地。清《红楼梦》一一〇回："邢夫人一听贾政的话，正合着将来家计艰难的心，巴不得留一点子作个～。"

【收军】 shōu jūn 行军作战时负责殿后的部队。元明《水浒传》七八回："当时分拨王焕、徐京为前部先锋，王文德、梅展为合后～。"

【收科】 shōu kē ❶"收科第"之省，谓科举考中。宋胡宿《致仕谢两府》："发策～，倚青阳而款辔；辞荣就养，惧华发而循陔。"叶绍翁《四朝闻见录》乙集："翁已六世～，非驵侩也。"元王沂《送进士》："汉庭发策进英奇，兄弟～古亦稀。" ❷ 收场；圆场。科，舞台动作，借指场面、局面。《元曲选·曲江池》四折："想你来迎新送旧多胡做，到今日穷身泼命怎～。"明《平妖传》四回："我老人家攻说了他一番，你来～便好。"清《野叟曝言》二七回："李四嫂看见光景不妙，忙替公子～道：'他年纪小，没见过人。'"

【收口】 shōu kǒu ❶ 封口；编织物把开口的地方结起来。宋邵雍《太和汤吟》："二味相和就瓮头，一般～效偏优。"明《山歌·丢》："荷包～未收心。" ❷（伤口）愈合。宋佚名《卫济宝书》卷下："凡疮既愈，肉渐满可，将～，且用～药微掺一层，乃用生肉膏盖之。"《元曲选·气英布》三折："俺汉王本为足上箭疮未曾～，要洗的干净，好贴膏药。"清《野叟曝言》二八回："只吃亏他不肯给医生看，所以不得～。" ❸ 船只进港停泊。明《西洋记》九七回："即时传令，各船舵工仔细～。"文秉《烈皇小识》卷六："神庙中叶，改浚落马湖，漕艘尽由宿迁～。"清《野叟曝言》三一回："岂知船到镇江，正要～，忽然大风打在金山脚下，船在石上碰破。"

【收揽】 shōu lǎn ❶ 笼络招纳；收留接纳。唐韩思复《谏捕蝗疏》："不可不～人心也。"明《金瓶梅词话》一回："柴进因见武松是一条好汉，～在庄上。"清赵翼《廿二史札记》卷二："此高祖创业时，固以～人才为急也。" ❷ 收归把持；收聚。宋苏辙《请户部复三司诸案札子》："顷者司马光秉政，知其为害，尝使本部～诸司利权。"元柳贯《为蒋英仲作颜辉画夜行图歌》："心融意定不少假，～奇怪一笔模。"清弘历《汉元帝论》："使元帝早能英断，～乾纲，诛殛恭、显，为国除害，岂不与宣帝比隆哉！" ❸ 收聚的凭靠。清《红楼梦》九二回："那些小的都托赖着他的灵气护庇着，要是那大的没有了，那些小的也就没有～了。"

【收敛】 shōu liǎn ❶ 停止；消失。唐樊宗师《绛守居园池记》："观风云霜露雨雪所为发生～，赋歌诗。"宋连仲宣《念奴娇》："暗黄著柳，渐寒威～，日和风细。"清《野叟曝言》一一三回："直至离海一二十丈，光芒方渐～。" ❷ 指伤口结痂愈合。宋《圣济总录纂要》卷二一："不尔，则脓血不绝，肌肉亦不能～矣。"元齐德之《外科精义》卷上："若至肌肤欲平，恶肉去尽，疮口～之际，尚忌起立行步。"清《医宗金鉴》卷七一："疮口发热觉痒时，即贴黄蜡膏，～而愈。" ❸ 收藏。清《后水浒传》一三回："我一时～不及，被他看见了这些礼物。"

【收殓】 shōu liàn 把人的尸体装进棺材。《辽史·太宗皇后萧氏传》："弑太后及帝。后乘步辇，直诣察割，请毕～。"清《蜃楼志》七回："发与那尸亲～。"

【收领】 shōu lǐng 收下；接收。唐张敬忠《准敕勘复蜀州青城山常道观奏》："寺既出居山外，观今置在山中，务使区分，不令侵竞。臣已牒所管州县，亦许观家～讫。"宋虞某《江神子》："终须买个小船儿，任风吹，尽东西。假使天涯海角、也相随。纵被江神～了，离不得、我和伊。"清《飞龙全传》五三回："其内官所赐之物，着太监即送汝南王府～。"

【收留】 shōu liú 接收容留。《敦煌变文校注》卷五《维摩诘经讲经文(五)》："师兄便望～，弟子今朝布施。"《元曲选·燕青博鱼》四折："投见宋江哥哥，就～我做个头领。"清《红楼梦》三〇回："虽金钏儿苦求，亦不肯～，到底唤了金钏儿之母白老媳妇来领了下去。"

【收拢】 shōu lǒng ❶ 收紧；收束。明《禅真后史》五回："这耿直年方弱冠，又自生得瘦小，足上被夹棍～，苦痛难禁。"清《后西游记》二〇回："一条从头套在上半截，一条从脚套在下半截，渐渐～来，连手都缚住了。" ❷ 同"收笼❶"。清《醉醒石》七回："吕主事与其妾计议，急与他成亲，要～他。不知习与性成，竟收不住了。" ❸ 同"收笼❷"。清《补红楼梦》四一回："不一时，四只船上都～来，倾在一处，却有一小官窑坛子。"

【收笼】 shōu lǒng ❶ 约束；控制；笼络。明《金瓶梅词话》九回："又不敢向前捉武二，只得慢慢挨近上来～他。"又八六回："会事的把俺女婿须～着，照旧看待，还是大鸟便益。"清《补红楼梦》九回："他既然又读书肯巴结，可先给他屋里放一个丫头，只算奖励奖励他，又可～～他的心。" ❷ 收聚；收集。明张宁《沈用权月桂图》："奋掇连根株，五色俱～。"清汤右曾《上某中丞》："呈材羞碌碌，～愧戋戋。"

【收录】 shōu lù ❶ 收集；收藏。唐孔颖达疏《礼记·礼运》"货恶其弃于地也"："但若人不～，弃掷山林，则物坏世穷，无所资用。"宋苏辙《乞诛窜吕惠卿状》："惠卿方其无事，已一一～，以备缓急之用。"清赵翼《廿二史札记》卷二九："盖当时各家碑志之类各译汉字人文，为国史院所～。" ❷ 收入并记录。元陶宗仪《辍耕录》卷一〇："自大小篆、分隶、真草，以至于外蕃书，及国朝蒙古新字，靡不～。"明赵均《玉台新咏后叙》："沈约《八咏》，旧本二首在八卷中，其六首附于卷末。自是孝穆～，其合作者止此。"清《四库总目提要·孔门弟子传略》："《四书人物考》及《备考》～群书，庞乱无纪。" ❸ 查点并登记；查抄并登记。唐李德裕《讨回鹘制》："其回鹘及摩尼等庄宅钱物等，并委功德使与御史台、京兆府各差精强干事官点检～。"高彦休《阙史》卷下："～家产，手授可久。"清《九云记》二八回："～毕，锦衣堂官道：'怪底无一金银器皿、珮饰贮置的些儿了。'" ❹ 录用；录取。唐唐临《劾封德彝奏》："幸逢宽政，复蒙～，策名藩邸，陈力周行。"宋苏轼《御试札子·放榜后论贡举合行事件》："伏见举人程试，有犯皇帝旧名者，有旨特许依本等赐第。又有犯真宗旧名者,执政亦乞依例～。"清《十二楼·拂云楼》一回:"状元有了,榜眼也有了,只可惜没有探花,凑不完鼎甲。只好虚席以待,等明岁端阳再来～遗才罢了。" ❺ 犹"收留"。唐郑回《南诏德化碑》:"崇道蔑盟构逆,罪合诛夷,而却～与宿,欲令仇我。"元高明《琵琶记》三四出:"贫道虽蒙夫人～,只怕贫道无可称夫人之意。"清《说岳全传》二七回:"我弟兄两个情愿投在麾下,望元帅～。"

【收略】 shōu lüè ❶ 招纳。宋冯时行《代谢荐章》:"虽小善而加录,无大故则不遗,必欲门下所～,尽海内之士。"明祝允明《上阁老座主太原相公书》:"允明伏惟霁宇～,幸甚! 幸甚!" ❷ 收取索讨。元明《水浒传》四五回:"每日只是起五更来敲木鱼报晓,劝人念佛。天明时,～斋饭。"按,略,贯华堂本作"掠"。

【收罗】 shōu luó ❶ 搜集;搜刮。唐慧立《玄奘三藏法师论》:"十八异执之宗,五部殊途之致,并～研究。"清《绿野仙踪》三七回:"他到不为与朝廷家办事,全是藉此为～银钱报复私仇之地。"《荡寇志》八一回:"又教跳涧虎陈达,同孔明、孔亮、周通,共带二千兵马,在胭脂山各村庄上～油水。" ❷ 包罗;包藏。金李道玄《诫悭贪恃势》:"非理贪求甚太过,心头网罟苦～。"明《石点头》卷四:"有时退藏于密,方寸间现出四海八垓。到～在芥子窝中,依然没些影响。" ❸ 拉拢;笼络。明《型世言》六回:"寡妇情知理亏,又来～他,使不言语,并不把粗重用使他。"清《平山冷燕》一〇回:"张寅百分奉承,指望～平如衡。"《野叟曝言》一四回:"他常在亲友前,称赞孩儿的才学,说是无人荐拔,未得飞翀,意在～孩儿,入其恶党。" ❹ 收场;结束。元尚仲贤《气英布》一折:"这汉似三岁孩儿小觑我,怎生敢恁末? 是他不寻思到此怎～?"佚名《小张屠》二折:"人攘攘,闹呵呵,无个～。"清《荡寇志》八七回:"军营里论不得家人父子,姊姊切不可去乱做,着姨夫～不来。" ❺ 回收。清《绿野仙踪》一六回:"今日大风陡起,川江内坏无限船只,伤残许多民命。尔诸神可是奉上帝敕旨,～在劫之人么?"

【收买】 shōu mǎi ❶ 收购;买。唐李德裕《奏银妆具状》:"今差人于淮南～,旋到旋造,星夜不辍。"宋汪莘《洞仙歌》:"早春虚过了,尚有二分,是处春光好～。"清《红楼梦》七七回:"只知有个姑舅哥哥,专能庖宰,也沦落在外,故又求了赖家的～进来吃工食。" ❷ 用钱财或其他好处笼络人,使受利用。明《禅真逸史》一五回:"如此假仁借义,除暴怜贫,乃是～民心之计。"清胤禛《上谕八旗》卷四:"凡有用财～人心之处,皆取之于塞思黑。"《野叟曝言》四三回:"这靳直有侄儿靳仁,专好结纳豪杰,～民心。"

【收纳】 shōu nà ❶ 收罗接纳;收容接纳。唐李观《与房武支使书》:"公能～任恳,则善不可加。"《元史·刑法志一》:"诸汉人、南人投充宿卫士,总宿卫官辄～之,并坐罪。"清《红楼梦》七七回:"这媳妇遂恣情纵欲,满宅内便延揽英雄,～材俊,上上下下竟有一半是他考试过的。" ❷ 接收;接受;收下。唐杨於陵《谢手诏许受吐蕃信物表》:"奏事官戴诚回,伏奉墨敕慰问臣,并以臣所进助山陵材木～讫。"元明《水浒传》八二回:"仍将金宝赍送闻参谋,亦不肯受。宋江坚执奉承,才肯～。"清昭梿《啸亭杂录》卷九:"天子富有四海,何所不备,奚赖吾辈措大所贡献? 其所以～者,联君臣之情故尔。" ❸ 收割储藏;收存。唐孔颖达疏《诗·蟋蟀》"役车其休":"然则～禾稼亦用此车,故役车休息,是农功毕,无事也。"宋真德秀《申尚书省乞拨和籴米及回籴马谷状》:"乞将嘉定十七年合发马料纲免起一年,从本州措置,就诸县乡村置敖～。"《续文献通考》卷二七:"巡抚河南山西侍郎于谦,奏请于本年起,运万全等卫粮料内,改拨六万石赴大同府仓～备用。" ❹ 没收;收缴;征收。唐李亨《申明赏罚诏》:"其受贼伪官人庄宅不合～者,一切并还。"清《蜃楼志》九回:"将所欠陈租概行豁免,新租俱照前九折～。"

【收票】 shōu piào 收据。《明会典》卷三二:"按季交与官攒,出给印信～,不许官攒侵欺。"黄佐《泰泉乡礼》卷四:"～式:某处社仓管仓老人某为乡约事,……"清《十二楼·生我楼》二回:"不如把收起的布也交与行家,叫他写个～,等太平之后一总来取。"

【收杀】 shōu shā ❶ 使言辞周密、圆全。宋《朱子语类》卷七〇:"若无《系辞》此数句,此爻遂无～。"又卷一三四:"《唐鉴》也有缓而不精确处,如言租、庸、调及杨炎二税之法,说得都无～,只云在于得人,不在乎法,有这般苟且处。" ❷ 了结;收场。宋朱熹《按唐仲友第四状》:"至于所拟委官体究一节,窃意只是欲与拖延旬月,等候赦恩。且令奏荐子弟,然后迤逦从轻～。"宗杲《宗门武库》:"密印长老四年前见他恁么地,及至来金山升座也只恁么地,打一个回合了,又打一个回合,只管无～,如何为得人!"清尤侗《汉宫春·观演邯郸梦》:"休笑卢生痴绝,算一场春梦,大家～。"也指结局、下场。明章懋《枫山语录》:"人之处世,如舟在江中,或遇安流,或遭风浪,任其飘荡,皆未知如何,～非可逆料。" ❸ 约束;控制。宋《朱子语类》卷二三:"若只'道之以德',而无礼以约之,则侻统无～去。"又卷八六:"因说及梦,曰:'圣人无所不用其敬,虽至小没紧要底物事,也用其敬。到得后世儒者方说得如此阔大,没～。'"

【收煞】 shōu shā ❶ 同"收杀❶"。明《西洋记》八四回:"好三宝老爷,把个言语都～得定定儿的,却才起身。" ❷ 同"收杀❷"。宋朱熹《答何叔京》:"万一成王终不悟,周公更待罪几年,不知如何～。"《元曲选外编·存孝打虎》三折:"我则见纱灯儿般转到十数匝,我看你怎生～。"清《隋唐演义》六〇回:"生离死别,甚来由,这般～。" ❸ 同"收杀❸"。明曹端《通书述解》卷下:"'不止则过焉',若不～住,则过了亦不得成。"清黄宗羲《明儒学案》卷五八:"不仁者,愈约愈局,更无过活处;愈乐愈放,更无～处。"《歧路灯》一〇四回:"官是民字上官,他们的眼泪,是～不来的。" ❹ 文章的收尾。清玄烨《州颜鲁公祠堂记》:"激昂顿挫,善于作势之文。末拈一仁字,～处亦甚有力。"朱彝尊《经义考》卷一六一:"窃谓诚意章,结以'故君子必诚其意',已自～,不应后面尚有许多说话。"

【收梢】 shōu shāo 收场;结局。明陆采《明珠记》四一出:"寄恨传情,引得人魂飏;结尾～,成就人欢赏。"清《红楼复梦》三〇回:"我到馒头庵也出了家,修修来世,别像这辈子,做这样没～的人。"

【收生】 shōu shēng 接生。宋洪迈《夷坚志》补卷四:"乳医赵十五嫂者,……一夕黄昏后,闻人扣门请～。"《元曲选·救孝子》楔子:"我那里会做～的老娘。"清《醒世姻缘传》二〇回:"又叫人快去左近边叫一个～妇人来。"

【收什】 shōu shí ❶ 打点;预备(精神)。《敦煌变文校注》卷一《汉将王陵变》:"三魂莫遣掌(帐)前飞,～精神听我语。" ❷ 整理;拾掇。宋阮阅《诗话总龟前集》卷三五:"既卒,余～其残章,编成一集,号曰《呻吟》。"宋元《清平山堂话本·陈巡检》:"陈巡检～行装,与王吉离了沙角镇。"明《莺哥孝义传》:"哭罢起来忙～,般娘骨殖共高飞。" ❸ 收藏;搁置。明朱橚《普济方》卷三七三:"麻绳缚住,悬挂当风处,一日月干,去膜～。"清《白雪遗音·琴棋书画》:"不理丝桐,懒整围棋,～了羲之,冷落了王维。" ❹ 措置;处理。明严从简《殊域周咨录》卷一九:"诸军见许铭已死,知事已不可～,遂为谋叛之举。"又卷二一:"纪纲既坏,将有不可～者矣。”

【收拾】 shōu shí ❶收割。唐李隆基《令御史检察差科诏》：“关中田苗，令正成熟。……宜令并功～，不得妄有科唤，致妨农业。”宋杨万里《题刘伯山蕃殖图》之二：“说似田家早～，一番风雨一番疏。”也指收成。清《豆棚闲话》一一则：“或天晴亢旱，苗种干枯，十分～便减五分。” ❷收藏；收敛。唐白居易《新秋晓兴》：“展张小屏幛，～生衣裳。”元汪元亨《沉醉东风·归田》：“～起驾驭心，埋没下经纶志。”清《歧路灯》五四回：“我赢的，你老人家～着。” ❸收罗；招纳。唐王孝通《上缉古算经表》：“伏蒙圣朝～，用臣为太史丞。”元佚名《庙学典礼》卷二：“臣愚，省得先朝创业之初，犹以～人材为急。”清《水浒后传》一回：“寻了两三只小划船，～村中几个渔户做了伴当，依旧在石碣湖中打鱼奉母。” ❹安排；整理；备办。宋苏辙《酿重阳酒》：“秋尝日已迫，～烦主妇。”《元曲选·东堂老》三折：“下次小的每，先～面来与孩儿吃。”清《歧路灯》二二回：“只如今～个粗席面，饯饯阎相公才是。” ❺振作。宋《朱子语类》卷一四〇：“齐梁间之诗，读之使人四肢皆懒慢不～。” ❻照顾；照管。宋《名公书判清明集》卷一三：“王平穷而无所归，乃托乡里人为之恳问堂弟王省元子才，欲为管掌典库。王子才笃友于之爱，乃从而～之。”明《欢喜冤家》七回：“你看我两个孙子分上，必然肯照管～我老俩口儿。”《朴通事谚解》卷中：“那般不小心～身己，可知得这证候。” ❼约束；控制。元关汉卿《调风月》二折：“去年时没人将我拘管～，打千秋，闲斗草，直到个昏天黑地。”元明《水浒传》五三回：“几遍待要住脚，两条脚那里～得住，却似有人在下面推的相似。”明文秉《先拨志始》卷上：“从来乱臣贼子，只争一念，而一念放肆，遂～不住。” ❽惩治；使吃苦头。明《西洋记》五八回：“只见那四朵白云，就变成了四座冰山，把四位神爷～得连声叫苦。”清袁枚《子不语》卷一八：“待我唤伙计来，好好～你！”《红楼复梦》三回：“当日凤姐姐想着法儿～你，不放你一条生路。” ❾把人弄死；杀光。明《金瓶梅词话》三五回：“那怕蛮奴才到明日把一家子都～了，管人吊脚儿事！”清赵吉士《寄园所寄》卷九：“咱老子有些怕看见他，你们快些与我～了，……凡流贼谓杀人为打发，如尽杀其众，则谓之～也。”《绿野仙踪》二五回：“大雄吩咐左右道：‘～了去！’大凡贼杀人谓之～。” ❿打扮；修饰。明《金瓶梅词话》二〇回：“你对六娘说，～了出来见见罢。”《醒世恒言》卷三：“少不得头上脚下都要～得光鲜，等他好去别人家做人。”清《红楼梦》二四回：“你那奶妈子死绝了，也不～～你，弄得黑眉乌嘴的。” ⓫修理。清《红楼梦》四六回：“说太太的车拔了缝，拿去～去了。”《歧路灯》七三回：“他说，咱的车子坏了轴头，不曾～，却叫他两个抬，怕抬不动。” ⓬指装殓。《元曲选·窦娥冤》二折：“割舍的一具棺材，停置几件布帛，～出了咱家门里，送入他家坟地。”清《醒世姻缘传》四一回：“雇了几个土工，把那震烂的尸首～在那材里。”《红楼梦》九二回：“岂知他忙着把司棋～了，也不啼哭。” ⓭指拘捕。明《二刻拍案惊奇》卷一七：“兵道行个牌到府来，说是奉旨犯人，把闻参将～在府狱中去了。” ⓮主子与婢女发生性关系；纳妾。《元典章·刑部四》：“不合于至元五年三月内将引次妻并躯妇乞赤斤前去上都住坐。……有妻咬瓦失言道：‘乞赤斤小产了。’昔剌回道：‘我不曾～，那里得小产来？’”明《拍案惊奇》卷三八：“员外就～来做了偏房，已有了身孕。” ⓯排遣；排除。宋秦观《秋兴拟白乐天》：“底事登临好时节，等闲～许多愁。”元赵明道《赏花时》：“～烦恼，准备下捱今宵。”《元曲选·救风尘》二折：“你～了心上忧，你展放了眉间皱。” ⓰领略；体会；感受。宋韩元吉《南乡子》：“唤起佳人横玉笛，凝眸。～风光上小楼。”元乔吉《春闺怨》：“雪月风花～够也，用心用力这时节，担儿上一担担风月。”明朱诚泳《忆西山暨凤泉旧游》：“眼前有景谁～，都付渔樵作浩歌。”

【收市】 shōu shì ❶收购。唐陆贽《论岭南请于安南置市舶中使状》：“近日舶船多往安南市易，进奉事大，实惧阙供。臣今欲差判官就安南～。”《敦煌变文校注》卷五《妙法莲华经讲经文(二)》：“此岸旃檀极贵，凡夫大难～。”《明史·日本传》：“明年二月复遣王进贲敕褒赉，～物货。” ❷停止交易或营业。唐李端《荆门歌送兄赴夔州》：“霹霹燮燮声渐繁，浦里人家～喧。”宋刘辰翁《水调歌头》：“漏通晓，灯～，人下棚。”明谢省《直沽次韵》：“喧寂初～，河流暗入城。”

【收手】 shōu shǒu 住手；停止。明《杜骗新书·引赌骗》：“闻汝今～不赌乎？”《型世言》二八回：“得～罢，人极计生。”清《醉醒石》七回：“起初吕主事也要把园亭池沼怡悦老景，也来指点帮衬他；到见用银子，也觉心疼，要他～，已收不住了。”

【收受】 shōu shòu 收下；接受。《太平广记》卷二三九引《谭宾录》：“每岁愿送钱五万贯，今见有大半，请即～。”《元典章·刑部八》：“录事司典史袁勋所招，不合～讫潘亮过付到杨子华出备折把盏中统钞二定入己罪犯。”清《绿野仙踪》八〇回：“贡生留茶，一物不肯～。”

【收赎】 shōu shú ❶用钱买或用物交换。宋王明清《挥麈前录》卷四：“广以金帛～熙之遗笔，以藏于家。”梅应发、刘锡《四明续志》卷六：“出戍军兵，恐或病患，支二千贯，专充～药饵。” ❷用钱将物或人赎回。唐元稹《弹奏剑南东川节度使状》：“所没庄宅、奴婢，一物已上，并委观察使据元没数，一一分付本主。纵有已货卖破除者，亦～却还。”宋张唐英《蜀梼杌》卷下：“蜀人质钱取息者，将徙居，必书其门曰‘召主～’。”明马光《两粤梦游记》：“凡各营所掳妇女携经全州者，挨查发银～。”

【收束】 shōu shù ❶制伏。五代杜光庭《墉城集仙录》卷三：“吾所受宝书，亦可以出入水火，啸吒幽冥，～虎豹。”《云笈七籤》卷八五：“徐弯者，吴郡海盐人也。少有道术，能～邪精。”清《后西游记》八回：“我闻得当初老大圣头上也有个金箍儿，乃是观世音菩萨教唐三藏～老大圣的法术。” ❷控制；约束。宋刘弇《萧孝廉墓表》：“手为文，若阴与笔计语，千百抽楮立就，奔壮卓诡，初不自～。”明于慎行《榖山笔麈》卷七：“求而不得，无所用心，则声色狗马、玩好游娱杂然进矣，孰与寻常摘句以～其身心耶？”清《醒世姻缘传》八八回：“韦施主，你为人为彻，这也是～不住的事了。” ❸收拢；收缩。清《野叟曝言》九二回：“素臣看那形势，自榆荚一带，俱散局；到回头峒，才有～。”《女仙外史》九七回：“那青白二炁～起来，无异丝缕之细。” ❹收笔；结尾。明董其昌《画禅室随笔》卷一：“每用笔，必曲折其笔，宛转回向，沉着～。”清赵吉士《寄园所寄》卷六：“予一时未能～，作短篇不能与兄再作同门也。”李调元《雨村诗话》卷下：“今人诗全不讲～，以此为金丹可也。”

【收帖】 shōu tiě 即“收票”。明何孟春《贪官科害疏》：“每人各出足色纹银一两七钱，交与罗辅收讫，止出一两一钱～，与洪等执照。”杨慎《升庵集》卷六三：“《文字指归》云：‘支财货契曰睓。’今仓库～曰串子，省贝字。”清《绿野仙踪》四四回：“若信不过，我此刻与你立个～何如？”

【收头】 shōu tóu ❶剪发。《全唐诗》卷八七七《南中谚》：“秋收稻，夏～。”原注：“谓妇人截发而货，岁以为常也。” ❷下葬后，亲友置酒慰问死者家属，表示丧事结束。明《金瓶梅词话》六五回：“坟内有十数家～祭祀，皆两院妓女摆列。”又：“吃毕，各有邀占庄院，设席请西门庆～饮酒。” ❸从某种环境或局面中脱离。明丘濬《丁未秋偶书》：“事到难为休犯手，人当知止急～。”

陈大声《夜行船·秋日写怀》："浮云荣辱都参透，因此上且～牢袖手。" ❹ 收场。明《隋炀帝艳史》三四回："只是这等空劝，娘娘之气如何消得？陛下可将二美人暂贬一贬，方好～。" ❺ 乡里被派催收钱粮的人。明史鉴《论郡政利弊书》："凡财之在民者，其党则巧立名色，定为～。"冯惟敏《折桂令·刈谷有感》："毒～先要合封，狠催申又讨加添。"清龚炜《巢林笔谈》卷六："黄冈樊孝介先生尝与士人论文，一～（明时签殷实排户收征银，名～）裂襟流血，号为顽户所殴。"

【收降】 shōu xiáng ❶ 接收降卒。《册府元龟》卷一一八："（五代周显德四年）大破淮贼于洞口，斩级五千，～二千餘人。"《明史·袁应泰传》："乃下令～，于是归者日众。"清《野叟曝言》一〇四回："所有寨栅，亦俱焚毁，其餘～放掳，封粮平险诸事，俱照前令施行。" ❷ 收复。五代柴荣《平淮南德音》："或破敌成功，或攻城效力，或～州县，或护卫乘舆，咸积忠勤，宜加酬奖。"孙光宪《北梦琐言》卷一〇："蜀军～兴元，因徙于剑南，依王先主，优待甚异。" ❸ 收伏；降服。宋李纲《招降到安镇等人兵奏状》："屡获胜捷，又能～贼首等。"明《西游记》五回："吾奉玉帝金旨，帅众到此～你，快早皈依。"清《绿野仙踪》八九回："今特遣侄弟子不邪～此怪，藉伸葵向愚诚。"

【收小的】 shōu xiǎo de 接生。元明《水浒传》二四回："老身为头是做媒，又会做牙婆，也会抱腰，也会～。"明《金瓶梅词话》二回："做卖婆，做牙婆，又会～。"

【收效】 shōu xiào 收到效果。唐李纯《讨吴元济制》："心怀忠顺，迫在凶威，苟能率诚，即可～。"元王恽《谒武惠鲁公林墓》："措材真得所，～尽非常。"清《女仙外史》三〇回："已奏绩于发轫之初，定～于投戈之后。"

【收心】 shōu xīn 收起心思；收敛杂念。唐司马承祯《收心》："所以学道之初，要须安坐，～离境。"金李俊民《用赵之美留别韵》之三："仕途冰炭～早，客路参商见面稀。"清《八洞天》卷六："因劝他～改过，奇郎流涕应诺。"

【收续】 shōu xù 即"收继"。《元典章·户部四》："曹州法都马告：故夫弟阿散要将法都马～。"

【收用】 shōu yòng ❶ 收取使用；接受使用。唐达摩流支译《佛说宝雨经》卷八："人所弃舍粪扫之服，尽皆～洗濯缝缀。"宋苏轼《以黄子木拄杖为子由生日之寿》："一时偶～，千载相瘢疻。"清《飞龙全传》五五回："其餘马匹，都是刘仁赡令中军照时估价，一并～。" ❷ 男主人与女仆发生性关系。明《金瓶梅词话》六二回："那大丫头迎春已是他爹～过的，出不去了。"《醒世恒言》卷三六："我父亲当初曾～一婢，名唤碧莲。"清《醒世姻缘传》五五回："又问说：'你那家子曾～过了不曾？'丫头道：'收过久了。'"

【收扎】 shōu zhā 收拢驻扎。元明《三国志通俗演义》卷二二："姜维折了许多人马，一路上～不住，自回汉中。"明严从简《殊域周咨录》卷二三："在阵时，有众贼见我官军奋勇拒敌，～一处。"

【收掌】 shōu zhǎng ❶ 收存保管；收存掌管。唐李旦《停修金仙玉真两观诏》："所有钱物瓦木一事，以付公主邑司～。"宋《名公书判清明集》卷八："但县丞一生浮财笼箧既是刘氏～，若官司逐一根索检校，恐刘氏母子不肯赍出。"清《歧路灯》八九回："未刻交卷，四位学师～。" ❷ 收伏掌控。五代王著《赠梦英大师》："金锡罢飞新解虎，铁盂～旧降龙。"宋贺铸《右戏马台歌台在郡城南》："君不闻泗滨昔日有亭长，送徒咸阳失～。泽中置酒饮相诀，吾亦从兹葬芒砀。"

【收执】 shōu zhí 收下并保存。宋尹洙《乞半年一次诣阙奏事》："仍再降一付身札子，令臣～。"《元曲选·合同文字》一折："等我画个字，你两个各自～者。"清《二度梅》二四回："愿领者当堂具呈，交银执业，发给印契～。"

【收置】 shōu zhì ❶ 存放；收藏；放置。《太平广记》卷一〇七引《报应记》："会蛮寇退归，安于道中见军器，辄～于家。"郭若虚《图画见闻志》卷五："平生画墙壁卷轴甚多。贞元间，新罗人以善价～数十卷，持归本国。"清钮琇《觚賸》卷八："得一骨如簪，～经案，久相传示。" ❷ 安置；安顿。《新唐书·高骈传》："骈恐用之屠其家，乃～署中。"宋苏轼《与鲜于子骏书》："欲告子骏与一差遣，～门下。"清《东周列国志》一〇三回："乃使人各处访求勇力之士，～门下，厚其衣食，以结其心。" ❸ 归置；收拾。宋施护译《佛说光明童子因缘》卷二："于刹那间，天降细雪，自然清冷。～餘薪，净其焚地。"又卷四："饭食讫已，～其钵盥手清净。" ❹ 收入；写进。宋周必大《欧阳文忠公集跋》："如《正统论》《吉州学记》《泷冈阡表》，又迥然不同，则～外集。"黄震《黄氏日钞》卷二："此语为婉而切，似当～集注，使学者知孝即仁之事，而仁即性之有可也。"清袁枚《子不语》卷一〇："昨将此情苦求泰山神君，神君许将妾名～册上，照例托生。" ❺ 逮捕关押。《资治通鉴》卷三三："中黄门田客持诏记与掖庭狱丞籍武，令～暴室狱。"明朱国祯《涌幢小品》卷五："事未竟，而显休用事者孙加等，复以诈财害人为通城王～府狱中。"清《四川通志》卷二〇："且其所争田庄，及椎埋杀人等，罪尚未得决正，宜～于理。" ❻ 征收；收购。唐元和十年京兆府《勾当食利本钱奏》："其诸司食利本钱，疏理外合征收者，请改案额为元和十年新～公廨本钱应缘添修廨宇什物及令史府史等厨并用，勒本司据见在户名钱数，各置案历。"《文献通考》卷二〇："崇宁置提举，九年之间，～一千万矣。"明夏言《南宫奏稿》卷一："或又～土产，往来买卖。"

【收贮】 shōu zhù 收藏；存放。唐王焘《外台秘要方》卷二九："膏成，去滓滤，以密器～之。"宋邵雍《清风长吟》："依凭全藉德，～岂须仓。"清《红楼梦》四八回："将一应陈设玩器并帘幔等物，尽行搬了进来～。"

【收捉】 shōu zhuō ❶ 搜捕。唐韩愈《论变盐法事宜状》："行此策后，两市军人，富商大贾，或行财贿，邀截喧诉，请令所由切加～。"宋《三朝北盟会编》卷四〇："然有似此伏阙上书为名者，意在作乱之人，仰三衙立便～。"元《三国志平话》卷上："先主使关、张二将～贼寇去。" ❷ 收拾；打点。明《山歌·烧香娘娘》："～铜杓注子两件，同两领补打个衣裳，替我拿来典当里去当当。"

shǒu

【手】 shǒu ❶ 擅长某种技能或做某事的人。唐张鷟《朝野佥载》卷六："吏部侍郎杨恭仁欲改葬其亲，求善图墓者五六人，并称海内名～。"金李俊民《郭显道美人图》："试问人间何处有，画师恐是倾国～。"清纪昀《阅微草堂笔记》卷一一："是与我皆第二～，时无第一～，遽自称耳。" ❷ 本领；手段。《敦煌变文校注》卷四《降魔变文》："灵异应现千般，合国识知我～。"明《古今小说》卷三六："赵正～高似我，这番又吃他觅了包儿，越不好看。" ❸ 用手操作的程序。清《红楼梦》六三回："那葵官本是常刮剔短发，好便于面上粉墨油彩，手脚又伶便，打扮了又省一层～。" ❹ 侧；边。元明《水浒传》七六回："左右两员副将，左～是丑郡马宣赞，右～是井木犴郝思文。"明《西游记》九六回："此上～房宇，乃管待老爷们的佛堂、经堂、斋堂，下～的，是我弟子老小居住。"《警世通言》卷一三："上～住的刁嫂，下～住的毛嫂。" ❺ 量词。a）用于手工技能。《元曲选·窦娥冤》一折:"自家姓卢,人道我一～好医,都叫做赛卢医。"元明《水浒传》二四回:"你先头娘子也没有武大娘子这～针线。"清《蜃楼志》七回:"会唱几套清曲,弹得一～丝弦。"b) 用于手握的工具,把。清李斗《扬州画舫录》卷一二:"挂棋一局,洞箫一品,篙二～。"

【手八】 shǒu bā 巴掌。明《金瓶梅词话》七三回:"被妇人尽力脸上拧了两把,打了两个～。"

【手把子】 shǒu bà zi 器物上便于用手握持的部分。宋孟元老《东京梦华录》卷九:"御筵酒盏皆屈卮如菜碗样,而有～。"

【手榜】 shǒu bǎng 手写的张贴用的文告。宋熊克《中兴小纪》卷二三:"(张)浚尝遣人赍～入伪地诱刘豫。"宋元《警世通言》卷一六:"张胜去这灯光之下看这～,上写着道:'开封府左军巡院,勘到百姓张士廉,……'"《明会典》卷二二:"凡民间须要讲读大诰律令敕谕,老人～,及见丁着业牌面,沿门轮递,务要通晓法意。"

【手本】 shǒu běn ❶ 公文。宋《三朝北盟会编》卷九二:"今月初十日卯时,据太康县申开封府,差人送到四月二日黄纸～一道,全是登极赦意。"明陆釴《病逸漫记》:"光禄行移俱以～至礼部,礼部为转行科,以～至顺天府转行。"陆容《菽园杂记》卷五:"十三道御史与六部各司平行文移,谓之～。" ❷ 记事或奏事的文本。《金史·卫绍王传赞》:"司天提点张正之写灾异十六条,张承旨家～载旧事五条,金礼部尚书杨云翼日录四十条,陈老日录三十条,藏在史馆。"元李士瞻《与燕平章书》:"外有一一琐琐之请,另具～付之。"明许相卿《论朝觐考察》:"本部该司仍将考察过天下官员,贪酷阘茸名迹显著者数人,治行廉能声实卓异者亦数人,各写～,至说事日期,预先于东阙门下,会同科道等官知会。" ❸ 明清时下属见上司、门生见老师所用的帖子,上面写着自己的姓名、职位等。明海瑞《督抚条约》:"各官参见～,用价廉草纸,前后不着壳,后不留餘纸。"清刘献廷《广阳杂记》卷一:"明季,两司见巡按,用青壳～,外贴一红签。"《儒林外史》七回:"长班又送进一个～,光头名字,没有称呼,上面写着'范进'。" ❹ 开列演员和剧目的本子,供点戏用。明《金瓶梅词话》四三回:"戏子呈上戏文～,乔五太太分付下来,教做《王月英元夜留鞋记》。"

【手笔】 shǒu bǐ ❶ 亲手写的字;笔迹。宋张方平《祭紫微韩舍人文》:"晨有使来,致君慰札,发函号读,怪非～。"明杨仪《高坡异纂》卷下:"适见扇头诗,疑为吾甥女～,人示吾妹,固非误也。"清《绿野仙踪》六九回:"再细细观看,还是于冰～,与前帖字画一般。" ❷ 作为;办事、用钱的气派。唐韦嗣立《谏滥官疏》:"京官有犯及声望下者方遣牧州,吏部选人暮年无～者方拟县令。"明《梼杌闲评》二一回:"身边日渐饶裕,他平日本是挥洒惯了的,～依旧又大起来了。"

【手布】 shǒu bù 手巾。清《绿野仙踪》六四回:"说着将银子和誓状仍包在～内,藏在衣襟底下。"又八六回:"我的一块～子昨日丢在太太屋内,不想上边还未开门,转刻我再来罢。"

【手不稳】 shǒu bù wěn 指偷窃行为。清《红楼梦》九四回:"你去想想,打从老太太那边丫头起至你们平儿,谁的～,谁的心促狭。"

【手策】 shǒu cè 手段;计策。金《董解元西厢记》卷二:"倚仗着他家有～,欲反唐朝世界。"《元曲选·隔江斗智》四折:"这一场布摆,喝采,是谁的～? 呀,保护得荆州安泰。"明汤显祖《邯郸记》七出:"知他甚～,动龙颜,含笑孩。"

【手长】 shǒu cháng 指善于为自己捞取利益。明《型世言》六回:"打听得县官是个掌印通判,姓毛,极是糊涂,又且～。"清《红楼梦》一一七回:"赖家的说道:'我哥哥虽是做了知县,他的行为,只怕也保不住怎么样呢。'众人道:'手也长么?'赖家的点点头儿。"

【手杻】 shǒu chǒu 铐手的刑具。《元曲选·黑旋风》三折:"将军柱上拴了头发,上了脚镣～。"清《醒世姻缘传》五一回:"程谟手里拿着磕下来的～做了兵器,又把那断了的脚镣开了出来,放开脚飞跑出城。"

【手刺】 shǒu cì 拜见别人时使用的手写名帖。宋司马光《书仪》卷一有"平交～"书写格式。陆游《老学庵笔记》卷一:"元丰后,又盛行～,前不具衔,止云'某谨上,谒某官,某月日',结衔姓名。刺或云状,亦或不结衔,止书郡名,然皆手书,苏、黄、晁、张诸公皆然。"明王世贞《书牍·董侍郎》:"昨以舟过石头,不能伏谒长者,而从吏以～赐诲。"

【手灯】 shǒu dēng 用手拿的灯,便于行走照明。明李乐《见闻杂记》卷一〇:"更深回衙,适轿船落后,命一门子同快兵持～步回。"清《红楼梦》九三回:"家人等秉着～,送过贾赦去。"

【手段】 shǒu duàn ❶ 围棋的着数,泛指本领、能耐。宋张继先《望江南·观棋作》:"随分也曾施～,争先还恐费精神。长是暗饶人。"《元曲选·鲁斋郎》楔子:"这厮真个好～! 便似新的一般。"清《说岳全传》七回:"原来是周师父传授,故尔都是这般好～。" ❷ 指待人处世所用的不正当的方法。《元曲选·潇湘雨》二折:"你须看我老爷的～,着你一个个充军。"明《古今小说》卷二三:"元来调光的人,只在初见之时就便使个～。"清袁枚《子不语》卷八:"汝既说我是恶鬼,我将肆恶鬼～,索汝女命去。" ❸ 指办事、用钱的气派。明《醒世恒言》卷三七:"那酒保们见他～来得大落,私下议道:'这人身上便褴褛,到好个撒漫主顾。'"《拍案惊奇》卷二四:"游耍的人,必竟有大～的在内,难道就不布施些?"清《歧路灯》一〇六回:"这谭绍闻原是正经人家子弟,浮浪时耗过大钞,一旦改邪归正,又遇见兄藩台是个轻财重义的～,面软心慈,也晓的前令瞒哄,曲为包涵,希图斩截。"

【手儿】 shǒu er ❶ 犹"手段❸"。明《警世通言》卷三二:"那公子俊俏庞儿,温存性儿,又是撒漫的～。"《醒世恒言》卷三七:"只因他是松溜的～,撒漫的性儿,没钱便烦恼。" ❷ 犹言圈套。清《红楼梦》九一回:"他要不应,咱们索性闹起来,就说他调戏奶奶。他害怕,他自然得顺着咱们的～。" ❸ 指手工活儿。清《红楼梦》一〇一回:"那孩儿模样儿～都好,就只嘴头子利害些。"

【手乏】 shǒu fá 手头空乏。缺钱的婉词。清《歧路灯》七七回:"今日先与你二十两,拿回去,且济～。你做满月我再送过一百两。"《济公全传》一三九回:"立借字人张士芳,今因～,借到三清观老道董太观纹银五百两。"

【手法】 shǒu fǎ ❶ 方法;技巧;手指动作的方法技巧。宋徐玑《酒》:"才倾一盏碧澄澄,自是山妻～成。"明宋应星《天工开物·乃服》:"湖绵独白净清化者,总缘～之妙。"清洪昇《长生殿》三八出:"昨闻有一老者,抱着琵琶卖唱。人人都说～不同,像个梨园旧人。" ❷ 手段。《元曲选·青衫泪》四折:"怎生地使～,待席罢敲他一下。"明《西游记》八九回:"被大圣使个～,将他那洞里细软物件并打死的杂项兽身与赶来的猪羊,通皆带出。"《二刻拍案惊奇》卷八:"又有惯使～,捧红坐六的。"

【手分】 shǒu fèn 宋代官府衙门中的一种文职吏员。宋蔡襄《论中书吏人刘式之罪》:"李昭度降授齐州监,当本房～并皆除出。"《宋会要辑稿·刑法三》:"中孚违限不纳价钱,告嘱～,未出户帖,虚凿税簿,避两科税物。"周密《武林旧事》卷一:"专知官一名，～一名。”

【手稿】 shǒu gǎo 亲手写成的底稿。宋陈渊《与胡康侯侍读》：“又改动前十篇及三经义辨，皆有～。”清《歧路灯》九〇回：“疑是灵宝公的～，但不知怎的流落他家。”

【手藁】 shǒu gǎo 同“手稿”。宋邵博《邵氏闻见后录》卷二三：“予旧从司马氏得文正公熙宁年辞枢筦出帅长安日～密疏。”明钱谦益《国初群雄事略》卷二：“滁阳事，实高帝～以授来仪，宜其不殁次夫人之德也。”

【手工】 shǒu gōng ❶ 用手操作，也指用手操作的劳动技能。宋黄庭坚《山谷简尺》卷上：“欲作一竹匮，高五尺，阔四尺七，……此自与～也。”清《儒林外史》四一回：“我自小学了些～针黹，因来到这南京大邦去处借此糊口。”《绿野仙踪》四六回：“这三十个小球，定必也是做空的，再对口打磨，止这～就难说。” ❷ 手工劳动的报酬；工钱。明谢肇淛《五杂组》卷一五：“余在缮部，适皇极门兴工，有铁钉炉头者，一切铁及柴炭皆取诸官之外，但铸冶～至一千五百金，其他大率往往如是，真可笑也。”《梼杌闲评》一三回：“取了三钱银子做～，道：‘明早务必要的。’”清《续金瓶梅》五〇回：“替人家纺绵织布，补线缝针，挣后十个指头上～。”

【手功】 shǒu gōng 靠手的技能做出的工作。唐张鷟《朝野佥载》卷三：“愔问：‘用几两丝？’对曰：‘五两。’愔令竖子取五两丝来，每两别与十钱～之直。”

【手梏】 shǒu gù 即“手杻”。明杨爵《周主事传》：“天佐体干细弱，其～微宽，可自脱出。”《明史·黄宏传》：“宸濠反，宏被执，愤怒，以～向柱击项，是夕卒。”

【手盒】 shǒu hé 一种手持的食盒，便于携带供膳。明沈榜《宛署杂记》卷一五：“内供给赁办家火，……～十四副，拿盒六副。”刘若愚《酌中志》卷一四：“又司房管库房，汤局、荤局、素局、点心局、干碟局、～局、凉汤局、水膳局、馈膳局，管柴炭及抬膳，又各内官百餘。”清《醒世姻缘传》二五回：“狄员外收了，赏了管家五十文钱，又备了一个～，请过薛教授来送行。”

【手滑】 shǒu huá 指行事不加节制或不能克制。《资治通鉴》卷二四六：“乙未，赐弘逸、季稜死，遣中使就潭、桂州诛嗣复及珏。户部尚书杜悰奔马见李德裕曰：‘天子年少，新即位，兹事不宜～。’”邵伯温《邵氏闻见录》卷八：“上春秋鼎盛，岂可教之杀人？至～，吾辈首领皆不保矣！”清《何典》五回：“后来渐渐～，把雌鬼积蓄的许多臭铜钱，日逐间偷出去浪费落了。”

【手击子】 shǒu jī zi 即“击子❷”。清《儒林外史》二〇回：“老和尚还走到自己房里，披了袈裟，拿了～，到他柩前来念往生咒。”

【手简】 shǒu jiǎn ❶ 手板；笏板。《旧五代史·梁书·太祖纪六》：“朝参，诸司使库使已下，不得带从人入城，亲王许一二人执条床～，餘悉止门外。” ❷ 便笺；手写的短信。宋杨泽民《浪淘沙慢》：“情绪似丁香千百结，忍重看、～亲折。”元王恽《玉堂嘉话》卷二：“李北海《毒热帖》临本，李邕～。”清沈彤《与顾肇声论墓铭诸例书》：“昨辱～，商酌墓铭诸例，各有证佐，非顷刻所能定。”

【手健】 shǒu jiàn 手的动作敏捷利索。明宋应星《天工开物·乃服》：“做山之人最宜～。箔竹稀疏，用短稿略铺洒，妨蚕跌坠地下与火中也。”《西游补》七回：“俺当年气性不好，一时～，一刀儿苏苏切去，把数千人不论君臣，不管大小，都弄做个无头鬼。”《续文献通考》卷一三四：“请自今以后，凡火枪手，必五人为伍，其中择一二人心定而～目疾者，专司持放。”

【手将】 shǒu jiàng 手下将领。《元曲选外编·襄阳会》楔子：“母亲，这赵云是刘玄德～。”又《黄鹤楼》一折：“我修一封书，差～鲁肃直至赤壁连城，请刘玄德过江赴会。”明佚名《午时牌》头折：“某乃河中府节度使王重荣麾下～刘允是也。”

【手脚】 shǒu jiǎo ❶ 动作；举动。唐刘仁轨《陈破百济军事表》：“臣今睹见在兵士，～沉重者多，勇健奋发者少。”宋杨无咎《步蟾宫》：“一斑两点，从初起，这～渐不灵。”清《红楼梦》四一回：“我的～子粗，又喝了酒，仔细失手打了这磁杯。” ❷ 为了实现某种企图而暗中采取的行动。宋《三朝北盟会编》卷二九：“不意燕山失守，主上嗣位未旬日间，正是做～不及。”金《董解元西厢记》卷六：“旧日做下的衣服件件小，眼谩眉低胸乳高，管有兀谁厮般着，我团着这妮子做破大～。”清《蜃楼志》二〇回：“七月初旬，学宪录科弄了些～，倩人代作，高高的取了一百第一名的科举。” ❸ 气力；心力。宋《朱子语类》卷七五：“圣人于天下自是所当者摧，所向者伏，然而他都不费～。”明顾允成《札记》：“老子曰：‘知我者希，则我贵。’圣人则曰：‘人不知而不愠。’圣人何等自然，老子却费了许多～。”清《荡寇志》七九回：“不如就今夜灌醉他，就这里砍了他，省多少～。” ❹ 本领；武艺。宋克勤《碧岩录》一则：“若是本分人到这里，须是有驱耕夫之牛，夺饥人之食底～，方见马大师为人处。”《元曲选·燕青博鱼》二折：“有恁般好～，倒不如只打拳去。”清《荡寇志》七一回：“这是东京有名的教头，好～。” ❺ 指用钱的气派。清《红楼梦》一一〇回：“邢夫人素知凤姐～大，贾琏的闹鬼，所以死拿住不放松。”《绿野仙踪》五四回：“不意新财东～大，将本银乱用。”

【手脚不好】 shǒu jiǎo bù hǎo 犹“手不稳”。《元曲选·潇湘雨》二折：“你看他模样倒也看的过，只是～要做贼。”

【手脚不稳】 shǒu jiǎo bù wěn 犹“手不稳”。明《金瓶梅词话》一二回：“也是一家子，新娶个媳妇儿，是小人家女儿，有些手脚儿不稳。”《西游记》三九回：“你这猴子，～，我把这还魂丹送你一丸罢。”

【手脚零碎】 shǒu jiǎo líng suì 犹“手不稳”。明佚名《白兔记》卷下五出：“如今世俗，～的到好。”清朱素臣《文星现》七出：“生性～，少时偷狗偷鸡，大来逾墙掘壁。”

【手较】 shǒu jiào ❶ 比赛；较量（技艺）。《续资治通鉴长编》卷二七二：“岁终与弓箭，～优劣，赏罚如弓箭手。”《元曲选·度柳翠》三折：“将过围棋来，与师父～数着。” ❷ 亲手校定、校对。明王世贞《资善大夫李公神道碑》：“又时时～其所权者，以示警。”清毛奇龄《赠汝宁金太守补任扬州序》：“烛光萦窗，重帘自垂，君～文簿，砣如也。”李清馥《闽中理学渊源考》卷三三：“余按其本，乃卢牧洲先生及子濩所～者。”

【手紧】 shǒu jǐn ❶ 指不随便花钱或给人东西。明佚名《四贤记》一三出：“若是教他～，我这宅子里群小怎能过活？” ❷ 指手头拮据。清《歧路灯》六七回：“小侄近况着实～，索讨填门，毫无应付。”

【手局】 shǒu jú 指下围棋。清《隋唐演义》五〇回：“又见秦王与仲坚～。仲坚第二局将败，急收拾东南一角。”

【手卷】 shǒu juàn 可卷舒的横幅书画卷子，也指供签名用的横幅卷子。宋赵汝腾《赐御书兰亭诗序谢表》：“臣某言：伏蒙圣慈以御书《兰亭诗序》墨本～一轴赐臣。”元纪君祥《赵氏孤儿》四折：“这～是谁家宗祖图？”清《荡寇志》九七回：“无事不登三宝殿，老身要烦三郎画幅～。”

【手绢】 shǒu juàn 随身携带的方形小块织物，用来擦汗或擦鼻涕等。清《红楼梦》九六回：“出了潇湘馆，走了几步，忽然想起忘了～子来，因叫紫鹃回去取来。”《绿野仙踪》四九回：“说着泪流满面。何公子连忙用～儿揩抹。”

【手靠】 shǒu kào 即“手杻”。清《绿野仙踪》二三回：“押着个犯人，带着～绳索，一步一颠的走来。”

【手里】 shǒu lǐ ❶亲手。唐王建《别药栏》：“芍药丁香～栽，临行一日绕千回。” ❷领属下；管辖下。宋《朱子语类》卷一〇：“有一士人，以犯法被黥，在都中，因计会在梁师成～直书院，与之打并书册甚整齐。”元关汉卿《调风月》三折：“你道有铁脊梁的，你～做媳妇。”清《九云记》三回：“一个吏部，自己升荐荣辱，都在他～，这些小小事，难道不听听？” ❸指个人某一时候的经济情况。清《醒世姻缘传》五三回：“这二年得了晁近仁的这些产业，越发～方便。”《红楼梦》八八回：“你～窄，我很知道，我何苦白白儿使你的！”

【手零脚碎】 shǒu líng jiǎo suì ❶即“手脚零碎”。《元曲选·潇湘雨》四折：“我道你是聪明的卓氏，我道你是俊俏的西施，怎肯便～窃金赀！” ❷形容人好动，不安分。清《豆棚闲话》一〇则：“一个叫做油炸猢狲强舍，……因他日常～，坐不安闲，身材短小，故有此名。”

【手炉】 shǒu lú ❶可用手持的小香炉。五代钱镠《隐岳洞》：“～香暖申卑愿，愿降殊祥福帝尧。”宋魏泰《东轩笔录》卷二：“其家修佛事为道场，惟一女十餘岁，跪捧～于像前。”清《济公全传》一五二回：“今天由大殿前往外排班，是五十四对一百零八位和尚各穿扁衫，手拿～手磬。” ❷可捧在手内用于取暖的小炭炉。元伊世珍《嫏嬛记》引《采兰杂志》：“冯小怜有足炉曰辟邪，～曰凫藻，冬天顷刻不离。”清《红楼梦》六回：“（凤姐）端端正正坐在那里，手内拿着小铜火箸儿拨～内的灰。”

【手面】 shǒu miàn ❶手掌。宋赵与衮《辛巳泣蕲录》：“方付药之顷，而董尉右～亦中一箭。”明戚继光《纪效新书》卷一：“所谓乡野老实之人者，黑大粗壮，能耐辛苦，～皮肉坚实，有土作之色。” ❷本领。明汤显祖《南柯记》二七出：“王大姐，这等～，怎么防贼？”△清《官场现形记》一六回：“各人有本事，各人有～。” ❸指用钱的气派。明《杜骗新书·盗劫骗》：“往年举子送人事，皆淡薄，今这公子真方家～。”又《在船骗》：“又见家人伏侍恭敬，每呼主为相公，使用皆大～，不与诸商一类，以此益信为真官舍。”

【手民】 shǒu mín 本指木工，后指刻字或排字的工人。宋陶穀《清异录》卷上：“木匠总号运斤之艺，又曰～、手货。”△清《青楼梦》四六回：“飞鸿姐姐处有我《修竹斋诗钞》一部，君如不弃，替我付之～，留于世间。”

【手模】 shǒu mó 按在契约、证件等上面的指纹印。宋《明公书判清明集》卷九：“叶四有妻阿邵，不能供养，自写立休书、钱领及画～，将阿邵嫁与吕元五。”《元曲选·后庭花》二折：“我这里书名字，画～。”清《红楼梦》二五回：“一时回来，果然写了个五百两欠契来。赵姨娘印了～，走到橱柜里将梯己拿了出来。”

【手摹】 shǒu mó 同“手模”。宋黄庭坚《杂论》：“今婢券不能书者，画指节，及江南田宅契亦用～也。”

【手帕】 shǒu pà ❶即“手绢”。唐王建《宫词》之四七：“缠得红罗～子，中心细画一双蝉。”《元曲选·冤家债主》二折：“我～角头，都是生姜汁浸的，你拿去眼睛边一抹，那眼泪就尿也似流将出来。”清《红楼梦》五四回：“尤氏等用～子握着嘴，笑的前仰后合。” ❷指寿礼。《元曲选外编·玩江亭》一折：“再将来纱罗纻丝三十匹，权为～。”明《朴通事谚解》卷上：“你昨日张千户的生日里，何故不来，……我也那一日递了～之后，吃几盏酒。”清钱谦益《国初群雄事略》卷一二：“洪武二十六年正月初三日，因做生日，有一般达官乃儿不花，……歹都不花等到来递～拜寿。”

【手批】 shǒu pī 皇帝、长官亲手批示的公文或文字。宋《建炎以来繫年要录》卷一三一：“堡寨最沿边急事，神宗戒陕西诸帅，悉出～。”明《古今小说》卷一〇：“忽见县差奉着～拘唤，时刻不容停留。”清《万寿盛典初集》卷六四：“御序如乾象之包六爻，或加以～，若曦光之烛万汇。”

【手平】 shǒu píng 平手；不分高下的较量结果。明《西游记》一七回：“我也硬不多儿，只战个～。”清《后西游记》二九：“阴阳二大王两条枪抵小行者一条铁棒，也只好杀个～。”

【手亲】 shǒu qīn ❶亲手做某事。唐刘言史《与孟郊洛北野泉上煎茶》：“粉细越笋芽，野煎寒溪滨。恐乖灵草性，触事皆～。”宋章甫《叶子逸以惠山泉瀹日铸新茶饷予与常郑卿》：“广文唤客作妙供，石铫风炉皆～。” ❷动作准确敏捷。宋陈亮《与朱元晦秘书》：“射者以～眼便为能，而御者委曲驰骤以从之。”金《刘知远诸宫调》一二：“强人眼辨世中希，彦威～天下少，五十合不分胜败。”《董解元西厢记》卷二：“法聪出地过，谁人比得他骁果？禁持得飞虎心胆破，～眼便难擒捉。”

【手罄子】 shǒu qìng zi 犹“手击子”。清《儒林外史》五四回：“正说着，门外敲的～响。虔婆出来看，原来是延寿庵的师姑本慧来收月米。”

【手软】 shǒu ruǎn ❶手无力发软。五代何光远《鉴诫录》卷六：“～阿师持磬钹，面甜童子执幡花。”宋苏轼《管幼安贤于荀孔》：“会有所感，不觉书此。眼花～，不复成字。”清《飞龙全传》一〇回：“那老儿见了，唬得魂飞魄散，～脚酥。” ❷形容不忍下手或下手不狠。元明《水浒传》七回：“当时林冲扳将过来，却认得是本管高衙内，先自～了。”明李乐《见闻杂记》卷五：“第犯涉贵显公子，却便心疑～，所以孤寒之士亦得有所挟以藐视主司。”清《后水浒传》一四回：“殷尚赤见了，一时～，打不下去。”

【手梢】 shǒu shāo 手指。唐皮日休《新秋言怀寄鲁望》：“小桂如拳叶，新松似～。”《元曲选·丽春堂》四折：“我若是～儿在你身上荡，又只怕惹起风霜。”佚名《红绣鞋》：“背地里些儿欢笑，～儿何曾汤着，只听得擦擦鞋鸣早来到。”

【手稍】 shǒu shāo 同“手梢”。《元曲选·朱砂担》四折：“铁幡竿满情得济，王文用～儿着地。”《元曲选外编·西游记》二一出：“脚根牢跳出陷人坑，～长指破迷魂阵。”明江瓘《名医类案》卷一二：“药才合就，便以擦儿齿，少顷作哕咳声，～便动。”

【手势】 shǒu shì ❶弹乐器时手的姿态和指法。唐赵邪利有《琴～谱》。宋佚名《调笑令》：“作弹琵琶～，更向当筵舞袖。”清《四库总目提要·初学艺引》：“又表古今人物及七弦十三徽与～、指法等为十表。” ❷手臂动作、力量的态势。宋沈括《梦溪笔谈》卷一九：“大意天覆地载，前后～耳。”明《挂枝儿·爱》：“爱你骂我的声音儿好，爱你打我的～儿乔。”清《红楼复梦》七三回：“谁知～过猛，那枝箭直飞到珍珠怀里落了下来。” ❸体会或表示意思时用手所做的姿势。五代何光远《鉴诫录》卷八：“炼之未定，遂于驴上作推字～，又作敲字～，不觉行半坊。”《古尊宿语录》卷三五《大随开山神照禅师行状》：“沩云：‘何不道如何是佛。’师便作～掩沩口。”明《西湖二集》卷一二：“潘用中无计可施，不免虚空模拟～，指尖儿事发。”

【手顺】 shǒu shùn 形容行动顺畅。元明《水浒传》五〇回：“且说李逵正杀得～，直抢入扈家庄里。”又：“我砍得～，望扈家庄赶去，正撞见一丈青的哥哥，解那祝彪出来，被我一斧砍了。”

【手松】 shǒu sōng 指随便花钱或给人东西。明《型世言》三回：“但是掌珠终是不老辣，……有那脸涎的，撺不过，也便添他些。盛氏道他～，做人情，时时絮聒他。”又：“省得丈夫回来，道我～折本。”

【手素】 shǒu sù 犹"手乏"。清《绿野仙踪》四九回:"何大爷此番必定～,日后再来时,何难照看你们?"

【手索】 shǒu suǒ 犹"手乏"。清《绿野仙踪》八十回本六五回:"何亲家年来～些,此事若蒙俯就,我愿送银八百两为日用小菜之费。"按,百回本作"手素"。

【手头】 shǒu tóu ❶ 手中;手上;掌握中。唐鱼玄机《和友人次韵》:"欲将香匣收藏却,且惜时吟在～。"《敦煌变文校注》卷二《韩擒虎话本》:"缘二人权绾总在～,何忧大事不成!"宋陈淳《答陈伯澡七》:"如文公《语》《孟》集注,初头遍阅诸家说,或一两段,或一两句,或一两字可耳,皆抄掇来,盈溢一箱中。然后又旋旋磨刮,剪繁趋约,末稍到成个定本。凡几百番经～过。" ❷ 手。"头",后缀。唐顾况《李供奉弹箜篌歌》:"～疾,腕头软,来来去去如风卷。"《敦煌变文校注》卷六《金刚丑女因缘》:"妹子虽不端严,～裁缝最巧。" ❸ 身上;身边。宋朱熹《答潘叔昌》:"后人据纸上语,指点前人,甚易为力。不知事到～,实要处断,毫发之间,便有成败,不是容易事。"宋元《清平山堂话本·简帖和尚》:"我这本师,却是播台寺监院,～有百十钱,剃度这厮做小师。"清李渔《闲情偶寄》卷九:"眼前景,～物,千古无人计及,殊可怪也。" ❹ 指个人某一时候的经济状况。《元曲选·小尉迟》二折:"这些时没人来,～匾短,终日家闲邀邀的闷坐。"明文彭《寿承与高阳札》:"近来～稍宽,便欲服饰鲜美。"清《歧路灯》六四回:"谭绍闻～空乏,尽着力给你,也不过几十两之数。"

【手脱】 shǒu tuō 脱手;手未拿稳而失落。元明《水浒传》五六回:"李荣再叫倾酒。车客假做～,把这一葫芦酒都倾翻在地下。"

【手尾】 shǒu wěi ❶ 同"首尾❶"。宋《朱子语类》卷一三一:"时有一囚,与争财弟同狱,问得其～。"按,一本作"首尾"。❷ 同"首尾❷"。清《续金瓶梅》二回:"原来张小桥久在衙门里,积年通贼,近因乱后抢城,又和这些土贼俱有～。"

【手下】 shǒu xià ❶ 手下人。金《董解元西厢记》卷八:"太守令～拽尸于门外,退厅张宴。"宋元《警世通言》卷四:"分付～:只取沸汤一瓯来。"清昭梿《啸亭续录》卷五:"以孙丕扬为杨任,因其家居关西,而无甚知识,以～为耳目也。" ❷ 手底;手里;手边。唐李世民《禁经序》:"畏惧生疑,否臧不决,运用迷于笔前,震动惑于～,若此欲造于元微,未之有也。"明杨柔胜《玉环记》一六出:"韦皋是个大丈夫,他怎肯裙钗～求针指,玉镜台前听指挥。"清《红楼梦》五三回:"早有三个媳妇已经～预备下簸箩。" ❸ 指个人某一时候的经济状况。宋苏轼《与子由书》:"程德孺言弟令出银二百星见借,兄度～尚未须如此,已辞之矣。"

【手下人】 shǒu xià rén 所管辖的人。宋《靖康要录》卷六:"自来权贵之家及诸局分多占蔽,～盗博纵恣,稍加绳治,反遭屈辱。"《元曲选·金钱记》二折:"你不见我摆列着～?"清《荡寇志》九一回:"却说关胜中伤败回,忙叫～卸甲。"

【手押】 shǒu yā ❶ 作为凭信在公文或契约上所签的名字或所画的符号。宋《三朝北盟会编》卷一九七:"尔等四辅,自令后都元帅府应有行移军文字,如吾不在府第,无吾～,不得承受回报。"明《西游记》八八回:"王子看了,又见有各国印信～,也就欣然将宝印了,押了花字。" ❷ 签字。金李天民《南征录汇》:"萧庆奉二帅命,与宋臣吴开、莫俦等议定事目,令少帝～为据。"又:"遂指索帝姬三人、王妃、嫔御七人。吴开等力请少主～为信。"

【手眼】 shǒu yǎn 见识;伎俩;手段。宋杨先《富顺中岩避暑》:"伽陀坐断碧岩阴,～无非利物心。"明吕毖《明朝小史》卷一六:"险邪因之以偷换～那移升叙,致士朴卒困顿以去。"清《红楼梦》六五回:"那尤三姐放出～来略试了一试,他弟兄两个竟全然无一点别识别见。"

【手痒】 shǒu yǎng 比喻很想动手做某事。元明《水浒传》九二回:"本待要捉活的来,一时～,忍耐不住,就便杀了。"明《西游记》五八回:"八戒见了,忍不住～道:'等我去认认看。'"清《荡寇志》七七回:"丽卿一时又～起来,忙挂了枪,取出弓来,抽一枝箭搭在弦上。"

【手业】 shǒu yè 以手艺谋生的职业。《宋史·兵志七》:"请如主兵官旧曾占使书札、作匠、杂技、～之徒,或与统辖军员素有嫌忌,意欲舍此而就彼,或所部逃亡数多,欲避谴责,辄将逃军承逃亡之名便与请给。"元杨瑀《山居新话》卷三:"高彦敬为江浙省郎中,知杭民藉～以供衣食。"清《珍珠舶》一回:"那众邻居,俱是个经纪～之人。"

【手衣】 shǒu yī 手套。唐慧立、彦悰《大慈恩寺三藏法师传》卷一:"以西土多寒,又造面衣、～、靴、袜等各数事。"《通典》卷一三八:"面衣及～皆通用餘色。"

【手艺】 shǒu yì 手工技艺;技艺。唐柳宗元《梓人传》:"彼将舍其～,专其心智,而能知体要者欤?"元陈草庵《山坡羊》:"争夸聪慧,争夸～,乾坤一浑清浊气。"《大清律例》卷八:"其少壮军流各犯,实系贫穷又无～者,初到配所,按该犯本身及妻室子女,每名每日照孤贫给与口粮。"

【手印】 shǒu yìn ❶ 手留下的痕迹。唐段成式《酉阳杂俎》卷一四:"手染郁金栀于緤上,千万重～悉透。"明章潢《图书编》卷六一:"玉柱大十围,高丈餘,晶莹可鉴。崖有元君～,玉指宛然。"清《秘殿珠林》卷四:"唐世梵僧写进陀罗尼梵本,必于细妙氎上图画形质及结坛～。" ❷ 按在契约、供词或其他文书上的指纹痕。宋苏颂《太子少保元章简公神道碑》:"或问公:以何见其伪?曰:始视契,日月在母～上,是必得母他牍尾印以续伪契。"明《肉蒲团》一一回:"权老实走到写了婚书,打了～,邻舍押了花名,交与赛昆仑。"清《平定朔漠方略》卷三七:"臣与达赖喇嘛无异押有～可证。" ❸ 按手印。明《古今小说》卷二:"梁尚宾一向夫妻无缘,到此说了尽头话,颩一口气,真个就写了离书,～,付与田氏。" ❹ 指印章。《辽史·耶律贤適传》:"一时纳赂请谒,门若贾区。贤適患之,言于帝,不报;以病解职,又不允,令铸～行事。"元虞集《句容郡王世绩碑》:"封句容郡王,赐金印、玉～一。"

【手语】 shǒu yǔ ❶ 用手势表达意思。唐朱揆《钗小志》:"崔生谒一品问疾,其妾与之～。"明何伟然《马又如》:"至于青楼之目挑～,自是常局。"清《十二楼·合影楼》一回:"大约珍生的话多,玉娟的话少,只把～传情,使他不言而喻。" ❷ 指弹奏琴瑟一类弦乐器。唐李白《春日行》:"佳人当窗弄白日,弦将～弹鸣筝。"宋刘才邵《赠吾彦逸》:"不信人言竹胜丝,昵昵朱弦将～。"清《八旬万寿盛典》卷一一三:"筝弦～,箛管唇翻。"

【手札】 shǒu zhá 亲笔信。唐杜甫《暮秋枉裴道州手札率尔遣兴》:"道州～适复至,纸长要自三过读。"宋洪迈《容斋续笔》卷一:"既而亦终于彼,～今尚存于张氏。"清《歧路灯》五回:"昨日堂尊有～催取,再也延迟不得。"

【手掌心】 shǒu zhǎng xīn ❶ 手掌的中心部分。唐阿地瞿多译《陀罗尼集经》卷一〇:"于左～中,我身藏隐在摩利支天心内。"明《西洋记》七〇回:"国师拿起九环锡杖,写个'土'字,放在他～里。"清《医宗金鉴》卷六八:"此证生于～,赤肿疼痛。" ❷ 比喻所控制的范围。明屠隆《昙花记》四五出:"想着我做唐朝大丞相时节,皇帝在我～里翻身,文武百官在我嘴唇皮上过活。"△清《双凤奇缘》五三回:"又想番王进宫,须要如此这般,不出奴

～内。”

【手爪子】 shǒu zhǎo zi 手(含贬义)。《元曲选·燕青博鱼》三折:“折了你那～! 走便走,这么扯扯拽拽的做什么!”

【手照】 shǒu zhào ❶亲手写的用作比照凭据(的文字)。《文献通考》卷三九:“(宋高宗绍兴三年)不曾经吏部注授参选、及虽有请受历之类而别无省部～文字人,明敕诸路监司郡守,并不许奏辟差遣。”清《隋唐演义》八四回:“即以小玉如意暂抵酒价,请唐皇写了一纸～,约几日遣人来取赎。” ❷手持的照明用具,有罩,可遮风。明《太常续考》卷一:“盥洗盆五个,～八把,提炉一对。”清陈端生《再生缘》三九回:“自己执着～回到灵凤宫来。”《补红楼梦》九回:“两三间屋子就剩下我们两个人,又怪害怕的,又找不着灯笼和～子。”

【手罩】 shǒu zhào 同“手照❷”。清《红楼梦》七五回:“又是两个老婆子秉着两把羊角～,鸳鸯、琥珀、尤氏等贴身搀扶。”

【手纸】 shǒu zhǐ 解手纸;揩大便用的纸。宋元《警世通言》卷四:“荆公见屋旁有人坑厕,讨一张～走去登东。”清《红楼复梦》四一回:“大奶奶要～,我这儿有。”

【手重】 shǒu zhòng ❶手感觉沉重。唐白居易《江西裴常侍以优礼见待》:“长觉身轻离泥滓,忽惊～捧琼瑶。”《云笈七籤》卷三二:“凡唾不用远,远即成肺病,令人～、背疼、咳嗽。”明孙一奎《赤水元珠》卷二:“湿流关节,臂痛～。” ❷动作时手用力猛。也比喻行事或说话重。明《西游记》一九回:“你的～,揪得我耳根子疼。”清汪景祺《西征随笔》:“此断不可,我～,恐得罪官人。”《绿野仙踪》四二回:“这也怪不得他,委实那日温大爷嘴巴太～些了。”

【手肘】 shǒu zhǒu 犹“手杻”。《明会典》卷一五四:“刑部每年该用长枷五百二十面,～七百八十副。”清《绿野仙踪》七六回:“各带着～铁链,穿着囚衣步走。”

【手状】 shǒu zhuàng ❶亲笔写的陈述事实的文字。唐郑薰《祭梓华府君神文》:“凡曰凶徒,皆就枭戮。各通～,自谓不冤。”《旧五代史·食货志》:“今年夏苗,委人户自通供～,具顷亩多少。”元王恽《论匠户》:“奉圣旨,差官与察司总府一同磨勘到各户根脚气力～,已是精当。” ❷犹“手刺”。唐卢肇《逸史》卷三:“唐道士周隐克,有术数,将相大僚咸敬如神明。宰相李宗闵修弟子礼,～皆云然。”宋张世南《游宦纪闻》卷一:“士大夫谒见刺字,古制莫详。世南家藏石本元祐十六君子墨迹,其间有:‘观敬贺子允学士尊兄。正旦,高邮秦观～。’”明沈鍊《寄唐荆川书》:“顷燕峰使者之便,敬修～奉讯外,鄙作一帙,幸赐览削之。”

【手镯】 shǒu zhuó 套在手腕子上的环形装饰物。宋洪迈《夷坚志》三辛卷二:“我藏小儿～一双,妇人金耳环一对,金牌一枚。”清《红楼复梦》九〇回:“我送嫂子这只金～儿,先请收下。”

【手字】 shǒu zì ❶亲手写的字;亲笔签的字。唐李匡乂《资暇集》卷下:“时阿跛光进帅麟,览盈幅～,知误画,时飞还赵公。”明《西游记》五四回:“把通关文牒用了印,再请女王写个～花押,佥押了交付与我们。”清赵吉士《寄园所寄》卷六:“景纯在里门,有《寄衣诗》云:‘闭妾深闺惟有梦,怜君故国岂无衣?’～清勤婉约。” ❷亲笔写的字据。《元曲选·来生债》楔子:“孝先,这个是你的～么? ……〔正末做扯科,云〕我扨了这文书,点个灯来烧了者。”明《金瓶梅词话》一四回:“有你写来的帖子见在,没你的～儿,我擅自拿出你的银子寻人情?” ❸称对方的亲笔信。宋司马光《与夏秘丞书》:“前日郎吏乃以～相示,云得之西来军士。”明韩邦奇《狱中怀程以道》:“一别茫茫近十年,偶来～墨犹鲜。”清魏裔介《与辩若弟》:“向接～,知欲为江淮之游。”

【手作】 shǒu zuò 技艺。元岳伯川《铁拐李》一折:“你问他开铺席为经商? 做甚～?”《元曲选·碧桃花》一折:“只是小官学问短浅,焉敢在小娘子跟前卖弄～?”

【守】 shǒu 女子不因丈夫或有过性关系的男子去世或远出而再婚。唐张鷟《游仙窟》:“儿年十七,死～一夫;嫂年十九,誓不再醮。”金《刘知远诸宫调》一二:“早起庄南厮撞着,夫人鉴(坚)不曾改嫁,尚自～我。”清《红楼梦》三九回:“所以你珠大爷一没了,趁年轻,我都打发了。若有一个～得住,我到有个膀臂。”

【守把】 shǒu bǎ ❶把守;看管。唐俱蜜王那罗延《请处分大食国表》:“伏望天恩处分大食,令免臣国征税,臣等即得久长～大国西门。”明《型世言》二四回:“算计得第一路险要是工尧隘口,岑猛已差儿子邦彦与个土目陆绶率兵～。”《大清律例》卷一二:“凡有人(非监守)从仓库中出,～之人不搜检者,笞二十。” ❷掌管。明《拍案惊奇》卷一六:“家私丰裕,多亏那王氏～。”

【守财卤】 shǒu cái lǔ 同“守财虏”。清《聊斋志异·真生》:“仆所以欲得钱者,原非欲窖藏之地,君尚视我为～耶?”

【守财虏】 shǒu cái lǔ 即“守财奴”。宋吕南公《三清殿西庑见穆质题名石刻》:“端知～,倚此销苹蘖。”明焦竑《玉堂丛语》卷四:“夫延龄～耳,何以能反?”清《隋唐演义》一二回:“若土著之民,富有资财,先得了一个～的名头。”

【守财奴】 shǒu cái nú 称有钱而非常吝啬的人。唐王梵志《撩乱失精神》:“此是～,不兑贫穷事。”明海瑞《劝赈贷告示》:“夫积财而不能散者,昔人以～鄙之。”清《歧路灯》一〇〇回:“休听那～老妞夫话!”

【守承】 shǒu chéng 掌管继承。宋陈经《尚书详解》卷四三:“成王之所以持盈～者,盛德之事。”明《西游记》二三回:“幼年不幸,公姑早亡,与丈夫～祖业。”清姜炳璋《诗序补义》卷二三:“既有淫威,言作宾王家,～先祀,依然天子制度,客心亦可以少慰,非侈陈其礼遇之隆也。”

【守待】 shǒu dài 等待。宋韩琦《九日赏菊未开席上次韵》:“～金铃披绝艳,共君搴蕊醉餘芳。”明龚诩《上周文襄公书》:“奈何各处盐场,拘于先后,恣意阻滞,至有二三十年～不得支而甘于自弃者。”清《荡寇志》一二三回:“又接到张嵇仲书信,言不久便有天兵征讨,劝其～天兵,万勿疏虞。”

【守服】 shǒu fú ❶子女为尊亲或妻子为丈夫服丧。《太平御览》卷二三〇:“母没,上疏乞～。”元岳伯川《铁拐李》四折:“则我那～妻、持孝子岂知我安在。”清黄叔璥《台海使槎录》卷六:“番死丧葬及浴身入室,与南北投等社同,～十二日不出户。” ❷照原药方继续服用。清魏之琇《续名医类案》卷三:“仍用原方,减去参附一半,～数剂而愈。”《荡寇志》一二二回:“原方不必改易,仍可～。”

【守候】 shǒu hòu 等待。宋陈襄《选差京朝官知县状》:“又已过半则逐时在铨,～差遣,常无一二百员。”元郭翼《雪履斋笔记》:“大风浃旬,拥楫七昼夜,长年苦于～,今日遂冲浪侧帆而去。”清《红楼梦》一〇〇回:“又托人花了好些钱,总不中用,依旧定了个死罪,监着～秋天大审。”

【守活寡】 shǒu huó guǎ 指丈夫在世而妻子过独居生活。清李渔《蜃中楼》一一出:“夫人立法甚严,千岁守法太过,教我这个～婢女儿时做得出头?”《红楼梦》一〇〇回:“不喝也好,强如像你哥哥喝出乱子来,明儿娶了你们奶奶儿,像我这样～受孤单呢!”

【守己】 shǒu jǐ 安守本分。唐李商隐《杂纂·无所知》:“家贫不～。”元杨朝英《水仙子》:“闲时高卧醉时歌,～安贫好快活。”

清《儒林外史》七回:"正身以俟时,～而律物。"

【守旧】 shǒu jiù 维持原来的样子;维护旧的东西。宋黄庭坚《江陵府承天禅院塔记》:"有知进者,住持十八年,～。而智珠初问心法于清源奇道者,而自闽中来则佐知进主院事,道俗欣欣,皆曰:'起废扶倾,惟此道人能之。'"明《二刻拍案惊奇》卷三七:"早知虎口应难免,何不安心～来?"清程省《测字秘牒·至理测法》:"一人书凫字问:'～与更新孰胜?'"

【守苦】 shǒu kǔ 安于困苦。清《醒世姻缘传》五二回:"你恭我敬,戮力同心,立纪把家,～做活,已是叫公婆甚为欢喜。"

【守困】 shǒu kùn 安于贫困;在困境中等待。唐寒山《丈夫莫守困》:"丈夫莫～,无钱须经纪。"《元曲选·冻苏秦》一折:"据先生甘贫～,待势乘时,所谓蛟龙得云雨,终非池中之物。"清《蜃楼志》二回:"这银子还他餘欠,剩下的做盘费回乡,不宜在此～。"

【守灵】 shǒu líng 待在灵床、灵柩的旁边陪伴亡灵或设立灵位供奉。宋张师正《括异志》卷二:"究其所自,则～老卒之物,偶致于此。"明《金瓶梅词话》一四回:"当日妇人轿子归家,也回了一个灵位供养在房中。虽是～,一心只想着西门庆。"清孔尚任《桃花扇》闰二〇出:"下官走下城头,领了些本管校尉,寻着尸骸,抬到东华门外,买棺收殓,独自一个戴孝～。"

【守命】 shǒu mìng 安于命运的安排。唐姚合《送卢二弟茂才罢举游洛》:"～贫难掷,忧身梦数惊。"宋张齐贤《洛阳缙绅旧闻记》卷三:"不苟进取,～俟时而已。"清《醒世姻缘传》六一回:"你的五星已注定,是该惧内的,……你安分～,别要再生妄想了。"

【守幕】 shǒu mù 犹"守灵"。幕,指灵帐。明《古今小说》卷一二:"谢玉英衰绖,做个主丧,其它三个的行首都聚在一处,带孝～。"清《东周列国志》二八回:"荀息乃诛～者数十人,即日与百官会议,更扶卓子为君。"

【守奈】 shǒu nài 耐心等待。宋元《清平山堂话本·陈巡检》:"我今情愿挑水～,……倘有再见丈夫之日。"元明《水浒传》三六回:"你可宽心～,我自使四郎来望你。"

【守耐】 shǒu nài 同"守奈"。明《醒世恒言》卷三三:"又见家中好生不济,无心～,又见了十五贯钱,一时见财起意,杀死丈夫,劫了钱。"△清《痴娇丽》五回:"况此女未动芳心,又坚～,是以不敢强。"

【守亲】 shǒu qīn 新婚的夫妇在新房中相陪伴,不出门。明《金瓶梅词话》三五回:"你每悄悄的在屋里,把门儿关着,敢～哩!"又:"他和小厮两个在书房里,把门儿插着,捏杀蝇子儿是的,知道干的什么茧儿,恰是～的一般。"

【守生】 shǒu shēng 守候预备接生。元《前汉书平话》卷下:"薄姬腹怀有孕。吕后生嫉妒,怕生太子。临时,吕后教唤稳婆～。"明《禅真后史》五回:"大尹慌张,忙差人唤官医看视,一面叫稳婆～。"清《红楼复梦》四三回:"那钱太太往松江他姑娘家里～去了,要月底儿才回来呢。"

【守死】 shǒu sǐ ❶ 等死。元明《水浒传》九八回:"如今村里人民都逃散了,老僧没有去处,只得在此～。"明《欢喜冤家》一四回:"百户有口难分,只得～而已。"清《隋唐演义》五四回:"我们在此闷坐～,有何出头日子?" ❷ 死也不变,表示态度坚决。元明《水浒传》七二回:"李逵～要去,那里执拗得他住。"

【守孝】 shǒu xiào 尊亲死后,在规定的一个时期内停止娱乐和交际,表示哀悼。《元曲选·冤家债主》三折:"要～也由的你,便要嫁人也由的你。"明《金瓶梅词话》八〇回:"吴月娘等不免伴夫灵～。"清《红楼梦》一四回:"缮国公诰命亡故,故其孙石光珠～,不曾来得。"

【守行踪】 shǒu xíng zōng 守期约;准时赴约。唐张鷟《游仙窟》:"向来知道径,生平不忍欺。但令～,何用数围棋。"按,围棋,谐音"违期"。

【守镇】 shǒu zhèn 镇守;看守保卫。唐柳冕《青帅乞朝觐表》:"臣备位方面,～海隅。"元佚名《保越录》:"我为大元臣子,～城池,无以诸暨之失而易我。"清《赛花铃》一三回:"谁料各路～官,俱受了昝元文的约束,那一个肯发兵来。"

【守制】 shǒu zhì 遵行居丧制度为亲长守孝。守制期内停止应酬、娱乐、出仕、应考、婚嫁等。《颍川陈氏开漳族谱》载唐陈元光《半径庐居语父老》诗按语引《志铭》:"垂拱四年,魏氏卒,将军以支孙承重,付州事于许天正,葬祖母于半径山,结庐～。"元刘仁本《乐节妇诗序》:"妇能～而行,则为贤矣,岂必以同死为得哉!"清《红楼梦》二回:"林如海意欲令女～读书,故又将他留下。"

【首报】 shǒu bào ❶ 犹"首告❶"。清于成龙《禁谕荒民》:"倘有不法,许区长指名～,以凭究处。"《水浒后传》一二回:"若不肯时,就把他的阴事到东京～。"袁枚《子不语》卷一三:"未十日,于七果反,族子以～之功受赏。" ❷ 犹"首告❷"。明郑善夫《答欧阳崇道》:"其～未尽者,又闻开自新之路。"清三餘氏《南明野史》卷下:"今既败去,愿～以为兴王之资。"《大清会典则例》卷一二五:"强窃盗诈欺取人财物,而于事主处～,及受人枉法不枉法赃,悔过回付还主者,与经官司自首同,皆得免罪。" ❸ 报告;申报。明孙传庭《行西安理刑官清屯檄》:"如有权贵豪强衙蠹学劣,与各项奸徒,诡计阻挠,生端抗拒,及～不实者,指名报院。"清《平定准噶尔方略》前编卷三一:"客民～地亩,应分别给与工价。"柯崇朴《清故文林郎陆先生行状》:"后以言者复申隐地处分之例,州县畏罪,稍有～,由是倚山濒河之地,间可耕获者,亦相戒不敢垦。"

【首呈】 shǒu chéng 犹"首状❸"。清于成龙《弭盗安民条约》:"其有挟制失主,改写～,于初报文内预伏抢窃奸仇等字样,含糊支饰者,本部院不罪失主,惟将该管官弁照隐讳参处。"《野叟曝言》一〇〇回:"计多忙写～,同戴秃赴县密首。"《儒林外史》一四回:"这奴才手里拿着一张～,就像拾到了有利的票子,银子少了,他怎肯就把这钦赃放出来?"

【首词】 shǒu cí 自首或告发他人的文字。宋元《古今小说》卷三九:"漕司看了汪世雄～,问了备细,差官锁押到临安府。"明朱长祚《玉镜新谭》卷三:"以东阁臣及部院诸臣,欲先拿职家人长班拷问,捏勒～而后及职。"清于成龙《弭盗条约》:"或他处旧案扳犯,许将本犯悔过～叙入,以开生路。"

【首单】 shǒu dān 犹"首状❸"。明《拍案惊奇》卷三六:"款住黄胖哥,要他写了张～,说:'金宝簪一对,的系牛黑子押钱之物,所首是实。'"

【首发】 shǒu fā 犹"首告❶"。明王恕《参奏南京经纪私与番使织造违禁纻丝》:"本月十一日,有王铎等又将象牙六担送到王文家,本人将银四两二钱与王铎接收。本月二十六日致被周璋具状～。"《拍案惊奇》卷二五:"随着公人到了府前,才晓得于潜客人被同伙～。"清《隋唐演义》二回:"但只是废斥易位,须有大罪,这须买得他一个亲信,把他～。"

【首告】 shǒu gào ❶ 出首告发;告发。《唐律疏议》卷二〇:"若初买之时,不知略、和诱、和同相卖之情,买得之后访知,即须～。不～者,亦以知情论。"《元曲选·冤家债主》三折:"不免拽上这门,我～他走一遭去。"清俞㬏《马草行》:"老农束取负担归,然草煮豆聊充饿。吏胥～盗官货,哀哉愚民家顿破。" ❷ 自首。元卢琦《谕寇文》:"汝等若能悔前所为,开陈激变缘由,赴官～,咸与免罪。"明朱瞻基《皇子生诏》："逃军、逃囚、逃匠人等，自诏书到日为始限，两个月以里赴官～，与免本罪。"《古今小说》卷三八："今提五个首级～，望相公老爷明镜。"

【首官】 shǒu guān ❶向官府告发。《明会典》卷一〇四："凡太常寺光禄寺厨役私自逃回原籍潜住者，弘治十三年奏准，许里甲人等～解部，不许津贴盘缠。"《西洋记》三回："众人就推陆阿公为首，连名～。"清《聊斋志异·珊瑚》："次日，债主遣仆来，言所偿皆伪金，将执以～。" ❷向官府自首。明何孟春《应诏陈言疏》："逃者将自行～，居者将乐于就役。"王守仁《请止亲征疏》："贼伙内有能自相擒斩～者，与免本罪。"《古今小说》卷三八："逃走被人捉住，不为好汉。不如挺身～，便吃了一剐，也得名扬于后世。"

【首将】 shǒu jiàng 为首的将领。唐常衮《贺剑南破西蕃表》："名王～，既充俘馘，要塞坚城，亦入封守。"《元曲选外编·襄阳会》一折："颇奈刘备无礼，着一～持一封书，问俺父亲借个城子。"清《女仙外史》六二回："适金龙四大王巡游，见一班忠义之士，遂问了～姓名，命为驾下前部呼风使者。"

【首救】 shǒu jiù 向官府证明被告无罪，使免受刑戮。《元曲选外编·金凤钗》四折："原来是你偷了金钗，可着平人屈死！地方众人，拿住这厮绑了，去～赵鹗秀才去。"明廖道南《殿阁词林记》卷五："兵部尚书彭泽坐哈密事，将置重典，公预廷议，～免之。"

【首卷】 shǒu juàn ❶书籍的第一卷。唐王福畤《王氏家书杂录》："得《中说》一百餘纸，大抵杂记，不著篇目。～及序，则蠹绝磨灭，不能诠次。"宋赵与时《宾退录》卷八："余～辨王建宫词多杂以他人所作，今乃知所知不广。"清沈复《浮生六记》卷一："因思《关雎》冠三百篇之首，被列夫妇于～，餘以次递及焉。" ❷科举考试中被评为第一名的试卷。宋周密《齐东野语》卷八："设如此言，诸公将何以自解？不若以待补～易之。"《元曲选·红梨花》四折："自到京都阙下，掉过～，一举状元及第。"清《歧路灯》四六回："复试时见你品格轩昂俊秀，看你是远到伟器，遂定了你为～。"

【首肯】 shǒu kěn 点头表示同意。唐傅梦求《围棋赋》："于是翁也～，尊俎无声，相与推枰而一笑。"宋伍梅城《贺新郎》："帝～，从他意。"清《荡寇志》一二五回："慧娘欣然～。"

【首领】 shǒu lǐng 衙署中为首的佐吏（如府经历）或衙役（如总捕头）职位。宋朱熹《右文殿修撰张公神道碑》："～有捕盗者，为奏补官。"《元曲选·铁拐李》一折："只从人解了你绦，～每剥了你袍，我着你似生驴般吃顿拷。"清《醒世姻缘传》八三回："你做了这～官，上面放着个知府、同知、通判、推官，都是你的婆婆。"

【首纳】 shǒu nà ❶自首并上交。宋张方平《宋故推诚保德功臣蔡公墓志铭》："乃下令民有器甲者，与期限，俾～，原其罪。"《金史·食货志三》："其弃藏应禁器物，～者每斤给钱百文。"《文献通考》卷一三三："仍令民间旧有斗、升、秤、尺限半年～，出限许人告。" ❷首先交出。《宋史·范同传》："张俊与桧意合，且觉朝廷欲罢兵权，即～所统兵。"又《刘光世传论》："迎合桧意，～军权。"

【首帕】 shǒu pà ❶蒙头的织物。宋李璮《水龙吟》："腰刀～从军，戍楼独倚间凝眺。"清《醒世姻缘传》四五回："素姐没梳头，踅着～，小玉兰跟着，待往家去。" ❷指聘礼。清《续金瓶梅》三一回："没奈何就接了～，胡乱成了夫妇。"

【首人】 shǒu rén ❶为首的人；首领。宋陈元晋《申措置南安山前事宜状》："定不容妄摊假名为～，出官指掩，以图休息。"清胤禛《朱批谕旨》卷一二五："闻陆氏同贼～等藏匿窒上寨子内，官兵重重围困，谅立可擒拿。" ❷出首告发的人。宋元《古今小说》卷三六："钱大王见了这条带，明是真赃，～不虚。"明王恕《查勘失机官员功罪奏状》："会合本县应捕，委官医学训科李守忠督令火甲人等，押带原～孙兴等，指引到金牛山，挨捉贼首蒋龙等。"清陆莘行《老父云游始末》："十月初，有旨，将庄、朱家产一半给～吴之荣。"

【首身】 shǒu shēn 投案自首。宋张詠《乖崖集》卷一二："李顺党中有杀耕牛避罪逃亡者，公许其～。"《宋史·兵志七》："陕西等处差官招谕逃亡军人，并许所在～，更不会问。"元明《水浒传》一二回："推司也觑他是个～的好汉，又与东京街上除了一害，牛二家又没苦主，把款状都改得轻了。"

【首思】 shǒu sī 蒙古语音译，指兵站、驿站按规定数额提供的柴米等物，意译作"分例"。《元典章·兵部三》："今体知得，诸处站赤例于马户处冒行攒敛羊酒米面～等物。"刘时中《端正好·上高监司》："广费了些～分例，倒换了些沿路文书。"《元史·文宗纪二》："大都至上都并塔思哈剌、旭麦怯诸驿，自备～。"

【首尾】 shǒu wěi ❶比喻轻重、主次、先后。唐杨夔《复宫阙后上执政书》："今朝廷之法，不及州县之条。州县之条，违者必有刑，所以人知惧。朝廷之法，犯者未必罪，所以人莫畏。是以冠履杂处，～倒置。"明陈全之《蓬窗日录》卷三："审轻重之势，以酌～之分，明～之分，而定内外处之极。则关中其最也，幽、蓟、并、冀其次也。" ❷代指某种隐秘的关系。《元曲选·勘头巾》四折："赵仲先，这桩事可不道你也和他曾有～来？"明《金瓶梅词话》二五回："以此都知雪娥与来旺儿有～。"清《红楼梦》六九回："说妹妹在家做女孩儿就不干净，又和姐夫有些～。" ❸指职分内的事，经手的事，也泛指事情。明《金瓶梅词话》二四回："惠莲嫂子说，该是那上灶的～，问那个要，他不管哩。"清《醒世姻缘传》八二回："有件事在我们察院里，正是我合单老哥的～。"《红楼梦》一〇一回："你哥哥一到京，接着舅太爷的～就开了一个吊。" ❹底细；秘密。清《红楼梦》七一回："谁知他贼人胆虚，只当鸳鸯已看见他的～了，生恐叫喊起来，使众人知觉更不好。"《绿野仙踪》七七回："连本部人马一个未暇带来，他们越发不知～。"

【首位】 shǒu wèi ❶第一位。唐王焘《外台秘要方》卷三八："五行五藏，皆互相生。肝虽处中，而为藏～。"《金史·礼志二》："诣于～神座前，奠币如上仪。"清《后水浒传》二四回："尔今威勇兼全，足堪～。" ❷首席；尊位。明《金瓶梅词话》四一回："正面设四张桌席，让月娘坐了～。"《禅真后史》四八回："瞿珏弟兄商议，逊党涞坐了～，以下滑士游、车云甫、众客等次序而坐。"清《儒林外史》七回："二人再三谦让，同他行了礼，让他～坐下。"

【首席】 shǒu xí ❶首位；某一部门或政府机构的最高职位。唐令狐德棻《大唐故柱国燕国公于君碑铭》："～藩邸，贰职春卿。"明张宇初《祭胡赞教文》："及累升～，力让未遑，而亡何诬构横至，竟殒于行。"清《钦定续通典》卷二六："金尚书省总领六部，尚书为端揆～。" ❷最尊的席位。唐李峤《攀龙台碑》："司徒观王雄、左仆射杨素、吏部尚书牛宏、兵部尚书柳述咸与抗礼，延登～。"明蒋一葵《尧山堂外纪》卷八六："主人～客居旁，此理分明大不祥。"清《红楼梦》四四回："他坐不惯～，坐在上头横不是竖不是的。"

【首状】 shǒu zhuàng ❶承认犯罪事实。《册府元龟》卷七二二："少游大惊，趣令讯鞫醉僧，～。" ❷供状；自首的文状。金元好问《续夷坚志》卷三："荣辅听罢，惶惧殊甚，手写～，言自后更不敢复作青词。"明《警世通言》卷二四："你在那里偷的这东西？快写～，休要玷辱了门庭。" ❸告发他人的文状。宋文彦博《奏王安论亲事官张贵事》："臣早来读王安～，内言张贵称有刀埋在东北角楼下。”明李梅实《精忠旗》一七出：“是张宪营还兵柄事，你两人已有～了。”清《野叟曝言》一〇回：“这几句话实在伏你，快些写起～，同你赴县密首。” ❹ 出首告状。《元曲选·争报恩》二折：“小官就回家去，着亲人自来～也。”清《歧路灯》九〇回：“并将该县密揭内，保长邻佑～情节，随牌发出。”

【首坐】 shǒu zuò ❶ 最尊的席位。唐卢肇《逸史》卷三：“陟为主人，东面～。”明《梼杌闲评》四五回：“在咱家该是姐姐～。”清孔尚任《桃花扇》一八出：“〔副净～，末、丑、净依次坐介〕” ❷ 首犯。《唐律疏议》卷五：“后捉获乙，称甲为首，鞫问甲，称是实，还依～，科徒一年。”明姚士粦《见只编》卷上：“以为奏捷则梁必首功，定罪则梁复～，为白冤状。” ❸ 第一该连坐的。唐白居易《得景请预驸马所司纠云》：“国章宁舍于面欺，家长宜从于～。”《金史·梁肃传》：“尚辇局本把石抹阿里哥与钉铰匠陈外儿共盗宫中造车银钉叶，肃以阿里哥监临，当～。”清《东周列国志》四二回：“士荣摄为士师，断狱不明，合当～。”

shòu

【寿】 shòu 镌刻，谓使之保存久远。宋文天祥《道林寺衍六堂记》：“僧志茂以屋压字漫，～公字于石。”元王逢《忆朱芹湖》：“～文钱四万，时往致予思。”明徐光启《大司马海虹先生文集叙》：“顷先生之冢孙司隶君数千里寄缄，则先生之全集已～诸梨枣。”

【寿板】 shòu bǎn 棺材板。明《警世通言》卷二二：“客人若要看～，小店有真正婺源加料双的在里面。”△清梁恭辰《北东园笔录》初编卷五：“濒行，带一副沙木～，为公所见，饬之曰：‘汝带此回去何用？’”

【寿材】 shòu cái 生前准备的棺材，也泛指一般的棺材。宋王巩《随手杂录》：“先是十年前，有富人治～。”明《西洋记》一四回：“教他到山门之外邻居家里借了一口～，停柩于方丈之内。”清《红楼复梦》二七回：“我想起宋老八他去年给他的妈办了口好～。”

【寿辰】 shòu chén 生日。宋范祖禹《白沟驿赐大辽贺坤成节人使御筵》：“卿等肃将瑞节来庆～，方暑在途，入疆授馆，特先迎劳，当体眷恩。”明李梅实《精忠旗》七出：“莫愁锦绣云霄里，岁岁琼卮献～。”清《红楼梦》一一回：“庆～宁府排家宴，见熙凤贾瑞起淫心。”

【寿词】 shòu cí 祝寿的吉祥话、诗词等。唐张仲素有《献～》。宋刘仙伦《喜迁莺·寿令人》：“寿烛高烧，～齐唱，满劝长生酒。”清《巧联珠》一三回：“有甚么好东西，只好弹个～儿孝顺太太罢了。”

【寿旦】 shòu dàn 同“寿诞”。宋王珪《都亭驿赐契丹皇帝贺乾元节人使》：“卿等展币邻封，称觞～。”明程敏政《寿肃州刘参将景昌七十》：“玉关人老得归来，绮席还从～开。”清《醒世姻缘传》九〇回：“连夜赶回，要在十月初一日趁晁夫人～迎接诰命。”

【寿诞】 shòu dàn 生日（多用于有身分的人或老年人）。明薛瑄《庆留耕张处士寿诞诗序》：“乃能求贤士大夫之诗歌，以为～之庆。”《警世通言》卷二八：“六月十三是我～之日，不要慌，教这妇人着我一个道儿。”清袁枚《子不语》卷一九：“因玉帝～，儿献花时偷眼观下界花灯，诸仙嫌儿不敬，即罚是日降生人间。”

【寿具】 shòu jù 犹“寿材”。元明《水浒传》二一回：“恩主时常觑老汉，又蒙与终身～。”清《后水浒传》三〇回：“趁今年整寿，看几棵好木，做两口～。”

【寿圹】 shòu kuàng 犹“寿穴”。宋刘克庄《卓推官墓志铭》：“嘉定甲申，君以夫人祔于兴教里芹山先茔，右为～。”明朱国祯《涌幢小品》卷二八：“吾师陈禺阳建～于峡石山，有观音庙直其右，以计毁之。”清《醒世姻缘传》七二回：“一日，坟已造完，众亲朋又都出了分金，要与狄员外庆贺～。”

【寿礼】 shòu lǐ ❶ 祝寿的礼节。宋周必大《赐三节人从冬至节绢》：“汝等有陪～，并骛归途。”杨纯《十一月一日回程赤岸赐酒果》：“卿等既成～，载骛归舟。”明何景明《送林利正同知之潮阳》：“过家登堂～毕，道予问讯泉山老。” ❷ 祝贺生日的礼品。宋王楫《回程盱眙军赐御筵》：“卿等远持～，申缔邻欢。”明《金瓶梅词话》一四回：“金莲又谢了他～。”清洪昇《长生殿》一六出：“国舅杨丞相，同韩、虢、秦三国夫人，献上～贺笺，在外朝贺。”

【寿面】 shòu miàn 做寿时吃或馈送的面条，取长寿义。明柯丹邱《荆钗记》八出：“外日多蒙厚礼，我说李成去请将仕公来吃些～，说你不在家。”沈德符《万历野获编》卷一：“太后圣诞、皇后令诞、太子千秋，俱赐～。”清《二度梅》五回：“黄嵩把礼单接过来一看，只见上面写着：‘～千丝，寿烛双辉。’”

【寿木】 shòu mù 犹“寿材”。宋王炎午有《为族长顺轩干族人整屋买～》。明李诩《戒庵老人漫笔》卷四：“予邑中陈鸿江皋谟为南京工部郎中，托伊表侄同乃郎至芜湖买乃堂～。”清《歧路灯》一二回：“买了王知府坟里一棵柏树，做成独帮独盖一具～，漆的现成的。”

【寿帕】 shòu pà 作为寿礼的巾帕。明顾清《奉晦庵少师书》：“因民怀宫谕行，敬问起居，～、登科录二事随上。”《梼杌闲评》一三回：“次日，备了寿枕、～、寿面、寿桃之类为印月上寿。”

【寿期】 shòu qī ❶ 寿命。唐崔龟从《敬亭庙祭文》：“昨暮得梦，灵告～。庙有偶人，宛其容姿。”宋晏殊《殢人娇》：“云回一曲，更轻栊檀板。香炷远、同祝～无限。” ❷ 寿辰。宋李弥逊《感皇恩·端礼节使生日》：“卷上虾须待开宴。～春聚，芍药一番开遍。”清《隋唐演义》二二回：“今日是九月二十一日，若到宝庄，恐误～。”袁枚《子不语》卷二：“京师叶某，与易州王四相善。王以七月七日为六旬～，叶骑驴往祝。”

【寿日】 shòu rì 即“寿诞”。唐佚名《元日观上公献寿赋》：“致君～，比华封而祝尧；献酒福庭，与钧天而合律。”《元史·顺帝纪十》：“自世祖以来，正宫皇后～，不曾进笺。”清《红楼梦》一〇回：“后日是太爷的～，到底怎么办？”

【寿数】 shòu shù 命中注定的岁数。五代宋齐邱《玉管照神局》卷中：“耳内生毫，～愈高。”《元曲选·窦娥冤》二折：“各人证候自知，人命关天关地，别人怎生替得，～非干今世。”清《绿野仙踪》五回：“可惜一个三十来岁少年官府，又是进士出身，老天没有与他些～。”

【寿算】 shòu suàn 犹“寿数”。唐李治《摄山栖霞寺明徵君碑铭》：“罄百亿之恒沙，长为～。”《元曲选外编·裴度还带》楔子：“惜哉，裴秀才满腹文章，～不永。”清《野叟曝言》二八回：“可知道暗里伤了你的阴骘，折了你的～，你还漫在鼓儿中哩！”

【寿岁】 shòu suì 指人活的年数。五代徐夤《赠董先生》：“～过于百，时闲到上京。”《元曲选·桃花女》二折：“〔小星云〕你扯住我，要些甚么？〔彭大云〕我要些～。”明程敏政《书旧唐书横海藩镇列传后》二：“凡将相大臣，书其出入年月，～短长，与其子孙承传，典礼褒恤者，皆据当时所上碑志而修入之者也。”

【寿桃】 shòu táo 祝寿用的鲜桃或面粉做的桃。传说西王母设蟠桃会庆寿，故用桃做庆寿物品。元柳贯有《题宋徽宗献～图》。明《金瓶梅词话》一五回：“西门庆先一日差玳安送了四盘羹菜，一坛酒，一盘～，一盘寿面，一套织金重绢衣服，写吴月娘名帖，送与李瓶儿做生日。”清《歧路灯》七七回：“第十对桌子，是～蒸食八百颗，桃嘴上俱点红心。”

【寿文】 shòu wén 祝寿的文章。明郑善夫《答张起溟》：“承委作尊翁～，于公有爱哉！”《欢喜冤家》一八回：“母亲寿日，可先撰了～，好去裱褙。”清《绿野仙踪》二回：“他又动了个念头，要求严太师与他篇～，做轴悬挂起来，夸耀夸耀。”

【寿限】 shòu xiàn 犹“寿期❶”。唐邵仲方《冀王府典军邵才志墓志》：“岂期～将毕，大愿不从。”辽韩诜《董庠妻张氏墓志铭》：“何福善兮无应，何～兮难移。”清《荡寇志》一〇〇回：“我～已终，明日黎明我要去也。”

【寿星】 shòu xīng ❶ 即“寿星老”。宋田锡《乾明节祝圣寿》：“古字数行仙药诀，蛟绡十幅～图。”明《山歌·跋弗倒》：“郎有介件东西像个跋弗倒个能，光头滑面又像个老～。”清《歧路灯》九七回：“镀金～一尊，荔枝银铃一对。” ❷ 指被祝寿的人。宋王之望《减字木兰花·恭人生日》：“满堂儿女，妇捧金杯孙屡舞。白发卿卿，与尔尊前作～。”元乔吉《折桂令·富子明寿》：“贺绿鬓朱颜～，是轻衫矮帽书生。”清《红楼梦》六二回：“只见筵开玳瑁，褥设芙蓉。众人都笑：‘～全了！’上面四座定要让他四个人坐。” ❸ 美称寿高的人。宋文天祥《与前人》：“去年此时，拜长沙～，甫偿分愿。”清《红楼梦》三九回：“刘姥姥便知是贾母了，忙上来陪着笑福了几福，口里说：‘请老～安。’”《歧路灯》七回：“谭孝移一看，乃是黄发皱面，修髯弯背，一个～老头儿。”

【寿星老】 shòu xīng lǎo 寿星的俗称。寿星，又称老人星、南极星，是南部天空一颗光度较强的星。民间用作长寿的象征，塑造成头部长而隆起的老人形象。明《西游记》七九回：“只见那～儿手摸着鹿头骂道：‘好孽畜啊！你怎么背主逃去，在此成精！’”清《红楼梦》三八回：“～儿头上原是一个窝儿，因为万福万寿盛满了，所以到凸高出些来了。”《玉蟾记》二一回：“魏老豹真好笑，头似浑圆金斗套了个～。人说是肉头双料，我说是疝气上冲医无效。”

【寿穴】 shòu xué 生前营造的墓穴。宋姜特立有《书～中石寿星背四言》。明沈德符《万历野获编》卷二九：“正德四年，南京太监石岩者，营治～。”

【寿衣】 shòu yī 装殓死人的衣服。多生前做好备用。宋袁寀《世范》卷中：“有于少壮之年，置～、寿器、寿茔者。”清《醒世恒言》卷一六：“我便再加十两银子，两匹段头，与你老人家做～何如？”

【寿仪】 shòu yí 寿礼。宋《朱子语类》卷八七：“在官所，还受人～否？”元刘一清《钱塘遗事》卷九：“是日特穆尔万户生日，四府俱送～。”清《红楼梦》七〇回：“次日乃是探春的寿日，……合家皆有～，自不必说。”

【寿茔】 shòu yíng 生时营造的坟茔。宋洪迈《夷坚志》丙卷九：“既葬二亲，又自为～于左次。”袁寀《世范》卷中：“有于少壮之年，置寿衣、寿器、～者。”杨杰《清献赵公寿茔颂序》：“是年冬，卜～于先茔国令公兆域之侧。”

【寿域】 shòu yù 坟地。五代黄滔《祭林先辈》：“今则～斯开，贞魂永蛰。垅头水咽，山上云愁。”清《后红楼梦》一八回：“就这家左近拣下一块地土，定下了一块～，倒替五儿立一块碑。”《禅真后史》一三回：“山势肥圆而顶平坦，是为库象。麻斗西先生常劝我谋之，以做～，后代必发财禄。”

【寿元】 shòu yuán 犹“寿数”。《元曲选·东坡梦》四折：“爇龙涎一炷透穹苍，祝吾王～无量。”明《禅真逸史》二二回：“老朽年过八旬，～已足，死复何恨。”清《飞龙全传》四一回：“～绵永，可庆颐彭。”

【寿烛】 shòu zhú 祝寿所用的蜡烛，烛身有“寿”字。宋刘仙伦《喜迁莺·寿令人》：“～高烧，寿词齐唱，满劝长生酒。”清《歧路灯》七八回：“一张是进宝回回头顶大盘子，上边插一对钵碗粗的～。”

【寿梓】 shòu zǐ 刻版(印刷)。梓木坚细，宜于雕版。元王逢《忆朱芹湖》诗序：“窃审子制作率节义事，私钱四万，敬为～助。”明张宇初《应化录跋》：“某忝膺宗绪，仰止无补，因校遗文～，以广其传。”周孟中《郑氏家范叙》：“余近过其所居，窃有慕焉，故取而～，以与有家君子共之。”

【受】 shòu 年岁；生命。通“寿”。唐王梵志《人受百岁不长命》：“人～百岁不长命，中道仍有死伤人。”《敦煌变文校注》卷二《庐山远公话》：“三人同～百岁，能得几时！”又卷六《欢喜国王缘》：“适闻人说，和尚慈悲，故故起居，乞延～法。”

【受不的】 shòu bù de 同“受不得”。《元曲选·勘头巾》三折：“三推六问，诉出实情，我～苦楚，从实招了也。”明《金瓶梅词话》六四回：“谁问天来大事～人央，俺们央他央儿，对爹说无有个不依。”清《歧路灯》八〇回：“你看你那说话的样儿，叫人受的～？”

【受不得】 shòu bù de 不能接受；忍受不了。宋陆游《家世旧闻》卷上：“如此，可便罢之，～丰稷煎炒矣。”《元曲选·灰阑记》楔子：“左右我的女儿在家，也～这许多气，便等他嫁了人去，倒也静办。”清《红楼梦》四九回：“我实在聒噪的～了。”

【受持】 shòu chí ❶ 领会。本佛家语，谓领受并持之以恒。宋朱熹《答丘子服》：“此却只是目前日用事，便可～；他既难明，似亦不必深究也。” ❷ 坚持；忍受。宋方岳《宿耕舍》：“检点不同今老大，～只是旧清贫。”又《山中》之二：“薄田有秫聊堪酿，尽足秋崖作～。”明佚名《美中美·晚景思情》：“在这程途里百种恓惶，却交我怎～。”

【受淡】 shòu dàn 忍受清淡的生活。《元曲选·望江亭》一折：“这出家无过草衣木食，熬枯～。”明《拍案惊奇》卷一三：“渐渐半年三个月，要茶不茶，要饭不饭。两人～不过，有时只得开口，勉强取讨得些。”清《珍珠舶》二回：“我做娘的在家熬苦～，巴不得一日的饭做两日吃，你却把二百两细丝出去，不知怎么样弄完了。”

【受当】 shòu dāng 承受担当。清《飞龙全传》二七回：“众乡亲，乐子在此，承你们的厚意，已是～不尽。”《说唐三传》三七回：“婆婆，这个媳妇～不起，待我对天立誓，安了婆婆之心。”

【受定】 shòu dìng 接受男方定亲聘礼(表示应允婚事)。宋《明公书判清明集》卷九：“姜百三卖已～之女，固为有罪，其计出于贫困无聊。”清《野叟曝言》四二回：“大小女虽现议～，而素臣岂能即归？”

【受饿】 shòu è 忍受饥饿。唐李复言《续玄怪录》卷三：“幽冥吏人，薄福者众，无所得食，率常～。”《古尊宿语录》卷二五《筠州大愚芝和尚语录》：“饭箩里坐却～。”清《绿野仙踪》一七回：“严氏在家中，每天不过吃一顿饭，常有整天家～没饭吃的时候。”也用为客套话，表示没什么可吃的。明《金瓶梅词话》六八回：“惶恐，没的请老爹来～。”

【受法】 shòu fǎ 受法律制裁，指被处决、蹲监狱或受其他处置。《元曲选·陈州粜米》一折：“有一日～餐刀正典刑，恁时节钱财使罄，人亡家破，方悔道不廉能。”明沈德符《万历野获编》卷一四：“盖自来冒籍～，未有此严峻且滥及者。”清昭梿《啸亭续录》卷四：“公闻命，须髯奋张，大声疾呼，不肯就死。齐抚吉庆以鸩饮公，然后～。”

【受官厅】 shòu guān tīng 官衙的大堂。元关汉卿《拜月亭》三折：“我想那～，读书舍，谁不曾虎困龙蛰?”《元曲选·神奴儿》三折：“便做道～党太尉能察雁，那里也昌平县狄梁公敢断虎。”

【受活】 shòu huó 快活；舒服。明冯惟敏《醉花阴·听钟有感》：“来到南城见了个都兵马，看了这老公公该免科罚，劝你早早回头一坨儿～煞。”

【受记】 shòu jì ❶ 佛家语。佛记弟子前因后果称记别，弟子接受记别称受记。泛指受戒。唐万齐融《法华寺戒坛院碑》：“由是道遵戒品，名动京师，安国～，并充大德。”明徐渭《陈女度尼》：“未必今来悟，前身～谁?”清《女仙外史》五七回：“忽又想起祖天师～的话，是‘遇马则放’，沉吟一会：是神将杀的，与我无干。事已如此，只索听其自然。” ❷ 接受告诫或约束。明《醋葫芦》一一回：“冷祝即忙掇把椅子，请妻子坐了，自己竟跪下。成珪站在旁边，将新礼诵一遍，细细又讲解了一番。冷祝点头～已毕，然后拜谢丈人丈母。”清吴伟业《复社记事》：“履谦、汉儒者，故虞山胥吏，有罪，亡命入京师，而政府遣腹心延之东第，密～，告牧斋及其门人瞿公式耜所为不法。”也指告诫之内容。清《女仙外史》八回：“不可擅用道术。或彼处有作法之人，方许破之，再或艰难险阻，权宜用之。舍是则不可。若依此天书作用，何难翻转乾坤?汝宜凛遵～。”也指施以告诫或约束。清《野叟曝言》一一四回：“孽龙已为香烈娘娘收服，妾可无虑；但恐野性难驯，不日来见相公，乞相公～一番，便与妾冰释前嫌。” ❸ 指成为门下弟子。清黄宗羲《青藤歌》：“忆昔元美主文盟，一捧珠盘同～。七子五子广且续，不放他人一头地。” ❹ 警诫；警告(将要施加惩罚)。宋洪迈《夷坚志》支景卷一〇：“盖吴人愠怒欲行打骂之词，俗谓之～，非吉兆也。”明正德《姑苏志》卷一三：“～，欲责人而姑警谕以伺其悛之词。”清乾隆《苏州府志》卷三：“谓责人而姑警之曰～。” ❺ 民间忌讳，谓婴儿被孕妇抱了会得肠胃病。明《警世通言》卷二五：“原来有这个俗忌，大凡怀胎的抱了孩子家，那孩子就坏了脾胃，要出青粪，谓之～。”

【受禁】 shòu jīn 另见 shòu jìn。禁受。清《后水浒传》九回：“追逼时俱有他家人看动刑具，还亏哥哥～得起。”

【受禁】 shòu jìn 另见 shòu jīn。❶ 被监禁；被关起来。唐唐临《冥报记》卷中：“初被收，诣官曹内，忽见其母在中～。”明余继登《皇明典故纪闻》卷一二：“照旧例，大事五日、小事三日不与决断者，听～之人赴巡抚、巡按等官伸告。”清袁枚《子不语》卷一四标题“鬼～”。❷ 受控制。明刘基《蜾蠃》：“臣知齐王急近功而多猜，不能安受教。其将士又皆贪不能长～，请以计中之。”邵宝《福州知府张公传》：“县东海上有五戍，戍长扰民且弗～，公至而止。”

【受惊】 shòu jīng 受到惊吓。《元曲选·气英布》一折：“仁兄可也～了，彼此各为其主，幸勿介怀。”明都穆《都公谭纂》卷上：“建中以过用力，且～，归家得疾。”清《红楼梦》一〇六回：“听见府里的事，原没什么大事，不过一时～。”

【受窘】 shòu jiǒng 遭受侮辱；遭受穷困。宋谢维新《古今合璧事类备要》前集卷四二：“～狱吏，见辱黄门。”《元曲选·渔樵记》一折：“我就问你，前贤有那几个～来?”明凌义渠《吹景集叙》：“覃思十年者，或～于智。”

【受亏】 shòu kuī ❶ 指月亮亏缺。宋曾丰《月岩》：“更朔还多终有望，～已久得无盈?” ❷ 受损失；吃亏。《元曲选·看钱奴》三折：“你道是没钱的好～，有钱的好使强。”明吴与弼《康斋集》卷一一：“因思为君子当常～于人方做得，盖～即有容也。”清《后水浒传》一二回：“店小二见主人～，只得上前招架。”

【受累】 shòu lèi 受到劳累；耗费精神气力。明李东阳《燕对录》：“今后工程望乞减省，不令军士～，养其锐气，庶缓急有济。”清《红楼梦》七五回：“既这样，快叫人取烧酒来，别叫你们～。”《霓裳续谱·相伴着黄荆篮》：“也强如吃淡饭黄荠，朝早起，夜眠迟，冲风冒雪，～担饥。”

【受礼】 shòu lǐ 接受别人的敬礼。唐义净译《根本说一切有部毘奈耶》卷下：“礼他及～，并皆招恶作。”《元曲选·望江亭》三折：“小娘子请起。我受了你的礼，就做不得夫妻了。”清《红楼梦》六二回：“王夫人有言，不令年轻人～，恐折了福寿，故皆不磕头。”

【受理】 shòu lǐ 接受案件，进行审理。《唐律疏议》卷二四：“若称疑者，官司亦不合～；即虽～，官司亦得免科。”《元典章·刑部十五》：“莫若今后被问经断之人，如有冤抑，先赴御史台陈告，～照勘。”清《歧路灯》六四回：“吴虎山、尚腾云领着一起赌犯，……在仪门外狮子旁边踞蹲着，单候边公坐堂～。”

【受路】 shòu lù 下围棋受让在一条线上摆二子以上。明陈铎《一枝花·嘲王孟启赌弈不胜》：“从今后～事先枉呴气，大拦角莫提，十三篇阁起，老著数人前再卖不的嘴。”

【受难】 shòu nàn 遭受磨难、苦难。元明《三国志通俗演义》卷九：“夫人～，云之罪也。”明戚继光《练兵实纪》卷九：“为将者不必计死生，但要做得个忠臣义士，便此肉身受苦～，不过数十年之物。”《大清会典则例》卷一七五：“又外任地方官及绿旗营弁内，有为国捐躯，父子被害，全家～者，准赏一七品官，世袭罔替。”

【受盘】 shòu pán 女家接受男方聘礼。清《缀白裘》三集卷一《荆钗记》：“今日小姐～，客堂挂挂红。”

【受气】 shòu qì 遭受欺侮。《元曲选·神奴儿》一折：“伯伯，我这等～，你那里知道?”明《西游记》三七回：“明日要你顶缸、～、遭瘟。”清陆陇其《息讼示》：“故欲争气，则讼之～愈多；欲争财，则讼之破家更甚。”

【受忍】 shòu rěn 忍受。金《董解元西厢记》卷七：“雨儿又急，风儿又紧。为他不避，甘心～。”《元曲选·三夺槊》三折：“恰便似心内火块滚，好教人怎～。”明《金瓶梅词话》九二回：“生前委因敬济踢打伤重，～不过，自缢身死。”

【受伤】 shòu shāng 身体等受到伤害或破损。唐杨筠松《葬法倒杖》：“若不细察，遽尔投棺，则生气～，子母遭挫。”明岳正《寿吴景严翁八袟序》：“一有所著，则其心～，而不得其所矣。”清《红楼梦》六二回：“姑娘们顽一回子还该点补些小食儿。素日又不大吃杂东西，如今吃一两杯酒，若不多吃些东西，怕～。”

【受暑】 shòu shǔ ❶ 植物受阳光照射(变熟或变蔫)。唐杜甫《陪李北海宴历下亭》：“修竹不～，交流空涌波。”宋郑刚中《封州》：“荔枝～色方好，茉莉背风香更幽。” ❷ 感受暑气热毒；中暑。宋道潜《酬周元翁推官见赠》：“阴崖碧洞不～，谷风习习吹衣凉。”清《红楼梦》三四回：“虽说太阳落下去，那地上的餘气未散，走两趟又要受了暑。”昭梿《啸亭杂录》卷五：“赵宏榜兵前已在新街，新街在铁壁关外江干，为互市之所，兵丁～者多。”

【受私】 shòu sī 收受贿赂；徇私情。宋刘一止《纵云台记》：“律身严，无毫发私，亦不～。”《元曲选·勘头巾》二折：“我跟前休胡讳，那其间必～。”清袁枚《续子不语》卷一：“众闻之咸笑曰：‘城隍神乃受君私耶!’”

【受疼】 shòu téng 禁受疼痛。明《西游记》三五回：“你们还只是吊着～，我老孙再不曾住脚。”杨继盛《自著年谱》：“方打四五棍时，心～不过。”清《医宗金鉴》卷六一：“药水煮筒有奇能，令疮脓出不～。”

【受头】 shòu tóu 接受别人的磕头礼。清《红楼梦》一〇回：“你们必定说是我的生日，要叫我去受众人些头，莫过你把我从前注的阴骘文给我令人好好的写出来刻了。”△《儿女英雄传》二七回：“我父亲母亲吩咐我，叫给舅母行礼，请舅母到厢房里坐下～。”

【受喜】 shòu xǐ 受孕；怀孕。宋洪迈《夷坚志》丁卷一九：“胡氏妻黄，孕不产，占之巫，云：‘已在云头上～，神欲迎之，不可为也。’果死。”△清《金台全传》一回：“不上一年，居然春霞～。”

【受享】 shòu xiǎng 食用；享受。宋张耒《送李端叔赴定州序》：“某闻定武异时从军吏士，丰乐豪盛，而今燕豆蔬恶，终日～，腹犹枵然。”明曹于汴《世界吟》：“多财多～，少货少计较。”清《玉蜻蜓·问卜》：“～荣华保安宁。”

【受用】 shòu yòng ❶ 接受；听从。唐孔颖达疏《诗经·板》“我虽”：“我今就汝谋虑，告此以善道，而汝听我言，反嚣嚣然不肯～，何也？”宋陈著《似郑宗平》：“宦游～家庭训，公退寻盟湖海吟。”明罗洪先《答周讷溪》：“其境界追别，乃知兄所言者，日日相遇，第患人不肯～耳。” ❷ 使用；运用。唐赵良器《履赋》：“其～也，既虚中以待物。”宋《朱子语类》卷一二〇：“公年高，且据见定底道理～。”清《红楼梦》九九回：“只是要你们齐心，打伙儿弄几个钱回家～。” ❸ 受益；得益。唐梁肃《郑州原武县丞崔君夫人墓志铭》：“宴坐之外，以敬姜之风操，班氏之诗礼，贻训亲族。闺门之内，盛烈流美；禅林高妙，～不极。”宋《朱子语类》卷一一九：“尹和靖读得伊川说话煞熟，虽不通透，渠自有～处。”清冯班《家戒下》：“少欲则易足，易足则身心安乐，此是真～。” ❹ 舒服；高兴。清《醒世姻缘传》九一回：“大奶奶当时沉下脸来，就不～。”《红楼梦》一六回：“秦相公是弱症，未免炕上挺扛的骨头不～。”《歧路灯》一一回：“大爷养病要紧，这些伤心话儿少说，恐怕越添上心中不～哩。”

【授官厅】 shòu guān tīng 同“受官厅”。元明《水浒传》二六回回目：“郓哥大闹～，武松斗杀西门庆。”明《金瓶梅词话》九二回：“月娘亲自出官，来到本县～下，递上状去。”

【授馆】 shòu guǎn 当塾师。宋马廷鸾《书二侄分关后》：“二公～人门，藉束脯以养其亲。”明《警世通言》卷三二：“兄得千金以报尊大人，只说在京～，并不曾浪费分毫。”清赵吉士《寄园所寄》卷二：“先中宪亦贫，诸生～四十年。”

【授记】 shòu jì 同“受记❹”。明《山歌·捉奸》：“巡盐个衙门单怕渠管盐事，～个梅香赔小心。”原注：“授记如限打之类。”

【授室】 shòu shì 娶妻；成家。唐刘禹锡《伤往赋序》：“予～九年而鳏，痛若人之夭阏弗遂也。”宋曾敏行《独醒杂志》卷四：“逮子长，～，大具牛酒。”清《蜃楼志》二一回：“兹将弱冠，正当～之期。”

【授手】 shòu shǒu 传授；传承。宋《密庵和尚语录》：“佛佛～，祖祖相传。”觉范《林间录》后集：“妄想无性，证不灭受。前圣所知，转相～。”明德清《憨山老人梦游集》卷一：“金色头陀，破颜微笑，乃至二十八传，递代～。”

【授意】 shòu yì 把自己的意图告诉别人，让别人照着办。宋叶梦得《石林燕语》卷五：“或诏学士，宰相面～，使退而具草，然不能无改定也。”金李天民《南征录汇》：“令萧庆～，索贡人、物。”清洪昇《长生殿》三出：“我就～兵部，以此为辞，奏请圣上，召他御前试验。”

【兽环】 shòu huán 大门上装的兽头形门饰及所衔的环子。也用以代指有这种装饰的门。唐陆龟蒙《连昌宫词》之一：“金铺零落～空，斜掩双扉细草中。”元黄水村《解连环·春梦》：“屏里吴山，又依约～半掩。”清洪昇《长生殿》一九出：“内侍，我着床傍枕佯推睡，你索把～开了。”

【兽炉】 shòu lú 兽形的香炉，也指兽形的取暖炉。唐杜牧《春思》：“～凝冷焰，罗幕蔽晴烟。”元《秦并六国平话》卷中：“～内高爇龙涎，盏面上波浮绿蚁。”清曹尔堪《玉蝴蝶·冬日有寄》：“～温，无须炙砚，禽语寂，似解听琴。”

【兽头】 shòu tóu ❶ 房脊或大门上的兽头形装饰。唐高骈《筑罗城成表》：“外边睥睨之崇高，内面栏杆而固护。～帖出，雁翅排成。”明冯惟敏《醉花阴·听钟有感》：“正当门牌楼一架，～房规模不大。”清《红楼梦》二二回：“写道是：大哥有角只八个，二哥有角只两根。大哥只在床上坐，二哥爱在房上蹲。众人看了，大发一笑。贾环只得告诉太监说：‘一个枕头，一个～。’” ❷ 形容人貌丑。《敦煌变文校注》卷六《金刚丑女因缘》：“～浑是可憎貌，国内计应无比并。”元高安道《哨遍·嗓淡行院》：“坐排场众女流，乐床上似～，栾睃来报是些十分丑。”明《金瓶梅词话》四二回：“爱奴儿掇着～城以里掠，好个丢丑的孩儿！”按，此为歇后语，“兽头”跟“丑”对应。

【售】 shòu ❶ 买。唐张延师《请曲赦河北诸州疏》：“近缘军机，调发伤重，家道悉破，或至逃亡，拆屋卖田，人不为～。”宋《三朝北盟会编》卷二〇：“至有病死，尸插纸标于市，人～之以为食。”清王士禛《池北偶谈》卷二五：“适相戏耳，必欲～，非三十镪不可。” ❷ 指科举及第。唐岑参《送薛弁归河东》：“献赋今未～，读书凡几秋。”宋王安石《王平甫墓志》：“盖于书无所不该，于词无所不工，然数举进士不～。”清《野叟曝言》一三八回：“首善书院所收幼童，应试获～者，亦有六人。”

【瘦】 shòu ❶（地力）薄，不肥沃。唐戴叔伦《草堂一上人》：“地～无黄独，春来草更深。”元鲁明善《农桑衣食撮要》卷上：“每五寸地栽一窠，每日用水浇灌。如地～，则用薄粪水浇一二次。”清龚鼎孳《岁暮行》：“荒村哀哀寡妇哭，山田～尽无耕农。” ❷ 削直锋棱貌。唐李涉《春山三竭来》：“～壁横空怪石危，山花斗日禽争水。”宋苏辙《次韵子瞻游径山》：“天台雁荡最深秀，水惊石～尤清便。”清李渔《闲情偶寄》卷九：“壁立当空，孤峙无倚，所谓～也。” ❸ 比喻诗歌风格孤峭。宋苏轼《祭柳子玉文》：“元轻白俗，郊寒岛～。”许纶《益老于雁山筑庵名曰东风小隐》：“蔬笋忘来诗格～，枫梧落后鬓丝斑。”清《四库总目提要·溪堂集》：“今观其诗，虽稍近寒～，然风格隽拔，时露清新。” ❹ 贫困；贫穷。《元曲选·荐福碑》二折：“则他这香火冷，把他庄家蹇倒。莫不是雨雪少，把这黎民来～却？”明罗玘《送项少府之长洲任诗》：“所贵官长～，如兵立先声。官～民自肥，民肥邦无倾。”清《野叟曝言》一四〇回：“寺多村日少，民～僧日肥。”

【瘦落】 shòu luò 清减；变瘦。宋王阮《六言》：“秋色染成碧水，夜凉～青山。”曾栋《过秦楼》：“忍重携素手，骤觉一分～。”葛长庚《酹江月·罗浮赋别》：“罗浮山下，正秋高气爽，凄凉风物。～丹枫飞紫翠，峭拔青山石壁。”

【瘦马】 shòu mǎ 从穷人家买来教习歌舞弹唱，养成后给人做妾或为妓的幼女。明谢肇淛《五杂组》卷八：“然扬人习以此为奇货，市贩各处童女，加意装束，教以书、算、琴、棋之属，以徼厚直，谓之～。”《禅真逸史》三〇回：“掠人女子，养作～。”清孔尚任《桃花扇》二五出：“旧吴宫重开馆娃，新扬州初教～。”

【瘦怯】 shòu qiè 瘦弱。宋杨时《雨寒》：“更愁风力健，～不能禁。”元佚名《珍珠马南·情》：“怎禁他纱窗外铁马儿敲，这些时一团娇香肌～。”清《醒世姻缘传》一回：“家丁庄客，那管老的，少的，长的，矮的，肥胖的，～的，尽出来的胁肩谄笑。”

【瘦生】 shòu shēng ❶ 瘦弱。生，形容词后缀。唐李白《戏赠杜甫》：“借问别来太～，总为从前作诗苦。”宋王炎《阮郎归》：“回首处，自销凝。谁知人～。”清《聊斋志异·凤仙》：“曾经笼玉笋，着出万人称；若使姮娥见，应怜太～。” ❷ 瘦弱的人。明张凤翼《白练序·春日病怀》：“潘郎丝鬓近蒙头，有谁问～安否。”

【瘦子】 shòu zi 身体瘦的人。明《禅真后史》三回：“那～道：‘君虽敏悟，岂解我方外之玄。’”清《儒林外史》一回：“来到树下，尊那穿元色的一个胡子坐在上面，那一个～坐在对席。”

shū

【书】 shū 指评书。明《醒世恒言》卷一三：“叫下一名说评话的先生，说了几回～。”清李玉《清忠谱》二折：“闻得李王庙前日日在那里说岳传，我想岳爷是个忠孝的人，他的～儿，必定好听。”《红楼梦》三九回：“他们何曾听见过这些话，自觉比那些瞽目先生说的～还好听。”

【书办】 shū bàn 官府衙门中负责文书工作的吏员。也指一般做文字抄写工作的人。明王恕《议郎中陆容陈言杜幸门奏状》：“其内外权要之人，遇有～等项官员有缺，听本部于资格相应人员内拟奏。”《金瓶梅词话》七六回：“他看了揭帖，交付～收了。”清孔尚任《桃花扇》八出：“这是些富商大贾，衙门～，却也闹热。”

【书包】 shū bāo 装书的包袱或袋子。明王錂《寻亲记》二四出：“放了～过来作揖。”清徐锡龄、钱泳《熙朝新语》卷一：“及至京，偶出寓散步，见数童子携～经其门。”

【书册】 shū cè 装订成册的书；书本。唐李隆基《赐皇帝进烧丹灶诰》：“付托之际，古今未闻；色养之勤，～不载。”宋许棐《数椽》：“～满床诗满橐，别无生计亦何妨。”清《歧路灯》四四回：“谭绍闻望上一揖，那老教读手拿着～儿还了半喏。”

【书呈】 shū chéng 书信。《元曲选·荐福碑》一折：“我投托他去，他见我～，你那衣食盘费都在此封书上。”元明《水浒传》一九回：“朱贵急写了一封～，备细写众豪杰入伙姓名人数。”

【书程】 shū chéng ❶ 指读书的任务或进度。宋周南《夏中兄病关心复了一二小书》：“～贪昼永，心量怯年高。”明胡居仁《雪中访友》：“竹户常扃雪满窗，～日紧用功忙。”清《醒世姻缘传》二四回：“游秀才自己在里面读书，每日也定了个～。” ❷ 书信和盘缠。明《醒世恒言》卷三三：“家人收拾～，一径到家，见了夫人，称说贺喜。”

【书呆】 shū dāi 只知读书不通世务的人。明西湖居士《诗赋盟·订盟》：“官人且莫～气，起来与你讲紧要话。”清《红楼梦》七五回：“何必多费工夫，反弄出～子来。”《白雪遗音·偷情》：“姑娘正在来想念，柳阴下走出个小～。”

【书袋】 shū dài ❶ 装书卷、文件的袋子。唐平曾《谒华州李相不遇》：“诗卷却抛～里，何如闲看华山来。”清《歧路灯》六一回：“德喜将～行囊并那个罗经包儿放在车上。” ❷ 金元时官吏佩戴的饰品。《金史·舆服志下》：“大定十六年，世宗以吏员与士民之服无别，潜入民间受贿鬻狱，有司不能检察，遂定悬～之制。”元王恽《论百司吏员并悬书袋事状》：“今后合无取旧例，令吏员等人并悬～。”

【书讹头】 shū é tou 犹“书呆”。清《何典》七回：“只是做那寻章摘句的～，却终无了局。”

【书坊】 shū fāng ❶ 唐宋朝省藏书、文臣校书、修史的地方。唐杨炯《青苔赋》：“地则经省而～，人则后车而先马。”宋苏颂《淮南转运使谢上》：“始自～，出分使竹；俄从褰服，入佐计筹。” ❷ 印刷并出售书籍的地方。宋朱熹《按唐仲友第三状》：“仲友自到任以来，关集刊字工匠，在小厅侧雕小字赋集。每集二千道，刊板既成，般运归本家～货卖。”清《红楼梦》二三回：“便走去到～内，把那古今小说，并那飞燕、合德、武则天、杨贵妃的外传与那传奇角本买了许多来。”

【书房】 shū fáng ❶ 朝廷、官府收藏书籍、书画的地方。唐元稹《和乐天过秘阁书省旧厅》：“闻君西省重徘徊，秘阁～次第开。”宋周密《齐东野语》卷六：“应搜访到书法墨迹，降付～。” ❷ 家庭中读书写字的房间。唐姚合《买太湖石》：“置之～前，晓雾常纷罗。”清《红楼梦》一回：“一日炎夏永昼，士隐于～闲坐。” ❸ 私人设立的教学的地方。清《醒世姻缘传》二六回：“住起几间～，贴出一个开学的招子，就要教道学生。”又二七回：“丁利国两口子当真不辞，将那房子截了后半层与他住，多的与他做～教书。” ❹ 官府中书吏办公的地方。明《拍案惊奇》卷一一：“邹老人便使用～行文书，抄招到长洲县知会。”清《醒世姻缘传》一三回：“托了原差，封了二两银子，往道里～打听。”

【书公】 shū gōng 民间对书办的尊称。清《醒世姻缘传》一三回：“晁大舍又央差人请了刑厅掌案的～来到下处，送了他五十两谢礼。”

【书会】 shū huì ❶ 同道研讨经书、典籍的有组织的聚会。宋《朱子语类》卷一〇九：“《吕氏家塾记》云，未立三舍前，太学只是一大～。”周密《齐东野语》卷一七：“朱晦庵按唐仲友事，或云吕伯恭尝与仲友同～，有隙，朱主吕，故抑唐，是不然也。”明朱升《小四书序》：“愚赴紫阳～，与朋友商确，为齐生定读书次序。” ❷ 宋元时戏曲、曲艺等作者的行会组织。宋佚名《张协状元》一出：“状元张叶传，前回曾演，汝辈搬成。这番～，要夺魁名。”周密《齐东野语》卷二〇：“然此近俗矣。若今～所谓谜者，尤无谓也。”《元曲选外编·蓝采和》二折：“倚仗着粉鼻凹五七并，依着这～社恩官求些好本令。” ❸ 一种民办小学校。宋耐得翁《都城纪胜·三教外地》：“宗学、京学、县学之外，其餘乡校、家塾、舍馆、～，每一里巷须一二所，弦诵之声，往往相闻。”

【书记手】 shū jì shǒu 负责文牍工作的吏员。清《后水浒传》三二回：“只因没坐性，去年失了馆谷，一径投上山来，拜了弟兄，称他是～。”又四二回：“军中～一名：章文用。”

【书缄】 shū jiān 书信。唐卢肇《逸史》卷三：“唐相国贾耽，滑州节度使。常令造鹿皮衣一副，既成，选一矫捷官健，操～付之。”元关汉卿《普天乐·崔张十六事》：“险把佳人遭坑陷，消不得小书生一纸～。”清毛奇龄《分得咸韵同诸公饯刘涞之赣州》：“明年归雁度，慎勿惜～。”

【书柬】 shū jiǎn 书信柬帖。宋蔡正孙《诗林广记》后集卷四引《诗案》：“熙宁五年，某写～寄曾巩。”明《金瓶梅词话》五八回：“后边独自收拾一所书院，请将温秀才来作西宾，专修～。”清弘历《玲峰歌》：“致此用力虽倍蓰，赍来宁费修～。”

【书磕子】 shū kē zi 犹“书呆”。清沈起凤《才人福》八出：“只因跟子勾～，差唤多，赚摸少。”

【书渴子】 shū kě zi 同“书磕子”。清朱素臣《翡翠园》一一出：“你到底是～，公堂之上，论啥理个？”

【书客】 shū kè ❶ 指文人、读书人。唐张籍《和左司元郎中秋居》之五：“～多呈帖，琴僧与合弦。”元张可久《折桂令·江上次刘时中韵》：“～飘零，欲泛仙槎，试问君平。”清尤侗《兰陵王·伤春》:"问老去东君,争似～,天荒地远无人识。" ❷ 指书商、书贩。明高濂《遵生八笺》卷一四:"先年曾见～舒伯明辈翻刻阁帖一种,极其精善。"清孔尚任《桃花扇》闰二〇出:"在下是蔡益所,世代南京～,才从江浦索债回来的。"《歧路灯》九四回:"各书斋～,也要答拜。"

【书库】 shū kù 藏书的房屋。唐白居易《池上篇序》:"虽有子弟,无书不能训也,用作池北～。"清厉鹗《送全谢山赴蕺山书院山长》:"石篑云深～满,墨池风动讲堂开。"

【书谜子】 shū mí zi 犹"书呆"。清《歧路灯》五一回:"好～! 朝廷老还不空使人,况绅士们结交官府,四时八节,也要费些本钱。"又六八回:"你通是～! 他们有多大家私,就赖你输了八九百两。"

【书帕】 shū pà 礼物、礼金的代称。明初地方官标榜刻书,进京以所刻书加护帕作礼物馈送,称"书帕"。后虽送金,仍称"书帕"。明张志淳《南园漫录》卷六:"予为验封主事,见司务厅遣吏送布按府～。"《金瓶梅词话》五八回:"西门庆让至厅上叙礼,每人递～二事与西门庆祝寿。"清《隋唐演义》六三回:"我们做了一个官儿,要百姓们一两五钱的～,尚费许多唇舌。"

【书铺】 shū pù ❶ 出售书籍的店铺。唐张籍《送杨少尹赴凤翔》:"得钱只了还～,借宅常时事药栏。"清孔尚任《桃花扇》二九出:"这金陵～之多,无过俺三山街。" ❷ 代人写文书诉状的店铺。宋赵抃《奏状乞追摄晏思晦勘断》:"窃知垂庆素本愚呆,今来悉是其兄殿中丞思晦在京纳赂,启革构架,保识官员于～官司投请文字,蒙昧朝廷。"《元典章·刑部十五》:"卑司窃见江北州郡所设～亦有此弊,若依行台所行,官民便益。"

【书启】 shū qǐ 下级给上级的信件,也泛指信函。《太平广记》卷三八八引《冥报拾遗》:"及其家中,亦留～。文理顺序,言词凄怆。"王大成《野老纪闻》:"嘉祐以前士风,宰相与庶官～,具衔,前名后押字。"清《绿野仙踪》二八回:"衙门中,文稿～以及奏疏,请着几位幕友?"

【书气】 shū qì ❶ 诗书的气脉。宋陈著《挽袁镇》:"乡人指餘庆,～发林坰。"又《西窗与弟侄戴时芳酌酒》:"便觉酒香随笑动,共将～拓尘开。" ❷ 书法的气势或气韵。元王恽《题家藏祷佛帖后》:"颜鲁公～洞金石,精贯白日。"明王世贞《艺苑卮言》附录二:"谓锺繇～密丽,若飞鸟戏海,舞鹤游天等语,盖重赞之也。" ❸ 读书的气质。清《江南通志》卷首载雍正诏谕:"至于～二字,尤可宝贵。果能读书,沉浸酝酿而有～,更集义以充之,便是浩然之气。"《歧路灯》六四回:"我们也看看这谭绍闻是怎样一个面孔,若果然有些～,少不得仍要格外施仁。" ❹ 书呆子气;书生气。清《绿野仙踪》二一回:"虽是两榜出身,却没一点～,办事最是明敏。"

【书手】 shū shǒu 担任文书事务的人。唐李世民《佛遗教经施行敕》:"宜令所司,差～十人,多写经本,务在施行。"元陶宗仪《辍耕录》卷一八:"世称乡胥为～,处处皆然。"清弘历《五经萃室联句》:"～铺云光了了,劂工啄木响丁丁。"

【书算】 shū suàn 指书写计算的人。清《警寤钟》一五回:"他有了银子,怕不寻出个～来?"

【书童】 shū tóng 侍候主人及其子弟读书并做杂事的男孩儿。唐舒元舆《录桃源画记》:"岸而南有五人,服貌肖虹玉,左右有～玉女角发而侍立者十二。"明陆采《怀香记》二出:"～生得清标,清标。"清《红楼梦》九回:"走至外面,悄悄地把跟宝玉的～名唤茗烟者唤到身边。"

【书香】 shū xiāng 指有读书求学传统的家庭或家风。宋卫宗武《赓沈赞府题二陆草堂》:"堂基千载～在,谁为机云记旧游。"元胡炳文《宏山庵祠堂记》:"吾宗独幸,繁衍如许,～道味,复深远如许。"清《红楼梦》二回:"至如海便从科第出身,虽系钟鼎之家,却亦是～之族。"

【书仪】 shū yí 馈赠钱物时所写的礼帖和封签,也指馈赠的钱物。宋宋祁《回孙阁使谢官启》:"布款密于言枢,屈雄严于义府,仍将珍币,以绚～。"明汤显祖《牡丹亭》二一出:"酒到,～在此。"清《野叟曝言》一二八回:"龙儿见其决意,命取一匣,将～收入。"

【书院】 shū yuàn ❶ 宋至清私立或官府设立的供人读书、讲学的处所,有专人主持。宋吕祖谦有《白鹿洞～记》。明袁于令《西楼记》二〇出:"风帘自卷,灯火暗,寂寥～月渐转,想照到绮窗人面。" ❷ 家庭中读书写字或教学的院落或房间。宋《五代史平话·汉上》:"慕容三郎是个有田产的人,未免请先生在～教导义男刘知远读习经书。"《元曲选外编·西厢记》二本楔子:"自今先生休在寺里下,只着仆人寺内养马,足下来家内～里安歇。"清《红楼梦》一回:"说着,便同士隐复过这边～中来。"

【书斋】 shū zhāi 书房。唐王勃《赠李十四》之四:"直当花院里,～望晓开。"金《董解元西厢记》卷五:"闷答孩地愁满怀,不免入～。"清《荡寇志》一一二回:"这日,任森正静坐～,外面忽投进徐槐名刺。"

【书桌】 shū zhuō 读书写字用的桌子。宋吴自牧《梦粱录》卷一九:"排办局,掌椅桌、交椅、桌凳、～,及洒扫、打渲、拭抹、供过之职。"《元曲选·渔樵记》二折:"卓文君你将那～儿便快抬。"清《红楼梦》八四回:"我～子抽屉里有一本薄薄儿竹纸本子,上面写着'窗课'两字的就是。"

【书字】 shū zì 指书信。清吴伟业《题西泠闺咏》:"落日轻风雁影斜,蜀笺～报秦嘉。"孔尚任《桃花扇》一〇出:"好,好,好! 比俺的～还说得明白。"《绿野仙踪》三回:"凡有奏疏,俱系于冰秉笔,不要紧的～,仍是别的幕客办理。"

【书子】 shū zi 书信。明《西游记》三一回:"到了国中,递了～,那国王就请师父降妖。"《梼杌闲评》五回:"我写封～与你,去投他。"清《红楼梦》一一八回:"今早爷爷那里打发人带了一封～来。"

【叔伯】 shū bó 同祖父的或同曾祖父的(兄弟姐妹或尊亲)。《太平广记》卷二九九引《异闻录》:"修妇礼毕,奉翠玉金瑶罗纨,盖十数箱,为人间贺遗之礼,置于舅姑之前,爰及～诸姑家人,皆蒙其礼。"元关汉卿《拜月亭》一折:"你端的是姑舅也那～也那两姨? 偏怎生养下这个贼兄弟!"清《红楼梦》四九回:"谁知宝姐姐的亲哥哥是那个样子,他这～弟兄,形容举止另是一样了。"

【叔伯姆】 shū bó mǔ 妯娌。元明《水浒传》五〇回:"孙立便叫顾大嫂引乐大娘子～两个去后堂拜见宅眷。"

【叔待】 shū dài 对中年男子的尊称,相当于大叔。《元曲选·勘头巾》二折:"～开门来!"又《黑旋风》三折:"～,～,你家里有人么?"

【叔公】 shū gōng ❶ 叔父;丈夫的叔父。宋周必大《宋故连州彭史君墓志铭》:"道夫之弟尧弼泣而请曰:'始～南安公未有子,尝子尧弼。叔父有子,乃归。'"明《警世通言》卷三五:"父母家因其年少,去后日长,劝他改嫁。～丘大胜也叫阿妈来委曲譬喻他几番。"《禅真后史》五〇回:"此物乃小女腕中所带者,烦～付与令侄三郎,执此为定,永无他议。"清《红楼复梦》八四回:"不然玉大爷是他的叔叔,谁家的侄儿媳妇同～坐在一堆儿喝酒呢?" ❷ 叔祖。宋方大琮《祭瑞倅十五～》:"呜呼叔祖,禀资之丰润,器宇之峥嵘，问学议论之该博，材具业履之粹明。”明杨士奇《陈情推封》：“切缘臣故父子将原是伯祖公辰伯祖母严氏亲生次子，因～荣无子，遂立为子。”清《儒林外史》二二回：“我们徽州人称叔祖是～，你从今只叫我做～罢了。” ❸ 母亲的伯父、叔父。清屈大均《广东新语》卷一一：“母之叔伯父母曰～，曰叔婆。”

【叔婆】 shū pó ❶ 父亲的叔母，也就是叔祖母。唐韩愈《祭李氏二十九娘子文》：“维年月日，十八叔翁及十八～卢氏，遣昶以庶羞之奠，祭于李氏二十九娘之灵。”宋杨万里有《祭三十五～萧氏文》。清魏之琇《续名医类案》卷二八：“六七～血少气多，大便后脚痛而麻。” ❷ 母亲的伯母、婶母。清屈大均《广东新语》卷一一：“母之叔伯父母曰叔公，曰～。”

【叔叔】 shū shu ❶ 父亲的弟弟。宋《三朝北盟会编》卷九六：“上仓惶奔走别殿，忽遇越王，遂解龙章授王曰：‘～自做取。我元道来，我了不得。’”元佚名《元朝秘史》卷一：“朵奔篾儿干的哥哥都蛙锁豁（中）儿，有四子。同住的中间，都蛙锁豁（中）儿死了。他的四个孩儿，将～朵奔篾儿干不做～般看待，撇下了他，自分离起去了。”清《红楼梦》二六回：“总是我没福，偏偏又遇着～身上欠安。” ❷ 称丈夫的弟弟。宋《五代史平话·汉上》：“苏氏曰：‘咱有服制，谁人敢为做媒？须是～为我主盟始得。’”《元曲选·救孝子》一折：“杨大，你好粗鲁也！你与我这把刀子，奶奶不知，～也不知，久以后俺兄弟带出这把刀子来，则道春香抵盗了杨家的家私哩。”清《后水浒传》：“张氏连忙说道：‘～息怒，不要与他一般见识。’”

【叔翁】 shū wēng ❶ 父亲的叔父，也就是叔祖。参见“叔婆❶”。宋张镃《挽叔祖户部侍郎诗》之一：“从此无因见，南园老～。”明赵琦美《赵氏铁网珊瑚》卷三：“内翰乃司直公之叔祖，故作书以此称之。其帖囗，故云～批，盖三帖是家书耳。” ❷ 丈夫的叔父。清《陕西通志》卷六七引《贾志》：“（李氏）夫亡，氏年二十六。～日夜谋夺其节，私许韩氏。”又引《同州志》：“（惠氏）夫故亲老，绝嗣。～利其产，唆翁姑嫁氏。”

【叔丈】 shū zhàng 即“叔丈人”。宋苏轼《与王庆源书》：“知～年来颇窘，此事有定分。”文莹《湘山野录》卷下：“王沂公曾在中书翰林，李承旨淮视沂公为侄婿，凡两日诣中堂求免某子挽铎之执。沂公曰：‘此末事，请～少候，首台聚厅当白之。’”明杨继盛《自著年谱》：“娶胡邨张公讳杲次女为妻，……张杲者，予兄之～也。”清《雪月梅》四一回：“刘电早已看见蒋公，即跳下车来，高叫道：‘老～却在家！’”

【叔丈人】 shū zhàng rén 妻子的叔父。宋任渊注黄庭坚《次韵子瞻以红带寄王宣義》：“王淮奇字庆源，……东坡～也。”清《雪月梅》四一回：“你在客边，这里乡风不谙，自己不能料理，因此我都叫你～一一照料，不用你们费心。”

【叔子】 shū zi 即“叔叔❶”。明《西游记》五九回：“前在那解阳山破儿洞遇他～，尚且不肯与水。”《二刻拍案惊奇》卷三一：“当下一个族侄把个～打得七损八伤。”清《荡寇志》一二〇回：“汪往然当即差人赍书到曹州府里去，求他的～。”

【殊总】 shū zǒng 副词。完全。《敦煌变文校注》卷七《齖齣新妇文》：“翁婆共语，～不听。”

【倏闪】 shū shǎn ❶ 形容雷电忽然闪亮。唐张鼎《霹雳赋》：“辉光之所～，声气之所喷薄。”林慎思《伸蒙子》卷中：“且雷霆～，声腾百里。”佚名《秋日非所书情》：“凌晨～奔雷电，薄暮斯须敛霁霞。” ❷ 形容物体上下飘动不定或光亮闪烁不定。唐杨誉《纸鸢赋》：“绚练～，翕赫忽霍。”皮日休《吴中苦雨因书一百韵寄鲁望》：“龙光～照，虬角挡琤触。”明黄道周《榕坛问业》卷一七：“乃知岁星之准，镇星之迟，荧惑之～，金水之附丽，固各有繇，非偶相值也。” ❸ 形容迅速。唐戴叔伦《下鼻亭泷行八十里聊状艰险寄青苗》：“～疾风雷，苍皇荡魂魄。”宋丁谓《大搜赋》：“颛帝苍黄而废职，玄冥～以驰魂。” ❹ 顷刻；极短的时间。唐牛僧孺《玄怪录·岑顺》：“～之间，云阵四合。”宋曾巩《一鹗》：“社中神狐～内，脑尾分磔垂弓櫜。”

【梳背】 shū bèi ❶ 插在头发上压发用的梳子，背上常有图案装饰。元王和卿《醉扶归》：“一夜何曾见他面皮？则是看一宿牙～。”明《金瓶梅词话》三五回：“旋往后问上房玉箫要了四根簪子、一个～儿。” ❷ 安在床或炕上的靠背，状如梳背。明《金瓶梅词话》二九回：“也替他也买了这一张螺钿有栏杆的床，……里面三块～都是松竹梅岁寒三友。”又六九回：“西门庆正面椅子上坐了，林氏就在下边～炕沿斜签相陪坐的。”

【梳篦】 shū bì 梳理（头发），也指做这项工作的人。《五代会要》卷一：“～张氏封清河郡夫人。”《元曲选·望江亭》三折：“我在这船只上，个月期程，也不曾～的头。”清《红楼梦》二〇回：“宝玉拿了篦子，替他一一的～。”

【梳裹】 shū guǒ ❶ 梳头裹巾；梳头束发。宋米芾《画史》：“客至，即言‘容～’。乃去皮冠，梳发角加后以入幞头巾子中，篦约发，乃出。”李新《晓起》：“晓禽聒起坐薪床，～斑丝短短苍。”明《拍案惊奇》卷二：“望见了个花朵般后生妇人，独立岸边。又且头不～，满面泪痕，晓得有些古怪。” ❷ 梳妆打扮。宋欧阳修《惜芳时》：“潜身走向伊行坐。孜孜地、告他～。”元关汉卿《调风月》四折：“姐姐骨甜肉净，堪描堪塑，……问燕燕～何如。”清洪昇《长生殿》四出：“梦回初，春透了，人倦懒～。”

【梳行】 shū háng 买卖梳篦的市场。宋范成大《市街》：“～讹杂马行残，药市萧骚土市寒。”吴自牧《梦粱录》卷一三：“又有名为行者，如官巷方～、销金行。”

【梳理】 shū lǐ ❶ 用梳子整理（毛发）。唐白居易《叹老》之二：“我有一握发，～何稠直。”《敦煌变文校注》卷二《庐山远公话》：“经文制其疏抄者，梳也。譬如乱发获其～。”清《野叟曝言》一九回：“又李夜间被打，髻发散乱，急需～。” ❷ 对事物进行分析归纳；分类处理。宋《朱子语类》卷五九：“仁义礼智是同，而其中却有异处。须是子细与看，～教有条理。”陈淳《与黄寅仲》：“是时与他详细剖析，从原头～下来。”元任士林《杭州路重建总管府记》：“地转烦剧，郡府方疲于奔命，两县四隅之治，漫不得～，固其宜也。”

【梳栊】 shū lóng ❶ 梳头，借指化妆打扮。宋梅尧臣《和孙端叟蚕具·桑钩》：“少妇首且笄，幼女角已松，竞以采叶归，曾非事～。” ❷ 妓女第一次陪宿。雏妓垂发或梳鬟，陪宿后挽发梳髻。明《警世通言》卷二四：“昨有一位客官，要～小女，送一百两财礼。”清《白雪遗音·妓女悲伤》：“十二十三学弹唱，渐渐长大把～客驱。” ❸ 梳子。明刘若愚《酌中志》卷一六：“广惠库，职掌彩织帕、～抿刷、钱贯钞锭之类，以备取用。”清《醒世姻缘传》八六回：“次早起来，素姐洗过了面，要～梳头。”

【梳拢】 shū lǒng ❶ 同“梳栊❶”。清《歧路灯》一〇六回：“恰好照在大镜屏中，一个倩服艳妆，一个家常～，斜插两朵珠翠，四位佳人，面面相觑。” ❷ 同“梳栊❷”。明《禅真逸史》一三回：“昔日同房一友，往勾栏中行过，见一垂发女子，万分美貌，特意去～他。”清俞蛟《潮嘉风月记》：“女郎之未经～者，皆浓妆艳服，扮剧中故事，随神游行。” ❸ 同“梳栊❸”。清《歧路灯》六七回：“到晚上，张正心使人取杏花儿铺盖被窝，～器具。”

【梳笼】 shū lǒng ❶ 同“梳栊❶”。明冯梦龙《挂枝儿·

镜》:"镜子儿,自~,与你常时相见也。" ❷ 同"梳栊❷"。明《金瓶梅词话》六八回:"是原~我的那个南人,他一年来此做买卖两遭。"《梼杌闲评》一六回:"素馨在外撮合,一时动了火,遂允他~。" ❸ 同"梳栊❸"。明沈榜《宛署杂记》卷一五:"梳匣二十三个,~二十三副。"清《歧路灯》一〇一回:"单说送~匣子,我们怕惊动客长,就替你赏了两吊大钱。"

【梳掠】 shū lüè ❶ 梳理头发,也泛指梳妆打扮。唐白居易《嗟发落》:"既不劳洗沐,又不烦~。"《元曲选·梧桐叶》三折:"玉娉婷,新~。曲弯弯柳眉青浅,香馥馥桃脸红娇。"明《西湖二集》卷一三:"那时他哥哥张泰卖在平江府,也与人家做小厮,学做~。" ❷ 梳子和掠子。明《禅真逸史》三三回:"春香说官人借了我外甥女儿一付~。"《西湖二集》卷一三:"及至打开包裹看时,只得破被一条,~一副。"

【梳略】 shū lüè 同"梳掠❶"。唐王梵志《观内有妇人》:"观内有妇人,号名是女官。各各能~,悉带芙蓉冠。"

【梳弄】 shū nòng 即"梳栊❷"。明《金瓶梅词话》五九回:"自从~了,那里好生出去供唱去。"《醒世恒言》卷三:"只因王美有了个盛名,十四岁上,就有人来讲~。"清《野叟曝言》二三回:"扬州有一名妓许鹣鹣,弟~之后,至今三载,未接一人。"

【梳扫】 shū sǎo 梳妆。扫,扫眉,画眉。唐李商隐《槿花》之二:"珠馆熏燃久,玉房~餘。"元陶宗仪《莫春谣奉和正斋承旨韵》:"绣屏寒逗熏沉脑,愁重燕支倦~。"清朱鹤龄《汪季青诗稿序》:"色之不足,而后矜~以为姿,恃铅华以为媚,抑末矣。"

【梳台】 shū tái 梳妆台。宋洪皓《怜落梅》:"争粉翻光、何遽落~。"清《野叟曝言》七回:"梳洗已毕,靠着~,含羞站立。"

【梳洗】 shū xǐ 梳头洗脸,泛指妆扮。唐江妃《谢赐珍珠》:"残妆和泪污红绡,长门尽日无~。"《元曲选·两世姻缘》二折:"~罢将玉肩凭,恰似对鸳鸯交颈。"清《醒世姻缘传》三七回:"回到下处,大家方才起来~。"

【梳妆】 shū zhuāng 梳洗打扮。唐秦韬玉《贫女》:"谁爱风流高格调,共怜时世俭~。"《元曲选·汉宫秋》二折:"我且向妆台边~一会,收拾齐整,只怕驾来好伏侍。"清《红楼梦》六八回:"尤氏忙命丫鬟们伏侍凤姐~洗脸。"

【疏】 shū ❶ 僧道拜忏时所焚化的祷告文字。唐贾岛《宿赟上人房》:"朱点草书~,雪平麻履踪。"金《董解元西厢记》卷一:"烧罢功德~,百媚地莺莺不胜悲苦。"清《醒世姻缘传》三〇回:"他说在那里建醮,写大奶奶的生时八字合死的日子合领斋的名字,他好填榜写~。" ❷ 指为敬奉鬼神而募集钱物时所写的说明事由的文字,也指募集时所用的登记钱物的册子。元刘一清《钱塘遗事》卷五:"今天下惟八大王(荣邸)最有钱,我持~劝缘,必可如愿。"《元曲选·岳阳楼》四折:"〔郭云〕甚么天书! 敢是化缘的疏头。〔正末唱〕你休猜做化缘~。"清《十二楼·归正楼》四回:"怀中抱了一本簿子,与当日募缘之~又有些相同。"

【疏驳】 shū bó ❶ 驳难。宋曾巩《隆平集》卷六:"因王禹偁请中书本厅不得接见宾客,许于政事堂同见。沔喜,即奏行。谢泌~而止。"《元典章·朝纲一》:"诸应申上司定夺之事,皆自下而上用心检校,但有不实不尽,其所由官司即须~。" ❷ 粗疏驳杂。清《四库总目提要·河上楮谈》:"又误以《孔传六帖》为三孔所作,~亦甚矣。"

【疏簿】 shū bù 化缘时用以登记钱物数目的册子。宋方逢辰《题方景说出家~》:"苟自度吾力不能活之,则听其依释以自活,亦可已。有肯助缘,便请下笔。"明周元暐《泾林续记》:"明晨往谒,持修寺~求助。"清《豆棚闲话》一〇则:"有几个油花和尚挟了~上前打话,求他布施。"

【疏淡】 shū dàn ❶ 恬淡;淡泊。唐孟郊《答友人》:"道语必~,儒风易凌迟。"元王恽《大元故蒙溪先生张君墓碣铭并序》:"与人交,始若~,久之愈敬而爱。"明屠长卿《答刘子威侍御》:"仆天性~,寡嗜少营。" ❷ 淡薄;疏朗有致。宋柳永《满江红》:"临岛屿、蓼烟~,苇风萧索。"《元史·吴定翁传》:"而最善为诗,揭傒斯称其幽茂~,可比卢挚。"清汪由敦《跋手临苏书赤壁赋》:"及见其墨迹小简,则姿致横逸,用笔圆健,于~中见密栗。" ❸ 疏远冷淡。明《金瓶梅词话》八五回:"大娘与大姐甚是~我。"清胤禛《朱批谕旨》卷一〇下:"今年羹尧既见疑于朕,故明白谕卿,以便与之~,宜渐渐远之,不必令伊知觉。"《荡寇志》一一二回:"不得已接见了二人,却于礼貌言辞间失于关切,觉得~了些。"

【疏放】 shū fàng ❶ 释放;放走。唐李晔《平孙儒德音》:"敕命分析,限赦文到后三日~闻奏。"《元典章·户部八》:"决讫,发下盐司带镣居役,满日~。"清《歧路灯》五〇回:"将诱赌匪棍巴庚,……一同锁拿进署。如有~,立毙杖下。" ❷ 稀疏地开放。唐杜甫《西阁雨望》:"菊蕊凄~,松林驻远情。"元程用昭《崇明县奉圣寺》:"江梅瘦褪犹~,山鸟惊猜亦往还。"清朱鹤龄《菊花》:"甘馨露下含芳淡,~灯前取影清。" ❸ 疏通使流。宋苏轼《录单锷吴中水利书》:"期之以施工日月,同日开凿,同日~。"苏辙《徐州汉高帝庙祈晴文》:"~流潦,改种秋稼,民实望之。"元王结《善俗要义》:"盖旱干则引水灌溉,霖雨则开堰~。"

【疏忽】 shū hū 粗心大意;忽略。《明史·王治传》:"本兵备御~,调度乖张。"清玄烨《谕礼部》:"至今岁三月初间霜雾,及以前星辰凌犯等项应行占奏者,并未奏闻,皆由该监官员蒙昧~,有负职掌。"《红楼梦》五五回:"众媳妇方慢慢的一个一个的安分回事,不敢如先前轻慢~了。"

【疏决】 shū jué 清理判决(案件)。唐李隆基《分遣蒋钦绪等往十道疏决囚徒制》:"所至之处,~囚徒,宣慰百姓。"宋《明公书判清明集》卷一一:"只愿狱户充斥,可以骗乞,反恕当职不合~,使狴犴一清。"明朱国祯《涌幢小品》卷一九:"提点刑狱缙云周彦约绾,知其冤,亟自嘉州亲诣~,邵乃得出。"

【疏空】 shū kōng 空疏;不实在;不具体。宋苏辙《谢除中书舍人表》:"执笔柱下,已愧~;起草禁中,尤为清切。"《朱子语类》卷一二二:"他只说得个头势大,下面工夫又皆~。"王柏《次前韵寄郑悦斋》:"单骑冲寒发路东,只缘归计太~。"

【疏狂】 shū kuáng 放纵;不受拘束。唐白居易《赠江州李十使君员外》:"岂有~性,堪为侍从臣。"元关汉卿《拜月亭》一折:"你休吃酒也,恐酒后~。"清《绿野仙踪》六二回:"此子骨肉清轻,大有道气;只是举动~,令人可恼。"

【疏旷】 shū kuàng ❶ 空旷;空阔。唐段成式《酉阳杂俎》续集卷一:"夏月乘凉于庭际,~月色,方午风过,觉有异香。"宋彭大雅《黑鞑事略》:"营又贵分,务令~,以便刍秣。"清靳辅《治河奏绩书》卷四:"无山冈之阻,地土~,其河流激驶,与他处不同。" ❷ 孤单寂寞。唐刘长卿《自鄱阳还道中寄褚徵君》:"白首无子孙,一生自~。"《元曲选·玉镜台》一折:"好天良夜成~,临风对月空惆怅。" ❸ 豁达;不拘束。唐刘长卿《夜宴洛阳程九主簿》:"调啸寄~,形骸如弃捐。"宋《朱子语类》卷一二五:"列子平淡~。"清纪昀《阅微草堂笔记》卷四:"大还天性~,亦不恐怖。" ❹ 久离;远隔;不亲近。唐宋之问《寄天台司马道士》:"旧游惜~,微尚日磷缁。"元吴澄《故宋乡贡士金溪于君墓碣铭》:"相去遥隔,重会孔艰,迹若~,心常亲厚也。"明《杨家府》卷二:"弟与哥王虽是兄弟,然情甚~,此心歉歉。" ❺ 疏于问讯;往来的次数少。

宋王炎午《谢萧恕斋县尹惠东界浮梁鎟》:“姻友间者多所～,愧悚何极。”元王恽《过海之高兄新居》:“自惭过访成～,恋恋相看到日昏。”明王应麟《报王大参》:“即郡城之中,足迹～十年。”

【疏漏】 shū lòu ❶ 破漏。五代李从厚《令监祭使省视祭物诏》:“其坛庙墙屋,勿令～,本司常简举修葺以闻。”宋李流谦《游野航次元应韵》之三:“只须茅茨补～,安用楼观相复重。”清曹庭栋《养生随笔》卷四:“气随霜下也,椽瓦～,必厚作顶板以御之。” ❷ 泄露;疏忽大意而泄露。明《拍案惊奇》卷三一:“我和你日夜演习,必致～。”清胤禛《朱批谕旨》卷八二:“臣不密,则失身。稍有～,传播于外,经朕闻知,则贻害于汝匪浅。”

【疏略】 shū lüè ❶ 疏忽;忽略;粗心大意。唐权德舆《奏于董所犯当明刑正罪疏》:“宏宽大之典,流窜太轻,陛下合改正罪名,兼责臣等～。”明陆深《溪山餘话》:“信乎,臣不密则失身,一时～,甚可惜也。”清于成龙《檄示剿海行兵方略》:“未尽事宜,又当临时斟酌,切勿～,有负本部院委任至意也。” ❷ 粗陋简单;粗糙简单。宋吴曾《能改斋漫录》卷一八:“章郇公初入枢府,以所赐鞍绣文～,命市工别绣之。”《建炎以来繋年要录》卷九:“彦兵寡,且器甲～,疾战辄不利。”梅应发、刘锡《四明续志》卷六:“待至起到舟只,则大抵旧弊破漏,不及丈尺。贡具则～,梢火则脆弱,亦姑以具文塞责而已。”

【疏落】 shū luò ❶ 稀疏;稀疏零落。宋王之道《秋日野步和王觉民》之一〇:“案上数枝溥露菊,可怜～嫩纤纤。”明朱橚《普济方》卷二二三:“菖蒲丸,治脏腑衰惫,面色萎黄,牙齿～。”清《野叟曝言》一三四回:“那些百姓,个个颂扬,编就歌谣,沿街卖唱。一直闹至元宵以后,方渐～。” ❷ 荒疏。宋王洋《谢诸葛秀才书》:“某衰老,学殖～,未尝得此于人也。” ❸ 落拓;旷达。宋石介《寄李缊仲渊》:“吾友仲渊少学古,胸中～希孔周。”清《佩文斋书画谱》卷四三引明徐渭《徐文长集》:“萧翊,字汝臣,号云莱子。性绝聪明,亦绝～。” ❹ 疏远;生疏。清宋之绳《梅花》:“于人～如无意,写尔高空正自难。”《水浒后传》二九回:“兄弟,我与你隔了多年,该情热些,怎地反觉得～了?”《野叟曝言》五七回:“三妹更是死生以之,性命几乎不保!怎官人当着面儿,反这般～起来?”

【疏慢】 shū màn ❶ 放纵。唐韦应物《野居》:“结发屡辞秩,立身本～。今得罢守归,幸无世欲患。”宋郑樵《通志》卷一五四:“亮～自任,无干务才,每有礼仪大事,常令餘司摄焉。” ❷ 疏远;不亲。《元曲选·楚昭公》三折:“嫂嫂侄儿与哥哥正是着亲的,惟您兄弟是个～些的。”清顾镇《虞东学诗》卷八:“当时兄弟中疑有贪位嗜利为病于亲族而相与构怨者,诗人推本于王之～骨肉,为之倡导。” ❸ 不频繁;次数少。明宋应星《天工开物·膏液》:“凡炒诸麻菜子,宜铸平底锅,深止六寸者,投子仁于内,翻拌最勤。若釜底太深,翻拌～,则火候交伤,减丧油质。”

【疏散】 shū sàn ❶ 分散;离别。唐骆宾王《畴昔篇》:“宾阶客院常～,蓬径柴扉终寂寞。”宋魏了翁《贺新郎·别李参政壁》:“几度南楼携手上,十二阑干凭暖。肯容我、樽前～。”清赵执信《山半花树移就小池北栽之》:“寒威易侵陵,土脉况～。” ❷ 疏落;疏朗。唐杜甫《早发射洪县南途中作》:“汀洲稍～,风景开怏悒。”元牟巘《古木老柳图》:“老柳～,脱木离奇,正如高人胜士,皭然滋垢之中,有不可点污者。”清弘历《风篁笙奏》:“槛外竹千竿,翠影欣～。” ❸ 排遣;发散。唐杜甫《白沙渡》:“迥然洗愁辛,多病一～。”元李存《与陈伯柔》:“伯恭常常感冒,此乃禀气薄弱,寒气～之药不可多进。”清《红楼梦》五三回:“已将～驱邪诸药减去了,到添了茯苓、地黄、当归等益神养血之剂。” ❹ 使活动。清《红楼梦》七五回:“天天有人打扫,况且极平稳的宽路,何必不～～筋骨?”

【疏失】 shū shī ❶ 失误;闪失。《敦煌变文校注》卷四《降魔变文》:“分毫～,两人性命不全。”清弘历《总督仓场侍郎宜兴刘秉恬奏报》:“去年丰汛有～,诚恐殃田及漕渠。” ❷ 丢失。明《西游记》一三回:“你可曾～了甚么东西?” ❸ 失于访问;失于亲近。明《西游记》五三回:“这一向登山涉水,把我那幼时的朋友也都～,未及拜访,少识尊颜。”《醒世恒言》卷三一:“员外,久别台颜,一向～。”清《隋唐演义》六回:“小僧连日陪侍唐公李老爷,～了公子。”

【疏爽】 shū shuǎng ❶ 疏落清朗;清爽。唐符载《江陵陆侍御宅宴集》:“秋七月,深源陈宴宇下,华轩沉沉,樽俎静嘉,庭篁霁景,～可爱。”宋杨简《月赋》:“山月兮腾腾,千峰兮毕明。入林度岭兮,～而散清。”清《隋唐演义》一〇回:“身中病势已退,神气渐觉～。” ❷ 豁达豪爽;奔放豪迈。《新唐书·段文昌传》:“～任义节,不为龌龊小行。”明顾清《故泾府右长史任先生墓志铭》:“为诗文豪迈～,类其为人。”清孙奇逢《中州人物考》卷五:“公为人真诚～,风骨棱棱。”

【疏索】 shū suǒ ❶ 稀疏;稀少。唐司空图《寄考功王员外》:“白鸟闲～,青山日滞留。”温庭筠《酒泉子》:“近来音信两～,洞房空寂寞。”宋范浚《赠青城道人》:“镜中华发已～,肘后丹经犹弃捐。” ❷ 疏远;冷淡。《法苑珠林》卷三〇:“兄弟离散,亦由女人。宗亲～,亦由女人。”李翱《答独孤舍人书》:“足下书中有‘无怨怼以至～’之说,盖是戏言。”宋陆游《登临》:“亲友多～,渔樵自往还。” ❸ 离散;分离。唐骆宾王《畴昔篇》:“当时门客今何在?畴昔交朋已～。”宋陆游《牛饮市中小饮呈坐客》:“从今共约无～,竹外梅花欲恼公。”清汤右曾《酬惠元龙庶常》之一:“故人久～,羸病卧逾时。” ❹ 冷落;萧索。宋陆游《苦寒》:“摩挲酒榼虽堪喜,～梅花未免愁。”清弘历《蓬瀛不可望》:“～林泉地,凄清风露晨。”

【疏头】 shū tóu ❶ 即“疏❷”。说明缘起的文字放在疏的开头,后面留出空白以记录捐施的人名数量,因称疏头。唐李商隐《杂纂·不得已》:“为人题～,被势位牵率。”《元曲选·岳阳楼》四折:“甚么天书!敢是化缘的～。”清《红楼梦》三九回:“我明儿做一个～,替你化些布施。” ❷ 供焚化的祷告文字。元明《水浒传》四五回:“海阇黎引到地藏菩萨面前,证盟忏悔,通罢～,便化了纸。”明袁于令《西楼记》三一出:“[众僧]师父起忏功德已完,～是怎么样写?[师]今日是信女穆素徽,追荐亡夫于鹃。”清《蜃楼志》一一回:“那何武已预备了三牲礼物、纸马香烛之类,韩普写了～。”

【疏脱】 shū tuō ❶ 放达;粗疏。唐袁郊《甘泽谣·陶岘》:“岘之文学,可以经济,自谓～,不堪宦游。”明屠隆《续婆罗馆清言》:“高明性多～,须学精严。”清彭孙遹《中元后三日送寓庸南还》:“仆本～人,习懒乃成癖。” ❷ 疏忽出差错;粗心大意。五代徐夤《雅道机要·叙明断》:“吟咏不可恃其敏捷,或有～,被人评哂。”金《董解元西厢记》卷三:“师曰:‘山僧过矣!夫人言明日作排,非今日矣。’生笑曰:‘两句传示,尚自～,怎背诵《华严经》呵?’”明陆粲《说听》卷上:“鬼复往诉云:‘今必被马啮死矣。’且言:‘文君～如此,我不愿从也。’” ❸ 稀疏脱落。宋文天祥《新年》:“喜对慈颜看铺鬓,发虽～未如银。” ❹ 指书法松散无力。明郎瑛《七修类稿》卷二八:“楷字无出颜、柳。柳虽有骨,似～少劲拔。”谢肇淛《五杂组》卷七:“今人学素书者,但任意奔狂耳,不但法度～,亦且神气索莫。” ❺ 泄漏;暴露。宋王明清《挥麈后录》卷六:“捕吏以手从后拽其衣带,回头失声曰:‘岂非那事～

邪?'" ❻ 遗漏;疏漏。明程敏政《对佛问》:"凡地里人事中,有～者补之,差舛者正之。"清陈启源《毛诗稽古编》卷二七:"旭勖二字宜入'篠',《韵补》不收,殊～。"《四库总目提要·中庵集》:"盖《元史》仓猝成书,～实多。" ❼ 因疏忽使罪犯逃脱。《皇清开国方略》卷二七:"以镇国公扎喀纳等～逃人,降罚有差。"清《平定金川方略》卷一五:"本应于军前显戮示众,但沿途解送,恐有～,请即于成都正法。"

【疏危】 shū wēi 闪失危险。明《杨家府》卷五:"将帅俱集于此,何劳陛下亲出。倘有～,将如之何?"又卷七:"杨门止有此子接绍宗支,若有～,怎了?"

【疏文】 shū wén ❶ 即"疏❶"。宋周煇《清波杂志》卷七:"东坡讣至京师,王定国及李豸皆有～。"明《醒世恒言》卷二六:"因此夫人写下～,差人到老君庙祈祷。"清《警寤钟》二回:"话说寂然打发施主回去,就忙忙收拾打点拜忏之事,请众僧写～。" ❷ 即"疏❷"。宋觉范《林间录》卷下:"承以营建净檀,……即令撰～也。"元陶宗仪《辍耕录》卷一二:"因其请作募缘疏,遂为撰之。……～一出,远迩传诵,以资笑谈。"清刘可书有《募修红螺山资福寺～》。

【疏异】 shū yì 新鲜别致。清《红楼梦》五四回:"只用这两出,叫他们听个～罢了。"

【疏引】 shū yǐn 犹"疏头❶"。清《醒世姻缘传》三一回:"砌了一本缘簿,……自己做了一篇～。"《歧路灯》四三回:"只怕你错拿了,上面那有张进士的～?"

【疏虞】 shū yú ❶ 出纰漏;疏忽;失误。唐易净《兵要望江南·占云》:"军营上,云若似飞乌。有似盖来并伏虎,此为胜气不须疑。攻则定～。"《元曲选外编·智勇定齐》二折:"你可便怎来到俺这郊墟?哎,你个公子齐侯有～。"清《隋唐演义》一五回:"欲差官赍礼前去,天下荒乱,盗贼生发,恐中途～。" ❷ 稀疏破败。《大宋宣和遗事》后集:"廊庑欲倾,篱落～,不类人居。"

【舒畅】 shū chàng ❶ 伸展;舒展。唐柳宗元《与李翰林建书》:"然顾天窥地,不过寻丈,终不得出,岂复能久为～哉?"宋《朱子语类》卷六:"殊不知～发达便是那刚底意思,收敛藏缩便是那阴底意思。"明田艺蘅《煮泉小品》:"生晒茶瀹之瓯中,则旗枪～,清翠鲜明。" ❷ 通畅。唐孔颖达疏《礼记·乐记》"感条畅之气":"条,远也。畅,舒也。言淫声感动于人,损长远～之善气。"元许衡《与张仲谦书》:"病且革,果惟不得～使然。胸膺气滞,不得上下,以至于死。"清昭梿《啸亭续录》卷三:"读《新唐书》及《朱笥河集》,如人害噎膈症,实难～也。" ❸ 开朗愉快;舒服痛快。唐孔颖达疏《礼记·玉藻》"色容颠颠":"颜色忧思,颠颠然不～也。"宋京镗《满江红》:"鱼龙戏,相浩荡。禽鸟乐,增～。"清《歧路灯》一〇回:"娄潜斋看谭孝移眉目和怡,神致～,不似前日颦蹙之态。" ❹ 自由。明《醋葫芦》一一回:"敬东翁如敬君王,待学生如待父母,随你～,再不拘束。"清《情梦柝》二回:"我到遂平,俞老爷必定留入内衙,一来请酒演戏,二来客边不得～,拘拘然有何好处?"

【舒迟】 shū chí 犹"舒徐"。明冯惟敏《集贤宾·题长春园》:"看桑田几时经变迁,一任他日月流连。这答儿～消永昼,安稳度韶年。"

【舒服】 shū fú 身体或精神上感到轻松愉快。清《红楼梦》八六回:"前日身上略觉～,在大书架上翻书,看有一套琴谱。"《绿野仙踪》九一回:"启奏的事,万岁爷未尝不准他的,只是心上不～。"《九云记》六回:"姑娘玉体不～,多由贫道。惶愧告退了。"

【舒口】 shū kǒu 张口,指说话。明《金瓶梅词话》七五回:"那大妗子拦阻说:'快休要～!'"又八〇回:"你怎么这等的?快休要～!自古人恶礼不恶。"

【舒设】 shū shè 铺设。元关汉卿《拜月亭》三折:"薄设设衾共枕空～,……闷恹恹怎捱他如年夜!"

【舒伸】 shū shēn 伸展。唐孔颖达疏《礼记·儒行》"竟信其志":"此是'信'字,义当如'～'之'伸'。"宋邵雍《林下》:"万事去心闲偃仰,四支由我任～。"明冯惟敏《折桂令·下第嘲友人乘独轮车》:"这壁厢死不死活不活瘦骨嶙峋,才待～,又怕偏陈。"

【舒梭】 shū suō 舒服。清《聊斋俚曲·磨难曲》:"衙役说我官声好,找法给我弄钱财,话儿都是极相爱。每日叫耳根～,到不想脖项成灾。"

【舒泰】 shū tài 舒畅和悦;舒畅安宁;舒畅安适。唐玄奘译《大般若波罗蜜多经》卷四七九:"发弘誓愿已经多劫,含笑先言容颜～。"五代杜光庭《罗天醮岳渎词》:"臣境土安宁,生灵～。"清李光地《大学古本说》:"自慊之积,则不愧不怍,心常平宽而体常～,是其德之润身也。"

【舒摊】 shū tān ❶ 同"舒坦❶"。明陈铎《水仙子·盔帽儿》:"扯一扯加层垫,哂一哂噀口水,不～明日重盔。"又《红绣鞋·弹棉花》:"休笑我弓儿慢,则为你子儿多,你要～须用我。" ❷ 同"舒坦❷"。清《醒世姻缘传》九〇回:"我六十岁没过个～日子。"

【舒坦】 shū tǎn ❶ 舒展平坦;宽畅平坦。五代何溥《灵城精义》卷上:"砂何以分阴阳乎?亦以开面而～者为阳,以反背而崚嶒者为阴。"明张习《韩蕲王庙记》:"侯相攸得～之地于冢南,为构正堂。" ❷ 舒服。明丁惟恕《河南韵·代丁对川写意》:"皇天,俺怎么生不在人后、长不在人前。皇天,到几时时来俺也～～。"清《歧路灯》九回:"一杯热茶,吐得出两口暖气,即觉～些。"

【舒心】 shū xīn ❶ 舒展心情,也指心情舒畅安适。宋张耒《双槐堂记》:"～而养神,使其中裕然。"元关汉卿《调风月》三折:"好个个～,干支刺没兴。"清《杏花天》七回:"珍娘这会～风流,忘愁除闷,想道这缘法,实是奇会。" ❷ 心甘情愿。元乔吉《赏花时·风情》:"围你在垓心里怎地逃?若不纳降受缚,肯～伏弱,敢教点钢锹劈碎纸糊锹。"《元曲选·风光好》三折:"妾身本不肯～就亲,学士便做不的先奸后婚。"《元曲选外编·西厢记》四本一折:"忘餐废寝～害,若不是真心耐,志诚捱,怎能够这相思苦尽甘来?" ❸ 心里怠慢。《元曲选·柳毅传书》三折:"俺满口儿要结姻,他～儿不勘婚。"

【舒徐】 shū xú 从容不迫;缓慢;沉着稳重。唐元稹《唐故工部员外郎杜君墓系铭》:"宋齐之间,教失根本,士以简慢、歙习、～相尚,文章以风容、色泽、放旷、精清为高。"宋吴潜《望江南》:"静里精神偏爽快,闲中光景越～。"清《红楼梦》一四回:"合族中虽有许多妯娌,……俱不及凤姐举止～,言语慷慨,珍贵宽大。"

【舒言】 shū yán 犹"舒口",指说话。明《金瓶梅词话》八六回:"好姐夫,快休～!不敬奉姐夫,再敬奉谁?"

【舒眼】 shū yǎn 睁开眼。元明《水浒传》四二回:"宋江恰才敢抬头～,看见殿上金碧交辉。"明于谦《汤婆》:"夜长夜短慵～,花落花开空自伤。"清《九云记》一七回:"元帅恰才敢抬头,～看时,女娘如何打扮?"

【舒展】 shū zhǎn ❶ 平展;展开;铺展。唐张彦远《历代名画记》卷二:"人家要置一平安床褥,拂拭～观之。"宋周邦彦《绕佛阁》:"两眉愁、向谁～。"清屈大均《广东新语》卷二四:"其母上竹枝吐出,是为海粉,乘湿～之,始不成结。" ❷ 开放;绽放。宋赵长卿《探春令》:"问梅花底事,收香藏蕊,到此方～。"俞克成《蝶恋花》:"报道不禁寒料峭。未教～闲花草。"白君瑞《风入松》:"雁声北去江城暖,暗～、花柳容仪。" ❸ 不受拘束;施展。宋吕祖谦《答潘叔度》:"近礼部建请更变文体,大抵皆前辈之论。若果行此,则奇杰宿学皆得～。"明王直《送萧县丞思敬赴慈利序》:"或谓以思敬之才,不试于要剧,使得～,尽所长,而使丞于下邑,无乃非所宜也。"清《飞龙全传》一三回:"英气未能～日,雄身正属困危时。" ❹ (身心)舒畅;安适。宋孙奭疏《孟子·尽心下》"说大人则藐之":"孟子言说当时之尊贵为之大人者,当轻藐之,勿视其巍巍然尊贵而畏之也。以其如是,则心意～,得尽其言也。"明王守仁《示徐曰仁应试》:"今人入场,有志气局促不～者,是得失之念为之病也。"清《二度梅》三〇回:"可以不用药,只要自己开怀～,自然无恙。" ❺ 宽敞。元成廷珪《寄谢察院高德进宪史》:"三字封来墨未干,堂轩～对琅玕。"清曹庭栋《养生随笔》卷三:"或几足下,四周镶作辘轳式,宽如几面,更觉踏处～。"

【舒直立】 shū zhí lì 竖直腰腿倒立。清《醒世姻缘传》九五回:"凭你张跟斗,～,都不与老娘相干,请你自便。"

【输】 shū ❶ 不及;赶不上。宋柳永《双声子》:"江山如画,云涛烟浪,翻～范蠡扁舟。"元马致远《女冠子》:"圣贤尚不脱阴阳彀,都～与范蠡舟。"清洪昇《长生殿》一二出:"怕～他舞《惊鸿》,曲终满座有光华。" ❷ 丧失。元《三遂平妖传》二九回:"观察不要～了志气,走到晚却又理会。"明《型世言》三九回:"铦牙到此失雄锋,利爪也疑～锐气。"

【输不的】 shū bù de 逃不过。《元曲选·扬州梦》一折:"是～他那一双眼!这风子在豫章时,张尚之家曾见来。"

【输采】 shū cǎi 赌博时规定为负的花色点数。宋《五代史平话·汉上》:"才方出注,掷下便是个～。眨眼间,三十贯钱一齐输了。"

【输筹】 shū chóu 在赌博或竞技时失利。筹,赌博时所用的筹码。唐张鷟《游仙窟》:"十娘～,则共下官卧一宿;下官～,则共十娘卧一宿。"宋觉范《禅林僧宝传》卷一七《浮山远禅师》:"赢局～即不问,且道黑白未分时一著,落在什么处?"清田雯《秋日》之三:"一局棋完须罢手,从前强半是～。"

【输服】 shū fú ❶ 服输;认输。宋蔡襄《言河北帅臣》:"假使智能竭尽,足以～于人,犹恐计虑或见轻于彼。而况指数名姓,知委任非人,尚令列在边防,得不取笑外裔。"明沈德符《万历野获编》卷一七:"安南在本朝,凡三征而三定之,人知之矣。不知元世祖时,亦征之凡三次而后～。"清《女仙外史》七三回:"好在妖寇已经～后,荆门只在指挥间。" ❷ 服罪;认罪。元程端礼《故中奉大夫谓勒哲图公行状》:"公烛其奸状,诘之曰:'汝均庶子也,袭当以长,欲诬以嫡而夺之可乎?'遂～而出符命。"明敖英《东谷赘言》卷上:"终日锻炼莫肯～,岂可信其口中雌黄而直之乎?"清昭梿《啸亭杂录》卷八:"甫加刑,爰即～。"

【输己】 shū jǐ 认输;承认自己不行或是自己请求对方。明沈则平《宜春令·幽期》:"乍同衾将身扭回,只推不就,要郎下气先～。"清《醒世姻缘传》三四回:"你若说输个己,给他些什么,少了又拿不住他,多了这又是'大年五更呵粘粥,不如不年下'了。"又九八回:"这事还得姑娘自己输个己,认个不是,……叫姑夫上堂去央央太爷,止了这事。"

【输款】 shū kuǎn 纳诚,投降的婉词。唐李世民《破高丽赐酺诏》:"其兵将大耨萨延寿惠真,率其餘众,一心～。"宋《三朝北盟会编》卷二三:"金人亦不知所以胜,而常胜军官密～者。"清《东周列国志》二四回:"郑文公惑其言,乃阴遣申侯～于楚。"

【输亏】 shū kuī 犹"输失"。元《三遂平妖传》一八回:"王则大败～,急急引兵入城,拽起吊桥,将城门紧闭不出。"《元曲选外编·渑池会》一折:"我若是有差错、有～,誓不还。"元明《水浒传》六〇回:"大败～,急取旧路,望梁山泊回来。"

【输纳】 shū nà 缴纳;献纳。唐沈成福《议移睦州治所疏略》:"道里稍平,～租庸,沿江甚易,空船归棹,迟亦无妨。"元汪元亨《雁儿落过得胜令·归隐》:"农桑足课程,赋税先～。"清赵翼《檐曝杂记》卷四:"凡交官粮及杂款,旧例所沿,虽非令甲亦～惟谨。"

【输便宜】 shū pián yi 失利;让他人占了上风。《敦煌变文校注》卷一《李陵变文》:"其时凶奴落节,输汉便宜。"《祖堂集》卷一四《石巩和尚》:"登时将谓得便宜,如今看却～。"清《飞龙全传》四回:"汴梁城中遍闻的招灾太岁,那肯输半点便宜。"

【输身】 shū shēn 女子与人发生不正当的性关系,也指妓女与嫖客发生性关系。明陈铎《朝天子·嘲人言南京妓女好》:"陪钱儿过从,～儿挫捧。"《金瓶梅词话》三七回:"虽是打扮的乔样,倒没见他～。"

【输失】 shū shī 失利;失败。唐张九龄《敕幽州节度张守珪书》:"二虏乘隙,相继叛亡,裨将无谋,轻兵遣袭,遂有～。"《敦煌变文校注》卷一《李陵变文》:"今朝塞外浑～,更将何面见京华!"宋曾公亮等《武经总要》前集卷一四:"申得功将士,使臣皆具官任、军分、姓名、本属主帅、官军贼众多少、彼此杀获～之数,及夺得军资器械、并战时月日、战处去州县远近。"

【输心】 shū xīn ❶ 倾心;以真心相交。唐杜甫《莫相疑行》:"晚将末契托年少,当面～背面笑。"清吴之振《叠韵送叶星期岁暮还山》:"老去贫交难聚首,眼前生客怕～。"《驻春园》一一回:"无如促膝者多,～者少,孤单京邸,陪待新交,无人可告语者。" ❷ 服心;自己心服或使人心服。明凌濛初《虬髯翁》:"非是俺肯～臂鹰手轻藏弹,都则因怕失手钓鳌钩别上牵。"《西洋记》二七回:"下战斩首,上战～。今日枭首之时,也要他心服。"清《野叟曝言》一〇二回:"三峒峒民,俱买过三人贱货,平时感激过来;知是素臣家将,畏威怀德,无不～。" ❸ 甘心;心甘情愿。明冯惟敏《仙子步蟾宫·十劣·勒价》:"似这般俺也～,他也乐意,你也驰名。"陆采《明珠记》三九出:"押衙隐在荒郊。改衣装与塞鸿同造,～做尽卑小。"《型世言》二七回:"若见一个风流子弟,人物齐整,衣衫淹润,有不～输意的么?" ❹ 向往;爱慕。明王穉登《顾姬王丽人墓志》:"绿绮成奉而窈窕～,红拂流眄而英雄生气。"《型世言》三九回:"实以公得全,故女亦～,愿佐公玩。"清《潮嘉风月》:"独与余友金柳南,倾盖～,如董小宛之遇辟疆,柳如是之怀谦益。"

shú

【秫村村】 shú cūn cūn 犹"秫秫"。村,粗蠢,詈词。明《金瓶梅词话》五〇回:"贼～,你今日才吃屎?你从前已后把屎不知吃了多少!"

【秫秸】 shú jiē 去掉穗的高粱秆。《金史·张中彦传》:"取新～密布于地,复以大木限其旁,凌晨督众乘霜滑曳之。"清《醒世姻缘传》四八回:"只见窗前门前都竖着～,点着火待着不着的炟。"

【秫秫】 shú shú 指娈童。也用为对男性的詈词。明徐渭《雌木兰》一出:"这花弧倒生得好个模样儿,倒不像个长官,倒是个～,明日倒好拿来应应极。"《金瓶梅词话》五〇回:"我不把～小厮不摆布的见神见鬼的,他也不怕我。"

【赎】 shú ❶购买。多指买药。宋施彦执《北窗炙輠录》卷上："我只去朱二郎家，用十文～青木香丸一帖与之。"《元曲选外编·刘弘嫁婢》一折："你道要女儿着钱～个婢，要厮儿着钞买一个躯。"清《八洞天》卷八："若要留她，须～些堕胎药来与她吃了。" ❷用钱物把抵押品换回。明李乐《见闻杂记》卷一〇："长兴臧尧山先生之父，开典于城门内，偶至典中，值一乡人～典物者，与家人小忿争。"

【赎当】 shú dàng 赎回抵押在当铺里的东西。明《型世言》三二回："早间籴米，如今～，都是他。"清慕天颜《请预拨黔省协饷疏》："乃役过一月，仍不得额。无不典鬻衣装，多方揭借。及至半年领饷到手，偿利～，焉能敷用？"《八洞天》卷五："典铺烧了，那些～的又来讨赔。"

【赎典】 shú diǎn 即"赎当"。宋沈括《梦溪笔谈》卷二三："～赎解不曾休，吃酒吃肉何曾梦。"明《醒世恒言》卷三一："你～还是解钱？"

【赎放】 shú fàng ❶用钱买回被掳掠的人，或买取奴婢使之获得人身自由。《金史·世宗纪上》："应因窝斡被掠女直及诸色人未经刷放者，官为～。"又《章宗纪一》："制诸饥民卖身已～为良，复与奴生男女，并听为良。" ❷把被捕获的鱼鸟等买来放掉。《太平广记》卷一〇二引《报应记》："文若曰：'我不吃肉。'遂～之。"范成大《放鱼行》："嗟予～岂儌福，忍把汝命供吾饕。"清《聊斋志异·白秋练》："女大骇，谓夙有放生愿，嘱生～之。"

【赎过】 shú guò 补偿过失。唐李昂《讨王庭凑德音》："而王庭凑为我藩臣，久膺宠命，致爵位于扰叛之际，齐恩泽于忠义之伦，～图功，宜百群帅。"明《东游记》一〇回："却说铁拐因放走青牛，老君斥下立功～。"清弘历《台湾镇总兵冲杰巴图鲁普吉保》："贾勇～，奋不顾躬。"

【赎解】 shú jiè 犹"赎当"。《书画汇考》卷一八引元《饶芥叟琴轸帖》："～铜钱，准明日送去。"《元曲选·看钱奴》二折："别人家便当的一周年下架容～，他巴到那五个月还钱本利该。"

【赎买】 shú mǎi ❶购买。宋陈直《寿亲养老新书》卷一："大体老人药饵，止是扶持之法，只可用温平顺气进食补虚中和之药治之，不可用市肆～、他人惠送、不知方味及狼虎之药，与之服饵。"元佚名《郭签省咨复杨总摄元占学院产业》："又民间金玉良家子女，皆以高价～。" ❷用钱买回被他人占有的原本属于自己的财物或人身。元胡祗遹《论逃户》："已逃窜者，官为～元弃田宅以招来之。"《元曲选外编·五侯宴》一折："哎，儿也，你寻些个口衔钱～您娘那一纸放良书。"

【赎梢】 shú shāo 用钱换回赌注。元明《水浒传》一〇四回："王庆赢了钱，用绳穿过两贯，放在一边，待寻那汉～。"

【赎身】 shú shēn 奴婢妓女等用金钱或其他代价赎得人身自由。唐白行简《李娃传》："今姥年六十餘，愿计二十年衣食之用以～。"元马臻《永嘉包氏子孝感诗》："就织从无妇，挥金竟～。"清《九云记》一二回："秦氏一脉，惟有自己一身，指望天日之复照，～伸冤。"

【赎铜】 shú tóng 纳铜赎罪。《唐律疏议》卷一："杖刑五，……杖一百，～十斤。"宋范仲淹《答窃议》："即下法市，则宗谅合～，而不当去官。"清昭梿《啸亭续录》卷三："宋时，章惇少时私人之妾，为人所掩，逾垣而出，误践妪妇，为妇所讼，～乃免。"

【赎药】 shú yào 买药。元关汉卿《拜月亭》二折："怕你待～时准备春衫当，探食后隄防百物伤。"明《醒世恒言》卷二七："那老妪央人去请医依脉，取出钱钞，～与他吃。"清李渔《闲情偶寄》卷六："使近卧榻，相昵相亲，非招人与共，乃～使尝也。"

【赎杖】 shú zhàng 用钱财抵减杖刑。《明史·杨鼎传》："三年冬以陪祀陵寝不谨下狱，～还职。"清《醒世姻缘传》一三回："晁源有力徒罪；伍圣道、邵强仁无力徒罪；海会、郭姑子～。"

【赎折】 shú zhé 用钱财抵罪减刑。清《醒世姻缘传》一三回："伍圣道、邵强仁系衙役，不准～，配发冲驿充徒。"

【塾师】 shú shī 私塾教师。宋胡寅《鲁语详说序》："一日请诸～曰：'河南杨谢所说，与王氏父子谁贤？'"清《野叟曝言》一四五回："又有～讲说孝弟，辨别邪正。"

【塾掌】 shú zhǎng 家塾中执教的人。清《红楼梦》九回："特共举年高有德之人为～，专用训课子弟。"又一七至一八回："贾政因近闻得～称赞宝玉专能对对联，虽不喜读书，到有些歪才情似的。"

【熟】 shú （加工）精。元佚名《小张屠》一折："大嫂，这米将去舂得～着，与母亲煎汤吃。"

【熟谙】 shú ān 熟悉。唐杜荀鹤《自叙》："酒瓮琴书伴病身，～时事乐于贫。"宋文彦博《举邢佐臣》："累经河北河东任使，深晓边事，～军政。"清赵慎畛《榆巢杂识》卷上："州县牧令～农功者少。"

【熟板儿】 shú bǎn er 现成的棺材。明《金瓶梅词话》六二回："他分付休要使多了钱，将就抬副～罢。"

【熟菜】 shú cài 已经烹调的菜，也指出售的熟食等。《景德传灯录》卷一〇《赵州从谂》："今日吃生菜～。"元明《水浒传》四六回："将一碟儿～，放在桌子上。"清《水浒后传》七回："郭京道：'我相公是受用惯的，怎数得清淡？'老儿道：'说也无用。里面先到一位客人，也只是～。'"

【熟串】 shú chuàn 熟于联络。清《歧路灯》六回："有说展布经纶有日的，有说京都门路～的，有说先代累世簪缨的，有说资斧须要多带的，大家畅叙了一日。"

【熟到】 shú dào 即"熟"。明《朴通事谚解》卷中："这十个绢里，五个大红碾着，五个染小红干色罢。十个绢练的～着。"

【熟地】 shú dì 经过多年耕种的土地。《续资治通鉴长编》卷三〇六："应归明人官给田而作料次催科者，荒地免二十料，～半之。"元王恽《乞征问取牧马地草粟事状》："今察到涿州站缪占牧马地内，有～二百七十七顷二十二亩。"清《豆棚闲话》四则："不论甚么豆子，但要种他，须先开垦一块～，好好将种子下在里边。"

【熟肚】 shú dù 指生育过的妇女。清《五色石》二回："他们正要讨个～，若是二娘见今怀孕，不妨娶过门去，等分娩满月之后成亲也罢。"《八洞天》卷八："不若待她产过了，那时是～，受胎甚便。"

【熟分】 shú fēn ❶熟识；相熟。宋张载《经略司画一》："或遇事宜出入，各愿在甚人名下及与甚人从来～，至时可与同谋共力，相助立功。"金元好问《续夷坚志》卷四："我家数口，绝食已二日，就一～人赊此鱼，望获数钱，以为举家之食。"清《锦香亭》一五回："葛太古之女葛明霞三字，好生～，在那里曾闻见来。" ❷熟悉；熟练。明《拍案惊奇》卷一六："那妈妈且是～肯做，他在家里不象意，我们这里正少个人相帮。"又卷一九："小娥就走到厨下，掇长掇短，送酒送肴，且是～。"

【熟腐】 shú fǔ 软烂，比喻驯顺。明朱有燉《柳营曲·咏风月担儿》："被一个母猫儿掴打～，见一个玉天仙软了腰截。"

【熟惯】 shú guàn ❶习惯。宋叶梦得《石林燕语》卷四："政和间改公主而下名曰帝姬、族姬，此亦沿习～而不悟。" ❷熟悉。元明《水浒传》四九回："鞭枪最～，弓箭常温习。"明《醒世恒言》卷三〇："前后路径，我皆～。"清李光地《榕村语录》卷一："但诵其文词，到后来成人时便已～，而知其用。”

【熟罐子】 shú guàn zi 指有性交经验或生育过的女子。明《韩湘子》二〇回：“老爷既要生儿子，管他头婚二婚，～偏会养儿子。”《鼓掌绝尘》二七回：“你道他怎么做出这般模样？原是个黄花处女，不比那～。”

【熟滑】 shú huá ❶ 顺畅。宋陈淳《恕》：“但仁是流去，到便～；恕用推方，到较生涩。”明《醒世恒言》卷一八：“算到十年之外，便有千金之富，那时造什么房子，买多少田产。正算得～，看看将近家中，忽地转过念头。”张岱《西湖梦寻》卷四：“后旋转～，藏轮如飞，推者莫及。” ❷ 熟悉；熟练。《元曲选·汉宫秋》一折：“恰才家辇路儿～，怎下的真个长门再不踏？”明佚名《一枝花·夏景受用》：“一个品鸾箫音吕～，一个执金瓶的百媚千娇。”清《后西游记》三回：“初时犹觉生疏，舞了一回，渐渐～。” ❸ 熟识。明《金瓶梅词话》八回：“那小厮说话乖觉，常跟西门庆在妇人家行走，妇人常与他些浸润，以此～。”清《醒世姻缘传》四〇回：“奶奶长，奶奶短，倒像是整日守着的也没有这样～。”

【熟化】 shú huà 熟识；相熟。清《醒世姻缘传》四五回：“他明日情管就合我～了。”又七〇回：“这腊嘴养活了二三年，养活的好不～。”

【熟话】 shú huà ❶ 现成的话；用熟了的话。清《红楼梦》七六回：“黛玉道：‘对的比我的却好。只是底下这句又说～了，就该加劲说了去才是。’”《九云记》二九回：“诗固然怕说～，然亦不可过于求生。” ❷ 同“熟化”。清《醒世姻缘传》九五回：“你亲来乍到的，～也没曾～，你就这们乔腔怪态的。”

【熟会】 shú huì ❶ 熟悉。唐裴度《论元稹魏宏简奸状疏》：“且陛下前后左右，忠良至多，亦有～典章，亦有饱谙师旅，足以任使，何独斯人？” ❷ 娴熟。金《刘知远诸宫调》一一：“一条偏担使得～，独自个当敌四下里。”《元典章·吏部二》：“承袭承替，须要闲习弓马，武艺～，谙晓事务。”

【熟和】 shú huo 熟悉，指熟人。明《明珠缘》一三回：“只是我刻下没现银子，绒店里又无～，他怎肯放心赊？”

【熟间】 shú jiān 指熟习的行业。明《醒世恒言》卷三：“做什么生意好？左思右想，只有油行买卖是～。”

【熟脚】 shú jiǎo 指熟悉门道的人。明《醒世恒言》卷二〇：“却说赵昂眼巴巴等丈人去后，要寻捕人陷害张权，却又没有个～商议。”又卷三九：“那时暗地随去，认了住处，寻个～，务要弄他到手。”

【熟近】 shú jìn 熟悉而且近便。清《红楼梦》一九回：“宝玉道：‘……不如往～些的地方去，还可就来。’茗烟道：‘～地方，谁家可去？这却难了。’”

【熟精】 shú jīng 熟习精通。唐杜甫《宗武生日》：“～文选理，休觅彩衣轻。”元明《水浒传》六七回：“魏定国这厮～火攻兵法，上阵专能用火器取人。”清《国子监志》卷三六：“有～经史及字迹善摹锺、王者，虽文不及格亦准与一分。”

【熟客】 shú kè 熟识的客人。唐方干《书吴道隐林亭》：“稚子遮门留～，惊蝉入座避游禽。”元许有壬《哭甥绵寄秉彝序》：“有～过秉彝，绵先与客坐，王婢杜姐之小雏保儿，突来坐绵上，迫绵取茶。”清《歧路灯》五六回：“况且再有别的生客～，也是不定的。”

【熟烂】 shú làn ❶ 十分熟习；十分熟练。宋文同《屯田郎中阎君墓志铭》：“酣嗜典册，颠倒～。”元姚燧《遐观堂记》：“读书以教子，饮酒以乐宾，将终其身。非～世故，遐观一代之表者，能是乎哉！”清李光地《新秋》之二：“我友三四人，平坦划崖岸。著棋或敲诗，去工取～。” ❷ 比喻驯服。清《红楼梦》七九回：“况且见薛蟠气质刚硬，举止骄奢，若不趁热灶一气炮制～，将来必不能自竖旗帜矣。”

【熟练】 shú liàn ❶ 操练娴熟。唐柳宗元《非国语上·问战》：“士卒之～者众寡？器械之坚利者何若？”元王恽《试吏员》：“只以学术无素，选取无方，中间求其廉慎可称～吏事者甚鲜。”清《呼家将》二三回：“每日里把一条金枪，常在手顽耍，倒也～，人皆称赞。” ❷ 生丝经过煮熟织成的白绢。宋陆游《残春无几述意》：“新蔬供冷面，～制单衣。”明宋应星《天工开物·乃服》：“～，凡帛织就犹是生丝，煮练方熟。”

【熟溜】 shú liù ❶ 顺畅；顺溜。明《醋葫芦》一三回：“又有那不怯气的，就口叫他翠三娘子，从此叫得～，永远叫出。”《欢喜冤家》二二回：“原来是半路出家的，且是～得好。”清《野叟曝言》一五回：“素臣暗暗留心，惟恐说错。过了几日，口头～，居然是白又李了。” ❷ 熟悉。明《二刻拍案惊奇》卷八：“郑十拽了他手，转湾抹角，且是～，早已走到了聚赌的去处。”《醋葫芦》一四回：“爹娘告忤逆的，一日不止十来多起，谁不要尽情处治？所以这路状子写得尽是～。”清《蜃楼志》七回：“这阿珠、阿美还是生疏，那施小霞十分～。”

【熟路】 shú lù 熟悉的路。唐韩愈《送石处士序》：“若驷马驾轻车，就～，而王良、造父为之先后也。”宋刘子实《沁园春》：“君看取，世道羊肠屈摺。依然～轻辙。”清《荡寇志》一〇七回：“公孙胜是走惯～，便进了紫虚观，转弯抹角，径到松鹤轩来。”

【熟落】 shú luò ❶ 熟练；习惯。明《醒世恒言》卷一七：“过迁初时那里运弄得来，他也不管，一味蛮垦。过了数日，渐觉～。”《隋史遗文》一五回：“把枪收将回来，觉道有些拖带，不甚～。”《型世言》一〇回：“摸了个钱，去讨签票时，那里六七个和尚且是～，一头扯，一头念道。” ❷ 熟悉；关系密切。明阮大铖《燕子笺》一一出：“若是乍会的，又不该如此～。”清《野叟曝言》五五回：“入席之后，素娥、湘灵心无嫌疑，便自～起来。”

【熟年】 shú nián 丰收年。宋朱熹《与江西张漕札子》：“本军地瘠民贫，虽号～，不免仰食上流诸郡。”元胡祗遹《再题鹌鹑图》：“拘囚幸脱小儿拳，禾黍秋风大～。”清《载花船》七回：“常言道：守得荒年有～。”

【熟皮】 shú pí 经过鞣制的动物的皮。《北齐书·崔伯谦传》：“乃改鞭用～为之，不忍见血，示耻而已。”元明《水浒传》五五回：“呼延灼选讫铁甲三千副，～马甲五千副。”清黄宗炎《周易寻门餘论》卷下：“口者～，可以缠绕，即俗韦字也。”

【熟切】 shú qiē 指熟肉一类食品。清《儒林外史》五回：“每常小儿子要吃时，在～店内买四个钱的哄他就是了。”又五二回：“叫陈虾子到～担子上买十四个钱的熏肠子，三个人同吃。”

【熟人】 shú rén 熟识的人。五代孙光宪《北梦琐言》卷一三：“葆光子尝见范阳～说：李匡俦妻张氏，国色也，其兄匡威为帅，强淫之。”《元曲选·薛仁贵》一折：“我则今日私离了边庭，带领数十骑轻弓短箭，善马～，回家探望父母走一遭去。”清《红楼梦》二四回：“倪二听见是～的语音，将醉眼睁开看时，见是贾芸。”

【熟软】 shú ruǎn 比喻卑俗没骨气的言辞或举止。唐韩愈《试大理评事王君墓志铭》：“诸公贵人既志得，皆乐～媚耳目者，不喜闻生语。”明归有光《陆允清墓志铭》：“相与剽剥窃攘，以坏烂～之词为工，而《六经》圣人之言，直土梗矣。”清黄宗羲《张元岵先生墓志铭》：“先生楷模前辈风范，其与人言，亦不肯作一～语。”

【熟识】 shú shí ❶ 对某人认识得比较久或对某种事物了解得比较透彻。唐李敬方《太和公主还宫》：“生还侍儿少，～内家稀。”宋陈次升《待制陈公行实》：“公元丰间司按察日，已～一方之利病。”清《红楼梦》一一六回：“细细想来，甚是～，便仗着胆子推门进去。” ❷ 指熟识的人。宋梅尧臣《哭王幾道职方》之二：“～世间寡，故交泉下多。”明郭造卿《海船》：“其众重土著，异县无～，非我族类，不许相挟入海。”清《醒世姻缘传》三三回：“渐渐的与他贺令节，庆生辰，成了～。”

【熟食】 shú shí 寒食的别称。唐杜甫《熟食日示宗文宗武》：“几年逢～，万里逼清明。”宋曾幾《寒食只旬日间风雨不已》：“年光胡不少留连，～清明又眼前。”清顾炎武《日知录》卷二五：“今之所谓寒食一百五者，～断烟，谓之龙忌，盖本乎此。”

【熟食店】 shú shí diàn 出售熟食的店铺。宋耐得翁《都城纪胜·茶坊》：“大茶坊张挂名人书画，在京师只～挂画，所以消遣久待也。”元孟汉卿《魔合罗》一折：“隔壁儿～，对门儿生药铺。”清《飞龙全传》九回：“往那～中，买了一只烧熟的肥大公鸡。”

【熟事】 shú shì ❶ 寻常的事情。宋司马光《涑水纪闻》卷八：“自今凡朝廷访问礼典稍重应商议者，皆须遍白众官，议定奏闻。自非常行～，不得辄以印状申发。”苏轼《再论积欠六事四事札子》：“若非陛下留意，痛与指挥，只作常程文字降出，仍却作～进呈，依例送户部详看，则万无施行之理。”吕祖谦《与朱侍讲书》：“度此事势，虽雅志倦于应接，恐须勉强到官。若果不可为，则引疾丐祠，却是～，甚易为力。” ❷ 常见的典故或熟悉的故事。宋王铚《四六话》卷上：“不拜单于，用郑众事；而公羊谓夷乐曰禁佅，此生事对～格也。”耐得翁《都城纪胜·瓦舍众伎》：“杂剧中，末泥为长，每四人或五人为一场，先做寻常～一段，名曰艳段。”元方回《瀛奎律髓》卷三梅尧臣《金陵》诗评：“龙蟠虎踞本是～，以宫地牧牛羊为对，不觉杜撰之妙。” ❸ 熟悉某一方面的事情；熟谙世故；懂事。宋苏辙《再论熙河边事札子》：“要须徙置他路，更命～老将以领熙河。”董弅《闲燕常谈》：“宣和末，有朝士新买一婢，颇～。因会客，命出侑尊。一客语及京字，婢遽请罚酒。问其故，曰：‘犯太师讳。’”元吴鉴《岛夷志略序》：“然欲考求其故实，则～者多秘其说，凿空者又不得其详。” ❹ 熟悉；熟识。宋张任国《柳梢青》：“挂起招牌，一声喝采，旧店新开。～孩儿，家怀老子，毕竟招财。”明《二刻拍案惊奇》卷一五：“徽商听得此话，去央个～的媒婆，到江家来说此亲事。”清李渔《意中缘》二八出：“待盘桓几日有些～起来，那时节就说出真情。”

【熟手】 shú shǒu ❶ 谙熟手艺；熟悉业务。明陈昌积《泰和修筑破塘口长堤记》：“仍呼授罪徒，僦～工佣，照式依岸掘地筑堤。”清《剿捕临清逆匪纪略》卷九：“若将徐绩即行治罪，诚如圣训，恐易长奸民之智，而东省又失一～巡抚。”《野叟曝言》一三〇回：“后来本县建祠，就到杭州去请那～匠人，照样塑出。” ❷ 指谙熟手艺或熟悉业务的人。清《平定两金川方略》卷七：“董天弼于番地情形稍为谙悉，且曾从征金川，尚系～。”《绮楼重梦》一九回：“原来贾兰虽点了翰林，因是内阁～，所以仍在内阁侍读上行走。”也指所熟悉的业务。清《野叟曝言》一三四回：“二人皆系太政官属，钱谷刑名，是其～。” ❸ 练习手艺或业务。清《红楼梦》一一八回：“我也要作几篇熟一熟手，好去诓这个功名。”

【熟套】 shú tào ❶ 熟悉的、惯用的套数、格式。元方回《瀛奎律髓》卷三许浑《凌歊台》诗评：“至如有基无主一联，近乎～而格卑。”明《西游记》五二回：“这件事我们不知，大圣是个惯家～。”清孔尚任《桃花扇》一〇出：“相公又来激俺了，这是俺说书的～子。” ❷ 熟悉；通晓。清李玉《清忠谱》四折：“地理看得弗精，历本也不～。正月初一，才知新岁年朝；腊月三十，方晓年夜节到。”

【熟田】 shú tián ❶ 庄稼成熟的田地。唐李炎《加尊号赦文》：“自今后州县百姓，有遭水旱苗稼不收处，检验不虚，便准前后敕文破免，不得加征～人户，令本配额外重出斛斗。”宋朱熹《管下县相视约束及开三项田段》：“盖欲趁得人户未及收刈之际，略见荒熟大概的实分数，然后豁出～，细检荒旱去处，不致猾吏奸民，通同作弊。”清弘历《降旨免江南熟田未完欠项》：“因问～或有逋，亦不过四万斯止。” ❷ 犹“熟地”。《唐律疏议》卷一三：“荒田减一等，谓在帐籍之内，荒废未耕种者，减～罪一等。”宋罗愿《鄂州到任五事札子》：“遇有划请，辄称已耕～，不容请佃。”清曹寅《晚过南园》：“十亩～千树果，读书空老不知耕。” ❸ 指田畔种乌臼树，以乌臼子纳粮的田地。明徐光启《农政全书》卷三八：“临安郡中，每田十数亩，田畔必种臼数株，其田主岁收臼子，便可完粮。如是者租额亦轻，佃户乐于承种，谓之～。”

【熟铁】 shú tiě 用生铁精炼而成、含碳量低的铁。有韧性、延展性，强度较低。五代李亶《许百姓自铸农器诏》：“自今后不计农器烧器动使诸物，并许百姓逐便自铸。诸道监冶，除依常年定数铸办供军～并器物外，只管出生铁。”《续资治通鉴长编》卷四八一：“检会元祐编敕，诸以～及文字禁物与外国使人交易，罪轻者徒二年。”清《荡寇志》一一三回：“使的军器都是金钱豹尾～点钢方天画戟。”

【熟脱】 shú tuō 熟习；熟悉。明《平妖传》一三回：“蛋子和尚游方～，一应买办合用东西，俱是他奔走。”

【熟习】 shú xí ❶ 知道得很清楚；了解得很深刻。唐李绛《论边事》：“至于山川要害，道途险易，似皆深知～，委曲谙识。”《太平广记》卷六七引《少玄本传》：“君之于道，犹未～。”清《儒林外史》四三回：“在镇远有五六年，苗情最为～。” ❷ 习惯；闻见得多。宋冯时行《刘尚之墓志铭》：“平昔固喜兵，身又间关兵乱，～艰难变故，益自喜。”《明史·乔允升等传赞》：“虽其材识不远，耳目所～，不能不囿于风会，抑亦一时之良也。”清魏荔彤《大易通解》卷六：“水之流行也，如朝夕之潮，伏秋之汛，皆～闻见，有一定之日时者也。”

【熟闲】 shú xián 同“熟娴”。《金史·选举志三》：“若其下有廉慎、～吏事，委所属保举。”《元曲选·风光好》一折：“謊的那舞女歌儿似受战汗，难施逞乐艺～。”清孙承泽《春明梦餘录》卷一三：“仪度～，举止凝重。”

【熟娴】 shú xián 熟悉；熟练。金《董解元西厢记》卷三：“有文有武有权术，～枪棚快弓弩。”明海瑞《赠参戎以吾晏公改西海序》：“素谙夷情，～水战。”清《飞龙全传》五五回：“更喜佳人效瞿圃，～弓马持妙技。”

【熟歇】 shú xiē ❶ 歇宿；住下歇息。宋刘弇《送真藏主赴沩潭乾老会中》：“如疲得～，似笑回孤嗔。”《三朝北盟会编》卷六三：“候割地使到来看得次第，即便回军不难。公等且～。”金《刘知远诸宫调》二：“便赐酒一瓶，钱三贯，且令营中～。” ❷ 罢手。清严有禧《漱华随笔》卷三：“有身具心，岂敢忘君父哉！顾自审非名场中人，遂早甘～。”

【熟药】 shú yào 经过精炼加工或制成丸、散等的药。唐孙思邈《备急千金要方》卷二九：“夫寻方学之要，以救速为贵。是以养生之家，须预合成～，以补仓卒之急。”宋苏辙《论御试策题札子》之一：“其微至于设抵当、卖～。”清魏之琇《续名医类案》卷二九：“来时所携～，寄他车上，此中实无，奈何？”

【熟衣】 shú yī 指用经过加工的丝绸织物制成的衣服。唐白居易《西风》：“新霁乘轻屐，初凉换～。”宋文同《大热》：“袒露忧生客，沾濡怕～。”清田雯《题西斋夜话图序》：“一人面丰颊圆，年独少。旁有侍姬，蛮结双鬟，着素～。”

【熟嘴】 shú zuǐ 指人能说会道，口齿伶俐。明《西游记》二〇回：“那老儿听得这篇言语，哈哈笑道：‘原来是个撞头化缘的～儿和尚。’行者道：‘你儿子便是～！’”清《续金瓶梅》一七回：“那蒋竹山江湖～，又善奉承。”

shǔ

【暑天】 shǔ tiān 盛夏炎热的日子。唐白居易《题遗爱寺前溪松》：“～风槭槭，晴夜露凄凄。”宋吴自牧《梦粱录》卷一六：“～添卖雪泡梅花酒，或缩脾饮暑药之属。”清《红楼梦》三〇回：“你们大～，谁还吃生姜呢？”

【暑药】 shǔ yào 用以解暑的药。宋陈师文等《太平惠民和剂局方》卷二：“夏月常服，止渴利便。虽多饮水，亦不为害。应是～，皆不及此。”元方回《次韵志归》之六：“未妨无～，熟水紫苏香。”明吴宽《吴医沈宗常甫墓表》：“乃中暑也，以～进而愈。”

【属下】 shǔ xià 部下。明蒋一葵《尧山堂外纪》卷九六：“侍郎一载擢天官，猎等超升固有缘。～晚生门簿写，部前严示众人看。”《古今小说》卷九：“老汉姓苏，儿子唤做苏凤华，见做湖州武源县尉，正是大人～。”清昭梿《啸亭续录》卷五：“然性骄佚，颇自满假，严待～，皆以奴隶畜之。”

【属相】 shǔ xiàng 用鼠、牛、虎、兔、龙、蛇、马、羊、猴、鸡、狗、猪等十二种动物与十二地支相配，用以记人的出生年。如子年出生的属鼠，丑年出生属牛等，叫属相。又称“生肖”。明万民英《三命通会》卷二：“地支有～，而天干则无者，何也？”清《红楼梦》五七回：“他不在家，或是～生日不对，所以先说与兄弟了。”

【属员】 shǔ yuán 长官所统属的官吏。宋苏颂《二乐陵郡公石公神道碑铭》：“纠察～，既不多取名，又能协和与众，故未尝为人所訾怨。”明沈德符《万历野获编》卷一一：“祖制，堂官得笞其属，然久不举行，惟嘉靖间吏部尚书汪铉，以事怒其～外郎庄一俊，笞二十论谪之外。”清昭梿《啸亭杂录》卷四：“元日俗例，上司～虽不接见，亦必肩舆到门。”

【数】 shǔ 另见 shù。❶ 让于；输于；亚于。唐王维《老将行》：“射杀山中白额虎，肯～邺下黄须儿！”《元曲选·来生债》一折：“有等人精神发愤，都待要习文演武立功勋。演武的不～那南山射虎，习文的堪叹这西狩获麟。”清汪景祺《西征随笔》：“朝野竞夸新战绩，破羌不～赵将军。” ❷ 指说唱。明《金瓶梅词话》五一回：“先是郁大姐～了回《张生游宝塔》，放下琵琶。”

【数剥】 shǔ bō 犹“数落❶”。清《世无匹》二回：“忽见丽容同了丫头开出门来，立在面前，吓得羞愧无地。丽容与丫头两个着实～一番。”

【数驳】 shǔ bó 同“数剥”。清《何典》八回：“无端困梦里头被蟹壳里仙人～一番，又听了丑花娘一派正严厉色。”

【数椽子】 shǔ chuán zi 数房椽的数目，比喻受冷遇。清《女开科传》：“身边又没半个餘钱，就要到柳陌花街高兴发头，不过是～挂炭篰的勾当。”

【数得着】 shǔ dé zháo 比较突出或够得上标准。明《古今小说》卷二七：“虽不是顶富，也是～富家了。”清《十二楼·拂云楼》一回：“七郎做亲之后，见她状貌稀奇，又不自知其丑，偏要艳妆丽服，在人前卖弄，说她是临安城内～的佳人。”

【数伏】 shǔ fú 计数伏天，指进入伏天，也指在伏天期内。唐皎然《酬薛员外谊苦热行见寄》：“六月金～，兹辰日在庚。”明汤显祖《牡丹亭》一三出：“我柳梦梅在广州学里，也是个数一数二的秀才，捱了些～数九的日子。”清《醒世姻缘传》九回：“这们～天，你做这冬衣裳做甚么？”

【数九】 shǔ jiǔ 计数从冬至开始的九个“九”。从冬至日起，每九天是一个“九”，从一“九”数起，直数到九“九”为止，是一年中最冷的时候。宋刘攽《立春》：“得新矜白鬓，～喜和风。”《元曲选外编·降桑椹》一折：“～天怎过遣，大街上高声叫，战兢兢性命难逃。”清《红楼复梦》六八回：“幸亏宝钗们诸事停当，将各棚内大小火盆添的大旺，到处暖气腾腾，也忘却～天气。”

【数喇】 shǔ là 即“数落❶”。清《聊斋俚曲·翻魇殃》：“把他娘～了一场，使性子去了。”又《姑妇曲》：“何大娘连骂带说，～了一阵，把于氏气的脸儿焦黄。”

【数量】 shǔ liàng ❶ 同“数落❶”。元王伯成《贬夜郎》一折：“尽交谗臣每～，至尊把我屈央，休想楚三闾肯跳汨罗江。”《元曲选·货郎旦》一折：“～着啾过，紧忙里做作，似蝎子的老婆。” ❷ 同“数落❷”。《元曲选·玉壶春》二折：“不是我冷气虚心厮～，则要你玉骨冰肌自主张。”清《聊斋俚曲·禳妒咒》：“咱这把戏，说起来又待哭又是待笑。我索性再从头～～。”

【数落】 shǔ luò ❶ 列举过失而指责，泛指责备。《元曲选外编·陈母教子》二折：“大哥～了我这一会！”明申时行《召对录》：“先年御史有个党杰，也曾～我，我也容了。”清《红楼梦》三三回：“心中早又五内摧伤，进来被王夫人～教训，也无可回说。” ❷ 不停地一件接一件地说（多指哭诉）。明《西游记》三九回：“八戒笑道：‘你去，你去！我这一哭动头，有两日哭哩。’沙僧见他～，便去寻几枝香来烧献。”清《红楼梦》二七回：“只听山坡那边有呜咽之声，一行～着，哭的好不伤感。”《红楼复梦》五八回：“九如～着哭了一场，站起身来往外就走。”

【数贫嘴】 shǔ pín zuǐ 编排开玩笑的话。清《红楼梦》五四回：“听～，又不知编排那一个呢。”又：“这个东西真会～。”

【数钱】 shǔ qián 犹“数铜钱”。清《风流悟》六回：“在床上翻来覆去的想，只听得老鼠在床下～。”

【数拳儿】 shǔ quán er 掰手指计算，指精打细算。明《金瓶梅词话》一四回：“实指望还剩下些，咱凑着买房子过日子。往后知～了。”

【数伤】 shǔ shāng 用言语伤害。《元曲选·神奴儿》楔子：“我不误间撞着你，我陪口相告，做小伏低，你就骂我做驴前马后，～我父母。”又四折：“我陪言相告，做小伏低，他恼骂不绝，～父母。”

【数说】 shǔ shuō ❶ 犹“数落❶”。明贾仲明《对玉梳》二折：“堂堂七尺之躯，生于天地间，被人如此～。”《金瓶梅词话》八五回：“金莲吃月娘～，羞的脸上红一块，白一块。”清《山西通志》卷四六：“责人曰～。” ❷ 犹“数落❷”。《元曲选·潇湘雨》四折：“恰合眼父子相逢，正～当年间阻。”又《风光好》四折：“待教我一星星～你乔行止。”清《儒林外史》六回：“自己隔着屏风请教大爷，～这些从前已往的话。”

【数算】 shǔ suàn ❶ 查点计算。《渊鉴类函》卷二三七引《增记杜瑰经行记》：“每至节日，则献贵人琉璃器皿鍮石瓶钵，盖不可～。”清《醒世姻缘传》一六回：“从头一一～，各匠俱到，只有那学匠不曾来助忙。” ❷ 历数；一一列举。明冯惟敏《醉花阴·酬金白屿》：“～了金陵词派，傲梨园萧爽斋，清歌丽曲写胸怀。”清弘历《三等侍卫卓里克图巴图鲁五十保》：“舍身报国，不可～。举其尤者，图形作赞。” ❸ 算计，指暗害。《元典章·刑部四》：“在后刘天璋对李政道：‘咱两个～何馒头，咱要这两个妇女做媳妇。'"

【数铜钱】 shǔ tóng qián 指老鼠磨牙声。俗谓主有财。明《山歌·鼠》:"同郎困到一更天,老虫哥再来帐外~。"《禅真后史》一七回:"肚仙道:'二位娘子静夜中曾听见鼠~么?'张氏道:'不要提起这些怪物,搅的人不得安睡。'"

【数一数二】 shǔ yī shǔ èr ❶ 数得上第一或第二。形容突出。《元曲选·风光好》三折:"此乃金陵~的歌者,与学士递一杯。"明《醒世恒言》卷二〇:"这个县丞乃是~的美缺。"清《红楼梦》七九回:"这门亲原是老亲,且又和我们是同在户部挂名行商,也是~的大户。" ❷ 逐一地;一五一十地(述说)。明《警世通言》卷三四:"路人争问其故,孙老儿~的逢人告诉。"《醒世恒言》卷一三:"冉贵不慌不忙,~,细细分剖出来。"清《飞龙全传》四二回:"匡胤把前事~的说了一遍。"

【署理】 shǔ lǐ 某官职空缺,由别的官代理或兼摄。明潘季驯《贪酷有司缠讼未结疏》:"该府属正值缺官,向令县丞范楠~。"王世贞《中山王世家》:"起家勋卫,~左军都督府事。"清《绿野仙踪》三五回:"林岱人甚去得,着实授副将,~河阳镇总兵管翼之缺。"

【署摄】 shǔ shè 犹"署理"。唐张读《宣室志·崔君》:"崔即治装,尽室往蜀,具告于宁。宁遂~副使,月给俸钱二十万。"《旧五代史·周书·太祖纪四》:"寺监摄官七周年已上者,同明经出身,今后诸寺监不得以白身~。"清法式善《陶庐杂录》卷二:"按以上俱系以他官兼任及有事迹可考者,其或暂行~。"

【署印】 shǔ yìn 犹"署理"。明王琼《双溪杂记》:"奏上,泽罢免为民,李昆、陈九畴等提赴刑部问,侍郎金献民~。"《明史·孙如游传》:"左侍郎何宗彦去位,~无人,大学士方从哲屡以如游请。"清《醒世姻缘传》一四回:"后来又是个孟通判~,连夜里也做了白日,还不够放告问刑的工夫。"

【鼠耗】 shǔ hào ❶ 老鼠造成的粮食损耗。又为官府加收税粮的一种名目。元胡祗遹《论仓粮》:"每岁税石,无问年岁丰歉,务要应期而足。~分例之外,计石二三可纳一石。"《元典章·户部七》:"切恐侵破正粮,拟合每石带收~分例五升。"清《平定准噶尔方略》前编卷四四:"不时扬晒,仅免霉烂,亏折实多,兼患~。" ❷ 老鼠。《元曲选·陈州粜米》一折:"都是些吃仓廒的~,咂脓血的苍蝇。"明《西洋记》一一回:"只见一群~,把些鸡子尽行搬运去了。"清《二度梅》九回:"我乃读书之人,岂是那无知之辈?无非深恨~,因此买些药鼠。"

【鼠贼】 shǔ zéi 对盗贼的蔑称。《元曲选外编·西游记》四出:"为江上~伤人,御笔点差我为洪州太守。"明《禅真逸史》五回:"莫说你这几个~,俺在千军万马中,也只消这根禅杖。"清于成龙《禁止诈害谕》:"叛仆流盗,一皆歼灭。其馀一二~,藏匿深山。"

shù

【术法】 shù fǎ 法术。唐张鷟《朝野佥载》卷三:"有一胡僧名宝严,自云有~,能止雨。"《元曲选·城南柳》一折:"你有甚么~,却不怕他?"清《呼家将》二二回:"古来~有真传,俗子安知玄妙声?"

【述说】 shù shuō 讲述。宋欧阳修《答宋咸书》:"是故学士大夫,果能身体力行,讲明而切究之,有所~,皆足以俟百世以下之圣人而折衷也。"明赵钎《晏林子》卷五:"至其家,历历~生平事。"清《红楼梦》八五回:"独有宝玉到贾母那边,一面~北静王待他的光景,并拿出那块玉来。"

【束带】 shù dài ❶ 腰带。唐阿地瞿多译《陀罗尼集经》卷一:"而上床座结加趺坐,衣服~皆悉缓系。"清《飞龙全传》四二回:"~玲珑琢玉块,宫鞋刺绣的珠明。" ❷ 整饬衣服拜见,也借指担任官职或官场应酬。唐褚遂良《与法师帖》:"且以即日蒙恩驱使,尽生报国,途路近止,无由~。"宋田锡《谢赐冬衣》之五:"捧圭而既觉难胜,~而益知靡称。"清吴绮《感遇》之六:"误信读书应有此,耻为~复何之。"

【束肚】 shù dù 即"裹肚❶"。清《樵史》一七回:"幸喜~里偶带得七八两银子,将就盘缠回家。"

【束检】 shù jiǎn 约束;约束检点。宋王日休校辑《佛说大阿弥陀经》卷下:"汝等当自端身,当自端心,耳目鼻口手足,皆当自端,~中外。"明康海《一枝花·秋兴》:"由他酌酽,随时~。长安门里多坑堑,古今来几人谙。"

【束腰】 shù yāo ❶ 指细腰。宋华岳《后溪》:"自恨十围无处著,何如瘦作~蜂。" ❷ 指建筑物或器物中间收缩的部位,也指做这样收缩的技法。宋李诫《营造法式》卷三:"造坛之制,……每头子各露明五寸,~露一尺。"明张岱《陶庵梦忆》卷六:"花樽高三尺,~拱起,口方而敞。"清李斗《扬州画舫录》卷一七:"镟匠职在鼓心、圆珠帘、滑子、净瓶、大垂头、仰覆莲、西番莲头、~、连珠、镟牙、粗牙诸役。" ❸ 腰带。元明《水浒传》七六回:"头巾侧一根雉尾,~下四颗铜铃。"明周晖《金陵琐事》卷二:"又托所欢买~,其人书问尺寸。"陆粲《庚巳编》卷九:"匠者王某夜归,逢一人,青衣白~,如隶卒状。"

【束整】 shù zhěng ❶ 捆缚好。明燕仲义《画眉昼锦·途思》:"把行囊~,跨马登程。伤情!" ❷ 约束整顿。明戚继光《纪效新书》卷一五:"圆藤牌虽为击杀之器,而不能立束部伍。凡赖之以~部伍,齐进止,遮人众,壮士气,进如堵墙,退如风雨者,惟有此牌之功为大,为可用。"

【树本子】 shù běn zi 树干。明《古今小说》卷二一:"他想着大~上有几个乾粗,好借脚力,想在肚里了,跳上树根,一步一步攀缘而上。"

【树柴】 shù chái 木柴。唐李适《禁和市诏》:"寒食杂差配及~、修桥柴木、选场棘等,便于户税钱内克折,不得更令和市。"清《醒梦骈言》五回:"见厨房天井里有几箍~,便各人抽了一根。"

【树科】 shù kē 树丛。《元曲选·黄粱梦》四折:"瓢古自放在灶窝,驴古自映着~。"元明《水浒传》一一回:"林冲将身蹲在林子~里,一眼觑定。"清弘历《问月楼》:"东岭郁嵯峨,高楼出~。"

【树栽】 shù zāi 树苗。唐张鷟《朝野佥载》卷三:"得一~子,大如指。持归,莳之三年,乃结子五颗。"《太平广记》卷四一〇引《洽闻记》:"拾得一小~,埋之。及长,乃林檎也。"明吴宽《谢济之送银杏》:"却愁佳惠终难继,乞与山中几~。"

【竖】 shù 汉字的笔画,从上一直向下,形状是"丨"。《元曲选·望江亭》三折:"妾身略识些撇~点划。"清《白雪遗音·一字千金》:"一字值千金,夫子流传与后人,横~点撇勾纳分的均。"

【竖肩桩】 shù jiān zhuāng 用肩头和手支撑身体倒立。明《金瓶梅词话》六五回:"~,打斤斗。"又九〇回:"在于杏花庄大酒楼下,看教场李贵走马卖解,~,隔肚带,轮枪舞棒,做各样技艺玩耍。"

【竖蜻蜓】 shù qīng tíng 拿大顶;用手支撑身体倒立。《元曲选外编·老君堂》楔子:"在教场里~耍子。"清《野叟曝言》一一六回:"二十个童男女围绕左右,翻斤斗,~,滚跳戏耍。"

【恕】 shù 客套话，请对方不要计较。宋苏轼《谢吕龙图启》："临纸涩讷，情不能宣，伏惟～其愚。"《元曲选·谢天香》一折："贤弟，～不远送了。"清《红楼梦》五三回："～我老了骨头疼放肆，容我歪着相陪罢。"

【恕察】 shù chá 体谅宽恕。唐李德裕《与姚谏议郃书》："病后多书不得，伏惟～。"宋欧阳修《与王副枢书》："偶在院中定题，不时为答，深所感愧。谨驰此为谢，幸加～。"明《古今小说》卷三四："不知先祖与君家有旧，失于拜望，幸乞～。"

【恕免】 shù miǎn 饶恕宽免。宋张守《乞付告事人下御史台状》："如系朝廷之上得于告言，则诬告之律固当举行；如缉捕人直达圣听，则罔上之诛不容～。"《元曲选·曲江池》一折："虽然那爱钞的虔婆他可也难～，争奈我心坚石穿，准备着从良弃贱。"清《世宗皇帝圣训》卷二七："皇考从宽～，将一切河工令其效力赎罪。"

【恕饶】 shù ráo 饶恕。宋元《警世通言》卷三九："贫道一时不到，激恼娘子，望乞～。"《元曲选·金钱记》二折："擅入园中，非奸即盗，难以～。"清赵吉士《寄园所寄》卷一〇："有老母，乞～。"

【恕罪】 shù zuì 原谅过错。多用为表示抱歉的套语。唐崔致远《奏诱降成令环状》："既当～，信见感恩。"《元曲选·生金阁》三折："哥，你回来了也。改日与你洗尘。～，～。"清《荡寇志》七二回："小女冒犯，都看老汉面上，～～！"

【庶出】 shù chū 妾所生的(子女)。宋孔平仲《珩璜新论》："昔人之贱～也，孙坚五子而吴史载其四。"《明会典》卷一二八："如无～子孙，许令弟侄应合承继者袭荫。"清《红楼梦》二回："三小姐乃政老爹之～，名探春。"

【数】 shù 另见 shǔ。用在"百、千、万"和"两"等量词的后头，表示数量近于这个单位数。《元曲选·连环计》三折："我府里虽有千～丫鬟，并无一个能及之者。"明《型世言》三回："一连两日，见当先一日两～生意，如今二三钱不上，天热恐怕酒坏，只得又叫他将就些。"清《荡寇志》一二二回："宋江愁急万分，不上几时，头发白了许多茎～。"

【数命】 shù mìng ❶ 命运。明杨荣《杨子将哀辞》："何～之邅屯兮，竟溘然而逝殒！"清《后水浒传》一回："不知还是宿孽当受，不知又是～应该？"《红楼复梦》六四回："若再有颠覆，乃归之～，听其自然。" ❷ 寿命。清《续金瓶梅》五六回："也是～已尽，罪恶贯盈，全没点活人气儿。"

【数目】 shù mù ❶ 通过单位表现出来的事物的多少。唐孔颖达疏《礼记·曲礼下》"书方"："书谓条录送死者物件～多少，如今死人移书也。"《敦煌变文校注》卷五《维摩诘经讲经文(二)》："生死往来无～，说伦(沉沦)没没似尘沙。"清《歧路灯》七回："我看他们《五经》，多是临场旋报的，希图《五经》人少，中的～宽些。" ❷ 数字和细目。明佚名《鸣凤记》四〇出："〔小外起揖介，又跪送文书介〕这是抄没严家的～。"《二刻拍案惊奇》卷二〇："其家金银什物，多曾经媳妇商小姐盘验，……因商小姐带回～一本，贾成之有时拿出来看，夸说妻家富饶，被廉访留心。"

【数内】 shù nèi 其中；某一人群当中。唐李隆基《命两京诸路各置元元皇帝庙诏》："兼置崇元学，生徒于当州县学生～均融量置。"元陶宗仪《辍耕录》卷二〇："今王师吊伐，诸道并进，～一路，领涟河清河将士，攻取淮东未附州郡。"清《野叟曝言》二八回："春红虽大爷心爱，却没有上头，还在姐儿～。"

【数学】 shù xué ❶ 术数(以占候、卜筮等推知人事)之学。宋晁说之《康节先生谥议后记》："叔弼丈曰：'世称先生～如何？'说之复言曰：'先生传先天之学，虽扬雄、张衡、关子明所不及。'"《元史·阿荣传》："尤深于～，逆推事成败、利不利及人祸福、寿夭、贵贱，多奇中。"清《隋唐演义》五八回："不意逢一奇人，授以先天～，奇验惊人。" ❷ 研究现实世界的空间形式和数量关系的科学，包括算术、代数、几何、三角、微积分等。宋张世南《游宦纪闻》卷一："但取九年前次月望日，即是后九年前一月旦日，毫发无差。乃知～有捷法，此亦一端也。"元李治《敬斋古今黈》卷三："彦材在～中，亦入域之贤也。"清《四库总目提要·御定星历考原》："是年因简命诸臣明于～、音学者，在内廷蒙养斋纂辑算法、乐律诸书。"

【数中】 shù zhōng 犹"数内"。唐卢肇《逸史》卷三："时京城初克复，胁从伪官陈希烈等并为诛夷，彦允在～。"宋吴自牧《梦粱录》卷一九："～有好善积德者，多是恤孤念苦，敬老怜贫。"清《醉醒石》九回："忙叫地方居民灯下简认，～有一个道：'这男人似厂前住的陈一模样。'"

【数珠】 shù zhū 佛教徒诵经时用来计算次数的成串的珠子。唐张鷟《朝野佥载》卷二："道逢一道人，着衲帽弊衣，掐～，自云贤者五戒讲。"《景德传灯录》卷一四《法门寺佛陀和尚》："师常持一串～念三种名号。"清《儒林外史》二八回："当家的老和尚出来见，头戴玄色缎僧帽，身穿茧绸僧衣，手里拿着～。"

【漱盂】 shù yú 承接漱口水的器皿。宋吴自牧《梦粱录》卷一三："又有铫子、木梳、篦子、……～子。"清《红楼梦》六三回："黛玉只管和人说话，将酒折在～内了。"

shuā

【刷】 shuā ❶ 搜刮；搜求。唐罗隐《与招讨宋将军书》："二贼之啮寿春，啗颍尾，～亳社，掠合肥，……将军固知之矣。"宋《建炎以来繫年要录》卷一六："仍以臣所～金帛八百餘万缗，为军粮犒设之费。"元《前汉书平话》卷中："且于城中～以似太后颜貌妇人，斩首与之解围。" ❷ (水流)冲刷。《宋史·河渠志三》："广武埽危急，～塌堤身二千餘步处。"元欧阳玄《至正河防记》："水～岸北行，洄漩湍激，难以下埽。"清查慎行《治河谣》："泗亦～黄，淮亦～黄，清流一线河中央。" ❸ 查点；核查；清查。宋《朱子语类》卷一〇六："向在浙东，疑山阴、会稽二县～饥饿人少，通判郑南再三云'数实'，及子细，～起三倍。"《宋史全文》卷二五上："请行下沿江诸路监司，严行禁革，及～沿江置场繁并处取旨废罢。"《元史·兵志三》："经理系官田亩，得九顷六十亩，遂以褒州～到无主人口，偶配为十户，立屯开种。" ❹ 征调；迁往(某地)。宋《三朝北盟会编》卷二二："女真本国～女真正军并汉儿军渐次前来云中府。"《大宋宣和遗事》后集："是岁，亮～兵马南征矣。"《明史·朝鲜传》："宜令镇臣将辽民尽～过岛，登抚刻期运粮朝鲜，量行救振，以资屯牧。" ❺ 选取。元《武王伐纣书》卷上："～童男童女，裸形对偶。"《元曲选·汉宫秋》楔子："四海平安绝士马，五谷丰登没战伐。寡人待～室女选宫娃。"清毛奇龄《武宗外纪》："且矫上意，～处女、寡妇，民间汹汹。"

【刷案】 shuā àn 即"刷卷"。元孟汉卿《魔合罗》四折："新～的张司吏，一径俺勾追，来唤你。"按，《元曲选》本作"刷卷"。

【刷扮】 shuā bàn ❶ 梳洗打扮。宋柳永《传花枝》："唱新词，改难令，总知颠倒。解～，能哄嗽，表里都峭。" ❷ 刷洗梳理(牲口)。明《西游记》一八回："次早方～了马匹，包裹了行囊出门。"

【刷刨】 shuā bào ❶ 犹"刷扮❶"。清《女开科传》八回："因此就想把这个婆儿既无根蒂，若得我～起来，抬举他做一位驿宰夫人，量他也绝无推阻之理。” ❷ 犹“刷扮❷”。《续资治通鉴长编》卷一〇四：“兽医、槽头、～、长行、调上乘，有小底诸监之在外者。”元《农桑辑要》卷七：“牛下饷噍透～。”《元曲选外编·村乐堂》二折：“喂的似按板肥，好马也，我与你～的恰便似泼油光。” ❸ 刷刨用的刷子。清《说岳全传》六回：“岳大爷就叫马夫：‘拿～来。’马夫答应，取了刷子。”

【刷鞄】 shuā bào　同“刷刨❷”。明《西游记》九六回：“沙僧～马匹，套起鞍辔伺候。”

【刷爆】 shuā bào　同“刷刨❶”。清吴伟业《秣陵春》四出：“如今女客家还要旧玉新做，大爷何不用些皂荚水、乌梅汤～～？”

【刷刮】 shuā guā　❶ 犹“刷刨❷”。唐孔颖达疏《左传·宣公十二年》杜注“两，饰也”：“饰马者，谓随宜～马。” ❷ 刷洗。宋《朱子语类》卷一一：“读书有个法，只是～净了那心后去看。” ❸ 冲刷。清胤禛《朱批谕旨》卷二〇四：“缘水由地内潜行，逐日～，每遇一时冲决，田亩房屋多致沉陷。” ❹ 筹措（钱）。清《醒世姻缘传》四一回：“就是出殡，没的这两三千钱就够了么？头信我使了，我再另去～。”《聊斋俚曲·翻魇殃》：“急忙今晚早到家，见娘就说分了罢。方且待～盘缠，细寻思我为甚么？”

【刷括】 shuā guā　❶ 同“刷刮❶”。清《醒世姻缘传》三回：“叫书办预备拜帖，分付家人～马匹。” ❷ 指木工用刨子一类工具加工木料。清《醒世姻缘传》三三回：“狄员外看着沈木匠～梁栋、户闼、门窗。” ❸ 同“刷刮❹”。清《醒世姻缘传》四三回：“火速的～三十多两银子，跑到布政司里纳了司吏，就可以免纳农民。”又八四回：“家里也还～出四五百银子来，问相太爷要五百两，这不有一千两的数儿？” ❹ 搜刮。清《醒世姻缘传》九回：“那郑伯龙把自家见有的银子、银酒器、首饰、婆子合儿妇的珠箍，～了净，凑了八百两银子，把事按住了。”又五三回：“～得家中干干净净，串通了个媒婆，两个说合，嫁了一个卖葛布的江西客人。”

【刷卷】 shuā juàn　核查各种案卷账目，复核已审案件。元《通制条格》卷六：“凡当该给由官司，并须依式勘会，别无不尽不实事理，方得保申。有诈冒不实并勘当未尽者，所由上司随即究问。察官～日更须加意检校。”明朱有燉《醉太平·风流令史》：“撺厢时勘问了些烟花事，～时改抹了些鸳鸯字，断案时出脱了些燕莺儿，是一个风流令史。”《大清律例》卷七：“在京各衙门，凡关钱粮刑名案件，每年八月内，汇造印册，送京畿道～，有迟错者察参。”

【刷磨】 shuā mó　❶ 擦洗。清陈维崧《平滇颂》：“复租赐爵，～垢滓。眂蜡于郊，商歌于市。” ❷ 清除。《历代名臣奏议》卷六二引宋牟子才奏文：“然转移人心在上不在下，～习俗以化不以政。”又卷三一〇复引牟子才奏文：“大臣于此，念付托之匪轻，思为臣之不易，尤当～旧意，振动新功，图惟报称。” ❸ 核查（案卷）。《续资治通鉴长编》卷三四六：“已遣朝奉郎任公裕往发运司～见欠内库钱。”《金史·百官志一》：“监察御史十二员，正七品。掌纠察内外非违、～诸司察帐并监祭礼及出使之事。”《元史·刑法志一》：“诸内外台，岁遣监察御史～各省文卷，并察各道廉访司官吏臧否。”

【刷洗】 shuā xǐ　❶ 擦洗。宋蔡襄《亲祀南郊》：“废滞振拔，垢瑕～。”明朱橚《普济方》卷一五五：“又须～锅器令净。”清《醒世姻缘传》六〇回：“你告到官，叫仵作行～了，你检检尸不的么！” ❷ 刷洗梳理（牲口）。宋杨万里《绣球图》二：“君王将幸宝津园，～天驹尚未干。”元马致远《耍孩儿·借马》：“但有些秽污却早忙～，微有些辛勤便下骑。”清《说岳全传》六回：“将马牵到池边，替他～得干净。” ❸ 冲刷。明潘季驯《河防一览》卷七：“但得上流无滞，沛然下趋，～日深，冲突日广。”清胤禛《朱批谕旨》卷二一一上：“至今年六七月，大潮将沙土～无存。”《甘肃通志》卷四八：“渠道湾曲之处，东岸高者西必低，西岸厚者东必薄。以高厚者力逼水势，～对岸也。” ❹ 振刷（风气）；洗刷（耻辱）。宋陈亮《与章德茂侍郎书》：“岂以留都重地，犹受朝廷成画以行。而上流之重，～展拓，一以付之帅臣，非门下无以遥当天意邪！”方夔《古意》：“雍容谈笑间，国耻竟～。” ❺ 搜刮。元明《水浒传》一一五回：“为近奉方天定令旨，行下各县，要～村坊，着科敛白粮五万石。”清《醒世姻缘传》七一回：“昨日还了老公那点东西儿，也就～了个精光。”

【刷选】 shuā xuǎn　挑选。《元曲选·汉宫秋》二折：“自从～室女入宫，多有不曾宠幸，煞是怨望咱。”又《连环计》二折：“因汉灵帝～宫女，将您孩儿取入宫中。”明余继登《皇长子婚礼疏》四：“着在里八府及南京、河南、山东～，其凤阳、淮安、徐州，免其～。”

【刷牙】 shuā yá　❶ 牙刷。宋吴自牧《梦粱录》卷一三：“又有铙子、木梳、篦子、刷子、～子、减装、墨洗、漱盂子。”清《女仙外史》二三回：“每日卖～、梳子、针线、花粉的，不论男女老少，闯来闯去，从无禁忌。” ❷ 用牙刷清除牙上的污垢。金张从正《儒门事亲》卷一五：“右为细末，早晚～，温水嗽之。”清《绿野仙踪》四七回：“他每日也要舍命的洗脸～，穿绸袍子，两三双家买新缎靴，心眼儿上都存的是俏脾。”

【刷印】 shuā yìn　木版印刷。先在刻好字的木版上铺上纸，再用毛刷刷扫，把字印在纸上。宋李攸《宋朝事实》卷一五：“兼自秦州两次借却交子六十万贯，并无见钱桩管，只是虚行～，发往秦州入中粮草。”明沈榜《宛署杂记》卷一五：“万历十八年，奉本院徐刊刻板片工食七两二钱，～八百四十一本，价十四两七钱零七厘。”清《歧路灯》四回：“谁爱印时，各备纸张自去～。”

【刷照】 shuā zhào　犹“刷磨❸”。《元曲选·窦娥冤》四折：“但有合～文卷，都将来，待老夫灯下看几宗波。”

【刷子】 shuā zi　❶ 一种用以清除脏物或涂抹膏油等的用具。唐郭湜《高力士外传》：“高力士于太宗陵寝宫，见小梳箱一、柞木梳一、黑角篦一、草根～一。”清《歧路灯》五回：“只见钱书办在院里刷皮靴。一见二人，丢下～说道：‘候的已久。’” ❷ 对浪子、嫖客的称呼。《元曲选·冤家债主》二折：“不养蚕来不种田，全凭说谎度流年。为甚阎王不勾我？世间～少我钱。”曾瑞《快活三过朝天子·劝娼》：“花～拽大权，俏勤儿受熬煎。”元明《水浒传》二四回：“婆子笑道：‘何消得许多？’西门庆道：‘只顾放着。’婆子暗暗地喜欢道：‘来了！这～当败！’” ❸ 外行；傻瓜。宋元《清平山堂话本·杨温传》：“都头使得好！我不是～。”明凌濛初《宋公明闹元宵》五折：“酒钱又不欠，衣服又在此，他拐我甚么？我不是落得吃的了？看来我是个～，他也是个痴人。”

shuǎ

【耍】 shuǎ　❶ 玩耍。宋柳永《促拍满路花》：“起来贪颠～，只恁残却黛眉，不整花钿。”元刘时中《朝天子·邸万户席上》：“～些，笑些，休放琼花谢。”清《呼家将》一八回：“呼将军，为何不到山下去打擂？倒在此间闲～。” ❷ 闹着玩儿；开玩笑。《元典章·刑部二》：“外处断罪囚呵，交细杖子～的一般打有。”明《挂枝儿·负心》：“来由你，去由你，怎么这等容易，你把交情事儿当做～。”

清《红楼梦》七一回："鸳鸯只当他和别的女孩子也在此方便，见自己来了，故意藏躲恐吓着～。" ❸ 戏弄；捉弄。五代顾敻《玉楼春》："良宵好事枉教休，无计那他狂～壻。"宋《五代史平话·汉上》："咱是得个太君的言语，怎生是来～您？"清《绿野仙踪》七〇回："若是我命中没有，何妨直说！为什么纯用邪术～我？" ❹ 舞弄。《元曲选外编·射柳捶丸》四折："阶下有轮枪舞剑、～棍打拳的人，唤几个来筵前遣兴。"清《红楼梦》四七回："酷好～枪舞剑，赌博吃酒。"袁枚《续子不语》卷四："其旁有两黄鼠狼，拖长尾，含芦柴，演吕布～枪戏。" ❺ 放荡。明朱有燉《一枝花·赠秀莲》："他生得风风韵韵堪描画，标标致致人嗟讶。外面儿波浪挣，就里又心性～。"《金瓶梅词话》四一回："更做道书生自来情性～，调戏咱好人家娇娃。" ❻ 什么。明《山歌·孕》："眼泪汪汪哭向郎，我吃腹中有孕～人当？"又《船》："郎撑船，姐摇船，～样风潮有介多呵颠？"清《霓裳续谱·晚风前》："猛听得脚步响到纱窗，不见萧郎，多管是～人儿躲在回廊。"

【耍斗】 shuǎ dòu 戏耍逗弄。明《西游记》九八回："他两个在那桥边滚滚爬爬，扯扯拉拉的～，沙僧走去劝解，才撒脱了手。"

【耍风】 shuǎ fēng 假作疯癫；耍赖。宋元《古今小说》卷二〇："如春孺人执性定要赶罗童回去。罗童越～，叫：'走不动！'"

【耍个】 shuǎ gè 什么。耍，通"啥"。明《山歌·送郎》："娘道：'丫头，～响？'小阿奴奴回言道：'是蛇盘蛤蚆落洋沟。'"又《笼灯》："夜里只好拿你来应急趟趟，日里干～正经。"

【耍寡嘴】 shuǎ guǎ zuǐ 犹"说寡嘴"。明《西洋记》一四回："我若是被他笼络了，不但辜负了数千里而来，且又便饶了他耍着寡嘴。"

【耍孩儿】 shuǎ hái er 泥娃娃，儿童玩具。明《醋葫芦》二回："昨日成茂的儿子听见我进香，他要个～，我便应许了他。"清《红楼复梦》七二回："幸而梦金将及半岁，长的像个～似的，人人欢喜。"

【耍话】 shuǎ huà 玩笑话。宋元《古今小说》卷一五："王公只当做～，归去和那大姆子说。"清《隋唐演义》五六回："你老大的人，说孩子家的～。"《歧路灯》九〇回："你看俺大叔与大婶子，单管说～，休要要恼了。"

【耍货】 shuǎ huò 玩具。清《儒林外史》一四回："那房子，也有卖酒的，也有卖～的。"《歧路灯》一〇三回："冰梅包了一个布包儿，说与全姑；王氏也与了小～儿，说与小孩子玩耍。"

【耍赖】 shuǎ lài 抵赖。元明《水浒传》一一回："见今壁上写下名字，你脸上文着金印，如何～得过！"清《后西游记》二七回："你且自看看，是你不是你，还要～到那里去？"

【耍乐】 shuǎ lè 玩耍取乐。明《西游记》四回："此时七大圣自作自为，自称自号，～一日，各散讫。"《禅真后史》一回："恨不得天上坠下一个男子来～一番。"清《后水浒传》三一回："如今只坐在屋脊上看火～，众人只不敢拿他下来。"

【耍弄】 shuǎ nòng ❶ 把玩；玩弄。明《禅真逸史》三四回："小姐拿那一对玉人儿出来～。" ❷ 舞弄。清《东周列国志》一七回："长万有一绝技，能掷戟于空中，高数丈，以手接之，百不失一。……长万奉命～了一回，宫人都夸奖不已。"△《三侠剑》四回："老剑客～身法，猫蹿狗闪，兔滚鹰翻，鹿伏鹤行。" ❸ 捉弄；戏弄。明《浪史奇观》九回回目："大娘哄诱裙钗，春娇～书生。"清《后西游记》二九回："故阴阳二大王倚着在他门下出入，故冷一阵热一阵，也～起人来。"《红楼梦》六〇回："这会子被那起屄崽子～也罢了，你明儿还想这些家里人怕你呢！"

【耍钱】 shuǎ qián 赌博。明《金瓶梅词话》一九回："西门庆见他两个在那里～，勒住马近前说话。"《禅真后史》一二回："这郑郴读书不就，又不谙经营生理，惟好吃酒～，宿娼游荡。"清《白雪遗音·婆娘顶嘴》："好吃酒，爱～，搅家不良的老养汉。"

【耍拳】 shuǎ quán 打拳。《元曲选外编·射柳捶丸》四折："兀那几个打拳的教手每，上露台来耍一会拳。"明《醒世恒言》卷一七："～走马骨头轻，使棒轮枪心窍痒。"清胤禛《朱批谕旨》卷一〇上："六哥家富势大，男女混杂，弹唱演剧，～弄棒。"

【耍事】 shuǎ shì 玩笑之事，指无关紧要、可以轻忽的事。明《二刻拍案惊奇》卷二九："只不要着了甚么邪妖，便不是～。"

【耍手】 shuǎ shǒu 游手好闲。明《金瓶梅词话》三三回："他兄弟韩二名二捣鬼，是个～的捣子，在外另住。"又九三回："这杨二风平昔是个刁徒泼皮，～捣子。"

【耍戏】 shuǎ xì 玩耍游戏。《元曲选·抱妆盒》二折："寇承御，你在此怎的?〔承御云〕我到此金水桥边闲～哩。"明《金瓶梅词话》二一回："一者与他两个把一杯，二者当家儿只当赏雪，～一日，有何不可？"清《红楼梦》二〇回："彼时晴雯、绮霰、秋纹、碧痕都寻热闹，找鸳鸯、琥珀等～去了。"

【耍笑】 shuǎ xiào ❶ 说笑逗乐。元佚名《集贤宾·秋怀》："且看他俊俏规模，香软肌肤，巧妙妆束，～喧呼。"明朱有燉《雁儿落过得胜令·咏美色》："会～，同欢乐。"清《红楼梦》七九回："无奈贾母王夫人不从，因此（宝玉）和那些丫鬟们无所不至，恣意～作戏。" ❷ 戏弄；捉弄。明《古今小说》卷二七："那算命先生，见你痴颠模样，故意～你，你休听信。"清《樵史》二一回："咱自～他，他只认真，倒说这样话！"《绿野仙踪》一〇回："假若他借此物～我，岂不白受一番秽污。"

【耍子】 shuǎ zi ❶ 玩耍；游赏。宋元《古今小说》卷三六："王七殿直的老婆抱着三岁的孩子，正在窗前吃枣糕，引着～。"《元曲选·生金阁》三折："今日是元宵节令。小的每，随俺看灯～去。"清《荡寇志》七三回："那里有个天妃庙，近来桃花盛开，干爷何不领贤妹～？" ❷ 开玩笑；闹着玩儿。元《三遂平妖传》二回："婆婆道：'难得我儿好心！我撩拨你～，我不肚饥，我不要吃，还了你。'"明《平妖传》五回："我是～，你便认真起来。"清《女仙外史》七〇回："女秀才啐了一口，说道：'虽是～话，倒也好。'"

【耍嘴】 shuǎ zuǐ 说嘴；耍贫嘴。明《金瓶梅词话》四六回："你这奴才，脱脖倒拗过飏了，我使着不动，～儿。"清《续金瓶梅》五回："且说那潘金莲，从武松杀死，归了枉死城投缳司收魂，不得托生，色心不死，每日与王婆斗牌，与小鬼～。"

shuāi

【衰惫】 shuāi bèi ❶ 衰落；衰败。唐孔颖达疏《周易·既济》"高宗伐鬼方"："高宗德实文明，而势甚～，不能即胜，三年乃克。"宋苏辙《臣事下·第一道》："至于末世，海内乂安，四方无虞，人生于其间，其势皆有荒怠之心，各安其所而不愿有所兴作，故天下渐以～而不振。"明叶春及《励圣治》："人多罢弛，事多诞漫，则治多～。" ❷ 衰弱疲惫。唐张说《唐玉泉寺大通禅师碑铭》："久矣～，无他患苦，魄散神全，形遗力谢。"宋王安石《送僧无惑归鄱阳》："晚扶～寄人间，应接纷纷只强颜。"清《野叟曝言》六八回："素臣本能言语，故作～之状，但把头点，不敢答应。"

【衰残】 shuāi cán ❶ 衰落；衰败；衰弱。唐陈子昂《为乔补阙论突厥表》："汉宗～，几至覆社稷也。"元明《水浒传》七九回："高太尉军威折挫，锐气～。"清《后西游记》三三回："玉火～钳不住，金箍解脱棒无情。” ❷ 衰老。《元曲选·两世姻缘》四折：“他也年未～，圣恩匹配，相守头白。”清《东周列国志》二五回：“君不以臣为亡国之虏，～之年，乃虚心下问，臣敢不竭其愚？” ❸ 枯萎残败。唐白居易《诏取永丰柳植禁苑感赋》：“一树～委泥土，双枝移种植天庭。”宋陈允平《蕙兰芳引》：“渐草色～，墙外土花暗绿。”清《热河志》卷九四：“芝径云堤清赏处，几多丰韵未～。”

【衰绝】 shuāi jué 衰落灭绝。唐德行《四字经》：“八字超群，不贵则富；五行～，非贫则夭。”《元曲选·范张鸡黍》二折：“秦灰犹未冷，汉道复～。”清纪昀《阅微草堂笔记》卷一四：“乃知贞烈之气，虽屈～，尚刚劲如是也。”

【衰苶】 shuāi nié ❶ 衰弱疲倦。宋强至《代谢赐诏及汤药表》：“不谓精神之有涯，老犹谨身，至于～而后已。”元王恽《折齿吟》：“运用勤亦至，半百当～。”明朱橚《普济方》卷二六五：“虽未中年，～先至。” ❷ 衰落。宋李之仪《与孙肖之》：“计生理有经，则兹地乃舟从往来之便，而～之家，寔幸得之。”元吴师道《答傅子建书》：“士气日以～懈怠。”清吴伟业《宋玉叔诗文集序》：“当万历之中叶，海内文气～，古道寝顿。”

【衰飒】 shuāi sà ❶ 枯萎凋零。唐张九龄《登古阳云台》：“庭树日～，风霜未云已。”宋许棐《枯荷》：“万柄绿荷～尽，雨中无可盖眠鸥。”明董其昌《画禅室随笔》卷二：“九月柳，已～。” ❷ 衰老。唐李益《罢镜》：“～一如此，清光难复持。”宋欧阳修《亳州第五表》：“加以形骸～，疾病侵凌。顾难恋于轩裳，遂退甘于畎亩。”清陈廷敬《三峡流泉歌为曹炼师作》：“师今年少红两颐，老我～双白鬓。” ❸ 萎靡；消沉。宋《朱子语类》卷一三：“赴试屡试不得，到老只恁地～了，沉浮乡曲间。”元徐明善《俞学正文笔峰赋》：“吾党之士，学问不足以强志壹气，而但以葩文藻语，哗世取荣为务。岂不犹吴兴令，梦人授五色笔，岁惛月迈，～不振。”清赵翼《瓯北诗话》卷二：“今观夔州后诗，惟《秋兴八首》及《咏怀古迹五首》，细意熨贴，一唱三叹，意味悠长；其它则意兴～，笔亦枯率，无复旧时豪迈沉雄之概。” ❹ 衰落；衰败。宋赵蕃《又简张王臣》：“儿因高论兴～，频藉深杯慰苦辛。”李耆卿《文章精义》：“史迁《项籍传》最好，立义帝以后，一日气魄一日；杀义帝以后，一日～一日，是一篇大纲领。”明沈德符《万历野获编》卷一五：“吴崇仁以次辅领春闱，而假元之事起，狼狈去国，为天下笑。真所谓盛满之后必有～也。”

【衰塌】 shuāi tā 不振作；不兴旺。宋《朱子语类》卷一三：“近日时文屈曲纤巧，少刻堕在里面，只见意气都～了。”又卷一二四：“下梢东莱学者一人自执一说，更无一人守其师说，亦不知其师紧要处是在那里，都只恁地～不起了。”清李光地《朱陆析疑》：“盖朱子之言曰：今之以学自立者，门户～，唯陆子静精神启发，其流祸未艾也。”

【衰朽】 shuāi xiǔ ❶ 枯朽；衰萎。唐白居易《隋堤柳》：“隋堤柳，岁久年深尽～。”宋王陶《谈渊》：“赭案当衙并命时，蒹葭～倚橘枝。”清《聊斋志异·苏仙》：“后桃结实甘芳，居人谓之‘苏仙桃树’，年年华茂，更不～。” ❷ 衰落；衰减。唐王维《老将行》：“自从弃置便～，世事蹉跎成白首。”《元曲选·城南柳》一折：“无知的～木，反不如花解语。”清吴雯《赠杜蔚门先生》：“却仗我翁常慰藉，未可志气便～。”

【摔】 shuāi ❶ 挥动；抽打。《元曲选·黑旋风》二折：“那一个妇人叠坐着鞍儿把身体趄，那一个乔才横～着鞭儿穿插的别。”宋元《清平山堂话本·简帖和尚》：“皇甫殿直拿起箭簝子竹，去妮子腿上便～，～得妮子杀猪也似叫。”清《醒世姻缘传》四八回：“狄婆子把素姐推了个骨碌，夺过鞭子，劈头劈脸～了几下子。” ❷ 甩；用力摆脱。《元曲选·灰阑记》三折：“〔张走，正旦赶上做扯衣服，张林做～科〕”明《醒世恒言》卷八：“慧娘已到，便去扯母亲进去。刘妈妈……尽力一～。” ❸ 扔；砸。《元曲选·争报恩》二折：“他将我这一双业种阴图害，可正是拾得孩儿落的～。”明沈榜《宛署杂记》卷四：“相传端云寺内有龙逸出，佛逐及之，～之石上。”清《红楼梦》三回：“摘下那玉，就恨命～去。” ❹ 推倒；跌；跌倒。宋周必大《亲征录》：“聂耳大怒，谓良臣卖己，麾众～斩之。”《元曲选·谢金吾》一折：“不隄防被他来这一～，错闪了腰肢，擦伤了膝盖，争些儿磕破了脑袋。”清《绿野仙踪》六回：“早有人报知卜氏，卜氏吓的惊魂千里，～倒在地下。” ❺ 摔跤。明《朴通事谚解》卷中：“摆忙里说甚么闲话来？咱两个摔，大家休打脸，好好的～。”

【摔打】 shuāi dǎ ❶ 挥动击打。明《金瓶梅词话》四九回：“若是胀的慌，用手捏着，两边腿上只顾～百十下，方得通。” ❷ 甩扭击打，为挣脱束缚的动作。清《红楼梦》一一七回：“那宝玉虽是个男人，用力～，怎奈两个人死命的抱住不放，也难脱身。”

【摔风】 shuāi fēng 疾风。元曾瑞《醉花阴·怀离》：“飕飕飕～过长亭。”《元曲选外编·锁魔镜》四折：“两足轻挪似～。”

【摔交】 shuāi jiāo 同“摔跤”。《元曲选外编·独角牛》一折：“这孩儿不肯做庄农生活，则待要刺枪弄棒，学拳～。”

【摔跤】 shuāi jiāo 一种竞技。两人相抱相扭，运用气力和技巧，努力把对方摔倒。明《朴通事谚解》卷中：“郑舍，你来，咱这草地里学～。”

【摔脸子】 shuāi liǎn zi 显露出不高兴的脸色。清《红楼梦》八三回：“你还是我的丫头，问你一句话，你就和我～，说攮话。”

【摔盆】 shuāi pén 出殡时，孝子把化纸用的瓦盆摔破，然后起动棺材。明《金瓶梅》六五回：“女婿陈敬济跪在柩前～。”又八〇回：“临棺材出门，陈敬济～扶柩，也请了报恩寺朗僧官起棺。”

【摔丧】 shuāi sāng 犹“摔盆”。清《红楼梦》一三回：“小丫鬟名宝珠者，因见秦氏身无所出，乃甘心愿为义女，誓任～驾灵之任。”

【摔手】 shuāi shǒu ❶ 甩动手臂，表示生气。清《红楼梦》五二回：“鸳鸯一～，便进贾母房中来了。”又六二回：“说毕，～出去了。” ❷ 甩动手臂挣脱。清《红楼梦》二二回：“宝玉听了这话，忙赶近前拉他，……湘云～道：‘你那花言巧语别哄我。’”又六六回：“柳湘莲不舍，连忙欲上来拉住问时，那三姐一～便自去了。” ❸ 了断。明《金瓶梅词话》六一回：“自古毒药苦口利于病，若早得～伶俐，强如只顾牵经。” ❹ 官员出行时担任鸣鞭喝道的人。明《金瓶梅》七〇回：“头道过毕，又是二道～，～过后，两边雁翎排列二十名青衣缉捕。”

【摔砸】 shuāi zá 把东西往地下猛摔。清《红楼梦》二九回：“何苦来，你～那哑吧物件！”《济公全传》一六四回：“～你的东西，我管保照样赔你。”

shuǎi

【甩】 shuǎi ❶ 扔。明《型世言》二〇回：“将次到山边，一个伞夫把伞扑地～在地下。”清《后西游记》三八回：“猪一戒忽然想回意来，因直起腰来，将纤板往地下一～。”《野叟曝言》六七回：“素臣更耐不住，放出神力，攥紧那人两手，往前一～。” ❷ 抽打；挥动。清《野叟曝言》五六回：“巡风的只做不听见，举鞭乱

～。”《红楼梦》二八回：“将手里的帕子一～，向宝玉脸上～来。”

shuài

【帅领】 shuài lǐng ❶ 将领。宋宋庠《崇政殿与枢密院同答手诏》：“方面辅翊之材，～偏裨之举，或难于自荐，或须藉众推威御绥宁，堪为镇静者。”《元史·兵志二》：“承平日久，将骄卒惰，～不得其人，军马安置不当。”清《平定准噶尔方略》前编卷二七：“且尔厄鲁特之台吉、阿巴赖诺颜之子孙，现在准噶尔处，果为～乎？抑为属下乎？” ❷ 率领。唐郑回《南诏德化碑》：“差将军王天运～骁雄，自点苍山西，欲腹背交袭。”明《西游记》四三回：“那太子押着那妖鼍投水中，～海兵径转西洋大海。”清玄烨《亲征漠北纪略》上：“敌虽有十万，朕躬亲～，相机战剿。”

【帅首】 shuài shǒu 军队中的主帅。也指某一群体中的领导人。唐徐有功《驳论徐餘庆处斩奏》：“造意为魁首，即其～，乃元谋魁帅。”《元曲选·百花亭》二折：“我是个锦阵花营郎君～，歌台舞榭子弟班头。”明钱谦益《国初群雄事略》卷二：“当时予虽在微卒，尝观～之作为，度之既久，甚非良谋。”

【率】 shuài 征收；募集。唐李适《停杂税制》：“比来新旧征科色目，一切停罢。两税外辄别～一钱，四等官准擅兴赋以枉法论。”宋欧阳修《吉州学记》：“其作学也，吉之士～其私钱一百五十万以助。”清朱彝尊《重修泰安州东岳庙碑》：“既至，檄知州事林君修治，于是三司以下靡不～钱为助。”

【率风】 shuài fēng 同“摔风”。元张碧山《锦上花·春游》：“寒暑相催，日月～疾。”

【率口】 shuài kǒu 随口；顺口。宋朱熹《少师保信军节度使张公行状》下：“公奏议务坦明，不为虚辞，～诵令，子侄书之，皆根于心，不易一字。”元吴澄《赠鬻书人杨良甫序》：“古之书在方册，其编帙繁且重，不能人人有也。京师～传，而学者以耳受，有终身止通一经者。”清昭梿《啸亭杂录》卷四：“公于召见时，凡民间隐情，街谈巷谚，无不～而出，毫无隐忌。”

【率略】 shuài lüè 简略；草率；粗疏。唐玄奘《请给假改葬父母表》：“又婆罗门上客今相随逐，过为～，恐将嗤笑。”宋《朱子语类》卷九〇：“本朝因仍旧制，反更～，较之唐制，尤没理会。”清弘历《再题千尺雪》：“那事推敲诚～，石泉却似首倾之。”

【率性】 shuài xìng 索性；干脆。元明《水浒传》六二回：“左右是死，～说了。”明《型世言》一八回：“没人来理他，他～竟不去了。”清《野叟曝言》二八回：“我也今日醉了，～和你们说罢。”

shuān

【闩】 shuān ❶ 门关上后，插在门内使门推不开的棍状或板状物。唐黄台《问政山》：“溪童乞火朝敲竹，山鬼听琴夜撼～。”清《好逑传》二回：“门虽闭着，却露一条亮缝，内里不曾上～。” ❷ 用闩插上。宋刘克庄《解连环·乙丑生日》：“把柴门～定，悄无人到。”明《挂枝儿·夜闹》：“到晚来故意不进奴房，恼得我吹灭了灯把门儿～上。”清《蜃楼志》五回：“走到素馨房中，房门却是～上的。”

【闩关】 shuān guān 即“闩❶”。清《醒世姻缘传》三三回：“叫人去推那厕门，他也妆起肚疼，不肯拔了～。”

【拴】 shuān ❶ 同“闩❶”。唐皮日休《蓝田关铭》：“天辅唐业，地造唐关。千岩作锁，万嶂为～。”《元曲选·生金阁》三折：“来到门外，果然还不曾上～哩。”清《歧路灯》二四回：“原是德喜儿过前院，夜深没人上～。” ❷ 同“闩❷”。《元曲选外编·西厢记》三本二折：“隔墙花又低，迎风户半～，偷香手段今番按。”明汤显祖《牡丹亭》四八出：“门户牢～，为甚空堂人语喧？”清《绿野仙踪》八九回：“周通将院门～了。” ❸ 系；捆绑。《太平广记》卷八四引《录异记》：“村家只有一小童看舍，业牵驴～于檐下。”明《金瓶梅词话》九回：“连酒保王鸾并两个粉头包氏牛氏都～了。”清袁枚《子不语》卷四：“嫂往观之，见无别物，只头发～一苍蝇。” ❹ 比喻约束控制。元关汉卿《新水令》：“花营中挑战，牢～意马与心猿。”方伯成《端正好北·忆别》：“两眉攒，寸心～，将意马锁心猿按。”清《红楼梦》六五回：“他原为收了屋里，一则显他贤良名儿，二则又叫～爷的心，好不外头走邪。” ❺ 表演（附加的小段）。拴，犹言临时加上。元马致远《一枝花·咏庄宗行乐》：“守下次的官家等交换，做杂剧那院畯，～些艳段。” ❻ 抡击；挥打。明崔时佩、李日华《西厢记》一三出：“远的破开步将铁棒～，近手的将刀来斩。”

【拴绑】 shuān bǎng 犹“拴缚❶”。清《绿野仙踪》一二回：“一个个扒绕过来，发声喊，将石变的假于冰～住。”

【拴鞴】 shuān bèi 给牲口拴上缰绳辔头。明《拍案惊奇》卷一四：“得水次日开门出去，果遇一驴在门，将他～起来骑用。”

【拴闭】 shuān bì 把门上闩关闭。清《绿野仙踪》二〇回：“用手推郭氏门，业经～了。”

【拴党】 shuān dǎng 结党。明《禅真后史》三八回：“其间倘因仇衅生情，～诬陷，岂不枉行杀戮？”

【拴订】 shuān dìng 登记审订。明佚名《鸣凤记》四〇出：“推官会计他田地共有八万六千五百亩，俱已～明白，断给原主。”

【拴缚】 shuān fù ❶ 捆绑；捆扎。宋觉范《石门文字禅》卷二三：“余政和四年冬证狱太原，～在旅邸，人讳见之。”元孙叔顺《一枝花》：“荜澄茄拷打得青皮肿，玄胡索～得狗脊低。”清《九云记》二八回：“今日收拾金宝，～作为几十担。” ❷ 比喻约束控制。明金銮《锁南枝·风情集常言》：“只管里满口胡柴，倒把人～定。”《金瓶梅词话》七八回：“这妇人一段身心已是被他～定了，于是满口应承都去。”清《醒世姻缘传》七九回：“没的我合他有甚么皮缠纸裹的帐么？你开口只～着人。”

【拴挂】 shuān guà 捆扎悬挂。元明《水浒传》七六回：“马上尽系是红缨，每边～数十个铜铃。”清《说岳全传》一一回：“店主人在我马后～什么东西，待我看一看。”《绿牡丹》一六回：“即忙提头走到城楼边，将脚一纵，一手扳住兽头，一手向那铁须上～。”

【拴科】 shuān kē 做假象给人看。科，舞台表演。明徐元《八义记》三六出：“虎狼公吏，掤扒拷打，自觉气力不加。替吾行权，莫不是就里～？官府事如同作要。”

【拴扣】 shuān kòu ❶ 犹“拴系❶”。明《西游记》三五回：“那孙大圣早已知二魔化在葫芦里面，却将他紧紧～停当，撒在腰间。”清《绿牡丹》五〇回：“有三间大大的马棚，槽头上～了十几匹马。” ❷ 犹“拴鞴”。明《韩湘子》二一回：“张千就～马匹，李万便挑担行李，赶上前路。” ❸ 用栓别住。清《歧路灯》五〇回：“门向内～，巴庚也叫不开。”

【拴勒】 shuān lè 犹“拴缚❶”。清《女仙外史》三二回：“七宝丝蛮带，～的窄削猩红袍，紧紧随身。”

【拴门】 shuān mén 用闩把门闩上。明沈璟《义侠记》一六出：“净、小旦急上～介。”《型世言》四回：“慧朗打了酒走来，随手

～。”清《玉楼春》二二回：“兰氏叫众人放下皮箱，就叫他出去～。”

【拴纽】 shuān niǔ 犹“拴缚❷”。明袁于令《西楼记》三五出：“有一头早不见一头，赤泼泼侠肠痒处难～。”

【拴束】 shuān shù ❶ 犹“拴缚❶”。元明《水浒传》二二回：“当晚弟兄两个，～包裹。”明《清平山堂话本·吊诸葛》：“此间若从水路搭川船上，路途急切难得到，不若买匹驴儿，～一副鞍辔。”清《江南通志》卷五三：“先将柳枝捆成埽心，～充心绳揪头绳，取芦柴之黄亮者，纻打小缨总系于埽心之上。” ❷ 犹“拴缚❷”。宋元《警世通言》卷一〇：“希白春心荡漾，不能～。”△清《九尾龟》一六六回：“故意的对着潘侯爷嫣然展笑，以目送情，更把潘侯爷引得意马心猿，～不定。” ❸ 整备；整理。元明《三国志通俗演义》卷二：“吕公领了计策，～军马，蒯良调拨四门，听号接应。”《水浒传》六三回：“收拾枪刀，～鞍马，磨拳擦掌，时刻下山。”明《金瓶梅词话》七二回：“你爹身上衣服，不着你恁个人儿～，谁应的上他那心？” ❹ 装束、扎裹。元明《水浒传》九六回：“解珍、解宝便去～，穿了虎皮套袄，腰里各跨一口快刀。”明汤显祖《南柯记》七出：“答刺兜绵，腰身～的弯。衫袖打斓斑，西天俏锦阑。”

【拴索】 shuān suǒ ❶ 同“拴锁❶”。宋德洪《次韵公弱寄胡强仲》：“念昔谪海南，路尘吹瘴风。未即弃沟壑，尚在～中。” ❷ 同“拴锁❷”。清《幻中游》八回：“蔡寅把桂娘仔细看来，比那两个妓女更觉标致。早有心猿意马～不住之意。”

【拴锁】 shuān suǒ ❶ 捆绑并戴上枷锁。明《西游记》六三回：“昨夜巡拦，被唐僧、孙行者扫塔捉获，用铁索～。”清《续金瓶梅》九回：“那差人掼在地下，那里肯受！还要～月娘。”《醒世姻缘传》五七回：“哄了地方总甲，拿出绳来，正要～。” ❷ 犹“拴缚❷”。明高濂《玉簪记》一〇出：“昨宵拾得人间恨，空自熬煎，熬煎，～离情上下弦。” ❸ 闩和锁。明《封神演义》七四回：“在城楼上祭起砖，把守门军将打散，随撞开～。”

【拴通】 shuān tōng 串通。明佚名《粉蝶儿·悭吝》：“却怎生打伙儿～来撒科，科泛着悭吝的喽啰。”清于成龙《严禁抽丰谕》：“凡民间借盗、勾逃、诈财、假命，以及户婚、田土细事，无不说合线引，暮夜分肥，出入衙署，～地虎、废绅、恶棍。”

【拴头】 shuān tóu 束发；裹头。《太平广记》卷二二九引《小说》：“汉武帝过李夫人，就取玉簪～。自此宫人搔头皆用玉。”《元曲选·陈州粜米》一折：“〔小衙内云〕这老匹夫无礼，将紫金锤来打那老匹夫。〔做打正末科〕〔小撇古做～科，云〕父亲精细者！我说甚么来？我着你休言语，你吃了这一金锤。父亲，眼见的无那活的人也！”

【拴系】 shuān xì ❶ 用绳索等绾结使不分开。《元曲选·玉壶春》四折：“准备了佳期，合欢带常～；得遂了于飞，同心结莫摘离。”明许潮《武陵春》：“且将渔舟～在此。沿流水进访一遭。” ❷ 犹“拴缚❷”。明佚名《霞笺记》一二出：“自今朝，把意马牢～，心猿紧护着。”杨柔胜《玉环记》一六出：“只为你心猿意马难～，闪得人彩凤文鸾两处飞。”

【拴艳】 shuān yàn 表演艳段。明佚名《一枝花·子弟收心》：“声应口晨昏作念，影随身行坐拘钳，假撚酸虚应付乔～，遮遮掩掩。”

【拴扎】 shuān zhā 犹“拴缚❶”。清《补红楼梦》三四回：“大家与他～起各色纱糊的马灯来，腰里弓箭、撒袋、腰刀之类，都是纱糊点灯。”《雪月梅》一八回：“一边说着，就将衣服～停当，大踏步出后门。”

【拴整】 shuān zhěng （打扮得）整齐；（外观）漂亮。明《型世言》三二回：“任天挺看看银子比水心月多八两，又～，不似昨日的。”

【拴捉】 shuān zhuō 捆绑捉拿。清《说唐后传》三回：“血稍一喷，坐立不牢，跌下马来。军士拿来～住了。”

shuāng

【双关】 shuāng guān ❶ 指两扇门。唐皮日休《初夏即事寄鲁望》：“归来闭～，亦忘枯与荣。”明李东阳《答奚元启》之三：“重檐寂寞闭～，俗客来敲到却还。” ❷ 两臂合围。明《金瓶梅词话》一一回：“被西门庆走向前，～抱住。”《石点头》卷四：“凤奴转动不得，逼到一个壁角边，被他～抱住，死挣不脱。”清《蜃楼志》五回：“那岱云是莽撞之人，只叫得一声‘小姐’，便抢步上前，～抱住。” ❸ 与两件事都有关。宋《朱子语类》卷六一：“此章前面～说仁义，后面却专说义，如何？”明《西洋记》五回：“他地场是个东内谷，禅林是个白云寺，他就～儿，取个法名叫做个云谷。”清赵翼《瓯北诗话》卷四：“《别淮南牛相公》五排一首，自首至尾，每一句说牛相，一句自说。自注云：‘每对～，分叙两意。’” ❹ 一种修辞方式。用词造句表面上是一个意思，而暗中隐藏着另一个意思。明《山歌·睃》评语：“眼上起，梭里来，影语最妙。俗所谓～二意体也。”清李调元《南越笔记》卷一：“粤俗好歌，凡有吉庆，必唱歌以为欢乐。以不露题中一字，语多～而中有‘挂折’者为善。”

【双料】 shuāng liào 制造物品用的材料比通常的同类物品加倍。明《金瓶梅词话》三七回：“蛮子有几个粗匍子都卖没了回家，明年稍～好匍来。”文震亨《长物志》卷一二：“安息香，都中有数种，总名安息。月麟、聚仙、沉速为上，沉速有～者极佳。”清《绿野仙踪》四一回：“四包百花糕，八小瓶儿～酒。”

【双亲】 shuāng qīn 父母。唐韩翃《赠兖州孟都督》：“不见～办丰膳，能留五马尽佳期。”宋李团湖《沁园春》：“百揆登庸，～未老，此乐人间还有无。”清《飞龙全传》四四回：“那堂上～年老，早晚侍奉，全仗贤妻勤劳照应。”

【双全】 shuāng quán ❶ 成对的或相称的两方面都具备。唐杜甫《寄题江外草堂》：“事迹无固必，幽贞愧～。”《元曲选·薛仁贵》楔子：“凭着您孩儿学成武艺，智勇～。若在两阵之间，怕不马到成功？”清《红楼梦》一四回：“且生得才貌～，风流萧洒，每不以官俗国体所缚。” ❷（夫妇、父母）都健在。宋吴自牧《梦粱录》卷二〇：“女家接定礼合，于宅堂中备香烛酒果，告盟三界，然后请女亲家夫妇～者开合。”宋元《清平山堂话本·李翠莲》：“有吉有庆，夫妇～。”元高明《琵琶记》二出：“喜爹妈～，谢天相佑。”

【双身】 shuāng shēn 指怀孕；孕妇。金张从正《儒门事亲》卷五：“夫妇人～，大小便不利。”元王好古《医垒元戎》卷一一：“妇人三二个月，经血不行，疑似～，却疑血滞。”武汉臣《老生儿》一折：“你便待把他卖，不思量我年迈。然是～，不是重胎。”

【双胜】 shuāng shèng 两个菱形或圆形相叠合的装饰。唐李豫《禁断织造淫巧诏》：“其绫锦花文，所织蟠龙对凤、麒麟狮子、天马辟邪、孔雀仙鹤芝草、万字～及诸织造差样文字等，亦宜禁断。”明刘兑《画眉序犯·闺情》：“可惜辜负新春，懒裁～。”清吴伟业《浪淘沙·端午》：“真珠嵌就一星星，五色叠成～，小巧样丹青。”

【双弯】 shuāng wān 指缠足妇女的双脚或所穿的弓鞋。明杨慎《题周昉琼枝夜醉图》：“金缝缃裙一搦，玉钩罗袜～。”《西湖二集》二七回：“那时云华正坐阁前低着头绣鞋，其～甚是纤小。”清《聊斋志异·阿宝》：“少间，女束～，解履床下。”

【双线匠】 shuāng xiàn jiàng 鞋匠。明陈铎《一枝花·嘲作儿贺节》:"～丢了排韃,裁缝每抛了尺剪。"马文升《重明诏信老臣以慎初政事》:"臣尝检阅冗员,未尝不为之愧赧,中间如～之类,亦得传官,其与灶下养中郎将、烂羊头关内侯何殊?"

【双养】 shuāng yǎng 孪生。清《后水浒传》二七回:"果是天生一对。便是同胞～也没这般厮像。"又四二回:"俺两人面貌厮像,当时梦中说一瓜一蒂,今日才知同生～,差得一时,哥哥原是哥哥。"

shuǎng

【爽畅】 shuǎng chàng ❶ 爽朗畅达;爽快舒畅。明王鏊《姑苏志》卷五七:"(饶)介～博学,尤嗜吟咏,精行草,日延儒绅,谈弄篇翰。"《封神演义》二四回:"三春景色繁华,万物发舒,襟怀～。" ❷ 指诗文明快流畅。明李梦阳《徐迪功集序》:"今详其文,温雅以发情,微婉以讽事,～以达其气。"王世贞《湖西草堂诗集序》:"以故翁之诗出,不能暴取名,而其存者,和平～,有君子风。"沈鲤《请正文体疏》:"其心坦夷者,其文必平正典实;其心光明者,其文必通达～。"

【爽脆】 shuǎng cuì 爽直干脆。明《醋葫芦》一回:"周智原是个～的人,便道:'是了,是了。贤兄实欲回归,恭敬不如从命了。'"

【爽宕】 shuǎng dàng 利落。明《山歌·大脚妓》:"嫖小娘须拣大脚个嫖,行来～又风骚。"

【爽荡】 shuǎng dàng 畅快。明《鼓掌绝尘》一三回:"我如今那能够去赚这些利钱!落得拿些～一～,也不枉为人一世。"

【爽豁】 shuǎng huò 畅快;爽朗。宋胡宿《燕集》:"郁陶倦烦暑,～逢萧辰。"明李开先《黑麻序·悼殇词一阕》:"想起吾儿,骨棱层神～足称贤嗣。"清《歧路灯》一〇回:"见孝移精神～,心下着实喜欢。"

【爽恺】 shuǎng kǎi 爽快而和悦。明李贤《天顺日录》:"(焦宏)为人～、变通、和气,溢于接谈之际。"张丑《清河书画舫》卷一二上:"(蔡时中)为人～,有政事才。"《拍案惊奇》卷三:"举子见他语言～,礼度周全,暗想道:也不是不可化诲的。"

【爽慨】 shuǎng kǎi 豪爽慷慨。明王守仁《平乐同知尹公墓志铭》:"因为具陈祸福,言辩～,诸酋感动。"《古今小说》卷二一:"婆留也爱二锺为人～,当下就在小阁内八拜定交。"清《山西通志》卷一四六:"张克柔,高平人。以理学自负,性～,重然诺。"

【爽口】 shuǎng kǒu 清爽可口;口感好。宋刘敞《公是先生弟子记》:"事不以便用为利,味不以～为美。"《元曲选·百花亭》三折:"金橘木瓜偏～。"清《飞龙全传》三四回:"匡胤渴得急了,接过那西瓜,将身坐在树下,流水的吃个干净,觉得～清心。"

【爽快】 shuǎng kuài ❶ 舒服;畅快;痛快。宋吴潜《望江南》:"静里精神偏～,闲中光景越舒徐。"《元曲选·灰阑记》三折:"这桩营生不～,常常被人欠酒债。"清《野叟曝言》五六回:"我这会子身子～,竟像没病的了。" ❷ 爽直;直截;不掩饰。宋《三朝北盟会编》卷一一:"某天性～,士大夫所共知。今来商议国事,须要说尽。"明朱国祯《涌幢小品》卷一〇:"黄慎轩心口～,其同省范凝宇醇敬,先二科入馆,而年差减,且其弟乡试同年也,黄以'小范'呼之。"清《醒世姻缘传》八二回:"本等原是～人物,又因接了相同年的来书,也不等挂牌,也不拘晚堂听审,头一个叫刘芳名。" ❸ 麻利;利落;不牵缠。清《醒世姻缘传》五五回:"次日起来,叫那丫头做了早饭,接连做了午夜两餐。又甚～,又极洁净。"《歧路灯》五八回:"咱还不走么?时刻闹出官司来,咱走着就不～了。"《红楼复梦》七〇回:"同他哥子一样举止～,毫无一点做新媳妇的光景。" ❹ 赶紧;不拖延。清《歧路灯》一四回:"行礼毕,让座。程嵩淑道:'天色过午,盘盏早备,～一让就坐罢。'"又一八回:"我还有一点紧事儿。贤弟你一发走了,我也～好去办。"又五九回:"你把灯笼罩儿～去了罢,作速回去叫人。" ❺ 索性;彻底地。清《歧路灯》一八回:"戏馆也不是行礼之地,～明日到舍下再叙年庚。"又二五回:"～你今日再住半天,咱与红玉喝上一场子酒。"又六四回:"高邮州来人,我昨晚开发起了身。这宗事你～不用在心。"

【爽朗】 shuǎng lǎng 天气明朗,空气流通,使人感到畅快。唐罗邺《化城寺》:"秋霄～空潭月,暑气萧寥古柏风。"元王恽《题无名亭诗序》:"筑亭于所居后圃,不侈不陋,面势轩槛,～静深,窈而有容。"清纪昀《阅微草堂笔记》卷八:"昔游嘉禾,新秋～,散步湖滨。"

【爽利】 shuǎng lì ❶ 畅快;痛快。唐韩偓《喜凉》:"豪强顿息蛙唇吻,～重新鹘眼睛。"明《型世言》五回:"两个打了些酒儿,在房里你一口我一口吃个～。"清《歧路灯》一〇回:"今早谭兄外边走一走,便尔精神～。" ❷ 直截;干脆。元明《水浒传》三回:"鲁提辖看了,见少,便道:'也是个不～的人。'"明《桂枝儿·口许》:"既然是个不～的冤家也,你许我做什么子。"清《红楼梦》六二回:"这个简断～,合了我的脾气。" ❸ 利落;利索。唐彦悰《后画录》:"笔力～,风采不凡。"《元朝秘史》卷二:"那一日清早,路上多马群中,见一个～后生挤马乳。"清《红楼梦》七三回:"只因他生得体肥面阔,两只大脚,作粗活简捷～。" ❹ 机灵。明《拍案惊奇》卷三〇:"他平日何等一个精细～的人,今日为何却失张失智到此地位?" ❺ 干净;一点不剩。元关汉卿《调风月》二折:"想不想在今日,都了绝～,休尽我精细。"明《朴通事谚解》卷上:"将风屑去的～着。"《山歌·筛油》:"你嫌我筛得弗～时要便再滴子丢去,只没要动手动脚累得滑泥泥。" ❻ 秀丽。清《红楼梦》七八回:"这些丫头的模样～,言谈针线多不及他,将来只他还可以给宝玉使唤得。" ❼ 索性。明《金瓶梅词话》七九回:"等他来家,我～替他另娶一个,你只长远等着我便了。"清《隋唐演义》五四回:"魏家兵将进了城,见无人阻拦,囊资久虚,～把仓库劫掠一空。"《绿野仙踪》七八回:"～等到天明,有什么要紧!" ❽ (身体)舒服;无病痛。宋晁迥《双喻辞》:"器平不攲覆,有同身～。"元朱震亨《生气通天论病因章句辩》:"浊气薰蒸,清道不通,沉重而不～。"清《儒林外史》一七回:"那日上坟回来,太公觉得身体不太～。"

【爽俐】 shuǎng lì ❶ 同"爽利❷"。清《醒世姻缘传》九六回:"侯、张两个都是要钱不要命的主子,岂是轻易肯就与他?众人见他不肯～,喝声下手,众人齐上。"又九八回:"太守虽然分付得甚严,狄希陈并不曾敢～答应。" ❷ 同"爽利❸"。元明《水浒传》四三回:"李逵拽扎得～,只跨一口腰刀,……便下山来。"按,一本作"爽利"。明《醒世恒言》卷三三:"扯条单被,包裹得停当,拽扎得～,出门拽上了门就走。"清《霓裳续谱·乡里亲家我睄睄亲家》:"一双鞋做了倒有半个月,干净～,他无有半些。" ❸ 同"爽利❹"。脉望馆本《敬德不伏老》三折:"我是个徐茂公手下两个小军儿。茂公见俺两个～乖觉,见俺跟着军师。"明顾起元《客座赘语》卷一:"其俊快可喜曰'～'。" ❹ 同"爽利❼"。清《醒世姻缘传》四九回:"他已是跌伤了腿,～把你卖几两银子不好么?"又九五回:"既是惹了这等下贱,～硬邦到底,别要跌了下巴。" ❺ 同"爽利❽"。明《型世言》四回:"吃下去,喉咙里、心腹里都觉

～。"清《野叟曝言》一八回："我白相公病了多时，筋骨并不～，你们这些通草拳儿，每人替我打上一二百拳，只当叫你们捶背也好！"

【爽亮】 shuǎng liàng ❶明亮。唐王损之《曙观秋河赋》："分晖～，向晓色而亭亭。"清《野叟曝言》二三回："那人闭久生光，又流去许多热泪，一张开眼，自觉忽然～。"曹庭栋《养生随笔》卷四："但就枕如入暗室，晓夜不能辨，必于帐前开如圆月，纱补之以通光，玻璃尤为～。" ❷豪爽开朗。《隋书·柳謇之传》："謇之身长七尺五寸，仪容甚伟，风神～。"元明《水浒传》九四回："关某单骑同唐斌到抱犊山，见文仲容、崔野二人～，毫无猥琐之态。"清《盛京通志》卷八一："（何显祖）仁慈～，政事练达。" ❸指诗文明快晓畅。明钱府《合刻杨南峰先生全集序》："诗清婉～，自成一家。"吕坤《呻吟语摘》卷下："其文～者，其心必光明。"

【爽落】 shuǎng luò ❶犹"爽亮❷"。清《醉醒石》一〇回："自小～多奇，父亲与他果子吃，他见侧边小厮看他，他就与了他。" ❷爽朗。清弘历《雨泛》："西风卷阵须臾霁，～晴峰更可人。"

【爽气】 shuǎng qì 豪迈的气概。唐李白《安吉崔少府翰画赞》："清晨一观，～十倍。张之座隅，仰止光彩。"宋王安石《忠献韩公挽辞》之二："英姿～归图画，茂德元勋在鼎彝。"明郎瑛《七修类稿》卷三二："海内文章伯，如公有几人？直辞才不世，～见殊伦。"

【爽然】 shuǎng rán ❶清爽、凉爽貌。唐李白《地藏菩萨赞》："扫雪万病尽，～清凉天。"宋施宿等《会稽志》卷七："入门石壁矻立，盛夏～如秋。"明倪谦《题成侍御清风亭歌序》："作方竹于亭壁，人其中，～若清风之袭人也。" ❷形容舒畅。五代沈汾《续仙传》卷下："俄有一髫角童，以汤一碗与师道，呷之神气～。"宋刘攽《送李士宁山人》："帝城车马日喧喧，物外相从意～。"清李玉《清忠谱》一折："对此冰花玉树，转觉兴志～。" ❸明亮、鲜明貌。明曹学佺《蜀中广记》卷七五引唐韦德融《云安洞灵观翟天师记》："四月七日夜，因溪水泛涨，柴木并流，雨歇多时，～晴朗。"陈洪谟《治世餘闻》下篇卷三："比出，目观～，卒无他故。"陈良贵《游西湖》："涌金门外水如天，湖上风光倍～。" ❹了然。宋觉范《题清凉注参同契》："故南唐后主读至玄黄不真，黑白何咎处，～开悟。"明袁应泰《张子全书序》："倘读是书者，～悟，慨然有立志。……斯固张子立言之旨、沈公表章之意乎！"清纪昀《阅微草堂笔记》卷五："后以告先姚安公，公沉思久之，～曰：'汝前母恨无子，每令尼媪以彩丝系神庙泥孩归，置于卧内。'" ❺惭愧貌。《明史·刘宗周传》："渊～避席曰：'先生名满天下，诚耻不得列门墙尔，愿执贽为弟子。'"清弘历《植秀轩》："每忆棫朴诗，～自惭恧。"《醒名花》一五回："此固卑人之愿，今夫人言及，益觉～负愧。"

【爽适】 shuǎng shì 舒适愉快。明朱橚《普济方》卷一三一："邪气皆去，病人精神～也。"清《绿野仙踪》四回："话说冷于冰与妻子日度清闲岁月，无是无非，甚是～。"纪昀《阅微草堂笔记》卷四："孙峨山先生，尝卧病高邮舟中。忽似散步到岸上，意殊～。"

【爽头】 shuǎng tóu 伸头。明薛论道《朝元歌·待时》："缩头～，且待龙蛇走。凝眸试眸，且看英雄抖。"又《朝元歌·忍事》："藏头～，紧闭谈天口。包羞忍羞，深袖拿云手。"

【爽心】 shuǎng xīn 心情舒畅。唐萧颖士《赠韦司业书》："绮筵四匝，珍羞盈品，～翻然，有时阁箸。"宋邵雍《爽口吟》："爽口之物少茹，～之行少虑，爽意之言少语，爽身之事少做。"清《女仙外史》五二回："正在～时候，陡闻大吼一声，一只白额虎径向知星扑来。"

【爽信】 shuǎng xìn 失信。《旧唐书·王镕传》："王令朋附并汾，违盟～。"《宋史·许将传》："外国不可以～，而兵机有不可失。"清《醒世姻缘传》三五回："头一两个月果然不肯～，真真的自家送到。"

【爽约】 shuǎng yuē 失约。唐李商隐《为张周封上杨相公启》："郭伋还州，尚不欺于童子；文侯校猎，宁～于虞人？"《宋史·夏国传下》："嘉尔自新，俯从厥志，尔无～，朕不食言。"清《荡寇志》九四回："小女于归，今日正当弥月，敝寨设酒庆贺，无暇厮杀，故而～，望改期明日。"

【爽直】 shuǎng zhí 直爽。清张英《聪训斋语》："故质性～者，恐近高亢，益当深体此意，以自箴砭，不可任其一往之性也。"沈复《浮生六记》卷一："余性～，落拓不羁。"《绿野仙踪》二七回："我倒不意料你们山中妇人是这般～，毫不客套。"

shuí

【谁】 shuí ❶岂；怎。构成反诘句。唐白居易《戏答梦得和杨柳枝》："～能更学孩童戏，寻逐春风捉柳花？"元高明《琵琶记》三出："把花貌～肯因春消瘦？"清赵翼《陔餘丛考》卷二："说经者曰：楚以疟疾赴，故不书弑。夫弑君而嗣位之人，～肯以弑赴告列国者？" ❷何等；多么。唐张籍《各东西》："道路悠悠不知处，山高海阔～辛苦！"宋梅尧臣《京师逢卖梅花》之三："移根种子～辛苦，上苑偷来直几钱。"

【谁边】 shuí biān 哪方；哪里。可用于人，也可以用于空间。唐刘希夷《白头吟》："一朝卧病无人识，三春行乐在～？"元卢挚《蟾宫曲·钱塘怀古杭州》："问钱塘佳丽～？且莫说诗家，白傅坡仙。"清洪昇《长生殿》四六出："得多少花有根芽水有源。则他落在～，望赐明言。"

【谁当】 shuí dāng ❶为何。唐骆宾王《乐大夫挽词》："萧索郊埏晚，荒凉井径寒。～门下客，独见有任安？"清毛奇龄《七夕盼织女》："一身长作客，此夕枉临河。未许穿金线，～停玉梭。" ❷怎得；怎能。唐韦应物《观早朝》："愧无鸳鸯姿，短翮空飞还。～假毛羽，云路相追攀。"元刘因《明珠穴》："山从何处裂，珠去～还。"清陆圻《七夕有感》："剖核～来阿母，吹笙何路问浮云？"

【谁个】 shuí gè 哪一个人；哪个；谁。宋《朱子语类》卷一〇一："唤得应，抉著痛，只这便是仁，则～不会如此？"明高启《疏竹三禽图》："棘枝疏瘦竹枝低，三鸟寒多每并栖。月落山窗秋梦断，不知～最先啼。"清《醒世姻缘传》三三回："查系～在内，人人不少，单只不见了一个狄希陈。"

【谁行】 shuí háng ❶何处；哪儿。宋周邦彦《少年游》："低声问向～宿，城上已三更。"明汤式《湘妃引·道中值雪》："～无锦衾毡帐？那答无银筝象板？何处无玉辔雕鞍？"清梁清标《万年欢·元夕》："白马金鞭，知向～游歇。" ❷谁人；谁跟前。元孙叔顺《一枝花》："俺根前无疼无热，在～留意留情。"明孟称舜《娇红记》四五出："这衷肠，～诉说？"清《绿野仙踪》四八回："论银钱让他多，较本事～大，我甘心做破釜残车。"

【谁家】 shuí jiā ❶谁。"家"为词缀。唐卢照邻《行路难》："～能驻西山月？～能堰东流水？"金《董解元西厢记》卷四："手取金钗把门打。君瑞问：'是～？''是红娘啰！'"清《儒林外史》三五回："客官，你行路的人，～顶着房子走？借住不妨。" ❷什么人。表示不定指。宋周紫芝《射鹿行》："双桃压髻玉簪短，去作～头上冠。"《元曲选·墙头马上》一折："至如个穷人家女孩儿到十六七，或是～来问亲，那家来做媒，你教女孩儿羞答答说甚的？” ❸ 怎样。唐王建《寄刘蕡问疾》：“年少病多应为酒，～将息过今春？” ❹ 怎能。唐韩愈《杏园送张彻侍御归使》：“归来身已病，相见眼还明。更遣将诗酒，～逐后生？”宋张孝祥《题断陧寺》：“可惜行春来较晚，～留得碧桃花？”金元好问《台山杂咏》之七：“佛土休将人境比，～随步得金莲。” ❺ 何等；多么。宋张炎《数花风·别义兴诸友》：“古道依然黄叶，～萧瑟！” ❻ 什么。唐白居易《邓州路中作》：“萧萧～村，秋梨叶半拆。”《敦煌变文校注》卷四《降魔变文》：“佛是～种族？先代有没家门？”六十种曲本《琵琶记》一出：“且问后房子弟，今日敷演～故事？那本传奇？” ❼ 为什么；怎么。宋苏轼《秋兴》之一：“野鸟游鱼信往还，此身同寄水云间。～晚吹残红叶？一夜归心满旧山。”元张可久《折桂令·湖上道院》：“双井先春采茶，孤山带月锄花。童子～、贪看西湖，懒诵《南华》？”清《醒世姻缘传》五四回：“这样混帐的天！～一个九月将好立冬的时节打这们大雷，下这们冰雹！” ❽ 哪个。金李俊民《从军》：“～营里吹羌笛，不是愁人也断肠。”《元曲选·柳毅传书》二折：“二龙争斗在长空，还是～最勇？”清黄永溪《千秋岁·早发》：“闲问取，朝来曾过～驿？”

【谁们】 shuí men 哪一些人。清《醒世姻缘传》五九回：“今日去那头铺床的都是～？”《歧路灯》六一回：“你说他们是～？毕竟确有其人。”

【谁某】 shuí mǒu 某某。宋苏轼《石鼓》：“欲寻年岁无甲乙，岂有名字记～。”金元好问《续夷坚志》卷二：“此时僵尸满野，例为狐犬所食，不辨～。”清沈佳《明儒言行录续编》卷二：“其或反唇相稽，操戈入室，惟引咎自责退，而忘其～也。”

【谁侬】 shuí nóng 谁。元高德基《平江记事》：“问人曰～。夜晚之间，闭门之后，有人叩门，主人问曰：‘～？’外面答曰：‘我侬。’”谢应芳《洪武丁卯年诣烈塘祖坟祭扫》：“老我客乡归不得，空劳杜宇唤～。”清朱彝尊《满江红·西湖荷花》：“是～，一道拨青，苹波纹蹙。”

【谁谁】 shuí shuí 谁。宋刘辰翁《满江红·海棠下歌》：“犹记是，卿卿惜。空复见，～摘。”佚名《张协状元》四出：“〔末〕且待男女叫一声：先生在？〔丑在内应〕～？”清《霓裳续谱·闷坐沉吟》：“到如今他东我西难相见，怕只怕倘有个差池～怜问。”

【谁问】 shuí wèn 犹“随问”。明《金瓶梅词话》六回：“～天来大事，受不的人央。俺们央他央儿对爹说，无有个不依。”

shuǐ

【水】 shuǐ 比喻性格随和，不固执。明王九思《黄莺儿·劝世》：“笑呵呵，无灾无祸，做一个～婆婆。”

【水鬓】 shuǐ bìn 女子用刨花水抿过的鬓发。元王和卿《一半儿·题情》：“鸦翎般～似刀裁，小颗颗芙蓉花额儿窄。”明《金瓶梅词话》四二回：“（王六儿）拖的～长长的，紫膛色，不十分搽铅粉。”清彭孙遹《姑苏竹枝词》之二：“弓腰帖地曲弯弯，～拖云雀色斑。”

【水兵】 shuǐ bīng 在水面作战的士兵。宋陶弼《安城即事》之一：“安城太守知边计，菡萏花中阅～。”《元曲选·王粲登楼》二折：“有两员上将，操练～三万。”清《荡寇志》一二八回：“只防大汶河一路，可着欧阳寿通带领～四千名，往彼堵截。”

【水汊】 shuǐ chà 流入河湖的短小水流。宋陈翊《甲申仲冬侍亲由行在所还》：“过橹冰痕转，通村～宽。”元明《水浒传》一九回：“原来这石碣村湖泊正傍着梁山泊，周围尽是深港～，芦苇草荡。”

【水忏】 shuǐ chàn 《慈悲水忏经》的简称。传说唐代知玄的前世是汉代的晁错，因误斩袁盎，此生患人面疮。后经异僧指示，修此忏法，用水洗浣，得以解冤愈疾。宋代以后，诵《水忏经》为死者解冤成为僧人常用的忏法。明《金瓶梅词话》六三回：“黄僧官为首座，引领做水陆道场，诵《法华经》，拜三昧～。”李贽《代常通病僧告文》：“龙湖僧常通，为因病疮苦恼，礼拜～，祈佛慈悲事。”清《红楼复梦》五一回：“对寺里和尚说，叫他明日请三十六众僧人，拜一天～。”

【水床】 shuǐ chuáng 蒸笼。《元曲选·合汗衫》三折：“兀那～上热热的蒸饼，我要吃一个儿。”《元曲选外编·黄花峪》一折：“我见一个小店儿凄凉像，野犬吠汪汪，破芦席搭在旧～。”

【水村】 shuǐ cūn 临水的村落。唐杜牧《江南春绝句》：“千里莺啼绿映红，～山郭酒旗风。”宋柳永《雪梅香》：“渔市孤烟袅寒碧，～残叶舞愁红。”清《荡寇志》一二一回：“第十五队，曹州府忠武～乡勇。”

【水荡】 shuǐ dàng 浅水湖。宋卫泾《论围田札子》二：“自绍兴末年始，因军中侵夺瀕湖～，工力易办，创置堤埂，号为坝田。”明王世贞《与魏国公书》：“店市之民，不可屯于要道，理合移于～中间、沙洲处所。”清《江南通志》卷八〇：“江苏布政使、经历司，原额芦田、～、圩地共二千四十五顷三十三亩四分六厘有奇。”

【水儿】 shuǐ ér ❶ 官员的讳称。水即泉，钱的代称，因而在行贿的场合称官员为水儿。明《醋葫芦》九回：“因今～不长进，只好的是此道。由你贴骨疔疮的人情分上，枉自费了几名水手，只当得鬼门上占卦。”《隋史遗文》四一回：“我们～难说话的，做我不着，与他打一棒。” ❷ 指钱。清《豆棚闲话》四则：“那些蔑片小人依旧簇拥而来，将那股～不数月间一倾就涸，众人倏忽走散。”

【水饭】 shuǐ fàn ❶ 米煮熟后兑人冷水，捞出饭粒，这样的饭叫水饭。也指粥。五代刘崇远《金华子杂编》卷下：“我未及飡，尔可且点心，止于～数匙。”《元曲选外编·伊尹耕莘》一折：“新捞的～镇心凉，半截稍瓜蘸酱。”清《醒世姻缘传》二八回：“间或阴天下雨，真君偶然不出化斋，他就一碗稀汤～，也不晓得虚让一声。” ❷ 祭祀用的酒饭。《辽史·礼志二》：“从人出～毕，臣僚皆起。”《元曲选·赚蒯通》二折：“既然如此，你主意要去，令人与我将的那纸钱～过来。”明《西游记》七三回：“那妇女放下～纸钱，对行者陪礼。”

【水夫】 shuǐ fū ❶ 水手；纤夫。唐王建《水夫谣》：“我愿此水作平田，长使～不怨天。”宋李纲《论福建海寇札子》：“仍下逐路帅司，委以措置战舰，招集水军～，常加教阅。”清叶梦珠《阅世编》卷六：“如顺治初年，剿沵寇则派水手，调客兵则备马草、马豆、马糟、草刀，造战舰则有～、钻夫、买树。” ❷ 挑水或救火的夫役。明沈榜《宛署杂记》卷六：“学院～三名，每名银拾贰两。”《二刻拍案惊奇》卷三九：“此时地方～俱集，把火救灭。”清赵翼《檐曝杂记》卷四：“另设～六名，专赴龙泉山担烹茶之水。”

【水工】 shuǐ gōng 船工；水手。唐孙逖《送裴参军充大税使序》：“乃命～，具行器，节制费用，详度川陆，指洞庭以北上。”《旧五代史·唐书·张文宝传》：“泛海船坏，～以小舟救。”《明史·河渠志四》：“天下既定，募～运莱州洋海仓粟以给永平。”

【水拐】 shuǐ guǎi 拐杖。明陈铎《满庭芳·瘫子》：“收拾下～，努着力起不来。”

【水鬼】 shuǐ guǐ ❶ 传说中的水中鬼怪。唐李咸用《小松歌》：“金精～欺不得，长与东皇逞颜色。”《云笈七籤》卷四七：“～

贾形，当人生门。”清袁枚《子不语》卷二二：“顺问之邻人，云：‘是～移家也。’” ❷ 水中之鬼，指被淹死的人。元姚桐寿《乐郊私语》：“本冀作达鲁花赤，荣耀县君，不意今夕，共作此州～！”清袁枚《子不语》卷二：“次日午后，有一男子溺死，方知现形者～也，以此告同寓人。”《飞龙全传》三九回：“不是三帝在城，只怕禅州一城的百姓，皆为～。” ❸ 指善于泅水的人。清《说岳全传》三〇回：“那些～在排底船底下，用力将凿子来凿船底。”袁枚《子不语》卷八：“江边有素谙水性人，俗名～。”《红楼复梦》五二回：“又雇了多少～子下江去打捞，整整闹了半日，并无影响。”

【水柜】 shuǐ guì ❶ 长方形的蓄水器或蓄水工程。唐张说《进浑仪表》：“仍置～，以为地平令仪，半在地上，半在地下，晦朔弦望，不差毫发。”宋苏辙《乞给还京西水柜所占民田状》：“臣欲乞指挥汴口以东州县，各具～所占顷亩数目及每岁有无除放二税，仍具～委实可与不可废罢，如决不可废，即当如何给还民田，以免怨望。”清法式善《陶庐杂录》卷六：“而昔之～，如马踏、高柳等湖，今成平陆。” ❷ 柜台。明《金瓶梅》五〇回：“来到前边铺子里，只见书童儿和傅伙计坐着，～上放着一瓶酒。”又八六回：“春鸿拿出来，摆在～上。”

【水合】 shuǐ hé 稍浅的蓝(色)，是道袍的颜色。明《封神演义》二一回：“原来雷震子面蓝，身上又是～色，故此与山色交加，文王不曾看得明白。”《金瓶梅词话》四六回：“看见一个乡里卜龟儿卦儿的老婆子，穿着～袄、蓝布裙子，勒黑包头。”清《飞龙全传》四一回：“头戴九梁巾，身穿～袍，腰系丝绦，足登麻履。”

【水红】 shuǐ hóng 比粉红略深而较鲜艳的颜色。宋何梦桂《禽名》：“～裙淡画眉浓，婆饼焦香唤郭公。”明《型世言》二六回：“穿的是玄色冰纱衫，白生绢袄衬，～胡罗裙。”清纪昀《阅微草堂笔记》卷一二：“只望见盘金衫子，裙是～绫。”

【水红花】 shuǐ hóng huā 轰(赶走)的隐语。水红花即荭草，利用谐音以“荭”指“轰”。明佚名《小桃红·西厢百咏·夫人答恒》：“休妆聋做哑，莫翻提正挂，快与我～。”

【水户】 shuǐ hù ❶ 靠近水的门户。唐白居易《张常侍相访》：“～帘不卷，风床席自翻。” ❷ 水利灌溉的受益人家。《宋史·河渠志五》：“若全资～修理，农忙之时，恐致重困。”又《食货志上四》：“后张巽改其法，募～分耕，至遂又参以兵夫，久之无大利。”《元史·河渠志二》：“官给其粮食用具，丁夫就役使水之家，顾匠佣直使～均出。” ❸ 以给别人挑水为业的人家。明史玄《旧京遗事》：“京师担水人皆系山西客户，虽诗礼之家，担水人皆得窥其室。是以遇选采宫人，大兴、宛平二县拘～报名定籍。” ❹ 贩卖妇女做妓女的人，也指妓家。明郑若曾《江南经略》卷七下：“每月朔望日，有司务取各乐户、～头领，有无容隐盗贼源由，结状查考。”《梼杌闲评》三九回：“竟把这班人的妻女拘来，拣有姿色的着落～领去完价。”清《醉醒石》一三回：“其夫不能自活，暗里得厚钱，将妻卖与～。”

【水火】 shuǐ huǒ 大小便的隐语。《元曲选·蝴蝶梦》三折：“起来，放～！”明李中馥《原李耳载》：“因～不便，道人已辟谷三载矣。”清《野叟曝言》四三回：“早行暮宿，饮食～，安心任素臣之便。”

【水火棍】 shuǐ huǒ gùn 一种半截漆红色、半截漆黑色的木棍，为衙役公差所用。五行中红属火，黑属水，故名。元《三遂平妖传》二六回：“(董超)手里拿着～，道：‘卜吉，我们奉知州相公台旨，交害了你，却不干我们事。’”清《儒林外史》一九回：“那童生执了～站在那里。”

【水火坑】 shuǐ huǒ kēng 便坑。元明《水浒传》六九回：“一个小节级吃的半醉，带史进到～边。”

【水火篮儿】 shuǐ huǒ lán er 装食物的篮子。水火，指食物。明《西游记》四四回：“变做个游方的云水全真，左臂上挂着一个～，手敲着渔鼓，口唱着道情词。”

【水鸡】 shuǐ jī ❶ 青蛙。宋赵令畤《侯鲭录》卷三：“～，蛙也。”《元曲选·灰阑记》三折：“我今放倒望竿关上门，不如去吊～也有现钱卖。”清《儒林外史》二八回：“一碟香肠、一碟盐水虾、一碟～腿、一碟海蜇。” ❷ 淋雨或落水的鸡，形容淋雨的人。宋叶梦得《避暑录话》卷上：“(张景修)为诗好用俗语，尝有《谢人惠油衣》云：‘何妨包裹如风橐，且免淋漓似～。’”清《红楼梦》三五回：“大雨淋的～似的，他反告诉别人，‘下雨了，快避雨去罢。’”

【水角】 shuǐ jiǎo 水饺。明《金瓶梅词话》七九回：“月娘主张雪娥做了些～儿，拿了前边与西门庆吃。”清《聊斋志异·司文郎》：“王大悦，师事之，使庖人以蔗糖作～，……生强搜得，见文多圈点，笑曰：‘此大似～子！’”

【水脚】 shuǐ jiǎo ❶ 水底。五代花蕊夫人《宫词》：“丹霞亭浸池心冷，曲沼门含～清。”明王世贞《题马鲜梅为詹侍御明甫赋》：“金华山头紫郁浡，鳌溪～青潺湲。” ❷ 水痕；水面。宋苏轼《和蒋夔寄茶》：“沙溪北苑强分别，～一线争谁先。”王之道《归自合肥于四顶山绝湖呈孙仁叔》：“～浮青靛，湖唇混白沙。”明冯鼎爵《春游和单狷庵韵》三：“欲雨偏晴赖好风，又看～趁霞红。” ❸ 去除的水中沉滓或水分。元韩奕《易牙遗意》卷上：“乘热用原浸米水澄去～，白曲作小块，二十斤，拌匀。”清朱彝尊《食宪鸿秘》卷上：“将菜头十字劈裂，莱菔取紧小者切作两半，俱晒去～，薄切小方寸片。” ❹ 水上运输的费用。宋张方平《论京师军储事》：“每年常及三十万石，计兵船、口食、～为费数倍。”明《警世通言》卷二二：“积祖驾一只大船，揽载客货，往各省交卸，趁得好些～银两。”清邵廷采《东南纪事》卷五：“以应天所属河工银，尽籴米输济宁，每石～加五钱。”

【水晶塔】 shuǐ jīng tǎ 比喻外表通透而内里糊涂。塔又称浮图，谐音指糊涂。《元曲选·竹坞听琴》二折：“将那个包待制看成做～，全没些半点儿真实的话。”又《误入桃源》一折：“空结实花木瓜，费琢磨～。”《元曲选外编·村乐堂》二折：“请你个、请你个～的官人都莫偏向，做贼来见赃，杀人来见伤。”

【水酒】 shuǐ jiǔ 薄酒。多用作谦词，称自己待客的酒。元不忽木《点绛唇·辞朝》：“饮仙家～两三瓯，强如看翰林风月三千首。”明《金瓶梅词话》二一回：“置了一杯～儿，好歹请你进去，陪个不是。”清谈迁《谈氏笔乘·业赘》：“～不堪大嚼，再进一钟。”

【水局】 shuǐ jú ❶ 指妓院。《元曲选·金线池》二折：“往常个侍衾裯，都做了付东流，这的是娼门～下场头。”明朱有燉《庆朔堂》三折：“便做道～娼门，路柳墙花，也有个叶落归秋。”清叶承宗《步步娇》：“～里卖，恨俺那爹。” ❷ 水形成的格局或景象；水面。清李斗《扬州画舫录》卷一：“迎恩河至此，～益大。”又卷八：“春草夏蒲，秋芡冬苇，远浦明灭，小桥出入，一段～最盛。”又卷一二：“春水廊，～极宽处也。”

【水客】 shuǐ kè ❶ 水路贩运的客商。明《石点头》卷八：“小子是徽商～，向东荆州遇了吾剥皮，断送了我万金财物。”清《续金瓶梅》三〇回：“后同一伙强盗俱是竹竿长枪，被一个山西～惯使长刀，把竹竿砍断，不曾得手。”清胤禛《朱批谕旨》卷一三下：“今幸四月二十三日以后，天气晴朗，场盐广产，各处～赶运接济，殆无虚日。” ❷ 犹“水户❹”。明《金瓶梅词话》九四回：“这雪娥看见，只叫得苦。方知道那汉子潘五是个～，买他来做粉头。”清《醉醒石》一三回：“已是把这妇人卖与～，只说与他为妻。”

【水口】 shuǐ kǒu 水边可供船只停泊的地方。元明《水浒传》一九回:“行了多时,早来到一处～,只听的岸上鼓响锣鸣。”明《型世言》三回:“是隔壁徐亲娘亲送到～的,怎这等说!”清《平定台湾纪略》卷一九:“自上～雇船及竹牌剥运,应由闽省办理。”

【水裩】 shuǐ kūn 在水里活动时穿的利于水下活动的贴体裤。元明《水浒传》四〇回:“下面拽起条白绢～,口里吹着唿哨。”又七四回:“他身上都有准备,我单单只这个～儿,暗算他甚么?”

【水礼】 shuǐ lǐ 指酒食一类普通礼品。清胤禛《朱批谕旨》卷一七四:“据当商贾培章等佥称,当铺十八家,共送崔天机奠仪四两,祭幛一轴,～十六色。”《野叟曝言》九〇回:“开了喜盒,素臣看是二十四色～,二十四盒绸缎纱绫。”《绿野仙踪》四四回:“送他～不是意思,倒是袍料或氅料罢。”

【水帘】 shuǐ lián ❶ 指从高处流下的像垂帘一样的水(多指瀑布)。唐张又新《谢庐山僧寄谷帘水》:“何当结茅屋,长在～前。”宋葛长庚《沁园春·题罗浮山》:“且说罗浮,自从石洞,～以还。”清《醒世姻缘传》二四回:“近山岩,～瀑布,驱除暑伏。”❷ 用竹篾编成或用小珠穿成的帘子。宋舒信道《蝶恋花》:“髣髴临风妆半面,～斜卷谁庭院。”元明《水浒传》一九回:“四面～高卷,周回花压朱阑。”清《歧路灯》一〇一回:“又怕牲口惊惧碰着柱子,五人不敢在此避雨,只得钻着～子上阁里来。” ❸ 指水帘桅。用大麻索、竹絙连结船只,内实以草石而成障水物。《元史·河渠志三》:“水怒溢,故河水暴增,即重树～,令后复布小埽土牛白阑长梢,杂以草土等物,随以填垛以继之。”

【水灵】 shuǐ líng 形容娇嫩而有灵气。清《红楼梦》程乙本一五回:“因见智能儿越发长高了,模样儿越发出息的～了。”

【水陆】 shuǐ lù 水陆斋或水陆道场的简称。宋庄季裕《鸡肋编》卷下:“公何故来看～?”明贾仲明《对玉梳》二折:“你死呵,也不索做～动钟鼓铙钹。”《金瓶梅词话》八〇回:“却说那日报恩寺朗侍官十六众僧人做～,有乔大户家上祭。”

【水陆大会】 shuǐ lù dà huì 即“水陆道场”。金《董解元西厢记》卷一:“僧曰:‘近日将作～。’”清赵翼《陔餘丛考》卷一八:“至大元年,启～于昊天寺。”

【水陆道场】 shuǐ lù dào chǎng 佛门法会之一。以诵经施食超度水陆一切亡灵。《册府元龟》卷五二:“(晋高祖天福)七年正月,遣内班卫延韬镇州开置～。”清《红楼梦》一三回:“恭请诸伽蓝、揭谛、功曹等神,圣恩普锡,神威远镇四十九日消灾洗孽平安～。”

【水陆斋】 shuǐ lù zhāi 即“水陆道场”。宋高晦叟《珍席放谈》卷下:“公怏怏衔之深,岁设～,常旁设一位立牌,书曰:‘夙世冤家石介。’”明冯时可《雨航杂录》卷下:“余乡居日,见有建～供浮屠治丧者,心窃非之。”

【水马子】 shuǐ mǎ zi 马桶。清《情梦柝》一五回:“我到小姐房里取个～来,又好备着你家相公大解。”

【水门】 shuǐ mén 临水建的栅门。唐韦应物《滁州园池燕元氏亲属》:“～架危阁,竹亭列广筵。”宋包恢《真州分司记》:“书院之南,建熏风一堂,以为公事应酬之暇,藏修游息之所。傍开～,列小红桥。”清墅西逸叟《过墟志感》:“盗十餘人舣舟于宅后之～,夜半潜入围墙中。”

【水米】 shuǐ mǐ 指饮食。五代孙光宪《北梦琐言》卷一二:“数日来～不入,非不康耶?”《元曲选·秋胡戏妻》二折:“从早起到晚夕,上下唇并不曾粘着～。”清《红楼复梦》八五回:“感激悲苦,不忍分离,～不能下咽。”

【水面】 shuǐ miàn 水的表面;水上。唐赵彦昭《秋朝木芙蓉》:“～芙蓉秋已衰,繁条偏是著花迟。”元关汉卿《单刀会》一折:“虽然你岸边头藏了战船,却索与他～上搭起浮桥。”清《红楼梦》三八回:“掐了桂蕊,掷向～,引的游鱼浮上来唼喋。”

【水磨】 shuǐ mó 另见 shuǐ mò。加水细磨。金《董解元西厢记》卷三:“腕下铁鞭是～。”明《马氏日抄》:“有以细石～,混然成凹者,曰滑地犀毗焉。”清《红楼梦》一七至一八回:“那门栏窗槅,皆是细雕新鲜花样,并无朱粉涂饰,一色～群墙。”

【水磨】 shuǐ mò 另见 shuǐ mó。用水力带动的磨。宋刘挚《论川蜀茶法疏》:“伏望圣慈早赐出自睿断,罢～茶场,以通商贾。”《五灯会元》卷二〇《黄龙法忠禅师》:“遍参名宿,至龙门观～旋转,发明心要。”清《平定准噶尔方略》续编卷二九:“又焚西北门外所有～,弃其麦面。”

【水沤】 shuǐ ōu 水泡。宋彭汝砺《济叔润之兄弟见送出小渡》:“欲寄穷通逐～,共君歌舞醉新秋。”明孙绪《故城县新刱观世音禅院记》:“如月印江影,如雨生～。”清《九云记》一〇回:“佛家说的,总是～风火,生而为人,死而为鬼,何别乎幽明?”

【水牌】 shuǐ pái ❶ 船只上标写船主人姓名的牌子。明陈子龙《特进左柱国恒岳朱公传》:“公知贼且走,造～数百,投锦江顺流下,令有司沉舟斩筏,断桥梁,严兵以待。”《警世通言》卷一一:“船上竖的是山东王尚书府的～,下水时,就是徐能包揽去了。” ❷ 一种用于临时记事的牌子,上面涂油漆,写上去的字可以用水擦掉。明郎瑛《七修类稿》卷二六:“官府用之,名曰～,盖取水能去污而复清,借义事毕去字而复用耳。”清《红楼梦》六一回:“把天下所有的菜蔬用～写了,天天转着吃。”

【水泡】 shuǐ pào 比喻婴幼儿。《元曲选·任风子》三折:“休想他～般性命,顾不的你花朵似容颜。”明《金瓶梅》五七回:“又不曾长成十五六岁,出幼过关,上学堂读书,还是个～,与阎罗王合养在这里的。”

【水辔头】 shuǐ pèi tou 在水中快速行船,叫放水辔头。清顾禄《桐桥倚棹录》卷一二:“日晡,与诸色游船齐放中流,篙橹相应,回环水中,俗呼～。”沈复《浮生六记》卷四:“有办差小快船,双舻两桨,于太湖飞棹疾驰,吴俗呼为出～。”

【水皮】 shuǐ pí 水面。宋周去非《岭外代答》卷四:“舟行曰船在～上。”明冯惟敏《朝天子·感述》:“感君,寡恩,～上抽一棍。”《金瓶梅词话》八一回:“你每只好在家里说炕头子上嘴罢了,相我～子上顾赡将家中这许多银子货物来家!”按,此指水上经营。

【水泊】 shuǐ pō 湖泊。唐崔令钦《教坊记》:“其间有顷餘～,俗谓之月陂。形似偃月,故以名之。”明郑真《寄金太守仲羾钱同知□》:“霜天云杳书传雁,～风高学射雕。”清《荡寇志》一二一回:“李应等闻知～已失,也惊得呆了。”

【水色】 shuǐ sè ❶ 浅青色。唐[日]圆仁《入唐求法巡礼行记》卷一:“更有相随文官等,总着～,各骑马。” ❷ 指白嫩的肤色。清《清夜钟》二回:“湖下人～自是好的,两个却又生得眉修目秀,齿白唇红。”《情梦柝》一回:“当初我随老爷在嘉兴做官,晓得下路女子极有～,但脚大的多。”

【水市】 shuǐ shì 水边的市集。唐白居易《东南行一百韵寄通州元九侍御》:“～通阛阓,烟村混舳舻。”宋张尧同《嘉禾百咏·长水》后附考:“始皇东游过此,闻土人～之谣,乃乘舟交易以应之。”清法式善《陶庐杂录》卷六:“大艑高樯,泊于～者相望也。”

【水势】 shuǐ shì 指游水的技能。元明《水浒传》九三回:“近来一冬都学得些～,因此无人敢来侵傍。”

【水手】 shuǐ shǒu ❶ 船工;驾船的人。唐杜宝《大业杂记》卷一:“内侍及乘舟～以青丝大絛绳六条两岸引进。”宋方夔《诸生多以船夫入监房》:"已与官船充～,更从廷尉望山头。"清《歧路灯》一〇〇回:"自己装的货船两三只,又怕～就是贼。" ❷ 水兵。宋黄榦《又画一六事》:"沿江南岸全无守备,战舰不可不早备,～不可不早招。"清方式济《龙沙纪略》:"正月雪后,黄羊乃大集。水师营率～步猎之,梃击辄中。" ❸ 一定数目的银钱的讳语,用于行贿或馈送的场合。明《鼓掌绝尘》三七回:"你晓得我杨东翁不比別个乡先生,开口定用一名～,白话定弗能够。"《醋葫芦》九回:"目今水儿不长进,只好的是此道,繇你贴骨疔疮的人情分上,枉自费了几名～,只当得鬼门上占卦。"《型世言》六回:"汪涵宇恐怕拘亲邻惹出事来,又送了一名～,方得取放回来。"

【水丝】 shuǐ sī　成色较低的银子。明陆嘘云《世事通考》卷下"银色类"有"元宝、松纹、细丝、摇丝、～、画丝、铝丝"等名目。《醒世恒言》卷三:"当下兑足十两,倾成一个足色大锭,再把一两八钱,倾成～一小锭。"《型世言》二六回:"拿了一封银子,十七两摇丝,三两～。"

【水田】 shuǐ tián　❶"水田衣"的省称。唐王维《过卢员外宅看饭僧共题》:"乞饭从香积,裁衣学～。"宋杨亿《送僧归苏州》:"～三事衣将敝,香积多年饭顿销。"清弘历《咏和阗玉僧帽壶》:"似同毘柰居兰若,只欠伽梨披～。" ❷ 指用多种颜色的小布块拼缀而成的衣料,因形似水田块块相接,故名。清《儒林外史》一四回:"一个脱去元色外套,换了一件～披风。"《红楼梦》一〇九回:"身上穿一件月白素绸袄儿,外罩一件～青缎镶边长背心。"李斗《扬州画舫录》卷五:"女扮则,……梅香衣、～披风、采莲裙。"

【水田衣】 shuǐ tián yī　袈裟的别名。用许多长方形小块布片拼缀而成,形似水田块块相接。唐熊孺登《送僧游山》:"日暮寒林投古寺,雪花飞满～。"明杨慎《升庵集》卷七三:"袈裟名～,又名稻畦帔。"清李斗《扬州画舫录》卷四:"或着～趺坐,意思萧适。"也指用各色小布块拼合而成的衣服。翟灏《通俗编》卷二五:"王维诗:'乞饭从香积,裁衣学水田。'按,时俗,妇衣以各色帛寸剪间杂,紩以为衣,亦谓之～。"

【水头】 shuǐ tóu　❶ 水源。唐崔致远《谢立西川筑城碑表》:"山□则空吞蚕蠒,～则斜枕犍牂。"明王世贞《古今名园墅编序》:"余兄弟游一庄,近前～无他奇,而中大池数亩,四周皆修竹蒯笋。"清弘历《平定苗疆联句》:"井钺参旗两合帜,～地眼五分棚。" ❷ 水边。唐王维《送崔五太守》:"子午山里杜鹃啼,嘉陵～行客饭。"元明《水浒传》五六回:"徐宁不解牢笼计,相趁相随到～。"明王守仁《夏日游阳明小洞天喜诸生偕集》:"他年故国怀诸友,魂梦还须到～。" ❸ 浪头;洪峰。唐段成式《酉阳杂俎》续集卷三:"其时水高百丈,～漂二千餘人。"宋欧阳修《论水灾疏》:"或云～高三四丈餘,道路隔绝,田苗荡尽。"清《飞龙全传》三九回:"大清河水泛平湖,～高有十餘丈。" ❹ 比喻风波事端。明《金瓶梅词话》七五回:"我猜姐姐管情又不知心里安排着要起甚么～儿哩!" ❺ 指利益、好处。清丁耀亢《赤松游》一〇出:"若得些～儿,我们大家四六分。"《续金瓶梅》一一回:"如何只送一锭与我?难道你分这点～给我吃,你到吃这整分?"

【水信】 shuǐ xìn　借以了解汛情的征候。宋范成大《巫山县诗序》:"此去瞿塘不百里,县人以郭西流石堆为～,流石没,则滟滪如马矣。"明陆深《停骖录摘抄》卷二:"黄河水异,凡立春后冻解,候水初至凡一寸,则夏秋当至一尺,谓之～。"清屈大均《广东新语》卷二一:"(水獭)能知～高下为穴,广人以占水旱。"

【水性】 shuǐ xìng　❶ 指行船、游水的技能。元吴莱《论倭》:"兼之高丽眈罗之众,其识海道,习～,与王国同,是王数面受敌也。"明《西游记》二二回:"老猪当年总督天河,掌管了八万水兵大众,倒学得知些～。"清胤禛《朱批谕旨》卷二一五:"查各犯生长海滨,驾船度活,熟识～,海中俱能潜行数十里。" ❷ 像水一样可以随意方圆的性情,比喻用情不专或无主见。宋滕甫《蝶恋花》:"休道妇人多～,今宵独自言无定。"宋元《清平山堂话本·李翠莲》:"婆婆休得要～,做大不尊小不敬。"清《红楼梦》六四回:"二姐又是～的人,……况是姐夫将他聘嫁,有何不肯?"

【水秀】 shuǐ xiù　犹"水灵"。清《红楼梦》二一回:"抬头只见两个小丫头在地下站着,一个大些儿的生得十分～。"又七七回:"王夫人细看了一看,虽比不上晴雯一半,却有几分～。"

shuì

【说说】 shuì shuō　用言语劝说使人听从自己的意见。前"说"字为"游说"之"说"。《元曲选外编·博望烧屯》四折:"我先到新野,将诸葛亮一席话～将来。"明佚名《衣锦还乡》一折:"贫道今日假做个云游的先生,故货此剑,～韩信走一遭去也呵!"又《四马投唐》楔子:"我是唐元帅手下大将,你来这里～我!"

【说调】 shuì tiáo　怂恿;劝诱。金《董解元西厢记》卷七:"郑恒的言语无凭准,一向把夫人～。"

【税】 shuì　租借;租赁。唐白行简《李娃传》:"李本～此而居,约已周矣。"明《拍案惊奇》卷二:"这个何难?另～一所房子住了,两头做大,可不是好?"清《清夜钟》七回:"两个就为他叫裱褙匠,～家伙,买瓷器铜锡器皿,点染成一个房户。"

【税场】 shuì chǎng　征税的场所。《旧唐书·食货下》:"泗口～,应是经过衣冠商客金银、羊马、斛斗、见钱、茶盐、绫绢等,一物已上并税。"宋苏轼《乞罢税务岁终赏格状》:"臣窃见今年四月二十七日敕,废罢诸路人户买扑土产～。"《宋史·理宗纪四》:"(宝祐二年)六月壬寅朔,罢临安府临平镇～。"

【税额】 shuì é　按税率缴纳的税款数额。唐陆贽《贞元九年冬至大礼大赦制》:"兵兴已来,垂四十载,～烦重,人已困穷。"元王祯《柜田》:"三年～方全征,便当从此事修筑。"清《女仙外史》八四回:"我朝太祖高皇帝愤张士诚据吴不服,乃籍富豪家租册为～,由是苏郡之赋为最重。"

【税课】 shuì kè　❶ 捐税。五代郭威《赐青州敕》:"属州营田后槽两务所管课利斛斗钱物人户牛具屯官等,宜并割属州县官,旧额～,其务及职员并废。"明《警世通言》卷一一:"不论客货私货,都装载得满满的,却去揽一位官人乘坐,借其名号,免他一路～。"清赵慎畛《榆巢杂识》卷下:"我朝经制地丁～,约计每年三千八百万有奇。" ❷ 掌管税收的部门。元朱德润《无禄员》:"无禄员,仓场库务～官,尊卑品级有常调,三年月日无俸钱。"明郑纪《上清理财赋四事》:"本部该征江西、湖广、福建三布政司户口食盐,并苏、常二府～等衙门钱钞兼收钞一千四百八十八万七千四十餘贯。"沈德符《万历野获编》补遗卷三:"今崇文门～属之户部郎。"

【税说】 shuì shuō　同"说说(shuì shuō)"。元佚名《满庭芳》:"才有钞不须用～,但无钱枉废了唇舌。"

【税算】 shuì suàn　捐税。唐刘肃《大唐新语》卷三:"秦汉皆有～以赡军。"《宋史·王承衎传》:"坐市竹木秦陇,矫制免～,罚一季奉。"《续资治通鉴》卷二八:"粮纲卒随行有少货物,经历州县悉收～,望与蠲免。"

【税调】 shuì tiáo　同"说调(shuì tiáo)"。《敦煌变文校注》卷五《维摩诘经讲经文(五)》:"发言时直要停腾,～处直如稳审。"

又："巧～，好安排，强着言词说意怀。"

【税帖】 shuì tiě 官府给予纳税人的纳税凭证。宋曾敏行《独醒杂志》卷一："予里有僧寺回南华，藏杨、李二氏～，今尚无恙。予观行密所征产钱，较之李氏轻数倍。"明《金瓶梅词话》五八回："小的往韩大叔家歇去，便领文书并～，次日同起身。"

【税务】 shuì wù ❶ 收税的事务。宋苏轼《论纲梢欠折利害状》："其诸州、军～，非臣所管，无由一例行下。"元虞集《真定苏氏先茔碑》："监真定～，赢餘不入私家，以廉平称。"清《红楼梦》一〇三回："贾雨村升了京兆府尹兼管～。" ❷ 征税的机构。五代广顺二年十二月开封府《请禁业主牙人陵弱商贾奏》："印税之时，于～内纳契日，一本务司点检，须有官牙人邻人押署处，及委不是重叠倚当钱物，方得与印。"《文献通考》卷一四："(宋)宁宗时，减罢州县～亦不一。"《续文献通考》卷一〇："又诸处～皆收新钞，及输库，乃易以昏烂者。"

【睡】 shuì 卧；躺。《元曲选・蝴蝶梦》一折："你如何推醉～在地下不起来？"明《西游记》六七回："八戒未曾防备，被他一尾巴打了一跌，莫能挣挫得起，～在地下忍疼。"清《儒林外史》五回："近前看时，只见一地黑枣子拌在酒里，篾篓横～着。"

【睡长觉】 shuì cháng jiào 曲指人死。明《金瓶梅词话》三四回："贼强人把我只当亡故了的一般，一发在那淫妇屋里睡了长觉也罢了。"清《绿野仙踪》二三回："又说着那犯人到灵侯庙去～，莫非要谋害这犯人么？"

【睡觉】 shuì jiào 进入睡眠状态。《太平广记》卷八三引《广古今五行记》："市内有大坑，水潦停注，常有群猪止息其间。续生向夕来卧，冬日飞霜着体，～则汗气冲发。"周密《齐东野语》卷一三："会夜大雪，方与婴儿同榻，儿寒夜啼，不得～。"清《红楼梦》五回："那里有个叔叔往侄儿房里～的理？"

【睡魔】 shuì mó 使人睡觉的魔力。比喻强烈的睡意。《锦绣万花谷后集》卷三载唐高骈诗："汗浃衣巾诗癖减，茶盈杯碗～降。"《元曲选・墙头马上》二折："～缠缴得慌，别恨禁持得煞。"清《九云记》三二回："醉后，自然～侵来。"

【睡头】 shuì tóu 睡意。明《金瓶梅词话》二四回："早些关了门睡了罢，他多也是不来，省的误了你的～。"《型世言》五回："去便去，只恁琐碎，把人～搅醒了。"清《豆棚闲话》九则："老刘，老刘！莫要长吁短叹，搅我～。"

【睡鞋】 shuì xié 缠足女子睡觉时穿的软底鞋，防止裹脚松散。元乔吉有《赏花时・～儿》。明《金瓶梅词话》二八回："妇人约饭时起来，换～。"清彭孙遹《金粟闺词》之七六："好把秦簪收拾起，水沉不抵～香。"

【睡语】 shuì yǔ 梦话。宋陈造《近榆亭》之七："五诗信～，定博君卢胡。"明《夹竹桃・直把杭州》："年少郎君弗识羞，结子私情又去别处偷。朦胧～，露出话头。"清《红楼梦》六二回："众人看了，又是爱又是笑，忙上来推唤挽扶，湘云口内犹作～说酒令。"

shùn

【顺】 shùn 避；让。清《醒世姻缘传》三二回："(夏少坡)从河上接了官回来，打那里经过，头里拿板子的说：'～着！～着！'"又："你拦着街撒泼，我怕括着你，叫你～～。"

【顺便】 shùn biàn ❶ 顺当便利。宋赵抃《乞许诸路庆贺章表入递附奏》："今后如系进贡物色，许依旧差衙职员赍擎赴阙外，如是庆贺章表，并只令入递附奏，颇为～。"明余继登《皇明典故纪闻》卷一三："其令顺天府于大兴、宛平二县各设养济院一所收之。即今暂于～寺观内京仓支米煮饭，日给二餐。"清《歧路灯》五四回："王中这样好，我们常叫他的名子，口头也不～。" ❷ 乘做某事的方便。《元曲选・东堂老》四折："今日是老夫贱降的日辰，摆下酒席请众街坊，庆贺这所新宅子，就～庆贺小员外。"明《金瓶梅词话》八七回："小的待回南边去，又没～人带去。"清《平定台湾纪略》卷六一："因该处产米甚多，商贩图利，～贩运出口。"

【顺步】 shùn bù ❶ 犹"顺脚❶"。宋陈显微《周易参同契解》卷中："但当如明君之御时，而以六十卦为舆，泰然无为以就驾，则可晏然而～徐徐进道。"明《欢喜冤家》一五回："二人又走到湖边，～儿又到大佛寺弯里。"清《红楼梦》五六回："一面想，一面～早到了一所院内。" ❷ 顺便步行。清《歧路灯》五〇回："我昨夜吃了酒，缠绞了这半天，口渴的要紧。况离贤弟一步之近，所以我～来望望。"

【顺带】 shùn dài ❶ 顺便带着；顺便捎带。《元曲选・范张鸡黍》四折："又着老夫～玄缥丹诏，随路有高才大德，即便举入朝中重用。"明余继登《皇明典故纪闻》卷一四："成化元年，漕运总兵杨茂复奏免其各关之税。而今乃严为之禁，不许～物货，浸失祖宗初意矣。"清《醒世姻缘传》一七回："前日寄下的行李正苦没处相寻，如今～了回去罢。" ❷ 顺便。《元曲选・老生儿》四折："今日是老夫贱降的日子，就～着庆贺小员外当家。"清《浙江通志》卷七八："今各商具呈，情愿将本年所完银内提出三万两付与往川购米之员，～搭买，运回储备。"《红楼复梦》二〇回："他们今儿公分给梦玉洗尘，～着替芳芸做生日。" ❸ 同"顺袋"。明《西游记》七七回："即往腰间～里摸摸，还有十二个。"清《歧路灯》一六回："庵中日子穷，全指望着他缝些～儿，钥匙袋儿，卖几个钱，籴儿升米吃哩。"

【顺袋】 shùn dài 一种系在腰带上的小口袋，用来装银钱或零星物品。有时也指褡裢。古代称"算袋"。明《金瓶梅词话》七九回："那一件是两个口的鸳鸯紫遍地金～儿，都缉着回纹锦绣。"《醒世恒言》卷三五："把银两逐封紧紧包裹，藏在～中。"清《歧路灯》六回："我在号簿上抄明白，带在～里。"

【顺当】 shùn dàng ❶ 顺利。《元曲选・桃花女》楔子："今日清早起，开铺就算着这一卦，好不～！"元明《水浒传》一〇回："因见小人勤谨，安排的好菜蔬，调和的好汁水，来吃的人都喝采，以此买卖～。"清《歧路灯》一〇一回："万一说成了，王中发落女儿上轿，王中若是眼硬不流出泪来，这自然顺顺当当娶过来。" ❷ 圆满妥当。明王守仁《再议崇义县治疏》："今都御史王守仁与巡抚、巡按及守巡官深谋远虑，议建县治、巡司以控制无统之民，事体民情，俱各～。" ❸ 流利顺畅。清《曲谱》卷首："两曲皆可入谱而平仄异，则从其～者，毋以文词为取舍，致伤于调。"《红楼复梦》五六回："紫箫念了几句，不甚～。秋瑞道：'这是《金缕曲》，等我念与你们听。'"

【顺刀】 shùn dāo 一种类似匕首的双刃短刀，贴身佩带。《大清会典则例》卷一七八："(康熙六年定八旗前锋校)每人给～一，镰一，斧一，鸟枪什。"清《野叟曝言》二回："奚囊乖觉，将自己带的一柄防身～藏放里床褥下。"

【顺倒头】 shùn dǎo tóu 低着头。明《隋史遗文》八回："他若～竟吃酒，倒也没人去看他；因他起起欠欠的，王伯当就看见了。"

【顺道】 shùn dào ❶ 顺着河道。宋张耒《答李推官书》："水～而行，滔滔汩汩，日夜不止。"明王守仁《黄楼夜涛赋》："及其安流～，风水相激，而为是天籁也。"清《圣祖仁皇帝圣训》卷三五：

“藉其奔注迅下之势，则河底自然刷深，～安流，不致泛滥。” ❷ 犹“顺路❷”。明唐文凤《明故耀州同知尚褧鲍公行状》：“洪武四年秋，奉表上京，欲～省亲。”清《野叟曝言》一三四回：“这里先差两军士，传令锦囊即日进取琉球，～收括扶桑。”沈复《浮生六记》卷四：“～先至灵岩山，出虎山桥，由费家河进香雪海观梅。”

【顺脚】 shùn jiǎo ❶ 信步；随意行走。清《红楼梦》七六回：“～走到这里，忽听见你两个吟诗，更觉清雅异常，故此就听住了。”《红楼复梦》六〇回：“抖了一抖身上灰土，含着两点眼泪，咳声叹气，低着头～走去。” ❷ 走路近便。清《红楼梦》六二回：“保不住那起人图～，抄近路从这里走，拦谁的是？”

【顺口】 shùn kǒu ❶ 顺人意说阿谀的话。宋张齐贤《洛阳缙绅旧闻记》卷一：“这一队措大，爱～弄人。柳树岂可作车头，车头须是夹榆木。”明黄淳耀《吾师录·规讽》：“～谀人者，不过求其感悦，避其嫌怪。” ❷ 说着顺当方便，念起来自然流畅。元佚名《小张屠》楔子：“自家张屠的便是。街坊每～叫我做小张屠。”明于慎行《榖山笔麈》卷二：“盖宫中内侍伴读，俱依注释，不敢更易，而儒臣取平日～字面，以为无疑，不及详考，故反差耳。”清弘历《夙兴》：“诗吟～书随手，聊以成章自解嘲。” ❸ 没有经过考虑（说出）。明《西游记》四八回：“贫僧不知有山川之险，～回奏：‘只消三年，可取经回国。’”清《红楼梦》三九回：“宝玉又问他地名庄名，来往远近，坐落何方，刘姥姥便～胡诌了出来。”《白雪遗音·人人劝我》：“人人劝我丢开罢，我只得～答应着他。” ❹（食品）适合口味。清《红楼梦》七五回：“这几样细米更艰难了，所以都可着吃的多少关去，生恐一时短了，买的不～。”

【顺利】 shùn lì ❶ 顺着水道而畅流。宋《朱子语类》卷五七：“故有两件，如水之有～者，又有逆行者。”明陆深《同异录》卷上：“又河流或断，而江流常行，断则易淤而浅，行则～而深。”清弘历《刘峩奏漕船仍当起存事诗以志慰》：“往年事起存，水弱为权计。今年事起存，水盛过～。”引申泛指顺着事物的规律。宋沈括《孟子解》：“舜由仁义行，孔子从心所欲，不逾矩，～之至也。”《朱子语类》卷六八：“然而各正其分，各得其理，便是～，便是和处。” ❷ 事情进行中没有或很少遇到困难；便当。明顾清《平海功成诗序》：“波恬风休，舟楫～。”《了凡四训·立命之学》：“即命当荣显，常作落寞想；即时当～，常作拂逆想。”清《红楼梦》四八回：“就是东西贵贱行情，他是知道的，自然色色问他，何等～。”

【顺脸】 shùn liǎn ❶ 往脸上。宋元《清平山堂话本·李翠莲》：“若是恼咱性儿起，揪住耳朵采头发，扯破了衣裳抓破了脸，漏风的巴掌～括。” ❷ 迎合别人脸色。明《金瓶梅词话》二〇回：“俺这个好不～的货儿，你着他顺顺儿，他倒罢了。”

【顺领】 shùn lǐng （次序）顺着衣领的方向。古代衣服领襟相连，汉族衣襟向右，顺领即朝右的方向。清《红楼梦》四〇回：“如今我说骨牌副儿，从老太太起，～说下去，至刘姥姥止。”

【顺流】 shùn liú 同“顺溜❷”。明《醒世恒言》卷三四：“长儿赢得～，动了赌兴。”清《荡寇志》九六回：“纪二便去说媒，自然顺顺流流，一说便成。”

【顺溜】 shùn liu ❶ 文字通顺流畅。宋曾宏父《石刻铺叙》卷上：“此以冈帖或鼎帖凑成，且其文自不甚～，未易以意释。”元倪士毅《作义要诀》：“要是下笔之时，说得首尾照应，串得针线细密，步步思量主意，句句挑得明紧，教他读去～。”清《野叟曝言》四八回：“吟毕，众少年环聚而观，虽不甚解，却读去颇觉～。” ❷ 顺利；顺畅。元《三遂平妖传》二二回：“今日是好日，都～。”明《警世通言》卷三：“回时乘着水势，一泻千里，好不～。”清《醒世姻缘传》八回：“谁知天下之事，乐极了便要生悲，～得极了就有些烦恼。” ❸ 顺从。明汤显祖《牡丹亭》一五出：“他心～于俺，俺先封他为溜金王之职。” ❹ 干脆。明《醋葫芦》一一回：“放～些，该有三十千买，只打二十千罢。” ❺ 吉利。明《警世通言》卷六：“解元不可入去！这阁儿不～，今日主人家便要打醋炭了。”清《生绡剪》一〇回：“这个婆娘是不利市的，才下得船就有这桩～事来。若他到我家里，不消说，我这两根骨头也没了。”按，此例为反语。

【顺溜纸】 shùn liu zhǐ 祈求行事顺利而烧的钱纸。元明《水浒传》二回：“先烧了一陌～，便叫庄客去请这当村里三四百史家庄户。”

【顺路】 shùn lù ❶ 较便捷不绕弯的路。宋王洋《和邵尧夫韵示儿侄》：“莫贪～行时快，到了回思见去长。”元明《水浒传》八一回：“不则一日，来到东京。不由～入城，却转过万寿门来。”清《歧路灯》三回：“从这里进东门，回去也是～，左右是一天工夫。” ❷ 顺着所走的路线（到另一处）。《元曲选·柳毅传书》一折：“有一故人在于泾河县作宦，小生就～去访他一遭。”明崔铣《患病乞休奏》：“本月十一日行至赵州，患中泄之疾，调治不痊，～回至臣原籍。”清《红楼梦》五二回：“黛玉便知他是从探春处来，从门前过，～的人情。”

【顺气】 shùn qì 心气平和。宋王雱《南华真经新传》卷一三：“夫能平心～，以道为务，而忘于贫贱穷达，则入于至人之域。”明《拍案惊奇》卷三三：“亏得天祥兄弟和睦，张氏也自～，不致生隙。”

【顺情】 shùn qíng 顺随；顺从。元明《水浒传》一五回：“吴用道：‘径来要请你们三位。若还不依小生时，只此告退。’阮小七道：‘既是教授这般说时，且～吃了，却再理会。’”明《古今小说》卷一七：“杨玉也识破三分关窍，不敢固却，只得～。”《山歌·后庭心》：“姐儿生来身小眼即伶，吃郎推倒在后庭心。硬郎不过，只得～。”

【顺世】 shùn shì 称僧人逝世。五代贯休《闻无相道人顺世》之四：“石霜既～，吾师亦不住。”《祖堂集》卷一五《永泰和尚》：“大和三年戊子岁六月三日～，春秋六十九。”清《山西通志》卷一六〇：“明年，将～，告其徒曰：‘十方刹海，游戏之场，兜率故苑，吾将归矣。’”

【顺手】 shùn shǒu ❶ 方便；便当。明朱载堉《乐律全书》卷八：“非若俗笙，阴阳错杂，而无左右之别，只取～而已。”清《歧路灯》六八回：“庄田地亩，我东他西，牵牵扯扯，典卖俱不～。” ❷ 随手；很轻易地。《大宋宣和遗事》前集：“师师见了大惊，～将这曲儿收放妆盒内。”《元曲选·梧桐叶》二折：“～儿吹将去，一叶儿随风度。”清《飞龙全传》七回：“～儿迎风一纵，这带就变成了一条棍棒。” ❸ 顺便；捎带着。清《醒世姻缘传》五九回：“清早起来，这尿盆子不该就～捎出去么？”《红楼梦》五一回：“你拿这猩猩毡的。把这件～拿将出来，叫人给邢大姑娘送去。” ❹ 称心如意；依顺。明《梼杌闲评》一〇回：“丫头子倒还～，只是小伙子有些吃醋。”又四七回：“内外已都是我们的心腹，就有几个从龙的，须打做我们一家；若不～，便设法驱除了。”清《红楼梦》五八回：“这赖大手下常用几个人已去，虽另委人，都是些生的，只觉不～。” ❺ 指右手。宋戴侗《六书故》卷一五：“人之又手力于ナ手，凡任用者尚又，俗谓之～。” ❻ 诊脉时手心朝上。明汤显祖《牡丹亭》一八出：“女人反此背看之，正是王叔和《脉诀》。也罢，～看是。”

【顺随】 shùn suí 顺从。唐韩愈《清河郡公房公墓碣铭》：“维不～，失署亡资。非公之怨，铭以著之。”《元曲选·风光好》二折：“你见我心先～了，你可不气长！”明《二刻拍案惊奇》卷三五：

"不知好歹的贱货！必要打你肯～了才住。"

【顺遂】 shùn suì ❶使(万物)成长。宋曾巩《礼部尚书制》:"精微之至,所以统和天人,～万物,其体可谓大矣。"欧阳守道《草庭铭》:"舜命益虞,～动植。"明杨荣《恭题御赐牧牛图后》:"贤才之牧民,使皆能如牧者之识其性,而～其生,又乌有不得其所者哉!" ❷(事情)进行顺利,合乎心意。宋《政和五礼新仪》卷一五〇:"尔既～,毋曰欲速。自天申之,申以百福。"明《西洋记》二〇回:"一则朝廷洪服,二则国师法力,颇行得～。"清弘历《宴坐斋中偶尔成咏》:"诸凡～诸仪藏,宴坐闲吟心益夔。"

【顺腿】 shùn tuǐ 指在臀部打板子的责罚。明王恕《纠劾奸人拨置中使扰乱地方奏状》:"因怪不送银两,每人责打二十～。"《西游记》七〇回:"对军前打了三十～,放我来回话。"清《荡寇志》一一四回:"每人处责～四十板,以泄忿恨。"

【顺嘴】 shùn zuǐ 犹"顺口❷"。清《红楼梦》八〇回:"一时说～,奶奶别计较。"《白雪遗音·连环扣》之二:"一派虚情我全瞧透,～胡绉。"

【瞬忽】 shùn hū 一转眼,形容时间过得很快。宋元《清平山堂话本·刎颈鸳鸯》:"过门之后,两个颇说得着,～间十有餘年。"

【瞬目】 shùn mù 一转眼,指极短的时间。唐吴融《赠誓上人草书歌》:"人家好壁试挥拂,～已流三五行。"明胡直《嘉议大夫郭公墓志铭》:"潮平涛静,～千里,何其昷也!"清《绿野仙踪》八回:"那妇人又如飞的跑出庙外,～间又跑入来,照前做作。"

【瞬眼】 shùn yǎn 犹"瞬目"。明屠隆《婆罗馆清言》卷上:"明霞可爱,～而辄空。"清《醒世姻缘传》二一回:"～之间过了年。"弘历《素尚斋戏叠癸丑韵》:"～只如一,拈须今逮三。"

shuō

【说】 shuō ❶说合;介绍。指说媒。宋元《古今小说》卷三三:"恭人说:'公公也少不得个婆婆相伴。'大伯应道:'便是没恁么巧头脑。'恭人道:'也是～个七十来岁的婆婆?'"清《红楼梦》六四回:"亲上作亲,比别处不知道的人家～了来的好。" ❷责备;批评。《元曲选·合汗衫》一折:"陈虎那厮恰才我～了他几句,那厮有些怪我。"明《金瓶梅词话》五八回:"老汉～了他几句,他便走出来不往家去。"清《红楼梦》四五回:"他拿的一盒子倒失了手,撒了一院子馒头。人去了,打发彩明去～他,他倒骂了彩明一顿。" ❸以为。《元曲选·窦娥冤》二折:"好呀,前日谋死蔡婆婆的不是你来!你～我不认的你哩!"明李梅实《精忠旗》六出:"我只～我来早,如何他倒先在此?"清《歧路灯》一八回:"王中只～是推病辞席,是远盛公子的意思,不胜欢喜。" ❹犹"数(shǔ)❶",用于比较。让;逊于;亚于。元金仁杰《追韩信》一折:"论勇呵那里～卞庄强,论武呵也不放廉颇会。"《元曲选外编·三战吕布》一折:"来朝大战惊天地,不～当年大会垓。"明沈采《千金记》八出:"大哥,淮阴市上,还有一个好汉。不～你我。"

【说白】 shuō bái ❶戏曲中说念曲词以外的台词。明沈德符《万历野获编》卷二:"顷见屠纬真《昙花记》,其填词皆无足取;惟内卢杞～云,……此一语也,亦后来黄扉药石矣。"清李渔《闲情偶寄》卷五:"教习歌舞之家,演习声容之辈,咸谓唱曲难,～易。"李斗《扬州画舫录》卷五:"周维伯曲不入调,身段阑珊,惟能～而已。" ❷说话;闲谈。明汤显祖《邯郸梦》二七出:"公相,听你～一篇,到耽误了几个曲儿。"《型世言》三回:"自此以后,时时偷闲与这些人～。"

【说白话】 shuō bái huà ❶说空话。明李贽《经史相为表里》:"经、史一物也。史而不经,则为秽史矣,何以垂戒鉴乎?经而不史,则为～矣,何以彰事实乎?"《梼杌闲评》一四回:"崔少华不是个～的。"清《歧路灯》八回:"这做大官的,还如此～。无怪乎今日生意难做,动不动都是些白话。" ❷说谎。清《红楼梦》五七回:"你又～!苏州虽是原籍,因没了姑父姑母,无人照看,才就来的,明年回去找谁?可见是扯谎。"

【说背】 shuō bèi 背后说人。明《醋葫芦》一五回:"裘屹道:'子都更不比老张,更要你好。'张煊闯入道:'裘兄,为何说我的背?'"清陈皋谟《笑倒》:"一妇好私议公婆短处,俗言～者是也。"《清夜钟》二回:"走到小媳妇房中,也不见人,道:'想是在那邻舍家说我的背。'"

【说兵机】 shuō bīng jī 夸夸其谈;吹牛夸口。《元曲选·丽春堂》二折:"则你那赤瓦不剌强嘴,兀自～。"《元曲选外编·存孝打虎》四折:"非是我～,若论相持,大会垓应难比。"明佚名《定时捉将》二折:"我是那汉将中姚期,俺跟前怎敢～!"

【说不的】 shuō bu de ❶同"说不得❶"。《元曲选·后庭花》四折:"真个是哑子做梦～,落可便闷的人心碎。"元明《水浒传》四七回:"见他模样,气得紫涨了面皮,半晌～话。"明王世贞《诏令杂考二·与曹国公手书》:"我心里闷,～许多。" ❷同"说不得❷"。《元曲选·渔樵记》三折:"小妮子,你早些儿～!倒可惜了我这几拜。"明《金瓶梅词话》八六回:"～当初死鬼为他丢了许多钱底那话了,就打他恁个银人儿也有。"清《醒世姻缘传》七五回:"如今的年成又荒荒的,～硬话,只得把财钱也要收几两用。" ❸同"说不得❸"。明《金瓶梅词话》二回:"西门庆又道:'你儿子王潮跟谁出去了?'王婆道:'～,跟了一个淮上客人,至今不归。'"清《歧路灯》五九回:"王隆吉道:'你怎的一时就输了许多?'谭绍闻道:'～!只是当下该怎么处?'" ❹同"说不得❹"。明《金瓶梅词话》二五回:"贼小妇奴才,千也嘴头子嚼说人,万也嚼说,今日打了嘴,也～。"清《醒世姻缘传》七三回:"众人道:'这～。咱明日就齐分子,后日就吃。'"又八四回:"这孩子从小儿养活的娇,可是说的像朵花儿似的,培养了这们大。～着了极,只待割舍罢了。" ❺说不转;劝不过来。《元曲选·虎头牌》三折:"我过去说的呵,你休欢喜;～呵,你休烦恼。" ❻哪怕;不论。明赵南星《山坡羊》:"冤业相逢,～从来心硬;针芥相投,都只是前生一定。" ❼同"说不得❽"。清《醒世姻缘传》五九回:"小素姐要偿了婆婆的命,小巧姐也～替公公偿命!"又八四回:"辛苦些儿,～多给你点子媒钱,就有你的。"

【说不得】 shuō bu de ❶说不出;难以用言语形容、表达。唐庞蕴《诗偈》:"无事被鞭杖,有理～。"宋张载《近思录》:"凡致思到～处始复审思明辨,乃为善学也。"清《九云记》七回:"郑小姐艳容奇才,到是千古难再得的。窈窕之空,绰约之态,～其万一。" ❷不可能说;且不说。宋《朱子语类》卷四:"公当初不曾问他:既谓之善,固无两般;才说相近,须有两样。——便自～。"《元曲选·救风尘》二折:"我也～这许多。兀那贱人,我手里有打杀的,无有买休卖休的。"清《红楼梦》六四回:"他又是个未出阁的姑娘,也有好叫他知道的,也有对他～的事。" ❸极其不堪;无从说起。金《刘知远诸宫调》一二:"身褴褛,～万千寂寞。"元明《水浒传》二四回:"西门庆道:'～!……家里的事,都七颠八倒。'"清《儒林外史》二五回:"从前倒有六个小儿,而今～了。" ❹没有什么话可说;说不起。表示无可奈何。元《秦并六国平话》卷下:"燕王特投本邦,怎生捉去献他?奈缘事到来～,只得令韩韦去东宫请燕王议事。"明《古今小说》卷二:"便折十来两也～,只要快当，轻松了身子好走路。”清《红楼梦》八○回：“香菱虽未受过这气苦，既到此时，也～了，只好自悲自怨，各自走开。” ❺ 没说上；说不上。宋元《警世通言》卷一六：“小夫人在帘子底下启一点朱唇，露两行碎玉，～数句言语，教张胜惹场烦恼。”明《二刻拍案惊奇》卷九：“～一两句说话，一伙狂朋踢进园门来，拉去看月。”清《红楼梦》四五回：“有时闷了，又盼个姊妹来说些闲话排遣；及至宝钗等来望候他，～三五句话，又厌烦了。” ❻ 不会说（某种语言）。明《老乞大谚解》卷上：“过的义州汉儿地面来，都是汉儿言语。有人问着，一句话也～时，别人将咱们做甚么人看？”又：“他汉儿言语～的，因此上不敢说语。” ❼ 顾不得。《元曲选·灰阑记》二折：“便打杀我也～。我情愿和你见官去。”明《醒世恒言》卷二七：“那焦榕平日与人干办，打惯了偏手，就是妹子也～，也要下只手儿。”清《隋唐演义》一八回：“不要说打，就杀我也～，决要还我女儿。” ❽ 只得；免不得；少不了。明《西洋记》九五回：“今日险些儿弄假了事，～再叫一个哥来。”《型世言》一六回：“结发夫妻，～要守。”清《红楼梦》一四回：“既托了我，我就～要讨你们嫌了。”

【说不定】 shuō bù dìng 不能确定。唐孔颖达疏《诗经·小雅》“小大雅谱”：“赵商据《鱼丽》之序而发问，则于时郑未为《谱》，故～也。”明胡居仁《居业录》卷八：“删后无诗却～，如有圣王者作，其诗固在也。”清《荡寇志》八八回：“我这里厮杀用兵，早晚～你二人免不得相见，哪里回避得许多。”

【说不过】 shuō bù guò 说不通。表示不合情理，没法交代。《元曲选·小尉迟》四折：“你说番将是你孩儿，只怕～么？”明《金瓶梅词话》七四回：“那一遭是没出来见他，这一遭又是没出来见他，自家也～。”清《醒世姻缘传》四一回：“这是他自己供的，可见是童子六七人，这十二岁辞去的话～了！”

【说不了】 shuō bù liǎo 犹“说犹未了”。元明《水浒传》六六回：“～，又见个丐者从墙边来。”清《玉娇梨》一○回：“～，只听得厅后有人一路叫进后园来。”《警寤钟》六回：“～，又见那女子拿着一个大圈，朝着何氏点头，叫他钻进去。”

【说不齐】 shuō bù qí 犹“说不定”。清《红楼梦》八七回：“妹妹，这可～。俗语说‘人是地行仙’，今日在这里，明日就不知在那里。”又一○四回：“京官虽然无事，我究竟做过两次外任，也就～了。”

【说不去】 shuō bù qù ❶ 说不透彻；弄不清楚；说不通。宋《朱子语类》卷七二：“圣人取象，亦只是个大约仿佛意思如此。若才著言语穷他，便有～时。”元王申子《大易缉说》卷二：“愚初于此两字莫得其说，反复诸家至朱子之言，尤所致思为于下文‘遂成天地之文，遂定天下之象’两句上～。反复思之，然后见得。”清李光地《榕村语录》卷一八：“向来都将理字训太极，还有～的，惟以性字训，则皆通矣。” ❷ 犹“说不过”。元明《三国演义》六六回：“今已得益州，则荆州自应见还；乃皇叔但肯先割三郡，而君侯又不从，恐于理上～。”明《二刻拍案惊奇》卷一六：“～。许多银两交与他了，岂有没个执照的理？”清吴景旭《历代诗话》卷五五：“盖言新月即非夜深昏黄之景，而挂字不作黄昏时候，亦～。”

【说不响】 shuō bù xiǎng 说起来不理直气壮。明《拍案惊奇》卷四○：“一歇了手，终身是个不第举子。就侥幸官职高贵，也～了。”《二刻拍案惊奇》卷二：“却明输与你了，私下受这样～的钱，他也不肯。”清《醒世姻缘传》一二回：“你既是把和尚道士放去了，我就真个养了和尚道士，你也～了！”

【说不着】 shuō bù zháo ❶ 说不准；猜不着。宋真德秀《西山读书记》卷三一：“问姓儿画，口中默数，则它说便着，不数者～。”明《肉蒲团》二回：“贫僧若～，情愿受罚。只是说着了，居士不要假推不是。” ❷ 说不到一起；合不来。明《警世通言》卷二○：“却说庆奴与戚青两个～，道不得个‘少女少郎，情色相当’，戚青却年纪大，便不中那庆奴意。”又卷三九：“小生和家间爹爹～，赶我夫妻两口出来。”

【说不著】 shuō bù zháo ❶ 同“说不着❶”。宋《朱子语类》卷一二四：“至如与王顺伯书论释氏义利公私，皆～。”陈淳《答廖师子晦一》：“严说正阙此，愚所以不敢依阿徇情，而有向前根原～之断。”明高攀龙《讲义·达巷党人章》：“然称其大也以博学，称其博学也以无所成名，句句～夫子。” ❷ 说不出。《五灯会元》卷一九《昭觉克勤禅师》：“通身是眼见不及，通身是耳闻不彻，通身是口～，通身是心鉴不出。”

【说大口】 shuō dà kǒu 说大话。元《七国春秋平话》卷中：“尔一身在吾计中，不能自保，何须～也？”《元曲选·救风尘》二折：“不是我～，怎出得我这烟月手！”

【说倒】 shuō dǎo ❶ 说倒嘴。指对答失败，无话可说。《元曲选·东坡梦》四折：“〔正末云〕葛藤按断老婆禅，打破沙锅问到底。〔东坡云〕可被他～了。牡丹，你过去问禅。” ❷ 说死；讲定。明《二刻拍案惊奇》卷二○：“巢大郎别去，就去寻着了这个乡里，与他～了银子，要保全陈定无事。”又：“已是～见效过的，为何又来翻帐？”

【说道】 shuō dào 说。有时用来直接引进人物说的话。唐李忱《题泾县水西寺》：“长安若问江南事，～风光在水西。”元杜仁杰《耍孩儿·庄家不识构阑》：“见一个人手撑着椽做的门，高声的叫‘请、请’，道：迟来的满了无处停坐。～：前截儿院本《调风月》，背后幺末敷演《刘耍和》。”清《红楼梦》七八回：“林四娘得闻凶报，遂集聚众女将，发令～：‘你我皆向蒙王恩，戴天覆地。’”

【说的去】 shuō de qù 同“说得去”。清刁包《易酌》卷八：“禴，夏祭，专尚声，与二簋可用享之意同，如此亦～。”《红楼梦》八四回：“这改的也罢了，不过清苦，还～。”

【说的行】 shuō de xíng 犹“说得去”。明《金瓶梅词话》一二回：“好成样的奴才也不枉～，一个尿不出来的毛奴才平空把我篡一篇舌头！”

【说的着】 shuō de zháo 同“说得着❶”。《元曲选·儿女团圆》二折：“我当年娶了个女裙钗。〔王兽医云〕他和婶子～么？〔正末唱〕为他每话不相投，因此上遣他在门外。”又《后庭花》四折：“俺夫妻最～。”

【说得来】 shuō de lái ❶ 说得。宋《朱子语类》卷一三：“‘臣之视君如寇雠’，孟子～怪差，却是那时说得。”明顾允成《札记》：“俱是一般话头，但孔子～甚恳恻，孟子～似锋利。”清李光地《榕村语录》卷一二：“但是武王做得来有痕迹，便是英气；孟子～有痕迹，亦是英气。” ❷ 说起来。宋《朱子语类》卷一六：“命与德皆以明为言，是这个物本自光明，显然在里，我却去昏蔽了他，须用日新。～，又只是个存心。”又卷七九：“到底～，只是个定则明，明则事理见；不定则扰，扰则事理昏杂而不可识矣。” ❸ 说得过去。宋《朱子语类》卷四：“康节云：‘阳一而阴二，所以君子少而小人多。’此语是否？曰：‘也～。自是那物事好底少而恶底多。’” ❹ 说得动，使对方听从。明《梼杌闲评》一四回：“邱老道：‘只恐空口未必～。’” ❺ 说得了；说得完。元陈思济《大溪山》：“至今惟有三家村，出入豺狼心胆战。相逢路上多含哀，辛苦如何～。”清《十二楼·生我楼》二回：“看官们看了，只说父子两个同到家中就完了这桩故事，哪里知道，一天诧异才做动头，半路之中又有悲欢离合，不是一口气～的。” ❻ 能说到一起；合得来。

明《金瓶梅》一回："咱这间壁花二哥，……与我甚～。"《醒世恒言》卷三："遇个知心着意的，～，话得着，那时老身与你做媒。"清《红楼复梦》一九回："闲着时，还跟着两位大奶奶读书写字，同梦玉最～。"

【说得去】 shuō de qù 说得过去；比较合情理，通得过。宋《朱子语类》卷一一："今人读书，多不就切己上体察，但于纸上看，文义上～便了。"明周宗建《论语商》卷上："国人拥辄拒聩，于道理上尽～，却于本心上毕竟过不去。"清《后西游记》一〇回："若说连这三藏真经都是假的，别有真解，倒还～。"

【说得着】 shuō de zháo ❶犹"说得来❻"。宋元《清平山堂话本·陈巡检》："夫妻二人如鱼似水，且是～。"明《拍案惊奇》卷一四："两人觉道～，结为兄弟。"清《八洞天》卷三："莫豪正与闻聪～，不想闻聪自恨修炼不得法，欲出外遍求仙方。" ❷说得准。明《肉蒲团》二回："师父若～，不但是菩萨又是神仙了，岂敢遁词推托？"清《野叟曝言》四七回："须不是咱告诉他的，怎这们～？就是那姓铁、姓刘，他又怎预先知道？"

【说得著】 shuō de zháo 说得对，道理可通。宋《朱子语类》卷三二："譬犹此屋子，只就外面貌得个模样，纵～，亦只是笼罩得大纲，不见屋子里面实是如何。"清陆世仪《思辨录辑要》卷三五："寤言寐言，题目亦太奇。奇则便有客气，此亦学问未纯未大也。然寤言中亦尽有～处。"

【说断】 shuō duàn 说定。明《金瓶梅词话》七回："官人在上，不当老身意小，自古先～，后不乱。"

【说发】 shuō fā 劝说；怂恿。明《古今小说》卷四〇："我贾某生平，为人谋而尽忠。今日之言，全是为你家门户，岂因久占住房，～你们起身之理？"《警世通言》卷一五："那些众吏虽怀妒忌，无可奈何，做好做歉的～金满备了一席戏酒，方出结状，申报上司。"

【说法】 shuō fǎ 另见 shuō fa。设法。明《古今小说》卷一〇："怜你孤儿寡妇，自然该替你～。"《醒世恒言》卷一〇："刚才说过是我请你的，如何又要银子？恁样时，到像在下～卖这肉了。"清《剿捕临清逆匪纪略》卷一〇："臣钦遵圣训，即多方～查察。"

【说法】 shuō fa 另见 shuō fǎ。❶说话的方式、措辞。清《野叟曝言》一七回："你说他开口第一句，是怎么～？"《二度梅》三五回："列位先生，不是这等～。奸贼如此大恶，吾辈将来又必为鱼肉，须得大家作个计较，保救榜眼。"《呼家将》六回："那丞相听王员外这般～，心中好不狐疑。" ❷主意；建议。明《梼杌闲评》一六回："我到有个～，不知你可依我？"清《隋唐演义》五〇回："曹后问道：'他两人怎样～？'"

【说泛】 shuō fàn 说动。明《西游记》五八回："后被我～了他，他就跳下。"

【说方便】 shuō fāng biàn 说情。《元曲选·潇湘雨》四折："任凭你心能机变口能言，到俺老相公行～！"明《西游记》八三回："天王无计可施，哀求金星说个方便。"《石点头》卷一二："方六一晓得风声，恐怕难为了申屠娘子，央人与知县相公～，免其到官。"

【说古】 shuō gǔ 即"说古话"。金雷思《题王官谷天柱峰》："一峰凝碧倚晴空，一水萦纡一径通。中有幽人从～，谁知高兴与今同。"明贾凫西《木皮词》："这些话都不过零敲碎打，信口诌成，也有书本上来的，也有庄家老～的。"△清《七侠五义》六回："今日对了圣心，派你入宫，将来回到家乡里～去罢。"

【说古话】 shuō gǔ huà 讲历史故事或听闻经历的旧事。宋《东坡志林》卷一："途巷中小儿薄劣，其家所厌苦，辄与钱，令聚坐听～。"清《豆棚闲话》二则："天色才晴就有人在豆棚下等～哩，我们就去。"《红楼复梦》七四回："咱们听着平丫头～，听出了神，谁知道你们都站在背后呢。"

【说古记】 shuō gǔ jì 即"说古话"。清《红楼梦》八〇回："王师父，你极会～的，说一个与我们小爷听听。"《梦中缘》六回："我曾听的人～，昔有个韩信，曾胯下求食。"

【说寡嘴】 shuō guǎ zuǐ 吹牛皮；无能逞能。清《后西游记》三三回："后被婆婆动了玉火钳，一顿钳夹得那猴子死不死活不活。正在难解难分之际，不知婆婆何故反走了就回来，让他猴子～，转道婆婆夹他不住。"

【说海口】 shuō hǎi kǒu 犹"说大口"。《元曲选·百花亭》一折："我也曾把柳条攀花蕊折，将那云雨期风月赊。〔旦云〕你看这生～那！"

【说合】 shuō hé ❶把两方面说到一块儿；从中介绍，促成别人的事。宋吴自牧《梦粱录》卷一九："专为干当杂事，插花挂画，～交易，帮涉妄作，谓之涉儿。"《元典章·刑部十一》："不合信从李宝俚～同情，福孙下手，掏摸到熊十二至元钞五百文。"清方成培《雷峰塔》七出："官人回去，即央媒～，早成美事。" ❷同"说和"。元陶宗仪《辍耕录》卷二九："昆山数为方国珍海军攻击，托丁氏往来～，结为婚姻。"明《封神演义》五五回："只是选一能言之士，前往汤营～，不怕不成。"清《歧路灯》五七回："况且有谭大宅的再三～，我就把这口气咽了罢。"

【说和】 shuō hé 讲和；调解争执，劝说使和解或达成协议。宋张栻《答朱元晦秘书》："但今时一种议论，待盗贼只知有招安，正如待仇敌只～一般。"明《醒世恒言》卷三四："此时内中若有个有力量的出来担当，不教朱常把尸首抬去赵家，～这事，也不见得后来害许多人的性命。"清《平定两金川方略》卷二〇："臣等令通事译出，以小金川与鄂克什仇隙，欲与～为词。"

【说化】 shuō huà 劝化；说服。唐孔颖达疏《周易·繫辞上》"鼓之舞之以尽神"："圣人立象以尽其意，《繫辞》则尽其言，可以～百姓之心。"明方孝孺《天台陈氏先祠记》："暴戾之夫，不可以词～。"清《八洞天》卷八："惠普却弄虚头，讲经说法，笑虐男女，特托五空往大家富户～女人布施作缘。"

【说话】 shuō huà ❶用言语表达意思。也指谈话、闲谈。唐白居易《老戒》："矍铄夸身健，周遮～长。"宋蔡伸《惜奴娇》："眼眼相看，要～、都无计。"清《儒林外史》一回："邀在草堂里坐着～儿。" ❷交涉；辩论是非曲直。宋张载《泾原路经略司论边事状》："西界点集压境，欲谋奔冲，令德顺运通判刘忱静、边寨监押党武与之～，开示意度。"明严从简《殊域周咨录》卷二〇："知府欠我月粮，悭吝不与，你叫他出来，我们与他～。"清《绿野仙踪》五六回："此番若再经理不善，朕只合你～。" ❸非议；批评；指责。宋《朱子语类》卷一二七："当时艺祖所以立得许多事，也未有许多秀才～牵制他。到这般处，又忒欠得几个秀才～。"《元曲选·马陵道》楔子："把俺拿在阵前，花白许多～。"清《醒世姻缘传》八〇回："埋葬了，由他。有人～，有我老刘哩！" ❹指争吵。明《桂枝儿·自悔》："这几日，与冤家有些儿～，不来便不来，我也不伏气去叫他。"《拍案惊奇》卷三三："那杨氏甚不贤慧，……因此间时常有些～的。"清《野叟曝言》二三回："你们硬封了我的船只，反说是我霸占！我也没好气和你们～，且等你主子来讲！" ❺话；言辞。也指理论主张、知识学问。《景德传灯录》卷二五《正勤希奉》："'起时不言我起。灭时不言我灭。'据此～屈滞久在丛林。"宋《朱子语类》卷一三："专做时文底人，他说底都是圣贤～。"清《凤凰池》四回："我问他，寻相公有什么～？" ❻语言；口音。明于谦《忠肃集》卷五："若得朝廷差晓百夷～的人送他每回去，使木邦各处知道缅甸与朝廷出气力来。”清《后水浒传》一二回：“你不是我近处人～，倒有些湖广土音，可是么？” ❼ 指经历遭遇；故事。《元曲选·青衫泪》四折：“既如此，怎生又有后来这场～？”明《醒世恒言》卷九：“有两个人家，因这几着棋子，遂为莫逆之交，结下儿女姻亲，后来变出花锦般一段～。” ❽ 指某种情况、问题。明《金瓶梅词话》八七回：“因和俺姐夫有些～，大娘知道了，先打发了春梅小大姐，然后打了俺姐夫一顿，赶出往家去了。”又一〇〇回：“‘梦见一张弓挂在旗竿上，旗竿折了，不知是凶是吉。’韩爱姐道：‘倒只怕老爷边上有些～。’”《二刻拍案惊奇》卷一一：“那女儿闻得先与他有些～了，后来配他的。” ❾ 一种技艺，跟现在的说书相仿。唐郭湜《高力士外传》：“每日上皇与高公亲看扫除庭院，芟薙草木，或讲经论议，转变～。”宋《三朝北盟会编》卷七七：“杂剧、～、弄影戏、……吹笙等艺人一百五十餘家。”吴自牧《梦粱录》卷二〇：“～者谓之舌辩，虽有四家数，各有门庭。” ❿ 话本；说话艺人说唱的底本。明《古今小说》卷三：“惊动新桥市上，变成一本风流～。”《拍案惊奇》卷一二：“此本～，出在祝枝山《西樵野记》中。”

【说话的】 shuō huà de 称说书的艺人。元明《水浒传》三一回：“休道是两个丫环，便是～见了，也惊得口里半舌不展。”明《醒世恒言》卷三三：“若是～同年生，并肩长，拦腰抱住，把臂拖回，也不见得受这般灾悔！”清《飞龙全传》二九回：“～，韩通未及交手，怎么就被匡胤打倒？”

【说谎】 shuō huǎng 有意说不真实的话。宋彭大雅《黑鞑事略》：“其法～者死，故莫敢诈伪。”元关汉卿《拜月亭》二折：“咱兀的做夫妻三个月时光，你未不曾见您这歹浑家说个谎？”清《红楼梦》四八回：“探春、黛玉忙问道：‘这是真话吗？’宝玉笑道：‘～的是那架上的鹦哥！’”

【说价】 shuō jià 讲价；讨价还价。元明《水浒传》一六回：“我一了不～，五贯足钱一桶，十贯一担。”明凌濛初《宋公明闹元宵》三折：“大王跟前，不敢～。”清《荡寇志》七三回：“不瞒丈丈说，～也由我讨。只奴是本分人，老实说与你。”

【说结】 shuō jié 讲定；把话说尽议妥。清《野叟曝言》一四三回：“母子～，也就丢过一边。”《红楼梦》九七回：“咱们一夜都～了，就好办了。”《绿野仙踪》八七回：“话～后，须着他立一切实凭据。”

【说开】 shuō kāi ❶ 分开说；当作不同的事物来谈论。宋《朱子语类》卷二七：“‘忠’字在圣人是诚，‘恕’字在圣人是仁。但说诚与仁，则～了。惟‘忠恕’二字相粘，相连续，少一个不得。”明罗钦顺《困知记》卷上：“叔子所云‘不害为一’，正指本源处言之。而下文‘若乃’二字，却～了。语脉殊欠照应，非记录之误而何？”清陆世仪《思辨录辑要》卷二八：“一本万殊，犹言有一本，然后有万殊，是一串说下。理一分殊，犹言理虽一而分则殊，是分别～。” ❷ 展开论述。宋《朱子语类》卷五九：“韩文公亦见得人有不同处，然亦不知是气禀之异，不妨有百千般样不同，故不敢大段～，只说‘性有三品’。” ❸ 解释；疏通。宋元《警世通言》卷一四：“这只词名唤做《念奴娇》，元来皆是集古人词章之句。如何见得？从头与各位～。”元明《水浒传》二二回：“县里有那一等和宋江好的相交之人，都替宋江去张三处～。”清《红楼复梦》三回：“望你们众人替我～，叫尤二妹妹高高手儿，放我过去罢。” ❹ 说清楚；说明白。《元曲选·渔樵记》四折：“亲家，势到今日，你不～怎么？”元明《水浒传》九回：“林冲见柴进～就里，方才放心。”清《醒世姻缘传》六四回：“可这本乡本土的人，～了话罢。这是甚么深仇么？” ❺ 说漏。明《拍案惊奇》卷二六：“分付门子不要把言语～了。”

【说口】 shuō kǒu 夸口；说大话。元尚仲贤《气英布》二折：“自古已来，那里有天子接降将礼来！随何，一句话，则是你忒～了些个。”元明《水浒传》七四回：“非是燕青敢～，临机应变，看景生情，不倒的输与他那呆汉。”明《朴通事谚解》卷上：“～谄佞，不得仁义的人，结做弟兄时不中。”

【说阔】 shuō kuò 海阔天空地聊。明佚名《度黄龙》三折：“这两日不知那里走将个先生来，每日和他～。”

【说媒】 shuō méi 给人介绍婚姻。宋《五代史平话·汉上》：“次日，唤他家老院子王大去与知远～。”清袁枚《续子不语》卷七：“事婚嫁祭祀外，常时则以～售衣锦为业。”《歧路灯》八回：“不与东家～，便为西家卜地。”

【说媒红】 shuō méi hóng 给媒人的谢礼。《元曲选外编·西厢记》四本二折：“来时节画堂箫鼓鸣春昼，列着一对儿鸾交凤友。那其间才受你～，方吃你谢亲酒。”

【说明】 shuō míng 解释清楚；说明白。《元曲选·谇范叔》二折：“自从使齐还国，主公大喜，优礼甚厚，止有范雎一事，还不曾～。”明朱国祯《涌幢小品》卷二：“不然，亦须～而后讲。”清《红楼梦》三五回：“贾母等尚未听真，都止步问宝钗。宝钗～了，大家方明白。”

【说念】 shuō niàn ❶ 劝说；用言语打动。《元曲选·儿女团圆》楔子：“则你那闲言语～的春风树点头，从来这拙妇每他须巧舌头。”明陈铎《天净沙·防夫》：“收拾锁杻刑罚，安排吊拷掤扒。～关津递发，通些私话，登时打做一家。”《金瓶梅词话》一〇〇回：“到晚又教王婆陪月娘一处歇卧，将言～月娘，以挑探其意。” ❷ 说；念。明《金瓶梅词话》九〇回：“在街心扳鞍上马，高声～一篇道：‘我做教师世罕有，江湖远近扬名久。’”

【说破】 shuō pò 说明白；把隐秘的意思或事情说出来。《敦煌变文校注》卷五《维摩诘经讲经文（四）》：“喜有四件，忧有四般，不如对我世尊，一一分明～。”明李梅实《精忠旗》二四出：“不知送往大理寺狱中做些什么，必须说个明白，小人好与老爷用心干办。还须一一～。”清《红楼梦》六七回：“紫鹃深知黛玉心肠，但也不敢～。”

【说破绽】 shuō pò zhàn 用言语离间。元张可久《寨儿令》：“偷工夫来觑你，～尽由他。哥，越间阻越情多。”

【说强口】 shuō qiáng kǒu 犹“说口”。元不忽木《点绛唇·辞朝》：“这箫声世间无，天上有。非微臣～。”

【说亲】 shuō qīn ❶ 犹“说媒”。宋元《古今小说》卷三三：“你两人莫是来～么？”《元曲选·隔江斗智》二折：“你前日到荆州去与刘玄德～，两家已都允了。”清《红楼梦》二九回：“嗔着张道士与他说了亲，口口声声说，从今以后再不见张道士了。” ❷ 指定婚。清《红楼梦》八九回：“全不像大人的样子，已经～了，还是这么呆头呆脑。”

【说清话】 shuō qīng huà ❶ 说风凉话。明《警世通言》卷一五：“那时外边都晓得库里失了银子，……内中单喜欢得那几个不容他管库的令史，一味～，做鬼脸，喜谈乐道。” ❷ 说无关紧要的话。清《后西游记》三六回：“满街贴报子请人吃斋，怎汤饭馒头不见，却打团团在此～？”

【说情】 shuō qíng ❶ 指文学作品叙说感情。宋沈义父《乐府指迷》：“如～不可太露。”元王构《修辞鉴衡》卷一：“～、说事：《载驰》诗反复说尽情意，学者宜考《蒹葭》诗说得事理明白，尤宜致思也。”方回《瀛奎律髓》卷二六：“此诗中两联俱用变体，各以一句～，一句说景，奇矣。” ❷ 给别人讲情；代人请求宽恕。明马光《两粤梦游记》:“凡有争讼,虽小事,必有几人~,莫可适从。”《梼杌闲评》四回:“牛三出了三十两差钱,又央了几个秀才到官里~。”清袁枚《子不语》卷七:“汝昔求我~,故得此香火。”

【说人】 shuō rén ❶议论人;指责人。明《警世通言》卷三:“吾辈切记,不可轻易~笑人。”清《红楼梦》六三回:“你们日日~夜聚饮博。今儿我们自己也如此,往后怎么~!”《十二楼·十卺楼》二回:“姚氏父子都是极做体面的人,平日要开口~,怎肯留个孽障在家,做了终身的话柄?” ❷犹“说人家”。清陈端生《再生缘》四回:“小姐必然持节操,奴家亦愿守清真。梦中一语如山重,岂肯微身另~!”

【说人家】 shuō rén jiā 为女子提亲;说婆家。清《红楼梦》九〇回:“自然先给宝玉娶了亲,然后给林丫头~。”△《儿女英雄传》二六回:“九公和褚大姐姐给你~儿,两头儿合婚。”

【说舌】 shuō shé ❶议论。宋王令《送赠王平甫》:“一日接大敌,~忽忘挑。”葛立方《礼部尚书洪公皓挽词》:“沙场握节伏时髦,~纵横小六弢。” ❷犹“说舌头”。明《金瓶梅词话》七三回:“你诸般儿不一,相这~偷嘴吃偏会!”清《红楼梦》六九回:“只有秋桐一时撞见了,便去~,告诉凤姐。”

【说舌头】 shuō shé tou 信口胡说;搬弄是非。元尚仲贤《气英布》一折:“这汉是文字官,不曾问一句,敢说一堆老婆舌头,我是个武职将,几时折辨过来?”明贾凫西《木皮词》:“可恨那~的杀才崇侯虎,挑唆的无道昏君把他拿。”清《醒世姻缘传》六六回:“你忘了,那一遭为你~,差一点没打杀呀!”

【说誓】 shuō shì 发誓。宋计有功《昭觉僧堂无尽灯记》:“弹指~,愿罄囊膏,立长生库。”元关汉卿《调风月》二折:“并不是婆娘人把你抑勒招取,那肯心儿自说来的神前誓。”清《醒世姻缘传》三三回:“先生又不肯~,他又不肯开门。”

【说书】 shuō shū 表演评书、评话、弹词等。元佚名《粉蝶儿·阅世》:“折末道谜续麻合笙,折末道字~打令,诸般乐艺都曾领。”明张岱《陶庵梦忆》卷五:“南京柳麻子,黧黑,满面疤瘤,悠悠忽忽,土木形骸,善~。”清《红楼梦》四三回:“不但有戏,连耍百戏并~的男女先儿全有。”

【说耍】 shuō shuǎ 说着玩儿。《元曲选·单鞭夺槊》二折:“适才你兄弟~,当真就差我交锋去。”明《禅真后史》一〇回:“我自~,娘子就认真起来。”《二刻拍案惊奇》卷三四:“只好~,自然进来不得。”

【说天】 shuō tiān 夸口。明《醋葫芦》一一回:“好花嘴,一向不见,越发会~了。”

【说帖】 shuō tiě 陈述事情的简短书信。明黄绾《论刑狱疏》:“每月终,该部堂上官仍将见在开除病故囚数,开具~,御前宣奏。”《金瓶梅词话》三四回:“你取张纸儿,写个~儿,我如今同你到大官府里,对他说。”清《歧路灯》七四回:“第三日早晨,绍闻叫邓祥拿了一个~,到南马道张宅借车。”

【说头】 shuō tou ❶可谈之处。清《红楼梦》程乙本七四回:“我看如今人一概也都是入画一般,没有什么大~儿。”《绿野仙踪》八四回:“话没~,总是我们来的猛浪了,大家回去罢。”《红楼复梦》六五回:“不是我说宝二哥,连太太都不惦记,这样人还有个~儿吗?” ❷说法;措辞。清《野叟曝言》五五回:“这~就好使他不得不从的意思。但不知究是何法?”

【说问】 shuō wèn 询问。明《拍案惊奇》卷五:“你去对方才救醒的小娘子~,可是张家德容小姐不是?”清《九云记》三四回:“丞相一日对公主说道:‘我有心中一段事,可欲~于公主久矣。’”

【说闲话】 shuō xián huà ❶闲谈。《续资治通鉴长编》卷四五七:“佐臣但会陪奉~,无他长,可从其请。”明《古今小说》卷三八:“城边无数经纪行贩,挑着盐担,坐在门下等开门,也有唱曲儿的,也有~的。”清《国朝宫史》卷三:“即阿哥下太监,亦不许与尔等所属太监,饮酒下棋斗骨牌~。” ❷说没有意义或不必要的话。宋《朱子语类》卷一二一:“公等每日只是闲用心,问闲事、~底时节多;问紧要事,究竟自己底事时节少。”《元曲选·后庭花》二折:“休~,咱和你后房中快快活活的做生活去来。”清《醒世姻缘传》八一回:“你且休~,……你可算计该怎么款待,该怎么打发。” ❸从旁说讽刺或不满意的话。明《封神演义》一六回:“课不准,兄便~;课既准,可就送我课钱。”朱长祚《玉镜新谭》卷三:“如今外面有人~。”清《红楼梦》三一回:“饶这么着,还有人~,还搁的住你来说他?”

【说喓喝】 shuō yāo he 故意张扬;起哄。明《金瓶梅词话》二四回:“嫂子,谁往那去来?就对着爹~,教爹骂我!”

【说犹未了】 shuō yóu wèi liǎo 话还没说完,表示紧接着出现某种情况。元明《水浒传》二回:“~,太公到来。”六十种曲本《琵琶记》二三出:“公公~,恰好张太公来也。”清《荡寇志》九五回:“~,只觉得对面楼上人影儿一幌。”

【说嘴】 shuō zuǐ ❶自夸;吹牛。《元曲选外编·蓝采和》四折:“不是我~,我看他笑嘻嘻将衣服花帽全新置。”明《醒世恒言》卷一三:“看他~!少不得也中他一弹。”清《白雪遗音·婆媳顶嘴》:“我就不敢~。” ❷耍嘴皮子;强辩。《元曲选外编·降桑椹》二折:“你还~哩!你平常派赖,冬寒天道,着我在这里久等,险些儿冻的我腿转筋。”明《西游记》五三回:“你不要~,省些力气,好生产也。”《金瓶梅词话》二八回:“你抱着娘的铺盖就不经心瞧瞧,还敢~儿!” ❸议论;指责。明李贽《又与杨凤里书》:“我回,只主张众人念佛,专修西方,不许一个闲~。”清《红楼梦》八〇回:“谁知你三不知的把陪房丫头也摸索上了,叫老婆~占了丫头,有什么脸出去见人!” ❹说话;学舌。明《金瓶梅词话》八五回:“不想金莲房檐笼内驯养得个鹦哥儿会~,高声叫:‘大娘来了!’”

【说作】 shuō zuō 另见 shuō zuò。用言语作践。清《醒世姻缘传》六九回:“俺婆婆在世时,嘴头子可是不达时务,好枉口拔舌的~人。”

【说作】 shuō zuò 另见 shuō zuō。指说话的本领能耐。明《古今小说》卷二八:“若还羡他~高,拌干涎沫七八斗。”

shuò

【朔腮】 shuò sāi 凹陷的腮。朔,通“缩”。明《西游记》五八回:“也是这等毛脸雷公嘴,~别土星。”

【搠】 shuò ❶戳;刺;捅。元《前汉书平话》卷上:“刀举处人头落地,枪~处马早翻身。”明《醒世恒言》卷三三:“连~一两刀,血流在地。”清李斗《扬州画舫录》卷一八:“一~一个洞。”隐指性交动作。清《笑林广记》卷一二:“其人只得仍作乡语,怒骂曰:‘~杀那娘,我一只鞋子脱掉了!’” ❷竖;插。元关汉卿《拜月亭》三折:“~起柄夫荣妻贵三檐伞,抵多少爷饭娘羹驷马车。”元明《水浒传》六回:“智深把禅杖就地下~着,叫道:‘过往僧人来投斋。’”明《醒世恒言》卷三:“故此卧房里面,鸨儿的脚也不~进去。” ❸挑拨。明《型世言》二九回:“见事走了滚,故意在徐州同面前~他道:‘他还要上司告公子。’” ❹捶;拍击。元孔文卿《东窗事犯》二折:“有一日东窗事犯知我来意,子怕你手~着胸脯恁时节悔。"《元典章·刑部十六》:"王买驴将何福庆用棍棒~死,尸状无疑,招伏明白。"清《飞龙全传》八回:"无奈这枣树来得利害,不觉的~着即死,遇着即亡。" ❺蘸。《元曲选·东堂老》三折:"只拣那卖不去的菜叶儿,将来煨熟了,又不要蘸盐~酱,只吃一碗淡粥。" ❻抓;拿;持。元佚名《耍孩儿·拘刷行院》:"眼剉间准备钳肴馔,酩子里安排~按酒。"元明《水浒传》八七回:"小将军~戟在手,勒马阵前。" ❼寻访。《元曲选外编·金凤钗》一折:"如投吕先生访故友,似寻吴文政~相知。" ❽摔。明《拍案惊奇》卷三:"那妇人将盘一~,且不收拾。"清《醒世姻缘传》九三回:"在那七层桌上左旋右转,风魔了的一般,眼花头晕,焉得不'脑栽葱'~将下来?"

【搠包儿】 shuò bāo er 掉包;暗换物品以行窃。《元曲选·渔樵记》二折:"由你写!或是跳墙蓦圈,剪柳~,做上马强盗,白昼抢夺;或是认道士,认和尚。"又《扬州梦》四折:"见放着御史台不顺人情,谁着你调罨子画阁兰堂,~锦阵花营。"明田汝成《西湖游览志餘》卷二五《梨园市语》:"杭人好为隐语,以欺外方。如物不坚致曰憨大,暗换易物曰~。"

【搠换】 shuò huàn 掉换。宋元《古今小说》卷三六:"赵正去怀里别~包儿来,撮百十丸与侯兴老婆吃了。"清《八洞天》卷六:"晏敖便去依样倾成几个铜锭,~了真银。"

【搠摸】 shuò mō 掏摸。指行窃。清《鸳鸯针》二卷一回:"回头一看,却认是本县专惯~的,叫做吕游之。"

【搠腮】 shuò sāi 同"朔腮"。清《续金瓶梅》三九回:"~拐脸,头上蓬儿根黄毛;绰口稀牙,身上披半截蓝袄。"

【搠舌头】 shuò shé tou 犹"戳舌"。明《型世言》一四回:"亏得一个老丫头都卢,凡是遮盖他。也只是遮盖的人少,~的多。"

【搠渰】 shuò yān 同"搠渰"。元马致远《夜行船》:"才见了明暗,且做些~。倘忽间被他啜赚,那一场羞惨。"

【搠渰】 shuò yān 装傻;守拙。搠,造,做。通"塑"。渰,通"淹",精神不振作貌。元王晔《折桂令·问黄肇》:"丽春园黄肇姨夫,人道你聪明,我道你胡突。苏氏掂倈,双生~,你划地妆孤。"佚名《新水令》:"寨儿中风月煞经谙,收心也合~。"明佚名《一枝花·道情》:"抄着手傍边,~咳朗,末听撒欠。"

【搠醃】 shuò yān 同"搠渰"。元佚名《端正好·相忆》:"休猜做瓶沉簪折遭抛闪,一任教燕聒莺煎闇~。"

【搠盐儿】 shuò yán er 即"搠渰"。明佚名《斗鹌鹑·知机》:"且~绿野堂白莲社,我将这闲工课薄批细切。"

sī

【司房】 sī fáng 衙门中负责记录口供、管理案卷的部门。也指在这种部门任职的人。宋魏野《和夏台知县李尚贤殿直见赠》:"云人~暗,苔侵界石斑。"《元曲选·勘头巾》二折:"自家赵仲先的便是。在这府里做着个把笔司吏,正在~里攒造文书。"清《绿野仙踪》五回:"我昔年下场,在他家住过两次,他是户部有名的~。"明代内廷太监蓄私臣,亦设司房。明刘若愚《酌中志》卷一六:"(司礼监掌印太监)各家私臣:……曰~,打发批文书、誊写应奏文书。"

【司公】 sī gōng ❶对司官的尊称,也泛称佐使官吏。宋朱熹《令人罗氏墓表》:"后三十八年,嗣子士佺来访予于临漳,请铭左~之墓。"按,左司公姓张,曾官左司郎中。金《刘知远诸宫调》二:"次日到并州,询问居民,人说先索土军营见~岳金。"按,岳金为并州安抚司长官。《元曲选外编·绯衣梦》三折:"我道是谁,原来是~哥哥,魔眼鬼哥哥。"按,此例指城隍使(捕盗官)。又,《遇上皇》二折用来称府尹(知府的佐官)。 ❷赞礼的人。宋元《清平山堂话本·花灯轿》:"时辰将傍,不见下轿,~又念诗赋,……~念毕诗赋,再请新人下轿。"

【司吏】 sī lì 本指六部各司吏员,后称地方衙门中办理事务的吏员。《金史·百官志三》:"(大兴府)六案~七十五人,内女直十五人,汉人六十人。~分掌六案,各置孔目官一员,掌呈覆纠正本案文书。"《元曲选·勘头巾》二折:"张千,唤将当该~来。"清《二度梅》九回:"他投往县中,寻着~,投了手本。"

【司塾】 sī shú 在私塾执教。清《红楼梦》八回:"又知贾家塾中现今~的是贾代儒,乃当今之老儒。"

【司务】 sī wù 明清部、院设有司务官,管文书收发及衙署内部杂务,后用作对手艺匠人的尊称。清顾炎武《日知录》卷二四:"北人谓医生为大夫,南人谓之郎中,镊工为待诏,木工、金工、石工之属皆为~。"《儒林外史》三一回:"只见那裁缝走到天井里,双膝跪下,磕下头去,放声大哭。杜少卿大惊道:'杨~,这是怎的?'"《双玉杯》二回:"员外,栈房完功哉,张~要算帐了。"

【司掌】 sī zhǎng 掌管。五代杜光庭《修青城山诸观功德记》:"黄帝乘飚车,受龙跷之道,拜君为五岳丈人,~群岳。"《元史·张德辉传》:"当求谨厚者~,乃永为宝用。"清《红楼梦》七八回:"乃指芙蓉笑道:'此花也须得这样一个人去~。'"

【司主】 sī zhǔ 犹"司掌"。唐孔颖达疏《礼记·月令》"虚危有坟墓四司之气":"皇氏以为北方盖藏,故为坟墓;北方岁终,以~四时,故云四司。"宋袁说友《谒东岳帝庙祝文》:"惟泰华在东,~民命。"清《红楼梦》七八回:"如今天上少了一位花神,玉皇敕命我去~。"

【丝】 sī 极少或极小的量。《全唐诗》卷八六七《凤凰台怪和歌》之四:"卧病匡床香屡添,夜深犹有一~烟。"宋王质《水调歌头》:"天为两朝元老,付与四时佳节,不动一~尘。"清《红楼梦》五一回:"我最嫌的是杨树,那么大笨树,叶子只一点子,没一~风他也是乱响。"

【私奔】 sī bēn ❶私下逃跑。元《秦并六国平话》卷下:"话说燕王殿下高渐离,见国主逃奔辽东,亦自~至秦。"《元曲选·汉宫秋》三折:"则为他丹青画误了昭君,背汉主暗地~;将美人图又来哄我,要索取出塞和亲。"清《东周列国志》七〇回:"郑丹见不从其计,恐自己获罪,即与倚相~归楚。" ❷指女子私自投奔所爱的人,或跟他一起逃走。《元曲选·墙头马上》三折:"你既为官宦人家,如何与人~?"明兰廷瑞《题嫦娥奔月》:"窃药~计已穷,藁砧应恨洞房空。"清《红楼梦》一回:"大半风月故事,不过偷香窃玉,暗约~而已。"

【私弊】 sī bì 营私舞弊的事情。宋吕陶《议官上》:"凡以~被坐于决狱而失于深故者,屡对而不迁矣。"明李贤《奉政大夫彭君墓表》:"金濂为尚书,以为典狱者~所致,委君整饬。"清《蜃楼志》一回:"外洋货物都遵例报明上税,定价发卖,商人们再不敢有一点~。"

【私朝窠】 sī cháo kē 即"私窠"。清《醉醒石》九回:"厂里近有个~,咱与你顺便瞧一瞧家去。"

【私巢子】 sī cháo zi 即"私窠"。明《梼杌闲评》四〇回:"正是人急计生,只得就在前门上做个窝家,做~接人,却不当官差。"

【私处】 sī chǔ 另见 sī chù。私下了结。明《醒世恒言》卷三四："那朱常初念，只要把那尸首做个媒儿，赵完怕打人命官司，必定央人兜收～。"清《歧路灯》六九回："只要能在家下～，不拘舍弟怎的，我宁丢东西银钱，只不在公堂上打官司，丢了我这个人。"

【私处】 sī chù 另见 sī chǔ。阴部。明李中馥《原李耳载》："呼家人群视之，面目肢体如旧，惟～生长男根。"清洪昇《长生殿》二一出："爱杀红巾罅，～露微微。"袁枚《子不语》卷二一："有内阁供事石俊者，微有姿，而～甚佳，公甘为咂弄。"

【私地】 sī dì ❶私人的土地或地段。唐[日]孝德《录民元数诏》："方今百姓犹乏，而有势者分割水陆，以为～。"宋喻良能《雨后闻蛙》："休论公地兼～，且听萝根呷呷声。"清《红楼梦》一六回："当日宁荣二宅虽有一小巷界断不通，然这小巷亦系～，并非官道，故可以连属。" ❷秘密处所。金《董解元西厢记》卷六："问莺莺更夜如何背游～，有谁存活？" ❸暗地；私下。唐王建《宫词》之五九："圣人生日明朝是，～教人属内监。"宋《朱子语类》卷五："志是公然主张要做底事，意是～潜行间发处。"清《荡寇志》七九回："世让～里对刘二道：'这呆汉赶紧奔来此处，想是死期到了。'"

【私肚子】 sī dù zi 因不正当性关系而怀的孕。明《金瓶梅词话》八五回："不消几日，家中大小都知金莲养女婿，偷出～来了。"

【私房】 sī fáng ❶私下；隐秘。明《古今小说》卷一："后来娶下一房奇丑的媳妇，十亲九眷面前出来相见，做公婆的好没意思，又且丈夫心下不喜，未免～走野。"《警世通言》卷三五："今日这件～关目，也去与他商议。"《醒世恒言》卷五："因要做这～买卖，生怕伙计泄漏，却寻着一个会撑船的哑子做个帮手。" ❷指个人私下的积蓄。元商衟《一枝花·叹秀英》："应有的～贴了汉子，恣意淫讹。"明《醒世恒言》卷三五："我看他平日一厘一毫都清清白白交与母亲，并不见有什么～。"清《红楼复梦》一回："袭人衣服首饰连自家～也有千两。"

【私房话】 sī fáng huà 不愿让外人知道的话；体己话。明《平妖传》一三回："老身有句～儿，叫两位师父权且闪开。"清《红楼复梦》八九回："外面走进一人问道：'娘儿们说些什么～？'"

【私孩子】 sī hái zi 私生子。明《金瓶梅词话》八五回："娘不在，两个在家明睡到夜，夜睡到明，偷出～来。"清《醒世姻缘传》五六回："你叫他休要扯淡，情管替他儿生不下～！"《红楼复梦》一四回："若是在别的少爷们，那不用说了，～早养了一大堆。"

【私合】 sī hé 私下婚配或交媾。《隋书·房陵王勇传》："且云定兴女，在外～而生，想此由来，何必是其体胤！"明孟称舜《娇红记》五〇出："历尽人间相思之苦，始缘～，终归正道。"清《东周列国志》六三回："庄公悦其色，乃厚赂东郭偃，使之通意，乘间与之～。"

【私和】 sī hé 不经官府，自己协议了结纠纷。《唐律疏议》卷一七："其有受财～，知杀不告，金科虽无节制，亦须比附论刑。"《元典章·刑部三》："旧例，祖父母、父母及夫为人所杀，～者徒四年。"清《儒林外史》四五回："的于四月初八日，在无为州城隍庙寓所会风影会话，～人命。"

【私会】 sī huì 男女私下约会。《元曲选·碧桃花》四折："谁想他一灵不散，与夫君～花前。"明刘玉《巳疟编》："夫人孀居之妇，无媒妁而～，其如国法！"清《蜃楼志》一四回："岱云踱在园中，也还想起从前与素馨～的光景。"

【私活】 sī huó 属于自己个人的活计。清《红楼梦》六二回："一般也不是我的～烦你，横竖都是他的。"

【私伙子】 sī huǒ zi 私下姘居的人。明《西洋记》一〇回："也有到～家里无限别离情的，也有到尼姑庵里去抱娃娃的。"

【私己】 sī jǐ ❶自己；属于自己的。唐孔颖达疏《周易·益卦》"有孚中行"："若能求益不为～，志在救难，为壮不至亢极，能适于时，是有信实而得中行。"《元典章·吏部七》："如遇达鲁花赤公出疾病假故，牒印与长官，却令次官封记，公同行用，不得委付～之人。"清《醒世姻缘传》三四回："掘了这几十万的金银，不报了官，却都入了～。" ❷自私；利己。宋张载《经学理窟·诗书》："民虽至愚无知，惟于～然后昏而不明，至于事不干碍处则自是公明。"明叶子奇《草木子》卷三下："及始皇奋其私智，一革谥法，谓子不可以议父，臣不可以议君，直以贤圣自居。何则？实出于～也。"清胡煦《周易函书约注》卷一二："涣群，使人皆不～，大公之象，故元吉。" ❸私下；暗中。明《金瓶梅词话》二五回："这来旺儿～带了些人事，悄悄送了孙雪娥两方绫汗巾。"《醒世恒言》卷二〇："船家道：'我们是本府脚头关提来差往公干的，～搭一二人，路上去买酒吃。'"

【私际】 sī jì 私下场合。清《绿野仙踪》三七回："凡远年近岁、官场～，有一点嫌怨者，必要差人通递消息。"又五七回："～让大猷中坐，官场办公文炜中坐。"

【私科子】 sī kē zi 即"私窠"。《元曲选·救风尘》三折："不问官妓～，只等有好的来你客店里，你便来叫我。"清《醒世姻缘传》七二回："我再把这老～踢给他顿脚，把这几件家伙放把火烧了，随那小～怎么样去！"

【私窠】 sī kē 私娼；暗娼。明《金瓶梅词话》九九回："你是那里来的无名少姓～子？不来老爷手里报过，许你在这酒店内趁熟！"谢肇淛《五杂组》卷八："又有不隶于官，家居而卖奸者，谓之土妓，俗谓之～子。"清《豆棚闲话》一〇则："有好嫖的就同了去，撞寡门，觅～。"

【私刻】 sī kè 残酷；刻薄。明方孝孺《藏器轩记》："易及秦，废礼乐仁义而不修，尽举三代为治之器焚之，而用其刚虐～之法，以挟制黔首。"《平妖传》一回："你做三十三天老大皇帝，直恁～，我老袁且与人为善。"清胤禛《上谕八旗》卷五："尔等若倚势作威，心怀～，行不公平，违朕保赤之念，岂惟国法不容，亦败汝祖宗勤劳所立之基业矣。"

【私门】 sī mén 暗娼。清《儒林外史》四一回："这些地方都是开～的女人住，这女人眼见的也是～了。"△《官场现形记》三〇回："甚至于统领的相好，甚么～子，钓鱼巷的婊子，这种门路亦都有人走。"

【私门头】 sī mén tou 即"私门"。清沈起凤《文星榜》四出："忙来赶赌场，空子收晒浪。诈煞～，吃光字背党。"

【私囊】 sī náng 私人的钱袋；私人积蓄。宋余靖《甲授田不入国征里尹责之》："本殊食菜之荣，自分公邑；复异连阡之富，止实～。"《元曲选·陈州粜米》二折："只要肥了你～，也不管民间瘦。"清《绿野仙踪》一六回："清宦之家，那里有什么～。"

【私期】 sī qī 私约；私会。唐孔颖达疏《左传·哀公十三年》"呼曰庚癸乎"："军中不得出粮与人，故作隐语，为～也。"金《董解元西厢记》卷五："也不是闲言语，是五言四韵，八句新诗。若使颗朱砂印，便是偷情帖儿，～会子。"清《女仙外史》九一回："祆庙～郎熟睡，佳人唤之心如醉。"

【私商】 sī shāng ❶私人经商者。五代长兴四年五月盐铁使《定私盐科罪奏》："应食课盐，州府省司各置榷粜折博场院，应是乡村，并通～兴贩。" ❷指非法经商或抢劫商旅。宋《三朝北盟会编》卷八三："盐法不通，～公行。国之利源，徒成虚设。"元明《水浒传》一四回："曾见山东、河北做～的，多曾来投奔哥哥。"清

《绿野仙踪》八回："弟至十七岁即同我哥哥做～买卖。"

【私身】 sī shēn ❶ 自身；一己之身。宋张詠《奏郑元祐事自陈状》："盖奸邪之利，利于～；忠良之利，利于便国。"明李东阳《合从连衡论》："小人盗天下之势，而又倾侧欹骳，为其～计如此。"曹于汴《湖广按察司佥事冯公墓志铭》："所谓我身是～也。生死公于天，吾何得私宰之？" ❷ 指没有列入官差名籍而为私人雇佣的仆役。宋司马光《温公日记》："翁氏位有～韩虫儿者，自言常汲水，仁宗见小龙缠其汲绠而出。"《宋会要辑稿·刑法二》："近岁诸路州军公吏人违条顾觅～，发放文字及勾追百姓，或谓之家人。"清《东周列国志》三一回："彼哉～家，何以食君禄？"

【私事】 sī shì 不愿公开的个人的事；暧昧之事。宋赵彦卫《云麓漫钞》卷三："绍兴末，宿直中官以小竹编联笼，以衣画风云鹭丝作枕屏，一时无名，号曰画丝。……又云：出于房中，目曰话私，言遮蔽可以话～。"《元曲选·梧桐雨》楔子："别的都罢，只是我与贵妃有些～，一旦远离，怎生放的下心。"清《红楼梦》四三回："原来宝玉心里有件～，于头一日就吩咐茗烟：明日一早要出门。"

【私窝】 sī wō 即"私窠"。明王士性《广志绎》卷四："妇女卖～，侍席行酒与官妓等。"《梼杌闲评》九回："终日大酒大食，包姊妹，占～，横行无忌。"清《歧路灯》六五回："前院那两个～子，从后门也金命水命没命的跑了。"

【私下】 sī xià ❶ 自己进行，不通过有关方面。五代石敬瑭《令盐铁使禁销钱铸器物敕》："宜令盐铁使禁止～打造铸泻铜器。"《元典章·刑部十六》："不合不行躬亲追究，转令司吏、贴书人等～取问。"清《红楼梦》六二回："外头预备的是上头的；这如今我们～又凑了分子，单为平姑娘预备两桌请他。" ❷ 背地里。金《董解元西厢记》卷八："太守怒曰：'子欺我乎？公厅对官无礼，～怎话！'"《元典章·刑部八》："本主要行告官，谢行可才将原受钱物～回付。"清《红楼复梦》二七回："我很疑心这件事，～里打听打听，果然一丝儿不错。"

【私向】 sī xiàng ❶ 照顾私情偏向一方。《元曲选·丽春堂》二折："也不是我有心～，从实的奏与君王。" ❷ 私情。清方成培《雷峰塔》一一出："他那里当炉妇百种情，何曾效执拂伎怀～。"

【私刑】 sī xíng 不按照法律程序加给人的刑罚。宋袁说友《张释之辩》："故天子无私法，有司无～，然后上下齐一，而刑罚以正。"明文秉《烈皇小识》卷七："厂卫不可轻信，是朝廷有～也。"清《醒名花》二回："只为一纸题笺，先受～吊拷。"

【私行】 sī xíng ❶ 私自行走。唐唐临《冥报记》："于时府君大衙未散，操遂～曹司。"明《西游记》八回："欺心搅乱蟠桃会，大胆～兜率宫。" ❷ 皇帝、官吏隐瞒身分改换服装出行或到民间调查。五代孙光宪《北梦琐言》卷二："会宣宗～为温岐所忤，乃授方城尉。"《元曲选·陈州粜米》三折："一个包龙图暗暗的～，唬得些官吏每兢兢打战。"清《女仙外史》八八回："我要微服～，察访官员贤否。" ❸ 副词。私自。唐严郢《论自徒已下罪人并徙边州议》："其徒罪条目至多，或斗殴争竞，小有伤损。……或～度关，或相冒合户。"宋张方平《论钱禁铜法事》："所在官司，公为隐庇。诸系禁物，～买卖。"《大清律例》卷一一："如有捏饰侵渔，以及未经报明，～借动者，即行题参，按律治罪。"

【私休】 sī xiū 私下了结纠纷。《元曲选·窦娥冤》二折："窦娥，你药杀了俺老子，你要官休要～？"明《警世通言》卷二八："赶将人去，把白娘子一把拿住，道：'你要官休～？'"清《野叟曝言》二九回："须叫人去唤他老子来，说明缘故，或是官休，或是～。"

【私衙】 sī yá 官员的住宅。宋陆九渊《与邓文范》："宅堂有回禄之灾，大屋十餘间，顷刻成烬，～行李，几为一空。"元明《水浒传》六九回："董平径奔～，杀了程太守一家人口。"清方成培《雷峰塔》一〇出："恰才退食～，又值午堂时分，不免出堂理事一番。"

【私盐】 sī yán 私自生产和未交纳盐税而私自贩运出售的盐。官府垄断盐的生产和销售，禁私盐。唐韩愈《论变盐法事宜状》："今又减置人数，谓能～断绝，此又于理不可也。"元王逢《忧伤四首上樊时中参政》之四："～渐多法渐密，隩里干戈攘白日。"清袁枚《子不语》卷一二："宣化把总张仁，奉缉～。"

【私盐包】 sī yán bāo 比喻急于脱手的会招惹麻烦的人或物。宋元《清平山堂话本·刎颈鸳鸯》："常言道，女大不中留，留在家中，却如～儿，脱手方可。"明《醋葫芦》七回："俗话说得好：～子，恐到别人家，人头混杂，没甚好勾当做出来。"

【私意】 sī yì ❶ 私情；男女情爱。元周致中《异域志》卷上："若他国人至，扪其妇人乳者，自喜曰：'你爱我。'若有～，即出刃刺杀之。"明《禅真后史》一回："夜深时分，嫠妇独自叩门，必有～存焉。"清《红楼梦》七四回："年轻人儿女闺房～是有的。" ❷ 私下。清《醒世姻缘传》九六回："不论有这话没这话，只是让进他两个往屋里去～说话，就是我的不是。"《红楼梦》七二回："据我素日～儿试他，他心里没有甚说的。"

【私殖】 sī zhí 为个人经营所得的财产。宋李幼武《宋名臣言行录》别集上卷六："方今许国者莫闻，谋身者尚众。以补外为左迁，以近民为俗吏。营～，已廉耻渐缺。"明孙承恩《女训》："戒无时妆，戒无～。"清王士禛《池北偶谈》卷八："正德末，士大夫当权竖乱政之后，多营～，政以贿成。"

【私自】 sī zì 背地里。清《红楼梦》七七回："咱们～顽话，怎么也知道了？"

【私走】 sī zǒu ❶ 私自出去；私自出走；私自逃走。《太平广记》卷四三八引《潇湘录》："若更～，出外为贼，薛家人必杀尔。"元明《水浒传》二回："我儿，和你要～，只恐门前两个牌军。"清孔尚任《桃花扇》三九出："前日皇帝～，嫔妃逃散。" ❷（男女）私奔。金《董解元西厢记》卷八："去昨宵半夜已来，四更前后，不觉莺莺随人～，教人怎不忿？"《元曲选·墙头马上》二折："奶奶可怜见，你放我两个～了罢，至死也不敢忘你。"

【思凡】 sī fán 神仙想过人间生活，或僧道想过世俗生活。宋史达祖《汉宫春》："凄凉故里，想香车、不到人间。羞再见、东阳带眼，教人依旧～。"明《西游记》六回："我记得当年玉帝妹子～下界，配合杨君，生一男子。"清《白雪遗音·戏名》："铁冠图，孙富廷私行夜来探，尼姑～。"

【思量】 sī liáng ❶ 思考。宋《朱子语类》卷一〇四："某旧年～义理未透，直是不能睡。"陈著《渔家傲》："独立无言心事渺。曾将宇宙～了。"明黄道周《榕坛问业》卷九："把载籍中图书爻象～十数番，才参近说证之，则自然契合。" ❷ 想念；记挂。唐刘禹锡《忆乐天》："寻常相见意殷勤，别后～梦更频。"按，一作相思。元王和卿《文如锦》："推眼痛悄悄泪偷淹，佯咳嗽袖儿里作念，则被你～杀小卿也双渐！"清《红楼梦》三六回："这里住的近，又是亲戚，你不去，岂不叫他～！" ❸ 脑筋；心思。宋《朱子语类》卷四九："某向来费无限～，理会此段不得。"杨简《偶作》："此天然处不亦妙，费尽～却不到。"清董以宁《两同心·对饮》："谁忖得无限～，两人心事。"

【思路】 sī lù 思想门径；思维的条理脉络。《珊瑚网》卷四六引明陈继儒题跋："以李营丘寒林图写出亭皋木叶，古人～不到此，所谓跌下秋声也。"清赵吉士《寄园所寄》卷四："但～不一，血脉不贯，未甚快心。”《春柳莺》二回：“待学生再亲去取一坛好酒，与二兄冲开～。”

【思事】 sī shì 心事。唐张鷟《游仙窟》：“十娘有一～，亦拟申论。”

【思算】 sī suàn 思量；思想盘算。宋柳永《玉女摇仙佩》：“细～、奇葩艳卉，惟是深红浅白而已。”元王元和《小桃红·题情》：“是咱～少，又被傍人一觅里搅。”清《红楼梦》一一〇回：“正在～，只见一个小丫头过来说：‘鸳鸯姐姐请奶奶。’”

【思想】 sī xiǎng 思量；考虑。《敦煌变文校注》卷五《父母恩重经讲经文(一)》：“～慈亲这个恩，门徒争忍生孤负。”元姚守中《粉蝶儿·牛诉冤》：“那～耕牛为主，他则是嗜利而图，被这厮添钱买我离桑枢。”清《隋唐演义》四六回：“旦夕～，忽得一计，径入晋阳宫来。”

【斯文】 sī wén 文雅。《元曲选·风光好》二折：“熙载，你比外郡太守不同，况且～。”明孟称舜《娇红记》四四出：“大爷，你用～些，休教露村势。”清《红楼梦》六五回：“奶奶这样～良善人，那里是他的对手？”

【厮】 sī ❶对人的轻蔑称呼。宋黄庭坚《少年心·添字》：“见说那～脾鳖热，大不成我便与拆破。”元商衢《一枝花·远寄》：“是他惯追陪济楚高人，见不得村沙谎～。”清《绿野仙踪》一八回：“看你这～，奴头贼眼，满身钱臭。” ❷东西。明《朴通事谚解》卷中：“紫苏这～好吃。把那叶儿摘了，着针线串上，吊在一壁厢，一冬里熬吃好。”又：“把那菖蒲叶儿来做席子，铺着睡时，跳蚤那～近不的。” ❸相。a）互相。宋欧阳修《渔家傲》：“花气酒香清～酿，花腮酒面红相向。”元王实甫《四块玉》：“意～投，心相爱。早成了鸾交凤友，省的着蝶笑蜂猜。”清《红楼梦》七九回：“素日咱们都是～抬～敬的，今日忽然提起这些事来，是什么意思？”b）表示一方对另一方(多指自己)的行为、态度。《太平广记》卷三〇五引《广异记》：“众人莫～笑。”元庚天锡《雁儿落过得胜令》：“名缰～缠挽，利锁相牵绊。”清《醒世姻缘传》四回：“只是穷忙，这些大老们不肯～放，那得脱身？”

【厮挨】 sī āi ❶互相挨近或靠在一起。《大宋宣和遗事》前集：“肩儿～，手儿厮把。”明《金瓶梅词话》一六回：“香肩相并，玉体～。” ❷往跟前凑。《元曲选·杀狗劝夫》三折：“吃饭处，白～，买酒处，白厮逞。”

【厮捱】 sī ái 支撑；承受。宋朱熹《答廖子晦》：“事已至此，已展不缩，已进不退，只得硬着脊梁与他～，看他如何。”

【厮伴】 sī bàn 陪伴；相伴。宋蒋捷《贺新郎·兵后寓吴》：“影～、东奔西走。望断乡关知何处。”元高安道《哨遍·皮匠说谎》：“～着青云益友，谈笔忘机，出语无俗气。”清《后西游记》三四回：“自然是天生一对，就该～着朝夕取乐。”

【厮帮】 sī bāng ❶相依傍；相靠。明《二刻拍案惊奇》卷七：“两只船～着一路而行。” ❷帮助。清《荡寇志》一〇四回：“那群贼兵，当鲁、武二人战时，吃史谷恭用奇兵堵住，所以二人战斗被擒，他们都不能上前～。”

【厮并】 sī bìng ❶并排；相挨。元明《水浒传》一五回：“两只船～着，投石碣村镇上来。”明贾仲明《对玉梳》三折：“肩～比翼鸟，腮厮贴比目鱼。”清《荡寇志》八五回：“希真也忍不住流下泪来，便把丽卿抱入怀内，取那镜子与他～着脸儿再照。” ❷(男女)结合。明孟称舜《娇红记》三二出：“我与你两心坚，拚今世、待来生，相～。” ❸拼斗；厮杀。《元曲选·玉镜台》二折：“更有场大～，月夜高烧绛蜡灯，只愁那烦扰非轻。”明《禅真逸史》二一回：“伏威与薛举两条棒围住～，三个人鏖战良久。”清《荡寇志》一二八回：“云龙提刀出马，三阮一齐～。”也隐指性交。明《金瓶梅词话》五三回：“一个达达连声，一个亲亲不住，～了半个时辰。” ❹相逼。元高安道《哨遍·皮匠说谎》：“好一场恶一场，哭不得笑不得，软厮禁硬～却不济。”

【厮波】 sī bō 在酒楼、妓院等场所趋奉侍候客人的闲汉。波，奔波，奔走。宋吴自牧《梦粱录》卷一六：“又有向前换汤、斟酒、歌唱、献果、烧香香药，谓之～。”清沈嘉辙《南宋杂事诗》卷一：“春衫新剪瑞香罗，插座频宣小妓歌。四色馒头红白酒，花茶坊里唤～。”

【厮缠】 sī chán 纠缠。《元曲选·张天师》楔子：“不要歪～，衙里久等着哩。”明《老乞大谚解》卷上：“这客人，怎么这般歪～！”清《红楼梦》二二回：“说的宝玉急了，扯着凤姐儿，扭股儿糖似的，只是～。”

【厮吵】 sī chǎo 争吵。唐庞蕴《诗偈》：“穷厮煎，饿～。”宋佚名《张协状元》一二出：“我教孩儿送些物事来，怎地不见归，自在这里～，如何？”清《红楼梦》六〇回：“宝玉正在听见赵姨娘～，心中自是不悦。”

【厮炒】 sī chǎo 同“厮吵”。《类说》卷五七引王直方诗话：“潘邠老诗多犯老杜，为之不已，老杜亦难为存活。使老杜复生，则须共潘十～。”宋《朱子语类》卷一一二：“又如今两人～，自家要去决断他，须是自家高得他。”明《二刻拍案惊奇》卷三四：“～得不耐烦，直到五鼓，方才一个个逐渐散去。”

【厮称】 sī chèn 相称；相配。宋哀长吉《齐天乐·贺人入赘》：“一笑相迎，一双两好恰～。”元高明《琵琶记》一六出：“破靴破笠破衣裳，打扮须要～。”清《蜃楼志》九回：“我们这心下的同心上的搭在一块儿，恐怕他心里嫌不～。”

【厮趁】 sī chèn ❶相随；相伴。宋李莱老《杏花天》：“记舞板、歌裙～。斜阳苦与黄昏近，生怕书船归尽。”《元曲选·东堂老》一折：“你和这狗党狐朋～着，又不是年纪小，怎生来一桩桩好事不曾学！”清汪光被《芙蓉楼》二一出：“看他来往似游蜂，栏边～。” ❷赶趁；奔走经营。《元曲选·红梨花》三折：“则为我养老也甘贫，携着个匾篮儿俨然～，卖几朵及时花且度朝昏。”明徐复祚《红梨记》二三出：“只为着年老甘贫，满街～，提着个匾篮儿，为营运。”清杨潮观《穷阮籍醉骂财神》：“〔丑〕你看那从容的，〔生〕他活浏浏鱼游水面。〔丑〕又看那～的，〔生〕都喜孜孜蜂上花腮。” ❸同“厮称”。明徐渭《雌木兰》一出：“紧钩绦，～这细褶子系刀环。”清《姑妄言》三回：“面上红白相兼，身材高矮～。”

【厮打】 sī dǎ ❶对打；搏斗。宋《三朝北盟会编》卷一六三：“如欲～，先约定一日，两军对敌则好。”《元朝秘史》卷四：“太祖不听，将树枝折折，又抽出撞马乳的木椎～。”清《飞龙全传》二八回：“随后到来，见众人围住～，便叫过一个来问道：‘你们为何～？’” ❷互相碰击。宋黄庭坚《鼓笛令》：“见来两个宁宁地。眼～、过如拳踢。”元明《水浒传》一回：“唬的三十六个牙齿，捉对儿～。”清《野叟曝言》四四回：“口中牙齿捉对～，浑身抖战，不摇自颤。”

【厮当】 sī dāng ❶相当；相合。唐居遁《偈颂》：“顶相拟求终不见，应缘同谷不违方。此门别处无寻路，只有休心更～。”《五灯会元》卷二〇《净慈师一禅师》：“藏身无迹更无藏，脱体无依便～。”洪迈《夷坚志》戊卷二：“是夜亦至。尼告之曰：‘有一因缘不～，颇知之否？’女曰：‘吾固知之。烦师说与魏二，吾门灾咎于数当然，非我丘墓所作。’” ❷相称；相配。《元曲选·倩女离魂》四折：“这等门～，户厮撑，怎教咱做妹妹哥哥答应？”《三遂平妖传》四回：“两个于路上说道：‘那里有门～、户厮对的好人家？’”明

《西湖二集》卷一〇："在下是经纪人家，只好与门～户厮对人家结亲。" ❸ 互相面对着面。清洪昇《长生殿》三八出："行厮并，坐～。"

【厮斗】 sī dòu 相斗；对打。宋陈楠《真珠帘》："见金翁姹女，两个～。"元明《三国演义》一二回："我乃截天夜叉何曼也，谁敢与我～？"清《荡寇志》一〇〇回："鲁达、武松大怒，一齐上前～。"

【厮儿】 sī ér ❶ 年轻的男子。《敦煌变文校注》卷二《庐山远公话》："此个～要多小（少）来钱卖？"宋谢采伯《密斋笔记》卷四："海州东海富刘家，朐山一族更奢华。牵牛～著锦袄，牵车婢子带金花。"清《歧路灯》三回："这宋禄小～们，更要上会，早把车捞在胡同口等候。" ❷ 对男子的蔑称。《祖堂集》卷一七《普化和尚》："林际～，只具一只眼。"宋王巩《闻见近录》："臣见本院长官多欺陛下，臣不怕惊动官家，恼乱宰相，则打杀此～久矣。"朱熹《答程允夫》："今人只见重叠催税之利，而不察乡吏隐瞒之害，故不肯整理。此是上下俱落在～计中，甚可叹也。" ❸ 男孩儿；儿子。元武汉臣《老生儿》一折："唤的个稳婆评脉，他道老儿欢喜，是个～胎。"《元曲选外编·刘弘嫁婢》一折："我要一个家～无，我要一个家女儿无。"明《朴通事谚解》卷上："小～那女孩儿？一个俊小厮。"

【厮赶】 sī gǎn ❶ 相随；相伴。宋佚名《张协状元》八出："如今要过五矾山，怕有剪径底劫掠人，～去。"《五代史平话·周上》："每日与郭威～闲耍。"宋元《古今小说》卷一五："我不曾带钱来，你～我去营里讨还你。" ❷ 赶路；追赶。宋曹豳《红窗迥》："春闱期近也，望帝乡迢迢，犹在天际。懊恨这一双脚底。一日～上五六十里。"清蔡应龙《紫玉记》三二出："那番将论恐热呵，早夜～。"《野叟曝言》二九回："吓得冷汗直淋，急忙跑转，背后又有小脚声气，～着走。"

【厮共】 sī gòng 共同；一起。宋《五代史平话·周上》："丈夫日勤耕稼，妇女夜事绩织，～生活，应当官司徭役。"《元曲选·张天师》一折："莫非他锦阵花营，不曾～？险教咱风月无功。"

【厮勾】 sī gòu ❶ 相迎；相接；相续。宋黄庭坚《归田乐引》："看承幸～。又是樽前眉峰皱。"周密《玲珑四犯》："杏腮红透梅钿皱。燕将归，海棠～。"佚名《祝英台近》："牡丹恰则开园，荼蘼～，便下得，一帆千里。" ❷ 接近；快要。宋赵令畤《清平乐》："春风依旧，着意隋堤柳。搓得鹅儿黄欲就，天气清明～。"元《七国春秋平话》卷下："今孙子遭困，～死也。"《元曲选外编·西游记》九出："他想我须臾害，我因他～死。"

【厮够】 sī gòu 同"厮勾❶"。元张可久《落梅风·西园春暮》："绕西园旋呼花下酒，海棠飞牡丹～。"

【厮合】 sī hé ❶ 合得来；相投。宋佚名《道山清话》："人言一个陕西人，一个福建子，怎生～得着？"明《禅真后史》二六回："如与他相拗不～时，暗中念动咒语，蛊毒生发，多害性命。" ❷ 相合；合在一起。宋《朱子语类》卷四四："下学、上达虽是两件理，会得透彻～，只一件。下学是事，上达是理。理在事中，事不在理外。"《五代史平话·汉上》："有五个后生在桥上赌钱，刘知远心里要去～赌钱。"

【厮哄】 sī hòng 吵闹。《元曲选·百花亭》三折："兀那厮，敢来俺这里胡～！"明《禅真逸史》一回："见这伙人喧嚷，问苍头：'这是什么人在此～？'"

【厮唤】 sī huàn ❶ 称呼人。明《醋葫芦》一〇回："你可拜姑爹为父，拜我为母。你即改姓为成，换口～，凡事从我家教，日后承我家业。"孟称舜《娇红记》二二出："如今朝廷立法，内兄弟不许成婚。他弟兄相～，怎可作姻亲？" ❷ 见礼；打招呼。明《拍案惊奇》卷二："有宫中女婢逃出民间，见了小的每，误认做了柔福娘娘，口中～。"《型世言》三回："这两邻正起身与盛氏～，盛氏折身便入。"清毛奇龄《孙绣姑表贞录序》："杭俗贫巷多连房，界一壁以分两家，而朝夕～，男女不能避。" ❸ 叫唤；呻吟。清《荡寇志》八二回："刘麒的娘子已带重伤，战斗不得，撇了刀，倒在露水滩上～。"又一〇九回："宋江只是躺在床上～。"

【厮混】 sī hùn ❶ 搅混；混杂。《元曲选外编·西厢记》五本一折："新愁近来接着旧愁，～了难分新旧。"明《西游记》六一回："这场比前翻更胜，三个英雄～在一处。"清孔尚任《桃花扇》二五出："歌舞西施，文章司马，～了红袖乌纱。" ❷ 混在一起；鬼混。《元曲选·小尉迟》二折："本来不醉佯妆醉，则在营里胡～。"明《二刻拍案惊奇》卷八："若使吾得似李三，也在里头～得一场，死也甘心！"清《歧路灯》四五回："你与这一起光棍～，也学会这一种不遮丑的白话。" ❸ 混闹。明《二刻拍案惊奇》卷二："此系教棋之处，是何闲人，乱入～？"清洪昇《长生殿》五出："堪恨，藐视皇亲，傍香车行处，无礼～。" ❹ 蒙混应付。清《红楼梦》六七回："一味的将些没要紧的话来～。"

【厮溷】 sī hùn 同"厮混❶"。明徐复祚《红梨记》三出："愧烟花户门，风尘陋品，岂堪与王公贵戚相～。"

【厮慁】 sī hùn 同"厮混❶"。《元曲选·黄粱梦》一折："混沌初分，生人～。谁持论，旋转乾坤？"

【厮极】 sī jí 相急；相闹。极，通"急"。《元曲选·谢天香》三折："你休要不君子便将闹起，我永世儿不和你～。"

【厮见】 sī jiàn ❶ 相见；看见。宋周邦彦《风流子》："天便教人，霎时～何妨。"金《董解元西厢记》卷三："贼军～，道：'咱性命合休也！'"清《歧路灯》七三回："设若要丢下个小人命儿，他身上有这宗批，咱身上有这宗案，如何好～哩？" ❷ 犹"厮唤❷"。《元曲选·潇湘雨》一折："待我唤他出来，和我侄儿～。"明《拍案惊奇》卷三一："赛儿先看见，疾忙出来，迎着钱氏～了。"清《红楼梦》七一回："贾母等俱是按品大妆迎接，大家～。"

【厮搅】 sī jiǎo ❶ 搅扰。宋欧阳修《谢梅圣俞简》："家人见诮，好时节将诗去人家～，不知吾辈用以为乐。"明《二刻拍案惊奇》卷八："李秀才，你又来鬼～，打断我姊妹们兴头。" ❷ 搅和在一起。《续资治通鉴长编》卷二一三："君子不肯与小人～，所以与小人杂居者，特待人主觉悟有所判而已。若终令君子与小人～，则君子但有卷怀而已。"

【厮叫】 sī jiào ❶ 犹"厮唤❷"。宋元《清平山堂话本·杨温传》："都头走入来，共员外～了，杨官人向前唱个喏。"元明《水浒传》一八回："店主人自与他～道：'白大郎，那里去？'"清《野叟曝言》一七回："因走至床前，正值又李醒来，互相～。" ❷ 犹"厮唤❸"。清尤侗《渔家傲·春闺》："笼内鹦哥没紧要频～，墙角海棠谁折了。"《红楼梦》八七回："忽听房上两个猫儿一递一声～。"

【厮近】 sī jìn 接近。宋吕渭老《醉蓬莱》："～清明，雨晴风软。"明《警世通言》卷二："田氏一见楚王孙人才标致，就动了怜爱之心，只恨无由～。"清《荡寇志》七六回："云龙知丽卿是女子，也不敢来～。"

【厮禁】 sī jìn 纠缠。元乔吉《醉太平·题情》："离情～，旧约难寻，落红堆径雨沉沉。"高安道《哨遍·皮匠说谎》："好一场恶一场，哭不得笑不得，软～硬厮并却不济。"六十种曲本《琵琶记》三〇出："怕他知我要归去，将人～。"

【厮罗】 sī luó 同"厮锣"。唐段成式《酉阳杂俎》续集卷三："言宅南有井，每夜沸涌有声，昼窥之，或见铜～，或见银熨斗者。"

宋佚名《张协状元》一出："～响，贤门雅静，仔细说教听。"元佚名《东南纪闻》卷三："有铜盆类今～，殊无古制，中有双鱼，盆底有四镮附著，不测其所以用。"

【厮锣】 sī luó 即"沙罗"。宋赵彦卫《云麓漫钞》卷九："今人呼洗为沙锣，又曰～，……书传目养马者为厮，以所执之锣为洗，曰～。"宋元《警世通言》卷二〇："只见一个人，头顶着～，入来阁儿前，道个万福。"明《金瓶梅词话》九三回："冯金宝上来，手中拿着个～儿，见了敬济，深深道了万福。"

【厮倮】 sī luǒ 扯拽。《元曲选·争报恩》三折："那妮子把孩儿每～，将女孩儿面皮掴破。"又《看钱奴》四折："俺待和这厮，～的见官司。"

【厮骂】 sī mà 对骂；骂。《五灯会元》卷一六《慧林怀深禅师》："山僧只是得人一牛，还人一马。泼水相唾，插嘴～。"《元曲选·酷寒亭》一折："学一句燕京～，入没娘老大小西瓜。"清《歧路灯》一五回："且还有翻脸的，～的。"

【厮瞒】 sī mán 瞒哄；隐瞒。宋《朱子语类》卷八七："若是逼得他紧，他便来～，便是不由诚。"《元曲选·隔江斗智》三折："不争你把我～着，怎知我这些心地好。"清《荡寇志》九三回："杀天使一事，并非我～你，便是山上众头领也不得几人晓得。"

【厮耨】 sī nòu 相挑逗；狎弄。《元曲选外编·西厢记》四本二折："一个恣情的不休，一个哑声儿～。"明孟称舜《娇红记》三〇出："小子搂了他呵，听他不住、不住的娇声～。"清洪昇《长生殿》三七出："这是我断香零玉沉埋处。好结果一场～，空落得薄命名留。"

【厮扑】 sī pū 相扑；摔跤。《古尊宿语录》卷一〇《并州承天嵩禅师语录》："幽州着脚，广南～。"元明《水浒传》八〇回："高俅便起身来，脱了衣裳，要与燕青～。"清《荡寇志》一一九回："那秦明气焰已有些平挫，只是怒气未息，狠命～。"

【厮觑】 sī qù 相看；观望。宋赵师侠《洞仙歌》："待归去、犹自意迟疑，但无语、空将眼儿～。"金《董解元西厢记》卷六："莺莺君瑞，彼此不胜愁，～者。"清《飞龙全传》三回："凭他有十分的本事，也不敢正眼～。"

【厮嚷】 sī rǎng 叫嚷；对骂。《元曲选外编·智勇定齐》楔子："听的父亲叫，看他胡～。"明《禅真后史》三四回："当夜，花楼上打滚～，比往常倍加热闹。"清《歧路灯》八二回："从来～无好口，把话都说得太狠了。"

【厮杀】 sī shā ❶ 交战；拼杀。宋《三朝北盟会编》卷一四："我国里军人～八九年，受了苦辛不少，方得西京。"《元曲选·单鞭夺槊》二折："正待要去～，我哥哥便等不得，自家去了。"清《凤凰池》一四回："大王要降自降，我等情愿～。" ❷ 减弱。《新唐书·李昭德传》："昭德始累石代柱，锐其前，～暴涛，水不能怒，自是无患。"

【厮守】 sī shǒu ❶ 待在一起，互为伴侣。宋黄庭坚《鼓笛令》："见来便觉情于我，～著、新来好过。"金《刘知远诸宫调》一一："你又营中恁般生受，我向庄中吃打骂无休，怎生交俺子母穷～？"清《红楼梦》四回："我和你姨娘姊妹们别了这几年，却要～几日。" ❷ 守护；监护。明《金瓶梅词话》七八回："眼前看见花子虚、武大在他根前站立，问他讨债，又不肯告人说，只教人～着他。"清《醒世姻缘传》一七回："渐渐觉得见神见鬼，整夜叫人～。"《十二楼·合影楼》三回："当不得丫鬟～，父母提防，不但没有寄书之人，亦且没有写书之地。"

【厮熟】 sī shú 熟悉。元明《水浒传》三七回："宋江听得声音～，便舱里叫道：'船上好汉是谁？救宋江则个！'明《警世通言》卷三〇："过了三朝半月，夫妇～了。"清《荡寇志》一一四回："我想不如央范成龙去，他也与溶夫～，不必迟疑。"

【厮似】 sī sì 相似；相同。《元典章·刑部八》："与世祖皇帝圣旨体例不～一般有。"《通制条格》卷二九："那里百姓每稀少，又兼那和尚每多半有妻子，与其餘和尚每不～有。"《元曲选·合汗衫》三折："这官人好和那张孝友孩儿～也。"

【厮殢】 sī tì 缠磨。宋元《古今小说》卷一五："'我今日没一文，你且去，我明日自送还你主人。'量酒～道：'归去吃骂，主人定是不肯。'"

【厮挺】 sī tǐng 顶撞；出头作对。《元曲选·玉镜台》二折："遮莫你骂我尽情，我断不敢回你半声，也强如编修院里和书生每厮强挺。"明佚名《吐绒记》一九出："小生前日与哥哥～一番，忿气出门。"《西湖二集》卷二九："凡遇冤枉不平，贪官污吏，他便暴雷也似叫将起来，要与之～。"

【厮投】 sī tóu 彼此投合；合得来。《元曲选·竹坞听琴》三折："坐处坐行处行，情～意厮称。"明《金瓶梅词话》四三回："意～，心相爱，早成了鸾交凤友。"《警世通言》卷三〇："那小员外与女儿两情～，好说得着。"

【厮像】 sī xiàng 相像。《元曲选·鸳鸯被》三折："怪道你两个～，两个鼻子一般般的。"明《醒世恒言》卷一七："官人向来寻访小官人下落，适来丐者面貌好生～。"清《歧路灯》九〇回："就是一对双生儿，也没有这样儿～。"

【厮撞】 sī zhuàng ❶ 相遇。宋阮阅《诗话总龟》后集卷三三载政和间《怀挟词》："喜叶叶地，手把怀儿摸。甚恰限(根)，出题～着。"明汤式《新水令·秋夜梦回有感》："揽衣推枕掀帘幕，共多情～着。"清《野叟曝言》一〇回："却值了缘潜立舱口，窃听声息，暗中～，大家都吓了一跳。" ❷ 相撞。元王和卿《拨不断·胖妻夫》："绣帏中一对儿鸳鸯象，交肚皮～。"元明《水浒传》二一回："奔上楼来，却好和宋江打个胸～。"清《野叟曝言》四九回："心头如小鹿儿～一般。"

【撕】 sī 用手使东西裂开。《元曲选·看钱奴》二折："少少的酾些热酒儿来，则～只水鸡腿儿来。"明苏志皋《译语》："歌诀有曰：'前手如拒(如推物无所挠屈)，后手如～(如扯物无所顾惜)。'"清《红楼梦》六五回："衣裳不如意，不论绫缎新整，便用剪刀剪碎，～一条，骂一句。"

【撕打】 sī dǎ 扭打。明《梼杌闲评》三七回："王氏时常争闹，景阳他出，便与郭氏～，彼此俱不相安。"清《红楼梦》四四回："一脚踢开门进去，也不容分说，抓着鲍二家的～一顿。"

【撕掳】 sī lǔ 排解；料理清楚。清《红楼梦》八五回："许他些银子，先把死罪～开，回来再求贾府去上司衙门说情。"又九二回："我和你二爷说，打发旺儿给他～就是了。"

【撕罗】 sī luó 即"撕掳"。清《红楼梦》九回："就闹到太爷跟前去，连你老人家也是脱不过的，还不快作主意～开了罢。"《补红楼梦》二八回："今儿总望二爷念头里的情，给我们～～。"

【撕逻】 sī luó 即"撕掳"。清《红楼梦》一二回："他两作好作歹，只写了五十两，然后画了押，贾蔷收了起来。然后～贾蓉。"

【撕挠】 sī náo (食物)腐败变质。清《醒世姻缘传》八七回："羊羔酒可说放的过夏，响皮肉五荒六月里还放好几日～不了。"

【撕挠帐】 sī náo zhàng 指隐秘不清白的纠纷。清《醒世姻缘传》八二回："情管不知有甚么～，家反宅乱的把个丫头吊杀了。"

【撕杀】 sī shā 同"厮杀❶"。明《西洋记》三七回："王神姑看见铁楞来意不善，更不通问名姓，一任的举刀～。"清《绿野仙踪》六六回："黄元帅带兵亲去劫营，不意马如龙已有准备，将黄元帅围住～。"《红楼复梦》八三回："今调七十二峒蛮兵～，胜败难定。"

【撕挦】 sī xián 撕扯。元王实甫《四块玉》："～碎合欢带，硬分开鸾凤钗，水淹塌楚阳台。"《元曲选·萧叔兰》一折："早则腾腾烈火飞红焰，将姻缘簿亲检自～。"

sǐ

【死】 sǐ ❶死板；不灵活，不变化。唐张彦远《历代名画记·论吴道玄用笔》："夫用界笔直尺，是～画也；守其神，专其一，是真画也。"明《型世言》三回："他这翻故意做一个～：一注生意，添银的决要添，饶酒的决不肯饶。"清《红楼梦》七五回："亲戚们好，也不在必要～住着才好。" ❷熄灭。唐王谭《后庭怨》："独立每看斜日尽，孤眠直至残灯～。"明《西洋记》六四回："果然的一阵骤雨淋将下来，把些火都扑～了。"清焦袁熹《秋虫》："正繁灯欲～，乍断月应沉。" ❸不能通过。元明《水浒传》四五回："这条巷是条～巷，如何有这头陀连日来这里敲木鱼叫佛？"清《说岳全传》四四回："河面虽大，却是一条～港。只有一条进路，并无第二条出路。" ❹失去效用；没有作用。清《红楼梦》五七回："宝钗忙说是一张～了没用的，不知那年勾了帐的。"《警寤钟》一四回："可笑哥哥爬起来，只晓得读这两句没用的～书，竟是痴人。" ❺用在动词前，表示拼死地、极力地。《元曲选·岳阳楼》楔子："今日又被他歪～缠，不曾卖的酒。"清《儒林外史》一二回："门上人问他姓名，他～不肯说。"《红楼梦》六〇回："彩云～劝不住，只得躲入别房。" ❻詈词。该死的。明汤显祖《牡丹亭》七出："～丫头，唐突了师父，快跪下。"清《红楼梦》八〇回："～娼妇，你这会子作什么来撞尸游魂！"

【死板】 sǐ bǎn 不活泼；不生动。清黄宗羲《孟子师说》卷下："任人不知礼，以礼是～格套，故有此问。"陆陇其《四书讲义困勉录》卷一〇："乡党得此一节便都活，不然只是～，此记者之点化处也。"《红楼梦》庚辰本一六回脂砚斋批语："从头细细直写，将来几千样细事如何能顺笔一气写清？又将落于～拮据之乡。"

【死昏】 sǐ bèi 昏厥。清《绿野仙踪》四四回："我真是天地间要不得的人，不知怎么就～过去，连老哥的寿日都忘记去！"

【死不残】 sǐ bù cán 犹言老不死，骂人年老该死。清《醒世姻缘传》五九回："素姐见婆婆进到房中，一边说：'我放着年小力壮的不打，我打你这～的！'"又七六回："俺这们年小的人还不会生个孩子，没见～的老头子会生孩子哩。"

【死才】 sǐ cái 称已死的人。清《醒世姻缘传》五三回："嫌材不好，这是～活着可自己买的！"

【死党】 sǐ dǎng 为某人或某集团出死力的党羽。宋苏轼《再乞郡札子》："而贾易，颐之～，专欲与颐报怨。"明王守仁《奏报田州思恩平复疏》："前项地方卢苏、王受结为～，互相依倚，祸孽日深。"清《野叟曝言》一三四回："～数十人，精兵五千。"

【死堆灰】 sǐ duī huī 无精打采貌。元关汉卿《调风月》二折："莫不是郊外去逢着甚邪祟？又不风又不呆痴，面没罗、呆答孩、～。"

【死过】 sǐ guò 死去；去世。唐张志和《涛之灵》："是故死之换生而魂化，～而生来。"《元曲选·碧桃花》四折："你道是碧桃，他已～三年了。"清《红楼复梦》三〇回："谁知孙姨娘自从那财主～之后，他偷了几百两银子，仍旧去包了几个粉头大开门户。"

【死活】 sǐ huó ❶偏指危险、不幸的事。《元曲选·蝴蝶梦》一折："若是俺软弱的男儿有些～，索共那倚势的乔才打会官司。" ❷拼死地；极力地。《元典章·刑部四》："我～不根你去！"明《金瓶梅词话》三五回："我再三不受他，他只顾～央告。"清《红楼梦》六八回："仗着我不怕臊的脸，～赖了去，有了不是也寻不着你们了。"

【死货】 sǐ huò 詈词。不中用的人。明《醒世恒言》卷八："你真是个～！他受了我家的聘，便是我家的人了。怕他怎的！"

【死忌】 sǐ jì 死亡满一周年的日子。《元曲选外编·西游记》一本一出："明年这早晚是你的～。你死了呵，我与你追荐。"明陆粲《庚巳编》卷四："其～之日，正僧得梦日也。"清《野叟曝言》一六回："明日又是真～日，作掉了好盆口，还招他们怪头哩！"

【死结】 sǐ jié 难以解开的结子。明《警世通言》卷三四："向咽喉扣住，接连白练，打个～。"《明史·世宗孝烈皇后方氏传》："以组缢帝项，误为～，得不绝。"清《八洞天》卷八："将衣带通缚了～，和衣而卧。"

【死力】 sǐ lì 使出最大的力量。《旧五代史·唐书·王思同传》："城中战备不完，然～御捍，外兵伤夷者十二三。"元张翥《为古绍先题刘平妻胡氏杀虎图》："直前～持虎足，呼儿进刀屠虎腹。"清《红楼复梦》六九回："船中遇盗，真是九死一生，幸得包勇～保全，得还乡里。"

【死林侵】 sǐ lín qīn 同"死临侵"。明徐渭《翠乡梦》一折："又面壁九年，却不是～盲修瞎炼。"

【死临侵】 sǐ lín qīn 形容死板、无生气、无出路。元关汉卿《调风月》四折："交我～身无措，错支剌心受苦。"《元曲选·萧淑兰》三折："害的我瘦骨岩岩～，端的是为您、为您。"孙季昌《粉蝶儿·怨别》："～魂梦劳，呆答孩心似迷。"

【死淋侵】 sǐ lín qīn 同"死临侵"。明汤显祖《邯郸记》一六出："如风卷叶似沙漂，～无路奔逃。"

【死淋浸】 sǐ lín qīn 同"死临侵"。明汤显祖《牡丹亭》三六出："感一片志诚无奈，～走上阳台，活森沙走出这泉台。"

【死路】 sǐ lù ❶不能通行的路。宋元《古今小说》卷一五："走入一条巷去躲避，谁知筑底巷，却走了～。"元明《水浒传》四七回："但有白杨树的转弯，便是活路，没那树时都是～。"清《说岳全传》六四回："大江边又是～，走向那里去了？" ❷比喻自杀的方式或毁灭的途径。明《拍案惊奇》卷二九："不如早寻个～，倒得干净。"宋祯汉《修政恤民疏》："但得宽一分，则民即稍宽一分之生机，缓一刻，则民即稍缓一刻之～。"清《平定两金川方略》卷五五："金川知尔等派出土兵助剿，为此怀恨，将汝谋死，如何再去插旗烧纸，自投～。"

【死命】 sǐ mìng 拼命；竭力。《元曲选·碧桃花》三折："他将我～的留，我将他～的缠，俺两个得成双称心满愿。"明《型世言》三回："这些村姑见了无不欢天喜地，拿着不放，～要爹娘或是老公添。"清《红楼梦》一一七回："为一块玉，这样～的不放；若是我一个人走了，你们又怎么样？"

【死没堆】 sǐ mò duī 犹"死没腾"。《元曲选·神奴儿》二折："怎这般～在灯前立？"

【死没腾】 sǐ mò téng 死气沉沉、毫无生气貌。《元曲选·货郎旦》一折："气的我～软瘫做一垛。"《元曲选外编·西厢记》二本三折："荆棘剌怎动那，～无回豁，措支剌不对答，软兀剌难存坐。"

【死胚】 sǐ pēi 犹"死囚"。清《生绡剪》四回："龚氏听了，把甘儒一个啐吐，道：'有你这骨肉无情、初世为人的～！'"

【死契】 sǐ qì 出卖房地产或人口时所立的写明不能赎回的契约。清《红楼梦》一九回："原是卖倒的～，明仗着贾宅是慈善宽厚之家，不过求一求。"《歧路灯》八三回："碧草轩是卖与开酒馆的，要立～。"

【死囚】 sǐ qiú 詈词。该死的家伙。明《禅真逸史》一五回："你这一干害民的～，直来我老爷手中纳命！"《禅真后史》一三回："好铁心胆的忘八，黑肚肠的～！"清《飞龙全传》二回："～！你家的祖宗老爷在此，如何这等大呼小叫？"

【死杀】 sǐ shā 死板；呆板；没有餘地。宋《朱子语类》卷三二："知者动而不静，又如何处动？仁者静而不动，又～了。"王柏《答叶通斋》："窃谓集家语者，固出于门人弟子也；于家语中，集其精粹而为论语者，疑子思也。尊兄亦以为恐或有之，止是其下一必字太～尔。"明林希元《易经存疑》卷一："周流无滞，圆神不倚，是个通达活动底物，不是胶固凝滞～物也。"

【死煞】 sǐ shà ❶同"死杀"。杀、煞，表示程度甚到极点。元金履祥《讲义·复其见天地之心》："大抵才说静时，便是～，是固亦天地之迹，如何见天地之心。"明高攀龙《讲义·衣敝缊袍章》："不要看～了。圣人言语，如化工造物，岂有死死煞煞，便说何足以臧之理。"清《醒世姻缘传》八二回："小老婆又背主私奔，家中再没有别人，～坐在监中呆等，那得有鬼来探头！" ❷死命地；竭力地。清《生绡剪》一九回："老两口谢了又谢，拜了又拜，～要留住子常茶饭。"

【死声子】 sǐ shēng zi 嘶声竭力地。清《聊斋俚曲·墙头记》："把我剥的赤条条，床上不觉～叫。"又《富贵神仙》九回："打笃磨子苦哀告，～嚎，～嚎。"

【死手】 sǐ shǒu 绝招；秘诀。清《醒世姻缘传》五〇回："兄临上京的时节，我还到贵庄与兄送行，还有许多～都传授给兄。"

【死数】 sǐ shù 注定要死。元明《水浒传》八回："便多走的几日，也是～。"明《金瓶梅词话》六七回："老爹若不可怜见，小的丈人子父两个就多是～了。"清《飞龙全传》七回："叫你这班毛贼都是～。"

【死水】 sǐ shuǐ 比喻原有的家底，没有新的经济来源。明《金瓶梅词话》七九回："你爹没了，你娘儿们是～儿了，家中凡事要你仔细。"清《续金瓶梅》二七回："只是打搅了你，你如今也是一湾～了。"《醒世姻缘传》七一回："童七做熟了这行生意，没的改行，坐食砸本，眼看得要把～舀干。"

【死限】 sǐ xiàn 命中注定的寿命的终止时间。唐李玫《纂异记》："奏章甚恳，特纡～，量延五年。"元孔文卿《东窗事犯》二折："你看看业罐满，渐渐～催。"明《金瓶梅词话》七八回："西门庆但知争名夺利，纵意奢淫，殊不知天道恶盈，鬼录来追，～临头。"

【死相】 sǐ xiàng 指没有灵性，没有活气。也指样子呆板、不生动。清《醒世姻缘传》一〇〇回："原来这财帛的物件，看他是个～东西，他却能无翼而飞，不胫而走。"《歧路灯》二七回："不想要咱本地的银片子。打造的～，也没好珠翠，戴出来我先看不中。"

【死硬】 sǐ yìng 极硬。明《西游记》七六回："就把那山坡下～的黄土跌做个二尺浅深之坑。"

【死症】 sǐ zhèng 无法治好的病。也比喻无法克服的困难。元戴启宗《脉诀刊误集解》卷上："五行各有相刑，皆有～。"明徐谦《仁端录》卷六："或胸高喉肿，及气粗喘者，皆～也。"清《红楼梦》九九回："若你不管，我们实在是～了。"

sì

【巳牌】 sì pái 巳时；上午九点至十一点。宋司马光《论宰臣押班札子》："若陛下以前者已降手诏，必欲限以时刻者，即乞自春分后遇辰正牌上，秋分后～上，并依今月四日指挥施行。"元明《水浒传》二五回："且说何九叔到～时分慢慢地走来。"清方成培《雷峰塔》二九出："将次～时分，官人怎么还不见来？"

【巳正】 sì zhèng 指上午十点的时间。《旧唐书·天文志下》："十年四月癸卯朔，有司奏太阳合亏，～后刻蚀之既，未正后五刻复满。"明陈宏绪《寒夜录》卷中："初亏～三刻，食甚午初二刻，复圆午初四刻。"清《红楼梦》一四回："卯正二刻我来点卯，～吃早饭。"

【四般儿】 sì bān er 四样。指酒、色、财、气。《元曲选·谢天香》一折："则为～误了前程事。"又《争报恩》二折："遮莫他翻过天来，则你那动人情～不爱。"明汤显祖《邯郸记》三出："俺替你愁，俺替你想，敢～那时才住？"

【四伴】 sì bàn 四畔；四周。《大唐三藏取经诗话》一七则："一釜变化莲花座，～是冷水池，此中坐卧，甚是安稳。"宋《朱子语类》卷二："月之望，正是日在地中，月在天中，所以日光到月，～更无亏欠。"元萨都剌《石夫人诗》："危危独立向江滨，～无人水作邻。"

【四贝】 sì bèi "买"(繁体作"買")的拆字。清《铁花仙史》一七回："何不多带些金银，索性再～他一个进士。"

【四鬓】 sì bìn 鬓发。宋元《清平山堂话本·李翠莲》："扯碎了网巾你休要怪，擒了你～怨不得咱。"明王肯堂《证治准绳》卷三八："每日擦牙取嗽口水，通著打～并发，令自干。"清《醒世姻缘传》七四回："又说把头发合～都挦尽了，这顶上不还有头发么？"

【四堵墙】 sì dǔ qiáng 外面包银内里为铅胎的假银子。《元曲选·陈州粜米》一折："你两个仔细看银子，别样假的也还好看，单要防那～。"

【四发】 sì fà 犹"四鬓"。明《金瓶梅词话》二七回："惟金莲不戴冠儿，拖着一窝子杭州攒翠云子网儿，露着～。"

【四府】 sì fǔ 府推官的别称。上有知府、同知(二府)、通判(三府)三官，因称"四府"。明《醒世恒言》卷二〇："太爷还未升堂，先来拜理刑朱推官。那朱～乃山东人氏。"《型世言》三二回："那～逐款款审过，连孙监生也在被害数内。"清《醒世姻缘传》一二回："不多时，那褚～升堂，晁大舍这一起人跟了投文牌进去。"

【四鼓】 sì gǔ 四更。鼓楼按更报时。《太平广记》卷四三一引《广异记》："～后，闻虎落阱，自尔绝焉。"元刘因《除夕》："履端思后日，～未成眠。"清《红楼梦》二二回："听了听，已是漏下～。"

【四海】 sì hǎi 形容人豪爽，交游广泛。明《金瓶梅词话》七回："如今知府、知县相公来往，好不～，结识人宽广。"《梼杌闲评》五回："泰安州我有个同年，姓白，他也是个～的人。"清《野叟曝言》九二回："这位客人是极和气、极～的。"

【四行】 sì háng 在行；内行。宋洪迈《夷坚志》三己卷七："都城富春坊，皆诸倡之居。一夕遭火，黎明烧尽。有诗云：'火星飞入富春坊，莫道天公不～。只恐夜深花睡去，高烧银烛照红妆。'"元赵明道《斗鹌鹑·名姬》："红妆，忒旖旎忒风流忒～，堪写在宣和图上。"又佚名《点绛唇》："有精神有伎俩，诸餘里忒～。"

【四近】 sì jìn 指周围近处。唐江旻《唐国师昇真先生立观碑》："此香何能烧尽？可分～诸观，广供斋讲。"元《秦并六国平话》卷下:"～少有近臣,便举筑扑秦皇。"清王夫之《永历实录》卷四:"御史郎署,尤猥杂不堪,风闻～。"

【四六】 sì liù 指骈体文。以四字句、六字句为主。唐李商隐《樊南乙集序》:"会前《～》置京师不可取者,乃强联桂林至是所可取者,以时以类,亦为二十编,名之曰《～乙》。"宋杨万里《和袁起岩郎中投赠七字》:"胸次五三真事业,笔端～更歌诗。"清《绿野仙踪》一回:"于经史诗赋、引跋记传、词歌、～、古作之类,无不通晓。"

【四路】 sì lù 四方道路;各处。唐汪遵《杨柳》:"亚夫营畔柳濛濛,隋主堤边～通。"明周晖《金陵琐事》卷四:"复遣人～觅之,皆云才去片时耳。"清《荡寇志》一〇六回:"现在先叫孩儿们～传言播扬,使各处知本寨有此异物,日后便可相机使用。"

【四路头】 sì lù tóu 各方道路的交汇处。喻指分歧处。《五灯会元》卷二〇《开善道谦禅师》:"若也出得这～,管取乾坤独步。"《朱子语类》卷一〇:"关了门,闭了户,把断了～,此正读书时也。"明高攀龙《为长孙永厚书扇》:"何谓～? 人心纷扰,要长要短,皆是路头。须自一切断绝。"

【四马儿】 sì mǎ er "骂"(繁体作"罵")的拆字。明《金瓶梅词话》八〇回:"来安儿把嘴谷都着不言语,问了半日,再说:'娘捎出～来了。'"

【四梢】 sì shāo ❶ 四边;四周的远端。宋孟元老《东京梦华录》卷三:"寻常～远静去处,夜市亦有燋酸赚,……香糖果子之类。" ❷ 指人的四肢。明汤显祖《牡丹亭》二〇出:"软兀剌～难动。"佚名《点绛唇·满腹愁怀》:"～沉脉,忘餐废寝实难挨。" ❸ 四个末端。清毛奇龄《杂笺》二二:"其制若井字,纵长横短,其纵之～皆外张。"

【四稍】 sì shāo 同"四梢❷"。元孟汉卿《魔合罗》二折:"却似烟生七窍,冰沉了～。"

【四司】 sì sī 宋代官府贵家设四司六局,为盛大宴会供役。四司指帐设司、厨司、茶酒司、台盘司。参见"六局"。宋耐得翁有《都城纪胜·～六局》。明《古今小说》卷一五:"那～六局祗应供过的人,都在堂下,甚次第。"

【四外】 sì wài 四面;四周;四方。唐李靖《卫公兵法辑本》卷下:"上建堠楼,以板跳出为橹,与～烽戍,昼夜瞻视。"《金史·移剌子敬传》:"子敬言山后禁猎地太广,有妨百姓耕垦。上用其言,遂以～猎地与民。"清《醒世姻缘传》二九回:"天明时节,狄周上在看家楼上,～张看。"

【四围】 sì wéi ❶ 四面环绕;四面包围。唐牟融《登环翠楼》:"云树～当户暝,烟岚一带隔帘浮。"宋《虚堂和尚语录》卷七:"菰蒲叶冷暮天低,断岸舟横水～。"清谈迁《谈氏笔乘·逸典》:"正喜惧交接,天兵～,俯首受缚。" ❷ 四周;周围。唐德诚《船子和尚拨棹歌》:"数间老屋作古刹,～竹树交云烟。"宋华岳《翠微先生北征录》卷四:"渭南之地～皆水。"清《红楼梦》二一回:"只将～短发编成小辫,往顶心发上归了总,编一根大辫。"

【四下】 sì xià ❶ 四周;周围。宋陈著《四安县道中望一山最尖》:"～正铺埜,一尖高入云。"明《西游记》三三回:"这旷野山中,～里更无村舍,是甚么人叫?"清《九云记》一七回:"待寻归路,～高山围匝,不能得出。" ❷ 四处。宋李纲《招降到安镇等人兵奏状》:"(陈)照躬亲分拨人马,～向前迎敌。"元《秦并六国平话》卷下:"吴广听得鼓已三更,提兵前去劫寨,果见～小兵困乏。"清《白雪遗音·独占》:"～里找寻,杳无信息。"

【四星】 sì xīng ❶ 比喻前程或结局。古人钉秤,用五星做斤的标志,但秤杆末尾只用四星,故用"四星"表示下梢末尾(说见明闵齐伋《五剧笺疑》)。元关汉卿《调风月》三折:"俺那厮做事一灭行,这妮子更敢有～?"《元曲选·两世姻缘》二折:"我把他汉相如厮敬重不多争,我比那卓文君有上稍没了～。"明孟称舜《娇红记》二二出:"相思风月锦前程,今后方知没～。" ❷ 犹言十分,形容程度之甚。王季思注《西厢记》引徐士范说:"古人以二分半为一星,四星言十分也。"元尚仲贤《气英布》二折:"分明见刘沛公濯双足,慢自家有～。"明汤显祖《牡丹亭》一六出:"他一搦身形,瘦的庞儿没了～。"清《霓裳续谱·乱纷纷落红》:"昨夜凄凉有～,好教我睹物伤情分孤另。"

【四牙子】 sì yá zi 四丫子;四肢。四牙子朝上,犹言四脚朝天。清《聊斋俚曲·富贵神仙》:"爬了爬还待走,复又一刀砍下来,他可才～朝上,两腿儿蹬开。"

【四衙】 sì yá ❶ 指州、县衙四员官长。按序排为知州(刺史)或知县(县令);州同(别驾、通判)或县丞;州判(长史、推官)或主簿;吏目或典史。明《金瓶梅词话》三一回:"那时本县正堂李知县会了～同僚,差人送羊酒贺礼来。"清《隋唐演义》七回:"又等了两三日,蔡刺史到了。本州堂官摆道,大堂传鼓下,～与本州应役人员,都出郭迎接。" ❷ 指州、县衙官排位第四的吏目(唐宋为司马或判官)、典史(唐宋为县尉),也指其办公的地方。明《醒世恒言》卷二六:"元来裴五衙在席上作主,单为等鱼不到,只得停了酒,看邹二衙与雷～打双陆。"清《醒世姻缘传》一四回:"十二日,自己到～里辞了典史,送了十两别敬。"《霓裳续谱·屈死了大郎》:"武二郎回家定有些饥慌,写上一张状子,将你我诉上,不在～就在堂上。"

【四衙门】 sì yá men 明代指吏部、翰林院、六科给事中及各道监察御史,清代去吏部,加詹事府。明沈德符《万历野获编》卷一〇:"今世呼翰林、吏部、科、道为～,以其极清华之选也。"清《醒世姻缘传》三〇回:"只论他有好文章做出来,就补了～清华之职的一般。"《儒林外史》一〇回:"向在京师,蒙各部院大人及～的老先生请个不歇。"

【四眼人】 sì yǎn rén 讳称孕妇。明《贪欣误》五回:"你等我尸首入棺之时,不要与～见。"△清《济公全传》一二一回:"莫非有毛女或～给冲了,要不然不能呀。"

【四爷】 sì yé 对县衙典史的尊称。明《型世言》二二回:"本县～要解册籍到府,叫他来服事。"清《醉醒石》三回:"只见堂上有人走来说话:'大爷在后堂接～说话。'典史暗自道:'刚刚分付得出,难道就要进去回话?'"《醒世姻缘传》一四回:"只见禁子囚犯大家吃得烂醉,连那典史进去也都不大认得是～了。"

【四宅】 sì zhái 犹"四衙❶"。明《金瓶梅词话》三二回:"你每明日还来答应一日,我请县中～老爹吃酒。"又:"忽门上人来报:'～老爹到了。'西门庆慌整衣冠出二门迎接。因是知县李达天,并县丞钱成,主簿任廷贵,典史夏恭基,各先投拜帖。"

【四至】 sì zhì 田地、宅基地等四周的界限。《吐鲁番出土文书》第七册《武周载初元年西州高昌县宁和才等户手实》:"牒件通当户家口年名、田段～、新旧漏口如前。"宋《明公书判清明集》卷九:"而契内更不声说其地～与何人相抵。"清《荡寇志》七一回:"何道士就在空地上安放罗经,打了向桩,另画了～八道的界限。"

【四柱】 sì zhù ❶ 算命术指人出生的年、月、日、时。合四柱的干支为八字。宋文天祥《又赠朱斗南序》:"今人闾巷间固有～皆同,而祸福全不相似者。"元王恽《题日者壁》:"锻炼五行分造化,斟量～别公卿。"清《飞龙全传》四一回:"先排～,后看五星。远推一世之荣枯,近决流年之凶吉。" ❷ 元明清出纳财货或钱粮交代表册中的四个项目,指旧管、新收、开除、实在。明谭纶《恳乞圣明讲求大经大法疏》："其屯田金事每年仍将督过屯粮，分别旧管、新收、开除、实在，～造册，送抚按衙门核实奏缴。"清宋荦《江苏藩司查明司库亏空详文》："已故刘前司任内，各项钱粮～等项交代白册，并收放红簿批领卷宗，本司逐一细加磨核。"《蜃楼志》九回："叶兴管了买办，皆立有～册子，着苏兴按月收付稽查。"

【四尊】 sì zūn　对府推官的尊称。明佚名《民抄董宦事实》："时海防欲点兵出救，登轿于理刑厅前，吴～差人禀止。"《型世言》二七回："～有令尊体面讨保，这也还好。"清赵吉士《寄园所寄》卷一一："是时金公仍有复吴～札，与抚按两台公祖书。"

【似】 sì　❶与；给。动词。《敦煌变文校注》卷二《唐太宗入冥记》："崔子玉书了～帝，欢喜倍常。"《敦煌变文集·孝子传》："郭巨专行孝养心，时年饥险苦来侵，每被孩儿夺母食，生埋天感～黄金。"　❷用在动词后，引进交付、传递的接受者，相当于介词"给"（"似"字的宾语有时不出现）。唐韩愈《谁氏子》："谁其友亲能哀怜，写吾此诗持送～。"《敦煌变文校注》卷五《维摩诘经讲经文（一）》："今日分明说～君，总教各各除疑虑。"宋杨万里《明发龙川》："北人不识南中瘴，只到龙川指～君。"　❸用在形容词后，表示比较，相当于"于""过"。宋贺铸《浣溪沙》："东风寒～夜来些。"《五代史平话·汉上》："他前时不肖，被我赶将出去，今想老成～在先时分了。"清《红楼梦》三二回："但凡宽慰些，这病也不得一日重～一日。"　❹样；般。用在名词后，表示比况。金《刘知远诸宫调》一二："一对眼睁圆，龙颜尽改变，失却紫玉～颜色。"元佚名《柳营曲·李白》："鲍参军般俊逸，庾开府～清高，沉醉也把明月水中捞。"清《续金瓶梅》五四回："那中军水营都是海船，长舰楼船，前后樯桅密麻～，高二十餘丈。"

【似不的】 sì bù de　同"似不得"。《元曲选外编·飞刀对箭》一折："我～那闵子般贤，我学不的曾参般孝。"

【似不得】 sì bù de　比不得。元王氏《粉蝶儿·寄情人》："将普天下烦恼收拾聚，也～苏卿半日苦。"明《西游记》二〇回："哥啊，～你这喝风呵烟的人。"

【似此】 sì cǐ　像这样。唐李靖《唐太宗李卫公问对》卷下："前代～相攻相守者多矣。"《元曲选·望江亭》二折："要标取我的首级，～如之奈何！"清《荡寇志》一一四回："～病入膏肓，恐禳解亦是无益。"

【似乎】 sì hū　副词。仿佛；好像。唐佚名《无能子》卷下："蚕所禀独乎丝，丝必烹，～不幸也。"宋《朱子语类》卷九："且如人要做好事，到得见不好事，也～可做。"清《红楼梦》三五回："单做给他吃，老太太、姑妈、太太都不吃，～不大好。"

【似像】 sì xiàng　模样；样子。宋孟元老《东京梦华录》卷九："内殿杂戏，为有使人预宴，不敢深作谐谑，惟用群队装其～，市语谓之拽串。"佚名《张协状元》二出："学个张状元～。"

【似与】 sì yǔ　即"似❷"。宋苏轼《邵伯梵行寺山茶》："说～君君不会，烂红如火雪中开。"史达祖《满江红·中秋夜潮》："待明朝，说～儿曹，心应折。"元蒲道源《题威州刘君卿石屏卷》："说～君君自解，灵台方寸有诗书。"

【俟候】 sì hòu　等待；守候。宋周麟之《轮当转对奏状》："谨录奏闻，～敕旨。"元高明《琵琶记》一二出："且在此～，相公出来，便知端的。"清《二度梅》八回："单言梅府那些家人们，个个～夜静收拾齐备，大家逃命。"

【饲养】 sì yǎng　给人东西吃。宋王称《东都事略》卷八三："（骄兵）平时无事，竭天下之财，耗天下之谷粟以～之。"清《畿辅通志》卷一〇五："又遍收途次弃儿，令家人～之。"

【嗣后】 sì hòu　以后；后来。宋欧阳修《论包拯除三司使上书》："夫修此疏，固为朝廷杜儆讦倾陷之风，又使～言事者得白其无他而易以拾遗救失。"元纳新《河朔访古记》卷下："～，沙门踵至。"清《绿野仙踪》六八回："～寻常事件，丞相温延誉总理。"

【嗣息】 sì xī　子嗣；儿子。唐顾况《监察御史储公集序》："～曰溶，亦凤毛骏骨。"宋王楙《野客丛书》卷二五："禹年八十一，而有子十二，是六十九岁方有子矣。其艰得～如此！"清《野叟曝言》九回："奴家虚弱，常是三好两歉，原怕误了～。"

【肆行】 sì háng　同"四行"。明佚名《一枝花·风情》："我根前忒～，我也曾搬调的梨园妓者剪发燃香。"

【肆横】 sì hèng　任意横行。五代杜光庭《神仙感遇传》卷五："玉皇天尊，虑鬼神之～害于人也，常命五帝三官，检制部御之。"《宋史·蒲宗孟传》："枢密都承旨张诚一预书局事，颇～，挟中旨以胁同列。"清《呼家将》三九回："这反贼胆敢这般～，待俺到离山同石头陀去商议，定有分晓。"

【肆扰】 sì rǎo　肆意扰乱。宋韩琦《乙巳冬乞罢相第一表》："西戎骄僭，为乱萌蘖，时率丑类，～属羌。"明孙承恩《广宁伯友松刘公墓志铭》："藩克善厥事，敛戢仆隶，无敢～。"清洪昇《长生殿》三八出："自銮舆西巡蜀道，长安内兵戈～。"

sōng

【松】 sōng　❶松散。唐韩偓《昼寝》："烦襟乍触冰壶冷，倦枕徐欹宝髻～。"《元曲选·魔合罗》一折："这个鼓儿是我衣饭碗儿，着了雨皮～了也。"清《红楼梦》五八回："替他洗了发，用手巾拧干，～～的挽了个慵妆髻。"　❷解开；放开。《元曲选·气英布》一折："令人，～了绑者！"明《老乞大谚解》卷上："这马都卸下行李，～了肚带。"清《歧路灯》一〇〇回："将手一～，那铁链子忽剌一声，面前就是一大堆。"　❸经济宽裕；费用上掌握不严。《元曲选·冤家债主》一折："你你你则待要抹着的当了拿着的卖，也不管～时节做了急时节债。"明《型世言》二三回："朱恺又因母亲溺爱，尝与他钱财，故此手头极～，尝为有容做些衣服。"清《红楼梦》五〇回："我们老祖宗最是有眼色的，试一试姨妈，若～呢，拿出五十两来，就和我分。"　❹㞞；软弱无能。明汤显祖《南柯记》二六出："有这等一个～驸马！"

【松脆】 sōng cuì　❶指声音细碎、清脆。宋杨绘《醉蓬莱·夏寿太守》："罗绮雍容，管弦～。"元方回《雪后小园》："纸色光新牟坏糯，履声～兀闲庭。"清《后水浒传》一七回："杨幺见他说得齿牙～，甚是好听。"　❷指食物松爽，易嚼碎，口感好。宋杨万里《小集食藕极嫩》："比雪犹～，无丝可得飘。"明《醒世恒言》卷二六："将鱼切得雪片也似薄薄的，略在滚水里面一转，便捞起来，加上椒料，泼上香油，自然～鲜美。"清陈维崧《二郎神·咏梅子》："算颗颗，冷香～，想尔料难胜口。"　❸指物不坚实，易松散或断裂。元李衎《竹谱》卷八："爆竹出袁州仰山爆竹岩，节疏～，除夕人家率取然之，爆响异于他竹。"明周起元《题为河道淤溃宜防河工疏》："每遇封筑，外形非不缮完，中实～。"清《南巡盛典》卷六一："石性～者，采为里石之用。"

【松动】 sōng dòng　❶（使绑着的绳子）由紧变松；宽松；舒畅。明《西游记》三四回："他认得是自家的宝贝，即念《松绳咒》，把绳～，便脱出来。"清《野叟曝言》五〇回："昨日又是退鬼，上庙设祭醮念经，道士和尚，乱了一日，休想～一点儿！"《红楼梦》一〇七回："不料贾母亲自来瞧，心里一宽，觉那拥塞的气略～些。"❷活动；灵活。清《野叟曝言》六三回："又卸下些石皮，这手便透了过去，用力攀将转来，觉有～之意。”《红楼梦》二五回：“赵姨娘听这话口气～了，便说道：‘你这么个明白人，怎么糊涂起来了？’”《荡寇志》一〇六回：“与辅梁谈得十分投机，便渐渐倾吐肺腑，只见辅梁口角渐渐有些～。” ❸宽裕；不窘迫。清《豆棚闲话》四则：“初时无子，也还有～所在。”

【松泛】 sōng fàn ❶宽松；轻松。明汤显祖《牡丹亭》二〇出：“小姐不在，春香姐也～多少。”清《野叟曝言》一八回：“草供上要紧关目，结实的略～些，轻松的略结致些，就便宜得多了！”《红楼梦》程乙本一七回：“才他老子拘了他这半天，让他～一会子罢。” ❷松散。明宋应星《天工开物·乃服》：“碾石取江北性冷质腻者，石不发烧，则缕紧不～。”清胤禛《朱批谕旨》卷二一七：“沙砾之土，～易于侵削，难以保固。”《皇朝文献通考》卷六：“地势洼下，土脉～。” ❸面食松软有弹性。明孙仁孺《东郭记》四〇出：“〔厨〕适才落得馒头几个。哥儿每，每人尝尝。〔众接食介〕好～的面食也。” ❹宽裕；手头大方。明田艺蘅《留青日札》卷五：“吴俗除夕烧松盆，取家计～之义。”清王夫之《龙舟会》三折：“申大郎笑面和气，用钱也～，难道是贼？” ❺指病势减轻。清《红楼复梦》一〇回：“这几天，祝尚书的病症略～些，柏夫人备了酒席，请松柱来过端节。”又一一回：“你大哥总不能起炕，这几天觉得略～些儿。”

【松放】 sōng fàng ❶解除或放松拘系；放松缠束。明《西游记》三〇回：“我若不方便了他，他怎肯教把我～～？”《挂枝儿·裹脚》：“裹脚儿，自幼的被你缠上，行双双，坐双双，到晚同床，白日里裹一步儿何曾～。”清《大清律例》卷三五：“其有将在监斩绞重犯，～狱具，以致脱逃，审出～之人，将该禁卒严行监禁。” ❷（对事物的注意或控制）由紧变松。明《古今小说》卷二：“又且今日家主分付了说话，一口咬定鲁公子，再不～。”清《绿野仙踪》二七回：“这里将诀咒～，那里众人方看明白，都乱嚷‘打错了’。”《平定台湾纪略》卷三〇：“乃败退后仍未溃散，每有乘间抵隙之虞，现在时刻严防，实未可以暂～。”

【松滑】 sōng huá ❶松散光滑。宋周端臣《古断肠曲》之一：“髻云～亸鸾钗，清减羞临玉镜台。” ❷（言语）不严密；不切实。明高攀龙《答南皋三》：“某自来极信得先生之学，不能无疑先生之教，以为说得太～。” ❸一种可食用的菌类植物。元王祯《农书》卷八：“又一种谓之天花，桑树上生者，呼为桑莪。……今江南山中松下生者名为～。”

【松快】 sōng kuài 轻松畅快。宋刘才邵《陪同舍登望越亭观潮》：“世间奇观独雄绝，坐令耳目俱～。”明《醋葫芦》三回：“我也只图～，不论钱了。”清《红楼复梦》二九回：“由不得心旌大动，觉着一股热气直冲了下去，身子甚为～。”

【松宽】 sōng kuān 宽松。❶束缚得不紧或放松束缚。宋华岳《翠微先生北征录》卷七：“鸡项轻则头高项直，而马臆～。”元明《水浒传》三〇回：“又把木杻钉住只手，那里容他些～。”清《九云记》二八回：“遂命兵壮，一并缚紧贼徒，拿到本州阶狱，囚在死囚中，没有一个～。” ❷犹“松放❷”。明《金瓶梅词话》二六回：“反替他分付监中狱卒，凡事～看顾他。”《二刻拍案惊奇》卷一〇：“似此心性，你道莫翁少年之时，容得他些～门路么？” ❸自由；自如。《元曲选·金线池》二折：“有耨处散诞～着耨，有偷处宽行大步偷。”佚名《风入松·离情》：“万金良夜霎时欢，犹恨不～。” ❹指钱财费用宽裕。《元曲选·东堂老》二折：“投至得十年五载我这般～的有，也是我万苦千辛积攒成。”明《金瓶梅词话》二六回：“讨出来变卖了，知谢二位，并路途盘费，也讨得一步～。”

【松溜】 sōng liū （手把握）不紧。明《醒世恒言》卷三七：“只因他是～的手儿，撒漫的性儿，没钱便烦恼，及至钱入手时，这三百文又不在他心上了。”

【松慢】 sōng màn ❶松散。唐韩偓《松髻》：“髻根～玉钗垂，指点花枝又过时。”宋晁元礼《诉衷情》：“从教髻鬟～，斜亸卷云钗。” ❷松懈迟慢；怠慢。明《西游记》六一回：“棒打剑迎齐努力，有些～见阎王！”清《醒世姻缘传》七〇回：“你想这东厂的势焰，又是内官的心性，岂有～了的？”

【松软】 sōng ruǎn 松散绵软。宋郑虎臣编《吴都文粹》卷六：“鲈鱼生松江，尤宜鲙，洁白～，又不腥。”明刘若愚《酌中志》卷一九：“扁辫，用不堪之绒，紫色或青绿色，织如大带子，微～耳。”清曹庭栋《养生随笔》卷四：“每年以其一另易新絮，紧着身铺之，倍觉～。”

【松散】 sōng sǎn ❶不紧密；无黏着。清胤禛《朱批谕旨》卷一二六：“盖因豫省土性～，略被风雨吹刷，两岸所挑沙土，即归河道。” ❷轻松；宽松。清《红楼梦》一六回：“秦相公是弱症，未免炕上挺扛的骨头不受用，所以暂且挪下来～些。”《歧路灯》三九回：“这就如人身上长了疮疖，疼痛得紧，些须出点脓血，少觉～。” ❸不拥挤。清《红楼复梦》六五回：“此刻火烟已灭，人亦～。前面轿子趁空儿赶着鱼贯而走。”《歧路灯》四八回：“且等一等，待人～些再走。”

【松塽】 sōng sǎng 轻松；舒服。《元曲选·来生债》一折：“孩儿也，我与你拿掉了，可是如何？〔磨博士云〕好～，好～！”元明《水浒传》三一回：“这口鸟气今日方才出得～！”

【松颡】 sōng sǎng 同“松塽”。元《三遂平妖传》九回：“婆婆紧紧地闭着眼不肯开，后生道：‘娘，你放～些，开了眼！’”清张谦宜《絸斋诗谈》卷一：“人有冤枉，须容其诉，如此心下才～。”

【松爽】 sōng shuǎng 犹“松塽”。宋《朱子语类》卷一〇四：“须是早起了，却觉得心下～。”明《西洋记》九六回：“国师老爷，你说话倒说得～，我们听之头有斗大。”清《荡寇志》一二六回：“所以三人倒松松爽爽的直到郓城。”

【松纹】 sōng wén ❶指银子的纹路，也借指成色最好的银子。宋周密《癸辛杂识》续集下：“银之品有纹如罗甲者，有～者，有中洼而郭高者，皆为精银。”明《金瓶梅词话》五七回：“取出一封银子，准准三十两足色～。”清《歧路灯》四一回：“二两～牛毛细丝，一毫一忽儿也不短。” ❷指墨锭或砚台上的纹路。宋何薳《春渚纪闻》卷八：“断金碎玉，支离居士苏澥浩然所制，皆作～皴皮，而坚致如玉石。”唐积《歙州砚谱·品目》：“～罗纹。”

【松闲】 sōng xián ❶宽松。元王伯成《天宝遗事诸宫调·杨妃乞罪》：“定兴亡顷刻间，休嗔将令不～。” ❷轻松；清闲。明陈铎《雁儿落带得胜令·机匠》：“逢节暂～，折耗要赔还。”

【松腰】 sōng yāo 解裤带，隐指性交。明《挂枝儿·窃婢》：“那管他臀高奶大掀蒲脚，背地里来勾头，捉空儿便～。”清《续金瓶梅》四五回：“往来嫖客，轿夫扛夫骡夫，～不过百文。”《鸳鸯针》一卷三回：“弄他上手松松腰，胜似到埠头三钱一夜嫖那歪娼。”

【倯】 sōng 不吃劲；不中用。清胡文英《吴下方言考》卷一：“吴中谓作事不用力曰～，所作之物甚平常亦曰～。”

【倯种】 sōng zhǒng 詈词。不中用的东西。清《聊斋俚曲·俊夜叉》：“这《西江月》是说的不成人的憨蛋，不长俊的～。”

【慫】 sōng 宽松；宽裕。元李爱山《寿阳曲·风情》：“半拥凌波被，微～金缕衣。”又阿里西瑛《殿前欢·懒云窝》：“贵比我高些个，富比我～些个。”

【憁】 sōng 同“松❷”。元关汉卿《调风月》二折：“把袄子疏剌剌～开上拆，将手帕撇漾在田地。”

【愡动】 sōng dòng　宽松。元关汉卿《西蜀梦》一折："俺(鞍)马上不曾离，谁敢～满身衣？"

【鬆慢】 sōng màn　同"松慢❶"。宋陈克《摊破浣溪沙》："～梳头浅画眉，乱莺残梦起多时。"

【憽】 sōng　同"松❶"。元贯云石《点绛唇·闺愁》："鸾钗半亸～蝉鬓。"

【嵩呼】 sōng hū　犹"山呼❶"。唐令狐楚《为人作谢防秋回赐将士等物状》："才识家而兢入，俄拜赐以～。"宋姚述尧《太平欢》："钧天齐奏，～隐隐三发。"清《呼家将》一七回："时逢庆会，满殿～。"

sóng

【屃】 sóng　精液。明《金瓶梅词话》五〇回："你今日才吃～？你从前已后把～不知吃了多少！"

【屃水子】 sóng shuǐ zi　口水的秽语。明《金瓶梅词话》五〇回："臜剌剌的～吐了人恁一口！"

sǒng

【扨】 sǒng　推。《敦煌掇琐》卷一〇三《字宝碎金》："手推，～(音竦)。"明《古今小说》卷一："却在榻上拖陈大郎上来，赤条条的～在三巧儿床上去。"《二刻拍案惊奇》卷二："便叫两个徒弟，把小道人～了出来，不容观看。"

【扨身】 sǒng shēn　挺身；纵身。唐杜甫《画鹰》："～思狡兔，侧目似愁胡。"明《古今小说》卷一三："乃看准了桃树之处，～望下便跳。"

【耸】 sǒng　❶ 推；搡。《敦煌变文校注》卷一《王昭君变文》："牛羊队队生埋圹，仕(士)女纷纷～入坑。"又卷三《燕子赋(一)》："不问好恶，拔拳即差，左推右～，剜耳掴腮。"元明《水浒传》九八回："秦明急躲飞刀时，却被方杰一方天戟～下马去。"　❷ 耸动；怂恿。唐刘禹锡《唐故相国赠司空令狐公集纪》："在藩～万夫之观望，立朝贲群寮之颊舌，居内成大政之风霆。"辽耶律纯《星命总括自序》："今日天幸，得瞻豪相，愿从师略闻一二，以～北方之学者。"清《隋唐演义》九一回："今日幸蜀之计，也须得他们去～才妙。"　❸ 振作；专注。宋《朱子语类》卷一〇："看文字须大段着精彩看，～起精神，树起筋骨，不要困。"又卷六〇："须是～起这心与他看，教此心精一，无些子夹杂，方见得他那精微妙处。"　❹ 同"㞞"。清《聊斋俚曲·磨难曲》："你这个人好～！跪嗓子当了甚么！"

【耸拔】 sǒng bá　❶ 高耸挺拔。唐陈正卿《望云物赋》："天道昭著，灵台～。"宋韩淲《灵溪道中》："连延俄～，回复又坡陁。"清屈大均《广东新语》卷三："粤秀～三十餘丈，旧有番、禺二山前导，今巍然三峰独峙，为南武之镇。"　❷ 轩昂；昂扬。宋叶梦得《建康集》卷八："(贺铸)长七尺，眉目～，面铁色，喜剧谈。"《宋史·张觷传》："觷严毅～，意度凝然。"明郑若曾《江南经略》卷二上："昆山县学生员龚良相，见义勇为，遇难不避，议论～。"　❸ 振作；奋力。宋《朱子语类》卷一一七："须思量到如何便超凡而达圣。今日为乡人，明日为圣贤，如何会到此！便一～，如此方有长进。"黄震《黄氏日钞》卷三七："日间看有甚事，便做工夫，著些精彩，便～。"

【耸动】 sǒng dòng　❶ 感动；打动。《旧唐书·裴度传》："及度奏河北事，慷慨激切，扬于殿廷，在位者无不～。"宋曹彦约《应求言诏书上封事》："臣读至此，未尝不～太息，识陛下望治之切也。"清《野叟曝言》五四回："不知几时，～夫人，差心腹进京献策。"　❷ 怂恿；唆使。明《欢喜冤家》一六回："就说出拿云捉月的手段，便就三言两语，～冯吉道：'他妻子有这样美貌，员外这样家私，难道消受不起这般一个妇人。'"清《平定两金川方略》卷二二："金川投诚番人彤锡供情，是僧格桑力不能支，不惜献地为饵，～金川助兵索诺木。"　❸ 抖动。金成无已《伤寒明理论》卷二："战为正，与邪争。争则为鼓栗而战振，但虚而不至争，故止～而振也。"明《浪史》二七回："这妇人把臀儿不住～。"清曹庭栋《养生随笔》卷二："手握大拇指，如提百钧重物，左右肩俱～，数遍。"

【耸干】 sǒng gàn　人体貌出众。《敦煌变文校注》卷一《伍子胥变文》："相貌精神，容仪～。"

【耸诳】 sǒng kuáng　鼓动欺骗。清《载花船》一〇回："少不遂愿，便～官府，贻累无辜。"

【耸说】 sǒng shuō　怂恿。清《后西游记》三〇回："造化小儿尚未开口。阴职二妖早～道：'这和尚忒大胆，怎主公门前也如此放肆！'"

【耸嘴】 sǒng zuǐ　用言语挑拨。明《型世言》三二回："去时，巧巧遇水心月，见他来赎，故意在孙监生面前～儿，道：'这鼎实值三百。他不得这价，断不来赎。'"清《薛刚反唐》三一回："诸武买出两个军士，出首庐陵王在房州传檄诸侯，意欲谋反。武后疑惑未定，昌宗从旁～。"

【悚动】 sǒng dòng　同"耸动❶"。《周书·于谨传》："辞色抗厉，众皆～。"宋杨延龄《杨公笔录》："汉光武每发诏，多自作峻语，以～群臣。"清纪昀《阅微草堂笔记》卷四："其祸福因果之说，用以～下愚，亦较儒家为易入。"

【竦拔】 sǒng bá　❶ 同"耸拔❶"。唐李远《蝉蜕赋》："勿谓乎蝉之至微，能变化以知机。因挺质以～，遂脱身而奋飞。"宋卫博《双椿颂序》："其阳有双干～，出乎众木之上。"清蓝鼎元《贵阳府图说》："南二里，为高连与城东六十里之石门，皆～，自古著名者。"　❷ 超群；出众。唐道宣《续高僧传》卷一五："于时英彦皆预席端，叹其～之神奇，伏其辩给之铦利。"宋蔡襄《新除宰臣梁適祖文度皇任齐州禹城县令累赠太师中书令可赠兼尚书令餘如旧制》："德望粹美，行实惇深。～之才，蟠错而不抡。"　❸ 同"耸拔❸"。宋《朱子语类》卷八："为学，须思所以超凡入圣。如何昨日为乡人，今日便为圣人！须是～，方始有进。"

【竦动】 sǒng dòng　❶ 惊动；震动。唐柳宗元《杨评事文集后序》："然而阙其文采，固不足以～时听，夸示后学。"宋苏轼《诸葛亮论》："苟无以大过之，而又决不能事魏，则天下安肯以空言～哉？"清吴浩《十三经义疑》卷四："愚谓声子盖以谀子木，并起晋用楚材之祸以～之，不必征实。"　❷ 同"耸动❸"。元辛文房《唐才子传》卷九《高蟾》："如狂风猛雨之来，物物～。"明潘之淙《书法离钩》卷三："提者，大指下节骨下端小～也。"《警世通言》卷四〇："一个棱棱层层甲鳞～，一个变变化化手段高强。"

sòng

【讼棍】 sòng gùn　讼师的恶称。清郭琇《请禁八弊疏》："～之包揽词讼宜禁也。"《野叟曝言》一六回："这人姓计名多，绰号计都星，是出名的～。"袁枚《子不语》卷一七："常州王三，积恶

～也。"

【讼师】 sòng shī 以给打官司的人出主意、写状纸为职业的人。宋文天祥《知潮州寺丞东岩先生洪公行状》："其为政一裁于义，俗哗健讦，其尤桀黠者曰：'此囚牙～，去则吾民妥矣。'"明《拍案惊奇》卷二："一面来与个～商量告状。"清俞蛟《乡曲枝辞》："代人作词以诉，视事之轻重而受值者，为～。"

【颂祝】 sòng zhù 颂扬祝福。宋强至《贺同天节表》："适縻北土之居留，徒罄南山之～。"明张丁《题义门》："漫作短歌行，聊以将～。"清《九云记》二一回："司徒同夫人下庭，向北八拜，谢了恩～。"

【颂子】 sòng zi 颂，佛教僧人宣示教义的一种简短的韵文，多为四句。《古尊宿语录》卷二七《舒州龙门佛眼和尚语录》："伊元来不会见。伊不会更作个～举似伊。"《金史·石琚传》："先师藏瓶和尚知汝有是福分，亦作～付汝。"清《后西游记》三五回："唐长老接来一看，只见上面是八句～。"

【宋头巾】 sòng tóu jīn 指迂腐的读书人。明陈献章《次王半山韵诗跋》："须将道理就自己性情上发出，不可作议论说去，离了诗之本体，便是～也。"郑文康《读杨铁崖集》："只恐遗编千载后，存亡不及～。"清《水浒后传》二九回："何况这样烟花贱妇，却要他苦志守节，真是～！"

【送】 sòng ❶ 度过；打发（日子）。唐杜甫《自京赴奉先县咏怀五百字》："非无江海志，萧洒～日月。"明王世贞《答包参军书》："翰墨游戏，足以～日。"清赵执信《村舍》："雨玩山姿晴对月，莫辞闲淡～生涯。" ❷ 推送；从后面助力。唐元稹《杂忆》之二："忆得双文人静后，潜教桃叶～秋千。"明汤显祖《牡丹亭》五三出："我为他启玉肱、轻轻～。"清《红楼梦》六三回："佩凤偕鸳两个去打秋千顽耍，宝玉便说：'你两个上去，让我～。'" ❸ 用汤水等帮助把东西吃下去。唐孙思邈《备急千金要方》卷六四："服十丸，以桑白皮汤～下。"元伊世珍《琅嬛记》卷中："作丸如梧子大，食后荷叶汤～下。"清《红楼梦》七回："若发了病时，拿出来吃一丸，用十二分黄柏煎汤～下。" ❹ 祭送；烧献；献祭。宋鲁应龙《闲窗括异志》："只有县前苏小小，无人～与纸钱灰。"明《金瓶梅词话》五三回："请陈姐夫替爷拜拜，～了纸马。"清《荡寇志》九八回："～了神位，重开筵席。" ❺ 指典当。宋陆游《五月十日晓寒甚》："弊裤久当脱，短褐竟未～。"自注："吴中谚语曰：'未吃端五粽，布袄未可～。'俗以典质曰～。" ❻ 使人陷进祸患之中；葬送。元《前汉书平话》卷下："这条计群臣参破也，到～了吕超、吕产。"《元曲选·灰阑记》一折："你畅好是不良，～的人来冤枉。"清《红楼梦》三六回："他自己无能，～了性命。"

【送殡】 sòng bìn 出殡时陪送灵柩。唐义净译《佛为胜光天子说王法经》："父母妻子及以国人，咸共悲号推胸懊恼，灵舆～诣彼尸林。"元杨瑀《山居新话》："余与友人～，见其铭旌粉书云：'答剌罕夫人某氏。'"清《白雪遗音·不认的粮船》："～的人，个个都是麻套。"

【送茶】 sòng chá ❶ 送上茶水；馈赠茶叶。《敦煌变文校注》卷六《欢喜国王缘》："莫不辰参暮省，送药～。"宋苏轼有《西江月·～并谷帘与王胜之》。清《歧路灯》七二回："绩儿，你叫人～，可自上学读书去。" ❷ 指送礼。明《金瓶梅词话》三九回："正说着，只见玳安进来说：'里边桂姨、银姨使了李铭、吴惠～来了。'"又七八回："吴道官十二个道众，在家与李瓶儿念百日经，整做法事，大吹大打，各亲朋都来～。"

【送场】 sòng chǎng 为进考场应考者送行。明《欢喜冤家》一八回："小人原不曾死，是在先老相公来唤我～。"清《续金瓶梅》五三回："也有哭啼在轿里，父母随着～，似昭君出塞一般。"按，此例指考选宫嫔。《歧路灯》一〇一回："这～，接场，俱是孝移亲身带人料理。"

【送程】 sòng chéng 送行。元沈禧《咏雪景》："这其间江头有客寻归艇，我这里醉里题诗漫～。"明《西游记》九六回："只等我做过了圆满，方敢～。"清毛奇龄《奉送姜侍御起复归台》："难追行步工，～攀细柳。"

【送定】 sòng dìng 婚仪之一，女方允婚后，男家送礼物给女家表示定下婚姻。定，指定亲礼物。宋吴自牧《梦粱录》卷二〇："既已插钗，则伐柯人通好，议定礼，往女家报定。……自～之后，全凭媒氏往来，朔望传语。"

【送断】 sòng duàn 断送；毁掉（性命）。金《董解元西厢记》卷六："便不辱你爷，便不羞见我？我还待～你子个，却又子母情肠意不过。"△清《二十年目睹之怪现状》一回："并且他在那嬉游队中，很很的遇过几次阴险奸恶的谋害，几乎把性命都～了。"

【送饭的】 sòng fàn de 一种有特殊装置的小风筝，可以挂在已放起的风筝线上升上去，附带小灯、鞭炮等物。清《红楼梦》七〇回："一时丫鬟们又拿了许多各式各样的～来，顽了一回。"《补红楼梦》三六回："桂芳又有个蝴蝶儿～风车，上面安着碰弓，是将竹片儿做成的机括，将蝴蝶儿两翅分开，穿在手内放的风筝线上。"

【送风】 sòng fēng 通风报信。隐指进谗言。明《西游补》三回："只是可怜孙行者，下界西方路上又恨他，上界又怨他，佛祖处又有人～。"

【送佛】 sòng fó 做法事结束时烧纸把佛送走。元明《水浒传》四五回："当夜五更道场满散，～化纸已了，众僧作谢回去。"明夷简有《十五日上服衮冕乘辇辂赴法会赋迎佛礼佛～三首》诗。清刘献廷《广阳杂记》卷四："佛事既毕，化纸～讫，即飞向官山而去。"

【送锅】 sòng guō 犹"暖锅❷"。清《醒世姻缘传》二五回："狄员外敛了些街坊与他去～，狄员外的娘子也过日办了礼去与薛教授的夫人温居。"

【送嫁】 sòng jià 犹"送亲"。宋王铚《默记》卷中："此妇人先在一大官家，……再为此富室侧室，生儿女三人。今嫁其季也，故今自～。"明《禅真后史》五〇回："当晚，程家～宾客正在中堂饮酒，忽然门外喊声大举。"清沈复《浮生六记》卷一："廿四子正，余作新舅～，丑末归来，业已灯残人静。"

【送节】 sòng jié 指节日送礼。明王守仁《告谕》："亲戚随时相问，惟贵诚心实礼，不得徒师虚文，为～等名目，奢靡相尚。"《金瓶梅词话》四一回："又是哥儿～的两盘元宵、四盘蜜食。"李乐《见闻杂记》卷九："端阳止应在家同儿孙泛蒲觞，奈何不惮劳，亲谒郡邑～？"

【送酒】 sòng jiǔ ❶ 伺候人饮酒；敬酒。唐武则天《早春夜宴》："～惟须满，流杯不用稀。"宋吴自牧《梦粱录》卷三："第四盏进御酒，宰臣百官各～，歌舞并同前。"清《红楼梦》二二回："（贾母）遂命：'给你老爷斟酒。'宝玉执壶，迎春～。" ❷ 下酒；助酒兴。唐裴铏《传奇》："及局罢而饮，数巡，寅请备脩脯以～。"明唐寅《花月吟》："月落漫凭花～，花残还有月催诗。"

【送客】 sòng kè ❶ 来送行的宾客。宋沈辽《送行》："昔我来东州，～满江郭。"明于慎行《穀山笔麈》卷一〇："～满路，皆与揖别。"清丁澎《送赵锦帆比部归汴州》："携酒青门～多，相看无奈别离何！" ❷ 举行婚礼时陪伴新郎的人。元《三遂平妖传》二二回："但见花灯，那解今宵合卺；虽逢鸳侣，不知此夜成亲。～惊翻，满堂笑倒。”《元曲选·梧桐叶》四折：“今日是吉日良辰，取状元过门，与金哥女孩儿成亲，就请那文状元为～。”

【送老】 sòng lǎo ❶养老。唐杜甫《秦州杂诗》之一四：“何时一茅屋，～白云边。”宋苏轼《戏子由》：“劝农冠盖闹如云，～齑盐甘似蜜。”清纪昀《阅微草堂笔记》卷一八：“年近七十，不复以词赋经心，惟时时追录旧闻，以消闲～。” ❷送终。明《西游记》八五回：“老母今年八十三岁，只我一人奉养。倘若身丧，谁与他埋尸～？”《金瓶梅词话》五八回：“况老汉恁大年纪，止生他一个儿子，往后无人～。”清《甘肃通志》卷四三：“孝奉翁姑，养生～，曲尽其礼。” ❸女伴送别女友出嫁的风俗。宋周去非《岭外代答》卷四：“岭南嫁女之夕，新人盛饰庙坐，女伴亦盛饰夹辅之，迭相歌和，含情凄惋，各致殷勤，名曰～，言将别年少之伴，送之偕老也。”

【送礼】 sòng lǐ ❶送聘礼。《太平广记》卷四四九引《广异记》：“久之，乃许婚，令韦请假～，兼会诸亲。”张孝祥有《～书》。明孟称舜《娇红记》四四出：“今月～，十月成亲。” ❷赠送礼品。宋郑兴裔《请禁传馈疏》：“伏见近时所有邻道互～，名曰传馈。”明刘若愚《酌中志》卷一四：“凡～时，(梁)栋仅下小的帖，然都不叩头。”清《红楼梦》五六回：“江南甄府里家眷昨日到京，今日进宫朝贺。此刻先遣人来～请安。”

【送殓】 sòng liàn 陪伴丧家把死者放进棺材。明《型世言》一三回：“方方城先生殁了，众门生约齐～。”清袁枚《子不语》卷二：“今晚为某家～，生徒尽行，庙中无人。”《红楼复梦》四六回：“桂夫人同梅姑太太们晌午大错些儿，都往严宅去～。”

【送灵】 sòng líng 送殡。明杨爵《祭文·马理》：“岁既宴兮临除，～即兮佳城。”清《红楼梦》一五回：“其中阴阳二宅俱已预备妥贴，好为～人口寄居。”

【送路】 sòng lù ❶送行；饯行。唐[日]圆仁《入唐求法巡礼行记》卷三：“院主僧广初设饭～，斋后便发。”元明《水浒传》二三回：“武松缚了包裹，拴了梢棒要行。柴进又治酒食～。”明《朴通事谚解》卷上：“你放心，我做馈你～。” ❷指送行赠与的礼物。唐[日]圆仁《入唐求法巡礼行记》卷四：“李侍御～[不]少：吴绫十四、……软鞋一量、钱二贯文。”《五灯会元》卷一二《龙潭智圆禅师》：“别无～，与子一枝柱杖，一条手巾。”元《通制条格》卷七：“每以点军为名，取要饮食盘缠及回程～，巧取无厌。”

【送落】 sòng luò 损失掉。明《醒世恒言》卷三五：“哄骗孤孀妇人的东西，自去快活，这本钱可不白白～？”清《照世杯·掘新坑》：“这穆太公因为寻取儿子回家，不料儿子寻不着，反～一件日用之物。”

【送马】 sòng mǎ 焚烧纸马。明《金瓶梅词话》五三回：“钱痰火捏神捏鬼的念出来，到厅上就待～。陈敬济拜了一回，钱痰火就～发檄。”

【送命】 sòng mìng 断送性命；送死。唐牛僧孺《玄怪录》卷一：“妾前生负郎君，～于此。”宋张方平《请省陕西兵马及诸冗费事》：“既多羸驽，不任驰敌，平时虚縻刍粟，动辄兼人～。”清《呼家将》一八回：“你象个什么东西，也来～。”

【送纳】 sòng nà 送交；交纳。《唐律疏议》卷一〇：“其节，大使出即执之，使还，亦即～。”宋欧阳修《言青苗钱第一札子》：“如灾伤及五分已上，则夏料青苗钱令于秋料～，秋料于次年夏料～。”清谈迁《谈氏笔乘·荣植》：“今后同秋粮～，不须岁贡劳民。”

【送年】 sòng nián 送别旧年。宋周紫芝《浪淘沙·己未除夜》：“江上～归，还似年时。”元成廷珪《和张仲举博士见寄至日诗》：“半子～将旧酒，诸孙迎岁索新衣。”清李调元《南越笔记》卷一：“岁除祭曰～。”

【送娘】 sòng niáng 陪送新娘到男家结婚的妇女。明《醒世恒言》卷七：“原来江南地方娶亲，不行古时亲迎之礼，都是女亲家和阿舅自送上门。女亲家谓之～，阿舅谓之抱嫁。”清《疗妒缘》一回：“三朝就要发作，亏得～与老仆妇再三相阻，方忍耐住了。”

【送女客】 sòng nǚ kè 陪送新娘到男家结婚的人。宋孟元老《东京梦华录》卷五：“其～，急三盏而退，谓之走送。”《元曲选·汉宫秋》三折：“那里取保亲的李左车，～的萧丞相！”清《歧路灯》一〇六回：“迎姑嫂、～共搀全淑姑娘上了八抬大轿。”

【送盘】 sòng pán 送礼，多指送聘礼。盘，装礼物所用，代指礼物。清《风流悟》六回：“我们定了明日是吉，自然～来，晚间就悄悄过门罢。”《飞花咏》一回：“昌端二姓结成儿女亲家，愈加亲热，时朝月节，～送礼，往来热闹。”

【送聘】 sòng pìn 婚仪之一，男家定下迎娶的日子后送聘礼给女家，并通报迎娶的日子(也有分别举行的)，相当于古礼的纳征和请期。宋吴自牧《梦粱录》卷二〇：“(送定)次后则～，预令媒氏以鹅酒，重则羊酒，道日方行～之礼，且论聘礼。”明《醒世恒言》卷二〇：“因是赘婿，到是王员外～，张权回礼。”清纪昀《阅微草堂笔记》卷四：“～之日，坐树下，目直视妇房，泪涔涔如雨。”

【送亲】 sòng qīn 结婚时女家亲属送新娘到男家。也指送亲的人。宋元《清平山堂话本·李翠莲》：“我家鸡儿叫得准，～从头再去请。”《元曲选·隔江斗智》二折：“报的三将军得知，有吴国众将～到了也。”清沈复《浮生六记》卷一：“是夜～城外，返已漏三下。”

【送情】 sòng qíng ❶传送情意，多指男女(用眉眼)传送情意。唐杨思本《桃花赋》：“既秾纤兮得中，亦深浅而合度，远含绯而～，近渥丹而掩嫭。”金《董解元西厢记》卷三：“眼底～来，争夺母亲严切。”清《红楼复梦》八二回：“姚言向著秀春极意温存体贴，～逗趣。” ❷犹“送人情❷”。清《绿野仙踪》一七回：“剥皮说了无数～话，始将银两收兑入库。”又五九回：“那州官于这等事乐得～，立刻差了四个衙役，押着王氏同他儿女起身。”

【送人情】 sòng rén qíng ❶送礼；人情往来。明贾仲明《对玉梳》三折：“探亲眷高抬着暖轿；～稳坐着香车。” ❷顺便说些人情话或做些情面上的事以博取对方的好感。清《红楼复梦》三一回：“倒是老妈儿会～。你瞧着，别叫他们混跑进来，一会儿闹个一团糟。”△《红楼真梦》三六回：“到底还仗贾兰枢堂的面子，他们只说白～，不收部费。”

【送岁】 sòng suì 犹“送年”。《太平御览》卷八五〇引《时镜新书》：“岁暮，家家具有肴蔌，谓为宿岁之储，以入新年也。相聚酣歌，名为～。”刘辰翁《促拍丑奴儿·辛巳除夕》：“～可无诗。得团栾、忍不开眉。”明文徵明《己酉除夕》：“八十衰翁仍～，垆熏灯影共婆娑。”

【送祟】 sòng suì 指用烧纸钱、跳神等方法驱除邪祟。清《红楼梦》二五回：“当下众人七言八语，有的说请端公～的，有的说请巫婆跳神的。”又四二回：“着两个人来，一个与贾母～，一个与大姐儿～。”

【送亡】 sòng wáng ❶发送死者。宋徐积《濉阳妇》：“乃损奉生具，而为～资。”明方以智《通雅》卷三四：“今京师有古篓，方尺许，厚二三寸，似小屏，籧篨为之，粘饰以银箔，～之资，即此物欤？”清归庄《我行》：“铙吹从东来，乃是～者。” ❷做法事临结束时，把接回的亡灵送走。元明《水浒传》四五回：“两个又戏笑了一回，那和尚自出去判斛～。”明《金瓶梅词话》八〇回：“西门庆二七，玉皇庙吴道官十六众道士，在家念经做法事。……到晚夕念经～。”

【送鲜】 sòng xiān 送应时的新鲜食品。清《红楼梦》七回："咱们送他的，趁着他家有年下～的船回去，一并都交给他们带了去罢。"

【送新】 sòng xīn 犹"送鲜"。明《醒世恒言》卷七："其日在洞庭山贩了几担橙橘回来，装做一盘，到颜家～。"

【送意】 sòng yì （用眉眼）向人传达意思。宋吴文英《杏花天》："停嘶骑、歌眉～。"明郑善夫《白纻歌》之二："调筝瑟瑟宴嘉宾，～尊前未敢亲。"清《绿野仙踪》八九回："庞氏正要起身，冷眼见妖妇与周琏眉目传情，又见周琏含笑～。"

【送粥米】 sòng zhōu mǐ 亲友给生孩子的人家送礼表示庆贺。明《金瓶梅词话》六七回："他恁大年纪，也才见这个儿子，应二嫂不知怎的喜欢哩。到明日，咱少不的送些粥米儿与他。"清《醒世姻缘传》二一回："～的那些亲眷渐渐的到齐，都看着与孩子洗了三。"《红楼梦》六一回："昨儿上头给亲戚家～去，四五个买办出去，好容易才凑了二千个（鸡蛋）来。"

sōu

【溲】 sōu ❶ 淘洗。唐颜师古注《急就篇》"饼饵"："～米而蒸之，则为饵。"柳宗元《舜庙祈晴文》："粢盛不害，餘粮可栖。或簸或～，为酒为醯。"清《聊斋志异·小谢》："二女微笑，转身向灶，析薪～米，为生执爨。" ❷ 饭菜等变质而发出酸臭味。明汤显祖《牡丹亭》四出："砚水漱净口，去承官饭～。"

【溲话】 sōu huà 不中听的话。明《西游记》五九回："大丈夫鉴貌辨色，只以求扇为名，莫认往时之～，管情借得。"

【搜】 sōu ❶ （寒冷）侵袭。唐马戴《中秋月》："冷～骊领重，寒彻蚌胎深。"宋苏辙《买炭》："苦寒～病骨，丝纩莫能御。"元戴表元《丁亥岁除前二日书事》："索索寒～客，沉沉雨洗年。" ❷ 挖。元《三遂平妖传》三一回："只见妇人把刀尖去地上掘些土起来，～得松松地，倾下半碗水在土内。"《元曲选·朱砂担》二折："着这逼绰刀子～开这墙。"明袁于令《西楼记》一〇出："爬垃圾个～坏砖街。"

【搜猜】 sōu cāi 搜索；搜寻。金《董解元西厢记》卷六："一个最大汉提着雁翎刀，厉声叫道：'与我这里～！'"

【搜查】 sōu chá ❶ 查考。明刘若愚《酌中志》卷四："凡经书有疑难字义典故，即《洪武正韵》《海篇直音》及《韵小补》等书，自～之。"又卷一八："凡有不知典故难字，必自己～，不惮疲苦。" ❷ 搜寻检查。明《梼杌闲评》三八回："又行文各省，～税契银两，变卖入官的田产赃物，竭力搜括。"清佚名《江南闻见录》："仍令总甲逐户～，有藏匿者枭示。"孔尚任《桃花扇》闰二〇出："那时闯贼～朝官，逼索兵饷，将我监禁夹打。"

【搜察】 sōu chá 搜寻察看。《册府元龟》卷四九一："宰相李泌请自贞元二年已后，追收其资费纳于户部，谓之诸道减将士钱，乃遣度支员外郎元友直巡州府～之。"明杨士聪《玉堂荟记》卷下："场中～落卷多用此法，即数百卷可以顷刻而毕。"清《红楼梦》七四回："凤姐知道探春素日与众不同的，只得陪笑道：'我已经连你的东西都～明白了。'"

【搜摧】 sōu cuī 搜寻；搜索。金王喆《瑶台月》："修行便要寻捷径，心中长是清净。～妙理，认取元初瞻听。"

【搜根】 sōu gēn ❶ 寻找根源。宋罗璧《罗氏识遗》卷六："石埭读书最博，奥僻无不～，未叩所忌为谁。"清江永《群经补义》卷一："若欲从王制上～，则晋为诸侯长，何不三年一朝，六年一会于京师，而顾以此责诸侯乎？"李光地《榕村语录》卷二四："读书要～，搜得根便不会忘。" ❷ 墙根受水、碱等侵蚀而出现坑洞。清《醒世姻缘传》二回："他说俺大爷看着壮实，里头是空空的，通象那墙搜了根的一般。"《江南通志》卷五一："至十分危急，～刷底，上堤而下坐，埽不能御。"雍正十三年《浙江通志》卷六五："非筑排水大草坝以分其势，则昼夜～，塘脚空虚，难以存立。"

【搜刮】 sōu guā 同"搜括"。宋岳珂《金佗粹编》卷九："卒之日，虽王会极力～，家无餘赀。"明沈榜《宛署杂记》卷一二："两县除将库积银两并节年存留通融支尽外，～先年库贮黑漆铜钱，申允搭支，少救燃眉。"清《呼家将》三二回："俺祝家庄被庞贼～，两回攻打，到了第三次，四面放起了火，烧得那庄子上要一根椽子也没有的了。"

【搜括】 sōu guā 尽力搜取财物。《旧唐书·德宗纪上》："～既毕，计其所得才八十万贯。"宋李纲《靖康传信录》卷一："～金银限满，民力已竭。"清《荡寇志》一〇七回："两家各在本山附近村坊，～些油水，作贽见之礼。"也指搜查寻找。《敦煌变文校注》卷一《伍子胥变文》："村坊～，谁敢隐藏！"按，此词唐前已见，为搜求义，唐以后乃有搜刮财物义。

【搜获】 sōu huò 搜寻；搜查获得。唐张仲甫《雷赋》："倏焉而去，鼓勇莫测其踪，安息莫知其所，～山川，洗涤寰宇。"宋《三朝北盟会编》卷三六："又相聚入其家，～兵器，不可胜纪。"清《歧路灯》六四回："且说边公在谭宅～赌具，锁拿赌犯，登时轰动了半城。"

【搜简】 sōu jiǎn 清查；搜查。唐李峤《请令御史检校户口表》："今纵更～，而委之州县，则还袭旧踪，卒于无益。"明《二刻拍案惊奇》卷三六："上司明文，～违法赃物。"清《东周列国志》八四回："其时军中严急，凡进见之人，俱～干净，方才放进。"

【搜看】 sōu kàn 搜索查看。宋元《古今小说》卷三九："向芦苇烟起处～时，鬼脚迹也没一个了。"《元曲选·城南柳》四折："这个说的是。左右～。"清《飞龙全传》二一回："你们可再往各处细细的～，便见有无。"

【搜罗】 sōu luó ❶ 到处寻找（人或事物）并聚集在一起。唐李治《颁行新令制》："南宫故事，综核已殚；内史旧章，～殆尽。"宋《朱子语类》卷一一二："某做时，且精选一个吏部尚书，使得尽～天下人才。"清弘历《古玉章歌》："重检旧有合印统，亦非广事～材。" ❷ 搜索；寻求。唐刘从谏《请王涯等罪名表》："流血千门，僵尸万计，～枝蔓，中外恫疑。"宋《三朝北盟会编》卷二〇四："诸军骑兵多者，各乘胜袭逐，～败散。"清张云锦《原倡》："所嗟好胜心，不惜购重贿。游手教～，客船到濒海。"

【搜逻】 sōu luó 搜索。宋苏舜钦《答宋太祝见赠》："无以答高谊，胸中强～。"元王逢《题武州守张公奉先遗稿后序》："王遇鸩，文宗～谋者，彬然闻张林重士尚义，变姓名托焉。"明郑若曾《僧兵首捷记》："二十一日，天员复率兵在八团等处～。"

【搜求】 sōu qiú 寻找（毛病）；寻事找茬儿。宋范仲淹《再奏辩滕宗谅张亢》："兼边上臣寮见此深文，谓朝廷待将帅少恩，于支过公用钱内～罪戾，欲陷边臣。"明王守仁《批南康县生员张云霖复学词》："后因忌功之徒，～罗织，遂令此生屈抑至此，言之诚为痛愤。"清《聊斋俚曲·禳妒咒》："小娘终日～，怎么忽然回了头？孽罐想是填还够。"

【搜刷】 sōu shuā ❶ 搜刮；搜查；搜寻。宋赵抃《上仁宗论奉宸库估卖物色》："若能节损浮费，则用度自可取足，何必轻信浅议，～禁庭宝秘之物，虚耗内帑，动摇人心。"《三朝北盟会编》卷一九："职官富民见今～遣回，即非纳收叛亡。"明《西洋记》五回："又把个东边的温岭，西首的白岩，南边的玉环，北首的括苍，～了一周。” ❷ 冲刷。清靳辅《请添河员疏》：“及水势稍落，而河流愈急，一切险汛～堤根，处处危急。”雍正十三年《浙江通志》卷六五：“而西塘一带塘身太直，以致溜水往来～如故。”《南巡盛典》卷四六：“河流必日渐北趋，不复～坝根。”

【搜索】 sōu suǒ 指寻事找茬儿。清《醒世姻缘传》六一回：“素姐自此也晓得这几日相大妗子日日要来，碍他帮手，也便放松了，不来～。”

【搜讨】 sōu tǎo 搜寻；访求。唐郑还古《博异志·张遵言》：“忽失捷飞所在，遵言惊叹，命志诚等分头～。”明毕自严《三叟同游记》：“士君子未有不以登选奇胜、～灵异为愉快者也。”清法式善《陶庐杂录》卷三：“《湖北诗录》，锺祥高士熙编，……盖士熙为其郡人，易于～耳。”

【搜剔】 sōu tī ❶ 搜寻。唐柳宗元《零陵三亭记》：“乃发墙藩，驱群畜，决疏沮洳，～山麓，万石如林，积坳为池。”宋《朱子语类》卷六三：“凡此皆天下之大经，前世所未备。到得周公～出来，立为定制，更不可易。”清汤右曾《题黄砚芝中允黄山采芝图》：“～异境谁最先，夸娥巨灵知孰贤。” ❷ 搜查；清查；检查。宋苏颂《资政殿学士孙公神道碑铭》：“有司患皮角不足以给造作，奏重隐匿不输之科。亡赖辈因此～告讦，至及妇女首饰者。”明王世贞《俯念先臣勋劳忠荩以慰泉路疏》：“臣祖感恩，思效力，探祸源，～奸私，不避权贵。”清《儒林外史》一八回：“又因司官王惠出去做官，降了宁王，后来朝里又拿问了刘太监，常到部里～卷案。” ❸ 剔刮；搜刮。《元曲选·东堂老》一折：“～尽皮格也那翎毛，浑身遍体，星星开剥。”明沈德符《万历野获编》补遗卷四：“流贼戏谓我民曰：吾辈来，不过为汝梳；彼土司兵乃为汝篦矣。盖诮其～之愈密也。”清《绿野仙踪》三八回：“此系～平人脂膏，害人许多身家。”

【搜寻】 sōu xún 指寻事找茬儿。明《金瓶梅词话》一二回：“平地里起风波，要便～娘，还教人和你一心一计哩！”清《续金瓶梅》四三回：“～丈夫，不许他睁一睁眼看看妇人。”

【搜捉】 sōu zhuō 搜查捉拿。唐易静《兵要望江南·占星》：“必是外奸来入垒，期于半月害吾城。～审奸情。”宋《三朝北盟会编》卷一〇七：“宗室逃在民间者，差捉事乔姓人～必获。”清《呼家将》六回：“众军士，快到里边～反贼！”

【馊】 sōu 饭、菜等变质而发出酸臭味。《景德传灯录》卷一二《三圣慧然》：“莫展炊巾，这里无～饭。”宋杨延龄《杨公笔录》：“食败曰～，音搜。”清《红楼梦》六一回：“前日要吃些豆腐，你弄了些～的。”

【馊败】 sōu bài 即“馊”。唐邱光庭《兼明书》卷三：“饐，餲也，饭～也。”

【馊酸】 sōu suān ❶ 馊；酸臭。明朱橚《普济方》卷三八三：“四香三米饮，治小儿疳伤聚泻，遗粪带～臭气。”清嵇永仁《馊饭》：“～腐米气流行，撒向庭阶鸟不争。” ❷ 迂腐；小气寒酸。明《西洋记》二八回：“无底洞写供状的～陈气才没处发泄，听知道叫他拿过和尚来，他便怒从心上起，恶向胆边生，掣起那一杆火尖枪，飞过来直取金碧峰长老。”《山歌·镬子》：“～个阿婆辞劳一发难听，过日子你搭多烧子介一把了烧子个饭滞，倒说我馋痨了要吃。”清《快心编》二集三回：“若是悭吝～的人，那肯像这般预先一趸付出？”

sǒu

【嗾】 sǒu 唆使。宋王谠《唐语林》卷五：“王维为大乐丞，被人～令舞《黄狮子》，坐是出官。”元方回《送男存心如燕》：“五百彼何知，四遭白简霜。故尝忤林稆，何至～郭闻。”清昭梿《啸亭杂录》卷三：“阿逆遂寄声伊犁，～其叛。”

sòu

【嗽】 sòu 市语。话；言语。明朱有燉《乔断鬼》三折：“你的～，我鼻涕了，便去潜垛也。”

【嗽声】 sòu shēng ❶ 咳嗽声。唐白居易《自叹》：“春来痰气动，老去～深。”宋曾慥《类说》卷四六：“少时宿郊外田舍家，闻烛下有人～，不见其形。”清《飞龙全传》五八回：“郑恩身体发烧，～不止。” ❷ 轻声。明《金瓶梅词话》八回：“只听妇人口里～呼叫西门庆：‘达达，你休只顾碓打到几时？’”

sū

【苏】 sū ❶ 拯救；解救。唐刘禹锡《讯甿》：“今闻吾帅故为丞相也，能清静画一，必能以仁～我矣。”宋王安石《尚书度支员外郎郭公墓志铭》：“～穷斥奸，惠立威振。”清《蜃楼志》二一回：“申公因陛辞时圣旨分付，着紧会同庆喜剿办贼匪，以～粤民。” ❷ 疏松；松开。宋文天祥《集杜诗·至燕城序》：“十月一日至燕城，五日送千户所枷禁，十一月初一日～枷。” ❸ 同“酥❶”。唐输波迦罗译《苏悉地羯罗经》卷下：“以～然灯，其炷鲜净。”白居易《白孔六帖》卷三一：“妇人以～泽发。”清《白雪遗音·闹腮胡》：“佳人房中把被铺，想起儿夫泪如～。” ❹ 同“酥❺”。宋元《熊龙峰刊小说·彩鸾灯》：“那女子被舜美撩弄，禁持不住，眼也花了，心也乱了，腿也～了，脚也麻了。”明《山歌·撇青》：“我是西瓜皮种火务要慢慢里煨着子尔，只教尔雨落里打墙～下来。”清《警寤钟》一五回：“显瑞早已～了半边，却悄悄躲在一壁。”

【苏噜】 sū lū 啰唆。五代《云门禅师广录》卷上：“问：‘三界唯心、万法唯识时如何？’师云：‘舌根里藏身。’进云：‘藏身后如何？’师云：‘～～。’”《五灯会元》卷一九《龙牙智才禅师》：“僧问：‘德山棒，临济喝，今日请师为拈掇。’师曰：‘～～。’”

【苏麻】 sū má 同“酥麻”。明《古今小说》卷三七：“武帝听了，就如提一桶冷水，从顶门上浇下来，遍身～。”清《一片情》二回：“杜云听得唤他，早～了三四分。”《绿野仙踪》四六回：“我便浑身～，满心里想跑，无如两腿比纸还软。”

【苏软】 sū ruǎn 同“酥软❸”。元明《水浒传》贯华堂本二三回：“原来使尽了气力，手脚都～了。”明《醋葫芦》五回：“但是见着他，不知怎地，好似羊见虎，鼠见猫的一般，立时～。”清《绿野仙踪》三三回：“我再歇歇着，此时浑身到～起来。”

【苏省】 sū xǐng 同“苏醒❶”。宋陈师文等《太平惠民和剂局方》卷八：“吐出顽涎，立便～。”吴自牧《梦粱录》卷一八：“昔人被火燎，几毙，犬入水以濡其主，得～。”明郎瑛《七修类稿》卷四五：“时则霹雳一声，大雨如注，道士起步而女子～矣。”

【苏醒】 sū xǐng ❶ 昏迷后醒过来。唐若那跋陀罗译《大般涅槃经后分》卷上：“慌乱浊心昏迷，闷久乃～。”《元曲选·窦娥冤》二折：“才～，又昏迷。”清《红楼梦》一一三回：“凤姐一时～，想起尤二姐已死，必是他来索命。” ❷ 生息；使生息。唐韩愈《试大理评事王君墓志铭》：“栉垢爬痒，民获～。”元吴澄《次韵杨司业喜雨》：“～地肺萎枯脉，点缀天涯浩荡春。”明李廷机《鉴略妥注》：“饥者得加飧，困者得～。” ❸ 睡醒。宋陈鉴之《喜雨歌》：“睡龙

～听约束，拿攫云雾层崖阴。”明《僧尼孽海·水云寺僧》：“睡至天曙，尚未～。”清《野叟曝言》一五三回：“见头额汗气蒸蒸，毫不～。” ❹ 明白；领悟。宋《朱子语类》卷九〇：“窃谓后世有大圣人者作，与他整理一过，令人～。”元吴师道《嵊县平籴仓记》：“侯亦间至，据案抗声，衍析大义，士皆～。”

【苏意】 sū yì 苏州风味。指样式时髦。清《续金瓶梅》一九回：“这里有徽宗游艮岳的一套～下程，先使宫人摆设齐整。”又二〇回：“见了郑玉卿生得清秀风流，又打扮的～，虽是娇羞，把眼睛不住斜觑。”

【苏坐】 sū zuò 对坐。苏，相向。通“傃”。明钱希言《戏瑕》卷三：“今宾主分东西坐，又谓之～。”清《醒世姻缘传》四回：“晁大舍又向童定宇拱手称谢，分付收了礼，两边～了，叙了寒温。”

【酥】 sū ❶ 指化妆用的油脂。宋苏轼《哨遍》：“方右靥匀～，花须吐绣，园林排比红翠。”元张可久《水仙子·红指甲》：“玉纤弹泪血痕封，丹髓调～鹤顶浓。”清厉鹗《宣德窑青花脂粉箱歌》：“卷帘对镜复开箱，～滴檀心自研注。” ❷ 比喻肌肤洁白润泽。宋史浩《采莲舞》：“芦花径。酒侵～脸霞相映。”元佚名《十二月·五月》：“琼～腕，系彩丝。”清《红楼梦》二八回：“宝玉在旁看着雪白一段～臂，不觉动了羡慕之心。” ❸ 指松而易碎的食品。宋苏轼《记游定惠院》：“有刘唐年主簿者，馈油煎饵，其名为甚～，味极美。”吴自牧《梦粱录》卷一三沿街叫卖小儿诸般食件有“破麻～、沙团”等。清《儒林外史》二八回：“摆上九个茶盘，上好的蜜橙糕、核桃～。” ❹（食物、东西）松脆或松软。宋张耒有《寄蔡彦规兼谢惠～梨》。元明《水浒传》二六回：“看那袋儿里时，两块～黑骨头，一锭十两银子。”清冒襄《影梅庵忆语》：“红乳腐烘蒸各五六次，内肉既～，然后削其肤，益之以味。” ❺ 酥麻；酥软。《元曲选·东坡梦》一折：“听他娇滴滴的声音，真个～了也。”明《醒世恒言》卷三四：“赵完听见死了个人，吓得就～了半边。”清《白雪遗音·游庵》：“依稀刘阮误入天台路，未到巫山骨已～。”

【酥麻】 sū má （肢体）酥软发麻。元《三遂平妖传》二八回：“手脚～，抖做一堆。”明《金瓶梅》五三回：“今早见你妖妖娆娆摇飐的走来，教我浑身儿～了。”清《白雪遗音·情人爱我》：“情人莫要丢，浑身上～。”

【酥软】 sū ruǎn ❶ 食物或药物疏松不坚硬或不韧。宋《苏沈良方》卷一：“（茯苓）银石器中清水煮，以～解散为度。”元邹铉《寿亲养老新书》卷三：“（麋角粥）其角烂似熟山芋，掐得～即止。”清《野叟曝言》九八回：“三盘茶食，香甜～，可口非常。” ❷ 器物、土质疏松不坚硬。明沈周《石田杂记》：“以钢砂夹盐卤罨之一昼时，其铁则～。”清胤禛《朱批谕旨》卷一七六之八：“其田中亦得雨水浸泡，土方～，将来插秧，易于畅茂。” ❸（肢体）软弱无力。元明《水浒传》二三回：“原来使尽了气力，手脚都～了。”明《西游记》三七回：“唐僧见说是鬼，唬得筋力～，毛骨耸然。”清《荡寇志》七三回：“衙内吃她那一笑，弄得七魄落地，三魂升天，骨头～了。”

【窣】 sū ❶ 拂；垂。唐岑参《卫节度赤骠马歌》：“谓君鞴出看君骑，尾长～地如红丝。”金元好问《谒金门》：“帘半～，四座绿围红簇。”清董俞玉《蝶恋花·赠妓》：“茜裙～地腰肢颤。” ❷ 突然。明胡直《医喻》：“土石有～崩，木果有蠹溃。”沈明臣《大树村刘氏少妇打虎行》：“晓炊未罢日始高，～地猛虎来咆哮。”清尤侗《水龙吟·杨花和东坡韵》：“奈偷从墙角，～来窗畔，人前故眠羞起。”

【窣然】 sū rán 突然。《太平广记》卷三六九引《广异记》：“于是～排户，而欲升其床。”段成式《酉阳杂俎》卷六：“忽有一人，从庭树～而下。”明倪元璐《封文林郎吴荆阳墓志铭》：“或又出不意发其橐，中装～有声，悉官文书耳。”

sú

【俗】 sú ❶ 平凡；一般。唐李白《赠宣城赵太守悦》：“枝下无～草，所植唯兰荪。”元锺嗣成《一枝花·自序丑斋》：“临池鱼恐坠，出塞雁惊飞，入园林，～鸟应回避。”清纪昀《阅微草堂笔记》卷一一：“能来猎酒，定非～鬼。” ❷ 俗气；庸俗。宋苏轼《书林逋诗后》：“先生可是绝～人，神清骨冷无由～。”元李治《敬斋古今黈》卷九：“古人胸中有全学，笔意所到，随即发见，故无奇无～，举皆混然。”清《红楼复梦》二三回：“我们虽不很雅，也不十二分的很～。” ❸ 长时间接触或多次重复而失去新鲜感。清《红楼梦》程乙本六五回：“所以贾珍向来和二姐儿无所不至，渐渐的～了，却一心注定在三姐儿身上。”《红楼复梦》六二回：“耳朵里都听～了，总不能够见一面儿。”《歧路灯》二七回：“得一个人向南京置买几套衣服，咱本城里这些绸缎，人家都见～了。”

【俗恶】 sú è ❶ 风俗恶劣。唐皇甫湜《护国寺威师碣》：“士不拘教，矫～兮。”明黄肃《咏怀》之三：“会当拨～，聊复从吾生。” ❷ 庸俗低劣，也指庸俗低劣的表现或这样的人。宋欧阳修《与梅圣俞书》：“述游览景物，非要务，闲辞长说，已是难工，兼以目所不见，勉强而成，幸未寄去，试为看过，有甚～，幸不形迹也。”元庄肃《画继补遗》卷下：“（夏珪）理宗朝画院祇候，画山水人物极～。”清《红楼梦》一七至一八回：“因为世间～听了，他便以野史纂入为证，以俗传俗，以讹传讹，却认真了。”

【俗家】 sú jiā 僧道出家前的家或其父母的家，也指一般的世俗人家。唐张祜《惠尼童子》：“不似～诸姊妹，朝朝画得两蛾青。”宋佚名《道山清话》：“不知其僧～先有事在县，理屈坐罪。”清《白雪遗音·游庵》：“请教志贞三太，～尊姓？”

【俗讲】 sú jiǎng 把佛经故事或教义编成通俗的说唱作品向世人宣传。起自唐代僧徒。唐［日］圆仁《入唐求法巡礼行记》卷三：“又敕于左右街七寺开～。”宋调露子《角力记》：“淮南杨氏为吴国，有谢建粗知书，口占词句，略堪采取。与惠照寺～法师彦光为深交。”清《后西游记》七回：“佛教今已盛极，若再令天下讲经，这些～师定以果报施财为正解，岂不令我佛万善妙法转为朝廷治世之蠹。”

【俗气】 sú qì ❶ 粗俗、庸俗的情趣、格调。唐王绩《答冯子华处士书》：“吾所居南渚有仲长先生，……风神肃肃无～。”元陈方《送觉上人谒龙翔录寄子异》：“纸上姓名无～，篇中律吕有遗音。”清《歧路灯》三七回：“此公心底不澈，不免有些～扑人。” ❷ 尘俗气；世俗间的恶浊气息。《祖堂集》卷四《药山和尚》：“二十年在百丈，～也未除。”宋冯山《题灵溪寺》：“野寺无～，胜游方此回。”明《醒世恒言》卷四：“吾姊妹居此数十餘年，深蒙秋公珍重护惜。何意蓦遭狂奴，～熏炽，毒手摧残。” ❸ 粗俗；庸俗。明李贽《复邓鼎石》：“如果说‘救荒灾没有好的办法’，这只是～的儒子说的，怎么可以听从？”清《儒林外史》一〇回：“究竟也是个～不过的人。”《红楼梦》四〇回：“只怕～，有好东西也摆坏了。”

【俗冗】 sú rǒng 俗世间繁杂的事务。宋欧阳修《与王主簿》：“向者，深甫在京师，则以～不常得相见。”《元曲选外编·单刀会》二折：“区区～，久不听教。”清《九云记》一〇回：“近日～，不能分身，久失与兄谈话。”

【俗尚】 sú shàng 习俗所崇尚的风气。唐孟郊《南阳公请东樱桃亭子春宴》：“文心兹焉重，～安能珍。”宋赵磻老《满江红》：

"粉泽兰膏违～，岩花磴蔓从谁觅。"清《绮楼重梦》四六回："《竹枝词》是要切着民情风俗，俚中带雅才合体格。我瞧这园里的人情～不很近古，做来未必可观。"

【俗手】 sú shǒu　技巧平庸的人。宋陈师道《洛阳春》："却须诗力与丹青，恐～、难成染。"明谢肇淛《五杂组》卷七："魏受禅碑，梁鹄书，而锺繇镌之，李阳冰书，自篆自刻，故知镌刻非粗工～可能也。"清《梦中缘》九回："花枝又好，颜色又鲜，风致又活动，世间～断然刺不出来。"

【俗套】 sú tào　世俗的习惯或礼节。宋陈著《与文宋瑞枢密天祥书》："某以榜下士托岁寒盟，修状不敢用～。"明陈继儒《读书镜》卷九："若欲相业光明，必须痛除～。"清《红楼梦》六三回："这一安就安到五更天了，知道我最怕这些～子。"

【俗子】 sú zǐ　世俗的人；鄙俗的人。唐韩愈《与华州李尚书书》："接过客～，绝口不挂时事。"宋止禅师《祝英台近》："古音少。素琴久已无弦，～未知道。"清《镜花缘》九六回："此刻为何只觉俗气逼人，莫非有甚么～来此窥探么？"

sù

【夙分】 sù fèn　旧有的缘分；旧有的情分。唐吴筠《元纲论后序》："昔茅君上升，留大君命术，藏于山巅石室，俾吾守之，盖欲传于～者也。"明吴与弼《挽豫章胡昭》："璧水才华～深，九莲高谊古人心。"清《聊斋志异·五通》："妾实金龙大王之女，缘与君有～，故来相就。"

【夙根】 sù gēn　佛教、道教指人本有的修行的根底。《祖堂集》卷一二《禾山和尚》："莫嫌古德～，悬铎相似，触着则应，是与摩根器始得。"明张大复《梅花草堂笔谈》卷二："亦为予言林宗～甚异，自结缡至今，夫妇设榻相对，晨夕礼佛，其母刘夫人默察之，皆童身也。"清《红楼梦》一一八回："姑娘要行善，这也是前生的～，我们也实在拦不住。"

【夙好】 sù hǎo　另见 sù hào。旧交；老朋友。宋赵蕃《谢文显老丈见过》："谁能忘崎岖，于此修～。"元辛文房《唐才子传》卷六《姚合》："元和十一年，李逢吉知贡举，有～，因拔泥途，郑解榜及第。"清《红楼梦》九三回："世交～，气谊素敦。"

【夙好】 sù hào　另见 sù hǎo。素所喜好；旧有的喜好。唐李隆基《一切道经音义序》："恭惟老氏，国之本宗，遗述元经，朕之～。"明董其昌《画禅室随笔》卷三："兹予两人，敦此～耳。"清嵇曾筠《五台山》："到此能令众缘息，只有～犹难除。"

【夙话】 sù huà　旧话；已经过去的事情。明《西游记》五二回："且休题～。那妖魔被老孙打了这一场，必然疲倦，……等我再进洞去打听他的圈子。"

【夙孽】 sù niè　前世的罪孽；前世的冤仇。明《情史·情仇·小青》卷一四："～未了，又生他想。"《二刻拍案惊奇》卷三五："老翁～，彼此凶终。"清纪昀《阅微草堂笔记》卷四："无可如何，竟坐视其死，此殆～所报欤！"

【夙生】 sù shēng　前世。《云笈七籤》卷六〇："若咽物不得，纵咽不入于食脉，及心意妄思，即是～无分矣。"元明《水浒传》八五回："径涉仙境，～有缘，得一瞻拜。"清《白雪遗音·男梦遗》："那怕你，鬓发苍白姐姐花容败，总要了却今生～缘，月缺再团圆。"

【夙世】 sù shì　前世。五代杜光庭《出堂颂》："～恩德报，道心超然发。"元徐琰《蟾宫曲·青楼十咏·初见》："～上未了姻缘，今生则邂逅相逢。"清《女仙外史》一二回："这是你们～的孽，如今得了命哩。"

【夙业】 sù yè　前世的罪孽。宋苏辙《祭八新妇黄氏文》："惟我～，累尔幼稚。"明《石点头》卷四："单可怜连累这幼年女子，无端肮脏了性命，岂非是前冤～。"清纪昀《阅微草堂笔记》卷一二："朱知为～，浩叹而已。"

【夙缘】 sù yuán　前世的缘分。唐邢允中《驻锡峰》："丈室仍相对，重来果～。"《元曲选外编·裴度还带》楔子："此～先契，淑女可配君子也。"清《红楼梦》一二〇回："一为避祸，二为撮合，从此～一了，形质归一。"

【夙愿】 sù yuàn　一向怀着的愿望。唐颜真卿《有唐茅山元靖先生碑铭》："而转刺吴兴，事乖～。"明《拍案惊奇》卷三四："不想今日不期而会，得谐鱼水，正合～。"清舒大成《自城子山还宿白家滩赠主人》："当须遂～，与君采芳荪。"

【诉】 sù　推辞。多指推辞饮酒。唐刘禹锡《洛中送韩七中丞之吴兴》之三："今朝无意～离杯，何况清弦急管催。"五代王定保《唐摭言》卷一二："既对众宾，复不敢苦～。"宋马成《玉楼春》："欢情未举眉先聚，别酒多斟君莫～。"

【诉辨】 sù biàn　申诉辩白。明胡世宁《申明职掌以清刑讼疏》："又有贫民，无力～，而被有司淹死狱中。"王世贞《史乘考误》卷七："三人不胜煅炼，～得鱼之故，变异之端，主司不信。"清《飞龙全传》四八回："忽见樊爱能、何徽二人俯伏阶前，～其败兵之罪。"

【诉辩】 sù biàn　同"诉辨"。宋王称《东都事略》卷二六："普见太宗，因～其诬。太宗大悟。"明《杜骗新书·在船骗》："贾知县欲赴任期，不能久待，亦不往～，自径投任去。"清《八旗通志》卷一三六："古尔布什奉命勘讯，不令塞赫～。"

【诉陈】 sù chén　陈述；诉说陈述。唐《袁仁敬歌》："有理无申兮，痛哉安～兮。"金《董解元西厢记》卷七："泪珠儿滴了又重揾，满腹相思难～。"清赵翼《廿二史札记》卷一八："怀冤抱痛，无所～。"

【诉呈】 sù chéng　申诉的呈文。清《儒林外史》四五回："这余二相要写个～，你替他写写。"《平定准噶尔方略》续编卷一一："现被属人首告，随派员押回该处，并将阿卜都赉所具～译奏。"

【诉词】 sù cí　起诉或申诉的文状。唐元稹《旱灾自咎贻七县宰》："生小下里住，不曾州县门。～千万恨，无乃不得闻。"明张大复《梅花草堂笔谈》卷一四："即公明事理，达于政，～必出名家手。"清《八洞天》卷八："衍祚闻知，也进了～。"

【诉控】 sù kòng　诉说。《元曲选·柳毅传书》二折："暗修下～双亲书一封，哭啼啼盼杀宾鸿。"

【诉苦】 sù kǔ　向别人诉说所受的委屈痛苦。唐马大师《议沙门不应拜俗状》："且割股舍头，犹无～；尊君爱父，讵即辞劳？"宋魏泰《东轩笔录》卷一："罪犯深重，感圣恩不杀，死无以报，敢～耶？"清《说岳全传》三回："我们三个正为了这些孽障，在此～。"

【诉落】 sù luò　数落。明《古今小说》卷二："他有好意，自然相请；若是翻转脸来，你拼得与他～一场，也教街坊上人晓得。"

【诉说】 sù shuō　❶ 申诉；陈述。唐李治《申理冤屈制》："其在外州县，所有～冤滞文案，见未断绝者，并令当处速为尽理勘断。"《元曲选·冻苏秦》三折："吟就新诗一章，～飘零异方。"清《红楼梦》三四回："这里宝玉昏昏默默，只见蒋玉菡走了进来，～忠顺府拿他之事。"　❷ 数落；责备。明《古今小说》卷二："梁尚宾一肚气正没出处，又被老婆～，一脚跌开房门，揪了老婆头发便打。"《警世通言》卷三一："又气又苦，从前至后，把可成～一场。"

【诉推】 sù tuī　推辞。俄藏敦煌写卷《维摩诘经讲经文》：

“毗耶方丈无心去，恐被维摩居士摧。启告了，众疑猜，善德而今又～。”

【素餐】 sù cān 素的饭食。唐李隆基《令写元元皇帝真容分送诸道》：“至休假之辰，宜以～，用伸庆乐。”宋王禹偁《甘菊冷淘》：“孟春致斋戒，敕厨惟～。”清《隋唐演义》六七回：“秦夫人请萧后同众夫人用了～。”

【素常】 sù cháng 平日；平素。宋罗璧《识遗》卷一：“于事务之大，～日不暇给者，置行台处之则可。”明叶向高《首善书院记》：“记讲学者，必其～学问之人。”清《红楼梦》七九回：“再看那岸上的蓼花苇叶，池内的翠荇香菱，也都觉摇摇落落，似有追忆故人之态，迥非～逞妍斗色之可比。”

【素袋】 sù dài 同“嗉袋。”明《西游记》二回：“我虽少腮，却比人多这个～，亦可准折过也。”

【素淡】 sù dàn ❶（色彩等）素净；淡雅。唐佚名《灵应传》：“俄有一妇人，年可十七八，衣裙～，容质窈窕。”宋赵长卿《清平乐·问讯梅花》：“生成～芳容，不须抹黛匀红。”清《红楼梦》一二〇回：“宝钗小时候便廉静寡欲，极爱～的。” ❷ 恬淡。《旧唐书·李勉传》：“勉坦率～，好古尚奇。”宋张继先《临江仙》：“莫怪精神都～，全谙千载松头。”元吴澄《送邓善之提举江浙儒学诗》：“所谓温如玉，如今见此人。形神两～，文行一清淳。”明杨士奇《祭王学士文》：“执耿介而不移，居～以自适。” ❸ 味道清淡。明胡直《上寿词奉寿宋母太夫人》：“母不可兮安～，有子食禄足时甘。”清《歧路灯》六回：“至客厅坐定，摆开～席儿。”

【素儿】 sù er 即“素子”。明《金瓶梅词话》二七回：“西门庆一面揭开盒，里边攒就的八格细巧果菜，一小银～葡萄酒。”又七四回：“还有头里后边送来与娘供养的一桌菜儿，一～金华酒。”

【素放】 sù fàng 白白放过。元纪君祥《赵氏孤儿》三折：“把这厮烂剁千刀，我不要轻轻～了！”明《金瓶梅词话》六九回：“若是那里消息，怎肯轻饶～！”清《醒世姻缘传》九四回：“姐姐怀着一肚子的大气，见了姐夫，还有轻饶～的理？”

【素净】 sù jìng ❶ 颜色朴素，不鲜艳刺目。宋吕胜己《浣溪沙》：“浅著铅华～妆。翩跹翠袖拂云裳。”《元曲选外编·西厢记》二本二折：“天生聪俊，打扮～，奈夜夜成孤另。”清《红楼梦》四〇回：“二则年轻的姑娘们，房里这样～，也忌讳。” ❷ 不带荤腥的洁净的（饮食）。明《西游记》四七回：“明日早朝，大开东阁，教光禄寺安排～筵宴酬谢。”

【素来】 sù lái 从来；向来。唐孔颖达疏《礼记·内则》“虽甚爱之”：“谓父母舅姑～虽甚爱此勤劳之子妇。”宋郑震《喜静》：“～嫌僻静，今渐与相安。”清《红楼梦》一〇七回：“膝下虽有琏儿，又是～顺他二叔的。”

【素毛】 sù máo 白发。宋韩琦《壬辰重九即席》：“莫为～悲晚岁，且吹萸菊酌芳筵。”明皇甫汸《感别赋》：“寄芳草于春池，揽～于秋省。”

【素日】 sù rì 平日；平常。明佚名《闹铜台》二折：“打听你家中～歹风声，非是咱谬语胡云。”清《醒世姻缘传》八五回：“童奶奶的锦囊，～是百发百中，休得这一遭使不着了。”《歧路灯》五七回：“若非～多沾滞，总遇石崇也淡然。”

【素手】 sù shǒu 空手，没拿东西或没携带礼物。明《西游记》三〇回：“但只是～，舞得不好看。”《二刻拍案惊奇》卷一五：“自从为事之后，生意淡薄，穷忙没工夫，又是～，不好上门。”清《聊斋志异·寒月芙蕖》：“遣吏人荡舟采莲，遥见吏人入花深处，少间返棹，～来见。”

【素昔】 sù xī 昔日；向来；平时。唐法琳《与尚书右仆射蔡国公书》：“加以门称笔海，世号儒宗，不忘～之怀，曲赐优怜之访。”宋赵德麟《侯鲭录》卷一：“公～为程宣徽门宾，后娶程公之女，性极妒悍，故云。”清《红楼梦》五六回：“又共同斟酌出几个人来，俱是他四人～冷眼取中的。”

【素习】 sù xí 同“素昔”。宋《建炎以来繫年要录》卷一五五：“两浙转运副使钱端礼罢，以右谏议大夫汪勃论其～骄骙，不闲世务，倾险任数也。”明张瀚《松窗梦语》卷八：“夫一本乃吴平遗孽，～凶悍，狡猾尤甚。”清《红楼梦》五三回：“晴雯此症虽重，幸亏他～是个使力不使心的，再～饮食清淡，饥饱无伤。”

【素性】 sù xìng 索性。明《醒世恒言》卷一五：“必得你亲手制造，那样没用副手，一个也成不得的。工钱～一并罢。”

【素珠】 sù shū 即“数珠”。元牟巘《龙源禅师塔铭》：“阇维后顶骨牙齿～不坏者，三寿六十三腊。”明《金瓶梅词话》九三回：“无事在家门首施药救人，拈～念佛。”清《玉蜻蜓·游庵》：“慢展绣履步徐行，～儿悬挂貌娉婷。”

【素子】 sù zi 盛酒器，锡制或瓷制，底大颈细长。明《金瓶梅词话》五〇回：“一碟腊烧鸭，两碗寿面，一～酒。”清《醒世姻缘传》七〇回：“叫人拿四碗菜，一盘点心，一～酒，给你吃哩。”

【塐】 sù 塑。《法苑珠林》卷一〇七：“先有～菩萨一躯，不可移动。”宋陈从易《小孤山》：“山称孤独字，庙～女郎形。”清储大文《阳曲白云寺碑记》：“上建殿三楹，～释迦思惟出山像。”

【嗉袋】 sù dài 猴类动物的颊囊。明《西游记》三九回：“原来那猴子颏下有～儿，他把那金丹噙在～里。”

【速】 sù ❶ 急迫；紧急。唐李嘉祐《送杜士瞻楚州觐省》：“淮月归心～（一作促），江花入兴新。”宋杨无咎《忆秦娥》：“情难足。不堪黄帽催行～。”清《红楼复梦》三二回：“房子是我必要的，而且要的甚～。” ❷ 催促。唐皇甫湜《唐故著作左郎顾况集序》：“生来～文，乃题其集之首为序。”宋王致远《开禧德安守城录》：“已持牒如三关矣，城中寻遣介～之。”清《歧路灯》一五回：“到了次日，早有人来～。” ❸ 指速香。宋陈敬《陈氏香谱》卷一：“（紫茸香）此香亦出沉～香之中。”清《蜃楼志》一八回：“沉～香浓，葡萄酒醉。”

【速便】 sù biàn 立即。唐玄奘译《大般若波罗蜜多经》卷五六六：“若行恶境，～止息。”宋王溥《五代会要》卷二一：“所有历任文书，亦仰～送纳。”明王世贞《柬明竺僧》：“有智人何不～解脱，了取无生，自陷鬼境。”

【速急】 sù jí 急速。宋《三朝北盟会编》卷一六一：“缘累奉朝廷指挥，催促过界，不敢不随宜措置，遂～召募使臣等前去报信。”明唐顺之《武编》前集卷六：“吾今奉请，～临坛。”清《白雪遗音·十二月》：“～快与下厨房，路上未吃打尖饭。”

【速刻】 sù kè 即刻；马上。清三馀氏《南明野史》卷中：“钦天监奏进新历，敕下礼部～颁行。”《绿野仙踪》一八回：“你～起身，休要乱我怀抱。”

【速快】 sù kuài 迅速。明吕柟《四书因问》卷三：“仪封人一见夫子，便道如此，怎么恁地见得～？”《西游记》二一回：“孙大圣跳在空中，纵斤头云，径往直南上去，果然～。”清《绿野仙踪》七四回：“难道这京城地方王化，变化人是这样～么？”

【速忙】 sù máng 急忙；赶快。宋滕甫《蝶恋花·再和长汀壁间韵》：“帘卷新蟾光射影，～掠起蓬松鬓。”元《三国志平话》卷上：“刺董卓身死，吕布～出宅，奔走于丞相宅内。”清《醒世姻缘传》九四回：“韦美收了人事，叫他的细君～设酌款待。”

【速门】 sù mén 蒙古语。箭。明火原洁《华夷译语·器用门》：“箭，～。”《元曲选外编·哭存孝》一折：“弩门并～，弓箭怎的射?”

【速帖】 sù tiě 催促赴约的帖子,也泛指请帖。明吕柟《泾野子内篇》卷一八:“又如请客,必先发帖以通其情,又有～以促其往,然后客从其请也。”清《山西通志》卷八八引明王嗣美《宴会约》:“至于请启不用～,次日亦不必送谢。”《歧路灯》六一回:“及至次日,邓祥驾车,双庆带了～往请。”

【蔌】 sù 同“簌”。宋石孝友《声声慢》:“何事便有轻离,无端珠泪暗～。”元张可久《寨儿令・游春即景》:“～绛纱,按红牙,金鞍半敧玉面马。”清弘历《挂瀑檐》:“斋檐齐麓腰,满罩晶帘～。”

【簌】 sù 同“窣❶”。《大宋宣和遗事》前集:“见一大臣急离班部,前进金阶,紫袍～地,象简当胸。”元佚名《沽美酒过天平令》:“灯直下靠定壁衣,忙～下素罗帏,拂掉牙床铺开绣被。”明朱有燉《梁州第七・病中寄情》:“不觉的玉带围松宽了罗扣,绣帘栊低～下金钩。”

【簌地】 sù de ❶ 形容眼泪纷纷落下。一般作“簌簌地”。宋元《清平山堂话本・简帖和尚》:“婆子入来,看着小娘子,～两行泪下。”明《古今小说》卷三五:“～两行泪下,闷闷不已。”《警世通言》卷一三:“刁嫂道:‘押司,你怎地不分付我们邻舍则个,如何便死?’～两行泪下。” ❷ 形容动作迅疾。清《一片情》三回:“便向腰间～的掣出刀来骂道:‘你这秃驴,认得冯爷么?’”

【宿班】 sù bān 值夜班。清《醒世姻缘传》六回:“推说监中～,整几夜不回下处。”

【宿泊】 sù bó 住宿停留。《唐律疏议》卷二七:“安标宿止,谓行船～之所,须在浦岛之内,仍即安标,使来者候望。”宋《五代史平话・汉上》:“店家为官司行下缉捉奸细,不许停留无行止单身之人,谁人肯容受刘知远～?”清孙承泽《春明梦餘录》卷三七:“海道各有程途,各有～岛屿。”

【宿逋】 sù bū 久欠的税赋或债务。唐权德舆《上陈阙政》:“今兹租赋及～远贷,一切蠲除。”宋苏辙《新霜》:“新春未觉廪庾空,～暗夺衾裯少。”清《豆棚闲话》五则:“携着一子,约有十一二岁,头上插一草标,口称负了富室～五金。”

【宿草】 sù cǎo ❶ 隔夜的草料。《元曲选・货郎旦》一折:“耕牛无～,仓鼠有餘粮。” ❷(坟墓上长的)多年的草,指去世已久。宋陈著《因闲坐偶成韵谢黄虚谷》:“回首故人多～,攒眉晚节自寒花。”明任瀚《孙山甫学集序》:“惜二君已～,不及见也。”清王士禛《故明景帝陵怀古》:“君臣一代尽～,雍门太息当何如?”

【宿娼】 sù chāng 宿于妓女处。明沈受先《三元记》一六出:“他将本钱饮酒～花费了,如今来哄你。”陆容《菽园杂记》卷二:“今挟妓～有禁,甚至罢职不叙。”清《红楼梦》一一七回:“贾环更加～滥赌,无所不为。”

【宿店】 sù diàn 旅店。元明《水浒传》二回:“小人母子二人贪行了些路程,错过了～。”明《徐霞客游记》卷一一下:“时才下午,前无～,遂止。”清袁枚《子不语》卷二三:“行二十餘里,日已西下,苦无～。”

【宿顿】 sù dùn 住宿停留。五代刘知远《改元乾祐大赦文》:“沿路州县,迎奉大驾,供馈～粮草,无遗阙处。”《元典章・刑部六》:“今后遇有怯薛歹蒙古人员经过去处,依理应付粥饭,～安下房舍。”清弘历《晓行》:“晓行期早到,～漫留连。”

【宿分】 sù fèn 同“夙分”。唐司空图《故太子太师致仕卢公神道碑》:“明日继谒,蒙手授以诗,且有‘释氏多言～深’之句。”宋吴儆《和唐秘校见贻长篇》:“命之穷达有～,男儿功名在晚节。”清《聊斋志异・萧七》:“彼与君无～,缘止此耳。”

【宿根】 sù gēn 同“夙根”。唐李邕《东林寺碑序》:“～果于福庭,大事萌于净土。”《敦煌变文校注》卷七《维摩经押座文》:“行住坐卧～深,善解门中颧妙行。”清《红楼复梦》八六回:“因历两世人间,自迷本性。今幸～未断,尚可归复。”

【宿妓】 sù jì ❶ 犹“宿娼”。宋祝穆《古今事文类聚》后集卷一七有“二胥～”条。明谢肇淛《五杂组》卷四:“惟娶妾,～,争讼,则挥金如土。”清《红楼梦》一二回:“今忽见他一夜不归,只料定他在外非饮即赌,嫖娼～。” ❷ 积有年头的妓女。明《醒世恒言》卷三九:“那和尚颇有本领,张媚姐是个～,也还当他不起。”

【宿酒】 sù jiǔ 隔夜的餘醉。唐张说《翻著葛巾呈赵尹》:“～何时醒,形骸不复存。”宋晏殊《浣溪沙》:“～才醒厌玉卮。水沉香冷懒熏衣。”清《醒世姻缘传》四回:“只是我不投一投,这一头～怎么当得?”

【宿孽】 sù niè 同“夙孽”。宋王明清《挥麈后录》卷四:“不惟扫荡～,又可以惩戒后人。”清《豆棚闲话》七则:“当此鼎革之际,世人的前冤～消弭不来。”

【宿钱】 sù qián ❶ 付给旅店的住宿钱。明陆深《愿丰堂漫书》:“又往游武夷过逆旅,索～至多三文。”《禅真逸史》二二回:“二人同入客馆投宿。次日天明起来,梳洗吃饭。杜伏威打开银包,称银子还～。”清《醒世姻缘传》一三回:“晁源与他们打发了～,一干人众方又起身前进。” ❷ 付给妓院的嫖宿钱。《大宋宣和遗事》前集:“报到早朝归去晚,回鸾,留下绞绡当～。”明《警世通言》卷三一:“但是赎身孤老要歇时,别的客只索让他,十夜五夜,不论～。”清《绿野仙踪》五二回:“那里有个他常常做嫖客,你夜夜垫～的道理!”

【宿睡】 sù shuì ❶ 睡觉。元《三国志平话》卷上:“张飞问妇人:‘太守那里～?’”明朱橚《普济方》卷二八八:“是夜～善甫家。”《金瓶梅词话》五〇回:“月娘和薛姑子、王姑子在上房～。” ❷ 隐指性行为。《元曲选・谢天香》三折:“〔二旦云〕姐姐,你在宅中三年,相公曾亲近你么?〔正旦唱〕俺若是曾～呵,则除是天知地知!”

【宿头】 sù tóu 住宿的地方。宋林逋《黄家庄》:“黄家庄畔一维舟,总是沿流好～。”《元曲选外编・飞刀对箭》二折:“每日家听钟声山寺里斋,赶～古庙里居。”清《飞龙全传》一六回:“我赵匡胤投奔关西,只因错过～,特到尊庙打搅一宵。”

【宿习】 sù xí ❶ 生来就知道的;预先学习过的。唐白居易《与元九书》:“后有问此二字者,虽百十其试,而指之不差。则仆～之缘,已在文字中矣。”元刘祁《归潜志》卷一〇:“因夜览《太宗神射碑》,反覆数四。明日,会世宗亲飨庙,立碑下,召学士院官读之。适有可在,音吐鸿畅如～然。”清王士禛《池北偶谈》卷二一:“因令读书,一过目如～。” ❷ 旧日的习气、习惯。宋张九成《和施彦执怀姚进道》:“～犹未除,新诗漫怀旧。”明袁袠《世纬》卷下:“刑赏若此,殆非所以鼓舞士气而变移～也。”清弘历《芸斋忆旧》:“少小此乐群,耽书是～。”

【宿歇】 sù xiē 住宿休息。宋马永易《实宾录》卷二:“北齐邢邵尝与裴伯茂并于北海王所舍～,相与赋诗数十首。”《元曲选外编・裴度还带》一折:“房舍也无的住,说道则在那城外山神庙里～。”明杨铭《正统临戎录》:“至晚,驾在猪房～。”清《歧路灯》五〇回:“只有老朽寒榻一具,每夜即在此处～。”

【宿冤】 sù yuān 前世的冤仇;前世的冤家对头。唐楚儿《贻郑昌图》:“应是前生有～,不期今世恶因缘。”宋彭乘《墨客挥犀》卷三:“又人言虎怪甚灵,不妄食人。遭其患者,盖命所值,或是～也。”清《醒世姻缘传》二三回:“东海龙神既来梦中下药,哑了皇帝的喉咙,若不是～,必定因有甚么得罪。”

【宿约】 sù yuē 事先或旧时的约定。唐孟简《咏欧阳行周事》:"本达京师回,贺期相追攀。～始乖阻,彼忧已缠绵。"宋夏竦《开东合论》:"指陈两端,以惑时议;弃背～,以阿上旨。"清翁洲老民《海东逸史》卷一三:"时上游故有～,而失期不至。"

【宿住】 sù zhù 住宿。唐[日]圆仁《入唐求法巡礼行记》卷一:"大使等为憩漂劳,于此～。"清《绿牡丹》五七回:"凡来应考,俱入公会～。"

【塑坌】 sù bèn 装傻。元王仲元《普天乐·题情》:"樽前扮蠢,花间～,席上妆憨。"

【塑像】 sù xiàng 用泥土塑造的人像或神像。唐陈宗裕《敕建乌石观碑记》:"是岁八月庚午～,阅三载,黝垩绘饰咸备。"宋韦骧《岑公洞》:"洞门屣步侵云烟,瞻望～钦华颠。"清《红楼梦》三九回:"我们村庄上的人还商议着要打了这～平了庙呢。"

suān

【酸】 suān ❶形容读书人咬文嚼字拿捏身分,举动有令人牙酸的感觉。宋谢逸《送董元达》:"读书不作儒生～,跃马西入金城关。"明张大复《梅花草堂笔谈》卷三:"蠹鱼墨士,典衣论文。既腐既～,所乐不在。"清《女仙外史》五回:"这几个纨袴公子,又笨又～,如何能料理得来?" ❷比喻嫉妒的心情。明《挂枝儿·醋》:"俏冤家,你与人厚,我明明知道。若是捻你～,吃你醋,这是我不贤了。"《醒世恒言》卷二三:"你是有功之人,夫人也要酬谢你的,定不作～!"清《红楼梦》八回回目:"比通灵金莺微露意,探宝钗黛玉半含～。" ❸指色情的。清《歧路灯》二〇回:"戏主又点了几出～耍戏儿,奉承谭绍闻。绍闻急欲起身,说道:'帘后有女眷看戏,恐不雅观。不如放我走罢。'逢若道:'本来戏都不免有些～处。就是极正经的戏,副净、丑脚口中,一定有几句那号话儿,才惹人燥得脾。'" ❹用醋腌渍。清《歧路灯》七五回:"这菜园的茄子,俺家用醋～了一罐子。"

【酸虫】 suān chóng 谑称媒人。媒与梅谐音,梅子味酸,因称。明《醋葫芦》三回:"只为我家院君要取位二娘子,特着区区寻个～。"

【酸丁】 suān dīng 对读书人的鄙称。金《董解元西厢记》卷一:"秀才家那个不风魔,大抵这个～忒劣角。"《元曲选·鸳鸯被》三折:"如今这秀才家一个个害了传槽病,从今后女孩儿每休惹他这～。"清《绿野仙踪》二八回:"那里像这些～,日日抱上书,明念到夜,夜念到明。"

【酸腐】 suān fǔ 迂腐。明周瑛《读刘静修渡江赋》:"岂其居夷既久,虽有春秋之义而不知耶?或不欲以～自居,而假此以彰其迹耶?"申佳允《赠建德徐君显》:"志不在饱温,面目存～。"《四库总目提要·独醉亭集》:"其诗不涉元季缛靡之习,亦不涉宋季～之调。"

【酸鬼】 suān guǐ 穷鬼。多用来鄙称读书人。明汤显祖《牡丹亭》五三出:"这个～,一条破被单裹轴小画儿!"《二刻拍案惊奇》卷八:"看这个～,那里熬得起大注!"清《珍珠舶》五回:"就在我家代笔的这个～,痴心梦想,反把老爷触怒。"

【酸寒】 suān hán ❶寒酸。唐张楚《与达奚侍郎书》:"初到都下,同止客坊,早已～,复加屯踬。"《元曲选·张生煮海》三折:"你你你终有个～相。"清厉鹗《满庭芳》:"～东野唯诗卷,家具萧然。" ❷微薄。唐韩愈《祭郴州李使君》:"虽掾俸之～,要拔贫而为富。"宋赵蕃《两日不见在伯风雨中有怀》:"掾奉～古云叹,治时还重力田科。"章甫《送王纯仲》:"江湖陈迹不复梦,食贫月俸仍～。"

【酸话】 suān huà 文绉绉的话。清《绿野仙踪》二八回:"这还是秀才们的～,日后不可斯文,我嫌不好听。"《镜花缘》二三回:"说～酒保咬文,讲迂谈腐儒嚼字。"

【酸俫】 suān lái 犹"酸丁"。《元曲选外编·西厢记》三本一折:"哎,你个馋穷～没意儿,卖弄你有家私。"明汤显祖《紫钗记》四八出:"〔豪笑,目送二生云〕何处摆出两个大～?"清尤侗《钧天乐》三出:"这两个～是什么人?"

【酸麻】 suān má ❶酸疼发麻。宋杨万里《乙未春日山居杂兴》之二:"半月春晴探物华,山园走得脚～。"元苏彦文《斗鹌鹑·冬景》:"冻的我手脚～。"清《女仙外史》三六回:"雷一震遍体～,按倒在地。" ❷酥软发麻。清《杏花天》九回:"遍体快畅,四肢～。"《霓裳续谱·偷情之一》:"摸的奴,浑身上～实难过。"《白雪遗音·爱你容颜》:"搂抱起来,遍体～小乖乖。"

【酸呕气】 suān òu qì 受讥笑而不能排遣的窝囊气。明《金瓶梅词话》五六回:"房子没的住,受别人许多～,只教老婆耳朵里受用。"

【酸悭】 suān qiān 犹"酸啬❶"。宋王安中《达之质衣不售作诗》:"竟日却携至,似云儒～。"元明《水浒传》七一回:"最恼的是大头巾,幸喜得先杀却白衣秀士,洗尽～。"

【酸软】 suān ruǎn (身体)发酸而无力。明《西游记》二八回:"唬得打了一个倒退,遍体酥麻,两腿～。"清孔尚任《桃花扇》三八出:"可恨老腿～,不能走动。"《白雪遗音·好梦儿》:"四肢～觉无力。"

【酸涩】 suān sè ❶(味道)又酸又涩。唐义净译《金光明最胜王经》卷九:"秋时冷甜腻,冬～腻甜。"明佚名《钵中莲》三出:"入口带～,越嚼越香甜。"清方式济《龙沙纪略》:"欧李子柔条丛生,高二尺许,花碎白实,如小李,味～。" ❷迂腐晦涩;迂腐固执;酸楚苦涩。宋《朱子语类》卷一三九:"古人文章,大率只是平说而意自长。后人文章务意多而～。"明李贽《安期告众文》:"严者所以成悲也,尔韦驮又不可不知也。勿太～,佛法不是腐烂之物。"清翁方纲《石洲诗话》卷三:"孟东野诗,寒削太甚,……则益见其～寒苦,而无复精华可挹也。" ❸寒酸迟钝。清《聊斋志异·叶生》:"叹面目之～,来鬼物之揶揄。"

【酸啬】 suān sè ❶寒酸吝啬。明谢肇淛《五杂组》卷一五:"至于应酬交际,草恶～,此直贪而鄙耳,何名为俭?"《型世言》三回:"况且每日不过是一两个钱小菜过一日,比周于伦在家时更～。"清《女仙外史》八回:"比不得释道清虚,儒家～。" ❷同"酸涩❶"。明《肉蒲团》一回:"其如入口～,人不肯咀嚼何!"

【酸态】 suān tài 寒酸或迂腐的样子。宋阮阅《诗话总龟》后集卷一〇:"'推门入室书纵横,蜡纸灯笼晃云母。'惯亲灯火,儒生～尽矣。"明《型世言》一一回:"怎少年风月襟期,作这腐儒～?"清李斗《扬州画舫录》卷五:"(张德容)工于巾戏,演《寻亲记》周官人,～如画。"

【酸馅】 suān xiàn 用素菜做馅儿的包子之类。《古尊宿语录》卷二一《法演和尚语录》:"白云嵌枯老汉,要吃无皮～。"宋元《古今小说》卷三六:"那金梁桥下一个卖～的,也是我们行院,姓王名秀。"明佚名《度黄龙》四折:"枉了那蒲团上数年,吃～,枉劳倦。"

【酸赚】 suān xiàn 同"酸馅"。宋孟元老《东京梦华录》卷八:"又卖转明菜花,花油饼,～,沙赚之类。"

【酸慊】 suān xiàn 同"酸馅"。宋欧阳修《归田录》卷二:"京师食店卖～者，皆大出牌榜于通衢。”

【酸意】 suān yì 嫉妒的心情。明《醋葫芦》一二回：“成珪命犯妒星，妻宫最多～。”清《红楼梦》三一回：“晴雯听他说‘我们’两个字，自然是他和宝玉了，不觉又添了～。”

【酸子】 suān zǐ 犹“酸丁”。明陆容《菽园杂记》卷一：“是日，内官奏放炮，上止之云：‘～闻之，便有许多议论也。’”汤显祖《牡丹亭》三〇出：“这子儿花朵，似美人憔悴，～情多。”清《野叟曝言》一〇回：“若但言饿死，则是你们竖儒～。”

suàn

【蒜泥】 suàn ní 捣得非常烂的蒜。多用来拌菜或蘸菜吃，也可药用。元明《水浒传》四回：“智深大喜，用手扯那狗肉，蘸着～吃。”明朱橚《普济方》卷三一五：“右为细末，同～和成膏，用绢摊膏，贴于病处。”清《野叟曝言》九二回：“屈文爷去买斤面来，捣些～，冷拌着吃罢。”

【蒜条金】 suàn tiáo jīn 一种长条形的金锭。元明《水浒传》六二回：“无甚孝顺，五十两～在此，送与节级。”又六五回：“吴用教取～一百两与医人。”

【算】 suàn ❶ 推想；推测。五代李煜《秋霁》：“～此情苦，除非宋玉风流，共怀伤感，有谁知得。”宋柳永《定风波》：“～孟光、争得知我，继日添憔悴。”清《红楼梦》一四回：“我～着你们今儿该来支取，总不见来，想是忘了。” ❷ 指推算前程吉凶。《元曲选·渔樵记》二折：“有人～我明年得官也。”明《西游记》九回：“长安城里西门街上，有个卖卦先生，～得最准。”清袁枚《子不语》卷一一：“张心动，取生年月日命瞎姑～之。” ❸ 暗算；算计。《敦煌变文校注》卷六《譬喻经变文》：“日夜只是～人，无一念饶益之心，只是万般损害。”元关汉卿《西蜀梦》一折：“今日被歹人将你～，畅则为你大胆上落便宜。”清纪昀《阅微草堂笔记》卷一二：“此皆术足以胜狐，卒为狐～。” ❹ 认作；当作。《元曲选·任风子》三折：“常言道今世饶人不～痴，咱两个元是善知识。”明《西游记》八五回：“打倒妖精，～你的功果。”清《红楼梦》七八回：“虽然临终未见，如今且去灵前一拜，也～尽这五六年的情常。” ❺ 算数；承认。元明《水浒传》五〇回：“须要活捉，拿死的也不～。”明《金瓶梅词话》八二回：“是那花园里拾的？你再拾一根来，我才～。”清《红楼梦》四三回：“出了钱不～，还要我来操心。” ❻ 作罢；不再计较。清《红楼梦》七七回：“你不过是挨一会是一会罢了，难道就～了不成？”《飞龙全传》一八回：“若没有产业，或指一条大路，或将一座名山，立下一张卖契，也就～了。”

【算卜】 suàn bǔ 犹“算卦”。《元曲选·生金阁》四折：“去市上～，道我有一百日血光之灾。”明《封神演义》五二回：“太师喘息不定，方欲～，又见山顶上大炮响，子牙与武王拍手大笑。”

【算不得】 suàn bù de ❶ 不能认作；不能当作；够不上。明倪岳《青溪漫稿》卷一四：“况各生违限到监坐班，月日虚旷，本监自与查～出身。”《警世通言》卷二：“你主人与先夫原是生前空约，没有北面听教的事，～师弟。”清《玉蜻蜓·问卜》：“这没还～半仙，老汉并非为房钞而来。” ❷ 表示不足道（多下接“什么”）。清《女仙外史》五八回：“杀尔～什么，饶你去罢。”《红楼梦》七五回：“常日到还不觉人少，今日看来，还是咱们的人也甚少，～甚么。”

【算不了】 suàn bù liǎo ❶ 算不尽；算不完。明汪廷讷《狮吼记》一三出：“我将他胡言乱语都记在心儿上，～冤家账。”清《红楼复梦》四七回：“李姨娘屋里自从给老太太做寿日起，接着三老爷的丧事，这些酒席、点心，都～的帐，发不尽的钱。” ❷ 犹“算不得❶”。清《霓裳续谱·郭巨埋儿》：“成了精的耗子，你就～事。”《歧路灯》一〇二回：“总之要几个走毒子，烧不了人，～好烟火。”《补红楼梦》二二回：“这东西，况且还是他的，也～你的谢啊！” ❸ 犹“算不得❷”。清《红楼梦》八八回：“我也不是为东西，况且那东西也～什么。”《白雪遗音·人要老了》：“多加银钱闹一闹，许下吊皮袄；吊皮袄，～，天明给你个大元宝。”

【算不起】 suàn bù qǐ 犹“算不得❶”。清《红楼梦》五九回：“你这里是极小的，～数儿来，还有大的可气可笑之事。”《歧路灯》二三回：“端的干的不是事，～个人。”

【算不上】 suàn bù shang ❶ 犹“算不得❶”。清《梦中缘》一回：“你若不能大成，就朝夕在我左右，～是养亲之志。”洪昇《四婵娟·管仲姬》：“慢说他举案相将，也休夸挽车趁逐。数不着牛衣泣，～鹿门游。” ❷ 犹“算不得❷”。清《后红楼梦》一三回：“不过薛家也穷了，蟠儿不成器，越越的～了。”

【算当】 suàn dāng 盘算；考虑。元刘庭信《寨儿令·戒嫖荡》：“没～，不斟量，舒着乐心钻套项。”

【算道】 suàn dào 犹“算当”。明《西游记》九七回：“～本城那家是第一个财主，那家是第二个财主，去打劫些金银用度。”清《续金瓶梅》九回：“拿出他家皮箱、包袱，在那里盘弄，他老婆在傍～那个值多少银子。”

【算得】 suàn dé ❶ 推断；料想；估计。唐王建《寄贺田侍中东平功成》：“探知点检兵应怯，～新移栅未坚。”宋柳永《六幺令》：“鸳帏寂寞，～也应暗相忆。”清查慎行《送次谷兄南归》：“～过淮天气好，初冬风日尚如秋。” ❷ 可以认为；够得上。《元曲选·老生儿》三折：“并没甚红干腊肉，并没甚清香甘露，拿定着这把锄头，也～春风一度。”明李乐《见闻杂记》卷八：“元世祖也～不仁不智的人君矣。”清《红楼梦》二二回：“听见薛大妹妹今年十五岁，虽不是整生日，也～将笄之年。” ❸ 折顶；算数。元徐再思《清江引·相思》：“常挑着一担愁，准不了三分利，这本钱见他时才～。”清《红楼梦》二七回：“有本事从今儿出了这园子，长长远远的在高枝儿上才～。”

【算卦】 suàn guà 根据卦象推测吉凶。《元曲选·桃花女》楔子：“但是人来～的，少不的吉也断，凶也断。”《元史·张珪传》：“僧徒又复营干近侍，买作佛事，指以～。”清《歧路灯》六〇回：“胡其所流落京城，每日～度日。”

【算害】 suàn hài 算计；谋害。宋《三朝北盟会编》卷一六二：“却是先来讲和，暗地同来～我。”清《后水浒传》三一回：“只是说甚赶坏煞，莫不是赶来～我？”

【算还】 suàn huán 计算并付给（所需费用）。宋袁寀《世范》卷下：“临时为官中所迫，则举债认息；或托揽户兑纳而高价～，是皆可以耗家。”《元曲选·罗李郎》一折：“侯兴，该多少一瓶，～了罢。”清《红楼梦》二回：“于是二人起身，～酒帐。”

【算计】 suàn jì ❶ 考虑；打算。宋杜安世《凤栖梧》：“懊恼当初无～。些子欢娱，多少凄凉味。”《元曲选·赚蒯通》四折：“畅好是没～的汉贤良，左使着这一片狠心肠！早知道屈死了韩元帅，何不还留他楚霸王！”清《红楼梦》二八回：“我就知道又干这些事。也不该拿着我的东西给那起混帐人去。也难为你心里没个～儿。” ❷ 暗中谋划损害别人。《元曲选·连环计》一折：“只要先～了吕布一人，那董卓便易擒矣。”明杨一清《为传报回贼声息事》：“黑汉儿人上有人，便～著你上头。”清《呼家将》一四回：“庞兵被我们的埋伏～，吃亏不小。”

【算记】 suàn jì ❶计算。《太平广记》卷三一七引《王子年拾遗记》:"(麋)竺赀贷如丘山,不可~,内以方诸为具。"按,《拾遗记》作"算计"。《册府元龟》卷九三六:"(王戎)每自执牙签,昼夜~,常若不足。"按,《晋书》作"算计"。明《型世言》一五回:"~此山,自老奴经理,每年可出息三百餘两。" ❷同"算计❶"。清《醒世姻缘传》四回:"他们虽是爱童定宇,不过是眼底下烦他相陪取乐;我却替童定宇~个终身。"又六回:"~停当,至日,撮弄着打发上船去了。"

【算结】 suàn jié 计算了结。明黄佐《泰泉乡礼》卷四:"同各牌甲领出,沿门审实,给散开数,送社学约正等,公同老人~,登于文簿。"清《八洞天》卷五:"若蒙允诺,我过了正月十五日,便要起身赴京,待回家时~帐目。"《红楼复梦》四三回:"梦玉点头,就叫徐忠先同老黄到钱太太家去~了帐,将房契赎回。"

【算看】 suàn kàn 根据八字、骨相等推算前程命运。宋元《警世通言》卷七:"三举不第,就于临安府众安桥命铺~本身造物。"明《金瓶梅词话》九一回:"咱拿了这婚帖儿,交个过路的先生,~年命妨碍不妨碍。"

【算来】 suàn lái 估量起来;考虑起来。唐罗隐《送友人归夷门》:"别路~成底事,旧游言著似前生。"元金仁杰《追韩信》二折:"对一天星斗跨雕鞍,不由我倦惮。也是~名利不如闲。"清《野叟曝言》一六回:"仔细~,惟有你同心,分虽主婢,情同姊妹。"

【算量】 suàn liáng 计算测量;估量。唐窥基《金刚般若经赞述》卷上:"谓十方虚空皆无边限,不可~。"《元史·河渠志二》:"验田多寡,~里步均派,自备粮赴功疏浚。"清《飞龙全传》五二回:"~起来,这银子还不够用哩。"

【算料】 suàn liào 料想;猜想。唐王建《送魏州李相公》:"当朝面受新恩去,~妖星不敢生。"《敦煌变文校注》卷五《金刚般若波罗蜜经讲经文》:"佛有若干光照耀,尽教总得出沉沦。佛有他心尽见伊,若干心数总皆知。~不应取次说,都公案上复如何。"清弘历《评鉴阐要》卷一〇:"则敬之所为深谋秘计,固不能出燕王~之中。"

【算命】 suàn mìng ❶寿算;注定的寿命。五代杜光庭《宴设使宗汶九曜醮词》:"续将尽之福,禄祚增延;赐再生之恩,~遐益。"《太平广记》卷四四引《仙传拾遗》:"李氏妻~尚有三十二年,合生二男三女。"《云笈七籤》卷五四:"魂精帝君,即九天司命,部九天之魂,下统后学~也。" ❷依据人的生辰八字,用阴阳五行推算人的命运。宋王素《王文正公遗事》:"臣看卜者家藏之文字,皆与之~选日草本。"《元曲选·扬州梦》楔子:"我数次与他~,道他有夫人之分。"清《红楼梦》四七回:"我正要算算命,今儿该输多少呢。"

【算盘】 suàn pán ❶一种计算数目的用具。《元曲选·来生债》二折:"博个甚睁着眼去那利面上克了我的衣食,闲着手去那~里拨了我的岁数。"清《歧路灯》四七回:"王中早把~放在桌上。" ❷比喻衡量、盘算、计划。清《红楼梦》五三回:"说穷到如此了,我心里却有一个~,还不至如此田地。"《红楼复梦》七七回:"使尽心机,打尽~。"《蜃楼志》一五回:"我们且同老曲商量,有什么~,多寡弄些也好。"

【算是】 suàn shì ❶可认作;算得上(多含有幸运的意味)。宋佚名《黄鹤引》:"浩然归,~黄鹤秋风相送。"《元曲选·鲁斋郎》二折:"他便要我张珪的头,不怕我不就送去与他;如今只要你做个夫人,也还~好的。"清《二度梅》一七回:"虽然大礼未行,也~夫妻一场。" ❷当作;相当于。清《女仙外史》三九回:"路上盘诘女人,比男子更为利害,拿去就~奸细。"《红楼梦》六〇回:"吵一出子,大家别心净,也~报仇。"《蜃楼志》一六回:"孩儿从前累了父亲,如今也~卖身救父。"

【算术】 suàn shù 推算吉凶祸福的术法。唐张鷟《朝野佥载》卷六:"公~神妙,自言官至方伯,今岂长往。"五代孙光宪《北梦琐言》卷一二:"李蔼有书召玉局观杨德辉赴斋,有老道崔无斁,自言患聋,有道而托~,往往预知吉凶。"明《拍案惊奇》卷七:"那李遐周区区~,不在话下。"

【算数】 suàn shù ❶计算在数内。明《西洋记》三五回:"早有一枝中在他的额脑上,其餘的小在牛皮盔上,中在牛皮甲上,不曾伤人的还不~。"清《隋唐演义》九回:"叔宝却慷慨,把蔡太守这三两银子不要~,一总平兑十七两银子,付与小二。" ❷够格;顶用;承认资格。清《野叟曝言》一一回:"素臣道:'见过的,你问他怎么?'铁四点点头,说道:'须是死去活来的惊吓,才~哩!'"《姑妄言》六回:"那两个小的不~,就是关二到底年小,不堪大用。"《疗妒缘》八回:"虽是戏场中,也要实有本事。这些假英雄大将,怎好~!" ❸作准;认定。清《野叟曝言》九三回:"若拿不住奸,凭你偷出身孕,也不~。"《天豹图》三四回:"不好了,强四爷搜了不~,如今差官同府县衙役亲自来搜了。" ❹罢休;停止不做。清《天豹图》二〇回:"有触犯他的以及不肯趋附并不肯奉承者,便革的革了、罢官的罢官了,这还不~,有的还要弄到他人亡家破才歇。"

【算小】 suàn xiǎo 只从小的方面打算;不大度。明《二刻拍案惊奇》卷四:"岂知张贡生~,不还他体面,搜根剔齿,一直说出来。"《欢喜冤家》九回:"只因这小山~,所以不能掌着千金家业。"

【算应】 suàn yīng 料应;猜想。唐秦韬玉《钓翁》:"世上无穷崄巇事,~难入钓船来。"宋张先《百媚娘》:"百媚~天乞与,净饰艳妆俱美。"清鄂尔泰《乾隆二年夏四月五月久不雨》:"别敕留鸦舳,中仓出玉穜。~防馁在,忧似及饥穷。"

【算帐】 suàn zhàng ❶计算账目。《元曲选·看钱奴》二折:"他家有个门馆先生,叫做陈德甫,三五日来算一遭帐。"明《金瓶梅词话》一四回:"因与众人在吴道官房里~,七担八柳,缠到这咱晚。"清袁枚《子不语》卷一五:"邱老以天热,坐户外~。" ❷吃亏或失败后和人争执较量;出了问题追究责任。《元曲选·举案齐眉》四折:"想着咱在皋大公庄儿上调戏他浑家,若与俺算起旧帐来,怎生是了?"明杨士聪《玉堂荟记》卷上:"二人此时不觉,后来须一总~。"清《凤凰池》八回:"如今躲过,慢慢里再撞着了,与他~。" ❸归入某种项目中;算数。明《金瓶梅词话》二〇回:"他有了他富贵的姐姐,把俺这穷官儿家丫头只当亡故了的~。"《二刻拍案惊奇》卷一二:"只可怜这边严蕊,吃过了许多苦楚,还不~,出本之后,另要绍兴去听问。"清《后西游记》一七回:"又打杀七个坑将,其餘小妖还不~,怎生饶得他过。"

【算账】 suàn zhàng ❶同"算帐❶"。明《西洋记》九六回:"醉后衣袖里面掏出金银珠宝,送店主人,不~。"《梼杌闲评》四回:"我们三爷向来是年终~。"清胤禛《朱批谕旨》卷一七六之三:"(李根润)已经自行奏报起程日期,复行住下,要与将备~。" ❷同"算帐❷"。明《拍案惊奇》卷一八:"把这堆狗屎堆在你鼻头上,等你开不得口,只好自认不是,没工夫与他~了。"清《霓裳续谱·佳人盼才郎》:"等你酒醒了,我和你算算账。"《荡寇志》八八回:"贱人,今日不来打你,明日和你~。"

【算子】 suàn zi 算盘。《元曲选·盆儿鬼》楔子:"那先生把~又拨上几拨,说道:'只除离家千里之外,或者可躲。'"明倪元璐《送冒嵩少赴官南吏部》:"一官如~,下上从人心。"清《醉醒石》一五回:"是道富贵的人,终日拿这~,执这手板,没个工夫到园囿。"

suī

【虽】 suī ❶需要。《太平广记》卷三三三引《纪闻》："仆有疾如厕，～一婢相送。" ❷应。语气副词，表示认定。宋元《清平山堂话本·错认尸》："董小二尸～是斧头打碎顶门，麻索绞痕见在。"元尚仲贤《三夺槊》三折："他～是金枝玉叶齐王印，我好煞则是阶下的小作军。"清洪昇《长生殿》二七出："你本是蓬莱仙子，因微过谪落凡尘。今～是浮生限满，旧仙山隔断红云。"

【虽故】 suī gù 虽然。元郑禧《春梦录》："～获乘轩之宠鹤，然终愧钓渭之非熊。"明《金瓶梅词话》一一回："金莲～口里说着，终久怀记在心。"清《聊斋志异·巧娘》："无惧，～鬼狐，非相祸者。"

【虽或】 suī huò 虽然。明《醒世恒言》卷三八："～不是得道神仙，也是个高年人瑞。"清《珍珠舶》一四回："此钗的系古物，但彼时原有一对，～分离，不久自当成偶。"《九云记》二九回："虎丘之胜，～见于画图丹青，安能领略其真景之百一？"

【虽即】 suī jí 虽然。《唐律疏议》卷三："及受财而不枉法者，谓～因事受财，于法无曲。"《敦煌变文校注》卷四《降魔变文》："园～好，林木芙疏，多有酒坊猖淫之室。"清弘历《降旨加赈河南昨岁被水诸州县》："河工甫幸奠三年，夏决豫民沴复延。～合堤循故道，已怜低壤受重遭。"

【虽然】 suī rán 连词。❶表示让步，下文语义有转折。唐李商隐《天平公座中呈令狐令公》："～同是将军客，不敢公然子细看。"宋欧阳修《再乞减配银状》："其诸州军百姓累经臣告诉，并称银价～不高，各为见钱难以变转。"清《镜花缘》一回："适才众仙女歌舞，～绝妙，但每逢桃筵，都曾见过。" ❷表示假设让步。即使；就算。元明《三国志通俗演义》卷一〇："等他军马过，就半中间放起火来。～不杀他尽绝，也杀一半。"六十种曲本《琵琶记》九出："丈夫，你～是忘了奴，也须念父母。"明《金瓶梅词话》四三回："～爹娘不言语，你我心上何安？" ❸表示提出前提，后面加以推论。既然。元明《水浒传》七二回："今上两个表子，一个李师师，一个赵元奴。～见了李师师，何不再去赵元奴家走一遭？"又四二回："～要行，只是来日相送。"清《平山冷燕》一〇回："袁隐道：'昨日之饮，原非小弟本意，不过偶遇耳。'平如衡道：'～偶遇，兄就不该称赞了。'"

【虽说】 suī shuō 虽然。五代徐夤《赠表弟黄校书辂》："严陵～临溪隐，晏子还闻近市居。"宋晁元礼《调笑转踏》："蓬莱～浪风轻，翻恨明皇此时节。"清《红楼梦》二回："如今～不及先年那样兴盛，较之平常仕宦之家到底气象不同。"

【虽自】 suī zì 虽然。《敦煌变文校注》卷二《韩擒虎话本》："但某～年幼，也览亡父兵书。"明徐熥《吕梁洪》："安流～好，只是滞归舟。"清《红楼梦》三五回："常闻人传说才貌俱全，～未亲睹，然遐思遥爱之心十分诚敬。"

suí

【随】 suí ❶哪怕；无论。《元曲选·冤家债主》二折："～你便攒黄金过北斗，只落的干生受。"明《挂枝儿·蚊子》："～你悭吝贼，逢他定是出血也。"清《生绡剪》一〇回："你道这样一个嘴脸，～他什么人见了，无不掩了鼻头。" ❷结成；组成。清《醒世姻缘传》五八回："咱这绣江县里有几个惧内的人，要～一道会，算计要足十个人。"《歧路灯》六回："今日晌午，还～了一个三千钱的小会。"

【随伴】 suí bàn 随身；陪伴。明石珤《哭贵闲女》："竹马朝～，粘笙手自吹。"《清平山堂话本·张子房》："如今天下太平，正好～寡人，在朝受荣华富贵。"清《红楼梦》七九回："又忽然想起来黛玉无人～，忙命小丫头子跟了送回去。"也指陪伴的人。清方成培《雷峰塔》五出："只是少一～，你可变一侍儿，相随前往。"

【随便】 suí biàn ❶立即；随即。《唐律疏议》卷一六："虽非所属，谓所在人兵不相管隶，急须兵处，虽比部官司亦得调发，掌兵军司亦得～给与。"元明《水浒传》六三回："家书～修下，谁人去走一遭？"清《绿野仙踪》一四回："我与你师伯去后，你即～下山，周行天下，广积阴德。" ❷顺便；趁便。明林凤仪《寄临安妓》："曾上高峰唤不闻，尺书～寄殷勤。"《醒世恒言》卷二〇："只得亲往，～带些玉器，到京发卖。"清《平定准噶尔方略》续编卷三："或此处有应递事件，适值他处报封经过，亦即～附奏于传牌内。" ❸简便；简便的。明侯一元《师俭篇》："又如中下之家，物力本屈，三馔～，可二可一。"《梼杌闲评》五回："到晚送出四碗小米子饭，一碗菜汤来，道：'～晚饭，请些儿。'"清《红楼梦》四三回："戏酒既不吃，这～素的吃些何妨？"

【随常】 suí cháng 平常；普通。元赵汸《和唐县尹山居》之二："沙边忽复飞鸿雁，屋角～鸣鹡鸰。"明严从简《殊域周咨录》卷八："兽之化人，如鹿之为黄衣郎，……皆年久成精。而今～可变，亦甚异哉。"清《红楼梦》四二回："不过～的东西，好也罢，歹也罢，带了去。"

【随趁】 suí chèn ❶跟随；伴随；相处。宋史达祖《浣溪沙》："不见东山月露香。姚家借得小芬芳。乱莺～过宫墙。"《元曲选·举案齐眉》二折："和他那破襕衫怎生～？"元明《水浒传》八二回："柴进与李应相～，杨雄共石秀并肩行。" ❷顺便。元高明《琵琶记》三出："我去伏侍别人，与他传消递息，～也得些快活。" ❸随意游览。宋佚名《张协状元》一三出："胜花女，四时中，心下没事萦系，除非上苑～，度芳菲欢会。"

【随处】 suí chù ❶各地；各处。五代李亶《加恩汴州诏》："自此～官员所破料钱，宜逐县人户，于合送纳税物内计折充支。"《金史·食货志三》："～州府库内，各有辨钞库子，钞虽弊不伪，亦可收纳。"《明史·历志一》："冬、夏至中晷恒数，并二至昼夜长短刻数，俱以京师为准。参以岳台，以见～里差之数。" ❷就所在之处；当地。唐李晔《诛宦官诏》："诸道监军使已下，及管内经过，并居停内使，敕到并仰～诛夷讫闻奏。"《宋史·理宗纪三》："诏郡邑间有水患，其被灾细民，～发义仓振之。"《元史·武宗纪一》："宜遣使巡行，遇有罪囚，即行决遣，与～官吏共议弭盗方略，明立赏罚。" ❸根据具体的情况。宋《朱子语类》卷六："前夜说体、用无定所，是～说如此；若合万事为一大体用，则如何？"又卷一四："如'为人君，止于仁'，固是一个仁，然仁亦多般，须是～看。"清赵翼《陔餘丛考》卷三："于是注《小戴记·祭法》则竟以禘为祀昊天于圆丘，而于《春秋传》则又以禘为郊祀灵威仰，而以后稷配。～异议，迄无定说。"

【随次】 suí cì ❶随同班队。《景德传灯录》卷一四《邓州丹霞天然禅师》："师礼谢，入行者房，～执爨役凡三年。"清《幸鲁盛典》卷三八："臣于京得～蒲伏郊迎。" ❷随即。元明《水浒传》八〇回："天子闻奏，龙颜不悦，云：'此寇数辱朝廷，累犯大逆！'～降敕，教诸路各助军马，并听高太尉调遣。"

【随地】 suí dì 不拘什么地方。唐杜甫《漫成》之一："渚蒲

～有，村径逐门成。”元张可久《红绣鞋·德清山中》：“闲云～有，老树未花开，新诗何处索？”清《绿野仙踪》七回：“～问人，寻到山脚下。”

【随分】 suí fèn ❶随便；随意。《敦煌变文校注》卷五《双恩记》：“日不遥，人满道，～行装便应到。”宋《朱子语类》卷一五：“若便道自家做不得，且～依稀做些子，这是见不破。”清《野叟曝言》二〇回：“到家后，～把一块地埋着，清明除夕，烧化一陌纸钱，小奴九泉之下，感激相公天高地厚！” ❷听凭；任从。《元曲选·救孝子》一折：“两个小厮，～拣一个去。”明《金瓶梅词话》一七回：“每日将大门紧闭，家下人无事亦不敢往外去，～人叫着不许开。”《二刻拍案惊奇》卷三六：“除了镜子，～要多少，敝寺也还出得起。” ❸同样；照例。唐白居易《郡中春宴》：“蜂巢与蚁穴，～有君臣。”宋柳永《慢卷䌷》：“算得伊家，也应～，烦恼心儿里。”清弘历《临文衡山仿倪迂小景》：“古树几稍烟霭淡，晚来～噪归鸦。” ❹到处；随时。宋司马光《看花》之四：“山果野蔬～有，交游不厌但频来。”《五灯会元》卷一六《智海本逸禅师》：“院宇漏时～整，儿孙大小尽风流。”清张英《何处》：“此生差可慰，～有餘欢。” ❺趁势；就便。宋王安石《示元度》：“今年钟山南，～作园囿。”宋伯仁《张监税新居》：“为爱溪头只两家，也来～作生涯。”明《醒世恒言》卷三五：“一把揪翻，～掣着一件家火，没头没脑乱打。” ❻随同凑份子。明陆深《四川家书》：“今因杨同府行，再附此纸，杨如上任，可与顾五叔同去～行贺。”清《红楼梦》二二回：“次日，便先送过衣服玩物礼去，王夫人、凤姐、黛玉等诸人皆有～不一。”

【随封】 suí fēng ❶赏钱。清孔尚任《桃花扇》一四出：“事成之后，～都要双分的。”《歧路灯》五二回：“不说给转斗的王二爷～分子三两，单讲这份礼物是何东西。” ❷下属给上级、新生给学政的礼钱。清胤禛《朱批谕旨》卷七：“臣查浙江按察司衙门向有各属四季节礼，连～共银一万七千七百四十两零。”又卷四三下：“今戴瀚于文武新生每名仍勒送贽钱二千文，另加～二百文。”

【随和】 suí hé 和气而不固执。明《挂枝儿·自明》：“我这等样～也，天，还说我不好。”清《红楼梦》七回：“他虽腼腆，却性子左强，不大～。”《歧路灯》三三回：“谭相公也是极～的人，大家幸会，吃一杯。”

【随后】 suí hòu 副词。以后；后来。元许衡《语录下》：“汝既多取了他人底，便是欠下他底，～却要还他。”《元曲选·老生儿》楔子：“我那兄弟早年间亡化过了，……～不想兄弟媳妇儿可也亡化过了，单留下这孩儿。”

【随口】 suí kǒu 没经过考虑，随便说出；顺便说。宋李石《石经堂》：“字音～妄蜺霓，点画分毫谬鱼鲁。”明方以智《一贯问答》：“吾何有道，道是甚么。只管～乱统，又是粪土砂糖。”清《红楼梦》五二回：“想来一定是合麝月来说话，偶然见你病了，～说特瞧你的病。”

【随身灯】 suí shēn dēng 点在死者脚头的灯。宋元《清平山堂话本·李翠莲》：“我家公婆又未死，如何点盏～？”元明《水浒传》二五回：“王婆买了棺材，又买些香烛纸钱之类，……点起一对～，邻舍坊厢都来吊问。”明《金瓶梅词话》六二回：“把李瓶儿用板门抬出，停于正寝，下铺锦褥，上覆纸被，安放几筵香案，点起一盏～来。”

【随事】 suí shì ❶随处；处处。唐白居易《游坊口县泉偶题石上》：“谈笑逐身来，管弦～有。”宋晁冲之《和十二兄》之五：“田园虽不广，幽兴～有。”清施闰章《望北郭一带桃花率尔步屧》：“身闲～取称意，林叟重招石砌东。” ❷随意；随便。唐白居易《慵不能》：“午后恣情饮，午时～餐。”宋陆游《东窗小酌》：“乌帽翩仙白苎裳，东窗～具杯觞。”明王守仁《传习录》卷下：“良知愈思愈精明，若不精思，漫然～应去，真知便粗了。” ❸随时。唐李渊《赦逃亡募人诏》：“饥寒困弊，不能自存者，所在官司，～赈给。”《旧五代史·周书·王峻》：“稍未允可，则应声而愠，不逊之语～辄发。”清《飞龙全传》五二回：“天子喜怒不常，～可以问罪。” ❹即时；立即。唐李渊《赦河南诸州诏》：“奇才异行，～旌擢，鳏寡孤独，以时恤理。”宋苏辙《请户部复三司诸案札子》：“臣以祖宗故事考之，今日本部所行，体例不同，利害相远，宜～措置，以塞弊原。”清《聊斋志异·花姑子》：“既入，则舍宇湫隘。叟挑灯促坐，便命～具食。”

【随是】 suí shì ❶虽是。明《拍案惊奇》卷二四：“只要今日归来，再得相见便好了。～破了身子，也是出于无奈。” ❷任是。清《续金瓶梅》三五回：“这汴梁为东汉以来五代宋朝历代建都之地，所存的百姓不过十分之二。～甚么大家，这几年俱已空虚流移去了。”

【随手】 suí shǒu ❶信手；随便。唐杜甫《北征》：“学母无不为，晚妆～抹。”宋徐照《渔家傲》：“一串数珠～弄。”清沈复《浮生六记》卷二：“每有入将供妥者～取嗅，～置之，即不知供法者也。” ❷带在身边或放在手边的。清《红楼梦》二七回：“如今除了我～使的几个丫头老婆之外，我就怕和他们说话。”又四二回：“我何曾有这些画器？不过～写字的笔画画罢了。”

【随同】 suí tóng 跟着；陪着。宋施护等译《佛说秘密三昧大教》卷四：“随处随说如仪轨，～行人同所依。”明马欢《瀛涯胜览》：“王常着人赍宝石等物，～回洋宝船进奉朝廷。”清《九云记》五回：“桂娘道：‘春冷犹狠，相公不妨更移套间暖屋里坐罢。’～出了门，到了东南三间小正房内。”

【随问】 suí wèn 任凭；不论。明《金瓶梅词话》一一回：“你看他嘴似淮洪也一般，～谁也辩不过他。”又一六回：“奴情愿只要与娘们做个姊妹，～把我做第几个的也罢。”

【随喜】 suí xǐ 随他人之所喜而喜，分享别人的乐趣。宋刘挚《天苏酒成次路韵》：“以兹于酿事，家家致其祥。羁人亦～，聊自慰空觞。”《元曲选·金钱记》三折：“先生既看《周易》，必然有甚心得去处，老夫～观看咱。”清《隋唐演义》三〇回：“晓得陛下在这里评品歌词，妾等亦赶来～～。”

【随邪】 suí xié 追随邪恶；不忠贞而改变操守；无主见而随声附和。唐寒山《不行真正道》：“不行真正道，～号行婆。”元关汉卿《调风月》三折：“老夫人～水性，道我能言快语说合成。”清《聊斋俚曲·翻魇殃》：“我明年若是中了举，如今人心也～，银子未必不容易借。”

【随斜】 suí xié 同“随邪”。元曾瑞《哨遍·秋扇》：“充直性见火～，便屈节。”马致远《夜行船》：“酒病花愁何日彻，劣冤家省可里～。”张彦文《一枝花》：“劣冤家水性特～。”

【随衙】 suí yá ❶(打官司)随时听候衙门传讯。也指打官司。唐郑还古《博异志·郑洁》：“且令～勘责，夜则放归耳。”元郑廷玉《看钱奴》一折：“挟权处追往，倚势处行踏。少一分也告状，多半钱也～。”清《醒世姻缘传》一七回：“我们且要跟了～听审，不知几时清结。” ❷在衙门值班随侍，借指侍奉。明汤显祖《牡丹亭》九出：“一生花里小～，偷去街头学卖花。”清孙源文《饿方朔》三折：“坐中台底能串稿～，领车骑的能锉草养马。”《说岳全传》二一回：“那一夜三更时候，忽然坐起堂来，有几个～值宿的快班衙役连忙掌起灯来。”

【随依】 suí yī 依照。唐玄奘译《大般若波罗蜜多经》卷五七六：“如工幻师～何物，幻作种种所幻化事。”宋施护等译《福力太子因缘经》卷三："帝释天主等，于其王前，～法仪，作供献已，隐复天宫。"清《红楼梦》一七回："且满墙满壁，皆系～古董玩器之形抠成的槽子。"

【随宜】 suí yí ❶处处；随处适宜。唐白居易《东城春意》："弦管～有，杯觞不道无。"宋谢逸《武陵春·送任民望归丰城》："淡烟疏雨～好，何处不潇湘。"清弘历《鄚州道中作》之二："物象～四时阅，民艰到处一心稽。" ❷平常；一般。《敦煌变文校注》卷四《降魔变文》："园人叉手具分披：园主富贵不～。现是东宫皇太子，每日来往自看之。"

【随疑】 suí yí ❶同"随宜❶"。《敦煌变文集》卷八《孝子传》题记附诗："写书不饮酒，恒日笔头干。且作～过，即与后人看。" ❷合适；适宜。宋觉范《三月二十八日枣柏大士生辰》之六："任运行藏难掩覆，～语默出思惟。"明赵宧光《寒山帚谈》卷上："比量彼之同异，生发我之作用，变化～，始称善学。"

【随在】 suí zài 不拘什么地方；到处。唐轩辕集《太霞玉书序》："夫执形为有累，无往而可祛；悟有为无元，～而可诣。"明洪应明《菜根谭·闲适》："心地上无风涛，～皆青山绿树。"清陈链《野望书怀》："岂独袁安正僵卧，千村～足寒饥。"

【随直】 suí zhí 值班随侍。宋王林《燕翼诒谋录》卷五："开封府差兵士～，惟可至庙堂省部铨曹官听而已。"元贡奎《送师道侄赴太常奉礼》之一："～定知车北上，思亲莫忘雁南归。"《大清会典则例》卷二："皇上行幸驻跸圆明园，以侍读中书分班～。"

【随自】 suí zì 随即。元明《水浒传》一〇六回："陈安抚闻报，十分欢喜，～为表，差人赍奏朝廷去了。"

suì

【岁除】 suì chú 年终或一年的最后一天。唐孟浩然《岁暮归南山》："白发催年老，青阳逼～。"宋赵彦卫《云麓漫钞》卷七："二十九日～，庚戌正月二日北风稍劲，晚泊台州港。"清《野叟曝言》一三五回："这些僧道，以～在迩，俱拟过正月初三日起程。"

【岁君】 suì jūn 即太岁，传说中的神名，迷信认为冲犯了他要遭受祸害。元苏天爵《元故太史院使齐文懿公神道碑铭》："至大二年，奉常请修社稷坛，及浚太庙庭中井。或以～所直，欲止其役，公曰：'国家以四海为家，～宁耑在是乎？'"明万民英《三命通会》卷二："日犯～，灾殃必重。"清《九云记》一〇回："但今年时犯～，正交横厄。"

【岁考】 suì kǎo ❶每年对官员的考核，根据考核的优劣决定升迁或赏罚。宋吕陶《议官上》："今陛见之吏，未尝不迁，向之不迁者，惟增～而益荐员也。"《宋史·杨畋传》："文臣七迁，而内侍始得一磨勘，为不均。宜如文武官僚例，增其～。" ❷宋明清时每年对府县生员、廪生进行的考试。通过考试区分等级优劣，酌定升学或赏罚。《宋史·职官志五》："餘为外舍生，仍建外学于国之南，待其～行艺，升之太学。"《明史·选举志一》："提学官在任三岁，两试诸生。先以六等试诸生优劣，谓之～。"清《醒世姻缘传》三八回："程乐宇也因要～，扯头的先谈起书来。"

【岁数】 suì shù 人的年龄。唐李亢《独异志》卷下："玄宗朝，有张果老先生者，不知～，出于邢州。"宋程霁岩《水龙吟·寿吴尉》："绛县才能人，问将甲子，恰今岁～。"清《歧路灯》一回："你大爷多少～？"

【岁夜】 suì yè 除夕。唐杜审言有《～安乐公主满月侍宴应制》。《五灯会元》卷一二《云峰文悦禅师》："小参，举百丈～示众曰：'……腊月三十日，且作么生折合去！'"明徐𤊹《甲子除夕宿鱼卿馆》："飘零逢～，惆怅宿君家。"

【祟书】 suì shū 讲鬼神吉凶以及如何禳灾求福的书。清《醒世姻缘传》三回："我去寻本～来，咱与珍姨送送，情管就好了。"《红楼梦》四二回："给他瞧瞧～本子，仔细撞客着。"

【遂此】 suì cǐ ❶因此；因而。《太平广记》卷三一二引《南楚新闻》："吾当为湖南城隍神，上帝以吾有薄德于三峡民，～升擢耳。"明《禅真逸史》三四回："小姐思想这玉人，～得病到今。"清袁枚《子不语》卷一一："香亭亦告以所见，～不秣马而行。" ❷于是；就此。唐于公异《李晟收复西京露布》："各怀报主之诚，尽淬复仇之刃。臣知其可用，～疾驱。"佚名《大唐大德灵慧法师影塔之铭》："远祖因宦，～居□，子孙派流，于兹不绝，遂为魏郡人。"明《西游记》四八回："陈老道：'老爷莫忙。今日晚了，明日去看。'～别却邻叟。"

【遂而】 suì ér 因而；于是。唐沈既济《论则天不宜称本纪议》："若以得失既往，～不举，则是非褒贬，安所辨正？"明都穆《都公谭纂》卷下："至正末某岁，遇陆龙先生于嵩山，授以真诀，～超悟。"清《飞龙全传》三〇回："后来天各一方，～疏阔。"

【遂情】 suì qíng ❶如愿；适意。唐金刚智译《金刚峰楼阁一切瑜伽瑜只经》卷下："意之所起皆得～。"宋戴昺《杂言》："秋来刘吾秫，庶得两～。"清弘历《村田即景》："畅好春天特～，鸣鸠唤雨鹊呼晴。" ❷顺情；宽恕。《元曲选外编·西厢记》三本三折："谢小姐贤达，看我面～罢。"

【遂则】 suì zé 于是；就。唐张鷟《游仙窟》："薄媚狂鸡，三更唱晓。～披衣对坐，泣泪相看。"《敦煌变文校注》卷四《太子成道经》："取一新妇，便是伴恋之人。大王～排备，与取新妇。"《祖堂集》卷一《迦叶尊者》："尔时阿庠世王于睡梦中见殿梁折，～惊觉。"

【碎烦】 suì fán ❶细碎烦琐。宋胡宿《宋故奉直郎守侍御史王公墓志铭》："公议论务大体，略～。"许纶《送钱大受帅广东》："同拚懊弱罢，争忍～为。"明杨慎《分隶同构序》："得什一于千百，振体要于～。" ❷说话唠叨琐碎。清《荡寇志》八九回："爹爹不怕～，吩咐多次了。"又一二九回："这人倒也忠直的，只是嘴口太～些。"

【碎繁】 suì fán 同"碎烦❷"。清《飞龙全传》二九回："闲话表过，不敢～。"

【碎聒】 suì guō ❶犹"碎烦❷"。明《二刻拍案惊奇》卷三五："一头～，一头穿衣服。"《型世言》三回："他却道咸道酸，争多争少，无日不～，管闲事。" ❷形容声音细碎嘈杂。清洪昇《长生殿》四五出："急雨催林杪，铎铃乱敲。似怨如愁，～不了。"

【碎砒】 suì pī 碎块；碎末。明《西洋记》八八回："两个鬼拽着一张锯，从头上锯到脚跟上止，皮开肉破。也有两半的，也有三挂的，也有四截的，也有～的。"

【碎小】 suì xiǎo ❶细小；小。唐孔颖达疏《周易·繫辞下》"其称名也小"："言《易》辞所称物名多细小，若'见豕负途''噬腊肉'之属，是其辞～也。"宋韩淲《春吟》五："菜传新绿发生时，花簇轻黄～枝。"清《绿野仙踪》八〇回："又配了些戒指、手镯、～簪环之类。" ❷琐碎；琐细。宋孙奕《示儿编》卷二二："虔自谓著书虽多，而皆～之事也。"明孙矿《书画跋跋续》卷一引《祝京兆书太白传》："延寿南北史虽姿态秾郁，然只长于叙～事。"清陈廷敬《蒲生行浮萍篇》："米盐～务，家室粗以完。" ❸指儿女。明贾仲明《金安寿》一折："自家女直人氏，叫做金安寿。嫡亲的两口儿，别无甚～。"

【穗子】 suì zi 用丝线等结扎成的下垂的装饰物。清《红楼梦》二九回："你不看别的，你看看这玉上穿的～，也不该同林姑娘辩嘴。"《歧路灯》一〇三回："这两搭毡～已是渌渌的流水。"

sūn

【孙男】 sūn nán 儿子的儿子。唐权德舆《祭孙男法延师文》："翁翁婆婆以乳果之奠，致祭于九岁～法延师之灵。"辽王泽《王泽妻李氏墓志铭》："～宜孙、顺孙、麟哥；孙女遇哥、眷哥。"清《红楼梦》五三回："贾母便在大花厅上命摆几席酒，……带领宁荣二府各子侄～孙媳等家宴。"

【孙女婿】 sūn nǚ xu 孙女的丈夫。宋祖无择《起居舍人告词》："敕故左仆射兼门下侍郎平章事向敏中～朝散大夫。"清《红楼复梦》三五回："这～，将来很有出息。"

【孙息妇】 sūn xī fù 同"孙媳妇"。宋叶绍翁《四朝闻见录》乙集："臣为陛下寻得个好～。"

【孙媳】 sūn xí 即"孙媳妇"。清陆陇其《崇明老人记》："父母南向坐，东则四子及诸孙辈，西则四媳及诸～辈，分昭穆坐定。"《红楼梦》五三回："(贾母)带领宁荣二府各子侄孙男～等家宴。"

【孙媳妇】 sūn xí fù 孙子的妻子。明李梦阳《明故封太安人张氏墓志铭》："祖父母见其克妇道也，喜顾谓其父母曰：'～贤而善事我，必兴吾家。'"清《红楼梦》一三回："那贾敬闻得～死了，因自为早晚就要飞升，如何肯又回家染了红尘，将前功尽弃呢?"

【孙婿】 sūn xù 即"孙女婿"。唐韩愈《故太学博士李君墓志铭》："太学博士顿丘李于，余兄～也。"清蓝鼎元《林母李太君哀辞》："犬子云龙，太君之～也。"

【孙子】 sūn zi 儿子的儿子。唐白居易《自咏老身示诸家属》："书听～读，汤看侍儿煎。"清《红楼梦》四九回："有了这个好孙女儿，就忘了这～了。"

sǔn

【损】 sǔn ❶致人于死。隋侯白《启颜录》卷上："若令配流处还有百姓，此人复行蛊毒，岂不还更～人?"宋元《清平山堂话本·合同文字》："李社长不悔婚姻事，刘晚妻欲～相公嗣。"元《前汉书平话》卷中："本无心～二将，皆因吕后谗言，杀讫骁将二人。"❷用在动词后，表示损伤，相当于"坏""破烂"。唐张鷟《朝野佥载》卷五："景融俯而观之，有气如烟直上，冲～其目。"宋史达祖《杏花天》："栖莺未觉花梢颤，踏～残红几片。"清《歧路灯》八六回："夏鼎在怀中取出一封书，揉～了角，略有字迹可认。" ❸用在动词、形容词之后，表示程度深。唐李商隐《杂纂·闷损人》："闷～人：请贵客不来，恶客不请自来。"宋张元幹《如梦令》："归去，归去，笑～花边鸥鹭。"清孔尚任《桃花扇》二三出："叫奴家揉开云髻，折～宫腰。"

【损钞】 sǔn chāo 犹"坏钞"。明《醒世恒言》卷二〇："今日又来累及亲家～，今生不能相报，死当衔结以报大恩。"

【损动】 sǔn dòng ❶损坏动摇；损害；损坏。唐实叉难陀译《大方广佛华严经》卷三六："譬如星宿在虚空，风力所持无～。"《宋史·汪纲传》："咸卤害稼，岁～数十万亩。"清《山西通志》卷二三〇："仰卧在床，有若寝息，衾褥枕席都未～。" ❷使受惊扰。《敦煌变文校注》卷一《汉将王陵变》："何期王陵生无赖，暗听点漏至三更。～霸王诸将士，枉煞平人数百千。"

【损害】 sǔn hài 杀害。唐李亨《收复两京大赦文》："其父子兄弟伯叔等，为贼捕捉～。"元《武王伐纣书》卷中："却说纣王共妲己每日去宫中取乐，又依前～宫人无数。"《元曲选·赵氏孤儿》五折："兀那屠岸贾，你这～忠良的奸贼!"

【损坏】 sǔn huài 杀害；伤害。元《前汉书平话》卷中："有张良知汉王～三将，张良即日将靴笏、襕袍、官爵于汉王面前纳了。"《元曲选外编·哭存孝》三折："他两个巧语花言，鼓脑争头，～英杰。"明《封神演义》四回："及至崇侯虎奉敕问罪，你尚拒敌天兵，～命官军将。"

【损漏】 sǔn lòu ❶(房屋)破损漏雨；(船只)破损漏水。宋欧阳修《论罢修奉先寺等状》："其庆基殿，如的有～，只令三司差官整补。"明陆深《溪山餘话》："故舟人以船为家，一有～，旋即补葺。"清《八旗通志》卷一五二："先是，奉旨修京通各仓，工竣。五年，上遣大臣等往查得～状。" ❷损坏失掉。清《闪电窗》二回："话说陆信被火烧这一次，内囊里的东西一毫不曾～。"

【损灭】 sǔn miè 消灭；毁灭。《太平广记》卷二二四引《定命录》："陛下若杀之，当变为男子，即～皇族无遗矣。"元《前汉书平话》卷上："想汉王有始无终，～诸侯，思新忘旧。"明《西洋记》二三回："飞虫触火，不过是～其身。"

【损折】 sǔn zhé ❶损失；损伤；亏损。唐张鷟《朝野佥载》卷四："臣封物承前府家自征，近敕州县征送，太有～。"明何良俊《四友斋丛说》卷六："但边将有～军士者，即谓之失机。"清方成培《雷峰塔》二三出："在江湖贩卖营生，后因资本～，坐困年餘。" ❷损坏；折断。唐孔颖达疏《诗经·将仲子》"无折我树杞"："汝当无逾越我居之里垣，无～我所树之杞木。"宋周密《癸辛杂识》前集："艮岳之取石也，其大而穿透者，致远必有～之虑。"清谈迁《谈氏笔乘·营建》："樵人捷足过之，亦不～其木，非常见之材。" ❸夭折。宋洪迈《夷坚志》补卷一〇："所娶弟妇生十子，皆不～，共居同食。"明《二刻拍案惊奇》卷三二："取他一个小名，或是合住，或是蒙住，即易长易养，再无～了。" ❹赔贴；损价赔补。清《醒世姻缘传》三回："谁家的好老婆～了衣裳首饰换嘴吃!"又三六回："还有几件破衣裳，几件破烂家伙，都～了添上。"又二五回："如今把丈母媳妇的首饰衣裳～得精光，还打发得不欢喜。"

【笋剥】 sǔn bō 脱光(衣服)。金《刘知远诸宫调》二："李洪义～知远身上衣服。"

【笋干】 sǔn gān ❶一种用竹笋制作的食品，把竹笋煮熟晾干加上调料而成。宋吕希哲《吕氏杂记》卷下："荥阳公为郡，处分公帑蓄鳆鱼、诸干物及～、蕈干以待宾客，以减鸡鸭等生命也。"清《儒林外史》二一回："拨出两块豆腐乳和些～、大头菜，摆在柜台上，两人吃着。" ❷指行刑的竹板。明《醋葫芦》一一回："我只闻得丈人贩了～，那知他的详细。"清《女开科传》四回："只是光棍吃了些亏，常常领了～出去。"

【笋条】 sǔn tiáo 条形的笋，比喻人年轻。《元曲选·窦娥冤》一折："须不是～～年幼，划的便巧画蛾眉成配偶。"又《救风尘》三折："凭着我花朵儿身躯，～儿年纪，为这锦片儿前程，倒赔了几锭儿花银。"明《型世言》四回："依我只趁这～样小年纪，花枝般好脸嘴，嫁上一个丈夫。"

【笋指】 sǔn zhǐ 犹"迅指"。元马致远《任风子》三折："识破这转眼韶华，～光景，转头时世。"《元曲选外编·金凤钗》一折："觑功名～般休，看荣华眨眼般疾，更疾如南柯一梦里。"佚名《迎仙客·十二月·六月》："～韶华，又过了今年夏。"

suō

【莎搭八】 suō dā bā 同"莎塔八"。《元曲选外编·降桑椹》一折:"俺打剌孙多了,您兄弟～了。"

【莎塔八】 suō tǎ bā 蒙古语。醉酒。《元曲选·哭存孝》一折:"喝的～,跌倒就是睡。"

【唆】 suō ❶唆使。宋曹勋《诉衷情》:"忙中掉得便去,不是有人～。"元《前汉书平话》卷中:"尔因何～梁王反?"清《九云记》二八回:"各怀不良之心,暗～张善怀着鬼胎之时,盗财远逃。" ❷吮;吸。元《七国春秋平话》卷下:"被先生咬破中指,向西～了,狂风起。" ❸通"睃"。元睢玄明《要孩儿·咏鼓》:"但～着招子都趔过,排场上表子偷睛望,恨不得街上行人将手拖。"

【唆搬】 suō bān 调唆。明刘效祖《锁南枝》:"信别人巧话儿～,倒把我假意儿撺瞒。"

【唆拨】 suō bō 撺掇;怂恿。明何孟春《地方疏》:"刀兰专听李石革并逃民张福荣～,聚调交人过界,暗杀果桶寨,抄抢人财。"《西洋记》一一回:"那晓得这个丫环听着个秀才～,倒不领他到书房里去,反又领他到卧房儿里面来。"清《热河志》卷七四:"或～奸猾欺孤凌弱,或招呼朋类结社要盟。"

【唆斗】 suō dòu 调唆。明陈罴斋《跃鲤记》二六出:"不知那个天杀的,～婆婆将奴赶出,玉石难分。"

【唆毒】 suō dú 调唆使坏。元明《水浒传》贯华堂本四〇回:"只恨黄文炳那厮,搜根剔齿,几番～,要害我们。"

【唆犯】 suō fàn 撺掇;怂恿。明佚名《南牢记》一折:"我今假捏一篇辞,将他～,教他丢开李善真。"

【唆哄】 suō hǒng 调唆哄骗。明《禅真逸史》一七回:"主母乔氏听弟乔三～,将妾似兰药死。"清于成龙《再陈粤西事宜》:"若夫蠢尔猺獞则不然,不谙官语,不识文字,惟听外江流棍～告状诓骗使用。"《红楼复梦》七七回:"我因孤魂漂泊无依,被义冢地几个短命鬼再三～,令我上告。"

【唆激】 suō jī 挑动。清《醒世姻缘传》一二回:"你一面诬执主母奸情,一面又～家主。"又八六回:"奸徒～真难近,夫婿恩情岂易忘!"

【唆教】 suō jiào 教唆;挑拨指点。宋陈襄《详究初词》:"凡里正及巡尉解至犯人,多在外经停,～变乱情状,若县令不介意而辄付之主吏,则受赇偏曲,一律供责,其后欲得真情难矣。"明温璜《温氏母训》:"这边新妇父母保婢～自立马头,两边闲杂人占风望气,弄去搬来。"《拍案惊奇》卷三三:"莫非是你包揽官司,～他的?"清《绿野仙踪》四三回:"你若不谢他,他就要借别事暗中～人是非。"

【唆冷】 suō lěng 挑拨使疏远。明《醒世恒言》卷二七:"须是哄热了丈夫,然后用言语～他父子。"

【唆令】 suō lìng 唆使。宋陈淳《上傅寺丞论学粮》:"近缘谢念、二念九盗刈莴草断罪,挟怨欺罔颜知县宅～干人计较入帐请买。"明徐畛《杀狗记》二四出:"早间上坟,被他～王老实前来挺撞我。"清赵慎畛《榆巢杂识》卷下:"霍集占之兄子萨木萨克逃至其地,～其汗灭巴达克山。"

【唆弄】 suō nòng 调唆搬弄。明《醒世恒言》卷二七:"或者自生得有子女,就要独吞家财,也只在枕上挑拨～。"清胤禛《朱批谕旨》卷一二九:"或听汉奸～南北峒夷,立即传箭,结连启衅。"《蜃楼志》二回:"要想充补的,因进才～,措勒多钱,也都不敢向前。"

【唆使】 suō shǐ 指使或挑动别人去做坏事。宋《明公书判清明集》卷一〇:"今观唐六一诉颜细八、颜十一之由,只是因杨四～之故。"《元曲选·合汗衫》四折:"那小厮不知被母亲～他那里去,至今还不回来。"清《野叟曝言》一三回:"前日不知听谁～,口里不干不净。"

【唆送】 suō sòng 调唆;怂恿。金《刘知远诸宫调》一:"早是弟兄不仁,两个妯娌～,致令李洪义、洪信鳖燥。"又:"傍边两个妻,聒聒地向耳边～,快与凌持。"

【唆调】 suō tiáo 调唆。宋元《清平山堂话本·李翠莲》:"小姑你好不贤良,便去房中～娘。"明《金瓶梅词话》一二回:"背地里架舌头,在你根前～。"清汤斌《严禁刁风以安良善告谕》:"或强使揭银,或～争讼。"

【唆挑】 suō tiǎo 同"唆调"。清《红楼梦》三三回:"那琪官的事,多半是薛大爷素日吃醋,没法儿出气,不知在外头～了谁来,在老爷跟前下的火。"胤禛《朱批谕旨》卷九上:"宵小之辈,往往启衅～,致令上官不睦。"

【唆嘴】 suō zuǐ 搬弄口舌,挑起是非。明《西游记》二七回:"长老才有三分儿信了,怎禁猪八戒气不忿,在旁漏八分儿～。"又:"怎禁那八戒旁边～道:'师父,他的手重棍凶,把人打死,只怕你念那话儿,故意变化这个模样,掩你的眼目哩!'"

【梭布】 suō bù 家庭木机所织的布。宋赵公豫《隋堤布市》:"丝竹管弦成往事,空餘～市扬州。"清《醒世姻缘传》一九回:"买了一匹洗白夏布,一匹青夏布,四匹蓝～。"

【梭罗】 suō luó (衣服过长)垂在地上拖着。清《醒世姻缘传》八四回:"穿着领借的青布衫,～着地。"

【睃】 suō 斜着眼睛看。金《董解元西厢记》卷二:"和尚定睛～,见贼军兵众多。"明王守仁《水滨洞》:"送远～誉谷,濯缨俯清流。"清《飞龙全传》三五回:"斜眼往内一～,却原来是心上之人。"

【睃趁】 suō chèn 用目光追寻。元邓玉宾《村里迓古·仕女圆社气球双关》:"六老儿～的早,脚步儿赶趁的巧。"元明《水浒传》四五回:"那和尚光溜溜一双贼眼,只～施主娇娘。"明佚名《拔宅飞升》二折:"水面上～着,但有过往的船只,报与我知道。"

【睃看】 suō kàn 斜着眼偷看;观看。元明《水浒传》一〇四回:"当下不但邻近村坊人,城中人也赶出来～。"明《金瓶梅词话》八四回:"在这上下二宫,专一～四方烧香妇女。"《禅真后史》一六回:"张氏开眼,周围～,止有阿媚不在跟前。"

【睃拉】 suō la 瞧;看。拉,动词词缀。清《醒世姻缘传》五二回:"～他不上,谁怎么他来?"又五九回:"他又极疼你,又极爱你,你只～他不上,却是怎么?"

【睃望】 suō wàng 斜着眼向远处看。明《金瓶梅词话》二回:"径去帘子底下拿凳子上坐了,朝着武大门前,只顾将眼～。"

【睃眼】 suō yǎn 向远处看。清《红楼梦》七〇回:"那风筝飘飘飖飖,只管往后退去,……众人皆仰面～,说:'有趣,有趣。'"

【傞】 suō 咬着牙用嘴巴吸气。明《西游记》九三回:"被行者喝一声,把牙～一～,把腰躬一躬,长了有三丈高。"

【傞牙倈嘴】 suō yá lái zuǐ 龇牙咧嘴,疼痛难忍貌。明《西游记》六六回:"那妖精疼得～,眼泪汪汪。"

【趖】 suō ❶偏斜。五代欧阳炯《南乡子》:"铺葵席,豆蔻花间～晚日。"明汤显祖《牡丹亭》三〇出:"便开呵须撒和,隔纱窗怎守的到参儿～。"清《儒林外史》二六回:"又慢慢梳头、洗脸、穿衣服,直弄到日头～西才清白。" ❷抛离;脱离。金王喆《渔家傲·兄去后赠侄元弼元佐》:"弃墓～坟离枷锁,除灾祸,无生路上成因果。”谭处瑞《满庭芳·赠浚州王三校尉》:“慧剑攀缘割断,离乡土,～却娘哥。”

【缩搭】 suō da 抽泣貌。清《醒世姻缘传》四九回:“春莺起先见了只是笑,后来也～～的哭起来了。”

【缩嗒】 suō da 同“缩搭”。清《醒世姻缘传》六〇回:“嚎天震地的哭了一阵,噙着泪～着向着薛如卞、薛如兼道:‘你两个看你爹的分上。’”

【缩躲】 suō duǒ 退缩躲藏。清《后水浒传》二七回:“背地怪想,见面又恁～,敢是没鸟婆娘害羞?”又三一回:“撮鸟便～,却～不这鸟屋。”

【缩口】 suō kǒu 话没说完而住口。明王锜《寓圃杂记》卷九:“老优曰:‘不须打,且听我分豁。猪的身重半百,时价一两。’因～不言。群优复击曰:‘餘将何卖?’”清《红楼梦》八六回:“黛玉说到那里,想起心上的事,便缩住口不肯往下说了。”

【缩腮】 suō sāi 向内凹陷的腮。清《女仙外史》二四回:“一人五短身材,～如猴,姓孙名翦。”《红楼复梦》七七回:“一张黄脸,深眼～。”

【缩头】 suō tóu 把头缩回去。比喻不敢承担责任。《新五代史·王建立传》:“后隐帝杀史弘肇等,召群臣上殿慰谕之。群臣恐惧,无敢言者,独守恩前对曰:‘陛下始睡觉矣。’闻者皆～。”《元曲选·单鞭夺槊》二折:“如今只学乌龟法,得～时且～。”清《红楼梦》六五回:“或有了不好事,或他自己错了,他便一～,推到别人身上来。”

suǒ

【所】 suǒ 用在单音节动词前,组成名词性词组。《敦煌变文校注》卷四《八相变(一)》:“遂遣车匿～问:‘病者只是一人?’”元《武王伐纣书》卷中:“臣且归洞去,恐本师～怪。”清《红楼梦》五回:“今日原欲往荣府去接绛珠,适从宁府～过,偶遇宁荣二公之灵。”

【所料】 suǒ liào 犹“所算❷”。《元曲选·伍员吹箫》四折:“不是我命儿高,怕不的着他～。”

【所事】 suǒ shì ❶事事;件件。元王恽《中堂事记中》:“时既相史公,～皆倚重焉。”明《金瓶梅词话》六八回:“这西门庆听了,见粉头～合着他的板眼,亦发欢喜。”汤显祖《牡丹亭》四出:“因我医、卜、地理,～皆知,又改我表字伯粹做‘百杂碎’。”❷所办的具体事务。元明《水浒传》七三回:“燕青与李逵再到刘太公庄上,太公接见,问道:‘好汉,～如何?’”明祝允明《野记》:“太宗一日命左右至文渊阁,觇庶吉士讲习否,令一一记其动静。比报,各有～,唯刘子钦坦腹席地酣睡。”清《荡寇志》九六回:“～已谈过了。杨家表嫂说起福官,也甚欢喜。”

【所是】 suǒ shì ❶所有;凡是。唐陈子昂《为建安王与辽东书》:“～都督官属及大首领并左右立功人等,并申此问。”稗海本《搜神记》:“即令遣造棺木、衣衾、被褥,～送葬之具,事事严备。”《文献通考》卷七二:“～神厨,虽已差官监造,亦必奉常讥察之。” ❷事事。明佚名《斗鹌鹑·香闺理发》:“花月貌人间第一,～儿风流旖旎。”

【所算】 suǒ suàn ❶盘算;考虑。金《董解元西厢记》卷三:“是俺失～,谩推挫,被这个积世的老虔婆瞒过我。”明《金瓶梅词话》六九回:“伯爵见了,口中只是极口称赞:‘哥的～,神妙不测。’”清《平定准噶尔方略》正编卷七四:“果如～,自必加恩。” ❷谋害;暗算。元纪君祥《赵氏孤儿》三折:“你待篡夺皇朝,～臣僚。”明《金瓶梅词话》一四回:“只当被人～,弄成圈套,拿在牢里。”清张源《樱桃宴》三折:“就在樱桃宴上～了他。”

【所图】 suǒ tú 犹“所算❷”。《元曲选·神奴儿》三折:“你道他将亲来～,你道他抵盗那财物,这公事凭谁做主?”明贾仲明《对玉梳》三折:“待将咱～,我宁死不辱。”

【所为】 suǒ wéi ❶行为;行事。《元曲选·百花亭》三折:“生这般穷智识,做这般贼～,妆这般乔样式!”又《李逵负荆》二折:“宋江咪,这是甚～,甚道理!”又《连环计》四折:“行这般～,驴马的见识。” ❷风韵;气派。元曾瑞《一枝花·买笑》:“据旖旎风流俊雅,～更有谁如他。”贯云石《斗鹌鹑·忆别》:“良友曾题,佳人～,袅袅婷婷,姿姿媚媚。”石君宝《紫云庭》三折:“他端的～儿有谁过?岂止这模样儿俊俏,则那些举止儿忒谦和。”

【所以然】 suǒ yǐ rán 指不宜直接说出的赖以凭借成事的东西。清《儒林外史》五〇回:“这是紧急事,秦老爷快把～交与高老爷去罢。”《歧路灯》七三回:“绍闻道:‘太空了,还问你要些～。’冰梅道:‘我一年与先生做三对鞋。’”又七六回:“老满,你把银子交明,那东西是办事的～。”

【所在】 suǒ zài 处所;地方。《大唐三藏取经诗话》九则:“又过一山,山岭崔嵬,人行不到,鸦鸟不飞,未知此中是何～。”元明《水浒传》五四回:“引了李逵到一个～,见一把锁锁着门。”清《玉蜻蜓·游庵》:“这是甚么～? ……这是浴堂。”

【索】 suǒ ❶责令;要求。唐刘禹锡《织妇辞》:“官家榜村路,更～栽桑树。”《敦煌变文校注》卷二《唐太宗人冥记》:“～朕拜舞者,是何人也?” ❷须;应。唐杜甫《舍弟观赴蓝田取妻子到江陵》之二:“巡檐～共梅花笑,冷蕊疏枝半不禁。”宋《朱子语类》卷一三:“几微间极～理会。”清洪昇《长生殿》四六出:“待想他芳魂两下重相见,俺～召李夫人来帐中。” ❸用在动词前,起加强语气的作用。元关汉卿《西蜀梦》三折:“君王～怀痛忧,报了仇也快活。”古名家杂剧本《玉镜台》二折:“那时节,趁心性,由他娇痴,尽他～憎。”《元曲选外编·哭存孝》二折:“当初你腰间挂了先锋印,俺可也须当～受辛勤。” ❹却。《元曲选·渔樵记》四折:“〔正末云〕你既不是卓王孙,〔唱〕～怎生则搬调的个文君女嫌贫贱?”《元曲选外编·刘弘嫁婢》楔子:“怎么急回头～早不见了那皓首的俫可则敢那一个家老仙翁?”明汤显祖《牡丹亭》四〇出:“年深树老,把园围抛漾。你～在何方?” ❺再。《元曲选·度柳翠》三折:“度你的是蟾宫桂,你要大呵重登霸岸,要小呵～向隋堤。”《元曲选外编·黄鹤楼》四折:“你与我麻绳子绑者柳树上高高的吊起,直等的俺哥哥无事来家恁时～放了你。”清洪昇《长生殿》一九出:“内侍,我着床傍枕伴推睡,你～把兽环开了。” ❻量词。条;串。唐白居易《夜宴醉后留献裴侍中》:“翩翻舞袖双飞蝶,宛转歌声一～珠。”宋周密《武林旧事》卷三:“真珠百～。”清《隋唐演义》七回:“饭盘边有一～线,线头上有一个针子,爷明日到避风的去处,且缝一缝,遮了身体。” ❼钱币单位,相当于“贯”。宋王巩《随手杂录》:“其后一缣约卖三十～,银一两二十五～,餘物称是。”金《董解元西厢记》卷六:“生曰:‘如有餘资,烦贷几～,甚幸!’”《元史·世祖纪九》:“云南税赋用金为则,以贝子折纳,每金一钱,直贝子二十～。” ❽捆绑。明张景《飞丸记》六出:“好大来头! ～了送去见老爷。”《西游记》三四回:“你拿住唐僧、八戒、沙僧犹可,又～了孙行者,装了者行孙,如此功劳,该与你多递几钟。”《拍案惊奇》卷一一:“当下被众人～了,登时押到县堂。” ❾素;空乏。清《绿野仙踪》四四回:“就是这几个月手头～些,也未尝欠下一百五十。”

【索粉】 suǒ fěn ❶把粉浆从有细孔的漏勺中漏过，使成线条状。宋元《清平山堂话本·李翠莲》："蒸了馒头索了粉，果合肴馔件件整。" ❷粉条。宋庞元英《文昌杂录》卷三："设御茶酒器于殿东北楹间，群官骨头～，白肉糊饼。"清《儒林外史》一〇回："席上上了两盘点心，……又是一大深碗～八宝攒汤。"

【索价】 suǒ jià 讨价，指邀取名位。唐韩愈《寄卢仝》："少室山人～高，两以谏官征不起。"宋刘挚《请依程颐所乞奏》："若颐者，特以迂阔之学，邀君～而已。"明王廷陈《寄童内方》："俗好通问而仆独尚神交，至于贵人，犹惮轻启，此非～为高，自绝长者也。"

【索掯】 suǒ kèn 勒索。明俞汝楫《礼部志稿》卷四九："本宗既与行取，知必在题列，则府役何所容其骗诈，部役何所容其～？"《梼杌闲评》二〇回："听各家送铺盖饭食，不许拦阻～。"

【索落】 suǒ luò ❶寂寥；冷落。唐白居易《宿东林寺》："～庐山夜，风雪宿东林。"明林俊《吾道沧洲记》："樵儿牧竖耕钓者流，迹交乎其间，皆～苍凉旷莽之地。" ❷责令；要求。明《金瓶梅词话》三二回："你这狗才，头里嗔他唱，这回又～他。"《禅真逸史》三六回："小姐可写在锦笺儿上，待张郎来时，～他也和两首。"

【索面】 suǒ miàn 面条。宋《朱子语类》卷八："因说～曰：'今人于饮食动使之物，日极其精巧，到得义理却不理会。'"明朱橚《普济方》卷二六八有"油～方"。清《儒林外史》一八回："不买馒头了，买了些～去下了吃。"

【索命】 suǒ mìng 要人偿命。《法苑珠林》卷八〇："隋鹰扬郎将姜略好猎，见群鸟～。"《元曲选·朱砂担》四折："争奈我阳寿未尽，今夜晚间问他～去呵。"清《红楼梦》一一三回："凤姐一时苏醒，想起尤二姐已死，必是他来～。"

【索摸】 suǒ mō ❶寻摸；寻找。宋李石《论释奠仪注》："酒樽所当在阶阼上，北面曰醴樽，而三别之。今乃入殿牖，与俎豆杂陈于两柱间，不辨位置，献官至惝恍～乃得之。"明《石点头》卷三："好孝子！但你父去向没些影响，却从何处～？"引申指搜身。明姚士粦《见只编》卷中："时张弟都督某当藉产，虽命妇贵姬，率被～，然后出门，诚极辱也。" ❷探讨；摸索。明胡应麟《二酉山房歌》："成都用修雅好奇，～科斗成嗔痴。"范景文《王质行制义序》："文章一事，天下贤豪雄俊之士，大都以精气相取，暗中～。"孙传庭《玄涤楼》："涤于何处施，愚人难～。" ❸同"索莫❷"。明刘兑《娇红记》卷下："满眼闲花媚柳，也则无情～。"

【索莫】 suǒ mò ❶形容情绪低沉、冷淡。宋苏舜钦《送人还吴江道中作》："江云春重雨垂垂，～情怀送客归。"元王冕《对景吟》："落花风急雨潇潇，～无言面如土。"清顾绍敏《澹泊居花下招同惠仲儒》："清明雨过春蒙蒙，情怀～如寒蛩。" ❷萧索；冷落。宋刘攽《酬王平甫》："黯澹流云～风，晓瞻双阙望苍龙。"元刘因《望易京》："天作高秋何～，云生故垒自飘萧。"清谈迁《谈氏笔乘·逸典》："十七载之抚绥，何以似飒飒穷冬～。"

【索漠】 suǒ mò ❶同"索莫❶"。唐吴融《上巳日》："无端遇著伤心事，赢得凄凉～归。"宋苏泂《桂花》之二："招隐归来浑未得，老怀～剩思君。"清纪昀《阅微草堂笔记》卷一八："狱解之后，遇乡民，意甚～。" ❷同"索莫❷"。唐韦绚《戎幕闲谈》："此宅气候忽然～甚，必恐有取土于西北隅者。"宋苏轼《伯父送先人下第归蜀》："～齐安郡，从来著放臣。"

【索寞】 suǒ mò ❶同"索莫❷"。唐符载《荆州与杨衡说旧因送游南越序》："草堂无主，云林～。"宋陈人杰《沁园春》："如此清标，依然香性，长在凄凉～中。"清唐孙华《诸葛武侯祠》："宅桑仍～，庙柏自菁葱。" ❷寂寞。唐孟浩然《留别王侍御维》："只应守～，还掩故园扉。"宋苏轼《与滕达道书》："连月阴雨，旅怀～。"清朱鹤龄《秋日有怀》之三："～对清樽，素琴为谁抚。" ❸形容空乏、困乏。宋强至《立春辇下作》："玉盘丝菜无消息，～空斋畏客嘲。"明万民英《星学大成》卷二〇："财多聚散一身孤，父母家财多～。"清吴雯《关门还戏和赵旦复即奉答》："中厨清冷鼠堕瓮，高斋～龟支床。"

【索闹】 suǒ nào ❶开玩笑。宋杨万里《寄题周中丞万象台》："此诗解嘲仍～，举似先生应绝倒。" ❷挑衅；寻衅闹事；搅扰。明王锡爵《备陈边事疏》："彼以款愚我，我亦可以款愚彼，其功多于匆匆～以博一时之快心，爽口无算也。"《醒世恒言》卷三："吴公子不怀好意，还要到你家～。"清袁枚《子不语》卷二〇："家中人有中疯妇意者，都被其～不休，有咬伤掐痛其阴儿至断者。"

【索强】 suǒ qiáng 争强；恃强。唐王梵志《骂妻早是恶》："骂妻早是恶，打妇更无知。～欺得客，可是丈夫儿！"《敦煌变文校注》卷一《李陵变文》："前头有将名苏武，早向朝廷自～。自为高心欺我国，长交北海牧羝羊。"六十种曲本《琵琶记》一五出："忒过分爹行所为，但～全不顾人议。"

【索强如】 suǒ qiáng rú 即"强如"。索，起加强语气作用。元刘庭信《粉蝶儿·美色》："凭着这采笔题情，粉脸留香，～织锦回纹。"《元曲选·赚蒯通》一折："我想今日封侯得这陈留邑，～少年逃难下邳初。"又《忍字记》二折："每日家扫地、焚香、念佛，～恁买柴、籴米、当家。"

【索强似】 suǒ qiáng sì 犹"索强如"。《元曲选·黄粱梦》一折："只不如苦志修行谨慎，早图个灵丹腹孕，～你跨青驴踯躅风尘。"又《老生儿》一折："但得一个生忿子拽布披麻扶灵柩，～那孝顺女罗裙包土筑坟台。"清洪昇《长生殿》三七出："他日君王见收，～人难重觏。"

【索然】 suǒ rán 形容没有兴趣，没有意味。唐李群玉《春寒》："处世心悠尔，干时思～。"宋欧阳修《与王懿敏公书》："岁暮～，殊鲜欢意。"清《红楼梦》一三回："却说宝玉因近日林黛玉回去，剩得自己孤恓，也不和人顽耍，每到晚间便～睡了。"

【索什么】 suǒ shén me 哪里需要；何须。《元曲选·玉镜台》二折："～嘱咐叮咛，似取水垂辘轳，用酒打猩猩。"

【索甚】 suǒ shén 即"索什么"。金《董解元西厢记》卷七："恨他恨他，～言破？"元尚仲贤《三夺槊》一折："～把自己千般奖，齐王呵，不如交别人道一声强。"朱庭玉《梁州第七·妓门庭》："主家司且是妈妈行绳墨，干衣饭～婆婆废气力。"

【索甚么】 suǒ shén me 同"索什么"。《元典章·刑部一》："既不拘此例呵，这圣旨上～要？"《元曲选·鲁斋郎》三折："～恩绝义断写休书？"又《城南柳》三折："见放着一条捷径疾如箭，～指路金鞭！"

【索是】 suǒ shì ❶甚是；真是；确是。《元曲选·刘行首》四折："师父，此处～幽静。"又《柳毅传书》三折："驾风云的叔父，你可也～劳神。"《元曲选外编·陈母教子》二折："弟兄里则为你年幼，你身上我偏心儿～有。"清洪昇《四婵娟·管仲姬》："每日倘徉其中，寄情翰墨，托兴琴书，～洒落。" ❷一定。《元曲选·风光好》三折："这酒则是斟八分，学士～饮一巡，则不要滴留喷噀。"《元曲选外编·西厢记》一本二折："这相思～害也。"明凌濛初《闹元宵》三折："龙居浅地，～要提防。"

【索手】 suǒ shǒu 素手；空手。《太平广记》卷三三引《仙传拾遗》："况侍奉大仙，不得度世，如～出于宝窟也。"陆游《自咏绝句》五："远游～不赍粮，薪米临时取道傍。"明《西洋记》八五回：

"小将心上才明白，宁可～空回，不敢轻动。"

【索搜】 suǒ sōu ❶搜索；探索。宋曾公亮等《武经总要》前集卷五："又选骁勇当道～，或自高山树杪使人远视。"清胡煦《周易函书约注》卷一五："上由安身说出，知几致一，是已～到源头精微处。" ❷索要搜刮。清《醉醒石》一回："若是我这等要钱，何不日常里也～赚几文？"

【索讨】 suǒ tǎo ❶探讨。宋刘宰《策问》六："诸君通于世务，试为有司～之。" ❷索取；讨要。《元曲选·冤家债主》四折："他到来～之时，你婆婆混赖不与。"明《金瓶梅词话》九二回："今带过我家老爷杨戬寄放十箱金银宝玩之物来他家，我来此间问他～。"《大清会典则例》卷三七："遇本人或有亏空，及应追之项，自当听其自行～，以清公帑。"

【索笑】 suǒ xiào 逗乐；取笑。宋葛胜仲《菁山梅花盛开》之三："老不禁愁聊～，病方止酒暂从权。"明《警世通言》卷二六："好事已成谁～？屈身今去尚含羞。"清《蜃楼志》二三回："四人这个逢迎，那个埋怨，追欢～。"

【索谢】 suǒ xiè 索要谢礼。宋张九成《孟子传》卷二〇："免人于厄而又～，何其责人之深也。"明《警世通言》卷一五："那贱道今日鬼混，哄了些酒肉吃了，明日少不得还要～。"清李斗《扬州画舫录》卷五："周维柏善外科，施药不～。"

【索兴】 suǒ xìng 扫兴。清《醉醒石》四回："程翁那里肯听！王乡宦弄得～而去。"《警寤钟》一六回："自料决然难妥，方才放手，～而回。"《隋唐演义》一回："张、孔二美人既斩，弄得个高德弘～而回。"

【索性】 suǒ xìng ❶彻底；干脆。宋《朱子语类》卷一一五："正淳之病，大概说得浑沦，都不曾嚼破壳子，所以多有缠缚，不～。"元《三遂平妖传》二一回："若还变得一锭半锭，也不济事，～变得三二十锭，也快活下半世。"清董以宁《虞美人·临风寄语》："早知好事付秋风，何似当初～不相逢。" ❷痛快。宋《朱子语类》卷七〇："及胡文定论时政，说得便自精神～。"《元曲选·燕青博鱼》三折："满鼻凹清风，拍胸膛爽气，落的这彻骨毛～。"高明《琵琶记》三出："你奸得我～！" ❸竟然。清《红楼梦》九〇回："想到这里，～倒怕起来了。"《荡寇志》七五回："你那兄弟也不晓事，天明叫魏景、王耀去接，两个狗头～不去。"

【索寻】 suǒ xún 寻找。明孟称舜《桃花人面》二出："这几日不见叶家姐姐，～他耍子儿去者。"

【索要】 suǒ yào ❶要求。唐李商隐《杂纂·愚昧》："父母在～分析，会聚不识尊长位次。" ❷索取；讨要。元许有壬《正始十事》："其诸人～为妻，仍享富贵，一旦又遇祸变，视夫家如传舍。"《元曲选·汉宫秋》二折："可遣使按图～，必然得了也。"清《八洞天》卷六："县中出牌催捉，公差～使费。" ❸须要。元许衡《论明明德》："在小学便～敬，在大学便～敬，为臣为子为君为父皆～敬，以至当小事当大事都～敬。"《元曲选·单鞭夺槊》二折："雄信兵来，～相持，你合承头。"又《风光好》一折："学士你德行如颜子，也～风流仿谢安。"

【索诈】 suǒ zhà 勒索敲诈。明潘季驯《地方紧急疏》："妄作威福，挟带多人，沿门骚动，希图～。"《古今小说》卷八："随你孤身穷汉，也要勒取好绢三十匹，方准赎回。若上一等的，凭他～。"清昭梿《啸亭杂录》卷三："淮、扬若此，他处又不知如何～矣。"

【索子】 suǒ zi 绳子。宋吴曾《能改斋漫录》卷一三："宗室克宽，素不蓄财，惟喜绳索，人呼为～太尉。"清《红楼梦》三三回："拿～捆上！"

【琐聒】 suǒ guō 絮聒；唠叨。明毕自严《地震频仍疏》："咫尺之城，不百日而三四震，臣安敢避～而不以灾告乎？"文秉《先拨志始》卷上："盖神庙特恶～，借一警百，而实无深怒也。"《型世言》二九回："净梵见他久住，银子绝望，～起来。两个安身不牢，只得另寻主顾去了。"

【琐劣】 suǒ liè 卑下拙劣。唐李华《登头陁寺东楼诗序》："舅氏谓华老于文德，忘其～，使为诸公叙事。"陆贽《论替换李楚琳状》："以楚琳～之资，处掌中控握之地，纵令蹢躅，何恶能为？"柳宗元《代节使谢迁镇表》："顾惟～，多惭负恩。"

【琐事】 suǒ shì 细小零碎的事情。唐刘知幾《史通》卷七："斯皆边隅小国，人品最微，犹复收其～，见于方册。"元方回《悲歌》之三："～可容知较尽，尘编敢谓读皆通。"清《红楼梦》一回："其中家庭闺阁～，以及闺情诗词，到还全备，或可适趣解闷。"

【琐碎】 suǒ suì ❶小而多；零碎；细碎。唐萧颖士《为李北海作进芝草表》："虽复晨敷者五，竞爽于丹田；岁秀者三，擢荣于元圃。以兹视彼，奚其～？"宋晁补之《和苏翰林题李甲画雁》之一："冰霜已凌厉，藻荇良～。"清《红楼梦》五五回："将家中～之事，一应都暂令李纨协理。" ❷絮聒；唠叨。宋欧阳修《与杜正献公》："知遇至深，敢兹～，皇恐皇恐！"明余继登《皇明典故纪闻》卷六："为治贵得大体，比尔等疏驳奏牍，一字之误皆喋喋以言，～甚矣。"清《醒世姻缘传》六四回："只是俺公公那老獾叨的咍咍唻唻，我受不的他～。" ❸啰唆；麻烦。《元曲选·桃花女》三折："这孩儿有许多～！"明《醒世恒言》卷一六："就迟几日不妨得，老身不是这～的。"清《红楼梦》七回："不用这方儿还好，若用了这药方儿的病症，真真把人～死。"

【琐尾】 suǒ wěi ❶犹"琐碎❶"。宋韩元吉《上周侍御札子》："如闻本路仅以～数事应诏，曾未副圣主焦劳之意。"明张大复《梅花草堂笔谈》卷一四："不有王夫人坚忍，强自卫，宁无～小言。"清《山东通志》凡例："～绪餘，委之杂记。" ❷猥琐；软弱。宋黄庭坚《奉约宣叔颂》："贵魁梧，贱～。"明杨爵《周易辩录》卷三："谷永、贡禹之徒，知有权臣，而不知有天子，皆～之匹夫。"清《赛花铃》六回："小生风尘末品，～无似。"

【琐细】 suǒ xì ❶琐碎；细小。唐符载《送卢侍御史赴王令公幕序》："夫何犬戎之～，而敢为大国之患难。"宋程珌《沁园春·庚午三月望日赋椿堂牡丹》："况是月坡，花围一尺，压尽纷纷～芳。"清施闰章《悲野雀》："枌榆繁羽族，～无定名。" ❷指琐碎、细小的事物。唐张九龄《狮子赞序》："所以肉视犀象，孩抚熊罴，其餘～，不置牙齿。"《宋史·食货志十八》："甚者，贫民贸易～于村落，指为漏税，辄加以罪。"清查慎行《和竹垞御茶园歌》："元人专利及～，高兴父子希宠恩。大德三年岁已亥，突于此地开茶园。"

【琐屑】 suǒ xiè ❶细碎；细小；烦琐。唐李白《化城寺大钟铭序》："睹天宫峥嵘，闻钟声～。"宋《朱子语类》卷九三："至于鄙贱之事虽～，然孰非天理之流行者？"清《歧路灯》五六回："这些投启敦请的情节，人人可以意揣，也就不必～缕述。" ❷斤斤计较小事；局促不大气。唐顾云《池阳醉歌赠匡庐处士姚岩杰》："呵叱潘陆鄙～，提挈扬孟归孔门。"元汪元亨《醉太平·警世》："范丹贫～，石崇富骄奢。"明李乐《见闻杂记》卷五："此公峭直迂狂，想非～庸人也。"

【琐絮】 suǒ xù 絮叨。清《后西游记》三六回："这呆子的馋虫又爬动了，若不与他化些噇噇，莫说～不了，就是走路也没有心肠。"《聊斋志异·跳神》："妇剌剌～，似歌，又似祝，字多寡参差，无律带腔。"

【锁】 suǒ ❶笼罩。唐严维《同韩员外宿云门寺》："竹翠烟深～，松声雨点和。”《元曲选·墙头马上》二折：“深拜你个嫦娥不妒色，你敢且半霎儿雾～云埋?”清《红楼梦》三八回：“窗隔疏灯描远近，篱筛破月～玲珑。” ❷ 皱(眉)。宋欧阳修《惜芳时》：“睡未足、双眉尚～。”元曹伯启《秋夜西斋有感》：“眉～将诗解，心田仗笔耕。”清《荡寇志》九〇回：“众英雄都动问形势的话，慧娘只是～着柳眉，低头不语。” ❸ 一种缝纫法，用于衣物的边缘上或扣眼上，针脚较密，线斜交或勾连。明《型世言》六回：“一日，寡妇独坐在楼下，～着自己一双鞋子。”清《醒世姻缘传》六七回：“老婆亲手自做的一双明青布面沙绿丝线～的云头鞋。”

【锁镫】 suǒ dèng 供家养禽鸟栖息的架子，上圆下方，形如马镫，用细链将鸟锁在上面。明《二刻拍案惊奇》卷三九：“有个阊门陆小闲将一只红嘴绿鹦哥来献与指挥。指挥教把～挂在檐下。”又：“一头说，一头伸手去提了鹦哥～，望中门里面摇摆了进去。”

【锁胡塌八】 suǒ hú tā bā 即“莎塔八”。明火原洁《华夷译语·人事门》：“醉，莎黑塔八。”明黄元吉《流星马》二折：“打剌酥备，亦来五耶赛艮赛因，哈敦～杯。”按，同剧同折又写作“锁忽塌把”。

【锁禁】 suǒ jìn ❶ 关锁拘禁。《唐律疏议》卷二九：“应议、请、减者，犯流以上，若除、免、官当，并～。”宋苏轼《陈守道》：“白虎化坎青龙离，～姹女关婴儿。”清《绿野仙踪》一九回：“把他～在监中，三年后放他出来。” ❷ 上锁禁止人进出。清《红楼梦》七五回：“礼毕，仍闭上门，看着～起来。”

【锁链】 suǒ liàn ❶ 可锁闭的铁环相套的链子，常用作械具。明张煌言《贻赵廷臣书》：“今羁留旅邸，被累宾从，并膺～。”《大清律例》卷三七：“奉天地方审理事件，人犯到案，先将～盘于地上，令其膝跪。”李玉《清忠谱》一五折：“〔生杻链，旦、老押上〕〔内〕去～!〔旦、老去链介〕” ❷ 用锁链连接或捆绑。元明《三国演义》五九回：“曹操在渭河内将船筏～，作浮桥三条，接连南岸。”按，明刊本作“锁练”。清《豆棚闲话》九则：“倏忽走出二三十人，把这伙班军～起来。”

【锁鞢】 suǒ lóng 束缚；约束。明《西游记》五九回：“收了行者，与八戒、沙僧剪断二心，～猿马，同心戮力，赶奔西天。”

【锁匙】 suǒ shi 钥匙。宋黄庭坚《再答静翁并以筇竹一枝赠行》之二：“八万四千关捩子，与公一个～开。”清《醒世姻缘传》三四回：“只见一个人，长身阔膀，黑面虬髯，好似西洋贾胡一般，走来要尉迟敬德配一把～。”

【锁碎】 suǒ suì 同“琐碎❶”。宋冯山《黄甘寄李献甫》：“蒲萄～终非匹，荔子肥甘仅可侔。”元黄庚《秋夜》：“筛月帘栊金～，捣霜砧杵玉丁当。”明马明衡《尚书疑义》卷一：“曾氏之论，亦觉～。”

【锁头】 suǒ tóu ❶ 锁闭门户箱笼的金属器具。明《金瓶梅词话》七四回：“若还绳慢～松，就是万个金刚也降不住。”清孔尚任《桃花扇》三〇出：“家童与他开了～。” ❷ 牢头；狱卒。明佚名《诏狱惨言》：“是夜，三君子果俱死于～叶文仲之手。”又：“十九日袁故。未死时，先暗注大监，实孤身在关庙，～颜紫手毙之。”

【锁陀八】 suǒ tuó bā 即“莎塔八”。明朱有燉《桃源景》四折：“他道～，原来是酒醉矣。”汤显祖《牡丹亭》四七出：“〔老旦作醉介〕～，～。〔贴〕说醉了。”

【锁细】 suǒ xì 同“琐细❶”。唐权德舆《策问明经八道》：“至若巽之于人，为广颡白眼；坎之于马，为美脊薄蹄。诚曲成以弥纶，何取象之～?”宋陈与义《咏清溪石壁》：“向来千万峰，～等蓬块。”清《平定台湾纪略》卷三四：“～之事，并非目前急务。”

【锁线】 suǒ xiàn 锁鞋口或衣物边缘的针线。明《金瓶梅词话》二八回：“都是大红四季花嵌八宝段子白绫平底绣花鞋儿，绿提根儿，蓝口金儿，惟有鞋上～儿差些。”清沈自南《艺林汇考服饰篇》卷八：“鞋鼻，今之鞋结，是其遗像。缱，则俗云～也。”

【锁钥】 suǒ yuè ❶ 锁闭门户箱笼的器具。唐张鷟《朝野佥载》卷四：“每村立社官，仍置平直老三员，掌簿案，设～。”明柯丹邱《题郭元方画海棠蛱蝶》：“金屋琼窗无～，蓬莱飞坠太真魂。”清《女仙外史》七八回：“砍开城门～，放进大兵。”也指锁和钥匙。元明《水浒传》二一回：“婆子去房里拿了～，出到门前，把门锁了，带了钥匙。” ❷ 锁闭。唐郑畋《五月一日紫宸候对》：“禁扉犹～，宫妓已妆梳。”明《西洋记》九回：“收拾了殿宇，～了殿门，各自下山。” ❸ 比喻防御。唐刘宽夫《邠州节度使院新建食堂记》：“朝廷以新平扼东西夏，～郊圻，将帅得人，则虏马不敢东向而牧。”明毕自严《殊域周咨录》卷一九：“绥德藩篱竟失～，虏骑长驱直闯内地。”清汤右曾《澄海楼》：“王公设险古制存，屹立重关严～。” ❹ 比喻军事要地。宋孔平仲《谈苑》卷四：“寇莱公守北门，虏使经由问曰：‘相公望重，何以不在中书?’答曰：‘主上以朝廷无事，北门～，非准不可。’”明何良俊《四友斋丛说》卷七：“大同宣府，北门～，一日不可缺人守者。”清李澄中《涿州》：“～孤城壮，风沙落日多。” ❺ 比喻起关键作用的人或事物。宋吴潜《孙守叔像赞》：“惜乎，甫六十而令终，失此北门之～也。”明石珤《题阳和楼》：“平仲有才当～，细侯无事下襜帷。”清李渔《闲情偶寄》卷七：“天下万事万物，尽有开门之～。～维何? 文理二字是也。”

【锁子】 suǒ zi ❶ 锁链。也用作装饰品。唐李濬《松窗杂录》：“镂白玉香囊并玉～，长三尺餘。”《宋史·阇婆国传》：“一子，项戴金连～，手有金钩，以帛带萦之。”清《红楼梦》八一回：“灯下有几个草人，有头上戴着脑箍的，有胸前穿着钉子的，有项上拴着～的。” ❷ 同“锁钥❶”。明《朴通事谚解》卷上：“铁人铁马，不着铁鞭不下马。这个是～。”清《绿野仙踪》五六回：“柜上的～，也须扭在一边。”

【锁子甲】 suǒ zi jiǎ 一种铠甲。《正字通·金部》：“锁子甲五环相互，一环受镞，诸环拱护，故箭不能入。”《唐六典》卷一六：“甲之制十有三，……十有二曰～。”清《红楼梦》五二回：“身上穿着金丝织的～洋锦袄袖，带着倭刀。”

T

tā

【它】 tā 代词。 ❶ 用于虚指。唐施肩吾《赠王屋刘道士》:“出门即是寻常处,未可还～跨鹤鞭。”宋佚名《张协状元》一〇出:“今夜纸炉里弯跧,䩬～风雨至。”明叶宪祖《鸾鎞记》二出:“我辈志气不可少挫,任～终身不偶。” ❷ 用于称呼第三人。宋洪迈《夷坚志》甲卷一六:“为馆职时,因病入冥府,俟命庭下。四人坐其上,西向少年者呼曰:‘与～检一检。’”元萧德祥《小孙屠》九出:“我有奸夫,你不拿住～!”《元曲选·陈抟高卧》三折:“那时节相识,曾算着～南面登基。” ❸ 指代事或物。宋苏轼《与程辅提刑书》:“咏史等诗高绝,每篇乃是一论,屈滞～作绝句也。”《元曲选·汉宫秋》二折:“～那里黄云不出青山岫。”清李渔《巧团圆》一三出:“待贼兵将到之时,就把～涂在脸上,变做个臃肿妇人。”

【它家】 tā jiā ❶ 特指的某一家。宋洪迈《夷坚志》三辛卷二:“虽在～有吠守之劳,然日食糟糠之费积之不少。”《朱子语类》卷二三:“若婚礼便关涉两家。自家要行,～又不要行,便自掣肘。”元佚名《错立身》四出:“适蒙台旨,教咱来至。如今到得～,相公安排筵席。” ❷ 指其他门派。宋陆九渊《与罗春伯书》:“来书言朱、林之事,谓‘自家屋里人,自相矛盾’。不知孰为～? 古人但问是非邪正,不问自家～。”居简《印老住天童州府山门诸山疏》:“康庄失步,指陈自己珍奇;死水观澜,又属～风月。” ❸ 他。家,后缀。宋赵彦卫《云麓漫钞》卷四:“台戋元非千叶种,丰容要是小莲花。向来山谷相看日,知是～是当家。”元萧德祥《小孙屠》九出:“哥哥休听～说,孙二不敢。” ❹ 别人家;其他人家。明胡直《两封安人王母张氏墓表》:“安人具馔,必时必腆,虽僮从腹不逮枵。～多不尔。”

【它每】 tā měi 即“它们”。宋佚名《张协状元》三二出:“料～福缘浅,被人笑嫁不得一状元。”元孙叔顺《点绛唇·咏教习鼓诉冤》:“将我击破花腔,～都哭破眼胞。”《元典章·台纲二》:“比别个做官的人每的,～的罪过重。”

【它们】 tā men 第三人称代词,复数。宋《朱子语类》卷一〇七:“不知～关着门不见人底是如何过日?”元萧德祥《小孙屠》一〇出:“今日～出去烧香,便回来也三朝两日。”

【它岐】 tā qí ❶ 别的途径。多指科举等仕宦正途之外的途径。唐韩愈《寄崔二十六立之》:“回首卿相位,通途无～。”宋王之望《湖州到任谢宰相启》:“平生狷介,进身耻蹈于～;半世蹉跎,得谤皆繇于非意。”明陶安《送教谕张彦圣序》:“是以儒者试仕愿阶乎此,有不屑于～焉。” ❷ 歧途;外道。宋陆游《谢曾侍郎启》:“誓当力戒～,益坚素守。”明王行《洛下邵君墓志铭》:“乐以教人,或迷于～,必谆谕振挈,归之于道。”徐三重《采芹录》卷二:“盖圣贤之传受,大儒所发明,灼然表正正的尽塞～矣。”

【它歧】 tā qí 同“它岐❶”。宋沈枢《通鉴总类》卷一五下:“主上不与宰辅佥议,私欲用我。人必谓我以～得之。”元危素《邵氏墓门铭》:“取士科废,～或劝。笑而不言,益用自勉。”

【它谁】 tā shuí 谁;哪个人。唐元稹《郡务稍简因得整比旧诗因寄乐天》:“天遣两家无嗣子,欲将文集与～。”宋张孝祥《虞美人》:“双雁向人飞织锦,回文空在寄～。”明刘时中《新水令·代马诉冤》:“世无伯乐怨它谁? 枉送了挽盐车骐骥。”

【它外】 tā wài 其他;外部。唐吕喦《周行独力出群伦》:“此道非从～得,千言万语谩评论。”《周易·比卦》:“有孚盈缶终来有它吉。”宋程颐传:“诚信中实,虽～皆当感而来从。”

【他】 tā ❶ 同“它❶”。《敦煌变文校注》卷一《李陵变文》:“君王受佞无披诉,生死今朝一任～。”宋佚名《开河记》:“知～是甚图画,何消皇帝如此挂意。”清《醒世姻缘传》四回:“治那姬妾多的人,凭～甚么病,只上十全大补为主。” ❷ 同“它❷”。金《刘知远诸宫调》二:“交～去桃园内,吃得醺醺醉。俺撞著～到恶,便把人殴击。”清《情梦柝》一回:“老夫妻二人见～说得有志气,便也快活。” ❸ 同“它❸”。《敦煌变文校注》卷五《妙法莲华经讲经文(二)》:“此香价数最难过,世上珍奇莫比～。”金《刘知远诸宫调》二:“待你久后身荣并奋发,把三斗咸盐须吃～。”清《聊斋俚曲·禳妒咒》:“一伙人喧嚷,我听～一听。” ❹ 表第三人称复数,相当于“他们”。宋《朱子语类》卷一二九:“故程子平生不敢忘此数公,依旧尊～。”《元典章·刑部三》:“各与他每一领袄子,委付～两个做县尉。”清《红楼梦》五七回:“便命人去叫过尤氏婆媳二人来,贾母告诉～原故。”

【他家】 tā jiā ❶ 他人;别人。唐王梵志《经记须平直》:“经记须平直,心中莫侧斜。些些征取利,可可苦～。”张鷟《游仙窟》:“好是～好,人非着意人,何须漫相弄,几许费精神。”清《聊斋志异·邵九娘》:“夫尚徘徊,妻正色曰:‘我非似～妒忌者,何必尔尔。’” ❷ 同“它家❷”。唐德诚《拨棹歌》:“莫学～弄钓船,海风起也不知边。”《祖堂集》卷九《落浦和尚》:“～不用我家剑,世上高低早晚平。” ❸ 同“它家❸”。唐张鷟《游仙窟》:“～解事在,未肯辄相嗔。”金《董解元西厢记》卷五:“你到家道与莺莺,都为～害得人来病。”元陈子厚《醉花阴》:“鬼病厌厌,除见～可。”

【他家娘】 tā jiā niáng 犹“他娘”。明《西游记》八回:“还不如捉个行人,肥腻腻的吃～!”《二刻拍案惊奇》卷一三:“贼犯道:‘这家姓甚么?’知县道:‘姓赖。’贼犯道:‘姓得好! 好歹赖～罢了。’”阮大铖《燕子笺》一五出:“遭～的瘟,要我们辛辛苦苦在此伺候。”

【他老】 tā lǎo “他老人家”之省,对年长的第三人尊称。清

《绿野仙踪》八二回："太爷是读书人，～择婿，只打听爱念书的就好。"《红楼梦》六回："我找太太的陪房周大爷的，烦那位太爷替我请～出来。"

【他妈】 tā mā 犹"他娘"。清《品花宝鉴》四二回："不是玉天仙还叫他姊夫呢，归根儿是～的白吃白喝。"

【他妈妈】 tā mā ma 犹"他娘"。明徐渭《四声猿·渔阳弄》："刘琮那一答，又逼他来献纳。那孙权呵，几遍几乎。玄德呵，两遍价抢～。"又："就是天子无故要杀一个臣下，那臣下可好就去当面一把手采将～过来，一刀就砍做两段？"

【他每】 tā měi 同"它每"。元至元十七年二月二十五日圣旨："石碑上不拣甚么上，～镌来底写来底，都交毁坏了者么道。"明《醒世恒言》卷二一："我们这样荒僻地面，～在此逗留，正是天送来的东西了。"清洪昇《长生殿》一七出："昨日传集～俱赴帐前，这咱敢待齐也。"

【他们】 tā men ❶ 同"它们"。宋黄榦《张日新诉庄武离间母子》："自安人从家间归去，～便大字写在书院窗上，呪人及要杀人。"明《西游记》二一回："只为这一向有了你，再不曾用～。"清《聊斋俚曲·翻魇殃》："没有说终日清闲，叫～无事坐着。" ❷ 指事物。宋辛弃疾《千年调》："学人言语，未会十分巧。看～，得人怜，秦吉了。"清《红楼梦》五八回："快把这船打出去，～是接林妹妹的。"《霓裳续谱·骂鸡》："撒上把子高粮，任凭～嗛吃。" ❸ 表第三人称单数，相当于"他"。明柯丹邱《荆钗记》三〇出："恨只恨～继母逼他嫁，死得最无辜。"梁辰鱼《浣纱记》二出："笑你驱驰荣贵，还是～是他。笑我奔波尘土，终是咱们是咱。"徐元《八义记》六出："瞥然一见，见～仪容俊伟。貌堂堂凛凛身躯，好一似我的孩儿。"

【他懑】 tā men 同"它们"。宋王明清《挥麈餘话》卷二："朝廷又不曾有文字交我管，～有事，都不能管得。"宋元《清平山堂话本·简帖和尚》："来到门首，见～人去，听得里面大惊小怪。"金《刘知远诸宫调》一二："洪信、洪义更强怎措手？～虽勇跃，这三个福气邹搜。"

【他娘】 tā niáng 詈词。表示恶狠、厌恶、无所顾惜等。《元曲选·合汗衫》三折："你也不叫，我也不叫，饿～那老弟子。"明《西游记》一七回："若是老孙有这样咒语，就念上～千遍。"清《霓裳续谱·高高山上一庙堂》："再等三年不娶我，挟起个包袱跑～。"

【他岐】 tā qí ❶ 同"它岐❶"。《旧唐书·郑餘庆传》："吾不为时相所信，忽自宸旨委以使务，必以吾～得之，何以自明？"明佚名《鸣凤记》二九出："你既道是外补～，又虑着室家荒废，却缘何言语参差？"清《蜃楼志》一五回："吉士想已精进，唯冀其伐毛洗髓，勿以离群而有～。" ❷ 同"它岐❷"。唐崔涂《秋晚书怀》："梦唯怀上国，迹不到～。以此坚吾道，还无愧已知。"明陈如纶《破阵子·吴生持扇索书》："脚踏直寻实地，口开便落～。"清魏裔介《和龟山先生作》："吾道非～，允执是康庄。" ❸ 其他通道；岔路。宋张杲《医说》卷六："窍多则愈损，闭此则虑穴～，当存其一二。"邹浩《仲益约游延庆不至作此戏之》："出门无～，一径指山麓。"沈氏《鬼董》卷一："路本羊肠形，折转多～。"

【他歧】 tā qí ❶ 同"它岐❶"。唐元稹《上令狐相公诗启》："某初不好文章，徒以仕无～，强由科试。"宋刘宰《谢韩漕梃举练达科》："某独何人，身当此选。誓坚素履，罔蹈～。"明李东阳《书耿氏家藏公牍后》："士当是时，非大家世族而能以儒为籍，不为～异术所汩。" ❷ 同"它岐❷"。宋家铉翁《志堂说》："彼志乎功名，志乎富贵，则管晏申商之所谓志。中无所守，沦而入于～者也。"明郑纪《陈氏三子说》："苟未能明夫理，则昧趋向之路而惑于～。" ❸ 同"他岐❸"。清张甄陶《澳门图说》："陆路惟关闸一径，两限大海，无～也。"

【他谁】 tā shuí 同"它谁"。宋柳永《满江红》："想鸳衾今夜，共～暖？"元侯正卿《菩萨蛮·客中寄情》："情似织，招揽下相思无尽期，告～？"明庄杲《挽林黄门父王府官》："恩还罔极～报，诗送江门爱亦存。"

【塌】 tā ❶ 坍塌；使塌陷；歪倒。唐寒山《可怜百年屋》："任风吹蓦～，再竖卒难成。"《元曲选外编·独角牛》三折："我踢了个提过脚里膁也那外膁，嘴缝上直拳并～那厮脸。"清《红楼梦》四二回："这些楼台房舍是必要用界划的。一点不留神，栏杆也歪了，柱子也～了，门窗也倒竖过来。" ❷ 朽烂；瘫软。唐温庭筠《鸿胪寺有开元中锡宴堂》："败荷～作泥，死竹森如枪。"宋沈括《梦溪笔谈》卷二六："薰陆，即乳香也。本名薰陆。以其滴下如乳头者，谓之乳头香；熔～在地上者，谓之塌香。"清《续金瓶梅》四五回："他害的是溜骨髓的病儿，～了穰的西瓜，把一命才填还。" ❸ 洼；瘪；凹下。宋胡寅《再谢见寄》："腹似鼓鼙无～处，诗如姜蒜有餘辛。"明《西游记》六七回："磕额头，～鼻子。"清《醒世姻缘传》七七回："素姐瞎～了个眼，又没了鼻子。" ❹ 垂；俯；耷拉。宋李新《送高执中赴文州椶林》："坐与斥鷃争，秋蓬～云羽。"明《禅真逸史》三三回："那春香惊将醒来，往下一～，扑的一声，把额角向桌沿上一磕，登时磕起个大块来。"《别有香》四回："忽见嫂嫂的后臀一步低一步～下去。那外甥也不动，就伏在姨娘背上。" ❺ 挨；贴；触。宋岳珂《寄乔益公》："封词寄与小心风，额～沙土输愚忠。"元关汉卿《谢天香》三折："我永世儿不和你厮极，～着那臭尸骸一壁稳坐的。"明胡奎《月食》："中庭额～泥沙拜，虮虱微臣本姓卢。" ❻ 颓败；败坏；败落。宋刘清之《戒子通录》卷六："若不事事，别有觊望，声绩一～了，更整顿不得。"王楙《野老纪闻》："邹浩谏立后，何不与闲曹～了，却置狱远贬，就其名声。"清《红楼梦》一〇七回："也是摆了几年虚架子，没有出这样事，已经～下来了，不消一二年就完了。" ❼ 在原坝、岸上加筑的子坝或围岸。宋司马光《赠卫尉少卿司马府君墓表》："岁久岸益深峭，水不能复上。田日硗薄，将不足以输租。府君帅乡人言县官，始请筑～于下流，水乃复行田间为民用。"明李东阳《至安平镇减水石坝有怀》："帝遣台臣出治水，水性硉兀难为降。千金作～万夫力，顷刻下堕轻毫芒。"清包世臣《齐民四术》卷一二："洪泽湖自仁坝掣～泄枯，水势出御坝甚弱。" ❽ 农田初耕。元王祯《农书》卷二："耕地之法，未耕曰生，已耕曰熟，初耕曰～，再耕曰转。" ❾ 处；地方。《元曲选·潇湘雨》二折："天那，但不知那～儿里把我来磨勒死？" ❿ 减损；降低。《元曲选·生金阁》三折："与我细切草烂煮料，把马喂着，不要～了膘。" ⓫ 陷落；坠入。元明《水浒传》七九回："韩存保的马，后蹄先～下溪里去了。呼延灼连人和马，也拽下溪里去了。"《三国志通俗演义》卷一八："抢到大林之前，踏了陷坑，孟获等一齐～到陷坑之中。"明李中馥《原李耳载》："初～河时，为人拽入一堂，类见官者。" ⓬ 脱落；掉下。明《西游记》三二回："那个哭丧棒重，擦一擦儿皮～，挽一挽儿筋伤。"《挂枝儿·跳槽》："匾担儿的～来也，只教你两头儿都脱了。"清《红楼梦》七三回："原来是外间窗屉不曾扣好，～了屈戌了吊下来。" ⓭ 错过。明《别有香》一五回："人说得好，有个好光景，莫教轻～了。他是这般呆～了，我老刁岂学他。" ⓮ 拖欠。明《金瓶梅词话》九九回："你在我店中占着两个粉头，几遭歇钱不与，又～下我两个月房钱。"清《歧路灯》五三回："如今管交粮的里书，单管着输皇粮，～亏空。" ⓯ 劣；不出色。明张岱《陶庵梦忆》卷七："席地鳞次坐，缘山七十餘床，衰童～妓，无席无之。" ⓰ 通

“榻”。宋刘敞《简深甫》：“兴来即上马，埽～聊相对。”金《刘知远诸宫调》一：“向心中倒大惊然，连忙土～边，躬身施礼问当。”明陶辅《晚趣西园记》：“柴～土床，瓦炉陶罂。” ⑰ 通“拓（搨）”。宋洪迈《夷坚志》丙卷三：“彦能令其子述卿施墨～印十餘本，以为传玩。”清贺裳《踏莎行·闺情》：“行来窗下弄霜毫，无端～得双蝴蝶。” ⑱ 通“溻”。《元曲选外编·村乐堂》二折：“请同知自向跟前望，夫人为甚么汗～湿残妆？”清《醒世姻缘传》九二回：“穿着汗～透的衫裤。” ⑲ 量词。块；团；摊。元萧䜣《送苏德威经历》：“胸中一～羲皇地，寒暑迭代无炎凉。”《元曲选外编·庄周梦》楔子：“剩水残云四五～，野杏夭桃无数花。”明《醒世恒言》卷一五：“一个揖作了下去，却像初出锅的糍粑，软做一～，头也伸不起来。”

【塌案】 tā àn 积压案件。明王世贞《纠劾贪肆县官议处贤能州佐疏》：“王奇告要丈踏地土。东乡三要等里富民苏文英、张镇等央何雄过送银三百两，～不行。”清于成龙《请禁健讼条议》：“如州县不准民词，或已准～不审，许赴府控告。”

【塌八四】 tā bā sì 劣；不出色。《元曲选外编·降桑椹》二折：“俺两个的手段都～，因此上都结做弟兄。”

【塌藏】 tā cáng 囤积收藏。宋周密《齐东野语》卷一七：“薪茗～，香椒积压，与商贾争微利。”

【塌翅】 tā chì ❶ 垂下膀翅。唐范传正《唐左拾遗翰林学士李公新墓碑》：“大鹏羽翼张，势欲摩穹昊。天风不来，海波不起，～别岛，空留大名。”明梁有誉《湖口夜泊闻雁》：“哀鸣却似畏缯缴，～胡能传尺帛。”清田雯《立春后一日饮李学士园亭》：“月在单阏春风还，檐禽～鸣风前。” ❷ 喻进取失意或进取失意的人。宋李廷忠《谢赵仓使举升陟》：“如某者，林边～，石上枯根，甘为寂寞之游，耻作趦趄之进。”明李梦阳《寿兄图歌》：“兄既躬耕浊河岸，弟亦～青云途。”清叶方蔼《醉歌别友人》：“去年送君燕台侧，君方～无颜色。”

【塌丛】 tā cóng 积压丛杂。清李玉《永团圆》二七出：“这几日公出，县中诸事～，各役候我出去料理。”

【塌摧】 tā cuī 塌倒损毁。宋洪迈《夷坚志》三己卷七：“藩篱～，无复限隔。”

【塌倒】 tā dǎo 倒塌。明《封神演义》九七回：“只听得一声响，摘星楼～，如天崩地裂之状。”清袁枚《子不语》卷二一：“彼卧室两间无故～，毁伤什物甚多。”《续英烈传》四回：“这寺墙垣虽多～，却喜扁额尚存。”

【塌地】 tā dì ❶ 倒地；塌倒落地。宋刘挚《上哲宗弹奏王中正等四宦官之罪》：“除陌间架～之事，伤污国体，不邮怨讟。”陆游《冬夜》：“我生何多艰，～皆九折。”清《平定两金川方略》卷一七：“日间～之处，贼众揣知夜间放炮无准，乘隙修补。” ❷ 宋代一种榷税名目，即落地钱，或曰地头税。宋洪迈《代福建提举茶事谢上表》：“迨中世徙场而榷茗，致诸蕃～以名，钱大抵虚文，蔑闻见效。”魏了翁《邛州先茶记》：“自王涯置使勾榷，由是岁增月益。～剩茶之名，三税贴射之法，招商收税之令，纷纷见于史册。”清《续文献通考》卷一九：“矧州县额外收税，如卖酒钱、到岸钱、～钱之类。皆是创增。” ❸ 贴地。《五灯会元》卷八《漳州罗汉院桂琛禅师》：“问：‘如何是诸圣玄旨？’师曰：‘四楞～。’”明徐光启《农政全书》卷四七：“舌头菜，生密县山野中，苗叶～生。”清《野叟曝言》四回：“离着拜垫，～坐下。”

【塌动】 tā dòng 倒塌移动。清吴璥《请办高堰碎石坦坡疏》：“曾试筑坦坡数段，屡经风暴，总未～。”

【塌豆腐】 tā dòu fu 男子之间性交的讳语。明顾大典《青衫记》一七出：“听得叫小富，慌忙便解裤。不是注火盆，定是～。”《石点头》卷一四：“那男色一道……徽州人呼～。”

【塌坊】 tā fáng 提供包租供商人寄存货物的场所。宋耐得翁《都城纪胜·坊院》：“其富家于水次起迭～十数所，每所为屋千餘间，小者亦数百间，以寄藏都城店铺及客旅物货。”明《龙阳逸史》八回：“鲁春开了这个～，只管囫囵不管破。一个人一日要算你三分饭钱，那里管你有生意没生意上门。”清顾炎武《日知录》卷一一：“又令～、果园、舟车装载并纳钞。”注：“（宣德）四年六月壬寅，今之钞关始此。”

【塌房】 tā fáng 同“塌坊”。宋吴自牧《梦粱录》卷一九：“自梅家桥至白洋湖、方家桥直到法物库市舶前，有慈元殿及富豪内侍诸司等人家于水次起造～数十所。”明《龙阳逸史》八回：“南林刘松卷，于某月某日换主，新开小官～。”《明会典》卷三二：“洪武初京城置～及六畜场，停积客商货物及猪羊等畜，听其两平交易。”

【塌伏】 tā fú 趴伏。明《西游记》二〇回：“只见那虎跑倒了，～在崖前。”《宜春香质·风集》二回：“你～床上，闭着眼睡。”

【塌工】 tā gōng 误工；拖延工期。清孙承泽《春明梦餘录》卷四五：“原任司官熊汝学、朱国寿、朱日爗～，俱有可原，赔修似可宽罪。”

【塌画】 tā huà 比照着描画。宋朱熹《申免移军治状》：“本军已行取会逐县具厉害回报，及～地图送签厅集众官会议。”又《行下三县抄札赈粜人户》：“合行下逐县将逐都～地图，画出山川、水陆路径、人户住止去处。”

【塌坏】 tā huài ❶ 坍塌损毁。《太平广记》卷四四〇引《广异记》：“其屋轰然而～。”宋《庆元条法事类》卷四七：“诸田因水发冲注～，或因官司占废不堪开修耕作。”清《平定两金川方略》卷三一：“现在昼夜轰击，俟墙稍有～，即行夺取。” ❷ 塌陷腐坏。明朱橚《普济方》卷一一〇：“大率多是浊气外注，传流遍体，故色败，皮肤疡溃，鼻梁～。”徐谦《仁端录》卷三：“（痘）灌浆期内，忽然焦枯，或～，或惨色不正，便不可治矣。”

【塌隳】 tā huī 犹“塌坏❶”。清阿桂《筹兰阳三堡改堤开河疏》：“屡被漫水淹浸，城郭～。”《万花楼》五一回：“若是擎天玉柱被砍折，锦绣江山，岂不～？”

【塌货】 tā huò 囤积货物。清《情梦柝》一三回：“三次～，转得利息，共算本利有一千二百餘两。”

【塌脚】 tā jiǎo 一种掷骰名目，比得采点数少一点。元明《水浒传》一〇四回：“那汉性急翻本，掷下便是绝，～、小四不脱手。”明吾邱瑞《运甓记》二五出：“今朝～连盆，足足掷了十七八个猪窝，不住把我输断脊筋。”

【塌拉】 tā la ❶ 耷拉；下垂。清《红楼梦补》四〇回：“一定说那讨人厌的刘姥姥，又拿了两篮子虫蛀扁豆、退倭瓜来打抽丰了，不如～了两条胳膊进来看看奶奶倒干净。” ❷ 形容凹陷或破烂不整洁。清《醒世姻缘传》八五回：“又问了声大舅：‘你外甥媳妇儿真个坏了个眼？’大舅说：‘也没大坏，只是吊了个眼珠子，弄的个眼眶鄙～的。’”《红楼梦》程乙本二七回：“正经兄弟，鞋～袜～的没人看的见，且作这些东西。”

【塌拉骨】 tā la gǔ 犹“歪刺骨”。清《醒世姻缘传》九六回：“怪～蹄子，夹着狗屄走罢了，甚么二奶奶三奶奶！”

【塌落】 tā luò 犹“塌倒”。明《弁而钗·情贞纪》一回：“房舍～，须要修葺一番方好住居。”清张海珊《开港议》：“农人之侵占半之，围岸之～又半之。”

【塌毛】 tā máo 用作詈词。明《型世言》二六回：“这～甚是可恶，怎在这所在哄诱人良家妇女？”

【塌然】 tā rán 形容哀痛、失意、下垂等貌。唐杜甫《垂老别》：“弃绝蓬室居，～摧肺肝。”元谢应芳《朝宗郑教谕以余去冬初度自寿之诗次韵见贻予复和而赠之》：“无何陵谷忽变改，～敛我扶摇翮。”明王直《赠王约岁贡序》：“其～不振者，盖颓然自放者也。”

【塌茸】 tā róng 同“遢茸”。明宋濂《徐教授文集序》：“臭腐～，厌厌不振，如下俚衣装不中程度者，非文也。”黎澄《隆安县学碑记》：“故式廓虽定，率多苟简之习。旧学宫创于湫隘之地，尤为～。”清俞森《再详赈济流民疏》：“其～聋聩者，土木形骸，痛痒不关。”

【塌冗】 tā rǒng 同“遢茸”。清《歧路灯》一〇回：“官僚之梗直者，若必抗之，则触祸；～者，又必媚之以取容。”

【塌趿】 tā sā 犹“搭趿”。清《醒世姻缘传》二回：“卧榻中，睡着一个病夫，～着两只眼。”又七回：“那猫不怎么样，～着眼睡觉。”

【塌撒】 tā sā 劣；不出色。《元曲选·范张鸡黍》一折：“俺虽然文章～，也是各人的福分。”

【塌飒】 tā sà 即“搭飒❷”。宋沈遘《天禄研匣歌》：“学注虫鱼问老圃，无乃～为匣羞。”范成大《阊门初泛》：“生涯都～，心曲漫峥嵘。”明朱浻《野夫》：“峥嵘岁月今餘几，～风烟乃尔为。”

【塌损】 tā sǔn 犹“塌坏❶”。《续资治通鉴长编》卷四一：“同日同时，六处地震，～城墙，毁坏庐舍。”元明《水浒传》六回：“回到香积厨下看时，锅也没了，灶头都～。”清陈端生《再生缘》三九回：“甥处住房多有空，五间一带在西边，两厢齐整无～。”

【塌头】 tā tóu 服丧时缠在头上的白布，也叫搭头。清《聊斋俚曲·墙头记》：“既这等，我还得缝个～，还得搓根麻绳。”

【塌陷】 tā xiàn ❶ 坍塌下陷。明潘季驯《恭报三省直堤防告成疏》：“洪水绥堤，逼临河身，扫湾冲刷，易于～。”清靳辅《治河工程疏》：“第能使之不阔，不能使之不深。然亦未有中泓既深，而两端不～者。”《平定准噶尔方略》正编卷六〇：“俟掘至城根，将火药填满点放，城墙～，自可直前攻取。” ❷ 凹陷。明王肯堂《证治准绳》卷二一：“遍身肿如烂瓜之状，手按而～，手起随手而高突。”清《医宗金鉴》卷八九：“若在上之第二肋，或有断裂垫伤，～不起，因位居膈上难以入手。”△《济公全传》一五八回：“双眉寒散，主于兄弟无靠；山根～，主于祖业不擎。”

【塌卸】 tā xiè 坍塌脱落；倒塌。明潘季驯《钦奉敕谕查理河漕疏》：“中有包石者，原无地钉衬石，年久～甚多。”清《平定两金川方略》卷一二三：“臣等排列大炮轰摧，渐多～。”黎世序《复奏碎石坦坡情形疏》：“石下底桩不无朽坏，黄流大溜冲刷，恐有～之虞。”

【塌驿】 tā yì 在驿站积压或滞留。清于成龙《酌派驿站银两疏》：“与其迟拨，使经管各官有垫应之苦，兼有～之虑，无如按期拨给。”

【塌翼】 tā yì ❶ 犹“塌翅❶”，也指垂翅的鸟。唐杜甫《毒热寄简崔评事十六弟》：“大火连金气，荆扬不知秋。林下有～，水中无行舟。”宋张耒《岁暮歌》：“百年老树吼欲折，～不见南飞鸿。”清叶方蔼《七月一日大雨书署壁》：“裂裳拥被塞耳卧，冻蚕缩茧鸟～。” ❷ 犹“塌翅❷”。唐李商隐《为贺拔员外上李相公启》：“相公羹梅调味，川楫济时，起～于冲风，活枯鳞于涸辙。”宋余靖《回贺彭舍人启》：“滥巾纶阁，方怀糠秕之惭；～江风，更羡云霄之举。”明王廷陈《答范东溟》：“岂意蹭缴骤被，～南归。”

【塌注】 tā zhù 倾泻。元沈贞《游两川记》：“值骤雨，潦自～，衮衮如拖练。”

【塌嘴】 tā zuǐ 搭嘴；蹭吃喝。明《西游记》三四回：“我往自家儿子去处，愁那里没人伏侍，要你们去献勤～？”

【遢】 tā 同“塌⑫”。明孙柚《琴心记》一〇出：“香罗襕束腰一捻，粉底靴儿根头～。”

【遢慢】 tā màn 拖沓怠慢。清《林兰香》四五回：“朝内无人，袭封一事，益发～。”

【遢茸】 tā róng 疲塌；松懈。清黄宗羲《明儒学案》卷五五：“凡近边州县，罢去～之辈。”

【溻】 tā ❶ 湿；沾湿。五代贯休《读玄宗幸蜀记》：“泣～乾坤色，飘零日月旗。” ❷ 湿敷。元齐德之《外科精义》卷上：“以净帛或新绵蘸药水稍热，～其患处。”清《医宗金鉴》卷七五：“蠷螋伤，……宜盐汤绵～疮上，数换即消。”徐大椿《医学源流论》卷上：“又有熏、蒸、烙、灸、吊、洗、点、～等药，种种各异。”

【溻渍】 tā zì 湿敷浸渍。元齐德之《外科精义》卷上：“疮肿初生，经一二日不退，即须用汤水淋射之。其在四肢者～之。”明王肯堂《证治准绳》卷一〇九：“剧者爪皆脱落，但得一物冷药汁～之，佳。”

tǎ

【塔】 tǎ ❶ 建塔，特指造塔以葬僧人。《祖堂集》卷五《道吾和尚》：“后焚得灵骨，一节特异清莹，其色如金，其声如铜。乃～于石霜，敕谥修一大师实相之塔。”宋觉范《禅林僧宝传》卷二五《云居祐禅师》：“疾诸方死必～者曰：‘山川有限，僧死无穷。它日塔将无所容。’” ❷ 同“塌⑨”。元黑老五《粉蝶儿·集中州韵》：“那厮儿拿瓜那～要，这老儿近身频问取，那厮儿故徒不顾都胡覷。”《元曲选外编·赤壁赋》二折：“〔童云〕解子哥哥，这～儿有些滑。〔解云〕这厮说谎，官道上偏那～儿滑。”清《一片情》一〇回：“又到一～儿，叫做梅村，见一家四围高墙，临墙种一带榆树。” ❸ 同“塌⑲”。《元曲选·谇范叔》四折：“拣一～干净田地，将这厮跪只，按只，与我仗只。”明《禅真后史》三四回：“寒家十餘造屋宇，都被那凶神恶鬼占据，无一～儿餘屋可以容身。”

【塔伏】 tǎ fú 同“塌伏”。明刘兑《娇红记》卷上：“我～在纱窗外，他沉吟在翠槛边。”

【塔墓】 tǎ mù 僧墓，墓上造塔。宋苏轼《东坡志林》卷三：“予自岭南还，则辨已寂久矣。过南华吊其众，问～所在。”元同恕《雷经历行状》：“所为文，兵后散失，今存者～石刻数篇而已。”清施闰章《闲云庵记》：“久之，霞师化于宣城，手封～去，憩开元浮图下。”

【塔瓶】 tǎ píng 埋在塔中的盛放尸骨的瓶子。清李邺嗣《赠语溪曹黄门歌》：“赵家冤凑一～，天阴啼杂马牛声。”

【塔头】 tǎ tóu ❶ 塔的顶部。《法苑珠林》卷五〇：“造塔成已，复以七宝及取好花上～上，四面散下而以供养。”宋胡仲弓《和壁间韵》：“日落～云气紫，雨餘山脚藓痕苍。”清《梦中缘》二回：“雷峰塔、宝叔塔、天和塔，～宝盖射红霞；南高峰、北高峰、飞来峰，峰顶烟岚结紫雾。” ❷ 塔边。《祖堂集》卷六《洞山和尚》：“洞山问僧曰：‘什摩处来？’对曰：‘三祖～来。’”《古尊宿语录》卷五《临济禅师行录》：“师到达磨～。塔主云：‘长老先礼佛，先礼祖？’师云：‘佛、祖俱不礼。’” ❸ 管理佛塔的僧职或僧人。《景德传灯录》卷二七《诸方杂举征拈代别语》：“泗州～侍者及时锁门。有人问：‘既是三界，大师为什么被弟子锁？’”元郑思肖《十方禅刹僧堂记》:“素无蒙堂,无前资,无单寮,无退居方丈,无～庵院。其曰禅僧无高下,但依入堂次第,同一堂而处。”元明《水浒传》六回:“还有那管塔的～,管饭的饭头,管茶的茶头,管菜园的菜头,管东厕的净头,这个都是头事人员,末等职事。”

【塔位】 tǎ wèi 塔。位,量词性词缀。金《董解元西厢记》卷一:“先生本待观景致,把似这里闲行,随喜～。”《大金集礼》卷一二至一七:“东京太后～并院墙,听得都倒塌了。”元王恽《顺德府大开元寺重建普门塔碑铭》:“癸卯冬,师拂衣禅室,归寂真空。即日有雨水花之异,～石像亦但化流润,若潸焉出涕者。”

【塔样】 tǎ yàng 塔的图样;塔的形状。《祖堂集》卷三《慧忠国师》:“代宗皇帝问:‘师百年后要个什摩?’师曰:‘与老僧造个无缝塔。’帝乃胡跪曰:‘请师～。’”宋邹浩《莲华经赞》:“此塔彼塔两现前,非一非二叵思议。谁将手擎至感慈,八万四千真～。”居简《菩提寺砌撒骨池疏》:“看我湘南～,指出分明;比他城外馒头,相去多少。”

【塔院】 tǎ yuàn 建有佛塔或僧塔的禅院。《法苑珠林》卷七五:“行此法者,应须洁净三业,在于静处,佛堂～,专精礼拜。”元明《水浒传》九九回:“众僧诵经忏悔,焚化龛子,在六和塔山后,收取骨殖,葬入～。”清方成培《雷峰塔》二九出:“镇妖氛,来～。使威神,挥流电。”

【塔冢】 tǎ zhǒng 犹“塔墓”。宋觉范《禅林僧宝传》卷一四《谷山崇禅师》:“崇宁之初,冲虎至谷山,～莫辨,事迹零落,不可考究。”赵抃《游戒珠寺悼右军故宅》:“因山盛启浮屠舍,遗像仍留内史祠。笔冢近应为～,墨池今已作莲池。”

【塔主】 tǎ zhǔ 即“塔头❸”。《古尊宿语录》卷五《临济禅师行录》:“师到达磨塔头。～云:‘长老先礼佛,先礼祖?’师云:‘佛、祖俱不礼。’”《五灯会元》卷六《太宗皇帝》:“幸开宝塔,问僧:‘卿是甚人?’对曰:‘～。’帝曰:‘朕之塔,为甚么卿作主?’”明吴之鲸《武林梵志》卷四:“化城庵古井尚存,井栏刻‘淳祐元年四月上旬,惠～置’。”

【塔子】 tǎ zi 塔。子,词缀。《景德传灯录》卷二七《诸方杂举征拈代别语》:“上庵主问曰:‘多时不见,在什么处。’下庵主曰:‘只在庵里造个无缝～。’”宋觉范《林间录》卷下:“维坚密身,生死病老。面前～,不可推倒。”辽守恩《自身建塔记》:“大辽燕京涿州广因寺持念沙门守恩,为自身特建～一坐。”

【塔座】 tǎ zuò ❶ 僧人讲经的座位。唐戴孚《广异记·崔明达》:“明达又念:欲令开讲,不致～,何以敷演?又见～在西廊下,王指令明达上座开题。” ❷ 塔的底座。宋觉范《沩源记》:“佛身不可以色相求也,而供养栴檀,～多宝。”明《西游记》八三回:“却即回手,向～上取了黄金宝塔,托在手间。”清《日下旧闻考》卷八七:“(碧云寺)～凡三层,上层石洞镌额曰‘发阿耨多罗三藐三菩提心’。”

tà

【拓】 tà 另见 tuò。❶ 把石碑或器物上的文字或图案摹印在纸上。唐何延之《兰亭始末记》:“帝命供奉榻书人赵模、韩道政、冯承素、诸葛贞等四人,各～数本,以赐皇太子诸王近臣。” ❷ 涂抹。明《石点头》卷一一:“～了眼泪,又欢欢喜喜对婆婆道:‘我媳妇如今只得同丈夫前去。’” ❸ 打。清《醒世姻缘传》一九回:“脱下鞋来,要～死他。”

【沓】 tà 摞;叠放。清《醒世姻缘传》一二回:“随了牌进去,将状～在桌上。”又八二回:“狄希陈跟了投文,将状～在桌上,跪在丹墀。”

【沓鄙】 tà bǐ 贪鄙;贪婪卑污。元郝经《汉丞相亮谕伪魏檄》:“自昔人臣不道,贪婪～,狠忍暴戾,未有如操之甚者也。”

【沓集】 tà jí 聚集。唐柳宗元《晋问》:“于是鼓噪～而从之,扼龙吭,拔鲸鳍,戮白鼋,逐毒螭。”宋姚勉《战蚊赋》:“群慕膻而～,各衔粒而经营。”明胡直《念庵先生行状》:“梦至通衢,红楼夹映,百货～,市人肩摩。”

【沓婪】 tà lán 贪婪。元杨维桢《自然铭》:“故老庄祖自然,使世之～躁妄,一安乎自适,而诣乎定极,此自然。”

【沓连】 tà lián 接连;连续不断。清田雯《云梯关观黄河注海歌》:“落日西风透白袷,～愁听番禺潮。”

【沓乱】 tà luàn 交叉纷乱。清《绣戈袍》三二回:“天海见松路崎岖,羊肠～,果是荒郊所在。”

【沓冒】 tà mào ❶ 蒙覆;覆盖。宋程大昌《演繁露》卷九:“今世用朱黄黑三色漆～而雕刻,令其文层见迭出,名为犀皮。”方夔《初夏杂兴》之一:“古砌月铺铜～,寒松风撼铁琅当。” ❷ 贪冒;贪得无厌。《新唐书·南蛮传》:“会召还,以窦滂代之。滂～尤不法,诛责苛纤甚师望。”宋晁公遡《送王子载序》:“君性疏简,今之～善迎合者所不悦。”明陆深《送沈员外归省序》:“民失其教,罪戾～。辇毂之下,大抵尤甚思得执法明刑者。” ❸ 滥冒;超领。宋薛季宣《再辞召命申省状》:“伏念某素乏技能,蚤蒙荐对,备尝罄竭,无益聪明,～宠荣。”

【沓墨】 tà mò 贪污。《新唐书·王绯传》:“始部中首领～,民诣府诉。”元杨维桢《都水庸田使左侯遗爱碑》:“三吴官寺无游徼之扰,属吏无～之奸。”明李维桢《都御史张公墓碑》:“而又度道里远近,不至费僦赁,以资～者之口,实取偿于官若民也。”

【沓虐】 tà nüè 贪婪酷虐。元杨维桢《姑苏知府何侯诗卷序》:“清明之朝,吏仁厚无以兴其治;昏乱之世,吏～,不～无以趣其亡。”

【沓舌】 tà shé 滥舌;滥言。清钱谦益《季沧苇诗序》:“今不读古人之诗,不知其言志永言真正血脉,而求师于近代,如躄人之学步,如伧父之学语,其不至于胃足～者,则亦鲜矣。”又《家塾论举业杂说》:“作文如写家书,句句道实事,自有条理。若替人写书,周罗浮泛,谓之～。”周亮工《书影》卷三:“民宁再受笞数十,终不能改口～,妄谀刘侍御也。”

【沓贪】 tà tān 贪婪。唐陈子昂《汉州雒县令张君吏人颂德碑》:“刺史～而苛,县令威施而忍。”宋范浚《吴子琳墓志铭》:“常鄙世俗嗜利子～无艺,以子贷豪取,牟息倍称。”明何乔新《送马二尹赴任序》:“以至于郡县吏以～回通黜者,盖千有餘人。”

【沓拖】 tà tuō ❶ 骈连;重叠。唐李白《大鹏赋》:“若乃足萦虹蜺,目耀日月,连轩～,挥霍翕忽,喷气则六合生云,洒毛则千里飞雪。” ❷ 懒散。宋赵长卿《蓦山溪·遣怀》:“学些～,也似没意志。诗酒度流年,熟谙得、无争三昧。”明郑胤骥《别莆田陈君彦质追送不及》之五:“且子固非鱼,亦安知鱼乐。寄言～者,意趣由来各。”清王夫之《南天窝授竹影题七首》之三:“微凉羽扇频摇曳,半睡仙裾自～。” ❸ 蕴藉;风流。宋苏轼《洞庭春色引》:“德麟以饮余,为作此诗。醉后信笔,颇有～风气。”元倪瓒《题王畊云所藏墨迹》:“余谓子山之书,风流～,如王、谢家子弟,无一点寒陋气。”明《情史·情痴·老妓》:“以此声华日盛,凡游闲子,～少年,走马章台街者,以不识马姬为辱。” ❹ 拖沓;拖拉。明金堡《浣溪沙·夏日病中》:“急雨欺人更～,好风绝分一婆娑。屏除斗室卧维摩。”王世贞《明承直郎梁公实墓表》:“青衫～,其当绣处时啮残，则缦以丝縌之。"清王夫之《夕堂永日绪论外编》七："学八大家者，之而其以，层累相叠，……如半死蚓，～不耐。"

【沓袭】 tà xí 犹"沓拖❶"。唐王无竞《驾幸长安奉使先往检察》："城阙生光彩，草树含荣滋。缇绮纷～，翠旗曳葳蕤。"

【沓杂】 tà zá 杂沓；纷杂。唐王棨《玄宗幸西凉府观灯赋》："到～繁华之地，见骈阗游看之人。"元王沂《嵩问》："而兹乌下击，翕忽挥霍，翾不可当。若勇壮之卒，～而走敌场。"明卢柟《送高少尹致政西归序》："日夕～，笙钟鼎沸。时序代谢，不知其逝。"

【踏】 tà 字或作"蹋"，不另区分。❶ 到；进。唐王建《田侍郎归镇八首》之三："～着家乡马脚轻，暮山秋色眼前明。"《元曲选·玉壶春》三折："你那才常～着那虎口去红尘中走，我这才但跳过龙门向金殿上排。"明汤显祖《牡丹亭》四出："他们都不知官衔可是好～的。" ❷ 歌舞时以脚踏地为节拍。唐刘禹锡《采菱行》："携觞荐芰夜经过，醉～大堤相应歌。"《五灯会元》卷七《杭州龙华寺灵照真觉禅师》："师下座作舞，曰：'沙弥会么?'曰：'不会。'师曰：'山僧～曲子也不会。'"明陈铎《一枝花·灯词》："一壁厢～着迓鼓，一壁厢舞着白旗。" ❸ 游赏。唐李白《少年行》之二："落花～尽游何处，笑入胡姬酒肆中。"宋苏轼《游武昌寒溪西山寺》："相将～胜绝，更裹三日粮。"清《醒世姻缘传》二三回："近的所在，自己拖了根竹杖，跟了个奚童，慢慢～了前去。" ❹ 触；碰。唐孟郊《啧玉布》："俗玩讵能近，道嬉方可淹。～著不死机，欲归多浮嫌。"宋杨简《偶成》之五："我吟诗处莺啼处，我起行时蝶舞时。～着此机何所似，陶然如醉又如痴。"明文秉《先拨志始》卷上："维垣但欲甚臣之罪，不知已～说谎欺君之条矣。" ❺ 勘察；寻访。宋洪迈《夷坚志》乙卷一四："张循王驻军建康，裨校苗团练至蒋山下～营地。"《元曲选外编·刘弘嫁婢》三折："比及你回来时，我好亲事～下一门与你。"清《绿牡丹》二二回："仍在昨日卖拳之所～下场子，在那里玩耍。" ❻ 台阶。宋李诫《营造法式》卷一五："磊城壁水道之制：随城之高，匀分蹬～。每～高二尺，广六寸，以三砖相并。"又："磊马台之制：高一尺六寸，分作两～。上～方二尺四寸，下～广一尺。" ❼ 跟；沿；循。宋元《警世通言》卷一九："～着酒保脚跟人去，到酒缸前。"《元朝秘史》卷六："二人做合撒儿的使臣，去对王罕说我兄的形影望不着，～着道路也寻不见。"明汤显祖《紫钗记》二四出："你须索不卷珠帘人在深深处，～着这老夫人行步。" ❽ 迈。元明《水浒传》二四回："自摇摇摆摆，～着八字脚去了。" ❾ 打。通"挞"。《敦煌变文校注》卷七《齖魺新妇文》："欺儿～婿，骂詈高声。翁婆共语，殊总不听。" ❿ 穿(鞋)。通"趿"。明《西游记》二回："足～着花褶靴。"清《儒林外史》一一回："身穿一件青布厚棉道袍，脚下～着暖鞋。" ⓫ 搁；摆放。通"搭"。明《型世言》三〇回："该这人顶差，或该他承应，他把没帐差牌呈状，～在前面，佥与了他。"清《平山冷燕》七回："只见那只船正撺着跳板，～着扶手，几个人立着勤勤张望庙中，在那里等候。" ⓬ 钻，通"扎"。清《醒世姻缘传》六八回："谁知这薛教授的夫人更是个难捉鼻的人，石头上～了两个猛子，百当～不进去。" ⓭ 量词，用于成摞的纸片，通"沓"。元佚名《湖海新闻夷坚续志》后集卷二："看见有至元钞一～、黄白纸钱数片，浮出水面。"

【踏跋】 tà bá 踩踏。《太平广记》卷七七引《酉阳杂俎》："钱命蓍布卦，曰：'予筮可期一生，君何戏为?'其人曰：'卜事甚切，先生岂误乎?'钱曰：'请为韵语曰：两头点土，中心虚悬。人足～，不肯下钱。'其人本意买天津桥也。其精如此。"按，《酉阳杂俎》学津讨原本作"踏跛"。

【踏白】 tà bái ❶ 担任侦查、开路或先锋(的部队)，也指这样的部队或军卒在军前侦探情况。《资治通鉴》卷二六四："全忠遣左～指挥使王檀攻密州。"注："凡军行，前军之前有～队，所以踏伏，候望敌之远近众寡。"元明《水浒传》八二回："队伍中有～马军，打起'顺天''护国'二面红旗。"明郑晓《今言》卷三："间有膂力胆气谋略可用者，往往为贼，蹰路～，设伏张疑。" ❷ 指这样的军卒或侦事的役吏。唐司空图《纪恩门王公宣城遗事》："公前命宁国兵遮截之，生得其～数十骑。"宋方岳《排门夫》："官须排杈二十万，岩邑配以三千枚。黠贪分头挼掌唾，田里宁容高枕卧。望青径指三尺坟，～邀为万金货。" ❸ 指占先。宋周必大《点绛唇》："～江梅，大都玉斫酥凝就，雨肥霜逗。"郑梅坡《梅开一花》："昨夜花神有底忙，先教～入南邦。"

【踏板】 tà bǎn ❶ 安置在车沿、床前等处便于上下的设备。宋杨士瀛《仁斋直指》卷二："世俗收生，多就～赶血。"明《山歌·汤婆子竹夫人相骂》："丢我来～上理也弗理，睃也弗睃。"清《霓裳续谱·一更里盼郎》："别教上你的床，只叫他直蹶儿跪在～儿上。" ❷ 跳板。元王伯成《哨遍·项羽自刎》："付能归船路开，却懒将～登。"

【踏版】 tà bǎn 安在梯子上供蹬踏的横板。宋李诫《营造法式》卷七："造胡梯之制：高一丈，拽脚长随高，广三尺，分作十二级，拢颊榥施促、～(侧立者谓之促版，平者谓之踏版)。"

【踏臂】 tà bì 连臂而歌，踏地为节。元王逢《景阳井》："～歌残璧月昏，骊龙犹藉井生存。"清陈维崧《永遇乐》："～狂歌，掉头长啸，万事总随花絮。"周珠生《芷江舟中即目》："山迎水送客舟轻，夹岸红妆～行。"

【踏驳】 tà bó 拖沓驳杂。清徐松《登科记考》卷四："虽复言有～，理或从残，时招屑玉之讥，乍起杂铅之议。"

【踏步】 tà bù ❶ 踏罡步斗。唐段成式《酉阳杂俎》卷五："又取江石如鸡卵，令疾者握之，乃～作气虚叱，鸡旋转而死，石亦四破。"明彭大翼《山堂肆考》卷一四八："谭紫霄有道术，能醮星宿，～魁罡，禁诅鬼魅。" ❷ 迈步；跨步。《五灯会元》卷八《杭州仁王院俊禅师》："既知如是，～上来作甚么?"明徐元《八义记》三一出："小人～向前，却才得几步，你看小恩主在药箱中啼哭起来。"清杨芳《练兵阵法疏》："责其～插腰，左手执砖一块，如举枪式，数二十字之久。" ❸ 台阶。清翟均廉《海塘录》卷五："又帮筑镇海塔根围墙，并马头～一座，工料银五百二十九两一钱零。"《醒世姻缘传》八五回："起早就是栈道～，几万丈的高山，下头看不见底的深涧。"

【踏餐】 tà cān 饱食。唐李贺《感讽》之一："县官～去，簿吏复登堂。"宋吴正子注："踏餐，饱食也。"

【踏查】 tà chá 实地查看。清雍正三年五月二十六日高其倬奏文："因再委开化总兵冯允中，亲身～明白，再行办理。"又六月二十八日奏文："臣委中军副将会同昆明县逐一～，共查出田地一千六百餘亩。"

【踏场】 tà cháng 另见 tà chǎng。在禾场上劳作时踏地作歌。宋刘弇《海门按田书陆琼桥壁》："至终夕役作不休，少息则继之以歌，呼为～。相春者，无问童妪，悉和也。"

【踏场】 tà chǎng 另见 tà cháng。演员在舞台上踏着乐曲节奏做舞蹈表演。宋佚名《张协状元》一出："后行脚色，力齐鼓儿，饶个撺掇；末泥色饶个～。"又二出："〔生〕后行子弟，饶个《烛影摇红》断送。〔众动乐器，生～数调〕"

【踏车】 tà chē ❶ 踏动车轮样装置，使机械运动。a) 指踏动水车。宋王安石《山田久欲坼》："妇女喜秋凉，～多笑语。"明《山歌·撇青》："尔是站垛～逐脚上，水湿砻糠慢慢煨。"清查慎行

《对雨戏效白乐天体》之三："一片秧针绿，村村罢～。"b）指踏动车船上的动力轮。宋周紫芝《艨艟行》："汉作楼船三百尺，江南父老何曾识。船头击鼓转红旗，船尾～人不知。"《三朝北盟会编》卷二三八："乃急命当涂民兵登海鳅船～，每舟有兵数人，发十海鳅往迎之。"元明《水浒传》八〇回："招募到四山五岳水手人等，约有一万餘人。先教一半去各船上学～，着一半学放弩箭。"c）指踏动缫车。宋周紫芝《次韵杨吉老秋怀古风》："～纵丝娘，头绪几千缕。"华岳《邻女搔绵吟》："珠唇呵挺气温温，鹦嘴～声络络。"元舒頔《缫丝行》："小麦褪绿大麦黄，吴姬～缫茧香。" ❷ 指水车。宋范成大《喜雨》："昨遣长须借～，小池须水引鸣蛙。"方夔《田家杂兴》之三："～挂壁闲龙骨，生药当庭蔓兔丝。" ❸ 指行车；驾车。明李东阳《渔舟图》："农夫把耒商～，人生无处非生涯。"

【踏床】 tà chuáng 旧式床前用于上下床和放鞋等的低矮之榻。唐苏鹗《杜阳杂编》卷中："志和更雕～，高数尺。其上饰之以金银彩绘，谓之见龙床。"元明《水浒传》四五回："那妇人也不应，自坐在～上，眼泪汪汪，口里叹气。"明《山歌·熬》："二十姐儿困弗着在～上登，一身白肉冷如冰。"

【踏床板】 tà chuáng bǎn 即"踏板❶"。清《何典》七回："却被一只三脚猫衔住一个死老虫，跳在～上一声响，把他惊醒。"

【踏春】 tà chūn 游春。唐孟郊《济源寒食五首》之三："一日～一百回，朝朝没脚走芳埃。"明《醒世恒言》卷一六："那一日天色晴明，堤上桃花含笑，柳叶舒眉，往来～士女，携酒挈榼，纷纷如蚁。"清厉鹗《湖楼题壁》："水落山寒处，盈盈记～。"

【踏蹴】 tà cù 蹬踏；踢蹬。《太平广记》卷六七引《通幽记》："妙女忽笑曰：'大郎何为与上人相扑？'此时举家俱闻床上～声甚厉。"明《天童密云禅师悟公塔铭》："公师之嫡子，马驹～，其言可信不诬。"清《聊斋志异·双灯》："独卧酒楼上，忽闻楼下～声，惊起悚听。"

【踏爨】 tà cuàn 演戏。爨，正式戏曲演出前的一小段歌舞表演。元佚名《错立身》题目："冲州撞府妆旦色，走南投北俏郎君。戾家行院学～，宦门子弟错立身。"明朱有燉《复落娼》一折："妆旦的穿一领销金衫子，～的着两件彩绣时衣。"

【踏翠】 tà cuì 犹"踏青"。唐晁采《春日送夫之长安》："思君远别妾心愁，～江边送画舟。"明《西游记》六五回："师徒们也自寻芳～，缓随马步。"清李化楠《游石经寺》："自锦官城～回，山斋小荫暂徘徊。"

【踏荡】 tà dàng 踩踏荡平。元王伯成《夜行船·明皇哀诏》："蛾眉宛转难为主，马蹄～无寻处。"

【踏道】 tà dào ❶ 有台阶的上下通道。《五代会要》卷五："通事舍人引宰臣于东西～下立，次文武百官出。"宋李诫《营造法式》卷三："造～之制：长随间之广，每阶高一尺作二踏，每踏厚五寸，广一尺。"朱熹《答社坛说》："各用砖石砌作一小天井，深阔三四尺许。其南作～上下，闲时以土实之。" ❷ 探路；开道。《敦煌变文校注》卷一《伍子胥变文》："捌生先锋，乃先～。阵云铺于四面，遍野声满平原。" ❸ 论道。元牟巘《张彦清学士以使事来杭》："寻盟谅愈笃，～毋胥沦。"

【踏灯】 tà dēng 元宵节观赏花灯。明杨补《灯市竹枝词》："风定晴酣午气煎，今朝真个～天。"清厉鹗《春雨有怀徐丈紫山湖上》："无事长如耗磨日，几年不作～人。"和邦额《夜谭随录》卷三："会元夜，相与筹画，布盛宴邀宜春及蕊儿入城～。"

【踏镫】 tà dēng 另见 tà dèng。同"踏灯"。明顾贞立《踏莎行》："夜月连床，晓窗同绣。～挑菜频携手。"清王德溥《落镫后里人竟胜复增一夜》："人情苦贪不知止，五夜～兴未已。"

【踏凳】 tà dèng ❶ 踏脚的凳子，也指床前的踏板。宋洪迈《夷坚志》丙卷六："夜则使卧于床里，且命一婢宿～上，所以防闲之甚。"明文震亨《长物志》卷六："竹～方而大者亦可用；古琴砖有狭小者，夏月用作～，甚凉。" ❷ 马镫。挂在马鞍子两旁供骑马人踏脚之用。清厉鹗《南宋院画录》卷五引吴其贞《书画记》："六人乘于马上，一人将上～，一人立于马之旁。"《说唐后传》三三回："征裙小小，金莲踹定在葵花～银鬃马上。" ❸ 台阶。《明会典》卷一一七："上下～将军三十二人，锦衣卫十六人，……三千营十六人。"

【踏磴】 tà dèng 踩踏石阶。明郭子章《过餘庆司》："餘庆山行～危，幸逢春仲日迟迟。"裴邦奇《龙澍峪》："～扳萝深复深，春山无处不登临。"

【踏镫】 tà dèng 另见 tà dēng。❶ 立在马镫上。五代孙光宪《北梦琐言》卷一〇："一日马惊蹶倒，～既深，抽脚不出。"元明《水浒传》七八回："马军～抬身看，步卒掀盔举眼观。"明陈子龙《行乐词》之八："探丸望杨柳，～理琵琶。" ❷ 马镫。《唐会要》卷三一："不得乘毛色大马，鞍辔～用鍮石。"明戚继光《练兵实纪》卷六："马上临阵，～与时常不同，若稍短，则站脚有力，身且出人一头。"清《说唐前传》六回："照着马的身躯，用细巧匠人打一副镏金鞍辔，一对～。"

【踏蹬】 tà dèng ❶ 同"踏凳❶"。《法苑珠林》卷六〇："王大欢喜，为作好屋，具被～，敷着其下。" ❷ 同"踏凳❸"。《明会典》卷一一七："锦衣卫将军二十人，三千营将军二十人，俱红盔青甲，悬金牌佩刀，直左右～。" ❸ 同"踏镫（tà dèng）❶"。清陈端生《再生缘》五一回："天子分袍先按辔，宰相～后扬鞭。"

【踏地】 tà dì ❶ 卷地，形容声势大。唐孟郊《济源寒食》之二："逃蜂匿蝶～来，抛却斋麋一瓷碗。"明郭贞顺《上俞将军》："将军高名迈千古，五千健儿猛如虎。轻裘缓辔～来，不减襄阳晋羊祜。"孟称舜《娇红记》三八出："轩车绣旗～来，亲邻远近生光彩。" ❷ 勘查地理；踏查地亩。宋《朱子语类》卷七九："禹治水，不知是要水有所归不为民害，还是只要辨味点茶如陆羽之流，寻脉～如后世风水之流耶！"元王义山《清江杨居士墓志铭》："邑委括田，他乡～出税租无孔遗，且加赢焉。"清查慎行《芦洲行》："～输租尔勿悭，逃空那得出人间。" ❸ 立足；置身。宋陈与义《山中》："当复入州宽作期，人间～有安危。"陈亮《与石天民书》："亮为士、为农、为商，皆～未稳。天之困人，宁有穷已乎！" ❹ 住地；借地居住。宋辛弃疾《玉楼春·用韵答傅岩叟》："人间～出租钱，借使移将无著处。"金刘迎《数日冗甚怀抱作恶作诗自遣》："生涯吾亦爱吾庐，～从来出赋租。" ❺ 触地，指来到世界上所接触的。宋范成大《贺丘文先生南郊新居》："先生淮海俊，～尝兵戈。"熊禾《赠外科医者》："男儿～志四方，出门大路行康庄。"金元好问《九日读书》之五："人生百年内，～皆陈迹。" ❻ 落地；落实。宋楼钥《送石应之司户归剡》："穷达岂无命，～胡不实。" ❼ 落脚，指前往或投奔。明《石点头》卷三："去到涿鹿，转望东行。真正～不知高低，逢人不辨生熟。"清《情梦柝》三回："我初来～，不知高低，托你们传送。"

【踏动】 tà dòng 踩踏使移动或发动。唐元稹《松鹤》："～樛盘枝，龙蛇互跳跃。"明《西洋记》四三回："即时～云头，来到一所大山。"清李渔《比目鱼》八出："我已曾在总路头上掘了深坑，埋下地雷飞焰，使他～机关，地雷自响。"

【踏冻】 tà dòng 冒着寒冷。唐白居易《风雪中作》："～侵夜行，凌寒未明起。"明《续欢喜冤家》一六回："门外五更，朝上应愁～。"清查慎行《四日西园散步得三绝句》之一："春风气力强于杖，扶起衰翁～来。”

【踏斗】 tà dǒu ❶足踏斗宿，道士做法事的一种步态。清《野叟曝言》一四〇回：“焚黄奏上帝，～告群真。” ❷指驾船抢劫。清蓝鼎元《论海洋弭捕盗贼书》：“再集匪类，至十餘人，便敢公然行劫。此粤东所谓～者也。”又《论镇守南澳事宜书》：“今所谓贼，不过无赖之辈，饥寒逼身，三五成群，～而出，遇船小人弱，则夺而驾之。”

【踏泛】 tà fàn ❶踏破机关，指所谋事不成。泛，机械装置的开关。明徐复祚《投梭记》八出：“不肯嫁我，睡一夜儿罢。早难道一夜夫妻～。” ❷指游赏。泛，泛舟。清范承谟《勾留吟》：“兰亭少长频来梦，～勾留指碧岑。”

【踏芳】 tà fāng 游春。唐刘禹锡《送裴处士应制举》：“垂钩斗得王餘鱼，～共登苏小墓。”明边贡《清明日刘黎二子携酒过访》：“官舍劳君载酒寻，病多无奈～心。”清洪昇《长生殿》三九出：“江南路，偶～，花间雨过沾客裳。”

【踏访】 tà fǎng 实地察访。清雍正七年十月初六日谢旻奏文：“差委标弁各带兵丁，押同王登科前往所供之处，～得实。”

【踏伏】 tà fú 同“塌伏”。明《西游记》一〇回：“一盘残局未终，魏徵忽然～在案边，鼾鼾盹睡。”

【踏竿】 tà gān ❶撑篙，也指船篙。元方回《秋大热上七里滩》：“一樯合众力，至数十辈俱。～气欲绝，沙立僵且枯。”又《江行大雨水涨》之三：“～倒挂似飞猱，水长船行拂树梢。” ❷一种在高竿上表演的杂技。清沈起凤《谐铎》卷一：“有四女子笑语而来，曰：‘今日天气晴佳，盍一作～之戏。’牵红攀绿，连次而登。”

【踏罡】 tà gāng 足踏罡星，道士做法事的一种步态。明《于少保萃忠全传》三〇传：“当晚有贞上台～作法，观看星象一回。”清杭世骏《三国志补注》卷五引《说宝》：“禹步～，三上三下而去。”

【踏歌】 tà gē 以脚踏地为节拍唱歌。唐顾况《听山鹧鸪》：“夜宿桃花村，～接天晓。”明《欢喜冤家》一八回：“巧思引来吹笛，曼声闻是～。”清汪由敦《内弟查禹书上舍入粤》：“荡桨定须劳蜑户，～遮莫恼珠娘。”

【踏狗尾】 tà gǒu wěi 跟在别人后面占便宜，多指情色方面的。《元曲选·后庭花》一折：“若有那拿粗挟细～的但风闻，这东西一半儿停将一半儿分。”明汤式《哨遍·新建构栏教坊求赞》：“郎君每眼巴巴安排着庆赏□，跳龙门、题雁塔、悬羊头、～，一个个皆随喜。”清《续金瓶梅》三回：“见师父后园开门，料有七八分是去做事。念完功课，想去～，分点残汤吃吃。”

【踏户】 tà hù 登门。元圆至《南窗记》：“市声不喧，湖光渺然，开轩而望之，庸知无贺监、陶令～求见，叹己之偏，羡子之全也。”

【踏戽】 tà hù 踏水车。戽，戽斗，一种斗状的提水工具。明《山歌·两郎》：“忙月里～，我听□盘工看，两面糖锣各自荡。”

【踏荒】 tà huāng ❶开荒。辽宋璋《广济寺佛殿记》：“吾以拨土匡时，～成办，然稍增于缔构，奈罔备于规模。” ❷实地勘探荒情。明李东阳《里河道中即事》：“隔岸人招浅，沿村吏～。”清朱鹤龄《安丘李公传》：“万历丁亥，邑复大水。江令缓于～，反摘诉灾者为诳。”《无声戏》八回：“母亲道：‘又不水，又不旱，怎么会荒起来。’要竺生领去～，竺生不肯。”

【踏混木】 tà hùn mù 浪中踏滚圆木的水上表演。宋周密《武林旧事》卷七：“市井弄水人……踏浪争雄，直至海门迎潮。又有～、水傀儡、水百戏、撮弄等，各呈伎艺。”元白珽《西湖赋》：“～，泼巨盆，皆水戏。”

【踏藉】 tà jí 践踏；蹂踏。唐张鷟《朝野佥载》卷五：“会内载钱抛之，更相～，老少死者非一。”宋孔平仲《元丰四年十二月大雪郡侯送酒》：“奈何巑岏据听事，千兵～泥如糟。”清杨瑞《惜桃花》：“玉楼金谷人儿在，明岁花开颜不改。绿茵～争肯来，华发凄凉不相待。”

【踏迹】 tà jì 寻访某种踪迹，多指胜迹或遗迹。宋周必大《己未立春留杨伯子长孺知县》：“堕篷雪阵鱼丽远，～诗仙凤诏来。”明《清平山堂话本·吊诸葛》：“沙滩之上，乃诸葛当时所列八阵图也。旧日曾伏陆逊于此。到今关边人，遇春时皆来游玩，为（谓）之～。”清杨在浦《满路花》：“鹤衣披～。寻诗何处，却在梅花。”

【踏肩】 tà jiān ❶肩膀踩着肩膀，形容拥挤。宋李之仪《颍昌府崇宁万寿寺元赐天宁万寿》：“比至，都人～累足，夹道如山。” ❷挨肩，指一母同胞接连所生。明《警世通言》卷五：“福儿年九岁，善儿年八岁，～生下来的。”《醒世恒言》卷二〇：“生意顺溜，颇颇得过。却又～生下两个儿子。” ❸叠罗汉。清《聊斋志异·郭秀才》：“一人起曰：‘客有绝技，我等亦献～之戏，若何？’于是哗然并起。前一人挺身矗立；即有一人飞登肩上，亦矗立。”

【踏践】 tà jiàn ❶踩踏。唐苏颋《骊山讲武赏慰将士诏》：“使赐物一百段，缘顿～麦苗，给米酬直。”元乔吉《小桃红·僧房以太湖石支足》：“最堪怜，阶前堆垛从～。”明大汕《酒泉子·山中作》：“林梢碎月～回，犬吠竹篱开。” ❷侵凌；蹂躏。《元曲选外编·周公摄政》三折：“蔡叔将军储供给，霍叔又戈甲相随，～东土，震动京畿。” ❸指进入。《元曲选·金钱记》二折：“带酒～大臣衙舍，其罪非轻。〔正末唱〕我怎敢～这金谷园。”

【踏脚】 tà jiǎo ❶用脚蹬踏。宋郑清之《家园即事十三首》之七：“早作南风午北风，暄凉翻手雨无踪。田翁举似霖霪日，～鸣车笑杀侬。”洪迈《夷坚志》再补：“予顷见丁子章，以病足故，作转轴～用之。” ❷迈步进入；涉足。宋袁说友《和康叔探梅韵三首》之三：“未办轻舟行百里，也须～法华山。”洪迈《夷坚志》补卷七：“官人急回足极是，若～入了，则四猫不损矣。”明凌云翰《沈谷华人道结庵疏》：“能向急流勇退，不是～空回。” ❸即“踏板❶”。《金史·仪卫志》：“椅背案衣则用素罗色，皆梅红。蒙帕、～同。”清《醒世姻缘传》六九回：“坐着抖成一块半截没～的柳木椅子的山轿，抬不到红门，头晕的眼花撩乱。” ❹同“塌脚”。元杨维桢《除红谱》：“凡赛色，少一点者谓之～，罚二帖。” ❺塌脚，站立不稳。指事情靠不住。清《醒世姻缘传》四六回：“这～的营生，将来哄不住人，我岂肯把一个闺女许与买的小厮？”

【踏脚板】 tà jiǎo bǎn 即“踏板❶”。明《醋葫芦》七回：“竟向床前～上，俨然岳武穆坟前生铁铸的秦桧相似，直矗矗跪着。”《西游补》二回：“北边一个圆霜洞，望见海日出没；下面～，还是金缕紫香檀。”

【踏脚影】 tà jiǎo yǐng 比喻揣摩别人言谈举动所透漏的信息。明《型世言》四〇回：“先时人还道他偶然，到后来十句九应，胜是市上这些讨口气、～课命先生。”

【踏节】 tà jié 以脚踏地打节拍。唐章孝标《柘枝》：“亚身～鸾形转，背面羞人凤影娇。”元杨维桢《红牙板歌》：“十三红儿舞鹧鸪，轻莲～随疾徐。”清梁清标《永遇乐》：“小部梨园，蛮靴锦屦，～金铃舞。”

【踏勘】 tà kān 实地勘查。宋李石《论荆鄂两军战守胜势疏》：“初八日以出猎为名，同往新野一带～胜势。”明《西洋记》一六回：“又传出一道旨意，着船政分司～宽阔去处，盖造宝船厂一所。”清《八洞天》卷八：“思恒便亲到乡间～田亩，一向被吉福移熟为荒作弊减额的，都重新较正。”

【踏看】 tà kàn 实地查看。元明《三国志通俗演义》卷二〇:“遂自引百餘骑壮士,往蜀营中～。”明杨士奇《敕谕公侯伯五府六部因灾修政》:“当体念民情,差人～明白,具奏。”清《红楼梦》一四回:“那贾珍因见发引日近,亲自坐车,带了阴阳司吏,往铁槛寺来～寄灵所在。”

【踏科儿】 tà kē er 犹言插科。科,科诨。元曾瑞《骂玉郎过感皇恩采茶歌·风情》:“冷句儿诂,好话儿鸽,～钐。”《红绣鞋·风情》:“闲谈笑～寻斗,但离别觅缝儿承头,好一会弱一会厮奚酬。”

【踏浪】 tà làng 踩踏波浪。多形容游水技术高明。唐顾况《露青竹鞭歌》:“曲江昆明洗刷牵,四蹄～头梹天。”元陈基《次韵孟天伟郎中看湖》之五:“～掀旗空远迓,临流捐袂若为抬。”清查慎行《题邹舜五采莼图卷子》:“弄潮～去何忧,占断湖心一片秋。”

【踏利】 tà lì 求利;取利。元谢应芳《吊豫让赋》:“乃抗节而效死兮,岂攘名而～。”

【踏莲】 tà lián 一种武术轻功,如踏行莲花之上。清《后水浒传》一七回:“忽见这人用～蹿跳上台,便知有些来历。”

【踏龙尾】 tà lóng wěi 比喻人据中央显要之职。龙尾,龙尾道,唐代朝堂含元殿侧的通道。唐韩愈《酬司门卢四兄云夫院长望秋作》:“终南晓望～,倚天更觉青巉巉。”宋王庭珪《送叙浦令宋元老总干》:“峨冠端恐立螭头,汗脚行当～。”

【踏路】 tà lù ❶ 行路。唐韩愈《雪后寄崔二十六丞公》:“殿前群公赐食罢,骅骝～骄且闲。”《元曲选·荐福碑》三折:“千里而来,早则不兴阑了子猷访戴,干赔了对践红尘～的芒鞋。”明程敏政《大雪至南山庵》:“担夫～没双胫,老衲开门餘一头。” ❷ 探路。宋李曾伯《回庚递宣谕奏》:“去岁邕州之哨,此是～,今岁秋冬所宜预防。”明海瑞《久安疏》:“臣尝博访附黎居惯行黎村人及近日大征～官兵,皆称自崖州罗活峝抵琼山县大坡头营,三日可至。”姚士粦《见只编》卷下:“先差永顺兵过水～。有贼百十餘人,一拥冲出,将兵冲为三股。” ❸ 开路。《宋史·舆服志一》:“又～马二,在辂前,饰同驾马。”

【踏马】 tà mǎ 跨马骑行。五代和凝《宫词》:“小楼花簇钿山低,金雉双来～齐。”《元曲选·虎头牌》一折:“正末扮千户,引属官～上。”清弘历《行春桥乘舟归苏州行宫即景》之一:“～灵岩复上方,石湖侧畔小徜徉。”

【踏门】 tà mén 登门。唐韩愈《试大理评事王君墓志铭》:“有名节可以戾契致,辄戒门以绝～告。”《元曲选·青衫泪》一折:“娘见了三个秀才～,怎生便教看酒?”清吴伟业《太仆寺少卿席宁侯墓志铭》:“君家居数年病卒,其孤启图等～来告。”

【踏藕】 tà ǒu 采藕时以足踩踏泥使藕逸出。唐段成式《酉阳杂俎》卷六:“大历中,高邮百姓张存,以～为业。”元方回《泛湖遇雨戏为短赋》:“或裸体以罾鱼,或跣足而～。”清汤右曾《左阙门外雨中》:“采莲歌断佳人唱,～船餘稚子牵。”

【踏皮儿】 tà pí er 塌(瘪)皮,比喻徒有其表。清《照世杯·掘新坑》:“闻得他某处输去千金,某处又被人赢去房产,近来也是一个～哩。”

【踏碛】 tà qì 夔州人人日(农历正月初六或初七)到水边游赏八阵图遗迹的节令活动。宋陆游《蹋碛》:“鬼门关外逢人日,～千家万家出。”王十朋《正月六日游碛呈行可元章》:“～逢为马,临流想卧龙。”明陈耀文《天中记》卷四:“夔州人重诸葛武侯,以人日倾城出八阵碛上,谓之～。”

【踏跷】 tà qiāo 踩高跷。宋陈旸《乐书》卷一八六:“圣朝杂乐有踏球、蹴球、～、藏挟、……女妓百戏之属,皆隶左右军而散居焉。”《宋史·乐志十七》:“百戏有蹴球、～、藏撅、杂旋、……打弹丸之类。”

【踏橇】 tà qiāo 同“踏跷”。明徐渭《为杭人题画》之二:“一处飞槌一～,锣声鼓韵走儿曹。”自注:“右打流星槌及踏高橇者。”

【踏撬】 tà qiào 同“踏跷”。明汤式《庆东原·田家乐》:“衅都捽腰,王留上标,伴哥～。”

【踏靳】 tà qiào 同“踏跷”。元高安道《哨遍·嗓淡行院》:“～的险不桩的头破,翻跳的争些儿跌的迸流。”

【踏青】 tà qīng 清明节前后郊游的习俗。唐刘禹锡《竹枝词》:“昭君坊中多女伴,永安宫外～来。”《元曲选·李逵负荆》二折:“因清明节令,放众头领下山～赏玩去了。”清《醒名花》一回:“小生适间～,吟得一首拙句在此。”

【踏曲】 tà qū 另见 tà qǔ。造酒时用人工踩踏酒曲使紧实,借指造酒。宋欧阳修《乞一面罢差兵士拽磨》:“欲乞直候来年将及～之时,只作本司一面行遣。”清雍正十一年六月初六日史贻直、鄂昌奏文:“民间每于麦收之后,不以积储为急务,而以～为生涯。”查慎行《六迭前韵答楼村同年》:“典衣才了寻常债,～重思趁上寅。”自注:“造曲用七月上寅,见《长庆集》。”

【踏曲】 tà qǔ 另见 tà qū。犹“踏歌”。唐刘禹锡《纥那曲》之二:“～兴无穷,调同词不同。”

【踏觑】 tà qù 犹“踏看”。元《通制条格》卷一七:“如今教省里差人,与按察司官～去。”

【踏蹂】 tà róu 碰撞。明李东阳《七里湾》:“风舟杳然至,势复相～。”

【踏趿】 tà sā 即“搭坂”。宋吴曾《能改斋漫录》卷二:“俗语以事之不振者为～。唐人已有此语,《酉阳杂俎》:钱知微卖卜为韵语曰:‘足人～,不肯下钱。’”明夏良胜《桃源行》:“南阳草庐履～,虎牢战气徒匌翕。”

【踏绳】 tà shéng 一种在高绳上行走的杂技。唐陈鸿《东城老父传》:“角抵万夫、跳剑寻橦、蹴球～、舞于竿颠者,索气沮色,逡巡不敢入。”宋李之仪《雨中过明觉招上人辄留小诗》:“雨路如投洗,山行似～。”

【踏实】 tà shí ❶ 脚踩在实处。宋朱熹《答包详道》:“然观古人为学,只是升高自下,步步～。”明虞堪《题十六应真图》:“不是脚跟能～,如何到得大江东?”清钱谦益《海印憨山大师遗事记》:“如此空定五寸香许,渐觉有身心,渐觉脚下～,开眼渐见山河大地一切境界如故。” ❷ 踩踏使紧实。宋朱肱《北山酒经》卷下:“勿冷太湿,但只踏得就为度,候～,每个以纸袋挂风中。”元欧阳玄《至正河防记》:“绵腰索之端于其上,以草数千束,多至万餘,匀布厚铺于绵腰索之上,橐而纳之,丁夫数千以足～。”明徐光启《农政全书》卷三六:“亦不可立行垄上,恐～不长。” ❸ 勘察落实。明魏校《与周行之书》:“此非法弊,乃是人弊。若得良有司～,永有利而无害矣。”张景《飞丸记》二九出:“你往仇府,把田庄顷亩俱要～,仓库钱谷俱要秤量明白。”清《野叟曝言》五一回:“吾兄只消差一家人,至郁林庵～,交明有司衙门具呈巡道。”

【踏视】 tà shì 犹“踏看”。元吴执中《顺导水势疏》:“仍～吴松古江,应有旧来出水支港,可以容易出海去处,尽行疏浚。”《通制条格》卷三〇:“当该上司须于农隙之时,委官预为～,相其地宜,料其工物。”清陆钺《论引沁入卫之患》:“沁水至武陟县红荆口分流一派通卫,宜遣官～,北达卫水。”

【踏水】 tà shuǐ ❶ 临水;傍水。唐佚名《渔父》:“尊有酒,坐无毡。抛下渔竿～眠。”清汤右曾《秋霁出游白马湖兼到近村》:“陂湖遥隔埭西东,～呼来舫子通。” ❷ 涉水;用脚点水。唐白居易《雨中携元九诗访元八侍御》:“好句无人堪共咏,冲泥～就君来。”元刘诜《重涉泸江》之一:“立沙稍稍行人聚,～悠悠去鸟双。”明沈周《夜登千人石》:“措足畏～,所广无百步。” ❸ 脚踏水车戽水。五代花蕊夫人《宫词》:“水车～上宫城,寝殿檐头滴滴鸣。”明《山歌·盘问》:“我是铅弹打人铳口出,小团儿家～暂时车。”清厉鹗《四月吴淞好》之一:“～女初嫁,搦鱼童尚髫。” ❹ 踩水;两脚在水下踩踏而行。宋周必大《泛舟游山录》:“遣从者～百餘步,得受篆人所投竹筒而回。”明《别有香》一二回:“把袖一拂,跳出窗外～而去。”清《五美缘》四三回:“小弟同兄弟～过去,将船夺来渡过江去,就有生路了。” ❺ 落水。宋苏洵《送吴侯职方赴阙序》:“见～者不忍而拯其手,而仁存焉;见井中之人,度不能出,忍而不从,而义存焉。”

【踏索】 tà suǒ 即“踏绳”。宋欧阳修《和梅圣俞莫登楼》:“缘竿～杂幻优,鼓喧管咽耳欲咻。”陈旸《乐书》卷一八六:“汉世以大丝绳系两柱头间,相去数丈。两倡对舞行于绳上,对面道逢肩相切而不倾,……今谓之～焉。”

【踏台】 tà tái 供踏脚用的台子。宋李诫《营造法式》卷一三:“子垛上当心～:长一尺二寸,高六寸,面广四寸。厚减面之半,分作三踏,每一尺为一踏。”

【踏田】 tà tián 实地勘查田亩。明唐文凤《答主簿高泰铭书》:“询知诚忠刘大尹～,旧治兹邑,民人蒙惠。”

【踏舞】 tà wǔ 以脚踏为节拍而歌舞。宋陈师道《送晁无咎出守蒲中》:“解榻坐谈无我辈,铺筵～欠崔徽。”杨万里《明发青泥冲雪刺船》之二:“碧玉波头绿锦裀,玉妃～袜生尘。”元袁桷《客舍书事》之三:“日斜看不足,～共扶携。”

【踏五花儿】 tà wǔ huā er 北宋皇帝观灯的一种仪式。宋孟元老《东京梦华录》卷六:“正月十四日,车驾幸五岳观迎祥池,……御辇团转一遭,倒行观灯山,谓之鹁鸽旋,又谓之～。”清汤右曾《元夜在汴城》:“鹁鸽旋中光眩转,路人争～。”

【踏袭】 tà xí ❶ 照样沿袭。宋张舜民《画墁录》:“此近司门符节之制。然～鄙俗,至是果命罢之。”清吴景旭《历代诗话》卷一〇:“洪景卢云:自屈原辞赋假为渔父、日者问答之后,作者悉相规仿,……～一律,无复超然新意。” ❷ 实地查验。明杨一清《为紧急声息事奏》:“本职随带官通敌使人等,复至马营沟～踪迹。”

【踏晓】 tà xiǎo 侵晨。五代徐夤《荔枝二首》之一:“蛮山～和烟摘,拜捧金盘奉越王。”宋梅尧臣《鸡声》:“鸡声～呼,呼起扶桑乌。”清弘历《晓行》:“马蹄～不须催,得得竿尖日上来。”

【踏行】 tà xíng 一边行走一边勘查。《通典》卷一五七:“右虞候既先发安营,～道路,修理泥溺桥津,检行水草。”宋欧阳修《论监牧札子》:“如稍见次第,即乞朝廷差官,与群牧司官员,同共往彼,～擘划。”金佚名《大金吊伐录》卷二:“其分画界至,自有里堠分明,～之时,一一可见。”

【踏雄】 tà xióng 禽类交配。明《醒世恒言》卷二三:“阿里虎问道:‘何为交合?’阿喜留可道:‘鸡～犬交恋,即交合之状也。’”《山歌·求老公》:“上床好似背板纤,下床好似鸡～。”清《一片情》一一回:“那不知趣的鸡儿,偏在面前～。”

【踏筵】 tà yán 当筵踏地歌舞。唐韩愈《感春》之三:“艳姬～舞,清眸刺剑戟。”元戴良《凉州行》:“夫婿从军半生死,美人～尚歌舞。”清汤右曾《寄汪舟次检讨》:“待公不来～舞,浮江一舸春风颠。”

【踏验】 tà yàn 实地查验。《元朝秘史》续集卷二:“可教察乃畏吾儿台两个去～,中做营盘的地方,教穿井者。”明罗玘《奏为分豁荐新疏》:“本寺难便准信,当差铺排傅隆就园～,与告相同。”清傅泽洪《行水金鉴》卷一二九:“乞敕总河抚臣,躬亲～。”

【踏摇】 tà yáo 一种按节拍摇扭身体的舞蹈。《通典》卷一四六:“踏摇娘生于隋末,……河朔演其曲而被之管弦,因写其妻之容。妻悲诉,每摇其身,故号～云。”唐韦蟾《襄阳风光亭夜宴有妓醉殴赋》:“争挥钩弋手,竞耸～身。”宋周去非《岭外代答》卷一〇:“猺人每岁十月旦,举峒祭都贝大王于其庙前,会男女之无夫家者。男女各辨,连袂而舞,谓之～。”

【踏营】 tà yíng 袭击敌营。宋陆游《忆山南》:“结客渔阳时遣简,～渭北夜衔枚。”明《封神演义》四三回:“劫营将如同猛虎,～军一似欢龙。”

【踏硬】 tà yìng 脚踏硬弩而发箭。宋欧阳修《论宣毅万胜等兵札子》:“惟有～射亲,最为实艺。”曾巩《请减军士营教》:“今来训练日久,各以精熟,甚有～出格之人。”

【踏语】 tà yǔ 两人相互接话。形容谈兴浓。宋陆游《送韩梓秀才十八韵》:“夜卧相～,狂笑杂嘲讴。”

【踏月】 tà yuè ❶ 踏着月色。唐白居易《夏夜宿直》:“寂寞挑灯坐,沉吟～行。”明《警世通言》卷四:“荆公登舆,分付快走。从者跟随,～而行。”清沈彤《游丰山记》:“今斯游也,迎日而出,～而返。” ❷ 指月下出游。唐李白《杂题》:“乘兴～,西入酒家。”清方成培《雷峰塔》一一出:“俺不是遇鸾姐的～郎,又不是会秦女的吹箫将。”《儒林外史》一一回:“人家士女都出来看灯～,真乃金吾不禁。” ❸ 指怀孕。传说兔望月孕子(见《说略》)。明《山歌·孕》:“娑婆树底下乘凉奴～,水涨船高难隐藏。”

【踏灾】 tà zāi 实地勘查灾情。明余胤绪《论南京屯田》:“今浦子口监收主事,一年之间惟九月权差会同～。”

【踏造】 tà zào 踩踏制造(酒曲),代指酿造。五代李亶《任百姓私曲醖酒诏》:“其坊一任酤卖,不在纳榷之限。其曲敕命到后,任便～。”明宋诩《竹屿山房杂部》卷一六:“豆一斤,面四斤,将豆煮烂捣碎并汁,和面～。”《明会典》卷三二:“凡诸色人等～酒曲货卖者,须要赴务投税方许货卖。”

【踏张】 tà zhāng 踩踏使弓弩张开(发箭)。《新唐书·杨收传》:“收议豫章募士三万,置镇南军以拒蛮,悉教～,战必注满,蛮不能支。”宋宋祁《庆历兵录序》:“卒之锐而剽者充之,或挽强,或～,或戈船突骑,或投石击刺。”曾公亮等《武经总要》前集卷一三:“古人自～者,其饰有黑漆黄白桦、雌黄桦。”

【踏踵】 tà zhǒng 犹“踏步❷”。唐张说《岳州行郡竹篱》:“闾里宽矫步,榛丛恣～。”

【踏逐】 tà zhú ❶ 实地勘查或寻访。宋陈傅良《缴奏安定郡王子涛赐宅状》:“今～到宅子一所,乞照令德等例,拨赐居止。”李曾伯《以湘帅申押及分界运米二事疏》:“臣去年于兴安已～寺院来截仓敖,正备搬博。”元高明《琵琶记》二三出:“你与我出街坊上寻个便当人,待我寄一封书家去则个。〔末〕男女专当小心～。” ❷ 宋元选官制度,由大臣寻访人才,荐请辟召。宋真德秀《辟林司户充浦城北尉状》:“今来两司欲选辟一次,～到迪功郎、新建昌军司户参军林元晋,奋身上庠,笃学有守。”王岩叟《请复内外官司举法官疏》:“于是不得已而有～、奏差、申差之格。～者,阴用举官之实而明削同罪,非善法也;选才荐能而曰～,非雅名也。”元王恽《体访保申令史曹士良状》:“既大兴府令本院～通经史令史一名,自合公选可应之人。”

【踏子】 tà zi 坐时搁脚的小儿。宋张镃《仕学规范》卷三〇:“又问:‘何以为利人事?’蘗指座间～曰:‘此物置之不正则蹙人足,予为正之。’”王明清《挥麈后录》卷一一:“康国始知为谏官,惊怅恐怖，脚蹩～翻空，灰火满地。”

【傝伏】 tà fú 踏实伏帖。清毛奇龄《复冯山公论太极图说》：“连接四短札，觉心地～，入夏来烦纡顷刻都息。”

【傝冗】 tà rǒng 驽钝疲沓。元张伯淳《送叶亦愚》：“劝君遇事必谨言，吾恐媕阿类～。”

【傝茸】 tà rǒng 同“傝冗”。唐唐琬《御史台记》：“御史倪若水谓杨茂直曰：‘此庸汉妄为～。’”

【傝㲯】 tà rǒng 同“傝冗”。宋郭印《登致爽阁观山用种字韵同赋》：“誓当守株愚，从人呼～。”元宋褧《勖志赋》：“仰学优之明训兮，患何能而立位；抑岩廊之名器兮，讵～之可觊。”清厉鹗《题方正学先生双松图》：“韦偃毕弘翻～，澹宜主人宝若珙。”

【傝傞】 tà sà 拖沓不利落。宋黄庭坚《论俗呼字》：“～，物不蠲也，蜀人语。”

【傝㒊】 tà sà ❶不挺拔。宋曾丰《海桕赋·寿益公》：“躯蕞尔兮～，气浩然兮峥嵘。” ❷本事；能耐。明袁于令《西楼记》五出：“惯扛扎，少～，开谭父祖是科甲。草其腹而花其面，人人唤我蔡跎踏。”

【阘趿】 tà sǎ 破烂不整洁。明罗玘《吴母骆氏孺人墓表》：“惟少懈防护至绽污～，必禠而责之。”

【阘靸】 tà sǎ 懒散；不振作。宋《朱子语类》卷一三九：“有人后生气盛时，说尽万千道理，晚年只恁地～底。”

【阘飒】 tà sà 犹“傝冗”。宋真德秀《西山读书记》卷一八：“倜，武毅貌，言能刚强卓立，不怠惰～。”黄仲元《乔年字训》：“精神～，岂胡耉之相；气象便儇，岂致远之器。”明王世贞《与王辰玉书》：“世路险巇物情变幻若此，而尚可夷犹其间，骫骳～苟窃升斗之禄耶！”

tāi

【台家】 tāi jiā 指佛教天台宗。清钱谦益《楞严志略序》：“自孤山圆公、吴兴岳公张皇台衡之教，以～三观映望《楞严》，假梵僧之悬谶，为佛顶之法印。”又《复郎中乾老》：“～一灯，实在法座，慈贤两宗，同所钦挹。”纳兰性德《渌水亭杂识》卷四：“《楞严》翻译在武后时，千年以来皆被～拉去，作一心三观。”

【台教】 tāi jiào 另见 tái jiào。指佛教天台宗，也泛指佛教。唐陆质《送最澄阇梨还日本诗》：“海东国主尊～，遣僧来听妙法华。”明袁中道《游居杮录》卷一〇：“此公学问，专究心于～，云：‘一切妄想，非～方便，不能调伏。’”清钱谦益《仙坛倡和诗十首》之二：“妙华已悟三车法，～今为继别宗。”

【咍咳】 tāi hái 同“胎孩❸”。明《金瓶梅词话》四回：“恁小丫头，原来这等贼头鼠脑的，倒就不是个～的。”

【胎】 tāi ❶孕育；萌动。唐韦乾度《驳左散骑常侍房式谥议》：“会故使太师薨殁，刘辟潜扇逆谋，祸乱始～。”宋费衮《梁溪漫志》卷五：“付边事于安禄山，卒致大乱，盖～于拒姚崇之时也。”清李渔《凰求凤》二四出：“他沉疴犹未发，我私虑已先～。” ❷像孕育于母体的。唐欧阳詹《石韫玉赋》：“石居山而有类，玉处～而无迹。” ❸衬里或坯体。唐张鷟《朝野佥载》卷五：“掘地深五丈，以乱彩为宫殿台阁，屈竹为～，张施为桢盖。”明冯梦龙《智囊补·捷智·塞城窦》：“取绵絮～，缚作团，大小不一，使善泅卒沿城扪漏便塞之，水势即弭。”清《平山冷燕》六回：“篾片作～轻且薄，游花涂面假为奇。” ❹作为衬里或坯体。五代黄滔《灵山塑北方毗沙门天王碑》：“基凿于地，十有五尺，杵土～石而上。” ❺从胎里带来；先天生成。明徐渭《张氏子黄鹦鹉》：“性情～戊己，音韵合宫商。”先著《张南邨先生传》：“家世奉佛，南邨～性不纳荤血。”清《续金瓶梅》三八回：“天生～素，口不尝荤。” ❻样子；模样。清《聊斋俚曲·禳妒咒》：“早知这个～，干给也不要，我情愿打光棍直到老。”

【胎胞】 tāi bāo 胎儿的胞衣。唐孙思邈《备急千金要方》卷三：“右五味，以水六升煮取一升，顿服之，～秽恶尽去。”《元曲选·合汗衫》三折：“偏我不是金狮子张员外，我是～儿里叫化来？”清《绿野仙踪》三七回：“如玉自出娘～，从未受一点委曲。”

【胎分】 tāi fèn 怀胎的期限。唐王勃《释迦如来成道记》：“现优昙花，作狮子吼。言～之已尽，早证常身；为度生以还来，今垂化迹。”《敦煌变文校注》卷四《八相变(一)》：“我生～今朝尽，是降菩萨最后身。”

【胎宫】 tāi gōng 子宫。宋陈自明《妇人大全良方》卷一二：“此由劳动用力伤～，宜急治之。”元佚名《湖海新闻夷坚续志》前集卷二：“其四妾适人，～为药毒，亦皆无子。”明朱橚《普济方》卷三二七：“～虚冷，数曾堕胎崩中不定，因此成疾。”

【胎骨】 tāi gǔ ❶人的骨骼，也指先天的气质。《云笈七籤》卷八：“解兆五符于重结，化兆五神于～，常游紫房明堂之内也。”《元曲选·东堂老》二折：“便有那人家谎后生，都不似你这个腌臜泼短命！则你那～劣，心性顽，耳根又硬。”《元曲选外编·三战吕布》二折：“他倒是君子，我倒是小儿，传着我的～。” ❷物体的坯体或骨架。宋陶穀《清异录》卷下：“广陵法曹宋龟造缕子脍。其法用鲫鱼肉、鲤鱼子，以碧筒或菊苗为～。”元陶宗仪《辍耕录》卷三〇：“凡造碗碟盘之属，其～则梓人以脆松劈成薄片，于旋床上胶粘而成。”元明《水浒传》一〇〇回：“州人庙祝随塑戴宗神像于庙里。～是他真身。” ❸比喻诗文的结构框架。宋丘𬭚《容斋五笔跋》：“文有町畦，诗有～，源而委，叶而根。”明王世贞《题与程应魁诗后》：“子于～森然，独少脱换耳。”清孙承泽《庚子销夏记》卷三：“米元章画全学董北苑，虽间出新意，然～则董也。” ❹形成基本框架。清陈鼎《八大山人传》：“余尝阅山人诗画，大有唐宋人气魄。至于书法，则～于晋魏矣。”

【胎孩】 tāi hái ❶婴儿。元史伯璇《管窥外篇》卷上：“人自～而髫龀，以至于强壮，以至老死。”明陆深《唐母梅孺人墓志铭》：“儿固唐氏一脉，吾育之～中，黾勉作人，毋坠祖业。” ❷神气；有气概。《元曲选外编·五侯宴》五折：“一个个志气胸怀，马上～。雄纠纠名扬四海，喜孜孜笑满腮。”又《降桑椹》二折：“我做太医最～，深知方脉广文才。”明王衡《郁轮袍》一折：“好个仆斋，生得～。只会吃饭，不会走差。” ❸安逸放心。清《醒世姻缘传》一九回：“只见唐氏手里还替晁源拿着那件物事，睡得那样～。”

【胎含】 tāi hán ❶含胎；含苞。明《弁而钗·情侠纪》三回：“美人颜色娇如花。～九畹，比寻常艳冶名花，别自清奇。”清弘历《静寄山庄》：“花未～因闰迟，芜才芽纽向阳新。” ❷比喻事物初萌，尚不分明。清《玉楼春》一八回：“虽此事有些～，但天下事，尽有极幻的，也不可胶滞。”

【胎讳】 tāi huì 乳名。《元曲选·合汗衫》三折：“〔正末云〕你还认的个李玉娥么？〔小末云〕这是我母亲的～，你怎生知道？”《元曲选外编·刘弘嫁婢》一折：“〔李春郎云〕您孩儿是李春郎。〔正末云〕这个是你的～。你那清德呢？〔李春郎云〕伯父跟前，怎敢称呼表德。”

【胎基】 tāi jī 犹“胎元❶”。元佚名《点绛唇》：“丹成金满屋，乌兔任东西。若是将坎离颠倒炼，魂魄养～。”

【胎甲】 tāi jiǎ 胎壳。甲，草木萌芽时的外皮。宋赵彦卫

《云麓漫钞》卷一一:"六子生于乾坤之包中,如物之处～者。"

【胎萌】 tāi méng 萌动;蕴含。唐王勃《乾元殿颂》:"不戒而异东户,恩周动植之津;博施而举南风,化偃～之寓。"宋严粲《诗缉》卷一七:"十一月一阳生,十月新阳～,故曰阳月。"明罗洪先《问月篇》:"岁移月改已非旧,腹中诸有谁～?"

【胎年】 tāi nián 出生之年。明佚名《四贤记》二三出:"况妾茹素～,性甘淡薄,情愿做个道姑,修行报德。"

【胎胚】 tāi pēi ❶胚胎。明薛已《薛氏医案》卷三四:"妊娠一月名～,足厥阴脉养之。"王慎中《寿项鹤山老先生序》:"茹百物之英华而吐其精,循四气之冲和而违其沴。固鄞鄂之藏,滋～之朕。"清《姑妄言》一八回:"高腆着一枚鼓肚,约似乎有半载～的样子。" ❷指人的基质。明徐复祚《一文钱》五出:"看你獐儿头、鼠儿耳、瘦伶仃、长撩掉,岂是财主～!" ❸犹"胎骨❷"。明高濂《遵生八笺》卷一四:"漆器惟倭为最,而～式制亦佳。"清徐琪《连州钟乳石歌》:"星精月魄互激射,露华雨液融～。" ❹蕴含;含育。清晏斯盛《易翼说》卷八:"是今年之止即来年之始,而终者所～也。"

【胎气】 tāi qì ❶人体的元气。《云笈七籤》卷五八:"此时即口鼻俱闭,心存气海中,～出入,喘息只在脐中。"明高濂《遵生八笺》卷二:"先除欲以养精,后禁食以存命,是知食～、饮灵元为不死之道。"清李光地《和王姚江火秀宫示诸生原韵》之一:"原当～未完足,雷霆发乱来惊春。" ❷妇女怀孕时气血运行情况。宋佚名《明堂灸经》卷七:"妇人妊娠不可刺,损～。"明《禅真后史》五回:"奶奶～不好,竟无门路可以下手,多分是逆而冲上。"清《红楼梦》六九回:"已是三月庚信不行,又长作呕酸,恐是～。"

【胎妊】 tāi rèn 妊娠;怀胎。唐孙思邈《备急千金要方》卷二:"夫妇人之别有方者,以其～、生产、崩伤之异故也。"明徐渭《读龙惕书》:"其在～之时,已渐有熏染之习;驯至知觉之后,又不胜感物之迁。"清陈康祺《郎潜纪闻三笔》卷一一:"而且丱角之岁,隶名天官;～之儿,预营仕牒。"

【胎息】 tāi xī ❶气息;呼吸。唐高彦休《阙史》卷下:"又数刻,心水微滟,则以前药复滴于鼻,须臾忽苏,黎明～续矣。"宋范成大《三月十六日石湖书事三首》之三:"兀坐～匀,不觉清梦熟。" ❷生命征象或生命孕育。唐杨筠松《撼龙经》:"三盖吉星随龙入,磊落巉岩形卓立。……或然隐隐在溪坑,～成龙势藏蛰。"元任士林《感雉鸣赋》:"祝网密而群空,虞机张而羽积。林无全觳,野绝～。"清谈迁《谈氏笔乘・名胜(二)》:"天交于地而秋冬闭,～之象也;地交于天而春夏启,长养之象也。" ❸犹"胎气❷"。宋王衮《博济方》卷四:"临产作阵,血闭闷乱,～不顺,子死腹中。"元王恽《太一二代度师赠嗣教重明真人萧公行状》:"汝韩氏素植善根,当产异人,……可服吾丹书,以安～。"清魏之琇《续名医类案》卷三三:"服后寒热渐止,腹胀渐宽,饮食渐进,～亦渐形著。" ❹产(子);生下。清徐祯卿《异林》:"苏州崇明县民顾氏家,鸡～一物,猴头,餘悉如人状。" ❺基本格局。清谈迁《上吴骏公太史书》:"五六十年内,娄江再兴,而餘皆其分身,或小有差别,总不离其～。" ❻师承;效法。清纪昀《陈后山诗钞序》:"然～古人,得其神髓,而不自掩其性情。"陈康祺《郎潜纪闻三笔》卷九:"康祺每读《湖海楼集》,辄叹其骈文～六朝。"方浚师《蕉轩续录》卷二:"《李贞女词》～《骚经》,有关风化。"

【胎仙】 tāi xiān 鹤的别称。唐李谅《湘中纪行》:"鹤岭访～,痦亭仰文哲。"自注:"祁阳县白鹤岭道士屈志静得仙处。"金王喆《咏雪》:"养成幻体如光莹,无正～似啸吟。杳默昏冥长作伴,寂虚永保水中金。"元佚名《新水令》:"大道从来人难羡,有影无形现。壶中别有天,炼就金丹养～。"明《封神演义》四七回:"玉液丹成真道士,六根清净产～。"《昙花记》一七出:"加温养,炼汞铅,琴心三叠舞～。抽添好,火候全,回阳换骨得长年。"《禅真逸史》二三回:"又作天魔舞,更如鸾凤乍惊,～展翅。"清查慎行《鹤雏和院长作》:"太息～种,无端堕卵生。"

【胎芽】 tāi yá ❶胚芽。明王交《钗头凤・暮春四感・钗头凤・解箨》:"雷声应,苔痕迸,绿玉～出土净。" ❷萌芽;发生。清赵吉士《寄园寄所寄》卷九:"交山贼～于此,延至国初。"

【胎衣】 tāi yī 胎盘与胎膜。唐许子真《容州曾宁县杨妃碑记》:"初诞时,满室馨香,～如莲花。"明《西洋记》二五回:"这个九龙神帕,原是太上老君受生的～儿,斗方如寿帕之状。"清《九云记》三〇回:"英阳气喘肚疼,稳婆方闷～不下,气不舒,服从草上。"

【胎元】 tāi yuán ❶先天元气。唐裴度《送毛仙翁述》:"且啬神～,抱和含真,穆然道风,煦然如春。"佚名《上清灵宝大法古序》:"或检制身心,或蠲消罪垢,或吞芒饵景,或炼气～。"元佚名《点绛唇》:"若说着～根蒂,只除是含光默默守虚极。" ❷母体孕育胎儿的元气,也指胎孕。金丘处机《大丹直指序》:"母受胎之后,自觉有物一呼一吸,皆到彼处,与所受～之气相通。"明徐渭《妇人调经论》:"如因怒气伤肝、触动～不顺者,少加砂仁、枳壳、厚朴等剂。"《石点头》卷七:"想必当初,乃尊乃堂梦中感交,得了～。"

【胎孕】 tāi yùn 孕育;培育。明胡直《衡岳颂》:"业业衡岳,荫牛奠轸,蟠根楚甸,～吴闽。"娄坚《祭徐大宗伯文》:"古文词灿然,纬经唐宋诸贤六经～,今之词人妄生讥评。"清黄景仁《黄山松歌》:"丹砂虎珀共～,亭亭上结朱霞封。"

【胎子】 tāi zǐ 另见 tāi zi。❶胎儿;胎卵。唐玄奘《大唐西域记》卷七:"有雌鹿当死,～未产,心不能忍,敢以身代。"明徐元太《喻林》卷九五引《元阳妙经》:"又如鱼母多有～,成就者少。" ❷孕育胚胎。宋陈偕《满庭芳・送春》:"榆荚抛钱,桃英～,杨花已送春归。"明宋诩《竹屿山房杂部》卷九:"蠹化蝴蝶,蝴蝶～,还育于木。"徐渭《寿胡母序》:"乃若豫章,必七年而始芽。母之于～而成之之难也,亦焉得不如是。"

【胎子】 tāi zi 另见 tāi zǐ。❶犹"胎骨❷"。宋李诫《营造法式》卷一二:"虚柱莲华～,径五寸,每径一寸即高六分。" ❷比喻人的形体外貌。清《红楼梦》四四回:"那凤丫头和平儿还不是个美人～?你还不足!"又七一回:"怨不得人都说他是假长了一个～,究竟是个又傻又呆的。"

tái

【台】 tái ❶盘;盏。唐《龙朔中酒令》:"子母相去离,连～拗倒。"注:"俗谓杯盘为子母,又名盘为台。"《元曲选・青衫泪》一折:"送了几辈儿茶员外,都是这一副儿酒船～。"明汤显祖《牡丹亭》三出:"贴持酒～随旦上。" ❷官署,多指御史台。宋赵彦卫《云麓漫钞》卷二:"凡朝廷遣大臣督诸军于外,谓之行台。自～出师,谓之台兵。"元马致远《陈抟高卧》一折:"子看你那朝～暮省干功名。我睡呵,黑甜甜倒身如酒醉。"清李玉《清忠谱》二五折:"〔外、末〕下官就此告辞。〔小生〕即当诣～叩谢。" ❸台子;桌子。明陆采《明珠记》二〇出:"烧茶煮饭,切莫迟延。扫地揩～,必须干净。"袁于令《西楼记》三七出:"同～吃酒,各自还钱。就在这长～上坐何妨。" ❹戏台;舞台。也借指演出。元杜仁杰《要孩儿·庄家不识构阑》："见几个妇女向～儿上坐，又不是迎神赛社，不住的擂鼓筛锣。"清李玉《清忠谱》六折："丑立～上，除像监帽作戴冠不上介。"《品花宝鉴》八回："已开过～，做了两出，此刻唱的是《拾金》。" ❺ 对官员的尊称。明汤显祖《牡丹亭》四六出："仗恩～一字长城，借寒儒八面威风。"《欢喜冤家》四回："开棺见尸，律有明条。乞～追赃正法。"

【台爱】 tái ài 敬称对方的关怀。明袁宏道《与耿中丞叔台》："往过白下，辱翁～至渥。"清《儒林外史》三四回："极蒙～，恕治晚不能躬送了。"

【台安】 tái ān 敬请对方安好。清黄宗羲《五哀诗·陈晋州士业》："两楹阳厌当春老，一帖～尚夏初。"自注："余四月寄书士业，而士业卒于二月。"《儒林外史》一二回："带有府报在此，敬来请三老爷、四老爷～。"《红楼梦》三七回："奉书恭启，并叩～。"

【台案】 tái àn 长条桌。明《西游记》一六回："急入里面看时，见那方丈中间有些霞光彩气，～上有一个青毡包袱。"

【台堡】 tái bǎo 烽台堡铺，军事上用于警戒防守的建筑物。明吴宽《明故山西等处承宣布政使司张公墓志铭》："肃州临边设镇以来，～相接，仅为守望之计。"王世贞《故赠少保王襄敏公像赞》："公至，一切罢去之，唯饬墙堑、增～、课屯耕，为守计而已。"清郭起元《酌盐法》："于时商人招民塞上垦田，筑～以相保聚。"

【台庇】 tái bì 敬称对方的庇护。宋强至《代上北京文相公状》："伏念发踪巨治，实～之焉依。"明王世贞《与申相公书》："世贞藉～，获保丘壑，为太平黔首。"清《赛花铃》九回："倘或仰藉～，侥幸一第，则仁兄厚恩，与生我者等也。"

【台弼】 tái bì 三台辅弼，称三公宰辅之位。唐常衮《授刘晏吏部尚书制》："尝处～，以宏训范，载其清静，济我艰难。"宋胡宿《湖州乞为太傅谢安置守冢禁樵采表》："已积～之器，便系苍黔之心。"文彦博《德号继明颂》："皇上以重烦～，俯狥群黎。"

【台表】 tái biǎo 婉称别人表号的敬语。清《歧路灯》三四回："刘守斋名叫刘用约，因做了国学，挂帐竖匾，街坊送了一个～，就叫起刘守斋。"

【台察】 tái chá ❶ 御史台查访纠弹。金元好问《毛氏宗支石记》："时宣宗用法急，凡～被推，例皆诬伏。"明孙继皋《赠邹龙望兵宪擢广西右方伯叙》："他如请谳之批答，～之逢迎，往不胜扰，公独暇。"清钱谦益《直隶顺德府平乡县知县仇梦台授文林郎制》："能使吏畏民怀，政平讼理。～大吏，咸以治理荐闻。" ❷ 指御史台官员、衙署、职位等。宋周密《癸辛杂识》续集卷上："有省台所委官拦挡不住，亦有～陈言，不见施行。"明陶安《驿户餘粮应役记》："太平路界大江之东，居水陆冲要。北迩～，南邻宪司。"清彭孙遹《立斋先生以阁学陟左都御史》："公乎领～，朝野咸色动。" ❸ 请对方审阅的敬词。宋周必大《与刘共父枢密书》："新元善颂，已列前缄，伏乞～。"刘宰《回陆县尉启》："某从事犁锄，久忘笔砚蹊径，率尔叙谢，切丐～。"明程敏政《与阁老寿光先生书》："老先生虽处林下，然爱君体国之诚义，当有同其休戚者。伏惟～。"

【台场】 tái chǎng 舞台场地。明单本《蕉帕记》一七出："老夫人去了，我小英也交付～，方便你们去罢。"又二五出："小英点起香烛，你自回避。〔中净点介〕交付～，慢拆慢唱。"

【台臣】 tái chén ❶ 指台辅重臣。唐李巖《送贺秘监归会稽诗》："圣主钦玄德，～饯羽衣。"清《后水浒传》三二回："本府擒获巨盗，除了朝廷大害，不久位至～。" ❷ 称御史台官员。明李梅实《精忠旗》三三出："～的，～的，敢来闲讲？"《古今小说》卷二二："～复交章劾奏，请加斧钺之诛。"清方苞《送黄玉圃巡按湾序》："其冬，命择～廉静有才识者往巡视。"

【台墀】 tái chí 台阶。❶ 指台省官署之地。唐方干《送叶秀才赴举兼呈吕少监》："与尔相逢终不远，昨闻秘监在～。" ❷ 敬称对方的居止之所。宋刘一止《代送京西运使乐语》："某等叨居乐部，获侍～，不揆荒芜，上献口号。"元王义山《问候秘监文文山》："未果造～，俯伏九顿以谢。"清《五色石》卷一："今游学至此，冒叩～，敢求老年伯指教。"

【台床】 tái chuáng 台架。宋丁谓《笔》："几格朱黄杂，～竹素兼。"元《三遂平妖传》三〇回："经纪人都做不得买卖，推翻了架子，撞倒了～，看的人越多了。"

【台慈】 tái cí 敬称对方或长上的关爱。宋宋祁《上两府书》："伏蒙～，特赐开允，商贾流通，斛食继至。"明《古今小说》卷三七："莫问琼箫之响，长寒玉杵之盟。干冒～，幸惟怜鉴。"清董以宁《满江红·四月八日》："待施将金镜，法王～云覆。"

【台次】 tái cì 座前。用作敬语，表示不敢直面对方，只达座前。明《西游记》二九回："不孝女百花羞顿首百拜大德父王万岁龙凤殿前，暨三宫母后昭阳宫下，及举朝文武贤卿～：拙女幸托坤宫，感激劬劳万种。"

【台从】 tái cóng ❶ 仆从。台，奴隶。《隋书·倭国传》："倭王遣小德阿辈，～数百人，设仪仗鸣鼓角来迎。" ❷ 用作敬称，表示不敢直面对方，只达仆从之列。宋郑刚中《与董梧州彦明书》："期集之三日，即怀刺上谒，偶～他出，再往再不遇。"明海瑞《复巡按龚怀川》："士民望公如望父母，落月满梁，生亦时时在念。～果于何日慰此人心?"清《隋唐演义》五二回："小儿秦琼，在金墉干功，不在寨中，怎好有劳～枉顾?"

【台灯】 tái dēng 有台座的灯。明《欢喜冤家》三回："只因月仙还是醉的，把灯一下儿弄阴了。放下～，上了楼梯。"

【台斗】 tái dǒu ❶ 三台星和北斗星。元周伯琦《纪行诗·沙岭》："岚翠摩～，林霏隐日车。"《明史·项忠传》："适有星孛于～，中朝多言占在秦分。"清弘历《咏古玉圭》："瑑刻～山河形，似周镇圭而少铭。" ❷ 比喻宰辅之位，也用称宰辅重臣。唐杜甫《送重表侄王砅评事使南海》："及乎贞观初，尚书践～。夫人常肩舆，上殿称万寿。"元刘壎《贺承旨程内翰书》："当～小驻洪泮时，仆正委顿中，欲力疾一谒，弗克。"清朱载震《次西苑唱和韵寄西陂先生》："遥从天末瞻～，为写蛮笺系远思。"

【台端】 tái duān ❶ 御史台中主管台内诸事的职位，也用称职属监察的官署或官员。《通典》卷二四："侍御史之职有四，谓推、弹、公廨、杂事，定殿中监察以下职事及进名改转台内之事，悉主之，号为～。"明高启《送沈左司从汪参政分省陕西》："重臣分陕去～，宾从威仪尽汉官。"清陈鸿墀《钱心壶给谏至》："骢马威声道路寒，最闻清望重～。" ❷ 用作敬称，犹言台次。明袁中道《答段二室宪副书》："正欲觅一便羽，奉候～，而温语盛贶，俨然临之。"《封神演义》二〇回："久仰大德，未叩～。自愧驽骀，无缘执鞭。"

【台范】 tái fàn 敬称对方，犹言尊颜。明《四游记·北游记》三回："久闻～，闻大王昨日劳心，敝洞炼有仙丹二粒，不敢自食，敬送一粒，奉大王增百年。"清《珍珠舶》六回："老恩师曾作敝邑六年父母，不时晋谒～，岂有认错之理。"《鸳鸯配》三回："自违～，瞬息之间，已三年矣。"

【台甫】 tái fǔ 询问对方表字或名字的敬语。甫，古代男子美称，多用于表字之后。明《梼杌闲评》二七回："'敢问先生上姓～?'那少年道：'学生姓傅，名应星。'"清《儒林外史》一〇回："三公子道：'先生贵姓～?'那人道：'晚生姓陈，草字和甫。'"《歧路灯》五五回："张类村道：'谭世兄～，我竟不知。'谭绍闻道：'先君字小侄，原起下"念修"二字。'"

【台纲】 tái gāng 朝廷的纲纪。由御史台执掌，故称台纲。唐常衮《授蒋将明侍御史制》："执法不违，峻风自远，俾迁柱史，分领～。"宋王谠《唐语林》卷七："御史府有大夫中丞杂事者，总～也。"明吕原《挽陈僖敏公》："总握～肃穆风，头衔晋秩到三公。"

【台阁】 tái gé 一种民间赛会表演形式。以平板为台，上施机关，可转动。人（多用儿童）扮仙佛、历史或戏剧人物等立其上，由人舁抬游行。宋周密《武林旧事》卷三："以木床铁擎为仙佛鬼神之类，驾空飞动，谓之～。"明张岱《陶庵梦忆》卷四："枫桥杨神庙，九月迎～。十年前迎～，～而已。自骆氏兄弟主之，一以思致文理为之，扮马上故事二三十骑，扮传奇一本。"清《野叟曝言》六六回："只见填街塞巷，鼓乐喧天，～故事，旗伞仪仗，拈香摆道之人，真个约有万数。"

【台官】 tái guān ❶ 称御史台官员。唐李启《请定仆射中丞途遇仪式奏》："就中～以职在弹纠，人情畏奉，他官相遇，苟务推崇。"明张四维《双烈记》三七出："遣～劾奏明廷，诬他窃兵柄慢军情。"清《野叟曝言》一二回："九卿望尘而拜，～钳口不言，以致贿赂公行，盗贼蜂起。" ❷ 称钦天监官员。元《秦并六国平话》卷下："帝大悦，令司天～选择东行。～准敕旨，选定八月十五日最吉。"明江瓘《名医类案》卷四："钦天监～张景方，成化丁酉七月间，领朝命往陕西秦邸兴平王治葬。"《隋炀帝艳史》一八回："忽一个小黄门来奏道：'司天监～耿纯臣，口称有机密事要面奏万岁。'"

【台馆】 tái guǎn 指御史台、史馆等中央官署。宋文莹《湘山野录》卷下："言者图席人以进，制狱锻炼，皆一时之名贤。狱既就黜，～为之一空。"元高明《琵琶记》三七出："比似我做了亏心～客，到不如守义终身田舍郎。"清《歧路灯》七五回："山主满面福气，将来阁部～，俱属有分。"

【台光】 tái guāng 犹"台范"。光，神采。宋强至《上知苏州蒋密谏状》："奔驰吏役，邈矣一涯。契阔～，倏焉累日。"明吾邱瑞《运甓记》二四出："温峤此行，未审何时复觐～。"清《雪月梅》一二回："蒋公遂与岑公子起身谢别。刘公道：'卑栖斗室，亦不敢久屈～。'"

【台孩】 tái hái 同"胎孩❷"。金《董解元西厢记》卷三："都不到怎大小身材，畅好～，举止没俗态。"元王实甫《芙蓉亭》残折："你这般假古懒，乔身份，装些～。"明沈璟《义侠记》一二出："没～，午睡醒来，快步出门儿外。"

【台翰】 tái hàn ❶ 公文。唐独孤及《吏部郎中厅壁记》："由其途而升必骤，周三～飞两掖、登喉舌秉刀尺者，什六七。" ❷ 美称对方的书信。宋欧阳修《与韩忠献王书》："获捧～，伏承经寒，动止万福，下情欣慰。"《元曲选外编·西厢记》二本楔子："故知虎体食天禄，瞻天表，大德胜常；使贱子慕台颜，仰～，寸心为慰。"清《玉娇梨》一一回："今且告退，容改日再来拜求～。"

【台号】 tái hào 犹"台表"。清《情梦柝》一四回："若素道：'……请教贵表。'秦生道：'贱字蕙卿。敢求～？'若素原无预备，见他说个卿字，也随口道：'贱字若卿。'"《八洞天》卷五："盛俊道：'岳父～不是乐善吗？'那老者道：'老汉果然是冯乐善。'"

【台候】 tái hòu ❶ 动问或闻知对方寒暖起居的敬语。宋欧阳修《与韩忠献王书》："伏审履此凝寒，～万福，岂胜慰忭之诚。"元乔吉《折桂令·寄远》："淡却双蛾，哭损秋波，～如何？忘了人呵。"明王鏊《复尹太宰书》："且～康嘉，百福攸集，既为天下喜，又私以自贺也。" ❷ 用作指称对方的敬语。元李士瞻《与仲实监郡书》："日来辱书，及稔～政声之详，咸足见慰。"明李攀龙《上李公中丞书》："本职遭变先慈，仰违～，教思无斁。"程敏政《与白司寇先生书》："仆扶榇南归，荷蒙～赐奠至再。" ❸ 感谢对方慰问、等候的敬语。《元曲选外编·敬德不伏老》二折："俺这里听说罢缘由，怎消得偌大远劳～。"明朱有燉《义勇辞金》四折："恁众将军遥送～，践行酒席前何须又？"佚名《古城记》一一出："奈二位皇嫂在车，不及下马，待至馆中相会，免劳～。"

【台讳】 tái huì 婉称对方名字的敬语。宋张世南《游宦纪闻》卷三："今世俗既讳其名，又讳其字也。又今往往有～、尊讳之语，尤非是。"佚名《张协状元》三五出："我丈夫，张协是。〔净白〕道着我本官～。"明佚名《四贤记》七出："朕欲差官前去两广勾当，未有其人。那时小子迎合圣心，径将驸马爷～以对。"

【台诲】 tái huì 敬称对方的教诲、指示等。宋欧阳修《与程文简公书》："伏承～，欲使撰述先公神道碑，岂胜愧恐。"王柏《回韦轩书》："近领～，光风袭人。"清《玉娇梨》一八回："重蒙～，不胜凄感于怀。"

【台矶】 tái jī ❶ 高台和石矶。矶，水边凸出的岩石。元刘边《钓矶石》："百尺～瞰碧流，紫阳仙子几经秋。"明宋濂《桃花涧修禊序》："西垂苍壁俯瞰，～间女萝与陵苕轇轕之状，赤纷绿骇，曰翠霞屏。" ❷ 台阶。明陈献章《春中》："送老一条邛竹杖，夜挑明月上～。"《金瓶梅词话》六八回："西门庆下～，郑家鸨子迎着道万福。"清《红楼梦》三回："～之上，坐着几个穿红着绿的丫头。" ❸ 台基；石台的基础。清袁启旭《留题开元寺水阁》："铜瓶沉碧井，石碣断～。只有空梁燕，年年他自飞。"

【台级】 tái jí 台阶。明徐渭《张母八十序》："相与牵栃马不辔而驰，且射卫墀道中，超～至堕跌损坏。"清南怀仁《坤舆图说》卷下："观看者坐团圆～，层层相接，高出数丈。"《歧路灯》八八回："梅克仁上的铺子～，说买一条手巾。"

【台驾】 tái jià 敬称对方，表示不敢直指其人，而以车驾代之。《元曲选·谇范叔》二折："荷蒙～降临，须贾不胜荣感。"明葛昕《与李振亭父母书》："兹解马人至，辄承手教，知～于六日已发济阳矣。"清《歧路灯》三八回："心慕长兄学行，欲屈～进城设帐。"

【台检】 tái jiǎn ❶ 朝廷的公文。《新唐书·康日知传》："又给为～示曰：'使者赍诏喻中丞，中丞奈何负天子，从小儿跳梁哉！'" ❷ 简称司天监丞、御史台司检等官职。宋胡宿《马知良可司天监丞制敕》："俾考绩于攸司，命迁丞于本局。尚隶陵宫之职，往钦～之恩。"明袁宗道《寿徐母沈夫人五帙序》："久之谒选，当得奉常簿，世其父兄官，而忆母氏言，退处不竞之地，故仅得～。"

【台谏】 tái jiàn 台官和谏官。台官指负责纠弹的御史，谏官指负责建言的给事中、谏议大夫等。唐独孤及《福州都督府新学碑铭序》："以公之功绩明示后世，谓及尝同～之列，宜备知盛德善政。"明李梅实《精忠旗》三三出："～汤鹏举等上本参论老爷，不知圣旨怎么？"清《续金瓶梅》五八回："一切言官～，秦桧布了一班新人，平日讲恢复的一个不用。"

【台鉴】 tái jiàn ❶ 请对方审查、裁度的敬词。宋周必大《与严州札子》："伏恐欲知，故尔详及，敢幸～。"《元曲选·杀狗劝夫》四折："这公事非同造次，望相公～寻思。"清陆陇其《上巡道吴公书》："辱叨知爱，辄敢冒昧上请，伏祈～。" ❷ 尊称对方的意见、见解。宋朱熹《答陈漕书》："利害申禀，伏想已尘～。未奉回降，但增悚惕。"《元曲选外编·单刀会》四折："鲁肃不敢自专，君侯～不错。"明倪元璐《与左巡按光先札》："惟所最苦者，坝税而外，无如钦赃扳害一节，业蒙～动色咨嗟，将为抗章请命辛巳。"

【台槛】 tái jiàn 高台建筑的栏杆。《敦煌变文校注》卷五《维摩诘经讲经文(一)》:"流泉屈曲琉璃砌,～高低翡翠庄。"清方濬师《至韶州忆途中所见山水甚奇漫赋》:"嵌空玲珑～巧,观音岩下滩声骄。"

【台教】 tái jiào 另见 tāi jiào。犹"台诲"。宋宋祁《集贤相公书》:"月中奉被～,以迭露冲恳,愿还中枢。"明王世贞《与沈宗伯书》:"赵定宇司成回,及小僮将致～,一一祗领。"清《情梦柝》一一回:"承～,佩德不浅。"

【台阶】 tái jiē 用砖石等砌成供人上下用的阶磴。元沈禧《一枝花·咏白牡丹》:"沉香亭馆,碧玉～,黄蜂难觅,粉蝶难猜。"明孟称舜《娇红记》三出:"千里驱驰来相访,忙拜倒～上。"清《绿野仙踪》八回:"只见那妇人走出殿外,站在～上,像个眺望的光景。"

【台禁】 tái jìn 宫禁,指内廷。唐佚名《大周故左卫翊卫和君墓志铭序》:"曾祖景乐,隋左屯卫大将军仪同三司,□□文武,宠隆～。"《新唐书·杨国忠传》:"虢国居宣阳坊左,国忠在其南,自～还,趣虢国第。"

【台眷】 tái juàn ❶ 敬称对方的照顾。宋胡宿《谢亳州马尚书》:"猥蒙～,曲齿外僚。裁记室之荣缄,贶兵厨之珍酝。"强至《上代许州相公状》:"奉宸缗而得请,露公冕以宣风。因沥愚诚,仰陈～。"王十朋《答陈少卿书》:"又蒙欲以所作见示,尤荷～之笃。" ❷ 敬称对方的眷属。宋周必大《与张真父舍人震书》:"尊嫂硕人暨～,计已到府治,长少咸安。"《三朝北盟会编》卷五五:"若水曰:'敢问国相元帅仙里,～安在?'国相颦眉曰:'祖乡在涞州。骨肉昨因契丹征辽东时,皆被害。'"明黄淮《水龙吟》:"去岁兹辰,曾孤～,新词还在。"

【台口】 tái kǒu 高台面向出入口或舞台面向观众一端的边缘。清《醒世姻缘传》四七回:"只见一人跪门递状,徐宗师唤人。方到～,徐宗师问说:'你是晁乡宦的家人晁凤?'"《玉蟾记》三九回:"但见擂台匾对写得分明,～挂的是大红缎泥金字对。"《品花宝鉴》一回:"王恂引他从人缝里侧着身子挤到了～,子玉见满池子坐的,没有一个好人。"

【台览】 tái lǎn 请对方阅览的敬词。五代王栖霞《灵宝院记》:"聊实记于质文,呈～而刊于将来也。"明陈汝元《金莲记》一一出:"现有新词,敢呈～。"清朱鹤龄《寄徐太史健庵论经学书》:"又昔年忝辱交游之末,故敢邮寄所梓,上尘～。"

【台令】 tái lìng ❶ 陵台令。唐代掌陵寝之官。唐杜牧《姜阅贬岳州司马等制》:"敕朝议郎前守景陵～上柱国姜阅等,盗逆无状,辄犯陵寝,侵攘法物。"《唐会要》卷二〇:"天宝十三载二月制:献、昭、乾、定、桥五署,改为～,各升一阶。自后诸陵,例皆称台。" ❷ 御史台的规章。《宋史·职官志四》:"旧～,御史上下半年分诣三省枢密院点检诸房文字,轮诣尚书六曹按察。" ❸ 尊称长上的命令。宋王明清《挥麈后录》卷四:"寻因还使,附致感悰。愿亟拜于光仪,庶少伸于谢礼。未闻～,殊震危衷。"金王时雍《议迁都状》:"谨具状申元帅府,伏候～。"明陆采《怀香记》一七出:"重门夜扃,谨关防素必遵～。" ❹ 指行台令,中央派驻地方的军政长官。东魏侯景曾任河南大行台令。清《北史演义》卷四七:"侯景为我布衣交,屡立大功,引处～,专制河南十四年矣。"

【台门】 tái mén ❶ 建在高台上的门,也指规格高大的门。《法苑珠林》卷一八:"诸天童子来至宝台所,各各口出烧香歌曲,～自开。"元黄溍《东阳县门楼记》:"古者国无大小必为～,所以严等威,重教令,非苟致崇饰而已也。"明《禅真逸史》二四回:"有土人指引到良市地方,寻着一座倒塌的～,上挂一个牌额,横书'冢宰之第'。" ❷ 借指高贵的门第。唐杨炯《大唐益州大都督府新都县学碑文》:"～鼎族,传呼棨戟之荣;玉质金相,海若河宗之宝。"佚名《大唐济度寺大比邱尼墓志铭》:"孕月仙姿,禀清规于帝渚;仪星宝态,降淑范于～。"明皇甫汸《水部君墓志铭》:"～馈遗,并却不受。" ❸ 御史台的大门,也借指御史台。唐张鷟《朝野佥载》卷一:"御史马知己以其聚众,追之禁左台,病者满于～。"元王恽《春从天上来》:"正～事简,更捷奏、清昼相同。"清施闰章《赠陆侍御纪事》:"驱马且西去,回梦犹～。" ❹ 敬称对方的家庭。宋刘宰《回镇江守何秘监到任书》:"某疏贱,不敢僭申～大眷之问。"又《回句容赵知县书》:"疏贱不敢僭申～宝眷之问。"

【台面】 tái miàn ❶ 高台的表面。宋韩琦《休逸台》:"台头结宇尚简朴,～甃甓严镌磨。"清李渔《蜃中楼》二八出:"预搭高台二层:上层扮五色云端遮住～,下层放锅灶、扇、杓等物。"《后水浒传》一六回:"～不高,离地约有丈五;基址甚广,周围却有千寻。" ❷ 桌面;台子的表面。明宋诩《竹屿山房杂部》卷一〇:"其根纵横贯结,错综盈缸,锯解为～,其纹可爱。"文震亨《长物志》卷六:"如～阔厚者,空其中,略雕云头、如意之类。"清汪琬《过亡儿筠篔庵》之一:"入门无复整衣迎,～荒凉半就倾。" ❸ 犹"台范"。清《绿牡丹》二一回:"每欲瞻识,奈何各生一方,今识～,大慰平生。"

【台命】 tái mìng ❶ 朝廷的命令。唐司空图《故太子太师致仕卢公神道碑》:"御史丞将选僚属,递相告约。才及升班之限,～已行。"宋刘一止《再辞免召赴行在状》:"伏念臣违去阙庭,十有六年。祗承～,出于望外,欣跃鼓舞,愿得瞻望清光,不啻饥渴。" ❷ 称长上的命令。宋朱熹《与江东王漕札子》:"熹虽不敢拒违～,然当此之时,督责县道追扰农民,则实有所不忍。"契嵩《赴佛日山请起离申状》:"某今者伏蒙知府端明侍郎～,俾就净慧禅院住持。"明袁宏道《越郡赈饥士民题名碑记》:"予以～董是役也,为文以记,并铭之。" ❸ 敬称对方的意见。明李梅实《精忠旗》四出:"择木良禽,久无归念。虽承～,实难听从。"清顾炎武《与人书》:"五日前曾走叩未晤。既～谆谆,不敢固强。"沈起凤《谐铎》卷二:"转盼间,胡生长笑而来,曰:'先生不屑教诲,今已尽闻～矣。'"

【台诺】 tái nuò 敬称对方的允诺。明孟称舜《娇红记》四二出:"既承～,便当回大爷话去。"

【台盘】 tái pán ❶ 置于台面的大盘子。《太平广记》卷一五三引《逸史》:"相见喜曰:'二贤冲寒,且速暖两大盏酒来,着椒葱。'良久～到,有一小奴与县令耳语。" ❷ 台子;桌子。唐智严《十二时·普劝四众依教修行》:"往还来,露妻室。半夜烹炮餐未毕。～脚下酒滂沲,经像面前多碎骨。"《五灯会元》卷五《陇州国清院奉禅师》:"问:'如何是和尚家风?'师曰:'～、椅子、火炉、牕牖。'" ❸ 比喻荣耀身分的场面。元佚名《十二月·嘲人桌上睡》:"高卧得便宜,上～的先生是你。"明《西游记》四七回:"八戒,像这般子走走耍耍,我们也是上～的和尚了。"清《儒林外史》四回:"胡老爹上不得～,只好在厨房里或女儿房里,帮着量白布、秤肉,乱窜。"

【台判】 tái pàn 官府的断决。宋杨万里《谢太守胡平一断盗葬墓启》:"伏睹判府寺正～,以贼人罗十六发妻父故承事郎罗天文墓盗葬断罪讫者。"《五代史平话·周上》:"拟将郭威量情决臀杖二十,配五百里,贷死。呈奉刺史～,准拟照断,免配外州。"明王錂《寻亲记》一八出:"听诈言未必然,休得要乔厮埋冤,到官司厅上明～。"

【台评】 tái píng 御史台的弹劾。宋苏辙《次韵景仁饮宋温之南轩》之一:"归休便老计,得失任～。"元杨维桢《送康司业诗序》:"山东康公若泰以宪佥事转是职,未几～夺职,副庸田司使。"洪贯《满江红》:"日月更无妖眚翳,乾坤顿放东南白。信激扬、元自有～,标殊绩。"

【台屏】 tái píng ❶屏风,比喻屏障。唐王勃《上绛州上官司马书》:"方当翊赞宸极,羽仪～,岂徒偃仰州县,劳事藩庭而已哉?"宋刘昌诗《芦浦笔记》卷六:"今人称士夫之家必曰门墙,曰屏著是也。然多曰～,则乃指屏风而言,何不思之甚也。" ❷尊称对方,表示不敢直指其人,而以屏风代之。宋苏辙《贺文太师致仕启》:"瞻望～,不胜区区。谨奉启陈贺。"黄榦《贺时相生辰启》:"蕃锡大烹,降丝纶于星使;欢声善颂,萃簪笏于～。"元李俊民《郡守段正卿上中书启》:"谨奉启事,躬诣～陈献,伏惟钧慈,俯赐照察。"

【台祺】 tái qí 问候对方的敬词。清《歧路灯》七三回:"别来一日为长,顺修芜楮,奉候～。"

【台砌】 tái qì 犹"台矶❸"。元明《水浒传》一回:"献香～,彩霞光射碧琉璃;召将瑶坛,赤日影摇红玛瑙。"明李蓘《咏公庭鹤》:"远势止墙阴,高足限～。"清《歧路灯》七回:"孝移进院一看,房屋高朗,～宽平。"

【台卿】 tái qīng 御史台的长官。明邵璨《香囊记》三二出:"小子生来豪气,原是簪缨家世。祖公曾做～,父亲见为运使。"

【台司】 tái sī 指御史台职司。《唐会要》卷六二:"东西两推及左右巡使,皆～重务。"明吾邱瑞《运甓记》二二出:"你官非谏诤,职谢～。往日虽为幕宾,今日已居朝列,倘若上表鸣冤,轻犯贼锋,窃恐飞蛾投火,无复完理。"清张潮《虞初新志》卷一六:"臬司有爱子病笃,购以娱之,贾人笼之以献。鹦鹉悲愁不食,自歌曰:'我本山货店中鸟,不识～衙内尊。'"

【台台】 tái tái ❶本是对御史台官员的敬称,明清时巡抚例兼右都御使衔,亦以台台敬称之,后用作对地方长官的敬称。明顾宪成《与东溟高中丞书》:"今其嗣孙世尧等慨焉寻复业,蒙～批行所司,方具文申请。"《型世言》二六回:"土豪吴爚乘他夫在广,假造～执照,强抢王氏。"清李玉《一捧雪》九出:"晚生蒙～汲引造就,得有此寸进。" ❷用作对对方的敬称。明陈子龙《复张郡侯书》:"伏惟宰官～,望重开成,功隆佐命。"清魏裔介《与陆咸一书》:"吾辈千秋不朽,毕竟在于文章。幸未至耄耋,方与老年翁～共勉之耳。"吴绮《答乡先生迎还湖州启》:"恭惟诸位老先生～,道存三代,品重一时。"

【台听】 tái tīng 敬称对方的听闻。宋田锡《上宰相书》:"设使言事不合理道,以言而误至尊,自有常刑可以加罪,不足一一烦相公～。"元谢应芳《上何太守书》:"况闻贤府侯吐握下士,子爱斯民,故辄敢以刍荛之言上达～。"清《玉娇梨》一八回:"去岁匆匆进京,误为奸人倚草附木,娇窃弟书,以乱～。"

【台庭】 tái tíng ❶三台庭垣,比喻极尊之位。三台,星名。唐王勃《梓州元武县福会寺碑》:"匡帝座而南征,拥～而北面。"李白《狱中上崔相涣》:"～有夔龙,列宿粲成行。"李峤《大周降禅碑》:"太祖无上孝明高帝含几察道,尽睿穷神,屈帝象而龙潜,座～而虎变。" ❷指宰辅重臣之位或中枢机构。唐王勃《益州夫子庙碑铭》:"聿怀圣迹,同享天则,乃眷～,爰升衮职。"高彦休《阙史》卷上:"月限向满,家食相仍,日诣～,以图外任。"宋周必大《乞罢政不允诏》:"卿夙由公望,服在～。睹兹膏泽之愆,荐控免章之恳。" ❸敬称对方的居所。唐郑馀庆《祭杜佑太保文》:"馀庆等早忝班行,尝承顾盼,仰～以增欷,临素车而申奠。"宋许景衡《运使翁修撰贺冬启》:"瞻望～,下情无任欣悚之至。"元李存《代书》:"辄布此纸,闻于左右,尚图开春,专造～以既。" ❹敬称对方,表示不敢直面,而以居所代之。宋晁公溯《与周运使书》:"～内属过此,上下俱安。"

【台望】 tái wàng ❶御史台的声望。唐史嶷《晋山阴侯史府君神道碑铭》:"是曰懋功,往哉惟敬。重此～,期诸栋隆。"明沈鲸《双珠记》四五出:"你既擢大魁,已属～,为何寒夜独行到此?"清查慎行《座主总宪吴公请假旋里》:"乞归偏在春深时,～非公更属谁?" ❷敬称对方的声望。清《玉支玑》五回:"今既受恩于此,自努力诗书,以附～,又谁肯舍近而求远?"《娱目醒心编》卷八:"据一小婢口供,问他重辟,详到上司,只怕上司也要驳下来,有损～。"

【台威】 tái wēi ❶御史台的权威。唐齐映《论御史台诬谤表》:"书罚已擅～,放罚特闻圣造。"宋王十朋《予素不善棋》:"予昔在馆中,每与同舍郎陈阜卿手谈。既而陈迁台察,一日相与棋。诸公戏云:'陈今有～,公必败。'予偶胜之,陈笑曰:'公果不畏～耶?'" ❷敬称对方的权威。唐崔致远《投献太尉长启》:"干冒～,下情无任恳迫忧兢之至。"

【台翁】 tái wēng 对对方的尊称。明毕自严《与马胜千书》:"缅惟～,夙尝簪笔于殿陛,必存制锦于篋笥。"清李渔《风筝误》二五出:"蒙～高谊,辱詹公错爱,自当依命。"《儒林外史》三五回:"皇上要重用～,～不肯做官,真乃好品行。"

【台席】 tái xí ❶指宰辅重臣之位。唐张九龄《为兵部王尚书谢加门下三品表》:"臣诚惧尘～,缪齿国华,将何以允答鸿私,弼谐大化?"元王义山《谢前丞相大观文江古心举改官》:"矧行矣再登于～,则于然又播于化钧。"清钱谦益《特进光禄大夫孙公行状》:"舍～而董戎旃,释平章而事征伐。" ❷敬称对方,表示不敢直面,而以席位代之。唐温庭筠《上宰相启》:"是以负笈趋尘,赢粮载路,愿奏书于～,思撰履于侯门。"宋朱熹《答汪尚书书》:"国史侍读内翰尚书丈～:去月十一日,徐倅转致台翰之赐。"明边贡《上毛相公书》:"所以忧居之中,三阅寒暑,未敢数通名姓于～之下者。"

【台檄】 tái xí 朝廷用于征召、晓谕、诘责等方面的文书。宋宋祁《石楠树赋序》:"予尝被～,北走襄汉。"明唐锦《庆春泽·贺兵宪敖蒙泉先生敕奖》:"～飞来旌茂异,欢声播、朝野喧腾。"清《水浒后传》三回:"末将谨奉～,剿荡登云山贼寇。"

【台戏】 tái xì 在正规舞台上演出的戏剧(区别于草台、撂地演出)。清李渔《比目鱼》一一出:"舞霓班虽好,还不如玉笋班更有名声,近来的～都是他做。"《醒世姻缘传》三一回:"二十八日,县官备了猪羊,又叫了～,谢那城隍与龙王的雨泽。"《红楼幻梦》一四回:"法海出来坐定,然后白娘子、青儿摇船出来,到水榭前绕了一转,直到对面上山。一切关目,俱如～一般唱法。"

【台下】 tái xià ❶官衙或府第的台阶之下,敬指官府或官员府第。元《三遂平妖传》五回:"随即取弓箭射得这个男子下来,再抬头看时,那个像妇人的却不见了。今解这个男子在～,请相公台旨。"明葛昕《与崔太府公祖书》:"手编差徭,闻亦各有条理矣,特尚未明开榜文赴～用印耳。"《封神演义》七回:"小的来时离东鲁,到老爷～五年了。" ❷敬称对方,表示不敢直面,而以台阶代之。明孙绪《与吴司空献臣书》:"托彼专人,敬渎～小诗四首,薄旌下情。"佚名《五金鱼传》:"妾父曾有积怨深怒于～,况属犯妇,容直身正面而立乎?"清《水浒后传》七回:"～世胄英才,神仙骨相。" ❸用在称谓之后,表示对对方的尊敬。明孙志元《香林书院上梁文》:"恭惟郡伯石梁先生～,文章司命,理学主盟。"《西游记》一〇回:"辱爱弟魏徵顿首书拜大都案契兄崔老先生～:

忆昔交游，音容如在。"清李玉《人兽关》二九出："罪人桂薪得罪老夫人～，死罪死罪。"

【台衔】 tái xián ❶敬称他人姓名与职衔。宋宋祁《答并州韩太尉启》："前损～，茂申聘旨，奖以情厚，位缘眷隆。"虞正《临卭计次魏自言六世祖破荒先生晚居景陵》："四海时无伸国论，百年人自仰～。"清《儒林外史》一八回："每位各出杖头资二星，今将在会诸位先生～开列于后。" ❷御史台的职衔。明林俊《敬亭有怀》："身倦～羁颇厌，疏归圣泽被还深。"文徵明《送戴时重佥宪之蜀》："剑南旌旆拂重关，新系～旧法官。" ❸指名片，上书姓名与职衔。清顾炎武《与李星来书》："及托广平路世兄专役东来，而仅～一帖见报，殊以不得书问为怅。"

【台宪】 tái xiàn 指御史台或御史台官员。唐白居易《牛元翼可深州刺史御史大夫制》："是用假威～，真拜郡符，仍以金貂，示其兼宠。"元张养浩《时政书》："夫国家之有～，犹边陲之有御兵。"清《歧路灯》五一回："今蒙各～放闲里田，自揣冗废，不期谭世兄尚背垂青。"

【台相】 tái xiàng 本称宰相，后用作对长官的敬称。宋黄庭坚《和答孙不愚见赠》："簿领侵寻～笔，风埃蓬勃使星鞍。"清《水浒后传》三回："特差敝门下扈成，文武全备，分兵三百名，回守城地。～可任调遣，巡察非常，庶无疏失。"

【台心】 tái xīn 敬称对方的心意。明袁宏道《去吴七牍·乞改稿三》："又谬谓调理数时，或得痊可，免致费累～耳。"清李渔《慎鸾交》一〇出："既然如此，我就仰体～，从今以后，绝口不提'华'字便了。"

【台兄】 tái xiōng 对辈分相当男性对方的敬称。明袁中道《答吴开府本如》："～旌旄入蜀，西夷底定。"清孔尚任《桃花扇》二八出："〔小生问介〕～尊号？〔生〕小生河南侯朝宗。"《凤凰池》二回："不才鄙句，但恐遗笑～。"

【台训】 tái xùn 犹"台命❶"。宋王珪《河北都运使李参可谏议大夫制》："进郎秩于中省，率蹈～，以承于休。"周必大《右朝散郎陈岘除福建路转运判官制》："汝大臣子，号称通才，毋瘝厥官，以若～。"

【台严】 tái yán ❶敬称对方的健康。严，衣装。宋王安石《上集贤相公启》："伏希上为国体，保固～。"明徐渭《代贺严公生日启》："托之百拜，驰以寸衷，伏愿保固～，膺绥福履。" ❷敬称对方，"严"指尊严、威严。宋范仲淹《上执政书》："干犯～，下情无任惶恐激切之至。"金元好问《癸巳岁寄中书耶律公书》："冒渎～，不胜惶恐之至。"明孙仁孺《东郭记》一六出："犯～，休将膻行兼。"

【台颜】 tái yán ❶尊称长上的表情。宋司马光《枢密院开启圣节道场排当词》："八音繁会，七律钧谐。上悦～，把色合曲。"江端友《牛酥行》："有客有客官长安，牛酥百斤亲自煎。倍道奔驰少师府，望尘且欲迎归轩。守阍呼语不必出，已有人居第一先。其多乃复倍于此，～顾视初怡然。"明边贡《复邃庵先生书》："毅斋所上曰：'吾有履焉。'乃知传曰：'礼者，履也。'此之谓也。幸破～一笑。" ❷敬称对方，犹言尊颜。宋陈渊《与王直阁书》："近别～，方欲上状未果，乃蒙赐教。"金《刘知远诸宫调》一二："不免具词与经略，伏望～不错，向衙中搜刷穷刘大。"清《情梦柝》一四回："不识～，多有唐突，得罪了。" ❸敬称对方的容颜或脸。元徐琰《蟾宫曲·青楼十咏》之一〇："是则是难留恋休掩泪眼，去则去好将惜善保～。"清《玉娇梨》二回："倘不鄙弃，请正～，容晚生仰测一二。"

【台意】 tái yì 敬称对方的意见。宋周必大《与汪圣锡尚书应辰书》："或以洪书在彼，重于移易，则召还班有何不可？不知～以为如何？"《元曲选·风光好》一折："太守见我退后来早～怒，学士见我向前去早恶心烦。"清《赛花铃》一五回："明日即欲上表乞养，未审～何如？"

【台印】 tái yìn ❶御史台的印章，也借指御史台的职权。宋周必大《记东坡乌台诗案》："予尝借观，皆坡亲笔，凡有涂改，即押字于下而用～。"元张养浩《祭李宣使文》："诘旦，命生市羊一豕一，反而谢之。比回，余已视～矣。"明吴宽《太子少保闵公七十寿诗序》："召拜南京刑部尚书，居二年，始改左都御史，俾握～，再加太子少保。" ❷敬称对方的印章。清《儒林外史》三〇回："袖子里拿出一个锦盒子，里面盛着两方图书，上写着'～'，双手递将过来。"

【台用】 tái yòng 敬称对方的身体状况。用，指饮食。宋李之仪《与储子椿手简》："冬候苦寒，不审迩日～起居何似？"晁公溯《上张待制札子》："某去铃下已旬朝，不省～何如。"又《上王总领札子》："两奉手答，欣省涉冬～休畅。"

【台驭】 tái yù 敬称对方的行踪。宋苏舜钦《启事上奉宁军陈侍郎》："伏自～东上，颇夫依庇，倾想恩德，一食三起。"明曾伟芳《上按院黄芳楠书》："顷者～发会城诸，全省羡餘公费藉归有司，不持一镪。"

【台狱】 tái yù 御史台监狱，也指其狱案。《旧唐书·崔隐甫传》："自贞观年李乾祐为御史大夫，别置～，有所鞫讯，便辄系之。"宋张景《故如京使金紫光禄大夫柳公行状》："明年，为黠徒诉，入～。"明王世贞《承德郎温州府通判潘公墓志铭》："有～白，而推恭定公。感者以百金酬公。"

【台谕】 tái yù 犹"台诲"。宋张嵲《与刘待制状》："某昨日蒙～，尝荐某于丞相。"明葛昕《与项玄池寅丈书》："伏承～，欲创厂志，以垂永久。"清《平山冷燕》二回："老公公～，倒也直接痛快。"

【台垣】 tái yuán ❶指中央宰辅之位。宋林希逸《贺留枢使启》："为世道以激昂，企～而鼓舞。"明张景《飞丸记》三三出："且说严介溪虎视～，儿子世蕃彪威传翼。"清《绣鞋记》八回："况叶主事现在户部供职，异日晋秩～，我们与有荣施。" ❷三台星所在疆域，与人间三公之位相对应。明胡应麟《奉寿大学士洪都张公》之一："凭高一望～色，南斗中天正陆离。"王世贞《答穆考功书》："～易曜，蒙气犹然，封殖之厚，则不止一人矣。"清《隋唐演义》四〇回："况我昨夜见坎上～中气色不佳，不想就应在此刻，恐紫微垂像，亦不远矣。" ❸指御史台或御史。明王世贞《亡弟中顺大夫敬美行状》："是时留都之～当有所论荐，而弟及不彀与焉。"清毛奇龄《张御史奏疏稿序》："古者言官焚谏草，今～去职，必镂疏一本，以夸其平日嘉谟之告。"《二度梅》二回："恭喜老爷得～之权，乃国来祯祥之兆也。" ❹敬称对方，以居处代之。明徐渭《与张阁下启》："三吴甲郡，仍叨别驾之荣；千里寸心，实切～之恋。"尹台《与徐相公论江南北盗情》："伏望～暂秘勿宣，默以意授圆机之士。"葛昕《与郭明龙宗伯书》："乃弟曦薄福，不能久侍～，忽淹泉台。"

【台允】 tái yǔn 敬称对方的应允。清李渔《蜃中楼》二四出："敝友负了盖世才名，又且身登仕路，也不叫做玷辱门楣。还求大王～。"《儒林外史》四四回："如蒙～，即送书金过来。"《荡寇志》七二回："衙内还有一件事，要恳～。"

【台杂】 tái zá 犹"台端❶"。《旧唐书·崔元略传》："元和八年拜殿中侍御史，十二年迁刑部郎中，知～事，擢拜御史中丞。"宋苏舜钦《推诚保德功臣韩公行状》："天圣二年移知青州，才数月召为侍御史，知杂事，赐金紫。三年判大理寺迁工部郎中，治～几二年。"陈襄《辞中书召试知制诰状》："臣学术至疏，昨者误蒙陛下擢置谏垣，曾未逾时，就迁～。”

【台盏】 tái zhǎn 有盏托的杯子。宋李心传《建炎以来朝野杂记》乙集卷一五：“适从王家肆中见粟金～十具，重百星，以四千缗得而献之耳。”《元曲选外编·西厢记》二本三折：“〔旦把酒科〕〔夫人央科〕〔末云〕小生量窄。〔旦云〕红娘，接了～者。”清《红楼梦》四四回：“尤氏听说，忙笑着又拉他出来坐下，命人拿了～斟了酒。”

【台站】 tái zhàn 为用兵或御边而设置的中转粮草军械等物资的站点。清康熙五十五年二月初一日上谕：“大兵行动，运送粮饷，安设～，牧养马匹等事，俱系领兵将军责任。”王杰《请复实亏空变通驿站疏》：“当其时，原有另设～，或调拨营马，或筹项购买，事竣各自报销，要与驿站两不相关。”《红楼梦》一〇七回：“今从宽将贾赦发往～，效力赎罪。”

【台长】 tái zhǎng 御史台长官。唐齐嵩《谷城黄石公碑阴记》：“玄宗季年，济阳废而东平兼领之，所称河东裴公，即故郡守名序，所题赵郡李卓，即今～栖筠。”元杨维桢《小鸦传》：“复改授御史，后以言中伤～，请归天目山。”清李渔《蜃中楼》一六出：“从来绣衣出入，皆是～所司。”

【台丈】 tái zhàng 对年长男性的尊称。明袁宏道《与朱玉槎书》：“无论受者为苦，即弟旁观，亦以为苦。～能纵之翻然不受人间羁锁乎？”《石点头》卷一二：“小弟从不曾与～有交亲，为甚将此厚礼见赐？”清《醒名花》九回：“辱弟湛国瑛，拜启应辰～。”

【台照】 tái zhào ❶ 敬称对方的照顾。宋韩琦《与集贤相公启》：“曲加～，屡赐齿怜。”文同《上知府吴龙图启》：“今复试守支郡，获依使芘，蒙赖～，日晞光焰。”黄榦《辞宇文宣抚再辟帅幕札子》：“窃以大君子爱人以德，必不使后辈去就违义，故敢僭布申恳。倘蒙～，特赐改辟，不胜万幸。” ❷ 请对方鉴察的敬语，多用于书信。宋汪应辰《与赵总领书》：“偶有所见，不敢自外，率易言之，尚冀～。”《元曲选外编·西厢记》二本楔子：“造次干渎，不胜惭愧。伏乞～不宣。”清于成龙《初至黄郡与友人书》：“积绪万千，书不尽意，统希～。” ❸ 敬称对方的视野。明毕自严《与毕见素书》：“今岁新截漕粮挂欠数多，昨有小疏具题，想已彻～矣。”海瑞《奉王忠铭翰林检讨书》：“吾琼年荒盗起，百凡比前一二年急促为甚。～所及一吹嘘之，而事或不同矣。”

【台正】 tái zhèng 御史台或钦天监等机构的正职长官。明刘麟《与杨邃庵书》：“～鼎居深严，密勿亦惟旦夕。”《西游记》九回：“此人是谁？原来是当朝钦天监～先生袁天罡的叔父，袁守诚是也。”

【台政】 tái zhèng ❶ 指中枢宰辅之政。唐柳宗元《代广南节度使谢出镇表》：“臣幸以刍贱，累忝殊荣，天德荐临，遂加～。” ❷ 御史台之政。元至元二十三年十二月十一日魏初奏议：“比者～一新，有合讲究事理，开具于后。”胡祗遹《寄崔中丞》：“执事主～，选贤少安眠。”明顾清《书礼部尚书沈公哀挽册后》：“孝皇深知之，擢授银台，经历四迁，长～，遂贰春卿，班于九列几二十年。”

【台旨】 tái zhǐ 犹“台意”。五代孙光宪《北梦琐言》卷四：“杨令到任具达～，伍伯曰：‘某下贱，岂有外甥为宰相耶？’”宋佚名《张协状元》三五出：“状元～：除是朝士官员，你便通报。其次村里汉、外方人及妇女，莫容它来。”清《醒名花》一五回：“下官何敢独任受德，此事全候夫人～。”

【台秩】 tái zhì 御史台官职品级。唐罗隐《送汝州李中丞》：“官品尊～，山河拥福星。”宋苏颂《朝请大夫孙公行状》：“而公亦连上章，求解～，出补外郡。”明王世贞《许殿卿》：“仆忽忽不自意有郧襄之役，～峻加。”

【台重】 tái zhòng ❶ 敬请对方珍重身体的敬语。宋周必大《与杨廷秀宝学书》：“餘惟倍保～，新春密迩，即对泰亨之宠。”李石《答郑运使书论蜀中事体》：“春寒，伏乞以道素，倍保～。”王十朋《与任提举书》：“天气正炎，淫雨未歇，敢祝善保～。” ❷ 敬称对方。重，尊贵。宋苏轼《上吕仆射论浙西灾伤书》：“干冒～，伏纸栗战。”《元曲选外编·博望烧屯》四折：“〔管通云〕贫道远远而来，不辞劳惮也。〔正末唱〕哥哥你便来探望劳～。”明佚名《龙会兰池录》：“辰下涣风串柳，晋日筛梅，万希～，上荐天申。”

【台瞩】 tái zhǔ 犹“台览”。明边贡《复邃庵先生书》：“缮写成帙，附呈～。”

【台篆】 tái zhuàn 敬称对方的名字。清《绿野仙踪》四回：“及至将书字皮面一看，上写‘大理寺正卿书寄广平府成安县冷太爷启’，下面又写着‘～不华’四字。”

【台桌】 tái zhuō 桌腿较高的桌子。宋《三朝北盟会编》卷一一〇：“馆伴关借～共三十，以两桌载朝廷礼物，二十八桌载使人私觌礼物。”元明《水浒传》七二回：“奶子丫环，连忙收拾过了杯盘什物，扛过～，洒扫亭轩。”清《隋唐演义》二九回：“等不及造观天台，就拉着袁紫烟到月台上来，叫宫人把～数张，搭起一座高台。”

【台资】 tái zī 任御史台官职的资历。《续资治通鉴长编》卷一〇八：“请自今御史并举历知州、同判人。其见在～浅者，且令出知州。”明王慎中《丘中丞传》：“及终父丧再入台，台僚多变易，宿旧少存者，因默自悲，欲乞外而～已高，于格不得外授。”清陈鼎《崔景荣传》：“崔景荣，字自强，长垣人，……积～十八载。”

【台子】 tái zi ❶ 平而高的土石堆或建筑物。《云笈七籤》卷六八：“下为土～承之，其～亦高二寸，大小令与鼎相当。”明汤显祖《南柯记》四二出：“〔生〕嵌空中楼郭层城，怎中央有绛台深迥？〔沙〕这～土色是红些。”清《儒林外史》二三回：“天井里一个土～，～上一架藤花。” ❷ 桌子。五代孙光宪《北梦琐言》卷一〇：“俄而设～，止施一瓯芥醋，更无他味。”明《禅真逸史》一二回：“阿保进卧房内将门儿拴了，～上点着一盏灯。”清《荡寇志》九五回：“二人上了酒楼，纪二便引戴春到临街窗一张～坐下。” ❸ 指戏台。清《醒世姻缘传》一二回：“俺虽是没根基，登～，养汉接客，俺只拣着像模样人接。”《歧路灯》一〇回：“悟空举起大马桶细看，因向戏台上一倾，倾出三个小狗儿，在～上乱跑。”

【台尊】 tái zūn ❶ 称御史台的长官。明李昌祺《剪灯餘话》卷一：“顷间，引五六人出，执余以人，跪阶下。～服章如王者，侍卫甚多。” ❷ 敬称对方。明徐渭《季聘琼州唐书》：“敬再拜以临缄，冀～之俯领。”周履靖《锦笺记》四〇出：“多仪下锡，兼渎～。”沈璟《义侠记》二七出：“～若问此缘由，不杀奸雄不肯休。”

【台坐】 tái zuò ❶ 三台星座，指宰辅之位。唐刘禹锡《上门下武相公启》：“八柄所在，三人同心。协～之精，膺杰材之数。”五代刘崇远《金华子》卷下：“后路公岩、于公琮、……卢公携，相次登于～，其后皆不免。” ❷ 台子的底座；座位。宋李诫《营造法式》卷二八：“混作……柱头或带仰覆莲荷，～造龙凤师子之类。”苏天爵《故承务郎杞县尹阎侯墓碑铭》：“疾革起，正衣冠，端～，悉召子孙前列，申以诲言。” ❸ 敬称对方的座位，指身边。宋宋祁《上吕相公书》：“祁阻奉～，再见岁阴，心驰门下，未始宁舍。”曾巩《与刘沆龙图启》：“况此餘庥，可均敝族。虽远～，常注愚心。”史尧弼《与张丞相书》：“数数闻相公动静，于数千里外甚悉，如日侍～然。” ❹ 敬称对方，以座位代之。宋朱熹《与林子方书》：“～径跻华要，而贱迹跧伏穷山，出处不齐，何由复遂鄙愿？”周必大《程元成给事》：“～急流勇退，从容葵心，秀野揽物之间，白日自长，修龄方永。” ❺ 用在称谓后，表示谦敬。宋李之仪《与翟给事公逊》："皇恐上启知府给事～。" ❻ 正座；坐在正座上。清李渔《风筝误》二出："老伯请～，容小侄拜贺新正。"《野叟曝言》一二六回："皇后请水夫人～。水夫人再三不安，只得分宾主坐下。"《水浒后传》三九回："闻妃在上，国母～，花太夫人依次安席。"

【台座】 tái zuò ❶ 同"台坐❶"。唐李商隐《为荥阳公上宏文崔相公状》："皇闱晓辟，朱旗将金印同归；碧落宵清，～与将星俱耀。"赵璘《因话录》卷二："张弘靖三世掌书命在～，前代未有。"明胡应麟《贺申学士生辰启》："惟兹大德，克当天心，爰及熙朝，时升～。"也指身居宰辅之位的官员。唐高彦休《阙史》卷上："时以药饵初平，～略奏事后，诸司及待制官并不召，盖虑宸居之疲倦也。" ❷ 同"台坐❷"，也指台式建筑。唐佚名《龙兴寺百法院礼佛会石幢记》："拟造石幢～，镌上下经两轴。"《宋高僧传》卷二一《唐邺都开元寺智詧传》："其所讲宣也，音辩浏亮，每临～，自谓超绝。"明范景文《新建敌台记》："疏报可，遂醵金纠工，沿江要害计设～凡七。" ❸ 同"台坐❸"。唐崔致远《献生日物状》："伏惟略鉴心诚，俯赐容纳，所冀近～而永安寰海，展仙斋而便对家山。"宋强至《安抚资政问候状》："某近奉音邮，计尘～，仰惟福履，诞拥休祺。"清陈端生《再生缘》五七回："老夫有一句不知进退的话，要冒渎大人的～，未知保和公用午膳未曾？" ❹ 同"台坐❹"。唐李商隐《为荥阳公上仆射崔相公状》："伏幸过潭州日，得与舆人咏我～。"宋杨寅秋《上总宪温一斋书》："凶逆荡平，曾因差驰报，想见～色笑矣。"清陈端生《再生缘》三二回："咳！有惊～了。此生如此裙钗，可博老师一笑。" ❺ 同"台坐❺"。宋王安石《与王宣徽书》："某顿首再拜留守宣徽太尉～。"明佚名《精忠记》一〇出："金兀术上达丞相秦公～前。当初放你还，莫忘前设誓言。"清陈端生《再生缘》四九回："朝上端然深作揖，深深参见郦明堂。老师大人～，门生裘仲仪谨拜。" ❻ 三台星座，指宰辅官员所在的分野。宋宋祁《送张清臣学士省侍金陵》："吴天此夜瞻～，并是荀家殳子星。" ❼ 同"台坐❻"。明《石点头》卷一："还求大夫人～，容贱妾拜见。"清陈端生《再生缘》一七回："恩师就此升～，子婿应该拜泰山。"《儒林外史》七回："请二位老先生～，好让山人拜见。"

【抬】 tái ❶ 提；端；往上举。唐王建《宫词》之二七："金砌雨来行步滑，两人～起隐花裙。"元佚名《耍孩儿·拘刷行院》："自开宝匣～乌帽，遂掇雕鞍辔紫骝。"清《品花宝鉴》五〇回："要把那三点水揪下来，把女字～上去，不是个汝字？" ❷ 拍击；挥动。唐章孝标《少年行》："手～白马嘶春雪，臂竦青骹入暮云。"《敦煌变文校注》卷一《汉将王陵变》："陵左手揽发，右手～刀，头随刃落。" ❸ 搅动；荡起；摇撼。唐吴融《上巳日花下闲看》："云鬟照水和花重，罗袖～风惹絮迟。"佚名《长信宫》："珠帘欲卷～秋水，罗幌微开动冷烟。"清郑珍《晓行溪上喜而吟》："昨午点滴不成雷，入夜风雨～山来。" ❹ 张开。唐杜荀鹤《伤病马》："顾主强～和泪眼，就人轻刷带疮皮。"宋柳永《柳初新》："柳～烟眼，花匀露脸，渐觉绿娇红姹。"金马钰《白观音·赠吴知纲》："穿衣慵举臂，吃饭懒～唇。" ❺ 搀扶；承托；依靠。唐白居易《马坠强出赠同座》："足伤遭马坠，腰重倩人～。"又《罢府归旧居》："石片～琴匣，松枝阁酒杯。"王贞白《芦苇》："未织巴篱护，几～邛竹扶。" ❻ 提高(价格、数量、能力、身价等)。唐元稹《中书省议赋税及铸钱等状》："仍令依当处堪纳两税匹段及杂货估价，计折输纳。给用之时，并不得令有加～。"宋洪迈《容斋四笔》卷三："至公卿任子，欲其早列仕籍，或正在童孺，故率增～庚甲有至数岁者。"卢炳《水调歌头》："须索高～目力，觑破只同儿戏，不必更重论。"清《歧路灯》五回："东乡有个门生叫李瞻岱，就想请他教书。他偏自～身分不肯去。" ❼ 共同用手或肩膀搬运东西。五代王仁裕《开元天宝遗事·步辇召学士》："七月十五日，苦雨不止，泥泞盈尺。上令侍御者～步辇召学士来。"《元曲选外编·西厢记》四本一折："小姐这一遭若不来呵，安排着害，准备着～。"清《儒林外史》四回："拿条草绳，把和尚精赤条条同妇人一绳捆了，将个杠子穿心～着。" ❽ 搁；张挂；摆放。宋史浩《庆清朝·梅花》："报道玉人睡觉，菱花初试晓妆台。携归去，粉额殢人，比并轻～。"《元曲选外编·西厢记》五本二折："高～在衣架上怕吹了颜色，乱穰在包袱中恐剉了褶儿。"清毛奇龄注："北人称挂曰抬。"明瞿佑《天魔舞》："水晶之盘素鳞出，玳瑁之席天鹅～。" ❾ 提拔；扶持。宋佚名《呻吟语》："虏主榜朝市云，宫奴赵□母韦氏、妻邢氏、姜氏凡十九人，并～为良家子。"清李玉《一捧雪》一〇出："可笑那莫太常，他受严爷许多宠爱，一个恩官～在科道九卿之上。"《野叟曝言》七一回："我如今主意要把杏绡～起来顶了狐精的缺，把大桃～起来顶了仙姨的缺。" ❿ 抬举；尊崇；吹捧。金王丹桂《声声慢》："忙郎痴騃，不识人～。狂图捏怪胡来。"清《醒世姻缘传》二回："大官人也没正经。你要尊敬他，抬举他，只在家中尊他～他罢了。这是甚么模样！"《白雪遗音·麻衣神相》："你相相我，多咱离了烟花寨，休要高～。" ⓫ 捧；拿；取。《元曲选·看钱奴》二折："也曾有三年乳十月胎，似珍珠掌上～。"又《青衫泪》三折："那单倈正昏睡，囫囵课你拿只，江茶引我～起，比及他觉来疾。"又《碧桃花》四折："请你个假古懒的官人休怪，我这里把新词袖里忙～。〔出词科，唱〕一字字堪怜堪爱，一句句难学难赛。" ⓬ 摘；拔；掀。《元曲选外编·延安府》一折："你悄声儿引到无人处，我可便～了笠子，脱了衣服。"明杨慎《恶氛行》："贼来不肯令出哨，贼去但解～空营。"清张井《安东改河议》："是干滩之周围皆有深沟，滩上已成孤立，汛涨大行，其势断不能存住，直可～之而下。" ⓭ 娶。明于谦《兵部为夷人进贡事奏》："假丧礼以邀属官之馈赙，恣淫欲而～故人之遗妾。"《金瓶梅词话》七七回："苗青替老爹使了十两银子，～了扬州卫一个千户家女子，十六岁了，名唤楚云。"清《续金瓶梅》二五回："我这里度日如年，知道那厮儿时来～我！" ⓮ 犹"抬头❹"。明杨士聪《玉堂荟记》卷上："昊天上帝，人主所尊敬，但从来无高～之例，即祖宗等字，不过与皇上并～。今上谓与祖宗并列，意有未安。令章奏遇祖宗字，各加高一字。"又："癸酉八月朔，阁试《商霖赋》，题本明白，乃有用祖宗皇上字高～者。" ⓯ 量词。用于所抬的物品。明吴应箕《赠太子少师兵部尚书杨公传》："请告归籍，止用肩舆一乘，行李两～而已。"清《续金瓶梅》五二回："俱抬着大扛箱，有十数～。"《醒世姻缘传》五四回："用了五两财礼，两～食盒，娶到家来。"

【抬爱】 tái ài 抬举爱护；看重喜爱。或可用作反语。明《西洋记》五三回："二位元帅老爷固是～小的，只是这一干军士，都是小人的班辈，他岂肯听小人的调遣？"清《绿野仙踪》八〇回："和你这种不识人～的杀材说话，就是我不识数儿处。"《姑妄言》一〇回："这是二位哥的～。我昨晚的鼻血淌了有两碗，这会子还晕刀刀的。"

【抬案】 tái àn 上面立有装扮的历史、传说人物用以抬举游行的案板。明陈懋江《泉南杂志》卷下："每遇神圣诞期，以方丈木板，搭成～，索绹绮绘，周翼扶栏，置几于中，加幔于上，而以姣童妆扮故事。"

【抬搬】 tái bān 搭抬搬运。清《歧路灯》七八回："到了十四日午后，忽而戏筒戏箱捞来两车，……这绍闻忙叫～东厢房。"

【抬材】 tái cái 抬棺材。明《欢喜冤家》一〇回："恰好有几个～的一众人往巷里走过，分明看见许玄。"清《醒世姻缘传》八〇回："你这～的花子，你得了他几个钱，往枯井里跳？"《风流悟》八回："却问得原先李夫手下一个～之人，领了刘道到山中，掘开土来，打开棺材一看，果然做了孔夫子有鄙夫问于我，空空如也。”

【抬秤】 tái chèng 一种大杆秤。用时将杠子穿在秤毫（即提秤用的拉手，也叫秤纽）内，由两人抬起称重。清《醒世姻缘传》四八回：“典史叫乡约地方取了～，将盐逐一秤过。”

【抬出】 tái chū 指行文时将尊称另起行并高出其他文字一格或二格。清谈迁《谈氏笔乘·逸典》：“史相国在扬州，请人寓书云‘摄政王致书史相国执事’云云。自称‘本朝’，字～。”

【抬春】 tái chūn 擎抬春案。立春日，顺天府尹进春案（案上立人功扎制的春牛）于帝、后、皇子等座前，称进春。明沈榜《宛署杂记》卷一四：“厢长备办～人夫等项工价银六两四钱五分五厘；包春人夫二十名，工食银五钱八分。”

【抬担】 tái dān 另见 tái dàn。承担。清《醒名花》一回：“况我家小姐性多偏执，倘若出事，那时谁去～？”又一三回：“一则贺功，二则便与云侣说明其事。云侣便一力～道：‘这都在贫道身上。’”

【抬担】 tái dàn 另见 tái dān。挑担或擎抬担子。宋《三朝北盟会编》卷一四一：“方其敲也，有一人奋身而起大呼曰：‘我与你～。’仲之党皆大笑。”明《西游记》九回：“苍径秋高拽斧去，晚凉～回来。”《金瓶梅词话》七〇回：“刚出大门来，寻见贲四等～出来，正要走。”

【抬迭】 tái dié 抬举；照顾。《元曲选外编·五侯宴》二折：“富豪家安稳把孩儿好～，这孩儿脱命逃生，媳妇儿感承多谢。”

【抬揲】 tái dié 举；抬起。揲，折屈。《元曲选·儿女团圆》三折：“那壁厢冲倒他爷。哎哟！慌的我来战笃速这手儿可怎生～？”

【抬叠】 tái dié 打叠；收敛。元王仲元《清江引·笑靥儿》：“～起脸上愁，出落腮边俏，千金这窝儿里消费了。”

【抬放】 tái fàng ❶ 搭抬安放。元明《水浒传》八二回：“香车龙亭，～忠义堂上。”明《醒世恒言》卷三四：“如今不是相打的事了，且把尸首收抬起来，～他家屋里了再处。”清袁枚《书张郎湖臬使逸事》：“遂取地上石子打去，错打顶心，喊声息而人死矣。见小船泊岸，半夜～船中，任他流去。” ❷ 举着燃放。明《金瓶梅词话》二四回：“女婿陈经济躧着马，～烟火花炮与众妇人瞧。” ❸ 招接安置。明《金瓶梅词话》二一回：“我这屋里也难～你，趁早与我出去。”又七四回：“西门庆又问伯爵：‘你娘们明日都去，你叫唱的是杂耍的？’伯爵道：‘哥倒说得好，小人家那里～，将就叫了两个唱女儿唱罢了。’” ❹ 抬举安排。放，特指纳妾，为安放的引申义。清《野叟曝言》七一回：“是日，即将随氏迁入正房，拨了六名丫鬟，两名养娘伏侍。把杏绡、大桃～作妾。”

【抬夫】 tái fū 用于扛抬重物的人夫。清《康熙起居注·康熙五十六年十二月》：“今梓宫发引时，该部率领～，将梓宫升輀而之时奏闻。”《平定台湾纪略》卷六四：“内有瑚图灵阿等五名，欲雇轿乘坐，恐中途～脱逃，不能行走，遂私自坐船。”《品花宝鉴》五二回：“妆奁到了，挤满了街道，二千名～，也就与出兵一样。只见众家人带领～头儿，纷纷搬运。”

【抬负】 tái fù 扛抬背负。清《野叟曝言》六五回：“遂有两个熊，便来扛抬素臣；有一个熊，便来背负锦囊。素臣等不由自主，任他～上山。”

【抬扛】 tái gàng 另见 tái káng。❶ 抬运重物。扛，成件的货物。明王恕《参镇守官跟随人员扰害夷方奏状》：“火头百姓，承应～，不得安业，俱各逃往别处去了。”《金瓶梅词话》七〇回：“又问周守备讨了四名巡捕军人，四匹小马，打点驮装、暖轿、马，排军～。”清乾隆二十二年《浙江通志》卷八八：“凡驿递各站设有夫役，以供舁舆～、递送文书、喂养马匹等事。” ❷ 争辩。清《红楼真梦》五四回：“我那回和四姑娘～，我只说一句‘你是状元第一个才子’，惹他说了一大套的话。”

【抬杠】 tái gàng ❶ 即“抬阁”。明周瑛《立春观一有作》：“群抬长杠逐春来，红绿参差照草莱。岩岫上头走车马，树林深处见楼台。百家技巧重重作，诸史幽奇色色裁。” ❷ 抬棺材。旧时出殡棺材置于大杠上由杠夫抬行。清《品花宝鉴》三二回：“他老子叫花三胡子，在杠房～出身，如今大发财，开了几处杠房。”

【抬搁】 tái gē 摘取搁放。清《歧路灯》四〇回：“你今日跟我回去，就跟我睡。你大娘与你～了好些讧柿哩。”

【抬阁】 tái gé 同“台阁”。清《八旬万寿盛典》卷八〇：“昆卢亭子旁设～五座，俱取吉祥缀景，有童子妆束，嶷然竦立，高出檐际。”欧阳兆熊《水窗春呓》卷下：“都天会最盛者为镇江，次则清江浦，每年有～一二十架，皆扮演故事，分上中下四层，最上一层高至四丈，可过市房楼檐，皆用童男女为之，远观亭亭然如彩山之移动也。”

【抬估】 tái gū 抬高估价。《旧唐书·崔佑甫传》：“近年天下所纳盐酒利～者，一切征收。”《旧五代史·汉书·王章传》：“郡官所请月俸，皆取不堪资军者给之，谓之闲杂物。命所司高估其价，估定更添，谓之～。”

【抬鼓】 tái gǔ 用人抬行以供敲击的大鼓。清《八旬万寿盛典》初集卷一一：“大驾卤簿，先开路象四，分列道左右，……次笛一对，次板一串，～一面。”

【抬鼓弄】 tái gǔ nòng 数人抬起一人掀跌作弄。明《西游记》二回：“把个魔王围绕，抱的抱，扯的扯，……捻鼻子，～，直打做一个攒盘。”

【抬贵】 tái guì 抬举使尊贵。清《女仙外史》八三回：“唐朝武墨登极，受享四海，臣民朝谒，就把女人～起来。”《金石缘》六回：“若能安分成亲，我们便权认她做女儿，岂不～了她！”

【抬颏】 tái hái 同“台孩”。《元曲选·谢天香》一折：“你觑他交椅上～样儿，待的你不同前次，他则是微分间将表字呼之。”又《李逵负荆》四折：“他对着那有期会的众英才，一个个稳坐～。我说的明白，道莽撞的廉颇请罪来，死也应该。”又《金童玉女》四折：“武聪明更精彩，对着俺撒敦家显耀些～。”

【抬盒】 tái hé ❶ 需用两人抬着的礼盒或食盒。明沈榜《宛署杂记》卷一四：“水桶五只，银三钱；～十副，银二两二钱五分。”《封神演义》五六回：“只见辛甲暗将信香取出，忙将～内大炮燃着。”清《粉妆楼》二回：“遂令家人备了～，挑了酒肴。” ❷ 指馈送礼盒。清《歧路灯》七回：“又一日，是赁住谭宅房子的客商，有当店、绸缎铺、海味铺、煤炭厂几家，相约～备赆，荣饯云程。”

【抬价】 tái jià 抬高物价。宋苏轼《论浙西闭籴状》：“如有诸色人～买米，贩往别州，许人告。”清《野叟曝言》六四回：“奸牙～，必百倍高昂，将何法以杜之？”

【抬架】 tái jià 承托架起。清《醒名花》七回：“单有狗低头，皂隶行杖时，便有那班相知的衙蠹～，分外打得轻些，故此还挣扎得起。”

【抬奖】 tái jiǎng 抬举奖掖。宋《朱子语类》卷一三二：“又缘顷被其人～得太过，正如个船阁在沙岸上，要上又不得，要下又推不动。”

【抬轿】 tái jiào ❶ 扛抬轿子。宋元《清平山堂话本·李翠莲》：“众人都来面前站，合多合少等我散。～的合五贯，先生、媒人两贯半。”明闵文振《涉异志》：“公大贵人，他日当得八人～。”清李玉《人兽关》一三出："原非脱洒步行，只为无人～。" ❷ 指乘坐轿子。明沈德符《万历野获编》卷二〇："在京三品大臣始得坐轿，以故光禄太仆卿之升佥都御史，虽甚雄剧，然以从三转正四，故有'～谢恩，骑马到任'之语。"《隋炀帝艳史》二〇回："又穿了公服，也不～，同令狐达骑了两匹马，带领跟随，到留侯庙来烧香假道。"清《蜃楼志》一五回："从妹子进了苏家，终日的～出入，大摇大摆，好不兴头。" ❸ 供人抬行的轿子（跟卧轿、驮轿等相区别）。明《大宋中兴通俗演义》七二回："言罢，秦桧～近前，施全拔出利刃，望轿幔直刺进去。"清《醒世姻缘传》二五回："一日间，有一顶～，一乘卧轿，几头骡子，老早的安下店内。" ❹ 一种两个人对一个人的划拳方式。清《蜃楼志》五回："春才输了六七拳，酒已半醉。笑官道：'两人豁拳不如三人～。'便与岱云串通，春才接连吃了十数杯。"

【抬敬】 tái jìng 抬举敬重。清《醒世姻缘传》八回："梁、胡两个与晁老闲叙，说起那锦衣卫各堂多有相知，朝中的显宦也还有亲眷，把梁、胡二人又从新～起来。"

【抬举】 tái jǔ ❶ 向上托；举起。唐罗隐《春风》："但是粃糠微细物，等闲～到青云。"《元曲选·任风子》二折："我到那里一只手揪住系腰，一只手揝住道服，把那厮轻轻～，滴溜扑摔下街衢。"清《医宗金鉴》卷八九："已上若被跌伤，手必屈转向后，骨缝裂开，不能～。" ❷ 挺立。唐元稹《高荷》："亭亭自～，鼎鼎难藏擪。不学着水荃，一生长怗怗。" ❸ 看重；欣赏；提拔。唐白居易《霓裳羽衣舞歌》："妍蚩优劣宁相远，大都只在人～。"元锺嗣成《一枝花·自序丑斋》："子为外貌儿不中～，因此内才儿不得便宜。"清《万花楼》一一回："多蒙王爷～，贫僧借以有光。" ❹ 照顾；看承；照料。或可用作反语。唐元稹《牡丹》之二："繁绿阴全合，衰红展渐难。风光一～，犹得暂时看。"金《董解元西厢记》卷七："无情绪，憔悴得身躯，有谁～？"明《西游记》五六回："承你～，正是这样供。若肯一个月供得七八十遭，老孙越有买卖。" ❺ 抚育；养育。《敦煌变文校注》卷五《父母恩重经讲经文(二)》："咽苦吐甘～得，莫交(教)孤负阿娘恩。"《元曲选·赵氏孤儿》二折："老宰辅慢慢的～的孤儿成人长大，与他父母报仇。"明《拍案惊奇》卷三三："我虽无三年养育之苦，也有十五年～之恩。" ❻ 栽植；培育。宋陶穀《清异录》卷上："～牡丹法：常以九月取角屑、硫磺，碾如面，拌细土。"邵雍《自和打乖吟》："庭草划除终未尽，槛花～尚难开。"胡宏《和伯氏》："华枝瘦日应～，草色回春莫划除。" ❼ 培养；养成。宋王禹偁《秋莺歌》："淮南八月尚有莺，关关无异来时声。东风～如簧舌，何事经秋犹未绝。"杨万里《谢张功父送牡丹》："浅红酽紫各新样，雪白鹅黄非旧名。～精神微雨过，留连消息嫩寒生。"元洪希文《惜花》："阳艳亭台手自栽，精神～待春回。朝来不忍独倚树，雨过那堪都委苔。" ❽ 遭逢；结缘。宋辛弃疾《好事近·春日郊游》："花月赏心天，～多情诗客。取次锦袍须贳，爱春醅浮雪。"《元曲选·救风尘》三折："俺那妹子儿有见闻，可有福分，～了个丈夫俊上添俊。" ❾ 给予；赠给。明《欢喜冤家》二一回："朱吉管家原说公子～我们一场富贵，如今弄得衣食反艰难了。"清《续金瓶梅》二二回："他爹因没儿寻妾，托着亲家送将来，～他的金灯楼环子、四季衣服，大皮箱盛着。"

【抬扛】 tái káng 另见 tái gàng。用肩抬。宋《朱子语类》卷八三："古者大夫入国，以棺随其后，使人～个棺椽随行，死便要用。"明《西游释厄传》卷九："叫徒弟抬他下锅，三四个近前来～他不起。"清《续西游记》九一回："众妖道：'孙行者厉害，惹不得。这猪八戒不济，我们且扛了他去。'把个毫毛变的假八戒～飞空走了。"

【抬楼儿】 tái lóu er 抬轿子，比喻奉承。明朱有燉《继母大贤》二折："那王义虽是有些本钱，被那姓费的姓苗的每日哄着他～，吃了他的。"清翟灏《通俗编》卷三八："成衣曰戳短枪，抬轿曰～。"

【抬盘】 tái pán ❶ 同"台盘❶"。唐佚名《玉泉子》："诸人相顾，以为必蒸鹅鸭之类。逡巡舁～出，酱醋亦极香新，良久就食，人前下粟米饭一碗，蒸葫芦一枚。"元王举之《红绣鞋》："手腕儿白似鹅翅，指头儿嫩似葱枝，玉～捧定水晶卮。" ❷ 同"台盘❸"。明陆采《明珠记》二〇出："告免了踢打扯挦之苦，忽上～。"

【抬捧】 tái pěng ❶ 扛抬或端捧。明王世贞《巡幸考》："本卫拣选精壮旗校八千人，以六千人专管～上坐舆辇，二千人专管摆执驾仪。" ❷ 奉承；捧场。明徐渭《改草》："当在南时，或交游不良，奴僮助兴，或兜绰公私及羽翼～之辈，便加裁治。"

【抬钱】 tái qián 雇人搬抬重物(多指抬棺)的酬金。明《金瓶梅词话》八二回："明日央你蚤去门外发送发送你潘姥姥，打发～。"清《姑妄言》二〇回："虽然舍给他一口棺材，～又出在那里？"

【抬娶】 tái qǔ 用轿子迎娶。明《金瓶梅词话》八回："约定八月初六日是武大郎百日，请僧念佛烧灵；初八日晚，～妇人家去。"

【抬色】 tái sè 增色。明《朴通事谚解》卷中："这被面大红身儿，明绿当头，都是～的，里儿都全，要染的好看着。"

【抬身】 tái shēn ❶ 抬起身体；欠身。唐元稹《生春》之一五："开眼犹残梦，～便恐融。"宋吴自牧《梦粱录》卷一："驾近太庙则盖撤开前行数步，上略～而过此，见尊祖敬宗之意。"明汤显祖《牡丹亭》五三出："咱礼数缺通融，曲曲躬躬；他那里半～全不动。" ❷ 起身；动身。元佚名《行香子》："一个苍蝇，飞入腥盆。顾甜时、直入中心去，忘了～。沾其足，沾其翅，丧其形。"明《拍案惊奇》卷九："到得平章家里，傧相念了诗赋，启请新人出轿。伴娘开帘，等待再三，不见～。"清李玉《一捧雪》二〇出："吉日良时，请新贵人～缓步，请行。" ❸ 再嫁的婉词。清《歧路灯》三九回："我贪恋你是个前程人，情愿～到咱家。"

【抬手】 tái shǒu ❶ 举起手。唐段成式《酉阳杂俎》续集卷七："～扪面，血涂眉睫，方知伤损。"明汤显祖《邯郸记》二九出："贵人～，指下细端详，手背上汗亡阳。"清《红楼梦》二六回："黛玉坐在床上，一面～整理鬓发，一面笑向宝玉道：'人家睡觉，你进来作什么？'" ❷ 拱手，表示感谢(辞谢)或尊敬。宋邵雍《谢宁寺丞惠希夷樽》："仙掌峰峦峭不收，希夷去后遂无俦。能斟时事高～，善酌人情略拨头。"明杨一清《为捉获奸细构引大势回贼犯边等事奏》："自谓回夷一左右足而吾辈遂有安危，所以～听命，馆为上客。" ❸ 撒手；脱手。元陶宗仪《辍耕录》卷一二："畴昔微通一笑，白面郎争与缠头；如今顿悟三生，青眼客便当～。"《元曲选·陈州粜米》二折："刚刚是无倒断薄领埋头，更被那紫襕袍拘束的我难～。"《元曲选外编·西游记》一本二折："他那里呱呱叫吼，我这里急急抽头，将匣子轻～。近着这沙岸汀洲，哭声哀猿闻肠断，匣影孤鱼见应愁。" ❹ 放手；宽容饶恕。《元曲选·㑳梅香》四折："告学士，高～，权耽待。"清《醒世姻缘传》九一回："爷既做了这事，生米成了熟饭勾当。奶奶你不抬抬手，可怎么样的？" ❺ 庆功。《元曲选外编·飞刀对箭》四折："口咬杀高丽大将，屁绷杀摩利支，都是我的功劳。将酒来，与我～吃三钟。"明佚名《庆赏端阳》一折："如今元帅府里安排筵会，与柴绍～。兄弟，我和你走一遭去。"

【抬送】 tái sòng 搬抬运送。明余子俊《土官阻留贡物疏》："今后每扛不过八九十斤，庶便～。"《金瓶梅词话》四一回："我方才使小厮来对你说，～了花红果盒去。"清《幻中游》一七回："念氏打整打整身面，王进士雇小轿一乘，着人～抚院衙门里去。"

【抬踏】 tái tà　抬手迈步。《元曲选·鸳鸯被》二折："早唬的来手儿脚儿软剌答，怎～，好着我便心似热油炸。"

【抬帖】 tái tiē　流连；顾恋。宋石孝友《水调歌头·上清江李中生辰》："点检诗囊酒碗，～舞茵歌扇，收尽两眉愁。"邵雍《小车吟》："进退云水，舒卷烟霞。揄扬风月，～莺花。"

【抬贴】 tái tiē　❶同"抬帖"。宋吴泳《东皋唱和集序》："每啸傲湖山，镇日忘返。～梅月，一尘不着。"元曾瑞《哨遍·秋扇》："最难甘递互相～，卖弄他风流酝藉。"《元曲选外编·拜月亭》三折："厮～，那消疏，那凄切，生分离，厮抛撇。"　❷适配；相宜。宋吴泳《清平乐·寿吴毅夫》："荔子才丹栀子白，～诞弥嘉月。"

【抬桶】 tái tǒng　供人抬运的桶。明沈榜《宛署杂记》卷一〇："～三个，银柒钱伍分；吊桶二个，银捌分；净桶二个，银贰钱。"

【抬头】 tái tóu　❶仰起头。唐白居易《病中赠南邻觅酒》："今朝似挍～语，先问南邻有酒无？"清《红楼梦》四二回："王太医便不敢～，忙上来请了安。"　❷出头；受压制者得到伸展。唐冯贽《云仙杂记》卷一〇："丈夫有凌云盖世之志，拘于下位，若立身于矮屋中，使人～不得。"明陆采《怀香记》三五出："我和你在贾司空门下做掾史，一向被韩寿夺了魁，使我们不能～。"清《绿野仙踪》五八回："不但起出二十两来，就是偷一两二两，也是个贼。小的今生，已无～之日。"　❸当头；迎头。明孙绪《送卢廷彦南游》："鸡鸣急起戒行李，～先置黄庭经。"题注："廷彦晚岁耽嗜虚玄。"清《玉蜻蜓·游庵》："琴棋书画多精雅，醉翁床上巧安排，～匾额忘儿处，挂一幅送子观音手抱孩。"《二度梅》一一回："野草闲花遍地愁，龙争虎斗几时休？～吴越秦汉楚，细看梁唐晋汉周。"❹书信、公文的一种格式。当涉及帝号、尊讳等敬称时，另起一行顶格书写。亦指书信、公文等行文抬头的地方。明王世贞《科试考》："广东所进试录，字如圣谟、帝懿、四郊、上帝俱不行～。"清《醉醒石》一四回："只见苏秀才回了，是表中失～被贴，闷闷而归。"《歧路灯》七七回："总而言之，上头～顶格，须写得'赐进士'三个字，下边'年家'什么'眷弟'，才押得稳。"　❺讳指阴茎挺起。清《续金瓶梅》三二回："李守备是个老实人，就把自己败阳的真象哀告了一遍，……只要求个～当差的法儿。"

【抬挽】 tái wǎn　搀扶。唐姚汝能《安禄山事迹》卷上："禄山每行，以肩膊左右～其身，方能移步。"

【抬写】 tái xiě　行文时遇到皇室、陵寝、天地等字样，于次行抬头一格或二三格书写，以示尊敬。清雍正四年六月初三日崇安奏文："工部说堂之稿将伊～，伊看过并不改正，径用印而行，妄自尊大，众所共知者。"邹一桂《小山画谱》卷下："(落款)上宜平头，下不妨参差，所谓齐头不齐脚也。如有当～处，只宜平抬，或空一格。"

【抬营】 tái yíng　拔营；驻军撤除营寨开拔。明杨一清《为乞恩认罪辞免重任事奏》："闻官军在隆德地方，遁归大营，～西走。"韩邦奇《为大举声息事奏》："十七日早起营，由大辛庄等处～，径往西南去讫。"清《豆棚闲话》一一则："闻得南团练被官兵杀败躲在山中，即便请了五千贼党，～前来接应。"

【抬舁】 tái yú　扛抬。五代王仁裕《开元天宝遗事·醉舆》："申王每醉，即使宫妓将锦彩结一兜子，令宫妓辈～归寝室，本宫呼曰醉舆。"元王恽《弹右巡院准拦王得进事状》："比及天明，～出城。"清雍正八年八月二十日宋筠奏文："从阳曲县起行，即带轿夫十二名、扛夫二名前往，任其沿途索～价值。"

【抬运】 tái yùn　扛抬搬运。明刘若愚《酌中志》卷一六："开玄武门，放夫匠及打扫净军～堆积粪壤。"《金瓶梅词话》一九回："雇了五六付扛，整～四五日。"清《姑妄言》二一回："吩咐书办行文知县，拨夫～。"

【抬盏】 tái zhǎn　同"台盏"。《元曲选·朱砂担》一折："我见他忽的眉剔竖，秃的眼圆睁。唬的我腾的撒了～，哄的丢了魂灵。"明《朴通事谚解》卷中："锣锅、……茶盘、～、壶瓶、酒鳖、铜瀦杓，都收拾下着。"

【抬重】 tái zhòng　抬棺材的讳语。清《歧路灯》六三回："少时一班儿～的土工，个个束腰拴鞋而来，好不吓煞人也。"△《续镜花缘》二八回："话说淑士国公主的灵柩，前日由飞虎城启行，一百名军士分班～。"

【抬桌】 tái zhuō　一种可供抬行的轻便桌子，用于抬送礼物等。宋《三朝北盟会编》卷一一〇："共作五百匹段，并生姜、腊茶、漆器、纸笔等，连朝廷礼物，并作三十～。"明潘季驯《乡兵擒斩劫贼功次兼请申严保甲疏》："呐喊入屋，惊散男妇，搜劫财物，将箱笼～等件用刀砍碎。"《拍案惊奇》卷一七："知观又指拨把～搭成一桥，恰好把孝堂路径塞住，外边就看帘里边不着了。"

【抬走】 tái zǒu　❶抬着行走。明刘若愚《酌中志》卷一四："客氏自此在宫中乘小轿，拨内官近侍～。"清《后水浒传》七回："谁知抬轿的只不停歇，一径～到厅前。"　❷抬着离开；抬娶。明《杜骗新书·诈哄骗》："前日人寄我两匹缎，被两轿夫～，你们亦闻得乎？"清《红楼梦》一一九回："你们快快的想主意，不然可就要～了。"

tài

【太保】 tài bǎo　❶古代三公之一，命名取翊卫之义，后借称任翊卫之职的神道。宋《朱子语类》卷八七："古时祭祀都是正，无许多邪诞，……如今神道必有一名，谓之张～、李～，甚可笑。"明张四维《双烈记》三出："人人见了我都道好，嗏，道我好似三郎庙里毋～。"《宜春香质·花集》一回："但见魍魉头生八角，身飞火焰，上截露体，下闱赤松，……道者扶起迎儿道：'此本山～，是迎接你的。'"　❷亦借称职司通神的庙祝、巫师等。元俞琰《书斋夜话》卷一："今之巫者言神巫其体，盖犹古之尸，故南方俚俗称巫为～，又呼为师人。"元明《水浒传》三九回："那萧让出到外面，见了戴宗，却不认得，便问道：'～何处？有甚见教？'戴宗施礼罢，说道：'小可是泰安州岳庙里打供～。'"明《拍案惊奇》卷三九："无过是些乡里村夫，游嘴老妪，男称～，女称师娘，假说降神召鬼，哄骗愚人。"　❸封给职任翊卫的武将的加衔。《元曲选·伍员吹箫》一折："保的十七国诸侯无事还朝，平公加某为十三～大将军。"《元曲选外编·哭存孝》一折："有阿妈李克用，见某有打虎之力，招安我做义儿家将，封我做十三～飞虎将军李存孝。"也用作扬威一方的豪强之人的称号。明《西游记》一三回："我是这山中的猎户，姓刘名伯钦，绰号镇山～。"清李玉《清忠谱》一一折："〔丑、旦、贴〕可晓得十三～周老男、马杰、沈扬么？〔付〕真正是一班强盗。"《飞龙全传》二三回："山上有二位大王，一个叫做威山大王，一个叫做巡山～。"　❹用作对绿林人的尊称。《元曲选·燕青博鱼》四折："一直的走到梁山泊，若见俺公明～，还了俺这石榴色茜红巾。"明《拍案惊奇》卷四："程元玉见不是头，自道必不可脱，慌慌忙忙，下了马，躬身作揖道：'所有财物，但凭～取去。'"　❺称优伶、仆役人等。明杨慎《丹铅总录》卷一八："近日解学士缙绅吊太白诗云：'也曾搥碎黄鹤楼，也曾踢翻鹦鹉洲。'殆类优伶、副净、～之语。"《古今小说》卷三："金奴见吴山睡着，走下楼到外边，说与轿夫道：'官人吃了几杯酒，睡在楼上。二位～宽坐等一等。'"清《野叟曝言》一九回："划了一会，三只船上鼓司～，齐向官船磕头讨赏。"

【太府】 tài fǔ 对知府的尊称。《元曲选·救风尘》四折："今日个诉与～做主，可怜见断他夫妻完聚。"明唐顺之《与刘三府寒泉书》："承委送～先生文字，以郡人颂郡公，非特分所宜，然抑亦情不能已。"清《幻中游》六回："石茂兰来到西安府，落了店。差人投了文。次日早堂，见了～，～限他六个月完功。"

【太公】 tài gōng ❶对老者的尊称。宋元《清平山堂话本·李翠莲》："隔壁张～是老邻舍，从小儿看你大，你可过去作别一声。"《元曲选外编·五侯宴》楔子："自家潞州长子县人氏，姓赵，人见有几贯钱，也都唤我做赵～。"清《隋唐演义》二三回："张社长将好言劝慰：'秦旗牌不要悲伤……'叔宝道：'～，秦琼顽劣。'" ❷奴仆称家主公。元明《水浒传》二回："庄客道：'既是如此，且等一等，待我去问庄主～。'"明《西游记》一八回："我是高～的家人，名叫高才。我那～有个老女儿，年方二十岁。"清《说岳全传》三三回："我家～与刘王的儿子争论，被他的马冲倒。"

【太公祖】 tài gōng zǔ 对府一级行政长官的尊称。明宋懋澄《约建待御方公祖生祠启》："蒙盐院方～题请事例，北运每名免沿途额税，岁省七十餘金。"《续欢喜冤家》一七回："须臾道尊、府县乡绅，举、监、生员一齐奉饯。江公道：'治生有何德能，劳～、太父母、老先生齐来赐顾。'"清《儒林外史》四六回："况～堂堂太守，何必要同这样人相与？"

【太和汤】 tài hé tāng ❶酒的别称。宋邵雍《无名公传》："性喜饮酒，常命之曰～。"又《林下五吟》之一："安乐窝深初起后，～酽半醺时。"明程敏政《十月廿六日病以酒下木香散》："何处堪寻却老方，等闲只有～。" ❷白开水。明高濂《遵生八笺》卷八："起服白滚汤三五口，名～。"清喻昌《尚论后篇》卷三："麻沸汤，即热汤，一名百沸汤，一名～，味甘平，无毒，主治助阳气，通经络。"

【太觉】 tài jué 太；过于。明佚名《鸣凤记》五出："若如此，～势利了！"清李渔《杏园芳·书所见》："见人～逢迎，避人～无情。酌留半面示惺惺，极公平。"《醉菩提传》一七回："今日送去，～容易，不值钱，明日送去罢。"

【太君】 tài jūn ❶唐代以后够品级官员母亲或夫人的封号。唐张说《故洛阳尉赠朝散大夫马府君碑》："母氏早逝，而荣不及，乃让赐阶，乞封先妣。天子怜之，制赠夫人清河县～。"明张大复《梅花草堂笔谈》卷六："苏才翁，官尚书郎，夫人刘封仁寿县～。"清《红楼梦》一七至一八回："又有太监引荣国～及女眷等自东阶升月台上排班。" ❷称有这样封号的人。金《董解元西厢记》卷七："见妻儿、～都传示：但道我擢高第，教他休更许别人。"清陈端生《再生缘》一二回："厅前退出祁丞相，屏后方邀顾～。蟒服朝裙多福相，端居右首坐高厅。"《万花楼》二一回："佘～开言道：'不知太后娘娘宣召，有何懿旨？'太后道：'劳～到来。'" ❸奴仆称主母，或敬称别人的母亲，或代称自己的母亲。宋《五代史平话·汉上》："咱是得个～的言语，怎生是来要您？"明朱鼎《玉镜台记》一七出："闻尊堂～年龄未衰，足下毕了王事，回来奉养，未为晚也。"张瀚《松窗梦语》卷五："嘉靖壬辰营～泉台，时与江右伍堪舆旦暮往来小麦岭上。" ❹年长女神、女鬼的封号或敬称。明《英烈传》四回："我如今就着你二人脱生下世，一个做皇帝，一个做皇后，二人不许推阻。明年九月间，着送生～便送下去吧。"清《野叟曝言》一二〇回："鬼神默佑，异类效灵……合加封赏。其封玄阴姥为护国感灵～。"和邦额《夜谭随录》卷一："女泣诉致辱之由，～曰：'有太婆在，儿勿气苦。'"

【太老师】 tài lǎo shī 对老师的父亲、父亲的老师或老师的老师的尊称。明孙继皋《答陈应翁老师》："玉液之刻，先～学识凌厉至此乎？"清陈端生《再生缘》三五回："还有一件可疑之处，为什么～姓康，老师姓郦？"《儒林外史》二〇回："像这国子监的祭酒，是我的老师。他就是现任中堂的儿子，中堂是～。"

【太老先生】 tài lǎo xiān shēng 对别人父亲的尊称。明《醒世恒言》卷二〇："原来二位老先生乃是同胞，却又罹此奇冤。待～常熟解审回时，即当差人送到寓所。"

【太老爷】 tài lǎo ye ❶对别人父亲的尊称。明《石点头》卷三："王原道：'父母可还在么？'其人答言：'那第一骑马上的不是～？太夫人也在衙中。'"清李玉《一捧雪》三〇出："〔小生〕孩儿伏阙上疏，蒙圣上念爹爹无辜被罪，给还冠带了。〔外〕既如此，取～、夫人冠带过来。"《儒林外史》二回："各家父兄听见这话都各不平，偏要在荀老翁跟前恭喜，说他是个封翁～。" ❷奴仆、部将等称主人的父亲。明《封神演义》三二回："黄明在马上曰：'再也不须杀了。前关乃是～镇守的，乃是自家人。'"六十种曲本《琵琶记》三八出："我相公特差小人来，请取他的～、太夫人和那小夫人，一同到洛阳去。"清《隋唐演义》一六回："我是越府～有紧要公干，差往兵马司去的。"或对着奴仆（以奴仆的名义）称自己的父亲。清《绿野仙踪》二六回："（严世蕃）又向两旁家人道：'你们看这姓于的人，绝像数年前与～管奏疏的冷不华。'" ❸对府、县等地方长官或管理一方的城隍神的尊称。清李玉《清忠谱》一一折："周吏部第一清廉乡宦，地方仰赖，众百姓专候～做主，鼎言救援哩！"《幻中游》九回："似此无故被冤，法纪安在。哀恳本府城隍～垂怜苦衷，施以实报。"袁枚《续子不语》卷六："二人戏问：'苏州官长贤否？'三人但认识杨公，不认识某公，齐声对曰：'杨～待奴辈仁慈。'"

【太母】 tài mǔ ❶尊称皇帝的母亲或祖母。唐令狐楚《唐宪宗章武皇帝哀册文》："轩皇倦勤，传付神器。～侍养，亲临宝位。"元郝经《复与宋国丞相论本朝兵乱书》："夫主上之立，固其所也。～有与贤之意，先帝无立子之诏。"明王锜《寓圃杂记》卷一："大长公主之子周贤，于宪宗为甥，中丙午乡闱。丁未会试，～赐膳于场中。" ❷尊称自己或他人的母亲或祖母。宋黄庭坚《与洪氏四甥书》："龟父玉父盎父诸甥皆得书，知侍奉～县君安乐，甚以为慰。"明汤显祖《三十七》："自脱尊慈腹，展转～膝。"清《雪月梅》四七回："蒋公笑道：'……老母在堂，两地悬念。每一念及，坐卧不宁。'岑御史道：'如今海寇已平，正好迎养～。'"

【太平】 tài píng ❶结束争斗，指胜负。元《七国春秋平话》卷上："若有良将，愿求出阵，定个～。"又："生死不离今日，～不睹明朝。输赢咱睹一阵。"《秦并六国平话》卷中："周霸不赶，在阵上高叫：'秦将愿出阵，分过～！'" ❷平安；摆脱干系。明李开先《宝剑记》四三出："～归省，老奶奶坟边，将我无主的锦儿题名，也奠上一杯残浆剩水。"陆采《怀香记》三〇出："若得夫人作主，一力担当，使老爷不见罪，我就～了。"清《荡寇志》七二回："只拚着把你攮与他，我怕不～了。你想，这事我怎忍心下得？" ❸安宁；安定。明《警世通言》卷三四："偶话及此房内曾有妇人缢死，往往作怪，今番却～了。"清方成培《雷峰塔》一七出："〔旦〕……好好将仙草与我，万事全休。〔丑〕若无便怎么样？〔旦〕管教你师徒每俱不得～。"《红楼梦》七一回："我怕老太太生气，一点儿也不肯说。不然我告诉出来，大家别过～日子。" ❹平息。明佚名《四贤记》三一出："〔小生〕毕兄拜揖。干戈几曾～？〔丑〕老弟你还不知，棒贼已被天兵擒获了。" ❺平静；安稳。清《绿野仙踪》六九回："如玉心内才略略的～些，连饭也不吃，也不与诸将会议，独自思想退敌之策。”

【太平话】 tài píng huà 不担责任、于事无补的话。明周履靖《锦笺记》九出：“〔小旦〕那晚袖着出游，遗失之后，想他拾得，就写在扇上。〔旦〕说得好～儿。”《禅真逸史》二四回：“师父劝桑相公的言语，都是橘皮汤、果子药、～儿。”清《好逑传》一回：“我儿说的都是～，难道你父亲不会说？只是一时间没处拿这三个人，便塞住了嘴。”

【太平盛世】 tài píng shèng shì 社会安宁昌盛的时代。宋张耒《皇太后谥册文》：“为天下之母而躬贤哲难能之节，当～而谨古今易忽之戒，可谓明哲绝德鲜俪矣。”清《呼家将》一回：“呔！庞黑虎，你这狗强盗，太没王法了！这样～，胆敢抢人女子为妾，你就该死哩！俺呼爷爷最肯救人，不肯害命，快快把三姐还他！”

【太平无象】 tài píng wú xiàng 太平盛世并无一定的标志。宋范祖禹《朝请郎致仕张公墓志铭》：“使曰：‘两朝通好日久，往来如一家，可谓太平。’守不能对。公曰：‘～何但尔邪？’使者服曰：‘诚名言也。’”明孙承恩《次桂翁东阁读卷韵三首》之二：“～难为颂，惟见龙楼瑞气生。”

【太婆】 tài pó ❶ 称祖母、丈夫的祖母或祖母辈的亲属。宋辛弃疾《减字木兰花》：“使君喜见，恰限华堂开寿宴。问寿如何？百代儿孙拥～。”明《二刻拍案惊奇》卷三五：“家里还有一个～，年纪八十五了，最是疼他的。”清《荡寇志》八二回：“丽卿忙赶到面前，双膝下跪道：‘～看丫头面上，饶了秀妹妹罢。’” ❷ 对老年妇女的尊称。元高明《琵琶记》三出：“你不见东村李～，年七十岁，头光光的，也只是要嫁人。”元明《水浒传》七三回：“你和～并庄客，都仔细认他。若还是时，只管实说。”明佚名《白兔记》三二出：“我这里叫做李家庄，有个李太公、～，养两个儿子。” ❸ 年老人称妻子。明佚名《白兔记》三出：“院子，请～，叫春儿请三娘，一同出来赏玩。”又五出：“～，是我领归来，好生与我行方便。”

【太婆婆】 tài pó po 婆婆的婆婆，也就是丈夫的祖母。清《红楼梦》五四回：“合家赏灯吃酒，真真的热闹非常，祖婆婆、～、婆婆、……姨表孙女儿、姑表孙女儿。”又六九回：“正值贾母和园中姊妹们说笑解闷，忽见凤姐带了一个标致小媳妇进来，……说着，忙拉二姐说：‘这是～，快磕头。’”

【太仆】 tài pú ❶ 犹“太保❹”。太仆亦古代官名，为天子执御(驾车)而前驱，职司类同太保。《元曲选·昊天塔》一折：“早遣那嘉山～来争哄，把这宣花巨斧轻轮动，免着俺昊天塔上长酸痛。”又《盆儿鬼》一折：“叫一声‘君子休耽怕’，那～两手忙叉。”明朱有燉《黑旋风》一折：“告～停嗔息怒，暂罢虎狼之威。” ❷ 犹“太保❺”。清沈起凤《谐铎》卷七：“有金字牌两面，大书‘相府～’四字，……因询问何神，答曰：‘此分宜相公门下班头牛二太爷也。’”

【太亲家】 tài qìng jia 称女婿的祖父母、姐妹的公婆或姐夫、妹夫、兄弟的岳父母。清《野叟曝言》五八回：“～已是飞赶进省，叫人来知会，好做准备。”《绮楼重梦》一五回：“周～带兵往剿，战败阵亡。”《蜃楼志》一八回：“这是敝业师，又是～。”

【太亲母】 tài qìng mǔ 称女婿的祖母、姐妹的婆母或姐夫、妹夫、兄弟的岳母。清《野叟曝言》一三一回：“～尊体虽羸，精神甚好。”《儒林外史》二三回：“刻下仪征王汉策舍亲令堂～七十大寿，欲求先生做寿文一篇。”《荡寇志》七七回：“希真道：‘～请先坐了，小辈们才好坐。’刘母起身道：‘大姑爷稳便。我持长斋，不便奉陪。’”

【太亲台】 tài qìng tái 尊称女婿的祖父、姐妹的公公或姐夫、妹夫、兄弟的岳父。清《品花宝鉴》二三回：“又问嗣徽道：‘～今年可以出京否？’嗣徽道：‘家父是已截取矣，尚未得过京察。’”《蜃楼志》一八回：“敦请袁大人为媒，与令岳丈温～共是两位。明冬定当乞假归娶。”又二四回：“下妹丈春闱一定得意，但授职之后，亦当请假南还。不要说家母与舍妹悬望甚殷，下～更为伫切。”

【太亲翁】 tài qìng wēng 犹“太亲台”。清《石渠宝笈》卷三录明人书扇：“(第七册)第五幅，行书，七言律诗，款识云‘虞翁～六十赋赠教正卢象升’。”陈端生《再生缘》五六回：“这条妙策真可算，～，竟去相邀看妹夫。”《雪月梅》四一回：“只恐南北礼文不一，应当如何办理请～大人指教。”

【太杀】 tài shā ❶ 过分；过度。《祖堂集》卷一四《石巩和尚》：“师便把西堂鼻孔拽著。西堂作忍痛声云：‘～！拽人鼻孔，直得脱去！’”《景德传灯录》卷一七《澧州钦山文邃禅师》：“师方欲进语。德山以拄杖打舁入涅槃堂。师曰：‘是即是，打我～。’”又卷二七《诸方拈代》：“云门和尚以手入木师子口，曰：‘咬杀我也，相救！’归宗柔代云：‘和尚出手～。’” ❷ 算是；可以看作。宋觉范《禅林僧宝传》卷一六《广慧琏禅师》：“省驴汉悟即～悟，要且未尽先师意旨。”《五灯会元》卷四《长庆道巘禅师》：“看他恁么道，也～惺惺。” ❸ 过于；甚是。《五灯会元》卷二〇《开善道谦禅师》：“是则是，～不近人情。”《古尊宿语录》卷一一《慈明禅师语录》：“德山入门便棒，未遇奇人；临济入门便喝，～轻薄。”

【太煞】 tài shā ❶ 同“太杀❶”。《祖堂集》卷四《药山和尚》：“侍者便认得家兄，便把手啼哭云：‘娘在无？’对曰：‘忆师兄，哭～，失却一只眼。’”《古尊宿语录》卷三四《舒州龙门佛眼和尚语录》：“五祖老和尚常展手问人云：‘因何唤作手？’代云：‘瞒我～。’” ❷ 同“太杀❷”。《古尊宿语录》卷四六《滁州琅琊山觉和尚语录》：“道也～道了，更须子细始得。”《五灯会元》卷五《云岩昙晟禅师》：“师曰：‘作么生会？’吾曰：‘遍身是手眼。’师曰：‘道也～道，只道得八成。’”又《百岩明哲禅师》：“师曰：‘某甲无亦无。’山曰：‘汝～聪明。’” ❸ 同“太杀❸”。宋《朱子语类》卷九：“若孟子便已指出教人，周子说出太极，已是～分明矣。”明张宁《亡妻王氏墓志铭》：“但官人性急少虑，恐言语～直撞，事不停当也。”清万树《浪淘沙·落花》：“枕上泪流还似雨，～多情。” ❹ 充分；分明。《五灯会元》卷三《百丈惟政禅师》：“曰：‘某甲不会，请和尚说。’师曰：‘我～与汝说了也！’”

【太山】 tài shān 称岳父。《元曲选·李逵负荆》三折：“～，我可不说谎，准准三日，送你令爱还家。”又《碧桃花》二折：“烦你多多拜上～，则说小官愿随鞭镫便了。”清陈端生《再生缘》三二回：“寻下寓时安顿毕，自家便服就探监。牢中用度般般有，入见刘侯认～。”

【太上老】 tài shàng lǎo “太上老君”的歇后语，歇“君”字，跟“军”同音，指充军。明《拍案惊奇》卷二：“姚乙认假作真，倚官拐骗人口，也问了一个～。”清李玉《人兽关》一〇出：“只因吃了钱粮，问成～。”

【太水】 tài shuǐ 称岳母。明汤显祖《南柯记》二〇出：“祝太山～千秋，喜治国治家一法。”清《品花宝鉴》三二回：“及看榜时才晓得是副榜，倒叫我太山～空喜欢了半夜。”

【太岁】 tài suì 凶星名，喻称凶暴之人。金《刘知远诸宫调》一：“恶如当界土地，满村里不叫做李洪义，一方人只呼做活～。”明李开先《宝剑记》一四出：“牢门关锁数十重，铁垒墙高三丈五。点视厅前参～，天王堂上聚游魂。”清《红楼梦》八二回：“你还提香菱呢，这才苦呢，撞着这位～奶奶，难为他怎么过！”

【太太】 tài tai ❶ 对有身分的已婚妇女的尊称。明李乐

《见闻杂记》卷二："母姨朱宜人少吴沈公封母，年近八十，相见止称大姨。今人女流三四十岁，人即呼为～。"《金瓶梅词话》四一回："他家有一门子做皇亲的乔五～，听见和咱门做亲，好不喜欢。"清《玉蜻蜓·游庵》："若就护法，不过是几家～夫人常走动，并非附势敢猖狂。" ❷ 称岳母、婆婆、母亲。明张四维《双烈记》一九出："王元帅见门婿有功，赏赐许多金玉酒器在此。取过来与～看。"《禅真后史》一一回："郁氏垂泪道：'媳妇病在膏肓，多应不久于世，故请～一言。'"清《醒世姻缘传》七〇回："九月十六是陈公公母亲的寿日……这本司两院的娼妇齐齐的出来，没有一个不来庆贺。陈公道：'累你们来与～磕头。'" ❸ 指着晚辈或奴婢称自己的母亲。明姜清《姜氏秘史》卷五："环遣县丞胡先诣徐州告急，而度不能支顶，送其子有为使归，且告之曰：'当还家白～，子职勿克尽矣。'"《禅真后史》一〇回："瞿天民笑道：'婆媳妯娌争闹，这是最难解纷的事，我也不管。汝速到佛楼上去与～讲知。'" ❹ 称公婆的母亲。明《禅真后史》一〇回："见元氏来搀扶，他就顺水推船，一骨碌爬起来道：'孙媳自站起来罢，何劳～劳神。'" ❺ 奴婢或店铺伙计等称辈分较长的女主人。明张四维《双烈记》四三出："〔众〕禀夫人，～到家了。〔旦〕却好我正要差人去再接母亲。"《禅真后史》一〇回："只见元氏坐在佛座前，闭着两目，暗暗念佛。家僮叫一声'～'。"清《歧路灯》二八回："这各色衣饰就托给景相公，只怕办哩不如～的意。俺回到铺里，替～开个单儿，领～的教。" ❻ 妓女称鸨母或嫖客指着妓女称鸨母。明张四维《双烈记》二五出："呀，姐姐回家了。～为你想出病来几乎。～有请。"清《续金瓶梅》一六回："巫云道：'……俺～不叫他见人，知道他出来，还了不成。'翟员外和巫云说：'我拚出一百两银子、四匹尺头，和你～说，我梳栊他罢。'" ❼ 称别人的妻、妾或指着家人称自己的妻子。清《儒林外史》一一回："你且把这鸡和肉向你～说，整治好了，我好同你说这两个人。"《红楼梦》二四回："贾赦先站起来回了贾母的话，次后唤人来：'带哥儿进去～屋里坐着。'"《歧路灯》六七回："王氏向杏花儿接过相公一看，便问道：'这是三～你生哩么？'杏花总是不敢答应。"

【太翁】 tài wēng ❶ 曾祖父或与曾祖同辈的亲眷。《南史·齐本纪五》："高帝方令左右拔白发，问之曰：'儿言我谁耶？'答曰：'～。'高帝笑谓左右曰：'岂有为人作曾祖而拔白发者乎？'"宋刘鉴《贺新郎·贺癯翁倅生曾孙》："～阴骘天来大。后隆山、层一层高，层层突过。"清陆陇其《与曾叔祖蒿庵翁》："临行匆匆言不能尽，想～亦不待言而知其意也。" ❷ 祖父。宋林希逸《贺后村得第七孙》："～从此应投镊，却许貂金映鬓银。"明王慎中《好事近·贺曾渐溪得孙》："他日我来摩顶，笑为～说。"刘宗周《大司成芝台陈公传》："初崇德君蚤世，而～太母皆尚在，耄年衰病。公承欢昕夕，代崇德君终子职者八年。" ❸ 父亲，多用于称他人之父。明袁宗道《冯侍郎琢庵》："顾～立德树功，已足不朽，……倘阁下以沉痛致摧瘠过甚，非所以安～于冥冥也。"清《十二楼·三与楼》三回："知县道：'～仙逝之日，老大人尚在髫龄，以前的事或者未必尽晓。何不请问太夫人……'继武道：'已曾问过家母。'"《儒林外史》三六回："这虞博士三岁上就丧了母亲。～在人家教书，就带在馆里。" ❹ 称父亲辈的亲眷。明孙继皋《答董大宗伯浔阳》："向携弱息，于往庆门，……敢望宜人，惧弗任妇，而我～老伯恕其苟简，转笃殷勤。"曹于汴《沈颐贞年伯祀乡贤》："懿哉沈～，孝义生死笃。"清汪琬《乡饮宾席翁墓志铭》："其始至也，以事趋谒席～仲远。翁之季子妇，予外妹也。" ❺ 尊称府尹、太守等官员。清李玉《永团圆》一一出："〔小生〕请问老先生，今日有甚事要见～？〔付净〕学生有一便民公事，特来面讲。"

【太先生】 tài xiān sheng 犹"太老师"。唐颜真卿《容州都督元君表墓碑铭》："(元君)父延祖，清净恬俭，……以鲁县商餘山多灵药，遂家焉。及终，门人谥曰～。"清王士禛《居易录》卷二九："先曾王父旧仕犁邱，家有遗文在故箧中，似为～大司马公所赠者。"《聊斋志异·侯静山》："高少宰念东先生云：'崇祯间，有猴仙，……二公敬问祖病，曰："生死事大，其理难明。"因共知其不祥。无何，～谢世。'"

【太阳】 tài yáng 太阳穴。宋施彦执《北窗炙輠录》卷下："乃以纸剪圆靥如大钱置水中，每睡思至，即取靥贴两～，则涣然而醒。"宋元《醒世恒言》卷一四："你道好巧！去那女孩儿～上打着，大叫一声，匹然倒地。"清《红楼梦》五二回："果觉通快些，只是～还疼。"

【太阳骨】 tài yáng gǔ 颅骨。《元曲选·昊天塔》三折："这便是～八片头颅，这便是胸膛骨无肠肚，这便是肩帮骨有皮肤。"

【太阳星】 tài yáng xīng 太阳；日。金侯善渊《除邪决正》之五："龙吟青雾起，虎啸黑风生。问云何是道，笑指～。"明佚名《一枝花·西蜀火灾》："这火用筛搅黑雾长空暗猛，破古的狂风杀气寒。逼的那太白皓首苍颜，～辐杳，太阴星下班。"《梼杌闲评》一九回："宫中木星犯主，鸿雁萧条。～独照妻妾宫，妻子也不和合。"

【太爷】 tài yé ❶ 尊称府、县行政长官。《元曲选·冯玉兰》二折："我这船上载着的是福建泉州府冯～，同着家小哩。"明袁宏道《徽谣戏柬陈正甫》："世人眼如豆，便道～好。谁知大夫心，厌之如粪草。"清《红楼梦》一回："忽听街上喝道之声，众人都说：'新～到任。'" ❷ 称官员的父亲或尊称他人的父亲。明《警世通言》卷一一："徐能此时已做了～，在家中耀武扬威，甚是得志。"清《醒世姻缘传》二七回："不多几日，丁利国携了老婆，一个～太奶奶，岂可没个人跟随？又雇觅了一人扮了家人。"《霓裳续谱·我劝情人》："不回家，～太太心中挂，就是你那令正夫人也盼你回家。" ❸ 奴婢称辈分高的男主人。明《警世通言》卷一一："等得奶公姚大到来，……问道：'我是谁人所生？'姚大道：'是～生的。'"清《醒世姻缘传》七七回："狄大爷或者不好难为得我，我家～少爷一顿板子稳稳脱不去的。"《绿野仙踪》四回："甚觉失于检点，于是遍告众男妇，称于冰为大爷，卜氏为奶奶，状元儿为相公，称卜复拭为～。" ❹ 指着奴婢、差役、晚辈等称自己的父亲或父亲辈的亲眷。明《警世通言》卷一一："次日开门，将家书分付承差，送到仪真五坝街上～亲拆。"清《儒林外史》一〇回："贤侄既有此事，却且休要就回嘉兴。我们写书与～。"《红楼梦》九回："你去请学里～的安，就说我说了：什么《诗经》古文，一概不用虚应故事。" ❺ 地位低的人尊称地位高的人。明《禅真逸史》三六回："令狐氏敛衽向林澹然禀道：'～在上，妾非令狐氏。'"清《儒林外史》八回："一日蘧太守差人来禀说：'……明日打发少爷过来当面相恳，一切事都要仗托王～担代。'"又一五回："持帖人说道：'家老爷拜上～：席设在西湖花港御书楼旁园子里，请～和马老爷明日早些。'憨仙收下帖子。" ❻ 称有权势地位的人(不一定含尊敬)。清雍正十年十一月二十九日李卫奏文："(冯相臣)又往拜通判裘豳生，嗔其不开中门，于沈志三家痛加辱詈。天津官民多称为冯～。"《绿野仙踪》二回："于冰道：'这七～是谁？'龙文将舌头一伸道：'……此人是太师总管。'" ❼ 用作尊称，表示客气。清《幻中游》一回："峻峰道：'这书纸板虽好，却不甚新鲜了。从来残物不过半价，给你二百钱罢。'那人道：'还求～高升。'"《红楼梦》六回："只见几个挺胸叠肚指手画脚的人，坐在大板凳上说东谈西呢。刘姥姥只得蹭上来问：'～们纳福。'"《霓裳续谱·新年到来》："拉拉扯扯，把把年拜，'发万金罢，～。''不敢，～。''好说，

～。'‘岂敢，～。'‘～新春大喜，就大发财。'” ❽ 用作自称，表示自大或打趣。清《红楼梦》七回："焦大～跷跷脚，比你的头还高呢。二十年头里的焦大～眼里有谁？"《品花宝鉴》一九回："未出屏门，先就是一个笑声出来，嚷道：‘你们来做什么，可是来给二～请安的吗？'"又二二回："小忘八蛋，你不滚出来，三～就毁你这小杂种的狗窝。" ❾ 称祖父或祖父辈的亲眷。清《红楼梦》七回："只因他从小儿跟着～们出过三四回兵，从死人堆里把～背了出来，得了命。"又九回："我去回～去，我们被人欺负了。"

【太也】 tài yě 过于。清《林兰香》二九回："你～心窄，才听见风儿就是雨儿。"陈端生《再生缘》一五回："偏偏郡主芳心执，不肯重婚～呆。"《白雪遗音·送多情》："你的心中～急，虽说别离，还有合聚，惹的你又哭啼啼。"

【太阴星】 tài yīn xīng 月亮。元王伯成《天宝遗事诸宫调》残曲《集贤宾·祭杨妃》："～空照昭阳，紫微宫虚列三台。"明《西游记》九回："不觉红日西沉，～上。"清《红楼梦》三一回："怪道人都管着日头叫太阳呢，算命的管着月亮叫什么～。"

【太岳】 tài yuè 尊称岳父。明柯丹邱《荆钗记》一四出："我寒儒显赫门楣，～翁传扬名誉。"《西游记》六三回："那老龙听说是孙行者齐天大圣，唬得魂不附体，……驸马笑道：‘～放心。'"清《野叟曝言》一二八回："孙婿年幼无知……此后事烦，总求～指教！"

【太尊】 tài zūn 对知府的尊称。明李乐《见闻杂记》卷六："吉安太守周公，号鹤皋，……同年张九山谓予曰：‘周～曾言造册事，甚妙甚简。'"《禅真逸史》二七回："日前蒋太守要征此贼，我再三谏阻，且从容动兵，蒋～反怪我懦弱，发怒而去。"清《儒林外史》一回："前月初十搬家，～、县父母都亲自到门来贺。"

【汰罢】 tài bà 淘汰罢免。宋沈与求《代谢还任启》："盖投闲置散者分所当得，而拨烦剸剧者才岂能堪。积此叨逾，至于～。"元王恽《弹大兴府擅注案牍官事状》："今照得随路总管府原设提领案牍官，已是～。"明李乐《见闻杂记》卷一："冗官莫甚于今日。请因灾～。"

【汰澄】 tài chéng 淘汰。宋宋祁《代孙侍郎谢加龙图阁学士表》："私计未行，洪恩俄降。罔示～之责，更阶严近之资。"苏颂《乞致仕表》："责实循名，臣独处燕闲之适，校其勤怠，宜有～。"

【汰斥】 tài chì 淘汰斥退。宋苏辙《除尚书右丞诸公免书》："既自知之不疑，矧众言之何赖。方虞～，遽尔超升。"元黄溍《奉议大夫李公墓志铭》："吏胥冗滥，则～之。"明余继登《嘉议大夫李公墓志铭》："丁丑，掌河南道，大计外吏，～惟精。"

【汰除】 tài chú ❶ 清除；排除。唐许棠《唐故浙江道五部兵马大元帅戴公墓志铭》："～奸蠹者也，凡挺节骁雄之士，咸觖望其趾焉。"明卢之颐《本草乘雅半偈》卷二："乐树沙碛而气疏，质本秋成而性洁，参容平之金令，转炎歊为清肃者也，故可～肺眚。"清《野叟曝言》四九回："素臣一生心事，强半已遂，只有～僧道一事，尚未举行。" ❷ 剔除；删除。宋晁补之《观世音菩萨摩诃萨像赞》："～砂质求佳馔，心清净故佛现前。"明曹于汴《万泉侯怀洙范公去思碑记》："审编徭役，酌虚盈，～绝户丁钱。"清朱彝尊《知伏羌县事蒋君墓志铭》："合少壮所作，多至万篇，手自～，犹存五千餘首。"

【汰黜】 tài chù 犹"汰罢"。宋周必大《经筵故事一》："前师既以选懦～，后来者知其惩艾，必锐于立功。"元姚燧《故从仕郎吕君神道碑铭》："按行所部，凡他路幕僚之不职者，多被～。"明杨一清《论考选御史奏对》："夫慎用之于初，不愈于～之于后乎？"

【汰荡】 tài dàng 挥霍浪费。宋张方平《刍荛论·礼乐论》："五都之货殖，七迁之豪举，驱扇浮靡，～亡度，闾阎之僭，乃过彻侯。"

【汰革】 tài gé ❶ 犹"汰斥"。宋郑兴裔《请行宣访疏》："疏通言路，～冗员。"明杨寅秋《平五山善后议》："参将双月点视临较之，其有脆弱屡较不堪者～。"清《康熙起居注·康熙二十四年十一月十七日》："此兵已经议裁，即当～，又何容再议？" ❷ 革除；去除。清沈起元《上督院赵公论淮盐书》："各衙门陋规使费，本属向来积弊，当年查出，自宜～。"汪辉祖《论用财》："轻于～，目前自获廉名，迨用无所出，势复取给于民，且有变本而加厉者。"

【汰拣】 tài jiǎn ❶ 拣选；挑选。《唐诗纪事》卷五七引段成式《酉阳杂俎》："若志于不朽，则～稳韵，无所得辄已，谓之苦连。"宋张耒《赠无咎》之二："磨君古青铜，～寄明辨。" ❷ 同"汰减"。拣，清理。宋韩元吉《论诸军冒赏札子》："伏见朝廷比修军政，～冗籍，更易将帅，威令复振。"

【汰减】 tài jiǎn 裁减。《元史·文宗纪三》："鹰坊请与枢密院、御史台各集赛官同加～。"明顾起元《客座赘语》卷二："～之法自上为政，老病不任役者弃之。"清施琅《陈台湾弃留利害疏》："且海氛既靖，内地溢设之官兵，尽可陆续～。"

【汰绝】 tài jué ❶ 摒弃；放下。唐李白《登敬亭山南望怀古赠窦主簿》："～目下事，从之复何难。" ❷ 淘汰杜绝。宋黄震《安抚显谟少卿孙公行状》："低价买物及凡官司敷抑之扰，皆次第访求而～之。"

【汰靡】 tài mí 奢靡。宋晁补之《照碧堂记》："岂～者易熄，而勋名忠义则愈远而弥存，不可诬哉？"周必大《东宫故事四》："人君之行，不为骄奢，不为～，不淫于美。"明陈懋仁《泉南杂志》卷下："毋歆羡～，以务养畜。"

【汰弃】 tài qì 淘汰舍弃。明张鸣凤《桂胜》卷四："即所刻漫漶过半矣，犹然掇拾，不少～。"梁潜《跋唐诗后》："况夫珠璧之产，～瑕疵之餘，精英奇绝之未泯，尚有足爱而不忍弃者。"

【汰遣】 tài qiǎn 淘汰遣发。宋苏轼《司马温公行状》："县官知其坐食无用，～归农。"明顾清《自陈求退并乞辩明诬罔奏》："兹当圣政维新之初，又系考察庶官之岁。其当～，理在不疑。"清高心夔《中兴篇》："采薇采薇咏未已，～部曲耕资湘。"

【汰去】 tài qù ❶ 淘汰；去除。《新唐书·李宗闵传》："～粃滓者，菁华乃出。"明朱浻《莆中钱法志》："后又选择字样，如‘元祐通宝'之类，皆行～。"清《醉醒石》二回："又在自己部下，老弱尽情～。"毛奇龄《大山稿序》："第其稿所存止十之三，而予复～其半，似乎过约。" ❷ 指去职。宋苏辙《谢除户部侍郎表》："方怀～之忧，敢有超迁之望！"阳枋《代上刘察院札子》："昨春代庖昌溪，今已～。"姚勉《记临江陈侯生祠记》："陈侯弗忍民之困，劾之朝，卒～。" ❸ 离去。宋文天祥《与庐陵陈知县尧举》："匆匆～，过荷远将。一日江空，暮云如水，渭滨之首，宁为他人回哉！"

【汰省】 tài shěng 减省；缩减。宋卫泾《故特进资政殿大学士程公墓志铭》："今长及子孙，声焰薰炽，不亟～，则来者未易清也。"明王世贞《与居长卿书》："敢以此言进足下，幸一切～之，归之恬澹。"清何承都《省冗员疏》："甘州昔建五卫，今卫兵～，官可并为一。"

【汰洮】 tài táo 同"汰淘❷"。清许嗣隆《沁园春·新秋叶桐初过寓斋》："况满篇沙砾，～居后；九天珠玉，咳吐当前。"

【汰淘】 tài táo ❶ 淘洗汰除。明薛瑄《赠赵彬》："丹砂色光炯，黄金质精粹。碧春石～，汞炼土腾萃。"清查慎行《观造竹纸联句》："汲井加～，盈箱费旋搅。" ❷ 淘汰；通过比较去除。清黄景仁《贾礼耕用昌黎石鼓歌韵赠诗》："～众响出金石，发挥大义追卿轲。”

【汰剔】 tài tī 挑选剔除。明陈子龙《寿郡伯谷城禹修方公五十序》：“始颇任法，击奸轨，诛轻黠，既以稍稍～繁秽使可治。”

【汰下】 tài xià 淘汰掉。清《东周列国志》二一回：“～疲病，只用精壮，兼程而进。”

【汰选】 tài xuǎn 犹“汰拣❶”。宋苏轼《醴泉观真靖崇教大师真赞》：“注然天醪涌其泠，～妙士守籥扃。”明常居敬《钦奉敕谕查理漕河疏》：“合行管河同知陈昌言、通判王心逐一～，严加稽核。”清《东周列国志》九八回：“明日武安君将～赵军，凡上等精锐能战者，给以器械，带回秦国。”

【汰择】 tài zé 挑选；区分情况，加以选择。唐韦嗣立《谏营寺建官疏》：“愿下有司，精加～。凡诸曹侍郎、两省二台及五品以上清望官，当先选用。”元袁桷《武义将军梁公神道碑》：“璮逆党非土著，俱东南狂士，宜～以安新土。”明郑元锡《祭刘三五先生文》：“平生论撰，咸委校雠，～环璧，磨砻琳璆。”

【汰逐】 tài zhú ❶ 斥退，指去职。宋苏轼《答陈履常》：“高密连年旱蝗，应副朔方百须，纷然疲薾，日俟～。”周必大《上韩帅书》：“日饱齑盐，月俸数万，无丝发铢黍以裨公家，不～之幸矣。”郑刚中《送宋叔海郎中总领湖北》：“不待相～，襆被行亦去。” ❷ 淘汰驱逐。金元好问《内翰冯公神道碑铭》：“山东、河朔军六十餘万口，率不逞辈窜名其间，诏公摄监察御史，～之。”又《寄汴禅师》：“斋粥空疏想君瘦，冠巾收敛定谁公。”自注：“时～释老家甚急，故有‘巾冠收敛’之句。”《元史·廉希宪传》：“希宪在中书，振举纲维，综核名实，～冗滥，裁抑侥幸。”

【汰恣】 tài zī 恣肆不加节制。明沈德符《万历野获编》卷一七：“后以御史大夫，总督蓟辽，虏畏之不敢犯塞。然奢淫～，帐下纪网卒数百人。后堂曳罗绮者不下百人。”

【态度】 tài dù ❶ 规模气度。唐李世民《指法论》：“夫字以神为精魄，神若不和，则字无～也。”宋辛弃疾《贺新郎》：“剩水残山无～，被疏梅料理成风月。”清徐夔《称居赠永夫》：“莳田吴郎多～，婀娜欲弄河间姹。” ❷ 情状；状态。唐佚名《灌畦暇语》：“内视反听于几席之上，而万有不同之～，皆无以逃其察。”宋《朱子语类》卷三二：“地有不同，而水随之以为～，必至于达而后已。”明《隋炀帝艳史》三五回：“妾非有善寐之术，不过窃效车中～，使万岁四体摇动，所以安然而寝也。” ❸ 风姿；风度。《太平广记》卷三七三引《传奇》：“涵悦之，与语，言多巧丽，意甚虚襟，盼睐明眸，转资～。”明《浓情快史》二一回：“二小尼淫声不住，老尼狂呼大叫，比小尼过于十倍，只小时犹存体面，越老越增～。”清田雯《九日同惠元龙作》：“可笑老夫多～，白头乌帽插黄花。” ❹ 风格；韵致。金杨宏道《鹧鸪》：“倡家蝇营教小妓，～纤妍浑变异。”元戴表元《长汀和渔歌序》：“又实常以公檄过从渔汀，谙其风俗嗜好，音节～，出语辄能道渔意。”明李昌祺《剪灯餘话》卷五：“韩虢醉醒殊～，英皇浓淡各梳妆。” ❺ 呈现风姿气韵。宋王灼《王氏碧鸡园六咏·露香亭》：“池有十种莲，平生所见稀。纤秾各～，红白争光辉。”陆游《徐稚山给事庆八十致语》：“落纸烟云纷～，照人冰玉峙高寒。” ❻ 言行表现；行为。宋高登《小人议》：“虽能随时而为俯仰，视人而改～，而其谬戾之迹，有隙可窥。”明《二刻拍案惊奇》卷二五：“小女前日开面也是他，因见他轻薄～，正心里怪恨。”清沈起凤《谐铎》卷一〇：“以指甲挑作双连环，对壁嬉笑。某嗔喝曰：‘客来矣，倚娇弄憨，是何～？’” ❼ 境界；意境。宋李彭《次九弟中秋韵》：“顾兔之灵～深，捣药长生传至今。”元萨都剌《次王叔能侍御史》：“龙蛇偃蹇出墙阴，五色春云～深。台阁文章散清气，月明山馆夜萧森。”清《品花宝鉴》二五回：“方才《峨嵋山群仙》一出，虽全部出场，未尽～。你们可将各人得意之戏说一出来。” ❽ 姿势；架势。明唐顺之《武编》前集卷五：“其或撮口挽弓，嗔目牵箭，斜视其的，架挽失容，一身～尚不自持，又安能求中？” ❾ 做派；派头。明《型世言》一回：“你可放心在此，不可做出公子～，又不可说出你的根因惹祸。”《杜骗新书·露财骗》：“诈称福建分巡建南道公子，甚有规模～，乃带四仆。”

【态貌】 tài mào 姿态容貌。《太平广记》卷七八引《异闻集》：“夜深忽寤，见山獠五人列坐，～殊异。”明朱元璋《述非先生事》：“入茅庐，果见其人，～雄伟，言辞彰彰。”清《珍珠舶》一〇回：“那生文才既妙，～如何？”

【态色】 tài sè 姿态颜色。宋叶适《中塘默林天下之盛也》：“妙香彻真境，～疑虚无。”清梁清标《醉桃源·季夏雨后饮舅氏园中》：“金跳脱，紫檀槽。有人～饶。”《姑妄言》一一回：“自船溪至邑四十里，一望岩石林立，～之妙，仿佛太湖灵壁。”

【态势】 tài shì 姿势。明沃焦山人《春梦琐言序》：“若其～，或曰鼓荡，或曰鳙解，或曰刀割，或曰鹤啄，或曰饮泉。”

【态体】 tài tǐ 体态。宋黄休复《益州名画录》卷上：“蜀主命筌写鹤于偏殿之壁，警露者，啄苔者，理毛者，整羽者，唳天者，翘足者，精彩～，更愈于生。”明唐寅《娇女赋》：“臣居左里，有女未归，长壮洁节，聊赖善顾，～多媚，窈窕不妒。”佚名《端正好》：“唱的呵唱穆王黄竹歌，舞的呵舞霓裳娇～。”

【态习】 tài xí 态度习气。清李渔《意中缘》七出：“孩儿看那是空和尚，身穿罗绮，～轻佻，口有夸言，目多邪视。”

【态状】 tài zhuàng 状态；状貌。唐沈亚之《谪掾江斋记》：“蓊然颓云，若然漏曜，倏闪～，若笑若怒。”明徐溥《奏为乞恩休致事》：“臣前所陈腰腹疼痛，腿膝酸麻，眼目昏翳，盖其大者。自此之外，所苦尚多，～百端，不能具述。”清程庭《蝶恋花·戏题锺馗嫁妹图》：“戏染鹅溪三尺素。艾绶乌巾，～多奇古。”

【态姿】 tài zī 姿态；形状或风姿。明黄卿《海市赋》：“何洪波之泱漭兮，怳忽出示之瑰奇；髣髴世之形质兮，顷刻更移其～。”清弘历《瓶菊》：“簪瓶饶～，离野无尘垢。”

【泰和汤】 tài hé tāng 同“太和汤❶”。宋辛弃疾《洞仙歌·丁卯八月病中作》：“羡安乐窝中～，更剧饮无过，半醺而已。”元王恽《元日吟》：“温温～，股痹为一差。”

【泰然处之】 tài rán chǔ zhī 形容对事毫不在意。宋真德秀《西山读书记》卷三三：“人之于患难，只有一个处置，尽人谋之后，却须～。”清李光地《榕村集》卷四：“公当～，不必过为劳困也。”

【泰然自若】 tài rán zì ruò 不以为意，神情如常。宋李昭玘《晁子安字序》：“行无奔息，卧无噩梦，神舒气怡，～者，吾能安之耳。”金元好问《龙虎卫上将军珠赫公神道碑》：“人为公危之，公～，谓同列言……”

【泰山】 tài shān 同“太山”。宋晁说之《晁氏客语》：“呼妻父为～，呼妻母为泰水。”金《刘知远诸宫调》一二：“九州安抚，三翁前面，捧盏跪劝香醪：‘～从前，遮头朔影，看俺如珍宝。’”清曾衍东《小豆棚》卷一：“单归谓其妻曰：‘～汲引我所事，我意非徒效奔走也。’”《万花楼》五三回：“有劳～大人费心，小婿至关，定然在意。”

【泰山北斗】 tài shān běi dǒu 喻德高望重或有卓越成就而为人们所尊重敬仰的人。宋范文正《追封魏国公诰》：“文武惟宪，万邦风采，想见天下，～，学者仰其高明。”清陆陇其《祭某封翁文》：“太史为世之祥，即公之为世祥，～。人莫不重太史，则莫不重公。”

【泰水】 tài shuǐ 同“太水”。宋晁说之《晁氏客语》：“又有呼妻母为～，呼伯叔丈人为列岳，谬误愈甚。”清陈端生《再生缘》三四回：“泰山～权基业，我为招贤上帝邦。”《品花宝鉴》二四回：“若论女貌郎才倒是一对，只我那泰山、～听见了，是要气坏的。”

【泰岳】 tài yuè 同“太岳”。明徐复祚《投梭记》二一出：“〔生迎介〕欣迎～衣颠倒，……岳丈岳母，劣婿拜揖。”

tān

【坍】 tān ❶崩坏，倒塌。宋舒岳祥《阆风集·春晚闻霰客思凄然》：“夜阑风薄树，雨急水～沙。”元明《水浒传》四回：“只听得刮刺刺一声响亮，把亭子柱打折了，～了亭子半边。” ❷喻指世风衰颓。清李渔《玉搔头》二八出：“若无铁汉持纲纪，风俗靡靡世早～。”

【坍败】 tān bài 倒塌败落。明《英烈传》六〇回：“迅步走到一个～的寺院，里面更没有一个僧人。”

【坍崩】 tān bēng 崩塌。宋郑思肖《答吴山人问远游观地理书》：“小则地脉山脉或移，风路水路或转，土有增有陷，石有长有泐，又或掘凿烧毁～。”

【坍敝】 tān bì 破旧坍塌。清《歧路灯》一〇七回：“如有～更甚者，即丈明长短若干，造确实清册，以便领帑补修。”

【坍倒】 tān dǎo 倒塌。清吴敬《请办高堰碎石坦坡疏》：“即使年久朽折，而外有碎石拥护，石工不能～，止于坐蛰欹斜，不修亦无妨碍。”《荡寇志》九六回：“去年黄梅水大，此墙～，同间壁通为一家。”

【坍废】 tān fèi 败落，废弃。清陈大受《复部议禁米囤核城工疏》：“现在虽有节省之名，而未久～，前功尽弃。”《野叟曝言》九五回：“因这庙原是峒母娘娘的香火，年久～。”

【坍坏】 tān huài 崩塌败坏。元潘应武《决放湖水议》：“积久不决，围塍～，再遇霖雨，悉为鱼池。”清《荡寇志》八一回：“见有旧设烽火高墩，尽皆～。”

【坍江】 tān jiāng 田地被江水淹没冲毁。《明史·食货志二》：“有江水泛溢沟塍淹没者，谓之～。”《清献集·便民五事奏》：“贵家豪户所管常赋，重赂乡胥，或指为～逃阁，或诡寄外县名籍。虽田连阡陌，输税既少，役且不及。”

【坍落】 tān luò 倒塌陨落。宋程珌《洺水集·进故事》：“往者梅霖未为太过，而江淮城郭间有颓圮，甚至都城西隅亦复～数丈。”明《型世言》一回：“北将又置攻车，自远推来城上，所到砖石～。”

【坍塞】 tān sè 塌落堵塞。清慕天颜《开浚白茆修闸疏》：“将此四河，躬行巡视，某段淤浅，某岸～，某闸进缝，某塘裂欹，即时估计疏筑。”

【坍刷】 tān shuā 冲刷塌落。清魏源《古微堂外集·释道南条汉水》：“崇祯末，又将鹦鹉洲冲断，渐次～无存。”

【坍损】 tān sǔn 塌落缺损。明《型世言》二回：“自古私己的常是齐整，公众的便易～。”清裘曰修《直隶河道工程事宜疏》：“此番仰荷特恩，堤埝一切修整，凡从前残缺～之处，增高培厚。”

【坍塌】 tān tā 倒塌。元孟汉卿《魔合罗》一折：“元来是这屋宇～了，所以这般漏。”明《拍案惊奇》卷二〇：“那阁年深月久，没有钱粮修葺，日渐～了些。”清严如煜《三省山内边防论四（堡寨）》：“所筑堡城，即加工夯筑，一经霖雨，便至～。”

【坍颓】 tān tuí 坍塌。明《型世言》一回：“从新筑坝灌城，弄得城中家家有水，户户心慌。那铁参政与盛参将、高断事分地守御，意气不挠。但水浸日久，不免～。”清朱轼《京东水利情形疏》：“运河之东则香河，其下为宝坻，沿河堤岸～，屡为二邑之灾。”《红楼梦》一〇三回：“只见村旁有一座小庙，墙壁～，露出几株古松。”

【坍陷】 tān xiàn 坍塌陷落。清靳辅《治河工程》：“其地土松而多沙，每一～，辄至数百丈。”

【坍泻】 tān xiè 同“坍卸”。清百龄《勘海口筹全河疏》：“今春黄水漫滩冲刷，土山～，仍为河内之淤。”

【坍卸】 tān xiè 倒塌流失。清李宏《查办豫省泉源河道疏》：“每年春夏之时，惟将碎石坝培筑高厚，以防水冲～。”

【坍淤】 tān yū 坍塌淤积。清慕天颜《开浚白茆修闸疏》：“该道于岁终将所修所浚实工，造册呈明抚臣达部。若无～，亦取地方官印结，以为考成。”

【坍陨】 tān yǔn 塌落。宋李新《跨鳌集·筑城告诸庙文》：“梓城岁久弗治，摧圮十七八，风雨剥蚀，断裂～。”

【坍坠】 tān zhuì 塌落。清严如煜《三省山内边防论四（堡寨）》：“初时一望悬崖，本自石骨峥嵘，而久雨之后，亦自时时～。”

【贪騃】 tān ái 贪于财利、不明大义的人。唐独孤及《洪州大云寺铜钟铭》：“聆其音者，～迁善，聋盲知方。”

【贪杯】 tān bēi 喜好饮酒。宋刘弇《四用前韵酬达夫》：“梦草客儿成底句，～吏部觅谁怜。”明《西游记》五四回：“我们如今招的招，嫁的嫁，取经的还去取经，走路的还去走路，莫只管～误事，快早儿打发关文，正是将军不下马，各自奔前程。”清《红楼梦》一〇七回：“众人嫌他不肯随和，便在贾政前说他终日～生事，并不当差。”

【贪谗】 tān chán 贪婪并进谗言。宋杨万里《诗论》：“哀穷屈而憎～，深陈而悉数。”清《东周列国志》五七回：“尔以～事君，多杀不辜，余必使尔等疲于道路以死！”

【贪程】 tān chéng 贪赶路程。唐许浑《韶州送窦司直出岭》：“江曲山如画，～亦驻舟。”明《警世通言》卷一九：“看那天色，却早红日西沉，鸦鹊奔林高噪。打鱼人停舟罢棹，望客旅～，烟村缭绕。”清弘历《郯城道中》：“人意～催马策，晴曦送暖入车幨。”

【贪吃懒做】 tān chī lǎn zuò 又好吃又懒。清《风流悟》六回：“何阿婶我去问他，年纪正好，又无男女，又齐整，又老实，又不像～的。你得这样一个为妻，也不枉了菩萨托梦。”△《二十年目睹之怪现状》二二回：“他不怪自己贫贱是～弄出来的，还自命清高，反说富贵的是俗人。”

【贪得无厌】 tān dé wú yàn 对财物权益孜孜以求，没有满足的时候。宋吕颐浩《辞免少傅两镇第三札子》：“上乖陛下砺世磨钝之方，下增愚臣～之耻。”清《红楼梦》一〇七回：“凤姐本是～的人，如今被抄尽净，本是愁苦，又恐人埋怨。”

【贪多务得】 tān duō wù dé 贪求多而志在必得。唐韩愈《进学解》：“～，细大不捐。”清陆陇其《禁违禁取利示》：“～，不特有干功令，抑且大犯阴骘尔。”

【贪夺】 tān duó 贪求掠夺。《法苑珠林》卷九一：“岂以自贫，～他财。”明海瑞《督抚条约》：“～民财，为己绩。”

【贪功起衅】 tān gōng qǐ xìn 贪求事功而挑起事端。清《东周列国志》四五回：“秦晋世为婚姻，相与甚欢。孟明等～，妄动干戈，使两国恩变为怨。”《明史·四川土司传》：“遂以～为蜀将，罪四川巡抚乔璧星。”

【贪官污吏】 tān guān wū lì 贪财纳贿的官员。宋黄榦《申省籴桩积米》：“但恐岁月浸久，～妄有移用。”清《九命奇冤》二回：“然而这个故事，后来闹成一个极大案子，却是～，布满广东，弄到天日无光，无异黑暗地狱。”

【贪花】 tān huā 追求男女风情之事。唐韩琮《春愁》:“秦娥十六语如弦,未解～惜杨柳。”宋王洋《秀实惠简问闲居消息有滴水滴冻之语以诗报之》:“如今滴水滴冻客,便是～贪酒人。”△清《儿女英雄传》五九回:“最可恨是好～的,时常出去采花。”

【贪欢】 tān huān 贪图欢乐。唐白居易《问诸亲友》:“趁醉春多出,～夜未归。”清《野叟曝言》八回:“相公所见者大,奴非～之辈,敢不遵命!”

【贪忌】 tān jì 贪残忌刻。《册府元龟》卷九四三:“李静,齐州刺史,元护之弟也。为前将军,性甚～,兄亡未敛,便剥脱诸妓服玩及餘财物。”明王行《太祖论下》:“夫普之偏刻～无君子之节,太祖非不知也。”

【贪酒】 tān jiǔ 贪恋饮酒。唐许浑《宣城赠萧兵曹》:“～不辞病,佣书非为贫。”清查慎行《春夜饮曾济苍宅同徐淮江》:“穷愁老境尤～,乐事新年在得朋。”

【贪口】 tān kǒu 嘴馋。《艺文类聚》卷六六:“王夷甫雅尚玄远,又疾其妇～,未尝言钱。”△清《负曝闲谈》一〇回:“可不是呢!南边人的俗语,叫作‘～强买猪婆肉’。”

【贪口腹】 tān kǒu fù 嘴馋。元明《水浒传》三九回:“自～,吃了些鲜鱼,苦无甚深伤,只坏了肚腹。”清弘历《鹭鸶》:“不缘～,安得入樊笼。”

【贪狯】 tān kuài 贪婪狡猾。《新唐书·南蛮传》:“会刺史喻士珍～,阴掠两林东蛮口缚卖之,以易蛮金。”

【贪婪无厌】 tān lán wú yàn 对财物权益孜孜以求,没有满足的时候。唐孙思邈《备急千金要方》卷八一:“至于居处,不得绮靡华丽,令人～,乃患害之源。”清《荡寇志》七九回:“～的恶贼,正要除灭你,你却先来撩我。教你识得我,吃我一刀!”

【贪懒】 tān lǎn 贪安逸;图省力。明陈颢《泊吴江塔寺主僧留饭》:“丁宁黄帽休～,早理征帆候曙光。”△清《海上尘天影》一〇回:“我儿,晚饭已煮好了,你起来吃些,看看书,不要～,睡出病来,我看你连日不大高兴,似有什么病呢?”

【贪恋】 tān liàn 非常留念。五代齐己《渚宫莫问诗一十五首》之六:“莫问休～,浮云逐性情。”清蓝鼎元《读桑维翰传》:“兴邦之初,大本已失。又～富贵,善政无闻,百计弥缝。”

【贪劣】 tān liè 贪婪卑劣。清《绣戈袍全传》二二回:“千般百计救恩人,难得吴公志力勤。堪笑一班～子,任教生喜又生嗔!”玄烨《谕九卿》:“五部俸深升道员者甚多,岂尽系～之人乎?”

【贪陋】 tān lòu 贪婪鄙陋。元赵文《学蜕记》:“蜕为忠厚桀骜,蜕为谦逊～。”

【贪赂】 tān lù 贪图财物。宋胡寅《左朝散郎江君墓志铭》:“塘长～,窃启以过舟,水因大至,官吏又遽塞之,弭目前之患。”明何瑭《民财空虚之弊议》:“盖官吏～,必剥削小民。”清《绿野仙踪》九二回:“子世蕃等～无已,宜速加显戮,快天下臣民之心。”

【贪迷】 tān mí 迷恋。《法苑珠林》卷九二:“凡夫颠倒,纵此～,妄见妖姿。”明朱诚泳《感寓》:“～竟何如,而徒陷虚诈。”

【贪没】 tān mò 贪婪。《资治通鉴》卷一九三:“突厥既亡,营州都督薛万淑遣契丹,酋长～,折说谕,东北诸夷奚霫室韦等十餘部皆内附。”清蔡世远《诸罗县学记》:“其天资厚而习染轻者,居是官也,犹可以寡过;其天资薄而习染重者,则～焉而已矣。”

【贪谋】 tān móu 贪心。宋吕陶《李大亮》:“游田未见说虞箴,佞语～竟奉承。”明朱朝瑛《读诗略记》卷五:“颠倒刑法,祇以济其～,小人非有意于淫刑也,而其势不得不然。”清《十二楼·三与楼》二回:“有了楼房,哪一家不好卖得?偏要卖与～之人,使他遂了奸谋,到人面前说嘴!”

【贪巧】 tān qiǎo 贪婪取巧。宋文同《牵牛织女》:“～但云得,欲寐曾莫宁。”清《续金瓶梅》一四回:“只因～费心机,报应眼前现世。”

【贪求无厌】 tān qiú wú yàn 贪图利益,没有满足的时候。《法苑珠林》卷九三:“若有四众,于佛法中,为利养故,～,为好名闻,而假伪作恶,实不坐禅,身口放逸。”清《东周列国志》一一回:“宋受我先君大德,未报分毫。今乃恃立君之功,～,且出言无礼,不可听也。臣请奉使齐、鲁,求其宛转。”《平定准噶尔方略》正编卷二〇:“惟是厄鲁特等～,今用兵之际,富德既有此奏,自当加恩鼓励。”

【贪求无已】 tān qiú wú yǐ 贪图利益,没有满足的时候。《旧唐书·李载义传》:“有回鹘将军李畅者,晓习中国事,知不能以法制驭,益骄恣,鞭捶驿吏,～。”清刁包《易酌》卷八:“以小人～之心移于进德,则何善如之。”

【贪耍】 tān shuǎ 贪图玩耍。宋刘辰翁《前调》:“看儿～不知寒,须塑就玉狮,置儿怀抱。”清《隋唐演义》一六回:“兄长倘同朋友到京,切不可～观灯游玩。既批回已有,不如速返山东为妙。”

【贪私】 tān sī 贪求私利。《唐开元占经》卷一二〇:“武帝太元十六年五月,棠邑界有蝗广千里长三十里许从南来,其飞蔽天,害苗稼。是时官以贿成,皆入私库。～苟得之征也。”明《二刻拍案惊奇》卷四:“何故苦苦～,思量独吃自疴,反把家里东西送与没些相干之人?”清玄烨《廉静论》:“自为吏者,有～之实,而后重廉洁之名,故尤以廉为贵。”

【贪肆】 tān sì 贪婪放纵。宋薛季宣《汉舆地图序》:“及秦政以虎狼之强,方世世蚕食东方诸侯,其～亦足以骋。”明《金瓶梅词话》四八回:“参劾～不职武官,乞赐罢黜,以正法纪事。”清毛奇龄《张中丞传》:“小人之～,一至于此。”

【贪索】 tān suǒ 贪求。清《平定台湾纪略》卷四八:“由于地方文武,平日～扰累,以致激成事端。”

【贪沓】 tān tà 贪婪。唐白居易《白孔六帖》卷八七:“吏～,赋重,赏罚不平。”宋程珌《母舅故朝议大夫太府寺丞黄公行状》:“有～挠政者,事无巨细,必私请公。”清《续通志》卷二四三:“节度使在位,～苟得,士民不胜其苦。”

【贪图】 tān tú 贪求。宋黄榦《郝神保论曾运乾赎田》:“形势之家～人家物产则有之矣,未有若此无状之甚者也。”

【贪玩】 tān wán 贪图玩耍。唐李峤《早发苦竹馆》:“～水石奇,不知川路涉。”明周是修《述怀五十三首》之二九:“世俗恣～,昼夜亦无分。”△清《官场现形记》二五回:“究竟他是～的人,也就答应下来,分别上车,各自回去。”

【贪顽】 tān wán ❶贪婪冥顽。宋孙觌《宋故通议大夫霍公行状》:“公虽不得位为将相,而绝人之资,高世之行,激浊扬清之功,藉之以律～厉鄙薄,于百世之下,岂非君子所可愿者。”清蓝鼎元《论海洋弭捕盗贼书》:“粤俗悍骜～,不必财物丰多,但杀一人可得银五钱,则欣然以为胜屠一豕。” ❷贪玩。元《张生煮海》一折:“就里～只爱耍,寻个风流人共说风骚。”明孙承恩《钓台》:“矫激非中庸,汩没斯～。”清《红楼梦》八一回:“我看他相貌也还体面,灵性也还去得,为什么不念书,只是心野～。”

【贪罔】 tān wǎng 贪赃欺罔。清《山西通志》卷一二五:“仇鸾镇甘肃,博常发其～三十事。”

【贪妄】 tān wàng 需求无厌和无知妄作。宋司马光《易说》:“无施于人而欲望人之施,人谁与之哉?莫之与,则伤之者至矣,忿其～。”明朱橚《普济方》卷二六六:“至于居处不得绮靡华丽，令人～无厌，乃患害之源。”清《绿野仙踪》九八回：“此洞系陶弘景大仙炼丹之所，只要毋蹈邪淫，毋生～，便可永保天和，与日月同寿。”

【贪猥】 tān wěi 贪鄙。唐元结《元鲁县墓表》：“苟辞而便色，不颂之，何以戒～佞媚之徒也哉？”明唐桂芳《黄宪佥槐塘倡酬诗序》：“寨米之狼戾，造作之杂沓，吏胥之～，亦莫若是之为甚。”

【贪位慕禄】 tān wèi mù lù 贪恋权位，羡慕俸禄。宋李纲《乞罢知枢密院事除外任宫观第三札子》：“臣闻难进易退者，君子之风；～者，人臣之戒。”清《侠义风月传》一四回：“二位大人之言，皆庸碌之臣～保身家之言也，岂真心王室，以国事为家事者所忍出哉？”

【贪黠】 tān xiá 贪婪狡黠。宋韩元吉《送翁子功序》：“惟惧其有所表见，上下相疑，贤不肖相嫉，而顽戾～者往往得志。”明王世贞《嘉议大夫顾公神道碑》：“一日，忽召诸吏胥列庭下，摘其尤～者，抶而出之。”

【贪小失大】 tān xiǎo shī dà 因贪图小便宜而失去大的利益。宋杨简《杨氏易传》卷七：“故象曰：弗兼与也。言系一则失一，以为～之戒。”清《荡寇志》八三回：“只图赢狄雷，却弃了沂州府，岂不是～，正中吴用的计。”

【贪心不足】 tān xīn bù zú 贪得之心永不满足。元明《三国演义》一五回：“汝～！既得吴郡，而又强并吾界！今日特与严氏雪仇！”△清《官场现形记》三九回：“他是有差之人，很可敷衍。现在省城里候补的人，熬上十几年见不着一个红点子的都有，叫他不要～。”

【贪饮】 tān yǐn 贪爱饮酒。宋彭汝砺《次张瑞甫贪饮韵》：“～祗如此，世人谁复过。”清《隋唐演义》五六回：“闻卿～，恐误军机。”

【贪赃】 tān zāng 指官员贪污受贿。唐长孙无忌《进律表疏》：“今龄之～狼扈，死有餘咎。”明《型世言》三九回：“今之做官的～不已，干犯天诛的，这就是个样子。”清宋荦《特纠贪恣监司疏》：“似此～劣员，若不亟行纠参，则各属闻风效尤，其为民害，可胜言哉。”

【贪赃坏法】 tān zāng huài fǎ 贪污受贿，破坏法纪。明《西游记》四五回：“老邓！仔细替我看那～之官，忤逆不孝之子，多打死几个示众！”清蓝鼎元《仪封先生传》：“若～，天下笑朕不识人。”

【贪赃枉法】 tān zāng wǎng fǎ 贪污受贿，破坏法纪。明《古今小说》卷二一：“做官的～得来的钱钞，此乃不义之财，取之无碍！”《大清律例》卷四：“因～革职者，任内有降罚。”

【贪躁】 tān zào 贪进急躁。宋郑侠《太孺人王氏志铭》：“慎无～，以贻吾耻辱。”明林弼《送国子聂庄归省序》：“虽获一资半级而以～取败者，众矣。”

【贪忮】 tān zhì 贪婪狠毒。明余继登《交河县志后序》：“无论豪富，一语不合，不难奋脰，一朝生忿，不难忘身，～好气。”

【贪鸷】 tān zhì 贪婪狠毒。宋韦骧《太皇太后表》：“～之情不已，猖狂之计复兴。”元吴莱《胡氏管见唐柳宗元封建论后题》：“又且～亡厌，科谪日发，民不堪命。”

【贪嘴】 tān zuǐ 贪吃。明《禅真逸史》一〇回：“从进店之后，便偷摸物件，况又躲懒～，被李秀抢白了数场。”清胤禛《朱批谕旨》卷一七四之八：“性惟好利～，无有远谋。”

【摊赌】 tān dǔ 赌博的一种。宋吴曾《能改斋漫录》卷七：“世俗博戏，有出九入十之说，谓之～。”

【摊开】 tān kāi 敞开；铺开。宋朱翼中《北山酒经》卷下：“即以餘浆洗案，令洁净。出麋出案上，～令冷。”元明《水浒传》一四回：“刘唐回身看时，只见晁盖披着衣裳，前襟～，从大路上赶来。”△清《官场现形记》四二回：“贾制台进屋之后，便自己除去靴帽，脱去大衣，催管家磨墨，立刻把纸～，蘸饱了笔就画，又吩咐卫占先也脱去衣帽，坐在一旁观看。”

【摊扣】 tān kòu 按一定折扣削减俸禄。清《八旗通志》卷一九五：“每于月领饷银～，不免拮据。”

【摊派】 tān pài 由众人分担。明徐光启《国朝重农考》：“独优富家不及贫弱，加之～包赔，细民滋困。”清魏裔介《与黄蒙园书》：“其餘户口钱粮套册一切报罢，以省～。”

【摊配】 tān pèi 分摊。唐元稹《阴山道》：“税户逋逃例～，官司折纳仍贪冒。”宋朱熹《观文殿学士刘公行状》：“税钱三十五万有奇，租六百二十八石，～诸乡。”

【摊手摊脚】 tān shǒu tān jiǎo 大模大样。明《拍案惊奇》卷一三：“～，也不作别，竟走出去了。”

【摊征】 tān zhēng 摊派征收。唐李昂《大和八年疾愈德音》：“或本身沦没，展转～，簿书之中，虚有名数，囹圄之下，常积滞冤。”陆贽《论两税之弊须有厘革》：“有流亡，则已重者～转重；有归附，则已轻者散出转轻。”清胤禛《朱批谕旨》卷一四：“因照众商公议，于盐价内～，每盐一包带完旧欠，内一钱三分。”

【摊子】 tān zi 设在路边、广场处的简易售货处。清吴伟业《读史偶述》之一六：“布棚～满前门，旧物官窑无一存。”《儒林外史》一七回：“忽听门外一片声打的响，一个凶神的人，赶着他大儿子打了来，说在集上赶集，占了他摆～的窝子。”

tán

【坛户】 tán hù 掌管坛场财物、负责奠祭物品的人。唐李德裕《王智兴度僧尼状》：“闻泗州有～，有三丁必令一丁落发，意欲规避王徭。”清《桃花扇》三出：“你～不偷就够了，倒赖我们。”

【坛头】 tán tóu ❶ 讲坛。唐张籍《送律师归婺州》：“京中开讲已多时，曾作～证戒师。”明周瑛《西坛即事》：“夜半～路，露华寒袭衣。” ❷ 封酒坛口的泥。清《儒林外史》三一回：“打开～，舀出一杯来，那酒和曲糊一般，堆在杯子里，闻着喷鼻香。”

【谈】 tán ❶ 谈论，讨论。唐[日]圆仁《入唐求法巡礼行记》卷四：“国风：每年至皇帝降诞日，请两街供奉讲论大德及道士于内里设斋行香。请僧～经，对释教道教对论义。”《云笈七籤》卷六〇：“世人咽外气以为内气，不能分别，何以～哉？”元陶宗仪《辍耕录》卷四：“先生爱其新奇，席上偶～蜀汉事，因命纸笔，亦赋一曲。”元明《三国演义》八六回：“孔明恐温羞愧，故以善言解之曰：‘席间问难，皆戏～耳。’”△清《儿女英雄传》八回：“我的姓名虽然可以不～，有等知道我的、认识我的，都称我作‘十三妹’。” ❷ 言论，话语。《敦煌变文校注》卷二《庐山远公话》：“君子不欺闇室，盖俗事之常～。”《云笈七籤》卷七〇：“此盖鄙俚偏执之～也，岂达古贤通圣论哉！”元明《三国演义》一二八回：“君与群贤共建大功，西土之人以为美～。”△清《儿女英雄传》一九回：“说的都是些不入耳之～，总不曾道着他那一肚子说不出来的苦楚，姑娘听了，益发觉得不耐烦。”

【谈柄】 tán bǐng 言谈所依据的资料。唐白居易《论严绶状》：“且严绶在太原之事，圣聪备闻；天下之人，以为～。”宋蔡絛《铁围山丛谈》卷四：“至今遗士大夫～，不可不知。”元曹德《庆东原·江头即事》：“闲乘兴，过小亭，没三杯著甚资～。”明沈德符《万历野获编》卷一五：“往年惟甲戌科杨御史，认太座师许新安相公为师，凡进谒倶踵弟子之后，已为一时～。”清《梼杌闲评》三六回：“古人意气高尚如此，我辈何妨相与谈论，访前辈之高踪，为后人～。”

【谈驳】 tán bó 批评，指责。清《歧路灯》六二回：“我后悔没有顶触他。这一遭若再胡～人，我就万万不依他。”又九九回：“那位老嫂那个不省事、不晓理光景，邻舍街坊都是～的。”

【谈不容口】 tán bù róng kǒu 赞不绝口。宋晁补之《复用前韵答鲁直并呈明略》：“黄子人～，岂与常人计升斗。”明海瑞《赠李太守母七十寿诞序》：“又一州一县之人，老老少少，～。有从容自得之美，无牵掣难心之态。”

【谈锋】 tán fēng 谈话的劲头。宋苏轼《少年游》：“六人吟笑水云乡，宾主～谁得似。”明《欢喜冤家》八回：“明月入怀，破尚书之睡梦；清风生翼，佐学士之～。”△清《九尾龟》五回：“陆兰芬见他如此情形，更加合拍，便慢慢的一问一答，引起～。”

【谈话】 tán huà 说话，聊天。宋张先《行香子》：“酒香醺脸，粉色生春。更巧～，美情性，好精神。”元陶宗仪《辍耕录》卷一一：“而四时气色亦异，彼方叫啸～之间本真性情发见。”清《聊斋志异·秀才驱怪》：“～间，不觉向暮，邀徐饮园中。”

【谈空】 tán kōng 析理问难，反复辩论。唐孟浩然《游明禅师西山兰若》：“～对樵叟，授法与山精。”《云笈七籤》卷一〇七：“夷甫任散诞，平叔坐～，不言朝阳殿，化作单于宫。”明王玉峰《焚香记》三一出：“铁骑如云剑气雄，金城千里笑～。”

【谈论】 tán lùn 谈说，议论。唐玄奘《大唐西域记》卷四：“我敬佛法远访名僧，众推此隶与我～。”《五灯会元》卷一《初祖菩提达磨大师》：“在胎为身，处世为人。在眼曰见，在耳曰闻。在鼻辨香，在口～。”明《金瓶梅词话》九八回：“两个又坐了半日，恐怕人～，吃了一杯茶，爱姐留吃午饭。”清邵彬儒《俗话倾谈》一：“我本来有一个大姨母，年老得闲，何不请他来，与母相伴。姐妹之间得来～，可以开怀。”

【谈论风生】 tán lùn fēng shēng 言谈议论风趣。宋王明清《挥麈后录》卷三：“既就坐，～，亹亹不倦。”元苏天爵《故梧州幕府王长卿墓志铭》：“君～，宾客满座，听之，终日不厌。”

【谈天】 tán tiān 看相算命。宋周煇《清波杂志》卷三：“今～者既出入贵人门第，揣摩时事，以售其说。”元明《水浒传》二九回：“李逵戏几根蓬松黄发，……挑着个纸招儿，上写着：‘请命～，卦金一两。’”明《欢喜冤家》二回：“乩上写道：我哪会晓～，我也懒参神。”

【谈天口】 tán tiān kǒu 形容口才好，能言善语。宋苏轼《洞庭春色》：“须君滟海杯，浇我～。”元范康《竹叶舟》三折：“你从今紧闭～，休想我信风波东涧东流。”明王问《驻云飞·吊古》：“地割鸿沟，千古英雄项与刘，说士～，战士屠龙手。”

【谈天说地】 tán tiān shuō dì 漫无边际地闲谈。元杨梓《豫让吞炭》四折：“此时人物也是个英雄，豪气贯长虹，往常时～语如钟。”明叶宪祖《鸾鎞记》一五出：“还要～地我记得几个故事。就是饱学了，管甚么用差也用不差。”△清《负曝闲谈》一二回：“有品行的，不过～；没品行的，三个一群，四个一簇的，讲嫖赌吃着的经络，讲得丝丝入扣，井井有条。”

【谈吐】 tán tǔ ❶ 谈论，谈话。五代孙光宪《北梦琐言》卷八：“后唐姚相名洎，善～，仍多辩捷。”元佚名《冻苏秦》一折：“我着人去请他来共话，听其～，少开茅塞。”明《二刻拍案惊奇》卷一一：“满生一席之间，～如流，更加酒兴豪迈，痛饮不醉。”清《荡寇志》一〇六回：“彼时我与他一席之会，听他～，端的是有学问的人。” ❷ 说话时的言语风格及态度。金元好问《续夷坚志》卷三：“致君见其～洒落，知其异人，以平生经传疑事质之，酬对详尽，得所未闻。”明《醒世恒言》卷一五：“静真见大卿举止风流，～开爽，凝眸留盼，恋恋不舍。”清《红楼梦》三三回：“既出来了，全无一点慷慨挥洒～，仍是葳葳蕤蕤。”

【谈吐风生】 tán tǔ fēng shēng 谈话机敏风趣。明温纯《灾异频仍恳乞圣明敦政体饬武备以除隐忧以图消弭疏》：“原任川沙把总温州卫指挥同知刘懋功，～，精神骁勇。”

【谈吐生风】 tán tǔ shēng fēng 谈话机敏风趣。清《都是幻》五回：“海都督忙忙扶起，见假池公子，相貌亦好，～，又是故人之子，十分欢喜。”△《小五义》一〇一回：“豪情一见便开怀，～实壮哉。滚滚词源如倒峡，须知老道是雄才。”

【谈羡】 tán xiàn 称誉，夸赞。元关汉卿《陈母教子》四折：“我着他免受那官司刑宪，与了俺俸钱，骤迁。圣恩可便可怜，博一个万万古名扬～。”佚名《独角牛》三折：“赢了的休～，输了的难遮掩。”

【谈笑】 tán xiào 说笑，有说有笑。宋苏轼《念奴娇·赤壁怀古》：“羽扇纶巾～间，强虏灰飞烟灭。”元明《三国演义》八回：“百官战栗失箸，卓饮食～自若。”△清《九尾龟》七回：“只见那少年立起身来，同着兰芬三人从右边转出，一面～，一面慢慢的缓步往弹子房一带去了。”

【谈笑风生】 tán xiào fēng shēng 谈话时有说有笑，兴致勃勃而有风趣。宋汪藻《鲍吏部集序》：“如晋宋间人，～，坐者皆屈。”明王世贞《宿王玄静石湖草堂》：“～坐淹留，月满篮湖光来滄。”清《绿野仙踪》一〇〇回：“于冰大陈珍品，众仙畅饮，～。”

【谈玄说妙】 tán xuán shuō miào 谈论玄妙的事理。宋黄庭坚《张大同写予真请自赞》：“～，热谩两川。”明高攀龙《答叶台山》：“不敢～，自陷于不知之妄作。”

【谈谑】 tán xuè 聊天说笑，打趣逗乐。唐王勃《上郎都督启》：“蒙君侯国士之遇，受君侯长者之礼，缱绻～，殷勤诲诱。”宋钱易《南部新书》丁集：“李泌有说直之风，而好～神仙鬼道。”明沈德符《万历野获编》卷二八：“吴人杨泰毓久居京师，善～，亦学诗，为予友沈千秋客。”

【谈扬】 tán yáng 宣扬，称赞。《敦煌变文校注》卷五《维摩诘经讲经文(四)》：“会中有二百天人，闻居士～，尽怀欢喜之心，皆获无生法忍。”元佚名《博望烧屯》三折：“气昂昂勒马刺颜良，刺颜良天下尽～。”

【谈议风生】 tán yì fēng shēng 言谈议论风趣。明倪岳《大明故奉政大夫白君墓志铭》：“君体素瘠而才识丰赡，遇事立办，～，故为时所推许。”

【谈圆说通】 tán yuán shuō tōng 论说权变之道。明高攀龙《答叶台山》：“宁禀前哲之矩，硁硁为乡党自好，而不敢～，自陷于无忌惮之中。”

【谈助】 tán zhù 谈话的资料。宋赵与时《宾退录》卷八：“《支甲》谓或疑所载颇有与昔人传记相似处，殆好事者饰说剽掠，借为～。”明何孟春《餘冬序录序》：“存此者，庶几后生之来问者，可备～，且可代予病中此相告云。”

【谈资】 tán zī 谈话的资料。明《拍案惊奇》卷三〇：“杀人还杀，自刃何疑？有如不信，听取～。”△清《合浦珠》一回：“予今不及远拾异闻，姑以耳目所及，衍述成编，以为风月场中～一助。”

【痰病】 tán bìng ❶ 哮喘病。明《二刻拍案惊奇》卷八：“他最喜的是宾客往来，款接不倦。今年纪已老，又有了些～，诸姬妾皆有离心。”清《儒林外史》一二回：“正在合家欢喜，打点摆酒庆贺，不想～大发，登时中了脏，已不省人事了。” ❷ 精神性疾病。△清《二十年目睹之怪现状》九六回：“谁知他第三天又来了，无非是那几句话，我倒疑心他得了～了。”

【痰盒】 tán hé 盛痰的器具。清《红楼梦》三回："左边几上文王鼎匙箸香盒，右边几上汝窑美人觚——觚内插着时鲜花卉，并茗碗～等物。"《品花宝鉴》三九回："方才聘才的笑话，不过笑我近视眼，他就骂起他来，还把个～打出来。"

【痰火】 tán huǒ 中医术语，指体内痰浊与火邪互结或痰浊郁久化火的病理变化，多表现为喘息、咳嗽、怔忡、昏厥等。宋杨士瀛《仁斋直指》卷一："如气虚而有湿热～，则以四君子汤补气而坚燥湿，清热豁痰泻火。"明《古今小说》卷一："到得京口，平老朝奉～病发，央人送回去了。"《金瓶梅词话》六七回："伯爵道：'你这胖大身子，日逐吃了这等厚味，岂无～。'"清《荡寇志》一一八回："有的说～聚于胆中，乱其神明，宜用竹茹、胆星、菖蒲之属。"

【痰厥】 tán jué 中医病症，指因痰盛气闭而引起四肢厥冷或昏厥的状况。宋文天祥《刘定伯墓志铭》："诘旦报曰：君～逝矣。"明《古今小说》卷一〇："倪太守又延了数日，一夜～，叫唤不醒，呜呼哀哉死了。"清《红楼梦》九五回："他说太医院已经奏明～，不能医治。"

【痰迷心窍】 tán mí xīn qiào ❶ 痰浊阻遏心神，引起意识障碍。清《儒林外史》四回："话说老太太见这些家伙什物都是自己的，不觉欢喜，～，昏绝于地。"《红楼梦》四六回："上次南京信来，金彩已经得了～，那边连棺材银子都赏了，不知如今是死是活。" ❷ 头脑发昏，失去理智。清《荡寇志》九三回："都说好端端的一个毕押狱，不知怎的～，同梁山上贼人私逃，如今吃拿了，眼见难活。"△《官场现形记》五六回："大家都说他～，也就不再劝他。"

【痰沫】 tán mò 带痰的唾沫。宋杨士瀛《仁斋直指》卷八："温肺汤，治肺虚，感冷咳嗽，呕吐～。"△清《九尾龟》一一一回："伍小姐偷眼看时，果然那一口～里头丝丝缕缕带着许多鲜血，不由得心中大动。"

【痰气】 tán qì 精神疾病。清《儒林外史》四七回："一县的人都说他有些～，到底贪图他几两银子，所以来亲热他。"△《官场现形记》七回："大家晓得他有～的，也不同他计较。"

【痰盂】 tán yú 盛痰用的器皿。清《红楼梦》九七回："见黛玉颜色如雪，……丫头递了～，吐出都是痰中带血的，大家都慌了。"《九命奇冤》九回："刘氏、叶氏连忙过来，一边一个捶着背，陈氏捧了～过来，桂娉拿了手巾过来伺候。"

【痰症】 tán zhēng 痰滞留于体内的病症。明祝允明《韩公传》："众医并以为～也。公谓隐君非～，一溃应死。"清《儒林外史》一二回："晚生每见近日医家嫌半夏燥，一遇～就改用贝母，不知用贝母疗湿痰反为不美。"

【弹】 tán 另见 dàn。❶ 屈指弹击或叩打。宋苏轼《鹧鸪天·佳人》："酥胸斜抱天边月，玉手轻～水面冰。"明佚名《鸣凤记》五出："执笏～冠，相庆处九重恩渥，凝望眼。"清《聊斋志异·画壁》："少时以指～壁而呼曰：'朱檀越！何久游不归？'" ❷ 挥洒泪水。五代欧阳炯《菩萨蛮》之四："特地气长吁，倚屏～泪珠。"宋晏幾道《南乡子·何处别时难》："何处别时难，玉指偷将粉泪～。记得来时楼上烛，初残。"明李开先《宝剑记》三七出："丈夫有泪不轻～，只因未到伤心处。"△清《九尾龟》五二回："最恨的萧郎咫尺，门外天涯；对月伤心，背灯～泪。" ❸ 称，用手拨动秤砣。元佚名《陈州粜米》一折："拿上来天平～着。少，少，少，你这银子则十四两。"明《金瓶梅词话》五三回："便唤玳安铺子里取天平，请了陈姐夫，先把他讨的徐家二十五包～准了，后把自家二百五十两～明了，付与黄四、李三。" ❹ 牵船的绳索。元杨显之《潇湘雨》二折："〔试官云〕河里一只船，岸上八个拽。你联将来。〔崔甸士云〕若还断了～，八个都吃跌。"明徐光启《农政全书》卷二二："秧垄以篾为～，～犹弦也。世呼'船牵'曰～，字义俱同。"也特指牵船的竹绳。元张养浩《折桂令·通州水舟》："桂棹举摇开翠烟，竹～斜界破平川。"

【弹包】 tán bāo 批评，挑剔。金董解元《西厢记诸宫调》卷二："英雄怎画，倜傥难描，或短或长，或肥或瘦，一个个精神没～。"

【弹冰】 tán bīng 弹奏弦乐器。宋高观国《喜迁莺》："宝瑟～，玉台窥月，浅黛可怜偷聚。"清吴绮《弹琴》："双瑺对人～，香袖口寒。"

【弹剥】 tán bō 批评。金《董解元西厢记》卷三："一个个精神，悄没～。三十的早年高，六尺的早最矬。"又卷六："相国夫人自窨约：是则是这冤家没～，陡恁地精神偏出跳，转添娇，浑不似旧时了？"

【弹唱】 tán chàng 弹琴唱歌；边弹边唱。唐李贺《花游曲序》："寒食日，诸王妓游，贺入座，因采梁简文诗调《赋花游曲》，与妓～。"△清《花月痕》三四回："怪不得弹得如此好，他好久不替人～了，我今日何幸而得闻其声。"

【弹唇】 tán chún 说话。明孙柚《琴心记》二七出："这当初跨墙头一捻腰，只管唧唧哝哝那些个女伴～也。"清弘历《生秋诗用元微之生春诗韵》："䪼面酥旋滴，～汗欲融。"

【弹词】 tán cí ❶ 弹章中的文词。宋陈襄《弹宋守约第三状》："乞愿将臣前后～，更不令两府妨碍。" ❷ 曲艺的一个类别。用弦乐器伴奏，主要盛行于南方。明田汝成《西湖游览志餘》卷二〇《熙朝乐事》："其时，优人百戏，击球关扑，鱼鼓～，声音鼎沸。"△清《二十年目睹之怪现状》二一回："大不了的，能看得落两部～，就算是才女；甚至于连～也看不落，只知道看街上卖的那三五文一小本的淫词俚曲，闹得他满肚皮的佳人才子。"

【弹诋】 tán dǐ 弹劾，诋毁。明徐渭《季先生祠堂碑》："间有疑者，谓先生当长沙时，以严以涅，为人所～。"

【弹弓】 tán gōng 另见 dàn gōng。手工弹棉花的工具。元王祯《农书》卷二一："木棉～，以竹为之，长可四尺许，上一截颇长而弯，下一截稍短而劲，控以绳弦，用弹棉英，如弹毡毛法。"

【弹簧】 tán huáng 利用材料的弹性制成的零件，其在外力作用下发生形变，除去外力后又恢复原状。清《老残游记》八回："子平一路滚着，那薄冰一路破着，好像从有～的褥子上滚下来似的。"

【弹禁】 tán jìn 弹压，禁止。明尹台《顺天巡按察院题名记》："～其不法，则奸慝屏，而训化行。"

【弹空说嘴】 tán kōng shuō zuǐ 唱高调，说空话。明《警世通言》卷二："莫要～。假如不幸，我庄周死后，你这般如花似玉的年纪，难道捱得过三年五载？"

【弹泪】 tán lèi 挥泪。五代冯延巳《忆江南》："别离若向百花时，东风～有谁知。"△清《九尾龟》五二回："最恨的萧郎咫尺，门外天涯；对月伤心，背灯～。"

【弹力】 tán lì 弹射之力。唐段成式《酉阳杂俎》卷五："张芬曾为韦南康亲随行军，曲艺过人，力举七尺碑，定双轮水硙；常于福感寺趯鞠，高及半塔，～五斗。"△清《海上尘天影》一六回："譬如此地的弹从一度到二十度地方，则中间十步地方，就是抛物线的界限，因～只能到十度。"

【弹论】 tán lùn 弹劾。宋赵抃《奏札再论陈旭》："臣等职司谏诤，岂敢隐默中止，不为陛下极意～者哉！"清《明珠缘》三三回："今日也算计咱老魏，明日也～咱老魏，把咱老魏当为奇货，要博升转，谁知今日也落在咱老魏手里。"

【弹墨】 tán mò ❶ 弹劾的奏章。宋杜范《入台奏札》："事有掣肘，或彼此调停，而卒收论罪之章，亦有～尚新，而已颁除。"明孙传庭《恭听处分兼沥血忱疏》:"督察参刘光祚～未干,又复疏救。" ❷ 以墨线规划形状尺寸等。清毛奇龄《此日行寄祝益都夫子八十》:"益都夫子典词业,手把绳斗～絣。" ❸ 嵌着墨线。清《红楼梦》三回:"因见挨炕一溜三张椅子上,也搭着半旧的～椅袱,黛玉便向椅上坐了。"△《海上尘天影》四二回:"珊宝看萱宜,穿着一件雪红纺绸洋金花边时镶单衫,元色铁线纱臂,下身穿着～紫灰纺绸散管裤,手中执着一柄宫扇,簪着夜来香圆球,生得粉颊桃腮,红白相间。"

【弹拍】 tán pāi 弹奏。宋李新《醉中歌》:"口纵长歌手～,一年所得能几许。"

【弹抨】 tán pēng 批评。宋周密《癸辛杂识》续集卷上:"谓予夙是文昌相,漏泄轻举遭～。"明周起元《题为铨臣蔑旨擅权以存台纲事疏》:"虽自恃羽翼堪耐～,恐公论久而澄清。"

【弹舌】 tán shé 犹言摇舌,指唱念、说话等。唐李洞《送三藏归西天国》:"十万里程多少碛,沙中～授降龙。"元迺贤《铁钵盂》:"山僧偶～,引得老龙蟠。"明沈德符《万历野获编》卷二:"然授后生以话端,致其～相讥,可见通今之难胜于博古。"清弘历《磁鹤》:"在阴原有象,～却无声。"

【弹跳】 tán tiào 弹起,跳动。明彭大翼《山堂肆考》卷二二四:"《宁波志》,弹涂,一名阑胡。形似小鳅而短大者,长三五寸,潮退千百为群,扬鬐跳踯海涂中作穴而居,以其～于涂,故云。"

【弹丸脱手】 tán wán tuō shǒu 喻做诗圆润精美、敏捷流畅。宋苏轼《次韵答王巩》:"新诗如弹丸,脱手不蹔停。"清姜宸英《祭成容若文》:"马赋董策,～,拔帜南宫,掩芒北斗。"

【弹压】 tán yā ❶ 监管,制服,镇压。唐魏徵《唐故邢国公李密墓志铭》:"九野风驰,六合雷骇,～赵燕,振惊江汉。"宋苏洵《上余青州书》:"左摩西羌,右揣契丹,奉使千里,～强悍不屈之人。"元明《水浒传》三三回:"花荣到巳牌前后,上马去公廨内,点起数百个军士,教晚间去市镇上～。"明《金瓶梅词话》四八回:"～官邪,振扬法纪,乃御史纠政之职也。"清《东周列国志》一〇回:"乃自以汉东诸侯之意,颂楚功绩,请王室以王号假楚,～蛮夷。" ❷ 宋元时期掌管纠察的下级官吏。宋周密《武林旧事》卷三:"(寿皇)游幸湖山,御大龙舟。宰执从官,以至大珰应奉诸司,及京府～等,各乘大舫,无虑数百。"《元典章·刑部八》:"他是千户所～,管着军,做了无体例勾当,撇下军逃走了有。" ❸ 把事物穷形极相地描绘出来。宋戴复古《大江西上曲(寄李宝夫提刑,时郊后两相皆乞归)》:"～江山,品题风月,四海今王谢。"李公昴《水调歌头·题登春台》:"江山无复偃蹇,～有诗豪。"元张雨《满江红·玉簪》:"鹅管不禁仙露重,蜜脾胜借清香发。待使君绝妙好词成,须～。"

【弹章】 tán zhāng 弹劾官员的奏章。宋慕容彦逢《枢密直学士知成都府虞策降充龙图阁直学士制》:"乃怀私意,妄改诏条,～以闻,考实具在,肆加贬黜。"清《醒世姻缘传》三三回:"怕的是那～里面带上一个尊名,总然不做钦犯干连,这个麟阁标名,御览相批,传闻天下,妙不可言。"

【弹挣】 tán zhèng 抗拒,抵抗。清《醒世姻缘传》六〇回:"他就似阎王!你就是小鬼!你可也要～～!怎么就这们等的?"

【弹指】 tán zhǐ 捻弹手指作声,用以比喻时间短暂。唐玄奘《大唐西域记》卷九:"遂往彼而成之,自竹林园至山崖下,～而召伫立以待。"宋晏幾道《玉楼春·一尊相遇春风里》:"良辰易去如～,金盏十分须尽意。"元任昱《折桂令·题情盼春来》:"题情盼春来又见春归,～光阴,回首芳菲。"元明《水浒传》四一回:"狂风相助,雕梁画栋片时休;炎炎涨空,大厦高堂～没。"清《儒林外史》一回:"～又过了三四年。王冕看书,心下也着实明白了。"

【弹子】 tán zǐ 另见 dàn zi。❶ 牵引船只的绳索。宋周密《齐东野语》卷二〇:"余生长泽国,每闻舟子呼造帆曰'欢'以牵船之索曰'～'。" ❷ 古代的一种游戏。明谢肇淛《五杂组》卷六:"今闽中妇人女子尚有～之戏,其法以围棋子五,随手撒几上,敌者用意去其二,而留三,所留必隔远,或相黏一处者,然后弹之,必越中子而击中之,中子不动则胜矣。此即弹棋遗法。"

【谭柄】 tán bǐng ❶ 清谈时所执的拂尘。唐陆龟蒙《幽居赋》:"聊收视而返听,岂可浪发志关,虚摇～。" ❷ 谈话的资料。明李流芳《题画卷与子薪》:"欲题一诗,已醉不能,聊纪此,以资它日～。"清汤斌《江南镇江府海防同知冉渠吴公墓志铭》:"读书既多,时出其新奇者资～。"

【谭说】 tán shuō ❶ 谈论。唐赵璘《因话录》卷四:"有文淑僧者,公为聚众～,假托经论,所言无非淫秽鄙亵之事。"清李光地《重修泉州府学记》:"泉在前代,文章科名为天下蔚,学者～,至今艳之。" ❷ 指谈论内容极为广泛。明邹元标《答陆时乘孝廉》:"今秀才家,～说地,试问渠自家性命何似?则茫然置对。"

【谭吐】 tán tǔ ❶ 谈论。明邹元标《荆南稿序》:"有所～,皆惟其性所欲为欲言者,绝无一毫安排纂组其间。" ❷ 说话时的措词和态度。明程敏政《送乡人吴之宽南归》:"有时扣我门,～亦倾倒。"《古今小说》卷一:"他两个萍水相逢,年相若,貌相似,～应对之间,彼此敬慕。即席间问了下处,互相拜望,两下遂成知已,不时会面。"

【谭言微中】 tán yán wēi zhòng 说话隐微曲折而切中事理。元杨维桢《优戏录序》:"太史公为滑稽者作传,取其～,则感世道者深矣。"明沈自徵《鹂吹集序》:"徐以词组应酬,则～,尽为解颐。"

【谭艺】 tán yì 谈论文章。明胡应麟《弇州先生四部稿序》:"～之士不得已,则判途为二,而取汉之迁、唐之甫以当之。"清朱彝尊《感旧集序》:"先人执友往来～,每多博通六经二十一史。"

【谭助】 tán zhù 谈话的资料。唐杜甫《岳麓山道林二寺行》:"～邑中甚淳古,太守庭内不喧呼。"明彭大翼《山堂肆考》卷一二二:"东汉王充,字仲壬,上虞人,著《论衡》八十五篇。蔡邕入吴得之,秘玩,以为～。"清汪由敦《寒夜读书和张南华同馆韵》:"异书大可资～,愿就先生乞枕函。"

【檀】 tán ❶ 香木栴檀的省称,即檀香。宋晏殊《木兰花·玉楼春》:"红条约束琼肌稳,拍碎香～催急衮。"元陶宗仪《辍耕录》卷一七:"优填国王,自以久失瞻仰于如来,欲见无从,乃刻旃～为像。"清《红楼梦》四三回:"宝玉想到别的香不好,须得～、芸、降三样。" ❷ 浅红色,浅赭色。唐罗隐《牡丹》:"艳多烟重欲开难,红蕊当心一抹～。"明陈继儒《枕谭·檀晕》:"按画家七十二色有～色,浅赭所合,妇女晕眉色似之。人皆不知～晕之义,何也?" ❸ 表示与佛教有关的事物。唐白居易《苏州重玄寺法华院石壁经碑文》:"佛涅盘后,世界空虚;惟是经典,与众生俱。设有人书贝叶上,藏～龛中,非坚非久,如蜡印空。"

【檀板】 tán bǎn 乐器名,檀木制的拍板。唐杜牧《自宣州赴官入京路逢裴坦判官归宣州因题赠》:"画堂～秋拍碎,一引有时联十觥。"宋晏殊《殢人娇》:"紫舞袖、急翻罗荐。云回一曲,更轻栊～。"元孔文升《折桂令·赠千金奴》:"～轻敲,银烛高烧,万两黄金,一刻春宵。"元明《三国演义》八回:"允命貂蝉执～低讴一曲。"

【檀波】 tán bō 梵语,施舍。明屠隆《昙花记》三五出:"劝你再转阳世时,慈悲喜舍,力行六度～,牢记吾言。"汪廷讷《狮吼记》二二出:"〔末〕仗慈航一时脱离。〔合〕教他六度～善自持。"

【檀槽】 tán cáo 檀木制成的琵琶、琴等弦乐器上架弦的槽格，代指琵琶等乐器。唐李贺《感春》："胡琴今日恨，急语向～。"宋晏殊《木兰花》："雪香浓透紫～，胡语急随红玉腕。"元《蟾宫曲·题琵琶亭》："再转龙牙，细拨轻爬，声裂～，月满芦花。"明《金瓶梅词话》四二回："今日喜孜孜开宴赏元宵，玉纤慢拨紫～，灯光明月两相耀。"清钱谦益《吴门寄陆仲谋大参》："～奏罢翻新曲，桦烛烧残覆旧棋。"

【檀唇】 tán chún 红唇，多形容女子嘴唇。唐秦韬玉《吹笙歌》："～呼吸宫商改，怨情渐逐清新举。"宋杨无咎《柳梢青》："粉面微红，～羞启，忍笑含香。"清孔尚任《桃花扇》二出："重点～胭脂腻，匆匆挽个抛家髻。"

【檀的】 tán dì 古代妇女用戏色点于面部的装饰。亦指美丽的女子。唐杜牧《寄澧州张舍人笛》："～染时痕半月，落梅飘处响穿云。"清黄之隽《古意下五十四首》之三八："～慢调银字管，玉纤时急绣裙腰。"

【檀粉】 tán fěn 化妆用的香粉。唐杜牧《闺情》："暗砌匀～，晴窗画夹衣。"清张英《为东来题陈原舒画花草十二种》之八："浅施～独嫣然，澹着鹅黄意倍妍。"

【檀府】 tán fǔ 僧人对施主住宅的敬称。明《西游记》一四回："适路过此间，天晚，特造～借宿一宵，明早不犯天光就行。万望方便一二。"又七二回："适过宝方，腹间饥馁，特造～，募化一斋，贫僧就行也。"

【檀痕】 tán hén 带有香粉的泪痕。五代尹鹗《醉公子》："何处恼佳人，～衣上新。"宋元绛《映山红慢》："罗帏护日金泥皱，映霞腮动～溜。"明许自昌《水浒记》二三出："我的儿，你收拾了此际～，还须念旧日鸳盟。"清纳兰性德《虞美人·曲阑深处重相见》："半生已分孤眠过，山枕～涴。"

【檀龛】 tán kān 佛龛。唐清塞《送蜀僧》："万里独行无弟子，惟赍节竹与～。"

【檀口】 tán kǒu 红艳的嘴唇，多以形容女性嘴唇之美。唐张祜《观杨瑗柘枝》："微动翠蛾抛旧态，缓遮～唱新词。"宋柳永《夜半乐·冻云黯淡天气》："云鬟风颤，半遮～含羞，背人偷顾。"元张可久《折桂令·别情》："倒金杯～娇羞，春柳垂腰，秋水凝眸。"明《西游记》五四回："女主闻奏，与长老倚香肩，偎并桃腮，开～，俏声叫道。"

【檀郎】 tán láng 妇女对夫婿或所爱慕男子的美称。唐温庭筠《苏小小歌》："吴宫女儿腰似束，家在钱唐小江曲，一自～逐便风，门前春水年年绿。"宋杜安世《山亭柳》："玉容淡妆添寂寞，～孤愿太情薄。数归期，绝信约。"元陶宗仪《辍耕录》卷一五："梦腾并枕，睥睨～长是青。端相久，待嫣钻笑，密意将成。"明《金瓶梅词话》五一回："何时借得东风便，刮得～到枕边。"

【檀郎谢女】 tán láng xiè nǚ 喻指多才而钟情的青年男女。唐李贺《牡丹种曲》："～眠何处，楼台月明燕夜语。"

【檀脸】 tán liǎn 形容女子脸颊红艳。亦用以喻桃花。唐陈陶《西川座上听金五云唱歌》："低眉欲语谢贵侯，～双双泪穿破。"明杨思本《桃花赋》："至如～将舒，粉腮微破，纷缊似醉，葳蕤半锁。"

【檀轮】 tán lún 车轮。元李昱《木棉绞车》："铁轴横中窍，～运两头。"

【檀那】 tán nà 梵语，施主。唐黄元之《润州江宁县瓦棺寺维摩诘画像碑》："共成圆满，而假力于～：凡厥施财，莫匪鸣刹。"宋刘克庄《沁园春(癸卯佛生翼日，将戟，梦中有作)》："老子无能，山僧不会，谁误～举请哉。"《元曲选外编·西游记》一本一二出："则着你钵盂中抄化～，谁教你法座下伤人家小的？"明《金瓶梅词话》五七回："故此特叩高门，不拘五百一千，要求老～开疏发心，成就善果。"清《十二楼·归正楼》四回："既发善心，不当中止。即使募化之事不出于他，就勉强做个～，也不叫做烧香捌佛。"

【檀奴】 tán nú 女子对丈夫或情郎的昵称。元宋褧《垂杨曲》："～不到心茫茫，春波一眼无鸳鸯。"△清《花月痕》一五回："脉脉含情，绵绵软语，凤女之颠狂久别，～之华采非常！"

【檀蕊】 tán ruǐ 浅红色的花蕊。宋刘蒙《刘氏菊谱》："若花叶稍圆，加以～，真酴醿也。"明王翰《梅香》："雪为丰采月为神，～风传始辨真。"清《红楼真梦》四四回："～堆香烘宝月，酥枝照水闪金霞。"

【檀腮】 tán sāi 指美人红润的腮颊。清陈维崧《东风第一枝·咏绿萼梅和吕圣求韵》："粉界～，烟笼腻颈，玉奴素质轻约。"

【檀施】 tán shī ❶ 施舍。唐李邕《泗州临淮县普光王寺碑》："归依有众，～孔多。"明《剑侠传》卷三："有僧乞食，留止累日，尽心～。"清朱鹤龄《灵岩寺新铸铜钟记》："于是以衅铸之事，询诸门人学子及往来～之徒，不谋同辞，咸愿陈力。" ❷ 施主。唐白居易《唐江州兴果寺律大德凑公塔碣铭》："～来无虚，月尽归寺藏，与大众共之。"清汪琬《重修尧峰露禅庵记》："子盍为我记庵之颠末，以示诸～。"

【檀檀】 tán tán 舒展从容貌。《敦煌变文校注》卷一《捉季布传文》："挥鞭再骋堂堂貌，敲镫重夸～身。"明何景明《霍山辞》："桂树生兮何～，霜霰下兮夕以寒。"

【檀心】 tán xīn ❶ 浅红色的花蕊。宋苏轼《黄葵》："～自成晕，翠叶森有芒。"元吴仁卿《梅花引》："兰蕊～仙袂香，蝶粉蜂黄宫样妆。"清纳兰性德《洞仙歌·咏黄葵》："无端轻薄雨，滴损～。" ❷ 丹心，赤心。宋晁补之《夜合花·和李浩季良牡丹》："无言自有，～一点偷芳。念往事情伤。"明周履靖《锦笺记》六出："～脉脉春偷送，行到此处呵，好一似水月孤山冷艳浓。" ❸ 女子额上点的梅花妆。五代毛熙震《女冠子》："修蛾慢脸，不语～一点。"明汤显祖《紫箫记》一七出："看你搔头凤矫，～翠巧。若不是度曲韩娥，定则是萦情苏小。"△清《青楼梦》一九回："山限几度费徘徊，玉颊～着意栽。"

【檀信】 tán xìn 施主。五代黄滔《丈六金身碑》："累累以成髻珠，隐隐以炫额，～及门而膝地，童耋遍城而掌胶。"元吴昌龄《花间四友东坡梦》一折："你本是同堂故人，须不比十方～，俺只索倒赔些狗彘鸡豚。"明李流芳《虎丘重修浮图天王殿记》："又猎～之资而干没耗散之，此所谓稗贩如来，罪之大者也。"

【檀杏】 tán xìng 浅红色的杏花。唐郑嵎《津阳门诗》："饮鹿泉边春露晞，粉梅～飘朱墀。"明庄昶《送张廷玉司训河南》："师门万古真堪柱，～千年也自春。"

【檀袖】 tán xiù 红袖，指妇女的红色衣袖。明汤显祖《牡丹亭》二七出："好哩！你半垂～学通参。小姑姑，从何而至？"

【檀印】 tán yìn 檀香。唐贯休《桐江闲居作十二首》之三："静室焚～，深炉烧铁瓶。"

【檀英】 tán yīng 浅红色的花瓣。唐李建勋《残牡丹》："风飘金蕊看全落，露滴～又暂苏。"宋赵长卿《武陵春》："～忆两娥，无奈冷香何。"

【檀越】 tán yuè 梵语，施主。《敦煌变文校注》卷二《佛说阿弥陀经讲经文》："上从诸佛乞法，下从～乞食。"宋《五灯会元》卷一〇《清凉泰钦禅师》："老僧住持，将逾一纪，每承国主助发，至于～，十方道侣，主事小师，皆赤心为我，默而难言。"金董解元《西厢记诸宫调》卷一："诸方～，不论城郭与村坊，一齐齐随喜道场来，罢铺收行。"元明《水浒传》四回："我祖上曾舍钱在寺里，是本寺的施主～。"

【檀晕】　tán yùn　指浅赭色。宋苏轼《次韵杨公济奉议梅花十首》之九:"鲛绡翦碎玉簪轻,～妆成雪月明。"清彭孙遹《忆秦娥·黄蔷薇》:"脂轻粉薄,天然～。"

【檀注】　tán zhù　胭脂、唇膏一类的化妆品。唐顾敻《应天长》:"移玉步,背人匀～,慢转娇波偷觑。"清彭孙遹《闻声》:"亸袖无言,～小窗前。"

【檀炷】　tán zhù　燃着的檀香。五代韦庄《使院黄葵花》:"乍开～疑闻语,试与云和必解吹。"明《警世通言》卷一四:"闲凭熏笼无力,心事有谁知得?～绕窗背壁,杏花残雨滴。"清朱彝尊《浣溪沙》:"十二层楼敞画檐,偶然楼上卷珠帘,金炉～冷慵添。"

【檀妆】　tán zhuāng　浅红色的女子妆饰。唐徐凝《宫中曲二首》之一:"恃赖倾城人不及,～唯约数条霞。"清黄之隽《秋十首》之九:"噤瘁微寒早,～慢裹头。"

【檀子】　tán zǐ　浅红色颜料。元陶宗仪《辍耕录》卷一一:"凡面色,先用三朱、腻粉、方粉、藤黄、～、土黄、京墨合和衬底,上面仍用底粉薄笼,然后用～墨水斡染。"

tǎn

【忐忑】　tǎn tè　心神不定。元吕止庵《叹世·离亭宴歇拍煞》:"既做时休～,若意懒后众生便减。"明《西游记》四五回:"八戒闻言,心中～,默对行者道:'这是我们的不是。'"清《荡寇志》七六回:"希真十分～,只恐走漏了消息,见人略散,便向云威讨书信,辞别要行。"

【坦白】　tǎn bái　❶ 平正清廉。宋钱易《宋故枢密直学士礼部尚书赠右仆射张公墓志铭》:"士有～无他肠者,亲之若昆弟。"清施闰章《定力堂诗序》:"君子之立言固如是,其～也,信如是说。"　❷ 清楚明白。宋魏了翁《通鉴纲目发明序》:"文公虽以文正文定四书檃括成书,而实本诸《春秋》之法,著国统之离合,谨义例之正变,贯事辞之始终。此犹～易见。"　❸ 直率纯正。元姚燧《赠恭勤竭力功臣贺公神道碑》:"与人交,～以诚,藉位势以暴人者不下也。"清《儒林外史》四八回:"到任之后,会见大先生胸怀～,言语爽利,这些秀才们,本不来会的,也要来会会。"

【坦诚】　tǎn chéng　坦率诚恳。《云笈七籤》卷一〇六:"楷正色彤管,～献替,纳言推谟,披衿拔领,率职莅民。"

【坦荡】　tǎn dàng　心胸开朗,率性放达。唐李颀《送陈章甫》:"陈侯立身何～,虬须虎眉仍大颡。"五代王定保《唐摭言》卷六:"疏眉目,美风姿,外若～荡,中甚畏慎。"宋曹冠《水调歌头》:"不慕巢由隐迹,不羡皋夔功业,出处两无心。～荡灵台净,麈隐胜云林。"明《西游记》八回:"去来自在任优游,也无恐怖也无愁。极乐场中俱～,大千之处没春秋。"

【坦腹】　tǎn fù　袒露胸腹,比喻赤诚。唐杜甫《江亭》:"～江亭卧,长吟野望时。"宋周紫芝《南柯子》:"林下风流女,堂东～儿,此郎标韵世间稀。"

【坦露】　tǎn lù　敞开,显露。《宋高僧传》卷一八《唐嵩岳少林寺慧安传》:"永淳二年至滑台草亭居止,中坐绳床,四方～,敕造寺以处之,号招提是也。"

【坦然】　tǎn rán　❶ 广阔平坦的样子。唐李冲昭《南岳小录·隐真平》:"隐真平,在云密峰之中,～而平,方阔五里,是神仙遨游之所。"《大宋宣和遗事》前集:"平明视之,四望～,不知葬所。"明郎瑛《七修类稿》卷三〇:"景隆之观,有广除焉,山隆然而高,～而夷,承殿之址,若坛之形。"　❷ 心地平静。唐杜甫《五盘》:"喜见淳朴俗,～心神舒。东郊尚格斗,巨猾何时除?"五代王定保《唐摭言》卷三:"始胶漆于群强,终短长于逐末。乃知得失之道,～明白。"宋苏轼《答王定国三首》之二:"其馀～无疑,鸡猪鱼蒜,遇着便吃,生老病死,符到奉行,此法差似简径也。"明《拍案惊奇》卷三〇:"大守进来参见,心里虽有此事恍惚,却装做不以为意的～模样。"清《东周列国志》一回:"宣王自诛了卖桑弓箕袋的妇人,以为童谣之言已应,心中～,也不复议太原发兵之事。"

【坦然自若】　tǎn rán zì ruò　态度安详,一如常态。元佚名《云峰真人康泰真墓铭》:"公居数年,～,但山下行人见之者,罔不叹服。"△清《三侠剑》三回:"韩秀一看少爷～,谈笑如常,遂叫道:'众寨主且停刀枪!'"

【坦率】　tǎn shuài　直率。唐李肇《国史补》卷下:"乃抚膺曰:'宋五又～矣!'由是大著名。"五代王定保《唐摭言》卷三:"有温定者,久困场屋,～自恣,尤愤时之浮薄,设奇以侮之。"宋龙衮《江南野史》卷六:"然～不由剌候,每直造阶置而坐者数数矣。"明《警世通言》卷二六:"伯虎性素～,酒中便向人夸说:'今年我定做会元了。'"

【坦途】　tǎn tú　广阔平坦的大路。唐白居易《太行路》:"太行之路能摧车,若比人心是～。"金元好问《论诗三十首》:"万古文章有～,纵横谁似玉川卢。"宋王安石《宝应二三进士见送乞诗》:"少喜功名尽～,那知干世最崎岖。"明《型世言》一回:"～成坎坷,浅水蹙洪波。"沈德符《万历野获编》卷一二:"曾驾小舟,自怀来卫至下村龙湾,俱～无沮。"清《品花宝鉴》四回:"舟楫竟成床笫稳,风波得与～同。"《野叟曝言》一八回:"平日读史,见那些忠臣义士,赴汤蹈火,如履～,未尝不啧啧叹慕,色动神飞。"

【坦易】　tǎn yì　坦率平易。唐颜真卿《京兆尹御史中丞杜公神道碑铭》:"器识通简,履怀～。"△清《雪月梅》三四回:"～直率,却是本来面目,其实可敬。"

【坦直】　tǎn zhí　❶ 清楚,明白。宋陈淳《答陈伯澡问论语》:"只是秉彝中许多道理,本甚～,何尝有一毫峣曲迂折。"　❷ 坦白,直率。宋陈文蔚《先君竹林居士圹记》:"先君赋性～,不识世人谋谲。"清《浮生六记》卷三:"仆一生～,胸无秽念,何怖之有?"　❸ 平坦而没有弯。清《野叟曝言》一四一回:"这里道路～,并无歧径,只有往曲阜县城一条叉路,尚在沿山过去,未必走到那边,且看四个家人回来再说。"

【袒】　tǎn　脱去衣物,露出身体的一部分。唐杜甫《戏韦偃为双松图歌》:"偏～右肩露双脚,叶里松子僧前落。"李翱《断僧相打判》:"夫说法则不曾敷座而坐,相打则偏～右肩领。"《大宋宣和遗事》前集:"李密～臂一呼,聚雄师百万,占了中原。"明《金瓶梅词话》九九回:"只见洒家店坐地虎刘二,吃的酩酊大醉,～开衣衫,露着一身紫肉。"△清《海上尘天影》四回:"也就～了衣要想去救,忽书生脚力一松,倒入海中,随流去了。"

【袒护】　tǎn hù　对思想行为无原则地支持或保护。明《拍案惊奇》卷三八:"刘员外固然看不得,连那妈妈积～他的,也有些不伏气起来。"清《野叟曝言》一八回:"此时计多见素娥验是女身,心里已是慌张,还恃着官府～,法可从宽。"

【袒露】　tǎn lù　裸露。唐李亢《独异志》序:"刘伶好酒,常～不挂丝,人见而责之。"明沈德符《万历野获编》卷二六:"一日,携一大挂幅来,重楼复殿,岩泉映带中,有美嫔～半身,而群女拥持之。"

【袒裸】　tǎn luǒ　赤身露体。宋苏轼《中和胜相院记》:"其始学之,皆入山林,践荆棘蛇虺,～雪霜。"

【袒免】　tǎn miǎn　古代一种较轻的丧礼,即露出左臂,脱去帽子用白布缠头。《唐律疏议》卷一："谓皇帝～以上亲及太皇太后、皇太后缌麻以上亲，皇后小功以上亲。"宋李攸《宋朝事实》卷八："别其亲疏，异其等杀，遂断自祖宗～亲，罢补环卫之官，尽除班行名目。"金刘祁《归潜志》卷七："金朝大定初，张太师浩制皇制，～亲宰执子试补外，杂用进士。"

【袒裼】 tǎn xī 脱去上衣，露出上身。唐吴兢《贞观政要》卷三六："不拒刍荛之请，降纳涓浍之流，～徒搏，任之群下，则贻范百王，永光万代。"金刘祁《归潜志》卷一："啸歌～，出礼法外，或饮数月不醒。"宋王安石《三月十日韩子华招饮归城》："～击鼓祢处士，当时偶脱猛虎牙。"明于慎行《穀山笔麈》卷一五："其人皆椎结～，网木叶为裳，面目犁黑，肌肤如枯，睢睢盱盱。"清《品花宝鉴》二二回："见有三个人在船中，大吹大擂的，都是～露身。"

【袒裼裸裎】 tǎn xī luǒ chéng 脱去衣服，赤身露体，指粗野无礼貌。明郎瑛《七修类稿》卷一六："旦及暮，～而来者，不可胜计。"清李渔《闲情偶寄·颐养部》："饮食有饮食之乐，盥栉有盥栉之乐，即～、如厕便溺，种种秽亵之事，处之得宜，亦各有其乐。"

【毯】 tǎn 一种厚实的毛织物。唐白居易《红线毯》："择茧缫丝清水煮，拣丝练线红蓝染。染为红线红于蓝，织作披香殿上～。"宋王安石《江邻幾邀观三馆书画》："后有女子执巾裾，床前红～平火炉。"明《金瓶梅词话》二〇回："厅上又早铺下锦毡绣～，麝兰叆叇，丝竹和鸣，四个唱的导引前行。"清《东周列国志》一七回："夫人妫氏盛服而至，别设～褥，再拜称谢。"

【毯子】 tǎn zi 厚实有毛绒的成片织物。唐［日］圆仁《入唐求法巡礼行记》卷二："于州城内第门前庭中铺二～，大门北砌上置一儿，儿上敷紫帷。"明《二刻拍案惊奇》卷二六："御史命设了～，纳头四拜，拜谢前日提携之恩。"清《野叟曝言》九六回："邻妇便搀出玉儿，没有红毡，便把素臣一条～铺好，掌礼便打起宽皮鼓。"

tàn

【叹憾】 tàn hàn 赞叹。宋刘跂《国子博士赵公墓志铭》："居家孝友，在官惠爱，廉肃其交，于上下诚而不阿位不售德，识者～。"

【叹悔】 tàn huǐ 嗟叹后悔。宋林季仲《送赵庇民序》："一日读陈后山诗云：'潜鱼避流光，归鸟投重昏。信有千丈清，不如一尺浑。'不觉拊几而～平生之非赵庇民之为乐清也。"清《春柳莺》七回："听得说梅老爷不知石相公改名，不曾中得他，与家中怀先生二人，～不已。"

【叹奖】 tàn jiǎng 称赞。宋王珪《赐李日尊进象敕书》："荐笃世忠，载谅倾输，靡忘～。"明归有光《宏元先生自序赞》："都御史顾公璘闻而～之。"

【叹嗟】 tàn jiē ❶ 嗟叹，叹息。唐杨师立《烽陈敬瑄十罪檄》："闻之者宁无惭耻，见之者皆有～。"孟郊《招文士饮》："退之如放逐，李白自矜夸。万古忽将似，一朝同～。"白居易《伤唐衢》之二："一读兴～，再吟垂涕泗。" ❷ 赞叹。唐杜甫《韦讽录事宅观曹将军画马图》："昔日太草草毛脯，近时事事鼻子花。今之新图有二马，复令识者久～。"罗邺《趁职单于留别阙下知己》："逢秋不拟同张翰，为忆鲈鱼却～。"

【叹慕】 tàn mù 赞叹羡慕。宋欧阳修《与杜正献公七通》之二："因窃～不已，以为君子为政，使人爱之如此足矣。"《朱子语类》卷一四："如见非义而羞恶，见孺子入井而恻隐，见尊贤而恭敬，见善事而～，皆明德之发见也。"

【叹佩】 tàn pèi 赞叹，佩服。宋李流谦《与郑择可辨属字书》："时出规诲，箴其不逮，尤所～。"清蔡世远《与黄贞吉》："内则心摧，外则合礼。此真近今所难，可以风示天下，不佞私，自～。"

【叹气】 tàn qì 因心里痛苦而呼出长气，发出声音。元明《水浒传》三九回："宋江只把脚来跌，戴宗低了头只～。"明《型世言》六回："夜间思量起，也必竟捣枕槌床，咬牙切齿。翻来覆去，～流泪。"清《红楼梦》九五回："贾政便～道：'家道该衰！偏生养这么一个孽障！才养他的时候，满街的谣言，隔了十几年，略好了些。这会子又大张晓谕的找玉，成何道理！'"

【叹赏】 tàn shǎng 赞赏。唐寒山《父母续经多》："拍手摧花舞，支颐听鸟歌。谁当来～，樵客屡经过。"五代王仁裕《开元天宝遗事》卷二："杨国忠子弟，每春至之时，求名花异木，植于槛中。以板为底，以木为轮，使人牵之自转，所至之处，槛在目前，而便即～，目之为'移春槛'。"明《拍案惊奇》卷一〇："出场来，将考卷誊写出来，请教了几个先达、几个朋友，无不～。"清《俗话倾谈》卷三："守陈见诗～不置，谓渔翁曰：'你作此诗，可为吾家之宝也。当珍藏之，以示后人。'"

【叹惜】 tàn xī ❶ 叹气表示惋惜；嗟叹。唐钱起《谒许由庙》："缅想古人增～，飒然云树满岩秋。"明《二刻拍案惊奇》卷二二："这个消息传将开去，乡里人家，只～无缘，不得遇着公子。"清《醒世姻缘传》四六回："徐宗师看了，晓得他未曾进学，～时光易过，不觉又是一十六年。" ❷ 赞叹。唐杜甫《寄高三十五书记》："～高生老，新诗日又多。美名人不及，佳句法如何。"韩愈《奉和李相公题萧家林亭》："山公自是林园主，～前贤造作时。岩洞幽深门尽锁，不因丞相几人知。"

【叹笑】 tàn xiào ❶ 嗟叹讥笑。宋郑獬《举士论》："遂而使处士与之同称，则孰不反唇而～之。"清《红楼梦》一九回："宝玉见问，一时解不来，因问：'什么"暖香"？'黛玉点头～道：'蠢才，蠢才！你有玉，人家就有金来配你，人家有"冷香"，你就没有"暖香"去配？'宝玉方听出来。" ❷ 赞叹欢笑。明程敏政《清风亭记》："然不旋踵为后之人所指目～者，比比也。"清施闰章《故徵君晋州知州陈公墓志铭》："服官清慎，俸入辄购书，累车舁还，家人发之，咸相视～。"

【叹吁】 tàn xū 叹气。唐于鹄《悼孩子》："亲戚相问时，抑悲空～。"金董解元《西厢记诸宫调》卷七："料那人争知我，如今病未愈，只道把他孤负。好凄楚，空闷乱，长～。"清《聊斋俚曲·富贵神仙》："张官人～多时，也没吃下饭去。"

【叹仰】 tàn yǎng 赞叹，景仰。唐白居易《不能忘情吟》："骆将去，其鸣也哀。此人之情也，马之情也，岂主君独无情哉！余俯而～。"清吴绮《张山来笔歌序》："既而展卷以观，乃复掩书而～。"

【叹重】 tàn zhòng 赞叹敬重；赞扬。唐段成式《酉阳杂俎》续集卷三："独斌意色益恭，俄雪甚至膝。朝既罢，斌于雪中拔身而去。见之者咸～焉。"宋文莹《玉壶清话》卷二："温叟曰：'晋王身为京兆尹，兄为天子，吾为御史长，拒之则鲜敬，受之则何以激流品乎？'后太宗闻之，益加～。"

【炭墼】 tàn jī 用炭末和泥土制成的块状燃料。宋吴自牧《梦粱录》卷一三："其巷陌街市，常有使漆修旧人，荷大斧斫柴间，早修扇子，打镴器，修灶，提漏，供香饼～，并挑担卖油。"周遵道《豹隐纪谈》："九九八十一，家家打～。"周密《武林旧事》卷六："看窗，札熨斗，供香饼，使绵，打～，补锅子。"

【炭篓子】 tàn lǒu zi 盛木炭的篓子，比喻恭维的话。清《红楼梦》六一回："虽如此说，但宝玉为人不管青红皂白爱兜揽事情。别人再求求他去，他又搁不住人两句好话，给他个～戴上，什么事他不应承。”△《官场现形记》一六回：“却喜这鲁老爷是粗卤一流，并有个脾气，是最喜欢戴～，只要人家拿他一派臭恭维，就是牛头不对马嘴，他亦快乐。”

【炭米】 tàn mǐ 柴炭、米粮。指日常生活必需的物品。《大宋宣和遗事》前集：“忽见一人从东而来，厉声高喝师师道：‘从前可惜与你供～，今朝却与别人欢！’”

【探】 tàn ❶ 摸，取。唐苏鹗《杜阳杂编》卷下：“集初辞上归山，自长安至江陵，于一布囊中～金钱以施贫者，约数十万，中使从之，莫知其所出。”高彦休《阙史》卷上：“生日：‘谭何容易，祝词在斯。’因～怀以出示，则昨日所烬之文也。”《资治通鉴》卷一八三：“代王幼冲，关中豪杰并起，未知所附，公若鼓行而西，抚而有之，如～囊中之物耳。” ❷ 询问，打听。唐［日］圆仁《入唐求法巡礼行记》卷四：“是恐会昌三年送圆阇梨弟子等船今却回欤？今欲拟差人～去。”宋曾敏行《独醒杂志》卷一〇：“（朱勔）欲假事归以报复仇怨，先搜奇石异卉以献。～知上意，因说曰：‘东南富有此物，可访求。’受旨而出，即以御前供奉为名，多破官舟，强占民船，往来商贩于淮浙间。” ❸ 侦察。唐张籍《横吹曲辞·关山月》：“军中～骑暮出城，伏兵暗处低旌戟。”赵元一《奉天录》卷一：“上初巡幸京城，朝官莫知上所在，分路～候，然后乃知。”宋《三朝北盟会编》卷一六三：“译者云：‘我这里军马，你们想亦见。莫只是来窥～虚实否？’某云：‘大凡欲～刺虚实，皆是国势相敌，未测虚实，方遣使～刺。今大国兵威如此，自来所知，何待～刺而后知也！’” ❹ 提前。唐姚合《武功县中作三十首》之一七：“每旬常乞假，隔月～支钱。”

【探报】 tàn bào ❶ 情报。唐陆贽《兴元贺吐蕃尚结赞抽军回归状》：“近得～，尚结赞等并抽兵退归，不知远近。”清《野叟曝言》一三四回：“龙生等差禀时，正值士无斗志，师绝外援，各路～，亦均言倭民闻鸡笼之败，皆愿早降，故诸军差弁，不期而会。” ❷ 探听报告。宋张方平《论广信军谍人事》：“若非谍人往来～，敌中动静，何从闻知。”清于成龙《招抚事竣详》：“徐克承供，称郭辉之在君孚家行走，叫小的～信息。”

【探本】 tàn běn 探求根本。宋刘弇《刻刘宜翁五诗碑跋》：“吾等亦何复执惜，遂～书其后，以畀之。”△清《孽海花》一八回：“实业战争，原比兵力战争更烈，忠华兄真～之论！”

【探兵】 tàn bīng 军中的侦察兵。唐王建《别李赞侍御》：“草头送酒驱村乐，贼里看花着～。”明杨寅秋《平播复议机宜》：“安置铳手一名，～数名，遇贼冲犯，举放信铳。”清《说岳全传》三〇回：“～见了牛皋打的是岳军旗号，认做是岳爷，慌忙通报。”

【探病】 tàn bìng 看望病人。元杨梓《霍光鬼谏》三折：“霍光病了。二子和妇儿都来～，霍光分别给以遗言。宣帝也来问疾，霍光告求一纸赦书，二子久后必然造反，免得死后受到牵累。”元明《三国演义》四〇回：“时刘琦在江夏，知父病危，来至荆州～。”清《歧路灯》六回：“孝移道：‘孔耘轩那边～，吊丧，并没得闲。但这宗事，我是必辞的。’”

【探捕】 tàn bǔ 巡捕。清田雯《治苗》：“旅人经其境者，辄诱他苗劫之，官司～必谒溪请计。”△《九尾龟》六三回：“那包探接了照片和失单，自然明查暗访，格外当心。不到一礼拜，居然被他访缉出来，晓得金月兰住在鼎升栈内，立刻照会了潘吉卿，禀了捕头，带了几个～，径到四马路鼎升栈搜捉。”

【探查】 tàn chá 调查。清胤禛《朱批谕旨》卷一八九上：“臣或已亲历，或遣人～，咸以十分丰熟见告。”

【探春】 tàn chūn 初春郊游。唐宋风俗，都城人士在元宵节后到郊外游玩。唐孟郊《长安早春》：“旭日朱楼光，东风不惊尘。公子醉未起，美人争～。”王驾《乱后曲江》：“忆昔争游曲水滨，未春长有～人。游春人尽空池在，直至春深不似春。”五代王仁裕《开元天宝遗事·探春》：“都人士女，每至正月半后，各乘车跨马，供帐于园圃，或郊野中，为～之宴。”宋周密《武林旧事》卷三：“都城自过收灯，贵游巨室，皆争先出郊，谓之‘～’，至禁烟为最盛。龙舟十餘，彩旗叠鼓，交舞曼衍，粲如织锦。”元曹德《庆东原·江头即事》：“猿休怪，鹤莫猜，～偶到南块外。池鱼就买，园蔬旋摘，村务新开。省下买花钱，拼却还诗债。”

【探春茧】 tàn chūn jiǎn 犹“探官”。因为探官的活动在春天举行，所以又叫“探春茧”。宋陈元靓《岁时广记》卷九引《岁时杂记》：“人日，京都贵家造面茧，以肉或素馅，其实厚皮馒头馂馅也。名曰探官茧。又立春日作此，名～。馅中置纸签或削木书官品，人自探取，以卜异时官品高下。”

【探房】 tàn fáng 新娘过门的第二天，娘家人前去看望。清黄叔璥《台海使槎录》卷二：“是日外弟来，名曰～。”

【探访】 tàn fǎng ❶ 打听。唐张九龄《敕河西节度副大使牛仙客书》：“既为卿～所管，亦宜随要指麾。”△清《花月痕》四四回：“归班没趣，自去～狗头消息。” ❷ 拜访。宋梅尧臣《希深惠书言与师鲁永叔子聪幾道游嵩因诵而韵之》：“石室迢递过，～仍邂逅。”清《万花楼》二四回：“老爷，今早有亲眷来～你了。”

【探竿影草】 tàn gān yǐng cǎo 喻启发性的随宜施教。宋觉范《禅林僧宝传》卷三《汝州首山念禅师》：“行来时，须急着眼始得。若作～时，你诸人合作么生？”《五灯会元》卷二〇《眉州中严华严祖觉禅师》：“如何是一喝，如～？”

【探官】 tàn guān 一种占卜官位的方式。唐宋时期，每年正月十五，官僚家庭把暗写着官位的纸条放在馅中做饼，然后任取一饼，以此占卜官位的高低。五代王仁裕《开元天宝遗事·～》：“都中每至正月十五日造面玺，以官位帖子，卜官位高下。或赌筵宴以为戏笑。”宋梅尧臣《和永叔内翰》：“来时擘茧正～，走马传宣夹路看。”

【探官茧】 tàn guān jiǎn 即“探官”。宋陈元靓《岁时广记》卷九引《岁时杂记》：“人日，京都贵家造面茧，以肉或素馅，其实厚皮馒头馂馅也。名曰～。”

【探花】 tàn huā ❶ 科举时代的一种称号。宋代以后殿试一甲第三名的别称。宋佚名《张协状元》二八出：“只道张协做状元，不知榜眼～是那里人，买一本看。”明《醒世恒言》卷二一：“侄儿幸脱此难。现今中了～，感激你家令爱活命之恩，又谢他赠了盘缠银一锭，因此托了老夫到此说亲。”清《红楼梦》二回：“这林如海姓林名海，表字如海，乃是前科的～，今已升至兰台寺大夫，本贯姑苏人氏，今钦点出为巡盐御史，到任方一月有餘。”△《儿女英雄传》三六回：“大家围着一看，只见状元清华丰采，榜眼凝重安详；到了那个～，说甚么潘安般貌，子建般才，只他那气宇轩昂之中不露一些纨裤，温文儒雅之内不粘一点寒酸。” ❷ 看花。唐张籍《酬李仆射晚春见寄》：“教铺尝酒处，自问～人。”韦庄《嘉会里闲居》：“马嘶游寺客，犬吠～人。”宋吕本中《浣溪沙》：“中酒心情浑似梦，～时候不曾闲。”

【探花郎】 tàn huā láng ❶ 宋代以后称探花使为探花郎。新考中进士者按例会聚，游园探花，并选最年少者两人为探花郎。宋魏泰《东轩笔录》卷六：“进士及第后，例期集二月，其醵罚钱，奏宴局什物皆请同年分掌，又选最年少者二人为探花，使赋诗，世谓之～，自唐以来榜榜有之。” ❷ 探花的别称，科举时代殿试一甲第三名。宋佚名《金菊对芙蓉·花则一名》：“几多才子争攀折，嫦娥道、三种深香，状元红是，黄为榜眼，白～。”元关汉卿《状元堂陈母教子》二折："我拿起笔来，写了个'天'字，写那'下'字我忘了一点，做了个拐字，无三拐，无两拐，则一拐就把我拐出来了，做了第三名～，绿袍槐简，花插幞头。"明《古今小说》卷二："可惜名花一朵，绣幕深闺藏护。不遇～，抖被狂蜂残破。错误，错误！怨杀东风分付。"△清《儿女英雄传》三六回："天颜大喜，便从第八名提向前来，定了第三名，把那原定的第三名改作第八名，因此安公子便占了个一甲三名的～。"

【探花使】 tàn huā shǐ 唐代新考中的进士初宴于杏园，并选年纪最小者为探花使，同诸及第进士遍游名园，折取名花。唐翁承赞《擢～三首》之一："洪崖差遣探花来，检点芳丛饮数杯。深紫浓香三百朵，明朝为我一时开。"孙棨《北里志序》："由是仆马豪华，宴游崇侈，以同年俊少者为两街～，鼓扇轻浮，仍岁滋甚。"宋陈元靓《岁时广记·探花使》："进士杏花园初会谓之探花宴，以少俊二人为～，遍游名园，若他人先折得名花，则二使皆有罚。"

【探花筵】 tàn huā yán 科举时代称进士及第后的杏园初宴。唐韩偓《余作探使以缭绫手帛子寄贺因而有诗》："解寄缭绫小字封，～上映春丛。"

【探花宴】 tàn huā yàn 同"探花筵"。宋赵彦卫《云麓漫钞》卷七："杏园初宴，谓之～。"明程本立《状元黄分韵得载字》："曲江～，春事今安在？"

【探茧】 tàn jiǎn 犹"探官"。宋刘辰翁《减字木兰花·乙亥上元》："～推盘，探得千秋字字看。"清弘历《正月十六日赐宴联句》："莱陈七种喜频挑，筵前吉语凭～。"

【探借】 tàn jiè 预借。宋吕祖谦《富阳舟中夜雨》："蓬笼夜半萧萧雨，～幽人八月秋。"清查慎行《立春前一夕小饮西厓寓斋三叠前韵》："～盘筵报佳节，先庚三日午辰寅。"

【探究】 tàn jiū 深入研究。《旧唐书·徐岱传》："（徐）岱好学，六籍诸子，悉所～，问无不通，难莫能诎。"宋苏轼《寄周安孺茶》："自尔入江湖，寻僧访幽独。高人固多暇，～亦颇熟。"清姚范《方颂椒山居记》："与之登巉岩，披蓊茸，盘桓寄思，～窈窕。"

【探阄】 tàn jiū 古代的一种赌输赢的游戏。阄：写上记号的小纸片搓成的团。参加者抓到有记号者为胜，谓之探阄。今俗称抓阄。宋司马光《投壶新格序》："世传投壶格图，皆以奇隽难得者为右，是亦投琼～之类尔。"元佚名《逞风流王焕百花亭》二折："折莫是捶丸气球，围棋双陆，顶针续麻，拆白道字，买快～。"

【探抉】 tàn jué 访求。唐柳宗元《故万年令裴府君墓碣》："为太常主簿，搜逖疑互，～遁隐，宿工老师，不得伏匿，皆来会堂下。"明王慎中《义则序》："其为举子业洗刷，凡近～宎奥，宜所为程文，以式后生。"

【探军】 tàn jūn 探听军事情报的人员。元《七国春秋平话》卷上："至齐约百里下寨，有马升，解信二千军，探齐城怎生？～回来，对公子具说齐城之事。"清《说唐前传》四二回："早有～报到金墉城，众将都来接应。"

【探军人】 tàn jūn rén 即"探军"。刺探军事情报的人员。元《三国志平话》卷上："至来日，元帅排筵宴，商议间，有～回报，败军都入广宁郡。"

【探空靴】 tàn kōng xuē 比喻说大话、虚张声势。元李寿卿《伍员吹箫》楔子："你在我老叔跟前～，撒响屁，说这等大话，你敢和我厮杀么？"

【探马】 tàn mǎ 骑马的侦察兵。唐杜荀鹤《塞上》："戍楼三急号，～一条尘。"宋《三朝北盟会编》卷二四二："遣～渡江，至暮归，说虏主焚龙凤车，斩船作头二人，鞭梁大使一百，连夜往瓜州。"明范景文《丁毓华》："丁毓华，幻若短狐，贪如硕鼠，业充～，未几也，而又充快手。"

【探囊】 tàn náng 到袋中取东西，比喻容易办到，轻而易举。唐杜牧《郡斋独酌》："谓言大义小不义，取易卷席如～。"明《型世言》一七回："这等小贼，何必大兵齐集？只是固原兵马，连夜前进，便可取贼首如～。"

【探囊取物】 tàn náng qǔ wù 伸手到口袋中拿取东西。比喻事情很容易办到。宋员兴宗《内重外轻策》："近者一二年，远者三数年，视寺监丞簿，如～矣。"清《镜花缘》四一回："据你学问，要竖才女匾额，只算～。"

【探奇】 tàn qí 寻找奇异景色。唐孟郊《越中山水》："赏异忽已远，～诚淹留。"宋欧阳修《三游洞》："漾楫溯清川，舍舟缘翠岭。～冒层险，因以穷人境。"明《警世通言》卷一："只因览胜～，不顾山遥水远。伯牙是个风流才子，那江山之胜，正投其怀。"

【探骑】 tàn qí 负责侦察的骑兵。唐张籍《关山月》："军中～暮出城，伏兵暗处低旌戟。"清《东周列国志》四四回："早有～报入晋营。文公大怒，狐偃在旁，请追击秦师。"吴伟业《临淮老妓行》："～谁能到蓟门，空闲千里追风足。"

【探亲】 tàn qīn 看望亲属或亲戚。《敦煌变文校注》卷五《汉将王陵变》："汝奉将军交～，入营重见太夫人。"明《西游记》八二回："八戒道：'分了便你还去流沙河吃人，我去高老庄～，哥哥去花果山称圣，白龙马归大海成龙，师父已在这妖精洞内成亲哩！我们都各安生理去也！'"《拍案惊奇》卷三四："和尚道：'我出家在灵隐寺，今到俗家～，却要回去。'"清《红楼梦》九二回："因他有起复的信，要进京来，恰好外甥女儿要上来～，林姑老爷便托他照应上来的。"

【探人】 tàn rén 军中从事侦察工作的人。唐张籍《征西将》："战马云中宿，～冰上行。"清《荡寇志》一〇二回："数日，～来报：'郭头领已被解赴马陉镇去了。'宋江大惊。"

【探丧】 tàn sāng 吊丧。明《金瓶梅》八二回："六月初一日，潘姥姥老病没了，有人来说。吴月娘买一张插桌，三牲冥纸，教金莲坐轿子往门外～祭祀，去了一遭回来。"《古今小说》卷二九："入殓已毕，合城公子王孙平昔往来之辈，都来～吊孝。"清《红楼梦》一一〇回："众亲友虽知贾家势败，今见圣恩隆重，都来～。"

【探赏】 tàn shǎng 探寻玩赏。宋韩维《陪晏相公游韩王水硙园三首》之二："行遍洛川南北岸，自怜～颇穷幽。"明皇甫汸《立夏日至虎丘》："郭外青山数里遥，扁舟～过溪桥。"

【探食】 tàn shí 病愈后恢复食欲，开始想吃东西。元关汉卿《拜月亭》二折："男儿，怕你待赎药时准备春衫当，～后堤防百物伤。"

【探使】 tàn shǐ 负有侦察任务的使者。唐张陵《边患》："今日汉家～回，蚁迭蕃兵来未歇。"金赵秉文《北都小雪》："～不来人半醉，将军毡帐卓平沙。"

【探视】 tàn shì ❶ 查看。《续资治通鉴长编》卷二六二："今横使再至，初示偃蹇，以～朝廷。"清《飞龙全传》四九回："看看追入谷内，忽前面不见了单麋父子，匡胤心疑，即令军士～路径。"❷ 探望。元明《三国演义》二一回："玄德回家～老小，一面差人探听袁术。"△清《花月痕》三八回："时已三更多天，累得秃头等从睡梦中各自惊醒，急起来～。痴珠只得说是梦魇。" ❸ 伸手。宋强至《坐客宋周士忽垂光和复用元韵答之》："～始知帘外冷，照堂兽炭焰围炉。"△清《小八义》一一回："又一～，把烛花掏下，捺在地上。"

【探事人】 tàn shì rén 打听情报的人。宋欧阳修《举丁宝臣状》："方智高攻劫岭南，州县例以素无备御，官吏各至奔逃。如闻当时独宝臣曾捉得智高～，便行斩决，及曾斗敌。”元明《三国演义》四八回：“次日，寨中三三五五，交头接耳而说。早有～报知曹操，说：‘军中传言西凉州韩遂、马腾谋反，杀奔许都来。’”明《醒世恒言》卷二三：“不想～来，报说：‘刘贵妃已辞世矣。’”

【探手】 tàn shǒu 伸手。唐吕道生《定命录·五原将校》：“某头安在项上，身在三尺厚叶上卧，头边有半碗稀粥，一张折柄匙，插在碗中。某能～取匙，抄致口中。”宋元《古今小说》卷三六：“赵正只闻得房里一阵臭气，寻来寻去，床底下一个大缸，～打一摸，一颗人头；又打一摸，一只人手共人脚。”清《聊斋志异·巧娘》：“妇顾生曰：‘慧黠儿，固雄而雌者耶？是我之客，不可久溷他人。’遂导生入东厢，～于袴而验之。”△《老残游记》一六回：“他伙计知道放在什么所在，妓女～便得，若是别人放的，就无处寻觅了。”

【探伺】 tàn sì ❶侦察。宋蔡襄《乞赏先奏保州兵士边臣》：“边臣先能～叛卒情状，闻于朝廷。”清《东周列国志》五七回：“岸贾乃日夜使人～庄姬生产消息。”《皇清开国方略》卷一：“院门旁篱落缺处，隐然有人，如～者，乃控弦以待。” ❷探望。清《野叟曝言》一五四回：“素臣不醒，即先至安乐窝伺候。素娥候水夫人不醒，复至蓝田楼伺候。文龙等俱如穿梭一般，两下～。”

【探索】 tàn suǒ 深入研究。唐张怀《书断序》：“考穷乘谬，敢无隐于昔贤；～幽微，庶不欺于元匠。”宋《朱子语录》卷一〇二：“罗先生～本源，洞见道体。”清《品花宝鉴》一三回：“第三，是好书，要不着一死句，不着一闲笔，便令人～不尽。”

【探汤蹈火】 tàn tāng dǎo huǒ 喻不怕任何艰难。清孔尚任《桃花扇》三三出：“宁南兵变，料无人能将檄传；～咱情愿，也只为文士遭谴。白头志高穷更坚，浑身枷锁吾何怨；助将军除暴解冤，助将军除暴解冤。”

【探讨】 tàn tǎo ❶寻访名胜。唐王化清《游石室新记》：“领寮属及将吏游于兹室，～奇迹，异乎幽踪，尽日攀跻不尽高意。”《太平广记》卷二〇四引《博异志》：“善吹笛，每遇好山水，无不维舟～，吹笛而去。”孟翔《奉和郎中游仙山四瀑布兼寄李吏部、包秘监判官》：“昔人恣～，飞流称石门。安知郡城侧，别有神泉源。”明张岱《大石佛院》：“余少爱嬉游，名山恣～。” ❷探求研讨。唐李翰《通典序》：“翰与杜公数旬～，故颇详旨趣，而为之序。”李昂《禁奏祥瑞诏》：“岁晏奉陈于清庙，元正列上于大朝，～古今，亦无明据，恭惟灵圣，岂俟荐闻。”宋《朱子语类》卷二：“为学须是切实为己，则安静笃实，承载得许多道理。若轻扬浅露，如何～得道理？”陆游《采药有感》：“虽云力～，疑义未免阙。”

【探听】 tàn tīng 打听。宋吴自牧《梦粱录》卷一九：“更有一等不本色业艺，专为～妓家宾客，赶赴唱喏，买物供过，及游湖酒楼饮宴所在，以献香送欢为由，乞觅赡家财，谓之‘厮波’。”元明《三国演义》五回：“众诸侯听得关外鼓声大振，喊声大举，如天摧地塌，岳撼山崩，众皆失惊。正欲～，鸾铃响处，马到中军，云长提华雄之头，掷于地上。”明《西游记》六二回：“今着这两个小妖巡塔，～我等来的消息，却才被我拿住也。”清《东周列国志》二〇回：“万一失利，何面目见文夫人乎？更～虚实，方可攻城也。”

【探头】 tàn tóu 伸头。《五灯会元》卷一〇《天台德韶国师》：“师曰：‘幸然未会，且莫～。’僧礼拜，师曰：‘～即不中。诸上座相共证明，今法久住，国土安宁。珍重！’”金《刘知远诸宫调》二：“(窗)眼里～试望，见三娘。”宋元《古今小说》卷三六：“忽一日，至三更，有人扣船言曰：‘季伦救吾则个！’石崇听得，随即推篷～看时，只见月色满天，照着水面，月光之下，水面上立着一个年老之人。”元明《水浒传》六回：“林冲心疑，～入帘看时，只见檐前额上有四个青字，写道：‘白虎节堂。’”明《金瓶梅》四七回：“将近三鼓时分，那苗青故意连叫：‘有贼！’苗天秀梦中惊醒，便～出舱外观看，被陈三手持利刀，一下刺中脖下，推在洪波荡里。”清《红楼梦》四七回：“贾琏到了堂屋里，便把脚步放轻了，往里间～，只见邢夫人站在那里。”

【探头探脑】 tàn tóu tàn nǎo 伸着头到处张望、窥探，形容鬼鬼祟祟的样子。宋《朱子语类》卷一八：“虽上蔡龟山也只在淮河上游游漾漾，终看他未破；时时去他那下～，心下也须疑它那下有个好处在。”元明《水浒传》一回：“正乘凉哩，只见一个人～在那里张望。”明《金瓶梅》五七回：“看看红日西沉，那婆婆～向外张望，只见远远黑魆魆影儿里，有一个小的儿来也。”《二刻拍案惊奇》卷六：“你这秀才有甚么事干？在这门前～的，莫不是奸细么？将军知道了，不是要处。”

【探玩】 tàn wán 探索，玩味。宋陈耆卿《颜子论》：“非道不陈，～修为。”元袁桷《司天管勾焦君墓志铭》：“晚岁聚经史～，意若有俟。”清顾炎武《钱生肃润之父出示所辑方书》：“彭铿有后贤，物理恣～。”

【探翫】 tàn wán 玩耍。唐孟浩然《春初汉中漾舟》：“轻舟恣来往，～无厌足。”明王鏊《游穹窿山》：“十年林下无羁绊，吴水吴山饱～。”

【探望】 tàn wàng ❶看望。元明《水浒传》六回：“陆谦道：‘特来～，兄何故连日街前不见？’”明《型世言》二回：“原是把头磕破的，又加连日不吃，就不觉身体恹恹。这日忽然对着～的亲友，长笑一声，俯首而逝，殁在馆中。”《拍案惊奇》卷八：“那欧公急得无计可施，便对妈妈道：‘我在此看家，你可同女婿～丈母，就访访消息归来。’”清《红楼梦》六五回：“这日贾珍在铁槛寺作完佛事，晚间回家时，因与他姨妹久别，竟要去～～。” ❷瞭望，张望。元明《三国演义》九九回：“姜维、廖化在山上～，见魏兵势大，蜀兵力危，渐渐抵当不住。”明《古今小说》卷一：“三巧儿思想丈夫临行之约，愈加心慌，一日几遍，向外～。”清《醒世姻缘传》七三回：“狄希陈合狄员外正在坟上陪客吃酒，汤饭也还不曾上完，只见一个人慌张张跑到棚内，东西～。”

【探问】 tàn wèn ❶打听，询问。宋欧阳修《乞罢铁钱札子》：“臣寻至河东，取索晋、泽二州铸钱监及诸州军见使铁钱数，又将都转运司供到庆历三年一年都收支钱数，约度用度多少，及～军民用铁钱便与不便。”赵与时《宾退录》卷一：“忽京城传吕洞宾访灵素，遂捻土烧香，气直至禁中，遣人～，香气自通真宫来。”明《金瓶梅》八回：“且说那婆子早辰梳洗出门，来到西门庆门首～，都说不知道。” ❷探望问候；探视。元明《三国演义》七五回：“(陆)逊曰：‘某奉吴侯命，敬探子明贵恙。’蒙曰：‘贱躯偶病，何劳～。’”明《醒世恒言》卷一〇：“到次早，刘公进房来～。那少年已觉健旺，连忙挣扎起来，要下床称谢。”

【探细】 tàn xì 暗中侦察。元明《水浒传》三五回：“且住，非是如此去。假如我这里有三五百人马投梁山泊去，他那里亦有～的人在四下里探听。倘或只道我们来收捕他，不是要处。等我和燕顺先去报知了，你们随后却来，还作三起而行。”清《绿野仙踪》三一回：“贼众虽有～的人，及至传报时，兵已到了营门，发声喊，一涌杀入。”

【探细人】 tàn xì rén 即“探事人”。元明《三国演义》九五回：“却说孔明在祁山寨中，忽报新城～来到。孔明急唤入问之，细作告曰：“司马懿倍道而行，八日已到新城，孟达措手不及……”《水浒传》五四回：“有～来报道：‘东京新差一个炮手，号作轰天雷凌，即日在于水边竖起架子，安排施放火炮，攻打寨栅。’”又六五回："那梁山泊～，得了这个消息，报上山来。"

【探险】 tàn xiǎn 探赏险境。唐弘秀《赠李粲秀才》："陇西辉用真才子，搜奇～无伦比。"明文徵明《会稽双祠碑》："方二公举事之时，履危～，艰阻百出。"△清《三侠剑》六回："这四只作为～之用，有要紧的事可先用这四只。"

【探信】 tàn xìn ❶ 探听消息。宋韦骧《和孙叔康探梅二十八韵》："逢时在南国，～出东郊。"清《野叟曝言》八三回："咱奉文爷将令，赶到生龙岛，扎住船只，差人去～，说元帅被围，还不甚危急。" ❷ 情报。清《平定朔漠方略》卷三〇："祁泰布尔哈图遇敌不战，～不真，辄自奔遁，大干军纪，应交副都统阿兰泰拿禁。"

【探讯】 tàn xùn 探听消息。清黄宗羲《明儒学案》卷三七："故冲每与朋侪言学，须先～其志，然后与论工夫。"

【探狱】 tàn yù 看望被囚禁的人。元黄溍《承直郎潮州路总管府知事孔君墓志铭》："君～，有冤，出其无罪者三人。"

【探侦】 tàn zhēn 侦察。唐李德裕《论镇州奏事官高迪陈意见二事状》："常密遣细作～，知诸处抽兵来。"△清《花月痕》四回："为今之计，当先委干员前往潼关，～动静，更传檄雍州节度，早为捕治，蒲关一带，亦不可不暗暗戒严，老经略高见，以为何如？"

【探支】 tàn zhī 预支，提先支付。唐姚合《武功县中作三十首》之一七："每旬常乞假，隔月～钱。"皮日休《新秋即事》诗之一："酒坊吏到常先见，鹤料符来每～。"宋邹应博《鹧鸪天・天遣丰年祝母龄》："～十日新阳福，来献千秋古佛身。"明《欢喜冤家》二回："换卖半床清梦，～八月凉风。"

【探爪儿】 tàn zhuǎ er 伸手，多用于索贿。元佚名《争报恩》二折："衙门从古向南开，怎禁那～官吏每贪财。"孙仲章《勘头巾》二折："见放着豹子、豹子的令史，则被你这～的颓人，将我来带累死。"

【探子】 tàn zi 军中从事侦察工作的人。《资治通鉴》卷二五五："尔速遣步～将数十人分道追走者，自以尔意谕之曰：'仆射幸不出寨，皆不知，汝曹速归，来旦牙参如常，勿忧也。'"宋魏泰《东轩笔录》卷一〇："一夕夜醮，而勾当人偶先告报厢使，中夕骤有火光，～驰白厢主，又报开封知府，比厢主判府到宅，则火灭久矣。"元关汉卿《单鞭夺槊》四折："使的那能行快走的～看去，这早晚敢待来也。"元明《三国演义》五回："忽～来报：'华雄引铁骑下关，用长竿挑着孙太守赤帻，来寨前大骂搦战。'"《水浒传》五六回："呼延灼正在中军帐内，听得～报知，传令便差先锋韩滔先来出哨，随即销上连环甲马。"

【探卒】 tàn zú 军中的侦察兵。五代贯休《古塞下曲七首》之一："搀山得～，放火猎黄羊。"△清《花月痕》三七回："关外各口隘严防，彼来则剿，彼去亦不必追，野无可掠，自然解散。然口外各隘炮台沟叠，及厂台～，是紧要的。"

tāng

【汤】 tāng 另见 tàng。❶ 温泉。唐张祜《阿鹘汤》："金舆未到长生殿，妃子偷寻阿鹘～。"刘肃《大唐新语》卷二："十四年，遣中使马承威赍玺书召禄山曰：'朕与卿修得一～，故召卿。'" ❷ 带汁液的饮品或菜肴。唐冯贽《云仙杂记》卷六："夏侯钺谒卢怀慎，坐终日，得竹粉～一盏。"元古本《老乞大》："这～淡，有盐酱将些来。"清《红楼梦》八回："作酸笋鸡皮～，宝玉痛喝了两碗。" ❸ 往下流。《元曲选・东坡梦》一折："我这等和尚有甚么佛做，熬得口里清水拉拉的～将出来。"

【汤鏖】 tāng áo 煎汤；煮水。宋苏轼《老饕赋》："九蒸暴而日燥，百上下而～。"廖行之《无题》之二："手种百花从日涉，心澄万虑弭～。"金赵秉文《酷暑》之一："林鸦开咮忘飞腾，天地为炉万象蒸。冰井～几千尺，塔铃风闷十三层。"

【汤饼会】 tāng bǐng huì 婴儿出生第三天或满月时举行的宴会。主食为汤饼（面条），取寿命绵长之意，故称。明佚名《四贤记》一九出："歌金缕，舞氍毹。～，更先期。"《古今小说》卷一〇："倪太守开筵管待，一来为寿诞，二来小孩儿三朝，就当个汤饼之会。"清《野叟曝言》一四五回："次日，天子、后妃俱赴～，看洗三朝。"

【汤茶】 tāng chá 茶水。五代孙光宪《北梦琐言》卷三："左右为骇浪所惊，呼唤不暇，渴甚，自泼～吃也。"宋金履祥《奠王敬岩文》："学生金某谨以香烛、～之奠，昭告于宋故都运观使敷文卿侍敬岩先生王公之灵。"清《歧路灯》五一回："王氏命冰梅伺候～，擎上烛来。"

【汤池】 tāng chí ❶ 温泉浴池或热水池。唐陈鸿《华清汤池记》："玄宗幸华清宫，新广～，制作宏丽。"明刘基《大热遣怀》："水井为～，冶容成病颔。"清《野叟曝言》六三回："在有温泉地方，掘一深地，引泉水归入，运些石板在内，垫成一个～。" ❷ 特指汤镬地狱用来行刑的沸水池。五代杜光庭《墉城集仙录》卷四："今越～而入生地，时开朱颜以对问见。"

【汤匙】 tāng chí 舀汤用的小勺。明《金瓶梅词话》五三回："一大碗猪肉滷，一张银～，三双牙箸。"清《老乞大新释》："铜匙子，～，红漆快子，铜快子。"《镜花缘》八七回："忙把～拿起，向翠钿照了一照。"

【汤点】 tāng diǎn 茶汤点心。明张岱《陶庵梦忆》卷五："厨子挑一担至，则蔬果、肴馔、～、花棚、糖饼、……小唱、弦索之类，又毕备矣。"清《儒林外史》二回："厨下捧出～来，一大盘实心馒头，一盘油煎的扛子火烧。"《红楼梦》五三回："贾母命将些～果菜与文官等吃去。"

【汤店】 tāng diàn 专卖茶水之外由其他物料烹煮（如菊花、甘草等）的饮品店。宋元《古今小说》卷三六："宋四公劝了，将他两个去～里吃盏汤。"

【汤殿】 tāng diàn 设温泉浴池以供沐浴的宫殿。唐温庭筠《题翠微寺》："火云如沃雪，～似含霜。"《太平广记》卷三七三引《纂异记》："幢帝与妃子自～宴罢，微行佛庙礼陀伽。"清《续金瓶梅》三五回："幽蓟烟尘入九重，贵妃～罢歌钟。"

【汤饵】 tāng ěr ❶ 汤药和丸药，泛指中药药剂。唐符载《谢手诏表》："且以鸿恩为～，何荣卫之不调？以造化为岐和，何膏肓之不去？"宋范仲淹《种世衡墓志铭》："自给一子，专视士卒之疾，调其～。"明王世贞《上林苑监沈公墓表》："旦夕浣濯，传膏药，共～，凡二十有七日。" ❷ 指液体或固体的饮食。清张潮《虞初新志》卷二〇："贱体忽惫，头涔涔作楚，一日夕不思～，若染时疠者。"

【汤饭】 tāng fàn 菜肴饭食。唐[日]圆仁《入唐求法巡礼行记》卷二："乞酱酢盐菜，专无一色，～吃不得。"明李开先《宝剑记》一五出："将了这碗～，抵死求见儿夫一面。"清《红楼梦》三五回："说着，便令一个婆子来，将～等物放在一个捧盒里，令他端了跟着。"

【汤罟】 tāng gǔ 犹"汤网"。唐杜牧《李甘诗》："其冬二凶败，涣汗开～。"

【汤馆】 tāng guǎn 设温泉浴池以供沐浴的馆舍。《新唐书・百官志三》："王公以下～，视贵贱为差。"

【汤罐】 tāng guàn 烧水煮茶或盛贮茶汤、热水的罐。元《三遂平妖传》一回："那员外急忙还礼，去壁炉上～内倾一盏茶递与那女子。"《元曲选·东堂老》三折："扬州奴到街市上投托相识去了，这早晚不见来。我在此烧～儿等着。"明《朴通事谚解》卷下："后头又是个茶博士们，提～的，拿茶碗、把盏的跟着。"

【汤罐弟弟】 tāng guàn dì di 男宠；娈童。清《何典》四回："闻说这刘打鬼是土地老爷的～，自身顾弗周全，还做别人的老婆！"

【汤锅】 tāng guō ❶ 用于煮汤（热水）的锅，密封较严。《元曲选·黄粱梦》一折："我开着这个打火店，我烧的这～热着。"明《西游记》七七回："果见那笼格子乱丢在地下，～尽冷，火脚俱无。"清弘历《蚕豆花蚕蛾》："幸免～煮炼丝，飞蛾栩栩自为嘻。" ❷ 屠宰牲畜、家禽时烧热水煺毛用的大锅，泛指屠宰牲畜的场所。明李梅实《精忠旗》三五出："正是：笼鸡有食～近，我于今去学那野鹤无粮天地宽。"《大清律例》卷二一："开设～宰杀堪用马一二匹者，枷号四十日，责四十板。"清《醒世姻缘传》七九回："撞见两个回子，赶了百十只肥牛，往北京～里送。"

【汤候】 tāng hòu 茶烹煮的时间长短以及状态。宋慕容彦逢《留题婺州智者寺》："侧耳石鼎傍，蝇声辩～。"明田艺蘅《煮泉小品》："人但知～，而不知火候，火然则水干，是试火先于试水也。"张岱《陶庵梦忆》卷八："有好事者开茶馆，……其火候、～，亦时有天合之者。"

【汤壶】 tāng hú ❶ 烧水煮茶或盛贮茶汤、热水的壶。宋徐兢《宣和奉使高丽图经》卷三一："～之形如花壶而差匾，上盖下座不使泄气，亦古温器之属也。丽人烹茶多设此。"元袁桷《延祐四明志》卷五："尝闻汝愚言，梦先帝以金～赐之。"清陆廷灿《续茶经》卷上之二："予乃陶土粉以为瓦器……置～于上。其座皆空，下有阳谷之穴，可以藏瓢、瓯之具。" ❷ 犹"汤婆"。明徐光启《农政全书》卷四五："大仓禁用灯火……冬月但用～。"清《红楼梦》程乙本五一回："他素日又不要～，咱们那熏笼上又暖和，比不得那屋里炕凉，今儿可以不用。"按，庚辰本作"汤婆子"。

【汤火符】 tāng huǒ fú 道家辟邪祛鬼治病的一种符禁。宋张齐贤《洛阳缙绅旧闻记》卷五："时有道士丁自然能使～，禁祛捉鬼魅精怪多验。依法设坛，敕水讫，炽火沸汤，书符禁之。"

【汤鸡】 tāng jī ❶ 宰杀后用开水烫过煺毛还未开剖的鸡。明沈榜《宛署杂记》卷一五："乡试场上下马二宴，……牛肉一方，羊肉一方，～二只，白鲞二尾。"清《醒世姻缘传》二六回："极瘦的鸡，拿来杀了，用吹筒吹得胀胀的，用猪脂使槐花染黄了，挂在那鸡的屁眼外边，妆～哄人。" ❷ 落汤鸡。明徐复祚《投梭记》一五出："江东臣子似～，活剥生擒任我为。"

【汤剂】 tāng jì 中药的一种制剂，把药材加水煎成汁服用。唐皮日休《友人以人参见惠因以诗谢之》："从今～如相续，不用金山焙上茶。"《元史·德臣赐传》："又遣丞相乌珍赐～，卒不起。"清《红楼梦》五二回："次日，王太医又来诊视，另加减～。"

【汤局】 tāng jú 明代内廷主管制作汤品的官署。明刘若愚《酌中志》卷一四："又司房管库房、～、荤局、素局、点心局、干碟局、手盒局、凉汤局、水膳局、馈膳局，管柴炭及抬膳。"沈德符《万历野获编》补遗卷一："而乾清宫内，则有～、荤局、素局、点心局，……所役殆数万人。"

【汤茗】 tāng míng 茶水。唐韦宗卿《隐山六峒记》："峒内平坦，石榻纵横，～在兹，笙竽以间。"明宋濂《郑仲涵墓志铭》："当夏五六月，赤日流金，道多病暍者，仲涵设～济之。"清张英《严寒自遣》："藉释冰花烘暖砚，自浇梅蕊试温～。"

【汤末】 tāng mò 可充茶水、药汁等原料的细屑。《太平广记》卷二一引《仙传拾遗》："忽有游客称孙处士，周游院中讫，袖中出～以授童子曰：'为我如茶法煎来。'"宋张齐贤《洛阳缙绅旧闻记》卷四："老仆声诺，开布囊取～并金盂两只，小金汤瓶一只，从行者索火烧金瓶，借院家托子点汤，俟温而进之。"清魏之琇《续名医类案》卷三："阴症而得至阴之脉，又何说焉！遂投附子理中～。"

【汤模子】 tāng mú zi 一种特制的成套金属模具，用来将湿面等压印成各种花样入汤。清《红楼梦》三五回："那婆子去了半天，来回说：'管厨房的说，四副～都交上来了。'……薛姨妈先接过来瞧时，原来是个小匣子，里面装着四副银模子，都有一尺多长，一寸见方，上面凿着有豆子大小，也有菊花的，也有梅花的，也有莲蓬的，也有菱角的，共有三四十样，打的十分精巧。"

【汤盘】 tāng pán 盛汤菜的盘子。宋洪巽《旸谷漫录》："厨娘发行奁，取锅、铫、盂、勺、～之属。"

【汤品】 tāng pǐn ❶ 煮茶所用水的品格与品质。唐苏廙把煮茶所用水分为十六汤品，有得一汤、婴汤、百寿汤等名目。❷ 汤饮或汤菜的品类。明高濂《遵生八笺》卷一一所列汤品有青脆梅汤、橘汤、茴香汤等三十二种名目。也泛指各种汤。《元曲选外编·延安府》二折："今有八府宰相在省堂筵宴，唤你来打个料帐，八府大人的分饭、烧割、～、添换，不许少了。"明黄淮《癸卯正旦简同列诸公》："蔗浆金碗冻，～绛纱笼。"孙柚《琴心记》六出："吃的～呵，猩唇凤髓调，猩唇凤髓调，驼峰丝脍搅，更麟脯和龙脑。"

【汤瓶】 tāng píng 烧水煮茶或盛贮茶汤、热水的瓶子。《五灯会元》卷一五《云盖继鹏禅师》："问：'如何是祖师西来意？'师曰：'～火里煨。'"《元曲选外编·绯衣梦》三折："但是那经商客旅、做买做卖的，都来俺这里吃茶。今日清早晨起来，烧的～儿热。"清王夫之《冬山即事》："清泉砚滴含餘绿，活火～涌细花。"

【汤婆】 tāng pó 盛热水后放在被子中取暖的用具，用铜或瓷等制成，形状扁圆。宋周紫芝《负暄亭》："念～子终是少情，况曲先生有时不至。"清《红楼梦》庚辰本五一回："终久暖和不成的，我又想起来～子还没拿来呢。"

【汤气】 tāng qì ❶ 热水所具有的特性。唐孙思邈《备急千金要方》卷一："凡服补汤欲得，服三升半，昼三夜一，中间间食，则～溉灌百脉，易得药力。"明文震亨《长物志》卷一二："汤瓶铅者为上，……瓷瓶虽不夺～，然不适用。"《金瓶梅词话》七三回："我不吃这陈茶，熬的怪泛～。" ❷ 热汤蒸腾的水气。中医用煮药水气治病。《旧唐书·许胤宗传》："胤宗曰：'口不可下药，宜以～熏之。令药入腠理，周理即差。'乃造黄蓍防风汤数十斛，置于床下。气如烟雾，其夜便得语。"明《徐霞客游记》卷一上："汤深三尺，时凝寒未解，～郁然。"清《隋唐演义》八二回："内侍又金碗盛鱼羹汤进上来。玄宗见～太热，手把牙箸调之良久。"

【汤钱】 tāng qián 洗澡水钱。明《朴通事谚解》卷上："我是新来的庄家，不理会的多少～。我说与你，～五个钱，挠背两个钱，梳头五个钱，剃头两个钱，修脚五个钱，全做时只使的十九个钱。"

【汤散】 tāng sǎn 中药的汤剂和散剂（药末），也泛指中药药剂。唐孙思邈《备急千金要方》卷三四："已服诸～、餘热不除久黄者，宜吐下方。"元明《水浒传》六〇回："宋江等守定在床前啼哭，亲手敷贴药饵，灌下～。"清魏之琇《续名医类案》卷三二："陆令先服煎剂，……晚投末药一服，夜间血少止。明日又～并投，血遂止。"

【汤食】 tāng shí 汤饮和食物。唐孙思邈《备急千金要方》卷二九："凡始觉不佳，即须救疗。迄至于病愈，～竞进，折其毒势，自然而差。"明《朴通事谚解》卷下："这衙门更是好～。可知。每日两个羊为头儿，软肉薄饼吃了，又吃几盏酒之后，吃稍麦粉汤。"叶子奇《草木子》卷三："～非五则七，割挈设而散，酒行无算。"

【汤熟】 tāng shú ❶ 水沸腾。唐王焘《外台秘要方》卷三五："～，添少许清浆水、一捻盐浴儿。"宋黄庭坚《与王泸州书》："大率建溪令～，双井宜嫩也。"清弘历《漱琼室》："石髓淙喧波，涌出如～。" ❷ 对卖面条行业的称呼。元《三遂平妖传》九回："何谓五熟行？卖面的唤做～，卖烧饼的唤做火熟，卖鲊的唤做腌熟，卖炊饼的唤做气熟，卖馉饳儿的唤做油熟。"

【汤水】 tāng shuǐ ❶ 热水。《法苑珠林》卷一一四："佛使帝释取其～。佛以金刚之手洗病比丘身体。"明《西游记》五三回："我的身子实落，不用补虚。且烧些～与我洗个澡。"清李玉《清忠谱》一七折："只这腌窝血窖，怎敢把指尖轻抓！那得有～与爹一洗。" ❷ 汤饮或汤菜，也指茶饭饮食。宋苏轼《龙虎铅汞论》："饥则食此饼，不饮～，不啖食物，细嚼以致津液。"明孙柚《琴心记》二九出："～要像模样，一味浓盐赤酱。"清《红楼梦》六九回："或是有时只说和他园中却顽，在园中厨内另做了～与他吃。" ❸ 油水；好处。明沈璟《义侠记》三三出："我们五更伏路，拿得个男子，身边有些～。"清《云仙笑》五册："我从中说合，少不得弄些～出来。" ❹ 能力；本事；权势。明《金瓶梅词话》七六回："你我都是趁来的露水儿，能有多大～儿，比他的脚指头儿也比不的。"清《醒世姻缘传》五回："我有多大～，且多大官儿，到得那王公跟前?"《儒林外史》二六回："戏子家有多大～，弄这位奶奶家去?" ❺ 隐指性事。明《西游记》五本一七出："我师父是童男子，吃不得大～，要便我替。" ❻ 比喻施予的措施或手段。清蒲松龄《聊斋俚曲·快曲》："一人回头向我照，我颤长枪只一通。不禁～落了马，我就割头来献功。"

【汤桶】 tāng tǒng 装热水的桶。宋罗愿《新安志》卷八："在明州育王山烧浴，诵至于此章句'能生信心，以此为实'，不觉脚在～，脚皴桶破。"元明《水浒传》一〇回："那跟来的人讨了～，自行烫酒。"清李渔《奈何天》二八出："〔副净持沐盆，携～、水杓上〕冷水泡热卵，香汤洗臭人。"

【汤头】 tāng tóu ❶ 温泉的水头(指水的流速、流量、路径等情况)。宋晁冲之《题鲁山温泉》："君不见汝海之南鲁山左，亦有此泉名不播。征夫问路说～，可怜是亦陈惊坐。" ❷ 汤头歌诀；以中药常用配方编成的歌诀。清卫杰《植物名实图考》卷七："今医者但记十数～，所知者不及百种，而治世间无穷之病。"《娱目醒心编》卷一五："今世做医家的记了几味药名，念了几个～，伸指诊脉，不辨浮沉迟数；握笔开方，不知补泻调和。" ❸ 中药的配方。清雍正七年十二月初十日上谕："嗣后凡与妃嫔等送药，银瓶上必须牌子标记，至所用～，亦须开清，交与本宫首领太监。"《野叟曝言》一一回："叫老尼料理稀粥与他吃，并定了一个降火安神的～，然后出来。"《歧路灯》一一回："我立方不比别人，一定要有个～，不敢妄作聪明。" ❹ 比喻引言。清陆陇其《松阳讲义》卷一〇："夫子未曾数出药品，而先说一个～与他听。缘子张是个才高意广的人，恐其易视之，故先说这个冒头，使他不敢忽略。"

【汤团】 tāng tuán 糯米粉等做成的球形食品，多带馅儿。宋吴自牧《梦粱录》卷一三："又沿街叫卖小儿诸般食件麻糖鎚子、糖鼓儿……麻团、～、水团。"明《山歌·长情》："姐道郎呀，隔夜～我听你也是宿水圆。"清《荡寇志》八一回："此时刘二已是搓熟的～，不由他不依。"

【汤碗】 tāng wǎn ❶ 用来盛茶、酒、汤菜等物的碗。唐陈守中《大汉韶州云门山宏明大师碑铭》："师付～于侍者曰：'第一是吾著便，第二是汝著便。'"清《绿野仙踪》八三回："先从桌上取起一个茶杯摔碎，又将一个～也摔碎在地。" ❷ 盛有热水、热汤或热菜的碗，也指碗里所盛的汤菜之类。元佚名《湖海新闻夷坚续志》后集卷二："有老犬忽作人行，入厨中取热汤，俨如人执～以进。"明《金瓶梅词话》七六回："桌上摆列许多热下饭～，无非是猪蹄羊头，烧烂煎煿，鸡鱼鹅鸭，添案之类。"清《歧路灯》三三回："冯三朋笑哈哈坐下，开口便讨～儿，先润润喉咙。小伙计提了一壶热酒，冯三朋先灌了两～，才吃的略慢些。"

【汤网】 tāng wǎng 给人留以生路的宽疏法网。语出《吕氏春秋·异用》："汤见祝网者置四面，……汤收其三面，置其一面。"唐刘禹锡《上杜司徒启》："～虽疏，久而犹挂。"明范景文《闻黄幼元系释志喜》："尧仁又见三言宥，～今看一面开。"清李渔《奈何天》二七出："暂弛～，权沛尧仁，略减皋刑。"

【汤眼】 tāng yǎn 煎煮茶水时呈现的一种鱼眼似细泡的状态。宋苏轼《到官病倦未尝会客毛正仲惠茶》："金钗候～，鱼蟹亦应诀。"明徐渭《煎茶七类》："用活火，候～鳞鳞起，沫浡鼓泛，投茗器中。"

【汤羊】 tāng yáng 宰杀后用开水烫过燂毛还未剥皮的羊。《元曲选外编·延安府》二折："赐御酒百瓶，～十只，犒劳八府宰相。"明《封神演义》八九回："次日旨意下，命高明、高觉同钦差解～、御酒往孟津来。"清《红楼梦》五三回："野羊二十个，青羊二十个，家～二十个，家风羊二十个。"

【汤药】 tāng yào 用具有药理作用的原料熬制的饮品。宋吴自牧《梦粱录》卷一三："又有浴堂门卖面汤者，有浮铺早卖～二陈汤，及调气降气及石刻安肾丸者。"《大宋宣和遗事》前集："天子洗漱了，吃了些～，辞师师欲去。"元明《水浒传》二一回："看时，却是卖～的王公，来到县前赶早市。"

【汤药局】 tāng yào jú 掌管汤药的内侍省机构。《辽史·百官志三》："～都提点，勾当汤药，内侍省官。"元杨奂《汴故宫记》："左掖门正北尚食局，局南曰宫苑司。宫苑司西北曰尚酝局、～、侍仪司。"

【汤饮】 tāng yǐn ❶ 中药汤剂。唐王焘《外台秘要方》卷一四："疗风热未退，频服～，力不能攻。"元杨维桢《赠医士莫仲仁序》："又某病噤痢，不食餘七日，气始绝。仲仁氏投以～，即内食饮而起。"清《野叟曝言》八五回："连日服下药饵～，已能行动。" ❷ 以汤汁为主的主副食或含有保健作用的饮品。《太平广记》卷四二八引《集异记》："群婢渐以～灌之，即能微微入口。"宋胡宿《赐契丹人使茶药口宣》："载勤使隰之行，谅有夕冰之慎。用颁～，式示眷怀。"明《醒世恒言》卷三："望见土房一所，想必其中有人，欲待求乞些～。"

【汤狱】 tāng yù 镬汤狱。佛教称，有毁佛禁戒、杀生伤害众生者，投入沸腾的铜镬中，速疾消烂。唐牛僧孺《玄怪录》卷三："付～者，付火狱者，付案者。"宋曾慥《类说》卷一一："石东有杻械数千人，点名拽投石上椎碎，付硙狱者，火狱者，～者。"

【汤圆】 tāng yuán 汤团。明《西湖二集》卷一六："杭州风俗，元旦清早先吃～子，取团圆之意。"清袁枚《子不语》一九回："适有卖～者过桥，闻人叫声，持灯来照。"《野叟曝言》二八回："这银子，和你明日买一大碗～儿吃也。"

【汤汁】 tāng zhī 食物烹煮出的汁液。唐王焘《外台秘要方》卷二〇："其面勿著盐，作二七枚，汤中煮。待浮漉出，及暖吞之。如不下，以～下之。”元明《水浒传》三八回：“自也吃了些鱼，呷了几口～。”清《野叟曝言》一〇回：“慌得三个女尼慌忙扶起桌子，收拾了板上的碗碟菜饭，揩抹了酱醋～。”

【汤猪】 tāng zhū 宰杀后用开水烫过煺毛还未开膛的猪。宋陆游《荆州歌》：“东征打鼓挂高帆，西上～联百丈。”清《醒世姻缘传》四六回：“粘单一纸，计开：～一口，汤羊一腔，神食一卓。”《红楼梦》五三回：“～二十个，龙猪二十个，野猪二十个。”

【铴】 tāng ❶ 磨平石木的器具。《礼记·大学》“如切如磋”宋朱熹注：“磋以鑢～，磨以沙石，皆治物使其滑泽也。”元许衡《鲁斋遗书》：“切用刀锯，磋作鑢～，琢用椎凿，磨作沙石。”《明史·食货志五》：“议者以铸钱艰难，工匠劳费，革旋车用鑢～。” ❷ 小铜锣。《清会典事例·乐部六·乐器一》：“十九曰～，范铜为之，面径二寸七分，口径三寸一分五厘，深六分。上穿二孔，系黄绒紃，以木片击之。”清《儒林外史》四三回：“手里拿着一个～锣子当当的敲了两下。” ❸ 铜锣的声响。明徐霖《绣襦记》三一出：“只听锣儿～～～。鼓儿咚咚咚。板儿喳喳喳。笛儿支支支。”

【啌】 tāng 拟声词，敲锣、打人、敲门等发出的声音。明佚名《白兔记》一七出：“我打一更鼓儿冬冬冬，一棒锣声～～～。”△清《儿女英雄传》六回：“那女子就把身子一扭，甩开左脚，一回身，～的一声，正踢在那和尚右肋上。”

【趟】 tāng 另见 tàng。❶ 踏勘；探路。宋元《古今小说》卷三六：“这汉～得楼阁没赛，起个浑名，唤做‘病猫儿’。” ❷ 走。元佚名《勘皮靴单证二郎神》：“冉贵别了老汉，复身挑了担子，嘻嘻的喜容可掬，～回使臣房里来。” ❸ 溜；逃跑。明佚名《玉堂春落难逢夫》：“忙下楼来，往外就走。鸨子、乐工恐怕～了，随后赶来。” ❹ 碰触。明《山歌·笼灯》：“人门前全匆骛好，头上箍子介条草绳，夜里只好拿你来应急～～。”

【镗鞳】 tāng tà 拟声词。形容敲打钟鼓等乐器的声音。唐徐浩《谒禹庙》：“婆娑非舞羽，～异鸣球。”皮日休《任诗》：“衮衣竟璀璨，鼓吹争～。”

【镗镗】 tāng tāng 拟声词。形容敲打锣鼓等的声音。唐来鹄《圣政纪颂》：“磊磊其事，～其声。”清《野叟曝言》一九回：“两个赤膊雄壮后生，各有二十以外年纪，各拿一面锣儿，～的敲响。”

táng

【唐】 táng 黑色。唐段成式《酉阳杂俎》前集卷二〇：“白～，～者黑色也，谓斑上有黑色。”

【唐碑】 táng bēi 唐朝的碑刻。宋周晋《清平乐》：“手寒不了残棋。篝香细勘～。”明叶盛《水东日记》卷五：“～多书其人而亦多实，欧、卢、颜、柳、李北海等碑是已。”

【唐本】 táng běn 书籍的唐写本。唐李益《春日晋祠同声会集得疏字韵》：“风壤瞻～，山祠阅晋餘。”

【唐尺】 táng chǐ 唐代的尺子。元陶宗仪《辍耕录》卷一〇：“～短，以今校之，亦自小也，而不言其弓。”明郎瑛《七修类稿》卷二七：“～与古玉尺同，……五代世短，多相因袭，志亦无考也。”

【唐德】 táng dé 唐朝的德行。五代贯休《绣州张相公见访》：“德符～瑞通天，曾叱谗谀玉座前。”宋孔平仲《续世说》卷二：“于汉所立铜柱处，以铜一千五百斤特铸二柱，刻书～，以继伏波之迹。”明陆采《明珠记》一一出：“～既衰，天下大乱。”

【唐风】 táng fēng 大唐风尚、风气、风俗。唐柳宗元《鼓吹铙歌·苞枿》：“澶漫万里，宣～。”李峤《皇帝上礼抚事述怀》：“小臣滥簪笔，无以颂～。”宋龙衮《江南野史》卷八：“时金陵初拟～场屋，悬进士科以罗英造。”明郎瑛《七修类稿》卷三三：“后闻终南山有小白石处，刻一诗，足有～，字乃晋体，深五七分，惜无名也。”

【唐服】 táng fú 唐朝的服饰装束。唐刘元鼎《使吐蕃经见纪略》：“言顷从军没于此，今子孙未忍忘～，朝廷尚念之乎？”

【唐宫】 táng gōng 唐朝的皇宫。唐潘炎《童谣赋序》：“郡南六十里有羊头山，今兴～，即当之矣。”宋陈允平《绮罗香》：“孤檠清梦易觉，肠断～旧曲，声迷宫漏。”明陆采《明珠记》三三出：“想～难觅这个殿头官。”△清《九尾龟》一四〇回：“南都石黛，遍开上苑之花；北地胭脂，重入～之选。”

【唐关】 táng guān 唐朝的关隘。唐皮日休《蓝田关铭并序》：“天辅唐业，地造～。”

【唐花】 táng huā 温室里培养的花卉。清《品花宝鉴》三三回：“当岁寒时节，将此君与～较量，方见其潇洒自然。”△《花月痕》三五回：“秋痕因指着四盆～道：‘这也是太太送的。’”

【唐化】 táng huà 唐朝教化。敦煌词《献忠心》：“不归边地，学～，礼仪同，沐恩深。”《敦煌变文校注》卷一《张淮深变文》：“诸蕃纳质归～，尽欲输□□□□。”

【唐槐】 táng huái 唐代的槐树。清《野叟曝言》一四二回：“因在花笺上接题～：采果唐槐气葱，羡他千载受春风；愿为一寸阶前草，长在尼山雨露中！”

【唐环】 táng huán 唐玄宗的妃子杨玉环。明李昌祺《剪灯餘话·秋夕访琵琶亭记》：“～不见新留袜，汉燕犹餘旧守宫！”徐复祚《红梨记》一一出：“～不见沉香远，汉宫难睹昭阳燕。”

【唐讳】 táng huì 唐朝的国讳。宋陆游《老学庵笔记》卷五：“予尝取观之，字亦不甚工，然多阙～。”

【唐祭】 táng jì 设祭于庙之中道。明郎瑛《七修类稿》卷二三：“宗庙之路曰唐，谓设祭于庙之中道，故云～，非堂祭也。”

【唐家】 táng jiā ❶ 唐朝；唐代。唐刘得仁《送新罗人归本国》：“到彼星霜换，～语却生。”李德裕《论仪凤以后大臣褒赠状》：“以我是～老臣，须杀任杀，若问其谋反，实无可对。”《大宋宣和遗事》前集：“后来明皇那儿子肃宗，恢复两京，再立～社稷也。”宋孔平仲《续世说》卷一：“上以问刘仁轨，对曰：‘利则厚矣，恐后代称～卖马粪，非佳名也。’”明佚名《鸣凤记》六出：“故汉室和亲，～纳币。”郎瑛《七修类稿》卷一五：“奈何一旦灭～三百年社稷，他日得无灭吾族乎？”△清《儿女英雄传》一回：“安禄山之来，为杨贵妃而来，不是合～有甚的不共戴天之仇。” ❷ 唐姓人家。宋孟元老《东京梦华录》卷二：“南门大街以东，南则～金银铺、温州漆器什物、大相国寺，直至十三间楼、旧宋门。”

【唐碣】 táng jié 唐代的圆顶石碑。宋江休复《醴泉笔录》卷上：“武功常景主簿说：庆善宫有～，为民藏窖，盖民恐他人见之，理认远祖土田。”

【唐巾】 táng jīn 一种便帽，因唐代帝王服用而得名，后世士人多戴此。《元史·舆服志一》：“～，制如幞头，而撱其角，两角上曲作云头。”明王圻《三才图会·衣服》：“～，其制类古毋追。尝见唐人画像，帝王多冠此，则固非士大夫服也。今率为士人服矣。”也称“唐帽”。宋刘辰翁《鹧鸪天》：“遗民植杖～起，闲伴儿童看立春。”《大宋宣和遗事》前集：“上面着一领紫道服，系一条红丝吕公绦，头戴～，脚下穿一双乌靴。”元《通制条格》卷八：“诸儒各服～襕带，学正师儒之官却以常服列班陪拜。”明《山歌·山人》：“头带子方弗方圆弗圆个进士～，弗肯闭门家里坐。”清《歧路灯》七八回：“第一桌，是进士小～一顶，红色小补服一袭，小缎袜一双，小缎靴一双，小丝绦一围。”《醒世姻缘传》八回：“快已他做道袍子，做～，送他往南门上白衣庵里与大师傅做徒弟去！”

【唐酒】 táng jiǔ 唐代的酒。宋文莹《玉壶清话》卷一：“上遽问近臣曰：‘～价几何’无能对者，唯丁晋公奏曰：‘～每升三十。’”

【唐旧】 táng jiù 唐代的故旧。宋陆游《老学庵笔记》卷六：“今世一切变古，唐以来旧语尽废，此犹存～为可喜。”

【唐举子】 táng jǔ zǐ 唐代科举考试的应试人。明陆容《菽园杂记》卷一：“又有钉官石，石理中断钉历历可见，云～以此自占。”

【唐句】 táng jù 唐人的诗句。宋萧泰来《满江红》：“文汉史，诗～。字晋帖，碑周鼓。”清《歧路灯》一〇三回：“这大雷又打五六个，渐渐向西南而去。馀声殷殷不散，正是～所云‘楼外残雷怒未平’也。”

【唐爵】 táng jué 唐代的爵位。明于慎行《榖山笔麈》卷一：“古时五等之爵，原有等级，如～，国公一品，郡县公二品，侯三品，伯四品，子、男五品。”

【唐刻】 táng kè 唐人的镌刻。明沈德符《万历野获编》卷二六：“～推李北海，然皆自写自刻，所称工人伏灵芝、黄仙鹤、苏长生，俱诡名也。”

【唐客】 táng kè 唐朝的羁旅之人。唐[日] 圆仁《入唐求法巡礼行记》卷四：“（十一月）十四日，得太政官十一月十三日符，有优给～金珍等事。”宋吴潜《浣溪沙》：“水畔丽人～恨，山阴佳客晋人怀。”

【唐历】 táng lì 唐代的历法。唐[日] 圆仁《入唐求法巡礼行记》卷二：“（九月）廿三日，据～：立冬。自后寒风稍切。”李德裕《次柳氏旧闻》：“复著～，采摭义类相近者以传之。”宋钱易《南部新书》卷八：“力士后著～，此书不复出。”

【唐录】 táng lù 即“唐实录”。《敦煌变文校注》卷二《叶净能诗》：“皇帝遂命太史官，批在～。”

【唐辂】 táng lù 唐时的玉辂车。宋沈括《梦溪笔谈》卷一九：“元丰中，复造一辂，尤极工巧，未经进御，方陈于大庭，车屋适坏，遂压而碎，只用～。”

【唐律】 táng lǜ ❶ 唐代的法律。宋钱易《南部新书》卷七：“～，取得鲤鱼即宜放，仍不得吃。” ❷ 唐代的律诗。明叶盛《水东日记》卷六：“近代言诗者，率喜～五七言，而～之名家者，毋虑数十人。”

【唐帽】 táng mào 犹“唐巾”。元佚名《冻苏秦》二折：“你不曾为官呵，着我做甚么大官人。干着我买了个～在家，安了许多时。”元明《水浒传》七六回：“乌纱～通犀带，素白罗襕乾皂靴。”明郎瑛《七修类稿》卷四三：“故今闻有方面红袍玉带髡顶戴～之像于寺。”

【唐眉】 táng méi 唐代的美女。宋吴则礼《鹧鸪天》：“退朝日上青花道，催直霜零赤雁池。鸣汉履，侍～。”

【唐墨】 táng mò 唐人书写的石墨。明谢肇淛《五杂组》卷一二：“按太白诗有‘兰麝疑珍墨’之语，则～已用麝。”

【唐猊】 táng ní 铠甲名。又作㹧猊。元郑光祖《虎牢关》三折：“吕布那三叉紫金冠上翎插着那雉鸡，他那百花袍铠是～。”元明《水浒传》八〇回：“攒一壶皂雕翎铁梨杆透～凿子箭，使一柄欺袁达赛石丙劈开山金蘸斧。”《三国志通俗演义》卷一：“卓见对阵吕布出马，顶束发金冠，披百花战袍，擐～铠甲，系狮蛮宝带。”明张凤翼《红拂记》三一出：“甲挂着锦～。坐下马胜似赤狻猊。”清《荡寇志》八八回：“端的赛过～。”

【唐气】 táng qì 唐人风概。明叶盛《水东日记》卷三：“舍弟此诗，云有～。”

【唐琴】 táng qín 唐朝的一种乐器。明张岱《陶庵梦忆》卷六：“余如秦铜汉玉、……法书名画、晋帖、～，所畜之多……”沈德符《万历野获编》卷二六：“锺家兄弟之伪书、米海岳之假帖、渑水燕谈之～，往往珍为异宝。”

【唐曲】 táng qǔ 唐代的乐曲。宋沈括《梦溪笔谈》卷五：“～有《突厥盐》《阿鹊盐》。”

【唐裙】 táng qún 唐代的裙子。元商挺《潘妃曲》：“金缕～鸳鸯结，偏趁些娘撇。”赵显宏《刮地风·别思》：“人比前春瘦几分，掩过～。思君一度一销魂，生怕黄昏。”

【唐人】 táng rén ❶ 唐朝人。唐薛能《嘉陵驿见贾岛旧题》：“贾子命堪悲，～独解诗。”五代贯休《遇五天僧人五台五首》之三：“～亦何幸，处处觉花开。”宋陆游《老学庵笔记》卷六：“～本以尚书省在大明宫之南，故谓之南省。”金刘祁《归潜志》卷一：“《过胥相墓》云：‘……下马读碑人不识，夷山高处望中原。’甚有～远意。” ❷ 中国人。元吴鉴《岛夷志略序》：“自时厥后，～之商贩者，外蕃率待以命使臣之礼。”明于慎行《榖山笔麈》卷一三：“西北诸虏称中国为汉人，东南海夷称中国为～。”《明史·真腊传》：“～者，诸番呼华人之称也，凡海外诸国尽然。”清王士禛《池北偶谈》卷二一：“昔予在礼部，见四译进贡之使，或谓中国为汉人，或曰～。谓～者，如荷兰暹罗诸国。盖自唐始通中国，故相沿云尔。”

【唐日】 táng rì 唐朝时期；唐代。宋洪迈《容斋随笔》卷九：“淳熙三年，以太上皇帝庆寿之故，推恩稍优，遂有增年诡籍以冒荣命者，使如～，将如何哉？”又卷一六：“或人以谓～藩镇莅事，必大享军，屠杀羊豕至多，故不欲以其月上事，今之他官，不当尔也。”金元好问《续夷坚志》卷二：“市中佛阁自～有之，辽人又谓之‘护国仁王佛坛’，千手眼大悲阁字，虞世南所书。”

【唐塞】 táng sè 同“搪塞”。清《聊斋志异·毛狐》：“戴月披星，终非了局。使君自有妇，～何为？”

【唐僧】 táng sēng ❶ 唐代僧人。唐[日] 圆仁《入唐求法巡礼行记》卷四：“（五月）十六日，早朝，相别而发。共～十九人同行。”宋沈括《梦溪笔谈》卷一八：“～一行曾算棋局都数，凡若干局尽之。”又卷二四：“～贯休为《诺矩罗赞》，有‘雁荡经行云漠漠，龙湫宴坐雨蒙蒙’之句。” ❷ 唐代僧人玄奘的俗称。明《朴通事谚解》卷上：“～往西天取经去时节，到一个城子，唤做车迟国。”《西游记》一四回：“悟空将菩萨劝善、令我等待～揭帖脱身之事，对那老者细说了一遍。”清《聊斋俚曲·丑俊巴》：“他原是天蓬元帅，跟着～姓了猪，取名八戒。”《豆棚闲话》一则：“这个功德却比～往西天取来的圣经还增十分好处。”《红楼梦》三九回：“有个～取经，就有个白马来驮他。”

【唐实录】 táng shí lù 专记唐代皇帝统治时期大事的编年史。唐杜甫《别张十三建封》：“尝读～，国家草昧初。”

【唐世界】 táng shì jiè 大唐王朝。元尚仲贤《三夺槊》四折：“如今罢了干戈，绝了征战，扶持俺这～文武官员。”关汉卿《哭存孝》一折：“扶立乾坤～。”马致远《黄粱梦》二折：“隋江山生扭做～。”

【唐室】 táng shì 唐王室；唐王朝。《全唐文》卷一〇一引《受禅改元制》：“纠合齐盟，翼戴～。”岑羲《为敬晖等论武氏宜削去王爵表》：“自有隋失御，海内崩离，天历之重，归于～。”五代孙光宪《北梦琐言》卷一七：“明公为～之桓、文，当以礼义而成霸业。”宋《三朝北盟会编》卷一六三：“自古享国之盛，无如～。本朝目今制度，并依唐制。”明王玉峰《焚香记》二七出：“重兴～，永保万年坚牢。”

【唐疏】 táng shū 唐朝人的文字。唐贾岛《送朱可久归越中》:"吴山侵越众,隋柳入～。"

【唐肆】 táng sì 唐朝市肆。唐王维《为兵部祭库部王郎中文》:"～求马,夜壑藏舟。深悟幻境,独与道游。"

【唐唐】 táng táng ❶ 魁伟高大貌。《敦煌变文校注》卷四《降魔变文》:"佛身～长丈六,外道还同萤火幼。" ❷ 公然地;公开地;虚妄地。明康梧《点绛唇·中秋》套曲:"笑鲰生不会度量,也～数黑论黄,海阔天高徒自枉。" ❸ 拟声词。明贾仲明《吕洞宾》三折:"昏邓邓尘似筛,扑～泥又滑。"

【唐体】 táng tǐ 指唐诗的体式风格。宋岳珂《桯史》卷一:"逆亮时有意南牧,校猎国中,一日而获熊三十六,廷试多士,遂以命题,盖用～。"元萨都剌《寄马昂夫总管》:"人传绝句工～,自恐前身是薛能。"

【唐天】 táng tiān 唐代;唐朝。唐卢仝《月蚀诗》:"予命～,口食唐土。唐礼过三,唐乐过五。"宋《虚堂和尚语录》卷四:"曾落石霜机外笏,又扶粗行到～。只将四海垂纶手,虾蟹鱼龙一串穿。"元薛昂夫《蟾宫曲·叹世》:"想昨日秦宫,今朝汉阙,呀,可早晋地～!"

【唐帖】 táng tiě 唐人字帖。宋陆游《一丛花》:"窗明几净,闲临～,深炷宝奁香。"

【唐统】 táng tǒng 唐代统一的政权。唐柳芳《食货论》:"初元宗以雄武之才,再开～,贤臣左右,威至在己。"宋龙衮《江南野史》卷四:"先主既膺禅位,齐丘复请归姓以绍～,冀德威四方。"

【唐突】 táng tū ❶ 乱闯,冲撞。唐李白《赤壁歌送别》:"君去沧江望澄碧,鲸鲵～留余迹。" ❷ 冒犯,欺凌。唐高適《同观陈十六史兴碑》:"西晋何披猖,五胡相～。"明《西洋记》三七回:"蛮泼狗!敢～我南将么?"《醒世恒言》卷二三:"何况他今日自家的言语～,怎肯与他计较?"清《红楼梦》一回:"但每遇兄时,兄并未谈及,愚故未敢～。"

【唐图】 táng tú 唐代古镜的平面图形。明王士性《广志绎》卷三:"古器惟镜最多,秦图平面最小,汉图多海马、葡萄、飞燕,稍大,～多车轮,其缘边乃如剑脊。"

【唐土】 táng tǔ ❶ 大唐国土。唐顾况《高祖受命造唐赋》:"辰戍丑未,王我～。"《祖堂集》卷一《祖道信和尚》:"第三十一祖道信和尚者,即～四祖。"《五灯会元》卷一二《洞山子圆禅师》:"师曰:'波斯入～。'" ❷ 大唐土地生产的粮食。唐卢仝《月蚀诗》:"予命唐天,口食～。唐礼过三,唐乐过五。"

【唐文】 táng wén 唐朝的文章。唐来鹄《圣政纪颂》:"国章可披,～可爱。"

【唐言】 táng yán 汉语。《五灯会元》卷一二《大宁道宽禅师》:"西天梵语,此土～。"

【唐业】 táng yè 唐朝基业。唐柳宗元《鼓吹铙歌·东蛮》:"无思不服从,～如山崇。"岑羲《为敬晖等论武氏宜削去王爵表》:"今则天皇帝厌倦万务,神器大宝,重旭下,百姓讴歌,欣复～。"

【唐衣冠】 táng yī guān 唐代的衣服帽子。宋曾敏行《独醒杂志》卷三:"唐之神多～,传闻其像皆唐所塑,帝像不冕而冠,盖章圣东封后始册帝号。"又卷六:"元章喜服～,宽袖博带,人多怪之。"

【唐音】 táng yīn 唐代乐声曲调。唐[日]圆仁《入唐求法巡礼行记》卷二:"讲师上堂,登高座间,大众同音称叹佛名,音曲一依新罗,不似～。"

【唐印】 táng yìn 唐朝的印章。元陶宗仪《辍耕录》卷三〇:"～有法,凡印文中有一二字忽有自然空缺,不可映带者,听其自空。"

【唐语】 táng yǔ 唐朝语言。唐[日]圆仁《入唐求法巡礼行记》卷二:"彼寺虽有西国难陀三藏,不多解～。"《全唐文》卷一五二引《瑜伽师地论新译序》:"三藏法师元奘敬执梵文,译为～。"宋吴处厚《青箱杂记》卷九:"《宿翻经馆清少卿房》云:'梵容分古像,～入新经。'"

【唐元】 táng yuán 唐初。《全唐文》卷三四引《复崔日用实封敕》:"～之际,逆党构凶,崔日用当时潜论其事。"又卷四四引《立成王为皇太子德音》:"其～功臣,成都元从,及朕元从功臣等,普恩之外,更赐一爵,四品已下更加两阶。"

【唐苑】 táng yuàn 唐代的苑囿。宋陈德武《念奴娇》:"彩缀隋园,鹿游～,哀乐无凭祷。"

【唐乐】 táng yuè 大唐乐曲。《全唐文》卷二四引《定大唐乐制》:"而王公卿士,爰及有司,频诣阙上言,请以～乐。"宋范镇《东斋记事》卷二:"最后有成都房庶者,亦言今之乐高五律,盖用～而知之。自收方响一、笛一,皆～也。"

【唐丈】 táng zhàng 丈人。元杨梓《霍光鬼谏》二折:"谁待倚～眉势威风显!我子怕养闺女为官分福浅!"

【唐篆】 táng zhuàn 唐朝的篆刻。元陶宗仪《辍耕录》卷三〇:"凡屈曲盘回,～始如此。"

【唐装】 táng zhuāng 唐朝人的装扮。宋陆游《老学庵笔记》卷八:"巾服一如唐人,自名～。"

【唐祚】 táng zuò 指唐朝国运。唐李家明《题纸鸢止宋齐丘哭子》:"安排～革强吴,尽是先生作计谟。"明屠隆《昙花记》二出:"迩者～衰于中叶。"叶盛《水东日记》卷五:"卒赖勤王之师再造～。"

【塘】 táng ❶ 火塘,室内地上挖的坑穴,以生火取暖。元《武王伐纣平话》卷上:"如有不死者得罪之人,推在炮烙～灰火坑之内。" ❷ 道路。明贾仲明《荆楚臣重对玉梳记》三折:"这里是大道官～,怎没个行人,南来北去?"清《荡寇志》八〇回:"杨腾蛟骗过了栖霞关,奔上官～大路,一气走了四十餘里,已到了孤云汛。"《野叟曝言》一四一回:"仍命北直、山东、南直三官～,俱轩飞递。" ❸ 负责地方治安、稽查及传递军事文书的基层驻兵单位。汛比塘大。泛指驿站、关卡。清《女仙外史》七八回:"我且问你,到荆门州还有多路?城内有多少兵丁?前去有几处～汛?"

【塘坳】 táng ào 池塘;低洼处。唐杜甫《茅屋为秋风所破歌》:"茅飞渡江洒江郊,高者挂罥长林梢,下者飘转沉～。"清查慎行《玉沙即事二首》之二:"绝少鱼虾入膳庖,豚蹄随意散～。"

【塘报】 táng bào ❶ 侦探报告。明《西洋记》三七回:"小的们执事～,以探贼为主。有事不敢不报,无事不敢乱言。"又六八回:"快差～官上山去体探一番。" ❷ 由塘站传递的军情报告或文书。明《梼杌闲评》三九回:"只见门上传进～来,道:'酋兵犯广宁。'"又四三回:"早有～到来,说有番兵过了三岔河来了。"清《樵史》二六回:"料此时将爷～未到,咱两个只说将爷差两员把总,带领兵丁,迎接将爷。"《歧路灯》一七〇回:"～一到祥符,满城都谣起来,说如今新来的抚院大人,即是旧年北道哩那位道台。"《醒世姻缘传》九九回:"乌蒙土官又将失利的～,飞驰到了抚院。"

【塘兵】 táng bīng 营汛、驿站的士兵。清《女仙外史》四一回:"俞如海率领兵士搜杀沿途～。"

【塘差】 táng chāi 兵部派往地方巡视军事的官员。清《歧路灯》一三〇回:"这兵部～,想早到河南。"

【塘钞】 táng chāo 塘报的抄写件。清《歧路灯》九五回:"并无别项,只此已不堪传写～矣。"又九六回:"他中进士我知道,前日在～上见了。”

【塘递】 táng dì 传递情报的人员。清《野叟曝言》八六回：“一面先再派人上京，另写几封信，由～带去，知照京中解铺里。”

【塘房】 táng fáng 比较小的驿站、驻防地、关卡。清《荡寇志》八五回：“比及黎明，各营汛～，雪片也似报来道：有贼兵直陷沂州城焚掠。”

【塘路】 táng lù ❶ 池塘边的道路。唐李嘉祐《南浦渡口》：“寂寞横～，新篁覆水低。”又《九日》：“孤楼闻夕磬，～向城闉。”❷ 驿路。清《歧路灯》七回：“央他包封于河南祥符儒学京报之中，顺～发回。”

【塘马】 táng mǎ 驿站的马。清《雪月梅》二〇回：“因给你在本汛支应～二匹，逐汛更替，计四日可到苏城。”

【塘泥】 táng ní 池塘里的污泥。宋梅尧臣《杂诗绝句十七首》之一四：“塘上挽船人，～深及胫。”明海瑞《邵守愚人命参语》：“检得耳窍，亦有～在内，则与程周同盗之情似实。”

【塘旗】 táng qí 飞报军情的旗帜。明阮大铖《春灯谜》二二出：“荆湘路、荆湘路，～飞报；海獭贼、海獭贼，沿江骚扰。”

【塘务】 táng wù 管理地方治安、稽查及传递军事文书等事务的部门。清《歧路灯》九回：“孝移在读画轩上，每日翻阅～日送邸钞。”

【塘汛】 táng xùn 负责地方治安、稽查及传递军事文书的两级基层驻兵单位。汛比塘大。泛指驿站、关卡。清《女仙外史》七八回：“我且问你，到荆门州还有多路？城内有多少兵丁？前去有几处～？”又九九回：“统付与女金刚，并传入刘元帅营中，从～转发。”

【塘汛兵】 táng xùn bīng 即“塘兵”。清《女仙外史》七八回：“过了这个黑松岭，十餘里就是半村岭，有百十多人家，二三十～住着。”又九四回：“原来雕儿、铁儿，袭取景州之后，～丁降者降了，杀者杀了，无人举烽传报。”

【塘沿】 táng yán 池塘边沿。清《儒林外史》二二回：“那～略窄，一路栽着十几棵柳树。”

【塘站】 táng zhàn 泛指驿站、关卡。清《绿野仙踪》五八回：“细问一路～，都说是提调水陆军马总帅是朱文炜。”

【塘子】 táng zi ❶ 池塘。明《二刻拍案惊奇》卷八：“看见他三人走来至近，一齐跳出～，慌忙将衣服穿上，望着三人齐声迎喏。” ❷ 同“堂子❶”。元关汉卿《赵盼儿风月救风尘》三折：“你若休了媳妇，我不嫁你呵，我着～里马踏杀，灯草打折臁儿骨。”

【塘卒】 táng zú 驿站的兵卒。《明史·杨嗣昌传》：“贼所至，烧驿舍，杀～，东西消息中断。”

【搪】 táng ❶ 用手拦击。元明《水浒全传》郑序本一〇四回：“王庆侧身一闪，就势接住那汉的手，将右肘向那汉胸脯只一～，右脚应手，将那汉左脚一勾。” ❷ 碰着；撞上。元佚名《朱砂担滴水浮沤记》三折：“我将这厮琅琅铁索把那厮肩膀绑，沉点点铁棍将那厮臂膊～。”佚名《都孔目风雨还牢末》三折：“是那个扳我脊梁？是那个摸我胸膛？是那个把头发来揪、胳膊来～？”明《西游记》八六回：“可怜那些不识俊的妖精，～着钯，九孔血出；挽着棒，骨肉如泥！”清《二刻醒世恒言》上函一回：“斩金如雪，击石如泥，～着的粉骨碎身。” ❸ 抵挡。明《西游记》一五回：“斗不数合，小龙委实难～，将身一幌，变作一条水蛇儿，钻入草科中去了。”又三三回：“把个沙僧战得软弱难～，回头要走。”王玉峰《焚香记》三六出：“不敢空归也。～向东来又突西。”清《豆棚闲话》一一则：“党都司逞着雄威，左冲右突，东挡西～。”《红楼梦》八回：“来，让你奶奶们去，也吃杯～～雪气。” ❹ 遮挡；遮拦。明《西游记》九二回：“原来那门被八戒筑破，几个小妖弄了几块板儿～住。”清《野叟曝言》五〇回：“你老人家积些阴骘，圆融着这人进去～一卯儿罢。”△《九尾龟》六回：“便要走出房去，早被一个娘姨劈胸～住道：‘方大少，到啥场化去？’” ❺ 涂抹；粘着。元《三遂平妖传》一三回：“这和尚满身都是尿血～住了，使不得妖法。”清《品花宝鉴》五八回：“里头长了一层厚膜，就如炉子～上一层泥一样，凭你怎样，他也不疼。” ❻ 荡；漾。元明《水浒传》一九回：“何涛见了吃一惊，急跳起身来时，却待奔上岸，只见那只船忽地～将开去。” ❼ 敷衍；搪塞。元武汉臣《包待制智赚生金阁》二折：“凭着我甜话儿厮～，更将些美情儿相向。”明《石点头》卷一：“倘有些门头户脑的事情，留着这秀才的名色～～，也还强似没有。”清《红楼梦》七二回：“拿去弄了三百银子，才把太太遮羞礼儿～过去了。” ❽ 混骗；蒙骗。宋元《警世通言》卷六：“～得几碗酒吃，吃得烂醉，直到昏黑，便归客店安歇。”元明《水浒传》二二回：“只因昨夜去寻宋江～碗酒吃，被这阎婆叉小人出来。”又：“唐牛儿告道：‘小人一时撞去，～碗酒吃。’”

【搪挨】 táng āi 紧挨着，挤碰。宋王安石《和王微之登高斋三首》之二：“魏王兵马接踵出，旗纛千里相～。”

【搪撑】 táng chēng 抵挡支撑。唐韩愈《月蚀诗效玉川子作》：“赤龙黑鸟烧口热，翎鬣倒侧相～。”

【搪倒】 táng dǎo 用手拦击而使人倒下。清《野叟曝言》一九回：“房门外乱赶进无数家人来打捉，被又李把手一搪，当先的～了两个，跌转去，又～了几个。”

【搪抵】 táng dǐ ❶ 抵挡。明《西游记》五八回：“众神～不住，放开天门，直至灵霄宝殿。”又九五回：“来往战经十数回，妖邪力弱难～。” ❷ 搪塞；敷衍。明《西洋记》一九回：“咱这里要害病的军人相验，你怎么领着一干没病的军人到这里来～咱们？”柯丹邱《荆钗记》四六出：“假乖张，贱奴胎，把花言抵搪，全不顾外人扬，恼得我气满胸膛。”

【搪酒】 táng jiǔ 混骗别人的酒喝。元明《水浒传》二一回：“那厮一地里去～吃，只是搬是搬非。”

【搪泥】 táng ní 涂抹泥巴。明《型世言》一四回：“茹茹梗编连作壁，尽未～；芦苇片搭盖成篷，权时作瓦。”

【搪牌】 táng pái 盾牌。元明《三国演义》八三回：“皆使弓弩长枪，～刀斧。”

【搪塞】 táng sè 做事应付；敷衍了事。唐唐彦谦《宿田家》：“阿母出～，老脚走颠踬。”元明《水浒传》二回：“却不是那厮抗拒官府，～下官。”明《西游记》四五回：“这先儿只好哄这皇帝，～黎民，全没些真实本事！”清《歧路灯》六六回：“～清还了咱，便把这注子大利息白丢了。”《红楼梦》五五回：“以为李纨素日原是个厚道多恩无罚的，自然比凤姐儿好～。”

【搪突】 táng tū ❶ 冲撞；顶撞。唐牛丛《报坦绰书》：“盖以姑务含容，不虞～。遂令凶丑，肆害生灵。”明《西洋记》六回：“今日这些小怪受了～，一定前去报知他了。”又二七回：“这个妖畜如此无礼，～于我。” ❷ 接触；蒙受。宋元《醒世通言》卷四〇：“吾闻此畜妖气最毒，～其气者，十人十死。”

【搪限】 táng xiàn 充数；敷衍人数。明《西洋记》一一回：“圣旨灭僧兴道，五城两县现在挨拿，街坊上头发稀两根的，也要拿去～。”

【搪折】 táng zhé 对换。宋袁甫《论会子札子》：“虽言许民间应干税赋尽将旧会照时价入纳，及其它官钱收纳解发，并许用旧会～。”

【搪拄】 táng zhǔ 冒充。宋叶适《上宁宗皇帝札子三》：“今后每岁应副本州一半宗子米价等钱，并令支实价，不将有名无实者～充数，以致欠折。”

【糖】 táng ❶糖果。元明《水浒传》五一回：“我去买～来与你吃，切不要走动。”清《儒林外史》五五回：“又到门口买了一包～，到宝塔背后一个茶馆里吃茶。”《品花宝鉴》三二回：“一天倒要四五十钱买～买果子吃，我那里养得起他？” ❷饴糖。清《歧路灯》四六回：“这兴官虽无甚知识，手拿了一根饴～，硬塞到慧娘口边，只叫：‘娘吃～。’”

【糖饼】 táng bǐng 加糖的面饼。清《野叟曝言》三〇回：“满船的芝麻翻掉了，何况这～上屑儿？”△《九尾龟》一九一回：“秋谷看时，见是每盘一块奶饼、一方蛋糕、两方～。”

【糖缠】 táng chán 糖果。清《醒世姻缘传》二五回：“第二日清早，薛教授送了四包～、二斤莴笋。”

【糖斗】 táng dǒu 用饴糖做的斗姆形状。斗姆是古代神话中的女神。后为道教所信奉，以为北斗众星之母。清《儒林外史》二六回：“那孙乡绅家三间大敞厅，点了百十枝大蜡烛，摆着～、糖仙，吃一看二眼观三的席。”

【糖果】 táng guǒ ❶包糖面果。清《歧路灯》七回：“乔龄奖赏了～四封。” ❷糖块。清《野叟曝言》七回：“像小孩子捧着～儿的，真个要算姑娘的手段高着哩！”

【糖口儿】 táng kǒu er 动听的话语，甜言蜜语。明朱有燉《辰勾月》三折：“正值着恶情怀愁似织，他道我～巧撇清。”

【糖蜜】 táng mì 蜜糖。清《醒世姻缘传》八八回：“开单秤的香油、～、芝麻、白面，各色材料俱全。”

【糖片】 táng piàn 片状的糖果。清《野叟曝言》一八回：“馒头、～、瓜子、腐干，都是四文一卖。”

【糖球】 táng qiú 球状的糖果。清《醒世姻缘传》二五回：“果然差了一个家人薛三槐带了二十斤～，两匹寿光出的土绢。”

【糖人】 táng rén 用饴糖捏成或吹成的人形。清《绿野仙踪》八二回：“把个蕙娘弄的言不得，动不得，到像经了火的～儿，提起这边，倒在那边。”《野叟曝言》七三回：“分糖狮～，送酒菜果品，凡说是送十五姨房里去的。”

【糖狮】 táng shī 用饴糖捏成的狮子。清《野叟曝言》七三回：“分～糖人，送酒菜果品，凡说是送十五姨房里去的。”

【糖食】 táng shí 用甜言蜜语奉承。元李文蔚《燕青博鱼》二折：“他～我，说我是南海南观音第一尊。”

【糖霜】 táng shuāng 像霜一样的白糖。宋苏轼《次韵正辅同游白水山》：“～不待蜀客寄，荔支莫信闽人夸。”又《送金山乡僧归蜀开堂》：“冰盘荐琥珀，何似～美。”

【糖仙】 táng xiān 用糖面做的各种神仙。清《歧路灯》七八回：“第八对桌子，一张是～八尊，中间一位南极，后边有宝塔五座。”《儒林外史》二六回：“那孙乡绅家三间大敞厅，点了百十枝大蜡烛，摆着糖斗、～，吃一看二眼观三的席。”

【糖仙枝】 táng xiān zhī 一种果子食品。清《歧路灯》八三回：“桔饼、～、圆梨饼十来样子。”

【糖蟹】 táng xiè 糟腌的螃蟹。宋苏舜钦《小酌》：“霜柑～新醅美，醉觉人生万事非。”陆游《老学庵笔记》卷六：“唐以前书传，凡言及糖者皆糟耳，如～、糖姜皆是。”

【糖腌】 táng yān 一种用糖腌制的方法。清《红楼梦》三四回：“因此我劝了半天才没吃，只拿那～的玫瑰卤子和了吃，吃了半碗。”

【糖糟】 táng zāo 酒糟。清《品花宝鉴》一九回：“自己把那～似的脸，想贴那粉香玉暖的脸。”

【堂案】 táng àn 唐代宰相政事厅的文书档案。后泛指官府的文书档案。唐颜真卿《开府仪同三司宋公神道碑铭》：“中书令河东张公，杰出将明之材，独运庙堂之上，镜机朝澈，见事风生，求公规模，悉阅～。”明罗洪先《赠王西石明府赴召》：“～旁无草，衙砖半有苔。”

【堂榜】 táng bǎng 厅堂上的题额。宋陆游《入蜀记》卷二：“旧有德庆堂，在法堂前，～乃南唐后主撮襟书。”

【堂参】 táng cān 于公堂上参谒上司。宋李源道《文节先生谢公神道碑》：“先生既第，董槐执政，竟不～以归。”△清《官场现形记》四〇回：“等老爷拜过了印，便是老爷升座，典吏～，书差叩贺。”

【堂餐】 táng cān 政事厅的公膳。唐白居易《白孔六帖》卷七〇：“奏减～钱。”宋江少虞《事实类苑》卷二五：“惟用大官之膳，少加～。”

【堂差】 táng chāi 指由中书省授予职务。宋李新《上左司书》：“惟合下疏其根而涤其源，不顾掣肘之患，权衡于～铨选之间，斟酌进退，无使偏滞。”元胡助《试院和主文鲁子翚佥院韵二首》之一：“宗伯率先司主试，史官例得预～。”清《野叟曝言》一八回：“又李被差人拥至县前，却落一个茶馆之中，便有把门、站堂、值刑的许多差人，及招房～，承行各项书吏，陆续而来，各拣座头，拉杂坐下。”

【堂厨】 táng chú 政事堂的公共厨房。唐钱镠《天柱观记》：“建～，乃陈鼎吉钟之所，门廊房砌，无不更新。”《新唐书·李德裕传》：“始，二省符江淮大贾，使主～食利，因是挟赀行天下。”宋钱易《南部新书》乙集：“长安四月以后，自～至百司厨，通谓之樱笋厨。”

【堂殿】 táng diàn 宫殿。《敦煌变文集新书》卷二《维摩诘经讲经文(四)》：“是何～楼台，有甚幡花宝盖。”又卷六《庐山远公话》：“造立～，终不能成就。”唐刘长卿《送薛据宰涉县》：“槐阴覆～，苔色上阶砌。”《元曲选外编·西厢记》二本一折：“第二来免～作灰尘。”

【堂牒】 táng dié 唐宋时宰相签押下达的文书。唐《玉泉子》：“无何，～追保衡赴阙下，乃尚同昌公主也。”宋陈耆卿《代上楼参政书》：“往者，阁下之在中都，尝亲跋其～矣，百世宝之。”明李梅实《精忠旗》一七出：“写下～，去拿张宪来审。”

【堂对】 táng duì 厅堂楹柱上的对联。明沈德符《万历野获编》卷九：“上御笔亲勒～曰：志秉纯忠，正气垂之万世；功昭捧日、休光播于百年。”

【堂饭】 táng fàn ❶宰相政事堂的公膳。五代尉迟偓《中朝故事》：“宰相～，常人多不敢食。” ❷公家的或公用的饭食。唐[日]圆仁《入唐求法巡礼行记》卷三：“寺里无～，饭食应不如法。和尚自作一状将来，余进开府，安置有～寺。”明汤显祖《邯郸记》二〇出：“吃了～，回府去也。”

【堂分】 táng fèn 同宗而非嫡亲的。明《拍案惊奇》卷三八：“元来引姐有个～姑娘，嫁在东庄，是与引姐极相厚的。”

【堂姑】 táng gū 父亲的堂姊妹。唐李乾《外属不得通婚奏》：“且～、堂姨，内外之族虽别；而父党、母党，骨肉之恩是同。”杜牧《窦烈女传》：“言窦良出于王氏，实淇之～子也。”

【堂官】 táng guān ❶明清时期称各官署的长官，因在各衙署大堂上办公而得名。明于慎行《榖山笔麈》卷五：“其后四十年，敦朴亦以吉士授部，为～所劾，若合符节，亦一奇也。”沈德符《万历野获编》卷二：“添设户部～，专领稿事。”《欢喜冤家》一〇回：

“不想～往四川去了,是二衙掌印。”张瀚《松窗梦语》卷八:“惟六科原无～,听部院径自考察。”清《聊斋俚曲·寒森曲》:“赵歪子休胡言,有衙役有～,打不打不是一人见。”《醒世姻缘传》八三回:“遇着个长厚的～,还许你喘口气儿。” ❷ 同“堂倌”。清《儒林外史》二八回:“当下吃完几壶酒,～拿上肘子、汤和饭来。”《三侠五义》六三回:“‘好新鲜鱼! ～,你给我们一尾。’走堂的摇手道:‘这鱼不是卖的。’”

【堂倌】 táng guān 饭馆、茶馆、酒馆中的服务侍者。清《歧路灯》一八回:“走堂的～,这边来。”△《九尾龟》一回:“～便如飞去取了粉牌过来,并拿一枝笔递给秋谷。”

【堂后官】 táng hòu guān 唐宋时中书、门下省的属吏,因其在都堂之后,分房办事,故称。宋佚名《张协状元》二七出:“叫过～,问它则个。”又三二出:“不干我事。教～请个名医,讨些药与它吃。”金刘祁《归潜志》卷七:“省吏,前朝止用胥吏,号‘～’。”明于慎行《穀山笔麈》卷一〇:“中书省吏谓之主书,堂后主书尤其亲密,即宋之～也。”

【堂后主书】 táng hòu zhǔ shū 明时中书省的官吏,相当于宋时的堂后官。明于慎行《穀山笔麈》卷一〇:“元和初,有～滑涣久在中书。”

【堂候官】 táng hòu guān 高级官员堂下备使唤的吏员。明柯丹邱《荆钗记》一九出:“他今日必来参拜,且叫～分付。”《金瓶梅》一八回:“即令～取过昨日科中送的那几个字与他瞧。”清《粉妆楼》五八回:“且言沈谦一日在书房闲坐,～呈上南京的文书。”

【堂户】 táng hù 住宅;房屋。宋佚名《李师师外传》:“帝见其～忽华敞,前所御处,皆以蟠龙锦绣覆其上。”

【堂皇】 táng huáng ❶ 众多的样子。唐李商隐《春深脱衣》:“睥睨江鸦集,～海燕过。” ❷ 气势宏伟。清《花月痕》二二回:“大家俱说道:‘起得好,冠冕～!’” ❸ 形容不徇私情,公正地。清《红楼梦》三四回:“一半是～正大,一半是去己疑心,更觉比先畅快了。”

【堂会】 táng huì 富贵人家逢喜庆,将演员请至家中演出。清《品花宝鉴》四回:“我们这二联班,是～戏多,几个唱昆腔的好相公总在堂会里,园子里是不大来的。”△《孽海花》二四回:“这会儿天天儿赶着～戏,当着千人万人面前,一个在台上,一个在台下,丢眉弄眼,穿梭似的来去,这才叫现世报呢!”

【堂检】 táng jiǎn 唐代宰相政事堂的文书。宋沈括《梦溪笔谈》卷一:“余尝购得后唐闵帝应顺元年～一通,乃除宰相刘昫兼判三丝～。”又:“～,宰、执皆不押,唯宰属于检背书日,堂吏书名用印。”

【堂舅】 táng jiù 从舅。唐韦绚《刘宾客嘉话录》:“卢华州,予之～氏也。”清《仪礼义疏》卷二五:“然则～堂姨虽在,母为五属之亲,于己则远矣。”

【堂居】 táng jū 居住在家。唐欧阳詹《春盘赋》:“室有慈孝,～斑白。”

【堂眷】 táng juàn 女眷。清《绮楼重梦》二回:“那些讨债的见有～出来,只得退到外厅去了。”《歧路灯》七回:“却说长班引着孝移,进了二门,客厅上有～看雨,径引的上东书房。”

【堂考】 táng kǎo 即“堂试”。旧时科举制选拔任命官吏时府(州)学考试。明史玄《旧京遗事》:“不为旧贯,揣摩止吏部～之文。”

【堂客】 táng kè ❶ 在厅堂宴会的客人。明《欢喜冤家》七回:“～酒散之时,正房中浴完之际。” ❷ 女客,女眷。泛指妇女。明《金瓶梅》一九回:“家中有许多～来,在大厅上坐。”又六五回:“后边花大娘子与乔大户娘子众～,还等着安毕灵,哭了一场,方才去了。”清《红楼梦》一三回:“亲友来的少,里面不过几位近亲～,邢夫人、王夫人、凤姐并合族中的内眷陪坐。”又七一回:“宁国府中单请官客,荣国府中单请～。”《歧路灯》八回:“那日,各～及早到了,随后王氏也坐车来到。” ❸ 妻子。明《金瓶梅》一六回:“见大门关着,就知～轿子家去了。”清《白雪遗音·十二月》:“他在外边贪恋着野花,回头就把那～骂。”《儒林外史》二四回:“这～说他就是你的前妻,要你见面。”又二六回:“我到家叫我家～同他一说,管包成就。” ❹ 妓女。清《白雪遗音·窝娼》:“有一位吴太爷,一到就把～断,刑法儿新鲜,妓女儿,剃去了头发,包家子,削去了眉尖。”《红楼梦》四回:“况他是个绝风流人品,家里颇过得,素习又最厌恶～,今竟破价买你,后事不言可知。”《歧路灯》七二回:“即如今日住下的客,真真的要个～要要,就拿出五十两、一百两。”又七四回:“近日新来了一位～,叫谭相公那边走走,赏个彩头。”

【堂客家】 táng kè jiā 女人。清《白雪遗音·问卜》:“啥人要嗯～来哩插嘴插舌,咯叫雌雉报晓,弗是好兆。”

【堂口】 táng kǒu 公堂的厅前。明《西游记》九七回:“说不了,已至～,那刺史、知县并府县大小官员,一见都下来迎接道……”《梼杌闲评》一〇回:“文焕拜谢了,走至～,文焕候鲁太监回进去,才出了衙门。”清《歧路灯》四七回:“这一场话,把一个王中,说的也忘了程公是官,也忘了自己跪的是～。”又五五回:“少时只听得云板响亮,暖阁仪门大闪,边公送绅士到～,三揖而别。”《儒林外史》五一回:“大家吆喝一声,把夹棍向～一掼,两个人扳翻了凤四老爹,把他两腿套在夹棍里。”

【堂昆】 táng kūn 堂兄弟。唐陈贞节《诸太子庙不合守供祀享疏》:“伏见章怀太子等四庙,远则从祖,近则～,并非有功于人……”

【堂老】 táng lǎo 指宰相。唐李肇《国史补》卷下:“宰相相呼为元老,或曰～。”明蔡清《与陈时安宪副书》:“去岁论裁减宦镇以靖地方一疏,～三位皆啧啧称当。”

【堂吏】 táng lì 中书省的办事吏员。五代王定保《唐摭言》卷三:“宰相既集～,来请名纸,生徒随座主过中书。”明顾宪成《与南垣刘勿所书》:“旦曰:‘向者枢密所为是耶? 不是耶?’～曰:‘不是。’”清《侠义风月传》一五回:“这门客因知小的是老爷的～,故暗暗来问小的。”

【堂帘】 táng lián 厅堂的门帘。唐白居易《水堂醉卧问杜三十一》:“那似此～幕底,连明连夜碧潺湲。”明文秉《烈皇小识·补录》:“厂卫司讯防,而告密之风炽;诏狱及卿士,而～之情隔。”清《白雪遗音·问卜》:“娘娘出来,放下～。”《东周列国志》一七回:“～不隔,君臣交戏。”《歧路灯》七八回:“并带的盛宅照灯、看灯、堂毯、～、搭椅、围桌、古玩……”

【堂联】 táng lián 即“堂对”。明沈德符《万历野获编》卷九:“其～云:庭训尚存,老去敢忘佩服;国恩未报,归来犹抱惭惶。”清李渔《闲情偶寄》卷九:“～斋匾,非有成规。”

【堂梁】 táng liáng 堂宇的大梁。《敦煌变文校注》卷三《燕子赋(二)》:“居在～上,衔泥来作窠。”又:“宫人夜游戏,因便捉窠烧,当时无柱(住)处,～寄一宵。”

【堂楼】 táng lóu 中堂主楼。清《歧路灯》一二回:“话犹未完,王氏在东楼睡醒,到了～下。”又一三回:“自此王氏～卧房之中,王氏与端福儿睡的床头,又搬了一张床儿,与这闺女睡。”

【堂帽】 táng mào 犹“唐巾”。明郎瑛《七修类稿》卷二三:“今之纱帽,即唐之软巾,朝制但用硬盔列于庙堂,谓之～;对私小而言，非唐帽也，唐则称巾耳。”

【堂楣】 táng méi 本指厅堂门框上边的横木，后多敬指祖先所在的尊位。唐袁歆《对祭侯判》：“祭以盛礼，上射更揖于～。”

【堂批】 táng pī 官署的批文。明朱长祚《玉镜新谭》卷一〇：“不遵～，徇情卖法，本当处治，姑着再审。”又：“随该兵马司将杨六奇呈解前来，复奉～添徐郎中、康主事，一同会审送司。”《梼杌闲评》三七回：“此时～会审，才提出刘知府来团案。”又：“司官不遵～，徇情卖法，本当惩治，姑从宽，著重依律另拟具奏。”

【堂砌】 táng qì 厅堂前的台阶。唐马吉甫《蜗牛赋》：“时雨初止，有蜗牛蠢蠢缘～而上。”

【堂寝】 táng qǐn 堂屋。唐牛僧孺《玄怪录》卷二：“因自控女郎马至～下，老青衣谓崔生曰：‘君既未婚，予为媒妁可乎?’”

【堂卿】 táng qīng 犹“堂官❶”。明刘元卿《贤弈编》卷一：“群吏读曰：‘相沿例也，亦～所知。’……先生复蹙然曰：‘当日凭一时意见，揭揭然为此置～于何地邪? 只此便不仁矣。’”

【堂上】 táng shàng ❶ 指父母。明娄坚《祭宣配丘孺人文》：“言媚～，有如娇婴。” ❷ 官署。明王守仁《行福建布政司调兵勤王》：“～官督领各项交界地方，加谨防截，相机夹剿。”

【堂上官】 táng shàng guān 中央各部主管长官和各独立官署长官的通称。明汤显祖《邯郸记》八出：“止因御汤里抓下个虱子，被～打下小子革役。”尹直《謇斋琐缀录》卷一：“岁以腊月朔旦，驾亲临阅，文武～皆先候于所南门外。……礼部、太常寺～分导以入，众官皆从。……盖自五府及吏、户、礼、兵、工五部，通政、翰林～之无故者皆与焉。”沈德符《万历野获编》卷一：“至末年赐亦渐疏，唯每月朔望日，各衙门大小～，俱有支待酒馔，历文昭章三朝皆然。”《金瓶梅》六〇回：“傻花子，我明日就做了～儿，少不的是你替。”

【堂舍】 táng shè 屋舍；房屋。唐王涯《准敕详度诸司制度条件奏》：“三品已上，～不得过五间九架，仍厅厦两头。”张鷟《朝野佥载》卷一：“昼梦见天尊云：‘我～破坏，汝为我修造，遣汝能医一切病。’”又《游仙窟》：“儿家～贱陋，供给单疏，只恐不堪，终无吝惜。”

【堂审】 táng shěn 犹“堂讯”。官府的过堂审讯。清《荡寇志》九三回：“今晚都监相公请本府赴席，想是明日～哩。”《歧路灯》五一回：“逼死一个小客商，同场人已拿住两个，指日～，这谭公子也是难漏网的。”

【堂食】 táng shí ❶ 唐朝南衙文武百官，每日退朝后，在廊下赐给食物。唐佚名《请准旧式赐食仪制奏》：“唐朝今式：南衙常参官文武百寮，每日朝退，于廊下赐食，谓之～。”宋蔡絛《铁围山丛谈》卷二：“宰相～，必一吏味味呼其名，听索而后供，此礼旧矣。” ❷ 公家的或公用的饭食。元杨梓《霍光鬼谏》三折：“匹配下鸾交凤友，博换得～御酒，您子是男儿得志秋。”明佚名《精忠记》二八出：“你为官终日虚请了～，你所为免劳，今日方才悔。”

【堂食费】 táng shí fèi 公家的或公用的饭食的费用。明祝允明《前闻纪》：“每一员给与盘缠钞一百贯，在任岁支柴炭钞五十贯，并后定给引钱为～，于乎养廉之意至矣。”

【堂试】 táng shì 府(州)考试。宋李流谦《雅安榜州学文》：“比观～，程文有足嘉者，特几案之功。”清毛奇龄有《应和堂试文序》。

【堂侍】 táng shì 犹“堂倌”。饭馆、茶馆、酒馆中的服务人员。清《歧路灯》一八回：“走堂的～，这边来!”

【堂室】 táng shì 房舍；屋室。唐高彦休《阙史》卷下：“乃妙选良辰，斋除～，舒帏于壁，穗香于炉，仍须一经身之衣，以导其魂。”

【堂属】 táng shǔ 官署中的堂官与属员。明沈德符《万历野获编》卷二〇：“或郎署为堂官所开送，多宛转避之，至有～相诟詈者。”又卷二二：“遂不复拘～之礼，每宴会必投琼藏驱，酣酗连日夕。”

【堂司】 táng sī ❶ 佛寺中知事僧及其所居之处。宋觉范《禅林僧宝传》卷二二《云峰悦禅师》：“佛法不怕烂却～一职，今以烦汝。”又《潭州大沩山中兴记》：“自祖龛之右翼，以修廊建～，所以牧清众也。” ❷ 明清时期中央各级行政官署的泛称。亦指各署的长官。明朱右《送户部尚书刘公督漕还京诗序》：“曩由端本～，经拜西台。”王樵《杨忠愍公传》：“凡衔部～，皆禀受其风旨。”△清《二十年目睹之怪现状》四八回：“刑部～各官，也是莫名其妙，跟查起来，知道是错封了，只好等云南的回来再发。”

【堂毯】 táng tǎn 铺盖厅堂的地毯。清《歧路灯》七八回：“并带的盛宅照灯、看灯、～、堂帘、搭椅、围桌、古玩……”又：“锣鼓响时，～上一个书僮，跟着相公上来。湘帘内几个厨妪，随定内眷坐下。”

【堂堂】 táng táng ❶ 形容气度、相貌或格调庄严大方。《敦煌变文校注》卷五《长兴四年中兴殿应圣节讲经文》：“～罗汉，落落真僧。”唐温庭筠《春野行(杂言)》：“东城年少气～，金丸惊起双鸳鸯。”宋元《清平山堂话本·三塔记》：“顶分两个牧骨髻，身穿巴山短褐袍。道貌～，威仪凛凛。”明邵璨《香囊记》一四出：“看他气宇～，威风凛凛。乃朝廷之心膂，为邦家之爪牙。”清《豆棚闲话》四则：“看汝一貌～，富贵只在旦晚，何不奈烦至此。” ❷ 公然，公开地。唐薛能《春日使府寓怀》：“青春背我～去，白发欺人故故生。”元稹《侠客行》：“我非窃贼谁夜行，白日～杀袁盎。”明《山歌·私情》：“结识私情隔条街，常～伸手摸奶奶，路上行人弗好看，索性搬来合子家。” ❸ 光明，显耀。唐元稹《人道短》：“往往星宿，日亦堂堂。”方干《送婺州许录事》：“之官便是还乡路，白日～著锦衣。”寒山《余家有一窟》：“净洁空～，光华明日日。”明《西游记》四回：“身穿金甲亮～，头戴金冠光映映。”清《白雪遗音·八月十五》：“用手推纱窗，月儿亮～，一阵阵的金风一阵阵凉。” ❹ 白白地；徒然地。宋王齐愈《虞美人》：“黄金柳嫩摇丝软。永日～掩。”明《挂枝儿·不孕》：“结识私情赛过天，弗曾养得介个男女接香烟，好像石灰船上平基板，常～白过子两三年。” ❺ 众多。表量大。宋戴复古《满庭芳》：“新亭上，山河有异，举目恨～。”明徐元《八义记》八出：“缕唐布，做衣裳。新鞋新袜暖～。这个便是村家乐，一年一度过时光。” ❻ 拟声词。钟鼓等的声响。清《东周列国志》四三回：“大赦天下，钟鼓～。” ❼ 曲名。本陈后主所作。唐为法曲。《唐会要》卷三四：“有隋以来乐府，有《～》之曲，再言堂者，是唐氏再受命也。中宫僭擅，复归子孙，则为再受命矣。近日闾里又有《侧～》《挠～》之谣，侧者不正之辞，挠者不安之称，我见患难之作，不复久矣。”李贺《杂曲歌辞·堂堂》：“～复～，红脱梅灰香。”白居易《法曲-美列圣，正华声也》：“法曲法曲歌～，～之庆垂无疆。”

【堂堂一表】 táng táng yī biǎo 形容身材魁伟，相貌出众。《元曲选·东堂老》三折：“谁家个年小无徒，他生在无忧愁太平时务。空生得貌～非俗。出来的拨琵琶，打双陆，把家缘不顾。”元明《水浒传》一七回：“爹娘生下洒家，～，凛凛一躯，自小学成十八般武艺在身，终不成只这般休了! 比及今日寻个死处，不如日后等他拿得着时，却再理会。”清《万花楼》三回：“张文见小舅虽然年少，生得～，气概与众不同，必不在于人下，甚是喜欢。”

【堂帖】 táng tiě 宰相签押下达的文书。唐韦绚《刘宾客嘉话录》:“既而崔舅源休与朱泚为宰相,崔闻～追入,甚忧惕。”元宋褧《故集贤直学士大中大夫经筵官兼国子祭酒宋公行状》:“奉～发粟,赈河间饥。”

【堂帖子】 táng tiě zi 即“堂帖”。宋沈括《梦溪笔谈》卷一:“唐中书指挥事,谓之～。曾见唐人堂帖,宰相签押,格如今人之～也。”

【堂头】 táng tóu 僧寺住持。唐曹松《题僧松禅》:“空山涧畔枯松树,禅老～甲乙身。”清《红楼复梦》二四回:“梦玉将长老送入斋堂时,～已将云板击过三遍,内外和尚齐赴斋堂,高诵消斋偈语。”

【堂头大和尚】 táng tóu dà hé shàng 僧寺住持。宋觉范《石门文字禅》卷二八:“伏惟～,道契天衣,法传智海。”△清《儿女英雄传》三一回:“一时三个人,倒像是～重提作行脚时的风尘,翰林学士回想作秀才时的甘苦,真是一番清话,天上人间。”

【堂头和尚】 táng tóu hé shàng 即“堂头大和尚”。《五灯会元》卷二〇《福州玉泉昙懿禅师》:“适来～恁么批判,大似困鱼止泺,病鸟栖芦。”金李俊民《请宝泉因长老碧落开讲疏》:“不举话头,曷传心印,伏惟～,花开震旦,雷震丛林。”清《续金瓶梅》三八回:“今日～要讲甚么佛法,听老僧粗讲西来大意。”

【堂帷】 táng wéi 本指厅堂门上安装的帘帷。后多敬指祖先所在的尊位。唐柳宗元《祭六伯母文》:“以号以呼,祗拜～。子姓凋落,宗门日衰。”

【堂翁】 táng wēng 明清时县里的属员对知县的尊称。明葛昕《文林郎右军都督府经历司都事仁轩谷君行状》:“～深贤之,以为有才。”清《醒世姻缘传》九七回:“后来的是他的正妻,～说他姓薛。”

【堂屋】 táng wū ❶ 正屋。有时也特指正屋居中的那一间。唐成辅端《戏语》:“一顷麦苗硕伍米,三间～二千钱。”寒山《城北仲家翁》:“城北仲家翁,渠家多酒肉。仲翁妇死时,吊客满～。”宋沈括《梦溪笔谈》卷二〇:“人以为～已焚,皆出避之。”明《金瓶梅》二三回:“玉箫站在～门首,努了个嘴儿与他。”清《红楼梦》三回:“进入～中,抬头迎面先看见一个赤金九龙青地大匾。”《歧路灯》一五回:“又拆盖了两三间～。” ❷ 正妻;正房。清《醒世姻缘传》一一回:“出挑的比往时越发标致,我就不认的他了。想是扶了～了。”又一〇〇回:“寄姐扶了～,做了正经奶奶。”

【堂限】 táng xiàn 厅堂的门槛。唐张鷟《朝野佥载》卷三:“薛季昶为荆州长史,梦猫儿伏卧于～上,头向外。”

【堂兄】 táng xiōng 同宗非嫡亲的兄长。唐武平一《徐氏法书记》:“平一任郴州日,与太平子薛崇裔、～子崇允连官,说太平之败。”颜真卿《谢赠官表》:“臣～故卫尉卿兼御史中丞杲卿,即元孙之子。”赵璘《因话录》卷三:“少卿登第,与～特并时,亦士林之美。”明《西游记》四〇回:“还有堂叔～都住在本庄左右。”

【堂兄弟】 táng xiōng dì 同祖的兄弟。《唐律疏议》卷二〇:“假有于～妇家及～男女婚姻之家,犯盗徒流以上,并不入三犯之例。”清《儒林外史》四五回:“那里请的没有外人,就是请的他两个嫡～,一个叫余敷,一个叫余殷。”

【堂序】 táng xù 正厅。唐沈亚之《谪掾江斋记》:“谪掾沈亚之廨居负江,方苇为墙,正于堤防之下。～四辟,巽隅道门。”明叶春及《建置志论》:“得其人,察奸驯暴不降～,而山谷具达,奚必增邑。”

【堂选】 táng xuǎn 宋时宰相任命选拔官吏。宋王珪《荐康卫札子》:“臣窃见虞部郎中知吉州康卫,性资端畏,材力劲强,昨被～,知吉州。”周必大《朝议大夫赐紫金鱼袋王君墓碣》:“君静重可用,～知州事。”

【堂讯】 táng xùn 官府的过堂审讯。清《歧路灯》五一回:“万一已拘者畏法混供,也甚怕～之下,玉石不分。”

【堂筵】 táng yán 厅堂上摆设的正式筵席。唐柳宗元《祭李中丞文》:“致诚一觞,拜诀～。”陆龟蒙《野庙碑》:“升阶级,坐～,耳弦匏,口粱肉,载车马,拥徒隶者,皆是也。”

【堂姨】 táng yí 母亲的叔伯姐妹。《旧唐书·孝友传》:“～、堂舅、舅母服,请加,至袒。”元许有壬《陈酉娘》:“父母之大功,尊若～,虽于父母,无服。”

【堂印】 táng yìn ❶ 骰子掷双重四称“堂印”。唐佚名《玉泉子》:“以骰子祝曰:‘二秀才若俱得登第,当掷～。’” ❷ 官印。唐王建《送裴相公上太原》:“还携～向并州,将相兼权是武侯。”清陈廷敬《送阮亭大司寇予假归二首》之一:“画省留～,青门待吏人。”

【堂阈】 táng yù 厅堂。唐王勃《上绛州上官司马书》:“借如仆者,言不满于乡党,声不出于～。”

【堂哉皇哉】 táng zāi huáng zāi 形容公然或有气势。清《平定两金川方略》:“用力甚勋,集勋若斯,～,侯其祎。”△《二十年目睹之怪现状》五〇回:“我教月卿识几个字,虽不是有意秘密,却除了几个熟人之外,没有人知道,不像那～收女弟子的。”

【堂札子】 táng zhá zi ❶ 犹言堂帖。宋沈括《梦溪笔谈》卷一:“曾见唐人堂帖,宰相签押,格如今之～也。”后亦以泛称下行公文。 ❷ 宋时称上宰相的公文。宋赵昇《朝野类要》卷四:“堂札:上宰执之公札也。”

【堂斋】 táng zhāi 斋堂。明焦竑《玉堂丛语》卷二:“在北,请增号舍,修～。”

【堂长】 táng zhǎng ❶ 书院和州学职事名。宋《朱子语类》卷一一六:“林子武初到时,先生问义刚云:‘在何处安下?’曰:‘未曾移入～房。’……及包显道等来,遂命子武作～,后竟不改。”明王士性《广志绎》卷四:“元初以人材应选,入为文锦局～。”吕柟《泾野子内编》卷二三:“有～受贿事觉者,先生既责之矣,其人谢罪二三次。” ❷ 管理祠堂的官员。清李玉《清忠谱》四折:“官差奔忙,身充～,钱粮几桩,经收支放,免不得一番劳攘,只为着敕建祠堂。”

【堂侄】 táng zhí 同宗非嫡亲的侄子。《全唐文》卷二六引《诫励宗室诏》:“朕奉天明命,虔受睿图,而皇室子弟,未能称职。～餘庆、承煦、绍宗、行淹、祚洽……”唐宋之问《为定王武攸暨请降王位表》:“拔自～之流,光以亲王之位。”明叶宪祖《鸾鎞记》一一出:“小子是你老爷～。”

【堂值】 táng zhí 犹“堂倌”。清《歧路灯》一八回:“烦～,与我送到正厅上,我与那三位少爷凑个趣儿。”

【堂众】 táng zhòng 即“堂众包儿”。明《型世言》二一回:“众人讲公事,他只酣酒,也不知多少～,也不知那个打后手。”

【堂众包儿】 táng zhòng bāo er 送给公堂公差都有份子的贿赂。明《型世言》二五回:“吃了东道,送了个～,又了后手。”又三六回:“讲时节,又有积年老先生做主,打后手,他不过得个～。”

【堂主】 táng zhǔ ❶ 本指一家之主。引申之为一国之主。唐刘悚《隋唐嘉话》补遗:“此吉兆。公封于唐,唐者堂也,阿婆即是～。” ❷ 寺院的方丈住持。《祖堂集》卷一六《南泉和尚》:“侍者到于半路,逢见涅盘～着纳衣走上来,侍者云:‘和尚教专甲看涅盘堂里有一人死也无?’～对曰:‘来有一僧迁化,特来报和尚。’”清《豆棚闲话》六则:“大凡大和尚到一处开堂,各处住静室的禅和子，日常间都是打成一片，其中花巧名目甚多，如：西堂、维那、首座、悦众、书记、都讲、～、侍者、监院，知客……"

【堂姊妹】　táng zǐ mèi　同族非嫡亲的姊妹。《唐律疏议》卷一四："己之堂姨及再从姨、堂外甥女，亦谓～所生者。"

【堂子】　táng zi　❶ 佛堂；神龛。元关汉卿《救风尘》三折："周舍，你真个要我赌咒？你若休了媳妇，我不嫁你，我着～里马踏杀，灯草打折臁儿骨。"明《拍案惊奇》卷二〇："店前一个小小～，供着五显灵官。"　❷ 浴池。元杨显之《潇湘雨》二折："弄的来身儿上精赤条条的，我去那～里把个澡洗。"明吕毖《明宫史》卷二："凡内官皆于皇城外有～之佛寺内沐浴。"　❸ 清帝祭神的地方。清魏源《圣武记》卷二〇："皇帝拜天则于～，出征拜天亦如之，……则～自是满洲旧俗祭天祭神祭佛之公所。"

【堂族】　táng zú　同宗而非嫡系的亲族。清《红楼梦》二回："只可惜这林家支庶不盛，子孙有限，虽有几门，却与如海俱是～而已，没甚亲支嫡派的。"

【堂尊】　táng zūn　属官对主官的尊称。明叶春及《封还取折干机兵票》："丁令王经历守之，报如右，后丁见丞簿，辄称～。"《警世通言》卷三："承～大人用情，学生愿往。"

tǎng

【倘】　tǎng　❶ 通"躺"。元关汉卿《普天乐·喜得家书》："心头眼底，横～莺儿。趁西风折桂枝，已遂了青云志。"萧德祥《杀狗劝夫》二折："这街上～着的是什么物件？又不是个包袱，原来是一个醉汉。"元明《水浒传》四五回："把火照时，只见遍地都是血粥，两个尸首～在地上。"明《金瓶梅词话》一一回："哭得两眼如桃，～在床上。"又二八回："这小猴子～在地下，死了半日。"又九三回："临五更鸡叫，只见个病花子～在墙底下，恐怕死了。"《二刻拍案惊奇》卷一一："众人走进去看时，只见满少卿直挺挺～在地下，口鼻皆流鲜血。"　❷ 倘若；假如。明《醒世恒言》卷二八："～在寒月所生，才十三岁有餘。"《拍案惊奇》卷二〇："～有不对眼的人看见了，又是一番口舌。"

【倘得】　tǎng dé　倘若；假如。清《水浒后传》二四回："～玉芝公主为了贵妃，后面生出一个好的来，也不可知。"

【倘棍儿】　tǎng gùn er　即"躺棍"。明《金瓶梅词话》一四回："着紧还打～，那别的越发打的不敢上前。"又一七回："家中不算丫头，大小五六个老婆，着紧打～，稍不中意，就令媒人领出卖了。"又九五回："又是两个房里得宠学唱的姐儿，都是老爷收用过的，要打时就打他～，老爷敢做的主儿！"清《野叟曝言》一一一回："违了文爷的令，爬在地下，打几十～罢。"

【倘忽】　tǎng hū　犹"倘或"。唐柳宗元《寄韦珩》："圣恩～念地苇，十年践蹈久已劳。"元陈草庵《夜行船·阿忽令》："才见了明暗，且做些搠淹，～间被他啜赚，那一场羞惨。"明《金瓶梅词话》二四回："～一时传的爹知道了，淫妇便没事，你死也没处死！"又二五回："～那厮真个安心，咱每不言语，他爹又不知道，一时遭了他手怎的？"

【倘或】　tǎng huò　假若；如果；假使。唐李璟《赐三姓葛逻禄书》："～沈吟，必招祸患。"李偘《车驾还京师德音》："～刺史知惠养之方，县令有抚绥之术，公清克己，廉慎当官，绩效彰闻，当与迁擢。"宋曹勋《北狩见闻录》："～不实，甘受万死。"元高明《琵琶记》二五出："～附带盘缠回家，也不见得。"元明《三国志通俗演义》卷三："西寨是个要紧去处，～曹操袭之，奈何？"《水浒传》一一回："～来看虚实，如之奈何？"清《品花宝鉴》八回："这恐怕使不得，～查问起来怎样回答？"《歧路灯》八九回："～再蹈前非，径申严严之官法。"《聊斋俚曲·富贵神仙》："～是万一不好，那时节受苦谁疼？"

【倘剌】　tǎng la　躺着。剌，词尾。明《金瓶梅词话》三五回："他便～在床上，拉着再不肯来。"

【倘令】　tǎng lìng　犹"倘若"。唐杨行密《乞缓师表》："～臣进退之迹，不至丑恶，宗社之失，不自臣身，是臣生死之愿毕矣，实存没之幸也。"陈子昂《上西蕃边州安危事》："况夷狄代有其雄，与中国抗行，自古所病，～今有勃起，遂雄于边。"清《平山冷燕》九回："其才在臣妾山黛之上，～奉御撰述，必有可观。"

【倘然】　tǎng rán　假如；如果。唐司空图《二十四诗品·疏野》："～适意，岂必有为。"五代贯休《送僧归翠微》："～云外老，他日亦相寻。"宋张颜《水调歌头》："他日～归老，乞取一庵云卧，随分了生涯。"元白樸《董秀英花月东墙记》一折："老夫人～窥视出来，你为妇女，怎生是了？"明《金瓶梅词话》七回："官人～要说俺侄儿媳妇，自恁来闲讲便了，何必费烦，又买礼来，使老身却之不恭，受之有愧。"《二刻拍案惊奇》卷四："～当官告理，且不顾他声名不妙，谁奈烦与他调唇弄舌？"《醒世恒言》卷四："～是一种名花，家中没有的，虽或有，已开过了，便将正事撇在半边，依依不舍，永日忘归。"清《东周列国志》三八回："～翟兵到来问罪，我等何以自解？"《野叟曝言》九三回："今日务必要留先生看守过夜，～一会闹将起来，不是的耍！"《何典》一回："～生了儿子，便把天尊来做家堂菩萨，就在三家村里起座鬼庙来供养。"

【倘如】　tǎng rú　如果，假如。宋邹浩《题双芝轩》："～不信视双芝，端不虚生漫黄紫。"△清《官场现形记》五八回："至于问我晓得些什么，将来～有了同敝国交涉的事情，不消你大帅费心，我都可以办得好好的。"

【倘若】　tǎng ruò　假如；假若。唐周钺《积土成山赋》："～因我而出云，庶亦降神而在此。"牛僧孺《玄怪录》卷二："～念平生，览此同怆然。"宋曾巩《代上皇帝表》："非敢诬罔天听，～得允所乞，复效惰志，则草茅之质，万死为足。"《元朝秘史》卷五："我伤既如此，你如何裸身入敌营，～被拴，你岂不说我被伤？"元武汉臣《老生儿》楔子："有八个月身孕，～得个厮儿，须是刘家后。"元明《三国志通俗演义》卷二："～迟误，粉骨碎身！"《水浒传》一一回："～被他识破我们手段，他须占强，我们如何迎敌。"清《儒林外史》二〇回："～审了，根究起来，如何了得！"《歧路灯》七六回："～说的一遭不听，再一遭一发不敢张嘴。"《聊斋俚曲·姑妇曲》："～是我这媳妇给你，只怕你又嫌哩。"

【倘使】　tǎng shǐ　犹"倘若"。唐韦承庆《重上直言谏东宫启》："～微累德音，於后悔之何及？"温庭筠《上杜舍人启》："～阁中撰述，试传名臣；楼上妍媸，暂陪诸隶。"清《品花宝鉴》序二："～三君子皆不好此书，则至今犹如天之无云，水之无波，树之无风。"

【倘许】　tǎng xǔ　犹"倘或"。明梁辰鱼《浣纱记》一五出："～相见，当求其粪而尝之，即时称贺。"

【躺】　tǎng　平卧；睡。明《二刻拍案惊奇》卷三五："只见程老儿直挺挺的～在板上。"△清《儿女英雄传》六回："两个和尚反倒横～竖卧，血流满面的倒在地下丧了残生。"

【躺棍】　tǎng gùn　把人按倒在地施打的一种棍棒。清《野叟曝言》五七回："孩子们，拿～给他个无数儿罢。"又一一一回："违了文爷的令，爬在地下，打几十个～罢。"

【淌板船】　tǎng bǎn chuán　一种走长途的客船。清《儒林外史》二〇回："那时先包了一只～的头舱，包到扬州，在断河头上船。”

【淌眼抹泪】　tǎng yǎn mǒ lèi　淌眼泪。指哭泣不止。清《红楼梦》三回：“林姑娘正在这里伤心，自己～的说：‘今儿才来，就惹出你家哥儿的狂病……’”又六七回：“与你多多的带两船来，省得你～的。”

【傥】　tǎng　❶ 同“倘❷”。唐玄奘《大唐西域记》卷五：“～不遂心，必起嗔怒。”《敦煌变文校注》卷一《伍子胥变文》：“～逢天道开通日，誓愿活捉楚平王。”又：“～见夫婿为通传，以理劝谏令归舍。”《元典章·刑部五》：“如不时～遇此等人尸漂流，至其所管地界，即合打捞出水，检验本尸。”元《通制条格》卷一八：“及保结揽载已后，～有疏失，元保饭头人等亦行断罪。”　❷ 意外获得。清《聊斋俚曲·蓬莱宴》：“～来的臭东西，那个何足念。”　❸ 平卧。通“躺”。明《金瓶梅》二八回：“下的楼来，教春梅取板子来，要打秋菊。秋菊不肯～，说道：‘寻将娘的鞋来，娘还要打我。’”清《醒世姻缘传》三回：“说待打，恐怕闪了计氏的手，直条条的～下。”❹ 正直的话。《宋元戏文辑佚·宣和遗事》：“赖卿忠嘉，得闻～论，吾知过矣，行将改之。”清《女仙外史》五五回：“莫怪～，实深忠告，勿贻噬脐之悔。”

【傥荡】　tǎng dàng　洒脱，超脱。明刘元卿《贤弈编·附录》：“然即能识孙明复于贫穷时，又识张子厚于～时，可谓具只眼矣。”

【傥复】　tǎng fù　假若；假如。唐司空图《与李生论诗书》：“～以全美为上，即知味外之旨矣。”

【傥棍儿】　tǎng gùn er　即“躺棍”。把人按倒在地施打的一种棍棒。明《金瓶梅》一四回：“着紧还打～，那三个越发打的不敢上前。”

【傥忽】　tǎng hū　如果；假如。宋《圆悟佛果禅师语录》卷四：“～于此知得谛当去，不妨步步踏着实地。”又卷一〇：“～四方八面学者，只管大家如此作舞。”

【傥来物】　tǎng lái wù　意外得到的钱财。语出《庄子·缮性》：“轩冕在身，非性命也。物之傥来，寄者也。”成玄英疏：“傥者，意外忽来者耳。”元高明《琵琶记》三四出：“钱是傥来之物，那里不使，那里不用。”明《金瓶梅》七回：“世上钱财～，那是长贫久富家？”都穆《都公谭纂》卷下：“钱帛傥来之物，失之则已，何为不归？”清《聊斋志异·王桂庵》：“妾家仅可自给，然～颇不贵视之。”

【傥令】　tǎng lìng　假若；如果。唐严挺之《谏安福门酺宴疏》：“～有司跛倚，下人饥倦，以陛下近犹不恤，而况于远乎？”宋吴处厚《青箱杂记》卷一〇：“范文正公作《金在熔赋》云：‘～区别妍媸，愿为轩鉴；若使削平祸乱，请就干将。’”

【傥论】　tǎng lùn　正直的言论。《宋元戏文辑佚·宣和遗事》：“赖卿忠嘉，得闻～，吾知过矣，行将改之。”

【傥然】　tǎng rán　如果；假若。唐孙翌《苏州常熟县令孝子太原郭府君墓志铭》：“忽有慈鸟衔肉，置之阶上，故得以馨洁其膳，犹疑其～。”宋王安石《谢孙龙图启》：“伏念某蕞尔之材，～而仕，进有官谤，未尝不忧，退无私田，何以自处？”明《醒世恒言》卷一八：“～是个小经纪，只有这些本钱。”又：“～命里没时，得了他反生灾作难，到未可知。”

【傥容】　tǎng róng　如果；假如。唐李翰《三名牙论（管乐诸葛）》：“察微观著，由虚考实，～寄言象于斯矣。”

【傥如】　tǎng rú　假如；如果。《敦煌变文校注》卷七《苏武李陵执别词》：“～骨肉，陷在虏庭，言不人之所笑。”稗海本《搜神记》卷四：“～所梦，卿即方便，安儿于乐处。”

【傥使】　tǎng shǐ　假如；假若。《敦煌变文校注》卷四《降魔变文》：“～一时降伏得，总遣度却入僧行。”唐魏靖《理冤滥疏》：“臣以至愚，不识大体，～平反者数人，众共详覆来俊臣等所推大狱。”宋《三朝北盟会编》卷一六一：“～愚者之虑或有一得，绘虽赴汤蹈火，死无所憾。”苏辙《栾城集》卷四六：“非独于本朝事有不便，～二国知之亦为未允。”

【傥许】　tǎng xǔ　假如；假设。宋李攸《宋朝事实》卷一〇：“～尽还印绶，退即里居，脱身于风波汹涌之中，收功于桑榆衰蹇之域。”

【傥言】　tǎng yán　正直的言语。清《女仙外史》五五回：“莫怪～，实深忠告，勿贻噬脐之悔。”

tàng

【趟】　tàng　另见 tāng。量词。用于往返、来去的次数。明《西游记》二二回：“沿地云游数十遭，到处闲行百餘～。”清《红楼梦》六回：“姥姥既如此说，况且当年你又见过这姑太太一次，何不你老人家明日就走一～，先试试风头再说。”△《二十年目睹之怪现状》二回：“我说：‘有一位家伯，他在南京候补，可以打个电报请他来一～。’”

【趟头】　tàng tóu　武术的路数。清《飞龙全传》二三回：“你使手递脚，想必也会几着武艺。我今让你先走三个～，俺便与你见个高下。”

【汤】　tàng　另见 tāng。❶ 冲；冒。《敦煌变文校注》卷一《汉将王陵变》：“不但今夜斫营去，前头风火亦须～。”元高文秀《遇上皇》二折：“～着风把柳絮迎，冒着雪把梨花拂。”明佚名《白兔记》一七出：“落在长行队，提铃报更点。～风冒雪图荣显。”　❷ 触摸；触碰。金《董解元西厢记》卷三：“侵晨等到合昏个，不曾～个水米，便不饿损卑末。”明《西游记》三一回：“可怜那小怪，～着的，头如粉碎；刮着的，血似水流。”清《聊斋俚曲·富贵神仙》：“难道说人家合你有来往，就不该许我～一～？”　❸ 驱除；抵御。《元曲选外编·衣袄车》二折：“某有些饥渴，我买几钟酒～～寒咱。”明《西游记》四八回：“炖暖酒，与列位～寒。”清蒲松龄《聊斋俚曲·墙头记》：“倒上酒顿的滚热，咱给爹～～风寒。”　❹ 表示一个行程或一次行动的量。通“趟(tāng)”。明《金瓶梅词话》七二回：“有不的些事儿，诈不实的，告这个说一～，那个说一～，恰似逞强卖富的。”清《醒世姻缘传》八八回：“又算回家，狄希陈怕他唆拨，必定仍还与他银子，所以都一～的大铺大腾地用了。”

【汤口】　tàng kǒu　漱口。唐［日］圆仁《入唐求法巡礼行记》卷二：“众僧等吃斋了，行水～。次打槌念佛。”

【汤抹】　tàng mǒ　触碰拨弄。明《金瓶梅词话》四四回：“自会俏冤家，银筝尘锁怕～。”

【汤汤儿】　tàng tàng er　碰一碰；动不动。清《醒世姻缘传》五七回：“可不这天爷近来更矮，～就是现报。”又六七回：“这虽是个伤手疮，长的去处不好，～就成了臁疮。”又八三回：“这京官～就遇着恩典，迤封两代，去世的亲家公亲家母都受七品的封。”

tāo

【叨】　tāo　另见 dāo。❶ 承受，常用作谦词。唐陈子昂《为副大总管苏将军谢罪表》：“臣妄以庸才，谬～重任。”元高明《琵琶记》一六出：“不想州司，谬取臣邕充试。到京畿，岂料蒙恩，～居上第。”清和邦额《夜谭随录·崔秀才》：“～在知己，亟当如命。”

❷ 吃。明《二刻拍案惊奇》卷八:"酒兴已阑,不必再～了,只要作别了便去。"周履靖《锦笺记》二二出:"天色已晚,不敢～了。"清《聊斋俚曲·蓬莱宴》:"人人皆说不曾见,若捞着饱～一顿,就成了大罗神仙。" ❸ 掌管,执掌。明徐霖《绣襦记》一五出:"小生久～馆阁,思报无地。" ❹ 穿戴。明佚名《四贤记》三六出:"金相助,行作伴。～中式绣成衣豸加冠。"

【叨庇】 tāo bì 仰仗,托对方的福。明王世贞《鸣凤记》一三出:"愚弟荷相周,职居风宪,权压众公侯,这洪泽～久。"清《绿野仙踪》八二回:"休说我大爷终身和美,享夫妻之乐,就是小媳妇等,也～不尽。"

【叨承】 tāo chéng 忝受,继承。《祖堂集》卷二《惠能和尚》:"～忍大师付如来心印,传西国衣钵,受东山佛心。"宋王安石《贺冬表四(元丰五年)》:"臣比解繁机,～外寄,莫预称觞之列,但深存阙之思。"明《金瓶梅词话》一七回:"杨戬本以为纨绔膏粱,～祖荫,凭藉宠灵,典司兵柄,滥膺阃外。"清《绿野仙踪》六五回:"不意我主垂青寒贱,赏赐官爵,～雨露,莫此为极!"

【叨吃】 tāo chī 猛吃。清《醒世姻缘传》六二回:"偏是那小小的老鼠惯会制他,从他那鼻孔中走到他脑袋里面,～他的脑髓。"

【叨处】 tāo chǔ 忝列,忝居。唐李商隐《为荥阳公上荆南郑相公状》:"某实无材术,～察廉。"《敦煌变文校注》卷四《降魔变文》:"对面千里,～荣班,尸禄素餐,卿今即是。"金佚名《大金吊伐录》卷四:"臣～鼎司,出提兵马,逢千年之会,徒共快于斯时。"

【叨第】 tāo dì 及第。宋员兴宗《上虞丞相》:"某且久～,复为西蜀,稍见题品。"明卢象升《夜坐寄怀》:"六载从官仍四壁,八年～也三迁。"

【叨恩】 tāo ēn 蒙受恩德。唐张说《让封燕国公表》:"～过量,终惧且惭,乞回圣慈,以容介节。"《云笈七籤》卷八〇:"臣妾～,得见今日,奉对尊神,喜惧交集。"明佚名《四贤记》三六出:"父母～庇誓当效衔环。"

【叨烦】 tāo fán 烦扰,烦劳。《敦煌变文校注》卷五《双恩记》:"客感～言切切,主惭寂寞泪盈盈。"

【叨奉】 tāo fèng 承受,承接。唐卢藏用《为姚大夫请致仕归侍表》:"臣实妄庸,～明圣,职在枢要,切寄股肱,恩非始图,荣绝流辈,臣之殒身,无以上答。"《祖堂集》卷一三《招庆和尚》:"某甲道薄人微,～皇恩请命,传持从上祖宗,贵得相承不令断绝。"宋曾巩《回运使郎中状》:"～制恩,进登词掖,误蒙任属,私积兢惭。"

【叨光】 tāo guāng 沾光,客套话。明陈汝元《金莲记》三二出:"～遇主,金莲虽宠微躬;借照成雠,玉烛实招谗口。"清《歧路灯》五二回:"父母荣升,菲仪进贺,但蒙哂纳,已觉～之甚。"《绿野仙踪》七回:"小生寒士,今日得食此佳品,～不尽。"

【叨惠】 tāo huì 沾光,对人给予好处的谢语。明《石点头》卷一:"看见果是郭乔,遂同天禄一齐拜倒在地,你说感恩,我说～,拜个不了。"清《绿野仙踪》四三回:"我活了三十多岁,止吃过一次鸭子,还是在尊府～。"

【叨践】 tāo jiàn 忝居。唐刘禹锡《谢男师损等官表》:"下延胤息,～班级。"宋华镇《寄焦公泽》:"仕路虽～,心蹊未敢荒。"

【叨教】 tāo jiào 讨教,请教。明薛元德《兴学记》:"至正丁亥岁,予～于兹。"清《野叟曝言》三二回:"三位原系故交,且屈在舍下,～一二。"《醒名花》八回:"既蒙表兄齿及,正要～。"

【叨居】 tāo jū 忝列,忝居。《敦煌变文校注》卷四《降魔变文》:"～相国之荣,虚食万钟之禄。"稗海本《搜神记》卷六:"以是～,千乘之富,实因苟得。"宋曾巩《谢中书舍人表》:"惟左右前后之臣,有耳目腹心之寄,尤非浅识所可～。"元高明《琵琶记》一六出:"岂料蒙恩,～上第。"清《醒名花》一六回:"我湛国瑛一介寒儒,～显职,今又复蒙宠锡,此皆邀天地祖宗之灵,得以有此。"

【叨赖】 tāo lài 依赖。明《西游记》附录:"孩儿～母亲福庇,忝中状元,钦赐游街,经过丞相殷府门前,遇抛打绣球适中,蒙丞相即将小姐招孩儿为婿。朝廷除孩儿为江州州主,今来接取母亲,同去赴任。"清张广泗《瑞谷灵芝疏》:"所有田土,向来瘠薄,今年～皇恩,秋成大有嘉禾。"

【叨揽】 tāo lǎn 包揽,统揽。明《醒世恒言》卷三六:"结好堂官,～事管,些小事体,经他衙里,少不得要诈一两五钱。"

【叨领】 tāo lǐng 领受,接受。唐郑馀庆《请抽京外官俸料修孔子庙堂奏》:"今寇难涤荡,天下砥平,爰俾耆臣,～儒职,臣兢於受命,敢不肃恭。"明《二刻拍案惊奇》卷一五:"提控留江老转去茶饭,江老也再三辞谢,不敢～,当时别去。"清《野叟曝言》九二回:"不瞒恩人说,房下已两三日断了饮食,只得～,以图后报!"

【叨冒】 tāo mào 受赏,受恩赐。唐吕颂《黔州刺史谢上表》:"无功可纪,累承睿渥,～宠章,草木逢春,罔答阳和之煦。"柳宗元《为刘同州谢上表》:"常惧～清列,芜秽圣朝。"宋吴潜《二郎神》:"况碌碌儿曹,望郎名郡,～差除不一。"元佚名《张协状元》二七出:"张协托在洪福,今～身挂绿。"明《二刻拍案惊奇》卷四:"挨次幸及,殊为～。"

【叨蒙】 tāo méng 蒙受,承蒙。唐陈元光《请建州县表》:"幸赖先臣绪业,～今日国恩,寄身都阃,任事专征。"宋魏泰《东轩笔录》卷一四:"如某～一臂之交,谬意同心之列。"明柯丹邱《荆钗记》四八出:"除授饶州佥判,～恩庇。"徐元《八义记》六出:"孩儿博学,～恩爵。"清《绿野仙踪》六九回:"今日～光降,小将有许多衷肠要告诉驸马。"

【叨名】 tāo míng 谓虚有其名。唐李商隐《为荥阳公与京兆李尹状》:"受厘辱召,对策～。"

【叨陪】 tāo péi 陪侍,追随。唐崔融《代皇太子请放罪囚表》:"臣滥守储闱,～帝幄,乾坤覆载,荷至德而徒深。"宋欧阳修《续作永昭陵挽词五首》:"～法从最多年,惯听梨园奏管弦。"清《情梦柝》一六回:"弟蒙大舅盛情,～抵足何如?"

【叨欠】 tāo qiàn 亏欠。清《歧路灯》五六回:"白鸽嘴道:'怎好～你的?'"

【叨窃】 tāo qiè 谦词,谓不当得而得。唐上官仪《为卢岐州请致仕表》:"～非据,绵历岁时,智能之效,寂寥何纪?"五代郭威《监国教》:"寡人出自军戎,本无德望,因缘际会,～宠灵。"宋欧阳修《欧阳氏序吉州庐陵县儒林乡欧桂里》:"今某获承祖考馀休,列官于朝,～荣宠,过其涯分。"元明《三国演义》九六回:"臣本庸才,～非据,亲秉旄钺,以励三军。"清《东周列国志》八六回:"某～上位,诚然可愧。"

【叨情】 tāo qíng 承情。清《孽海花》三二回:"诸位快不要过奖,大家能骂得含蓄一点,就十分的～了。"

【叨扰】 tāo rǎo 打扰,麻烦,多用作客套话。元柯丹邱《荆钗记》一五出:"老身来此,～尊府。"明《金瓶梅》七七回:"进入大厅,叙礼,道及向日～之事。"《二刻拍案惊奇》卷四:"我们只是～,再无回答,也觉面皮忒厚了。"清《红楼梦》九二回:"罢了。来了就～老伯吗?"《歧路灯》三八回:"弟有何功,敢来～,预谢。"

【叨任】 tāo rèn 充任,担任。元佚名《陈州粜米》四折:"小官姓蓼名花,～陈州知州之职。"明许三阶《节侠记》二〇出:"小生裴胄先,曾～太仆寺丞。"清《儒林外史》三四回:"在下姓孙,～守备之职。"

【叨荣】 tāo róng　蒙受恩荣。唐李克用《报西川王建书》："且受任分忧，～冒宠，龟玉毁椟，谁之咎欤？"宋欧阳修《谢特转吏部侍郎表》："曾未逾年之久，复进秩以～。"清《歧路灯》一八回："只是小弟今日得陪三位末座儿，～之甚。"

【叨辱】 tāo rǔ　忝任。宋庄绰《鸡肋编》卷中："典坟未博，谬陈良史之官；辞翰不工，～侍臣之列。"

【叨赏】 tāo shǎng　承受赏赐。清《东周列国志》五三回："臣受君王之赐已厚，今日聊以报效，敢复～乎？"

【叨侍】 tāo shì　侍奉，随从。唐姚班《三上节愍太子书》："臣以庸谬，～春闱，职居献替，岂敢缄默？"《敦煌变文校注》卷五《维摩诘经讲经文(六)》："懦质而幸居法会，冗琐而～花至。"明尹直《謇斋琐缀录》卷八："或～宪宗皇帝，观解于后苑。"

【叨守】 tāo shǒu　驻守，镇守。唐颜真卿《让宪部尚书表》："臣以愚懦，～平原。"元乔吉《扬州梦》四折："～扬州，三年任满，赴京考绩。"明《拍案惊奇》卷三〇："某本不才，幸得备员，～一郡。"

【叨受】 tāo shòu　蒙受，承受。唐颜真卿《摄常山郡太守卫尉卿颜公神疲乏碑铭》："汝～恩宠，乃敢悖逆。"宋苏轼《告五岳祝文》："轼～朝寄，出守藩土。"明《西游记》九七回："忝中甲科，今～铜台府刺史，旦夕侍奉香火不绝，为何今日发声？"清《野叟曝言》一三六回："臣家奴仆～皇恩，已嫌非分。"

【叨沓】 tāo tà　贪婪而荒于政务。《新唐书·李光颜传》："初，田缙镇夏州，以～开边隙。"

【叨忝】 tāo tiǎn　忝列，沾光。唐宋之问《祭杨盈川文》："大君有命，徵子文房，余亦～，随君颉颃。"五代孙光宪《北梦琐言》卷三："某～文柄，今年榜帖全为司空先辈一人而已。"宋张齐贤《洛阳缙绅旧闻记》卷一："～登第，在泰和知县，暂去相看，伊彼更无别亲识。"元陶宗仪《辍耕录》卷一九："每自揣量，是何～，所以行如履薄，动若持盈。"明《二刻拍案惊奇》卷四："死后妻子与同家人辈牢守门户，自过日子，再不去～佥宪家一分势利。"

【叨贴】 tāo tiē　贴补，帮衬。明《金瓶梅词话》六二回："这一家子，那个不～他娘些儿。可是说的，饶～了娘的，还背地不道是。"《型世言》二三回："又有这些趋附小人，见他有钱，希图～，都凭他指使，说来的没有个不是的，真是个钱神！"

【叨位】 tāo wèi　忝居官位。唐元稹《李宗闵明州刺史制》："翼赞之效蔑闻，怨嫌之声屡作，前后～，中外同辞。"明王守仁《自劾乞休疏》："臣由弘治十二年进士，历任今职，盖～窃禄十有六年。"

【叨幸】 tāo xìng　侥幸，幸好。唐颜真卿《让宪部尚书表》："在臣一门，～斯极，殒身碎首，无以上报。"清《儒林外史》七回："小弟年幼，～年老先生榜末，又是同乡，诸事全望指教。"

【叨饮】 tāo yǐn　饮酒。清《平山冷燕》一回："今恐～过量，醉后失仪，有伤国体，谨率群臣辞谢。"

【叨膺】 tāo yīng　承受，忝受。唐令狐楚《谢宣慰状》："臣实庸虚，～奖用，至于师人辑睦。"宋欧阳修《又谢两府书〈嘉祐五年十一月〉》："此者～圣选，俾贰枢庭。"明吾邱瑞《运甓记》三九出："我一从分袂，到东朝～佩琚。"清《女仙外史》四四回："但某先父为洪武勋臣，～指挥世职。"

【叨长】 tāo zhǎng　谦称自己年纪较大或辈分较高。明《二刻拍案惊奇》卷二〇："我～尊翁多年，又同为刺史之职。"孙柚《琴心记》三出："自身～，毓秀闺房。"清《镜花缘》一五回："就只事成后，世妹、世弟做了晚亲，门生未免～，这却于理不顺。"

【掏】 tāo　❶ 挖，抠。唐颜真卿《浪迹先生元真子张志和碑铭》："吏人尝呼为～河夫，执畚就役，曾无忤色。"明《金瓶梅词话》七八回："好个怪淫妇，他便和那韩道国老婆那长大摔瓜淫妇，我不知怎的，～了眼儿不待见他。"清《红楼梦》四九回："你回来若做的不好了，把那肉～出来，就把这雪压的芦苇子揌上些，以完此劫。"　❷ 伸手取。元张国宾《薛仁贵》一折："那薛仁贵到的高丽地面，则去扑蚂蚱，摸螃蟹，～促织，儿曾会什么厮杀来？"明许自昌《水浒记》五出："俺呵，满拼碎涂肝脑，入虎穴把虎子～。"清《红楼梦》四二回："说着便抽系子，～出两个笔锭如意的锞子来给他瞧。"

【掏火】 tāo huǒ　取火。清《醒世姻缘传》一九回："从头里一个蝎子在这席上爬，我害怕，又不敢去～，……你去掏点火来，咱照他照，好放心睡觉。"又："从晁大舍到了庄上，那唐氏起初也躲躲藏藏不十分出头露相，但小人家又没有个男女走动，脱不得要自己～，自己打水、上碾子、推豆腐，怎在那一间房里藏躲得住？晁大舍又曾撞见了两次。"

【掏渌】 tāo lù　劳碌，奔波。明《金瓶梅词话》一二回："恐怕他家粉头～坏了你身子，院中唱的，一味爱钱，有甚情节。"

【掏漉】 tāo lù　同"掏渌"。清《歧路灯》一二回："你再休要这样，越～的病不好。"

【掏摸】 tāo mō　❶ 偷窃。宋元《醒世恒言》卷三三："不想却有一个做不是的，日间赌输了钱，没处出豁，夜间出来～些东西。"《元典章·刑部十一》："议得李宝俚所犯，诱合程福孙～熊十二至元钞五百文，递与李宝俚收接。"明《金瓶梅词话》三八回："衙门里差了两个缉捕，把二捣鬼拿到提刑院，只当做～土贼，不由分说，一夹二十，打的顺腿流血。"清《红楼梦》一〇三回："自从你二叔放了外任，并没有一个钱拿回来，把家里的倒～了好些去了。"❷ 掏出，摸取。明《金瓶梅》七二回："这妇人向床头拉过他袖子来，～了几个放在口内，才罢。"清《醒世姻缘传》九二回："儿子合媳妇同谋，等夜间陈师娘睡熟，从裤腰里～。"

【掏擢】 tāo zhuó　掏出。唐韩愈《贞曜先生墓志》："钩章棘句，～胃肾。"明唐顺之《与季彭山书》："先生之于经，关窍开解，～肠胃。"

【滔天】 tāo tiān　形容罪恶、灾祸或权势极大。元明《三国演义》八〇回："今曹操阻兵残忍，戮杀主后，罪恶～。"明《西游记》八回："那厮乃花果山产的一妖猴，罪恶～，不可名状。"清《二刻醒世恒言》五回："不想孙自连自从舅子做官，丈人也到任去了，一发倚着财势～，无拘无束。"

【韬光养晦】 tāo guāng yǎng huì　隐藏才能，不显于外。清《荡寇志》七六回："贤侄休怪老夫说，似你这般人物，不争就此罢休？你此去，须～，再看天时。"

【韬晦】 tāo huì　即"韬光养晦"。元明《三国演义》二一回："玄德也防曹操谋害，就下处后园种菜，亲自浇灌，以为～之计。"

【韬略】 tāo lüè　谋略，计谋。元郑德辉《三战吕布》三折："胸中～运机筹，箭插寒星射斗牛。帷幄之中施巧计，坐间谈笑觅封侯。"元明《水浒传》九四回："生的身长九尺，腰大八围，颇知～，膂力过人。"清洪昇《长生殿》一〇出："自家姓郭名子仪，本贯华州郑县人氏。学成～，腹满经纶。"

táo

【逃败】 táo bài　逃跑。元圆至《古命一首》："匿距以钩情，设岐以～。"明杨慎《东坡诋佛》："治其学者，大抵设械以应敌，匿形以～。”清《说岳全传》四二回：“战他不过，～下来。”

【逃杯】 táo bēi 逃酒。唐白居易《和韦庶子远坊赴宴未夜先归之作兼呈裴员外》：“无妨按辔行乘月，何必～走似云。”

【逃兵】 táo bīng ❶逃避兵灾。唐唐彦谦《题证道寺》：“记得～日，门多贵客车。”明徐贲《赠崔孝子》：“崔郎～山更深，手引诸儿背驮母。” ❷私自逃离部队的兵士。宋苏辙《御试制策》：“荆棘成林，无尺寸之耕，狐狸豺狼之所嗥，而～罢士之所窜伏。”清《万花楼演义》一七回：“是什么王爷，乃是一名～狄青，冒穿王爷服式，假冒王爷。”

【逃逋】 táo bū 逃亡。宋苏辙《次韵子瞻游孤山访惠懃惠思》：“嗟我久欲从～，方圆不敢左右摹。”清查慎行《西门之役既连毙二虎矣后五日复获虎子二吕灌园作后二虎歌再次其韵》：“贼吾民者杀无赦，别有渊薮容～。”

【逃禅】 táo chán ❶逃避参禅。唐杜甫《饮中八仙歌》：“苏晋长斋绣佛前，醉中往往爱～。” ❷避世而参禅学佛。元王实甫《西厢记》二本二折：“我经文也不会谈，～也懒去参；戒刀头近新来钢蘸，铁棒上无半星儿土渍尘缄。”明许三阶《节侠记》一四出：“向来士夫都讲道学。如今道学败了，都学～。”△清《玉梨魂》二八章：“其最后之痛苦，则或病或痛，其次者，或成癫痫之疾，或作～之想，终身不能回复其有生之乐趣。”

【逃丁】 táo dīng 逃亡的丁壮。唐狄仁杰《谏造大像疏》：“～避罪，并集法门。”《云笈七籤》卷五六：“修炼元气，至无出入息，是落籍～之士，不为太阴所管，三官不录，万灵潜卫矣。”清杨芳灿《粮草税》：“军操着空籍，赋额悬～。”

【逃躲】 táo duǒ 躲藏。元《张生煮海》三折：“有一秀才，不知他将甚般物件，煮的海水滚沸，急得那龙王没处～，央我老僧去劝化他早早去了火罢。”明张岳《苗贼突劫思州疏》：“穿山走脱，四散～各处者，数亦不多。”清《说唐》五五回：“又怕回营，只得～在外。”

【逃犯】 táo fàn 逃亡的罪犯。明杨一清《一为遵奉敕谕起解反逆贼寇事》：“军人周升长陈敬祖因是～，徐钦伴当捉来，委的不曾同谋。”清《隋唐演义》四三回：“不期他在山东为官，我如今题个本，将他陷入杨家逆党，竟说～韦福嗣，招称秦琼向与李密、王伯当往来做事，今营任山东都尉图谋不轨。”

【逃乖】 táo guāi 避乖。元马致远《荐福碑》三折：“你不去五台山里且～，干把个梵王宫密云埋。则待要到天河淹没了讲经台，那里取日月光琉璃界。”

【逃拐】 táo guǎi 拐骗后隐藏。清《醒世姻缘传》八六回：“你可将他寄养在此，我着人找捉那～的家人，再做道理。”

【逃官】 táo guān ❶隐居不仕。唐李翱《兵部侍郎赠工部尚书武公墓志铭》：“大父平一惩后族之祸，～于嵩山。” ❷弃官逃跑。明《封神演义》二一回：“姬昌此去不远，陛下传旨，命殷破败、雷开点三千飞骑，赶去拿来，以正～之法。”清汪琬《奉直大夫前山东按察司佥事蒋公神道碑》：“公之族子无赖者，因与之通，尽劫取太君家财，而斥公为～，将甘心焉？”

【逃荒】 táo huāng 逃避灾荒。宋王应麟《困学纪闻》卷一六：“除去～，其餘顷亩取两税。”清《儒林外史》一回：“这是些～的百姓，官府又不管，只得四散觅食。”

【逃祸】 táo huò 避难。唐韩愈《曹成王碑》：“王奉母太妃～民伍，得间走蜀从天子。”《云笈七籤》卷八五：“我之施物，乃～，非避时也。”明张景《飞丸记》：“相公呵，你逗遛此间难～。急须画谋寻方躲，努力前程休自蹉。”

【逃监】 táo jiān 越狱。明俞汝楫《条陈监规》：“但称～等项，相应查处。”△清《薛刚反唐》一回：“一面分付将王后以庶民礼收殓，一面发旨访拿～杜回。”

【逃酒】 táo jiǔ 逃避饮酒，先离席而去。宋梅尧臣《闻高平公殂谢述哀感旧以助挽歌三首》之二：“京洛同～，单袍跨马归。”苏轼《虔守霍大夫监郡许朝奉见和此诗复次前韵》：“敢因～去，端为和诗留。”明薛蕙《观舞》：“无因～去，懊恼白头翁。”

【逃绝】 táo jué 全家人死亡或逃走，满一定年限不归，视为绝户。宋苏辙《民赋叙》：“元丰中，李琮追究～，均虚数。”清宋荦《赔造漕船宽限疏》：“因各卫所运丁～过多，无从佥造。”

【逃乱】 táo luàn 逃避灾祸；逃避战乱。唐李峤《宝剑篇》：“避灾朝穿晋帝屋，～夜入楚王城。”宋欧阳修《赠刑部尚书余襄公神道碑铭》：“余氏世为闽人，五代之际，～于韶。”清《梦中缘》九回：“王老妪便乘闲出于门外，逢着～之人，即访问夫人的音信。”

【逃门】 táo mén 逃跑的门路。唐韩愈《陆浑山火和皇甫湜用其韵》：“神焦鬼烂无～，三光弛隳不复暾。”

【逃牌】 táo pái 逃犯的名牌。清于成龙《弭盗安民条约》：“其出外之时，装成圈套，先递～。”

【逃跑】 táo pǎo 为躲避不利的人、事或环境或事物而离开。明《梼杌闲评》三八回：“你若就这样去，他只当你～，必要到你家中找寻，反添一番骚扰。”清《野叟曝言》一回：“邻人闻声赴救，被行昙打伤了好几个，赤体～。”

【逃潜】 táo qián 潜逃。唐裴度《白乌呈瑞赋》：“谅饮啄于仁义，岂～于阻艰？”明《警世通言》卷四〇：“妖邪丧胆，鬼精～。”

【逃闪】 táo shǎn 逃匿。宋吴自牧《梦粱录》卷一九：“如有～，将带东西，有元地脚保识人前去跟寻。”《元典章・刑部八》：“切见随处贪官污吏，在任其间，恣号贿赂，侵渔百姓，事发～，钦遇赦恩，却作不曾招涉，夤缘还职，朦胧求叙。”清《豆棚闲话》七则：“把这段大义去责他，如何～得去！”

【逃生】 táo shēng 逃出危险境地，以保全生命。宋郑獬《戍邕州》：“偶有脱死归，扶杖皆病偻，～既不暇，安能捕寇虏？”金佚名《大金吊伐录》卷四：“宗庙倾覆，甘承去国之羞；骨肉既俘，独作～之虏。”元明《三国志通俗演义》卷二：“布引铁骑掩杀，曹操军大败，回望荥阳而走，残军各自～。”清《万花楼》六七回：“小将奉令出敌，不意贼将大喊一声，犹如天崩地裂，幸得小将快驾席云帕～，战马已被打死，特来请罪。”

【逃生子】 táo shēng zǐ 私生子。元佚名《杀狗劝夫》一折：“哥哥！我又不是庶出～，须是你同胞共乳亲。”

【逃逝】 táo shì 逃跑。唐玄奘《大唐西域记》卷一一：“人畜殊途，宜速～。”元虞集《送赵虚一奉祠南海序》：“不识使者之光华，或惊惧而～。”

【逃税】 táo shuì 逃避纳税。宋田锡《司法参军张玄珪》：“行户虽有～，幸登数详条内。”

【逃俗】 táo sú 逃避俗世。唐孟郊《石淙十首》之七：“搜胜有闻见，～无踪蹊。”明叶春及《和刘古唐翁论学诗》：“怜蛇怜蚿情俱失，～逃禅见各边。”

【逃田】 táo tián 田主逃走而收不到赋税的田地。宋徐积《送李昂长官》：“可使汝农无～，可使汝市无冤狱。”明温纯《明封太孺人陈氏墓志铭》：“久之，得～于陈村，瘠甚。”

【逃脱】 táo tuō 逃跑；逃而脱离。五代郭威《宣谕晋绛慈隰诸州军民敕》：“～无地，扶拥入京。”元明《三国演义》二回：“张宝带箭～，走入阳城，坚守不出。”清《歧路灯》八〇回：“老爷已知你两个是背主～，这是为你两个旧年伏侍过，所以开脱你两个回去。”

【逃伍】 táo wǔ 充军者逃离部伍。明王世贞《议处清军事宜以实营伍以苏民困疏》:“毋使无辜之民,比间受困,仍严~之条。”清《平定台湾纪略》卷六〇:“强健者不安本分,武断一方,名为罗汉脚。若以充补营兵,则~生事之弊,势所必然。”

【逃席】 táo xí 宴会中途不辞而去。唐元稹《酬翰林白学士代书一百韵》:“~冲门出,归倡借马骑。”元明《三国演义》三四回:“使君何故~而去?”清《东周列国志》一二回:“亏自己哥哥劝住,孩儿~而来。”

【逃降】 táo xiáng 逃跑投降。唐元结《时议上篇》:“曾不逾时,竟摧坚锐,复两京~逆类悉收。”

【逃虚】 táo xū 逃避现实,寻求清静无欲的境界。宋刘挚《次韵铬氏东亭书事四首》之四:“自有~乐,徒兴尚白嘲。”清陈维崧《续騷庵集序》:“奉慈帏而出世,择隙地以~。”

【逃学】 táo xué 逃避学习;无故不上学。五代韦庄《下邽感旧》:“曾为看花偷出郭,也因~暂登楼。”清《红楼梦》五六回:“自幼淘气异常,天天~,老爷太太也不便十分管教。”

【逃移】 táo yí 逃走迁移。唐元稹《当州两税地》:“人户~,田地荒废。”明《封神演义》四五回:“摆动乾坤知道力,~生死见功成。”清朱彝尊《儒林郎户科给事中合阳王君墓志铭》:“于是无田者得免役,~悉复其居。”

【桃花粉】 táo huā fěn 指胭脂。宋赵彦卫《云麓漫钞》卷七:“清微子《服饰变古录》云:‘燕脂,纣制,以红蓝汁凝而为之,官赐宫人涂之,号为~。’”元李文蔚《燕青博鱼》二折:“你看这鬏髻上扭的出那棘针油,面皮上刮的下那~,只这两椿儿管做了你个哥哥的祸根。”

【桃花命】 táo huā mìng 指红颜薄命。明玩花主人《妆楼记·发书》:“想只想这冤遭是~里相招。”△清《海上尘天影》五一回:“此时白萱宜姻事,因占吉的少,还说他有~,所以婉言谢却,把庚帖还了。”

【桃花运】 táo huā yùn 得到异性爱慕的运气。明《醒世恒言》卷三:“也是他~尽,合当变更,一年之后,生出一段事端来。”

【桃圈】 táo quān 把桃子去核、切片后晒成的圈状干果肉。宋孟元老《东京梦华录》卷二:“又有托小盘卖干果子,乃旋炒银杏、栗子、河北鹅梨、梨条、梨乾、梨肉、胶枣、枣圈、梨圈、~……虾具之类。”

【桃腮】 táo sāi 粉红的脸颊。宋王观《高阳台》:“红入~,青回柳眼,韶华已破三分。”元白樸《醉中天·佳人脸上黑痣》曲:“觑著娇态,洒松烟点破~。”明《西游记》八〇回:“你看他~垂泪,有沉鱼落雁之容;星眼含悲,有闭月羞花之貌。”清《品花宝鉴》一一回:“但方才取笑了袁夫人,如今说出来,又恐他要报复,不觉迟迟的红泛~。”

【桃之夭夭】 táo zhī yāo yāo 桃,谐音“逃”。戏言逃跑。明张景《飞丸记》一三出:“老爷分付杀他。我生怕他~。”明《醒世恒言》卷三六:“到后觉道声息不好,立脚不住,就悄地~。”

【陶】 táo 指秘而不宣的事,内情。清《醒世姻缘传》八六回:“吕祥道:‘你京里另娶不另娶,可是累我腿哩,怕我泄了~,使人缀住我,连我的衣裳都不给了!’”

【陶畅】 táo chàng 舒适,舒服。宋欧阳修《书梅圣俞稿后》:“哆兮其似春,凄兮其似秋。使人读之,可以喜,可以悲,~酣适,不知手足之将鼓舞也。”明黄淳耀《小山集序》:“~襟怀,则秋浦敬亭之篇不足为其闲肆也。”

【陶成】 táo chéng ❶ 陶冶;培养。清《醒世姻缘传》三五回:“那南方中的举人进士不知费了先生多少~,多少指点,铁杵磨针,才成正果;这北方中的举人进士,何尝有那先生的一点功劳,一些成就?” ❷ 谋取;获取。清《荡寇志》一二〇回:“那班无赖子弟弄得嫖赌精空,起心此图,想赚去卖了,~几个嫖赌本钱,向汪恭人来聒噪。”

【陶家菊】 táo jiā jú 菊花。唐司空图《歌者十二首》之一二:“夕阳似照~,黄蝶无穷压故枝。”△清《花月痕》五回:“孤芳自赏~,一院秋心梦不成。”

【陶家柳】 táo jiā liǔ 柳树。五代黄滔《贻宋评事》:“燕国金台无别客,~下有清风。”明高启《送袁宪史由湖广调福建》:“试沽彭泽酒,憔悴~。”

【陶碌】 táo lù 损伤;损耗。明《金瓶梅词话》六一回:“你也省可里与他药吃,他饮食先阻住了,肚腹中有甚么儿,只顾拿药~他。”

【陶情】 táo qíng ❶ 怡悦情性。唐杜荀鹤《和友人见题山居水阁八韵》:“鉴已每将天作镜,~常以海为杯。”清《镜花缘》四回:“各花都是一样草木,腊梅既不畏寒,与朕~,别的花卉,自然也都讨朕欢喜。” ❷ 男女欢会调情。元张可久《一枝花·携美人湖上归》:“想当年小小,问何处卿卿。东坡才调,西子娉婷,总相宜千古留名。咱两个谩相邀此地~。”清《红楼梦》九三回:“一个男人多少女,窝娼聚赌是~。”

【陶情适性】 táo qíng shì xìng 怡悦情性。明《醒世恒言》卷三六:“酒可~,兼能解闷消愁。三杯五盏乐悠悠,痛饮翻能损寿。”清《红楼梦》一二〇回:“果然是敷衍荒唐!不但作者不知,抄者不知,并阅者也不知。不过游戏笔墨,~而已!”

【陶熔】 táo róng 喻指陶冶、培养。清《品花宝鉴》五三回:“这是新进长的,不料受乃翁~了几天,就这些进境。”《醒世姻缘传》一回:“只是读书欠些聪明,性地少些智慧,若肯把他~训诲,这铁杵也可以磨成绣针。”

【陶陶】 táo táo 喝醉的样子。唐李咸用《晓望》:“好驾觥船去,~入醉乡。”宋苏轼《观湖》:“释梵茫然齐劫火,飞云不觉醉~。”

【陶陶兀兀】 táo táo wù wù 醉酒昏沉的样子。唐罗隐《芳树》:“但愿我开素袍,倾绿蚁,~大醉于清宵白昼间,任他上是天,下是地。”宋吕胜己《满庭芳》:“且~,对酒醺酣。”

【陶洗】 táo xǐ 涤除。明王世贞《王胤昌》:“乃其感慨蓄育,~超脱,而又不为吊诡。”清弘历《题潭柘岫云寺》:“藉功德水为~,于色空天悟幻常。”

【陶泄】 táo xiè 发泄。《元曲选外编·西厢记》四本四折:“别恨离愁,满肺腑难~。”

【陶煦】 táo xù 和乐貌。唐柳宗元《与杨诲之书》:“然开发之要在~,然后不失其道。”明刘绘《与升庵杨太史书》:“凡与人交识,惟期意气,任情可否。以是怜察者少,仇疾者众。颛騃罔所~,曷能远动足下。”

【陶砚】 táo yàn 陶质的砚台。宋郑刚中《三砚记》:“己亥,又得武昌~,状如风字。”清朱彝尊《陶砚铭》:“陶之始,浑浑尔。”

【陶养】 táo yǎng 培养。宋石介《上王沂公书》:“相公~万物,平均四时。”明王慎中《送孙古山博士失官还家序》:“开发其聪明,而~其德性。”

【陶莹】 táo yíng 犹言刮垢磨光。唐高宗《万年宫碑铭》:“加以时侵首夏,日带餘春,露泣修篁,风清邃涧,松萝云起,藤茑星悬,可以~心灵,澄清耳目。”五代贯休《水壶子》:“良匠曾~,多居笔砚中。”

【陶真】 táo zhēn 古代的一种说唱形式。宋《西湖老人繁胜录》:“唱涯词,只引子弟;听～,尽是村人。”元高明《琵琶记》一出:“单单只有第三个孩儿本分,常常抢去了老夫的头巾,激得我老夫性发,只得唱个～。”

【陶埴】 táo zhí 烧制砖瓦。唐柳宗元《湘源二妃庙碑》:“斩木于上游,～于水涯,乃桴乃载,工逸事遂。”明沈德符《万历野获编》卷一七:“俗好楼居,至十餘层,而又不善～,即王居亦以茅覆,故易败,亦易成。”

【陶植】 táo zhí 培植,培育。唐孟郊《和宣州钱判官使院厅前石楠树》:“主公方寸中,～在须臾。”明邹元标《改修安远县学记》:“上以经术,～海宇。”

【淘】 táo ❶ 把液体加到食物里。《唐会要》卷六四:“夏月冷～粉粥。”明《警世通言》卷二二:“我腹中饥了,要饭吃,若是冷的,把些热茶淘来罢。”清陈端生《再生缘》一一回:“丽君无奈抬尖手,干饭难吞只～汤。” ❷ 开挖;疏通。唐李商隐《杂纂·恼人》:“～井汉急屎尿。”宋孟元老《东京梦华录》卷三:“每遇春时,官中差人夫监淘在城渠,别开坑,盛～出者泥。” ❸ 吐露。《元曲选·金线池》三折:“但酒醒硬打挣,强词夺正,则除是醉时节酒～真性。”清《醒世姻缘传》一〇回:“不是大爷教人砍出来,他还不知有多少话～哩。” ❹ 量词。明《金瓶梅词话》六〇回:“天上飞来一～鹅,落在园中吃蘋菠,却被绿暗拿住了,将来献与一照磨。”清《何典》五回:“幸亏角先生手里那些学生子,一个个都是钝猪钝狗;短中抽长,还算他做个蚱蜢～里将军。”

【淘伴】 táo bàn 伙伴,同伴。清《何典》一〇回:“你既这等知文达礼,晓得敬重我,若肯住在这里,与我做个好～,便饶你性命。”

【淘荡】 táo dàng 冲刷。宋陈旉《农书》卷上:“放干水,免风浪～,聚却穀也。”明朱橚《普济方》卷二六六:“酒能～阴滓,得道之人,熟穀之液,皆所不废。”

【淘澄】 táo dèng 过滤掉杂质。《云笈七籤》卷七七:“即于瓷碗内入甜浆水,用柳木槌杀研……蒸了又研,以清水～,干。”清《红楼梦》四四回:“这是上好的胭脂拧出汁子来,～净了渣滓,配了花露蒸叠成的。”

【淘坏】 táo huài 损害;损伤。明《醒世恒言》卷一三:“但说起来,吃药既不见效,枉～了身子。”清《野叟曝言》八九回:“你这酒味颇正,连日被水酒～了肚子,要你多卖几壶,杀一杀水气!”

【淘井】 táo jǐng 把井底的污泥挖出来。《敦煌变文校注》卷二《舜子变》:“阿耶厅前枯井,三二年来无水,汝若～水出,不是儿于家了事。”宋孟元老《东京梦华录》卷三:“其供人家打水者,各有地分坊巷……夏月则有洗毡～者,举意皆在目前。”明《型世言》三〇回:“还取夫～,也不见有。”清《聊斋俚曲·俊夜叉》:“输的热了再去捞,投寻结下人命债,沙窝里～越发深,这可是嘲哇可是怪。”

【淘掘】 táo jué 挖掘。《法苑珠林》卷一一五:“使人～,飞泉通涌。”

【淘浚】 táo jùn 疏通。明徐光启《农政全书》卷一六:“令七乡食利之家,出力～。”清张伯行《治河议》:“梗漕勤民,后将有不胜其～之患。”

【淘空】 táo kōng ❶ 耗费净尽。明《二刻拍案惊奇》卷二五:“快活不多几时,酒色～的身子,一口气不接,无病而死。” ❷ 在街上伺机行窃。清《醒世姻缘传》一五回:“却道那些扒街～的小人,你一疏,我一本,又说有甚么未净的遗奸,又说有甚么伏戎的余孽,所以那梁生、胡旦都在那搜寻缉访的里边。”

【淘虏】 táo lǔ 掠夺。宋郭允蹈《蜀鉴》卷七:“今诸寨旦出～,薄暮乃返。”

【淘渌】 táo lù 销蚀。多指纵欲过度损伤身体。明《金瓶梅词话》一二回:“恐怕他家里粉头～坏了你身子,院中唱的只是一味爱钱,和你有甚情节,谁人疼你?”清《儒林外史》二一回:“恐怕这厮知识开了,在外没脊骨钻狗洞,～坏了身子,将来我这几根老骨头,却叫何人送终。”

【淘碌】 táo lù 同“淘渌”。清《醒世姻缘传》二回:“合你姨说:差不多罢,休要～坏了他。”又九三回:“每日被那娼妇～空了的身子,又是一顿早辰的烧酒。”

【淘漉】 táo lù 冲洗;过滤。唐刘恂《岭表录异》卷上:“南中醞酒,即先用诸药,别～秔米晒干,旋入药和米擣熟,即绿粉矣。”元陶宗仪《辍耕录》卷四:“蒙古人之祷雨者……惟取净水一盆,浸石子数枚而已。其大者若鸡卵,小者不等,然后默持密咒,将石子～玩弄,如此良久辄有雨。”清《红楼梦》一九回:“不是刮的,只怕是才刚替他们～胭脂膏子,蹭上了一点儿。”

【淘箩】 táo luó 淘米用具。明缪希雍《神农本草经疏》卷一三:“以桑皮绵纸衬～底,用滚水淋下。”

【淘摸】 táo mō 偷窃。明《古今小说》卷二一:“两日正没生意,且去～几贯钱钞使用。”

【淘盆】 táo pén 用来淘洗的盆子。宋孔平仲《续世说》卷九:“于厨厩之物,皆饰以金银,金饭瓮一,银～二,皆受五斗织银丝筐及笊篱各一。”明陆容《菽园杂记》卷一四:“若细粘与梅沙,用尖底～浮于淘池中,且淘且汰。”

【淘气】 táo qì ❶ 寻事吵闹。明《古今小说》卷二二:“原来唐氏为人妒悍,贾涉平昔有个惧内的毛病;今日唐氏见丈夫娶了小老婆,不胜之怒,日逐在家～。” ❷ 怄气;受气。元郑光祖《倩女离魂》三折:“不是我闲～,便死呵,死而无怨。”明《拍案惊奇》卷三八:“引孙当不起激聒,刘员外也怕～,私下周给些钱钞,叫引孙自寻个住处,做营生去。”清《荡寇志》八四回:“你莫道城门关了,官人们要开便开。没来由害我～!” ❸ 顽皮。元曾瑞《采茶歌·闺中闻杜鹃》:“无情杜鹃闲～,头直上耳根底,声声聒得人心碎。”明《拍案惊奇》卷二五:“怎么寻了这样不晓事的?如此～!”清《儒林外史》二回:“那些孩子,就像蠢牛一般,一时照顾不到,就溜到外边去打瓦踢球,每日～的不得了。”

【淘沙】 táo shā ❶ 冲刷沙砾;汰除沙砾。唐白居易《浪淘沙词六首》之六:“却到帝乡重富贵,请君莫忘浪～。”清《后西游记》二〇回:“过去只如萍泛海,再来何异浪～。” ❷ 淘沙取金。宋黄庭坚《观化十五首》之一四:“～邂逅得黄金,莫便沙中著意寻。”《元史·刘秉忠传》:“珍贝金银之所出,～炼石,实不易为。”

【淘沙得金】 táo shā dé jīn 犹“淘沙取金”。宋刘宰《送魏华甫侍郎谪靖州》:“～遨以嬉,瘴烟不逐岭云西。”清黄叔璥《台海使槎录》卷六:“金沙从内山流出,近溪番妇～。”

【淘沙取金】 táo shā qǔ jīn 淘金。五代王仁裕《开元天宝遗事·任人如市瓜》:“天后任人,如小儿市瓜,不择香味,唯取肥大者。我朝任人,如～,剖石采玉,皆得其精粹。”

【淘神】 táo shén 费神。清《歧路灯》五九回:“依我看,咱要赶紧为妙,一来怕小豆腐他大回来,要着就要惹气～;二来谭家这宗账先尽着要在手里,咱先多使几两。”

【淘水】 táo shuǐ 指捕鱼。明高启《捕鱼词》:“后网初沉前网起,夫妇生来业～。忽惊网重力难牵,打得长鱼满船喜。”

【淘汰】 táo tài ❶ 去掉不好的;剔除。唐白居易《赋赋》:“今吾君网罗六艺,～九流。”宋陈渊《与龟山先生杨谏议书》之二:“郡邑之官,绝少～。”明陆容《菽园杂记》卷一四:“其粗矿肉,则用一木盆如小舟然,～亦如前法。”清《红楼梦》一一五回:“所以把少时那些迂想痴情，渐渐的～了些。” ❷ 消磨。宋《古尊宿语录》卷一三《赵州真际禅师语录并行状》：“问：‘十二时中如何～？’师云：‘奈河水浊，西水流急。’”

【淘淘】 táo táo ❶ 欢乐貌。元马致远《乔牌儿》：“醉魂缥缈，啼鸟惊回，兀兀～，窗外三竿，红日未高。” ❷ 唠叨。清《醒世姻缘传》三二回：“你待说甚么正经话，你说罢，别要没要紧的瞎～！”

【淘闲气】 táo xián qì 为无关紧要的事生气。元关汉卿《赵盼儿风月救风尘》一折：“干家的干落得～，买虚的看取些羊羔利，嫁人的早中了拖刀计。”明《拍案惊奇》卷二：“吃自在食，着自在衣，纤手不动呼奴使婢，也不枉了这一个花枝模样。强如守空房、做粗作、～万万倍了。”

【淘写】 táo xiè 倾吐；发泄。金董解元《西厢记诸宫调》卷一：“对景伤怀，微吟步月，～深情。”元郑光祖《倩女离魂》三折：“俺～相思，叙问寒温，诉说真实。”

【淘虚】 táo xū 淘空；耗费殆尽。明《古今小说》卷一：“兴哥在家时，原是～了的身子，一路受些劳碌，到此未免饮食不节，得了个疟疾。”清《品花宝鉴》五一回：“元茂近来身子～了，一喝酒就醉，一吹烟就睡，模模糊糊的讲了一声，也听不出讲的什么话。”

【淘渲】 táo xuàn 折腾。元范康《陈季卿悟道竹叶舟》四折：“你被岁华～得红颜少，世事培埋得白发多，即渐消磨。”

tǎo

【讨】 tǎo ❶ 要，索要。宋佚名《张协状元》一出：“孩儿你去了，有人少我钱时，教谁去～？”宋元《警世通言》卷八：“只道他还在厨下收拾家火，便唤二姐～茶吃。”元明《水浒传》三回：“这两日酒客稀少，违了他钱限，怕他来～时受他羞耻。”清《老乞大新释》：“不要这样胡～虚价，我不是没有商量的。” ❷ 娶。宋佚名《张协状元》一一出：“它若有这一项，我自与孩儿～个新妇。”元白朴《东墙记》二折：“青春年少莫蹉跎，床公尚自～床婆，红罗帐里做夫妇。”明《醒世恒言》卷三三：“是我在京中早晚无人照管，已～了一个小老婆，等候夫人到京，同享荣华。”清《儒林外史》五三回：“替他～了一个童养媳妇，长到十六岁，却出落得十分人才。” ❸ 租赁。宋佚名《张协状元》二四出：“尊兄～行馆了未？未～。”宋元《警世通言》卷八：“就潭州市里～间房屋，出面招牌，写着‘行在崔待诏碾玉生活’。”元明《水浒传》二一回：“就在县西巷内，～了一所楼房，置办些家火什物，安顿了阎婆惜娘儿两个那里居住。” ❹ 招惹，招致。明《拍案惊奇》卷二四：“今日子已久，你只不转头，不要～我恼怒起来。”《醒世恒言》卷三二：“欲待投诉黄损，恐无益于事，反～他抱怨。”清《红楼梦》一四回：“既托了我，我就说不得要～你们嫌了。”《歧路灯》九〇回：“～人当面的厌恶，惹人背地里笑话迂腐么？” ❺ 打听，探问。明《金瓶梅词话》一三回：“可是来，自吃应花子这等韶刀，哥刚才已是～了老脚来，咱去的也放心。’”清《红楼梦》一回：“封氏闻得此信，哭个死去活来，只得与父亲商议，遣人各处寻访，那～音信？” ❻ 购买。宋《朱子语类》卷九：“自将息，固是好，也要～些药来服。”元高明《琵琶记》二一出：“老员外，你请进里面去歇息，待我一霎时叫家僮～棺木来。”清蒋士铨《香祖楼》九出：“〔旦笑介〕也作弄得你彀了。这若兰是我用千金～来奉赠的。”

【讨保】 tǎo bǎo 找人作保。宋元《警世通言》卷一五：“船户王溜儿，乐妇刘丑姐，原不知情，且赃物未见破散，暂时～在外。”明《拍案惊奇》卷一九：“先把申春下在牢里，蔺氏、丫鬟～官卖。”《梼杌闲评》一一回：“话说田尔耕先完了一百两官限，～在外。”清《绿野仙踪》二一回：“两行皂役喊一声，将不换搬翻，打了四十大板，立即吩咐～释放。”

【讨本】 tǎo běn 探讨本源。唐张说《赠太尉裴公神道碑》：“公志坚虑精，神勇识澈，艺必～，学皆睹奥。”元杨桓《进授时历经历议表》：“精思密索，～穷原。革前人苟简之规，成盛代不刊之典。”

【讨便宜】 tǎo biàn yí 另见 tǎo pián yí。谋求因利乘便，顺应自然。明袁宏道《寄汤义仍书》：“弟观古往今来，唯有～人是第一种人，故漆园首以《逍遥》名篇。”

【讨不起】 tǎo bù qǐ 要不来。明《型世言》一五回：“房租原是沈实管，一向相安的，换了阿獐，家家都要他酒吃，吃了软口汤，也就～，没得收来。”《梼杌闲评》一三回：“连日～银子，你是知道的。”

【讨裁】 tǎo cái 研讨。宋王应麟《代饶礼侍谢太中大夫表》：“皆褒异于宏儒，俾～于巨典，臣何能者？心窃愧焉。”明罗钦顺《庆鹤次刘野亭先生韵四首》之二：“故典新仪赏～，郁襟烦思若为开。”清《御定孝经衍义》卷八九：“宪物文典，率二人～。”

【讨彩】 tǎo cǎi 即“讨彩头❷”。清《歧路灯》九五回：“各位大老爷面前让酒～。”

【讨彩头】 tǎo cǎi tóu ❶讨吉利；讨小费。清《豆棚闲话》三则：“小朝奉不可听他！这是从来市井光棍打抽丰、～，都是套子，不可与他！” ❷博得喝彩。明《拍案惊奇》卷三四：“我家官人正去乡试，要～，撞将你这一件秃光光不利市的物事来。”

【讨差】 tǎo chāi 请求差使。明归有光《与王子敬十首》之一〇：“老况不堪明春非，～即请老子长。”清《说唐》四三回：“适值山西有变，李密就在高祖面前，～出师，愿效微劳。”

【讨吃】 tǎo chī ❶ 向人索要饭食吃。宋《朱子语类》卷五九：“是以当知养其大体，而口腹底他自会去～，不到得饿了也。”元杨显之《潇湘雨》四折：“我但是吃东西，你便～。”元明《水浒传》六二回：“卢俊义并不敢～。两个自吃了一回，剩下些残汤冷饭，与卢俊义吃了。”明孙仁孺《东郭记》二二出：“我每还未受用，你便来～哩。” ❷ 讨饭。清《红楼梦》四六回：“若没造化，该～的命，伏侍老太太归了西，我也不跟着我老子娘哥哥去。”

【讨春】 tǎo chūn ❶ 游春。唐陆龟蒙有《阖闾城北有卖花翁～之士往往造焉因招袭美》。清厉鹗《津门查莲坡和予移居诗四首远寄次韵奉酬》：“～冲冻相思句，传唱江南直万钱。” ❷ 算命。明《西游记》九回：“有，有，有！但是一个掉嘴口～的先生。”又一〇回：“但是一个掉嘴口，～的先生，我问他几时下雨，他就说明日下雨。”

【讨撮】 tǎo cuō 摘取。《法苑珠林》卷一一八：“搜检条章，～枢要。”

【讨打】 tǎo dǎ 自招挨打。《元曲选·冤家债主》三折：“哦，你与我这个银子，借这里坐一坐？我说老弟子孩儿，你便让钱舍这里坐一坐儿！自家～吃！”明《西游记》四七回：“行者叫：‘快些！莫～！’八戒谎了道：‘哥哥不要打，等我变了看。’”清《说岳全传》三三回：“不肯吃下去，敢是这狗头要～么！”

【讨打吃】 tǎo dǎ chī 即“讨打”。元武汉臣《生金阁》一折：“你这厮，不早来迎接，～。”郑廷玉《看钱奴》三折：“我说老弟子孩儿，你便让钱舍这里坐一坐儿！自家～！”

【讨荡】 tǎo dàng 征讨，扫荡。宋范纯仁《奏牵制西夏事》：“舍天都而西，即全无人户住坐，如兰州正北，屡经汉兵～，具见的实，决然无利可乘。”明赵时春《郑庄观音堂记》：“官军～底定，其税粮无所属。”清《京口耆旧传》卷八：“即置吏于法，而饬二郡合兵～。”

【讨店】 tǎo diàn 寻找旅店。宋朱熹《与长子受之》：“到婺州，先～权歇，泊定即盥栉具刺去见。”

【讨饭】 tǎo fàn ❶ 取饭，拿饭。宋《朱子语类》卷六〇：“不须如此，饥时便～吃。”元明《水浒传》六回：“我们三日不曾有饭落肚，那里～与你吃。”明《拍案惊奇》卷八：“又嫌杯小，问酒保讨个大碗，连吃了几壶，然后～。” ❷ 乞讨，要饭。宋元《警世通言》卷二四：“不说玉姐想公子，且说公子在北京院～度日。”元佚名《争报恩》一折：“白日里在那街市上～吃，夜晚来在那大人家稍房里安下。”明《石点头》卷三：“米才下锅，～的花子，早先到了。”清《儒林外史》三四回：“手里拿着一个铜盏子，就像～的一般。”《红楼梦》六七回：“姓张，叫什么张华，如今穷的待好～。”

【讨分晓】 tǎo fēn xiǎo ❶ 明白道理。宋《朱子语类》卷九二：“自尧舜以下，若不生个孔子，后人去何处～。” ❷ 论理；讨公道。《元曲选·生金阁》三折：“我儿也，你～，我筋都打断了你。” ❸ 掂量后果。明《警世通言》卷二四：“北京城内多少王孙公子，你只是想着王三不接客，你可知道我的性子，自～！”《金瓶梅词话》九六回：“守备道：‘限你二人五日，若找寻不着，～！’”

【讨分上】 tǎo fèn shang 卖面子。明《拍案惊奇》卷六：“倘若有些怪你，我自重重相谢罢了。敢怕替我滚热了，我还要替你～哩。”清《明珠缘》一四回：“你们放心，我央人到崔家～去。”

【讨乖】 tǎo guāi 讨巧。明《西游记》四三回：“八戒就使心术，要躲懒～，道：‘悟净，你与大哥在这边看着行李马匹，等我保师父先过去，却再来渡马。’”杨涟《狱中绝笔》：“若个个～趋势，只恋功名长久，不顾朝廷安危，圣贤书中，忠义心上，绝不敢许。”

【讨好】 tǎo hǎo 阿谀奉迎以求得对方的欢心。宋元《警世通言》卷五：“杨氏又要忠丈夫之托，又要姆姆面上～，连忙去寻黑髻来换。”明《拍案惊奇》卷一八：“又时时送长送短到小娘子处～。”《型世言》一六回：“陈氏也并不曾有一毫撒娇作痴，在丈夫前～，在背后间离光景。”《挂枝儿·咒》：“要～(又)偏着(你)恼，(我为你)费尽心(你)总不知，你若负了我真心也，咒也咒死你。”清《品花宝鉴》一九回：“聘才会～，今日送这个一把扇子，明日送那个一个荷囊。”

【讨话】 tǎo huà 询问回音，打听消息。明《金瓶梅词话》五回：“你每用心整理。明日五更，我来～。”又三五回：“且说应伯爵拿着五两银子，寻书童儿问他～，悄悄递与他银子。”

【讨还】 tǎo huán 要回属于自己的钱、物。《元曲选·冤家债主》三折：“他则有五文钱的豆腐，记下账，明日～罢。”明《水浒传》四九回：“你家庄上庄客，捉过了我大虫。你爹不～我，颠倒要打我弟兄两个。”△清《官场现形记》九回：“却不想到因此一番举动，却生出无数是非，非但银子不能～，而且还受外国人许多闲话。”

【讨回话】 tǎo huí huà 询问回音，探听消息。宋元《警世通言》卷二六：“待我晚间进府禀过老爷，明日你来～。”明《金瓶梅词话》三四回：“你好歹替他上心些，他后晌些来～。”清《歧路灯》四九回：“出胡同口，正遇夏鼎来～。”

【讨回信】 tǎo huí xìn 即“讨回话”。清《儒林外史》二六回：“我再来～。”《绿野仙踪》九八回：“此刻着你四人去见十殿阎君，问了话，并～。”

【讨集】 tǎo jí 收集。宋宋敏求《春明退朝录》卷下：“唐明皇以诸王从学，召集贤院学士徐坚等～故事兼前世文辞，撰《初学记》。”

【讨价】 tǎo jià ❶ 开价，索价。明《拍案惊奇》卷六：“问道：‘要多少价钱？’慧澄道：‘～万贯。’”清《儒林外史》一四回：“瞒天～，就地还钱。” ❷ 买方嫌货价高而还价。元明《水浒传》四回：“不～，实要五两银子。”清《老乞大新释》：“若～要五两银子。老实价钱只要四两。”《绿野仙踪》三九回：“～者皆重加责处，责处后即立刻发价。”

【讨价还价】 tǎo jià huán jià 买卖双方争议货物的价钱。明《古今小说》卷一：“三巧儿问了他～，便道：‘真个亏你些儿。’”

【讨酒钱】 tǎo jiǔ qián 索取小费。元佚名《罗李郎》一折：“老爹，门首有人叫汤舍～。”明《二刻拍案惊奇》卷二一：“我家老汉与儿子旺哥昨日去～，今日将到。”△清《负曝闲谈》五回：“黄乐材被他惊醒，一骨碌爬起来，把衣裳穿好。管家伺候盥漱已毕，船上伙计来～。管家只给他两角钱，船上伙计掼在地下不要。”

【讨据】 tǎo jù 讨究，依据。清施闰章《庐山志序》：“～简册，摹索崖碑，以广旧闻，是征文也。”

【讨绝单】 tǎo jué dān 索要绝单。绝单，狱吏向主管州县官报告在押犯人身死气绝的单子。明《二刻拍案惊奇》卷一：“方才明明吩咐稍迟几日就～。我老爷只为要此经，我这里好几家受了累。何况是你本寺有的，不送得他，他怎肯住手，却不枉送了性命？快去与你住持师父商量去！”

【讨看】 tǎo kàn 看，瞅。元明《水浒传》八一回：“三回五次，定要～。燕青只的脱膊下来。”明《梼杌闲评》六回：“那婆子听得，就来～。”

【讨口气】 tǎo kǒu qì 打探口风。明《二刻拍案惊奇》卷四：“张廪生着急，又寻那过龙的去～。”《型世言》四〇回：“先时人还道她偶然，到后来，十句九应，胜是市上这些～、踏脚影的课命先生。”

【讨口牙】 tǎo kǒu yá 吵嘴。清《醒世姻缘传》三六回：“只要自己嫁人，还要忍了心说那儿子忤逆，媳妇不贤，寻事～。”

【讨苦吃】 tǎo kǔ chī 招麻烦，惹祸害。明《型世言》三回：“前日长孙来打酒，说你做生意好，又兴，怎不会得？要～。”

【讨愧】 tǎo kuì 惭愧，羞愧。清《红楼梦》三〇回：“宝钗再要说话，见宝玉十分～，形景改变，也就不好再说，只得一笑收住。”《歧路灯》三回：“少读几句书，到底自己～，对人说不出口来。”

【讨冷饭】 tǎo lěng fàn 寄住在别人家里为生。明《金瓶梅词话》五八回：“我来你家～吃，教你恁顿摔我！”又七八回：“今早是姐姐你看着，我来你家～吃来了，你下老实那等扛我！”

【讨冷饭吃】 tǎo lěng fàn chī 喻向别人乞求。《元曲选·合汗衫》四折：“俺是那沿门儿～的。”明《金瓶梅词话》五八回：“贼作死的短寿命，我怎的外合里应？我来你家～，教你恁顿摔我。”

【讨虏】 tǎo lǔ ❶ 讨伐敌人。唐罗让《耿恭拜井赋》：“奋长汉～，由至诚而感神。”宋叶適《太府少卿李公墓志铭》：“时天子念～报仇，功绪未验，昼夜耿耿。”明郑晓《今言》卷二：“而遣淇国公、武城侯、同安侯、靖安侯、安平侯五将军出塞～。” ❷ 劫掠，强取。宋丁特起《靖康纪闻》：“自是里城内～稍息，而城外者犹未定，尚肆烧劫。”《元典章·刑部一》：“他每在先做贼行时～得百姓每媳妇孩儿每根底。”元《通制条格》卷三：“如今那般贼每～来的百姓根底，好人根底委付着，教做百姓呵。”《三国志平话》卷上：“今破不尽黄巾贼，见在山野潜藏，～百姓。”

【讨掳】 tǎo lǔ 杀掳。宋汪藻《赐范温等奖谕敕书》：“督责州县，括刷钱粮，～乡村，拘牧牛马。”元方回《为张都目益题爪哇王后将相图》：“生金铜钱暨百宝，搜山～恣意取。”

【讨没脸】 tǎo méi liǎn 丢面子，自找难堪。清《儒林外史》二二回："你一个衣冠中人同这乌龟坐着一桌子吃饭。你不知道罢了，既知道，还要来替他劝闹，连你也该死了！还不快走，在这里～！"△《海上尘天影》五七回："也好，要说得蕴藉，不要～。"

【讨没脸面】 tǎo méi liǎn miàn 犹"讨没脸"。清《儒林外史》二四回："这里不是你撒野的地方！牛相公就同我老爷相与最好。你一个尊年人，不要～，吃了苦去！"△《双凤奇缘》三三回："太监接过银包，先掂一掂，说道：'这是代老先生～几个钱，只得从直收了。'"

【讨没趣】 tǎo méi qù 自找难堪。清《歧路灯》三二回："我不算无情，休要自己延迟～。"《绿野仙踪》八四回："大家回去罢，休再～。"

【讨没意思】 tǎo méi yì si 犹"讨没趣"。清《红楼梦》二〇回："谁叫你上高台盘去了？下流没脸的东西！那里顽不得？谁叫你跑了去～！"

【讨面皮】 tǎo miàn pí 卖面子求情。明佚名《四贤记》一七出："夫人，我讨个面皮罢，权记取这回出丑。"《型世言》三〇回："就是秀才、举、监，有些事日日来～，博不得张继良一句。"

【讨命】 tǎo mìng 索赔人命。《元曲选·灰阑记》三折："如今将张海棠解上开封府去，我想那海棠，又无甚么亲人～，不若到路上结果了他，何等干净！因此特特拣两个能事的公人董超、薛霸解去。"明《西游记》一六回："爷爷呀！冤有冤家，债有债主。要索命不干我们事，都是广谋与老和尚定计害你的，莫问我们～。"清《万花楼》六回："这公子名叫胡伦，日日带领十餘个家丁，倘愚民有些小关犯，他即时拿回府中打死，谁人敢去～。"

【讨闹】 tǎo nào 凑趣。宋《朱子语类》卷一三〇："只似～，却不於道理上理会。"

【讨便宜】 tǎo pián yí 另见 tǎo biàn yí。占便宜，谋好处。唐寒山《诗》之九八："凡事莫容易，尽爱～。"宋《朱子语类》卷六〇："老子窥见天下之事，却～置身于安闲之地。"元佚名《鸳鸯被》四折："他促眉生巧计，开口～。"明《拍案惊奇》卷一六："这叫做'贪小失大'，所以为人切不可做那～苟且之事。"《山歌·茶》："不如做个茶壶嘴，常在姐口～，滋味清香分外奇。"清《说唐三传》四五回："休～！我家继父薛世子，官封二路元帅，正是堂堂将帅，领百万雄兵，好不威风凛凛。你是何等人，敢来假冒，讨我便宜，吃我一枪，放马过来。"

【讨气】 tǎo qì 惹人生气。明汤显祖《紫钗记》五二出："〔生〕怎又～。〔旦〕不如死。他甚的淘闲气，既说我忘旧，取钗还我。"△清《九尾龟》一二回："倪也勿是一定要俚那哼，为仔俚～勿过，倪有心要替俚～拌拌嘴舌。"

【讨气吃】 tǎo qì chī 受气。明《古今小说》卷一〇："你年纪正小，趁我未死，将儿子嘱付善继。待我去世后，多则一年，小则半载，尽你心中，拣择个好头脑，自去图下半世受用，莫要在他们身边～。"

【讨气绝】 tǎo qì jué 即"讨绝单"。宋元《警世通言》卷一一："徐爷大怒，便将宪票一幅，写下姚大名字，发去当涂县打一百，～缴。"明《醒世恒言》卷二九："大爷差谭令史来～，已拿向后边去了。"

【讨钱】 tǎo qián 要钱，要账。宋元《警世通言》卷七："说过的话，今日只去问他～来用，并还官钱。"元谷子敬《岳阳楼》一折："料这穷道人，那里～还我！"元明《水浒传》七回："小人祖居在这里，都只靠赌博～为生。"明《梼杌闲评》一七回："只见一簇花子拦住个出京小官儿的家眷～。"清《歧路灯》七二回："德喜～沽酒买鸡，与那谢豹等夜酌。"

【讨巧】 tǎo qiǎo 取巧。清《镜花缘》一一回："我看老兄如此～，就是走遍天下，也难交易成功的。"

【讨亲】 tǎo qīn 娶亲。明《型世言》三三回："鲍雷正计议阁他，不料前村一个庚盈，家事也有两分，春间断了弦，要～。"△清《七剑十三侠》九六回："徐鸣皋道：'曾～没有？'尤保道：'讨了五年了，我那媳妇已经生了两个小孩子了。'"

【讨情】 tǎo qíng 说情，求情。明《梼杌闲评》一四回："也不敢妄自～，只求宽容一时，便好从长计较。"清《东周列国志》三九回："秦穆公亦遣公子縶为使，如楚军与得臣～。"《红楼梦》一六回："珍大哥又再三再四的在太太跟前跪着～。"

【讨情分】 tǎo qíng fèn ❶ 求情，说情。清《红楼梦》七回："故教女人来～。"《绿野仙踪》七八回："严嵩立即托尚书夏邦谟，向刑部堂官代～。" ❷ 求利益，求好处。清《女仙外史》五六回："圣主为我争体面，我如今倒要向圣主～。"

【讨取】 tǎo qǔ ❶ 索取。宋林光朝《与王舍人宣子》："五十之年，如何更对人称得门生，何似～见成敕黄来，僻处袖手自称曰老夫。"清《万花楼》三〇回："这狄钦差又没有什么罪名，怎说吾贪他财放走？你这人言来大狂妄了！莫非你暗中陷害了钦差性命，反向我们～么？" ❷ 娶。清汤斌《禁略贩子女以全人伦挽颓俗告谕》："有等奸媒牙保觇知贫人子女稍有姿色，辄巧言哄动，或称官宦～媵妾。"

【讨饶】 tǎo ráo 求饶，请求原谅。宋元《警世通言》卷七："央住持槁大惠长老同到府中，与可常～。"元佚名《货郎旦》四折："你这叫化头，～怎的？"元明《水浒传》三六回："满县人见说拿得宋江，谁不爱惜他，都替他去知县处告说～，备说宋江平日的好处。"清《红楼梦》九〇回："岫烟再三替他～，只说自己的丫头不好。"

【讨扰】 tǎo rǎo 打扰，干扰。清《歧路灯》一八回："俺少爷二十四日不得闲，改日～罢。"《绿野仙踪》八七回："～尊府的日子还有哩。"又九一回："小弟为初次相会，实不好～。"

【讨人命】 tǎo rén mìng 要人偿还性命。清《红楼梦》一〇三回："进门也不打话，便儿一声肉一声的要～。"

【讨人嫌】 tǎo rén xián 惹人嫌恶。清《红楼梦》九四回："这几个老婆子真～。"《镜花缘》七〇回："若在书上传哩，随他诌去，我还不怕，我只怕传到戏上，把我派作三花脸，变了小丑儿，那才～哩。"

【讨人厌】 tǎo rén yàn 犹"讨人嫌"。清《红楼梦》二五回："什么诙谐，不过是贫嘴贱舌～罢了。"

【讨臊】 tǎo sào 自找羞辱。清《红楼梦》七三回："我自己愧还愧不来，反去～去。"《红楼复梦》九〇回："你是谁？怎么跑到我家来？快些出去，别要～！"

【讨删】 tǎo shān 研讨删订。元方回《秀亭秋怀十五首》之五："一室局户牖，古籍勤～。"

【讨赏】 tǎo shǎng 请求得到赏赐。元明《水浒传》四三回："却问他今番杀了大虫，还是要去县请功，只是要村里～。"明《拍案惊奇》卷一六："正想之际，只听得外面叫喊连天，锣声不绝，扯住～，报灿若中了第三名经魁。"《金瓶梅词话》一回："请壮士下冈，往本县去见知县相公，～去来。"清《东周列国志》五一回："汝等以二更为候，攻入园中，托言～，我挥袖为号。"《歧路灯》二二回："老生道：'不敢～。'"

【讨生活】 tǎo shēng huó 谋求生路。明罗洪先《答邹西渠》："更不从闻言中～，却向里寻求得。"清《野叟曝言》八回："若要在诗文中讨些生活，肯虚心求教，我便不惜提撕，把你病根一一指出。"△《花月痕》三五回："我是要从乐处想，再不向苦中～。"

【讨胜】 tǎo shèng 探游胜迹美景。宋王迈《题洪知观静斋》："结茅规数椽，～事幽屏。"明顾宪成《游月岩记》："吾侪幸徼须臾之暇，探奇～，回视轇轇扰扰之乡，迥若仙凡。"

【讨说】 tǎo shuō 讨论。唐柳宗元《读韩愈所著毛颖传后题》："故学者终日～答问，呻吟习复，应对进退，掬溜播洒，则罢惫而废乱，故有'息焉游焉'之说。"清陆陇其《四书讲义困勉录》卷二三："简在帝心，总命～。"

【讨死】 tǎo sǐ 自己找死。宋黄震《晓谕新城县免雠杀榜》："或有死亡，尚且哭泣，恨不再生，岂可平白～，人身难得，中土难生。"元明《水浒传》五回："和尚快走，休在这里～。"《三国演义》八二回："汝父已作无头之鬼；今汝又来～，好生不智！"元高明《琵琶记》三三出："我起初饶了你，怎么转来又捱我一捱，你来～。"清《说岳全传》三三回："这～的老狗头！进去了这好一回，还不出来赔还我的鹰，难道我就罢了不成？"

【讨诵】 tǎo sòng 讲习诵读。清《江西通志》卷八二："机慧敏纯固，肆力～，尝日夕忘寝食。"

【讨索】 tǎo suǒ ❶ 索取。宋《朱子语类》卷一一七："如不理会散钱，只管要去～来穿。" ❷ 研讨。《宋史·和𡜊传》："每草制，必精思～而后成。"明朱右《西斋和陶诗序》："居海盐天宁寺之西斋，日～佛书圣典。"清朱鹤龄《答赠吴慎思七十韵》："卫湜罗群义，蕞残须～。"

【讨探】 tǎo tàn ❶ 研讨。宋欧阳修《读梅氏诗有感示徐生》："而幸知此乐，又常深～，今官得闲散，舍此欲奚耽？"元李孝光《送王成能生归番阳》："哙哙发头角，终岁成～。" ❷ 试探。明《古今小说》卷二三："凡萍水相逢，有几般～之法。"

【讨头】 tǎo tóu 线索，思路。宋《朱子语类》卷九四："有端绪方有～处，这方是用得思。"又卷一一七："曾子初亦无～处，只管从下面捱来捱去，捱到十分处，方悟得一贯。"

【讨头脑】 tǎo tóu nǎo 寻求事理的关键。明《警世通言》卷二〇："休说！自你去之后，又～不着。如今且去官员人家三二年，却又理会。"

【讨问】 tǎo wèn ❶ 问罪讨伐。唐李豫《贬田承嗣永州刺史诏》："欲行～，正厥刑书。"柳宗元《武冈铭》："皇帝下铜兽符，发庸、蜀、荆、汉、南越、东瓯之师，四面～。" ❷ 追问，询问。元佚名《罗李郎》三折："不曾差人回去，～我定奴儿消息。"明《金瓶梅词话》三一回："就问讨上任日期，～字号，衙门同僚具公礼来贺。"清《绿野仙踪》三七回："飞鹏向提差～门路，提差等俱详细告知。"

【讨析】 tǎo xī 研讨辨析。宋陈思《书小史》卷九："性所笃爱，古篇奇字，世所惑者，～申论，必畅本源。"清魏裔介《大学管窥序》："独取《大学》一书，详究而～之。"

【讨喜】 tǎo xǐ 犹"讨喜钱"。宋元《警世通言》卷二四："鸨儿叫厨下摆酒煮汤，自进香房，追红～。"明《梼杌闲评》三回："媒人是大爷，伴婆便让我，老吴不来～，只讨个头儿罢！"

【讨喜欢】 tǎo xǐ huan 逗人喜欢。清《品花宝鉴》二六回："你能瞧瞧，不是孩子会巴结，～，怎得人这么疼他。"

【讨喜钱】 tǎo xǐ qián 别人家里有喜事而索要赏钱。明《金瓶梅词话》三〇回："对当家的老爹说，～，分娩了一位哥儿。"清《儒林外史》六回："船家水手都来～。"《歧路灯》一〇五回："我是～讨惯了，所以错听。"

【讨闲】 tǎo xián 抽空，抽空闲时间。清《歧路灯》八八回："隔了将近一年，这边也没人～到那边走动。"又一〇五回："又～出了涌金门，游了半日西湖，这苏公堤、林和靖孤山，尤为属意。"

【讨嫌】 tǎo xián 惹人生厌。清《红楼复梦》一五回："怨不得生前并无知己，就是我梦玉最不嫌丑陋的多情种子，见了他这个模样，也觉～。"△《二十年目睹之怪现状》一〇八回："十五叔向来心直口快，每每就是这个上头～。"

【讨详】 tǎo xiáng 审慎周详地讨究。《旧唐书·祖孝孙传》："初，开皇中，钟律多缺，虽何妥、郑译、苏夔、万宝常等亟共～，纷然不定。"宋叶適《观文殿学士知枢密院事陈公文集序》："在宣城～一郡财赋始末告于上，悲痛笃切，非深于治本者不能知也。"

【讨小】 tǎo xiǎo 娶小老婆。明《型世言》二六回："是大前日有个人道她丈夫～在钱塘门外，返了两日，赶去的。餘外小的不知。"清《歧路灯》九回："更可笑者，不说娶妾，而曰'～'。"又一〇五回："听老爷与盛老爷说，这京里～，价儿太贵。"

【讨信】 tǎo xìn 打听消息，询问回音。元高明《琵琶记》六出："我做媒婆甚艰辛，寻趁。有个新郎要求亲，最紧。我每只得便忙奔，～。"元明《水浒传》二五回："次日五更，天色未晓，西门庆奔来～。"明《金瓶梅词话》七六回："只见何九走来问玳安～，与了玳安一两银子。"清《红楼梦》一五回："次日方别了老尼，着他三日后往府里去～。"

【讨寻】 tǎo xún 寻找，寻求。唐王茂元《奏吐蕃交马事宜状》："又时巡访川原，～蹊隧，每当冲要，必有堤防，增筑故城，穿新堑。"《祖堂集》卷二〇《五冠山瑞云寺和尚》："若有人依佛所说一乘普法，善能～，善能解脱，实不错谬。"宋曾巩《请访问高骊世次》："或来使未能尽对，即谕以候归本国，～记录，因向后别使人附来。"

【讨研】 tǎo yán 探讨研究。唐赵宗儒《顺宗至德大圣大安孝皇帝哀册文》："尤洞三玄，秉志乐善，锐思～。"清陈廷敬《半日村即事述怀寄朱竹垞》："文史纷填委，言辞赖～。"

【讨厌】 tǎo yàn ❶ 令人厌恶，使人不爱。明《醒世恒言》卷二三："那人生得丑陋鄙猥，粗浊蠢恶，取憎～，龌龊不洁，这便是俗人。"清《歧路灯》九八回："类哥你这话，就～极了。"《红楼梦》一九回："好一个～的老货！"《荡寇志》七四回："开着茶水不肯走，～得很。" ❷ 厌恶，不喜欢。清《歧路灯》八四回："凭您怎么说，我的确不去～。"

【讨药】 tǎo yào 买药。元关汉卿《窦娥冤》二折："太医哥哥，我来～的。"元明《水浒传》二五回："他若问你～吃时，便把这砒霜调在心疼药里。"明《金瓶梅词话》五八回："就请了任医官来看李瓶儿，～，又在对门看着收拾。"

【讨野火】 tǎo yě huǒ 詈词，多指寻衅或耍赖者无故找麻烦。元明《水浒传》二九回："这厮那里吃醉了，来这里～么？"清《荡寇志》九〇回："你这厮到我手里～么？"

【讨幽】 tǎo yōu 寻求幽胜之境。宋张元幹《走笔次廷藻韵二绝》之二："小苏一物绝风流，竹杖芒鞋爱～。"明卢柟《奉寄河东荀侍御小川三首》之二："为是～客，解组归山田。"清王诒寿《复见心斋诗集序》："～弥旬，得句盈轴。"

【讨阅】 tǎo yuè 阅读，拜读。唐韦表微《翰林学士院新楼记》："积其典坟，藏于扃钥，因～之际，资登眺之娱。"王锴《上蜀主奏记》："诸子悉有文艺，聚书～，昼夜忘疲。"宋李攸《宋朝事实》卷七："遂命枢密使王钦若～道藏，得赵氏神仙事迹四十八件。"

【讨债】 tǎo zhài 索取欠款。宋元《警世通言》卷一七："～的不是厮打定是厮骂，就是小学生上学也被先生打几下手心。"元关汉卿《窦娥冤》二折："若是再来～时节，教我怎生见他？"明《金瓶梅词话》七九回:“眼前看见花子虚、武大在他根前站立,问他～。”清《歧路灯》六四回:“河北～去,三两日就回来了。”

【讨债鬼】 tǎo zhài guǐ 索要欠账的人。清《儒林外史》四三回:“六哥,你就是个～,缠死了人!今日还那得工夫,去看那骚婊子!”△《二十年目睹之怪现状》三二回:“然而官场中的习气,又看得那亏空是极平常的事。所以越空越大,慢慢的闹得那水鸥小榭的门口,除了往来的冠盖之外,又多添了一班～。”

【讨战】 tǎo zhàn ❶ 征战。宋《三朝北盟会编》卷九〇:“止以～为名,人人争先,入城屠戮吾民,以邀功利。” ❷ 挑战。元明《三国演义》一〇三回:“汝可引五百兵去魏寨～,务要诱司马懿出战。不可取胜,只可诈败。”清《万花楼》三七回:“只见西戎兵将排成阵势,倒海推山一般,剑戟如林,西夏国大元帅伍须丰,坐下花斑豹,手持钢铁金鞭,足长丈餘,两目光辉灿灿,在阵前～。”

【讨帐】 tǎo zhàng 索要欠钱或财物。宋元《警世通言》卷二四:“我留你在此读书,叫王定～,银子完日,作速回家,免得父母牵挂。”明《金瓶梅词话》八五回:“一日,推门外～,骑头口径到薛姨家。”清《儒林外史》一二回:“姓杨的杨老头子来～,住在庙里。”

【讨针线】 tǎo zhēn xiàn 喻依靠他人生活。明《古今小说》卷一〇:“只恨自家老了,等不及重阳儿成人长大,日后少不得要在大儿子手里～;今日与他结不得冤家,只索忍耐。”

【讨租】 tǎo zū 催收租金。明杨继盛《请罢马市疏》:“昔日彼犹为出门～之人,今日我则为上门纳租之户。”清《绿野仙踪》四三回:“将所有房价,或买地～,或放在人家铺中吃月利。”

tào

【套】 tào ❶ 罩。明《西游记》二六回:“遂把自家一个僧帽,扑的～在他头上,扑着手呵呵大笑道:‘好!好!好!真是加冠进禄也!’”明《金瓶梅词话》二四回:“他怕地下泥,～着五娘鞋穿着哩。”清《二刻醒世恒言》上函九回:“次日早起,只见无数青蛙,一个个都～着纸枷儿,浮了起来。” ❷ 圈住;拴住;拢住。元睢景臣《哨遍·高祖还乡》:“一面旗白胡阑～住个迎霜兔,一面旗红曲连打着个毕月乌。”明《西游记》三回:“只见那美猴王睡里见两人拿一张批文,上有‘孙悟空’三字,走近身,不容分说,～上绳,就把美猴王的魂灵儿索了去。”清《儒林外史》四九回:“早有一个官员……当先两个,走到上面,把万中书一手揪住,用一条铁链～在颈子里,就采了出去。” ❸ 用于罩住或拢住物体的东西。明《西游记》五二回:“老君又使金刚～,把我擒拿到上方。”清《儒林外史》二九回:“便走进房去,拿出一只笛子来,去了锦～,坐在席上,呜呜咽咽,将笛子吹着。” ❹ 圈套。明《二刻拍案惊奇》卷八:“落在～中,出身不得,谁有得与你赢了去?”清《聊斋俚曲·俊夜叉》:“开场设赌无二话,终日就把那～来下。” ❺ 把棉花等平整地放入被褥或棉衣的套子里面。元关汉卿《救风尘》二折:“来到家中,我说:‘你～一床被我盖。’” ❻ 被褥或棉衣的胎。元佚名《薛苞认母》三折:“我往常时穿的轻纱衣锦,我如今披着絮～。”清《聊斋俚曲·寒森曲》:“身穿着青道袍,两腿用毡袜包,鞋里都是棉花～。” ❼ 将牲口与车辆等拴联起来。清《歧路灯》三回:“依我说,到那日你跟先生也去游游,两个孩子跟着你两个,叫宋禄～上车儿同去,晌午便回来,有啥事呢!” ❽ 因袭、模仿。清《歧路灯》一一回:“要是急于进学,想取优等,只用多读文章,读下千数篇,就够～了。”《红楼梦》四八回:“你说他这‘上孤烟’好,你还不知他这一句还是～了前人的来。” ❾ 次序,秩序。清《品花宝鉴》二三回:“那媳妇儿与那要钱汉子,全没有影儿,引得外面的人,一起一起的看,说的说,笑的笑,有的道:‘乱了～儿了。’” ❿ 设计谋诱引或赚取。清《红楼梦》一〇一回:“进去,装做无心的样子,细细打听着,用话～出原委来。” ⓫ 量词。用于搭配成组或成为整体的事物。宋元《古今小说》卷三六:“即时还了酒钱,两个同出酒店,去空野处除了花朵,溪水里面洗了面,换一～男子前裳着了。”元纪君祥《赵氏孤儿》四折:“摘了他斗来大印一颗,剥了他花来簇儿～服。”明《西游记》七二回:“他家里还有旧衣服,穿上一～,来赶我们。”清《儒林外史》六回:“严贡生打开看了,簇新的两～缎子衣服,整整齐齐的二百两银子,满心欢喜。”

【套杯】 tào bēi 一组能大小套叠在一起的杯子。后亦泛指组合成套的杯子。明方以智《通雅》卷三三:“匹制以大小罂为之,如黄漆。此盖今之沓杯,俗曰～,或六或五,外大内小。”清《御制数理精蕴下编》卷五:“设如有金一十二两六钱,欲挨次递减,造～六个。”《红楼梦》四一回:“到前面里间屋,书架子上有十个竹根～取来。”

【套车】 tào chē 驾车,赶车。清《歧路灯》三回:“王氏挽留不住,只得叫宋禄～送回。”《红楼梦》一〇二回:“那日尤氏过来送探春起身,因天晚省得～,便从前年在园里开通宁府的那个便门里走过去了。”

【套辞】 tào cí 模式化的言语。清《醒世姻缘传》八四回:“骆校尉圈圈套套说到跟前,他老老实实说了详细,慨然应允,绝没有扯一把,推一把的～。”

【套房】 tào fáng 与正房相通的小房间。清李渔《闲情偶寄》卷七:“故必于精舍左右,另设小屋一间,有如复道,俗名‘～’是也。”《品花宝鉴》五回:“宝珠引了进去,到了三间～之内,子云正与次贤在那里围炉斗酒,见了这二人进来,都喜孜孜的笑面相迎。”

【套竿】 tào gān 游牧民族用来套马的工具,也可用来套狼、山羊等野生动物。《元朝秘史》卷九:“他与咱厮杀败走着,走出去了,如带～的野马,中箭的鹿一般,有翅飞上天呵,你做海青拿下来……”

【套话】 tào huà 公式化的言谈,无实际内容。清王宏《正学隅见述》:“太极图说此语录～,如谓通书字字是发明。”《红楼梦》九〇回:“自家人,二爷何必说这些～?”

【套换】 tào huàn 用模仿的手法调换。明柯丹邱《荆钗记》四〇出:“向寓京时,倩人持书迎候岳父母山妻,不想中途被人～书信,致使山妻守节而亡。”王玉峰《焚香记》三二出:“莫非此书呵,被奸人～生机变。”

【套间】 tào jiān 在正房一侧或两侧,与正房有门相通的小房间,一般没有直通外面的门。清《红楼梦》三回:“今将宝玉挪出来,同我在～暖阁儿里,把你林姑娘暂安置碧纱橱里。”《品花宝鉴》五回:“这里说得热闹,那晓得徐子云同萧次贤,早已转到隔壁～内,窃听得逼真,把门一推,子云、次贤走将出来,琴言一见,羞得红了脸,就背转身坐了。”

【套炕子】 tào kàng zi 用布缝成的套子,里面装上麦秸秆等,用作垫在炕上的卧具。明《金瓶梅》四〇回:“这潘金莲见他去了,一屁股就坐在床上正中间,脚蹬着地炉子,说道:‘这原来是个～。’”

【套裤】 tào kù 罩在裤子外面用于保暖的无裆裤。清《品花宝鉴》一三回:“其观停了半晌,向～里摸出一个皮帐夹,有一搭钱票,十吊八吊的凑起来。”

【套括】 tào kuò 一定的模式、框框。宋姚勉《癸丑廷对》:

“士不务道，惟知工于声病之文；用不适时；惟知习于～之学。”明李濂《纸说》：“记诵～，迎合主司，以幸一得。”

【套礼】 tào lǐ 成套的礼品。清《醒世姻缘传》四〇回：“或是裱个手卷，或是册叶，分外再得几样～。”

【套虏】 tào lǔ 明代鞑靼、瓦剌人居河套，朝廷侮称之为“套虏”。明沈德符《万历野获编》卷二〇：“初朱为兵科都给事中，时三边总督刘天和建议，以固原为～深入之冲……筑新边百二十里守之。”清《野叟曝言》一一一回：“他每以～为虑，令奴私带女兵，向各边探看形势。”

【套马竿】 tào mǎ gān 即“套竿”。《元朝秘史》卷二：“一个骑白马的人手里执着～，将次赶到跟前。”

【套冒】 tào mào 模仿，假冒。清《荡寇志》一二九回：“是了，久闻梁山有善镌图记、善写字样的人，想必一定照样～了。”

【套弄】 tào nòng 设计骗取。清《绿野仙踪》八六回：“苏氏从这日费了半天水磨功夫，从大丫头舜华口内～出来，心中大喜，看的这件功劳比天还大。”

【套圈】 tào quān 即“圈套❷”。清陈端生《再生缘》四回：“长华小姐听人言，缈缈香魂上九天……轻轻一踩金莲足，说道是：‘吾弟今朝落～。’”

【套绳】 tào shéng 套儿上拴牲口的绳子。明《朴通事谚解》卷中：“少梯子、撑头、～、勾索、笼头、脚索、鞍子、肚带。我馈你银子，如今都买去。”

【套书】 tào shū 成套的书。清《歧路灯》九七回：“谭绍闻让到书房，阎相公将～、笔墨放在桌面。”

【套数】 tào shù ❶ 散曲或剧曲体式的一种。由多种曲调前后联缀，有首有尾，合成一套。元陶宗仪《辍耕录》卷二七：“成文章曰乐府，有尾声曰～，时行小令曰叶儿。”明《金瓶梅词话》六一回：“月娘见他年小，生的好模样儿，问他～，倒会不多。”❷ 成系统的技巧、格式或手法。明《二刻拍案惊奇》卷一八：“却自有这伙地方人等要报知官府，投递结状，相验尸伤许多～。”清《醒世姻缘传》七八回：“送行致赆，这些～不必细说。”

【套索】 tào suǒ 古代兵器之一，一段系成活套的绳索。宋《万松老人评唱天童觉和尚颂古从容庵录》：“唤作红线～。”元《秦并六国平话》卷上：“二人相拒之际，不防人丛中放一冷箭，把～射断，众人大骇。”明沈璟《义侠记》三二出：“已睡着了，快把挠钩～来搭住了他，就绑了。”清《女仙外史》三〇回：“满释奴遂令十来个女壮士一齐上前，用挠钩～捆翻活捉了。”

【套谈】 tào tán 客套话。清《荡寇志》八一回：“高封治酒相请，接谈之间，都是～，并无关切。”

【套头】 tào tóu ❶ 包头巾。明谢肇淛《滇略》卷九：“妇人白皙，盘头露顶，以花布为～，见人不拜。” ❷ 固定的格式。清《红楼梦》七八回：“诔文挽词也须另出已见，自放手眼，亦不可蹈袭前人的～。” ❸ 套在牲口脖子上的辖具。比喻受到束缚。元曾瑞《蝶恋花·闺怨》：“强解开闷～，硬剁断愁羁绊，先擗掠凄凉两般。”李文蔚《燕青博鱼》四折：“鼻凹里冷气出，咽喉内热涎潮，元来是一缕麻绦，谁把个活～将他拴住了？”明汤显祖《邯郸记》二〇出：“休说老爷一位，少甚么朝宰功臣这答，～儿不称孤便道寡。”❹ 套在头上。《元曲选外编·西厢记》二本一折：“将俺一家儿不留一个龆龀，待从军又怕辱没了家门，我不如白练～寻个自尽。”

【套头话】 tào tóu huà 程式化的言语。清《野叟曝言》二回：“随后来一个雄壮和尚，笑容可掬的，向素臣行礼，一眼看着奚囊，寒温了好些～。”

【套文】 tào wén 客套话。清胤禛《朱批谕旨》卷一二五之三：“卿之欲来见朕，朕知发乎至诚，非具～之可比。”

【套问】 tào wèn 询问。清《八旗通志》卷一六三：“伊等皆一二品大员，即加刑讯，亦不过用刑～，虚应故事。”《红楼梦》二一回：“宝钗便在炕上坐了，慢慢的闲言中～他年纪家乡等语，留神窥察，其言语志量深可敬爱。”

【套袭】 tào xí 套用抄袭。明葛昕《邢子愿孝廉》：“先君论草，得心书纸，尝愧～驰炫。”

【套项】 tào xiàng 即“套头❸”。元刘庭信《寨儿令·戒嫖荡》：“没算当，不斟量，舒着乐心钻～。”乔吉《山坡羊·自警》：“乐跎跎，笑呵呵，看别人搭～推沉磨，盖下一枚安乐窝。”

【套写】 tào xiě 用模仿的手法改写。明柯丹邱《荆钗记》四一出：“为当初被人谎诈，把家书暗地～，致吾儿一命丧在黄泉下，受多少苦波查。”王玉峰《焚香记》四〇出：“到阴司与海神爷执证，方知是金垒～的。”

【套叙】 tào xù 以客气话交谈。宋陈著《与台州史药房同知》：“某实先正先生门下人也，势分夐隔，虽不敢～，然亦有旧，不敢不自道。”清《红楼梦》一一五回：“彼此～了一回，诸如久慕竭想的话，也不必细述。”

【套言】 tào yán 客气话。清《镜花缘》四七回：“姐姐如此用心，真令妹子感激涕零，此时也不敢以～相谢，惟有永铭心版了。”《平山冷燕》一一回：“燕白颔道：‘吾兄忝在相知，故底里言之。兄乃作此～，岂相知之意哉！’平如衡道：‘小弟实实不是～。’”

【套用】 tào yòng 沿用。清《绮楼重梦》二二回：“酒正是～曼殊的宫正，那两个地名和那第二首的美人名，不知藏在那里？”

【套语】 tào yǔ ❶ 客套话。明《金瓶梅词话》五五回：“那西门庆举个手，说着‘起来’，就把苗员外别来的行径、寒暄的～，问了一会。”清《野叟曝言》二回：“鸾吹体会老父之意，欲用寒暄～，撩断未公话头。” ❷ 定型化的语言形式。宋陈著《与陈签判札》：“某辱不鄙，以草木臭味相命，不复赘～，首祈涵宥。”明《二刻拍案惊奇》卷二二：“把这些卖契～刊刻了板，空了年月，刷印百张，放在身边。”沈德符《万历野获编》卷二：“嘉靖二十六年，朝觐竣事，上敕谕天下入觐官员，此不过旧例～耳。”清《东周列国志》五七回：“诊脉已毕，讲几句胎前产后的～，庄姬见左右宫人，俱是心腹，即以孤儿裹置药囊之中。”

【套子】 tào zi ❶ 圈套。明《西游记》二七回：“师父，我若来迟，你定入他～，遭他毒手！”清《豆棚闲话》三则：“这是从来市井光棍打抽丰、讨彩头，都是～，不可与他！” ❷ 固定的格式方法。明于慎行《穀山笔麈》卷五：“今上在御日久，习知人情，每见台谏条陈，即曰：‘此～也。’”清《红楼梦》五四回：“这些书就是一个～，左不过是些佳人才子，最没趣儿。” ❸ 做成一定形状、罩在物体外面的东西。清《品花宝鉴》四七回：“见那人解下～，那敷上的药已半干了。” ❹ 武术套路。宋吴自牧《梦粱录》卷二〇：“先以女数对打～，令人观睹，然后以膂力者争交。”元佚名《独角牛》一折：“我去那碾麦场中打～，煞强如您沤麻坑里可都摸泥鳅。”

tè

【忑忑忐忐】 tè tè tǎn tǎn 心神不安，胆怯。《元曲选外编·西厢记》楔子：“我从来驳驳劣劣，世不曾～，打熬成不厌天生敢。”

【忒】 tè 太，过于。宋黄庭坚《步蟾宫》：“虫儿真个～灵利。恼乱得、道人眼起。”《元曲选外编·西厢记》一本二折：“夫人～虑过，小生空妄想。”清《儒林外史》五回：“这件事你汤老爷也～孟浪了些。”△《儿女英雄传》一四回：“只听他一面走一面说道：‘你们这般孩子也～不听说！’”

【忒楞】 tè leng 即“忒楞楞”。明佚名《齐天大圣》一折：“我则怕～的飞彩凤，没揣的走鲛鲸。”

【忒楞楞】 tè leng leng 象声词，鸟飞或物体振动的声音。元佚名《连环计》二折：“我则道～宿鸟在花阴串，原来是娇滴滴佳人将竹径穿，把玉露苍苔任踏践。”明吾邱瑞《运甓记》二六出：“～牙樯画艇，朴咚咚羯鼓兵钲。今宵已到秣陵城，看朝廷九庙震惊。”清《红楼梦》二六回：“不期这一哭，那附近的柳枝花朵上宿鸟栖鸦，一闻此声，俱～飞起远避，不忍再听。”

【忒杀】 tè shā 太，过分。唐佚名《望梅花》：“饥则求食，渴而索饮，寒来又寻衣戾。好难捱，昼夜相随，殃得我来～。”宋克勤《碧岩录》卷一：“帝不省，却以人我见故，再问：‘对朕者谁？’达磨慈悲～，又向道：‘不识。’”元明《水浒传》一〇回：“作阵成团空里下，这回～堪怜，剡溪冻住猷船。”明《挂枝儿·站门》：“你也瞧，我也瞧，闯门的白绰的～罗唣，(管你)倚破(了)门儿磨穿(了)壁，(管你)站酸(了)脚儿闷肭(了)腰。”

【忒煞】 tè shā 同“忒杀”。宋李流谦《于飞乐·为海棠作》：“笑溪桃，并坞杏，～寻常。东君处，没他后、成甚风光。”元周文质《时新乐》：“千里独行关大王，私下三关杨六郎，张飞～强，诸葛军师赛张良。”明《挂枝儿·镜》：“镜子儿，你～恩情浅，我爱你清光满体态儿圆。”△清《儿女英雄传》二九回：“我侬两个，～情多！譬如将一块泥儿，捏一个你，塑一个我。”

【忒忒能】 tè tè néng 过分，明显。明《山歌·捉奸》：“姐儿有子私情～。”

【忒腾】 tè tēng 折腾，挥霍。元佚名《认金梳》楔子：“其家巨富，夫主骄奢，将家私都～。”

【忒忒】 tè tēi 象声词，心脏跳动的声音。元郑德辉《㑳梅香》三折：“见了小姐，不由的我心头～的怕将起来。”明《拍案惊奇》卷三：“心中～的跳，真如小鹿儿撞，面向酒杯，不敢则一声。”

【特】 tè ❶特地，特意。敦煌本《坛经·决疑品三》：“弟子闻和尚说法，实不可思议，今有少疑，愿大慈悲，～为解说。”《五灯会元》卷一《初祖菩提达磨大师》：“遽敕近臣，～加迎请。祖即随使而至，为王忏悔往非。” ❷非常，最。唐张鷟《游仙窟》：“细腰偏爱转，笑脸～宜嚬。”宋吴潜《小重山(己未六月十四日老香堂前月台玩月)》：“碧霄如水月如钲。今宵知为我，～分明。”

【特别】 tè bié 不一般，与众不同。元曾瑞《哨遍·秋扇》：“自谓奇绝，要和时辈争优劣。得架大人权，比蒲葵白羽～。”《三国志平话》卷上：“吕布东北而进。数日，见桑麻地土～。”

【特地】 tè dì ❶专门，特意。《敦煌变文校注》卷五《双恩记》：“比来怕见民辛苦，～教人种田。”宋向子諲《虞美人》：“去年不到琼花底，蝶梦空相倚。今年～趁花来，却甚不教同醉、过花开。”元明《水浒传》一九回：“弊袍长铗飘蓬客，～来依水泊中。”清《东周列国志》五三回：“征舒因感嗣爵之恩，～回家设享，款待灵公。” ❷格外，非常。唐德诚《船子和尚拨棹歌·觉海元禅师》：“兰桡数拄徒开口，水色山光～新。”宋辛弃疾《定风波·施枢密席上赋》：“春到蓬壶～晴，神仙队里相公行。”元张养浩《水仙子·咏遂闲堂》：“高情千古羲皇上，北窗风～凉，客来时樽酒淋浪。”

【特的】 tè dì 同“特地❶”。元古本《老乞大》：“主人家哥，俺几个行路的人，这早晚不曾吃早饭，前头又无甚店子。俺～来，怎生粜与些米做饭吃。”佚名《冻苏秦》一折：“我又不会下贱营生，～来上朝取应，离乡井。”

【特古里】 tè gǔ lǐ 同“特故里”。元秦简夫《东堂老》三折：“吓得他手儿脚儿战笃速，～我根前你有甚么怕怖。”

【特骨】 tè gǔ ❶特意，专门。宋佚名《张协状元》二七出：“五百官员，何可向前，何苦～底要嫁状元？”元高明《琵琶记》三六出：“莫不是你把咱奚落，～的妆乔？” ❷特别，尤其。宋佚名《张协状元》四三出：“到京华，何曾见伊面。叫门子～恁薄贱，到如今依旧把奴斩。”

【特故】 tè gù 特意，故意。宋毛滂《菩萨蛮·重阳》：“菊团凄露真珠小，青蕊抱寒枝，因谁～迟，曾是骚人盼。”《元曲选外编·西厢记》五本一折：“这妮子见我闷呵，～哄我。”清《醒世姻缘传》七四回：“素姐说：‘俺汉子合两个兄弟都死了，你也不看我看去。我自己来，你还推知不道，～问我哩。’”

【特故里】 tè gù lǐ 专门，故意。元佚名《神奴儿》一折：“你但有酒后便～来俺这里，兄弟你可也撒滞。”明《金瓶梅词话》七四回：“近新来把不住船儿舵，～搬弄心肠软，一似酥蜜果。”

【特来】 tè lái 格外，十分。宋佚名《张协状元》五〇出：“相公是协故人，为及第不议它亲，遂～判此一郡。”《元曲选外编·西厢记》一本二折：“却怎睃趁着你头上放毫光，打扮的～晃。”

【特煞】 tè shà 严重，厉害。元马致远《荐福碑》三折：“这雨水平常有来，不似今番～。”

【特特】 tè tè ❶象声词，马蹄着地的声音。唐温庭筠《相和歌辞·常林欢》：“马声～荆门道，蛮水扬光色如草。”宋陆游《晚过五门》：“马蹄～无断时，老尽行人路如故。” ❷长久，深刻。唐潘咸《皇恩寺》：“诗客迢迢寻义路，禅翁～起谈轩。”宋蔡伸《洞仙歌》：“我只为、相思～来，这度更休推，后回相见。” ❸特地，特意。宋范智闻《西江月》：“烟缕不愁凄断，宝钗还与商量。佳人～为翻香。”元张国宾《罗李郎》三折：“远远的不避辞，～的来到此。”明周履靖《锦笺记》三八出：“老爷专为小姐姻事，～差我回来。”《石点头》卷一：“惟到谢宗师，又～的大拜了四拜，说道：‘门生死灰，若非恩师作养，已成沟中弃物了。’”

【特特为为】 tè tè wéi wéi 吴语，特意，专门。清《负曝闲谈》一二回：“殷必佑～托东家，叫人在上海另外买几种好的报，几种好的书，以便简练揣摩，学战国时候苏秦的样子。”

téng

【疼】 téng ❶疼爱，喜爱。明《金瓶梅词话》九五回：“谁似我恁～你，留下恁好玫瑰果馅饼儿与你吃。”清《红楼梦》八四回：“老太太这么～宝玉，毕竟要他有些实学，日后可以混得功名才好。” ❷伤心，痛苦。明《金瓶梅词话》六五回：“你心间～不过便是这等说，恐一时冷淡了别的嫂子们心。”清《隋唐演义》九四回：“忠臣义士，枵腹而守，奋身而战，力尽神疲，～心泣血，哀号请救。”

【疼爱】 téng ài 关切喜爱。清《红楼梦》九回：“住上三天五夜，和自己的众孙一般～。”

【疼顾】 téng gù 照顾，关怀。清《红楼梦》一六回：“可是现放着奶哥哥，那一个不比人强？你～照看他们，谁敢说个‘不’字儿？没的白便宜了外人。”《霓裳续谱·送郎送在大路西》：“身上冷，多穿几件衣，在外的人儿要小心，谁来～你，那一个照看你。”

【疼热】 téng rè 疼爱，爱护。《元曲选·灰阑记》一折：“伴着个有～的夫主，更送着个会板障的亲娘。”明《醒世恒言》卷二七：“焦氏嚷道：‘又不是亲生的，教我着～，还要算计哩！’”清《儒林外史》六回:“还怕我不会～他,教导他?”

【疼疼热热】 téng téng rè rè 犹言亲亲热热。清洪昇《长生殿》三八出:“生逼散恩恩爱爱、～帝王夫妇。霎时间,画就了一幅惨惨凄凄,绝代佳人绝命图!”

【疼痛】 téng tòng ❶ 喜爱,疼爱。宋元《警世通言》卷二:“近世人情恶薄,父子兄弟到也平常,儿孙虽是～,总比不得夫妇之情。” ❷ 伤心,难过。宋元《警世通言》卷三:“美娘当此之际,如见亲人,不觉倾心吐胆,告诉他一番。朱重心中十分～,亦为之流泪。”又卷二二:“眼见得这捆柴,是宋郎驮来的,物在人亡,愈加～,不肯心死,定要往前寻觅。”元佚名《集贤宾·彩云收风台》:“越思量越惨凄,转伤悲转～,几宵魂梦与伊同。”

【疼惜】 téng xī ❶ 疼爱,爱护。清《红楼梦》一〇八回:“幸喜凤姐为贾母～,王夫人等虽则不大喜欢,若说治家办事尚能出力,所以将内事仍交凤姐办理。” ❷ 怜惜,痛惜。清《野叟曝言》九七回:“玉儿陪素臣用些酒饭,收拾上床,见素臣负痛呻吟,十分～,又不敢用手抚摩,因缩下身去,用舌轻轻舐拭。”

【疼痒】 téng yǎng ❶ 疼痛。元明《三国演义》一一〇回:“却说司马师左眼肉瘤,不时～,乃请太尉王肃计议军机。” ❷ 利害,轻重。元明《水浒传》一六回:“便是留守相公自来监押时,也容我们说一句。你好不知～,只顾逞办!”清李渔《怜香伴·盟谑》:“弟兄姊妹行,虽是同胞养,一样天伦情,不关～。”

【腾】 téng ❶ 使……空出。明《金瓶梅词话》一〇回:“既然如此,明日我往后边坐,一面～个空儿,你自在房中叫他来,收他便了。”△清《九尾龟》三七回:“兰芬的房间本来甚多,～出一间房间叫他住下。” ❷ 物价上涨。元《通制条格》卷一八:“近年都下诸物价～,盖因各处所设船行步头刁蹬客旅,把柄船户,以致舟船涩滞,货物不通。” ❸ 迅疾,蜂拥。金《西厢记诸宫调》卷二:“那里到一个时辰外,孛孛腾腾地地尘头蔽日色,半万贼兵～到来。”

【腾倒】 téng dǎo ❶ 翻腾,翻滚。唐柳宗元《晋问》:“混溃后土,濆浊糜沸,鼋鼍诡怪,于于汩汩,～失越,委泊涯悖,呀呷合纳。” ❷ 转移,倒换。唐李儇《车驾还京师德音》:“其所合供过军等舟船,唯许空载航船,便给见钱雇召,如见装货物者,切不得强令～。”宋王禹偁《量移后自嘲》:“可怜踪迹转如蓬,随例量移近陕东;便似人家养鹦鹉,旧笼～入新笼。”明《金瓶梅词话》三四回:“金莲骂道:‘恁贼没廉耻的昏君强盗!卖了儿子招女婿,彼此～着做。’” ❸ 刁难,折腾。明《拍案惊奇》卷八:“陈氏想一想道:‘你听他油嘴,若是别件动用物事……你男子汉放些主意出来,不要被他～。’”又卷一二:“(严蕊)着实被他～了一番,要他招与唐仲友通奸的事。”《型世言》二〇回:“他看报,晓得凤仪是触突时相选来的,意思要借他献个勤劳儿,苦死去～他。”

【腾地】 téng de 同“腾的”。明《二刻拍案惊奇》卷二二:“一日,公子出猎,草丛中惊起一个兔来。兔儿～飞跑,公子放马赶去,连射两箭,射不着。”

【腾的】 téng de 突然,迅速。元马致远《任风子》二折:“我骗土墙～跳过来,转茅檐厌的行过去。”佚名《独角牛》四折:“滴溜扑人丛里～脚稍天,俺哥哥他将那浑锦袄子急忙穿。”元明《水浒传》七回:“智深不等他上身,右脚早起,～把李四先下粪窖里去。”

【腾贵】 téng guì 物价暴涨,昂贵。《汉书·食货志下》“不轨逐利之民,畜积餘赢,以稽市物,痛腾跃”,唐颜师古注:“以其赢餘之财,蓄积群货,使物稽滞在己,故市价甚～。”宋范缜《东斋记事》卷四:“文潞公任成都府日,米价～,因就诸城门相近寺院,凡十八处,减价粜卖。”明《二刻拍案惊奇》卷三七:“谁知隔不多日,辽东疫疠盛作,二药各铺多卖缺了,一时价钱～起来,程宰所有多得了好价,卖得罄尽。”清《聊斋志异·种梨》:“有乡人货梨于市,颇甘美,价～。”

【腾欢】 téng huān 极度欢欣。元揭傒斯《天寿节监修国史府贺表》:“乾坤荐祉,朝野～。”明沈鲸《双珠记》二九出:“万里～起啸哦。”

【腾空】 téng kōng 向天空升起。《敦煌变文校注》卷六《目连缘起》:“待到众僧解夏日,罗汉～尽喜欢。”元张可久《沉醉东风·秋夜旅思二》:“圆满也不必烦人,一脚～上紫云,强似向红尘乱滚。”明《西游记》五五回:“却说孙大圣兄弟三人～踏雾,望着那阵旋风,一直赶来,前至一座高山。”

【腾口】 téng kǒu 谣言四起,流言纷纷。唐白居易《代书诗一百韵寄微之》:“～因成痏,吹毛遂得疵。”宋王安石《和平甫寄陈正叔》:“此道废兴吾命在,世间～任云云。”《三朝北盟会编》卷二二九:“臣谓炎居近习,尚敢轻议,而～于外,则在外浮言,未必非炎倡之也。”

【腾茂】 téng mào ❶ 兴旺,茂盛。清《聊斋志异·红玉》:“里党闻妇贤,益乐资助之。约半年,人烟～,类素封家。” ❷ 远扬,流传。明孙柚《琴心记》二〇出:“河桥望里锦袍归昼,驾仙骀山川增秀,辐辏,愿英声一时～。”

【腾那】 téng nuó ❶ 挪用,调换。明《西游记》三四回:“魔王巧算困心猿,大圣～骗宝贝。”《醒世恒言》卷三五:“这番不专于贩漆,但闻有利息的便做。家中收下米谷,又将来～。”清《醒世姻缘传》六一回:“何必嗟叹?这是前生造就,～不得的!” ❷ 蹿跳,闪躲,逃避。明《西游记》二六回:“我也知道你的本事,我也闻得你的英名,只是你今番越理欺心,纵有～,脱不得我手。”又六一回:“才要变化脱身,又被托塔天王将照妖镜照住本象,～不动,无计逃生,只叫‘莫伤我命!情愿归顺佛家也!’”

【腾挪】 téng nuó ❶ 同“腾那❶”。明《金瓶梅词话》一五回:“他的本分少虚头大。一些儿不巧人～,绕院里都踅过。”清《红楼梦》五〇回:“虽没作完了韵,～的字,若生扭了,倒不好了。” ❷ 同“腾那❷”。清《醒世姻缘传》二七回:“水调了吃在肚内,不惟充不得饥,结涩了肠胃,有十个死十个,再没有～。”《龙图耳录》六二回:“刀再来时,不敢迎敌,止于～,步法躲闪,左遮右架,堪堪的后力不加。” ❸ 消遣,娱乐。明《拍案惊奇》卷一五:“帮闲的不离左右,筵席上必有红裙。清唱的时供新调,修痒的百样～。”《型世言》七回:“若是那些蠢东西,只会得酣酒行房……夜间颠倒～,不得安息,不免撒些娇痴,倚懒撒懒待他。” ❹ 搪塞,推托。明张四维《双烈记》三四出:“你莫～,我元帅处不是耍处,莫连累我。”清《儒林外史》一三回:“蘧公孙催着回官,差人只～着混他,今日就说明日,明日就说后日,后日又说再迟三五日。”

【腾讪】 téng shàn 传播谣言,诽谤。明张景《飞丸记》一〇出:“悔昔日人情未谙,为恁的轻濡彩翰?落众口登时～。”

【腾身】 téng shēn 跃身,纵身。《敦煌变文校注》卷四《太子成道经》:“太子十九远离宫,夜半～入九重。”《云笈七籤》卷二九:“若灵真托化,含炼琼胎……曜景睹灵,便～九天,非复结精受气而为人也。”元佚名《黄鹤楼》三折:“若遇春雷,试看蛰龙归大海,吐雾喷云入大渊,～雷震动山川。”元明《水浒传》七四回:“楼台森耸,疑是金乌展翅飞来;殿阁棱层,恍觉玉兔～走到。”

【腾踏】 téng tà ❶ 踩,踏。唐顾况《险竿歌》:“翻身挂影恣～,反绾头髻盘旋风。”《资治通鉴》卷二〇六:“丁卯,昭德、俊臣同弃市……仇家争啖俊臣之肉,斯须而尽,抉眼剥面,披腹出心,～成泥。”明陈继儒《珍珠船》卷四:“舞有骨尘舞、胡旋舞,俱于小圆球子上纵横～,两足不离球上。” ❷ 奔腾,奔驰。唐韩愈《送区弘南归》："王都观阙双巍巍，～众骏事鞍鞿。"宋苏辙《王诜都尉宝绘堂词》："～骎褭联骕骦，喷振风雨驰平冈。"元明《水浒传》九二回："两匹马～咆哮，二员将遮拦驾隔。泼风刀起，似半空飞下流星。" ❸ 仕途得意。唐韩愈《符读书城南》："飞黄～去，不能顾蟾蜍。一为马前卒，鞭背生虫蛆。"宋叶適《赠岩电隐士》："从来钟鼎无山林，老去岂复少年心，若言部位许亏阙，已早～非埋沉。"明徐霖《绣襦记》三三出："才郎快着祖生鞭，～飞黄路占先。从此闺人常侧耳，泥金帖子好音传。"朱鼎《玉镜台记》三出："太真他是当时俊英，况又有阀阅门屏。一朝～，唾手觅公卿。"

【腾腾】 téng téng ❶ 弥漫扩散貌。《敦煌变文校注》卷五《维摩诘经讲经文(二)》："祥云幂幂盖娑婆，喜色～侵碧落。"宋韦骧《减字木兰花》："此去蓬山多少路，春霭～，更在瑶台十二层。"元狄君厚《晋文公火烧介子推》四折："红红的星飞迸散，～的焰接林梢，烘烘的火闭了山门。"元明《水浒传》六回："浓烟滚滚，烈焰～。须臾间燎彻天关，顷刻时烧开地户。" ❷ 舒缓悠闲貌。唐白居易《答元八郎中、杨十二博士》："谁能抛得人间事，来共～过此生。"《五灯会元》卷四《漳州罗汉和尚》："字内为闲客，人中作野僧。任从他笑我，随处自～。"元关汉卿《一枝花·不服老》："恁子弟每谁教你钻入他锄不断、斫不下、解不开、顿不脱、慢～千层锦套头。"明高明《琵琶记》六出："轻烟袅袅归香阁，月影～转画檐。" ❸ 昏沉迷糊貌。唐白居易《劝酒十四首·不如来饮酒七首》："不如来饮酒，任性醉～。"宋杨万里《迓使客夜归》："净洗红尘烦碧酒，倦来不觉睡～。"元佚名《香遍满·闺情》："方才款步我这金莲浸罗袜冷，～困困娇无力。"明《金瓶梅词话》七二回："颤巍巍宝髻松，困～秋水横，曲弯弯眉黛浓。"清钱谦益《谢藐姑太仆送酒》："枯肠发发浇成浪，醉眼～看作岚。" ❹ 厉害、严重的样子。唐李绅《忆汉月》："燕子不藏雷不蛰，烛烟昏雾暗～。"宋周邦彦《醉桃源》："情黯黯，闷～，身如秋后蝇。"元佚名《前汉书平话》卷上："战尘郁郁，杀气～。"明《金瓶梅词话》三七回："自古养儿人家热～，养女儿家冷清清，就是长一百岁，少不得也是人家的。"△清《二十年目睹之怪现状》九八回："依晚生看来，莫某人还不至于此；不过头巾气太重，有点迂腐～的罢了。" ❺ 象声词，物体打击、振动或落地的声音。唐元稹《和李校书新题乐府十二首·立部伎》："戢戢攒枪霜雪耀，～击鼓云雷磨。"元尚仲贤《气英布》四折："不待的三声凯战鼓，忽刺刺两面旗舒，扑～二马相交处，则听的闹垓垓喊震大隅。"明王玉峰《焚香记》三九出："～笳鼓催征早，梳罢妆台晓。风高日浅雁南飞，人在他乡，强把故乡离。"△清《儿女英雄传》二七回："姑娘上了轿子……只把不定心头的小鹿儿～的乱跳。"

【腾天倒地】 téng tiān dǎo dì 犹言震天动驰。元明《水浒传》四八回："这兄弟更是厉害，也有七尺以上的身材……有时性起，恨不得拔树摇山，～。"

【腾掀】 téng xiān 施展，显摆。元石君宝《曲江池》一折："那怕你堆积黄金到北斗边，他自有锦套儿～，甜唾儿粘连。"

【腾笑】 téng xiào 众生欢笑，笑声一片。明陈洪谟《治世餘闻》下篇卷三："如此二疏，可谓之通达治体者乎？一时～于人多矣。"清恽敬《西园记》："赛山先生至广信未几，而治行之善达于远迩，敬知四围之山不～于堂上矣。"

【腾涌】 téng yǒng 同"腾踊"。五代李存勖《令京西诸道收籴不得征纳税钱敕》："今岁自春以来，水潦为患，物价～，人户多于西京收籴斛斗。"

【腾踊】 téng yǒng 物价飞涨。唐陆贽《冬至大礼大赦制》："令谷价～，人情震惊，乡闾不居，骨肉相弃，流离殒毙，所不忍闻。"元陶宗仪《辍耕录》卷一一："杜阳父友开，江阴人，隐居教授……天历间，浙右菑荒，米价～，学徒散去。"

【腾云】 téng yún 驾云，乘云。唐义净译《根本说一切有部毗奈耶》卷四二："时彼龙王遥见善来入其住处，发大嗔恚～昼昏。"《云笈七籤》卷一〇五："要于乘光扬景，～升虚，并日月之精，游九天之表。"元高明《琵琶记》一六出："假饶走到焰摩天，脚下～须赶上。"明《西游记》二五回："大仙侧身躲过，踏祥光，径到空中。行者也～，急赶上去。"

【腾云驾雾】 téng yún jià wù 乘云雾飞行。《元曲选外编·西游记》一本三出："水卒，你与我～，扛抬到金山寺前去者。"明《西游记》一七回："原来是～的神圣下界，怪道火不能伤！恨我那个不识人的老剥皮，使心用心，今日反害了自己！"

【誊】 téng 抄写，过录。《说文解字·言部》："誊，迻书也。"段玉裁注："今人犹谓誊写。"宋黄庭坚《跋自临东坡和陶渊明诗》："此书既以遗荆州李翘叟，既而亡其本，复从翘叟借来未～本，辄为役夫田清盗去。"明莫旦《大明一统赋》："若夫天语圣言，载道论德，缥帙牙签，手～梓刻，纬地经天，汗牛盈室。"△清《二十年目睹之怪现状》一四回："待我把这知启另外～一份，明日我上衙门去，当面求藩台资助些。"

【誊抄】 téng chāo 抄写。清《歧路灯》九〇回："苏霖臣道：'后二本二百四十零三个孝子，俱是照经史上，以及前贤文集杂著～下来，不敢增减一字，以存信也。'"

【誊录】 téng lù 用工楷誊清抄录，原为科举时试卷校阅前的手续之一。宋吴曾《能改斋漫录》卷一："取士，至仁宗始有糊名考校之律。虽号至公，然尚未绝其弊。其后袁州人李夷宾上言，请别加～。因著为令，而后识认字画之弊始绝。"元完颜纳丹《通制条格》卷五："～所承受试卷，并用朱书～正文，实计涂注乙字数标码，对读无差，将朱卷逐旋送考试所。"清《红楼梦》一八回："贾妃看毕，喜之不尽……又命探春另以彩笺～出方才一共十数首诗，出令太监传与外厢。"

【誊录官】 téng lù guān 誊录院负责誊录考生试卷事务的官员，在进士举人和五种贡生中选派，由皇帝任命。元《通制条格》卷五："弥封官一员、～一员，选廉干文资正官充。"清《歧路灯》一〇二回："～送于对读所，谨饬不许一字差讹。对读一毕，由至公堂转于至明堂，分房阅卷。"

【誊录生】 téng lù shēng 誊录所属下的誊录人员。明焦竑《玉堂丛语》卷六："公移文外帘，使勾稽墨卷，果～截卷为所亲地者。公具发其奸，而卒置初卷于首，乃名士马中锡也。"

【誊录所】 téng lù suǒ 誊录院下属的具体办事机构。由誊录生用朱笔誊录试卷，以誊本送交考官评阅。元《通制条格》卷五："就试之日，日未出入场，黄昏纳卷，受卷官送封弥所，撰字号封弥讫，送～。"清《歧路灯》一〇二回："弥封官糊名，送于～，严督不许一字潦草。"

【誊写】 téng xiě 照底稿抄写。唐张读《宣室志》卷一〇："忠慥目其石，果有朱字百餘，实表本也。遂～其字。写毕，视叟与石，俱亡见矣。"《宋史·王安石传》："所传占书，又世所禁，～伪误，尤不可知。"清《红楼梦》三七回："宝玉又见宝钗已～出来，因说道：'了不得！香只剩下一寸了！我才有了四句。'"

【誊真】 téng zhēn 用楷书誊写。明《金瓶梅词话》六七回："温秀才道：'学生已写稿在此，与老先生看过，方可～。'"清《儒林外史》四五回："这余二相要写个诉呈，你替他写写。他自己做稿子，你替他～，用个戳子。"

【誊正】 téng zhèng 重新抄写。清《红楼梦》九四回："贾兰恭楷～，呈与贾母。"

【藤】 téng 蔓生植物白藤、紫藤等的通称。元马致远《天净沙·秋思》："枯～老树昏鸦，小桥流水人家，古道西风瘦马。"

【藤缠】 téng chán ❶藤蔓缠绕。唐元稹《酬翰林白学士代书一百韵》："仰竹～屋，苫茆荻补篱。面梨通蒂朽，火米带芒炊。"明《西游记》二三回："匾担还愁滑，两头钉上钉。铜镶铁打九环杖，篾丝～缠大斗篷。" ❷纠缠，缠磨。明《二刻拍案惊奇》卷三五："差人又一时不肯起身，～着要钱，羁绊住身子。"又："若只是买糖，一次便了，为何这等～？里头必有缘故。"

【藤萝】 téng luó 紫藤的通称，泛指有匍匐茎和攀援茎的植物。唐杨炯《群官寻杨隐居诗序》："寒山四绝，烟雾苍苍；古树千年，～漠漠。"元周文质《蝶恋花·悟迷杨柳楼》："猛可，折锉，蓝桥路千里烟波，桃源洞百结～。"元明《水浒传》一回："千峰竞秀，万壑争流。瀑布斜飞，～倒挂。"清《红楼梦》一七回："这些之中也有～薜荔。那香的是杜若蘅芜，那一种大约是茝兰，这一种大约是清葛。"

【藤条】 téng tiáo 用藤枝做的鞭子。《古尊宿语录》卷二五《筠州大愚守芝和尚语录》："仰山打四～，师云：'此不得作赏，不得作罚。如今作么生会？'"元明《水浒传》一六回："杨志赶着，催促要行。如若停住，轻则痛骂，重则～便打，逼赶要行。"

【藤纸】 téng zhǐ 藤皮造的纸。唐颜师古《大业拾遗记》："中有生白～数幅，题《南部烟花录》，僧志彻得之。"薛渔思《河东记·许琛》："潜与武相素善，累官皆武相所拔用……遂市～十万张，以如其请。"宋梅尧臣《送杜君懿屯田通判宣州》："日书～争持去，长钩细画似珊瑚。"

tī

【剔】 tī ❶从骨头上刮除肉质。宋洪迈《夷坚志》甲卷一二："荷铁校，曳铁索，狱卒割～其股文，血肉淋漓，形容枯瘠不类人。"元萧德祥《杀狗劝夫》四折："俺如今～下了骨和筋，割掉了这肉共脂。"明《西游记》二八回："他把我们中箭着枪的，中毒打死的，拿了去剥皮～骨，酱煮醋蒸，油煎盐炒，当做下饭食用。" ❷剔出，挑出。《元曲选·灰阑记》一折："那知道你家妹子，这般个狠人，放着许多衣服头面，一些儿不肯与你，只当～他身上的肉一般。"明《二刻拍案惊奇》卷三四："见拿刀的壮士褪下任生腰裤，将左手扯他的阳物出来，右手飕的一刀割下，随即～出双肾。"清《红楼梦》三八回："平儿早～了一壳黄子送来，凤姐道：'多倒些姜醋。'" ❸竖起，竖立。《五灯会元》卷一八《万寿念禅师》："赵州相唤吃茶来，～起眉毛须瞥地。"元明《水浒传》一九回："说言未了，只见林冲双眉～起，两眼圆睁。" ❹拨动，多用于灯芯。宋晏幾道《南乡子·画鸭懒熏香》："不似同衾愁易晓，空床。细～银灯怨漏长。"元马致远《寿阳曲·春将暮花》："～银灯欲将心事写，长吁气一声欲灭。"明《金瓶梅词话》三九回："饮酒中间，员外设了一计：'夫人与我把灯～一～。'"《西游记》九〇回："把三个小妖轻轻一桠，就桠做三个肉饼，却又～亮了灯，解放沙僧。"△清《老残游记》一〇回："初起不过轻挑漫～，声响悠柔。" ❺雕，刻。元明《水浒传》三八回："本身姓金，双名大坚，开得好石碑文，～得好图书、玉石、印记。"曹昭《格古要论·剔红》："～剑环香草者尤佳。"

【剔拨】 tī bō ❶拨弄，拨动。元汤舜民《嘲素梅》："琴谱内又不将宫商～，角声中常则是趁钟鼓悲鸣。" ❷点拨，开导。宋《朱子语类》卷一六："才～得有些通透处，便须急急蹑踪趱乡前去。"清《醒世姻缘传》二三回："这两个学生将来是两个大器，正该请一个极好的明师～他方好。"《幻中游》一〇回："这程斤是哥反受兄弟程覃的教训。朝渐夕磨，一半年间，把程斤～得也明白了。"

【剔剥】 tī bō 清洗，处理。明《金瓶梅词话》六一回："四十个大螃蟹，都是～净了的，里边酿着肉，外用椒料、姜蒜米儿、团粉裹就。"

【剔抽秃刷】 tī chōu tū shuā 骨碌碌，形容眼睛灵活转动。元关汉卿《蝴蝶梦》三折："告哥哥可怜，他三个足丢没乱、眼脑～转。"郑廷玉《后庭花》二折："不由我滴羞跌屑怕怖，乞留兀良口絮，他～厮觑，迷留没乱踌躇。"又四折："你看这小厮到这开封府里，唬的他眼脑～的。"

【剔灯】 tī dēng 挑拨灯芯，使灯更亮。元关汉卿《窦娥冤》四折："奇怪，我正要看文卷，怎生这灯忽明忽灭的？张千也睡着了，我自己～咱。"明《金瓶梅词话》一七回："两个丫鬟睡了一觉，醒来见灯光昏暗，起来～。"

【剔刮】 tī guā 剔去，刮掉。唐杜牧《上门下崔相公书》："然后～根节，销磨顽犷，日教月化，水顺雪释。"

【剔甲】 tī jiǎ 剔剪指甲。元明《水浒传》二四回："那妇人洗手～，齐齐整整，安排下饭食。"明《金瓶梅词话》一六回："李瓶儿亲自洗手～，做了些葱花羊肉一寸的扁食儿，银镶钟儿盛着南酒。"

【剔抉】 tī jué ❶剔出，消除。唐李忱《大中改元南郊赦文》："其中如有才用智识，昭然独见，自期展效，建立事功，或～疵瑕，或纠正案牍。" ❷挑拣，挑选。宋《朱子语类》卷五八："自古及今，何故众人都不会恁地，独有舜恁地，是何故？须就这里～看出来，始得。" ❸抉择。唐韩愈《进学解》："爬罗～，刮垢磨光。"清李光地《重修怀玉书院记》："独玉山讲义，～详明。"

【剔留秃鲁】 tī liu tū lu 骨碌碌转的样子。元刘唐卿《降桑椹》一折："看他两个眼，～的，他是个真贼。"

【剔留团栾】 tī liu tuán luan 即"剔留秃鲁"。元郑光祖《蟾宫曲·半窗幽梦微》："皎皎洁洁照橹篷～月明，正潇潇飒飒和银筝失留疏剌秋声。"

【剔竖】 tī shù （眉毛）竖起。元佚名《衣袄车》四折："狄青那里怪眼圆睁，～神眉，怒目张开。"元明《水浒传》四七回："怪眼圆睁谁敢近，神眉～果难当。生来长在中山府，鬼脸英雄性最刚。"明《金瓶梅词话》五八回："登时柳眉～，星眼圆睁，叫春梅打着灯，把角门关了，拿大棍把那狗没高低只顾打，打的怪叫起来。"

【剔腾】 tī téng 挥霍，破费。元秦简夫《东堂老》一折："原是祖父的窠巢，谁承望子孙不肖，～了。"张国宾《合汗衫》三折："休提起俺那小业冤，他～了我些好家缘。"

【剔挑】 tī tiāo 挑逗，引诱。元张养浩《红绣鞋·赠美妓》："眼睛儿冷丢溜，话头儿热～，把一个李谪仙险醉倒。"

【剔透】 tī tòu ❶通明，透亮。元郑德辉《智勇定齐》四折："穿九曲明珠～，秤白牙大象夺魁。"明《西游记》八二回："只见那陡崖前，有一座玲珑～细妆花、堆五采、三檐四簇的牌楼。" ❷乖巧，灵敏。元周德清《斗鹌鹑·双陆》："别是个玲珑样子，另生成～心儿，为风流尽教掂断髭。"刘庭信《一枝花·咏别》："胸中锦绣三千段，心～，性和暖。"

【剔秃】 tī tū 狡猾。《敦煌变文校注》卷三《燕子赋（一）》："雀儿～，强夺燕屋，推问根由，元无臣伏。"

【剔秃圞】 tī tū luán 即"剔团圞"。元宋方壶《清江引·托咏》："～一轮天外月，拜了低低说：是必常团圆，休着些儿缺，愿天下有情底都似你者。"

【剔团圞】 tī tuán luán 极言物圆。元关汉卿《窦娥冤》一折："催人泪的是锦烂漫花枝横绣闼，断人肠的是～月色挂妆楼。"《元曲选外编·西厢记》一本三折："～明月如悬镜，又不是轻云薄雾，都则是香烟人气，两般儿氤氲得不分。"

【剔团圆】 tī tuán yuán 即"剔团圞"。金董解元《西厢记诸宫调》卷一："遮遮掩掩衫儿窄，那些袅袅婷婷体态，觑欧着～的明月伽伽地拜。"

【剔蝎撩蜂】 tī xiē liáo fēng 比喻招惹坏人，自讨苦吃。元佚名《小尉迟》一折："只待和大唐家厮杀见雌雄，常是个争龙斗虎、～。"明佚名《临潼斗宝》一折："他则待要逞骄加，弄奸猾，兴心儿～，使不着摘叶拈花。"

【剔牙松】 tī yá sōng 树名，括子松的俗称。明王世懋《学圃杂疏》："括子松俗名～，岁久亦生实，虽小亦甘香可食。"

【剔牙杖】 tī yá zhàng 剔除牙垢的细棍儿，即今牙签。明《金瓶梅词话》三四回："伯爵吃的脸红红的，帽檐上插着～儿。"汤显祖《牡丹亭》四出："砚水嗽净口，去承官饭溲，～敢黄虀臭。"

【踢】 tī 用脚击物。《祖堂集》卷一〇《玄沙和尚》："师见和尚切，依和尚处分，装裹一切了，恰去到岭上～着石头，忽然大悟。"《元典章·刑部四》："至元十年闰六月十三日，中书兵刑部符文：朱牛儿拴马，～死张十。"清《红楼梦》四三回："宝玉听他没说完，便撑不住笑了，因～他道：'休胡说，看人听见笑话。'"《儒林外史》一七回："那人把匡大担子夺了下来，那些零零碎碎东西，撒了一地，筐子都～坏了。"

【踢串】 tī chuàn 古代服饰。一种束腰的带子，在肚子前结丁字形，竖的一条垂于裆下，可以踢起。元明《水浒传》五六回："下面一个丫环上来，就侧手春台上，先折了一领官绿亲里袄子，并下面五色花绣～，一个护项彩色锦帕，一条红绿结子，并手帕一包。"

【踢打】 tī dǎ 又踢又打。宋司马光《乞不贷故斗杀札子》："袁贵齐与张存摔倒孙遇，齐行拳～，孙遇身死。"元明《水浒传》一〇三回："当下众人将黄达～一个没算数，把那葛敞衫、纱裙子扯的粉碎。"明《西游记》二回："他看他前踊后跃，钻上去，把个魔王围绕……～挦毛，抠眼睛，捻鼻子，抬鼓弄，直打做一个攒盘。"清《红楼梦》八〇回："洗澡时不防水略热了些，烫了脚，便说香菱有意害他，赤条精光赶着香菱～了两下。"

【踢蹬】 tī dēng ❶ 闲逛，散步。元宋方壶《醉花阴·走苏卿》："请禅师细说叮咛，他道有一个女娉婷寺里闲～。"秦简夫《东堂老》二折："什么风雪酷寒亭，我则理会得闲骑宝马闲～哩。" ❷ 胡瞎折腾，撺掇。元睢景臣《哨遍·高祖还乡》："瞎王留引定伙乔男女，胡～吹笛擂鼓。"清《醒世姻缘传》五九回："至于丧间，素姐怎生～，相家怎生说话，事体怎样消缴，再听后回接说。"《聊斋俚曲·姑妇曲》二回："二娘子大不贤，～的合家不团圆。"

【踢飞脚】 tī fēi jiǎo 武术动作之一。两脚相继踢起，高与头齐。明《西游记》七五回："原来这大圣吃不多酒，接了他七八盅吃了，在肚里撒起酒风来，不住的支架子，跌四平，～，抓住肝花打秋千，竖蜻蜓，翻根头乱舞。"清李玉《清忠谱》二折："〔净～，丑做身法赶进，拿住净脚介〕"

【踢脚绊手】 tī jiǎo bàn shǒu 跌跌撞撞的样子。清《警寤钟》一一回："屠氏从梦中惊醒，忙起身点灯。才下床，就踹着软物，及走时～，俱是稀软的东西。"

【踢良秃栾】 tī liang tū luán 成团飘转的样子。元费唐臣《贬黄州》二折："寒森森朔风失留疏剌串，舞飘飘瑞雪～旋。"

【踢墨笔】 tī mò bǐ 一种杂技。又作"踢笔墨"。宋耐得翁《都城纪胜·瓦舍众伎》："杂手艺皆有巧名，踢瓶、弄椀、踢磬、弄花鼓搥、～、弄球子、㨎筑球、弄斗、打硬、教虫蚁。"吴自牧《梦粱录》卷二〇："杂手艺，即使艺也，如踢瓶、弄碗、踢磬、踢缸、踢钟、弄花钱花鼓槌、～、壁上睡、虚空挂香炉。"

【踢木】 tī mù 古代杂耍之一。明田汝成《西湖游览志餘》卷二〇《熙朝乐事》："走索、骠骑、飞钱、抛钹、～、撒沙、吞刀、吐火、跃圈、觔斗、舞盘及诸色禽虫之戏，纷然丛集。"

【踢弄】 tī nòng ❶ 古代百戏之一。宋耐得翁《都城纪胜·瓦舍众伎》："～，每大礼后宣赦时，抢金鸡者用此等人，上竿、打筋斗、踏跷。" ❷ 称在百戏中扮演角色或表演节目。宋吴自牧《梦粱录》卷二〇："百戏～家，每于明堂郊祀年分，丽正门宣赦时，用此等人，立金鸡竿，承应上竿抢金鸡。"洪迈《夷坚志》补卷二〇："女童皆踏索～小倡，先系索于屋兽头上，践之以行，故望见者以为履空。" ❸ 用脚踢物。元邓玉宾《村里迓古·仕女圆社气球双关》："包藏着一团儿和气，～出百般可妙。"清富察敦崇《燕京岁时记·毽儿》："毽儿者，垫以皮钱，衬以铜钱，束以雕翎，缚以皮带，儿童～之。" ❹ 脚踢手弄，喻指摆弄。元汪元亨《折桂令·归隐》："会～徒劳手足，使机关枉费心术。"明《金瓶梅词话》九三回："明刚然未到三更后，下夜的兵牌叫点灯，歪～。" ❺ 任意破坏，摧残。清《红楼梦》一〇七回："他不念旧恩，反来～咱们家里，见了他骂他几句，他竟不敢答言。"《聊斋俚曲·翻魇殃》四回："不说徐氏生气，且说魏名猜姜屺瞻治不的赵阎罗，必然来～仇家，当时跑上去，报给姜相公。"

【踢瓶】 tī píng 一种杂技。宋孟元老《东京梦华录》卷九："百戏乃上竿、跳索、倒立、折腰、弄盌、～、筋斗、擎戴之类。"吴自牧《梦粱录》卷二〇："杂手艺，即使艺也，如～、弄碗、踢磬、踢缸、踢钟、弄花钱花鼓槌、踢墨笔。"

【踢气球】 tī qì qiú 古时足球运动。球以皮制，内以毛发充之，原为练武之用，后亦作为杂技、游戏项目。元高明《琵琶记》三出："〔丑〕还是做什么要好？〔净〕～要？"元明《水浒传》二回："殿下在庭心里和小黄门～，你自过去。"明《金瓶梅词话》一五回："西门庆正看着众人在院内打双陆，～，饮酒。"

【踢磬】 tī qìng 一种杂技。宋吴自牧《梦粱录》卷二〇："杂手艺，即使艺也，如踢瓶、弄碗、～、踢缸、踢钟、弄花钱花鼓槌、踢墨笔、壁上睡、虚空挂香炉。"

【踢球】 tī qiú 古代的足球运动。明田汝成《西湖游览志餘》卷二〇《熙朝乐事》："演习歌吹、或投琼买快，……舞棍、～、唱说、平话，无论昼夜，谓之放魂。"清《红楼梦》二八回："可巧门上小厮在甬路底下～，焙茗将原故说了。小厮跑了进去，半日抱了一个包袱出来，递与焙茗。"

【踢收秃刷】 tī shōu tū shuā 形容眼珠转动的样子。元金仁杰《追韩信》一折："他把我～观觑，则觉我惊惊战战心怕，不由我的羞剔痒腿挺摇。"

【踢竖】 tī shù 直竖，耸立。元明《水浒传》二一回："只见那婆惜柳眉～，星眼圆睁，说道：'老娘拿是拿了，只是不还你。'"

【踢腾】 tī téng 挥霍，折腾。元乔吉《双调·折桂令·劝求妓者》："厌禳死花枝般老小，～尽铜斗般窠巢。"佚名《争报恩》一折："敢则是十年五载，四分五落，直这般～了些旧窝巢！"明佚名《勘金环》一折："不自由呼幺喝六，拨万论千，追朋趁友，恁般风尘，他直等的～了使劲俺这家私罢。"

【踢天弄井】 tī tiān nòng jǐng ❶ 形容本事大，能力强。元

秦简夫《东堂老》二折:“你道有左慈术～,项羽力拔山也那举鼎。”明《西游记》四六回:“兄弟,实不瞒你说,若是～,搅海翻江,担山赶月,换斗移星,诸般巧事,我都干得。”清《红楼梦》八一回:“咱们城里的孩子,个个～,鬼聪明倒是有的。” ❷ 比喻放纵不拘,为所欲为。明冯惟敏《感时》:“谁家猫犬怕闻腥,假意儿妆干净,掩耳偷铃,～,露面贼不自省。”清《醒世姻缘传》三三回:“这一年十二月十五,早早的放了年下的学,回到家中,叫人捍炮仗,买鬼脸,寻琉璃喇叭,～,无所不至。”

【踢跳】 tī tiào ❶ 跳跃,跳动。元高文秀《襄阳会》二折:“则愿的驯良纯善,怕的是～湾奔,使不着嘶喊咆哮。”宋元《警世通言》卷二一:“约莫二更时分,只听得赤麒麟在后边草屋下有嘶喊～之声。”元明《水浒传》八三回:“只见对阵皂旗开处,正中间捧出一员番将,骑着一匹达马,弯环～。” ❷ 指卖乖取巧。明《金瓶梅词话》二三回:“不许你在汉子跟前弄鬼,轻言轻语的,你说把俺们躧下去了,你要在中间～,我的姐姐,对你说,把这等想心儿,且吐了些儿罢。”

【踢秃秃】 tī tū tū 象声词。脚步声。明汤显祖《牡丹亭》五二出:“呀,一伙臭军～走来,且自回避。”

【踢团圞】 tī tuán luán 同“剔团圞”,极言物圆。明佚名《误失金环》四折:“～银蟾敛彩下回廊,乱纷纷绿槐移影纱窗上。”

【踢腿】 tī tuǐ 抬起腿用力踢出去。明毛晋《陆氏诗疏广要》卷下之下:“唯有四病,若犯其一,切不可托之,何也?仰头一也,卷须二也,练牙三也,～四也。”

【踢脱】 tī tuō 摆脱,消除,旧时指妓女从良。元萧德祥《小孙屠》六出:“本官心地,事由公理。～这些儿,果有阴德处。”又九出:“奴家从小流落在风尘,几番和你共枕同衾。如今～做良人,谁知到此,倍觉伤情。”

【踢胸】 tī xiōng 系在马胸前的华丽的装饰品,常以此显示出主人地位的尊贵。清《八旗通志》卷八〇:“准四品以上官乘马,准用～。”△《孽海花》一一回:“到得潘府门前,见已有好几辆大鞍车停着,门前几棵大树上,系着十来匹红缨～的高头大马,知有贵客到了。”

【踢雪】 tī xuě 指马白色的四蹄。元明《水浒传》五七回:“十路军兵振地来,乌骓～望风回。”

【踢圆】 tī yuán 踢球。明《金瓶梅词话》一五回:“袖中取出春扇儿摇凉,与西门庆携手,看桂卿与谢希大、张小闲踢行头。白秃子、罗回子在旁虚撮脚儿等漏,往来拾毛。亦有《朝天子》一词,单表这～的始末。”

【踢陟】 tī zhì 山势险峻。清《醒世姻缘传》九六回:“我只为叫那昏君经经那～的高山,也显显俺那平地。我不做声罢了,你倒越发张智起来。那两个强盗蹄子,是你的孤老么?”

【梯】 tī ❶ 攀登,登上。唐杜甫《奉赠太常张卿垍二十韵》:“碧海真难涉,青云不可～。”王徽《创筑罗城记》:“凿岩而～,飞栈以行。动犹鸟逝,举若猿轻。汉人既行,言语乃通。”宋张先《少年游慢》:“画刻三题彻,～汉同登蟾窟。”清魏源《道光洋艘征抚记上》:“洋船炮攻其前,而汉奸二千馀,～山后攻其背。” ❷ 凭依,靠着。唐孟郊《终南上下作》:“家家～碧峰,门门锁青烟。”宋沈作喆《寓简》卷一:“古先圣人知道之妙不可博而得也,故设象以致意,～有以取无。”清陈维崧《念奴娇·用前韵酬柘城王叔平》:“幸遇梁宋诸公,焚香～儿,曲室红炉炙。”

【梯陛】 tī bì 台阶。《法苑珠林》卷一四:“尔时世尊,即以神足现母摩耶身中,坐卧经行,敷大高座,纵广八千由旬,金银～,天缯天盖,悬处虚空。”

【梯橙】 tī dèng 一种比普通板凳高一倍以上的高凳子。唐卢仝《月蚀诗》:“上天不为臣立～,臣血肉身,无由飞上天,扬天光。”宋张耒《次韵樗年见贻补之》:“五车纯束不在旁,欲彻～排空骧。”元方回《俞鉴山月歌》:“倚靠～探月窟,山头拿月月愈远。”

【梯附】 tī fù 攀附。唐陆龟蒙《微凉赋》:“草玄者遂贫无暇,～者结客而游。”

【梯杭】 tī háng 同“梯航❸”。唐李隆基《赐新罗王》:“玉帛遍天下,～归上都。”

【梯航】 tī háng ❶ 梯与船,指登山渡水的工具。《敦煌变文校注》卷七《故圆鉴大师二十四孝押座文》:“孝心号曰真菩萨,孝行名为大道场,孝行昏衢为日月,孝心苦海作～。”宋《明觉禅师语录》卷一:“师云:‘洞庭绝顶无行路。不假～速道看。’”清赵翼《八十自寿》:“炎徼风清无瘴疠,蛮陬地辟有～。” ❷ 喻指有效的方法途径。《云笈七籤》卷七七:“既孤阳,不可立身,须假阴丹而相负,以为～也。”明谢榛《四溟诗话》卷三:“悟不可恃,勤不可间;悟以见心,勤以尽力:此学诗之～也。”清《聊斋志异·白于玉》:“囊所授,乃《黄庭》之要道,仙人之～也。” ❸ 长途跋涉,跋山涉水。唐元稹《代曲江老人百韵》:“山泽长孳货,～竞献珍。翠毛开越巂,龙眼弊瓯闽。”又《和乐天送客游岭南二十韵》:“冠冕中华客,～异域臣。果然皮胜锦,吉了舌如人。”宋张孝祥《念奴娇·仲钦提刑仲冬行边》:“～入贡,路经头痛身热。”明沈受先《三元记》八出:“山海儿～,历过红尘白浪。访得此间乃是媒主婆家里,不免进入去。” ❹ 指水陆交通。宋苏辙《神宗皇帝挽词三首》:“礼乐寰中盛,～海外通。华封徒有诵,龙御忽乘空。”元汤舜民《题崇明顾彦升洲上居》:“四望无穷,一片玻璃莹,～万里通。”明谢肇淛《五杂组》卷三:“京师风气悍劲,其人尚斗而不勤本业,今因帝都所在,万国～,鳞次毕集。”梁辰鱼《浣纱记》四四出:“而今应受天王宠,看万国～一旦通。”

【梯己】 tī jǐ ❶ 家庭成员个人的积蓄,私房钱。明《拍案惊奇》卷二〇:“真是宾客填门,吃了三五日筵席,春郎与兰孙又自～贺喜,自不必言。”清《红楼梦》二五回:“如今我虽手里没什么,也零碎攒了几两～。”俞樾《茶香室续钞·梯己》:“汴语,如藏物于内,不为外用,或人不知之者,皆曰～。” ❷ 亲密,亲近,贴心。元明《水浒传》五二回:“高廉手下有三百～军士,号为飞天神兵。”清《醒世姻缘传》九六回:“留完了饭,素姐让侯、张两个在衙内前后观看一回,又让他两个进自己房去,扯着手,三人坐着床沿说～亲密的话儿。”《野叟曝言》二六回:“更有那攀着臀,撮着屁,～的人儿,你不肯上钩,他没有大大的网儿,拦着河来撒你的吗?” ❸ 私下里,暗自。《元典章·户部十三》:“如有为民借了,虽写作～文契,仰照勘端的,为差发支使有备细文凭,亦在倚阁之数。”元明《水浒传》四二回:“晁盖又～备个筵席,庆贺宋江父子完聚。”清《醒世姻缘传》三八回:“他还嫌肚子不饱,又与孙兰姬房中～吃了一个小面,方才又回到学道门口。”

【梯己话】 tī jǐ huà 知心话,私密话。明《金瓶梅词话》六八回:“你两个好人儿,撇了俺每,走在这里说～儿。”△清《儿女英雄传》二〇回:“原来昨日安老爷把华忠叫在一旁说的那句～……他在旁边听着干着了会子急不好问的,便是这件事。”

【梯己钱】 tī jǐ qián 私房钱。《元典章·刑部四》:“既杜思礼无目笃疾之人,依准本路拟决:杖一百七下,仍于本人～内,征烧埋银五十两给主。”明《型世言》三回:“掌珠也只得身边拿些～,不敢叫家中小厮阿寿,反央及杨三嫂儿子长孙,或是徐媒婆家小厮来定,买些甚果子点心回答。”清《红楼真梦》一二回:“弄了许多～,也带不了去,还得受罪,多不值得!”

【梯己人】　tī jǐ rén　贴心的人；心腹，亲信。元杨瑀《山居新语》："余尝见周草窗家藏徽宗在五国城写归御批数十纸，中间有云'可付体己人'者，即今之所谓～。"《元典章·刑部十五》："所在官司设立书状人，多是各官～等于内勾当，或计会行求充应。"元明《水浒传》三三回："当晚，宋江和花荣家亲随～，两三个跟随着宋江缓步徐行。"

【梯径】　tī jìng　石级小路。唐李白《明堂赋》："猛虎失道潜虬蟠，～通天而直上，俯长河而下低。"清施闰章《黄山游记》："江子允凝，数于～绝处，蹑险先登。"

【梯空】　tī kōng　腾空。唐韩愈《送惠师》："发迹入四明，～上秋旻。"清《后西游记》二六回："浓雾漫天，乌云罩地，望将来昏惨惨真个怕人；险磴～，危桥履涧，行人去滑塌塌直惊破胆。"

【梯林】　tī lín　攀登山林。宋欧阳修《初至夷陵答苏子美见寄》："斫谷争收漆，～斗摘椒。"

【梯媒】　tī méi　❶ 荐引；接引。唐李商隐《为东川崔从事福谢辟及聘钱启》："某早辱～，获沾科第。"《敦煌变文校注》卷五《维摩诘经讲经文(六)》："善德闻斯语，虔恭唱善哉。维摩告长者，布施好～。"　❷ 荐引的人。唐罗隐《西京崇德里居》："进乏～退又难，强随豪贵殢长安。"杜荀鹤《赠张员外儿》："月里桂枝知有分，不劳诸丈作～。"宋陆游《初归杂咏》："平地本知多陷阱，群儿随处觅～。"元耶律楚材《用张道亨韵》："自惭忝位司钧轴，可怜多士无～。"　❸ 媒介；中介。唐吕喦《绝句》："传时须在乾坤力，便透三清入紫微。不用～向外求，还丹只在体中收。"罗隐《钱》："志士不敢道，贮之成祸胎。小人无事艺，假尔作～。"《云笈七籤》卷九九："何以辨灵应？事须得～。自从灵响降，如有真人来。"明陶宗仪《辍耕录》卷二八："唐肃以词赋而见收，明经安在？柯理以～而得中，对策何在？"

【梯气话】　tī qì huà　即"梯己话"。元李文蔚《燕青博鱼》三折："自家同乐院里见了衙内，又不曾说的一句～。"

【梯气酒】　tī qì jiǔ　知心酒。元佚名《争报恩》楔子："我见你这小的，生的干净济楚，委的着人。我有心要和你吃几钟～儿，你心下如何？"

【梯荣】　tī róng　攀援禄位。唐司空图《寿星集述》："冀修知难之规，免冒～之诮。"清《歧路灯》九三回："迨相沿既久，而科、岁之试，乡、会之场，竞视为～阶禄之地，而'做官中用'四个字，遂相忘于不觉矣。"

【梯田】　tī tián　沿山坡开辟的梯状田地。宋范成大《骖鸾录》："岭阪上皆禾田，层层而上至顶，名～。"清弘历《寄题道场山用苏东坡游道场山何山诗韵》："颇闻吴兴耕织勤，～寸地桑麻植。"

【梯头】　tī tóu　率士卒登云梯攻城的人。《旧五代史·苌从简传》："每遇攻城，召人为～，从简多应募焉。"

【梯希】　tī xī　犹"梯己❸"。明冯惟敏《不伏老》三折："再把我二人远年干的～事，说的知心话，悄悄说上几件事儿，几句话儿，试我听的记的么。"

【梯崖】　tī yá　攀登山崖。宋欧阳修《临江军阖皂山崇真宫记》："既不能安处于市廛，则搜奇择胜，～架险，设坛场，立室庐，茹芝炼丹于人迹不至之地。"清施闰章《天游观赠谷语》："冒雨远穿帘洞窟，～独俯幔峰头。"

【梯子】　tī zi　登高的用具。一般用竹、木制成，供人逐级上下。宋孟元老《东京梦华录》卷三："有救火家事，谓如大小桶、洒子、麻搭、斧锯、～、火叉、大索、铁猫儿之类。"元杨维桢《杵歌七首》之三："阿谁造得云～，划地过城百尺高。"清《红楼梦》四〇回："那柜子比我们那一间房子还大还高。怪道后院子里有个～。我想并不上房晒东西，预备个～作什么？"

tí

【提】　tí　❶ 传讯、提取犯人。明《二刻拍案惊奇》卷一〇："晦翁准了他状，～那大姓到官。"清《儒林外史》一五回："亏得学里一位老师爷持正不依，详了我们大人衙门，大人准了，差了我到温州～这一干人犯去。"　❷ 说起，谈到。明王守仁《传习录》卷中："佛氏人有常～念头之说，其犹孟子所谓'必有事'，夫子所谓'致良知'之说乎？"《西游记》一五回："他倚着有些力量，将我斗得力怯而回；又骂得我闭门不敢出来。他更不曾～着一个'取经'的字样。"清《红楼梦》一〇回："听见秦氏有病，连～也不敢～了。"　❸ 提示，点拨。明王守仁《传习录》卷上："为学须得个头脑工夫，方有看落。纵未能无间，如舟之有舵，一～便醒。"清《红楼梦》六二回："以后芳官全要你照看他，他或有不到处，你～他。"　❹ 指出，举出。唐李隆基《条制番夷事宜诏》："虽则屡～纲领，然犹故忽科条，岂法有未明，将官无所畏，永言此弊，增叹于怀。"韩愈《进学解》："记事者必～其要，纂言者必钩其玄。"　❺ 一种垂直向上舀取液体的量器。宋元《警世通言》卷六："酒保见说，便将酒缸、酒～、匙、箸、盏、楪放在面前。"　❻ 量词。用于钱币或提着的物体，其重量或容积无确数。元李寿卿《伍员吹箫》一折："再赐你上马一～金，下马一～银。"元明《水浒传》八五回："郎主听罢便道：'封宋江为镇国大将军，总领辽兵大元帅，赐金一～，银一秤，权当信物。'"清《聊斋志异·章阿端》："女请以钱纸十～，焚南堂香树下。"

【提拔】　tí bá　❶ 拯救，挽救。宋《大慧普觉禅师语录》卷四："四楞塌地掇在诸人面前眼办手亲底一逴逴得，便能罗笼三界～四生。"元杨景贤《刘行首》三折："奉吾师法令到蓬莱，着我便～出你虎窟狼穴。"秦简夫《赵礼让肥》一折："现如今心似油炸，肉似钩搭，死是七八，那个～？"明徐复祚《投梭记》五出："老爷若肯～奴家，不使沦落，愿终身奉事。"　❷ 选拔、提升，使居高位。五代孙光宪《北梦琐言》卷一一："每入京，馆于博陵之第，常感～之恩。亚卒之日，贺为崔公服三年，人皆美之。"元佚名《连环计》二折："太师功德巍巍，指日之间，必登高位，只望温侯～王允咱。"明张四维《双烈记》一八出："小将多辱元帅～，又蒙辱赐金宝，却之不恭，受之有愧，尚当致身图报。"《封神演义》四一回："若是贵人肯～下士，末将愿从麾下指挥。"清《儒林外史》一六回："现今考试在即，叫他报名来应考；如果文章会做，我～他。"

【提兵】　tí bīng　率兵，领兵。唐李适《西平王李晟东渭桥纪功碑》："淮右贼臣，～犯顺，凭陵汝服，震压洛师。"《大宋宣和遗事》后集："是时，钦宗以手札促张叔夜～三万人入卫，屯于玉津园。"元陶宗仪《辍耕录》卷二九："士德又与与敬～入杭州，军气其锐，杭州大军敛锋不敌，丞相退避萧山。"明《封神演义》三五回："愿探西岐虚实情，～三万出都城；子牙妙策权施展，管取将军谒圣明。"

【提拨】　tí bō　❶ 提醒，指点。元明《水浒传》七五回："我叫这个干人跟随你去。他多省得法度，怕你见不到处，就与你～。"❷ 调拨。明王世贞《弇山堂别集》卷一〇〇："地既勘明具如～，内官无再奏扰，悉与民，亦毋许豪猾兼并。"清《世宗宪皇帝上谕内阁》卷五七："王再不肯将不应拨之项～，汝但据实报部。"　❸ 振作。明方孝孺《深虑论九》："常博求众庶之善施之于政，而持其大纲以～天下之倦怠，洗濯天下之昏秽。” ❹ 提升。清《野叟曝言》四九回：“连红须、铁丐及丰城江中所见使拳之人，俱先后～，做到副参游守之职。文有安邦，武能定国，烽烟俱息，天下太平。”△《七侠五义》五七回：“白玉堂到此时也就循规蹈矩，诸事仗卢大爷～。”

【提补】 tí bǔ 提着，拿着。明赵钎《晏林子》卷三：“充曰：‘我衣恶，那得见贵人？’即有人～新衣迎之。”

【提草鞋】 tí cǎo xié 比喻随从他人作卑贱低鄙的事。明《二刻拍案惊奇》卷一〇：“在城有一伙破落户管闲事吃闲饭的没头鬼光棍，一个叫做铁里虫宋礼……还有几个不出名～的小伙，共是十来个。”

【提灯】 tí dēng 以手提拿的灯。清《红楼梦》九六回：“按宫里的样子，用十二对～。”

【提典】 tí diǎn 同“提点❷”。明沈璟《一种情》一七出：“小道乃宜兴县周王庙中～便是。”佚名《黄孝子》一九出：“小道乃圣妃娘娘庙中～是也。”

【提点】 tí diǎn ❶ 安排，处理。元《通制条格》卷三〇：“各路局院并入总管府管领，其各路官吏为有管匠人员，往往不为用心～催办，以致拖兑工程。”《元典章·刑部十八》：“其各官因仍苟且，不肯用心～，以致人口头匹逃匿瘦弱倒死移易，不能尽实到官。” ❷ 官名。宋始置，寓提举、检点之意。宋欧阳修《举宋敏求同知太常礼院札子》：“臣等勘会同知太常礼院张师中，近被朝命，差充两浙～刑狱。”元《三遂平妖传》一五回：“那其间老大一场事，与时只走了两个官；一个是通判董元春，一个是～出京。”元明《水浒传》一回：“次日早膳以后，真人、道众并～、执事人等，请太尉游山。”

【提调】 tí diào ❶ 指挥，派遣。《元典章·刑部十五》：“设各路镇守并省都镇抚衙门，止是专一～军马，镇遏地面勾当。”《元曲选外编·西游记》一本三出：“老僧与他法名玄奘，玄者妙也，奘者大也……今年十八岁，～满寺大众。”△清《九尾龟》三六回：“花筱舫明晓得今天这场冤屈是章秋谷暗中～众人，却又无可如何。” ❷ 指挥官，负责调度的官员。元《秦并六国平话》卷中：“魏王令周霸为～，教演诸军；令朱亥修整城池，加高三尺，掘深河堑五尺。”清《歧路灯》九六回：“单言到了场期，主司、同考官俱按定期先进，监临、～，俱案旧例分班。”

【提调官】 tí diào guān 负责调度的官员。元《通制条格》卷三〇：“局院造作，局官每日巡视，～按月点检，务要造作如法，工程不亏。”

【提督】 tí dū ❶ 提调，派遣，监督。宋周煇《清波别志》卷上：“先师实隶安济坊，坊元在众安桥，迁于湖上亦未多年。今官府既无～，纵多生全，亦无以激劝。”元明《水浒传》八一回：“高太尉～军马，又役天下民夫，修造战船征进，不曾得梁山泊一根折箭。”清《梦中缘》一四回：“巡抚江西等处地方、兼理营田、～军务、加太子太保、都察院左佥都御史，臣金星，题为奸臣擅国，危及宗社，请正国法，以肃纪纲事。” ❷ 官名，明清时多为一省之最高武官。明《金瓶梅》一〇回：“只得走去央求亲家陈宅心腹，并使家人来旺，星夜往东京下书与杨～。”清《儒林外史》二一回：“这外面坐的几个人，是京里九门～齐大人那里差来的。”△《二十年目睹之怪现状》四七回：“恰好这一回有一位松江～，附了船来，要到南京见制台的。”

【提掇】 tí duò ❶ 以手提拉或携带。敦煌本慧能《坛经·行由品》：“能隐草莽中，惠明至，～不动。”《五灯会元》卷一五《长乐政禅师》：“僧问：‘祖师心印，何人～？’师曰：‘石人妙手在。’”宋《朱子语类》卷六：“如这身是体：目视，耳听，手足运动处，便是用；如这手是体：指之运动～处便是用。”明汤显祖《牡丹亭》二六出：“却怎半枝青梅在手，活似～小生一般？” ❷ 振奋，振作。宋《大慧普觉禅师法语》卷二〇：“行住坐卧但时时～，蓦然喷地一发，方知父母所生鼻孔只在面上，勉之勉之。”《朱子语类》卷四四：“平日须～精神，莫令颓塌放倒，方可看得义理分明。” ❸ 拯救，挽救。宋佚名《张协状元》一二出：“今日得君～起，免教身在污泥中。”明佚名《白兔记》八出：“得伊～起，免在污泥中。这恩德感无穷也啰。”《拍案惊奇》卷二五：“妾看君决非庸下之人，妾也不甘久处风尘，但得君一举成名，～了妾身出去，相随终身。” ❹ 整理，整饬。元佚名《举案齐眉》一折：“踏残红软衬着鞋儿去。再～绮罗衣袂，重整顿珠翠冠梳。” ❺ 说起，提起。元明《水浒传》八二回：“最先来～甚分明，念几段杂文真罕有。”明孙仁孺《东郭记》一八出：“猛然间热语闲～。”

【提封】 tí fēng 版图，疆域。唐李治《三藏圣教后序》：“遂使三千法界，尽怀生而可期；百亿须弥，入～而作镇。”李隆基《安置北州诸蕃诏》：“要荒所列，并入～，日月所照，俱为臣妾，莫不熙我德泽，纳之仁寿。”明郑若庸《玉玦记》一四出：“长驱胡骑翦～，谁夺龙沙斩将功。剑戟倚崆峒，始信王侯无种。”清顾炎武《海上》之三：“南营乍浦北南沙，终古～属汉家。”

【提纲】 tí gāng 喻指抓住要领。《祖堂集》卷一三《福先招庆和尚》：“尽令～，未免受人检点。到别处有人相借访，如何知音？”《五灯会元》卷一二《蒋山赞元禅师》：“求道后出世苏台、天峰、龙华、白云，府帅请居志公道场，～宗要，机锋迅敏，解行相应，诸方推服。”

【提跟子】 tí gēn zi 钉在鞋后帮上的带子，用以提鞋、系鞋。明《金瓶梅词话》五八回：“我有一双是大红～的。这个我心里要蓝～子，所以使大红线锁口。”

【提罐】 tí guàn 炼丹者的骗术，称将银子放入罐内，炼成后可以不断生出银子，而待人将银子交付后，便伺机提着罐子逃走。明《拍案惊奇》卷一八：“只要先将银子为母，后来觑个空儿，偷了银子便走，叫做‘～’。”

【提盒】 tí hé 以竹、木制成，装有提梁的食盒。元明《水浒传》二八回：“武松坐到日中，那个人又将一个～子入来，手里提着一注子酒。”

【提齁】 tí hōu 提线木偶。元刘时中《红绣鞋·歌姬米氏小字耍耍》：“卧在被单学打令，坐着豆枕演～。”曾瑞卿《红绣鞋·风情》：“实镘的剐皮割肉，虚恩情撇闪～，干遇讪乔敷演几时休。”

【提及】 tí jí 谈到，说起。明《二刻拍案惊奇》卷一一：“这是我未遇时节的事，而今既然与你成亲，总不必～了。”清《平定准噶尔方略》正编卷八：“尔等又与阿睦尔撒纳等聚会时，亦不时～，使之熟闻。”

【提奖】 tí jiǎng 奖掖，关照。宋苏轼《与滕达道四十五首》之四二：“某忝冒过分，非～有素，何以及此。”智昭《人天眼目》卷一：“如龙得水致雨腾云，照用不同时，～婴儿，抚怜赤子。”

【提教】 tí jiào 指教；指示。宋文同《谢成都知府启》：“向尝备吏，已荷庇饶。今复为州，又烦～。”明胡居仁《祭潮阳李先生》：“～是邦，必以德行为先。”

【提揭】 tí jiē 救助，救济。明汤显祖《牡丹亭》三二出：“叹书生何幸遇仙～，比人间更志诚亲切。”

【提举】 tí jǔ ❶ 指出，说明。唐李恒《禁乘驿官格外征马诏》：“如闻官驿递马，死损转多，欲令～所由，悉又推注中使。”李纯《上尊号赦文》：“元和元年已来制报处分有未遵行者，委御史台

～闻奏。” ❷ 提拔，荐举。唐白居易《姚侍御见过戏赠》：“东台御史多～，莫按金章系布裘。” ❸ 掌管，负责。宋苏轼《富郑公神道碑》：“使还，加侍读学士，历右司郎中，中书舍人，～在京诸司库务。” ❹ 官名。元陶宗仪《辍耕录》卷七：“先生讳天佑，汴梁兰陵人，仕至江浙儒学～。”《明史·太祖纪一》：“置儒学提举司，以宋濂为～。”清《十二楼·合影楼》一回：“姓屠的由黄甲起家，官至观察之职；姓管的由乡贡起家，官至～之职。”

【提空】 tí kòng 抽空。明《醒世恒言》卷二七：“且说那禁子贪爱玉英容貌……～就走去说长问短，把几句风话撩拨。”

【提控】 tí kòng ❶ 控制。宋《朱子语类》卷六二：“又如骑马，自家常常提掇，及至遇险处，便加些～。” ❷ 掌管，管理。金王若虚《太一三代度师萧公墓表》：“时户部侍郎胥鼎方～寺观。”《元典章·刑部十三》：“城子相离远去处，其间五七十里所有村店及二十户以上者，设巡防弓手，合用器仗必须备足。令本县长官～。” ❸ 宋元时对吏目的尊称。元李直夫《虎头牌》三折：“他误了限次，失了军期，差几个曳剌勾追。兀那老～到来也未?”《元典章·刑部十四》：“因为徐幼仪告宗季和过割田粮等事，诈传省堂钧旨，令龙兴路～案牍具呈本路回避。”明李开先《宝剑记》一四出：“忽听有人呼唤，想是家人到来，原来是～先生。”

【提牢】 tí láo ❶ 审理犯人。元尚仲贤《气英布》三折：“〔正末云〕好曹参，他会～押狱，〔随何云〕这一位是威武侯周勃。”清《醒世姻缘传》四三回：“却说那刑房书手张瑞风，起先那县官叫他往监里～，就是‘牵瘸驴上窟窿桥’的一样，推故告假、攀扯轮班。” ❷ 官名，负责管理监狱、稽核罪囚。元关汉卿《蝴蝶梦》三折：“兀的不苦杀人也么哥！告你个～押狱行方便。”清《荡寇志》九三回：“只见无数～手扑进牢来将应元、钱吉等人皆带来。”

【提梁】 tí liáng 篮、壶等的提手。宋赵彦卫《云麓漫钞》卷二：“有瓠壶形，长一尺二寸六分，阔五寸，口径一寸，两鼻有～，取便于用。”清《品花宝鉴》三三回：“又一人捧过一个蔚蓝大磁瓯，又把个宜兴窑～刻字大壶，盛了雪水。”

【提铃喝号】 tí líng hè hào 军队露营时晚间摇铃示警，喝问口号加强警备。明佚名《白兔记》一五出：“长行队去，日间打草，夜间～，只怕你受不得苦。”《西游记》五回：“当时果又安辕营，下大寨，赏劳了得功之将，吩咐了天罗地网之兵，个个～，围困了花果山，专待明早大战。”清《野叟曝言》一一六回：“帐外京兵四面防守，～，彻夜不绝。”

【提炉】 tí lú 有提梁的香炉。元明《水浒传》一回：“太尉拿着～，再寻旧路，奔下山来。”明《西游记》七一回：“那春娇即转前面，叫了七八个怪鹿妖狐，打着两对灯龙，一对～，摆列左右。”清《红楼梦》一八回：“一对对龙旌凤翣，雉羽夔头，又有销金～焚着御香。”

【提名道姓】 tí míng dào xìng 说出或指出姓名。清《红楼梦》四九回：“一时又见林黛玉赶着宝琴叫‘妹妹’，并不～，真似亲姊妹一般。”

【提破】 tí pò 点破。宋《朱子语类》卷七〇：“彖辞之义亦自明，只须略～，此是卦义，此是卦象。”△清《海上花列传》三六回：“浣芳在玉甫怀里，定睛呆脸，口咬指头，不知转的甚么念头。玉甫不去～，怔怔看他。”

【提挈】 tí qiè ❶ 扶持，帮助。宋欧阳修《祭叔父文》：“孩童孤艰，哺养～。昊天之报，于义何阙?”元明《水浒传》一一〇回：“玲珑心地最虚鸣，此是良工巧制成。若是无人～处，到头终久没声名。”明《牡丹亭》三二出：“柳梦梅，柳梦梅，南安郡舍，遇了这佳人～，作夫妻。”清《野叟曝言》二七回：“若有人～，便也配得王孙公子，朝朝寒食，夜夜元宵，受用那风流美满的福气。” ❷ 提拔。明沈鲸《双珠记》四二出：“〔生〕事不关心，关心者乱。下官蒙妹丈～，一旦富贵，岂不欣幸。” ❸ 揭示要领。唐韩愈《南山》：“团辞试～，挂一念万漏。”宋王安石《书临川文集后》：“二公之言，虽已抉发隐义，～宏纲，而其端绪曲折，尚若有未暇及者。”清袁枚《与程蕺园书》：“近见海内所推博雅大儒，作为文章，非叙事噂沓，即用笔平衍，于剪裁、～、烹炼、顿挫诸法，大都懵然。”

【提亲】 tí qīn 介绍婚事。清《红楼梦》二九回：“宝玉因昨日张道士～，心中大不受用。”《醒世姻缘传》一八回：“～的虽是极多，这两门我倒都甚喜欢，但不知大官儿心下如何?”

【提审】 tí shěn 将犯人从牢里带到公堂审问。明汤显祖《牡丹亭》五三出：“想他将次下马，～之时，见了春容，不容不认。”《欢喜冤家》三回：“这必英知有这个消息，预先央了一个讼师，写了一张诉状放在身边。到～之时，拿了诉词，口称冤枉。”清《野叟曝言》一二八回：“老夫忝任外官，垂二十年，所见折狱之才，恰已不少。但都在～时，识微知著。”

【提升】 tí shēng 升迁。清《万花楼》六六回：“如今且在我帐前做个当差之人！有功之日，候再～吧。”△《官场现形记》四〇回：“外头有什么事，都是他听了来说，赛如耳报神一般，所以才会～到二爷。”

【提示】 tí shì 启示；提起注意。元袁桷《天童日禅师塔铭》：“其～与无准无异，危机敏锋，迎拒莫睹，风止水息，涣然帖顺。”清汪由敦《声轮洞》：“随处现雷音，～大乘典。”

【提说】 tí shuō 提起；说起。《元朝秘史》卷一五：“这几件事，因察乃孛合答儿对我～，我想也可行，察阿歹兄知者。”清《醒世姻缘传》四一回：“媒婆来往～，这魏才因侯小槐为人资本，家事也好，主意定了许他。”

【提撕】 tí sī ❶ 教导，启发。《祖堂集》卷一〇《玄沙和尚》：“志超上座为众乞茶去时，问师：‘伏乞和尚～！’师云：‘只是你不可更教我～。’进曰：‘乞师直指，志超不是愚痴人。’”明佚名《四贤记》二一出：“谢娘行～教言，恕孩儿佻僄好闲。”清《野叟曝言》一〇回：“若要在诗文中讨些生活，肯虚心求教，我便不惜～，把你病根一一指出。” ❷ 提醒，告诫。宋《朱子语类》卷一二：“当静坐涵养时，正要体察思绎道理，只此便是涵养，不是说唤醒～，将道理去却那邪思妄念。”明王守仁《传习录》卷中：“其工夫全在‘必有事焉’上用：‘勿忘、勿助’，只就其间～警觉而已。”△清《九尾龟》一六回：“我这般的苦口～，开你的见解，你反取笑起我来。”

【提头知尾】 tí tóu zhī wěi 刚提一个头便知道后面的了，形容敏捷睿智。元秦简夫《东堂老》一折：“他两个是我的心腹朋友，我一句话还不曾说出来，他早知道，都是提着头便知尾的。”

【提问】 tí wèn 传讯审问。明杨士奇《为乡人诉告事》：“果有罪者，从公～，庶几事得明白，亦免累及无罪平人。”△清《官场现形记》二三回：“齐巧这日有起上控案件，他老人家正在火头上，立刻坐堂亲自～。”

【提辖】 tí xiá ❶ 管领，统领。宋苏舜钦《论五事》：“诸色人等，各立名籍，仍差中官专切～。”明李开先《宝剑记》二出：“幸蒙张叔夜举荐，做了禁军教师，～军务。” ❷ 官名，州郡内专管统辖军队，训练教阅、督捕盗贼。《宋史·职官志七》：“崇宁中，复置提举兵马、～兵甲，皆守臣兼之。掌按练军旅，督捕盗贼，以清境内。”元明《水浒传》三回：“客官要寻王教头，只问这个～，便都认得。”

【提携】 tí xié ❶ 扶持，照顾。宋欧阳修《醉翁亭记》：“至于负者歌于途，行者休于树，前者呼，后者应，伛偻～，往来而不绝者，滁人游也。"明佚名《白兔记》七出："智远咨启，荷公婆收录～，幸一身免遭污泥。"陆采《明珠记》四出："念孩儿孤贫落后。谢妗舅～成就。" ❷ 荐举，提拔。元萧德祥《小孙屠》六出："闻得～寸心喜，来厅下听台旨。"元明《三国演义》一五回："将军言者差矣。允专望将军于太师前～，终身不忘大德。"清《儒林外史》四九回："学生叨在班末，将来凡事还要求～。今日有个贱名在此，只算先来拜谒，叨扰的事，容学生再来另谢。"△《跻春台·心中人》："许进又～德新做官，后为御史大夫。"

【提鞋】 tí xié 即"提草鞋"。清《醒世姻缘传》一九回："到那要紧的所在，说起那武城县应捕，只好替他～罢了。"

【提心吊胆】 tí xīn diào dǎn 形容十分担心或害怕。明《二刻拍案惊奇》卷二一："他是个做经纪的人，常是～的，睡也睡得惺憽，口不作声，嘿嘿静听。"《西游记》一七回："众僧闻得此言，一个个～，告天许愿。"清《红楼梦》六五回："先娶奶奶时，若得了这样的人，小的们也少挨些打骂，也少～的。"

【提心在口】 tí xīn zài kǒu 心提在口，几乎要跳出来，形容极度恐惧。《元曲选外编·西厢记》四本二折："则着你夜去明来，倒有个天长地久；不争你握雨携云，常使我～。"宫天挺《范张鸡黍》三折："闪的我急急如漏网鱼，呀呀如失群雁，忙忙如丧家狗，神恍惚～。"明崔时佩、李日华《西厢记》三〇出："谁许你胡行乱走，一任的握雨携云，常使我～。"

【提刑官】 tí xíng guān 审查府县刑事案卷的官吏。明《金瓶梅词话》三二回："不说当日众官饮酒至晚方散，且说李桂姐到家，见西门庆做了～，与虔婆铺谋定计。"元明《水浒传》六二回："如今把五十两金子与我，结果了他性命。日后～下马，我吃不的这等官事。"

【提省】 tí xǐng 同"提醒"。《元朝秘史》卷七："乃蛮的塔阳要来夺来你弓箭，教我做右手，我不曾肯从。我如今～你：若不堤防，恐来夺你弓箭。"明王守仁《传习录》卷中："孟氏'尧舜之道，孝弟而已'者，是就人之良知发见得最真切笃厚、不容蔽昧处～人。"

【提醒】 tí xǐng 从旁指点，使人注意。宋《朱子语类》卷二七："问：'曾子何必待孔子～?'曰：'他只见得一事一理，不知只是一理。'"明《金瓶梅词话》二五回："正是：数语拨开君子路，片言～梦中人。"《欢喜冤家》九回："他方才说明日巳牌奉复，因你说了不须求签买卦得的，～了他的头，明日清晨决去问卜。"清《红楼梦》二五回："一句话～了王夫人。"

【提学】 tí xué 掌管州县学政的官吏。宋曾敏行《独醒杂志》卷七："为荆南教官，与杨龟山中立交承，遂相与～。及为提学官，与谢上蔡显道从游亦厚。"宋元《警世通言》卷二四："公子谢了主考，辞了～，坟前祭扫了，起了文书。"明《型世言》一一回："饮酒宿娼～也管不着，就是不去的，也不曾见赏德行。"

【提讯】 tí xùn 把犯人从关押处提出来审问。清《平定台湾纪略》卷二九："臣现在一面～，并饬拿在逃各犯，务获解究。"△《官场现形记》二三回："单说他的本意，自因恐怕案中容有冤情，所以定要亲自～。"

【缇】 tí 赤色缯。唐柳宗元《邕州刺史李公墓志铭》："僚宰庀事，有～五两，无金银泉贝，几不克敛。"《云笈七籤》卷二四："马头赤身，衣赤～单衣，带剑，亢星神主之。"

【缇幔】 tí màn 橘红色的帷幕。唐张友正《黄钟管赋》："取厚窍而均者，当分至而藏密。统～以依辰，布葭灰以候律。"

【缇幕】 tí mù 橘红色的帷幕。唐刘允济《经庐岳回望江州想洛川有作》："天寒欲赠言，岁暮期交约。夜琴清玉柱，秋灰变～。"温庭筠《感旧陈情五十韵献淮南李仆射》："～深回互，朱门暗接连。"

【缇骑】 tí qí ❶ 穿红色军服的骑士，泛称贵官的随从卫队。唐刘禹锡《和东川王相公新涨驿池八韵》："曲岸留～，中流转彩船。无因接元礼，共载比神仙。"宋吴潜《传言玉女·己未元夕》："连珠宝炬，两行～。自笑衰翁，又行春锦绣里。" ❷ 禁军中专门负责逮捕人的差役。明谢肇淛《五杂组》卷一二："至于边师～，冒功邀赏，腰玉者又不知其几也。"清《女仙外史》八一回："廖平原籍襄阳，帝往还吴楚，每至其家，不免为人知觉，就有奸臣密告于燕王，燕王即发～抄家查勘。"

【缇绮】 tí qǐ ❶ 赤色有花纹的丝织物，古代富贵者所服。唐欧阳詹《曲江池记》："丝竹骈罗，～交错。" ❷ 同"缇骑❷"。清《野叟曝言》一三九回："五花绑出奉天殿，圣恩特赦除为民，～持鞭催上道，西厂威风怕煞人。"《梦中缘》一二回："这是锦衣卫～访出来的钦犯。此时现有严府里人在此，立等回话。"

【缇纨】 tí wán 赤色厚缯与白色细绢，指富家子弟的华美衣着。宋苏舜钦《送外弟王靖序》："今贵人之胄，以～肥味泽厥身，一无达者之困肆焉。"

【缇绣】 tí xiù 赤缯与文绣，指高贵华美的衣着。唐刘禹锡《游桃源一百韵》："喧喧车马驰，苒苒桑榆夕。共安～荣，不悟泥途适。"

【题】 tí ❶ 同"提❷"。元张国宾《薛仁贵》一折："诸葛亮锄田刨地，刘先主织席编履，那等人～他做甚么!"元明《三国演义》一〇回："且把闲话休～，只说正话。迅速光阴，却早冬来。" ❷ 书写，题写。唐杜甫《弊庐遣兴奉寄严公》："把酒宜深酌，～诗好细论。"宋戴复古《木兰花慢·莺啼啼不尽》："重来故人不见，但依然杨柳小楼东。记得同～粉壁，而今壁破无踪。"元陶宗仪《辍耕录》卷二："秋八月，子定之奉柩归葬，门人诔而～之曰：文节先生谢公墓。"元明《三国演义》三四回："刘备有反叛之意，～反诗于壁上，不辞而去矣。" ❸ 指所题写的字句。元陶宗仪《辍耕录》卷一七："见陈居中所画唐崔丽人图，其上有～云：并燕莺为字，联徽氏姓崔。非烟宜采画，秀玉胜江梅。"元明《三国演义》二七回："忠义慨然冲宇宙，英雄从此震江山。独行斩将应无敌，今古留～翰墨间。" ❹ 题目，题名。元《通制条格》卷五："第二场策一道以时务出～，限五百字以上。"元明《三国演义》一五七回："丕曰：'吾与汝乃兄弟也，以此为～。'"

【题跋】 tí bá 题，指写在书籍、字画、碑帖等前面的文字。跋，指写在书籍、字画、碑帖等后面的文字。合称"题跋"。内容多为品评、考订、赏鉴、记事等。宋苏轼《与子安兄》："近购获先伯父亲写谢蒋希鲁及第启一通，躬亲褾背，～寄与。"清《红楼梦》四二回："你快画罢，我连～都有了，起个名字，就叫作《携蝗大嚼图》。"

【题笔】 tí bǐ ❶ 题写的字句。元刘诜《和罗士奇游洞岩见示二首》之二："故人～在，遗墨似鸦栖。"明沈炼《咏怀二首寄徐太保》之一："春秋首止曾～，南北音尘已食鱼。" ❷ 指卖文。元佚名《举案齐眉》一折："则他便是梁鸿，每日在长街市上～为生的，怎比那两个是官员、财主?"郑廷玉《金凤钗》一折："你子母休熬煎，我到来朝一日，向周桥上～卖诗，若卖些钱，养活你。"

【题参】 tí cān ❶ 参劾。明倪元璐《饷部事宜疏》："地方延误者，该督抚立行～，加等处治。"清《幻中游》三回："你这等的抗上，本院一定～。" ❷ 上奏章。清《红楼梦》一〇七回："犯官自从主恩钦点学政，任满后查看赈恤，于上年冬底回家，又蒙堂派工程，后又往江西监道，～回都，仍在工部行走，日夜不敢怠惰。"《绿野仙踪》七三回："军机重务，安可用此桀骜不驯之员？理合～，请旨速行正法，为文武各员台忽者戒。”

【题覆】 tí fù 六部向皇帝进呈的一种公文。明杨继盛《乞诛奸险巧佞贼臣疏》：“凡府部每事之～，其初先呈稿而后敢行，及今面禀而后敢起稿。”清《醒世姻缘传》九九回：“若老爷行到卫里，取他上来，委他提兵去救援，许他成功之日，与他～原官。”

【题和】 tí hé 把死者的名字写在棺材头上。宋司马光《令公掩圹祭文》：“瞻望～，于兹永绝，兴言念此，心爽飞扬，触地号天，肝肠寸绝。”清《镜花缘》九八回：“章、文两府弟兄听了，好不伤悲，只得装殓～，同众人之柩寄在一处，并派兵丁看守。”

【题缄】 tí jiān 在书信函件封皮上题写收件人姓名、官衔。宋晁补之《劝缘造大藏经疏》：“今闻上国伽蓝，适有古教缃帙～万卷，价直千缗。”明叶春及《寄刘玉汝》：“生计萧条非独尔，～南北共伤神。”

【题结】 tí jié 了结案件。《大清律例》卷五：“凡盗犯到案审实者，即将盗犯家产封记，候～之日，将盗犯家产变赔。”清《儒林外史》五一回：“现今抚院大人巡海，驻扎本府，等着要～这一案，你还能赖么？”

【题旌】 tí jīng 题书表章。《通典》卷八四：“祖宗之号，所以表德～，古今异仪。”清毛奇龄《金文学鲁孺人合葬墓表》：“请学使～，而孺人辞之。”

【题款】 tí kuǎn 在书画、楹联、书信、礼品等上面题写上款或下款。明王世贞《宋人杂花鸟册》：“其渲染生色，穷态极变，与真宰争胜，毫楮间往往能夺之，惜废～，不显画人名。”清《后红楼梦》二二回：“不一会子取图进呈，天情甚悦，看到后面一行～，就问道：‘这贾仲春就是贾政的次女么？’”

【题名道姓】 tí míng dào xìng 指名道姓。指对人不恭敬。元郑廷玉《忍字记》一折：“这个穷弟子孩儿，要钱则要钱，～怎的？哥哥听了又生气也，我对俺哥哥说去。”清《绿野仙踪》五〇回：“苗秃子将桌子一拍道：‘温如玉实是没良心的人！’如玉笑道：‘这秃子放肆！怎么～起来？’”

【题名乡会】 tí míng xiāng huì 宋代进士及第，各集同乡于佛寺，书写姓名，以资纪念。宋赵昇《朝野类要》卷一：“进士及第，各集乡人于佛寺，作～，此起于唐之慈恩寺塔也。若官司州县厅事，各立题名碑者，盖备遗忘尔。”

【题目】 tí mù ❶ 主题，命题。元陶宗仪《辍耕录》卷八：“画山水一幅，先立～，然后著笔，若无～，便不成画。”明《拍案惊奇》卷三二：“入试时，唐卿心里放这女子不下，～到手，一挥而就，出院甚早。” ❷ 条件，要求。明《醒世恒言》卷三：“把从良二字，只当个赚钱的～。这个谓之假从良。”又卷七：“有这些难处，只怕劳而无功，故此不敢把这个难～包揽在身上。”

【题念】 tí niàn 挂念，惦记。明《金瓶梅词话》七三回：“一个热突突人儿，指头儿似的少了一个，如何不想不疼不～的。”清《绿野仙踪》六三回：“你可按物开一清单，到当铺中当了；我将来若有好的时候，定要取赎出来，做个～儿。”

【题派】 tí pài 奏请委派。明李颐《条陈海防疏》：“蓟镇所重在守，沿边台垣等工，率三年一次，～分修。”清《八旗通志》卷一〇一：“～四员入场，协同阅卷。”

【题评】 tí píng 品评。宋吕陶《席上咏金橘》：“辛酸甘苦各存味，赖有知者加～。”明王世贞《仙棋石》：“最是圣凡难别，欲烦橘叟～。”

【题破】 tí pò ❶ 对某一事物，反复题写、品评，已无可再写。五代何光远《鉴诫录》卷九：“陈明秀才～吴王夫差庙，汪遵先辈咏绝万里长城。”明卢襄《蝶恋花·徐州晚泊用师邵韵》：“城上危楼惊欲坠，北楫南樯日日城边过，犹记昔年楼上坐，楼前景物多～。” ❷ 指明，点破。宋罗烨《醉翁谈录》：“世有九流者，略为～。”清《飞花艳想》二回：“我柳友梅若～了雪小姐的诗题，便不患佳人难遇矣。” ❸ 以笔墨题写、品评。宋穆修《题李士言秀才别贮帕》：“～白云深有意，要传消息到巫山。”《元曲选·荐福碑》二折：“这披鳞的曲蟮，带甲的泥鳅！我歹杀呵是国家白衣卿相，你岂敢戏弄我！怎生出的这恶气？我则～这庙宇，便是我生平之愿。”

【题签】 tí qiān ❶ 书籍。宋梅尧臣《寄致仕张郎中》：“不问从来生计薄，～盈阁是家藏。” ❷ 为书籍、卷册封面题写标签。宋晁补之《胡戢秀才效欧阳公集古作琬琰堂》：“仲尼犹及史之阙，有马借人吾敢忘。～甲乙颍水阳。”清《荡寇志》一三八回：“天子见了甚喜，便亲提御笔～。”

【题亲】 tí qīn 同“提亲”。清《醒世姻缘传》三九回：“媒婆～，这魏才一说就许，再也不曾作难择了吉日，娶了过门。”

【题染】 tí rǎn 题诗作画，笔墨点染。宋陈鹄《耆旧续闻》卷七：“形迹不秘，去来不时。窗壁～，在在可录。”明黄佐《騘马行送刘宪伯乔》：“騘马驱何悠悠月，～朱汗倏与飞。”

【题扇】 tí shàn 在扇上题写字画，以作留念。宋张耒《漫呈无咎一绝》：“～灯前亦偶然，那知别后远如天。”清《平山冷燕》一二回：“吾辈初不相知，往来应酬，抄寻他人之作，偶然～，亦是常事。”朱彝尊《逢周侍郎二首》之一：“春远仍～，江寒未放船。”

【题识】 tí shí 题跋，题记。宋周密《齐东野语》卷六：“凡经前辈品题者，尽皆拆去，故今御府所藏，多无～。”元陶宗仪《辍耕录》卷六：“大德己亥，妇翁张君锡，携余同观淳化祖石贴，卷尾各有～。”明宋濂《题周母李氏墓铭后》：“梁太常卿任昉著《文章缘起》一卷，凡八十有五题，未尝有所谓～者。”

【题授】 tí shòu 奏准任命（官员）。明胡直《水部尚书郎张玉屏先生寿藏铭》：“吏部～奉议大夫。”清《醒世姻缘传》八三回：“只是这两行难选，且打点不到，仍要转出外头去做县丞主簿；不如这中书，纳完银就～了，且又不外转。”

【题说】 tí shuō 提起，说起。元《通制条格》卷二：“大德三年六月初九日，中书省奏，阔里吉思～福建合行事内一件。”

【题醒】 tí xǐng 同“提醒”。明《金瓶梅词话》五二回：“幽窗静悄月又明，恨独倚帏屏。蓦听的孤鸿只在楼外鸣，把万愁又还～。”清《隋唐演义》六五回：“当初妾随母后的时节，母后治家严肃，言笑不苟，不知为甚跟了罗郎之后，被他～了几句，便觉温和敬爱，时刻为主，喜笑怒骂别有文章。”

【题意】 tí yì 题目的旨意。宋周紫芝《古今诸家乐府序》：“后人之作，其不与古乐府～相协者十八九。”清《九云记》二九回：“‘访菊’‘画菊’二诗，闲寂淋漓，两尽～，实是丞相正音宗匠。”

【题咏】 tí yǒng ❶ 题写诗词。唐温庭筠《梅》：“莫贪～兴，商鼎待盐梅。”宋林逋《梅花二首》之二：“等闲～谁为愧，子细相看似有情。”清《红楼梦》一七至一八回：“且喜宝玉竟知～，是我意外之想。” ❷ 题写的诗词。宋苏颂《灵香阁记》：“自晋宋以来，文士多称述之，往往载于～。”清《儒林外史》四〇回：“楼右边一个小阁子，墙上嵌着许多名人～。”

【题旨】 tí zhǐ 诗文命题的主旨。清郑方坤《全闽诗话》卷七：“习氏不惟失作者本意，而于～、句法不相符矣。”《镜花缘》八〇回：“此等虽亦借用，但重～，与重题面迥隔霄壤，是又次之。”

【题志】 tí zhì ❶ 题写跋语。唐欧阳詹《有唐君子郑公墓志铭》：“妹有远告，咨予～。”元叶颙《次潘鹏举喜雨韵二律》之二：“剩欲构亭～喜，只疑人怪老坡才。” ❷ 题写的跋语。宋刘攽《故朝散大夫皇甫君墓志铭》：“彼虽无石铭，棺椁外当有～者。”清查慎行《李中主读书台》："累朝～名空在，众口传讹辨最难。"

【题柱客】 tí zhù kè 志在求取功名荣显的人。唐杜甫《陪李七司马皂江上观造竹桥》之一："顾我老非～，知君才是济川功。"清彭孙遹《赠嵯使余岱舆侍御》："昔闻～，今见避骢人。"

【题柱志】 tí zhù zhì 求取功名荣显的壮志。宋陈藻《绝交赠伯巳二首》之一："郎婿已灰～，亲闱曾教断机贤。"明韩雍《送昆山赵进士博还京》："归路不辜～，到家应慰倚闾心。"

【题准】 tí zhǔn 奏请批准。明王樵《与长男启疆书》："近日礼部～，各省仍遣京官主试，不许外帘官干预阅卷。"清《明珠缘》一七回："过了数日，厂里已将水客人拟定军罪，申法司。水客人买上嘱下，正是钱可通神，～捐赎，纳了七千担米，便释放出来。"

【题奏】 tí zòu ❶ 上奏章。元王恽《玉堂嘉话》卷八："此诗书于上源驿壁间，馆伴使入朝～。"△清《七侠五义》二七回："待本阁具本～，保你不失状元就是了。" ❷ 题本、奏本的并称。明程敏政《杨文懿公传》："听纳忠谏，躬阅～，日勤政务。"清《平定准噶尔方略》前编卷二九："令臣等密封～。"

【醍醐灌顶】 tí hú guàn dǐng 醍醐为酥酪上凝聚的油，用纯酥油浇到头上，佛教指灌输智慧，使人彻底觉悟。比喻听了高明的意见使人清醒，受到启发。《敦煌变文校注》卷五《维摩诘经讲经文（四）》："令问维摩，闻名之如露入心，共语似～。"宋《临安府径山兴圣万寿禅寺语录》："古人有'一日不作，一日不食'之语，时时提起咬嚼过，如～。诸人若信得及，蓦地咬透，便见禅道佛法。"明《拍案惊奇》卷一一："王生闻得，满心欢喜，却似～，甘露洒心，病体已减去六七分了。"清《红楼梦》六三回："宝玉听了，如～，嗳哟了一声，方笑道：'怪道我们家庙说是"铁槛寺"呢，原来有这一说。'"

【啼】 tí ❶ 哭泣。《敦煌变文校注》卷一《汉将王陵变》："三三五五暗中～，各各思家总拟归。"宋魏泰《东轩笔记》卷七："时王雱幼子夜～，用神咒而止，雱虽德之，然性靳啬。"金董解元《西厢记诸宫调》卷一："淹不断眼中泪，揾不退脸上～痕，处置不下闲烦恼，磨灭了旧精神。"元明《三国演义》六七回："这一阵杀得江南人人害怕；闻张辽大名，小儿也不敢夜～。"△清《儿女英雄传》二一回："那姑娘拈香献酒，自然有一番礼拜哀～，不消细讲。" ❷ 眼泪。《敦煌变文校注》卷五《父母恩重经讲经文（一）》："日夜不曾闲，往往～如雨。回干就湿最艰难，终日驱驱更不闲。"唐王昌龄《别李浦之京》："小弟邻庄尚渔猎，一封书寄数行～。"元曾瑞卿《蝶恋花·闺怨》："别后身属新恨管，泥金翠袖～痕满。" ❸ 鸟兽鸣叫。唐[日]圆仁《入唐求法巡礼行记》卷三："每以身厌青阙之器，不将心听白猿之～。"宋姜夔《鹧鸪天·元夕有所梦》："梦中未比丹青见，暗里忽惊山鸟～。"元明《水浒传》三一回："烟岚堆里，时闻幽鸟闲～；翡翠阴中，每听哀～孤啸。"清《女仙外史》九九回："猿一啸，鹤双～，石泉流翠微。参差曲径往来迷，阮郎何处归？"

【啼哭】 tí kū 放声大哭。《敦煌变文校注》卷六《大目乾连冥间母变文》："罪人总见目连师，一切～损双眉，弟子死来年月近，和尚慈亲实不知。"元贯云石《孝经直解》一八："孝子没了父母时分，～呵，无做作的声气。"明《西游记》六四回："且不说众僧～，却说师徒四众，走上大路，却才收回毫毛，一直西去。"清邵彬儒《俗话倾谈》卷一："就使灵魂尚在，依附神主牌，坐在高台之上，而见一班男妇～声咤，在死者亦当眼泪交流。"

【啼天哭地】 tí tiān kū dì 形容哭得非常悲惨。元佚名《替杀妻》三折："母亲～泪流交，您儿不曾将山海恩临报。"高文秀《遇上皇》二折："〔驾云〕你不好去大衙门里告他？却在背后～，成何用也？"元陶宗仪《辍耕录》卷一九："奉使来时，惊天动地；奉使去时，乌天黑地；官吏都欢天喜地，百姓却～。"

【蹄膀】 tí bǎng 对人腿的一种谩骂称法。清《醒世姻缘传》四八回："我见那姓龙的撒拉着半片鞋，歪拉着两只～，倒是没后跟的哩。"

【蹄子】 tí zi ❶ 泛指牛、羊、马等动物的脚。元武汉臣《生金阁》三折："〔正末云〕孩儿也，大风大雪，你两只脚伴着我这四只马～走，你先吃这钟儿酒者。"清《歧路灯》一〇一回："乡里老头儿，压压油，出门遇见山羊，吓了一跤。两根骨头朝上长，四只～，一根尾巴，望着我咩咩叫。" ❷ 特指煮熟的猪蹄。宋周密《武林旧事》卷九："第九盏鲜虾～脍南炒鳝。"明《金瓶梅词话》三四回："这书童把银子拿到铺子，浏下一两五钱来，教买了一坛金华酒，两只烧鸭，两只鸡，一钱银子鲜鱼，一肘～，二钱顶皮酥果馅饼儿。"《型世言》二六回："姨娘因我是同来熟人，叫我到里面，与我酒吃，现成下饭烧鸭、熩～、湖头鲫鱼，倒也齐整。"△清《九尾龟》一〇〇回："本来堂子里头的司菜，照例是一碗鱼翅，一碗整鸭，一碗鸡，一碗～。" ❸ 辱骂年轻女子的话。清《红楼梦》四四回："平儿那～，素日我倒看他好，怎么暗地里这么坏。"《霓裳续谱·泪涟涟叫了声丫鬟》："〔小〕我这两日就活倒了运，〔正〕牛心的～敢在我跟前来强辩，〔小〕〔是了〕，我就成了一个万人嫌。"△《海上尘天影》四八回："被燕卿啐了一口，骂道：'你们这班不得好死的小～，串通了，把我来开心！'"

tǐ

【体】 tǐ ❶ 体察。《敦煌变文校注》卷三《燕子赋（一）》："实缘避难，事有急疾，亦非抢夺，愿王～悉。"又卷五《维摩诘经讲经文（二）》："闻居士有疾，皆来～问。" ❷ 体会，领会。《祖堂集》卷五《三平和尚》："诸人若未曾见知识，则不可；若曾见作者来，便合～取些子意度。"宋守坚《云门匡真禅师广录》卷上："里闭目合眼，老鼠孔里作活计。黑山下坐，鬼趣里～当。" ❸ 模仿。唐刘肃《大唐新语》卷一："太宗谓虞世南曰：'吾与如晦，君臣义重，不幸物化，实痛于怀。卿～吾意，为制碑也。'"

【体测】 tǐ cè 体察，忖度。《续资治通鉴长编》卷二三五："再差人～府界人情，然后徐议此事。"明徐光启《农政全书》卷三一："毋须着单衣，以为～，自觉身寒，则蚕必寒，便添熟火。"

【体察】 tǐ chá ❶ 察访。元佚名《留鞋记》三折："自家张千，奉老爷的言语，着我扮作个货郎，挑着这绣鞋儿，～这一桩事。"《元典章·圣体一》："廉访司官监察每不为用心～，分外没体例行呵，罪比常人加重者。" ❷ 考查。元明《水浒传》三九回："敢有作耗之人，随即～剿除。"明《拍案惊奇》卷二："若看了告示，有些动静，即便～，拿来回话。"△清《二十年目睹之怪现状》一一回："你代我留心～着，看是那一个，我好开除了他。"

【体沉】 tǐ chén 分量沉重。清《红楼梦》四一回："我掂着这么～，这再不是杨木，一定是黄松做的。"

【体当】 tǐ dāng 体会，体验。《五灯会元》卷一五《香林澄远禅师》："且去衣钵下～寻觅看，若有个见处，上来这里道看，老僧与汝证明。"宋《朱子语类》卷九七："'体'，犹～、体究之'体'，言以自家身己去体那道。"

【体度】 tǐ dù 气度；派头。清《红楼梦》六五回："要论温柔和顺，却较着凤姐还有些～。"《平山冷燕》二回："闺阁脂粉，妖淫之态，一切洗尽，虽才交十岁，而～已如成人。"

【体段】 tǐ duàn ❶体态身段。宋元《警世通言》卷一九:“吴道子丹青,描不出风流～。”元乔吉《扬州梦》三折:“知音吕借意儿嘲风咏月,有～当场儿擫竹分茶。”明贾仲明《玉壶春》二折:“那是敲金击玉辞源响,则为这玉骨冰肌～香。”清《醒世姻缘传》四四回:“适短适长～,不肥不瘦身材。”《飞龙全传》二五回:“不似母亲罗刹形容,粗蠢～。” ❷身分;气度;规矩。明《二刻拍案惊奇》卷八:“沈将仕见王朝议虽是老模样,自然是士大夫～,肃然起敬。”《西游记》二回:“你等大呼小叫,全不像个修行的～。”清《醒世姻缘传》五三回:“可该拿出那做大的～来给人干好事,才是你做族长的道理。”

【体范】 tǐ fàn 式样。宋苏颂《乞赐六典》:“恭惟皇帝陛下,稽若上世,允厘庶工,谓开元之职仪,有成周之～。”

【体防】 tǐ fáng 观察调查、察访。《续资治通鉴长编》卷二六三:“又臣等近到雄州,～得北人巡马界口铺之类多般生事。”

【体访】 tǐ fǎng 犹“体察❶”。元明《三国演义》一〇七回:“有人报与姜维,维心不信,令人～得实,方始入城。”明《醒世恒言》卷二五:“欲带亲往西川,～消息。”《杨家府》卷四:“将军必欲寻究杨将军,当往杨府～何如?”清《女开科传》一一回:“我不如趁此机会上京会试,一路～,有何不可?”

【体伏】 tǐ fú 同“体覆”。《元曲选外编·延安府》一折:“则为那吏弊官浊民受苦,差小官亲～。”

【体覆】 tǐ fù 考察;复核。《元典章·圣政一》:“站户消乏者,～是实,随即补替。”又《圣政二》:“腹里被灾人户,曾经廉访司～者,下年丝料与免三分。”

【体格】 tǐ gé ❶身段仪表;身材风度。明《拍案惊奇》卷六:“到内室念佛看经,～终须是妇女,交搭更便。”《石点头》卷二:“邻里间多有要与月坡联姻,月坡以女儿这个～,要觅一个会读书的子弟为配。” ❷指诗文的题材格制。清《红楼梦》七八回:“我说他立意不同,每一题到手必先度其～宜与不宜,这便是老手妙法。”

【体骨】 tǐ gǔ (书法的)结构与骨力。清《平山冷燕》一四回:“便见园门外粉壁上写得龙蛇飞舞,～非常。”

【体规画圆】 tǐ guī huà yuán 墨守成规,一味模仿。宋宋祁《宋景文笔记》卷上:“文章必自名一家,然后可以传不朽。若～,准方作矩,终为人之臣仆。古人讥屋下作屋,信然。”明宋濂《答章秀才》:“虽然,为诗当自名家,然后可传于不朽。若～,准方作矩,终为人之臣仆,尚乌得谓之诗哉!”

【体骸】 tǐ hái 尸骸;躯壳。唐卢照邻《与洛阳名流朝士乞药直书》:“故知与不知,咸送诗告请,无按剑同掩～云尔。”清《万花楼》四四回:“已将夫人埋入土窖中,上面仍用土泥浮松盖掩,以免压腐～。”

【体候】 tǐ hòu 身体状况。唐赵璘《因话录》卷三:“汝为人妇,岂有阿家～不安,不检校汤药,而与父作生日?”明方孝孺《奉俞大有先生》:“令子来承,～宁佳。甚慰,甚慰。”

【体会】 tǐ huì 体验,领会。宋朱熹《答刘季章》:“然读书,且要虚心平气,随他文义～,不可先立己意。”△清《二十年目睹之怪现状》二五回:“甚么先生门生!我这个又是谁教的,还不是自己～出来。大凡读书,总要～出古人的意思,方不负了古人作书的一番苦心。”

【体究】 tǐ jiū ❶体会,思考。宋黄裳《照觉禅师行状》:“必向三根椽下,洁己虚心,收视返听,～大事,俄而有见。”清蔡世远《历代名儒传序》:“高安朱先生～正学,服膺儒行。” ❷体察,查究。宋李纲《借奏状》:“臣寻行～州县科敷之弊。”明朱浻《与吴太守论莆田南洋水利书》:“云泉吴老先生加意穷民～,此事此诚,莆人更生之机。”《杨家将演义》二八回:“部将焦赞凶顽之徒,不知几时进城。今杀死谢金吾一家,岂必是臣主使哉?乞圣明～,如果是的,当就藁街之诛,以正朝廷法令也。”

【体局】 tǐ jú ❶身分;气度。清《快心编》三集三回:“看兰英恁般标志,又有～。”《绿野仙踪》八十回本二回:“不是嫌誉扬太过,就说失于寒酸,总不像他的～口气,目下催他们另做。” ❷地位局面。清《绿野仙踪》一九回:“想自己家中光景何等～,孰意几天儿便弄到这步田地。”

【体勘】 tǐ kān 探察。元欧阳玄《分宜县学复田记》:“院达之都省,省循例移行省,～其是否。”《元曲选·泣江舟》四折:“今日行至清江浦,这是个官厅所在,那巡江官员人等,都在此处参见老夫,须索仔细～一个虚实。”清汤斌《答陆稼书书》:“惟愿默自～,求不愧先贤。”

【体看】 tǐ kàn 查看。宋觉范《余居百丈天觉方注楞严以书见邀作此寄之二首》之二:“争如劈佛丹霞手,揭露从教觌～。”明《二刻拍案惊奇》卷五:“各人认路,茶坊酒肆,凡有众人团聚面生可疑之处,即便留心挨身～。”

【体例】 tǐ lì ❶法规;制度;标准。《元代白话碑集录·一三一四年周至重阳万寿宫圣旨碑》:“您众先生每,孙真人的言语里,太上老君教法里,休别了依～行者。”《通制条格》卷一三:“人匠吃粮的～,已先月哥歹皇帝定夺来的～有,匠人每造作呵,验工程与粮有来。” ❷样板;先例。元贯云石《孝经直解》二:“将这两件儿先父母根底行呵,四海百姓把我的这德行教道做～的一般有。”《元典章·户部四》:“从来不曾断过如此～,乞照详。”王士点、商企翁《秘书监志》卷一:“依著别个监分～,升正三品呵,怎生?”

【体亮】 tǐ liàng 同“体谅”。明《金瓶梅词话》五七回:“还是老师～,少也不成,就写上五百两。”

【体谅】 tǐ liàng 为人着想,给以谅解;体会理解。清《红楼梦》九回:“那工课宁可少些,一则贪多嚼不烂,二则身子也要保重,这就是我的意思,你可要～。”《三侠五义》一一五回:“这人的智略权变,把握的喜怒全叫他～透了,我还合他闹什么～?”△《花月痕》二八回:“痴珠这样丢他的脸,他还替痴珠～,是受人家的赚。”

【体量】 tǐ liàng 同“体谅”。清《醒世姻缘传》六六回:“狄希陈在外一边挣扎,一边说道:‘二位哥～我,到家就来。’”

【体律】 tǐ lǜ 体裁格律。唐赵璘《因话录》卷二:“诗韵不为新语,～务实,功夫颇深,自旦至暮,吟咏不辍。”明胡居仁《与丘时雍》:“观其诗,皆雄才大略之所发,其～句语,又皆高切古健,靡不有法。”

【体面】 tǐ miàn ❶规模,格局。宋《朱子语类》卷九〇:“古之所谓庙者,其～甚大,皆是门、堂、寝、室,胜如所居之宫。”又卷一二一:“这个道理规模大,～阔,须是四面去包括,方无走处。” ❷模样;体态。元关汉卿《调风月》三折:“把～妆沉,把头稍自领。”马致远《青杏子·姻缘》:“～妖娆,精神抖擞。” ❸体统;身分;规矩。元许衡《直说大学要略》:“礼是把～敬重为长的道理。”关汉卿《鲁斋郎》一折:“是谁人墙外边,直恁的没～?”岳伯川《铁拐李岳》二折:“则为你有人才多娇态,不老相正当年。休失了大人家～。”元明《水浒传》三八回:“兄长,休怪小弟引这等人来相会,全没些个～,羞辱杀人。”明《警世通言》卷二:“那田氏怒中之言,不顾～,向庄生面上一啐。”清《歧路灯》七四回:“我心里想着,你毕竟是此道中有～的。” ❹光彩;荣耀;有身分。明《醒世恒言》卷一八:“晁源又送了三两银子与那武城的礼房,要他撺掇县官与他上祭，～好看。”清《红楼梦》四〇回：“我这头也不知修了什么福，今儿这样～起来。”△《老残游记》一三回：“～一些的人总无非说自己才气怎么大，天下人都不认识他。” ❺ 情面、面子。明《金瓶梅》五三回：“那时即欲叫破骂他，又是争气不穿的事，反伤～。”《醒世恒言》卷一：“我若不扶持他，同官～何存！”清《歧路灯》七一回：“我如今诸事窘迫，是要借娄师爷做官～，把东西出脱。” ❻ 样子好看；美观。清《红楼梦》三九回：“可惜这么个好～模样儿，命却平常，只落得屋里使唤。”△《儿女英雄传》一四回：“却说安老爷到了庄门，早见有两个～一些的庄客迎出来。”△《官场现形记》一二回：“原来这船上的人起先看见他穿的朴素，不及文七爷穿的～，还当他是底下人。”

【体念】 tǐ niàn ❶ 体恤。宋文彦博《乞免夫役》：“惟是重叠力奏朝廷，特赐～矜恤。”清《万花楼》一回：“其迟些报献，不过人子～亲心之意，陈某怎敢诛求。” ❷ 体验。明王守仁《传习录》卷下：“～探求，再更寒暑，证诸五经四子，沛然若决江河而放诸海也。”

【体取】 tǐ qǔ 体会。《五灯会元》卷五《三平义忠禅师》：“若曾见作者来，便合～些子意。”明李贽《复京中友朋书》：“‘些子意思，人人俱有，但知～，就是保任之扩充之耳。’来示如此，敢以实对。”

【体认】 tǐ rèn ❶ 体会、认识。宋《朱子语类》卷六：“将爱之理在自家心上自～思量，便见得仁。”又：“诸先生皆令人去认人，必要人～得这仁是甚物事。” ❷ 审察辨认。清《水浒后传》九回：“安道全调和气息，细心～，审过左右手部九候。”△《花月痕》四九回：“嘻嘻～连言谈举止，体态性情，都觉得一模一样。”

【体审】 tǐ shěn 察访。《元朝秘史》卷六：“恰才～你说的言语是实了，今我两个告帖木真去。”明于谦《南征类》：“及至～回奏，处置已定，方才夸张谬论，烦渎圣听。”

【体式】 tǐ shì ❶ 体裁格式。清《醒世姻缘传》七四回：“状自有一定的～，你割裂了，这般胡说，戏弄本府！” ❷ 犹“体面❹”。清《隋唐演义》三六回：“陛下巡游，须得几百号龙舟，方才～。”

【体势】 tǐ shì 形体姿势。明《西游记》七二回：“形容～十分全，动静脚跟千样躧。”

【体恕】 tǐ shù ❶ 体察原谅。唐王梵志《自死与鸟残》：“自死与鸟残，如来相～。” ❷ 体谅宽恕。清《红楼梦》七五回：“求舅太爷～一些，我们就过去了。”

【体态】 tǐ tài 身体的姿态。元明《水浒传》三二回：“不施脂粉，自然～妖娆；懒染铅华，生定天姿秀丽。”明《金瓶梅》七七回：“千般风韵娇，风流俊俏，～妖娆，所谓诸般妙。”清《三侠五义》七回：“见李氏小姐幽娴贞静，～端庄，诚不失大家闺范。”

【体探】 tǐ tàn 打探；查探。元明《三国演义》四三回：“子敬往江夏，～虚实若何？”明《西洋记》七二回：“一面差夜不收前去～，一面收船。”《警世通言》卷一一：“老身又遣次男苏雨亲往任所～，连苏雨也不回来。”

【体贴】 tǐ tiē ❶ 细心体会。清《歧路灯》三五回：“到底你要～咱爹的意思。”《绿野仙踪》六回：“这样的诗句，皆从致知中得来，子能细心～，将来亦可以格物矣。” ❷ 理解别人，给以关心、照顾。清《红楼梦》五一回：“在上～太太，在下又疼顾下人。”《绿野仙踪》三六回：“你看做老爷们的性儿，总不～下情。”△《儿女英雄传》二四回：“心窝儿～得无忧无虑，舒畅安和。”

【体统】 tǐ tǒng ❶ 体制；规矩。元明《三国演义》三回：“刻印不及，以锥画之，全不成～。”明《梼杌闲评》三回：“都院～，即府佐也不待荣。”清《红楼梦》八八回：“他虽是有过功的人，到底主子奴才的名分，也要存点～儿才好。” ❷ 身分；派头。清《绿野仙踪》二三回：“这几个官儿原都是酒色之徒，小人之尤，那里还顾的大臣～，手下人观瞻？”《歧路灯》二八回：“要撑我姐夫的门面、～，也不在儿架盒子，儿顶轿儿上。”△《二十年目睹之怪现状》三四回：“文不文，武不武，穷的没饭吃，还穿着一件长衫，说甚么不要失了斯文～。” ❸ 光彩；有面子。清《红楼梦》五一回：“说不得我自己吃些亏，把众人打扮～了，宁可我得个好名也罢了。”又五二回：“嫂子原也不得在老太太、太太跟前当些～差事，成年家只在三门外头混。”

【体味】 tǐ wèi 仔细体会。宋朱熹《答范伯崇》：“凡此类，皆须研究～，见得圣人之心。”清《野叟曝言》三九回：“湘灵觉着诧异，细把那句诗～，却想不出。”

【体问】 tǐ wèn 查问；寻问。清《醒世姻缘传》八回：“却说晁住到了京，各处～，寻到傍晚，止寻见胡旦。”又八六回：“却说韦美凭着索姐说的含含糊糊的下处，～将去，排门挨次，查问到一个姓姚的人家。”

【体悉】 tǐ xī 体察了解。清《水浒后传》三〇回：“这是国主美意，～人情，贤弟为何迟疑？”

【体惜】 tǐ xī 体谅，爱惜。明《醋葫芦》三回：“也是成珪～人情处，见众人不吃，也不候了院君，自己就先吃了饭。”清《情梦柝》七回：“井氏自恃色美，又夸名门，把公姑不放在心上，公姑又～他娇怯，奉承他是旧家小姐，就有不是处，亦甘忍而不言也，反说他命好。”

【体相】 tǐ xiàng 同“体象”。明《西游记》七八回：“怀胎十月，待时而生；生下哺乳三年，渐成～。”

【体象】 tǐ xiàng 身体形象。明《西游记》六五回：“遂收了佛祖～，依然现出妖身。”

【体心】 tǐ xīn ❶ 了解心意；贴心。明《鼓掌绝尘》一一回：“他身边止有一个人是最～的，那人姓夏名方。”清《后水浒传》三七回：“不意众兄弟不能～，唐突至此，使杨幺不胜有罪。” ❷ 体贴；关心。明《醋葫芦》四回：“与你做了四十多年夫妇，曾不见一些～，今日为何这等发意？”

【体心贴意】 tǐ xīn tiē yì 体贴人的心意。明《醋葫芦》四回：“我道老杀才向来不肯～，昨天劈空买些甚么鸟儿我吃，其中决有缘故！”

【体性】 tǐ xìng ❶ 身体。《敦煌变文校注》卷四《降魔变文》：“我人四想(相)，了～而皆空，六类有情，咸归灭度。”《景德传灯录》卷三〇《韶山和尚心珠歌》：“莫言心王，空无～；能使色身，作邪作正。” ❷ 指本身的品性。明《西游记》二回：“只因你～元明，所以吃不得你。”又三八回：“一种灵苗秀，天生～空。”

【体恤】 tǐ xù 设身处地为人着想，给以同情、照顾。宋吕陶《奏乞放坊场欠钱状》：“独有出卖坊场一事，最为深害，亦愿～，以慰其心。”△清《官场现形记》一二回：“卑职伺候上司也伺候过好几位了，像大人这样～人，晓得人家甘苦，只要有本事能报效，还怕后来没有提拔吗？”

【体验】 tǐ yàn ❶ 查核，考察。宋苏轼《奏论八丈沟不可开状》：“史昱等状，内臣～得。”清陆陇其《禁演戏示》：“将此六谕，句句思惟，字字～，如有平日素行与此不合者，翻然改悔。” ❷ 亲身经历。宋朱熹《答刘子澄》：“惟能于讲学～处加功，使吾胸中洞然无疑。”清汤斌《答黄太冲书》：“躬行实践，～天命流行。”

【体样】 tǐ yàng 格式，式样。《五代会要》卷一三：“赐高丽国书诏，宜依赐新罗、渤海两藩书诏～修写。”

【体意】 tǐ yì 犹“体心❶”。明《鼓掌绝尘》三六回：“好一个

～的崔儿！咱爷便是亲生了一个孩儿，也没有你这样孝顺。”

【体用】 tǐ yòng 犹“体性❷”。明《西游记》六四回：“我等生来坚实，～比尔不同。感天地以生身，蒙雨露而滋色。”

【体元立极】 tǐ yuán lì jí 帝王即位。唐陆贽《贞元改元大赦制》：“门下王者，～，钦若乎天地，纂业承统，严奉于祖宗。”清秦蕙田《五礼通考》卷一二四：“受命为君，～，未有不谨于礼而能见教于人。”

【体知】 tǐ zhī 了解到。元《三国志平话》卷下：“吴王之子～荆王有一女，两家结亲如何？”元明《水浒传》一三回：“～东溪村山上有株大红叶树，别处皆无。”

【体制】 tǐ zhì 规矩；制度。明《二刻拍案惊奇》卷一五：“侍郎不肯受礼，道：‘如今是朝廷命官，自有～。’”△清《儿女英雄传》四〇回：“～所在，也不便过于合他两个纡尊降贵，只含笑拱了拱手。”△《官场现形记》三回：“他依旧一个个的请安，还他旧属的～。”

【体致】 tǐ zhì ❶ 气势韵致。宋陆九渊《赠俞文学》：“吾观俞君大篆，用笔劲快，而～闲雅。”清蓝鼎元《史学考》：“但见识有限，～局弱。” ❷ 规矩。清《春柳莺》七回：“倘尊翁一时不快，那时我有欺诳长者之罪。不但钱知府并家君不妥，且外人闻知，你我成何～？必须待我仍作钱公子，修下一书，寄与石生。”

tì

【屉子】 tì zi 装在床、椅、窗等器物上的可以取下的框子，框上罩以纱布或用藤、棕等编成平面，便于更换。清《红楼梦》三三回：“打的这么个样儿，还要搀着走！还不快进去把那藤～春凳抬出来呢！”

【剃度】 tì dù 给要出家的人剃去头发，使成为僧尼。宋元《古今小说》卷三五：“我这本师，却是播台寺里监院，手头有百十钱，～这厮做小师。”元明《水浒传》四回：“我曾许下～一僧住寺里，已买下一道五花度碟在此。”△清《老残游记续集》六回：“将环翠头发打开剪了一绺，就算～了，改名环极。”

【剃染】 tì rǎn 剃发染衣，指出家为僧。《法苑珠林》卷一一九：“既存～，绍继释迦，子虽异父而姓无殊，今者出家，宜悉称释。”清毛奇龄《新建东来禅院碑记》：“桑门慈公自六岁～，即已随其度师莲台住持此庵。”

【剃头】 tì tóu 剃去头发，也泛指理发。清《醒世姻缘传》六四回：“我正叫了个待诏～。”△《儿女英雄传》三七回：“就讲那上头的油泥，假如给了～的，便是使熟了的绝好一条杠刀布。”△《官场现形记》五八回：“马上找了个～挑了十几针。”

【剃小脸儿】 tì xiǎo liǎn ér 为妇人剃阴毛者。清《姑妄言》三回：“相传教门中专有一种为妇人剃阴毛者，名曰～的。”

【剃削】 tì xuē 剃(发)；用刀刮(头发)。明《西游记》八四回：“即变做千百口剃头刀儿，他拿一把，吩咐小行者各拿一把，都去皇宫内院、五府六部，各衙门里剃头。……这半夜～成功。”

【倜傥】 tì tǎng ❶ 洒脱；行为无拘束。明《金瓶梅》八七回：“他性儿又好，年纪小小，又～，又爱好。”明《二刻拍案惊奇》卷二七：“做人～不羁，豪侠好游。”△清《老残游记》一五回：“只有邻村一个吴二浪子，人却生得～小群。” ❷ 爽快；爽利。明《西游记》六一回：“大圣原说扇息了火还我。今此一场，诚悔之晚矣。只因不～，致令劳师动众。”

【涕喷】 tì pēn 喷嚏。明《西游记》八六回：“他两只手揉头搓脸，不住的打～，捏鼻子。”清《醒世姻缘传》四〇回：“正说着，只见孙兰姬一连打了几个～。”

【替】 tì ❶ 代替；帮助。元明《水浒传》三八回：“两位哥哥都不吃，我～你们吃了。”明《金瓶梅》五四回：“亏了他两个，收拾了许多事，～了二爹许多力气。”清《歧路灯》七三回：“姜氏早近桌边，拣撤儿碗剩馔，绍闻也～拣。” ❷ 替换。元明《水浒传》六五回：“把个衲头与他，～下湿衣服来烘。”明《醒世恒言》卷一三：“这旧靴一定是神道～下来，孙神通把与表子换些钱买果儿吃的。”清《荡寇志》九四回：“当日便令双枪将董平往濮州去～回林冲。” ❸ 介词。a) 为；给。元明《水浒传》三三回：“刘高差你来，休要～他出色。”明《金瓶梅》七回：“我破着老脸，和张四那老狗做臭老鼠，～你两个硬张主。”△清《官场现形记》六〇回：“辛苦了半辈子，弄了几个钱，不过是～儿孙做马牛。”b) 和；同。明《西游记》九三回：“你不晓的，天下多少斯文，若论肚子里来，正～你我一般哩。”《拍案惊奇》卷六：“感恩不尽，夜间尽情陪你罢，况且还要～你商量个后计。”清《闪电窗》四回：“～他说话，也是两三句答应不出一句的。”c) 对；向。明《拍案惊奇》卷二六：“我是～你说过了，方住在此的。”清《儒林外史》一六回：“母亲走进来叫他吃饭，他跟了走进厨房，～嫂子作揖。”△《老残游记续集》六回：“老姑子又要～德夫人行礼，早被慧生抓住了。”d) 被；让；叫。明《西游记》八〇回：“你这个重色轻生见利忘义的馕糟，不识好歹，～人家哄了招女婿绑在树上哩！” ❹ 连词。和；与。明《二刻拍案惊奇》卷三八：“我～你同到官面前，还你的明白。”《西游补》一三回：“我～你不过偶相逢，又不结弟，又不合婚姻，要我八字怎的？”清《生绡剪》九回：“我～你都是天医院里子孙，怎儿分得内外。” ❺ 量词。次；趟；批。元明《水浒传》二一回：“知县相公在厅上发作，着四五～公人来下处寻押司。”明《金瓶梅》二六回：“由着后边一～两～使丫环来叫，只是不出来。”清《歧路灯》一七回：“家中奶奶挂牵，来了两～人。”

【替代】 tì dài ❶ 祭祀时烧化的纸钱，冥钱。宋周密《武林旧事》卷三：“二十四日，谓之交年，祀灶用花饧米饵，及烧～，及作糖豆粥，谓之口数。” ❷ 代替的人；替身。明《醒世恒言》卷三二：“薛媪为去了女儿琼琼，正想没有个～，见此女容貌美丽，喜不可言。”清《后西游记》一二回：“今访圣僧往西天求解，要我老弟兄三人各寻个～，以完前边功行。”《醒世姻缘传》三〇回：“求他容我寻个～，好去出世。”

【替儿】 tì er 抽屉。清《说唐》三一回：“细看底下，又有一个～，抽出来一看，见一个人头。”

【替法】 tì fǎ 代替的办法。清《绣戈袍》二六回：“你真呆仔，有目前不顾，顾什么日后？还要将那个～挽爷爷为是。”

【替工】 tì gōng 代替人做工的人。清《荡寇志》七四回：“便是他妻子病重，昨夜追回去了。又没个～，好生不便。”

【替换】 tì huàn ❶ 把原来的调换下来。元明《水浒传》九回：“见今天王堂看守的多时满了，可叫林冲去～他。”明《金瓶梅》二三回：“替他～了衣裳，安排饭食与他吃。” ❷ 轮替；倒换。清《红楼梦》四六回：“告诉你们与我排解排解，你们到～着取笑儿。”清《绿野仙踪》六回：“雇了两个脚驴儿，～着骑。”

【替己】 tì jǐ 犹“梯己❸”。明《金瓶梅》五九回：“老婆又见搭连内沉沉重重许多银两，因问他，～又带了一二百两货物酒米，卸在门前店里。”

【替力】 tì lì 代为出力。元明《三国演义》八六回：“孤非不知，奈眼前无～之人。”明《古今小说》卷六：“这般人一生有怨无恩，但有缓急，也没人与塔分忧～了。”清《后水浒传》一九回：“俺家中没个～人，欲要将他娶来，不知可得容易。”

【替陵】 tì líng 衰落。宋王禹偁《搜访唐末已来忠臣子孙诏》：“虑忠孝之臣僚，有～之苗裔，将行激切，宜示甄收。”清毛奇龄《皇清敕封礼科都给事中前工部郎中姜公诔文》：“况奖善类，好扶～。”

【替另】 tì lìng 重新；另外。清《红楼梦》四七回：“你随后出来，跟到我下处，咱们～喝一夜酒。”又一〇八回：“后儿宝丫头的生日，我～拿出银子来，热热闹闹给他做个生日。”

【替却】 tì què 抵过；比得上。元《武王伐纣平话》卷上：“如此富贵奢华，盖造～天宫。”

【替身儿】 tì shēn er 替代别人的人。明《西游记》三九回：“当时驮他来，不知费了多少力，如今医活了，原来是个～。”清《醒世姻缘传》六一回：“别的我倒也都不为难，只这个女人的～，这却那里去寻？”《红楼梦》一七至一八回：“因生了这位姑娘自小多病，买了许多～儿皆不中用。”

【替手】 tì shǒu 帮助或替代人做活。明《金瓶梅》三九回：“怎的不与他寻个亲事，与干娘也替得手？”

【替手垫脚】 tì shǒu diàn jiǎo 犹“替手”。清《醒世姻缘传》三九回：“只说你自家一个人，顾了这头顾不的那头，好叫他～的与你做个走卒。”又五五回：“我也舍不的卖他，好不～的个丫头哩么。”

【替死鬼】 tì sǐ guǐ 喻代人受过或受害的人。明《型世言》三四回：“你这～，要淹死我么？你淹，你淹，只怕我倒淹不死，你不耐淹。”△清《三侠剑》二回：“你乃是胜老儿的～，通上名来。”

【替天行道】 tì tiān xíng dào 代行上天的旨意。《元曲选·双献功》四折：“宋公明～，到今日庆赏开筵。”元明《水浒传》二〇回：“～人将至，仗义疏财汉便来。”清《镜花缘》五九回：“二位在此既不～，又不打劫平民，自耕自种，与人无争，眼前既可保全，将来亦不失勤王功业。二位以为何如？”

【替头】 tì tou ❶ 替身。元杨瑀《山居新话》卷一：“汝等是正身耶？～耶？” ❷ 接替。宋周必大《张子仪总领》：“及归，正任满，无～者，增数千人，何以支吾？”

【替心】 tì xīn 代为操心。宋元《古今小说》卷三六：“每日若干钱养你，讨不得～替力，要你何用？”

【替样子】 tì yàng zi 比照原物大小形状套裁成纸样，作为复制的依据。多指替鞋样。明《金瓶梅》一三回：“还要替你做鞋，昨日使丫头替了吴家的样子去了。”

【替子】 tì zi 鞯子；鞍鞯。明《金瓶梅》六八回：“一面牵出大白马来，搭上～，兜上嚼环。”清《荡寇志》七七回：“原来早上备鞍子的时节不留心，把～一角反折转。”

【殢】 tì ❶ 滞留。《法苑珠林》卷七〇：“如人深泥，～不可出。”清彭孙遹《春尽率然有作》：“莫遣春愁～今夕，共君坐听晓钟声。” ❷ 迷恋。唐李商隐《魏侯第东北楼堂郢叔言别聊用书所见成篇》：“锁香金屈戌，～酒玉昆仑。”清陈廷敬《橄榄》：“叶飘榉柳枝边弱，身～桃胶味后甜。” ❸ 纠缠，困扰。唐李山甫《柳十首》之九：“强扶柔态酒难醒，～著春风别有情。”清吴绮《无裘》：“鹔鹴典酒度残春，海国新寒苦～人。” ❹ 使，让。宋佚名《张协状元》一〇出：“未知说着缘底事，召语直恁恶狰狞，有何事～人惊？”又一四出：“还嫁汝好～人疑，惹人非。”

【殢雨尤云】 tì yǔ yóu yún 指男女昵恋欢合。殢，沉湎。尤，过分。金《董解元西厢记》卷五：“～，靠人紧把腰儿贴。颤声不彻，肯放郎教歇！”宋柳永《浪淘沙》：“～，有万般千种，相怜相惜。”明《金瓶梅》七二回：“当下两个～，缠到三更方歇。”

tiān

【天】 tiān ❶ 一昼夜的时间，或指白昼。清《儒林外史》一七回：“走了几～旱路。”△《儿女英雄传》二四回：“大长的～，也是白闲着。” ❷ 一天里的某一段时间。明《二刻拍案惊奇》卷一八：“约莫一更多～。”清《红楼梦》二四回：“那～已是掌灯时候。”

【天报疮】 tiān bào chuāng 犹“天疱疮”。清《醒世姻缘传》二五回：“遇有甚么娼妓，好的也嫖，歹的也嫖，后又生出一身～来。”

【天表】 tiān biǎo ❶ 指皇帝的仪容。宋元《古今小说》卷二四：“御座临轩，宣百姓，先到门下者，得瞻～。” ❷ 指人美好的仪容。清《荡寇志》八一回：“希真看那天彪，果然～亭亭，轶类超群，心中先已敬佩。”

【天仓】 tiān cāng 犹“天庭❸”。元明《水浒传》一八回：“唇方口正，髭须地阁轻盈；额阔顶平，皮肉～饱满。”明《西游记》五四回：“顶平额阔～满，目秀眉清地阁长。”《西洋记》一一回：“生下一个娃娃不至紧，只见顶平额阔，～饱满，地角方圆。”

【天曹】 tiān cáo 指天上的官府。明《西游记》四三回：“因妹夫错行了风雨，刻减了雨数，被～降旨，着人曹官魏徵丞相，梦里斩了。”《醒世恒言》卷三八：“今日幸得～尚未录我魂气，生日将到，料你等必然经营庆生之礼。”

【天长日久】 tiān cháng rì jiǔ 时间长。唐欧阳詹《早秋登慈恩寺塔》：“地迥风弥紧，～迟。”△清《官场现形记》四九回：“这是～之事，倘若今天说和之后，明天又翻腾起来，或是闹得比今天更凶，叫我旁边人也来不及。”

【天朝】 tiān cháo 对朝廷的尊称。元明《三国演义》六〇回：“此人可使面君，教见～气象。”《水浒传》八〇回：“众头领见宋江敬他是个～太尉，没奈何处，只得随顺听他说。”△清《官场现形记》四六回：“臣是～的大臣，应该按照国家的制度办事。”

【天秤】 tiān chèng ❶ 天平；一种称量器具。清《醒世姻缘传》五五回：“取出～，足足的兑了二十四两财礼，双手交将过去。” ❷ 监狱由墙头往外吊运死囚的吊杆。清《醒世姻缘传》四三回：“叫把尸从～出来，别要从那牢门里拉。”

【天宠】 tiān chǒng 指皇帝或朝廷的宠信。清《荡寇志》一一一回：“今此贼日失～，大有可乘之机。”

【天愁地惨】 tiān chóu dì cǎn 喻指极度悲伤的气氛或情状。明李梦阳《周文静画雪山图歌》：“～意各出，雾合飙回势逾恶。”清《儒林外史》四八回：“一连过了几天，女婿竟不在了。王玉辉恸哭了一场。见女儿哭的～，候着丈夫人过殓，出来拜公婆。”

【天穿日】 tiān chuān rì 民间纪念女娲补天拯救人类的节日。宋陈元靓《岁时广记》卷一：“江东俗号正月二十日为～，以红缕系煎饼饵置屋上，谓之补天穿。”明陈耀文《天中记》卷四：“俗号正月二十三日为～，以红缕系煎饼掷屋上，谓之补天穿。”清《广东通志》卷五一：“十六夜，妇女走百病，撷取园中生菜，曰采青。十九日挂蒜于门，以辟恶。广州谓为～，作馎饦祷神，曰补天穿。”

【天打】 tiān dǎ 雷击。清《醒名花》六回：“杏娘便如～的一般，哪里说得出半句话？”

【天打雷劈】 tiān dǎ léi pī 受天罚。清《红楼梦》一二回：“我在嫂子跟前，若有一点谎话，～！”《绿野仙踪》二九回：“拿回六百银子话，李必寿这天打雷诛的狗男女，他适才就没说，到是抢亲的话，他说大相和他说过。"《歧路灯》六五回："小人若是哄老爷，小人叫天打雷击了。"《雪月梅》三回："此时小梅如天打雷惊一般，哑口无言，只是悲泣。"

【天大】 tiān dà 像天一样大，形容极大。元明《水浒传》四一回："怎地启请众位好汉，再做个～人情，去打了无为军。"清《儒林外史》五〇回："就有～的事，我也可以帮衬你。"

【天诞】 tiān dàn 玉皇大帝的诞辰，传说在正月九日。明《金瓶梅》三九回："西门庆道：'就定在初九爷旦日那个日子罢。'徒弟道：'此日又是～。'"

【天道】 tiān dào ❶ 天理；天意。元纪君祥《赵氏孤儿》三折："直恁般歹做作，只除是没～。"王仲文《救孝子》三折："不知那～何如，怎生个善人家有这场点污？"元明《水浒传》三一回："岂知～能昭鉴，渍血横尸满画楼。"明《古今小说》卷二："请看久久分明应，～何曾负善人？"清《绿野仙踪》一二回："我从十八九岁，即夺人财，伤人命，我若得个好死，～安在？" ❷ 天气；气候。元马致远《黄粱梦》三折："这一个骨耸着肩，那一个拳连着脚，正扬风搅雪～。"武汉臣《生金阁》三折："相公，～寒冷，热热的酒儿，请满饮一杯。"元明《水浒传》八回："次后三两日间，～盛热，棒疮都发。"明《金瓶梅》八回："那时正值三伏～，十分炎热。"清《东周列国志》一〇七回："值～多雨，王贲乘油幕车，访求水势。" ❸ 时光；时候；时令。金《刘知远诸宫调》二："～二更以后，潜身私入庄中，来别三娘。"《元曲选外编·金凤钗》三折："～晚了，咱歇息了罢。"元李文蔚《燕青博鱼》四折："月黑时光，风高～，独自个背着衣包。"萧德祥《杀狗劝夫》三折："嫂嫂，更深半夜，你一个妇人家，这早晚～，也不是你来的时候。"赵明道《斗鹌鹑·题情》："日日朝朝，雨雨云云渐缥缈，那堪暮秋～。"《三国志平话》卷中："走离古城三十里，～约至半夜。"

【天道好还】 tiān dào hào huán 天道是要循环报应的。元明《水浒传》六八回："～非谬语，身亡家破不胜叹。"明《醒世恒言》卷三六："可见～，丝毫不爽。"清《红楼梦》六九回："自古天网恢恢，疏而不漏～。"

【天灯】 tiān dēng 过年时民间在高处悬挂灯盏，彻夜通明，称"天灯"。也指高处的灯。明《拍案惊奇》卷三一："计议得热了，只等中秋日起手，后半夜点～为号。"清《醒世姻缘传》二回："看着人榨酒，打扫家庙，树～杆，彩画桃符。"

【天底下】 tiān dǐ xià 指世界上。清《醒世姻缘传》六〇回："～怎么就生这们个恶妇！"△《儿女英雄传》二〇回："才知道～的女孩儿原来还有这等一个境界。"△《官场现形记》五一回："大嫂不来叫，兄弟也要过来了，～的事竟其想不到的！"

【天地】 tiān dì ❶ 天和地，形容差距大。元明《水浒传》二五回："毕竟难逃～眼，武松还砍二人头。"清《绿野仙踪》四八回："我看你这人还忠厚些，与你老婆～悬绝。" ❷ 指祭供天地的神像或牌位。明《金瓶梅》七八回："西门庆早起冠冕，穿大红，～上炷了香，烧了纸，吃了点心。"清《醒世姻缘传》三回："那日珍哥已是痊好了，梳毕头，穿了彻底新衣，～前叩了首。"△《儿女英雄传》一回："在～前上香磕头。" ❸ 境界；地步。清《绿野仙踪》三八回："走将出去一看，原来另是一个～。"△《小额》："旗人到了这步～，他们真忍心哪！"

【天地三】 tiān dì sān 下人的讳称。天地人称三才，天地之下是人字，指仆人。清《斩鬼传》五回："你又是我的～，陪不得的。"

【天丁】 tiān dīng 天兵。《大宋宣和遗事》前集："俄至一城，见红光密合，有～守御。"明《西游记》六回："玉帝传旨，即命大力鬼王与～等众，押至斩妖台，将这厮碎剁其尸。"清《绿野仙踪》一一回："召来雷部邓、辛、陶、张四天君，跟随许多～力士，听候指使。"

【天恩】 tiān ēn ❶ 指帝王的恩惠。清《红楼梦》五三回："咱们家虽不等这几两银子使，多少是皇上～。"△《儿女英雄传》二回："读书一场，落得这步田地，辜负～祖德，再无可说了。" ❷ 指极大的恩惠。明《拍案惊奇》卷一四："李氏道：'多谢老爷～。'"清《红楼梦》三〇回："太太要打骂，只管发落，别叫我出去就是～了。"

【天翻地覆】 tiān fān dì fù 指发生重大的变化。唐刘商《琴曲歌辞·胡笳十八拍》："～谁得知，如今正南看北斗。"清《红楼梦》二五回："宝玉益发拿刀弄杖，寻死觅活的，闹得～。"

【天分】 tiān fèn ❶ 天命。《敦煌变文校注》卷一《捉季布变文》："寡人若也无～，公然万事不言论。"又卷二《韩擒虎话本》："为随州杨坚，限百日之内，合有～。" ❷ 天赋；天资。清《红楼梦》五回："那仙姑知他～高明，性情颖慧，恐泄漏天机，便掩了卷册。"△《官场现形记》三二回："通学堂里只有标下～高强，一本泼辣买，只剩得八页没有读。"

【天风】 tiān fēng 指风，风来自天空，故称。元明《水浒传》四〇回："跳浪苍龙喷毒火，巴山猛虎吼～。"明《西游记》四六回："因到了高处，冒了～，旧痰举发。"清《红楼梦》五七回："穿这样单薄，还在风口里坐着，看～馋，时气又不好，你再病了。"

【天府】 tiān fǔ ❶ 对对方地域的美称。明《西游记》六二回："贫僧昨晚到于～，一进城门，就见十数个枷纽之僧。" ❷ 指物产富饶之地，多指四川。明《警世通言》卷三二："说起燕都的形势，北倚雄关，南压区夏，真乃金城～，万年不拔之基。"清《绿野仙踪》一九回："游罢峨眉，遂入成都省会，见山川风景，真乃～之国。"

【天罡】 tiān gāng 道教称北斗丛星中三十六星之神。元明《水浒传》："～地煞下凡尘，托化生身各有因。"明《西游记》二回："有一般～数，该三十六般变化。"清《绿野仙踪》三八回："费长房、许宣平等皆是此术，非～正教也。"

【天高地厚】 tiān gāo dì hòu 形容恩情极深厚。明《警世通言》卷一八："门生受恩师三番知遇，今日小小效劳，止可少答科举而已，～，未酬万一。"清《绿野仙踪》六三回："大嫂，我承你大爷的情，真是～。"

【天关】 tiān guān 指天宫的门。元明《水浒传》六回："浓烟滚滚，烈焰腾腾，须臾间燎彻～，顷刻时烧开天地府。"明《西游记》四五回："雷公奋怒，倒骑火兽下～。"

【天官爷】 tiān guān yé 对官员的敬畏称呼。明《金瓶梅》二六回："望～查情，容小的说，小的便说。"

【天光】 tiān guāng ❶ 日光；天空的光辉。元明《水浒传》一四回："两个又吃了数杯酒，只见窗子外射入～来，雷横道：'东方动了。'"明《西游记》三六回："天晚求借一宿，明日不犯～就行了。"△清《儿女英雄传》七回："我们且离了这个地方，外面见见～，可好不好？" ❷ 天气。清《说岳全传》四回："告禀爹爹，难得这样好～。" ❸ 天色；辰光。明《西游记》一六回："那院主献了茶，又安排斋供，～尚早。"清《绿野仙踪》七回："再瞧～，已是黄昏时分。"△《老残游记续集》一回："现在～又短，一霎就黑天，还是早点走罢。" ❹ 天亮。明《西游记》二回："～了，～了，起耶！"又六四回："我们就在此住过了今宵，待明日～再走。"

【天癸】 tiān guǐ 男女性成熟后产生的精液和经血，称天癸。后专指月经。癸，与五行相配属水，因称。明《金瓶梅》八五回：

"女子十四而～至,任脉通放,月候按时而行。"清《歧路灯》四七回:"且说孔慧娘,那一次与茅家官司,已气得～不调。"《荡寇志》一一四回:"且因～虚干,认为阻闭,谬用行血破瘀。"

【天花乱坠】 tiān huā luàn zhuì ❶形容言辞非常动听。清《红楼梦》六四回:"说得～,不由得尤老娘不肯。"《绿野仙踪》六六回:"把蕙娘到周家说的～。" ❷形容十分高兴。明《醒世恒言》卷二〇:"赴过鹿鸣宴,回到家中拜见父母,喜得褚长者老夫妻～。"

【天话】 tiān huà ❶空话;大话。明《二刻拍案惊奇》卷一:"出家人惯说～,那有这事?"《隋史遗文》一五回:"我这表兄也会说～的。" ❷闲话;聊天的话。明《型世言》一二回:"再要与你在这边讲些～,也不能勾了。"

【天荒地老】 tiān huāng dì lǎo 时间久远。唐李贺《致酒行》:"吾闻马周昔作新丰客,～无人识。"清孔尚任《桃花扇》三九出:"把他桃花扇拥,又想起青楼旧梦;天老地荒,此情无尽穷。"

【天潢贵胄】 tiān huáng guì zhòu 皇族及其后裔。明韩世能《明宗室泉亭先生墓志铭》:"公,～,自力起家,食指千数。"△清《二十年目睹之怪现状》二八回:"他们虽是～,却是出身寒微得很,自然不见得多读书的了,怎么会当差办事?"

【天昏】 tiān hūn 黄昏。明《西游记》二回:"师徒们～各归洞府。"

【天昏地暗】 tiān hūn dì àn ❶形容光线为风沙、晨雾等阻隔,天地一片昏黑;也指天色已晚。元明《水浒传》六〇:"两个在阵中,只见～,日色无光。"明《西游记》五二回:"悟空,你住了,～,不是个赌斗之时。" ❷形容闹得很厉害。清《儒林外史》五回:"披头散发,满地打滚,哭的～。"《荡寇志》一〇〇回:"这场恶战,只杀得～,山岳动摇。" ❸喻社会黑暗腐败。清《广东通志》卷一:"八十餘年以来,～,日月无光。"

【天昏地惨】 tiān hūn dì cǎn ❶天地一片昏黑。清《东周列国志》二一回:"只见～,东西南北,茫然不辨。不知走了多少路,且喜风息雾散,空中现出半轮新月。" ❷形容异常厉害。清《隋唐演义》六〇回:"拜完了,爱莲与母亲走上前,捧住了父亲,哭得一个～。"

【天昏地黑】 tiān hūn dì hēi ❶天地一片昏黑。唐韩愈《龙移》:"～蛟龙移,雷惊电激雌雄随。"明《醒世恒言》卷三七:"猛地里又起一阵怪风,刮得～,大雨如注,堂下水涌起来,直漫到胸前。" ❷形容异常厉害。宋文天祥《徐州道中》:"一时混战四十万,～睢水湄。" ❸形容极其混乱。清毛奇龄《答柴陛升论子贡弟子书》:"设科取士,录文布式,皆～,彼我颠狂,致于如此。"

【天火】 tiān huǒ 指由于自然原因而非人为的大火、火灾。明《西游记》二回:"这火不是～,亦不是凡火,唤作阳火。"清《儒林外史》二六回:"这个堂客是娶不得的,若娶进门,就要一把～!"△《官场现形记》三七回:"不过所有的东西早被长沙一把～都收了去。"

【天机】 tiān jī ❶天意;自然界的秘密,也泛指机密、秘密。明《西游记》九一回:"牡丹花、紫薇花、含笑花,～方醒。"清《红楼梦》五回:"那仙姑知他天分高明,性情颖慧,恐泄露～,便掩了卷册。"△《官场现形记》二五回:"～不可泄露,到时还你分晓。" ❷指天赋的灵性。元明《水浒传》五九回:"张僧繇妙笔画难成,李龙眠～描不就。"

【天家】 tiān jiā ❶天;大自然。元佚名《符金锭》三折:"也是～所辏,我有心将孩儿许与赵二舍,不想绣球儿正打中他也。"明《西游记》二〇回:"此乃～四时之风,有何惧哉!" ❷指皇帝。明《石点头》卷一三:"身居宫禁,承受～衣禄,如何不遵法度?"

【天假其便】 tiān jiǎ qí biàn 上天给予方便,指凑巧遇上(机会等)。元明《水浒传》一一回:"今日～,但请放心。"明《金瓶梅》三五回:"不想～,西门庆教迎春抱着尺头从后边走来,刚转过软壁,顶头就撞见白赍光在厅上坐着。"

【天戒】 tiān jiè 生来就戒绝某些嗜好。元明《三国演义》一四回:"酒至曹豹面前,豹曰:'我从～,不饮酒。'"

【天界】 tiān jiè 上界;天国。元明《水浒传》二六回:"哥哥魂灵不远,早生～,兄弟与你报仇。"

【天尽头】 tiān jìn tóu 天边。宋徐积《淮之水示门人马存》:"滶滶滟滟～,只见孤帆不见舟。"清《后西游记》二二回:"我说的倒是真解,你不退回,请直走到～。"

【天京】 tiān jīng 指京都。元明《水浒传》八三回:"招摇旌旆出～,受命专师事远征。"

【天惊石破】 tiān jīng shí pò 形容巨响或出人意外之事引起的震惊。清查慎行《荆州护国寺古鼎歌》:"神焦鬼烂逃后羿,～愁皇娲。"△《孽海花》一八回:"少年陈迹,令人汗颜。小弟只记得那年畅闻高谕,所谈西国政治艺术,～,推崇备至,私心窃以为过当!"

【天井】 tiān jǐng 在院子中的房子和房子或房子和围墙所围成的露天空地。宋元《古今小说》卷三六:"从上面打一盘盘在屋上,从～里一跳跳将下去。"明《金瓶梅》一八回:"只见吴月娘、孟玉楼、潘金莲并西门大姐四个在前厅～内,月下跳马索儿要子。"△清《二十年目睹之怪现状》八四回:"大凡人家住宅房屋多半是歪的,绝少看见有端端正正的一方～。"

【天酒】 tiān jiǔ 甘露;露水。清《镜花缘》二〇回:"当只我在海外,曾见一个长人,身长千餘里,腰宽百餘里,好饮～。"

【天可怜见】 tiān kě lián jiàn 上天保佑。元明《水浒传》二回:"～,惭愧了!我子母两个,脱了这天罗地网之厄,此去延安府不远了。高太尉便要差人拿我,也拿不着了!"清《儒林外史》一回:"～,降下这一伙星君去维持文运,我们是不及见了!"

【天库】 tiān kù 朝廷的府库。明《醒世恒言》卷二〇:"我家住在专诸巷内～前。"

【天来】 tiān lái 即"天来大"。宋李曾伯《祝新凉·自和酬书院诸丈》:"赖有把茅归去是,乘此抽身须早。何苦受、～烦恼?"

【天来大】 tiān lái dà 如天一般大。宋元《清平山堂话本·李翠莲》:"自古妻贤夫祸少,做出事比～。"金《董解元西厢记》卷一:"自家又没～福,如何消得?"明杨继盛《赴义前一夕遗属》之二:"你两个不拘有～恼,要私下请众亲戚讲和,切记。"清李光地《榕村语录》卷二一:"今人读程朱书,于其道理精纯处毫不理会,至于地名人名制度偶然疏舛,便当作～事,狂呼大叫,累幅不休。"

【天牢】 tiān láo 设在京城由刑部直接掌管的牢狱。元明《水浒传》二二回:"不是朱家施意气,英雄准拟入～。"清《醒世姻缘传》一七回:"晁夫人一个儿子丝丝两气的病在床上,一个丈夫不日又要去坐～。"△《官场现形记》二九回:"但把他羁禁在刑部～,从缓发落。"

【天老】 tiān lǎo 一种体内先天缺乏色素的人,全身毛发呈白色或淡黄色,皮肤呈白色或淡红色。清《品花宝鉴》二回:"你不晓得我们还有个大姨子在家,是个～,一头的白发。"又三九回:"那晓得你嫂子是个天老儿,一头白发。"

【天老爷】 tiān lǎo yé 俗称天。清《醒世姻缘传》三四回:"只是往好处里想,行好事,感激～,神灵自然保护你了。"《红楼梦》六三回:"～有眼,仔细雷要紧!"

【天理】 tiān lǐ 天然的道理；客观公认的伦理道德。明《金瓶梅》二六回："你的六包银子，我收着原封儿不动，平白怎的抵换了？恁活埋人也要～。"《拍案惊奇》卷二四："自道神鬼莫测，岂知～难容。"清《红楼梦》六八回："婶娘怎么样待你？你这么没～、没良心！"

【天良】 tiān liáng 天赋的善心；良心。元陈旅《洪氏一家言序》："乃取古人方册之所存，与凡所以迪～扶人纪者，日与其徒讲之，使相告语，以祛异言之惑。"清《镜花缘》一〇回："人之～不灭，顶上必有灵光，虎豹看见，即远远回避。倘～丧尽，罪大恶极，消尽灵光，虎豹看见与禽兽无异，他才吃了。"

【天灵】 tiān líng 犹"天灵盖"。元明《水浒传》五二回："手起棍落，把温文宝削去半个～，死于马下。"明《西游记》六回："猴王只顾苦战七圣，却不知天上坠下这兵器，打中了～。"

【天灵盖】 tiān líng gài 头顶骨。明《平妖传》三回："却原来是一个野狐，头上顶了一片死人的～，对着明月不住的磕头。"《警世通言》卷二："若重与你做夫妻，怕你巨斧劈开～。"△清《儿女英雄传》二七回："抄总儿一句话：要我的～，着闷棍敲。"

【天伦之乐】 tiān lún zhī lè 家庭中亲人团聚的欢乐。唐李白《春夜宴从弟桃花园序》："会桃花之芳园，序～事。"清《红楼梦》一七至一八回："田舍之家，虽齑盐布帛，终能聚～；今虽富贵已极，骨肉各方，然终无意趣！"

【天落水】 tiān luò shuǐ 雨水。清《红楼梦》七回："又要雨水这日的～十二钱。"

【天南地北】 tiān nán dì běi ❶ 距离遥远。元刘秉忠《别张平章仲一》："恨杀溪流与山色，～送人行。"清《镜花缘》六回："小仙身获重谴，今被参谪，固罪所应得；但拖累多人，于心何安！此后一别，不惟～，后会无期，而风流云散。" ❷ 谈话漫无边际。清蓝鼎元《阁部沈公哀辞》："公乐油油，～，一室朋俦，赋诗百首。"△《九尾龟》五回："刘厚卿急使个眼色，与幼恽说些闲话，～的攀谈。"

【天年】 tiān nián ❶ 指人的自然的寿命。明《警世通言》卷二五："乃密将黄白之物，埋葬于地窖中，如此数处，不使人知，待等～，才授与儿子。"《拍案惊奇》卷一六："但必须待尊？～之后，便得如意。" ❷ 指年月。明《西游记》三七回："我这里五年前，～干旱，草子不生"。 ❸ 指时运。元明《水浒传》八回："你是～不齐，遭了横事，又不是你做将出来的。"

【天怒人怨】 tiān nù rén yuàn 喻为害作恶十分严重，引起普遍愤怒。宋苏轼《代张方平谏用兵书》："～，边兵背叛，京师骚然。"明《封神演义》七五回："今成汤传位六百餘年，至纣王无道，暴弃天命，肆行凶恶，罪恶贯盈，～，天下叛之。"△清《官场现形记》四二回："一处处弄得～，在他自己始终亦莫明其所以然。"

【天泡疮】 tiān pào chuāng 同"天疱疮"。明《金瓶梅》七四回："见爹一面沾沾身子儿，就促死我，浑身生～，娘你错打听了。"

【天疱疮】 tiān pào chuāng 一种皮肤病，皮肤表面发生水疱，化脓糜烂，多指梅毒引起的皮肤病变。明《金瓶梅》七四回："我若和他沾沾身子，就烂死了，一个毛孔里儿生个～。"清《醒世姻缘传》七四回："我的兄弟害汗病、长瘤子、血山崩，～，都死绝了。"

【天配】 tiān pèi 上天安排。唐戴孚《广异记·仇嘉福》："太乙神问何以夺生人妻，神惶惧持簿书云：'～为己妻，非横取之。'"王梵志《天配作次弟》："～作次弟，合去不由你。"

【天抨】 tiān pēng 犹"天打"。明《金瓶梅》二八回："你既要鞋，拿一件物事儿我换与你。不然，～也打不出来。"

【天篷】 tiān péng 在院落等处搭起来遮蔽风雨日光的棚。清《品花宝鉴》五〇回："那里也好，内中有几间屋子，摆满了花卉，大～凉爽得很。"

【天齐】 tiān qí 泰山山神，唐玄宗封泰山神为天齐王。明《西游记》三七回："东岳～是他的好朋友，十代阎罗是他的异兄弟。"△清《儿女英雄传》二八回："一个～爷，也有没灵圣儿的？"

【天气】 tiān qì ❶ 时令；时候；时分。元明《水浒传》六〇回："如今只是二更～。"明《金瓶梅》一回："此正是十月间～，日短夜长，容易得晚。"《醒世恒言》卷一〇："此时～尚早，准顿好了同小厮走出房去。"△清《儿女英雄传》三二回："趁～早些儿，收拾好了，夜里腾出功夫来。" ❷ 气候；也指气候的变化。明《金瓶梅》二回："才见梅开腊底，又早～回阳。"清《红楼梦》二〇回："就拿今日～比，分明今儿冷的这样。"△《儿女英雄传》二四回："我原想月里头就赶到的，不想道儿上遭了几天～。" ❸ 指流行的疾病；时疫。明《醒世恒言》卷三八："恰好这一年青州城里，不论大小人家，都害时行～，叫做小儿瘟，但沾着的便死。"

【天亲】 tiān qīn 指父母、兄弟、子女等血统关系的亲属。清《醒世姻缘传》六一回："人生在世，虽是父母兄弟叫是～，但有多少事情，对那父母兄弟说不得。"△《儿女英雄传》二〇回："合安老爷配起来，真算得个子子孙孙的～。"

【天青】 tiān qīng 深黑而微红的颜色。明《金瓶梅》七八回："里边穿着白绫袄子，～飞鱼敞衣。"清《绿野仙踪》三八回："正面摆着水波文大～石几案一张。"△《二十年目睹之怪现状》四回："身上穿了一件灰色大布的长衫，罩上一件～羽毛的对襟马褂。"

【天清日白】 tiān qīng rì bái 犹"光天化日"。明《拍案惊奇》卷一五："今日～在你家里搜出人腿来，众目昭彰。"

【天阙】 tiān què 天上的宫阙。明《西游记》五一回："遂辞别水德，与黄河神急离～。"

【天人】 tiān rén 仙人；神人。也指特别出色的人。明《西游记》六五回："邪怪生强欺本性，魔头怀恶诈～。"△清《儿女英雄传》四回："但是亲友本家家里我也见过许多的少年闺秀，从不曾见这等一个～相貌。"△《官场现形记》二九回："有些胸无墨汁的督抚见他如此，便以～相待。"

【天日】 tiān rì ❶ 天空和太阳，指上天或天理。明《杨家将演义》七回："吾有弃子之心，～可表。"△清《老残游记续集》二回："若像这样，还有～吗？" ❷ 比喻帝王。元明《水浒传》八二回："今日喜得朝廷招安，重见～之面。"

【天色】 tiān sè ❶ 时候；时分。金《刘知远诸宫调》二："洪义自约末，～二更过，皓月如秋水，款款地进两脚。"宋元《清平山堂话本·陈巡检》："见～黄昏，路逢一店。"元明《水浒传》三一回："武行者趁着月明，一步步上岭来，料到只是初更～。"明《拍案惊奇》卷三一："此时是十五六～，那轮明月，照耀如同白日一般。"清《醒世姻缘传》六二回："从一个村中经过，～已晚，要寻一个下处。" ❷ 指大气中发生的各种气象变化；气温。宋石孝友《西地锦》："风儿又起，雨儿又煞。好愁人～！"宋元《古今小说》卷一五："今日雪下，～寒冷。"～正热。"《清平山堂话本·三怪记》："～暖谓之暄，～冷谓之料峭。"元明《水浒传》二九回："此时已有午牌时分。

【天杀的】 tiān shā de 詈词。该杀的。《元曲选·潇湘秋夜雨》二折："你这～，他倒骂我哩。"明《西游记》三八回："这～！我说到水莫放，他却就把我一按！"清《醒世姻缘传》二二回："这做事要个顺溜，方才要这文书，被靳时韶～千方百计的留难，果然就忘记了银子来！我见任老哥的袖内汗巾包有银子，你借我们二钱，省得又回去，耽阁了工夫。”

【天生】 tiān shēng 天然生成；本来注定。明《金瓶梅》六四回：“如今春梅姐又是个合气星，～的都出在他屋里。”《警世通言》卷三二：“与你共成百年姻眷，不枉～一对，却不是好。”△清《儿女英雄传》二回：“这本是桩～不能两全的事。”

【天生地设】 tiān shēng dì shè 天地有意设置安排的，形容本来注定。清《醒世姻缘传》六一回：“杖星天毛天姚俱聚在一处，原来～的降老公的尊造。”《红楼梦》五七回：“忽想起薛蝌未娶，看他二人恰是一对～的夫妻。”△《儿女英雄传》二六回：“这宝砚雕弓，岂不是～的两桩红定！”

【天生天合】 tiān shēng tiān hé 犹“天生天化”。清《醒世姻缘传》六一回：“～的一对，五百年撞着的冤家，饶你走到焰摩天，他也脚下腾云须赶上。”

【天生天化】 tiān shēng tiān huà 天然生就的；上天安排的。元明《水浒传》二五回：“这条计用着件东西，别人家里都没，～大官人家里却有。”明《醒世恒言》卷二三：“我是～，踏着尾巴头便动的。”清《醒世姻缘传》四九回：“为人梗直倔强，～真真是与他老婆一对。”

【天时】 tiān shí 天命。明《封神演义》九四回：“公何得尚执迷如此，以逆～哉。”

【天使】 tiān shǐ 皇帝或朝廷的使臣。元明《三国演义》一三回：“今郭汜未除，而杀～，则汜兴兵有名，诸侯皆助之矣。”《水浒传》五五回：“却说呼延灼闻知有～至，与韩滔出二十里外迎接。”明《醒世恒言》卷三八：“只见州官引众人捧着书礼，禀是李清昨日午时，转托邻佑金老儿送上～的。”

【天使其便】 tiān shǐ qí biàn 犹“天假其便”。明《金瓶梅》三七回：“不想～，眼跟前一个人家女儿，就想不起来，十分人材，属马儿的。”《古今小说》卷二一：“正思想大朗了得，天幸适才相遇，此乃～，大胆相邀至此。”

【天寿】 tiān shòu 皇帝的生日。元关汉卿《西蜀梦》四折：“那其间正暮秋，九月九，正是帝王的～。”

【天书】 tiān shū 天上神仙写的书或信，也比喻难认的文字或难懂的文章。元明《水浒传》一回：“照那碑碣上时，前面都是龙章凤篆，～符篆，人皆不识。”清《红楼梦》八六回：“妹妹近日越发进了，看起～来了。”

【天数】 tiān shù 上天安排的命运。元明《水浒传》三二回：“遭逢老虎皆～，际会风云岂偶然。”△清《老残游记》一五回：“然也是～，只索听他罢了。”

【天台】 tiān tái 对官员的敬称。明《二刻拍案惊奇》卷二：“这女子是册封棋童的，况干连着诸王殿下，非～这里不能主婚。”《禅真后史》二四回：“小人家主本该亲见～候审，公文上未奉拘唤，不敢擅行冒犯。”

【天天】 tiān tiān ❶ 天公、老天爷。宋张先《梦仙乡》：“花月好，可能长见？离聚此生缘，无计问～！”孙惟信《昼锦堂》：“银屏下，争信有人，真个病也～！”宋元《古今小说》卷三九：“倘或～可怜，不绝尽汪门宗祀，此地还是我子孙故业。”明《古今小说》卷二七：“幸然～可怜，得遇恩爹提救，收为义女。” ❷ 每天。清《红楼梦》一一二回：“我有个宝贝与你，你～看时，此命可保矣。”△《儿女英雄传》二四回：“娘不要这么说，咱们也是天天儿白闲着。”

【天条】 tiān tiáo 上天的法律、规条。明《西游记》九回：“袁守城妙算无私曲，老龙王拙计犯～。”《古今小说》卷三一：“虽然樵夫不打紧，却是有恩之人；～负恩忘义，其罚最重。”△清《儿女英雄传》二四回：“便是我这里也无～可引，只好破格施恩。”

【天听】 tiān tīng 指皇帝的听闻。元明《水浒传》八一回：“指望将替天行道，保国安民之心，上达～，早得招安。”清《荡寇志》一一一回：“惟张兄仅系百里之尊，不能直达～。”

【天庭】 tiān tíng ❶ 天帝的宫廷。元明《水浒传》引首：“朝廷出给黄榜，召人医治，感动～，差遣太白金星下界。”明《西游记》八回：“因纵火烧了殿上明珠宝，我父王表奏～，告了忤逆。”△清《儿女英雄传》二四回：“只好报知值日功曹，启奏～，请玉帝定夺。” ❷ 皇帝的宫廷；朝廷。《敦煌变文校注》卷三《燕子赋》：“赤爸由(古)称瑞，兄弟在～。”明《西游记》六八回：“直至端门外，烦奏事官转达～，欲倒验关文。”《封神演义》六回：“敢劳丞相将此本转达～。” ❸ 相术指人前额的中央。明《金瓶梅》二九回：“～端正五官平，口若涂朱行步轻。”《拍案惊奇》卷二八：“看那小厮时，生得～高耸，地角方圆。”△清《儿女英雄传》一回：“这公子生得～饱满，地阁方圆。”

【天庭盖】 tiān tíng gài 犹“天灵盖”。清《醉醒石》三回：“他父母见儿子受这冤苦，管不得把～磕碎，口口声声哀告。”《五美缘》五一回：“恨了一声，朝～上喀嚓一声砍将下去。”

【天挺】 tiān tǐng 形容天生卓异超凡。清《隋唐演义》六九回：“太宗是个～豪杰，并不留情于色欲。”

【天头】 tiān tou 天上，头，名词词缀。唐王建《鸡鸣曲》：“～日月相送迎，夜栖旦鸣人不迷。”元吕诚《和张伯雨鹤亭夜坐韵》：“～云过多于雁，池里星移或似鱼。”

【天晚】 tiān wǎn 傍晚；黄昏。明《金瓶梅》二六回：“我在街上寻伙计去也，于是走到街上寻主管，寻到～，主管也不成。”

【天瘟】 tiān wēn 指瘟疫。明《西游记》四一回：“若论你百计千方，骗了我吃，管教你一个遭肿头～！”

【天文生】 tiān wén shēng 钦天监的职事官，掌管观测天象、推算时历等，也指以择日占卜看风水为业的人。清《红楼梦》六三回：“目今天气炎热，实不得相待，遂自行主持，命～择了日期入殓。”

【天喜】 tiān xǐ 星相术语，指日支与月建相合的日时，如正月逢戌日，二月逢亥日，主婚姻。明《金瓶梅》二九回：“目下透出红鸾～，熊罴之兆。”《警世通言》卷二一：“那边顺娘却也红鸾不照，～未临，高不成，低不就，也不曾许得人家。”清《吴江雪》一八回：“小姐～动了，老爷看中意了令狐公子，与夫人说，今日将允他了。”

【天香国色】 tiān xiāng guó sè ❶ 指花色香俱佳。宋晁补之《次韵李秬赏花》：“～竞新奇，初过清明未觉稀。”清弘历《四月》：“～两相争，转觉诗人费品评。” ❷ 指女子美丽。宋陈造《留交代韦倅》：“～酡颜去，渭北江东把臂前。”清《醒世姻缘传》一回：“那一时，别人看了计氏到也是寻常，晁大舍看那计氏却是～。”

【天心】 tiān xīn 天空的中央。元明《三国演义》四五回：“至晚点上灯火，照得～水向通红。”清《绿野仙踪》五三回：“他的道行与萤火相似，岂有个～皓月反见不过他的。”

【天行】 tiān xíng ❶ 时疫，流行病。唐戴孚《广异记·王琦》：“琦先畜一净刀子，长尺餘，每念诵即持之。及患～，恒置刀床头，以自卫护。”元佚名《冻苏秦》一折：“离乡井，感的这时气～，早是我身耽病。”关汉卿《拜月亭》二折：“怎生般不应当，脱着衣裳，感得这些～好缠仗。” ❷ 流行(疫病)。唐张鷟《朝野佥载》卷六：“朝宗诉云：‘不是朝宗打杀，县令重决，由患～病自卒，非朝宗过。’”《敦煌变文校注》卷二《舜子变》：“今日见我归家，床上卧

(地)不起。为复是邻里相争,为复～时气?”宋元《清平山堂话本·合同文字》:“你父得～时气而亡。”明《古今小说》卷二九:“柳宜教感～时疫病,无旬日而故。”《二刻拍案惊奇》卷三:“一家四五口害了～症候,先死了一两个后生。”

【天幸】 tiān xìng 卜天赐予幸运;万幸。宋元《警世通言》卷一二:“好人家儿女嫁了反贼,一时无奈。～死了,出脱了你,你还想他怎么?”元明《水浒传》三三回:“倘若～捉着时,将来悄悄的关在家里。”清《荡寇志》一二六回:“又乘机设伏于断流村,邀击嘉祥贼兵,得一胜仗等语,众将齐称～。”

【天悬地隔】 tiān xuán dì gé 形容两者相差极远。明《石点头》卷一二:“像我这鳏寡孤独,冰清水冷,真是～。”清《红楼梦》五五回:“真真一个娘肚子里跑出这样～的两个人来。”△《官场现形记》一七回:“比起没有发达的时候,在人家坐冷板凳,做猢狲大王,已经～了。”

【天旋地转】 tiān xuán dì zhuàn ❶ 喻重大变化。唐元稹《望云骓马歌》:“～日再中,天子却坐明光宫。”明徐有贞《题所翁出海龙图》:“～吁可愕,尽敛春云出山岳。” ❷ 形容气势宏大。宋邹浩《次韵和成老谢何伯震》:“沧溟倒挽供瓶罍,少年取醉真豪哉。～胆如斗,何独谪仙方逸才。”清汤右曾《放舟至下钟山》:“～不少留,回看星气忽已周。” ❸ 晕眩。元明《水浒传》二七回:“那两个公人,只见～,禁了口,望后扑地便倒。”清《镜花缘》三五回:“林之洋素日酒量虽大,无如近来腹中空虚,把酒饮过,只觉～,幸而还未醉倒。”

【天涯海角】 tiān yá hǎi jiǎo 指极远的地方。唐吕岩《绝句》:“～人求我,行到天涯不见人。”清《儒林外史》四六回:“我们俱系～之人,今幸得贤主人相邀一聚,也是三生之缘。又可惜虞老先生就要去了! 此聚之后,不知快晤又在何时?”

【天阉】 tiān yān 指男子性器官发育不全。明《载花船》九回:“其人曰～,其名口瘫痪之色。”清《品花宝鉴》四〇回:“奚老土淫毒成～,潘其观恶报作风臀。”

【天摇地动】 tiān yáo dì dòng 形容力量或声音极大。明《西洋记》六九回:“南阵上三通鼓响,呐喊一声,～的一般。”清《说岳全传》四三回:“这场大战真个是～,日色无光。杀得那些番兵人尸堆满地,马死遍尘埃。”

【天爷】 tiān yé ❶ 长官。明《型世言》一七回:“要在城中擒他不能,不若哄他出城,～自行擒获,这个便可。” ❷ 上天。清《醒世姻缘传》二回:“～可怜见,叫你好了罢! 你要有些差池,我只好跑到你头里罢了! 跑的迟些,你那‘秋胡戏’待善摆布我哩!”△《老残游记》一九回:“～有眼,总有一天报应的!”

【天雨盖】 tiān yǔ gài 顶篷。元明《水浒传》九九回:“自此霖雨一连五日不止,上面张盖的～都漏。”

【天语】 tiān yǔ 皇帝的话,也指诏书。元明《水浒传》七九回:“远捧泥书出大邦,谆谆～欲招降。”

【天缘】 tiān yuán 上天安排的缘分。明《西游记》三三回:“今日大有～,得遇师父。”清《绿野仙踪》二二回:“今日救得此人,亦是～。”《红楼梦》六三回:“如今遇见姐姐,真是～巧合,求姐姐指教。”

【天灾人祸】 tiān zāi rén huò ❶ 自然的灾患和人为的祸害。宋王应麟《困学纪闻》卷一一:“故太平之典方举,而～随至者,多矣。”明《禅真后史》三四回:“党员外夫妻两口儿最是纯厚,纵使吃藕,也是怕响的,有甚冤孽作祟? 不过是～,偶尔相凑,聚成作耗耳。”清张次仲《周易玩辞困学记》卷六:“天性阴柔,于圣贤之道一无所得,～,从此沓至矣。” ❷ 詈词。《元曲选·冯玉兰》四折:“屠世雄并无此事,敢是另有个～,假称屠世雄的么?”清《儒林外史》二〇回:“总是你这～的,把我一个娇滴滴的女儿,生生的送死了!”

【天真烂漫】 tiān zhēn làn màn 纯真自然,不虚伪造作。宋龚开《高马小儿图》:“～好容仪,楚楚衣装无不宜。”明胡应麟《跋颜鲁公祭侄帖二则》之二:“～,从心不逾,以为古今神化之笔。”清《红楼梦》二三回:“园中那些人多半是女孩儿,正在混沌世界,～之时,坐卧不避,嘻笑无心,那里知宝玉此时的心事。”△《狐狸缘》一〇回:“且说这个王老道,他本是天真烂熳的一个人,因自幼缺爷少娘,连籍贯、年岁,俱都湮没难考。”

【天中节】 tiān zhōng jié 端午节的别称。宋吴自牧《梦粱录》卷三:“五日重午节,……士宦等家以生殊于午时书‘五月五日～,赤口白舌尽消灭’之句。”元明《水浒传》一一〇回:“正值五月五日～,宋江教宋清大排筵席。”明《二刻拍案惊奇》卷二〇:“本府中要排～,是合府富家大户金银器皿、绢段绫罗,尽数关借一用,事毕一一付还。”清李光地《端午咏怀用老杜韵》:“此日～,微云塞上屯。”

【天诛地灭】 tiān zhū dì miè 为天地所诛灭。宋朱晖《绝倒录》:“不使丁香木香合,则～。”元明《水浒传》四五回:“帐目已自明明白白,并无分文来去。如有毫厘昧心,～。”清《红楼梦》二八回:“除了别人说什么金什么玉,我心里要有这个想头,～,万世不得人身!”

【天主】 tiān zhǔ 指天上的主宰。明《西游记》八三回:“望～好生惩治,不然,又别生事端。”

【天姿国色】 tiān zī guó sè 指女子美丽。《元曲选外编·西厢记》一本一折:“世间有这等女子,岂非～乎? 休说那模样儿,则那一对小脚儿,价值百镒之金。”明项穆《书法雅言》:“西子毛嫱,～,不施粉黛,辉光动人矣。”清《品花宝鉴》一一回:“子玉今日初会琴言,～已经心醉。”

【天字第一号】 tiān zì dì yī hào 用《千字文》的文字来编排次序,“天”是第一个字,排第一号,指第一或最大的、最强的。元明《水浒传》二一回:“我便饶你这～官司,还你这招文袋里的款状。”清《歧路灯》七八回:“不是我吆喝的紧,你就是～的肉麻尊神。”△《儿女英雄传》一六回:“这三件事件件依得,便饶他～的这场羞辱。”

【天字号】 tiān zì hào 犹“天字第一号”。明《二刻拍案惊奇》卷一五:“～一场官司,今没一些干涉,竟自灭净了。”清《绿野仙踪》五五回:“见了赵文华,细说汪直等语,并夷目妙美诸人问答的话,居了～的大功。”△《九尾龟》三二回:“真是～的好客人。”

【天尊】 tiān zūn 道教对所奉天神中的最高贵者的尊称;佛教对佛的尊称。元明《水浒传》三四回:“只口里念道:‘救苦救难～!’”明《西游记》六回:“此乃～洪福,众神威权,我何功之有?”清《绿野仙踪》二四回:“你既然愿做道士,就该在庙里守着你那些～们,三更半夜,到我妇人房内做什么?”

【天作之合】 tiān zuò zhī hé 上天安排的聚合;上天成全的婚姻。明《英烈传》一九回:“今日我三人正欲到彼处相邀,同到金陵,以为行止。谁意～,足下且领国公令旨远来。”△清《儿女英雄传》一二回:“竟是～的一段好姻缘。”△《青楼梦》三回:“今者邂逅相逢,岂非～耶?”

【添】 tiān ❶ 盛(水)。《祖堂集》卷五《道吾和尚》:“师云:‘～净瓶水著!’”《敦煌变文校注》卷二《韩擒虎话本》:“(皇后)思量言讫,香汤沐浴,改换衣装,～一杯药酒在镜台前头。” ❷ 把饭舀到供食用的碗盘里。元秦简夫《赵礼让肥》一折:“量这半勺儿粥都～了有甚那，我转着这空碗儿我着这匙尖儿刮。” ❸ 生育。清《醒世姻缘传》二一回：“我那日听见说了声～了侄儿，把俺两口子喜的就像风了的一般。”又二五回：“五十八岁上又～了一个次子。”

【添案】 tiān àn 正菜以外的下酒菜。明《醒世恒言》卷七：“三汤十菜，～小吃，顷刻间，摆满了桌子。”

【添备】 tiān bèi 预备；添补。清《醒世姻缘传》二回：“虽是隔了一月，是数九天气，一些也不曾坏动，要～着年下送礼。”又六八回：“银子也就叫人送了去，好～着做甚么。”

【添拨】 tiān bō 增拨；增派。元明《水浒传》八〇回：“比及～得军马得来，先使人去近处山上，砍伐木植大树。”又：“各路又～到许多人马，前来助战。”

【添补】 tiān bǔ 增添补充。清《红楼梦》三五回：“说给厨房里，只管好生～着做了，在我的账上来领银子。”《醒世姻缘传》四三回：“那点心嗄饭，送的不在数内，也冬夏与他～衣裳。”△《儿女英雄传》二七回：“一千金子，姑娘～个首饰。”

【添搭】 tiān dā 添加。《元典章·户部六》：“各库官典人等，库门关闭无定，将倒钞客旅停滞，妄生刁蹬，～工墨，转行倒换，有坏钞法。”

【添答】 tiān dā 同“添搭”。《元典章·户部八》：“民间若有门摊课程，止依至元十九年例征收，不得分毫～，非理椿配。”

【添丁】 tiān dīng 各库官典人等，库门关闭无定，将倒钞客旅停滞，妄生刁蹬生男孩儿。明《禅真逸史》一七回：“向日令郎恭喜～，不觉又是数载。”清《歧路灯》七七回：“偶尔～，何敢劳尊驾枉临?”

【添番】 tiān fān 烧香。明《浪史》九回：“他做了半腰里的～，你做了一杯儿里的～。”

【添饭】 tiān fàn 行贿加码的隐语。清《绣戈袍》二一回：“倒有几分成事，但须～，大人方肯。”

【添房】 tiān fáng 犹“添箱”。宋元《清平山堂话本·花灯轿》：“这张待招有一般做花的相识，都来与女儿～，大家做些异样罗帛花朵，插在轿上左右前后。”清《楼中月》三回：“无非是手帕、香水、脂粉等物，也算出阁的～。”

【添换】 tiān huàn 增添替换，也指增添替换的东西。《元曲选外编·延安府》二折：“八府大人的分饭烧割汤品～不许少了。”明《西游记》七二回：“仓卒间不曾备得好斋，且将就吃些充腹，后面还有～来也。”《金瓶梅》五八回：“不一时，书童儿拿上～果碟儿来，都是蜜饯。”△清《儿女英雄传》三四回：“二位奶奶给包了～的衣服。”

【添减】 tiān jiǎn 增减。清《醒世姻缘传》一三回：“官儿跟前，我没的～了个字儿来?”

【添力】 tiān lì 帮助出力。元明《水浒传》五一回：“被黑旋风杀害小衙内，见今走出贵庄，望烦～捉拿归官。”又八一回：“今要使人去他那里打个关节，求他～，早晚与天子处题事。”

【添派】 tiān pài 增派。清《红楼梦》五九回：“荣府内赖大～人丁上夜，将两处厅院都关了。”

【添陪】 tiān péi 添加。《敦煌变文校注》卷五《长兴四年中兴殿应圣节讲经文》：“寿等松裕宜闰益，福如东海要～。”又《双恩记》：“多即我能施满足，少时他不为～。”

【添盆】 tiān pén 在婴儿出生第三天或满月洗浴时，亲友向水盆中投放银钱等物，以示喜庆，称“添盆”。宋吴自牧《梦粱录》卷二〇：“至满月，……大展‘洗儿会’，亲朋俱集，煎香汤于银盆内，……亲宾亦以金钱银钗撒于盆中，谓之～。”清《醒世姻缘传》二一回：“看孩子洗三的亲眷们，也有银子的，也有铜钱的，厚薄不等，都看在盆里，叫是～。”又四九回：“徐老娘将娃娃洗过了三，那堂客们各有～喜钱，不必细说。”

【添设】 tiān shè 增设。元明《水浒传》一〇六回：“王庆闻知我兵到了，特于这隆中山北麓，新～雄兵二万。”

【添手垫脚】 tiān shǒu diàn jiǎo 犹“替手垫脚”。清《醒世姻缘传》三九回：“也只说你自家一个，顾了这头顾不得那头，好叫他～的与你做个走卒。”

【添寿】 tiān shòu 在节日或生日时赠送礼物或敬酒，以示祝寿，称“添寿”。元明《水浒传》一一〇回：“众人都笑，且捧酒与宋江～。”明《金瓶梅》三二回：“良久，薛内相要请出哥儿来看一看，我与他～。”

【添头】 tiān tóu 另外增添的部分。清《荡寇志》一三〇回：“你们两个死得不够，还要来讨～!”

【添箱】 tiān xiāng 女子出嫁时，亲友向其赠送礼物或礼金。清《歧路灯》七三回：“王大哥十月里嫁闺女，他们有公约，大家要与他～。”

【添养】 tiān yǎng 补养。清《红楼梦》四五回：“你素日吃的竟不能～精神气血，也不是好事。”

【添灾】 tiān zāi 增添灾病。清《醒世姻缘传》五六回：“狄老头也就将次生病，狄婆子越发～。”

【添造】 tiān zào 增添建造。元明《水浒传》三五回：“山寨里～大船屋宇，车辆什物。”

【添助】 tiān zhù 增添助力。元明《水浒传》五七回：“宋江喜得破了连环马，又得了许多军马、衣甲、盔刀～。”

【添注】 tiān zhù 在旁边加添写上。明《西游记》五四回：“女王道：‘我与你～法名，好么?’三藏道：‘但凭陛下尊意。’”

【添妆】 tiān zhuāng ❶ 犹“添箱”。宋元《清平山堂话本·李翠莲》：“本宅亲人来接宝，～含饭古来留。”元乔吉《金钱记》四折：“因你对策称旨，加授翰林学士，别赐黄金五十斤，与夫人柳媚儿～。”明《拍案惊奇》卷五：“设宴在后花园中，会集衙中亲丁女眷，与德容小姐～把盏。” ❷ 指向女子赠送礼物。明《二刻拍案惊奇》卷一四：“多拜上县君：昨日承蒙厚款，些些小珠，奉去～，不足为谢。”清《荡寇志》七三回：“那衙内将着一块碧玉禁步、一颗珠子，说到：‘送与贤妹～。’” ❸ 结婚时为新娘梳妆打扮。元李唐宾《梧桐叶》三折：“既然如此，就劳你和金哥妹妹～则个。”

【添妆馂子】 tiān zhuāng nuǎn zǐ 出嫁前夕为出嫁女举办的送嫁宴席。明《西游记》九四回：“又传旨叫内宫官排宴，着三宫六院后妃与公主上头，就为～，以待十二日佳配。”

【添缀】 tiān zhuì 添补；增添。清《红楼梦》一回：“若云无朝代可考，今我师竟假借汉唐等年纪～，又有何难?”

【添桌】 tiān zhuō 犹“添案”。清《野叟曝言》二三回：“把那分开的十二碟～，折的一大瓦盆，也掇出来。”

【添嘴送舌】 tiān zuǐ sòng shé 指说长道短。明《西湖二集》卷六：“或是娶着一个不贤惠的，三言四语，～，儿子不察，听了枕边之言，反把父母恩情都疏冷了。”

tián

【田产】 tián chǎn 拥有的田地和产业，也单指田地。明《西游记》四〇回：“虽然我父母空亡，家财尽绝，还有些～未动，亲戚皆存。”△清《二十年目睹之怪现状》一五回：“先君在生时，曾经捐了五万两银子的～做赡族义田。"

【田地】 tián dì ❶地上，地面。《敦煌变文校注》卷四《难陀出家缘起》："更有院中～，并须扫却。"唐易静《兵要望江南·占怪象》："军营内，～陡然高，必得敌人来土地，开旗赢彼不疲劳，休士止枪刀。"元关汉卿《调风月》二折："把袄子梳剌剌松开上拆，将手帕撒漾在～。"六十种本《琵琶记》四出："流落教化，见平章宰相，疾忙～上拜着。" ❷地方；处所。宋《五代史平话·梁上》："有那同州是个要害～，须索个好伴当每去据守。"《大宋宣和遗事》前集："明皇得知，将安禄山差去渔阳～，做了节度使。"元《秦并六国平话》卷上："周武王伐纣于孟津～里，并商天下，立国为周。" ❸路程；路途。宋《五代史平话·梁上》："那四个弟兄望见庄舍，远不出五里～。"宋元《古今小说》卷三三："迤逦间行了数里～，雪中见一座花园。"《元曲选外编·西游记》一本三出："我偌多～来，指甚么为题？"元关汉卿《西蜀梦》一出："每日知他过几重深山谷，不曾行十里平～。"元明《水浒传》二九回："这快活林离东门去有十四五里～。"明《西游记》八二回："这般许远的～，认得是甚么亲！" ❹地步；程度。五代《云门禅师广录》卷上："虽然如此，也须是实到者个～始得。"《宋诗话辑佚》卷上《王直方诗话》："东坡见周文翰诗，云：'不吟得到个～，此诗可做。'"《五灯会元》卷二〇《能仁绍悟禅师》："得到恁么～，天魔外道，拱手归降，三世诸佛，一时稽首。"明《金瓶梅》一九回："也亏了这位鲁大哥扶持你，今日就到了这步～来。"清《儒林外史》三回："因没有人识得他，所以受屈到此～。"△《老残游记》二〇回："无论你醉到怎样～，都能复活。"

【田父野老】 tián fǔ yě lǎo 乡间农夫。宋苏洵《族谱后录下篇》："见士大夫曲躬尽敬，人以为谄，及其见～亦然，然后人不以为怪。"明余继登《明封文林郎河南彰德府安阳县知县北冈刘公墓碑》："公闭不往，久乃跨蹇入邺，从～问令治行何若。"

【田父野叟】 tián fǔ yě sǒu 即"田父野老"。金元好问《登封令薛侯去思颂》："方春劝耕，遭～于途，慰以农里之言，而勉之孝弟之训。"明王樵《族祭丙六兄文》："花外小车，任意所如，～，谈笑有餘。"

【田禾】 tián hé 庄稼。元《武王伐纣平话》卷下："去处有狂风骤雨，雹打～。"明《西游记》一八回："收割～，不用刀杖。"△清《二十年目睹之怪现状》六九回："践踏得那～不成样子。"

【田鸡】 tián jī 青蛙。明《金瓶梅》二一回："一个螃蟹与～结为弟兄，赌跳过水沟儿去便是大哥。"

【田舍儿】 tián shè er 乡下人，常用作詈词。唐王梵志《富饶》："富饶～，论情实好事。"

【田舍汉】 tián shè hàn 农家人。《旧唐书·王武俊传》："武俊投袂作色曰：'二百年宗社，我尚不能，臣谁能？臣～。'由此计定，遂南修好。"明郑以伟《自叙》："如～，了无都人士意。"

【田舍郎】 tián shè láng 农家人。宋范祖禹《王延嗣传》："吾家本～，二父蒙国厚恩，迭秉节旄。"清《说唐》五九回："俺自投唐以来，指望他封妻荫子，如今反受这样苦楚，倒不如守业终身，做个～便好。"

【田舍娘】 tián shè niáng 农妇。唐元稹《估客乐》："村中～，贵贱不敢争。"

【田舍奴】 tián shè nú 乡巴佬。唐薛用弱《集异记》："涣之即揶揄二子曰：'～，我岂妄哉！'"李冗《独异志》卷下："太宗朝罢归而含怒曰：'终须杀此～！'"

【田舍翁】 tián shè wēng 老年农夫；乡野老人。清《水浒后传》二回："小可不愿为官，回到独龙岗作～。"《绿野仙踪》一回："你这个名，做～则可，若求功名，真是去不得。"

【田舍子】 tián shè zǐ 农家人。宋李新《上王提刑书》："故～益不内量，乃欲分辨当否。"明程敏政《中伏日西风大作三日昼寒》："遥知～，心事又成灰。"△清《青楼梦》五七回："如云日后无依，愚姐早蓄餘金在此，虽～亦可偕老。人谓青楼为孽地，我谓青楼岂尽孽地哉？"

【田头宅基】 tián tóu zhái jī 指坟墓。清《何典》八回："只见斜射路里有个乌丛丛～，便飞奔狼烟的跑上前去。"

【田土】 tián tǔ 田地；土地。《元典章·圣政二》："江南佃户，承种诸人～。"元佚名《冻苏秦》一折："家中颇有资财，郭外多增～。"元明《水浒传》六回："僧众尽皆走散，～已都卖了。"

【田下之心】 tián xià zhī xīn "思"的拆字，指思念。明《金瓶梅》八三回："难挨绣帏孤枕，怎禁画阁凄凉，未免害些木边之目，～。"清《梦中缘》二回："半月之间，不觉肌黄面瘦，竟害了一个目边之木～的单相思病。"

【田种】 tián zhòng 指庄稼。元《三国志平话》卷下："今年～，八月半头看看收刈，十万军东西下有三十里长，南北下有八十里来阔，军人耗荡。"

【田主子】 tián zhǔ zi 田地的主人；地主。清《儒林外史》四七回："庄户因方府上～下乡要庄户备香案迎接，欠了租又要打板子，所以不肯卖与他。"

【甜】 tián ❶喻幸福，快乐。唐罗隐《蜂》："采得百花成蜜后，为谁辛苦为谁～？"元曾瑞《斗鹌鹑·风情》："贪顾恋眼前～，不堤防背后闪。"清《红楼梦》八回："说话时，宝玉已是三杯过去，李嬷嬷又上来拦阻。宝玉正在心～意洽之时，和宝黛姊妹说说笑笑的，那肯不吃？" ❷美好。金董解元《西厢记诸宫调》卷一："曲儿～，腔儿雅，裁剪就雪月风花，唱一本儿倚翠偷期话。" ❸形容睡得酣畅。宋杨万里《夜雨不寐》："更长酒力短，睡～诗思苦。"△清《官场现形记》三六回："却说湍制台到前面签押房里坐了一回，不觉神思困倦，歪在床上，朦胧睡去。正在又浓又～的时候，不提防那个不解事的老婆子，因九姨太回醒过来，前来报信，倏起把湍制台惊醒，恨的湍制台把老婆子骂了两句。" ❹美言。元刘庭信《夜行船·青楼咏妓》："牙缝儿唧与些～，耳朵儿吹与些任。"清《醒世姻缘传》九回："高四嫂将晁大嫂劝进后边家内，三句～，两句苦，把计氏劝得不出街上撒泼了。" ❺指浓郁软熟的画风。元陶宗仪《辍耕录》卷八："作画大要，去邪、～、俗、赖四个字。"清方薰《山居青画论上》："大痴论画，最忌曰～。～者，浓郁而软熟之谓。"

【甜采】 tián cǎi 俗语谓姓王为甜采。宋王辟之《渑水燕谈录》卷一〇："小商弹指叹息曰：'～，你即溜也，怎奈何！'左右皆笑。俚语以王姓为～。"

【甜淡】 tián dàn ❶甜香。五代徐铉《送元帅书记高郎中出为婺源建威军使》："惟有杯盘思上国，酒醪～菜蔬甘。"清《醒世姻缘传》五八回："都说是几年的新活洛，通不似往年的肉松，～好吃，新到的就苦咸，肉就实拍拍的，通不像似新鱼。" ❷柔和淡雅。元吕止庵《风入松》："巧盘云髻插琼簪，穿一套素衣恁般～。"

【甜话儿】 tián huà er 讨人喜欢的动听的话。元明《水浒传》七回："见了衙内这般风流人物，再着些～调和他，不由他不肯。"明《金瓶梅》三回："你在房里，便着几句～说入去。"《古今小说》卷一："两个丫环被婆子把～偎他，又把厉害话儿吓他。"△清《二十年目睹之怪现状》七七回："觑老太太不在旁时，便和那小姐说体已话，拿些～骗他。"

【甜津津】 tián jīn jīn 味道甜美。元佚名《百花亭》三折："有福州府～、香喷喷、红馥馥带浆儿新剥的圆眼荔枝。”清《隋唐演义》二一回：“尤员外一面吩咐摆饭，咬金心中欢喜，放开酒量，杯杯满，盏盏干，不知是家酿香醪，十分酒力，只见～好上口，迭连倒了几十碗急酒，渐渐的醉来了。”

【甜净】 tián jìng 形容言语甜美动听。元明《水浒传》一四回：“大官人你在房里，着几句～的话儿说将入去。”明《金瓶梅》二回：“当时妇人见了那人，生的风流浮浪，语言～，更加几分留恋。”△清《儿女英雄传》二九回：“何小姐见他说话儿～，性情儿柔和，从此便待他十分亲近。”

【甜句儿】 tián jù er 好听的话。《元曲选外编·西厢记》二本三折：“俺娘把～落空了他，虚名儿误赚了我。”明贾仲明《对玉梳》二折：“哑谜儿有甚难猜破？～将我紧兜罗，口如蜜钵。”

【甜美】 tián měi 香甜愉快。明《古今小说》卷一九：“吃些在口里，且是～得好。”清《醒世姻缘传》四五回：“叫玉兰拿过那尊烧酒，剥着鸡子，喝茶钟酒，吃个鸡蛋，吃的甚是～。”

【甜蜜蜜】 tián mì mì ❶ 味道甜美。明《醒世恒言》卷一四：“卖水的，倾一盏～的糖水来。”△清《官场现形记》一二回：“又幸亏他生平没有吃过燕菜，如今吃得～的，又加兰仙朝着他挤眉弄眼，弄得他魂不附体，那里还辨得出是燕菜是糖水？” ❷ 愉快。清《后西游记》二一回：“这楼上空落落的，只管坐着做甚么，我下面有的是暖通通的房儿，华丽丽的床儿，何不～地睡他一觉，却痴痴呆呆坐在此处。”

【甜娘】 tián niáng ❶ 酒。宋孙奕《示儿编》卷一七：“若夫广州酒名～，东海酒名二娘，荔枝名绛衣娘，鹦鹉名雪衣娘，则物亦有借重耳。” ❷ 草名。宋叶廷珪《海录碎事》卷二二下：“～：甜娘草名，广南人造酒多用之。”

【甜软】 tián ruǎn 形容言语和软动听。清《歧路灯》二一回：“争乃遇着一个粗野的戏主，又有一个～的帮客，拉拉扯扯不得走。”

【甜食】 tián shí 甜的食品。宋张杲《医说》卷六：“但克意少饮，勿与生硬、果菜、油腻、～，相犯亦不至生病也。”明《金瓶梅词话》八四回：“不一时，两个徒弟守清、守礼安放桌儿，就摆斋上来，都是美口～，蒸堞饼馓，各样菜蔬，摆满春台。”

【甜睡】 tián shuì 熟睡。明韩子祁《陆藩仪别墅》：“客去北窗～足，碧云深坞诵南华。”△清《小八义》三九回：“郑小姐只睡到东方发白，方才起来。定了定神思，遂即起身，一掀帐子，只见天也明了，一转秋波看了看那郎君，～如浓。”

【甜丝丝】 tián sī sī 味道甜美。清《红楼梦》八〇回：“横竖这三味药都是润肺开胃不伤人的，～的，又止咳嗽，又好吃。”

【甜俗】 tián sú 形容言语甜腻庸俗。清《歧路灯》一一回：“又说了一会话，大约语言～，意味粗浅。”

【甜头】 tián tóu 好处；便宜；利益。明《金瓶梅》八二回：“两个人尝着～儿，日逐白日偷寒，黄昏送暖。”《警世通言》卷二五：“揽了这野火上门，他吃了～，只管思想。”△清《二十年目睹之怪现状》四七回：“他不要想把这点小～来哄我。”

【甜物】 tián wù 甜的食品。唐王焘《外台秘要方》卷五：“梧子未发前服，临发更服三十丸，以手捧之于鼻下嗅取，气便定。如不得平复，更服三十丸。或吐或微利，勿怪，亦有不吐利差者。吐了仍不得漱口，亦不得吃生葱、生菜、果子、～、油腻等。”明《二刻拍案惊奇》卷二〇：“巢氏幼时喜吃～，面前牙齿落了一个，也做硬物打落之伤。”

【甜乡】 tián xiāng 梦境。宋曾幾《坐睡》：“岂期黑～，于此得栖径。”△清《青楼梦》一二回：“说也奇验，挹香服了仙方，竟鼾入～。”

【甜鞋净袜】 tián xié jìng wà 形容鞋袜漂亮洁净。宋元《清平山堂话本·简帖和尚》：“着一领大宽袖斜襟褶子，下面衬贴衣裳，～。”

【甜言】 tián yán （说）好听的话；甜话。元明《水浒传》二四回：“～说诱，男如封涉也生心。”明《古今小说》卷二二：“王小四还只怕婆娘不肯，～劝论。”

【甜言美语】 tián yán měi yǔ 即“甜言蜜语”。《元曲选外编·西厢记》三本二折：“他人行别样的亲，俺根前取次看，更做道孟光接了梁鸿案。别人行～三冬暖，我根前恶语伤人六月寒。”明高濂《清修妙论笺》：“不评论人是一药，～是一药。”

【甜言媚语】 tián yán mèi yǔ 即“甜言蜜语”。明《拍案惊奇》卷六：“凭着一昧～哄他，从此做了长相交也不见得。倘若有些怪你，我自重重相谢罢了。”清《隋唐演义》六四回：“妾等昨夜更深，忽然秦王大醉，闯进妾宫中来，许多～，强要淫污，妾等不从，要扯他来见陛下，奈力不能支，被他走脱。”

【甜言蜜语】 tián yán mì yǔ 甜蜜诱人的话。亦指说甜蜜诱人的话。明《醒世恒言》卷三六：“卞福坐在旁边，～，劝了一回。”△清《二十年目睹之怪现状》三九回：“谁知他老婆已经另外跟了一个人，便～的引他回去，却叫后跟的男人，把他毒打了一顿。”

【甜枣】 tián zǎo 比喻甜头。明《金瓶梅》七四回：“他是恁行货子，受不的人个～儿，就喜欢的。”清《醒世姻缘传》二一回：“虽然是一伙泼货，却也吃不得一个～。”

【甜嘴蜜舌】 tián zuǐ mì shé 说好听的话。清《红楼梦》三五回：“吃罢，吃罢！不用和我～的，我可不信这样话！”

【填】 tián ❶ 按着一定的格式写（词曲）。清《红楼梦》五回：“此曲不比尘世中所～传奇之曲。”△《孽海花》三回：“不但能唱大曲，～小令，是板桥杂记里的人物。” ❷ 填还；抵偿。明《西洋记》九一回：“今日顷刻之间接下三十二宗告你们～人命的状词。”清《醒世姻缘传》五九回：“一命～一命，小素姐要偿了婆婆的命，小巧姐也说不的替公公偿命。”

【填白】 tián bái 一种陶瓷工艺，以粉料堆填瓷上，再蘸釉烧成有光泽的月白色。清《红楼梦》四一回：“然后众人都是一色官窑脱胎～盖碗。”

【填榜】 tián bǎng 科举考试将考试中式者的姓名写在榜上。清《绿野仙踪》三回：“岂期到～时，事有翻覆，竟置年兄于孙山之外。”

【填备】 tián bèi 填赔（亏空），赔补。《宋会要辑稿·食货十四》：“朝廷罢催税户长，依熙丰法改差甲头，盖谓递年大保长催科～，率至破产。”又：“今甲头皆耕夫，岂能与形势之家奸猾之户立敌而能曲折自伸于官私哉？方呼追之急，破产～，势所必然。”

【填偿】 tián cháng 偿还。《敦煌变文校注》卷一《董永变文》：“直至三日复墓了，拜辞父母几田常（～）。”

【填房】 tián fáng ❶ 女子嫁给死了妻子的人。明《金瓶梅》二回：“新近又娶了清河左卫吴千户之女，～为继室。” ❷ 妻子死后续娶的妻子。明《欢喜冤家》三回：“不免到街坊闲步，倘寻得标致的～，不枉掷半生快乐。”△清《儿女英雄传》一四回：“他因看着褚一官人还靠得，本领也去得，便许给他作了～，招作女婿。”△《官场现形记》五回：“这个～太太是去年娶得，如今才有了喜。”

【填还】 tián huán ❶ 偿还；还报。《敦煌变文校注》卷二《庐山远公话》：“贫道欲拟～，不幸亦死。”《元曲选·汉宫秋》一折：“我特来～！你这泪揾湿鲛绡帕，温和你露冷透凌波袜。”元朱庭玉《梁州第七·妓门庭》：“才擗掠的花笺脱洒，恰～的酒债伶俐。”

明《西洋记》三四回："如无玉玺，～我的人命，万事皆休！"《拍案惊奇》卷三五："若不是你的东西，纵然勉强哄得到手，原要一分一毫～别人的。"清《歧路灯》四〇回："是姐夫前世少欠他的，叫他来生～罢。" ❷ 贴补；送给。清《红楼梦》程乙本四三回："有了钱，也是白～别人，不如拘了来，咱们乐。"《三侠五义》三七回："如今得了手，且不归家，又不知～那个小妈去了。"

【填门】 tián mén 塞满门户，形容上门的人非常多。清《歧路灯》七六回："只是目下负欠太多，索讨～。"

【填命】 tián mìng 偿命。明《西洋记》八八回："临阵之时，被南朝唐状元所误，一箭划下了头。屈死无辜，告唐状元～。"《二刻拍案惊奇》卷二五："赵家又来求判～。知县道：'杀人情真，但皆系口词，尸首未见，这里成不得狱。'"清《三春梦》四回："今你等先且回家，本镇自当究出鞑妇～。"

【填漆】 tián qī 一种漆器制作工艺，在漆器上雕刻图案花纹，再刻纹处填上彩漆。清《红楼梦》六回："平儿站在炕沿边，捧着小小的一个～茶盘。"

【填砌】 tián qì 堆砌（辞藻）。清《歧路灯》八回："我前日偶见孔耘轩中副榜朱卷，倒也踏实，终不免～，所以不能前列也。"

【填腔调曲】 tián qiāng tiáo qǔ 依腔调填词作曲。元明《水浒传》八二回："依院本～，按格范打诨发科。"

【填嗓】 tián sǎng 贴赔饭食让人吃。清《三侠五义》六一回："就是他来此吃酒，也是白吃白喝，尽赊账，从来不知还钱。老汉又惹他不起，只好白～他罢了。"

【填送】 tián sòng 犹"填还❷"。清《红楼梦》四三回："有了钱也是白～别人，不如拘来咱们乐。"

【填限】 tián xiàn 同"填馅"。清《红楼梦》四七回："依我说，你竟不去罢，合家子连太太、宝玉都有了不是，这会子你又～去了。"《续金瓶梅》三六回："你家把莺莺走到那去了，今日拿着红娘顶缸～。"

【填馅】 tián xiàn 充当牺牲品或代人受过。明《金瓶梅》八四回："客至则递茶递水，斟酒下菜，到晚来背地来掇箱子，拿他解馋～。"△清《儿女英雄传》六回："委屈你们几个，算填了馅了，只是饶你不得！"

【填项】 tián xiàng 填充款项。清《歧路灯》一〇五回："以此为官，不盗国帑，不啖民脂，何以～？"

【填写】 tián xiě 按着格式要求写入文字或数据。元明《水浒传》四回："书记僧～了度牒，付与鲁智深收受。"清《红楼梦》七八回："亦不可蹈袭前人的套头，～几字搪塞耳目之文。"△《二十年目睹之怪现状》四三回："再写了副榜，然后～前五名。"

【填拥】 tián yōng 挤满，聚集。宋周密《武林旧事》卷三："都人最重一阳贺冬，车马皆华整鲜好，五鼓已～杂遝于九街。"《三朝北盟会编》卷六："须臾有父老数百人～驿外，询使人何处来。"

【填涌】 tián yǒng 拥挤奔涌。清《东周列国志》二三回："谍报方到，邢国男女，～而来，俱投奔齐营求救。"

【填扎】 tián zā 弥缝。元曾瑞《一枝花·买笑》："见别人有破绽着冷句儿～，见别人生科泛着笑话儿逼匝。"佚名《庆东原》："顽涎儿按捺，私情儿拽塌，好话儿～。犹兀自保儿嗔，断不了姨夫骂。"

【填帐】 tián zhàng 偿还欠账。清《续金瓶梅》六回："花子虚该托生在郑千户家为子，使瓶儿日后～，俱在后日报应不题。"

【填置】 tián zhì 责备，埋怨。《敦煌变文校注》卷三《燕子赋（一）》："既见燕子唱快，便即向前～：'家兄触悮（忤）明公，下走实增厚愧。"

tiǎn

【忝】 tiǎn 同"腆"。明《西游记》七八回："假僧接刀在手，解开衣服，～起胸膛。"

【捵】 tiǎn ❶ 拨弄。元明《水浒传》一一五回："张顺因要从西湖水底下去～水门，入城放火，不想至涌金门外越城被人知觉。"明《醒世恒言》卷一七："私下配个匙钥，夜间俟父亲妹子睡着，便起来悄悄～开，偷去花费。"清《儒林外史》二一回："浦郎把锁～开，见里面重重包裹，两本锦面线装的书。" ❷ 挺出；凸起。元张养浩《朱履曲》："～着胸登要路，睁着眼履危机，直到那其间谁救你？"清《儒林外史》一四回："马二先生身子又长，戴一顶高方巾，一幅乌黑的脸，～着个肚子。" ❸ 推；撑；掀。元明《水浒传》三七回："一个公人便把包裹丢下船里，一个公人便将水火棍～开了船。"明《古今小说》卷二："将头巾往上一～，二十餘人，一齐发作。"

【捵入】 tiǎn rù 暗中进入。元明《水浒传》五六回："看看天色黑了，时迁～班门里面。"明《醒世恒言》卷二七："趁焦氏卖得房价，夜间～卧房，偷了银两。"

【捵子】 tiǎn zi 同"掭子"。清《云仙笑》一册："遂同了小厮，走去看了锁之大小，然后寻个～搠开。"

【腆】 tiǎn 挺起；凸出。元马致远《荐福碑》二折："他～着胸脯眼见的昂昂傲，将我这羞脸儿怀揣着慢慢的熬。"张可久《寨儿令·妓怨》："哆着口不断顽涎，～着脸待吃痴拳。"明《西游记》七三回："只见那七个敞开怀，～着雪白肚子。"△清《儿女英雄传》二八回："～着个人肚子，又着八字脚儿。"

【腆厚】 tiǎn hòu 丰厚。宋王迈《乙未六月上封事》："宫掖之内，貂珰之流，凡所供亿，极其～。"明王慎中《祭洪莲浦公文》："岂徒逸豫晏侈，如世俗耳目所夸诧荣华～之享，而以为无忧云乎哉？"清方文《述哀》："重以賻襚资，～逾常格。"

【腆愧】 tiǎn kuì 羞愧。唐白居易《与杨虞卿书》："非次宠擢，夙夜～。"元蒲道源《回姻亲王氏启》："甚～，不成于报章。"

【腆脸】 tiǎn liǎn 同"覥脸"。明《梼杌闲评》四九回："怎忍再抱琵琶，重去～向人寻，愿随爷于地下。"

【腆然】 tiǎn rán 羞愧貌。唐郑亚《唐丞相太尉卫国公李德裕会昌一品制集序》："严之以刁斗而勃尔无惧，申之以文告而～不率。"明韩邦奇《刘太孺人墓志铭》："馈虽不丰，～亦甚整洁。"清《野叟曝言》三九回："素娥亦觉～。"

【腆凸】 tiǎn tū 凸起；高挺。清《醒世姻缘传》一三回："棚底下蚁聚许些泼皮身、鹰嘴鼻、～胸脯混世魔王。"

【腆饷】 tiǎn xiǎng 丰盛的酒食款待。金《董解元西厢记》卷三："不才小子，过蒙～。"

【腆颜】 tiǎn yán 犹"覥脸"。明《玉娇梨》一一回："此自是贪儒痴想，但素沐老恩师格外怜才，故不惜～有请。"

【覥脸】 tiǎn liǎn 厚着脸皮。清《醒世姻缘传》八九回："俺弟兄两个覥着脸，受那县官数说，声也没敢回他一声。"

【覥面】 tiǎn miàn 犹"覥脸"。明《二刻拍案惊奇》卷三九："费尽心，要传家里子孙；覥着面，且认民之父母。"

【舔舌咂嘴】 tiǎn shé zā zuǐ 形容饭后咂摸滋味，或用舌头清除口唇食物残渣。清《红楼梦》六回："刘姥姥已吃毕了饭，拉了板儿过来，～的道谢。"

【舔啖】 tiǎn tàn 吐舌头，指吃惊。明《醒世恒言》卷二二："贵哥～道：'我只说几贯钱的事，我便兑得起。'"

【舔嘴咂舌】 tiǎn zuǐ zā shé 犹"舔舌咂嘴"。清《三侠五义》四三回："众人～，无不称妙。"

【餂】 tiǎn ❶ 舔。明《西游记》八七回："面山边有一只金毛哈巴狗，在那里长一舌，短一舌，～那面吃。"《醒世恒言》卷三七："连那鸡儿狗子，～了鼎中药末，也得相随而去。"清《醒世姻缘传》一九回："晁大舍叫人在鼻尖上抹上了一块沙糖，只是要去～吃。" ❷ 用毛笔蘸墨。明《西洋记》一五回："墨磨得浓，笔～得饱，写了南京龙江左卫巡逻军士王明。" ❸ 试探；探问。明《玉娇梨》一五回："晚生一时不慎，遂真情告之。彼～知晚生之意，遂力言老先生已钦召进京。"清《两交婚》四回："莫非闻知外面诗社甚盛，着了魔？待我慢慢～他，看是何如。"《野叟曝言》四回："何氏用话～过素娥，已猜得一二，不比那窖里的人物。"

【餂括】 tiǎn gua 舔。括，词尾。明《浪史》七回："浪子却把舌尖～。"

【餂屁股】 tiǎn pì gǔ 溜须拍马；奉承。清《醒世姻缘传》一五回："那些替他～的义子义孙，翻将转那不识羞的脸来。"

tiàn

【掭】 tiàn ❶ 拨火棍。宋洪迈《容斋五笔》卷一："挑剔灯火之杖曰～，他念切，注火杖也。" ❷ 拨动。明凌云翰《拟赋挑灯杖五首》之五："灯～还于盏面横，却因挑剔强为名。"清《十二楼·萃雅楼》二回："你们二位都是有窍的人，为什么丢了钥匙不拿来开锁，倒用铁丝去～？" ❸ 用毛笔蘸墨。明《西游记》三回："那判官慌忙捧笔，饱～浓墨。"清《后西游记》三回："孙小圣遂将案上大笔提起，～得墨浓，在'是是非非地'下添上六字，又在'明明白白天'下也添六字。"

【掭面】 tiàn miàn 犹"腆脸"。清《醒世姻缘传》六八回："两个兄弟掭着面，戴着顶头巾，积泊的个姐姐这们等！"

【掭子】 tiàn zi 一种用来拨弄开锁的器具。明《西游记》二五回："好本事！就是叫小炉儿匠使～，便也不像这等爽利！"《梼杌闲评》五回："便去寻了把～，等老婆睡熟了，掭开了锁，见匣中有许多银包。"

tiāo

【佻达】 tiāo dá 轻薄。明《拍案惊奇》卷四："郑子～无度，喜狎游。"清《歧路灯》七八回："要丑的要要个～科诨，个个轩渠。"

【佻闼】 tiāo tà 犹"佻达"。清《女仙外史》三九回："又有处州别驾范希云，少年～，饶有丰姿。"

【挑】 tiāo 另见 tiǎo。❶ 用肩担物。元明《水浒传》四五回："巴得天明，把猪出去门前～了，卖个早市。"明《西游记》二三回："这一向爬山过岭，身～着重担，老大难挨也。"△清《官场现形记》五八回："价钱没有说明白，～夫欺他也有的。" ❷ 挑选。清《红楼梦》二五回："你不嫌不好，～两块去就是了。"△《儿女英雄传》四〇回："他那个脾气儿，只怕吃个鸡蛋还得～四楞儿的呢。" ❸ 挑剔。清《红楼梦》二〇回："你敢～宝姐姐的短处，就算你是个好的。"△《儿女英雄传》三九回："只是我要～老哥哥，这样一桩喜事，你怎的不早给我个信儿？" ❹ 捧（场）；照顾。清《儒林外史》四二回："只要六老爷别的事上多～他姐们儿几回就是了。"△《海上花列传》四五回："倘然罗老爷勿肯帮，价末耐好算是个囡仵，应该搭罗老爷说～～我。"

【挑茶斡刺】 tiāo chá wò cì 犹"调三窝四"。元佚名《货郎旦》四折："那婆娘舌刺刺～，百枝枝花儿叶子，望空里揣与他个罪名儿，寻这等闲公事。"

【挑饬】 tiāo chì 挑剔；挑眼。清《红楼梦》一一〇回："诸如此类，那得齐全，还求奶奶劝劝那些姑娘们不要～就好了。"

【挑担】 tiāo dān 以肩膀挑。宋《五代史平话·周上》："咱待去为人雇佣～东西，胡乱糊口度日。"《元典章·户部八》："见有男子～私盐，或用船装载，向前捉拿，犯人惧怕，弃盐走透。"

【挑贩】 tiāo fàn 拣择贩卖。明《金瓶梅》七回："我闻得此人单管～人口，惯打妇熬妻。"又一七回："此人专在县中把揽说事，举放私债，家中～人口。"

【挑夫】 tiāo fū 为人挑物谋生的人。清《野叟曝言》六回："素臣又向大郎要了几十文钱，给了～。"△《官场现形记》五八回："因为叫人挑行李，价钱没有说明白，～欺他也有的。"△《二十年目睹之怪现状》二一回："一班～、车夫与及客栈里的接客伙友，都一哄上船，招揽生意。"

【挑拣】 tiāo jiǎn 挑选；拣择。清《红楼梦》六五回："那尤三姐天天～吃穿，打了银的，又要金的。"

【挑捡】 tiāo jiǎn 挑剔；搜寻指摘。清《红楼梦》八三回："我是个没心眼儿的人，只求姑娘，我说话别往死里～。"

【挑脚】 tiāo jiǎo 给人挑运货物或行李。清《续金瓶梅》五一回："百忙里叫不出～的来。"《说岳全传》五一回："又不去～，要这草鞋何用！"

【挑脚汉】 tiāo jiǎo hàn 挑夫。比喻替人出力的人。明《金瓶梅》八八回："舍资财共成胜事，修来生功果，贫僧只是～。"清《红楼梦》六三回："到了明日起迟了，人家笑话，不是个读书上学的公子了，倒像那起～了。"

【挑卖】 tiāo mài 挑担卖货。元明《水浒传》二四回："武大依前上街～炊饼。"明《古今小说》卷二六："我们勤力耕种，～山柴，也可度日。"清《飞龙全传》七回："（郑恩）～香油度日。"

【挑剔】 tiāo tī ❶ 挑拣。《元曲选·汉宫秋》二折："体态是二十年～就的温柔，姻缘是五百载该拔下的配偶。" ❷ 过分指摘细事。清《荡寇志》九二回："盖天锡那厮不通情理，若写信去，他必要～。"△《官场现形记》一一回："现在上头～又多，设或他去之后，出点岔子怎么好呢。"

【挑踢】 tiāo tī 同"挑剔❶"。元秦简夫《东堂老》一折："你抛撇了这丑妇家中宝，～着美女家生哨。"

【挑幺挑六】 tiāo yāo tiāo liù 形容挑挑拣拣。清《红楼梦》五八回："这一点子屄崽子，也～咸屄淡话，咬群的骡子似的。"

tiáo

【条】 tiáo ❶ 条文，标准，特指法律条文。《敦煌变文校注》卷一《捉季布传文》："遂遣使（所）司重出敕，改～换格转精勤。"唐王梵志《恶口深乖礼》："恶口深乖礼，～中却没文。" ❷ 量词。唐皎然《偶然》："只将两～事，空却汉潜夫。"元明《水浒传》六回："见绿槐树下放着一～桌子。"又三二回："上得一～土冈，早望见前面有一座高山。"又："一～青旆舞寒风，两句诗词招过客。"

【条别】 tiáo bié 区别。宋吕陶《朝请大夫知邛州常君墓志铭》:“先后之序,繁简之差,皆能～指数。”清汪由敦《跋手抄墓铭举例》:“古之作者,文成而法立,屡变而不穷,综而次之,～同异。”

【条冰】 tiáo bīng　喻清贵的官职。宋郑清之《东湖送藕与葺芷》:“赠君拟～,差胜羞藻蕴。”元刘壎《隐居通议》卷一六:“～之光,修史学士其人。”

【条畅】 tiáo chàng　繁茂。明《西游记》八七回:“从今黍稷多～,自然稼穑得丰登。”清《歧路灯》一〇八回:“这坟中城垣周布,毫无践踏,新株分外～。”

【条陈】 tiáo chén　分条陈述,也指分条陈述意见的呈文。明《金瓶梅》四八回:“如今老爷新近～奏了七件事在这里,旨意还未曾下来。”清《醒世姻缘传》五八回:“其餘衣服首饰之类,听了调羹的～,俱托了舅舅相栋宇家打造裁制。”△《官场现形记》七回:“现在既有这个机会,我何不也学他们上一个～,或者得个好处。”

【条凳】 tiáo dèng　长形的凳子。清陈元龙《格致镜原》卷三六:“洪武初,抄没苏人沈万三家～椅桌螺钿剔红最妙六科,各衙门犹有存者。”△《济公全传》三七回:“地下桌椅～,摆着古玩应用物件。”

【条对】 tiáo duì　逐条答对。清《水浒后传》八回:“国主大悦,常将军重务与他商议,驸马～详明,剖判停妥。”△《儿女英雄传》三六回:“其餘三课,待我按课给你拟出策题来,依题～。”

【条分节解】 tiáo fēn jié jiě　逐条逐节进行分析。《新唐书·崔义玄传》:“义玄有章句学,先儒疑谬,或音故不通者,辄采诸家,～,能是正之。”清姜宸英《户部右侍郎周公墓志铭》:“古今图史、书画方名彝器皆～,尽其指趣。”

【条分缕析】 tiáo fēn lǚ xī　分析得细密而有条理。宋方大琮《举连州教授周梅叟乞旌擢奏状》:“朱文公熹解说,～,殆无餘蕴。”清田雯《兼隐堂诗序》:“雨峰雅嗜古人之诗,尝为余粥粥言之,源流正变,～,此岂浅学所可咄嗟办哉?”

【条幅】 tiáo fú　直挂的长条字画。清《圣祖仁皇帝庭训格言》:“朕自幼嗜书法,凡见古人墨迹必临,一过所临之～手卷将及万餘,赏赐人者不下数千。”△《济公全传》二一七回:“墙上挂着名人字画,～对联,工笔写意花卉翎毛,桌上摆着都是商彝周鼎秦砖汉玉,上谱的古玩,家中颇有些大势派。”

【条格】 tiáo gé　条例;法规。《元典章·圣政一》:“应合行事理遵守世祖皇帝累降～事意施行。”

【条贯】 tiáo guàn　条例;条文。《宋会要辑稿·食货十三》:“今日天下政事比熙宁元年以前改更不可胜数,事既与旧不同,岂可悉检用熙宁元年以前见行～?”又:“不知差役一事而官司上下关联,事目极多,～动相干涉,岂可单用差役一门,显见施行未得一称。”

【条规】 tiáo guī　条例,规定。宋徐鹿卿《劾知太平州岳珂在任不法疏》:“某为见天久不雨,遂照～,亲到三狱审问。”△清《女娲石》九回:“你屡次犯我党中～,我都看你主人面,恕了你。你今做下这事,我这里容你不得了。”

【条划】 tiáo huà　同“条画❷”。《元曲选·虎头牌》三折:“你今日犯下正～的罪来,兀自这般崛强哩。”又《百花亭》三折:“这逆贼好没礼,盗军赀,误军务,失军期,他所犯那桩儿不是有～的罪?”

【条画】 tiáo huà　❶ 谋划。宋徐积《开封尹王公奏请赐谥》:“与徐积讨论究观～,皆有法度。”清李光地《覆发示图象第一札子》:“已赖皇上～详明,立象以尽意,撮要以尽言。”　❷ 计划,条规,法令。唐李翱《兵部侍郎赠工部尚书武公墓志铭》:“我将死,凡家事细大,皆有～,在文字矣,平生志业,于此穷矣。”清徐乾学《资治通鉴后编》卷一八一:“帝知其无辜,欲释其事,特命大赦,而绰斯嘉增入～内,独不赦前狱。”　❸ 长条形的画。清《五美缘》七回:“只见那卧房门两扇,都做门窗垂下,又见客坐里正中挂了一幅～。”

【条几】 tiáo jī　长条形的几案,多用来摆放玩器、书籍等。清《歧路灯》九回:“你同谭老爷管家把～上书送到南书房去。”

【条籍】 tiáo jí　逐项记录的簿册。明李东阳《深泽县重建庙学记》:“是役也,节冗储羡,取之于官,故财集而民不知出纳;明慎具,有～,故用侈而人不疑。”清王太岳《四库全书考证》卷四〇:“上林疆境～,自阿城以南。”

【条具】 tiáo jù　分条列举说明。唐李豫《复尚书省故事制》:“详校所掌,明征典故,一一～,面陈损益,如非时须,有奏议亦听诣阁请对。”明《古今小说》卷二二:“翰林院学士徐经孙～公田之害,似道讽御史舒有开劾奏罢官。”清蔡世远《丽水令王君思庵墓表》:“至事关民生休戚,侃侃直陈,或阴为～,当事重其品,恒见采纳。”

【条款】 tiáo kuǎn　文件或契约上的项目。元许有壬《和刘楚奇浮云道院二十二首》之八:“神仙多官府,礼法足～。”清《东周列国志》八七回:“卫鞅于是定变法之令,将～呈上孝公,商议停当。”《醒世姻缘传》五四回:“女人‘七出’之条,第一是‘盗’,他就犯了这第一件的～。”

【条令】 tiáo lìng　条文,法令。唐李翱《唐故横海军节度傅公神道碑》:“凡从公将卒,本与公同立于乐寿者,皆禀惧,不敢越～以侵物。”明张永明《旱灾疏》:“然事不法古,～繁多,民不安习。”

【条律】 tiáo lǜ　法律,法令。《宋史·兵志》:“今以厢军约此,施行恐难经久,况尊卑相犯,自有～,不行可也。”明《西游记》八〇回:“师父,你虽是自幼为僧,却只会看经念佛,又不曾见王法～。”清《醋葫芦》四回:“院君,一应～,拙夫已许下俱依,为何又拽转来?还有甚么分付?”

【条论】 tiáo lùn　分条论说。宋《三朝北盟会编》卷一〇:“遂～厉害,上宣司。言不使女真入关,其利有五;使之入关,其害有六。”清玄烨《古文评论》:“万里赴援,既言其失,又能策画方略,～井然,谋国之忠,何其恳到也。”

【条蔓】 tiáo màn　枝蔓。《法苑珠林》卷一〇:“夫论畜生痴报,所感种类既多,～非一,禀兹秽质,生此恶涂。”清赵执信《七夕雨饮松皋舍人分韵得九佳》:“词场近来盛稂莠,虽有～亡根荄。”

【条派】 tiáo pài　支流;支派。宋陈淳《仁礼》:“仁者,心理之全体;礼者,心理之节文。全体者,节文所合之本统也;节文者,全体所分之～也。”清弘历《重修马驹桥碑文》:“夫治水者,必溯其源,由源而及其支流～,剔之釁之,乃可以不紊。”

【条盆】 tiáo pén　长形的盆。清《红楼梦》五二回:“因见暖阁之中有一玉石～,里面攒三聚五栽着一盆单瓣水仙,点着宣石。”

【条褥】 tiáo rù　长褥子。元王士点《秘书监志》卷四:“～五个,座子一十个,蒲席一十领,苇席一十领。”清《九云记》五回:“公子看他房里,正面设着秋香色金钱蟒大～,两边设一对梅花式样漆小几。”

【条石】 tiáo shí　条状的石头。元王礼《真定张氏乐丘表》:“凡寺观街衢及县司各处～,移以起城。借民库砖足之,而城以完。”清《世宗宪皇帝上谕内阁》卷三九:“绍兴府海塘工程,原议皆用～,后以～不易购致,限期已迫,遂用～托外乱石填中,今恐日后坍塌,仍改用～,请宽限期。”

【条式】 tiáo shì 条文，规则。唐慧立、彦悰《大慈恩寺三藏法师传》卷一："更恩入京询问殊旨，～有碍，又为兄所留，不能遂意。"

【条条井井】 tiáo tiáo jǐng jǐng 井井有条。明《西洋记》六四回："番王看见三太子英风凛凛，杀气腾腾，又且调兵遣将，～，心上大悦。"

【条条贴贴】 tiáo tiáo tiē tiē 形容服服帖帖。清《醒世姻缘传》六〇回："狄希陈～的坐在，就如被张天师的符咒禁住了的一般，气也不敢声喘。"

【条脱】 tiáo tuō 一种臂饰，呈螺旋形，上下两头左右可活动，以便紧松，一副两个。也指手镯、腕饰之类。明《金瓶梅》三九回："一副银项圈～，刻着'金玉满堂，长命富贵'。"清《女仙外史》三一回："两手～俱无了，还亏你装硬汉哩！"《歧路灯》五四回："绍闻得了这金～一对，一心要献母亲行孝。"

【条析】 tiáo xī 细致剖析。亦作"条枏"。唐元稹《唐工部员外郎杜甫墓志铭序》："余尝欲～其文，体别相附，与来者为之准，病懒未就尔。"宋刘彝《陈先生祠堂记》："其创新规，惩宿弊，～类举，皆中机要而被受奉行者，莫不以为宜焉。"清汪琬《古今五服考异序一》："至于马融、郑元、王肃、谯周之属，皆号通儒，莫不～异同，反复拳拳于此。"

【条晰】 tiáo xī 细致剖析。《唐会要》卷五四："沉滞郁抑当伸而未伸者，有一于此，则特降明命，令有司～，三日内闻奏。"清于成龙《上提督请留合州营防兵揭》："成龙于本年九月初六日到任，尚未熟悉地方要害，风闻有裁省合州营兵之议，惊惶无措，姑就营兵之有关吏治者～上陈，蒙抚宪批候。"

【条要】 tiáo yào 条款；要则。清《绿野仙踪》五三回："敢问采药、炼药、火候等说，～何如？"又五八回："发来三四十款～，违令斩杀的话极多，声势甚是威严。"

【条衣】 tiáo yī 僧衣。元牟巘《普照千僧海会堂记》："彼其拜，则膝拜，衣则～，非可比而同之三代。"清弘历《重修功德寺碑记》："面俯湖堧，神瀵滃潆，耨池分罫，～水田，非功德之泉耶？"

【条印】 tiáo yìn 长条形的官印。宋薛季宣《知湖州朝辞札子一》："有如官用～，或不圆备，许人户于纳钞之际，实时执覆添补。"清《续文献通考》卷八："府州县镇辨钞人宜给以～，听与人辨验，随贯量给二钱。"

【条约】 tiáo yuē ❶ 条例，规章。唐李昂《条流僧尼敕》："近有～，不许僧尼午后行游。"△清《花月痕》四七回："当下给卓然抢白数语，知他也是难惹的，便将仪注～恪遵，不敢驳回一字。" ❷ 约束。宋蔡襄《论兵十事》："举此五事，严与～，厢军可省矣。"清查慎行《小孤山》："帖然率群丑，俯首受～。"

【条直】 tiáo zhí ❶ 索性；干脆。明《型世言》五回："要送老子下乡，他也不肯去，～招个帮的罢！"又一三回："物自来而取之，落得用的，师母～收了。" ❷ 直截；爽快。清《后西游记》九回："老贤王太不～，起初说海中无马，……如今既有了马，再说没有鞍辔，我如何肯信？"《金云翘传》一四回："我替你醒一醒梦，你自然～肯说。" ❸ 简单；简便。明《醋葫芦》一五回："本等～请他吃杯酒也罢，甚么去寻姐妹；便姐妹也罢了，偏又寻这个光棍老狗。"

【条卓】 tiáo zhuō 长条形的桌子。明佚名《太常续考》卷三："香盒十个，御拜位牌三面，品官牌二面，～二张，羹案一张。"《大清会典则例》卷一五四："方卓五十九，～一百十。"

【条桌】 tiáo zhuō 长条形的桌子。元王士点《秘书监志》卷四："条床六个，～一十个，苇席二十领。"清《红楼梦》四〇回："凤姐听说，忙命人出去叫来，又一面吩咐摆下～，铺上红毡子。"

【条子】 tiáo zi ❶ 棍棒。宋楼钥《北行日录》："临淮尉夺客牛以驾车，为客所诉，鞭～八十。"清《醒世姻缘传》五七回："晁凤跑到那里，正见晁思才手拿着一根～，喝神断鬼的看着小琏哥拔那天井里的草。" ❷ 便条。明《警世通言》卷一五："唤里书房一样写下～，又呈上看罢，命门子乱乱的总做一堆，然后唱名取阄。"△清《官场现形记》一一回："大人已经替他递过～，叫他等两天自然有眉目，何必一定要吃这一趟苦呢？"

【迢遥】 tiáo yáo 遥远。明《西游记》四七回："我当年别了长安，只说是西天易走，那知道妖魔阻隔，山水～。"

【笤】 tiáo 一种占卜吉凶的用具，用两片蚌壳或竹、木等制成。明《西洋记》三回："果是五十三签，愿求两个圣～。"清《隋唐演义》三回："祷罢，试卜一～。"

【调】 tiáo 另见 diào。❶ 协调、训顺。唐郑愔《咏黄莺儿》："欲转声犹涩，将飞羽未～。"张说《奉和圣制寒食作应制》："斗敌鸡殊胜，争毬马绝～。" ❷ 调和；调治。元明《水浒传》三六回："那人也慌了，连忙～了解药，……扶将起来，把这解药灌将下去。"明《西游记》六九回："锅灰名为百草霜，能～百病，你不知道。" ❸ 调戏；挑逗。元明《水浒传》八一回："李师师再与燕青把盏，又把言语来～他。"明《拍案惊奇》卷三二："～得情熟，背了胡生眼后，两人已自搭上了。"《梼杌闲评》一四回："你这成精的小油嘴，你到会孤老，还说不知道怎样～！" ❹ 表演。明《金瓶梅》八九回："老爷在新庄，差小的来请小奶奶看杂要～百戏的。"

【调把戏】 tiáo bǎ xì 表演各种杂要。元马致远《黄粱梦》一折："功名二字，如同那百尺高竿上～一般，性命不保，脱不得酒色财气这四般儿。"

【调白】 tiáo bái 另见 diào bái。挑拨；挑唆。明《金瓶梅》四四回："自今日为不见了这锭金子，早是你看着，就有人气不愤，在后边～你大娘。"

【调百戏】 tiáo bǎi xì 表演各种杂要。元佚名《冯玉兰》四折："我做驿宰忒伶俐，吃辛吃苦都不气。接了使客转回来，闲向官厅～。"明《金瓶梅》八八回："春梅听见妇人死了，整哭了两三日，茶饭都不吃。慌了守备，使人门前叫了～的货郎儿进去，要与他观看，只是不喜欢。"

【调拨】 tiáo bō 挑拨，离间。元关汉卿《金线池》二折："俺女儿心心念念，只要嫁韩秀才，我好歹偏不嫁他。俺想那韩秀才是个气高的人，他见俺有些闲言闲语，必然使性出门去；俺再在女孩儿根前～他，等他两个不和，讪起脸来，那时另接一个富家郎，才中俺之愿也。"

【调刺】 tiáo cì 犹"雕刺❶"。"调"亦作"刁"。元萧德祥《杀狗劝夫》四折："你枉做个顶天立地的男儿，教那厮越妆模越作势，尽场儿～。"

【调斗】 tiáo dòu 同"挑斗❶"。元杨景贤《刘行首》二折："我怕大街上有人～我，我往这后巷里去。"明《梼杌闲评》一三回："七官将言钩搭他，他也言来语去的～。"

【调逗】 tiáo dòu 调弄逗引。清《红楼梦》三五回："黛玉无可释闷，便隔着纱窗～鹦哥作戏，又将素日所喜的诗词也教与他念。"

【调发】 tiáo fā ❶ 逗引；怂恿。元佚名《马陵道》三折："你看天色已晚，前后无人，我直跟到这羊圈根前，吟两句诗，～此地，看他说甚么。" ❷ 挑拨；调唆。明《古今小说》一五回："兀谁～你来厮取笑！且饶你这婆子，你好好地便去。" ❸ 欺瞒；哄骗。元高安道《哨遍·皮匠说谎》："初言定正月终，～到十月一。新靴子投至能够完备，旧兀剌先磨了半截底。”

【调法】 tiáo fǎ 手法。《元曲选外编·西厢记》三本三折：“淫词儿早则休，简帖儿从今罢，犹古自参不透风流～。”

【调犯】 tiáo fàn 犹“调发❶”。元孔文卿《一枝花·禄山谋反》：“四件事分明紧～，势到也怎遮拦。”

【调泛】 tiáo fàn 犹“调发❶”。元佚名《云窗梦》一折：“酒筵间用言～，必然成事。”尚仲贤《三夺槊》三折：“向那龙床侧近，～得君王一星星都随顺。”佚名《货郎旦》四折：“对面儿相～，背地里暗差排，抛着他浑家不理睬，只教那媒人往来。”

【调贩】 tiáo fàn 犹“调发❶”。元乔吉《行香子·题情》：“不是我将伊～，早撺断那俫僮，任从他外人儹。”

【调粉】 tiáo fěn 妇女整容打扮。唐陆畅《催妆诗》：“天母亲～，日兄怜赐花。”清弘历《芙蓉》：“～龙香剂，斯花自写生。”

【调风贴怪】 tiáo fēng tiē guài 拉拢男女作不正当的结合。元佚名《百花亭》一折：“官人，小人别的不会，这～，帮闲钻懒，须是本等行业，我就与你说去。”

【调风月】 tiáo fēng yuè ❶ 指做媒。元关汉卿《调风月》三折：“大刚来主人有福牙推胜，不似这～媒人背厅。”又《普天乐·崔张十六事·夫妇团圆》：“一个卖风流的志坚，一个逞娇姿的意坚，一个～的心坚。” ❷ 勾搭调情。明《金瓶梅》九三回：“我也曾在西门庆家做女婿，～把丈母淫。”

【调服】 tiáo fú 调制服用。清《红楼梦》五六回：“三人看了，一面遣人送出去取药，监派～。”

【调光】 tiáo guāng 调情。明《古今小说》卷二三：“元来～的人，只在初见之时，就便使个手段。”

【调和】 tiáo hé ❶ 调味品；作料。明《西游记》六八回：“沙僧，好生煮饭，等我们去买～来。”清《三侠五义》九一回：“该留下咱们吃的留下吃，该卖的卖了钱买～沽酒。”△《儿女英雄传》九回：“笼屉里又盖着一屉馒头，那案子上～作料一应俱全。” ❷ 哄诱；打动心意。元明《水浒传》七回：“妇人家水性，见了衙内这般风流人物，再着些甜话儿～他，不由他不肯。”又二四回：“软语～，女似麻姑须动意。” ❸ 调教；调理。元明《水浒传》八五回：“我等弟兄中间，多有性直刚勇之士，等我～端正，众所同心，却慢慢地回话。” ❹ 调配；调制。明《警世通言》卷四〇：“即将此茆栽植，取来～酒味服之。”清《绿野仙踪》一五回：“仙卿修炼，亦～铅汞否？” ❺ 调解使和顺。明《醒世恒言》卷二八：“待学生先以煎药治其虚热，～脏腑。”清《红楼梦》二二回：“自己原为他二人，怕生隙恼，方在中～。”

【调哄】 tiáo hǒng 哄骗。元王子一《误入桃源》二折：“盼不的渔家春水渡，闻不见僧寺夕阳钟，咱两个莫不被樵夫～？”

【调护】 tiáo hù ❶ 调养；护养。明《警世通言》卷四〇：“汝当朝夕侍奉，～寒暑。”清《野叟曝言》四回：“又李只退病后劳乏，在家～。” ❷ 调教辅佐；扶持保护。清《隋唐演义》七八回：“张说昔为东宫侍臣，有维持～之功，今不宜轻加谴责。”《荡寇志》一二三回：“若此人在朝，必能～诸贤，潜销奸党。”

【调奸】 tiáo jiān 通奸。明王樵《审录重囚疏》：“窥见徐绳勋妾春蛾少姿，向伊～，以后通奸不绝。”△清《七侠五义》七〇回：“师傅还提杜先生呢。原来他不是好人，因与主母～，秦员外知觉，大闹了一场。”

【调浆】 tiáo jiāng 用浆水调养。明《拍案惊奇》卷三四：“他们又将人参汤、香薷饮、莲心、圆眼之类，～闻人生，无所不至。”

【调教】 tiáo jiào 调理教管。清《红楼梦》六三回：“太太屋里的猫儿狗儿，轻易也伤他不的。这才是受过～的公子行事。”《绿野仙踪》三〇回：“朱文魁硬是你～坏了。”

【调揭】 tiáo jiē 嘲笑。金《董解元西厢记》卷五：“花唇儿恁地把人～，怎对外人分说？当初指望做夫妻，谁知变成吴越？”

【调解】 tiáo jiě 劝说双方消除误会。宋陈元晋《赣州清平堂记》：“～开释，倏聚忽散。”△清《孽海花》二七回：“筱亭见大家越说越到争论上去，大非敬客之道，就出来～其间道：‘往事何必重提，各负各责。’”

【调九鼎】 tiáo jiǔ dǐng 喻执掌大权。宋陈起《再简林子大》：“职当～，小却护北门。”明方孝孺《东河驿值雪次茅长史白战体韵》：“春来一月尚严凝，天上何人～。”

【调均】 tiáo jūn 均匀；谐调。清《东周列国志》八五回：“若择妇嫁之，常保年丰岁稔，雨水～；不然神怒，致水波泛滥，漂溺人家。”

【调侃】 tiáo kǎn 用言语戏弄；嘲笑。明汤式《一枝花·送车文卿归隐》：“安乐窝随缘度昏旦，伴几个知交撒玩顽，寻一会渔樵～。”△清《花月痕》一二回：“采秋却自在游行，说说笑笑，也不～众人，也不贬损自己，倒把两席的人束缚起来，比入席之时，还要安静得许多。”

【调理】 tiáo lǐ ❶ 调养（身体）。元明《三国演义》一九回：“操临卧处视之，令先回许都～。”明《金瓶梅》七九回：“你恼我，拿帖儿回了何大人，在家～两日儿，不去罢。”《醒世恒言》卷三〇：“砍伤庄客，遣回～。”清《荡寇志》一二二回：“一面安道全赶紧处方～。” ❷ 管教；训练。宋元《清平山堂话本·李翠莲》：“人家孩儿，在家中惯了，今日初来，你慢慢的～他。”明《金瓶梅》八六回：“也亏在丈人家养活了这几年，～的诸般买卖儿都会。”清《红楼梦》一九回：“你们看袭人不知怎样，那是我手里～出来的毛丫头。”《歧路灯》二七回：“遂约定九月初二日，齐到谭宅，～这个后生。” ❸ 照料；照管。明《西游记》五七回：“将先化的饭热热，～师父，再去寻他。”清《醒世姻缘传》七九回：“到了家中，叫他好生养活～，叫他耕田布种。”《歧路灯》一三回：“内家主跟前无人做伴，正想要买个丫头早晚解闷，好～大相公读书。”

【调练】 tiáo liàn 调教，训练。《敦煌变文校注》卷七《季布诗咏》：“恰至三更～熟，四畔齐唱楚歌声。”元明《三国演义》四八回：“却说南岸隔夜听得鼓声喧震，遥望曹操～水军。”清《荡寇志》八六回：“只此地军马，系云天彪相公～惯的。”

【调良】 tiáo liáng 良好；出色。清《飞龙全传》二一回：“见那马周身如火炭一般，身条高大，格体～。”又二八回：“又见那边树上拴着一匹红马，好生齐整，体段～。”

【调弄】 tiáo nòng 另见 diào nòng。❶ 挑逗；戏弄。宋王喆《风马令》：“被槽头、猢狲相～。”金马钰《风马儿·继重阳韵》：“更加之、心猿厮～。歌迷酒惑财色引，玓瓅瑠玎。”元明《水浒传》二四回：“教唆得织女害相思，～得嫦娥寻配偶。”明《东游记》二四回：“既而～百端，夜逼同寝，洞宾竟不为动。”清《红楼梦》二六回：“宝玉无精打采的，只得依他，晃出了房门，在回廊上～了一回雀儿。” ❷ 摆弄，舞弄。明《西游记》八七回：“行者正与邓、辛、张、陶，令闪电娘子在空中～，只见众神都到。”

【调皮】 tiáo pí 要小聪明。《元曲选·度柳翠》楔子：“你这和尚，风张风势，说谎～，没些儿至诚的。”△清《九尾龟》二二回：“若是风头不顺，他却又甚是～，输掉的身边带的一千银子，他就回转身来尘土不沾，拍腿就走，也不作翻本的念头。”按，明程万里《六院汇选江湖方语》：“～，会说话者。”

【调诐】 tiáo pí ❶ 要奸；要花招。明《金瓶梅》二〇回：“这三行人，不见钱眼不开，嫌贫取富，不说谎～也成不的。” ❷ 同

"调皮"。明《金瓶梅词话》二四回:"这三行人不见钱眼不开,嫌贫取富,不说谎～也不行的。"

【调诮】 tiáo qiào 调笑。唐蒋防《霍小玉传》:"生～未毕,引入中门。"明王世贞《再题十八学士卷》:"数赏其直而数～之,当亦以此。"

【调情】 tiáo qíng 男女间挑逗、戏谑。元高文秀《啄木儿》:"静中思省,这娇人何方姓名,素不曾识面～。平白地将人勾引,魂飞魄散。"明《醒世恒言》卷二三:"贵哥捧着酒壶,正在椅子背后,看他们～斗口,觉得脸上,热了又冷,冷了又热。"清《红楼梦》四七回:"薛大叔天天～,今儿调到苇子坑里来了。必定是龙王爷也爱上你风流,要你招驸马去,你就碰到龙犄角上了。"

【调人】 tiáo rén 捉弄人,戏弄人。唐张鷟《游仙窟》:"诚知肠欲断,穷鬼故～。"

【调三惑四】 tiáo sān huò sì 犹"调三窝四"。清《红楼梦》一〇回:"恼的是那群混账狐朋狗友的扯是搬非、～的那些人。"

【调三窝四】 tiáo sān wō sì 搬弄口舌;挑拨是非;挑拨离间。清《红楼梦》六三回:"你如今也学坏了,专会～。"△《孽海花》一六回:"从前在我爹那里～,甜言蜜语,难道是真看得起咱们吗?"

【调三斡四】 tiáo sān wò sì 同"调三窝四"。元吴昌龄《张天师》三折:"你休那里便伶牙俐齿,～,说人好歹,许人暧昧,损人行止。"

【调舌】 tiáo shé ❶ 啼鸣。唐刘庄物《莺出谷》:"欲语如～,初飞似畏人。"《元曲选·黑旋风》二折:"柳絮堪扯,似飞花引惹,纷纷谢。莺燕～,此景宜游冶。"清弘历《首夏静宜园驻跸》:"山禽隐树能～,野蝶穿花不带尘。" ❷ 耍嘴皮子。明《型世言》二四回:"这岑氏偏是吃醋捻酸,房中养下几个鬼见怕的丫头,偏会说谎～:今日老爷与某姨笑,今日与某姨顽,今日与某姨打甚首饰,今日与某姨做甚衣服,今日调甚丫头。"

【调摄】 tiáo shè 调养。元明《水浒传》一〇八回:"～五六日,病已全愈。"明《醒世恒言》卷二九:"三合凑又病起来,眼见得卢柟赏月之约,又虚过了。～数日,方能痊可。"《禅真后史》二〇回:"师爷以药饵～,得以全生。"

【调唆】 tiáo suō 挑拨,怂恿人做坏事或跟别人闹纠纷。宋元《警世通言》卷一六:"～织女害相思,引得嫦娥离月殿。"明《金瓶梅》二九回:"我～汉子也罢,若不教他把奴才老婆汉子一条棍撵的离门离户也不算。"清《红楼梦》九回:"听着人家骂我们,还～他们打我们茗烟。"

【调贴】 tiáo tiē ❶ 随和、随顺。金《董解元西厢记》卷八:"陡恁地不～,把恩不顾。" ❷ 顺服;服帖。清《醒世姻缘传》四五回:"这媳妇儿有些不～,别要叫那姑子说着了。"又九一回:"于是待那狄希陈倒也不像是个夫主,恰像似后娶的不贤良继母待那前窝里不～的子女一般。"

【调停】 tiáo tíng ❶ 协调和谐。元乔吉《一枝花·合筝》:"佳人娇和曲,豪客醉弹筝。心与手～,剑袂待弦初定。" ❷ 调解;说和。明《古今小说》卷二七:"少刻夫人来到,又～了许多说话,两个方才和睦。"清《后水浒传》四四回:"若藏匿不放,便要打上山来,趁早出去～,免得后来争竞。"《醒世姻缘传》三五回:"但二生互殴,所以诸生只得与他～。" ❸ 调整;安排;整理。明《西游记》六七回:"～自家呼吸,分定四气、五郁、七麦、八里。"清《红楼梦》六一回:"虽有几个同伴的人,他们都不敢自专,单等他来～分派。"《三侠五义》九九回:"所有摆设颇颇的雅而不俗,这俱是凤仙在这里替牡丹～的。" ❹ 调理;调养。清《红楼梦》五三回:"宝玉自能变法要汤要羹～,不必细说。"△《儿女英雄传》三回:"格外的加倍小心,～那公子的饥饱寒暖。" ❺ 教导。清《歧路灯》六二回:"但他既不弃咱这老朽,把咱请到他家,咱就要～他。" ❻ 唆使;谋划。清《红楼梦》六〇回:"这又是那起没脸面的奴才们的～,作弄出个呆人替他们出气。"

【调歪】 tiáo wāi 使坏,不正经。清《红楼梦》七八回:"况且有本事的人,未免就有些～。"

【调斡】 tiáo wò 调和周旋。明林俊《与席方伯》:"二司幸力～,勿使惜今日如惜伪学时也。"

【调息】 tiáo xī ❶ 调整、稳定呼吸。明《西游记》二回:"当日起来打混,暗暗维持,子前午后,自己～。"清《红楼梦》一〇回:"先生方伸手按在右手脉上,～了至数,宁神细诊了有半刻的工夫。" ❷ 调养将息。清《红楼梦》一〇回:"他说等～一夜,明日务必到府。"

【调习】 tiáo xí 调教训练。清《醒世姻缘传》一回:"选了一匹青白骟马,使人预先～。"

【调戏】 tiáo xì 用轻佻的言语举动戏弄妇女。元明《水浒传》七回:"清平世界,是何道理,把良人～?"明《金瓶梅》一回:"他见前后没人,便把言语来～我。"清《红楼梦》一二回:"如今琏二婶已经告到太太跟前,说你无故～他。"

【调笑】 tiáo xiào 嘲笑;戏谑。明《金瓶梅》五九回:"彼此攀话之间,语言～之际,只见丫环进来安放卓儿。"清《歧路灯》七九回:"这巫氏一定叫唱《尼姑》一出,～了新亲家慧照。"

【调养】 tiáo yǎng 调节饮食起居或服用药物,使恢复健康。明《金瓶梅》五九回:"每日不吃牛肝、干鱼,只吃牛肉半斤,～的十分肥壮。"《古今小说》卷三:"因此请个针灸医人,背后灸了几穴火,在家～,不到店内。"清《红楼梦》五五回:"众人看他面目黄瘦,便知失于～。"

【调引】 tiáo yǐn 调教引逗;挑逗勾引。宋王喆《折丹桂·赠丹阳》:"气财酒色相～,迷惑人争忍?"金马钰《满庭芳·化胡了仙兄弟四首》之一:"三尸～,六贼迷惑,自然斗乱魂魄。"明《醒世恒言》卷二七:"一味将笑撮在脸上,～这几个小男女,亲亲热热,胜如亲生。"《警世通言》卷三五:"当初我赤身仰卧,都是他教我的方法来～你。"

【调诱】 tiáo yòu 调戏引诱。明《古今小说》卷一:"因是在间壁人家学针指,被他家小官人～,一时间贪他生得俊俏,就应承与他偷了。"

【调娱】 tiáo yú 调和使两情愉悦。唐韩愈《唐故相权公墓碑》:"维匡～,不失其正。"清玄烨《机政偶暇辄留意书法漫成》:"心手～本非易,筌蹄脱落宁有程。"

【调匀】 tiáo yún 犹"调均"。明《二刻拍案惊奇》卷二六:"况且三家相形,便有许多不～处。假如要请一个客,做个东道,这家便嫌道:'何苦定要在我家请?'"

【调占】 tiáo zhàn 调戏并占有。明《金瓶梅》二回:"专一飘风戏月,～良人妇女。"

【调筝弄管】 tiáo zhēng nòng guǎn 指弹奏乐器。明《古今小说》卷二七:"亦能～,事事伶俐。"

【调脂弄粉】 tiáo zhī nòng fěn 妇女涂抹脂粉,修饰打扮。宋李欣《古今诗话》:"徐仲雅、李九皋俱善诗。徐诗富艳,李多用事。李谓徐曰:'公诗如美女,善～。'徐曰:'公诗乃鬻冥器,但垛迭死人耳。'"清《品花宝鉴》五九回:"石翁微笑,进来见琴仙在那里～,石翁眯齐了老眼,看他觉比从前胜了几分。"

【调脂弄面】 tiáo zhī nòng miàn 指烹饪。《敦煌变文校注》

卷五《维摩诘经讲经文(一)》:“女又别论,每交不出闺帏,长使～。”又《父母恩重经讲经文》:“刺绣裁缝无意学,～不曾为。”

【调治】 tiáo zhì　调理治疗。元明《水浒传》三九回:“张顺见了,要请医人～。”明《警世恒言》卷二八:“司户夫人担着愁心,要请医人～。”△清《儿女英雄传》一回:“安太太急急的请医～,好容易出了汗,寒热往来,又转了疟病。”

【调朱弄粉】 tiáo zhū nòng fěn　妇女涂抹脂粉,修饰打扮。宋朱淑真《恨别》:“～总无心,瘦觉宽餘缠臂金。”元虞集《吴中女子画花鸟歌》:“～不自施,写作花间雪衣鸟。”

【调嘴弄舌】 tiáo zuǐ nòng shé　耍嘴皮子。明《醒世恒言》卷三四:“看见义孙赵一郎,身材雄壮,人物乖巧,尚无妻室,到有心看上了。常常走到厨房下,捱肩擦背,～。”

tiǎo

【挑】 tiǎo　另见 tiāo。❶ 挂,举起。《五灯会元》卷一五《智门光祚禅师》:“(僧)曰:‘如何是佛向上事?’师曰:‘拄杖头上～日月。’”元明《三国演义》五回:“忽探子来报:‘华雄引铁骑下关,用长竿～着孙太守赤帻,来寨前大骂搦战。’” ❷(用长形或尖形器具)拨动(灯芯),剔除。唐白居易《长恨歌》:“夕殿萤飞思悄然,孤灯～尽未成眠。”周朴《宿刘温书斋》:“回笔～灯烬,悬图见海潮。”寒山《三月蚕犹小》:“罗袖盛梅子,金篦～笋芽。”宋辛弃疾《破阵子・为陈同甫赋壮词以寄之》:“醉里～灯看剑,梦回吹角连营。”吴潜《青玉案》:“～残灯烬,装成香缕。此际凭谁诉?” ❸ 用尖刀向上割断。五代孙光宪《北梦琐言》逸文卷三:“有邑宰卢生,每于枝江县差船入府,舟子常苦之。一旦,王仙芝兵火,卢生为船人～其筋,系于船舷,放流而死。”《元典章・刑部三》:“又用小尖刀,于脑后扎讫一下,于咽喉～断食气颡身死。” ❹ 弹,拨,弹奏弦乐器的一种指法,即手指向外反拨。唐白居易《琵琶行》:“轻拢慢捻抹复～,初为霓裳后六幺。” ❺ 一种刺绣的针法,用针挑起纬线或经线,将线从下面穿过。宋刘克庄《沁园春・三和林卿韵》:“叹种来瑶草,年深未熟,～成锦字,道远难将。” ❻ 引诱,挑逗。宋洪迈《容斋续笔》卷八:“观此章,乃谓孔子见处女而教子贡以微词三～之,以是说《诗》,可乎其谬戾甚矣,他亦无足言。”宗杲《宗门武库》:“有官人请归家供养,太屡告辞,官人确留之,愈加敬礼,每使侍妾馈食其前。一日偶官人至,太故意～其妾,官人以此改礼,遂得辞去。”明《型世言》一六回:“(卓文君)原是寡居,因司马相如弹《凤求凰》一曲～他,遂夜就相如。”

【挑拨】 tiǎo bō　❶ 剔,拨。五代李昇《咏灯》:“主人若也勤～,敢向尊前不尽心。” ❷ 引动。宋《朱子语录》卷九四:“机,是关捩子,踏著动底机,便～得那静底;踏著静底机,便～得那动底。” ❸ 搬弄是非,离间。元明《水浒传》二五回:“谁想这官人贪图贿赂,回出骨殖并银子来,说道:‘武松,你休听外人～你和西门庆做对头。这件事不明白,难以对理。’”明《型世言》二七回:“若来一个奸险的,平日把假文章与学生哄骗父兄,逢考教他倩人怀挟,干预家事,～人父兄不和,都是有的。”《醒世恒言》卷二:“你我终是外人,怎管得他家事。就是好言相劝,料未必听从,枉费了唇舌,到～他兄弟不和。” ❹ 诱导,启发。《古尊宿语录》卷三三《舒州龙门佛眼和尚普说语录》:“禅师大怒,因大会次,亲语云:‘我费许多力～你,你因何得恁么辜负耶?’” ❺ 逗引,引诱。明《金瓶梅》二五回:“今日两脚踏住平川路,落得他受用,还～我的老婆养汉,我的仇恨与他结的有天来大。”《拍案惊奇》卷三四:“那时静观已是十六岁了,更长得仪容绝世,且是性格幽闲。日常有些俗客往来,也有注目看他的,也有言三语四～他的。”△清《海上花列传》一五回:“不知堂倌说了些什么,～得那野鸡又是笑,又是骂,又将手帕子望堂倌脸上甩来。”

【挑槽】 tiǎo cáo　同“跳槽”。明《醒世恒言》卷三:“虽然如此,(美娘)每遇不如意之处,或是子弟们任情使性,吃醋～,或自己病中醉后,半夜三更,没人疼热,就想起秦小官人的好处来,只恨无缘再会。”

【挑唇料嘴】 tiǎo chún liào zuǐ　指争吵,吵架。元李致远《还牢末》一折:“您两个等秤称来,都一般轻重高低。谁与你～,辨别个谁是谁非?”

【挑灯】 tiǎo dēng　❶ 挑起油灯的灯芯,使灯火更亮。唐崔国辅《相和歌辞・子夜冬歌》:“夜久频～灯,霜寒剪刀冷。”方干《岁晚苦寒》:“～青烬少,呵笔尺书迟。” ❷ 点灯,指在灯光下(做事)。唐吕嵒《鄂渚悟道歌》:“数篇奇怪文入手,一夜～读不了。”《祖堂集》卷九《洛浦和尚》:“第一座云:‘青山不举足,日下不～。’”宋贺铸《半死桐・重过阊门》:“空床卧听南窗雨,谁复～夜补衣?”明《警世通言》卷三二:“却说杜十娘在舟中,摆设酒果,欲与公子小酌,竟日未回,～以待。”

【挑动】 tiǎo dòng　❶ 引起,拨动。宋《朱子语类》卷六〇:“只才～那头了时,那个物事自跌落在面前。”元汤舜民《戏赠赵心心》:“记相逢杨柳楼心,仗托琴心,～芳心。”明《警世通言》卷一五:“那秀童要取壶酒与阿爹散闷,是一团孝顺之心。谁知人心不同,到～了家长的一个机括,险些儿送了秀童的性命。” ❷ 逗引,引诱。明《二刻拍案惊奇》卷二九:“往来既久,情意绸缪。官人将言语～他,女子微有羞涩之态,也不恼怒。”

【挑斗】 tiǎo dòu　❶ 同“挑逗”。金董解元《西厢记诸宫调》卷四:“俺姐姐夜来个闻得琴中～,审听了多时,独语独言搔首。”明《西游记》六〇回:“大圣见他这等酣然,暗自留心,～道:‘夫人,真扇子你收在那里?早晚仔细,但恐孙行者变化多端,却又来骗去。’” ❷ 战斗,交战。金董解元《西厢记诸宫调》卷八:“坐筹帷幄,驷马临军～,十场镇赢八九。”元佚名《博望烧屯》四折:“怎禁这一班儿盖国英雄?一个个善相持,能～,超群出众,都建了头功,真乃是立乾坤世之梁栋。”元明《水浒传》五一回:“高廉分付大小将校:‘不要与他强敌～。但见牌响,一齐并力擒获宋江,我自有重赏。’”

【挑逗】 tiǎo dòu　逗引,调戏。明《二刻拍案惊奇》卷一四:“记得有个京师人靠着老婆吃饭的,其妻涂脂抹粉,惯卖风情,～那富家郎君。”《警世通言》卷六:“话中且说相如久闻得文君小姐貌美聪慧,甚知音律,也有心去～他。”《挂枝儿・金针》:“我时常来～你,你心肠是铁打的,倘一线的相通也,不枉了磨弄你。”

【挑掇】 tiǎo duó　挑唆,唆使。清《平山冷燕》七回:“若说山黛的祸根,还是我～晏文物起的,就是后来吃苦,也还气得她过。”

【挑泛】 tiǎo fàn　挑逗,撩拨。元佚名《货郎旦》四折:“那李秀才不离了花街柳陌,占场儿贪杯好色,看上那柳眉星眼杏桃腮。对面儿相～,背地里暗差排。”

【挑激】 tiǎo jī　挑拨煽惑。清《东周列国志》一二回:“(公子朔)常把说话～母亲,说:‘父亲眼下,虽然将我母子看待。有急子在先,他为兄,我等为弟,异日传位,蔑不得长幼之序。况夷姜被你夺宠,心怀积忿。若急子为君,彼为国母,我母子无安身之地矣!’”《醒世姻缘传》九九回:“我们兄弟之邦,又是儿女姻亲,一时被小人～,成了嫌疑,私下两家相打,杀了自己的几个家人,何烦官兵致讨?”

【挑三豁四】 tiǎo sān huò sì 搬弄是非，挑拨离间。清《醒世姻缘传》五七回："这们个搅家不良、～、丈二长的舌头，谁家着的他罢？"又九六回："你知不道他浅深，就拿着他两个当那～的浑帐人待他，这不屈了人？"

【挑三窝四】 tiǎo sān wō sì 挑拨是非。清《红楼梦》七一回："如今咱们家里更好，新出来的这些底下奴字号的奶奶们，一个个心满意足，都不知要怎么样才好，少有不得意，不是背地里咬舌根，就是～的。我怕老太太生气，一点儿也不肯说。"

【挑唆】 tiǎo suō 挑拨，教唆。元明《水浒传》二一回："那张三又～阎婆去厅上披头散发来告道：'宋江以是宋清隐藏在家，不令出官。相公如何不与老身做主去拿宋江？'"明徐畛《杀狗记》一八出："我两个好意来和你说，颠倒说我每～你。"《二刻拍案惊奇》卷一六："看见人家略有些小衅隙，便在里头～，于中取利，没便宜不做事。"

【挑衅】 tiǎo xìn 借故生事，故意惹起争斗。明《二刻拍案惊奇》卷一〇："我家初丧之际，必有奸人动火，要来～，扎成火囤。"沈德符《万历野获编》卷八："分宜以～起祸，间之世宗，两公俱死西市。"△清《玉梨魂》二四章："意谓幸有此一点血诚，得回梨娘之心，此彼再不能多言～矣。"

【挑绣】 tiǎo xiù 用丝线在织物上绣花鸟图案等，泛指刺绣。元佚名《中吕·四换头》："两叶眉头，怎锁相思万种愁？从他别后，无心～。"元明《水浒传》一〇七回："两个战到五十餘合，宋阵中女将琼英，骤放银马，挺着方天画戟，头戴紫金点翠凤冠；身穿红罗～战袍，袍上罩着白银嵌金细甲，出阵来助秦明。"明《金瓶梅》四〇回："你这蜜褐色～裙子不耐污，撒上点子膭到了不成。"△清《儿女英雄传》二九回："下首也坐着个美人，穿着藕色衫儿，松绿裙儿，面前支着个绣花绷子，在那里～。"

【挑谑】 tiǎo xuè 调笑，戏谑。《太平广记》卷四七三引《续异记》："我始来直者，便见一青衣女子从前度，犹作两髻，姿色甚美，聊试～，即来就己。"宋佚名《鬼董》卷四："越有陈生，外谨而内宕，好～良家妇女。"

【挑牙】 tiǎo yá 牙签。明《型世言》五回："耿埴看看四下无人，就将袖里一个银～，连着个儿把白绸汗巾包了，也打到妇人身边。"《金瓶梅》五九回："那爱月儿不信，还伸手往他袖子里掏，又掏出个紫绉纱汗巾儿，上拴着一副拣金～儿，拿在手中观看，甚是可爱。"清《醒世姻缘传》五〇回："狄希陈仍到前边坐下，取下簪髻的一只玉簪并袖中一个白湖绸汗巾，一副金三事～，都用汗巾包了，也得空撩与孙兰姬怀内。"

【挑牙料唇】 tiǎo yá liào chún 指争吵，吵架。元佚名《举案齐眉》二折："又不是～，只待要寻争觅衅。"

【挑引】 tiǎo yǐn 挑逗，勾引。元刘壎《隐居通议》卷一六："以憔悴时，犹出金，桑下以相～，则新婚少艾，又何遽舍而远游乎？"明《古今小说》卷三："那老妇人和胖妇人看见关目，推个事故起身去了，止有二人对坐。小妇人到把些风流话儿～吴山。"

【挑嘴】 tiǎo zuǐ 搬弄是非，说空话。明佚名《庆赏端阳》二折："论起来柴绍武艺高，建成元吉，则是～。"

tiào

【粜风卖雨】 tiào fēng mài yǔ 粜，卖。比喻玩弄花样，做事虚假。元张可久《湘妃怨·春思》："～孔方兄，望月瞻星苏小卿。"明《金瓶梅》九二回："这杨大郎名唤杨光彦，绰号为铁指甲，专一～，架谎凿空。他许人话，如捉影扑风，骗人财，似探囊取物。"

【跳】 tiào ❶ 跳板。明《西游记》五三回："妇人微笑不答，用手拖上跳板。沙和尚将行李挑上去，行者扶着师父上～。"《挂枝儿·船》："新打的船儿其实妙，下了篙，搭上了～，把客招。" ❷ 方言。干，做。清《儒林外史》三二回："只好将就弄几十两银子给你，过江舞起几个猴子来，你再～。" ❸ 挑战。元白朴《墙头马上》三折："你两个采了花木还道告你爹爹奶奶去，～起恁公公来也打你娘。"明佚名《渔樵闲话》一折："俺昨日见一个老牛去～那羊，那羊却低，那牛却高，他把那羊触在土坡上弄。" ❹ 挖，剔。唐郑叔齐《独秀山新开石室记》："壤之可～者，布以增径；石之可转者，积而就阶。"元纪君祥《赵氏孤儿》四折："把铁钳拔出他斓斑舌，把锥子生～他贼眼珠。"

【跳白索】 tiào bái suǒ 儿童跳绳游戏。清《日下旧闻考》卷一四七："原元夕，……二童子引索略地，如白光轮，一童子跳光中，曰～。"

【跳百索】 tiào bǎi suǒ 跳绳。元王大学士《元和令》："一个舞乔捉蛇呆木答，一个舞屎裹蛆的法刀把，一个～擗背儿仰刺叉。"明沈榜《宛署杂记》卷一七："～，(正月)十六日，儿以一绳长丈许，两儿对牵，飞摆不定，令难凝视，似乎百索，其实一也。群儿乘其动时，轮跳其上，以能过者为胜，否则为索所绊，听掌绳者绳击为罚。"《金瓶梅》一八回："你前日吃了酒来家，一般的三个人在院子里～儿，只拿我煞气，只踢我一个儿，倒惹的人和我辨了回子嘴。"

【跳板】 tiào bǎn ❶ 连接船和岸便于上下的长板。元金仁杰《追韩信》二折："脚踏着～，手执定竹竿，不住的把船攀。"明《西游记》五三回："沙和尚将行李挑上去，行者扶着师父上跳，然后顺过船来，八戒牵上白马，收了～。"清《品花宝鉴》四一回："荷珠将船系好，搭了～，华公子上了岸。" ❷ 比喻作为过渡的途径或方式。明《金瓶梅》二一回："谁想今日咱姊妹在一个～儿上走，不知替你顶了多少瞎缸，教人背地好不说我！"

【跳鲍老】 tiào bào lǎo 宋代以来民间舞蹈的一种。元明《水浒传》三三回："那～的，身躯纽得村村势势的。"清陈康祺《郎潜纪闻》卷一二："元宵节前门灯市，琉璃厂灯市，正阳门摸钉，五龙亭看灯火，唱秧歌，～，买粉团。"

【跳槽】 tiào cáo 指男女爱情上喜新厌旧，见异思迁。明杨慎《诗话补遗》卷一："魏明帝初为王时，纳虞氏为妃，及即位，毛氏有宠而黜虞氏。……其后郭夫人有宠，毛后爱弛亦赐死。……元人传奇以明帝为～，俗语本此。"《醒世恒言》卷二三："那人何尝肯来？不是～，决是奉命往他方去了。我日夜在此想你，怨你，你为何今日才回？"△清《官场现形记》三四回："花媛媛的娘只得权时隐忍而去，连他～的事亦未揭穿。"

【跳出红尘】 tiào chū hóng chén 红尘，佛教、道教指人世。指离俗出家。也比喻不涉世事。元关汉卿《四块玉·闲适四首》之三："意马多，心猿锁，～恶风波，槐阴午梦谁惊破？"马致远《四块玉·恬退》："绿水边，青山侧，二顷良田一区宅，闲身～外。"△清《儿女英雄传》二二回："况我眼前就要～，我还要这花儿何用？"

【跳搭】 tiào dā 蹦跳。清《醒世姻缘传》三二回："那时街上围住了无数的人看，他正在那人围的圈子里头，光着脊梁，猱着头，那里～。"又七六回："素姐道：'你看！你倒没怎么的，他反～起来了！'"

【跳荡】 tiào dàng ❶ 跳跃；跳动。唐温庭筠《郭处士击瓯歌》："乱珠触续正～，倾头不觉金乌斜。"清《野叟曝言》一九回："生推死拒，大叫狂号，魄散魂飞，气尽力竭，一身气血无不～，周身毛孔无不开张。” ❷ 冲锋陷阵,打乱敌人阵脚。唐李德裕《请准兵部依开元二年军功格置跳荡及第一第二功状》:“开元格,临阵对寇,矢石未交,先锋挺入,陷坚突众,贼徒因而破败者,为～。”宋范成大《太保节使赵公挽词》:“结发险艰会,捐躯～功。”清《平定金川方略》卷二八:“於铄皇武,远播八埏,烝徒仡仡,薄伐金川,叫呶～,翦灭迁延。” ❸ 精锐的士兵。宋沈括《梦溪补笔谈》卷三:“～、弩手,其人皆在军中。”清顾炎武《日知录》卷七:“古人以左右冲杀为荡阵,其锐卒谓之～。” ❹ 放纵不羁。清袁枚《随园诗话》卷一二:“余少时气盛～,为吾乡名宿所排。” ❺ 心情激动。清陈维崧《念奴娇·宋景炎席上赠柘城李蓼墅》:“剑气纵横,酒肠～,老笔苍无敌。”

【跳荡功】 tiào dàng gōng 唐代评定战功的等级,指冲锋陷阵破敌的功劳。唐李德裕《请准兵部依开元二年军功格置跳荡及第一第二功状》:“右,开元中酬～,止于武官及勋。”李肇《国史补》卷上:“浑瑊太师,年十一岁,随父释之防秋,朔方节度使张齐邱戏问曰:‘将乳母来否?’其年立～,后二年拔石堡城,妆龙驹岛,皆有奇效。”《新唐书·鲁炅传》:“后复以破吐蕃～,除右领军大将军。”

【跳蹬】 tiào dèng 放跑,蹬开。清《醒世姻缘传》五五:“这童奶奶还了个一定的价钱,再还那里腾那?若是～去了,卖与本地的人,也是不过如此,还没人肯出这门些媒钱。”

【跳风】 tiào fēng 跳跃,翻跟斗。明《西游记》四一回:“那壁厢一群小妖,在那里轮枪舞剑的～顽耍。”又七四回:“他就出来～顽耍,必定拈枪弄棒,操演武艺,如何没有一个?”

【跳浮】 tiào fú 暴躁,空浮。唐柳宗元《答问》:“而仆乃蹇浅窄僻,～嗖喈。”

【跳鬼】 tiào guǐ 扮演成鬼怪表演。明佚名《白兔记》三出:“小二哥敲锣击鼓,使牛儿箫笛乱吹,浪猪娘先呈百戏,驷马勒妆神～。”汤显祖《邯郸记·合仙》:“～的有得那出阳神,抛伎子散地全真。”

【跳鬼判】 tiào guǐ pàn 即“跳鬼”。明佚名《白兔记》三出:“年齐整。～的,踹跷的,做百戏的,不能尽述。我们演与太公看。”

【跳号】 tiào háo 又跳又叫。明罗洪先《曾白塘公七十序》:“或即～嘲谑,语侵丈人,丈人若为弗闻。”

【跳灰驴】 tiào huī lǘ 一种儿童游戏。一人低头弯腰,双手撑膝;一人助跑跳起,手按其背,分腿跃过。元马致远《荐福碑》一折:“一个撮着那布裙踏竹马,一个舒着那臁肕～。”

【跳加官】 tiào jiā guān 旧时戏曲开场或在演出中遇显贵到场时,加演的舞蹈节目。由一个演员戴假面具,穿红袍、皂靴,手里拿着“天官赐福”“指日高升”“一品当朝”等字样的布幅逐次向台下展示,表示庆贺。清《万花楼》五一回:“他又与子牙猜交战,取出金脸儿盖在脸上,像～一样,念一声无量寿佛,恶狠狠的子牙猜,已双目呆瞪,身体不动,如泥的跌于马下。难道这不是仙戏?”△《官场现形记》四回:“诸事停当,方才坐席开锣,重～,捱排点戏,直闹到十二点半钟方始停当。”

【跳浪】 tiào làng 跳跃。唐刘禹锡《唐故邠宁庆等州节度观察处置使史公神道碑》:“太和纪元,沧景不虔,子弄父兵,～海壖。”宋庞元英《谈薮》:“驭者云:‘山皆猴也,数以千万计,行人独过,常遭戏虐,每群呼～而至,坂缘头目,胸项手足,混成毛球,虽有兵刃,亦无所施。’”元明《水浒传》四〇回:“～苍龙喷毒火,巴山猛虎吼天风。”明《珍珠船》卷一:“道州有舜祠,凡遇正月初吉,山狙群聚到祠傍以千百数,～奋掷,狂奔疾走,如是者五日而后去。”清陈廷敬《觅舆从不得偶作》:“～群儿自簸颠,如山两足步难前。”

【跳篱骗马】 tiào lí piàn mǎ 偷窃和拐骗。元明《水浒传》九八回:“时迁却把飞檐走壁、～的本事出来,这些石壁,拈指扒过去了。”

【跳龙门】 tiào lóng mén 比喻科举中第。唐强名子《真气还元铭序》:“余幼亲坟典,长慕烟霞。比～,欲攀蟾桂,著锦衣于世上,骑跃马于人间。”金董解元《西厢记诸宫调》卷四:“闻语红娘道:‘踏实了地,兼能把戏,你还待教～,不到得恁的。’”元卢挚《沉醉东风·举子》:“脱布衣,披罗绶,～独占鳌头。今日男儿得志秋,会受用宫花御酒。”明柯丹邱《荆钗记》二二出:“步蟾宫高攀桂枝,～首登金殿。绣宫花斜插在帽檐边,琼林宴,胜似登仙。”

【跳落】 tiào luò 跌落。宋韩琦《永兴寒食后池》:“一阵森严林势合,万鱼～雨痕圆。”清《绿牡丹》五一回:“且说消计上得对厅,朱豹早已吆喝,连忙走至群房,～地下,飞奔来到护庄板桥,至桥上走过,忙叫余谦,余谦跑出。”

【跳马索】 tiào mǎ suǒ 跳绳。明《金瓶梅》一八回:“刚下马进仪门,只见吴月娘、孟玉楼、潘金莲并西门大姐四个在前厅天井内,月下～儿耍子。……被西门庆带酒骂道:‘淫妇们闲的声唤,平白跳甚么百索儿?’”

【跳门限】 tiào mén xiàn 门限,门槛。改换人家,指另寻雇主。清《歧路灯》九三回:“王氏道:‘你两个说的,我不省的。老樊说他要～儿,想是不愿意在我家做饭了?’”

【跳墙蓦圈】 tiào qiáng mò quān 指偷盗的行为。元佚名《渔樵记》二折:“由你写,或是～,剪柳搠包儿,做上马强盗,白昼抢夺;或是认道士,认和尚,养汉子!”

【跳神】 tiào shén 巫师或巫婆装作鬼魂附身乱说乱舞,为人驱邪治病的迷信行为。《元典章·刑部十九》:“大都街上多有泼皮厮打底、～师婆并夜聚晓散底,仰本部行文字禁断。”明《金瓶梅》五九回:“月娘瞒着西门庆,又请刘婆子来家～,又请小儿科太医来看。”清《红楼梦》二五回:“当下众人七言八语,有的说请端公送祟的,有的说请巫婆～的,有的又荐玉皇阁的张真人,种种喧腾不一。也曾百般医治祈祷,问卜求神,总无效验。”《醒世姻缘传》四回:“晁大舍慌了手脚,岳庙求签、王府前演禽打卦、叫瞎子算命、请巫婆～、请磕竹的来磕竹、请圆光的圆光,城隍斋念保安经、许愿心、许叫佛、许拜斗三年、许穿单五载,又要割股煎药,慌成一块。”

【跳索】 tiào suǒ ❶ 杂技的一种。宋孟元老《东京梦华录》卷八:“自早呈拽百戏,如上竿、趯弄、～、相扑、鼓板、小唱、斗鸡。”清弘历《上元灯词》:“楼前百戏于思列,～寻橦更覆盂。” ❷ 儿童跳绳。清《野叟曝言》一〇三回:“只见营门大开,一将高坐饮酒,一将执壶旁立,两个美妇人筵前舞剑,几十个男孩女孩,踢球～,撺枪竿诸般顽耍,喧笑之声,闹做一片。”

【跳塔】 tiào tǎ 比喻手段好,敢冒险。元乔吉《新水令·闺丽》:“伫头凭阑,一日三衙,唱道成时节准备着小意儿妆虾,不成时怎肯呆心儿～?”王晔《庆东原·风月所举问汝阳记》:“风流双渐惯轮铡,澜浪苏卿能～。”岳伯川《铁拐李》楔子:“火炕里消息我敢踏,油镬内钱财我敢拿,则为我能～快轮铡。”

【跳塔轮铡】 tiào tǎ lún zhá 比喻本领高强,又敢冒险。元关汉卿《鲁斋郎》楔子:“被论人有势权,原告人无门下,你便不良会可～,那一个官司敢把勾头押?提起他名儿也怕。”

【跳蹋】 tiào tà 形容人因发脾气或干着急而踩脚。清《红楼梦》六回:“如今咱们虽离城住着,终是天子脚下。这长安城中,遍地都是钱,只可惜没人会去拿去罢了,在家～会子也不中用。”

【跳天撅地】 tiào tiān juē dì 形容儿童顽皮;不驯服。元白楼《墙头马上》三折："小业种把拢门掩上些，道不的～十分劣。"

【跳天搠地】 tiào tiān shuò dì 形容乱蹦乱跳的样子。明《西游记》二八回："那些小猴都是一窝蜂，一个个～，乱搬了许多堆集。"又四〇回："又见那～献果猿，丫丫叉叉带角鹿，呢呢痴痴看人獐。"

【跳天唆地】 tiào tiān suō dì 即"跳天搠地"。清《醒世姻缘传》三三回："狄希陈到了家里，～，抱怨先生琐碎，要辞了先生。"

【跳天索地】 tiào tiān suǒ dì 即"跳天搠地"。明《西游记》六〇回："牛王满面陪笑道：'美人，休得烦恼。有甚话说？'那女子～，口中骂道：'泼魔害杀我也！'"

【跳跳舞舞】 tiào tiào wǔ wǔ 形容手舞足蹈，非常高兴的样子。明《西游记》四七回："小孩儿那知死活，笼着两袖果子，～的，吃着耍子。"清《说岳全传》二二回："岳云到底是个小孩子，并不留恋，磕了一个头，起来～的回去了。"

【跳丸】 tiào wán 比喻时间流逝很快。唐杜牧《寄浙东韩评事》："一笑五云溪上舟，～日月十经秋。"陈陶《游子吟》："穷通在何日，光景如～。"元汪元亨《折桂令・归隐》："冷笑他功名累卵，静观那日月～。"

【跳油锅】 tiào yóu guō 指寻死。清《聊斋俚曲・俊夜叉》："虽是人家也赌钱，谁像你也没腚眼？掉了帽子看见鬏，缕缡搭撤什么款？说说你还～，你的廉耻没一点！"

【跳月】 tiào yuè 苗彝等族人民的一种择亲的风俗。明田汝成《炎徼纪闻》卷四："仲春，刻木为马，祭以牛酒，老人并马箕踞，未婚男女吹芦笙以和，歌淫词谑浪，谓之～。中意者，男负女去。"清查慎行《黔阳踏灯词五首》之五："一年一度芦笙会，又赶春山～场。"△《红楼真梦》四九回："我听说红毛国的风俗，女人尽管在外头交男朋友，他的男人不许干涉。若是逢场宴会，男女搂着跳舞，更不算一件事。这不同苗子～一样么？"

【跳越】 tiào yuè 跳跃。宋文同《奏为乞修洋州城并添兵状》："奸庸取罪，常在～，仓库所寄，仅同空旷。"清《平定两金川方略》卷九一："兵丁皆由石罅循行，或彼此以手接引，～而过。"

【跳灶王】 tiào zào wáng 旧时祭祀灶神的一种习俗。清《说唐》六二回："尉迟恭就走到厨房下，将灶锅上黑煤取来，搽了满面，将身上的衣服扯碎，好像十二月廿四～的花子一般。二位夫人见他形象，几乎笑倒。"

【跳踯】 tiào zhí ❶ 跳跃。五代贯休《寄怀楚和尚二首》之二："～诸峰险，回翔万里空。"△清《花月痕》四五回："碧桃～喊哭，那妇人笑道：'哭也无益，喊也枉然。'" ❷ 喻光阴迅速。唐元稹《遣兴十首》之一〇："光阴本～，功业劳苦辛。"

【跳掷】 tiào zhì ❶ 喻光阴迅速。唐元稹《答姨兄胡灵之见寄五十韵序》："故得与姨兄胡灵之之辈十数人为昼夜游，日月～，于今餘二十年矣。"清朱彝尊《漕船》："波涛恒簸荡，日月互～。" ❷ 跳跃。宋韩琦《广陵大雪》："蛰蛙得意欲～，幽鹭无情成挫辱。"△清《海上花列传》六一回："阿德保的骂声、打声，阿金的哭声、喊声，阿大的号叫、～声，又间着阿珠、巧囡劝解声，相帮拉扯声，周兰呵责声，杂沓并作。"

tiē

【帖】 tiē 另见 tiě。❶ 补偿；添补。唐白居易《追欢偶作》："追欢逐乐少闲时，补～平生得事迟。"宋戴埴《鼠璞・楮券源流》："商贾入纳外郡，纲运悉同，见钱无欠数，～偿脚乘之费，竟欲得之。" ❷ 靠近。宋《朱子语类》卷一二〇："读书须将心～在书册上，逐字看得各有着落，方好商量。"清纳兰性德《鹧鸪天》："雁～寒云次第飞，向南犹自怨归迟。"

【帖服】 tiē fú 驯服，顺从。宋司马光《贾生论》："然终文帝世，诸侯～。"

【帖黄】 tiē huáng 同"贴黄❶"。唐李肇《国史补》卷下："黄敕既行，下有小异同，曰～。一作押黄。"清袁枚《随园随笔》："今人具奏，自摘大旨，用白纸帖之，亦名～，始于崇祯元年三月。"

【帖帖】 tiē tiē ❶ 安稳的样子。唐杜牧《燕将录》："唯燕未得一日之劳为子孙寿，后世岂能～无事乎？"清弘历《平定苗疆联句》："六十年长知～，五三番免惠嫚嫚。" ❷ 逼近，贴近。唐韩偓《雨中》："独自上西楼，风襟寒～。"清厉鹗《顾丈月田招同人南屏让师房避暑分得叶字》："一艇溯空明，风漪平～。" ❸ 温顺，服帖。唐韩愈《施先生墓志铭》："贵游之子弟，时先生之说二经，来太学，～坐诸生下，恐不卒得闻。"清查慎行《酾渠诗序》："初以为不便者，后皆～。" ❹ 平淡无奇。宋《朱子语类》卷二九："分明是释老意思，向见其杂文一编，皆不～地。"

【帖妥】 tiē tuǒ ❶ 静止不动；安稳。唐韩愈《元和圣德诗》："兽盾腾挐，圜坛～。"清厉鹗《由永福寺左上白衲庵》："何年置圆庵，栋宇平～？" ❷ 平静。唐李贺《贝宫夫人》："秋肌稍觉玉衣寒，空光～水如天。"清厉鹗《午日湖上同少穆耕民观竞渡》："湖波～平似席，波上忽有群龙嬉。" ❸ 服帖。宋苏籀《论将》："盖举动当，则奸人～，无以借口。"清查慎行《苑东移居与同年汪紫沧同寓紫沧有诗和答三首》之二："怪底群情皆～，多缘君与我忘形。" ❹ 恰当。宋罗大经《鹤林玉露》卷一三："负孟轲济世之才民不被，若已推之，挺伊尹佐王之略，用经句而～。"清黄景仁《消寒夜集分赋》："商略身世事，百法欠～。"

【帖息】 tiē xī ❶ 驯服。唐李商隐《与陶进士书》："至于文字章句，愈～，不敢惊张。"清于成龙《再陈粤西事宜》："然弱则～听命，强则跳梁抗尊，势所不免。" ❷ 安宁。宋胡宿《宋故宣徽北院使郑公墓志铭》："汹惧推迹所起，乃定襄男子为之，因戮以徇，远近～。"清朱鹤龄《无党论》："时收其名实，而使之不疑；时谨其绦笼，而使之～。如是，则小人之类孤矣。"

【贴边】 tiē biān 缝于衣服或其他织物制品里子边缘处的窄条。明朱右《深衣考》："边谓边缝也，衽边斜幅，既无旁属，别裁直布而钩之续之衽下，若今之～。"清《歧路灯》九三回："餘下三十两，这做衣服的裁缝工钱，线扣～花费，是必用的。"

【贴衬】 tiē chèn 垫衬。宋陈景沂《壶中天》："素肌莹净隔鲛绡，～猩红妆束火。"明罗洪先《与黄洛村》："此处更无～，更无等待，更无扫除。"

【贴典】 tiē diǎn 典押。《旧唐书・宪宗纪下》："应赐王公、公主、百官等庄宅、碾硙、店铺、车坊、园林等，一任～货卖。"

【贴方】 tiē fāng 古代门两旁的长木。宋戴侗《六书故》卷二一："礼所谓枨者，门两旁长木，今人所谓～也。"明方以智《通雅》卷三八："两旁～，曰枨。"

【贴防】 tiē fáng ❶ 佐助防守。明徐光启《敷陈末议以殄凶酋疏》："今目前补救事宜，如调选近地边腹兵马，以～辽东，堵拒山海。"清宋荦《发兵防守疏》："臣陈平拨发千总一员、把总一员，带兵一百五十名，前往宁州～。" ❷ 清绿营兵千把总的副职。清抟沙拙老《闲处光阴》卷下："绿营外委，为千把总之贰，谓之～。"

【贴费】 tiē fèi 补贴耗费。清《南巡盛典》卷六二："现办塘工～，一体毋庸造册报销。"

【贴伏】 tiē fú ❶ 驯服。宋翟汝文《乞留浙东军兵屯驻越州状》:“合为一军,则兵势稍众,可以镇压一路,豫备不虞,～奸宄。” ❷ 粘附。清魏之琇《续名医类案》卷二九:“虱名八角子,～毛根,最痒恼人。”△《七侠五义》八一回:“智爷暗说不好,急奔前面坎墙,～身体,留神细听。”

【贴改】 tiē gǎi 修改。宋程俱《乞贴改敕黄劄子》:“某欲乞钧裁,～边事字作江北。”

【贴挂】 tiē guà 张贴,悬挂。宋朱熹《申谕耕桑榜》:“文榜发下,三县～,晓谕民间。”明朱橚《普济方》卷三四四:“藏衣之类,～在产妇房内北壁上。”

【贴合】 tiē hé 贴切,吻合。宋洪迈《容斋五笔》卷五:“王荆公集古《胡笳词》一章云:‘欲问平安无使来,桃花依旧笑春风。’后章云:‘春风似旧花仍笑,人生岂得长年少?’二者～,如出一手,每叹其精工。”清李光地《榕村语录》卷一三:“以蒹葭喻秉礼之君子,以霜比秦人之威刑,却极～。”

【贴黄】 tiē huáng ❶ 唐代诏书用黄纸,凡有更改,仍用黄纸贴在上面,称“贴黄”。宋叶梦得《石林燕语》卷三:“唐制:降敕有所更改,以纸贴之,谓之～。盖敕书用黄纸,则贴者亦黄纸也。” ❷ 宋代奏札意犹未尽,摘要另书于后,称“贴黄”。宋叶梦得《石林燕语》卷三:“今奏状劄子皆白纸,有意所未尽,揭其要处,以黄纸别书于后,乃谓之～,盖失之矣。”司马光《乞令朝臣转对劄子》:“二人先次看详,但求理道切当,不取文辞华美,分为数等,各以～节出事宜,置之于前,然后奏御陛下。” ❸ 明清时摘附奏疏要点,粘附在奏疏后面,称“贴黄”。明胡俨《故通议大夫兵部左侍郎卢公墓志铭》:“至为侍郎,专检校～。”清孙承泽《春明梦餘录》卷四九:“奏疏之式,揭其要,别书于后,谓之～。外封所书事目日月,谓之引黄。”

【贴金】 tiē jīn 古代贴于衣服器玩的黄金饰物。宋王十朋《策问》:“自中宫以下,毋得衣销金、～等服,臣庶犯者,一切置于法。”明《古今小说》卷二四:“每常驾出,有红纱～烛笼二百对;元夕加以琉璃玉柱掌扇,快行客各执红纱珠珞灯笼。”清《圣祖仁皇帝亲征平定朔漠方略》卷二:“噶尔丹博硕克图汗,……贡马四百匹、骆驼六十头、貂皮三百、银鼠五百、舍利孙皮三张、沙狐皮一百、黄狐皮二十、活雕一只、～牛皮五张。”

【贴近】 tiē jìn 接近。宋陆九渊《象山语录》卷二:“莺巢以他羽成之,至～金羽处,以白鹇羽藉之,所以养其金羽也。”

【贴经】 tiē jīng 科举时代的一种考试方式。唐颜真卿《赠豪州刺史颜元孙墓志》:“惜其～通六,所以屈从常第。”清陈廷敬《经义考序》:“进士试策、诗、赋、杂文,亦～,故尤以是科为重。”

【贴军户】 tiē jūn hù 元明兵制。贴军户贴出钱以津贴正军户。《元史·兵志》:“或以贫富为甲乙,户出一人,曰独户军;合二三而出一人,则一为正军户,餘为～。”

【贴库】 tiē kù 管理钱库的人。元刘时中《端正好·上高监司》:“库藏中钞本多,～每弊怎除?”明吕毖《明宫史》卷二:“各有掌库一员,～数员,佥书数十员。”清《豆棚闲话》六则:“大凡大和尚到一处开堂,各处住静室的禅和子,日常间都是打成一片,其中花巧名目甚多,如:……知客、知浴、化主、点座、副寺、～、行堂、殿主。”

【贴例】 tiē lì 贴出的条例。《续资治通鉴长编》卷三二八:“刑部～,拟进公案,并用奏钞。其大理寺进呈公案,更不上殿,并断讫送刑部,～不可比用,及罪不应法,轻重当取裁者,上中书省。”清《品花宝鉴》三二回:“十四日二更天还在场外,那是头二场犯了～贴出的了,所以不用进去。”

【贴律】 tiē lǜ 遵纪守法。宋朱熹《答黄直卿》:“二孙久烦教诲,固不敢以向上望之,但得其渐次～,做得依本分,举业秀才,不至大段狼狈猖獗足矣。”

【贴麻】 tiē má 任命大臣用黄白麻纸颁诏,若有改动,则须改动重写,叫作“贴麻”。宋韩琦《丁未春辞免司空兼侍中》:“兼前来甚有～,改换体例。”明郑真《书史卫王除拜词制后》:“人臣不当用,乞～自明,援引累篇。”

【贴墨】 tiē mò 贴经和墨义。两者均为科举考试方式。宋韩维《议贡举状》:“盖进士患于不能记诵,诸科患于不能解释,今请少损～之数。”

【贴纳】 tiē nà 补贴交纳(息钱)。宋苏轼《乞检会应诏所论四事行下状》:“见欠市易籍纳产业,圣恩并许给还或～收赎。”周南《池阳月试策问》:“楮券析阅,榷引亏于人纳,于是下～之令。”

【贴赔】 tiē péi 补贴,赔偿。宋李纲《与张枢密书别幅》:“经制等钱,私下～,又不在此数也。”清《歧路灯》四〇回:“学课花的餘下有限,等来年人家再添些学课,好往乡里～。”

【贴平】 tiē píng 平整。唐杜甫《白丝行》:“美人细意熨～,裁缝灭尽针线迹。”清查慎行《观造竹纸联句五十韵》:“小叠熨～,捆载赴逵道。”

【贴巧】 tiē qiǎo 以桑叶巧盖蚕身,验其食否而决定其是否将登蚕簇。明史鉴《继母朱氏行状》:“又六七日为熟巧,为登簇,巧以热盖曰～,验其犹食者也。”

【贴肉】 tiē ròu ❶ 紧贴身体。宋邓肃《天王称老开堂》:“～汗衫,予今剥矣。”△清吴趼人《九命奇冤》二一回:“殷成方才进来,问勒先讨了一张白纸,把那票子包好了,解开衣襟,放在～的衣袋里。” ❷ 喻最亲近。明顾宪成《答友人》:“见近儒于说功夫处,往往薄而不屑;于说本体处,则津津可喜,近于亲切～,便拟为亲娘。”《西游记》四四回:“你要见我师父,有何难处!我两个是他靠胸～的徒弟,我师父却又好道爱贤,只听见说个道字,就也接出大门。”《醋葫芦》一八回:“说起‘承继’二字,真教我好苦也!如今方省得他人儿女～不牢。”

【贴射】 tiē shè 宋代实行的一种有关茶叶买卖的税收制度。宋彭龟年《策问十道》:“淳化中,乃令商贾买茶于园,户输钱于官场,谓之～。自交引行,而～废矣。”元杨维桢《常湖等处茶园都提举司记》:“宋置榷务,立交引法、～法。”

【贴水】 tiē shuǐ 贴近水面。五代李璟《浣溪沙》:“风压轻云～飞,乍晴池馆燕争泥。”清查慎行《荷塘》:“记得初移藕,田田～荷。”

【贴说】 tiē shuō 附在图上的说明书。宋李纲《申省具截城利便无扰民户状》:“今画到修城图子～,次第须至。”清弘历《嵇璜萨载会勘徐州石工毕复命诗以志事》:“勘河～绘图还,同是堤防非剔鬟。”

【贴司】 tiē sī 宋时掌管行政文书的官员。宋李光《论吴镗劄子》:“访闻元丰库受纳金银一项,百姓王宜纳金五十两,～李元亨上历误作五两。”清《历代职官表》卷三二:“前后行守分二十一人,～三十人。”

【贴题】 tiē tí 切合题意。宋周密《浩然斋雅谈》卷中:“蔡元长尝辟便坐曰:‘南轩有献诗者,曰:此轩端的向南开,上下东西总不该,更有一般堪爱处,北风偏向后门来。人号为～诗。’”明曹安《谰言长语》:“咏物诗亦难,……三诗～。”

【贴妥】 tiē tuǒ ❶ 合适。宋梅尧臣《牡丹》:“竹阴水照增颜色,春服～裁轻罗。” ❷ 稳妥。宋范晞文《对床夜语》卷二:“五言律诗,固要～,然～太过,必流于衰。苟时能出奇,于第三字中下一拗字，则～中隐然有峻直之风。”

【贴息】 tiē xī 安宁。宋胡寅《上皇帝万言书》：“悍将骄兵，既不敢妄动就纪律，则四方横溃之军及群起不逞之盗，必自～。”清于成龙《上张抚台请免募枪手禀》：“若百室颇盈，妇子颇宁，人心～，无复去岁风鹤之警，逆党煽惑之扰。”

【贴写】 tiē xiě ❶ 抄写。《续资治通鉴长编》卷二三〇：“先送宣敕库～条例呈覆，故用纯为之。”清孙承泽《春明梦餘录》卷三二：“选拨善书～办事吏十二名，专写各衙门章牍。” ❷ 抄写文书的人。清《国子监志》卷四〇：“有内阁～中书，由贡监官学生考取，按旗分名次。”《品花宝鉴》三二回：“一日遇见一个～，叫作葛逢时，排行第六，是个绍兴朋友，极会生事的。”

【贴心】 tiē xīn 最亲近；最知己。明《禅真后史》五回：“奶奶设有不测，则公子何依？纵有人伏侍看管，焉能如奶奶～着意？罪犯苦口相劝，乞奶奶及早服药病痊，抚养公子则个！”

【贴役】 tiē yì 补足该服役的天数。《续资治通鉴长编》卷二八五：“原减下京西、京东府界差役兵二万，如不足，以禁军～。”《大清律例》卷三七：“盐场、铁冶拘役徒囚，应入役而不入役，及病假已痊可，不令计日～者，徒囚与监守人，过三日，笞二十，每三日加一等，罪止杖一百。”

【贴用】 tiē yòng 补贴。《宋史·食货志》：“用旧法取量添酒钱赢数，给推法司吏餐钱；不足，则抵当息钱，亦许～。”清《明珠缘》七回：“不如跟我到馆内代他走走堂，每日好酒好食，还可寻钱～。”

【贴运】 tiē yùn 补贴漕粮运输的损耗部分。《大清会典则例》卷一三：“江西给～银三两，米三石，副耗米十有三石；湖北、湖南给贴运米二十石，皆随漕科征。”

【贴赠】 tiē zèng ❶ 民户贴补漕运损耗部分。《大清会典则例》卷四五：“又覆准正餘盐每小包五十斤，淮其照旧加一二～，以为折耗。” ❷ 赠予，补贴。清《隋唐演义》三二回：“忘了礼义廉耻，直至身将就木，还遗命叫儿子薄殡殓，勿治丧，勿礼忏，宁可准千准万，丢下与儿孙日后浪费，妻妾～他人。”△《海上尘天影》九回：“在六马路教个小学生，所有开销，皆是佩缜～。”

【贴职】 tiē zhí 兼职。唐李商隐《为荥阳公谢除卢副使等官状》：“皇帝陛下，俯照远藩，咸加命秩，南台～，延阁分班。”明程敏政《书唐人所撰先都知府君碑后》：“尚书大夫之～，则皆请于朝而后命之。”

【贴助】 tiē zhù 贴补。宋李纲《与吕相公第七书别幅衡州》：“若得拨还韩京、吴锡、吴全等军马～，单弱之势尚可支吾。”明邵宝《拟祀先儒状》：“兼要～本运改兑，以致累损疲惫，苦不胜言。”△清《青楼梦》四四回：“贾大爷，方才来的乃是女儿最契洽的旧好，他每月～我们薪水的金挹香公子。”

【贴子】 tiē zi ❶ 告示。宋李新《寿安夫人挽词》：“金花～分双轴，子舍登瀛有几人。”元明《水浒传》六三回：“原来这没头～，却是神行太保戴宗，打听得卢员外、石秀都被擒捉，因此虚写告示，向没有处撇下，及桥梁道路上贴放。” ❷ 柬帖；请帖。宋李纲《准省劄催诸州军起发大军米奏状》：“火急依限起发，外申本司，并小～契勘本路。”清《红楼梦》四五回：“今儿来的这么齐，倒像下～请了来的。” ❸ 即“贴子词”。宋张邦基《墨庄漫录》卷四：“蔡元长为学士故事，供～。皇太后、皇帝、皇后合各有词，诸妃合同用四首而已。”

【贴子词】 tiē zi cí 指宋时遇佳节，命词臣撰写黏于宫中壁上的诗词。宋洪迈《容斋五笔》卷九：“唐世五月五日，扬州于江心铸镜以进，故国朝翰苑撰《端午～》，多用其事，然遣词命意，工拙不同。”

tiě

【帖】 tiě 另见 tiē。❶ 科举时代明经科的考试题目。唐封演《封氏闻见记》卷三：“名高而～落者，时或试诗放过，谓之赎～。”李隆基《定礼部试帖经制》：“礼部举人，比来试人，颇非允当。～经首尾不出，前后复取者也之乎颇相类之处下～，为弊已久，须是釐革。礼部起今，每～前后，各出一行。” ❷ 符箓。明《西游记》一四回：“那猴道：‘这山顶上有我佛如来的金字压～。你只上出去将～儿揭起，我就出来了。’” ❸ 名帖，拜帖。明《型世言》二四回：“来到临清，只见秦凤仪写了个名～，小厮拿了石不磷这封书来见窦主事。”《古今小说》卷二三：“回至杭州，径到十官子巷，投～拜望。刘公看见车马临门，大红帖子上写着‘小婿张舜美’，只道误投了。” ❹ 请柬。明《西游记》一七回：“他着一个小妖送此～来，还请他去赴佛衣会。” ❺ 量词。用于配合起来的汤药。宋吴处厚《青箱杂记》卷七：“衍在蜀时，童谣曰：‘我有一～药，其名为阿魏，卖与十八子。’其后衍兄宗弼果卖国归唐，而宗弼乃王建养子，本姓魏氏，此其应也。”

【帖发】 tiě fā 写公文发送。元明《水浒传》二八回：“随即却把武松～本处牢城营来。”又一〇三回：“州尹随即把王庆～本处牢城营来。”

【帖括】 tiě kuò 唐代明经科以帖经试士。把经文贴去若干字，令应试者对答。后来考生把经书里难记的经文编成歌诀，便于记诵，称为“帖括”。后来泛指科举应试文章。《新唐书·选举志上》：“进士科起于隋大业中，是时犹试策。高宗朝，刘思立加进士杂文，明经填帖，故为进士者皆诵当代之文，而不通经史，明经者但记～。”杨绾《条奏贡举疏》：“其明经比试帖经，殊非古义，皆诵～，冀图侥幸。”明沈德符《万历野获编》卷一六：“科场～，蹈袭成风，即前辈名家垂世者，亦间有蓝本，然未闻全场剿刻文，登高第者。”清《歧路灯》九〇回：“学生原是涉猎～，幸叨科名，到今簿书纷攘，舟车奔驰，荒芜也就到极处了。”

【帖文】 tiě wén ❶ 帖经。《新唐书·选举制上》：“凡明经，先～，然后口试，经问大义十条，答时务策三道，亦为四等。”宋王谠《唐语林》卷八：“唐朝初，明经取通两经，先～，乃案章疏试墨策十道；秀才试方略策三道；进士时务策五道。” ❷ 公文。唐[日]圆仁《入唐求法巡礼行记》卷二：“(九月)三日，午时，县使一人将县帖来。其～如左：司功先在青宁赤山寺院日本国船上抛却僧三人，行者一人。……其谭亶现在，状请处分。”元明《水浒传》一九回：“次日，那捕盗巡检领了济州府～，与同何观察两个点起五百军兵，同众多做公的一齐奔石碣村来。”

【帖子】 tiě zi ❶ 写有事项的纸片。唐张固《幽闲鼓吹》：“旦视事案上有一小～，曰：‘钱三万贯，乞不问此狱。’公大怒，更促之。明日，～复来曰：‘钱五万贯。’”五代王定保《唐摭言》卷九：“会列圣忌辰，宰执以下于慈恩寺行香，忽有彩～千餘，各方寸许，随风散漫，有若蜂蝶，其上题曰：‘新及第进士郭薰。’”元明《水浒传》一九回：“且说这婆子将了～径来县东街陈三郎家取了一具棺材，回家发送了当，兀自餘剩下五六两银子，娘儿两个把来盘缠，不在话下。” ❷ 名片，拜帖。明《型世言》三九回：“拜谒时因见张真人名帖，想起圣姑所托之事，道：‘我几忘了。先发了～到张真人府去，道代巡来拜。’”《古今小说》卷二三：“刘公看见车马临门，大红～上写着‘小婿张舜美’，只道误投了。正待推辞，只见少年夫妇，都穿着朝廷命服，双双拜于庭下。” ❸ 请柬，请帖。明《金瓶梅》一三回：“话说一日西门庆往前边走来，到月娘房中。月娘告说：‘今日花家使小厮拿～来，请你吃酒。’西门庆观看～，写着：‘即午院中吴银家一叙，希即过我同往，万万！’” ❹ 符箓。明《西游记》六回：“这尊者即领～，拿出天门，到那五行山顶上，紧紧的贴在一块四方石上。”又三五回：“那怪不敢闭口，只得应了一声，倏的装在里面，被行者贴上‘太上老君急急如律令奉敕’的～。” ❺ 布告，告示。元明《水浒传》六二回：“次日，城里城外报说将来：‘收得梁山泊没头～数十张，不敢隐瞒，只得呈上。’”明《二刻拍案惊奇》卷三三：“忽一日写个～出去，贴在门首道：‘明日午未间，行人不可过此，恐有奇祸。’”《古今小说》卷二六：“不若写个～，告禀四方之人，倘得见头全了尸首，待后又作计较。” ❻ 写有姓名和生辰八字的柬帖，议亲的庚帖。明《警世通言》卷一三：“当日押司娘教迎儿取笔砚来，写了～，两个媒婆接去。免不得下财纳礼，往来传话。”

【铁】 tiě ❶ 强硬，精锐。唐李晔《贬崔允工部尚书诏》：“翠辇未安，～骑旋至，围逼行在，焚烧屋庐。”李嗣真《书后品赞·中品赞》：“西岳张昶，江东陵研，银鹰贞白，～马桓元。”五代李存勖《晓谕梁将王檀书》：“东西掩击，势若山摧，擒战将二百餘员，夺～骑五千餘匹。” ❷ 比喻坚固，刚强。唐杨炯《司兵参军陇西李宏赞》：“李宏门胄，衣冠赫奕。气蕴风霜，心如～石。” ❸ 形容确定不移。宋《朱子语类》卷一：“古者训‘日’字，实也；‘月’字，缺也。月则有缺时，日常实，是如此。如天行亦有差，月星行又迟，赶它不上。惟日，～定如此。”又卷一四：“若见得了，见得许多道理，都是天生自然～定底道理，更移易分毫不得。” ❹ 十足，非常。明《拍案惊奇》卷三三：“这老子也好糊涂！我与你夫妻之情，倒信不过，一个～蓦生的人，倒并不疑心。”

【铁案】 tiě àn 证据确凿、不能改变的案件。明《拍案惊奇》卷一三：“赵六老舐犊丧残生，张知县诛枭成～。”清《歧路灯》七九回：“若不自重自爱，万一遭了嘲笑的批语，房科粘为～，邑里传为笑柄，你也挝不了登闻鼓，雪这宗虐谑奇冤。”《醒世姻缘传》九八回：“秀才还嫌他做的不甚扎实，与他改得～一般，竟把个媳妇休将回去。”

【铁案如山】 tiě àn rú shān 证据确凿的案件像山一样不能推翻。清《梦中缘》一四回：“抚院阅了县文，见做的情真罪当，～，无可再议。便批：‘仍仰益都县将此一干人犯解京发落。’”《无声戏》二回：“就是审得九分九厘九毫是实，只有一毫可疑，也还要留些餘地，切不可草草下笔，做个～，使人无可出入。”△《官场现形记》一五回：“现在被庄大老爷施了小小手段，乡下人非但不来告状，不求伸冤，而且还要称颂统领的好处，具了甘结，从此冤沉海底，～，就使包老爷复生，亦翻不过来。”

【铁板】 tiě bǎn 比喻确凿不可改变。清《续金瓶梅》四九回：“不特佛书古典上说得明白，就是以人情天理论来，也是个～的定数。”《歧路灯》九五回：“所谓‘臧谷亡羊，其亡必多。’这是～不易的话。”△《儿女英雄传》三三回：“吾夫子说‘吾不如老农’‘吾不如老圃’这两句话，正是‘吾非斯人之徒与而谁与’的～注脚。”

【铁布衫】 tiě bù shān 一种拳术名。可以抵挡拳术兵刃的袭击，犹如全身穿着铁制的衣裳。明沈德符《万历野获编》卷二八：“一日与倭对垒，命充前锋，鼓角才鸣，九人俱丧元，仅一人得逃，诡云战时圣铁不效。盖皆炼鬼用～术。”清《聊斋志异·铁布衫法》：“沙回子，得～大力法。骈其指，力斫之，可断牛项；横搠之，可洞牛腹。”

【铁尺】 tiě chǐ 一种兵器。铁制的尺形武器。明《型世言》二二回：“其餘都带了石块，身边也有短棍、～、短刀，一齐到县。”《拍案惊奇》卷八：“看看至近，一挠钩搭住，十来个强人手执快刀、～、金刚圈，跳将过来。”《警世通言》卷一五：“秀童却待开口，被阴捕将～向肩胛上痛打一下，大喝道：‘你干得好事！’”

【铁搭】 tiě dā 一种刨土的农具，有四到六个铁齿。元王祯《农书》卷一三：“～，四齿或六齿，其齿锐而微钩，似耙非耙，斸土如搭，是名～。”明《山歌·骗》：“郎道姐儿呀，一～搽出子十七八个夜叉侪是地里鬼，四对半门神九片人。”清徐珂《清稗类钞·物品·铁搭》：“～，农具也，其以耕垦。状如钉耙而齿较阔，四齿或六齿，柄长四尺，举此斸地，可代牛犁。”

【铁打心肠】 tiě dǎ xīn cháng 形容人心肠硬，像是用铁铸造的，不易动感情。元佚名《错立身》八出：“望断天涯无故人，便做～珠泪倾。”明佚名《白兔记》二二出：“三日孩儿撇在池，～也泪垂。”

【铁定】 tiě dìng 确定不移的。宋《朱子语类》卷一四：“若见得了，见得许多道理，都是天生自然～底道理，更移易分毫不得。”又卷一二四：“圣人说‘言忠信，行笃敬’‘居处恭，执事敬，与人忠’等语，都是实说～，是恁地无一句虚说。”

【铁浮图】 tiě fú tú ❶ 同“铁浮屠❶”。明都穆《游北固山记》：“门内稍右有～十级，乃唐李德裕观察浙西时所铸。” ❷ 同“铁浮屠❷”。《宋史·刘琦传》：“兀术被白袍，乘甲马，以牙兵三千督战。兵皆重铠甲，号‘～’。”

【铁浮屠】 tiě fú tú ❶ 铁制的佛塔。宋苏轼《荐诚禅院五百罗汉记》：“始钱公子飞使吾创精舍于郓之东阿北新桥镇，且造～十有三级，高百二十尺。”元陈孚《全州》：“城郭依稀小画图，佛光犹照～。” ❷ 身披铁甲的战士。《续资治通鉴》卷一二三：“宗弼自带牙兵三千，往来为援，皆带重甲，三人为伍，贯韦索，号‘～’，每进一步，即用拒马子遮蔽，示无反顾。”

【铁公鸡】 tiě gōng jī 铁制的公鸡，比喻非常吝啬的人。清袁枚《新齐谐·铁公鸡》：“济南富翁某，性悭吝，绰号～，言一毛不拔也。”《三侠五义》六一回：“他爹爹名叫卞龙，自称是～，乃刻薄成家，真是一毛儿不拔。”

【铁汉】 tiě hàn 比喻坚强不屈的人。宋《圆悟佛果禅师语录》卷一三：“参禅须是～，着手心头便判，直趣无上菩提，一切是非莫管。”《元史·张桓传》：“贼知终不可屈，遂刺之。年四十八。贼后语人曰：‘张御史真～，害之可惜。’”元明《水浒传》九八回：“李逵终是个～，那绽黑脸上，带着鲜红的血，兀是火喇喇地，挥双斧，撞入阵中，把北军乱砍。”明徐咸《西园杂记》卷下：“若二公者，愈挫愈劲，百折不回，不少惩艾，岂非纯禀阳刚之气者乎？东坡称刘元城为‘～’，二公其无愧焉者！”

【铁唤头】 tiě huàn tou 旧时理发业所用的招徕顾客的铁制响器。清《醒世姻缘传》九三回：“船上一个人，约有三十年纪，瞪着眼，朝着岸，左手拿着一个匣子篦头家伙，插着一个～，右手擎起，举着一个酱色银包。”

【铁蒺藜】 tiě jí lí 一种铁制的军用障碍物，上面有蒺藜状的尖刺。战时放在路上或水中，用来阻止敌人兵马进攻。宋陆游《老学庵笔记》卷一：“官军乃更作灰炮，用极脆薄瓦罐，置毒药、石灰、～于其中，临阵以击贼船，灰飞如烟雾，贼兵不能开目。”《通典》卷一五二：“敌若木驴攻城，用～而敦之。其法，以熟铁阔径一尺二寸四条，纵横布如蒺藜形，镕生铁灌其中央，重五十斤，上安其鼻，连鏁掷下。”元明《三国演义》一〇九回：“一面令军士于路撒下～，寨外多排鹿角，示以久计。”《水浒传》六七回：“（吴用）便教军马就此下寨，四面掘了濠堑，下了～。”清《说唐》三八回：“此阵名铜旗阵，外又摆着八面金锁阵，内藏绊马索、～、陷马坑，只待叔宝闯来，必定被擒。”

【铁将军】 tiě jiāng jūn 锁的戏称。清《醉醒石》一〇回：“如今弄得没个妻室，～把门。”△《玉梨魂》三〇章：“前门则久为～所据，无人问津，门上恐已生莠草也。”

【铁戒箍】 tiě jiè gū 头陀、行者等带发出家者用来箍头发的铁圈。《元曲选外编·西游记》三本一〇出：“我与你一个法名，是孙悟空。与你个～、皂直裰、戒刀。～戒你凡性，皂直裰遮你兽身，戒刀豁你之恩爱，好生跟师父去，便唤作孙行者。”元明《水浒传》三二回：“武松依前穿了行者的衣裳，带上～，挂了人顶骨数珠，跨了两口戒刀，收拾了包裹，拴在腰里。”

【铁界尺】 tiě jiè chǐ 即“铁戒箍”。元明《水浒传》二七回：“如今只留得一个箍头的～，一领皂直裰，一张度牒在此。”

【铁界箍】 tiě jiè gū 同“铁戒箍”。元明《水浒传》三一回：“却留得他一个～，一身衣服，一领皂布直裰。”

【铁口】 tiě kǒu ❶ 占卜算命者自夸之词，谓其预测之事必定应验。明《警世通言》卷一七：“其年正是三十二岁，交逢好运，正应张～先生推算之语。”《封神演义》一六回：“里边又有一对联云：‘一张～，诚破人间凶与吉；两只怪眼，善观世上败和与。’”清洪昇《长生殿》一五出：“住褒城，走咸京，细看流年与五星。生和死，断分明，一张～尽闻名。”《野叟曝言》一一回：“举目看时，只见木架中间，还挂有一张纸帖，上写着‘江右吴～，兼精星相，测字如神’十三个大字。” ❷ 形容强硬的言辞。清李渔《蜃中楼·寄书》：“杞人多事，不用忧天。我这～曾相券，岂同戏言？”

【铁口钢牙】 tiě kǒu gāng yá 形容人能言善辩。清《万花楼》五〇回：“李沈氏乃妇女之流，倘究查起御状来，何人代写，那沈氏纵生～，也难抵他刑法厉害。”

【铁里温】 tiě lǐ wēn 头，脑袋。蒙古语音译。元施惠《幽闺记》三出：“胡儿胡女惯能骑战马，因贪财宝到中华，闲戏要，被他拿住，～都哈喇。”明汤显祖《紫钗记》二八出：“番家儿十岁能骑马鸣笳，皮帽儿伙着黑神鸦，风声大，撞的个行家，～都答喇。”

【铁马】 tiě mǎ 悬挂在宫殿庙宇等屋檐下的金属片，风吹时叮当作响。《元曲选外编·西厢记》二本五折：“莫不是～儿檐前骤风？”丘士元《清江引·秋夜》：“夜阑梦回人静悄，不住的寒蛩叫，细雨洒芭蕉。～檐前闹，长吁几声儿得到晓？”明《金瓶梅》三八回：“猛听得房檐上～儿一片声响，只道西门庆敲的门环儿响，连忙使春梅去瞧。”《二刻拍案惊奇》卷三七：“蟋蟀悲鸣，孤灯半灭；凄风萧飒，～玎铛。”

【铁门限】 tiě mén xiàn 门限，门槛。用铁皮包裹的门槛。唐韦绚《刘宾客嘉话录》附编：“永公住永欣寺，积年学书，后有笔头十瓮，每瓮皆数万。人来觅书，兼请题头者，如市，所居户限为之穿穴，乃用铁叶裹之。人谓之～。”王梵志《世无百年人》：“世无百年人，强作千年调。打铁作门限，鬼见拍手笑。”宋苏轼《赠写御容妙善师》：“都人踏破～，黄金白璧空堆床。”

【铁面】 tiě miàn 比喻不畏权势、正直无私的人。《五灯会元》卷一八《育王介谌禅师》：“师性刚毅，涖众有古法。时以谌～称之。”宋苏轼《赵清献公神道碑》：“曾公亮为翰林学士，未识公，而以台官荐，召为殿中侍御史。弹劾不避权幸，京师号公～御史。”元佚名《陈州粜米》一折：“〔正末叹云〕若要与我陈州百姓除了这害呵。〔唱〕则除是包龙图那个～没人情。”明朱长祚《玉镜新谭》卷二：“黄尊素，刚介不阿，气节凛然，初为宁国节推，挺立高标，清操冰鉴，人不敢犯，势豪慑服。选入乌台，侃侃直言，称为～强项。”

【铁面无私】 tiě miàn wú sī 形容公正严明，不畏权势，不讲私情。清《红楼梦》一六回：“我们阴间上下都是～的，不比你们阳间瞻情顾面，有许多的关碍处。”又四五回：“我想必得你去做个监社御史，～才好。”《品花宝鉴》三三回：“到了吏目寓处，～的讯起来。”

【铁爬】 tiě pá 铁制的爬土工具。清佚名《海角遗编》三〇回：“褚德卿讳世培，里中以武艺勇力闻者。十六日早起，率民兵三百，持何羽君号箭，进城剿捕。行至县前，遇一剃头满妆大汉，手执～，奋前格斗。”

【铁青】 tiě qīng 青黑色。常用来形容人恐惧、愤怒或生病时的脸色。明《欢喜冤家》二三回：“国卿取出一封五十两的银子，拆开一看，竟是一对鹅卵石。一齐大惊道：‘奇了。’连忙又拆了封，也是鹅卵石。国卿惊得脸上～，拆到底是石头。”清《红楼梦》四八回：“薛蟠自骑一匹家内养的～大走骡，外备一匹坐马。”△《孽海花》二〇回：“唐卿去后，张夫人及彩云都在后房出来，看见雯青面色气得～。”

【铁扫帚】 tiě sào zhou ❶ 比喻能消除灾害的力量和手段。宋洪迈《夷坚志》支戊卷三：“临安术士，失其姓名，常着道服，标榜曰～。”明徐渭《昙阳》之七：“特将～，痛扫世淫贪。”《醒世恒言》卷三四：“铜盆撞了～，恶人自有恶人磨。” ❷ 詈词。责骂带来灾祸的人，犹言扫帚星。元关汉卿《调风月》四折：“是个破败家私～，没些儿发旺夫家处，可更绝子嗣、妨公婆、克丈夫，脸上承泪靥无重数。”佚名《渔樵记》三折：“道你是个木乳饼钱亲也那口紧，道你是个～扫坏他家门。”

【铁绳】 tiě shéng 铁链，铁索。唐冯贽《云仙杂记》卷四：“鸿渐怒，以～缚奴投火中。”金元好问《续夷坚志》卷一：“张童言：我在冥中引问次，见师在殿角铜柱上，～系足，狱卒往来，以棓撞师腋下，流血淋漓。”明《西游记》三〇回：“众臣嚷到天晚，才把那虎活活的捉了，用～锁了，放在铁笼里，收于朝房之内。”朱长祚《玉镜新谭》卷六：“崇焕又以捆紫浇油并搀火药，用～系下健卒五十人，将鞑贼战车尽行烧毁，奴贼大败而去。”

【铁石人】 tiě shí rén 比喻铁石心肠，不易动感情的人。《资治通鉴》卷二八九：“彭师暠投槊于地，大呼请死。希萼叹曰：‘～也！’”元明《水浒传》五回：“智深道：‘洒家在五台山真长老处学得说因缘，便是～也劝得他转。今晚可教你女儿别处藏了。俺就你女儿房内说因缘，劝他便回心转意。’”明《金瓶梅》六二回：“成日哭泣，又着了那暗气暗恼在心里，就是～也禁不的，怎的不把病又发了？”清《梦中缘》一一回：“妹子，你受的好苦也！当日是如何出身，如今便落到这个田地！就是～，念到此处，肝肠也寸寸断矣！”

【铁死冤家】 tiě sǐ yuān jiā 比喻死对头。明《西游补》一三回：“行者笑道：‘你这样老人还学少年谎哩！汉高祖替秦始皇～，为何肯借与他？’”

【铁算子】 tiě suàn zi 一种金属筹码，用于占卜。元明《水浒传》六〇回：“吴用再把～搭了一回，沉吟自语，道：‘只除非去东南方巽地一千里之外，可以免此大难，然亦还有惊恐，却不得大体。’”清洪昇《长生殿》四六出：“（判跳上，小鬼随上）善恶细分～，古今不出大轮回。”

【铁索】 tiě suǒ 粗铁链。唐韩愈《石鼓歌》：“金绳～锁纽壮，古鼎跃水龙腾梭。”刘肃《大唐新语》卷一一：“时吐蕃以～跨漾水、濞水为桥，以通西洱河，蛮筑城以镇之。”元明《三国演义》四八回：“（曹）操升帐谓众谋士曰：‘若非天命助吾，安得凤雏妙计？～连舟，果然渡江如履平地。’”明《西游记》七一回：“菩萨道：‘他是我跨的个金毛犼。因牧童盹睡，失于防守，这孽畜咬断～走来，却与朱紫国王消灾也。’”

【铁桶】 tiě tǒng 用铁做的桶，比喻坚固、严密。元明《三国演义》二回：“今四面围如～，贼乞降不得，必然死战。”《水浒传》七二回：“今日各门好生把得～般紧，出入的人，都要十分盘诘。”明《金瓶梅》七三回：“西门庆来一遭，与妇人一二两银子盘缠。白日里来，直到起更时分才家去，瞒的家中～相似。”《型世言》一回：“方完，李景隆早已逃来，靖难兵早已把城围得～相似。”又八回：“一夜之间，被燕兵把水淋了城上，冻得～一般，如何攻打？”

【铁心石肠】 tiě xīn shí cháng 犹言铁石心肠，比喻狠心，冷酷无情。宋周煇《清波杂志》卷九：“疑宋开府～，及为《梅花赋》，清便艳发，殆不类其为人。履常清通，虽～不至于开府，而此词清便艳发，过于《梅花赋》矣。”陆游《望夫石》：“月明夜夜照泪痕，～输与君！”杨无咎《柳梢青·暴雨生凉》：“算除是、～。一自别来，百般宜处，都入思量。”清《红楼梦》一一三回：“紫鹃姐姐，你从来不是这样～，怎么近来连一句好好儿的话都不和我说了？”

【铁叶】 tiě yè 薄铁皮。唐韦绚《刘宾客嘉话录》附编：“永公住永欣寺，积年学书，后有笔头十瓮，每瓮皆数万。人来觅书，兼请题头者，如市，所居户限为之穿穴，乃用～裹之。”敦煌本慧能《坛经》卷一〇：“门人忆念取首之记，遂先以～漆布，固护师颈入塔。”元明《水浒传》七九回：“众多水军头领，各各准备小船，船头上排排钉住～，船舱里装载芦苇干柴，柴中灌着硫黄焰硝引火之物，屯住在小港内。”明《西游记》三二回：“把他那钻在草里睡觉，被啄木虫叮醒，朝石头唱喏，编造甚么石头山、石头洞、～门、有妖精的话，预先说了。”

【铁衣】 tiě yī ❶ 铁甲，借指士兵。唐王谏《安西请赐衣表》：“臣到安西之日，安西早已翻营，军令有行，困不敢息，～不解，吹角便行。”高適《燕歌行》：“～远戍辛勤久，玉箸应啼别离后。”符载《蕲州新城门颂序》：“若向时敌者驱～，出穆陵，袭我无备，摇胫而至，即江淮之南，吾见其波动矣。”元张可久《水仙子·乐闲》：“～披雪紫金关，彩笔题花白玉阑。” ❷ 指铁锈。唐刘长卿《杂咏·古剑》：“～今正涩，宝刃犹可试。”明李时珍《本草纲目》卷八：“～，藏器曰：‘此铁上赤衣也。刮下用。’”

【铁衣郎】 tiě yī láng 指战士。元关汉卿《单刀会》三折：“水军不怕江心浪，旱军岂惧～！”孔文卿《东窗事犯》一折：“信着个挟天子令诸侯紫绶臣，待损俺守边塞破敌军～。”佚名《博望烧屯》二折：“前排五百雁翎刀，后摆三千傍牌手。左列千队～，右排万餘金甲将。”

【铁铮铮】 tiě zhēng zhēng 形容人有骨气，正义凛然不向恶势力屈服的样子。明袁于令《西楼记》三七出：“赤泼泼没处可倾，冷面无情；～宁死不变，一言激怒。”△清《儿女英雄传》一八回：“那时纪大将军参一员官也只当抹个臭虫，那个敢出来辩这冤枉？可怜就把个～的汉子立刻革职拿问，掐在监牢。”

【铁嘴】 tiě zuǐ ❶ 比喻能言善辩的人。宋孔平仲《续世说》卷八：“汉，贾纬，文笔未能过人，而议论刚强。侪类不平之，目之为‘贾～’。” ❷ 迷信的人称算命极准确的人。清《红楼梦》九四回：“前儿奴才家里也丢了一件不要紧的东西，林之孝必要明白，上街去找了一个测字的，那人叫做什么刘～，测了一个字，说的很明白，回来按着一找便找着了。”《十二楼·拂云楼》六回：“这个梦兆正合著张～之言，一毫也不错，还要请什么先生，看什么八字？”《五美缘》五回：“又只见个布招牌写着‘江右姚夏封神相惊人’，又见牌上写着两句道：‘一张～说尽人间生与死，两只俊眼看见世上败和兴。’”

tīng

【厅】 tīng 会客、宴会、典礼所用较大房间。《敦煌变文校注》卷二《舜子变》：“妾见～前枯井，三二年来无水，交伊舜子淘井，把取大石填压死。”元陶宗仪《辍耕录》卷七：“松江在城金世昌者，出继夏氏，尝买废宅，修葺前～。”

【厅房】 tīng fáng 指包括厅堂在内的正屋。清《儒林外史》二三回：“不想他主子程明卿，清早上就一乘轿子抬了来，坐在他那～里。”《歧路灯》一三回：“二人将画眉笼儿，一同挂在～檐下。”

【厅头】 tīng tóu 戏称守厅军士。明《古今小说》卷六：“他为自家贫未娶，只在府厅耳房内栖止，这伙守厅军壮都称他做‘～’，因此上下人等，顺口也都唤做‘～’。”

【厅屋】 tīng wū 厅堂。元明《水浒传》五三回：“忽听得刮剌剌地响一声，却从蓟州府～上骨碌碌滚将下来。”清《绿野仙踪》二五回：“不言二妇人谈论，再说冷逢春拿了书字，刚到～转身后，见母亲卜氏早已在此偷看，遂一同走入内房。”

【厅院】 tīng yuàn ❶ 指酒楼，酒店。宋耐得翁《都城纪胜·酒肆》：“酒阁名为～，若楼上则又或名为山。” ❷ 院子。清《红楼梦》五九回：“荣府内赖大添派人丁上夜，将两处～都关了，一应出入人等，皆走西边小角门。”《绿野仙踪》一五回：“走至了～，见他妻房卜氏，已成半老佳人，率领众妇女迎接在阶下，也是双泪直流。”

【厅子】 tīng zi ❶ 官厅的差役。宋程俱《麟台故事》卷五：“少监～一名，衣粮亲事官四人，承送四人。” ❷ 厅房。清《绿野仙踪》二回：“转过屏门，看上面正房三间，一堂两屋，东西下各有房，南面是三间～，到也宽敞。”

【听】 tīng ❶ 听凭，任从。宋《朱子语类》卷二六：“但圣人是有个义，佛老是～其自然，是恁地否？”元明《三国演义》七七回：“昔曹操得此人时，封侯赐爵，……如此恩礼，毕竟留之不住，～其斩关杀将而去。” ❷ 允许，同意。宋《五代史平话·周上》：“若无人可倩，～执白纸投告有司，吏为依口书写。” ❸ 等，候。元关汉卿《谢天香》一折：“贤弟，不成管待。只～你他日得意，另当称贺。”

【听差】 tīng chāi ❶ 听从差遣。元《通制条格》卷三〇：“若役人数少，不动官钱，～近民随即修理。”清《红楼梦》一四回：“又限明日一早传齐家人媳妇进府～。” ❷ 旧时仆人的通称。清《野叟曝言》三六回：“正说不了，～已来叩门说：‘老爷在外伺候，要同官医进来诊脉。’”

【听沉】 tīng chén 静听，仔细听。宋黄庭坚《定风波》：“上客休辞酒浅深，素儿歌里细～。”金董解元《西厢记诸宫调》卷四：“窗下立了多时，～了一晌，流泪湿却胭脂。”元佚名《盆儿鬼》三折：“我～了多半晌，观瞻了四周围，呀，呆老子也却原来是一个土骨堆。”

【听从】 tīng cóng 听取依从。《敦煌变文校注》卷二《秋胡变文》：“今蒙娘教，～游学，未委娘子赐许已不？”明《醒世恒言》卷二：“就是好言相劝，料未必～，枉费了唇舌。”

【听法】 tīng fǎ 聆听佛法。唐［日］圆仁《入唐求法巡礼行记》：“相公施一千贯。此讲以一月为期，每日进赴～人多数。”明《梼杌闲评》二五回：“弟子等蒙老爷尘旨，在此～悟道，日听老爷发明经旨，略有解悟，但不知从何处悟起。”

【听房】 tīng fáng 闹新房旧俗，新婚夜暗中偷听新婚夫妇的谈话和动静。清《歧路灯》一〇六回："老樊回来，遵'～结子孙圪达'俗谚，预先偷买一根红布带儿藏着。"《野叟曝言》九四回："成婚之夜，不许吵房、～。"

【听候】 tīng hòu 注意等候。多用于官府或上级的决定。宋苏轼《论积欠六事并乞检会应诏所论四事一处行下状》："其于理合放而于条未有明文者，即且令本州权住催理，～指挥。"元《通制条格》卷一七："权且～今年秋田收成时分定夺。"清《红楼梦》一〇五回："且请众位府上亲友各散，独留本宅的人～。"

【听唤】 tīng huàn 听从使唤。宋孙沔《论治本》："臣欲乞应合入内及～中人，并用五十已上。"清《红楼梦》三回："每人一个奶娘并一个丫头照管，餘者在外间上夜～。"

【听见】 tīng jiàn 听到。宋毕仲游《河东提刑到任谢两府启》："俄迫祥禫之制，零丁去里，黾勉入朝，都忘意外之功名，所患目前之婚嫁，比尘～。"明《西游记》一六回："悄言，悄言！他的性急，若～你说是甚么东西，他就恼了。"清《红楼梦》六回："却说秦氏因～宝玉从梦中唤他的乳名，心中自是纳闷，又不好细问。"

【听教】 tīng jiào 听受教言。元明《三国演义》四六回："肃曰：'连日措办军务，有失～。'"清《东周列国志》三九回："文公曰：'卿有何言？寡人无不～。'"

【听勘】 tīng kān 听候审讯。《元曲选·鸳鸯被》楔子："刘道姑，你来了也。我如今有罪赴京～，争奈缺少盘缠。"明韩邦奇《嘉议大夫都察院右副都御史西野曹公墓志铭》："瑾乃罢公官，～，竟诬公偿布五百粟千石，立限，系家属。"清《明珠缘》四九回："再说崔呈秀回到家中，见邸报上旨意，着他革职～，已知圣怒难回。"

【听篱察壁】 tīng lí chá bì 暗中探听别人的动静。明《金瓶梅词话》一一回："话说潘金莲在家恃宠生骄，颠寒作热，镇日夜不得个宁静。性极多疑，专一～。"

【听凭】 tīng píng 任凭。《元曲选·留鞋记》四折："禀爷，小的同那王月英到寺中寻手帕去，不期这秀才口边露出手帕角儿，被那王月英扯将出来，这秀才便活了。如今都拿来见爷，～发落。"明王守仁《绥柔流贼》："自今以后，免其秋调各处哨守等役，专在浔州地方，～守备、参将调用。"清《红楼梦》九六回："因赴任事多，部里领凭，亲友们荐人，种种应酬不绝，竟把宝玉的事，～贾母交与王夫人凤姐儿了。"

【听其自便】 tīng qí zì biàn 听凭其任意行动。宋司马光《乞不拣退军置淮南劄子》："每岁减禁军有不任征战者，减充小分，小分复不任执役者，放充百姓，～，在京居止，但勿使老病者，尚占名籍，虚费衣粮。"△清《小五义》三七回："寨主传下一道令去，这天无令，也不用传梆、发口号、点名、当差，放他们一天假，叫他们欢呼畅饮，划拳行分，弹唱歌舞，～。"

【听气儿】 tīng qì er 打探消息。明《金瓶梅词话》九回："且说西门庆正和县中一个皂隶李外传，专一在县里府绰揽些公事，往来～。"

【听取】 tīng qǔ 听，听到。敦煌词《何满子》："胡言汉语真难会，～胡歌甚可怜。"宋辛弃疾《西江月·夜行黄沙道中》："稻花香里说丰年，～蛙声一片。"

【听审】 tīng shěn 听候审讯。清《儒林外史》二三回："知县叫补词来。当下补了词，出差拘齐了人，挂牌，第三日午堂～。"

【听书】 tīng shū 听讲经书。唐赵璘《因话录》卷四："彦范笑而倾饮，满似酣，则语穆曰：'不用搬石，且来～。'遂与剖析微奥，至多不倦。"清邵彬儒《俗话倾谈》："当日～在学宫，会元题目在其中。"

【听提】 tīng tí 驯服。清《醒世姻缘传》六二回："惟独一个二不棱登的妇人制伏得你狗鬼～，先意承志，百顺百从。"又九七回："后来贱荆到了，就狗鬼～的都不敢了。"

【听天由命】 tīng tiān yóu mìng 谓听任命运安排。明沈自晋《望湖亭》二出："啧啧珠声应不愧，悠悠玉阶总无凭。这个也只要尽其在人，说不得～。"清《品花宝鉴》二〇回："子云笑道：'这筹倒也好，喝得爽快。就是内中有几个大量的，抽着了却是难为。'众人道：'这也只好～了。'"

【听头】 tīng tóu 听的价值。清《品花宝鉴》三回："魏大哥，今日这戏没有～，咱们找个地方喝一钟去罢？"△《儿女英雄传》一五回："见不出那十三妹姑娘的英风义气，这回书可还有个甚么大听头儿呢？"

【听用】 tīng yòng 听候任用。明罗贯中《风云会》二折："某一向就在军门～。"清《荡寇志》七八回："便传檄文调邓、辛、张、陶四将来军前～。"

【听真】 tīng zhēn 听清楚。清《红楼梦》七八回："宝玉道：'你胡涂，想必没～。'"《歧路灯》四五回："那个被拐的女人，像是黄河南，咱这边那一县的人。人多，挤的慌，也没～。"

【听知】 tīng zhī 听后得知。《元典章·刑部十》："按察司凡有察过诸司官吏不公事理，其犯人～，便赴各衙门自行陈首。"清《绿野仙踪》三七回："众人～是叛案，一个个躲了个精光，说害病的一半，说不在家的一半。"

【听罪】 tīng zuì 听候治罪。清《东周列国志》四四回："今使詹～于幕下，惟君侯处裁。"

【鞓】 tīng ❶ 皮制腰带。唐杜牧《分司东都寓居履道叨承川尹刘侍郎大夫恩知上四十韵》："胫细摧新履，腰羸减旧～。"宋沈括《梦溪笔谈》卷二四："船中有三十餘人，衣冠如唐人，系红～角带，短皂布衫。"△清《儿女英雄传》一回："足登朱丝履，腰系白玉～。" ❷ 泛指带子。明高濂《节孝记》九出："红尘梦从此斩青萍，玄猿性早以销黄～。"汤显祖《牡丹亭》四八出："不载香车稳，趿的鞋～断。" ❸ 谓人或物体的杆状部分。元佚名《猿听经》二折："我将他香棹轻推椅～摇。"又："我这里心惊颤，心惊颤，腿～摇。"

【鞓带】 tīng dài 皮革制成的腰带。宋尹焞《师说下》："先生官已四品，虽小衫，自当用红～。"清汪由敦《大阅图记》："蓝云纻织金寿字袍，～，冠如常制。"

【鞓红】 tīng hóng ❶ 牡丹的一种。宋陈襄《次韵柯弟太博见示超化牡丹》："一朵～折寺园，忽惊寒律动春暄。"清田雯《牡丹》："东斋牡丹，有二丛，凡四种：一曰鹤翎红，一曰玉板白，一曰～，一曰军容紫。" ❷ 花色深红。宋苏轼《送宋朝散知彭州迎侍二亲》："春波如天涨平湖，～照坐香生肤。"清宋荦《由高梁桥往西山经真觉万寿诸寺用阮亭祭酒西山道中韵》："残英作～，故衣怜邢娥。"

tíng

【廷参】 tíng cān 在廷前参见。宋朱熹《读杂书偶记三事》："待诏宣召学士，有茶酒接坐之礼。今待诏～赞喝，礼与院吏虽小不同，而平时视之全与吏等，无由待以茶酒。"清《醋葫芦》九回："何院君，难得你贤母子分付，说叫他来伏礼，你只看他直身挺撞，还成个～礼，还是师生礼，还是宾客礼？"

【廷策】 tíng cè 会试中式者，天子亲自策问于朝廷。宋苏颂《承议郎集贤校理蔡公墓志铭》:"景祐五年,二君俱以茂材异等召试秘阁,时如格者众,遂不得预～。"明夏良胜《吊刘谏议二首》之二:"～有怀输蚤见,国忧何意幸终成。"

【廷对】 tíng duì 指新科进士在朝廷上接受皇帝的面试。宋陆游《老学庵笔记》卷七:"(黄)庠果为南省第一,不及～而死。"△清《儿女英雄传》三六回:"凡是敷衍策题,抄袭策料,以至用些架空排句塞责,却来不得的。一定要认真说出几句史液经腴,将来才好去～。"

【廷寄】 tíng jì 清时皇帝的谕旨由军机大臣专门寄给外省将军、都统、督抚、钦差大员等,称为"廷寄"。清《平定金川方略》卷二:"臣于四月十三日自黔兼程赴川节次,细阅～,前后办理番蛮各案。"△《官场现形记》五八回:"又过了几天,上头有～下来,叫他练兵,办警察,开学堂。"

【廷鞫】 tíng jū 在朝廷上审讯。明李东阳《明故武定侯郭公墓志铭》:"尝参预～,总都城沟涂事。"清《野叟曝言》四三回:"实因事情大了,便要上达天听,～会勘,大费时日,这干押解员役,店家人等,必至亡家失业,受累无穷了!"

【廷试】 tíng shì 旧时科举制度会试通过后,由皇帝亲自策问举行的考试。亦称殿试。《宋史·选举志一》:"凡～,帝亲阅卷累日,宰相屡请宜归有司,始诏岁命官知举。"清《醒世姻缘传》一回:"晁秀才与儿子毕姻以后,自己随即上京～。"

【廷授】 tíng shòu 由朝廷任命。唐柳宗元《祭崔氏外甥女文》:"前岁诏追,～远牧,武陵便道,往来信宿,幸兹再见,缓我心曲。"明《西洋记》九五回:"灵霄殿玉皇大天尊考上上,～天厨太乙星君。"清朱彝尊《孙作传》:"宣年独少帝亲书其名,召至殿～翰林编修,呼为小秀才。"

【廷推】 tíng tuī 任用高级官吏,由在朝大臣推荐,经皇帝推准任用。明邵宝《送户部尚书秦公序》:"二月,户部尚书安陆孙公请老而归,～属公,上俞焉。"清《明珠缘》三一回:"爵人于朝,莫重～。太宰、少宰所推皆点陪贰,致名贤不安位去,忠贤则颠倒铨政,掉弄机权。"

【廷选】 tíng xuǎn 由朝廷选任。唐韩愈《故幽州节度判官赠给事中清河张君墓志铭》:"幽州将父子继续,不～且久,今新收,臣又始至,孤怯,须强佐乃济。"清储大文《中丞潘公传》:"父,～高才。"

【廷讯】 tíng xùn 在朝廷上审讯。明韩邦奇《见闻考随录》二:"孝皇以其棰死人命数多,震怒,收兴～,当斩。"清李振裕《南巡颂序》:"每岁～奏请,上必亲览谳词,务宏钦恤宽重。"

【廷杖】 tíng zhàng 在朝廷上罚杖。明崔铣《忠诚录序》:"上命～之,或罢或降,或仍守职。"

【廷质】 tíng zhì 在朝廷上质问;在朝廷上对质。《新唐书·尉迟敬德传》:"颇以功自负,又～大臣得失,与宰相不平,出为襄州都督。"清谷应泰《明史纪事本末》卷六六:"及被劾,请～。"

【亭毒】 tíng dú 养育,化育。语出《老子》:"长之育之,亭之毒之,养之覆之。"一本作"成之熟之"。高亨正诂:"'亭'当读为'成','毒'当读为'熟',皆音同通用。"宋王禹偁《吊税人场文》:"虎之生兮,亦禀～。"

【庭参】 tíng cān 下级官员定期至上峰官署中拜见及汇报。明《梼杌闲评》三九回:"各府州县俱用手本相见,行属下～礼。"清《歧路灯》九六回:"盛氏兄弟行～礼,观察谦逊不受,也还了半礼,分宾主而坐。"

【庭除】 tíng chú ❶ 庭阶。唐刘兼《对镜》:"风送竹声侵枕簟,月移花影过～。"元佚名《梧桐叶》二折:"搦管下～,书作相思字。" ❷ 庭院。唐袁郊《甘泽谣·红线》:"时夜将传,辕门已闭。杖策～,唯红线从行。"宋陆游《大雨》:"几席乱鼋黾,～泳鹅鸭。"明王守仁《传习录》卷中:"既已能奔走往来于数千里之间者,则不必更使之于～之间而学步趋。"清《歧路灯》三八回:"到了十九日,孔缵经洒扫～,料理席面。"

【庭户】 tíng hù ❶ 庭院。唐方干《新秋独夜寄戴叔伦》:"遥夜独不卧,寂寥～中。"宋柳永《二郎神·七夕》:"乍露冷风清～,爽天如水。" ❷ 门庭;门户。宋辛弃疾《沁园春·叠嶂西驰》:"似谢家子弟,衣冠磊落;相如～,车骑雍容。"清蒲松龄《聊斋志异·青娥》:"(霍桓)以神童入泮,而母过于爱惜,禁不令出～。"

【庭燎】 tíng liáo 古代庭中照明的火炬。元陶宗仪《辍耕录》卷一〇:"至九月,设～,虚前席,延问至道。"清《东周列国志》六回:"次日,设～于太庙,陈桓公立于主位,左傧右相,摆列得甚是整齐。"《红楼梦》一八回:"(贾妃)于是进入行宫,只见～绕空,香屑布地,火树琪花,金窗玉槛。"

【庭心】 tíng xīn 院子。清《品花宝鉴》二七回:"奚十一同亮轩进内,走过了～,上了客厅。"△《海上尘天影》一回:"内宫后方是寝宫,寝宫外～极大,用黄石铺平,纤尘不染。"

【庭院】 tíng yuàn 厅堂前的院子,也泛指院子。宋辛弃疾《满江红·暮春》:"～静,空相忆。"元陶宗仪《辍耕录》卷一六:"特爱松风,～皆植松,聆响为乐。"清《绿野仙踪》八七回:"次日,想出个地方,同蕙娘搬到～傍东书房内。"

【停】 tíng ❶ 停放。唐白居易《岁暮夜长病中灯下闻卢尹夜宴以诗戏之且为来日张本也》:"当君秉烛衔杯夜,是我～灯服药时。" ❷ 积聚。唐韩愈《太原王公神道碑铭》:"秩秩而积,涵涵而～。" ❸ 均等。《敦煌变文集·无常经讲经文》:"才亡三日早安排,送向荒郊看古道。送回来,男女闹,为分财不～怀懊恼。"元陶宗仪《辍耕录》卷八:"矾法:春秋胶矾～,夏日胶多矾少,冬天矾多胶少。" ❹ 总数分成几部分,其中一部分叫一停。金董解元《西厢记诸宫调》卷二:"众僧三百馀人,比及扣寺门,十～儿死了七八。"元明《三国演义》五〇回:"三～人马:一～落后,一～填了坑堑,一～跟随曹操。"

【停藏】 tíng cáng 窝藏。《元典章·刑部十三》:"军官军人眼同院内敖外子细搜巡,别无～人。"元施惠《幽闺记》六出:"邻佑与窝主,～的罪同诛。"

【停床】 tíng chuáng 谓死者未入棺前,停尸床上。清《红楼梦》五一回:"一时果有周瑞家的带了信回凤姐儿说:'袭人之母业已～,不能回来。'"又一一〇回:"听见贾母喉间略一响动,脸变笑容,竟是去了。享年八十三岁。众婆子疾忙～。"《九云记》三五回:"只见留守夫妇合了一回眼,喉间略一响动,脸变笑容,竟是双双去了。两人享年同是九十三岁。众婆子急忙～。"

【停待】 tíng dài 等待,停留。金施宜生《柳》:"传语西风且～,黛残黄浅不禁吹。"元杨显之《酷寒亭》四折:"从今后深仇积恨都消解,且到我荒山草寨权～。"

【停当】 tíng dàng ❶ 妥当。明王守仁《传习录》卷下:"若晓得头脑,依吾良知上说出来,行将去,便自是～。" ❷ 值得。明丘濬《投笔记》二五出:"宁效那取义成仁,死也得～。" ❸ 清楚。明《拍案惊奇》卷二:"待我先到家,与他堂中说话。你劈面撞进来,看个～便是。" ❹ 相貌好。元明《水浒传》三二回:"贤弟若要压寨夫人,日后宋江拣一个～的,娶一个伏侍贤弟。" ❺ 干脆。明柯丹邱《荆钗记》二四出:"好回得～! 我要你嫁孙家,一片好心,你到反为不美。"

【停毒】 tíng dú 同"亭毒"。明邵璨《香囊记》一一出:"真是八柱擎天，高明之位列，以致四时成岁，～之功存。”

【停放】 tíng fàng 搁置；放置。元王恽《权停一切工役》：“据上项工役，似合权且～，以见国家罢不急、节浮费、救灾恤民至意。”

【停分】 tíng fēn 平分。唐李山甫《项羽庙》：“～天上犹嫌少，可要行人赠纸钱。”元曾瑞《哨遍·秋扇》：“样制孤高，～无偏，圆成不缺。”清《绿野仙踪》二二回：“次早，不换取出五封银子，又十来两一小包，说道：‘我的家私尽在于此，咱两个～了罢。’”

【停阁】 tíng gé ❶ 搁置。宋李弥逊《绍兴七年自庐陵以左司召上殿札子三道》：“臣伏睹朝廷比以两浙江东西等路，因被盗贼烧劫，逃移人户，秋夏二税，并皆～。”明《二刻拍案惊奇》卷四：“张廪生只得使用衙门，～了词状，呆呆守这杨佥宪回道。”清孙承泽《春明梦餘录》卷五〇：“如原问官敢有负气挟私，似前～淹延凌虐罪囚者，听本寺指实参奏。” ❷ 停留。明孟称舜《娇红记》三五出：“凭限紧急，家眷人多，不便入城～，约我们邮亭一见。未知酒果完备了么？我们快到郊外迎候去。”

【停灵】 tíng líng 埋葬前暂时将灵柩停置。清《红楼梦》一三回：“贾珍遂以孙女之礼殡殓，一并～于会芳园中之登仙阁。”《绿野仙踪》八七回：“棺木我已吩咐人备办，可着人将西厅收拾出来～。’”

【停留长智】 tíng liú zhǎng zhì 在停顿中想出对策或醒悟。明《西游记》四〇回：“若不趁此时拿了唐僧，再让一番，越教他～。”清和邦额《夜谭随录》卷一：“生恐其～，即解衣典而偿之，怀归待价。”

【停那】 tíng nuó 挪移。宋元《清平山堂话本·柳耆卿》：“撰字苍王未肯，权将‘好’字～。如今意下待如何？‘奸’字中间着我。”

【停妻再娶】 tíng qī zài qǔ 谓抛弃妻子再与别人结婚，犹言重婚。元杨景贤《刘行首》三折：“员外，你不回家来，原来在这里，做个～妻，我和你见官去。”明柯丹邱《荆钗记》一九出：“谩自相劳让，～谁承望。”《西游记》二三回：“话便也是这等说，却只是我脱俗又还俗，～了。”

【停囚长智】 tíng qiú zhǎng zhì 在停顿中想出对策。《祖堂集》卷一一《保福和尚》：“师抗声云：‘脱却来！’其僧别云：‘头上不可更安头。’师云：‘～。’”宋李曾伯《回两次宣谕及缴刘镇抚书》：“横山之寇所宜作急驱之远遁，勿使～，可以此意勉。”

【停丧】 tíng sāng 人死后殡而不葬。《元典章·刑部三》：“其王唐儿不候葬讫伊兄，于～之夜，与嫂贺真真拜尸成亲，大伤风化。”元明《三国演义》五七回：“周瑜～于巴丘。众将将所遗书缄，遣人飞报孙权。”清《歧路灯》一二回：“新安朋友说，他县的风俗，～在家，或一半年，或十餘年。”

【停食】 tíng shí 积食，因食物停滞胃中不消化。清《红楼梦》六三回：“今日因吃了面，怕～，所以多玩一回。”△《海上尘天影》五三回：“月仙怕小香忧闷，勉强吃了些，便摇头不吃。小香恐他～，不教他睡。”

【停宿】 tíng sù 住宿。清《歧路灯》一〇八回：“到了京都，不去如松号，投中州会馆～。”

【停塌】 tíng tā 屯积。宋吕陶《奏具置场买茶旋行出卖远方不便事状》：“晓示园户并～之家，尽将赴场，投税出卖。”《明会典》卷一六四：“凡泛海客商舶船到岸，即将货物尽实报官抽分，若～沿港土商牙侩之家不报者，杖一百。”清胡煦《卜法详考》卷五：“爻发支，财气旺相，大利商贾，～得财两倍。”

【停腾】 tíng téng ❶ 妥当。《敦煌变文校注》卷五《维摩诘经讲经文（五）》：“发言时直要～，税调处直如稳审。”又卷七《故圆鉴大师二十四孝押座文》：“诚乖斟酌亏恩义，稍错～失纪纲。” ❷ 滞留，耽搁。《祖堂集》卷一六《南泉普愿禅师》：“两人共去向和尚说。～之间，更有一人来报和尚云：‘适来迁化僧却来也。’”

【停停】 tíng tíng ❶ 高耸貌。停，通“亭”。唐李群玉《小弟艎南游近书来》：“～倚门望，瑟瑟风雨夕。”元明《水浒传》八〇回：“这周昂坐在马上，～威猛，领着右队人马，来到城边。” ❷ 均等。元张国宾《合汗衫》二折：“这个汗衫儿，婆婆，你从那脊缝儿～的折开者。”武汉臣《老生儿》楔子：“老夫待将我这家私～的分开，与我这女儿和这侄儿。”

【停停当当】 tíng tíng dàng dàng 妥妥当当。宋《朱子语类》卷六二：“浑然在中，恐是喜怒哀乐未发，此心至虚，都无偏倚，～，恰在中间。”元李文蔚《圯桥进履》三折：“我摆的～了，不见季布来，小校觑者。”明《西游补》七回：“他们打扮得～，俺的乌骓儿去得快，一跨到了面前。”

【停停妥妥】 tíng tíng tuǒ tuǒ 妥妥当当。清《红楼梦》九回：“至是日一早，宝玉起来时，袭人早已把书笔文物包好，收拾得～，坐在床沿上发闷。”△《儿女英雄传》三〇回：“早见筵开绿绮，人倚红妆，已预备得～，心下十分欢喜。”

【停脱】 tíng tuō 停当。明汤显祖《牡丹亭》三〇出：“夜香残，回避了尊亲；绣床偎，收拾起生活～。”

【停妥】 tíng tuǒ 停当；妥帖。明李贤《天顺日录》：“虽发未行，犹可止，事未～，虽行亦止。”清《红楼梦》一六回：“林如海已葬入祖坟了，诸事～，贾琏方进京的。”

【停午】 tíng wǔ 正午；中午。停，通“亭”。宋梅尧臣《庖烟》：“湿薪烧尽日～，试问霏霏何处浮。”清阮葵生《茶餘客话》卷九：“尝试保和殿，未～，众方执笔着想，闻有投卷者。”

【停闲】 tíng xián 停息。宋司马光《议贡举状》：“自庆历以来，天下诸州虽立学校，大抵多取丁忧及～官员以为师长，藉其供给，以展私惠。”元佚名《杀狗劝夫》二折：“黑黯黯冻云垂，疏剌剌寒风起，遍长空六出花飞。不～雪儿紧风儿急，这场冷着我无存济。”

【停歇】 tíng xiē 休息。唐张鷟《游仙窟》：“山川阻隔，疲顿异常，欲投娘子片时～。”元明《三国演义》七七回：“～三日，养成锐气，将息战马。”清《绿野仙踪》六一回：“到饶州地方，寻了一处无僧道的破庙～，遣超尘、逐电四外访查。”

【停匀】 tíng yún 均匀；匀称。宋杨万里《观张功父南湖海棠杖藜走笔》之三：“天工信手洒明霞，若遣～未必佳。”清《品花宝鉴》一三回：“正面挂着六幅金笺的小楷，却是一人一幅，写得～娟秀。”

tǐng

【挺】 tǐng ❶ 平直地躺着。元明《水浒传》三回：“只见郑屠～在地下，口里只有出的气，没了入的气，动弹不得。”清《红楼梦》六三回：“怎么也不拣地方儿，乱～下了？” ❷ 顶撞。元秦简夫《东堂老》楔子：“这个是我的父亲，他不曾说一句话，我直～的他脚稍天。”高明《琵琶记》一四出：“他元来要奏丹墀，敢和我厮～相持。” ❸ 执，举。清《东周列国志》一七回：“太宰华督闻变，～剑登车，将起兵讨乱。”又九八回：“赵括大怒，～戟欲战蒙骜。” ❹ 挺拔。明徐霞客《游天台山日记》：“仰见群峰盘结，天都独巍然上～。”

【挺触】 tǐng chù 顶撞。元佚名《抱妆盒》四折："那刘太后嗔嗔忿忿这等左来右去忒粗疏，急的俺忐忐忑忑把花言巧语谩支吾。当初当也波初，俺也拚的厮～。"明《禅真后史》二四回："谁想菽麦不分，出言～，我便执法与汝做一对头，便待怎么？"清《侠义风月传》一回："这生员道，是已经受聘，抵死不从，又～了他几句，那大央侯就动了恶心，使出官势，叫了许多鹰犬，不由分说，竟打入他家将女儿抢去。"

【挺床】 tǐng chuáng 睡觉。清《红楼梦》六〇回："有好的给你！谁叫你要去了，怎怨他们要你！依我，拿了去照脸摔给他去，趁着这回子撞丧的撞丧去了，～的便～，吵一出子，大家别心净，也算是报仇。"

【挺带】 tǐng dài 皮带。明《醒世恒言》卷三一："只见那差官：头顶缠棕大帽，脚踏粉底乌靴。身穿蜀锦窄袖袄子，腰系间银纯铁～。"清《隋唐演义》一二回："马上一人，貌苦灵官，戴万字顶包巾，插两朵金花，补服～，彩缎横披。"

【挺敌】 tǐng dí 抵敌。明《古今小说》卷二一："满船人都唬得魂飞魄散，那个再敢～？一个个跪倒船舱，连声饶命。"

【挺觉】 tǐng jiào 睡觉。明《金瓶梅》八一回："被来保推他往屋里～去了。"清《儒林外史》一一回："吃罢，扒上床～去了。"

【挺进】 tǐng jìn 前进。《续资治通鉴长编》卷一二六："两军皆大呼，复持铁枪～，所向披靡。"

【挺切】 tǐng qiè 直率恳切。宋程珌《轮对劄子》："即位之初年，其辞尤为～。"清《续通志》卷五五四："中书省张蕴古上《大宝箴》，讽帝以民畏而未怀，其辞～。"

【挺确】 tǐng què 刚直。《新唐书·张荐传》："诏复用杞为刺史，荐与陈京、赵需等论杞奸恶倾覆不当用，入对～，德宗纳之。"

【挺身而出】 tǐng shēn ér chū 勇敢站出来。《旧五代史·周书·唐景思传》："后数日城陷，景思～，使人告于邻郡，得援军数百，逐其草寇。"△清《孽海花》三三回："无如他被全台的公愤，逼迫得没有回旋餘地，只好～，作孤注一掷了。"

【挺尸】 tǐng shī 睡觉的谑词或詈词。明《西游记》九四回："俗语云'吃了饭儿不～，肚里没板脂'哩！"清《红楼梦》七三回："一个个黑家白日～挺不够。"

【挺胸叠肚】 tǐng xiōng dié dù 鼓凸着胸腹。形容肥胖或神态傲慢。清《红楼梦》六回："只见几个～指手画脚的人，坐在大板凳上，说东谈西呢。"

【挺腰子】 tǐng yāo zi 指摆架子。清《红楼梦》七回："别说你这样儿的，就是你爹，你爷爷，也不敢和焦大～呢！"

【挺硬】 tǐng yìng 直挺刚硬。明《西游记》七五回："只见脑后有三根毫毛，十分～。"△清《儿女英雄传》四回："只觉得一个冰凉～的东西在嘴唇上哧留了一下子。"

【挺撞】 tǐng zhuàng 顶撞。元佚名《谢金吾》一折："便是我谢衙内现做的朝中臣宰，你也不该～我。"清《红楼梦》八〇回："薛蟠有时仗着酒胆，～过两次。"

【挺擢】 tǐng zhuó 提拔。唐李庾《东都赋》："异材～，多士优游。"宋周必大《龙图阁学士张公神道碑》："会对便殿论事，鲠～吏部员外郎。"

tìng

【汀滢】 tìng yíng 亦作"汀潆"。❶ 小水。《梁书·沈约传》："决渟涔之汀潆，塞井瓮之沦坳。" ❷ 清澈貌。宋苏辙《次韵文务光秀才游南湖》："料峭东风助腊寒，～白酒借衰颜。"

【梃】 tìng 梃猪。杀猪后，在猪的腿上割一个口子，用铁棍贴着腿皮往里捅。梃成沟以后，往里吹气，使猪皮绷紧，以便去毛除垢。

【濎滢】 tìng yíng 清澈。唐陆龟蒙《添酒中六咏·酒瓮》："溢处每淋漓，沈来还～。"

【濎濙】 tìng yíng 指小水。宋文天祥《题高君宝绀泉》："寒瑶披清淼，残月照～。"

tōng

【通】 tōng ❶ 告，报。元佚名《百花亭》二折："王舍想不知我在于此处。我特央浼你～个信去，与他知道。"元明《水浒传》三七回："何不早～个大名，省得我做出歹事来。"清《东周列国志》一〇二回："话说颜恩欲见信陵君不得，宾客不肯为～，正无奈何。" ❷ 整个，全部，都。唐[日]圆仁《入唐求法巡礼行记》卷一："上天虽晴，海上四方重雾塞满，不得～见。"宋叶适《法度总论三》："今也保正长之弊，～天下皆患之。"元陶宗仪《辍耕录》卷一四："今乃～为妇女之称。"清《歧路灯》三回："今日先生、世兄、姐夫、外甥，我～要请到我家过午。"△《二十年目睹之怪现状》七一回："谁知他昨夜那一闹，外面～知道了。" ❸ 连同，一并，总共。唐牛僧孺《玄怪录》卷二："审通数日额觉痒，遂跃出一耳，～前三耳，而跃出者尤聪。"宋王明清《挥麈后录》卷五："予凡三归安陆，大为搜访，……仅获五百十卷，～旧藏凡千一百卷，江氏遗书具此矣。"《元典章·刑部八》："重者，更论之，～计前脏，以充后数。"元明《水浒传》一二回："杨志便把高太尉不容复职，使尽钱财，将宝刀货卖，因而杀死牛二的实情～前一一告禀了。"清《歧路灯》五三回："夏逢若回到家中，～前后一算，邓家二百两，谭家四百两，赢的一百五十五两，共有七百五十多两银子。" ❹ 真正，完全。明《金瓶梅词话》六三回："都一个个只像有风出来，狂得～没些成色儿，嘻嘻哈哈，也不顾人看见。"清《歧路灯》六七回："王氏瞅了一眼道：'年轻轻的，～是疯了，就说下道儿去。'" ❺ 逼真，肖似。明《金瓶梅词话》六三回："亲家母这幅肖像，是画得～，只是少了口气儿。" ❻ 腾，匀挪。清《醉醒石》三回："家事不从容，一时间～不出这块银子，故连聘都不曾下得。" ❼ 妙，棒。明《金瓶梅词话》五四回："那白来创把檀香饼一个一口都吃尽了，赞道：'这饼却好。'伯爵道：'糕亦颇～。'" ❽ 通顺，顺畅，合理。明王守仁《传习录》卷下："若心上不通，只要书上文义～，却自生意见。"清《红楼梦》二二回："三爷说的这个不～，娘娘也没猜，叫我带回问三爷是个什么？" ❾ 鼓打一调，谓一通。元佚名《千里独行》四折："斩了蔡阳，在杀场上；才听的挝鼓三～，可又早得胜还乡。"元明《水浒传》一二回："一起发起擂来，品了三～画像，发了三～擂鼓，校场里面谁敢高声？"清《东周列国志》四〇回："楚中军又发第二～鼓，成大心手提画戟，在阵前耀武扬威。" ❿ 掏。明《金瓶梅词话》四六回："那小玉开了里间房门，取了一把钥匙，～了半日，白～不开。"△清《儿女英雄传》六回："你要爱看热闹儿，窗户上～个小窟窿，巴着瞧瞧使得，可不许出声！"

【通谙】 tōng ān 通晓熟悉。唐窦泉《述书赋》卷上："成帝则生知草意，颖悟～。"清顾炎武《孝陵图序》："其官于陵者，非中贵则武弁，又不能～国制。"

【通报】 tōng bào 通禀，回复。元乔吉《两世姻缘》三折："大哥烦你～元帅知道，有韩妈妈特来求见。"《通制条格》卷三："男家至门外，陈列币物等，令媒氏～，女氏主人出门迎接。"清《红楼梦》二四回："至院外，命人～了，彩明走出来，单要了领票进去。"

【通病】 tōng bìng 普遍的弊病。宋郑獬《石屯田书》："夫不见其实而逆断，是否人之～？"清《镜花缘》一六回："不瞒二位大贤说，这叫作'临时抱佛脚'，也是我们读书人～，何况他们孤陋寡闻的幼女哩。"

【通才达识】 tōng cái dá shí 博学多才、见识练达的人。宋刘敞《易外传序》："余读《周易表》，其象象爻辞，盖圣人之意微矣，非～，孰能言之？"

【通才练识】 tōng cái liàn shí 博学多才，见识练达。唐崔尚《唐天台山新桐柏观之颂序》："夫其～，赡学多闻，翰墨之工，文章之美，皆忘其所能也。"

【通才硕学】 tōng cái shuò xué 学识通达渊博的人。唐智昇《开元释教录》卷五上："琅琊颜延之，～，束带造门。"

【通陈】 tōng chén 表达心愿，祝告。清《红楼梦》六九回："于是天地前烧香礼拜，自己～祷告说：'我或有病，只求尤氏妹子身体大愈，再得怀胎生一男子，我愿吃长斋念佛。'"

【通成】 tōng chéng 方言。全部，整个。清《醒世姻缘传》四三回："到了那里，～不得了，里头乱多着哩！"《歧路灯》四五回："惟有孔慧娘～一个哑子样儿。"

【通都大邑】 tōng dū dà yì 四通八达的大城市。唐柳宗元《送徐从事北游序》："生北游，必至～，～必有显者，由是其果闻传于世欤？"清《儒林外史》一四回："～，来了几位选家；僻壤穷乡，出了一尊名士。"

【通都巨邑】 tōng dū jù yì 犹"通都大邑"。元方回《务本堂记》："今夫～，或数万户无弦诵声，儿女子不识耒耜机杼为何物。"明丘濬《家礼仪节序》："若夫～明经学古之士，自当考文公全书。"

【通番】 tōng fān ❶ 与海外往来。明沈德符《万历野获编》卷一二："今广东市舶，公家尚收其羡以助饷，若闽中海禁日严，而滨海势豪，全以～致素封。"清《二刻醒世恒言》下函八回："原来海口防守，专管～往来的船只。" ❷ 与外国或外族相勾结。明《梼杌闲评》一一回："那畜生在京里跟石兵部同沈惟敬～卖国，送了沈惟敬一家性命，连石兵部也死在他手里，他才逃到这里。"清叶梦珠《阅世编》卷七："（烟叶）民间不许种植，商贾不得贩卖，违者与～等罪。"

【通房】 tōng fáng 已经被主人收为侍妾的婢女。宋元《警世通言》卷一五："遇个贵人公子，或小妻，或～，嫁他出去。"《元典章·刑部七》："元系唐贤甫于亡宋甲戌年雇到，～使唤。"元杨显之《潇湘雨》四折："老实说，梅香便做梅香，也须是个～，要独占老公，这个不许你的。"清《红楼梦》六回："先找着凤姐的一个心腹～大丫头名唤平儿的。"

【通风】 tōng fēng 透露信息。明《二刻拍案惊奇》卷三："岂知贵人游戏，我们多被瞒得不～，也是一场天大笑话。"清《野叟曝言》二九回："前日先得荫袭的信，悄悄～给我，也没去拜谢他，直到报了，到他家去道喜，才谢了他。"

【通个】 tōng gè 通盘，全面。元明《水浒传》一七回："老爷，今日事已做出来了，且～商量。"明邵璨《香囊记》三六出："张媒婆，不要恃强做事，必须～商量。"

【通共】 tōng gòng 总共，全部。清《老乞大新释》："你～几个人儿匹马呢。我们四个人十匹马。"《红楼梦》三四回："我已经五十岁的人，～剩了他一个。"

【通关节】 tōng guān jié 打通上面的关系。明汤显祖《牡丹亭》四出："昨日听见本府杜太守，有个小姐，要请先生，好些奔竞的钻去。他可为甚的？乡邦好说话，一也；～，二也。"△清《二十年目睹之怪现状》四二回："他自己不～，别人通了关节，也不敢被他知道。"

【通贯】 tōng guàn ❶ 通晓，贯通。敦煌本慧能《坛经》："师言：'此三十六对法若解用，即～一切经法。'"《祖堂集》卷一九《临济和尚》："大德！心法无形，～十方，在眼曰见，在耳曰闻，在手执捉，在脚云奔。"宋陆游《杨夫人墓志铭》："二子未从外塾，而于幼学之事，各已～精习。"明《醒世恒言》卷四〇："幼有大才，～九经，诗书满腹。" ❷ 沟通，连接。《元典章·刑部五》："愚忆通惠、御河、会通等水，南北～，江、淮、河、海，达乎京城。"清《绿野仙踪》三八回："以形运气，形气归一，则阴阳～，天地合德，不但驱神役鬼，叱电逐雷，即山海亦何难移易？"

【通好】 tōng hǎo ❶ 往来交好；结交。唐柳珵《上清传》："会宣武节度使刘士宁～于郴州，廉使条疏上闻。"《元朝秘史》卷八："在后成吉思差使臣主卜罕等～于宋，被金家阻挡了。"清《东周列国志》五七回："巫臣为晋画策，请～于吴国，因以车战之法，教导吴人。" ❷ 私通。明沈德符《万历野获编》卷一八："此妾厌其老，窃与焦之子编修黄中～，其父知之，争斗于室。"清《野叟曝言》一〇五回："素臣遂把容儿曾被朝阳庵女僧真修落发，假扮女尼，带入景王府中，与七妃～之事，悄悄说知。"

【通红】 tōng hóng 很红。宋苏轼《寄馏合刷瓶与子由》："老人心事日摧颓，宿火～手自焙。"清《儒林外史》三一回："身穿白纱直缀，脚下一双大红绸鞋，一个～的酒糟鼻。"

【通候】 tōng hòu 互相问候。清《品花宝鉴》五三回："今年稍明白些，寻常～的书信，也可以写写了。"

【通家】 tōng jiā 姻亲。宋吴曾《能改斋漫录》卷六："清献赵公，嘉祐六年，言陈旭与御药王世宁～亲戚。"明《二刻拍案惊奇》卷一七："妾乃文孝坊薛氏女，……与郎君贤东乃乡邻姻娅，郎君即是～了。"

【通奸】 tōng jiān 夫或妻与他人发生性行为。《元典章·刑部四》："至元三年四月初一日，与孙歪头定婚妻慈不揪～。"△清《跻春台·南乡井》："陆氏提头进州喊冤，告姚思义与媳～，谋夫图娶。"

【通脚】 tōng jiǎo ❶ 牵头沟通关系。宋元《警世通言》卷二四："乃将白银二十两，贿赂王婆，央他～。" ❷ 两人同卧而伸脚的方向相反。明佚名《女真观》四折："你记的一个草铺，与你～睡了一夜。"

【通介】 tōng jiè 通达耿介，有操守。唐白居易《唐故武昌军节度处置等使河南元公墓志铭》序："居相位仅三月，席不暖而罢去，～进退，卒不获心。"清查慎行《题周少谷杏林双鹿图为老友徐韩奕寿》："与君论交从壮盛，～看成徐邈圣。"

【通今博古】 tōng jīn bó gǔ 通晓古今的学问。宋黄榦《郑次山怡阁记》："若夫利欲胶固，横目自营，一室之内，乖离斗狠，则虽～，高谈天人，而亦何足为士哉！"元明《水浒传》六八回："员外力敌万人，～，天下谁不望风而降！尊兄有如此才德，正当为山寨之主。"清《红楼梦》一〇一回："奶奶最是～的，难道汉朝的王熙凤求官的这一段事也不晓得？"

【通今达古】 tōng jīn dá gǔ 通晓古今的学问。宋阳枋《辨惑》："余谓学道，～，识义理，识是非，得圣贤之心法，会物我之归趋。"

【通究】 tōng jiū ❶ 全面、透彻地研究。《旧唐书·郑餘庆传》："餘庆～六经深旨，奏对之际，多以古义傅之。"清汪琬《忘庵王先生传》："若投壶、蹴踘、弹棋、马射、技击之术，与夫艺花、种树、豢鱼、笼禽之方，无不～。" ❷ 普遍追究。明林俊《禁约民害》："本合～，缘循袭之有年，恐自新之无路，姑记禁约为此。"

【通决】 tōng jué 全权裁决。唐[日]圆仁《入唐求法巡礼行记》卷三："国清寺修座主已～之，便请台州印信，刺史押印已了。"宋苏轼《司马温公行状》："又论将官之害，诏诸将兵皆隶州县，军政委守令～之。"

【通口】 tōng kǒu 答应，允许。元李行道《灰阑记》楔子："他也常常许道要嫁我，被他母亲百般板障，只是不肯～。"

【通快】 tōng kuài ❶ 通畅快捷。《宋史·河渠志七》："夹河居民之屋亦不毁除，止去两岸积坏，使河流～。"《元典章·户部十二》："再令都水监提举漕运司，验河水～浅涩去处。" ❷ 指流通迅速。《金史·食货志三》："今既以按察司钞法～为称职，否则为不称职。" ❸ 畅快舒服。清《红楼梦》五二回："晴雯笑道：'果觉～些，只是太阳还疼。'"

【通款】 tōng kuǎn 表达心意。清《海外纪事》卷二："相对难～，人都无姓名。"《荡寇志》九二回："素日钦慕头领，只是无路～。"

【通括】 tōng kuò 全面核查登记。《辽史·圣宗纪》："七月癸卯，～户口。"清《八旗通志》卷一二〇："～前后，篇什寥寥，故名集云云。"

【通廊】 tōng láng 屋檐下的走廊。宋张詠《益州重修公署记》："二厅之东，官厨四十间，厨北越～，廊北为道院。"清弘历《四方宁静》："四面尽～，中间正且方。"

【通力合作】 tōng lì hé zuò 共同出力，一起来做。宋高斯得《宁国府劝农文》："四月草生，同阡共陌之人，～，耘而去之。"清《平定两金川方略》卷一〇九："臣等亲督各站员，将所有积米五千餘石，～，扫数运完。"

【通陌】 tōng mò 畅通的道路。唐李绅《过吴门二十四韵》："候火分～，前旌驻外邮。"

【通情】 tōng qíng ❶ 勾结，串通。元明《水浒传》四〇回："戴宗由他拷讯，只不肯招和梁山泊～。"明《金瓶梅词话》六九回："文嫂～刘太太，王三官中诈求奸。" ❷ 通达人情。明《西游记》七二回："八戒道：'师兄好不～！师父在马上坐得困了，也让他下来关关风是。'"清邵彬儒《俗话倾谈二·上卷·泼妇》："女亲家婆所谏丈夫说话，亦极～，亦极合理，可惜不谏于女死累人之时，而谏于夫想寻死之日，亦非不好，未免先错一回矣。"△《儿女英雄传》一九回："那知这话越平淡越动性，越琐碎越～。" ❸ 通常的情理。清李渔《闲情偶寄》卷二："贵远贱近，慕古薄今，天下之～也。"《歧路灯》六八回："家母见小儿亲，这也是天下之～。"

【通情达理】 tōng qíng dá lǐ 懂道理，说话做事合乎情理。清《歧路灯》八五回："只因民间有万不～者，遂尔家有殊俗。"《后西游记》一二回："还是这位师兄～，请坐奉茶。"

【通然】 tōng rán 全部；通通。明陈所闻《新水令·六十新春述怀》："把世事～丢雪，衠一味散诞逍遥。"清《醒世姻缘传》一四回："如今头发胡子～莹白了，待不得三四日就乌一遍，如今把胡子乌的绿绿的，怪不好看。"

【通融】 tōng róng ❶ 互通有无。多指钱财。明《拍案惊奇》卷一三："我家逆子，分毫不肯～，本钱实是难处。"△清《九尾龟》八四回："靠屋借钱，是我们这里的常事。" ❷ 互相谅解。《敦煌变文校注》卷三《燕子赋(一)》："～放到明日，还有些些束脩。"宋苏辙《颍滨遗老传》下："宽剩役钱只得～邻路邻州，而不及邻县。"△清《九尾龟》五六回："若是你一定不肯～，定要送官究办，我是旁人，自然只好由你。" ❸ 融会贯通；透彻了解。明康海《粉蝶儿·贺登科》："学业～，桂香飘省闱高中，少年时器宇谁同。" ❹ 流通；交换。明《拍案惊奇》卷一："我们用得着的是银子，有的是货物，彼此～，大家有利，有何不可？"清《绿野仙踪》七二回："不意先生与家父有～书籍之好，平辈不敢妄攀。" ❺ 指短期借贷。清和邦额《夜谭随录·崔秀才》："亲戚中不乏富贵者，盍拚一失色，与之～。"

【通身】 tōng shēn ❶ 整个，全部。明《金瓶梅词话》一六回："且待二月间兴工动土，连你这边一所～打开，与那边花园取齐。" ❷ 简直，实在。清《醒世姻缘传》四三回："合那刑房张瑞风明铺夜盖的皮缠，敢是那刑房不进去，就合那禁子们鬼混，～不成道理！"

【通事】 tōng shì 翻译人员。《新五代史·晋出帝纪》："甲辰，契丹使～来。"《元典章·刑部十一》："不合拒捕射伤王～(事)罪犯，量情一百七下。"△清《官场现形记》五二回："尹子崇正在一个人说得高兴，一回那个买矿的洋人又来了，后头还跟着一个～。"

【通事官】 tōng shì guān 负责翻译事务的官员。《资治通鉴》卷二五九："汴军攻徐州，累月不克，～张涛以书白朱全忠。"明徐溥《故南京守备朱公神道碑铭》："暹罗夷人入贡还，泊龙江，市中国子女为奴婢，事觉，或言宜置不治，公以为事关国体，遂举正管押～，追给夷价，各遣归。"清《说唐》五五回："琉球国～，帮了唐将把鳌鱼杀了，首级号令在营外。"

【通是】 tōng shì ❶ 总共，全部。元古本《老乞大》："二两烧饼，一两半羊肉，～三两半。" ❷ 真是，就是。清《醒世姻缘传》九〇回："殿中做了朱红佛龛，供桌香案，塑了晁夫人的生像，凤冠霞帔，～天神一般。"

【通书】 tōng shū ❶ 旧时的历书。明《西游记》二三回："也不必看～，今朝是个天恩上吉日，你来拜了师父，进去做女婿罢。" ❷ 旧时男家通知女家迎娶日期的帖子。清《红楼梦》九七回："次日贾琏过来，见了薛姨妈，请了安，便说：'明日就是上好的日子，今日过来回姨太太，就是明日过礼罢。只求姨太太不要挑饬就是了。'说着，捧过～来。薛姨妈也谦逊了几句，点头应允。"

【通书达礼】 tōng shū dá lǐ 通诗书，懂礼仪。明《古今小说》卷二："原来田氏是东村田贡元的女儿，到有十分颜色，又且～。"

【通疏】 tōng shū 旷放，豁达。唐怀素《自叙帖》："气概～，性灵欢畅。"金董解元《西厢记诸宫调》卷七："事事不～，没些灵变。"元关汉卿《救风尘》三折："你这厮外相儿～就里村，你今日结婚姻，咱就肯罢论。"明汤显祖《紫钗记》一二出："须剔透，要～；那人家，多礼教。"

【通祀】 tōng sì 共同祭祀。唐杜牧《书处州韩吏部孔子庙碑阴》："天下～，唯社稷与夫子。"清朱鹤龄《猛将神祠记》："吴俗盖～猛将神，相传神能逐疫驱蝗。"

【通泰】 tōng tài 舒畅。明《金瓶梅词话》五二回："把西门庆弄的浑身～，赏了他五钱银子。"

【通套】 tōng tào 惯用的格式。明蔡清《易经蒙引》卷二中："盖'元吉'二字，是占辞～。"清《绿野仙踪》二回："自宰相公侯以至于庶人，名位虽有尊卑，而祝寿文词，写来写去不过是那几句～誉话，到极难出色。"

【通天】 tōng tiān ❶ 上通于天。形容极高。唐杜甫《望岳》："车箱入谷无归路，箭栝～有一门。"△清《跻春台·阴阳帽》："孝可～达地，又能求贵求名。" ❷ 形容能力非凡。元陶宗仪

《辍耕录》卷一三:"谨按辽阳行省丞相答失帖木儿(即驸马丞相也),心怀阴险,行富奸邪,败坏彝伦,反侧不道,～之罪,无所容。"△清《九尾龟》二七回:"凭他们再有～本事,也是无可如何。"

【通天宝带】 tōng tiān bǎo dài 饰有通天犀的御带。宋陆游《韩太傅生日》:"～连城价,受赐雍容看拜下。"

【通天彻地】 tōng tiān chè dì ❶ 从天到地,到处。明张介宾《景岳全书》卷四九:"其气辛,故能～,条达诸气,除转筋、霍乱和噤口。"清《说岳全传》七八回:"那镜中放出万道毫光,照得～的明朗,那黑风顿息、云开雾绝,兴不起冰雹。" ❷ 形容本领十分高强。元石君宝《曲江池》二折:"娘使尽虚心冷气,女着些带要连真,总饶你便～的郎君,也不彀三朝五日遭瘟。"明《西游记》九回:"尘世上有此灵人,真个是能～,却不输与他呵!"清《醒世姻缘传》八四回:"这北京城里头上顶着一顶方巾,身上穿着一领绢片子,夸得自家的本事～,倒吊了两三日,要点墨水儿也没有哩!"

【通天牢】 tōng tiān láo 关押钦犯的牢房。明《西洋记》九五回:"正要开～,取出两个丞相,适逢得真仁宗皇帝宫里升殿。"

【通天御带】 tōng tiān yù dài 饰有通天犀的御带。唐韩愈《平淮西碑》:"赐汝节斧、～、卫卒三百。"明彭大翼《山堂肆考》卷六七:"唐裴度,拜彰义节度使,讨淮蔡,及行,帝赐以～。"

【通同】 tōng tóng ❶ 共同。唐元稹《酬孝甫见赠》:"终须杀尽缘边敌,四面～掩太荒。"《元典章·刑部十四》:"县尹王英、簿尉李德用～商议,因风水泛涨,将已救获大德三年至大德六年终已未绝文卷九百一十三宗,奉到安抚司指挥。" ❷ 全部,通通。元《通制条格》卷一六:"河南道廉访司申,近年告争典质田产,买嘱牙见人等,～将元典文据改作买契,昏赖亲怜。"明李昭祥《龙江船厂志》卷一:"彼此授受原无记号,又无围长丈尺,数里之间,木商辐辏,匠作～以小易大,何从稽考?"△清《官场现形记》一六回:"鲁总爷回船之后,东拼西凑,除掉号褂、旗子典当里不要,其他之物,连船上的帐篷,～进了典当,好容易凑了六十块钱。"

【通同一路】 tōng tóng yī lù 互相串通勾结。明《禅真后史》四六回:"胡讲!那强盗偏止认的潘家一门,剿灭无遗,留出汝等,毫无伤损,个中决有情弊!莫非汝等～,大行劫杀之事?"清《飞龙全传》五六回:"贼道人!既没有凶徒进门,这许多马匹是那里来的?你这等支吾,莫非与他～么?"

【通同一气】 tōng tóng yī qì 互相串通勾结。清《兰州纪略》卷一七:"甘肃捏灾冒赈一案,骩法营私,大小官员,～,为从来未有之奇贪异事。"《红楼梦》一一九回:"且邢夫人又是个不怜下人的,众人明知此事不好,又都感念平儿的好处,所以～放走了巧姐。"

【通头】 tōng tóu 梳理头发。明《梼杌闲评》三〇回:"印月起身略通了通头,洗了脸,穿上衣服。"清《红楼梦》二〇回:"这里宝玉通了头,命麝月悄悄的伏侍他睡下。"《儒林外史》四二回:"又闹了一会,婊子又～、洗脸、刷屁股。"

【通透】 tōng tòu ❶ 透彻,明白。宋《朱子语类》卷七六:"凡事见得～了,自然欢说。"元尚仲贤《单鞭夺槊》二折:"我精神抖擞,机谋～。"清《品花宝鉴》一六回:"我瞧你趋跄很好,人也圆到,你肚子里自然很～的了。" ❷ 通明透亮。《祖堂集》卷一六《香严和尚》:"皎然秋月明,内外～。"宋欧阳修《送子野》:"光辉～夺星耀,蟠潜惊奋斗蜃蛟。" ❸ 通风透气。宋王令《冬阴寄满子权》:"周遮覆盖不～,锢结已厚难披焐。"

【通妥】 tōng tuǒ 通顺,妥帖。清《绿野仙踪》二八回:"他背间常和人谈论,说我是一字不识的武夫。我背间拿他做的书札文稿请人,有好几个都说他不～。如今有了你,我不要他了。"又七九回:"人见沈襄批抹讲解甚是～,况又是本学叶师爷兄弟,越发入会的人多了。"

【通文】 tōng wén 谓知书识字。明《情史·情累·李将仁》:"但得良善人,～不俗,且家道素康,不藉我活者足矣!"清《东周列国志》一八回:"却说管仲有爱妾名婧,锺离人,～有智。"

【通文达礼】 tōng wén dá lǐ 有学问懂礼仪。清《风流悟》八回:"世高见他～,料道不是粗蠢之人。"

【通文达理】 tōng wén dá lǐ 有学问懂道理。明《醋葫芦》二回:"周员外,依你这许多～,我道为些甚么,不过要我替丈夫娶妾么!"清《平山冷燕》七回:"宁为鸡口,勿为牛后,凡有志者皆然。况甥女虽系一小小村女,然读书识字,～,有才有德,不减古之烈女。"

【通文达武】 tōng wén dá wǔ 文武双全。《元曲选·秋胡戏妻》三折:"小官秋胡是也。自当军去,见了元帅,道我～,甚是见喜,在他麾下,累立奇功,官加中大夫之职。"

【通悉】 tōng xī 通晓,熟悉。唐智昇《开元释教录》卷九:"迪就学书语,复皆～。"清孙承泽《春明梦餘录》卷二五:"抵边不战而归,是何深谋?诸臣～,已见条对。"

【通宵彻夜】 tōng xiāo chè yè 犹"通宵彻昼"。明《醒世恒言》卷一八:"男女勤谨,络纬机杼之声,～。"△清《薛刚反唐》一回:"长安居民百姓,今年都要搭灯棚,广放花灯,庆贺太平,其餘王公侯伯、文武百官各衙门首,俱要搭过街灯楼,大放花灯,自十三日起至十七日止,～与民同乐。"

【通宵彻昼】 tōng xiāo chè zhòu 从夜到天亮。宋韩琦《广陵大雪》:"摆撼琳琅摧冻木,～不暂停。"

【通宵达旦】 tōng xiāo dá dàn 一夜到天亮。《册府元龟》卷九九:"帝与谋自安之道,或至登合去人,～,师立每进忠规,多蒙嘉纳。"明《醒世恒言》卷二五:"狮蛮社火,鼓乐笙箫,～。"清《隋唐演义》七〇回:"不想被太宗看灯接去,～,媚娘见他风流可爱,便生起妒忌心来,却极力的撺掇太宗冷淡了。"

【通心锦】 tōng xīn jǐn 旧时婚礼中所用的锦带,象征夫妇永结同心。宋佚名《戊辰杂抄》:"女初至门,婿去丈许逆之,相者授以红绿连理之锦,各持一头,然后入,俗谓之～,又谓之合欢梁。"

【通行马牌】 tōng xíng mǎ pái 一种可以动用地方夫马的凭证。明《金瓶梅》五五回:"次日,把二十扛行李先打发出门,又发了一张～,仰经过驿递起夫马迎送。"

【通袖】 tōng xiù 长袖。宋陈师道《寄送定州苏尚书》:"功名不朽聊～,海道无违具一舟。"清《醒世姻缘传》七回:"珍哥下了轿,穿着大红～衫儿,白绫顾绣连裙,满头珠翠,走到中庭。"

【通夜】 tōng yè 整夜。唐[日]圆仁《入唐求法巡礼行记》卷一:"～瞻望,山岛不见,唯看火光。"清《歧路灯》一一回:"一家子～没睡。"

【通引官】 tōng yǐn guān 衙役名。五代何光远《鉴诫录》卷二:"其后,宗权兵势转强,与梁太祖日有相持数年之间方克,擒得太祖,遣～寇彦卿与语。"宋赵鼎《辩诬笔录》:"次日,工部侍郎司马文季与余简,封题云:提刑直阁继得开封～姓白人劄探除目帖子,报开封士曹赵某,除直秘阁京畿提刑兼转运副使。"

【通政使】 tōng zhèng shǐ 通政司的长官。元柳贯《迈珠谥文简》:"至大三年,山东饥,仁宗居潜,命乘传赈恤,还奏,称旨,而省台亦交章论荐,改～。"清《绿野仙踪》二回:"如今～文华赵大人,新升了工部侍郎。"

【通政司】 tōng zhèng sī 收受、检查内外奏章和申诉文书的中央机构。宋李纲《建炎制诏奏议表札集序》："大略著于篇，缮写上下两策，诣～投进。"清《绿野仙踪》九一回："你的参本，别要在～挂号，那老奴才耳目众多，一露风声，你的本章白搁在那儿，他就着人先参了你。"

【通状】 tōng zhuàng 旧时下级呈送上级的一种公文。唐［日］圆仁《入唐求法巡礼行记》卷三："到使衙案头，～请处分。"宋元《警世通言》卷一二："乃打～到礼部，复姓不复名，改名不改姓。"明冯梦龙《智囊补·明智·徐旻》："凡～到日，即给帖，银完次日，即给资。"清《醒世姻缘传》六回："合他父亲说了，要起文书，打～，援例入监。"

tóng

【同】 tóng ❶向，和。《祖堂集》卷二《慧能和尚》："师云：'外道说不生不灭，将生止灭，减犹不灭。我说不生不灭，本自无生，今亦无灭，所以不～外道。'"清《二刻醒世恒言》下函一一回："这婆子对那阿丽说道：'今日我叫了一乘轿子在外，我要～你到亲眷家里去望望，你可梳头打扮了去。'"《儒林外史》一五回："马二先生大喜，当下受了他两拜，又～他拜了两拜，结为兄弟。" ❷替，给。《元典章·刑部十六》："令焕传言道，官司打听得，谢彻广分付元起屋木匠小吴、唐再二～你做伪钞，送一十五定为谢二六接受。"△清《负曝闲谈》一一回："找了一个老童生，～他代馆。" ❸跟，与。清《二刻醒世恒言》下函一一回："后山不敢违命，～了妻子回京，朝过了圣上。"《儒林外史》一一回："两公子直至日暮方到，蘧公孙也～了来。" ❹与……相同，如同。唐元稹《五弦弹》："一贤得进胜累百，两贤得进～周召。"《敦煌变文校注》卷五《长兴四年中兴殿应圣节讲经文》："恩～玉露家家滴，贵并金花处处呈。"《元典章·刑部十三》："其捕盗官合罚俸给，勒令弓手人等代替出备者，拟～枉法受财定罪，相应。"清《东周列国志》五一回："楚将公子侧公子婴齐，分路追逐，杀得尸～山积，血染河红。"

【同案】 tóng àn 明清两代称同一年进学，亦指同一年进学者。清《儒林外史》三回："不觉到了六月尽头，这些～的人约范进去乡试。"△《儿女英雄传》三七回："他的同乡怎的中了两个，一个正是他～，一个又是他的表兄。"

【同般】 tóng bān 同样。明《警世通言》卷二三："～生意人家有女儿的，见乐小舍人年长，都来议亲。"

【同榜】 tóng bǎng 科举时考中的张榜公布，在同一榜录取的称为"同榜"。宋韩琦《江西提点刑狱阎颢郎中挽辞一首》："协心图治俗，～喜为僚。"明《古今小说》卷二："再说有个陈濂御史，湖广籍贯，父亲与顾佥事是～进士，以此顾佥事叫他是年侄。"清吴伟业《送安庆朱司李之任》："百里残黎半商贾，十年～尽公卿。"

【同胞共乳】 tóng bāo gòng rǔ 谓父母所生的兄弟姊妹。元佚名《补白兔记》一五出："回思妹与兄，～生，因何常把谗言听。"元明《三国演义》四四回："夷、齐虽至饿死首阳山下，兄弟二人亦在一处。我今与你～，乃各事其主，不能旦暮相聚，视夷、齐之为人，能无愧乎？"明徐畛《杀狗记》七出："同枝连气，～，不念手足之亲，听信乔人言语。"清《歧路灯》七〇回："冯健诧异道：'我不料盛大宅是这个厚道。我情愿替写，万不受谢。我平日为人兄弟写状，都是～之人，你叫我死、我不想叫你活的话头。'"

【同辈】 tóng bèi 年辈相同。唐蒋防《霍小玉传》："时已三月，人多春游。生与～五六人诣崇敬寺玩牡丹花，步于西廊，递吟诗句。"清《红楼梦》一一回："就是一家子的长辈～之中，除了婶子倒不用说了，别人也从无不疼我的，也无不和我好的。"

【同齿】 tóng chǐ 年龄相同。宋王安石《酬冲卿见别》："同官～复同科，朋友婚姻分最多。"清《浮生六记》卷一："芸与余～而长余十月，自幼姊弟相呼，故仍呼之曰淑姊。"

【同裯】 tóng chóu ❶谓共被而寝，形容亲密无间。裯，单层被子。唐韩愈《赴江陵途中寄三学士》："遗风邈不嗣，岂忆尝～。"明何景明《赠望之》之五："昔为～好，今为异乡人。" ❷借指夫或妻。明何景明《七夕》之二："愁吁亦何为，～与我殊。"

【同船合命】 tóng chuán hé mìng 喻处境相同，厉害相关。清《说岳全传》一三回："老元戎，你我四人乃是～的，怎说出这般话来？还仗老元戎调处安顿方好。"△《七剑十三侠》一六回："～，理当如此。"

【同窗】 tóng chuāng 同在一起读书的人。《五灯会元》卷一九《径山宗杲禅师》："临安府径山宗杲大慧普觉禅师，宣城奚氏子，夙有英气，年十二入乡校。一日因与～戏，以砚投之，误中先生帽，偿金而归。"清《红楼梦》九回："咱们俩个人一样的年纪，况又是～，以后不必论叔侄，只论弟兄朋友就是了。"

【同床各梦】 tóng chuáng gè mèng 喻共同生活或同做一事而各有自己的打算。明凌义渠《赋得薄命词》："殢雨牵云浑欲叹，～好相干。"清《后红楼梦》五回："谁知宝玉、宝钗～，宝玉心里只惦记黛玉，一见了王夫人即问黛玉，又粘住了要晴雯过来。"

【同德协力】 tóng dé xié lì 为同一目标而共同尽力。宋石介《上范思远书》："各宜援引天下英俊，咸臻于朝，～，弼翼天子万几之务，昌明国家万世之业。"清傅以渐《易经通注》卷四："～，异己生嫌。"

【同德一心】 tóng dé yī xīn 全心全意为共同目标努力。宋刘挚《论政事稽滞疏》："今夫上之人，诚能～，尽公忧国，则必有和善之政，而下无朋比之士。"清蔡世远《送鄂少保相国经略西陲序》："然后能～，可内可外，可将可相，无所往而不宜也。"

【同恩生】 tóng ēn shēng 科举同榜及第者。宋王禹偁《累赠太子洗马王府君墓志铭》："某与希孟，既为布衣交，又为～，重以宗盟，情分款密。"

【同犯】 tóng fàn 同案的罪犯。《唐律疏议》卷五："犯罪事发，已囚未囚，及～别犯而共亡者，或流罪能捕死囚，或徒囚能捕流罪首，如此之类是，为轻罪能捕重罪首。"清《歧路灯》五四回："夏鼎既脱逃，限即日拿获，以便与～发解。"

【同房】 tóng fáng ❶宗族中同一分支。唐李肇《国史补》卷中："进士何儒亮，自外州至，访其从叔，误造郎中赵需宅，白云：'～。'"《新唐书·宰相世系表二上》："京兆杜氏：汉建平侯延年二十世孙文瑶，与义兴公果～。"清《红楼梦》一〇五回："西平王道：'闻得赦老与政老～各爨的，理应遵旨查看贾赦的家资，其餘且按房封锁，我们复旨去再候定夺。'" ❷谓同一房间居住。清《红楼梦》五八回："薛姨妈素习也最怜爱他的，今既巧遇这事，便挪至潇湘馆来和黛玉～，一应药饵饮食十分经心。"△《二十年目睹之怪现状》六七回："我也到房里拾掇行李，～的那个人，便和我招呼。" ❸婉词，谓夫妇过性生活。清《野叟曝言》八八回："臣闻寡欲多男，故于妻妾间，按其经期，每月止～一次，此外实无种子之方也。"

【同庚】 tóng gēng ❶科举同榜者的互称。宋许月卿《次韵程愿》："丙子与君无贵者，甲辰惟我亦～。" ❷同岁。宋周密《癸辛杂识》续集卷上："张神鉴瞽而慧，每谈命，则旁引～者数十，皆历历可听。"明沈德符《万历野获编》卷七："申文定相公，与王伯谷同里～，为史官时，即与相善。”清《红楼梦》六三回：“大家算来，香菱、晴雯、宝钗三人皆与他～，黛玉与他同辰，只无同姓者。”

【同工异曲】 tóng gōng yì qǔ 不同的人的文章或言论虽然不同，但同样精彩。唐韩愈《进学解》：“子云相如，～。”清《品花宝鉴》二四回：“及看出媚香凛乎难犯，而且资助他，劝导他，则转爱为敬，转敬为爱，几如良友之箴规，他山之攻错，其中不正而自正，亦可谓勇于改过，以湘帆比起庾香来，正如子云、相如，～。”

【同共】 tóng gòng 一起，一共。唐［日］圆仁《入唐求法巡礼行记》卷一：“舶上官人为息逆风，～发愿祈乞顺风。”宋欧阳修《论矾务厉害状》：“臣候到河东，与施昌言等～相度，经久利害闻奏。”元李寿卿《度柳翠》楔子：“直待月明点化归清净，恁时～见如来。”

【同归于尽】 tóng guī yú jìn 共同归于灭亡或死亡。唐独孤及《祭吏部元郎中文》：“呜呼，元君今已返于机。夫彭祖殇子，～，岂不知前后相哀，达生者不为叹。”△清《七剑十三侠》一六〇回：“尔等若知时务的，即当自缚投降，或可免一死，不然一定～。”

【同贺】 tóng hè 共同庆贺，后集体祝人结婚、寿辰等，多于礼品或礼单上写“某某同贺”。唐王建《和蒋学士新授章服》：“翰林～文章出，惊动茫茫下界人。”清《歧路灯》七七回：“如今庆在寿诞之前，央人作文，把生孙的事带上一笔，双喜～，岂不是你光前裕后的事业？”

【同龄】 tóng líng 年龄相同。《云笈七籤》卷六一：“一周天足，则与天～矣。”

【同脉】 tóng mài 同一宗派。宋方大琮《记后塘福平长者八祖遗事》：“南安丞第十孙与长者～，则孙十一人皆当见之。”清《万花楼》五回：“至今长出这句，是与你至亲至切，～而来，他是尊辈，你是幼辈之意。其人必然得以相会，日期不远。”

【同美相妒】 tóng měi xiāng dù 同是美人，相互妒忌。唐赵蕤《长短经》卷三：“凡人情，以同相妒，故曰：～，同贵相害，同利相忌。”△清翟灏《通俗编》卷一三：“～，同业相仇。”

【同门录】 tóng mén lù 同科举的花名册。清《儒林外史》一三回：“凡有～，及朱卷赐顾者，幸认嘉兴府大街文海楼书坊不误。”

【同幕】 tóng mù 同僚。五代何光远《鉴诫录》卷五：“元戎闻之，怒意渐解，及～再谏，良久舍之。”清毛奇龄《浙东招抚使徐公墓表》：“公与～十八人，皆缚送闯营。”

【同年】 tóng nián ❶ 同一年。《祖堂集》卷六《草堂和尚》：“师答曰：‘觉四大如坏幻，达六尘如空花，悟自心为佛心，……～同月二日，沙门宗密谨对。’”元明《三国演义》一回：“不求～同月同日生，只愿～同月同日死。”清《野叟曝言》一二四回：“素文有女，与麟、鹏两儿～，一进京来，就要说亲。” ❷ 科举中同榜的互称同年。唐李肇《国史补》卷下：“（进士）俱捷谓之～。”元陶宗仪《辍耕录》卷二〇：“据陈楚客奏，臣与朱安抚～，又有通家之好，自戊午归顺之后，不相见者十有八载。”明《醒世恒言》卷二〇：“你我虽则隔省～，今日天涯相聚，便如骨肉一般。”清《品花宝鉴》二回：“刚说得一两句话，有王恂两个内舅前来看望：一个叫孙嗣徽，一个叫孙嗣元，本是王文辉同乡～孙亮功部郎之子。”

【同年齿录】 tóng nián chǐ lù 以年龄大小为序排列的同年录。明孙承恩有《丁未～序》。△清《官场现形记》一九回：“首府应允，就替他回过藩台，藩台趁便面求钦差。副钦差听了这话，立刻翻出～一看，果然不错，满口答应替他开脱。”

【同年会】 tóng nián huì 科举时代称同榜及第者的聚会。宋赵昇《朝野类要》卷五：“若同榜及第聚会，则曰～。”明朱廷焕《增补武林旧事》卷六：“但为朝绅～、拜乡会之地。”

【同年录】 tóng nián lù 科举时代记载同年登第者姓名、年龄、籍贯、履历的册子。宋王禹偁《送朱九龄》：“焉能长碌碌，终列侍臣班，耀我～，且赋白华诗，唱作离筵曲。”清《春柳莺》八回：“弟前出京，闻得京中阎阁老，慕兄才名，见～上，注兄尚未有室，他有一女，要着人前来说亲。”

【同年生】 tóng nián shēng 科举时代称同榜考中者。宋王禹偁《冯氏家集前序》：“伉，字仲咸，某之～也。”清吴伟业《书宋九青逸事》：“楚之贤士大夫为鱼山熊公、澹石郑公，乃九青～，又皆吏于吾土。”

【同判】 tóng pàn 官名。通判。宋夏竦《故金紫光禄大夫朱公行状》：“次正基，今为殿中丞，～彭州。”清《历代职官表》卷五四：“州属以～称者，初制州本如郡，故虽属下散州而仍同郡佐之名。”

【同谱】 tóng pǔ 同一谱系。《旧唐书·李义府传》：“义府既贵之后，又自言本出赵郡，始与诸李叙昭穆，而无赖之徒苟合，藉其权势拜伏为兄叔者甚众。给事中李崇德，初亦与～叙昭穆，及义府出为普州刺史，遂即除削。”

【同栖】 tóng qī 一同栖息。唐钱起《山下别杜少府》：“情人那忍别，宿鸟尚～。”

【同然一辞】 tóng rán yī cí 异口同声。唐韩愈《讳辩》：“听者不察也，和而倡之，～。”清朱彝尊《经义考》卷一九五：“后此诸儒虽多训释，大抵不出三家之绪，积习生常，～，使圣人明白正大之经，反若晦昧谲怪之说，可叹也。”

【同声同气】 tóng shēng tóng qì 喻亲密无间，志趣相投。唐杨炯《少室山少姨庙碑》：“顾慕招携，缤纷俦侣，～，爰笑爰语。”明《二刻拍案惊奇》卷二：“看来，天下有一种绝技，必有一个～的在那里凑得。”

【同声相求】 tóng shēng xiāng qiú 志趣相同者互相吸引、聚合。唐萧颖士《送刘太真诗序》：“彼以我为僻，尔以我为正，～，尔后我先，安得而不问哉？”

【同声一辞】 tóng shēng yī cí 众口一词。明邵宝《上徐中丞先生书》：“小大迩远，～，以是翘首企足，仰望执事之为巡抚也。”清汪由敦《平定金川赋序》：“盖～，谓圣天子之知人善任使也。”

【同心带】 tóng xīn dài 绾有同心结的丝带。唐施肩吾《少女词二首》之二：“～里脱金钱，买取头花翠羽连。”清《八洞天》卷二：“连理枝栖两凤凰，～绾二鸳鸯。花间唱和莺儿匹，梁上徘徊燕子双。”

【同心敌忾】 tóng xīn dí kài 同怀强烈的愤怒以对付敌人。清《平定准噶尔方略》正编卷六九：“我将士奋厉整严，～，伐木以备。”

【同心方胜】 tóng xīn fāng shèng 把信笺叠成方形，而两棱形角相对，表示两心相印的纸块。《元曲选外编·西厢记》三本一折：“不移时，把花笺锦字，叠做个～。”明《醒世恒言》卷一六：“张荩袖中摸出一条红绫汗巾，结个～，团做一块，望上掷来。”清《女仙外史》四六回：“飞娘与绸娘掖之到龙案前，勉强将王著向瓶中挟起叠成～红绫一摺，绸娘代为展看，递与柔娘。”

【同心共济】 tóng xīn gòng jì 齐心协力，克服困难。宋周必大《试宏词人赵彦中》：“惟君子修身，则同道相益；事国，则～。”清《飞龙全传》五八回：“吾与公乃肺腑之交，为国家大将，～，何用相疑？”

【同心合德】 tóng xīn hé dé 思想行动完全一致。宋吕陶

《究治上》:"吾君吾相,～,日夜孜孜,营治之勤,过于前古。"

【同心合力】 tóng xīn hé lì 齐心协力。宋韩维《朝散郎试中书舍人曾公神道碑》:"时晏元献公为宰相,范文正公参知政事,杜祁公居枢密,公与之～,期致太平。"清《万花楼》六七回:"吾等～,何惧西戎?"

【同心结】 tóng xīn jié 旧时用锦带编成的连环回文样式的结子,用以象征坚贞的爱情。唐刘禹锡《杨柳枝》:"如今绾作～,将赠行人知不知?"明《拍案惊奇》卷三二:"(唐卿)开了箱子,取出一条白罗帕子来,将一个胡桃系着,绾上一个～,抛到女子面前。"清梁国正《温柔乡记》卷一:"乡人重心结而轻纨扇,欲与缔交,以～通欵曲,可得其欢心。"

【同心竭力】 tóng xīn jié lì 齐心尽力。宋司马光《交趾献奇兽赋》:"陛下诚有意于此,臣等敢不～,对扬而行之。"清《说唐后传》二二回:"我们都是结义兄弟了,自后～,不可欺兄灭弟就是了。"

【同心扣】 tóng xīn kòu ❶ 即"同心结"。金章宗《题扇》:"草斗翠条,更结～。"清吴伟业《戏赠》:"绣囊蕊结～,十里风来袴褶香。" ❷ 形如同心结的纽扣。元关汉卿《窦娥冤》一折:"愁则愁兴阑删咽不下交欢酒,愁则愁眼昏腾扭不上～。"

【同心如意】 tóng xīn rú yì 刻有两个心形交搭图案的如意。清《红楼梦》七四回:"又有一个小包袱,打开看时,里面有一个～并一个字帖儿。"△《儿女英雄传》二八回:"一时两个妈妈进和合汤,备盥漱水,张姑娘便催新郎给新人摘了～、富贵荣华,都插在东南墙角上。"

【同心协德】 tóng xīn xié dé 犹"同心合德"。唐颜真卿《祭伯父濠州刺史文》:"真卿比在平原,遭罹凶逆,与杲卿～,亦著微忱。"明王守仁《绥柔流贼》:"务竭其忠诚,务行其切实,～,共济时艰。"

【同心一德】 tóng xīn yī dé 思想行动完全一致。宋华镇《上蔡左丞书》:"久之,弥新者必有明哲为之辅相,～,协于谋谟,相与经纶而济之。"清《女仙外史》八三回:"君臣之际,以面相承,朕有何德,而致忠臣义士、孝子烈媛,若此其～哉!"

【同心一气】 tóng xīn yī qì 思想行动完全一致。清《续金瓶梅》二八回:"姊妹二人～,过其日月。"

【同靴】 tóng xuē 旧称同嫖一妓女者。△清《官场现形记》三二回:"幸喜他平日也常到钓鱼巷走走,与余荩臣有～之谊。"

【同样】 tóng yàng 相同,一样。宋施枢《新月照雪》:"看他～白,与我一般清。"明《醒世恒言》卷三六:"～做事,他到独占了第一件便宜,明日分东西时,可肯让一些么?"清弘历《素尚斋》:"假山数百年,却与真～。"

【同寅】 tóng yín 同官间互称。宋张镃《送赵季言知抚州》:"～心契每难忘,林野投闲话最长。"元陶宗仪《辍耕录》卷一五:"明日,～有来约往院使家,桑辞疾。"明王錂《春芜记》二一出:"可奈～太不仁,须教明日奏枫宸。"清《红楼梦》二回:"虽才干优长,未免贪酷,且恃才侮上,那～皆侧目而视。"

【同源异流】 tóng yuán yì liú 发端相同而趋向不同。《旧唐书·经籍志》:"夫龟文成象,肇八卦于庖牺;鸟迹分形,创六书于苍颉。圣作明述,～,坟典起之于前,诗书继之于后。"清《品花宝鉴》二四回:"我知其用情阔大,与度香～,所以度香常赞他,也很佩服他。"

【同源异派】 tóng yuán yì pài 发端相同而趋向不同。《太平广记》卷三三二引《通幽记》:"又问:'佛与道,孰是非?'答曰:'～耳。'"清《十二楼·三与楼》一回:"肖与不肖,相去天渊,亦可为～之鉴耳。"

【同斟】 tóng zhēn 一同饮酒。唐权德舆《拜昭陵出城与张秘监阁老同里临行别承在史馆未归寻辱清辞辄酬之》:"还期才浃日,里社酒～。"△清《花月痕》五二回:"闲寻秋色访佳人,花好同心,酒好～。"

【同舟共命】 tóng zhōu gòng mìng 喻命运相同,利害一致。明戚继光《纪效新书》卷一八:"各船捕舵小甲兵夫,各照安名分长幼尊卑,务念～,如父子兄弟相处。"△清《二十年目睹之怪现状》一〇二回:"我们此刻,统共一十四个人,真正～,务求大家想个法子,脱了干系才好。"

【同舟遇风】 tóng zhōu yù fēng 喻同遭逆境。宋苏轼《代滕甫论西夏书》:"此正～之势也,法当缓之。"清孙承泽《春明梦餘录》卷二四:"今何时乎? 非大小臣工～之时乎?"

【同醉】 tóng zuì 一同畅饮而醉。唐王绩《答程道士书》:"同方者不过一二人,时相往来,并弃礼数,箕踞散发,元谭虚论,兀然～,悠然便归,都不知聚散之所由也。"元高明《琵琶记》七出:"浇愁闷,解鞍沽酒,～杏花村。"清汤右曾《次韵总宪李公雨后慈悲阁观水》:"他日山翁肯～,踢泥冲雨试重来。"

【铜】 tóng ❶ 铜镜。唐孟郊《君子勿郁郁士有谤毁者作诗以赠之》之二:"玄发不知白,晓人寒～觉。"明袁宏道《病起偶题》之一:"对客心如怯,窥～只自怜。"清金人瑞《闺怨》:"湖州镜子净于天,照病临愁十四年。～亦命中无福荫,不教一遍得鲜妍。" ❷ 比喻坚强、牢固。清顾祖禹《读史方舆纪要·福建三·延平府》:"谚曰:'～延平,铁邵武。'"《东周列国志》四七回:"时翟国有长人曰侨如,身长一丈五尺,谓之长翟。力举千钧,～头铁额,瓦砾不能伤害。"

【铜城铁壁】 tóng chéng tiě bì 喻十分坚固,不可摧毁。△清《三侠剑》七回:"不是小人从中蛊惑,二老者在酒席宴前,不难化干戈为玉帛,可恨为群小所怂恿,所以不能言归于好,以致后来一座～的九龙山,卒为胜三爷所破,数十年积蓄,焚烧殆尽。"

【铜唇铁舌】 tóng chún tiě shé 比喻雄辩的口才。元明《水浒传》三三回:"不得贤弟自来力救,便有～,也和他分辩不得。"

【铜打铁铸】 tóng dǎ tiě zhù 形容非常牢固。明《警世通言》卷一八:"不止于此,做官里头还有多少不平处,进士官就是个～的,撒漫做去,没有敢说他不字;科贡官,兢兢业业,捧了卵子过桥,上司还要寻趁他。"

【铜堤】 tóng dī 修筑得很坚固的江河堤防。唐孟郊《献襄阳于大夫》:"襄阳青山郭,汉江白～。"明杨慎《送周世宁进士归楚》:"～折柳惊霜早,赤壁吹箫见月新。"

【铜兜】 tóng dōu 军人用来保护头部的铜制头盔。△清《孽海花》二四回:"你们看一个雄赳赳的外国人,头顶～,身挂勋章。"

【铜斗般家私】 tóng dǒu bān jiā sī 犹"铜斗儿家活"。清《绿野仙踪》四一回:"你将～,弄了个干净,到这样地步,于世事还没一点见识,安得不教人气杀!"《明珠缘》四五回:"你好自在性儿! 你要从良就从良,我不知费了多少气力,才养得你一朵花儿才开,要去,也须待我挣得个铜斗般的家私再去。"

【铜斗儿家活】 tóng dǒu er jiā huó 喻稳当可靠的巨大家财。元郑廷玉《忍字记》四折:"好教我无语评跋,谁想这脱空禅客僧瞒过,干丢了～。"

【铜斗儿家计】 tóng dǒu er jiā jì 犹"铜斗儿家活"。《元曲选·东堂老》楔子:"老夫一生辛勤,挣这～,等他这般废败,便死在九泉,也不瞑目,今日请居士来,别无可嘱,欲将托孤一事,专靠在居士身上,照顾这不肖,免至流落。"明《醒世恒言》卷一七:"如此挥霍，便～，指日可尽。”

【铜斗儿家门】 tóng dǒu er jiā mén 富丽的房屋。《元曲选·东堂老》四折：“～一所，锦片也似庄田百顷。”

【铜斗儿家私】 tóng dǒu er jiā sī 犹“铜斗儿家活”。《元曲选·忍字记》三折：“好和尚也！他着我休了妻，弃了子，抛了我～，跟他出家，兀的不气杀我也！”明《禅真逸史》四回：“霎时间将～，尽归他室。”

【铜斗儿家缘】 tóng dǒu er jiā yuán 犹“铜斗儿家活”。《元曲选·鲁斋郎》三折：“姐夫，你怎生弃舍了～、桑麻地土？我扯住你的衣服，至死不放你去。”

【铜斗个家私】 tóng dǒu gè jiā sī 犹“铜斗儿家活”。《元曲选·杀狗劝夫》楔子：“这的是自有傍人说短长，～你独自掌，咱须是一父母又不是两爷娘。”

【铜斗家计】 tóng dǒu jiā jì 比喻殷实吃用不尽的家产。宋元《警世通言》卷三一：“谁知本重利多，便有～，不勾他盘算。”元佚名《玩江亭》二折：“他别人铜斗儿般好家计，指空划空信着你，你搬调的他弃子抛妻。”

【铜符吏】 tóng fú lì 指郡县长官或相应的官职。唐韦庄《九江逢卢员外》：“陶潜岂是～，田凤终为锦帐郎。”

【铜梗】 tóng gěng 草木坚硬的枝梗。宋梅尧臣《拣花》：“莺舌未调香萼醉，柔风细吹～斜。”

【铜壶】 tóng hú 铜制壶形的计时器。唐崔液《上元夜》：“玉漏～且莫催，铁关金锁彻明开。”△清《孽海花》三五回：“直吃到牙镜沉光，铜壶歇漏，方罢宴各自回家。”

【铜壶滴漏】 tóng hú dī lòu 古代的一种计时方法。唐冯延巳《寿山曲》：“～初尽，高阁鸡鸣半空。”清孙承泽《春明梦餘录》卷五九：“殿傍有～，其筒仪乃耶律楚材制。”

【铜浇铁铸】 tóng jiāo tiě zhù 喻身体极为强壮。△清《七剑十三侠》二〇回：“今日遇着这班和尚，都是～，力大无穷。”

【铜筋铁骨】 tóng jīn tiě gǔ 喻十分强壮。宋邓肃《题了翁墨迹》：“颜鲁公，忠义之气，充塞宇宙，故散落毫楮间者，皆～，使人望之凛然，不寒而慄。”清《野叟曝言》四三回：“只看性空这等～，兀是身首异处，可知是天网恢恢！”

【铜筋铁肋】 tóng jīn tiě lèi 喻十分强壮。明宋濂《秦士录》：“天生一具～，不使立勋万里外，乃槁死三尺蒿下，命也，亦时也。”△清《花月痕》四回：“自古出塞，必在春夏，目下穷冬，漫山积雪，毋论回民不是～，试想草枯水涸，人马如何走得去呢？”

【铜柯】 tóng kē 刚劲、苍郁的树枝。宋李流谦《吊李允成知县》：“盲工操斤选朴樕，～石根弃如掷。”清《热河志》卷四一：“～拂地，黛影参天，皆千百年前物。”

【铜漏】 tóng lòu 古代的一种计时器。唐张籍《田司空入朝》：“阊阖晓开～静，身当受册大明宫。”清《九云记》一一回：“时～催滴，月色明亮。”

【铜锣】 tóng luó 一种铜制器皿。形如铜盘，圈边上穿二孔，结绳提而击之。宋苏轼《乞降度牒修定州禁军营房状》：“甲仗库子军人张全，一年之间，持仗入库，前后盗～十二面。”明《西游记》三回：“此时遂大开旗鼓，响振～，广设珍馐百味，满斟椰液萄浆，与众饮宴多时。”清弘历《立天灯》：“百夫举柱齐用力，一一都听～响。”

【铜镘】 tóng màn 铜钱。《元曲选·燕青博鱼》二折：“凭着我六文家～，博的是这三尺金鳞。”

【铜猊】 tóng ní 铜制狻猊形的香炉。宋陆游《春日睡起》：“睡起悠然弄衲琴，～半烬海南沉。”

【铜盆铁扫】 tóng pén tiě sǎo 喻两强相辅，正好相配。元明《水浒传》一〇四回：“三娘的八字，十分旺夫，适才曾合过来，～，正是一对好夫妻。”清《醒世姻缘传》七三回：“这陈恭度的汉子，真是～，天生的美对。”

【铜盆铁帚】 tóng pén tiě zhǒu ❶形容硬碰硬，指双方都很厉害。明《醒世恒言》卷三四：“朱常见无人招架，教众人穿起衣服……望赵完家来。看的人随后跟来，观看两家怎的结局，铜盆撞了铁扫帚，恶人自有恶人磨。”《金瓶梅词话》四三回：“金莲道：‘你看，老娘这脚，那些儿放着歪？你怎骂我是歪剌骨！那剌骨也不怎的！’月娘在旁笑道：‘你两个铜盆撞了铁刷帚。’” ❷算命术语。比喻双方命都硬，谁也克不了谁。元明《水浒传》一〇四回：“三娘的八字，十分旺夫。适才合过来，～，正是一对儿夫妻。”清《醒世姻缘传》七三回：“这陈恭度的汉子，真是～，天生的美对。”

【铜签】 tóng qiān 古代报时示警的更筹。宋宋庠《次韵和度支苏员外覆考进士文卷锁宿景福殿》：“坐觉～随漏箭，卧惊银汉入宫墙。”清毛奇龄《阁园雅集赠刘昌言进士二十韵》：“～惊短漏，绣被笑平津。”

【铜墙铁壁】 tóng qiáng tiě bì 喻十分坚固，不可摧毁。《元曲选·谢金吾》楔子：“孩儿此一去，随他～，也不怕不拆倒了他的！”清《广西通志》卷九六：“此四字，如～，牢不可破也。”

【铜镪】 tóng qiǎng 铜钱。宋周南《池阳月试策问》：“钱币，则严法禁，以革沿海～之漏泄。”明彭大翼《山堂肆考》卷七七：“窃～以润家，非因鼓铸造铁船而渡海，不假炉槌。”

【铜山金谷】 tóng shān jīn gǔ 喻极其富有。明《金瓶梅》一回：“由着你～的奢华，正好时却又要冰消雪散。”

【铜山金穴】 tóng shān jīn xué 犹“铜山金谷”。《初学记》卷一八引《史记》：“～，卓郑猗陶，辎车千乘，僮客万人。”△清《九命奇冤》一回：“我大爷有的是～，要他钱财做甚么？这个不消说得。”

【铜山铁壁】 tóng shān tiě bì ❶比喻可以信赖的坚强人物。《宋史·李伯玉传》：“赵汝腾尝荐八士，各有品目，于伯玉曰‘～’。立朝风节，大较似之。” ❷形容十分坚固、不易摧毁的事物。元尚仲贤《柳毅传书》二折：“一撞一冲，则教你心如铁石也怕恐，便有那～都没用。”

【铜头铁臂】 tóng tóu tiě bì 形容异常勇猛、强悍，刀枪不入。明《西游记》一九回：“又被那太上老君拿了我去，放在八卦炉中，将神火锻炼，炼做个火眼金睛，～。”清《野叟曝言》五三回：“只性空、法空两个狠和尚，那样～，翻江倒海的神通，都被他杀死，真要算天下第一筹好汉！”

【铜豌豆】 tóng wān dòu ❶比喻刚强不屈的人。元关汉卿《一枝花·不伏老》：“我是个蒸不烂，煮不熟，捶不扁，炒不爆，响当当一粒～，恁子弟每谁教你钻入他锄不断、斫不下、解不开、顿不脱、慢腾腾千层锦套头？” ❷妓女对嫖客的切口，指没有真情实意的人。元董君瑞《哨遍·硬谒》：“皮锅里炒爆～，火炕上叠翻铁卧单。”佚名《百花亭》二折：“水晶球～，红裙中插手，棉被里舒头。”

【铜洗】 tóng xǐ 铜制的盥洗器。宋陆游《午睡起消遥园中因登山麓薄暮乃归》：“毫瓯羞茗荈，～供盥濯。”清弘历《题邹一桂三益图·水仙》：“依然～艺，作赋定谁能？”

【铜心铁胆】 tóng xīn tiě dǎn 喻意志坚定。《元曲选·萧淑兰》二折：“秀才每自古眼睛馋，不似这生忒～。”明《封神演义》九五回：“～东伯侯，保周灭纣姜文焕。”

【铜鸭】 tóng yā 铜制的鸭形香炉。宋毛滂《比得狸一枚所过辄馥然有香时时翳兰丛下而引其鼻若能自择其所处狸之族最多独牛尾食之可口江西亦呼为玉面然彼以甘肥遭烹而此独以能香为人所贵非众狸可望也为作此诗一首》：“相从真亦得所哉，便呼～为尔配。”清张英《下直》：“焚香古～，瀹茗小花瓷。”

【铜牙利】 tóng yá lì 弓上的铜制机括。金《董解元西厢记》卷二：“扳番龙筋弩，安上一点油，摇番～。”

【铜牙弩】 tóng yá nǔ 用铜制机括发箭的弓。唐杜甫《复愁十二首》之五：“贞观～，开元锦兽张。”明李梦阳《赠蔡帅》：“时清昼卧～，客散宵披玉检文。”

【铜鱼使】 tóng yú shǐ 刺史。唐柳宗元《铜鱼使赴都寄亲友》：“附庸唯有～，此后无因寄远书。”明归有光《祭张封君文》：“～至，传言恍惚。”

【铜篆】 tóng zhuàn ❶ 指铜鱼符。宋文同《秦诏》：“山流濯幽坑，～发古耀。”元王逢《过丘以敬管勾吴山别业》：“～解将还省署，银鱼忘却挂朝衣。” ❷ 铜铸香炉。元萨都剌《宿青阳云松台》：“云气晓连～湿，翠光晴锁砚池寒。”明刘基《祝英台近》：“～香残，绛蜡散轻。”

【童】 tóng ❶ 指处女或童男的贞操。元周达观《真腊风土记》：“至期与女俱入房，亲以手去其～。” ❷ 面容红润貌。清吴锡麒《水仙子·归兴》之三：“喜高堂颜更～，报春春晖此去从容。” ❸ 头秃，没有头发。唐韩愈《进学解》：“头～齿豁，竟死何裨？” ❹ 把树木砍光。宋苏轼《东坡志林》卷三：“～东山之木，汲西江之水。”明何良俊《四友斋丛说》卷三六：“以山木为利，则～其山。”

【童騃】 tóng ái ❶ 年幼无知。唐韩愈《谢自然》：“～无所识，但闻有神仙。”白居易《观儿戏》：“～饶戏乐，老大多忧悲。”清赵翼《子才过访草堂》：“求荣求利耶，为此～乐。” ❷ 泛指愚昧。《资治通鉴》卷二九〇：“契丹主～，专事宴游，无远志，非前人之比。”《续资治通鉴》卷九四：“攸～不习事，谓功业可唾手致。”△清吴樾《意见书》：“戴湉 ～，海内所知。”

【童颠】 tóng diān 秃顶。唐佚名《灌畦暇语自序》：“或～之叟，或粗有知识之少年，时时相顾，捧腹一笑。”清弘历《老人星颂》：“华发～，目光其紫。”

【童婚】 tóng hūn 未成年而结婚。元谢应芳《张答邹请上客启二首》之二：“～三载，喜合卺之有期；王母肆筵，辱贻书之见召。”

【童羁】 tóng jī 童年。唐韩愈《凤翔陇州节度使李公墓志铭》：“太傅之显，自其躬兴，仆射～，孰与之朋。”明刘嵩《题葛洪移家图》：“母笑不嗔还咔咿，复有髫者肩～。”

【童角】 tóng jiǎo 指儿童。明刘基《梁甫吟》：“明良际会有如此，而况～不辨粟与稊。”

【童奴】 tóng nú 仆役。唐韩愈《石鼎联句序》：“二子亦困，遂坐睡，及觉，日已上，惊顾觅道士不见，即问～。”清陈廷敬《夕垣与南溟容斋》：“刻烛惊～，不知老鬓苍。”

【童山】 tóng shān 无草木的山。元陶宗仪《辍耕录》卷九：“滦人薪巨松，～八百里，世无奚超勇。”清陈康祺《郎潜纪闻》二笔卷一：“凡所过，～沙碛，不生草木之区。”

【童身】 tóng shēn 指未与异性发生过性关系的人身。元周达观《真腊风土记》：“富室之女，自七岁至九岁，至贫之家则止于十一岁，必命僧道去其～，名曰‘阵毯’。”明徐复祚《投梭记》二〇出：“要寻一个标致～女子去赛社，肯出五百两银子身价。”清《女仙外史》一四回：“一到转轮，忘却前因矣，焉得有唐玄奘十世～者乎？”

【童生】 tóng shēng 明清时对未考取秀才的人的称呼。明王守仁《传习录》卷上：“每学量～多寡分为四班。每日轮一班歌诗，其餘皆就席敛容肃听。”清《儒林外史》三回：“次日，行香挂牌，先考了两场生员。第三场是南海、番禺两县～。”

【童试】 tóng shì 科举考试中的低级考试。清毛奇龄《江皋草堂应试文序》：“其学舍如草堂者应以千计，至于～则未经定籍，四方纂纂来焉。”《歧路灯》六一回：“自幼原有三分浮薄聪明，也曾应过祥符～，争乃心下不通，因曳白屡落孙山。”

【童首】 tóng shǒu 秃头。宋沈括《梦溪笔谈》卷二〇：“急去巾，视～之发，已长数寸；脱齿亦隐然有生者。”

【童叟无欺】 tóng sǒu wú qī 连老人、孩子都不欺骗，谓买卖公平。清《二刻醒世恒言》下函六回：“待人公平，真是～，人人称赞，连年生意兴旺。”△《二十年目睹之怪现状》五回：“他这是招徕生意之一道呢。但不知可有‘货真价实，～’的字样没有？”

【童秃】 tóng tū 光秃秃的。宋文同《奏为乞免陵州井纳柴状》：“公私采斫，以至山谷～，极望如赭。”明唐顺之《游盘山赋》：“山～而无木，响草虫之唧唧。”

【童顽】 tóng wán 年幼无知。宋周密《齐东野语》卷一一：“我室年尚少，儿女皆～。”清陈廷敬《祭会稽唐公文》：“贱子昔也，冠而～，历午溯卯，连战皆奔。”

【童颜鹤发】 tóng yán hè fà 喻年老而精健。宋邓肃《谨次第三章》：“海角谁能写客忧，～顾崇丘。”清《说唐三传》三九回：“二人一看老翁，～，仙风道骨，知他不是凡人。”

【童养】 tóng yǎng 即“童养媳妇”。清《野叟曝言》四二回：“因素臣未回，依时俗～之例，称素娥为二小姐，湘灵为三小姐。”△清《儿女英雄传》九回：“我听见说你们居乡的人儿，都是从小就说婆家，还有十一二岁就给人家～去的，怎么妹妹的大事还没定呢？”

【童养媳妇】 tóng yǎng xí fù 幼女受人收养，长大后成为人之儿媳妇者。明佚名《土官底簿》卷上：“正统八年正月，钦准袭职，故保勘适仲系适璧～，应袭姑职。”清《儒林外史》五三回：“后来没奈何，立了一个儿子，替他讨了一个～。”

【童子】 tóng zǐ ❶ 指童身。清《聊斋志异·乐仲》：“年二十始娶，身犹～。” ❷ 旧时科举考试科目之一，始于唐代。《旧唐书·宣宗纪》：“据礼部贡院见置科目，《开元礼》、三礼、三传、三史、学究、道举、明算、～第九科。”宋王安石《详定试卷》：“～常夸作赋工，暮年羞悔有扬雄。”清陈康祺《郎潜纪闻》二笔卷七：“潘文恭公试～，日端坐试席，风度凝重。”

【童子科】 tóng zǐ kē 科举考试中为儿童、少年设立的科目。《旧唐书·代宗纪》：“癸卯，剑南置昌州，罢两都：贡举都、集上都，停～。”清《凤凰池》一回：“满服后，正值宗师岁试，应～，高高入了泮。”

【童子试】 tóng zǐ shì 科举考试中的低级考试。明孙继皋《湖广长沙府朱君墓志铭》：“君长而特英颖，日诵千餘言，十二善属文，十六应～，年少娟好，望若璧人。”△清《二十年目睹之怪现状》八六回：“方伯历仕各省，孝廉均随任，服劳奉养无稍间，以故未得预～。”

【瞳】 tóng 借指目光。清《聊斋志异·王桂庵》：“笑君双～如豆，履以金赀动人。”沈复《浮生六记》卷四：“有著短袜而撮绣花蝴蝶履者，有赤足而套银脚镯者，或蹲于炕，或倚于门，双～闪闪，一言不发。”

【瞳人】 tóng rén 眼珠正中的孔点。瞳孔中有看它的人的像，故称瞳孔为“瞳人”。亦泛指眼珠。唐李贺《杜家唐儿歌》：“骨重神寒天庙器，一双～剪秋水。”宋秦观《赠女冠畅》：“～剪水腰如束，一幅乌纱裹寒玉。”

【瞳神】 tóng shén 犹“瞳人”。明陈汝元《金莲记》一二出：“一个要把谑谈诨语，拨转～；一个须将哑谜微言，提醒梦幻。”△清《九尾龟》一八回：“那一双俊眼水汪汪的活泼非常，巧笑流波，～欲活，左顾右盼，宛转关情。”

tǒng

【统】 tǒng ❶ 量词，用于木材、碑碣或碑文等。元刘时中《端正好・上高监司》：“盖一座祠堂人供养，立一～碑碣字舒行。”宫天挺《范张鸡黍》二折：“着后人向墓门前高耸耸立一～碑碣。”清洪昇《长生殿》四三出：“更立新碑一～，细把泪痕书。” ❷ 鞋、袜等的筒状部分。清《野叟曝言》八〇回：“铁丐在小靴～里，搜出两把利刃，胸前搜出一股赤绳套索。” ❸ 副词，很，非常。清《歧路灯》三三回：“绍闻出的馆来，欲待去，却不过是一面之交，既厚扰又要借银，～不好意思。”《野叟曝言》二八回：“大奶奶胀红着脸儿道：‘你看说得～不成话了！你就是个怕老婆的都元帅么？’”

【统共】 tǒng gòng 总共，共计。清《红楼梦》一一〇回：“凤姐一一的瞧了，～只有男仆二十一人，女仆只有十九人，餘者俱是些丫头。”△《二十年目睹之怪现状》六四回：“向路东第一间一望，只是这间房子，～不过一丈开阔，还不到五尺深。”

【统贯】 tǒng guàn 系统，条贯。元揭傒斯《纯德先生梅西集序》：“其谈经明白～，不刻凿以为异。”清蓝鼎元《方舆小序》：“盖方域之广，苍黔之众，敷治者不能躬自遍历也，因为图若书，以～而条理之。”

【统和】 tǒng hé 统理协和。宋范仲淹《明堂赋》：“风雨攸止，宫室斯美，将复崇高乎富贵之位，～乎天人之理。”

【统计】 tǒng jì 总括地计算。明胡应麟《少室山房笔丛・经籍会通一》：“古今书籍，～一代，前后之藏，往往无过十万；～一朝，公私之蓄，往往不能十万。”清《东周列国志》三回：“～幽王在位共一十一年。”

【统口】 tǒng kǒu 开口说话，接嘴。一般用于答应改变原来的主张。明《醒世恒言》卷一二：“我一向要劝这和尚还俗出仕，他未肯～。”清《东周列国志》六六回：“晋平公虽感其来意，然有林父先人之言，尚未肯～。”

【统镘】 tǒng màn 指花钱，挥霍。镘，钱的市语。元石君宝《曲江池》一折：“如今那～的郎汉又村，谒浆的崔护又蹇，他来到谢家庄几曾见桃花面？酩子里揣与些柳青钱。”明梅膺祚《长命缕》一〇出：“门庭～谁堪信，多决撒，枉殷勤。”

【统戎】 tǒng róng 统帅，主将。宋范仲淹《延州谢上表》：“臣职贰～，志存殄寇，所宜尽瘁，敢昧请行。”

【统手】 tǒng shǒu 指为贪官污吏过赃的人。明田艺蘅《留青日札》卷三：“今言官府失操守者曰放手松，……其过付官吏脏者曰～，盖言内外一体，如猿猴之统臂也。”

【统体】 tǒng tǐ ❶ 体统。唐刘知幾《史通》卷一三：“至马迁，始错综成篇，区分类聚，班固踵武，仍加祖述，于其间则有～不一，名目相违。” ❷ 总体，全体。清《豆棚闲话》一二则：“所谓帝者，天地万物之主宰也，故名之为帝。曰上帝者，自～一太极者言也。”

【统通】 tǒng tōng 通通。表示全部。△清《官场现形记》三回：“接着首府、首县，以及支应局、营务处的各位委员老爷，～得了信，一齐拿着手本前来叩喜。”△《糊涂世界》一二回：“妹妹照应点罢，如果不肯空口白话，就写张借据，或起个利息，～可以。”

【统统】 tǒng tǒng 通通。表示全部。清《说唐三传》三回：“差指挥到天牢，说薛仁贵是钦犯。若有人到监，～与本犯一起治罪。”△《九尾龟》一〇一回：“说着便把桌子上的那一大卷钞票，一张一张的摊了开来，给阿小妹看，一古脑儿～是五十块的，只有几张十块的在里头，合计起来，这一大卷钞票至少也有二三千块钱在里头。”

【统押】 tǒng yā 统管，督率。唐李隆基《求访武士诏》：“其有身见在诸军～者，但录所能奏闻，未须赴集。”清《荡寇志》一三四回：“张经略早已～大军，潮涌般杀到二关。”

【统总】 tǒng zǒng 总共。清《红楼梦》一〇六回：“若是～算起来，连王爷家还不够。不过是装着门面，过到那里就到那里。”

【捅】 tǒng ❶ 戳，扎。清《醒世姻缘传》一三回：“若是淫妇忘八定计诬陷我，合你们一递一刀，～了对命。”△《九尾龟》五九回：“把个章丘谷恨得咬牙切齿的，恨不得当时把他捉住，～上几刀，方出这一口恶气。” ❷ 忒，太。明汤显祖《紫箫记》一九出：“亏杀他～轻狂，推薄倖，嗔阿母，骂檀郎，玉梅花下恶咨嗟。” ❸ 推送，鞠。明汤显祖《紫箫记》一三出：“人儿清翠，话儿浓媚，亲夫婿，好花枝蝶迷，～着腰肢喘息。”

【捅马蜂窝】 tǒng mǎ fēng wō 比喻触怒了有势力的人。清《龙图耳录》七五回：“这是什么记性儿呢！只顾这么暴躁，又捅了马蜂窝了！”

【桶】 tǒng ❶ 一种捕鱼的用具。唐杜甫《黄鱼》：“筒～相沿久，风雷肯为神？” ❷ 量词。清《儒林外史》二九回：“文章已经选定，叫了七八个刻字匠来刻，又赊了百十～纸来，准备刷印。” ❸ 捅。明《金瓶梅词话》六七回：“伯爵道：‘紧自家中没钱，昨日俺房下那个平白又～出个孩子来。’”清《醒世姻缘传》八回：“那老计从从容容的说道：‘晁大官儿，你消停。别把话～得紧了，收不进去。’”

【桶儿亲】 tǒng ér qīn 比喻郎舅关系。明《型世言》二六回：“宅上不曾送得礼来，故尊舅见怪，学生就补来，～，日后正要来往。”

【桶裙】 tǒng qún 西南仡佬族、傣族的民族服装。明田汝成《炎徼纪闻》卷四：“以布一幅，横围腰间，旁无襞积，谓之～。”

【桶子】 tǒng zi ❶ 圆筒容器。《五灯会元》卷七《玄沙师备禅师》：“师问：‘文桶头下山，几时归？’曰：‘三五日。’师曰：‘归时有无底～将一担归。’文无对。”△清《三侠剑》四回：“由外面进来一位道婆，端着一个铜茶盘，提着一个蓝～瓷壶。” ❷ 供做皮衣用的毛皮皮件。△清《三侠剑》三回：“掀开皮衿给我看看，老羊皮的～。”

【桶子花】 tǒng zi huā 桶状形的焰火。明《金瓶梅》二四回：“姑夫，你放个～我瞧。”

【桶子帽】 tǒng zi mào 圆筒形的帽子。《元曲选・气英布》四折：“肩担一幅泥金令字旗，头戴八角红缨～。”

【筒车】 tǒng chē 一种引水灌田的设备。宋张孝祥《前日出城寄呈交代仲钦秘阁》：“～无停轮，木枧着高格。”

【筒轮】 tǒng lún 筒车取水所用的轮盘。元王祯《农书》卷一八：“从来激浪转～，却恨翻车智未仁。”

【筒裙】 tǒng qún 裙身呈筒状的裙子。清《四川通志》卷一九：“妇人缠花手巾，上着短掩衿，下着无褶～，赤足。”

tòng

【痛】 tòng ❶ 怜爱；疼爱。唐孟郊《古兴》：“痛玉不～身，抱璞求所归。”明《醒世恒言》卷三四：“原来孙大娘最～儿子，极是护短，又兼性暴，能言快语，是个揽事的女都头。” ❷ 倘若。唐张鷟《游仙窟》：“从渠～不肯，人更别求天。”元《三国志平话》卷中：“皇叔并小叔～死，我家如之奈何？”

【痛败】 tòng bài 大败。宋欧阳修《准诏言事上书(庆历二年)》：“今若敕励诸将，选兵秣马，疾入西界，但能～昊贼一阵，则吾军威大振，而虏计沮矣。此所谓上兵伐谋者也。”元《七国春秋平话》卷上：“相杀一阵，～白起，秦兵望东觑，世不与东齐为战。”

【痛棒】 tòng bàng 狠狠棒打。《五灯会元》卷一七《兜率从悦禅师》：“既于学士面前各纳败阙，未免吃兜率手中～。”明《二刻拍案惊奇》卷二五：“徐达起初一时做差了事，到此不知些头脑，教他也无奈何，只好巴过五日，吃这番～，也没个打听的去处，也没个结局的法儿，真正是没头的公事，表过不提。”

【痛不欲生】 tòng bù yù shēng 悲痛到极点。明范景文《先母马宜人行述》：“呜呼，先宜人弃不孝，而不孝～也。”△清《孽海花》一六回：“那时夏雅丽已经十六岁了，见阿姊惨死，又见鲜黎亚博、苏菲亚都遭惨杀，～。”

【痛察察】 tòng chá chá 形容悲痛之甚。清洪昇《长生殿》二七出：“荡悠悠一缕断魂，～一条白练香喉锁。”

【痛惩】 tòng chéng 严厉惩戒；严厉惩办。唐李忱《两税外不许更徵诏》：“以后州县觉察，如有此比，须议～，地勒还主，不理价直。”宋沈括《梦溪笔谈》卷九：“欧阳公深恶之，会公主文，决意～，凡为新文者一切弃黜。”明王錂《春芜记》二一出：“从今把前非～。方免得这无端外来忧愤。”清《野叟曝言》一八回：“未洪儒得受胞伯万金产业，忘恩反噬，几累茕茕弱息，玷辱清名！求老父师大法～，以植纲常，以安孤苦！”

【痛叱】 tòng chì 严厉地斥责。宋觉范《题古塔主论三玄三要法门》：“吾无以征其失，将撼临济起而使～之，乃快也。”明邵宝《明故文林郎阳山县知县殷君墓表》：“严明其诸区画，无巨细一于整肃，见宽弛之俗，～之不容口。”

【痛斥】 tòng chì 严厉地斥责。宋朱熹《延和奏劄二》：“则又～而远屏之，以永除后日蔽遮浊乱深锢之害。”清《品花宝鉴》三六回：“华公子以为无故生悲，十分不悦，叫下来～了一番，有几日不叫上去。”

【痛处】 tòng chǔ 严厉惩戒。清《野叟曝言》九回：“若不看媳妇分上，便当尽法～；如今幸未成婚，惟有乘墉勿攻，掩盖前愆罢了！”

【痛定思痛】 tòng dìng sī tòng 喻吸取教训、警惕未来。宋陈元晋《赣州清平堂记》：“虽然，～，则今日之事，直幸而集尔。”清《红楼梦》八二回：“一时～，神魂俱乱。”

【痛断】 tòng duàn 严厉判决。唐李晔《改元天复赦文》：“诸镇县节度及诸津渡，访闻每年兴贩百姓，广有邀求，致令滞停，切令两军京兆府差人觉察～。”宋王谠《唐语林》卷一：“韩晋公镇浙西地，痛行捶挞，人皆股栗。……又～屠牛者，皆暴尸连日。”元《通制条格》卷一四：“各道宣慰司、提刑按察司、总管府常切体究禁治，毋致势要之家并库官人等自行结揽，多除工墨，沮坏钞法，违法～。”

【痛改前非】 tòng gǎi qián fēi 彻底改正以前的过失。《大宋宣和遗事》前集：“陛下倘信微臣之言，～，则如宣王因庭燎之箴而勤政，汉武悔轮召之失而罢兵，宗社之幸也。”明《拍案惊奇》卷三七：“多蒙姑夫竭力周全调护，得解此难。今若回生，自当～，不敢再增恶业。”清《歧路灯》五五回：“只求众老伯与娄世兄，为小侄访一名师，小侄情愿对天发誓，～，力向正途。”

【痛剐剐】 tòng guǎ guǎ 形容极其痛苦。元明《水浒传》二五回：“～烟生七窍，直挺挺鲜血模糊。”

【痛喝】 tòng hē 尽情地喝。清《品花宝鉴》一三回：“仲雨也醉了，便拿不定主意，～了一阵。”《红楼梦》八回：“作酸笋鸡皮汤，宝玉～了两碗，吃了半碗碧粳粥。”

【痛悔】 tòng huǐ 十分后悔。宋晁元礼《雨中花》：“南浦绿波，西城杨柳，～多情。”明陆粲《庚巳编》卷一：“商人惋恨，具语以所梦，其主犹未信。商请验之，撤槛，果得一瓦钵，盛银四百餘两。～无及，乃哀其犬而瘗之。”

【痛悔前非】 tòng huǐ qián fēi 彻底悔恨以前所犯的错误。清《野叟曝言》三二回：“愚夫妇蒙你诗中之诲，感人心脾，拙夫既～，愚妹更力图后报。”又一一〇回：“细思往事，～，不特恩将仇报，致伤老爷，罪不可逭。”

【痛悔前愆】 tòng huǐ qián qiān 犹“痛悔前非”。清洪昇《长生殿》三三出：“再启娘娘，杨妃近来，更自～。”△《七剑十三侠》八一回：“今本帅奉旨率师特来问罪，尔应该～，自缚请罪，才是道理。”

【痛毁】 tòng huǐ ❶ 极力诋毁。宋王明清《挥麈后录》卷一一：“臈寇犯浦江境上，遹具衣冠，迎拜道左，对渠魁～时政，以幸苟免。”明孙绪《无用闲谈》：“欧有宿怨，故～吴越，蓄恨不止，往往于诗话小说中诬公阴事。” ❷ 伤心过度。明王世贞《承德郎广西太平府通判王君墓志铭》：“会况孺人卒，君～骨立。”

【痛击】 tòng jī 狠狠地打。宋王明清《挥麈后录》卷九：“众来～垂死，积稻秆蔽之。”清魏裔介《孙钟元先生岁寒居答问序》：“公车过保阳渡白沟望杨忠愍公墓，陨涕如雨，拜瞻祠下，取驳石～祠前铁偶人。”

【痛湔宿垢】 tòng jiān sù gòu 彻底清除以前所犯的错误。明张居正《请戒谕群臣疏》：“诸臣亦宜～，共襄王道之成。”

【痛警】 tòng jǐng 深切地警戒。宋孙应时《答杜良仲书》：“兄诚爱我，盍有以～之。”明王守仁《答林择之》：“至于人伦，日用最切近处亦都不得毫毛气力，此不可不深惩而～也。”

【痛决】 tòng jué 痛打。《祖堂集》卷一三《招庆和尚》：“四方来者，从头勘过，勿去处底，竹片～。直是道得十成，亦须～过。”元秦简夫《晋陶母剪发待宾》二折：“自从陶侃当下这个信字，拿钱到家中，被他母亲～了一场。”元明《三国志通俗演义》卷一〇：“今被周郎于众将之前～一顿，气无所出，特密告于我。”

【痛口】 tòng kǒu 犹言极口。口不停声貌。元张可久《一枝花·牵挂》：“俏姻缘别来久矣，巧魂灵梦寝求之。一春多少伤心事？着情疼热，～嗟咨。”

【痛快】 tòng kuài ❶ 尽兴；舒畅。宋《朱子语类》卷一四：“敏底只是从头呼扬将去，只务自家一时～，终不见实理。”明《醒世恒言》卷二〇：“若得连科，谋选彼处地方，查访仇人正法，岂不～！”清《红楼梦》五四回：“可是这两日我竟没有痛痛的笑一场，倒是亏他才一路笑的我这里～了些，我再吃一钟酒。” ❷ 干脆；直爽。宋朱熹《答徐子融》：“大率子融志气刚决，故所见亦如此～直截，无支离缠绕之弊。”明《拍案惊奇》卷三七：“从来古德长者劝人戒杀放生，其话尽多，小子不能尽述，只趁口说这几句直捷～的与看官们笑一笑，看说的可有理没有理？”清《二刻醒世恒言》下函八回：“李判府听他说得句句有理，且是气直理壮，说得直捷～，不像个欺心的，随叫陈隆来问。”

【痛快淋漓】 tòng kuài lín lí ❶ 形容文章、说话非常透彻详尽。清王士禛《居易录》卷二四：“此论～，可为万古不易定案三代之所以直道而行也。”《绮楼重梦》二八回：“破承提一‘耻’字……

后幅一唱三叹，～。” ❷ 形容非常畅快。△清《儿女英雄传》二〇回：“趁着一时高兴，要作一个～，要出出我自己心中那个不平之气。”△《二十年目睹之怪现状》六三回：“他也天天往议价处跑，所以就格外容易串通了。有一回，买了一票砖，害得人家一个～。”

【痛泪】 tòng lèi 悲伤的眼泪。元关汉卿《西蜀梦》四折：“往常摆满宫采女在阶基下，今日驾一片愁云在殿角头，～交流！”元明《三国志通俗演义》卷一七：“眼前见此二侄，心虽铁石，安能止～乎？”

【痛领】 tòng lǐng 深刻领悟。《五灯会元》卷二〇《知府葛郯居士》：“海正容曰：‘何不道金毛跳入野狐窟?’公乃～。”

【痛骂】 tòng mà 狠狠地骂。宋《大慧禅师语录》卷三〇：“后来泐潭真净和尚。撰皆证论。论内～圭峰。”元陶宗仪《辍耕录》卷一四：“先生～之曰：‘尔之父祖，世为国家臣子，而尔忍伪耶?’”元明《三国志通俗演义》卷一三：“城上众军百般～。张飞性起，几番杀到吊桥，要过护城河，又乱箭射回。”明《醒世恒言》卷二〇：“三月前我曾在阊门外一个布店买布，为争等子头上起，被我～了一场。”清《品花宝鉴》五一回：“又恨嗣元不通，出了大丑，～了一顿。”

【痛殴】 tòng ōu 狠狠地打。唐韩愈《顺宗实录》卷二：“近之，辄曰：‘汝惊供奉鸟雀。’即～之，出钱物求谢乃去。”清《醒世姻缘传》九回：“计都率领虎子计巴拉并合族二百餘人蜂拥入家，将源～几死，门窗器皿打毁无存，首饰衣服抢劫一空。”

【痛迫】 tòng pò 痛心之至。宋蔡襄《长子将作监主簿哀词》：“人谁～兮不归之天，永呼大叫兮曾不加怜。”清汪由敦《与刘古塘书》：“每读史传，见古人笃行有弃官持服躬自负土庐墓终丧者，惭惕～，不敢自比于人。”

【痛诮】 tòng qiào 严厉地责备。宋郑刚中《议和不屈疏》：“故秦之谋臣，～其主，谓其不早成业者，良由不绝灭荆魏，而使其得以收亡国聚散民而再立宗社也。”

【痛切】 tòng qiè 恳切。宋洪迈《容斋随笔》卷一：“汉王氏擅国，王章、梅福尝言之，唯刘向勤勤恳恳，上封事极谏，至云：‘事势不两大，……’其言～如此。”明《二刻拍案惊奇》卷二九：“蒋生见夏良策说得～，只得与他实说道：‘兄意思真恳，小弟实有一件事不敢瞒兄，……使小弟有负小姐。’”

【痛亲】 tòng qīn 至亲。元李直夫《虎头牌》一折：“一自别来五六春，数载家无音信。则这个山寿马别无甚～，我一言难尽，来探你这歹孩儿索是远路风尘。”

【痛热】 tòng rè 疼爱，亲热。明《醒世恒言》卷二〇：“譬如瑞姐，自与他做亲之后，一心只对着丈夫，把你我便撇在脑后，何尝牵挂父母，着些～！”

【痛入心脾】 tòng rù xīn pí 痛到极点。明贺复徵《诏狱惨言》：“拶夹虽为极苦，犹自可忍，惟棍则～。”清《八洞天》卷一：“鲁惠见了，～，放声一哭，天日为昏。”

【痛杀】 tòng shā ❶ 狠杀。唐李德裕《代李石与刘稹书》：“又疆场之吏，收得彼管簿书，皆呼官军为贼，来即～。”元明《三国志通俗演义》卷一五：“操正走之间，前面张飞引一枝军～一阵。”清《荡寇志》一二二回：“任森挥军～，杀得贼兵全军败覆。”❷ 形容十分悲痛。元佚名《留鞋记》三折：“孩儿也，你小小年纪，犯下这等的罪过，兀的不～我也！”明汤显祖《还魂记》二〇出：“我小姐一病伤春死了也。～了我家爷、我家奶奶。”清《品花宝鉴》三〇回：“即如我之落在风尘，凭人作践，受尽了矫揉造作，尝尽了辛苦酸甜，到将来被人厌恶的时候，就如花之落溷飘茵，沾泥带水，无所归结，想至此岂不～人，恨杀人。” ❸ 形容非常思念。明贾仲明《玉壶春》三折：“玉壶生，则被你～我也！”

【痛杀杀】 tòng shà shà ❶ 形容十分悲痛。元武汉臣《老生儿》二折：“～将父母离，眼睁睁把妻子抛。”卢挚《别珠帘秀》：“才欢悦，早间别，～好难割舍！”明徐复祚《红梨记》一六出：“昏惨惨天际穿窗月。～生离死别。” ❷ 形容十分疼痛。元孔文卿《东窗事犯》四折：“磣可可皮肉开，血沥沥骨肉分，～怎捱那三推六问，监押都是恶鬼狞神。”宫天挺《范张鸡黍》三折：“恰便似刀搅我这心肠，～难禁受。”

【痛煞煞】 tòng shà shà 形容非常悲痛。《元曲选外编·西厢记》五本四折：“～伤别，急煎煎好梦儿应难舍；冷清清的咨嗟，娇滴滴玉人儿何处也?”清《梦中缘》一〇回：“意悬悬愁怀不断，哭啼啼悲声自咽。～泪尽江流，眼睁睁望断关河远。”

【痛生生】 tòng shēng shēng 悲痛貌。明汤显祖《牡丹亭》四四出：“直恁的活擦擦、～，肠断了。”清洪昇《长生殿》二五出：“～怎地舍官家！”

【痛室】 tòng shì 喻指尘世。《祖堂集》卷四《丹霞和尚》：“怆怆哀怨终无益，只为将身居～。”

【痛酸】 tòng suān 悲痛心酸。明《金瓶梅》七三回：“西门庆坐在上面，不觉想起去年玉楼上寿还有李大姐，今日妻妾五个只少了他，由不得心中～，眼中落泪。”清《聊斋俚曲·磨难曲》：“恩合义重如山，临作别心～，不知何日重相见?”

【痛痛快快】 tòng tòng kuài kuài 直爽，干脆。清《镜花缘》六八回：“俟到别时，再～哭他一场，做个悬崖撒手，庶悲欢不致混杂。”△《官场现形记》九回：“～的写了一封信，送到栈里。”

【痛恶】 tòng wù 十分厌恶。明沈德符《万历野获编》卷二三：“张伯起孝廉(凤翼)长王百欲八岁，亦～王为人，因作《山人歌》骂之，其描写丑态，可谓曲尽。”清《女仙外史》九二回：“这不消说是人人～的，但不知他怎么晓得建文帝在白龙庵，将别时，密向敝主道：‘下官此心惟天可表。’”

【痛心疾】 tòng xīn jí 心痛病。元《武王伐纣平话》卷上：“奏曰：‘臣启陛下，妾往日有～，今日又发。’”

【痛心切骨】 tòng xīn qiè gǔ 形容悲痛之至。宋胡宏《与高抑崇书》：“太上皇帝，我中原受命之主，劫制敌人，生往死归，此臣子～，卧薪尝胆，宜思所以必振者也。”明《封神演义》一二回：“你敢纵子为非，将我儿子打死，这也是百世之冤，怎敢又将我儿子筋都抽了！言之～！”

【痛痒相关】 tòng yǎng xiāng guān 厉害相关；亲爱之人，彼此互相关爱。明高攀龙《同善会讲语第二讲》：“真如一家之人，～，有无相济。”△清《花月痕》三八回：“想起稷如远别半载，荷生出师关外，客边～的人，目前竟无一个。”

【痛咽】 tòng yè 悲伤哀泣貌。唐吕温《祭侯官十七房叔文》：“早表诚言，见托身事，官孤力薄，卒用无成，惭负幽明，兴言～。”明王世贞《礼部主事华起龙诔》：“星陨珠沈，兰摧玉折，铩羽鹓雏，伤蹄汗血，密戚哀攒，英游～。”清洪昇《长生殿》五〇出：“乍相逢执手，～难言。”

【痛咽咽】 tòng yè yè 悲伤哀泣貌。清洪昇《长生殿》三三出：“是唐天子的贵妃杨玉环，磣磕磕黄土坡前怨屈，因此上～幽魂不去，霭腾腾黑风在空际吹嘘。”

【痛责】 tòng zé 严厉斥责或责打。宋《朱子语类》卷三九：“此事不可晓，不知圣人何故不～之?”元明《三国志通俗演义》卷一五：“云长～之曰：‘吾不看费司马面上，立斩于市，……决不恕饶！’”明杨柔胜《玉环记》二六出：“相公，这些弱息你亲生也。今

～为何因?”清《二刻醒世恒言》下函一二回:“知府大怒,就在井边将李弃和刘氏各～了五十板,登时做了一个双连枷,将李弃、刘氏二人枷了,遍游四门示众后,关下了死囚牢内,就放了那下井的犯人。”

【痛憎】 tòng zēng 极端憎恨。金刘仲尹《别墅二首》之一:“爱买僻书人笑古,～俗事自知清。”

【痛治】 tòng zhì 严厉地惩治。《法苑珠林》卷八七:“近履行见教子,畦畤不理,许当～。”明《拍案惊奇》卷一一:“那胡虎原是小的家人,只为前日有过,将家法～一番,为此怀恨,构此大难之端,望爷台照察!”

【痛自创艾】 tòng zì chuāng yì 彻底地改正自己的过错,重新做人。明毕自严《曾祖志俨翁传》:“诸少年有过,惟恐翁闻之,翁煦煦不为谯让,咸内愧避匿,～,而后敢见。”

【痛醉】 tòng zuì 尽情地饮酒至醉。元刘诜《九日登鹿角山诗序》:“剧饮～,至暮乃归。”元明《水浒传》二九回:“武松昨夜～,必然中酒。”

tōu

【偷】 tōu ❶ 偷盗,偷窃。唐义净译《根本说一切有部毗奈耶》卷三:“～船事差别如人重物置在鞍处,所谓诸宝众璎珞具。” ❷ 苟且,怠慢。唐李显《高宗天皇大帝谥议》:“所以～延荒息,强终彝伦,望霄汉以兴摧。” ❸ 抽出。宋欧阳修《与梅圣俞四十六通》之二二:“某孤苦中,中外多事,～闲便思一得故人为会。”明朱长祚《玉镜新谭》卷八:“而假息游魂,犹得～闲于圣世。”清《野叟曝言》五一回:“小的去岁在保府～空出来,到府学中寻问相公,说已进京去了。” ❹ 暗中,悄悄地。唐[日]圆仁《入唐求法巡礼行记》卷二:“寺主弟子沙弥咏贤,～率上座小师师俊,两人同心,暗自走去。”《敦煌变文校注》卷一《伍子胥变文》:“虑恐此处人相掩,捻脚攒形而映树;量久稳审不须惊,渐向树间～眼觑。”

【偷安】 tōu ān 只顾眼前的安逸。唐李世民《克高丽辽东城诏》:“犹且析骸穷垒,壁巢幕以～;转骨深沟,坐积薪而待燎。”五代何光远《鉴诫录》卷七:“盖是外郡凌残,住止不得,所以竞来臻凑,贵且～。”宋王安石《董伯懿示裴晋公平淮右题名碑诗用其韵和酬》:“小夫～自非计,长者远虑或可怀。”明《古今小说》卷二二:“他在相位一十五年,专一蒙蔽朝廷,～肆乐。”清《红楼梦》一四回:“凤姐见如此,心中倒十分欢喜,并不～推托,恐落人褒贬。”

【偷盗】 tōu dào 偷窃,盗窃。唐义净译《根本说一切有部毗奈耶》卷一:“所谓杀生～欲邪行虚诳语及饮诸酒,悉皆远离,由斯敬信日渐增广。”宋蔡絛《铁围山丛谈》卷三:“由是亦多有～奸诈而为非者,逾岁乃止。”元《通制条格》卷一九:“又为～了官头口的上头,差人根赶至庆元路去呵,将那贼每也捉获了。”明《金瓶梅词话》一二回:“也是一家子新娶个媳妇儿,是小人家女儿,有些手脚儿不稳,常～婆婆家东西往娘家去。”清《野叟曝言》五〇回:“偷泄真精,有益无损,非若狐精～元阳,竭人骨髓。”

【偷渡】 tōu dù 偷偷通过封锁的水域或区域。唐白居易《缚戎人》:“惊藏青冢寒草疏,～黄河夜冰薄。”宋苏轼《观杭州钤辖欧育刀剑战袍》:“试问黄河夜～,掠面惊沙寒霎霎。”元明《三国演义》八八回:“倘蛮兵～泸水,前来劫寨,若用火攻,如何解救?”清《荡寇志》一一八回:“吴用正与公孙胜商议发兵～汶河,袭取蒙阴,忽报前面汶河南岸。”

【偷汉】 tōu hàn 妇女与人通奸。明《醒世恒言》卷三:“小则撒泼放肆,大则公然～。”清《情梦柝》七回:“俞彦伯升堂,欲解楚卿愁闷,把井氏拶起,要他将生平～的事供出。”

【偷鸡摸狗】 tōu jī mō gǒu 偷盗,偷偷摸摸地做事。清《红楼梦》四四回:“成日家～,脏的臭的,都拉了你屋里去。”《荡寇志》一一一回:“比至次日,时迁偷越关外,一路～,吃饥伤饱。”

【偷空】 tōu kòng 忙碌中抽出时间。明《醒世恒言》卷三:“闻得你恭喜梳弄了,今日～而来,特特与九阿姐叫喜。”清《荡寇志》一一八回:“丽卿已架住李、武二人,～走出,扑到鲁智深面前。”

【偷懒】 tōu lǎn 贪图安逸、省事,逃避应做的事。明《型世言》一五回:“这人道:‘你们不要～才是。’”清《红楼梦》九二回:“若不去,老爷知道了,又说我～。”

【偷梁换柱】 tōu liáng huàn zhù 比喻暗中玩弄手法,以假代真或以劣代优。清《红楼梦》九七回:“偏偏凤姐想出一条‘～’之计,自己也不好过潇湘馆来。”

【偷漏】 tōu lòu 偷税漏税。宋包恢《禁铜钱申省状》:“窃惟倭船一项,其～几年,彰彰明甚,已不待赘陈。”△清《花月痕》四七回:“茶叶、大黄,准以洋货洋钱交易,惟不准～,如有～,货半没官,半奖查验之员,原船着回本国,不准贸易。”

【偷禄】 tōu lù 任官不尽职,徒受俸禄。唐王维《与魏居士书》:“上不能原本理体、裨补国朝,下不能殖货聚谷、博施穷窘,～苟活,诚罪人也。”明王慎中《征仕郎致仕信阳州判官紫山丘君墓志铭》:“在州治民,事上非有甚忤,犹可～而苟安。”

【偷摸】 tōu mō 小偷小摸,偷盗。明《醒世恒言》卷二三:“乌带虽是看上他,几番要～他,怕着定哥,不曾到手。”清《歧路灯》五四回:“有主户门第流落成的,也有从～出身得钱大赌的。”

【偷嫩】 tōu nèn 装扮成年轻人。唐施肩吾《金吾词》:“染须～无人觉,唯有平康小妇知。”

【偷浅】 tōu qiǎn 浇薄。宋苏舜钦《上范希文书》:“然史氏稗说,皆辄以之称述其事,而警厉～。”

【偷巧】 tōu qiǎo 浇薄,巧诈。唐元稹《戒励风俗德音》:“末俗～,内荏外刚。”宋王柏《水仙》:“剪叶葱～,冰蕤独耐寒。”

【偷窃】 tōu qiè 盗窃。唐义净译《根本说一切有部毗奈耶》卷二〇:“我今欲将何物报圣者恩,若于家中～少物将报恩者,家主若知同前苦楚。”《五灯会元》卷一《六祖慧能大鉴禅师》:“后或为人～,皆不远而获,如是者数四。”明《警世通言》卷一五:“金满抚养秀童已十餘年,从无～之行。”清《红楼梦》一一二回:“家奴负恩,引贼～家主,真是反了!”

【偷情】 tōu qíng 暗中与人谈恋爱,也指与人发生不正当的男女关系。元王和卿《拨不断·偷情为获》:“鸡儿啼,月儿西,～方暂出罗纬,兢兢业业心儿里。”明《醒世恒言》卷三:“邢权是望四之人,没有老婆,一拍就上。两个暗地～,不止一次。”

【偷生】 tōu shēng 苟且求生。唐杜甫《羌村三首》之二:“晚岁迫～,还家少欢趣。娇儿不离膝,畏我复却去。”《敦煌变文校注》卷四《降魔变文》:“月食麻麦,引日～。鸟鹊巢顶,养子得成。”宋《朱子语类》卷七:“禅家言～夺阴,谓人怀胎,自有个神识在里了。”清《东周列国志》四回:“吾犯王二次,纵王不加诛,吾敢～乎?”

【偷生瓶熟】 tōu shēng wǎ shú 偷盗粮米食物,指家庭中的偷盗行为。瓶,方言,舀(米)。明《西游记》八一回:“我相你有些～,被公婆赶出来的。”

【偷税】 tōu shuì 有意不缴纳或少缴纳应该缴纳的税款。唐义净译《根本说一切有部毗奈耶》卷四:“时有～人,去寺不远夜行而过，时邬波难陀明解声相。”宋苏轼《论河北京东盗贼状》：“今盐课浩大，告讦如麻，贫民贩盐，不过一两贯钱本，～则赏重，纳税则利轻。”

【偷俗】 tōu sú 浇薄的人情风俗。宋宋祁《赐中书门下诏》：“居下而图柄臣，顺非而动～，附离交扇，流荡忘还，更相援接，以沽声誉。”明孙承恩《商鞅变法》：“虽以富强并天下，而民日益～，日益坏，亡不旋踵。”

【偷天换日】 tōu tiān huàn rì 喻用欺骗的手段暗中改变事物的内容或事物的性质。明《西洋记》九〇回：“那两个大圣，原是～的光棍；两个力士，原是掘地三尺的光棍。”清《镜花缘》七九回：“算家往往说大话，～，只怕未必。”

【偷听】 tōu tīng 暗地听人说话。元关汉卿《拜月亭》三折：“一天夜晚，在庭中烧香，对月拜祷，被瑞莲～到了，才明白了彼此的关系。”马致远《荐福碑》一折：“我～他几句言语‘知之为知之，不知为不知’。”清《玉梨魂》二三章：“梦霞于无意中～得一曲风琴，虽并非知音之人，正别有会心之处。”

【偷偷】 tōu tōu 悄悄地。清《红楼梦》一〇九回：“自己假装睡着，～的看那五儿，越瞧越像晴雯。”△《孽海花》一四回：“筱亭非常快活，就靠着窗槛，当书桌儿，写了一封求救的信给丈人傅容，叫他来劝劝女儿，就叫凤儿～送出去了。”

【偷偷摸摸】 tōu tōu mō mō 瞒着人做事，不让人知道。《元曲选·灰阑记》一折：“想俺两个～的，到底不是个了期。”清《红楼梦》七三回：“你满家子算一算，谁的妈妈奶子不仗着主子哥儿多得些益，偏咱们就这样丁是丁卯是卯的，只许你们～的哄骗了去。”

【偷袭】 tōu xí 趁敌不备，突然袭击。明何良臣《阵纪》卷二：“善用众者，必务易用少者，必务隘，尤宜于日暮伏于必由，巧在～击虚。”清《荡寇志》一二一回：“这后军三队，守住水泊，以防贼人乘间～。”

【偷闲】 tōu xián 抽出空闲的时间。唐佚名《牛头山瑞圣寺碑》：“铭关张载，愿写壮心，～曾谒于萧斋，摭实粗编其梵行。”宋《朱子语类》卷九三：“旁人不识予心乐，将谓～学少年。”明张瀚《松窗梦语》卷八：“积债催役，而～虎狼之吻，露居野宿，而委身鱼鳖之乡？”清《红楼梦》一一一回：“家下人等见凤姐不在，也有～歇力的，乱乱吵吵。”

【偷香】 tōu xiāng 女子爱悦男子，或男子与妇女私通。唐崔橹《和友人题僧院蔷薇花三首》之二：“风惊少女～去，雨认巫娥觅伴来。”清《绿野仙踪》六五回：“更有濯官少年，期门公子，翠发蛾眉，赪唇皓齿，傅粉锦堂之上，～椒房之里。”

【偷嘴】 tōu zuǐ 偷吃东西。明《西游记》三八回：“若说出来，就是我们～了，只是莫认。”清《红楼梦》五二回：“拈不得针，拿不动线，只会～吃。”

tóu

【头】 tóu ❶ 人或动物的脑袋。《敦煌变文校注》卷一《伍子胥变文》：“即欲向前从乞食，心意怀疑生犹豫，进退不敢辄谘量，踟蹰即欲低～去。”宋潘阆《酒泉子》：“举～咫尺疑天汉，星斗分明在身畔。” ❷ 指头发。唐白居易《寄唐生》：“怜君～半白，其志竟不衰。我亦君之徒，郁郁何所为？”宋柳永《少年游》：“日高花榭懒梳～，无语倚妆楼。修眉敛黛，遥山横翠，相对结春愁。” ❸ 物体的顶部或两端。唐李隆基《赐关内河东河西入朝蕃酋等敕》：“其今春不入朝都督衙官，并箭～将军在蕃者，已令王晙、张说、杨敬述等，取军中库物。”唐李翔《题金泉山谢自然传后》：“暂谪归天固有程，虚皇还召赴三清。箫歌近向峰～合，羽驾低临洞口迎。”宋柳永《瑞鹧鸪》：“吴会风流，人烟好，高下水际山～。” ❹ 首领，头目。唐李治《分立弥射为兴昔亡可汗步真为继往绝可汗诏》：“伐叛柔服，西域总平，员鲁父子，既已擒获，诸～部落，须有统领。” ❺ 表示方位，方位词后缀。唐[日]圆仁《入唐求法巡礼行记》卷一：“从此行半里，西～有镇家。大使判官等居此，未向县家。”《敦煌变文校注》卷一《伍子胥变文》：“城～郁郁苍苍者荆棘备；南壁下有匣，北壁下有匿者王失位。”宋孔平仲《续世说》卷三：“禄山怒甚，缚于东都中桥南～，从西第二柱节解之。” ❻ 名词后缀。《祖堂集》卷四：“昨来到和尚处问佛法，轻忽底后生来东石～上坐。”宋《河南程氏遗书》卷一：“你身上有几条骨～，血脉如何行动，腹中有多少藏府。” ❼ 初，始。《敦煌变文校注》卷五《维摩诘经讲经文(七)》：“不落三途遭苦楚，此之非是等闲人。从～拟说几时休，生死轮回人总会。”宋《朱子语类》卷二：“须就源～看教大底道理透，阔开基，广开址。” ❽ 量词。《唐律疏议》卷四：“假有借驴一～，乘经百日，计庸得绢七匹二丈。”金佚名《大金吊伐录》卷一：“里绢一百万匹，马、牛、骡各一万～匹，驼一千～。”宋张齐贤《洛阳缙绅旧闻记》卷五：“其役徒中有恶少者，讫引手探而取出，乃一～鲤鱼。”

【头报】 tóu bào 科举考试发榜日，发报人第一次走马鸣锣通知中考者。清《情梦柝》一三回：“原来，里边的是～，管家周仁，正在厅上款待他们，满家欢喜，都接见过。”△《官场现形记》二回：“这是～，应该多赏他几两。”

【头蚕】 tóu cán 春蚕。唐杨筠松《疑龙经》：“大作排牙小作列，如鱼骈～比肩朝。”清《红楼圆梦》二五回：“络丝邻女话依稀，雪茧～一样肥。”

【头茶】 tóu chá 第一次摘取的春茶。宋韩淲《次韵建倅德久林秘书寄贡馀》：“龙凤大团小团耳，且如～安得尝。”明袁宏道《天目山记》：“～之香者，远胜龙井。”

【头出头没】 tóu chū tóu mò 喻追随世俗。宋朱熹《答陈同甫》：“英雄则未尝有此功夫，但在利欲场中～，其资美者乃能有所暗合，而随其分数之多少以有所立。”清张次仲《周易玩辞困学记》卷六：“夫人生～于利欲之中，何以能独复？”

【头等】 tóu děng 最好的；等级最高的。元明《水浒传》一九回：“那～大舡也有十数只，却被他火舡推来，钻在大舡队里一烧。”清玄烨《谕侍郎佛伦学士图纳席尔达牛钮》：“所杀败者，俱系小寇，将此俱从优叙为～二等军功。”

【头对】 tóu duì 对手，敌手。宋觉范《次韵李商老送杲上人还石门》：“得生睹史天，冤债有～。”

【头铎】 tóu duó 古时仪仗队中列于首位之锣。清《明集礼》卷五二：“舞乐二十八人，鼗鼓、双～、单～各二人，持金錞四人，奏一人，铙二人，雅二人，相二人。”

【头鹅】 tóu é 辽金皇帝春天狩猎时最初捕得的大天鹅。《辽史·道宗纪》：“三月辛未，以宰相仁杰获～，加侍中。”金赵秉文《春水行》：“初得～夸得隽，一骑星驰荐陵寝。”清汪由敦《为同年赵横山题高侍郎画鹰》：“万里云霄顾盼间，看取～能力致。”

【头鹅宴】 tóu é yàn 皇帝举行的头鹅御宴。清吴伟业《宣宗御用戗金蟋蟀盆歌》：“锦鞴玉绦竞驰逐，～上争输赢。”

【头发】 tóu fà 生长在人头部的毛发。宋孟元老《东京梦华录》卷五：“男左女右，留少～，二家出匹段、钗子、木梳、头须之类。”金佚名《大金吊伐录》卷三：“今随处既归本朝，宜同风俗，亦仰削去～，短巾左衽。”明《型世言》六回：“贵梅掩着脸，正待灵前去哭，又被一把～捋去。”清《无声戏》一九回：“等他到～披肩、情窦将开的时节，依旧扯进去顽耍。”

【头房】 tóu fáng 上等客房。《元曲选外编·西厢记》一本一折：“〔小二上云〕自家是这状元店里小二哥。官人要下呵，俺这里有干净店房。〔末云〕～里下，先撒和那马者。”

【头风】 tóu fēng 头痛的病症。《云笈七籤》卷三二：“勿当风、结髻，勿以湿髻卧，使人患～。”宋陆游《老学庵笔记》卷八：“干湿脚气四斤丸，偏正～一字散。”

【头羹】 tóu gēng 一种类似杂烩的食品。宋孟元老《东京梦华录》卷四：“大凡食店，大者谓之分茶，则有～、石髓羹、白肉、胡饼、软羊、大小骨角、炙犒腰子、石肚羹。”清王士禛《分甘餘话》卷三：“百宝～充口适腹，余谓此齐人管晏之见耳。”

【头功】 tóu gōng 头等功，第一功。明王世贞《赏功考上》：“～领队将校升一级，指挥赏银二十两。”△清《官场现形记》五五回：“不是晚生说句夸口的话，这件事要算晚生的～。”

【头功牌】 tóu gōng pái 明代赏功牌的一种。《明史·兵志》：“生禽卫拉特，或斩首一级，与～。”

【头昏目晕】 tóu hūn mù yūn 头脑昏晕，眼睛发花。宋陈自明《妇人大全良方》卷二：“产后～，川芎、芍药、当归末，各半钱，童子小便调下。”清《红楼梦》九三回：“贾政看了，气得～，赶着叫门上的人不许声张，悄悄叫人往宁荣两府靠近的夹道子墙壁上再去找寻。”

【头昏脑闷】 tóu hūn nǎo mèn 头部昏晕，脑子发胀。宋《太平惠民和剂局方》卷一：“治诸风缓，纵手足不遂，口眼喎斜，言语蹇涩，眉目瞤动，～。”清《红楼梦》九八回：“话说宝玉见了贾政，回至房中，更觉～，懒待动弹，连饭也没吃，便昏沉睡去。”

【头昏脑晕】 tóu hūn nǎo yūn 犹“头昏脑闷”。清《豆棚闲话》八则：“今想一个道理在此，站在十字路口，等个同伴走过，先去撞他个～，然后渐渐与他说入港去。”

【头昏眼暗】 tóu hūn yǎn àn 头脑昏晕，眼睛发花。明《拍案惊奇》卷二三：“只见一伙人团团围住一个老者，你扯我扯，你问我问，缠得一个～。”

【头昏眼黑】 tóu hūn yǎn hēi 犹“头昏眼暗”。清《绿野仙踪》九六回：“我那日被风刮的～，落在怀仁县城外，辨不出是何地方。”△《三侠剑》五回：“此时正是六月间，天气炎热，走得一身汗，天晚住在店内，脱去了大氅，凉爽凉爽，到第二天就觉着～。”

【头昏眼花】 tóu hūn yǎn huā 犹“头昏眼暗”。明《拍案惊奇》卷一三：“一气气得～，饮食多绝了。”△清《官场现形记》二二回：“管家们又端上茶来，老太太坐了一回，好容易不咳了，少停又哇的吐了一口痰，但是觉得～，有些坐不住。”

【头昏眼晕】 tóu hūn yǎn yūn 犹“头昏眼暗”。清《说岳全传》二五回：“李太师被张保背着飞跑，颠得～。”△《三侠剑》七回：“就听吧的一声，一个油锤飞来，正打在金头虎脑袋上，这一锤打上，金头虎唉呀一声，由栏杆摔到就地，两丈六尺高，摔得傻小子～。”

【头婚】 tóu hūn 童男或童女同他人结婚。明《古今小说》卷一：“不拘～二婚，只要人才出众。”清《十二楼·拂云楼》四回：“若还是～初娶，不曾克过长妻，就说成之后，也要后悔。”

【头髻】 tóu jì 发髻。宋张齐贤《洛阳缙绅旧闻记》卷二：“具言怀琪未死间，～如壮夫向后摺之状，颐颔上指而髻在项上。”明《金瓶梅词话》九八回：“被爱姐一手按住经济～，一手拔下簪子来。”清《品花宝鉴》五一回：“缝穷的连连答应，将嗣徽打量一番，把手摸一摸～。”

【头甲】 tóu jiǎ 科举殿试的第一等。明《金瓶梅词话》三六回：“当初安忱取中～，被言官论他是先朝宰相安惇之弟，系党人子孙，不可以魁多士。”

【头角】 tóu jiǎo 比喻超群的才华。唐孙棨《北里志·王莲莲》：“曲中惟此家假父颇有～，盖无图者矣。”宋觉范《渔父词》：“老师～浑呈露，珍重此恩逾父母。”佚名《感皇恩》：“凌云志气，飘飘无敌。～轩昂，作霖在即。”明于慎行《穀山笔麈》卷七：“虽意气盈溢，如何算得浩然之气？少时露出～，依旧是本来局面。”清《梦中缘》一回：“今老师一见其诗，便叹为才人，真所谓～未成先识尘埃之宰相也。”

【头角峥嵘】 tóu jiǎo zhēng róng 喻青少年气概或才华不同寻常。宋卫博《次韵王大光见赠》：“～冠八龙，相逢宛马昔从东。”清《品花宝鉴》五六回：“虽然见他清眉秀目，却已～，英姿爽飒，走上阶去，长揖不拜。”

【头巾气】 tóu jīn qì 读书人的迂腐习气。明孙传庭《朋来草小序》：“一切道学气、～、腐鼠气，尽扫而空之，而兴犹未尽也。”△清《二十年目睹之怪现状》九九回：“依晚生看去，莫某人还不至于如此；不过～太重，有点迂腐腾腾的罢了。”

【头巾语】 tóu jīn yǔ 读书人的迂腐言语。明高攀龙《答叶台山》：“鄙见如此所谓学究～也。”

【头盔】 tóu kuī 保护头部的帽子。宋朱熹《按唐仲友第四状》：“监造官林路分亦各私造铁甲～一副、汤瓶十二只、杂物五十餘件。”清《说岳全传》一七回：“元帅拍马上前，举刀望着那员番将劈头砍下，正中了那将的～。”

【头领】 tóu lǐng 领头的人，首领。金佚名《大金吊伐录》卷一：“一切如旧，更不迁徙，仍具～见带名衔状申，以凭依上施行。”明《二刻拍案惊奇》卷四〇：“则俺是梁山泊上第十位～，小旋风柴进。”

【头炉香】 tóu lú xiāng 凌晨在神佛像前烧的表虔诚的第一炷香。宋孟元老《东京梦华录》卷八：“至二十四日夜五更，争烧～。”

【头迷】 tóu mí 头晕。清弘历《净练溪楼》：“曰待雨来观净练，转成认影笑～。”△《七侠五义》七四回：“我也有些～眼昏。”

【头面】 tóu miàn ❶头和脸，脸面。唐义净译《根本说一切有部毗奈耶》卷一：“～及衣并皆破裂，便向一边鸣叫跳踯。时诸苾刍。”宋曹勋《满庭芳》：“玉景明心，木鸡修性，要须和会三家。未知～，何处认摩耶?”赵长卿《夜行船》：“拂掠新妆，时宜～，绣草冠儿小。”明《金瓶梅词话》七回：“衣服～，四季袍儿，羹果茶饼，布绢绸绵，约有二十餘担。”△清《九尾龟》一六回：“金小宝皱着眉头，取一方洋巾揩干～。” ❷头饰，首饰。宋赵师侠《洞仙歌》：“换鞋儿、添～，只等黄昏，恰恨有、些子无情风雨。”明《金瓶梅词话》一一回：“拿到院中，打～，做衣服，定桌席。”清《白雪遗音·妓女悲伤》：“衣服几套，铺盖几床，首饰～不必讲。”

【头目】 tóu mù 集团中为首的人。宋赵珙《蒙鞑备录》：“其次曰刘伯林者，乃燕地云内州人，先为金人统兵～，奔降鞑主。”明《封神演义》五三回：“兵对兵，将对将，各分～使深机。”清《二刻醒世恒言》下函一回：“力士当日计点本岛兵五万，选了～，分为五队。”

【头目人】 tóu mù rén 为首的人。宋卫泾《上淮西张运使书》：“与大军杂用，须就其间推择～为之统率，万一可用，以出奇牵制。”△清《小五义》一九四回：“你应当先找出一个在本地有人缘的～来，叫他带着你凑合，半冲他，合半冲你，那方能行得了。”

【头脑】 tóu nǎo ❶ 脑筋，思维能力。宋《朱子语类》卷二：“然四面八方合聚凑来，也自见得个大～。”《元朝秘史》卷一：“恰才统格黎河边那一业百姓，无个～管束，大小都一般，容易取有。”明《拍案惊奇》卷二九：“这句‘做官方许’的说话，是句没～的话，做官是期不得的。”△清《老残游记》四回：“那强盗～，早已不知跑到那里去了。” ❷ 头绪。明《拍案惊奇》卷一六：“省得又去别寻～，费了银子。”△清《负曝闲谈》二五回：“春大少爷摸不着～，只得跟着他到一间书房里。”

【头破血出】 tóu pò xuè chū 形容受到严重打击或遭到惨败的情形。《法苑珠林》卷八二：“尔时罗云向一不信婆罗门家乞食，吝惜不与，罗云被打，～，复撮沙投钵中。”清《红楼梦》八六回：“跑到那里，看见我儿子～的躺在地下喘气儿，问他话也说不出来，不多一会儿就死了。”

【头破血淋】 tóu pò xuè lín 犹“头破血出”。明《醒世恒言》卷三四：“提起木柴，把长儿劈头就打，打得长儿～，豪淘大哭。”△清《七剑十三侠》五六回：“虽不能伤他性命，亦打得他们～。”

【头破血流】 tóu pò xuè liú 犹“头破血出”。唐吕道生《定命录》：“其婢与夫相打，～。”△清《二十年目睹之怪现状》七一回：“理儒看见地下跪着一个～的妇人，便问谁在这里打伤人。”

【头钱】 tóu qián ❶ 用作赌具的铜钱。元关汉卿《调风月》一折：“过今春，先交我不系腰裙，便是半簸箕～扑个复纯。”元明《水浒传》三八回：“(李逵)便去场上将这十两银子撇在地下，叫道：‘把～过来我博。’” ❷ 赌博场所主人或供役使的人从赢者所得的钱中所提取的一小部分。明《古今小说》卷二一：“教小厮另取一两银子，送与汉老，作为～。”△清《官场现形记》二一回：“纵然不能赢钱，弄他们两个～，贴补贴补候补之用也是好的。”

【头势】 tóu shì 形势，情况。宋朱熹《答潘叔昌》：“看此～，只有山林是安乐处，别无可商量也。”明《西游记》五七回：“你到那里，须看个～。”

【头头是道】 tóu tóu shì dào 头头，处处，各方面。原为佛教语，指处处都有道。后用以形容说话做事有条不紊。宋克勤《碧岩录》一则：“到这里。言也端。语也端。～。”明居顶《续传灯录》卷二六：“方知头头皆是道，法法本圆成。”高攀龙《答刘直洲》：“不必安排，～。”清《野叟曝言》一三七回：“龙、麟二人料理诸事，分派众人，各专职司，倒也～。”

【头陁】 tóu tuó 同“头陀”。《祖堂集》卷二《庠夜多》：“摩罗多法已，行化至罗阅城，遇一～，名婆修盘头。”

【头陀】 tóu tuó 亦称头陁，意为抖擞，原意指抖擞浣洗烦恼，即指去掉尘垢烦恼，后用以称行脚乞食的僧人。唐[朝]崔致远《真鉴禅师碑铭》：“禅师形儿黯然，众不名而目为黑～，斯则探元处默，真为漆瓶子道人后身。”宋张师正《括异志》卷九：“郑官满，之鄂渚，游～寺，山下城小路见丛薄蔚然。”明《金瓶梅词话》八回：“烧香行者，推倒花瓶；秉烛～，镥拿香盒。”清《女仙外史》七回：“正要看玩，殿门铿然而开，一剪发～，雪白圆脸，齿黑唇朱。”

【头项】 tóu xiàng 头领，首领。宋彭大雅《黑鞑事略》：“置醮之法，则听诸酋～自定，差使之久近汉民。”

【头绪】 tóu xù 复杂纷乱的事情中的条理。宋《朱子语类》卷五二：“如此一章，初看道，如何得许多～，恁地多?”明《石点头》卷一〇：“丁奇适遭其衅，周绍偶受其唆，虽～各有所自，而造孽独出赵成。”清李渔《闲情偶寄》卷一：“～繁多，传奇之大病也。”

【投】 tóu 另见 dòu。❶ 掷，扔。《唐律疏议》卷七：“射及放弹，若～瓦石，有杀伤人者，以故杀伤论。”宋李纲《靖康传信录》卷一：“大船至，即以长钩摘就岸，～石碎之。” ❷ 投入，跳进。唐张鷟《朝野佥载》卷二：“碧玉读诗，饮泪不食，三日，～井而死。”宋龙衮《江南野史》卷一〇：“忽自焚燎及大筏，于是水陆诸军不战自溃，令斌力穷～火而死。”元《武王伐纣平话》卷中：“多是姜尚～水，必溺死也。”明汤显祖《牡丹亭》一七出：“几番待悬梁，待～河，‘免其指拆’。” ❸ 找上去，参加进去，投靠。《祖堂集》卷三《慧忠国师》：“是你三家村里男女牛背上将养底儿子，作摩生～这个宗门?”宋吴处厚《青箱杂记》卷五：“志在～秦，人境遂称于张禄；名非霸越，乘舟乃效于陶朱。”明汤显祖《牡丹亭》四八出：“俺女娘无处～，长路多孤苦。” ❹ 合，迎合。宋赵与时《宾退录》卷七：“君子力争，继之以去，小人～机，密赞其决。”明《拍案惊奇》卷一八：“与他谈着炉火，甚是～机，延接在家。”《欢喜冤家》八回：“我只为你要谋死他，怎生你倒话不～起来?”清《品花宝鉴》六回：“席间那个张仲雨与聘才叙起来是亲戚，讲得很～机。” ❺ 赠予，送给。唐李白《赠易秀才》：“少年解长剑，～赠即分离。” ❻ 投宿，住宿。唐杜甫《石壕吏》：“暮～石壕村，有吏夜捉人。”明汤显祖《牡丹亭》四九出：“呀，前面房子门上有大金字，咱～宿去。”清《绿野仙踪》七回：“～宿腐儒为活计，过今宵。因谈诗赋起波涛，始开交。”

【投奔】 tóu bēn 前去依靠他人。宋晁端礼《吴音子》：“管取你回心，却有～人时。”《元朝秘史》卷一：“全家起来，～不儿罕山的主人，名哂赤伯颜。”明汤显祖《牡丹亭》三九出：“俺的柳秀才呵，老驼没处～了。”清《聊斋俚曲·富贵神仙》二回：“要别离泪纷纷，生察察两下分，愁你在家没～。”

【投策】 tóu cè 抽签。宋张唐英《蜀梼杌》卷上：“令黄衣选人、白衣举人～就试，吏部考较。”

【投诚】 tóu chéng 归附。《五灯会元》卷一《十八祖伽耶舍多尊者》：“于是鸠摩罗多发宿命智，～出家。”明文秉《烈皇小识》卷三：“先是首推～乌程以求必济，乃奉旨另推者再，终于圣意未惬。”清《女仙外史》二五回：“抢至九仙台上，生擒了这些女贼。只怕不消杀得，都便～了。”

【投刺】 tóu cì 投递名帖求见。唐张鷟《朝野佥载》卷三：“遂行至州，～参州将，错题一张纸。”清陈康祺《郎潜纪闻》卷五：“明季士大夫～率称某某拜，开国犹然，近人多易以‘顿首’二字。”

【投窜】 tóu cuàn 放逐，流放。《唐律疏议》卷三：“摈之荒服，绝其根本，故虽妇人，亦须～，纵令嫁向中华。”

【投牒】 tóu dié 呈递文辞。宋司马光《涑水纪闻》卷三：“锁厅人最盛，开封府～者至数百人，国子监及诸州者不在在焉。”明于慎行《穀山笔麈》卷三：“因令所司，～升堂一如故事云。”

【投戈】 tóu gē 放下武器。宋洪適《十二时·忆少年》：“共愿乾坤陨祉，边鄙～。覆盂连瀚海，洗甲挽天河。”刘克庄《贺新郎》：“君去京东豪杰喜，想～、下拜真吾父。”

【投壶】 tóu hú 古代宴会中的一种游戏。唐张鷟《朝野佥载》卷六：“薛眘惑者，善～，龙跃隼飞，矫无遗箭。”宋毛滂《西江月》：“归去聊登文石，翱翔便是天衢。雅歌谁解继～？桃李无言满路。”明《金瓶梅词话》一九回：“良久，都出来院子内～顽耍。”余永麟《北窗琐语》：“告归亲迎，三司置酒邀焉。～至夜分。”郎瑛《七修类稿》卷三〇：“藏阄探帖，打马～。博钱者错处，抹牌者同区。”《山歌·叙山歌》：“结识私情像～，一箭两箭专在孔窍上做工夫，姐道郎呀。”谢肇淛《五杂组》卷六：“～视诸戏最为古雅，郭舍人～激矢令反，谓之‘骁’。”清《野叟曝言》一二九回：“顽耍之事，如下棋、抹牌、～、打双陆、抢红、猜手、赌拳、夺镖、打秋千、捉迷藏俱是。”

【投荒】 tóu huāng 贬谪、流放到荒远的地方。唐张籍《赠李司议》:"汉庭谁问～客,十岁天南着白衣。"宋黄庭坚《采桑子》:"～万里无归路,雪点鬓繁。度鬼门关。"清《明珠缘》三二回:"从来人臣为国除奸,纵剖心断胫,陷狱～,皆无所顾。"

【投机】 tóu jī 见解相同,也指利用时机谋取私利。《祖堂集》卷一《第十四祖龙树尊者》:"身显圆月,法流膏雨。提婆～,就谙旨趣。"金董解元《西厢记诸宫调》卷一:"倾心地正说到～处,听哑得门开瞬目觑,见个女孩儿深深地道万福。"元陶宗仪《辍耕录》卷一二:"抽锁钥只因片语～,向林下得大道高风。"明《古今小说》卷四〇:"李万听得话不～,心下早有二分慌了。"清《品花宝鉴》六回:"席间那个张仲雨与聘才叙起来是亲戚,讲得很～。"

【投迹】 tóu jì 举足,举步前往。唐李白《江上望皖公山》:"默然遥相许,欲往心莫遂。待吾还丹成,～归此地。"

【投寄】 tóu jì ❶ 投靠。《法苑珠林》卷一一:"于是父国国非,家族宗祀已灭,～邑人。"《大清会典则例》卷三五:"将从前～民户之荒熟地亩,收归猺户。" ❷ 附邮寄出。唐元稹《上令狐相公诗启》:"居易雅能为诗,就中爱驱驾文字,穷极声韵,或为千言,或为五百言律诗,以相～。"明胡应麟有《～托契良深报谢二律》。

【投军】 tóu jūn 指参军。《唐律疏议》卷一六:"若寇贼对阵,舍仗～及弃贼来降,而辄杀者。"金《刘知远诸宫调》一二:"不因嗔责些儿,便～在太原营幕。"宋欧阳修《论宣毅万胜等兵札子》:"然终是不及自～者,其农夫生梗,难以教训,至今全未堪使唤。"明《醒世恒言》卷五:"当下瞒过勤公、勤婆,竟往府中～。"清《野叟曝言》八九回:"因有胞叔到此地～,十餘年不通音信,故来寻访。"

【投老】 tóu lǎo 垂老,临老,告老,到老。宋侯置《风入松》:"～各殊方。痴儿官事何时了,恨花时、潘鬓先霜。"明宋端仪《立斋闲录》一:"又后十年,刘君亦去御史中丞,授封伯爵,～于家。"

【投卵击石】 tóu luǎn jī shí 喻不自量力,自取失败。宋孙光宪《北梦琐言》卷一四:"尔后朱朴,踵为大言,骤居相位,亦曾上表请破凤翔。所谓以羊将狼,～,幸而不用,何过望哉!"

【投袂】 tóu mèi 甩袖,比喻激怒或奋发之状。唐吴兢《贞观政要》卷一六:"朕自二九之年,有怀拯溺,发愤～,便提干戈。"宋佚名《万年欢慢》:"散瑞景烟微。～翩翩,趁拍迟迟。"明《二刻拍案惊奇》卷三五:"云雾苍茫,想起爱妾回风不知在烟水中那一个所在,～而起。"

【投栖】 tóu qī 前往栖息;投宿。宋蔡襄《春野亭待月有怀》:"阖关行人稀,～夕鸟还。"明《拍案惊奇》卷二一:"六融飞鸟,争～于树杪;五花画舫,尽返棹于洲边。"清《陕西通志》卷六五:"超古号蜀叟,本蜀人,顺治十八年,～山阳天柱山。"

【投契】 tóu qì ❶ 迎合。宋赵善括《公荐举奏议》:"莫不观时之为,窥上所好,视其文如布锦摛绣,责其效如捕风系影,以至毛举细故,道听陈言,所觊～上心。" ❷ 意见或见解相合。明郑善夫《答毛汝厉侍御》:"岂无英义者,与我独～。"△清《孽海花》九回:"彩云见了那位姑娘,倒甚～。"

【投亲】 tóu qīn 投靠亲戚。明《封神演义》八回:"我是过路～,天色晚了,借府上一宿,明日早行。"清孙嘉淦《请给官房疏》:"其中教书～在外居住者固有,而外无馆地,必须在监居住者,约有三百餘人。"

【投身】 tóu shēn 犹言舍身。唐玄奘《大唐西域记》卷二:"即趣石壁～而死,遂居此窟为大龙王,便欲出穴成本恶愿。"宋曾布《水调歌头》:"僚吏惊呼呵叱,狂辞不变如初,～属吏,慷慨吐丹诚。"明《拍案惊奇》卷三六:"说罢,女子也不知那里去了,张生就寻冢孔,～而人。"清《儒林外史》三回:"还有那些破落户,两口子来～为仆,图荫庇的。"

【投身纸】 tóu shēn zhǐ 卖身契。清《儒林外史》二五回:"这姓王的,在我家已经三代,我把～都查了赏他,已不算我家的管家了。"

【投师】 tóu shī 拜师,跟从老师学习。《祖堂集》卷二《第二十五祖婆舍斯多尊者》:"王诏出宫,～出家。师云:'汝欲出家,当为何事?'"《五灯会元》卷二《牛头山法融禅师》:"遂隐茅山,～落发。"明《欢喜冤家》二一回:"小姐年方二八,因而避入明因寺,～受戒,法名性空。"△清《官场现形记》八回:"这里陶子尧没了顾忌,话到～,越说越高兴。"

【投首】 tóu shǒu 自首。元《前汉书平话》卷上:"楚之臣锺离昧、季布二人赦到,～到官无罪,官职依旧封之。"清于成龙《弭盗安民条约》:"惟恐～到官,仍难免刀头一死。"

【投宿】 tóu sù 找地方住宿。宋孔夷《南浦》:"～骎骎征骑,飞雪满孤村。"明汤显祖《牡丹亭》四九出:"'多搀白水江湖酒,少赚黄边风月钱。'秀才～么?"清《绿野仙踪》七回:"～腐儒为活计,过今宵。因谈诗赋起波涛,始开交。"

【投胎】 tóu tāi 指人或动物死后灵魂又转投母胎,重生世间。明汤显祖《牡丹亭》二三出:"脱了狱省的勾牌,接著活免的～。"清《红楼梦》卷一:"诗后便是此石坠落之乡,～之处,亲自经历的一段陈迹故事。"

【投辖】 tóu xiá 典故名,指为留住客人,把客人车上的辖取下投到井里去,后用以比喻主人好客,殷勤留客。宋洪适《满庭芳》:"年荒省事,～井中稀。架上舞衣尘积,弦索断、筝雁差池。"清《二刻醒世恒言》下函九回:"王侯贵人多近臣,朝游北里暮南邻。陆贾分金将宴喜,陈遵～正留宾。"

【投闲置散】 tóu xián zhì sǎn 置于闲散之职。指不被重用。唐韩愈《进学解》:"动而得谤,名亦随之。～,乃分之宜。"清《品花宝鉴》一二回:"既不许他～,而必聚于京华冠盖之地,是造物之心,必欲使缙绅先生及海内知名之士品题品题,赏识赏识,庶不埋没这片苦心。"

【投献】 tóu xiàn ❶ 进献礼物或诗文。唐罗隐《谢刑部萧郎中启》:"某伏以内揣荒芜,早乖～。"清《绿野仙踪》三二回:"有人擒拿或斩首师尚诏夫妻～者,其功最大,另行保题,不在三赏之内。" ❷ 将田产托在缙绅名下以减轻赋税。宋陈著《申两浙转运司田产并根究魏彭状》:"所至州县,惟田既入学养士,不可～势要之家。"明《二刻拍案惊奇》卷二三:"这许多田地,大略多是有势之时,小民～,富家馈送,原不尽用价银买的。"清毛奇龄《奉史馆总裁札子》:"民地被奸人捏作荒闲,～秦府。"

【投降】 tóu xiáng 停止对抗,向对方屈服。《大宋宣和遗事》前集:"朝廷命呼延绰为将,统兵～海贼李横等出师收捕宋江等。"《元朝秘史》卷五:"本人是～你的人,被他每知得,将衣服脱去,欲杀间,遂扯脱走来。"明《型世言》七回:"纵使～中国,恐不容我,且再计议。"清《荡寇志》八一回:"那蔡京的两个心腹官员,闻梁山兵马到来,便开门～,迎接呼延灼兵马。"

【投晓】 tóu xiǎo 黎明。《法苑珠林》卷四五:"既失像金,取求无计,寻有贼中来者盗金,～俱不知是金担也。"宋韦骧《和岁除》:"玉盏椒花～荐,银檠蜡炬隔年消。"施枢《再雪》:"～又翻飞,春风亦被欺。"

【投央】 tóu yāng 投靠。《元曲选·杀狗劝夫》三折:"人便有个人,你哥哥特来～你,只要你休违阻我。"

【投谒】 tóu yè 投递名帖求见。唐封演《封氏闻见记》卷一〇:"液欲～二公,皆会其沦踬,故云。"清《红楼梦》一回:"意欲再写两封荐书与雨村带至神都,使雨村～个仕宦之家为寄足之地。"

【投裔】 tóu yì 投放荒远之地。宋宋庠《天罚有罪颂》:“丑党衔刃,元凶～。”明蒋德璟《大司冠苏公传》:“爵均应～,大快群情。”

【投簪】 tóu zān 撤下固冠用的簪子丢掉。宋苏轼《踏莎行》:“临风慨想斩蛟灵,长桥千载犹横跨。解佩～,求田问舍。”贺铸《阳羡歌·踏莎行》:“解组～,求田问舍。黄鸡白酒渝樵社。”曾觌《鹧鸪天》:“～易,息机难。鹿门归路不曾关。”

【投赠】 tóu zèng 赠送。唐李白《赠易秀才》:“少年解长剑,～即分离。”清《隋唐演义》九八回:“向来与卿疏阔,实朕之过。然珍珠～,未始无情,今当依仙师旧好从新之语,岂忍弃朕别居?”

【投贽】 tóu zhì 进呈诗文或礼物求见。唐司空图《唐故太子太师致仕卢公神道碑》:“踵门～者,已数百辈。”宋范镇《东斋记事》卷三:“初,举人居乡,必以文卷～先进,自糊名后,其礼寝衰。”清《红楼真梦》五九回:“连日一班新贵,都纷纷到荣府～,求见贾兰。”

【投杼】 tóu zhù 丢下织布的梭。唐吴兢《贞观政要》卷六:“当今群臣之内,远在一方,流言三至而不～者,臣窃思度,未见其人。”宋苏轼《代滕甫辨谤乞郡状》:“而臣之赋命至薄,积毁销骨,巧言铄金,市虎成于三人,～起于屡至,倘因疑似。”明张瀚《松窗梦语》卷一:“第众口铄金,积毁销骨。～之疑,曾参不能必于其母。”

【投足】 tóu zú 踏步。宋文莹《玉壶清话》卷一〇:“今泛不测之渊,～黠虏,归朝莫准。”明《欢喜冤家》二回:“摊饭庄丁,～便眠野草;馈浆田妇,满头尽插山花。”△清《玉梨魂》一章:“我何靳此一举手,一～之劳,不负完全责任而为颦卿所笑乎?”

【骰】 tóu 一种赌具。唐白居易《就花枝》:“醉翻衫袖抛小令,笑掷～盘呼大采。”

【骰盘】 tóu pán 掷骰子所用的盆。唐白居易《与诸客空腹饮》:“碧筹攒米碗,红袖拂～。”△清《二十年目睹之怪现状》四五回:“～里两颗骰子坐了五,一个还在盘里转。”

【骰子】 tóu zi 赌具名,色子,指用象牙、骨头或塑料做的小四方块,每面分别刻有一至六个点数,抛掷后比较带你数大小以决胜负。五代孙光宪《北梦琐言》卷三:“唐僖宗皇帝播迁汉中,蜀先主建为禁军都头,与其侪于僧院掷～。”宋张齐贤《洛阳缙绅旧闻记》卷一:“至未申间,梁祖果出,复坐于便听,令取～来。”明《型世言》八回:“今日来了,打发不像,我也并不曾与妓者取笑一句,～也不曾拈着。”清《野叟曝言》一六回:“只要～一转,便把以前卖的都赎回来了!”

【骰子选】 tóu zi xuǎn 机缘凑巧而得官。宋文天祥《与梅制干》:“人豪如此,犹落～,岂非朋友之责哉?”明王世贞《石拱辰司马》:“若弟昨者,一尘启事,真所谓～也。”

tòu

【透彻】 tòu chè ❶ 清澈,明亮。唐卢纶《栖岩寺隋文帝马脑盏歌》:“规形环影相～,乱雪繁花千万重。”清《女仙外史》六八回:“是为帝师垂象,光彩～若圆珠,形质端凝如美玉,威而和粹,恬而肃穆,在人间为至圣,在天上为大仙也。” ❷ 详尽而深入。宋王洋《寄题邓成之粟庵》:“～通真境,拘留即妄攀。”清《红楼梦》一一八回:“到底奶奶说话～,只一路讲究,就把二爷劝明白了。就只可惜迟了一点儿,临场太近了。”

【透快】 tòu kuài ❶ 透彻且直截了当。清玄烨《与留丞相书》:“立意～,自是明通之识。”《野叟曝言》六一回:“二姐精于医,要二姐随意诌几句,一个庸医,一个神医,语句不要太文,只要明白显亮,说得～,便是合式。” ❷ 爽快。清《豆棚闲话》八则:“承领高谈,不觉两胁风生,通体～。”

【透明】 tòu míng ❶ 能透过光线的。唐段成式《酉阳杂俎》卷二:“如此七日斸不已,墙忽～如一粟。”清《醒世姻缘传》二七回:“又一个张南轩,老年来患了走阳的病,昼夜无度,也还活了三年方死,入殓的时节,通身～,脏腑筋骨,历历可数,通是水晶一般。” ❷ 彻底。明《二刻拍案惊奇》卷二〇:“其家金银杂物多曾经媳妇商小姐盘验,儿子贾成之～知道。”

【透切】 tòu qiè 透彻,深切。宋《朱子语类》卷一〇七:“缘某前日已入文字,今作出,又止此意思,得诸公更作庶,说得更～。”清《红楼真梦》九回:“就事论事,这种办法原不为过,只是状子写得不～,不能动听;写得太～了,咱们阖族的脸面还在其次,姑娘将来怎么出门子呢?”

【透爽】 tòu shuǎng ❶ 明亮。明徐霞客《后游雁宕日记》:“门分为二,轩豁～,飞泉中洒。” ❷ 透彻。清冯班《钝吟杂录》卷一:“孟子曰性善,较说得～。”

【透悟】 tòu wù 透彻领悟。宋刘爚《题黄氏贫乐斋》:“道乡曾举龙门话,认作玄关～机。”明《禅真逸史》二回:“神定而戒行精严,律明而禅机～。”

【透晓】 tòu xiǎo 彻底晓悟。明唐顺之《答万思节主事书》:“近得来书,乃知复有～如大洲者在也。一快一快,但不知大洲所谓～而历官所不解者,何所指耶?”清李光地《榕村语录》卷一七:“不知如何作纲目,只是零碎处,不曾～得。”

【透泄】 tòu xiè 泄露。宋文天祥《与知言州江提举万顷》:“县大夫各私其土,不肯～。”明《金瓶梅》七六回:“怪道前日翟亲家说我机事不密则害成,我想来没人,原来是他把我的事～与人,我怎得晓的?这样的狗骨秃东西,平白养在家做甚么?”

tū

【凸】 tū 比周围高出。唐姚合《恶神行雨》:“风击水凹波扑～,雨潈山口地嵌坑。”宋苏轼《洞庭春色》:“瓶开香浮座,盏～光照牖。”元陶宗仪《辍耕录》卷一七:“古器款居外而～,识居内而凹。”明《醒世恒言》卷一一:“又闻得他容貌不扬,额颅～出,眼睛凹进,不知是何等鬼脸。”清《红楼梦》三八回:“寿星老头上原是一个窝儿,为万福万寿盛满了,所以到～高出些来了。”

【凸凹】 tū āo 高低不平。唐易静《兵要望江南·占月》:“一面～三两处,近臣怪怨夺君权,急究反情原。”宋欧阳修《答谢景山遗古瓦砚歌》:“败皮弊网各有用,谁使镌镵兔成～。”元佚名《归来乐·身不关陶唐禹夏》:“更有那橘柚园遮周匝,兰地平坡～。”明《西游记》一〇回:“形多～,势更崎岖。”△清《花月痕》一〇回:“西北角叠石为山,苍藤碧藓,斑驳缠护,沿山～,池水涟漪,绕着一带短短红栏。”

【凸出】 tū chū 高起;高出。唐徐成《宝金篇》:“眼似垂铃紫色鲜,满厢～不惊然。”宋《如净和尚语录》卷上:“今朝二月初一。拂子眼睛～。明似镜黑如漆。”明《醒世恒言》卷一一:“又闻得他容貌不扬,额颅～,眼睛凹进,不知是何等鬼脸。”△清《二十年目睹之怪现状》七二回:“在城边绕行一遍,只见瓮城～,开了三个城门,东西两个城门是开的,当中一个关着。”

【凸起】 tū qǐ 高起;突出。元陶宗仪《辍耕录》卷一七:“传世古，则不会入水土，惟流传人间，色紫褐而有原砂班，甚者，其班～，如上等辰砂。”明《醒世恒言》卷一一：“小妹额颅～，东坡答嘲云：‘未出庭前三五步，额头先到画堂前。’”清邵彬儒《俗话倾谈》卷一：“血流滴滴，两边腮颊～，好似猪头咁大。”

【凸凸】 tū tū 高出貌。元佚名《货郎旦》四折：“怎禁那萧萧瑟瑟风，点点滴滴雨，送的来高高下下、凹凹～一搭模糊，早做了扑扑簌簌、湿湿渌渌疏林人物。”明《警世通言》卷四〇：“低低～随流荡，大势弥漫上下连。”清邵彬儒《俗话倾谈》二集：“饮了一大煲茶，敢就饱得眼～，两脚都伸直。”

【秃】 tū ❶脱落，脱光。唐卢照邻《悲穷道》：“毛落须～，无叔子之明眉；唇亡齿寒，有张仪之羞舌。”罗隐《投前夏口韦尚书启》：“其后岁月煎熬，轮蹄顽～。仅逾十上，幸免一鸣。” ❷物体没了尖儿，不够锐利。唐元稹《有鸟二十章》之八：“偏啄邓林求一虫，虫孔未穿长觜～。”清《红楼梦》二六回：“红玉赌气把那样子掷在一边，向抽屉内找笔，找了半天，都是～的。”

【秃笔】 tū bǐ ❶笔尖脱毛而不合用的毛笔。唐杜甫《题壁画马歌》：“戏拈～扫骅骝，欻见骐驎出东壁。”宋苏轼《次韵吴传正枯木歌》：“但当与作少陵诗，或自与君拈～。” ❷指写作能力不高明。明李贽《读史·曹公一》：“况沈谢引短推长，僧虔～自免，孝标空续《辨命》哉？”△清《海上尘天影》二五回：“南宋重刻定武本都是～。”

【秃的】 tū de 突然。元佚名《朱砂担》一折：“我见他忽的眉剔竖，～眼圆睁。”

【秃屌】 tū diǎo 对僧人的讥嘲之词。金董解元《西厢记诸宫调》卷三：“生笑曰：‘两句传示，尚自疏脱，怎背诵《华严经》呵？～！’”

【秃丁】 tū dīng 对僧人的讥称。唐傅奕《请废佛法表》：“绅门裹，翻受～邪戒；儒士学中，倒说妖胡浪语。”五代孙光宪《北梦琐言》卷三：“此寺十年后当有～数千作乱，我以是厌之。”

【秃光光】 tū guāng guāng 光溜溜，没有修饰。明《拍案惊奇》卷三四：“我家官人正去乡试，要讨彩头，撞将你这一件～不利市的物事来。”清曹春江《合欢图》六一回：“没有称呼不顿首，～名字却因何？”

【秃楬楬】 tū jié jié 光秃秃。清胡文英《吴下方言考》卷一二：“吴谚谓物之秃者曰～。”

【秃襟】 tū jīn 光领。指衣服只有领口，没有衣领。宋苏轼《观杭州钤辖欧育刀剑战袍》：“～小袖雕鹘盘，大刀长剑龙蛇插。”明史玄《旧京遗事》：“司礼掌印太监曹化淳提督京营前后马队几千人，小珰俱～小袖，跟随左右，京城总捕太监马云程次之。”

【秃驴】 tū lǘ 谩骂僧人之词。《元曲选外编·西厢记》五本三折：“这桩事都是那长老～弟子孩儿，我明日慢慢的和他说话。”元明《水浒传》四回：“鲁智深道：‘不看长老面，洒家直打死你那几个～！’”明《金瓶梅词话》五七回：“你看这些蠢头村脑的～，止会吃酒噇饭，把这古佛道场弄得赤白白地，岂不可惜？”清《荡寇志》一三五回：“大叫：‘哥哥且住，待我来斩这～！’”

【秃奴】 tū nú 对僧人的一种蔑称。唐慧然《镇州临济慧照禅师语录》：“有一般不识好恶～，便即见神见鬼指东划西。”宋苏轼《踏莎行》：“这个～，修行忒煞。”元明《水浒传》四五回：“眉眼传情意不分，～绻恋女钗裙。”清《儒林外史》二四回：“这～可恶极了！”

【秃树】 tū shù 指树叶凋尽之树。枯树。宋杨万里《宿查溆》：“畴昔稺桑今～，如何白发不教生？”△清《花月痕》五〇回：“～支离，寒波渺漠，荒草低天，丛芦冷岸。”

【秃刷】 tū shuā 形容眼睛转动灵活。元乔吉《两世姻缘》一折：“那里有野鸳鸯眼，～的在黄金殿，则这伙木鹦哥嘴，骨邦的在仙音院。”关汉卿《蝴蝶梦》三折：“他三个足丢没乱眼脑剔抽～转。”

【秃厮】 tū sī 对僧人的讥嘲之词。元康进之《李逵负荆》二折：“俺哥哥要娶妻，这～会做媒，元来个梁山泊有天无日。”明《西游记》五六回：“众贼骂道：‘～无礼！还我大王的命来！’”清《野叟曝言》四三回：“原来这～如此可恶，这一刀真不枉也！”

【秃速】 tū sù 拙劣，无用。明汤显祖《邯郸记》三出：“问着呵，则是一班儿嘴～。”

【秃头】 tū tóu 光头。唐白居易《池上逐凉二首》之二：“棹遣～奴子拨，茶教纤手侍儿煎。”元佚名《黄花峪》四折：“若无呵，我去你～上直打五十个栗爆，我去了便来也。”明佚名《精忠记》七出：“他那里大刀砍，俺这里刚刚剩得三枝～箭，一来一往，战了一百二十合。”清《红楼梦》七回：“后来还亏了一个～和尚，说专治无名之症，因请他看了。”

【秃秃里】 tū tū li 单单，仅仅。明《醒世恒言》卷三：“袖中摸出这～一大锭放光细丝银子，递与鸨儿。”

【秃歪剌】 tū wāi là 对尼姑的戏称。歪剌，骂人的话，多用于妇女。清《红楼梦》七回：“周瑞家的问智能儿：‘你是什么时候来的？你师父～往那里去了？’”

【秃尾】 tū wěi ❶尾巴毛疏而短。《北史·杨愔传》：“愔曰：‘卿前在元子思坊骑～草驴，经见我不下。’漫汉惊服。” ❷鲢、鳙等类鱼的俗称。唐杜甫《观打鱼歌》：“徐州～不足忆，汉阴槎头远遁逃。”宋洪适《渔家傲》：“长吟杳杳澄江上，～槎头添一网。”

【秃子】 tū zi 头发脱落的人。唐义净译《根本说一切有部毗奈耶》卷四〇：“妹曰曾有秃人强逼于我，因即有娠，后遂生男。时人名为～。母号～母。”元明《水浒传》四五回：“自古说这～道：‘色中饿鬼兽中狨，弄假成真说祖风。’”清《东周列国志》五六回：“鲁大夫季孙行父，是个～，没一根毛发。”

【突】 tū ❶凸起，鼓出来。元明《水浒传》七八回：“只一下，打个衬手，正着荆忠脑袋，打得脑浆迸流，眼珠～出，死于马下。” ❷超过，超越。宋王庭珪《次韵郭伟节、段延直见寄》：“传看尺素双鱼尾，～过黄初数子诗。” ❸冲，闯。元明《三国演义》二四回：“且说张飞自以为得计，领轻骑在前，～入操寨。”《水浒传》一〇八回：“到伊阙山侧，不提防山坡后有贼将埋伏，领一万骑兵～出，与杨志等大杀一阵。”

【突冲】 tū chōng 冲撞；猛冲。宋周密《癸辛杂识》续集卷上：“盖防其来车相遇，则预先为避，不然，恐有～之虞耳。”清弘历《将军阿桂奏报攻克逊克尔宗诗以志事》：“冒雾～进丫口，火攻短兵各尽力。”

【突出】 tū chū ❶突然出现。唐白居易《琵琶行》：“银瓶乍破水浆迸，铁骑～刀枪鸣。”宋苏洵《权书上·强弱》：“吾击敌～自弱，常～自背反攻之，以是必胜。”明吴元泰《东游记》卷一：“马、赵侵掠八仙后阵至急，忽八仙阵中～一员大将，手执铁棒，势猛过人。” ❷凸出，隆起。《新唐书·则天武皇后传》：“新丰有山因震～，太后以为美祥，赦其县，更名庆山。”《五灯会元》卷四《婺州苏溪和尚》：“师曰：‘眼睛～。’”清《隋唐演义》四二回：“单全见说，登时把双睛～。” ❸表现出众。清李渔《巧团圆·言归》：“举国尽成鸠拙妇，也应～女陈平。”

【突地】 tū dì 以头触地。明沈德符《万历野获编》补遗卷三：“～而号，发焦肤裂死。”

【突尔】 tū ěr 突然。元王奕《黄池大水歌》：“中宵～駃一决，尽与河伯裾相牵。”清弘历《忆楚》：“乙卯之变～起，曲直昭鉴惟赖。”

【突过】 tū guò ❶超越，高出。唐杜甫《苏大侍御访江浦赋八韵记异》：“再闻诵新作，～黄初诗。”宋刘鉴《贺新郎》：“后隆山、层一层高，层层～。”清《野叟曝言》一四三回：“王妃道：‘妾身恐驸马止精武艺未娴文墨，观此两诗，何难～其兄《驾山集》乎？’”❷冲过。唐杜甫《催宗文树鸡栅》：“织笼曹其内，令人不得掷。稀间可～，觜爪还污席。”宋《朱子语类》卷五：“先生尝立北桥，忽市井游手数人悍然～。”《金史·徒单思忠传》：“有醉人腰弓矢，策马～，诸公子怒，欲鞭之。”

【突忽】 tū hū 莽撞唐突的样子。唐张鷟《朝野佥载》卷四：“履温心不涉学，眼不识文，貌恭而性狠，智小而谋大，趑趄狗盗，～猪贪。”

【突了】 tū le 出溜。明《金瓶梅》五四回：“那老子一路揉眼出来，上了马还打盹不住，我只愁～下来。”

【突立】 tū lì 耸立。清《聊斋志异·山魈》：“忽视之，一大鬼鞠躬塞入，～榻前，殆与梁齐。”

【突冒】 tū mào 冲撞；触犯。宋曾公亮等《武经总要》前集卷一一：“大翼者，当陆军之车；小翼者，当轻车～者。”明王守仁《上晋溪司马》：“情蹙辞隘，忘其～，死罪死罪。”

【突明】 tū míng 破晓。唐牛僧孺《玄怪录》卷三：“二吏谓全素曰：‘君命甚薄，～即归不得，见判官之命乎？’”《太平广记》卷二六一引唐温庭筠《乾饌子》：“吾今下笔一字不得生，……～，竟掣白而去。”

【突磨】 tū mó 徘徊，盘桓。元佚名《冻苏秦》二折：“我、我、我，～到多半晌走到他跟底，呀、呀、呀，可怎生无一个睬我的？”明佚名《村田乐》：“醉时节，卖场上闲～。”

【突怒】 tū nù 凸起的样子。唐柳宗元《钴鉧潭西小丘记》：“其石之～偃蹇，负土而出，争为奇状者，殆不可数。”

【突起】 tū qǐ 凸起；高耸。唐韩愈《南山诗》：“西南雄太白，～莫间簉。”宋沈括《梦溪笔谈》卷一九：“中间有二目，如大弹丸～。”清《引凤箫》一回：“回顾庭中，积雪高有尺餘，那如意石上，积雪亦有尺餘，丰隆～，宛如一座玉山。”

【突然】 tū rán 耸立的样子。唐韩愈《燕喜亭记》：“却立而视之，出者～成丘，陷者呀然成谷。”

【突梯】 tū tī 圆滑的样子。唐柳宗元《为裴中丞伐黄贼转牒》：“～鼠首，滥欲寄于旄头。”元陶宗仪《辍耕录》卷一〇：“淮南潘子素（纯）尝作辊卦，讥世之仕宦人以～滑稽而得显爵者。”

【突突】 tū tū ❶象声词。元明《水浒传》一六回：“四野无云，风～波翻海沸；千山灼焰，必剥剥石烈灰飞。”明《醒世恒言》卷九：“柳氏被女儿吓坏了，心头兀自～的跳。”清《红楼梦》四四回：“凤姐儿自觉酒沉了，心里～的似往上撞。” ❷忽然。明《英烈传》三一回：“只见一日间，他～的说：‘主公，你见张三丰与冷谦么？’”

【突突抹抹】 tū tū mō mō 磨磨蹭蹭，故意拖延时间。清《醒世姻缘传》五八回：“嗔道你～的不家去，是待哄我睡着了干这个！”

【突突囔囔】 tū tū nāng nāng 形容连续不断地低声说话。明《西游记》九四回：“呆子爬将起来，～的道：‘好贵人！好驸马！亲还未成，就行起王法来了！’”

【突突哝哝】 tū tū nóng nóng 小声说话。明《西游记》九三回：“八戒与沙僧在方丈中，～的道：‘明日要鸡鸣走路，此时还不来睡！’”

【突兀】 tū wù ❶心绪不宁，忐忑不安。宋《朱子语类》卷七二：“人怒时，自是恁～起来。故孙权曰：‘令人气涌如山。’”明《二刻拍案惊奇》卷一七：“俊卿看见，心里有些～起来。”车任远《蕉鹿梦》五折：“我昨日砍柴，似梦非梦，打得一个鹿。打时节，恰像是真，寻不着又道是梦。心中～，放他不下，夜来当真做一梦。”❷猝然。唐韩愈《送僧澄观》：“火烧水转扫地空，～便高三百尺。”宋司马光《苦雨》：“喧豗流潦怒，～坏垣秃。” ❸出乎意外，奇怪。宋王铚《默记》卷下：“（子厚）曰：‘一置兹山，一投汗水’亦可，然终是～。”

【突险】 tū xiǎn 险峻的样子。唐郑損《星精石》：“～呀空龙虎蹲，由来英气蓄寒根。”

【突烟】 tū yān 烟囱里的炊烟。唐刘禹锡《武陵观火诗》：“楚乡祝融分，炎火常为虞。是时直～，发自晨炊徒。”清王晫《今世说·雅量》：“虽～常冷，意豁如也。”

【突羽】 tū yǔ 疾飞的箭。唐杜甫《七月三日有诗戏呈元十一曹长》：“长铫逐狡兔，～当满月。惆怅白头吟，萧条游侠窟。”

【突撞】 tū zhuàng 冲撞。宋梅尧臣《古柳》：“始知网罟细，未足禁～。”

tú

【图】 tú ❶企图，企求。元赵显宏《昼夜乐·夏》：“有几个知己似我，不受用委实～甚么？”明《二刻拍案惊奇》卷一二：“从来说书的，不过谈些风月，述些异文，～个好听。”清《儒林外史》一回：“因老先生要买，房主人让了几十两银卖了，～个名望体面。”《红楼梦》二四回：“既要把银子借与他，～他的利钱，便不是相与交结了。” ❷谋划，谋算。唐李白《与韩荆州书》：“幸惟下流，大开奖饰，惟君侯～之。”宋曾巩《吕和卿考工员外郎制》：“夫能善于其职，固将～尔之劳。”元明《三国演义》一四回：“若二人同心引兵来犯，乃心腹之患也。公等有何妙计可～之？” ❸旧时地方区划名。明《拍案惊奇》卷六：“快行各乡各～，五家十家保甲一挨查，就见明白。”清顾炎武《日知录》卷二二：“～，即里也。”

【图霸】 tú bà 企图霸占。明《金瓶梅词话》二六回：“来旺儿悉把西门庆初时令某人将蓝段子，怎的调戏他媳妇儿宋氏成奸，如今故入此罪，要垫害～妻子一节，诉说一遍。”

【图报】 tú bào 图谋报复。明刘基《郁离子·省敌》：“夫子胥之入吴也，～其父兄之仇而已矣。”《型世言》一四回：“若是个处困时，把那小人～的心去度量他。”

【图不得】 tú bu de ❶顾不得，忍不住。清《红楼梦》四四回：“贾琏见了平儿，越发～了，所谓妻不如妾，妾不如偷。”❷撑持不住了。清《红楼梦》六三回：“芳官吃的两腮胭脂一般，眉梢眼角越添了许多丰韵，身子～，便睡在袭人身上。”

【图财害命】 tú cái hài mìng 为劫取钱财而致人死地。明《金瓶梅词话》四七回：“这苗青乃扬州苗员外家人，因为在船上与两个船家杀害家主，撺在河里，～。”清《镜花缘》五八回：“若论名色，有杀人放火的强盗，有～的强盗。”

【图财致命】 tú cái zhì mìng 即“图财害命”。元郑庭玉《金凤钗》四折：“杀人贼李虎，将平人～，市曹中明正典刑。”曾瑞卿《留鞋记》二折：“你如今将俺主人摆布死了，故意将这绣鞋揣在怀里，正是你～。”

【图度】 tú duó 揣度，揣测。《祖堂集》卷九《九峰》：“莫但向意根下～，作想作解。”《五灯会元》卷六《九峰道虔禅师》：“莫但向意根下～作解，尽未来际亦未有休歇分。”

【图功】 tú gōng 图谋建功立业。唐白居易《赠写真者》：“迢遰麒麟阁，～未有期。”宋王安石《贺钤辖柴太保启》：“轩陛～，即膺于宠数。”

【图害】 tú hài 谋害。唐玄奘《大唐西域记》卷八：“夜分已尽，谓德慧曰：‘可以行矣，恐人知闻来相～。’”元佚名《争报恩》二折：“他将我这一双业种阴～。”明《型世言》一回：“向北立不跪，成祖责问他在济南用计～，几至杀身。”

【图回】 tú huí 经营运转。宋范仲淹《奏为陕西四路入中粮草及支移二税》：“如能依此减省，入中万数，及～财用。”明归有光《嘉靖庚子科乡试对策五道》之五：“禁富人豪家，碾硙芦苇茭荷陂塘，壅碍上流，而仿钱氏遗法，收～之利，养撩清之卒，更番迭役以浚之。”

【图绘】 tú huì 图画。《新唐书·李益传》：“至《征人》《早行》等篇，天下皆施之～。”宋孔平仲《曹亭独登》：“白云依山起，点缀若～。”

【图赖】 tú lài 诬赖，栽赃。宋元《警世通言》卷七：“自家女儿偷了和尚，官司也问结了，却说这般鬼话来～人。”明《二刻拍案惊奇》卷三五：“县官不信道：‘你们吴中风俗不好，妇女刁泼。必是你女儿病死了，想要～邻里的。’”

【图谋】 tú·móu 图财谋利。《元朝秘史》卷三：“如今咱每行厌了也，恰才的言语莫不欲～咱每的意思有。”元明《三国演义》五七回：“奸雄亦不相容恕，枉自～作小人。”明《醒世恒言》卷三七：“众亲眷们，都是～的，我既穷了，左右没有面孔在长安，还要这宅子怎么？”

【图生长】 tú shēng zhǎng 希图生儿育女。明《金瓶梅》三七回：“实对你说了罢，此是东京蔡太师老爷府里，大管家翟爹，要做二房，～，托我替他寻。”

【图书】 tú shū 印章，图章。元明《水浒传》三九回：“小人雕的～，亦无纤毫差错，怎地见得有脱卯处？”

【图王】 tú wáng 图谋王业。宋柳永《双声子》：“想当年、空运筹决战，～取霸无休。”苏轼《白帝庙》：“失计虽无及，～固已奇。”

【图样】 tú yàng ❶ 绘制图样。清李斗《扬州画舫录》卷二：“子蔚池，有异才，善～，平地顽石。” ❷ 地图。元高文秀《渑池会》一折：“公子先进这十五座连城～，小官将去。”

【图章】 tú zhāng 印章。宋张耒《汤克一图书序》：“～之名，予不知其所起。”清《儒林外史》二一回：“要费先生的心，刻两方～。”

【图障】 tú zhàng 绘有图画的屏风，软障。唐李肇《国史补》卷下：“李益诗名早著，有《征人歌且行》一篇，好事者画为～。”五代王定保《唐摭言》卷三：“敕下后，人置被袋，例以～、酒器、钱绢实之，逢花即饮。”宋周邦彦《蕙兰芳引》：“塞北氍毹，江南～，是处温燠。”

【图识】 tú zhì 以图作标记。唐张彦远《历代名画记》卷一：“颜光禄云，图载之意有三：一曰图理，卦象是也；二曰～，字学是也；三曰图形，绘书是也。”元《通制条格》卷二八：“中书省为河间路捉获贼徒隐藏苗太监伪造～文书，奏奉圣旨施行外。”

【图治】 tú zhì 想办法治理好国家。宋李攸《宋朝事实》卷二：“先皇帝绍履至尊，钦笃先烈，～百王之上，垂精五载之间。”明刘基《郁离子·千里马》：“今之用人也，徒以具数与？抑亦以为良而倚以～与？”《清史稿·颖毅亲王传》：“～在人。”

【图轴】 tú zhóu 画卷；画轴。宋郭若虚《图画见闻志·玉画义》：“今古～，襞积繁伙，铨量必当，爱护尤勤。”苏辙《卢鸿草堂图》：“江干百亩田，清泉映修竹。尚将逃姓名，岂复上～？”元明《三国演义》七一回：“操偶见壁间悬一碑文～，起身观之。”

【图子】 tú zi 图形，图样。宋《朱子语类》卷七〇：“此等要须书个～看便好。”沈括《乙卯入国奏请》：“今来所理会地界～，恐到北朝尚有未晓地形界至与臣等理会，欲乞出示～指说。”

【荼毒生灵】 tú dú shēng líng 残害人民。宋周密《癸辛杂识》别集卷下：“庶免大军前去，～。”清《镜花缘》九六回：“彼时朝中是张易之、张昌宗、张昌期用事，日日杀害忠良，～，无恶不为。”

【荼毒生民】 tú dú shēng mín 残害人民。唐李华《吊古战场文》：“秦起长城，竟海为关，～，万里朱殷。”清《女仙外史》九回：“这样贪淫郡守，上天何不殛之，留他～！”

【荼蘼】 tú mí 同“酴醾❷”。蔷薇科小灌木，小叶椭圆形，花黄白色，有香气，供观赏。清《红楼梦》一七至一八回：“吟成豆蔻才犹艳，睡足～梦也香。”

【荼毗】 tú pí 佛教语。梵语音译。焚烧意。指僧人死后将尸体火化。明宋濂《住持净慈禅寺孤峰德公塔铭》：“吾殁后，当遵佛制，付之～，勿令四众衣麻而哭也。”《二刻拍案惊奇》卷一六：“说话的，怎么叫做‘～’？看官，这就是僧家西方的说话。”

【徒】 tú ❶ 古代五刑之一。徒刑。《新唐书·刑法志序》：“其用刑有五：……三曰～。”宋司马光《上谨习疏》：“其餘民事，皆委之州县，一断于法，或法重情轻，情重法轻，可杀可～，可宥可赦。”《清史稿·刑法志二》：“《明律》渊源唐代，以笞、杖、～、流、死为五刑。” ❷ 引申为罪，苦难。元王氏《粉蝶儿·寄情人》：“你在钱堆受用，撇我在水面遭～。”

【徒弟】 tú dì 从师学习的人。五代齐己《留题仰山大师塔院》：“曾约诸～，香灯尽此生。”清《红楼梦》一五回：“那秦鐘便只跟着凤姐，宝玉，一时到了水月庵，净虚带领智善，智能两个～出来迎接。”

【徒费】 tú fèi 白费。唐王梵志《夫妇相对坐》：“正报到头来，～将钱上。”

【徒流】 tú liú 徒刑或流刑，充军。元明《水浒传》三五回：“便是发露到官，也只该个～之罪，不到得害了性命。”清黄六鸿《福惠全书·清丈餘论》：“是时军需浩繁，定例隐漏一亩以上，即拟～。”

【徒侣】 tú lǚ 门徒；学生。敦煌本慧能《坛经》：“自南北分化，二宗主虽亡彼我，而～竞起爱憎。”清《聊斋志异·褚生》：“尝从塾师读于僧寺，～甚繁。”

【徒旅】 tú lǚ ❶ 指同行的伙伴。唐杜甫《前出塞》：“出门日已远，不受～欺。” ❷ 指徒众。《资治通鉴》卷一九三：“今借使十国入贡，其～不减千人。”清吴敏树《唐子方方伯梦砚斋铭》：“陈公骤起乡闾，捐家室，誓～，蹈锋饮血，其军最为雄健矣。”

【徒马】 tú mǎ 备用而不施鞍辔的马。宋程大昌《演繁露》卷三：“但者，徒也。～者，有马无鞍，如人袒裼之袒也。……然则谓之但马，盖散马备用而不施鞍辔者也。”

【徒孥】 tú nú 泛指罪犯，犯人。宋李清臣《谢赐恤刑诏表》：“～颂系，交手传欢。”

【徒配】 tú pèi 发配（罪人）。唐张九龄《吞咯煞歌》：“鸡逢犬子遭～，兔赶蛇歌走远乡。”宋周密《齐东野语》卷八：“合从奸罪定断，～施行。”《宋史·叶清臣传》：“所至苛虐，诛剥百姓，～无辜。”元明《水浒传》一七回：“若是贼徒难捉获，定教～入军州。”

【徒手】 tú shǒu 指空手。唐柳宗元《设渔者对智伯》：“向之从鱼之大者，幸而啄食之。臣亦～得焉。”宋秦观《庆禅师塔铭》：

“以财物属同产，使养其亲，～入寺，毁须发，受具戒。”清《东周列国志》一〇〇回：“晋鄙接符在手，心下踌躇，想道：‘魏王以十万之众托我，我虽固陋，未有败衄之罪。今魏王无尺寸之书，而公子～捧符，前来代将，此事岂可轻信？’”

【徒说】 tú shuō 白说；空说。明史叔考《小措大·旅思》：“梦迷离，空有蝴蝶，好事枉～。”

【徒特】 tú tè 白白地，徒然。《敦煌变文校注》卷二一《燕子赋(二)》：“缘争破坏窟，～费精神。”

【徒舆】 tú yú 众人。宋叶適《林正仲墓志铭》：“玉虹桥在市心，坏久，计费数百巨万，～缩手，正仲自与钱劝成之，至今为利。”

【徒驭】 tú yù 徒御。唐皇甫曾《遇风雨作》：“传呼戒～，振辔转林麓。”韩愈《燕河南府秀才》：“勉哉戒～，家国迟子荣。”

【徒子徒孙】 tú zǐ tú sūn 徒弟和徒孙。明《西游记》七九回：“你若救得我命，情愿与你做～也。”清《红楼梦》二九回：“我拿出盘子来一举两用，却不为化布施，倒要将哥儿的这玉请了下来，托出去给那些远来的道友并～们见识见识。”

【徒罪】 tú zuì ❶ 泛指罪罚。清《红楼梦》七五回：“我昨日把王善保的老婆打了，我还顶着～呢。” ❷ 徒刑之罪。《宋史·太宗纪》：“壬寅，诏御史府所断～以上狱具，令尚书丞郎、两省给舍一人虑问。”明《警世通言》卷一五：“知县将罪名都推在死者身上，只将胡美重责三十，问个～以儆后来。”

【途】 tú 仕途，官吏晋升之路。唐韩愈《游青龙寺赠崔大补阙》：“年少得～未要忙，时清谏疏尤宜罕。”△清夏仁虎《旧京琐记·考试》：“凡以别途进者限制极严，差缺升～皆无望也。”

【途程】 tú chéng 路程，道路。多用于比喻。宋范仲淹《得地千里不如一贤赋》：“展骥之～尽人，讵可经邦？”△清《儿女英雄传》三六回：“却说安公子……自己的功名却才走得一半～，歇了两日，想到明年会试，由不得不急着用功。”

【途次】 tú cì ❶ 停留；住宿。清葆光子《物妖志·狐》：“唐兖州李参军，拜职赴土，～新郑逆旅。” ❷ 半路上；旅途中的住宿处。宋苏轼《与张朝请书》：“某已到琼，过海无虞，皆托餘庇，……～裁谢，草草不宣。”元杨显《潇湘雨》二折：“我为你撇吊了家私，远远的寻～，恨不能五六里安个堠子。”明汪廷讷《狮吼记·赏春》：“小弟有一弟，千里远归，～幸保无事。”清《聊斋志异·菱角》：“女泣不盥栉，家中强置车上，～，女颠堕其下。”

【途次中】 tú cì zhōng 路中。次、中同义。元明《水浒传》七一回：“原来泊子里好汉，但闲便下山，或带人马，或只是数个头领，各自取路去～，若是客商车辆人马，任从经过。”

【途径】 tú jìng 路径。多用于比喻。清李渔《玉搔头·缔盟》：“就是这箇尊衔，也只好借为～。”△夏仁虎《旧京琐记·考试》：“考试取士为清代登进人才唯一之途径。”

【途路】 tú lù 谓旅行途中。元白樸《梧桐雨》二折：“陛下，怎受的～之苦？”明陈所闻《南宫词纪·四时怨别》：“要问你～如何，病害如何，待问呵问着那一个。”清陈端生《再生缘》四六回：“爹爹呀！丽君是未出闺门的弱女，那里受得～之苦？”

【途穷日暮】 tú qióng rì mù 喻走投无路。五代黄滔《翰林薛舍人》：“～，恐惧风波，亦犹抱沈疴者，悉将虔告于神医。”清黄遵宪《群公》：“～更何求，白首同拚一死休。”

【途人】 tú rén 谓成为不相识的人。明李昌祺《剪灯餘话·贾云华还魂记》：“矧令守制三年，仳离千里，不谐伉俪，从此～。”清冯桂芬《宗法论》：“国之人大半有四宗，无五宗，渐且涣散，渐且～。”

【途水】 tú shuǐ 取道水路。唐柳并《意林序》：“予扁舟～，留滞庐陵，扶风为余语其本尚。”

【途说】 tú shuō 道途之说。谓无稽之谈。清姚鼐《哭孔撝约三十二韵》：“道德惭～，文章劣管窥。”

【途辙】 tú zhé 路上之车迹。《五灯会元》卷一二《净因继成禅师》：“那知微笑已成～，纵使默然，未免风波。”

【途迍】 tú zhūn 道途困顿。喻处境困窘。唐史承节《郑康成祠碑》：“时季～，志不苟变，全身远害，猗欤美欤。”

【涂】 tú 另见 chá。涂改。唐刘蜕《梓州兜率寺文冢铭并序》：“实得二千一百八十纸，有～者，有乙者。”宋何薳《春渚纪闻》卷七：“其和欧叔弼诗云‘渊明为小邑’，继圈去‘为’字，改作‘求’字，又连～‘小邑’二字，作‘县令’字，凡三改乃成今句。”

【涂糊】 tú hú ❶ 涂抹。宋《密庵和尚语录》：“徒将朽木乱～，衲僧添的膏肓病。”《法演禅师语录》卷下：“青黄碧绿乱～，看来半嗔半喜。” ❷ 作弄，折腾。《五家正宗赞》卷四《仰山智通禅师》：“焚却诸圆相，使耽源懊恼尊怀；遇着小释迦，被胡僧～当面。”

【涂饰】 tú shì ❶ 把颜料、油漆等涂上加以装饰。宋梅尧臣《乞巧赋》：“今返妄营，则何异高山之木兮不能守枝叶之亭亭，欲戕而为牺象兮～乎丹青。”清《红楼梦》一七至一八回：“那门栏窗槅皆是细雕的新鲜花样，并无朱粉～。” ❷ 着意修饰装扮。宋叶適《刘夫人墓志铭》：“夫人素无妇女气习，鄙～，资度冲远。”

【涂污】 tú wū 另见 chá wū。污蔑。《五灯会元》卷七《保福从展禅师》：“曰：‘恁么则群生有赖也？’师曰：‘莫～人好。’”

【酴】 tú 酿酒。唐许浑《天竺寺题葛洪井》：“仍闻酿仙酒，此水过琼～。”

【酴醿】 tú mí ❶ 酒名。唐贾至《春思》之二：“红粉当炉弱柳垂，金花腊酒解～。”金元好问《送李童年德之归洛西》之一：“水南水北相逢在，剩醉～十日春。”清金钱会《十月歌》：“二月好景吃～，赵起八人结拜在金溪。” ❷ 花名。本酒名。以花颜色似之，故取以为名。唐崇圣寺鬼《题壁》：“禁烟佳节同游此，正值～夹岸香。”宋陆游《东阳观酴醿》：“福州正月把离杯，已见～压架开。”清厉鹗《春寒》：“梨花雪后～雪，人在重簾浅梦中。”

【酴米】 tú mǐ 用米饭做的酒曲。宋朱肱《北山酒经》卷上：“酒人谓之正汤，酝酿须～偷酸。”

【酴酥】 tú sū ❶ 酒名。亦作酴苏。明沈受先《三元记》二九出：“夜雨灯前蒙训育，春风堂上饮～。”清赵翼《己未元旦》：“饮罢～最后觞，履端复此庆农祥。” ❷ 指一种平顶的帐篷。宋周煇《清波杂志》卷一一：“或问～事于鲍钦止，鲍曰：‘平屋谓之～，若今幕次之类，往往取少长均平之义。’”

【屠残】 tú cán 残杀。《旧唐书·秦宗权传》：“贼首皆慓锐惨毒，所至～人物，燔烧郡邑。”清《江西通志》卷五七：“赣寇陈三枪，据松梓山砦，出没江西广东，所至～。”

【屠毒】 tú dú 杀害；毒害。宋文天祥《葬无主墓碑》：“大河流血丹，～谁之罪？”清《红楼梦》一回：“有一种风月笔墨，其淫秽污臭，～笔墨，坏人子弟，又不可胜数。”

【屠坊】 tú fáng 宰杀牲畜的作坊。《宋高僧传》卷七《唐越州应天山寺希圆传》：“先是～，故皆镇于其下。”

【屠夫】 tú fū 即“屠户”。明林俊《处士吴东轩墓志铭》：“士有寓佣，亦有酒隐，乘运脱蟠，～将领。”清李玉《清忠谱》一〇折：“那专诸是市井～，拚命献鱼肠，赢得雄名万古。”

【屠醢】 tú hǎi 屠杀。明陶安《望夫山》：“为臣不忠取～，何如贞女身长在。”清黄宗羲《明夷待访录·兵制二》：“何至驱市人而战，受其～乎！”

【屠户】　tú hù　以宰杀牲畜为业的人。宋王炎《上刘岳州》："～科买圣节猪羊，给价直之半。"元《前汉书平话》卷下："数内有一妇人，是～张永之妻。"清《儒林外史》三回："他妻子乃是集上胡～的女儿。"

【屠剪】　tú jiǎn　屠杀，劫掠。宋司马光《言北边上殿札子》："既而敌心忿恨，遂来报复，～熟户，钞劫边民。"清《圣祖仁皇帝亲征平定朔漠方略》卷四："即其构怨已深，日相～。"

【屠解】　tú jiě　屠宰肢解。唐李商隐《行次西郊作一百韵》："中原困～，奴隶厌肥豚。"

【屠绝】　tú jué　灭绝。明胡直《平乐府节推刘公墓志铭》："各帅咸拟移兵，～一村。"《杨家将演义》四七回："逆丑早早回兵，万事俱休；不然，～汝等，以为宋人报仇也。"

【屠刳】　tú kū　指屠杀。明归有光《赠张别驾序》："且日钩取疑似之人，以为贼谍而～之。"

【屠侩】　tú kuài　谓屠夫市侩之流。指出身微贱。明沈德符《万历野获篇》卷一一："盖其时待京朝官有礼，不忍以篚篚～轻加人也。"清陈康琪《郎潜纪闻》卷九："起家～，淫侈亡等。"

【屠刘】　tú liú　犹言屠杀。明宋濂《鲍氏慈孝堂铭序》："至元丙子，郡将李世达军叛，群寇相挺而起，肆其～。歙民相惊，皆风雨散去。"

【屠牧】　tú mù　屠夫和牧人。旧时指操贱业者。清姚鼐《族谱序》："王者兴于草泽，将相出于～。"

【屠人】　tú rén　❶ 杀人。《太平御览》卷八二八引《凉州异物志》："大秦之国，断手去躯，操刀～。"　❷ 以宰杀牲畜为业的人。清鲁一同《卖耕牛》："牛不能言但呜咽，～磨刀向牛说。"

【屠市】　tú shì　屠宰牲畜的市场。宋石介《明隐》："萧何隐于吏，韩信、樊哙隐于～。"清纪昀《阅微草堂笔记》卷八："如每夜缚一鬼，唾使变羊，晓而牵卖于～，足供一日酒肉资矣。"△《花月痕》二九回："一时急难，昔所谓文章道义之交，毫不可恃，吾将见惟此～沽儿，尚可奋袂，特出作不平之鸣也，吾知作者之感触深矣！"

【屠苏袋】　tú sū dài　医生在农历十二月送往主顾府第的一种药袋，内装辟邪药物。宋吴自牧《梦粱录》卷六："医士亦馈～，以五色线结成四金鱼同心结子……"

【屠剔】　tú tī　杀戮。唐柳宗元《贞符》："琢斮～，膏流节离之祸不作，而人乃克完平舒愉，尸其肌肤，以达于夷途。"明归有光《答俞质甫书》："夫彼已甘就～剖割，以遂其志，此岂有顾于后世之荣名者？"

【屠杌】　tú wù　肉摊；肉铺。宋洪迈《夷坚志》乙卷八："适从～买来，方有求于君家，岂敢以符为厌呪？"

【屠殒】　tú yǔn　谓被杀丧命。宋叶適《始议一》："至颜亮～，北方溃乱。"

【屠诛】　tú zhū　杀灭。明徐渭《刈圃》："就中拟厥罪，蚊也尤其渠，……更番以迭进，安得尽～？"

【屠子】　tú zi　屠夫，杀猪宰羊的人。明《西游记》九〇回："行者又叫～来，把那六个活狮子杀了。"

tǔ

【土】　tǔ　❶ 地方的，本地的。元明《水浒传》一三回："那步兵都头，管着二十个使枪的头目，二十个～兵。"　❷ 土司，土官。元、明、清时于西北、西南地区授予的由各少数民族首领担任的世袭官职。《明史·四川土司传》："三十九年命勘东川阿堂之乱。初，东川～知府禄庆死，子位幼，妻安氏摄府事。"

【土盎】　tǔ àng　瓦罐。宋苏辙《形势不如德论》："乃用一樽二簋～瓦缶，相与拳曲，俯仰于户牖之下。"明文徵明《岁暮斋居即事》："纸窗猎猎风生竹，～浮浮火宿茶。"

【土白】　tǔ bái　土话；方言。清王浚卿《冷眼观》一九回："谁知被两个乡下妇人几句～，竟把我各种烦闷解脱得十有八九。"

【土包】　tǔ bāo　对乡下人的贬称，引申为没见过世面的人。清《品花宝鉴》二二回："那个人像是个～，只不知怎闹起来的？可晓得他是那里人？"

【土笔】　tǔ bǐ　古代绘画起稿用的笔。宋范镇《东斋记事》卷四："其常所居及寝处，皆置～。"明杨慎《九柠一罢》："先以～拟其形数，次修改，曰九柠。"

【土兵】　tǔ bīng　地方兵。宋欧阳修《尹师鲁墓志铭》："又欲训～代戍卒，以减边用，为御戎长久之策，皆未及施为。"元明《水浒传》二四回："武松道：'教嫂嫂生受，武松寝食不安，县里发一个～来使唤。'"明《金瓶梅词话》一回："却说当日武松来到县前客店内，收拾行李铺盖，交～挑了，引到哥家。"

【土拨鼠】　tǔ bō shǔ　旱獭的俗称。《元朝秘史》卷二："有个青海子做营盘，住其间，打捕～、野鼠吃着过活了。"明胡侍《真珠船·毗狸》："塔喇不花，一名～，味甘无毒，煮食之，宜人。"

【土番】　tǔ bō　❶ 土人，土著。指世代居住本地的人，有轻视意。唐孟郊《新平歌送许问》："早回儒士驾，莫饮～河。"清《红楼梦》六三回："咱家现有几家～，你就说我是个小～儿。"　❷ 吐蕃。唐慧琳《一切经音义》卷八一："南蛮北接氐羌，西过南界即土番南界，越数重高山峻岭，涉历川谷，凡经三数千里，过～界，度雪山南脚即入东天竺。"　❸ 巡缉地方、捉拿盗贼的差役。江南人叫"阴捕"，北方又称"番子手"。明《金瓶梅》九五回："忘八见他使钱儿猛大，……戳与～。"

【土蕃】　tǔ bō　吐蕃。《敦煌变文校注》卷五《佛说阿弥陀经讲经文(一)》："独西乃纳驼马，～送宝送金。"《元史·世祖纪四》："夏四月己丑，诏于～。"

【土财主】　tǔ cái zhǔ　地方上有钱的人。元李行道《灰阑记》二折："俺们这里有几贯钱的人，都称他做员外，无过是个～，没品职的。"明《二刻拍案惊奇》卷一九："家有肥田数十亩，耕牛数头，……算做山边一个～。"

【土茶】　tǔ chá　当地所产的茶。宋李觏《宋故朝奉郎陈公墓碣铭》："郴有～，既贡而卖其餘。"清查慎行《重阳日各赋五章》之二："手拾堕巢薪，为余烹～。"

【土娼】　tǔ chāng　私娼。清于成龙《弭盗安民条约》："若有游妓～，尽行驱逐，通限一月之内，另改别业。"△《女娲石》八回："便无妓女，也有～。"

【土炒】　tǔ chǎo　炮制中药的一种方法，用沙土与药料共炒，使药料受热均匀。清《红楼梦》一〇回："人参二钱，白术二钱，～。"

【土铛】　tǔ chēng　瓦锅。宋蒲寿宬《赠隐者》："～三合米，竹牖半床书。"元胡天游《婆饼焦》："～敲火泪如雨，婆饼不焦心自苦。"

【土虫】　tǔ chóng　度古(一种毒虫)的俗称。唐段成式《酉阳杂俎》卷一七："～，似书带，色类蚓，长二尺餘，首如铲，背上有黑黄襕，稍触则断。"宋《河南程氏遗书》卷一五："故葬者鲜不被虫者，虽极深，亦有～。"

【土处】　tǔ chǔ　犹言穴居。唐韩愈《原道》："木处而颠，～而病也，然后为之宫室。"宋曾巩《礼阁新仪目录序》："至于后圣有为宫室者，不以～为不可变也；为棺椁者，不以葛沟为不可易也。”

【土锉】 tǔ cuò 一种炊具，犹今之砂锅。唐杜甫《闻斛斯六官未归》：“荆扉深蔓草，～冷疏烟。”《宋史·苏云卿》：“～竹几，地无线尘。”明李东阳《斋居日待诸同官不至》：“砚田晓滴蔷薇露，～春回榾柮烟。”清吴伟业《途中遇雪即事言怀》：“山薪～续，村酿瓦罂提。”

【土迖】 tǔ dá 农具，形似大畚箕，用于担土石等。明《拍案惊奇》卷三五：“贾仁带了铁锹、锄头、～之类来，……拱开石头，那泥簌簌的落将下去。”

【土地】 tǔ dì 迷信传说中掌管某一地方的神，土地神。唐李复言《续幽怪录》卷四：“中牟县三异乡木工～者，自幼信神祇，每食必分置于地，潜祝～，至长未常暂忘也。”宋孟元老《东京梦华录》卷一〇：“又装锺馗小妹、～、灶神之类，共千餘人。”清《红楼梦》二九回：“宝玉下了马，贾母的轿刚至山门以内，见了本境城隍～各位泥塑圣像，便命住轿。”

【土地祠】 tǔ dì cí 供奉土地神的祠堂。宋蔡絛《铁围山丛谈》卷四：“器之不乐，因自焚香于～前。”清《品花宝鉴》六〇回：“九香楼绝好一个花园，百花全有，如今单有一个花神牌位，且在隐僻处，与～一样，岂不亵渎花神？我拟借他们九个作个九香花史，众位以为何如？”

【土地公公】 tǔ dì gōng gong 土地神。明《醒世恒言》卷二八：“夜来梦见～说道：‘今科状元姓潘，明日午时到此，你可小心迎接！’”清《疗妒缘》八回：“～尚然如此怕老婆，妹丈竟不为奇了。”

【土地老儿】 tǔ dì lǎo er 土地神。清《说岳全传》六四回：“黑影影两边立着两个皂隶，上头坐个～。”

【土地老子】 tǔ dì lǎo zi 即“土地老儿”。《元曲选·争报恩》三折：“～保佑，则愿的买卖和合，百事大吉，利增百倍。”明《西洋记》二七回：“长的长窈窕，撞着开路先锋，咱说甚么你的长；短的短婆娑，遇着～，你说甚么咱的短。”

【土地庙】 tǔ dì miào 供奉土地神的庙。宋洪迈《夷坚志》戊卷四：“堂后有小～，其门与溷厕相连。”清《醒世姻缘传》三七回：“小和尚方与母亲说知～显灵，要去挂袍。”

【土地堂】 tǔ dì táng 即“土地祠”。宋黄震《黄氏日钞》卷八〇：“先人司存～烧香拜告，发大誓愿。”清《品花宝鉴》三九回：“他家隔壁有个～，新挂了一块匾。”

【土定瓶】 tǔ dìng píng 北宋时定窑或他处烧制的一种质地较粗、颜色稍黄而造型古朴的瓶子。清《红楼梦》四〇回：“案上只有一个～中供着数枝菊花，并两部书，茶奁茶杯而已。”

【土妇】 tǔ fù 土官之妻。明谭纶《擒获积恶渠贼查叙功次以励人心疏》：“十七日，～凤氏督领土兵于礼州城外与贼对敌，生擒恶贼十名，斩获首级四颗。”清《平定金川方略》卷一：“缘明正木坪两土司年幼，皆系～任事。”

【土歌】 tǔ gē 民间流传的诗歌。宋戴植《鼠璞》卷上：“故《国风》，十五国之～，～之正为正风，～之变为变风。”明邝露《赤雅》卷下：“岩洑之下，有驯龙焉。靓女欲见之，盛饰入岩，唱～。龙出，五色炤灼，驯习如素。”

【土工】 tǔ gōng ❶ 旧时专司殡葬的人。明沈榜《宛署杂记》卷一〇：“盖专掌内庭物故宫女殡送之役者，名曰～。” ❷ 仵作。旧时检验死尸的吏役。明佚名《勘金环》三折：“自小身世习～，检尸相勘我偏能。” ❸ 泥塑匠人。唐罗隐《谗书·二工人语》：“吴之建报恩寺也，塑一神于门，～与木工互不相可。”

【土骨】 tǔ gǔ 石头。宋梅尧臣《淮岸》：“秋水刷～，峭瘦如老石。”清史震林《西青散记》卷一：“湖中得～二，以夹炉，如双峰。”

【土骨堆】 tǔ gǔ duī 坟墓。唐韩愈《饮城南道边古墓上》：“偶上城南～，共倾春酒三五杯。”《元曲选·盆儿鬼》三折：“呀，呆老子也，却原来是一个～。”清陈廷敬《游城南三绝句·小丘》：“黄尘万井春街晚，烂醉城南～。”

【土官】 tǔ guān 地神。唐陆龟蒙《祝牛宫辞序》：“建之前日，老农请乞灵于～，以从乡教。”《云笈七籤》卷二四：“轩辕星，天之后妃～也。”

【土豪】 tǔ háo 一方的首领。宋文天祥《己未上皇帝书》：“至如诸州之义甲，各有～；诸峒之壮丁，各有隅长。彼其人望，为一州之长雄。”

【土豪劣绅】 tǔ háo liè shēn 指横行乡里的士绅。清《绣鞋记》一回：“且说有一～，姓叶名荫芝，系莞邑石井乡人，别号鹿莪，浑名皮象。”《三侠剑》二回：“敬的是忠臣孝子，杀的是～。”

【土户】 tǔ hù 世居本地的住户。《通典》卷四〇：“自圣上御极，分命使臣按地收敛～与客户，共计得三百餘万。”明《金瓶梅》一回：“知县在厅上赐了三杯酒，将库中众～出纳的赏钱五十两赐与武松。”清弘历《缅甸诗六十韵》：“缅乃大蹂躏，劫略恣焚毁，盏达与干崖，～遭兵毁。”

【土花】 tǔ huā ❶ 苔藓。唐李商隐《杂歌谣辞·李夫人歌》：“～漠碧云茫茫，黄河欲尽天苍黄。”宋范成大《宜男草》：“扫柴荆、～尘网。留小桃、先试光风，从此芝草琅玕日长。”元傅按察《鸭头绿·钱塘怀古》：“禁庭空、～晕碧，辇路悄、呵喝声干。” ❷ 金属器皿表面长期受泥土剥蚀而留下的痕迹。宋梅尧臣《古鉴》：“古鉴得荒冢，～全未磨。背菱尖尚在，鼻兽角微讹。”元杨载《卧钟》：“汉殿经焚后，呀然卧草中。雕儿牙板废，锈涩～蒙。”

【土化】 tǔ huà 埋在土中腐烂，化为泥土。宋梅尧臣《题嘉兴永乐院檇李亭》：“～吴王甲，骨朽越王兵。”

【土话】 tǔ huà 小地区内使用的方言。宋晓莹《罗湖野录》卷四：“圜悟因诣其寮，举青林搬～验之。”△清《二十年目睹之怪现状》七四回：“骂了一回，又是一回，说的是他们山东～。”

【土鸡瓦犬】 tǔ jī wǎ quǎn 喻徒有其表，实则无用。《五灯会元》卷一二《仁寿嗣珍禅师》：“处州仁寿嗣珍禅师僧问：‘知师已得禅中旨，当阳一句为谁宣？’师曰：‘～。’曰：‘如何领会？’师曰：‘门前不与山童扫，任意松钗满路岐。’”元明《三国演义》二五回：“以吾观之，如～耳！”

【土墼】 tǔ jī 土坯。明《拍案惊奇》卷三五：“撬起石板，乃是盖下一个石槽，满槽多是～块一般大的金银，不计其数。”清胡文英《吴下方言考》卷一二：“吴中谓土砖曰～。”

【土妓】 tǔ jì 未入官籍的娼妓。明《禅真逸史》一三回：“如今升元阁前有一～，十分标致，我今作东，送贤侄往彼处一乐何如？”《大清律例》卷四一：“流娼、～，邻保知情容隐者。”

【土窖】 tǔ jiào 地下室。宋欧阳修《魏贾逵碑》：“诸将覆护囚于壶关～中，守者祝公道释其械而逸之。”清《豆棚闲话》四则：“城外十餘里有个～，不风不雨，上市来觅些饮食倒也顺便。”

【土精】 tǔ jīng 人参的异名。宋刘敬叔《异苑》卷二：“人参一名～，生上党者佳。”明李时珍《本草纲目》卷一二：“其在五参，色黄属土而补脾胃，生阴血，故有黄参血参之名。得地之精灵，故有～地精之名。”

【土井】 tǔ jǐng 未加砖石砌的井。清《红楼梦》一七至一八回：“篱外山坡之下有一～，傍有桔槔辘轳之属。”

【土苴】 tǔ jū 比喻贱视，以之为土苴。宋吕大钧《天下为一家赋》："皆～其子孙。"△清王国维《观堂集林》："或乃舍我熊掌，食彼马肝，～百王，粃糠三古。"

【土军】 tǔ jūn 本地军队。唐李德裕《续得高文端贼中事宜四状》："东去沁州十五里，城寨至牢固，贼兵约一千五百人，内五百人～。"宋李觏《寄上富枢密书》："加之～未知其籍，是取无用之人，为匮财之本。"清胤禛《朱批谕旨》卷八一："系本司佃户世籍～土民实非川省及本省汉民。"

【土炕】 tǔ kàng 北方人用土坯或砖块砌成的睡觉用的长方台。宋黄仲元《题宋蜀翁北游诗卷后》："日日杨花，家家芍药，春夏之景自佳；狂飙早雪，蒲帘～，南北之气或异。"元王实甫《破窑记》一折："～芦席草房，那里有绣纬罗帐。"明《金瓶梅词话》九四回："半间房子，里面打着～，炕上坐着五六十岁的婆子。"清《儒林外史》三五回："当下走进屋里，见那老妇人尸首，直僵僵停着，旁边一张～。"

【土刻滩子】 tǔ kè tān zi 人在挣扎抓挠时留在地上的痕迹。元马致远《荐福碑》二折："要你三件信物，要他那衣衫襟子，刀上有血，挣命的～。"

【土孔笼】 tǔ kǒng lóng 即土窟笼，指墓穴。唐王梵志《纵得百年活》："前死后人埋，鬼朴悲声送，纵得百年活，还入～。"

【土寇】 tǔ kòu 指地方上的反叛者或起义农民。《旧唐书·窦威传》："蜀～往往聚结，悉讨平之。"清《珍珠舶》一二回："谢宾又刚欲退后躲避，那马早已冲在面前。原来却是一伙～。"

【土库】 tǔ kù 贮藏财物的私人库房。宋元《古今小说》卷三六："入得那～，一个纸人手里托着个银球，底下做着关捩子。"元张可久《落梅风·叹世和刘时中》："～千年调，金疮百战功。"

【土牢】 tǔ láo 地面下的牢房。宋真德秀《奏乞将知宁国府张忠恕亟赐罢黜》："两狱罪囚、～编管等人，并家累重大，官兵月粮口食，州郡自当措办。"清《五美缘》五四回："既然这个狗头愿死，师父何必破了杀戒，不如送到～结果了他的性命便了。"

【土力】 tǔ lì 土地的肥沃程度。唐张蠙《华山孤松》："石罅引根非～，冒寒犹助岳莲光。"宋梅尧臣《谨和相国屋上菊丛》："既无地势美，又乏～拥。"清潘天成《治河一》："以地形洼下，～疏薄，过脉处细嫩，常被水之冲击而决也。"

【土脉】 tǔ mài 泛指土壤。唐韩愈《苦寒》："雪霜顿销释，～膏且粘。"宋曾巩《诸寺观祈雨文》："春气已中，农工方急，而膏泽未洽，～尚干。"清唐甄《潜书·性才》："十月之间，阳虽存而不用，不能疏～，鼓万物，谓之无阳。"

【土馒头】 tǔ mán tou 指坟墓。唐王梵志《城外土馒头》："城外～，陷草在城里。"宋范成大《重九日行营寿藏之地》："纵有千年铁门限，终须一个～。"明阮大铖《春灯谜》二七出："铺里广赊金锭子，衕边新长～。"清周亮工《与王隆吉书》："过数年，老人入～中，深松茂柏尚不知爱，区区世上名，亦复何关?"

【土民】 tǔ mín 当地人，本地人。唐白居易《送客春游岭南二十韵》："～稀白首，洞主尽黄巾。"宋孔平仲《孔氏谈苑》卷三："纯之以药救人无数，仍刻其方以示～。"

【土木八】 tǔ mù bā 厨子。元佚名《延安府》二折："经历，拿那～来！〔经历云〕有！令人拿过那厨子来！"

【土木监】 tǔ mù jiān 掌管营建宫室的官员。《旧唐书·封伦传》："素将营仁寿宫，引为～。"

【土木身】 tǔ mù shēn 喻人不加修饰的本来面目。唐施肩吾《经桃花夫人庙》："谁能枉驾入荒榛，随例形相～。"元刘因《写真诗卷三首》之一："龙祠岳庙尽冠巾，雨露何关～?"

【土目】 tǔ mù 土司所属官员的称号。明王守仁《奏报田州思恩平复疏》："其各州～，于苏受之讨，又皆有狐兔之憾。"清《女仙外史》八一回："那时黔中尚未设有藩臬道府，皆属流官～所辖，安然无事。"

【土囊】 tǔ náng 堵水用的盛满泥土的袋子。《旧唐书·马燧传》："燧乃于下流以数百乘，维以铁锁，锁绝中流，实以～以遏水，水稍浅，诸军毕渡。"宋王安石《次韵耿天骘大风》："纵勇万川冰柱立，纷披千障～开。"

【土泥】 tǔ ní 借喻最不被爱惜的东西。清《红楼梦》一六回："别讲银子成了～，凭是世上所有的，没有不是堆山积海的。"

【土偶蒙金】 tǔ ǒu méng jīn 喻因袭模仿，徒有其表。明赵崡《宋蔡襄荔枝谱》："此闽中刻，刻手不佳，而君谟正书犹有永兴遗意，苏黄米三家不及也，评者谓～，冤矣。"清吴乔《答万季野诗问》八："宋诗如三家村叟，布袍草履，是一个人。明诗～。"

【土炮】 tǔ pào 土法制造的炮。宋徐梦莘《三朝北盟会编》卷六八："又偏～坐尊、牌石。"

【土坯】 tǔ pī 把黏土放在模型里制成的土块。明方以智《物理小识》卷七："～半干而烧之。"清《歧路灯》九五回："砖瓦椽檩，石灰～，公买公卖。"

【土平】 tǔ píng 踏平，夷为平地。元高文秀《渑池会》二折："则为这秦昭公使计兴邦，为玉璧惹起刀枪，领大兵齐临秦地，～了京兆咸阳。"郑光祖《周公摄政》三折："他老将会兵机，敢～了三四国。"

【土气】 tǔ qì 俗气。清王端履《重论文斋笔录》卷二："楼阁界画稍有～，观此第五叶中，楼阁用红丝作格，似近于俗。"

【土人】 tǔ rén 本地人，当地人。唐马总《赠日本僧空海离合诗》："何乃万里来，可非衒其才。增学助元机，～如子稀。"元明《水浒传》一一八回："那高侍郎也是本州～，故家子孙，会使一条鞭枪。"

【土僧】 tǔ sēng 当地的和尚。唐马总《赠日本僧空海离合诗》："释空海《性灵集序》云：'和尚昔在唐日，作《离合诗》赠～惟上。'"皇甫湜《石佛谷》："～何为者，老草毛发白。"

【土上加泥】 tǔ shàng jiā ní 比喻增添一层痴迷、纠缠。《景德传灯录》卷二九《归宗智常颂》："迷人未了劝盲聋，～更一重。"宋《大慧禅师语录》卷一："无上禅师已为诸人入泥入水，葛藤不少，径山(系大慧和尚之法号)不可更向～。"

【土舍】 tǔ shè 土司的属官。明王守仁《札付永顺宣慰司官舍彭宗舜冠带听调》："统兵～彭宗舜，系致仕宣慰彭明辅嫡生。"清毛奇龄《列朝备传·洪鐘》："会蓝五以所掠女作己女，饰嫁永顺～彭世麟，以结欢世麟。"

【土四贝】 tǔ sì bèi 隐语，即"賣(卖)"的拆字。卖出。明《醋葫芦》一一回："文书票押已落袖里，只须寻个主儿，行起'～'的勾当，何虑手头乏钞哉！"

【土酥】 tǔ sū ❶本地出产的酥酪。唐杜甫《病后过王倚饮赠歌》："长安冬菹酸且绿，金城～净如练。"清弘历《西直门外》："初泮朝烟切晓凉，润侵兰埒～香。" ❷萝卜。宋陈达叟《本心斋蔬食谱》："～，芦菔也。一名地酥。"清宋荦《题钱舜举三蔬图三首·萝卜》："诗人昔赋采葑菲，～虽贱味则良。"

【土塑】 tǔ sù 泥塑。唐张果《玄珠歌》："谩求～及丹青，空看经文道岂成。"牛僧孺《玄怪录》卷四："今汝所纳新妇，妖媚无双。吾于～图画之中，未曾见此。"△清《花月痕》四八回："不想悍贼在后，妖妇当先，只喝声'住'，官军便如～木雕，连眼睛都不动了。"

【土塘】 tǔ táng 土堤。宋楼钥《钱清盐场厅壁记》："又尝为府中修山阴两乡海上石堤八百丈、～千三百餘丈。”清田雯《诰授通议大夫佟公墓志铭》：“所至左提右挈，栉风沐雨，石崖～，铸金楗木，财不多费，役不后时。”

【土团】 tǔ tuán 由当地人组成的武装集团。《新唐书·王氏传》：“集～诸儿为向导，擒甫斩之。”《资治通鉴》卷二四六：“军士八百，外有～五百人。”清《聊斋志异·崔猛》：“由此声威大震，远近避乱者从之如市，得～三百餘人。”

【土味】 tǔ wèi 泥土的味道。唐薛能《秋日将离滑台》：“僮汲野泉兼～，马磨霜树作秋声。”

【土物】 tǔ wù 某地特有著名产物；本地土特产。《唐六典》卷三：“郎中员外郎掌领天下州县户口之事，凡天下十道，任土所出，而为贡赋之差。”唐李林甫注：“旧额贡献，多非～，或本处不产而外处市供。”宋《三朝北盟会编》卷五五：“近晚，伴使令人来传语二人，请排礼物～，来早见国相。次日译语二人前来，引请若水等赍国书押礼物～入军门见国相。”明《二刻拍案惊奇》卷四：“张贡生整肃衣冠，照着上司体统行个大礼，送了些～候敬。”清《红楼梦》六七回：“他看见是家乡的～，不免对景伤情。”

【土性】 tǔ xìng 指土壤的燥湿、肥瘠等性质。《宋史·河渠志》：“濒海～虚燥，难以建置。”元赵孟頫《题耕织图》：“良农知～，肥瘠有不同。”明何景明《田园杂诗》：“随宜安～，宜话群野人。”清黄景仁《院斋纳凉杂成》：“我行达淮颍，～竹不栽。”

【土堰】 tǔ yàn 土筑的拦水坝。宋苏辙《论黄河软堰札子》：“及～若成，有无填塞河道致将来之患，然后遣使按行。”元明《三国演义》一〇七回：“遂令军士掘～，断上流。”清施闰章《禹庙碑记》：“然其水冲激浩汗不可遏，～随决。”

【土窑子】 tǔ yáo zi 下等妓院。清《品花宝鉴》二四回：“有人看见李元茂在～，一个人去嫖，被些土棍打进去，将他剥个干净。”

【土仪】 tǔ yí 用来送人的土产品。宋孟元老《东京梦华录》卷七：“清明节：都城人出郊，……谓之门外～。”明《拍案惊奇》卷一一：“如今重到贵府走走，特地办些～来拜望你家相公。”清《红楼梦》一二回：“一应～盘缠，不清烦说，自然要妥帖。”

【土宜】 tǔ yí ❶ 指故乡。唐杜甫《奉送魏六丈佑少府之交广》：“穷途仗神道，世乱轻～。” ❷ 地方特产。宋周密《武林旧事》卷三：“至于果蔬、羹酒、……粉饵、时花、泥婴等，谓之‘湖中～’。” ❸ 同“土仪”。指专门用作礼品的土产。宋吴自牧《梦粱录》卷五：“市井扑卖土木粉捏妆彩小像儿，……为～遗送。”明《二刻拍案惊奇》卷三二：“近日有个钦差内相谭稹，到浙西公干，所过州县，必要献上～。”清《醒世姻缘传》九三回：“送胡无翳～，里面有一匹栗色松江纳布。”

【土音】 tǔ yīn 地方口音，方音。唐萧颖士《舟中遇陆棣兄》：“但见～异，始知程路长。”明《二刻拍案惊奇》卷二四：“自实急了，走上前去，说了山东～，把自己姓名，大声叫喊。”

【土雨】 tǔ yǔ 飞扬的尘土。宋李新《登天台》：“江云不与山云接，～还因夜雨消。”△清《济公全传》四回：“刚来到门首，就见由正西尘沙荡漾，～翻飞，一骥马二乘小轿，来者正是王员外。”

【土语】 tǔ yǔ 土话。宋王观国《学林》卷四：“盖夥颐者，楚人～，惊叹夸大之声也。”△清《花月痕》二八回：“自此秃头逢人就说钱同秀怕老婆，就把这六个字，做个并州～。”

【土约】 tǔ yuē 土堤。宋司马光《请优赏宋昌言札子》：“于二股河口西岸新滩上置立～，搠栏水势，令入东流。”

【土乐】 tǔ yuè 土著的、本地的乐器或音乐，地方之乐。唐张说《奉和圣制过晋阳宫应制》：“星轩三晋躔，～二尧封。”

【土运】 tǔ yùn 土德。唐陈陶《圣帝击壤歌四十声》：“百六承尧绪，艰难～昌。”《旧唐书·玄宗纪》：“五月丁亥，盖诸卫幡旗绯色者为赤黄，以符～。”

【土灶】 tǔ zào 在地上挖成的灶。宋郭祥正《开元客馆》：“～有烟营饭饱，柴门无客任苔斑。”清《恨海》四回：“东面墙脚下打了一口～，树叶树枝，高粱秆子铺满一地。”

【土贼】 tǔ zéi ❶ 旧时统治者对当地起义农民的蔑称。《元史·仁宗纪》：“庚辰，庐阳，麻阳二县以～作耗，蠲其地税赋。”清吴敏树《黄特轩传》：“黄君旋又逐之巴陵新墙市，～即时皆散。” ❷ 小毛贼。明《金瓶梅词话》九三回：“吃巡逻的当～拿到该坊节级处，一顿拶打，使的罄尽，还落了一屁股疮。”

【土甑】 tǔ zèng 器具。唐李贺《始为奉礼忆昌谷山居》：“～封茶叶，山杯锁竹根。”《云笈七籤》卷七九：“又用清水杀研末，在碗上～内，又蒸、研、淘。准此法，五度入饭甑四度，入～蒸之。其～蒸时，碗口上别用一口碗合之。”

【土长根生】 tǔ zhǎng gēn shēng 土生土长。元王实甫《丽堂春》四折：“这里是～父母邦，怎将咱流窜在济南天一方。”石君宝《秋胡戏妻》二折：“回想他亲娘今年七十岁，早来到～旧乡地，恁时节母子夫妻得完备。”

【土中曲蟮】 tǔ zhōng qū shàn 指充满疑心。用于歇后语。明《警世通言》卷一五：“口虽不言，分明是‘～，满肚泥心。’”

【土中人】 tǔ zhōng rén 死人。明宋濂《灵洞题名后记》：“实绍熙三年壬子，距前题己丑已二十有四年，而四君子者皆作～矣。”程敏政《简李学士世贤》：“寺中检弊簇，得曩岁游梁园佳句。记当时曾各奉分四韵，至今零落不成卷，汝弼懋衡元益遂已作～。”

【土中宅】 tǔ zhōng zhái 坟墓。唐孟郊《达士》：“君看～，富贵无偏颇。”

【土著】 tǔ zhù ❶ 世代居住的地方。清俞樾《春在堂随笔》卷一〇：“则临平乃其流寓，而非～也。” ❷ 世代居住某一地方的本地人。唐杜甫《往在》：“冗官各复业，～还力农。”宋《朱子语类》卷一：“先生曰：‘差役时皆～家户人，州县亦较可靠；免役则浮浪之人。’”元周伯琦《兴和郡》：“提封广以遐，编氓半～。”清《聊斋志异·田子成》：“少君姓江，此间～。”

【吐】 tǔ 另见 tù。❶ 呈现，显露。宋孙觌《梅花》：“梦断酒醒山月～，一枝疏影卧东窗。”清黄景仁《鹊踏枝·寄龚梓树》：“三五冰轮檐际～，为问惊乌，今夜栖何处？”《红楼梦》五八回：“只见柳垂金线，桃～丹霞。” ❷ 亮出，摆出。元佚名《独角牛》二折：“你看我跌过脚轻轻的倒柏，～架子扒下来嘴缝上飕飕的着我扣落拍。”元明《水浒传》一〇二回：“王庆也～个势，唤做蜻蜓点水势。”△清《儿女英雄传》六回：“只见那瘦子紧了紧腰转向南边，向着那女子～了个门户，把左手拢住，右拳头往上一拱，说了声‘请’。”

【吐白】 tǔ bái ❶ 呈露白色。唐常衮《晚秋集贤院即事》：“翻黄桐叶老，～桂花初。”明黄汝良《玉壶冰赋》：“夜光含辉，截脂～。” ❷ 陈说，宣告。明洪璐《白知春传》：“每岁天子将颁历，辄先以消息～人间。”

【吐胆倾心】 tǔ dǎn qīng xīn 即“吐肝露胆”。宋元《警世通言》卷一二：“承信方敢～。”又卷二四：“公子屏去从人，与刘推官～，备述少年设誓之意。”元佚名《绛都春·四时怨别》：“情浓乍别，为多才寸心千里萦结。～，将海誓山盟曾共设。”

【吐肝露胆】 tǔ gān lù dǎn 喻赤诚相待，说出心里话。明李贽《复京中友朋》：“我既真切向道，彼决无有厌恶之理，……决无不～与我共证明之意。"

【吐供】 tǔ gòng 招供。宋黄榦《危教授论熊祥停盗》:"问三人前日所以～之由,则曰:'危四官人并弓手徐亮黄友绷缚棰打,不胜其苦,便自诬服,非其本情也。'"清《野叟曝言》一四〇回:"师徒共八人,绷绳复加索,解官各～,罪案若山积,如此有十数,同时俱发掘,检验各成招,秋风首咸馘。"

【吐浑】 tǔ hún 吐谷浑。唐张说《拨川郡王碑》:"圣历二年,以所统～七千帐归于我。"《新五代史·四夷附录三》:"～,本号吐谷浑,或曰乞伏干归之苗裔。"

【吐口】 tǔ kǒu 开口,多用于表示同意、应允或提出要求等。明《金瓶梅词话》三七回:"这婆子见他吐了口儿,坐了一回,千恩万谢去了。"清《歧路灯》八回:"王中十分着急,日日向孔宅求这请先生的话,……几番商量,却有三分～之意。"梦笔生《金屋梦》二一回:"李师师起初全不～,又是五千两、三千两,一味海说。"

【吐利】 tǔ lì 呕吐;泄泻。宋庄绰《鸡肋编》卷上:"色清而味甘,误食之,令人～。"《太平惠民和剂局方》卷二:"或发霍乱,～转筋,并宜服之。"

【吐沥】 tǔ lì 倾诉。明张居正《答督抚吴环洲言敬事后食之义》:"冒昧～,惟高明采之。"吾邱瑞《运甓记》四〇出:"～赤诚,朝霞失色。"

【吐噜】 tǔ lū 蒙古语,可惜。元佚名《愁愤》:"～～段阿奴,施宗施秀同奴歹。"原注:"吐噜,可惜也。"

【吐露】 tǔ lù ❶ 说出实情或真心话。唐白居易《苏州刺史谢上表》:"尘渎皇鉴,～赤诚。"元刘壎《隐居通议》卷三一:"盖急于～,而忘其裁制也。"明《醒世恒言》卷二七:"焦氏、焦榕初时抵赖,动起刑法,方才～真情。" ❷ 显露。宋《朱子语类》卷七一:"寻常～见于万物者,尽是天地心。"

【吐气】 tǔ qì ❶ 呼气。明《拍案惊奇》卷五:"喘吁吁～不齐,战兢兢惊神未定。" ❷ 发泄怨气,舒发受压抑之气。唐李白《梁甫吟》:"宁羞白发照清水,逢时～思经纶。"明姚士粦《见只编》卷中:"其记污辱宫闱,至不忍读,盖必宋人借此～耳。"清钱谦益《南征吟小引》:"韩退之从裴晋公蔡州归师次潼关有'日出潼关四面开,相公亲破蔡州迥'之句,古人文士咸为～。"黄景仁《上朱笥河先生》:"十年吟苦霜鬓丝,一编～今其时。"

【吐气扬眉】 tǔ qì yáng méi 形容受压抑的心情得以舒展而感到快意。明《二刻拍案惊奇》卷二二:"公子听得这一番说话,方才觉得有些～,心里放下。"

【吐茹】 tǔ rú ❶ 吐刚茹柔。《旧唐书·温造传》:"然造之举奏,无所～。朝廷有丧不以礼、配不以类者,悉劾之。"《资治通鉴》卷五五:"祐数临督司,有不～之节。"明刘基《郁离子》:"抑天不能制物之命而听从其自善恶乎?将善者可欺,恶者可畏,而天亦有所～乎?" ❷ 比喻为政的宽严。唐白居易《崔咸可洛阳县令制》:"然宰大邑,如烹小鲜。人扰则疲,鱼扰则馁;宽猛～,其鉴于兹。" ❸ 比喻钱财的出入。清李渔《闲情偶寄》卷一六:"是天也者,用地之物也,犹男为一家之主,司出纳～之权者也。"

【吐实】 tǔ shí 供出实情。《唐律疏议》卷四:"纵不～,未得论罪。"清汪琬《湖广湖南布政使于公墓志铭》:"更召被缢者妻及其家厮养童讯之,俱～。"

【吐食】 tǔ shí 吐哺,极言殷勤待士。唐杨炯《唐恒州刺史王义童神道碑》:"公虽勋参缔构,位揔班条,金友玉昆,良田广宅,而能～下士,倒屣迎宾。"宋叶適《送陈子云通判》:"临餐～嗟无餘,幽情惨郁时一舒。"

【吐绶鸡】 tǔ shòu jī 鸟名。俗称火鸡。以喉下有肉垂,似绶,故称。明李时珍《本草纲目》卷四八:"项有嗉囊,内藏肉绶,……《食物本草》谓之吐锦鸡。"清赵翼《题岭南物产图六二韵》:"带箭鸟拖尾,～赘肉。"

【吐丝自缚】 tǔ sī zì fù 比喻自己的所作所为阻碍了自己的行动自由。《景德传灯录》卷二九《志公和尚十四科颂》:"闻声执法坐禅,如蚕～。"

【吐谈】 tǔ tán 谈吐。宋罗从彦《遵尧录一》:"澄隐善养生,～可喜,不肯以其术市恩。"罗烨《醉翁谈录》丁集卷一:"其中诸妓,多能文词,善～,亦评品人物,应对有度。"

【吐退】 tǔ tuì ❶ 犹言出让;退还。《元典章·户部五》:"体知得一等农民,将见种官地私下受钱,书立私约～转佃。"《元代白话碑集录·虚仙飞泉观碑一》:"照得:浮屠山已在～内。"明《警世通言》卷一五:"其向来欺心,换人珠宝,赖人质物,虽然势难～,发心喜舍,变卖为修桥补路之费。" ❷ 指退还财物的收条、字据。清《儒林外史》一六回:"你哥听着人说,受了原价,写过～与他,那银子零星收来,都花费了。"

【吐吞】 tǔ tūn 吞吐,一吞一吐的。唐韩愈《陆浑山火和皇甫湜用其韵》:"山狂谷很相～,风怒不休何轩轩。"宋王安石《昆山慧聚寺》之二:"峰岭互出没,江湖相～。"明张羽《金川门》:"利石侔剑戟,风涛相～。"清顾梦游《焦山纪游》:"直上转苍翠,云际犹～。"

【吐蚊鸟】 tǔ wén niǎo 水鸟名,又名蚊母鸟。唐刘恂《岭表录异》卷中:"蚊母鸟,形如青鹢,嘴大而长,于池塘捕鱼而食,每叫一声,则有蚊蚋飞出其口,俗云采其翎为扇,可辟蚊子。亦呼为～。"宋王谠《唐语林》卷八:"江东有～,夏则夜鸣,吐蚊于芦荻中。"

【吐心吐胆】 tǔ xīn tǔ dǎn 喻真诚相联系,待说出真心话。宋朱熹《答刘季章》:"日用之间,应事接物,直是判断得直截分明,而推以及人,～,亦只如此,更无回互。"

【吐絮】 tǔ xù 指柳树、芦苇等植物开花后结子。因所结的子带有絮状白色绒毛,故称。唐吴融《汴上晚泊》:"柳寒难～,浪浊不成花。"

【吐绚】 tǔ xuàn 焕发光彩。唐王勃《乾元殿颂》:"金坛紫露,映银籥而翻华;瑶林白雪,藻琼章而～。"《唐雩杞乐章》:"绀筵分彩,宝图～。"

【吐盂】 tǔ yú 痰盂。清昭梿《啸亭杂录》卷一:"上南巡,章司行宫陈设,欲媚上欢,以镂银丝造～设坐侧。"

【吐绽】 tǔ zhàn 犹言裂开。明唐寅《川泼棹》:"碧碧草沿阶,海榴半～。"

tù

【吐】 tù 另见 tǔ。呕吐。《元典章·刑部六》:"他物内损～血、兵刃斫体不着,各五十七下。"元明《三国演义》八四回:"彤长叹曰:'吾今休矣!'言讫,口中～血,死于吴军之中。"清《聊斋志异·咬鬼》:"伏而嗅之,腥臭异常,翁乃大～。"

【吐法】 tù fǎ 用药物促使呕吐的治疗方法。明李时珍《本草纲目》卷二:"凡上行者,皆～也。"

【吐壶】 tù hú 唾壶。明王世贞《谢生歌七夕送脱屣老人谢榛》:"剧谈麈尾击～,囊中欲探一钱无。"

【吐骂】 tù mà 唾骂。清《醒世姻缘传》七三回:"其人生得村壮雄猛,年纪三十岁以下,在妇人行中大有强敌之名,致得那妇人们千人～，万人憎嫌。”

【吐沫】 tù mo 唾液。明《古今小说》卷一八：“被人做一万个鬼脸，啐干了一千担～，也不为过。”

【吐泻】 tù xiè 上吐下泻。明李时珍《本草纲目》卷三：“桑白皮，止霍乱～。”清《医宗金鉴》卷五“呕吐而利，此名霍乱”集注：“轻者只曰～，重者挥霍撩乱，故曰霍乱。”

【吐眩】 tù xuàn 呕吐眩晕。宋徐兢《宣和奉使高丽图经·蓬莱山》：“舟中之人，～颠仆，不能自持。”

【吐药】 tù yào 使人呕吐的药物。明李时珍《本草纲目》卷二：“～之苦寒者，瓜蒂、卮子、茶末、豆豉、黄连、苦参、大黄、黄芩。”清姚衡《寒秀草堂笔记》卷三：“昂地谋牛瑠璃十四两七钱，一匣，系～。”

【兔】 tù 传说中的月中玉兔，亦指月亮。唐杜甫《月》：“～应疑鹤发，蟾亦恋貂裘。”

【兔儿爷】 tù er yé 中秋节应景的一种兔头人身的玩具。清《品花宝鉴》七回：“典虽不典，切却甚切。你没有见过中秋节，摊子摆的～脸上，都是金的么？”

【兔房】 tù fáng 传说中玉兔捣药的地方，借指仙家药室。明徐渭《水仙》：“～秋杵药，鲛室夜珠梭。”

【兔宫】 tù gōng 月宫。宋王十朋《天香亭记》：“如登飞来之峰而香飘自天，如骑蟾蜍游～而下视人间世，真剡中之绝景也。”明胡应麟《贺申学士生辰启》：“～蟾阙，呈五彩之奇辉；凤阁鸾台，备千秋之盛典。”

【兔钩】 tù gōu 弯月。唐崔橹《过南城县麻姑山》：“斜倚～孤影伴，校低仙掌一头来。”

【兔管】 tù guǎn 指毛笔。宋方逢辰《题卖试卷引》：“愿挥～，早缀鸿名。”清吴绮《臬宪金公寿序》：“敬捧兕觥，从父老之后；爰抽～，进元辅之前。”

【兔翰】 tù hàn 指毛笔。五代黄滔《误笔牛赋》：“况乎乌文黛暗，驳彩花新，～初停，旁起落毛之想；鼠须尚对，遥怀食角之因。”《宋高僧传》卷五《唐长安青龙寺道氤传》：“虽提～，颇见狐疑。”

【兔毫】 tù háo 用兔毛制成的笔，泛指毛笔。唐罗隐《寄虔州薛大夫》：“海鹏终负日，神马背眠槽，会得窥成绩，幽窗染～。”金萧贡《假梅》：“莫道去非诗破的，～那解写花真。”元王举之《一半儿·开书》：“泪痕香沁污鲛绡，墨迹淋漓损～，心事渺茫云路遥。”明谢肇淛《五杂组》卷一二：“吴兴自～外，有鼠毫、羊毫二种。”清龚自珍《鹧鸪天》：“～留住伤心影，输与杭州老画师。”

【兔褐】 tù hè ❶兔毛布。唐白居易《三年冬随事铺设小堂寝处稍似稳暖因念衰病偶吟所怀》：“暖帐迎冬设，温炉向夜施。裘新青～褐，褥软白猿皮。”李肇《国史补》卷下：“宣州以兔毛为褐，亚于锦绮，复有染丝织者尤妙，故时人以为～真不如假也。”宋陆游《新裁短褐接客以代戎服或以为慢戏作》：“虽云裁～，不拟坐渔扉。” ❷黄黑色。宋黄庭坚《煎茶赋》：“亦可以酌～之瓯，瀹鱼眼之鼎者也。”

【兔胡】 tù hú 一种用多层布缝制的宽腰带，扎在腰间干活行动利索有力。元关汉卿《调风月》二折：“把～解开，纽扣相离。”又四折：“官人石碾连珠，满腰背无瑕玉～；夫人每是依时按序，细搀绒全套绣衣服。”

【兔鹘】 tù hú ❶同“兔胡”，一种用多层布缝制的宽腰带。《宋史·舆服志六》：“上项带，国言谓之‘～’，皆其故主完颜守绪常服之物也。”元王实甫《丽春堂》一折：“衲袄子绣搀绒，～碾玉玲珑，一个个跃马扬鞭，插箭弯弓。”明贾仲明《金安寿》三折：“缕金鞓玉～，七宝嵌紫珊瑚；墨锭髭髯，捻绒绳打着鬓须。” ❷一种白色猎鹰。元《通制条格》卷二七：“真定路打捕总管府捉获货卖～角鹰人等。”佚名《柳营曲·题章宗出猎》：“白海青，皂笼鹰，鸦鹘～相间行，细犬金铃，白马红缨。”清《红楼梦》二六回：“这个脸上，是前日打围，在铁网山教～捎了一翅膀。”

【兔华】 tù huá 明月。唐骆宾王《秋日饯尹大官往京序》：“～东上，龙火西流，剑影沉沉，碎楚莲于秋水。”清谭吉璁《和韵》：“绿烟初洗～秋，片片鱼云静不流。”

【兔角】 tù jiǎo 兔不生角，因此以“兔角”指代必无之事。《楞严经》卷一：“无则同于龟毛～，云何不著？”五代贯休《闻赤松舒道士下世》：“玄关评～，玉器琢鸡冠。”

【兔径】 tù jìng 小道，小路。宋《圆悟佛果禅师语录》卷一九：“大象不游～，燕雀安知鸿鹄？据令宛若成风，破的浑如啮镞。”清冒襄《影梅庵忆语》：“从～扶姬于曲栏，与余晤。”

【兔窟】 tù kū ❶兔子的巢穴，比喻隐居之地。宋程俱《山中对酒》：“何年顾～，桂子落山腹。”元袁桷《客舍书事》：“犬能搜～，马解避驰车。” ❷“狡兔三窟”的省说，比喻藏身之处多，避祸有术。明田艺蘅《留青日札》卷三五：“郿坞久营，～多术，安能根连株拔，风翦霆灭？” ❸指明月。清陈维崧《月当厅·虎丘中秋柬蘧庵先生用梅溪词韵》：“斜倚广寒，一望～清深。”

【兔葵燕麦】 tù kuí yàn mài 形容景象荒凉。唐刘禹锡《重游玄都观绝句》引：“重游玄都观，荡然无复一树，唯～，动摇于春风耳。”△清《花月痕》五〇回：“望见金焦一片丘垤，赤云峥嵘，～，身单受骄阳。”

【兔缕】 tù lǚ 兔丝的别名。唐陆龟蒙《奉和袭美题达上人药圃》：“教疏～金弦乱，自拥龙刍紫汞肥。”

【兔轮】 tù lún 月亮。唐卢照邻《益州至真观主黎君碑》：“星桥对斗，像天汉之秋横；月硖萦城，疑～之晓落。”明林鸿《元夕观灯之作》：“～开月驭，鳌极驾星桥。”

【兔毛】 tù máo 细嫩的茶叶上的白毫，借指茶叶。唐吕岛《大云寺茶诗》：“～瓯浅香云白，虾眼汤翻细浪俱。”

【兔毛大伯】 tù máo dà bó 谓土财主。元郑廷玉《看钱奴》四折：“冤家债主元来是，我那～有钞使，全压着郭巨埋儿，也强如明达卖子。”

【兔起鹘落】 tù qǐ hú luò 喻动作迅捷，也喻作画或写文章下笔迅速。宋苏轼《文与可画筼筜谷偃竹记》：“故画竹必先得成竹于胸中，执笔熟视，乃见其所欲画者，急起从之，振笔直遂，以追其所见，如～，少纵则逝矣。”△清《三侠剑》六回：“报完了名姓，二人插拳动手，挨帮挤靠，短打长拳，动者如风，站者似钉，他二人～战在了一处，拳脚的声音叭叭乱响。”

【兔缺乌沈】 tù quē wū chén 指日月运行，光阴流逝。唐罗邺《冬日寄献庾员外》：“却思紫陌觥筹地，～欲半年。”

【兔阙】 tù què 月宫。明高启《次韵酬张院长见贻太湖中秋玩月之作》：“～何年丹桂种，龙宫今夜白莲浮。”

【兔三窟】 tù sān kū “狡兔三窟”之省。喻藏身的地方多，易于避祸。宋黄庭坚《二月二日会于庐陵西斋作寄陈適用》：“政恐利一源，未塞～。寄声贤令尹，何道补黥刖？”明凌云翰《辛亥岁秋帘分韵得上字》：“谁谋～，能着屐几两。千虑有得失，万事付遗忘。”

【兔丝子】 tù sī zi 中药名，菟丝子的成熟种子。《云笈七籤》卷七八：“如～之得清酒，若鸢尾之佐黄芪，故以草药先导之，冀相宣发也。”宋陆游《老学庵笔记》卷三：“予族子相，少服～凡数年，所服至多。饮食倍常，气血充盛。”

【兔死狐悲】 tù sǐ hú bēi 比喻因同类的死亡而感到悲伤。元汪元亨《折桂令·归隐》："鄙高位羊质虎皮，见非辜～。"元明《三国演义》八九回："孟获曰：'～，物伤其类。'吾与汝皆是各洞之主，往日无冤，何故害我？"清《红楼梦》五七回："黛玉听了，'～，物伤其类'，不免也要感叹起来了。"

【兔死犬饥】 tù sǐ quǎn jī 比喻敌人灭亡后，功臣不受重用。明张居正《答两广刘凝斋言贼情军情民情》："鸟尽弓藏，～，故诸将士多张大贼势者，亦未可尽以为然也。"

【兔脱】 tù tuō 指像兔子一样迅速逃跑，形容逃得快。明苏伯衡《玄潭古剑歌》："神光～飞雪霜，宝气龙腾贯霄汉。"清俞樾《右台仙馆笔记》卷二："入房审视，客固醉卧未醒，而女～，乃始追女。"

【兔药】 tù yào 仙药。唐牟融《赠浙西李相公》："月里昔曾分～，人间今喜得椿年。"明张以宁《题李白问月图》："～日已熟，我鬓何由玄。"

【兔颖】 tù yǐng 兔毛制的笔，亦泛指毛笔。明《警世通言》卷九："李白左手将须一拂，右手举起中山～，向五花笺上，手不停挥，须臾，草就吓蛮书。"清蒋士铨《桂林霜·移帐》："蝇头细细释文，～轻轻点黛。"

【兔影】 tù yǐng ❶ 指月影。五代黄滔《课虚责有赋》："故其越～，迈乌光，向无声无臭之间，陶开品汇，于出鬼入神之际，定作圆方。"明刘基《摸鱼儿》："新凉夜，～澄清汉渚。" ❷ 玉兔的影子，即月亮上的阴影。唐卢照邻《江中望月》："沉钩摇～，浮桂动丹芳。"元萨都剌《谢人惠木犀》："夜月不留藏～，秋风失却挂蟾枝。"

【兔崽子】 tù zǎi zi 詈词。清《品花宝鉴》五八回："那里来的这个小杂种～，将这金橘摘得干干净净！"△《二十年目睹之怪现状》八三回："幸而你的师帅做个媒人，不过叫女儿嫁个～；倘使你师帅叫你女儿当娼去，你也情愿做老乌龟。"

【兔子】 tù zi ❶ 兔的通称。宋梅尧臣《和永叔内翰戏答》："固胜～固胜鹤，四蹄扑握长啄啄。" ❷ 詈词。清《红楼梦》七五回："你们这起～，就是这样专洑上水。"《品花宝鉴》一三回："你这～该死了，公然骂起你爹来，这还了得！"

【兔走鹘落】 tù zǒu hú luò 喻动作迅捷，也喻作画或写文章下笔迅速。明袁华《文湖州竹》："理闲舐笔盘礴臝，～无留踪。"清《野叟曝言》四八回："成之也不管众人议论，拈过花笺，蘸饱墨沈，信笔直挥，～，疾如风雨，顷刻之间，把八首新诗一齐写出。"

【兔走乌飞】 tù zǒu wū fēi 日月奔走，喻时间飞驰。五代韦庄《秋日早行》："行人自是心如火，～不觉长。"明《警世通言》卷二一："～疾若驰，百年世事总依稀。累朝富贵三更梦，历代君王一局棋。"清汪由敦《车碌碌》："车碌碌，声如奔泉无断续，鸣鸡催晓，星在天，～。"

【堍】 tù 桥两端向平地倾斜的部分。宋吴文英《西子妆·湖上清明薄游》："笑拈芳草不知名，乍凌波断桥西～。"元张可久《金字经·湖上寒食》："断桥西～边。"清江炳炎《角招》："指点烟波画里，看垂柳拂行舟，罥红栏低～。"

【堍桥】 tù qiáo 桥头，桥堍。清曹寅《畅春苑张灯赐宴归舍恭纪》之四："幸无邻比喧腰鼓，嫩逐游人上～。"

tuān

【湍】 tuān ❶ 急流的水。唐虞世南《拟饮马长城窟》："云昏无复影，冰合不闻～。怀君不可遇，聊持报一餐。"宋之问《自湘源至潭州衡山县》："浮湘沿迅～，逗浦凝远盼。渐见江势阔，行嗟水流漫。"高適《金城北楼》："北楼西望满晴空，积水连山胜画中。～上急流声若箭，城头残月势如弓。" ❷ 水势很急。唐李群玉《小弟艎南游近书来》："停停倚门念，瑟瑟风雨夕。何处泊扁舟，迢递～波侧。"宋《黄梅东山演和尚语录》："垂双带长沙。波浪深，～流转雱霈。"清《女仙外史》六三回："赶得那些鹅鸭，只在～流中乱滚。" ❸ 冲刷，冲击。唐羊士谔《九月十日郡楼独酌》："棂轩一尊泛，天景洞虚碧。暮节独赏心，寒江鸣～石。"

【湍波】 tuān bō 急流的波涛。唐李白《幽歌行·上新平长史兄粲》："幽谷稍稍振庭柯，泾水浩浩扬～。哀鸿酸嘶暮声急，愁云苍惨寒气多。"又《窜夜郎·于乌江留别宗十六璟》："惭君～苦，千里远从之。白帝晓猿断，黄牛过客迟。"又《江上答崔宣城》："问我将何事，～历几重。貂裘非季子，鹤氅似王恭。"又《答裴侍御先行至石头驿以书见招期月满泛洞庭》："风水无定准，～或滞留。忆昨新月生，西檐若琼钩。"李群玉《小弟艎南游近书来》："停停倚门念，瑟瑟风雨夕。何处泊扁舟，迢递～侧。"

【湍悍】 tuān hàn 指水势急猛。唐孙逖《送遂州纪参军序》："宿息岩险，凌临～，仗信不栗，载义必亨。"宋范镇《东斋记事》卷三："英公文譬诸泉水，迅急～，至于浩荡汪洋，则不如文公也。"苏辙《私试进士策问二十八首》："水～难以行平地，数为败，乃厮二渠以引其河。"明王士性《广志绎》卷二："新洋～深阔而吴淞脉微，土人以此称为漫水港。"

【湍回】 tuān huí 水急而回旋。明郑若庸《玉玦记》三四出："～惊日月，任教精卫泥填。"清《女仙外史》三回："忽见正东上彩云升起，冉冉的舒布中天，似～波折一般。"

【湍激】 tuān jī 水流猛急。唐李远《灵棋经序》："闻其有建溪者，石斗而～。"宋《河南程氏遗书》卷一八："及遇沙石，或地势不平，便有～。"陈亮《水调歌头和吴允成游灵洞韵》："我自醉眠其上，任是水流其下，～若为收。"苏轼《读孟郊诗二首》："水清石凿凿，～不受篙。"元施惠《幽闺记》三一出："小径迢迢狭窄，狭窄。野水潺潺～，～。"明《梼杌闲评》一回："但水势～，难以下椿。"

【湍急】 tuān jí 水流急速。唐孟浩然《登岘山亭寄晋陵张少府》："岘首风～，云帆若鸟飞。凭轩试一问，张翰欲来归。"郑綮《开天传信记》："乃傍北山凿石为月河，以避～，名曰天宝河。"宋林正大《括贺新凉》："～清流相映带，旁引流觞曲水。"《朱子语类》卷一二七："此城之下，上流之水～，必渡得此水上这岸。"明《封神演义》三四回："一行人晓行夜住，山高路险，～水深。"王士性《广志绎》卷五："行人不敢渡，为其～，舟一触石则如齑粉。"张瀚《松窗梦语》卷六："时楼源形若槁木，气若～，尚恋一官。"焦竑《玉堂丛语》卷四："乃朝服东向再拜，遂自投罗刹矶～处。"

【湍决】 tuān jué 急流破堤。宋《朱子语类》卷一五："知至之后，如从上面放水来，已自迅流～。"

【湍濑】 tuān lài 石滩上湍急的流水。唐储光羲《奉别长史庾公太守徐公应召》："水灵静～，猛兽趋后先。龙楼开新阳，万里出云间。"佚名《沙州千佛洞唐李氏再修功德碑》："加以陇头雾卷，金河泯～之波。"宋苏辙《过韩许州石淙庄》："相君厌纷华，筑室俯～。濯缨离尘垢，洗耳听天籁。"元明《水浒传》八三回："艨艟战舰环～，剑戟短兵布山寨。"明王士性《广志绎》卷二："乳泉石池漫流者上，混涌～勿食。"

【湍浪】 tuān làng 急流的波浪。《敦煌变文校注》卷五《双恩记》："或有恶鬼毒龙，～猛风，回波涌复。"

【湍溜】 tuān liū 水势迅猛急速。清《女仙外史》六六回："但此水～，既无舟楫，彼若欲渡，必走上流。”

【湍流】 tuān liú 急而回旋的水流。唐李德裕《东郡怀古二首》之一：“诚信不虚发，神明宜尔临。～自此回，咫尺焉能侵？”《五灯会元》卷七《云盖归本禅师》：“曰：‘学人不会。’师曰：‘不曾烦禹力，～事不知。’”宋苏轼《录单锷吴中水利书》：“目未尝历览地形之高下，耳未尝讲闻～之所从来。”《黄梅东山演和尚语录》：“垂双带长沙。波浪深。～转雩霈。”《朱子语类》卷三六：“观～之不息，悟有本之无穷。”元陶宗仪《辍耕录》卷六：“五字损本者，～带右天五字有损也。”明余永麟《北窗琐语》：“沙河谷亭闸最难，～萦回却船退。”王士性《广志绎》卷五：“府江两岸六百里～悍激，林木翳暗，徭僮执戈戟窜伏。”清《女仙外史》六三回：“赶得那些鹅鸭，只在～中乱滚。”

【湍泷】 tuān lóng 形容水流急疾。唐元结《宿丹崖翁宅》：“扁舟欲到泷口湍，春水～上水难。投竿来泊丹崖下，得与崖翁尽一欢。”

【湍猛】 tuān měng 水势汹猛疾急。明叶盛《水东日记》卷七：“夹岸多丛柳，其水东注，甚～。”

【湍驶】 tuān shǐ 指急速的流水。宋苏轼《与袁真州四首》之三：“某虽已达长芦，然江流～，犹当相风而行。”苏辙《再论回河札子》：“上流堤坊，无复决怒之患，而下流～，行于地中。”

【湍水】 tuān shuǐ 急而萦回的水。唐赵冬曦《三门赋序》：“～从黄老祠前东流，湍激蹙于虾石。”李白《送戴十五归衡岳序》：“属明主未梦，且归衡阳，憩祝融之云峰，弄茱萸之～。”宋葛胜仲《虞美人题灵山广禅院》：“槛外惊～，大矶才过小矶来。”《朱子语类》卷一〇一：“既无善恶，又无是非，则是告子‘～’之说尔。”元徐再思《梧叶儿·革步》：“山色投西去，羁情望北游，～向东流。”

【湍涛】 tuān tāo 指激荡的水流。唐杜甫《聂耒阳以仆阻水书致酒肉疗饥荒江诗得代怀》：“知我碍～，半旬获浩溔。麾下杀元戎，湖边有飞旐。”

【湍险】 tuān xiǎn 水势急速险恶。唐孟浩然《入峡寄弟》：“吾昔与尔辈，读书常闭门。未尝冒～，岂顾垂堂言。”刘禹锡《谢差中使送上表》：“伏以发自巴峡，至于南荒。涉水陆～之途，当炎夏郁蒸之候。”宋孙光宪《北梦琐言》卷七：“刘昌美典夔州，时属夏潦，峡涨～。”明沈德符《万历野获编》卷一七：“海面既无多，亦无～。”

tuán

【团】 tuán ❶ 圆形或球形的物品。唐义净译《根本说一切有部毗奈耶》卷一八：“如男与女共为戏乐，一尼于后遂即有娠。日月既满生一肉～。”宋孟元老《东京梦华录》卷三：“其供人家打水者，各有地分坊巷，以有使漆、……供香饼子、炭～，夏月则有洗毡淘井者，举意皆在目前。”明《西游记》四六回：“行者闻言大怒，……着头一下打做了肉～，道：‘我显甚么魂哩！’”清《儒林外史》一六回：“那火头已是望见有丈把高，一个一个的火～子往天井里滚。” ❷ 聚集，组织。宋石孝友《长相思》：“蝶～飞，莺乱啼。陌上花开人未归，碧台歌舞稀。”元《秦并六国平话》卷中：“楚兵大败，走一十五里下寨。秦兵赶上，大捷。各人～兵。”清《儒林外史》三一回：“我何不取个便，问他借几百两银子，仍旧～起一个班子来，做生意过日子？” ❸ 聚合成一体。元行秀《从容庵录》三〇则：“绝诸对待，坐断两头。打破疑～，那消一句。”明屠隆《昙花记》三出：“万人坑里，打破疑～，才喜得离窠臼。”清《品花宝鉴》一〇回：“猜不透是一是二，遂越想越成疑～，却又不便问他们。” ❹ 古代地方基层单位名。唐李隆基《令写元元皇帝真容分送诸道并推恩诏》：“至如州县造籍之年，因～定户，皆据资产，以为外降。” ❺ 行会组织。宋吴自牧《梦粱录》卷一三：“有名为～者，如城西花～、泥路青果～、后市街柑子～，浑水闸鲞～。” ❻ 估计。金董解元《西厢记诸宫调》卷六：“旧日做下的衣服件件小，眼慢眉低胸乳高，管有兀谁厮般着，我～着这妮子做破大手脚。” ❼ 量词。唐卢延让《谢杨尚书惠樱桃》：“万颗真珠轻触破，一～甘露软含消。”《大唐三藏取经诗话》六则：“被猴行者化一～大石，在肚内渐渐会大。”宋佚名《五彩结同心》：“蝉翼衫儿，薄冰肌莹，轻罩一～香雾。”元明《水浒传》一一回：“千～柳絮飘帘幕，万片鹅毛舞酒旗。”清《东周列国志》四二回：“亘遣儿子角，往从吾君，正是自明心迹，本是一～美意，乃无辜被杀。”

【团案】 tuán àn 指科举时代县试初试合格者的名单排写成圆圈，以示不分次第。《大清会典则例》卷七〇：“自揭卷面浮签，交纳试卷，各记明坐号，候启门出，学政阅卷，取录止凭坐号，发招覆～。”△清《负曝闲谈》一回：“这本家叔子虽是个老童生，到了县府考复试～出来，总有他的名字。”

【团袄】 tuán ǎo 服饰的一种。元武汉臣《生金阁》三折：“孩儿吃下这杯酒去，添了件绵～一般。”清《野叟曝言》二八回：“凤冠还没打来，～没穿，就叫人披着霞帔，不把人的门牙都笑掉了！”

【团拜】 tuán bài 聚在一起互相拜贺。宋《朱子语类》卷九一：“～须打圈拜，若分行相对，则有拜不着处。”清《品花宝鉴》二回：“开春同年～，已定了联锦班，在姑苏会馆唱戏。”

【团苞】 tuán bāo 圆形茅屋。金《刘知远诸宫调》二：“～用草苫着，欲要烧毁全小可，堵定个门儿放着火。”

【团保】 tuán bǎo 将团内居民户家编组，使其彼此担保、责护。唐韩愈《论变盐法事宜状》：“今令责实户口～给盐，令其随季输纳盐价。”

【团标】 tuán biāo 圆形茅屋。元汪元亨《折桂令·归隐》：“傍烟霞盖座～，梅放初花，竹长新梢。”

【团剥】 tuán bō 批评。金董解元《西厢记诸宫调》卷一：“每日价疏散不曾着家，放二四不拘束，尽人～。”

【团茶】 tuán chá 圆形茶饼。唐[日]圆仁《入唐求法巡礼行记》卷四：“今交郎君将书来，送路绢二匹、蒙顶茶二斤、～一串、钱两贯文，付前路书状两封。”宋李清照《鹧鸪天》：“酒阑更喜～苦，梦断偏宜瑞脑香。”明谢肇淛《五杂组》卷一一：“宋初～，多用名香杂之，蒸以成饼。”清《聊斋志异·巧娘》：“今夜月白星疏，华姑所赠～，可烹一盏，赏此良夜。”

【团行】 tuán háng 行会组织。宋吴自牧《梦粱录》卷一三：“市肆谓之～者，盖因官府回买而立此名，不以物之大小，皆置为～。”

【团花】 tuán huā 指外轮廓为圆形的装饰纹样。宋刘过《沁园春》：“细柳营开，～袍窄，人指汾阳郭令公。”元明《水浒传》一三回：“头戴一顶熟铜狮子盔，……前后两面青铜护心镜，上笼着一领绯红～袍，……手里横着一柄金蘸斧。”清《东周列国志》一四回：“～帐中，卧着一人，锦袍遮盖。”

【团集】 tuán jí 聚集。唐段成式《酉阳杂俎》卷四：“波斯商人欲入此国，～数千人，赍緤布，没老幼，共刺血立誓。”明《拍案惊奇》卷三九：“四郊士庶多来～了，只等下雨。”清《儒林外史》三六回：“我此番去，把妻儿老小接在一处，～着，强如做个穷翰林。”

【团结】 tuán jié ❶ 唐宋时地方民兵丁壮组织。亦指该类组织的士兵。《旧唐书·睿宗纪》：“二年春正月，敕江北诸州～兵马，皆令本州岛刺史押掌。”宋李纲《乞修军政札子》：“～、保伍废，而无以相维持；教阅、战阵废，而无以习攻击。” ❷ 聚结；联合。《旧唐书·代宗纪》：“京城男子悉单衣～，塞京城二门之一，士庶大骇。”宋李纲《靖康传信录》卷一：“三日，有旨以吴敏为行营副使，以余为参谋官，～军马于殿前。”明沈德符《万历野获编》补遗卷三：“若土兵之在东南，则倭警时，赵文华誓师浙江，故令乡官领兵，～出战。”《杨家将演义》一二回：“宋军正不知何处兵马，先自溃乱，阵脚～不住。”

【团局】 tuán jú 斡旋。明《型世言》九回：“众人～，崔科也只得依处。”

【团聚】 tuán jù ❶ 聚在一起。《敦煌变文校注》卷五《父母恩重经讲经文(一)》：“损形容，各肠肚，乞待儿归再～。”宋马子严《感皇恩》：“入春准备了，到今朝～。”明《古今小说》卷二：“管家婆和丫鬟、养娘都～将来，一齐唤醒。”文秉《烈皇小识》卷二：“如是者三，遂闯入城，守门者不敢御，直入县杀耀采。众遂～山中。”清《绿野仙踪》一三回：“众贼已走了二十餘里，～在一山坡下暂歇。” ❷ 聚合成团。明张岱《陶庵梦忆》卷八：“掀其壳，膏腻堆积，如玉脂珀屑，～不散，甘腴虽八珍不及。”

【团空】 tuán kōng 周围的天空。宋佚名《张协状元》三九出：“去时～柳飘绵，归后梧桐更叶乱。”

【团练】 tuán liàn ❶ 编组加以训练。唐李隆基《令陇右河西备边制》：“陇右河西，地接边寇，虽令～士卒，终须常戒不虞。”元《七国春秋平话》卷上：“却说乐毅知得齐兵出城下寨，遂～兵卒，合秦、魏、韩、赵四国兵百万，屯于济西下寨。” ❷ 于正规军以外，就地选取丁壮加以军事训练的地主武装。《续资治通鉴》卷一〇〇：“诸军～，以五人为伍，伍有长；五伍为甲，甲有正；四甲为队，五队为部，皆有二将；五部为军，有正副统帅。” ❸ 团练头目；团练使的省称。宋张齐贤《洛阳缙绅旧闻记》卷一：“晋祖念花山之功，不加罪，城下就除金州～，并其兵放他部。”元明《水浒传》二〇回：“看马的军人都杀死在水里，我们芦花荡边寻得这只小船儿，径来报与～。”清《荡寇志》八三回：“我早晚便保举他升授～，调去沂州城外西安营把守。”

【团量】 tuán liàng 估量。唐杜希遁《大还丹金虎白龙论》：“斟酌药名，～火候。”宋《朱子语类》卷九〇：“项羽也是～了高祖，故不敢杀。”

【团龙】 tuán lóng ❶ 团茶的一种，因上面印有盘龙而得名，专供宫廷服用。宋张炎《木兰花慢》：“旋采生枝带叶，微煎石鼎～。” ❷ 盘龙状的圆形图案。元明《水浒传》九九回：“头戴凤翅金盔，身披连环铁甲，上穿～锦袍，腰系狮蛮束带。”清《野叟曝言》六七回：“赤面长髯，浓眉大鼻，头戴忠靖巾，身穿夹缎～披风，足登朱履。”

【团圞】 tuán luán ❶ 圆貌。唐张志和《空洞歌》：“廓然悫然，其形～。”元关汉卿《拜月亭》三折：“荷叶似花子般～，陂塘似镜面般莹洁。”明佚名《白兔记》一八出：“羊屎不搓。个个～。” ❷ 团聚。唐杜荀鹤《乱后山中作》：“兄弟～乐，羁孤远近归。”宋杨无咎《玉楼春》：“寿杯莫惜～醉。跳虎转龟寻旧喜。”元李伯瞻《殿前欢省悟》：“～灯花，稚子山妻。”明《西游记》四九回：“今蒙大圣至此搭救唐师父，请了观音菩萨扫净妖氛，收去怪物，将第宅还归于我，我如今～老小，再不须挨土帮泥，得居旧舍。”清《聊斋志异·凤仙》：“今日三婿并临，可称佳集，又无他人，可唤儿辈来。作一～之会。” ❸ 环绕貌。宋葛郯《满庭霜》：“醉后村歌社舞，～坐、一笑春风。”清《二刻醒世恒言》上函一回：“一日渡江游越，忽见丛人聚观，～围裹。”

【团茅】 tuán máo 圆形茅屋。宋华镇《李仙姑旧隐》：“云卧人犹近，～迹已空。”金元好问《出京》：“惭愧山中人，～遂幽屏。”元张养浩《喜春来》：“一场恶梦风吹觉，依旧壶天日月高，白云深处结～。”明张以宁《沽头》：“平生性癖耽幽静，拟筑～淮水东。”

【团貌】 tuán mào 唐代检查户口的方式。按三百家到五百家组合为一团，以团作为调查单位，对人丁进行当面核对调查。唐李隆基《停每年小团敕》：“天下诸州，每岁一～，既以转年为定，复有籍书可凭。”

【团年】 tuán nián 指除夕夜家人团聚欢宴。明《二刻拍案惊奇》卷四：“其时杨佥事正在家饮～酒，日色未晚，早把大门重重关闭了，自与群妾内宴，歌的歌，舞的舞。”清《广东通志》卷五一：“除夕祀祖，家人聚饮，曰～酒；围坐达旦，曰守岁。”

【团捏】 tuán niē 以手成团地捏弄。明崔时佩、李日华《西厢记》一八出：“将颤巍巍双头花蕊轻～，香馥馥缕带同心割。”

【团弄】 tuán nòng ❶ 赏玩。元佚名《寿阳曲》：“娇的的可人风韵种，也消得俺惜花人～。” ❷ 办理。元明《水浒传》一四回：“如今只有保正刘兄小生三人，这件事如何～？” ❸ 用手掌团东西使成球形。清《醒世姻缘传》四回：“一边推，一边摇晃，就合～烂泥的一般。”

【团搦】 tuán nuò 放在手上揉捏。喻指编排、练习、表演。元石君宝《紫云庭》一折：“起末得便热闹，～得更滑熟，并无那唇甜句美，一划地崎险艰难。”杨立斋《哨遍》：“前汉又陈，后汉又乏，古《尚书》～损殷、周、夏。”

【团搦】 tuán nuò 团弄，摆弄。明《山歌·面筋》：“姐儿生来紫糖色了像面筋，惹人～惹人蒸。”

【团牌】 tuán pái 圆形盾牌。元明《水浒传》五九回：“一个姓项名充，绰号八臂那吒，能使一面～，牌上插飞刀二十四把，手中仗一条铁标枪。”清《女仙外史》二五回：“率领军士，各用短刀～，伏在寨内大路两旁，用牌护身，但砍马蹄人足，不取首级。”

【团瓢】 tuán piáo 圆形茅屋。明《西游记》五六回：“老者即起身，着沙僧到后园里拿两个稻草，教他们在园中草～内安歇。”

【团扑】 tuán pū 糅合，搓揉。唐牛僧孺《玄怪录》卷二：“遂解衣缠腰，取怀中药末，糁于矿上～，一翻一糁，糁遍槎其矿为头顶及身手足。”

【团蒲】 tuán pú 犹“蒲团”。宋王安石《聊行》：“聊行弄芳草，独坐隐～。”清汪琬《春日偶成二首》之二：“食常需本草，倦即倚～。”

【团脐】 tuán qí ❶ 雌蟹，其腹甲为圆形。唐唐彦谦《蟹》：“漫夸丰味过蝤蛑，尖脐犹胜～好。”宋苏轼《扬州以土物寄少游》：“鲜鲫经年秘醽醁，～紫蟹脂填腹。”元马致远《岳阳楼》一折：“你道是无酒呵，怎发付～蟹一包黄？”清《红楼梦》三九回：“忙令人拿了十个极大的，平儿道：‘多拿几个～的。’” ❷ 喻指女性。清《醒世姻缘传》七三回：“一夜能力御十女，使那十个～个个称臣纳贡，稽首投降。”

【团圈】 tuán quān ❶ 指团茶。宋胡仔《苕溪渔隐丛话》前集卷四六：“建茶绝亡贵者，仅得挂一名尔。至江南李氏时渐见贵，始有～之制，而造作之精，经丁晋公始大备。” ❷ 围成圈。元杜仁杰《集贤宾·七夕》：“～笑令心尽喜，食品愈稀奇。”明《拍案惊奇》卷三九：“自此一片起来，四下里慢慢黑云～接着，与起初这覆顶的混做一块生成了。”

【团衫】 tuán shān 金元时期妇女的礼服。元陶宗仪《辍耕录》卷一一：“国朝妇人礼服，达靼曰袍，汉人曰～，南人曰大衣。”关汉卿《谢天香》二折：“大夫人不许你，着你做个小夫人，乐案里除了名字，与你包髻、～、绣手巾。”

【团社】 tuán shè 集会，团会。宋元《醒世恒言》卷三一：“却是二月半，便来～。”

【团书】 tuán shū 通知聚会的请柬。宋元《醒世恒言》卷三一：“只听得街上锣声响，一个小节级同个茶酒保，把着～来请张员外团社。”

【团熟】 tuán shú 摆布驯服；混熟。明《拍案惊奇》卷二六：“等我～了他，牵与师父，包你象意。”

【团司】 tuán sī 唐宋时期新进士及第，负责同年游宴及纠察诸事的机构。其主事者亦称为“团司”。五代王定保《唐摭言》卷三：“其日～先于光范门里东廊供帐备酒食，同年于此候宰相上堂后参见。”宋文天祥《谢吴丞相》：“遂令参京兆之谋，仍许奉～之表。”

【团酥】 tuán sū 凝脂。宋陈亮《滴滴金》：“画角吹香客愁醒，见梢头红小。～剪蜡知多少。”

【团头】 tuán tóu ❶ 圆头。《元典章·刑部三》：“道罢，端哥存心，……取到大～铁鞋锥一个，用火烧红，将女子丑哥扑倒，用左脚踏住脖项，用左手将丑哥舌头扯出。”元明《水浒传》二七回：“取一面七斤半铁叶～护身枷钉了，脸上免不得刺了两行金印，迭配孟州牢城。” ❷ 头领，头目。唐[日]圆仁《入唐求法巡礼行记》卷四：“总管刘慎言专使仰接，兼令～一人般运衣笼等。”《敦煌变文校注》卷二《唐太宗入冥记》：“朕是大□□□（唐天子），阎罗王是鬼～，因何索朕拜舞？”宋苏辙《论雇河夫不便札子》：“近因京东转运使范锷得替回，论其不便，安持等方略变法，罢～、火长倍出夫钱。”元尚仲贤《气英布》三折：“那时节在丰沛县草履～，常则是早辰间露水里寻牛。” ❸ 团行的头子。元明《水浒传》二五回：“地方上～何九叔，他是个精细的人，只怕他看出破绽，不肯殓。”明《古今小说》卷二七：“那丐户中有个为头的，名曰‘～’，管着众丐。”

【团团】 tuán tuán ❶ 簇聚貌。唐元稹《芳树》：“可怜～叶，盖覆深深花。”宋梅尧臣《贺永叔得山桂》：“～绿桂丛，本自幽岩得。” ❷ 围绕貌或旋转貌。元明《三国志通俗演义》卷五：“张飞知是中计，急出寨外，……八路军马，～围定。”明《金瓶梅》一二回：“家鸡打的～转，野鸡打得满天飞。”清《东周列国志》八回：“一路呼哨，直至孔司马私宅，将宅子～围住。” ❸ 到处；全部。元明《水浒传》一五回：“不多时，划到一个去处，～都是水，高埠上有七八间草房。”明《西游记》一四回：“唬得这六个贼四散逃走，被他拽开步，～赶上，一个个尽皆打死。”

【团围】 tuán wéi 周围。明《西游记》四二回：“你与我把这～打扫干净，要三百里远近地方，不许一个生灵在地。”

【团香扇】 tuán xiāng shàn 圆形有柄的扇子。清《儒林外史》一四回：“这三位女客，一位跟前一个丫鬟，手持黑纱～，替他遮着日头，缓步上岸。”

【团叙】 tuán xù 围坐在一起聊天。清《野叟曝言》一二〇回：“今见各房夫人骨肉～，独有妾身望远神伤，故生悲感。”

【团鱼】 tuán yú 鳖。宋鲁应龙《闲窗括异志》：“近有食鳖之人，好招宾友聚会而食，号～会。”元明《水浒传》四回：“～大腹，又肥甜了好吃，那得苦也？”清《荡寇志》一一七回：“尽力扯动北岸铜铃，岸上二十名壮士，拽着巨索便走，不由分说，把白瓦尔罕着河底拖过北岸来，好似钓着个大～。”

【团圆】 tuán yuán ❶ 圆貌。唐朱华《海上生明月》：“皎皎秋中月，～海上生。”元佚名《货郎旦》一折：“只怕你飞花儿支散养家钱，旋风儿推转～磨。”明《西游记》三六回：“这月啊！缺之不久又～，似我生来不十全。” ❷ 团聚。唐王建《早发金堤驿》：“唯愿在贫家，～过朝夕。”宋史浩《望海潮》：“笑享亲朋岁岁，春酒庆～。”元明《水浒传》三六回：“天可怜见，早得回来，父子～，弟兄完聚。”清《红楼梦》一回：“今夜中秋，俗谓‘～之节’，想尊兄旅寄僧房，不无寂寥之感，故特具小酌，邀兄到敝斋一饮，不知可纳芹意否？” ❸ 结局圆满。清李渔《慎鸾交·计竦》：“怕的是戏到～诸事了，非晋爵，即加封诰，却不道胜事留些餘地好。”

【团圆节】 tuán yuán jié 指农历八月十五日。清朱彝尊《日下旧闻考》卷一四八：“女归宁，是日必返其夫家，曰～也。”△《儿女英雄传》三四回：“因舅太太、张亲家太太没处可过～，便另备一席，请过来要自己随着。”

【团圆桌】 tuán yuán zhuō 圆桌。清《红楼梦》三八回：“把那大～就放在当中，酒菜都放着。”

【团云队】 tuán yún duì 妓女的别称。唐冯贽《云仙杂记》卷一：“姑臧太守……号双清子，诸倡曰凤窠群女，又曰～，曳云仙。”

【团转】 tuán zhuàn 绕着周围转。唐元稹《香球》：“顺俗唯～，居中莫动摇。”宋孟元老《东京梦华录》卷七：“女童皆妙龄翘楚，……驰骤至楼前，～数遭，轻帘鼓声，马上亦有呈骁艺者。”

【团子】 tuán zi ❶ 球或球状物。《祖堂集》卷一九《仰山和尚》：“师有时把～，向面前云：‘诸佛菩萨，及入理圣人，皆从这里出。’”清《红楼梦》一七至一八回：“说毕，低头一想，早已吟成一律，便写在纸条上，搓成个～，掷在他跟前。” ❷ 用米或面粉做成的球形食品。宋孟元老《东京梦华录》卷八：“沙糖绿豆、水晶皂儿、黄冷～、鸡头穰、冰雪、细料馉饳儿、麻饮鸡皮、细索凉粉、素签、成串熟林檎、脂麻～、江豆栗儿、羊肉小馒头、龟儿沙馅之类。”明《型世言》一〇回：“上了船，便把船镶做一块，归家便送些～、果子过来。”

【团坐】 tuán zuò 围在一起坐。宋苏轼《与子安兄》：“老兄嫂～火炉头，环列儿女，坟墓咫尺，亲眷满目，便是人间第一等好事，更何所羡？”明马欢《瀛涯胜览·占城国》：“其酒以饭拌药封瓮中，候熟，欲饮，以长节小竹竿长三四尺者插入糟瓮中，～，照人入水多少，轮次咂饮，吸干再入水而饮，直至无酒味则止。”清《野叟曝言》一三四回：“这里营哨各弁，都是镇国府旧属，照着家宴规例，挨次～。”

【抟空】 tuán kōng 盘旋于高空。唐李隆基《爰因巡省途次旧居》：“三千初系浪，九万欲～。”清查慎行《康郎山功臣庙十四韵》：“鹰隼～击，鲸鲵授首还。”

【抟控】 tuán kòng 执持；控制。宋程俱《题蒋永仲蜀道图》：“戏驱万变寄陶写，轩豁端倪巧～。”明顾清《初伏喜雨次未斋殿讲韵》：“岩峦数百里，眩晃莫～。”

【抟量】 tuán liàng 估量。宋《朱子语类》卷一一三：“且如前日令老兄作告子未尝知义论，其说亦自好，但终是～，非实见得。”

【抟谜】 tuán mí 猜谜。宋《朱子语类》卷一〇五：“伯恭大事记忒藏头亢脑，如～相以。”

【抟摸】 tuán mō 模糊，不清楚。宋《朱子语类》卷九七：“如一碗灯，初不识之，只见人说如何是灯光，只恁地～，只是不亲切。”

【抟弄】 tuán nòng 玩弄；摆弄。元汤式《一枝花·赠素云》：“一任他漫天巧结银河冻，半霎儿满地平铺素剪绒，则落得高卧先生恣～。”元明《水浒传》二四回：“誓海盟山，～得千般旖旎；羞云怯雨，揉搓的万种妖娆。”

【抟搦】 tuán nuò 抚摸揉捏。宋史达祖《菩萨蛮》：“心情虽软弱，也要人～。”

【抟沙作饭】 tuán shā zuò fàn　喻白费心思。清纪昀《阅微草堂笔记》卷七："然则与此辈论交，如～矣。"

【抟香弄粉】 tuán xiāng nòng fěn　摆弄胭脂、花粉。宋卢元赞《失题》："又疑青女未归家，～为此花。"明贾仲明《对玉梳》一折："你待要～，妆孤学俊，便准备着那一年春尽一年春。"

tuǎn

【疃】 tuǎn　❶屯，村庄。金《刘知远诸宫调》一："时行凝睛，忽观村～无三里。"宋王之道《点绛唇·冬日江上》："古屋衰杨，淡烟疏雨江南岸。几家村～，酒旆还相唤。"洪迈《容斋续笔》卷一六："复以医药弗便，饮膳难得，自村～而迁于邑，自邑而迁于郡者亦多矣。"清《聊斋志异》卷九："有舍甥延求明师，适托某至东～聘吕子廉。"　❷屋旁的空地，禽兽践踏的地方。唐李商隐《太尉卫公会昌一品集序》："公乃更梦江毫，重吞罗鸟，町～河济，呼啸神祇。"胡交《为幽州长史薛楚玉破契丹露布》："虽蒙茸奔穴，町～走险。"黎逢《白鹿夹赋》："劲角昭勇，鲜光挺秀，行而择地，恒町～于道涂。"吕温《管窥豹赋》："望林峦兮非远，顾町～兮未灭。"明汤显祖《紫箫记》四出："～～里，一周遭。"

tuàn

【彖】 tuàn　❶《周易》中论卦义之辞。宋《朱子语类》卷六六："后文王见其不可晓，故为之作～辞。"明沈德符《万历野获编》补遗卷二："治《易》刊程家人卦～义，'九五阳刚'误作'六五柔顺'。"　❷断，论断，判断。宋欧阳修《新营小斋凿地炉辄成五言三十九韵》："鲁册谨会盟，周公～凶吉。详明左丘辩，驰骋马迁笔。"曾巩《上范资政书》："而重复显著其义于卦爻、～象、系辞之文。"

【彖辞】 tuàn cí　《周易》用以断定卦义的文字，也叫卦辞。唐陆龟蒙《复友生论文书》："观其～，则思过半矣。《易》之辞非文耶？"权德舆《明经策问七道》："乾之～，乃次六爻之末；坎加习字，有异八纯之体。"宋张载《横渠易说·下经》："亦要存亡吉凶，则居可知矣；知者观其～，则思过半矣。"《朱子语类》卷五三："伊川易传比～有云：'以圣人之心言之，固至诚求天下之比，以安民也。'"又卷一四〇："某将～暗地默数，只有五个。"欧阳修《送王陶序》："故大壮之～曰：'大壮利贞。'"又《易童子问》："其曰'知者观乎～，则思过半矣'。"明吾邱瑞《运甓记》一六出："～云：师贞丈人吉。"沈德符《万历野获编》补遗卷二："治《易》刊程家人卦～义，'九五阳刚'误作'六五柔顺'。"清《女仙外史》一八回："不可。～曰'利牝马之贞'，指彼而言。"

tuī

【推】 tuī　❶从后面用力使物体前移。唐义净译《根本说一切有部毗奈耶》卷二三："若苾刍尼欲杀人，～置水中。"明《金瓶梅词话》一回："～开门放下担儿，进的房来。"《醒世恒言》卷二："田大把手一～，其树应手而倒，根芽俱露。"清《聊斋俚曲·墙头记》："众人又～着，银匠说一个老头子，该您老婆汉子甚么打。"　❷举荐，推选。唐义净译《根本说一切有部毗奈耶》卷二三："智识分明利同于火，众～先俊请为师导。"宋苏辙《送王恪郎中知襄州》："将相传家俱未远，子孙到处各～贤。"元明《三国演义》五回："绍虽不才，既承公等～为盟主，有功必赏，有罪必罚。"　❸推行；推赞。唐白居易《谕友》："穷通各问命，不系才不才。～此自豁豁，不必待安排。"宋王辟之《渑水燕谈录》卷三："五代士人鲜蹈礼义，独温叟笃行，为世所～。"　❹推让，让给别人。唐刘肃《大唐新语》卷七："于院厅宴会，举酒，说～让不肯先饮。"《大宋宣和遗事》前集："吴加亮和那几个弟兄，共～宋江做强人首领。"△清《官场现形记》三八回："刚刚跨出房门，想要～让，瞿太太已拜倒在地了。"　❺推诿，推脱。唐高適《闺情·为落殊蕃陈上相知人》："不须～道委人猜，只是君心自不开。"清《聊斋俚曲·富贵神仙》："方二爷～不知，按院再三恳求。"　❻推算，推知。唐白居易《七德舞》："功成理定何神速？速在～心置人腹。"高適《双六头赋送李参军》："主张尔手谈，决断尔心争，～得失似关乎天命，而消息乃用乎人情。"宋魏泰《东轩笔录》卷一："故铉之为碑，但～言历数有尽，天命有归而已。"明汤显祖《牡丹亭》二〇出："听见陈师父替我～命，要过中秋。"　❼推辞，拒绝。宋苏辙《伯父墓表》："次适进士王东美，次适遂州节度～官任更。"

【推捱】 tuī ái　推宕，拖延。《元曲选·射柳捶丸》三折："我如今掌兵权挂印，蒙圣主亲差，谁敢道是～。"明张宁《汀洲府行六县榜》："其夫头人等，敢有奸猾～通同作弊者，一体治罪。"

【推拔】 tuī bá　选拔。唐李观《与房武支使书》："仲灌夫，好礼重贱士，～下辈，此贤大夫也。"清《皇舆西域图志》卷一一："于是突厥大乱，国人～悉蜜酋为可汗。"

【推板】 tuī bǎn　可以移动的隔板。清曹庭栋《老老恒言》卷四："房开北牖，疏棂作窗，夏为宜，冬则否，窗内须另制～一层以塞之。"

【推本】 tuī běn　推究根本。宋苏辙《私试进士策问二十八首》之一二："朝廷深惟其弊，～宗周，旁摭宇文氏，以易其制。"赵与时《宾退录》卷五："此时未有东周，公而称西周者，后人～而言之也。"

【推剥】 tuī bō　❶侵夺财物。宋石介《记永康军老人说》："岂有聪明正直之神，～万灵之肤血，以为己奉哉？"明张永明《旱灾疏》："～多端，茧丝殆尽。"　❷追问查究。明《警世通言》卷一三："自谅前事年远，无人～，不可使范氏无后，乃打通状到礼部，复姓不复名，改名不改姓，叫做范承信。"

【推补】 tuī bǔ　荐举补缺官员。元王沂《送刘掌仪序》："初，刘任时以经术行谊，为诸生所～焉。"清《隋唐演义》二九回："吏兵二部为～事，关右一十三郡盗贼生发，郡县告请良将。"

【推测】 tuī cè　根据已经知道的事情来想象不知道的事情。明焦竑《玉堂丛语》卷三："言者不自惟，而谬～圣意，宜置罚。"△清《儿女英雄传》一九回："不但此也，就作了个天不求人，那个代他～寒暑？"

【推阐】 tuī chǎn　阐发。《旧唐书·韩愈传》："当时群臣材识不远，不能深知先王之道，古今之宜，～圣明，以救斯弊。"清汪由敦《类书谷玉序》："因朴园之请，用～先生名书之意，以告世之人，使知为学宗旨在博而能精。"

【推陈出新】 tuī chén chū xīn　排除陈旧的，生出新的来。《明史·范济传》："严伪造之条，开倒换之法，～，无耗无阻。"清《红楼真梦》三一回："这诗题～，倒亏你们从夹缝里想出来的。"

【推陈致新】 tuī chén zhì xīn　排除陈旧的，生出新的来。唐孙思邈《备急千金要方》卷二四："宜服此散，～，极为良妙。"清俞森《荒政丛书》卷一〇下："似不必逐户平粜，但照时价总粜之，为

～之计。"

【推诚】 tuī chéng 以诚意待人。唐吴兢《贞观政要》卷三："每～尽节，多所献纳。"宋赵与时《宾退录》卷六："古今所同，～以告之，虽蛮貊之邦行矣。"

【推诚布公】 tuī chéng bù gōng 示人以诚，公正无私。宋杜范《经筵已见奏札》："明谕大臣，～，毋使人疑。"清弘昼《学问至刍荛赋》："尔乃并观兼听，～。"

【推诚置腹】 tuī chéng zhì fù 以至诚待人。清于成龙《宣慰陈恢恢谕》："费尽苦心，～。"《女仙外史》六五回："至于新降之卒，皆出其本怀，非逼之所致，我～，自然感动。"

【推崇】 tuī chóng 十分推重。唐温大雅《大唐创业起居注》卷三："先被～，睿哲英宗，密加夷戮，专权任己。"

【推辞】 tuī cí 对任命、邀请、馈赠等表示拒绝。《敦煌变文校注》卷五《维摩诘经讲经文(六)》："前来会里众声闻，个个～言不去，皆陈大士维摩诘，尽道毗耶我不任。"元明《三国演义》五回："绍再三～，众皆曰非本初不可，绍方应允。"清《连城璧》寅集："'穷不怕'再三～，～不脱，只得受了。"

【推宕】 tuī dàng 拖延。清《蜃楼志》二一回："但不知这姓姚的说话还是至诚，还是借端～，希图稽迟天讨的意思？"薛福成《通筹南洋各岛添设领事官保护华民疏》："虽商设领事之始，彼必枝梧～。"

【推倒】 tuī dǎo ❶ 向前用力使物体倒下。唐张鷟《朝野佥载》卷一："神武即位，敕令～天枢，收铜并入尚方。"清《醒世姻缘传》三回："上得马台石上，正要上马，通象是有人从马台石上着力～在地。" ❷ 压倒。宋陈亮《又甲辰答书》："～一世之智勇，开拓万古之心胸。"清蓝鼎元《请黄石斋先生崇祀乡贤文》："十岁能文，～岭南豪杰。"

【推东主西】 tuī dōng zhǔ xī 以各种借口推托、阻挠。《元曲选·后庭花》四折："你休～，可甚么三从四德？那些个家有贤妻，若是抛一块瓦儿须要着田地，你与我快说真实。"张国宾《薛仁贵》三折："兀那厮，我问着你，您休～的。"

【推动】 tuī dòng 向前用力使物体前进或摇动。宋《朱子语类》卷三一："如推车子相似，才着手～轮子了，自然运转不停。"明《封神演义》六回："监造官将炮烙推来，黄澄澄的高二丈，圆八尺，叁层火门，下有二活盘～好行。"清《说岳全传》七七回："就命军士～粮草，一径冲开番卒，望宋营中去了。"

【推断】 tuī duàn 推测断定，推测断定的结论。《敦煌变文校注》卷三《燕子赋(一)》："责情且决五百，枷项禁身～。"清《聊斋俚曲·磨难曲》："我今日诚然是一个凶犯，～起也不是必死的根原。"

【推恩】 tuī ēn 施恩惠于人。《敦煌变文校注》卷五《长兴四年中兴殿应圣节讲经文》："～之誉更言，内治之名唯远。然后愿君唱臣和，天成地平。"宋王辟之《渑水燕谈录》卷六："孔文仲举贤良方正，制策入等，以忤时政，不～孙。"

【推翻】 tuī fān ❶ 把竖立之物推倒。宋饶节《唱和四首》之一："一喏～十二峰，三乘四库当时通。"△清《儿女英雄传》三六回："听得他那位萧史，这半日倒象～了核桃车子一般，总不曾住话。" ❷ 打垮原来的政权。《元曲选·赚蒯通》一折："老夫不是断卖弄，丞相你也须自酱付，端的是谁～楚项羽。"△清《孽海花》四回："庚申之变，我辅佐威妥玛，原想～满清，手刃明善的儿孙。"

【推访】 tuī fǎng 查询，查访。唐玄奘《大唐西域记》卷四："无令老叟独擅先名，于是学徒四三俊彦持所作论～世亲。"

【推伏】 tuī fú 同"推服"。唐蒋防《霍小玉传》："先达丈人，翕然～。每自矜风调，思得佳偶。"五代孙光宪《北梦琐言》卷二："举子咸～之。"

【推服】 tuī fú 推崇佩服。唐高彦休《阙史》卷下："丞相兰陵崔公，清誉俭德，时所～。"五代孙光宪《北梦琐言》卷六："内试数题目，其词立就，旧族朝士潜～之。"宋赵与时《宾退录》卷四："晋琅邪王澄有高名，少所～。"

【推覆】 tuī fù 重新审问。唐李儇《乾符二年正月七日南郊赦》："从九月四日降郊礼赦后，流贬及引决妄称冤人等并重～囚徒，并不在此限。"清《九云记》二七回："天牢中死囚，待推天～就死的，当不下数百人，岂无与老严仿佛的一个面貌？侄儿当自往天牢，拣出起来了。"

【推革】 tuī gé 推移变革。宋陈瓘《论瑶华不当遽复何大正不当遽赏》："两宫之训，外人不知，但闻秘狱初兴，～宾御。"清顾炎武《尧庙》："鸟火频～，山龙竟弃捐。"

【推毂】 tuī gǔ ❶ 形容推荐人才。《唐律疏议》卷一六："～寄重，义资英略，阃外之事，见可即为。"宋苏辙《欧阳太师挽词三首》之三："～诚多士，登龙盛一时。西门行有恸，东阁见无期。"明文秉《烈皇小识》卷一："而今～不及，点灼横加，则徒以其票拟熊廷弼一事耳。" ❷ 比喻助人成事。唐吴兢《贞观政要》卷八："虽无汗马，指踪～，故得功居第一。"

【推广】 tuī guǎng 扩大事物使用范围或起作用的范围。宋苏辙《李清臣资政殿学士知河阳》："尚怀眷予之厚，入告谋猷之嘉，惠安小民，～予意。"赵与时《宾退录》卷三："然邵康节先生诸诗，尤能～圣人之意。"

【推劾】 tuī hé 审问。唐张鷟《朝野佥载》卷二："周秋官侍郎周兴～残忍，法外苦楚，无所不为。"宋魏泰《东轩笔录》卷六："荆公恳请其由，上出绾所上章，荆公即乞～。"

【推己及人】 tuī jǐ jí rén 以己之心度人；设身处地地为他人着想。宋韦骧《宿坛石驿六首》之五："～人所慕，不然何以称襟裾？"清《红楼真梦》一四回："～，也是性情中应有之事，只管同去便了。"

【推己及物】 tuī jǐ jí wù 即"推己及人"。唐李和《曲赦京畿德音》："王者爱人如身，～，恤其寒燠之苦，适其舒惨之宜。"清胤禛《朱批谕旨》卷一上："仰见皇上敬天勤民之至意，～之深仁。"

【推荐】 tuī jiàn 把好的人或事物向人或组织介绍，希望任用或接受。《唐律疏议》卷二三："若德行无闻，妄相～，或才堪利用，蔽而不举者。"明焦竑《玉堂丛语》卷三："每欲～周时可、周良石、陈士贤、张时敏、胡希仁诸公次第用之。"

【推奖】 tuī jiǎng 推重，奖誉。《旧唐书·德宗纪上》："是月朱滔、田悦、王武俊于魏县军垒各相～，僭称王号。"清《赛花铃》七回："小生袜线庸才，酒后僭笔，乃有辱姐姐，谬为～，能无愧汗。"

【推借】 tuī jiè 推许，荐引。《旧唐书·孔颖达传》："贞观初，征拜太学博士。其所讲三礼，皆别立义证，甚为精博。盖文懿、文达等皆当时大儒，罕所～，每讲三礼，皆遍举先达义而亦畅恭所说。"明王世贞《王家驭》："外似～贤者，伸其剿辨，实欲离间人骨肉，使之内讧。"

【推究】 tuī jiū 审问查究，推求研究。唐何延之《兰亭始末记》："后更～，不离辩才处，又敕追辩才入内，重问《兰亭》。"宋《朱子语类》卷一："皆不可得而～，然以意度之，则疑此气是依傍这理行。"明陆粲《庚巳编》卷四："既人众，且不～，但要汝去与众人说。"清李涵秋《广陵潮》四〇回："此言虽看是挖苦太甚，然而～起来，亦是至情至理。"

【推鞫】 tuī jū 审问。唐张鷟《朝野佥载》卷一："怀州录事参军路敬潜遭綦连辉事，于新开～，免死配流。”宋魏泰《东轩笔录》卷三：“是时吕公夷简权知开封府，～此狱，丁既久失天下之心。”

【推举】 tuī jǔ 推选，举荐。唐玄奘《大唐西域记》卷四：“辞论清雅，言谈赡敏，众共～而以应命。”五代孙光宪《北梦琐言》卷一八：“庄宗晏驾，明宗皇帝为将相～。”

【推勘】 tuī kān 审问，考察，推求。唐刘肃《大唐新语》卷三：“近者朝臣多被周兴、来俊臣～，递相牵引，咸自承伏。”五代孙光宪《北梦琐言》卷一：“请下御史台～，疏留中不出。”《大宋宣和遗事》前集：“杨志上了枷，取了招状，送狱～。”

【推廓】 tuī kuò 扩展。清《平定台湾纪略》卷二七：“常青蓝元枚等自必共相协力，定可逐段～。”

【推类】 tuī lèi 类推，以类相推。宋苏辙《次韵子瞻病中大雪》：“诗词禁～，令肃安敢破？亦有同行人，牵挽赴程课。”

【推轮捧毂】 tuī lún pěng gǔ 古代帝王任命将相时的隆重礼遇。《元曲选·赚蒯通》一折：“你起初时要他，便～；后来时怕他，慌封侯蹑足；到今时忌他，便待将杀身也那灭族！”清《说岳全传》二二回：“如萧相国‘～’故事，贤契不必谦逊也。”

【推排】 tuī pái ❶ 随着岁月推移。《敦煌变文校注》卷六《频婆娑罗王后宫彩女功德意供养塔生天因缘变》：“燕来燕去时复促，花荣花谢竞～，闻健直须疾觉悟，当来必定免轮回。”清《白雪遗音·问卜》：“左造～十六春，甲午年戊辰月乙酉日于丁丑时生。” ❷ 相比。唐义净译《根本说一切有部毗奈耶》卷二三：“诸尼闻已蹲踞相容，时吐罗尼即以手足～旧尼。”宋苏辙《次韵孔平仲著作见寄四首》之三：“～出高下，何异车转毂？死生本昼夜，祸福固倚伏。”

【推迁】 tuī qiān 推移变迁。唐［日］圆仁《入唐求法巡礼行记》卷二：“然以岁阴～，春景渐暖，今欲出行，巡礼诸处，访寻佛教。”李肇《国史补》卷中：“八窍者卵，九窍者胎，～之变化也。”

【推敲】 tuī qiāo 比喻斟酌字句，反复琢磨。清《聊斋俚曲·富贵神仙》：“把药味～，把药味～，怕有一点对不着。”

【推穷】 tuī qióng 推研穷究。宋《禅源诸诠集都序》卷下：“且～教法从何来者，本从世尊一真心体流出。”

【推囚】 tuī qiú 审问犯人。唐李显《中宗即位赦》：“比来委任稍亦乖方，遂使鞫狱～不专。”宋张耒《寄杨克一》：“吾甥颇似魏家舒，新罢～郄着书。”

【推求】 tuī qiú 寻求，探索，追究。《敦煌变文校注》卷四《降魔变文》：“不染六尘之境，契会菩提；即于六识～，万像皆含于般若。”唐玄奘《大唐西域记》卷一〇：“王乃宣命～遐迩，乃知菩萨神负远尘。”宋苏辙《上洪州孔大夫论徐常侍坟书》：“虽使千载之后，犹当～遗迹，以劝后来。”

【推让】 tuī ràng 谦让，辞让。唐刘肃《大唐新语》卷七：“于院厅宴会，举酒，说～不肯先饮。”《大宋宣和遗事》前集：“吴加亮和那几个弟兄，共～宋江做强人首领。”△清《官场现形记》三回：“黄大人正在那里～的时候，只见有人拿了藩、臬两宪的名帖前来请他到司道官厅去坐。”

【推搡】 tuī sǎng 使劲地推。清《儒林外史》三八回：“老和尚大怒，双手把郭孝子拉起来，提着郭孝子的领子，一路～出门。”《野叟曝言》二一回：“双人让又李上炕，一面～炕边上睡的人。”

【推施】 tuī shī ❶ 施恩惠于他人。元马祖常《光州固始县南岳庙碑》：“兹亦上之所愿～于天下者，不禁也。”清《聊斋志异·珊瑚》：“屡承让德，实所不忍，薄留二铤，以见～之义。” ❷ 施展。清《飞龙全传》二七回：“贤弟言之差矣。我与汝都是顶天立地之人，须当～雄才，待时展布，或者图个封妻荫子，竹帛垂名，上不愧于祖先，下不负乎一身。”

【推事】 tuī shì 旧时法院的审判官。《唐律疏议》卷三〇：“即别使～，通状失情者，各又减二等。”

【推收】 tuī shōu 旧时民间田宅典当买卖时，报请官府办理产权和赋税的过户手续。宋胡宏《向侍郎行状》：“凡诡名挟户、典卖～、进丁退老、分烟析生、田亩升降、货殖盈虚，必以时核实，所以革欺蔽也。”清胤禛《朱批谕旨》卷九六：“民间迁徙不常，田亩时有典卖，必得随时～过户。”

【推颂】 tuī sòng 推崇，颂扬。唐韩愈《太学生何蕃传》：“岁举进士，学成行尊，自太学诸生～不敢与蕃齿，相与言于助教、博士。”清《四库全书总目·考功集》：“嵩权极盛之时，若水年已垂耄，不免为嵩作《钤山堂集序》，反复～，颇为盛德之累。”

【推算】 tuī suàn 根据已有的数据计算出有关的数值。唐张鷟《朝野佥载》卷一：“开元二年，梁州道士梁虚州，以九宫～。”明《封神演义》一六回：“远近闻名，都来～，不在话下。”

【推吐】 tuī tǔ 倾吐。宋曾巩《上欧阳学士第一书》：“往者～赤心，敷建大论，不与高明，独授摧缩，俾蹈正者有所禀法，怀疑者有所问执。”

【推推搡搡】 tuī tuī sǎng sǎng 不断地推。清《品花宝鉴》三回：“那奚老爷的爷们，好不厉害，将这老王～的。”△《儿女英雄传》五回：“那和尚更不答话，把他～推到廊下。”

【推托】 tuī tuō 借故拒绝。元明《三国演义》四回：“如～不来，则必是行刺，便可擒而问也。”明《封神演义》七回：“二人对面质问，难道姜后还有～？”清《聊斋俚曲·富贵神仙》：“忽然如梦初醒，便出来～事故，辞了众人。”

【推脱】 tuī tuō 推辞；推卸。宋《朱子语类》卷一二七：“飞退，上谓王曰：‘岳飞将兵在外，却来干与此等事，卿缘路来见他曾与甚么人交？’王曰：‘但见飞沿路学小书，甚密，无人得知。’但以此～了。”清《镜花缘》五七回：“公子此话虽是，但恐那时章氏夫人高兴，特命同去，何能～？”

【推挽】 tuī wǎn 推荐扶植。唐薛渔思《河东记·柳》：“具军容，执锤，驱百餘卒，在水中～其舟。”宋文莹《玉壶清话》卷八：“因是大伏，遂～于朝，力加荐擢。”

【推诿】 tuī wěi 推卸责任。元关汉卿《窦娥冤》四折：“岂可便～道天灾代有，竟不想人之意感应通天。”明文秉《烈皇小识》卷一：“乃俱～不知，朕又何从知之？”清蓝鼎元《黎京兆传》：“不虞黔省稽延～，徒费文移。”

【推问】 tuī wèn 审问，推求询问。《唐律疏议》卷六：“侄打叔伤，官司～始知，听依凡人斗法。”明《金瓶梅词话》九回：“须要尸、伤、病、物、踪，五件事俱完，方可～。”清《东周列国志》一〇〇回：“颜恩心中了了，只得假意～，又乱了一日。”

【推徙】 tuī xǐ 移动；更易。宋曾公亮等《武经总要》前集卷一二：“炮车：大木为床，下施四轮，上建独竿，竿首施罗匡，木上置炮梢，高下约城为准，～往来，以逐便利。”员兴宗《任亭记》：“俄而，有炁有体，有象有数，有～，四时动荡。”

【推详】 tuī xiáng 推究审察，审问。明《金瓶梅词话》一〇回：“府尹～秉至公，武松垂死又疏通。”△清《海上花列传》二〇回：“诸十全向怀中摸出一纸签诗，授与实夫看了，即请～。”

【推卸】 tuī xiè 推脱。明倪元璐《停遣部科疏》：“抚按不能为，谁能为？抚按不足赖，又谁足赖乎？朝遣既停，抚按自无所～。”△清《儿女英雄传》二五回：“想来伯父母该可怜我这苦情，不疑我是～。”

【推谢】 tuī xiè 推辞退让，辞谢。唐玄奘《大唐西域记》卷四："大师德高先哲名擅当时，远近学徒莫不～。"

【推行】 tuī xíng 普遍实行，推广。唐义净译《根本萨婆多部律摄》卷三："苾刍在路身婴病苦不应～。"宋苏辙《王安礼知扬州》："其～惠术，宽而中理。遂领台辖，以秉国成。"清《醒世姻缘传》一六回："陆节～取进京，考选了兵科给事。"

【推雪】 tuī xuě 平反昭雪。《旧唐书·李尚隐传》："尚隐叹曰：'岂可使良善陷枉刑而不为申明哉！'遂越次请往，竟～李师等，奏免之。"

【推寻】 tuī xún 推求寻索。唐义净译《根本说一切有部毗奈耶》卷二四："或言不知，或言可共～谁作斯过。"宋《朱子语类》卷八一："某所著诗传，盖皆～其脉理，以平易求之，不敢用一毫私意。"

【推延】 tuī yán 推迟，拖延。唐义净译《根本说一切有部毗奈耶》卷二三："陈稻将尽可待新粳，时居士子见作～。"金佚名《大金吊伐录》卷一："虽令宣抚司交付，却只～，不肯早行发遣。"清邵彬儒《俗话倾谈》二集："合家大小，尽日商量，此事并无办法，惟有将银顶住，或可～。"

【推仰】 tuī yǎng 推重敬仰。金刘祁《归潜志》卷四："为左司郎中，誉甚重，一时人士～焉。"

【推移】 tuī yí 指时间、时势的变化。唐玄奘《大唐西域记》卷一："固世有～之运矣，是知候律以归化，饮泽而来宾。"宋赵与时《宾退录》卷三："时代～，而土地所生亦复变迁如此。"

【推挹】 tuī yì 推辞揖让。唐李俨《益州多宝寺道因法师碑文》："法师夏腊虽幼，业行攸高，独于众中，迥见～。"

【推援】 tuī yuán ❶ 擢用。《旧唐书·徐贷岱传》："寻为朝廷～，改河南府偃师县尉。"元刘诜《与郑鹏南宪使》："朝廷搜求遗逸，过蒙明公～而心耻。" ❷ 援助。清《东周列国志》八五回："而韩虔嗣韩，魏斯嗣魏，田和嗣田，四家相结益深，约定彼此互相～，共成大事。"汪琬《广西提学道佥事申君墓志铭》："君为人机警，通知世务之变，交游亲故，方溢朝列，力能为君～。"

【推允】 tuī yǔn 允许，许可。唐张说《常州刺史平贞眘神道碑》："新丰县尉卢少儒引为检点判官，差卒选校，小大～，休议登闻。"

【推择】 tuī zé 推举选拔。金佚名《大金吊伐录》卷三："如或必欲元帅府～，缘会验在军皆依河北汉儿。"

【推整】 tuī zhěng 整理。《元曲选·秋胡戏妻》一折："羞低粉脸，～罗裙。"明孟称舜《娇红记》三出："我见他抵春纤～云翘。"

【推擢】 tuī zhuó 推荐，提拔。宋陈襄《举彭汝砺札子》："比类前后状元登科人，别加～。"明李梅实《精忠旗》一九出："他前次逗遛不进，又有营还兵柄的私书，你可用心鞫问，我这里重重～。"

【推阻】 tuī zǔ 推辞，拒绝。明《醒世恒言》卷二："许武迫于君命，料难～，分付两个兄弟。"

tuí

【颓】 tuí ❶ 坠落，落下。唐[日] 圆仁《入唐求法巡礼行记》卷三："其光明云中有四童子坐青莲座游戏，响动大地，岩巘～落。"宋沈括《梦溪笔谈》卷二一："登州巨嵎山，下临大海。其山有时震动，山之大石皆～入海中。"明《清平山堂话本·风月相思》："黄昏渐近兮，白日～西。对景思人兮，我心空悲。"清沈复《浮生六记》卷一："红日将～，余思粥，担者即为买米煮之，果腹而归。" ❷ 衰败，败落。宋陆游《家世旧闻》卷下："是时党禁方厉，士气～弱，文缜犹不屈于言官如此。"明汤显祖《牡丹亭》四八出："破屋～，姐姐呵，你怎坐无人灯不燃？" ❸ 崩坍，倒坍。唐赵元一《奉天录》卷二："佛本无形，有形非佛。泥龛塑像，任其崩～。"宋葛胜仲《鹧鸪天》："衰意绪，病情怀。玉山今夜为谁～？"元明《三国演义》一四回："皆自出城樵采，多有死于～墙坏壁之间者。"明《型世言》一回："意气不挠，但水浸日久，不免坍～。" ❹ 恶劣。《元曲选·庆团圞》三折："你这般～嘴脸，则好偷韩寿下风头香，傅何郎左壁厢粉。"《元曲选外编·西厢记》三本二折："今日～天白般的难得晚。"

【颓败】 tuí bài 衰落，腐败。明《金瓶梅词话》三〇回："以致风俗～，赃官污吏，遍满天下，役烦赋重，民穷盗起，天下骚然。"清《红楼梦》七六回："只是方才我听见这一首中，有几句虽好，只是过于～凄楚。"

【颓弊】 tuí bì ❶ 败坏。唐元结《元谟》："用明而耻杀，故沿化兴法，因教置令，法令简要而人顺教，此～以昌之道也。"清陆陇其《松阳讲义》卷七："道术灭裂，风俗～，其为世祸，不可胜言。" ❷ 破败。宋苏轼《乞降度牒修北岳庙状》："臣伏见定州曲阳县北岳安天元圣帝庙，建造年深，屋宇～。"明孙承恩《松江府学重修记》："栋楹之攲侧者，榑栌之～者，悉辍其旧而一新之，为大成殿。"

【颓波】 tuí bō ❶ 水波向下奔流。唐李白《古风五十九首》之一："扬马激～，开流荡无垠。"《元典章·刑部五》："因而抛弃于急流～，其水混混，不舍昼夜。" ❷ 比喻衰败的形象。唐李白《陈情赠友人》："舒文振～，秉德冠彝伦。"五代王定保《唐摭言》卷三："美誉早闻喧北阙，～今见走东瀛。"

【颓剥】 tuí bō 剥落。《旧唐书·蒋乂传》："上尝登凌烟阁，见左壁～，文字残缺，每行仅有三五字。"明丘濬《霸州庙学记》："顾瞻庙貌，月就～，堂庑日将倾圮。"

【颓坼】 tuí chè 颓败，拆裂。唐杜牧《偶游石盎僧舍》："益郁乍怡融，凝严忽～。"

【颓挫】 tuí cuò ❶ 破败。唐韩愈《合江亭》："伊人去轩腾，兹宇遂～。"宋刘攽《寄题萧山岁寒堂直己亭》："高堂久～，往者尝隐忍。" ❷ 颓丧。宋王十朋《次韵嘉叟读和韩诗》："孔孟久不作，况雄莫能和。韩公生有唐，力欲拯～。"清陈康祺《郎潜纪闻》卷二："至于壮心～，但求服末路之监车，完雕虫之故业。"

【颓顿】 tuí dùn 委顿。宋杨士瀛《仁斋直指》卷一三："心腹俱痛，则吐泻俱作，甚则转筋～。"

【颓惰】 tuí duò 衰颓，惰怠。宋李昭玘《燕游十友序》："日有餘力，悠漫无寄，遇事龃龉，～不怡，揖十友者，置之坐隅，更出迭进，各献其能，而为余勉焉。"△清《青楼梦》一六回："切不可暴弃自甘，至于～。"

【颓放】 tuí fàng 意志消沉，行为放荡。宋宋祁《七不堪诗七首序》："自念官在史氏，执笔右螭，不容～矣。"清查慎行《冬日张园雅集限韵》："指点此地成欢场，安知酒徒～意。"

【颓废】 tuí fèi 倾塌荒废。明沈德符《万历野获编》卷一："想文、章二圣亦未必知其误也，此殿虽久～。"

【颓风】 tuí fēng 颓废败坏的风气。《唐律疏议》卷一："律增甲乙之科，以正浇俗；礼崇升降之制，以拯～。"

【颓纲】 tuí gāng 衰败的纲纪律。宋《明觉禅师语录》卷三："明暗路岐生死洲渚，而今而后知不知，～委地凭谁举。"龙衮《江南野史》卷一："士民富实，桴鼓不闻，朝廷～以礼振举。"明陈建《皇明通纪》卷一二："而王、柴诸公夙夜图议，振～，去弊事，明赏罚，以示劝惩。"

【颓光】 tuí guāng 指暮年。唐李观《授衣赋》:"责～之不驻,叹凉吹之云早。"明胡直《赠别胡侍读奉诏归省二首》之二:"长跪进霞觞,～愿有系。"

【颓坏】 tuí huài ❶倾倒崩坏。明《拍案惊奇》卷二四:"徽商看见阁已～,问道:'如此好风景,如何此阁～至此?'"清《东周列国志》一七〇回:"城被浸三日,～者数处,秦兵遂乘之而入。"❷废弛。明《拍案惊奇》卷二四:"将来烫酒煮饭,只是作践,怎不～?"

【颓慌】 tuí huāng 情况更加恶劣。《元曲选·冻苏秦》三折:"哎,又要你走将来,走将来便雪上加霜,忒～。"

【颓隳】 tuí huī 败坏。宋觉范《一麟室铭》:"宗教日衰,庶异人出,支此～,耆阇倚天,胜气华滋,当磨云根。"清《平定两金川方略》卷五六:"今将铸成食二十二觔子之大炮,于二十九日运上山梁,施放颇为有准,力轰数日,第六碉自必～。"

【颓毁】 tuí huǐ 坍塌毁坏,衰落败坏。唐玄奘《大唐西域记》卷五:"其侧不远有如来井及浴室,井犹充汲,室以～。"五代严子休《桂苑丛谈》:"公按訾躬已而治之,补缀～,整葺坏纲,功无虚日。"

【颓烂】 tuí làn 衰败。宋孙洙《资格》:"万事之所以抗弊,百吏之所以废弛,法制之所以～决溃而不之救者,皆资格之失也。"

【颓老】 tuí lǎo 衰老。唐刘太真《上杨相公启》:"小人既无学术,又无材用,形神低悴,年鬓～。"清朱彝尊《清风集序》:"盖自少壮以至～,自邻比乡曲以达天壤,山林朝市,恣其所求而不为之限,故言天下之至乐莫朋友若也。"

【颓裂】 tuí liè 倾颓崩裂。唐[日]圆仁《入唐求法巡礼行记》卷三:"初造此菩萨时,作了便裂。六遍捏作,六遍～。"

【颓陋】 tuí lòu 颓败。宋葛胜仲《上监职书》:"悼稍食之觳薄,叹室庐之～。"苏籀《伯夷颂》:"数十年来,士风～,公卿言利于国,蕴利于身,递相视效。"

【颓靡】 tuí mǐ 颓废萎靡。唐李白《金门答苏秀才》:"得心自虚妙,外物空～。"宋魏泰《东轩笔录》卷一三:"天下官吏,皆持禄养身,政事～,务相容贷。"金刘祁《归潜志》卷一三:"南渡之后,非有王导、谢安辈稍务事业功名,其～亦不可救矣。"△清《儿女英雄传》一三回:"以致官场短气,习俗～等情,参得十分厉害。"

【颓命】 tuí mìng 倒霉的命运。《元曲选·勘头巾》一折:"你看,我那～么,狗也不曾打的着,倒打破了一个尿缸,如之奈何?我则推狗咬了我的腿。"

【颓没】 tuí mò 毁坏湮没。《新唐书·文艺传下·孟浩然》:"故处士孟浩然,文质杰美,殒落岁久,门裔陵迟,丘陇～,永怀若人,行路慨然。"明胡应麟《六公篇序》:"是秋,舟过吴门,欲入访季迪昌谷故居,而州民遂无识者,盖～榛莽久矣。"

【颓闹】 tuí nào 大闹。《元曲选·金线池》一折:"韩秀才,你则躲在房里坐,不要出来,待我和那虔婆～一场去!"

【颓年】 tuí nián 比喻衰老之年。唐李白《秋猎孟诸夜归置酒单父东楼观妓》:"冀餐圆丘草,欲以还～。"

【颓巧】 tuí qiǎo 衰颓,佞巧。明方孝孺《答张廷璧》:"仆尝怪风俗～,相师为佞,至于朋友,亦以谀悦为忠。"

【颓侵】 tuí qīn 比喻逐渐衰退。唐李白《留别王司马嵩》:"苍山容偃蹇,白日惜～。"

【颓然】 tuí rán 形容败兴的样子。唐白居易《遣怀》:"乃知名与器,得丧俱为害。～环堵客,萝蕙为巾带。"宋李弥逊《十月桃》:"花信被山烟,著意邀阑。盏面横斜,大家月底～。"明张岱《陶庵梦忆》卷五:"如深山茂林,坐其中,～碧窈。"清《荡寇志》一二三回:"当下一番畅谈,正是酒逢知己千杯少,看看夕阳在山,两人俱不觉～醉倒。"

【颓衰】 tuí shuāi 颓废。宋郭祥正《留君仪哀词》:"惕南北之缅邈兮,蹇形影之～。"清《八旗通志》卷首之一二:"但风气～似此,格外之恩众悉不晓,以致视为应当。"

【颓俗】 tuí sú 颓败的风俗。宋欧阳修《论杨察请终丧制乞不夺情札子》:"察以文中高科,官列近侍,而能率励～,以身为先。"

【颓唆】 tuí suō 怂恿。《元曲选·酷寒亭》三折:"题名儿骂了孜孜的唾,骂那无正事～,则待折损杀业种活撮。"

【颓唐】 tuí táng 萎靡不振的样子。清李涵秋《广陵潮》五四回:"云麟自从红珠死后,他已万事～,忽忽不乐。"

【颓天】 tuí tiān 怨诉上天。《元曲选外编·西厢记》三本二折:"今日～,百般的难得晚。"

【颓芜】 tuí wú 荒芜。明《徐霞客游记》卷一一上:"又一碑,乃其子名志者,则王翰时撰之坟,与吾家梧塍之茔,文翰规制颇相似,其～亦相似也。"

【颓习】 tuí xí 颓败的风习。宋吕南公《送刘进士序》:"虽云～因时,然自失已甚。"明胡应麟《题范茂明淮阴先生辩陈同父酌古论》:"茂明辩说纵横,大有秦汉风,一扫宋人～。"

【颓朽】 tuí xiǔ 破败。唐杜甫《九成宫》:"荒哉隋家帝,制此今～。"△清《七侠五义》九四回:"谁知殿宇～,仰面可以见天,处处皆是渗漏。"

【颓颜】 tuí yán 衰老的容颜。唐王维《崔濮阳兄季重前山兴》:"故人今尚尔,叹息此～。"又《冬夜书怀》:"丽服映～,朱灯照华发。"

【颓幽】 tuí yōu 颓败,幽暗。唐柳宗元《吊苌弘文》:"指白日以致愤兮,卒～而不列。"

【颓垣】 tuí yuán 断墙。唐吕嵒《八声甘州》:"故址～,淡烟衰草,汉家宫阙。"五代王定保《唐摭言》卷三:"驰往旧游访之,则向之花竹一无所有,但见～坏栋而已。"宋欧阳修《归雁亭》:"～败屋巍然在,略可远眺临倾台。"明《拍案惊奇》卷二二:"人烟稀少,阁井荒凉。满前败宇～,一望断桥枯树。"清《红楼梦》七六回:"只是方才我听见这一首中,有几句虽好,只是过于～凄楚。"

【颓垣败壁】 tuí yuán bài bì 形容荒凉的景象。宋周必大《汀州长汀县社坛记》:"～,蒲博所聚,荒榛蔓草,牛羊践焉。"清《恨海》七回:"伯和怕不是事,便故意转到一条横巷里去,弯弯曲曲,走了半里多路,只见一处烧不尽～。"

【颓垣败井】 tuí yuán bài jǐng 犹"颓垣败壁"。清《陕西通志》卷五三:"值庚辰之变,～,目不忍睹。"△《花月痕》四五回:"林喜、李福迎出,二人下马,进得门来,破庙荒凉,草深一尺,见一群的羊,在那里吃草。～,廊庑倾欹。"

【颓垣断壁】 tuí yuán duàn bì 犹"颓垣败壁"。宋王安石《愁台》:"～有平沙,老木荒榛八九家。"金王寂《祁县重修延祥观记》:"方是时,栋宇攲倾,屋煤蛛网,不克以居。视其后,～,榛棘出入,适足为毚囿蛇薮耳。"

【颓垣废井】 tuí yuán fèi jǐng 犹"颓垣败壁"。宋文珦《蚕妇叹》:"邻家破产已流离,～行人悲。"明龚诩《甲戌民风近体寄叶给事八首》之六:"～荒芜宅,垢面蓬头瘦损妻。"

【颓垣废址】 tuí yuán fèi zhǐ 犹"颓垣败壁"。宋欧阳修《有美堂记》:"今其江山虽在,而～,荒烟野草,过而览者,莫不为之踌躇而凄怆。"明王直《复本堂记》:"～,残甓断础,散弃于荆榛草莽之间,而为鄙夫野人之所盗窃,过者惜之。"

【颓云】 tuí yún 柔软的云，亦喻指女子松柔的发髻。《云笈七籤》卷二三："古已上五夫人，头并～三角髻，发垂之至腰。"

【颓运】 tuí yùn 衰败的命运。唐李白《读诸葛武侯传书怀赠长安崔少府叔封昆季》："赤伏起～，卧龙得孔明。"又《登金陵冶城西北谢安墩》："天骄蹙中原，哲匠感～。"

【颓折】 tuí zhé 衰败；颓丧。明李梦阳《吊于庙赋》："栋宇～兮四顾无垣，鸽雀鸣噪兮雪壅其门。"《醒世恒言》卷二五："大丈夫功名终有际会，何苦～如此！"

【颓志】 tuí zhì 意志消沉。唐韦应物《郊居言志》："世荣斯独已，～亦何攀。"

tuǐ

【腿】 tuǐ ❶ 人和动物支持身体和行走的肢体部分。元明《水浒传》四三回："寻到一处大洞口，只见两个小虎儿在那里舐一条人～。"清《荡寇志》一二四回："不防李逵飞起右～，正中唐猛膝盖。" ❷ 器物上像腿的部分。明《金瓶梅》四九回："正当中放一张蜻蜓～、螳螂肚、肥皂色起楞的桌子。"清《歧路灯》四一回："因同邻妪在床～下起了一个砖儿，盖着一罐子钱，向几位邻翁说道：'这是我几年卖布零碎积的钱……'" ❸ 特指火腿。清《歧路灯》五二回："上元鲥，松江鲈，金华熏～，海内有名佳品。"《醒世姻缘传》一七回："叫人把那些盒子端到船上，两盒果馅饼，两盒蒸酥，两盒薄脆，两盒骨牌糕，一盒薰豆腐，一盒甜酱瓜茄，一盒五香豆豉，一盒福建梨干，两个金华腌～，四包天津海味。" ❹ 特指裤子的筒状部分。明《金瓶梅词话》二回："通花汗巾儿袖中儿边搭剌，香袋儿身边低挂，抹胸儿重重纽扣，裤～儿脏头垂下。"清《红楼梦》六三回："冬天作大貂鼠卧兔儿带，脚上穿虎头盘云五彩小战靴，或散着裤～，只用净袜厚底镶鞋。" ❺ 指男性生殖器。明《金瓶梅词话》三一回："我又没偷他的壶，各人当场者乱，隔壁心宽，管我～事！"清《醒世姻缘传》六九回："他走动走不动，累你～事！" ❻ 量词。元明《水浒传》八六回："你两个且少坐，俺煮一～獐子肉，暖杯息社酒，安排请你二位。"明《金瓶梅词话》五八回："那来安去不多时，拿出半～腊肉，两个饼锭，二升小米，两个酱瓜茄，听道：'老头子过来……'"《金瓶梅》一回："又会一～好气球，双陆、棋子，件件皆通。"清《醒世姻缘传》五四回："一日，叫他煮～腊肉，他预先泡了三日，泡得那腊肉一些咸味也没有了。" ❼ 通"褪"。宋赵长卿《浣溪沙·初夏》："绿笋出林翻锦箨，红葵著雨～胭脂。"

【腿板】 tuǐ bǎn 大腿肌肉。《元曲选外编·西游记》二本六出："两只～僵直，肚皮里似春雷。"

【腿绷】 tuǐ bēng 绑腿布。元高文秀《黑旋风》一折："虽然更了名，改了姓，你这般茜红巾，腥衲袄，干红褡膊，～护膝，八答麻鞋，恰便似那烟薰的子路，墨染的金刚。"元明《水浒传》七四回："解了～护膝，跳将起来，把布衫脱将下来，吐个架子。"

【腿絣】 tuǐ bēng 同"腿绷"。元明《水浒传》七六回："兜小袜麻鞋嫩白，厌～护膝深青。旗标令字号神行，百十里登时取应。"明《金瓶梅词话》九〇回："那李贵诨名号为'山东夜叉'，头戴万字巾，脑后扑匾金环，身穿紫窄衫，销金裹肚，脚上﨟蹋～，干黄鞋靴，五彩飞鱼袜口，坐下银鬃马，手执朱红杆明枪头招风令字旗，在街心扳鞍上马，高声说念一篇道：'……'"

【腿带】 tuǐ dài 绑腿的带子。清《绿野仙踪》五五回："金钟儿一闻此言，喜欢的心上跳了几跳，连忙用手整理容环，拂眉掠鬓，又急急的将鞋脚紧了紧～，迎接出来。"

【腿裆】 tuǐ dāng 胯下。明《西游记》七二回："那怪就都摸鱼，赶上拿他不住：东边摸，忽的又渍了西去；西边摸，忽的又渍了东去；滑扢虀的，只在那～里乱钻。"

【腿肚】 tuǐ dù 小腿后部隆起的部分。清《聊斋俚曲·寒森曲》："一群鬼把城隍按倒，用刀把～割开，抽了贵筋二条，都勾麻线粗，四五尺长。"《女仙外史》五〇回："铁儿忘怀了是退兵，倒道是催他杀贼的意思，就使出个解数，两脚端着铁橙，将小～用力夹住马肋，飞迎薛鹿。"

【腿肚子】 tuǐ dù zi 即"腿肚"。明《西游记》六回："猴王只顾苦战七圣，却不知天上坠下这兵器，打中了天灵，立不稳脚，跌了一跤，爬将起来就跑，被二郎爷爷的细犬赶上，照～上一口，又扯了一跌。"清《醒世姻缘传》三三回："别的学生教一两遍，就教他上了位坐着自家读，偏只把我别在桌头子上站着，只是教站的～生疼，没等人说句话就嗔。"

【腿缝】 tuǐ fèng 双腿之间的缝隙。清《绿野仙踪》八回："于冰急忙坐起，从大鬼两～中一觑，只见那妇人面若死灰，无一点生人血色。"《醒世姻缘传》一九回："那夜月明如昼，先到了东厢房明间，只见晁住的老婆赤着身，白羊一般的，～里夹着一块布，睡得象死狗一般。"

【腿股】 tuǐ gǔ 大腿。元明《水浒传》六八回："神枪到处，秦明后～上早着，倒颠下马来。"清《女仙外史》九三回："盛坚心忙手乱，虚晃一枪，却待要走，被金山保大喝一声，刺中～，两脚悬空，倒撞地下。"

【腿花】 tuǐ huā 古代的一种刑罚。因施于腿部，肉绽血流如花，故称。宋元《清平山堂话本·简帖和尚》："钱大尹大怒，教左右索长枷把和尚枷了，当厅讯一百～，押下左司理院，教尽情根勘这件公事。"

【腿脚】 tuǐ jiǎo ❶ 腿和脚。《元典章·刑部六》："至元四年六月初五日，河间路归问到魏文质打折王宝～事。"明《金瓶梅》一一回："俺妈从去岁不好了一场，至今～半边通动不的，只扶着人走。"清《女仙外史》九回："但跪的总得起来了，还觉～麻木，尚呆呆的走不得。" ❷ 行动的能力。元明《水浒传》三四回："秦明见宋江～不便，问道：'兄长如何贵足不便？'"清《红楼梦》一回："就比那谋虚逐妄，却也省了口舌是非之害，～奔忙之苦。"

【腿劲】 tuǐ jìn 腿部的力气。清《儒林外史》五二回："胡八哥，你过来，你方才踢马的～也算是头等了，你敢在凤四哥的肾囊上踢一下，我就服你是真名公。"

【腿胯】 tuǐ kuà 腰以下至大腿的部分。明《西游记》三三回："师父，感蒙厚情，只是～跌伤，不能骑马。"清《歧路灯》三五回："只见兴官儿动了动儿，把绿袄襟掀开，露出银盘一个脸，绑着双角，胳膊、～如藕瓜子一般，且胖得一节一节的。"

【腿曲裢子】 tuǐ qū lián zi 一种挂在腰带上的褡裢，装钱物用。因其下垂至腿弯处，故称。元马致远《荐福碑》二折："俺那相公认的你，着我与你十两枣穰金，在我这～里打着，你自取去。"

【腿亭】 tuǐ tíng 腿肚。明《西游记》三二回："若是先吃头，一口将他咬下，我已死了，凭他怎么煎炒熬煮，我也不知疼痛；若是先吃脚，他啃了孤拐，嚼了～，吃到腰截骨，我还急忙不死，却不是零零碎碎受苦？"

【腿挺骨】 tuǐ tǐng gǔ 大腿骨和小腿骨。明《西游记》五〇回："原来那帐里象牙床上，白媸媸的一堆骸骨，骷髅有巴斗大，～有四五尺长。"

【腿挺】 tuǐ tǐng 腿。挺，言其直而修长。宋韦居安《梅磵诗话》卷下:“犬衔～筋犹软,鸦啄骷髅血未干。”元郑廷玉《后庭花》一折:“有一日掂折你～,打碎你脑门。”尚仲贤《三夺槊》二折:“我则见的溜溜的立不在～摇,忔扑扑地把不住心头跳。”

【腿弯】 tuǐ wān 与膝盖相背的地方。清《荡寇志》一二七回:“原想砍断其腿,不防刘唐步快,已抢过刀锋,庞毅大刀到时,正将柄上龙吞口处直打着刘唐～。”《野叟曝言》五六回:“众校真个各拿木棍向素臣～用力打去,一连打断了几根棍子,震得各人虎口破的破,疼的疼,素臣站得直挺挺的,休想动得分毫!”

【腿膝】 tuǐ xī 腿脚,膝盖。明《封神演义》一二回:“把家将吓得浑身骨软筋酥,～难行,挨到帅府门前,哪吒来见太夫人。”清《儒林外史》五一回:“凤四老爹把他一把抱起来,放在右～上,那妇人也就不动,倒在凤四老爹怀里了。”

【腿子】 tuǐ zi 腿。明《金瓶梅词话》三七回:“我可知要来哩,到人家便就有许多事,挂住了～,动不得身。”清《红楼梦》一〇二回:“内中有个年轻的家人,心内已经害怕,只听呼的一声,回过头来,只见五色灿烂的一件东西跳过去了,唬得嗳哟一声,～发软,便躺倒了。”

【腿足】 tuǐ zú 腿脚。唐义净译《根本说一切有部毗奈耶》卷一二:“左右两～,合有五十骨。”明《西游记》三三回:“行至深衢,忽遇着一只斑斓猛虎,将我徒弟衔去,贫道战兢兢亡命走,一跤跌在乱石坡上,伤了～,不知回路。”清《野叟曝言》一四八回:“田氏等虽不敢令诸媳搀扶,却也不敢搀扶水夫人,惟恐太劳,致有意外,那知直走到北山亭上,诸夫人～俱已酸软,鸾吹自入园,即搭扶凤姐肩头,犹自喘息。”

tuì

【退班】 tuì bān 退朝。宋袁枢《通鉴纪事本末》卷三五上:“训元舆劝上亲往观之,以承天贶,上许之,百官～。”清《说岳全传》四七回:“各官～,天子回驾入宫。”

【退财】 tuì cái 损财;破财。唐张九龄《论黄幡豹尾》:“此煞是太岁墓人命,犯之,主孤寡损六畜及疾病官灾～,有救解,无妨。”清《隋唐演义》六回:“娘子,秦客人是个～白虎星。自从他进门,一个官就出门去了,几两银子本钱,都葬在他肚皮里了。”

【退潮】 tuì cháo 潮水退落。宋黄震《代平江府回裕斋马相公催泄水书》:“于是荡无堤障,水势散漫,与江之入海处,适平～之减。”清弘历《阅海塘三迭旧作韵》:“乙酉潮头才逼塘,～沙尚护塘良。”

【退殿】 tuì diàn 君王视朝完毕退出殿堂。宋文彦博《对圣问》:“复奏得请此大事,不可如常例～。”清《说唐后传》六回:“鲁国公当日就到午门,驾已～回宫了。”

【退遁】 tuì dùn 败退逃跑。宋李纲《陈捍御贼马奏状》:“进屯淮南要害之地,设奇邀击,绝其粮道,贼必～,保全东南。”明《杨家将演义》四二回:“重阳女欣然领所部一万,冲开南阵,岳胜、孟良等虚作～之状。”

【退惰】 tuì duò 退缩,怠惰。宋叶适《故礼部尚书龙图阁学士黄公墓志铭》:“其不以老～,终始有立,增光前人,余所畏也。”明邹元标《上朱鉴翁师》之三:“门生年华老大,师恩未报,惟彻明心地一事,止报师门万一,不敢～。”

【退废】 tuì fèi 黜退不用。宋刘挚《承务郎李君墓志铭》:“君名伉,字常武。见其父志不就,～,则竭力家事。”清《东周列国志》一〇二回:“秦王政元年,吕不韦知信陵君～,始复议用兵。”《平定台湾纪略》卷一一:“令其～家居,自思咎戾。”

【退锋郎】 tuì fēng láng 秃笔的拟人戏称。宋陶穀《清异录》卷下:“秃友～,功成鬓发伤。”

【退官】 tuì guān 辞官。唐白居易《有唐善人墓碑》:“翰林时,以视草不诡随,～詹府。”清《八旗通志》卷三〇:“凡满洲人等,毋得复在南城外居住,年老～者,仍听。”

【退换】 tuì huàn 退回不合适的,换取合适的。宋华镇《湖南转运司申明茶事札子》:“无茶园者,迫于期会,既以高价买茶,受纳之所,茶商、舟子、诸色公人复多方邀阻,乞觅钱物。不与,则毁坏～;与之,则资陪。”△清《二十年目睹之怪现状》五五回:“谁知开张之后,凡来买药水的,无有一个不来～。～去后,又回来要退还银子。”

【退回】 tuì huí ❶ 退回原处。《旧五代史·周书·刘词传》:“显德初,世宗亲征,刘崇词奉命领所部兵随驾行,及高平,南遇樊爱能等自北～。”清《镜花缘》二一回:“多九公看了,也吓一跳,又不好～,只得走进。” ❷ 退还原物。宋李纲《与张子公舍人书》:“且～数千匹,责以陪纳。”清《红楼梦》六二回:“如今将他母女带回,照旧去当差。将秦显家的仍旧～,再不必提此事。”

【退婚】 tuì hūn 解除婚约。明王世贞《赵汝师》:“～自渠故耳。”清《红楼梦》六五回:“又使人将张华父子叫来,逼勒着与尤老娘写～书。”

【退倦】 tuì juàn 退缩,倦怠。五代何光远《鉴诫录》卷八:“罗使君向,本庐州人,不事田产而慕大名,以至困穷,竟无～。”《五灯会元》卷一八《胜因咸静禅师》:“释迦老子初成佛道之时,大都事不获已,才方成个保社,便生～之心。”

【退皮】 tuì pí ❶ 蛇、蚕等脱下的皮。唐王焘《外台秘要方》卷三〇:“新附淋草半斤,蛇～一条,露蜂房三两。”清《歧路灯》六一回:“胡其所见是一个小馒首墓头儿,半株酸枣垂绿,一丛野菊绽黄,两堆鼢鼠土,几条蛇～。” ❷ 脱皮。《五灯会元》卷二《南阳慧忠禅师》:“南方知识秖道一朝风火散后,如蛇～,如龙换骨,本尔真性。”《元曲选·生金阁》三折:“爷,怪事!怪事!只见日月交食,不曾见辘轴～。”

【退潜】 tuì qián 辞官归隐。宋文彦博《题中山郎中华严川墅》:“谢墅偏幽寂,颜郎此～。”元郭钰《二月初晴题淦西居人楼壁》:“老去才名久～,楼前晴景逐人添。”

【退怯】 tuì qiè 畏缩;不敢向前。宋王安石《再用前韵寄蔡天启》:“少尝妄思索,老懒因～。”清吴伟业《敕赠大中大夫卢公神道碑铭》:“公进趋～,眇然儒者。”

【退亲】 tuì qīn 解除婚约。明张志淳《南园漫录》卷七:“夫家知其母与姊妹宣淫,欲～。”清《红楼梦》一五回:“张家若～,又怕守备不依,因此说已有了人家。”

【退屈】 tuì qū 退缩,屈服。《法苑珠林》卷九八:“若他来索我之身分,即须施与,不须量他前人起～心。”清陆陇其《答某》:“读来札,知高明力学之志,不少～,为之喜跃。”

【退任】 tuì rèn 离职;卸任。明陆容《菽园杂记》卷八:“乃问一～老内官,云尝记宣德间老娘娘有旨取去,但不知何在?”清《二度梅》二四回:“曾记得爹爹说,山东济南府有一个得意的门生,此人姓黄,曾做江西饶州九江道,他目下却～在家,我今不如去投他,或者看爹爹之面容留着我,亦未可知。”

【退慑】 tuì shè 畏缩。宋《九朝编年备要》卷一九:“垧慷慨自若,略不～。”明陆粲《祭王文恪公文》:“敛衽～,愚不自量,跪献所业,诵而首肯。”

【退堂】 tuì táng 官吏问案完毕,退出公堂。宋楼钥《钱清王千里得王大令保母砖刻为赋长句》:"我家阿连缚虎手,更得~方外友。"清《红楼梦》八六回:"将薛蟠监禁候详,餘令原保领出,~。"

【退厅】 tuì tīng 处理完事务,退出厅堂。明《金瓶梅》九回:"知县于是摘问了郓哥口词,当下~,与佐二官吏通同商议。"△清《三侠剑》四回:"刘云谢过了老寨主,老寨主拂袖~,众家寨主俱各散去。"

【退伍】 tuì wǔ 军人退出军队。清《八旗通志》卷三六:"八旗兵丁曾在军前得过军功,后因患病~,或伤残~,及六十岁以上年老~者,该都统等核实,每月给银一两、米一斛,以养餘年。"

【退逊】 tuì xùn 退让,谦逊。宋李昭玘《成州使君李公墓志铭》:"事已,则逡巡~,不自言功。"清《野叟曝言》一五四回:"素臣乍见先圣、先贤起敬起爱,又见昌黎谦恭~,心复不安。"

【退衙】 tuì yá 官吏公事完毕后退出衙门。唐白居易《晚归早出》:"~归逼夜,拜表出侵晨。"清《荡寇志》八三回:"正要~,只见辕门官禀道:'沂州有一差官,说有机密事禀见相公。'"

【退偃】 tuì yǎn 退隐。宋欧阳修《释惟俨文集序》:"虽然,惟俨傲乎~于一室,天下之务,当世之利病,听其言终日不厌。"明张宇初《灵谷山隐真观记》:"余方~林壑,有高蹈远引之志。"

【退役】 tuì yì 脱离服役。宋吕祖谦《东莱别集》卷三:"役者入,妇人避;~者,举柩南首。"《大清会典律例》卷六:"凡部院衙门书办,或因有疾,或因不谙文移,~之后,倘有更名重役者,杖一百革退。"

【退院】 tuì yuàn 僧人离开寺院。宋苏轼《答参寥三首》之一:"某到贬所半年,凡百麄遣,更不能细说,大略秪似灵隐天竺和尚~后却在一个小村院子折足。"清嵇永仁《粉粥》:"依稀~山僧粥,豆麦成糜木椀香。"

【退约】 tuì yuē ❶ 谦让。宋张耒《敦俗论》:"其率天下也,何其~廉逊。"明王直《忠信堂记》:"不夸张以示美,则~以示谦。"❷ 解除契约。清《醒世姻缘传》七二回:"立~,程思仁。因结发,本姓孙。"

【退运】 tuì yùn 运气不好。明《二刻拍案惊奇》卷二三:"今朝败子回头日,便是奸徒~时。"清《豆棚闲话》四则:"亲戚朋友也都道他~穷鬼,对面俱不相照。"

【退阵】 tuì zhèn ❶ 临阵脱逃。宋王铚《默记》卷中:"其父纬,坐镇戎军~,当斩。"△清《女娲石》一二回:"大丈夫临阵为敌,~为友,何况无心之咎乎?" ❷ 撤退军队。《宋史·王全斌传》:"昭远闻延德兵趋来苏至清强,即引兵~于汉源坡。"清《荡寇志》一三五回:"鲁达见官军~,便哈哈大笑道:'原来败了,洒家趁此杀上东京去也!'"

tūn

【吞】 tūn 隐忍,克制。唐韩愈《祭河南张员外文》:"君出我入,如相避然。生阔死休,~不复宣。"清《红楼梦》一〇二回:"你还心地明白些,诸事也别说只管~着不肯得罪人,将来这一番家事,都是你的担子。"

【吞暴】 tūn bào 掠夺。《新唐书·良弼传》:"贼锋不可婴,而乐寿、博野截然峙中者累岁,极其~,议者以为难。"明张宁《求稽勋沈先撰先考墓志铭事行状》:"时盗贼蜂起,各相长雄,互为~。"

【吞悲】 tūn bēi 隐忍悲痛。唐卢照邻《释疾文·粤若》:"积怨兮累息,茹恨兮~。"钱起《同邬戴关中旅寓》:"~问唐举,何路出屯蒙。"白居易《上阳白发人》:"忆昔~别亲族,扶入车中不教哭。"

【吞夺】 tūn duó 侵吞,掠夺。宋王安礼《资政殿学士元公墓志铭》:"王氏豪横,~民田,诱掠人为奴婢。"

【吞恨】 tūn hèn 隐忍怨恨。唐卢照邻《释疾文·悲夫》:"麟兮凤兮,自古~无已!"元稹《小胡笳引》:"~缄情乍轻激,故国关山心历历。"

【吞据】 tūn jù 吞并。《旧唐书·李宝臣传》:"河东节度李克用,虎视山东,方谋~。"清吴任臣《十国春秋》卷九九:"吴王杨行密常欲~东南。"

【吞没】 tūn mò 淹没。宋叶適《连州开楞伽峡记》:"岁适大潦,城邑~,漫为湖海。"

【吞纳】 tūn nà 汇合;容纳。唐韩愈《岳阳楼别窦司直》:"潴为七百里,~各殊状。"清蓝鼎元《河清颂序》:"河色黄赤,~百川。"

【吞声】 tūn shēng 克制自己,压低声音或不敢出声。唐戎昱《苦哉行五首》之二:"夫婿与兄弟,目前见伤死。~不许哭,还遣衣罗绮。"白居易《寓意诗五首》之二:"亲戚不得别,~泣路旁。"宋贺铸《子夜歌》:"柔桑陌上~别。~别,陇头流水,替人呜咽。"明《拍案惊奇》卷一:"文若虚羞惭无地,只得~上船,再也不敢提起买橘的事。"清《红楼梦》二二回:"宝玉没趣,只得又来找黛玉。刚到门槛前,黛玉便推出来,将门关上。宝玉又不解何意,在窗外只是~叫'好妹妹'。"

【吞声忍泪】 tūn shēng rěn lèi 形容强忍悲伤。敦煌词《破阵子·年少征夫军帖》:"迢递可知闺阁,~孤眠。"清伤时子《苍鹰击·题词》:"冷尽初心恨未休,~几春秋?"

【吞声忍气】 tūn shēng rěn qì 强忍气愤而不出声。元高文秀《黑旋风》一折:"再不和他亲折证,我只是~,匿迹潜形。"明《醒世恒言》卷二八:"欲待把他难为,一来娇养惯了,那里舍得;二来恐婢仆闻知,反做话靶。~,拽开门走往外边去了。"清《红楼梦》六九回:"心中一刺未除,又平空添了一刺,说不得且~,将好颜面换出来遮掩。"

【吞声饮恨】 tūn shēng yǐn hèn 强忍仇恨而不出声。宋《太平广记》卷三〇九引唐薛用弱《集异记·蒋琛》:"~兮语无力,徒扬哀怨兮登歌筵。"清湘灵子《轩亭冤·哭墓》:"从今后惹得俺~,凭吊秋坟!"

【吞声饮气】 tūn shēng yǐn qì 犹言吞声忍气。《隋书·王孝籍》:"怀抱之内,冰火铄脂膏,……安可齰舌缄唇,~?"五代王定保《唐摭言》卷六:"其不得举者,无媒无党,有行有才,处卑位之间,仄陋之下,~,何足算哉!"宋晁端礼《一落索》:"向道不须如此,转~。一团儿肌骨不禁春,甚有得、许多泪。"

【吞声饮泣】 tūn shēng yǐn qì 压制悲痛,不出声地抽泣。元明《水浒传》九八回:"琼英知了这个消息,如万箭攒心,日夜~,珠泪偷弹。"

【吞蚀】 tūn shí ❶ 消融。宋梅尧臣《杜挺之赠端溪圆砚》:"明月怀~,微分鸜目莹。"明李流芳《弹山左阜待月独饮》:"坐眺湖南山,光影互~。" ❷ 吞食;侵吞。明周洪《故处士鄱阳刘公墓志铭》:"郡县更代,徭役特烦,里豪黠囚,并缘~,闾左弗支,往往荡析。"

【吞头】 tūn tóu 铠甲护甲上的突出部分。元佚名《博望烧屯》二折:"朱红漆花梢弩,兽~金蘸斧。"元明《三国志通俗演义》卷一:"王匡将军马列成阵势,勒马门旗下时,见吕布出阵,头戴三叉束发紫金冠，体挂西川红锦百花袍，身披兽面～连环铠，腰系勒甲玲珑狮蛮带。"清《女仙外史》三二回："看他怎生打扮？戴一顶兽～、乌油亮铁盔，稳簪着两根雉尾。"

【吞占】 tūn zhàn　侵吞。明韩雍《先考行实》："率天性诚实，凡事不解与人较计，数为人侮，恒产货利多被奸谋～，家计日衰尔。"清《平定两金川方略》卷二二："索诺木实欲～各土司。"

tún

【屯】 tún　❶ 堵塞。元《武王伐纣平话》卷下："别路放过南宫括去了，却用石头～了出入之路，放火烧之。"元明《水浒传》二三回："武松在轿上看时，只见亚肩叠背，闹闹穰穰，～街塞巷，都来看迎大虫。" ❷ 围合，笼罩。元《通制条格》卷二八："今后军人并头目须要各立营司～住，到任官员须要系官房舍内居止。"高文秀《黑旋风》三折："你家里人一定不老实，可怎么高墙矮门儿，一周遭棘针儿～着？"明《梼杌闲评》四六回："左摆着师济文臣，角带素衣～紫雾；右列着狰狞武将，锦袍金甲绕层云。"

【屯合】 tún hé　聚集。唐王昌龄《灞桥赋》："虽曰其繁，溃而不杂；怀璧杖剑，披离～。"元汤舜民《集贤宾·友人爱姬为权豪所夺》："燕子楼～着铠甲，鸡儿巷簇拥着枪刀。"

【囤塌】 tún tā　囤积，存储。元张国宾《薛仁贵》四折："漏星堂半间石灰厦，又没甚粮食～。"王晔《桃花女》一折："俺可也比每年多馀黍麦，广有蚕桑，～细米，垛下干柴，端的个无福也难消受。"

【豚儿】 tún ér　谦词，谦称自己的儿子。明佚名《霞笺记》一二出："我为官保一世清名，怎遭这～不肖。"清《野叟曝言》三八回："长卿大喜道：'先生有几位令郎呢？'孙康道：'两个～。'"△《跻春台·栖凤山》："兄家富厚，小弟贫寒，～犬子，何敢高攀？"

【豚犬】 tún quǎn　谦词，谦称自己的儿子。元岳伯川《铁拐李》二折："你若是打听的山妻照顾着～。一头里亡过夫主，散了家缘，兄弟呵！"明《金瓶梅》三一回："西门庆谢道：'学生生一～，不足为贺，倒不必老太监费心。'"△清《儿女英雄传》一八回："只是我这第二个～，虽然天资尚可造就，其顽劣殆不可以言语形容。"

tǔn

【氽】 tǔn　水推物，漂浮。明佚名《白兔记》二折："浅水摊头～下一个坐婆来，这不是刘老娘。"《型世言》二五回："这原是袁花郑家女儿。因海啸娘儿两个坐着两个箱子～来，撞了个强盗，抢了箱子，推她落水，娘便淹死了。"清《野叟曝言》三三回："水流势急，一直～出江口，被浪一涌，便直涌入江岸芦苇之中。"

【唔】 tǔn　痴呆的样子。《元曲选外编·西厢记》三本四折："足下其实啉，休妆～。"元乔吉《山坡羊·失题》："粧呆粧啉，粧聋粧～。"明金銮《风情戏嘲》："撒什么～，卖什么乖，三尺门儿难自开。"

tùn

【褪】 tùn　❶ 衣物、服饰等脱落。五代冯延巳《思越人》："酒醒情怀恶，金缕～，玉肌如削。"宋吕渭《蝶恋花》："趁蝶西园，不觉鞋儿～。"元杨朝英《阳春曲·浮云薄处朦胧日》："沈腰易瘦衣宽～，潘鬓新皤镜怕看。"明《西游记》四二回："那天罡刀都变做倒须钩儿，狼牙一般，莫能～得。"清《红楼梦》五二回："谁知镯子～了口，丢在草根底下，雪深了，没看见。" ❷ 藏在袖子里。元高文秀《襄阳会》三折："闻知师父穷经五典，善晓三纲，怀揣日月，袖～乾坤。"明《金瓶梅》二八回："这陈经济把鞋～在袖中。"△清《儿女英雄传》一三回："只见他把右手～进袖口去摸了半日，摸出两个香钱来递给安太太。"

tuō

【托大】 tuō dà　❶ 疏忽大意。元明《水浒传》四回："贤弟，你从今日难比往常，凡事自宜省戒，切不可～。"△清《糊涂世界》八回："也是虞子厚一时～，便也不以为意。" ❷ 倨傲自尊。明《醒世恒言》卷一："贱人，你是我手内用钱讨的，如何恁地～！"清《说岳全传》一一回："你既来考试，为何参见不跪，如此～么？"

【拖扯】 tuō chě　拉扯。宋周应合《景定建康志》卷三九："差人招军，多是～生事。"△清《青楼梦》一五回："你们～那人做甚？"

【拖带】 tuō dài　❶ 连带；附带。宋杨万里《乙未春日山居杂兴十二解》之一一："半晴半雨半暄凉，～春容未要忙。"清查慎行《洞仙歌·渡重安江》："丹危翠险，乍悬绳度，索井底人，从半空落，有清江～，抹断云根。" ❷ 拖累。明沈德符《顾曲杂言》："曾见一二大家歌姬辈，甫启朱唇，即有箫管夹其左右，好腔妙啭，反被～，不能施展。" ❸ 牵合；牵引。明金銮《梧桐树·过吴七泉山居》："莺期与燕约，总是春～。" ❹ 不利索。清《隋唐演义》一四回："秦琼接在手中，打一个转身，把枪收将回来，觉道有些～。" ❺ 提挈；携带。清《醒世姻缘传》二一回："一人有福，～满屋。"

【拖泥带水】 tuō ní dài shuǐ　比喻做事情或说话写文章不干脆利落。《五灯会元》卷一五《智门祚禅师法嗣》："各各子细观瞻，其或涯际未知，不免～。"宋黄庭坚《题渡水罗汉画》："阿罗汉皆具神通，何至～？"《朱子语类》卷二七："若只管说来说去，便自～。"

【拖欠】 tuō qiàn　久欠不还。宋吕陶《奏乞放坊场欠钱状》："大率一县之内，中户以上因买坊场，或充壮保而破散～者，十常四五。"清《红楼梦》六八回："次日回堂，只说张华无赖，因～了贾府银两，枉捏虚词，诬赖良人。"

【拖人下水】 tuō rén xià shuǐ　喻诱人同流合污。明贺士諮《言行录》："渠欲～，我却救渠上岸，不亦可乎？"

【拖沓】 tuō tà　❶ 不爽利；不简洁。宋孙应时《答吕寺丞书》："但恐意或迫切，则气若躁扰，语亦～。"△清《儿女英雄传》一三回："读者，看这回书把上几回的事，又写了一番，不觉得有些烦絮～么？" ❷ 连绵不断的样子。明李东阳《尼山春晓图》："蒙蒙尼山云，忽忽天向晓，依微远峰露，～层城绕。"

【拖延】 tuō yán　延长时间，不迅速处理。宋赵抃《奏状乞移勘韩铎》："负罪官属，乃优游在外，数四不肯承认，显是本府上下容庇～，不为依条结绝。"清《野叟曝言》八六回："这本箱被劫的事，按院自己不便，他说得出吗？就是府县也怕处分，即使严催，亦只得～下去。"

tuò

【拓】 tuò　另见 tà。❶ 托，举。唐义净译《根本说一切有部毗奈耶》卷一〇："从卧速起，～颊而坐。"《五灯会元》卷七《石梯和尚》："一日见侍者～钵赴堂。乃唤侍者。"清《聊斋俚曲·丑俊巴》："恨不的搬过头来做个嘴，恨不的一手～扶在香肩，恨不的就把细腰双手抱……" ❷ 推。唐杜甫《季秋苏五弟缨江楼夜宴》："听歌惊白鬓，笑舞～秋窗。"《云笈七籤》卷四七："次将左手中，指从眉逆～上至发际，三七遍，此名为手朝三元。"《五灯会元》卷九《吉州止观和尚》："师拦胸与一～。问：'如何是顿?'"元明《水浒传》三六回："一个公人便把包里我下舱里；一个公人便将水火棍～开了船。"明谢肇淛《五杂组》卷五："国初有吴斋公者，力逾千斤，尝遇巨舰，怒帆顺风，吴在下流，以手逆～之，舰为开丈许。" ❸ 拉开，展开。唐李昊《创筑羊马城记》："诸军马步军都指挥使光禄大夫……张知业等，家传义烈，世袭丕勋，～弓而霹雳声干，挥剑而鱼丽阵破。"明《徐霞客游记》卷五："更南则庵尽而崖不尽，穹壁覆云，重崖～而更合。" ❹ 宽广，开阔。宋徐元杰《黄自然授直秘阁广西运判制》："尔自然器姿宏～，志节姱修。"明《徐霞客游记》卷五："觅炬更南，洞愈崇～。" ❺ 阻止，遏止。唐刘轲《再上崔相公书》："自燕盗已来，惟朔方多军功，内以遏不轨，外以～胡虏。"宋陈普《夜台》："岂无健士能～遏，末俗骨醉难为功。" ❻ 种植。明张岱《西湖梦寻》卷一："历任多年，湖葑尽～，树木成荫。" ❼ 通"柘"。《敦煌变文校注》卷五《维摩诘经讲经文(一)》："紫云楼上排丝竹，白玉庭前舞～(柘)枝，空恋笙歌嫌景促，不忧虚幻恰心迟。"宋杨佥判《一剪梅》："金也消磨，谷也消磨，～枝不用舞婆娑。""拓枝"即柘枝舞的省称。唐白居易《柘枝妓》："红蜡烛移桃叶起，紫罗衫动柘枝来。"明沈德符《万历野获编》卷二："大～枕出江陵；大小巴陵、开胜、开卷、小卷、生黄、翎毛出岳州。"按，"大拓枕"即"大柘枕"，茶叶的一种。 ❽ 通"脱"。清《聊斋俚语·磨难曲》："一伙差人连跑了两回，还没歇过来，喘吁吁的，把衣服都～了。"

【拓弛】 tuò chí 放纵放荡；狂放散漫。宋陈岩肖《庚溪诗话》卷下："何晋之大圭，广德人。早年有俊声，宣政间为馆职，但其人～不羁，不能自重。"△清《儿女英雄传》一八回："这～不羁，却不是他的本来面目。"

【拓充】 tuò chōng 扩展。明唐顺之《与项瓯东郡守书》："兄得之资禀者，持守有馀而～未至。"陈洪谟《继世纪闻》卷四："瑾又欲挫抑文学官，乃捏旨谓翰林官不识事体，摘十馀人姓名，升调两京各部属官，令其～政事。"亦作"充拓"。明谢肇淛《五杂组》卷三："天造草昧兵火之后，余地自多，弈世承平，户口数倍，岂能于屋上架屋？必蚕食而～之。"《型世言》二五回："这讲公事是有头除的，李都管为自己，倒为差人充拓，拿出一个九钱当两半的包儿……"

【拓地钱】 tuò dì qián 唐代地方加征的茶税。唐裴休《请革横税私贩奏》："诸道节度观察使置店停上茶商，每斤收～，并税经过商人，颇乖法理。"

【拓弓】 tuò gōng ❶ 拉弓。唐李昊《创筑羊马城记》："诸军马步军都指挥使光禄大夫……张知业等，家传义烈，世袭丕勋，～而霹雳声干，挥剑而鱼丽阵破。"宋程正同《思越人·朝天子》："曾把隋珠抵鹊来，～花下不虚开。" ❷ 弓的一种。明沈德符《万历野获编》卷三〇："中国赐外夷最厚而缛者，……黑漆槊十张并幡，露丝弓二张并箭，朱漆～六张并箭，黑漆弓十张并箭……"

【拓架】 tuò jià 扩展，扩建。明王士性《广志绎》卷四："其初止舟居，以货久不脱，稍有一二登陆而～者，诸番遂渐效之……"又卷五："黔国乃择此地，～大厦数层，比进呈，圣祖览图，以朱笔横作一画于其层院中，云前面作云南布政司。"

【拓羯】 tuò jié 唐代西北对卫士、战士的称谓。唐薛能《柘枝词三首》之二："悬军征～，内地隔萧关。"《新唐书·封常清传》："常清使骁骑拒之，杀～千百人。"

【拓开】 tuò kāi 开拓。唐刘公辅《登吴岳赋》："岚光拥翠，～霄汉之心；岫色横空，锁断戎夷之路？"

【柝夫】 tuò fū 打更的人。明张景《飞丸记·故旧存身》："月影挂楼台，～催代。"

【跅弛】 tuò chí 同"拓弛"。明徐复祚《投梭记》六出："良人负～，所遇多荆枳。"许自昌《水浒记》五出："一味粗豪，不设城府；落魄无赖，～不羁。"

【唾】 tuò 比喻谈吐，吟咏。宋王之道《浣溪沙·赋春雪追和东坡韵四首》之三："清坐不堪肌起粟，高谈还喜～成珠。"元耶律楚材《再用张敏之韵》："官酒浇三斗，宫词～百章。"

【唾背】 tuò bèi 朝人背影吐唾沫。表示鄙弃。清周亮工《题菊帖后》："嗟夫，辱人贱行如栎下生，一行之夫尚闻声～，何以得此于先生哉?"

【唾斥】 tuò chì 唾骂斥责。明马中锡《罪言》："太公佐文王伐纣，伯夷则叩马谏武王。太公竭力依归以树勋名，伯夷则极口～以豁愤恨，是何大异也?"

【唾耳】 tuò ěr 附耳。清周亮工《书影》卷五："于忽～语公，不知何事，公辄膜拜。"

【唾花】 tuò huā ❶ 痰。明汤显祖《紫钗记·晓窗圆梦》："你爱寒酸呕出些黄淡水，～中怕见红丝。" ❷ 喷散的唾沫。清《品花宝鉴》四六回："～飞而香留三日，歌珠串而莺啭一林。" ❸ 谓女子唾液沾染衣服如花一样美丽。宋王迈《沁园春·凤山出二宠姬歌馀词》："翠幕空垂，～无迹，忍听樽前飞燕歌。"

【唾津】 tuò jīn 唾液。元佚名《举案齐眉》三折："我与你说话，恐怕～儿喷在茶饭里，有失敬夫主之礼。"明《西游记》三四回："等他摇时，我但聚些～漱口，稀漓呼喇的，哄他揭开，老孙再走罢。"

【唾井】 tuò jǐng 比喻休妻。清王晫《今世说·文学》："友人曹射侯、陆丽京怜其雅非同望，轻致～，作书劝之，因疏古名儒取同姓事。"

【唾喀】 tuò kā 吞咽。清《聊斋志异·花姑子》："由此得昏瞀之疾，强啖汤粥，则～欲吐，溃乱中，辄呼花姑子。"

【唾缕】 tuò lǚ 犹"唾绒"。元孙周卿《沉醉东风》："肠断春风倦绣图，生怕见纱窗～。"

【唾骂】 tuò mà 鄙弃责骂，表示极度鄙视。宋苏轼《书游汤泉诗后》："然坐明皇之累，为杨、李、禄山所污，使口舌之士，援笔～，以为亡国之馀，辱莫大焉。"元陶宗仪《辍耕录》卷一四："公～之，遂缚公妻奴九人至前。"明《金瓶梅词话》一五回："正是：～由他～，欢娱我且欢娱。"△清《九尾龟》四一回："如方才大姐所说的话果是真情，我不免要把他正言戒责一番，叫他及早回头，免得众人～。"

【唾面】 tuò miàn 把唾沫吐到脸上。《新唐书·娄师德传》："弟曰：'有人～，洁之乃已。'"宋苏轼《次韵答章传道见赠》："～慎勿拭，出胯当俯就。"元滕斌《普天乐·气》："～来时休教拭，看英雄自古如痴。"清李渔《闲情偶寄》卷六："今世之讲修容者，……其不遭喷饭而～者鲜矣。"

【唾面自干】 tuò miàn zì gān 形容逆来顺受，受辱而不计较、不反抗。元陶宗仪《辍耕录》卷二："文贞王(阿怜帖木儿)尝言，娄师德～，以为美事。"清《歧路灯》六七回："这杜氏到底不敢过于放肆，劈脸啐了一口，这张类村少不得学那娄师德～的度量。"

【唾沫】 tuò mò 唾液。明《金瓶梅词话》五〇回："不由分说，掀起腿，把他按在炕上，尽力向他口里吐了一口～。"△清《二十年目睹之怪现状》六回："忽然又伸出一个指头儿，蘸些～，在桌上写字，蘸一口，写一笔。"

【唾沫星儿】 tuò mò xīng er 飞散的唾沫。清《红楼梦》五八回："嘴儿轻着些，别吹上～。"

【唾盆】 tuò pén 盛痰的器皿。唐义净译《根本说一切有部毗奈耶》卷一四："然于寺中四角柱下各安～。"

【唾弃】 tuò qì 鄙视厌弃。唐李商隐《行次西郊作一百韵》："公卿辱嘲叱，～如粪丸。"明张岱《陶庵梦忆》卷八："阮圆海大有才华，恨居心勿静，其所编诸剧，骂世十七，解嘲三十，多诋毁东林，辩宥魏党，为士子君所～，故其传奇不之着焉。"清《聊斋志异·马介甫》："妇为里人所～，久无所归，依群乞以食。"

【唾取】 tuò qǔ 谓极容易地取得。明袁宗道《孝廉张廉源墓志铭》："是时先生高才奇气，～一第。"

【唾茸】 tuò róng 同"唾绒"。宋韩元吉《永遇乐·为张安国赋》："记得年时，绮窗人去，尚有～遗线。"元查德卿《拟美人八咏·春绣》："绿窗时有～粘，银甲频将彩线挦，绣到凤凰心自嫌。"

【唾绒】 tuò róng 做针线活停针换线时，把线咬断并随口吐出的线绒、线头。清李渔《闲情偶寄》卷八："～满地，金屋为之不光；残稿盈庭，精舍因而欠好。"《红楼梦》五回："因看房内，瑶琴，宝鼎，古画，新诗，无所不有，更喜窗下亦有～，奁间时渍粉污。"

【唾辱】 tuò rǔ 唾弃羞辱。唐李商隐《别令狐拾遗书》："今日赤肝脑相怜，明日众相～，皆自其时之与势耳。"

【唾是命】 tuò shì mìng 吐唾沫发誓言。元佚名《马陵道》二折："我若知情呵，～随灯而灭。"

【唾手】 tuò shǒu 往手上吐唾沫，比喻非常容易。宋佚名《庆清朝》："好是少年折桂，～功名就，腾踏飞黄。"元明《水浒传》八〇回："若依此计，梁山之寇，指日～可平。"明《金瓶梅词话》四七回："于是分付家人苗青，收拾行李衣装，多打点两箱金银，载一船货物，带了个安童，并苗青，来上东京，取功名如拾芥，得美职犹～。"清《二刻醒世恒言》上函一回："力士自向年东渡，见中山无道，遂慨然训练五金兵，～而得，军民推戴。"

【唾手而得】 tuò shǒu ér dé 即"唾手可得"。元明《三国志通俗演义》卷八："福曰：'吾料曹仁若尽提兵而来，樊城空虚，虽隔白河，可～。'"《水浒传》九八回："觑此昱岭关，～。"

【唾手可得】 tuò shǒu kě dé 比喻极易达到目的。元明《三国志通俗演义》卷一二："今围十日，军民饥荒，不如且收军退，如此如此，～。"△清《官场现形记》三六回："自此，唐二乱子有些内线，只要不惜银钱，差使自然～。"

【唾手可取】 tuò shǒu kě qǔ 即"唾手可得"。《新唐书·褚遂良传》："但遣一二慎将，付锐兵十万，翔旝云輣，～。"明《杨家将演义》一〇回："光美曰：'臣有一计，不消半个月，河东～，使杨家父子径入我朝也。'"

【唾雾】 tuò wù 喷吐唾沫形成的雾气。宋苏轼《辩才大师真赞》："欲知明月所在，在汝～之中。"

【唾涎】 tuò xián 唾沫，口水。明刘仕义《新知录摘抄·碧光》："随足所踏皆碎光，其～亦成光，嘘气亦成光，此岂蜈蚣所致也欤？"△清《花月痕》一二回："婆子不过意，将手绢把他～抹净了，连声叫着，忽听见打门……"

【唾线】 tuò xiàn 犹"唾绒"。宋史浩《青玉案·用贺方回韵》："月帘风幌，有人应在，～餘香处。"

【唾液】 tuò yè 口水。清《何典》一回："酥迷糖是要馋唾～去拌的，反弄得馋唾拌干，倒是饼罢了。"

【唾余】 tuò yú 比喻别人的无足轻重的言论或意见。清李渔《闲情偶寄》卷一一："予生平耻拾～，何必更蹈其辙？"

【唾盂】 tuò yú 痰盂。宋孟元老《东京梦华录》卷六："看带束带，执御从物，如金交椅、～、水罐、果垒、掌扇、缨绋之类。"《元典章·刑部十二》："头前去锄掘周左藏坟墓成窟，用手揣捡得银～等一十二件，及黑漆犀皮镜匣等物，不曾移动骸骨。"明王鏊《震泽纪闻》："抚劳备至，赐金～，且问：'有何言？'"△清《海上花列传》四〇回："只见中间排着一张大床，帘栊帷幕一律新鲜，镜白衣桁，粉口～，无不具备。"

【唾玉】 tuò yù 比喻口出妙语，工于诗文。元方回《湖口寄方去言》："和篇勤～，枉教妙钩银。"

【唾哕】 tuò yuě 吐唾沫。旧时厌禳的迷信举动。明《金瓶梅词话》五九回："慌的奶子丢下饭碗，搂抱在怀，只顾～，与他收惊。"

【箨粉】 tuò fěn 竹笋皮上的粉末。元贡师泰《题李则平宪副所藏息斋竹》："～已翻鳞甲紫，墨花还染羽毛苍。"

【箨冠】 tuò guān 竹皮冠。唐司空图《华下》："～新带步池塘，逸韵偏宜夏景长。"五代孙光宪《北梦琐言》卷一六："簪笥～子，秤所得酒器，涤而藏之。"清《醒世姻缘传》二〇八回："～芒履致翩翩，来往鄱阳路八千。"

【箨龙】 tuò lóng 竹笋。唐卢仝《寄男抱孙》："～正称冤，莫杀人汝口。丁宁嘱托汝，汝活～不。"宋廖行之《水调歌头·寿欧阳景明》："苍立～秀，青压雨梅肥。"

【箨笋】 tuò sǔn 笋皮。明史玄《旧京遗事》："其未见者独～耳。"

【箨质】 tuò zhì 谓如竹笋皮一类的资质。喻无用之材。多用为谦词。明陈汝元《金莲记》三二出："臣眉山～，锦水樗材。"

【箨竹】 tuò zhú 笋壳。唐张籍《和李仆射雨中寄卢严二给事》："偏滋解～，并洒落花槐。"

【箨缀】 tuò zhuì 竹笋皮。唐元稹《寺院新竹》："节高迷玉镞，～疑花捧。"

wā

【凹】 wā 另见 āo。拉拢;勾搭。明《金瓶梅词话》三七回:"你若与他～上了,愁没吃的、穿的、使的、用的?"

【穵】 wā ❶ 挖;掘;掏。《太平广记》卷四四一引《酉阳杂俎》:"牝象死,共～地埋之,号吼移时方散。"六十种曲本《琵琶记》二六出:"何用剜墙～壁,强如黑夜偷儿;不索挟斧持刀,真个白昼劫贼。"清傅泽洪《行水金鉴》卷二七:"每遇黄河涨落时,～挑河潢,导令淮水冲刷,则虽遇涨而塞,必遇落而通。"朱骏声《说文通训定声·泰部》:"今苏俗谓窃贼穴墙曰～。" ❷ 同"挖❷"。明王肯堂《证治准绳》卷六九:"令人推正其身,一人以手夹正其面,却～开其口,将药灌之。"《型世言》九回:"双爪把死人胸膛～开,把心肝又吃上几十副才去。"

【穵耳】 wā ěr 掏耳勺。一端尖而细长,可以插入髻中关发;一端成勺状,可用来掏耳垢。明徐元《八义记》一二出:"货郎儿非自夸,论物件果精华,……有的是汗巾手帕,有的是～、挑牙,奇异的签筒、笔架,苍古的香牌、墨画。"《警世通言》卷一五:"金令史即忙脱下帽子,向髻上取下两钱重的一根金～来,递与陆有恩。"清王士禛《池北偶谈》卷二五:"又金～一。"

【穵选】 wā xuǎn 同"挖选"。明《醒世恒言》卷三六:"大凡吏员考满,依次选去,不知等上几年;若用了钱,～在别人前面,指日便得做官,这谓之'飞过海'。"何孟春《开禁疏》:"其楚雄、澂江、云南等府所属地方,场分与交阯隔远者,照旧开～,委各该府佐廉能官员管理。"

【穵运】 wā yùn 明代差派平民为官府运输粮饷。明归有光《三途并用议》:"自纳粟、买马、～、纳级之例日开,吏道杂而多端,官方所以日缪也。"《明史·食货志三》:"凡诸仓应输者有定数,其或改拨他镇者,水次应兑漕粮,即令坐派镇军领兑者给价,州县官督车户运至远仓,或给军价就令关支者,通谓之～。"清傅泽洪《行水金鉴》卷一一六:"时朝廷新行～之法,山谷崎岖,率三十石而致一石。"

【挖】 wā ❶ 掘;剜。宋《三朝北盟会编》卷一〇:"延庆令五军下营,开濠～堑,以备出兵抗敌。"明汤显祖《牡丹亭》三五出:"敢太岁头上动土,向小姐脚跟～窟。"清《红楼梦》三四回:"宝玉默默的躺在床上,无奈臀上作痛,如针挑刀～一般,更又热如火炙。" ❷ 扒;撬。元明《水浒传》二六回:"口里衔着刀,双手去～开胸脯,抠出心肝五脏。"明《金瓶梅》二四回:"醉回来家,说有人～开他房门,偷了狗,又不见了些东西,坐在当街上撒酒风骂人。" ❸ 抓;抠。明郎瑛《七修续稿》卷六:"古今以儿生时,即～出口中秽血。"清《醒世姻缘传》三回:"珍哥忍痛不敢做声,也即就势将杨古月的手～了两道白皮。"

【挖耳当招】 wā ěr dàng zhāo 别人举手掏耳,误以为是在招呼自己。比喻因迫切盼望而产生的误会。明《醒世恒言》卷二八:"早上贺司户相邀,正是～,巴不能到他船中。"又卷二九:"今见特地来请,正是～,深中其意。"

【挖年】 wā nián 用行贿等手段越过年序,提前选官。清《醒世姻缘传》一回:"随即挖了年,上了卯。怎当他造化来到,……竟把一个南直隶华亭县的签,单单与晁秀才掣着。"又七五回:"次日,又与童奶奶商量,定了主意,～选官。"

【挖心搜胆】 wā xīn sōu dǎn 形容苦苦思索。清《红楼梦》四八回:"便自己走至阶前竹下闲步,～,耳不旁听,目不别视。"

【挖选】 wā xuǎn 犹"挖年"。清《醒世姻缘传》七六回:"银子便是捎来,叫且不要～,即刻回家,好图一见。"又七五回:"不如使几千两银子挖了选,若果是四川成都,离山东有好几千里地。"

【挖云】 wā yún 把织物局部挖空另镶上其他颜色织物形成的云形装饰。清《红楼梦》四九回:"头上戴着一顶～鹅黄片金里大红猩猩毡昭君套,又围着大貂鼠风领。"

【挖运】 wā yùn 同"穵运"。明张岳《答贵州巡抚李三洲书》:"趁此时水长～,不大段费力尔。"

【洼】 wā ❶ 小水坑。唐[日]圆仁《入唐求法巡礼行记》卷三:"步步水湿,其冷如冰。处处小～,皆水满中矣。" ❷ 深。唐白居易《奉和思黯相公》:"尖削琅玕笋,～剜玛瑙罍。" ❸ 张嘴貌。明《西游记》七五回:"小妖真个冲了半盆盐汤。老怪一饮而干,～着口,着实一呕。" ❹ 量词。犹言摊。清《醒世姻缘传》九〇回:"一面叩谢众人,一面号啕痛哭,呕了两声,吐了一～鲜血,便觉昏沉。"

【洼口】 wā kǒu 量词。用于聚积的小片液体。明《金瓶梅词话》一〇〇回:"一泄之后,鼻口皆出凉气,淫津流下一～,就呜呼哀哉,死在周义身上。"

【洼跨】 wā kuà 凹陷。洼跨脸即鼻梁部下陷的脸形。清《醒世姻缘传》四九回:"皂角色头发,～脸,骨挝腮塌鼻子,半篮脚。"

【洼塌】 wā tā 凹陷。清《醒世姻缘传》八四回:"荞面颜色的脸儿,～着鼻子,扁扁的个大嘴。"

【洼踏】 wā tà 即"洼塌"。明《西游记》三五回:"那山上都是些～不平之路,况他又是个罗圈腿,拐呀拐的走着。"

【哇淫】 wā yín 指淫靡鄙俗的乐声或话语。唐郑薰《赠巩畴》:"疏越舍朱弦,～鄙秦筝。"宋《朱子语类》卷八六:"若有圣贤,为之就中定其尊卑隆杀之数,使人可以通行,这便是礼;为之去其～鄙俚之辞,使之不失中和欢悦之意,这便是乐。"清黄宗羲《明儒学案》卷五六："出位者，如借人倩盼，作我笑目，才动此想，便是～。"

【蛙】 wā 凹，形容表情愁苦，噘嘴蹙额，好像面部凹陷似的。明《金瓶梅词话》九七回："那陈经济把脸儿～着，不言语。"

【蛙口】 wā kǒu 男子尿道的外口。又叫"马口"。明《金瓶梅词话》二七回："向袋中包儿里打开，捻了些闺艳声娇，涂在～内。"

【窊皱】 wā zhòu 瘪皱；皮肤干瘪多皱褶。明《西游记》六五回："一个个都骨软筋麻，皮肤～，捆了抬去后边。"

wá

【哇】 wá 同"娃❷"。明汤显祖《牡丹亭》七出："闺门内许多风雅：有指证，姜嫄产～；不嫉妒，后妃贤达。"又一六出："忒恁憨生，一个～儿甚七情？则不过往来潮热，大小伤寒，急慢风惊。"

【哇哇】 wá wa 同"娃娃❷"。《元曲选·灰阑记》二折："那员外也请小的每吃满月酒，看见倒生的一个好～。"明汤显祖《牡丹亭》七出："你待打、打这～，桃李门墙，险把负荆人唬煞。"清《后红楼梦》一九回："刘姥姥只得说一句：'盼我们媳妇的裤腿里掉下一个小～。'惹得众人大笑。"

【哇子】 wá zi 同"娃子"。明《型世言》三六回："故此杜家这奶娘每常抱了这～，闯到他家。"清胤禛《朱批谕旨》卷一二五之七："于落瓮口石岩擒获贼蛮阿铁一名，系吞都头目，那里胞弟妇人大小男女～共八名。"

【娃】 wá ❶ 美女。唐陆龟蒙《相和歌辞·陌上桑》："邻～尽着绣裆襦，独自提筐采蚕叶。"金元好问《芳华怨》："～儿十八娇可怜，亭亭袅袅春风前。"清《续金瓶梅》四九回："今日士大夫要娇～美妾，罗绮在身，丝竹在耳。" ❷ 小孩子。元刘时中《红绣鞋》曲题："吴人以美女为娃，北俗小儿不论男女皆以～呼之。有名'～～'者，戏赠。"明《杜骗新书·盗劫骗》："然孀妇女流之辈，二子黄口～儿，若两管家者，彼能以是而豫防之，则棍何得而行劫乎？"清《平山冷燕》三回："未闻以十龄乳儿臭小～，冒充才子，滥叨圣眷，假敕造楼，哄动长安，讥刺朝士，有伤国体，如阁臣山显仁之女山黛者也。" ❸ 指男孩。明《金瓶梅词话》四回："妇人又问几位哥儿，西门庆道：'只是一个小女，早晚出嫁，并无～儿。'" ❹ 市语，指年少。宋陈元靓《事林广记》续集卷八《绮谈市语》："少，雏、笋、～。"

【娃㛰】 wá chái 妩媚貌。唐张鷟《游仙窟》："机关太雅妙，行步绝～。"《集韵·皆韵》："～，媚貌。"

【娃童】 wá tóng ❶ 美女。唐陈陶《闲居杂兴》之四："越里～锦作襦，艳歌声压郢中姝。" ❷ 儿童。清《照世杯·七松园》："忙取镜子一照，自家笑道：'可知～叫我是小鬼，又叫我是疯子。'"

【娃娃】 wá wa ❶ 少女。特称妓女。明《金瓶梅词话》三二回："倒还是丽春院～，到明日不愁没饭吃。"又五一回："李桂姐倒还是院中人家～，做脸儿快。" ❷ 婴儿；小孩子。元张国宾《汗衫记》二折："他闲管您肚皮里～。却不种谷得谷，种麻收麻。"明《朴通事谚解》卷上："老官人为头儿，大小家眷、小～们，以至下人们都身已安乐。"

【娃子】 wá zi 小孩子。明《古今小说》卷一〇："只怕～家口滑，引出是非，无益有损。"陈罴斋《跃鲤记》二四出："姑姑，这～会吊谎。"清王士禛《池北偶谈》卷五："前送回张氏女子，原无大过，只是～气，好言教导，不甚知省。"

wǎ

【瓦】 wǎ 城市里娱乐场所集中的地方，有茶楼、妓院、酒馆、店铺、卦肆、剧场等。始见于宋代。宋《西湖老人繁胜录》："一世只在北～，占一座勾栏说话，不曾去别～作场，人叫做小张四郎。"周密《武林旧事》卷六："南～、中～、大～、北～、蒲桥～、便门～。"明《醒世恒言》卷一四："当时搜捉朱真不见，却在桑家～里看耍。"

【瓦查】 wǎ chá 碎瓦片。《元曲选·盆儿鬼》四折："俺只待提起来望这街直下，摔碎你做几片零星～。"明《西游记》八四回："临行时，等我拾块～儿，变块银子谢他。"徐光启《农政全书》卷二〇："涂之齐有三，湅之皆如糜，四分其凡而～居二，砂居一，灰居一，谓之初齐。"

【瓦沟】 wǎ gōu 旧式屋瓦呈半圆形，横向一仰一覆扣合排接，由纵向的一溜仰瓦形成的屋顶坡面泄水沟称瓦沟。唐冯著《燕衔泥》："尔不见东家黄鷇鸣啧啧，蛇盘～鼠穿壁。"明《二刻拍案惊奇》卷三九："只在家里～中去寻就有。"清乾隆帝《皇太后圣寿节》："恰逢六出降瑶田，～积素连祥色。"

【瓦罐】 wǎ guàn ❶ 陶制的容器。《太平广记》卷四六二引《玉堂闲话》："南人有采捕者，俟其天色阴暗，或无月时，于～中藏烛，持棒者数人，屏气潜行。"《元曲选·曲江池》三折："卖弄甚锦绣帏，翡翠屏，则他这～儿早打破在你胭脂井。"清《重刊老乞大》上："小厮你可拿了碗碟与～回家去，生受你了，你别怪。" ❷ 专指乞丐讨饭的器皿。《元曲选·金线池》一折："投奔我的都是那矜爷害娘，冻妻饿子，折屋卖田，提～爻槌运。"又《东堂老》二折："你把那摇槌来悬，～来擎，绕闾檐，乞残剩。"

【瓦匠】 wǎ jiàng 做砌砖、铺瓦、抹灰工作的匠人。也称泥水匠。宋朱熹《宋名臣言行录前集》卷三："有一～，因雨乞假，公判云：'天晴盖瓦，雨下和泥。'"明王樵《方麓集》卷一："（傅）八与傅九向做～，八娶方氏为妻，无出。"清《儒林外史》四七回："修玄武阁的事，你可曾向木匠、～说？"

【瓦剌姑】 wǎ là gū 即"歪剌骨"。明汤显祖《牡丹亭》三〇出："一天好事，两个～。扫兴，扫兴！"

【瓦楞帽】 wǎ léng mào 明清时平民戴的一种帽子，由四片瓦状帽盔组成，故又叫"四块瓦"。下端有外展式帽檐，可遮阳。明《警世通言》卷二四："买了一身袖帛衣服，粉底皂靴，绒袜，～子。"方以智《物理小识》卷七："或言～可盛汞，未试。"清《儒林外史》七回："只见那陈和甫走了进来，头戴～，身穿茧绸直裰，腰系丝绦。"

【瓦砾】 wǎ lì 比喻无价值的东西。唐钱起《片玉篇》："世人所贵惟燕石，美玉对之成～。"宋《朱子语类》卷一二六："佛家偷得老子好处，后来道家却只偷得佛家不好处。譬如道家有个宝藏被佛家偷去，后来道家却只取得佛家～，殊可笑也。"清《飞花艳想》一四回："兄翁若舍严府而就梅、雪，是犹舍珠玉而取～。"

【瓦粮】 wǎ liáng 斋米。僧人化缘称为"化瓦粮"。《元曲选·度柳翠》四折："长老，师父问我时，说我化～去了也。"明佚名《破风诗》三折："〔白侍郎云〕兀那小和尚，你这寺内，怎生僧人稀少？〔正末云〕山下化～去了。"

【瓦舍】 wǎ shè ❶ 即"瓦"。宋吴自牧《梦粱录》卷一九："其杭之～，城内外合计有十七处。"又："～者，谓其'来时瓦合、去时瓦解'之义，易聚易散也。"元明《水浒传》一一〇回："你怎地好村，勾栏～,如何使得大惊小怪这等叫!” ❷ 瓦屋;瓦顶的房屋。唐周贺《如空上人移居大云寺》:“竹溪人请住,何日向中峰。～山情少,斋身疾色浓。”《元曲选外编·玩江亭》二折:“看房舍,青堂～,雕梁画栋,琴棋书画,靠凳椅桌。”清《红楼梦》一七至一八回:“度过桥去,诸路可通。便见一所清凉～,一色水磨砖墙,清瓦花堵。”

【瓦市】 wǎ shì 即“瓦”。宋《西湖老人繁胜录》:“深冬冷月无社火看,却于～消遣。”明汤显祖《牡丹亭》五二出:“俺这一带铺子都没有,则～王大姐家歇着个番鬼。”清朱彝尊《宋院判词序》:“妖童光妓,自露台～而至。”

【瓦肆】 wǎ sì 即“瓦”。宋孟元老《东京梦华录》卷五:“崇、观以来,在京～伎艺,张廷叟,《孟子书》。主张小唱:李师师、徐婆惜、封宜奴、孙三四等,诚其角者。”清吴伟业《望江南》其七:“江南好,茶馆客分棚,走马布帘开～,博羊饧鼓卖山亭。”

【瓦台盘】 wǎ tái pán 瓦坛,一种底小腹大的盛酒器。“台盘”是“坛”的缓读。元睢景臣《哨遍·高祖还乡》:“王乡老执定～,赵忙郎抱着酒葫芦。”

【瓦楔】 wǎ xiē 瓦屑;碎瓦片。明《金瓶梅词话》九三回:“这杨二风故意拾了块三尖～,将头颅磌破。”又九六回:“我好意往你家问,反吃你兄弟杨二风拿～磌破头。”

【瓦甃】 wǎ zhòu 指屋檐。宋《景定建康志》卷三〇:“二十年春,遂因其室庐之颠仆者、垣壁之颓圮者、户牖之疏腐者、～之缺折者、黝垩丹朱之未设者,悉易葺而彰施之。”元张可久《梧叶儿·雪中》:“～悬冰箸,天风起玉沙。”明程敏政《新安文献志》卷八二:“圆角之上复布箦载泥而复以～,其坚壮可以拒炮石、立战士。”

【瓦子】 wǎ zi ❶ 瓦片,多指碎的。子,名词词缀。五代杨凝式《赠张全义》:“洛阳风景实堪哀,昔日曾为～堆。不是我公重葺理,至今犹是一堆灰。”《五灯会元》卷三《南泉普愿禅师》:“师因入菜园,见一僧,师乃将～打之。”明《训世评话》:“待要决杖时,知县的娘子听这断罪的话,猛可里拿将石头～抛打那知县,高声大骂,出来锡倒了书案聒噪。” ❷ 即“瓦”。宋《三朝北盟会编》卷九〇:“保康门里～沿烧街西延宁宫时,太后急就天汉桥南遇仙店。”明郑若庸《玉玦记》六出:“他有个亲生的女儿,叫做娟奴,见在南～住,果是天香国色。”清《后红楼梦》二五回:“他两个还到下～三里河去嫖娼!”

【瓬挠】 wǎ náo 犹言踌躇、嘀咕。清《聊斋俚曲·蓬莱宴》:“俺待自家去,怕师傅不肯要,心内打～,心内打～,半路若把主人抛,又愁无人给你背褥子套。”

【瓬熟偷生】 wǎ shú tōu shēng 即“偷生瓬熟”。明《西游记》八一回:“我不是公婆赶逐,不因～。”

【邷么儿】 wǎ mò er 用手抛抓石子、猪羊拐骨、果核等细碎物件的儿童游戏。也叫抓子儿。明《西游记》一回:“你看他一个个:跳树攀枝,采花觅果,抛弹子,～,跑沙窝,砌宝塔。”

【搲】 wǎ ❶ 用手抓取物品。《类篇·手部》:“～,乌瓦切。吴俗谓手爬物曰～。”明焦竑《俗书刊误》卷一一:“以手爬物曰～。音蛙。”张岱《陶庵梦忆·炉峰月》:“余挟二樵子从壑底～而上,可谓痴绝。” ❷ 舀。《元曲选·陈州粜米》一折:“我量与你米。打个鸡窝,再～了些。”清蒲松龄《日用俗字》:“麦不䩄气推面好,扒去灰尘白似盐。大瓢～来酵子发,下手先扠二百拳。”

【跒】 wǎ 慢走;挪蹭。明《西游记》二六回:“那呆子～出门,瞅着福星,眼不转睛的发狠。”

wà

【袜头裤】 wà tóu kù 即“膝裤”。五代孙光宪《北梦琐言》卷一二:“每云:‘黄寇之后,所失已多。唯～穿靴,不传旧时也。’”

【嗢咽】 wà yàn 吞咽。唐陆龟蒙《奉酬袭美先辈吴中苦雨一百韵》:“低头增叹诧,到口复～。”刘景复《梦为吴泰伯作胜儿歌》:“汉土民皆没为虏,饮恨吞声空～。”

【嗢咿】 wà yī 形容难于听懂或听清的语声。唐韩愈《赤藤杖歌》:“滇王扫宫避使者,跪进再拜语～。”宋陆游《战城南》:“马前～争乞降,满地纵横投剑戟。”明宋濂《燕书》之一六:“语言虽殊,朝夕～作声,似慰解状。”

wāi

【咼】 wāi 另见 guǎ。❶ 口眼歪斜貌。唐元稹《痁卧戏呈三十韵》:“一生长苦节,三省讵行怪。奔北翻成勇,司南却是～。” ❷ 同“歪❶”。唐白居易《寄微之》:“何处琵琶弦似语,谁家～堕髻如云。”

【咼斜】 wāi xié 歪斜不正。宋陈善《扪虱新话·读法华经得相法》:“唇不下垂,亦不褰缩,不粗涩,不疮疹,亦不缺坏,亦不～。”林希逸《考工记解》卷上:“就牙内而视爪之布置,必正不～也。”

【喎】 wāi ❶ 同“咼(wāi)❶”。《祖堂集》卷一九《大随和尚》:“师欲顺世时患口～。师乃集众,上堂告云:‘还有人医得吾口麽?有人医得,出来!’”明陈九川《诗丐传》:“患风痱籧篨,其口筛如,眼～如,手挛如。”清吴伟业《海盐女》诗:“儿旁惊怖发狂痴,～唆痖瘦牛羊飼。” ❷ 同“歪❶”。宋梅尧臣《依韵和许发运游泗州草堂寺之什》:“醒论时事正,醉戴野巾～。”《朱子语类》卷八九:“今人棺木葬在地中,少间都吹～了,或吹翻了。” ❸ 同“歪❺”。唐窦昉《嘲许子儒》:“今日纶言降,方知愚计～。”

【喎邪】 wāi xié 邪恶不正。宋《朱子语类》卷一一一:“今人心都～了,所以如此。”

【歪】 wāi ❶ 斜;偏;不正。宋汪云程《蹴踘谱·圆社锦语》:“～,不正。”《元曲选外编·独角牛》二折:“直打的这壁破,那壁伤,磣可可嘴塌鼻～。”古本《老乞大》:“人叫唤有:‘大了也,恰好者!射～了也!’”清《儒林外史》二回:“～戴着瓦楞帽。” ❷ 半坐半卧;斜躺着。也指临时居住。宋元《警世通言》卷三三:“闹里钻头热处～,遇人猛惜爱钱财。”元明《水浒传》三九回:“东边歇两日,西边～儿时,正不知他那里是住处。”清《红楼梦》五三回:“贾母～在榻上,与众人说笑一回。” ❸ 倾侧;往一边偏斜。元萧德祥《小孙屠》一九出:“拄杖身边,谁人撇下,手颤怎生拿?东倒西～,我怎生提拔?”关汉卿《遇上皇》一折:“东倒西～,后合前抢,离席上。”清李光地《榕村语录》卷五:“王阳明就是这样,他本讲正路学问,初间～向那边去,渐渐搀入些佛家话,渐渐竟说那一路好。” ❹ 胡乱;不正派。元宫天挺《范张鸡黍》一折:“怕不～吟得几句诗,胡诌的一道文。一味地立碑碣谄佞臣。”元明《水浒传》九四回:“本处有个～学究,姓何名才,与本州库吏最密。”清《红楼梦》一七至一八回:“虽不喜读书,偏倒有些～才情似的。” ❺ 坏;恶;刁蛮。明胡居仁《易像钞》卷九:“这便唤做臭恶嘴脸、～贱骨头、龌龊肚肠。”清《聊斋俚曲·禳妒咒》:“模样既然好,性儿再不

～。"《醒世姻缘传》三四回："我掏着指头儿算，那留下的，都不是小主子们～哩。"

【歪惫】 wāi bèi 犹"歪憋"。清《醒世姻缘传》二〇回："说起来的，不是说他刻薄，就是说他～。"

【歪憋】 wāi biē 不正派；蛮横不讲理。清《醒世姻缘传》四四回："那里有这等的美人会这等的～？"又五三回："但只这些～心肠，晁近仁一些也没有。"

【歪缠】 wāi chán 无理纠缠，胡搅蛮缠。《元曲选外编·延安府》三折："你不要～，我不曾惹下事。"明《型世言》五回："邓氏道：'哥不要～。'"清《老乞大新释》："这卖酒的也～！这样好银子，还说使不得！"

【歪揣】 wāi chuāi 歪斜；不正或不直。元佚名《叨叨令过折桂令·驮背妓》："俺则怕雨云浓厥杀乔才。你这形骸，其实～。"明《醋葫芦》六回："一发竟是前世生就这段～姻缘！正是'不必文章中天下，只愿文章中试官'！"清《聊斋俚曲·磨难曲》："做官他凭着那～性，狠要钱不顾人的死生。"

【歪打正着】 wāi dǎ zhèng zháo 比喻方法本来不恰当，却侥幸得到满意的效果。清《醒世姻缘传》二回："谁想～，又是杨太医运好的时节，吃了药就安稳睡了一觉。"

【歪货】 wāi huò 詈词。坏东西，指作风不正派的人。元明《水浒传》九三回："这样腌臜～，却可是我要谋你的女儿，杀了这几个撮鸟？"明沈璟《双鱼记》一六出："我看你这小贱人是个贱才～，泼奴胎，全不忖度！"清《天豹图》二回："尔们这一班～，不要帮其恶、助其凶，大家驶了一帆的风！"

【歪拉骨】 wāi lā gǔ 同"歪剌骨"。清《醒世姻缘传》六五回："只是这个～也恶毒得紧。"

【歪剌】 wāi là 即"歪剌骨"。《元曲选·货郎旦》二折："难道你不听得，任凭这老乞婆臭～骂我哩。"明徐渭《渔阳三弄》："不想这些～们呵！带衣麻就搂别家。"清《红楼梦》七回："你师父那秃～那里去了？"

【歪剌姑】 wāi là gū 同"歪剌骨"。明柯丹邱《洞玄升仙》二折："你访边洞玄，他也不打紧。我是～，你倒看我罢！"《二刻拍案惊奇》卷三八："这～，一定跟得奸夫走了！"

【歪剌骨】 wāi là gǔ 下劣；淫贱。辱骂妇女的话。《元曲选·窦娥冤》一折："这～便是黄花女儿，刚刚扯的一把，也不消这等使性。"明《金瓶梅词话》一一回："贼～，我使他来要饼，你如何骂他？"清《隔帘花影》三二回："好大胆的淫妇！臭蹄子！～！引汉精！九尾狐狸！还敢这大模大样摆的浪浪的来见老娘！"

【歪剌货】 wāi là huò 犹"歪剌骨"。明《二刻拍案惊奇》卷一四："如今你心爱的县君，又不知是那一家的～也。"

【歪剌剌】 wāi là là 形容弯曲。元佚名《骂玉郎过感皇恩·采茶歌》："子见他～赶过饮牛湾，荡的那卒律律红尘遮望眼，振的这滴溜溜红叶落空山。"

【歪喇骨】 wāi là gǔ 同"歪剌骨"。清《后水浒传》一三回："不似院中这些没脊骨、轻骨头、～的身分，便就歪缠人。"

【歪落骨】 wāi là gǔ 同"歪剌骨"。清《一片情》一一回："～，你将家法藏那里去了？"

【歪辣】 wāi là 同"歪剌"。明陆采《西厢记》一七出："臭～！直恁无礼！"清《醒世姻缘传》四四回："好个狠天杀，数强人不似他！狼心狗肺真忘八，为着那～弃了俺结发！"《生绡剪》一八回："只因色胆如天，做下这绝义亡伦的事，究竟到也讨了个闷葫芦儿，呷些～醋，不得个自在。"

【歪辣姑】 wāi là gū 同"歪剌骨"。清《醉醒石》九回："我今日为好，倒着了个～气。"

【歪辣骨】 wāi là gǔ 同"歪剌骨"。明沈德符《万历野获编》卷二五："又北人詈妇之下劣者曰～。"《醋葫芦》七回："原来为着这个～，这般哄我！"清《野叟曝言》六九回："好～儿！你们既做妾媵，家有主，国有王，你不凭我使唤，凭谁使唤？"

【歪辣货】 wāi là huò 同"歪剌货"。明《绣榻野史》卷一〇〇："小娇精，～，就是这样无状了！"《禅真后史》一六回："这阿媚～，终日搽脂抹粉，万般做作。"清《醒世姻缘传》七七回："这古怪的紧，那里跑得这们一个风～来泼口骂人？"

【歪腊骨】 wāi là gǔ 同"歪剌骨"。明佚名《南牢记》三折："～！你这等缠汉子，不识羞！"

【歪瘌姑】 wāi là gū 同"歪剌骨"。明《杨家府》卷七："被你这个～先夺趣两晚。"

【歪派】 wāi pài 以歪理指责人。清《红楼梦》三〇回："皆因姑娘小性儿，常要～他，才这么样。"

【歪撇】 wāi piě 犹"歪憋"。清《野叟曝言》九六回："其妹性情，自必～。"

【歪事缠】 wāi shì chán 即"歪缠"。明《西洋记》四二回："你去罢，不要在这里～。"又七四回："我说了不管人间是与非，你又来～做甚的？"

【歪丝缠】 wāi sī chán 同"歪厮缠"。明柯丹邱《荆钗记》八出："世间无难事，只怕～。一个老官人，被你一缠就缠坏了。"

【歪思缠】 wāi sī chán 同"歪厮缠"。明《山歌·歪缠》："姐儿生来眼睛鲜，弗知趣后生死命～。"

【歪斯缠】 wāi sī chán 同"歪厮缠"。明《金瓶梅》五〇回："我到好笑起来，你今日那里吃的恁醉醉儿的，来家～我？"

【歪厮缠】 wāi sī chán 即"歪缠"。元吴昌龄《张天师》楔子："〔张千云〕不要～，衙里久等着哩。"明《老乞大谚解》卷上："这客人，怎么这般～！"《西湖二集》卷一〇："少不得也要言三语四，捉鸡儿，骂狗儿，～的奉承媳妇儿声。"

【歪厮胡缠】 wāi sī hú chán 即"歪厮缠"。明《金瓶梅词话》一二回："堪笑西门暴富，有钱便是主顾，一家～，那讨纲常礼数。"

【歪死缠】 wāi sǐ chán 同"歪厮缠"。《元曲选·岳阳楼》二折："今日又被他～，不曾卖的酒。"明《挂枝儿·歪缠》："冤家好大胆，反来～。"

【歪蹄泼脚】 wāi tí pō jiǎo 形容脚大、不周正。泼脚即大脚。明《金瓶梅词话》二三回："亦发等他每来拾掇，～的，没的展污了嫂子的手。"

【歪歪搭搭】 wāi wāi dā dā 不正派；无出息。明刘仲璟《遇恩录》："男子汉家学便学似父亲样做一个人，休要～的过了一世。"又："大丈夫多是甚么做，便死也得个好名；～死了也干着了个死。"

【歪斜】 wāi xié 偏斜不正。元许衡《直说大学要略》："心若正，便有些行不尽的政事，决没一些个～偏向处。"明《型世言》三四回："及到了十四岁，家里正要与他聘亲，忽然患起颠病来：眼开清白复～，口角涎流一似蜗。"清《红楼梦》一〇三回："但见庙内神像金身脱落，殿宇～。"

【歪意】 wāi yì 不正派的想法。明《西游记》八二回："一向西来，那个时辰动荤？那一日子有甚～？"清《红楼梦》七八回："宝玉本是个不读书之人，再心中有了这篇～，怎得有好诗好文作出来？"

【歪诌】 wāi zhōu 瞎编；瞎说。明陈铎《朝天子·卖仗》："见病～，逢人胡冒，死的多活的少。"佚名《双林坐化》一折："你们则管里胡说乱道，～白扯，我生下这一肚孩子来就羞杀你也。"

【猥猍】 wāi lái 歪斜；不正。明《西游记》八九回："糟鼻子，～口，獠牙尖利。"

wǎi

【掴】 wǎi ❶ 斜躺。明《金瓶梅词话》一四回："俺妈害身上疼，在房里～着哩。"又九三回："这经济支更一夜没曾睡，就～下睡着了。" ❷ 走路斜扭不正。清《醒世姻缘传》五八回："那脚又小，跟着一大些瘸瞎的婆娘～呀～的。" ❸ 搔；抓。清《醒世姻缘传》八七回："我就浪的荒了，使手～也不要你！"

【掴跨】 wǎi kuà 斜跨；偏斜着骑。清《醒世姻缘传》四八回："一日，绣江县的典史因盐院按临省城，考察了回来，一条腿～在那马上。"

【掴拉】 wǎi lā ❶ 脚型或步态不正。清《醒世姻缘传》二回："床横边立着三个丫头，～着六只脚，唧唧哝哝。"又二〇回："大尹叫本宅的家人媳妇尽都出来，一个家掴掴拉拉来到。"又六二回："张茂实见狄希陈被他丈母打得鼻青眼肿，手折腿瘸，从里～着走将出来。" ❷ 同"歪剌"。清《醒世姻缘传》二一回："他却买了两盒茶饼，打了一个银铃，领了他那个老～来到。"又七七回："忘了结发正头之妻，另娶～没根之妇。"

【掴拉骨】 wǎi lā gǔ ❶ 脚型不周正。清《醒世姻缘传》二回："你去看看，他如今正敲着那～鞋帮子念佛哩。" ❷ 指妇女行为不端。清《醒世姻缘传》八回："不拘什么人，挦他的毛，搗他的孤拐，揣他的眼，悬他的鼻子，淫妇穷子长，烂桃～短，他偏受的。"

【掴辣】 wǎi là 同"掴拉❷"。清《醒世姻缘传》五五回："我待叫你还寻两个灶上的丫头，要好的，那～脏丫头不消题。"又六八回："他的丈夫儿子，没有别的一些营运，专靠定这两个老～，指了东庄建庙，西庄铸钟。"

【掴剌骨】 wǎi là gǔ 同"掴拉骨❷"。明《金瓶梅词话》七二回："贼～雌汉的淫妇，还涨说什么嘴！"

【掴辣骨】 wǎi là gǔ 同"掴拉骨❷"。明《金瓶梅词话》二四回："这～待死，越发顿恁样茶上去了。"

【掴折】 wǎi shé （脚）扭断。明《金瓶梅词话》四三回："正走着，矻齐的把那两条腿～了，才见报了我的眼。"清《醒世姻缘传》八五回："我只说你爷们～踝子骨，害汗病都死在京里了！"

【掴睡】 wǎi shuì 半躺半倚地睡。明《金瓶梅词话》八二回："那妇人见他有酒醉了挺觉，大恨归房，闷闷在心，就浑衣上床～。"

【踒】 wǎi 行走时脚部扭伤。清《红楼梦》七六回："方才大老爷出去，被石头绊了一下，～了腿。"

wài

【外】 wài ❶ 指女子私通的男人。为"外人❷"的省说。《太平广记》卷四三七引《集异记》："褒妻乃异志于褒，褒莫知之。经岁时，后褒妻与～密契，欲杀褒。褒是夕醉归，妻乃伺其～来杀褒。" ❷ 指男宠；男色。明《古今谭概·癖嗜部·好外》："俞大夫华麓有好～癖，尝拟作疏奏上帝，欲使童子后庭诞育，可废妇人。"清吴下阿蒙《断袖篇·张幼文》："伯起，亦好～，闻有美少年，必多方招至，抚摩周恍，无所不至，年八十餘犹健。" ❸ 后；以后。唐刘肃《大唐新语》卷七："义府许诺，因问天纲寿几何，对曰：'五十二～，非所知也。'"《元曲选·窦娥冤》四折："我看你也六十～人了，家中又是有钱钞的，如何又嫁了老张？"清《儒林外史》一一回："我过了灯节，要同老爷们到新市镇，顺便到你姐姐家，要到二十～才家里去。" ❹ 见外；当外人对待。明《西游记》八九回："明辰敬治肴酌庆钉钯嘉会，屈尊过山一叙，幸勿～，至感。"《醒世恒言》卷一五："今晚奉候小坐，万祈勿～。" ❺ 另外；此外。《祖堂集》卷一五《东寺和尚》："每曰：'自大寂禅师去世，常病好事者录其语本，不能遗筌领意，认即心即佛，～无别说，曾不师于先匠，只徇影迹。'"明《老乞大谚解》卷下："两言议定，时值价钱白银十二两，其银立契之日一并交足，～没欠少。"清《红楼梦》二回："乃封百金赠封肃，～又谢甄家娘子许多物事。" ❻ 戏曲角色之一，本为生、旦的副角，明代后专演老年男子。元萧德祥《小孙屠》六出："〔～上唱〕〔西地锦〕下官心平公正，卑职掌开封。"明《金瓶梅词话》三一回："下边簇拥一段笑乐的院本，当先是～扮节级上开。" ❼ 犹"踒"。清《绿野仙踪》八十回本七五回："大爷快快请起来，～着腿不是顽的。"

【外按】 wài àn 冬日以鹰犬出近畿演习狩猎。《太平御览》卷九二六引《唐书》："宪宗时，每岁冬以鹰犬出近畿习狩谓之～。"唐韩愈《唐正议大夫尚书左丞孔公墓志铭》："下邽令笞～小儿。"五代花蕊夫人《宫词》之七七："日晚宫人～回，自牵骢马出林限。"

【外班】 wài bān ❶ 仆役中专管内衙或家庭以外事物的一班人。明方以智《通雅》卷一九："今上司后有内班、～，宋时曰'衙前'，犹长随也；'散从'，犹听用也。升庵直以衙前为门子，亦未确。"《西游记》三四回："行者道：'正是。你们不曾会着我，我是～的。'小妖道：'～长官，是不曾会。你往那里去？'" ❷ 清代考中进士后，分发外地任官的称外班（与在京中任职的京班相对）。清《红楼梦》二回："不料他十分得意，已会了进士，选入～，今已升了本府知府。"

【外边】 wài biān ❶ 指物体靠外的边沿。唐高骈《筑罗城成表》："壕深莫跨，壁峻难攻；～睥睨之崇高，内面栏杆而固护。"《太平广记》卷二一一引《名画记》："隋田、杨与郑法士同于京师光明寺画小塔。郑图东壁北壁，田图西壁南壁，杨画～四面。是称'三绝'。"《元史·天文志一》："其上衡两端，自长窍～至衡首底，厚倍之。" ❷ 指超出某一范围的地方。跟"里边❶"相对。唐吴融《华清宫》："绿树碧檐相掩映，无人知道～寒。"《敦煌变文校注》卷四《太子成道变文（四）》："便令宫内专切敬重，不遣～私出。"清《红楼梦》九回："～李贵等几个大仆人听见里边作起反来，忙都进来一齐喝住。" ❸ 外地。《敦煌变文校注》卷五《父母恩重经讲经文（一）》："儿向～行万里，母心随后去也唱将来。"明《西游记》四四回："你老人家想是个～来的，不知我这里利害。" ❹ 指一般人家（跟特指妓院的"里边❹"相对）。明《金瓶梅词话》五八回："你每这里边的样子只是恁直尖了，不相俺～的样子趫；俺～尖底停匀，你里边的后跟子大。" ❺ 以外。清《野叟曝言》三〇回："一到四十～，就没啥仔趣哩。"

【外宾】 wài bīn 外国或外地来的宾客。唐元稹《何满子歌·张湖南座为唐有熊作》："古者诸侯飨～，《鹿鸣》三奏陈圭瓒。何如有熊一曲终，牙筹记令红螺盌。"《太平广记》卷二〇一引《因话录》:"倾壶达夕,不俟～,醉而后已。"又卷四八〇引《拾遗录》:"考以中国正朔,则序历相符。王接以～之礼也。"

【外才】 wài cái 指人的外貌或才情。《元曲选·倩女离魂》一折:"姐姐,那王生端的内才～相称也。"明《醒世恒言》卷七:"～已是美了,不知他学问如何。"清佚名《天豹图》一一回:"只有第七房赛貂蝉,他的内才～真为第一。"

【外材】 wài cái 同"外才"。明叶盛《水东日记》卷一:"茂本美风姿,有俊才,为县学生。御史行香,见茂本曰:'此子～好,内材何如?'"

【外财】 wài cái 正常收入以外的收入。《元曲选·冤家债主》楔子:"你媳妇儿气色,倒像得些～的。"清《红楼梦》六〇回:"谁知这五日班,竟偏冷淡,一个～没发。"《绿野仙踪》二三回:"我今日发了一宗～。"

【外呈答】 wài chéng dá 戏剧用语。角色以外的人对剧中人语加插的回答或评说。元佚名《独角牛》二折:"〔唱〕他道是马前剑扑手有三十解。〔～云〕好唱也,好唱也。"《元曲选外编·降桑椹》一折:"〔兴儿云〕我不敢说谎。我要说谎,就是老鼠养的。〔～云〕得也么? 泼说。"

【外大父】 wài dà fù 外祖父。唐梁肃《监察御史李君夫人兰陵萧氏墓志铭》:"父中书之弟驸马都尉太仆卿讳衡,践修旧德,尚某邑公主,实生夫人。元宗其～也,宣皇其舅也。"宋张耒《寄杨道孚》:"君家～,听狱代其忧。备饥朝煮饭,驱蚊夜张帱。"清《合浦珠》一〇回:"瑶枝道:'因～有恙,适去相探耳。'"

【外道】 wài dào 见外;客气。清《红楼梦》三回:"或有委屈之处,只管说得,不要～才是。"又九〇回:"平儿笑说道:'我们奶奶说,姑娘特～的了不得。'岫烟道:'不是～,实在不过意。'"《续红楼梦》二一回:"亲家太太快别说这样～话,自己女孩儿家比得别处吗?"

【外地】 wài dì ❶ 指京城以外的地方。唐李商隐《为贺拔员外上李相公启》:"不使衰羸,便辞禄仕,致乎～,睎以末光。"《宋史·窦偁传》:"淫刑之兴,近闻数等,盖缘～不守通规,或以长钉贯人手足,或以短刀脔人肌肤,迁延信宿,不令就死。"清《隋唐演义》六六回:"晓得秦府智略之士,心腹可惮者,如李靖、徐勣之俦,皆置之～。" ❷ 犹"外乡"。唐刘得仁《塞上行作》:"乡井从离别,穷边触目愁。生人居～,塞雪下中秋。"《明史·邹应龙传》:"嵩父子故籍袁州,乃广置良田美宅于南京、扬州,无虑数十所,以豪仆严冬主之。抑勒侵夺,民怨入骨。～牟利若是,乡里又何如?"清《绿牡丹》五六回:"我等～人不晓得,望从中指教。"

【外方】 wài fāng 外地;远方。唐[日] 圆仁《入唐求法巡礼行记》卷四:"况非圣之言,尚宜禁斥;～之教,安可流传。"宋佚名《张协状元》三五出:"状元台旨: 除非朝士官员,你便通报。其次村里汉、～人及妇女,莫容它来。"清《儒林外史》二三回:"头一碗上的冬虫夏草,万雪斋请诸位吃着,说道:'像这样东西,也是～来的。'"按,此义南北朝后期偶见用例。

【外府】 wài fǔ 外地。《元曲选·魔合罗》楔子:"则俺这男子为人须闒阘,我向这～他乡做买卖。"元明《水浒传》三六回:"便断配在他州～,也须有程限。日后归来务农时,也得早晚伏侍父亲终身。"清《儒林外史》一五回:"看见舱里三个人: 中间郑老爹坐着,他儿子坐在旁边,这边坐着一个～的客人。"

【外父】 wài fù 岳父。唐杜甫《祭外祖祖母文》:"纪国则夫人之门,舒国则府君之～。"宋佚名《潜居录》:"冯布少时,绝有才干,赘于孙氏,其～有烦琐事,辄曰'畀布代之',至今吴中谓'赘婿'为'布代'。"清《歧路灯》三回:"拜认干亲,～当日是最恼的。"

【外盖】 wài gài 罩在外面的衣服。明《醒世恒言》卷三:"连身上～衣服,脱下准了店钱。"《山歌·鞋子》:"骜我松江尤墩衬里,～绸段簇新。爱我口儿紧括,喜我浅面低跟。"清《儒林外史》四〇回:"身上穿了大红～,拜辞了父亲,上了轿。"

【外公】 wài gōng 外祖父。宋《朱子语类》卷一三二:"熊叔雅名彦诗,王时雍婿也。金人入寇,京城不守,时雍尽搜取妇女于虏人,人号时雍为'虏人～'。"明《山歌·破鬃帽歌》:"凭你改长改短,我也无怒无嗔;捉我改子～头上束发包巾,我也感承你顶戴。"清《老乞大新释》:"今日要备办些茶饭,请咱们众亲眷来闲坐。家中呢,请大公、大婆、…… 外头呢,请公公、婆婆、～、外婆、舅舅、…… 都要给他几桌子饭菜吃才好。"

【外鬼】 wài guǐ 外来的鬼魂。唐王梵志《祭四时八节日》:"总被～吃,家亲本无名。"元徐畛《杀狗记》二二出:"自恨我家神做不得主,致使今朝～相调戏。"清《红楼梦》七二回:"如今里里外外上上下下背着我嚼说我的不少,就差你来说了,可知没家亲引不出～来。"

【外行】 wài háng 对某种行当或事情不懂或缺乏经验;也指这样的人。清《老乞大新释》:"你不要这般胡讨价钱,我不是～。这缎子价钱我都知道。"《儒林外史》三〇回:"苇兄,你这话更～了。"

【外号】 wài hào ❶ 绰号;根据一个人的特征,在本名以外另起的名号。宋元《警世通言》卷一二:"贼党见他凡事畏缩,就他鳅儿的～,改做'范盲鳅',是笑他无用的意思。"清《绿野仙踪》六〇回:"太老爷是圣贤中人,焉有～!"《红楼梦》一九回:"凡读书上进的人,你就起个～儿,叫人家'禄蠹'。" ❷ 大号;对外称呼用的名字。明《警世通言》卷二二:"原来苏州风俗,不论大家小家,都有个～,彼此相称。玉峰就是宋敦的～。"《封神演义》一五回:"此人乃东海许州人氏,姓姜名尚字子牙,～飞熊,与小侄契交通家,因此上这一门亲正好。"

【外后年】 wài hòu nián 以今年为第一年,称未来第五年为外后年。宋《法演禅师语录》卷中:"前年、去年也恁么,明年、后年、更后年、～也恁么。"

【外后日】 wài hòu rì 大后天。宋陆游《老学庵笔记》卷一〇:"今人谓后三日为～,意其俗语耳。偶读《唐逸史·裴老传》,乃有此语。裴,大历中人也,则此语亦久矣。"明《朴通事谚解》卷中:"～来取,准的么?"清《儒林外史》四七回:"你～清早就到我这里来吃一天。"

【外户子】 wài hù zi 外来户;外来者。清《聊斋俚曲·禳妒咒》:"一家大小拧成绳,惟独这～没人疼。"这里指儿媳妇。

【外护】 wài hù ❶ 佛教需要政府当权者的保护支持,称之为外护。唐万齐融《阿育王寺常住田碑》:"宋帝下生,梁皇～。太稷赐畴,司农蠲赋。"《景德传灯录》卷二《第二十六祖不如密多》:"尊者付法已,即辞王曰:'吾化缘已终,当归寂灭,愿王于最上乘无忘～!'"元祖顺《中峰和尚行录》:"上顾近臣曰:'朕闻天目山中峰和尚道行久矣,……赐号佛慈圆照广慧禅师,并锡金襕袈裟,仍敕杭州路优礼～,俾安心禅寂。'" ❷ 对保护支持佛教的当权人物的称呼。唐崔仁滨《新罗国白月栖云之塔碑铭》:"大师谓门人曰:'自欲安禅,终须助化。吾道之流于末代,～之恩也。'"《景德传灯录序》:"皇上为佛法之～,嘉释子之勤业。"元祖顺《中峰和尚行录》:"至十三日,(中峰)手书遗别～,仍写偈遗别法属故旧,……置笔安坐而逝。" ❸ 防护外围。明《西游记》六一回:"玉面公主听言,即命～的大小头目,各执枪刀助力,……唬得那～头目,战战兢兢。"清《荡寇志》七一回:"卢俊义大惊,一面开门,一面问道:

'甚么事不好?'那四个～头目道:'忠义堂上火起了!正烧着哩!'" ❹道家炼丹药时，寻一个有根器的人守炉鼎，称外护。明《拍案惊奇》卷一八:"看见解元正是个大福气的人，来投合伙，我们术家叫做访～，……只如杜子春遇仙，在云台观炼药将成，寻他去做～。"

【外话】 wài huà 见外的话;客气话。清《红楼梦》四二回:"休说～，咱们都是自己，我才这样。"《飞龙全传》一二回:"贤弟休要说这～，弟兄情分，那里论这银钱。"

【外间】 wài jiān 相连的几间屋子里直接通到外面的房间。《元曲选·合同文字》一折:"员外，我这一会儿不好了，扶我～里去罢。"明《古今小说》卷二二:"当晚，贾涉主仆二人就在王小四家歇了。王小四也打铺在～相伴，妇人自在里面铺上独宿。"清《红楼梦》三回:"～伺候之媳妇丫鬟虽多，却连一声咳嗽不闻。"

【外京】 wài jīng 京城以外的地方。明《金瓶梅词话》九回:"胡乱守了百日孝，他娘劝导，前月他嫁了～人去了。"《金瓶梅》五〇回:"二位管家哥哥息怒，他～人不知道，休要和他一般见识。"清《儒林外史》四二回:"方才有个～客，要来会会细姑娘，看见六老爷在这里，不敢进来。"

【外眷】 wài juàn 指女系的亲属。宋宋祁《回李端明书》:"适会里人自韩城来，出君侯手书两纸，亟启疾读，旷如披瞽，不以孤～之一情，收函驰想，感溢肝膈。"明《古今小说》卷一〇:"光阴似箭，不觉又是一年。重阳儿过周，整备做晬盘故事。里亲～，又来作贺。"清《红楼梦》一七至一八回:"贾妃因问:'薛姨妈、宝钗、黛玉因何不见?'王夫人启曰:'～无职，未敢擅入。'"

【外快】 wài kuài 掷骰名目之一。一些规定的骰子点色称作"快"(如六个全色)，掷出后可赢钱。四个二、两个幺的点色本不是"快"，传说赵匡胤赖赌，强说成"快"，故称"外快"。清《飞龙全传》一六四:"凡五点夺子，四呆～，古时并作输论。"

【外郎】 wài láng 汉代没有固定职务的郎官称外郎，宋元以后作为衙门书吏的代称。亦指县府小吏。元萧德祥《小孙屠》六出:"自家姓朱，名杰，见在充本府正名司吏，满街都叫我做朱～。"明《朴通事谚解》卷上:"光禄寺里着姓李的馆夫讨去，内府里着姓崔的～讨去。"《拍案惊奇》卷一三:"却有严公儿子平时最爱的相识，一个～，叫做丘三，是个极狡猾奸诈的。"清《续金瓶梅》一回:"又有一个戴吏巾的～官，手执大簿一本。"

【外里】 wài lǐ 外乡。宋《五代史平话·梁上》:"咱孤单一身，流落～。"又:"只因赴选长安，流落～。"

【外路】 wài lù ❶宋代以后指各地方行政区划。《宋史·河渠志二》:"今公私财力困匮，惟朝廷未甚知者，赖先帝时封桩钱物可用耳。～往往空乏，奈何起数千万物料、兵夫，图不可必成之功?"《金史·世宗纪下》:"命随朝六品、～五品以上职事官，举进士已在仕、才可居翰苑者，试制诏等文字三道，取文理优赡者补充学士院职任。" ❷外地。元石君宝《紫云庭》三折:"俺这～打扮，其实没这异锦轻罗。"明《老乞大谚解》卷下:"这段子是南京的，不是～的。"清《照世杯·走安南》:"果然是一个人，听他言语又是～声口。"

【外卖】 wài mài 店铺送货上门，转指妇女主动出卖色相。明《金瓶梅词话》六八回:"他儿子镇日在院里，他专在家，只～。"

【外面】 wài miàn 表面;外表。宋《朱子语类》卷五:"今人～做许多不善，却只说我本心之善自在，如何得!"元许衡《大学直解》:"'表'是～，指道理易见处说;'里'是里面，指道理难见处说。"清《红楼梦》四四回:"你们淫妇忘八一条藤儿，多嫌着我，～儿你哄我。"

【外名】 wài míng ❶绰号。金《刘知远诸宫调》一:"二妇女皆有～。"明《朴通事谚解》卷下:"唐僧往西天取经去时节，到一个城子，唤做车迟国。那国王好善，恭敬佛法。国中有一个先生，唤伯眼，～唤'烧金子道人'。"清《续金瓶梅》四五回:"舌尖口快愚弄人，背后挑唆把人说。～绰号应花子，光棍行里是个磨。" ❷出家后取的名字;也指小孩寄在僧道名下做徒弟起的名字。参见"寄名"。《敦煌变文校注》卷二《庐山远公话》:"兼与～，名为善庆。"明《金瓶梅词话》三九回:"李大姐说，这孩子有些病痛儿的，要问那里讨个～。"

【外母】 wài mǔ 岳母。明李昌祺《剪灯餘话·琼奴传》:"适因入驿，见妈妈状貌，酷与苕～相类，故不觉感怆，非有他也。"《金瓶梅词话》九三回:"家外父死了，～把我撵出来。"清《歧路灯》四七回:"到家时，外父～围着病榻，自己也觉无趣。"

【外婆】 wài pó ❶外祖母。《太平广记》卷四三九引《法苑珠林》:"汝是我女儿，我是汝～。本为汝家贫，汝母数索，不可供足，我大儿不许。"宋黄庭坚《与洪氏四甥书五》:"～比来意思殊胜，比去冬十减六七，望夏秋间得佳也。"清《老乞大新释》:"今日备办了些茶饭，请咱们众亲眷来闲坐:祖父、阿婆、父亲、母亲、……又请外公、～、舅舅、姑娘、姑夫。" ❷嫖客对妓院老鸨的称呼。清余怀《板桥杂记·雅游》:"妓家，仆婢称之曰娘，外人呼之曰小娘，假母称之曰娘儿。有客，称客曰姐夫，客称假母曰～。"

【外婆家】 wài pó jiā 黑话，指打劫的对象。宋元《警世通言》卷三七:"他今日看得～报与我，是好一拳买卖。"

【外情】 wài qíng 不正当的男女私情。明《拍案惊奇》卷二:"小的闺门也严谨，却不曾有甚～。"《禅真逸史》一四回:"数日之后，试探妻子，果有～。"

【外人】 wài rén ❶他人;旁人;别人。唐张鷟《游仙窟》:"殷勤惜玉体，勿使～侵。"《五灯会元》卷一三《石门献蕴禅师》:"师曰:'玉玺不离天子手，金箱岂许～知。'"清《红楼梦》八回:"必定姨妈这里是～，不当在这里的也未可定。" ❷指妇人私通的男子。唐刘肃《大唐新语》卷四:"则天朝，奴婢多通～，辄罗告其主，以求官赏。"

【外日】 wài rì 以前的某日;那天。宋元《清平山堂话本·简帖和尚》:"某～荷蒙持杯之款，深切仰思。"明柯丹邱《荆钗记》八出:"将仕公，～多蒙厚礼。"清《隋唐演义》二二回:"却问来人，又知～北路朋友皆到，随即收拾礼物，备马出城，到二贤庄会诸友。"

【外舍】 wài shè 太学分为外舍、内舍、上舍三级，外舍最低。县学也分内外舍，外舍低于内舍。宋《朱子语类》卷一〇九:"刘聘君云:县学尝得一番分肉，肉有内舍、～多寡之差。偶斋仆下错了一分，学生便以界方打斋仆，高声大怒云:'我是内舍生，如何却只得～生肉?'"吴自牧《梦粱录》卷一五:"太学生员额……上舍额三十人，内舍额二百单六人，～额一千四百人。"又:"月书季考，由～而升内舍，由内舍而升上舍。"

【外生女】 wài shēng nǚ 外甥女;姐姐或妹妹的女儿。《太平广记》卷三三三引《纪闻》:"于是纳钱数万，其父母皆会焉。攸乃为～造作衣裳帷帐，至月一日，又造馔大会。"《旧唐书·柳奭传》:"后以～为皇太子妃，擢拜兵部侍郎。"

【外甥】 wài shēng 外孙。明《拍案惊奇》卷八:"相见了陆氏妈妈，问起缘由，方知病体已渐痊可，只是～儿女毫不知些踪迹。”

【外事】 wài shì ❶身外之事；不相干的事。唐王梵志《任意随流俗》：“但令无～，只尔自然肥。”明王守仁《传习录》卷下：“我只是这致良知的主宰，不息久久，自然有得力处，一切～亦自能不动。”清《红楼梦》七〇回：“自己只装作不耐烦，把诗社便不起，也不以～去勾引他。” ❷指修炼等世外之事。明《梼杌闲评》一六回：“那王习乃内阁王家屏的儿子，与水客人同乡，因水客人平日好谈～，故荐与他。” ❸指男色之事。清吴下阿蒙《断袖篇·张幼文》：“伯起亦好外，闻有美少年，必多方招至，抚摩周恺，无所不至，年八十餘犹健。或问先生多～，何得不少损精神。”

【外室】 wài shì 男子于正妻之外在别处另组织的家庭；外妾；情妇。明《金瓶梅词话》四七回：“间壁韩家就是提刑西门老爹的～，又是他家伙计。”《醋葫芦序》：“若乃复杂以僻邪，媚乎～，青楼敖足，屈招宇禁，涕泗交横，妇人又乌能不妒？”清《野叟曝言》五一回：“杀死的，是长史的～。”

【外手】 wài shǒu ❶外首；外边；外围。明《朴通事谚解》卷上：“‘怎么摆？’‘～一遭儿十六碟菜蔬。’” ❷跑外的或柜台上接待顾客的伙计。清《杏花天》一四回：“意欲在门前开一典当，赁一二～营运，所得微利，添补而用。”

【外水】 wài shuǐ 水手；做水手工作。明《二刻拍案惊奇》卷七：“船上～的人，见他们说的多是一口乡谈，……那管其中就里。”清《醒世姻缘传》八七回：“前船、后船、梢公、～、拦头、把舵，众人都一齐听着！”《野叟曝言》五二回：“原来这些头舵～，俱是强盗。”

【外头】 wài tou ❶外表；外边；表面。头，表示处所的词缀。唐陆龟蒙《鹤媒歌》：“而况世间有名利，～笑语中猜忌。”清《红楼梦》四六回：“你们原来都是哄我的，～孝敬，暗地里盘算我。” ❷指一般人家（与特指妓院的“里头❷”相对）。明《金瓶梅词话》七六回：“就是俺里边唱的，接了孤老的朋友还使不的，休说～人家。” ❸指家庭或小团体以外。《敦煌变文校注》卷五《父母恩重经讲经文（一）》：“家内长慊父母言，～却信他人语。”宋《朱子语类》卷七〇：“须是得自家屋里人从我，方能去理会～人。”清《醒世姻缘传》二〇回：“两三次通瞒着俺，不叫俺知道，被～人笑话的当不起。” ❹外地。明《山歌·阿姨》：“天上乌云载白云，女婿摇船载丈人。你搭囡儿算命个说道青草里得病枯草里死，千万小阿姨莫许子～人。”清《红楼梦》四七回：“眼前我还要出门去走走，～逛个三年五载再回来。”

【外翁】 wài wēng ❶外祖父。唐白居易《谈氏小外孙玉童》：“～七十孙三岁，笑指琴书欲遣传。”宋朱熹《晦庵续集》卷一：“辂孙不知记得～否？渠爱壁间狮子，今画一本与之。”明《封神演义》八回：“我见～哭诉这场冤苦，舅爷必定调兵。” ❷岳父。元王逢《送杨生遂出赘》：“～朴茂质，新妇玉雪如。”

【外务】 wài wù ❶不务正业。明《金瓶梅词话》八〇回：“一见那门庭冷落，便唇讥腹诽，说他～，不肯成家立业。”△清《儿女英雄传》三三回：“你看玉格这孩子近来竟荒得有些～了。” ❷与正业无关的事情。清《红楼梦》二三回：“宝玉亦发得了意，镇日家作这些～。”《疗妒缘》二回：“虽学了丈人的本事，却不肯学丈人所为，安分守己，绝无～。” ❸外面的事务。明《封神演义》六三回：“且说九仙山桃园洞广成子，只因犯了杀戒，只在洞中静坐，保摄天和，不理～。”清《红楼梦》五八回：“荣府只留得赖大并几个管事照管～。”

【外乡】 wài xiāng 本地或家乡以外的地方。《宋史·刘清之传》：“此惠不过三十里内耳，～远民势岂能来？老幼疾患之人，必有馁死者。”元明《水浒传》二九回：“酒保道：‘眼见得是个～蛮子，不省得了，在那里放屁！’”清《儒林外史》四五回：“恐系～光棍顶名冒姓，理合据实回明，另缉审结。”

【外厢】 wài xiāng ❶外边；外头。《元曲选·范张鸡黍》一折：“呀！忘了仲略兄弟在～了。”明《皇明诏令·戒谕管军官敕》：“樊哙在～知道，带着剑，背一面长牌，直撞开营门，怒着目看霸王。”清《照世杯·掘新坑》：“我从来不走到～，只怕不便。” ❷外房；外间。明《古今小说》卷二八：“那一晚，张二哥回家，老婆打发在～安歇。”《欢喜冤家》二〇回：“公子摆下一桌在书房内，自陪商氏；餘外三桌摆在～，着家人等接王管家、两个小使、一个使女，尽情而吃。”清《飞花艳想》一〇回：“遂留差官在～伺候，雪太守就进后衙，把家书与如玉小姐观看。” ❸外地。明《二刻拍案惊奇》卷一一：“不若只在～行动，寻些生意，且过了年又处。”

【外向】 wài xiàng 偏向外人。特指女子偏向丈夫方面。《敦煌变文校注》卷二《秋胡变文》：“寄养十五年，终有离心之意。女生～，千里随夫，今日属配郎君，好恶听从处分。”《元曲选·隔江斗智》一折：“这姻缘甚些天赐，且因而勉强从之，免的道～夫家有怨词。”明《型世言》四回：“若是女儿，女生～，捧了个丈夫，那里记挂你母亲？”

【外相】 wài xiàng 外貌；相貌。唐白居易《酒筵上答张居士》：“但要前尘减，无妨～同。”元佚名《替杀妻》二折：“这婆娘～儿贞，就里狠，纵然面搽红粉，是一个油鬏髻吊客丧门。”清《红楼梦》九回：“这贾蔷～既美，内性又聪明。”

【外像】 wài xiàng ❶表象；显露在外的现象。明《西游记》二回：“谈的是公案比语，论的是～包皮。” ❷同“外相”。《元曲选外编·西厢记》一本四折：“～儿风流，青春年少；内性儿聪明，冠世才学。”清《红楼梦》三五回：“怪道有人说他家宝玉是～好，里头糊涂。”

【外应】 wài yìng 外部接应，亦指外部接应的力量。唐孔颖达疏《易·屯》“六二之难乘刚也”：“虽远有～，未敢苟进。”《元曲选·谢金吾》三折：“他若是得志于中原，与俺家做个里合～。”清《荡寇志》九四回：“中军左营休动，切不可去救，那厮必有～。”

【外忧】 wài yōu ❶外来的忧患。唐韩愈《秋怀》之一〇：“世累忽进虑，～遂侵诚。强怀张不满，弱念缺已盈。”《旧五代史·周书·太祖纪》：“～少息，内患俄生。”清李钟伦《周礼训纂》卷一五：“此二者，又绸缪未雨之计而内患～所以胥远之道也。” ❷指父丧或承重祖父之丧。唐杨炯《左武卫将军成安子崔献行状》：“寻丁～三年，泣血一恸，能使禽兽莫触其松柏，神仙每留其玉石。”《旧五代史·晋书·梁文矩传》：“寻有旨降命，会丁～而止。”

【外邮】 wài yóu 城外的驿站。唐李绅《过吴门》：“候火分通陌，前旌驻～。”《新唐书·颜杲卿传》：“乃矫贼命召钦凑计事，钦凑夜还，杲卿辞城门不可夜开，舍之～。”《太平广记》卷二一九引《续玄怪录》：“未一年，莲子暴死。革方有～之事，回见城门，逢柩车，崔人有执绋者。”

【外遇】 wài yù 指丈夫或妻子在配偶之外发生的男女关系。明沈德符《万历野获编》卷六：“《唐朝年代纪》云，宰相裴光庭娶武三思女为妻，高力士与之私通，则不但有正室，且有～矣。”《二刻拍案惊奇》卷一一：“文姬与我起初只是两下偷情，算得个～罢了。”清《醒世姻缘传》四四回：“若夫妻的情义既深，凭他有甚么～，被他摇夺不去的。”

【外宅】 wài zhái ❶犹“外室”。明《古今小说》卷二九：“不数日，杨孔目入赘在柳妈妈家，说：‘我养你母子二人，丰衣足食，做个～。’”清《续金瓶梅》一〇回：“这是李师师的乐府，宋道君的～。” ❷太监在宫外的住宅。明《金瓶梅词话》七〇回：“老太监～在何处？学生好去拜奉长官。”

wān

【弯】 wān ❶停泊。《元曲选·岳阳楼》二折：“把船～，此间，正江楼茶罢人初散。”清《儒林外史》四三回：“大爷吩咐急急收了口子，～了船。” ❷挽；挎。《元曲选外编·哭存孝》一折：“凤翎箭手中施展，宝雕弓臂上斜～。” ❸弯曲的地方。明《山歌·陈妈妈》：“双膀～里我常常在搭风流飘荡，笼须席底下也吃我困得介安闲。” ❹量词。用于弯状物。五代徐夤《新刺袜》：“素手春溪罢浣纱，巧裁明月半～斜。”元刘庭信《寨儿令·戒嫖荡》：“身子纤，话儿甜，曲弓弓半～罗袜尖。”清《红楼梦》三回：“一双丹凤三角眼，两～柳叶吊梢眉。” ❺九的隐语。明佚名《行院声嗽·数目》：“九，远；～。”

【弯奔】 wān bēn 腾跃；奔腾。《元曲选外编·三战吕布》一折：“战马～出大营，旌旗招飐统雄兵。”又《老君堂》三折：“六员将顿剑摇环，六匹马踢跳～。”明佚名《衣锦还乡》二折：“凭着俺战马～，军兵踊跃，撞重瞳拦住。”

【弯环】 wān huán ❶弯曲。唐李贺《十二月乐辞·十月》：“珠帷怨卧不成眠，金凤刺衣着体寒，长眉对月斗～。”元吴西逸《殿前欢》：“一泓流水绕～，半窗斜日留晴汉。”清《续金瓶梅》二一回：“山势蜿蜒走游龙，峰峦出没，林麓～如伏蟒。” ❷兜圈子。元明《水浒传》八三回：“正中间捧出一员番将，骑着一匹达马，～踢跳。”

【弯角】 wān jiǎo ❶折角；(帽子)一角折起。宋元《古今小说》卷三六：“只见一个人裹顶～帽子，着上一领皂衫，拦着马前，唱个大喏。” ❷织物的零碎小片。清《红楼梦》二五回：“马道婆因见炕上堆着些零碎绸缎～，赵姨娘正粘鞋呢。”

【弯碕】 wān qí 弯曲的河岸。唐许嵩《建康实录》卷四：“又攘诸营地，大开苑囿，起土山，作楼观，加饰珠玉，制以奇石，左～，右临硎。”宋王安石《初夏即事》：“石梁茅屋有～，流水溅溅度两陂。”元钱岳《讲经堂》：“潮打～半欲摧，老禅称土筑高台。”

【弯曲】 wān qū ❶委曲；隐情。元明《水浒传》七五回：“非宋江等无心归降，实是草诏的官员不知我梁山泊的～。” ❷周折；曲折。清《续金瓶梅》二〇回：“这件事休看的容易了，倒要费～才得到手，你休看作是门里人，指望一说就成。”

【弯跧】 wān quán 蜷曲身体。宋佚名《张协状元》三五出：“没投奔，在庙中，～睡。”金马钰《爇心香·华亭县西庵主王公请住方丈》：“不居方丈，不住华轩。把浴堂来，为睡室，且～。”清厉鹗《喜雪》：“试雪连朝雪已成，～板阁冷光生。”

【弯弯】 wān wān 弯曲貌。唐岑参《凉州馆中与诸判官夜集》：“～月出挂城头，城头月出照梁州。”《元曲选·抱妆盒》一折：“眼儿呵绿澄澄溜出秋波转，眉儿呵曲～画出双蛾浅，脸儿呵汗津津显出桃花片。”清《续金瓶梅》四五回：“三个淫妇不消说，当时有个应伯爵，沙糖舌头～嘴，到处有他插上脚。”

【湾】 wān ❶停泊。元卢挚《蟾宫曲》：“急棹不过黄芦岸白蘋渡口，且～在绿杨堤红蓼滩头。”明《古今小说》卷三四：“就桥下～住船，上岸独步。”清《红楼梦》五七回：“那不是接他们来的船来了，～在那里呢。” ❷弯曲。明《西游记》九七回：“忽然那刺史自房里出来，～着腰梳洗。” ❸量词。用于水流。明汤显祖《牡丹亭》二四出：“怪哉，一个梅花观，女冠之流，怎起的这座大园子？好疑惑也。便是这～流水呵！”清《红楼梦》五回：“后面又画几缕飞云，一～逝水。”

【湾奔】 wān bēn 同“弯奔”。《元曲选外编·襄阳会》二折：“则愿的驯良纯善，怕的是踢跳～。”

【湾泊】 wān bó 另见wān pō。停船靠岸。元汪大渊《岛夷志略·昆仑》：“百舶阻恶风，～其山之下。”明《警世通言》卷一：“分付水手，将船～，水底抛锚，崖边钉橛。”清《钦定平定台湾纪略》卷三七：“属沿江地方，每隔一百二三十里不等，可以～船只之处，搭棚安站。”

【湾船】 wān chuán 泊船；停船。元佚名《泣江舟》二折：“禀爷，天色晚了，江水大风又大，恐有疏失，不如～罢。”明《拍案惊奇》卷八：“然后天晚，上岸不及了，打点～。”清《水浒后传》七回：“不好了，快些～！”

【湾环】 wān huán ❶水流弯曲处。唐元稹《荥阳郑公以稹寓居严茅有池塘》：“激射分流阔，～此地多。”白居易《玩止水》：“广狭八九丈，～有涯涘。” ❷同“弯环❶”。唐陈陶《清源途中旅思》：“身事几时了，蓬飘何日闲。看花滞南国，乡月十～。”《元曲选外编·降桑椹》三折：“俺这里高山险峻，阔涧～。”明《梼杌闲评》四四回：“珊瑚树曲曲～，牟尼珠团团流走。”

【湾还】 wān huán 同“湾环❷”。明《西游记》八五回：“行客正愁多险峻，奈何古道又～。”《封神演义》六六回：“潮来汹涌，水浸～。潮来汹涌，犹如霹雳吼三春；水浸～，却似狂风吹九夏。”

【湾泊】 wān pō 另见wān bó。水流弯曲之处。唐张鷟《朝野佥载》卷四：“凡是水中及～之所，皆有之。”元王祯《农书》卷一七：“尝见淮上濒水及～田土，待冬春水涸耕过，至夏初，遇有浅涨所漫，乃划此船，就载宿浥稻种，遍撒田间水内。”

【湾头】 wān tóu 水流转弯处。唐孟浩然《问舟子》：“～正堪泊，淮里足风波。”明《西游记》九回：“他教我在泾河～东边下网，西岸抛钓，定获满载鱼虾而归。”清吴伟业《避乱》之二：“水市～见，溪门屋后偏。”

【蹽跧】 wān quán 同“弯跧”。宋佚名《张协状元》一出：“山高无旅店，景萧条，～何处过今宵？”《元曲选·杀狗劝夫》二折：“兀的般满身风雪～卧，可不道一部笙歌出入随，抵多少水尽也鹅飞。”关汉卿《青杏子·离情》：“残月下西楼，觉微寒轻透衾裯，华胥一枕～觉。”

【剜】 wān 犹“捥❶”；拧。《集韵·桓韵》：“捥，乌丸切，捩也。”《敦煌变文校注》卷三《燕子赋(一)》：“不问好恶，拔拳即差，左推右耸，～耳掴腮。”

【剜刺挑茶】 wān cì tiǎo chá 搬弄口舌；挑拨是非。《元曲选·看钱奴》一折：“这等人夫不行孝道，妇不尽贤达，爷瞒心昧己，娘～。”

【剜剕】 wān fèi 犹“伴换”。《敦煌变文校注》卷五《父母恩重经讲经文(一)》：“不曾结识好知闻，空是～恶伴侣。”

【剜墙拱】 wān qiáng gǒng “剜墙拱窟”的歇后，歇“窟”字，谐音指哭泣。明《金瓶梅词话》七六回：“小大官儿，怎的号啕痛，～？”

【剜肉补疮】 wān ròu bǔ chuāng 犹“剜肉医疮”。宋朱熹《乞蠲减星子县税钱第二状》：“必从其说，则势无从出，不过～，以欺天罔人。”明《型世言》三三回：“朝暮经管徒尔为，穷年常困缺衣食。谁进祁寒暑雨箴，～诉宸极。”

【剜肉医疮】 wān ròu yī chuāng 比喻用有害的手段救眼前之急，不暇顾及后果。语本唐聂夷中《伤田家》：“二月卖新丝，五月粜新谷。医得眼前疮，剜却心头肉。”清《续金瓶梅》一〇回：“况即剥皮见骨，～，终不能以一杯而救舆薪，取精卫而填东海也。”

【剜肉粘肤】 wān ròu zhān fū 比喻不是天然生成的，结合不牢固。明《警世通言》卷二：“若论到夫妇，虽说是红线缠腰，赤绳系足，到底是～，可离可合。”

wán

【丸】 wán 做成丸状。《太平广记》卷二二七引《酉阳杂俎》：“用洞庭沙岸下土三斤，炭末三两，资末一两，榆皮半两，泔淀二勺，紫矿二两，细沙三分，藤纸五张，渴昜汁半合，九味和捣三千杵，齐～之，阴干。”《元典章·刑部十二》：“买到荦面一分，将～成蔓芒萝草蓖子药丸捻碎面内。”清《红楼梦》七回：“把这四样水调匀，和了药，再加十二钱蜂蜜，十二钱白糖，～了龙眼大的丸子，盛在旧磁坛内，埋在花根底下。”

【刓缺】 wán quē 凋敝缺乏。唐韩偓《春阴独酌寄同年虞部李郎中》：“诗道揣量疑可进，宦情～转无多。”宋《三朝北盟会编》卷二一四：“若沿边诸郡士不练习，武备～，则置而不讲。”

【完】 wán ❶ 完成。明汤显祖《牡丹亭》七出：“你们工课～了，方可回衙。”清《红楼梦》七四回：“但姑娘未出阁，尚不能～你我之愿。” ❷ 缴纳（税赋）；还清（欠账）。明沈德符《万历野获编》卷二二：“（瑞）又不谙民俗，妄禁不许～租。夫租既不～，税何从出？”清方文《喜雨》：“私禀尚不实，公税何以～？”《醒世姻缘传》九〇回：“出谷碾米，以～官粮。” ❸ 复原；完聚；痊愈。元明《水浒传》九八回：“不过五日，疮口虽然未～，饮食复旧。”明《老乞大谚解》卷下：“你那小女儿出疹子来，我来时都～痊疴了。”《二刻拍案惊奇》卷三：“孺人道是骨肉重～，旧物再见，喜欢无尽。” ❹ 尽；了。明《金瓶梅词话》五五回：“蔡太师满面欢喜道：‘孩儿起来。’接过便饮个～。”清《醒世姻缘传》一一回：“晁家的银子定是～了，那两个姑子的银子一定也还未～。” ❺ 完毕；完结。明《警世通言》卷一一：“徐爷又免十板，只打三十。打～了，分付收监。”清《老乞大新释》：“我写～这契了。我念给你听。”《红楼梦》一二回：“若这一走，倘或遇见了人，连我也～了。” ❻ 禳保；保全。《元曲选外编·西厢记》三本四折：“不意当时～妾命，岂防今日作君灾？”明《古今小说》卷二：“孩儿一时错误，失身匪人，羞见公子之面，自缢身亡，以～贞性。”《金瓶梅词话》五三回：“不知他有恁祸福纸脉，与他～一～再处。”

【完办】 wán bàn （工程等）完毕。元明《水浒传》八〇回：“叶春造船也都～。”清《平定准噶尔方略》续编卷二三：“此皆小民等感戴天恩，是以不待督催，急公～。”

【完备】 wán bèi ❶ 齐全；齐备。宋沈括《乙卯入国奏请》：“臣等欲乞于上件缴奏札子内‘亦是’字下添入‘要退还上件圣旨札子’九字，于‘方始’字下添入‘受了圣旨’四字，所贵文理～。”元许衡《直说大学要略》：“后头到夏、商、周三代，这教人的法度渐渐的～了。”清《红楼梦》一五回：“凤姐等吃过茶，待他们收拾～，便起身上车。” ❷ 完整。唐崔倬《石幢叙》：“意其邑居之中，必有藏录其文者。果于前刺史唐氏之家得其模石，本末～，炳然辉耀溢目。”宋《三朝北盟会编》卷一四：“对以：‘两朝既是通好如一家，已许了地土，乃是信义人情，却不与人户，实不完全。何似把人民一齐许了，做个人情也是～。’”清顾广圻《唐律疏议跋》：“右至正辛卯崇化余志安刻本。其律及疏议，整缮略无讹错，抹子亦～靡漏，非寻常传钞者比也。” ❸ 团聚；团圆。元岳伯川《铁拐李》三折：“我在他这里，可知他在那里，几时能够父子妻夫～！”《元曲选·秋胡戏妻》四折：“天下喜事，无过子母～，夫妻谐和。” ❹ 完成；完毕。元萧德祥《小孙屠》六出：“夜来有张面前说李琼梅一事，今日本官坐厅，与此人～此勾当。”明《朴通事谚解》卷下：“孩儿这里所干已成～，得了照会，待两个月，衣锦还乡，喜面相参，孝顺父母，光显门闾。”清《红楼梦》五七回：“薛姨妈家又命薛蝌陪诸伙计吃了一天酒。连忙了三四天方～。”

【完毕】 wán bì 完结；结束。明《醒世恒言》卷二三：“只得早早起来，梳洗～。就把宝环珠钏藏在身边，一径走到乌带家中，迎门撞见贵哥。”清《醒世姻缘传》二三回：“百姓们春耕夏耘，秋收冬藏，～，必定先纳了粮，剩下的方才食用。”

【完璧】 wán bì ❶ 完好的玉石。比喻完美的人或事物。明毛晋《花间集识语》：“余家藏宋刻，前有欧阳炯序，后有陆放翁二跋，真～也。”《国色天香》卷一〇：“既而高士幸～，清虚、飞白从而短之。”清赵翼《瓯北诗话·杜少陵诗》：“入湖南后，除《岳阳楼》一首外，并少～。” ❷ 比喻处女。明田汝成《西湖游览志餘》卷二《帝王都会》：“尝各赐宫女十人，……阅数日，果皆召入。恩平十人皆犯之矣，普安者～也。”清纪昀《阅微草堂笔记》卷一六：“汝女犹～，无疑我始乱终弃也。” ❸ 完璧归赵，比喻将原物完好无损地归还或退回。明《西游记》六〇回：“千万借扇扇灭火焰，保得唐僧过山，即时～。”

【完补】 wán bǔ ❶ 补救；修复。唐元稹《授王播中书侍郎同平章事使职如故制》：“昔萧何用新造之汉，而能调发子弟，～败亡，使关东粮馈不绝者，以其尽得秦之图籍而周知其众寡也。”宋苏轼《乞桩管钱氏地利房钱修表忠观及坟庙状》：“盖为庙宇旧屋间架，元造广大，一百餘年不曾修治，例皆损塌，须得一起修葺，稍可～。”金元好问《存殁》：“汲冢遗编要～，可能虚负百年身。” ❷ 补足。明王恕《议给事中林廷玉陈言翊治奏状》：“查得天下教官五千有餘，递年取中副榜举人虽有千餘，其间有例不该就教职者十有六七，该就教职者不过二三百名，岂能～前项教职员缺？”清康熙四十八年《江宁织造曹寅奏农田歉收及盐引滞销折》：“恳将戊子纲纲食盐额，暂缓运行三十万引，俟口岸年岁一登，商等带课带盐陆续～全额。”

【完成】 wán chéng ❶ 圆成；成全。《元曲选·鸳鸯被》二折：“我约定刘员外今夜晚间来我庵中，与小姐～这事。”元明《水浒传》二四回：“得干娘～得这件事，如何敢失信！”清《儒林外史》二一回：“我那里把庚帖送过来，你请先生择一个好日子，就把这事～了。” ❷ 指完婚。《元曲选·金线池》四折：“〔石府尹云〕兄弟，您两口儿～了么？〔韩辅成云〕若～了时，这蚤晚正好睡哩。”明《二刻拍案惊奇》卷三：“明日是中秋佳节，我撺掇孺人就～了罢，等甚么日子！”清《世无匹》三回：“自从干白虹行聘之后，丽容便已安心，金守溪也觉～了女儿身事，免得牵牵挂挂。” ❸ 救护；帮助。元明《水浒传》一四回：“多亏晁盖～，解脱了这件事。” ❹ 了结；成就。元明《水浒传》三九回：“当时两个动手～，安排了回书，备个筵席，快送戴宗起程，分付了备细书意。”六十种曲本《琵琶记》一二出：“相公，论媒婆非自逞，今朝事体，管取～。”清《世无匹》四回：“至于迎亲宴客、绮筵绣帐、鼓乐花灯以及彩仗蓝舆、珠冠玉佩，无不事事整齐，尽皆干白虹八面～，略不费陈与权一毫心力。”

【完饭】 wán fàn 女子出嫁第二日或第三日，娘家来送饭。宋元《清平山堂话本·李翠莲》：“耐到第三日，亲家母来～。”明《金瓶梅词话》九一回：“至晚两个成亲，极尽鱼水之欢，曲尽于飞之乐。到次日吴月娘这边送茶～。”

【完房】 wán fáng 圆房；成婚。明《金瓶梅词话》九五回：“拣了个好日子，就与了来兴儿～，做了媳妇子。”清《续金瓶梅》四七回：“到了十一月初三日，刘瘸子上浴堂里沐浴了，穿了一套新布衣服，请过张都监娘子来，与金桂上头～。”

【完复】 wán fù 恢复；复原。唐韩愈《唐故江南西道观察使王公神道碑铭》：“时疫旱甚，人死亡且尽。公至，多方救活，天遂雨，疫定。比数年，里闾～。”《旧五代史·唐书·李敬义传》：“监军忿然厉声曰：‘黄巢败后，谁家园池～，岂独平泉有石哉！’”明李东阳《经筵讲章》之三：“只因饱暖安逸，为私欲所遮蔽，将本心都丧失了。圣人教民提撕警觉，引掖开导他，使他每各自～了那本然之性。”

【完固】 wán gù ❶ 坚定。宋司马光《荐范祖禹状》：“自祖禹年未二十为举人时，臣已识之，今年四十餘，行义～，常如一日。” ❷ 饱满；充沛。明马一龙《与星士曾克新谈命书》：“故婴生而病疾，长而夭折，皆先天之气有所不～耳。”《拍案惊奇》卷一三：“看看调养得精神～，也不知服了多少药料。”清潘天成《梦遇马贞娘记》：“且忠孝节廉，如景方杨左诸君子，虽受极刑而死，神气不散，精魄～，上帝眷宠，异于凡世。”

【完官】 wán guān 缴清官项。明《警世通言》卷一五：“前日看见我爹费产～，暗地心痛。”慧秀《山中夜闻络纬》：“空劳织妇鸣朝机，织得～生计微。”清《世无匹》七回：“那人道：‘我因欠了些官粮，故此急欲变卖，只要银子真纹，少些儿也说不得。’戚宗孝道：‘我都是瓜纹在此，正好与你～。’”

【完好】 wán hǎo ❶ 完美。唐韩愈《贞曜先生墓志铭》：“先生生六七年，端序则见，长而愈骞，涵而揉之，内外～。”清张惠言《崔景偁哀辞》：“其为人长弟～，生而父兄偁之，殁而所与游者思之。” ❷ 完整；没有残缺、损坏。宋苏轼《书琅琊篆后》：“蜀人苏轼来守高密，得旧纸本于民间，比今所见犹为～。”明《二刻拍案惊奇》卷三九：“亟取印箱来看，看见封皮～，锁钥俱在。”清《聊斋志异·仇大娘》：“频岁赖大娘经纪，第宅～。”

【完婚】 wán hūn 成婚；完成婚礼，正式成亲。通常指男子娶妻。明《古今小说》卷一：“只一个儿子，～过了。”史可法《家书》五：“考期场事俱不远，吾弟～后，当以进取为志。”清《聊斋志异·马介甫》：“十五岁入邑庠，次年领乡荐，始为～。”

【完结】 wán jié ❶ 聚集。五代刘崇远《金华子杂编》卷上：“师范适当依附于勤王，诚宜鼓扇恩信，～民力，宽而有众，才可合顺。” ❷ 完成；成就。元王子一《刘晨阮肇误入桃源》四折：“成就了两姓姻缘，～了百年伉俪。”清《续金瓶梅》六三回：“一言未毕，只见小西门员外玳安向长老月娘前跪下说：‘此塔不难，我替母亲、哥哥～此愿罢。’”《红楼梦》九七回：“宝玉的事，已经依了老太太～，只求老太太训诲。” ❸ 了结；解决。清《红楼梦》九〇回：“早些儿把你们的正经事～了，也了我一宗心事。”《聊斋志异·青蛙神》：“周闻之，惧，又送十金，意将以次～。” ❹ 终结；终了。清《红楼梦》一二〇回：“情缘～，都交割清楚了么？”△《儿女英雄传》一回：“到了这安二老爷身上，世职袭次～，便靠着读书上进。”

【完就】 wán jiù ❶ 成全；促成。《元曲选·鸳鸯被》二折：“若是小生得了官呵，必然～这段姻缘，也不辜负了他十分美意。”明《警世通言》卷二八：“丈夫，可知小舅要娶老婆，原来自趱得些私房，如今教我倒换些零碎使用，我们只得与他～这亲事则个。” ❷ 完成；成功。《元曲选外编·千里独行》二折：“我这里听言说罢泪交流，弟兄今日难相守，甚日个得～。”元明《水浒传》二四回：“他由我拽上门不焦躁时，这光便有九分了，只欠一分光了便～。” ❸ 办妥；了结。明《型世言》四回：“你哥道手足之情，我道既是手足之情，如今叔叔衣服也须做些，叔叔亲事也须为他～，怎只顾一边？”《醋葫芦》一二回：“不若及早回头，剃发为尼，博得清静度日，上可以报答养育之恩，下可以～衣食之虑。”清《水浒后传》三八回：“诸事俱～，辞朝谢恩。”

【完局】 wán jú 了结；完事。宋元《古今小说》卷三九：“大理院官见刘青死了，就算个～。”明沈德符《万历野获编》补遗卷三：“时上怒莫测，举朝鼎沸，仅捕皦生光服上刑，聊以塞责～耳。至于造撰之人，终莫能明也。”清陆陇其《与李枚吉婿》：“交盘尚未～，秋凉当归。”

【完聚】 wán jù ❶ 团聚。《元典章·刑部十二》：“若再令本家与妹菊花～，委难同活。”明《国色天香》卷五：“席间，端曰：‘此夜虽已～，但揆厥所由，实我寄书一节以启其衅。’因作《西江月》一首以自责。”清《红楼梦》七二回：“老爷才来家，每日欢天喜地的说骨肉～。” ❷ 完备；妥当。《元曲选·玉镜台》四折：“我如今先取纸墨，拿将笔砚，收拾～。”

【完卷】 wán juàn ❶ 完成答卷。明王樵《方麓集》卷一五：“闻其子入试，题皆先得，而又不能～，则其材可知矣。”清《镜花缘》六三回：“如一日之内不能～，或文理乖谬，情愿治罪。” ❷ 指结案。明柯丹邱《荆钗记》四〇出：“乞将孙汝权解京，与承局面证～。”《明会典》卷一四五：“其钦依戴罪官员，各该部分自行备榜，发去原籍任所，张挂晓谕，取各囚原籍任所官司回文到部～。”

【完竣】 wán jùn （工程、事务等）完成；完毕。清靳辅《文襄奏疏》卷二：“然臣前疏因恐水涨无归，又生他变，欲于一二年间将两河工程概图～，是以挑浚黄河之夫议每日用至十二万有奇之多。”《红楼梦》一四回：“一面又命念那一个，是为宝玉外书房～，支买纸料糊裱。”

【完满】 wán mǎn ❶ 圆满；结束。元李士瞻《与延平赵佥院书》：“其事一惟贤者从长规画，得银为上，布帛次之，早得先期～，可无忧矣。”明《警世通言》卷三一：“春儿备了三牲祭礼、香烛纸钱，到曹氏坟堂拜奠，又将钱三串，把与可成做超灵功德。可成欢喜。功德～，可成到春儿处作谢。”《金瓶梅》八回：“临佛事～，晚夕送灵化财出去。妇人又早除了孝髻，……登时把灵牌并佛烧了。” ❷ 达到规定期限。明《古今小说》卷三七：“忽一日，那禅师关期～，出来修斋礼佛。”《警世通言》卷三二：“却说柳遇春在京坐监～，束装回乡。”

【完美】 wán měi ❶ 完备美好。唐杨夔《湖州录事参军新厅记》：“撤旧增新，拥隘咸革，列目之物，罔不～。”明贾仲明《对玉梳》四折：“这梳上对嵌处，微显纤丝纹路，终不如天然～。”清《都是幻·梅魂幻》六回：“今已诸事～，姐妹们当共谈笑，以尽一夜之欢。” ❷ 团聚；美满。元石君宝《曲江池》四折：“夫人，咱今日夫妻～，须念往昔艰难，咱待舍些钞周济贫人，大乞儿一贯，小乞儿五百文。”又：“你父子们有甚不相和，倒着俺定夺？管教你一家～笑呵呵。” ❸ 成全；促成（好事）。明《金瓶梅词话》七二回：“我从前已往，不知替人～了多少勾当。”清《水浒后传》三〇回：“你是原媒，须为～。”

【完名全节】 wán míng quán jié 保全名誉与节操。明《醒世恒言》卷一三：“落得先前受用了一番，且又～，再去别处利市，有何不美。”《型世言》一〇回：“他在日，处一个乡馆，一年五七两银子尚支不来，如今女人真是教他难过，倒不如一死～。”清《醒世姻缘传》三〇回：“或割、或吊、或投崖、或赴井，立志要～。”

【完纳】　wán nà　缴纳。明《警世通言》卷一五："正在农忙之际，诸事俱停，那里有什么钱粮～？"张永明《乞停额外加征疏》："内帑缺乏，边储告匮，户部题奉钦依差官查催河南府所属地方，亦欲如数～。"清《醒世姻缘传》一一回："一干人并那两个姑子的名下都打了'销讫'的字样，只有计都、计巴拉的名字上不曾～。"

【完配】　wán pèi　完婚。明《古今小说》卷一："王老亲翁，如今令爱也长成了，何不乘凶～，教他夫妇作伴，也好过日。"《拍案惊奇》卷一五："若是朋友中有那未娶妻的，家贫乏聘，他便捐资助其～。"清《水浒后传》一一回："李俊道：'路途遥远，不能送你们回家，且发在花恭人处伏事。待有功将士，为彼～。'"

【完亲】　wán qīn　完婚。明《国色天香》卷六："比至邮亭，见一女下车，绰约似仙子，问力士曰：'此是何人？'答曰：'曾边总老爷小姐，回家～。'"《型世言》三七回："我的意思，不若你在家中耕种，我向附近做些生意，倘撰得些，可与你～。"清《蝴蝶缘》一四回："这日是八月初九日，华刺史择定本月十五、十六、十七一连三个吉日，十五日替柔玉小姐～，十六、十七两日替掌珠和步莲二位小姐花烛。"

【完娶】　wán qǔ　娶亲；完婚。《元曲选·墙头马上》四折："愿普天下姻眷皆～，荷着万万岁当今圣明主。"明何孟春《强贼激变疏》："及将虏去人口追给各亲～。"清《聊斋志异·三生》："及～，相得甚欢。"

【完然】　wán rán　完好无缺貌。唐樊衡《为宇文户部荐隐沦表》："于是从散约解，云卷雾消，投戈弃甲，莫敢回视。我降户～坚利，而西蕃辎畜，十遗半矣。"宋《朱子语类》卷一二："人之一性，～具足，二气五行之所禀赋，何尝有不善。"明《醒世恒言》卷二二："王太尉取污了绢来看时，～一幅全身吕洞宾。"

【完实】　wán shí　❶充沛；饱满。宋欧阳修《试笔·作字要熟》："作字要熟，熟则神气～。"元陈天祥《论卢世荣奸邪状》："愚尝推校事理，国家之于百姓，上下如同一身，民乃国之血气，国乃民之肤体，血气～，则肤体康强，血气损伤，则肤体羸病。"　❷健壮；壮实。宋俞文豹《吹剑三录》："仁宗自未纳后之前，居处不离章献卧内，是以圣体～，享国长久。"《朱子语类》卷五九："所以云淳夫女知心而不知孟子。此女当是～，不劳攘，故云'无出入'。"

【完事】　wán shì　❶了事；结束事情。明海瑞《参评·知县参评》："中夜返思：日日催征，小民卖妻鬻子，未有～之日。"《拍案惊奇》卷一一："王生只要～，不敢违拗。"清《红楼梦》九回："你既惹出事来，少不得下点气儿，磕个头就～了。"　❷指死亡。元明《水浒传》六一回："薛霸两只手起水火棍望着卢员外脑门上劈将下来。董超在外面，只听得一声扑地响，只道～了，慌忙走入来看时，卢员外依旧缚在树上；薛霸倒仰卧在树下，水火棍撇在一边。"清《醒世姻缘传》五九回："刚还未曾进门，狄婆子已即～。巧姐拉了素姐，抬头只说：'你还我娘的命来！我今日务不与你俱生！'"

【完姻】　wán yīn　完婚。明史可法《家书》九："吾弟～后，即当下帷，流光荏苒，不可错过。"《型世言》三三回："一妇因娶媳无力，自佣工他人处，得银～。"清《红楼梦》九七回："宝玉昨夜～，并不是同房。"

【完帐】　wán zhàng　❶完事；完结。明《金瓶梅词话》三三回："只怕蛮子停留长智，推进货来就完了帐。"清《玉支玑》三回："这都是他自弄聪明惹出来的，反不如竟回复他一个不允，便～了。"《绿野仙踪》二一回："金不换血淋淋一场官司，只四十板～，虽是肉皮疼痛，心上甚是快乐。"　❷指死亡。明《醒世恒言》卷二〇："早是救醒了还好，倘若完了帐，却怎地处？"清《水浒后传》三回："这一个才要爬起，杨林随手一刀，也～了。"　❸指损坏。清《水浒后传》七回："底平梢阔，经不得风浪，到大洋里颠不上几颠，就～了。"

【完整】　wán zhěng　使完整。《旧五代史·晋书·高祖纪》："而况保全黎庶，～甲兵，纳款斯来，其功非细。"宋司马光《横山疏》："料简骁锐，罢去羸老，以练士卒；～犀利，变更苦窳，以精器械。"文天祥《至广州》："往年虏平其城，收复后不能～为守国计，哀哉！"

【完足】　wán zú　❶完毕；结束。元明《水浒传》八〇回："不过二十餘日，战船演习已都～了。"　❷（气力、精神等）饱满无亏。明《拍案惊奇》卷三一："养成蓄锐，气力～，可以横行。"《西游记》三回："闻说二妖打听得甚么取经唐僧，元神～，正要画影图形捉他生吃。"　❸完满；满足。明《西游记》九六回："今日可可的天降老师四位，～万僧之数。"清《醒世姻缘传》九〇回："人不依好，这等的荒年，禁不起官法如炉，千方百计的损折，都将本年的粮银～十分之数。"

【玩】　wán　滑熟。宋《朱子语类》卷一二一："读《语录》～了，却不如乍见者勇于得，此是病。"

【玩看】　wán kàn　观赏。元《武王伐纣平话》卷上："臣启陛下，世间有何宝贵与子童～。"明《西游记》五七回："沙僧徐步落迦山，～仙境。"

【玩弄】　wán nòng　戏弄；耍弄。宋苏轼《万石君罗文传》："蒙召见文德殿，上望见，异焉。因～之曰：'卿久居荒土，得被漏泉之泽，涵濡浸渍久矣，不自枯槁也。'"明《二刻拍案惊奇》卷二七："邵文元闻得这话，要去～这些强盗，在人丛中侧着肩膊挨将进去，高声叫道：'你们做甚的？'"清《聊斋志异·阿宝》："值岁大比，入闱之前，诸少年～之，共拟隐僻之题七，引生僻处与语，言：'此某家关节，敬秘相授。'"

【玩皮】　wán pí　❶调皮。清《醒世姻缘传》三三回："若不会读书，也不会玩，这也还叫人可怜而不可怒，恰又亘古以来的奇怪～之事，都是他干将出来。"　❷好谑戏的人。清《醒世姻缘传》三五回："被那府县把一个少年举子看做了个极没行止的～。"

【玩赏】　wán shǎng　观赏；欣赏。唐姚合《题金州西园九首·垣竹》："种竹爱庭际，亦以资～。"元萧德祥《小孙屠》三出："一来趁时～；二来恐遇得个情人，亦是天假其便。"清《红楼梦》七六回："我听见你们大家赏月，又吹的好笛，我也出来～这清池皓月。"

【玩事】　wán shì　玩忽职事。明李东阳《潮州府复三利溪记》："故凡以佚道使民者，虽劳不怨也。苟～废日，一听其自为利，以至于弊而不能救，亦恶以守令为哉！"《英烈传》二一回："你今～如此，设或有敌兵乘夜劫寨，或有刺客乘夜肆奸，军国大事去矣。"清胤禛《朱批谕旨》卷一八九上："驻札苗疆诸将，须频频告诫，勿～，勿生事，勿争功。"

【玩耍】　wán shuǎ　同"顽耍❶"。明《古今小说》卷二一："这小鸟儿，又非鹦哥，又非鸲鹆，却会说话，我们要问这孩子买他～，还了他一贯足钱，还不肯。"《西游记》二六回："那呆子出得门来，只见一个小童，拿了四把茶匙，方去寻锺取果看茶，被他一把夺过，跑上殿，拿着小磬儿，用手乱敲乱打，两头～。"清《红楼梦》二七回："且说宝钗、迎春、探春、惜春、李纨、凤姐等并巧姐、大姐，香菱与众丫鬟们在园内～，独不见林黛玉。"

【玩索】　wán suǒ　玩味思索。宋《朱子语类》卷一〇："中年以后之人，读书不要多，只少少～，自见道理。"明《国色天香》卷九:"瑜因伺生出,遂抵生轩,～良久,知其意也。"清《红楼梦》七三回:"不过供一时之兴趣,究竟何曾成篇潜心～。"

【玩味】 wán wèi 玩习体味。《法苑珠林》卷三三:"关中僧肇始注《维摩》,世咸～。"宋《朱子语类》卷五三:"孟子四端处极好思索～,只反身而自验其明昧深浅如何。"清李渔《风筝误》九出:"如今待我取出诗来,细细的～一番。"

【玩侮】 wán wǔ ❶轻慢;戏弄。宋《三朝北盟会编》卷一八七:"金人用是知我无复仇之心,可以肆为～。"《说郛》卷二二上引《扪虱新话》:"予谓李公平生滑稽～,无所不至,乃欲以二千钱为阵亡之福,便可想见其为人。"明何景明《何子·处与》:"与之太难,则曰吝而诽笑;与之太易,则曰泛而～。" ❷犹言玩忽。宋叶適《终论》三:"誉彼之威令则明信而吾则～,然则何不易吾之～而誉彼之威信,何也?"《明史·张翀传》:"翀上言:'陛下诏墨未干,旋即反汗,人将窥测朝廷,～政令。'"

【玩意】 wán yì ❶玩味。唐刘禹锡《奉和四松》:"息阴长仰望,～几徘徊。"宋朱鉴《文公易说》卷一八:"所示易说,足见～之深,不胜叹服。"清朱彝尊《经义考》卷八二:"非如经生学士,穷年既日,苦志疲精,溺情传注之间,～篇章之末。" ❷同"顽意❶"。清《红楼梦》六七回:"且说宝钗到了自己房中,将那些～儿一件一件的过了目,除了自己留用之外,一分一分配合妥当。"

【顽】 wán ❶顽皮;不听话。元古本《老乞大》:"每日学长将那～学生师傅行呈著,那般打了呵,则是不怕。"明刘仲璟《遇恩录》:"你父亲都是秀才好人家,休要学那等泼皮的～。"清《红楼梦》三回:"在家时亦曾听见母亲常说,这位哥哥比我大一岁,小名就唤宝玉,虽极憨～,说在姊妹情中极好的。" ❷麻木。宋杨万里《过湖骆坑》:"耸肩缩颈仍呵手,无策能温两脚～。"金赵秉文《午窗曝背》:"南荣有晴日,曝背于其间,……倦即枕书卧,散尽腰脚～。" ❸老;硬。宋《朱子语类》卷四九:"且如煮物事,合下便用熳火养,便似煮肉,却煮得～了,越不能得软。"宋元《警世通言》卷四:"时来弱草胜春花,运上精金逊～铁。"元萧德祥《小孙屠》一七出:"职判开封,冤枉人心～如铁,枉然官法如炉自灭。" ❹玩耍;娱乐。元李好古《张生煮海》一折:"行童终日打勤劳,扫地才完又要把水挑。就里贪～只爱耍,寻个风流人共说风骚。"明《醒世恒言》卷二〇:"只当做戏子一般,演一出儿～～,有何不可。"清《红楼梦》八回:"天又下雪,也好早晚的了,就在这里同姐姐妹妹一处～～罢。" ❺从事赌博、扶乩等消遣性活动。清《续金瓶梅》四九回:"或是和家丁们彼此弹唱着与太太听,或是叫他斗牌赌钱,常是～到二三更。"《红楼梦》七回:"出来又看他们～了一回牌。" ❻开玩笑;戏弄。明柯丹邱《荆钗记》四八出:"〔外〕守公,年兄学那福建词到好听,唱一个儿!〔净〕这就不该了!你我是年家～惯,祖父母在此,焉敢放肆?"《西游记》三八回:"呆子道:'睡了罢,莫～,明日要走路哩。'"清《红楼梦》五九回:"你可少～儿!你只顾～儿,老人家就认真了。" ❼特指行房事。明《醒世恒言》卷三四:"这老儿正～得气喘吁吁,借那句话头,就停住了。"《型世言》五回:"正是战酣红日随戈转,兴尽轻云带雨来。两个你贪我爱,整整～勾两个时辰。"清《续金瓶梅》三三回:"梅玉虽伶俐,还略老实些;只有金桂姐十分油滑,口里学得街市上情词浪曲,没一个不记得,整夜价和梅玉～着叫'亲汉子''亲羔子',满口胡柴,不害一星儿羞。"

【顽悖】 wán bèi 愚妄悖逆。唐刘知幾《请节赦奏》:"用使俗多～,时罕廉隅,为善者不沐恩光,作恶者独承侥幸。"《资治通鉴》卷二三:"子病死,仰而骂天,其～如此。"清玄烨《资福院碑文》:"策妄阿喇布坦,凶蘖之馀,肆其～,欲灭法教。"

【顽奔】 wán bēn 同"弯奔"。元佚名《骂玉郎·过感皇恩采茶歌》:"败残军受魔障,德(得)胜将马～。"

【顽福】 wán fú 注定的福分。宋洪迈《夷坚志》支乙卷五:"行者谢曰:'顾老既有犯于明神,胡不加诸祸谴?'曰:'彼方享～,未可问也。'"明《醒世恒言》卷三四:"这赵完父子漏网受用,一来他的～未尽,二来时候不到。"清《红楼梦》六四回:"都缘～前生造,更有同归慰寂寥。"

【顽梗】 wán gěng ❶愚顽固执。《续资治通鉴》卷八八:"其地在大河之南,连接河、岷,部族～。"明《杨家府》卷二:"此人～,招之不来。"《梼杌闲评》三五回:"征收钱粮,任你～,他都设法追捕。" ❷愚顽固执的人。唐李商隐《为荥阳公上史馆白相公状》:"然亦欲简惠以临杂俗,诚明以待远人,禀王符曲踖之规,略王霸米盐之政,使疲羸措手,～革心。"明刘基《浙东处州分府元帅石末公德政记》:"以智计销～,以德惠抚疲瘵。"清于成龙《于清端政书》卷一:"此时惟推好生之心以答上帝,守如保之念以全小民,何～之不可输诚,何强梁之不可感化!"

【顽骨】 wán gǔ ❶骨头,亦借指身体。唐王梵志《百岁乃有一》:"痴皮裹脓血,～强相随。"《太平御览》卷九八八:"《本草经》曰:海蛤味苦平,生池泽,治咳逆气喘,～痛寒热。"宋黄榦《与胡伯量书》:"日寻群豪,为骑射雄饮之习。老矣,不足追逐,然旧病却自来此,为之顿减,亦是～合有许多辛苦分也。" ❷指冥顽不灵的人或本性。唐王梵志《生住无常界》:"从头捉将去,～不心惊。"元方回《秀亭秋怀》之二:"忧者谓速朽,～病复瘳。"明王立道《严陵独钓》:"画图仿佛清风生,尽濯贪颜洗～。"

【顽犷】 wán guǎng ❶顽劣粗野。唐冯贽《云仙杂记·三鹿郡公》:"袁利见为性～,方棠谓袁生已封三鹿郡公,盖讥其太粗疏也。"金元好问《宿张靖田家》:"两崖纷丛薄,砂石立～。"《明史·大慈法王传》:"乌斯藏远在西方,性极～。" ❷指顽劣而粗野的人。《册府元龟》卷三一〇:"以至直谅之士推宗,～之类信服,荐绅仰其风采,万乘形于叹息。"《元史·叶仙鼐传》:"仙鼐素熟夷情,随地厄塞设屯镇抚之,恩威兼著,～皆悦服。"清黄宗炎《周易象辞》卷一四:"是井田之不可复,不在于～,而在于迂儒也。"

【顽猾】 wán huá 顽劣狡猾。宋欧阳修《言青苗钱第一札子》:"至于中小熟之年,不该得灾伤分数,合于本料送纳者,或人户无力,或～拖延,本料尚未送纳了当。"佚名《张协状元》八出:"懦弱底与它几下刀背,～底与它一顿铁查。"明《封神演义》二三回:"以此～之民,皆奉公守法,故曰'画地为狱'。"

【顽话】 wán huà 玩笑话。清《红楼梦》二七回:"便是有人见咱们在这里,他们只当我们说～呢。"《绿野仙踪》二七回:"我是和你说～。"《荡寇志》七二回:"只是令爱太没道理,我不过远远地说了一句～,便这等毒打。"

【顽健】 wán jiàn 谦称自己年老体健。唐李德裕《遗段少常成式书》:"自到崖州,幸且～。"宋陆游《东窗小酌》之二:"徒行有客惊～,烂醉无人笑老狂。"清《聊斋志异·成仙》:"别后幸复～。"

【顽劣】 wán liè ❶顽皮恶劣。唐李隆基《诛姜庆初等并削裴仿官爵制》:"姜庆初自以～,得参姻娅。"《元曲选·窦娥冤》楔子:"你如今在这里,早晚若～呵,你只讨那打骂吃。"清《红楼梦》三回:"二舅母生的有个表兄,乃衔玉而诞,～异常。" ❷指顽皮恶劣的人。元明《水浒传》二回:"只有胸中真本事,能令～拜先生。"

【顽麻】 wán má 麻木。宋《朱子语类》卷四九:"若只管泛泛地外面去博学，更无恳切之志，反看这里，便成放不知求底心，便成～不仁底死汉了，那得仁!”元乔吉《新水令·闺丽》：“我凝眸罢，心内～。”清喻昌《医门法律》卷六：“乌药顺气散：治风气攻注、四肢骨节疼痛、遍身～及疗瘫痪。”

【顽冥】 wán míng 愚钝无知。唐陆龟蒙《复友生论文书》：“仆性虽极～，亦知惴息汗下，见诋诃之甚难、招怨患之甚易也。”宋《朱子语类》卷五三：“是非之心胜，则含糊苟且、～昏谬之意自消。”清《醒世姻缘传》三九回：“这人想是～不灵，也不晓得宗师的美意。”

【顽闹】 wán nào ❶ 顽耍打闹。清《红楼梦》九回：“别和他们一处～，碰见老爷不是顽的。”《绿野仙踪》三六回：“黎氏只此一子，真是爱同掌珠，因此任他～。” ❷ 戏弄；开玩笑。清《绿野仙踪》八十回本五回：“姑爷，不是这样个顽法，～的无趣味了。”又九四回：“倒只怕是师尊因我们不守丹炉，用幻术～我们，亦未敢定。”

【顽皮】 wán pí ❶ 皮肤的贬称；粗糙的皮肤。唐王梵志《各各保爱脓血袋》：“各各保爱脓血袋，一聚白骨带～。”宋佚名《张协状元》二四出：“禄子一身都是～。”元明《水浒传》二七回：“厚铺着一层腻粉，遮掩～；浓搽就两晕胭脂，直侵乱发。” ❷ 比喻不知羞耻，脸皮厚。唐皮日休《嘲归仁绍龟》：“～死后钻须遍，都为平生不出头。”《敦煌变文校注》卷四《降魔变文》：“六师既两度不如，神情渐加羞恧，强将～之面，众里化出水池。” ❸ 冥顽不化；刁顽泼恶。唐王梵志《愚人痴涳涳》之二：“昏昏消好日，～不转动。广贪世间乐，故故招枷棒。”宋元《清平山堂话本·李翠莲》：“当初只说娶个良善人家女子，谁想娶这个没规矩、没家法、长舌～村妇!”清《醒世姻缘传》二七回：“其子只好七八周之内，～泼性，掩口钝腮。” ❹ 调皮；淘气。明吾邱瑞《运甓记》二五出：“撇白剪绺，当做～；走脊飞檐，视同儿戏。”《山歌·船艄婆》：“船艄里打铺船舱里齐，船艄婆一夜忒～。”清《醒世姻缘传》六二回：“却说那狄希陈的为人也刁钻古怪的异样，～挑达的倍常。” ❺ 刁顽泼恶或淘气调皮的人。《元曲选·玉镜台》二折：“我不曾将你玉笋荡，他又早星眼睁，好骂我这泼～没气性。”又《岳阳楼》三折：“打、打、打，今世饶人不是痴，天生下这～，壮吃。”清《后水浒传》一四回：“与我重责这～，然后定罪。”

【顽皮赖骨】 wán pí lài gǔ 指刁顽泼恶之人。元明《水浒传》三三回：“这等～，不打如何肯招!”明《二刻拍案惊奇》卷二五：“这样～，私下问他，如何肯说!”

【顽皮赖肉】 wán pí lài ròu 犹“顽皮赖骨”。明《二刻拍案惊奇》卷一五：“贼首是～，那里放在心上?”

【顽钱】 wán qián 赌钱。清《绿野仙踪》八十回本二三回：“我叫你张四胖子家～，正是为此。”《镜花缘》七四回：“锦云用力把紫芝朝外一推，道：‘人家这里～，你只管跟着瞎吵!’”

【顽然】 wán rán ❶ 愚钝无知貌。唐王周《西塞山》之二：“匹妇～莫问因，匹夫何去望千春。”明《型世言》三九回：“他官名叫做方诸，俗名道做蚌，是个～无知、块然无情的物件。”清戴名世《困学集自序》：“况余才质鲁钝，～无所得于心。” ❷ 自然质朴貌。明袁宏道《与陶石篑书》：“西山若无诸大梵刹，便～一冈矣。”

【顽耍】 wán shuǎ ❶ 玩耍；游戏；娱乐。宋元《警世通言》卷三九：“那刘本道原是延寿司掌书记的一位仙官，因好与鹤鹿龟三物～，懒惰正事，故此谪下凡世为贫儒。”明《西游记》一回：“看勾多时，不敢敲门，且去跳上松枝梢头，摘松子吃了～。”清《红楼梦》六三回：“佩凤、偕鸳两个去打秋千～。” ❷ 游玩；赏玩。明《型世言》二三回：“说做生意，朱恺也是懒得，但闻得苏州有虎丘各处可以～，也便不辞。”《石点头》卷五：“后至梓潼楼，见此处冷落，没有游人，两个仆人各自走去～了。”清《儒林外史》五五回：“这庵里曲曲折折，也有许多亭榭，那些游人都进来～。” ❸ 狎玩；戏谑。明《型世言》四〇回：“女子道：‘轻诺寡信。君高门，煞时相就，后还弃置。’帖木儿便向天发誓道：‘仆有负心，神明诛殛。’一把搂住了，要在花阴处～。”《金瓶梅词话》一一回：“专一跟着富家子弟帮嫖贴食，在院中～。”清《儒林外史》三四回：“这高老先生虽是一个前辈，却全不做身分，最好～，同众位说说笑笑，并无顾忌。”

【顽童】 wán tóng 愚妄、顽皮的孩童。唐苑咸《为李林甫让男五品官状》：“臣之遥统，但有空名，敢冒天功，而为己力？虚承厚委，深是旷官，况在～，何议延赏?”《元曲选·马陵道》三折：“见一个狠公吏，叫一声似春雷，唬的那几个作耍～，都一时间潜在那里。”清《红楼梦》九回：“众～也有趁势帮着打太平拳助乐的，也有胆小藏在一边的，也有直立在桌上拍着手儿乱笑、喝着声儿叫打的。”

【顽徒】 wán tú ❶ 指强横不法之人。唐[朝]崔致远《张晏充庐州军催阵使》：“遂使鱼丽猛势，阻埽氛埃，蚁聚～，敢安窟穴。”宋周密《武林旧事》卷六：“浩穰之区，人物盛夥。游手奸黠，实繁有徒，……以至～如拦街虎、九条龙之徒，尤为市井之害。”明杨爵《杨继盛祭文》：“岂韩门之～，乃国家之直臣耶?” ❷ 冥顽不灵的徒弟。明《西游记》二五回：“大仙又吩咐道：‘还该打三藏训教不严，纵放～撒泼。’” ❸ 对人谦称自己的徒弟。明《西游记》五四回：“我贫僧只身来到贵地，又无儿女相随，止有～三个，不知大人求的是那个亲事?”崔时佩、李日华《西厢记》一〇出：“贫僧的～有个母舅，是个饱学秀才。”

【顽戏】 wán xì 戏谑玩笑。明王樵《方麓集》卷一：“应举与谷举合伙宰猪，今殴死邻居陈盛——做豆腐——俱各交厚，时常饮酒～。”清《醒世姻缘传》六二回：“我与狄大哥相好的同窗，原是～惯的。”

【顽涎】 wán xián ❶ 口水的贬称。宋李之仪《因服药饮酒一盏》：“～杂血唾，心悸如鼓集。”《元曲选·黑旋风》一折：“那厮鼻中残涕望着我这耳根边喷，那厮口内～望着我面上零。”明张介宾《景岳全书》卷六〇：“右为末，醋糊丸绿豆大，热茶清下七丸，吐出～即苏。” ❷ 指贪欲。尤多指男女间的贪慕。元张可久《寨儿令·妓怨》：“哆着口为断～，腆着脸待吃痴拳。”明刘兑《娇红记》卷上：“他顾前瞻后，悄语低言，早引起俺俏书生半缕儿～。”《二刻拍案惊奇》卷一：“太守见了白物，收了～，也不问起了。”

【顽笑】 wán xiào 玩耍嬉笑。清《后水浒传》三六回：“杨幺忙走来扯了马愈道：‘兄弟休恁地～，他吃不惯，怎去强他!’”《红楼梦》三回：“你三个姊妹倒都极好，以后一处念书认字学针线，或是偶一～，都有尽让的。”

【顽意】 wán yì ❶ 玩物；玩具。清《隋唐演义》四七回：“萧后忙问道：‘萤风灯是什么做的?’狄夫人道：‘这是～儿，什么好东西!’”《红楼梦》六〇回：“那些小丫头子们，原是些～。” ❷ 指戏曲、打牌、酒令等娱乐活动。清《红楼梦》七三回：“三四个人聚在一起，或掷骰或斗牌，小小的～，不过为熬困。” ❸ 闹着玩；开玩笑。清《红楼梦》五一回：“倘或唬醒了别人，不说咱们是～，倒反说袭人才去了一夜，你们就见神见鬼的。”《蜃楼志》八回：“人家有了丧事，不是～的时候。”

【顽云】 wán yún 密布不散的乌云。唐李沇《秋霖歌》：“恨无长剑一千仞，划断～看晴碧。”金曹之谦《风雪障面图》：“～暗空雪正飞，老木僵折溪流澌。”明《警世通言》卷四〇：“飞去飞来，却似那汉殿宫中结成的黑块；滚上滚下，又似那泰山岩里吐出的～。”

【顽坐】 wán zuò 长时间地静坐不动。五代贯休《思匡山贾匡》：“觅句唯～，严霜打不知。”宋李之仪《与储子椿》：“雨不止，终日～，求一投足地，犹豫之久。”元何中《辛亥元夕二日》：“～故贪默，忽行时自言。”

wǎn

【宛】 wǎn ❶ 摇晃；摆动。唐薛能《华清宫和杜舍人》：“细音摇羽佩，轻步～霓裳。”白居易《叙德书情四十韵上宣歙崔中丞》：“晴野霞飞绮，春郊柳～丝。”又《代书诗一百韵寄微之》：“峰攒石绿点，柳～曲尘丝。” ❷ 分明可见貌。五代杜光庭《虬髯客传》：“及期访焉，～见二乘。”《太平广记》卷一二三引《三水小牍》：“既张灯，～见宋柔被发徒跣，浴血而立于灯后。”清《聊斋志异·龙》附录：“遂出一钵，注水其中，～一小白蛇游衍于内，袖钵而去。” ❸ 量词。宋孟元老《东京梦华录》卷三：“其卖麦面，每秤作一布袋，谓之一～；或三五秤作一～。用太平车或驴马驮之，从城外守门入城货卖。” ❹ 同“涴(wò)❷”。唐杜甫《漫兴》之一：“江上燕子故来频，衔泥点～琴书内。”明汤显祖《牡丹亭》九出：“春香呵，你寻常到讲堂，时常向琐窗，怕燕泥香点～在琴书上。” ❺ 充。唐[日]圆仁《入唐求法巡礼行记》卷一：“好者进奉天子，以～御饭；恶者留着，纳于官里。”又卷四：“请仰本司其僧尼等，递归本贯，～入色役者。”按，此义是受日语影响而产生的。

【宛曲】 wǎn qū ❶ 宛转曲折。宋何薳《春渚纪闻》卷五：“虽虚静一时非意之祷，而造物者～取付，盖亦巧矣。”元明《水浒传》五一回：“宋江～把话来说雷横上山入伙。”清徐釚《词苑丛谈》卷一二：“居二三年，忽欲作归计。妻问其故，告以曾娶。妻白之父，父怒，妻～解释，尽以奁具赠行。” ❷ 指婉转的办法。元明《水浒传》七二回：“你可生个～入去，我在此间吃茶等你。”

【宛然】 wǎn rán ❶ 依然；仍然。唐王建《李处士故居》：“风景～人自改，却经门外马频嘶。”《古尊宿语录》卷四三《宝峰云庵真净禅师住金陵报宁语录》：“若然者，将为少林消息断，如今踪迹～存。”清《聊斋志异·寒月芙蕖》：“公疑，入视酒瓻，封固～，瓶已罄矣。” ❷ 全然。《敦煌变文校注》卷四《降魔变文》：“舍利弗虽见此牛，神情～不动。”《太平广记》卷一三三引《三水小牍》：“同发蚕坑，中唯有箔角一死人，而缺其左臂。取得臂附之，～符合。”《五灯会元》卷一六《云居了元禅师》：“诞生之时，祥光上烛。须发爪齿，～具体。” ❸ 仿佛；好像。唐李白《赠崔秋浦》之一：“吾爱崔秋浦，～陶令风。”元萧德祥《小孙屠》一三出：“～似春光结蕊，幸然折在屏帏里。”清《后西游记》三六回：“分明村落，却不见有鸡彘牛羊出入；～田野，实全无禾苗菽麦生成。”

【宛顺】 wǎn shùn 和顺；柔顺。宋《朱子语类》卷一二五：“他文是大段弱，读来却～。”明袁宏道《妾薄命》：“旧人百～，不若新人骂。”清徐士銮《宋艳·驳辨》：“小娟叩头言曰：‘此亡姊盼奴事，乞赐周旋，非惟小娟感荷更生，盼奴亦蒙恩泉下也。’倅喜其辞～。”

【宛似】 wǎn sì 正像；犹如。唐[日]圆仁《入唐求法巡礼行记》卷二：“船上诸人心迷不吃，～半死。”宋周紫芝《清平乐》之二：“今宵水畔楼边，风光～当年。”清《聊斋志异·蛇人》：“二青含哺之，～主人之让客者。”

【宛宛】 wǎn wǎn ❶ 依恋缠绵貌。唐岑参《龙女祠》：“祠堂青林下，～如相语。”王建《春来曲》：“光风暾暾蝶～，绕树气匝枝柯软。”明方孝孺《喜嘉猷秀才至》：“～心所慕，盈盈日兴思。” ❷ 细弱貌。唐孟郊《古意》：“～青丝线，纤纤白玉钩。玉钩不亏缺，青丝无断绝。”明陆粲《边军谣》：“～娇儿未离母，街头抱卖供军装。”清纳兰性德《秋千索·渌水亭春望》之一：“烟丝～愁萦挂，剩几笔、晚晴图画。”

【宛肖】 wǎn xiào 逼真；极像。明《徐霞客游记》卷九下：“有水散流于外，垂檐而下。自崖下望之，若溜之分悬；自洞中观之，若帘之外幕。‘水帘’之名，最为～。”清《聊斋志异·莲香》：“复自镜，则眉目颐颊，～生平，益喜。”

【宛转】 wǎn zhuǎn ❶ 同“宛啭”。唐刘方平《琴曲歌辞·宛转歌》之一：“歌～，～恨无穷。愿为波与浪，俱起碧流中。”宋陈恕可《齐天乐·蝉》：“琴丝～，弄几曲新声，几番凄惋。”元明《水浒传》五一回：“歌喉～，声如枝上莺啼。” ❷ 悠游貌。唐王绩《古意》：“浮游五湖内，～三江里。”《敦煌变文校注》卷三《燕子赋(二)》：“游飏云中戏，～在空飞。” ❸ 通融；斡旋；成全。宋张九成《横浦语录》：“一士夫以改官，少一二纸举状，再三恳求～当路，其意甚切。因谓之曰：‘某平生不能为人～。’”元萧德祥《小孙屠》五出：“夫妻是宿缘，当与你作～，放下心肠休忧虑，管教你成姻眷。”清《东周列国志》一一回：“臣请奉使齐鲁，求其～。” ❹ 盘曲回旋。唐王建《宛转词》：“宛宛转转胜上纱，红红绿绿苑中花。纷纷泊泊夜飞鸦，寂寂寞寞离人家。”元《秦并六国平话》卷上：“二将场中～，杀气腾空。” ❺ 徘徊留连。唐方干《叙雪献员外》：“纷纭～更堪看，压竹摧巢井径漫。”宋柳永《破阵乐》：“罄欢娱，歌鱼藻，徘徊～。”清《隋唐演义》四六回：“又民间谣言道：‘桃李子，皇后绕扬州，～花园里。’……皇后二句，说隋主在扬州～不回。” ❻ 辗转；周折。宋欧阳修《归田录》卷下：“圣俞在时，家甚贫，余或至其家，饮酒甚醇，非常人家所有。问其所得，云皇亲家有好学者，～致之。”《三朝北盟会编》卷一六三：“更望少监～相成，阴德非细。”清钱谦益《牧斋初学集》卷一〇四引《太祖实录》：“善长昏姻谊重，家门虑深，目瞪口呿，～受其笼络而不能自拔，卒委身以殉之。” ❼ 指缠绵多情，依依动人。唐元稹《莺莺传》：“天将晓，红娘促去，崔氏娇啼～，红娘又捧之而去。”宋秦观《长相思》：“绮陌南头，记歌名～，乡号温柔。”清《聊斋志异·阿绣》：“既就枕席，～万态，款接之欢不可言喻。”

【宛啭】 wǎn zhuǎn （声音）曲折悠扬。明《醒世恒言》卷四：“那禽鸟却也有知觉，每日食饱，在花间低飞轻舞，～娇啼。”朱诚泳《闻莺》：“美人楼上暂停绣，歌喉～相留连。”

【捥】 wǎn ❶ 剜；挖；抠取。《敦煌变文校注》卷一《伍子胥变文》：“～心并脔割，九族总须亡。”又卷六《譬喻经变文》：“老去和头全换却，少年眼也拟椀(～)将。”明《二刻拍案惊奇》卷二一：“做公的回嗔作喜道：‘店家娘子不必发怒。灶砧小事，我收拾好还你。’便把手去～那碎处。” ❷ 持；握。元明《水浒传》七九回：“攒一壶穿银盔透铁铠点钢凿子箭，～两条苍龙稍排竹节水磨打将鞭。”

【婉款】 wǎn kuǎn ❶ 温和轻柔。明李时勉《南溪萧氏族谱序》：“委曲之意，～之辞，盖欲以此感悟族人而归于正。”《梼杌闲评》三回：“他是个童男子儿，你开他的黄花时，须～些。” ❷ 婉待；委婉应付。明《拍案惊奇》卷一五：“可为我～了他家伴当回去，容我再作道理。”

【婉曲】 wǎn qū 同“宛曲❶”。宋沈义父《乐府指迷》：“遇长句须放～,不可生硬。”元陈悦道《书义断法》卷四:“圣人者,天下标准,虽已建极,犹～以行之。”清《隋唐演义》六六回:“不知席上枕边,偏是妇人之言入耳,说来婉婉曲曲,觉得有着落又疼热。”

【婉转】 wǎn zhuǎn ❶ 斡旋;调和。明《金瓶梅》五六回:“恰好大官人正在家,没曾去吃酒,亏了应二哥许多～,才得这些银子到手。”《拍案惊奇》卷二五:“而今小弟且把一封书打动他,做个媒儿,烦宗丈与小可～则个。”清《聊斋志异·仇大娘》:“仲伺车驾出,先投冤状。亲王为之～,遂得昭雪,命地方官赎业归仇。” ❷ 同“宛啭”。唐温庭筠《和友人伤歌姬》:“一曲艳歌留～,九原春草妒婵娟。”元石子章《竹坞听琴》一折:“不想这一曲瑶琴声～,包藏着那美满姻缘。”清《红楼梦》二三回:“只听墙内笛韵悠扬,歌声～。” ❸ (姿态)娇柔婉曲。唐张鷟《游仙窟》:“十娘失声成笑,～入怀中。”宋之问《有所思》:“～蛾眉能几时,须臾鹤发乱如丝。”清《红楼梦》三五回:“宝玉见莺儿娇憨～,语笑如痴,早不胜其情了。” ❹ 指感情缠绵。明汤显祖《牡丹亭》二三出:“则为在南安府后花园梅树之下,梦见一秀才,折柳一枝,要奴题咏。留连～,甚是多情。”

【椀鸣声】 wǎn míng shēng ❶ 鬼取物之声。盖鬼取食物不见其形,唯闻碗碴碰声。泛指恶声。唐王梵志《四时八节日》:“一群巡门鬼,喠尽～。” ❷ 指讨厌之物,鬼东西。《祖堂集》卷四《石头和尚》:“僧拈问:‘漳南既是千圣,为什摩不识?’答曰:‘千圣是什摩～?’”

【腕脱】 wǎn tuō 碗脱,制碗的模子。碗脱于模,形容数量之多。唐张鷟《朝野佥载》卷四:“补阙连车载,拾遗平斗量,把(杷)推侍御史,～校书郎。”按,《类说》卷四〇,此处录作“椀脱”。

【碗】 wǎn 量词。用于灯、灯笼。唐[日]圆仁《入唐求法巡礼行记》卷一:“每一圣前点～灯。”《五灯会元》卷一五《香林澄远禅师》:“问:‘如何是室内一～灯?’师曰:‘三人证龟成鳖。’”清《水浒后传》三回:“只见两个人提～灯笼,手执棍棒,却是巡更的。”

【碗盏】 wǎn zhǎn 碗。唐宗密《禅源诸诠集都序》:“如真金随工匠等缘,作镮钏～种种器物,金性必不变为铜铁。”《元曲选·争报恩》三折:“我问他讨粥钱,一个钱不曾与我,粥又吃了,连～都打破了。”清《儒林外史》三回:“老太太听了,把细磁～和银镶的杯箸,逐件看了一遍,哈哈大笑道:‘这都是我的了!’”

【碗子】 wǎn zi ❶ 碗。子,名词后缀。《祖堂集》卷五《石室和尚》:“师曰:‘开心～里盛将来,合盘里合取,说什摩难消易消!’”明《老乞大谚解》卷下:“茶饭吃了时,～家具收拾了。”清《荡寇志》一二八回:“比及黎明,水势浩大,漫山遍野一望汪洋,那莱芜城已如～般浸在巨海之中。” ❷ 表示吃的量少,一碗半碗的。清《红楼梦》一六回:“快盛饭来,吃～,还要往珍大爷那边去商议事呢。”

【挽】 wǎn ❶ 摘。元邓玉宾《粉蝶儿》:“俺只会春来种草,秋间跑药,～下藤花,班下竹笋,采下茶苗。” ❷ 挎;用胳膊勾住。元明《水浒传》二六回:“只见那小猴子～着个柳笼栲栳在手里,籴米归来。”明《警世通言》卷二四:“一手～玉姐下楼来,半路就叫:‘王姐夫,三姐来了。’” ❸ 舀;盛取(水)。元明《水浒传》四三回:“拔起乱草,洗得干净,～了半香炉水。”明《杨家府》卷六:“～将江水入樽罍,浇胸臆。” ❹ 擦;碰;接触。明《西游记》三二回:“那个哭丧棒重,擦一擦儿皮塌,～一～儿筋伤。”又五六回:“把那伙贼打得星落云散,汤着的就死,～着的就亡。” ❺ 向上卷(衣袖)。清《红楼梦》三六回:“凤姐把袖子～了几～。” ❻ 绾(发);扭结。宋元《清平山堂话本·简帖和尚》:“回转头来看时,恰是一个婆婆,生得:眉分两道雪,髻～一窝丝。”《元曲选外编·西厢记》三本二折:“轻匀了粉脸,乱～起云鬟。”清《红楼梦》五八回:“晴雯过去拉了他,替他洗净了发,用手巾拧干,松松的～了一个慵妆髻,命他穿了衣服过这边来了。” ❼ 绕;转。清《红楼梦》五五回:“虽知你极明白,恐怕你心里～不过来,如今嘱咐你。”△《官场现形记》八回:“刚才我从同庆里出来,先～到号里打听过。” ❽ 请托;央浼。元明《水浒传》一〇二回:“于是密～心腹官员与府尹相知的,教他速将王庆刺配远恶军州。”明《古今小说》卷一六:“劭随即～人请医,用药调治。”《欢喜冤家》二二回:“一官家夫人欲诵《法华经》道场一昼夜,受得衬银二两,知客～本空加利送还黄生。”

【挽船】 wǎn chuán 同“湾船”。明《梼杌闲评》一一回:“不一日到了临清关口,～报税,投了行家。”

【挽词】 wǎn cí 哀悼的文词。唐褚亮《圣制故司空魏徵挽歌词表》:“臣亮言:伏见圣制故司空郑国公～十首,词穷清曲,理备哀伤。”《旧五代史·马殷传》:“居无何,秦国夫人彭氏薨,文昭伤悼,乃命有文学者各撰～,文德亦献十餘篇。”清《红楼梦》七八回:“二则诔文～也须另出己见,自放手眼,亦不可蹈袭前人的套头,填写几字搪塞耳目之文。”

【挽辞】 wǎn cí 同“挽词”。《新唐书·后妃传下》:“又诏群臣为～,帝择其尤悲者令歌之。”金元好问《与枢判白兄书》:“比来数处传某下世,已有作祭文～者。”清卞永誉《式古堂书画汇考》卷一一:“前为大行皇太后～,是挽裕陵向后。”

【挽扶】 wǎn fú 搀扶。明《金瓶梅词话》一三回:“李瓶儿同丫环掌着灯烛出来,把子虚～进去。”清《聊斋志异·西湖主》:“遂有驾肩者,捉臂者,褰裙者,～而上。”《红楼梦》六二回:“众人看了,又是爱又是笑,忙上来推唤～。”

【挽歌郎】 wǎn gē láng 出殡时雇用来唱挽歌的人。元明《水浒传》二一回:“我便先还了你招文袋这封书,歇三日却问你讨金子,正是棺材出了讨～钱。”明《金瓶梅》四回:“王婆道:‘眼望旌捷旗,耳听好消息。不要交老身棺材出了讨～钱。’”

【挽留】 wǎn liú 请将要离去者留下来。宋辛弃疾《贺新郎》序:“独饮方村,怅然久之,颇恨～之不遂。”元明《三国演义》二〇回:“腾拂袖便起,嗟叹下阶曰:‘皆非救国之人也!’承感其言,～之。”清《儒林外史》五一回:“万中书再三～不住,只得凭着凤四老爹要走就走。”

【挽手】 wǎn shǒu ❶ 拉手;牵手。元施惠《幽闺记》一六出:“寻思苦,路生疏。军喊风传行路促,娘儿～相回护,这苦难分诉。”明《二刻拍案惊奇》卷三九:“夫妇两人黑暗里叫唤相应,方知无事,～归房。”清《聊斋志异·黄九郎》:“生～送之,殷嘱便道相过,少年唯唯而去。” ❷ 马鞭。《元曲选外编·玩江亭》二折:“我解下这马来,把这～儿插在这鞍子上。”明璩昆玉《古今类书纂要》:“～,马鞭。”《西游记》一五回:“我还有一条～儿,一发送了你罢。” ❸ 带钩的篙。清《女仙外史》六三回:“燕儿已跃上船顶,抢了根木篙,其端有铁钩及刃,如火挠样式的,名曰～。”

【挽挽】 wǎn wǎn 长而弯曲貌。元白朴《墙头马上》三折:“怎下的磣磕磕马蹄儿脸上踏,则将细袅袅咽喉掐,早把条长～素白练安排下。”佚名《博望烧屯》一折:“生的高耸耸俊莺鼻,长～卧蚕眉。”赵善庆《沉醉东风·昭君出塞图》:“毡帐冷柔情～,黑河秋塞草斑斑。”

【挽袖】 wǎn xiù ❶ 卷起袖子。清《红楼梦》五五回:“平儿见待书不在这里,便忙上来与探春～卸镯。” ❷ 镶加在袖口上可折叠挽起的袖头，内可装钱物。清《醒世姻缘传》一八回："一个在青布合包内取出六庚牌，一个从绿绡～中掏出八字帖。"△《二十年目睹之怪现状》六八回："只见另有个人，拿了许多裙门、裙花、～之类，在那里议价。"

【晚辈】 wǎn bèi 后辈。唐郑谷《云台编序》："故薛许昌能李建州频不以～见待，预于唱和之流。"宋《禅林宝训》卷四："使进善之途开明，任众之道益大，庶几后生～，不谋近习，各怀远图。"清《红楼梦》一一五回："甄宝玉因是～，不敢上坐。"

【晚夫】 wǎn fū 后夫；女子再嫁的男人。明《二刻拍案惊奇》卷一三："所以一家所有尽情拿去奉承了～，连儿子多不顾了。"

【晚后】 wǎn hòu ❶ 傍晚；晚上。唐杜牧《大雨行》："三吴六月忽凄惨，～点滴来苍茫。"《祖堂集》卷九《先洞安和尚》："金果早朝猿摘去，玉花～凤衔来。"元关汉卿《西蜀梦》二折："白昼间频作念，到～越思量，方信道'梦是心头想'。" ❷ 继子女；继父或继母的孩子。明《拍案惊奇》卷三八："纵是前妻～，偏生庶养，归根结果，嫡亲瓜葛，终久是一派。"《型世言》六回："拿进去，只见这通判倒也明白，道：'告忤逆，怎么拿银子来？一定有前亲～偏护情弊，我还要公审。'不收。"

【晚际】 wǎn jì 晚上。唐[日]圆仁《入唐求法巡礼行记》卷一："若有人设斋时，～不告，但当日早朝交人巡告：'堂头有饭。'"《祖堂集》卷四《药山和尚》："师～上堂曰：'今日有僧决疑，在什摩处？出来！'"清厉鹗《雨泊桐扣》之一："～开襟共看泉，山头云起野风颠。"

【晚嫁】 wǎn jià 改嫁；再嫁。元明《水浒传》四四回："先嫁了一个吏员，是蓟州人，唤做王押司，两年前身故了，方才～得杨雄。"明《型世言》四回："尝见随娘～的，人都叫做拖油瓶，与那晚爷终不亲热。"

【晚间】 wǎn jiān 晚上。唐[日]圆仁《入唐求法巡礼行记》卷二："～，官人共议：'风色终日不变，明朝便发。'"宋《三朝北盟会编》卷三三："若别有事商量，候～相见。"清《红楼梦》七一回："白日间待客，～在园内李氏房中歇宿。"

【晚景】 wǎn jǐng ❶ 晚间的情景；夜里的事。明《醒世恒言》卷一三："一宿～不提，明早又起身，到二郎神庙中。"清《红楼梦》六四回："因贾琏是远归，遂大家别过，让贾琏回房歇息。一宿～，不必细述。" ❷ 老年的境况；晚年。宋《密庵和尚语录》："山僧临～，不敢自相瞒。"《五代史平话·唐上》："大丈夫当从少年立功名，何为悲凄于～邪？"清《蝴蝶缘》三回："蒋青岩道：'姑娘虽是无子，有这般三个妹妹，何愁～？'"

【晚来】 wǎn lái 天色已晚；傍晚；入夜。唐韦应物《滁州西涧》："春潮带雨～急，野渡无人舟自横。"《元曲选·盆儿鬼》三折："清早晨间出来，赶着三五只牛儿，到～不见了一只。"清《儒林外史》二四回："到～，两边酒楼上明角灯每条街上足有数千盏，照耀如同白日。"

【晚老公】 wǎn lǎo gōng 后夫；再嫁的丈夫。明《古今小说》卷一："你道这县主是谁？姓吴名杰，南畿进士，正是三巧儿的～。"

【晚老子】 wǎn lǎo zi 继父；后爹。明《二刻拍案惊奇》卷一〇："银子是你～朱三官所借，却是为你所用。"《醋葫芦》一一回："只恨我家～请下一个先生，十分不知趣向，苦苦叫人读甚么书。"

【晚里】 wǎn lǐ 晚上。清《儒林外史》二回："只这一位荀老爹，三十～还送了五十斤油与你。"又九回："杨执中这老呆直到～才回家来。"

【晚米】 wǎn mǐ ❶ 指晚稻米。宋吴自牧《梦粱录》卷一六："其米有数等，如早米、～、新破砻、冬春、上色白米、中色白米。"明方以智《物理小识·稻》卷六："～长腰遏黄曰冬春，冬春不生虫，食之易化。" ❷ 做晚饭的米。明《金瓶梅词话》三五回："想必是家里没～做饭。"

【晚母】 wǎn mǔ 后娘；继母。明柯丹邱《荆钗记》四二出："人家～休学我忌猜，逼儿改嫁遭毒害。"《二刻拍案惊奇》卷二二："家父不幸弃世，有个继娶的～。"清雍正十三年《陕西通志》卷六二："蔡光先，山阳庠生，七岁丧母。四事后母，皆尽孝。～生弟光祚，甫及周，父死，光先曲体母意，爱弟极笃。"

【晚娘】 wǎn niáng 犹"晚母"。明温璜《温氏母训》："前边儿女先将古来许多～恶件填在胸坎，这边新妇父母保婢唆教自立马头。"《型世言》三回："掌珠吃也就不得像意，指望家中拿来，家中～也便不甚照管。"清《儒林外史》五回："～的拳头，云里的日头。"

【晚婆】 wǎn pó ❶ 后妻。明《拍案惊奇》卷一六："那扈老儿要讨～，他道是白得的，十分便宜。"又卷二〇："那娶～的，大半是中年人做的事，往往男大女小。" ❷ 继母；后娘。明《石点头》卷一二："一来不知你心里若何，二则我是个～，怕得多嘴取厌。"

【晚婆婆】 wǎn pó po 丈夫的继母；公公续娶的妻子。明《拍案惊奇》卷一六："公公常说要娶个～，我每劝公公纳了他，岂不两便。"

【晚妻】 wǎn qī 后妻；续娶的妻子。宋元《清平山堂话本·合同文字》："李社长不悔婚姻事，刘～欲损相公嗣。"《警世通言》卷三九："撇了先妻娶～，～终不恋前儿。"明叶盛《水东日记》卷五："南山头上鹁鸪啼，见说亲爷娶～。爷娶～爷心喜，前娘儿女好孤恓。"

【晚孺人】 wǎn rú rén 官员续娶的妻子。明《二刻拍案惊奇》卷七："你道是那个？正是那竹山知县的～。"

【晚上】 wǎn shàng 夜晚；夜里。宋《三朝北盟会编》卷一八〇："及～，教其妻刷甲、其子积薪。"元史九散人《胡蝶梦》一折："我在学中读书，～睡不着，便思想人有生死，不能逃的。"清《红楼梦》三回："因又说道：'该随手拿出两个来给你这妹妹去裁衣裳的，等～想着叫人再去拿罢，可别忘了。'"

【晚生】 wǎn shēng 后辈对前辈的谦称或同辈人卑者对尊者的谦称。宋《朱子语类》卷一一七："～妄意未知折衷，惟先生教之。"明汤显祖《牡丹亭》五一出："不瞒老先生，这柳梦梅也和～有旧。"清《红楼梦》六六回："湘莲只作揖称老伯母，自称～。贾琏听了诧异。"

【晚堂】 wǎn táng 官府申时（午后三时至五时）升堂理事（跟上午办公的"早堂"相对）。明《古今小说》卷三〇："张员外大喜道：'且屈老丈同在此吃三杯，等大尹～，一同去禀。'"《拍案惊奇》卷三一："一行人离了石麟街，径望县前来，正值相公坐～点卯。"清《醒世姻缘传》一五回："吃了午饭，打发晁老上了～。"

【晚田】 wǎn tián 秋季作物。唐李豫《给复京兆府诏》："其京兆府于今年所率夏麦，宜于七万石内五万石放，不征二万石。容至～就后，以杂色斛斗续纳。"《金史·完颜仲德传》："行六部尚书蒲察世达以大兵将至，请谕民并收～，不及者践毁之，毋资敌。"清《醒世姻缘传》二七回："直旱到六月二十以后方才下了雨，哄得人都种上了～。"

【晚头】 wǎn tou 晚间；夜晚。头，名词词缀。唐[日]圆仁

《入唐求法巡礼行记》卷一:“(十月)三日～,请益、留学两僧往平桥馆,为大使、判官等入京作别。”宋《朱子语类》卷一一九:“某向来从师,一日说话,～如温书一般,须子细看过。”清《豆棚闲话》九则:“日日～到他房里说话,早间同他出门,情意甚笃。”

【晚夕】 wǎn xī 傍晚;晚上。唐灵祐《警策文》:“一朝卧疾在床,众苦萦缠逼迫。～思忖,心里恓惶。”《元典章·刑部四》:“～吴县尹睡着的时分,你教我知者。”清《醒世姻缘传》四〇回:“狄希陈就约了孙兰姬,叫他～下船的时节就到他下处,甚便。”

【晚西】 wǎn xī 同“晚夕”。宋《五代史平话·梁上》:“天色正晡,且同入个树林中躲了,待～却行。”陈允平《南歌子·茉莉》:“素质盈盈瘦,娇姿淡淡妆。曲勾阑畔倚秋娘。一撮风流都在、～凉。”元萧德祥《小孙屠》一四出:“白日里泣雨愁云,到～役梦劳魂。”

【晚下】 wǎn xià 傍晚;晚上。唐韦应物《杂曲歌辞·三台》之二:“朝来门阁无事,～高斋有情。”宋《朱子语类》卷六:“又如一日之间,早间天气清明,便是仁;午间极热时,便是礼;～渐凉,便是义;到夜半全然收敛,无些形迹时,便是智。”元高明《琵琶记》三五出:“如今～,相将回府,免不得洒扫书馆,等候相公回来。”

【晚些】 wǎn xiē 晚上。宋元《清平山堂话本·李翠莲》:“年老爹娘无依靠,早起～望顾照。”《元曲选·渔樵记》二折:“我儿也,休向嘴,～下锅的米也没有哩!”清《醒世姻缘传》二四回:“清早放将出去,都到湖中去了。到～,着一个人走到湖边一声唤,那些鹅鸭都是养熟的,听惯的声音,拖拖的都跟了回家。”

【晚衙】 wǎn yá 犹“晚堂”。唐[日]圆仁《入唐求法巡礼行记》卷二:“唐国风法:官人政理一日两衙(朝衙、～),须听鼓声,方知坐衙。”《元曲选·留鞋记》四折:“老夫包待制。今为郭华身死未见下落,如今坐起～,专等张千回话。”清何焯《义门读书记》卷五四:“如此则新晴况味,何殊积雨,故不劳～钟鼓为报也。”

【晚爷】 wǎn yé 继父。《元曲选外编·西游记》一本四出:“江流儿,你为亲爷害～,这供状桩桩是实。”元明《水浒传》七八回:“董平大笑,喝道:‘只你便是杀～的大顽!’”明《型世言》四回:“尝见随娘晚嫁的,人都叫做拖油瓶,与那～终不亲热。”

【晚夜】 wǎn yè 夜晚。唐王湾有《～马嵬卿叔池亭即事寄京都一二知己》。宋吕渭老《沁园春》:“但自家～,多方遣免,不须烦恼,两月为期。”清《醒世姻缘传》三〇回:“你待要如何,今日～你明明白白托梦与我。”

【绾】 wǎn ❶ 舀。唐薛令之《自悼》:“饭涩匙难～,羹稀箸易宽。” ❷ 牵;拉住。唐张乔《寄维扬故人》:“离别河边～柳条,千山万水玉人遥。”元萧德祥《小孙屠》一九出:“车马游人尽稀散,潜步两情厮～。”明刘基《踏莎行·咏游丝》:“如何～得春光住,甫能振迅入云霄,又还旖旎随风去。”清纳兰性德《扈跸霸州》:“花承暖日迎来骑,柳带新膏～去旌。” ❸ 挎;提。元明《水浒传》一三回:“两个各领了遮箭防牌,～在臂上。”明《醒世恒言》卷一四:“原来开封府有一个常卖董贵,当日～着一个篮儿,出城门外去。”清《聊斋志异·画壁》:“女惊起,与朱窃窥,则见一金甲使者,黑面如漆,～锁拿槌,众女环绕之。” ❹ 插;别。元明《水浒传》二三回:“看看酒涌上来,便把毡笠儿背在脊梁上,将梢棒～在肋下。”清《红楼梦》三回:“头上戴着金丝八宝攒珠髻,～着朝阳五凤挂珠钗。”又三八回:“湘云便取了诗题,用针～在墙上。”

【绾搭】 wǎn dā 绾发搭头,指装饰。《元曲选·玉镜台》三折:“～得异样,装裹得希奇。”

【绾角儿】 wǎn jiǎo er 梳在头顶两旁的髻,古时孩童的打扮。借指童年时期。宋元《警世通言》卷三七:“小名叫做铁僧,自从小时绾着角儿,便在万员外家中掉盏子。”《元曲选·望江亭》二折:“新的是半路里姻眷,旧的是～夫妻。”按,绾角儿夫妻即结发夫妻。尚仲贤《气英布》二折:“随何!喒是～弟兄,汉中王不把咱钦敬。”

wàn

【万】 wàn ❶ 万一。明《醒世恒言》卷二一:“若杨年兄行李～有他虞,都是我众人赔偿。” ❷ 千万;务必。元明《三国演义》八六回:“韶倚血气之壮,误犯军法,～希宽恕。”《水浒全传》郑序本四一回:“冲撞哥哥,～勿见罪。”清《儒林外史》三三回:“久闻世兄才品过人,所以朝廷仿古征辟大典,我学生要借光,～勿推辞。”

【万安】 wàn ān 绝对放心。清《红楼梦》五七回:“老太太和姨太太只管～,吃一两剂药就好了。”《三续金瓶梅》一五回:“先生道:‘老爹～。到那时不但考得,还想要中呢!’”

【万般】 wàn bān 极其;非常;无比。宋柳永《慢卷䌷》:“到得如今,～追悔。空只添憔悴。”金《刘知远诸宫调》一一:“叫喊语言乔身分,但举动～村桑。”清《红楼梦》五回:“贾母～怜爱,寝食起居,一如宝玉。”

【万不得】 wàn bù dé 实在没有条件。清《红楼梦》六〇回:“第一用人乳和着;……第二用牛奶子;～,滚白水也好。”

【万不得已】 wàn bù dé yǐ 无可奈何;不得不这样。明《古今小说》卷二八:“有个同乡人李秀卿,志诚君子,你妹子～,只得与他八拜为交,合伙营生,淹留江北。”张居正《答阅边郜文川言战守功阀》:“至于调用南兵一节,实出于～。”清李渔《意中缘》二出:“仔细想来,只除非各寻一个捉刀人带在身边,～的自己应酬。”

【万分】 wàn fēn 另见 wàn fèn。❶ 十分;极其;非常。元明《水浒全传》郑序本九五回:“正在～危急,猛见宋寨中一道金光射来,把风砂冲散。”明张居正《四辞恩命疏》:“自揣分义,～不能自安。”清《红楼梦》八三回:“薛姨妈听到这里,～气不过。” ❷ 实在;确实;真的。《太平广记》卷三三八引《通幽记》:“言叙久之,遇悲慰感激曰:‘不意更闻过奖之言,庶～不恨矣。’”元乔吉《两世姻缘》一折:“我想大姐如此花貌,如此清音,尚不愿乐,有那等老妓～不及大姐,似他每怎觅那衣食来?”明《梼杌闲评》一五回:“我因同他是亲,特来代他借得些须,只好与列位杀杀火气,若要多,～不能。”

【万分】 wàn fèn 另见 wàn fēn。无论如何也该;只以为。元明《水浒传》九三回:“当江州与戴宗兄弟押赴市曹时,～是个鬼。到今日却得为国家臣子。”又九七回:“哥哥,～不得相见了;今赖兄长之力,复得聚首,恍如梦中。”

【万福】 wàn fú ❶ 问候语。唐代男女均用,宋代以后多用于女性。唐[日]圆仁《入唐求法巡礼行记》卷一:“众僧对外国僧,即道‘今日冬至节,和尚～。传灯不绝,早归本国,长为国师’云云。”宋《三朝北盟会编》卷一五:“跪问南朝皇帝圣躬～。”明孟称舜《娇红记》三出:“〔生〕舅妗想俱～?” ❷ 指妇女行的一种敬礼。两手松松抱拳在右侧腰间上下移动,同时上身稍前倾,口中道“万福”。宋罗大经《鹤林玉露》卷五:“每晨兴,家长率众子弟致恭于祖祢祠堂,聚揖于厅,妇女道～于堂。”《元曲选·秋胡戏妻》三折:“我慌还一个庄家～。”清《聊斋志异·狐谐》:“妓者出门访情人,来时‘～’,去时‘～’。” ❸ 祝颂的话,祝人多福。宋佚名《张协状元》五〇出:“〔净〕即刻共惟台候～!”宋元《古今小说》卷三五："即日孟春初时，恭惟懿处起居～。"清《红楼梦》五三回："门下庄头乌进孝叩请爷奶奶～金安。"

【万或】 wàn huò 万一。明《西游补》八回："'我前日打杀一干男女，不知他簿子上可曾记着不曾记着？'又翻了一页道：'～记在上边：孙悟空打死男女几千人。我如今隐忍好，还是出牌票好？'"清毛祥麟《对山餘墨·巫觋》："～病有起色，犹之可耳；倘异时孤寡因是致难，则为朝夕谋，恐长逝者魂魄亦将赍恨重泉矣。"

【万汇】 wàn huì 犹言万物，万类。唐张碧《游春引》之三："～俱含造化恩，见我春工无私理。"《敦煌愿文集·愿文范本·闻南山讲》："州县牧宰，文武官寮，叶赞一人，招(昭)苏～。"《大清会典则例》卷一〇一："眷言～咸孚畅，芰荷香带御炉香。"

【万箭攒心】 wàn jiàn cuán xīn 形容心情极端痛苦，如许多箭攒集在心上。宋元《警世通言》卷四："荆公阅之，如～，好生不乐。"元明《水浒传》九八回："琼英知了这个消息，如～。"清《红楼梦》一一回："听得秦氏说了这些话，如～，那眼泪不知不觉就流下来了。"

【万龄】 wàn líng 犹言万岁，万年。唐元稹《遣病》："～龟菌等，一死天地平。"《敦煌愿文集·愿文等范本·律》："伏愿长居帝阙，永为大国之王；福寿～，镇作苍生之主。"明贾仲明《金童玉女》四折："仙童唱歌歌太平，尝得蟠桃寿～。"

【万乞】 wàn qǐ 用于请求的客套话，表示极为希望。元高明《琵琶记》四一出："闻知道，闻知道，相公忽来至。喏！不及迎接，～罪恕。"明《清平山堂话本·羊角哀》："回奏楚君，～听纳臣言，永保山河社稷。"清《都是幻·梅魂幻》二回："池苑花即对美人图作揖诉道：'可怜见我池上锦孤身独自，～美人随念。'"

【万千】 wàn qiān 十分，形容程度深。宋辛弃疾《丑奴儿近》："午醉醒时，松窗竹户，～潇洒。"金《刘知远诸宫调》一二："身褴褛，说不得～寂寞。"清《都是幻·写真》一一回："老管家进内，对凤氏说了，凤氏～欢喜，忙叫儿子燕纹波出来迎接。"

【万千千】 wàn qiān qiān 形容极多。唐杜牧《中丞业深韬略志在功名》："樯似邓林江拍天，越香巴锦～。"明《古今小说》卷三一："世间屈事～，欲觅长梯问老天。"清《常言道》三回："二更里个思量这个也钱，钦心久仰在先前。实通仙，一文能化～，好换柴和米，能置地与田。"

【万千之喜】 wàn qiān zhī xǐ ❶ 极大的喜事。元李文蔚《蒋神灵应》四折："〔王坦之云〕大人，贺～！今有谢玄建立功勋，当以封官赐赏也。"明《古今小说》卷一八："今日皇天可怜，果遂所愿。且喜孩儿荣贵，～。"清《后水浒传》二七回："不期哥哥结得这几位好弟兄，齐心用力救出哥哥，真是～！" ❷ 专指亲事。元白楼《东墙记》三折："〔生云〕小娘子，那事如何？〔梅云〕贺～，事已成矣！"明《西游记》五四回："御弟爷爷，～了。"清《后水浒传》四三回："今夜大王～，万千有缘，来到我女寨主香房翡翠衾中。"

【万全】 wàn quán ❶ 小心周到。元明《三国演义》九四回："近闻曹睿复诏司马懿起宛、洛之兵，若闻公举事，必先至矣。须～提备，勿视为等闲也。" ❷ 全面完成；彻底成功。元李文蔚《蒋神灵应》一折："今若雄兵大举，有先锋、中军，合后，左右接连，旗鼓相望，前后千里，必有～之功。"清《隋唐演义》六三回："我们这场功，皆仗单二哥的阴灵，得以～。" ❸ (身体)全面康复。清《隋唐演义》六四回："今日龙体想已～，还该寻些什么乐事，排遣排遣才是。"

【万人坑】 wàn rén kēng 乱葬无主死尸的大坑。宋佚名《张协状元》九出："一半金珠便放行，此山唤做～。阎王注定三更死，不许留人到四更。"明《欢喜冤家》一回："后来周裁缝死在牢中，拖出去丢在～内，未免猪拖狗扯。"清《醒世姻缘传》八八回："将尸从牢洞里拖将出去，拉到～边，猪拖狗嚼。"

【万杀】 wàn shā 詈词。指人该死。明《金瓶梅词话》二五回："贼～的奴才，没的把我扯在里头。"又五八回："贼胆大～的奴才，怎么恁把屁股儿懒待动旦？"

【万寿】 wàn shòu 皇帝或皇太后的生日。清《绿野仙踪》八十回本四回："原在翰林院做庶吉士，因嘉靖～，失误朝贺，降补此职。"《镜花缘》四〇回："明年恰值七旬～，因此特降恩旨十二条。"

【万岁】 wàn suì 皇帝的代称。宋元《警世通言》卷一九："贵妃昼寝困倦，言语失次，得罪～御前。今省过三日，想已知罪，万岁爷何不召之？"《元曲选·梧桐雨》一折："〔内作鹦鹉叫云〕～来了，接驾！〔旦惊云〕圣上来了！〔做接驾科〕"清《绿野仙踪》八十回本七一回："我们内里知道，谁肯在～爷前翻这舌头！"

【万岁爷】 wàn suì yé 皇帝的敬称。元佚名《抱妆盒》一折："〔跪云〕～，今日必有喜事。"明《金瓶梅词话》三一回："俺每内官的营生，只晓的答应～。"清李渔《玉搔头·飞舸》："启～，刘妓女十分执意，不肯入宫。"

【万望】 wàn wàng 犹"万乞"。宋元《清平山堂话本·李翠莲》："告知神圣，～垂怜！男婚女嫁，理之自然。"明《西游记》四九回："～老师父到西天与我问佛祖一声，看我几时得脱本壳。"清《红楼梦》五回："幸仙姑偶来，～先以情欲声色等事警其痴顽，或能使彼跳出迷人圈子，然后入于正路。"

【万幸】 wàn xìng 非常幸运。唐赵昌《蒙异牟寻请降奏状》："臣忝领蕃镇，目睹升平，踊跃欣欢，倍常～。"《元曲选外编·黄鹤楼》三折："今具浊酒菲肴，敢劳玄德公屈高就下，枉驾来临，诚为周瑜～也。"清《红楼梦》二一回："平儿笑道：'不丢～，谁还添出来呢？'"

【万眼】 wàn yǎn 即"万眼罗"。宋刘辰翁《恋绣衾·己卯灯夕》："办永夜、重开宴，笑姑苏、～未明。"原注："万眼罗最精最贵，然最暗。"范成大《灯市行》："叠玉千丝似鬼工，剪罗～人力穷。"明王鏊《咏鱼枕灯》："香罗～夸吴市，琐细空劳咏石湖。"原注："万眼灯，以碎罗红白砌成，工夫妙天下。见《石湖集·咏吴下节物》。"

【万眼罗】 wàn yǎn luó 以罗帛、竹篾等材料扎制成的一种观赏彩灯。宋周密《武林旧事》卷二："罗帛灯之类尤多，或为百花，或细眼，间以红白，号'～'者，此种最奇。"清厉鹗《元夕雨中分得何字》："翻思旧日经行处，看遍交枝～。"陈元龙《格致镜原》卷五〇："其奇巧则琉璃球、云母屏、水晶帘、～、玻璃瓶之属。"

【万字顶头巾】 wàn zì dǐng tóu jīn 即"万字头巾"。元明《水浒传》三回："头裹芝麻罗～，脑后两个太原府纽丝金环。"

【万字巾】 wàn zì jīn 即"万字头巾"。宋元《古今小说》卷二四："见水上一人波心涌出，顶～，把手揪刘氏云鬓，掷入水中。"明《金瓶梅词话》八八回："头戴～，身穿青衲袄。"清《后水浒传》六回："～双飘丝带，粉底靴斜踏银镫。"

【万字头巾】 wàn zì tóu jīn 宋代以后流行的一种下阔上狭，形如"萬"字的头巾。宋元《警世通言》卷三三："我丈夫头戴～，身穿着青绢一口中。"元明《水浒传》三四回："一个穿绿，一个穿红，都戴着一顶销金～。"清《醒世姻缘传》六回："买了一顶翠绿鹦哥色的～，……把与晁大官人戴。"

【腕】 wàn 量词。犹"串❼"。用于连贯起来可以绕在手腕上的东西。《元曲选·玉壶春》一折:"妾身有随身的翠珠囊一枚,更有二十五轮香串一～,与秀才权为信物。"清《聊斋志异·吕无病》:"乃脱一～钏,并两足而束之,袖覆其上。"

【腕头】 wàn tou 手腕部位。唐顾况《李供奉弹箜篌歌》:"手头疾,～软,来来去去如风卷。"宋李石《扇子诗》:"膝上无心学李卫,～有诀付善奴。"元明《水浒传》五二回:"高廉大怒,喝道:'这厮正是抗拒官府!左右,～加力,好生痛打!'"

wāng

【尪羸】 wāng léi 疲弱无力貌。元明《水浒传》七三回:"那老儿睁开～眼,打起老精神,定睛看了。"

【尪瘦】 wāng shòu 瘦弱。清《隋唐演义》八回:"因见那马～得紧,不忍加勇力去扯他。"

【尪尪】 wāng wāng 同"汪汪"。唐张鷟《游仙窟》:"觞则兕觥犀角,～然置于座中。"《敦煌变文校注》卷二《韩朋赋》:"釜灶～,何时吹(炊)汝?"

【汪】 wāng (液体)聚积不流动。明《金瓶梅词话》七五回:"从早辰吃了口清茶,还～在心里。"清《红楼梦》三一回:"地下的水淹着床腿,连席子上都～着水。"

【汪然】 wāng rán 泪多貌。唐柳宗元《捕蛇者说》:"蒋氏大戚,～出涕曰……"明《杨家将演义》二七回:"令婆见六使,～泪下。"清《飞龙全传》五一回:"怀亮拆开观看,见了书词,～泪下。"

【汪汪】 wāng wāng 液体充盈貌。唐韩偓《新秋》:"桃花脸里～泪,忍到更深枕上流。"元萧德祥《小孙屠》一五出:"清平天地里是我屈死难当,哽咽泪～。"清《红楼梦》二五回:"因而故意装作失手,把那一盏油～的蜡灯向宝玉脸上只一推。"

wáng

【亡八】 wáng ba ❶ 同"王八❶"。清《白雪遗音·婆媳顶嘴》:"罐里养～,越养越抽抽。" ❷ 同"王八❷"。明《醒世恒言》卷三:"刘四妈见王九妈收了这主东西,便叫～写了婚书,交付与美儿。"《山歌·求老公》:"嫁着子介个乌龟～,生得又麻又瞎又痴又聋。" ❸ 同"王八❸"。清《白雪遗音·偷情》:"情人你不必害怕,有的是奴家。外边叫门,原是俺家的他,是个老～。" ❹ 同"王八❹"。明袁于令《西楼记》一三出:"畜生、狗～、强盗、贼乌龟!交绝不出恶声,你欺我是个秀才,只管乱骂么?"清《聊斋志异·三朝元老》:"一联云:'一二三四五六七,孝弟忠信礼义廉。'不知何时所悬。怪之,不解其义。或测之云:'首句隐～,次句隐无耻也。'"

【亡故】 wáng gù 死亡。《太平广记》卷一〇六引《报应记》:"公退,忽见～吏抱案数百纸请押,问曰:'公已去世,何得来?'"明谷子敬《吕洞宾三度城南柳》二折:"我父亲～多年,我独自管着这酒楼。"清《红楼梦》八回:"因去岁业师～,未暇延请高明之士。"

【亡过】 wáng guò 犹"亡故"。唐义净译《根本说一切有部毘奈耶颂》卷上:"若汝身～,天宫定不遥。"《元曲选外编·剪发待宾》三折:"想你那父亲～,若不是老身,岂有今日也呵。"清《绿野仙踪》一五回:"贱内去年夏间～了。"

【亡化】 wáng huà 犹"亡故"。唐[日]圆仁《入唐求法巡礼行记》卷一:"满和尚已～,经十六年。"元萧德祥《小孙屠》一九出:"神魂乱,手脚麻,争些半霎时身～。"清《儒林外史》八回:"不想到家一载,小儿～了。"

【亡记】 wáng jì 同"忘记"。《祖堂集》卷一一《保福和尚》:"招庆云:'不因阇梨举,洎成～。'师云:'宿习难忘。'"

【亡空便额】 wáng kōng biàn é 同"忘空便额"。《敦煌变文校注》卷二《庐山远公话》:"于是道安闻语,作色动容,喷善庆曰:'亡(望)空便额!'"

【亡人】 wáng rén 詈词。死人。也可指动物。明《西游记》三二回:"呆子咬牙骂道:'这个～!'"《二刻拍案惊奇》卷三九:"还有老大半只鸡,明日好吃一餐,不要被这～拖了去。"

【亡逝】 wáng shì 犹"亡故"。唐[日]圆仁《入唐求法巡礼行记》卷二:"其状中具载无常道理,亡者功能,～日数。"《元曲选外编·五侯宴》楔子:"近新来我所生了这个孩儿,未及满月之间,不想我那夫主～。"明《拍案惊奇》卷二五:"姐姐～已过,见有棺柩灵位在此。"

【王八】 wáng ba ❶ 乌龟或鳖的俗称。元佚名《叨叨令过折桂令·驮背妓》:"虾儿腰,龟儿背,玉连环系不起香罗带,脊儿高,绞儿细,绿茸毛,生就的～盖。" ❷ 称妓女的假父,乐户人家的男子,妓院中做杂务的男佣。明《金瓶梅词话》七三回:"你今日怎的叫恁两个新小～子?唱又不会唱。" ❸ 称妻子有外遇的男子。明《金瓶梅》五〇回:"我只说那～也是明～,怪不的他往东京去的放心。" ❹ 用作詈词。清《后水浒传》一四回:"见这乌鸦比前更叫得凶恶,遂又骂道:'你这～,只向着我叫,岂不是件怪事?"

【王八羔子】 wáng ba gāo zi 詈词。龟儿子;杂种。明《金瓶梅词话》二八回:"贼不逢好死的淫妇、～,我的孩子和你有甚冤仇!"清《红楼梦》七回:"没良心的～!瞎充管家!你也不想想,焦大太爷跷跷脚,比你的头还高呢。"

【王百万】 wáng bǎi wàn 犹"王十万"。清《绿野仙踪》一九回:"你就是～家,也不敢如此豪奢。"

【王道】 wáng dào 儒家以仁义治天下的政治主张。比喻拘泥正统的思想言论。明《禅真后史》九回:"我家相公极是淳厚的,但嫌他有些执板～气,讲的都是冷话,不觉动恼。"清《醒世姻缘传》八回:"若见得这家奶奶是有正经的,他便至至诚诚,合你讲正心诚意,说～迂阔的话。"

【王二】 wáng èr ❶ 犹言张三、李四,泛指某人。唐王梵志《王二美年少》:"～美年少,梵志亦不恶。"宋《朱子语类》卷一二六:"它说是人生有一块物事包裹在里,及其既死,此个物事又会去做张三,做了张三,又会做～。"《元曲选·神奴儿》二折:"〔做叫云〕街衢巷陌,张三李四,赵大～。〔唱〕你若见的可便也合通个名姓。" ❷ 讽刺人无法无天、横行霸道的俏皮话。清《醒世姻缘传》八八回:"天是'王大',你就做了'～'。"

【王杠】 wáng gàng 犹"皇杠"。清《说唐》二五回:"单表这程咬金追到黄土岗,不见罗成,倒见～银子来了。"

【王官】 wáng guān 在藩王府里任职的官员。《续资治通鉴》卷一七:"初,考功郎中姚坦为益王府翊善,好直谏,……(太宗)召坦,慰谕之曰:'卿居～,为群小所嫉,大为不易。'"明《警世通言》卷三一:"使用得少,把个不好的缺打发你,一年二载,就升你做～,有官无职。"清《醒世姻缘传》九九回:"事也凑巧,这考语已经开坏,不日就转～。不如早些我们合了伴,大家回去,省得丢你在此,以致举目无亲。"

【王老】 wáng lǎo 指钱。《太平广记》卷四九五引《西京记》:"又有王元宝者,……人以为钱文有元宝字,因呼钱为～,盛流于时矣。"

【王留】 wáng liú 乡村中男性村民的常用名。元姚守中《粉蝶儿·牛诉冤》:"为伍的是伴哥～,受用的是村社鼓。"睢景臣《哨遍·高祖还乡》:"瞎～引定火乔男女,胡踢蹬吹笛擂鼓。"《元曲选·酷寒亭》三折:"小人儿曾离了旋锅,我是～一般弟兄两个。"

【王鸾儿】 wáng luán er 戏曲中过卖等角色通用的人名。明《金瓶梅词话》八六回:"我把你这短命～割了,教你直孤到老。"这里借用作"鸟"(屌)的隐语。一说"鸾"跟"卵"谐音,亦通。

【王母】 wáng mǔ 官妓。元明杂剧本《酷寒亭》楔子:"自家萧娥是也。自小习学谈谐歌舞,无不通晓。当了三年～,我如今纳下官衫帔子,我嫁人去也。"

【王皮】 wáng pí 表示不认可、不在乎的惯用语。常用反问语气说出,表示对某种行为不屑一顾。明刘效祖《锁南枝》:"这是卖了鲇鱼夸不的大嘴,付能勾央及回头,过步时依旧～。"清《醒世姻缘传》二回:"那个来请计氏的家人媳妇,将计氏的话一五一十学与珍哥。珍哥说道:'～好了,大家造化;死了,割了头碗大的疤!'"

【王十九】 wáng shí jiǔ 请酒或行酒的谐语。多跟"只吃酒"连用,以"九""酒"谐音劝酒。明刘效祖《沉醉东风》:"摆别了沈万三,结识上～,到与他缘法相投。"《金瓶梅词话》六四回:"到明日,大宋江山管情被这些酸子弄坏了。～,咱每只吃酒。"清《野叟曝言》五六回:"～,只吃酒,咱们且去喝一杯儿!"

【王十万】 wáng shí wàn 泛称富有家财的人。明汤式《代人寄情》:"我家私虽不比～,论声名索另眼儿相看。"《金瓶梅词话》三一回:"若是吃一遭酒,不见了一把,不嚷乱,你家是～!"

【王孙】 wáng sūn 指草书。宋陆游《老学庵笔记》卷八:"当时文人专意此书,故草必称'～'。"

【王条】 wáng tiáo 王法;法律。《元曲选·汉宫秋》一折:"大块黄金任意掷,血海～全不怕。"又《蝴蝶梦》二折:"这开封府～清正,不比那中牟县官吏糊涂。"明脉望馆本《勘金环》四折:"张千,将问事来,我则理会的～依正行。"

【王位】 wáng wèi 京城;京都。明《西游记》三回:"那国界中有一～,满城中军民无数。"又七八回:"若是西邸～,须要倒换关文;若是府州县,径过。"

【王章】 wáng zhāng 王法。《元曲选·青衫泪》四折:"便揭榜通行晓谕,示臣民恪守～。"清《醒世姻缘传》三〇回:"渐渐蓄起姬妾,放纵淫荡,绝不怕有甚么僧行佛戒,国法～。"《聊斋志异·席方平》:"席怒,大骂狱吏:'父如有罪,自有～,岂汝等死魅所能操耶!'"

【王子】 wáng zǐ 王,特指蜂王。清《醒世姻缘传》三〇回:"通似没有～的蜜蜂一般,又与那没有猫管的老鼠相似。"

wǎng

【网】 wǎng 比喻暗害人的圈套。明《拍案惊奇》卷三六:"岂知宿业所缠,撞在这～里来。"清《醒世姻缘传》卷一一:"那李成名娘子合该造化低,撞在他～里。"《续金瓶梅》二〇回:"他心里还不知安下个甚么～儿,要打一个饿老鸨。"

【网儿】 wǎng er 即"网巾"。《元曲选·东堂老》一折:"哥,则我老婆的裤子,也是他的;哥的～,也是他的。"明《金瓶梅词话》二七回:"惟金莲不戴冠儿,拖着一窝子杭州攒,翠云子～。"《西湖二集》卷一〇:"为女子者须要如此,方是个顶天立地的不戴～的妇人。"

【网巾】 wǎng jīn 笼发用的网状物。多用马尾织成,下阔上狭。下沿缀有布帛边子,内有纲绳,罩笼头发后束紧使固定。宋元《清平山堂话本·李翠莲》:"扯碎了～你休要怪,擒了你四鬓怨不得咱。"明《山歌·破鬃帽歌》:"我里夏天恍恍,碎块头儿做子一顶细密～。"清《醒世姻缘传》四回:"你还把～除了,坎上浩然巾。"

【网巾圈】 wǎng jīn quān 网巾边子上镶的两个金属或玉石圈,网巾纲绳的两端从圈口内引出。网巾圈的位置在网巾后部,所以有"网巾圈儿,打靠后"的歇后语。元徐畛《杀狗记》六出:"倘或和顺了,我和你就如两个～撇在脑后,要见面也是难了。"明《金瓶梅词话》一二回:"谢希大一对镀金～,秤了秤,只九分半。"《山歌·网巾圈》:"结识私情要像个～,日夜成双一线牵,两块玉合来原是一块玉,当面分开背后联。"

【网络】 wǎng luò 用丝线等编成的网穗状装饰品。《北齐书·薛琡传》:"自制丧车,不加雕饰,但用麻为流苏,绳用～而已。"明王世贞《四十咏·俞司寇士悦》:"所至如子元,～甚张设。"清《红楼梦》一四回:"王兴媳妇巴不得先问他完了事,连忙进去,说'领牌取线打车轿～'。"

【网圈】 wǎng quān 即"网巾圈"。清《醒世姻缘传》一七回:"说他皮箱里面不见了一根紫金簪,一副映红宝石～。"又:"又将金簪、～、缅铃、四粒胡珠用纸包了,俱送将出来。"

【网子】 wǎng zi 即"网巾"。明《金瓶梅词话》五六回:"到了戴～,尚兀是相厚的。"《型世言》三七回:"路上李良雨就不带了～,梳了一个直把头。"清《醒世姻缘传》四九回:"晁梁还挣挣的脱衣裳,摘～,要上炕哩。"

【枉】 wǎng ❶ 使受委屈;冤枉;冤屈。唐[日]圆仁《入唐求法巡礼行记》卷四:"被送来者不是唐判人,但是界首牧牛、耕种百姓,～被捉来。"元《武王伐纣平话》卷中:"太守开了圣旨,口中不言,心下频频作念:～教西伯侯受苦。"清《续金瓶梅》四四回:"当时汴京乱后,金人两次杀掠,这些宫女佳人、才子贵客,不知杀了多少,～死游魂,化为青燐野火,处处成妖作魅。" ❷ 徒然;白白地;虚。唐张鷟《游仙窟》:"忿秋胡之眼拙,～费黄金;念交甫之心狂,虚当白玉。"元萧德祥《小孙屠》三出:"正是:莺花尤怕春光老,不肯教人～度春。"清《红楼梦》五回:"看破的遁入空门,痴迷的～送了性命。" ❸ 辜负;白费。唐王梵志《吾死不须哭》:"吾死不须哭,徒劳～却声。"元贯云石《孝经直解》八:"因这般上头得那普天下欢喜的心,把祖先祭祀呵,也不～了。"清《红楼梦》一回:"其盘费餘事,弟自代为处置,亦不～兄之谬识矣!" ❹ 凭空;无根据地。清《红楼梦》六八回:"因拖欠了贾府银两,～捏虚词,诬赖良人。"

【枉顾】 wǎng gù 敬词。委屈对方来看望。唐王昌龄《灞上闲居》:"轩冕无～,清川照我门。"元秦竹村《行香子·知足》:"高引茅庐,无人～。不遇知音,难求荐举。"清《聊斋志异·胡四娘》:"食毕,四娘出,颜温霁,问:'大哥人事大忙,万里何暇～?'"

【枉话】 wǎng huà 凭空捏造的话。明《金瓶梅词话》八六回:"不消你～儿絮叨叨,须和你讨个分晓。"

【枉口拔舌】 wǎng kǒu bá shé 凭空捏造,说人坏话。拔,应作"巴",说。地狱里有拔舌一狱,惩治说坏话的人,因袭作"拔"。明《金瓶梅词话》五一回:"你好恁～,不当家化化的,骂他怎的!"《型世言》二八回:"他是有德行和尚,怎干这事?你不要

～。”清《醒世姻缘传》六九回：“嘴头子可是不达时务，好～的说作人。”

【枉口嚼舌】 wǎng kǒu jiáo shé 犹“枉口拔舌”。明《拍案惊奇》卷三九：“我把你这～的，不要慌！那曾见我酆都去了?”清《醒世姻缘传》六二回：“这一定是狄家小陈子的～！”

【枉口诳舌】 wǎng kǒu kuáng shé 犹“枉口拔舌”。明《西游记》九七回：“那张氏穿针儿～，陷害无辜。”又：“我那些～，害甚么无辜?”

【枉屈】 wǎng qū 冤枉；冤屈。唐王梵志《不思身去促》：“罗锦缠尸送，～宝将埋。”元萧德祥《小孙屠》一一出：“休悲我～后，死而无怨。”明《金瓶梅词话》九三回：“自课官途无～，岂知天道不昭明。”

【枉然】 wǎng rán 徒然；白费。元萧德祥《小孙屠》一七出：“职判开封，冤枉人心顽如铁，～官法如炉自灭。”明《夹竹桃·一滴何曾》：“人生百岁，能几少年? 风流挫过，也是～。”清《重刊老乞大》下：“客人们，你多要也是～。”

【枉死城】 wǎng sǐ chéng 传说地狱里专收屈死鬼魂的地方。《元曲选外编·东窗事犯》三折：“但行处怨雾凄迷，悲风乱吼，恰离～中，早转到阴山背后。”明《醋葫芦》一二回：“至如～、刀山狱、黑暗狱、孽镜台、抽肠所、拔舌厅、油锅局、变相局种种有司去处，俱有值日鬼卒。”清《续金瓶梅》四回：“却说这武大郎从服毒身死，一到阴司，在～毒蛊司收魂之后，到今一十六年，未曾托生。”

【枉物】 wǎng wù 不义之财。《元曲选外编·裴度还带》三折：“受不明物呵不合神道，取不义财呵～难消。”明《醒世恒言》卷四〇：“此乃～，譬如吾之赃矣，焉敢用哉！”

【枉自】 wǎng zì ❶ 徒然；白白地。唐吴融《鲛绡》：“云供片段月供光，贫女寒机～忙。”元戴善甫《风光好》二折：“由你千般计较，～惹人谈笑。”清《红楼梦》五回：“一个～嗟呀，一个空劳牵挂。” ❷ 横竖；反正。明《西游记》四三回：“这怪物是我的对手，～不能取胜，且引他出去，教师兄打他。”又四六回：“～也不见输赢，等老孙去弄他一弄！”

【往】 wǎng 介词。 ❶ 朝；向。《敦煌新本六祖坛经》：“慧能闻说，宿业有缘，便即辞亲，～黄梅冯墓山礼拜五祖弘忍和尚。”宋元《清平山堂话本·三塔记》：“离家一直出钱塘门，过昭庆寺，～水磨头来。”清《红楼梦》六回：“一早就～这里赶咧。” ❷ 跟；同。《祖堂集》卷二《慧可禅师》：“辩和怪于师，遂～县令瞿仲偘说之：‘彼邪见道人，打破讲席。’”清《红楼梦》九六回：“因为我们老爷要起身，说就赶着～姨太太商量，把宝姑娘娶过来罢。” ❸ 从；由。《元曲选外编·陈母教子》三折：“母亲，您孩儿～西川绵州过，那里父老送与我一段孩儿锦，将来与母亲做衣服穿。”明《警世通言》卷二四：“一日～孤老院过，忽然看见公子，唬了一跳。”清《飞龙全传》四回：“即时轻轻爬起，～壁上取了一口宝剑，挂在衣服里面。”

【往常】 wǎng cháng ❶ 过去的一般的日子。元古本《老乞大》：“马的价钱和布价则依～。人参价钱哏好有。”明汤显祖《牡丹亭》三七出：“呀，～门儿重重掩上，今日都开在此。”清《红楼梦》八回：“你这妈妈太小心了，～老太太又给他酒吃，如今在姨妈这里多吃一口，料也不妨事。” ❷ 从前。明《朴通事谚解》卷下：“～唐三藏师傅，西天取经去时节，十万八千里途程，正是瘦禽也飞不到，壮马也实劳蹄。”《西游记》二〇回：“八戒道：‘不瞒师父说，老猪自从跟了你，这些时俊了许多哩。若像～在高老庄走时，把嘴朝前一掬，把耳两头一摆，常吓杀二三十人哩。’” ❸ 常常；时常。元明《水浒传》三六回：“李俊未得拜识尊颜，～思念，只要去贵县拜识哥哥。” ❹ 普通。明《肉蒲团》九回：“妇人道：‘～的男子，你这样人物直不得舍与他看。方才这一个，就等他看了三日三夜也是情愿的。’”

【往常间】 wǎng cháng jiān 犹“往常❶”。《元曲选外编·贬黄州》三折：“～胸藏星斗，气吐虹霓，依旧中原一布衣。”明《挂枝儿·从良》：“你与我～说尽了话儿，谁知道到如今造下拖刀计。”清《后西游记》三四回：“猪一戒道：‘～师父被陷，或是藏在山中，或是困在水里，皆有个窝巢，可以访问；如今被妖精吃在肚里，叫那猴子那里去打听?’”

【往常时】 wǎng cháng shí 犹“往常❶”。《元曲选外编·西厢记》一本二折：“～见傅粉的委实羞，画眉的敢是谎；今日多情人一见了有情娘，着小生心儿里早痒、痒。”明《警世通言》卷二四：“房中～丫头秉灯上来，今日火也不与了。”清《儒林外史》四五回：“张云峰道：‘我～诸事沾二位先生的光，二位先生因太老爷的大事托了我，怎不尽心?’”

【往从】 wǎng cóng 从；由。明《欢喜冤家》五回：“夫妻二人闲步，～牡丹台走过，刘玉道：‘秋色已到，牡丹不开了。’”《平妖传》二一回：“走到后花园中也寻不见，～柴房门前过，见柴房门开着。”

【往复】 wǎng fù 摆动；颠簸。唐［日］圆仁《入唐求法巡礼行记》卷二：“缘潮逆遄，不得定住，东西～，摇振殊甚。”

【往后】 wǎng hòu 以后；后来。明《金瓶梅词话》一六回：“～日子多如柳叶儿哩。”清《野叟曝言》二五回：“咱重重的谢你，～看顾你一个肯心。”

【往还】 wǎng huán ❶ 指来往交游。唐王梵志《寺内数个尼》：“富者相过重，贫者～希。”元李行甫《灰阑记》四折：“唯与忠孝之人交接，不共谗佞之士～。”清《聊斋志异·湘裙》：“与妾～最久，心中窃鄙其荡也。” ❷ 指相交往的友人。唐刘禹锡《分司东都蒙襄阳李司徒相公书问因以奉寄》：“举世～尽，何人心事同。”张籍《酬秘书王丞见寄》：“相看头白来城阙，却忆漳溪旧～。”《太平广记》卷一四九引《前定录》：“约数十里，忽至一城，兵卫甚严，入见多是亲旧～。泛惊问吏曰：‘此何许也?’吏曰：‘此非人间也。’泛方悟死矣。”

【往回】 wǎng huí ❶ 往返；去和回。《敦煌愿文集·回向发愿文》：“保离凶寇，动止获安；向(响)震八方，～清吉。”宋《三朝北盟会编》卷一六三：“又云：‘此去杭州，几日可以～?’某等云：‘星夜兼程，往来不过半月。’”清《醒世姻缘传》五二回：“要同狄希陈往关帝君庙许一愿心，望路上～保护。” ❷ 下次。明《金瓶梅词话》二四回：“头里不曾打得成，等～却打得成了。”

【往来】 wǎng lái 犹“往还❷”。《太平广记》卷一五七引《河东记》：“二郎岂不共柳十八郎是～? 今事须见他。”《五灯会元》卷一五《洞山守初禅师》：“他后向无人烟处，不蓄一粒米，不种一茎菜，接待十方～。”

【往前】 wǎng qián 进一步；继续。清《红楼梦》六八回：“凤姐见他母子这般，也再难～施展了，只得又转过了一副形容言谈来。”

【往前进】 wǎng qián jìn 改嫁的委婉说法。明《金瓶梅词话》九一回：“说是县中小衙内，清明那日曾见你一面，说你要～，端的有此话么?”

【往前后进】 wǎng qián hòu jìn 犹“往前进”。明《金瓶梅词话》八三回：“爹又没了，你明日～，我情愿跟娘去。”

【往世】 wǎng shì 前生；前世。唐白居易《自解》：“房传～

为禅客，王道前生应画师。”五代杜光庭《宴设使宗汶九曜醮词》：“或～此生，宿愆未解；五行三命，厄运未祛。”明陈汝元《金莲记》四出：“只是回头欠早，罔知～现世之因；举眼成迷，未证前身后身之果。”

【罔两】　wǎng liǎng　同“魍魉”。宋佚名《张协状元》五出：“腌臜打脊，～当直！着得随它去，路上偷饭吃。”又一六出：“一盏既斟，酒当亚献。酒又不泻，打这～！”

【魍魉】　wǎng liǎng　原义为鬼怪，口语里用作詈词，犹言鬼东西、坏家伙、糊涂虫。元高明《琵琶记》九出：“〔生末丑白〕使不得，这是别人的。〔净白〕～贼！我三场都是别人的也中了，一首诗使别人的到不得？”明《醒世恒言》卷三四：“那知朱常又是个专在老虎头上做窠，要吃不怕死的～，竟来放对。”清《后水浒传》二〇回：“你这贼～，可知家无存货休开店。”

【魍魉混沌】　wǎng liǎng hùn dùn　骂人糊涂不明事理。明《金瓶梅词话》一四回：“呸！～，你成日放着正事儿不理！”

wàng

【妄口】　wàng kǒu　信口；随口。清弘历《照乘珠》：“径寸之珠世实无，况十枚焉腾～。”《红楼梦》七七回：“不是我～咒他，今年春天已有兆头的。”

【妄口巴舌】　wàng kǒu bā shé　胡言乱道。清《红楼梦》一二〇回：“只要自己拿定主意，必定还要～血淋淋的起这样恶誓么？”

【妄想】　wàng xiǎng　❶ 胡思乱想。唐权德舆《送文畅上人东游》：“宗通知不染，～自堪哀。”宋《朱子语类》卷一一三：“若不去实踏过，却悬空～，便和最下底层不曾理会得。”清《红楼梦》五四回：“太太又赏了四十两银子，这倒也算养我一场，我也不敢～了。”　❷ 虚妄的念头、想法。唐王梵志《多缘饶烦恼》：“若能绝～，果成坚固林。”宋《朱子语类》卷一一二：“或云，只瞑目时已是生～之端。”清《聊斋志异·翩翩》：“女曰：‘轻薄儿！甫能安身，便生～！’”

【妄言起语】　wàng yán qǐ yǔ　同“妄言绮语”。“起”是“绮”的同音替代字。宋元《清平山堂话本·五戒禅师》：“何谓之五戒？第一戒者不杀生命，第二戒者不偷盗财物，第三戒者不听淫声美色，第四戒者不饮酒茹荤，第五戒者不～。”

【妄言绮语】　wàng yán qǐ yǔ　说假话、大话、华丽动人的话。是僧人戒行之一。明许三阶《节侠记》一四出：“咏月露于毫端，尽属～，孰若舌吐青莲。”

【妄言造语】　wàng yán zào yǔ　犹“妄言绮语”。明《古今小说》卷三〇：“第一戒者不杀生命，……第五戒者不～。”

【忘八】　wàng bā　❶ 同“王八❶”。清《红楼梦》二三回：“明儿我掉在池子里，教个癞头鼋吞了去，变个大～。”　❷ 同“王八❷”。明《挂枝儿·鸨妓问答》：“老鸨儿拿银子在钱铺上换，换钱的说道是一块铅，一斤只值得三分半。～顿下脚，妈儿哭皇天。”清《醒世姻缘传》二五回：“那～的头目也有个色长，强盗的头目也有个大王。”　❸ 同“王八❸”。明《型世言》五回：“咱家～，道着力奉承咱，可有哥一毫光景么？哥不嫌妹子丑，可常到这里来。”清《红楼梦》六七回：“这个人还算造化高，省了当那出名儿的～。”　❹ 同“王八❹”。元施惠《幽闺记》三九出：“咳，这个天杀的老～！”明《型世言》九回：“贼～！你打死了咱人，还来寻甚么？”清《醒世姻缘传》九一回：“口里骂道：‘杂情的～！没廉耻的蹄子小妇！知道个羞儿么？’”

【忘八蛋】　wàng ba dàn　詈词。龟儿子；杂种。清《红楼梦》六七回：“没脸的～，他是你那一门子的姨奶奶！”《绿野仙踪》八十回本四九回：“这个小～儿，肚里也不知包藏着多少鬼诈。”

【忘断】　wàng duàn　忘尽；完全忘记。清《儒林外史》七回：“考事行了大半年，才按临兖州府。生童共是三棚，就把这件事～了。”

【忘怀】　wàng huái　❶ 忘记。宋《三朝北盟会编》卷一六三：“江南君臣感服至意，誓传子孙，不敢～。”明《欢喜冤家》二一回：“他怎生肯食言，只是我不曾开口，说他～了。”清《聊斋志异·长亭》：“父以君在汴曾相戏弄，未能～，言之絮絮；妾不欲复闻，故早来也。”　❷ 无拘束。《古尊宿语录》卷四八《佛照禅师奏对录》：“上曰：‘这里正要与长老～论道。’”明《二刻拍案惊奇》卷八：“小童二人频频斟酒，三个客人～大醺。”

【忘昏】　wàng hūn　谓糊涂健忘。《元曲选·救风尘》三折：“你则是忒现新，忒～，更做道你眼钝。”

【忘浑】　wàng hún　谓糊涂健忘。元佚名《替杀妻》二折：“母亲又无甚症候，只有些老～。”

【忘魂】　wàng hún　谓糊涂健忘。元萧德祥《小孙屠》七出：“几番回首，几度～。”《元曲选·风光好》三折：“好也啰，学士你营勾了人，却便妆～。”

【忘记】　wàng jì　忘怀；忘却。宋王安石《书定林院窗序》：“与安太师同宿。既晓，问昨夜有何梦。师云：‘有数梦，皆～。’”明《训世评话》卷下：“弄尽了钱财，情事不成，就～了，不想买梳子。”清《红楼梦》三回：“我一见了妹妹，一心都在他身上了，又是喜欢，又是伤心，竟～了老祖宗。”

【忘旧】　wàng jiù　富贵后忘掉以前的亲友。唐张潮《杂曲歌辞·长干行》：“婿贫如珠玉，婿富如埃尘。贫时不～，富贵多宠新。”《元曲选外编·西厢记》五本一折：“涕泪交流，怨慕难收，对学士叮咛说缘由，是必休～！”清《红楼梦》七七回：“赖家的见晴雯虽到贾母跟前，千伶百俐，嘴尖性大，却倒还不～。”

【忘空便额】　wàng kōng biàn é　平白无端地指斥、责骂。忘，“望”字的同音替代。额，训斥、责骂。《敦煌变文校注》卷二《庐山远公话》：“君子不欺暗室，盖俗事（士）之常谈，贱奴拟问经文，座主～。”

【忘昧】　wàng mèi　犹“忘记”。《元曲选·合同文字》四折：“俺可也敢～了你这十载提携。”

【忘情】　wàng qíng　❶ 忘记；忘怀。《太平广记》卷四五五引《广异记》：“然某肃勤左右，二载于兹，未能～，思有以报。”宋《朱子语类》卷二九：“虽无憾于朋友，而眷眷不能～于己敝之物，亦非贤达之心也。”清《聊斋志异·青凤》：“生失望，乃辞叟出。而心萦萦，不能～于青凤也。”　❷ 感情过于显露，失去节制。明《西游记》六〇回：“男儿立节放襟怀，女子～开笑口。”清《红楼梦》二六回：“林黛玉自觉～，不觉红了脸。”

【忘去】　wàng qù　遗忘。宋王安石《谢邻郡通判启》：“敢图高明，过自贬损，授之温教，奖以谦辞，惟兹感铭，其敢～？”明祝允明《野记》：“其后，馆人入持一纸路引，身畔～之。比出，惊视亡之。”清《红楼梦》四四回：“见他的手帕子～，上面犹有泪渍，又拿至脸盆中洗了晾上。”

【忘却】　wàng què　忘记。唐王梵志《撩乱失精神》：“设却百日斋，浑家～你。”宋《朱子语类》卷一五：“渠如何说，已～。”清《红楼梦》七七回：“谁知他姑舅哥哥一朝身安泰，就～当年流落时。”

【忘神】 wàng shén 因意外刺激或注意力不集中而失态。清《红楼梦》一〇九回:“宝玉已经~,便把五儿的手一拉。”

【忘失】 wàng shī 忘记。唐实叉难陀译《地藏菩萨本愿经》卷下:“应是经典,一历耳根,即当永记,更不~一句一偈。”《古尊宿语录》卷三五《大随开山神照禅师语录序》:“领取传言,无令~。”明《拍案惊奇》卷三六:“静想方才所听唱的姓名,~了些,还记得五六个。”

【旺地】 wàng dì 可以使人发达兴旺的方向或地方。元明《水浒传》五一回:“财门上起,利地上住,吉地上过,~上行。”明《古今小说》卷六:“教人相了地形,在东南角~上另创个衙门。”清《醒世姻缘传》六一回:“奴仆宫寿星得~,大得婢仆之力。”

【旺夫】 wàng fū 女子出嫁后给夫家带来兴旺。元明《水浒传》一〇四回:“三娘的八字十分~。”明《西游记》九七回:“娶的妻是那张旺之女,小名叫做穿针儿,却倒~。”

【旺气】 wàng qì ❶ 气运兴旺。《元曲选·柳毅传书》二折:“电母,你从云雾中来看,看道那一家喜色~?”元明《三国演义》一〇二回:“臣夜观天象,见中原~正盛,奎星犯太白,不利于四川。”❷ 旺盛的生命力;活力。清《醒世姻缘传》九回:“晁大舍这时也没了那些~,只是磕头赔礼。”又三〇回:“来往出入的人都是有着实的~,我又不敢近他。”

【旺跳】 wàng tiào 生命力旺盛。明《金瓶梅词话》八回:“你指着~身子说个誓,我方信你。”清《醒世姻缘传》四九回:“去昨年毕姻的日子整整一年,生了一个白胖~的娃娃。”《聊斋俚曲·寒森曲》:“赵歪子大发歪,~人请将来,做就局将俺爹爹害。”

【旺相】 wàng xiàng ❶ 命理术语。星命家以五行配四季,每个季节里五行的兴衰用旺、相、休、囚、死表示。旺和相是生命力强的状态。唐易静《兵要望江南·占六壬》:“白虎年将须稳审,休囚绝气不伤人,~即残身。”明《拍案惊奇》卷八:“但往南京一路上去,自然财爻~。”清《醒世姻缘传》六一回:“迁移宫内紫微~,八座龙池辅佐,宜于出外。” ❷ 兴旺;旺盛。《元曲选·张生煮海》三折:“只要火气十分~,一时间将此水煎滚起来。”明《醒世恒言》卷三五:“前日闻得你生意十分~,今番又趁若干利息?”❸ (精力)健旺。明《醒世恒言》卷一三:“又见韩夫人精神~,喜容可掬。”《拍案惊奇》卷三四:“除非这个着落方合得姑娘贵造,自然寿命延长,身体~。”清《醒世姻缘传》一二回:“珍哥自从计氏附在身上采拔了那一顿,终日淹头搭脑,甚不~。” ❹ 吉庆;兴旺的兆头。明田汝成《西湖游览志餘》卷二〇《熙朝乐事》:“正月朔日……以春饼为上供,爇栗炭于堂中,谓之~。”清《红楼梦》八一回:“占~四美钓游鱼。” ❺ 有面子;有彩头。元明《水浒传》一〇四回:“李助两边往来说合,指望多说些聘金,月老方才~。”

【旺相相】 wàng xiàng xiàng 生命力旺盛。明贾凫西《木皮词》:“老神农伸着个牛头尝百草,把一些~的孩子提起病源。”

【望】 wàng ❶ 探望;看视。《元曲选外编·西厢记》三本三折:“我回夫人话去,少刻再来相~。”明《朴通事谚解》卷上:“不知道下处,不曾得~去,大舍休怪。”清《红楼梦》四五回:“这日宝钗来~他,因说起这病症来。” ❷ 照看;料理。明《金瓶梅词话》一三回:“小弟适有些不得已小事出去~~,失迎。” ❸ 望子;招牌。元明《水浒传》二九回:“但遇着一个酒店,便请我吃三碗酒;若无三碗时,便不过望子去。这个唤做‘无三不过~’。” ❹ 介词。a) 同“往❶”。唐[日]圆仁《入唐求法巡礼行记》卷二:“西南行十六里,入小路,~长白山去。”宋赵彦卫《云麓漫钞》卷八:“自东京至女真所谓‘御寨’行程:东京四十五里至封丘县,皆~北行。”清《绿野仙踪》八十回本一一回:“向东南念念有词,将酒~空中洒去。” b) 同“往❷”。清《红楼梦》一〇回:“好容易我~你姑妈说了,……你才得了这个念书的地方。” ❺ 用在表示年龄的十的整数倍的词前面,表示接近这一年龄。明汤显祖《牡丹亭》五出:“将耳顺,~古稀,儒冠误人霜鬓丝。”《醒世恒言》卷三:“邢权是~四之人,没有老婆。”清《醒世姻缘传》四四回:“两个老人家年纪也都是~七的时候。”

【望巴巴】 wàng bā bā 形容急切地挂念和盼望。《元曲选·盆儿鬼》一折:“父亲也,可怜你泪眼如麻,~,定道我流落在水远山遐。”明沈璟《义侠记》一七出:“远迢迢他乡传信,慢悠悠英雄自哂;~到吾兄宅前,急煎煎欲把平安问。”

【望板】 wàng bǎn 平铺在椽子上的木板,上承屋瓦。明《平妖传》一五回:“在屋上揭去几片琉璃瓦,挖开~,向下张看。”清《八旗通志》卷一一三:“内正房三间,通面阔三丈七尺,进深二丈七尺,檐柱高一丈零五寸,七檩,钉~,前后出廊成造。”和邦额《夜谭随录·额都司》:“额方偃息在床,闻顶隔上窸窣有声,……仰视~,若有人踏之以行。”

【望版】 wàng bǎn 同“望板”。明方以智《通雅·宫室》:“薄版曰~,……升庵以为天花版。”

【望穿秋水】 wàng chuān qiū shuǐ 形容盼望之殷切。秋水,喻指眼睛。《元曲选外编·西厢记》三本二折:“你若不去呵,望穿他盈盈秋水,蹙损了淡淡春山。”清《聊斋志异·凤阳士人》:“~,不见还家,潸潸泪似麻。”

【望风】 wàng fēng ❶ 凭空,无端。五代王定保《唐摭言》卷一四:“为轻小之徒,~传说曰:笔削重事,闺门得专。”《敦煌变文校注》卷三《燕子赋(一)》:“燕子到来,[即欲向前词谢,不悉事由],~恶骂。”又卷四《降魔变文》:“未问委的,~且瞋。” ❷ 为秘密活动观察动静;放哨。宋元《古今小说》卷三三:“到张公家,见大伯伸着脖项,一似~宿鹅。”清《飞龙全传》一八回:“手下有四五十个喽罗,四下~,打劫客商。”

【望杆】 wàng gān 挂望子的杆子。《元曲选外编·遇上皇》一折:“今日清早晨开了这店门,挑起~,烧的这旋锅儿热着。”

【望竿】 wàng gān 同“望杆”。《元曲选·看钱奴》三折:“不是自家没主顾,争奈酒酸长似醋,这回若是又酸香,不如放倒~做豆腐。”元明《水浒传》二九回:“檐前立着~,上面挂着一个酒望子。”清《续金瓶梅》四七回:“又叫作是隔墙醉,不曾吃酒,但见了~就醉倒了。”

【望候】 wàng hòu 探望问候。清《红楼梦》五〇回:“好大雪,一日也没过来~老太太。”又六六回:“他就分路往南二百里,有他一个姑妈,他去~~。”

【望江南巴山虎】 wàng jiāng nán bā shān hǔ “忘八”二字的嵌字隐语。望江南,巴山虎,二种植物名。各取头一字即“望巴”二字,谐音指“忘八”。明《金瓶梅词话》三二回:“李桂姐道:‘香姐,你替我骂这花子两句。’郑爱香儿道:‘不要理这~儿,汗东山斜纹布。’”

【望看】 wàng kàn ❶ 眺望;观看。唐崔峒《江南回逢赵曜因送任十一》:“江上长相忆,因高北~。”宋韩琦《壬子十一月二十九日时雪方洽》:“欲知灵鹫银为界,试陟高楼一~。”清《说唐后传》三七回:“仁贵也不听见,~时,但见围在一团,枪刀耀目。” ❷ 探望;看视。明《型世言》三三回:“要自去~,庾盈道:‘你是他家人,来的两日又去,须与人笑话。’”哈铭《正统临戎录》:“又于本月内有，也先亲自来帐殿～。”

【望空】 wàng kōng ❶ 朝空中。敦煌本《佛报恩经讲经文》：“～叫唤，语贼曰：……”元明《水浒传》二八回：“武松再把右手去地里一提，提将起来，～只一掷。”明汤显祖《牡丹亭》二五出：“夫人，就此～顶礼。” ❷ 平空；无端；无从捉摸。《五灯会元》卷一四《瑞岩法恭禅师》：“～雨宝休夸富，无地容锥未是贫。”《元曲选·货郎旦》四折：“那婆娘舌剌剌挑茶斡刺，百枝枝花儿叶子，～里揣与他个罪名儿。”明《西游补》七回：“行者听得‘蒙瞳世界’四字，却又是个～，慌忙问：‘蒙瞳世界相去有几里路程？’” ❸ 贸然；胡乱。明《杨家府》卷六：“孟良慌张，只道是捕缉之人，抽出利斧，～劈击，正中焦赞脑门，嘿然气绝。”

【望门寡】 wàng mén guǎ 女子订婚未嫁而未婚夫死亡。也用来称作未嫁而夫死的女子。元明《三国演义》五四回：“杀了刘备，我女便是～，明日再怎的说亲？”明《平妖传》二二回：“便是那～的硬东西么？谁家女儿是铜盆，肯去对那铁扫帚？”

【望门寡妇】 wàng mén guǎ fù 订婚未嫁而未婚夫死亡的女子。明《二刻拍案惊奇》卷三：“眼见得丹桂命硬，做了～。”

【望门无力】 wàng mén wú lì 犹“望门寡妇”。明《金瓶梅词话》五九回：“既死了，你家姐姐做了～，劳而无功。”

【望乞】 wàng qǐ 请求别人帮助的客气话。《元曲选外编·西厢记》三本三折：“小生害得眼花，搂得慌了些儿，不知是谁，～恕罪！”明汤显祖《牡丹亭》五〇出：“寇兵销咫尺之书，军礼设太平之宴。谨已完备，～俯容。”清《后水浒传》一七回：“若看老兄恁般说，莫非他近日做了甚不循理的勾当？～说明。”

【望日】 wàng rì 每月月圆的那一天。通常指农历每月十五日。唐徐凝有《二月～》。宋《朱子语类》卷二：“～日在酉，月在卯，正相对，受光为盛。”清《五色石》二回：“次日恰好是～。”

【望头】 wàng tou 指望；盼头。《元曲选·老生儿》一折：“俺老的偌大年纪，见有这些儿～，欢喜不尽。”明《拍案惊奇》卷一〇：“却毕竟不如嫁了个读书人，到底不是个没～的。”《二刻拍案惊奇》卷二：“父母见他年长，要替他娶妻，国能就心里～大了。”

【望县】 wàng xiàn 唐代把县分为赤、畿、望、紧、上、中、下七等，京都所治为赤县，京都附近的称畿县，其餘的则按照户口多少、地域广狭以及物产丰乏而划分。五代时沿用。《太平广记》卷一八六引《国史补》：“使仆得志，当令登第之岁，集于吏部，使尉紧县；既罢复集，稍尉～；既罢乃尉畿县，而升于朝。”《旧五代史·周书·太祖纪》：“壬寅，诏：‘重定天下县邑，除畿赤外，其餘三千户已上为～，二千户已上为紧县，一千户已上为上县，五百户以上为中县，不满五百户为中下县。’”

【望乡台】 wàng xiāng tái ❶ 征夫、游子登临以眺望故乡的高台。唐杜甫《云山》：“京洛云山外，音书静不来。神交作赋客，力尽～。”陆畅《成都送别费冠卿》：“莫厌客中频送客，思乡独上～。” ❷ 传说地狱里鬼魂回望家乡的高台。《元曲选·窦娥冤》四折：“我每日哭啼啼守住～，急煎煎把仇人等待。”明《金瓶梅词话》二六回：“香魂渺渺已赴～。”清《聊斋志异·耿十八》：“又移时，见有台，高可数仞，游人甚多，囊头械足之辈，呜咽而上下，闻人言为～。”

【望子】 wàng zi ❶ 店铺标明营业性质的标志，高挂在门前。一般多指酒旗。《五灯会元》卷一二《姜山方禅师》：“问：‘诸佛未出世时如何？’师曰：‘不识酒～。’”《元曲选·岳阳楼》一折：“我这里斜倚定栏干望，原来是挂～门前老杨。”清《水浒后传》五回：“官道边有座酒店，挑出～。”翟灏《通俗编·器用》：“《广韵》：‘青帘，酒家～。’按今江以北，凡市贾所悬标识，悉呼～。讹其音，乃云幌子。” ❷ 比喻假借的名义。元明《水浒传》四五回：“本待要声张起来，又怕邻舍得知笑话，装你的～。”

wēi

【威凛凛】 wēi lǐn lǐn 威严而令人敬畏貌。《元曲选外编·锁魔镜》三折：“雄赳赳断怪除妖，～踏罡步斗。”明汤显祖《牡丹亭》二三出：“～人间掌命，颤巍巍天上消灾。”《警世通言》卷四〇：“雄纠纠英风直奋，～杀气横加。”

【威雄】 wēi xióng 威武雄壮。唐张文彻《龙泉神剑歌》：“我帝～人未知，叱咤风云自有时。”元《秦并六国平话》卷中：“始皇吞噬似长蛇，智力～实可夸。”明《拍案惊奇》卷八：“身上紧穿着一领青服，腰间暗悬着一把钢刀，形状带些～。”

【威仪】 wēi yí 本指仪仗随从等，引申指服饰打扮。唐王梵志《寺内数个尼》：“寺内数个尼，各各事～。”《敦煌变文校注》卷四《难陀出家缘起》：“我家夫主～，不作俗人装束。”

【葳蕤】 wēi ruí 胆怯或委靡不振作貌。《敦煌变文校注》卷一《伍子胥变文》：“～怯弱，石胆难当。”明《拍案惊奇》卷二二：“写了个帖，又无一个人跟随，自家袖了，葳葳蕤蕤，走到州里衙门上来递。”清《红楼梦》庚辰本、程甲本等二六回：“你出去了就好了，只管这么～，越发心里烦腻。”

【偎】 wēi ❶ 紧傍；紧贴。唐李郢《自水口入茶山》：“蒨蒨红裙好女儿，相～相倚看人时。”《元曲选·楚昭公》四折：“也只为丧败初还百无备，尚未及酬恩报德，非是俺急时～、缓时弃。”清《聊斋志异·莲香》：“莲香夜夜同衾～生，生欲与合，辄止之。” ❷ 触；碰。元《三国志平话》卷中：“前至桥上，陷了马蹄，君臣头～地上。” ❸ 安慰劝诱。明《古今小说》卷一：“王公只得把休书和汗巾簪子都付与王婆，教他慢慢的～着女儿，问他个明白。”《醒世恒言》卷九：“你须慢慢～他，不可造次。”《拍案惊奇》卷二：“潘甲晓得意思，把些好话～他过日子。”

【偎伴】 wēi bàn 陪伴。宋林洪《恋绣衾》：“既得个、厮～，任风霜、尽自放心。”明《二刻拍案惊奇》卷四：“史应叫魏能～了他，道：‘魏三哥且陪着纪二哥坐一坐。’”《石点头》卷一二：“姚二妈又不时来～，说话中便称方六一家资巨富，做人仁厚。”

【偎傍】 wēi bàng 依偎；紧贴。宋柳永《凤栖梧》其三：“玉树琼枝，迤逦相～。”金《刘知远诸宫调》一一：“孤眠每夜何情况，一十三岁阻鸾凤。知远听说相～，虽着粗衣，体上有餘香。”清《聊斋志异·娇娜》：“生贪近娇姿，不惟不觉其苦，且恐速竣割事，～不久。”

【偎风躲箭】 wēi fēng duǒ jiàn 比喻安全，不会受到伤害。偎，避。宋《朱子语类》卷一二二：“遂至于凡事回互，拣一般～处立地。”

【偎干就湿】 wēi gān jiù shī 小儿尿床，母亲自己睡湿处，把干处留给小儿。形容母亲对孩子的疼爱和抚育的辛苦。偎，避。《元曲选·神奴儿》三折：“想着他咽苦吐甘，～，怎生抬举！”明《金瓶梅词话》五九回：“想着生下你来，我受尽了千辛万苦，说不的～，成日把你耽心儿来看。”

【偎干湿】 wēi gān shī 即“偎干就湿”。《元曲选外编·降桑椹》二折：“俺母亲～三年乳哺，更怀耽十月劬劳。”

【偎红倚翠】 wēi hóng yǐ cuì 谓亲狎女色；狎妓。明贾仲明《对玉梳》三折：“一心待～，论黄数黑，恶紫夺朱。”梁辰鱼《浣纱记》七出:"遇春风笑搂花间,值秋宵醉眠帏底,~,看世上谁人百岁? 今夜同欢会。"《金瓶梅词话》七三回:"我为你受孤恓,你在那里~。"

【偎揘】 wēi huàng 贴紧摇晃。明《金瓶梅词话》七四回:"一面说着,……只顾~。"

【偎留】 wēi liú 亲热款留。元明《水浒传》贯华堂本六一回:"次日,宋江杀牛宰马,大排筵宴,请出卢员外来赴席,再三再四~,在中间坐了。"

【偎侬】 wēi nóng 窝囊无能。清《醒世姻缘传》七九回:"幸得他不像别的~孩子,冻得缩头抹脖的。"

【偎浓咂血】 wēi nóng zā xiě 形容人窝囊无能。清《醒世姻缘传》五三回:"别的那几个残溜汉子老婆,都是几个~的攮包,不消怕他的!"

【偎贴】 wēi tiē ❶(身体)紧靠;紧贴。明《古今小说》卷二九:"当夜假装肚疼,要老师父替他~,因而破其色戒。"《醒世恒言》卷三二:"慌忙将通身湿衣服解下,置于絮被之内,自己将肉身~。" ❷依傍;挨近。清《醒世姻缘传》六九回:"那老侯、老张又是两个会首,又少专功走来照管,~了刘嫂子做了一处。"

【偎倚】 wēi yǐ 依偎;紧靠在一起。宋柳永《促拍满路花》:"有时携手闲坐,~绿窗前。"元明《三国志通俗演义》卷二:"两个偎偎倚倚,不忍相离。"《水浒传》二一回:"却说宋江坐在杌子上,只指望那婆娘似比先时先来~陪话。"

【偎慵】 wēi yōng 同"猥慵"。《元曲选·渔樵记》三折:"每日家~堕懒,生理不做。"史九散人《胡蝶梦》一折:"你爱的是雪月风花,我爱的是惰懒~。"

【隈】 wēi ❶隐蔽;躲藏。唐张祜《所居即事》之六:"墙头够鸽~花叶,水面蜻蜓寄草枝。"五代贯休《别杜将军》:"身~玉帐香满衣,梦历金盆雨和雪。"《五灯会元》卷一六《智者法铨禅师》:"若是~刀避箭,碌碌之徒看即有分。" ❷背;背靠。唐张鷟《朝野佥载》卷四:"去贼七百里,~墙独自战。"宋觉范《禅林僧宝传》卷二三《泐潭真净文禅师》:"钱公嘲曰:'禅者固能教诲蛇虎,乃畏狗乎?'师曰:'易伏~岩虎,难降护宅龙。'"

【隈地】 wēi dì 背地里。敦煌词《十二时·普劝四众依教修行》:"妻子情,终不久,只是生存乍亲厚。未容三日病缠绵,~憎嫌百般有。"宋《汾阳禅师语录》卷上:"对人天大众前通露消息,要辨邪正,莫只恁么肚里不肯,~生疑。"

【隈映】 wēi yìng 躲避;隐身。唐薛用弱《集异记·王之涣》卷二:"忽有梨园伶官十数人登楼会宴,三诗人因避席~,拥炉火以观焉。"

【煨】 wēi ❶用微火或餘烬慢煮或烘烤。《太平广记》卷四七二引《录异记》:"唐有贾客,维舟汴河上,获一巨龟,于灶火中~之。"宋元《清平山堂话本·李翠莲》:"两个初~黄栗子,半抄新炒白芝麻。"清《红楼梦》四一回:"俱切成钉子,用鸡汤~干,将香油一收。" ❷埋藏。宋《朱子语类》卷四:"人性如一团火,~在灰里,拨开便明。"

【煨饭】 wēi fàn 烧饭。明《平妖传》一〇回:"到端午日,早起在地灶中~吃饱。"又一一回:"当下将天书布包一并打在衣包之内,~吃了。"

【煨干避湿】 wēi gān bì shī 即"偎干就湿"。《元曲选·灰阑记》一折:"一向在我身边,~,咽苦吐甜,费了多少辛勤,在手掌儿上抬举长大的。"又四折:"生下这孩儿,十月怀胎,三年乳哺,咽苦吐甘,~,不知受了多少辛苦。"按,"煨干避湿"不宜仅从字面上理解。

【煨干就湿】 wēi gān jiù shī 同"偎干就湿"。《元曲选·虎头牌》三折:"俺两口儿虽不曾十月怀耽,也曾三年乳哺,也曾~,咽苦吐甘。"又《杀狗劝夫》三折:"不想共乳同胞一体分,~母艰辛。"

【煨火】 wēi huǒ 燃火。元耶律楚材《和邦瑞韵送行》:"幸有和林酒一樽,地炉~为君温。"明《警世通言》卷三:"命童儿茶灶中~,用银铫汲水烹之。"清《绿野仙踪》九回:"于冰答应了一声,连忙扒起,~取水做饭。"

【煨脓】 wēi nóng 即"偎侬"。明《古今小说》卷三八:"那人必定不是好汉,必是个~烂板乌龟。"

【煨热】 wēi rè 亲热使受感动。明《警世通言》卷二:"那婆娘不达时务,指望~老公,重做夫妻。"《二刻拍案惊奇》卷三二:"立是少不得立他一个,总是别人家的肉,那里煨得热?"

【微分间】 wēi fēn jiān 微微;略微。元王和卿《百字知秋令》:"绛蜡残半明不灭寒灰看时看节落,沉烟烬细里末里~即里渐里消。"高安道《哨遍·皮匠说谎》:"剜裁的脸戏儿~短,拢揎得腮帮儿省可里肥。"《元曲选·谢天香》一折:"你觑他交椅上抬颏样儿,待的你不同前次,他则是~将表字呼之。"

【微末】 wēi mò ❶(地位)低微。明佚名《南牢记》一折:"你不嫌小官~,咱两个同偕连理。" ❷(地位)低微的人。唐沈佺期《辛丑岁十月上幸长安》:"皇明应天游,十月戒丰镐。~忝闲从,兼得事苹藻。"清《醒名花》一四回:"区区~,即无济于事,也见得执戈荷戟者,尚能表三代之直,争是非之公。"

【微微】 wēi wēi ❶轻微;细微。唐杜甫《晚晴》:"秋分客尚在,竹露夕~。"《五灯会元》卷八《瑞岩师进禅师》:"万里白云朝瑞岳,~细雨洒帘前。"清《红楼梦》三回:"泪光点点,娇喘~。" ❷稍微;略略。唐杜牧《和裴杰秀才新樱桃》:"远火~辨,繁星历历看。"《大唐三藏取经诗话》六则:"白衣妇人见行者语言正恶,徐步向前,~含笑,问师僧一行往之何处。"清《红楼梦》四六回:"两边腮上~的几点雀斑。"

【微物】 wēi wù 微薄的东西。多用作谦词。唐[日]圆仁《入唐求法巡礼行记》卷三:"前件~,谨表重志。伏望领至,莫嫌轻少。"明杨珽《龙膏记》一三出:"这些~,聊充途中之费。"清《红楼梦》二八回:"~不堪,略表今日之谊。"

【微鲜】 wēi xiǎn 微少;微薄的物品。《敦煌愿文集·尼患文》:"谨将~,割舍净财;投杖(仗)福门,希垂救厄。"宋苏轼《答钱济明书》之二:"回信惟有紫团参一枝,疑可双奉亲故,不以~为愧也。"宋元《古今小说》卷三九:"这粗绢四匹,权折一饭之敬,休嫌~。"

【巍峨】 wēi é ❶同"嵬峨"。《云笈七籤》卷一一一:"扈谦者,魏郡人也。性纵诞,不耻恶食,好饮酒,……常作~醉。" ❷比喻居高第,名列前茅。《太平广记》卷一八四引《玉堂闲话》:"占者曰:'老僧,上座也,着屐于卧榻上行,屐高也,君其~矣。'及见榜,乃状元也。"五代王定保《唐摭言》卷九:"自怀士良一缄入贡院,……书中与思谦求~,错曰:'状元已有人,此外可副军容意旨。'"宋葛立方《韵语阳秋》卷一八:"名字~先蕊榜,词章斐亹动文奎。"

【巍科】 wēi kē 科举考试的高名次。唐良价《王子颂·末生》:"业就~酬极志,比来臣相不当途。"明《醒世恒言》卷一一:"取~则有餘,享大年则不足。"清《白雪遗音·追诉》:"我原望你病好回家转,望你有日占~。"

wéi

【为】 wéi ❶请。用于动词之前。唐白居易《山中问月》:

"～问长安月，谁教不相离。"刘禹锡《葡萄歌》："～君持一斗，往取凉州牧。" ❷ 会；懂行。宋元《清平山堂话本·杨温传》："这汉～五条棒只有这条好，被他拣了。"又："有指爪劈开地面，～腾云飞上青霄。"

【为别】 wéi bié 分别；离别。唐刘希夷《相和歌辞·江南曲》之四："天涯一～，江北自相闻。"《五灯会元》卷九《无著文喜禅师》："师凄然，悟彼翁者即文殊也。不可再见，即稽首童子，愿乞一言～。"清《聊斋志异·天宫》："今将粪除天宫，不能复相容矣。请以卮酒～。"

【为从】 wéi cóng 附从；做从犯。与"为首"相对。《唐律疏议》卷五："假令甲有九品官，犯徒一年，诈～罪，前断处杖一百，征铜十斤，今依首论，断作一年徒坐，以九品一官当徒坐尽，前征铜十斤者还之，是名'前输赎物，后应还者，还之'。"《元曲选·铁拐李》一折："前日中牟县解来的囚人，想该县官吏受了钱物，将那～的写做为首的，为首的改做～的。"清《梦中缘》一四回："这是～的罪比为首的罪稍减了一等。"

【为当】 wéi dāng 莫不是；难道是。《敦煌变文校注》卷一《伍子胥变文》："～流浪漂蓬，独立穷舟(洲)旅岸?"又："～别有他情? 何为耻胥不受?"

【为非作歹】 wéi fēi zuò dǎi 做坏事。《元曲选·柳毅传书》二折："我且拿起来，只一口将他吞于腹中，看道可还有本事～哩。"明《二刻拍案惊奇》卷四："家事已饶，贪心未足，终身在家设谋运局，～。"清《红楼梦》五七回："我说的是好话，不过叫你心里留神，并不叫你去～。"

【为非做歹】 wéi fēi zuò dǎi 同"为非作歹"。明佚名《续西游记》六〇回："谁教他少小不教训，长大习纵了性，～。"

【为好成歉】 wéi hǎo chéng qiàn 做好事却被当成恶意。明《古今小说》卷四："不料乐极悲生，～。"《警世通言》卷二一："不能报恩人之德，反累恩人的清名，～，皆奴之罪。"《醒世恒言》卷一九："为此我故意要难他转来，你如何反～?"

【为欢】 wéi huān ❶ 逗人高兴。《敦煌变文校注》卷四《八相变(一)》："大王见太子愁忧不乐，更添百般细乐，万种音声，令遣宫内～太子，太子都不人耳。" ❷ 寻欢；作乐。唐杨炯《送梓州周司功》："举杯聊劝酒，破涕暂～。"明汤显祖《牡丹亭》一出："忙处抛人闲处住。百计思量，没个～处。"清《聊斋志异·仇大娘》："女伏地大哭。大娘劝止，置酒～。" ❸ 特指性交。明沈德符《万历野获编》卷二六："僧中一少年号传衣者，见门役而悦，诱与～，约以丙夜。"清李渔《闲情偶寄》卷六："乐莫乐于新相知，但观此一夕之～，可抵寻常之数夕，即知此一夕之所耗，亦可抵寻常之数夕。"《聊斋志异·梅女》："梅女夜至，展谢已，喜气充溢，姿态嫣然。封爱悦之，欲与～。"

【为活过日】 wéi huó guò rì 过活；过日子。《元曲选·窦娥冤》二折："把手～，撒手如同休弃。"

【为理】 wéi lǐ 犹言为治，因避唐高宗讳而改作"为理"。指治理，为政。唐李肇《国史补》卷中："～清俭，不求人知。兵革之后，阖境大化。"《旧五代史·晋书·王傅拯传》："及赴虢略，～清静，蒸民爱戴如宁州焉。"后多指作地方官。元关汉卿《裴度还带》三折："父亲在此～，与人秋毫无犯。"《元曲选·鸳鸯被》三折："小官张瑞卿，自到京都阙下，一举状元及第，所除洛阳～。"又《金线池》一折："今欲上朝取应，路经济南府过，有我个八拜交的哥哥，是石好问，在此～。"

【为难】 wéi nán ❶ 感到难以应付；难办。《太平广记》卷二四一引《王氏闻见录》："当路州县摧残，所在馆驿隘少，止宿尚犹不易，供须固是～。"清《醒世姻缘传》六一回："别的我倒也都不～，只这个女人的替身，这却那里去寻?"《红楼梦》五〇回："惜春听了，虽是～，只得应了。" ❷ 刁难。清雍正三年内务府总管允禄等面奏折："二十一日到山东后，二十五日陈巡抚把我传进衙门去见，等些时候，对我并无～之处。"

【为情】 wéi qíng 酬答；报答别人的好处。明汤显祖《牡丹亭》四六出："军中仓卒，无以～。我把一大功劳，先生干去。"清《玉娇梨》一三回："舍亲无以～，要做一架锦屏送他。"《儒林外史》四四回："权且拿回家去做了老伯、老伯母的大事，我将来再～罢。"

【为人】 wéi rén ❶ 启发、引导僧徒(领悟佛旨)。《祖堂集》卷四《药山和尚》："院主在外责曰：'和尚适来许某甲～，如今因什摩却不～? 赚某甲。'"《五灯会元》卷一一《幽州潭空和尚》："师问曰：'见说汝欲开堂～，是否?'尼曰：'是。'"宋惟白《建中靖国续灯录》卷二八《明州雪窦山重显明觉禅师》："古佛从来不～，衲僧今古竞头走。" ❷ 光彩体面。宋洪迈《容斋四笔》卷七："顷者御史言定乃人伦所弃，陛下力排群议，而定始得～如初。"《元曲选·举案齐眉》一折："小姐则拣那富贵的招一个，又～，又受用。"清《醒世姻缘传》七二回："每年家，咱这县衙里爷们都来与他贺寿，好不～哩!"

【为是】 wéi shì 另见 wèi shì。用在句末，对前面的设想或意见表示肯定。元《通制条格》卷一七："兵部照拟：'比附迤北、腹里额数礼例，俱于肆两包银户内选差，开坐各该人数，从长定夺～。'"明汤显祖《牡丹亭》五三出："先生差矣! 此乃妖孽之事。为大臣的，必须奏闻灭除～。"清《红楼梦》三四回："俗语又说'君子防不然'，不如这会子防避的～。"

【为事】 wéi shì ❶ 出事；有事(指官司之事)。元明《水浒传》三六回："难得这位恩官，本身见自～在官，又是过往此间，颠倒赍发五两白银!"明《金瓶梅词话》一七回："他陈亲家那边～，各人冤有头，债有主，你平白焦愁些甚么?"清《儒林外史》一回："假如我为了事，老爷拿票子传我，我怎敢不去?" ❷ 寻衅；闹事。清《醒世姻缘传》二五回："只因家中有一个庶母弟，极是个恶人，专一要杀兄～的。" ❸ 当作一回事；放在心上。《五灯会元》卷二〇《玉泉宗琏禅师》："往往真个以行脚～底，才有疑处，便对众决择。"明汤显祖《牡丹亭》七出："如今女学生以读书～，须要早起。"清《红楼梦》四回："自父亲死后，见哥哥不能依贴母怀，他便不以书字～，只留心针凿家计等事，好为母亲分忧解劳。"

【为手】 wéi shǒu 能手；惯家。元《七国春秋平话》卷中："膑曰：'尔非～。'毅曰：'我非将手? 怕有破绽处么?'"

【为头】 wéi tóu ❶ 作为首领；领头。《元代白话碑集录·一二八〇年虚仙飞泉观碑(二)》："宣慰司每根底，城子里村子里达鲁花赤每根底，官人每根底，祁真人～先生每根底宣谕的圣旨。"又："真人～先生每与了退□文书来。" ❷ 为首；打头。元许衡《直说大学要略》："如伏羲、神农、黄帝，从有天地以来～儿立这个教人的法度，选着好人做司徒，复示以教人的缘由。"明《朴通事谚解》卷上："老官人～儿，大小家眷、小娃娃们，以至下人们，都身已安乐。"清《水浒后传》一八回："王进等大怒，各掣腰刀抵住，马上～的笑道：'你这十四五个人，怎经动手!'" ❸ 首要；第一。元贯云石《孝经直解》一："身体头发皮肤从父母生的，好生爱惜者，休教伤损者么道。阿的是孝道的～儿合行的勾当有。"元明《水浒传》二四回："这婆娘倒诸般好，～的爱偷汉子。"明《西游记》九回："此单表陕西大国长安城，……三十六条花柳巷，七十二座管弦楼，华夷图上看，天下最～。" ❹ 从头。《元曲选外编·西厢记》三本二折："我～儿看：看你个离魂倩女，怎发付掷果潘安！"《元曲选·勘头巾》三折："～儿对府尹说详细，只教他欠身的立起银交椅，惊杀了两行公吏。" ❺ 开始。金段克己《鹧鸪天》："便从今日～数，比到春归醉几回。"《元典章·兵部五》："如今正月初一日～，至七月二十日，不拣是谁，休打捕野物者。"《三国志平话》卷上："当日起军，从扬州广宁郡～，逢一村，收一村；逢一县，收一县。" ❻ 先前；起初；刚才。《元曲选·窦娥冤》四折："这一宗文卷我～看过，压在文卷底下，怎生又在这上头？"元明《水浒传》一回："～上至半山里，跳出一只吊睛白额大虫，惊得下官魂魄都没了。"明《朴通事谚解》卷中："～儿他瞒别人来，临了他也着我道儿。"明《西游记》二五回："师父啊，～打的是大唐和尚，这一会打的都是柳树之根。" ❼ 当先；迎头。元明《水浒传》二七回："武松问了，自和两个公人一直奔到十字坡看时，～一株大树，四五个人抱不交。"

【为友】 wéi yǒu 还情。指报答他人的恩惠，人情。《元曲选外编·黄花峪》四折："酒不醒贫僧怕见走，云岩寺权为宿头，且时住，暂停留，混践您些儿改日～。"

【为冤计仇】 wéi yuān jì chóu 犹"为冤结仇"。清《醒世姻缘传》二八回："大爷又不好打他的，你敢啃他吃他不成？枉合他～。"又八〇回："到了其间，通身由不得我，合他～，通似神差鬼使的一样。"

【为冤结仇】 wéi yuān jié chóu 结下冤仇。明《金瓶梅词话》七二回："想着他把死的来旺儿贼奴才淫妇惯的有些折儿！教我和他～。"清《醒世姻缘传》六〇回："婆婆家人合你～，连娘家的人也都恨不的叫你吃了亏！"

【违碍】 wéi ài ❶ 拒绝；不顺从。《敦煌变文校注》卷五《维摩诘经讲经文（六）》："不捡高低若乞来，故无相吝生～。" ❷ 因为违犯律令或规矩而有所妨碍。元《通制条格》卷四："今后流官如委亡妻或无子嗣，欲娶妻妾者，许令官媒往来通说，明立婚书，听娶无～妇女。"清《醒世姻缘传》八〇回："我仔细查来，实是害病死的，没有别的～，埋葬了由他。"

【违拗】 wéi ào 不顺从；违背。金《刘知远诸宫调》二："如今待交知远作缀（赘），定把上名～。"明《拍案惊奇》卷一三："做爷娘的百依百顺，没一事～了他。"清《儒林外史》六回："大老爹吩咐的话，我们怎敢～？"

【违背】 wéi bèi 离别；去世。唐柳宗元《叔妣吴郡陆氏夫人志文》："盖衰门薄祐，神道不相，顾仲父～于岁首，而夫人捐弃于是月。"《敦煌变文校注》卷二《秋胡变文》："秋胡既奉王教，一喜一悲，悲乃～王庭，喜乃得见慈母。"《敦煌愿文集·亡文等句段集抄·亡文》："亡考为（违）背，心丧逾深；抱痛终身，与命俱尽。"

【违悖】 wéi bèi 违背；不顺从。唐李纯《讨王承宗招谕敕》："而承宗毁弃门户，～君亲，遽肆奸凶，自贻讨伐。"元许衡《大学直解》："'言'是言语，'悖'是～不顺理，'货'是财货。"清《醒世姻缘传》六〇回："我要是个人家的正头妻，可放出个屁来也是香的，谁敢～我？"

【违别】 wéi bié ❶ 违反；违抗。《唐律疏议》卷一三："若以妻为妾，以婢为妻，～议约，便亏夫妇之正道，黩人伦之彝则。"《元代白话碑集录·一三一八年周至阳万寿宫圣旨碑》："这般宣谕了呵，～了的人每，不怕那甚么！"元明《水浒传》一回："回到朝廷，先奏你们众道士阻当宣诏，～圣旨，不令我见天师的罪犯。" ❷ 离别。唐赵微明《杂曲歌辞·古离别》："～未几日，一日如三秋。"宋苏轼《答苏子平先辈》之一："～滋久，思咏不忘。"清《红楼梦》一〇四回："贾政先到了贾母那里拜见了，陈述些～的话。"

【违代】 wéi dài 犹言去世；已故。唐李隆基《答张说进上党旧宫述圣颂制》："往者中宗～，国步微艰，天祚我唐，大命集于睿宗大圣贞皇帝。"独孤及《为李给事让起复尚书左丞兼御史大夫第二表》："慈颜～，罔极之痛，终天莫追。"《敦煌愿文集·斋琬文一卷》："故乃～高德，先已刊制齐（斋）仪。"

【违条】 wéi tiáo 违反法律条款。《五灯会元》卷一九《护国景元禅师》："何故？岂不见道：乍可～，不可越例。"明《皇明诏令·谕武臣恤军敕》："似此～犯法之徒，不遵教化，斩首示众，死有餘辜。"清《醒世姻缘传》二七回："由恣肆则犯法～，伤天害理，愈出愈奇，无所不至。"

【违误】 wéi wù 违抗耽误。五代杜光庭《东院司徒郡夫人某氏醮词》："窃恐履行立身，措情属念，有～之过，有抵触之非。"《元曲选外编·西厢记》二本一折："我今不敢～，即索报知夫人走一遭。"清《聊斋志异·鬼隶》："鬼曰：'～限期罪小，入遭劫数祸大。宜他避，姑勿归。'"

【违阻】 wéi zǔ 违背抗拒。唐宗密《禅源诸诠集都序》卷上之一："二禅有诸宗，互相～故。"《元曲选·杀狗劝夫》三折："你哥哥特来投央你，只要你休～我。"明《警世通言》卷九："李白虽则才大气高，遇了这等时势，况且内翰高情，不好～。"

【围】 wéi ❶ 环绕；被环绕。唐寒山《昔时可可贫》："失却斑猫儿，老鼠～饭瓮。"宋欧阳修《蝶恋花》："枕畔屏山～碧浪。"清《平山冷燕》二〇回："这边山黛与冷绛雪，金装玉裹，翠绕珠～，打扮的如天仙一般。" ❷ 圈点。唐刘蜕《梓州兜率寺文冢铭》："实得二千七百八十纸，有涂者乙者，……有朱墨～者。" ❸ 圆周的周长。《太平广记》卷八一引《梁四公记》："扶桑之蚕长七尺，～七寸，色如金，四时不死。"宋陆游《舟中作》："梨大～三寸，鲈肥叠四腮。"清《聊斋志异·晚霞》："鸣大钲，～四尺许。" ❹ 量词。a）计量周长的单位，一般指两手或两臂合拱的长度。唐杜甫《古柏行》："霜皮溜雨四十～，黛色参天二千尺。"元《三国志平话》卷上："董卓见吕布身长一丈，腰阔七～。"清《儒林外史》五五回："手植的几树梧桐，长到三四十～大。"b）用于环状物。宋《宏智禅师广录》卷八："归来三径春草，梦卧一～雨蓑。"明《醒世恒言》卷一三："就差内侍捧了旨意，敕赐罗衣一袭，玉带一～。"清《红楼梦》五回："只见头一页上便画着两株枯木，木上悬着一～玉带。"

【围脖】 wéi bó 围在脖子上取暖用的皮毛或巾帕。明刘若愚《酌中志》卷一九："凡二十四衙门内官内使人等，则止许戴绒纻～，似风领而紧小焉。"《金瓶梅词话》七八回："我要问爹有貂鼠买个儿与我，我要做了～儿戴。"清《霓裳续谱·小小的沙弥下山坡》："眼似秋水眉似月，粉脸桃腮，手帕～，樱桃小口腮含着笑。"

【围场】 wéi chǎng ❶ 指供人围猎的场地。宋《三朝北盟会编》卷二二八："及到彼处，～颇多，约于九月末旬前去巡猎。"明哈铭《正统临戎录》："皇帝的洪福，特知院回去，放开～，得了个野牲，就差我这几个人来皇帝上进。"清《醒世姻缘传》二回："咱昨日在～上，你一跳八丈的，如何就这们不好的快？" ❷ 指在围场打猎。元明《三国志通俗演义》卷四："～已罢，宴于许田。"清《说岳全传》二〇回："只因在路上打了几次～，故此迟延了日子。" ❸ 泛指人或建筑物围起的场地。明《醋葫芦》一三回："都飙量来四手难敌，却也尽知得胜，便卖个破绽，闪出～，带脚飞也似走。"

【围碟】 wéi dié 十二只或十六只装果品或小菜的碟子，宴席上摆在桌子四围，故称围碟。又称果碟。清《聊斋俚曲集·禳妒咒》："咱起去看看梅花，着他摆下～，咱可痛饮。"《儒林外史》二七回："到果子店里装十六个细巧～子来，打几斤陈百花酒候着他，才是个道理！"《野叟曝言》一二五回："秋桂把没曾吃动～捡一桌送上楼来。"

【围发】 wéi fà 一种首饰，戴在头两侧，用来拢住头发。明《金瓶梅词话》八五回："西房三娘也在根前，留了我两对翠花、一对大翠～。"又九〇回："左右～，利市相对荔枝丛；前后分心，观音盘膝莲花座。"

【围裹】 wéi guǒ 围绕；包围。五代孟知祥《收阆州示西川榜》："二十五日夜三更三点，亲领两川大军，四面～，攻打阆州城池。"《元曲选外编·西游记》五本一九出："四面青山紧～，松梢闻鹤唳，洞口看猿过，与凡尘间阔。"清《飞龙全传》二八回："只见那边一簇人，团团～在那里看耍傀儡的。"

【围护】 wéi hù 围在四周保护。明《西游记》四〇回："慌得个八戒急掣钉钯，沙僧忙轮宝杖，把唐僧～在当中。"清《红楼梦》程乙本五九回："贾珍骑马，率了众家丁～。"

【围困】 wéi kùn 包围使处于困境。金《刘知远诸宫调》一一："岂不闻梁国彦璋运拙，遭五龙～。"明哈铭《正统临戎录》："也先当时就领人马，各自分路将官军～杀败。"清《赛花铃》二回："却说昝元文，见王彪～核心，正欲奋勇援救，又遇黄俊伏兵，拦住去路。"

【围猎】 wéi liè 合围打猎。《旧五代史·唐书·明宗纪》："每从～，仰射飞鸟控弦必中。"元《通制条格》卷二八："今后～呵，十月初头～者。"清玄烨《行围敖汉奈曼查鲁忒诸部落》："晚来～罢，羽卫集平芜。"

【围盆】 wéi pén 婴儿满月洗礼中的一项仪式，用彩色丝绸围绕洗盆。宋孟元老《东京梦华录》卷五："至满月……大展洗儿会，亲宾盛集。煎香汤于盆中，下果子、彩钱、葱蒜等。用数丈彩绕之，名曰'～'。"

【围盆红】 wéi pén hóng 即"围盆"。宋吴自牧《梦粱录》卷二〇："煎香汤于银盆内，下洗儿果、彩钱等。仍用色彩绕盆，谓之'～'。"

【围屏】 wéi píng 屏风的一种，多扇连在一起，可折叠，用于环绕障蔽。宋吴文英《柳梢青·题钱得间四时图画》："翠嶂～，留连迅景，花外油亭。"元张可久《小桃红·离情》："挑灯羞看～画，声悲玉马。"清《红楼梦》四〇回："进里面，只见乌压压的堆着些～、桌椅、大小花灯之类。"

【围墙】 wéi qiáng 围成一圈的墙。《敦煌愿文集·回向发愿范本等·庆蓝若》："～匼匝，廊宇俳佪，功积颇多，今并成就。"明汤显祖《牡丹亭》四七出："你那醋葫芦指望把梨花架，臊奴，铁～敢靠定你大金家。"清《红楼梦》二回："大门前虽冷落无人，隔着～一望，里面厅殿楼阁，也还都峥嵘轩峻。"

【围随】 wéi suí 围绕跟随。《元曲选外编·降桑椹》四折："他在那大山里落草为贼，领半垓人马～。"明《金瓶梅》五九回："雇了八名青衣白帽小童，大红销金棺与幡幢，雪盖、玉梅、雪柳～。"清《红楼梦》三回："众婆子步下～至一垂花门前落下。"

【围胸】 wéi xiōng 即"抹胸"。明《警世通言》卷二二："背后并非擎诏，当前不是～，鹅黄细布密针缝，净手将来借奉。"

【围腰】 wéi yāo 束腰用的宽巾。元明《水浒传》七六回："红串绣裙裹肚，白裆素练～。落生弩子棒头挑，百万军中偏俏。"

【围拥】 wéi yōng 包围簇拥；围随拥护。唐[日]圆仁《入唐求法巡礼行记》卷三："五顶之地，五百里外四面皆有高峰张列，～五台而可千里。"明沈德符《万历野获编》卷一："今得镇守大同等官报，虏寇～一人，到彼城下，称是至尊，都出朝见。"清《红楼梦》三回："只见一群媳妇丫鬟～着一个人从后房门进来。"

【围匝】 wéi zā 团团包围。《太平广记》卷三二九引《纪闻》："但见四周除扫甚洁，帐幄～，施设粲然。"宋《三朝北盟会编》卷三〇："京师如此之阔，敌兵只十数万，何能～？"元明《水浒传》八六回："星光之下，待寻归路，四下高山～，不能得出。"

【围桌】 wéi zhuō ❶ 放在地上使用的圆桌。清《红楼梦》庚辰本、戚序本六三回："不用～，咱们把那张花梨圆炕桌子放在炕上坐，又宽绰又便宜。"按，程甲、程乙本作"高桌"。 ❷ 桌帏；围在桌子四周起保护与装饰作用的布帛。清《歧路灯》七八回："并带的盛宅照灯、看灯、堂毯、堂帘、搭椅、～、古玩、法物，俱是一家不烦二主的。"△《七侠五义》二一回："见有～，便扯了一块，将木头人儿包裹好了。"

【围子】 wéi zi ❶ 围护帝王或将帅的仪卫。宋孟元老《东京梦华录》卷六："正月十四日，车驾幸五岳观迎祥池，有对御。至晚还内～，亲从官皆顶球头大帽，簪花。"吴自牧《梦粱录》卷一："驾近则列横门，数十人系鞭视从，～三五重，皆执骨朵。"清《樵史》一四回："又着管理禁军及那～里的官，督领所管兵丁，自皇城里直摆到皇城外，以备不虞。" ❷ 圈子；圆圈。《太平广记》卷一五八引《玉堂闲话》："阴官命取纸一幅，以笔墨画纸，作九个～；别取青笔，于第一个～中点一点而与之。" ❸ 帷子；围起来作遮挡用的布。清《红楼梦》程乙本一四回："就是方才车轿～做成，领取裁缝工银若干两。"

【围子手】 wéi zi shǒu 围护帝王、军帅或纛旗的仪卫军卒。《元曲选·小尉迟》一折："俺这里七重～摆布的银山铁壁相似，直着那敬德老儿觑也不敢觑，怎的敢和俺赌战？"元明《水浒传》七六回："挠钩手后，又是一遭杂采旗幡，团团便是七重～。"

【韦帽】 wéi mào 即"帷帽"。唐张彦远《历代名画记》卷二："只如吴道子画仲由，便戴木剑；阎令公画昭君，已着～。殊不知木剑创于晋代，～兴于国朝。"宋高承《事物纪原》卷三："永徽之后用～，后又戴皂罗，方五尺，亦谓之幞头，今曰盖头。"明顾起元《说略》卷二一："永徽之后复有用～，施裙到脑，渐为浅露。至则天后～大行，幂䍦遂废。"

【桅子】 wéi zi 桅杆。子，名词词尾。唐[日]圆仁《入唐求法巡礼行记》卷一："仍倒～，截落左右舻棚。"又卷二："其被折之～，或云'既是折弱，更造替'，或云'作～之材，此处卒尔难可得。'"

【唯复】 wéi fù 连词。还是。用在疑问句句首，表示选择。《唐律疏议》卷五："未知判官于诈欺赃失减，～于增减官文书失减？"宋杨万里《夏夜玩月》："上下两轮月，若个是真底？～水是天？～天是水？"《元典章·刑部一》："未审僧人自犯重刑，合无有司与僧司审问，止令有司结案，～全令僧司结案？"

【帷冒】 wéi mào 同"帷帽"。《新唐书·车服志》："初，妇人施幂䍦以蔽身，永徽中，始用～，施裙及颈，坐檐以代乘车，……武后时，～益盛，中宗后乃无复幂䍦矣。"宋王应麟《玉海》卷五六："古今图画多矣，如画群公祖二疏而有曳芒屩者，画昭君入匈奴而有施～者，岂可因二画以为故实乎？"

【帷帽】 wéi mào 一种高顶宽檐的笠帽，在帽檐周围缀有一层网状面纱，下垂到颈。唐时妇女通用，至宋代，男子远行亦用之。唐刘肃《大唐新语》卷一〇："武德、贞观之代，宫人骑马者，依《周礼》旧仪多着幂䍦，……永徽之后，皆用～施裙，到颈为浅露。"

宋高承《事物纪原》卷三:“～创于隋代,永徽中始用之,……今世士人往往用皂纱若青,全幅连缀于油帽或毡笠之前,以障风尘,为远行之服。”明谢肇淛《五杂组》卷七:“画雪中之芭蕉也,飞雁之展足也,斗牛之竖尾也,子路之木剑,二疏之芒屩,昭君之～也,虽经识者指摘,而画品殊不在此。”

【维持】 wéi chí ❶成全帮助。宋苏洵《几策·审势》:“冗兵骄狂,负力幸赏,而～姑息之恩不敢节也。”元萧德祥《小孙屠》五出:“仁兄听我言,千万与周全。若得一力～,感恩即非浅。”清《红楼梦》四回:“那时王夫人已知薛蟠官司一事,亏贾雨村～了结,才放了心。” ❷保持;敷衍。宋《朱子语类》卷一二:“只为人心有散缓时,故立许多规矩来～之。”明《西游记》二回:“那大众还正睡哩,不知悟空已得了好事。当日起来打混,暗暗～,子前午后,自己调息。”清《儒林外史》一七回:“依我的意思,你不如在外府去躲避些时,没有官事就罢,若有,我替你～。” ❸处理;整治。元明《水浒传》一八回:“这是太师府特差一个干办,在本府立等要这件公事,望押司早早～。”明《西游记》五二回:“妖魔得胜回身,叫:‘小的们! 搬石砌门,动土修造,从新整理房廊……’众小妖领命～不题。”清《儒林外史》一四回:“就是这个意思,你替我～去;如断然不能,我也就没法了,他也只好怨他的命。” ❹排场;气派。明《西洋记》五三回:“做了国公,摆开头踏来,撑起大伞来,抬起四人轿来,好不～也!”又七三回:“他在船上还是这等～,若在他本国的地土上,不知还是怎么样儿。” ❺招摇;耀武扬威。明《西洋记》九八回:“是小神略施小计,即时收服了他,放在穴里,虽不害他性命,却不许他在外面～。”

【维护】 wéi hù 维持保护。《敦煌愿文集·发愿文》:“时则有我河西节度使曹公先奉为龙天八部,～河皇(湟)。”明冯梦龙《智囊补·上智·王阳明》:“阳明之终免于祸,多得二中贵从中～之力,脱此时阳明挟以相制,则仇隙深而祸未已矣。”清张玉书《圣驾诣明太祖陵颂》:“天语申儆:式涤芜废,式遏践蹂,灵爽是栖,～必周。”

【嵬峨】 wéi é 倾侧不稳。形容醉态。语本《世说新语·容止》:“嵇叔夜之为人也,岩岩若孤松之独立,其醉也,傀俄(《太平御览》作“～”)若玉山之将崩。”《太平广记》卷二六五引《三水小牍》:“日休不敢答,但～如醉,掌客者扶出。”宋陆游《江郊》:“喧呼估船客,～饮家流。”明冯梦龙《智囊补·术智·张易》:“匡业愕然不敢对,唯曰:‘通判醉性不可当也。’易～喑哑自如。”

wěi

【伟】 wěi 犹“们❶”。词缀。唐司空图《障车文》:“儿郎～,重重祝愿,一一夸张。”《太平广记》卷二六〇引《嘉话录》:“‘今抛向南衙,被公措大～,龁邓。’邓把将他官职去。”宋楼钥《攻媿集》卷七二:“上梁文必言‘儿郎～’,旧不晓其义,或以为唯诺之‘唯’,或以为奇伟之‘伟’,皆所未安。在敕局时,见元丰中获盗推赏,刑部例皆节元案,不改俗语。有陈棘云,‘我部领你懑厮逐去’;深州边吉云,‘我随你懑去’;懑本音闷,俗音门,犹言辈也。独秦州李德一案云,‘自家～不如今夜去’云。余哑然笑曰:得之矣,所谓‘儿郎～’者,犹言‘儿郎懑’,盖呼而告之,此关中方言也。”

【伟岸】 wěi àn ❶魁梧高大。宋《三朝北盟会编》卷九:“药师年少壮,貌颇～,而沉毅果敢,以威武御众,人多附之。”明《醒世恒言》卷一二:“只为端卿生得方面大耳,秀目浓眉,身躯～,与其它侍者不同,所以天颜刮目。”清《荡寇志》一〇八回:“宋江见大义一表～,心中大喜,慌忙答拜。” ❷粗大。明《醒世恒言》卷二三:“海陵闻之,大怒道:‘尔爱贵官,有贵如天子者乎? 尔爱人才,有才兼文武似我者乎? 尔爱娱乐,有丰富～过我者乎?’”清《聊斋志异·五通》:“因抱腰,如举婴儿,置床上,裙带自开,遂狎之。而～甚不可堪,迷惘中呻楚欲绝。四郎亦怜惜,不尽其器。”

【苇箔】 wěi bó 用芦苇编成的帘子。可以盖屋顶、铺床或当门帘、窗帘用。《太平广记》卷五〇引《传奇》:“俄于～之下,出双玉手捧瓷,航接饮之,真玉液也。”明高启《送乌程冯明府》:“竹栏春护鸭,～夏分蚕。”清《八旗通志》卷一一三:“门面房五间,通面阔五丈一尺,进深一丈四尺,檐柱高八尺,五檩,铺～成造。”

【炜煌】 wěi huáng 辉煌;光彩鲜明。唐寒山《富儿会高堂》:“富儿会高堂,华灯何～。”宋苏辙《谢改著作佐郎启》:“珪璧～,顾瓦砾而安用;松筠挺拔,嗟萧艾之徒生。”明《古今小说》卷一三:“只见庙中香烟缭绕,灯烛～,供养着土偶神像,狰狞可畏。”

【伪造】 wěi zào 假造。《唐律疏议》卷一:“六曰大不敬。谓盗大祀神御之物、乘舆服御物;盗及～御宝。”宋李攸《宋朝事实》卷一〇:“京以矫诬之笔妄增《实录》之事,以矫诬之舌～神考之训。”清《醒世姻缘传》八九回:“本年八月内,假充职官,～勘合,带领妖妇童氏,妖徒狄周,前往四川调兵,强氏同行入教。”

【尾】 wěi ❶尾随;跟踪。《太平广记》卷一九五引《酉阳杂俎》:“因行数十里,天黑,有人起草中～之。”《元曲选·黑旋风》一折:“还该差神行太保戴宗～着他去,打探消息。”明《英烈传》七九回:“此人叩谢,把梨顶之趋出,太祖密令校尉～其行事。” ❷量词。用于鱼、船等物。唐柳宗元《游黄溪记》:“有鱼数百～,方来会石下。”宋觉范《禅林僧宝传》卷九《永明智觉禅师》:“尝舟而归钱塘,见渔船万～濈濈,恻然意折。”清《醒世姻缘传》五四回:“又叫狄周买了两～鱼,六个螃蟹,面筋、片笋之类,也够二十碗。”

【尾巴】 wěi ba 鸟、兽、虫、鱼等动物的身体末端突出的部分。《古尊宿语录》卷四七《东林和尚云门庵主颂古》:“第七菸菟没～,食牛之气已堪夸。”明贾凫西《木皮词》:“那萧衍有学问的英雄偏收了侯景,不料他是掘～的恶狗乱了朝纲!”清《红楼梦》五〇回:“那一个耍的猴子不是剁了～去的?”

【尾琐】 wěi suǒ ❶细碎琐屑;微小。明李时珍《本草纲目》卷三八:“服帛器物,虽属～,而仓猝值用。”张瓒《东征纪行录》:“三司既先发,而米盐戎马之事萃于一身,殊觉～。” ❷形容衰微。明茅溱《粉蝶儿·金台怀古》:“豪杰气都成～,《召南》篇尽化胡歌。”

【尾头】 wěi tou 末尾;结尾处。头,名词词缀。《太平广记》卷二三〇引《异闻集》:“又有守宫,大如人手。身披鳞甲,焕烂五色,头上有两角,长可半寸,尾长五寸已上,～一寸色白,并于壁孔前死矣。”《敦煌变文校注》卷一《汉将王陵变》:“但将汉王书来,～标记一两行:交(教)战但战,要分但分。”宋《朱子语类》卷六二:“若说是起头,又遗了～;说是～,又遗了起头;若说属中间,又遗了两头。”

【尾袭】 wěi xí 尾随;追踪。宋《三朝北盟会编》卷三三:“过河以骑兵～,至真定、中山。”赵鼎《建炎笔录》卷下:“万一寇至,得则进攻,否则退守,或牵制,或～,劫寨抄掠,昼夜扰之。”

【委】 wěi ❶知;知悉。唐[日]圆仁《入唐求法巡礼行记》卷四:“近住寺僧不～来由者尽捉。”《祖堂集》卷一〇《长庆和尚》:“师云:‘我也～汝来处,你亦不得错认定半星。’”元杨果《翠裙腰》:"有客持书至,还喜却嗟咨,未～归期约几时。" ❷ 根由;原委。宋陈傅良《闻叶正则阅藏经次其韵以问之》:"白发一无成,颇识～与源。"明袁宏道《庐山募缘小引》:"一石一勺,皆能言其目,详其～。"清毛奇龄《虎跑定慧禅寺志序》:"其分门立部所为建制沿革、法传世护、佃布樵采,无不抽其端而析其～。" ❸ 确实;实在。《祖堂集》卷一六《南泉和尚》:"出世南泉,为大因缘。猫牛～有,佛祖宁传?"宋《三朝北盟会编》卷三三:"国家～无许多金银,皇帝意甚不足。"明《西游记》二六回:"弟子～偷了他三个,弟兄们分吃了。" ❹ 签押;具署。元明《水浒传》一六回:"杨志提辖情愿～了一纸领状,监押生辰纲十一担金珠宝贝赴京。"又二一回:"我身上穿的,家里使用的,虽都是你办的,也～一纸文书,不许你日后来讨。" ❺ 相信。元《三国志平话》卷中:"怕大王不～,当小人家属百口。" ❻ 懈倦;疲惫。唐元稹《韦氏馆与周隐客杜归和泛舟》:"神恬津藏满,气～支节柔。"

【委备】 wěi bèi 详细;详尽。宋苏洵《用法》:"故今之法纤悉～,不执于一,左右前后,四顾而不可逃。"明李东阳《叶文庄公集序》:"公虽未尝自言,然观其纡餘～,详而不厌,要知为欧学也。"

【委差】 wěi chāi 委派;派遣。金佚名《大金吊伐录》卷二:"当府依准所奉圣旨,～杨天吉、王汭等充问罪使副,元限行府,比到太原府却管回来。"元《三国志平话》卷中:"讨虏令～一官人,将一船金珠缎匹赐与太守。"明《训世评话》上:"他的爷娘告了州官。～录参考问。"

【委得】 wěi dé 知道;晓得。《祖堂集》卷一〇《长庆和尚》:"师云:'是你～,招庆落在什摩处?'"《五灯会元》卷八《报国院照禅师》:"盖为根器不等,便成不具惭愧,还～么?"宋《汾阳禅师语录》卷上:"我今亲爇,还有人～落处?"

【委的】 wěi dì ❶ 的确;确实。《敦煌变文校注》卷四《降魔变文》:"未问～,望风且瞋。"《元典章·吏部三》:"令众选保～学问该博、医业精通、众医推服、堪充师范之人。"清《歧路灯》一七回:"等到日夕,只得央道:'哥们到后边说一声,我～等急了。'" ❷ 必定;一定。元《武王伐纣平话》卷下:"至癸亥日,有一路兵来～投我。"《元曲选外编·延安府》一折:"这厮每恶党凶徒,败坏风俗,将好人家恶紫夺朱,他那爷不良儿又跋扈,则向那小民行挟细拿粗。我放敌头～和他做!" ❸ 到底;究竟。《元曲选·后庭花》一折:"这钗钏～是金子～是银?你两个端的是家奴端的是民?"明《西游记》七四回:"适间蒙你好意,报有妖魔。～有多少怪,一发累你说说,我好谢你。"

【委付】 wěi fù 交给;付与。唐义净译《根本说一切有部毗奈耶》卷一六:"为大臣爱念,捡挍家室,所有取与,咸皆～。其家巨富,多有珍财。"明《金瓶梅词话》八八回:"春梅走到房中,拿出十两银子、两匹大布,～二人。"

【委官】 wěi guān ❶ 委派官吏。唐陈政《赠窦蔡二记室入蜀》:"马卿～去,邹子背淮来。"宋丁特起《靖康纪闻》:"二月初一日,解发女妓、津搬庶物不辍,白米二千石,豆粟如之,至是～出粜,以济小民。"清《儒林外史》四七回:"县里节孝几时入祠?我好～下来致祭。" ❷ 委任的官员。宋《五代史平话·周上》:"离不得～亲到地头,集邻验视顾驴儿尸首。"明《平妖传》六回:"～坐在交椅上,押卜吉在面前跪下。～问老院子并叫邻人等,卜吉如何赶这女子落井。"清《醒世姻缘传》九七回:"不要论那该管不该管,且拿出那～的气势,扳将倒,挺他几板,他也还知些畏惧。"

【委果】 wěi guǒ 确实;果真。《元曲选外编·智勇定齐》楔子:"听的!听的!～琴响。既是响了,我回去罢。"明佚名《东平府》四折:"兄弟,你～好汉!"《醒世恒言》卷一六:"只此便是实情,其爹妈被杀,～不知情由。"

【委记】 wěi jì 委托告诫。记,即"諅"。《说文解字》:"諅,诫也。"《敦煌变文校注》卷七《解座文汇抄》:"更遗言,相～,尽(画)取阎王祯(帧)子跪。"

【委决】 wěi jué 决定;确定。唐沈亚之《临泾城碑》:"而又以一方便宜,～于将军,何以自塞?"宋元《古今小说》卷三六:"心上～不下,肚里又闷,提一角酒,索性和婆子吃个醉,解衣卸带了睡。"清《聊斋志异·田七郎》:"某官都中,家务皆～于弟。"

【委困】 wěi kùn 委顿窘困。唐康骈《剧谈录》卷上:"适有同年出京访别,悯其龙钟～,不忍弃之,留饮数杯。"五代石敬瑭《得替官限家居一年方得赴阙敕》:"必想在外一年事力,才充在京数月支持。比候阙员,多称～。"

【委靡】 wěi mǐ 衰颓不振作。唐韩愈《送高闲上人序》:"颓堕～,溃败不可收拾。"宋《朱子语类》卷八三:"凡～随俗者不能随时,惟刚毅特立乃所以随时。"清《醒世姻缘传》九七回:"我们等狄经历好了出来的时候,分付叫他整起夫纲,不要这等～。"

【委靡不振】 wěi mǐ bù zhèn 犹"委靡"。宋《朱子语类》卷五二:"又如人要举事,而终于～者,皆气之馁也。"金刘祁《归潜志》卷八:"作文字无句法,～,不足观。"清《世宗宪皇帝上谕内阁》卷一〇〇:"朕令其来京办理旗下事务,而伊志气昏庸,～,竟似眷恋年羹尧之旧党,无心为国家出力者。"

【委请】 wěi qǐng 委托聘请。宋丁特起《靖康纪闻》:"今措置令逐厢使臣,于逐巷内～怀才全德、忠义高士一人,转于本坊逐巷内请一人,排门劝诱抄上。"明柯丹邱《荆钗记》一七出:"国朝～试官,已在贡院之内。"清《红楼梦》一四回:"话说宁国府中都总管赖升,闻得里面～了凤姐,因传齐同事人等。"

【委曲】 wěi qū ❶ 唐人称手札、手谕。唐段成式《酉阳杂俎》续集卷七:"昭乃具说杀牛实奉刘尚书～,非牒也,……～至,辟乃无言。"[日]圆仁《入唐求法巡礼行记》卷三:"载上人～云:'僧玄济将金廿四小两,兼有人人书状等,付于陶十二郎归唐。此物见在刘慎言宅。'"《资治通鉴》卷二五七:"(吕)用之比来频启令公,欲因此相图,已有～在张尚书所,宜备之。"胡三省注:"当时机密文书谓之～。"按,唐世搢绅家以上达下,其制相承,名之曰委曲,相当于批示。 ❷ 委婉;婉转。《祖堂集》卷一一《保福和尚》:"师云:'还得实也无?'答曰:'～话似人即得。'"宋《朱子语类》卷七:"大学是就上面～详究那理。"明《古今小说》卷一:"陈旺的老婆是个蠢货,那晓得甚么～,不顾高低,一直的对主母说了。" ❸ (情节、事理等)曲折。宋《朱子语类》卷一二一:"至于道理之大原,固要理会;纤悉～处,也要理会。"元明《水浒传》八二回:"奈缘不知就里～之事,因此天子左右,未敢题奏。"明《金瓶梅词话》二一回:"央俺二人好歹请哥到那里,把这～情由,也对哥表出。" ❹ 弯曲;曲折。明《古今小说》卷一三:"乃登其绝顶,见一石洞,名曰壁鲁洞,洞中或明或暗,～异常。"清《后水浒传》七回:"转过侧首,绕过一带回廊,委委曲曲到别一洞天。"《隋唐演义》二七回:"海北一带,委委曲曲,凿一道长渠,引接外边为活水。" ❺ 周全;调和。宋叶適《舒颜升墓志铭》:"不幸而难从,非贤者顺导～,而不抵突以败,寡矣。"《明史·杨廷和传》:"廷和与东阳～其间,小有剂救而已。"《梼杌闲评》三〇回:"二则是他义子,他就好代你～,人也说他不得。" ❻ 多方(设法、斡旋)。明《警世通言》卷二:"老人家是必～成就,教你吃杯喜酒。"清《隋唐演义》七二回:"中宗大喜,韦后亦～护持之。"《醒世姻缘传》四三回:"那个雇的囚妇也解得珍哥的意思，在旁～的撺掇。” ❼ 曲意依从。宋《三朝北盟会编》卷一一：“缘南朝皇帝～御笔亲书，今更不论元约，特与燕京六州二十四县汉地汉民。”明《石点头》卷一：“又闻大恩人客居于此，故送来早晚伏侍大恩人，望大恩人鉴老汉一点诚心，～留下。”《鼓掌绝尘》一〇回：“比如我兄妹数人，惟我最爱，凡有不顺意处，我爹爹无不～。” ❽ 原委；底细；隐情；详情。唐[日]圆仁《入唐求法巡礼行记》卷一：“～在牒文。”句道兴本《搜神记》：“邻里闻声者走来，问其事由。信方始得说～，始知是儿，遂抱悲哭。”明《二刻拍案惊奇》卷一六：“兄弟们不晓得其中～，见眼前分得均平，多无说话了。”清《后水浒传》一〇回：“知你乡民怎敢与太尉作对，内中必有～。” ❾ 详说；细说。宋《朱子语类》卷六七：“程子此书，平淡地慢慢～，说得更无餘蕴。不是那敲磕逼拶出底，义理平铺地放在面前。” ❿ 详细；仔细。唐韦渠牟《杂歌谣辞·步虚词》：“应须绝岩内，～问皇人。”宋《三朝北盟会编》卷一六三：“上～问敌势。”清《后水浒传》三三回：“遂将杨幺前后犯事，以及他父母入狱事情说得详详尽尽，委委曲曲。” ⓫ 委决；决定。明《醒世恒言》卷二〇：“‘如今却应了他们口嘴，如何是好？’～不下，在厅中团团走转。”又卷二五：“‘我娘子自在家里，为何被这班杀才劫到这个荒僻所在？’好生～不下。” ⓬ 同“委屈❶”。宋《三朝北盟会编》卷一一：“此已是～相就，若更分平、滦，岂有是理？”清《红楼梦》九回：“此时贾瑞也生恐闹不清，自己也不干净，只得～着来央告秦鐘。” ⓭ 同“委屈❷”。清蒋士铨《桂林霜·幽禁》：“马大人，我的兄弟将军说，你在衙门住得～，另备下一所公馆，请你乔迁。” ⓮ 同“委屈❸”。清《红楼梦》二二回：“你这会子恼我，不但辜负了我，而且反倒～了我。”

【委屈】 wěi qū ❶ 隐忍迁就；勉强凑合。清《红楼梦》七二回：“少不得大家～些，该使八个的使六个，该使四个的便使两个。”《歧路灯》一〇回：“总之人臣事君，匡弼之心，原不能已，但要～求济，方成得人君受言之美。” ❷ 因受到不应有的指责或不公平的待遇而心里难过。清《红楼梦》三三回：“袭人满心～，只不好十分使出来。”△《儿女英雄传》三回：“把个舅太太慌的，拉着他的手说道：‘好孩子，好娃娃，你别着急，别～！咱们去！咱们去！有舅母呢！’” ❸ 使受委屈。也用作谦词。宋周邦彦《渡江云》：“骤惊春在眼，借问何时，～到山家？”清《红楼梦》四九回：“你倒去罢，仔细我们～着你。”

【委实】 wěi shí ❶ 确实；实在。宋司马光《辞免裁减国用札子》：“况臣所修《资治通鉴》，～文字浩大，朝夕少暇。”明《老乞大谚解》卷上：“虽然这般时，房子～窄，宿不得。”清《醒世姻缘传》四一回：“～的，我也替他害羞！” ❷ 毕竟；到底。元赵显宏《昼夜乐·夏》：“有几个知儿似我？不受用～图甚么？”明《拍案惊奇》卷三三：“这文书～在那里？你可实说。”清《水浒后传》三二回：“且摇旗擂鼓，诱那萨头陀并革鹏等来，～强弱何如？”

【委是】 wěi shì 确实是；实在是。《敦煌变文校注》卷四《降魔变文》：“长者闻说，即知～本身。”元萧德祥《小孙屠》一四出：“孙二回来，～没分文。”清《梦中缘》一回：“此题～难做，怪不得在朝众老先生搁笔。”

【委琐】 wěi suǒ ❶ 同“猥琐❶”。宋范成大《次诸葛伯山赡军赠别韵》：“嗟余独～，无用等木屑。”清《红楼梦》二三回：“贾政一举目，见宝玉站在跟前，神采飘逸，秀色夺人；看看贾环，人物～，举止荒疏。” ❷ 委顿；萎靡不振。清《红楼梦》程乙本二六回：“你出去了就好了。只管这么～，越发心里腻烦了。”

【委托】 wěi tuō ❶ 委任托付。《北齐书·贺拔允传》：“魏武帝之猜忌高祖也，以允弟岳深相～，潜使来往。”宋《三朝北盟会编》卷六：“贵朝初非～，自立，又贬削湘阴之号，何可少望古人？”清《红楼梦》七四回：“又听王夫人～他，正碰在心坎上。” ❷ 依傍；托靠。五代可止《雪十二韵》：“道路依凭马，朝昏～鸡。”明《警世通言》卷三二：“归见父母，或怜妾有心，收佐中馈，得终～，生死无憾。”

【委问】 wěi wèn 问；询问。唐义净译《根本说一切有部毗奈耶》卷二八：“具相～，细察知已，而说颂曰……”《五灯会元》卷八《龙山文义禅师》：“若举宗乘，即院寂径荒；若留～，更待个甚么？”《元典章·刑部二》：“除今后朝廷～，并各处紧急重事，许官员从便推问，不为定例，其餘夤夜鞫问罪囚，并合禁断。”

【委系】 wěi xì 犹“委是”。《元典章·刑部一》：“有盘问得～逃走人呵，监收，亦具姓名、脚色，即便申覆上司，却不得因而纵放。”明汤显祖《牡丹亭》五〇出：“此生～乘龙，属官礼当攀凤。”清《儒林外史》三四回：“杜生～患病，不能就道。”

【委细】 wěi xì ❶ 仔细；详细。唐[日]圆仁《入唐求法巡礼行记》卷三：“往青龙寺，入东塔院，～访见诸曼荼罗。”《太平广记》卷一二七引《法苑珠林》：“义琰案之，不能得决，夜中执烛，～穷问。”金佚名《大金吊伐录》卷二：“一面回书大宋报逐处差下官员，依旧管勾其事，说谕报和使郝刺史非不～。” ❷ 详情；细节。唐白居易《奏阌乡禁囚状》：“其囚等人数，及所欠官物，并赦文不该事由，臣即未知～，伏望与宰相商量，兼令本司具事由分析闻奏。”宋司马光《乞进呈文字第三札子》：“虽许投进文字，然中心～，无由一一面陈。”

【委用】 wěi yòng 委派任用。唐李亢《独异志》卷下：“若陛下知之，何～如此之深也！”《旧五代史·晋书·李彦韬传》：“以纤巧故，厚承～。”清《红楼梦》四回：“蒙皇上隆恩，起复～，实是重生再造。”

【委由】 wěi yóu 原委；原由。《敦煌变文校注》卷四《太子成道经》：“必须召取相师，则知～。”句道兴本《搜神记·侯霍》：“父母兄弟亲情怪之，借问，亦不言～，常在村南候望不住。”

【委知】 wěi zhī 知道。唐李德裕《论陈许兵马状》：“须待宏敬出军表到，方得～。”《敦煌变文校注》卷一《伍子胥变文》：“臣不细～，遣往相看。”《五灯会元》卷五《大同济禅师》：“冬寒夏热，人自～。”

【猥】 wěi ❶ 背；朝着相反方向。敦煌词《别仙子》：“看看别，移银烛，～身泣。” ❷ 畏惧；没胆气。清《醒世姻缘传》六〇回：“待要自己赶来擒捉，一来也被打得着实有些狼狈，二来也被这个母大虫打得～了。” ❸ 响；粗大。唐韩愈《嘲鼾睡》：“澹师昼睡时，声气一何～！”

【猥衰】 wěi cuī 溃败；狼狈不堪。明《西游记》七一回：“托塔天王并太子，交锋一阵尽～。”

【猥猿】 wěi cuī 同“猥獕”。明《金瓶梅词话》一回：“原来金莲自从嫁武大，见他一味老实，人物～，甚是憎嫌。”

【猥獕】 wěi cuī （相貌）丑陋；（举止）庸俗拘束。元明《水浒传》一回：“他既是天师，如何这等～？”明《梼杌闲评》四回：“龌龊形骸，～相貌。水牛样一身横肉，山猿般满脸黄毛。”《西湖二集》卷一一：“若是见了熟客熟主，便就没张没智，有采打没采，猥猥獕獕，塌塌撒撒，垂头落颈，偷闲装懒。”

【猥地】 wěi dì 同“隈地”。《敦煌变文校注》卷四《降魔变文》：“和尚～夸谈，千般伎术；人前对验，一事无能。”五代孙光宪《北梦琐言》卷五：“某与起居，清浊异流，曾蒙中外，既虑玷辱，何惮改更？今日～谢酒，即又不可。”

【猥惰】 wěi duò 萎靡懒惰。《元曲选·范张鸡黍》一折：

"你这等～慵懒，有甚么好处？"明孙绪《齐东县新修庙学记》："泯焉，将使来者无所劝，～者无所激于衷。"清钮琇《觚賸》："鼠之横，无过于粤，而猫之昏庸～亦无过于粤。"

【猥缩】 wěi suō （容貌、举动）局促庸俗；不大方。《元曲选·赚蒯通》三折："休笑我面色腌臜，形容儿～。"明罗玘《张母太孺人行状》："初，诸事事者日入见府君，皆～伛偻，或至颠踬。"

【猥琐】 wěi suǒ ❶ 鄙陋卑劣；庸俗卑下。金佚名《大金吊伐录》卷二："徒以区区之志、～之论，侧听逾旬，无所发明，怀不能已，复进狂瞽。"元李治《敬斋古今黈》附《拾遗》卷五："～者，鄙猥琐屑云耳，故至今谓人蹇浅卑污而不能自立者，皆谓之～。"明高攀龙《身心说》："终日营营扰扰，一个身心弄得～龌龊，不觉醉生梦死过了一生，岂不可哀！" ❷ 丑陋卑小；不大方。元明《三国志通俗演义》卷二〇："操先见张松人物～，五分不喜。"明《拍案惊奇》卷三："那国使抱在手里进门来献，武帝见他生得～，笑道：'此小物，何谓猛兽？'"姚茂良《双忠记》四出："今乃以区区温清为辞，作此儿女之态，这般猥猥琐琐，以悲家室为心，岂丈夫之所为哉！"

【猥巷】 wěi xiàng 鄙陋的街巷。借指民间。宋周密《齐东野语》卷六："康侯性刚峭不可犯，有志力学，爱身如冰玉，不知～俚人语。"元辛文房《唐才子传》卷九《罗隐》："夫何齐东野人、～小子，语及讥诮，必以隐为称首！"明顾起元《说略》卷二八："花屈辱十二条：为主人不好事，……为生～秽沟边。"

【猥亵】 wěi xiè 下流；淫秽。《太平广记》卷三八五引《北梦琐言》："照之，见自身在镜中，从前愆过～，一切历然。"明沈德符《万历野获编》卷一三："兼有弦索等钱粮解内府，如此～，似皆当速罢。"清《歧路灯》九九回："绍闻忽然想起，此厅当日俱是～之语，与今日相较，天渊相悬，云泥迥隔。"

【猥驯】 wěi xùn 驯服。唐[日]圆仁《入唐求法巡礼行记》卷二："有一黄毛狗，见俗嗔咬，不惮杖打；见僧人，不论主客，振尾～。"

【猥慵】 wěi yōng 委靡懒散。《元曲选外编·飞刀对箭》二折："个个～，都在帐房里打盹。"《元曲选·范张鸡黍》一折："哥哥，你则～惰懒，不以功名为念。"

【腲脓血】 wěi nóng xiě 犹"偎浓咂血"。明《金瓶梅词话》二回："拳头上也立得人，胳膊上走得马，人面上行的人，不是那～搠不出来鳖老婆。"

wèi

【卫】 wèi 驴的别称。唐李匡乂《资暇集》卷下："代呼驴为～，于文字未见。今卫地出驴，义在斯乎？"宋高承《事物纪原·卫子》："世云卫灵公好乘驴车，故世目驴为～子。或曰，晋卫玠好乘跛驴为戏，当时称驴为～子以讥玠，故有蹇～之称。"唐范摅《云溪友议》卷中："南中丞卓，吴楚游学十餘年，衣布缕，乘牝～，薄游上蔡。"宋江少虞《宋朝事实类苑》卷六五："杜荀鹤曰：'今日偶题题似着，不知题后更谁题？'此～子诗也，不然安有四蹄？"明《拍案惊奇》卷四："隐娘出没，跨黑白～，……蹇驴是卫地所产，故又叫做～。"

【卫家官儿】 wèi jiā guān er 指武官。卫，明代军队编制名，辖五千六百人。明《金瓶梅词话》七六回："他一个穷～，那里有二三百两银子使？"

【卫养】 wèi yǎng ❶ 犹言保养。唐杨夔《复宫阙后上执政书》："守宰良则人民安，人民安则无逋逸，如抱沉痼者偶所亲之～，焉肯舍其亲而从疏乎？"宋王安石《贺康复表》："虽勤劳庶慎，～小愆，而福履绥将，旋日底豫。"元佚名《三朝野史》："包宏斋高寿，步履不艰，必有～之术。" ❷ 犹言保护安抚。宋朱弁《曲洧旧闻》卷九："无赖不逞之人，既聚而为兵，有以制之，无敢为非，因取其力，以～良民，使各安田里，所以太平之业定，而无叛民也。"

【卫仗】 wèi zhàng 天子出行时用以护卫的仪仗。《唐律疏议》卷七："诸车驾行，冲队者，徒一年；冲三～者，徒二年。"宋沈括《梦溪笔谈》卷一："车驾行幸，前驱谓之'队'，则古之'清道'也。其次～，'～'者，视阑入宫门法，则古之'外仗'也，其中谓之'禁围'，如殿中仗。"苏轼《贺正表》之一："身寄江湖之间，神驰～之下。"

【卫足葵】 wèi zú kuí 向日葵。唐元稹《酬翰林白学士代书一百韵》："树罕贞心柏，畦丰～。"明阮大铖《燕子笺》四一出："待学丹心的～，一样儿向阳捧日。"清恽敬《释苡》："华如菊而大，径五寸，茎及丈者，曰黄葵，～也。"

【为报】 wèi bào ❶ 替我传言；替我告诉。唐杜甫《泛江送魏十八》："若逢岑与范，～各衰年。"《敦煌变文校注》卷一《汉将王陵变》："～北军不用趁，今夜须知汉将名。"也指传报、报告。宋苏轼《江城子·密州出猎》："～倾城随太守，亲射虎，看孙郎。" ❷ 请告诉我。唐柳宗元《得卢衡州书》："临蒸且莫叹炎方，～秋来雁几行。"

【为底】 wèi dǐ 为何；为什么。唐刘长卿《岁日见新历因寄都官裴郎中》："若道平分四时气，南枝～发春偏。"宋杨万里《憩楹塘驿》："松鸣竹啸响千崖，～炎蒸吹不开。"清《红楼梦》三八回："孤标傲世偕谁隐，一样花开～迟？"

【为顾】 wèi gù 卫顾；维护。清《绿野仙踪》五五回："张华人老实，存心也还～你，可留在家中。"

【为什么】 wèi shén me 询问目的或原因。《古尊宿语录》卷一《南岳大慧禅师》："成后～不鉴照？"《皇明诏令·谕武臣恤军敕》："～出征呵军要逃了？官将那苦楚的日期都忘了！"清《红楼梦》二二回："我并没有笑，～恼我？"

【为什摩】 wèi shén mó 同"为什么"。《祖堂集》卷三《鹤林和尚》："佛来～不著？"又《慧忠国师》："禅客曰：'某甲～不闻？'"

【为什没】 wèi shén mò 同"为什么"。"什没"为"什么"的前身。《敦煌变文校注》卷五《佛说阿弥陀经讲经文(二)》："抛在镬汤炉炭内，铁叉搅转问根由：前生～不修行，今日还来恼乱我？"

【为甚】 wèi shèn 为什么。《敦煌变文校注》卷五《维摩诘经讲经文(四)》："～如今谦退？有何所以？请与我宣。"《大宋宣和遗事》前集："都返多时不相见，怎直恁消瘦如此，～？"清《平山冷燕》七回："我与你往日无仇，近日无冤，你～开报我女儿名字？"

【为甚的】 wèi shèn de 为什么。元郑廷玉《楚昭王》四折："下金阶再观天日，惶恐慌张～？又怕是南柯梦里。"明《古今小说》卷二三："～做如此模样？元来调光的人，只在初见之时，就便使个手段。"清李渔《奈何天》四出："～蕙麝薰兰处，好气息不见分毫？"

【为甚么】 wèi shèn me 同"为什么"。《五灯会元》卷一《二祖慧可大祖禅师》："只如师子尊者、二祖大师，～得偿债去？"明《高皇帝御制文集》卷一："他每这火人～不将差发来？"清《儒林外史》三回："好好到贡院来耍，你家又不死了人，～这样号啕痛哭是的？"

【为甚摩】 wèi shèn mó　同“为什么”。《祖堂集》卷一三《福州报慈和尚》：“僧云：‘既然如此，～举一念想，得见普贤？’”又卷一七《岑和尚》：“师子尊者与二祖大师，～却偿债？”

【为是】 wèi shì　另见 wéi shì。因为是；为的是。唐方干《睦州吕郎中郡中环溪亭》：“～仙才登望处，风光便似武陵春。”宋《三朝北盟会编》卷一一〇：“～国号不同，难以过河。”清《红楼梦》一一六回：“现在这里没有人，我～好儿口棺材都要带回去的，一个人怎么样的照应呢？”

【为许】 wèi xǔ　❶ 因为；为了。唐杜审言《赠苏绾书记》：“知君书记本翩翩，～从戎赴朔边。”宋郑侠《次韵知郡登高言怀》：“～功名酬圣代，不须愁绪付瑶觞。”清陈廷敬《刘果斋佥宪提学浙江索赠别诗》：“青霄藜火映含香，～传经下栢梁。” ❷ 为此。唐陈子良《于塞北春日思归》：“我家吴会青山远，他乡关塞白云深。～羁愁长下泪，那堪春色更伤心！”沈佺期《杂诗》之二：“燕来红壁语，莺向绿窗啼。～长相忆，阑干玉箸齐。”宋杨万里《赠阁皂山懒云道士诗客张惟新》：“问渠真个如云懒，～随风处处村？” ❸ 为何。唐刘希夷《捣衣篇》：“梦见形容亦旧日，～裁缝改昔时？”宋杨万里《舟中不寐》：“意中～无佳况？梦里分明到故乡。”又《秋雨叹》之一：“若言不搅愁人梦，～千千万万声？”

【为言】 wèi yán　以为，认为。为，通“谓”。唐王梵志《可笑世间人》：“可笑世间人，～恒不死。”《敦煌变文校注》卷二《秋胡变文》：“我念子不以(已)，～作隔生，何其(期)面叙！”《祖堂集》卷四《丹霞和尚》：“时人见余守孤寂，～一生无所益。”

【为因】 wèi yīn　因为。唐张随《敕赐三相马》：“～能致远，今日表求贤。”《元曲选外编・西厢记》五本三折：“～路阻，不能得去，数月前写书来唤我同扶柩去。”清《聊斋志异・胭脂》：“～一线缠萦，致使群魔交至。”

【为缘】 wèi yuán　因为。唐喻凫《送友人南中访旧知》：“～知己分，南国必淹留。”元《通制条格》卷一七：“～文案不明，各路止是一概带征，人户不知实免粮数，司县主首人等高下其手，民甚苦之。”明《金瓶梅词话》五九回：“～你常持诵佛顶心陀罗经并供养不缺，所以杀汝不得。”

【为着】 wèi zhe　介词，表示目的或原因。为了。《五灯会元》卷九《仰山慧寂禅师》：“～声色故，某甲所以问过。”《元曲选・窦娥冤》四折：“你这楚州一郡，三年不雨，是～何来？”清《红楼梦》七八回：“我想薛妹妹此去，想必～前时搜检众丫头的东西的原故。”

【未便】 wèi biàn　❶ 未必就；不一定立即。唐文丙《罗浮山》：“根虽盘地脉，势自倚天津。～甘休去，须栖老此身。”宋《朱子语类》卷二一：“为学亦是且谩为学，取朋友～尽诚，改过亦未必真能改过。”明《型世言》七回：“这边娶妾，家中～得知，就也起了一个娶小的心。” ❷ 不方便；不适宜。唐杨凌《贾客愁》：“山水路悠悠，逢滩即殢留。西江风～，何日到荆州。”《旧五代史・礼志上》：“今重拆庙殿，续更添修，不唯重劳，兼恐～。”清《红楼梦》五回：“此各司中皆贮的是普天之下所有的女子过去未来的簿册，尔凡眼尘躯，～先知的。”

【未曾】 wèi céng　用在句末，表示询问。明《西游记》二回：“悟空，事成了～？”《拍案惊奇》卷二六：“见女儿回去了两三日，不知与丈夫和睦～，叫个人去望望。”

【未常】 wèi cháng　未尝；不曾。唐陆龟蒙《南泾渔父》：“终朝获鱼利，鱼亦～耗。”宋《朱子语类》卷三四：“‘子所雅言：诗、书、执礼’，～及易。”元明《水浒传》一〇五回：“宋军不曾烧毁半茎柴草，也～损折一个军卒。”

【未从】 wèi cóng　未曾；不曾。清蒲松龄《东郭箫鼓儿词》：“这齐人～开口笑呵呵，叫了声娘子一傍站立细听着。”《霓裳续谱・未写情书先嗟叹》：“未写情书先嗟叹，～提笔，想起你那已往从前，纸笔上欲写难写无决断。”《红楼梦》九八回：“只见那凤姐～张口，先用两只手比着，笑弯了腰了。”

【未得】 wèi dé　❶ 不曾；没有能够。《敦煌新本六祖坛经》：“～禀承者，虽说顿教法，未知根本，终不免诤。”《祖堂集》卷四《药山和尚》：“住～多时，近有二十来人。”清《梦中缘》一九回：“进忠道：‘久慕西山好景，～一观，不知可好同游？’” ❷ 不应该；不得。唐刘肃《大唐新语》卷六：“及关中平，诛文升等，次及靖。靖言曰：‘公定关中，唯复私仇；若为天下，～杀靖。’乃赦之。”《祖堂集》卷四《药山和尚》：“村里男女有什摩气息？～草草，更须勘过始得。”

【未及】 wèi jí　未到；不到。唐[日]圆仁《入唐求法巡礼行记》卷一：“～晓明，灯前吃粥。”《五灯会元》卷九《沩山灵佑禅师》：“～一载，安上座同数僧从百丈来，辅佐于师。”清《情梦柝》七回：“前夫姓庄，做亲～一年，弄成怯症。”

【未记】 wèi jì　不记得。用如副词“不曾”。《敦煌变文校注》卷五《佛说阿弥陀经讲经文(二)》：“下至寸草不曾偷，～黄昏偷他物。”

【未际】 wèi jì　犹“未遇”。宋苏辙《祭曹演父朝议文》：“数岁之间，相与抱孙。我虽～，而日以亲。”佚名《张协状元》二出：“休讶男儿～时，困龙必有到天期。”明《二刻拍案惊奇》卷一一：“一时～，浪迹江湖。”

【未间】 wèi jiān　❶ 唐宋时的用语，指前述情况未实现之前的一段时间。唐[日]圆仁《入唐求法巡礼行记》卷四：“若到登州得停泊，即将书请来。～，在长意检校，勿令漏失。”《太平广记》卷一一二引《异物志》：“托生时至，不可久留。后身之父，见任刺史，我年十六，君即为县令，此时正当与君为夫妇。～，幸存思恋，慎勿婚也。”宋丁特起《靖康纪闻》：“十二月初一日，官吏士庶集于南薰门，以俟大驾。焚香夹道，香雾盘空。～，黄旗又自南薰门入报平安。” ❷ 书信中的习用语。指未相见期间；别后。唐[日]圆仁《入唐求法巡礼行记》卷三：“一两日后，专到拜觐。～，但增驰结。”宋欧阳修《与冯章靖公书》：“～，向暖，惟冀为国自重。”王安石《与李修撰书》：“～，良食自寿，不宣。”

【未见得】 wèi jiàn dé　不一定；说不定。《元曲选・竹叶舟》楔子：“他曾屡次寄书，约我到寺中相会，或者他肯济助我也～。”明《拍案惊奇》卷四〇：“若非先梦七题，自家出手去做，还～不好。”清《醒世姻缘传》五一回：“程谟的那个老婆在刑房书手张瑞风家管碾子，只怕他知情也～。”

【未可】 wèi kě　❶ 不肯。宋元《清平山堂话本・陈巡检》：“我为他春心荡漾，他如今烦恼，～归顺。” ❷ 不能。《祖堂集》卷四《丹霞和尚》：“到此之时悔何及，云泥～访孤寂。”元明《水浒传》三五回：“介胄在身，～讲礼。”清钱谦益《牧斋初学集》卷一〇四引《太祖实录》：“三录所载～更仆数，姑存其梗概。”

【未可知】 wèi kě zhī　说不定。唐孙元晏《晋・新亭》：“卢循若解新亭上，胜负还应～。”宋《朱子语类》卷七：“此或是他存得古人底，亦～；或是自作，亦～。”清《聊斋志异・阿绣》：“小郎为觅婿广宁，若翁以是故去，就否～。须旋日方可计校。”

【未刻】 wèi kè　犹“未时”。明叶盛《水东日记》卷七：“二十八日己丑，饭新桓州。～，扈从銮驾入开平府。”《英烈传》二四回：“自从辰牌直杀到～，天色将昏。”清《聊斋志异・白秋练》：“明日～，真君当至。”

【未免】 wèi miǎn 副词。不能不认为(表示不以为然)。明《梼杌闲评》三七回:"若在一首诗上罪人,~过苛。"清李渔《闲情偶寄》卷九:"人问其故,(玄)览曰:'无事疥吾壁也。'诚高僧之言,然~太甚。"《聊斋志异·细侯》:"嘻!破镜重归,盟心不改,义实可嘉。然必杀子而行,~太忍矣!"

【未牌】 wèi pái 未时。宋代官衙以牌报时。元明《水浒传》三六回:"三个人行了半日,早是~时分。"明《古今小说》卷二六:"正是~时分,二人走不上半里之地,远远望见一个箍桶担儿来。"清《歧路灯》一五回:"到了~时分,一轰儿又进了城。"

【未渠】 wèi qú 尚未;未曾。宋陈造《陪盱眙王使君东游》之四:"野兴~尽,数峰明晚霞。"明王世贞《明故工部尚书胡公行状》:"推受事~旬也,而乃能尔,即奚难浙东西牒也!"清汪琬《送叶元礼之仪真》:"欢悰~央,理篋赴佳招。"

【未入流】 wèi rù liú 明清时期官阶未到从九品的官职。《明史·职官志一》:"凡文官之品九,品有正、从,为级一十八。不及九品曰~。"明陆容《菽园杂记》卷一一:"官员品秩不同,如六科都给事中正八品,左右给事中从八品,给事中、行人司正俱九品,各衙门司务、行人司行人,皆~之类是也。"清《后水浒传》三二回:"小官没有品职,是个~。"

【未审】 wèi shěn ❶ 不懂,不明白。《敦煌新本六祖坛经》:"~此言,请和尚说。"明于慎行《榖山笔麈》卷一七:"二子平生皆以凶德取败,不保其身,而列于诸神之祀,~其繇。"清《聊斋志异·辛十四娘》:"生不能忍,问曰:'~意旨,幸释疑抱。'" ❷ 不知。唐张鷟《游仙窟》:"人去悠悠隔两天,~迢迢度几年?"《续资治通鉴长编》卷二六三:"臣等到北外,或有事节可以对彼当面理会,~许与不许?"清《赛花铃》一六回:"舍亲何猗兰,年方弱冠,尚未联姻,竟欲相求令妹庚帖送去,~兄意允否?" ❸ 用如副词"不曾"。《太平广记》卷三七三引《宣室异录记》:"妾亦常隐于山中,从道士学长生法,道士教妾吞火,自是绝粒,今已年九十矣,~一日有寒暑之疾。"

【未时】 wèi shí 干支计时法的一个时辰,相当于今下午一时至三时。唐[日]圆仁《入唐求法巡礼行记》卷一:"十三日,大热。~,雷鸣。"《大唐三藏取经诗话》一六则:"午时采莲船至,亦有金莲花坐,五色祥云,十二人玉音童子,香花幡幢,七宝璎珞,~迎汝等七人归天。"清《红楼梦》二七回:"至次日乃是四月二十六日,原来这日~交芒种节。"

【未始】 wèi shǐ 没有;未必。用在否定词(通常是"不")前,构成双重否定。语气较肯定句委婉。唐韩愈《与于襄阳书》:"莫为之前,虽美而不彰;莫为之后,虽盛而不传。是二人者,~不相须也。"宋《朱子语类》卷一七:"天~不为人,而人~不为天。"明李贽《答周柳塘》:"然果有上根大器,默会深契,山农亦~不乐也。"

【未是】 wèi shì 不是,对判断的否定。唐[日]圆仁《入唐求法巡礼行记》卷四:"当州~极海之处。"王梵志《佐史非台补》:"~好出身,丁儿避征防。"《敦煌变文校注》卷七《解座文汇抄》:"富贵奢华~好,财多害己招烦恼。"《祖堂集》卷五《云岩和尚》:"地狱~苦,今时作这个相貌中,失却人身最苦,无苦过于此苦。"按,六朝时期的"未是"是"还不是"的意思,语义与唐五代不同。

【未委】 wèi wěi 未悉;不知。唐贾岛《慈恩寺上座院》:"~衡山色,何如对塔峰。"《续资治通鉴长编》卷二六五:"~卿等昨离南朝日有何意旨了绝?"明汤显祖《牡丹亭》二一出:"明珠美玉,小生见而知之。其间数种,~何名?烦老大人一一指教。"

【未消】 wèi xiāo 不用;不要。宋《朱子语类》卷六五:"~别看,只是一动一静便是阴阳。"明《警世通言》卷三七:"紫金山三百个好汉且~出来,恐怕唬了小员外共小娘子。"

【未消得】 wèi xiāo dé 犹"未消"。宋柳永《玉女摇仙佩·佳人》:"且恁相偎倚。~,怜我多才多艺。"宋元《警世通言》卷三七:"举家都哭起来,万员外道:'且~哭。'即时同合哥来州里下状。"

【未省】 wèi xǐng 未曾;不曾。唐窦巩《江陵遇元九呈十二韵》:"梦想何曾间,追欢~违。"敦煌词《倾杯乐》:"忆昔笄年,~离阁,生长深闺院。"《古尊宿语录》卷三八《襄州洞山第二代初禅师语录》:"家有一狗儿,骇小人难见。终日随牛去,~使人唤。"

【未应】 wèi yīng ❶ 不须。唐张子容《永嘉作》:"~悲晚发,炎瘴苦华年。"宋陆游《遣兴》:"老去可怜风味在,~山海混渔樵。" ❷ 不算;不是。唐李白《送外甥郑灌从军》之三:"月蚀西方破敌时,及瓜归日~迟。"宋张纲《临江仙》:"年方强仕~迟。高风轻借便,一鹗看横飞。" ❸ 不曾。唐方干《侯郎中新置西湖》:"烟雾~藏岛屿,凫鹥亦解避旌幡。"宋蔡伸《念奴娇》:"云浪鳞鳞,兰舟泛泛,共载一轮月。五湖当日,~此段奇绝。"

【未要】 wèi yào 不要。唐韩愈《游青龙寺赠崔大补阙》:"年少得途~忙,时清谏疏尤宜罕。"明王錂《春芜记》一二出:"不知小姐肯也不肯,你且~过来。"清《凤凰池》一二回:"二公~着急。"

【未遇】 wèi yù 未遭际(时机),指尚未成名或做官。唐孟浩然《田园作》:"粤余任推迁,三十犹~。"《元曲选外编·裴度还带》二折:"先生何故如此发言?你则是~间,久以后必当登云路。"清《情梦柝》六回:"韦皋~时,为张延赏门婿,延赏恶而逐出。"

【未在】 wèi zài 不是;不对。特指未解禅机。《祖堂集》卷一一《保福和尚》:"招庆因举:'古人道,金屑银屑虽贵,肉眼里著不得,岂况法眼乎?'招庆拈问师:'只如著不得,还著得麽?'师对云:'~,更道。'"《五灯会元》卷一六《五峰子琪禅师》:"师曰:'你作么生会?'僧便喝。师曰:'~。'"宋《朱子语类》卷一二五:"彼初入中国,也~。"

【未正】 wèi zhèng 正未时。干支计时法一个时辰分为两个小时辰,分称初、正。未正指午后二时到三时。唐颜真卿《荐明器》:"~后一刻,典仪设群官夜哭版位,如晨夕哭仪。"明沈德符《万历野获编》卷二〇:"万历庚戌十一月朔壬寅日食,初钦天奏称日食七分有馀,~一刻初亏,申初三刻食甚,酉初初刻复圆。"清《红楼梦》五八回:"俱每日入朝随祭,至~以后方回。"

【味】 wèi ❶ 甘美;有味。唐[日]圆仁《入唐求法巡礼行记》卷三:"大会之众,餐饭不~。各自发愿。" ❷ 量词,用于菜肴、中药,两者都有气味或味道。唐刘知古《日月元枢论》:"上古有水银一~,而独不成丹者,盖有龙而无虎。"《元曲选·玉镜台》三折:"丹方一~,他若是皱着双眉,我则索牙床前告他一会。"清《后水浒传》八回:"你丈人连日在黄公子家做活,得些钱来,买几~酒菜,替我上寿。"

【位】 wèi 量词。a) 用于人,含敬意。《五灯会元》卷一四《吉祥元实禅师》:"晓归趋方丈,衣见乃问:'洞山五~君臣,如何话会?'师曰:'我这里一~也无。'"宋《五代史平话·汉上》:"咱两~哥哥心下不喜您在这里。"清《红楼梦》七八回:"不单花有一个神,一样花一~神之外,还有总花神。"b) 用于物。宋范仲淹《与韩魏公书》:"州署中有凉厅一~,可以待他。"金董解元《西厢记诸宫调》卷一:"这一~也非是佛殿。旧来是僧院,新来做了客馆。崔相国家属,见寄居里面。"清《聊斋俚曲·慈悲曲》:"咱另起一~

楼宅，盖上几座厅堂，买上一些桌椅，买上几张藤床。”

【位下】 wèi xià 元代对后妃、诸王、公主等皇室贵戚的称呼。《元典章·圣政二》：“诸～、诸衙门及权豪势要人家，敢有似前影蔽占吝者，以违制论罪。”《元史·百官志一》：“断事官，秩(正)三品，掌刑政之属，……后定置，自御～及诸王～共置四十一员。”《武王伐纣平话》卷上：“今有姜皇后～宫人，倚着正宫名势，见子童无礼。”

【位置】 wèi zhì ❶布置；安排；处置。《太平广记》卷二一三引《画断》：“善起草，点簇～，亭台竹树，花鸟仆使，皆极其态。”宋赵与时《宾退录》卷二：“羊欣书似婢作夫人，不堪～，而举止羞涩，终不似真。”清《歧路灯》一〇七回：“抚台只得收下。无可～，乃分一半与姑太太做陪妆，分一半送与黄岩公作娶资。” ❷所处的地位或地方。宋彭大雅《黑鞑事略》：“其～以中为尊，右次之，左为下。”元明《水浒传》七一回：“梁山泊一百零八壮士均已上应天象，排定～。”清《聊斋志异·罗刹海市》：“然奇丑者望望即去，终不敢前；其来者，口鼻～，尚皆与中国同。”

【位子】 wèi zi ❶所占据的地方。宋《朱子语类》卷二三：“极星亦微转，只是不离其所，不是星全不动，是个伞脑上一～，不离其所。”又卷一〇一：“人说性，不肯定说是性善，只是欲推尊性，于性之上虚立一个‘善’字～，推尊其性耳。” ❷职位；名位。《元朝秘史》卷六：“一则是他二人救了我性命，一则是长生天护助的上头，将客列亦惕种人屈下了，得至大～里坐。”元明《水浒传》六七回：“我们都做大官，杀去东京，夺了鸟～，却不强似在这里鸟乱！”明哈铭《正统临戎录》：“皇帝你若回朝时，天可怜见你的洪福大，皇帝～坐时，把哈铭不要忘了，好生抬举。”

【胃口】 wèi kǒu 食欲。宋王辟之《渑水燕谈录》卷九：“安抚先檄郡县，以厚朴烧豆腐，开饥民～。”元施惠《幽闺记》二五出：“虚弱得紧，～倒了。”清《红楼梦》八〇回：“内则调元补气，开～，养荣卫。”

【胃气】 wèi qì 指胃的功能。五代杜光庭《生死歌诀》：“若人六脉动摇摇，又怕其中无～。”宋沈括《梦溪笔谈·补笔谈》卷三：“(枳实)安～，止溏泄，明目。”清《红楼梦》四五回：“肝火一平，不能克土，～无病，饮食就可以养人了。”

【胃气疼】 wèi qì téng 胃疼病。清《红楼梦》一一三回：“谁知尤氏正犯了～的旧症，睡在床上。”《荡寇志》七七回：“近来也衰弱了些，得了个～的症候，不时举发。”

【谓言】 wèi yán ❶以为；认为。唐张鷟《游仙窟》：“向见称扬，～虚假；谁知对面，却是神仙。”《祖堂集》卷九《落浦和尚》：“在匣～无照耀，用来方觉转光辉。”宋洪迈《容斋随笔》卷八：“天子恻然感，司空叹绸缪。～即施设，乃反迁炎州。” ❷犹言报说；告诉。《大唐三藏取经诗话》一六则：“定光古佛云中现，速令装束急回程。～七月十五日，七人僧行返天庭。”

【畏伏】 wèi fú 敬畏；服帖。唐李华《润州丹阳县复练堂颂》：“声如飙驰，先诏而至，吏人～，男女相贺。”宋李攸《宋朝事实》卷一六：“(秦再雄)在周行逢时屡以战斗立功，蛮党～。”清《红楼梦》五五回：“若少有嫌隙不当之处，不但不～，出二门还要编出许多笑话来取笑。”

【畏景】 wèi jǐng ❶夏天的太阳。唐李峤《六月奉教作》：“养日暂裴回，～尚悠哉。”《太平广记》卷四〇五引《剧谈录》：“时～爀曦，咸有郁蒸之苦。”宋柳永《过涧歇近》：“避～，两两舟人夜深语。” ❷指夏天。唐白居易《旱热》之二：“持此聊过日，焉知～长。”宋柳永《郭郎儿近》：“新霁，～天气，薰风帘幕无人，永昼厌厌如度岁。”金元好问《同白兄赋瓶中玉簪》：“～众芳歇，仙葩此夷犹。”

【畏怕】 wèi pà 害怕。五代陈致雍《大傩议》：“季冬命有司大傩，强阴用事，疠鬼随出害人，故作逐疠之方相，犹仿想也。仿想，～之貌也。”元许衡《大学直解》：“‘恐惧’是～的意思，‘好乐’是欢喜的意思。”清《醒名花》二回：“所以一县之中，人人～他。”

【畏怯】 wèi qiè 害怕；胆怯。唐韩偓有《建溪滩波心目惊眩余平生溺奇境今则～不暇因书八字》。宋《三朝北盟会编》卷一四：“时女真既得契丹，故大臣皆言南朝自来～。”清《聊斋志异·梅女》：“知为缢鬼，然以白昼壮胆，不大～。”

【畏缩】 wèi suō 害怕不敢向前。五代张瑗《吴越故忠义军匡国功臣海盐屠将军墓志铭》：“违主之命不忠，～不前无勇。”宋《朱子语类》卷三五：“他合当恭而恭，必不至于劳；谨慎，必不至于～；勇直处，亦不至于失节。”清《后水浒传》二一回：“一个汉子做事，恁地～没人气！”

【畏途】 wèi tú 令人害怕的地方、处境、事情等。唐张说《赠工部尚书冯公挽歌》之一：“忠鲠难为事，平生尽～。”清李渔《闲情偶寄》卷六：“能以草木之生死为生死，始可与言灌园之乐，不则一灌再灌之后，无不～视之矣。”袁枚《续子不语》卷八：“殷家庄在城外，多古圹，旧传圹中有怪物，……里人相戒，视为～。”

【喂】 wèi 把食物送到人口里。《敦煌变文校注》卷七《苏武李陵执别词》：“陵有老母，八十有五，走待人扶，食须人～，负天何辜，也被诛戮！”宋《虚堂和尚语录》卷二：“嚼饭～婴儿。”清《红楼梦》四一回：“姥姥要吃甚么，说出名儿来，我夹了～你。”

【喂眼】 wèi yǎn 同“慰眼”。《元曲选·儿女团圆》一折：“但得一个～的，恰便似那心肝儿般知重你。”明《拍案惊奇》卷三五：“街市上但遇着卖的，或是肯过继的，是男是女，寻一个来，与我两口儿～也好。”清《歧路灯》七八回：“咱商量个众擎易举，合街上多斗几吊钱，趁谭宅这桩喜事，唱三天，咱大家喂喂眼，也是好的。”

【喂养】 wèi yǎng 给幼儿或牲畜东西吃。五代李知损《请禁宰耕牛战马疏》：“伏望明敕所司，应有病散，令宣赐要者任便～，显示不杀之恩。”元《通制条格》卷一六：“务要广种，非止～头匹，亦可接济饥年。”清《醒世姻缘传》七六回：“又叫相大舅把小孩子抱到家去，寻奶子～，防备素姐阴害。”

【喴】 wèi 同“喂”。《祖堂集》卷六《投子和尚》：“僧问黄龙：‘古人道：不许夜行，投明须到。意作摩生？’黄龙曰：‘嚼饭～鲁伯。’”

【蔚蓝】 wèi lán 指天。宋陆游《老学庵笔记》卷六：“～乃隐语天名，非可以义理解也。”

【慰荐】 wèi jiàn 推荐。唐权德舆《寄侍御从舅》：“感恩从～，循性难絷维。”《旧五代史·汉书·任延皓传》：“晋天福初，延皓授太原掾，寻改交城、文水令，皆高祖～之力也。”明沈德符《万历野获编》卷二五：“吕时已徙少司寇，亦因此乞身归。其～之疏相继满公车，然尚未出山也。”

【慰曲】 wèi qū 慰问；安抚。《敦煌愿文集·儿郎伟(伯3270)》：“内使亲降四塞，天子～名师。”又《儿郎伟(伯4011)》：“河西一道清泰，天子尉(慰)曲西边。”

【慰帖】 wèi tiē 抚慰；劝慰使宁帖。唐李华《东都圣禅寺无畏三藏碑》：“与商人同遇群盗，阽于并命。和尚～徒侣，默诵真言。”明解缙《东溪廖孝子传》：“当离别，忍泪背睫间，强颜笑语，～老稚。”

【慰贴】 wèi tiē ❶同“慰帖”。清《醒世姻缘传》七〇回：“陈内官倒觉甚不过意，待了酒饭，用好话～而散。” ❷ 温存体贴。清董以宁《沁园春·美人背》：“想郎手绕将，柔乡～；妹胸拥着，寒夜横陈。” ❸ 放心；安心。清蒲松龄《东郭箫鼓儿词》：“常言道：眼见是实，耳听是虚。必定得出去看一看方才～。”

【慰喜】 wèi xǐ 快慰。唐裴铏《传奇·薛昭》：“遂同寝处。昭甚～，如此数夕，但不知昏旦。”宋苏轼《贺林待制启一首》：“轼交旧最深，～良甚。”明《封神演义》二〇回：“众官见姬昌年迈，精神加倍，彼此～。”

【慰眼】 wèi yǎn 看着心里感到满足。宋冯延登《郾城道中》：“瘦梅疏竹未～，只有清泪沾衣巾。”元马致远《陈抟高卧》四折：“白酒樽旁，闲～金钗十二行。”清高士奇《江村销夏录》卷二：“信手拈书聊～，转头忘事太无心。”

wēn

【温鳖妆燕】 wēn biē zhuāng yàn 形容人不做声。山东土话把蝙蝠叫“燕鳖蝠”。传说是老鼠偷吃了盐变成的，因而不会发声。清《醒世姻缘传》九七回：“你～似的不做声，是不叫我去么？”

【温醇】 wēn chún ❶ 指酒味醇厚。唐丁儒《归闲诗二十韵》：“俚歌声靡曼，秫酒味～。” ❷ 淳朴敦厚。宋《朱子语类》卷八〇：“诗人～，必不如此。”明沈鲸《双珠记》二九出：“此诗立意～，措词雅丽，乃才女子也。”清刘大櫆《胡母谢太孺人传》：“虽其天质故～，抑亦太孺人之教也。”

【温存】 wēn cún ❶ 温暖。唐司空图《修史亭》之一：“渐觉一家看冷落，地炉生火自～。”宋赵以夫《探春慢·立春》：“箫鼓声中，～小楼深夜。” ❷ 抚慰；体贴。唐韩偓《寄湖南从事》：“莲花幕下风流客，试与～谴逐情。”宋黄孝迈《湘春夜月》：“念楚乡旅宿，柔情别绪，谁与～。”清《梦中缘》一六回：“晚间花攒锦簇的饮酒行乐，进忠着意～。” ❸ 温柔和顺。宋黄人杰《念奴娇·游西湖》：“～桃李，莫教一顿开却。”明崔时佩、李日华《西厢记》二五出：“你是闺中女翰林，俊的是庞儿，俏的是良心，体态～，性格幽沉。”清《红楼梦》三五回：“只管见宝玉一些性子没有，凭他怎么丧谤，他还是～和气。” ❹ 保暖调养。宋周煇《清波杂志》卷九：“又尝和人《腊梅词》，有‘生怕冻损蜂房，胆瓶汤浸，且与～着’，规警如前。”清《红楼梦》四二回：“不过是劳乏了，兼着了些凉，～了一日，又吃了一剂药，疏散一疏散，至晚也就好了。”

【温泔清】 wēn gān qīng 淘米水。《元曲选·谢天香》四折：“暖的那～手面轻揉，打底干南定粉，把蔷薇露和就。”

【温顾】 wēn gù 温存看顾。宋佚名《张协状元》九出：“草系门君解破，靠歇须有人～。”元明《水浒传》二一回：“我女儿在家里专望，押司胡乱～他便了。”明积丹邱《荆钗记》三〇出：“我这老景凭谁？年华老迈难移步，旦夕间有谁来～。”

【温和】 wēn hé （物体）不冷不热。敦煌词《十二时·夜半子》：“步步足下生莲花，九龙齐吐～水。”元胡祗遹《一半儿·四景》：“被儿底梦难成，一半儿～一半儿冷。”清《聊斋志异·莲香》：“李笑曰：‘君视妾何如莲香美？’曰：‘可称两绝，但莲卿肌肤～。’”

【温居】 wēn jū 携礼前往亲友新居贺喜；暖房。清《醒世姻缘传》二五回：“狄员外的娘子也过日办了礼去与薛教授的夫人～。”《白雪遗音·婆媳顶嘴》：“那时候，我请你们爷们给我～去，可不用带分子来。”《歧路灯》五三回：“只是连日～暖房的客，许多应酬。”

【温卷】 wēn juàn 唐时举子应试前谒见显贵，呈上名片和作品以求推荐，称为请见；数日后又送上作品，称为温卷。五代王定保《唐摭言》卷一一：“（苏）拯与考功苏郎中璞初叙宗党，…… 拯既执贽，寻以启事～。”宋赵彦卫《云麓漫钞》卷八：“唐之举人多先藉当世显人，以姓名达之主司，然后以所业投献，逾数日又投，谓之～。”陆游《秋雨书感》：“门外久无～客，架中宁有热官书。”

【温理】 wēn lǐ 温习梳理。唐义净译《根本萨婆多部律摄》卷九：“若苾刍习诵经时，应离闻处，～旧业。”宋叶適《除华文阁待制谢皇太子笺》：“某敢不勉竭颓年，～幼学？”清《红楼梦》七〇回：“宝玉放了心，于是将所应读之书又～过几遍。”

【温暖】 wēn nuǎn ❶ 犹“寒温”。元明《水浒传》七四回：“（任原）前遮后拥，来到献台上，部署请下轿来，开了几句～的呵会。” ❷ 犹“温存❷”。宋杨万里《明发祁门悟法寺溪行险绝》：“何须双鹭相～，鹭过还教转寂寥。”明《醒世恒言》卷三：“王九妈新讨了瑶琴，……终日好茶好饭去将息他，好言好语去～他。”

【温热】 wēn rè 用热水或身体等使温暖。《元曲选外编·西厢记》四本四折：“乍孤眠被儿薄又怯，冷清清几时～！”明《金瓶梅词话》七三回：“锦帐里鸳衾才方～，把一枝凤凰簪掂做了两三截。”清《霓裳续谱·惧内的苦》：“清晨早起叠上了被褥，～了脸水，他才把头梳。”

【温汤】 wēn tāng 热水。唐义净译《根本说一切有部毗奈耶》卷一九：“暖油涂身，用面揩拭，～净洗，稳卧衣盖。”明《西游记》三〇回：“是微臣兜弓一箭，射倒猛虎，将女子带上本庄，把温水～灌醒，救了他性命。”清《醒世姻缘传》六六回：“狄员外只得替他揭了膏药，用～洗净。”

【温淘】 wēn táo 煮熟后捞出另加卤酱等食用的热面条。参见“冷淘”。明《金瓶梅词话》九六回：“量酒道：‘面是～，饭是白米饭。’经济道：‘我吃面。’须臾掉上两三碗湿面上来。”

【温吞】 wēn tūn ❶ 同“温暾”。多用于食物。宋《朱子语类》卷六〇：“‘利与善之间’，不是冷水，便是热汤，无那中间～暖处也。”《说郛》卷三四上引《轩渠录》：“天色汪囊，不要吃～蝼托底物事。” ❷ 比喻不冷不热的态度或言语。清《风流悟》七回：“真娘生得花枝一般，身材又俊俏，言语又伶俐，更且吃得～耐得热，众亲戚无不赞其贤慧。”

【温炖】 wēn tūn 同“温暾”。唐白居易《别毡帐火炉》：“婉软蛰鳞苏，～冻肌活。”

【温暾】 wēn tūn 微温；不冷不热。元陶宗仪《辍耕录》卷八：“南人方言曰～者，乃微暖也。”唐白居易《送客春游岭南二十韵》：“蓊郁三光晦，～四气匀。”宋苏籀《汤泉赋》：“三伏炎曦，～河汉；百井隆冬，其气自暖。”清赵执信《再饮溪上》：“石梁经日尚～，莎草承秋校深软。”

【温暾汤】 wēn tūn tāng 喻称性子慢、不爽快的人。清吴景旭《历代诗话》卷五〇引《致虚杂俎》：“今人以人性不爽利者曰～，言不冷不热也。”

【温习】 wēn xí ❶ 复习。《太平广记》卷四八四引《异闻录》：“体已康矣，志已壮矣。渊思寂虑，默想曩昔之艺业，可～乎？”宋《朱子语类》卷九：“须是常常将故底只管～，自有新意。”清《红楼梦》七回：“因此尚未议及再延师一事，目下不过在家～旧课而已。” ❷ 亲近。习，近。《元曲选外编·裴度还带》二折：“头小为一极，夫妻不得力；额小为二极，父母少～。”

【温香软玉】 wēn xiāng ruǎn yù 即“软玉温香❶”。《元曲选·鲁斋郎》二折：“他少甚么～，舞女歌姬！”明《醒世恒言》卷三九:“可怜嫩蕊新花,拍残狂蝶;却恨～,抛掷终风。”清《情梦柝》一九回:“遂用些款款轻轻的工夫,受用了～,却不敢说话。”

【温谕】 wēn yù 称皇帝的谕旨。也指皇帝温和地发话。宋欧阳修《谢奖谕编次三朝故事表》:“成编上闻,惧不称旨,蒙诏～,以荣以悸。”明文秉《烈皇小识》卷二:“十二月初一日,上复召崇焕、祖大寿入,上～大寿,而历数崇焕之罪。”清《红楼梦》一一四回:“主上隆恩,必有～。”

【温旨】 wēn zhǐ ❶ 犹“温谕”。宋文莹《玉壶清话》卷三:“李穆昔师之,逮为学士,荐于朝,～召至便殿。”明张瀚《松窗梦语》卷五:“伊世子进黄白二兔,得～。”清《绿野仙踪》七八回:“明帝知是林岱之父,下许多～,赏给服物。” ❷ 比喻抚慰的话。清《醒世姻缘传》五六回:“素姐着尽收了,也并不曾有个～;只是这一晚上不曾赶逐,好好的容在房中睡了。”又六六回:“却说狄希陈得了那套顾绣衣裳,献与素姐,看得中意,严厉中寓着～。”

【嗢喻】 wēn lún 调说;絮絮地说。《敦煌变文校注》卷三《燕子赋(一)》:“遂乃～本典,[徒(图)少问辩]:‘曹司上下,说公白健……’”按,《集韵·混韵》:“惀,惀惀,烦愦。”例中从“口”,指以言辞令人烦愦。

【膃腯】 wēn tú 柔软丰满貌。唐张鷟《游仙窟》:“眼子盱瞜,手子～。”《集韵·月韵》:“膃肭,肥也。”“腯,肥也。”

【瘟】 wēn ❶ 灾殃。《元曲选·曲江池》二折:“总饶你便通天彻地的郎君,也不彀三朝五日遭～。”明《西游记》三七回:“明日要你顶缸、受气、遭～。”清《聊斋俚曲·寒森曲》:“李蝎子活遭～,满屋里血淋津,腥臊烂臭人难近。” ❷ 詈词。遭瘟的;遭灾的。明《杨家府》卷四:“～奴侪,说什么白骗!”清《说岳全传》一二回:“不如先杀了这～试官。” ❸ 泛指坏的、不好的。清《儒林外史》一三回:“你这倒运鬼!放着这样大财不发,还在这里受～罪!”

【瘟神】 wēn shén 散播瘟疫的凶神。宋叶適《朝议大夫王公墓志铭》:“民事～谨,巫故为阴庑复屋,塑刻诡异,使祭者凛栗,疾愈众。”清《聊斋志异·牛瘟》:“实相告:我六畜～耳。适所纵者牛瘟,恐百里内牛无种矣。”《红楼梦》三九回:“那里有什么女孩儿,竟是一位青脸红发的～爷!”

【瘟死鬼】 wēn sǐ guǐ 遭瘟疫而死亡的鬼。多做詈词。明《金瓶梅词话》九六回:“如今晦气,出门撞见～。”《金瓶梅》四六回:“就死也死三日三夜,又撞着恁～小奶奶儿们,把人魂也走出了。”

wén

【文】 wén ❶ 刺画(文字或花纹)。唐元稹《永福寺石壁法华经记》:“予观僧之徒所以经于石,～于碑,盖欲相与为不朽计。”元明《水浒传》一一回:“见今壁上写下名字,你脸上～着金印,如何要赖得过?”《明史·郭子兴传》:“太祖手书子兴事迹,命太常丞张来仪～其碑。” ❷ 写文章。唐元稹《永福寺石壁法华经记》:“其一碑,僧之徒思得声名人～其事以自广。”金王若虚《太一三代度师萧公墓表》:“四代师字公弼,……俾予～之。”刘祁《归潜志》卷六:“麻知几九畴与之善,使子和论说其术,因为～之。”

【文扮】 wén bàn 文官打扮。《元曲选外编·风云会》二折:“太后宫妆法服引幼主黄袍及石守信戎装、陶穀～上。”元明《水浒传》一一九回:“今番太平回朝,天子特命～,却是幞头公服,入城朝觐。”

【文榜】 wén bǎng 布告;告示。《太平广记》卷一七八引《摭言》:“元和六年,为监生郭东里决破棘篱,坼裂～,因之后来多以虚榜自省门而出,正榜张亦稍晚。”明《清平山堂话本·贬霸王》:“琛呼郡吏上厅,大写～张挂。”清《醒世姻缘传》七四回:“将近庵门,高高悬着两首幡幢,一张～,上面标着三位尊名。”

【文笔匠】 wén bǐ jiàng 专给人身体刺字、刺花纹的匠人。元明《水浒传》八回:“叫林冲除了长枷,断了二十脊杖,唤个～刺了面颊。”又一七回:“便唤过～来,去何涛脸上刺下‘迭配……州’字样,空着甚处州名。”

【文册】 wén cè 簿册;案卷。唐许孟容《穆公集序》:“大凡碑志～铭赞记序六十五首,共成十卷。”《元曲选·窦娥冤》四折:“端详这～,那厮乱纲常当合败,便万剐了乔才,还道报冤仇不畅怀。”清《醒世姻缘传》一〇〇回:“一个着绿袍的判官,呈上一本～,说他那许些过恶。”

【文场】 wén chǎng 科举的试场。唐韦应物《送章八元秀才擢第往上都应制》:“决胜～战已酣,行应辟命复才堪。”明《石点头》卷一二:“若是应试～,对策便殿,稳稳的一举登科,状元及第。”清《聊斋志异·青娥》:“弟赴都时,父嘱～中如逢山右霍姓者,吾族也,宜与款接,今果然矣。”

【文牒】 wén dié 案卷;文书。《唐律疏议》卷七:“门司皆须得牒,然后听入。若未受～而辄听入,及所入人数有剩者,门司各以阑入论。”宋《三朝北盟会编》卷八:“近又得其～,具言已据山后。”清《后西游记》九回:“又是中书写的一路通关～与如来求解表文。”

【文法】 wén fǎ 文章的作法。《太平广记》卷一八五:“长寿二年,裴子餘为鄠县尉。同列李隐朝、程行谌皆以～著称,子餘独以词学知名。”宋《朱子语类》卷一三九:“尝闻南丰令后山一年看伯夷传,后悟～,如何?”清《红楼梦》五三回:“别看～,只取个吉利罢了。”

【文房】 wén fáng ❶ 书房。唐皎然《春日又送潘述之扬州》:“～旷佳士,禅室阻清盼。”宋何薳《春渚纪闻》卷九:“史君与其父孝绰字逸老,皆有能书名,故～所蓄,多臻妙美。”清《歧路灯》四回:“怎的孔耘轩亦择吉日置买经书及～所用东西,并四六回启到谭宅答礼,俱不用细述。” ❷ 指笔、纸、砚、墨等常用文具,系“文房四宝”的省称。宋吴自牧《梦粱录》卷三:“士人诣集英殿起居,……各赐印刊策题,其士人只许带～及卷子,餘皆不许夹带。”明《西游记》九六回:“彩漆桌上,有纸墨笔砚,都是些精精致致的～。”清《玉蜻蜓·露像》:“春台桌上摆～:小小笔筒巧工刻。”

【文火】 wén huǒ 小火;微火。唐皎然《对陆迅饮天目山茶》:“～香偏胜,寒泉味转嘉。”《云笈七籤》卷六九:“其所用石盐和黄英化石,细研为粉,入锅,以～养一日,即鼓成汁。”清弘历《雪》:“卜麦慰余饶韵事,竹炉～煮三清。”

【文几】 wén jī 写字读书用的几案。书信中用在收信人称呼后面,表示信件不敢径呈对方,只敢送达文几之上,是一种谦逊的表达。宋秦观《鲜于子骏使君生日》:“丽句充～,奇香轫玉奁。”《元曲选外编·西厢记》五本二折:“薄命妾崔氏拜覆,敬奉才郎君瑞～。”清《红楼梦》三七回:“娣探谨奉二兄～。”

【文记】 wén jì 文字记载。唐元稹《元和五年予官不了罚俸西归》:“餐罢还复游,过从上～。”《旧五代史·乐志下》:“逮乎黄巢之餘,工器都尽,购募不获,～亦亡,集官详酌,终不知其制度。”宋吴自牧《梦粱录》卷四:“此东都流传,至今不改,不知出何～也。”

【文解】 wén jiè ❶ 入京应试的证明文书之类。科举乡试合格称举人，考中举人即由地方官给予文解发解赴京，参加中央考试。唐封演《封氏闻见记》卷三："贞观十九年，中书令马周检校吏部尚书，始奏选人取所由～。"《旧五代史·唐书·末帝纪中》："举人落第后，别取～。" ❷ 公文。唐李隆基《选限期敕》："岭南及黔中参选吏曹，各～每限五月三十日到省。"金佚名《大金吊伐录》卷一："内有于民不便无名之敛，仍仰所在官司开立状申，当议从便削去，仍委本处就便开具～，申报所在路分军前照验。"元《通制条格》卷六："令承荫人亲赍～及父祖元受的本宣命札付，赴部定夺。"

【文具】 wén jù ❶ 指空有条文。语出《史记·张释之冯唐传》："且秦以任刀笔之吏，吏争以亟疾苛察相高，然其敝徒～耳，无恻隐之实。"司马贞索隐："谓空具其文而无其实也。"宋《朱子语类》卷一〇六："大抵今时做事，在州郡已难，在监司尤难，以地阔远，动成～。惟县令于民亲，行之为易。"明于慎行《穀山笔麈》卷一二："今虽不觉其扰，直为～，无益于国计，而相沿日久，不究其根底，亦付之～而已。" ❷ 指笔墨纸砚等用品。明王锜《寓圃杂记》卷五："凡上供锦绮、～、花果、珍羞奇异之物，岁有所增。"清《情梦柝》三回："遂跟他到内书房来。开了锁，推开房门，见～兼备，十分清雅。" ❸ 奁具；梳妆匣。明张岱《陶庵梦忆》卷二："得香楠尺许，琢为～一，大匣三，小匣七，壁锁二。"《警世通言》卷三二："孙富视十娘已为瓮中之鳖，即命家童送那描金～，安放船头之上。"清《红楼梦》二〇回："说着，将～镜匣搬来，卸去钗钏，打开头发。"

【文卷】 wén juàn ❶ 泛指诗文，文章。唐白居易《忆元九》："近来～里，半是忆君诗。"宋范镇《东斋记事》卷三："初，举人居乡，必以～投贽先进，自糊名后，其礼寝衰。"明《醒世恒言》卷一一："取出王雱所作，次第看之，真乃篇篇锦绣，字字珠玑，又不觉动了个爱才之意：'但不知女儿缘分如何？我如今将这～与女儿观之，看他爱也不爱。'" ❷ 指科举考试时的应试文章。唐贾岛《送令狐绹相公》："姓名犹语及，门馆阻何因。苦拟修～，重擎献匠人。"五代孙光宪《北梦琐言》卷一一："殷公历官台省，始举进士时～皆内子为之，动合规式，中外皆知。"宋元《古今小说》卷一一："试官便将三名～，呈上御前。仁宗亲自观览。" ❸ 公文案卷。《元曲选·窦娥冤》四折："张千，说与那六房吏典，但有合刷照～，都将来，待老夫灯下看几宗波。"明汤显祖《牡丹亭》五三出："写完，发与那死囚，于斩字下押个花字。会成一宗～，放在那里。"清《醒世姻缘传》六四回："取开看时，都是下界诸神报你那忤逆公婆，监打丈夫的过恶，叠成～，满满的积有一箱。"

【文路子】 wén lù zi 文理；文脉。宋《朱子语类》卷六："当时亦因言～之说而及此。"又："理是有条理，有～。～当从那里去，自家也从那里去；～不从那里去，自家也不从那里去。须寻～在何处，只挨着理了行。"

【文面】 wén miàn 在脸上刺字涂墨，是一种肉体刑罚，古称黥。《旧五代史·汉书·赵思绾传》："思绾等比是赵在礼御士，本不刺面，景崇、齐藏珍既至京兆，欲令～，以防逋逸。"《元曲选外编·智勇定齐》四折："不期齐国有无盐女，好生的智勇多能，因解玉连环一事，将使命～而回。"元明《水浒传》六九回："董平大怒，回道：'～小吏，该死狂徒，怎敢乱言！'"

【文魔】 wén mó 文痴；读书人迷而显得癫狂。《元曲选·㑳梅香》一折："似此～，可怎生奈何？"明周履靖《锦笺记》一五出："扇底偷睛细审，看～年少，无限风情。"清《红楼梦》五三回："有那一干翰林～先生们，因深惜慧绣之佳，便说这绣字不能尽其妙。"

【文墨】 wén mò 指文化，文化知识。《敦煌变文校注》卷五《父母恩重经讲经文(一)》："男须～兼仁义，女要裁缝及管弦。"元明《水浒传》六五回："那安道全是个～的人，士大夫出身。"清《梦中缘》三回："当迎接时，好丑固所兼容，而志之所属，却在我辈～之士。"

【文墨匠人】 wén mò jiàng rén 即"文笔匠"。元明《水浒传》一二回："将杨志带出厅前，除了长枷，断了二十脊杖，唤个～，刺了两行金印。"

【文旆】 wén pèi 彩旗；仪仗用具。敬指人的行踪。明《清平山堂话本·吊诸葛》："姚秀才见了，慌忙进前施礼。老丈答曰：'衰老无力出庄，请邀～，切乞恕罪。'"《古今小说》卷三四："倘蒙不弃，少屈～，至舍下与家尊略叙旧谊，可乎？"

【文凭】 wén píng 作为凭证的官方文书。唐李德裕《王智兴度僧尼状》："勘问惟十四人是旧人沙弥，餘是苏常百姓，亦无本州～，寻已勒还本贯。"《元典章·刑部十六》："龙溪隘头目萧新等，别无承准事主告劫～，辄将平人臣八捉拿拷勘。"清《聊斋志异·公孙夏》："令叩首曰：'下官尚有～。'"

【文券】 wén quàn 契约；双方订立的文书凭证。唐李晔《改元天复赦文》："旧格买卖奴婢，皆须两市署出公券，仍经本县长吏引检正身，谓之过贱，及问父母见在处，分明立～，并关牒太府寺。"宋曾敏行《独醒杂志》卷二："因拘囚之，验其～，见南京副总管尝资给其人甚厚。"清《老乞大新释》："你既不要么，这～上明白写着：'如马好歹，买主自家看。先悔的罚银五两。'"

【文身】 wén shēn 身躯；身子。明《西洋记》七〇回："却说唐状元拿了一本《金刚经》，找着他～，只见他颈颡脖子上一股白气冲出来。"又："主人公，你若是不弃嫌时，我的～情愿让与你罢。"

【文事】 wén shì 文书写作之事。唐耿湋《咏宣州笔》："丹青与～，舍此复何从？"元明《三国演义》二二回："有～者，必须以武略济之。陈琳～虽佳，其如袁绍武略之不足何？"清《聊斋志异·三朝元老》："有旧门人谒见，拜已，即呈文艺。洪久厌～，辞以昏眊。"

【文书】 wén shū 字据；契约。元萧德祥《小孙屠》九出："休昧心说，这钱还我了，争奈我～不曾把还它。我如今只把这～做索钱为由，去它家里走一遭。"《元代白话碑集录·一二八〇年虚仙飞泉观碑(二)》："真人为头先生每与了退□～来。更将先生每说谎捏合来的～每根底，并将印～底板烧了者。"清《醒世姻缘传》六二回："叫人只说是要与人成一宗地，央狄相公过去看看～。"

【文疏】 wén shū 向神鬼通陈的祝告文。唐[日]圆仁《入唐求法巡礼行记》卷一："真言请益圆行法师入青龙寺，但得廿日雇廿书手写～等。"明《警世通言》卷二二："黄布袋安插纸马～，挂于项上，步到陈州娘娘殿前。"清《醒世姻缘传》三〇回："旋即摆了六桌果子茶饼，请和尚吃茶过了，写了～。"

【文帖】 wén tiě 文书；凭据。《太平广记》卷一〇八引《报应记》："王诘黄衫人，如(汝)何处得～，追平人来？"元《通制条格》卷一四："应系收支钱物～、凭验文历，今后须令正官、首领官在官收掌，毋得似前纵令库子人等自行执把，将往私家顿放。"明《古今小说》卷八："李都督听了，便行下～，到遂州去，要取方义尉吴保安为管记。"

【文玩】 wén wán ❶ 供赏玩的器物。明祝允明《孙功权墓志》："幼辄勤确务生，居积书绘～今古珍器物，迁易为殖。"清雍正四年十月初八日上谕："十月为朕万寿节，在廷诸臣有进献书籍笔墨～之事。"《红楼梦》一七至一八回："各处古董～，皆已陈设齐备。" ❷ 指赏玩文物。清弘历《痕都斯坦玉瓜瓣瓢》："徒置棐几佐～，殊方声教奚事夸。”

【文文莫莫】 wén wén mò mò 迷蒙模糊貌。《敦煌变文校注》卷二《韩朋赋》：“新妇昨夜梦恶，～。见一黄蛇，绞妾床脚。”

【文武】 wén wǔ 指双色或双股的(服饰)。宋元《古今小说》卷三六：“赵正打扮做一个砖顶背系带头巾，皂罗～带背儿，走到金梁桥下。”元明《水浒传》三三回：“渗青巾帻双环小，～花靴抹绿低。”

【文物】 wén wù 文具；学习用具。明《金瓶梅》四九回：“因进入轩内，见～依然，因索纸笔就欲留题相赠。”清《红楼梦》九回：“袭人早已把书笔～包好，收拾的停停妥妥。”

【文星】 wén xīng 文昌星，又名文曲星。相传其星主文才，后亦喻指文人才士。唐刘长卿《送许拾遗还京》：“～出西掖，卿月在南徐。”元锺嗣成《折桂令·咏西域吉诚甫》：“是梨园一点～，西土储英，中夏扬名。”清《红楼梦》八回：“贾母又与了一个荷包并一个金魁星，取～和合之意。”

【文引】 wén yǐn 证明身分准予通行的文书。宋洪迈《夷坚志》支庚卷一：“我承得～一道，差追黄解元。”元《通制条格》卷一八：“以江南等处作买卖为由，滥放～。”清《老乞大新释》：“他现有带的～，赶着朝鲜马，往北京做买卖去。”

【文语】 wén yǔ 转文的语言。说话时喜用文言词句。宋徐度《却扫编》卷下：“平日谈论喜作～，虽对使令亦然。”元刘致《端正好·上高监司》：“排的～呼为绣，假钞公然唤做殊，这等儿三七价明估。”清《聊斋志异·沂水秀才》：“对酸俗客，市井人作～；富贵态状，秀才装名士。”

【文章】 wén zhāng ❶ 学问；文才。唐王梵志《尊人同席饮》：“尊人同席饮，不问莫多言。纵有～好，留将餘处宣。”宋张齐贤《洛阳缙绅旧闻记》卷一：“时僧云辨，能俗讲，有～，敏于应对。”清《红楼梦》六五回：“小名儿叫什么黛玉，面庞身段和三姨不差什么，一肚子～。” ❷ 指文人，文豪。《元曲选·谢天香》一折：“贤弟差矣！一来是老夫同堂故友，二来贤弟是一代～，正可管待。” ❸ 指隐晦的含义或情节。清《红楼梦》一一九回：“宝玉听这话内有～，不觉吃一惊。”△《官场现形记》三五回：“阎二先生听到‘报效’二字，便晓得其中另有～。”

【文之武之】 wén zhī wǔ zhī 形容说话文绉绉的。明贾凫西《木皮词》：“在下这一部鼓词，也不是图名，也不是图利，也不是自己多闻广见，要和天下那～的讲学问先生们斗口。”

【文诌】 wén zhōu 举止言谈文雅。元明《水浒传》九〇回：“不必～了，有肉快切一盘来。”

【文诌诌】 wén zhōu zhōu 举止谈吐文雅貌。明《二刻拍案惊奇》卷一：“黄善撮空没做道理处，～强通句把不中款解劝的话。”

【文㑇㑇】 wén zhòu zhòu 同“文绉绉”。《元曲选·谢天香》三折：“则今番～的施才艺，从来个扑簌簌没气力。”

【文绉绉】 wén zhòu zhòu 同“文诌诌”。六十种曲本《琵琶记》一〇出：“咳，你兀自～的。”清《儒林外史》五四回：“那门外推的门响，又走进一个人来，摇着白纸诗扇，～的。”

【文状】 wén zhuàng ❶ 向上司申报的文书。《太平广记》卷一七二引《玉堂闲话》：“然后遍勘在城伍作行人，令各供通近来应与人家安厝坟墓多少去处～。”《旧五代史·晋书·少帝纪》：“俟毕日，催促所支物色，监送入库交付讫，取收领～归阁。”金佚名《大金吊伐录》卷三：“善利门下人员以辄受～严加惩戒讫。” ❷ 传单；告示。唐李忱《焚埋匿名文状诏》：“比来，多有无良之徒，妄于街衢投置无名～及箭上并旗幡上，肆为奸言，欲以惑听。”李儇《南郊赦文》：“近日奸险之徒多造无名～，或张悬文榜，或撰造童谣。” ❸ 状子；告状的文书。五代阙名《新立条件奏(长兴四年二月礼部贡院)》：“今年举人有抱屈落第者，许将状披诉贡院，当与重试。如贡院不理，即诣御史台论诉。请自试举人日，令御史台差人受举人诉屈～，并引本身勘问所论事件。”明李梅实《精忠旗》一七出：“那出首～怎么写？”清《姑妄言》一回：“王将他三人～看了一回，大笑。” ❹ 保证书；规定完成任务的期限及责任的画押文书。《元代白话碑集录·一二八〇年虚仙飞泉观碑(一)》：“其□□明依奉圣旨，当官写了吐退～。”元明《水浒传》四九回：“又仰山前山后里正之家也要捕虎～，限外不行解官，痛责枷号不恕。”《元曲选·三夺槊》一折：“若共胡敬德草草的鞭斗枪，分明立了执结并～。”

【文字】 wén zì ❶ 诗文；文稿。唐钱起《送李四擢第归觐省》：“当年贵得意，～各争名。”金《董解元西厢记》卷三：“道得一声‘好将息’，早收拾琴囊，打叠～。”清《绿野仙踪》一回：“不意王献述～房官荐了两次，不中大主考之目。” ❷ 公文；文书；文件。宋《三朝北盟会编》卷一一：“复来出～三封。”《续资治通鉴长编》卷二六五：“譬如民家，去别人地内居住一世两世，若执出契书，亦须夺却；住坐半年，岂足为凭！南朝只是守执北朝～，乃是实据。”明冯梦龙《智囊补·上智·韩琦》：“他日，入札子，以山陵有事取覆，乞晚临，后上殿独对，谓官家不得惊，有一～须进呈，说破只莫泄。” ❸ 案件；公事。宋元《古今小说》卷三五：“当时山定承了这件～，叫僧儿问时，应道：‘则是茶坊里见个粗眉毛、大眼睛、蹶鼻子、略绰口的官人，他把这封简子来与小娘子。’”明《警世通言》卷一三：“有甚事烦恼？想是县里有甚～不了。” ❹ 契约；合同。宋元《清平山堂话本·合同文字》：“见立两纸合同～，哥哥收一纸，兄弟收一纸。”明《警世通言》卷二〇：“当日说定，商量拣日，做了～。” ❺ 花纹。宋元《古今小说》卷三六：“只见一个汉，浑身赤膊，一身锦片也似～。”

【文字匠人】 wén zì jiàng rén 即“文笔匠”。元《三遂平妖传》八回：“当厅断了二十脊杖，唤个～，刺了两行金印。”

【文宗】 wén zōng 明清时对提学、学政的称呼。亦用以尊称试官。明《拍案惊奇》卷一三：“转眼间又过了一个年头，却值～考童生。”清《聊斋志异·姬生》：“～疑之，执帖问生。”

【纹】 wén 指纹银。明《古今小说》卷一：“婆子道：‘便迟几日，也不妨事。只是价钱上相让多了，银水要足～的。’”清李渔《比目鱼》一七出：“我为钱万贯这桩事情，不曾费一毫气力，三百两真～弄上了手，也勾得紧了。”

【纹溜】 wén liū 纹理；纹缕儿。明《金瓶梅词话》六七回：“(这泡螺儿)上头～就相螺蛳儿一般，粉红、纯白两样儿。”

【纹银】 wén yín 标准的银两，成色最佳。因表面有细纹，故称。元明《水浒传》一〇三回：“～二两，你去买了来回话。”明《型世言》二七回：“只是你忒老实，怎都是～？你可收去十两，我只拿九十两去，包你赎来。”清《老乞大新释》：“客人们，就交易了罢，不要争竞了。就这银子也是好细丝，与～一般的使用。”

【闻】 wén ❶ 见。唐王梵志《巡来莫多饮》：“巡来莫多饮，性少自须监。勿使～狼狈，交他诸客嫌。”《敦煌变文校注》卷二《舜子传》：“以手拭其父泪，两眼重～，母亦听(聪)惠。”宋佚名《张协状元》八出：“〔净白〕我物事到强人来劫去，你自放心！我使儿路棒与你看。〔末〕愿～。” ❷ 趁逐；追随。唐杜甫《示獠奴阿段》：“山木苍苍落日曛，竹竿袅袅细泉分。郡人入夜争餘沥，竖子寻源独不～。”《敦煌愿文集·地狱变文》：“恨汝生迷智，不曾～好人。”金完颜亮《以事出使道驿有竹》：“孤驿潇潇竹一丛，不～凡卉媚东风。" ❸ 介词。趁。指抓住时机，及时。唐白居易《寄户部杨侍郎》："林园亦要～闲置，筋力应须及健回。"《敦煌变文集·搜神记》："比来梦恶，定知不活，～我精好之时，汝等即报内外诸亲，在近者唤取，将与分别。"元杨立斋《哨遍》："对江山满目真堪画，休把这媚景良辰作塌。清风明月不拈钱，～未老只合欢洽。"

【闻达】 wén dá 特指向皇帝报告或使皇帝知道。唐韩愈《顺宗实录四》："既至，诸谏官纷纷言事，细碎无不～，天子益厌苦之。"《宋史·颜衎传》："臣无他才术，未知何人误有～，望放臣还，遂其私养。"清吴广成《西夏书事》卷二五："未审至时何人承受，及本国见今何人主领，请速具报，以须～。"

【闻道】 wén dào 听说。唐王梵志《孝是前身缘》："～贼出来，母愁空有骨。"宋《三朝北盟会编》卷一一："朔风吹雪下鸡山，烛暗穹庐夜色寒。～燕然好消息，晓来驿骑报平安。"明《续欢喜冤家》一五回："我在京中初回，～你们把他凌辱，日逐痛打。"

【闻得】 wén dé ❶ 听到；听说。唐熊孺登《和窦中丞岁酒喜见小男两岁》："～一毛添五色，眼看相逐凤池头。"元萧德祥《小孙屠》六出："～提携寸心喜，来厅下听台旨。"清《红楼梦》四回："薛蟠素～都中乃第一繁华之地，正思一游。" ❷ 嗅到。宋张孝祥《浣溪沙》："豆蔻枝头双蛱蝶，芙蓉花下两鸳鸯。壁间～唾茸香。"宋元《古今小说》卷三六："狗子～又香又软，做两口吃了。"清《醒世姻缘传》四五回："走到床边，～满床酒香。"

【闻健】 wén jiàn 趁强健之时。唐白居易《晚起》："放慵长饱睡，～且闲行。"《敦煌变文校注》卷六《频婆娑罗王后宫彩女功德意供塔生天因缘变》："～直须疾觉悟，当来必定免轮回。"宋冯取洽《摸鱼儿》："人生行乐须～，衰老念谁免此。"

【闻强】 wén qiáng 犹"闻健"。唐王梵志《世间日月明》："～造功德，吃著自身荣。"又《有钱不造福》："～急修福，莫逾百年期。"

【闻生没死】 wén shēng méi sǐ 趁活着尚未死。形容拼死、拼命。金《董解元西厢记》卷五："那张生，闻得道，把旋阑儿披定，起来陪告。东倾西侧的做些腌躯老，～的的陪笑。"

【闻说】 wén shuō 听说。《敦煌新本六祖坛经》："慧能～，宿业有缘，便即辞亲，往黄梅冯墓山礼拜五祖弘忍和尚。"《大唐三藏取经诗话》六则："虎精～，当下未伏。"清《平山冷燕》一六回："老爷连日不来，～是小姐有甚贵恙，如今想是安了。"

【闻听】 wén tīng ❶ 犹言听闻。多特指上达帝王。唐郑綮《开天传信记序》："窃以国朝故事，莫盛于开元、天宝之际。服膺简策，管窥王业，参于～，或有阙焉。"《旧五代史·晋书·高祖纪》："虽并吞之志甚坚，而幽显之情何负，达于～，深激愤惊。"清《聊斋志异·狐谐》："狐早谓曰：'我遽偕君归，恐骇～。君宜先往，我将继至。'" ❷ 听见；听到。唐玄奘《大唐西域记》卷二："殊香异音时有～，灵仙圣贤或见旋绕。"宋欧阳修《论茶法奏状》："臣于茶法，本不详知，但外论既喧，～渐熟。"清《红楼梦》一三回："凤姐～，吓了一身冷汗。"

【闻喜宴】 wén xǐ yàn 皇帝赐予新科进士的喜宴，参加者要簪花，皇帝及大臣赐诗。《太平广记》卷一七八引《国史补》："曲江大会在关试后，亦谓～。"《旧五代史·唐书·明宗纪》："敕新及第进士有～，逐年赐钱四十万。"宋司马光《训俭示康》："二十忝科名，～独不戴花。同年曰：'君赐不可违也。'乃簪一花。"

【闻香臭气】 wén xiāng xiù qì 比喻开始接触体验。臭，同"嗅"。明《醋葫芦》三回："两个丫头年纪大了，渐渐有些～。我家老子又有些贼头狗脑，日后做出事来，叫我那里淘得许多闲气？"

【闻早】 wén zǎo 及早；趁早。《敦煌变文校注》卷二《庐山远公话》："不如～，须造福田，人命刹那，看看过世。"金《刘知远诸宫调》一一："回告刘郎，但对奴家～说。"元《七国春秋平话》卷下："齐王～献纳降书！今孙子遭围，厮勾死也。"

wěn

【吻合】 wěn hé ❶ 合拢。唐薛用弱《集异记·刘禹锡》："雷既收声，其物亦失。而东壁之裂，亦已自～矣。" ❷ 比喻两相符合；一致。唐韦承庆《灵台赋》："既～而悬解，且兼忘而大同。"宋沈括《梦溪笔谈》卷七："既得此数，然后复求晷景漏刻，莫不～。"清《赛花铃》一六回："仁兄所言，与弟意～。"

【吻角】 wěn jiǎo 口边；嘴角。《太平广记》卷二一五引《酉阳杂俎》："其睫疏长，色若削瓜。鼓髯大笑，～侵耳。"宋章甫《放歌招孙祖训俞国宝饮》："朝来忽觉体中佳，～流涎已难制。"明刘基《题蟹》之二："能令～流馋沫，莫向窗前咤老饕。"

【稳】 wěn ❶ 安乐；安适。唐王梵志《有钱不造福》："饱吃身自～，饿肚自身饥。"《祖堂集》卷七《岩头和尚》："峰以手点胸云：'某甲这里未～在，不敢自谩。'" ❷ 妥帖；工稳。唐张彦远《法书要录》卷六引唐窦蒙《述书赋语例字格》："～，结构平正曰～。"宋梅尧臣《西施》："歌舞学未～，越兵俄已来。"明顾起纶《国雅品·士品四》："格高韵胜，词雅兴新，无句不秀，无字不～。" ❸ 宁帖；踏实。元萧德祥《小孙屠》七出："然虽路上堪行，俺则是心中未～。"元明《水浒传》八回："娘子在家，小人心去不～，诚恐高衙内威逼这头亲事。"清《红楼梦》二八回："睡不～纱窗风雨黄昏后。" ❹ 匀称，适度。唐薛能《杨柳枝》："柔娥幸有腰肢～，试踏吹声作唱声。" ❺ 安顿；放置妥当。明《西游记》五七回："沙僧在旁，见三藏饥渴难忍，八戒又取水不来，只得～了行囊，拴牢了白马。" ❻ 用欺瞒的手法使人安然不动，以避免纠缠。《元曲选·东堂老》三折："他两个把我～在这里，推买东西去了。"《元曲选外编·玩江亭》二折："将那先生～在那酒店里，我骑着风也似快马，来到这荒郊野外。" ❼ 忍心；忍受。宋欧阳修《桃源忆故人》之一："别后寸肠萦损，说与伊争～。"《元曲选·神奴儿》四折："我见他两次三番如丧神，早难道肋底下插柴自～。" ❽ 肯定；准成。清《醒世姻缘传》六一回："反又反不出狱来，这死倒是～的。"《绿野仙踪》二七回："亏他还是个娇怯人儿，若是个粗蠢妇人，我～被摔死了。" ❾ 硌；肢体触碰硬物引起不舒服或受损伤。元马致远《要孩儿·借马》："三山骨休使鞭来打，砖瓦上休教～着蹄。"

【稳便】 wěn biàn ❶ 犹言即便。唐黄冠野夫《授马氏女》："若遇寇相凌，～抛家族。" ❷ 稳妥；方便。唐[日]圆仁《入唐求法巡礼行记》卷二："令新罗译语道玄作谋：'留在此间，可～否？'道玄与新罗人商量其事，却来云：'留住之事，可～。'"元萧德祥《小孙屠》二一出："远远望见一簇人来，恐有疏虞，不当～。"清《野叟曝言》六回："大郎请素臣进房，素臣道：'就在这里～。'" ❸ 安顿；歇息。唐[日]圆仁《入唐求法巡礼行记》卷一："押衙云：'三僧入州，略看大夫，便合～。'"《敦煌变文校注》卷一《李陵变文》："入他汉界，早行二千，收兵却回，各自～。" ❹ 安坐。《元曲选·玉镜台》一折："学士王事勤劳，取个坐儿来，教学士～。"元明《三国志通俗演义》卷二二："师笑曰：'岂有君迎臣之礼也，请陛下～。'" ❺ 请便；听便；随自己的方便。宋辛弃疾《鹊桥仙·席上和赵晋臣敷文》："高车驷马，金章紫绶，传语渠侬～。"《元曲选·张生煮海》一折："行者，收拾房舍，安排斋食，请秀才～，老僧且回禅堂作些功果去也。"明《石点头》卷二："妙惠道：'你自～。'伴婆得了这话，赶着丫头们去寻个宿处。" ❻ 宽慰对方的话。别着急，请宽心。《五灯会元》卷七《鼓山神晏国师》："庆曰：'今日未有火。'师曰：'太鄙吝生！'庆曰：'～，将取去。'" ❼ 自愿。明《醒世恒言》卷九："情愿将庚帖退还，任从朱宅别选良姻。此系两家～，并无勉强。"

【稳称】 wěn chèn ❶ 配合得稳妥帖切。唐白居易《劝酒·何处难忘酒》之一："省壁明张榜，朝衣～身。"宋赵师侠《鹧鸪天·赠妙惠》："凌波～金莲步，蘸甲从教玉笋斟。"元明《水浒传》五四回："描金鞊随定紫丝鞭，锦鞍鞯～桃花马。" ❷ 匀称。唐罗邺《谢友人遗华阳巾》："醉宜薤叶欹斜影，～菱花子细看。"元乔吉《金钱记》三折："～身玉压腰，高梳髻玉搔头。"清叶申芗《本事词》卷下："(杨无咎《咏鞋词》)～身材轻绰约，微步盈盈，未怕香尘觉。" ❸ 妥帖工稳。明王世贞《艺苑卮言》卷七："自是吾党有'三甫'，肖甫之雄爽流畅，助甫之奇秀超诣，德甫之精严～，皆吾所不及也。"清薛雪《一瓢诗话》："为人要事事妥当，作字要笔笔安顿，诗文要通体～，乃为老到。"

【稳当】 wěn dang ❶ 安稳；稳定。唐杜牧《宣州留赠》："为报眼波须～，五陵游宕莫知闻。"明《西游记》四二回："他的身躯小巧，比你还坐得～。"清《歧路灯》一七回："你两个扶谭爷回去罢。醉了，坐轿～些。" ❷ 稳妥恰当。唐韩愈《答侯生问论语书》："此说甚为～，切更思之。"《五灯会元》卷一一《汾阳善昭禅师》："各自思量，还得～也未？"明《西游记》九八回："撑着船，不一时稳稳当当的过了凌云仙渡。"清《醒世姻缘传》八二回："察院爷凡事虽甚精明，倒也从来没有屈了官司事，但只有个字儿忮着～些。"

【稳道】 wěn dào 满以为；肯定认为。宋马廷鸾《沁园春·为洁堂寿》："何须梦得君知？便～人生七十稀。"明《醋葫芦》三回："梳洗一完，便换件道袍，去解库中看做交易，～平安无事。"

【稳定】 wěn dìng 肯定；准成。明《金瓶梅词话》四七回："又当官两个船家，招认他原跟来的一个小厮安童，又当官三口执证着，要他这一拿，～是个凌迟罪名。"《金瓶梅》四七回："这一拿去，～是个凌迟罪名。"

【稳拍】 wěn pāi 犹"稳拍拍"。《元曲选外编·黄花峪》二折："〔宋江云〕俺这里敲牛宰马，做个庆喜的筵席。〔正末唱〕你则待～做筵席。"

【稳拍拍】 wěn pāi pāi (坐得)稳稳当当。形容确有把握。《元曲选·合汗衫》二折："他可便那里怕人笑怕人骂，只待要急煎煎挟橐携囊，～乘舟骗马。"明《金瓶梅词话》一九回："你老人家只顾家去坐着，不消两日，管情～教你笑一声。"

【稳丕丕】 wěn pī pī 犹"稳拍拍"。《元曲选·黄粱梦》四折："我这里～土坑上迷飑没腾的坐，那婆婆将粗剌剌陈米来喜收希和的播。"

【稳婆】 wěn pó ❶ 以接生为业的妇女。宋王易《燕北录》卷三八："以契丹翰林院使抹却眼抱皇后胸，～是燕京高夫人。"元《前汉书平话》卷下："临时，吕后教唤～守生。"清《聊斋志异·毛大福》："昔一～出归，遇一狼阻道，牵衣若欲召之。" ❷ 称宫廷或官府检验女身的女役。清《醒世姻缘传》七二回："你诬枉清白女儿，我天明合你当官讲话，使～验看分明。"刘献廷《广阳杂记》卷二："长沙有李氏女，其母尼也，年将二十，已许字人矣，忽变为男子，往退婚。夫家以为诈，讼之官，官令～验之，果男子矣。"

【稳情】 wěn qíng 必定；准定。《元曲选外编·存孝打虎》一折："他每都忙挟策，上坛台，将军你～挂势剑金牌。"明汤显祖《牡丹亭》三九出："夫贵妻荣八字安排。敢你七香车～载，六宫宣有你朝拜。"

【稳情取】 wěn qíng qǔ 犹"稳情"。肯定语气比"稳情"更强。取，助词。《元曲选·百花亭》三折："凭着俺驱兵领将万人敌，～一举成名天下知。"明陈所闻《一枝花·寿丁紫岩》："伴黄鹤一群，阅蟠桃几春，～海上安期笑相引。"清洪昇《长生殿》三三出："早则看马嵬坡少一个苦游魂，～蓬莱山添一员旧仙侣。"

【稳取】 wěn qǔ 肯定；必定。《元曲选外编·玩江亭》二折："年少青春正好修，一口咬破铁馒头。滋味得时合着口，～白日赴瀛洲。"明《拍案惊奇》卷二九："登科及第，是男子汉分内事，何只为难？这老婆～是我的了！"清《飞龙全传》四二回："日后柴王即位，郑恩～封王。"

【稳善】 wěn shàn ❶ 安稳妥善。唐白居易有《公垂尚书以白马见寄光洁～以诗谢之》。[日]圆仁《入唐求法巡礼行记》卷二："右僧等为慕佛法，权住山院，已得～。"《敦煌变文校注》卷五《妙法莲华经讲经文(二)》："逢人发语温柔，到处行心～。" ❷ 安稳美好。《元曲选·铁拐李》二折："农庄家这衣饭～，便刷卷呵我也只自安然。" ❸ 反语。指劫财害命。元明《水浒传》三七回："原是小孤山下人士，姓张名横，绰号船火儿，专在此浔阳江做这件～的道路。"明《警世通言》卷一一："徐能却怕兄弟阻挡他这番～的生意，心中嘿嘿不喜。"

【稳审】 wěn shěn 稳妥；仔细。唐义净译《根本说一切有部毗奈耶》卷七："更互上竿，各无伤损。既作舞已，～下竿。"《旧五代史·晋书·高祖纪》："帝使人驰告曰：'皇帝赴难，比要成功，贼势至厚，可明旦～议战，未为晚也。'"宋孔平仲《谈苑》卷三："韩稚圭教一门生云：'～着！大事将做小事做，小事将做大事看。'"

【稳实】 wěn shí ❶ 稳定踏实。宋《朱子语类》卷四〇："学者须如曾子逐步做将去，方～。"《元曲选·还牢末》一折："哎，原来是梁山泊好汉，我待番悔来，则怕兄弟心中不～。"明李贽《与焦弱侯》："今于佛法分明有见，虽未知末后一著与向上关捩，然从此～，大段非庄纯夫比矣。" ❷ 稳重老实。明《挂枝儿·送别》："难道到教我厚那跷蹊的人儿也，把～的来薄了？"《国色天香》卷九："朝夕求间寻便，欲以感动于瑜，然瑜驯谨～，生挑之不答，问之不应，莫得而图之。"

【稳帖】 wěn tiē 平稳；安帖。唐陆龟蒙《奉和袭美馆娃宫怀古》之四："波神自厌荒淫主，勾践楼船～来。"宋苏轼《与孙知损运使书》："所条上数事，亦甚～，不至张皇。"明沈德符《万历野获编》卷二五："又郑山人若庸《玉玦记》，使事～，用韵亦谐。"

【稳贴】 wěn tiē ❶ 同"稳帖"。宋《朱子语类》卷一〇一："谢氏发明得较精彩，然多不～。"明沈德符《万历野获编》卷二五："如春景时曲云：'柳绵满天舞旋'，……俱六字三韵，～圆美。"清《聊斋志异·邵九娘》："疾奔而至，见家中寂然，心始～。" ❷ 犹"劝慰"。明《警世通言》卷二一："京娘便到厨下与店家娘相见，将好言好语～了他半晌，店家娘方才息怒。" ❸ 犹言紧贴。唐白居易《犬鸢》："腹舒～地，翅凝高摩天。"明《西游补》一二回："虽然都是盲子，倒有十二分姿色，白玉酥胸，～琵琶一面。"

【稳妥】 wěn tuǒ ❶ 稳当；妥帖。元唐元《舟行书事古体》："徐徐涘～，佳境啖蔗似。"明王世贞《弇州四部稿》卷一四八："语觉爽俊而评似～，唯少为宋人曲笔耳，故全录之。"清《儒林外史》五二回："放债到底是个不～的事，像这样挂起来，几时才得回去？" ❷ 工稳；妥帖。元倪士毅《作义要诀》："作文各自有体，或简，或详，或雄健，或～，不可以一律论。"明王世贞《墨迹跋·国朝名贤遗墨五卷》："杨铁篴先生维桢七言律一章，句句使事，虽劲丽而不～。"清赵翼《瓯北诗话》卷三："然律中如《咏月》《咏雪》诸诗，极体物之工，措词之雅；七律更无一不完善～，与古诗之奇崛判若两手。" ❸ 扎实。明袁宏道《与黄平倩》："弟自入德山后，学问乃

～，不复往来胸臆间也。"

【稳稳】 wěn wěn ❶很稳妥地。唐李商隐《和孙朴韦蟾孔雀咏》："红楼三十级，～上丹梯。"宋《朱子语类》卷一八："如气禀物欲一齐打破，便日日朝朝，只恁地～做到圣人地位。"清《醒世姻缘传》二五回："这是大行大市的生意，到我们青州，～的有二分利息。" ❷确定无疑。《元曲选·竹叶舟》二折："道者，你则指引我一条大路回去，看我这遭来～的夺个状元中咱。"明吴炳《绿牡丹》一九出："车小姐看来，自然中意，这头亲事～骗到手了。"清《醒世姻缘传》八八回："这不消说得，～的是第六等囚徒。"

【稳重】 wěn zhòng ❶沉静庄重；沉着而有分寸。宋元《清平山堂话本·李翠莲》："女人家须要温柔～，说话安详，方是做媳妇的道理。"元张择《普天乐·赠妓》："口儿甜，庞儿俏。性格儿～，身子苗条。"清《红楼梦》一〇九回："不想进来以后，见宝钗袭人一般尊贵～，看着心里实在敬慕。" ❷犹言当心，在意。《元曲选·举案齐眉》四折："小姐～，有老相公同老夫人在于门首，你接待他去咱。"

【稳住】 wěn zhù 用言语、计策等使别人稳定下来，暂缓行动。《元曲选外编·西厢记》四本四折："瞒过俺那能拘管的夫人，～俺厮齐攒的侍妾。"明《拍案惊奇》卷一七："吴氏心里也晓得知观必定是托故，有些蹊跷，把甜言美语～儿子。"清《红楼梦》七七回："宝玉将一切人～，便独自得便出了后角门。"

【稳坐吃三注】 wěn zuò chī sān zhù 比喻不费力气而稳得钱财。三注，指赌牌九时押在上门(左)、下门(右)、天门(中)三个位置上的赌注。如果开牌的人赢了，就把三注吃进；输了，按所下赌注赔给三家。清《红楼梦》五六回："他们辛苦收拾，是该剩些钱粘补的，我们怎么好～的？"

wèn

【问】 wèn ❶问婚；求亲。唐寒山《我见东家女》："我见东家女，年可有十八。西舍竞来～，愿姻夫妻活。"《敦煌变文校注》卷四《破魔变》："阿奴身年十五春，恰似芙蓉出水宾(滨)。帝释梵王频来～，父母嫌卑不许人。" ❷寻求。宋王安石《幕次忆汉上旧居》："如何忧国忘家日，尚有求田～舍心。"《元曲选·望江亭》三折："俺则是一撒网一蓑衣一箬笠，先图些打捏，只～那肯买的哥哥照顾俺也些些。"明朱鼎《玉镜台记》一一出："人世难逢开口笑，～柳寻花，好景休辜负。" ❸审判；判决。《元典章·刑部一》："今后做罪过的歹人每依体例交～了，要罪过，不疏放呵，歹人每怕惧也者。"明《醒世恒言》卷三六："三个强盗通～斩罪，那妇人～了凌迟。"清《绿野仙踪》一四回："连城璧是劫牢反狱，拒敌官军，～斩决的重犯。" ❹管；顾。《元曲选外编·紫云庭》一折："他那里～言多伤倖，絮得些家宅神长是不安宁。"佚名《水仙子过折桂令·秋景》："正撞着客侣中三秋暮景，天涯千里途程，衰草长亭，流水孤村。～甚么枕剩衾餘，烟冷灯昏。"元明《水浒传》八一回："锦体社家子弟，那里去～揎衣裸体。" ❺介词。a) 向；从。唐王维《哭殷遥》："忆昔君在时，～我学无生。"《元典章·刑部三》："因弟李辛六～梦龙取索旧欠钞二两，无钱归还，将梦龙毁骂。"清《情梦柝》一二回："又恐生员告状，～他要人，反诬告一纸。" b) 叫；让。《元曲选·谢天香》四折："不～我舞旋，只着我歌讴。"《武王伐纣平话》卷上："陛下却～太子取将宝剑来者，毁却甚妙。"明《西游记》五四回："你更不要推辞，就坐他凤辇龙车，登宝殿面南坐下，～女王取出御宝印信来，宣我们兄弟进朝。"

【问安】 wèn ān (向尊长)问候安好。唐罗隐《钱塘府亭》："更有宠光人未见，～调膳尽三公。"《五灯会元》卷一九《径山宗杲禅师》："寻示微恙，八月九日，学徒～，师勉以弘道。"清《聊斋俚曲·增补幸云曲》："忙里偷闲我～，一日一遭把你看。"

【问禅】 wèn chán 犹"参禅"。唐孟郊《题林校书花严寺书窗》："隐咏不夸俗，～徒净居。"《古尊宿语录》卷二三《汝州叶县广教省禅师语录》："师云：'坐餐都不问，莫作～宾。'"清《聊斋志异·林四娘》："红颜力弱难为厉，惠质心悲只～。"

【问长问短】 wèn cháng wèn duǎn 仔细地询问(多表示关心)。明《醒世恒言》卷一八："那老儿因多了几杯酒，一路上～，十分健谈。"清《红楼梦》六五回："尤二姐忙上来陪笑接衣奉茶，～。"

【问成】 wèn chéng 审案完结，判定有罪。元萧德祥《小孙屠》一四出："如今官司拿去～，关在大牢里。"《元曲选·窦娥冤》四折："这罪是前升任桃州守～的，现有文卷。"清《醒世姻缘传》五一回："诬枉他嫡妻与僧道有奸，逼的嫡妻吊死了，～绞罪。"

【问当】 wèn dāng 问；询问。当，动词词尾。《敦煌变文校注》卷五《维摩诘经讲经文(七)》："维摩卧疾于方丈，佛敕文殊专～。"明汤显祖《牡丹亭》一二出："谁知小姐瞌睡，恰遇着夫人～。"

【问道】 wèn dào ❶寻路；打听路径。元明《水浒传》五〇回："因见村口庄前俱屯下许多军马，不敢过来，特地寻觅村里，从小路～庄后，入来拜望仁兄。"明《二刻拍案惊奇》卷三："(翰林)结束整齐，一直～徐家来。" ❷问。a) 用于问句前，"道"有言说义。《敦煌变文校注》卷四《悉达太子修道因缘》："太子～：'只此一人死？诸人亦然？'"金《董解元西厢记》卷三："又～：'吾师，那家里做甚底？买了几十瓶法酒？做了几十分茶食？'"清《红楼梦》一回："只听道人～：'你携了这蠢物，意欲何往？'" b) 用于句中，"道"有词尾化倾向。敦煌词《南歌子》："～些须心事，摇头道不曾。"《元曲选·灰阑记》二折："俺孩儿未经满月，早～我十数遭，今日个浪包娄到公庭混赖着。"又《儿女团圆》三折："我～时无话说，哎，这桩事我敢猜者。"

【问端】 wèn duān ❶问题。唐义净译《根本说一切有部毗奈耶》卷八："我昔曾见诸餘沙门婆罗门等，有少智慧，自恃贡高，为难于他，造作书论。人皆谓是能善分析，所有见解，众并随顺。别竖宗量，构立～。"宋《圆悟佛果禅师语录》卷一七："石室置个～，不妨孤峻，若非长沙，争得投机？"《如净和尚语录》卷下："策起眉毛答～，亲曾见佛不相瞒。" ❷写在纸上的审讯罪犯的问题。《旧唐书·元载传》："命左金吾大将军吴凑收载、缙于政事堂，……辩罪～皆出自禁中。"明方以智《通雅》卷二七："审之曰～，犹今言问头也。今但谓之审款。"

【问断】 wèn duàn 审理判决。宋元《警世通言》卷八："再说崔宁两口在建康居住，既是～了，如今也不怕有人撞见。"明《欢喜冤家》一六回："把上司未完事件并前任旧卷一一的～明白，百姓无不感恩。"清《醒世姻缘传》四七回："族人怎样打抢，徐县公经过怎样～，……前后细说了一遍。"

【问筶】 wèn gào 以杯珓卜断吉凶。筶，即"筊"，杯珓。参见"杯珓"。明《古今小说》卷一八："杨八老私向庙中祈祷，～得个大吉之兆，心中暗喜。"

【问卦】 wèn guà 算卦。唐卢纶《早春游樊川野居》："卜邻空遂约，～独无征。"元马致远《陈抟高卧》一折："外末上～云了。"清《红楼梦》程乙本一回："夫人封氏也因思女构疾，日日请医～。"

【问官】 wèn guān 审案的官员。明《醒世恒言》卷三三："这段冤枉，仔细可以推详出来；谁想～糊涂，只图了事；不想捶楚之下，何求不得！"陈汝元《金莲记》一七出："这都是章惇这厮嘱托了

～,我也有口难辩。"清《醒世姻缘传》一一回:"季典史极力辩洗,经了多少～,后经了一个本府军厅同知,才问出真情。"

【问候】 wèn hòu ❶ 询问。《太平广记》卷二六八引《神异经》:"初元礼教思止:上必～大不识字,但云'獬豸岂识字,只能触邪'。果问而对,则天大悦,授左台侍御史。"《古尊宿语录》卷三三《舒州龙门佛眼和尚普说语录》:"如世良医一见便识病,或冷或热,可医不可。若一一～方知,此乃庸医。"《元曲选·窦娥冤》一折:"为什么泪漫漫不住点儿流?莫不是为索债与人家惹争斗?我这里连忙迎接慌～,他那里要说缘由。" ❷ 问安;问好。唐薛调《刘无双传》:"郎君见知此驿,今日疑娘子在此,令塞鸿～。"清《儒林外史》四回:"一日,张静斋来～,还有话说,范举人叫请在灵前一个小书房里坐下。"

【问话】 wèn huà 询问;问问题。《祖堂集》卷六《洞山和尚》:"因夜不点灯,有僧出来～。"宋《朱子语类》卷五九:"和尚～,只是一言两句。"清《红楼梦》一一九回:"大臣领命出来,传贾宝玉、贾兰～。"

【问结】 wèn jié 审理结案。宋元《警世通言》卷七:"官司也～了,却说恁般鬼话来图赖人。"《元曲选·窦娥冤》四折:"这几时～了的,还压在底下,我别看一宗文卷波。"清《醒世姻缘传》一〇回:"却说晁源自从～了官司,除了天是王大,他那做王二的傲性,依然又是万丈高了。"

【问决】 wèn jué 审理判决。明《古今小说》卷三一:"恁样大事,如何反不～?"沈德符《万历野获编》卷一八:"捉拿各犯亲属,至日依律～,别行提问。"

【问军】 wèn jūn 问罪充军。明《梼杌闲评》一七回:"禁城内失火就该个杖罪,再有这件事就要～哩。"清《白雪遗音·雷峰塔》:"～发配在镇江府,成其恩爱,夫妻二人开药店。"

【问肯】 wèn kěn 宋元时定婚前的一种礼节,即男方向女方提亲,询问女方是否同意亲事。《元曲选外编·西厢记》五本三折:"又不曾执羔雁邀媒,献币帛～,恰洗了尘,便待要过门。"高克礼《越调·黄蔷薇过庆元贞》:"三纳子藤箱儿～,便待要锦帐罗帏就亲。"

【问劳】 wèn láo 问候;慰问。宋《三朝北盟会编》卷六三:"若水等入军门,见列甲兵两行甚严,既见国相,～之礼亦简。"元明《三国志通俗演义》卷三:"术唤策至,拜于堂下。～已毕,便令侍坐饮宴。"于慎行《穀山笔麈》卷一〇:"近世此风尤甚,阁部大臣奉旨、宣赐、～,皆厚有赠遗。"

【问理】 wèn lǐ 审问;审理。《元曲选·杀狗劝夫》三折:"哥哥,这人命的事,你是好人家的孩儿,怎么到的官府中～去?"明《古今小说》卷二六:"我这里行文拿来,～得实,即便放你。"《金瓶梅词话》九回:"你那哥哥尸首又没了,怎生～?"

【问命】 wèn mìng 算命;问卦。《古尊宿语录》卷二一《舒州白云山海会演和尚语录》:"师一日持锡绕方丈行,问僧:'还有属牛人～么?'无对。"《太平广记》卷一一七引《摭言》:"会有相工在洛中,大为缙绅所神。公特造之,～。"明《训世评话》下:"时有葫芦先生不知何所从来,占事如神,丹因～。"

【问目】 wèn mù ❶ 试题。唐封演《封氏闻见记》卷三:"(董)思恭吴士,轻脱,泄进士～,三司推,赃污狼藉。"宋司马光《论诸科试官状》:"或离合句读,故相迷误,或取卷末经注字数以为～,虽有善记诵之人,亦不能对。" ❷ 犹"问头"。《旧五代史·周书·恭帝纪》:"《新义》者,以越王为～,释疏文之义。"宋《朱子语类》卷三:"义刚将鬼神～呈毕。"明王守仁《传习录》卷中:"至于曾点……及至言志,又不对师之～,都是狂言。" ❸ 对罪犯的起诉文书。宋朋九万《东坡乌台诗案·中使皇甫遵到湖州勾至御史台》:"至六月十八日,赴御史台出头,当日准～,方知奉圣旨根勘。"庄绰《鸡肋编》卷上:"而京师勘鞫初到,皆未示～,但责其以何事到官。"

【问难】 wèn nàn 责问;诘难。唐吴兢《贞观政要》卷六:"太宗曰:'朕亦悔有此～,当即改之。"《续资治通鉴长编》卷二六一:"其分水岭即无山名,元不指定的实去处,后来因刘忱等累行～,须要指定分水岭山名。"清《赛花铃》六回:"想起当时执经～,聚首一堂,宁复知凄凉欲绝,遂有今夕乎!"

【问拟】 wèn nǐ 审问并拟定(罪名)。明陆粲《庚巳编》卷九:"臣等看得桑冲所犯,死有餘辜,其所供任茂等俱各习学前术,四散奸淫,欲将桑冲～死罪。"《型世言》三五回:"御史就将徐文～谋财杀命斩罪参送法司。"清《绿野仙踪》七七回:"都替他和盘托出,老师自可从轻～。"

【问配】 wèn pèi 犹"问军"。配,充军。宋元《古今小说》卷三九:"因杀死人命,遇了对头,将汪孚～吉阳军去。"

【问遣】 wèn qiǎn 问罪发配。《元曲选·酷寒亭》四折:"俺父亲因拿奸夫,杀了淫妇,被官司～迭配沙门岛去。"明温纯《秋防届期时事可虑疏》:"严饬军门,勒令改图,如半年之内仍旧不悛,径奏～。"清《朱批谕旨》卷一二六之一〇:"凭空捏报强盗者,应否即依诬告人死罪未决律～?"

【问亲】 wèn qīn 求亲;提亲。唐义净译《根本说一切有部毗奈耶》卷四六:"时难嫁童女见圣者来,便以粪扫弃彼身上。即于此日有人～。"《元曲选外编·遇上皇》一折:"大姐,我选吉日良时,便来～也,你可休嫁了别人!"明《拍案惊奇》卷三六:"有个中表杜某,曾来～几次。只为他家寒不曾许他。"

【问寝】 wèn qǐn 问候尊长起居。唐杜甫《洗兵马》:"鹤禁通宵凤辇备,鸡鸣～龙楼晓。"宋罗大经《鹤林玉露》卷三:"圣人何以加孝,朕每怀～之思。"清《聊斋志异·青蛙神》:"十娘适闻之,负气登堂曰:'儿妇朝侍食,暮～,事姑者,其道如何?所短者,不能吝佣钱,自作苦耳。'"

【问取】 wèn qǔ 问。取,助词,无义。唐独孤及《送别荆南张判官》:"欲识桃花最多处,前程～武陵儿。"元萧德祥《小孙屠》一一出:"朝朝～莫迟延,但要公平不要钱。"清《春柳莺》九回:"我前在淮,烦你寄诗与毕小姐～端的,你将诗遗落。"

【问甚】 wèn shèn 问什么。用反问表示否定,即不问、不论。宋《朱子语类》卷一八:"若是意未诚时,只是一个虚伪无实之人,更～心之正与不正!"元贯云石《殿前欢·畅幽哉》:"就渊明归去来,怕鹤怨山禽怪。～功名在!酸斋是我,我是酸斋。"元明《水浒传》二九回:"遮莫酸咸苦涩,～滑辣清香,是酒还须饮三碗。"

【问声】 wèn shēng 问一声;打听一下。明《二刻拍案惊奇》卷四:"两个秀才道:'～何妨?怎便这样怕他?'"清《醒世姻缘传》五四回:"但用的甚么家伙,都～儿,但是家里有的,就取过来使。"

【问事】 wèn shì ❶ 审案。元明《水浒传》四四回:"～时智巧心灵,落笔处神号鬼哭。"明《古今小说》卷三一:"寡人判断几件,与你阴司～的做个榜样。"《金瓶梅词话》二六回:"连日提刑老爹没来衙门中～,也只在一二日来家。" ❷ 指刑具。《元曲选·谇范叔》二折:"〔须贾云〕将～来!〔衹从做丢下～〕〔正末做慌科云〕酒席上怎么用这东西?〔唱〕只见一条沉铁索当前面,两束粗荆棍在边厢。"元明《水浒传》三〇回:"牢子节级将一束～狱具放在面前。"脉望馆本《勘金环》四折:"张千,将～来,我则理会的王条依正行。"

【问说】 wèn shuō 问道;问。唐义净译《根本说一切有部毗奈耶》卷一："时诸苾刍皆来～：'具寿四体如何？'答曰：'甚不安隐。'"宋《朱子语类》卷四四："惟是子贡便知得这话必有意思在，于是～：'是人皆知夫子是圣人，何为说道莫之知？'"清《醒世姻缘传》六〇回："相于廷～：'俺哥在那里？没见他的影儿。'"

【问谇】 wèn suì 问候。《敦煌变文校注》卷五《维摩诘经讲经文(五)》："～莫教生惊觉，殷勤勿遣有遗乖。"句道兴本《搜神记·王道凭》："其女郎遂即见身，一如生存之时，～起居。"

【问讨】 wèn tǎo ❶讨问；请问。明《金瓶梅词话》三一回："三班送了十二名排军来答应，就～上任日期，讨问字号。" ❷索要；讨取。清《歧路灯》六六回："到了次日，这客商中便有开送账目条子来的；也有差小相公～账目的；也有借问官司平安的话，顺便说旧日尾欠的话。"

【问天买卦】 wèn tiān mǎi guà 向上天卜问吉凶。金《刘知远诸宫调》一二："三娘起对诸亲，奴有一愿，～。"《元曲选·青衫泪》四折："今日里圣旨宣咱，吉和凶索～。"明《古今小说》卷三八："如此如此，前话一一祷告罢，将刀出鞘，提鸡在手，～。"

【问头】 wèn tóu 要求回答或解释的话头；问题。也特指审问时写在书面上的问题。唐韦绚《刘宾客嘉话录》："王缙之下狱也，～云：'身为宰相，夜醮何求？'王答曰：'知则不知，死则合死。'"宋《朱子语类》卷一二一："如只比并作个～，又何所益？"清《歧路灯》九回："无奈何又拣了一部杨文靖的奏疏，另起一个～，这柏公才转而之他。"

【问徒】 wèn tú 判罪定徒刑。明《醒世恒言》卷二九："生怕传扬出去坏了名声，只得把蔡贤～发遣。"沈德符《万历野获编》卷八："袁后为唐府长史，坐事褫职，～归家，老寿健饮啖。"清《醒世姻缘传》五〇回："咱把那情节叫管稿的做了招，我自提起笔来写上参语，看得其人怎么长，该依拟～；其人怎么短，该依拟问杖；多多的都是有力。"

【问慰】 wèn wèi 慰问；安慰。唐[日]圆仁《入唐求法巡礼行记》卷二："夜头，张宝高遣大唐卖物使崔兵马司来寺～。"元明《水浒传》五四回："当下高太尉～已毕，与了赏赐。"明《型世言》三五回："其时蔡老夫妇尚在，也来相见。说起也是再生儿子，各各～了。"

【问心】 wèn xīn 佛教的一种敬礼方式，两手合十当胸敬礼。清《醒世姻缘传》八回："我正送出客来，看见海会合郭姑子从对门出来，他两个到跟前打了个～待去。"又三二回："一日两顿饭，没端碗，先打着～替嫂子念一千声佛。"

【问信】 wèn xìn ❶即"问讯❶"。《敦煌变文校注》卷五《父母恩重经讲经文(二)》："晨朝～起居，且莫失恭颜色。"宋吴潜《满江红·戊午八月十二日赋后圃早梅》："～江梅，渐推出、红苞绿萼。"金佚名《大金吊伐录》卷一："自此每遇生辰、圣节及正旦遣使，专附～之仪，想常照察。" ❷打听消息。元明《水浒传》三三回："小弟闻得，如坐针毡，连连写了十数封书去贵庄～，不知曾到也否？"明《型世言》三七回："只见李良云与嫂嫂在家，初时接一封书，道生毒抱病，后来竟没封书信，要到吕达家～。"清《红楼梦》七七回："宝玉那里肯听，恨不得一时亮了，就遣人去～。" ❸即"问心"。宋元《清平山堂话本·李翠莲》："向父母前合掌～拜别。"

【问省】 wèn xǐng 探望问候(尊长)。《太平广记》卷三七二引《博异记》(又《灵怪集》)："因持寺院以居，不疑旦～。"宋苏轼《物不可以苟合论》："圣人惧其相亵而至于相怨也，于是制为朝夕～之礼，左右佩服之饰。"明《拍案惊奇》卷四："我与缥云，但逢着时节才去～一番。"

【问讯】 wèn xùn ❶问候；慰问。唐韦应物《寄李儋元锡》："闻道欲来相～，西楼望月几回圆。"宋《三朝北盟会编》卷一六一："卿等家属，待朕时遣人～。"清《平山冷燕》一五回："遂邀入佛堂，～坐下。" ❷犹"问❶"。《敦煌变文校注》卷四《破魔变》："帝释梵王，频来～，父母嫌伊门卑，令不交(教)作新妇。" ❸犹"问心"。唐韦应物《移疾会诗客元生与释子法朗》："释子来～，诗人亦扣关。"《五灯会元》卷一《十三祖迦毗摩罗尊者》："祖将至石窟，复有一老人素服而出，合掌～。"清《霓裳续谱·小小的沙弥下山坡》："沙弥上前打个～：尊声奶奶你是听着，贫僧今日化个布施。"

【问杖】 wèn zhàng 判杖刑。明《警世通言》卷二五："文契追还施小官人，郭刁儿坐教唆～。"清《醒世姻缘传》五〇回："看得其人怎么长，该依拟问徒；其人怎么短，该依拟～。"

【问罪】 wèn zuì 审问定罪。宋元《清平山堂话本·陈巡检》："紫阳真君判断，喝令天将将申公押入酆都天牢～。"《元曲选·救风尘》四折："若不看你父亲面上，送你有司～。"清《醒世姻缘传》一〇回："我且饶你，免你～，各罚谷二十石。"

【揾】 wèn ❶蘸；抹；擦。唐寒山《读书岂免死》："黄连～蒜酱，忘计是苦辛。"五代何光远《鉴诫录》卷二："忽见一猧儿，遂敲药少许，～饼与食。其犬须臾之间，化为烈焰一团，腾空而去。"元萧德祥《小孙屠》九出："捱到黄昏月上小窗明，泪眼通宵～湿鸳鸯枕，晓来时懒对孤鸾镜。" ❷抑制。《元曲选·留鞋记》四折："猛听的微微气喘，越教我～不住泪涟涟。"明《醋葫芦》二回："成珪～不住泪眼道：'唉，贤弟你也有所不知。'" ❸(脸)贴住。《元曲选·任风子》一折："这一个扑的腮～土，这一个亨的脚朝天。"明汤式《赏花时·戏贺友人新娶》："～香腮，直问到五更头。"《西游记》六〇回："罗刹见他看着宝贝沉思，忍不住上前，将粉面～在行者脸上。"

wēng

【翁】 wēng 祖父。唐玄应《一切经音义》卷一六："鸟头上毛曰翁。翁，一身之最上；祖，一家之最尊。祖为～者，取其尊上之义也。"元稹《旱灾自咎贻七县宰同州时》："累累妇拜姑，呐呐～语孙。"宋《五代史平话·晋下》："～怒则来战，孙有十万横磨剑可以相待。"明何孟春《餘冬序录》卷六："于是公之孙一福十公，才九岁，留公侧。～孙累然，赖乡族人饷问无绝。"

【翁伯】 wēng bó 指长辈。翁，丈夫的父亲。伯，丈夫的兄长。《敦煌变文校注》卷一《捉季布传文》："处分交妻盘送饭，礼同～好供承。"

【翁婆】 wēng pó ❶老人；年老的男子和妇女。《太平广记》卷一二五引《逸史》："又随而骂之，女曰：'某不欲见此老兵老妪，亦岂有罪过？'母曰：'邻里～省汝，因何故不出？'"《古尊宿语录》卷一七《云门匡真禅师广录》："或云：'不用指东划西，什么人会佛法？'代云：'三家村里老～。'"明《拍案惊奇》卷三〇："女子在房内回言道：'我自不愿见这两个老货，也没甚么罪过。'卢母道：'邻里～看你，有甚不好意思？为何躲着不出？'王翁、王姥见他躲避得紧，一发疑心道：'必有奇异之处。'" ❷公婆；丈夫的父母。《敦煌变文校注》卷五《父母恩重经讲经文(一)》："堂前～伯叔，日日祗承。"《元典章·刑部四》："取到男妇，不务妇道，靡所不为。～依理训诫，终心不伏，遂自害身死。"清《醒世姻缘传》五二回："两个媳妇自己上碾，碾得那米极其精细，单与～食用。"

【翁翁】 wēng wēng ❶称老年男子。宋《朱子语类》卷一六:"这个,三岁孩儿也道得,八十~行不得!"《古尊宿语录》卷八《汝州首山念和尚语录》:"问只如和尚道:'新妇骑驴阿家牵,意旨如何?'师云:'百岁~失却父。'僧云:'百岁~岂有父!'师云:'汝会也。'"金《刘知远诸宫调》一:"村夫举措,看待老儿,浑如无物,高声叱喝,驱使有若奴仆,唬~起(岂)敢抬头?" ❷ 称祖父辈的人。唐权德舆《祭孙男法延师文》:"~婆婆以乳、果之奠,致祭于九岁孙男法延师之灵。"宋孔平仲《代小子广孙寄翁翁》:"爹爹来密州,再岁得两子,……~尚未见,既见想欢喜。"清《聊斋俚曲·禳妒咒》:"爹爹到家,着母亲明日就来。子正云我去罢,到家也教你娘喜欢喜欢。我也不去别你~了。"

【翁鞋】 wēng xié 即"鞥鞋"。明《梼杌闲评》五回:"那老者头戴深檐暖帽,身穿青布羊裘,脚穿八搭~。"清翟灏《絮鞋》:"持将比~,品制较精匝。"原注:"北人冬月,履纳棉絮,臃肿粗坌,谓之~。"

【翁婿】 wēng xù 岳父和女婿。宋周去非《岭外代答》卷一〇:"婿因请托邻里,祈恳父母,始需索聘财,而后讲~之礼。"明《警世通言》卷二四:"于是~大家痛饮,尽醉方归。"清《聊斋志异·陆判》:"吴乃诣朱,请见夫人,由此为~。"

【䈵鞋】 wēng xié 即"鞥鞋"。明《醒世恒言》卷一〇:"这小厮到也生得清秀,脚下穿一双小布~。"

【鞥】 wēng 靴靿。元高安道《哨遍·皮匠说谎》:"靿子齐上下相趁,~口宽脱着容易。"

【鞥鞋】 wēng xié 高靿鞋。《元曲选外编·敬德不服老》三折:"众人到这人家去安下,要他男子汉闸草喂马,女人家补衲袄~。"明沈榜《宛署杂记》卷一四:"用女夫三十二名,内十六名,每人花纱帽一,……红绵布~一,俱内官监领。"清《醒世姻缘传》六八回:"白秋罗素裙,白洒线秋罗膝裤,大红连面的缎子~。"

【鞥靴】 wēng xuē 即"鞥鞋"。明《金瓶梅词话》九〇回:"身穿紫窄衫,销金裹肚,脚上鞴踢腿绑,干黄~。"

wèng

【瓮城】 wèng chéng 城门外环筑的防护小城,其形如瓮。宋曾公亮等《武经总要》前集卷一二:"其城外~,或圆或方,视地形为之。高厚与城等,惟偏开一门,左右各随其便。"明杨铭《正统临戎录》:"圣驾到安定门,在~庙里换袍服,宣铭:'你去家,好生摆着马。'"清《后西游记》三四回:"这~就深远,也不过半箭一箭远近,难道里面大街都是这等昏暗?"

【瓮尽杯干】 wèng jìn bēi gān 比喻钱财用光。明柯丹邱《荆钗记》三出:"论治家千难万难,休只管吃得~。"《拍案惊奇》卷一五:"陈秀才那时已弄得~,只得收了心在家读书。"

【瓮头】 wèng tóu 刚酿成的酒。唐张怀瓘《书断列传》卷三:"江东云缸面,犹河北称~,谓初熟酒也。"窦牟《奉使至邢州赠李八使君》:"南亩行春罢,西楼待客初。~开绿蚁,砧下落红鱼。"元佚名《迎仙客·十二月》:"春未回,雪成堆,新酿~泼绿醅。"

【瓮头春】 wèng tóu chūn 初熟酒。一说,酒名。唐岑参《喜韩樽相过》:"~酒黄花脂,禄米只充沽酒资。"元高文秀《遇上皇》三折:"送了我也竹叶似~,花枝般心爱妻。"清《聊斋志异·狐妾》:"刘视之,果得酒,真家中~也。"

【瓮头醁】 wèng tóu lù 即"瓮头春"。宋贺铸《答杜仲观登丛台见寄》:"何以遇高阳?多营~。"

【瓮头清】 wèng tóu qīng 即"瓮头春"。唐刘禹锡《酬乐天偶题酒瓮见寄》:"门外红尘人自走,~酒我初开。"宋朱敦儒《西江月》:"~辣洞庭春,醉里徐行路稳。"《元曲选·燕青博鱼》三折:"〔带云〕怪道我这脚趔趄站不定呵,〔唱〕原来那一盏盏都是~。"

【瓮头香】 wèng tóu xiāng 指好酒。宋吴芾《和梁次张谢得酒见寄》之一:"传得仙家不老方,酿成春色~。"《元曲选外编·遇上皇》一折:"教我断消愁解闷~。"清赵执信《乘月下扶羊岭口号》:"新醅寒送~,絮被羊裘暖覆床。"

【瓮中捉鳖】 wèng zhōng zhuō biē 比喻确有把握捉住。元刘唐卿《白兔记》一八出:"~,手到拿来。"明《拍案惊奇》卷三:"随你异常狠盗,逢着他便如~,手到拿来。"清《后水浒传》三五回:"这才是:走到尽头,分明似~。"

wō

【埚】 wō ❶ 团。《元曲选·赵氏孤儿》五折:"直剁的他做一~儿肉酱,也消不得俺满怀惆怅。" ❷ 量词。用于表地方。犹言块、片。《元曲选·忍字记》四折:"〔孛老云〕既是你家坟,有多少田地?〔正末唱〕这里则是五亩来多大一~。"张可久《汉东山》:"万马千军早屯合,走不脱,那一~,马嵬坡。"明《拍案惊奇》卷三五:"俺家钱舍有的是钱,与你一贯钱,借这~儿田地歇息。"

【腐屎】 wō shǐ 即"窝屎"。宋元《清平山堂话本·简帖和尚》:"短胳膊,琵琶腿。劈得柴,打得水。会吃饭,能~。"

【猧儿】 wō er 小狗。五代成彦雄《寒夜吟》:"~睡魇唤不醒,满窗扑落银蟾影。"明《挂枝儿·醉归》:"唐人有辞云:'门外~吠,知是萧郎至。'"清《聊斋志异·庚娘》:"少妇闻之,亦呼云:'馋~欲吃猫子腥耶!'"

【猧子】 wō zi 即"猧儿"。唐段成式《酉阳杂俎》前集卷一:"上夏日尝与亲王棋,……贵妃立于局前观之。上数枰子将输,贵妃放康国~于坐侧,~乃上局,局子乱,上大悦。"《太平广记》卷三三引《续仙传》:"湘又画一~,走赶捉白鹭,共践其菜。"宋赵与时《宾退录》卷六:"莺雏金镟系,~彩丝牵。"

【猤子】 wō zi 同"猧子"。猤,"猧"的异体字。《太平广记》卷三九引《广异记》:"向见~,汝谓此为狗乎?非也,是龙耳。"

【窝】 wō ❶ 鸟兽、昆虫栖止处。唐张仁溥《题龙窝洞》:"折花携酒看龙~,镂玉长旌俊彦过。"明《训世评话》上:"他的房檐里有一双燕儿来打~养雏。"清《儒林外史》四五回:"他那坟里一汪的水,一包的蚂蚁。做儿子的人,把个父亲放在水窝里、蚂蚁~里,不迁起来还成个人?" ❷ 借指人的安身处。《宋史·邵雍传》:"雍岁时耕稼,仅给衣食,名其居曰'安乐~'。"明汤显祖《牡丹亭》三〇出:"活泼、死腾那,这是第一所人间风月~。" ❸ 比喻人或物所在或所占的位置。《元曲选·灰阑记》一折:"我如今将这头面,兑换些银两,买个~儿,做开封府公人去。"明《金瓶梅词话》六八回:"我猜见你六娘没了,已定教我去替他打听亲事,要补你六娘的~儿。"清《红楼梦》九二回:"今日亏得凤姐想着,叫他补入小红的~儿,竟是喜出望外了。" ❹ 比喻内部。清《红楼梦》九九回:"~儿里反起来,大家没意思。" ❺ 物成团成簇;亦指事物集中处。宋范成大《晒茧》:"隔篱处处雪成~,牢闭柴荆断客过。"明王衡《真傀儡》:"我想那做宰相的,坐在是非~里,多少做得说不得的事,不知经几番磨炼过来。" ❻ 凹陷处;坑儿。宋侯寘《阮郎归·为邢鲁仲小鬟赋》:"拼恼乱,尽妖娆。微~生脸潮。"明《警世通言》卷五:"你只捏着~儿,等我自家下馅则个。"清《红楼梦》三八回:"如今这鬓角上那指头顶大一块~儿,就是那残破了。"

❼ 卷；团；盘。明《西游记》五三回："那婆子即往后边取出一个吊桶，又～了一条索子，递与沙僧。" ❽ 窝藏；私藏(赃物)。《元曲选·气英布》一折："谁似你这一片横心恶胆天来大！没来由引将狼虎屋中～。"明汤显祖《牡丹亭》三〇出："你便打睃，有甚著科？是床儿里～？箱儿里那？袖儿里阁？"《警世通言》卷一五："你偷库内这四锭元宝，藏于何处？～在那家？" ❾(从软处)掏；挖。清《红楼梦》二〇回："不是我拦着，窝心脚把你的肠子～出来呢！" ❿ 盖；围裹。明刘兑《娇红记》卷下："冷冰冰～着被儿，呆答答靠着枕头。" ⓫ 量词。用于成团成簇的东西。宋孙惔《长相思》："云一～，玉一梭，淡淡春衫薄薄罗。"宋元《清平山堂话本·简帖和尚》："眉分两道雪，髻挽一～丝。"明《金瓶梅》五九回："天仙机上整香罗，入手先拖雪一～。"

【窝凹】 wō āo 凹进不显露(的地方)。明《清平山堂话本·戒指儿记》："那尼姑接入，寻个窝窝凹凹的房儿，将阮三安顿了。"《西湖二集》卷二八："先将阮三官藏于庵中～之处，陈奶奶与小姐同来，彼此成就了此事。"

【窝伴】 wō bàn 陪伴贴慰。元明《水浒传》二五回："原来这妇人往常时只是骂武大，百般的欺负他，近日来也自知无礼，只得～他些个。"明《古今小说》卷六："一拥上前，拖拖拽拽，扶他到西房去，着实～他，劝解他。"清《野叟曝言》七回："天色甚早，怎么不～文相公睡睡？"

【窝别】 wō biē 窝憋。别，"憋"的借字。本指身体不得舒展而感到憋闷，转指因问题解决不了而感到憋闷。清《醒世姻缘传》一七回："晁源要了纸笔，放在枕头旁边，要与他父亲做本稿，～了一日，不曾写出一个字来。"

【窝藏】 wō cáng 隐匿暗藏。唐佚名《诮失婢榜诗》之三："夹带无金玉，～有是非。"《元典章·刑部十一》："～做贼的人，行省、行院官司人等每一同问了，取招是实呵，为首的根底敲了。"清《赛花铃》一一回："奈因红生家事日渐消乏，近又做了～不法的事情，所以将你许了何家，有甚不好处？"

【窝巢】 wō cháo ❶ 鸟兽的窝。也比喻家。元孔文昇《折桂令·赠千金奴》："杏桃腮杨柳纤腰，占断他风月排场，鸾凤～。"明《金瓶梅词话》二五回："就是石头猤刺儿里迸出来，也有个～儿。"清《歧路灯》四五回："谭绍闻因累旬受苦，今日归了自己～，也哭了起来。" ❷ 安身之处。亦指家产。元赵彦晖《席上咏妓》："咱两个一世儿团圆到老，恁时节有下梢。寻一个安乐～，散诞逍遥，倒大来志气清高。"《元曲选·争报恩》一折："往日家私甚过的好，敢则是十年五载，四分五落，直这般踢腾了些旧～。" ❸ 盗贼奸人藏身、聚集的地方。明《金瓶梅词话》二五回："自从你去了四个月光景，你媳妇怎的和西门庆勾搭，玉箫怎的做牵头，从后子起，金莲屋里怎的做～，……成日明睡到夜，夜睡到明。"

【窝的】 wō de 犹"兀的❸"。《元曲选外编·替杀妻》一折："～不諕杀人也！"

【窝顿】 wō dùn 窝藏安顿。明《醒世恒言》卷二九："石雪哥招称你是同伙，赃物俱～你家。"朱长祚《玉镜新谭》卷一〇："比范守仁亦不合明知帑物，容留～，旋复呈首在官。"清《隋唐演义》六三回："他手下道我～了亡隋眷属。"

【窝风】 wō fēng 背风；风不能直接吹到。宋董嗣杲《天池寺夜与主僧觉翁圆上共坐》："峥嵘寺门～低，塔铃喧风际天吹。"宋元《清平山堂话本·李翠莲》："自古妻贤夫祸少，做出事比天来大；快快夹了里面去，～所在坐一坐。"

【窝弓】 wō gōng 一种有机关的弓箭。安放在隐蔽的地方，牵动机关，箭自动射出。《元曲选·连环计》三折："我只待～药箭擒狼虎，布网张罗打凤凰。"元明《水浒传》四九回："弟兄两个再把～下了，爬上树去。"明《封神演义》二四回："火炮钢叉连地滚，～伏弩傍空行。"

【窝家】 wō jiā ❶ 窝藏罪犯或赃物的人或人家。明佚名《孤儿记》三三出："〔净白〕你是窝主！〔外唱〕这汉子言我是～，和你难干罢。"清袁枚《新齐谐·悬头竿子》："(宝山某)令定案时，心想迁官，竟以获盗具详。把总知情，照～例立决。" ❷ 容留私娼的人家。明《梼杌闲评》四〇回："正是人急计生，只得就在前门上做个～，做私窠子接人。"

【窝角揪儿】 wō jiǎo jiū er 犹"髽髻"。明《西游记》四二回："把那怪分顶剃了几刀，剃作一个太山压顶，与他留下三个顶搭，挽起三个～。"

【窝窟】 wō kū 坑洼；窝儿。宋庄绰《鸡肋编》卷上："都中轻薄子戏咏虾蟆诗曰：'佳名标上苑，～近天清。'"《朱子语类》卷一八："恰如天上下雨：大～便有大～水，小～便有小～水，木上便有木上水，草上便有草上水。"

【窝里发炮】 wō lǐ fā pào 比喻内部互相攻击。清《红楼梦》六一回："两个人～，先吵的合府皆知，我们如何装没事人？"

【窝里炮】 wō lǐ pào 犹"窝里发炮"。清《红楼梦》程乙本六一回："两个人～，先吵的合府都知道了。"

【窝鲁朵】 wō lǔ duǒ 蒙古语译音。意即行宫、行帐。《元代白话碑集录·一二四七年鄠县草堂寺阔端太子令旨碑》："皇太子于西凉府北约一百里习吉滩下～处，铁哥丞相传奉皇太子令旨。"

【窝盘】 wō pán ❶ 隐藏。《旧五代史·食货志》："其买卖人及～主人知情不告，并依前项刮咸例，五斤已上处死。"宋《大慧普觉禅师书》卷二八："赵州狗子无佛性话，左右如人捕贼，已知～处，但未捉着耳。"元明《水浒传》一一回："战船来往，一周围埋伏有芦花；深港停藏，四壁下～多草木。" ❷ 暗中陪伴。《元曲选·后庭花》二折："想着想着做出，真然真然淫欲，瞒着瞒着丈夫，～～人物。" ❸ 抚慰笼络。宋元《清平山堂话本·柳耆卿》："师师媚容艳质，香香与我情多，冬冬与我煞脾和，独自～三个。"元明《水浒传》二五回："原来这妇人往常时只是骂武大，百般的欺负他。近日来也自知无礼，只得～他些个。"清《续金瓶梅》三六回："果然一见巫云，连连睡了几宿，～的一句闲话也没有了。"

【窝棚】 wō péng 临时搭建作防护、警戒用的棚屋。明《西游记》一七回："众僧都挨墙倚壁，苫搭～。"清《三侠五义》八五回："偏偏这些难民惟恐赤堤墩的堤岸有失，故此虽无房屋，情愿在～居住，死守此堤，再也不肯远离。"

【窝铺】 wō pù 即"窝棚"。《元曲选外编·博望烧屯》二折："你与我先点着粮车，后烧着～。"明朱九德《倭变事略》："每～城楼屯以兵民二三十人及千百户一二员。"清《聊斋俚曲·翻魇殃》："行墙周遭，扎起架子一面，十个～。"

【窝穰】 wō rǎng 男女之间的亲热欢好。金《刘知远诸宫调》一一："抱三娘欲意～，六地杈牙床，这麻科假做青罗帐。"《董解元西厢记》卷四："畅忒昏沉，忒慕古，忒狷狂。不问是谁，便待～。"

【窝屎】 wō shǐ 屙屎；排大便。宋元《古今小说》卷三五："短胳膊，琵琶腿。劈得柴，打得水。会吃饭，能～。"

【窝囤】 wō tún 窝藏储存(罪犯或赃物)。明《欢喜冤家》二一回："恐一时知觉事发，暗地移住兄弟某人家～。"清《醉醒石》一三回："说被小厮盗去银百餘两，小厮是马小洲平日吃酒往还，是他拐骗～。"

【窝脱银】 wō tuō yín 元代统治者发放的高利贷。《元曲选·货郎旦》三折:"我死后,你去催趱~,就跟寻你那父亲去咱。"又四折:"禀爷,这两个名下,欺侵~一百多两,带累小的们比较,不知替他打了多少。"

【窝坨儿】 wō tuó er 地点。《元曲选·黑旋风》三折:"他前面引只,我背后把他跟随。我将这田地儿踏,~来记。"

【窝挖眼】 wō wā yǎn 凹陷的眼睛。清《聊斋俚曲·禳妒咒》:"东庄有个李小楼,寻了个老婆门楼头,粗唇大口~,做鞋就得二尺绸。"

【窝窝突突】 wō wō tū tū 凹凹凸凸;不平貌。元《秦并六国平话》卷下:"~眉,迭迭薄薄眼;瑰瑰赖赖肉,肐肐肚肚筋。"

【窝心脚】 wō xīn jiǎo 踢在胸口上的一脚。清《红楼梦》三一回:"因为你伏侍的好,昨日才挨~。"△《儿女英雄传》三九回:"不是奴才找着挨老爷一顿~的话,老爷的银子可是没处儿花了!"

【窝赃】 wō zāng 藏匿赃物。宋元《古今小说》卷三六:"小的祖遗财物,并非做贼~。"明《二刻拍案惊奇》卷一:"我当堂再审时,叫他口里扳着苏州洞庭山某寺,是他~之所,我便不加刑罚了。"清方成培《雷峰塔》二七出:"此是我先世遗留,枉冤作~匿证。"

【窝主】 wō zhǔ 犹"窝家❶"。《元典章·户部六》:"~王月兴不合于至大四年九月初三日窝藏蔡软驴于本家地窨子内。"明陈洪谟《继世纪闻》卷三:"内官张忠侄张茂为大贼~,杲亲往捕获,斩之,啖其心以取媚权势。"清《醒世姻缘传》五四回:"那对门住的打烧饼老梁都是他受炭的~。"

【窝子】 wō zi ❶ 面积极小的地块儿。清《儒林外史》一七回:"一个凶神的人赶着他大儿子打了来,说在集上赶集,占了他摆摊子的~。" ❷ 比喻内部。清《醒世姻缘传》二二回:"您再要~里反起来,还够不着外人掏把的哩。" ❸ 窝单;清代两淮盐政发给商人运盐的凭照。清《儒林外史》二三回:"他做小司客的时候极其停当,每年聚几两银子,先带小货,后来就弄~。"又二三回:"吃过了茶,先讲了些~长跌的话,抬上席来,两位一桌。" ❹ 量词。a) 用于人家或巢穴。明《警世通言》卷二四:"自家一~男女,那有闲饭养他人!"《西游记》五一回:"待我叫开他门,不要等他出来,就将水往门里一倒,那怪物一~可都淹死,我却去捞师父的尸首,再救活不迟。"清《红楼梦》六四回:"然后在咱们府后方近左右买上一所房子及应用家伙什物,再拨两~家人过去伏侍。" b) 用于成团成卷的东西。明《金瓶梅》二七回:"惟金莲不戴冠儿,拖着一~杭州攒翠云子网儿。"清《儒林外史》四回:"只有他媳妇儿,是庄南头胡屠户的女儿,一双红镶边的眼睛,一~黄头发,那时在这里住。"

【窝钻】 wō zuān 胡乱缠卷。钻,"攒"的借字。清《聊斋俚曲·增补幸云曲》:"万岁待脱下来,恐怕人见了就知道他是皇帝,就连青布衫一齐脱下,~了~,递于二姐。"

【蜗伏】 wō fú 匿居;潜藏。宋家铉翁《春秋集传详说序》:"昧者以史而求经,妄加拟议,如蚓~乎块壤,乌知宇宙之大、江海之深!"元明《水浒传》九〇回:"像许某~荒山,那里有分毫及得兄等!"明邹守益《赠陈子文之广西》之一:"多病方~,高才已鸿翥。"

【蜗居】 wō jū 谦称自己的居所。宋郭印《次韵杜安行见寄》之五:"~营盖了,一色草茅新。"元明《水浒传》九〇回:"许贯忠指着说道:'这个便是~。'"清《聊斋志异·聂小倩》:"怜卿孤魂,葬近~,歌哭相闻,庶不见陵于雄鬼。"

【蜗名微利】 wō míng wēi lì 犹"蜗名蝇利"。明《古今小说》卷九:"~,误人之本,从此亦不复思进取也。"

【蜗名蝇利】 wō míng yíng lì 蜗牛角一样的微名,苍蝇头一般的小利。比喻微小的名利。宋吴潜《满江红》:"这个底、~,但添拘束。"元沈和《赏花时·潇湘八景》:"嗟尘世,人斗取,~待何如?"明《金瓶梅词话》七二回:"~何时尽,几向青童笑白头。"

【蜗窄】 wō zhǎi 地方狭小。宋元《古今小说》卷三九:"洪恭自思家中~,难以相容。"明《二刻拍案惊奇》卷三六:"家里虽~,尚有草榻可以安寝。"

【倭子】 wō zi 对日本人的贬称。宋叶梦得《石林燕语》卷九:"仁宗时,台官有弹击教坊~郑州来者,朝中传以为笑。"明唐顺之《条陈海防经略事疏》:"腹里膏腴之地,二十年前原无~。"清《醉醒石》五回:"所以~、海贼先在沿岸杀掠,渐渐看见官兵伎俩,也无所忌惮,直入内地。"

【嗯咧】 wō liē 词曲中的衬词。无义。元朱庭玉《雪景》:"十里横桥直西下,~,几人家篱落接平沙。"

wǒ

【咼堕髻】 wǒ duò jì 倭堕髻。参见"鬌髻"。唐白居易《寄微之》:"何处琵琶弦似语?谁家~如云?"

【鬌髻】 wǒ jì 倭堕髻。发髻向额前俯偃的一种发式。宋陈克《菩萨蛮》:"~玉钗风,云轻线脚红。"

【我嗏】 wǒ chā 我。宋佚名《鹊桥仙》:"~今夜为情忙,又那得、工夫送巧?"又《鹧鸪天·送人出赘》:"~有句叮咛话,千万时思望白云。"

【我行】 wǒ háng 我跟前;我这里。《元代白话碑集录·一三〇八年曲阜加封孔子圣旨致祭碑》:"奉圣旨:'商量了名儿,~再奏者。钦此。'"元明《水浒传》一七回:"既是你两口儿~陪话,我说与你。"明《高皇帝御制文集·谕西番罕都必喇等诏》:"为这般上头,诸处里人都来~拜见了,俺与了赏赐名分,教他依旧本地面里快活去了。"

【我家】 wǒ jiā ❶ 我。家,人称代词词缀。《敦煌变文校注》卷五《维摩诘经讲经文(五)》:"莫将诸女献陈,~当知不受。"《元曲选·窦娥冤》二折:"~的老子,倒说是我做儿子的药死了,人也不信。"清《醒世姻缘传》二回:"~脸丑脚大,称不起合一伙汉子打围。" ❷ 犹言我国、我朝。宋《三朝北盟会编》卷二二:"山前山后,乃是~旧地。"又:"尼堪云:'~国中论事,不尚退左右。'"

【我郎】 wǒ láng 女子对所欢者的爱称。唐杜牧《代人寄远六言》之一:"宛陵楼上瞪目,~何处情饶。"金《董解元西厢记》卷六:"~休怪强牵衣,问你西行几日归?"清《白雪遗音·寂寞寻春》:"莫不是,~藏在你家里,故意把奴欺?"

【我侬】 wǒ nóng 我。吴地第一人称代词。一说"侬"即"人"。参见"吴侬"。唐安锜《题贾岛墓》:"驰誉超先辈,居官下~。"《古尊宿语录》卷三四《舒州龙门佛眼和尚语录》:"直饶恁么知之,~亦未相许。"清《醒世姻缘传》八六回:"金铺敲响,小尼雏问是何人;玉烛挑明,老居士称为~。"

【我人】 wǒ rén 即"人我"。《敦煌变文校注》卷四《降魔变文》:"总须低心屈节,摧伏归他。更莫虚长~,论天说地。"

【我咱】 wǒ zá 我;我们。金王喆《小重山》:"一个麻囊一个瓢,~三口子,过清朝。"《董解元西厢记》卷五:"思量都为~呵,肌肤消瘦,瘦得浑似削,百般医疗终难可。"

【我丈】 wǒ zhàng　对老人的亲切称呼。唐杜甫《奉赠李八丈判官》:“～时英特,宗枝神尧后。”宋苏辙《次前韵答景仁》:“～中心冰玉洁,世上浮荣尽灰灭。”

【鬌鬌】 wǒ duò　同“鬌髾”。唐李贺《美人梳头歌》:“妆成～欹不斜,云裾数步踏雁沙。”宋苏轼《迁居》:“青山满墙头,～几云髻。”元乔吉《折桂令・西岩所见》:“甚午困懵腾,髻鬟～,星眼朦胧。”

【鬌髾】 wǒ duò　发髻美好貌。唐顾况《宜城放琴客歌》:“头髻～手爪长,善抚琴瑟有文章。”清《儒林外史》五四回:“看见聘娘手挽着头发,还不曾梳完,那乌云～,半截垂在地下。”

wò

【沃头】 wò tóu　厕所。唐李匡乂《资暇集》卷下:“俗命如厕为屋头。称并州人咸凿土为室,厕在所居之上故也。一说,北齐文宣帝,怒其魏郡丞崔叔宝,以溷汁沃头,后人或食或避亲长,不能正言溷,因影为～焉。”

【卧蚕】 wò cán　❶ 相面术指下眼睑部位。明《金瓶梅词话》二九回:“观～明润而紫色,必产贵儿,体白肩圆,必受夫之宠爱。”清《歧路灯》七五回:“山主满面福气,将来阁部台馆,俱属有分。但～之下,微有晦气,主目下事不遂心些。” ❷ 形容粗浓的眉毛。宋王十朋《喻叔奇采坡诗・联酬以四十韵》:“愁攒～眉,痛澈伏犀脑。”元关汉卿《西蜀梦》三折:“往常开怀常是笑呵呵,绛云也似丹脸若频婆,今日～眉瞅定面没罗。”元明《水浒传》五七回:“弯弯两道～眉,凤翥鸾翔子弟。”明《西游记》七四回:“二大王身高三丈,～眉,丹凤眼,美人声,匾担牙,鼻似蛟龙。”

【卧单】 wò dān　被单;单被。《祖堂集》卷八《本仁和尚》:“师云:‘还有～盖得也无?’对云:‘设有,亦无展底功夫。’”宋苏轼《与参寥子》之二:“黄州绝无所产,又窘乏殊甚,好便不能寄信物去,只有布一匹作～。”清蒲松龄《东郭箫鼓儿词》:“这些话说的齐妇眉欢眼笑,加意奉承,点上灯,铺下炕,迭下～,先拥着良人睡觉。”

【卧番】 wò fān　同“卧翻”。《元曲选・争报恩》四折:“～羊,窨下酒,做一个庆喜的筵席。”岳伯川《铁拐李》一折:“下次孩儿每,～羊者,动着细乐,大吹大擂,慢慢的做个筵席。”

【卧翻】 wò fān　指将牲畜翻倒(以便屠宰)。《元曲选・忍字记》一折:“我如今～羊,安排酒果,只说道是亲戚朋友街坊邻舍送来的。”又《王粲登楼》四折:“就今日～羊,窨下酒,做个大大庆喜筵席者!”

【卧房】 wò fáng　睡觉的房间。唐白居易《家园三绝》之一:“沧浪峡水子陵滩,路远江深欲去难。何似家池通小院,～阶下插鱼竿。”《元曲选外编・西厢记》二本一折:“如此却怎了!俺同到小姐～里商量去。”清《红楼梦》六一回:“说毕,抽身进了～,将此事照前言回了凤姐儿一遍。”

【卧鹿】 wò lù　宋时的一种饼食,用作吉庆礼品,以形作卧鹿状,“鹿”与“禄”谐声,故名。宋孟元老《东京梦华录》卷五:“(凡孕妇入月)用盘合装送馒头,谓之分痛。并作眠羊、～、羊生果实,取其眠卧之义。”周密《武林旧事》卷八:“眠羊～二合各十五事。”

【卧牛城】 wò niú chéng　❶ 称宋代汴京(今开封)城,因其形似卧牛。宋《三朝北盟会编》卷六六:“先是术者言京城如卧牛,贼至必击,善利、宣化、通津三门,善利门其首也,宣化门其项也,通津门在善利、宣化之间,而此三门者贼必攻之地。后如其言。”元马致远《陈抟高卧》一折:“欲寻那四百年兴龙地,除是这八十里～。”明郎瑛《七修续稿》卷五:“磁州夜走泥马驹,～中生绿芜;炎精炯炯照吴会,大筑钱塘作汴都。” ❷ 称明代青州城。明郎瑛《七修类稿》卷二:“又青州城俗名～,以其形似也。”

【卧兔】 wò tù　一种女帽,用貂鼠或海獭毛皮做前脸,状如卧兔,故称。明《金瓶梅词话》七八回:“月娘出来,与他哥磕头,头戴翡白绉纱金梁冠儿,海獭～。”清《绿野仙踪》五一回:“头上带着青缎银鼠～儿,越显得朱唇皓齿,玉面娥眉。”

【卧鱼】 wò yú　一种蹲曲身体踢球的动作。明《西游记》七二回:“窄砖偏会拿,～将脚挃。平腰折膝蹲,扭顶翘跟躧。”

【涴】 wò　❶ 污染;弄脏。唐杨巨源《相和歌辞・大堤曲》:“自传芳酒～红袖,谁调妍妆回翠娥。”宋《朱子语类》卷一五:“若为物欲所蔽,即是珠为泥～,然光明之性依旧自在。”清《聊斋志异・珠儿》:“姊在时,喜绣并蒂花,剪刀刺手爪,血～绫子上,姊就刺作赤水云。” ❷ 浸渍;沾染。明《清平山堂话本・吊诸葛》:“姚卞拂开玉版纸,～饱紫毫笔,长揖一声,下笔便写。”《朴通事谚解》卷下:“～馈你笔,画个字。”《西游记》六五回:“一岭桃花红锦～,半溪烟水碧罗明。” ❸ 侵扰;败坏。唐钱起《暇日览旧诗因以题咏》:“逍遥心地得关关,偶被功名～我闲。”张鷟《朝野佥载》卷五:“纳言曰:‘我欲打汝一顿,大使打驿将,细碎事,徒～却名声。若向你州县道,你即不存生命,且放却。’”明《型世言》六回:“风霜苦～如冰质,烟雾难侵不改肝。”

【涴染】 wò rǎn　污染;弄脏。宋史浩《姊太宜人安厝祭文》:“我自提孩,疮痏满身,脓溃～,展转噘呻。”明汤式《一枝花・赠玉马杓》:“有十分资质温柔,无半点尘埃～。”

【渥】 wò　同“握❷”。清《红楼梦》八回:“你的手冷,我替你～着。”又五一回:“晴雯听说,便上来掖了掖,伸手进去～一～时,宝玉笑道:‘好冷手!我说看冻着。’”

【渥汗】 wò hàn　捂汗;盖严使出汗。清《红楼梦》一九回:“开方去后,令人取药来煎好。刚服下去,命他盖上被～。”

【握】 wò　❶ 捂;遮盖。明《金瓶梅词话》五八回:“李瓶儿在那边只是双手～着孩子耳朵、腮颊痛泪,敢怒而不敢言。”清《红楼梦》三一回:“说着,湘云拿手帕子～着嘴,呵呵的笑起来。” ❷ 焐;用热的东西接触使变暖。明《金瓶梅词话》七五回:“两只胳膊都麻了,你不信,摸我这手,恁半日还没～过来。” ❸ 同“斡❶”。指用棍棒一端插入物体挑起扛在肩上。明《西游记》八六回:“那老妖还睡着了,即将他四马攒蹄捆倒,使金箍棒掬起来,～在肩上,径出后门。”

【握刀纹】 wò dāo wén　掌纹的一种。相术谓主凶恶,好杀。《元曲选・曲江池》二折:“脸上生那歹斗毛,手内有那～。”又《后庭花》一折:“〔带云〕若是杀人处,不教别人去,则教李顺去。〔唱〕哥也,偏怎生我手里有～?”

【握头】 wò tóu　指用棍棒等一头挑着重物掮在肩上。参见“握❸”。明《西游记》八六回:“猪八戒远远的望见道:‘哥哥好干这～事!再寻一个儿趁头挑着不好?’”

【握雾拿云】 wò wù ná yún　驾驭云雾,意谓善于掌握戎机,也比喻对人施展手段。元沈和《赏花时・潇湘八景》:“便是～志已疏,咏月嘲风心愿足。”佚名《博望烧屯》二折:“看贫道～,看贫道呼风唤雨。”

【握雨携云】 wò yǔ xié yún　指男女私下欢会或为这种欢会牵线。《元曲选外编・西厢记》四本二折:“则着你夜去明来,到有个天长地久;不争你～,常使我提心在口。”明朱有燉《神仙会》一折:“偎香倚玉心,～兴,都引到长生胜境。”清《十二楼・夏宜楼》一回:"这一种美人,不但在偎红倚翠、～的时节方才用得着他,竟是个荆钗裙布之妻,箕帚蘋蘩之妇,既可生男育女,又能宜室宜家。"

【握云拿雾】 wò yún ná wù 即"握雾拿云"。《元曲选外编·存孝打虎》一折:"则你那龙韬虎略人难赛,～施兵策,排兵布阵添精彩。"

【龌龊】 wò chuò ❶局促,喻不得志。唐李白《九日登巴陵置酒望洞庭水军》:"酣歌激壮士,可以摧妖氛。～东篱下,渊明不足群。"孟郊《登科后》:"昔日～不足夸,今朝放荡思无涯。" ❷心地卑鄙;不高尚。唐胡曾《谢赐钱启》:"又以山东藩镇,江表节廉,悉用竖儒,皆除迂吏。胸襟～,情志荒唐。入则粉黛绕身,出则歌钟盈耳。"明《二刻拍案惊奇》卷二七:"世人不识诸君,称呼为盗,不知这盗非是～儿郎做得的。"清《聊斋志异·吕无病》:"堂上公以我为天下之～教官,勒索伤天害理之钱,以吮人痈痔者耶!" ❸脏;不整洁。《元曲选·黑旋风》一折:"他见我风吹的～,是这鼻凹里黑。"明梁辰鱼《浣纱记》一三出:"要你养一百匹骒马,若瘦时要打,马若～要打,马若不生长又要打。"清《醒世姻缘传》八九回:"又去寻看再冬,焦黄一个～脸,蓬着个头。" ❹脏东西。明《型世言》二六回:"身上一件光青布衫儿,～也有半寸多厚。"清《情梦柝》七回:"身上衣服,要着七八年;补孔三四层,还怕洗碎了,带～穿着。" ❺弄脏。明《金瓶梅词话》七三回:"那臢脸弹子倒没的～了我这手。"

【斡】 wò ❶挑;负。《元曲选·酷寒亭》三折:"不住的运水提浆,炊荡时烧柴拨火。也强如提关列窖,也强如～担挑箩。" ❷撬;挖;掏。五代贯休《酷吏词》:"有叟有叟,暮投我宿。吁叹自语,云太守酷。如何如何,掠脂～肉。"元明《水浒传》七回:"高衙内吃了一惊,～开了楼窗,跳墙走了。"明《金瓶梅词话》八七回:"双手去～开他胸脯,扑吃的一声,把心肝五脏生扯下来。" ❸挑;拣。宋《朱子语类》卷四:"到孟子说性,便是从中间～出好底说,故谓之善。"

【斡刺挑搽】 wò cì tiāo chá 即"挑茶斡刺"。明刘兑《娇红记》卷上:"我为你实丕丕燃香剪发,你再不索絮叨叨～。"

【斡淡】 wò dàn 使淡;使化开。宋李诫《营造法式》卷一四:"若于华心内～,或朱地内压深用者,熬令色深浅得所用之。"《朱子语类》卷六七:"明仲说得开,一件义理,他便说成一片。如善画者,只一点墨,便～得开。"明朱谋垔《画史会要》卷五:"郭淳夫云:以淡墨重叠旋旋而取之谓之～。"

【斡旋】 wò xuán ❶旋转;转动;扭转。宋《朱子语类》卷六三:"总摄天地,～造化,阖辟乾坤,动役鬼神。"明沈受先《三元记》六出:"须当～造化,不可固守常经。"《西洋记》二回:"这盆儿里的水,浸着那一天的星,微波荡漾,星斗～。" ❷周旋;调停;奔走活动。宋洪迈《容斋续笔》卷一二:"至于能以义断恩,以智决策,～大事,视死如归,则几于烈丈夫矣。"明《警世通言》卷二五:"不知所费几何?仗老兄～则个!"清《聊斋志异·小梅》:"王素慷慨,志其姓名,出橐中金为之～,竟释其罪。" ❸促成。《皇明诏令·谕武臣恤军敕》:"也都是世间的人,如遇世乱,天道～这等好汉做了军,平这天下祸乱,是天命的皇帝领着这军,做号天兵。" ❹曲折含蓄,有回味。宋张端义《贵耳集》卷下:"山谷词:'杯行到手莫留残,不道月斜人散。'《诗话》谓或作'莫留连',意思殊短。又尝见山谷真迹,乃是'更留残',词意便有～也。"

【斡运】 wò yùn ❶旋转运行。借指委曲表达;诉说。宋吴处厚《青箱杂记》卷一:"药名用于诗,无所不可,而～曲折,使各中理,在人之智思耳。"元明《水浒传》八一回:"多将金宝,前去京师探听消息,就行钻刺关节,～衷情,达知今上。" ❷筹措;措办。明柯丹邱《荆钗记》一四出:"〔老旦〕孩儿,家寒难～,谩自心头闷。"

【斡葬】 wò zàng 火葬。脉望馆本《勘金环》二折:"丑弟子,我则怕你～。"

【喔】 wò 另见 è。叹词,表示突然明白。《五灯会元》卷二〇《竹原宗元庵主》:"若究此事,如失却锁匙相似。只管寻来寻去,忽然撞着,～!在这里。开个锁了,便见自家库藏。"又《东山齐己禅师》:"复曰:'～!这条活路,已被善导和尚直截指出了。'"

wū

【乌】 wū 抹黑;染。《元曲选·玉镜台》四折:"貌赛过神仙洛浦,怎好把墨来～?"清《醒世姻缘传》一四回:"如今头发胡子通然莹白了,待不得三四日就～一遍,如今把胡子～得绿绿的,怪不好看。"

【乌蹲】 wū dūn 乌鸦蹲坐,比喻墨迹乌黑或字形工稳。《敦煌变文校注》卷一《捉季布传文》:"题姓署名似凤舞,书年着月象乌尊(蹲)。"

【乌飞电走】 wū fēi diàn zǒu 犹"乌飞兔走"。宋元《熊龙峰刊小说·彩鸾灯》:"张生以时挨日,以日挨月,以月挨年,倏忽间～,又换新正。"

【乌飞兔走】 wū fēi tù zǒu 形容时间过得快。乌,指太阳,传说日中有三足乌。兔,指月亮,传说月中有玉兔。五代黄滔《泉州开元寺佛殿碑记》:"其后金地莲扃,周旋四海,～,或故或新。"元不忽木《点绛唇·辞朝》:"你看这迅指间～,假若名利成,至如田园就,都是些去马来牛。"明《西洋记》五回:"四众弟子们照旧个听讲皈依。却不知～,寒往暑来。"

【乌龟】 wū guī ❶犹"王八❷"。明《拍案惊奇》卷一二:"谁知这人却是扬州一个大光棍,当机兵、养娼妓、接子弟的,是个烟花的领袖,～的班头。"清《儒林外史》二二回:"这不是我们这里丰家巷婊子家掌柜的～王义安?" ❷犹"王八❸"。明谢肇淛《五杂组》卷八:"今人以妻之外淫者,目其夫为～,盖龟不能交而纵牝者与蛇交也。"明《古今小说》卷三八:"那人必定不是好汉,必是个煨脓烂板～。"清《水浒后传》四回:"要有实迹,你情愿做老～了!"

【乌龟头】 wū guī tóu 靠妻子卖淫为生的人。明《欢喜冤家》一五回:"倒去寻得这个～的生意回来羡慕。"清《聊斋俚曲·慈悲曲》:"～你比那囊包的还赛,自家乜小厮还叫不了来,每日家里装汉子,你还要出外!"

【乌焦】 wū jiāo 焦黑;物体燃烧后干焦的黑色。明《西游记》九〇回:"放起火来,把一个九曲盘桓洞,烧做个～破瓦窑。"《拍案惊奇》卷二二:"满前败宇颓垣,一望断桥枯树。～木柱,无非放火烧残;赭白粉墙,尽是杀人染就。"

【乌焦巴弓】 wū jiāo bā gōng 犹"乌焦"。《百家姓》中的一句,取前二字的意思。明《西洋记》七六回:"我这第三个关上,却有些难处,不免做了煨烬之末。就到如今为个神,也有些～。"清《姑妄言》二三回:"把一座雕梁画栋繁华宅,化做～破瓦窑。"按,清孙锦标《通俗常言疏证·水火》:"《百家姓》:'乌焦巴弓。'此四姓也。今俗以物烧焦者谓之～。《幽闺记》剧:净云:'我拿了一张草荐,把病人放拉当中,两头点起火来一烧,竟烧了《百家姓》上一句书出来。'末云:'那一句呢?'净云:'烧得他～。'"

【乌金】 wū jīn ❶铁。唐吕嵒《题凤翔府天庆观》:"玉皇未有天符至,且货～混世流。"五代刘钦《兴王府千佛宝塔赞》(一作李托《东铁塔记》："大汉皇帝以大宝十年丁卯岁，敕有司用～铸造千佛宝塔壹所七层，并相轮莲花座，高二丈二尺。"《云笈七籤》卷一一八："汉州什邡县铁像天尊，高丈二三，俗谓之～像。" ❷ 煤。《敦煌变文校注》卷五《维摩诘经讲经文(三)》："若徒净洁净其心，要频将热水霖(淋)。直饶便得洗至骨，恰如将水洗～。"明于谦《咏煤炭》："凿开混沌得～，藏蓄阳和意最深。"

【乌喇鞋】 wū lā xié 一种熟牛皮缝的鞋，内可絮草保暖。乌喇，蒙古语 ula 的音译，鞋。明《西游记》六五回："脚踏～一对，手执狼牙棒一根。"

【乌辣】 wù là 即"乌喇鞋"。明徐霖《绣襦记》三一出："脚下穿一双歪～，上长街又丢抹，咱便是郑元和家业使尽待如何，劝郎君休似我。"

【乌剌赤】 wù là chì 元时称驿站牧马者。元陶宗仪《辍耕录》卷一〇："忽见一物如屋，所谓～者，下马跪泣，若告诉状，……～，站之牧马者。"

【乌老】 wū lǎo "媪"的缓言。指老妇人。《太平广记》卷三一〇引《纂异记》："尝游沛，因醉入高祖庙，顾其神座，笑而言曰：'提三尺剑，灭暴秦，剪强楚，而不能免其母～之称，徒歌"大风起兮云飞扬"，曷能"威加四海"哉！'"

【乌楼楼】 wū lóu lóu 黑眼珠不停转动貌。清《醒世姻缘传》二一回："晁夫人一只手拿着他两条腿替他擦把把，他～的睁着眼，东一眼西一眼的看人。"

【乌卢班】 wū lú bān 不明白。明沈榜《宛署杂记》卷一七："不明白曰～。"

【乌律律】 wū lǜ lǜ 犹"乌楼楼"。宋《嘉兴府录》："依旧眼睛～，报复还来。"

【乌毛黑嘴】 wū máo hēi zuǐ 肮脏狼狈貌。清《醒世姻缘传》六〇回："揭起帘来，恰好一个端端正正的狄希陈弄得～的坐在地上。"

【乌毛乌嘴】 wū máo wū zuǐ 形容窝囊见不得世面。清《续金瓶梅》三九回："休道咱这样个女孩儿，就是个好女婿，也要和他讲个明白。咱就～的一句没言语，干贴出一块肉去罢！"

【乌木鬼儿】 wū mù guǐ er 乌木做成的鬼。形容人黑。清《醒世姻缘传》五五回："我还过那边看了看，烧的像个～似的，雌着一口白牙。"

【乌腻】 wū nì 油腻。宋范成大《上元纪吴下节物俳谐体》："～美饴饧。"原注："～糖，即白饧，俗言能去～。"

【乌纱】 wū shā ❶ 即"唐巾"，裹头用。唐前为贵族服饰，唐代流行于民间。唐李白《答友人赠乌纱帽》："领得～帽，全胜白接䍦。"刘威《旅怀》："无名无位却无事，醉落～卧夕阳。" ❷ 指古代官员所戴的乌纱帽。唐戴叔伦《客中言怀》："白发照～，逢人只自嗟。官闲如致仕，客久似无家。"宋吴文英《霜叶飞·重九》："早白发、缘愁万缕。惊飙从卷～去。"清《平山冷燕》一二回："惟小弟山人之才，既无～象简以压人，又无黄金白璧以结客。"

【乌天黑地】 wū tiān hēi dì ❶ 形容一片黑暗，也指深夜。明《拍案惊奇》卷三一："这等～，去那里敲门打户，惊觉他，他又要遁了去。"清《照世杯·掘新坑》："怎奈房里又～，看不见一些踪迹。" ❷ 比喻社会黑暗。元陶宗仪《辍耕录》卷一九："奉使来时，惊天动地；奉使去时，～。"

【乌头】 wū tóu 黑发；长着黑发的头。借指年少。宋王安石《和微之药名劝酒》："寄言歌管众少年，趁取～未白前。"明唐寅《叹世》之五："人生在世数蜉蝣，转眼～换白头。"

【乌丸】 wū wán 墨的别称。宋杨万里《谢王恭父赠梁杲墨》："君不见，蜀人～天下妙，前有蒲韶后梁杲。"

【乌温】 wū wēn 拥有；享有(土地、财产等)。"乌温"应为"焐温"，引申为"拥有"。清《聊斋俚曲·翻魇殃》："这样人我待跟着你怎么过？不只光没甚么下锅，只怕这儿亩薄田，～的时节不多。"又："气杀我了贼畜生！～了不大霎，又咱罄了净！"

【乌文】 wū wén 皮下瘀血。唐[日]圆仁《入唐求法巡礼行记》卷三："敕下：天下所有僧尼解烧炼、咒术、禁气，背军、身上杖痕、～、杂工巧，曾犯淫养妻，不修戒行者，并勒还俗。"

【乌薪】 wū xīn 炭的别称。宋陶穀《清异录》卷三："庐山白鹿洞游士辐辏，每冬寒，醵金市～为御冬。"刘子翚《春寒偶书》："拥炉～然，双手慵出袖。"《虚堂和尚语录》卷七："守得～暖气回，夜深寒重易成灰。"

【乌压压】 wū yā yā 犹言黑压压。清《红楼梦》四〇回："进里面，只见～的堆着些围屏、桌椅、大小花灯之类。"又四三回："老的少的，上的下的，～挤了一屋子。"

【乌鸦闪蛋】 wū yā shǎn dàn 乌鸦把孵的蛋掉了。比喻落空，没有结果。清《聊斋俚曲·增补幸云曲》："扯腿走像个～，回头看似鲤鱼打漂。"《醒世姻缘传》四九回："只怕辛辛苦苦的替他养活大了，他认了回去，～，闪的慌。"

【乌鸦嘴】 wū yā zuǐ 比喻说话讨厌或随口乱传。明《石点头》卷一三："谁知是个～，忍不住口，随地去报新闻，顷刻嚷遍了满营。"

【乌眼鸡】 wū yǎn jī 好斗的鸡。比喻人怒目相争。明《金瓶梅词话》三五回："俺每是没时运的，行动就是～一般。"清《醒世姻缘传》五九回："你合狄大哥像～似的是怎么?"《红楼梦》三〇回："有这会子拉着手哭的，昨儿为什么又成了～呢?"

【乌羊】 wū yáng 猪的别称。宋吴曾《能改斋漫录》卷一八："都人以王故，呼猪而曰～。"

【乌云】 wū yún 比喻女子的头发。宋苏轼《岐亭道上见梅花戏赠季常》："行当更向钗头见，病起～正作堆。"《元曲选外编·西厢记》三本二折："晚妆残，～亸，轻匀了粉脸，乱挽起云鬟。"清《红楼梦》六五回："尤二姐只穿着大红小袄，散挽～，满脸春色，比白日更增了颜色。"

【乌杂】 wū zá 混杂；杂乱。唐张九龄《贺张待宾奏克捷状》："马羸则多死，人苦则计生。本是～之徒，足征破亡之渐。"金《刘知远诸宫调》一二："袍甲～，不案穰苴战法。"元《通制条格》卷一九："八作司屡经被盗，盖因每日支纳官物人众～，提举司与围宿军官不设防禁，贼人恣意出入，视物易取，此生盗之源也。"

【乌皂】 wū zào 黑色。明《西游记》七三回："戴一顶红艳艳戗金冠，穿一领黑淄淄～服。"《山歌·鞋子》："你当初精精致致，郇间～泥泾；当初光头滑面，郇间毛头精形。"

【乌珠】 wū zhū 黑眼珠；眼球。元明《水浒传》三回："提起拳头来就眼眶际眉梢只一拳，打得眼睖缝裂，～进出。"明康海《中山狼》一折："俺战兢兢遍体寒毛乍，呆邓邓两眼～咤。"清《醒世姻缘传》五一回："把个鼻子打偏在一边，一只眼睛～打出吊在地上。"

【呜呃】 wū è 悲叹。唐李贺《致酒行》："少年心事当拿云，谁念幽寒坐～。"元张翥《悲寒风》："神光堕地摧白虹，～英雄泪空饮。"

【呜呼】 wū hū 指死亡。宋张镃《临江仙》："纵使古稀真个得，后来争免～。"《元曲选·合同文字》一折："我如今不免扶持出来，看看他气色。嗨！也可怜，多分要～了也。"清《情梦柝》七回："许多家人出来救住。看任大，已～了。"

【呜呼哀哉】　wū hū āi zāi　祭文中常用的套词。借指死亡。明《警世通言》卷二五："施济忽遘一疾，医治不痊，～了。"《金瓶梅词话》五九回："官哥儿～，断气身亡。"清《聊斋俚曲·寒森曲》："二相公脱生了正死不的，那家子叫了个姑娘来，掐了半宿，就～了。"

【呜呼尚飨】　wū hū shàng xiǎng　犹"呜呼哀哉"。明《禅真后史》一四回："(如刚)头重脚轻，晕倒地上。众人上前看时，已是～。"清《醒世姻缘传》五三回："偏他的媳妇孙氏左手心里长起一个疔疮，百方救治，刚得三日，～了。"

【呜咂】　wū zā　❶ 吻；亲嘴。宋方壶《一枝花·蚊虫》："厮呜厮咂，相抱相偎。"金《董解元西厢记》卷五："拍惜了一顿，～了多时，紧抱着啾，那孩儿不动。"明《金瓶梅词话》四回："两个相搂相抱，如蛇吐信子一般，～有声。"　❷ 品尝；品味。金王喆《踏莎行·奉酬人惠》："百般茶饭任经营，千般滋味堪～。"

【呜嘬】　wū zuō　即"呜咂❶"。金《董解元西厢记》卷五："恣恣地觑了可喜冤家，忍不得恣情～。"明《二刻拍案惊奇》卷三五："孙小官见贾闰娘颜面如生，可怜可爱，将自己的脸偎着他脸上，又把口～一番。"清洪昇《长生殿》二一出："不住的香肩～，不住的纤腰抱围。"

【污】　wū　❶ 指粪。宋元《清平山堂话本·李翠莲》："阿姆我又不惹你，如何将我比臭～？"明柯丹邱《荆钗记》八出："看鸡鹅～屎，坏了衣服。"　❷ 拉屎。《祖堂集》卷一六《南泉和尚》："师欲顺世时，向第一座云：'百年后，第一不得向王老师头上～。'第一座对云：'终不敢造次。'师云：'或有人问："王老师什麽处去也？"作麽生向他道。'对云：'归本处去。'师云：'早是向我头上～了也。'"《元曲选外编·降桑椹》二折："吾乃是厕神，我一生无始终。我坐的是净桶，玩的是粪坑。尿长溺一脸，屎长～一身，何曾得闻清香味？"　❸ 秃；剪短。金《刘知远诸宫调》一二："兄嫂堪恨如狼虎，把青丝剪了尽皆～。"又："欲带(戴)金冠，争奈发～眉齐！"

【污坏】　wū huài　❶ 污染败坏。《太平广记》卷三三〇引《广异记》："刘至期甚喜，独与左右一奴夜发，深四五尺，得一漆棺。徐开视之，女颜色鲜发，肢体温软，衣服妆梳，无～者。"宋《朱子语类》卷六〇："却只要时时省察，恐有～，故终之以存养之事。"明方孝孺《与赵伯钦书》："百餘年间风俗～，上隳下乖，以至于颠危而不救者，岂无自也哉！"　❷ 弄脏。明《古今小说》卷三二："众人扶桧坐于格天阁下，桧索笔署名，手颤不止，落墨～了奏牍。"《西游记》四六回："文洗不脱衣服，似这般叉着手下去打个滚就起来，不许～了衣服。"清《续金瓶梅》五五回："借人书物，不肯～。"

【污滥】　wū làn　❶ 平庸。唐独孤及《代独孤将军让魏州刺史表》："臣才质～，学艺空疏，往缘乏人，谬参多士。"　❷ 潦倒。宋王安石《拟上殿札子》："臣恐在军者日以劳，而士民愈以穷困～，而于天下国家愈其无补也。"　❸ 贪赃枉法。《元典章·刑部十九》："参详毅禧、赵桧见任受敕职官，如此～，合拟永不叙用。"元明《水浒传》五八回："小可宋江怎敢背负朝廷？盖为官吏～，威逼得紧，误犯大罪。"

【污淖】　wū nào　泥淖；烂泥。宋曾巩《瀛州兴造记》："又以其餘力为南北甬道若干里，人去～，即于夷途。"清《红楼梦》二七回："质本洁来还洁去，强于～陷渠沟。"

【污泥】　wū nì　玷污；弄脏。唐卢仝《冬行》之三："不敢唾汴水，汴水入东海。～龙王宫，恐获不敬罪。"义净译《根本说一切有部毗奈耶》卷四："汝之所见形如墙者，彼诸众生～僧伽墙壁，所以得如是报。"《太平广记》卷四九〇引《东阳夜怪录》："咏雪有献曹州房一篇，不觉诗狂所攻，辄～高鉴耳。"

【污脓头】　wū nóng tóu　窝囊的家伙。清《醒世姻缘传》六六回："谁知他便也不曾敲打，只骂道：'你这～忘八羔子！'"

【污染】　wū rǎn　淫污；奸污。明《警世通言》卷四〇："时天下求为弟子者不下千数，真君却之不可得，乃削炭化为美妇数百人，夜散群弟子寝处。次早验之，未被炭妇～者得十人而已。"《西游记》九五回："即将公主锁在一间僻静房中，惟恐本寺顽僧～，只说是妖精被我锁住。"宋周密《齐东野语》卷八："仆既欠主人之钱，又且～其婢，事之有无虽未可知，然其自供罪状已明，合从奸罪定断徒配施行。"

【污言】　wū yán　脏话；败坏人名誉的话。明《西游记》八三回："我也是个大丈夫，一言既出，驷马难追。岂又有～顶你？"《二刻拍案惊奇》卷二："哪里来的野种，敢说此等～！"

【污眼】　wū yǎn　弄脏眼睛。指所见不堪入目，多用作谦词。元贯云石《醉高歌过红绣鞋》："看别人鞍马上胡颜，叹自己如尘世～。"元明《水浒传》五四回："你使的什么鸟好，教众人喝采？看了倒～！"明《西游记》一六回："～！～！老爷乃天朝上国，广览奇珍，似这般器具，何足过奖？"

【污浊】　wū zhuó　弄脏。《云笈七籤》卷七九："或～神炁，产乳堂宇。"明《金瓶梅词话》一九回："险不倒栽入洋沟里，将发散开，巾帻都～了。"清《醒世姻缘传》三〇回："被那科道衙门将那年来作过的恶行，又说娶妻蓄妾，～佛地，交章论劾。"

【巫娥】　wū é　称美女。语本宋玉《高唐赋》中所描述的巫山神女。金《董解元西厢记》卷五："哑地听栊门儿响，见～。"元王和卿《醉中天·别情》："一自～去后，云平楚岫，玉箫声断南楼。"

【巫婆】　wū pó　女巫。明《型世言》一九回："(支佩德)回去坐在门前纳闷。一个邻舍老人家～见了他道：'支大官，一发回来的早。'"清《红楼梦》二五回："有的说请端公送祟的，有的说请～跳神的。"

【诬玷】　wū diàn　诬蔑玷辱。《太平广记》卷三三三引《广异记》："妖僧妄诞，欲～先灵耳！"明《拍案惊奇》卷二三："郎君少年，当诚实些，何乃造此妖妄，～人家闺女，是何道理？"

【诬害】　wū hài　假捏罪名陷害。唐李显《赠徐有功越州都督制》："周兴、来俊臣等，性惟残酷，务在诛夷，不顺其情，立加～。"宋欧阳修《归田录》卷一："太祖大怒，以其～忠臣，命缚其人予进，使自处置。"清《后水浒传》三〇回："丁谦的长哥原是县吏，被人～致死。"

【诬赖】　wū lài　无根据地说别人做了坏事。宋洪迈《容斋续笔》卷一六："小人争斗者，取其叶挼擦皮肤，辄作赤肿，如被伤，以～其敌。"元萧德祥《小孙屠》一九出："我和朱令史商量，把梅香杀了，切去了头，假作我的尸首，～你杀了奴家，把你兄弟囚禁牢中，谋害你两个性命。"清《红楼梦》六八回："只说张华无赖，因拖欠了贾府银两，枉捏虚词，～良人。"

【诬捏】　wū niē　诬蔑捏造。明徐渭《四声猿·女状元》三出："姜松就买出邻舍，～妇人与古时月有奸谋。"文秉《烈皇小识》卷二："赞化疏全是～，凡宦游臣乡者俱可问。"清《野叟曝言》七一回："元君既属荒唐，则仙使更为～。"

【诬扳】　wū pān　诬陷扳扯。明朱长祚《玉镜新谭》卷一〇："方景阳阴行咀咒，中外共知，～刘铎，竟赴市曹，情甚可悯。"《二刻拍案惊奇》卷一五："今日有个下处主人江溶，被海贼～。"清胤禛《朱批谕旨》卷四〇："往往陷害仇人，～富户。"

【诬攀】　wū pān　即"诬扳"。明朱廷焕《增补武林旧事》卷八："小娟亦为盼奴所欢，以於潜官绢～系府狱。"《拍案惊奇》卷二五："他家里说为於潜客人～官绢的事。"清俞森《荒政丛书》卷五：

"又令该州县清查狱囚若干，释过～强盗若干，逐一开报。"

【诬首】 wū shǒu　捏造罪名出面告发。《辽史·奸臣传上》："令牌印郎君萧讹都斡诣上～：'耶律察剌前告耶律撒剌等事皆实，臣亦与其谋。'"明《二刻拍案惊奇》卷四："这是家人怀挟私恨～的，怎么听得！"清宋荦《西陂类稿》卷三七："并据原首周五以捕役捉拿私拷、逼嘱～情由具诉。"

【诬诈】 wū zhà　❶ 诬妄；虚假。唐李显《答大恒道观主桓道彦等表敕》："履冰而说涅槃，曾无典据；蹈火而谈妙法，有类俳优。～自彰，宁烦缕说？"　❷ 诬陷讹诈。宋郭彖《睽车志》卷五："僧不得直，反坐～，僧不胜忿恨。"明《二刻拍案惊奇》卷三九："今板巾多在，那里再有甚么百柱帽？分明是～船家了。"

【屋】 wū　指帽顶。宋庄绰《鸡肋编》卷中："市中亦制僧帽，止一圈而无～。"

【屋里】 wū lǐ　❶ 家里。唐慧超《往五天竺国传·五天竺风俗》："彼土百姓，贫多富少，王官～及富有者，着氎一双，自□一只，贫者半片，女人亦然。"《祖堂集》卷五《云岩和尚》："洞山问：'他～有多小典籍？'师曰：'一字也无。'"明《二刻拍案惊奇》卷二六："大凡老休在～的小官，巴不得撞个时节吉庆，穿着这一付红闪闪的摇摆摇摆，以为快乐。"　❷ 房间；室内。唐[日]圆仁《入唐求法巡礼行记》卷一："日本国此夜宅庭～门前到处尽点灯也。大唐不尔，但点常灯，不似本国也。"稗海本《搜神记·刘寄》："遂即访问王僧家衣(之)舍，东园里(枯井)捉获弟尸灵，～南头柜中得本绢二十三匹，一如神梦之言。"清《红楼梦》一〇一回："贾珍说着话，就过那～去了。"　❸ 指大家庭中的各个小户。清《红楼梦》五五回："宝玉的是老太太～袭人领二两，兰哥儿的是大奶奶～领。"　❹ 屋里人的简称，指妻或妾。清《红楼梦》六五回："他原为收了～，一则显他贤良名儿，二则又叫拴爷的心。"

【屋里人】 wū lǐ rén　❶ 家里的人。《五灯会元》卷一二《石霜楚圆禅师》："年唤客司：'点茶来，元来是～。'"宋《朱子语类》卷八一："不知当初何故忽然使管蔡去监他，做出一场大疏脱，合天下之力以诛纣了。却使出～，自做出这一场大疏脱。"　❷ 妾的俗称。清《红楼梦》一一六回："连名公正气的～，瞧着他还没事人一大堆呢，有功夫理你去？"

【屋山】 wū shān　❶ 屋脊。唐韩愈《寄卢仝》："每骑～下窥阚，浑舍惊怕走折趾。"宋陆游《老学庵笔记》卷二："民有比屋居者，忽作高屋，～覆盖邻家，邻家讼之，谓他日且占地。"金刘祁《归潜志》卷三："车毂春雷震～，马蹄乱雹响柴关。"　❷ 指紧靠屋脊左右两侧的山墙。宋周紫芝《竹坡诗话》："顷时有数道人来丐食，拒而不与，乃题诗～而去。"清纪昀《阅微草堂笔记》卷一四："夜大风雨，有雷火自～穿过，如电光一掣然，墙栋皆摇。"原注："近房脊之墙谓之～，以形似山也。"

【屋山头】 wū shān tóu　❶ 即"屋山❶"。宋范成大《颜桥道中》："一段农家好风景，稻堆高出～。"辛弃疾《鹧鸪天·戏题村舍》："鸡鸭成群晚未收，桑麻长过～。"　❷ 同"屋山❷"。宋元《古今小说》卷三三："请两个媒人各吃了四盏，将这媒人转～边来。"明《肉蒲团》一二回："仰起头来细看，只见～上有三尺高、五尺阔的一块，是砖墙砌不到，用板壁铺完的。"清《儒林外史》五五回："望见泰伯祠的大殿，～倒了半边。"

【屋舍】 wū shè　借指人的躯体。《太平广记》卷四四引《仙传拾遗》："勘云：'李氏妻算命尚有三十二年，合生二男三女。'先生曰：'～已坏，如何？'有一老吏曰：'昔东晋邺下有一人误死，屋宅已坏，又合还生，与此事同。'"又卷三〇一引《广异记》："死十八年而后活。自说被枉追，敏壳苦自申理，岁餘获放。王谓敏壳曰：'汝合却还，然～已坏，如何？'"

【屋头】 wū tóu　❶ 屋顶；房屋之上。唐于鹄《赠王道者》："床下石苔满，～秋草生。"宋苏轼《浣溪沙·寓意》："炙手无人傍～，萧萧晚雨脱梧楸。"元佚名《罗李郎》二折："我别无人则把你个孩儿靠，儿呵，你休做了猫儿向～溺。"　❷ 指上厕所。唐李匡乂《资暇集》卷下："俗命如厕为～。称并州人咸凿土为室，厕在所居之上故也。"

【屋业】 wū yè　房产；家产。宋苏轼《应诏论四事状》："市易官吏，方且计较功赏，巧为文词，致许人户愿以～及田土折纳还官。"清《醒世姻缘传》三二回："晁无晏那伙子人待来抢你的～，我左拦右拦的不叫他们动手。"《无声戏》六回："他的家事，连田产～，算来不及千金。"

【屋宅】 wū zhái　即"屋舍"。唐元稹《遣病》："况我早师佛，～此身形。舍彼复就此，去留何所萦。"《太平广记》卷四四引《仙传拾遗》："勘云：'李氏妻算命尚有三十二年，合生二男三女。'先生曰：'屋舍已坏，如何？'有一老吏曰：'昔东晋邺下有一人误死，～已坏，又合还生，与此事同。'"宋洪迈《夷坚志》丁卷二〇："尔有善心，脱此劫会，吾为尔喜。今速归救尔～。"

【屋子】 wū zi　❶ 房屋；屋舍。唐詹敦仁《题舫斋》："尖头～不嫌低，上有青山下有池。"《元典章·刑部十六》："交他管着修盖省官住的～来。"清《儒林外史》五回："晚间挤了一～的人，桌上点着一盏灯。"　❷ 即"屋舍"。宋周密《齐东野语》卷一："先是有道人于山间结庵炼丹，将成。忽一日入定，语童子曰：'我去后，或十日五日即还，谨勿轻动我～。'后数日，忽有叩门者，童子语以师出未还。其人曰：'我知汝师久矣。今已为冥司所录，不可归。留之无益，徒臭腐耳。'童子村朴，不悟为魔，遂举而焚之。"

wú

【亡赖】 wú lài　❶ 同"无赖❶"。宋司马光《涑水纪闻》卷七："汝不肖，～如是，汝家不能与汝言，官法又不能及，汝恃赎刑，无复耻耳！"明《拍案惊奇》卷九："交游的人，总是些剑客、博徒、杀人不偿命的～子弟。"清《醒世姻缘传》三五回："果尔，汪生未住之先，不知已经几人几世，留此缺陷以待～生之妄求哉？"　❷ 同"无赖❷"。明朱长祚《玉镜新谭》卷一："万历中，肃宁人魏忠贤者，初名进忠，市井一～耳。"　❸ 同"无赖❻"。宋辛弃疾《清平乐·村居》："最喜小儿～，溪头卧剥莲蓬。"

【无】 wú　❶ 副词。不。《祖堂集》卷四《药山和尚》："师曰：'……不用更问。'道吾云：'～。和尚一言，堪为后来是标榜，乞和尚一言。'"　❷ 句末疑问语气词。犹"么(mo)❶"。唐白居易《苏州故吏》："江南故吏别来久，今日池边识我～？"《大唐三藏取经诗话》三则："法师曾知两回死处～？"明汤显祖《牡丹亭》二九出："俺知道你是大姑他是小姑，嫁的个彭郎港口～？"

【无巴鼻】 wú bā bí　犹"没巴鼻"。宋《朱子语类》卷一二一："若是如此读书，如此听人说话，全不是自做工夫，全～。"《古尊宿语录》卷三二《舒州龙门佛眼和尚普说语录》："今时有诸方知识，有时说得是，有时说得～。"明《古今小说》卷九："那吏部官道是告敕、文簿尽空，毫～，难辨真伪。"

【无巴避】 wú bā bì　同"无巴鼻"。元杜仁杰《要孩儿·喻情》："唐三藏立墓铭空费了碑，闲槽枋里躲酒～。"曾瑞《哨遍·羊诉冤》："穷养的～，待准折舞裙歌扇，要打摸暖帽春衣。"

【无巴壁】 wú bā bì　同"无巴鼻"。《元曲选·灰阑记》四折:“早则是公堂上有对头,更夹着这祇候人～。”

【无笆壁】 wú bā bì 同“无巴鼻”。《元曲选·秋胡戏妻》二折:“早则俺那婆娘家无依倚,更合着这子母每～。”

【无般不识】 wú bān bù shí 没有哪一样不知道的。指什么话(事)都说(做)。清《醒世姻缘传》六二回:“你～的雌着牙好与人顽,人也合你顽顽,你就做弄我捱这一顿打!”又九五回:“把个素姐打的起初嘴硬,渐次嘴软,及后叫姐姐,叫亲妈,叫奶奶,～的央及。”

【无褒弹】 wú bāo tán 无可指责。形容极佳。《元曲选外编·金凤钗》二折:“写染的～,吟咏的忒风骚。”明汤式《醉太平·书所见》:“二八年艳娃,五百载冤家,海棠庭院玩韶华,～的俊雅。”

【无碑记】 wú bēi jì ❶变化无常。元周德清《斗鹌鹑·双陆》:“翻云覆雨～,则袖手旁观笑你。”佚名《水仙子·冬》:“墙板般世事～。料想来争甚的,则争个来早来迟。” ❷形容多得没法计算。明汤显祖《南柯记》四四出:“长梦不多时,短梦～,普天下梦南柯人似蚁。”《金瓶梅词话》三四回:“老儿六十岁,见居着祖父的前程,手里～的银子。”

【无比方】 wú bǐ fang 无可比拟。形容极佳。唐张鷟《游仙窟》:“真成物外奇稀物,实是人间断绝人。自然能举止,可念～。”寒山《我在村中住》:“我在村中住,众推～。昨日到城下,却被狗形相。”王琚《美女篇》:“东邻美女实名倡,绝代容华～。”

【无比赛】 wú bǐ sài 犹“没赛”。明《古今小说》卷二六:“当日沈秀侵晨起来,梳洗罢,吃了些点心,打点笼儿,盛着个～的画眉。”《封神演义》三三回:“秘授玄功～,人称‘七首’是飞熊。”

【无便】 wú biàn 不得其便;没有机会。唐张鷟《游仙窟》:“于时夜久更深,沉吟不睡,彷徨徙倚,～披陈。”宋苏轼《答苏子平先辈》之二:“所要先丈哀词,去岁因梦见,作一篇,～寄去。”宋元《警世通言》卷二九:“自此之后,虽音耗时通,而会遇～。”

【无曾】 wú céng 不曾;未曾。唐元稹《寄浙西李大夫》之三:“禁林同直话交情,无夜～不到明。”清《聊斋俚曲·增补幸云曲》:“那万岁自从四更天起身,～吃饭,肚中饥饿,欲待下马吃饭。”《白雪遗音·醉打山门》:“自从削发来在五台,酒肉～开。”

【无常钟】 wú cháng zhōng 佛寺为死者送终而撞击的钟。宋彭乘《续墨客挥犀》卷一:“《欧公诗话》有讥唐人‘半夜钟声到客船’之句云:半夜非钟鸣时。或以谓人之始死者,则必鸣钟多至数百千下,不复有昼夜之拘,俗号～。”庄绰《鸡肋编》卷中:“时慧日、东灵二寺,已为亡人撞～。”《元曲选·荐福碑》二折:“是～,死了人便撞这钟。”

【无出】 wú chū ❶没有超过。唐韩愈《酬别留后侍郎》:“为文～相如右,谋帅难居郤縠先。”《旧五代史·唐书·符存审传》:“时崇韬自负一时,佐命之功,～己右。”明《古今小说》卷一四:“今君明臣良,兴化勤政,功德被乎八荒,荣名流于万世。修炼之道,～于此。” ❷没有出产。宋《三朝北盟会编》卷二九:“盖河北缘边州郡,多是塘泺地～,故朝廷支降钱本,籴便司和籴斛斗以给诸边。” ❸没有生育。《元曲选·神奴儿》一折:“我根前～,哥哥有个孩儿,唤做神奴儿。”明《二刻拍案惊奇》卷二〇:“原来商小姐～,有媵婢生得两个儿子。”清《聊斋志异·牛成章》:“后母姬,年三十餘,～,得忠喜,设宴寝门。”

【无词】 wú cí ❶指无法回答,说不出话来。唐张说《寄许八》:“西风欲谁语,悯默遂～。”《古尊宿语录》卷四《镇州临济慧照禅师语录》:“道‘我出家’,被佗问着佛法,便即杜口～。”清《聊斋志异·佟客》:“妻不服。既于床头得少年遗物,妻窘～,惟长跪哀乞。” ❷指彻底服罪或认罚而不诉辩。《敦煌变文校注》卷二《韩擒虎话本》:“陈王被责,杜口～。”《元曲选·窦娥冤》四折:“大人说这毒药必有个卖药的医铺,若寻得这卖药的人来,和小人折对,死也～。”明《老乞大谚解》卷下:“如先悔的,罚官银五两,与不悔之人使用～。” ❸指没有什么可叙述的,略去不说。明《拍案惊奇》卷一:“当夜～。次日风息了,开船一走。”《封神演义》二九回:“且说使命官一路～。过了黄河,至孟津,往朝歌来。”

【无凑】 wú còu 无从筹集。《元曲选·汉宫秋》一折:“使臣毛延寿索要金银,妾家贫寒～,故将妾眼下点成破绽,因此发入冷宫。”

【无措】 wú cuò ❶无奈;没有办法。《太平广记》卷二二〇引《集异记》:“而忽中异疾,无所酸苦,但饮食日损,身体日销耳。医生术士,拱手～。”《元曲选·玉镜台》四折:“见他害恐惧,我倒身～,且等他急个多时,慢慢的再做支吾。”清《水浒后传》一一回:“又在水中爬了半夜,身上寒冷,正在～,忽听铁门开响。” ❷不知怎样办才好。指高兴或恐惧到极点。唐玄奘《大唐西域记》卷三:“时雪山下王去其帽即其座。讫利多王惊慑～。遂斩其首。”宋元《熊龙峰刊小说·彩鸾灯》:“生惊喜～,无因问答,乃诵诗一律。”明《醒世恒言》卷二五:“遐叔得了这个消息,惊得进退～。” ❸无法措置;办不到。元明《三国志通俗演义》卷一七:“所有战船白旗白袍,一时～,须得宽限方可。”明朱长祚《玉镜新谭》卷五:“乃凿池竖坊,杵木雷动,布金旋粟,军毂如流,曾不闻一痛念先帝之陵寝未完,曾不闻一蒿目先帝陵寝之费～乎?”清《红楼梦》一回:“只是目今行囊路费一概～,神京路远,非赖卖字撰文即能到者。”

【无大不大】 wú dà bù dà 极大;无比大。明《西游记》六一回:“他变作～的白牛,我变了法天象地的身量,正和他抵触之间,幸蒙诸神下降。”清《后水浒传》三六回:“你道杨幺造的是什么绝技?原来是～、日夜能行千里的一座轮船。”

【无倒断】 wú dǎo duàn 不断;没完没了。《元曲选·老生儿》一折:“我在这城中住六十年,做富汉三十载,～则是营生的计策,今日个眼睁睁都与了补代。”明谷子敬《集贤宾·闺情》:“则为那无媒匹配,勾引起～相思,染下这不明白的病疾。”汤显祖《牡丹亭》二七出:“似俺孤魂独趁,待谁来叫唤俺一声?不分明,～,再消停。”

【无得】 wú dé ❶没有;没得。《五灯会元》卷一《释迦牟尼佛》:“一切所须,我悉有之。若三般物,我实～。”明《山歌·歪缠》:“就叫卖草纸个:‘你阿有萧山,阿有富阳?’卖草纸个说:‘～。一头便是包扎,一头便是薄光。’” ❷没有什么(可说可做的)。明《金瓶梅词话》二回:“老身自从三十六岁没了老公,丢下这个小厮,～过日子。”又七八回:“(吴月娘)问道:‘你今日往那里,这咱才来?’西门庆～说,只说:‘我在应二哥家,留坐到这咱晚。’”

【无底末】 wú dǐ mò 无所凭借;无所寄托。元白朴《恼煞人》:“为忆小卿,牵肠割肚,凄惶悄然～。”

【无地】 wú dì ❶到了尽头;没有出路或去处。唐李商隐《自南山北归经分水岭》:“水急愁～,山深故有云。”宋秦观《秋日》之一:“菰蒲深处疑～,忽有人家笑语声。”元刘唐卿《白兔记》二七出:“打爷大拳谁敢当敌,枪刀便起,交伊奔走～。” ❷无尽;至极。形容某种感情达到极致。唐刘禹锡《谢授分司东都表》:“伏奉今月十九日制书,授臣太子宾客,分司东都者,宠命自天,战越～。”《五灯会元》卷一九《龙门清远禅师》:“台山路上,过客全稀。破灶堂前,感恩～。”清《歧路灯》七一回:“但近日愧悔～,亟欲自新,所以来投老师。”

【无颠倒】 wú diān dǎo 形容迷茫昏乱。《元曲选·倩女离魂》三折："说话处少精神，睡卧处～，茶饭上不知滋味。"清《霓裳续谱·更里天》："来了来了，真个的来了，喜的我～，倒撒着红绣鞋，翻披着绿绫袄，我与他好夫妻同偕到老。"

【无颠无倒】 wú diān wú dǎo 不知颠倒。形容神思恍惚。《元曲选·李逵负荆》三折："老儿也，似这般烦恼的～，越惹你揉眵抹泪哭嚎啕。"明《金瓶梅词话》五九回："想娇儿想的我～，盼娇儿除非是梦儿中来到。"

【无定着】 wú dìng zhuó 没有一定；没有着落。金《董解元西厢记》卷六："平生踪迹～，如断蓬。"

【无端】 wú duān ❶ 无意；无心。唐白居易《翻经台》："是名精进才开眼，岩石～亦点头。"敦煌词《抛球乐》："蛾眉不扫天生绿，莲脸能匀似朝霞。～略入后园看，羞杀庭中数树花。"宋欧阳修《玉楼春》："游丝有意苦相萦，垂柳～争赠别。" ❷ 不料；不防。唐杜甫《历历》："～盗贼起，忽已岁时迁。"韩愈《落花》："～又被春风误，吹落西家不得归。"宋杨万里《钓雪舟倦睡》："小阁明窗半掩门，看书作睡正昏昏。～却被梅花恼，特地吹香破梦魂。" ❸ 没来由；无缘无故。唐张鷟《游仙窟》："当时有一破铜熨斗在于床侧，十娘忽咏曰：'旧来心肚热，～强熨他。即今形势冷，谁肯重相磨！'"《祖堂集》卷五《道吾和尚》："主事来和尚处啧云：'和尚打鼓本分，新到因什摩～打鼓？'"清《水浒后传》三二回："他今日～请幸其第，决非好意。" ❹ 没道理。《敦煌变文校注》卷四《难陀出家缘起》："世尊千方万便教化，令交(教)出家，且不肯来，便言语～，乱说辞章，缘恋着其妻。"五代何光远《鉴诫录》卷四："坐卧兼行总一般，向人努眼太～。"《五灯会元》卷一九《九顶清素禅师》："颠倒颠，颠倒颠，新妇骑驴阿家牵。便恁么，太～，回头不觉布衫穿。" ❺ 指无计营生。唐杜荀鹤《山居寄同志》："不是～过时日，拟从窗下蹑云梯。"敦煌本《百行章·疾行章第七十九》："借取时还，贷物早偿。此虽小事，廉耻之本。若值天灾危厄，百姓～，又蒙赈恤者，不拘此限。" ❻ 无奈。表示事与愿违，或没有办法。唐杨巨源《大堤曲》："～嫁与五陵少，离别烟波伤玉颜。"宋柳永《尾犯》："秋渐老，蛩声正苦；夜将阑，灯花旋落。最～处，总把良宵，只恁孤眠却。" ❼ 无礼；不轨；无故肆虐为害。唐陆龟蒙《自遣诗》之一二："雪侵春事太～，舞急微还近腊寒。"元《前汉书平话》卷上："反贼怎敢～！汉王有甚亏你？"清徐灿《永遇乐·病中》："怨东风，一夕～，狼藉几番红雨。" ❽ 无赖；刁蛮。《敦煌愿文集·为二太子荐福发愿文》："偶以～狂寇，侵掠封疆，忽生一片之雄心，袭逐相逢而血战。"金《刘知远诸宫调》二："～洪信和洪义，阻隔得鸾孤共凤只。"《元曲选·勘头巾》二折："你个～老吏奸猾，将堂官一脚蹻踏。" ❾ 犹"无知"。五代孙光宪《北梦琐言》卷八："我少年～，致其父子死生永隔。"《元曲选外编·追韩信》二折："且相逢觑英雄如匹似闲，堪恨～四海苍生眼。" ❿ 莫名的；说不明白的。元萧德祥《小孙屠》一八出："～怨冲天地，恨那人无语长吁。"赵君祥《新水令·闺情》："杜宇愁闻，～事系方寸。"

【无多时】 wú duō shí 没有多长时间；不多一会儿。唐白居易《因梦有悟》："梦中几许事，枕上～。"宋元《清平山堂话本·李翠莲》："兄嫂二人～，前后俱收拾停当。"明《训世评话》卷上："～，太宗皇帝听得这意思，除做枢密院。"

【无多子】 wú duō zi 没有多少；不多。子，词缀。宋辛弃疾《鹧鸪天·和吴子似山行韵》："闲愁投老～，酒病而今较减些。"《镇州临济慧照禅师语录》："师于言下大悟云：'元来黄檗佛法～。'"明刘元卿《贤弈编》卷三："公急拨衣，忽大悟，谢曰：'灼然佛法～！'"

【无二】 wú èr ❶ 始终如一，没有改变。唐张昌宗《少年行》："纵横意不一，然诺心～。"稗海本《搜神记》卷四："五人收养侍奉，敬如事亲母，孝心～。"清《聊斋志异·钱卜巫》："(夏)商恪遵治命，诚朴～，躬耕自给。乡人咸爱敬之。" ❷ 没有两样；完全相同。唐陆龟蒙《彼农二章》之二："遭其丰凶，概敛～。"《元曲选外编·西厢记》三本一折："沈约病多般，宋玉愁～，清减了相思样子。"清《红楼梦》一一五回："只言王夫人提起甄宝玉与自己的宝玉～，要请甄宝玉进来一见。"

【无贰】 wú èr 同"无二❷"。《敦煌变文校注》卷二《舜子变》："舜子抄手启阿耶：'阿耶若取得计(继)阿娘来，也共亲阿娘～。'"《祖堂集》卷一《第十二祖马鸣尊者》："隐显即本法，明暗元～。"

【无烦】 wú fán 不必；不须。唐王梵志《尊人嗔约束》："纵有些些理，～说短长。"宋王谠《唐语林》补遗一："且抵承曹大，～唤姜五。"清《红楼梦》一六回："会芳园本是从北拐角墙下引来一股活水，今亦～再引。"

【无妨】 wú fáng ❶ 不妨；没有关系。唐张籍《寄陆浑赵明府》："公事稀疏来客少，～著屐独闲行。"宋《朱子语类》卷一二八："看来称硕人亦～，惟淑人则非所宜尔。"清《聊斋俚曲·寒森曲》："大爷说：'～，二郎爷爷既把他的物业给二弟，想是将来还起了。'" ❷ 很；非常。《敦煌变文校注》卷五《佛说阿弥陀经讲经文(一)》："输者自合甘心，赢(羸)者～感激。"

【无分晓】 wú fēn xiǎo 犹"没分晓"。《祖堂集》卷九《玄泉和尚》："问：'青山不露顶时如何？'师曰：'玉兔不知春，不是～。'"《元曲选·陈州粜米》一折："这老的好～！你的银子本少，我怎好多秤了你的？"清《白雪遗音·玉蜻蜓》："倘然那些不明白的愚夫愚妇～，只道你们出家人产下小婴孩，抱去又抱来。"

【无风起浪】 wú fēng qǐ làng 比喻凭空生事。唐希运《黄檗断际禅师宛陵录》："达摩西来，～，世尊拈花，一场败缺。"宋《陆象山语录》："且如世界如此，忽然生一个谓之禅，已自是～，平地起土堆了。"明《二刻拍案惊奇》卷一〇："在城棍徒～，无洞掘蟹。"

【无风作有】 wú fēng zuò yǒu 无中生有；凭空捏造。清《红楼梦》七八回："就如世上的流嘴滑舌之人，～，信着伶口俐舌，长篇大论，胡扳乱扯。"

【无干】 wú gān 另见 wú gàn。❶ 无关；不相干。元明《水浒传》二五回："老娘与你～，你做甚么又来骂我？"明田汝成《炎徼纪闻》卷二："夫三具狼家未有州治之前，官府招致护民耕守，原与该州～。"清《红楼梦》五二回："这话只等宝玉来问他，与我们～。" ❷ 指不相干的人。明《拍案惊奇》卷一四："我恐大郊逃走，官府连累～，以此前来告诉。"

【无干净】 wú gān jìng ❶ 没有完结；不会罢休。《元曲选·黑旋风》一折："我和你待摆手去横行，管教他抹着我的～。"佚名《红绣鞋》："这场事～，这场事怎干休？唬得我摸盆儿推净手。"明贾仲明《对玉梳》一折："我也不和你料口，快赶出去！荆楚臣，若不出去，我和你～。" ❷ 表示程度很深。《元曲选外编·西厢记》二本二折："端详可憎，好煞人也～。"

【无干】 wú gàn 另见 wú gān。❶ 没职业；没事干。明《西游记》九七回："将父祖家业尽花费了，一向～，又无钱用。" ❷ 没有效果；不起作用。明《拍案惊奇》卷五："干闹嚷了一夜，一毫～。"《二刻拍案惊奇》卷七："说也～，落得羞人。"

【无个】 wú gè ❶ 没有一个；无一人。唐吴融《岐州安西门》："今日登临须下泪，行人～草萋萋。"《元曲选·窦娥冤》四折："呀，这的是衙门从古向南开，就中～不冤哉。"清《红楼梦》六回：

"按荣府中一宅人合算起来，人口虽不多，从上至下也有三四百丁，虽事不多，一天也有一二十件，竟如乱麻一般，并～头绪可作纲领。" ❷犹"没有❶"。个，语助词。唐王维《赠吴官》："长安客舍热如煮，～茗糜难御暑。"宋《朱子语类》卷三九："是他资质美，所为～不是；虽不践成法，却暗合道理。"清《聊斋俚曲·增补幸云曲》："叫姐夫休胡嘲，我看你～操，故意才把皮来燥。"

【无个事】 wú gè shì 无一事；没什么事。唐陈孙《移耶溪旧居呈陈元初校书》："谢安～，忽起为苍生。"宋杜安世《菊花新》："酒醒暗思量，～，甚刚烦恼?"清《聊斋俚曲·禳妒咒》："闺阁清闲～，想起弓鞋未绣完，纤手便拈针合线。"

【无根水】 wú gēn shuǐ 天上落下未到地或井中汲出未曾放在地上的水。元施惠《幽闺记》二五出："如今可牵海马到常山下吃些荞草，薄荷边饮些～。"明《西洋记》四二回："取过～一钟，连经连水，一毂碌吞他到肚子里去。"《禅真后史》五三回："燃柏叶焚荷叶为末，四人均分，取东方～服之。"

【无故】 wú gù 无非；不过。《元曲选外编·降桑椹》一折："他～则是刘普能，他就是普贤菩萨，我也不让他!"明《金瓶梅词话》八六回："我不才是他家女婿娇客，你～只是他家行财，你也挤撮我起来!"

【无固无必】 wú gù wú bì 无一定之规。宋《明觉禅师语录》卷一："况僧家也～，住则孤鹤冷翘松顶，去则片云忽过人间。"《密庵和尚语录》："十四十五，立规立矩；十六十七，～。"

【无挂无碍】 wú guà wú ài 没有任何牵挂。宋《圆悟佛果禅师语录》卷三："本来真性不减不增，随处道场～。"明佚名《拔宅飞升》二折："想俺这出家儿人，要～，无是无非。"清《后西游记》一九回："话说唐半偈与小行者师徒四众，自分身解脱而来，一路上～，好不快活。"

【无过】 wú guò ❶无非；不过。唐白居易《白发》："不肯长如漆，～总作丝。最憎明镜里，黑白半头时。"《元曲选·蝴蝶梦》一折："似这般逞凶撒泼干行止，～恃着你有权势、有金赀。"清《野叟曝言》二五回："他～是沿路卖鱼的人，他贪着咱们图赚几文钱。" ❷除非。《敦煌变文校注》卷六《大目乾连冥间救母变文》："目连，汝阿娘如今未得饭吃，～周匝一年七月十五日，广造盂兰盆，始得饭吃。"《敦煌变文校注》卷七《解座文二首》："欲得千年长富贵，～念佛往西方。"

【无过虫】 wú guò chóng 宋代御用艺人的别称，谓其以戏曲形式指讽时弊，皇上不加罪责。宋吴自牧《梦粱录》卷二〇："此本是鉴戒，又隐于谏诤，故从便跣露，谓之～耳。若欲驾前承应，亦无责罚，一时取圣颜笑。凡有谏诤，或谏官陈事，上不从，则此辈妆做故事，隐其情而谏之，于上颜亦无怒也。"又卷三："是时教乐所杂剧色何雁喜、王见喜、金宝、赵道明、王吉等，俱御前人员，谓之～。"

【无好气】 wú hǎo qì 不高兴。《祖堂集》卷一五《五泄和尚》："因此师～，便向大师说：'某甲抛却这个业次，投大师出家。今日并无个动情，适来政上座有如是次第，乞大师慈悲指示。'"《五灯会元》卷二〇《黄龙法忠禅师》："张公吃酒李公醉，子细思量不思议。李公醉醒问张公，恰使张公～。～，不如归家且打睡。"

【无何】 wú hé 无奈。《太平广记》卷四三六引《续玄怪录》："吾前生负汝父力，故为驴酬之，～。"唐白居易《新丰折臂翁》："～天宝大征兵，户有三丁点一丁。"

【无灰酒】 wú huī jiǔ 配制或伴服中药的一种酒。宋《太平惠民和剂局方》卷一："宣州木瓜、牛膝、苁蓉、天麻。已上四味，如前修事了，用～五升浸。"张世南《游宦纪闻》卷五："沙随先生以其尊人所传宋谊叔方，用杜仲酒浸透，炙干，擣罗为末，～调下。"

【无回豁】 wú huí huò 犹言没有反应。《元曲选外编·西厢记》二本三折："荆棘剌怎动那，死没腾～。措支剌不对答！软兀剌难存坐!"

【无机】 wú jī ❶任其自然；没有心计。唐韦应物《答长安丞裴说》："出身忝时士，于世本～。"《云笈七籤》卷一五："无为则～，～则至静。"《古尊宿语录》卷三八《襄州洞山第二代初禅师语录》："道本～，岂留心法!" ❷没有机会、机遇。唐李端《赠康洽》："声名恒压鲍参军，班位不过扬执戟。迩来七十遂～，空是咸阳一布衣。"崔涂《言怀》："干时虽苦节，趋世且～。"

【无极奈何】 wú jí nài hé 犹"无计奈何"。明《型世言》六回："我只为～，将你小小年纪与人作媳妇。"又三三回："我母子仅可支持半年，这也是不愿见的事，也是～。"

【无藉】 wú jí ❶没有顾忌与约束；无赖。六十种曲本《琵琶记》一六出："人知的只道我好心赌是，不知我的道我恃老～之徒。"明《醒世恒言》卷一七："所以过迁得恣意～，家中毫不知觉。" ❷同"无籍❷"。明崔时佩、李日华《西厢记》一六出："慕少艾而猖狂，逼人闺阃；合～以扰攘，乱我王师。"《醒世恒言》卷三七："相交了这般～，肯容你在家受用不成?"

【无藉在】 wú jí zài 无聊赖；无拘束。唐白居易《洛城东花下作》："白头～，醉倒亦何妨。"宋李莱老《浪淘沙》："闲倚阑干～，数尽归鸦。"金元好问《赋杨生玉泉墨》："涴袖秦郎～，画眉张遇可怜生。"

【无籍】 wú jí ❶没有户籍。指行为不端，不守法纪。《大宋宣和遗事》前集："近闻有贼臣高俅、杨戬，乃市井～小人。"明《西游记》四〇回："怎知那～之人设骗了去啊，本利无归。"清《聊斋志异·胭脂》："先是巷中有毛大者，游手～。尝挑王氏不得，知宿与洽，思掩执以胁之。" ❷行为不端的人；无赖汉。明《醒世恒言》卷二〇："我的女儿从小娇养起来，若嫁你恁样～，有甚出头日子!"邵璨《香囊记》三六出："孺人，这般～，如何对付他?"清《后水浒传》三八回："构睚眦以生衅端，聚～而树羽翼。"

【无计可奈】 wú jì kě nài 犹"无计奈何"。元施惠《幽闺记》五出："～，只得逃难他方，再作计处。"明《警世通言》卷二八："许宣～，只得应承。"清《聊斋俚曲·增补幸云曲》："不觉的浑身是汗，呼呼的气喘，火烧心内，～。"

【无计可施】 wú jì kě shī 没有什么办法可用。元陶宗仪《辍耕录》卷二八："母急扶抱，～，走报于妇。"明《醒世恒言》卷三三："大娘子寻思，～，便道：'情愿伏侍大王。'"清《赛花铃》四回："老安人防闲甚密，虽有诸葛，～也。"

【无计奈何】 wú jì nài hé 没有办法；无奈。元《三国志平话》卷上："献帝觑这汉，可敌二十个董卓。今汉天下～，须用此人。"明《金瓶梅词话》九四回："这守备～，走出外边麻犯起张胜李安来了。"清《儒林外史》二一回："～，只得把自己住的间半房子典与浮桥上抽闸板的闸牌子，得典价十五两。"

【无计所奈】 wú jì suǒ nài 犹"无计奈何"。《元曲选·李逵负荆》四折："我今日～，砍了这一束荆杖，负在背上，回山寨见俺公明哥哥去也呵。"明《拍案惊奇》卷一："金老看了，眼睁睁～，不觉扑簌簌吊下泪来。"清《聊斋俚曲·增补幸云曲》："万岁看罢，～。夫人把马拴下，万岁只得在那土炕上就坐。"

【无脚蟹】 wú jiǎo xiè 即"没脚蟹❶"。明《醒世恒言》卷三："你是个孤身女儿，～，我索性与你说明罢。"清《情梦柝》一一回："我们女流，是个～，必定躲不得。"

【无精打采】 wú jīng dǎ cǎi 犹"没精打采"。清《聊斋俚曲·慈悲曲》:"站一回～,坐一回少心无肝。"《红楼梦》二六回:"宝玉～的,只得依他,晃出了房门。"

【无酒】 wú jiǔ 没有喝醉。《元曲选外编·千里独行》二折:"我恰才本～,我听的那厮说我哥哥兄弟在古城,我故意推醉。"高茂卿《翠红乡儿女两团圆》二折:"大嫂,则是一件,你那兄弟王兽医,他～再不到俺家里来。但醉了呵,上门来便寻吵闹。"

【无可不可】 wú kě bù kě ❶ 表示怎么样都行;无所谓。唐[朝]崔致远《中元斋词》:"能审自然而然,必知～。"《古尊宿语录》卷四二《宝峰云庵真净禅师住筠州圣寿语录一》:"古人一期唱道,则～。若是洞山即不然。"清《野叟曝言》二八回:"大爷的主意,可必要弄上这女子? 若是～,便照着方才计较,谨密而行;再遇风波,便割断肚肠,大家歇手。" ❷ 表示内心高兴或喜爱的情态。明《金瓶梅词话》七六回:"他在家见我去,甚是～,旋放桌儿留我坐。"清《醒世姻缘传》五回:"只是见了那一沙坛酒,即如晁大舍见珍哥好起病的一般,不由的向李成名～的作谢。"《红楼梦》二三回:"别人听了,还自犹可;惟宝玉听了这谕,喜的～。"

【无可如何】 wú kě rú hé 没有办法;不知如何才好。宋《朱子语类》卷八一:"如北门只是说官卑禄薄,～。"元明《水浒传》一〇四回:"又被王庆、段三娘十分撺掇,众人～,只得都上了这条路。"清《聊斋志异·湘裙》:"葳灵仙握仲趋入他室。湘裙甚恨,然而～,愤愤归室,听其所为而已。"

【无可无不可】 wú kě wú bù kě 即"无可不可❷"。清《红楼梦》三七回:"可巧那日是我拿去的,老太太见了这样,喜的～。"

【无赖】 wú lài ❶ 不务正业;撒泼耍赖。唐刘肃《大唐新语》卷四:"寡妇曰:'子～,不顺母,宁复惜之!'"宋《三朝北盟会编》卷二一八:"公讳世忠,……少～。"清《红楼梦》六八回:"次日回堂,只说张华～,因拖欠了贾府银两,诳捏虚词。" ❷ 游手好闲、品行不端的人。唐王梵志《工匠莫学巧》:"～不与钱,蛆心打脊使。"金《刘知远诸宫调》一:"此人在沙陀小李村住,姓李名洪义,为～,只呼做活太岁。"明《拍案惊奇》卷九:"好～贼,直如此大胆不怕!" ❸ 多事而使人讨厌的。稗海本《搜神记》卷六:"我之宿世冤结,方欲伺便报仇。～道士,显我世事。"宋陆游《雨中作》:"多情幽草沿墙绿,～群蛙绕舍鸣。"清唐孙华《和友人惜别》之一:"怪底春风正～,吹将柳絮落天涯。" ❹ 思想感情没有依托,十分无聊烦闷。唐裴说《过洞庭湖》:"此际情～,何门寄所思。"宋苏舜钦《奉酬公素学士见招之作》:"意我羁愁正～,欲以此事相夸招。"清金人瑞《塞北今朝》:"江南士女却～,正对落花春昼长。" ❺ 无意;无心。唐李商隐《二月二日》:"花须柳眼各～,紫蝶黄蜂俱有情。"罗隐《渚宫秋思》:"襄王台下水～,神女庙前云有心。" ❻ 可爱;可喜。唐徐凝《忆扬州》:"天下三分明月夜,二分～是扬州。"宋辛弃疾《浣溪沙》:"啼鸟有时能劝客,小桃～已撩人。"明汤显祖《牡丹亭》二三出:"禁烟花一种春～,近柳梅一处情无外。"

【无赖子】 wú lài zǐ 即"无赖❷"。《新五代史·李鏻传》:"县中～自称宗子者百餘人,宗正无谱牒,莫能考按。"明《古今小说》卷二一:"此乃里～,目下幸逃法网,安望富贵乎?"清《聊斋志异·小二》:"里中～窥其富,纠诸不逞,逾垣劫丁。"

【无理】 wú lǐ 无礼。"理",通"礼"。脉望馆本《切鲙旦》四折:"颇奈杨衙内这厮好～也呵!"明汤显祖《牡丹亭》四三出:"〔生扮报子上〕报,报,李全兵紧围了。〔外长叹介〕贼好～也。"

【无礼喏】 wú lǐ rě 一种敬礼。一边叉手行礼,一边口称"无礼",表示客气。元明《水浒传》二九回:"武松只得唱个～,远远地斜着身坐下。"又三七回:"大家唱个～。"

【无梁斗】 wú liáng dǒu 没有提梁的斗。"口"字形象之,比喻说话无定准。《元曲选·李逵负荆》一折:"管着你目下见仇人,则不要口似～,一句句言如劈竹。"明陈士元《俚言解》卷二:"俗笑人言无定准,曰'口似～'。此语亦有本。《纪异》云:高骈命酒佐薛涛改一字令。骈曰:'口有似～。'盖讥之也。涛曰:'川有似三条椽。'公曰:'奈何一条曲?'涛曰:'穷酒佐三条椽,一条曲,又何足怪?'"清《歧路灯》一三回:"银子还有,但只恐这闺女有了婆子家。'媒婆口,～。'"

【无梁桶】 wú liáng tǒng "无梁桶休提"的歇后,歇"休提"。没有提梁的桶提不起来,射出"休提"二字。《元曲选·任风子》三折:"哎,你个～的哥哥枉了提。"

【无量斗】 wú liáng dǒu 同"无梁斗"。宋元《清平山堂话本·李翠莲》:"正是'媒人之口～',怎当你没的翻做有。"明《欢喜冤家》一回:"自古媒人口～,未免赞助些好话起来。"

【无聊赖】 wú liáo lài (精神)没有寄托;郁闷。唐沈佺期《相和歌辞·王昭君》:"心苦～,何堪上马辞。"《元曲选·留鞋记》二折:"莫不为步迟迟更深等的～,早些儿觉来也波哥,早些儿觉来也波哥。"清《聊斋志异·长清僧》:"我郁～,欲往游瞩,宜即治任。"

【无聊无赖】 wú liáo wú lài 没有情绪和意致。明柯丹邱《荆钗记》二八出:"撇得我不尴不尬,闪得我～。"《拍案惊奇》卷三四:"见闻人生去远了,恨不得赶上去饱看一回,～的,只得进房。"清《后水浒传》一三回:"只说这殷尚赤坐在房中,便坐得～,只得除下一只紫箫,吹弄了一番。"

【无寥】 wú liáo 无聊;空闲而烦闷。唐子兰《鹦鹉》:"翠毛丹觜乍教时,终日～似忆归。"五代齐己《寄东林言之禅子》:"可惜东窗月,～过一年。"宋佚名《贺圣朝影·冬》:"花月暗成离别恨,梦～。"

【无论】 wú lùn ❶ 连词。表示总括。不论;不管。唐王梵志《坐见人来起》:"～贫与富,一概总须平。"《五灯会元》卷三《兴善惟宽禅师》:"～垢与净,一切勿念起。"清《儒林外史》四一回:"～他是怎样,果真能做诗文,这也就难得了。" ❷ 不须;不必要。唐杜甫《入衡州》:"～再缱绻,已是安苍黄。"张九龄《和崔尚书喜雨》:"～验石鼓,不是御云台。" ❸ 不但。唐白居易《和元九悼往》:"～君自感,闻者欲沾襟。"明沈德符《万历野获编》卷一:"～两京教坊为祖宗所设,即藩邸分封,亦必设一乐院,以供侑食享庙之用,安得尽废之!"清《儒林外史》四九回:"～那马先生不可比做亢龙,只把一个现活着的秀才拿来解圣人的经,这也就可笑之极了!"

【无毛大虫】 wú máo dà chóng 没有毛的老虎,比喻表面看不出的恶物。《元曲选外编·庄周梦》一折:"四件事～,再休与酒色财气相逢。"

【无面餺饦】 wú miàn bó tuō 犹言无米之炊。餺饦,即汤面。宋陈亮《壬寅夏又答朱元晦书》:"富家之积蓄尽矣。若今更不雨,恐巧新妇做不得～。"

【无面䬪饦】 wú miàn bó tuō 同"无面餺饦"。宋陆游《雍熙请机老疏》:"诸方到处,只解抱不哭孩儿;好汉出来,须会打～。"《临安府净慈禅寺语录》:"且道,塞断咽喉一句,又作么生?烂煮虚空～。"

【无面目】 wú miàn mù 不讲情面。唐张鷟《朝野佥载》卷补辑:"周御史彭先觉,～。如意年中,断屠极急,先觉知巡事,定鼎门草车翻,得两羖羊,门家告御史,先觉进状奏请,合宫尉刘缅专当屠,不觉察,决一顿杖,肉付南衙官人食。"《祖堂集》卷六《洞山和尚》:"师不肯,又别对曰:'此人～。'师曰:'不向一人,不背一人，便是～，何必更与摩道？'"《古尊宿语录》卷四七《东林和尚云门庵主颂古》："老青原没缝罅，问佛法酬米价。差毫厘成话杷，～得人怕。"

【无面皮】 wú miàn pí 犹"没面皮"。元岳伯川《铁拐李》二折："〔带云〕怕有禁礼的言语你说不出来。〔唱〕着俺那～婶子将他来劝。"

【无名】 wú míng 同"无明"。明《封神演义》一三回："似你等无忧无虑，无荣无辱，正好修持；何故轻动～，自伤雅道？"

【无名火】 wú míng huǒ 同"无明火❷"。元李茂之《行香子·寄情》："眉上顿开愁锁，心头泼杀～，俺且学卖呆妆拶。"明《封神演义》七五回："四人只为～起，眼前要定雌雄。"清《说唐全传》二八回："杨道源一闻此言，这把～直透顶梁门，高有三千丈。"

【无名异】 wú míng yì 矿物名，即天然产的含水氧化铁，色黑，可做涂料或入药。宋沈括《梦溪笔谈》补卷三："～色黑如漆，水磨之，色如乳者为真。"元陶宗仪《辍耕录》卷三〇："好桐油煎沸，以水试之，看躁也，方入黄丹腻粉，～煎一滚。"明《隋史遗文》一三回："兄如今把巾儿取起，将头发蓬松，用～涂抹面庞，假托有病。"

【无名子】 wú míng zǐ 指无赖之徒。《太平广记》卷一七八引《摭言》："由是为～所谤曰：'离南海之日，应得数斤。'"宋王辟之《渑水燕谈录》卷一〇："有～改芸叟词云：'人人却道是门生。'"明汤显祖《牡丹亭》五〇出："老夫因国难分张，心痛如割。又放着等一个～来聒噪人，愈生伤感。"

【无明】 wú míng 本为佛教语，指妄念欲火，引申为怒火、怒气。宋元《清平山堂话本·陈巡检》："心头一把～起，怒气咬碎口中牙。"金《刘知远诸宫调》一一："平白便发～，不改从前穷性气！"清《红楼梦》二八回："正是一腔～正未发泄，又勾起伤春愁思。"

【无明火】 wú míng huǒ ❶ 痴妄之念；欲火。《敦煌变文校注》卷五《维摩诘经讲经文(四)》："一点～要防，焚烧善法更难当。"《元曲选·城南柳》三折："要我渡你也容易，你息得心上～，便渡你过去。"清赵翼《戏为俳体遣闲》："心常欲按～，事不求全也罢茶。" ❷ 怒火。金《刘知远诸宫调》一一："当时间，知远恶，忿气填胸，怎纳～。"元尚仲贤《气英布》一折："你将你舌尖来扛，我将我剑刃磨。我心头怎按～，我剑锋磨的吹毛过，你舌头便是亡身祸。"清《荡寇志》七九回："杨腾蛟听罢，不觉心中勃然大怒，那把～烧上了焰摩天。"

【无明无夜】 wú míng wú yè 一天到晚，不分昼夜。《元曲选外编·西厢记》四本一折："早知道～因他害，想当初'不如不遇倾城色'。"明徐复祚《一文钱》一出："你富比王公，财如山积，少那一件，还是这等～计算不休？"清《醒世姻缘传》九一回："～，旮盆打酱，打骂不休。"

【无明夜】 wú míng yè 不分昼夜，没日没夜。《元曲选·柳毅传书》四折："救的我避难逃灾还故乡，每日家眠思坐想，～受恓惶。"佚名《梧叶儿·嘲贪汉》："～攒金银，都做充饥画饼。"明汤显祖《牡丹亭》一五出："波上花摇，云外香飘。～、锦笙歌图醉绕。"

【无奈】 wú nài 表示转折的连词，强调由于某种原因，前面提到的意图不能实现。相当于可惜、只是、不过等。唐孟郊《送淡公》："虽然防外触，～饶衣新。"《五灯会元》卷一六《蒋山法泉禅师》："脚下分明不较多，～行人恁么去。"清《红楼梦》五七回："本不欲管，～贾母亲自嘱咐，只得应了。"

【无那】 wú nuó 另见 wú nuò。不移；不变。《元曲选外编·蓝采和》三折："你这火奶腥未落朱颜子，缠定那十二初分蓝采和，养性～。"

【无那】 wú nuò 另见 wú nuó。❶ 无奈何。那，"奈何"的合音。唐王维《酬郭给事》："强欲从君～老，将因卧病解朝衣。"金《刘知远诸宫调》一二："妻儿伤中身偃卧，俺逃命走～。"清《歧路灯》二六回："黑甜原是埋忧处，～醒时陡的来。" ❷ 无限。五代李煜《一斛珠》："绣床斜凭娇～，烂嚼红茸，笑向檀郎唾。"元马致远《赏花时·掬水月在手》："宝鉴妆奁准备着，就这月华明乘兴梳裹，喜～。"明《金瓶梅词话》六八回："花心犹未足，脉脉情～。低低唤粉头，春宵乐未央。"

【无片时】 wú piàn shí 不一会儿；片刻。元《三国志平话》卷下："军师教药酒治病，吃了～，蛮王复旧如初。"《三遂平妖传》一一回："叫下五台山行者、火工、人夫，～都搬了去。"元明《水浒传》七五回："～都请到太师府白虎堂内。"

【无凭】 wú píng ❶ 无所倚仗。唐杜甫《病柏》："岁寒忽～，日夜柯叶改。"宋柳永《曲玉管》："断雁～，冉冉飞下汀洲。"明汤显祖《牡丹亭》二五出："春思～，断送人年少。" ❷ 没有依据。唐裴说《春早寄华下同人》："市沽终不醉，春梦亦～。"稗海本《搜神记》卷四："昨日请阿娘咨告知，何却以为～也？既若不信，但看周王三月十八日必死。"清《红楼梦》一二回："你若谢我，放你不值什么，只不知你谢我多少？况且口说～，写一文契来。"

【无凭准】 wú píng zhǔn 没有信用；没有定准。宋辛弃疾《蝶恋花·戊申元日立春席间作》："今岁花期消息定，只愁风雨～。"元萧德祥《小孙屠》九出："你休得强惺惺，杨花水性～。"童童学士《新水令·念远》："佳期绝往来，后约～，前语皆欺诈。"

【无其大数】 wú qí dà shù 即"无其数"。清《聊斋俚曲·慈悲曲》："我想普天下做后娘的，可也～，其间不好的固多，好的可也不少。"又《禳妒咒》："这怕老婆的合县里～，就选着做了行头。"

【无其数】 wú qí shù 无数。极言其多。明冯惟敏《朝天子·感述》："鄙夫、利徒，今古～。"清《聊斋俚曲·磨难曲》："白日烧汤水，黑夜提溺壶，辛苦受了～。"

【无气分】 wú qì fēn 没体面。《元曲选·老生儿》四折："你只问他使的是那家钱？上的是那家坟？他今日又上俺门来，显的俺两口儿～。"又："你使了刘家钱，却上张家坟，俺这两口儿好～！"

【无千大万】 wú qiān dà wàn 成千上万。形容数目极大。清《醒世姻缘传》五六回："～的丑老婆队里，突有一个妖娆佳丽的女娘在内，引惹的那人就似蚁羊一般。"

【无千带万】 wú qiān dài wàn 犹"无千大万"。清《醒世姻缘传》五八回："前头道士和尚领着，后头～的汉子追着。"又七一回："门前伺候着～的人。"

【无千无万】 wú qiān wú wàn 犹"无千大万"。《大唐三藏取经诗话》九则："逡巡投一国，入其殿宇，只见三岁孩儿～。"宋《五代史平话·唐上》："那时黄巢在长安，夜梦黑鸦～，飞从西北来。"明《挂枝儿·不忘》："假情儿调了千千万，假誓儿发了万万千，假泪儿流了～。"

【无情】 wú qíng 无缘；没有关系。宋元《古今小说》卷三六："这汉与行院～，一身线道，堪作你家行货使用。"

【无任】 wú rèn 犹言不胜，非常。为"无任感恩"之类的套话的省略。唐[日]圆仁《入唐求法巡礼行记》卷二："先日，伏蒙慈流及问，殊慰勤慕，～感庆。"《敦煌变文校注》卷六《金刚丑女因缘》："更道下情～，得事丈母阿嫂。"宋《三朝北盟会编》卷九："臣药师等～瞻天慕圣激切屏营之至。谨奉表以闻。"清《歧路灯》一〇五回："臣临疏～感恩依恋之至。"

【无如之奈】 wú rú zhī nài 无奈何；没有办法。《元曲选·两世姻缘》四折："也是他买了个赔钱货，～。"明《警世通言》卷四〇："孽龙见雷公不响，～，只得叫声：'云师快兴云来！'"

【无赛】 wú sài 犹"没赛"。元行秀《从容庵录》六二则："胜默和尚常谓：投子拈古，内秀俏措～。"关汉卿《五侯宴》五折："恰乐着升平景界，端的是雍熙～。"清《无声戏》七回："生得态似轻云，腰同细柳，虽不是朵～的琼花，钞关上的姊妹，也要数他第一。"

【无三思】 wú sān sī 没有心眼儿。《元曲选·罗李郎》三折："那厮却有一二，咱家～，将那谎局段则向俺跟前使。"

【无使】 wú shǐ 不须；不必。《敦煌变文校注》卷二《叶净能诗》："张令遂于笼中取绢廿匹上尊师。……净能曰：'……以长官夫妇情深，净能遂救其性命，但劣赴任，将绢以充前程，～再三。净能西到长安，自有财帛。'"

【无事】 wú shì ❶ 无故；无端。唐张鷟《游仙窟》："元来不见，他自寻常；～相逢，却交烦恼。"宋范成大《江安道中》："威名功业吾何有？～飘飘犯百蛮。"明汤显祖《牡丹亭》三六出："～莫教频入子库，一名闲物他也要些子些。" ❷ 犹言没有问题，无须忧虑。元古本《老乞大》："我这药里头与你个克化的药饵，吃了便教～。"明《型世言》二四回："又听得归德差兵二千协守，一发道是万全～。"清《梦中缘》一七回："哥哥只是莫出去，包你～。"

【无事处】 wú shì chù 没有办法。元王仲文《救孝子》三折："怕不要倩外人，那里取工夫？正农忙百般～，因此上教小孩儿莫违阻，您娘亲面嘱付，送嫂嫂到一半路程，便回来，着他自家去。"明佚名《打韩通》二折："空着我思量～，莫不是邻家闲吵闹，必定是买卖本亏图。"

【无事哏】 wú shì hěn 犹"没事哏"。《元曲选·冻苏秦》四折："兀良胁底下插柴内忍，全不想冰雪堂～。"《元曲选外编·哭存孝》二折："听说罢心怀着闷，他可便～，更打着这入衙来不问讳的乔民。"

【无事狠】 wú shì hěn 犹"没事哏"。《元曲选·后庭花》一折："你直恁的倚势挟权～，脊梁上打到有五六轮。"

【无是处】 wú shì chù ❶ 没办法，不知如何是好。《元曲选外编·刘弘嫁婢》一折："你倚仗着我这几贯钱，索则么以撇的些穷人家每着他～。"明贾仲明《金安寿》三折："陡涧高山，险峻崎岖，教我手脚慌乱～。" ❷ 挑错儿；找茬儿。《元曲选·来生债》二折："你为甚么唧唧哝哝百般的～？" ❸ 表示程度达到极致。《元曲选·救风尘》四折："你一心淫滥～，要将人白赖取。"张养浩《得胜令·四月一日喜雨》："农夫，舞破蓑衣绿。和余，欢喜的～！"

【无丝有线】 wú sī yǒu xiàn 虽无私情，却有嫌疑。以"丝"与"私"谐音，"嫌"与"线"谐音。宋元《古今小说》卷三九："信之若藏身不出，便是～了。"明《醒世恒言》卷一二："倘有外人见之，～，吾之清德一旦休矣。"

【无私有意】 wú sī yǒu yì 没有私心却被当成有意。指无端受牵连。元明《水浒传》四八回："他是梁山泊造反的人，我如何与他厮见？～。"

【无似】 wú sì 无比。唐权德舆《祭贾魏公文》："鄙薄～，辱公之知。"宋柳永《甘草子》："池上凭阑愁～，奈此个、单栖情绪。"清《水浒后传》三二回："微臣谫劣～，叨蒙恩泽，进为宰相。"

【无算数】 wú suàn shù 犹"没算数"。唐李峤《宣州大云寺碑》："吐～之良果，有不思议之妙力。"宋李商英《木兰花慢》："金卮主献宾酬，～醉如泥。"宋元《清平山堂话本·李翠莲》："绫罗缎匹～，猪羊牛马赶成群。"

【无添和】 wú tiān hé 真诚而不虚伪。明兰楚芳《粉蝶儿》："我这般厮敬重偏心愿，只除是～知音的子弟，能主张敬思的官员。"

【无天分】 wú tiān fèn 无福气，命运不好。《敦煌变文校注》卷一《捉季布传文》："寡人若也～，公然万事不言论。"又《汉将王陵变》："遂诏二大臣附近殿前：'莫朕～？一任上殿，摽寡人首，送与西楚霸王，亦得！'"

【无忝和】 wú tiǎn hé 犹"无添和"。元吕止庵《风入松》："我着片～朴实心，博伊家做怪胆。"

【无头榜】 wú tóu bǎng 犹"没头榜"。清《红楼梦》九三回："打开看时，也是～一张，与门上所贴的话相同。"

【无头当】 wú tóu dāng 没有头绪；摸不着头脑。宋《朱子语类》卷一二："若心杂然昏乱，自～，却学从那头去？又何处是收功处？"又卷一二六："禅家说～底说话，是如何？"

【无头告示】 wú tóu gào shì 犹"没头告示"。元明《水浒传》六六回："又使人直往北京城里城外市井去处，遍贴～，晓谕居民，勿得疑虑。"

【无头话】 wú tóu huà 没有头绪的话；让人捉摸不透的话。宋《朱子语类》卷九七："佛法只是作一～相欺诳，故且恁地过；若分明说出，便穷。"明《西游补》六回："说罢，又嚷几句～。道士手脚麻木。"

【无头祸】 wú tóu huò 飞来横祸。《元曲选·盆儿鬼》二折："正是那一个骨屑留在家里，恐怕惹出些～来，不如摔碎他娘罢。"明《山歌·乡下人》："小人是乡下人麦嘴弗知世事了撞子个样～，求个青天爷爷千万没落子我个头。"

【无头面】 wú tóu miàn 没有头绪，难以捉摸。宋《朱子语类》卷二〇："仁是～底，若将'学'字来解求仁，则可；若以求仁解'学'字，又没理会了。"又卷一一三："若是大段邪僻之思却容易制；惟是许多～、不紧要之思虑，不知何以制之？"

【无头脑】 wú tóu nǎo 不会动脑筋；不合事理。宋觉范《禅林僧宝传》卷二三《泐潭真净克文禅师》："南公厉声曰：'关西人果～。'"《朱子语类》卷六〇："然'修身以俟'一段，全不曾理会，所以做底事皆～，无君无父，乱人之大伦。"清《红楼梦》三四回："俗语说的，'没事常思有事'，世上多少～的事，多半因为无心中做出，有心人看见，当做有心事，反说坏了。"

【无头无尾】 wú tóu wú wěi ❶ 犹言无始无终。宋《朱子语类》卷一〇一："也是诸人～，不曾尽心存上面也。" ❷ 没有线索；没有来由。《元曲选·后庭花》三折："这官司～，那贼人难捉难拿。"清《品花宝鉴》三四回："李元茂～话讲了好些，聘才只得留他吃了饭。"

【无图】 wú tú ❶ 没办法。指生计无着。唐罗隐《杜陵秋思》："南望商于北帝都，两堪栖托两～。"《敦煌变文校注》卷五《维摩诘经讲经文(六)》："时救～者，怜贫起悯哀。从愿与钱绢，此事没人偕。"宋苏辙《次韵子瞻游孤山访惠勤惠思》："人生变化安可料，怜汝久遁终～。" ❷ 同"无徒"。宋《朱子语类》卷一二一："某见今之学者皆似个无所作为、～底人相似。"金《刘知远诸宫调》一二："～兄嫂由然在，往日凶顽不断却。"《元典章·刑部十三》："却有～之人，贪窃财利，盗发丘冢。"明《杜骗新书·衙役骗》："他家豪富，终日～，只是奸淫人妇女。"

【无徒】 wú tú 无籍之徒；无赖。金《刘知远诸宫调》三："两个又～多性气，尽交休理会。"《元典章·刑部七》："各处僧人，多被一等～之辈，因事在官，挟仇妄指诬告指奸事理。"明《西洋记》

五七回："既是个酗酒～的，采他过去就是。"

【无徒汉】 wú tú hàn 无赖之徒。金《董解元西厢记》卷七："被那～，把夫妻拆散。"又卷八："陡恁地不调贴，把恩不顾，信～子他方说，便把美满夫妻，恩情都断绝。"

【无万】 wú wàn 不能以万计。形容数目之多。明《西洋记》一六回："这些宝船用了～的黄金，费了万岁爷许多圣虑。"《封神演义》八四回："似此吾师妄动嗔念，陷～生灵也。"

【无为】 wú wéi 无妨；没关系。清《醒世姻缘传》三四回："我想，这也～，既是他的地铺子掘的，还给了他罢。"

【无尾】 wú wěi 犹"焦尾靶"。明《醋葫芦》一八回："我自～，总不足惜，只可怜害你绝后。"

【无心想】 wú xīn xiǎng 没有心思。明《二刻拍案惊奇》卷九："次日清早起来，也～观看书史。"

【无行止】 wú xíng zhǐ ❶ 品行不端。宋《朱子语类》卷一一一："此人有心力，行得极整肃；虽有奸细，更无所容。每有疑以～人，保伍不敢著，互相传送至县，县验其无他，方令传送出境。"元萧德祥《杀狗劝夫》三折："那厮～，失口信。今日哥哥有难，兄弟不救，不为兄弟了也。" ❷ 来历不明，行止不定。宋《五代史平话·汉上》："店家为官司行下缉捉奸细，不许停留～单身之人。"

【无休外】 wú xiū wài 别见外。金《董解元西厢记》卷三："红娘满捧金卮，夫人道个～。想当日厚义深恩若山海，怎敢是常人般待！"

【无绪】 wú xù ❶ 没有头绪；没有线索。唐般剌蜜帝译《大佛顶首楞严经》卷六："身以合方知，心念纷～。"明于慎行《穀山笔麈》卷八："乃有猥鄙杂陈，隐约～，藏头露尾，绘绚雕章，正使朋辈读之了不可解，何以仰孚高听，纳牖上心？"清《歧路灯》一〇二回："真正是人之所乐无如友，友之所乐无如谈，谈之所乐无如触着有端，接着～，正谐相错，经谚互参。" ❷ 没有兴致；没有意绪。唐张九龄《听筝》："端居正～，那复发秦筝。"宋佚名《张协状元》二九出："～，相思做得病成也，这一命拼归泉世。"清《平山冷燕》一九回："平如衡因聘定了冷绛雪，心下快畅，还不觉寂寞。燕白颔却东西～，甚难为情。" ❸ 无聊；无道理。金王喆《摸鱼儿》："叹骷髅，卧斯荒野，……被风吹雨浥日晒，更遭～牧童打。"清《醒世姻缘传》三回："晁大舍这个浑帐～官人，不说你家里有一块大大的磁石，那针自然吸得拢来；却说：'杨古月真真合咱相厚，不惮奔驰，必定要来自己亲看。'"

【无涯际】 wú yá jì 犹"无崖畔"。唐张说《入海》之一："万里～，云何测广深。"宋林正大《摸鱼儿》："醉之乡，其去中国，不知其几千里。其土平旷～。"明《封神演义》一〇〇回："其有功于社稷生民，真～。"

【无崖畔】 wú yá pàn 没有边际。唐王梵志《若个达苦空》："终归不免死，受苦～。"

【无颜落色】 wú yán luò sè 失色；面无人色。《元曲选·玉壶春》三折："唬得他～，惊的他手脚难抬。"郑廷玉《看钱奴》二折："饿的我肚里饥失魂丧魄，冻的我身上冷～。"

【无眼难明】 wú yǎn nán míng 没人看见，难以证明。明《金瓶梅词话》四三回："急的那妈妈哭哭啼啼，只要寻死，～勾当，如今冤谁的是？"刘效祖《锁南枝》："想当初彻底澄清，到今日～。"

【无样般】 wú yàng bān 无可比拟。元佚名《沉醉东风》："但有半句儿真诚敬重咱，～相思报答。"

【无一时】 wú yī shí 不一会儿；片刻。《元曲选·渔樵记》三折："～，则见那西门骨剌剌的开了。"元明《水浒传》五回："这鲁智深也不谦让，也不推辞，～一壶酒、一盘肉都吃了。"

【无移时】 wú yí shí 犹"无一时"。元《七国春秋平话》卷下："新来小将，不知何人，～败俺数将，不能当敌。"元明《水浒传》四回："智深～又吃了这桶酒。"明《警世通言》卷二三："王乃登岸，但见～，沙石涨为平地，自富阳山前直至海门舟山为止。"

【无以为情】 wú yǐ wéi qíng 没有什么可用来表达情意。明《警世通言》卷一："伯牙却不曾摆得祭礼，～。"汤显祖《牡丹亭》四六出："军中仓卒，～。我把一大功劳，先生干去。"清《聊斋志异·王六郎》："方共一夕，何言屡也？如肯永顾，诚所甚愿；但愧～。"

【无因】 wú yīn 犹言无须，不应。唐薛能《彭门解嘲》之二："耽吟乍可妨时务，浅饮～致宿酲。"罗虬《比红儿》："石城有个红儿貌，两桨～迎莫愁。"

【无影】 wú yǐng 没有影子。常比喻毫无根据。《祖堂集》卷一二《禾山和尚》："问：'～之言如何话论？'师云：'满口吐尽，已具知闻。'"明《醒世恒言》卷二七："那里说起！却将～丑事来肮脏，可不屈杀了人！"清《醒世姻缘传》三五回："他先起了五更，跑到绣江县里递了～虚呈，翻说程乐宇纠人抢夺。"

【无用】 wú yòng 犹言无能，没有才干。唐王梵志《贪暴无用汉》："贪暴～汉，资财为他守。"宋欧阳修《啼鸟》："谁谓鸣鸠拙～？雄雌各自知阴晴。"清《说唐前传》六三回："文静大怒道：'如此～将官，怎生镇坐此关？'"

【无运智】 wú yùn zhì 没有本事；不会算计。宋佚名《张协状元》八出："别～，风高时放火烧山；欲逞难容，月黑夜偷牛过水。"《元曲选·合同文字》楔子："白云朝朝走，青山日日闲，自家～，只道作家难。"陶宗仪《辍耕录》卷二七："（伯颜）卒，寄棺驿舍。滑稽者题于壁云：'百千万锭犹嫌少，垛积金银北斗边。可惜太师～，不将些子到黄泉。'"

【无扎垫】 wú zhā diàn 没根底，没本领。《元曲选外编·独角牛》三折："谁不道你威凛凛？谁不道我瘦恹恹？谁不道你有能奇？谁不道我～？"

【无正事】 wú zhèng shì 无见识；无主见。《元曲选·酷寒亭》三折："骂那～颓唆，则待折损杀业种活撮。"脉望馆本《勘金环》二折："俺李大他无主张～，他可也忒水性忒随斜。"

【无知】 wú zhī 犹"傻瓜"。《元曲选外编·西游记》二本六出："咿咿呜呜吹竹管，扑扑通通打牛皮。见几个～，叫一会闹一会。"

【无准】 wú zhǔn 没有定准。唐储光羲《贻丁主簿仙芝别》："人谋固～，天德谅难知。"《新五代史·司天考》："自古诸历，分段失实，隆降～。"清《聊斋俚曲·增补幸云曲》："我果然封了王侯，你的终身都在于我；只怕你那学业～，可也罢了。"

【无准拟】 wú zhǔn nǐ 没有着落。唐储光羲《同王十三维偶然作》之八："冽冽玄冬暮，衣裳～。"宋王安石《与天骘宿清凉广惠僧舍》："野馆萧条～，与君封殖浪山梅。"

【无着】 wú zhuó 同"无著"。明唐顺之《答陈澄江佥事村居韵》之四："出处两～，空惭大隐名。"清《聊斋志异·西湖主》："生意出非望，神惝恍而～。"

【无著】 wú zhuó 无所依托；没有着落。唐王梵志《王二语梵志》："万事都～，泠然无所之。"五代韦庄《出关》："危时只合身～，白日那堪事有涯。"《宋史·苏轼传》："读其文，浩然无当而不可穷；观其貌，超然～而不可挹。"

【无踪】 wú zōng 无从；无法。《敦煌愿文集·愿文范本等·武言亡男女文》："～再会，唯福是凭；故于此晨（辰），设斋追念。"又《二月八日文等范本·亡男》："～再会，唯福是凭；[故建斋延(筵)]，用资幽息。"

【吾当】 wú dāng　我。当，词缀，无义。金《刘知远诸宫调》一二："知远怒将洪信喝：'匹夫开眼觑～！'"《元曲选·梧桐雨》一折："却是～有幸，一个太真妃倾国倾城。"

【吾党】 wú dǎng　我们。唐李白《赠张公洲革处士》："斯为真隐者，～慕清芬。"明王守仁《传习录》卷上钱德洪跋："今吾师之没未及三纪，而格言微旨渐觉沦晦，岂非～身践之不力，多言有以病之耶？"《西游记》二〇回："～不是别人，乃是黄风大王部下的前路先锋。"

【吾每】 wú měi　我们。明《二刻拍案惊奇》卷八："他看见是～的好友，自不敢轻。"又卷二七："这个官府，甚有～体面。"

【吾们】 wú mén　我们。明《二刻拍案惊奇》卷二六："先生且安心住两日，让～到海中去去。"清《飞龙全传》二六回："～奉命而来，又被这位皇帝做情抱了，叫～怎好下手？"

【吾侬】 wú nóng　我；我们。宋马廷鸾《沁园春·为洁堂寿》："相逢处，记～坠地，嘉定明时。"元汪元亨《折桂令·归隐》之三："休怪～，性本疏慵，赢得清闲，傲杀英雄。"

【吾伊】 wú yī　形容读书声。宋觉范《禅林僧宝传》卷八《洞山守初禅师》："于是世间章句，～上口。"明焦竑《玉堂丛语》卷一："暮归，少暇，即为门人诵解书史。退则～声复达于外，盖寝不移时而起。"清钱谦益《赠别方子玄进士序》："子玄举进士高第，声名籍甚。帘阁篝灯，～如举子时。"

【吴侬】 wú nóng　指吴人。吴地人称用"侬"字，或人称代词后加"侬"字，因以"侬"指。参见"我侬"。唐刘禹锡《福先寺雪中酬别乐天》："才子从今一分散，便将诗咏向～。"宋张先《喜朝天·清署堂赠蔡君谟》："佳景在，～还望，分阃重来。"明沈德符《万历野获编》卷二五："章邱李中麓太常亦以填词名，……且不知南曲之有入声，自以'中原音韵'叶之，以致～见诮。"

wǔ

【五虫】 wǔ chóng　倮虫(人类)、鳞虫(鱼类)、甲虫(昆虫)、毛虫(兽类)、羽虫(禽类)的合称，泛指各种动物。唐归崇敬《驳巨彭祖请四季郊祀天地议》："则五神、五音、五祀、～、五臭、五谷皆备，以备其时之色数，非谓别有尊崇也。"《太平广记》卷四一九引《异闻集》："陇西李朝威叙而叹曰：'～之长，必以灵者，别斯见矣。'"明《西游记》一回："如今～之内，惟有三等名色，不伏阎王老子所管。"

【五代史】 wǔ dài shǐ　五代时期纷扰动荡，争斗不息，因以"五代史"形容吵闹不安。元佚名《满庭芳》："～般聒聒炒炒，八阳经般絮絮叨叨。"明贾仲明《对玉梳》二折："因甚的闹炒炒做不的个存活，每日间八阳经便少呵也有三千卷，～至轻呵也有二百合，又不是风魔。"

【五道】 wǔ dào　即"五道将军"。《太平广记》卷三二九引《玄怪录》："直缘姨夫大年老昏暗，恐看～黄纸文书不得，误大神伯公事。"明《醒世恒言》卷一七："谁知过老本是个看财童子，儿子却是个败家～。"清《续金瓶梅》四二回："也有说是搬的日子冲撞了～的，替他烧香化纸。"

【五道大神】 wǔ dào dà shén　即"五道将军"。《敦煌变文校注》卷二《韩擒虎话本》："衾虎闻语，或(忽)遇(语)～：'但某请假三日，得之已府(否)？'～：'启言将军：缘鬼神阴司无人主管，一时一克(刻)不得。'"《敦煌愿文集·儿郎伟》："押伏名(冥)司六道，并交守分帖然。～执按，驱见太山府君。"《太平广记》卷一〇三引《报应记》："～每巡察人间罪福，于此歇马。"

【五道将军】 wǔ dào jiāng jūn　传说中的神煞。身长一丈，遍体黑毛，是东岳属下神将，掌管人的生死。一说为盗神。《敦煌变文校注》卷二《韩擒虎话本》："衾虎亦(一)见，当时便问：'公是甚人？'神人答曰：'某缘是～。'"明《醒世恒言》卷一四："奴寿阳未绝，今被～收用。"清《歧路灯》五回："我在相国寺后街住，门前有个～庙儿，你二位明日到那里说话。"

【五短身材】 wǔ duǎn shēn cái　指人身材短小。五短，谓躯干及四肢都短小。《元曲选·朱砂担》一折："只见一个小后生，～儿，黄白脸色儿，挑着两个沉点点的笼儿。"明《古今小说》卷一〇："～偏有趣，二八年纪正当时。"清《醒世姻缘传》一八回："～，黑参参的面弹；两弯眉叶，黄干干的云鬓。"

【五方旗】 wǔ fāng qí　以青、赤、白、黑、黄五色表示东、南、西、北、中五个方向的旗帜。常用于军中。《宋史·礼志二十四》："殿前都指挥使王超执～以节进退，又于两阵中起候台相望，使人执旗如台上之数以相应。"《元曲选外编·单刀会》三折："～，六沉枪，遮天映日。"清《红楼梦》一〇二回："只听法器一停，上头令牌三下，口中念念有词，那～便团团散布。"

【五放家】 wǔ fàng jiā　以训养鹰、隼、鹘、鹯、鹞等猛禽为职业的人家。宋元《警世通言》卷一九："衙内借得新罗白鹞，令一个～架着。"元《三遂平妖传》一〇回："看那一行有二十餘人，都腰带着弓弩，手架着鹰鹞，也有～，也有官身，也有私身。"

【五更三点】 wǔ gēng sān diǎn　古代时刻，相当今早晨四点一刻。一夜分五更，一更又分五点。一更三点(约晚八点一刻)禁人行，五更三点钟声动，许人行。唐杜甫《至日遣兴》之一："去岁兹辰捧御床，～入鹓行。"明汤显祖《牡丹亭》五四出："到得～辙，响玎珰翠佩，那是朝时节。"清《醒世姻缘传》八三回："交了五更，四个长班齐来敲门，……打到～，敲肿了四个人的八只手不算，还敲碎了砖头瓦片一堆。"

【五更头】 wǔ gēng tou　指五更的时候。头，名词词缀。唐韩偓《惜春》："一夜雨声三月尽，万般人事～。"宋章谦亨《步蟾宫·守岁》："呼卢直到～，便铺了妆台梳洗。"清《聊斋俚曲·增补幸云曲》："到了～上，俺早些起来，你可去那床头上坐着。"

【五谷轮回】 wǔ gǔ lún huí　粪的避讳语。明《西游记》四四回："那右手下有一重小门儿，那里面秽气畜人，想必是个～之所。"《西湖二集》卷四："就是吃了圣水金丹，做了那～文字，有那喜欢的收了他去，随你真正出经入史之文，反不如放屁文字发迹得快。"

【五花八门】 wǔ huā bā mén　本是古代兵法中的两种阵名。五花，即五花阵，又叫五行阵；八门，八门阵。后用来比喻事物花样繁多，变幻多端。清《儒林外史》四二回："那小戏子一个个戴了貂裘，簪了雉羽，穿极新鲜的靠子，跑上场来，串了一个～。"《品花宝鉴》四三回："见这楼弯弯曲曲，层层迭失，有好几十间，围满了杏花。有三层的，有两层，～，暗通曲达，真成了迷楼款式。"

【五花爨弄】 wǔ huā cuàn nòng　金元院本的别称。爨弄，戏剧表演。院本演出大都由末泥、引戏、副净、副末、孤装五人进行，故名。明沈德符《万历野获编》卷二五："若所谓院本者，本北宋徽宗时～之遗，有散说，有道念，有筋斗，有科泛。"《二刻拍案惊奇》卷二："凡一应吹箫打鼓、踢球放弹、拘拦傀儡、～，诸般戏具，尽皆施呈。"

【五花诰】 wǔ huā gào　帝王封赠命妇的官诰。因用五色金花绫纸，故称。《元曲选·玉壶春》三折："我将着～，与他开除了那面烟月牌。"明《拍案惊奇》卷一〇："一朝天子招贤，连登云路，～、七香车，尽着他女儿受用。"

【五花官诰】 wǔ huā guān gào　即"五花诰"。《元曲选外编·西厢记》五本四折："张珙如愚，酬志了三尺龙泉万卷书；莺莺有福，稳请了～七香车。"明《金瓶梅词话》五七回："他自有～的太奶奶老封婆，八珍五鼎奉养他的在那里！"清《聊斋俚曲·禳妒咒》："那神仙也非逍遥，只是旺相百年，又早见～，封赠数十遭。"

【五荒六月】 wǔ huāng liù yuè　即"五黄六月"。清《醒世姻缘传》三四回："既是无所不为，蝇营狗苟，这～，断然就有纱衫纱裤、纱服纱裙、纱鞋纱袜的穿了。"又八七回："响皮肉～里还好放几日撕挠不了，这八九月天气拿不的了？"

【五黄六月】 wǔ huáng liù yuè　指农历六月，是天气炎热，小麦黄熟，农事最忙的季节。明《警世通言》卷二四："我若南京再娶家小，～害病死了我！"《西游记》二七回："只为～，无人使唤，父母又年老，所以亲身来送。"清《醒世姻缘传》六七回："你害汗病发作发疟子来？～里穿了皮袄往外走！"

【五荤三厌】 wǔ hūn sān yàn　指僧道人禁忌的食品。五荤，韭、薤、蒜、芸薹、胡荽等五种辛辣品；三厌，天厌雁，地厌狗，水厌乌鱼。明《西游记》八回："遂此领命归真，持斋把素，断绝了～，专候那取经人。"清《水浒后传》三一回："那头陀～，没有一样忌的。"

【五角六张】 wǔ jiǎo liù zhāng　即乖角、乖张，形容抵触、违误。宋马永卿《懒真子》卷一："世言～，此古语也，……谓五日遇角宿，六日遇张宿，此两日作事多不成。"唐郑綮《开天传信记》："今日是千年一遇，叩头莫～。"宋王安石《清平乐》："丈夫运用堂堂，且莫～。"

【五戒】 wǔ jiè　指称寺院中未经剃度的行者、杂役人等。唐张鷟《朝野佥载》卷二："道逢一道人，着衲帽弊衣，掐数珠，自云贤者～。"宋元《古今小说》卷三五："皇甫殿直见行者赶这两人，当时呼住行者道：'～，你莫待要赶这两个人上去？'"金《董解元西厢记》卷二："几个诵经～，是佛力扶持后马践杀。"

【五雷法】 wǔ léi fǎ　道教方术。一谓得雷公黑篆，可致雷雨；或谓以五行生克发雷，故曰五雷。宋《朱子语类》卷一二五："因说道士行～，先生曰：'今极卑陋是道士，许多说话全乱道。'"《大宋宣和遗事》前集："是时温州有方士林灵素，……善能妖术，辅以～，往来宿、亮、淮、泗等州。"明《金瓶梅词话》六二回："门外五岳观潘道士，他受的是天心～。"

【五里官】 wǔ lǐ guān　指乡长。《旧唐书·职官志》："百户为里，五里为乡。"唐王梵志《当乡何物贵》："当乡何物贵，不过～。"

【五量】 wǔ liáng　即五两。船上候风器具。据说用五两（或云八两）鸡羽系桅杆上，以观察风向（见《文选》注）。敦煌词《浣溪沙》："～竿头风欲平，长风举棹觉船行。"

【五量店】 wǔ liáng diàn　零售油、盐、酱、醋、酒等五种调味品的店铺。因这些调味品均用量器计量，故称。宋元《清平山堂话本·李翠莲》："当初只说娶个良善女子，不想讨了个～中过卖来家。"

【五裂篾迭】 wǔ liè miè dié　不知道；不省得。蒙古语。《元曲选外编·哭存孝》二折："〔康君立云〕阿妈，有存孝在于门首。他背义忘恩。〔李克用云〕我～。"又："〔李存信云〕哥哥，阿妈道～，醉了也，怎生是了？"

【五陵豪气】 wǔ líng háo qì　豪奢或豪迈的气派。西汉元帝以前，每筑一个皇帝陵墓，就在陵侧置一个县，令县民供奉陵园，称作"陵县"。其中高祖长陵、惠帝安陵、景帝阳陵、武帝茂陵、昭帝平陵五县都在渭水北岸，合称"五陵"。汉时屡次把富豪迁来这里，形成奢纵的风气，故后世有"五陵豪气"的说法。《元曲选外编·追韩信》一折："凭着我～，不信道一生穷暴。"明《国色天香》卷一〇："一身英雄随流水，～逐东风。"

【五陵年少】 wǔ líng nián shào　称豪侠少年或富家子弟。唐张籍《相和歌辞·猛虎行》："～不敢射，空来林下看行迹。"《元曲选外编·裴度还带》三折："有一日蛰龙奋头角，风云醉碧桃，酬志也～，轩昂也当发英豪。"清《赛花铃》七回："自古豪华俱有泪，～莫愁贫。"

【五漏】 wǔ lòu　犹言五鼓。漏，古代以滴漏计时，借指时刻、更次。唐白居易《和微之诗·和栉沐寄道友》："停骖待～，人马同时闲。"五代黄滔《贻张蠙》："驱车先～，把菊后重阳。"

【五路】 wǔ lù　泛指各个方向的通路；各路。唐段成式《好道庙记》："萱支纺绩，狎十巫之语言；甘罗伯求，遵～以巡逻。"《五灯会元》卷五《夹山善会禅师》："珠光月魄，不是出头时。此间无老僧，～头无阇黎。"明《西游记》五回："玉帝因老孙筋斗云疾，着老孙～邀请列位。"

【五路总头】 wǔ lù zǒng tóu　谓四通八达的道路交汇处。宋元《警世通言》卷八："这里是～，是打那条路去好？"

【五轮八宝】 wǔ lún bā bǎo　佛教谓构成眼睛的物质。五轮，血、风、气、水、肉；八宝，天、地、风、水、山、泽、雷、火。元明《水浒传》二五回："用～万着两点神水眼定睛看时，何九叔大叫一声，望后便倒。"明《金瓶梅词话》六三回："这韩先生用手揭起千秋幡，用～玩着两点神水，打一观看。"

【五轮八光】 wǔ lún bā guāng　犹"五轮八宝"。宋元《古今小说》卷三三："两个媒人用～左右两点瞳人，打一看时，只见屋山头堆垛着一便价十万贯小钱儿。"《警世通言》卷一九："衙内用～左右两点神水，则看了一看，喝声采。"

【五轮投地】 wǔ lún tóu dì　即五体投地。以双膝、双肘及头着地。《敦煌变文校注》卷四《降魔变文》："小女虽居闺禁，忽闻乞食之声，良为敬重尤深，奔走出于门外，～，瞻礼阿难。"

【五木】 wǔ mù　古代束身的刑具。《太平广记》卷二七九引《野人闲话》："见有数人引入刘公，则～备体。"宋文莹《湘山野录》卷下："自言至一殿庭间，忽见先主被～，缧械甚严，民大骇。"《明史·杨爵传》："关以～，死一夕复苏。"

【五脓】 wǔ nóng　窝囊无用。也指窝囊无用之人。清《醒世姻缘传》六〇回："天底下怎么就生这们个恶妇，又生这们个～！"

【五奴】 wǔ nú　称卖妻为娼者，参见"龟奴"。唐崔令钦《教坊记》："苏五奴妻张少娘善歌舞，有邀迓者，五奴辄随之前。人欲得其速醉，多劝酒。五奴曰：'但多与我钱，吃䭔子亦醉，不烦酒也。'今呼鬻妻者为～，自苏始。"宋周密《癸辛杂识》续集卷下："阛阓瓦市，专有不逞之徒，以掀打衣食户为事，纵告官治之，其祸益甚。～辈苦之。"《元曲选·罗李郎》一折："我将皇城叩，索共那～虔婆出头。"明冯惟敏《僧尼共犯》二折："当家儿一族，胜强如～。犯清规，伤王化，坏风俗。"

【五七】 wǔ qī　❶ 指五言（诗）和七言（诗）。唐郑谷《送京参翁先辈归闽中》："名高～字，道胜两重科。"五代欧阳炯《贯休应梦罗汉画歌》："休公休公逸艺无人加，声誉喧喧遍海涯。～字句一千首，大小篆书三十家。"　❷ 约计数目之词。唐颜真卿《抚州临川县井山华姑仙坛碑铭》："环坛～里间，莫敢樵采。"宋《朱子语类》卷九〇："天子便待加得～架，亦窄狭。"明哈铭《正统临戎录》：

"我每～人在一毡帐睡，那里有地方烧火有？" ❸ 人死后每七日做法事超度亡灵，俗称"七"。第五个"七"叫五七。唐[日]圆仁《入唐求法巡礼行记》卷四："廿九日，～日斋。"明《金瓶梅词话》一四回："二者拙夫死了，家下没人，昨日才过了他～。"

【五生】 wǔ shēng 指用五彩线缠束的嫩芽。宋元习俗，农历七月初七前将绿豆、小豆、小麦等浸泡，待生芽数寸，用红蓝彩线缠束，装进小盆，七夕供奉，叫做"种生"。见宋孟元老《东京梦华录》卷八。元杜仁杰《集贤宾·七夕》："金盆内种～，琼楼上设筵席。"《元曲选·梧桐雨》一折："小小金盆种～，供养着鹊桥会丹青帧。"陶宗仪《辍耕录》卷一三："乞巧楼前雨乍晴，弯弯新月伴双星。邻家小女都相学，斗取金盆看～。"

【五熟行】 wǔ shú háng 熟食店。元《三遂平妖传》九回："何谓～？卖面的唤做汤熟，卖烧饼的唤做火熟，卖鲊的唤做腌熟，卖炊饼的唤做气熟，卖馉饳儿的唤做油熟。"明《二刻拍案惊奇》卷一五："江家悔气头里，连～里生意多不济了。做下饼食，常管五七日不发市。"

【五瘟使】 wǔ wēn shǐ 传说中主管人间疫病之神。共五人，各长三五丈，分执杓、罐、皮袋、剑、扇、槌、火壶等，掌人间疫病。《元曲选外编·西厢记》三本一折："我是个散相思的～。俺小姐想着风清月朗夜深时，使红娘来探尔。"明汤显祖《牡丹亭》二三出："但写不尽四大洲转轮日月，也差的着～号令风雷。"清《霓裳续谱·因为隔墙》："我是～，专治这相思病。"

【五显灵官】 wǔ xiǎn líng guān 江南民间所祀之神。传说为华光菩萨所化。又谓即五圣神。五圣，指江南一带所祀之神，传说为兄弟五人。明《西游记》九六回："华光菩萨是火焰五光佛的徒弟，因剿除毒火鬼王，降了职，化做～。"《拍案惊奇》卷二〇："店前一个小小堂子，供着～。"

【五香】 wǔ xiāng 指茴香、花椒、大料、桂皮、丁香等五种调味香料。明陆采《明珠记》三五出："姐姐，你醉了。要新鲜～麻辣粉酸汤吃一碗么？"清《醒世姻缘传》一七回："一盒～豆豉，一盒福建梨干，两个金华腌腿，四包天津海味。"

【五星】 wǔ xīng 水(辰星)、木(岁星)、金(太白星)、火(荧惑星)、土(镇星)五大行星的合称。星命学以人的生辰所值五星的位置推算禄命，故以五星代指命运。五代杜光庭《遂府相公周天醮词》："～四景之中，永销危厄；天府地司之内，别注休祯。"《元曲选·冻苏秦》一折："偏则是我～，直恁般时乖运蹇不通亨，觑功名如画饼。"清《飞龙全传》四一回："先排四柱，后看～。远推一世之荣枯，近决流年之凶吉。"

【五星三】 wǔ xīng sān "五星三命"的歇后，歇"命"字。星命家有"五星三命"的说法。《元曲选·单鞭夺槊》二折："那时节若是别个，也着他送了～。"

【五行】 wǔ xíng 指金、木、水、火、土五种物质。有人用五行相生相克的道理来推算人的命运，故以"五行"指代命运。元萧德祥《小孙屠》二出："生长开封，诗书尽皆历遍，奈功名～薄浅。"《元曲选·秋胡戏妻》三折："莫不我～中合见这鳏寡孤独？受饥寒，挨冻馁，又被我爷娘家欺负。"清《梦中缘》一回："末句'俱属～人'，盖言人生婚姻皆是～注定，不可强求，也不可推却。"

【五眼鸡】 wǔ yǎn jī 即"乌眼鸡"。喻强悍之人。"五"为"乌"的借音字。元张鸣善《水仙子·讥时》："说英雄谁是英雄？～岐山鸣凤，两头蛇南阳卧龙。"《元曲选·神奴儿》一折："你那状本儿如瓶注水，俺亲弟兄看成做了～。"明丘濬《忠孝记》一六出："畜不捕三脚猫，养无声～。"

【五夜】 wǔ yè 指第五更。唐沈佺期《和中书侍郎杨再思春夜宿直》："千庐宵驾合，～晓钟稀。"权德舆《奉和李给事省中书情》："～漏清天欲曙，万年枝暖日初长。"

【五脏庙】 wǔ zàng miào 五脏神的庙。指肠胃等消化器官。明《金瓶梅词话》一二回："正是：珍羞百味片时休，果然都送人～。"清《聊斋俚曲·增补幸云曲》："～里失了火，热焰腾腾烧肺肝。"

【五脏神】 wǔ zàng shén 心、肺、肝、肾、脾五脏之神。多用来指胃肠等消化器官。金《董解元西厢记》卷三："再见红娘，～儿都欢喜，请来后何曾推避。"《元曲选外编·西厢记》二本二折："秀才每闻道请，恰便似听将军严令，和他那～愿随鞭镫。"清《醒世姻缘传》七七回："心里指望必定要留他吃这美味，～已是张了一个大口在那里专等。"

【五作】 wǔ zuò 即"仵作"。《敦煌愿文集·儿郎伟》："一时点付团头，总遣～家埋却。"

【伍】 wǔ 捂；遮盖。清《醒世姻缘传》八一回："他既来到，给他点子甚么，～住他的嘴也罢了。"又九五回："一个又是个拼头，两句喝掇，只好～着眼，别处流泪罢了。"

【伍浓】 wǔ nóng 同"五脓"。清《醒世姻缘传》九六回："我恼那～昏君没点刚性儿，赌气的教他拿了去。"又九八回："堂翁嗔仁兄～不济，专常被老嫂打的出不来，不成个人品。"

【伍弄】 wǔ nòng ❶ 敷衍；糊弄。清《醒世姻缘传》七一回："宋主事情愿与他买棺装裹，建醮念经，～着出了殡。" ❷ 舞弊；做手脚。清《醒世姻缘传》九〇回："县官惟怕府道呈报上去，两院据实代题，钱粮停了征，米麦改了折，县官便没得～。"

【伍旋】 wǔ xuán 同"舞旋❷"。清《醒世姻缘传》九五回："及至拉过袄来，又提不着袄领，～了半日，方才穿了上下衣裳。"

【伍作】 wǔ zuò 即"仵作"。《太平广记》卷一七二引《玉堂闲话》："然后遍勘在城～行人，令各供通近来应与人家安厝坟墓多少去处文状。"明汤显祖《牡丹亭》二三出："比着阳世那金州判、银府判、铜司判、铁院判，白虎临官，一样价打贴弄名催～。"

【午错】 wǔ cuò 过了正午不久的那一段时间。清《绿野仙踪》二七回："到碧霞宫时，日已～。"《歧路灯》二九回："这一日～，皮匠正在院里墙阴乘凉，门缝影影绰绰有人过去。"

【午后】 wǔ hòu 下午。唐[日]圆仁《入唐求法巡礼行记》卷一："潮逆风横，暂行即停。～又发。"《元朝秘史》卷五："至明日～于合剌合勒只惕额列惕地面歇息中间，有阿勒赤歹放马的赤合歹来报。"清《情梦柝》一二回："到了～，只见两三个人走来道：'库相公可在这里么？'"

【午间】 wǔ jiān 中午。宋《三朝北盟会编》卷二四二："亮陆遁去，至～遣一小舟，令张千持书至。"明《型世言》一〇回："到～，烈妇看房中无人，忙起来把一件衣服卷一卷，放在被中，恰似蒙头睡的一般。"清《红楼梦》三六回："他说～要到池子里去洗衣裳。"

【午觉】 wǔ jiào 午饭后短时间的睡眠。清《红楼梦》五七回："正值黛玉才歇～，宝玉不敢惊动。"

【午刻】 wǔ kè 午时。五代阙名《改更漏刻错误奏》："假令以～为例，从午时五刻上行，作午时一刻，侵至未时四刻，始满八刻，方终午时。"宋《三朝北盟会编》卷一六三："是日～，有旨召对内殿。"清《绿野仙踪》七一回："次日～，不换回玉屋洞去了。"

【午门】 wǔ mén 帝王宫城的正门，是群臣待朝或候旨的地方。唐白居易《早朝贺雪寄陈山人》："待漏～外，候对三殿里。"明汤显祖《牡丹亭》四一出："秀才，～外候旨。"清《平山冷燕》一五回："皇帝大怒，将他拿在～外，打了四十御棍，递解回去。"

【午牌】 wǔ pái　午时。宋代官衙以牌报时，故称。元明《三国演义》四〇回："是日～时分，来到鹊尾坡。"明沈璟《义侠记》二七出："岁暮天寒难早起，～方始披衣。"清《说唐前传》五回："叔宝自望西门而来，正是～时分。"

【午前】 wǔ qián　上午。唐［日］圆仁《入唐求法巡礼行记》卷三："廿二日，～，山陵使回来，从通化门入。"元陶宗仪《辍耕录》卷一七："今以早饭前及饭后、～、午后、晡前小食为点心。"清《聊斋志异·张诚》："～不知何往，业夏楚之。"

【午晌】 wǔ shǎng　中午。明汤显祖《牡丹亭》一一出："几日不到女孩儿房中，～去瞧他，只见怀思无聊，独眠香阁。"《金瓶梅》一八回："大厅上管待官客，吃到～，人才散了。"

【午上】 wǔ shàng　中午。明《醒世恒言》卷一〇："刘公因此事忙乱一朝，把店中生意都耽搁了，连饭也没功夫去煮。直到～，方吃早膳。"《金瓶梅词话》四八回："夏老爹说：'我到～还来。'"《平妖传》三回："到～煮饭熟了，揭开锅盖。"

【午时三刻】 wǔ shí sān kè　古代处决犯人的时刻。相当今中午十二时三十分至十二时四十五分。《元曲选·谢金吾》三折："刀斧手！到～，疾忙下手者！"明《西游记》九三回："正当～，三藏与行者杂人人丛。"清《梦中缘》一四回："到了～，吹手掌号三通，刽子手将刀一抡，霜锋过处，人头落地。"

【午睡】 wǔ shuì　睡午觉。五代贯休《寄赤松舒道士》之二："一餐兼～，万事不如他。"元张可久《沉醉东风·秋夜旅思》："得似璩源阁上僧，～足梅窗日影。"清《赛花铃》二回："一日～起来，连呼侍婢凌霄，杳不见至。"

【午夜】 wǔ yè　半夜。宋高似孙《纬略·五夜》："又有所谓～者，为半夜时如日之午也。"唐武元衡《山中月夜寄朱张二舍人》："～更漏里，九重霄汉间。"元李致远《一枝花·送人入道》："断七情宝剑光寒，避三尸～更残。"清《霓裳续谱·雨潇潇风细细》："～偏长，冷清清寒侵罗袂。"

【午正】 wǔ zhèng　相当今正午十二时至下午一时。唐颜真卿《荐明器》："前一日～后一刻，除殿上韦障及阶下凶庭并版城。"《新五代史·马重绩传》："今失其传，以～为时始，下侵未四刻十分而为午。"清《红楼梦》五五回："如今他二人每日卯正至此，～方散。"

【午转】 wǔ zhuǎn　犹"午错"。宋刘学箕《满江红·避暑》："～槐阴，正炎暑、侵肌似醉。"清孔尚任《桃花扇·哭主》："你看天才～，几时等到点灯也。"《醒世姻缘传》六七回："等到～时候，远远的不见艾前川。"

【仵】 wǔ　捂；用手遮盖。明《西游记》三四回："孙大圣见了，不敢进去，只在二门外～着脸脱脱的哭起来。"又四一回："八戒将两手搓热，～住他的七窍。"

【仵匠】 wǔ jiàng　即"仵作"。宋洪迈《夷坚志》乙卷一〇："（张）锐揭面帛注视，呼～语之曰：'若尝见夏月死者面色赤乎？'曰：'无。'"

【仵作】 wǔ zuò　官府中检验命案尸体的人。唐李商隐《杂纂·恶行户》："暑月～。"《宋会要辑稿·刑法六》："初检官某时承受［验尸］，将带～某人，人吏某人，于某日某时到地头。"清《聊斋俚曲·寒森曲》："老王出了票子就相尸。赵家把～、刑房都打点停当，检了一回，并无有致命伤，只有头上一个窟窿，是自己碰的。"亦称代人殓葬为业的人。宋元《警世通言》卷三三："王酒酒便随程五娘到褚堂～李团头家，买了棺木。"明《朴通事谚解》卷下："～家赁魂车、纸车、影亭子、香亭子、诸般彩亭子、花果、酒器、家事，都装在卓儿上抬着。"

【仵作行】 wǔ zuò háng　专门代人殓葬的行业，亦应官府指派验尸伤。宋廉宣《清尊录》："女语塞，去房内，以蒙被卧，俄顷即死，父母哀恸，呼其邻郑三者告之，使治丧具。郑以送丧为业，世所谓～者也。"清《醒世姻缘传》六〇回："你告到官，叫～刷洗了，你检验尸不的么？"

【仵作行人】 wǔ zuò háng rén　即"仵作"。宋周密《癸辛杂识》别集卷下："建康有陈道人，常与～往来，饮酒甚狎，仵问道人将何为，因曰：'吾欲得一十七八健壮男子尸。'一夕，忽有刘太尉鞭死小童，仵舆致之。"《元典章·刑部五》："仍差委正官将引首领官吏、惯熟～，就赍元降尸帐三幅，速诣停尸去处。"明《金瓶梅》六三回："西门庆道：'如今～来就小殓。大殓还等到三日。'"

【仵作子】 wǔ zuò zi　即"仵作"。元明《水浒传》四〇回："监斩官忙施号令，～准备扛尸。"

【忤逆】 wǔ nì　不孝顺。唐李滙《恤刑敕》："应天下所禁系罪人，除十恶～及故意杀人、合造毒药、持仗行劫、开发坟墓外，餘并宜疏理释放。"《元曲选·窦娥冤》二折："不是窦娥～，生怕旁人议论。"清《聊斋志异·鸦头》："母怒，骂曰：'～儿！何得此为！'"

【忤奴】 wǔ nú　同"五奴"。元明《水浒传》五〇回："雷横大怒，便骂道：'这～怎敢辱我！'"

【忤秃】 wǔ tū　同"兀秃"。明《朴通事谚解》卷中："这酒～怎么吃？将去再吊一吊。"

【忤作】 wǔ zuò　同"仵作"。《元曲选·冤家债主》三折："我死后谁浇茶谁奠酒谁啼哭，谁安灵位谁斋七，谁驾灵车谁挂服，止几个～行送出城门去。"明《拍案惊奇》卷一一："无有尸亲，责令～埋之义冢。"清《红楼梦》八六回："知县叫～将前日尸场填写伤痕，据实报来。"

【熓】 wǔ　微火煮物。元姚守中《粉蝶儿·牛诉冤》："向磁罐中软火儿葱椒～，胜如黄犬能医冷，赛过胡羊善补虚。"

【武不善作】 wǔ bù shàn zuò　动武不讲斯文。明《西游记》六三回："常言道：'～。'但只怕起手处不得留情，一时间伤了你的性命。"清《隋唐演义》一二回："我们史爷为人谨慎，恐～打伤了人。"

【武举】 wǔ jǔ　❶ 指科举制度中的武科。《新唐书·选举志上》："（武后）长安二年，始置～。其制，有长垛、马射、步射、平射、筒射，又有马枪、翘关、负重、身材之选。"《元曲选外编·西厢记》一本一折："后弃文就武，遂得～状元，官拜征西大元帅。"清《醒世姻缘传》七二回："十八岁上中了～第二名，军门取在标下听用。"❷ 武举人的省称。武乡试及第者。宋《三朝北盟会编》卷一五："上云：'闻马扩颇知书。'良嗣曰：'马扩系～。'"明文秉《烈皇小识》卷四："九月丙子，特援～陈启新为吏科给事中。"清《儒林外史》二六回："他是个～。扯的动十个力气的弓，端的起三百斤的制子，好不有力气！"

【武林】 wǔ lín　杭州的别称。宋吴自牧《梦粱录》卷七："杭城号～，又曰钱塘，次称胥山。"《五灯会元》卷二〇《华藏智深禅师》："常州华藏湛堂智深禅师，～人也。"明《警世通言》卷二三："（杭州）南北两山，多生虎豹，名为虎林。后因虎字犯了唐高祖之祖父御讳，改名～。"清孔尚任《桃花扇》二八出："自家～蓝瑛，表字田叔，自幼驰声画苑。"

【武师】 wǔ shī　对擅长武术之人的尊称。元明《水浒传》七回："这官人是八十万禁军枪棒教头林～，名唤林冲。"清《水浒后传》二七回："高俅不纵侄儿强奸良家妇女，也不致把林～逼上梁山泊。"

【武学】 wǔ xué　朝廷军事学校。宋吴自牧《梦粱录》卷一五:"高宗自南渡以来,复建太、武、宗三学于杭都……~,在太学之侧前洋街。"元明《水浒传》一〇一回:"话说蔡京在~中查问那不听他谭兵,仰视屋角的这个官员,姓罗名戬,祖贯云南军,达州人,见做~谕。"明《金瓶梅》四二回:"要干前程,入~肄业。"

【武艺】 wǔ yì 指本领;技艺。清《红楼梦》一六回:"引风吹火,站干岸儿,推倒油瓶儿不扶,都是全挂子的~。"《绿野仙踪》九一回:"他私自收你的本章,替你传送,难道他不担干系么?只因他有那个~儿,他才敢收你的本章哩。"

【侮】 wǔ 捂;用手遮盖。明《西游记》八二回:"这呆子手无兵器,遮架不得,被他捞了几下,~着头跑上山来。"《二刻拍案惊奇》卷五:"真珠姬也不晓得他的说话因由,~着眼只是啼哭。"

【侮害】 wǔ hài 欺侮侵害。明《拍案惊奇》卷四:"开来一看,乃是三四个人头,颜色未变,都是书生平日受他~的仇人。"

【侮弄】 wǔ nòng ❶ 戏弄;耍弄。唐李治《诫滕王元婴书》:"家人奴仆,~官人,至于此事,弥不可长。"元明《水浒传》三三回:"俺须不是你~的!"清《聊斋志异·章阿端》:"要之:馁怯者,鬼益~之,刚肠者不敢犯也。" ❷ 同"舞弄❹"。《新五代史·段凝传》:"故梁奸人赵岩、张汉杰等十餘人~权柄,残害生灵,请皆族之。" ❸ 糊弄;敷衍。清《醒世姻缘传》七七回:"别要跟着姐姐胡做,得瞒就瞒,得哄就哄,~着他走一遭回来就罢。" ❹ 同"舞弄❺"。明《醒世恒言》卷二三:"这海陵像心像意,~了许多时节。"《欢喜冤家》一九回:"欲待要叫,已被他直捣黄龙矣。没奈何,只得顺从~。"

【侮手】 wǔ shǒu 舞手;交手。明《西游记》一五回:"先一次,他还与老孙~,盘旋了几合。"

【侮手侮脚】 wǔ shǒu wǔ jiǎo 轻手轻脚。侮,通"捂"。明《拍案惊奇》卷一七:"丫鬟随关好了门,三个人做一块,~的走了进去。"

【舞】 wǔ ❶ 挥动;挥舞。元明《水浒传》四八回:"邓飞大叫:'孩儿们救人!'~着铁链径奔栾廷玉。"明《警世通言》卷四〇:"一个万丈潭中孽怪,~着金戈;一个九重天上真仙,飞将宝剑。"清《醒世姻缘传》三三回:"狄希陈雌牙裂嘴,把两只手望着他娘~哩。" ❷ 做;弄;摆弄。清《儒林外史》二回:"你们各家照分子派,这事情就~起来了。"又三二回:"只好将就弄几十两银子给你过江,~起几个猴子来,你再跳。"

【舞抃】 wǔ biàn 喜极而拍手跳跃。《敦煌愿文集·亡考》:"或千里专城,或一同抚辨(~)。"宋范仲淹《乞备明堂老更表》:"普天率土,咸知~。"

【舞蹈】 wǔ dǎo 臣下见君王行礼的一种动作。唐张鷟《朝野佥载》卷三:"至牙帐下,知微~宛转,抱默啜靴而鼻臭之。"宋《三朝北盟会编》卷一五:"又一阁门官引某等面北立,先五拜,缙笏~,不离位,奏圣躬万福。"清《水浒后传》二九回:"李俊等高呼~,谢恩已毕。"

【舞动】 wǔ dòng ❶ 摇晃;飞舞。宋王质《蓦山溪·咏茶》:"因何嫩茁,~小旗枪。"蔡絛《铁围山丛谈》卷六:"茶瓯十,兔毫四,散其中,凝然作双蛱蝶状,熟视若~,每宝惜之。" ❷ 挥舞;挥动。元明《水浒传》一〇九回:"四对英雄夫妇,引着一千骑兵,~梨花鞭。"明《型世言》二四回:"那韦好、黄笋正~滚牌滚来,沈参将便挺着长枪杀去。"清《聊斋志异·王司马》:"司马阴以桐木依样为刀,宽狭大小无异,贴以银箔,时于马上~,诸部落望见,无不震悚。"

【舞弄】 wǔ nòng ❶ 挥舞;挥动。清《醒世姻缘传》八六回:"拿了根杠子,沿场~。"《后西游记》四回:"因耳中取出金箍棒,拿在手中,~一回。" ❷ 做;搞;摆弄。明《拍案惊奇》卷三七:"两人又去~摆布,思量巧样吃法。"《二刻拍案惊奇》卷一三:"欲用力拆开,又恐怕折坏了些肢体,心中不忍,~了多时,再不得计较。"《西游记》四回:"弼马昼夜不睡,滋养马匹。日间~犹可,夜间看管殷勤。" ❸ 设法取得。明《西游记》四六回:"老孙这般~,他倒自在,等我作成他捆一绳,看他可怕。" ❹ 操纵;摆布。《元典章·刑部二》:"近年以来,府、州、司、县官失其人,奉法不虔,受成文吏,~出入,以质渔猎。愚民冒法,小有词诉,根连株逮。"明《二刻拍案惊奇》卷二二:"公子被他们如此~了数年,弄得囊中空虚。" ❺ 特指性交。明《拍案惊奇》卷一七:"吴氏见说,淫兴勃发,就同到堂中床上极意~了一回。"《欢喜冤家》三回:"好了,这黑地里认我做红香,凭他~。待事完上去,倒也干净。"

【舞手】 wǔ shǒu ❶ 挥手。明哈铭《正统临戎录》:"有原抢汉人逃走,达子拏出要杀,铭因此劝,达子~将刀要砍。" ❷ 耍弄手段。宋王安石《信州兴造记》:"弛舍之不适,裒取之不中,元奸宿豪~以乘民,而民始病。"

【舞手弄脚】 wǔ shǒu nòng jiǎo 指做出各种动作。宋《朱子语类》卷一二八:"这非惟是在下之人懒,亦是人主不能恁地等得,看他在恁地~。"

【舞头】 wǔ tóu 领舞者。与舞末相对。舞末,指宋代舞曲的一种终结形式。唐王建《宫词》之二八:"整顿衣裳皆着却,~当拍第三声。"五代花蕊夫人《宫词》之九二:"~皆着画罗衣,唱得新翻御制词。"宋周密《武林旧事》卷一:"~豪俊迈,舞尾范宗茂。"

【舞旋】 wǔ xuán ❶ 一种回旋的舞蹈。亦泛指舞蹈。宋周煇《清波杂志》卷六:"翌日,上问辅臣:'记得有艺。'盖记其工篆学也。章申国对云:'会~。'"孟元老《东京梦华录》卷八:"作乐迎引至庙,于殿前露台上设乐棚,教坊钩容直作乐,更互杂剧~。"《元曲选·谢天香》四折:"不问我~,只着我歌讴。" ❷ 舞弄;摆布。清《醒世姻缘传》三三回:"把着口教,他眼又不看着字,两只手在袖子里不知~的是甚么。"又七九回:"寄姐仍把狄希陈蒯脊梁,挝胸膛,纽大腿里子,使针扎胳膊,口咬奶膀:诸般刑罚,~了一夜。"

【舞旋旋】 wǔ xuán xuán ❶ 飞舞貌。元杨显之《秋夜雨》二折:"我则见~飘空的这败叶,恰便似红溜溜血染胭脂。"《元曲选·曲江池》二折:"系着这条~的裙儿,也不是裙儿。" ❷ 转着圈蹦蹦跳跳貌。元佚名《争报恩》二折:"我恰行出衙门外,那妮子~摩拳擦掌。"明《金瓶梅词话》二四回:"只见家人儿子小铁棍儿笑嘻嘻在根前~的,且拉着敬济,问姑夫要炮燎放。"

【舞跃】 wǔ yuè 拜舞欢跃。唐陆龟蒙《鹤媒歌》:"媒欢~势离披,似谄功能邀弩儿。"《资治通鉴》卷二四八:"河陇老幼千餘人诣阙,己丑,上御延喜门楼见之,欢呼~,解胡服,袭冠带,观者皆呼万岁。"明冯梦龙《智囊补·兵智·高仁厚》:"此皆百姓心上事,尚书尽知而赦之,其谁不~听命?"

wù

【兀】 wù ❶ 光秃。唐韩愈《嘲鲁连子》:"鲁连细而黠,有似黄鹞子;田巴~老苍,怜汝矜爪觜。"杜牧《阿房宫赋》:"蜀山~,阿房出。" ❷ 摇晃。唐皮日休《孤园寺》:"艇子小且~,缘湖荡白芷。"宋杨万里《春尽感兴》:"青灯白酒长亭夜,不胜孤舟~绿波。"明李东阳《昼梦用旧韵》:"梦疑空蝶有时化,~如风舟不受牵。"

❸ 指示词。这;那;那么。元明《水浒传》五一回:“出来的正是小旋风柴进,问道:‘～是谁?’”清《后水浒传》四一回:“马愈一时手软,笑喝道:‘～多贼道伙,白日做恁鸟乱!’” ❹ 副词。犹;尚;还。唐杜甫《壮游》:“黑貂不(一作‘宁’)免敝,斑鬓～称觞。”明沈鲸《双珠记》一九出:“说到堪伤泪自流,沉痛黄泉～未休。”清《野叟曝言》三二回:“他～会推天算地,怕不如桃花女神通广大?” ❺ 表示某种较强烈的语气。随语境不同,可有哪里、快、可等意思。清《后水浒传》三七回:“洒家鸟般直,～耐烦嚼字慢嘈!”又四〇回:“马愈听了发急道:‘～闭鸟嘴! 洒家可是投靠做长工?’”又四一回:“洒家问路,～曾见两个鸟师父恁路跳去?” ❻ 无意义,用在句首或某些词的前面,相当于发语词或前缀。清《后水浒传》四〇回:“～那日赶哥哥,怪鸟般恁跳,只今同去可不省力?”又四二回:“～今违逆哥哥军令,便没好意,军师较的没谎。”

【兀的】 wù de ❶ 指示词。犹“这❶”“那(nà)❶”。金《董解元西厢记》卷一:“～般标格精神,管相思人去也妈妈!”元关汉卿《调风月》一折:“觑了他～模样,这般身分,若脱过这好郎君,交人道眼里无珍一世贫。”明汤显祖《牡丹亭》四九出:“〔生〕请书那里?〔丑〕～不是!〔生〕这是告示居民的。” ❷ 表提醒、提示,引起对方对某事物的注意或加重语气。金《董解元西厢记》卷七:“郑衙内且休胡说,～门外张郎来也!”元古本《老乞大》:“～灯来也,壁子上挂者。”明汤显祖《牡丹亭》二七出:“〔听介〕～有人声也啰。” ❸ 后接否定词,表示反诘。元马致远《青杏子·悟迷》:“唱道尘虑俱绝,兴来诗吟罢酒醒时茶,～不快活煞!”元明《水浒传》一六回:“这般天气热,～不晒杀人!”清《野叟曝言》四一回:“你有话只顾说,～不教我心疼死也!” ❹ 曲中衬字,无义。元关汉卿《拜月亭》二折:“咱～做夫妻三个月时光,你莫不曾见您这歹浑家说个谎!”

【兀得】 wù de 同“兀的❸”。《元曲选外编·紫云庭》一折:“～不好拷末娘七代先灵!”《七国春秋平话》卷中:“见阴云罩雾,和独孤陈也迷了。袁达道:‘～不死! 恁娘也多时迷了出不得阵。’”

【兀底】 wù de ❶ 同“兀的❶”。宋张镃《夜游宫·美人》:“鹊相庞儿谁有,～便、笔描不就。”宋元《警世通言》卷三七:“哥哥,～便是劫了我底十条龙苗忠。”《元曲选外编·东窗事犯》楔子:“～明写东南第一山。” ❷ 同“兀的❷”。宋佚名《张协状元》四出:“～一间小屋,四扇旧门,青布帘大写着‘员梦如神’,纸招子特书个‘听声揣骨’。”又二七出:“赫王相公胜花小娘子招状元为驸马,正唤做少女少郎,情色相当。状元～早来。” ❸ 同“兀的❸”。元佚名《叨叨令》:“～不快活也么哥,快活也么哥! 抵多少相逢不饮空归去。” ❹ 突然。宋元《警世通言》卷一三:“只听得押司从床上跳将下来,～中门响,押司娘急忙叫醒迎儿。”

【兀底律】 wù de lǜ 钱。宋俗语。宋张端义《贵耳集》卷下:“晋王衍口不言钱,强名‘阿堵’,俗言～,贪之谓也。”

【兀剌】 wù là ❶ 蒙古语。靴子。元高安道《哨遍·皮匠说谎》:“新靴子投至能勾完备,旧～先磨了半截底。”明佚名《破天阵》一折:“发垂双练狗皮袍,脚穿～忒清标。” ❷ 绵软貌。《元曲选外编·西厢记》二本三折:“荆棘剌怎动那! 死没腾无回豁! 措支剌不对答! 软～难存坐!”明孟称舜《桃花人面》五出:“瘦棱生骨怎支,软～气怎舒。” ❸ 曲中衬字,无义。元佚名《斗鹌鹑·半世飘蓬》:“到中秋,月色幽,醉醺醺无日不登楼,～抵多少风雨替花愁。”

【兀剌赤】 wù là chì 即“乌剌赤”。宋彭大雅《黑鞑事略》:“凡驰骤勿饱,凡鞍解,必索之而仰其首,待其气调息平,四蹄冰冷,然后纵其水草,牧者谓之～。”元火原洁《华夷译语》卷上:“马夫,～。”《元典章·兵部三》:“照得内外诸衙门并各处行省出使人员骑坐铺马,为无驼驮马匹,多于～马上捎带毡袋行李皮箧子沉重物货。更有不尽,令～沿身负带。”元高明《琵琶记》四一出:“～,俺路上要吃得些介分例,俺那里吃得够,须索多讨些个。”

【兀剌靴】 wù là xuē 即“兀剌❶”。《元曲选·渔樵记》二折:“直等的蛇叫三声狗拽车,蚊子穿着～。”

【兀雷】 wù léi 光头貌。为“兀硉❶”之声转。唐王梵志《道人头兀雷》:“道人头～,例头肥特肚。”

【兀良】 wù liáng 曲中衬字,无义。元宫天挺《范张鸡黍》四折:“～见荡晨光一道驿尘黄,闹吵吵人马叩坟墙。”明佚名《女真观》一折:“秋光莹,江阔潮生,～玉宇悬明镜。”

【兀硉】 wù lù ❶ 头圆滚光滑貌。唐王梵志《男婚藉嘉偶》:“何须秃～,然始学薰修?” ❷ 突兀高亢。宋欧阳修《庐山高赠同年刘中允归南康》:“自非青云白石有深趣,其气～何由降?”明宋濂《元故秘书著作郎萧府君阡表》:“奇气～,遇事辄奋发凌厉,不可挫折。”

【兀那】 wù nà ❶ 那。“兀”为前缀。宋元《清平山堂话本·合同文字》:“孩儿然后去～坟前也拜几拜。”元古本《老乞大》:“～望着的黑林子便是夏店。这里到那里,演里有七八里路。”明汤显祖《牡丹亭》七出:“俺且问你那花园在那里?〔贴做不说〕〔旦做笑问介〕〔贴指介〕～不是!” ❷ 用在称谓词前面,加强称呼的语气。《元曲选·窦娥冤》一折:“～婆婆,谁唤你哩?”明《禅真逸史》二一回:“～泼婆娘,你敢揪谁的毛?”

【兀然】 wù rán ❶ 尚自;仍然。金《董解元西厢记》卷四:“念兄以淫词,适来侍婢遗奴侧,解开遂披读,～心下疑猜。” ❷ 单独;独自。唐吕温《偶然作》之二:“中夜～坐,无言空涕洟。”《祖堂集》卷三《懒瓒和尚》:“～无事坐,何曾有人唤?”明《西洋记》三回:“近前视之,只见这娃子～端坐,双手合掌,两脚趺跏。”

【兀是】 wù shì ❶ 是。“兀”起加强语气的作用。清《后水浒传》四〇回:“洒家恁地丑脸,～天生,没装点好处。”《野叟曝言》三回:“你这汉子快走,老子拳头～无情的。” ❷ 还是;仍旧;犹自。元明《水浒传》九三回:“忽转念道:‘外面雪～未止。’”明陆采《明珠记》一九出:“你两个婆娘,托是大官的妻女,到这里～不跪我?”清《野叟曝言》五回:“那边火势把一带禅房烧得尽净,～不熄。”

【兀谁】 wù shuí 谁。兀,前缀。宋佚名《张协状元》一出:“若论张叶,家住西川成都府,～不识此人? ～不敬重此人?”金谭处端《满路花》:“步步清凉路,信任遨游,～知恁恬然!”清《后水浒传》二八回:“马愈道:‘恁呆鸟是～?’婆子道:‘是我的儿子。’”

【兀陶陶】 wù táo táo 即“兀兀陶陶”。金王喆《苏幕遮·京兆赵公劝酒不饮》:“～频醉醒,夜最堪尝。”

【兀秃】 wù tū 不冷不热(指感觉不舒服)。《元曲选·生金阁》三折:“我如今可酾些不冷不热、兀兀秃秃的酒与他吃。”清《醒世姻缘传》六九回:“饱饱的吃那一肚割生割硬的大米干饭,半生半熟的咸面馍馍,不干不净的～素菜。”又九九回:“不着卵窍的乱话说了几句,不冷不热的～茶呷了两钟,大家走散。”

【兀突】 wù tū 糊涂;不明白。明《石点头》卷一〇:“沉吟一回,心中～,分付且带出去,明日再审。”清《后水浒传》二二回:“～好人,射杀呆鸟。”

【兀兀】 wù wù ❶ 高耸貌。唐杨乘《南徐春日怀古》:“兴亡山～,今古水浑浑。”元李庭《咸阳怀古》:“连鸡势尽霸图新,～宫墙压渭滨。”明柯丹邱《荆钗记》一九出：“巍巍驾海紫金梁，～擎天碧玉柱。” ❷ 孤独貌。五代齐已《荆渚病中寄梁先辈》：“冥机坐～，着履行徐徐。”明李东阳《中元谒陵遇雨》之一七：“～中流坐，茫茫何处津。”清龚自珍《十月廿夜大风不寐起而书怀》：“城南有客夜～，不风尚且凄心神。” ❸ 静止貌。唐姚合《街西居》之二：“～复行行，不离阶与墀。”《五灯会元》卷五《药山惟俨禅师》：“僧问：‘～地思量甚么？’师曰：‘思量个不思量底。’” ❹ 愚钝貌；昏沉貌。唐王梵志《官职亦须求》：“～舍底坐，饿你眼赫赤。”金元好问《雁门道中书所见》：“金城留旬浃，～醉歌舞。”

【兀兀陶陶】 wù wù táo táo 昏沉麻木或酒醉貌。宋《圆悟佛果禅师语录》卷二〇《和灵源瞌睡歌》：“懵懵懂懂，无巴无鼻，～绝忌讳。任信流光动地迁，不论冬夏唯瞌睡。”王仲甫《醉落魄》：“从他～里，犹胜醒醒，惹得闲憔悴。”金宋九嘉《卯酒》：“醉乡～里，底事形骸底事愁。”

【兀兀淘淘】 wù wù táo táo 同“兀兀陶陶”。元马致远《乔牌儿》：“偃仰在藤床上，醉魂漂渺。啼鸟惊回，～。”

【兀兀腾腾】 wù wù téng téng 形容愚憨混沌，无事无为。金谭处端《云雾敛》：“匿光辉，认愚卤，～，闲里寻闲步。”明朱有燉《一枝花·题情》：“这些时把一个俊潘安老得来～，瘦沈约害得来涎涎憕憕。”唐寅《自笑》：“～自笑痴，科名如鬓发如丝。”

【兀自】 wù zì ❶ 副词。仍；还；尚。金《董解元西厢记》卷四：“天色儿又待明也，不知做甚么，书帏里～点着灯火。”《元曲选·玉镜台》二折：“他～未揎起金衫袖，我又早先听的玉钏鸣。”清《儒林外史》三回：“见范进正在一个庙门口站着，散着头发，满脸污泥，鞋都跑掉了一只，～拍着掌。” ❷ 副词。已自；已经。明《拍案惊奇》卷一：“你不听得他方才说，～不卖了。” ❸ 副词。大约。元明《水浒传》一八回：“到得庄前，也～有半里多路，只见晁盖庄里一缕火起。”

【兀子】 wù zi ❶ 即“杌子”。宋陆游《老学庵笔记》卷四：“徐敦立言：往时士大夫家妇女坐椅子、～，则人皆讥笑其无法度。”明《醒世恒言》卷九：“柳氏另掇个～傍着女儿坐了。”清《歧路灯》一八回：“希侨叫宝剑儿看座儿，逢若早已拉个～坐下。” ❷ 同“兀自❶”。宋元《清平山堂话本·李翠莲》：“这早晚，东方将亮了，还不梳妆完，尚～调嘴弄舌。”金《董解元西厢记》卷八：“谁知今日见伊，尚～鳏居独自，又没个妇儿妻子。”

【兀坐】 wù zuò 独自端坐。唐宋之问《自洪府舟行直书其事》：“愚以卑自卫，～去沉滓。”宋《朱子语类》卷一二：“敬非是块然～，耳无所闻，目无所见，心无所思，而后谓之敬。”清《聊斋志异·葛巾》：“幸寂无人，入，则女郎～若有思者，见生惊起，斜立含羞。”

【扤】 wù 同“杌❷”。宋《五代史平话·梁上》：“黄巢特～上肉，何足虑哉！”

【杌】 wù ❶ 即“杌子”。《宋史·丁谓传》：“遂赐坐。左右欲设墩，谓顾曰：‘有旨复平章事。’乃更以～进。”明《金瓶梅词话》三二回：“吴银儿、郑香儿、韩钏儿在下边～儿上一条边坐的。”清《红楼梦》一六回：“平儿等早于炕下设下一～，又有一小脚踏。” ❷ 木砧；圆木墩做成的菜案。唐牛僧孺《玄怪录》卷二：“我才方古词人，唯不及东阿耳，其餘文士，皆吾～中之肉，可以宰割矣。”宋《朱子语类》卷一三一：“刘豫亦未便是～上肉在。若以赵之才，恐也当未得那～上肉，他亦未会被你杀得，只是胡说。”清《女仙外史》三三回：“若到缇骑一至，儿即为～上之肉矣。”

【杌杌】 wù wù 同“兀兀❹”。唐王梵志《杌杌贪生业》：“～贪生业，憨人合脑痴。”又《愚夫痴杌杌》：“愚夫痴～，常守无明窟。”唐张守节正义《史记·魏其武安侯传》“且帝宁能为石人邪”：“今俗云人不辨事，骂云～若木人也。”

【杌子】 wù zi 无靠背的方形或圆形凳子。《类说》卷三四引《摭遗》：“唐明皇召安禄山，用矮金裹脚～赐坐。”元明《水浒传》二四回：“里面放一条桌子，安两个～。”清《红楼梦》四三回：“贾母忙命拿几张小～来，给赖大母亲等几个高年有体面的妈妈坐了。”

【杌坐儿】 wù zuò er 杌子。明《警世通言》卷一：“童子取一张～置于下席。”清《隋唐演义》二三回：“拿一张～，放在单二哥的席前。”

【勿】 wù 无；没有。唐寒山《我居山》：“我居山，～人识。白云中，常寂寂。”《祖堂集》卷二《第三十一祖道信和尚》：“师乃问子何姓，子答曰：‘姓非常姓。’师曰：‘是何姓？’子答：‘是佛性。’师曰：‘汝～姓也。’子答曰：‘其姓空故。’”《古尊宿语录》卷一四《赵州真际禅师语录之餘》：“向里唯愁卧去时，～个衣裳着甚盖。”

【勿交涉】 wù jiāo shè 不相干；没有关系。勿，无。五代贯休《闻无相道人顺世》之五：“百千万亿偈，共他～。”《祖堂集》卷三《慧忠国师》：“座主曰：‘和尚转更～也。愿和尚教某等作摩生即是。’”宋《宏智禅师广录》卷五：“僧云：‘有星皆拱北，无水不朝东。’师云：‘千里万里～。’”

【勿量】 wù liáng 非常；十分。《祖堂集》卷四《石头和尚》：“师乃指一柴橛曰：‘马师何似这个？’僧无对，却回举似师，请师为决。马师曰：‘汝见柴橛大小？’对曰：‘～大。’”《古尊宿语录》卷一二《池州南泉普愿禅师语要》：“如圣果大可畏，～大人尚不奈何，我且不是渠，渠且不是我，渠争奈我何？”

【勿请】 wù qǐng 请勿。《云笈七籤》卷一一二：“雇者曰：‘余少有失，谪为凡贱，合役于秀才，自有限日，～变常，且卒其事。’”元明《水浒传》二二回：“今晚便可动身，～迟延自误。”明《清平山堂话本·范张鸡黍》：“吾思已决，～惊疑。”

【勿罪】 wù zuì 不要怪罪。用于冲撞了别人，表示抱歉。宋苏轼《与孙子发》之二：“一起写书十六七封，不能复谨，～！～！”《元曲选·东堂老》楔子：“老兄染病，小弟连日穷忙，有失探望，～，～。”清《聊斋志异·武技》：“尼笑谢曰：‘孟浪迕客，幸～！’”

【物】 wù ❶ 唐代以绢、帛等丝织品作为货币，用于赏赐、贸易等。《隋书·南蛮传·赤土》：“帝大悦，赐骏等～二百段。”唐吴兢《贞观政要》卷四：“疏奏，太宗甚嘉之，赐～百段。” ❷ 量词。用于礼品。明《金瓶梅词话》六一回：“听见李瓶儿不好，至是使了花大嫂买了两～礼来看他。”

【物斛】 wù hú 指粮食。斛，古代量器。《元典章·刑部十一》：“比年田禾薄收，～涌贵，贫民缺食。”元《通制条格》卷二八：“济宁府聂牙儿等状告，本处田禾不收，别路籴到～，各处官司当阑不令出界。”《续资治通鉴》卷一四一：“契勘屯田官兵共约三千餘人，其每年所收～大段数少，若将不堪。”

【物化】 wù huà 犹“造化❶”。《元曲选·救孝子》一折：“儿呵，你不索问天、问天买卦。也只为人消、人消的这～，弄的我母子分离天一涯。”

【物货】 wù huò 货物。唐房鲁《上节度使书》：“及其人持～，历户而自唱曰：‘某好物，某好货。’”《元典章·兵部三》：“所押～，沿路疏失损坏。”清《老乞大新释》：“‘你从朝鲜地方来，带些甚么～来卖呢？’‘我带几匹马来。’‘再有甚么～呢？’‘没有甚么别的，还有些人参毛蓝布。’”

【物件】 wù jiàn ❶ 物品；东西。金佚名《大金吊伐录》卷三：“并用册宝匣、床舁应干合用～并全，请在京官寮疾早准备应副。”《元曲选·来生债》一折：“恰才见居士家门首灰火未绝，不知烧毁的是何～?”清《醒世姻缘传》三一回：“你的儿子又不是个不会说话的小～儿，我藏他过了。” ❷ 指人，含轻蔑意。清《醒世姻缘传》一六回：“怎么这样一个贤德的娘，生下这等一个歪～来！”

【物离乡贵】 wù lí xiāng guì 物品离开产地越远越贵重。元曾瑞《羊诉冤》：“我也则望前程万里，想道是～，有些峥嵘。”明《朴通事谚解》卷中：“咳，这孩儿也好不识！却不说：‘人离乡贱，～。’”清《红楼梦》六七回：“这就是俗语说的～，其实可算什么呢?”

【物力】 wù lì 根据家产多寡而征收的一种杂税。《宋会要辑稿·食货五》：“置买田产皆有力之人，缘惧～高重，将见在产业诡名隐寄，避免色役。……今来欲将承买官差每价直一千贯以下，与免三年～。”《金史·食货志一》：“租税之外，算其田园、屋舍、车马、牛羊、树艺之数及其藏镪多寡征钱，曰～。”

【物料】 wù liào 物品；材料。唐李商隐《杂纂·必富》：“买卖不失时，～不作践。”明周履靖《锦笺记》一五出：“本山重修大雄宝殿，缺少～工食，不拘多少，随意发心。”清《红楼梦》一七至一八回：“就令贾蔷总理其日用出入银钱等事，以及诸凡大小所需之～帐目。”

【物录】 wù lù 物品清单。宋《三朝北盟会编》卷一六三：“某等云：‘使人来此，所赍国书已先纳讫，见有上大金皇帝表、二圣二后表、丞相元帅～六封，乞留军前。’译者云：‘大金皇帝表留下，其餘文字将去。～中物不用得。如今厮杀后，若我们败时，物也做主不得。我们过河去后，不止要这些物。’”

【物色】 wù sè ❶ 各类物品；实物。唐[日]圆仁《入唐求法巡礼行记》卷二：“维那师出来，于高座前读申会兴之由及施主别名、所施～。”宋《三朝北盟会编》卷一四：“我要岁添一百万贯～。”明《朴通事谚解》卷下：“即时某声言，叫到邻人并巡宿总甲人等追赶贼人，约至某处，偷盗前项～，不知去向。” ❷ 指万物。《敦煌愿文集·发愿文范本等·逆修》：“窥闻真教，知～之无常。” ❸ 标志。明王济《君子堂日询手镜》卷上：“由贵陆行往宾州，必经大龙山，非冯氏之车则不敢行，车上有小旗为～。” ❹ 端详；注意；辨认。宋《朱子语类》卷二二：“此时便须～其人贤与不贤，后去亦可宗主。”清《隋唐演义》二四回：“后边说来友徐洪客非等闲之人，嘱叔宝以法眼～之。”《醒世姻缘传》一五回：“幸喜穿了破碎的衣裳，刚得两薄薄的被套，不大有人～。” ❺ 勾引；勾搭。清《儒林外史》三〇回：“他如此妙品，有多少人想～他的，他却轻易不肯同人一笑，却又爱才得紧。”又四一回：“那些好事的恶少，都一传两、两传三的来～，非止一日。”

【物事】 wù shì ❶ 东西；食物。宋陆九渊《象山语录》卷三五：“是自家有底～，何常硬把捉?”明《老乞大谚解》卷上：“早来吃了干～，有些干渴。”清《聊斋志异·狐惩淫》：“生忆肴中有黑条杂错，举座不知何物。乃失笑曰：‘痴婆子！此何～，可供客耶?’” ❷ 指人，含轻蔑意。宋《五代史平话·梁上》：“此是不祥的～，将这肉球使人携去僻静无人田地抛弃了。”《元曲选·岳阳楼》三折：“哎，村～，泼东西，怎到得那里?”明《拍案惊奇》卷三四：“我家官人正去乡试，要讨彩头，撞将你这一件秃光光不利市的～来！”

【物是】 wù shì 同“物事❶”；物品。《唐律疏议》卷九：“‘若秽恶之物’，谓～不洁之类，在食饮中，徒二年。”《太平广记》卷一三〇引《逸史》：“女人年才十六七，项上有～一条，如乐器之弦。”

【物业】 wù yè 指宅舍、田亩等产业。唐李儇《南郊赦文》：“其柜坊人户，明知事情，不来陈告，所有～，并不纳官。”《宋会要辑稿·刑法二》：“广州每年多有蕃客带妻儿过广州居住，今后禁止，广州不得卖与～。”清《醒世姻缘传》三六回：“这们的大～，你受用的日子长着哩。”

【物欲】 wù yù 对于钱物的欲望。宋《朱子语类》卷四：“有合下发得善底，也有合下发得不善底，也有发得善而为～所夺，流入于不善底。”明王守仁《传习录》卷中：“但在常人多为～牵蔽，不能循得良知。”

【务】 wù ❶ 管理制造、贸易及税收等事务的机关。《旧五代史·唐书·明宗纪》：“八月丙寅，诏天下州府商税～，并委逐处差人依省司年额勾当纳官。”宋沈括《梦溪笔谈·官政一》：“陕西颗盐，旧法官自搬运，置～拘卖。”清《皇朝文献通考》卷一四：“(宋朝)凡州县皆置～，关镇或有焉，大则专置官监临，小则令佐兼领。” ❷ 酒店。宋《三朝北盟会编》卷三三：“尝以镀金带质市，易～钱数百千。后事露，古偿之。”金《刘知远诸宫调》一：“满～中人皆喝采，须臾去了活太岁。”明汤显祖《牡丹亭》八出：“不妨。且抬过一边，村～里嗑酒去。”

【务本】 wù běn 守本分。《元曲选外编·西厢记》五本三折：“他凭师友君子～，你倚父兄仗势欺人。”明《金瓶梅词话》八四回：“常领许多不～的人，或张弓挟弹，牵架鹰犬，在这上下二宫专一睃看四方烧香妇女。”清《醒世姻缘传》四四回：“说起狄宾梁良善～，象那还杨春的银，送汪为露的助丧，种种的好事。”

【务必】 wù bì 必须；一定。元明《水浒传》一一四回：“汝等诸官，各受重爵，～赤心报国。”明《型世言》一回：“此去令尊如有不幸，我～收他骸骨，还打听令祖父母、令兄、令姊消息来复你。”清《红楼梦》一〇回：“他说等调息一夜，明日～到府。”

【务场】 wù chǎng 酒店。五代李重贵《整饬吏治诏》：“郡邑征科，自然容易，～课额，必有增盈，较量之闲，断可知矣。”金《刘知远诸宫调》一：“好意劝谏，越越嗔容长，眼见得今朝坏了～。”元陶宗仪《辍耕录》卷七：“自五品至九品，入粟有差，非旧例之职专茶监～者比。”

【务大】 wù dà 贪图大的。唐刘怦《与朱滔书》：“窃思近日～乐战，不顾成败，而家灭身屠者，安、史是也。”宋《三朝北盟会编》卷一六：“(金人)方自～，乃邀索不已。”

【务命】 wù mìng 狠命；用全力。明《醒世恒言》卷二九：“众狱卒恨着前日的毒气，只做不听见，倒～收紧，夹得蔡贤叫爹叫娘。”又卷三六：“艄公把舵～推挥，全然不应，径向贼船上当稍一撞。”

【务能】 wù néng 犹“务命”。明《警世通言》卷二一：“一个汉子被马踢倒在地，见有人来，～的挣闿起来就跑。”

【务死】 wù sǐ 犹“务命”。元明《水浒传》一一〇回：“黑旋风听了，路见不平，便要去打。燕青～抱住。”明《西洋记》七三回：“云幕唓看见这些武艺高强，安身不住，～的要去。”

【务头】 wù tóu ❶ 词曲中最精彩、动听之处。元明《水浒传》五一回：“那白秀英唱到～，这白玉乔按喝道：‘虽无买马博金艺，要动聪明鉴事人。’”明佚名《墨娥小录》卷一四《行院声嗽·伎艺》：“喝采，～。”清李渔《闲情偶寄》卷一：“曲中有～，犹棋中有眼，有此则活，无此则死。” ❷ 借口；由头。明刘兑《娇红记》卷上：“有些钱钞，俺娘便欢欢喜喜的接在家里；一脚的没了钱呵，便寻些～，则是赶出去了才罢。”

【务外】 wù wài 做本分以外的事。宋《朱子语类》卷五七：

"所谓'声闻过情'，这个大段～郎当。"明王守仁《传习录》卷中："近时学者～遗内，博而寡要。"清《歧路灯》六三回："你爷爷看见，就说我一心～，必不能留心家计。"

【务要】 wù yào 务必；一定要。唐刘汾《大赦庵记》："凡诸僧人在寺住持，～各守本分。"元许衡《大学直解》："朱子说经文所言'致知在格物'者，是说人要推极自家心里的知识呵，便当就那每日所接的事物上逐件穷究其中的道理，～明白，不可有一些不尽处。"清《红楼梦》六六回："因又嘱咐他十月前后～还来一次，贾琏领命。"

【务月】 wù yuè 指农历二月至九月、农事繁忙的月份。《宋会要辑稿·食货》："(至和)二年十一月三日诏荆湖广南路，溪洞人户争论田土，虽在～，须理断了当。"按，宋代法律规定，二月初一入务，至十月初一开务，为不影响农事，州县官府在务月一般不受理民间词讼。

【务正】 wù zhèng 从事正道。清《红楼梦》一九回："近来仗着祖母溺爱，父母亦不能十分严紧拘管，更觉放纵驰荡，任情恣性，最不喜～。"《歧路灯》一六回："爷不在了，大相公还该读书～，这些事，只像是该推脱的。"

【误背】 wù bèi 辜负；对不住。宋元《清平山堂话本·陈巡检》："再三要赶回去，陈巡检不肯，恐～了真人重恩。"

【误打误撞】 wù dǎ wù zhuàng 偶然碰巧；无意之中。《元曲选外编·双赴梦》二折："板筑的商傅说，钓鱼儿姜吕望，这两个梦善感动历代君王，这梦先应先知，臣则是～。"明《金瓶梅词话》九〇回："俺每也不知他来替他娘烧纸，～遇见他。"清《红楼梦》六二回："不过是～的遇见了，说约下了，可是没有的事。"

【误佳期】 wù jiā qī 市语，五。明田汝成《西湖游览志餘》卷二五《委巷丛谈》："五为～。"

【误却】 wù què 耽误。唐严维《书情献相公》："年来白发欲星星，～生涯是一经。"《古尊宿语录》卷五《临济禅师语录之餘》："若不遇大觉师兄，洎乎～我平生。"清《醒世姻缘传》三〇回："伐性斧日夜追欢，酒池沉溺，～加餐。"

【误然】 wù rán 突然；贸然。《元曲选·渔樵记》一折："小生是一个贫穷的书生，低着头迎着风雪，走的快了些，不想～间冲着马头，望大人则是宽恕咱。"《三国志平话》卷下："您～杀我主公，我须报仇，岂有纳降者！"

【误失】 wù shī 失误；错误。《唐律疏议》卷九："若有～者，各减二等：误犯食禁者，笞五十；误简不净，笞三十。"宋王安石《乞改三经义误字札子》："因得以疾病之间，考正～，谨录如右。"清《红楼梦》七八回："他自为古人中也有杜撰的，也有～之处，拘较不得许多。"

【误事】 wù shì 坏事；耽误事情。宋《三朝北盟会编》卷一六三："若一面讲和，又令人来掩不备，如此终恐～，只恐你江南终被将臣～。"明《封神演义》八回："不然，日同老弱之卒行走，不上二三十里，如何赶得上，终是～。"清《聊斋志异·辛十四娘》："婢惧～，方欲归谋，忽闻今上将幸大同，婢乃预往，伪作流妓。"

【误赚】 wù zhuàn 耽误；欺骗。《五灯会元》卷一二《石霜楚圆禅师》："且道祖师禅有甚长处？若向言中取，则～后人，直饶棒下承当，辜负先圣。"《元曲选外编·西厢记》二本四折："俺娘把甜句儿落空了他，虚名儿～了我。"清《醒世姻缘传》三五回："其实家里有了钱钞，身子又没了工夫，把～人家子弟的这件阴骘勾当不干，也自罢了，他却贪得者无厌。"

【悟道】 wù dào ❶ 领悟精妙的道理。宋张载《正蒙·乾称篇》："今浮屠极论要归，必谓死生转流，非得道不免，谓之～可乎？"《朱子语类》卷四一："曾子一唯～，直是直截。如何？" ❷ 特指领悟佛理或道教的玄理。唐王梵志《悟道虽一饷》："～虽一饷，旷大劫来因。"《云笈七籤》卷五九："中年者，～已晚，筋肉、骨髓各有其半，处在进退，如日中功。"清《红楼梦》二回："若非多读书识字，加以致知格物之功，～参玄之力者，不能知也。" ❸ 明白；醒悟。明《古今小说》卷二七："玉奴挣扎上岸，举目看时，江水茫茫，已不见了司户之船，才～丈夫贵而忘贱，故意欲溺死故妻。"

【悟解】 wù jiě ❶ 指对佛理或道教玄理的领悟。《敦煌新本六祖坛经》："若大乘者，闻说《金刚经》，心开～。"《敦煌变文校注》卷二《庐山远公话》："夫人曰：'愿相公为宅内良贱略说多少，令心开～。'"《云笈七籤》卷六六："长生久视，凡夫闻之，抚掌大笑，智者一闻，～大契真元。" ❷ 领会；懂得。宋洪迈《夷坚志》丙卷二："少时遇异人携以出，归而有所～。"明唐顺之《仪宾李公墓志铭》："(公)读书善～，洞于声律，尤工字书，得子昂体。"

【悟人】 wù rén 佛教指悟道者。与迷人相对。《敦煌新本六祖坛经》："善知识，法无顿渐，人有利钝。迷即渐劝，～顿修。"《祖堂集》卷三《慧忠国师》："师曰：'迷人即别，～即不别。'"

【悟头】 wù tou 诀要；解悟之处。元行秀《从容庵录》卷二："更是法眼～，便一向不知不会，只这是也。"李寿卿《度柳翠》二折："你解不过这赵州，省不得这～。"明《西游补》二回："旧年正月元宵，有一个松萝道士，他的说话倒有些～。"

【悟想】 wù xiǎng 领悟体会。清《儒林外史》一三回："要那读文章的读了这一篇，就～出十几篇的道理，才为有益。"

【悟性】 wù xìng 对事物理解和分析的能力。宋赵师秀《送汤干》："能文兼～，前是惠休身。"明于慎行《穀山笔麈》卷七："'神以知来'，即人之～，谓之明，'智以藏往'，即人之记性，谓之聪，世所称聪明者是也。"《肉蒲团》二回："不瞒师父说，弟子读书的记性，闻道的～，行文的笔性，都是最上一流。"

【焐】 wù 用热的东西接触湿或凉的东西使变干或变暖。《元曲选·朱砂担》三折："湿是湿的，热身子～干了。"又《青衫泪》二折："小人久慕大名，拿着三千引茶，来与大姐～脚。"明朱有燉《庆朔堂》二折："见小生的二十两黄金与大姐，情愿与大姐～脚。"

【悮】 wù 疑惑。《集韵·莫韵》："悮，疑也。"《敦煌变文校注》卷五《维摩诘经讲经文(三)》："居士闻言化，寻时～意开。"

【恶嫌】 wù xián 嫌恶；怨恨。唐崔鹏《吴县邓蔚山光福讲寺舍利塔记》："士有～尘网，种植善根，遂舍林泉，建兹佛刹。"宋周邦彦《木兰花令》："孤灯翳翳昏如雾，枕上依稀闻笑语。～春梦不分明，忘了与伊相见处。"佚名《玉交枝》："～朱粉，不肯肖青枝。"

【恶紫夺朱】 wù zǐ duó zhū ❶《论语·阳货》："恶紫之夺朱也。"原意是憎恶紫色夺去了大红色的光彩地位，后用以代指以假乱真，以强凌弱，据他人所有为己有。元刘时中《端正好·上高监司》之二："不是我论黄数黑，怎禁他～。"《元曲选外编·延安府》一折："这厮每恶党凶徒，败坏风俗，将好人家～。"又《西厢记》五本四折："那吃敲才怕不口里嚼蛆，那厮待数黑论黄，～。" ❷ 俏皮话，指(打得)青紫红肿。清《歧路灯》六〇回："先喝了一声打嘴，皂隶过来打了二十个耳刮子。直打的两腮边继长增高，满口中～。"